MW01534580

“Those Infidel Greeks”

Handbook of Oriental Studies

Handbuch der Orientalistik

SECTION ONE

The Near and Middle East

Edited by

Maribel Fierro (*Madrid*)
M. Şükrü Hanioğlu (*Princeton*)
Renata Holod (*University of Pennsylvania*)
Florian Schwarz (*Vienna*)

VOLUME 158/1–2

The titles published in this series are listed at *brill.com/ho1*

“Those Infidel Greeks”

The Greek War of Independence through Ottoman Archival Documents

VOLUME 2

Edited by

H. Şükrü Ilıcak

BRILL

LEIDEN | BOSTON

AIKATERINI LASKARIDIS FOUNDATION

This book is a co-publication of Koninklijke Brill NV and the Aikaterini Laskaridis Foundation.

This is an open access title distributed under the terms of the CC BY-NC-ND 4.0 license, which permits any non-commercial use, distribution, and reproduction in any medium, provided no alterations are made and the original author(s) and source are credited. Further information and the complete license text can be found at https://creativecommons.org/licenses/by-nc-nd/4.0/

The terms of the CC license apply only to the original material. The use of material from other sources (indicated by a reference) such as diagrams, illustrations, photos and text samples may require further permission from the respective copyright holder.

Cover illustration: Title page of BOA/*Ayniyat* Register 1713 (detail).

The Library of Congress Cataloging-in-Publication Data is available online at http://catalog.loc.gov
LC record available at http://lccn.loc.gov/2021033352

Typeface for the Latin, Greek, and Cyrillic scripts: "Brill". See and download: brill.com/brill-typeface.

ISSN 0169-9423
ISBN 978-90-04-47129-0 (hardback/set)
ISBN 978-90-04-47130-6 (e-book/set)

Copyright 2021 by H. Şükrü Ilıcak. Published by Koninklijke Brill NV, Leiden, The Netherlands.
Koninklijke Brill NV incorporates the imprints Brill, Brill Nijhoff, Brill Hotei, Brill Schöningh, Brill Fink, Brill mentis, Vandenhoeck & Ruprecht, Böhlau Verlag and V&R Unipress.
Koninklijke Brill NV reserves the right to protect this publication against unauthorized use.

This book is printed on acid-free paper and produced in a sustainable manner.

Printed by Printforce, the Netherlands

Contents

Transliterations

Ayniyat 573

[573/5] ***İstānbūl ḳāḍīsına ve Yeñiçeri ağasına buyuruldı***
{1} Bir müddetden berü İstānbūl'a eṭrāfdan serserī ve bekār Rum gāvurları gelerek tecemmuʿ-birle baḳḳāl ve bāğcılıḳ {2} ṣanʿatlarını ve sā'ir ṣūreti iḫtiyār itmişler ise de bu maḳūle serserī ve bekār gāvurlar kendü ḥāllerinde {3} olmayub dā'imā ümmet-i Muḥammed'e icrā-yı ihānet ü melʿanet dāʿiyesinde olacaḳları āşikār ve el-ḥāletü-hāẕihī Rum {4} gāvurlarınıñ ehl-i İslām ʿaleyhine mürtekib olduḳları ḫıyānet cümle ʿindinde maʿlūm ü bedīdār {5} olaraḳ o maḳūle serserī ve bī-kār baḳḳāl ve bāğcı ve sā'ir ṣınıfdan olan Moralı ve Ağrafalı {6} gāvurlarıñ bi't-taḥarrī Dersaʿādet'den ṭard ü ibʿādı iḳtiżā-yı maṣlaḥat ve īcāb-ı irāde-i seniyyeden olmağla, {7} imdi ṭaraf-ı şerʿden muʿtemed kātibler ve Ocaḳ ṭarafından münāsib żābiṭler taʿyīn iderek Dersaʿādet {8} dāḫil ve ḫāricinde olan ne miḳdār Moralı ve Ağrafalı bekār ve serserī baḳḳāl ve bāğcı ve sā'ir {9} eṣnāfdan gāvur var ise cümlesini maʿrifet-i şerʿle s̱ebt-i defter iderek Ocaḳ żābiṭleri maʿrifetiyle {10} gümrüğe indirüb Gümrük emīni ağa maʿrifetiyle münāsib ḳayıḳlara irkāb iderek hemān İẕnikmīd'e iʿzām {11} ü irsālleri rābıṭasını ikmāl-birle ol ṣūretle Dersaʿādet'den ṭard ü ibʿādlarını istiḥṣāle müsāraʿat {12} eyleyesin deyu. Fī ġurret-i N 36

[573/6] ***Yergöği muḥāfıẓına***
{1} Ḥālā Eflāḳ voyvodası olub Dersaʿādet'de olan İskerlet Beğ'iñ Eflāḳ'a ḳā'immaḳām taʿyīn itmiş {2} oldığı İstefanākī ile Negrī'niñ ḥasbe'l-iḳtiżā ḳalʿadan ḫārice ṣalıvirilmamesi irādesi muḳaddem ve mu'aḫḫar {3} ṭarafıñıza yazılmış ise de el-ḥāletü-hāẕihī Devlet-i ʿAliyye ʿasākiri ḳol ḳol Memleketeyn'e sevḳ ve idḫāl olunaraḳ {4} bu bābda bī-cürm olan ahālīniñ te'mīnine dā'ir bir şey dinilmediği ḥālde kendülere ʿumūmen sell-i seyf olunacaḳ {5} ḫavfına dūçār ve perīşānlığa giriftār olacaḳlarından başḳa ʿasākiriñ idāre-i taʿyīnātınıñ daḫi ʿusret {6} çekileceği ẓāhir oldığından ṭaraf-ı Devlet-i ʿAliyye'den Boğdān'a voyvoda taʿyīn olun[un]caya ḳadar mersūm İstefanākī {7} idāre itmek üzere Yaş'a ḳā'immaḳām taʿyīn olunaraḳ saʿādetlü İbrā'īl muḥāfıẓı ḥażretleri ṭarafından (3) iḳʿād ve mersūm Negrī daḫi Bükreş ḳā'immaḳāmlığında ibḳā-birle saʿādetlü Silistre vālīsi ḥażretleri {2} cānibinden iḳāme olunması ḫuṣūṣuna irāde-i seniyye taʿalluḳ iderek iḳtiżā iden evāmiri müşārun-ileyh Silistre {3} vālīsi ḥażretleri ṭarafına tesyār ve tafṣīl-i ḥāl ṭarafımızdan daḫi taḥrīr ü işʿār olunmuş ve Ḳara Eflāḳ {4} ḳā'immaḳāmı daḫi kemā-fī's-sābıḳ ibḳā ḳılınaraḳ iḳtiżāsı saʿādetlü Vidīn muḥāfıẓı ḥażretlerine yazılmış {5} ve bu

© H. Şükrü Ilıcak, 2021 | DOI:10.1163/9789004471306_004
This is an open access chapter distributed under the terms of the CC BY-NC-ND 4.0 license.

ṣūretlerden ḏolayı me'mūriyyet-i sābıḳalarına fütūr virmameleri daḫi beyān ve te'kīd ḳılınmış olmağla keyfiyyet {6} cenābıñızıñ daḫi ma'lūmı olaraḳ siz daḫi mersūmlarıñ bu vechile ḳā'immaḳām ta'yīn olduḳları ḥasebiyle {7} evvelki uṣūl ve me'mūriyyetiñiziñ icrāsına fütūr virmeyerek dirāyet ü ġayretiñizi is̱bāta sa'y ü diḳḳat {8} eylemeñiz içün ḳā'ime. Lede'l-vuṣūl mersūm ḳā'immaḳāmlar ol vechile ta'yīn ve iḳāme olunmuşlar ise de {9} 'āmmeniñ ma'lūmı oldığı vechile Rum gāvurlarınıñ dīn ve Devlet-i 'Aliyye'ye mürtekib olduḳları {10} envā'-ı ḫıyānet ü mel'anetde büyüği ve küçüği müttefiḳ olub mücerred bu mel'ūnlarıñ ġaraż ve sū'-i ḳaṣdları ümmet-i Muḥammed'e {11} olmaḳ taḳrībiyle bunlarıñ hiçbirinden bir vechile emniyyet cā'iz olmadığından ve mersūm İstefanākī'niñ Boğdān'a {12} ḳā'immaḳām ta'yīni ve dīgerleriniñ ibḳāları li-ḥikmetin olaraḳ bunlardan emniyyet-i küllī cā'iz olmadığı sünūḥ {13} iden irāde-i seniyye-i mülūkāne muḳteżāsı üzere Silistre vālīsi ve Vidīn ve İbrā'īl muḥāfıẓları {14} müşārun-ileyhime ṭarafımızdan iş'ār olunmuş olmağla cenābıñız daḫi keyfiyyeti bilüb aña göre ḥareket eyleyesiz. Fī ġurret-i N 36

[*573/8*] ***Ser'asker paşaya***

{1} Eşḳıyā gemileriniñ Ġolos ve Ermiye öñlerine gelerek icrā-yı mel'anet itmekde ve re'āyānıñ fesādları gitdikçe {2} artmaḳda oldığından ve Tırḥāla Mutaṣarrıfı sa'ādetlü Maḥmūd Paşa mevcūd-ı ma'iyyeti olan 'asker ile Ġolos {3} ve Ermiye ṭaraflarına ta'yīn buyurılaraḳ Yeñişehir ḳaryelerinden daḫi ma'iyyet-i müşārun-ileyhe iki biñ beş yüz miḳdārı {4} 'asker tertīb buyurulmuş ise de gāvurlarıñ iştidād-ı şeḳāvetleri cihetiyle bu keyfiyyet Selānīk'e ḏoğrı sirāyet {5} itmesi melḥūẓ oldığından ve bundan aḳdem Anābolī Muḥāfıẓı ta'yīn olunan Ḳayṣeriyye Mutaṣarrıfı sa'ādetlü Ḥasan {6} Paşa baḥren geçemeyeceğinden müşārun-ileyh ile Ḫudāvendigār Mutaṣarrıfı sa'ādetlü İbrāhīm Paşa'nıñ berren ṣol ḳoldan {7} 'asker sürerek Yeñişehir ṭaraflarına 'azīmeti muḳteżā-yı maṣlaḥat oldığını ve ol bābda ba'żı ifādeyi ve 'Alī Paşa {8} ḫā'ininiñ ḳarīben def'-i ġā'ilesi elṭāf-ı İlāhiyye'den me'mūl idüğüni şāmil tevārüd iden taḥrīrāt-ı sa'ādetlerine ṭaraf-ı {9} sipeh-sālārīlerine gelüb taḳdīm buyurılan evrāḳ mezāyāsı ma'lūm-ı ḫāliṣānemiz olduḳdan ṣoñra rikāb-ı hümāyūn-ı {10} şāhāneye 'arż ile manẓūr-ı hümāyūn-ı mülūkāne buyurulmuşdur. Rum gāvurlarınıñ büyük ve küçüği müttefiḳ olaraḳ {11} Devlet-i 'Aliyye-i İslāmiyye 'aleyhine, ve'l-ḥāṣıl Müslümānım diyane bilā-mūcib iẓhār-ı ḫıyānet ü mel'anet dā'iyesine düşdükleri gereği gibi {12} ma'lūm olan ḥālātdan ise de inşā'allāhü'r-Raḥmān Cenāb-ı Rabbü'l-'Ālemīn kendü ḳudret ü 'aẓametiyle o maḳūle {13} kāfirleri eyne-mā kānū maḳhūr ü perīşān eyleyerek ümmet-i Muḥammed'e ḳarīben fevz ü nuṣret iḥsān eyleyeceği (4) 'avn ü 'ināyet-i Ṣamedānī'den müsted'ā ve bundan aḳdem ṣavb-ı sāmīlerine yazılmış oldığı vechile {2} eşḳıyā gemileriniñ mażarratından müşārun-ileyh Ḥasan Paşa geçemamiş ve ḳaṭʿiyyen İzmīr'iñ muḥāfaẓasına {3} taʿyīn olunaraḳ Aydın ve Ṣaruḫan sancaḳları mutaṣarrıfı saʿādetlü Behrām Paşa ḥażretleri ʿasākir-i külliyye ile {4} Yeñişehir ṭarafına taʿyīn olunmuş ve müşārun-ileyh Gelībolī'ya geçmiş ve Ḫudāvendigār Mutaṣarrıfı müşārun-ileyh İbrāhīm {5} Paşa'nıñ me'mūriyyeti uyamadığından bu defʿa daḫi müteʿalliḳ olan irāde-i seniyye-i mülūkāne mūcebince Eceābād'dan {6} Mürefte'ye ḳadar muḥāfaẓaya me'mūr ḥālā Ḳaraman Vālīsi saʿādetlü Ḥācī Ebūbekir Paşa daḫi Yeñişehir'e ḏoğrı {7} me'mūr olub seby ü istirḳāḳ içün virilan fetvā-yı şerīf mūcebince hiç amān virmeyerek {8} ol ṭarafları urub ḫarāb itmeleri fermān olunmuş olmağla ẕāt-ı ḥayderī-simāt-ı ṣafderāneleri {9} daḫi bir ṭarafdan iḳtiżāsına ol ṭaraflarda lāzım gelenleri teşvīḳ ü taḥrīṣ iderek iʿlā'-i kelimetullāhı {10} müstelzim ḥālātıñ ikmāline ve şu ʿAlī Paşa ḫabīṣiniñ bā-ʿavn-i Bārī bir daḳīḳa evvel defʿ-i ġā'ilesine {11} bezl-i himmet ü ġayret buyurmaları aḳdem-i maṭlūb idüği beyānıyla ḳā'ime. Fī ġurret-i N 36

[573/9] *Silistre vālīsine*

{1} Muḳaddem ve mu'aḫḫar sünūḥ iden irāde-i seniyye ve baʿżı veṣāyāyı şāmil gönderilan evāmir-i ʿaliyye ve taḥrīrāt-ı {2} ḫulūṣ-verīniñ vuṣūllerinden ve mūceb ü muḳteżāları üzere ḥareket buyurmaḳda olduḳlarından baḥişle {3} maʿiyyet-i müşīrīlerinde iḥtişād iden ʿasākir ile dā'ire-i saʿādetleri ḫalḳından tertīb ü tehyi'e buyurmuş olduḳları {4} piyāde ve süvārī sekiz biñ nefere resīde olaraḳ cümlesini ketḫüdāları başbuğluğı ve ṭop ve mükemmel cebeḫāne ile {5} güẕerān iden Şaʿbān-ı Şerīf'iñ on yedinci Cumʿairtesi güni Ḳalārāş'a geçürülmüş ve yiğirmi ikinci Pençşenbe güni {6} ol ṭarafdan taḥrīk ile mütevekkilen ʿalellāhi'n-Naṣīr Bükreş'e sevḳ ü tesyīr buyurmuş olduḳlarını {7} ve mu'aḫḫaren Silistre eyāleti ḳażālarından müretteb olan beş biñ nefer ʿasker peyderpey vürūd itmekde oldığından {8} bi-mennihī Taʿālā verāları alındıḳda bir miḳdārını Bükreş'e ve birazını silaḥdārları maʿiyyetiyle Ḳalārāş muḥāfaẓasına {9} taʿyīn ideceğiñizi şāmil ve Çirmen sancağı ḳażālarından ʿizzetlü Mīr-aḫūr ağa maʿrifetiyle iḫrāc olunmuş {10} olan ʿasker Silistre'ye vürūd iderek içlerinden faḳaṭ yüz beş nefer süvārī intiḫāb ve ketḫüdāları mūmā-ileyh {11} maʿiyyetine iʿzām olunmuş ve ḳuṣūr ḳalan piyāde ve süvārī saʿādetlü İbrā'īl muḥāfıẓı maʿiyyetine gönderilmiş ve ʿasākir-i {12} merḳūmeniñ miḳdārını mübeyyin defteri taḳdīm olunmuş oldığını müştemil ve Yergöği'de olan Eflāḳ ḳā'immaḳāmlarından {13} İstefanākī muḳteżā-yı işʿārları vechile ṭaraf-ı saʿādetlerine gelerek Ḳosṭanṭī iḫtiyār oldığından Yergöği'de {14} ḳalmış idüğüni müşʿir tevārüd iden taḥrīrāt-ı müşīrīleri mezāyāsı rehīn-i ıṭṭılāʿ-i ḫālişānemiz olub ḥamiyyet-i {15} müşīrīlerini icrā ve me'mūriyyet-i düstūrīlerini īfā ḳaṣdıyla meşhūd olmaḳda olan ihtimām ve ḥareket-i {16} müşīrāneleri rehīn-i pesend ve müstelzim-i maḥẓūẓiyyet olaraḳ taḥrīrāt-ı mezkūreleri rikāb-ı hümāyūn-ı cenāb-ı {17} pādişāhīye ʿarż ü taḳdīm olunduḳda "Müşārun-ileyhiñ davranışı pek güzeldir. Hemān Rabbim nuṣret kerem {18} eyleye." deyu duʿā-yı iksīr-nümā-yı ḥażret-i şehinşāhī bī-dirīġ ü sezā buyurulmuşdur. Dīger nemīḳa-i ḫāliṣānemizde {19} yazılmış oldıġı vechile Boġdān voyvodası naṣb ü taʿyīnine ḳadar voyvodalıḳ umūrını rüʾyet ve {20} taʿyīnāt-ı ʿaskeriyyeyi idāreye diḳḳat itmek üzere mesfūr İstefanākī muḳaddemce sünūḥ itmiş olan {21} irāde-i seniyye-i şāhāne muḳteżāsı üzere Boġdān'a ve dīgeri Eflāḳ'a ḳāʾimmaḳām naṣb ve ibḳā ḳılınmış {22} ve cenāb-ı müşīrīleriniñ meʾmūr olduḳları uṣūl üzere aṣlā maṣlaḥata fütūr virmeyerek icrā-yı meʾmūriyyete {23} müsāraʿat buyurmaları veṣāyāsı bildirilmiş oldıġından muḳteżāsı vechile ḥarekete himmet buyuracaḳları {24} āşikār ise de ʿāmmeniñ maʿlūmı oldıġı üzere Rum kāfirleriniñ dīn ve Devlet-i ʿAliyye ʿaleyhine {25} mürtekib olduḳları envāʿ-ı ḫıyānet ü melʿanetde büyüği ve küçüği müttefiḳ olub mücerred bu melʿūnlarıñ ġarażi ve sūʾ-i ḳaṣdları {26} ümmet-i Muḥammed'e olmaḳ taḳrībiyle bunlarıñ hiçbirinden bir vechile emniyyet cāʾiz değildir. Ve mersūm İstefanākī'niñ (5) ol vechile Boġdān'a ḳāʾimmaḳām naṣb ü taʿyīn olunması li-ḥikmetin oldıġından mersūmlara emniyyet-i küllī cāʾiz olmadıġı {2} ve Boġdān'a ḳāʾimmaḳām naṣb olundıġı li-ḥikmetin oldıġı eṭrāfıyla beyān olunması muḳteżā-yı emr ü fermān-ı şāhāneden {3} olmaġla keyfiyyet maʿlūm-ı müşīrīleri buyurulduḳda aña göre ḥarekete bezl-i himmet-birle īfā-yı lāzıme-i dirāyet {4} ve meʾmūriyyete mübāderet buyurmaları siyāḳında ḳāʾime. Fī ġurret-i N 36

[573/14] ***İzmīr Muḥāfıẓı Ḥasan Paşa'ya***

{1} İzmīr muḥāfaẓasına meʾmūriyyetleri irādesini nāṭıḳ şeref-ṣudūr iden emr-i şerīf ile ol bābda {2} baʿżı veṣāyā-yı lāzımeyi şāmil gönderilan taḥrīrāt-ı muḫliṣīniñ vuṣūlünden baḥisle īfā-yı muḳteżā-yı {3} meʾmūriyyete mübāderetiñizi şāmil bu defʿa resīde-i mevḳiʿ-i vuṣūl olan taḥrīrāt-ı müşīrīleriyle ol bābda İzmīr nāʾibiniñ {4} iʿlām ve ahālīniñ maḥżarları mezāyāları maʿlūm-ı ḫāliṣānemiz olduḳdan ṣoñra rikāb-ı hümāyūn-ı {5} şāhāneye ʿarż ile manẓūr-ı hümāyūn-ı şāhāne buyurulmuşdur. Rum gāvurlarınıñ ümmet-i Muḥammed ʿaleyhine olan ḫıyānetleri {6} cümleye maʿlūm ü āşikār ve bunlarıñ büyük ve küçüğünden emniyyet cāʾiz olmadıġı bedīdār olub {7} İzmīr daḫi cesīm memleket ve reʿāyāsı keṣret üzere oldıġından cümle ile ittifāḳ ü ittiḥād iderek muḥāfaẓasına {8} kemāl-i mertebe diḳḳat eylemeñiz lāzımeden ve iḳtiżā-yı irāde-i seniyyeden olmaġla muḳteżā-yı dirāyet ve meʾmūriyyetleri {9} iḳtiżāsı irāde-i ʿaliyye-i şehinşāhī üzere cümle ile ittifāḳ iderek İzmīr'iñ kemāl-i derece muḥāfaẓasına {10} ve bir ān ve daḳīḳa ġāfil bulunmamaġa mezīd-i ihtimām ü himmet buyurmaları siyāḳında ḳāʾime. Fī 2 N 36

[573/16] *Ser'asker paşa ḥażretlerine*
{1} Ba'żı ḥavādiṡ ve ifādātı müştemil Ḳorfa'da olan şehbender ṭarafından ve İngiltere ḳūmandānından {2} gerek ṣavb-ı sipeh-sālārīlerine ve gerek Ḳapūdāna beğ bendelerine vürūd iden evrāḳ ve mīr-i mūmā-ileyhiñ {3} ṭaraf-ı 'ālīlerine gelan taḥrīrātıyla 'Aleksāndrī ḫā'iniñ adalara gönderdiği kāğıd ṭaḳımıyla iṭāre {4} ve tesyār ḳılındığını şāmil tevārüd iden taḥrīrāt-ı sāmīleri mezāyāsı ve evrāḳ-ı mersūle-i mezkūre me'ālleri {5} mū-be-mū ḳarīn-i ıṭṭılā'-i ḫāliṣānemiz olduḳdan ṣoñra rikāb-ı hümāyūn-ı şāhāneye 'arż ile manẓūr-ı hümāyūn-ı {6} mülūkāne buyurulmuşdur. Gāvurlarıñ ümmet-i Muḥammed 'aleyhine bi'l-ittifāḳ derkār olan ihānet ü mel'anetleri {7} ma'lūm ise de Cenāb-ı Ḫayru'n-Nāṣırīn'iñ işbu ümmet-i merḥūmeye inşā'allāh 'an-ḳarīb ber-vefḳ-i me'mūl nuṣret {8} iḥsān eyleyeceği ibtidā-yı ẓuhūr-ı İslām'dan berü ehl-i tevḥīde derkār olan fevz ü 'ināyeti edillesiyle müṡbet {9} ü ẓāhir ve mūmā-ileyh Ḳapūdāna beğ bendeleriniñ Donanma-yı Hümāyūn içün İskenderiye Mutaṣarrıfı sa'ādetlü Muṣṭafā {10} ve Palāslı İsmā'īl Paşa ṭaraflarından beksimād ve erzāḳ-ı sā'ire irsāl itdirilmesine dā'ir ve sā'ir ṣavb-ı {11} ser'askerīlerinden vāḳi' olan mültemesātını icrāya ve i'ānet-i muḳteżiyeyi ikmāle ṣarf-ı himmet buyuracaḳları {12} delālet-i ḥamiyyet ve ṣalābet ü ġayretleriyle bedīhī ve bāhir ise de mīr-i mūmā-ileyhiñ is'āf-ı iltimāsına himmet {13} buyurmaları īcāb-ı ḥālden ve muḳteżā-yı emr ü irāde-i şāhāneden olmağla maḫṣūṣ-ı ẕāt-ı şecā'at- {14} -simātları olan himmet ü ġayret iḳtiżāsı üzere mīr-i mūmā-ileyh bendelerine daḫi i'āne-i muḳteżiyeniñ {15} icrāsıyla her ḥālde dīn ve Devlet-i 'Aliyye'ye ḥüsn-i ḫidmeti īcāb iden ḥālātıñ ikmāline ṣarf-ı himmet {16} buyurmaları siyāḳında ḳā'ime. Fī 2 N 36

[573/19] *Ḳapūdān paşa ḥażretlerine*
{1} Muḳaddem Rūsyalunuñ Büyükdere'de ilçisiniñ yalısı öñüne bağteten gelüb timürlemiş olan bir ḳıṭ'a {2} sefīnesinden başḳa dünki gün Rūsyalunuñ mektūb gemisi zemīniyle bir ḳıṭ'a brīḳ sefīnesi Rūsya {3} tüccārı bāndırasıyla Boğaz'dan girüb bu daḫi maḥall-i mezkūra timürlemiş oldığı 'izzetlü Bosṭāncıbaşı ağa {4} ve sā'ir me'mūrlar ṭaraflarından iḫbār olunduḳda bu maḳūle gemi Boğaz'dan girmamesi muḳaddem Rūsya ilçisine {5} ḳaṭ'iyyen ifāde olunmuş ve Boğaz'dan bu maḳūle sefīne girmek dā'iyesinde olur ise ḳā'ide-i baḥriyye üzere {6} men' olunmaları iḳtiżā idenlere bildirilmiş iken bu vechile ḥīle ile gemi girmesi uyḳunsuz olacağından {7} keyfiyyet Rūsya ilçisine ifāde olunaraḳ sefāyin-i merḳūmeyi Boğaz'dan ḫārice iḫrāc ider ise {8} ne güzel, itmediği ḥālde me'mūrlara tenbīh olunaraḳ i'ādeleri istiḥṣāl olunması ḫuṣūṣı bā-taḳrīr {9} ḫāk-pāy-ı hümāyūn-ı şāhāneden istīẕān olunduḳda "Allāh cümleñize 'aḳl ve inṣāf ve diyānet iḥsān {10} eyleye. Ya, düşmen-i dīn olan gāvur, ben cenk sefīnesi gönderüb sizi muḥāṣara ideceğim dir mi? {11} Tüccār diyerek böyle

böyle sefāyini ḏoldurur. Boġaz me'mūrlarına men'i içün emr gönderilsün dimiş idim, {12} gönderildi mi? Gönde[ri]ldiyse bu gemi[yi] niçün içerü ṣalıvirdiler? Yazıḳ bizim çekdiğimiz zaḥmete. Burada vükelāya {13} söz añladub māddeyi tefhīm idemiyorum, ṭaşra memālike fermān ile ḫaber añlatmaġa sa'y ideriz. {14} Elbette ilçi i'āde itsün. Bir gün te'ḫīr ider ise me'mūrlar girü iḫrāc itsünler. Allāh içün {15} siz inṣāf idiñ. Ḳabāḥat ilçiniñ mi, yoḫsa bizim me'mūrlarıñ mı? Bu artıḳ [?] oyun oldı. Lākin {16} ben her zamān böyle ḏurmam. Ḥasbiyellāh ve ni'me'l-vekīl." deyu ḫaṭṭ-ı hümāyūn-ı mehābet-maḳrūn-ı şāhāne şeref-ṣudūr {17} olmuş ve Büyükdere'de olan meẕkūr sefāyini Boġaz'dan ḫārice çıḳarması-çün Dīvān {18} tercümānı ile Rūsya ilçisine ḳaṭ'iyyen ḫaber gönderilmiş olmaġla eğer ilçi-i mūmā-ileyh ıṣġā itmeyüb çıḳarmaz ise {19} ber-mūceb-i emr ü irāde-i şāhāne me'mūrlar ma'rifetiyle sefāyin-i merḳūme girü iḫrāc olunması ḫuṣūṣuna {20} kemāl-i müsāra'at ü diḳḳat buyurmaları siyāḳında teẕkire. Fī 3 N 36

[*573/21*] ***Silistre vālīsine***
{1} Bükreş üzerine me'mūr buyurmuş oldıġıñız ketḫüdāñız bendeleri mevcūd-ı ma'iyyeti olan 'asker ile Ṣa'bān-ı Şerīf'iñ {2} yiğirmi altıncı güni Bükreş'e vāṣıl ve kendüsi ḫāricinde ḫayme-zen olaraḳ derūn-ı memlekete beşlü aġası ṣūretiyle {3} İslimye a'yānını ta'yīn ve idḫāl ve ṭarafına gelan boyārān ve Rūsya ve Nemçe ḳonsoloslarınıñ te'mīn {4} ü taṭmīnleriyle levāzım-ı żabṭ ü rabṭı istiḥṣāl itmiş ve ṭaraf-ı sa'ādetlerinden daḫi hemān Bükreş'iñ istikmāl-i esbāb-ı {5} muḥāfaẓasıyla İpsilāndī'niñ müteḥaṣṣın oldıġı manāstır üzerine ḥareket ve hücūm ve Ṭodorī ve sā'ir firār iden {6} eşḳıyānıñ daḫi bulunduḳları maḥallerde aḫẕ ü istīṣāl olunmasına iḳdām itmek üzere ketḫüdāları mūmā-ileyhe {7} veṣāyā-yı lāzıme yazılmış ve mūmā-ileyhiñ tevārüd iden evrāḳı taḳdīm buyurulmuş oldıġı beyānıyla Bükreş'iñ idāre-i {8} dāḫiliyyesine dā'ir irāde-i seniyye ne vechile ise iş'ār olunmasını şāmil ve ifādāt-ı sā'ireyi müştemil resīde-i mevḳi'-i {9} vuṣūl olan taḥrīrāt-ı behcet-āyāt-ı müşīrīleri ve taḳdīm buyurılan evrāḳ mezāyāları ma'lūm-ı ḫālişānemiz {10} olub ẕāt-ı dirāyet-simāt-ı müşīrīleri bu ḫuṣūṣda erbābını istiḫdām buyuraraḳ Bükreş'iñ ber-vech-i eshel {11} emr-i taḫlīṣine ṣarf-ı himmet buyurmuş olduḳlarından bu ḫidmetleri ḳarīn-i taḥsīn ve mūcib-i pesend ü āferīn olaraḳ {12} derḥāl taḥrīrāt-ı mevrūdeleri ṭaḳımıyla ḫāk-pāy-ı hümāyūn-ı şāhāneye 'arż ü taḳdīm ile manẓūr-ı naẓar-ı 'āṭıfet- {13} -eṡer-i ḥażret-i kītī-sitānī buyurulmuşdur. Ẕāt-ı feṭānet-simāt-ı düstūrāneleri her bir uṣūli yoluyla ṭutaraḳ {14} ve evvel ü āḫirini derpīş ü mülāḥaẓa eyleyerek icrā-yı irāde-i 'aliyye ile dīn ü devletimize ibrāz-ı ḥüsn-i ḫidmete {15} mücidd ü sā'ī olacaḳları ẓāhir ve nezd-i sa'ādetlerinde ma'lūm oldıġı vechile Rūsyalunuñ işi güci {16} Devlet-i 'Aliyye'yi iġfāl ve envā'-ı ḥīle ve ḫud'ayı i'māl oldıġından ketḫüdāları mūmā-ileyhiñ böyle suhūletle Bükreş'e {17} duḫūli ve birḳaç i'rābdan maḥalli olmayan boyārlarıñ gelüb 'arż-ı ḫidmet

ḳarye-i merḳūme mütemekkinlerinden Ṣarrāf oğlı Nīḳola ve Ḳondī Yanākī oğlı Ḳosṭanṭī ve Ḳara Ḳosṭī oğlı Ṭanāş {3} ve Petrī oğlı Mānol nām gāvurlarıñ daḫi fesād[d]a medḫalleri oldıġı taḥḳīḳ olundıġından iḥżārlarına ṭarafıñdan {4} adam gönderilmiş oldıġından ḥaḳlarında ne vechile irāde sünūḥ idecek ise işʿār ḳılınması ve bundan aḳdem {5} Dersaʿādet'e iḥżārları irāde olunan Yazıcı Ḳosṭanṭī ile sā'ir maʿlūmü'l-esāmī gāvurlardan esliḥa {6} devşirilmesine suhūlet olmaḳ müṭālaʿasıyla mersūm Ḳosṭanṭī birḳaç gün tevḳīf olunmuş ve ḥasbe'l-maṣlaḥa dīgerleri {7} daḫi te'ḫīr olunmuş oldıġından bunlar ḥaḳlarında daḫi istiʿlām-ı irādeyi şāmil ve Şārköyi aʿyānınıñ {8} ʿadem-i irādesiyle Seyyid Meḥmed Şākir nām kimesneniñ aʿyānlıġa muḳtedir oldıġı ve ifādāt-ı sā'ireyi müştemil {8} bu defʿa tevārüd iden ʿarīżalarıñ mezāyāları maʿlūmumuz olmuş ve gönderilan mersūm Ṭanāş daḫi bu ṭarafa {9} gelmişdir. Rum gāvurlarınıñ cümlesiniñ ümmet-i Muḥammed'e olan ḫıyānetleri açıġa çıḳmış oldıġından {10} fesādda medḫali olanlarıñ beher-ḥāl ele getürülmesi lāzımeden olmaġla inhā eylemiş oldıġıñ {11} maʿlūmü'l-esāmī gāvurlarıñ aḫẕ ü giriftiyle eṣnā-yı rāhda bir vechile firār idemeyecek ṣūretle {12} Dersaʿādet'e irsāllerine ve mesfūr Yazıcı Ḳosṭanṭī'den başḳa muḳaddem iḥżārları irāde ve işʿār olunan {13} gāvurlarıñ daḫi gönderilmesine diḳḳat ve mersūm Yazıcı Ḳosṭanṭī ẕimmīniñ daḫi ṣalāḥ māddesi-çün olunacaḳ {14} su'āl ve cevāb bitdikden ṣoñra keẕālik bu ṭarafa iḥżārına müsāraʿat ve Şārköyi Çirmen sancaġı dāḫilinde {15} olub aʿyānlıḳ māddesi şürūṭı mūcebince icrā olunmaḳ üzere saʿādetlü Çirmen mutaṣarrıfı ḥażretlerine ṭarafımızdan {16} yazılmış olmaġla sen hemān mersūmlarıñ bu ṭarafa irsāliyle her ḥālde muḳteżā-yı me'mūriyyetiñi icrāya kemāl-i {17} ihtimām ü müṣāberet eylemañ içün ḳā'ime. Fī 4 N 36

[573/29] *Anāḍolī ḳā'immaḳāmına*

{1} Kūtāhya sancaġına tābiʿ Simāv ḳażāsından bā-emr-i ʿālī mürettеb olan ʿasākir tamām techīz olunaraḳ ṣavb-ı me'mūrelerine {2} irsāl olunduḳdan ṣoñra verādan göñüllü ʿalemleri küşādıyla yüz yigirmi nefer kimesne müctemiʿ olaraḳ Dersaʿādet'e {3} teveccüh ü ʿazīmet eylemek üzere olduḳlarından ve ḳażā-yı mezbūr nā'ib ve voyvodası ṭaraflarından vāḳiʿ olan {4} inhāya mebnī ʿasākir-i merḳūmeniñ tevaḳḳufları bā-buyuruldı tenbīh ḳılınmış ise de ol vechile ʿalem küşādıyla ʿasākir ḫurūcı {5} emrinde istiʿlām-ı irādeyi şāmil tevārüd iden taḥrīrātıñız mezāyāsı maʿlūmumuz olmuşdur. Rum gāvurlarınıñ {6} büyüği küçüği ehl-i īmān ʿaleyhine icrā-yı ihānete ittifāḳ itmiş olduḳlarından her ḳangı ṣınıfdan olur ise bi'l-cümle {7} mü'min ve muvaḥḥid daḫi ben şöyleyim böyleyim di[me]yerek yekvücūd ve müttеḥidü'l-ḳalb olaraḳ Müslümānlıġa yaḳışan {8} ḥālātı icrā eylemeleri farż olaraḳ bundan aḳdem bu ṭarafda ḥużūr-ı şerʿ-i muṭahharada işbu ittifāḳ ü ittiḥād {9} ḥāṣıl olaraḳ keyfiyyet her ṭarafa bildirilmiş ve ṭarafıñıza daḫi yazılmış ve bu cihetle gerek Ocaḳlu ve gerek sā'ire

{10} bir vücūd olarak i'lā'-i kelimetullāhı müstevcib ḥālātı istiḥṣāle mücidd olmak lāzım gelmiş oldığına naẓaran o maḳūle {11} bayraḳlarıñ daḫi men'i īcāb itmeyeceği beyānıyla ḳā'ime. Fī 4 N 36

[*573/30*] *Ḳapūdān paşaya*
{1} Bu def'a beyāż üzerine şeref-pīrā-yı ṣudūr olan ḫaṭṭ-ı hümāyūn-ı cenāb-ı pādişāhī ba'żı fıḳarātında "Rūsyalunuñ {2} mu'aḫḫaren gelan sefīnesi geldiği ḫaberi vārid olduḳda yuḳaru tebdīl adam gönderdim, cemī' me'mūrlar uyḫuda, {3} gāvurlardan cānı isteyenler sefīnelere girüb çıḳmaḳda. Boğaz'da olan sefīneleriñ ḳapūdānları gelan sefīneleri {4} niçün tevḳīf itmiyorlar? Bi'd-defa'āt fermān yazıldı. Şimdi her ḳangı devletiñ sefīnesi ve ne maḳūle tüccār teknesi {5} olur ise olsun, ibtidā işāret gösterüb Boğaz'dan ṭaşra iken yoḳlayub ba'dehū ruḫṣat [virilsün]. Re'āyāmız {6} 'iṣyān üzere oldığı cümle düvel ilçileriniñ ma'lūmı iken buña kim muḫālefet ider? Velev muḫālefet {7} eyleri olur ise dost ise ilzām olunur. Ḳapūdān paşa niçün Boğaz'ı varub yoḳlamaz? Aḳdeñiz içün {8} ṣoñradan tertīb olunan tüccār tekneleri techīz olundı mı? Ve burada geşt ü güẕār idecek ṣandāllar ve şālūpalar {9} daḫi ḥāżır oldı mı? Ve muḳaddemce Aḳdeñiz'e giden sefāyin nerededir? Niçün menzil ḳayıḳlarıyla çavuşlar ve ḳaradan {10} tatar İzmīr'e ve Boğaz'a ve sā'ir maḥallere peyderpey gidüb ḫaber getürmüyorlar? Bu vaḳt sā'ir vaḳte ḳıyās {11} olunmaz, ḫāb ü rāḥat vaḳti değildir. Ve Ḳaradeñiz boğazına āḫar sefīne ta'yīn olunacaḳ değil mi? Ḳaradeñiz'den {12} gelan ve bu ṭarafda olan sefāyin başlarında olan taṣvīrleri ḥaṣīr ile ve yelken ile ṣarub {13} iḫfā ideyorlar. Bunuñ ḥikmeti nedir, Ḳapūdān paşa añlasun." deyu emr ü fermān-ı hümāyūn buyurulmuş olmağla {14} bu vechile ṣaḥīfe-pīrā-yı ṣudūr olan ḫaṭṭ-ı hümāyūn-ı şāhāneniñ her bir fıḳrasını eṭrāfıyla te'emmül ve müṭāla'a-birle (14) yuḳaru Boğaz'da olan me'mūrlarıñ müteyaḳḳıẓ bulunmayub taḥḳīḳ-kerde-i cenāb-ı pādişāhī oldığı {2} vechile uyḫuda olmaları pek uyḳunsuz oldığından bunuñ muḳteżāsı icrā ve gāvur gemilerine muḳaddemki {3} irāde üzere kimesneniñ girüb çıḳmaması esbābını istiḥṣāl-birle her ḳangı devletiñ sefīnesi {4} olur ise Boğaz'ıñ ḫāricinde iken işāret ḳaldırılaraḳ yoḳlanması emr-i ehemmini īfā-birle cenāb-ı müşīrīleri {5} daḫi Boğaz'ı yoḳlamağa müsāra'at ve Aḳdeñiz içün ṣoñradan tertīb olunan tüccār tekneleri techīz olunub {6} ol[un]madığını ve bu ṭarafda geşt ü güẕār idecek ṣandāllar ve şālūpalarıñ keyfiyyeti ve meẕkūr gemilerde olan {7} ṣūretleriñ ol vechile setr olundığını ḫaber olaraḳ ḥikmetini ve Ḳaradeñiz boğazına āḫar sefīne ta'yīn olunacaḳ {8} değil mi; rikāb-ı hümāyūn-ı şāhāneye 'arż ü ifāde olunmaḳ üzere serī'an ve 'ācilen ber-vech-i īżāḥ iş'āra {9} müsāberet ve bundan aḳdem Aḳdeñiz'e çıḳarılan Donanma-yı Hümāyūn'dan daḫi menzil ḳayıḳlarıyla çavuşlar {10} gönderilüb peyderpey ḫaber aldırılaraḳ alınan ḫaberleri keẕālik ḫāk-pāy-ı hümāyūn-ı mülūkāneye ifāde olunmaḳ {11} üzere beyān ü ifādeye himmet buyurmaları siyāḳında teẕkire. Fī 5 N 36

[573/37] *Şaydā vālīsine*
{1} Muḳteżā-yı āgāhī ve feṭānetleri üzere dā'imā eṭrāf ü eknāfa iḥāle-i enẓār-ı başīret itmekde olduḳlarına mebnī Dersaʿādet'den {2} tevārüd iden tatarlarıyla ʿAkkā'da vāḳiʿ kilīsā rāhibiyle Naṣra ve Ḳalʿa-i Ḥayfa nām maḥalliñ üzerinde olan manāstır {3} rāhiblerine olaraḳ ẓuhūr itmiş olan Efrenciyyü'l-ʿibāre mektūblar tercümeleriyle berāber gönderildiği ve mezḳūr Ḳalʿa-i Ḥayfa'da {4} olan manāstır palanḳa resminde metīn ü müstaḥkem olaraḳ maḥẕūrdan ġayr-ı sālim oldığından hedmi ḫuṣūṣunı ve ifādāt-ı sā'ireyi [ḥāvī] {5} resīde-i mevḳiʿ-i vuṣūl olan taḥrīrāt-ı müşīrīleri mezāyāsı ve taḳdīm olunan evrāḳ mü'eddāsı maʿlūm-ı ḫālişānemiz {6} olduḳdan ṣoñra ḫāk-pāy-ı hümāyūn-ı şāhāneye ʿarż ile manẓūr-ı hümāyūn buyurulmuşdur. Ḳadīm olmayub ṣoñradan iḥdās̱ olunmuş {7} olan manāstırlarıñ ve ehl-i İslām'a mażarratı olan ḳadīm kenīsānıñ hedmine ruḫṣat-ı şerʿī oldığından virilan fetvā-yı şerīf {8} mūcebince ḳadīm ve ḥādis̱ olan kenīsālarıñ ikisini daḫi hedm itmeñiz ḫuṣūṣuna emr ü irāde-i seniyye-i mülūkāne taʿalluḳ iderek {9} ol bābda iḳtiżā iden emr-i ʿālī ıṣdār ve tesyār olunmuş olmağla muḳteżāsınıñ icrāsına himmet buyurmaları ġayret-i ẕātiyyelerine {10} muḥavveldir. Ḳaldı ki, cümleye maʿlūm ü āşikār ve muḳaddem ṣavb-ı saʿādetlerine taḥrīr ü işʿār olundığı vechile Rum gāvurlarınıñ dīn-i {11} Aḥmedī ve devlet-i ʿāliye-i Muḥammedī'ye derkār olan ḫıyānet ü melʿanetlerini icrā dāʿiye-i fāsidesine düşerek ṭaraf ṭaraf ümmet-i Muḥammed'e {12} īṣāl-i raḫne ve ḫasāra ibtidār itmekde olduḳlarından bunlarıñ ḳahr ü iżmiḥlālleri-çün Salṭanat-ı Seniyye tedābīr-i lāzımeyi icrāya {13} iʿtinā itmekde oldığından Cenāb-ı Ḫayru'n-Nāṣırīn'iñ ʿavn ü nuṣretiyle ḳarīben belālarını bulacaḳları elṭāf-ı ḫafiyye-i İlāhiyye'den {14} me'mūl ü müstedʿā ise de bu gāvurlarıñ meşhūr olan ḫıyānet ve ḫasāretlerine ve birbirlerine rabṭ-ı peyvend-i ittifāḳlarına {15} naẓaran bu māddede Rūsyalunuñ medḫali oldığı ve belki bütün bütün anıñ başı altından olacağı āşikār ve her ne ḳadar {16} Rūsyalu bu ḫuṣūṣda medḫali olmadığını beyān itmekde ise de kendü kārını tervīc içün ḥīle ve ḫudʿa ḳabīlinden {17} olaraḳ ve bunlarıñ ḥīle ve ḫudʿasını bilerek aña göre ḏavranılması īcāb-ı vaḳt ü ḥālden oldığı bedīdār {18} olmaḳ mülābesesiyle Devlet-i ʿAliyye iḳtiżā iden me'mūrlarını bu ḳażiyyeden ḫafīce āgāh itmekde ve tedārükāt-ı muḳteżiyeyi ikmāl {19} eylemekde ise de ṣavb-ı saʿādetlerine keyfiyyet tamāmca yazılub siz daḫi ḥīlelerini añlayub Rūsya ḳonsolosuna ve sā'ire ne vechile {20} muʿāmele iḳtiżā ider ise bilmeñiz īcāb-ı emr ü irāde-i mülūkāneden olmağla muḳteżā-yı dirāyet ve diyānetleri üzere {21} Rum gāvurlarınıñ cümlesi bi'l-ittifāḳ ümmet-i Muḥammed ʿaleyhine ittiḥād eyledikleri ve Rūsyaludan bir vechile emniyyet olmadığı {22} maʿlūm-ı saʿādetleri buyurulduḳda ẕāt-ı ʿālīleri bir ṭarafdan bir vechile ġāfil bulunmayaraḳ ol ṭarafda Rūsya ḳonsolosuna ve sā'ire {23} lāzım gelecek muʿāmeleyi aña göre icrā ve her ḥālde feṭānet ü dirāyetleri me'ās̱irini is̱bāt ü ibrāza ṣarf-ı {24} ẕihn ü reviyyet buyurmaları siyāḳında ḳā'ime. Fī 5 N 36

[573/45] *Bu def'a Dersa'ādet'den iḫrāc olunacaḳ beş ḳıṭ'a tüccār sefīnesiyle bundan aḳdem iḫrāc ü i'zām olunaraḳ Gelībolī'da beksimādlarını almaḳ üzere olan sekiz ḳıṭ'a sefīne ki cem'an on üç ḳıṭ'a tüccār sefīnesine başbuġ naṣb ü ta'yīn olunan Girīdī İbrāhīm Ḳapūdān'a virilecek ta'līmāt-nāmedir*
{1} Aḳdeñiz'de eşḳıyā tekneleri tekes̱s̱ür iderek āmed-şod iden ehl-i īmān sefīnelerine ṣarḳındılıḳ iderek envā'-ı {2} feżāḥat ü ḫıyānete ictisār itmekde olduḳlarından bi-'ināyetillāhi Ta'ālā eşḳıyā-yı merḳūmeniñ ḳahr ü tedmīrleri {3} ve virilan fetvā-yı şerīf mūcebince evlād ü 'iyālleri esīr olunaraḳ mālları beyne'l-'asākir iġtinām olunması {4} niyyet-i ḫāliṣasıyla bundan aḳdem Dersa'ādet'den Riyāla-i Hümāyūn Ḳapūdānı 'Alī Beğ ma'iyyetiyle bir ṭaḳım Donanma-yı {5} Hümāyūn iḫrāc olunmuş ise de bir ṭaḳım sefāyin daḫi iḫrāc olunaraḳ ṣavlet-i İslāmiyye'niñ icrāsı lāzımeden {6} oldıġından mu'aḫḫaren techīz olunub seniñ başbuġluġuñla gönderilmiş olan sekiz ḳıṭ'a tüccār sefīnesi ile {7} bu def'a techīz ve irsāl olunan beş ḳıṭ'a tüccār sefīnesine beğlik süfün-i hümāyūndan bir gemi başbuġ olması {8} lāzım gelerek Muṣṭafā Ḳapūdān'nıñ süvār oldıġı İnāyet-i Bārī nām fırḳateyn-i hümāyūn işbu on üç ḳıṭ'a {9} tüccār sefīnelerine başbuġ sefīnesi olmaḳ üzere ta'yīn olunub sen işgüẕār ve ṣadāḳat-kār oldıġıñdan seniñ {10} bu teknelere başbuġ olmañ tensīb ol[un]araḳ ol bābda ṭarafıña me'mūriyyet emr-i şerīfi daḫi gönderilmiş olmaġla {11} bi-mennihī Ta'ālā işbu sefīneler ile fırḳateyn-i meẕkūre Gelībolī'ya vardıḳda sen fırḳateyn-i meẕkūra girüb ve bu on {12} üç ḳıṭ'a sefīneyi ma'iyyetiñe alub 'avn ü nuṣret-i Ḥażret-i Rabbü'l-'Ālemīn'e istinād iderek Boġaz'dan {13} çıḳaraḳ mūmā-ileyh Riyāla beğ ma'iyyetine vuṣūlüñüze ḳadar Aḳdeñiz'de rāst geldiğiñiz düşmen gemileri üzerlerine {14} bilā-tevḳīf hücūm ve içinde bulunan kāfirleri ḳatl ü i'dām ve evlād ü 'iyāllerini esīr ve māl ü emlāklarını {15} ġuzāt-ı 'asākir beyninde iġtinām iderek gāvurları ḫarāb ü yebāb ile icrā-yı diyānet ü şecā'ate diḳḳat ve Riyāla beğ {16} ile birleşdikde daḫi mūmā-ileyhle ittiḥād ü ittifāḳ iderek cümleñiz bir uġurdan Aḳdeñiz'de 'iṣyān iden mecmū' {17} dīn düşmenleriniñ kendülerini izāle ve çoluḳ ve çocuḳlarını esīr ve mallarını ġanīmet ile müteḥaṣṣın olduḳları {18} maḥalleri urub berbād ve bunlarıñ ḥaḳlarından gelinerek perīşān eylemeğe kemāl-i müsāra'at ü ġayret {19} eylemañ içün ṭarafıña işbu ta'līmāt-nāme virildi. Fī 6 N 36

[573/46] *Tırḥāla mutaṣarrıfına*
{1} 'Avn ü 'ināyet-i Cenāb-ı Bārī ve yümn-i himem-i ḥażret-i cihān-dārīyle Velestīn ḳażāsına duḫūl iden {2} kāfirler 'asākir-i İslāmiyye ile muḥārebeye tāb-āver-i taḥammül olamayaraḳ münhezim ü maḳhūr olduḳları {3} ve vāfir esīr ile beş yüz kelle ve bir ḳıṭ'a ṭop ve yiğirmi ṣandıḳ cebeḫāne aḫẕ olundıġı {4} ḫaber-i sārresini mutażammın firistāde ve irsāl buyurılan taḥrīrāt-ı behcet-āyāt-ı müşīrīleri vārid {5} ü vāṣıl ve mefhūm ü mezāyāsına ıṭṭılā'-i

muḥibbānemiz şāmil olub bu vechile dīn düşmenlerine ṣalābet ü ġayret-i {6} İslāmiyye'niñ ibrāzını müstelzim ḥālātı ikmāle maṣrūf olan himem-i şerīfeleri ẕāt-ı saʿādetlerinden {7} me'mūl ü muntaẓar olan diyānet ü besāleti te'kīd iderek mūcib-i ḥaẓẓ ü taḥsīn-i mevfūr ve taḥrīrāt-ı {8} mersūle-i mezkūreleri ḫāk-pāy-ı hümāyūn-ı şāhāneye ʿarż ü taḳdīm olunduḳda "Hemān kāfirleri {9} ḳırub emvāl ve evlādlarını ʿasākire yağma itdirderek gözlerini ḳorḳutmaġa baḳsun. {10} İnşā'allāh çoḳ nuṣrete maẓhar olur." deyu ḫaṭṭ-ı hümāyūn-ı şāhāne şeref-rīz-i ṣudūr olmaġla, {11} göreyim cenāb-ı müşīrīlerini, ber-manṭūḳ-ı emr ü fermān-ı şāhāne hemān kāfirleri ḳırub evlād {12} ve emvāllerini ʿasākire yağma itdirderek ibrāz-ı besālet ü celādete himmet ve sizden me'mūlümüz olan {13} ġayret ü diyāneti iṡbāta beẕl-i diḳḳat buyurmaları siyāḳında ḳā'ime. Fī 6 N 36

[573/47] ***İstānbūl efendisine***

{1} Rum gāvurlarınıñ ʿālī olan dīnimize ve devletimize açıḳdan açıġa icrā-yı ḫıyānet ü melʿanet {2} dāʿiyesinde olduḳları herkese maʿlūm olaraḳ Müslümānım diyen ve ḳalben ve ḳāleben peyġamber-i ẕī-şān {3} efendimizi taṣdīḳ iden bi'l-cümle dīn ḳarındaşlarımızıñ emr-i ūlī'l-emre iṭāʿat ile müsellaḥ {4} ve müteyaḳḳıẓ bulunmaları tenbīh olunmuş ise de baʿżı kendüyi bilmez süfehā maḳūlesi evlerinde ve zūḳāḳlarda {5} bilā-mūcib tüfenk ve piştov atmaḳda olduḳlarından o maḳūleler daḫi gice ve gündüz tüfenk ve piştov {6} atmamasını ve atar ise żābiṭe ḫaber virmelerini e'imme-i maḥallāta tenbīh eylemeñiz ḫuṣūṣı bundan aḳdem {7} ṭarafıñıza fermān-ı ʿālī ile tenbīh olunmuş idi. El-ḥāletü-hāẕihī bu maḳūleler mütenebbih ve memnūʿ olmayaraḳ {8} yine gicede ve gündüzde tüfenk ve piştov atmaḳda olduḳları meşhūd olub bunuñ żarar ü ziyānı {9} ednā mülāḥaẓa ile maʿlūm olan mevāddan ve bu ḫuṣūṣuñ menʿ ü defʿi mütecāsir olanlarıñ te'dībiyle {10} olacağı vāżıḥātdan olaraḳ fī-mā-baʿd gerek evlerinde ve gerek zūḳāḳlarda piştov ve tüfenk atmaġa {11} cesāret idenleriñ menʿi ve memnūʿ olmayanlarıñ żābiṭe ḫaber virilmesi ḫuṣūṣı Bilād-ı Ṡelaṡe ḳāḍīları {12} fażīletlü efendilere başḳa başḳa fermān-ı ʿālī ıṣdārıyla tenbīh olunmuş olmaġla, imdi siz daḫi e'imme-i maḥallātı {13} celb iderek bundan ṣoñra maḥallelerinde ve zūḳāḳlarda her kim bilā-mūcib tüfenk ve piştov atar ise {14} żābiṭe ḫaber vireceğini ahālī-i maḥallāta beyān ile diñlemeyüb atar olur ise żābiṭe ḫaber virmelerini {15} ve tekāsül idüb ḫaber virmeyan e'imme lede't-taḥḳīḳ maẓhar-ı eşedd-i te'dīb olacağını ekīden tenbīh eyleyesin deyu. Fī 7 N 36

[573/65] ***Ḳapūdān paşaya buyuruldı***

{1} Rum gāvurlarınıñ dīn-i mübīn-i Aḥmedī ve devlet-i ʿāliye-i Muḥammedī ʿaleyhine olan ihānet ü melʿanetleri gereği gibi açıġa çıḳmış {2} ve Devlet-i

ʿAliyye tedābīr-i dāḫiliyye ve niẓāmāt-ı mülkiyyesine ṭaraf ṭaraf teşebbüş itmiş ise de biraz vaḳtden berü baʿżı {3} serserī ve bekār Moralı ve Aġrafa[lı] Rum gāvurları İstānbūl'da tecemmuʿ iderek ifsād-ı reʿāyā ve envāʿ-ı melʿanete {4} ictirā itmekde olduḳlarından şeref-sünūḥ iden irāde-i seniyye-i mülūkāne mūcebince o maḳūle Moralı ve Aġrafalı bekār ve serserī {5} kāfirler żābiṭān maʿrifetiyle ṭutılaraḳ Dersaʿādet'den Anāḍolī ṭarafına ṭard ü defʿ olunmaḳda ise de Beğoğlı {6} ve Ġalaṭa ve sā'ir ol ḥavālīde bulunan bi'l-cümle serserī ve bekār ve ḳadīmden yerlü yurdlu eṣnāf maḳūlesinden māʿadā {7} eli ve ayaġı ṭutar Rum gāvurlarınıñ ḫāneleriyle ḳaldırılub Anāḍolī'ya geçürülmesi ḫuṣūṣuna irāde-i seniyye-i mülūkāne taʿalluḳ itmiş {8} ve bu ḫuṣūṣa dergāh-ı ʿālī ḳapucıbaşılarından bendler muḥāfaẓasına me'mūr Ṣāliḥ Ḳoç Aġa ve Ṭopçıbaşı Aġa me'mūr ḳılınaraḳ {9} Paṭrīḳḫāne'den daḫi adam terfīḳiyle Ġalaṭa ve Beğoğlı ve sā'ir ḳarşu ḥavālīsiniñ her bir ṭarafını ḍolaşaraḳ {10} maḫfī ve mestūr bir maḥal bıraḳmayaraḳ cümlesini taḥarrī ve defter idüb bekār ve serserī ve ḳadīm yerlü yurdlu eṣnāf {11} maḳūlesinden māʿadā eli ayaġı ṭutar Rum gāvurlarını daḫi ḫāneleriyle Beğoğlı ve ḥavālīsinden iḫrāc {12} itmeleri mūmā-ileyhimāya başḳa başḳa fermān-ı ʿālī ile tenbīh ḳılınmış olmaġla ṭaraf-ı saʿādetlerinden daḫi lāzım gelan {13} me'mūrlar taʿyīn ḳılınaraḳ mūmā-ileyhimā maʿrifetleriyle Beğoğlı ve Ġalaṭa ve ḥavālīsi gereği gibi taḥarrī olunub o maḳūle {14} gāvurlarıñ cümlesiniñ Beğoğlı ve ḥavālīsinden iḫrāc olunması vesā'ilini istiḥṣāle müsāraʿat ü himmet {15} buyuralar deyu. Fī 10 N 36

[*573/70*] *Ṣamāḳocuḳ Nāẓırı Yūsuf Aġa'ya*
{1} Rum milleti beyninde tekevvün iden fesādda medḫal-i ʿaẓīmi olanlardan bu defʿa aḫẕ ü girift olunan {2} Sūzebolī lādīḳasıyla sā'ir dört nefer pāpāslar der-bār-ı maʿdelet-ḳarāra gönderilmiş oldıġı ve bundan böyle daḫi {3} o maḳūle ḫaveneyi taḥarrī ve taḥḳīḳden ḫālī olunmayacaġı beyānıyla o maḳūlelerden bundan ṣoñra ele geçenleriñ {4} baʿżılarınıñ daḫi maḥallerinde ṣalb ü siyāsetleriyle sā'ire ʿibret ḳılınmaları ruḫṣat-ı seniyye iʿṭāsına menūṭ {5} oldıġı ifādesine dā'ir tevārüd iden maʿrūżātıñ manẓūr ü mefhūmı maʿlūmumuz olub o maḳūle ḫā'in-i {6} dīn ve devlet-i Muḥammedī olan melʿūnları bi't-taḥarrī aḫẕ ü girift ve Dersaʿādet'e irsāl ile iṣbāt-ı müddeʿā-yı ṣadāḳate {7} diḳḳatiñ vesīle-i ḥaẓẓ ü taḥsīn oldıġından ġayrı maʿrūżāt-ı mezkūreñ ḥużūr-ı hümāyūn-ı şāhāneye {8} daḫi ʿarż ile meşmūl-ı liḥāẓa-i ʿāṭıfet-ifāża-i ḥażret-i pādişāhī buyurulmuş ve mesfūrlar daḫi Dersaʿādet'de {9} vāḳiʿ siyāset-gāhlarda ʿibreten-li'l-ġayr ṣalb ile tertīb-i cezā ḳılınmışdır. Bu maḳūle ḫaveneden bundan böyle aḫẕ {10} olunanlardan baʿżılarınıñ maḥallerinde ṣalb ü siyāset ḳılınmalarına ruḫṣat iʿṭāsı maʿrūżāt-ı mezkūreñde münderic ise de {11} ḥālā Anāḍolī Vālīsi saʿādetlü Ebūbekir Paşa ḥażretleri ol ṭarafdan mürūr ile ol ḥavālīde olan reʿāyāyı {12} kefīle rabṭ ve müstaḥaḳḳ-ı te'dīb olanları ṣalb ü siyāset itmek üzere me'mūr

olmağla sen daḫi bundan böyle {13} bu emr-i ehemm-i dīnde mezīd-i taḳayyüd ü ihtimām iderek bu mis̱illü ḫaveneyi bi't-taḥḳīḳ aḫẕ ü ḥabs ile keyfiyyeti bu ṭarafa {14} taḥrīr ve istīẕāna mübāderet ve her ḥālde ibrāz-ı dirāyeti [?] ve ṣadāḳate diḳḳat eylemañ içün ḳā'ime. Fī 10 N 36

[*573/73*] ***Midillü Muḥāfıẓı Reşīd Paşa'ya***
{1} Muʿārıż Körfezi ṭaraflarında eşḳıyā sefāyini geşt ü güẕār eyledikleri es̱nāda on bir-on iki nefer miḳdārı {2} kāfir ṭāyifeli Īnöz Lefkesi eşḳıyā sefāyini içinden ayrılub Midillü cezīresiniñ berü boğaz ṭarafına {3} nāẓır olan burunda kā'in Molova ḳalʿası pīşgāhına gelüb timür bıraḳdıḳda Molova'nıñ yerlü delüḳanlıları {4} hemān sefīne-i merḳūme üzerine hücūm ve duḫūl ve derūnunı taḥarrī iderler iken ḳūmānya ṭaraflarında ḳan {5} bulaşıġı ve ḥuccāc es̱vābı ve ḳuṭı ile ḳūrābiye mis̱illü şeyler görüb bulduḳlarından "Sefīne-i merḳūmede {6} ehl-i İslām şehīd olmuş" deyu derḥāl ṭāyife-i mersūmeniñ dört neferini iʿdām idüb ḳuṣūr yedi {7} neferini daḫi iʿdām itmek üzere iken Molova żābiṭānı rıżā virmeyüb anları aḫẕ ü bend ve sefīneniñ {8} dümenini refʿ ile tevḳīf ve mersūmları muḳayyeden ṭarafıñıza irsāl itmişler ise de mersūmlarıñ Midillü'de {9} sebīlleri taḫliye olunaraḳ el-yevm Midillü'de geşt ü güẕār üzere olduḳları bu defʿa iḫbār olunub {10} sefīne-i merḳūmede ol vechile ehl-i İslām şehīd olmuş oldıġı ʿalāmetiyle tebeyyün iderek dört neferi {11} iʿdām ve māʿadāsı muḳayyeden ṭarafıñıza irsāl olunmuş iken {12} ḳoyvirdiğiñize cān ṣıḳılur. Bu maḳūle şübhe olan sefāyin ve sā'ir maḥallerde ṭutılan gāvurlarıñ ḥabsini {13} bile cā'iz görmeyerek derḥāl iʿdām itmek lāzımedendir. El-ḥāṣıl ḳoyvirdiğiñiz gāvurları {14} ve bunlar ems̱āli ele girenleri siyāset itmeñiz ve bir daḫi böyle iderseñiz cevāba ḳādir olamayacağıñız bu defʿa {15} mehābet-efzā-yı ṣudūr olan ḫaṭṭ-ı hümāyūn-ı şāhāne me'āl-i sāmīsinden müstefād olmağla mūcebince beher-ḥāl {16} mesfūrları ve bunlar ems̱āli ele girenleri siyāset iderek keyfiyyeti inhāya ve bir daḫi bu mis̱illü ḥālāt {17} vuḳūʿa gelür ise cevāba ḳādir olamayacağıñızı bilerek aña göre ḥareket ve sefīne-i meẕkūrı {18} oldıġı maḥalde tevḳīf ile keyfiyyeti serīʿan işʿāra mübāderet eylemeñiz siyāḳında ḳā'ime. Fī 11 N 36

Derkenar: Ṣoñra bu ṣūretle taṣḥīḥ olunaraḳ tebyīż olunmuş ve tesvīdi mükerrer gelmiş idüği

[*573/74*] ***Midillü muḥāfıẓına***
{1} Ḳalonya despotı ile iki nefer keşīşleriñ kenīsālarına ṭop gömmüş olduḳları bundan aḳdem ṭarafıñızdan {2} işʿār olunmuş ve mersūmlarıñ aḫẕ ü ḥabsiyle keyfiyyetiñ işʿārı irāde ḳılınmış ise de bu defʿa ṭarafıñızdan {3} tevārüd iden şuḳḳada mersūmlar aḫẕ ü ḥabs olunmuş iken Midillü despotı ve reʿāyāları ve birḳaç {4} ehl-i İslām mersūmlarıñ bundan ṣoñra ḫıyānet itmeyeceklerine

taʿahhüd eyledik̲lerinden Midillū paṭrīḳine [?] teslīm {5} olundığı muḥarrer ü mez̲kūr olmağla mezāyāsı maʿlūmumuz olmuşdur. Rum gāvurlarınıñ ehl-i İslām'a olan {6} ḫıyānet ü melʿanetleri açığa çıḳmış ve Rumlarıñ büyüği küçüği müttefiḳ olduḳları herkese beyān ü iʿlān olunmuş {7} oldığından başḳa bu gāvurlarıñ kenīsālarında ṭop çıḳub ḫıyānetleri oldığı muḳaddem ṭarafıñızdan yazılmış iken {8} ve Aḳdeñiz'e çıḳan Rum gāvurları ellerine geçen ehl-i īmānı bilā-amān ḳatl ü iʿdām ve gemileriniñ cūnda {9} ve cıvadīralarına ṣalb iderek mücerred Müslümān olanları telef ü imḥāya çalışdıḳlarını herkes bilüb ve işitmiş iken {10} siziñ böyle bunları "Midillū despotı ve reʿāyāsı ve Müslümānlar ricā eyledi" deyu ḳoyvirmeñiz ġayret ü ḥamiyyete {11} muġāyir bir ḥareketdir. Gāvurlarıñ cümlesi müttefiḳ oldığından ḳurtarmaḳ içün Midillū gāvurları {12} mersūmı ricā ideceği ẓāhir ise de bu kāfirleri teṣāḥub ile size ifāde ve taʿahhüd iden Müslümānlar {13} naṣıl Müslümānlardır bilinemez. Ḥāṣılı beher-ḥāl ḫıyānetleri ẓāhir olan bu gāvurları siz aḫẕ ü girift ile {14} muḥkem ḥabs idüb ḥabs olunduḳları keyfiyyetini serīʿan bu ṭarafa işʿār ve bu ḫuṣūṣı size ifāde ve ricā iden {15} Müslümānlar kimler ise anları daḫi ḥamiyyet ü dirāyet meʾās̲irini iẓhār eylemedikleri-çün taʿzīre ve emr-i muḥāfaẓaya {16} kemāliyle diḳḳat iderek ve gāvurlarıñ cümlesi müttefiḳ oldığını ve hiçbirinden emniyyet cāʾiz olmadığını {17} bilerek aña göre ḥareket ile īfā-yı meʾmūriyyetde bir daḳīḳa ġāfil bulunmamağa kemāliyle iʿtinā {18} ve müs̲āberet eylemeñiz içün ḳāʾime. Fī 11 N 36

[*573/75*] ***İbrāʾīl muḥāfıẓına***

{1} Muʾaḫḫaren Foḳşān ḳaṣabası üzerine bağteten hücūm iden Rum kāfirleri ne vechile maẓhar-ı tīġ-i āteş-bār-ı İslāmiyye olmuş {2} ve es̲nā-yı muḥārebede alınan ḳulaḳ ve bayraḳ ve Lūḳa nām pāpās-ı melʿūnuñ ḳulağıyla ḳalpağı gönderilmiş oldığını {3} şāmil tevārüd iden taḥrīrāt-ı besālet-āyāt-ı müşīrīleri mezāyāsı ḳarīn-i ıṭṭılāʿ-i ḫālişānemiz olub lillāhi'l-ḥamd {4} bu defʿa daḫi bu ḳadarca fütūḥāt olmuş oldığından inşāʾallāhü Taʿālā bundan ṣoñra daḫi küllī fütūḥāt olmasına delīl {5} olaraḳ işbu ġayretleri bādī-i ḥaẓẓ ü taḥsīn olmuş ve taḥrīrāt-ı vārideleri rikāb-ı ḳamer-tāb-ı ḥażret-i pādişāhīye {6} ʿarż ile manẓūr-ı hümāyūn-ı mülūkāne buyurulmuş ve gönderilan ḳulaḳlar ve bayraḳ ve sāʾire pīşgāh-ı bāb-ı hümāyūnda ġalṭīde-i {7} ḫāk-i ʿibret ḳılınmışdır. Bu kāfirleriñ bilā-mūcib ümmet-i Muḥammed ʿaleyhine bu derece irtikāb eyledikleri ḫıyānet ü melʿanet cihetiyle Cenāb-ı {8} Ḫayru'n-Nāṣırīn'e ʿavn ü nuṣretine ḏayanaraḳ hemān bunlardan intiḳām alınub ehl-i īmān ve İslām'da olan cevher-i {9} ġayreti ve şecāʿati bunlara göstermek cümle Müslümānım diyane farż olmuş oldığından ve şimdiye ḳadar saʿādetlü {10} Ṣāliḥ Paşa ḥażretleri daḫi ol ṭarafa varmış olacağından hemān varub Yaş ḳaṣabasını żabṭ iderek {11} istiḥkām ve muḳaddem ṭaraf-ı saʿādetlerine yazılmış olan veṣāyā ve taʿlīmāt vechile ḥarekete iḳdām eylemeñiz lāzımeden {12} ve emr ü fermān-ı hümāyūn-ı şāhāne muḳteżāsından olmağla, göreyim cenāb-ı şecāʿat-meʾābıñızı, işbu dīn-i mübīn uğurunda {13} ve Devlet-i ʿAliyye-i Muḥammediyye ve pādişāh-ı ʿālem-penāh efendimiziñ yolunda merdāne ve ġayret-şiʿārāne çalışaraḳ bir ān aḳdem {14} Yaş ḳaṣabasınıñ żabṭıyla istiḥkāmı ḫuṣūṣuna müsāraʿat ve muḳaddem ṭaraf-ı saʿādetlerine yazılmış olan {15} veṣāyā ve taʿlīmāt mūcebince ḥarekete bez̠l-i himmet ile sizden meʾmūl ü muntaẓarımız olan merdliği is̠bāta bez̠l-i mā-ḥaṣal-i {16} liyāḳat buyurmaları maṭlūb-ı ʿālī idüği beyānıyla ḳāʾime. Fī 11 N 36

[*573/77*] ***Anād̠olī Vālīsi olub Babad̠ağı cānibine meʾmūr Ebūbekir Paşa'ya***
{1} Aḳdeñiz sevāḥiliniñ uyḳunsuzluğı cihetiyle cenāb-ı saʿādetleri berren Vārna'ya varınca mecmaʿ-ı reʿāyā olan maḥallere uğrayub {2} reʿāyānıñ esliḥaları aḫz̠ ve kefīle rabṭ olunmaḳ ve içlerinden rehn alınub reʿāyādan fesādı taḥaḳḳuḳ {3} eyleyanler iʿdām ḳılınmaḳ bābında ṣudūr iden emr-i ʿālī ve gönderilan taḥrīrāt-ı ḫulūṣ-verīniñ vuṣūlünden baḥis̠le {4} sevāḥilden ayrılmayaraḳ yemīn ü yesārda vāḳiʿ ḳażā ve ḳurāda kāʾin reʿāyānıñ ḥālleri taḥarrī olunmuş {5} ve Ḳırḳkilīsā'ya ḳadar esliḥa ve küfelā ve istirhān māddeleri Sipāhīler Ağası Meḥmed Ağa maʿrifetiyle muḳaddemce {6} tanẓīm ḳılınmış oldığı ve Aḥyolī Berġosı ve Aḥyolī ve Misivrī'den Vārna'ya ḳadar ol ḥavālī Ṣamāḳocuḳ Nāẓırı {7} Yūsuf Ağa'ya iḥāle olunmuş ise de reʿāyānıñ kes̠reti ve ehl-i İslām'ıñ ḳılleti derkār idüğünden {8} ve Midye'den Vārna'ya varınca sevāḥiliñ muḥāfaẓası daḫi ağa-yı mūmā-ileyhe muḥavvel oldığından külliyyetlü ʿasker ile {9} z̠ikr olunan yerleriñ muḥāresesi īcāb-ı maṣlaḥatdan idüği ifādesini şāmil resīde-i mevḳiʿ-i vuṣūl olan {10} taḥrīrāt-ı saʿādetleri mezāyāsı ıṭṭılāʿ-i muḥibbī ile meşmūl olmuşdur. Z̠āt-ı müşīrāneleri sāʾire maḳīs olmayaraḳ {11} kemāl-i feṭānet ü ṣalābet ile ārāste muʿtemed ü mevs̠ūḳ vüzerā-yı ʿiẓām-ı Salṭanat-ı Seniyye'den olduḳları ẓāhir {12} ve reʿāyā beyninde ḥudūs̠ itmiş olan fesād ü melʿanet keyfiyyeti cümleye maʿlūm olaraḳ bunlarıñ hiçbirinden emniyyet {13} cāʾiz olmayacağına bināʾen her ḥālde levāzım-ı tabaṣṣur ü āgāhīniñ icrāsına iʿtinā ve reʿāyānıñ esliḥası alınaraḳ {14} żabṭ ü rabṭları vesāʾiliniñ ikmāline iḳdām derece-i vücūbda oldığı bāhir olaraḳ muḳaddem z̠āt-ı saʿādetleriniñ {15} ol vechile meʾmūriyyeti ḫuṣūṣuna irāde-i seniyye-i mülūkāne taʿalluḳ itmiş oldığına naẓaran işʿār buyurılan maḥāl reʿāyāsınıñ {16} silāḥları alınmamış ve küfelāya rabṭ ve tevs̠īḳ olunmamış oldığı ḥālde ṭaraf-ı saʿādetlerinden meʾmūriyyet-i düstūrīlerine {17} taṭbīḳan iḳtiżāsı icrā olunmaḳ lāzım geleceği ve Midye'den Vārna'ya varınca sevāḥiliñ emr-i muḥāfaẓası mūmā-ileyh {18} Yūsuf Ağa'nıñ ʿuhdesine ḥavāle olunmuş oldığından ol ḥavālīyi muḥāfaẓa eylemesi farīża-i z̠immet-i meʾmūriyyeti ise de {19} bundan böyle daḫi yine esbāb-ı muḥāfaẓa istiḥṣāl olunacağı maʿlūm-ı dirāyet-melzūm-ı düstūrīleri buyurulduḳda {20} z̠āt-ı

saʿādetleri ṣudūr iden emr-i ʿālī-i mezkūr manṭūḳı üzere meʾmūriyyet-i müşīrānelerini icrā buyurmaları {21} siyāḳında ḳāʾime. Fī 11 N 36

[573/83] *Ḳaraman vālīsi olub Yeñişehir cānibine meʾmūr Ebūbekir Paşa'ya*
{1} Ayvalıḳ reʿāyāsınıñ bundan aḳdem ʿiṣyānları istiḫbār olunmuş oldıġına bināʾen Ayvalıḳ ḳażāsınıñ {2} urılub o maḳūle ʿiṣyān iden gāvurlarıñ ḳılıçdan geçürülmesine irāde-i seniyye taʿalluḳuyla {3} ẕāt-ı saʿādetleri daḫi meʾmūr ve taʿyīn ḳılınmışlar olduḳlarından bu defʿa Berġama'ya vürūd ile Ḫudāvendigār {4} sancaġı ḳażālarından ve ol ḥavālīden maʿiyyet-i müşīrīleri-çün bā-buyuruldı ʿasākir muṭālebe olunmuş {5} ise de el-ḥāletü-hāẕihī Ayvalıḳ reʿāyāsınıñ ʿiṣyānları ġayr-ı vāḳiʿ olaraḳ merkez-i raʿiyyetde müstaḳır {6} olduḳları bā-taḥrīrāt ü iʿlām inhā ve beyān olunmuş ve saʿādetlü Ḫudāvendigār mutaṣarrıfı ḥażretleri {7} ṭarafından Ayvalıḳ muḥāfaẓasına maḫṣūṣ ʿasākir ve meʾmūr gönderilmiş oldıġından ġayrı Mora ṭarafında {8} ʿuṣāt-ı eşḳıyānıñ keṣreti cihetiyle muʾaḫḫaren ẕāt-ı şecāʿat-simāt-ı müşīrīleriniñ Yeñişehir ṭarafına meʾmūriyyetleri {9} ḫuṣūṣuna irāde-i seniyye-i ḫüsrevāne taʿalluḳuyla meʾmūriyyet-i müşīrīlerini nāṭıḳ emr-i ʿālī ıṣdār ve tesyār {10} ol[un]muş oldıġından ẕāt-ı saʿādetleriniñ Ḫudāvendigār ve ol ḥavālī ḳażālarından ʿasker muṭālebe itmeyerek {11} bir gün evvel muḳteżā-yı meʾmūriyyetleri üzere Rumili'ye mürūr ve Yeñişehir'e vuṣūle ve īfā-yı {12} meʾmūriyyete kemāl-i şitāb ü sürʿat buyurmaları iḳtiżā ideceġi ẓāhir olmaġla muḳteżā-yı meʾmūriyyetleri {13} ve iḳtiżā-yı ġayret ü ḥamiyyetleri üzere bir ān evvel Rumili'ye mürūr iderek cānib-i meʾmūrlarına {14} vuṣūle şitāb ü müsāraʿat buyurmaları siyāḳında ḳāʾime. Fī 11 N 36

[573/85] *Ḫudāvendigār mutaṣarrıfına*
{1} Ayvalıḳ reʿāyāsınıñ iẓhār-ı ʿiṣyān {2} ü ṭuġyān itmiş olduḳları bā-maḥżar {3} inhā olunmaḳ ḥasebiyle reʿāyā-yı mersūmeniñ {4} seby ü istirḳāḳları żımnında ẕāt-ı saʿādetleriniñ {5} ve sāʾir lāzım gelenleriñ meʾmūriyyetlerini {6} şāmil ṣudūr iden emr-i ʿālīniñ icrāsı {7} żımnında silaḥdārları meʾmūr ḳılınmış {8} ve muʾaḫḫaren reʿāyā-yı mersūmeniñ ʿiṣyānlarına {9} dāʾir vuḳūʿa gelan inhā ġayr-ı vāḳiʿ {10} oldıġı iḫbārına mebnī işbu ṣūret {11} vāḳiʿ ise istiḥṣāl-i emr-i muḥāfaẓaları {12} ḫuṣūṣuna iḳdām olunmaḳ ve ʿiṣyānları {13} taḥaḳḳuḳı taḳdīrinde üzerlerine hücūm {14} ve tenkīl ḳılınmaḳ tenbīhini şāmil emr-i ʿālī gönderilmiş {15} oldıġından anıñ cevābını mutażammın tevārüd {16} iden şuḳḳa-i şerīflerinde reʿāyā-yı {17} mersūmeniñ ʿiṣyānları ġayr-ı vāḳiʿ {18} olaraḳ el-ḥāletü-hāẕihī dāʾire-i iṭāʿatde {19} ṣābit olduḳları müteḥaḳḳıḳ olaraḳ {20} reʿāyā-yı mersūme birbirleriyle kefīle rabṭ {21} olunaraḳ her ḥālde istiḥṣāl-i esbāb-ı {22} muḥāfaẓalarına iʿtinā ve ol bābda silaḥdārları {23} mūmā-ileyh ile ketḫüdāları ṭarafından {24} ṣavb-ı saʿādetlerine vürūd iden evrāḳ

{25} ve iʿlām ve maḥżar isrā ḳılınmış oldıġı muḥarrer {26} olmaġın mezāyāları maʿlūm-ı ḫāliṣānemiz {27} olduḳdan ṣoñra rikāb-ı ḳamer-tāb-ı şāhāneye {28} ʿarż ü taḳdīm ile manẓūr-ı hümāyūn-ı {29} mülūkāne buyurulmuşdur. Silaḥdārları {30} mūmā-ileyhiñ taḥrīri Riyāla beğiñ {31} taḥrīriniñ żıddı oldıġından başḳa {32} cemīʿ reʿāyānıñ gün-be-gün meşhūd {33} olan ḥarekātı daḫi bu evrāḳı tekẕīb {34} eylediğinden ġālibā silaḥdār-ı mūmā-ileyh {35} gāvurlarıñ ḥīlesine aldanmış oldıġından {36} yine muḥāfaẓaya iḳdām ve ednā ḥīle {37} iḥsās olunur ise urub bitür- {38} -meleriniñ teʾkīd olunması emr ü fermān-ı {39} hümāyūn-ı şāhāne muḳteżāsından {40} olmaġla iḳtiżā-yı dirāyet ü feṭānetleri {41} üzere fi'l-ḥaḳīḳa reʿāyādan {42} ʿişyān ṣūreti maḥsūs olmayub resm-i {43} raʿiyyetde müstaḳır olduḳları ḥālde {44} muḥāfaẓalarına iḳdām olunmasını ve eğer {45} bu ṣūret olmayub teşebbüs̱ eyledikleri **(30a)** iṭāʿat ḥīle oldıġı ḥiss olunur ise urub bitürmelerini {2} ṭaraf-ı müşīrīlerinden meʾmūr olanlara {3} işʿār ve teʾkīd buyurmaları siyāḳında {4} ḳāʾime. Fī 11 N 36

[*573/86*] *Ḳapūdān paşaya*
{1} Muḳaddemce Aḳdeñiz'e gönderilan Donanma-yı Hümāyūn Başbuġı Riyāla Seyyid ʿAlī Beğ ṭarafından ṣavb-ı sāmīlerine {2} vürūd iden kāġıd meʾālinde Yūnda aḏasınıñ mecmūʿ reʿāyāsı müsellaḥ olaraḳ mīr-i mūmā-ileyhiñ ṣūret-i meʾmūriyyet {3} ve taʿlīmātı mürūr ideceği sevāḥil ve aḏalardan ṣūret-i muḫālefet müşāhede olundıġı ḥālde derḥāl ibrāz-ı saṭvet {4} ü celādet ile eṭrāfa īṣāl-i dehşet itmek iken ve Yūnda aḏası gönderdiği filikayı ḳabūl itmamiş {5} iken Donanma-yı Hümāyūn'dan ses çıḳarılmaması uyġunsuz ve reʿāyānıñ ṭaraf ṭaraf ehl-i İslām'ı {6} telef ü ihlāke cesāretleri vuḳūʿ bulmaḳda oldıġına naẓaran bunlara müsāmaḥa ve mülāḥaẓa ṣūreti bir vechile {7} cāʾiz olmadıġından meclisde müẕākere olundıġı vechile mūmā-ileyh Riyāla beğiñ vürūd iden taḥrīrātından {8} baḥis̱le kendüsi gevşeklik ṣūreti göstermeyüb her ḳangı ṭarafdan Donanma-yı Hümāyūn'a muḫālefet ve iẓhār-ı {9} şeḳāvet vuḳūʿı taḥaḳḳuḳ eylediği ānda tevaḳḳuf ve istīẕān ile ṣırasını geçürmeyerek o mis̱illü {10} ʿiṣyānı müteḥaḳḳıḳ olan maḥallerde kāʾin reʿāyānıñ iżmiḥlāli żımnında Donanma-yı Hümāyūn ṭarafından iẓhār-ı celādet {11} ve mümkin ü mutaṣavver olan ḳahr ü tenkīllerini her ne vechile ise derḥāl icrāya müsāraʿat ve ṭaraf ṭaraf {12} gözlerini yıldırmaġa ihtimām ü diḳḳat eylemesi ve bi'l-farż baʿżı saḳatlıḳ olsa bile ṭaraf-ı Devlet-i ʿAliyye'den {13} ḳaṭʿan mesʾūl ü muʿāteb olmayacaġını cezm iderek aña göre muḳteżā-yı meʾmūriyyet ve taʿlīmātını icrāya {14} müs̱āberet itmesi ve o mis̱illü ʿāṣīleriñ emvāl ü eşyāları ehl-i İslām'a ġanīmet ve ʿiyāl ü evlādları {15} esīr olaraḳ ṭutanlarıñ yedlerinde mülki ve mālı olacaġı beyānıyla başbuġ-ı mūmā-ileyhe ḫiṭāben tekrār {16} emr-i şerīf ıṣdārı ve mūcebince ṭaraf-ı saʿādetlerinden buyuruldı tasṭīr ve serīʿan irsāli **(31)** ve İzmīr'de olan Ocaḳ gemileri-çün teʾkīdi şāmil keẕālik ṭaraf-ı saʿādetlerinden

buyuruldı tasṭīr ve tesyīri {2} ḫuṣūṣı bā-taḳrīr ḫāk-pāy-ı hümāyūn-ı şāhāneden istīẕān olunduḳda müẕākere ol[un]dıġı vechile icrā olunmasını {3} nāṭıḳ ḫaṭṭ-ı şerīf-i mülūkāne şeref-rīz-i ṣudūr olmuş ve mūcebiyle mīr-i mūmā-ileyhe ḫiṭāben iḳtiżā iden {4} emr-i ʿālī ıṣdār ve ṭaraf-ı saʿādetlerine tesyār ḳılınmış olmaġla ṭaraf-ı müşīrīlerinden daḫi iḳtiżā iden buyuruldınıñ {5} serīʿan taḥrīriyle mīr-i mūmā-ileyhe irsāli ve İzmīr'de olan Ocaḳ gemileri-çün daḫi te'kīdi şāmil {6} buyuruldı taḥrīr ve tesyīri ḫuṣūṣuna kemāl-i himmet ü müsāraʿat buyurmaları siyāḳında teẕkire. Fī 11 N 36

[*573/87*] ***Ḳapūdān paşaya, Yeñiçeri aġasına, Bosṭāncıbaşıya, Cebecibaşıya, Ṭopçıbaşıya, Laġımcıbaşıya***

{1} ʿĀmmeniñ maʿlūmı oldıġı vechile Rum gāvurlarınıñ ʿālī olan dīnimize ve devletimize ʿaleyhine meydāna çıḳmış olan {2} ḫıyānet ü melʿaneti cihetiyle ehl-i İslām olan ve peyġamber-i ẕī-şān efendimizi ḳalben ve ḳāleben taṣdīḳ iden bi'l-cümle dīn ḳarındaşlarımızıñ {3} emr-i ūlī'l-emre iṭāʿat ve birbirleriyle ittiḥād ü ittifāḳ iderek ve yekvücūd olaraḳ İslām'a yaḳışan ḥālātı {4} īfā ve dā'imā silāḥ ile gezüb mütebaṣṣırāne ḥareketi icrā eylemeleri bundan aḳdem herkese iʿlān ü tenbīh olunmuş iken baʿżı {5} kendüyi bilmez çoluḳ çocuḳ ve süfehā maḳūlesi beline ṭaḳmış oldıġı silāḥı niçün ṭaḳarlar ve buña ruḫṣat virilmesiniñ {6} sebebi ve ġayret-i İslāmiyye ve edeb ü erkān ve ḳānūn nedir bilmeyerek hemān gicede gündüzde evlerinde ve zūḳāḳlarda {7} tüfenk ve piştov atmaġı iş-güç eylemiş olduḳlarından bu ḫuṣūṣ bundan evvel bir-iki defʿa tenbīh olunaraḳ menʿiyle taḳayyüd {8} olunması te'kīd olunmuş ise de Ramażān-ı Şerīf duḫūl ideli her ṭarafda tüfenk ve piştov atılması ve aña buña ḳażā {9} ḳurşunı iṣābet itmesi ve baʿżı dükkānlardan eşyā ġaṣb olunması derkār olub böyle uṣūl ü ḳāʿideye sıġmaz {10} ve şerʿ-i şerīfe yaḳışmaz nābecā ḥālātıñ şöyle vaḳtde ẓuhūrı mücerred żābiṭānıñ taḳayyüd ü ihtimāmda ḳuṣūr itmelerinden {11} neş'et eylediği ẓāhir ve bu vaḳtde Müslümān olanlara dīn ü devlet ġayreti çeküb şerʿ-i şerīf ve ḳānūn-ı münīfe {12} yaḳışmayan bi'l-cümle ḥālāt-ı mekrūheden ictināb eylemesi farż oldıġı bedīhī ve bāhir olaraḳ cümle ehl-i {13} İslām dā'imā silāḥla gezüb faḳaṭ kimesne atmaması ve işbu tenbīhden ṣoñra her kim piştov ve tüfenk atar ise {14} aḫẕ ü ḥabs olunaraḳ ṭaraf-ı hümāyūn-ı şāhāneye iḫbār olunması ḫuṣūṣuna irāde-i mehābet-ifāde-i şāhāne taʿalluḳ itmiş {15} ve keyfiyyet saʿādetlü Ḳapūdān paşa ḥażretlerine ve sā'ir żābiṭāna başḳa başḳa fermān-ı ʿālī ıṣdārıyla tenbīh olunmuş olmaġla, {16} imdi siz daḫi żābiṭānla müẕākere iderek herkesiñ edebiyle gezmesini ve tüfenk ve piştov atmayub ve muġāyir-i {17} şerʿ-i şerīf ü ḳānūn bir kimesneniñ māl ü eşyāsını ġaṣb itmeyüb İslām'a yaḳışan ḥālātı icrā eylemesini serīʿan {18} istiḥṣāl ve işbu tenbīhden ṣoñra her kim piştov atar ise söz ile ṣavuşmayub te'dīb ol[un]acaġını beyān ü iʿlān {19} iderek bu tenbīhden ṣoñra atar olur ise beher-ḥāl aḫẕ ü ḥabs iderek keyfiyyeti ḫāk-pāy-ı hümāyūn-ı şāhāneye iḫbār {20} olunmaḳ üzere Bāb-ı ʿĀlī'ye ifādeye diḳḳat ve bu māddeye bizẕāt beğāyet ihtimām ile muğāyir-i tenbīh ḥāl ü ḥareket {21} vuḳūʿa gelmamesine ġayret eyleyesin deyu. Fī 11 N 36

[573/94] *Ṣaruḫan mutaṣarrıfına*
{1} Cenāb-ı saʿādetleri cemʿ-i ʿasākir ile Yeñişehir ṭarafına ʿazīmet üzere iseler daḫi me'mūr olduḳları maṣlaḥat nedir, maʿlūm olaraḳ {2} aña göre tedārükātı īfā itmek içün keyfiyyetiñ sū-yı şerīflerine işʿār olunması ve maʿiyyet-i saʿādetlerinde taḥaşşüd iden {3} ʿasākire nüzül emīni naṣb olunacaḳ mıdır, bildirilmesi bu defʿa ḳapu ketḫüdāñız ṭarafına mersūl şuḳḳalarında beyān ü īrād ḳılınmış {4} oldıġından şuḳḳa-i mezkūreñizi mūmā-ileyh irā'e itmekle me'āli maʿlūmumuz olmuşdur. Cümleniñ maʿlūmı oldıġı üzere {5} Rum gāvurlarınıñ büyüği küçüği ittifāḳ iderek dīn-i Aḥmedī ve Devlet-i ʿAliyye-i Muḥammedī ʿaleyhine olan ḫıyānet ü melʿanetlerini {6} açıġa çıḳarmış olduḳları ve ellerine geçen İslām'ı bilā-amān şehīd eyledikleri taḥaḳḳuḳ ü tebeyyün iderek cānib-i şerʿ-i {7} enverden virilan fetvā-yı şerīf mūcebince o maḳūle ʿiṣyān iden gāvurlarıñ ḥarbī kefere miṣillü kendüleri {8} iʿdām ve ʿiyāl ü evlādları seby ü istirḳāḳ olunub emvāl ü eşyāları beyne'l-ġuzāt iğtinām olunması ḫuṣūṣuna {9} irāde-i seniyye-i ḫüsrevāne taʿalluḳ itmiş ve me'mūriyyetlerini şāmil ṣudūr iden emr-i ʿālīde Yeñişehir'e ḏoġrı ʿazīmet {10} ve Yānya Cānibi Serʿaskeri ʿaṭūfetlü Ḫūrşīd Paşa ḥażretleriyle bi'l-muḫābere ne vechile īcāb ider ise ol ṣūretle {11} ḥareket eylemeleri ve mu'aḫḫaren ıṣdār ve tesyār ḳılınan fermān-ı şerīfde esnā-yı rāhda ṭuġyān iden reʿāyā olur ise {12} üzerlerine hücūm ile ḳılıçdan geçürüb çoluḳ ve çocuḳlarını aḫẕ ü esīr ve emvāl ü eşyālarını ġanīmet olaraḳ {13} icrā-yı farīża-i ġazā ve cihāda iʿtinā ve içlerinden istīmān idenleriñ daḫi gereği gibi iṭāʿat ü inḳıyādları {14} tebeyyün itmedikçe ve rehn ve kefīlleri alınub tām iʿtimād ḥāṣıl olmadıḳça istīmānları ḳabūl ile re'y ve amān {15} virilmamesine ihtimām buyurmaları derc ve te'kīd olunmuş ve dīn ü devlet ʿaleyhine düşmenliklerini icrā dāʿiyesiyle ʿiṣyān iden {16} gāvurlar urılub perīşān ve ḫarāb ü yebāb olmasına diḳḳat eylemeleri mezāyāsı telmīḥ ü tenbīh ḳılınmış ve mu'aḫḫaren {17} Ġolos ṭarafında daḫi reʿāyā kāfirleri ʿiṣyān eyledikleri ḫaberi geldiğinden bir daḳīḳa evvel Yeñişehir'e ve daḫi {18} ilerüye giderek ʿiṣyān iden gāvurları urub berbād itmeleri bābında sünūḥ iden irāde-i seniyye ṭaraf-ı {19} saʿādetlerine bildirilmiş ve me'mūr olan vüzerā-yı ʿiẓām ḥażerātı maʿiyyetlerine başḳa başḳa nüzül emīni ve ḳaṣṣābbaşı {20} taʿyīn olunmuş olaraḳ maʿiyyetinde taḥaşşüd iden ʿasākiriñ daḫi idāre-i taʿyīnātları-çün muḳaddemce dergāh-ı ʿālī gediklülerinden {21} Şāhīn Ḥüseyin Aġa maḫṣūṣ nüzül emīni ve ḳaṣṣābbaşı taʿyīn olunmuş olmaġla hemān cenāb-ı saʿādetiñiz bir gün evvel {22} Yeñişehir'e daḫi ilerüye ʿazīmete müsāraʿat ve

meʾmūriyyetlerine şāmil muḳaddem ve muʾaḫḫaren ṣudūr iden evāmir-i ʿaliyye manṭūḳunca {23} ḥareket ile ʿiṣyān iden kāfirleriñ ḥaḳlarından gelmeğe diḳḳat ü müsāraʿat ve īfā-yı merāsim-i dirāyet ü şecāʿate {24} bez̲l-i mā-ḥaṣal-i ḳudret buyurmaları siyāḳında ḳāʾime. Fī 13 N 36

[*573/95*] *Mıṣır vālīsine*
{1} Eflāḳ ve Boğdān ṭaraflarında taḥaddüs̲ iden fesād ve şiḳāḳ keyfiyyeti ve Rūsyalunuñ bu bābda vāḳiʿ olan ifādātı ve tedābīr-i {2} muḳteżiyeniñ icrāsına şürūʿ ü mübāşeret ḳılındığı muḳaddemce ṣavb-ı sāmīlerine yazılmış oldığından keyfiyyet maʿlūm-ı dirāyet-melzūm-ı {3} müşīrīleri buyurulmuş olacağı ẓāhir ise de Rum gāvurları maʿāz̲allāhü Taʿālā külliyyen beyża-i münevvere-i İslāmiyye'yi {4} kesr ü imḥā dāʿiye-i fāsidesiyle müddet-i vāfireden berü zerʿ eylemiş olduḳları tuḫm-ı fesādları s̲emeresinden olaraḳ {5} Mora reʿāyāsı iʿlān-ı ṭuğyān itmiş ve civār ḳażālar[a] da sirāyet iderek Atina ve Ṣālona ve Livādya reʿāyāları daḫi {6} ʿiṣyān idüb yolları sedd eylemiş oldığından ḥālā Rumili Vālīsi ve bi'l-istiḳlāl Yānya Cānibi Serʿaskeri {7} ṣadr-ı esbaḳ ʿaṭūfetlü Ḫūrşīd Aḥmed Paşa ḥażretleri berren Mora'ya iḳtiżā iden ʿaskeri sevḳ eylemekde ise de reʿāyānıñ {8} bu ṣūretle ʿiṣyānları taḥaḳḳuḳuna naẓaran ḥasbe'ş-şerʿi'l-enver bunlarıñ ḥarbī kefere mis̲illü demleri heder ve seby ü istirḳāḳları {9} lāzım gelerek gerek Mora'da ve gerek Rumili'niñ ḳangı maḥallinde olur ise olsun bu maḳūle emr-i ūlī'l-emre **(34)** ʿadem-i iṭāʿat iden reʿāyānıñ seby ü istirḳāḳları ve mālları ʿasākir-i İslāmiyye'ye māl-ı ġanīmet oldığı ruḫṣatını {2} nāṭıḳ ṭaraf-ı şerʿ-i muṭahharadan virilan fetvā-yı şerīf mūcebince iḳtiżā idenlere ḫiṭāben evāmir-i ʿaliyye neşr ve isbāl ḳılınmış {3} ve bu ṣūretle ʿiṣyān iden reʿāyānıñ tedmīr ü tenkīlleriyle iʿāde-i āsāyiş māddesine ḥavl ü ḳudret-i Cenāb-ı Rabbü'l-ʿĀlemīn'e {4} ittikā ve imdād-ı rūḥ-ı pür-fütūḥ-ı ḥażret-i faḫrü'l-Müslimīne iʿtiḳād ile şürūʿ olunmuş olub ancaḳ dīn düşmenleri olan {5} gāvurlar böyle bāṭıl dīnleri-çün kendülerini meydāna atub ümmet-i Muḥammed ʿaleyhine envāʿ-ı ḫıyānet ü melʿaneti icrāya çalışmaḳda olduḳlarına {6} ve bizim dīnimiz ise dīn-i Aḥmedī ve devletimiz müʾeyyed min-ʿindillāh olan devlet-i Muḥammedī oldığına ve cümlemiz lillāhi'l-ḥamd müʾmin {7} ve muvaḥḥid dīn ḳarındaşı ve şevketlü kerāmetlü efendimiziñ āsitān-ı devlet-āşiyānelerinde bir ḳapu yoldaşı oldığımıza naẓaran {8} bu bābda bizler ve kāffe-i ümmet-i Muḥammed ittifāḳ ü ittiḥād iderek dīnimiziñ ve devletimiziñ yoluna vüsʿ-i beşerde olan {9} iḳdāmı ṣarf itmek farż olmuş ve eşdiḳā-yı Salṭanat-ı Seniyye'den olanlarıñ tamām ibrāz-ı ḥüsn-i ḫidmet ve ṣadāḳat eylemeleriniñ {10} ṣırası gelmiş olub ẕāt-ı şecāʿat-simāt-ı müşīrīleri ise işbu Devlet-i ʿAliyye uğurunda ve pādişāhımız efendimiziñ {11} yolunda ḫidmet-i ḥasene ibrāzına ne vechile mücidd ü sāʿī olacaḳları Ḥaremeyn-i Muḥteremeyn'e sebḳat iden ḫidmet ve ṣadāḳatiñiz {12} edillesiyle müs̲bet ve bu mādde ise yalñız Devlet-i ʿAliyye'ye ve

şehinşāh-ı devrān efendimize olmayub ʿālī olan dīnimize {13} ḫidmet olacağından bu ḫuṣūṣda beher-ḥāl meʾmūlden belki beş ḳat ziyāde ġayret buyuracaḳları diyānet-i aṣliyyeleriyle {14} meczūm idüği rehīn-i ḥayyiz-i bedāhet olaraḳ Mora'nıñ berren tedābīr-i lāzımesine ve ol vechile seby ü istirḳāḳ {15} evāmiri daḫi neşr ve tesyār olunmuş ise de baḥren daḫi ibrāz-ı saṭvet ile devlet-i ʿāliye-i İslāmiyye'de {16} olan ḳuvvet ve ümmet-i Muḥammed'de olan ittifāḳ-ı derūn ve ittiḥāddan ḥāṣıl olan s̱emere-i ġayret ü diyāneti {17} dīn düşmenlerinden irāʾe umūr-ı vācibeden olmağın meʾmūren Arnavudluḳ sevāḥilinde olan Ḳapūdāna ʿAlī Beğ {18} maʿiyyetinde bulunan sefāyinden biraz sefāyin ifrāz ve Mora sevāḥiline taʿyīn ve irsāl olunmuş ise de {19} ḥasbe'l-vaḳti ve'l-ḥāl Mora sevāḥilinde ziyāde ibrāz-ı saṭvet ü celādet olunmaḳ īcāb-ı maṣlaḥatdan olub cenāb-ı {20} düstūrīleriniñ ḫaylī sefāyini oldığından ve ḫuṣūṣuyla şimdi Çamlıca ve Ṣulıca gāvurlarında bayağı {21} İngilterelü ḳorvetleri mis̱illü sefīneler bulunmaḳ cihetiyle Dersaʿādet'e vürūd idecek sefāyin ve ẕaḫāyire {22} ve Anāḏolī ṭarafından Rumili'ye geçecek ʿasākire taʿarruż eylemeleri mülāḥaẓası derkār idüğünden hemān {23} kendü sefīneleriñizden münāsib gördiğiñiz miḳdār sefīneler tertīb ve ṭaraf-ı saʿādetlerinden üzerlerine bir münāsib {24} başbuġ naṣb ü taʿyīn idüb sefāyin-i merḳūmeyi ḏoğrı Mora'ya iʿzām ve el-ḥāletü-hāẕihī baʿżı süfün-i {25} hümāyūn ile ol ṭarafda bulunan Ḳapūdāna-i Hümāyūn ḳapūdānı mūmā-ileyh ʿAlī Beğ ile muḫābere iderek iḳtiżā-yı {26} vaḳt ü maṣlaḥata göre īfā-yı ḫidmete mübāderet eylemesini taʿyīn buyuracaḳları başbuġa eṭrāfıyla tenbīh ü ifhām {27} buyurmaları ve bir-iki işe yarar sefīne daḫi Rodos'dan berü aḏa[lara] ḏoğrı taʿyīn eylemeleri ve bu dīn {28} ḫidmeti oldığından ẕāt-ı diyānet-simāt-ı müşīrīleri Ḫāricī māddesinde itdikleri ḫidmet mis̱illü {29} bu māddede daḫi ḫidmet eylemeleri emr-i hümāyūn buyuruldığı ḫuṣūṣı muḳaddem ve gāvurlarıñ ṭutmaları uyḳunsuz {30} olaraḳ el-ḥāletü-hāẕihī Mora'da ʿiṣyān iden ḫāʾinler ile muḥārebe olunmaḳda ve lillāhi'l-ḥamd nesīm-i fevz ü ẓafer {31} cānib-i İslāmiyān'da vezān olaraḳ ḳahr ü tenkīlleri ḥāṣıl olmaḳda oldığına bināʾen ṭaraf-ı ʿālīlerinden {32} daḫi Mora ṣularına sefāyin irsāliyle maṭlūb vechile ibrāz-ı saṭvet olunaraḳ iş görülmesi {33} ve bir ān ve bir daḳīḳa evvel sefāyin irsāliyle ibrāz-ı ḥüsn-i ḫidmet buyurmaları irāde-i seniyye-i mülūkāne muḳteżāsından {34} oldığı keyfiyyātı muʾaḫḫar ve müteʿāḳib daḫi saʿādetlü Mora vālīsi ḥażretleri İzdīn ve Bādracıḳ ṭaraflarında {35} bi'l-muḥārebe [?] külliyyetlü gāvur telef iderek fetḥ ü ẓafer vuḳūʿ bulmuş ve Mora reʿāyāsınıñ bu ṣūretle ʿiṣyān {36} eylemeleri ve Çamlıca ve Ṣulıca cezīreleri reʿāyālarınıñ daḫi sefīneler tehyiʾesine cesāret eylemeleri cihetiyle {37} bunlarıñ bu fesāda cürʾetleri bi't-taḥrīk olacağından ve Rūsyaludan bir vechile emniyyet cāʾiz olmadığından {38} ve Dersaʿādet'den daḫi Donanma-yı Hümāyūn iḫrācı tertīb ḳılınmış oldığından başḳa Cezāyir ve Tūnus ve Ṭrablus {39} ocaḳlarından daḫi mümkini miḳdār sefāyin iḫrāc ve Donanma-yı Hümāyūn maʿiyyetine irsāl olunması tensīb olunaraḳ {40} ol bābda ocaġ-ı meẕkūre beğlerbeğilerine ṭaraf-ı muḥibbānemizden yazılan mektūblar sünūḥ iden irāde-i seniyye {41} mūcebince ṭaraf-ı saʿādetlerinden isbāl olunmaḳ üzere ṣavb-ı sāmīlerine iṭāre ve tesyār olunmuş oldığından {42} ẕikr olunan mektūbları maḥallerine ʿalā-cenāḥi'l-istiʿcāl isbāle himmet-birle icrā-yı irāde-i seniyyeye müsāraʿat (35) buyurmaları ber-vech-i tafṣīl ṭaraf-ı ʿālīlerine yazılmış ve işbu ḳavā'im-i ḫulūṣ-verī ḳapu ketḫüdāları bendeleri maʿrifetiyle gönderilmiş {2} ise de ẕikr olunan ḳavā'im-i muḫlişīniñ ḥāmili olan tatarlar Rodos'a varmış olduḳlarında ʿuṣāt-ı mesfūre {3} Rodos boğazını daḫi sedd ü bend itmiş olduḳlarından geçemamiş olduḳlarını bu defʿa ḳapu ketḫüdāları efendi bendeleri {4} istiḫbār iderek ifāde ve beyān eyledi. Rum gāvurlarınıñ dīn-i Aḥmedī ve devlet-i ʿāliye-i Muḥammedī ʿaleyhine ser-zede-i {5} ẓuhūr olan ḫıyānet ü melʿanetleri meydāna çıḳmış ve Dersaʿādet'den tertīb olunan Donanma-yı Hümāyūn sefāyini iḫrāc {6} olunaraḳ bir ṭaḳım Donanma-yı Hümāyūn sefāyini techīzi daḫi derd-est ise de Aḳdeñiz'de olan eşḳıyā tekneleri {7} ġayret-i İslāmiyye'den ḥāṣıl olan s̱emere-i şecāʿati henüz görmediklerinden günden güne fesād ü melʿanetlerini {8} artırub ebnā-yı sebīl ve bilḫuṣūṣ baḥren ʿāzim-i Beytullāhi'l-Ḥarām olan ḥuccāc-ı Müslimīn ḥaḳḳında ciğer-sūz-i ehl-i īmān {9} olan envāʿ-ı ḫıyānete cesāret itmiş olduḳlarından başḳa bu es̱nāda birḳaç tekne-i nuḥūset-es̱erleri İzdīn öñünde {10} görinerek ol ṭaraf muḥāfaẓasında olan bir ḳıṭʿa sefīne ile muḥārebeye ibtidār itmiş ve derḥāl berren ol sevāḥil muḥāfaẓasına {11} ibtidār olunmuş ise de ẕikr olunan sefīneniñ ḳıç ṭarafından āteş ẓuhūruyla muḥteriḳ olmuş ve ḳarada olan ʿuṣāt {12} ve reʿāyā daḫi bu ḥāli görerek şeḳāvetlerini artırmış olduḳları beyānıyla tīz elden ol ṭarafa donanma yetişmesi {13} saʿādetlü Mora vālīsi ḥażretleri ṭarafından inhā ve işʿār olunub Aḳdeñiz'de ʿiṣyān iden kāfirleriñ ḳahr ü tenkīlleri {14} esbāb-ı lāzımesinde te'ennī olduḳça ḳuvvet peydā iderek ḫıyānet ü ḫabās̱etleri iştidād bulacağından {15} ve cenāb-ı ġayret-me'āblarınıñ ḥamiyyet ü besāleti böyle vaḳtde te'ḫīr ü te'ennīyi ḥāciz olmaḳ iʿtiḳādı derkār idüğünden {16} keyfiyyetiñ ṭaraf-ı saʿādetlerine işʿārıyla maṣlaḥatıñ te'kīdi ḫuṣūṣuna irāde-i seniyye-i mülūkāne taʿalluḳ itmiş olmaḳdan nāşī {17} ibtidā-yı ẓuhūr-ı İslām'dan berü Cenāb-ı Ḫayru'n-Nāṣırīn'iñ ʿavn ü nuṣretiyle nice nice fütūḥāt-ı celīleye maẓhar olmuş {18} işbu devlet-i ʿāliye-i Muḥammedī'ye ve dīnimiz olan dīn-i Aḥmedī'ye bilā-mūcib bu kāfirleriñ icrā dāʿiyesine düşmüş {19} olduḳları ḫıyānet ü melʿanet bir cihetle īmān ü İslām'dan behresi olanlar ʿindinde hażm olur mevāddan olmayaraḳ {20} hemān bizler daḫi bi'l-ittifāḳ bunlardan aḫẕ-ı s̱āra iḳdām eylememiz ʿayn-ı farż oldığı ḥays̱iyyet[iy]le bi'l-cümle me'mūrīne {21} artıḳ ḫāb ü rāḥat ḥarām olmuş oldığından ve şu aralıḳ ṭaraf-ı saʿādetiñizden dīnimize olaraḳ küllī ḫidmet {22} me'mūli derkār idüğünden artıḳ ne yapar iseñiz yapub bir ān ve bir daḳīḳa muḳaddem münāsib gördükleri miḳdār {23} cenk sefāyini iḫrāc ve ḏoġrı Mora'ya irsāl ile ibrāz-ı saṭvet ü celādete ve Aḳdeñiz'de olan {24} eşḳıyā tekneleriniñ perde indirdüb cem'iyyetlerini tefrīḳ ve teştīte ve 'iyāl ü evlādlarını seby ü istirḳāḳ {25} ile māllarını beyne'l-'asākir iġtināma beẕl mā-ḥaṣal-i ḳudret iderek dīnimize ve devletimize ibrāz-ı ḥüsn-i ḫidmete {26} ṣarf-ı himmet buyurmaları siyāḳında ḳā'ime. Fī 28 Ş 36. İşbu tārīḫde 'aynı olaraḳ Mıṣır vālīsine bir daḫi kenārlı. Fī 13 N 36

[573/96] *Mıṣır vālīsine kenār*

{1} Ṭūna ṭarafında olan iḫtilāl Dersa'ādet vāridātınıñ tenāḳuṣı cihetiyle beher sene eḳālīm-i Mıṣriyye'den Dersa'ādet {2} lāzımesi-çün irsāline himmet buyurmaḳda olduḳları ẕaḫāyire işbu otuz altı senesinde bir żı'fı daḫi żamm ü 'ilāve {3} buyurılaraḳ irsāl buyurulması muḳaddem ṭaraf-ı sa'ādetlerine maḫṣūṣ iş'ār ve mu'aḫḫaren daḫi Dersa'ādet'de ẕaḫīreniñ {4} şiddet-i lüzūmı beyān ve Aḳdeñiz ṭarafında olan re'āyā Rumili cānibinden ẕaḫīre alamayacaḳlarına binā'en Berr-i Şām {5} ve Mıṣır ṭaraflarından almaġa muḥtāc olacaḳlarından re'āyāya ḥabbe-i vāḥide ẕaḫīre virilmamesi ve fürūḫt olunacaḳ {6} ẕaḫāyiriñ rāyiciyle bu ṭarafa gönderilmesi bābında ḫaṭṭ-ı hümāyūn-ı şāhāne şeref-ṣudūr iderek ol bābda maḫṣūṣ {7} emr-i şerīf ıṣdār ve tesyār ḳılınmış oldıġından muḳteżāsınıñ icrāsına himmet buyurmaları taḥrīr ü teẕkār ḳılınmış oldıġını {8} müte'āḳib Dersa'ādet anbārlarında mevcūd ü müddeḫar ancaḳ bir aylıḳ ẕaḫīre olub bu cihetle ẕāt-ı sāmīleriniñ {9} irsāl buyuracaḳları ẕaḫāyir müddet-i merḳūmeyi tecāvüz eylediği ḥālde İstānbūl sekenesi ẕaḫīre ḫuṣūṣunda {10} mübtelā-yı meşaḳḳat olaraḳ ma'āẕallāhü Ta'ālā bir aya ḳadar ṭaraf-ı 'ālīlerinden ẕaḫīre irişmez ise emr-i düşvār {11} olacaġı āḫar ehem olan meṣāliḥ-i dīniyye muḳteżāsı müṭāla'a ve icrāya ḥāciz olur endīşesi taḫdīş-i eẕhān {12} eylemekde oldıġı maḥremāne maḫṣūṣ ṭaraf-ı 'ālīlerine yazılmış ve ne ṭarīḳiyle olur ise olsun bir aya ḳadar ẕaḫīre {13} irişdirmeğe luṭf ü himmet buyurmaları aḳdem-i maṭlūb idüği bildirilmiş ise de ẕikr olunan taḥrīrātlarımızıñ **(36)** daḫi vāṣıl olamadıġı bu def'a añlaşılmış olub mezkūr taḥrīrātlarımız varmış olsa idi şimdiye ḳadar {2} maṭlūb vechile ẕaḫīreniñ daḫi irişdirilmesini istiḥṣāl buyurmuş olacaḳları ẕāt-ı sa'ādetlerine maḫṣūṣ {3} olan ġayret ü ḥamiyyet edillesiyle müṡbet olub ancaḳ metn-i nemīḳa-i muḫlişīde beyān olunan eşḳıyānıñ {4} ḳahr ü tedmīrlerini ikmāle sa'y ü ġayret me'mūrīn ve eṣdiḳā-yı Salṭanat-ı Seniyye'ye ne vechile farīża-i ẕimmet ise {5} işbu ẕaḫīre māddesi daḫi 'ibādullāh lāzımesi-çün olub Ḫudā-ne-kerde şu aralıḳ ẕaḫīre irişmediği ḥālde {6} güçlük derkār oldıġından ve bu bābda daḫi himmet ü ġayretleri aḳdem-i mes'ūl idüġünden artıḳ ne vechile {7} ider ve ne ṣūretle yaparsañız şu eṡnāda maṭlūbdan ziyāde İstānbūl'a ẕaḫīre irişdirilerek bu bābda {8} daḫi ġayret ü ḥamiyyetiñizi başḳaca ibrāz ü iṡbāta ṣarf-ı himmet ve gönderilecek ẕaḫīre tekneleri esnā-yı rāhda {9} keyd ü mażārr-ı düşmenden vāreste olması daḫi ne maḳūle esbāba menūṭ ise anı daḫi ikmāl-birle gerek işbu {10} ẕaḫīre māddesinde ve gerek metn-i ḳā'imemizde beyān olunan sefāyin ḫuṣūṣunda şevketlü efendimiziñ {11} ve bizleriñ cenāb-ı ḥamiyyet-elḳābıñızdan me'mūl ü muntaẓarımız olan ġayreti icrāya kemāliyle şitāb ü sür'at {12} buyurmaları e'azz-ı me'ārib-i muḫliṣīdir. Fī 28 Ş 36

[*573/101*] ***Ser'asker paşaya***
{1} Ḥālā Mora vālīsi sa'ādetlü Meḥmed Paşa ḥażretleriniñ ketḫüdāsı Muṣṭafā Beğ bendeleri Vostīça'yı ba'de'l-fetḥ Gördūs'e {2} 'azīmet ve Gördūs'i muḥāṣara iden kefere ile muḥārebe iderek mesfūrları bozub ṭoplarını daḫi aḫẕ ile {3} ḏoğrı Ṭrābolīçe'ye gitmiş oldığını mübeyyin Ḳapūdāna beğ bendeleriniñ Gördūs ṭarafına me'mūr eylediği Ḥüseyin Ḳapūdān {4} ṭarafından tevārüd iden ma'rūżāt taḳdīm olundığı beyānıyla vālī-i müşārun-ileyh daḫi eşḳıyānıñ cem'iyyetleri olan {5} Ṣālona ve Livādya'yı bi-'ināyetillāhi Ta'ālā ba'de'l-fetḥ ḏoğrı Derbend'den içerü gideceği me'mūl idüği {6} ifādesini ḥāvī ve mūmā-ileyh Ḳapūdāna beğ bendeleriniñ iḫrāc olunan Donanma-yı Hümāyūn'a iltiḥāḳı {7} yāḫūd ol ṭaraflarda bulunması ṣūretleri isti'lāmına dā'ir gönderilan taḥrīrāt-ı ḫulūṣ-verīniñ vuṣūlünden {8} ve aḏa gemileriniñ vefreti cihetiyle mīr-i mūmā-ileyh bendeleriniñ Preveze pīşgāhında iḳāmetinde maḥẕūr derkār {9} olaraḳ münāsib görüldiği ḥālde Rumili Ḳasteli ile Mora Ḳasteli beynine duḫūli muḳaddemce kendüye yazılmış {10} olub ol bābda mūmā-ileyhiñ vürūd iden kāğıdında el-ḥāletü-hāẕihī Ṣayāda ṭaraflarında oldığı muḥarrer {11} ü mesṭūr olub kāğıd-ı mezkūr daḫi irsāl olunmuş oldığından baḥisle mīr-i mūmā-ileyhiñ Donanma-yı Hümāyūn'a {12} iltiḥāḳı fā'ideden ḫālī olmadığını muḥtevī ve ifāde-i sā'ireyi müş'ir resīde-i rāḥa-i vürūd olan {13} taḥrīrāt-ı şerīfeleri me'āli ve evrāḳ-ı sā'ire mezāyāları rehīn-i ıṭṭılā'-i muḫliṣī olaraḳ bi-fażlillāhi Ta'ālā {14} Vostīça ve Gördūs ṭaraflarında şekl-āver-i mir'āt-ı teyessür ve ẓuhūr olan āṣār-ı fevz ü ġālibiyyet {15} vesīle-i envā'-ı ferḥat ü mesār oldığından ġayrı taḥrīrāt-ı düstūrīleri ḥużūr-ı hümāyūn-ı ḥażret-i mülūkāneye {16} daḫi 'arż ü taḳdīm ile meşmūl-ı naẓar-ı kīmyā-eṡer-i cenāb-ı pādişāh-ı sipihr-iḳtidār olub ümmet-i Muḥammed'iñ manṣūriyyetiyle {17} şu ḫā'inleriñ rehīn-i ḳahr ü dimār olmaları emrinde du'ā-yı icābet-peymā-yı ḥażret-i ẓıllullāhī levḥa-zīb-i {18} sünūḥ olmuş ve muḳaddem ve mu'aḫḫar birbirini müte'āḳib Dersa'ādet'den Donanma-yı Hümāyūn sefāyini daḫi iḫrāc {19} ḳılınmışdır. Mūmā-ileyh Ḳapūdāna beğiñ ṣavb-ı sāmīlerine olan taḥrīrātında ẕaḫīre istemiş oldığından (38) nevl ile düvel-i sā'ireden sefīne ṭutılub gönderilmesi ḫāṭır-güẕār olmuş ise de Aḳdeñiz'de {2} olan eşḳıyā gemileri rāst geldikleri düvel-i ecnebiyye teknesiniñ ḥamūlesini daḫi gereği gibi {3} taḥarrī itmedikçe yol virmediklerinden muvāża'a ṣūretiyle o maḳūle teknelere taḥmīl olunsa bile

vażʿ {4} olundığını añlayaraḳ gāvurlarıñ eline geçer ise taḳviyetlerini mūcib olacağı mülāḥaẓası {5} derkār oldığına binā'en böyle şübheli olmadan ise mūmā-ileyh Ḳapūdāna beğ bendeleriniñ bulundığı {6} sevāḥile münāsebeti olan maḥallerden şimdilik iki biñ ḳanṭār miḳdārı beksimād ṭabḫı ṭaraf-ı ʿālīlerinden {7} saʿādetlü İskenderiye mutaṣarrıfı ḥażretlerine iḥāle ile tanẓīm ve iʿṭā itdirilmesi tensīb olunmuş ve irāde-i seniyye-i {8} mülūkāne daḫi bunuñ üzerine taʿalluḳ iderek ol bābda şeref-yāfte-i ṣudūr olan ḫaṭṭ-ı hümāyūn-ı şāhāne {9} mūcebince iḳtiżā [iden] emr-i ʿālī ıṣdār ve ṣavb-ı sipeh-sālārīlerine tesyār ḳılınmış olmağla muḳteżāsınıñ icrāsı {10} vābeste-i ṣafderāneleri idüği beyānıyla ḳā'ime. Fī 15 N 36

[573/102] *Vidīn muḥāfıẓına*

{1} Ṭaraf-ı saʿādetlerinden Eflāḳ ṭarafına me'mūr silaḥdārları bendeleri Ḳrayova ḳaṣabasınıñ żabṭ ve istiḥkāmından ṣoñra {2} mevcūd-ı maʿiyyeti olan ʿasākiriñ bir ṭaḳımını balḳan eteklerinde kā'in manāstırlarda taḥaṣṣun itmiş olan {3} eş[ḳı]yā üzerine ve bir ṭaḳımını daḫi Olt nehri cānibine taʿyīn ve irsālbirle nehr-i meẕkūr kenārında kā'in {4} Drāğāşān nām ḳaryeye vürūdlarında rü'esā-yı eşḳıyādan olan Ṣalāmon ve Mīḫāloğlı {5} Anaştāş kāfirleri maʿiyyetlerinde olan beş-altı yüz miḳdārı eşḳıyā ile taʿḳīb olunaraḳ {6} ne vechile ḳahr ü tedmīr olunmuş ve esnā-yı muḥārebede alınan ḳulaḳlar ile bayraḳ gönderilmiş oldığı peyām-ı sārresini {7} şāmil resīde-i mevḳiʿ-i vuṣūl olan taḥrīrāt-ı behcet-āyāt-ı müşīrīleri me'āl ü mezāyāsı ḳarīn-i ıṭṭılāʿ-i {8} muḫlişī olub bu ṣuretle ḳahr ü tedmīr-i ḫaveneyi mūcib ḥālātıñ ikmāline maṣrūf olan himmet ü ġayret {9} tamām sizden me'mūl olan diyānet ü ḥamiyyeti te'yīd itmekle bādī-i ḥaẓẓ ü taḥsīn ve taḥrīrāt-ı vārideleri {10} ḫāk-pāy-ı hümāyūn-ı cenāb-ı pādişāhīye daḫi ʿarż ile manẓūr-ı hümāyūn-ı cenāb-ı pādişāh-ı rū-yı zemīn olmuş {11} ve gönderilan bayraḳ ile ḳulaḳlar nihāde-i cā-yı ʿibret ḳılınmışdır. Ẕāt-ı diyānet-simātları Devlet-i ʿAliyye'niñ {12} ġayūr ve ṣādıḳ ve ḥamiyyet ile ārāste vüzerā-yı ʿiẓāmından olduḳları ecilden me'mūr olduḳları {13} ḫuṣūṣātda ve bi-taḫṣīṣ böyle dīn-i mübīn ḫidmetinde ṣarf-ı vüsʿ ü liyāḳat buyuracaḳları ẓāhir ve gāvurlarıñ {14} açıḳdan açığa ʿālī olan dīnimize ve devletimize sū'-i ḳaṣdları ne ṣūretle oldığı maʿlūm ü bāhir {15} olmağla hemān bundan böyle daḫi ḥavl ü ḳuvvet-i Cenāb-ı Ḫayru'n-Nāṣırīn'e iʿtimāden her ḥālde iṣbāt-ı müddeʿā-yı {16} diyānet-kārī ve ḥamiyyete beẕl-i himmet ile ṭaraf-ı saʿādetlerinden me'mūlümüz olan ġayret ü ṣadāḳati iṣbāta beẕl-i ḳudret {17} buyurmaları siyāḳında ḳā'ime. Fī 15 N 36

[573/110] *Silistre vālīsine*

{1} Ketḫüdāları maʿiyyetiyle sevḳ ü taʿyīn buyurduḳları ʿasākir-i nuṣret-me'āşir İpsilāndīoğlı'nıñ müteḥaṣṣın oldığı {2} Ṭırġovişte nām maḥalle ḳarīb vardıḳlarında mesfūruñ ʿasker-i ḫaybet-es̱eri ile bir miḳdār muḥārebe-birle ṣavlet-i {3} celādet-i İslāmiyye'ye tāb-āver olamayaraḳ mesfūruñ balḳan ṭarafında vāḳiʿ Ḳīmpolīḳ ḳaryesine firār {4} eylediğini ve mesfūr İpsilāndīoğlı, Ṭodorī nām laʿīni iʿdām itmiş oldığını mübeyyin ketḫüdāları {5} mūmā-ileyh ṭarafından vürūd iden kāğıdıñ gönderildiğini ḥāvī resīde-i cā-yı vürūd olan taḥrīrāt-ı {6} şerīfeleri mezāyāsı maʿlūm-ı ḫāliṣānemiz olub Ṭırġovişte ḳaṣabasınıñ ol vechile żabṭ ü tesḫīriyle {7} ḫavene-i mesfūreye iẓhār-ı ṣavlet ü celādete vāḳiʿ olan ihtimām ü ġayretleri müstelzim-i sitāyiş [ü] taḥsīn {8} oldığından ġayrı taḥrīrāt-ı meẕkūreleri ḥużūr-ı hümāyūn-ı şāhāneye daḫi ʿarż ile meşmūl-ı liḥāẓa-i {9} ʿāṭıfet-ifāża-i ḥażret-i ẓıllullāhī buyurulmuşdur. Ketḫüdāları mūmā-ileyhiñ taḳdīm buyur[ul]muş olan kāğıdında {10} Ṣāva Biñbaşı'nıñ maʿiyyetinde olan Kiço ve Mīḫāl ve sā'ir yedi-sekiz yüz ḳadar ʿavenesiyle bi'l-istīmān {11} re'y ve amān virilerek ṭarafına gelüb tebaʿiyyet itmiş oldıġı muḥarrer ü meẕkūr ise daḫi kerreten-baʿde-uḫrā {12} ṭaraf-ı müşīrīlerine yazılmış oldıġı vechile Rum gāvurlarınıñ dīn ve devlet-i Muḥammedī ʿaleyhine mürtekib olduḳları {13} envāʿ-ı ḫıyānet ü melʿanetde büyük ve küçüği müttefiḳ ü mütteḥid olaraḳ bu melʿūnlarıñ sū'-i ḳaṣd ve niyyetleri {14} maḥżā ümmet-i Muḥammed'e ḫıyānet oldığından bunlarıñ hiçbirinden emniyyet cā'iz olmadıġı ve ḥattā muḳaddem {15} İstefanākī'niñ Yaş'a ve Negrī'niñ Bükreş'e ḳā'immaḳām naṣb olunması ve Ḳrayova'da olan {16} ḳā'immaḳāmın daḫi ḫidmetinde ibḳāsı li-ḥikmetin olub bunlardan daḫi bir vechile emniyyet olunmayaraḳ {17} iḳtiżāsı vechile ḳullanılmaları lāzım geleceği evvel ü āḫir cenāb-ı müşīrīlerine bildirilmiş oldıġına naẓaran {18} mersūm Ṣava'ya re'y virilmek muḥassenāt-ı umū[r]dan olmayub o maḳūlelere ṣavlet-i ḳāhire-i Devlet-i ʿAliyye {19} ibrāz olunaraḳ ḳalʿ ü ḳamʿı ve ems̱āli olan ḫaveneniñ ḳahr ü tenkīli iḳtiżā ider. Ve bir daḫi düvel-i Naṣārā {20} ḳonsoloslarına ve vekīllerine aṣlā bir māddede iʿtimād cā'iz olmayub üslūb-ı ḥakīmāne **(41)** ḳullanılaraḳ ḫavene-i mesfūreniñ gereği gibi ḥaḳlarından gelinmek farīża-i vaḳt ü maṣlaḥatdandır. Ve emr {2} ü fermān-ı şāhāne daḫi bu vechiledir. Binā-ber-īn gerek ẕikr olunan ḳā'immaḳāmlarıñ ol vechile istiḫdāmları {3} li-ḥikmetin olub emniyyet cā'iz olmadığını ve gerek düvel-i Naṣārā ḳonsoloslarına iʿtimād ġayr-ı mücāz oldığını {4} yaḳīnen bilüb bu daḳīḳalar kemāliyle diḳḳat olunacaḳ mevāddan idüğüni ketḫüdāñız mūmā-ileyhe daḫi ḫafīce eṭrāfıyla {5} bildirerek icrā-yı muḳteżā-yı me'mūriyyet ve ibrāz-ı ḥüsn-i ḫidmet ve ṣadāḳate beẕl-i mā-ḥaṣal-i liyāḳat buyurmaları {6} siyāḳında ḳā'ime. Fī 16 N 36

[*573/113*] ***Ḳapūdān paşaya***

{1} Maʿlūm-ı müşīrīleri oldığı {2} ve giçen meclisde müẕākere ḳılındığı {3} üzere Paṭrona-i Hümāyūn {4} Ḳapūdānı Muḫtār Ḳapūdān Donanma-yı {5} Hümāyūn başbuğı taʿyīn olunaraḳ {6} bu ṭarafdan hemān maʿiyyetine Beşikṭaş

{7} pīşgāhında olan Fātiḥ-i Baḥrī {8} ve Burc-ı Ẓafer nām iki ḳıṭʿa ḳālyon-ı {9} hümāyūn ile Ḳaradeñiz boğazındaki {10} sefāyinden daḫi ʿİzz-i Nuṣret ve Fevz-i {11} Nuṣret nām iki ḳıṭʿa fırḳateyn {12} ve Tersāne-i ʿĀmire mevcūdundan {13} daḫi Baḥr-i Ẓafer nām fırḳateyn-i hümāyūn ki {14} cemʿan beş ḳıṭʿa süfün-i hümāyūn {15} tertīb ve bunlara iḳtiżā iden {16} iki biñ miḳdārı eksik ʿasker- {17} -lerine iḳtiżāsına göre ziyāde {18} aḳçe virilerek taḥrīr ve bi-mennihī Taʿālā {19} bir haftaya ḳadar cümle levāzımātları {20} tekmīl ü tanẓīm ve taʿyīnātı iʿṭā {21} ve ḳapūdānlara iḳtiżā iden fermān-ı {22} ʿālī ıṣdār olunması ḫuṣūṣı {23} ḫāk-pāy-ı hümāyūn-ı şāhāneden {24} lede'l-istīẕān şeref-baḫş-ı ṣaḥīfe-i {25} ṣudūr olan ḫaṭṭ-ı hümāyūn-ı {26} şāhāneniñ bir fıḳrasında {27} "Beşikṭaş pīşgāhında olan {28} ḳālyonlar ve Tersāne'den taʿyīn {28} olunacaḳ fırḳateyn Paṭrona beğ {29} başbuğluğuyla gitsünler. Lākin {30} Ḳaradeñiz boğazı henüz niẓāmında {31} değil iken orada olan sefīneler {32} götürülmez. Anlarıñ yerine başḳa {32} sefīneler bulub serīʿan {33} techīz olunsunlar." deyu emr ü fermān-ı {34} hümāyūn buyurulmuş ve iḳtiżā iden {35} emr-i şerīf ile Paṭrona beğ {36} sevāḥilinden ne ister ise kāmilen {36} icrā olunması bābında sevāḥile {37} yazılacaḳ evāmir-i şerīfeniñ {38} tasṭīri tenbīh ḳılınmış olmağla cenāb-ı {39} düstūrīleri daḫi Tersāne-i {40} ʿĀmire emīni ʿizzetlü efendi {41} ve ricāl-i Tersāne ile {41a} müẕākere iderek emr-i hümāyūn-ı {2} mülūkāne mūcebince Ḳaradeñiz {3} boğazında olan gemiler yerine {4} başḳa sefīneler bulub serīʿan {5} techīz-birle keyfiyyetini ʿācilen ifādeye {6} himmet ve bu bābda kemāl-i müsāraʿat buyurmaları {7} siyāḳında teẕkire. Fī 16 N 36

[573/116] ***Selānīk nā'ibine ve mütesellimine***
{1} Aynaroz ve Kesendīre cezīreleri muḥāfaẓası-çün ḫitām-ı maṣlaḥatda īcāb iden ʿulūfelerine müteʿalliḳ olacaḳ {2} irāde vechile tanẓīm olunmaḳ üzere ʿasker tertīb ve taʿyīnine mübāderet ideceklerini mübeyyin bu defʿa {3} bi'l-iştirāk irsāl olunan kāğıdıñız manẓūr ü mefhūmı maʿlūmumuz olmuşdur. Vāḳıʿan ẕikr olunan {4} cezīreleriñ muḥāfaẓaları lāzım oldığından īcāb iden ʿulūfeleri işbu cezīrelerden virilmek üzere {5} münāsib başbuğ ile kifāyet miḳdārı ʿasker tertīb ve irsāl ile emr-i muḥāfaẓaya diḳḳat olunması {6} taṣvīb olunmuş ve bu māddede muʿāf [?] ve ġayr-ı muʿāf aranmadığından Kesendīre ve Aynaroz {7} ve Sidreḳapsī ṭaraflarını gereği gibi muḥāfaẓaya ve ḥīn-i iḳtiżāda ḳahr ü tenkīle kāfī külliyyetlü ʿasker tedārük {8} iderek reʿāyādan ednā bir ḥareket iḥsās olunur ise hemān urub nisvān ü ṣıbyānları {9} esīr ve mālları yağma ve ḫānelerini iḥrāḳ itmeñiz ḫuṣūṣuna irāde-i seniyye-i mülūkāne taʿalluḳ itmiş {10} ve bu bābda şeref-yāfte-i ṣudūr olan ḫaṭṭ-ı hümāyūn-ı şāhāne mūcebince ṭarafıñıza ve sā'ire ḫiṭāben iḳtiżā iden {11} emr-i ʿālī ıṣdār ve tesyār ḳılınmış olmağla iḳtiżāsınıñ icrāsıyla bu bābda şeref-sünūḥ olan {12} irāde-i seniyye üzere ḥarekete mezīd-i ihtimām ü diḳḳat eylemeñiz içün mektūb. Fī 17 N 36

[573/119] *Ser'asker paşaya*
{1} Aḳdeñiz Adaları gāvurlarınıñ iẓhār-ı ʿutüvv ü ʿiṣyān ile gemiler donadub ümmet-i Muḥammed'e olan ihānetlerini {2} icrā dāʿiyesiyle kendülerini meydāna atmış olduḳları maʿlūm ü bedīdār ve Donanma-yı Hümāyūn iḫrācı ve tedābīr-i {3} lāzımeniñ icrāsıyla o maḳūle gāvurlarıñ Cenāb-ı Ḥaḳḳ'ıñ luṭf ü nuṣretiyle ḥaḳlarından gelinmeniñ ṣūretinde {4} daḳīḳa fevt olunmadığı bedīdār ise de bu gāvurlarıñ ġaraż ve ihānetleri mücerred Devlet-i ʿAliyye-i Muḥammediyye ve ehl-i İslām'a {5} oldığı gereği gibi açığa çıḳmış ve Ḳapūdāna beğ bendeleri daḫi me'mūren ol ṭaraflarda bulunmuş ve müddet-i {6} me'mūriyyeti uzayaraḳ levendātıñ ekṡeri telef ve birazı firār itmiş oldığından Ūlgūn ve Bār {7} ve sā'ir ol ṭaraflarından mīr-i mūmā-ileyh maʿiyyetine biraz ʿasker tertībiyle bu ṭarafdan iḫrāc olunan Donanma-yı Hümāyūn'a {8} iltiḥāḳı ṣūreti ḫāṭıra gelmiş ise de mīr-i mūmā-ileyhiñ yanında cenge elvirir sefīne olmadığından bu ṣūret {9} tecvīz buyurulmayaraḳ mūmā-ileyhe ʿasker ve ẕaḫīre ḫuṣūṣuyla muʿāvenet buyurmalarınıñ te'kīd üzere ṭaraf-ı {10} serʿaskerīlerine yazılması ḫuṣūṣı emr ü fermān-ı hümāyūn buyurulmuş olmağla ḥamiyyet ü ġayret-i sipehdārīleri ve emr ü fermān-ı {11} ḥażret-i şehinşāhī iḳtiżāsı üzere ne vechile mümkin olabilür ise ʿalā-eyyi-ḥāl mūmā-ileyh Ḳapūdāna beğ bendelerine {12} ʿasker ve ẕaḫīre ile muʿāvenet buyurmaları siyāḳında. Fī 17 N 36

[573/120] *Tırḥāla mutaṣarrıfına*
{1} Tırḥāla sancağında vāḳiʿ maʿlūmü'l-esāmī ḳurā reʿāyāları daḫi iẓhār-ı ʿiṣyān eylemiş olduḳlarından üzerlerine varılaraḳ {2} bā-ʿavn-i Bārī ne vechile ḳarīn-i ḳahr ü dimār olunmuş oldığını ve Ġolos ḳalʿasını muḥāṣaraya ictirā iden kāfirleriñ {3} birazını iʿdām ve birazı ḥayyen aḫẕ ü girift ve ṭopları żabṭ olunaraḳ ḳalʿa-i merḳūmeniñ ḳayd-ı muḥāṣaradan taḫlīṣ {4} buyurulduḳdan ṣoñra şeḳāvetlerinde ıṭṭırād itmiş olan Maḳrinitsa gāvurları daḫi ḥarben ve ḍarben cezā-yı mā-yelīḳleriyle {5} icrā ḳılındığını ve eṭrāf köylerde olan ʿāṣīleriñ ḥaḳlarından gelinmek üzere iḳdām ü ihtimāmları derkār idüğüni {6} şāmil ḳapu ketḫüdāları bendeleri ṭarafına mersūl şuḳḳa-i müşīrīlerini mūmā-ileyh irā'e ve taḳdīm itmiş olmağla mezāyā-yı {7} behcet-iḥtivāsı ve Ġolos'uñ iʿlām ve maḥżarları me'āli rehīn-i ıṭṭılāʿ-i muḫliṣī olub bu ṣūretle ḳahr ü tedmīr-i {8} eşḳıyāya maṣrūf olan himem-i müşīrīleri tamām ẕāt-ı besālet-simātıñızdan me'mūlümüz olan diyānet ü ḥamiyyet {9} ve şecāʿati iṡbāt itmekle bu keyfiyyet bādī-i ḥaẓẓ ü taḥsīn ve müstelzim-i mesārr ü āferīn olaraḳ derḥāl ẕikr olunan {10} şuḳḳaları ḫāk-pāy-ı hümāyūn-ı ḥażret-i cihān-dārīye ʿarż ü taḳdīm olunduḳda "Āferīn Maḥmūd Paşa'ya. Allāh berhūrdār {11} eyleye. Hemān ḳırub evlād ü ʿiyāllerini esīr iderek gözlerini ḳorḳutmağa ġayret eylesün." deyu {12} ḫaṭṭ-ı hümāyūn-ı ḥażret-i ẓıllullāhī şeref-pāş-ı ṣaḥīfe-i ṣudūr olmuş ve bu ṣūretle duʿā-yı ḫayr-ı cenāb-ı pādişāhī {13} ḥaḳḳ-ı sāmīlerinde bī-dirīġ ü erzān

buyurulmuşdur. Ẕāt-ı besālet-me'āb-ı düstūrāneleri Salṭanat-ı Seniyye'niñ kemāl-i şecā'at {14} ü ṣalābet ile ārāste ġayūr ve dirāyet-kār vüzerā-yı 'iẓāmından olduḳları ecilden her ḥālde ṭaraf-ı sa'ādetlerinden {15} ibrāz-ı ḥüsn-i ḫidmet ü ġayret me'mūli derkār ve gāvurlarıñ büyük ve küçüğünüñ dīn ve Devlet-i 'Aliyye 'aleyhine {16} olan ḫıyānetde ittifāḳ ü ittiḥādları açığa çıḳmış oldığından bu bābda te'ennī ve istimālet vādīlerinden {17} ṣarf-ı naẓar ile hemān bunlarıñ ḳahr ü iżmiḥlāllerine i'tinā bi'l-cümle mü'min ve muvaḥḥide farż oldığı ẓāhir {18} ü bedīdār olmağla, göreyim ẕāt-ı besālet-simātlarını, hemān ber-manṭūḳ-ı emr ü fermān-ı hümāyūn-ı şāhāne 'iṣyān iden {19} ḫabīṣleriñ ḳırub evlād ü 'iyāllerini esīr iderek gözlerini ḳorḳudub saṭvet ü celādet ṣūretiniñ (44) iẓhārına ihtimām ü dikḳat ve gāvurlarıñ hiçbirinden emniyyet itmeyerek dāḫil-i ḥükūmet-i müşīrīleri olan {2} maḥalleriñ taṭhīriyle emr-i muḥāfaẓa ve muḥāreselerine ġayret ve her ḥālde ẕātlarından muntaẓarımız olan āṣār-ı şecā'at {3} ü ṣalābeti te'kīd ü iṣbāta himmet buyurmaları siyāḳında ḳā'ime. Fī 17 N 36

[*573/121*] *Ḳandiye muḥāfıẓına*

{1} El-yevm Ḳandiye despotı olan kāfiriñ taḥrīk-i millet ve icrā-yı fesād ü mel'anete bi'l-vücūh sā'ī oldığı {2} iḫbār ve taḥḳīḳ olunub bu maḳūle fesādda medḫali olan kāfirleriñ ḥaḳlarından gelinmesi lāzımeden {3} olmağla despot-ı mersūmı hemān aḫẕ ü girift-birle istinṭāḳ iderek i'dām ve cezāsını tertīb iderek {4} vāḳi' olan taḳrīr ü ifādesini ve i'dām ü izāle olundığı ḫaberini serī'an iş'āra himmet buyurmaları {5} siyāḳında maḫfiyyen ḳā'ime. Fī 17 N 36

[*573/123*] ***Ḳapūdān paşaya, Ketḫüdā beğe, Re'īs efendiye, Defterdār efendiye, Yeñiçeri ağasına, Cebecibaşıya, Bosṭāncıbaşıya, Lağımcıbaşıya, Ṭopçıbaşıya buyuruldı***

{1} Cümleye ma'lūm oldığı vechile Rum gāvurlarınıñ ehl-i İslām 'aleyhine ittifāḳları cihetiyle her ṭarafdan {2} külliyyen emniyyet berṭaraf oldığından emr ü fermān-ı ḥażret-i pādişāhī mūcebince cümle mü'minīn ve muvaḥḥidīn {3} ḥażariyyeti seferiyyete tebdīl ve birbirleriyle ittifāḳ ü ittiḥād itmesi bundan aḳdem herkese i'lān ve te'kīd {4} olunmuş olub re'āyā eşḳıyāsınıñ ise günden güne şeḳāvetleri artaraḳ uyḳunsuz ḥareketleri {5} derkār oldığından ġayret-i İslāmiyye'yi lāyıḳıyla icrā itmek ve gāvurlarıñ işbu ḥarekāt-ı {6} rediyyelerine muḳābeleten bi'l-cümle ehl-i İslām daḫi beynlerinde olan nifāḳı izāle iderek ḥaḳīḳī {7} ve ṣamīmī ittifāḳ eylemek farż olmuş olmaḳ mülābesesiyle cümlemiz işbu ittifāḳı fi'ilen icrā żımnında ba'd-ez-īn {8} bi'n-nefs bizim ve 'ulemā-yı 'iẓām ve mevālī-i fiḫām ve müderrisīn-i kirām ve ricāl-i devlet ve ḫademe-i Bāb-ı 'Ālī esvāb-ı {9} resmiyyeyi terk ile biniş ve çatal ḳavuḳ iktisāsıyla iktifā idüb el-ḥāletü-hāẕihī bellerinde olan {10} ḫançerden başḳa birer çift piştov ve en'ām kīsesi ve pala veyāḫūd seyf ta'līḳ iderek {11} herkes bulundığı maḥalden hemān muḥārebeye ne vechile gitmek lāzım ise ol ṣūreti istiḥṣāl iderek {12} ʿaleʾd-devām ḥāżır ü müheyyā bulunmaḳ ve bunlarıñ dāʾirelerinde bulunan Enderūn aġaları ve çuḳadārları {13} mülebbis olduḳları ḫaftān ve ḏolama mis̱illü es̱vāb-ı ḫażariyyeti külliyyen terk-birle ayaḳlarına şalvār (45) ve bellerinde olan ḫançerden başḳa birer çift piştov ve birer enʿām kīsesi ile birer pala yāḫūd seyf taʿlīḳ {2} ve muḳaddem tenbīh olundığı vechile Ocaḳ neferātınıñ cümlesi silāḥlanmış ise de aġalarınıñ biẕẕāt {3} daḫi kendüleri es̱vāb-ı ḫażariyyeti terk ile kendüleri ve etbāʿları cümleten silāḥlanmaḳ ve ʿalelʿumūm ḫācegān {4} ve ḳapucıbaşı aġalar ve gediklü ve ḫidmetkārları esliḥa ve ālāt-ı ḥarbiyyeyi ʿaleʾd-devām istiṣḥāb itmek, {5} veʾl-ḥāṣıl işbu iḫtilāl külliyyen berṭaraf olub herkese emniyyet gelince ḳadar ʿīdiyye ve mevlid ve ḫırḳa-i şerīf {6} ve rikāb-ı hümāyūn ve velādet ve ṣurre-i hümāyūn ve tevcīhāt ve mevācib iḫrācı mis̱illü deʾb-i ḳadīm olan {7} rüsūmāt günlerinden māʿadā vaḳtlerde herkes ber-vech-i kār seferī olaraḳ ḥāżır ü müheyyā bulunmaḳ ve ricāl ve ḫademe-i {8} Devlet-i ʿAliyyeʾden olanlarıñ tevābiʿātı ḳażānçların şāl ve sāʾir sefāhete ṣarf itmeyüb ledeʾl-iḳtiżā rükūb {9} içün ḥayvānāt tedārük iderek gerek kendüleriniñ ve gerek etbāʿlarınıñ tekmīl-i esliḥalarından başḳa {10} ḥayvānları tekmīlen ḥāżır ü müheyyā olmaḳ ṣūretleri ittifāḳ-ı ārā ile ḳarār-gīr olaraḳ emr ü fermān-ı hümāyūn-ı {11} şāhāne daḫi bunuñ üzerine taʿalluḳ itmiş ve bu keyfiyyet iḳtiżā idenlere başḳa başḳa fermān-ı ʿālī ıṣdārıyla {12} bildirilmiş olmaġla siz daḫi keyfiyyeti iʿlān ile bi-mennihī Taʿālā işbu fesād külliyyen defʿ olunca ḳadar ber-minvāl-i {13} meşrūḥ ḥāżır ü müheyyā bulunmaḳ ṣūretini ikmāl eylemelerini lāzım gelenlere tenbīh ü teʾkīd-birle biʾl-vücūh seferiyyet {14} esbābını istiḥṣāle diḳḳat eyleyesin deyu. Fī 18 N 36

[*573/126*] ***Serʿasker paşaya***

{1} Ġolos ve Ermiye ṭaraflarına eşḳıyā sefīneleri vürūdına mebnī bundan aḳdemce ol ṭarafa meʾmūr {2} ve irsāl buyurmuş olduḳları Tırḥāla Mutaṣarrıfı saʿādetlü Maḥmūd Paşa bendeleriniñ bi-tevfīḳillāhi Taʿālā {3} maẓhar-ı fevz ü nuṣret oldığı tafṣīliyle ol bābda müşārun-ileyhiñ ṣavb-ı sāmīlerine gelmiş olan {4} taḥrīrātıyla Ġolos nāʾibiniñ iʿlāmı ve ahālīniñ maḥżarı ve alınan ruʾūs-ı menḥūsı ve bayraḳlar {5} gönderildiğini ve muḳaddemce vāḳiʿ olan işʿār-ı s̱enāverī üzere Ḳapūdāna beğiñ Donanma-yı Hümāyūnʾa {6} iltiḥāḳ eylemesine dāʾir mūmā-ileyh bendeleriyle vāḳiʿ olan muḫābere ve ol bābda melḥūẓ olan maḥẕūrāt {7} tafṣīliyle bu ṭarafdan külliyyetlü donanma iḫrācı iḫṭārını ve mūmā-ileyhiñ ṣavb-ı ṣafderānelerine {8} olan kāġıdı iṭāre buyuruldığını ve Moton ve Ḳoron ve Anāvārīn ḳalʿaları-çün Ḳorfaʾda {9} olan şehbender ile biʾl-muḫābere ẕaḫīre mübāyaʿasına ne vechile iḳdām buyurulmaḳda idüğüni şāmil ve ʿAlī Paşa {10} ḫāʾininiñ müteḥaṣṣın oldığı ḳalʿa pīşgāhında olan Līṭāriç ve Timürḳuleʾniñ hedm ve żabṭı ḫuṣūṣlarına {11} kemāliyle saʿy ü iḳdām buyurarak umūr-ı müstaḳille-i serʿaskerīlerinin̄ ḳaṭʿan fütūr ü ḳuṣūrları {12} olmadığını ve maʿiyyet-i sipeh-sālārīlerinde Türk uşağının̄ lüzūmuna mebnī muḳaddemā Anābolī muḥāfaẓasına meʾmūr {13} saʿādetlü Ḥasan Paşa'nın̄ Yen̄işehir ṭarafına vürūdlarında maʿiyyetinde olan ʿasākirin̄ Arnavud ʿaskeriyle mübādelesi {14} taṣmīm-kerde-i ʿālīleri oldığını müştemil resīde-i cā-yı vuṣūl olan taḥrīrāt-ı sāmīleri ve iṭāre buyurılan {15} evrāḳ mefāhīmi mū-be-mū ḳarīn-i ıṭṭılāʿ-i muḫliṣī olub himmet ü ġayret-i ṣafderāneleri ile müşārun-ileyh Maḥmūd Paşa'nın̄ {16} muvaffaḳ oldığı fevz ü ġālibiyyet rehīn-i müstelzim-i teşekkür ü mesrūriyyet ve ḳılāʿ-i s̱elās̱e-i merḳūmeye ẕaḫīre {17} mübāyaʿası māddesinde maṣrūf olan himmetleri muvāfıḳ-ı maṣlaḥat olub bu keyfiyyetden daḫi başḳaca bādī-i {18} taḥsīn ü midḥat olaraḳ taḥrīrāt-ı vārideleri ṭaḳımıyla ʿatebe-i ʿulyā-yı mülūkāneye ʿarż ile manẓūr-ı {19} naẓar-ı ʿāṭıfet-es̱er-i ḥażret-i pādişāh-ı İskender-menḳabet olmuş ve gönderilan ruʾūs-ı maḳṭūʿa-i menḥūse {20} ve bayraḳlar pīşgāh-ı bāb-ı hümāyūnda nihāde-i cā-yı ʿibret ḳılınmışdır. Ẕāt-ı Felāṭūn-simāt-ı ḥayderāneleri her bir {21} kārda nīk ü bedi tefekkür ile şān-ı vālā-nişān-ı dīn-i mübīn ve Devlet-i ʿAliyye-i ebed-rehīne lāyıḳ ḥālātı istiḥṣāle mücidd ü sāʿī {22} olduḳları keʾş-şems fī vasaṭi's-semā ẓāhir ü hüveydā olaraḳ mūmā-ileyh Ḳapūdāna beğ ile biʾl-muḫābere {23} bu ṭarafa işʿār buyurılan keyfiyyet müdellel olaraḳ fi'l-ḥaḳīḳa şu aralıḳ mīr-i mūmā-ileyhin̄ Donanma-yı {24} Hümāyūn'a iltiḥāḳı muḥāl ve düvel-i sāʾire ile daḫi ittifāḳ iderek anlardan sefīne almaḳ daḫi mümkin olmayacağı {25} vāreste-i ḳayd [ü] işkāl olmaḳ mülābesesiyle bu ṭarafdan ibrāz-ı ḳuvvet ile sefīne-i meẕkūrun̄ techīz ve iḫrācı {26} çāresine baḳılmaḳ lāzım geleceği āşikār ve emr ü irāde-i şāhāne daḫi bu dāʾire[de] devvār olmaḳ mülābesesiyle {27} bu uṣūlün̄ icrāsına bu ṭarafda biʾl-müẕākere iḳdām olunmaḳda oldığından cenāb-ı şecāʿat-elḳāb-ı serʿaskerīleri {28} bundan böyle daḫi ez-her-cihet ibrāz-ı meʾās̱ir-i ḥamiyyet-küsterīye beẕl-i liyāḳat buyurmaları ġayret ü diyānet-i düstūrānelerine {29} muḥavveldir. Ḳaldı ki, Tepedelenli ġāʾilesinin̄ indifāʿına meʾmūriyyetleri tārīḫinden bu āna gelince īfā-yı {30} meʾmūriyyet-i serʿaskerīlerine ne vechile ihtimām buyurduḳları uğur-ı meyāmin-mevfūr-ı Salṭanat-ı Seniyye'de mültezemleri {31} olan ġayret ü ṣadāḳatleri edillesiyle müs̱bet ve icrā-yı meʾmūriyyetde ḳuṣūr ü fütūr göstermeyerek ne vechile {32} merdāne ve cānsipārāne çalışmaḳda olduḳları nezd-i ʿālīde daḫi maʿlūm olub ḥasbeʾl-maṣlaḥa meʾmūriyyetlerinin̄ {33} uzaması ẕāt-ı ʿālīlerinin̄ fütūrına maḥmūl olmayacağı rehīn-i ḥayyiz-i berāhīn olub ḥattā bu ḫuṣūṣı ḥāvī {34} olan taḥrīrāt-ı müşīrīleri bālāsına şeref-pāş-ı ṣaḥīfe-i süṭūr olan ḫaṭṭ-ı hümāyūn-ı şāhānede daḫi {35} "Müşārun-ileyhin̄ saʿy ü ġayretine diyecek yoḳdur. Lākin reʿāyānın̄ ʿiṣyānı māddesi anın̄ umūrunı teʾḫīre {36} sebeb oldu. Cenāb-ı Allāh kendü ḳudretiyle defʿ idüb ümmet-i Muḥammed'i ḫalāṣ eyleye." deyu ḥaḳḳ-ı saʿādetlerinde {37} olan ḥüsn-i iʿtiḳād-ı ʿālī beyān ve īmā buyurulmuş oldığından meʾmūriyyet-i serʿaskerīlerinin̄ ḥasbelḳader

{38} böyle uzamasından telehhüf buyurmayarak̮ bir t̮arafdan bu bābda daẖi cevher-i ḥamiyyet-i merdānegī ve şecāʿatlerini ibrāz ile {39} bi-ḥavlillāhi Taʿālā bir dak̮īk̮a evvel itmām-ı ẖidmete kemā-kān bez̠l-i yārā-yı liyāk̮at buyurmaları ik̮tiżā-yı ḥāl ü maṣlaḥatdan {40} ve Anābolī muḥāfaẓasına me'mūr olan müşārun-ileyh Ḥasan Paşa'nıñ İzmīr muḥāfaẓasında k̮almış ve Aydın ve Ṣaruẖan {41} sancak̮ları mutaṣarrıfı saʿādetlü Behrām Paşa bendeleri Yeñişehir t̮arafına gitmek üzere seby ü istirk̮āk̮a me'mūr olmuş {42} oldığı bundan ak̮dem ṣavb-ı ʿālīlerine bildirilmiş ise de bu bābda vāk̮iʿ olan işʿārları bu ẖuṣūṣa dā'ir {43} olan taḥrīrāt-ı muẖliṣīniñ vuṣūlünden evvel olacağı maʿlūm olub ancak̮ müşārun-ileyh Behrām Paşa Gelībolī'dan {44} k̮alk̮ub el-ḥāletü-hāz̠ihī Yeñişehir'e d̠oğrı gitmekde oldığından ve maʿiyyetinde beş-altı biñ Türk uşağı (47) oldığından müşārun-ileyhle bi'l-muẖābere maʿiyyetinde olan Türk uşağınıñ Arnavud ʿaskeriyle mümkin olur ise {2} mübādelesini istiḥṣāl buyurmaları īcāb ideceği vāżıḥātdan olarak̮ irāde-i seniyye-i mülūkāne daẖi {3} bu vechile olmağla hemān z̠āt-ı ḥayderī-simāt-ı ṣafderāneleri ez-her-cihet ibrāz-ı ġayret ü dirāyet {4} ve şecāʿate bez̠l-i himmet buyurmaları siyāk̮ında k̮ā'ime. Lede'l-vuṣūl merk̮ūm ʿAlī Paşa ẖā'iniyle k̮alʿada olan {5} Māt̮ ahālīlerinden maʿlūmü'l-esāmī eşẖāṣ ile Debreli Ḥasan Beğ ve sā'irleriniñ vilāyetlerinde olan {6} ẖāneleri iḥrāk̮ ve emvāl ü eşyāları yağma ve çiftlikleri cānib-i mīrī-çün żabt̮ ile ʿiyāl ü evlādları {7} maḥall-i āẖarda ḥabs olunmasını şāmil İskenderiye Mutaṣarrıfı saʿādetlü Muṣt̮afā Paşa'ya me'mūriyyet ve z̠āt-ı ʿālīlerine {8} ifāde-i ḥāl emri ıṣdār ve tesyār olunması taḥrīrāt-ı ʿālīlerinde beyān ü işʿār olunmuş ve şeref-yāfte-i [?] ṣudūr olan {9} ẖat̮t̮-ı hümāyūn-ı şāhāne mūcebince t̮ıbk̮-ı inhāları vechile ik̮tiżā iden evāmir-i ʿaliyye ıṣdār ve ṣavb-ı serʿaskerīlerine {10} tesyār k̮ılınmış olmağla muk̮teżāsınıñ icrāsı muḥavvel-i ʿuhde-i ʿālīleridir. Fī 18 N 36

[573/128] *K̮apūdān paşaya, Yeñiçeri ağasına, Cebecibaşıya, T̮opçıbaşıya, Lağımcıbaşıya, Bost̮āncıbaşıya*

{1} Mine'l-k̮adīm cizye-güzār reʿāyānıñ Dersaʿādet'de bārgīre süvār olmaları memnūʿ iken bir müddetden berü derkār olan {2} müsāʿadeden nāşī Rum ve Ermenī ve Yehūd milletleriniñ büyük ve küçüği ẖānelerinde esb ve bārgīr beslemekde {3} olub eks̠erīsi dāẖil-i sūrda bārgīre süvār olmağa taḥṣīl-i ruẖṣat itmiş olduk̮larından bu keyfiyyetiñ {4} menʿiyle reʿāyānıñ ādāb-ı raʿiyyete münāfī ḥareketden taḥz̠īri lāzım gelerek fī-mā-baʿd reʿāyānıñ bārgīre {5} süvār olmak̮ üzere taḥṣīl eyledikleri iz̠n tez̠kirelerine iʿtibār olunmayub Dīvān-ı Hümāyūn tercümānı bulunan {6} bārgīre ve Devlet-i ʿAliyye'niñ umūrunda müstaḥdem olan ṣarrāfānıñ meşye ik̮tidārı olmayan z̠immī ve Yehūdī {7} t̮ā'ifesi palānlı k̮at̮ıra ve merkebe süvār olması ve bunlardan māʿadā Rum ve Ermenī ve Yehūd milletlerinden {8} her k̮angısı olur ise olsun uṣūl-i k̮adīme riʿāyeten dāẖil-i sūrda bārgīre süvār olmaları menʿ-i küllīyle {9} menʿ olunması ẖuṣūṣuna irāde-i seniyye-i ḫüsrevāne taʿalluḳ itmiş ve reʿāyānıñ ḫānelerinde esb ve bārgīr beslemeyüb {10} mevcūd olanlarını ehl-i İslām'a fürūḫt eylemeleri Rum ve Ermenī paṭrīḳlerine ve ḫāḫāmbaşıya bā-fermān-ı ʿālī {11} tenbīh ḳılınmış olmağla, imdi siz daḫi işbu yasaġ-ı ḳaṭʿī-i şāhāneyi neşr ü iʿlān iderek baʿd-ez-īn {12} derūn-ı İstānbūl'da Dīvān tercümānı ve o maḳūle Devlet-i ʿAliyye ḫidmetinde müstaḫdem ʿalīl ve iḫtiyār {13} ṣarrāf ṭā'ifesinden yedlerinde müceddeden teẕkire bulunanlarından māʿadā Rum ve Ermenī ve Yehūd ṭā'ifelerinden {14} ḥayvāna binmiş görilür ise menʿ ü taḥẕīrine [?] kemāl-i diḳḳat eyleyesin deyu. Fī 19 N 36

[*573/130*] ***Rum paṭrīḳine ve Ermenī paṭrīḳine ve ḫāḫāmbaşıya***
{1} Mine'l-ḳadīm cizye-güẕār reʿāyānıñ Dersaʿādet'de bārgīre süvār olmaları memnūʿ iken bir müddetden berü derkār olan {2} müsāʿadeden nāşī Rum ve Ermenī ve Yehūd milletleriniñ büyük ve küçüği ḫānelerinde esb ve bārgīr {3} beslemekde olub eks̱erīsi dāḫil-i sūrda bārgīre süvār olmaġa taḥṣīl-i ruḫṣat itmiş olduḳlarından {4} bu keyfiyyetiñ menʿiyle reʿāyānıñ ādāb-ı raʿiyyete münāfī ḥareketden taḥẕīri lāzım gelerek fī-mā-baʿd reʿāyānıñ {5} bārgīre süvār olmaḳ üzere taḥṣīl eyledikleri iẕn teẕkirelerine iʿtibār olunmayub yalñız Dīvān-ı Hümāyūn {6} tercümānı bulunan bārgīre ve Devlet-i ʿAliyye'niñ umūrunda müstaḫdem olan ṣarrāfānıñ meşye iḳtidārı olmayan {7} ẕimmī ve Yehūd ṭā'ifesi palānlı ḳaṭıra ve merkebe süvār olması ve bunlardan māʿadā Rum ve Ermenī ve Yehūd {8} milletlerinden her ḳangısı olur ise olsun uṣūl-i ḳadīme riʿāyeten dāḫil-i sūrda bārgīre süvār olmaları {9} menʿ-i küllīyle memnūʿ olması ḫuṣūṣuna irāde-i seniyye-i ḫüsrevāne taʿalluḳ itmiş ve reʿāyānıñ ḫānelerinde esb ve bārgīr {10} beslemeyüb mevcūd olanlarını ehl-i İslām'a fürūḫt eylemeleri Ermenī paṭrīḳine ve ḫāḫāmbaşıya bā-fermān-ı ʿālī {11} tenbīh ḳılınmış olmağla, imdi sen daḫi milletiñe neşr ü iʿlān iderek Üsküdār ve Ġalaṭa ve Beğoğlı {12} tā Büyükdere'ye varınca reʿāyādan yerlü olub ṣarrāf ve eṣnāf ve sā'ir reʿāyā ḫānelerinde esb {13} ve bārgīr beslemamelerini ve el-yevm mevcūd olan esb ve bārgīrlerini değer bahālarıyla ehl-i İslām'a fürūḫt {13} itmelerini milletiñe ekīden beyān ü tefhīme diḳḳat eyleyesin deyu. Fī 19 N 36

[*573/132*] ***Belġrād Muḥāfıẓı ʿAlī Paşa'ya***
{1} Niş Muḥāfıẓı saʿādetlü Ḥüseyin Paşa ḥażretleriniñ Niş'e me'mūriyyeti Ṣırplu milletiniñ vesvese ve ḫaşyetini müstelzim oldığı {2} beyānıyla ol bābda vārid olan taḥrīrātlarına yazılan cevāb-nāme-i muḫlişīniñ vuṣūlünden baḥisle te'mīn ü istimāleti {3} şāmil millet-i mersūme ṭaraflarına buyuruldılar neşriyle ṣūret-i irāde-i seniyye iʿlān olunmuş ve bi'l-cümle reʿāyā {4} kār ü kesblerinde ve şimdilik taḥt-ı iṭāʿatde olaraḳ Dersaʿādet'de olan vekīllerine gönderilmek içün {5} Mīloş ṭarafından gelan kāğıd gönderilmiş oldığı ifādesini mutażammın

tevārüd iden taḥrīrāt-ı düstūrīleri {6} mezāyāsı maʿlūm-ı muḫliṣī olduḳdan ṣoñra rikāb-ı ẓılliyyet-meʾāb-ı ḫüsrevāneye daḫi ʿarż ü taḳdīm ile manẓūr-ı mülūkāne {7} buyurulmuşdur. Millet-i mesfūreniñ teʾmīn ü istimāletlerine bu vechile derkār olan müsāraʿatları ẕātlarından {8} meʾmūl olan dirāyeti iṡbāt itmiş ise daḫi yine mesfūrlara emniyyet ü istimālet virmekden ḫālī {9} olmamaları muḳteżā-yı maṣlaḥat ve īcāb-ı irāde-i seniyye-i mülūkāneden olmaġın mecbūl ü meftū[r] olduḳları {10} ḥaṣāfet ve feṭānet ü dirāyet iḳtiżāsı vechile fī-mā-baʿd daḫi millet-i mersūmeniñ eṭvārlarına iḥāle-i çeşm-i diḳḳat-{11} -birle dāʾimā teʾmīn ü istimāletlerini müstelzim ḥālāt īfāsına mübāderet buyurmaları siyāḳında ḳāʾime. Fī 19 N 36

[573/133] *Eġrīboz Muḥāfıẓı Yūsuf Paşa'ya*
{1} Muḳaddemā baʿżı veṣāyā ve tenbīhātı şāmil gönderilan taḥrīrātıñ vuṣūlüyle muḳaddem Mora Ḳasteli'ne vürūdlarında {2} Bālyabādra ahālīsini ʿuṣāt-ı reʿāyā muḥāṣara eylediklerinden ne vechile imdādlarına gidilerek tedmīr-i eşḳıyāya {3} muvaffaḳ olmuş olduḳları ve ʿaṭūfetlü Serʿasker paşa ḥażretleri ṭarafına ne ṣūretle ʿasker muṭālebe ve ne vechile muḫābere {4} eyledikleri ve Ġalaḳṣidī sefīnelerini urması Ḳapūdāna beğe ne ṭarīḳle iḫbār ḳılındıġı tafṣīlāṭını şāmil {5} firistāde ve isrā buyurılan taḥrīrāt-ı müşīrīleri mezāyāsı maʿlūm-ı ḫāliṣānemiz olub iẓhār-ı muẓāheret-i ḥamiyyet ü şecāʿat {6} ve diyānete maṣrūf olan himem-i müşīrāneleri ẕātıñızdan meʾmūl olan ġayreti ibrāz itmekle mūcib-i ḥaẓẓ ü taḥsīn {7} olmuşdur. Muḳaddemā manṣıb-ı müşīrīlerine ʿazīmetleriniñ ol vechile teʾkīdi Eġrīboz ṭarafı reʿāyāsınıñ daḫi {8} ayaḳlanmaları cihetiyle ḳahr ü tenkīlleri ġarażına mebnī ise de muʾaḫḫaren Bādra fütūḥātına muvaffaḳ[iyyet]leri keyfiyyetini müştemil {9} taḥrīrāt-ı müşīrīleri gelmiş ve ol vechile ġayretleri ocaḳzādeliğiñizi iṡbāt ḳabīlinden olaraḳ {10} nezd-i hümāyūnda bādī-i maḥẓūẓiyyet olmuş oldıġından her ḥālde ibrāz-ı ḥamiyyete müsāraʿat buyurmaları yazılan {11} cevāb-nāme-i ḫāliṣānemizde beyān ḳılınmış ve işbu taḥrīrātları ẕikr olunan cevāb-nāmemiziñ vuṣūlünden {12} evvel gönderilmiş oldıġı tebeyyün itmiş olmaġla hemān ẕāt-ı saʿādetleri Rum gāvurlarınıñ büyüği ve küçüğünüñ {13} ümmet-i Muḥammed ʿaleyhine ittifāḳ eylediklerini ve bunlardan hiçbirine iʿtimād cāʾiz olmadıġını bilerek bundan böyle daḫi {14} dīn-i mübīn uġurunda ibrāz-ı ḥamiyyet [ve] ḫidmet ile ʿuṣāt-ı reʿāyānıñ tedmīr ve ʿiyāl ü evlādlarınıñ seby ü istirḳāḳ {15} ve māllarınıñ beyne'l-ʿasākir iġtināmıyla iʿlāʾ-i kelimetullāhı mūcib ḥālāta ṣarf-ı himmet buyurmaları siyāḳında ḳāʾime. Fī 19 N 36

[573/135] ***İzmīr muḥāfıẓına***
{1} İzmīr'den Sīsām aḏasına firār ve eşḳıyāya iltiḥāḳ iden ḫavene-i reʿāyānıñ İzmīr'de olan {2} ḫāne ve oḏa ve maġāzalarınıñ maʿrifet-i şerʿle temhīr ve

cānib-i mīrī-çün żabṭ ü taḥrīri bābında şeref-ṣudūr [iden] {3} emr-i ʿālī mūcebince ḥareket olunmaḳda ise de ol ṭarafda olan düvel-i ecnebiyye ḳonsolosları ṭarafından düyūn {4} ṣūreti gösterilerek baʿżılarından daḫi alacaḳ iddiʿāsı ẓuhūr ideceği tevārüd iden taḥrīrāt-ı {5} müşīrīlerinde muḥarrer olmağla mezāyāsı maʿlūm-ı ḫāliṣānemiz olmuşdur. Mersūmlar Devlet-i ʿAliyye reʿāyāsından iken {6} bilā-mūcib firār ve ʿiṣyān iden eşḳıyāya mülḥaḳ olaraḳ Devlet-i ʿAliyye ʿaleyhine şeḳāvetlerini ibrāz itmiş {7} olduḳlarından bunlarıñ teʾdīb ü tenkīli ve biʾl-cümle emvāl ü emlāklarınıñ żabṭ ü taḥrīri Devlet-i ʿAliyye'niñ {8} işi olmaḳ taḳrībiyle dost olan düvel-i ecnebiyyeniñ bu maḳūlelere müdāḫalesi īcāb itmeyeceği {9} ẓāhir ve ḥimāye māddesi ḫaylī vaḳtden berü külliyyen memnūʿ oldıġı müsellem ü bāhir oldıġından İzmīr'de olan düvel ḳonsolosları {10} bu maḳūle firārī reʿāyānıñ temhīr olunan ḫāne ve mağāza ve oḏaları ḥaḳḳında ḥimāye ṣūretini {11} gösterdikleri ḥālde ṭaraf-ı müşīrīlerinden "Bunlarıñ reʿāyā-yı Devlet-i ʿAliyye'den iken bilā-mūcib ḳaṣd ile {12} velīniʿmeti olan Devlet-i ʿAliyye ʿaleyhine ibrāz-ı şeḳāvet iden ʿāṣīlere iltiḥāḳ itmiş olduḳlarından {13} bunlarıñ māllarınıñ taḥarrīsi ve kendüleriniñ terbiyesi Devlet-i ʿAliyye'niñ müteḥattim-i ẕimmet-i himmeti olub ḥimāye {14} müddeʿāsı daḫi beyneʾd-devleteyn derkār olan ʿahd ü şürūṭ mūcebince külliyyen memnūʿdur." deyu dostāne beyān {15} ve alacaḳ iddiʿāsında olanlar olur ise "Devleteyn beyninde merʿī olan müsāleme iḳtiżāsına naẓaran cümle tüccār {16} ve tebaʿañız daḫi mültezim [?] ise de bu maḳūle alacaḳ virecek māddesi ṭarafıñızdan İstānbūl'a yazılub {17} İstānbūl'da ilçiñiz maʿrifetiyle devletçe görilecek ve mevsimi geldikde tanẓīm olunacaḳ şeydir. {18} Devlet-i ʿAliyye'niñ tüccār ve tebaʿañızıñ ḫasārdan viḳāyesine ve biʾl-vücūh ḥimāyet ü ṣıyānetlerine himmet-i seniyyesi {19} maṣrūf oldıġı siziñ daḫi teslīm-kerdeñiz olan mevāddan idüği bedīdārdır." diyerek lāyıḳıyla {20} cevāb īrād olunaraḳ cenāb-ı müşīrīleriniñ muḳaddem ṣudūr iden emr-i şerīfiñ icrā ve infāẕına ḥakīmāne {21} ve nāzikāne ṣarf-ı ẕihn ü reviyyet buyurmaları lāzım geleceği beyānıyla ḳāʾime. Fī 20 N 36

[573/152] *Çirmen mutaṣarrıfına*

{1} Selānīk sancağında vāḳiʿ Kelemerye nāḥiyesiyle Lanḳaẓa nāḥiyesi ḳurālarından Belīroz ḳaryesi kāfirleri iʿlān-ı ṭuğyān {2} iderek voyvodalarıyla on yedi nefer ehl-i İslām'ı şehīd eylemiş ve Kesendīre [?] reʿāyāsı daḫi tebaʿiyyet eyleyerek {3} iẓhār-ı ʿiṣyān itmiş olduḳları ve Ḫāṣ ve Maʿden ḳurāsı reʿāyālarınıñ daḫi ayaḳlanması maẓnūn idüğünden {4} Ḳaṣṭamonı sancağı ʿaskerinden Edirne'ye vürūd itmiş olan beş yüz nefer ʿaskere dāʾire-i müşīrīlerinden başbuġ {5} naṣbıyla ʿicāleten Selānīk ṭarafına sevḳ ü irsāl ḳılınmış oldıġı ifādesine dāʾir resīde-i mevḳiʿ-i vuṣūl olan taḥrīrāt-ı {6} müşīrīleri mezāyāsı rehīn-i ıṭṭılāʿ-i muḫliṣī olub Selānīk sancağı kendü sancağıñız değil iken bu ṣūretle ġayret buyurub {7} ʿasker irsāline maṣrūf olan himem-i müşīrīleri ẕāt-ı diyānet-simātlarından me'mūl ü muntaẓar olan ās̱ār-ı dirāyet ü ḥamiyyeti {8} is̱bāt ü te'kīd itmiş oldıġı bu keyfiyyet vesīle-i maḥẓūẓiyyet ü taḥsīn oldıġından ġayrı taḥrīrāt-ı vārideleri derḥāl ḫāk-pāy-ı {9} hümāyūn-ı cenāb-ı pādişāhīye ʿarż ü taḳdīm olunaraḳ bu vechile ġayūrāne ḥareketleri nezd-i mekārim-vüfūr-ı şāhānede daḫi {10} bādī-i āferīn olmuşdur. Cenāb-ı ḥamiyyet-elḳāb-ı müşīrīleri Salṭanat-ı Seniyye'niñ ṣadāḳat-kār vüzerā-yı ʿiẓāmından olduḳlarından {11} böyle vaḳtde cān ü başıyla uġur-ı dīn ve Devlet-i ʿAliyye'de ṣarf-ı naḳdīne-i iḳtidār idecekleri āşikār olmaġla hemān {12} mecbūl ü meftūr olduḳları māye-i diyānet-kārī ve feṭānetleri muḳteżāsı[nı] bundan böyle daḫi ibrāz ü iẓhāra {13} dāmen-der-miyān-ı ġayret buyurmaları siyāḳında ḳā'ime. Fī 21 N 36

[*573/153*] ***Behrām Paşa'ya***

{1} Muḳteżā-yı me'mūriyyet-i müşīrīleri üzere es̱nā'-i rāhda göñüllü ʿaskeriyle kes̱īr dā'ire ve bir ṭarafdan Ḳırcalu neferātı {2} tedārük ile ʿazīmet itmekde olduḳlarını ve Selānīk ṭarafında olan reʿāyānıñ ʿiṣyānları ḫaberi gelmiş {3} ve istimdād olunmuş oldıġından ʿalelʿacele imdādlarına ʿasker gönderildiği beyānıyla Aydın ve Ṣaruḫan sancaḳlarından {4} maʿiyyet-i müşīrīleri-çün müretteb ʿasākir evāmir-i ʿaliyye ile taʿcīl olunmasını şāmil ḳapu ketḫüdāları ṭarafına mersūl şuḳḳalarını {5} mūmā-ileyh irā'e itmekle manẓūr ü me'āli maʿlūmumuz olmuşdur. Yazdıḳları ʿasker istiʿcāli ḫuṣūṣı taḥrīrlerinden evvel olmuş {6} ve ṣūret-i me'mūriyyetleri muḳaddem ve mu'aḫḫar ṭaraf-ı müşīrīlerine bildirilmiş oldıġından ġayrı Selānīk ṭarafında {7} reʿāyānıñ ʿiṣyānı ḫaberi Selānīk ṭarafından vürūd eylediğine ve cenāb-ı müşīrīleri es̱nā-yı rāhda olduḳlarından {8} evvelki me'mūriyyetleri üzere Yeñişehir ṭarafına gitmelerine ḫalel gelmeyerek hemān ʿicāleten Selānīk'e ʿazīmetleri bābında maḫṣūṣ {9} fermān-ı ʿālī ıṣdār ve çifte tatar ile tesyār olunmuş oldıġından artıḳ cenāb-ı müşīrīleri yollarda {10} ʿasker filān diyerek ayaḳ sürimeyüb çifte tatar ile gönderilan mārrü'ẕ-ẕikr fermān-ı ʿālī mūcebince bir daḳīḳa {11} evvel Selānīk'e irişmeğe müsāraʿat ü himmet buyurmaları iḳtiżā-yı ḥāldendir. Ḳaldı ki, cenāb-ı müşīrīleri ṣadāḳat ve şecāʿat ile {12} mevṣūf vüzerā-yı ʿiẓāmdan olduḳları ecilden ḥaḳḳ-ı saʿādetlerinde ḥüsn-i teveccüh ve iʿtiḳād-ı ʿālī derkār olaraḳ {13} Anāḏolī ṭarafında bulunan vüzerā-yı ʿiẓām ḥażerātı miyānından bi'l-intiḫāb cānsipārāne ve ṣadāḳat-kārāne ḥareket {14} ve iş görmeğe saʿy ü ġayret ider ve bu vaḳt naṣıl vaḳt oldıġını mülāḥaẓa iderek es̱nā-yı rāhda fuḳarā-yı {15} raʿiyyeti gözedir ve bir ṭarafdan bir cihetle ẓulm ü taʿaddī itmez ve itdirmez ḫulyāsıyla bundan aḳdem Rumili'de {16} ʿiṣyān iden reʿāyānıñ ḳahr ü tedmīrleri żımnında Yeñişehir ṭarafına me'mūr buyurulmuş olduḳlarından cenāb-ı müşīrīleri {17} tamām dīnimize ve devletimize ḫidmet iderek iki cihānda fevz ü selāmeti mūcib ḥālātı istiḥṣāl niyyet-i ḫāliṣasıyla {18} yol üzerinde uġradıḳları köylerde ve ḳaryelerde iẓhār-ı ʿadālet ve ḥaḳḳāniyyet farīżası[nı] icrāya himmet eylemek {19} lāzımeden iken el-ḥāletü-hāẕihī bu vādīden ẕühūl ile uğradıḳları ḳażā ve ḳurāda fuḳarānıñ ḥāl {20} ve feryādlarına baḳmayub ikişer üçer gice ārām ve andan bundan yem ve yiyecekden başḳa cebren aḳçe almaḳ mis̱illü kerīh {21} ḥālāta ḳıyām eyledikleri ḳażālar ṭaraflarından iʿlāmlar ile inhā ve sizden iştikā olunub şu vaḳtler reʿāyāmızıñ [?] {22} idüb dīnimize ve devletimize ḫidmet itmek ve ẓulm ü taʿaddīden ḳaçub neşr-i ʿadālet ve ṣalābet itmek farż olmuş iken {23} ve siz daḫi pādişāhımız efendimiziñ üç ṭuğlı bir vezīri iken böyle itmeñiz mūcib-i taʿaccüb olmuşdur. Bu vechile ḥareketiñiz {24} maʿāẕallāh vāṣıl-ı sāmīʿa-i şāhāne olmaḳ lāzım gelür ise ne vechile cevāb virebilürsüz? El-ḥāṣıl, ṭaraf-ı {25} şerīfiñize olan ḫulūṣum sizi iḫṭāra icbār itmekle bu vaḳti güzelce düşinüb ve böyle ḥareketler hiç- {26} -bir vaḳtde ve ʿalelḫuṣūṣ böyle teng ve nāzik zamānda bir vechile cāʾiz olmadığını mülāḥaẓa eyleyüb baʿd-ez-īn {27} gerek ṭaraf-ı müşīrīlerinden ve gerek dāʾire ve ʿaskeriñizden bu mis̱illü ẓulm ü iʿtisāf vuḳūʿa gelmamesine ve uğradığıñız {28} maḥallerde zinhār ü zinhār bir giceden ziyāde ārām itmeyerek hemān ḥüsn-i ṣīt ile meʾmūriyyetiñizi icrāya kemāl-i {29} derece taḳayyüd ü ihtimām buyurmaları siyāḳında ḳāʾime. Fī 21 N 36

[*573/160*] *Ḳaraman vālīsine*

{1} Bundan aḳdem inhā olundığı üzere Ayvalıḳ ve Yūnda adası reʿāyāsınıñ ʿiṣyānları ṣaḥīḥ ise ber-mūceb-i fetvā-yı {2} şerīf cümlesi ḳahr ü tedmīr ve ʿiyāl ü evlādları esīr olunmaḳ irādesini ḥāvī ṣudūr iden emr-i ʿālī {3} ṣavb-ı meʾmūrlarına müteveccihen es̱nā-yı rāhda ṭaraf-ı saʿādetlerine vürūd ile muʾaḫḫaren Ayvalıḳ reʿāyāsınıñ iẓhār-ı {4} şeḳāvet ü ʿiṣyāna ictisārları istiḫbār olunaraḳ ṣavb-ı müşīrīlerinden taʿyīn ve irsāl olunmuş olan {5} ʿasākir ve saʿādetlü Ḫudāvendigār mutaṣarrıfı ḥażretleriniñ meʾmūren ol cānibde bulunan ketḫüdāsı ve Ṭavāslı ʿOs̱mān Ağa {6} reʿāyā-yı mesfūre üzerine sell-i seyf ile ne vechile ḳahr ü tedmīr itmiş ve bu bābda ne ṣūretle icrā-yı {7} irāde-i seniyye ile is̱bāt-ı merdī ve şecāʿat buyurmuş olduḳları keyfiyyātı tafṣīlātından baḥisle cenāb-ı müşīrīleri {8} ṣavb-ı meʾmūrlarına ʿaṭf-ı ʿinān-ı ʿazīmet buyurmuş olduḳları ifādesini şāmil resīde-i cā-yı vürūd olan {9} taḥrīrāt-ı müşīrīleri mezāyāsı maʿlūm-ı ḫāliṣānemiz olub cenāb-ı müşīrīleriniñ ol ṭarafda bulunaraḳ {10} Ayvalıḳ üzerinde olan meʾmūrlara imdād eylemeleri maḥżā Cenāb-ı Ḥaḳḳʾıñ iḥsānı olub bu bābda ẓuhūra {11} gelan ġayret ü ihtimāmları tamām ẕāt-ı saʿādetlerinden meʾmūlumüz olan ṣalābet ve merdliği teʾkīd itmekle {12} vesīle-i sitāyiş ü taḥsīn oldığından ġayrı ḥużūr-ı hümāyūn-ı ḥażret-i cihān-dārīye daḫi ʿarż ile meşmūl-ı liḥāẓa-i {13} ʿāṭıfet-ifāża-i ḥażret-i tācdārī buyurulmuşdur. ʿAvn ü ʿināyet-i Cenāb-ı Bārī ve ḳuvvet-i ḳāhire-i ḥażret-i {14} pādişāhī ile Ayvalıḳ reʿāyāları ol vechile cezālarını bularaḳ maẓhar-ı ḳahr ü tedmīr olmuş oldığından {15} Ayvalıḳ üzerine ṭaraf-ı müşīrīlerinden taʿyīn olunan sergerdegāna taltīfen on ʿaded ḫilʿatlar ʿināyet {16} ve irsāl olunmuş olmağla ẕikr olunan ḫilʿatları bu emr-i dīnde ḫidmeti sebḳat idenlere iksā-birle cenāb-ı {17} müşīrīleri ṣavb-ı meʾmūrlarına istiʿcāl-i ʿazīmetlerini ḥāvī muḳaddemce ṣudūr iden emr-i ʿālī mūcebince {18} bir ān evvelce maḥall-i meʾmūrlarına vuṣūl-birle ibrāz-ı meʾāṡir-i yegānegī ve ḥamiyyet ve īfā-yı levāzım-ı meʾmūriyyet ve ṣadāḳate {19} himmet buyurmaları siyāḳında ḳāʾime. Fī 23 N 36

[*573/161*] *Ḫudāvendigār mutaṣarrıfına*
{1} Bundan aḳdem inhā olundığı vechile Ayvalıḳ ve Yūnda aḏası reʿāyāsınıñ ʿiṣyānları ṣaḥīḥ ise ber-mūceb-i {2} fetvā-yı şerīf cümlesi ḳahr ü tedmīr ve ʿiyāl ü evlādları esīr olunmaḳ bābında ıṣdār ve tesyār olunan {3} emr-i ʿālī mūcebince evvel-emrde Ayvalıḳ reʿāyāsınıñ ḥāl ü keyfiyyetlerini añlamaḳ içün ol sevāḥile ʿasker ile {4} ketḫüdāñızı taʿyīn itmiş oldığıñızdan ketḫüdāñız mūmā-ileyh Ayvalıḳ ḳaṣabasında iken baḥren birṭaḳım eşḳıyā tekneleri {5} ẓuhūr ve hücūm ve Ayvalıḳ reʿāyāsı daḫi ʿiṣyān ü şeḳāvetlerini iẓhār-birle gerek ketḫüdāları mūmā-ileyhiñ {6} maʿiyyetinde olan ʿasker ve gerek eṡnā-yı rāhda bulunan saʿādetlü Ḳaraman vālīsi ḥażretleriniñ biʾl-istiḫbār (58) gönderdiği ʿasker ve Ṭavāslı ʿOṣmān Ağa ve meʾmūr-ı maʿiyyeti olan Aydın ʿaskeri reʿāyā-yı mesfūre üzerine {2} sell-i seyf iderek ne vechile ḳahr ü tedmīr itmiş olduḳlarını mübeyyin ketḫüdāları mūmā-ileyhden tevārüd iden {3} taḥrīrāt taḳdīm olunmuş oldığı ve sevāḥil-i meẕkūreniñ bundan böyle daḫi muḥāfaẓasına diḳḳat eylemesini {4} ketḫüdāları mūmā-ileyhe teʾkīd ve maʿiyyetine bir miḳdār ʿasker daḫi irsāl olunmuş idüği ifādesini ḥāvī resīde-i {5} cā-yı vürūd olan taḥrīrāt-ı şerīfeleri mezāyāsı ve ketḫüdāñız mūmā-ileyhiñ taḳdīm buyurılan ʿarīżası {6} meʾāli maʿlūm-ı ḫāliṣānemiz olub āṡār-ı saʿy ü iḳdām-ı müşīrīleriyle reʿāyā-yı mesfūreniñ ol vechile külliyyen ḳahr {7} ü tenkīl ve iżmiḥlālleriyle bundan böyle daḫi ol ḥavālī sevāḥiliniñ muḥāfaẓasına maṣrūf olan himmet ü ihtimām-ı müşīrīleri {8} vesīle-i envāʿ-ı sitāyiş ü memnūniyyet ve bādī-i taḥsīn ü şābāş oldığından taḥrīrāt-ı meẕkūre-i müşīrīleri {9} ḥużūr-ı hümāyūn-ı şāhāneye daḫi ʿarż ile meşmūl-ı liḥāẓa-i ʿāṭıfet-ifāża-i ḥażret-i ẓıllullāhī buyurılaraḳ {10} bu emr-i dīnde ẓuhūra gelan ṡemere-i ihtimām-ı düstūrīleri nezd-i şevket-vefd-i ḥażret-i tācdārīde daḫi {11} müstelzim-i taḥsīn ü āferīn olmuşdur. Ḫuṣūṣ-ı mezbūrı mutażammın müşārun-ileyh Ebūbekir [Paşa] ḥażretleriniñ daḫi {12} taḥrīrātı tevārüd idüb ʿavn [ü] ʿināyet-i Cenāb-ı Bārī ve ḳuvve-i ḳāhire-i ḥażret-i tācdārī ile Ayvalıḳ {13} reʿāyāsınıñ ol vechile ḳahr ü iżmiḥlālleri müyesser olmuş oldığından Yūnda aḏası reʿāyāsınıñ daḫi {14} ʿiṣyānları ẓāhir ve tedmīr ü tenkīle istiḥḳāḳları bāhir oldığından hemān arasını uzatmayaraḳ imkānını {15} bulub şu günlerde anlarıñ daḫi ḥaḳlarından gelinmesi ḫuṣūṣuna irāde-i seniyye-i ḫüsrevāne taʿalluḳ iderek {16} ol bābda ḫaṭṭ-ı hümāyūn-ı

mehābet-maḳrūn-ı şāhāne şeref-pīrā-yı ṣudūr olmuş ve mūcebince ṭaraf-ı müşīrīlerine ḫiṭāben {17} bir ḳıṭʿa emr-i şerīf taṣdīr ve tesyīr olunmuş olmaġla mūcebince Yūnda aḏası reʿāyāsı üzerine daḫi {18} ketḫüdāları mūmā-ileyhi yāḫūd aña muʿādil muḳtedir bir adamlarını taʿyīn iderek bā-ʿavn-i Bārī anlarıñ daḫi {19} ḳahr ü tedmīr ve seby ü istirḳāḳları vesāʾilini istiḥṣāl-birle ġayret ü diyāneti iṣbāta bezl-i himmet buyurmaları {20} siyāḳında ḳāʾime. Ledeʾl-vuṣūl mūmā-ileyh Ṭavāslı ʿOsmān Aġa ve ketḫüdāları ve silaḥdārları mūmā-ileyhimānıñ {21} bu vā[d]īde ġayret ü şecāʿatleri ẓāhir olmuş oldığından ḫidmetlerini taḥsīn ve kendülerini talṭīf {22} żımnında bu defʿa ʿavāṭıf-ı ʿaliyye-i şāhāneden mūmā-ileyhime virilmek üzere birer ṣevb ḳonṭoş semmūr {23} ḫilʿat ile bu cihādda bulunan rüʾesā-yı ʿaskerīye iʿṭā olunmaḳ üzere on ʿaded ḳāpūṭ ṭaraf-ı saʿādetlerine {24} irsāl olunmaġla mūmā-ileyhime olan kürkleri irsāl ile ḳāpūṭları daḫi rüʾesā-yı ʿaskerīye {25} iʿṭāsı ḫuṣūṣuna himmet buyurmaları meʾmūldür. Fī 23 N 36

[*573/162*] ***Sīvās vālīsine***
{1} Cümleye maʿlūm oldığı üzere Rum ṭāʾife-i ḫabīsesiniñ devlet-i ʿ āliye-i Muḥammedī ḥaḳḳında icrāya milletçe müttefiḳ {2} ü müttehid olduḳları fesād ve ḫıyānet günden güne kesb-i şiddet itmekde ve Aḳdeñiz'de daḫi birṭaḳım izbāndīd {3} tekneleri ẓuhūruyla ḳarada ve deryāda rāst geldikleri ehl-i İslām'a hücūma cürʾet itmekde olduḳlarına bināʾen {4} cānib-i şerīʿat-ı ġarrādan virilan fetvā-yı şerīf mūcebince o maḳūle ʿiṣyān iden reʿāyānıñ ḳahr ü tedmīrleriyle {5} ve çoluḳ ve çocuḳlarınıñ seby ü istirḳāḳları ve emvāl ü eşyālarını beyneʾl-ʿasākir iġtinām ve iḳtisām ile {6} sāʾire ʿibret ḳılınmaḳ üzere ṭaraf ṭaraf meʾmūrlar irsāl ve Ṣaruḫan Mutaṣarrıfı saʿādetlü Behrām Paşa {7} ḥażretleri daḫi ʿasākir-i külliyye ile Yeñişehir ṭarafına taʿyīn ve tesyār ḳılınmış ise de el-ḥāletü-hāẕihī kefere-i fecereniñ {8} nāʾire-i fitne ve fesādları iştiʿāl olaraḳ Yeñişehir ṭarafına külliyyetlü ʿasākiriñ vücūdı lāzımeden {9} oldığından saʿādetlü Erżurūm vālīsi ḥażretleri maʿiyyetine gönderilmek üzere ġayr-ez-livāʾ-i Cānīk Sīvās {10} eyāletinde vāḳiʿ ḳażālardan müretteb olan iki biñ beş yüz nefer ʿaskere ḫalel gelmamek şarṭıyla ẕāt-ı ḥamiyyet-simāt-ı {11} müşīrīleri külliyyetlü dāʾireleri ḫalḳından māʿadā eyālet-i merḳūmeden güzīde ve tüvānā olaraḳ üç biñ {12} nefer süvārī ʿasker istiṣḥābı ve eyālet-i Sīvās'a muḳtedir biriniñ mütesellim naṣbıyla siziñ biʾn-nefs Yeñişehir'e {13} meʾmūriyyetiñiz ḫuṣūṣuna irāde-i seniyye-i ḥażret-i pādişāhī müteʿalliḳ olaraḳ ol bābda ṣaḥīfe-pīrā-yı [?] ṣudūr olan {14} ḫaṭṭ-ı hümāyūn-ı şāhāne mūcebince meʾmūriyyet-i düstūrīlerini nāṭıḳ iḳtiżā iden emr-i şerīf ıṣdār ve tesyār olunmuş (59) olmaġla bu bābda ḳaṭʿan teʾḫīr ü terāḫīyi tecvīz itmeyerek ʿalā-eyyi-ḥāl ber-manṭūḳ-ı emr-i ʿālī ḥareket-birle īfā-yı {2} meʾmūriyyete kemāl-i derece şitāb ü sürʿat buyurmaları siyāḳında ḳāʾime. Fī 24 N 36

[573/165] *Bosṭāncıbaşıya*
{1} Baʿżı ḫidemātda istiḫdām olunmaḳ üzere Rum meyḫāne miço ve ḳayıḳçılarından beş yüz nefer reʿāyānıñ taḥrīr {2} ve istiḫdām olunması ḫuṣūṣuna irāde-i seniyye-i mülūkāne müteʿalliḳ olmuş ve ol miḳdār eşḫāṣıñ Rum miço {3} ve ḳayıḳçılarından olaraḳ defterini taḳdīm ve serīʿan tedārük ve iʿṭā eylemesi Rum paṭrīḳine fermān-ı ʿālī ile {4} tenbīh olunmuş olmağla siz daḫi paṭrīḳ-i mersūm ile ḫaberleşerek ḫidemāt-ı lāzımede istiḫdām olunmaḳ üzere {5} ol vechile beş yüz nefer Rum miço ve ḳayıḳçılarınıñ şu günlerde ṭutub defteriyle Tersāne-i ʿĀmire'ye irsāl {5} ve teslīmine müsāraʿat eyleyesin deyu. Fī 24 N 36

[573/173] *Bārūtḫāne nāẓırına*
{1} Āsitāne-i ʿAliyye'de mütemekkin Rum gāvurlarından başı boş maḳūleleri "Vilāyetlerimize gide[ce]ğiz" diyerek bugünlerde {2} Rumili ṭarafına firāra başlamış ve ḥattā iki yüz neferden mütecāviz ḳaçḳun kefere Çatalca nāḥiyesinde {3} kā'in Ḫalḳalı çiftlliğinde tevḳīf ḳılınmış oldığından baḥisle firārī mesfūrlar ḥaḳlarında ne vechile muʿāmele {4} olunmaḳ lāzım geleceği keyfiyyeti Avcıbaşı ṭarafından bu defʿa inhā olunmuş olub bunlarıñ vilāyetlerine {5} ʿazīmetleri maḥẕūrdan ġayr-ı sālim olaraḳ bir vechile tecvīz olunur mevāddan olmamağla gerek çiftlik-i meẕkūrda {6} tevḳīf olunmuş olan ve gerek bundan ṣoñra firār itmek üzere civār-ı Salṭanat-ı Seniyye'de ṭutılan {7} Rum gāvurlarınıñ Bārūtḫāne'den ḳayıḳ ile Anāḏolī ṭarafına imrār içün Bārūtḫāne'ye gönderilmek {8} üzere Ḳaraburun muḥāfıẓı ṣadr-ı esbaḳ saʿādetlü paşa ḥażretlerine maḫṣūṣ fermān-ı ʿālī ıṣdār ve tesyār {9} ḳılınmış olmağın, imdi keyfiyyet maʿlūmuñuz olduḳda müşārun-ileyh ṭarafından gönderilan o maḳūle firārī {10} kefereyi Bārūtḫāne-i ʿĀmire'den ḳayıḳlara irkāben ḳarşu Anāḏolī yaḳasına imrāra mübāderet eyleyesin deyu. Fī 26 N 36

[573/175] *Ḫudāvendigār Mutaṣarrıfı İbrāhīm Paşa'ya*
{1} ʿAvn ü ʿināyet-i Bārī'yle Ayvalıḳ reʿāyāsınıñ ʿuṣātı ḳarīn-i ḳahr ü dimār ve ḫāne ve meskenleri berbād ü tārümār olduḳdan {2} ṣoñra ketḫüdā-yı müşīrīleri Ṭavāslı ʿOṣmān Aġa ile Yūnda aḏası üzerine gönderilmiş ve aḏa-i meẕkūra taḳarrüb {3} ve ilerü biraz ʿasker sevḳ eylediklerinde derūnunda olan ʿuṣāt-ı reʿāyā cümleten izbāndīd gemilerine rākib olaraḳ {4} firār eylemiş ve aḏa-i merḳūmede olan ḫāne ve manāstırları iḥrāḳ olunmuş oldığına dā'ir ketḫüdāları {5} mūmā-ileyhiñ ṣavb-ı saʿādetlerine gelan taḥrīrātı iṭāre ḳılındığına dā'ir irsāl buyurılan nemīḳa-i şerīfeleri mezāyāsı {6} rehīn-i ıṭṭılāʿ-i ḫāliṣānemiz olduḳdan ṣoñra rikāb-ı hümāyūn-ı şāhāneye ʿarż ile meşmūl-ı liḥāẓa-i cenāb-ı pādişāhī {7} buyurulmuşdur. Gāvurlarıñ icrā-yı ihānet ü melʿanetde cümleten ittifāḳları maʿlūm olaraḳ bunlarıñ gereği gibi {8} ḥaḳlarından gelinmesi ve bir

daḫi gi[t]dikleri maḥalle gelüb tavaṭṭun ve ibrāz-ı şeḳāvet idemamelerinin̄ ikmāl ḳılınması {9} lāzımeden ve Yūnda aḏası reʿāyālarının̄ daḫi gemilere firārları "Vaḳtiyle yine gelürüz" ümīdiyle oldıġından {10} fī-mā-baʿd iskān itmek mümkin olmayacaḳ mertebe ḫarāb itmelerini ketḫüdāları mūmā-ileyhe taḥrīr itmeleri şeref-yāfte-i ṣudūr {11} olan ḫaṭṭ-ı hümāyūn-ı şāhāne muḳteżāsından olmaġla mūcebince fī-mā-baʿd firār iden şaḳīler gelüb tavaṭṭun itmek {12} mümkin olmayacaḳ vechile Yūnda aḏasını ḫarāb itmelerini ketḫüdā-yı mūmā-ileyhe taḥrīr ve teʾkīd buyurmaları dirāyet-i ẕātiyyelerine {13} muḥavveldir. Ḳaldı ki, Ṭavāslı ʿOs̱mān Aġa ve ʿaskeri ḥaḳḳında ketḫüdāları mūmā-ileyhin̄ yazmış oldıġı şuḳḳa daḫi {14} rikāb-ı hümāyūn-ı şāhāneye ʿarż olunduḳda mūmā-ileyhin̄ bir uzaḳ maḥalle meʾmūr olması ḫuṣūṣuna irāde-i seniyye taʿalluḳ {15} itmiş ve Yūnda aḏası ve Ayvalıḳ ṭarafları ġāʾilesi bu vechile berṭaraf olub ketḫüdāları mūmā-ileyh daḫi ol ṭarafda {16} oldıġından mūmā-ileyh ʿOs̱mān Aġa mevcūd-ı maʿiyyeti olan ʿaskerden bir neferini girü bıraḳmamaḳ üzere Yen̄işehir'e meʾmūr {17} saʿādetlü Behrām Paşa ḥażretleri maʿiyyetine meʾmūr ḳılınaraḳ iḳtiżā iden emr-i şerīfi kendüyi taḥrīk itmek üzere {18} maḫṣūṣ ḫaṣekī mübāşeretiyle gönderilmiş idüġi beyānıyla teẕkire. Fī 26 N 36

[573/176] *Mīḫālīç ve Gemlik ve Bandırma voyvodalarına, Yalaḳābād ve Ḳapuḏaġı ve Maʿlḳara ve Keşān aʿyānlarına*

{1} Cemīʿ zamānda bir ḳażāda aʿyān ve voyvoda bulunan dāʾimā bulundıġı ḳażānın̄ ḥüsn-i idāresiyle emr-i muḥāfaẓasına {2} iʿtinā ve bilā-mūcib fuḳarā-yı raʿiyyet ve sükkān-ı memleketin̄ mübtelā-yı renciş ü ıżdırāb olmaması emr-i ehemmine saʿy-ı evfā eylemek {3} ve emr ü fermān-ı pādişāhīnin̄ icrāsıyla mehāmm-ı seniyyenin̄ lāyıḳıyla rüʾyet ü temşiyetine beẕl-i liyāḳat itmek farīża-i ẕimmet-i {4} meʾmūriyyeti oldıġı āşikār ve zamān-ı maʿdelet-nişān-ı şāhānede bu vādīden ẕühūl ile ẓulm ü sitem ve icrā-yı {5} idārede beṭāʾet idenler ne vechile mübtelā-yı vaḫāmet ü ḫüsrān olageldikleri cümleye maʿlūm ü bedīdār olub {6} ʿalelḫuṣūṣ düşmen-i dīn-i Muḥammedī olan gāvurların̄ böyle ʿiṣyānları vaḳtinde fuḳarā-yı raʿiyyet ve sükkān-ı memleketin̄ {7} rencīde ve izʿācları mis̱illü ḥālāt vuḳūʿa gelmeyerek cümle ile ittifāḳ-ı İslāmiyye'yi icrā farż olmuş iken {8} sen bu uṣūli ḫāṭırın̄a getürmeyerek fuḳarā-yı raʿiyyeti mübtelā-yı ġadr ü ḫasār eylemekde oldıġın̄dan ġayrı {9} ṭamaʿ ü irtikābından nāşī muġāyir-i ḥamiyyet ü diyānet gāvurların̄ işe yarar silāḥlarını almayaraḳ yedlerinde ibḳā {10} ve ehl-i İslām'ın̄ silāḥla gezmesine rāżī olmayaraḳ şu vaḳte ḳıyāsen diyānete yaḳışmaz mevādda ictirā itmekde {11} oldıġın̄ bu defʿa iḫbār ve taḥḳīḳ olunub böyle vaḳtde bu mis̱illü ḥarekete ibtidārın̄ cihetiyle senin̄ icrā-yı {12} teʾdībin̄ lāzım gelmiş ise de eyyām-ı mübārekeye ḥürmeten bu defʿalık iġmāż olunmuş olub lākin bundan böyle {13} o mis̱illü uyḳunsuz ḥareket iderek bir kimesnenin̄ bilā-mūcib ednā bahāne ile rencīde ve sitem-dīde olduḳları

{14} işidilür ise beher-ḥāl ḥakḳından geleceğimi ve ṣoñra peşīmānlığıñ saña fā'ide virmeyeceğini yaḳīnen bilüb {15} ve ʿaḳlıñı başına ṭoplayub selāmet-i ḥāliñi īcāb idecek ṣūretle ḥareket iderek hiç ferdiñ mübtelā-yı ẓulm ü sitem {16} olmamaları esbābınıñ ān-be-ān istiḥṣāline diḳḳat ve emr ü fermān-ı şāhāneniñ infāẕıyla {17} muġāyir-i diyānet ü ḥamiyyet ḥareketden bi'l-vücūh teḥāşī ve mücānebet eylemañ içün mektūb. Fī 26 N 36

[*573/178*] *Ḳapūdān paşaya*
{1} Bundan aḳdem Misivrī reʿāyāsından Panāyoṭ nām re'īs rākib oldığı sefīnesine ḫamr taḥmīl iderek Hocabeğ'e gitmiş {2} ve Prūt'da muḳaddemā vāḳiʿ olan ḥādiṣede re'īs-i mersūm eşḳıyāya imdād itmiş ve bu defʿa ḳorḳusundan bilinmamek {3} içün sefīnesine ḥaṭab taḥmīl iderek Muṣṭafā nām kimesneyi yasaḳçı ṣūretiyle gemisine alub Boğaz'dan {4} içerü girerek Orṭaköy'de el-yevm ḥamūlesini iḫrāc itmekde oldığı ve mersūm Panāyoṭ dünki gün gemisinden {5} firār eylediği bu defʿa iḫbār ve taḥḳīḳ olunmağla şimdi Tersāne-i ʿĀmire'den mücerreb ve muʿtemed adamlar taʿyīn iderek {6} ve geminiñ içinde olan ālāt ve timür ve sā'ir eşyādan bir dānesini yağma itdirmeyerek ser[rişte]sizce mersūm {7} Panāyoṭ ḫā'ininiñ gemisini Orṭaköy'den mecmūʿ eşyāsıyla ḳaldırub Tersāne-i ʿĀmire'ye rabṭ ve ḥıfẓ {8} ile keyfiyyeti işʿāra himmet buyurmaları siyāḳında teẕkire. Fī 26 N 36

[*573/186*] *Vidīn muḥāfıẓına*
{1} Muḳaddem ve mu'aḫḫar ḳarşu ṭarafa göndermiş olduḳları ʿasākir-i nuṣret-me'āṣir İpsilāndīoğlı nām ḫā'iniñ {2} ʿaskeri ile lede'l-muḥārebe ʿavn ü ʿināyet-i Cenāb-ı Bārī ile ne vechile maẓhar-ı fevz ü ġalebe olmuş ve ḫaylī düşmen-i dīn {3} ṭuʿme-i şīr-i şimşīr ve niceleri esīr ü der-zincīr olmuş oldığından başḳa mersūm İpsilāndīoğlı'nıñ {4} gönderdiği altı ḳıṭʿa ṭoplar ġuzāt-ı muvaḥḥidīn cānibinden żabṭ ḳılınmış oldığını ve muḳaddemki muḥārebede aḫẕ {5} olunan ḳulaḳlar gönderilerek mu'aḫḫaren vāḳiʿ olan ḥarb ü peykārda alınan ṭoplar ve dil ve kelleler {6} bundan ṣoñra gönderileceği ve Vidīn'de külliyyetlü ʿaskeriñ vücūdı lāzımeden oldığından müretteb olan {7} ʿaskeri serīʿan iḫrāc ü iʿzām eylemeleri istiʿcāl ḳılınması ḫuṣūṣlarını şāmil muḳaddem ve mu'aḫḫar resīde-i mevḳiʿ-i vuṣūl olan {8} taḥrīrāt-ı meserret-āyāt-ı müşīrīleri me'āl ü mezāyāsı rehīn-i ıṭṭılāʿ-i ḫulūṣ-verī olaraḳ bu vechile kefere-i li'āmıñ {9} ḳahr ü tenkīlleri vesā'il-i lāzımesini istikmāle derkār olan himem ü ġayret-i düstūrīleri ẕāt-ı saʿādetleriniñ dīn {10} ve Devlet-i ʿAliyye yolunda mültezemleri olan ṣadāḳat ü ġayreti iṣbāt itmekle vesīle-i sitāyiş ü taḥsīn ve bādī-i {11} ferḥat ü āferīn olaraḳ taḥrīrāt-ı müşīrīleri ṭaḳımıyla ḫāk-pāy-ı emel-revā-yı cenāb-ı pādişāhīye ʿarż ü taḳdīm ile {12} manẓūr-ı naẓar-ı ʿāṭıfet-eṣer-i ḥażret-i pādişāh-ı rū-yı zemīn olmuş ve gönderilan ḳulaḳlar daḫi nihāde-i ḫāk-i {13}

ʿibret ḳılınmış ve "Allāh ḥabībi ḥürmetine ümmet-i Muḥammed'i manṣūr eyleye." deyu duʿā-yı iksīr-nümā-yı şāhāne erzān buyurulmuşdur. {14} Ẕāt-ı dirāyet-elḳāb-ı düstūrīlerine mevhibe-i İlāhiyye olan ḥamiyyet ü dirāyet iḳtiżāsından nāşī ḫidemāt-ı {15} Salṭanat-ı Seniyye'de ve bi-taḫṣīṣ böyle dīn-i mübīn yolunda fedā-yı nefs ider vüzerā-yı ʿiẓām-ı Salṭanat-ı {16} Seniyye'den olduḳlarından umūr-ı mevkūle-i düstūrīlerinde te'kīde ḥācet bıraḳmayacaḳları ẓāhir ve inşā'allāhü Taʿālā {17} bilā-mūcib dīn ve Devlet-i ʿAliyye ʿaleyhine bu vechile ḫıyāneti irtikāb iden kāfirler maẓhar-ı mücāzāt olacaḳları {18} Cenāb-ı Ḫayru'n-Nāṣırīn'iñ ʿavn ü ʿināyetine müberhen ü bāhir olaraḳ bu defʿa müteʿalliḳ olan irāde-i kerāmet- {19} -ifāde-i şāhāne iḳtiżāsı üzere vuḳūʿ bulan muḥārebede ġayret ü ḥamiyyetleri ẓuhūra gelan on iki nefer {20} sergerdelerine birer aʿlā ḳāpūt ve silaḥdārları bendelerine bir ḳonṭoş semmūr kürk ḫilʿat-i fāḫire-i şāhāne {21} olmaḳ üzere gönderilmiş olmaġla mūmā-ileyhime iʿṭā ve iksā ile hemān bir gün evvel itmām-ı me'mūriyyet ile {22} iṡbāt-ı diyānet ḫuṣūṣuna himmet ve ḥamiyyete teşmīr-i sāḳ-ı ġayret buyurmaları dirāyet ve diyānet-i müşīrīlerine muḥavveldir. {23} Ḳaldı ki, Rumili ḳażālarından Vidīn ḳoluna müretteb ʿasākiriñ iḫrāc ü sevḳine bundan aḳdem Başbāḳīḳulı {24} Çayırzāde Aḥmed Beğ me'mūr olmuş ise de mīr-i mūmā-ileyhiñ eṡnā-yı rāhda ḫastalanub iʿāde olunması {25} cihetiyle yerine sābıḳ Ḫaṣekī aġa taʿyīn ve iʿzām ḳılınaraḳ ḳuṣūr ḳalanlarınıñ istiʿcāli-çün mü'ekked evāmir-i ʿaliyye {26} ıṣdār ve tesyār ḳılınmış oldıġından fażla muḳaddemce ʿasākir ḥaḳḳında vāḳiʿ olan inhā ve īmālarına mebnī iki biñ {27} nefer ʿulūfelü ʿasākir tertībi irāde olunaraḳ keyfiyyet ṭaraf-ı müşīrīlerine yazılmış ve mu'aḫḫaren daḫi Anāḍolī'da {28} vāḳiʿ Anḳara ve Kenkırī sancaḳlarından biñer nefer süvārī ʿasker tertīb ve serīʿan techīz ve iḫrācları-çün {29} iḳtiżā iden evāmiri tesrīb olunmuş oldıġından bi-mennihī Taʿālā Vidīn'e şu aralıḳ müstevfī ʿaskeriñ taḥaşşüdi {30} me'mūl olmaġla hemān ẕāt-ı ḥamiyyet-simātları her ḥālde īfā-yı lāzıme-i ġayret-şiʿārī ve besālete ve iṡbāt-ı {31} müddeʿā-yı ṣadāḳat-kārī ve diyānete himmet buyurmaları siyāḳında ḳā'ime. Fī 27 Ramażān 36

[*573/191*] ***Selānīk mütesellimine***

{1} Selānīk eṭrāfında olan ḳaryeler reʿāyāsı pey-ā-pey ʿiṣyān itmekde ve ṭaraf ṭaraf üzerlerine ʿasākir sevḳiyle {2} ḥaḳlarından gelinmekde oldıġı beyānıyla Kelemerye ve Bāzergān ṭaraflarında vāḳiʿ olan muḥārebelerde aḫẕ olan ḳulaḳ {3} ve bayraḳlar gönderildiğini muḳaddem rehn olunaraḳ tevḳīf olunmuş olan ḳarye ḳocabaşıları ve Kesendire pāpāsları {4} siyāset olunaraḳ ve tedābīr-i lāzımeye derkār olan ġayretiñi ve muḳaddem iltimās olunan ṭopçı orṭasıyla {5} fişenge iḥtiyāc derkār idüğüni şāmil tevārüd iden taḥrīrātıñ manẓūr ü mezāyāsı maʿlūmumuz olub {6} cümle ile ittifāḳ merāsimini icrā iderek dīn ve Devlet-i ʿAliyye düşmenleri olan gāvurlarıñ bu vechile {7} ḳahr ü tedmīrlerini mūcib vesā'ili ikmāle maṣrūf olan ġayret ü diḳḳatiñ mecbūl oldıġıñ ḫānedān- {8} -zādelik ve ḥamiyyeti te'kīd itmekle mūcib-i maḥẓūẓiyyet olmuş ve taḥrīrāt-ı vārideñ ḫāk-pāy-ı hümāyūn-ı şāhāneye {9} ʿarż ü taḳdīm ile manẓūr-ı nigāh-ı ʿāṭıfet-iktināh-ı ḥażret-i pādişāhī buyurulmuş ve gönderilan ḳulaḳlar (67) ve bayraḳlar pīşgāh-ı bāb-ı hümāyūnda ġalṭīde-i ḫāk-i meẕellet ḳılınmışdır. Cenāb-ı Ḥaḳḳ böyle dīn-i mübīn uġurunda çalışanlarıñ {2} ḳılıçlarını keskin ve iki cihānda yüzlerini aḳ eylesün. Bilā-mūcib gāvurlarıñ dīnimiz ve devletimiz ʿaleyhine bu ṣūretle {3} icrā-yı ihānet ü melʿanetde büyüği ve küçüği müttefiḳ olduḳlarından hemān göz açdırmayaraḳ bā-ʿavn-i Bārī bunlarıñ {4} tedmīr ü tenkīllerini ikmāl eylemek lāzımeden ve evvelce ḥabs olunan ḳocabaşılarıñ köylerinde ʿiṣyān vuḳūʿunda {5} derḥāl anlarıñ iʿdāmıyla sā'ir buña müteferriʿ işʿār eylediğiñ tedābīr yolunda olaraḳ hemān ʿuṣāt-ı mersūmeyi {6} bilā-amān ḳırub evlād ü ʿiyāllerini esīr ve māllarını ġuzāt-ı muvaḥḥidīne yaġma ve ġāret itdirmeğe {7} ġayret eylemañ muḳteżā-yı irāde-i seniyyeden ve muḳaddemce vāḳiʿ olan inhāna mebnī ṭopçı orṭasıyla {8} fişenk tertīb ve irsāl olunmuş ise de bundan böyle mühimmāt irsāli ve sā'ire ile iʿānetde {9} bir vechile dirīġ-i himmet olunmayacaġı vāżıḥātdan olmaġla, göreyim seni, ġayret ü ḥamiyyetiñ me'āṡirini ve kişizādeliğiñi {10} iṡbāt ve icrāya ve cümle ile ittifāḳ ü ittiḥāda iʿtinā iderek hemān ʿiṣyān iden gāvurları bilā-amān ḳırub {11} evlād ü ʿiyāllerini esīr ve māllarını ġuzāt-ı muvaḥḥidīne yaġma ve ġāret ve bir taḳrīb Aynaroz'a ʿasker imrārıyla yaġma {12} itdirmeğe teşmīr-i sāḳ-ı ġayret-birle icrā-yı irāde-i seniyye ve iṡbāt-ı müddeʿā-yı diyānet ü ḥamiyyete beẕl-i liyāḳat eylemañ içün ḳā'ime. Fī 28 N 36

[*573/194*] ***Silistre vālīsine***
{1} İpsilāndī kāfiriniñ Dūḳāl [?] nām ḳaṣabaya firārını ketḫüdā-yı müşīrīleri bi't-taḥḳīḳ ʿasker irsāliyle ne vechile muḥārebe olunmuş {2} ve mersūm ʿasākir-i nuṣret-me'āṡir-i şāhāneye muḳāvemet idemeyeceğini teferrüs iderek ne ṣūretle Nemçe sınūrına {3} firār itmiş oldıġı ve verālarından giden cünūd-ı muvaḥḥidīniñ aldıḳları diller ve kelle ve ḳulaḳ ve bayraḳ ve eşyā-yı {4} sā'ireniñ ve ol bābda ketḫüdāları mūmā-ileyhden ṭaraf-ı saʿādetlerine gelmiş olan kāġıdıñ irsāl olundıġını {5} ḥāvī ve ifādāt-ı sā'ireyi muḥtevī tevārüd iden taḥrīrāt-ı müşīrāneleri mezāyāsı rehīn-i ıṭṭılāʿ-i ḫālişānemiz {6} olub ṡemere-i iḳdām ü himmet ve tedbīr ü ārā-yı şecīʿāneleriyle bu vechile derkār olan fütūḥāt müstelzim-i sürūr {7} ü mübāhāt olub maṣrūf olan himmet ü iḳdāmları bādī-i sitāyiş ü taḥsīn olaraḳ derḥāl taḥrīrāt-ı {8} vāride-i müşīrīleri rikāb-ı ḳamer-tāb-ı cenāb-ı ḫüsrevāneye ʿarż ü taḳdīm ile manẓūr-ı naẓar-ı ʿāṭıfet-eṡer-i ḥażret-i tācdārī {9} olmuş ve "Elḥamdülillāh ḫaylī fütūḥāt olmuş. Cenāb-ı Ḥaḳḳ her ḥālde ehl-i İslām'ı ġālib ü muẓaffer eyleye." deyu duʿā-yı iksīr- {10} -nümā-yı ḥażret-i pādişāhī bī-dirīġ ü erzān buyurulmuş ve mezbūr dillerden iki neferi

İpsilāndīoğlı'na münāsebet-i ḳarībeleri {11} oldıġı me'āl-i işʿār-ı sāmīlerinden müstefād oldıġından şimdilik li-ecli'l-istinṭāḳ anlar tevḳīf olunaraḳ dīger dört {12} neferi siyāseten iʿdām ve sālifü'z-zikr kelle ve ḳulaḳ ve sā'ire daḫi bāb-ı ʿadālet-me'āb-ı şāhāne pīşgāhına ġalṭīde-i {13} ḫāk-i mezellet ḳılınmışdır. Cenāb-ı Ḥaḳḳ ẕāt-ı saʿādetleri miṣillü uġur-ı dīn ve Devlet-i ʿAliyye'de ibrāz-ı ḥüsn-i ḫidmete mücidd ü sāʿī {14} olanları iki ʿālemde nā'il-i fevz ü felāḥ eyleye, āmīn. Cümleye maʿlūm ve bi-taḫṣīṣ nezd-i düstūrīlerinde emr-i ġayr-ı mektūm oldıġı {15} vechile bilā-mūcib Rum gāvurlarınıñ cümlesi böyle dīn ü devlet ʿaleyhine açıḳdan icrā-yı ihānet ü melʿanet dāʿiyesine {16} düşmüş olduḳlarından hemān Cenāb-ı Ḫayru'n-Nāṣırīn'iñ ḥavl ü ḳuvvetine ve ṣāḥib-i şerīʿat efendimiziñ rūḥ-ı pür-fütūḥları {17} imdādına ittikā'en bu kāfirleriñ ḥaḳlarından gelene dek cihād ü ġazā farīżasını īfā cümle mü'min ve muvaḥḥide farż {18} olmuş oldıġından ve ẕāt-ı dirāyet-āyāt-ı müşīrāneleri her māddede ve bilḫuṣūṣ dīn ve Devlet-i ʿAliyye ḫidmetlerinde {19} cān ü başıyla çalışmaġı iʿtiyād eylemiş olduḳlarından bu bābda maḥżā ārā-yı ṣā'ibe-i dirāyet-kārāneleri {20} āṣārıyla ketḫüdāları mūmā-ileyhiñ muvaffaḳ oldıġı fütūḥāta mebnī kendüyi tal̤ṭīf żımnında ʿavāṭıf-ı ʿaliyye-i cenāb-ı {21} tācdārīden iḥsān-ı hümāyūn buyurulmuş olan bir ṣevb semmūr kürk ṭaraf-ı saʿādetlerine isbāl olunmuş {22} olmaġın ketḫüdāları mūmā-ileyhe irsāliyle bundan böyle daḫi şu düşmen-i dīn ü devletimiz olan küffār-ı dūzaḫ-ḳarārıñ {23} ḳahr ü iżmiḥlālleri esbāb ü vesā'iliniñ ān-be-ān istiḥṣāliyle her ḥālde īfā-yı levāzım-ı dirāyet-kārī ve feṭānet {24} ve icrā-yı ṣalābet ü merdānegīye himmet buyurmaları siyāḳında ḳā'ime. Fī 28 N 36

[573/200] *Sāḳız muḥaṣṣılına ve nā'ibine*

{1} Dersaʿādet'de mütemekkin Sāḳızlı çuḳacı ve ḥaṭṭābcı eṣnāfınıñ taḳdīm eyledikleri ʿarżuḥāllerinde Rum milleti beyninde taḥaddüs {2} iden fesād cihetiyle Sāḳız cezīresinde olan reʿāyādan ḫilāf-ı resm-i raʿiyyet ḥālāt vuḳūʿa gelmamesi {3} żımnında nuṣḥ ü pendi şāmil Rūmiyyü'l-ʿibāre mektūblar gönderilmiş ve mersūmlardan daḫi muġāyir-i uṣūl-i raʿiyyet bir gūne keyfiyyet ẓuhūr {4} itmamiş ise de ehl-i İslām'a emniyyet-i tāmme gelinceye ḳadar kendü ḥüsn-i rıżālarıyla cezīre-i merḳūme reʿāyāsınıñ muʿteberlerinden {5} rehn ṭarīḳiyle ḳalʿada iḳāmet itmek üzere elli nefer reʿāyādan taʿyīn olunmuş ve bir dürlü ḥādiṣe ẓuhūr itmeyeceğine {6} ʿahd ü mīṣāḳ olunaraḳ birbirleriyle kefīle rabṭ olunmuş ve bu ṣūretle ṭavr-ı raʿiyyetden inḥirāf olunmamış iken kendü ḥüsn-i rıżālarıyla {7} ḳalʿaya giden reʿāyāyı maḥbūs şeklinde cümlesini bir żīḳ maḥalde iḳāme itdirilerek mu'āḫaẕe olunduḳları ve Anāḍolī cānibinden {8} vürūd iden ʿasker daḫi hetk-i ʿırż ve ḳatl-i reʿāyā miṣillü ḥālāta mübāderet eyledikleri ve el-ḥāletü-hāẕihī Sāḳız ḳalʿasında {9} iki senelik ẕaḫīre mevcūd olub aḳçesiyle fuḳarā-yı raʿiyyete bir miḳdār ẕaḫīre virilmek lāzımeden iken tevārüd iden {10} ẕaḫīre ḳalʿaya naḳl olunaraḳ ol vechile reʿāyā-yı mersūme aç ḳaldıḳları beyānıyla sālifü'ẕ-ẕikr rehn ṭarīḳiyle ḳalʿada {11} iḳāme itdirilan reʿāyānıñ bi'l-münāvebe birer hafta fāṣıla ile tebdīl olunmaları veyāḫūd olduḳları {12} żīḳ maḥalden iḫrāc ile müsāferet ṭarīḳiyle iḳāme ve vāḳiʿ olan taʿaddiyātıñ menʿiyle vürūd iden {13} ẕaḫāyirden aḳvāt-ı yevmiyyelerini idāre idecek miḳdār aḳçesiyle ẕaḫīre iʿṭāsı ḫuṣūṣuna müsāʿade-i seniyye erzān {14} buyurulması muḥarrer ve müstedʿā olub Rum ṭā'ifesi beyninde derkār olan fesād ve şeḳāvet cihetiyle bunlarıñ ḥaḳlarından {15} gelinmesi lāzım gelmiş ve o maḳūle ʿiṣyānı tebeyyün ü taḥaḳḳuḳ iden kāfirleriñ icrā-yı cezā-yı sezālarıyla ḥadleri bildirilmekde {16} oldıġı mis̱illü ṭavr-ı raʿiyyetden nükūl itmeyüb pā-ber-cā-yı istiḳrār olanlar ḥaḳlarında daḫi ḥimāyet ü ṣıyānetleri ḫuṣūṣuna {17} iʿtinā olunması şīme-i memdūḥa-i İslāmiyye'den oldıġı ẓāhir ve el-ḥāletü-hāẕihī Sāḳız cezīresi reʿāyāsınıñ {18} daḫi bu ṣūretle ʿiṣyān ü şeḳāvetleri meşhūd olmamış ve ḫilāf-ı resm-i raʿiyyet bir gūne ḥareket vuḳūʿa gelmamiş {19} oldıġı kendü ḥüsn-i rıżālarıyla rehn ṭarīḳiyle virdikleri reʿāyānıñ ol vechile tażyīḳ olunması ve aḳçesiyle {20} aḳvāt-ı yevmiyyeleri-çün ẕaḫīre iʿṭā olunmaması vürūd iden ʿaskerī maḳūlesiniñ daḫi māl ve ʿırżlarına {21} tasalluṭ itmeleri muġāyir-i emr-i Bārī ve münāfī-i rıżā-yı cenāb-ı pādişāhī oldıġı bedīhī ve bāhir olmaġla {22} keyfiyyet inhā olundıġı vechile ise ḳalʿada rehn ṭarīḳiyle iḳāmet itdirilmiş olan reʿāyā bir münāsib vesīʿ {23} maḥalde müsāferet ṭarīḳiyle iḳāme olunaraḳ ḥimāyet olunmaları ve ʿaskerī ṭā'ifesinden vāḳiʿ olan taʿaddīleriniñ {24} ʿalā-eyyi-ḥāl menʿ ü defʿi ve aḳvāt-ı yevmiyyelerini idāre idecek miḳdār aḳçesiyle ẕaḫīre iʿṭāsıyla ṭaraflarından {25} bir gūne ḫilāf-ı resm-i raʿiyyet ḥālāt vuḳūʿ bulmadıḳça ḥimāyet ü ṣıyānetlerini mūcib olur vesā'iliñ ikmāline mübāderet {26} eylemeñiz içün mektūb. Fī selḫ-i N 36

[573/205] *Ḳıbrīs muḥaṣṣılına*

{1} Ḳıbrīs cezīresiniñ emr-i muḥāfaẓasına derkār olan ihtimāmıñdan ve Ḏaġ ḳażāsından aḫẕ ü girift olunan Dīmitrī nām ḫā'in ile {2} Yanākī-oġlı Mīḫāl'iñ ḳaleme alınan taḳrīrleri ve Ḳıbrīslı Ketānbezi Yorġākī nām ẕimmīye gelmiş ve mersūmdan Ḳıbrīs başpisḳopos {3} başkeşīş ṭarafına gönderilmiş olan Rūmiyyü'l-ʿibāre kāġıdlar ve tercümeleri ve Lefḳoşe'de bārūt bulunan {4} kenīsā keşīşiniñ taḳrīri taḳdīm ḳılındıġından baḥis̱le ihānetleri taḥaḳḳuḳ iden on altı nefer kāfirler iʿdām ḳılındıġını ve cezīre-i {5} merḳūme reʿāyāsından Aṣvālne [?] ve başpisḳopos-ı mersūm ile üç nefer metrepolīdiñ izālesine dā'ir vücūhuñ {6} virdikleri taḳrīr gönderildiğini mübeyyin ve saʿādetlü Ṣaydā vālīsi ḥażretleri ṭarafından vürūd iden ʿasker ve bārūt {7} ve ṭop ve ṭopçı neferātınıñ kemmiyyeti ifādesiyle lüzūmı olan bārūt ve dāneleriñ Ṣaydā'dan celbi istīẕānını ve sā'ir {8} ifādeyi mutażammın tevārüd iden taḥrīrātıñ ve taḳdīm olunan evrāḳ ve tercümeler me'ālleri maʿlūmumuz olub bu vechile {9} icrā-yı emr-i taḥaffuẓī ve me'mūriyyete derkār olan diḳḳatiñ mūcib-i maḥẓūẓiyyet olmuş ve ḫāk-pāy-ı hümāyūn-ı şāhāneye ʿarż ile {10} manẓūr-ı ḥażret-i pādişāhī buyurulmuşdur. Gāvurlarıñ büyüği ve küçüği ʿālī olan dīnimize ve devletimize açıḳdan açığa ihānet {11} ü melʿanet dāʿiye-i fāsidesinde olduḳlarından ḫabās̱etleri taḥaḳḳuḳ iden on altı nefer kāfirleri iʿdām itmañ iṣābet ḳabīlinden {12} olaraḳ bu defʿa celādet-baḫşā-yı ṣudūr ü sünūḥ olan emr ü irāde-i şāhāne mūcebince bundan böyle daḫi ʿale'd-devām mütebaşşırāne {13} ḥareket ve reʿāyā derūnunda bāʿis̱-i fesād olan söz ṣāḥibleriniñ hemān taḥḳīḳiyle fesādda medḫali olanlarıñ iʿdāmlarına {14} mübāderet ve Ḳıbrīs'da manāstır ve kenīsālarıñ ve metīn ü müstaḥkem olan reʿāyā ḫāneleriniñ zīr ü bālāsı ber-vech-i diḳḳat {15} yoḳlanub gerek cebeḫāne ve bārūt ve esliḥalarınıñ devşirilmesine müs̱āberet ve Ḳıbrīs ḳalʿası derūnunda olan {16} reʿāyā ḫāneleriniñ lede'l-iḳtiżā mażarratdan vāreste olacaḳ ṣūretle tesviyesi ne vechile müyesser olur ise {17} istiḥṣāline müsāraʿat ve başpisḳopos-ı mersūm ile üç metrepolīdler ṣalb ü siyāset olunaraḳ {18} sā'ire ʿibret olunmaḳ bābında bu defʿa ṭarafıña ve sā'ire ḫiṭāben iḳtiżā iden evāmir-i ʿaliyye ıṣdār ve tesyār olunmuş {19} ve Ṣaydā'dan celbini istīẕān eylediğiñ mühimmāt baʿdehū yerine ḳonulmaḳ üzere gönderilmesi ve Ḳıbrīs muḥāfaẓası-çün {20} muḳaddem irsāli irāde olunan ʿasākirden ḳuṣūr ḳalanlarınıñ maʿa-ziyādetin Ṣaydā vālīsi müşārun-ileyh ḥażretlerine {21} taḥrīr ü işʿār ḳılınmış olmağla, göreyim seni, ġayret ü diyānetiñi is̱bāt ve cümle ile ittiḥād iderek evāmir-i şerīfe-i {22} merḳūmeniñ infāẕ ü icrāsına ve levāzım-ı tabaṣṣur ü āgāhīye kemāl-i diḳḳat ve Ṣaydā vālīsi müşārun-ileyhle bi'l-muḫābere mühimmāt-ı {23} muḳteżiye ve ʿasākir-i mürettebeniñ celbine müs̱āberet ve iʿdām ü izāle ideceğiñ gāvurlarıñ emvāl ü eşyālarını {24} telef ü żāyiʿ olmamaḳ üzere temhīr ve ḥıfẓ ile keyfiyyeti bu ṭarafa işʿār ü işāret eylemañ içün ḳā'ime. Fī selḫ-i N 36

[*573/208*] ***Bosṭāncıbaşıya buyuruldı***

{1} Üsküdār ḳorısına tābiʿ Ḳartāl ve Gekbūze ve Beğḳoz ḳażālarıyla Ḳorı-i Hümāyūn'a tābiʿ çiftlikler reʿāyāsına Rum milleti {2} beyninde taḥaddüs̱ iden fesād cihetiyle baʿżı erāẕil ve eşḫāṣ ṭaraflarından taʿaddī olunaraḳ fuḳarā-yı raʿiyyetiñ emniyyet ü istirāḥatları {3} meslūb oldığı bu defʿa iḫbār olunub fesādda medḫali olmayan reʿāyāya taʿaddī bi'l-vücūh muġāyir-i rıżā-yı ʿālī {4} ve münāfī-i rıżā-yı tācdārī oldığından ġayrı civār-ı Salṭanat-ı Seniyye'de edebsiz ve erāẕil ṭaḳımınıñ bu ṣūretle kendü {5} ḥālinde olan reʿāyāya müdāḫale itmeleri ʿadem-i taḳayyüd ü ihtimāmdan neş'et ider bir keyfiyyet olaraḳ bu māddeye {6} siziñ diḳḳatiñiz lāzım geleceği ẓāhir olmağla bundan böyle maʿiyyetine külliyyetlü neferāt cemʿ iderek ve leyl ü nehār ol ḥavālīde {7} gezerek o maḳūle erāẕil ve eşḫāṣıñ bir vechile kendü ḥālinde olan reʿāyāya müdāḫale idemamesini istiḥṣāl ve cevr {8} ü taʿaddīye cesāret idenleriñ menʿine saʿy-ı bī-hemāl iderek kendü ḥālinde olan Ḳorı-i Hümāyūn reʿāyāsınıñ ḥimāyesine {9} diḳḳat eylemesini maḫṣūṣ adam taʿyīniyle Ḳorı aġasına ekīden tenbīhe mübāderet eyleyesin deyu. Fī 2 L 36

[573/214] *Aġa efendimizden İbrāhīm Paşa'ya*
{1} Maʿlūm-ı devletleri buyuruldıġı üzere Ayvalıḳ reʿāyāsınıñ ʿiṣyān ü ḫabāsetlerine binā'en müteʿalliḳ olan irāde-i seniyye-i {2} mülūkāne mūcebince reʿāyā-yı mesfūre urılaraḳ bi'l-cümle mesken ü me'vāları iḥrāḳ ve taḫrīb olunmuş oldıġından {3} Ayvalıḳ'da olan zeytūnluḳlarıñ cāniblerinden żabṭ ü taḥrīri īcāb iderek bu defʿa şeref-sünūḥ iden irāde-i seniyye-i {4} ḥażret-i pādişāhī muḳteżāsı üzere Ṣurre-i Hümāyūn Emīni sābıḳ saʿādetlü Saʿīd Beğ bu ḫuṣūṣa bi'l-intiḫāb mübāşir taʿyīn {5} olunaraḳ ol ṭarafa gönderilmiş oldıġından ẕikr olunan zeytūnluḳlarıñ ber-vefḳ-i murād żabṭ ü taḥrīri ehem olmaġla mīr-i mūmā-ileyhe {6} lāzım gelan muʿāvenet-i kāmileniñ icrāsına iʿtinā eylemesi ḫuṣūṣı ṭaraf-ı devletlerinden ol ṭarafda olan ketḫüdālarına taḥrīr ü işʿār {7} buyurulması ḫuṣūṣı himem-i behiyye-i vezīrāneleri derkār buyurulmaḳ bābında. Fī 2 L 36

[573/220] *Serʿasker paşaya*
{1} İngilterelü ḥimāyesinde olan Cezāyir-i Sebʿa'dan Zānṭa ve Kefālonya ve Ayāmāvra ve sā'ir aḏalar reʿāyāsı daḫi {2} bugünlerde iʿlān-ı ṭuġyān itmek ṣūretlerinde olduḳları ve işbu aḏalarda daḫi bir gūne fesād ẓuhūra gelmamesiçün {3} İngilterelü ṭarafından ol ṭaraflara me'mūr donanma ve ḳara ʿaskeriniñ vürūdına muntaẓır idüğüni Ḳorfa'da olan {4} İngiltere cenerāli, Ḳapūdāna beğ bendeleri ṭarafına inhā itmiş ve ḫuṣūṣ-ı meẕkūrı mutażammın mīr-i mūmā-ileyh bendeleriniñ {5} vārid olan kāġıdı ve Kefālonya reʿāyāsınıñ dört ḳıṭʿa sefīne tedārük iderek Çamlıca ve Ṣulıca {6} kāfirlerine iltiḥāḳ itmiş oldıġı muḳaddemce Ḳorfa'da olan şehbender ṭarafından ṣavb-ı sāmīlerine taḥrīr olunmuş ve ẕikr olunan {7} kāġıdlar gönderilmiş oldıġı ve gāvurlarıñ maṭmaḥ-ı naẓar-ı mekīdet-eṣerleri Mora oldıġından ve cezīre-i Mora berren {8} ve baḥren ḥaṣr ü tażyīḳ olunmaḳda idüġünden muḳaddem ve mu'aḫḫar Anāḏolī ṭarafından Yeñişehir cānibine taʿyīn olunan me'mūrlarıñ {9} külliyyetlü ʿasker ile Mora'ya irişmeleri ḫuṣūṣuna dā'ir resīde-i mevḳiʿ-i vuṣūl olan taḥrīrāt-ı sāmīleri mezāyāsı {10} ve mūmā-ileyh Ḳapūdāna beğ bendeleriyle İzdīnli Ḫalīl Beğ'iñ ṭaraf-ı müşīrīlerine gelüb taḳdīm olunan kāġıdları {11} me'āli rehīn-i ıṭṭılāʿ-i ṡenāverī olduḳdan ṣoñra ṭaḳımıyla ḫāk-pāy-ı mekārim-sīmā-yı cenāb-ı pādişāhīye ʿarż ü taḳdīm ile {12} manẓūr-ı hümāyūn-ı ḥażret-i pādişāhī buyurulmuşdur. İşʿār-ı sāmīlerinden müstefād oldıġı vechile gāvurlarıñ {13} hücūm-ı şūmları bütün bütün Mora ṭarafına olaraḳ külliyyetlü ʿasker ile tīz elden Mora'ya bir vezīriñ sürʿat-i {14} irsāli lāzım gelmiş oldıġından bu māddeniñ

iḳtiżāsı der[d]est-i icrā olub hemān verāndan keyfiyyeti {15} ve ṣūret-i ḳarārı iş'ār olunacağı āşikār olmağla hemān ẕāt-ı ḥayderī-simāt-ı müşīrāneleri {16} her ḥālde icrā-yı lāzıme-i ḥamiyyet-kārī ve ṣalābete himmet buyurmaları siyāḳında ḳā'ime. Lede'l-vuṣūl ordu-yı {17} sipeh-sālārīleri Nüzül Emīni Ḥācī Edhem Ağa bendeleriniñ tesviye-i umūr-ı lāzımesi-çün aḳçe irsāl ḳılınması ḫuṣūṣı (78) taḥrīrāt-ı vāride-i müşīrānelerinden müstefād olaraḳ keyfiyyet ḫāk-pāy-ı hümāyūn-ı şāhāneye lede'l-'arż mūmā-ileyhe {2} beş yüz kīse aḳçe irsāli ḫuṣūṣuna irāde-i seniyye-i mülūkāne müte'alliḳ olmuş ve mūcebince ol miḳdār aḳçe ṭaraf-ı {3} müşīrīlerine gönderilecek aḳçe ile berāber ḫazīne-bend olaraḳ gönderilmiş olmağla her ḥālde īfā-yı şerāyiṭ-i {4} feṭānet-kārī ve besālete himmet buyurmaları me'mūldür. Fī 3 L 36

[573/223] *Eġrīboz muḥāfıẓına kenār*

{1} Rum gāvurlarınıñ dīn-i mübīn ve Devlet-i 'Aliyye-i ebed-ḳarīn 'aleyhine milletçe mütecāsir olduḳları ḫıyānetleri cümleye ma'lūm {2} olub Eġrīboz sancağı ḳażāları re'āyāları daḫi 'umūm üzere 'iṣyān itmiş olduḳlarından o maḳūle {3} 'iṣyān iden re'āyā ḳahr ü tedmīr ve māl ü menālleri yağma ve ġārāt ile evlād ü 'iyālleri aḫẕ {4} ü esīr olunmaḳ ḫuṣūṣuna ber-mūceb-i fetvā-yı şerīf ruḫṣat-ı şer'iyye derkār olmağın hemān cenāb-ı müşīrīleri {5} mükemmel ü muntaẓam dā'ire ve ḳapuñuz ḫalḳıyla oldığıñız maḥalden 'icāleten ḥareket ve bu bābda ṣudūr iden emr-i 'ālī {6} manṭūḳ-ı münīfi üzere 'uṣāt-ı re'āyāyı urmağa me'mūriyyetlerini yollarda i'lān ile başıñıza (79) külliyyetlü 'asker ṭoplayub Çārdāḳ'dan Rumili'ye güẕār ve kemāl-i ḳuvvet ve sür'at ile 'azīmete ibtidār-birle {2} bir daḳīḳa evvelce Eġrīboz'a irişüb ol ṭarafda olan me'mūrīn-i sā'ire ile bi'l-ittifāḳ 'iṣyān iden {3} re'āyāyı gereği gibi tenkīl ve evlād ü 'iyāllerini aḫẕ ü esīr ve emvāl ü eşyālarını iġtinām iderek {4} manṣıb-ı müşīrīlerini levṣ-i vücūd-ı ḫabāṣet-ālūd-ı eşḳıyādan bā-'avn-i Bārī taṣfiye ve taṭhīre himmet {5} ve her ḥālde şerī'at-ı muṭahharaya tevessül ü temessük-birle infāẕ-ı emr ü irāde-i seniyyeye ve ol vechile ẕātlarından {6} me'mūl olan āṣār-ı şecā'at ü ḥamiyyeti ibrāz ü iẓhāra beẕl-i mā-ḥaṣal-i ḳudret buyurmaları me'mūldür. Fī 3 L 36

[573/225] *Ser'asker paşaya*

{1} Eġrīboz cezīresi gāvurları daḫi i'lān-ı 'iṣyān itmiş ve Eġrīboz Muḥāfıẓı sābıḳ sa'ādetlü Yūsuf Paşa {2} ḥażretleri ṭaraf-ı sāmīlerinden gönderilan 'asker ile Bādra'da ḳalmış oldığından Eġrīboz muḥāfaẓasında bir vezīriñ {3} vücūdı elzem oldığına binā'en ṭaraf-ı müşīrānelerinden Nārda'ya āḫar bir muḥāfıẓ ta'yīn olunmaḳ üzere sābıḳan {4} Īnebaḫtī Muḥāfıẓı sa'ādetlü Ḥasan Paşa ḥażretlerine Eġrīboz sancağı tevcīhi veyāḫūd āḫar vezīriñ ta'yīn ve irsāli {5} muḳteżā-yı maṣlaḥatdan idügüni şāmil resīde-i mevḳi'-i vuṣūl olan taḥrīrāt-ı sāmīleri me'āl ü mezāyāsı ma'lūm-ı {6} ḫālişānemiz olmuşdur. Me'āl-i iş'ār-ı sāmīlerinden müstefād oldığı üzere cezīre-i meẕkūre kāfirleri daḫi (80) dā'ire-i iṭā'atden ḫurūc ve baġy [ü] 'iṣyāna 'urūc itmiş olduḳları cihetiyle Eġrīboz'uñ emr-i muḥāfaẓası-çün bir vezīriñ {2} irsāli lāzımeden olmaḳ mülābesesiyle bu def'a vuḳū' bulan tevcīhāt-ı hümāyūnda Eġrīboz sancaġı 'Alā'iye Mutaṣarrıfı {3} sābıḳ sa'ādetlü El-Ḥāc 'Alī Paşa ḥażretlerine tevcīh olunaraḳ külliyyetlü 'asker ile bir ayaḳ evvel Eġrīboz'a irişmesi {4} ḫuṣūṣı ṣavb-ı ḫulūṣ-verīden ber-vech-i ekīd müşārun-ileyhe yazılmış ve müşārun-ileyhi 'Alā'iye'den taḥrīk idüb esnā-yı rāhda {5} hiçbir maḥalde eğlendirmeksizin müsāra'aten Eġrīboz'a īṣāl itmek üzere dergāh-ı 'ālī ḳapucıbaşılarından 'Alī Rıżā {6} Beğ bendeleri daḫi maḫṣūṣ mübāşir ta'yīn ve tesyār ḳılınmış idüği ve Eġrīboz sancaġınıñ 'uhdesinden ṣarf ü taḥvīli {7} bir sebebe mebnī olmayub vaḳt ü ḥāl īcābından nāşī idüğünden umūr-ı me'mūresine fütūr virmamesini ve ḳarīben pek a'lā {8} bir manṣıbla kām-yāb olacaġı iḳtiżāsına göre ṭaraf-ı muḫliṣīden müşārun-ileyh Yūsuf Paşa'ya daḫi yazılmış oldığı {9} muḥāṭ-ı 'ilm-i sāmīleri buyurulduḳda ẕāt-ı 'ālīleri her ḥālde iṣbāt-ı müdde'ā-yı şecā'at-kārī ve ḥamiyyete himmet buyurmaları siyāḳında ḳā'ime. Fī 4 L 36

[*573/232*] ***Behrām Paşa'ya***
{1} Muḳteżā-yı me'mūriyyetleri üzere teksīr-i 'asker iderek bir ān evvel Selānīk'e irişüb 'iṣyān iden kefere-i {2} fecereniñ ḳahr ü tenkīllerine iḳdām eylemeñiz te'kīdini nāṭıḳ ṣudūr iden emr-i 'ālī esnā-yı rāhda Prāvişte ḳaṣabasında {3} vāṣıl olmuş ve Sīroz ve Selānīk ve ḥavālīsinde müdāfa'a-i a'dā uṣūlüni bilür kimesne olmadığından kefere-i {4} mersūme Selānīk ve Sīroz'ı gözine kesdirüb bi'l-iddi'ā ayaḳlanmış olduḳları ḫaber alınaraḳ Memiş Paşa {5} ve Prāvişte a'yānı külliyyetlü 'asker ile ilerü sevḳ olunaraḳ Dizen [?] boġazından mürūr [ve] Nefs-i Bāzārgāh'a {6} orduları ḳurulmuş ve teṣādüf iden biñden mütecāviz sekbān ma'iyyet-i müşīrīlerinde tevḳīf ḳılınmış {7} oldığını ḥāvī vārid olan taḥrīrāt-ı müşīrīleri manẓūrumuz olub īfā-yı muḳteżā-yı me'mūriyyete {8} derkār olan himmetleri bādī-i maḥẓūẓiyyet olaraḳ taḥrīrāt-ı mezkūreleri ḥużūr-ı hümāyūn-ı mülūkāneye 'arż {9} ü taḳdīm olunduḳda "Ḥaḳḳ Ta'ālā nuṣret iḥsān eyleye." deyu du'ā-yı icābet-nümā-yı şāhāne buyurulmuşdur. Ma'lūmuñuz {10} oldığı üzere Rum gāvurlarınıñ ehl-i İslām 'aleyhine bi'l-ittifāḳ derkār olan ihānet ü ḫıyānetleri (82) cihetiyle bunlarıñ ḳahr ü tenkīl ve evlād ü 'iyāllериniñ seby ü istirḳāḳ ve emvāl ü eşyālarınıñ iġtināmı {2} ḫuṣūṣuna fetvā-yı şerīf virilmiş ve kefere-i mersūme tervīc-i mefāsidde ıṣrārları cihetiyle ellerine geçen ehl-i İslām'ı {3} envā'-ı cefā ve eẕā ile telef itmekde olduḳlarından melā'īn-i merḳūmeniñ üzerlerine varılaraḳ ḳahr ü tedmīrlerine {4} iḳdām ü ġayret olunmaḳ Müslümānım diyane farż olmuş oldığından ve siz daḫi ġayret ü şecā'at ve ṣadāḳat ile mevṣūf {5} vüzerā-yı 'iẓāmdan olaraḳ cenāb-ı şerīfiñizden her ḥālde ḥüsn-i ḫidmet ve merdlik me'mūlüyle bi'l-intiḫāb tenkīl-i {6} eşḳıyāya

me'mūr ḳılınmış idüğüñüzden böyle dīn-i mübīn ġavġāsında var maḳdūruñuzı ṣarf ile naḳş-efgen-i ṣaḥāyif-i {7} rūzigār olacaḳ ḥüsn-i ḫidmet ibrāz eylemeñiz ʿuhde-i ḥamiyyetiñize ʿayn-ı farż olmaġla muḳteżā-yı dirāyet ü ḥamiyyetleri üzere {8} hemān bir ṭarafdan maʿiyyetiñize ʿasker cemʿ iderek şu ʿiṣyān iden kefere-i fecereniñ ḳahr ü tenkīlleriyle īfā-yı mübteġā-yı {9} şecāʿat-kārī ve diyānete himmet buyurmaları siyāḳında ḳā'ime. Fī 4 L 36

[573/244] *Serʿasker paşaya*

{1} Yeñişehir ṭarafına me'mūr olan vüzerānıñ bir gün evvel irişüb re'y-i sāmīleriyle ḥareket itmeleri te'kīd olunması {2} ve külliyyetlü ʿasker ile tīz elden Mora'ya bir vezīriñ irişdirilmesi ḫuṣūṣlarına dā'ir vāḳiʿ olan işʿār-ı müşīrīlerine cevāben {3} iḳtiżā[sı] derdest-i icrā olundıġı giçen gün ṣavb-ı ʿālīlerine yazılmış ve Yeñişehir ṭarafına me'mūr olanlardan saʿādetlü Behrām Paşa {4} ḥażretleri ḥasbe'l-maṣlaḥa Selānīk ṭarafında ilişmiş oldıġından bi-ʿavni[hī] Taʿālā Selānīk ġā'ilesi bitdiği gibi hemān Yeñişehir'e {5} irişüb re'y-i serʿaskerīleri üzere ḥareket eylemesi maḫṣūṣça müşārun-ileyhe taḥrīr ve te'kīd ḳılınmış oldıġını müteʿāḳib {6} el-ḥāletü-hāẕihī vārid olan taḥrīrāt-ı şerīfelerinde Yānya'dan Mora'ya varınca ʿiṣyān iden reʿāyānıñ ḳahr ü tedmīrlerine {7} İskender[iye] Mutaṣarrıfı saʿādetlü Muṣṭafā Paşa ḥażretleriniñ külliyyetlü ʿasker ile bi'n-nefs me'mūr ve maʿiyyetine bir münāsib {8} nüzül emīni taʿyīn ḳılınması ve Mora'ya daḫi me'mūrlarıñ bir ān aḳdem irişdirilmesi ḫuṣūṣları ve ifādāt-ı sā'ire muḥarrer {9} ü mezkūr olmaġla mezāyāsı mū-be-mū maʿlūm-ı ḫulūṣ-verī olduḳdan ṣoñra rikāb-ı hümāyūn-ı şāhāneye daḫi ʿarż ile {10} manẓūr-ı hümāyūn-ı cenāb-ı tācdārī buyurulmuşdur. Ṣūret-i inhā-yı müşīrīlerine naẓaran bir ān aḳdem gerek Mora'ya külliyyetlü {11} ʿasker irişdirilmesi ve gerek Yānya'dan Mora'ya varınca ʿuṣāt-ı reʿāyānıñ ḳahr ü tedmīrleri-çün başḳaca me'mūr {12} ve ʿasker taʿyīni vācibāṭ-ı ḥāliyeden olmuşdur. Muḳaddemce Yeñişehir ṭarafına me'mūr ḳılınmış olan vüzerādan Ḳaraman Vālīsi {13} saʿādetlü Ḥācī Bekir Paşa ḥażretleriniñ bir ḳadem aḳdem Mora'ya ḏoġrı yetişmek üzere me'mūriyyeti ve bundan başḳa {14} Çorum Mutaṣarrıfı mīr-i mīrāndan ʿAlī Paşa'nıñ Niş ṭarafına olan me'mūriyyeti Mora'ya taḥvīl ve mīr-i mīrāndan Baḥr-i Sefīd Boġazı {15} Muḥāfıẓı sābıḳ ʿAlī Şefīḳ Paşa daḫi Mora'ya taʿyīn ḳılınması ve Rumili'niñ ṣol ṭarafında vāḳiʿ ʿumūm ehl-i İslām'ıñ {16} saʿādetlü Mora vālīsi ḥażretleri maʿiyyetine me'mūriyyetleriyle bir ān aḳdem sevḳ ve iḫrācları-çün seby ü istirḳāḳa fetvā-yı {17} şerīfi derc ve ḫaṣekī mübāşeretiyle mü'ekked emr-i ʿālī ıṣdār olunması ve Yānya['dan] Mora'ya varınca olan ʿuṣāt-ı {18} reʿāyānıñ ḳahr ü tedmīrleri-çün İskenderiye mutaṣarrıfı müşārun-ileyhiñ bi'n-nefs me'mūriyyeti işʿār buyurulmuş ise de {19} müşārun-ileyh bi'n-nefs me'mūr ḳılınmaḳ lāzım gelse şāyed Ḳaraḏaġ ʿuṣātını vesīle iderek iʿtiẕāra taṣaddī {20} itmesi melḥūẓ oldıġından kendüsünüñ me'mūriyyetinden ṣarf-ı naẓar ile hemān ṭarafından kendüye muʿādil bir münāsib ve muḳtedir {21} başbuğla Oḫrī ve İlbaṣan ve İskender[iye] sancaḳlarından külliyyetlü ʿasākir iḫrāc ve Yānya'dan Mora'ya {22} varınca Ḳarlıili ve İnebaḫtī ve Eğrīboz sancaḳlarında ʿiṣyān iden reʿāyānıñ ḳahr ü tedmīrleri-çün sevḳ {23} ü iʿẓām eylemesi bābında müşārun-ileyh Muṣṭafā Paşa'ya ḫiṭāben serīʿan fermān taṣdīr ve başbuġ-ı mūmā-ileyhiñ {24} maʿiyyetinde taḫaşşüd idecek ʿasākiriñ idāre-i taʿyīnātları-çün dergāh-ı ʿālī ḳapucıbaşılarından sābıḳ Ṭırnovī Voyvodası {25} Süleymān Aġa nüzül emīni taʿyīn ḳılınması ve maʿiyyet-i serʿaskerīlerine daḫi ʿasker irişdirilmesi iḳtiżā-yı ḥālden göründiğine binā'en {26} Rumili'niñ orta ḳolunda vāḳiʿ ʿumūm ehl-i İslām'ıñ Yānya ordusuna sevḳ ü tesbīlleri bābında {27} ḫaṣekī mübāşeretiyle mü'ekked emr-i ʿālī gönderilmesi ḫuṣūṣlarına irāde-i seniyye-i mülūkāne taʿalluḳ iderek ol bābda {28} ḫaṭṭ-ı hümāyūn-ı şāhāne şeref-rīz-i ṣudūr olmuş ve mūcebince derḥāl ḫuṣūṣāt-ı merḳūme icrā olunaraḳ iḳtiżā {29} iden evāmiri ıṣdār ve mübāşirleriyle tesyār ve nüzül emīni mūmā-ileyh daḫi taʿyīn ḳılınmış olmaġla hemān ẕāt-ı {30} ṣafderāneleri daḫi her ḥālde iṡbāt-ı müddeʿā-yı kār-āşināyī ve ḥaṣāfet ve me'mūriyyete beẕl-i mā-ḥaṣal-i liyāḳat {31} ve himmet buyurmaları siyāḳında ḳā'ime. Fī 6 L 36

[573/247] *Devletlü Aġa efendimizden Selānīk Mütesellimi Yūsuf Beğ'e*
{1} Selānīk sancaġında kā'in Lanḳaẓa ve Sidreḳapsī Maʿdeni derūnlarında olan baʿżı ḳurā reʿāyāsınıñ ayaḳlanması {2} cihetiyle Yeñişehir'e me'mūr devletlü Behrām Paşa ḥażretleri ʿuṣāt-ı mesfūreniñ ekṡerīsi[ni] ḳırmış ve baʿżıları Aynaroz {3} ṭaraflarına firār itmiş olduḳlarından firār iden kāfirleriñ ḳahr ü tenkīlleri lāzımeden ise de müşārun-ileyh Behrām {4} Paşa ḥażretleri Mora reʿāyāsınıñ şiddet-i ġaleyānı cihetiyle Mora ṭarafına me'mūr ḳılınmış ve Aynaroz {5} ve Kesendīre ṭaraflarına firār iden gāvurlarıñ ḥaḳḳından gelmeğe cenāb-ı şerīfiñiziñ me'mūriyyeti ḫuṣūṣuna irāde-i {6} seniyye taʿalluḳ eylemiş olmaḳ taḳrībiyle ol bābda me'mūriyyetiñizi nāṭıḳ başḳa ve maʿiyyetiñizde külliyyetlü ʿasākiriñ vücūdı {7} lāzımeden oldıġına binā'en Prāvişte ve Drāma ve Nevreḳop ve Sīroz ve Timürḥiṣār ve ʿAvretḥiṣār {8} ve Menlik ve Zīḫne ve Rāzlıḳ ḳażālarından külliyyetlü ʿasker tertīb ve muḳtedir başbuġlar ile maʿiyyetiñize serīʿan {9} ve ʿācilen irsāl ü tesrīb olunmaḳ üzere ẕikr olunan ḳażālar mütesellim ve żābiṭānına ḫiṭāben başḳa başḳa {10} iḳtiżā iden mü'ekked evāmir-i ʿaliyye ıṣdār ve tesyār olunmuş olub ancaḳ cenāb-ı ġayret-simātıñızıñ bir ān aḳdem {11} īfā-yı me'mūriyyet ile şu ʿiṣyān iden gāvurlarıñ gereği gibi ḥaḳḳından gelmeñiz aḳdem-i maṭlūb oldıġına naẓaran {12} işbu ʿaskerden başḳa ʿasker iḳtiżā ider, yāḫūd eṭrāfdan maʿiyyetiñize me'mūriyyeti lāzım gelenler olur ise {13} bu ṭarafa işʿār olunduḳda derḥāl taʿyīn ve irsāl ḳılınacaġı maʿlūmuñuz olduḳda hemān cenābıñız muḳteżā-yı {14} diyānet ü ḥamiyyetiñiz üzere maʿiyyetiñize me'mūr olan ʿasākiri bi'l-istiṣḥāb ẕikr olunan Aynaroz ve Kesendīre {15} kāfirlerini urub bi'l-cümle emvāl ü eşyālarını beyne'l-ġuzāt iġtināma ve evlād

ü ʿiyālleriniñ seby ü istirḳāḳıyla {16} ḫavene-i müşrikīniñ ḳahr ü tedmīrlerine cānsipārāne ve ḥamiyyet-kārāne ġayret iderek işbāt-ı müddeʿā-yı diyānete {17} himmet eylemeñiz siyāḳında ḳāʾime. Fī 1 L 36

[573/251] *Ḳaraman Vālīsi Ebūbekir Paşa'ya*
{1} Māh-ı Ramażān-ı Şerīf'iñ yiğirmi üçünci güni Lāpsekī ḳażāsına ve ferdāsı Gelībolī'ya vuṣūl-birle īfā-yı {2} lāzıme-i meʾmūriyyete iʿtinā buyurmaḳda olduḳlarını mübeyyin resīde-i mevḳiʿ-i vuṣūl olan taḥrīrāt-ı saʿādetleri meʾāl ü mezāyāsı {3} maʿlūm-ı ḫāliṣānemiz olmuş ve icrā-yı irāde-i seniyyeye derkār olan sürʿat ü himmetleri vesīle-i maḥẓūẓiyyet {4} olaraḳ taḥrīrāt-ı vārideleri ḫāk-pāy-ı hümāyūn-ı cenāb-ı pādişāhīye daḫi ʿarż ü taḳdīm [ile] manẓūr-ı naẓar-ı mekārim-eşer-i {5} ḥażret-i pādişāhī buyurulmuşdur. El-ḥāletü-hāẕihī Mora ṭarafında olan gāvurlarıñ keşret ü cemʿiyyetine bināʾen gün-be-gün {6} fesād ü şiḳāḳları iştidād bulmaḳda oldığından Yeñişehir'e meʾmūr olan vüzerā-yı ʿiẓāmıñ ʿasākir-i (89) külliyye ile bir ān evvel Mora'ya irişmeleri derece-i vücūbda oldığı ḥālā Rumili vālīsi ve bi'l-istiḳlāl {2} Yānya cānibi serʿaskeri ʿaṭūfetlü Ḫūrşīd Aḥmed Paşa ḥażretleri ṭarafından inhā ve işʿār olunmuş ve saʿādetlü Behrām {3} Paşa ḥażretleri daḫi Yeñişehir ṭarafına meʾmūr ise de Selānīk kāfirleriniñ daḫi ayaḳlanması cihetiyle müşārun-ileyh ol ṭarafda {4} muḥārebe üzerinde bulunmuş oldığından cenāb-ı müşīrīleriniñ oldığıñız maḥalden hemān ḥareket ve seyr-i serīʿ ile Mora'ya irişmeñiz {5} ḫuṣūṣuna emr ü irāde-i cenāb-ı pādişāhī taʿalluḳ iderek ol bābda meʾmūriyyetiñizi nāṭıḳ iḳtiżā iden emr-i ʿālī ıṣdār {6} ve tesyār olunmuş olub ve bu maṣlaḥat şöyle ṭutacaḳ ve ağır ḏavranacaḳ şey olmayub gāvurlarıñ maṭmaḥ-ı naẓar-ı mekīdet- {7} -eşerleri bütün bütün Mora oldığından hemān bir daḳīḳa evvel ol ṭarafa irişmeñiz ferāʾiż-i ḥāliyeden olmağla {8} mecbūl ü meftūr oldığıñız māye-i ḥamiyyet-kārī ve diyānet ve mādde-i ġayret-şiʿārī ve diyānetleri üzere bu bābda {9} bir ān ve bir daḳīḳa tevaḳḳuf ü ārāmı tecvīz itmeyüb hemā[n] oldığıñız maḥalden ḥareket ve Mora'ya ʿazīmet ve irişmeğe {10} müsāraʿat-birle īfā-yı irāde-i seniyyeye himmet ve serʿasker-i müşārun-ileyh ḥażretleriyle muḫābere ve mükātebe iderek {11} reʾyiyle ḥarekete mübāderet eylemeñiz daḫi emr ü fermān-ı şāhāne muḳteżāsından idüği maʿlūm-ı saʿādetleri buyurulduḳda {12} her ḥālde īfā-yı şerāyiṭ-i imtiṣāl-kārī ve besālete ṣarf-ı liyāḳat buyurmaları siyāḳında ḳāʾime. Fī 6 L 36

[573/252] ***Serʿasker paşaya ve Mora ve Ṭrabzon ve Ḳaraman ve Mıṣır ve Ṣaydā ve Sīvās vālīlerine ve Çirmen ve Aydın ve Tırḥāla ve ʿAlāʾiye mutaṣarrıflarına ve İzmīr ve Ḳaraburun ve Baḥr-i Sefīd ve Misivrī muḥāfıẓlarına ve Ḳapūdāna ve Paṭrona beğlere ve Ḳıbrīs muḥaṣṣılına***
{1} Dīn-i mübīn-i Muḥammedī ve devlet-i ebed-rehīn-i Aḥmedī'ye ḫıyānet ü melʿanetleri günden güne āşikār olan Rum gāvurlarınıñ {2} aṣl

sergerde-i fesād-ı bed-nihādı olan İpsilāndīoğlı ʿAleksāndrī nām ḫāʾin ḳarındaş-ı ihānet-pā-dāşları {3} Nīḳolī ve Yorġākī nām melʿūnlar ile berāber yedi-sekiz biñ piyāde ve süvārī küffār-ı dūzaḫ-ḳarār ve sekiz ḳıṭʿa ṭop {4} ve sāʾir edevāt-ı ḥarbiyye istiṣḥāb iderek güẕerān iden Ramażān-ı Şerīf'iñ on ḏoḳuzuncı Ṣalı güni {5} Ḳara Eflāḳ'da kāʾin Drāġaşān ḳaryesi ḳarşusuna ordu-yı menḥūsunı ḳurmuş ve mesfūr ḳarındaşı Nīḳolī {6} altı ḳıṭʿa ve ḫāʾin-i mersūm ʿAleksāndrī daḫi verālarından iki ḳıṭʿa ṭop ve vāfir ʿasker-i nuḥūset-peyker ile {7} ḳarye-i merḳūmede bulunan iki biñ nefer cünūd-ı nuṣret-mevʿūd-ı ḥażret-i pādişāhī üzerine iki defʿa maġrūrāne {8} hücūm ü iḳtiḥāma ibtidār itmiş ve ʿasākir-i nuṣret-meʾāṡir daḫi gülbāng-i tekbīr-i ʿadū-tedmīri peyveste-i eflāk iderek {9} hemān merdāne dīn düşmenleri üzerine ḥamleten sell-i seyf ve iḳtiḥām eylemiş oldığından ḥamden-lillāhi'l-Meliki'l-Müsteʿān {10} kefere-i fecere ṣalābet-i ʿasākir-i nuṣret-meʾāṡir-i İslāmiyān'a tāb-āver-i taḥammül olamayub tünd-bād-ı ḳahr-ı Cenāb-ı Perverdigār ile {11} münhezim ü maḳhūr olaraḳ baḳiyyetü's-süyūfı balḳan eteklerinde ve refʿ-i Yenik [?] ḳaṣabasına ḏoğrı firār eylemiş {12} ve altı ʿaded ṭop ve süngili tüfenk ve tranpete ve borı ve sāʾir ālāt ve yetmiş dört nefer dil alınaraḳ vāfiri {13} ṭuʿme-i şīr-i şimşīr-i ġuzāt-ı muvaḥḥidīn olmuş oldığı ve bu fütūḥātda nīm-mürde ve zaḫm-ḫürde reh-neverd-i vādī-i {14} firār olan küffār-ı bed-girdārdan başḳa bunca laʿīn-i bī-dīn ṣamṣām-ı ḫūn-āşām-ı cünūd-ı muvaḥḥidīn ile telef olmuş iken {15} dilāverān-ı cüyūş-ı İslāmiyān'dan lillāhi'l-ḥamd ve'l-mennihī faḳaṭ üç neferi şerbet-i şehādeti nūş itmiş ve on neferi daḫi {16} mecrūḥ olmuş idüği bu defʿa saʿādetlü Vidīn Muḥāfıẓı Dervīş Paşa ḥażretleri ṭarafından vārid olan taḥrīrātda {17} mübeyyen ü mesṭūr olub ʿavn ü ʿināyet-i Ḥażret-i Rabb-i Bī-Enbāz ve ḳuvve-i ṭāliʿ-i ferḫunde-meṭāliʿ-i cenāb-ı pādişāh-ı {18} kūh-endāz ile nesīm-i fevz ü nuṣret cānib-i İslāmiyān'da vezān ve menbaʿ-i fesād ve sergerde-i ʿuṣāt olan {19} ʿAleksāndrī ve cemʿ ü iḥtişād eylediği küffār-ı ḫabāṡet-girdārıñ kimisi ol vechile nūş-ı zehr-āb-ı tīġ-i bürrān ve kimisi daḫi {20} zaḫm-dār olaraḳ endāḫte-i vādī-i ḫiẕlan olması bi'l-cümle ḳulūb-ı nāsı leb-rīz-i sürūr ü neşāṭ itmiş ve birbirini müteʿāḳib {21} Bükreş ve Yaş ḳaṣabaları ṭaraf-ı ʿasākir-i İslāmiyye'den żabṭ ü tesḫīr olunmuş oldığı ḫaberleri daḫi gelmiş oldığından {22} işbu ḫaber-i behcet-eṡerden ẕāt-ı ʿālīleri daḫi ḥiṣṣe-yāb olmaları ġarażıyla keyfiyyetiñ ṣavb-ı sāmīlerine işʿār ḳılınmış idüği beyānıyla ḳāʾime. Fī 6 L 36

[*573/259*] ***Mıṣır vālīsine***
{1} Mora ṭarafında olan ʿuṣāt-ı reʿāyānıñ ḳahr ü tenkīlleri żımnında baḥren ibrāz-ı saṭvet olunması-çün miḳdār-ı kifāye cenk {2} sefīnesi techīz ve üzerlerine münāsib başbuğ taʿyīniyle ḏoğrı Mora'ya iʿzām eylemeleri irādesini şāmil gönderilan {3} taḥrīrāt-ı ḫulūṣ-verīniñ vuṣūlünde derḥāl İskenderiye'ye

ʿazīmet-birle on bir ḳıṭʿa sefīne techīz ve Rodos'da bulunan {4} bir ḳıṭʿa sefīneleriniñ daḫi mühimmāt ve ʿaskeri gönderilerek ve üzerlerine başbuġ taʿyīn buyurılaraḳ {5} cümlesi Rodos'dan öte cezīrelere sevḳ olunacaġı beyānıyla bunlarıñ ol ṣulara vuṣūlüne ḳadar Donanma-yı {6} Hümāyūn ile Dersaʿādet'den gönderilmiş olan me'mūr daḫi ol ṭarafa geleceğinden ikisi birleşüb bi'l-ittifāḳ izbāndīd {7} eşḳıyāsı üzerlerine hücūm-birle eşḳıyā-yı meẕkūreniñ ḳahr ü istīṣālleri ḥāṣıl olduḳdan ṣoñra gönderilan {8} sefīneler Donanma-yı Hümāyūn'dan iki ḳıṭʿa sefīne terfīḳiyle İskenderiye'ye irsāl olunur ise Ṣulıca ve Çamlıca {9} gāvurlarınıñ daḫi te'dīb ü tenkīlleri-çün sefāyin-i meẕkūreye birḳaç ḳıṭʿa tüccār sefīnesi daḫi ʿilāve iderek {10} içlerine iḳtiżāsı vechile ʿasker ve mühimmāt vażʿıyla ẕikr olunan iki ḳıṭʿa sefīne-i hümāyūn ile berāber cümlesini {11} birden ḏoğrı Donanma-yı Hümāyūn maʿiyyetine irsāl ideceklerini şāmil resīde-i dest-i vuṣūl olan {12} taḥrīrāt-ı seniyyeleri mezāyāsı maʿlūm-ı ḫāliṣānemiz olub işbu ḫuṣūṣda daḫi ibrāz-ı ḥüsn-i ḫidmete bu vechile {13} cān ü göñülden derkār olan sürʿatleri tamām mecbūl olduḳları diyānet ü ḥamiyyeti is̱bāt iderek {14} taḥrīrāt-ı vāride-i müşīrīleri ḫāk-pāy-ı hümāyūn-ı ḥażret-i pādişāhīye ʿarż ü taḳdīm ile meşmūl-ı naẓar-ı ʿāṭıfet-es̱er-i {15} cenāb-ı ẓıllullāhī buyurulmuşdur. Cenāb-ı ʿālīleriniñ göndirecekleri sefīneler Donanma-yı Hümāyūn ile birleşüb {16} bi'l-ittifāḳ evvelemrde izbāndīd eşḳıyāsı üzerine hücūm-birle eşḳıyā-yı merḳūmeniñ ḳahr ü istīṣālleri {17} ḥāṣıl olduḳdan ṣoñra Ṣulıca ve Çamlıca aḏalarınıñ istīṣāli-çün yanlarına iki ḳıṭʿa süfün-i hümāyūn terfīḳiyle {18} inhā-yı düstūrīleri üzere girü İskenderiye'ye gidüb tekrār Donanma-yı Hümāyūn'a gelmeleri ḫuṣūṣuna başḳa tedbīr {19} olub el-ḥāletü-hāẕihī Mora'da ʿiṣyān itmiş olan reʿāyānıñ āteş-i ṭuġyānları gün-be-gün ʿalevlenmiş {20} ve Ḳapūdāna beğ maʿiyyetiyle Mora ṭarafında bulunan Donanma-yı Hümāyūn Pārġa ile Ġomānīçe beyninde Mūrṭo līmānında {21} yalñız ḳalmış oldıġından evvel-be-evvel şu Mora reʿāyāsınıñ defʿ ü tenkīlleri żımnında Paṭrona beğ ile {22} Dersaʿādet'den Aḳdeñiz'e çıḳarılmış olan Donanma-yı Hümāyūn sefāyini Rodos ṣularına ḏoğrı gidüb cenāb-ı {23} müşīrīleriniñ göndireceği sefīneler daḫi Rodos'a ḏoğrı gelerek ve brīḳ sefīnesi vāsıṭasıyla {24} bi'l-muḫābere iki ṭaḳım birleşerek cümlesi birden serīʿan ve ʿicāleten Mora üzerine irişmeleri lāzım gelerek {25} bu vechile himmet buyurmaları tensīb olunmuş ve irāde-i seniyye-i mülūkāne daḫi bu ṣūretle ṣādır ü sāniḥ olmuş {26} ve keyfiyyet ṭaraf-ı muḫliṣīden mūmā-ileyh Ḳapūdāna ve Paṭrona beğe daḫi bildirilmiş olmaġla hemān muḳteżā-yı ġayretleri {27} üzere evvel-be-evvel tehyi'e ve tertīb eyledikleriniṅ işʿār buyurduḳları sefāyini bir ān aḳdem Paṭrona beğ {28} maʿiyyetine irsāl ve iltiḥāḳı vesā'ilini ikmāle bez̲l-i himmet ve her ḥālde ġayret ü diyānetlerini ibrāza ṣarf-ı mā-ḥaṣal-i {29} liyāḳat buyurmaları siyāḳında ḳā'ime. Fī 8 L 36

[573/262] *Bolī mütesellimine*
{1} Ḥālā Eflāḳ Voyvodası olub Dersaʿādet'de bulunan İskerlet'iñ ibḳā-yı āsāyişe ḳadar evlād ü ʿiyāl {2} ve ḳavm [ü] ḳabīlesiyle Bolī'da iḳāmeti ḫuṣūṣuna irāde-i seniyye-i mülūkāne taʿalluḳ itmiş ve mersūm bi'l-cümle müteʿalliḳātıyla maḫṣūṣ {3} mübāşire terfīḳan ol ṭarafa iʿzām ü irsāl olunmuş olub ancaḳ Rum gāvurlarınıñ mürtekib olduḳları ḫıyānet {4} ü melʿanet cihetiyle bunlarıñ büyük ve küçüğünden emniyyet cā'iz olmadığı āşikār ve bu cihetle voyvoda-i mersūm {5} her ne ḳadar Bolī'da iḳāmete me'mūr ḳılınmış ise de ol ṭarafda daḫi bunuñ muḥāfaẓasını mūcib ḥālātıñ yoluyla {6} istiḥṣāli lāzımeden oldığı bedīdār olmaḳ mülābesesiyle mersūm ve evlād ü ʿiyāl ve müteʿalliḳātınıñ Bolī'ya {7} vuṣūllerinde Bolī'nıñ ehl-i İslām maḥallesinde bir maḥfūẓ ḳonağa iskān olunaraḳ ḫāricden ferd-i āferīdeniñ **(94)** yanına gidüb gelmamesi ve bi-taḫṣīṣ reʿāyā ṭā'ifesiyle bir vechile ülfet ü iḫtilāṭ idemamesi ve itdirilmamesi {2} ve mersūma gelan ve giden kāğıdlar seniñ maʿrifetiñle alınub virilmesi, ve'l-ḥāṣıl mersūm ve müteʿalliḳāt ve evlād {3} ü ʿiyāliniñ hiç kimesne ile ülfet ü iḫtilāṭ ve bir vechile bir ṭarafla muḫābere ve mükātebe idemeyecek {4} vechile muḥāfaẓa olunması ḫuṣūṣı iḳtiżā-yı emr ü fermān-ı hümāyūn-ı şāhāneden olmağla muḳteżā-yı dirāyetiñ üzere {5} mersūm İskerlet'iñ evlād ü ʿıyāl ve müteʿalliḳātıyla ol ṭarafa vuṣūlünde Müslim maḥallesinde münāsib ve maḥfūẓ bir ḳonağa {6} iskān ile ḫāricden hiç kimesne ile ülfet ve ʿalelḫuṣūṣ reʿāyā ile bir vechile iḫtilāṭ idemamesi ve yanına {7} hiç ferd gidüb gelmamesi ve mersūma giden ve gelan kāğıd seniñ maʿrifetiñle virilüb alınması ve ḫafī ve celī {8} āḫar bir ṣūretle bir ṭarafla muḫābere ve mükātebe idemamesi ḫuṣūṣlarına kemāliyle diḳḳat ve mersūm ve yanında bulunanlardan {9} bir ferdiñ maʿāẕallāhü Taʿālā firār itmek iḥtimāli olur ise ṣoñra cevāba ḳādir olamayacağını cezmen bilüb aña göre {10} bi'l-vücūh muḥāfaẓası emrine beğāyet iḳdām ü mübāderet eylemañ içün ḳā'ime. Fī 8 L 36

[573/270] *Serʿasker paşaya*
{1} Yeñişehir ṭaraflarına me'mūr saʿādetlü Behrām Paşa ḥażretlerine bir ḳadem aḳdem Yeñişehir'e gelmesi cānib-i sipeh-sālārīlerinden {2} işʿār ḳılınmış oldığından cevāb olaraḳ müşārun-ileyhiñ ṣavb-ı ṣafderānelerine yazdığı ḳā'imesinde {3} bā-fermān-ı ʿālī Selānīk'e me'mūr oldığı muḥarrer idüğünden ve Selānīk ḥavālīsinde ʿasākiriñ kes̱reti derkār {4} olub Mora ve Eğrīboz ṭaraflarında ʿuṣāt-ı eşḳıyānıñ gün-be-gün āteş-i ṭuğyānları ʿalev-gīr olmaḳda {5} oldığından baḥisle müşārun-ileyh Behrām Paşa'nıñ ve Ḳaraman Vālīsi Ḥācī Ebūbekir Paşa'nıñ bir ḳadem aḳdem **(97)** Yeñişehir cāddesi üzerinden ḏoğrı Mora'ya ʿazīmetleri istiʿcāl ḳılınması ve bunlardan māʿadā Eğrīboz {2} ve Mora cezīresi ṭarafları külliyyetlü ʿasākire muḥtāc oldığı ḫuṣūṣunı ḥāvī bu defʿa resīde-i mevḳiʿ-i vürūd olan {3} taḥrīrāt-ı saʿādet-āyāt-ı düstūrāneleri me'āl

ü mezāyāsı rehīn-i ıṭṭılāʿ-i ḫulūṣ-verī olduḳdan ṣoñra ḫāk-pāy-ı hümāyūn-ı {4} şāhāneye daḫi ʿarż ile manẓūr-ı hümāyūn-ı mülūkāne buyurulmuşdur. Muḳaddemce tevārüd iden taḥrīrāt-ı düstūrīlerinde Mora'ya {5} tīz elden bir vezīriñ irişdirilmesi müsaṭṭar oldığından Ḳaraman Vālīsi müşārun-ileyh Ebūbekir Paşa ḥażretleriyle Boġaz {6} Muḥāfıẓı sābıḳ ʿAlī Şefīḳ Paşa ve Çorum Mutaṣarrıfı ʿAlī Paşa'nıñ seyr-i serīʿ ile Mora'ya irişmek üzere taʿyīn {7} ve Rumili'niñ ṣol ḳolunda vāḳiʿ ʿumūm ehl-i İslām'ıñ saʿādetlü Mora Vālīsi ḥażretleri maʿiyyetine sevḳ ü iʿzāmı-çün {8} ḫaṣekī mübāşeretiyle emr-i ʿālī taṣdīr ve tesyīr ve Yānya'dan Mora'ya varınca Eġrīboz ve Ḳarlıili ve Īnebaḥtī ṭaraflarında {9} ʿiṣyān iden reʿāyānıñ ḳahr ü tedmīrleri-çün daḫi saʿādetlü İskenderiye mutaṣarrıfı ḥażretleri kendüye muʿādil {10} muḳtedir başbuġ ile Oḫrī ve İlbaṣan ve İskenderiye sancaḳlarından ʿasākir iḫrāc ü iʿzām itmek üzere {11} me'mūr olmuş oldığı ṭaraf-ı ʿālīlerine bildirilmiş ise de ẕāt-ı sipeh-sālārīleriniñ bu defʿa vāḳiʿ olan {12} taḥrīrātından Mora ve Eġrīboz ṭaraflarında kefereniñ keṡret ve ḳuvveti oldığı münfehim olmuş ve fi'l-ḥaḳīḳa {13} işʿār-ı müşīrīleri vechile Selānīk ṭarafında ʿasākire pek iḥtiyāc olmayub lillāhi'l-ḥamd Selānīk {14} ṭarafında ʿiṣyān iden yüz otuz bir ḳurā reʿāyāsınıñ saṭvet-i ḳāhire-i İslāmiyye'ye tāb-āver olamayaraḳ {15} ekṡeri ḳahr ü tedmīr ve birazı daḫi vādī-i firāra şitābān olaraḳ ḥaḳlarından gelinmiş ve gelinmekde oldığı {16} ve bu defʿa daḫi ḫaylī fütūḥāt olmuş idüği Selānīk mütesellimi bendeleri ṭarafından işʿār ü inhā ḳılınmaḳ mülābesesiyle {17} her ne ḳadar müşārun-ileyh Behrām Paşa ḥażretleri Selānīk'de olan ġā'ile berṭaraf olduḳdan ṣoñra Yeñişehir'e ḏoġrı {18} gitmeğe me'mūr ise de Cenāb-ı Ḫayru'n-Nāṣırīn'iñ ʿavn ü ʿināyetiyle Selānīk ṭarafında pey-ā-pey fütūḥāt vuḳūʿuyla {19} iḥtiyāc olmadığına mebnī bu defʿa müşārun-ileyh Behrām Paşa'yı hemān Selānīk'den ḥareket ve ṭıbḳ-ı işʿār-ı müşīrīleri {20} vechile ḏoġrı Mora'ya gitmek üzere me'mūr ve taʿyīn ḳılınması ḫuṣūṣuna irāde-i seniyye müteʿalliḳ olmuş ve ol vechile {21} müşārun-ileyhiñ me'mūriyyetini nāṭıḳ maḫṣūṣ emr-i ʿālī ışdār ve Selānīk'den alub hemān Yeñişehir üzerinden Mora'ya {22} göndermek üzere maḫṣūṣ ḫaṣekī daḫi taʿyīn ve isbāl ḳılınmış olmağla hemān ẕāt-ı ġayret-simāt-ı ṣafderāneleri {23} her ḥālde ibrāz-ı ġayret ü şecāʿate beẕl-i himmet buyurmaları siyāḳında ḳā'ime. Fī 9 L 36

[573/288] *Devletlü Aġa efendimiz ṭaraflarından Yeñişehir Sancaġı Mutaṣarrıfı Maḥmūd Paşa'ya*

{1} Muḳaddemce Ġolos ve ḥavālīsi ḳaryelerinden üç-dört ḳaryeniñ ḫavenesi ḳılıçdan geçürülmüş ve sā'ir on sekiz-yiğirmi pāre köyler {2} ʿuṣātı amāna gelmiş ise de Ġolos on sekiz pāre kefere sefīneleriniñ vürūdunda yine iʿlān-ı ʿiṣyān itmiş {3} ve derūnunda bulunan bölükbaşıları muḥārebeye taṣaddī iderek aḫẕ olunan ve Arġalāştī ḳaryesi ṭarafından alınan {4} ru'ūs-ı maḳṭūʿa ve diller cānib-i meʿālī-menāḳıb-ı ḥażret-i serʿaskerīye irsāl buyurulmuş ve Ağrafa cānibine gönderdikleri {5} ḫaftāncıları ağa maʿiyyetine daḫi biraz ʿasker tesyār ḳılınmış oldığı ifādesini şāmil ḳapu ketḫüdāları bendelerine mersūl {6} şuḳḳa-i āṣafānelerini mūmā-ileyh irāʾe itmekle meʾāl-i saṭvet-intimāsı ḳarīn-i iẕʿān-ı çākerānem olmuşdur. {7} Bendeleriniñ ṣavb-ı ṣavāb-nümā-yı dāverānelerine olan iḫlāṣ ve iḫtiṣāṣ-ı ʿācizānem āṣār-ı sümʿa ve riyādan {8} muʿarrā ve nām-ı nāmī ve medāyiḥ-i ẕāt-ı kirāmīleri mezkūr-ı elsine-i enām olmasını müstelzim olur ḥālāt-ı ḥaseneniñ {9} ẓuhūrı bendelerine ẕerīʿa-i iftiḫār-ı bī-intihā olacağı [?] hüveydā ve bu keyfiyyet nezd-i ʿālīlerinde daḫi işʿār ü taʿrīfden {10} istiğnā-baḫşā olub dāḫil-i dāʾire-i istīmān olan reʿā[yā]ya bir daḫi ʿiṣyāna mecāli ḳalmamaḳ üzere amān {11} virilmesi şerāyiṭ-i maḫṣūṣa-i āgāhīden ise de ṭaraf-ı ʿālīlerinden istīmān iden reʿāyā sefāyin-i ʿuṣātıñ {12} ẓuhūruyla kesb-i ḳuvvet iderek tekrār ʿiṣyān itmiş olduḳları taḥrīr ü işʿār-ı ʿālīlerinden müstefād ve bu maḳūle {13} reʿāyā şeḳāvet-kārlarınıñ üzerlerine varıldıḳda amān ü zamān virilmeyerek bir daḫi ṭuğyān idemeyecek {14} ṣūretle terbiye ve tenkīl ḳılınmaları aḳdem-i levāzım-ı iḥtiyāṭ oldığından iddiʿāsı māye-i mübāhātım olan iḫlāṣım {15} bu ḫuṣūṣlarda iḫṭārı icbār ideceği derkār olmağla bundan böyle dāʾire-i iṭāʿatden ḫurūc ve şāhiḳa-i {16} ʿiṣyāna ʿurūc iden reʿāyānıñ amānlarına ḥavāle-i gūş-ı ışğā buyurulmayaraḳ bir daḫi ṭuğyān idemeyecek {17} ṣūretle tenkīlleri vesāʾil-i lāzımesini kemāliyle himem-i seniyye-i vezīrāneleri derkār buyurulmaḳ ümīdiyle ṣādıḳāne iḫṭāra {18} ibtidār eylediğim muḥāṭ-ı ʿilm-i sāmīleri buyurulduḳda. Fī 11 L 36

[*573/290*] ***Serʿasker paşaya***

{1} Yānya ve Delvīne ve Preveze ve Nārda ve Ḳarlıili ve İnebaḫtī reʿāyāları bütün bütün ayaḳlanub saʿādetlü Mora {2} vālīsi ḥażretleriniñ arḳası ḳapanmış oldığından Behrām Paşa ve sāʾir meʾmūrlarıñ Mora'ya irişdirilmesi ve Yānya {3} Mutaṣarrıfı saʿādetlü İsmāʿīl Paşa bendeleri daḫi Yānya sancağında ʿiṣyān iden gāvurlarıñ üzerine taʿyīn {4} buyurulmuş oldığı beyānıyla muḳaddemce vāḳiʿ olan işʿārları vechile Yānya'dan Mora'ya varınca ʿiṣyān {5} iden gāvurlarıñ tedmīrlerine İskenderiye Mutaṣarrıfı saʿādetlü Muṣṭafā Paşa ḥażretleri meʾmūr ḳılınmış ve ṭaraf-ı {6} ʿālīlerine aḳçe ve cebeḫāne irişdirilmesi ve Ḳapūdāna beğ ṭarafından ṣavb-ı sipeh-sālārīlerine gelmiş olan evrāḳ {7} taḳdīm buyuruldığı ḫuṣūṣlarına dāʾir tevārüd iden taḥrīrāt-ı müşīrīleri mezāyāsı maʿlūm-ı s̱enāverī olduḳdan ṣoñra {8} rikāb-ı hümāyūn-ı şāhāneye ʿarż ile meşmūl-ı liḥāẓa-i ḥażret-i pādişāhī olmuşdur. Muḳaddemce müşārun-ileyh Muṣṭafā {9} Paşa'nıñ ol vechile bi'n-nefs meʾmūriyyeti işāret buyurulmuş ise de şāyed Ḳaradağ vesīlesi bi'n-nefs {10} ʿazīmetinden istinkāf ü iʿrāz itmesi iḥtimāline bināʾen ṭarafından kendüye muʿādil bir münāsib başbuğ ile İskenderiye {11} ve Oḫrī ve İlbaṣan sancaḳlarından serīʿan külliyyetlü ʿasākir iḫrāc ü iʿẓām itmek üzere meʾmūr ḳılınıb maḫṣūṣ {12} emr-i ʿālī gönderilmiş ve Mora içün daḫi saʿādetlü Behrām Paşa ve Ḳaraman Vālīsi Ebūbekir Paşa ḥażerātı {13} ve Baḥr-i Sefīd Boġazı Muḥāfıẓı sābıḳ ʿAlī Şefīḳ Paşa ve Çorum Mutaṣarrıfı ʿAlī Paşa meʾmūr olaraḳ Rum- {14} -ili'niñ ṣol ḳolunda olan ʿumūm ehl-i İslām'ıñ Mora'ya ve orta ḳolunda olan ehl-i İslām Yānya ṭarafına {15} sevḳ ü iʿzāmları-çün evāmir-i ʿaliyye gönderildiği ve ṭaraf-ı ʿālīlerine biñ kīse ve nüzül emīni bendelerine beş yüz kīse (104) irsāl olundıġı iki gün evvel ṣavb-ı sipeh-sālārīlerine yazılmış ve müteʿāḳiben cebeḫāne daḫi gönderilmiş idi. El-ḥāletü-hāẕihī {2} ṣūret-i işʿārlarına naẓaran ol ṭarafların maṣlaḥatı ṣıḳışmış ve müşārun-ileyh Muṣṭafā Paşa'ya bi'n-nefs ḥareketi muḳaddemce {3} ṣavb-ı saʿādetlerinden yazılmış ve ol daḫi iḳtiżā iden maḥallere ẕaḫīrecisini gönderüb ḥareket itmek üzere oldıġını {4} iʿlān itmiş ve bu cihetle müşārun-ileyhiñ bi'n-nefs ḥareket ve meʾmūriyyetden istinkāf itmeyeceği tebeyyün eylemiş olmaḳdan nāşī {5} şeref-rīz-i ṣaḥīfe-i ṣudūr olan ḫaṭṭ-ı hümāyūn-ı şāhāne mūcebince İskenderiye mutaṣarrıfı müşārun-ileyhe Ḳaradaġ māddesinden {6} hiç baḥs olunmayaraḳ taʿbīrāt-ı müʾessire ve fetvā-yı şerīf derciyle ġāyet ekīd bir ḳıṭʿa fermān-ı ʿālī ıṣdār {7} ve ṣavb-ı ṡenāverīden daḫi teşvīḳi ḥāvī ve iltifātlı taḥrīrāt isṭār olunaraḳ müşārun-ileyhi maḥallinden ḳaldırmayınca {8} ʿavdet itmamek üzere maḫṣūṣ işgüẕār ḫaṣekī mübāşeretiyle tesyār ve müşārun-ileyh bu vechile Ḳarlıili'ye çıḳdıġı {9} ṣūretde ṭopçıya muḥtāc olacaġından derḥāl mükemmel ṭopı ve ṭaḳımıyla bir orṭa ṭopçı taʿyīn ḳılınmış oldıġından başḳa {10} muʾaḫḫaren meʾmūr ḳılınanlara daḫi tekrār şedīd istiʿcāl fermānları yazılub gönderilmiş ve ṣūret-i meʾmūriyyetleri çend rūz {11} muḳaddemce ṣavb-ı ṣafderānelerine yazılmış olan Donanma-yı Hümāyūn'uñ daḫi bir ān aḳdem çıḳub ol ḥavālīye irişmeleri {12} başbuġları olan Paṭrona beġe emr-i ʿālī ile taʿcīl ve teʾkīd olunmuş oldıġı ve inşāʾallāhü'r-Raḥmān aḳçe ve cebeḫāne daḫi {13} bugünlerde ṭaraf-ı ʿālīlerine irişmiş olacaġı āşikār olmaġla her ḥālde ẕāt-ı ṣafderāneleri metānet ü şecāʿat {14} meʾāṣiri[ni] iṡbāta bezl-i naḳdīne-i himmet buyurmaları siyāḳında ḳāʾime. Fī 12 L 36

[573/308] *Aġa efendimiz ṭaraflarından Ḳapūdān paşaya ve Gümrükçi aġaya ve Ḳaṣṣābbaşıya*

{1} Rum reʿāyāsı ḳarılarıyla Efrenc ṭāʾifesi iḫtilāṭ itmesi menʿ olunmuş iken bu esnāda yine Frenkler ile Rum ḳarılarınıñ {2} maḫlūṭ gezmekde olduḳları istimāʿ olunmaḳda olub işbu taḥaddüṡ iden fesād bir müddetden berü Rum ile Frenkleriñ {3} iʿtiyād itmiş olduḳları iḫtilāṭdan neşʾet eylediği ẓāhir olaraḳ ve bu ḫuṣūṣa kemāliyle ihtimām olunması {4} farīża-i ḥāliyeden olmaġla Boġaziçi'nde olan maḥallerde Rumlarıñ Frenkler ile gezüb iḫtilāṭ {5} idemameleri emr-i ehemmine ve iḫtilāṭ iden Rumlar olur ise o maḳūle Rumları menʿe diḳḳat eylemelerini {6} ṭaraf-ı ʿālīlerinden iḳtiżā iden meʾmūrlara tenbīhe mübāderet buyurmaları vābeste-i himmet-i ʿālīleri oldıġı. Fī 16 L 36

[573/309] *Ḳapūdān paşaya, Yeñiçeri aġasına, Bosṭāncıbaşıya, Ṭopçıbaşıya, İstānbūl ve Bilād-ı S̱elās̱e ḳāḍīlarına*

{1} Öteden berü yaz günlerinde herkes diledikleri gibi gezüb yürüyüb ve seyrciler istedikleri mesīrelere gidüb kimesne {2} bir şey dimez idi. Lākin bu yıl ġayrı vaḳtlere beñzemeyüb, Cenāb-ı Ḥaḳḳ ḳahr eyleye, gāvurlarıñ vuḳūʿ bulan fesād ü ḫıyāneti {3} cihetiyle cümle ehl-i İslām silāḥlanmış ve İstānbūl ve Boġaziçi seferlik vaḳt gibi olmuş oldıġından sāʾir yıllar gibi {4} seyr yerlerinde cemʿiyyet olmaḳ yaḳışıḳsız olmaġla bundan evvelce bā-irāde-i seniyye yasaġ olmuş iken böyle vaḳtde ehl-i ʿırż {5} nisvān gürūhunuñ ol vechile seyr yerlerinde gezmeleri ve oṭurmaları münāsib olmadıġından bu yaz ḳadınlarıñ ʿaraba ve ḳayıḳ ile {6} ve yayan hiçbir vechile mesīrelere gitmameleri teʾkīd olunması ḫuṣūṣuna bu defʿa daḫi irāde-i ʿaliyye-i şāhāne müteʿalliḳ olmuşdur. Şöyle ki, {7} erkekler ḥayvān ve ḳayıḳ ve ʿaraba ile istedikleri yerlerde ʿırżıyla gezmelerine ve biniş-i hümāyūn temāşāsına gitmelerine ve faḳaṭ {8} bir yerden maḥall-i āḫara gidecek nisvānıñ ḳayıḳ ve ʿarabaya binmelerine bir şey dinilmeyüb işbu yasaġ-ı pādişāhī ancaḳ {9} ḳadınlarıñ evvelki gibi mesīrelerde cemʿiyyet eylemameleri ṣūretinden ʿibāret ve bu keyfiyyet daḫi cümleyi fesāddan ḥimāyet {10} ü ṣıyānet olmaġla, imdi lāzım gelan żābiṭān ve sāʾir iḳtiżā idenlere eṭrāfluca añladaraḳ ḳadınlarıñ {11} aṣlındanki gibi seyr yerlerinde gezüb cemʿiyyet itmameleri ḫuṣūṣuna müs̱āberet ve bu vesīle ile ʿaraba ve ḳayıġa binüb kendü ḥālinde {12} birbirleriniñ ḫāne ve sāḥilḫānelerine müsāferet ve ziyāret ṭarīḳiyle ve ḥasbeʾl-iḳtiżā maṣlaḥatı vuḳūʿuyla bir yerden maḥall-i āḫara {13} gidecek ḳadınlara bir şey dinilmeyüb ve mes̱elā bir yerden ġayrı maḥalle gidecek ḳadınlar ʿaraba yāḫūd ḳayıġa binüb {14} yolları mesīre maḥalline uġrar ise ol maḥalden geçmelerine mānīʿ olmaḳ iḳtiżā itmeyüb eğer ol mesīrede ʿaraba ile ḍurur {15} ve oturur ise ol vaḳt yasaġ beyān olunaraḳ ḍurdırılmayub defʿine mübāderet, veʾl-ḥāṣıl ʿaraba ve ḳayıġa ve erkekleriñ {16} her ne vechile olur ise gezmelerine yasaġ olmayub ancaḳ yasaġ-ı pādişāhī yalñız ḳadınlarıñ evvelki gibi seyr yerlerinde {17} gezmameleri ḫuṣūṣı olmaġla aña göre ber-minvāl-i meşrūḥ ḥarekete kemāl-i iʿtinā ve diḳḳat eyleyesin deyu. Fī 17 L 36

[573/314] *Bosna vālīsine, Vidīn muḥāfıẓına ve cevāb olaraḳ Niş muḥāfıẓına, biʾt-taṣarruf iḳtiżāsına göre*

{1} Bu es̱nāda Ṣırplunuñ emāre-i fesāda dāʾir baʿżı gūne ḥāl ü ḥareketleri oldıġı Alacaḥiṣār Mutaṣarrıfı Şehsuvār Paşa {2} ṭarafından beyān olunmuş oldıġı Niş Muḥāfıẓı saʿādetlü Ḥüseyin Paşa ḥażretleri cānibinden inhā olunub el-ḥāletü-hāẕihī {3} Ṣırplu vekīlleri Dersaʿādet'de olaraḳ içlerinden birisi Mīloş'a muʿādil oldığından bunlarıñ bu ṭarafda iken Ṣırplunuñ {4} ḥareketleri pek me'mūl değil ise de bunca zamāndan berü taḥt-ı raʿiyyet ü iṭāʿatde olan Rum gāvurlarınıñ vuḳūʿa gelan {5} baġy ü ʿiṣyānlarına naẓaran böyle vaḳtde Ṣırpludan fesād ve ḫıyānet ẓuhūrı müstebʿad olmayaraḳ evvel ü āḫir bunlardan {6} emniyyet cā'iz olmamaḳ ve cemīʿ zamānda ḥazm ü iḥtiyāṭa riʿāyet vācibeden olmaḳ taḳrībiyle bunlar her ne vaḳt iẓhār-ı {7} ʿiṣyān ü şeḳāvet iderler ise derḥāl istiḥṣāl-i ḳahr ü istīṣāllerine mübāderet olunmaḳ üzere seby ü istirḳāḳ {8} ḥaḳḳında virilan fetvā-yı şerīf mūcebince maḫfiyyen ẕāt-ı saʿādetleriyle saʿādetlü Vidīn muḥāfıẓı ḥażretlerine ve Niş muḥāfıẓı {9} müşārun-ileyhe evāmir-i ʿaliyye ıṣdār ve tesyārı tensīb olunmuş ve ol bābda ẕāt-ı saʿādetlerine ḫiṭāben lāzım gelan {10} fermān-ı ʿālī taṣdīr ve tesyīr ḳılınmış olub ancaḳ maʿlūm-ı düstūrīleri buyurıldığı vechile el-ḥāletü-hāẕihī Devlet-i ʿAliyye'niñ {11} kes̱ret-i ġā'ilesi derkār olaraḳ bu aralıḳ başḳa ġā'ile taḥaddüs̱ itdirmek cā'iz olmadığından ve şimdilik Ṣırplunuñ {12} daḫi ṣarīḥan ʿiṣyāna dā'ir bir gūne ḥareketleri açığa çıḳmadığından zinhār Ṣırpluları vaḥşete düşerecek {13} ve ḳuyruḳlarına başılacaḳ muʿāmele gösterilmamesi ve ṭaraf-ı saʿādetlerine gönderilan emr-i şerīf-i meẕkūruñ ġāyetü'l-ġāye {14} ketm ü iḫfāsı ve ḳaṭʿan ve ḳāṭıbeten bir vechile renk ve serrişte virilmeyüb hemān şimdiki ḥālde mütebaşşırāne ḥareket {15} olunaraḳ her ne zamān Ṣırplunuñ şiḳāḳ ve ḥareketi vuḳūʿa gelür ise ol vaḳt derḥāl emr-i şerīf-i meẕkūrı iʿlān ile {16} bu ṭarafdan istīẕāna vaḳt ḳalmayaraḳ hemān ḳahr ü tedmīrleri istiḥṣāl olunması muḳteżā-yı emr ü irāde-i şāhāneden {17} olaraḳ keyfiyyet maḫfiyyen ve mektūmen müşārun-ileyhimāya daḫi ṭaraf-ı muḫliṣīden yazılmış oldığı ve ancaḳ şimdiden bu vechile {18} emr-i şerīf-i meẕkūruñ gönderilmesi ṭā'ife-i mersūmeniñ ḥasbe'l-iḥtimāl baġy ü ʿiṣyānları vuḳūʿunda bu ṭarafa inhā {19} ve istīẕān ile vaḳt geçürülmamesi ġarażıyla oldığından şimdilik işbu irāde-i ḫafiyyeniñ ġāyet ketmi lāzımeden {37} idüği maʿlūm-ı saʿādetleri buyuruldukda ber-vech-i meşrūḥ bu bābda ṣādır olan emr-i şerīf-i meẕkūrı şimdilik **(113)** ketm ü iḫfā ve işbu irāde-i mektūmeyi nefsiñizden ġayrıya tecāvüz itdirmey-erek ḥasbe'l-iḥtimāl Ṣırplunuñ {2} baġy ü ʿiṣyāna dā'ir bir gūne ḥareketleri vuḳūʿunda bu ṭarafa istīẕān ile vaḳt geçürmeyerek ol vaḳt muḳteżāsını icrā {3} ve bir gūne ġā'ile ḥudūs̱ından daḫi mezīd-i ittiḳā ile hemān tabaşşur ü āgāhīye kemāl-i derece himmet buyurmaları siyāḳında mektūmen ve maḫfiyyen {4} işbu ḳā'ime. Fī 18 L 36

[*573/317*] ***Ṣığla Sancağı Mütesellimi İlyās Ağa'ya***

{1} Sen bundan aḳdem Sīsām aḏasını urmağa me'mūr ve taʿyīn ḳılınmış oldığıñdan muḳteżā-yı me'mūriyyetiñ üzere işbu Şevvālü'- {2} -'l-Mükerrem'iñ ikinci güni Ḳuşaḏası'ndan ḥareket ve ʿasākir-i mevcūdeyi bi'l-istiṣḥāb

Sīsām adası ḥiẕāsında {3} vāḳiʿ Çiğli nām ḳaryede ordu ḳurub Donanma-yı Hümāyūn'uñ vürūdına muntaẓır oldığıñı mübeyyin saʿādetlü Ḳapūdān paşa ḥażretleri (114) ṭarafına vārid olan taḥrīrātıñı müşārun-ileyh irā'e ve taḳdīm itmiş oldığından mezāyāsı maʿlūmumuz olmuşdur. Vāḳıʿan {2} muḳaddem Donanma-yı Hümāyūn'uñ ibtidā Sīsām üzerine ʿazīmeti tertīb olunmuş ise de mu'aḫḫaren Mora reʿāyāsınıñ {3} cemʿiyyet ve ġaleyānı cihetiyle Donanma-yı Hümāyūn'uñ Mora ṭarafına sevḳiyle bir ān aḳdem istiḥṣāl-i ḳahr ü tedmīrleri vācibeden {4} oldıġı Rumili vālīsi ve bi'l-istiḳlāl Yānya cānibi serʿaskeri ʿaṭūfetlü Ḫūrşīd Aḥmed Paşa ḥażretleri {5} ṭarafından taḥrīr ü inhā olunmuş oldığına mebnī Paṭrona beğ maʿiyyetinde olan Donanma-yı Hümāyūn sefāyini saʿādetlü {6} Mıṣır vālīsi ḥażretleri ṭarafından gönderilan sefīneler ile bi'l-muḫābere birleşerek varub Ḳapūdāna beğ maʿiyyetinde olan {7} Donanma-yı Hümāyūn'a bi'l-iltiḥāḳ Mora ʿuṣātınıñ ḳahr ü tenkīllerine taʿyīn ve iʿzām ḳılınmış ve ẕikr olunan esbāba mebnī {8} Donanma-yı Hümāyūn'uñ me'mūriyyeti Mora'ya taḥvīl olunmuş olmaġla bi-mennihī Taʿālā ḳarīben ʿuṣāt-ı mesfūreniñ istiḥṣāl-i {9} ḳahr ü tedmīrleriyle ʿavdet idecek olmalarıyla hemān sen muḳteżā-yı me'mūriyyetiñ üzere mevcūd-ı maʿiyyetiñ olan {10} ʿasker ile oldığıñ maḥalden ḳımıldamayub kemā-kān me'mūriyyetiñ üzere s̱ebāt ü ḳıyām iderek her ḥālde {11} is̱bāt-ı müddeʿā-yı ġayret ü ḥamiyyete mübāderet eylemañ içün ḳā'ime. Lede'l-vuṣūl Donanma-yı Hümāyūn'uñ ol vechile Mora {12} ṭarafına me'mūriyyetleri īcāb-ı ḥāl ü maṣlaḥatdan ise de inşā'allāhü'r-Raḥmān ʿahd-i ḳarībde Mora ʿuṣātının ḳahr ü tenkīliyle {13} manṣūr[en] ʿavdet itmeleri elṭāf-ı ḫafiyye-i İlāhiyye'den me'mūl ü müstedʿā ve bu cihetle seniñ oldığıñ maḥalden {14} ḳımıldamayub kemā-kān me'mūriyyetiñ vechile ḳıyām ü s̱ebāt eylemañ lāzım geleceği hüveydā oldığı mis̱illü Aḳdeñiz'de {15} gezen eşḳıyā kāfirleri fırṣat buldığı gibi ḳaraya ʿasker çıḳararaḳ icrā-yı fesād ü melʿanete ictirā idecekleri {16} ẓāhir ve bunlarıñ bu vechile ḥareketleri daḫi vuḳūʿ bulmuş oldığı bāhir oldığından sen oldığıñ maḥalde {17} s̱ebāt ü ḳıyām ve eṭrāf ü eknāfa medd-i enẓār-ı baṣīret eyleyerek ol ṭaraflar sevāḥiline izbāndīd gemileri {18} ʿasker çıḳarır ise yāḫūd ol ṭaraf köy gāvurları daḫi ʿiṣyān iderler ise hemān üzerlerine varub {19} ḳılıçdan geçürerek ḥamiyyet ü diyānet me'ās̱irini is̱bāta iḳdām ve Donanma-yı Hümāyūn'uñ ol vechile Mora'ya gidüb {20} ʿavdet ideceğini ṭarafıñdan lāzım gelan sā'ir me'mūrlara daḫi beyān ü ifhām ve bu vesīle ile raʿiyyetde s̱ābit- {21} -ḳadem olub ʿiṣyān itmeyan reʿāyāya daḫi ʿaskerī ṭarafından taʿaddī ve rencīde itdirmeyüb her ḥālde muḥāfaẓa {22} ve muḥāreselerine iḳdām-ı tām eyleyesin. Fī 18 L 36

[*573/323*] ***İzmīr Muḥāfıẓı Ḥasan Paşa'ya***

{1} Menemen sevāḥilinde vāḳiʿ Gözaġzı nām maḥalde iki direkli bir ḳıṭʿa izbāndīd sefīnesi oldığı istiḫbār olunaraḳ sefīne-i mezḳūruñ {2} izbāndīd oldığı baʿde't-tebeyyün uṣūl-i devlete riʿāyet olunaraḳ sefīne-i mezkūruñ üzerine varılub ber-mūceb-i defter derūnunda {3} olan ḳırḳ iki nefer firārī reʿāyālar ve ḏoḳuz nefer mellāḥ ve ḳapūdān ve bir nefer Rum ʿavreti ve çocuğu aḫẕ ü ḥabs {4} olundığı tafṣīlātından baḥişle bu bābda ne vechile irāde-i seniyye sünūḥ ider ise icrāsına ibtidār ḳılınacağı ve İzmīr'den {5} Sīsām aḏasına firār iden reʿāyānıñ emvāl ü eşyāları ḥasbe'l-irāde temhīr olunmaḳda ise de {6} firār iden reʿāyānıñ baʿżısı ḫavfından nāşī müste'men sefīnelerine ve kimisi eṭrāf ḳurālara ve Sāḳız cezīresine (116) firār itmiş olduḳlarından emvāl ü eşyālarınıñ temhīr olundığı mesmūʿları olaraḳ mümkin olan maḥallerden {2} İzmīr'e gelmekde oldığı ve muḳaddemce İzmīr līmānında bulunan tüccār teknelerinden techīz ve Donanma-yı Hümāyūn'a iltiḥāḳı irāde buyurılan {3} beş-on ḳıṭʿa tekneler baʿżı iḫtilāl ḥasebiyle tevḳīf olunmuş ise de el-ḥāletü-ḥāẕihī İzmīr'iñ fesādı mündefiʿ {4} olmuş ve Donanma-yı Hümāyūn maʿiyyetinde işe yarar tüccār teknesi olmadığından muḳaddemā ṣāḥibleri firār idüb żabṭ {5} olunan reʿāyā sefīneleriniñ muḥārebeye yararlarından beş ḳıṭʿa sefīne intiḫāb ve tanẓīm ve başbuğ ve levāzımāt-ı sā'iresi {6} tertīb ü tetmīm ḳılınmış oldığı beyānıyla mu'aḫḫaren żabṭ olunmuş olan sefīneniñ daḫi bi'l-muʿāyene irsāli {7} irāde olunur ise derḥāl tanẓīm ḳılınacağı ifādesini ḥāvī bu defʿa firistāde ve isrā buyurılan taḥrīrāt-ı {8} düstūrīleri mezāyāsı rehīn-i ıṭṭılāʿ-i ḫulūṣ-verī olub sefīne-i mezkūruñ aḫẕ ü żabṭı ḫuṣūṣunda vāḳiʿ {9} olan ḥareket-i dirāyetmendāneleri mūcib-i maḥẓūẓiyyet olaraḳ taḥrīrāt-ı mersūleleri ḥużūr-ı mekārim-neşūr-ı mülūkāneye {10} daḫi ʿarż ü taḳdīm ile meşmūl-ı nigāh-ı ʿāṭıfet-iktināh-ı şāhāne olmuşdur. Ber-manṭūḳ-ı emr ḥabsiñizde oldığı {11} inhā buyurılan ḏoḳuz ḳıṭʿa mellāḥ ve ḳapūdānı olan şaḳīler İzmīr'de maʿrifet-i düstūrīleriyle iḳtiżāsı vechile {12} ʿibreten-li's-sā'irīn siyāset olunub ḳırḳ iki nefer firārī reʿāyā eşḳıyāsı daḫi bir maḥalde baḥre iğrāḳ ile mi {13} olur, ne vechile olursa cümlesiniñ iʿdām ü ifnā olunaraḳ faḳaṭ işʿār buyurılan bir nefer ʿavret ve çocuğuñ {14} sebīli taḫliye ḳılınmaḳ ve İzmīr'den Sīsām aḏasına firār iden reʿāyānıñ emvāl ü eşyāları ber-mūceb-i {15} irāde-i seniyye cānib-i mīrīden żabṭ olunmaḳ iḳtiżā ider ise de bunlardan başḳa mücerred ḫavfdan nāşī olaraḳ {16} ve ʿuṣāt ṭaḳımına iltiḥāḳ ġarażıyla olmayaraḳ şuraya buraya gitmiş ve baʿdehū ʿavdet itmiş olanlarıñ emvāl ü eşyālarına {17} ḏoḳunulmaması muḳteżā-yı şīme-yi maʿdelet-kārīden oldığına binā'en bu maḳūle ehl-i ʿırż firārīlerden ʿavdet idenleriñ {18} emvāl ü eşyālarına bir şey dinilmamesini ve techīz-i sefāyin ḫuṣūṣı-çün ber-mūceb-i irāde-i seniyye Tersāne-i ʿĀmire'den {19} gönderilecek ḳapūdān ve aḳçe bu esnāda iʿzām ü irsāl olunmuş oldığına binā'en hemān vuṣūlünde inhā buyuruldığı {20} üzere beş ḳıṭʿa sefīneye sālifü'ẕ-ẕikr mu'aḫḫaren żabṭ olunmuş olan sefīne daḫi ilḥāḳ ve techīz-birle {21} cümlesiniñ levāzımātı tekmīl olunaraḳ bir ān aḳdem Mora ṭarafına giden Donanma-yı Hümāyūn maʿiyyetine īṣāl ve iltiḥāḳ {22} itdirilmek ḫuṣūṣlarına irāde-i seniyye taʿalluḳ itmeğin ol vechile icrā-yı muḳteżālarına iʿtinā ve himmet buyurmaları {23} siyāḳında ḳāʾime. Fī 19 L 36

[*573/325*] ***Vidīn muḥāfıẓına***
{1} ʿAvn ü ʿināyet-i Cenāb-ı H̬ayru'n-Nāṣırīn ve yümn ü himem-i ḥażret-i pādişāh-ı rū-yı zemīn ile bundan aḳdemce Drāġaşān ḳaryesinde {2} vuḳūʿ bulan muḥārebede İpsilāndīoğlı ʿAleksāndrī nām h̬āʾiniñ keyfiyyet-i inhizāmıyla es̱nā-yı muḥārebede ah̬ẕ olunan {3} altı ḳıṭʿa ṭop ve yetmiş dört nefer esīr ve kelle ve ḳulaḳlar ve tranpete ve borı ve sāʾir ālāt-ı ḥarbe dāʾir eşyā tatar ağaları {4} Ḥasan Ağa bendeleriyle isrā olundığını şāmil firistāde ve ibʿās̱ buyurılan taḥrīrāt-ı müşīrīleri vāṣıl ve meʾāl-i behcet-iştimāline {5} ıṭṭılāʿ-i h̬āliṣānemiz muḥīṭ ü şāmil olub bu bābda vuḳūʿ bulan himmet ü iḳdām ve ġayret ü ihtimām-ı müşīrīleri ḥaḳ bu ki {6} ẕātlarından meʾmūl ü muntaẓar olan ās̱ār-ı ġayret ü şecāʿat ve ṣadāḳati is̱bāt ü teʾyīd itmekle rehīn-i kemāl-i ḥaẓẓ ü taḥsīn {7} olaraḳ keyfiyyet ʿatebe-i felek-mertebe-i cenāb-ı kītī-sitānīye ʿarż ü taḳdīm ḳılınaraḳ meşmūl-ı liḥāẓa-i ʿāṭıfet-ifāża-i ḥażret-i pādişāhī {8} olmuş ve ol bābda şeref-bah̬ş-ı ṣaḥīfe-i ṣudūr olan h̬aṭṭ-ı hümāyūn-ı mehābet-maḳrūn-ı şāhāne mūcebince gönderilan ṭoplar Ṭoph̬āne-i {9} ʿĀmire'ye ve esīrleriñ söz bilür başları siyāset olunaraḳ māʿadāsı üserā defterine ḳayd ve ālāt-ı meẕkūre dah̬i {10} Cebeh̬āne-i ʿĀmire'ye irsāl ve teslīm olunmuş ve kelle ve ḳulaḳlar ve tranpete ve borı yāftesiyle pīşgāh-ı bāb-ı hümāyūnda ġalṭīde-i {11} h̬āk-i ʿibret ve meẕellet ḳılınmışdır. Cenāb-ı diyānet-meʾāblarınıñ uğur-ı dīn ve Devlet-i ʿAliyye'de merdāne ve cānsipārāne çalışacaḳları {12} iʿtiḳādı ḥaḳḳ-ı sāmīlerinde derkār ve inşāʾallāhü Taʿālā yüzüñüzden dīnimize ve devletimize naḳş-efgen-i ṣaḥāyif-i rūzigār {13} olacaḳ nice ḥüsn-i h̬idmet ẓuhūrı ʿināyet-i Bārī edillesiyle müberhen ü āşikār ve bundan böyle dah̬i meʾmūriyyet-i düstūrīleriniñ {14} īfāsına mā-fevḳa'l-meʾmūl ṣarf-ı yārā-yı liyāḳat ve ġayret buyurmaları siyāḳında ḳāʾime. Fī 19 L 36

[*573/331*] ***Selānīk mütesellimine***
{1} Aynaroz cezīresinde müctemiʿ olan eşḳıyā reʿāyā saʿādetlü Behrām Paşa ḥażretleriniñ Aynaroz ḳurbunda olan {2} mühürdārları başbuğluğuyla bulunan ʿaskeri üzerine hücūm-birle muḥārebeye taṣaddī itmişler ise de lillāhi'l-ḥamd fevz {3} ü ġālibiyyet cānib-i İslāmiyān'da olaraḳ ṣūret-i ġalebe ve fütūḥātı mübeyyin müşārun-ileyhiñ taḥrīrātı gelmiş ve Aynaroz'da {4} ʿuṣātıñ tecemmuʿuna dāʾir müşārun-ileyhiñ baʿżı işʿāratı vuḳūʿ bulmuş olub ancaḳ Mora ṭarafınıñ ṣıḳışması cihetiyle {5} müşārun-ileyhiñ Mora'ya irişmesi ve seniñ ol ṭaraf ʿuṣātınıñ ḳahr ü tedmīrlerine bi'l-istiḳlāl meʾmūriyyetiñ {6} h̬uṣūṣı irāde olunaraḳ bundan aḳdem müşārun-ileyh Behrām Paşa'nıñ ḥareket ve Mora'ya ʿazīmeti bābında emr-i ʿālī {7} gönderilmiş ve keyfiyyet

ṭarafına bildirilmiş oldığından iḳtiżā-yı meʾmūriyyetiniñ icrāsına ġayret ü ṣadāḳat eyleyeceğiñ iʿtiḳādı {8} ḥaḳḳıñda derkār ise de müşārun-ileyh Behrām Paşa'nıñ Mora ṭarafına ʿazīmetine bināʾen Selānīk ḥavālīsi ve Aynaroz {9} ve Kesendīre cezīrelerinde ʿiṣyān iden kāfirleriñ bi-ʿavnillāhi Taʿālā ḥaḳlarından gelmeğe yalñız seniñ istiḳlāl-i meʾmūriyyetiñ {10} kifāyet ider mi, yoḫsa āḫar meʾmūr taʿyīnine ḥācet var mıdır, keyfiyyeti serīʿan bu ṭarafa taḥrīr ü işʿār eylemañ lāzımeden {11} ve muḳteżā-yı emr ü irāde-i şāhāne muḳteżāsından olmağla maḥāll-i merḳūme ʿuṣātınıñ ḳahr ü tenkīline yalñız seniñ {12} bi'l-istiḳlāl meʾmūriyyetiñ kāfī midir, yoḫsa āḫar meʾmūr taʿyīni īcāb ider mi, iḳtiżāsı icrā olunmaḳ içün ʿācilen {13} keyfiyyeti bu ṭarafa işʿāra diḳḳat eylemañ içün ḳāʾime. Fī 20 L 36

[573/334] *Serʿasker paşa ḥażretlerine*

{1} Yānya ve Mora maṣlaḥatlarına dāʾir muḳaddem ve muʾaḫḫaren işʿār buyurulmuş olan aḥvāl ü keyfiyyātdan baḥişle İskender[iye] Mutaṣarrıfı {2} saʿādetlü Muṣṭafā Paşa ḥażretleriniñ meʾmūriyyeti ve saʿādetlü Behrām Paşa ve Ḥācī Ebūbekir Paşa ve sāʾir meʾmūrlarıñ seyr-i serīʿ {3} ile Mora'ya irişmeleri farīża-i ḥāliyeden oldığı ve muḳaddemce ṣavb-ı ʿālīlerine iḥsān-ı hümāyūn buyurılan biñ kīse {4} vāṣıl olmuş ise de taḳdīm buyurılan defter mūcebince el-ḥāletü-hāẕihī ṭaraf ṭaraf taʿyīn ü istiḫdām buyurmaḳda olduḳları {5} ʿasākiriñ ʿulūfeleri ve maṣārif-i sāʾire içün külliyyetlü aḳçe ve cebeḫāneye muḥtāc olduḳları beyānıyla Nüzül Emīni Ḥācī Edhem {6} Ağa bendeleri aḳçe gönderilmesini ve Nārda Muḥāfıẓı saʿādetlü Ḥasan Paşa bendeleri daḫi ṭaraf-ı sipeh-sālārīlerinden {7} aḳçe istemiş oldığından iḳtiżāsınıñ icrāya baḳılmasını şāmil bu defʿa tevārüd iden taḥrīrāt-ı müşīrīleri mezāyāsı maʿlūm-ı {8} ḫāliṣānemiz oldığı ānda rikāb-ı hümāyūn-ı mülūkāneye ʿarż ile manẓūr-ı hümāyūn-ı şāhāne buyurulmuşdur. Muḳaddem ve muʾaḫḫar {9} mersūl-ı ṣavb-ı sāmīleri ḳılınan taḥrīrāt-ı s̱enāverīde beyān olundığı vechile Mora ṭarafı meʾmūrı olan {10} vüzerā-yı iʿẓām ve mīr-i mīrān-ı kirām ḥażerātınıñ Rumili'niñ orta ḳolundan Yānya'ya ve ṣol ḳolundan Mora'ya {11} sevḳ olunacaḳ ʿasākiriñ evvel ü āḫir müʾekked fermānlar ıṣdār ve ḫaṣekīler ile tesyār olunaraḳ istiʿcāllerine {12} iḳdām olunmuş oldığından başḳa muʾaḫḫaren ẕikr olunan iki ḳola maḫṣūṣ ḳapu[cı]başılardan Ṣāliḥ Ḳoç Ağa ile {13} Bīġā mütesellimi esbaḳ Aḥmed Ağa bendeleri sürici olaraḳ taʿyīn ve iʿzām olunmuş ise [de] bundan böyle daḫi {14} ardı arası kesilmeyerek iḳtiżāsına göre istiʿcāllerinde ḳuṣūr olunmayacağı ve maṭlūb buyurılan cebeḫāne daḫi {15} peyderpey gönderilmekde oldığı ve İskenderiye Mutaṣarrıfı müşārun-ileyh Muṣṭafā Paşa bundan aḳdem Yānya'dan Mora'ya (121) varınca ʿiṣyān iden reʿāyānıñ ḳahr ü tedmīrlerine meʾmūr olmuş ve bi'n-nefs ḥareketi żımnında ṣudūr iden {2} emri maḫṣūṣ ḫaṣekī ile gönderilmiş ise de ṣūret-i işʿārlarına naẓaran ol ṭarafıñ maṣlaḥatı ṣıḳ[ış]mış oldığından {3} müşārun-ileyhiñ terġīb ü teşvīḳi ḥāvī ġāyet mü'ekked bu def'a daḫi bir ḳıṭ'a emr-i 'ālī ıṣdār ve bālāsı {4} ḫaṭṭ-ı hümāyūn-ı şāhāne ile muvaşşaḥ buyurılaraḳ derḥāl muḳaddem ve kār-güẕār ḫaṣekī ile tesyār ḳılınmış oldığından başḳa {5} şeref-baḫşā-yı ṣudūr iden ḫaṭṭ-ı hümāyūn-ı şāhāne mūcebince ẕāt-ı ser'askerīlerine iki biñ kīse ve müşārun-ileyh Nārda Muḥāfıẓı {6} Ḥasan Paşa ḥażretlerine beş yüz kīse ve Nüzül Emīni Ḥācī Edhem Aġa bendelerine beş yüz kīse ki cem'an üç biñ kīse naḳden {7} gönderilmiş olaraḳ bundan böyle daḫi ez-her-cihet bu ṭarafdan iḳdām ü ihtimāmda bir ān ve bir daḳīḳa ifāte-i vaḳt olunmayacaġı {8} ma'lūm-ı sāmīleri buyuruldukda hemān ẕāt-ı ṣafderāneleri merdlik ve ḥamiyyet me'āşirini icrā-birle Cenāb-ı Allāh'ıñ 'avnıyla {9} şu Tepedelenli ḫabīṣiniñ itmām-ı ġā'ilesine beẕl-i mā-ḥaṣal-i iḳdām ve bir ān aḳdem müteraḳḳıb oldığımız aḫbār-ı sārreniñ {10} iş'ārını müstelzim esbābıñ ikmāline sa'y-ı mā-lā-kelām buyurmaları aḳdem-i maṭlūb idüği beyānıyla ḳā'ime. Fī 22 L 36

[*573/336*] *Çirmen mutaṣarrıfına*

{1} Ḥālā Rumili vālīsi ve Yānya cānibi ser'askeri 'aṭūfetlü Ḫūrşīd Paşa ḥażretleri el-ḥāletü-hāẕihī ol ṭarafda 'iṣyān {2} iden gāvurlar ve 'Alī Paşa ḫā'iniyle uġraşmaḳda oldığından ve ma'iyyetinde Türk uşaġınıñ lüzūmı derkār {3} idüğünden Edirne ḥavālīsinden bir muḳtedir başbuġ ile dört-beş biñ miḳdārı Türk uşaġı yetişdirilmesi {4} bu def'a müşārun-ileyh ḥażretleri ṭarafından vārid olan taḥrīrātda muḥarrer ve mültemes olub maġżūb-ı merḳūmuñ ġā'ilesinden {5} başḳa ol ṭaraf kāfirleriniñ daḫi 'iṣyānı cihetiyle Yānya ṭarafı ṣıḳışmış ve müşārun-ileyh ma'iyyetine tīz elden 'asker {6} irsāli lāzım gelmiş olub ẕāt-ı sa'ādetleri daḫi bu uṣūlleri bilür ġayret ü ṣadāḳat ile muttaṣıf vüzerā-yı {6} 'iẓāmdan olduḳlarından bu bābda daḫi iḳdām ü himmet buyuraraḳ münāsib başbuġla ḥavālī-i meẕkūreden müşārun-ileyh {7} ma'iyyetine 'alā-eyyi-ḥāl tīz elden dört-beş biñ miḳdārı Türk uşaġınıñ tedārük ve irsāliyle icrā-yı lāzıme-i {8} ṣadāḳat-kārī ve dirāyete kemāliyle himmet buyurmaları aḳdem-i maṭlūb idüği beyānıyla ḳā'ime. Fī 22 L 36

[*573/340*] ***İbrā'īl muḥāfıẓına***

{1} El-ḥāletü-hāẕihī Boġdān memleketinde Rum eşḳıyāsınıñ cem'iyyeti ḳalmayub ḳırḳ-elli ḳadar serserīler ḏaġ ve balḳanlarda bulunsalar daḫi {2} verāsından 'asker eksik olmayaraḳ bunlarıñ daḫi icrā-yı cezālarına diḳḳat olunmaḳda oldığını ve tüccār sefīneleriyle nehr-i {3} Prūt aġzına firār iden yüz elli ḳadar ḫasta ve mecrūḥ gāvurlarıñ def'i işden değil ise de sefīneleri {4} Rūsyalu iskelesinde Rūsyalu sefīnesiyle maḫlūṭ oldığından bu bābda isti'lām-ı irādeyi şāmil muḳaddem ve sālifü'ẕ-ẕikr {5} sefīneler ile Prūt aġzına firār iden Rum eşḳıyāsı bugünlerde ol ṭarafdan ḥareket ve firār itmek üzere {6} iken Tīmārābād'da olan Rūsyalular "Bize tenbīh-i cedīd geldi" diyerek eşḳıyā-yı mersūmeyi alub ḳabūl itmiş {7} ve yedlerinde bulunan sefīneleriñ beş ḳıṭʿasını eşḳıyā Delü Pāṭraş ve ḳuṣūr doḳuz ḳıṭʿası Rūsyalunuñ {8} ḳarāntinası öñüne bağlanmış oldığını ve Ḳalāş ḳaṣabası muḳaddemce külliyyen muḥteriḳ oldığına mebnī baʿżı Nemçe sūdīdleri {9} dükkān iḥdāṡ itmek içün ruḫṣat virilmesini ol ṭarafda olan Nemçe ḳonsolosı vekīli ṭaraf-ı müşīrīlerinden iltimās {10} itmiş ise de derkār olan meḥāẕīr-i mütenevviʿaya mebnī ruḫṣat virilmamiş oldığından baʿd-ez-īn sūdī[d]ler ṭāʾifesiniñ {11} Devlet-i ʿAliyye raʿiyyetini ḳabūl ile sened aḫẕ ve İbrāʾīl maḥkemesine ḳayd ü ḥıfẓ olunmadıḳça hiçbirisiniñ Ḳalāş ḳaṣabasında {12} dükkān ve meʾvā ve mesken peydā itmelerine ruḫṣat virilmamesi bābında bir ḳıṭʿa emr-i ʿālī ıṣdār ve tesyār olunması {13} ve şimdiye ḳadar vāḳiʿ olan muḥārebelerde aḫẕ olunmuş olan ṣaġīr ve kebīr ṭoplar yiğirmi ḳıṭʿaya bāliġ oldığından {14} işbu ṭoplar ḥaḳḳında daḫi ne vechile irāde sünūḥ ider ise işʿār ḳılınmasını mutażammın muʾaḫḫaren tevārüd iden taḥrīrātları mezāyāsı {15} maʿlūm-ı ḫāliṣānemiz oldığından ṣoñra rikāb-ı hümāyūn-ı şāhāneye daḫi ʿarż ile manẓūr-ı hümāyūn-ı mülūkāne buyurulmuşdur. {16} Prūt ağzında olan eşḳıyā reʿāyāyı Rūsyalunuñ ḳabūl itmesi bu aralıḳ gösterdiği ṭavr ve mülāyemete münāfī ise de {17} cümleye maʿlūm oldığı üzere bunlarıñ hiçbirinden iʿtimād ve emniyyet cāʾiz olmayub ʿalelḫuṣūṣ bu fesād Rūsyalunuñ {18} başı altından olacağından Devlet-i ʿAliyye daḫi aña göre tertībāt-ı iḥtiyāṭiyyeyi elden bıraḳmayub ān-be-ān taḳayyüd ü ihtimāmını {19} artırmaḳda oldığı ẓāhir ve müsteʾmen ṭāʾifesiniñ memālik-i Devlet-i ʿAliyye'de emlāk ü arāżī temellükleri ʿahden memnūʿ {20} ve mülken ġayr-ı cāʾiz oldığı bāhir olaraḳ ṭıbḳ-ı işʿārıñız vechile raʿiyyeti iṡbāt idüb İbrāʾīl maḥkemesine ḳayd itdirmedikden {21} ṣoñra Ḳalāş'da bir ferd mülk idinmeyüb binā iḥdāṡ itmamesine ʿahd-nāme-i hümāyūn mūcebince müʾekked emr-i ʿālī gönderilmesi {22} ve eşḳıyādan meʾḫūẕ yiğirmi ḳıṭʿa ṭop bundan böyle ol ṭarafda baʿżı iḳtiżā iden maḥallere gönderilmek üzere {23} şimdilik İbrāʾīl ḳalʿasında ḥıfẓ olunub bu ṭoplar tuç mıdır ve timür midir ve çapları ne miḳdārdır, bilinüb {24} Ṭopḫāne-i ʿĀmire rūznāmçesine ḳayd olunmaḳ üzere evṣāf ve çaplarını mübeyyin defterini irsāl {25} eylemeñiz ḫuṣūṣuna irāde-i seniyye-i mülūkāne müteʿalliḳ olmuş ve mūcebince emr-i şerīf-i mezkūr ıṣdār ve ṭaraf-ı saʿādetlerine **(123)** tesyār ḳılınmış olmağla muḳteżāsınıñ icrāsıyla ẕikr olunan ṭoplarıñ evṣāf ve çaplarını mübeyyin defterini bu ṭarafa {2} irsāl iderek ṭopları İbrāʾīl ḳalʿasında şimdilik ḥıfẓ itdirmeğe ve her ḥālde levāzım-ı tabaṣṣur ü āgāhīye ve bir ān {3} ġāfil bulunmayub meʾmūriyyet-i serʿaskerīlerini daḫi icrāya beẕl-i himmet buyurmaları siyāḳında ḳāʾime. Fī 22 L 36

[*573/349*] ***Ayvalıḳ taḥrīrine meʾmūr Saʿīd Beğ'e***
{1} Meʾmūr-ı żabṭ ü taḥrīri oldığıñ Ayvalıḳ ḳażāsı miṡillü bu defʿa daḫi Yūnd adasınıñ reʿāyāsı külliyyen firār iderek {2} ḫāne ve emlākları meʾmūrlar ṭarafından iḥrāḳ ve taḫrīb ḳılınmış ve ada-i mezkūre[de] olan zeytūnluḳ ve

arāżī ve mezrūʿāt {3} ve sāʾir maḥṣūlātıñ daḫi cānib-i mīrīden żabṭ ü taḥrīri żımnında bir mübāşir taʿyīni lāzım gelmiş ve el-ḥāletü-hāẕihī seniñ {4} oldıġıñ maḥalliñ Yūnda'ya ḳurbiyyeti cihetiyle emlāk-ı meẕkūreniñ żabṭ ü taḥrīrine daḫi bā-irāde-i seniyye sen meʾmūr ḳılınmış oldıġıñdan {5} ol bābda meʾmūriyyetiñi şāmil lāzımü'ṣ-ṣudūr olan emr-i ʿālī ıṣdār ve ṭarafıña irsāl olunmuş olmaġla muḳteżāsınıñ icrāsına {6} diḳḳat ve ibrāz-ı ṣadāḳat eylemañ içün ḳāʾime. Fī 24 L 36

[573/352] *Ḳapūdān paşa ḥażretlerine*
{1} Rum gāvurlarından ve bilḫuṣūṣ aḏalar reʿāyāsından emniyyet külliyyen meslūb oldıġına bināʾen Beşikṭaş öñünde olan {2} üç anbārlı ḳālyon-ı hümāyūnda istiḫdām olunan Rum ġābyār ve mellāḥları ṭaraf-ı düstūrīlerinden zindāna vażʿ olunaraḳ {3} yerlerine Sicilyāteyn tercümānı kefāletiyle Anāpolitān mellāḥlarından Ḳāsım'a ḳadar beher neferine üçer yüz ġurūş virilmek üzere {4} mellāḥ tedārüküni söyleşmiş olduḳlarından bu ḥesāb üzere ʿulūfeleriniñ iʿṭāsı ḫuṣūṣunda istiʿlām-ı irāde-i seniyyeyi şāmil {5} Tersāne-i ʿĀmire emīni ʿizzetlü efendi bendeleri ṭarafından taḳrīr taḳdīm olunmuş ve Tersāne-i ʿĀmire'de öteden berü Rum reʿāyāsından {6} olaraḳ istiḫdām olunagelan ġābyārlara ber-mūceb-i ḳānūnnāme-i hümāyūn ḳırḳar ġurūş māhiyye virile gelmiş olub ẕikr olunan {7} Anāpolitān mellāḥlarına Ḳāsım'a ḳadar üçer yüz ġurūş iʿṭāsı el-ḥāletü-hāẕihī Rūz-ı Ḳāsım'ıñ ḥulūlüne üç māh oldıġına {8} naẓaran māhiyye yüzer ġurūş dimek oldıġından ḳırḳar ġurūş ile yüz ġurūş beyninde ḫaylī tefāvüt görineceġi {9} ve bunlara böyle virildiği ṣūretde Donanma-yı Hümāyūn sefāyini ġābyārlarına daḫi sirāyet ideceği maḥẕūrı derkār {10} oldıġından ḳaṭʿ-ı naẓar Anāpolitān ṭāʾifesi Sicilyāteyn Devleti tebaʿasından olaraḳ başḳaca bir bī-ṭaraf millet gibi görinür ise de {11} bundan aḳdemce memleketlerinde vāḳiʿ olan ʿiṣyānlarında Rūsyalu ṭavassutuyla beynleri bulunmuş olmaḳ cihetiyle bunlar Mosḳovlu {12} dimek olub bu taḳdīrce Donanma-yı Hümāyūn'da istiḫdāmları Rum milletinden ziyāde mużır olmaḳ maḥẕūrı mütebādir-i ḫāṭır {13} ve şimdiki ḥālde ehl-i İslām mellāḥlarından ġābyār tedārük ve istiḫdām itdirilmekden eslem ṣūret olma[ya]caġı bedīhī ve bāhir {14} olmaḳdan nāşī İskenderiye ve Mıṣır ve Berr-i Şām sevāḥili ve Girīd ve Rodos aḏaları ve Ṭrabzon ḥavālīsi ahālīsiniñ eks̱erīsi {15} mellāḥlıḳ ile meʾlūf ve ḥattā ʿArabistān fellāḥ mellāḥları fenn-i deryāda Efrenc ṭāʾifesinden ziyāde mahāret-kār olduḳlarına {16} bināʾen bu ḫuṣūṣ ṭaraf-ı muḥibbānemizden maḥāll-i meẕkūreye ve sāʾir iḳtiżā iden yerlere taḥrīr ve cānib-i müşīrīlerinden daḫi Rodos **(128)** ve sāʾir münāsib cezīrelere işʿār ü tezbīr olunaraḳ ve bu ṭarafda baʿżı tüccār sefīnelerinden rıżālarıyla {2} ṭaleb ḳılınaraḳ Tersāne-i ʿĀmire'ye kifāyet miḳdārı ehl-i İslām mellāḥları celb ve istiḫdām ile şu kefere ṭaḳımından {3} ḳurta[rı]lması ḫāṭır-güẕār olmuş oldıġından keyfiyyet bā-taḳrīr rikāb-ı

hümāyūn-ı şāhāneden istīẕān olundukda "Rumlarıñ {4} bu fesādından ṣoñra bunları Donanma-yı Hümāyūn sefāyinine ḳoymaḳ bir vechile cā'iz olmamaġla beher-ḥāl ehl-i İslām'dan {5} mellāḥ tedārüki elzemdir ve hemān şimdiden celb ü tedārüküne iḳdām olunsun. Lākin Tersāne emīni taḳrīrinde, Ḳapūdān {5} paşa Anāpolitānları söyleşmiş ve aḳçesini istiyor, deyu taḥrīr itmiş. Ḳāsım'a ḳadar ehl-i İslām mellāḥları irişemeyüb {6} bunlar mı ḏuracaḳ, yoḫsa hemān şimdiden Müslümān mellāḥlar tedārük olunub bunlar def' mi olacaḳ, Ḳapūdān paşa ile {7} müẕākere idüb ne vechile olacaġını ifāde eyleyesin." deyu emr ü fermān-ı hümāyūn şeref-baḫş-ı ṣaḥīfe-i süṭūr olmaġla manṭūḳ-ı {8} münīfi üzere ne vechile olmaḳ iḳtiżā ider ise iḳtiżā idenler ile müẕākere-birle keyfiyyeti īżāḥan iş'āra himmet buyurmaları {9} siyāḳında teẕkire. Fī 25 L 36

[573/370] *Tenkīl-i eşḳıyāya me'mūr Behrām Paşa'ya*

{1} Aynaroz 'uṣāt-ı keferesiniñ Nevreḳop ve Rāzlıḳ ve Timürḥiṣārı ve Menlik ḳażāları ṭaraflarında külliyyetlü mālları {2} oldıġı ḫaber virildiğinden taḥarrī ve defter eylemek üzere ṭaraf-ı düstūrīlerinden 'Abdülḳādir Aġa bendeleri irsāl olunmuş oldıġından {3} aġa-yı mūmā-ileyh Nevreḳop'da beş biñ bu ḳadar aġnām bulmuş ve dīger ḳażālardan daḫi on beş biñ miḳdārı ḥayvānları {4} oldıġı ḫaber virilmiş oldıġını ṭaraf-ı müşīrānelerine bā-'arīża beyān eylemiş ve ẕikr olunan 'arīża gönderilmiş oldıġı ve Sīroz ṭarafında {5} daḫi ba'żı emlākları oldıġından cenāb-ı müşīrileriniñ Mora'ya 'azīmetleri cihetiyle bunlarıñ żabtı-çün ṭaraf-ı Devlet-i 'Aliyye'den mübāşir {6} irsāli lāzım geleceği ve muḳteżā-yı me'mūriyyetleri üzere inşā'allāhü'r-Raḥmān Mora'ya irişüb sebḳ itmiş olan ḫidmetleriniñ {7} ḳat-ender-ḳatı dīn ve Devlet-i 'Aliyye'ye ḥüsn-i ḫidmet iẓhārı aḳdem-i āmāl ü eẕkārları olub aralıḳ fütūḥātı olmaḳ üzere {8} Rāvna gāvurlarından baḳiyyetü's-süyūf olaraḳ ḏaġlara reh-yāb-ı firār olanlardan ve Neket [?] ḳaryesi 'uṣātından 'asker ta'yīniyle aḫẕ {9} olunub ḳılıçdan geçürülmüş olan gāvurlarıñ ser-i bürīdeleri ve ḳulaḳları irsāl olunmuş oldıġı keyfiyyātına ve ifāde-i {10} sā'ireye dā'ir tevārüd iden taḥrīrāt-ı müşīrīleri mezāyāları ḳarīn-i ıṭṭılā'-i ḫulūṣ-verī olmuş ve ẕikr olunan kelle ve ḳulaḳlar gelmiş {11} olub ẕāt-ı sāmīleri Salṭanat-ı Seniyye'niñ diyānet ü ṣalābet ve ṣavlet ü şecā'at ile mevṣūf ve her bir maṣlaḥatı miḥver-i lāyıḳında {12} rü'yeti derpīş ü iẕkār ider vüzerā-yı 'iẓāmından olduḳları ḥayṡiyyet[iy]le 'uṣāt-ı mesfūreniñ ḳażāhā-i meẕkūrede olan {13} emvāli żabṭına ol vechile adam irsāli ve eşḳıyā-yı mesfūreden ele geçenleriniñ ol ṣūretle ḳahr ü tenkīli māddelerine derkār {14} olan himmet ü iḳdām-ı ġayūrāneleri cenāb-ı müşīrīlerinden me'mūl ü muntaẓar olan dirāyet ü ḥamiyyeti iṡbāt iderek mūcib-i {15} maḥẓūẓiyyet olmuş ve muḳaddemce sünūḥ iden irāde-i seniyye mūcebince işāret buyurılan [...] içün ṭaraf-ı Devlet-i 'Aliyye'den mübāşir {16} gönderilmiş olmaġla hemān cenāb-ı şecī'āneleri bir ḳadem aḳdem Mora'ya irişerek Mora 'uṣātınıñ daḫi istiḥṣāl-i esbāb-ı {17} ḳahr ü iżmiḥlālleriyle dirāyet ve diyānet-i düstūrānelerini bir ḳat daḫi teʾyīde iḳdām-ı mezīd buyurmaları siyāḳında ḳāʾime. Fī 29 L 36

[573/372] *Çirmen mutaṣarrıfına*

{1} Yānya cānibi serʿaskeri ʿaṭūfetlü Ḫūrşīd Aḥmed Paşa ḥażretleri maʿiyyetinde istiḫdām olunmaḳ üzere Edirne ḥavālīsinden {2} muḳtedir başbuğluḳla dört biñ nefer aylıḳlu Türk uşağı tedārük ve irsāl olunması irādesini şāmil {3} gönderilan taḥrīrāt-ı ḫulūṣ-verīniñ vuṣūlünden ve tīz elden ol miḳdār ʿasker tedārüki müyesser olamayaraḳ {4} üç biñ nefer miḳdārı taḥrīr ve tertīb olunmaḳda idüğünden baḥisle sekiz yüz neferi hemān bugünlerde çıḳarılmaḳ {5} üzere ise de ʿulūfeleri ne ṭarafdan virilecek ise aña göre sergerdeleri yedlerine sened virilmek ve ʿulūfelerinden {6} ber-vech-i peşīn biraz aḳçe daḫi iʿṭā olunmaḳ lāzım geleceği ifādesini müştemil tevārüd iden taḥrīrāt-ı saʿādetleri meʾāli {7} maʿlūm-ı ḫāliṣānemiz olmuş ve ḫāk-pāy-ı hümāyūn-ı şāhāneye daḫi ʿarż ile meşmūl-ı naẓar-ı ḥażret-i tācdārī buyurulmuşdur. {8} El-ḥāletü-hāẕihī Yānya maṣlaḥatınıñ beğāyet ṣıḳışması ve Tırḥala eṭrāfında baʿżı ḳaryeler reʿāyāsınıñ ayaḳlanması cihetleriyle {9} ol ṭaraflarda ʿaskeriñ şiddet-i lüzūm ü iḳtiżāsı derkār olmaḳ mülābesesiyle işʿār buyurılan ʿasākiriñ hemān {10} bir ān aḳdem iḫrāc ü irsāllerine kemāl-i şitāb ü müsāraʿat buyurmaları lāzımeden ve ʿasākir-i merḳūmeniñ bundan böyle {11} işleyecek ʿulūfeleri serʿasker-i müşārun-ileyh ṭarafından virilmek üzere yedlerine sened iʿṭā olunması iḳtiżā ider ise {12} ehemmiyyet-i maṣlaḥat cihetiyle şeref-sünūḥ iden emr ü irāde-i ḥażret-i pādişāhī mūcebince bu defʿa iki yüz biñ ġurūş Ḍarbḫāne-i {13} ʿĀmire'den aḫẕ ve ṭaraf-ı saʿādetlerine irsāl olunmuş oldığından meẕkūr üç biñ nefer ʿaskeriñ ikişer {14} aylıḳ ʿulūfeleri meblaġ-ı mezbūrdan iʿṭā olunaraḳ dīger işleyecek māhiyyeleri serʿasker-i müşārun-ileyh ḥażretleri {15} ṭarafından virilmek üzere ṣavb-ı müşīrīlerinden sened virilmesi ve serīʿan ʿasākir-i merḳūmeyi maʿiyyet-i müşārun-ileyhe irişdirmeñiz {16} emr ü fermān-ı hümāyūn-ı mülūkāne muḳteżāsından olmağla ġayret ü ḥamiyyetiñiz iḳtiżāsı ve emr ü irāde-i mülūkāne muḳteżāsı {17} üzere mārrü'ẕ-ẕikr üç biñ nefer ʿasākiriñ iki aylıḳ ʿulūfeleri meblaġ-ı mezbūrdan virilerek dīger {18} māhiyyeleri serʿasker-i müşārun-ileyh ṭarafından virilmek üzere yedlerine sened iʿṭāsıyla bir ḳadem aḳdem ve bir daḳīḳa muḳaddem {19} iḫrāc ve maʿiyyet-i müşārun-ileyhe irişdirilmesi emr-i ehemminiñ icrā ve ikmāli ḫuṣūṣuna beğāyet diḳḳat ü müsāraʿat buyurmaları {20} siyāḳında ḳāʾime. Fī 29 L 36

Ayniyat 574

[574/1] *Ṣūret-i ḫaṭṭ-ı hümāyūn*

Reʿāyānıñ itdikleri ḫıyānete göre ne ḳadar taşʿīb olunsa müstaḥaḳdır. Lākin vaḳt ü ḥāle göre bu şerāyiṭ kāfīdir. ʿİṣyān iden reʿāyādan her ḳangısı istīmān ider ise şerāyiṭ-i mezkūreyi ḳabūl idenlere re'y ve amān virile.

{1} İẓhār-ı ʿiṣyān iden reʿāyā keferesi memālik-i İslāmiyye'niñ her ḳangısında olur ise olsun cesāret eyledikleri {2} baġy ü ṭuġyāna nādim ü peşīmān ve baʿd-ez-īn ez-dil ü cān rüsūm-ı raʿiyyeti icrāya bezl-i tüvān itmek üzere {3} ṭaleb-kār-ı amān olduḳlarında eğer ḳavl ü fiʿillerinde ḥiyel ü desāyis olmayaraḳ ṣıdḳ ü s̱ebāt ve iṭmīnān nümāyān olur ise {4} muḳteżā-yı şerʿ-i şerīf üzere ʿamel olunaraḳ māl ve ʿırż ve cānlarına amān virilür ise de bunlar bilā-sebeb ribḳa-i iṭāʿatden {5} ḫurūc ve sefk-i dimā'-i Müslimīn iderek zirve-i ʿiṣyāna ʿurūc itmeleriyle bundan ṣoñra bu maḳūle ḥareket {6} ve ehl-i İslām'a ihānet itmeyeceklerine ve her biri yerlü yerinde s̱ebāt ü ḳarār ve kemā-fi'l-ḳadīm rüsūm-ı raʿiyyetlerini {7} icrāya ibtidār ideceklerine delālet eylemek ve ḳulūb-ı mü'minīne daḫi emniyyet gelmek içün işbu virilecek amān şürūṭ-ı ātiyetü'l-beyān ile meşrūṭ olmaḳ īcāb ider. Şöyle ki: {8} Evvelā yedlerinde ālāt-ı ḥarbiyyeye dā'ir ṭop ve tüfenk ve piştov ve pıçaḳ ve bārūt ve fişenk mis̱illü her ne var ise {9} me'mūrlar maʿrifetiyle mesken ü me'vā ve sā'ir maẓnūn olan maḥalleri ber-vech-i tedḳīḳ yoḳlanaraḳ bir şey girü ḳalmamaḳ üzere {10} tamāmen ẓāhire iḫrāc ve me'mūrlara teslīm ve maʿrifet-i şerʿle defteri terḳīm olunaraḳ Dersaʿādet'e irsāl {11} ve Cebeḫāne-i ʿĀmire'ye vażʿ olunmaḳ. {12} S̱āniyen, tā ki cemīʿ eṭrāfıñ fesādı yatışub ʿalelʿumūm emniyyet-i tāmme levāzımı icrā olununcaya ḳadar Dersaʿādet'de {13} rehn olaraḳ iḳāme içün içlerinden pāpās ve ḳocabaşı mis̱illü iki nefer muʿteber söz ṣāḥibi alınub {14} Dersaʿādet'e gönderilmek. {15} S̱ālis̱en, bunlarıñ müddet-i ʿiṣyānlarında virgü ve rüsūm-ı raʿiyyetden ve sā'irden ẕimmetlerinde ne miḳdār mebāliġ ve maṭlūbāt {16} ḳalmış ise tamāmen edā olunmaḳ . {17} Rābiʿan, iḳtiżā iden cizyeleri baʿd-ez-īn muḳteżā-yı şerʿ-i şerīf üzere ʿale'r-ru'ūs ve ʿan-yed aḫẕ ü taḥṣīl ḳılınmaḳ. {18} İmdi, şürūṭ-ı mezkūreyi ḳabūl idüb mūcebince ʿamel ü ḥareket eyleyanleriñ fiʿilleri delāletiyle ḳavllerine daḫi {19} iʿtimād cā'iz olaraḳ amān iʿṭā olunub ancaḳ bu şürūṭı ḳabūl ve muḳteżāsınca ḥareket itmeyanleriñ {20} işleri saḫte ve sözleri yalan oldığı nümāyān olmağla öyleler şāyeste-i amān olmayub {21} anlara şevket-i İslāmiyye gösterilerek ḳarīn-i ḫızy ü ḫiẕlān olunmaları iḳtiżā ider.

[574/5] ***Mıṣır vālīsine, Çirmen mutaṣarrıfına bi't-taṣarruf***

{1} Rum gāvurlarınıñ bi'l-ittifāḳ ehl-i İslām ʿaleyhine mürtekib olduḳları ḫıyānet ü melʿanet āṣārından olaraḳ Mora gāvurları {2} ʿalelʿumūm bāndıra-küşā-yı ṭuġyān olduḳlarından ḳahr ü tedmīrleri żımnında techīz ve iḫrāc olunan Donanma-yı Hümāyūn maʿiyyetine cenāb-ı {3} diyānet-meʾāb-ı düstūrīleri cānibinden daḫi maʿlūmü'l-miḳdār sefāyin techīz ve irsāl buyurulmuş ise de {4} Mora gāvurlarınıñ şiddet-i ʿiṣyānları cihetiyle Mora'da olan ḳılāʿ derūnunda bulunan ehl-i İslām maḥṣūr ḳalmış {5} ve şimdiye ḳadar defaʿātle muḥārebe iderek kefere-i fecereden ḫaylī gāvur ḳırılmış olub ancaḳ gāvurlarıñ maʿāẕallāhü Taʿālā {6} beyża-i münevvere-i İslāmiyye'yi külliyyen imḥā eylemek dāʿiye-i fāsidesiyle bāṭıl dīnleri-çün kendülerini meydāna ataraḳ cān-ı {7} ḫabīs̱lerinden geçmek üzere derkār olan efrūz [?] ve ittifāḳları bi-ḥikmetillāhi Taʿālā Mora'ya berren biri birini müteʿāḳib {8} meʾmūrlar gönderilerek her ne ḳadar taʿcīl ü iḳdām olunmuş ve Bālyabādra'da bulunan Sīrozī Yūsuf Paşa ḥażretleri {9} daḫi şimdiye ḳadar gāvurlarıñ üzerine hücūm ü muḥārebede ḳuṣūr itmamiş ise de maʿiyyetinde bulunan ʿasker derece-i {10} kifāyede olmadığından Ṭrābolīçe ve Moton ve Ḳoron ve Anāvārīn ḳalʿalarına imdād idemeyerek maḥāll-i merḳūmede olan {11} ehl-i īmān ġāyet ṣıḳışmış ve bu ṣūretlerle Ḫudā-ne-kerde Mora külliyyen elden çıḳma derecelerine gelmiş olub {12} bu keyfiyyet min-ḳıbeli'r-Raḥmān mücerred s̱emere-i ʿiṣyān ve bir neviʿ ʿibādı terbiye-i İlāhiyye olaraḳ meşiyyet-i İlāhiyye'si iḳtiżāsı {13} üzere ibrāz-ı celāl ise de merḥamet ve ʿ ināyet-i ulūhiyyeti īcābından nāşī inşāʾallāhü Taʿālā ḳarīben mebdeʾ-i cemāl olaraḳ {14} imdād-ı rūḥāniyyet-i ḥażret-i Ḥabībullāh ile bu ṣūretler ehl-i İslām'ıñ maẓhar-ı fevz [ü] nuṣret olmasına dāl olacağı tesliyet-baḫşā {15} olmaḳdadır. Her ne ise, meʾmūriyyetimiz iʿmāl-i ārā-yı ṣāʾibe ve ṣarf-ı irāde-i cüzʾiyye ile oldığından bu bābda lāyiḥ-i ez̠hān olan {16} ṣuver ü tedābīriñ icrāsıyla vüsʿ-i beşerde olan irādeniñ ṣarfı lāzımeden oldığından baḥren ve berren Mora'ya {17} imdād irişdirmek ḳażiyyesine lāyıḳıyla imāle-i efkār olunaraḳ ve bu bābda aḳçe ve ḫazīneye baḳılmayaraḳ tekrār aylıḳlu ve göñüllü **(6)** ʿasākir-i kes̱īre tedārüküyle Mora'ya meʾmūrlar taʿyīn olunmuş ve el-ān Mora'da bulunanlara ve meʾmūrlara mühimmāt ve ẕaḫīre {2} ve aḳçeler irsāliyle taṭmīn ü teşvīḳleri ṣūretleri istiḥṣāl ḳılınmış ise de Mora'da bu ḳadar seyyid ve seyyide ve ricāl {3} ve eṭfāl ve nisvān leyl ü nehār dīnimiziñ ve devletimiziñ düşmenleri olan kāfirler ṭarafından ḥaṣr ü tażyīḳ ile, Cenāb-ı Ḥaḳḳ {4} itmesün, esīr olmaḳ derecelerine varmış ve kāfirleriñ ise ellerine geçen ehl-i īmāna itmedikleri cevr ü eẕā ḳalmadığı {5} işidilmiş oldığından işbu ciğer-sūz olan keyfiyyetlerden erbāb-ı ḥamiyyetiñ ṣabr ü ārāmı mefḳūd olaraḳ leyl ü nehār {6} Cenāb-ı Perverdigār'dan istidʿā-yı raḥm ü ʿināyet itmekde olduḳlarımızdan ve ẕāt-ı ḥayderī-simāt-ı müşīrāneleri daḫi {7} sāʾire bir vechile maḳīs olmayub dīn ü devlet yolunda var maḳdūrı ṣarf eyler Salṭanat-ı Seniyye'niñ ẕātıyla {8} iftiḫār eylediği şecīʿ ve diyānet ile ārāste vükelā-yı fiḫāmından olduḳlarından muḳaddem Donanma-yı Hümāyūn maʿiyyetine ḫaylī {9} sefāyin gönderüb muʾaḫḫaren daḫi Girīd maṣlaḥatına me'mūr ḳılınmışlar ve bugünlerde İskenderiye'den birḳaç sefīne ḥāżırlamaḳda {10} olub bugünlerde daḫi Girīd içün olması melḥūẓ ise de Mora'nıñ işbu ḥāl ü keyfiyyetiniñ ẕātları gibi {11} eṣdiḳā-yı Salṭanat-ı Seniyye'ye beyānıyla mümkini bulundığı ḥālde Mora li-ecli'l-imdād biraz ḳara ʿaskeri irsāliyle {12} bir ṭarafdan daḫi ẕāt-ı sāmīleriniñ şu Mora'da maḥṣūr olan dīn ḳarındaşlarımızıñ bā-ʿavn ü ʿināyet-i Ḫudā {13} ve meded-i rūḥāniyyet-i cenāb-ı Ḥabīb-i Kibriyā taḫlīṣleriyle gāvurlardan aḫẕ-ı s̱ār itmeleri ṣūreti ḫāṭır-güẕār olmuş {14} ve irāde-i seniyye daḫi bunuñ üzerine taʿalluḳ itmiş olmağla işte Mora'nıñ ḥāli bu ṣūretde oldığı maʿlūm-ı {15} ġayret-melzūmları buyuruldukda mümkin oldığı ḥālde Mora'ya daḫi biraz ḳara ʿaskeri irsāliyle imdād eylemeleri {16} diyānet ü ḥamiyyet-i ẕātiyyelerine muḥavvel idüği beyānıyla ḳā'ime. Fī 2 M 37

[574/16] *Behrām Paşa'ya*

{1} Lāyiḥ-i ẕihn-i müşīrīleri olan baʿżı tedābīr tafṣīlāṭıyla İzdīnli Ḫalīl Beğ'iñ ve siziñ me'mūriyyetleri ṣūretini ve nüzül emīni {2} taʿyīni māddesine ve firārīleriñ iʿādeleri ḫuṣūṣuna dā'ir firistāde ve ibʿās̱ buyurılan taḥrīrāt-ı müşīrīleri mezāyāsı {3} rehīn-i ıṭṭılāʿ-i ḫulūṣ-verī olmuşdur. Muḳaddemce Fondān[a] Derbendi'nde vāḳiʿ olan perīşānlığı mübeyyin gelan taḥrīrātıñıza cevāben {4} yazılan ḳā'imemizde Nüzül Emīni Şāhīn Ağa emānet-i merḳūmeden ʿazl ile sābıḳ Üsküb Nāẓırı İbrāhīm Beğ ordu-yı {5} müşīrīlerine nüzül emīni naṣb ve ʿale'l-ḥesāb aḳçe iʿṭā ve cenāb-ı müşīrīlerine daḫi yüz biñ ġurūş ʿaṭiyye-i seniyye ile {6} biraz cebeḫāne irsāl ve Nevreḳop'da iki biñ nefer aylıḳlu ʿaskeriñ tedārük ve īṣāli-çün yedine maḫṣūṣ biraz aḳçe {7} iʿṭāsıyla ḫāṣṣa ḫaṣekīlerinden bā-fermān-ı ʿālī maḫṣūṣ ḫaṣekī me'mūr ve tesyār ḳılınmış ve saʿādetlü Sīvās vālīsi ḥażretleriniñ {8} daḫi bir ān aḳdem irişmesi taʿcīl ve Mora üzerine külliyyetlü ʿasker sevḳi-çün mevcūd-ı maʿiyyeti olan dā'iresi ḫalḳı ve ʿaskerīsiyle {9} ṣadr-ı esbaḳ ʿaṭūfetlü Seyyid ʿAlī Paşa ḥażretleri daḫi me'mūr ve taʿyīn olunmuş oldığı ḫuṣūṣları beyān ü teẕkīr ḳılınmış {10} oldığından işbu taḥrīrātları ẕikr olunan cevāb-nāmemiziñ vuṣūlünden evvel çıḳarılmış oldığı ẓāhir ve ẕikr olunan {11} cevāb-nāmemizde işʿār olundığı vech ile me'mūriyyetleri inhā olunan o maḳūle kesānıñ ḥasbe'l-vaḳt olduḳları {12} maḥallerden infikākleri cā'iz olmayacağı müberhen ü bāhirdir. Ḳaldı ki, güzerān iden şehr-i Ẕīlḥicce'niñ onuncı güni {13} ḥamden-lillāhi Taʿālā Donanma-yı Hümāyūn bi-selāmetillāhi Taʿālā Mora'ya varub Ḳoron ve Moton ḳalʿalarını muḥāṣaradan taḫlīṣ itmiş {14} ve Ḳapūdāna beğ ile Cezāyir tekneleri ve Donanma-yı Hümāyūn iltiḥāḳ iderek Mora sevāḥiline ʿazīmet itmek üzere olduḳları {15} ḫaberi gelmiş olub inşā'allāhü Taʿālā ḳışa ḳalmayaraḳ ve meştāya ḥācet mess itmeyerek Mora ṭarafınıñ ġā'ilesi {16} berṭaraf olması elṭāf-ı İlāhiyye'den müstedʿā ve firārīleriñ iʿādeleri bābında emr-i şerīf neşr olunmuş oldığından hemān {17} me'mūrīniñ īfā-yı me'mūriyyete ġayret eylemeleri lāzım geleceği hüveydā olmağla ẕāt-ı saʿādetleri nuṣret ve ʿināyet-i Ḫudā'ya {18} ve meded-i rūḥāniyyet-i cenāb-ı Ḥabīb-i Kibriyā'ya iʿtimād ü ittikā eyleyerek gāvurlardan aḫẕ-ı intiḳām ile memdūḥ ve fa'iḳu'- {19} -'l-aḳrān olmaḳlıġa cān ü göñülden çalışub bu emr-i dīnde şān almaġa kemāliyle müsāraʿat buyurmaları siyāḳında {20} ḳā'ime. Fī 4 M 37

[574/19] *Ḳapūdāna-i Hümāyūn ḳapūdānı ve Donanma Serʿaskeri ʿAlī Beğ'e*
{1} Muḳaddemce gönderilan ʿaṭiyye-i seniyye ile süfün-i hümāyūn mevāciblerinin vuṣūlüyle ol bābda īfā-yı levāzım-ı teşekkürden baḥiṡle Paṭrona {2} Beğ maʿiyyetiyle iḫrāc olunmuş olan Donanma-yı Hümāyūn ile sefāyin-i Mıṣriyye ʿavn ve selāmet-i Cenāb-ı Bārī'yle lillāhi'l-ḥamd giçen şehr-i {3} Ẕīlḥicce'niñ onuncı güni Ḳoron ḳalʿası pīşgāhına vāṣıl olaraḳ gerek ḳalʿa-i merḳūme ve gerek Moton ḳalʿaları {4} muḥāṣaradan taḫlīṣ olunmuş ve ḳalʿateyn-i merḳūmeteyn ahālīsi ẕaḫīresizlikden derece-i ġāyede ṣıḳılmışlar oldıġı ḥālde {5} ḍoḳuz biñ keyl ḥamūle ile vürūd iden bir ḳıṭʿa Nemçe sefīnesiniñ ẕaḫīresi ḳalʿateyn-i meẕkūreteyn ahālīsine mübāyaʿa {6} itdirilerek ẕaḫīre müżāyaḳasından ḳurtarılmış oldıġını muḫbir ve siziñle muḫābere żımnında Donanma-yı Hümāyūn'a gönderilan {7} çend ḳıṭʿa sefīne māh-ı meẕkūruñ on ḍoḳuzuncı güni vāṣıl ve yiğirminci güni daḫi Cezāyir Ocaġı sefīneleri dāḫil {8} olmuş olduḳlarından hemān muḥtāc olduḳları ṣuları tekmīl olunaraḳ Morṭo līmānından ḳalḳub Mora sevāḥiline (12) ʿazīmet ve Donanma-yı Hümāyūn ile Bālyabādra līmānında bi'l-iltiḥāḳ icrā-yı me'mūriyyete ibtidār üzere oldıġıñızı müşʿir {2} ve muḳaddemce İngiltere tüccār sefīnesine taḥmīlen gönderilan beksimād ve erzāḳ-ı mütenevviʿa-i sā'ire ve Moton ve Ḳoron ve Anāvārīn {3} ḳalʿaları-çün irsāl olunan ẕaḫīre henüz vāṣıl olmayub mümā-ileyh Paṭrona beğ maʿiyyetinde olan Donanma-yı Hümāyūn daḫi {4} şimdiye ḳadar żarūrī yollarda ziyādece eğle[n]diğinden el-ḥāletü-hāẕihī cümlesiniñ otuz beş-ḳırḳ günlük ẕaḫīreleri {5} olub İskenderiye Mutaṣarrıfı saʿādetlü Muṣṭafā Paşa ṭarafından müretteb beksimād henüz gelemamiş oldıġından sefāyin-i {6} hümāyūnuñ cümleten ẕaḫīre ve beksimāda iḥtiyācları derkār oldıġını ve sā'ir ifādeyi şāmil tevārüd iden taḥrīrātıñız {7} ve ol bābda serʿasker ʿaṭūfetlü Ḫūrşīd Paşa ḥażretleri ṭarafına irsāl olunub müşārun-ileyh ṭarafından gönderilan dīger bir ṭaḳım {8} taḥrīrātıñız mezāyāları maʿlūmumuz olub bi-ḥamdihī Taʿālā Donanma-yı Hümāyūn'uñ selāmetle irişüb iki ḳalʿada olan ehl-i İslām'ı {9} ḫalāṣ eyledikleri mūcib-i mesār ve ferḥat-ı ʿaẓīm olmuş ve derḥāl rikāb-ı hümāyūn-ı şāhāneye ʿarż ile meşmūl-ı liḥāẓa-i ʿāṭıfet- {10} -ifāża-i cenāb-ı şehriyārī buyurulmuşdur. Donanma-yı Hümāyūn'uñ şimdiye ḳadar bir ṣaḥīḥ ḫaberi alınamadıġından bu keyfiyyet cümleye bir neviʿ {11} mūcib-i endīşe ve ıżdırāb olmaḳda iken ḥamden-lillāhi Taʿālā muḳaddeme-i āṡār-ı fevz ü nuṣret olmaḳ üzere gerek Donanma-yı Hümāyūn'uñ {12} ve gerek Cezāyir gemileriniñ

birbirini müteʿāḳib vāṣıl ve şimdiye ḳadar cümleñiz Mora sevāḥiline vararaḳ inşāʾallāhüʾl-Melikiʾn-Naṣīr Mora {13} maṣlaḥatınıñ ber-vefḳ-i meʾmūl ḥüsn-i ṣūret bulması elṭāf-ı İlāhiyyeʾden mesʾūl ü müstedʿā ve Moton ve Ḳoron ḳalʿaları maḥżā luṭf {14} ü iḥsān-ı Bārī ve ās̱ār-ı teveccühāt-ı ḥasene-i cenāb-ı şehriyārī ile maḥṣūriyyetden ḳurtılub ẕikr olunan Nemçe sefīnesinden {15} ol vechile ẕaḫīre mübāyaʿa itdirilmesi niʿmeʾt-teṣādüf olaraḳ tīz elden mündefiʿuʾl-ıżdırāb olduḳlarından başḳa muḳaddem {16} gönderilan İngiltere sefīnesi daḫi bugünlerde vāṣıl olması meʾmūl oldığına ve bu defʿa daḫi bu ṭarafdan {17} yine İngiltere tüccār sefīneleriyle Bālyabādraʾya on biñ ve Anābolī ḳalʿasına altı biñ keyl ḥınṭa gönderilmiş {18} oldığına naẓaran ḳılāʿıñ ẕaḫīre müżāyaḳaları mündefiʿ olacaġı hüveydā ve muḳaddem maʿiyyetiñizde olan Donanma-yı Hümāyūn {19} içün İngiltere sefīnesiyle gönderilmiş olan beksimād ve erzāḳ-ı sāʾireniñ daḫi bugünlerde vuṣūlüyle murād {20} olur ise de meʾāl-i işʿārıñızdan Donanma-yı Hümāyūnʾa ẕaḫīre irsāli müstefād oldığından bu defʿa müteʿalliḳ olan {21} emr ü fermān-ı şāhāne mūcebince aḳçe ve maṣārife baḳılmayaraḳ Donanma-yı Hümāyūn içün beksimād ve erzāḳ-ı sāʾire {22} ve mühimmāt hemān gönderilmek üzere oldığından bi-mennihī Taʿālā bunlarıñ daḫi ḳarīben ṭarafıñıza irişerek inşāʾallāhüʾr-Raḥmān {23} mübtelā-yı meşaḳḳat olmayacaḳları āşikārdır. Ḳaldı ki, el-ḥāletü-hāẕihī Donanma-yı Hümāyūn siziñle birleşmiş olaraḳ {24} ṭabīʿatıyla cümlesiniñ sergerde ve ṣāḥib-i emri cenābıñız olacaḳları ẓāhir ise [de] taḳviye-i nüfūẕuñuz içün bu defʿa {25} siz mecmūʿ-ı donanmanıñ biʾl-istiḳlāl serʿaskeri olaraḳ sāʾir sancaḳ [?] ḳapūdānları ve başbuġlar ve biʾl-cümle ṣaġīr {26} ve kebīr emr ü reʾyiñiz üzere ḥareket iderek biʾl-ittifāḳ icrā-yı meʾmūriyyete iḳdām ü diḳḳat eylemeñiz ḫuṣūṣuna irāde-i seniyye-i {27} mülūkāne taʿalluḳ itmiş ve ol bābda biʾl-istiḳlāl serʿaskerliğiñizi nāṭıḳ iḳtiżā iden emr-i ʿalī ıṣdār ve tesyār {28} ve ʿavāṭıf-ı ʿaliyye-i şāhāneden cenābıñıza bir s̱evb aʿlā semmūr-ı müstevcibüʾs-sürūr ile yüz kīse ḫarclıḳ iḥsān {29} ve isbāl olunmuş ve Cezāyir sefīneleri başbuġuyla sefāyin-i Mıṣriyye başbuġı Ṭobuzzāde Meḥmed Aġaʾya birer semmūr {30} kürk ile ve Paṭrona beğ ve Riyāla beğe ve Ḳara ʿAlī Ḳapūdānʾa daḫi birer semmūr kürk ve sāʾir ḳapūdānlara daḫi {31} başlarına ṣarmaḳ içün birer şāl gönderilmiş oldığından başḳa ledeʾl-iḳtiżā baʿżı münāsib olanlara iksā itmeñiz {32} içün ṭarafıñıza biraz ḫilʿat daḫi tesyār olunmuş ve cenābıñız bundan böyle istiḳlāl ile serʿasker oldığıñızdan {33} gelecek taḥrīrātlar yalñız siziñ mührüñüz ile olub çatallıḳ olmaması saʿādetlü Ḳapūdān paşa ḥażretleri ṭarafından {34} Paṭrona beğe yazılmış oldığından ẕikr olunan ḫilaʿ-i fāḫireyi muḳtežā-yı serʿaskerī üzere ḥużūruñuzda mūmā-ileyhime iʿṭā {35} idüb ve şālları başlarına ṣarub hemān muḳtežā-yı istiḳlāl ve meʾmūriyyetiñiz üzere cümle donanma ile bir ān aḳdem {36} bir māddede bu ṭarafa istīẕāna baḳmayaraḳ hemān īfā-yı meʾmūriyyete merdāne ve cānsipārāne çalışub cihād ü gazā {37} meʾās̱irini bi'l-istiḥṣāl iki ʿālemde nā'il-i fevz ü iʿtibār olmaḳlığa müsāraʿat eylemeñiz farīża-i ʿuhde-i diyānet ve me'mūriyyetiñiz (13) olub şöyle ki, Paṭrona beğ maʿiyyetiyle muḳaddem çıḳarılmış olan Donanma-yı Hümāyūn vezīr-i mükerrem saʿādetlü Mıṣır vālīsi ḥażretleri {2} ṭarafından techīz ve irsāl olunmuş olan donanma ile birleşüb Sīsām aḏasını urmaḳ üzere me'mūr ḳılınmışlar iken {3} mu'aḫḫaren Mora ṭarafınıñ ṣıḳışması cihetiyle işbu Sīsām aḏası urulması ṣoñraya bıraġılub donanmanıñ cümlesiniñ {4} Mora'ya giderek siziñle iltiḥāḳ ve ol ṭarafları levs̱-i vücūd-ı eşḳıyādan taṭhīr eylemeleri irāde olunmuş ve ol vechile {5} lillāhi'l-ḥamd ve'l-mennihī mecmūʿ sefāyin-i me'mūre Mora'ya vararaḳ birleşmiş ise de deñiz ḥāli maʿlūm olmayub bu ṭarafdan {6} re'ye gelür şey olmadığından ġayrı el-ḥāletü-hāẕihī ḳış yaḳlaşdığından ve tamām ḥavl ü nuṣret-i Cenāb-ı Bārī'ye iʿtimād {7} ü ittikā iderek Donanma-yı Hümāyūn'uñ iş görecekleri vaḳt oldığından hiçbir ḫuṣūṣı bu ṭarafa istīẕān itmeyerek hemān {8} her ne vechile ḥareket olunmaḳ lāzım ise öyle idüb mes̱elā bi-ḥavlillāhi Taʿālā Mora ṭarafı ber-vefḳ-i me'mūl ḥüsn-i netīce bulduḳda {9} aḏalar arasına ʿazīmet ve ʿiṣyān üzere olanları tenkīlde yāḫūd Sīsām aḏasını urmaḳda ve ʿiṣyān ü ṭuġyān {10} iden kāfirlerden istīmān eyleyanler oldığı ṣūretde istīmānlarınıñ ḳabūlüyle ḳadīm niẓām ve rābıṭa taḥtına idḫālinde {11} yāḫūd istīmānları yolsuz oldığı ḥālde ʿadem-i ḳabūl ile ber-mūceb-i fetvā-yı şerīf ḳahr ü tedmīrleriyle ʿiyāl ü evlādlarınıñ {12} seby ü istirḳāḳında, ḥāṣılı umūr-ı deryāda ve müteferriʿāṭı olan mevādda iḳtiżāsına göre ḥareket itmek üzere cenābıñıza {13} istiḳlāl-i tāmme ve ruḫṣat-ı kāmile virilerek bunlar re'y ve dirāyetiñize muḥavvel olmaġla naṣıl iḳtiżā eyler ise öylece {14} ḥareket ve cümle ile bi'l-ittifāḳ hemān iş görüb dīnimiziñ ve devletimiziñ düşmenleri olan kāfirlerden aḫẕ-ı intiḳām ile {15} cenābıñızdan dīn ü devletimiziñ şānına lāyıḳ me'mūl eylediğimiz ḥüsn-i ḫidmet ve ṣadāḳati iẓhār ü is̱bāta beẕl-i naḳdīne-i liyāḳat {16} ve müsāraʿat ve müteraḳḳıb oldığımız āḫbār-ı sārreniñ pey-ā-pey işʿārıyla nā'il-i rifʿat olmaḳlığa ġayret eylemeñiz siyāḳında ḳā'ime. {17} Vuṣūlünde siziñ bu vechile serʿaskerliğiñiz beyān ve cümlesiniñ ḥaḳḳında şükr ü şikāyetiñiz müs̱mir olacağı dermiyān olunaraḳ her ne ki {18} ṭaleb ider ve ne maḳūle şey isterseñiz derḥāl iʿṭāsına müsāraʿat eylemeleri ḫuṣūṣı Baḥr-i Sefīd'iñ Anāḏolī ve Rumili sevāḥilinde olan {19} vüzerā-yı ʿiẓām ve ḥükkām ve sā'ire evāmir-i ʿaliyye ıṣdārıyla tenbīh olunmuş olmaġla hemān siz her ḥālde ġayret ü ḥamiyyeti is̱bāt ile {20} iş görmeğe ve nām ü şān almaġa müsāraʿat eyleyesiz. Fī 5 M 37

[574/27] ***Serʿasker paşaya***

{1} Mora cezīresiniñ maʿāẕallāhü Taʿālā eyādī-i menḥūse-i küffāra giriftār olmaḳ derecesini kesb itmiş idüği muḳaddemce {2} işʿār buyuruldığından baḫişle Bādra'da olan Yūsuf Paşa ḥażretleri Ṭrābolīçe'niñ imdādına gitmek üzere ṣavb-ı ser'askerīlerinden {3} 'asker ṭaleb eylediğine binā'en Çamlıḳ'dan bir-iki biñ 'asker tedārük idüb bir taḳrīb Bādra'ya göndermesi-çün Ḳapūdāna beğe {4} kāğıd taḥrīr ve aḳçe irsāl olunmuş ve müşārun-ileyh Yūsuf Paşa ḥażretlerine ve ma'iyyetinde müteḥaşşid olan 'asākire daḫi {5} başḳaca aḳçe isbāl ḳılınmış ise de Ḳapūdāna-i mūmā-ileyhiñ 'asākir-i mezkūreyi tedārük idüb idemeyeceği meşkūk {6} idüğünden ve sa'ādetlü Behrām Paşa ḥażretleri daḫi Fondāna Derbendi'ni sökemeyüb bozulmuş oldığından ve Mora vālīsi {7} sa'ādetlü Meḥmed Paşa ḥażretleri ile 'Ömer Paşa bendeleri bundan aḳdem Livādya'yı fetḥ iderek mūmā-ileyh 'Ömer Paşa Atina'ya gitmiş (17) ve Atina'yı daḫi muḥāṣaradan ḳurtarmış iseler daḫi mu'aḫḫaren küffār-ı ḫāk-sār yine Livādya'ya hücūm eylediklerinden {2} müşārun-ileyh Meḥmed Paşa mūmā-ileyh 'Ömer Paşa'yı irsāl-birle maḥṣūr olan ehl-i İslām'ı İstifa'ya ḏoğrı gönderdiği {3} ḥavādişātı mesmū'ları olmuş ise de el-ḥāletü-hāẕihī müşārun-ileyh Meḥmed Paşa ile mūmā-ileyh 'Ömer Paşa'nıñ ne ṭarafda {4} ḳaldıḳları ma'lūm olamadığından ve imdād irişemez ise ma'āẕallāh cezīre-i mezkūre elden çıḳub uyḳunsuz olacağından {5} baḫişle Mora cānibine külliyyetlü 'asker ile muḳtedir bir ser'asker ta'yīn olunması ḫuṣūṣunı ḥāvī meb'ūs-ı ṣavb-ı muḫlişī buyurılan {6} taḥrīrāt-ı sa'ādet-āyāt-ı düstūrīleri mezāyāsı rehīn-i ıṭṭılā'-i muḥibbānemiz olmuş ve ḫāk-pāy-ı hümāyūn-ı şāhāneye 'arż ile {7} manẓūr-ı naẓar-ı 'āṭıfet-eṣer-i cenāb-ı pādişāhī buyurulmuşdur. Me'āl-i iş'ār-ı müşīrīlerine naẓaran Mora vālīsi müşārun-ileyh ilerü gidüb {8} verāsı ḳapanmış ve müşārun-ileyh Behrām Paşa'nıñ daḫi 'askeri ḥasbelḳader bozulmuş oldığından tīz elden muḳtedir {9} vüzerādan biri ser'asker naṣb olunub ol ḥavālīye me'mūr olan 'asākir ma'iyyetine cem' olmaḳ lāzımeden ve 'asker sürerek {10} Mora üzerine muḳaddemce me'mūr ḳılınmış olan ṣadr-ı esbaḳ 'aṭūfetlü Seyyid 'Alī Paşa ḥażretleri ṣadāretden münfaṣıl ve muḳtedir {11} ve rıżā-cū vükelā-yı fiḫām-ı Salṭanat-ı Seniyye'den oldığından müşārun-ileyh Mora ser'askeri naṣb olunub yollarda iḫrāc {12} idebildiği ḳadar 'asker istiṣḥāb ve firārīlerden teṣādüf eylediklerini girüye i'āde iderek ve bu vesīle ile yollarda {13} eğlenmeyüb bir ḳadem aḳdem ilerü varub Mora vālīsi müşārun-ileyhle birleşerek müşārun-ileyhi ve sā'ir vüzerā ve mīr-i mīrānı {14} ve ol ḥavālīye me'mūr ṣunūf-ı 'askeriyyeyi bi'l-istiṣḥāb bi-'avnillāhi Ta'ālā Mora cezīresini eyādī-i küffārdan taḫlīṣe iḳdām {15} eylemek üzere bi'l-istiḳlāl ser'askerlikle me'mūr ve ta'yīn ḳılınması ḫuṣūṣuna irāde-i seniyye-i mülūkāne ta'alluḳ itmiş ve mūcebince {16} ber-vech-i meşrūḥ īfā-yı me'mūriyyete i'tinā itmek üzere bi'l-istiḳlāl müşārun-ileyh Mora cānibi ser'askeri ta'yīn {17} olunaraḳ kendüye me'mūriyyet emr-i şerīfi irsāl olunmuş oldığından inşā'allāhü'l-Meliki'l-Mennān ser'asker-i müşārun-ileyh ol vechile {18} ilerü giderek iş görmeğe muvaffaḳiyyeti

Cenāb-ı Perverdigār'dan müsted'ā olmağın keyfiyyet ẕāt-ı sāmīleriniñ daḫi {19} ma'lūmları olaraḳ her ḥālde īfā-yı şerāyiṭ-i dirāyet-kārī ve ḥaṣāfete himmet buyurmaları siyāḳında ḳā'ime. Fī 6 M 37

[574/29] *Ser'asker paşaya*

{1} Bālyabādra'da olan sa'ādetlü Yūsuf Paşa ḥażretleriniñ ṣavb-ı ser'askerīlerine vāḳi' olan inhāsı vechile Ṭrābolīçe imdādına {2} irişmek ve Mora derūnunda iḳtiżāsına göre i'māl ü istiḫdām olunmaḳ üzere ma'rifet-i düstūrīleriyle tīz elden üç-dört biñ {3} nefer daḫi ziyāde tedārük ve irsāl olunması ḫuṣūṣı muḳaddemce ṣavb-ı ṣafderānelerine yazılmış ise de bu ḫuṣūṣ germiyyetle ṭutulmaḳ üzere {4} eṭrāfıyla müẕākere-birle ḥużūr-ı hümāyūn-ı şāhāneden lede'l-istīẕān ol bābda levḥa-zīb-i sünūḥ olan irāde-i seniyye-i mülūkāne {5} mūcebince iḳtiżā-yı keyfiyyet ba'żı erbāb-ı vuḳūfdan su'āl itdirildikde Çamlıḳ didikleri Nefs-i Delvīne ve [...] ve Aydonāt {6} ve Mazāraḳ nām dört 'aded ḳażādan 'ibāret olub fi'l-aṣl ḫaylī cem'iyyetleri var iken Tepedelenli ḫabīşiniñ tasalluṭ {7} ve meẓāliminden nāşī perīşān olduḳlarından ve el-yevm Mora ve sā'ir maḥalde daḫi ba'żıları ma'iyyetlerinde ḫaylī Çam 'askeri {8} bulundığından el-ḥāletü-hāẕihī işbu dört ḳażānıñ mecmū'undan üç biñ miḳdārı 'asker iḫrācı mümkin ise de ẕikr olunan {9} Aydonāt ve Mazāraḳ ḳażāları ṭaḳımı öteden berü Ḳapūdāna beğ ile ḥüsn-i imtizāc iderek 'indlerinde mīr-i mūmā-ileyhiñ {10} vaḳ' ü nüfūẕ ve ri'āyet-i ḫāṭırı derkār olub işidildiğine göre mīr-i mūmā-ileyh işbu iki ḳażādan biñ beş yüz {11} nefer aylıḳlu 'asker istemiş oldığından 'asker-i meẕkūruñ henüz gidüb gitmediği mechūl ise de Ḳapūdāna beğ ile olan **(18)** ḥüsn-i imtizāclarına naẓaran ṭıbḳ-ı maṭlūbı üzere 'azīmetleri maẓnūn ve bu taḳdīrce işbu iki ḳażānıñ {2} derece-i taḥammüli daḫi bu miḳdār olub ziyāde 'asker çıḳmayacağı vāżıḥ ü rū-nümūn oldığından tekrār bunlardan {3} 'asker tertībi ve fermān-ı 'ālī ıṣdārı münāsib olmayub ancaḳ dīger Nefs-i Delvīne ve [...] ḳażālarından tanẓīm olunan {4} bir ḳıṭ'a defter üzere on bir nefer beğ ve ağa ṭaḳımınıñ aylıḳlu olmayub bedenlerinden olaraḳ işāret olunan {5} miḳdār 'asākir ile me'mūriyyetleri taḳdīrinde cem'an biñ beş yüz elli nefer 'asākiriñ iḫrācı müyesser ve ziyādesi {6} ġayr-ı mümkin olaraḳ bunlarıñ içinden birisini cümlesine başbuġ itmek veyāḫūd mīr-i mīrānlıḳ ve aḳçe virilmek bunlar ḥaḳḳında {7} uyar şey olmayub hemān bunları böylece emr ü irāde ile istiḫdām itmek lāzım geleceğinden defterde muḥarrer kesānıñ {8} her biri bedenlerinden işāret olunan miḳdār 'asker ile bi'n-nefs me'mūriyyetleri-çün başḳa başḳa evāmir-ı 'aliyye ıṣdār ve cümlesiniñ {9} üzerine ṭaraf-ı müşīrīlerinden bir münāsibi başbuġ ta'yīn olunmaḳ içün ṣavb-ı sa'ādetlerine bir ḳıṭ'a ismi açıḳ başbuğluḳ emr-i şerīfi {10} tesyār olunmağla ve bunlara ṭaraf-ı Devlet-i 'Aliyye'den olaraḳ aylıḳ ve aḳçe i'ṭāsı lāzım gelmeyüb faḳaṭ içlerinde ba'żı {11} faḳr-ı ḥāl cihetiyle i'ānete şāyān olanı var ise cenāb-ı vālāları kendülüğüñüzden olaraḳ münāsib görüldiği {12} vechile bir miḳdār şey virilmesi ḫuṣūṣunı ṣavb-ı sipeh-sālārīlerine maḫfiyyen işʿār ü iḫṭār olunmaḳ münāsib olacağı ve bu vechile {13} tertīb ve irāde buyuruldığı ḥālde ẕāt-ı vālā-yı sipeh-sālārīleriniñ ol ḥavālīde ber-kemāl olan şān ü nüfūẕ-ı müşīrāneleri {14} cihetiyle bunlarıñ bu vechile iḫrāc ü irsālleri mümkin olaraḳ bundan ziyāde irāde buyurılur ise sāḥilde bulunan kendü {15} ḳażāları daḫi külliyyen ʿaskerden tehī ḳalmaḳ iḳtiżā ideceğinden miḳdār-ı meẕkūr ḥadd-i iʿtidālde olacağını ifāde ve beyān {16} eylediklerinden keyfiyyet tekrār ḫāk-pāy-ı hümāyūn-ı mülūkāneye ʿarż ü istīẕān-birle şeref-sünūḥ iden irāde-i seniyye manṭūḳ-ı münīfi {17} üzere merḳūmlarıñ meʾmūriyyetlerini nāṭıḳ iḳtiżā iden evāmir-i ʿaliyye ile bir ḳıṭʿa ismi açıḳ başbuğluḳ emr-i şerīf ıṣdār {18} ve ṣavb-ı sipeh-sālārīlerine tesyār ve defter-i meẕkūruñ bir ḳıṭʿa ṣūreti daḫi derūn-ı nemīḳa-i ḫulūṣ-verīye melfūfen mersūl-ı {19} ṣavb-ı meʿālī-ḳarārları ḳılınmağla ber-manṭūḳ-ı evāmir-i ʿaliyye ol miḳdār ʿasākir ẕikr olunan ḳażālardan iḫrāc ve üzerlerine cānib-i {20} serʿaskerīlerinden bir münāsib bendeleri başbuġ naṣb olunaraḳ müşārun-ileyh Yūsuf Paşa maʿiyyetine irişdirilmesi {21} ve ʿasākir-i meẕkūreniñ içlerinde baʿżı faḳr-ı ḥāl cihetiyle iʿānete muḥtāc olanı oldığı ṣūretde kendülüğüñüzden {22} olaraḳ bir miḳdār nesne iʿṭāsıyla iʿzām ḳılınmaları ḫuṣūṣunuñ tanẓīmine himmet buyurmaları siyāḳında ḳāʾime. Fī 7 M 37

[574/50] *Limnī muḥāfıẓına*

{1} Bozbaba cezīresi gāvurlarınıñ taḥḳīḳ-i aḥvālleri-çün cizye kāğıdlarını almaları vesīlesiyle tenbīh ve istimāleti şāmil {2} bir ḳıṭʿa buyuruldı-i müşīrīleriyle cezīre-yi merḳūmeye gönderilmiş olan Limnī cezīresi ḳayıḳçılarından Lāzḳarī nām ẕimmīniñ {3} getürmüş oldığı Rūmiyyü'l-imlā kāğıd mefhūmuyla kendünüñ taḳrīri birbirine mübāyin oldığından mesfūr li-ecli'l-istinṭāḳ {4} mühürdārları bendelerine terfīḳan irsāl ve ẕikr olunan Rūmiyyü'l-imlā kāğıd ile muḳaddem Aynaroz ṭarafına gönderilan {5} Ḳaraḳulaḳ nām ẕimmīniñ ḳaleme aldırılan taḳrīri daḫi taḳdīm ve isbāl ḳılındığı beyānıyla muḳaddem ve muʾaḫḫar istidʿā olunan {6} ʿasker ve mühimmāt ve cebeḫāne ve ṭopçı ve ḫumbaracı neferātınıñ irişdirilmesine müsāʿade olunmasını ḥāvī ve Limnī cezīresinden {7} firār ile izbāndīd gāvurlarıyla ittifāḳ itmiş olan dört nefer rüʾesā ve Rīzo nām ḳapūdān ve sāʾirleriniñ Limnī'de {8} olan evlād ü ʿiyāl ve ʿaḳār ü emvālleri muḥāfaẓa olunmuş ve Aynaroz keşīşleriniñ cezīre-i merḳūmede olan {9} beş ʿaded metūḥlarınıñ ālāt-ı çift ve edevāt-ı arāżī ve ḥubūbāt ve eşyā-yı sāʾireleri maʿrifet-i şerʿle {10} temhīr ve taḥrīr ü defter ve metūḥlarda bulunan keşīş ve baʿżı ḫidmetçiler ḥabse ilḳā olunaraḳ defter-i meẕkūr ṭaraf-ı şerʿden {11} virilan iʿlām ile maʿan taḳdīm ḳılınmış oldığından baḥisle gerek ẕikr olunan firārī ʿaveneleri ve emvāl ü ʿaḳārları {12} ḥaḳḳında ve gerek işbu metūḥlar māddesinde sünūḥ idecek irāde-i seniyyeniñ işʿār olunmasını muḥtevī resīde-i cā-yı {13} vürūd olan taḥrīrāt-ı şerīfeleri ve evrāḳ-ı sā'ire me'älleri ve ḳayıḳçı-i mesfūruñ bu ṭarafda ḳaleme aldırılan {14} taḳrīri mezāyāsı maʿlūm-ı ḫāliṣānemiz oldığından ġayrı ḥużūr-ı hümāyūn-ı şāhāneye daḫi ʿarż ile meşmūl-ı naẓar-ı {15} mekārim-es̱er-i ḥażret-i pādişāhī buyurulmuşdur. Limnī cezīresiniñ mevḳiʿ cihetiyle muḥāfaẓası beġāyet ehem oldığından {16} cezīre-i merḳūme içün iḳtiżā iden ṭopçı neferātı ve cebeḫāne ve mühimmāt māddeleri derdest-i tanẓīm olaraḳ bugün yarın {17} iḫrāc ü irsāl olunmaḳ üzere oldığından ġayrı cezīre-i merḳūmeye Ḳaresī sancağından müretteb beş yüz nefer ʿaskeriñ bugünlerde {18} maḥallinden iḫrāc ü iʿzām olunmaḳ üzere idüği ḫaberi gelmiş ise de şeref-sünūḥ iden irāde-i seniyye iḳtiżāsı üzere {19} tekrār istiʿcāli ḥāvī Ḫudāvendigār Sancağı Mutaṣarrıfı saʿādetlü İbrāhīm Paşa ḥażretleri ṭarafından mü'ekked buyuruldı {20} yazdırılmış ve ʿasker-i mez̲kūruñ ḏoğrı Çanaḳḳalʿası'na gelüb andan baḥren Limnī'ye īṣālleri lāzım geleceğine mebnī keyfiyyet {21} saʿādetlü Boğaz muḥāfıẓı ḥażretlerine taḥrīr-birle ʿasker-i mez̲kūr ol ṭarafa geldikleri ānda hemān ne vechile olur ise cezīre-i merḳūmeye {22} irsāl ü īṣāl olunmaları esbābınıñ istiḥṣāline mübāderet eylemesi tavṣiye ve tezbīr olunmuş ve ʿuṣāt ve eşḳıyānıñ {23} Limnī cezīresine sū'-i ḳaṣdları derkār idüği ḥavādis̱i daḫi maʿlūmı olaraḳ işiñ gelişine ve maṣlaḥatıñ īcāb {24} ü iḳtiżāsına göre ḥareket eylemesi-çün ʿalā-vechi'l-ḥikāye Donanma-yı Hümāyūn serʿaskeri Ḳapūdāna beğ bendelerine işʿār ḳılınmış {25} olub ʿuṣāt-ı reʿāyā firārīleriniñ ve hālik olanlarınıñ ʿaḳār ü emvālleri cānib-i mīrī-çün taḥrīr ü defter olunaraḳ defterleriniñ {26} Dersaʿādet'e irsāl ve mesfūrlarıñ evlād ü ʿiyālleri daḫi olduḳları maḥalde mekṣ ve muḥāfaẓa ḳılınmaları ve Limnī'de vāḳiʿ {27} Aynaroz metūḥlarınıñ temhīr ve pāpāslarıñ ḥabse ilḳāsı iṣābet ḳabīlinden oldığından şimdilik işbu metūḥlar {28} öylece memhūr ve pāpāslar daḫi maḥbūsen ḥıfẓ ve tevḳīf olunmaları istinsāb olunub irāde-i seniyye daḫi ol vechile {29} müteʿalliḳ olmağla ʿuṣāt-ı reʿāyā firārīleri ve hālik olanlarınıñ emvāl ü ʿaḳārları her ne ise taḥrīr ü defter-birle {30} defteriniñ Dersaʿādet'e irsāli ve evlād ü ʿiyālleriniñ daḫi olduḳları maḥalde mekṣ ve muḥāfaẓaları ve metūḥlarıñ daḫi {31} öylece memhūr ve pāpāslarıñ da maḥbūsen ḥıfẓ ve tevḳīfleri ḫuṣūṣuna himmet ve cezīre-i merḳūme istiḥṣāl-i emr-i muḥāfaẓasıyla {32} icrā-yı muḳteżā-yı me'mūriyyet ve īfā-yı şerāyiṭ-i ġayret ü ḥamiyyete mübāderet buyurmaları siyāḳında ḳā'ime. Fī 14 M 37

[*574/55*] ***Belġrād muḥāfıẓına***

{1} Bosna Vālīsi saʿādetlü Celāl Paşa ḥażretleriniñ bu defʿa tevārüd iden taḥrīrātı me'ālinde selefleri ʿAlī Paşa'nıñ {2} vefātından ṣoñra ʿaskerī ṭā'ifesinden baʿżıları ʿalenen çārsūda bilā-cürm bir-iki reʿāyāyı ḳatl ü iʿdām eylediklerinden {3} bu keyfiyyet reʿāyā-yı sā'ireye mūcib-i dehşet olaraḳ baʿżıları Ṣırplu derūnuna firār eylemiş ve Nemçe tüccārı {4} daḫi firāra müteheyyī iken tercümānı bi'l-istimāle taṭmīn ve tavṭīn itdirilmiş ve ẓannına göre Belġrād ve Böğürdelen {5} ahālīleri ve bilḫuṣūṣ erbāb-ı ze'āmet ve tīmārı ke'l-evvel Ṣırplu derūnuna varub keyfe-mā-yeşā {6} re'āyā ḥaḳlarında envā'-ı cevr ü cefā icrā eyleyecekleri ve birṭaḳım neşr-i ürcūfe ve ḥavādiṣ ile re'āyā-yı {7} mesfūreyi tevḥīş idecekleri hüveydā oldığı muḥarrer ü mezkūr ve Niş Muḥāfızı sa'ādetlü Ḥüseyin Paşa'nıñ {8} tevārüd iden taḥrīrātı me'ālinde daḫi Ṣırplunuñ taḥḳīḳ-i aḥvālleri żımnında ba'żı serrişte ile Mīloş'a yazdığı {9} kāğıda mersūm taḥt-ı ra'iyyetde müstaḳır oldığını mübeyyin cevāb yazmış ise de gönderilan adam ba'żı tedārüklerini {10} taḥḳīḳ ve müşāhede eylediği münderic ü mesṭūr olub vāḳı'an müşārun-ileyhiñ inhāsı vechile Belġrād ve Böğürdelen ahālī {11} ve sipāhīleri öteden berü Ṣırp re'āyāsına ta'addī ile me'lūf olduḳları āşikār ve re'āyā-yı mesfūre merkez-i {12} iṭā'atde bulunduḳça bir gūne renciş ü ta'addī mu'āmelātına cevāz olmadığı bedīdār olub ẕāt-ı dirāyet-simāt-ı müşīrāneleri {13} el-ḥāletü-hāẕihī Belġrād'a vuṣūl-birle levāzım-ı ḥıfẓ ü ḥırāset ve hem merāsim-i ḥazm ü iḥtiyāṭa i'tinā ve diḳḳat ve o maḳūle muġāyir-i {14} rıżā-yı 'ālī olan ḥālātıñ indifā'ı emrine müṣāberet buyuraraḳ gerek ahālī ve gerek 'asākir ṭaraflarından {15} Ṣırpluyı 'iṣyān ü şeḳāvete mecbūr idecek bilā-mūcib tecāvüz ve ta'addī vuḳū'a gelmamesine tedābīr-i ḥakīmāne icrāsına {16} ihtimām ü himmet buyuracaḳları vāreste-i ḳayd [ü] işāret ise de ma'lūm-ı deḳāyıḳ-melzūm-ı düstūrāneleri oldığı üzere {17} şimdiki ḥālde her ṭarafda Rum gāvurlarınıñ ṭuġyān ü ġaleyānı cihetiyle yeñi başdan bir ġā'ile ḥudūṣı ġayr-ı mücāz oldığı {18} nümūdār ve irāde-i seniyye-i mülūkāne daḫi bu merkezde devvār olmağla muḳteżā-yı feṭānet ü reviyyet-i düstūrīleri üzere {19} ba'd-ez-īn o miṣillü ahālī ve 'askerī ṭaraflarından re'āyā-yı mesfūre ḥaḳlarında bilā-mūcib bir nevi' cevr ü i'tisāf {20} vuḳū' bulmamasına ḥakīmāne iḳdām ü diḳḳat-birle Ṣırplu ḥaḳḳında muḳaddem vāḳi' olan veṣāyā iḳtiżāsı üzere {21} merāsim-i ḥazm ü iḥtiyāṭ ve levāzım-ı ḥıfẓ ü ḥırāsete kemāl-i mertebe ihtimām ve ṣarf-ı himmet buyurmaları siyāḳında ḳā'ime. Fī 14 M 37

[574/58] *Tırḥāla mutaṣarrıfına*

{1} Bundan aḳdem Yeñişehir metrepolitliğinden 'azl ile ol ṭarafda tevḳīf ḳılınan Polīḳarbos nām rāhibiñ ẓuhūr iden {2} ḫıyāneti cihetiyle i'dāmı bābında ışdār ve tesyār olunan emr-i 'ālīniñ vuṣūlünde ḫā'in-i mersūmuñ tertīb-i cezāsıyla {3} ser-i maḳṭū'ununuñ gönderildiğine dā'ir resīde-i mevḳi'-i vuṣūl olan taḥrīrāt-ı müşīrīleri mezāyāsı rehīn-i ıṭṭılā'-i {4} ḫulūṣ-verī olduḳdan ṣoñra ḫāk-pāy-ı hümāyūn-ı şāhāneye daḫi 'arż ile meşmūl-ı liḥāẓa-i 'āṭıfet-ifāża-i {5} cenāb-ı cihān-dārī buyurulmuş ve ser-i maḳṭū'a-i mezkūre daḫi pīşgāh-ı bāb-ı hümāyūnda ġalṭīde-i ḫāk-i meẕellet ḳılınmış {6} olmağla bundan böyle daḫi her ḥālde īfā-yı lāzıme-i dirāyet-kārī ve reviyyete himmet buyurmaları siyāḳında ḳā'ime. Fī 15 M 37

[574/61] *Tırḥāla mutaṣarrıfına*
{1} Aġrafa ṭarafında tedmīr olunan ʿuṣātdan dört neferiniñ ruʾūs-ı maḳṭūʿası gönderildiği beyānıyla böyle üçer-beşer ẓuhūr {2} iden eşḳıyā kelleleriniñ gönderilüb gönderilmamesi istiʿlāmına dāʾir ḳapu ketḫüdāları beğ bendeleri ṭarafına mersūl şuḳḳa-i {3} şerīfeleri mezāyāsı maʿlūm-ı ḫāliṣānemiz olmuş ve rikāb-ı hümāyūn-ı şāhāneye baʿdeʾl-ʿarż ruʾūs-ı maḳṭūʿa-i mersūle {4} ġalṭīde-i ḫāk-i ʿibret ḳılınmışdır. Nezd-i saʿādetlerinde maʿlūm oldıġı vechile merām ʿiṣyān ü ṭuġyān iden kefereniñ {5} ḳahr ü tedmīri olub ruʾūs-ı maḳṭūʿa olmadıġından kes̱ret üzere olur ise gönderüb, az olur ise göndermameleri {6} ḫuṣūṣuna irāde-i seniyye-i mülūkāne müteʿalliḳ olmuş olmaġla bi-mennihī Taʿālā külliyyet üzere ʿuṣātıñ ḳahr ü tedmīrine muvaffaḳ olduḳları {7} ḥālde ruʾūs-ı maḳṭūʿa-i menḫūseleriniñ irsāline, az oldıġı ḥālde gönderilmamesine mübāderet buyurmaları siyāḳında ḳāʾime. Fī 16 M 37

[574/63] *Behrām Paşaʾya*
{1} Bundan aḳdem ḥasbelḳader Fondana Derbendiʾnde vāḳiʿ olan boġanlıḳ [?] cihetiyle cenāb-ı müşīrīleri derbend-i mez̠kūrdan {2} imrār eylemeleri ol ṭarafda olan derbend aġaları ve İzdīnli Ḫalīl Beğ ve meʾmūrīn-i sāʾireye ʿaṭūfetli Serʿasker paşa ḥażretleri {3} ṭarafından işʿār ile ol bābda cenāb-ı saʿādetleri ve meʾmūrīn-i mūmā-ileyhimiñ tevārüd itmiş olan taḥrīrātlarını serʿasker-i müşārun-ileyh {4} Dersaʿādetʾe taḳdīm ve tesyār itmiş oldıġından meʾāl-i işʿārātları maʿlūm-ı ḫāliṣānemiz olmuş ve ḥużūr-ı hümāyūn-ı cenāb-ı cihān-dārīye {5} daḫi ʿarż ile meşmūl-ı liḥāẓa-i mekārim-ifāża-i ḥażret-i pādişāhī buyurulmuşdur. Taḥrīrāt-ı mez̠kūrelerinde muḥarrer taʿāllül ve iʿtiẕārātıñ {6} fez̠lekesi aḳçe ve ẕaḫīre ve ʿaskersizlik şikāyetinden ʿibāret olub aḳçe ḫuṣūṣunda olan müżāyaḳaları cihetiyle ṣarrāfları {7} cānibinden aḳçe irsāl itdirilmesi ḫuṣūṣı muḳaddemā Dersaʿādetʾe işʿār buyurılaraḳ muḳteżā-yı iltimāsları üzere ṣarrāfları {8} mersūm ṭarafından cānib-i saʿādetlerine yüz elli biñ ġurūş gönderilmiş ve müteʿāḳiben derbend-i mez̠kūrda ẓuhūra gelan bozġunluḳ {9} ḥasebiyle aḳçe ve ẕaḫīre ve ʿaskere iḥtiyāclarını tekrār bu ṭarafa taḥrīr-birle ʿaṭiyye-i seniyye olaraḳ ṭaraf-ı şerīflerine yüz biñ ġurūş {10} aḳçe tesyīr ve Üsküb Nāẓırı sābıḳ İbrāhīm Beğ cānib-i mīrīden ʿaleʾl-ḥesāb aḳçe iʿṭāsıyla maʿiyyet-i müşīrīlerine nüzül emīni taʿyīn {11} ve iʿzām olunmuş ve tīz elden maʿiyyet-i saʿādetlerine Nevreḳopʾdan iki biñ aylıḳlu ʿasker tedārük ve īṣāli-çün kez̠ālik yedine {12} aḳçe iʿṭāsıyla maḫṣūṣ mübāşir gönderilüb işbu keyfiyyāt cenāb-ı şerīflerine bildirilmiş ve saʿādetlü Tırḥāla mutaṣarrıfı ḥażretlerine {13} daḫi başbuġ ile külliyyetlü ʿasker göndermesi-çün müʾekked fermān-ı ʿālī taṣdīr ve tesyīr ḳılınub sāʾir meʾmūrīne daḫi tenbīhāt-ı {14} lāzıme yazılmış ve muʾaḫḫaren Mora cānibi serʿaskerliği biʾl-istiḳlāl ṣadr-ı esbaḳ ʿaṭūfetlü Seyyid ʿAlī Paşa ḥażretleriniñ ʿuhde-i {15} ihtimāmlarına iḥāle buyurılaraḳ es̱nā-yı rāhda külliyyetlü ʿasker sevḳiyle

ʿicāleten Mora'ya irişmek üzere me'mūr buyurılub {16} müşārun-ileyhiñ ṣavb-ı me'mūriyyete mütevecciheri rū-be-rāh-ı ʿazīmet oldıġı ḫaberi daḫi tevārüd itmiş oldıġından cenāb-ı müşīrīleriniñ {17} maṭlūbları olan aḳçe ve nüzül emīni şimdiye ḳadar varub Nevreḳop ʿaskeri daḫi bir ṭarafdan irişerek {18} vesīle-i iştikāları olan esbāb mündefiʿ ü berṭaraf olacaġından ġayrı cenāb-ı müşīrīleri bundan böyle {19} ibrāz-ı ḫidmete muvaffaḳ olduḳça bu ṭarafdan yine iḳtiżāsı üzere iḳdār ü iʿāneye ibtidār olunacaġında şekk {20} ü iştibāh olmadıġından ẕāt-ı saʿādetleri daḫi artıḳ ġayret ve ḥarekete gelerek icrā-yı muḳteżā-yı me'mūriyyet (30) ve telāfī-i mā-fāta ihtimām ü diḳḳat buyurmaları iḳtiżā ider. Şöyle ki, bozmaḳ ve bozulmaḳ yed-i ḳudret-i İlāhiyye'de olan {2} mevāddan oldıġından ḥasbelḳader muḳaddem vāḳiʿ olan perīşānlıḳdan te'eṡṡür ü fütūr ve göz yılġınlıġı iḳtiżā itmeyüb {3} hemān var ḳuvveti bāzūya getürerek me'mūrīn-i sā'ire ile bi'l-ittiḥād ilerü ʿazīmet ve saʿādetlü Mora vālīsi {4} ḥażretleriyle bi'l-iltiḥāḳ icrā-yı me'mūriyyete ġayret-birle muḳaddemce vāḳiʿ olan bozġunluḳ maḳālesini maḥv ü ilġāya {5} himmetleri ṭaraf-ı saʿādetlerinden muntaẓar-kerde-i ʿālīdir. El-ḥāletü-hāẕihī serʿasker-i müşārun-ileyh ḥażretleri eṡnā-yı rāhda ʿazīmet {6} üzere ise de ol bābda şeref-sünūḥ iden irāde-i seniyye mūcebince seyr-i serīʿ ile bir ān aḳdem ol cānibe ʿazīmet {7} eylemesi ḫuṣūṣı bu defʿa müşārun-ileyhe [?] te'kīd ve işʿār olundıġından ġayrı me'mūrīn-i sā'ireye daḫi zinhār beynlerine {8} mübāyenet düşürmeyüb cenāb-ı müşīrīleriyle cümleten yekvücūd gibi ittifāḳ ü ittiḥād iderek ve dīn ü devlet ġayretiyle {9} ṣādıḳāne çalışaraḳ vaḳt geçmeksizin icrā-yı me'mūriyyete diḳḳat eylemeleri veṣāyāsı başḳa başḳa eṭrāfıyla {10} yazılmış ve nüzül emīni mūmā-ileyh daḫi henüz eṡnā-yı rāhda ise bir ān aḳdemce irişmesi taḥrīr ve istiʿcāl olunmuş {11} ve Tırḥala mutaṣarrıfı müşārun-ileyhiñ münāsib başbuġ maʿiyyetiyle göndireceği ʿaskeriñ ve Nevreḳop'dan çıḳarılacaḳ {12} iki biñ nefer aylıḳlu neferātınıñ daḫi istiʿcālleri-çün mü'ekked fermānlar ıṣdār ve tesyār ḳılınmış, el-ḥāṣıl {13} bu cānibden iḳtiżā iden tedābīr ve himmet bi'l-vücūh icrā buyurulmuş oldıġından cenāb-ı saʿādetleri {14} Mora serʿaskeri müşārun-ileyhiñ ol cānibe vuṣūlüne ḳadar anda öylece tevaḳḳufı tecvīz itmeyüb ve bu vaḳtleri evḳāt-ı {15} sā'ireye ḳıyās eylemeyüb tamām iş görüb nām ü şān alınacaḳ ve dīn ü devlet ġayretini icrā ve iẓhār {16} eyleyecek vaḳtler oldıġını bilerek ol ṭaraf me'mūrlarını ve cemʿ idecekleri ʿasākiri bi'l-istiṣḥāb {17} hemān ilerü ʿazīmete müsāraʿatiñiz lāzıme-i vaḳt ü maṣlaḥatdan olaraḳ irāde-i seniyye-i mülūkāne daḫi bu vechile müteʿalliḳ {18} olmaġla mecbūl ü meftūr oldıġıñız ġayret ü şecāʿat iḳtiżāsı ve emr ü irāde-i seniyye muḳteżāsı üzere bāzū-yı {19} himmetiñize ḳaṭʿan fütūr virmeyüb ol ṭaraf me'mūrları ve sā'ir cemʿ idebildiğiñiz ʿaskeri bi'l-istiṣḥāb ʿicāleten ol ṭarafdan {20} ḥareket ve bi'l-ittifāḳ ilerü mürūr ve güẕār olunmaḳ çāresini istiḥṣāl ve Mora vālīsi müşārun-ileyhle iltiḥāḳ-birle {21} ẕātıñızdan me'mūl olan yararlıḳ ve nāmdārlıḳ me'āṣirini iẓhāra ġayret ve icrā-yı muḳteżā-yı me'mūriyyet ve şecā'ate {22} ṣarf-ı yārā-yı liyāḳat buyurmaları siyāḳında ḳā'ime. Fī 17 M 37

[574/64] *Rumili Vālīsi Ḫūrşīd Paşa ḥażretlerine*
{1} Mora'ya me'mūr sa'ādetlü Behrām [Paşa] ḥażretleri Fondana Derbendi'ni sökemeyüb bozulmuş idüğünden müşārun-ileyhi derbend-i meẕkūrdan {2} geçürmeleri-çün Derbendāt aġalarına ve İzdīnli Ḫalīl Beğ'e ve me'mūrīn-i sā'ireye ṭaraf-ı sa'ādetlerinden kāġıdlar yazılmış oldıġından {3} anlar daḫi İzdīn'e cem' ve müşārun-ileyhi derbend-i meẕkūrı geçürüb Esedābād'a ḳadar götürmek murād eylediklerinde Esed- {4} -ābād'dan ilerüsi ova olub her ne ḳadar ḳolay ise de müşārun-ileyh gitmekde imtinā' eylediği me'mūrīn-i mūmā-ileyhim {5} ṭaraflarından ṣavb-ı 'alīlerine vārid olub taḳdīm olunan taḥrīrāt ve müşārun-ileyhiñ ḳā'imesinden ma'lūm olacaġı beyānıyla bunuñ {6} bir çāresine baḳılması lāzımeden idüğüni ḥāvī mersūl-ı ṣavb-ı s̱enāverī ḳılınan taḥrīrāt-ı müşīrīleri ve evrāḳ-ı {7} mersūle-i meẕkūre me'ālleri rehīn-i ıṭṭılā'-i ḫulūṣ-verī olduḳdan ṣoñra ṭaḳımıyla ḫāk-pāy-ı hümāyūn-ı mülūkāneye 'arż ü taḳdīm ile {8} manẓūr-ı naẓar-ı kīmyā-es̱er-i cenāb-ı cihān-dārī buyurulmuşdur. Müşārun-ileyh Behrām Paşa'nıñ ḳā'imesinde vāḳi' olan ta'allül ü i'tiẕārātıñ {9} fezlekesi aḳçe ve ẕaḫīre ve 'askersizlik şikāyetinden 'ibāret olub vāḳı'an muḳaddemce ḥasbelḳader vuḳū'a gelan {10} bozġunluġuñ üzerine kifāyet mertebe 'asker olmayınca ve zamāne 'askeriniñ ma'lūm olan ḥālleri cihetiyle aḳçeleri {11} virilmeyince ilerü ḥareket idemamekde ma'ẕūriyyeti derkār ve sā'ir me'mūrlar kāġıdında bütün bütün ḳuṣūr-ı himmeti müşārun-ileyhe {12} 'azv itmişler ise de kendüleriniñ daḫi ma'iyyetlerinde lāyıḳı derece 'asker istiṣḥāb itmiş bulunmamalarından dolayı {13} bunlarıñ daḫi taḳṣīrātları bedīdār olub her ne ise bi-mennihī Ta'ālā Mora Ser'askeri 'aṭūfetlü Seyyid 'Alī Paşa ḥażretleri {14} külliyyetlü 'asker sürerek ḳarīben varıncaya ḳadar yine bu ṭaḳımı böylece ḏurdurmayub ilerüye i'zāmları çāresinden ġayrı **(31)** ṣūret olmadıġından başḳa müşārun-ileyh Behrām Paşa'nıñ re's-i iştikāsı aḳçesizlikden ve ma'iyyetinde nüzül emīni olmamasından {2} 'ibāret ise de muḳaddemce müşārun-ileyhiñ ṣarrāfı ṭarafından yüz elli biñ ve 'aṭiyye-i seniyye-i şāhāne olaraḳ yüz biñ ki {3} cem'an beş yüz kīse aḳçe gönderilmiş ve Üsküb Nāẓırı sābıḳ İbrāhīm Beğ cānib-i mīrīden 'ale'l-ḥesāb aḳçe i'ṭāsıyla {4} nüzül emīni ta'yīn ve i'zām olunmuş ve tīz elden ma'iyyet-i müşārun-ileyhe Nevreḳop'dan iki biñ aylıḳlu 'asker tedārük ve īṣāli-çün {5} daḫi keẕālik yedine aḳçe i'ṭāsıyla maḫṣūṣ mübāşir çıḳarılmış ve Tırḥāla Mutaṣarrıfı sa'ādetlü Maḥmūd Paşa ḥażretleri daḫi münāsib {6} başbuġ ile külliyyetlü 'asker göndermesi-çün mü'ekked fermān-ı 'ālī taṣdīr ve tesyīr ḳılınmış ve bu keyfiyyetler müşārun-ileyhiñ kendüsüne {7} bildirilüb sā'ir me'mūrlara daḫi tenbīhāt-ı lāzıme yazılmış oldıġından işbu aḳçe bugünlerde ve nüzül emīni ve Nevreḳop {8} 'askeri daḫi müte'āḳiben vāṣıl olaraḳ ve

bu def'a maḫṣūṣ ser'asker ta'yīni ḫaberi daḫi kendülerine ḳuvvet-i ḳalb virerek {9} vesīle-i iştikāları olan esbābıñ mündefi' ü berṭaraf olmasıyla bugünlerde ġayret ve ḥarekete gelmeleri melḥūẓ olaraḳ bu def'a {10} müte'alliḳ olan irāde-i seniyye mūcebince müşārun-ileyh Behrām Paşa'ya ṣıḳıca kāğıd yazılaraḳ maṭlūb eylediği aḳçe ve nüzül emīni {11} şimdiye ḳadar varub Nevreḳop 'askeri daḫi bir ṭarafdan irişeceğine ve ibrāz-ı ḫidmete muvaffaḳ olduḳça kendüsünüñ {12} iḳdār ü i'ānetine baḳılacağına ve Mora ser'askeri daḫi bi-mennihī Ta'ālā 'ahd-i ḳarībde külliyyetlü 'asker ile vāṣıl olacağına mebnī {13} hemān kendüsi bāzū-yı himmetine fütūr virmeyüb mevṣūf oldığı şecā'at ve nāmdārlıḳ muḳteżāsını icrāya ġayret {14} ve me'mūrları ve cem' idebildiği 'askeri bi'l-istiṣḥāb bir ān aḳdem ilerüye güẕār ve 'azīmete ṣarf-ı tüvān ü maḳderet {15} eylemesi iḳtiżāsına göre iş'ār ve te'kīd ve sā'ir me'mūrları daḫi başḳa başḳa tenbīh-nāmeler taḥrīriyle zinhār kendü beynlerine mübāyenet {16} düşürmeyüb hemān müşārun-ileyhle cümleten yekvücūd gibi ittifāḳ ü ittiḥād iderek ve dīn ü devlet ġayretiyle ṣādıḳāne çalışaraḳ {17} vaḳt geçmeksizin icrā-yı muḳteżā-yı me'mūriyyete beẕl-i yārā-yı iḳtidār ü miknet eylemeleri tenbīhātı basṭ ü temhīd olunmuş ve nüzül emīni {18} mūmā-ileyh henüz eṡnā-yı rāhda ise bir ān aḳdem irişmesi-çün ṣıḳıca isti'cāli ḥāvī tenbīh-nāme yazılmış ve Tırḥala mutaṣarrıfı {19} müşārun-ileyh ḥażretleri başbuġ ile göndireceği 'askeriñ ve Nevreḳop'dan çıḳarılacaḳ iki biñ nefer aylıḳlunuñ {20} isti'călleri-çün daḫi fermānlar ıṣdār ve tesyīr olunmuş ve ser'asker-i müşārun-ileyh ḥażretlerine daḫi işbu keyfiyyet beyān olunaraḳ {21} bir ān aḳdem seyr-i serī' ile ḥareket ü 'azīmet eylemesi te'kīd ḳılınmış idüği ma'lūm-ı sa'ādetleri buyurulduḳda her ḥālde īfā-yı lāzıme-i {22} mehām-şināsī ve me'mūriyyete himmet buyurmaları siyāḳında ḳā'ime. Fī 17 M 37

[574/65] *Mora cānibi ser'askerine*

{1} Bi'l-istiḳlāl Mora cānibi ser'askerliği ḫaṭb-ı cesīmine me'mūriyyetleri taḳrībiyle eṡnā-yı rāhda külliyyetlü 'asker sevḳiyle bir ān {2} aḳdemce ol cānibe irişmeleri ne derecelerde aḳdem-i maṭlūb-ı 'ālī oldığı muḳaddem ve mu'aḫḫaren bi'd-defa'āt ṭaraf-ı sa'ādetlerine iş'ār {3} ile keyfiyyet-i irāde-i seniyye-i ḥażret-i pādişāhī ẕāt-ı vālā-yı ser'askerīlerine eṭrāfıyla bildirilmiş oldığından bu bābda beyān-ı veṣāyā {4} ve te'kīdāta ḥācet bıraḳmayacaḳları ma'lūm ise de el-ḥāletü-hāẕihī Yānya cānibi ser'askeri 'aṭūfetlü Ḫūrşīd Paşa ḥażretleri {5} ṭarafından tevārüd iden taḥrīrātda Mora'ya me'mūr sa'ādetlü Behrām Paşa ḥażretleri Fondana Derbendi'ni sökemediğine mebnī me'mūrīn-i {6} sā'ire ile İzdīn pīşgāhında beyhūde iḳāmet üzere oldığından bunuñ bir çāresine baḳılmaḳ muḳteżā-yı vaḳt ü maṣlaḥatdan {7} oldığı beyān ü iş'ār olunmuş olmağın keyfiyyet ḥużūr-ı hümāyūn-ı şāhāneye lede'l-'arż ol bābda ṣaḥīfe-pīrā-yı ṣudūr olan {8} ḫaṭṭ-ı hümāyūn-ı kerāmet-maḳrūn-ı cenāb-ı cihān-dārīde cenāb-ı müşīrīleriniñ seyr-i serī' ile 'azīmet eylemeleri ḫuṣūṣunuñ ṣavb-ı ser'askerīlerine te'kīd {9} olunması emr ü fermān-ı hümāyūn-ı cenāb-ı pādişāhī buyurulmuş olub maṣlaḥat-ı me'mūre-i ser'askerīleriniñ derece-i ehemmiyyeti ve el-ḥāletü-hāẕihī {10} Donanma-yı Hümāyūn sefāyini Mora ṣularına inmiş olduḳlarından şu esnāda cenāb-ı ser'askerīleri daḫi ol ṭarafa irişüb {11} icrā-yı muḳteżā-yı me'mūriyyete iḳdām buyurmaları ne mertebelerde aḳdem-i umūrdan oldığı 'ind-i sa'ādetlerinde beyāndan müstaġnī {12} olmaġla mecbūl ü mefṭūr olduḳları ġayret ü şecā'at iḳtiżāsı ve emr ü irāde-i seniyye mūceb ü muḳteżāsı üzere {13} bu emr-i ehemde vüs'-i beşerde olan mesā'ī ve iḳdāmıñ icrāsıyla seyr-i serī' ile bir ān aḳdemce Mora'ya vuṣūle kemāl-i {14} ihtimām ü himmet buyurmaları siyāḳında ḳā'ime. Fī 17 M 37

[574/74] *Baḥr-i Sefīd Boġazı muḥāfıẓına*
{1} Me'mūr-ı [?] żabṭ ü tesḫīri olduḳları Semādirek cezīresi bā-'avn ü 'ināyet-i Bārī ve yümn-i teveccühāt-ı ḳudsiyye-i cenāb-ı {2} pādişāhī ne ṣūretle ḳabża-i tesḫīre getürülmüş ve esnā-yı muḥārebede alınan dil ve kelle ve ḳulaḳlar ḫazīnedārları bendeleriyle gönderilmiş {3} oldığı beyānıyla girift olunan üç ḳıṭ'a sefīne daḫi irsāl olunmaḳ üzere oldığı peyām-ı meserret-encāmını ḥāvī {4} firistāde ve isrā buyurılan taḥrīrāt-ı behcet-āyāt-ı müşīrīleri me'āl ü mü'eddāsı rehīn-i ıṭṭılā'-i ḫulūṣ-verī olub {5} lillāhi'l-ḥamd ve'l-mennihī bu vechile cezīre-i merḳūmeniñ żabṭ ü tesḫīrine muvaffaḳiyyetleri bādī-i ḥaẓẓ ü āferīn ve müstelzim-i meserret ü taḥsīn {6} olaraḳ taḥrīrāt-ı vārideleri mübārek rikāb-ı ḳamer-tāb-ı cenāb-ı pādişāhīye 'arż ü taḳdīm olunaraḳ manẓūr-ı naẓar-ı kīmyā- {7} -eser-i ḥażret-i tācdārī olaraḳ "Āferīn Meḥmed Paşa, berḫūrdār olsun. Ġayretli adamdır." deyu maḥẓūẓiyyet ve du'ā-yı iksīr-nümāyı {8} şāmil ḫaṭṭ-ı hümāyūn-ı mülāṭafet-maḳrūn-ı şāhāne şeref-baḫş-ı ṣaḥīfe-i ṣudūr olmuş ve gönderilan kelle ve ḳulaḳlar pīşgāh-ı bāb-ı hümāyūnda (35) ġalṭīde-i ḫāk-i meẕellet ḳılınmışdır. Cenāb-ı müşīrīleri Salṭanat-ı Seniyye'niñ cesūr ve ġayūr ve ṣādıḳ vüzerā-yı 'iẓām-ı ḥamiyyet- {2} -irtisāmından olduḳları ecilden me'mūr olduḳları ḫidemāt-ı dīn ü devletde ber-vefḳ-i murād ibrāz-ı ḥüsn-i ḫidmete sā'ī olacaḳları {3} i'tiḳādat-ı ḥasenesi ḥaḳḳ-ı müşīrīlerinde derkār ve bu bābda tavṣiye ve te'kīde ḥācet bıraḳmayacaḳları āşikār olmaġla hemān {4} bundan böyle daḫi ḥaḳḳ-ı 'ālīlerinde olan ḥüsn-i tevcīh-i 'ālīyi tezyīd ü tevfīr idecek ḫidemāt-ı ḥasene ibrāzıyla maḥsūdü'l aḳrān {5} olmaḳlıġa beẕl-i yārā-yı liyāḳat buyurmaları siyāḳında ḳā'ime. Fī M 37 18

[574/81] *Devletlü veliyyü'n-ni'am Aġa efendimiz ṭaraflarından İbrāhīm Paşa ḥażretlerine*
{1} Ḥūrmuzākī'niñ anası ve Mūrūzī'niñ ortanca oġlı ve Dīmitrī'niñ ḳarısı bundan aḳdem Paṭrīḳḫāne'ye ḥabs olunmuş ise de {2} bunlarıñ Ṭarābya'da olan

yalılarınıñ muḥāfaẓaları müşkil oldığı ṣavb-ı ʿalīlerinden inhā olundığını selef-i çākerī {3} ʿaṭūfetlü efendi bendeleri ṭarafına ʿaṭūfetlü Defterdār efendi işʿār itmiş oldığından mersūmlarıñ ḫānelerinde olan {4} eşyāları defter olunarak iḳtiżāsına baḳılması ol vaḳt mūmā-ileyh Defterdār efendi bendelerine bā-teẕkire ḥavāle ḳılınmış oldığından {5} efendi-i mūmā-ileyh daḫi eşyā-yı mevcūdeyi taḥrīr itdirderek bu defʿa bir ḳıṭʿa taḳrīr ile defterini taḳdīm eylemiş olmaḳ mülābesesiyle {6} ḫāk-pāy-ı hümāyūn-ı şāhāneye lede'l-ʿarż taḳrīr-i meẕkūr bālāsına kerāmet-efzā-yı ṣudūr olan ḫaṭṭ-ı şerīf-i mülūkāne manẓūr-ı {7} ʿālīleri buyurulmaḳ içün baṭṭālıyla berāber muʾaḫḫaren mārrü'ẕ-ẕikr Paṭrīḳḫāne'de maḥbūs ḳarılar ḥāllerine merḥameten taḫliye-i sebīlleriyle {8} ḫānelerinde iḳāmet eylemek istidʿāsını mutażammın bir ḳıṭʿa ʿarżuḥāl taḳdīm itmiş olduḳlarından ʿarżuḥāl-i meẕkūr daḫi ṭaraf-ı sāmīlerine {9} gönderilmiş olub defter olunan eşyā bi-meʾāl olub mersūm ḳarılara terk ile istirḥāmları vechile sebīllerinīñ {10} taḫliyesi ḫāṭıra gelmiş ise de mersūmlarıñ istidʿāları vechile taḫliye-yi sebīlleri ve ḫānelerinde iḳāmetleri maḥẓūrdan {11} sālim midir değil midir, bu bābda reʾy ü irādeleri ne vechile ise ṣavb-ı çākerīye işʿār-birle ẕikr olunan taḳrīriñ {12} iʿādesi emrinde luṭf ü irāde efendimiñdir. Fī 19 M 37

[*574/84*] ***İskenderiye mutaṣarrıfına***

{1} Cenāb-ı saʿādetleri muḳaddemce Yānya'dan Mora'ya varınca ʿuṣāt-ı reʿāyānıñ tenkīline meʾmūr olmuş iseñiz de {2} cenābıñızıñ ol ṭarafdan infikāki baʿżı meḥāẕīr cihetiyle cāʾiz olmadığından ẕāt-ı saʿādetlerine muʿādil başbuğ ile Oḫrī {3} ve İlbaṣan sancaḳlarından külliyyetlü ve İskenderiye sancağından daḫi mümkin mertebe ʿasker iḫrāc ve maḥall-i meʾmūrlarına tesyār {4} olunması ve ol ṭarafa gönderilmiş olan ṭopçı orṭasıyla ṭopların̄ başbuğ maʿiyyetiyle gönderilmesi keyfiyyātına dāʾir {5} gönderilan taḥrīrāt-ı ḫāliṣānemiziñ vuṣūlünden baḥiṣle Oḫrī ve İlbaṣan sancaḳlarından külliyyetlü ve İskenderiye sancağından {6} daḫi mümkin vechile ʿasākir iḫrāc ve münāsib ve muḳtedir başbuğ ile hemān bugünlerde ṣavb-ı meʾmūrilerine sevḳ ü tesyār {7} olunmaḳda oldığı ve muḳaddem Oḫrī'de tevḳīf ḳılınan ṭopçı orṭası daḫi başbuğ maʿiyyetiyle iʿzām olunacağı [?] ḫuṣūṣlarını {8} şāmil irsāl ḳılınan taḥrīrāt-ı şerīfeleri meʾāl ü mezāyāsı maʿlūm-ı ḫāliṣānemiz olduḳdan ṣoñra ḫāk-pāy-ı hümāyūn-ı şāhāneye {9} daḫi ʿarż ile meşmūl-ı liḥāẓa-i ḥażret-i tācdārī buyurulmuşdur. Maʿlūm-ı müşīrīleri oldığı üzere işbu maṣlaḥat bir ṣūretle {10} mevādd-ı sāʾireye ḳıyās ḳabūl ider şey olmayub dīn māddesi oldığından kāffe-i meʾmūrīniñ meʾmūr oldığı vechile {11} ġayret ve ḥarekete müsāraʿat eylemesi farīżadan idüği ẓāhir ve bu bābda ağırca ve gevşek ḏavranmaḳ uyḳunsuz ve irāde-i {12} seniyyeye muġāyir olacağı emr-i bāhir olaraḳ taḥrīrāt-ı vāride-i meẕkūrelerinde livāʾ-i s̱elās̱e-i merḳūmeden külliyyetlü ʿasākir iḫrāc {13} ve muḳtedir başbuğ maʿiyyetiyle ṭopçı orṭasıyla berāber irsāl olunacağı yazılmış ise de bunlarıñ bir ayaḳ evvel iḫrāc {14} ve maḥall-i meʾmūrlarına isbāliyle īfā-yı lāzıme-i meʾmūriyyet ve dīn ve Devlet-i ʿAliyye'ye ḥüsn-i ḫidmet itmeñiz ve ednā mertebe terāḫī {15} ve ağırca ḏavranmaḳ miṣillü ḥareketi tecvīz itmāmeñiz lāzımeden olmağla dirāyet ü ḥamiyyet-i aṣliyyeleri iḳtiżāsı ve muḳaddemā {16} vāḳiʿ olan işʿārımız muḳteżāsı üzere ʿasākir-i merḳūmeniñ ẕāt-ı saʿādetlerine muʿādil başbuġ maʿiyyetiyle maḥall-i {17} meʾmūriyyetlerine irişdirilmesi emr-i ehemmine vüsʿ-i beşerde olan sürʿat ve iḳdāmıñ icrāsına mezīd-i sāʿy ü himmet ve ẕāt-ı müşīrīlerinden {18} meʾmūl olan ās̱ār-ı kār-āzmūdegī ve feṭāneti is̱bāta beẕl-i maḳderet buyurmaları siyāḳında ḳāʾime. Fī 20 M 37

[574/86] *Ḳayṣeriyye mutaṣarrıfına*

{1} Bundan aḳdem derkār olan isāʾetine mebnī {2} bā-fermān-ı ʿālī Ḳayṣeriyye'ye nefy ü iclā {3} olunmuş olan esbaḳ Dīvān tercümānı {4} Ḳālīmākī oğlı Yānḳo ile {5} maʿiyyetinde yazıcısı İstefanākī {6} ve başçuḳadārı Yorgī'niñ mecbūl {7} olduḳları ḫıyānet iḳtiżāsından nāşī {8} muḳaddem Ḳayṣeriyye'de vuḳūʿ bulan {9} fesādda medḫalleri oldığı {10} taḥḳīḳ olunaraḳ bunlarıñ iʿdām {11} ü izāleleri ḫuṣūṣuna irāde-i {12} mehābet-ifāde-i cenāb-ı pādişāhī {13} müteʿalliḳ olmuş ve ol bābda iḳtiżā {14} iden emr-i ʿalī ıṣdār ve maḫfiyyen {15} ṭaraf-ı saʿādetlerine tesyār ḳılınmış olmağla {16} mersūm tercümān-ı esbaḳ Yānḳo ile {17} yazıcısı İstefanākī ve baş- {18} -çuḳadārı Yorgī'yi ol ṭarafda {19} ḳatl iderek ruʾūs-ı maḳṭūʿalarını {20} bu cānibe irsāle ve mersūmlarıñ {21} ol cānibde mevcūd olan {22} bi'l-cümle emvāl ü eşyālarını {23} daḫi maʿrifet-i şerʿle taḥrīr {24} iderek defteriyle bu ṭarafa {25} irsāle himmet buyurmaları {26} siyāḳında maḫfiyyen işbu ḳāʾime. Fī 20 M 37

[574/88] *ʿAsker süriciliğine meʾmūr Mīr-aḫūr-ı Evvel-i Ḥażret-i Şehriyārī İbrāhīm Aġa'ya*

{1} Muḳteżā-yı meʾmūriyyetiñiz vechile Edirne'ye vāṣıl olub saʿādetlü Çirmen mutaṣarrıfı ḥażretleriyle bi'l-müẕākere Yānya'ya tertīb olunan {2} ʿasākiriñ iḫrācına iʿtinā olunaraḳ Filibe ve Sīroz ve Üsküb ve Ṣofya ṭaraflarına istiʿcāl evāmiri gönderilmek üzere {3} oldığı ve müşārun-ileyhiñ Mora ṭarafına gönderdiği ʿasākiriñ piyādesine otuz beşer ve süvārīsine ḳırḳ beşer ġurūş māhiyye {4} virilmiş oldığı ecilden meʾmūr-ı taḥrīri oldığıñız ʿasākire daḫi bu vechile virilmek iḳtiżā eylediği ḥālde yüz elli {5} biñ ġurūşa bāliġ olacağı ve iḥtiyāṭen iki yüz miḳdārı süvārī tedārüki taṣmīm olunmuş ise de maṣāriflerinde tefāvüt {6} oldığından ġayrı irāde buyurılan māhiyyelü iki biñ nefer güzīde ʿasker kāfī idüği beyānıyla ẕikr olunan süvārīniñ {7} tedārük ve ʿadem-i tedārüki istiʿlāmını şāmil tevārüd iden ʿarīżañız mezāyāsı maʿlūmumuz olmuş ve ḫāk-pāy-ı hümāyūn-ı şāhāneye {8} ʿarż ile meşmūl-ı naẓar-ı cenāb-ı pādişāhī buyurulmuş ve Yānya'da süvārī ʿaskeriñ lüzūmı olmayub hemān piyāde olarak {9} yazub bir ḳadem aḳdem maḥalline göndermeñiz ḫuṣūṣuna irāde-i seniyye-i mülūkāne taʿalluḳ itmiş olmağla dirāyetiñiz iḳtiżāsı ve emr ü fermān-ı {10} hümāyūn-ı şāhāne muḳteżāsı üzere süvārī tedārükünden ṣarf-ı naẓar-birle hemān piyāde olaraḳ bir ḳadem aḳdem Yānya'ya {11} ʿasker irsāline diḳḳat eylemeñiz içün ḳā'ime. Fī 21 M 37

[574/90] *Sāḳız muḥāfıẓına*
{1} Ṣığla Sancağı Mütesellimi İlyāszāde İlyās Ağa biñ nefer ʿasker ile maʿiyyet-i müşīrīlerine me'mūr olmuş ise de muḳaddemleri {2} Sāḳız ḳalʿası gāh iki biñ ve gāh dört biñ mīrīlü ʿasker ile muḥāfaẓa olundığı erbāb-ı vuḳūf ṭarafından iḫbār {3} olunmuş olub el-ḥāletü-hāẕihī ẕāt-ı saʿādetleriniñ dā'ireleri ḫalḳıyla Sāḳız ahālīsiniñ ḥarb ü ḍarb erbābı biñ {4} ḳadar ehl-i İslām'dan ʿibāret oldığından lede'l-ḥāce ḳalʿa-i merḳūmeniñ lāyıḳıyla muḥāfaẓasına vāfī olmamaḳ ḥasebiyle {5} mūmā-ileyh İlyāszāde maʿiyyetiyle me'mūr olan ʿaskerden başḳa muḳtedir başbuğ ve ẕaḫīreleriyle üç biñ nefer güzīde {6} ʿasker tertīb olunmasını vücūh-ı ahālī ifāde itmekde iseler de ol miḳdār ʿaskeriñ taʿyīnāt ve levāzımāt-ı sā'ireleri {7} maḥallerinden yāḫūd cānib-i mīrīden virilmek lāzım geleceğinden ve ʿaskeriñ çoḳluğuyla reʿāyā tevaḥḥuş idüb bir ġā'ile-i {8} zā'ide olacağından iki biñ güzīde sekbān ʿaskeri kifāyet ideceği melḥūẓ olaraḳ miḳdārı taṣrīḥiyle tertībi {9} irāde-i seniyyeye menūṭ oldığını ve bundan muḳaddem Sāḳız metrepolīdi ve ḳocabaşıları ile ḳırḳ dört nefer reʿāyā {10} rehn ṭarīḳiyle ḳalʿada tevḳīf olunmuş ise de ve mersūmlar ol vaḳtden berü ʿiyāl ü evlādlarından dūr ve kesb {11} ü kārlarından mehcūr olduḳları beyānıyla ḥāllerine merḥameten sebīlleriniñ taḫliyesini yāḫūd Sāḳız'da kā'in muʿteber tüccār {12} ve reʿāyādan ol miḳdār kimesne ile kendüleri mübādele ḳılınmasını ṭaraf-ı saʿādetlerinden bā-ʿarżuḥāl istidʿā itmiş olduḳlarından {13} cümle maʿrifetiyle virilan iʿlām mūcebince ḳalʿada olan ḳocabaşılardan faḳaṭ bir neferi ile beş nefer şaḫṣ ʿalā- {14} -ṭarīḳi'l-münāvebe birer ikişer gice ḫānelerine gidüb anlar ḳalʿaya ʿavdet eyledikden ṣoñra dīger bir nefer ḳocabaşı ile {15} beş nefer tüccār daḫi ḫānelerine gitmek ve bu uṣūlde devr ü teftīş [?] itdirilmek üzere vücūh-ı belde ittifāḳıyla {16} tanẓīm olunmuş ise de girü ḳalanları daḫi bi'l-mübādele münāvebe-i meẕkūre üzerine ḫānelerine gidüb gelmek istidʿāsında {17} olduḳlarından bu bābda ne vechile irāde olunur ise ṭaraf-ı sāmīleri yazılması ḫuṣūṣunı şāmil tevārüd iden taḥrīrāt-ı {18} müşīrīleri mezāyāsı maʿlūm-ı muḫlişī olub Dersaʿādet'de bulunan Sāḳız reʿāyāsı daḫi ʿarżuḥāl taḳdīmiyle kendüleriniñ {19} ṣadāḳat ü istiḳāmetlerinden ve Sāḳız ḳalʿasında olan tüccār ve reʿāyā perīşān-ḥāl ve ʿaskeriñ yevmiyyeleri daḫi {20} ḳatı vāfir aḳçeye bāliğ olaraḳ kendüleri mużdaribü'l-ḥāl olduḳlarından baḥiṣle Sāḳız reʿāyāsınıñ bir ferdinden {21} muğāyir-i rıżā-yı ʿālī bir güne ḥareket vuḳūʿa gelmeyeceğinden

cümlesi māl ve cānlarıyla kefīl olduḳlarından ḳalʿada olan {22} adamlarınıñ taḫliye-i sebīllerine ve yevmiyye ve telefāt-ı sāʾireden viḳāyelerine merāḥim-i seniyye şāyān buyurulmasını istidʿā eylemiş {23} olduḳlarından ve vāḳıʿan işʿār-ı müşīrīleri vechile lede'l-iḳtiżā Sāḳız cezīresi muḥāfaẓası külliyyetlü ʿaskere muḥtāc olacağı {24} derkār ve aylıḳlu ʿaskeriñ işe yarayacağı bedīdār ise de iki biñ ʿaskeriñ aylıḳları külliyyetlü aḳçeye muḥtāc olaraḳ {25} cānib-i mīrīden iʿṭāsı müteʿassir ve Sāḳız cezīresi reʿāyāsı ṭarafından virilmesi daḫi istiḫbār ve taḥḳīḳ olundığına göre {26} el-yevm Sāḳız'da olan ʿaskeriñ beherine ikişer üçer ġurūş yevmiyye virilmekde oldığından reʿāyā-yı mersūme {27} müteḥammil olamayacaḳları bedīhī ve bāhir oldığından başḳa mūmā-ileyh İlyāszāde meʾmūr-ı istiṣḥābı oldığı biñ nefer {28} ʿasker teferruḳ ider maḳūleden olmadığına ve şimdiye dek Sāḳız reʿāyāsında ʿiṣyān ʿalāmeti yoġ iken o ḳadar ʿasker cemʿ itmek {29} beyhūde olacağına ve bu ṭarafda olan Sāḳızlılar daḫi ol ṣūretle ʿarżuḥāl taḳdīm iderek taʿahhüd ve kefāletle istirḥām {30} itmekde olduḳlarına naẓaran şimdiki ḥālde İlyāszāde'niñ biñ nefer ʿaskeriyle dāʾire-i müşīrīleri ḫalḳı ve Sāḳız ahālīsi {31} kāfī göründiği ve el-ḥāletü-hāẕihī ol ṭarafda mevcūd olan ʿaskere sekbān ḥesābıyla ḳırḳar ġurūş virdirilse {32} fī'l-cümle taḫfīfi mūcib olacağından ve şimdiye ḳadar ʿaskere virilan yevmiyye māddesi cezīre-i meẕkūrede ẕaḫīreniñ {33} fıḳdānına mebnī meʾkūlāt-bahā olaraḳ iḥdās̱ olunub giderek ḥadd-i inṣāfı tecāvüz itmiş oldığından ẕāt-ı saʿādetleri {34} üçer ġurūş yevmiyyeye alışmış eski ʿaskeri defʿ ile İlyāszāde'niñ götüreceği biñ nefer ʿaskeriñ beherine {35} māhiyye otuzar ve nihāyet ḳırḳar ġurūş virilerek mevcūd olan ʿaskere yevmiyye virilmeyüb "İşte size māhiyye {36} ḳırḳar ġurūş virilür, rāżī olursañız ne güzel, olmadığıñız ḥālde gidiñ." deyu cevāb virmeñiz, ve'l-ḥāṣıl **(41)** yazdığıñız mertebe ʿasker tedārüküne taḥammül olunmayacağından bu ḫuṣūṣları ol ṭarafda vücūh-ı ahālī ile müẕākere idüb bu māddeye {2} ḥüsn-i ṣūretle bir rābıṭa virmeleri ḫuṣūṣı bu ṭarafda encümen-i şūrāda müẕākere ve dermiyān olunmuş ve ḫāk-pāy-ı hümāyūn-ı {3} şāhāneye lede'l-ʿarż irāde-i ʿaliyye-i mülūkāne daḫi bunuñ üzerine taʿalluḳ itmiş ve bu ṭarafda olan Sāḳız reʿāyāsınıñ {4} taḳdīm eyledikleri meẕkūr ʿarżuḥālleri işbu ḳāʾime-i muḫliṣīye leffen ṭaraf-ı müşīrīlerine gönderilmiş olmağla ẕāt-ı dirāyet-simāt-ı müşīrīleri {5} ol ṭarafda vücūh-ı belde ile eṭrāfıyla müẕākere-birle bu ḫuṣūṣa bir ḥüsn-i ṣūret virerek lāyıḳıyla taḥt-ı rābıṭaya {6} idḫāle himmet buyurmaları siyāḳında ḳāʾime. Lede'l-vuṣūl ḳalʿada rehn ṭarīḳiyle tevḳīf olunmuş olan reʿāyā {7} ḥaḳḳında işʿār ve istīẕān buyurduḳları münāvebe ḫuṣūṣunda bir beʾis olmamağla faḳaṭ Sāḳız metrepolīdi {8} ḳalʿadan çıḳarılmayub māʿadālarınıñ münāvebelerine ruḫṣat irāʾesi muḳteżā-yı irāde-i seniyyeden olmağla her ḥālde is̱bāt-ı {9} müddeʿā-yı kār-āşināyī ve feṭānete ve icrā-yı lāzıme-i taḥaffuẓī ve meʾmūriyyete himmet buyurmaları meʾmūldür. Fī 21 M 37

[574/92] *Ḥānya ve Ḳandiye ve Resmo muḥāfızlarına başḳa başḳa bi'l-taṣarruf*
{1} Girīd ahālīsiniñ ʿadem-i s̱ebāt ve cebānlıḳları ve cebeḫāne ve mühimmāt ve ẕaḫīreniñ fıḳdānı tafṣīlātından baḥis̱le irāde buyurılan {2} maḥallerden dört biñ miḳdārı güzīde ʿasker ile bir ʿaded ṭopçı orṭası ve biraz cebeḫāne ile külliyyetlü ẕaḫīre irişdirilmesini ḥāvī {3} resīde-i cā-yı vürūd olan taḥrīrāt-ı şerīfeleri mezāyāsı rehīn-i ıṭṭılāʿ-i ḫulūṣ-verī olduḳdan ṣoñra ḫāk-pāy-ı hümāyūn-ı {4} cenāb-ı şehriyārīye ʿarż ile meşmūl-ı enẓār-ı ʿāṭıfet-ās̱ār-ı ḥażret-i tācdārī buyurulmuşdur. Girīd cezīresinde bāndıra-küşā-yı {5} ʿiṣyān olan gāvurlarıñ ḳahr ü tedmīrleriyle Girīd gibi bir ḥıṣn-ı ḥaṣīn ve metīn cezīreniñ mekāyid-i aʿdādan muḥāfaẓası {6} müteḥattim-i ẕimmet ve himmet-i Salṭanat-ı Seniyye ise de izbāndīd eşḳıyāsınıñ Aḳdeñiz'de gezüb rāst geldikleri sefāyine {7} ṣarḳındılıḳları maḥẕūrına binā'en cezīre-i meẕkūreye ʿasker ve cebeḫāne ve mühimmāt ve ẕaḫāyir irsāliyle imdād ü iʿāne eylemek {8} emr-i düşvār görinür ise de bu ḥāl üzere Girīd'i daḫi bıraḳmaḳ bir vechile cā'iz olmadığı āşikār oldığından cezīre-i merḳūmeye {9} ne vechile olur ise ʿasker ve ẕaḫīre ve mühimmāt irişdirmesi ḫuṣūṣı bundan aḳdem maʿlūmuñuz oldığı üzere Mıṣır Vālīsi **(42)** saʿādetlü Meḥmed ʿAlī Paşa ḥażretlerine yazılmış ve bu bābda sünūḥ iden irāde-i seniyye bildirilmiş oldığından cevāb olaraḳ {2} bu defʿa müşārun-ileyhiñ irsāl eylediği taḥrīrātında Girīd'e tīz elden iki ḳıṭʿa müste'men sefīnesiyle ẕaḫīre göndermiş ve ḥazm ü iḥtiyāṭa {3} riʿāyeten İskenderiye'de āmāde eylediği ʿasākirden sābıḳ Mekke-i Mükerreme Muḥāfızı Ḥasan Paşa başbuğluğuyla ʿasākir ve mühimmāt-ı vāfiye daḫi {4} göndermek üzere tehyi'e ve īṣālleri cenk gemilerine mütevaḳḳıf olaraḳ Donanma-yı Hümāyūn maʿiyyetinden biraz sefīne gönderilmesini {5} taḥrīr ü beyān eylemiş ise daḫi el-ḥāletü-hāẕihī Donanma-yı Hümāyūn'uñ mecmūʿı Mora üzerinde olub tamām iş görecekleri mevsim {6} oldığından bi-luṭfihī Taʿālā ḳarīben Mora maṣlaḥatı ber-vefḳ-i murād ḥüsn-i ṣūret kesb iderek ol vechile cānib-i Mıṣır'a daḫi Donanma-yı Hümāyūn {7} sefīneleri irsāli ḫuṣūṣı iḳtiżāsına göre Donanma-yı Hümāyūn serʿaskeri Ḳapūdāna beğe taḥrīr ve Mıṣır vālīsi müşārun-ileyhe tekrār {8} taḥrīrāt iṭāresiyle bu gemileriñ varacağına baḳmayub muḳteżā-yı ġayreti üzere evvel-be-evvel müste'men sefīneleriyle gerek {9} ẕaḫīre ve gerek ʿasker ve mühimmāt-ı muḳteżiye irsāliyle Girīd'e iʿāneniñ çāresini istiḥṣāl eylemesi tenbīh ve teẕkīr olunmuş oldığından {10} ġayrı İzmīr iskelesi işlek bir maḥal olub her ṭarafdan ḥavādis̱ alınmaḳ mümkin olacağından Girīd ṣularınıñ ḥālini {11} ve es̱nā-yı rāhda izbāndīd tekneleriniñ geşt ü güẕārını ḫaber alaraḳ İzmīr ṭarafından ehl-i İslām tüccār tekneleriyle Girīd'e {12} biraz ʿasker irişdirmeniñ çāresini ikmāl eylemesi saʿādetlü İzmīr muḥāfızı ḥażretlerine işʿār ve te'kīd ḳılınmış oldığından {13} inşā'allāhü'r-Raḥmān ḳarīben Mıṣır vālīsi müşārun-ileyh ṭarafından gönderilecek ʿasker ile İzmīr'den daḫi mümkin oldığı ḥālde {14} irsāl olunacaḳ ʿasker

irişerek ve Mora ġāʾilesiniñ indifāʿıyla Donanma-yı Hümāyūn daḫi berü aḏalar arasına {15} gelerek Girīd'de ʿiṣyān iden gāvurlar daḫi belālarını bulacaḳları elṭāf-ı İlāhiyye'den meʾmūl ü müstedʿā ve Mıṣır vālīsi {16} müşārun-ileyh göndermiş oldıġı ẕaḫīreden başḳa ʿasker ve mühimmāt ve biraz ẕaḫīre daḫi irişdireceği hüveydā olmaġla {17} hemān siz muṭmaʾinnü'l-ḳalb olub merdāne ve şecīʿān[e] ḥareket-birle [her] bir ṭarafdan ʿuṣāt-ı kefereniñ ḳahr ü tedmīrleri {18} emrinde lāzım-ı icrā olan tedābīr-i ṣāʾibeniñ īfāsı ḫuṣūṣuna ṣarf-ı liyāḳat iderek iki cihānda nāʾil-i fevz ü felāḥ {19} olmaḳlıġa cānsipārāne himmet buyurmaları siyāḳında ḳāʾime. Fī 22 M 37

[*574/94*] ***Ḳapūdāna beğe***
{1} Aḳdeñiz'de olan Ṣulıca ve Çamlıca gāvurlarınıñ şeḳāvet ü ʿiṣyānları Girīd cezīresinde vāḳiʿ İsfākya reʿāyāsına {2} daḫi sirāyet iderek reʿāyā-yı mersūme civārlarında vāḳiʿ Abḳoron ve Ḥānya ve Ayvāṣil ve Resmo nāḥiyelerine hücūm ve ehl-i İslām ile {3} muḥārebeye ictirā ve Ḳandiye ve Ḥānya ve Resmo sancaḳlarından daḫi sekiz biñ miḳdārı reʿāyā ʿuṣāt-ı mersūmeye iltiḥāḳ eylediklerinden {4} ʿasākir-i İslāmiyye iḥtişādıyla bā-ʿavn-i Bārī ol maḳūle bāndıra-küşā-yı ʿiṣyān olan ḫavene-i dīniñ ḳahr ü iżmiḥlālleri emr-i ehemmine {5} iʿtinā olunmuş ise de Girīd ahālīsiniñ derkār olan cebānlıḳlarından nāşī Ḥānya'dan çıḳarılan ʿasker düşmen üzerine {6} varmayaraḳ girü ʿavdet eylemiş ve Ḳandiye'den birṭaḳım ġayretsizler cihād içün olan cemʿiyyetlerini derūn-ı Ḳandiye'de mevcūd {7} reʿāyā üzerine taḥvīl iderek baʿżı gūnā taʿaddiyāta ibtidār ve gāvurlar daḫi şımarub nevāḥī ve ḳurāyı ḥaṣr ü tażyīḳ {8} ve Ḳandiye'niñ ṣuyunı ḳaṭʿa ictisār eylemiş olduḳları beyānıyla ʿācilen mühimmāt ü edevāt ve ʿasker ile imdād olunması {9} bundan aḳdem saʿādetlü Ḳandiye muḥāfızı ḥażretleriyle Resmo Muḥāfızı ʿOṣmān Paşa ṭarafından bā-taḥrīrāt inhā olunmuş olub {10} Girīd cezīresi gāvurlarınıñ bu ṣūretle vāḳiʿ olan ʿiṣyānları cihetiyle ḳahr ü tedmīrleri lāzımeden ise de bunlarıñ {11} müdāfaʿa-i aʿdāya ḳudret-yāb olamadıḳları tevārüd iden taḥrīrātları müfādından müstebān ve yiğirmi yedi sene bu ḳadar zaḥmet {12} ü meşaḳḳat ile fetḥ ü tesḫīr olunmuş ve yolunda bunca ümmet-i Muḥammed nūş-ı şerbet-i şehādet eylemiş Girīd gibi bir ḥıṣn-ı ḥaṣīn {13} ve metīn cezīreniñ bu ḥālde bıraġılması bir vechile tecvīz olunur mādde olmadıġından ve Aḳdeñiz'de olan izbāndīd kāfirleri {14} ġāʾilesi henüz berṭaraf olamadıġından Girīd'e bu ṭarafdan ʿasker ve mühimmāt irsāliniñ tīz elden çāresi bulunamayaraḳ {15} ol vaḳt şeref-rīz-i sünūḥ olan emr ü irāde-i seniyye-i şāhāne iḳtiżāsı üzere işbu Girīd cezīresine imdād ü iʿānet māddesi {16} ne vechile olur ise öylece icrāsına himmet eylemek üzere müstaḳillen saʿādetlü Mıṣır vālīsi ḥażretleriniñ ʿuhde-i ġayret ü ḥamiyyetine {17} iḥāle olunmuş idi. Bu defʿa müşārun-ileyh Mıṣır vālīsi ḥażretleriniñ bu ḫuṣūṣa cevāb olaraḳ vārid olan taḥrīrātlarında **(43)** muḳteżā-yı meʾmūriyyet ve ġayreti üzere

cezīre-i merḳūmeye tīz elden iki ḳıṭʿa müsteʾmen sefinesiyle ẕaḫīre göndermiş ve İskenderiye'de {2} āmāde eylediği ʿasākirden sābıḳ Mekke-i Mükerreme Muḥāfıẓı Ḥasan Paşa başbuğluğuyla kifāyet miḳdārı ʿasker ve mühimmāt göndermek {3} üzere tehyiʾe itmiş ise de bunlarıñ cezīre-i merḳūmeye irsāli cenk gemilerine muḥtāc oldığından Donanma-yı Hümāyūn maʿiyyetinde olan {4} kendü sefineleriyle iki ḳıṭʿa fırḳateyn-i hümāyūn terfiḳ olunaraḳ İskenderiye'ye irsāl olunur ise tehyiʾe eylediği ʿasākir ve mühimmātı {5} irkāb ve taḥmīl ile derḥāl cezīre-i meẕkūreye irsāl eyleyeceği ve izbāndīd eşḳıyāsınıñ İsfākya ʿuṣātına iʿāne idecekleri {6} meczūm oldığından līmānı żabṭ ve eṭrāfı muḥāfaẓa olunmaḳ lāzımeden oldığına bināʾen ẕikr olunan sefāyin ile bi'l-ittiḥād cezīre-i {7} merḳūme eṭrāfını muḥāfaẓa eylemeleri-çün Ġarb Ocaḳları sefāyininiñ daḫi maʿiyyetine meʾmūr ḳılınması ḫuṣūṣı muḥarrer ü mesṭūr ve müteʿāḳiben {8} Ḥānya Muḥāfıẓı saʿādetlü Luṭfullāh Paşa'nıñ gelan taḥrīrātında daḫi yine ʿasker ve mühimmāt ve ẕaḫīre irişdirilmesi ḫuṣūṣı {9} müstedʿā ve meẕkūr olub ancaḳ el-ḥāletü-hāẕihī Mora üzerinde olan Donanma-yı Hümāyūn'uñ [ne] ḥālde oldığı maʿlūm olmadığından {10} başḳa Mora maṣlaḥatınıñ daḫi kemāl-i ehemmiyyetine bināʾen bi-ʿavnihī Taʿālā Mora meʾmūrları ḳaradan ve Donanma-yı Hümāyūn daḫi deryādan tamām iş {11} görileceği mevsimde Donanma-yı Hümāyūn'dan sefine ifrāzıyla Mıṣır'a gönderilmesi meʾmūrlarıñ ẕihnlerini taḫdīş ve cenābıñızıñ {12} ḳurdığıñız tedbīri teşvīş ideceğine mebnī bu ṣūretiñ şimdilik idāre ve teklīfi cāʾiz olmadığı misillü Girīd cezīresini {13} daḫi bu ḥālde bıraḳmaḳ münāsib olmayacağından ve müşārun-ileyhiñ maṭlūb eylediği sefāyiniñ irsāli Mora maṣlaḥatınıñ bi-luṭfihī Taʿālā {14} bir ḥüsn-i ṣūret kesb itmesine menūṭ oldığından inşāʾallāhü'r-Raḥmān Donanma-yı Hümāyūn'uñ Mora üzerinde ḳarīben maṣlaḥatları ḫitām-peẕīr {15} olaraḳ baʿdehū aḏalar arasına inildikde müşārun-ileyhiñ istediği sefineleriñ ifrāz ve irsāli mevsimi olur ise de {16} ḫaberi bu ṭarafa gelüb baʿdehū ṭarafıñıza yazılması biraz vaḳte muḥtāc olacağı ecilden şimdiden keyfiyyetiñ cenābıñıza bildirilerek {17} ṣırası geldiği gibi iḳtiżāsına baḳmañız muvāfıḳ-ı maṣlaḥat olub şöyle ki, siz el-ḥāletü-hāẕihī Donanma-yı Hümāyūn'uñ bi'l-istiḳlāl {18} serʿaskeri ve Devlet-i ʿAliyye'niñ ṣādıḳ ve muʿtemed bendesi oldığıñızdan Donanma-yı Hümāyūn'uñ ve gerek Mıṣır ve Cezāyir sefineleriniñ {19} īcāb ü iḳtiżāsına göre iʿmāl ü istiḫdāmları siziñ reʾy ve dirāyetiñize muḥavvel oldığına bināʾen işbu Girīd cezīresi keyfiyyeti {20} daḫi ber-vech-i meşrūḥ maʿlūmuñuz olaraḳ inşāʾallāhü Taʿālā Mora maṣlaḥatı bir ḥüsn-i ṣūret bulub aḏalar arasına indiğiñiz zamān mı {21} olur, veʾl-ḥāṣıl bu vesīle ile elzem olan ve ṣırası gelmiş bulunan maṣlaḥat girüye bırağılmayaraḳ her ne vaḳt mevsim ve ṣırası {22} gelüb münāsib görürseñiz ol zamān Mıṣır vālīsi müşārun-ileyhiñ maṭlūbı vechile kendü sefineleriyle Cezāyir teknelerini Donanma-yı {23} Hümāyūn'dan daḫi münāsib gördiğiñiz iki ḳıṭʿa fırḳateyn-i hümāyūn ifrāz ile ḏoğrı İskenderiye'ye irsāl olunmaḳ ḫuṣūṣı {24} münāsib görülmüş ve irāde-i seniyye-i mülūkāne daḫi ol ṣūrete taʿalluḳ iderek keyfiyyet iḳtiżāsı vechile vālī-i müşārun-ileyhe {25} ṭarafımızdan yazılmış olmağla cenābıñız muḳteżā-yı meʾmūriyyet ve dirāyetiñiz üzere şimdiden işbu Girīd cezīresi māddesini {26} daḫi tafṣīl ü beyān olundığı vechile bilerek ve bu defʿa bu māddeniñ ṭarafıñıza işʿārı mücerred keyfiyyet maʿlūmuñuz olub {27} ne vaḳt mevsimi gelür ise ol vaḳt muḳteżāsını icrā eylemeñiz ġarażı[ın]dan ʿibāret oldığını añlayaraḳ ve bu ḫuṣūṣ vesīlesiyle {28} elzem olub ṣırasına gelmiş olan maṣlaḥatı girüye bıraḳmayaraḳ bi-ḥavlillāhi Taʿālā Mora maṣlaḥatı bir ḥüsn-i ṣūret bulduḳdan ṣoñra {29} bu māddeniñ daḫi her ne vaḳt ṣırası gelür ve ne zamān münāsib görürseñiz ol vaḳt Mıṣır vālīsi müşārun-ileyhiñ maṭlūb {30} eylediği sefīneleri münāsib gördiğiñiz iki ḳıṭʿa fırḳateyn-i hümāyūn ile berāber ḏoğrı İskenderiye'ye irsāl eylemeñiz īcāb-ı {31} maṣlaḥatdan oldığını beyān siyāḳında ḳāʾime. Taḥrīr[en ...] Lede'l-vuṣūl bi-mennihī Taʿālā mevsimi gelüb İskenderiye'ye sefāyin-i Mıṣriyye ve sāʾir ile {32} irsāl eyleyeceğiñiz fırḳateyn-i hümāyūnlarıñ ẕaḫīresizliklerini endīşe itmeyüb İskenderiye'ye vardıḳlarında gerek ẕaḫīre ve gerek {33} sāʾir cihetle her ne noḳṣānları var ise vālī-i müşārun-ileyh ṭarafından iʿṭā ve tanẓīm olunacağı maʿlūmuñuz olduḳda hemān {34} cenābıñız her ḥālde muḳteżā-yı dirāyeti ve serʿaskerlik meʾmūriyyetiñizi icrā ve sizden meʾmūl olan ṣadāḳat ve şecāʿat {35} ü ġayreti ibrāza iʿtinā iderek müteraḳḳıb ü muntaẓır oldığımız aḫbār-ı sārreniñ işʿārına bezl-i naḳdīne-i himmet eyleyesiz. Fī 22 M 37

[*574/98*] ***Silistre vālīsine***

{1} El-ḥāletü-hāẕihī Rūsyalunuñ muḳaddemā şüyūʿ buldığı üzere külliyyetlü tedārüki olmayaraḳ ṣūret-i ẓāhirde sükūnetleri {2} olub işbu Eylül evāḫirinde Rūsyalu ve Nemçelü ve Prūsyā ḳralları li-ecli'l-mükāleme Beç'de tecemmuʿ idecekleri menḳūl {3} oldığı ve el-yevm Boğdān ṭarafında yiğirmi ḳıṭʿa ṭop ve aña göre cebeḫāne ve mühimmāt mevcūd ise de ḥasbe'l-iḥtiyāṭ muḥāfaẓaları {4} ʿasākir-i vefīreye muḥtāc ve Boğdān'da ise ʿaskeriñ ḳılleti derkār idüği ve ẕikr olunan ṭoplarıñ berülere iʿāde {5} olunub olunmamasını Boğdān Çarḫacısı saʿādetlü Ṣāliḥ Paşa ḥażretleri ṭaraf-ı müşīrīlerine yazmış oldığından ol bābda {6} sünūḥ idecek irāde-i seniyyeniñ işʿār ḳılınması ḫuṣūṣunı şāmil ve Eflāḳ ve Boğdān ṭarafları-çün Anāḏolī cānibinden {7} müretteb on üç biñ üç yüz şu ḳadar meştā ʿaskeriniñ Boğdān'a olanları Babaḏağı'nda ve Eflāḳ'a olanları Rūsçuḳ'da {8} tecemmuʿ ile baʿdehū defʿaten ḳarşuya imrārları irāde buyurulmuş ise daḫi ʿasākir-i merḳūmeniñ Rūsçuḳ'da tecemmuʿı ṣūreti gerek {9} mesken ü meʾvā ve gerek taʿyīnātları cihetiyle mūcib-i ʿusret ve belki tekmīl-i tecemmuʿlarına ḳadar bir ṭarafdan firār ü teşettütlerine bāʿiṣ {10} bir keyfiyyet olacağından böyle olmaḳdan ise ʿasākir-i meẕkūre tevārüd eyledikçe berülerde alıḳonmayaraḳ vaḳtiyle ṭaḳım ṭaḳım {11} Eflāḳ'a imrār ve münāsib olan ḳaṣabalara tesyār ve iḳāmeleri münāsib olacağını müştemil tevārüd iden taḥrīrāt-ı müşīrīleri {12} mezāyāsı ıṭṭılāʿ-i ḫulūṣ-verī ile meşmūl olmuş ve işbu ʿasker ḫuṣūṣuna dāʾir inhā-yı müşīrīleri vechile Rūsçuḳ Mütesellimi Muṣṭafā (46) Paşa'nıñ daḫi taḥrīrātı vürūd itmiş oldığından cümlesi ḫāk-pāy-ı hümāyūn-ı cenāb-ı şāhāneye daḫi bi't-taḳdīm manẓūr-ı naẓar-ı ḥażret-i {2} pādişāhī buyurulmuşdur. Boğdān'da ʿaskeriñ ḳılleti ve ẕikr olunan ṭopların i̇ʿādeleri keyfiyyeti bu defʿa çarḫacı-i müşārun-ileyh Dersaʿādet'e {3} daḫi taḥrīrāt iṭāresiyle bu ḳış ol ṭarafda meştā olunmaḳ lāzım gelse açıḳ maḥal oldığından şuʿūbet çekileceği beyānıyla {4} Foḳşān ve İbrāʾīl civārlarında iḳāmeti münāsib olacağını daḫi īmā ve işʿār itmiş ve Yergöği Muḥāfıẓı Ḥaḳḳī Paşa daḫi bundan aḳdem {5} tedārük itmiş oldığı bir miḳdār aylıḳlu ʿaskeriñ birazını Yergöği muḥāfaẓasında tevḳīf ve ḳuṣūrını birāderiyle Bükreş cānibine {6} sevḳ eylemiş ise de el-ḥāletü-hāẕihī mevsim-i şitā taḳarrüb eylediğinden ʿasker-i meẕkūruñ terk olunub olunmamasını ve bu eṣnāda Vidīn {7} muḥāfıẓı ḥażretleri maʿrifetiyle Ṭırnovī ḳażāsından tertīb olunan beş yüz nefer piyāde ʿaskerden Rūsçuğ'a göndermiş oldığı {8} iki yüz neferiñ Yergöği'ye irsāl itdirilmesini bā-taḥrīrāt beyān eylemiş olub Rūsyalunuñ geçen Ağustos'uñ evāsıṭında {9} iʿlān-ı ḥarb itmesi ḥavādiṣi her ṭarafdan şüyūʿ bulmuş iken ṣoñra ẓuhūr itmeyerek şimdiki ḥālde sükūnet ṣūreti meşhūd ise de {10} böyle girü ḍurmasınıñ sebebi beher-ḥāl Devlet-i ʿAliyye ile fesḫ-i ṣulḥ itmāmek niyyetinden iḳtiżā itmeyerek yine bir ḥīle taḥtında iḫtilās-ı vaḳt {11} fesādından oldığı ẓāhir ve ḥattā şimdiye değin ṭaraf ṭaraf bu ḳadar Rum gāvurları ḳahr ve iʿdām olunmaḳda iken "Serbestiyyetimiz {12} ḥāṣıl olmadıḳça yatışmayız" deyu söyleyüb ḍayanmaları mücerred Rūsyaluya ittikālarından iḳtiżā eylediği ve cemīʿ zamānda ve bilḫuṣūṣ {13} bu ḳış içinde Mosḳovludan ḳaṭʿan emniyyet cāʾiz olmadığı emr-i ġayr-ı müstetir olmaḳ mülābesesiyle her bir maṣlaḥata yeñiden başlamış gibi {14} gevşetmameğe diḳḳat olunmaḳ lāzıme-i vaḳt ü ḥālden ve Yaş'da olan ṭopların iʿādeleri ve çarḫacı-i müşārun-ileyhiñ {15} Foḳşān ve İbrāʾīl ṭaraflarına naḳli ṣūretleri cāʾiz olmadığı vāżıḥātdan olub müşārun-ileyhiñ ol vechile işʿārı {16} mücerred Boğdān boyārlarınıñ ṣūret-i ḥaḳdan gelerek kendüyi iḫāfe ve iğfālinden [ve] aḳçe ve ʿaskersizlik cihetiyle {17} vesveseye düşürmüş olmalarından īcāb ideceği bedīdār ise de el-ḥāletü-hāẕihī el-ān Boğdān'da mevcūd ve müteḥaşşid olan {18} ʿaskerden başḳa maʿrifet-i serʿaskerīleriyle gönderilecek beş biñ nefer ʿasākiriñ üç biñ neferi bugünlerde {19} irsāl ile māʿadāsı daḫi gönderileceği ṣavb-ı saʿādetlerinden işʿār ü taḥrīr olunmuş ve Anāḍolī ṭarafından mürettеb meştā {20} ʿaskeri daḫi gidecek oldığına ve müşārun-ileyhe muḳaddemce yiğirmi beş biñ ġurūş ʿaṭiyye-i seniyye gönderilüb İbrāʾīl {21} Muḥāfıẓı sābıḳ saʿādetlü Yūsuf Paşa'nıñ daḫi ḳuyulara vażʿ itmiş oldığı ẕaḫāyiriñ żabṭ ve ṣarfı tenbīh ḳılınmış {22} idüğüne naẓaran müşārun-ileyhiñ şimdilik ʿasker ve ẕaḫīre ve aḳçe cihetiyle müżāyaḳası mündefiʿ olmaḳ iḳtiżā eyleyeceği ve ʿalelḫuṣūṣ {23} ẕikr olunan ṭopların iʿādeleri lāzım gelse sāʾir ʿasker daḫi maṣlaḥat bitdi diyerek ʿavdete yüz ṭutmaları maḥẕūriyyeti {24} müstelzim ve müşārun-ileyh Ṣāliḥ Paşa'nıñ Foḳşān ve İbrāʾīl civārlarına naḳli taḳdīrinde daḫi ʿasker tecemmuʿı ve ḥüsn-i idāreye {25} Yaş ṭarafı cesbān idüği ecilden müşārun-ileyhiñ ol vechile oldığı maḥalde s̱ebāt ü ḳarār eylemesi müşārun-ileyhe işʿār {26} olunması ve sālifü'ẕ-ẕikr Anāḏolī ṭarafından mürettеb meştā ʿaskerinden Boġdān'a olanlar Babaḏaġı'nda ve Eflāḳ'a olanlar Rūsçuḳ'da {27} tecemmuʿ ile andan ḳarşuya imrārları ṣūreti muḳaddemā Rūsyaludan dolayı baʿżı mülāḥaẓaya mebnī reʾy ü tensīb olunmuş ise de {28} Rūsçuḳ ḳaṣabasınıñ tengliğine bināʾen ʿasker-i mezḳūruñ tamāmen ol ṭarafda tecemmuʿ idinceye ḳadar tevḳīf ve idāreleri ahālīye {29} ṣuʿūbetli olacağından ve Boġdān ṭarafından daḫi külliyyetlü ʿasker ṭaleb olunmaḳda idüğünden bundan böyle Rūsçuġ'a tevārüd idecek {30} meştā ʿaskeriniñ ilerü gelenlerini defteriyle Boġdān ṭarafına göndermeleri ve ẕāt-ı saʿādetleri erbāb-ı dirāyetden bir vezīr {31} ve ṣāḥib-i reʾy ü tedbīr olaraḳ ol ḥavālī meṣāliḥiniñ bi'l-istiḳlāl meʾmūrı ve her bir ḫuṣūṣuñ ṣūret ve iḳtiżāsı {32} eṭrāfıyla maʿlūmları olmaḳ mülābesesiyle kāffe-i mevāddı ḥāl ve īcāb-ı vaḳte taṭbīḳan rüʾyet ü icrā eyleyeceklerinden {33} kāffe-i ḫuṣūṣuñ ʿuhde-i istiḳlāllerine iḥālesi bi'l-cümle muḥāfıẓīn ve meʾmūrīn-i sāʾire daḫi bu mis̱illü mevāddıñ cümlesini {34} ṭaraf-ı serʿaskerīlerine yazub siziñ reʾy ve tenbīhiñiz vechile ḥareket itmeleri ḫuṣūṣları tensīb olunmuş ve irāde-i seniyye-i {35} mülūkāne daḫi bu uṣūlüñ icrāsına müteʿalliḳ olaraḳ keyfiyyet müşārun-ileyh Ṣāliḥ Paşa ḥażretlerine ve sāʾir muḥāfıẓ ve meʾmūrīne {36} ol vechile tafṣīlen işʿār ḳılınmış oldığından ġayrı Yergöġi muḥāfıẓı mūmā-ileyh daḫi ol ṣūretle tevḳīf ve istiḫdām ideceği aylıḳlu {37} ʿaskeriñ ṣoñra maṣārifi kendüye virileceği ve Ṭırnovī ʿaskerinden Rūsçuḳ'da olan iki yüz neferiñ Yergöġi'ye irsālini ṭaraf-ı müşīrīlerine {38} yazub naṣıl irāde iderseñiz ol vechile olmaḳ iḳtiżā eyleyeceği keyfiyyeti daḫi bildirilmiş olmağla hemān ẕāt-ı saʿādet-āyāt-ı müşīrīleri {39} her ḥālde īfā-yı şerāyiṭ-i mehām-dānī ve dirāyet ü reviyyete himmet buyurmaları siyāḳında ḳāʾime. Fī 22 M 37

[574/106] ***İzmīr ve Baḥr-i Sefīd ve Sāḳız ve İstānköy ve Limnī muḥāfıẓlarına ve Çirmen ve Rodos mutaṣarrıflarına ve Selānīk mütesellimine ve Ḳıbrīs muḥaṣṣılına ve Midillü muḥāfıẓıyla nāẓırına başḳa başḳa***

{1} Rum milleti beyninde derkār olan fesād ü ʿiṣyān cihetiyle memālik-i maḥrūse-i Devlet-i ʿAliyye'de baʿżılarından firār ile zümre-i {2} erbāb-ı şeḳā ve ʿiṣyāna iltiḥāḳ iden ve baʿżen ʿiṣyān ü fesādı sebebiyle iʿdām ü izāle olunan ve baʿżen daḫi hemān {3} ḫavfa tebaʿiyyet ile firār iden reʿāyādan düvel-i uḫrā tebaʿaları alacaḳ iddiʿāsıyla Devlet-i ʿAliyye ile dost olan {4} devletler ilçileri ṭaraflarından taḳrīrler virilerek taḥṣīl itdirilmesi istidʿā olunmaḳda ve o maḳūlelere ḥasbe'l-vaḳti ve'l-ḥāl {5} inhā ve istidʿāları muḳārin-i ṣıḥḥat oldığı ve iltimāsları olan ḫuṣūṣuñ ba'de'l-yevm maḥallinde görülmesi irāde buyurılacaḳ {6} oldığı ḳuyūd-ı iḥtirāziyyesiyle mevsimiyle alacaḳlarına mu'āvenet olunmaḳ żımnında mektūblar virilmekde ise de bu maḳūle düvel-i {7} ecnebiyye teba'asınıñ gerek [?] mürd ü hālik olub dükkān ve maġāzası temhīr ve żabṭ olunan ve gerek firār idüb keẕālik {8} dükkān ve eşyāları mühürlenmiş olan gāvurlardan eyledikleri alacaḳ iddi'āsı vaḳtiyle görilecek ve gereği gibi keyfiyyeti tebeyyün **(49)** ü taḥaḳḳuḳ eyledikden ṣoñra iḳtiżāsına baḳılacaḳ mevāddan oldığına naẓaran şimdiden mektūb virilmiş diyerek ve derūn-ı {2} mektūbumuzda īmā olunan "mevsimiyle" ta'bīrine diḳḳat olunmayaraḳ hemān tanẓīmi dā'iyesine düşülmek iḳtiżā itmeyeceği mis̱illü düvel-i {3} ecnebiyyeye daḫi bu uṣūlden serrişte virilmek daḫi cā'iz olmadığına binā'en cenāb-ı müşīrīleri o maḳūle maḳtūl ve firārī {4} gāvurlardan düvel-i müteḥābbeden biriniñ teba'ası alacaġı iddi'āsı vuḳū' bularaḳ ol bābda ṭaraf-ı müşīrīlerine yazılan mektūbumuzuñ {5} vuṣūlünde kendülere renk ve serrişte virmeyüb, "El-ḥāletü-hāẕihī alacaḳ iddi'ā olunan re'āyānıñ henüz māl ü eşyāsı {6} keyfiyyeti ne vechiledir ve ṣāḥibi kimdir, tebeyyün itmeyüb şöyle bir dükkān ve maġāzası temhīr olunmuş ise de bunuñ ṣūret ve ḥaḳīḳati {7} ve mevcūd olan māl ü eşyā kendünüñ oldığı tebeyyün eyleyerek ve alacaḳ ve vireceğiniñ kemmiyyet ve miḳdārı daḫi {8} bilinerek ṭaraf-ı Devlet-i 'Aliyye'ye inhā olunub irāde-i seniyye ta'alluḳ eyledikden ṣoñra görilecek şeydir ve Devlet-i 'Aliyye'niñ dostı olan {9} devletler teba'a ve tüccārınıñ żarar ü ziyāndan viḳāyesi Salṭanat-ı Seniyye'niñ maṭlūbı olaraḳ bizim daḫi me'mūriyyetimiz iḳtiżāsındandır. {10} Vaḳt ü mevsimi geldikde şöyle böyle mu'āvenet ideriz." diyerek lāyıḳıyla dostāne iskāt ve maṣlaḥatı bu ṭarafa düşürmeyerek {11} ḥakīmāne ilzām eylemeñiz lāzımeden oldığı miṡillü bu vesīle ile āḫar bir iddi'ā ve istid'āları ẓuhūruyla ol ḫuṣūṣ żımnında yazılan {12} mektūbumuzuñ daḫi bu uṣūle taṭbīḳi īcāb itmeyeceği ẓāhir ve ancaḳ gerek i'dām olunan ve gerek firār eyleyan gāvurlardan {13} iddi'ā vuḳū'unda nāzikāne ve ḥakīmāne ta'līḳ-i maṣlaḥata ihtimām itmeñiz lāzım geleceği müberhen ü bāhir olmaġla muḳteżā-yı dirāyet {14} ü feṭānet-i müşīrīleri üzere zīr-i idārelerinde olan maḥāl re'āyāsından ancaḳ fesāda medḫali cihetiyle i'dām olunanlardan {15} yāḫūd firārīlerden düvel-i ecnebiyye teba'asından biriniñ bu ṣūretle iddi'āsı vuḳū'a gelerek ṭarafımızdan mektūb yazılur ise {16} vaḳt-i münāsibi gelinceye ḳadar müdde'īniñ dostāne ilzām ü iskātıyla ta'līḳ-i maṣlaḥata ve kendülere bir gūne serrişte virilmamesine {17} ve iştikā vuḳū'a gelmamesine himmet ü diḳḳat buyurmaları siyāḳında ḳā'ime. Fī 28 M 37

[*574/114*] ***Yānya cānibi ser'askeri ḥażretlerine***

{1} Vezīr-i mükerrem sa'ādetlü Sīrozī Yūsuf Paşa ve Ḳapūdāna beğ ve Bālyabādra'da olan tüfenkçibaşıları bendeleriniñ ṭaraf-ı sipeh-sālārīlerine

{2} gelüb taḳdīm buyurılan taḥrīrātlarıyla cānib-i ʿālīlerinden tevārüd iden taḥrīrāt mezāyāları ḥarf-be-ḥarf maʿlūm-ı muḫlişī olduḳdan ṣoñra {3} rikāb-ı hümāyūn-ı ḥażret-i pādişāhīye ʿarż ile manẓūr-ı naẓar-ı merḥamet-es̱er-i ḥażret-i ẓıllullāhī buyurulmuşdur. Müşārun-ileyh Yūsuf Paşa ile {4} Ḳapūdāna beğ ve tüfenkçibaşı-i mūmā-ileyhiñ me'āl-i taḥrīrātlarından el-ḥāletü-hāẕihī Mora cezīresinde ʿuṣāt-ı kefereniñ ṭuġyān ü ġaleyānı {5} taḳrībiyle Ṭrābolīçe ṭarafı ġāyet şıḳışmış ve Mora Vālīsi saʿādetlü Meḥmed Paşa İstifa ṭarafında ḳalub Mora Derbendi'nden berren mürūrı {6} güçleşmiş ve Donanma-yı Hümāyūn el-yevm Bālyabādra körfezinde olaraḳ mevsim ḍaralmış oldığından Donanma-yı Hümāyūn me'mūrları ile {7} bi'l-müẕākere bi-ʿavnihī Taʿālā ḳarīben bir iş görmek me'mūlüyle Donanma-yı Hümāyūn ve Mısır ve Cezāyir sefāyininden ve sā'irden otuz üç ḳıṭʿa {8} sefāyin tertīb ve Livādya ve Ġalāḳşidī iskelelerinden Mora vālīsi müşārun-ileyhi ve sā'ir bulunan me'mūrīn ve ʿasākiri alub {9} Mora üzerine çıḳarmaḳ üzere işbu māh-ı Muḥarremü'l-Ḥarām'ıñ ikinci güni Riyāla beğ bendeleri başbuġluġuyla irsāl olunmuş ve müşārun-ileyh {10} Yūsuf Paşa ḥażretleri daḫi iki biñ nefer güzīde ʿasker ile sefāyin-i meẕkūreye rākib olaraḳ berāber gitmiş oldığı ve Rūz-ı {11} Ḳāsım'ıñ taḳarrübi ve mevsim fūrtunalarınıñ yüz göstermesi ve Bādra körfezi açıḳ ve saḳaṭ maḥal oldığından līmān mis̱illü {12} sığınacaḳ maḥal olmadığı ve meḥāẕīr-i sā'ire cihetleriyle bundan böyle Donanma-yı Hümāyūn'uñ ol ḥavālīde beş-on gün ārām itmesi ġayr-ı mücāz {13} idüği müstefād ve ẕāt-ı sāmīleriniñ taḥrīrāt-ı vāride-i ṣafderānelerinden daḫi Donanma-yı Hümāyūn'uñ Mora'ya gelmesi gerek Mora ve gerek Yānya {14} ve sā'ir ol ḥavālī gāvurlarınıñ ḫavf ü ḫaşyetlerini mūcib oldığı mis̱illü mūmā-ileyh Ḳapūdāna beğiñ inhāsı üzere Ḳāsım geldiği bahānesiyle {15} Mora ṣularından ayrılması lāzım gelür ise maʿāẕallāhü Taʿālā Mora elden gideceği ve gāvurlarıñ daḫi ḳuvvetlenmesine bāʿis̱ olacağı beyānıyla {16} Donanma-yı Hümāyūn'uñ Ḳāsım vesīlesiyle Mora ṣularından ayrılmaması mīr-i mūmā-ileyhe tenbīh olunub nezd-i serʿaskerīlerinde cebeḫāneniñ ḳılleti {17} ve Nārda ve Preveze ve Pārġa ḳalʿaları ve maḥāll-i sā'ire içün Ayāmāvra ṭarafından bugünlerde iştirā olunan ẕaḫāyiriñ bahāsı {18} ṭaraf-ı ʿālīlerinden virilmiş ise de bundan böyle daḫi iştirāsına iḥtiyāc derkār idüği beyānıyla Yānya ordusı-çün bārūt {19} ve fişenk ve nüzül emīnine aḳçe tertīb ve tesrīb ḳılınması keyfiyyātı müstebān olub vāḳıʿan Donanma-yı Hümāyūn'uñ Ḳāsım'dan ṣoñra Mora {20} ṣularında tevḳīf ve ʿadem-i tevḳīfi ṣūretlerinde ikisi daḫi maḥẕū[r]lı ve müşkilce oldığından ġayrı Donanma-yı Hümāyūn levendātı ḫaylī {21} vaḳtden berü ol ḥavālīde bulunaraḳ eks̱eri marīż ve birazı fevt olmuş ve mühimmāt daḫi ḥadd-i lāyıḳında olmadığından bunlara niẓām {22} virilmek lāzım gelmiş oldığından mūmā-ileyh Ḳapūdāna beğ bendeleri Ġalāḳşidī ṭarafında olan gāvur gemilerini ve ḳayıḳlarını {23} gönderilan Donanma-yı Hümāyūn sefīneleri aḫẕ ü girift ve birazını ġarḳ ü iḥrāḳ ve ḳaraya ʿasker iḫrāc olunaraḳ ve bir ṭarafdan müşārun-ileyh {24} Yūsuf Paşa daḫi irişerek ḫān ve meskenlerini külliyyen taḫrīb ve vāfir gāvurları ḳahr ü tedmīr ve ellerinde olan üserā-yı Müslimīn {25} taḫlīş ve Bādra'ya tesyīr olunduḳdan şoñra Donanma-yı Hümāyūn'uñ noḳṣānları tetmīmi-çün Zānṭa ṭarafından ḳalḳub Aḳdeñiz boğazına gelmiş {26} ve mūmā-ileyh Ḳapūdāna beğ ve sefāyin-i Mıṣriyye ve Cezāyir gemileri başbuğları keyfiyyet şifāhen müẕākere ve mālzeme-i donanma tetmīm ve aña göre {27} ḳuvvetlüce iʿāde olunmaḳ üzere berren sebük-bārca Dersaʿādet'e celb ile ḳarārına teşebbüs olmuş ve henüz donanmanıñ şūret-i {28} ḥareketi ḳarār bulmamış oldığından bi-mennihī Taʿālā bundan şoñraca ne vechile ḳarār virilür ise tafṣīl-i ḥāl ṣavb-ı saʿādetlerine işʿār olunacağı {29} ve ordu-yı serʿaskerīleri-çün işʿār ve maṭlūb buyurılan bārūt ve fişenk şeref-sünūḫ iden irāde-i seniyye iḳtiżāsı üzere sābıḳlarda {30} gönderilan miḳdāra göre ṣavb-ı saʿādetlerine tesrīb olunmaḳ üzere olub nüzül emīni mūmā-ileyhe daḫi muḳaddemce ol ṭarafda olan {31} emlāk-ı hümāyūn ẕaḫāyirinden ḳadr-i kifāye ẕaḫīre tertīb ve ḥavāle ḳılınmış ve emīn-i mūmā-ileyhiñ bugün-lerde yüz biñ ğurūşluḳ polīçesi {32} gelüb virilmiş oldığından bu defʿa daḫi emīn-i mūmā-ileyhe üç yüz kīse akçe gönderilmiş idüği maʿlūm-ı sāmīleri buyuruldukda {33} ẕāt-ı ʿālīleri müşārun-ileyh Yūsuf Paşa ile saʿādetlü Mora vālīsi ḥażretleri el-yevm ne ḥālde ve ne maḥalde olduḳlarını ve Mora'nıñ {34} keyfiyyeti ne vechiledir, mümkin mertebe taḥarrī ve taḥḳīḳden ḫālī olmayaraḳ keyfiyyetlerini bu ṭarafa işʿār ü tenmīḳe ve her ḥālde işbāt-ı müddeʿā-yı {35} ğayret ü şalābete beẕl-i himmet buyurmaları siyāḳında ḳāʾime. Fī 2 Ş 37

[574/129] Sīvās vālīsine

{1} Muḳteżā-yı meʾmūriyyetiñiz üzere Mora Vālīsi saʿādetlü Meḥmed Paşa ḥażretleriyle iltiḥāḳ eylemek üzere İzdīn'e vāṣıl olmuş ve bir ṭarafdan {2} işe yarar ʿasker cemʿine mübāşeret itmiş iseñiz de saʿādetlü Behrām Paşa'nıñ ḫilāf-ı meʾmūl baʿżı ḥareketi beyānıyla bi-mennihī Taʿālā hemān {3} cemʿ itmekde oldığıñız ʿasker ile Derbend üzerine ğayret ideceğiñiz ifādesini şāmil tevārüd iden taḥrīrāt-ı müşīrīleri mezāyāsı {4} maʿlūm-ı ḫāliṣānemiz olub bu vechile īfā-yı meʾmūriyyeti mūcib vesāʾili ikmāle himmetiñiz mūcib-i maḥẓūẓiyyet olmuşdur. Cenāb-ı {5} saʿādetleriniñ meʾmūriyyeti vālī-i müşārun-ileyhle birleşmek ve ʿuşāt-ı eşḳıyāya ğayret-i İslāmiyye ve şalābet-i dīniyyeyi iẓhār ü irāʾe (57) ile iş görmek olub meʾāl-i işʿār-ı müşīrīlerine naẓaran şimdiye ḳadar cemʿ ideceğiñiz ʿasker taḥaşşüd idereḳ ḥareket {2} ve īfā-yı meʾmūriyyete müsāberet itmiş olacağıñız ẕāhir ve cenāb-ı şerīfleri āḫara "Şöyle böyle ideyor" diyerek baḳmayaraḳ {3} hemān icrā-yı meʾmūriyyet ve ibrāz-ı şecāʿat ü ḥamiyyet ile şevketlü efendimizden ḫayr duʿā almaḳlığa ve memdūḥ olmaḳlığa saʿy ü ğayret {4} buyurmañız lāzım geleceği müberhen ü bāhir olmağla, göreyim ẕāt-ı saʿādetlerini, hemān ğayret ve ibrāz-ı ḥamiyyet idereḳ vaḳt geçmeksizin {5} bir gün evvel vālī-i müşārun-ileyhle iltiḥāḳ iderek şu gāvurlardan aḫẕ-ı s̱āra ve Mora'da maḥṣūr olan bu ḳadar ümmet-i Muḥammed'e imdāda {6} beẕl-i himmet ile iki cihānda nā'il-i fevz ü selāmet olmaġa şitāb ü sür'at buyurmaları siyāḳında ḳā'ime. Fī 5 Ş 37

[574/140] *İskenderiye mutaṣarrıfına*
{1} Yānya'dan Mora'ya varınca 'iṣyān iden re'āyānıñ ḳahr ü tenkīlleri-çün biẕẕāt olan me'mūriyyetleri kendülerine mes̱īl başbuġ ile {2} külliyyetlü 'asker iḫrāc ve tesbīl eylemek üzere bā-irāde-i seniyye bundan aḳdem taḥvīl olunaraḳ ol bābda gönderilan taḥrīrāt-ı ḫulūṣ-verīniñ {3} vuṣūlünden baḥis̱le ber-mūceb-i irāde-i seniyye ḥarekete mübāderet buyurılacaġı vārid olan cevāb-nāme-i müşīrānelerinde beyān olunmuş ise de {4} el-ḥāletü-hāẕihī çıḳaracaḳları 'askeriñ ṭopı ḳalīlü'l-miḳdār oldıġı bu def'a iḫbār olunub cenāb-ı sa'ādetleriniñ bi'n-nefs {5} me'mūriyyetiñ taḥvīline ba'żı iş'ārāt-ı vāḳı'a-i düstūrīlerine mebnī ẕātıñıza mu'ādil başbuġla külliyyetlü 'asker gönderilmek üzere {6} taḥṣīl-i müsā'ade ḳılınmış oldıġına ve 'asākir-i meẕkūreniñ me'mūr olduḳları maṣlaḥat ise külliyyetlü 'asākiriñ lüzūmı āşikār idüġüne {7} ve bu maṣlaḥat dīn māddesi olub sā'ir şey'e beñzemediġine naẓaran iḫbār olundıġı vechile oldıġı ḥālde bu keyfiyyet sünūḥ itmiş {8} olan irāde-i seniyyeniñ muġāyiri olacaġı vāżıḥātdan ve ẕāt-ı sa'ādetleri daḫi bu daḳīḳalara ṣarf-ı efkār buyuracaḳları {9} dirāyet-i kāmileleri delāletiyle ma'lūm olan ḥālātdan ise de muḳteżā-yı feṭānetleri üzere şimdiye ḳadar göndirecekleri {10} 'asker iḫrāc olunamamış ise bundan ṣoñra bir ān tevḳīf ve te'ennī mis̱illü ḥālet tecvīz eylemeyüb kendülerine mu'ādil {11} başbuġla külliyyetlü 'asākir iḫrāc ü i'zāmına ṣarf-ı himem ü iḳdām buyurmaları siyāḳında ḳā'ime. Fī 11 Ş 37

[574/144] *Selānīk mutaṣarrıfına*
{1} Muḳteżā-yı me'mūriyyetleri üzere Selānīk'e vuṣūlleriniñ yedinci güni 'uṣāt-ı re'āyā üzerine ḥareket ü 'azīmet buyurmuş olduḳları {2} ve ḳażālardan lāyıḳıyla 'asker celbi mümkin olamayub Selānīk Mütesellimi Yūsuf Beğ ma'iyyetinde daḫi faḳaṭ sekiz-ḏoḳuz yüz {3} nefer 'asker mevcūd ve ḳuṣūrı ḫasta oldıġından ve Selānīk ve ḥavālīsinde külliyyetlü 'asker var ise de livā'-i mezbūre 'uhde-i müşīrīlerinde {4} olmadıġına binā'en ḥükmleri nāfiẕ olamadıġı īmāsı ve ḳażālara adamlar irsāliyle iki biñden mütecāviz māhiyyelü 'asker tedārük itmiş {5} ve ba'żı ṣarrāfāndan istidāne eylemiş oldıġıñız beyānıyla iḳdārıñız ḫuṣūṣuna müsā'ade-i seniyye erzān ḳılınması iltimāsına dā'ir tevārüd iden {6} taḥrīrāt-ı müşīrīleriyle mevcūd-ı ma'iyyeti olan 'askeriñ keyfiyyetine dā'ir Selānīk mütesellimi mūmā-ileyhiñ ṭaraf-ı düstūrīlerine gelüb taḳdīm {7} olunmuş olan şuḳḳası mezāyāları ma'lūm-ı ḫāliṣāne olduḳdan ṣoñra rikāb-ı ḳamer-tāb-ı cenāb-ı pādişāhīye 'arż ile manẓūr-ı {8} hümāyūn-ı ḥażret-i

şehinşāhī buyurulmuşdur. Selānīk ve ḥavālīsinde bāndıra-küşā-yı ʿişyān olan gāvurlarıñ bir ān evvel bā-ʿavn-i {9} Bārī ḳahr ü tedmīriyle ol ḥavālīniñ külliyyen levs̱-i vücūd-ı eşḳıyādan taṣfiye ve taṭhīri aḳdem-i maṭlūb olub cenāb-ı saʿādetlerinden daḫi {10} dīn ve Devlet-i ʿAliyye uġurunda merdāne ve cānsipārāne ḥareket ve ḥüsn-i ḫidmet meʾmūl olaraḳ bundan aḳdem ol ḥavālī ʿuṣātınıñ {11} ʿavn-i Bārī'yle ḳahr ü tenkīline meʾmūr ḳılınmışlar ise de lüzūmı olan ʿaskeriñ celb ü tedārüki vāḳıʿan inhā-yı müşīrīleri vechile her ne ḳadar {12} Selānīk ḥavālīsinde külliyyetlü ʿasker olsa livāʾ-i mezbūr ʿuhde-i saʿādetlerinde olmadığından lāyıḳıyla celbi mümkin olamayacağına bināʾen bu defʿa {13} ʿināyet-baḫşā-yı ṣudūr olan ḫaṭṭ-ı hümāyūn-ı şevket-maḳrūn-ı ḥażret-i kītī-sitānī iḳtiżāsı üzere ʿavāṭıf-ı mā-lā-nihāye-i şāhāneden {14} Selānīk ve Ḳavāla sancaḳları cenāb-ı müşīrīlerine tevcīh olunaraḳ elli biñ ġurūş daḫi ʿaṭiyye-i seniyye iḥsān buyurulmuş ve meblaġ-ı mezbūr {15} naḳden ṭaraf-ı şerīflerine gönderilmiş olmağla, göreyim sizi, cenāb-ı şerīfiñizi, ḥaḳḳıñızda bu vechile bī-dirīġ ü erzān buyurulmuş {16} olan luṭf ve ʿāṭıfet-i ḥażret-i pādişāhīye muḳābeleten cenābıñız daḫi ʿavn ü ʿināyet-i Bārī'ye iʿtimāden hemān maṭlūb-ı ʿālī {17} vechile īfā-yı meʾmūriyyet ve ibrāz-ı ḥüsn-i ḫidmet ile nām ü şān alacaḳ ve ḥaḳḳıñızda olan teveccühāt-ı ḥaseneyi artıracaḳ vesāʾiliñ {18} istiḥṣāline bez̠l-i himmet ve bir ān aḳdem īfā-yı meʾmūriyyet ve ibrāz-ı ġayret ü şecāʿate bez̠l-i mā-ḥaṣal-i liyāḳat buyurmaları siyāḳında ḳāʾime. Fī 14 Ş 37

[574/146] ***Rütbe-i vālā-yı vezāretle Nīğde sancağı tevcīh olunan ketḫüdā-yı ṣadr-ı ʿālī sābıḳ Aḥmed Erīb Paşa'ya***

{1} Maʿlūm-ı ġayret-melzūm-ı sāmīleri buyuruldığı vechile Mora ṭarafında bāndıra-küşā-yı ʿişyān olan gāvurlarıñ ḳahr ü tedmīri {2} żımnında ol ṭaraflarda külliyyetlü ʿaskeriñ lüzūmı derkār ve bu maḳṣūduñ ḥuṣūli erbāb-ı ṣadāḳat ü ḥamiyyet ve aṣḥāb-ı ġayret {3} ü besāletden olan z̠evātıñ Mora ṭaraflarına meʾmūriyyetleriyle bā-ʿavn-i Bārī cilveger-i sāḥa-i teyessür olacağı āşikār olub {4} cenāb-ı ḥamiyyet-elḳāb-ı müşīrīleri daḫi uġur-ı meyāmin-mevfūr-ı dīn ve Devlet-i ʿAliyye'de bez̠l-i naḳdīne-i ġayret itmekliği iʿtiyād eylemiş eṣdiḳā-yı {5} bendegān-ı cenāb-ı pādişāhīden olduḳlarına bināʾen bu defʿa ḳarīḥa-i ṣabīḥa-i ḥażret-i mülūkāneden kerāmet-rīz-i ṣudūr olan ḫaṭṭ-ı hümāyūn-ı {6} şāhāne mūcebince rütbe-i vālā-yı vezāretle Nīğde ve Ḳırşehri ve Beğşehri sancaḳları cenāb-ı saʿādetlerine tevcīh ü iḥsān buyurılaraḳ {7} tedārük idebildikleri ḳadar ʿasker ile ʿaṭūfetlü Mora serʿaskeri ḥażretleri maʿiyyetine meʾmūr ḳılınmañız ve bundan ṣoñra ḥal vuḳūʿunda {8} cenāb-ı düstūrīlerine aʿlā manṣıb virileceğinden ġayret ve iẓhār-ı ṣadāḳat eylemeleriniñ ṭaraf-ı muḫliṣīden taḥrīr ü işʿār olunması ḫuṣūṣuna {9} irāde-i seniyye müteʿalliḳ olmuş ve mūcebince tevcīh ve meʾmūriyyet-i düstūrīlerini nāṭıḳ evāmir-i ʿaliyye ıṣdār ve tesyār ḳılınmış olmağla hemān {10} z̠āt-ı saʿādetleri meʾmūriyyetleri iḳtiżāsı üzere tedārük idebildikleri miḳdār ʿasker ile serʿasker-i müşārun-ileyh maʿiyyetinde (63) ibrāz-ı ġayret ü şecāʿat buyurараḳ işbāt-ı müddeʿā-yı ḥamiyyet ü besālete ve bi-mennihī Taʿālā bundan ṣoñra ḥal vuḳūʿunda ẕāt-ı şerīflerine {2} aʿlā manṣıb virilecek oldıġından her ḥālde ẕātlarından meʾmūl-ı ʿālī olan ṣadāḳat ve ḥüsn-i ḫidmeti ibrāza beẕl-i himmet buyurmaları {3} siyāḳında ḳāʾime. Fī 14 Ş 37

[574/148] *Ḳayṣeriyye mutaṣarrıfına*
{1} Muḳaddemce Ḳayṣeriyye'ye nefy ü iclā olunan Dīvān tercümānı esbaḳ Ḳālimākī oğlı Yānḳo ile yazıcısı ve başçuḳadārı Yorgī {2} nām kāfirleriñ celādet-rīz-i ṣudūr olan emr-i ʿalī mūcebince iʿdām ü izāleleri ile ruʾūs-ı maḳṭūʿaları irsāl buyurulmuş {3} ve mersūmlarıñ ol ṭarafda olan eşyāları maʿrifet-i şerʿle taḥrīr ve temhīr olunaraḳ defteri gönderilmiş oldıġını ḥāvī {4} irsāl buyurılan taḥrīrāt-ı müşīrīleri mezāyāsı rehīn-i ıṭṭılāʿ-i ḫulūṣ-verī olub icrā-yı emr ü irāde-i seniyyede derkār {5} olan himmetleri bādī-i maḥẓūẓiyyet olaraḳ taḥrīrāt-ı mersūle-i meẕkūreleri ve defter-i meẕkūr ḫāk-pāy-ı hümāyūn-ı mülūkāneye {6} ʿarż ü taḳdīm ile manẓūr-ı hümāyūn-ı şāhāne buyurulmuş ve ruʾūs-ı maḳṭūʿa-i menḥūse daḫi pīşgāh-ı bāb-ı ʿadālet-meʾāb-ı şāhānede {7} ġalṭīde-i ḫāk-i ʿibret ḳılınmışdır. Mersūmlarıñ muḫallefātlarında bu ṭarafa naḳle şāyān ẕī-ḳıymet eşyā olmadıġından cümlesi {8} ol ṭarafda fürūḫt olunub aḳçesiniñ bu ṭarafa gönderilmesi ḫuṣūṣuna irāde-i şāhāne taʿalluḳ iderek ol bābda cenāb-ı {9} şerīflerine ḫiṭāben bir ḳıṭʿa emr-i ʿalī ıṣdār ve tesyār ḳılınmış olmaġla ber-manṭūḳ-ı emr-i ʿalī mersūmlarıñ ol ṭarafda olan {10} terekelerini değer bahālarıyla fürūḫt iderek aḳçesiniñ bu ṭarafa irsāline himmet buyurmaları siyāḳında ḳāʾime. Fī 14 Ş 37

[574/149] *Aydın ve Ṣaruḫan Sancaḳları Mutaṣarrıfı Sīrozī Yūsuf Paşa'ya*
{1} Bundan aḳdemce vāḳiʿ olan işʿārları vechile saʿādetlü Mora vālīsi ḥażretleriyle birleşmek ve Ṭrābolīçe'ye imdād ü iʿānet olunmaḳ uṣūlüne {2} teşebbüş olunmuş iken girilemeyüb Ġalāḳşidī ṭarafına ʿazīmet ve kemīn-gīr-i mekīdet olan gāvurlar her ne ḳadar metānet virmişler ise daḫi {3} ʿavn-i Bārī'yle bi'l-muḥārebe fetḥ ü tesḫīr olunaraḳ on sekiz ḳıṭʿa ṭoplarıyla mecmūʿ tekneleri żabṭ olunmuş ve Çamlıca ve Ṣulıca {4} gāvurlarınıñ Donanma-yı Hümāyūn üzerine gelecekleri ḥavādiṡi İspānya ḳonsolosı ṭarafından iḫbār olunaraḳ Ḳapūdāna beğ {5} Zānṭa'ya ʿazīmet ideceğinden nezd-i düstūrānelerinde olan Riyāla beğiñ ʿavdet eylemesi-çün ṭaraf-ı müşīrānelerine ve riyāla-i {6} mūmā-ileyhe vārid olan istiʿcāl-nāmelerine mebnī Bādra'ya ʿavdet ve ḥavādiṡ-i meẕkūrı ḳonsolos-ı mersūmdan istiʿlām {7} eyledikerinde Rum ṭāʾifesiniñ neşr itmiş olduḳları erācīfden olub ḫilāf olması muḥtemel idüğüni mübeyyin gelmiş olan {8} kāġıdıyla Ḳapūdāna-i mūmā-ileyhiñ tevārüd iden taḥrīrātları ve evrāḳ-ı sāʾire gönderildiği ve Ḳastel ḳalʿasıyla Bādra beyninde tecemmuʿ iden

{9} ʿuṣāt-ı kefere üzerine ʿasākir irsāliyle bi'l-muḥārebe cemʿiyyetleri perīşān olarak giriftār-ı şimşīr-i ʿadū-tedmīr-i ġuzāt olan kefereniñ {10} ḳulaḳları gönderildiği beyānıyla sā'ir ifādātı şāmil tevārüd iden taḥrīrāt-ı saʿādet-āyāt-ı müşīrīleri ve taḳdīm buyurılan {11} evrāḳ mezāyāsı rehīn-i ıṭṭılāʿ-i ḫālişānemiz olub ẕāt-ı dirāyet-simāt-ı düstūrāneleri besālet ü reviyyet ile muttaṣıf {12} kişizāde ve ḥamiyyet ü diyānet ile ārāste vüzerā-yı ʿiẓāmdan olduḳları ecilden işʿārlarından nümāyān oldıġı vechile {13} derkār olan ġayret ü s̱ebāt-ı ṣıddīḳāneleri tamām cenāb-ı feṭānet-me'āb-ı müşīrānelerinden me'mūl ü muntaẓar-ı ʿālī olan {14} ās̱ār-ı bergüzīde-i ḥamiyyet ve sedādı is̱bāt iderek bu keyfiyyet müstelzim-i ḥaẓẓ ü taḥsīn-i ve bādī-i memnūniyyet ü āferīn olaraḳ {15} taḥrīrāt-ı vāride-i meẕkūreleri ṭaḳımıyla ḥużūr-ı fā'iżu'n-nūr-ı ḥażret-i kām-baḫşāyīye ʿarż ile meşmūl-ı nigāh-ı mekārim-iktināh-ı {16} cenāb-ı pādişāhī olmuş ve gönderilan ḳulaḳlar nihāde-i cā-yı ʿibret ḳılınmışdır. Cenāb-ı şerīfiñiz sā'ire mümās̱il olmayub **(64)** ġayret ü besāletle muttaṣıf çerāġ-ı maḫṣūṣ-ı ḥażret-i pādişāhī olan vüzerā-yı ʿiẓāmdan olduḳları ecilden ḥaḳḳ-ı saʿādetlerinde bi'l-vücūh {2} teveccühāt-ı ḥasene-i ʿālī derkār ve böyle dīn-i mübīn ve Devlet-i ʿAliyye-i ebed-rehīn uġurunda cānsipārāne ve merdāne ḥareket buyurduḳça tezāyüd {3} ve tevāfür-i teveccühāt-ı seniyyeyi mūcib olacaġı bedīdār olaraḳ bu defʿa ās̱ār-ı ḥüsn-i teveccüh-i cenāb-ı cihān-bānī iḳtiżāsından olmaḳ üzere {4} sebḳat iden ḫidmet-i düstūrāneleri muḳābili ʿavāṭıf-ı ʿaliyye-i şāhāneden Aydın ve Ṣaruḫan sancaḳları cenāb-ı müşīrīlerine tevcīh {5} ü iḥsān-ı hümāyūn buyurulmuş ve Donanma-yı Hümāyūn daḫi müddet-i vāfireden berü ol ṭaraflarda geşt ü güẕār iderek baʿżı noḳṣānları tekmīl {6} ve muḥtāc-ı taʿmīr olanlarınıñ termīmi ile ʿavdet itmek üzere bi'ż-żarūr Boġaz'a gelmişler ise de tekmīl-i levāzımātlarıyla yine iʿādeleri çāresi {7} mümkin oldıġı taḳdīrce işʿārāt-ı sā'ire-i düstūrīleriniñ icrāsı daḫi derdest-i müẕākere ve icrā olan Donanma-yı Hümāyūn maṣlaḥatıyla berāber {8} görülmek īcāb eylemiş olub bā-ʿavn-i Bārī bunlarıñ iḳtiżāları icrā olunmaḳ üzere olmaġla hemān ẕāt-ı saʿādetleri ḳavī {9} ve muṭma'innü'l-ḳalb olaraḳ baʿd-ez-īn daḫi ḥaḳḳ-ı saʿādetlerinde bu vechile cilve-pīrā-yı ẓuhūr olan ʿināyet-i seniyye-i mülūkāneye muḳābeleten {10} merāsim-i besālet-kārī ve ḥamiyyetiñ icrāsına himmet buyurmaları siyāḳında ḳā'ime. Fī 15 Ş 37

[574/151] *Ḳandiye muḥāfıẓı olub bi'l-istiḳlāl Girīd cezīresi serʿaskeri olan Şerīf Paşa'ya*

{1} Girīd cezīresinde kā'in İsfākya reʿāyāsınıñ şerāre-i ʿişyān ü şeḳāvetleri iltihāb iderek bi'l-cümle Girīd reʿāyāsını {2} iḫtilāl ve Ḫānya ḳalʿasını berren ve baḥren ḥaşr ü tażyīḳe ibtidār ve Resmo nāḥiyesine īṣāl-i gezend ü ḫasār itmiş olduḳlarından ẕāt-ı {3} besālet-āyāt-ı dilīrāneleri ʿasākir-i vāfiye ile Resmo'ya ʿazīmet ve Resmo Muḥāfıẓı ʿOs̱mān ile rabṭ-ı peyvend-i muvāfaḳat iderek ne vechile {4} ʿuṣāt-ı mesfūre üzerlerine hücūm ü iḳtiḥām olunmuş ve bi'l-muḥārebe küffār-ı ḫāk-sār ne yüzden reh-neverd-i firār ve inhizām olmuş {5} ve esnā-yı ceng ü peykārda alınan kelle ve ḳulaḳlar ve bayraḳ-ı maʿkūseler irsāl ḳılınmış oldığına ve Mıṣır vālīsi ḥażretleri ṭarafından {6} olunacaḳ imdād ü muʿāvenet te'kīd ve istiʿcāl olunması ve Ḳandiye Yeñiçeri ocağından muḥārebe-i mezkūrede iṣbāt-ı merdānegī eyleyan {7} on beş nefer serdengeçdi ağalarına başağa naṣb olunmuş olan Çalıḳzāde Ḥasan Ağa'ya yüz yiğirmi ve ḳuṣūrlarına yevmī {8} seksaner aḳçe ve ʿalemdārlara ḳırḳar aḳçe ʿulūfe iḥsān buyurulması ve tezāyüd-i nüfūẕ ü iḳtidārları żımnında ẕāt-ı saʿādetlerine istiḳlāl-i {9} tāmme virilerek ol bābda bir ḳıṭʿa emr-i ʿalī gönderilmesi ve cezīre-i merḳūmede el-ḥāletü-hāẕihī ʿiṣyān itmeyüb müteheyyī-i ṭuğyān olan {10} reʿāyā bu senelik cizye evrāḳı henüz vürūd itmediğinden bu ḫuṣūṣ beynlerinde ḳatl-i ʿāmma delīl ittiḫāẕ eyledikleri ve Ḳandiye {11} ahālīsiniñ muḥārebātda vāḳiʿ olan ġayretlerini taḥsīn żımnında ṭarafımızdan bir ḳıṭʿa mektūb-ı sāmī gönderilmesi beyānıyla {12} Acıṣu ḳalʿasına Dizdārzāde Meḥmed Beğ muḥāfıẓ taʿyīn olunaraḳ başḳa ve Ḳandiye ḳalʿasında ḳadīmī müretteb olan üç yüz ḏoḳsan {13} dört neferden mürūr-ı zamān ile mevcūdı elli nefere bāliġ olmayub ve yevmiyyeleri daḫi sekiz aḳçe olaraḳ taʿayyüşleri {14} ḥāṣıl olmadığına binā'en tertīb-i ḳadīmi tanṣīf-birle iki yevmiyye bir nefere virilmek üzere iki yüz nefere ḳarīb ṭopçı {15} tanẓīmi münāsib olacağından bu ḫuṣūṣ ḳarīn-i müsāʿade oldığı taḳdīrce başḳa iḳtiżā iden evāmir-i şerīfeniñ irsāl ḳılınması {16} ḫuṣūṣlarına dā'ir ve sā'ir ifādeye müteḏā'ir tevārüd iden taḥrīrāt-ı saʿādet-āyāt-ı düstūrāneleri mezāyāsı rehīn-i ıṭṭılāʿ-i ḫulūṣ-verī {17} olub bu vechile ʿuṣāt-ı kefereniñ ḳahr ü tedmīrlerine merdāne ve dilīrāne saʿy ü ġayretleri bādī-i ḥaẓẓ ü taḥsīn olaraḳ ḥużūr-ı mekārim-gencūr-ı (65) ḥażret-i pādişāhīye ʿarż ile meşmūl-ı nigāh-ı ʿāṭıfet-iktināh-ı cenāb-ı pādişāhī buyurulmuş ve ẕikr olunan ser-i bürīde ve ḳulaḳ {2} ve bayraḳ nihāde-i cā-yı taḥḳīr ü mezellet ḳılınmışdır. Cenāb-ı müşīrīleri merdī ve şecāʿat ü besālet ile ārāste vüzerā-yı ʿiẓāmdan {3} olduḳları ecilden her bir kārda ve ʿalelḫuṣūṣ böyle dīn ü devlet yolunda ber-vefḳ-i murād teşmīr-i sāḳ-ı ḥamiyyet buyuracaḳları {4} iʿtiḳādı ḥaḳḳ-ı şerīflerinde derkār ve inşā'allāhü'r-Raḥmān bundan böyle daḫi işbu emr-i dīnde ḫidemāt-ı ḥasene ibrāzına muvaffaḳ olmaları {5} duʿāsı merfūʿ-ı icābet-ḫāne-i Cenāb-ı Perverdigār ḳılınaraḳ bu vechile dīn-i mübīn ve Devlet-i ʿAliyye-i ebed-rehīn uğurunda sebḳat iden {6} ḫidmetiñizi taḥsīn ve cenābıñızı talṭīf ve istiḳlāliñizi iʿlān żımnında cānib-i cenāb-ı pādişāh-ı Dārā-ġulāmdan serāsere {7} dūḫte bir s̱evb semmūr-ı müstevcibü's-sürūr ile elli biñ ġurūş ʿaṭiyye-i seniyye-i mülūkāne iḥsān ve Girīd cezīresi serʿaskerliği {8} żımnında iltimās buyurılan istiḳlāl emr-i şerīfiyle berāber isrā olunmuş ve muḥārebe-i mezkūrede iṣbāt-ı şecāʿat iden {9} ağavātıñ yevmiyye ile talṭīfleri ḫuṣūṣı ḳāʿide-i Ocağ-ı ʿĀmire'ye tevfīḳan [?] tanẓīm olunması żımnında ʿizzetlü Yeñiçeri ağasına {10} ḥavāle olunub cizye evrāḳı daḫi ʿizzetlü Defterdār ṭarafına beyān ü ifāde ḳılınmış ve Ḳandiye ahālīsiniñ muḥārebe-i vāḳıʿada {11} derkār olan ġayretlerini taḥsīn żımnında ṭaraf-ı muḫlişīden ẕāt-ı saʿādetlerine olaraḳ başḳaca mektūb yazılub gönderilmiş ve {12} Acışu ḳalʿasına mūmā-ileyh Meḥmed Beğ'iñ muḥāfıẓ taʿyīni żımnında iḳtiżā iden emr-i ʿalī ıṣdār ve tesyār olunub Ḳandiye ḳalʿasına {13} inhā-yı müşīrīleri vechile vāḳıʿan iki neferiñ yevmiyyesi birleşerek ṭopçı tertīb[i] şimdiki teşettüt-i ḥāllerinden aʿlā {14} ve ehven olacağından ol bābda lāzım gelan emr-i şerīf daḫi ıṣdār ve tesyār olunmuş olmağla hemān cenāb-ı ḥamiyyet- {15} -elḳāb-ı düstūrīleri ẕikr olunan teşrīfāt-ı seniyyeyi iksā ve istiḳlāl-i müşīrīlerini nāṭıḳ ṣudūr iden emr-i şerīf-i mezkūr {16} mūcebince ḥarekete iʿtinā buyuraraḳ ẕātlarından me'mūl ü muntaẓar olan ġayret ü şecāʿat ve merdānegīyi icrā ve iṡbāt idecek {17} ḥālāt-ı müstaḥsene ve ḫidemāt-ı pesendīdeniñ iẓhārına niṡār-ı naḳdīne-i himmet buyurmaları gümāşte-i ʿuhde-i istiḳāmet-kārīleridir. {18} Ḳaldı ki, maʿiyyet-i müşīrīlerine beş yüz nefer ʿasker irişdirilmesi ḫuṣūṣı taḥrīrāt-ı vāridelerinde muḥarrer olub şimdiki ḥālde āḫar maḥalden {19} ʿasker irsāli emr-i müteʿassir olacağından Ḳapūdāna beğ maʿiyyetiyle muḳaddem Aḳdeñiz'e çıḳarılmış olan Donanma-yı Hümāyūn {20} baʿżı noḳṣānlarını tetmīm ve taʿmīrātlarını tanẓīm içün Boğaz'a ʿavdet iderek vāṣıl olmuş olduḳlarından bunlarıñ tekmīl-i {21} levāzımātlarıyla yine iʿādeleri ṣūretine baḳılmaḳ üzere derdest-i tanẓīm oldığından ve saʿādetlü Mıṣır vālīsi ḥażretleri daḫi {22} Girīd'e ʿasker iʿzāmını Donanma-yı Hümāyūn'dan gemiler irsāline taʿlīḳ eylemiş idüğünden bi-ʿavnihī Taʿālā Donanma-yı Hümāyūn'uñ iʿādesi {23} çāresi istiḥṣāl olunaraḳ Mıṣır'dan daḫi Girīd'e ʿasker geldikde ol vaḳt beş yüz neferini ẕāt-ı saʿādetleri maʿiyyetlerinde {24} tevḳīfe mübāderet ve her ḥālde mutma'innü'l-ḳalb olaraḳ ibrāz-ı metānet ü ṡebātı müstelzim olur vesā'il ü esbābıñ istiḥṣāl {25} ü icrāsına himmet buyurmaları siyāḳında ḳā'ime. Fī 16 Ş 37

[*574/152*] *Ḳandiye muḥāfıẓına*
{1} Rum keferesiniñ derkār olan fesād ve şeḳāvetleri Girīd cezīresi reʿāyāsına daḫi sirāyet ve ribḳa-i iṭāʿatden ḫurūc {2} ve şāhiḳa-i ʿiṣyān ü melʿanete ʿurūc iderek İsfākya ve Ḥānya ve Resmo ṭaraflarında kā'in ehl-i İslām üzerlerine hücūm itmişler ise de {3} cenāb-ı müşīrīleri dā'iresi ḫalḳı ve Ḳandiye ahālīsiyle müdāfaʿalarına iḳdām eylediklerinden küffār-ı ḫāk-sārıñ ekṡeri ḳılıçdan {4} geçürilerek bu bābda ahālī-i merḳūmeniñ derkār olan ġayret ve ṣādıḳāne ḫidmetleri keyfiyyātını mübeyyin vārid olan {5} taḥrīrātları me'āli maʿlūm-ı ḫālişānemiz olub kefere-i fecereniñ dīn-i mübīn ve Devlet-i ʿAliyye-i ebed-rehīn üzerine derkār {6} olan ihānetleri cihetiyle bunlarıñ fikr-i fāsidleri ne oldığı añlaşılmış ve bi'l-muḳābele defʿ-i vücūd-ı ḫubṣ- {7} -ṭīnetlerine ibtidār eylemeklik kāffe-i mü'minīn ve muvaḥḥidīne farż olmuş oldığına binā'en ʿuṣāt-ı

mesfūreniñ ol vechile ḳahr ü tenkīllerinde {8} Ḳandiye ahālīsi Ḥānya ve Resmo ahālīleri gibi cebānlıḳ itmeyerek merdāne ve şecīʿāne çalışdıḳları şevketlü kerāmetlü efendimiziñ daḫi {9} maʿlūm-ı hümāyūn-ı şāhāneleri olaraḳ bādī-i āferīn olmuşdur. Böyle dīn ü devletleri uġurunda ve pādişāh-ı ʿālem-penāh {10} efendimiziñ yolunda cān ü başıyla çalışan dīn ḳarındaşlarımıza pādişāh etmeği ḥelāl ve iki cihānda yüzleri aḳ {11} olsun. Cümle ümmet-i Muḥammed'iñ bildiği gibi bu vaḳtler sā'ir vaḳtlere beñzemeyüb dīnimiz ve devletimiziñ düşmenleri olan gāvurlar **(66)** maʿāẕallāhü Taʿālā külliyyen ehl-i İslām'ı aralarından çıḳarmaġa sū'-i ḳaṣd iderek bāṭıl dīnleri-çün kendülerini meydāna atub cān-ı {2} ḫabīs̱lerinden geçmiş olduḳlarından işte bu vaḳtler Müslümān olub ġayret ü şecāʿatden behresi olanlara ḏurub oturacaḳ {3} zamān olmadığından ve cümle ehl-i İslām büyük ve küçük dimeyüb bi'l-ittifāḳ dīn ü devletleri yolunda vüsʿi mertebe çalışub iẓhār-ı {4} ṣadāḳat ve ḫidmet eylemek cümleye farż olmuş idüğünden bundan böyle daḫi ahālī-i merḳūmeniñ ḥavl [?] ü ḳuvvet-i Cenāb-ı Perverdigār ile {5} o maḳūle ʿaleyhimizde olan kāfirleriñ ḥaḳlarından gelerek pādişāh ḳulluġunı ve dīn-i mübīn ġayretini iẓhār ve icrā ile nā'il-i {6} mükāfāt olmalarını cümleye lāyıḳıyla tefhīm eylemeleri siyāḳında mektūb. Fī 16 Ṣ 37

[*574/158*] ***Mora Cānibi Serʿaskeri Seyyid ʿAlī Paşa ḥażretlerine***
{1} Mora ṭarafında olan ʿuṣāt-ı keferenıñ şiddet-i ʿiṣyānları ve derūn-ı Mora'da bir müddetden berü maḥṣūr olan bu ḳadar {2} ümmet-i Muḥammed'e serīʿan imdād ü iʿānet olunaraḳ ḳayd-ı muḥāṣaradan taḫlīṣleriyle ḫavene-i kefereniñ ḳahr ü tenkīl ḳılınmalarını mūcib esbābıñ {3} sürʿat-i ikmāli resīde-i rütbe-i vücūb olaraḳ ẕāt-ı ġayret-simāt-ı düstūrāneleri daḫi ḥā'iz-i mesned-i muʿallā-yı Ṣadāret-i {4} ʿUẓmā olmuş ve uġur-ı meyāmin-mevfūr-ı dīn ve Devlet-i ʿAliyye'de nis̱ār-ı naḳdīne-i ġayret ü ḥamiyyet eylemeği iʿtiyād eylemiş vükelā-yı {5} fiḫām-ı Salṭanat-ı Seniyye'den olduḳları ecilden böyle vaḳtde ṭaraf-ı ʿālīlerinden me'mūl olan ḫidemāt-ı ḥaseneniñ az vaḳtde {6} bā-ʿavn-i Bārī cilveger-i mücellā-yı bürūz olması ümīd ve iʿtiḳādıyla bundan aḳdem irāde-i kerāmet-muʿtāde-i ḥażret-i ẓıllullāhī mūcebince {7} Mora serʿaskerliği ʿuhde-i istīhāl-i düstūrānelerine iḥāle olunaraḳ keyfiyyet ve sürʿat-i vuṣūlleri irādesi ṣavb-ı sāmīlerine {8} bildirilmiş oldığına naẓaran şimdiye ḳadar İzdīn'e vuṣūl ile me'mūrīn-i sā'ire ile bi'l-ittiḥād Derbend'i mürūruñ ve saʿādetlü {9} Mora vālīsi ḥażretlerine iltiḥāḳıñ çāresi görilerek Mora'ya duḫūle iḳdām ü ihtimām buyurmaları me'mūl iken {10} henüz nereye varabildikleri ve maʿiyyet-i serʿaskerīlerinde ne miḳdār ʿasker oldığı maʿlūm olamadı. Maʿa-hāẕā muḳaddem iḫrāc olunmuş {11} olan Donanma-yı Hümāyūn Mora sevāḥiline varub Moton ve Ḳoron ḳalʿalarını muḥāṣaradan taḫlīṣ ve Ḳapūdāna beğ ile {12} birleşerek Bālyabādra līmānına gelüb Bālyabādra'da olan ḥālā Aydın ve Ṣaruḫan sancaḳları mutaṣarrıfı {13} vezīr-i mükerrem saʿādetlü Sīrozī Yūsuf

Paşa ile bi'l-ittifāḳ İnebaḫtī körfezine ʿazīmet ve Ġalāḳşīdī ḳaṣabasını urub {14} ol ṭarafda olan gāvur gemilerinden bir vāfirini aḫẕ ü girift ve māʿadāsını ġarḳ ü iḥrāḳ eyledikden ṣoñra mevsim-i şitānıñ {15} duḫūli ve Ḳāsım fūrtunalarınıñ ẓuhūrı ve Donanma-yı Hümāyūn'dan baʿżı sefāyiniñ ṣu atması cihetiyle ʿavdet ve müşārun-ileyh Yūsuf {16} Paşa ḥażretlerini yine maḥalline bıraġaraḳ muḥtāc-ı taʿmīr olan sefāyin-i hümāyūnuñ taʿmīriyle muḳteżī olan ʿasker ve mühimmāt ve {17} mālzeme-i sā'ireleriniñ tanẓīm ü tekmīli-çün aldıḳları aḳṭarmalar ile mecmūʿ-ı Donanma-yı Hümāyūn bi'ż-żarūr Boġaz'a gelmiş {18} olduḳlarından ve Donanma-yı Hümāyūn'uñ bu vechile Boġaz'a ʿavdet itmesi cihetiyle Mora'da olan ʿuṣāt-ı kefere şīrīnleyerek {19} tekrār ḳalʿalarda olan ümmet-i Muḥammed'i muḥāṣara ve tażyīḳe ibtidār idecekleri ve maʿāẕallāhü Taʿālā Mora külliyyen elden {20} çıḳacaġından başḳa bu ḳadar seyyid ve seyyide ve ricāl ve nisvān ve eṭfāl gāvurlar ellerinde esīr ḳalacaġına mebnī tīz elden {21} Mora'ya Donanma-yı Hümāyūn'uñ iʿādesiyle baḥren lāzıme-i imdādıñ icrāsı farīża-i ḥāliyeden oldıġına binā'en bu ḫuṣūṣ-ı {22} vācibü'l-ihtimāmıñ bi'l-müẕākere tanẓīm ve temşiyeti żımnında Donanma-yı Hümāyūn Boġaz'da tevḳīf olunaraḳ yalñız Ḳapūdāna beğ {23} ile Mıṣır ve Cezāyir sefīneleri başbuġları Dersaʿādet'e celb ve ʿaḳd olunan encümen-i şūrāda Donanma-yı Hümāyūn'uñ iʿādesi {24} müẕākere olunaraḳ ve el-ḥāletü-hāẕihī Donanma-yı Hümāyūn'uñ tekmīl-i ṭaḳımları-çün muḳteżī olan ḳālyoncı neferātı ve Donanma-yı Hümāyūn {25} içün taṣmīm olunan ḳara ʿaskeriniñ yerlü yerinden celb ü tedārüki her ne ḳadar iḳdām olunsa beher-ḥāl bir iki māha {26} mütevaḳḳıf olub ol zamān daḫi erbaʿīn ve ḫamsīn mevsimleri olacaġından bu mevsimlerde donanma iḫrācınıñ {27} maḥẕūr ü muḫāṭarası āşikār ve belki böyle tehlikesi vāżıḥ olan maḥalde tevekküle mesāġ olmadıġı bedīdār olacaġından başḳa {28} şimdiden donanma ile çıḳarılan ʿasker tamām iş görecek bahār mevsimi gelince ḳadar çüriyerek [?] vaḳtinde {29} bir işe yaramayub tekrār müceddeden neferāt ve ʿasker tedārüki īcāb ideceği nümūdār olaraḳ bilāḫare inşā'allāhü Taʿālā {30} Mārt ḏoḳuzı çıḳdıġı gibi Donanma-yı Hümāyūn'uñ Aḳdeñiz'e mükemmel iḫrācı żımnında şimdiden taʿmīr olunacaḳ sefāyiniñ {31} taʿmīri ve lüzūmı olan neferāt ve mühimmāt ve ḳara ʿaskeriniñ tehyi'esi uṣūli ḳarār-gīr olaraḳ irāde-i seniyye-i {32} mülūkāne daḫi bu vechile sāniḥ ü ṣādır olmuş ve hemān bi-mennihī Taʿālā evvelbahārda gerek Mora cezīresiniñ ve gerek {33} sā'ir cezāyir ve sevāḥiliñ taṭhīri-çün Donanma-yı Hümāyūn'uñ mükemmelen iḫrācına muḳteżī olan mühimmāt ve ʿasākir ve sā'ireniñ {34} şimdiden tertīb ü tanẓīm ve celbine ibtidār ḳılınmış oldıġından māʿadā mūmā-ileyh Ḳapūdāna beğe ve Donanma-yı Hümāyūn ile berāber {35} gitmek üzere istiḳlāl-i tāmme ve rütbe-i vālā-yı vezāretle deryā ḳapūdānlıġı tevcīh ve Baḥr-i Sefīd Boġazı Muḥāfıẓı sābıḳ {36} vezīr-i mükerrem saʿādetlü Meḥmed Paşa ḥażretleri daḫi Donanma-yı Hümāyūn ile gidecek ḳara ʿaskerine şimdiden serʿasker naṣb {37} ü taʿyīn olunmuş oldığından inşā'allāhü'r-Raḥmān evvelbahār duḫūlüne ḳadar ber-vefḳ-i maṭlūb Donanma-yı Hümāyūn'uñ kāmilen techīz ve tehyi'esiyle [?] (70) Nevrūz geldiği gibi müşārun-ileyhimā ḥażerātıyla iḫrāc ü iʿzām olunaraḳ ber-vefḳ-i murād iş görülmesi elṭāf-ı İlāhiyye'den {2} me'mūl ü müstedʿā ise de Mora'nıñ bu uṣūl üzere bırağılması bir vechile cā'iz olmadığından bir ṭarafdan Mora'da olan {3} ḳılāʿa cebeḫāne ve ẕaḫīre irsāliyle taḳviyet virilmek ve bir ṭarafdan daḫi ḳara muḥārebesi deñiz gibi mevsime mütevaḳḳıf olmadığından {4} me'mūrīniñ berren Mora'ya irişdirilmelerine baḳılmaḳ lāzımeden ve īcāb-ı emr ü fermān-ı hümāyūn-ı şāhāneden olaraḳ Moton ve Ḳoron ve {5} Bālyabādra ve Anābolī ve Īnebaḥtī ve Preveze ve Nārda ve Pārġa ḳalʿalarına muḳteżī olan ẕaḫāyir ve cebeḫāneniñ {6} tanẓīm ve irsāli māddesi ikmāl olunmaḳda olub ancaḳ bu defʿa mehābet-efzā-yı ṣudūr olan ḫaṭṭ-ı hümāyūn-ı şāhānede {7} "Serʿasker paşaya ve sā'ir me'mūr olan vüzerā ve mīr-i mīrān-ı kirāma bilā-riyā' [?] taḥrīr eyleyesin ki bundan ṣoñra ednā beṭā'et {8} idenlere Ḫudā ʿAlīm, tertīb-i cezādan başḳa muʿāmele itmem." deyu emr ü fermān-ı hümāyūn buyurulmuş ve mūcebince ṭaraf-ı muḫliṣīden {9} Mora me'mūrları olan vüzerā-yı ʿiẓām ve mīr-i mīrān-ı kirām ḥażerātına işbu irāde-i mehābet-ifāde-i şāhāne beyānıyla {10} mü'ekked ve müşedded istiʿcāl-nāmeler gönderilmiş olmağla cenāb-ı feṭānet-me'āb-ı serʿaskerīleri daḫi işbu irāde-i seniyyeyi te'emmül {11} buyuraraḳ ve ber-vech-i meşrūḥ Donanma-yı Hümāyūn'uñ keyfiyyetini ve teşebbüs̱ olunan tedābīri bilerek hemān ẕāt-ı saʿādetleri {12} ġayret idüb ve bir gün ve bir daḳīḳa evvel külliyyetlü ʿasker ile Mora'ya irişmeniñ çāresini istiḥṣāl-birle el-ḥāletü-hāẕihī {13} nereye vardıḳlarını ve maʿiyyet-i sipeh-sālārīlerinde ve sā'ir Mora me'mūrları maʿiyyetlerinde ne miḳdār ʿasker oldığını serīʿan {14} ve ʿācilen bu ṭarafa īżāḥan işʿāra ve bir ān aḳdem īfā-yı me'mūriyyeti mūcib esbābıñ ikmāline bez̠l-i himmet buyurmaları {15} siyāḳında ḳā'ime. Fī 19 Ṣ 37

[574/162] *Sīvās vālīsine ve Maḥmūd Paşa'ya ve ʿAlī Şefīḳ Paşa'ya ve Çorum mutaṣarrıfına başḳa başḳa*

{1} Mora cezīresinde ribḳa-i iṭāʿat ü inḳıyāddan rū-gerdān ve ẕirve-i şeḳā ve ʿiṣyāna ʿurūca şitābān olan ʿuṣāt-ı kefere {2} cümleye maʿlūm oldığı üzere icrā-yı ḫıyānet żımnında cān-ı ḫabīs̱lerini meydāna ataraḳ ve ʿiṣyānlarında iẓhār-ı şiddet ve Mora'da {3} maḥṣūr olan bunca dīn ḳarındaşlarımızı ḥaṣr ü tażyīḳe cür'et itmiş olduḳlarına [?] binā'en bā-ʿavn ü nuṣret-ı Cenāb-ı Ḫayru'n-Nāṣırīn {4} ʿuṣāt-ı mersūmeniñ istiḥṣāl-i esbāb-ı tenkīl ü tedmīrleriyle ġayret-i İslāmiyye ve şān ü şükūh-ı Salṭanat-ı Seniyye'niñ icrāsı ẕimmet-i himmet-i {5} Devlet-i ʿAliyye'ye müteḥattim ve bi'l-cümle ehl-i İslām'dan olanlara böyle vaḳtlerde ḍurub oturacaḳ zamān olmayub dīn ü devletleri {6} uğurunda cān ü başıyla çalışmaḳ farż olmuş oldığından ve cenābıñızdan böyle vaḳtde dīn-i mübīn ve Devlet-i ʿAliyye-i ebed-rehīn uğurunda {7} ḥüsn-i ḫidmet me'mūl idüğünden bundan aḳdem Mora üzerine me'mūriyyetleri ḫuṣūṣuna irāde-i seniyye ta'alluḳ itmiş ve ehemmiyyet-i maṣlaḥat ve ṣūret-i {8} irāde-i seniyye kirāren ve mirāren ṣavb-ı sa'ādetlerine taḥrīr ve īfā-yı me'mūriyyete himmet buyurmaları beyān ve ta'cīl ḳılınmış oldığından şimdiye ḳadar īfā-yı {9} me'mūriyyeti mūcib ḥālāta teşebbüs̱ eylemeleri lāzımeden iken el-ān ṭaraf-ı sa'ādetlerinden beṭā'et ü reḫāvetden başḳa keyfiyyet müşāhede {10} olunamadı. Ma'a-hāẕā Mora gāvurları Mora ḳılā'ında maḥṣūr olan bu ḳadar dīn ḳarındaşlarımızı külliyyen esīr ile ma'āẕallāhü Ta'ālā kāmilen {11} Mora'yı eyādī-i İslāmiyye'den çıḳarmaḳ dā'iye-i kāsidesiyle kendülerini meydāna atub bāṭıl dīnleri-çün cān-ı ḫabīs̱lerinden {12} geçmişler ve maḥṣūr olan ümmet-i Muḥammed daḫi bu āna ḳadar imdād gelecek deyu gözlerini yollara diküb āh ü nālān iderek yine {13} dīnleri uğurunda kefere-i ḫāsirīne ḳılıç çalmışlar iken me'mūr olan vüzerā [ve] mīr-i mīrān henüz īfā-yı me'mūriyyetde beṭā'et {14} iderek ayaḳ süridikleri ecilden bu keyfiyyet ġayret-i İslāmiyye'ye ṣığar mı ve böyle ḥareketde bulunanlar dünyāda {15} ẓıllullāhi fi'l-'ālem olan şevketlü pādişāhımız efendimize ve 'uḳbāda Ẕāt-ı Ulūhiyyet'e cevāba ḳādir olabilür mi, {16} ednā te'emmül ile ma'lūm olur. Ve me'mūrlarıñ bu vechile ḥareketleri ẕāt-ı şevket-simāt-ı şāhāneniñ {17} infi'ālini mūcib olaraḳ bu def'a mehābet-baḫş-ı ṣaḥīfe-i [?] sünūḥ olan ḫaṭṭ-ı hümāyūn-ı mülūkānede "Ser'asker paşaya {18} ve gerek sā'ir me'mūr olan vüzerā ve mīr-i mīrāna taḥrīr eyleyesin ki bundan ṣoñra ednā beṭā'et idenlere Ḫudā 'Alīm, tertīb-i cezādan {35} başḳa mu'āmele itmem." deyu emr ü fermān-ı hümāyūn-ı şāhāne buyurulmuş ve keyfiyyet ser'asker 'aṭūfetlü Seyyid 'Alī Paşa ḥażretlerine ve me'mūrīn-i (72) sā'ireye başḳa başḳa taḥrīrāt iṭāresiyle [?] bildirilmiş oldığından ẕāt-ı sa'ādetleri daḫi irāde-i ḳāṭı'a-i mülūkāne me'ālini {2} derpīş ü tefekkür iderek ve bu bābda ednā mertebe terāḫī ve beṭā'et ma'āẕallāhü Ta'ālā ne maḳūle 'uḳūbeti netīce vireceğini bilerek {3} ve ḥamiyyet ü ġayret-i İslāmiyye'den behresi olanlara ḍurub oturacaḳ zamān olmadığını añlayaraḳ me'mūriyyetlerini īfāya {4} müsāra'at-birle ḳahr ü tedmīr-i eşḳıyāya bezl-i mā-ḥaṣal-i ḳudret ve cezīre-i merḳūmede maḥṣūr olan ümmet-i Muḥammed'e imdād ü i'ānet {5} eylemeñiz vācibeden olmağla diyānet ü şecā'at ve me'mūriyyetleri iḳtiżāsı üzere bundan ṣoñra ḫāb ü rāḥatı ve beṭā'et {6} ü reḫāveti külliyyen ferāmūş ü terk ve dāmen-i ḥamiyyeti miyān-ı ṣadāḳatiñize bend ü berk eyleyerek me'mūrīn-i sā'ire ile bi'l-ittifāḳ {7} 'uṣāt-ı mesfūre üzerine sell-i şimşīr-i intiḳām ve maḥṣūrīne i'ānet ü imdāda sa'y ü ihtimām-birle rıżā-yı meyāmin-irtīżā-yı mülūkāneyi {8} istiḥṣāle ve bundan böyle daḫi gevşek ḍavranmaḳ gibi ḥālet iḥsās olunur ise bir ṣūretle ṣaḥābet ḳābil olmayaraḳ {9} encām-ı kār ṭaraf-ı eşref-i şāhāneden cezā ve 'uḳūbet derkār olub aña göre iş görmeğe sa'y-ı bī-hemāl buyurmaları siyāḳında {10} iḫṭāren işbu ḳā'ime. Fī 20 Ş 37

[574/183] *Mora cānibi serʿaskeri ḥażretlerine*
{1} İzdīn'de tecemmuʿ ü taḥaşşüd iden Mora me'mūrlarınıñ sā'ir me'mūrlar ṭoplanınca ḳadar beyhūde İzdīn'de iḳāmet eylemeden ise bir ṭaḳımı {2} Ḳarlıili semtlerinde olan Kerpeniş ve Bādracıḳ ṭaraflarını urmaları fā'ideden ḫālī olmayacağı bu defʿa Yānya Cānibi {3} Serʿaskeri ʿaṭūfetlü Ḫūrşīd Paşa ḥażretleri ṭarafından inhā olunub vāḳıʿan me'mūrīn-i sā'ire tecemmuʿ eyleyinceye ḳadar el-yevm İzdīn'de olan {4} me'mūrlarıñ bir ṭaḳımı Ḳarlıili semtlerinde vāḳiʿ Kerpeniş ve Bādracıḳ ṭaraflarını urmaḳ üzere me'mūr ḳılınmaları münāsib olaraḳ {5} el-ḥāletü-hāẕihī İzdīn üzerinde olan me'mūrlardan Sīvās Vālīsi saʿādetlü Süleymān Paşa ḥażretleri maʿiyyetinde gerek aṣl {6} dā'iresi ḫalḳından ve gerek bundan aḳdem Çirmen mutaṣarrıfı ḥażretleri ṭarafından muḳteżā-yı irāde-i seniyye üzere Edirne'den {7} gönderilmiş olan aylıḳlu ʿaskerden bu defʿa daḫi vezāreti refʿ ḳılınan Behrām Paşa'nıñ müşārun-ileyh Sīvās {8} vālīsi maʿiyyetinde tevḳīfi fermān olunan dā'ire ve ʿaskerīsinden vāfirce cemʿiyyet ḥāṣıl olabilüb keẕālik İzdīn'de olan {9} Mora me'mūrlarından Çorum Mutaṣarrıfı ʿAlī Paşa'nıñ erbāb-ı ḥarb ü ḍarbden cesūr ve kār-güẕār ve iş görmeğe heveskār {10} oldığından müşārun-ileyh Süleymān Paşa ile mūmā-ileyh ʿAlī Paşa'nıñ bi'l-maʿiyye ẕikr olunan Kerpeniş ve Bādracıḳ ṭaraflarını **(82)** urmağa me'mūriyyetleri tensīb ol[un]muş ve cenāb-ı dirāyet-elḳāb-ı müşīrīleri bi'l-istiḳlāl Mora serʿaskeri olduḳlarından {2} ve ol ṭaraflara vuḳūfları oldığından ṭaraf-ı saʿādetlerinden daḫi baʿżı veṣāyā-yı müteferriʿa taḥrīriyle müşārun ve mūmā-ileyhimānıñ {3} me'mūriyyetlerini nāṭıḳ ṣudūr iden evāmir-i ʿaliyye ṭaraf-ı serʿaskerīlerinden gönderilmek üzere işbu nemīḳa-i muḫliṣī ile berāber ṣavb-ı {4} ʿālīlerine isbāl ḳılınmış ve cenāb-ı düstūrāneleriyle bi'l-muḫābere lāzım gelan iʿāneti icrā ve bu bābda iş görmeği mūcib {5} tedābīr ü ārāda ẕāt-ı saʿādetlerini iḫṭār eylemesi ṣavb-ı muḫliṣīden serʿasker-i müşārun-ileyh ḥażretlerine işʿār olunmuş olmağla {6} muḳteżā-yı dirāyet ve kār-āşināyī ve ḥaṣāfet-i düstūrāneleri üzere ẕikr olunan evāmir-i şerīfeyi müşārun ve mūmā-ileyhimāya {7} irsāl ve Yānya serʿaskeri müşārun-ileyh ḥażretleriyle daḫi levāzım-ı muḫābere ve ittiḥādıñ icrāsına ṣarf-ı efkār ve bi'l-cümle Mora me'mūrlarınıñ {8} ṭoplanmaları vaḳtine değin beyhūde ol ṭarafda ḍurmalarından ise şu Kerpeniş ve Bādracıḳ ṭaraflarını uraraḳ ol ṭaraflarda olan {9} ʿuṣāt-ı eşḳıyāyı rehīn-i ṣamṣām-ı ḳahr ü dimār eylemelerini ẕāt-ı sipeh-sālārīleri daḫi eṭrāfıyla işʿār buyuraraḳ īfā-yı mübteğā-yı {10} feṭānet-kārī ve reviyyete himmet buyurmaları siyāḳında ḳā'ime. Fī 25 Ş 37

[574/197] *Mora vālīsine*
{1} Bu defʿa baʿżı esbāb-ı żarūriyyeye mebnī İzdīn'e ʿavdet [ve] vuṣūl ile Atina ve Eğrīboz ṭaraflarınıñ keyfiyyetini ve Eğrīboz {2} ve Atina'ya mehmā-emken olunan imdād ü iʿāneti mübeyyin ve Atina ve İstifa ṭaraflarında vuḳūʿ bulan

muḥārebelerde ʿuṣāt-ı eşḳıyādan {3} alınan kelle ve ḳulaḳlarıñ gönderildiğini şāmil tevārüd iden taḥrīrāt-ı düstūrīleri ve Eğrīboz ve Atina nāʾiblerinin taḳdīm buyurılan {4} iʿlāmları mezāyāsı maʿlūm-ı ḫālişānemiz olduḳdan ṣoñra ḫāk-pāy-ı hümāyūn-ı ḥażret-i mülūkāneye ʿarż ü taḳdīm ile manẓūr-ı naẓar-ı ʿāṭıfet-es̱er-i {5} cenāb-ı şehinşāhī buyurulmuş ve gönderilan ruʾūs-ı maḳṭūʿa-i menḥūse daḫi pīşgāh-ı bāb-ı hümāyūnda ġalṭīde-i meẕellet ḳılınmışdır. Cenāb-ı {6} ḥamiyyet-elḳāb-ı müşīrāneleri sāʾire mümās̱il olmayub çerāġ-ı maḫṣūṣ-ı cenāb-ı ẓıllullāhī ve ẕātından ġayret ü şecāʿat meʾmūl {7} olan vüzerā-yı ʿiẓām-ı ḥamiyyet-irtisāmdan olduḳlarından her bir emr ü irāde-i seniyyeniñ icrāsına ṣārif-i naḳdīne-i {8} ġayret ü himmet olacaḳları maʿlūm ü āşikār ve işbu iʿtiḳādat-ı ḥasene bu defʿa meʾmūr olduḳları dīn maṣlaḥatında {9} şimdiye ḳadar s̱ebāt ü ġayretleriyle daḫi müs̱bet ü bedīdār olub işʿār-ı müşīrīleri vechile vāḳıʿan altı aydan berü her ne ḳadar {10} iḳdām olunmuş ise de imdād irişdirilemediğinden cenāb-ı saʿādetleri maḥṣūr gibi ḳalmış olduḳlarına naẓaran bu vechile ʿavdetlerine {11} bahāne bulunmayacağı ecilden bu ṣūretle sālimen ʿavdetleri nezd-i hümāyūnda mūcib-i maḥẓūẓiyyet olub lākin Mora {12} gāvurlarınıñ şiddet-i ʿiṣyān ile Mora içinde bulunan bu ḳadar dīn ḳarındaşlarımızı muḥāṣara ve cānından bīzār iderek {13} maʿāẕallāhü Taʿālā Mora'yı külliyyen ellerine alub içinde olan bu ḳadar seyyid ve seyyide ve ricāl ve nisvān ve eṭfāli ḳayd-ı esre giriftār ile {14} envāʿ-ı fezāḥat ü ḫıyāneti ümmet-i Muḥammed ʿaleyhine icrā dāʿiye-i fāsidesinde olduḳlarından bu keyfiyyetler ġayret-sūz-ı ehl-i tevḥīd {15} oldığına bināʾen bu bābda ġayret-i İslāmiyye'niñ icrāsına mücidd ü sāʿī olmaḳ cümlemize farż olmuş olaraḳ bir ān ve bir daḳīḳa {16} tedābīr-i ʿācileniñ icrāsında bu ṭarafdan teʾennī ve terāḫī tecvīz olunmadığı mis̱illü ẕāt-ı saʿādetleri daḫi ol vechile (87) żarūrī ʿasākir-i müşīrīleriyle İzdīn'e gelmişler ise de Mora Serʿaskeri ʿaṭūfetlü Seyyid ʿAlī Paşa ḥażretleri {2} bugünlerde inşāʾallāhü'r-Raḥmān ol ṭarafa varmaḳ üzere oldığından ve Mora'ya baḥren daḫi imdād ü iʿāneniñ {3} icrāsı çāresi baḳılmaḳda idüğünden bi-mennihī Taʿālā serʿasker-i müşārun-ileyh ḥażretleriniñ ol cānibe vuṣūlünde ẕāt-ı saʿādetleri {4} ve cümle meʾmūrlar müẕākere ve ittifāḳ ü ittiḥād iderek ve "şöyle oldı, böyle gitdi" diyerek imrār-ı vaḳt {5} itmeyerek cümleñiz bir uğurdan şu Mora cezīresine duḫūlüñ ṭarīḳi ve ḳahr-ı ʿuṣāt ve eşḳıyānıñ ṭaraf-ı {6} taḳrībi ne ise ve ne ṣūretle olmaḳ lāzım gelür ise zinhār ü zinhār ḳuṣūr ü reḫāveti tecvīz itmeyerek müstaʿīnen billāhi Taʿālā {7} hemān ol ṣūretiñ icrāsına cānsipārāne ve merdāne ġayret ü himmet eylemeñiz lāzımeden ve muḳteżā-yı emr ü fermān-ı {8} hümāyūn-ı şāhāneden olmağla işte ġayret-i İslāmiyye'niñ icrāsı ve ʿavdetleri her ne ḳadar żarūrī olub {9} bahāne bulunamaz şeylerden ise de meʾāl-i işʿār-ı müşīrīlerinden müstefād oldığı vechile bu bābda ẕāt-ı saʿādetlerine {10} ʿārıż olan teʾes̱s̱ürüñ indifāʿıyla dīn ü devlet yolunda ve şevketlü pādişāhımız efendimiziñ uğurunda {11} merdlik ve şecāʿat ibrāzınıñ ve altı aydan berü çekdikleri emek ve zaḥmetiñ telef olmamasınıñ mevsim {12} ve ṣırası oldığından gerek ser'asker-i müşārun-ileyh ve gerek me'mūrīn-i sā'ire ile bi'l-ittiḥād ne vechile ve ne ṭarīḳiyle {13} münāsib ise hemān ol ṣūretiñ icrāsıyla imrār-ı vaḳt itmeyerek şu Mora cezīresine duḫūlüñ çāresini {14} bulub Mora'da olan bu ḳadar ümmet-i Muḥammed'e imdād ile 'iṣyān iden gāvurlarıñ ḥaḳḳından gelmeğe ve ilā-yevmi'l-ḳıyām {15} bādī-i midḥat ü s̱enā olacaḳ, dīn ü devlet yolunda bir ḥüsn-i ḫidmet ibrāz eylemeğe bez̠l-i liyāḳat ile ẕātıñızdan {16} me'mūl ü muntaẓar olan şecā'at ü ḥamiyyeti is̱bāta himmet buyurmaları aḳdem-i maṭlūb idüği beyānıyla ḳā'ime. Fī 29 Ṣ 37

[*574/199*] ***Sīvās vālīsine***

{1} 'Avn ü 'ināyet-i Ḥażret-i Rabb-i 'İzzet ve yāver-i teveccühāt-ı seniyye-i cenāb-ı pādişāh-ı İskender-ḳudret ve ẕāt-ı şecī'āneleriniñ {2} daḫi iḳdām ü ġayretleriyle ma'iyyet-i sa'ādetlerinde olan piyāde ve süvārī 'asākirden bir miḳdārı ifrāz ü tefrīḳ ve İzdīn {3} civārında vāḳi' Soṭīro nām manāstır üzerine ba's̱ ü tesvīḳ buyurılaraḳ ne vechile iḥrāḳ-bi'n-nār ve içinde olan {4} küffārdan ba'żı cüst-cū-yı semt-i firār olanlardan mā'adāsı ne vechile 'āzim-i rāh-ı ḳahr ü dimār olmuş ve müte'āḳiben {5} daḫi Bāḳona [?] ḳarye ve manāstırı ve İzdīn ḳapūdānı Dīyovunyotī nām mel'ūnuñ kendüye münḥaṣır ḳal'ası hedm ü imḥā {6} ve ḏağ ve orman aralarında bulunan külbeleri daḫi iḥrāḳ ü ifnā olundığından mā'adā ẕükūr ve inās̱ yiğirmi {7} neferden ziyāde sağīr ve sağīre ve vāfirce ḥayvānāt aḫẕ ü iġtinām olunmuş ve ḳapūdān-ı mesfūruñ yeğeni Lāḳo Ḳonṭa [?] {8} nām kāfir daḫi giriftār-ı pençe-i ġuzāt olaraḳ mersūm ḳayd ü bend ile gönderilmiş ve maẓhar-ı tīġ-i ġuzāt-ı muvaḥḥidīn olan (88) gāvurlarıñ ru'ūs-ı maḳṭū'aları meydāna dağatılmış [?] oldığını mübeyyin resīde-i cā-yı vürūd olan taḥrīrāt-ı sa'ādetleri {2} mezāyāsı rehīn-i ıṭṭılā'-i ḫulūṣ-verī olub lillāhi'l-ḥamd ve'l-mennihī ḫaylī fütūḥāta maẓhar olmuş olduḳlarından bu keyfiyyet bādī-i {3} memnūniyyet ü taḥsīn ve ḫāk-pāy-ı hümāyūn-ı cenāb-ı şehinşāhīye daḫi 'arż ile manẓūr-ı naẓar-ı 'āṭıfet-es̱er-i cenāb-ı pādişāh-ı rū-yı zemīn {4} olmuş ve ẕikr olunan Lāḳo Ḳonṭa [?] nām ẕimmīniñ daḫi bu ṭarafda bi'l-istinṭāḳ cezāsı tertīb ḳılınmışdır. Ẕāt-ı besālet-simāt-ı {5} düstūrāneleri dīn ve Devlet-i 'Aliyye uğurunda ve pādişāh-ı Cem-sipāh efendimiziñ yolunda ibrāz-ı ġayret ü ḫidmete mücidd ü sā'ī {6} olacaḳları ecilden bu ṣūretlerle ruḫsāre-nümā[-yı] mir'āt-ı şühūd olan ġayretleri is̱bāt-ı müdde'ā ḳabīlinden olaraḳ {7} ḥaḳḳ-ı sa'ādetlerinde bādī-i teveccühāt-ı seniyye-i cenāb-ı tācdārī olmağın muḳteżā-yı ḥaṣāfet ve ġayret ü ṣalābet-i müşīrāneleri {8} üzere ba'd-ez-īn daḫi me'mūrīn-i sā'ire ile ittifāḳ ü ittiḥād merāsiminiñ icrāsına ve her ḥālde icrā-yı lāzıme-i merdī {9} ve yegānegīye himmet buyurmaları siyāḳında ḳā'ime. Fī ġurre-i Ra 37

[574/200] *Ḳapūdān paşaya, Yeñiçeri aġasına, Bostāncıbaşıya, Cebecibaşıya, Ṭopçıbaşıya*
{1} Cümleye maʿlūm oldıġı üzere Rum gāvurlarınıñ mütecāsir olduḳları fesād ü melʿanetleri ḥasebiyle büyük {2} ve küçük biʾl-cümle ümmet-i Muḥammed yekvücūd menzilesinde ittifāḳ-birle herkes silāḫlanub ḫażariyyet min-külliʾl-vücūh bedeviyyete {3} tebdīl olunub işbu fesādda medḫali olan ʿuṣāt-ı reʿāyānıñ teʾdīb ü tenkīlleri Devlet-i ʿAliyyeʾniñ {4} bilüb icrā ideceği maṣlaḥatdan olaraḳ o maḳūle fesād ü melʿaneti tebeyyün ü taḥaḳḳuḳ iden efrād-ı reʿāyā bir ṭarafdan {5} ele geçdikçe cezāları tertībiyle teʾmīn-i eṭrāf ü enḥāya cānib-i Devlet-i ʿAliyyeʾden iḳdām ü iʿtinā ḳılınmaḳda ise daḫi {6} ṣunūf-ı reʿāyādan fesādda medḫali olmayub kendü ḥālinde ʿırż ü edebiyle geşt ü güẕār iden bī-cürmleriñ {7} ez-her-cihet ḥimāyet ü ṣıyānetleri lāzımeden olaraḳ o maḳūle bī-cürm reʿāyāya taʿaddī ve rencīde olunmaması muḳaddem ve muʾaḫḫar {8} bā-irāde-i seniyye fermānlar ıṣdārıyla iḳtiżā idenlere tenbīh ü teʾkīd olunmuş iken el-ḥāletü-hāẕihī baʿżı kendüyi bilmez eşḫāṣ {9} ve şerīr ve süfehā gürūhı fesādda medḫali olmayan bī-cürm reʿāyāya müdāḫale ve taʿarruż ve şerʿ-i şerīf ve ḳānūn-ı {10} münīfe yaḳışmayan dürlü dürlü uyḳunsuz ḥālāta yine mütecāsir olduḳlarından başḳa Devlet-i ʿAliyye ile dost ve muṣāliḥ {11} olan devletleriñ Dersaʿādetʾde bulunan tebaʿa ve adamlarına daḫi müdāḫale itmekde olduḳları derkār ve bu keyfiyyet insilāb-ı {12} şīrāze-i niẓām ile āsāyiş-i ʿāmmeye ḫalel virir yaḳışıḳsız ve uyḳunsuz oldıġı ẓāhir ü āşikār oldıġından {13} ṭabaḳāt-ı reʿāyādan Dersaʿādetʾde kār ü kesbi ile meşġūl ehl-i ʿırż reʿāyāya ve düvel tebaʿalarına müdāḫale ve taʿarruż {14} vuḳūʿuna ḳaṭʿan rıżā-yı ʿālī olmadıġından bu ḫuṣūṣuñ menʿi mülken lāzım gelerek bu defʿa daḫi iḳtiżā idenlere {15} ḫiṭāben fermānlar ıṣdārıyla tenbīh ü teʾkīd olunmaġla, imdi baʿd-ez-īn fesādda medḫali olmayan bī-cürm reʿāyāya ve Devlet-i {16} ʿAliyye ile dost ve muṣāliḥ olan sāʾir devletleriñ tebaʿasına hiçbir ferdiñ müdāḫale ve taʿarruż idemamesi ḫuṣūṣuna {17} diḳḳat eylemelerini ve şerʿ-i şerīf ve ḳānūn-ı münīfe uymayan ḥareketde bulunan şerīr-i nās her kim olur ise żābiṭleri {18} maʿrifetiyle teʾdīb olunacaġını iḳtiżā idenlere ekīden tenbīh iderek o maḳūle ehl-i ʿırż reʿāyāya ve düvel-i sāʾire {19} tebaʿalarına müdāḫale memnūʿiyyetiniñ ʿaleʾd-devām icrāsı ḫuṣūṣuna ve şurada burada ḳurşun endāḫt itdirilmamesine {20} kemāliyle ihtimām ü himmet ve cenāb-ı müşīrīleri daḫi bu ḫuṣūṣa bizẕāt diḳḳat ve neẓāret eyleyesiz deyu. Fī 2 Ra 37

[574/204] *Yānya cānibi serʿaskerine*
{1} Saʿādetlü Mora vālīsi ḥażretleriyle maʿiyyetinde olan mīr-i mīrāndan ʿÖmer Paşa bendeleri İzdīnʾe ʿavdet itmiş olub paşa-yı mūmā-ileyh {2} ile ḫarc tezkireleri ṣavb-ı serʿaskerīlerinden virilmiş olan ṣunūf-ı ʿaskeriyye güẕeşte

ʿulūfeleri muṭālebesi-çün ṭaraf-ı sipeh-sālārīlerine {3} ʿazīmet üzere olduḳları ve el-ḥāletü-hāẕihī maġżūb-ı maḳhūruñ itmām-ı kārı ḳuvve-i ḳarībeye gelüb bundan aḳdem gönderilan {4} biñ kīse aḳçe vāṣıl olmuş ise de bugünlerde ʿind-i vālālarında külliyyetlü aḳçeniñ vücūdı derece-i vücūbda olaraḳ {5} ʿasākir-i meẕkūreniñ ʿulūfe ṭalebiyle ḳīl ü ḳāl eylemeleri cāʾiz olmadığı beyānıyla bu es̱nāda ṣavb-ı serʿaskerīlerine külliyyetlü {6} aḳçe irsāl olunması ḫuṣūṣunı ḥāvī ve vālī-i müşārun-ileyh İzdīn'de ḳalmış ise de yanında olan ʿasker çürimiş {7} olduḳlarından ʿaskerini düzünceye ḳadar müşārun-ileyhiñ ṭaraf-ı saʿādetlerine yāḫūd Yeñişehir cānibine ʿazīmetine ruḫṣat virilmesini {8} muḥtevī ve Ṭrābolīçe'niñ ḥīn-i istīlāsında Mora ḳāʾimmaḳāmı ve sāʾirleriyle ḥarem-i müşīrīleri ve müşārun-ileyhiñ ḥaremi {9} sefīne ile baḥren Ḳuşaḏası'na çıḳarılmaḳ üzere muḳāvele olundığını mübeyyin ṭaraf-ı düstūrīlerine mektūb gelmiş {10} oldığına mebnī keyfiyyetiñ iḳtiżā iden maḥallere taḥrīriyle ẕikr olunan ḥaremleriñ Dersaʿādet'e celb olunmaları iltimāsına {11} dāʾir resīde-i rāḥa-i vürūd olan taḥrīrāt-ı meʿālī-āyātları mezāyāsı maʿlūm-ı ḫāliṣānemiz oldığından ġayrı {12} ḥużūr-ı hümāyūn-ı şāhāneye daḫi ʿarż ile meşmūl-ı naẓar-ı mekārim-es̱er-i ḥażret-i ẓıllullāhī buyurulmuşdur. Mora vālīsi müşārun-ileyhiñ {13} tanẓīm-i dāʾiresi-çün Yeñişehir'e ʿavdet itmekden ise Yānya'ya varub tanẓīm eylemesi ḫayrlu olub maġżūb-ı merḳūmuñ {14} iżmiḥlāli ḳuvvet-i ḳarībeye geldiği muḳteżā-yı işʿārlarından müstefād olaraḳ bu defʿa daḫi şu ʿaskeriñ ḏağılmaması içün {15} biñ kīse aḳçe gönderilmesi ve her ṭarafa külliyyetlü aḳçe ṣarf olunub vāridāta daḫi noḳṣān ṭārī oldığından (90) bundan ṣoñra külliyyetlü aḳçe irsāli güç oldığı cihetden maṣlaḥatı bitirmeğe ġayret eylemeleri ḫuṣūṣunuñ ṣavb-ı serʿaskerīlerine taḥrīr {2} olunması emrine irāde-i seniyye-i şāhāne müteʿalliḳ olaraḳ ol bābda ḫaṭṭ-ı hümāyūn-ı cihān-dārī ṣaḥīfe-pīrā-yı ṣudūr olmağın {3} manṭūḳ-ı münīfi üzere ẕikr olunan biñ kīse aḳçe bu defʿa ṣavb-ı serʿaskerīlerine gönderilmiş ve ẕikr olunan ḥaremler içün {4} daḫi şeref-rīz-i sünūḥ olan irāde-i seniyye mūcebince eğer şimdiye değin ol ṭarafa çıḳmışlar ise derḥāl ve eğer henüz çıḳmamışlar ise {5} bundan ṣoñra ḥīn-i ḫurūclarında her ḥālde ḥaḳlarında lāzıme-i ḥürmet ü riʿāyet icrā olunaraḳ muʿazzezen ve mükerremen Dersaʿādet'e {6} irsāl ü iʿzām olunmaları żımnında saʿādetlü İzmīr ve Ḳuşaḏası muḥāfıẓları ḥażerātıyla Teke mütesellimine ṣavb-ı ḫāliṣānemizden {7} müʾekked kāğıdlar taḥrīr ve irsāl olunmuş olmağla meʾāl-i irāde-i seniyye ve naṣṣ-ı ḫaṭṭ-ı hümāyūn maʿlūm-ı vālāları buyurılaraḳ {8} her ḥālde ḫaṭb-ı mevkūl-ı sipeh-sālārīleriniñ ḥüsn-i tensīḳ ü tesviyesine ve ne vechile olur ise olsun ḳuvve-i ḳarībeye geldiği {9} işʿār buyurılan şu ʿAlī Paşa ġāʾilesiniñ bā-ʿavn-i Bārī itmāmına ve icrā-yı levāzım-ı serʿaskerī ve şecāʿat {10} ve iẓhār-ı meʾās̱ir-i besālet ü ḥamiyyete beẕl-i himmet buyurmaları siyāḳında ḳāʾime. Lede'l-vuṣūl müşārun-ileyh Meḥmed Paşa {11} s̱enāverleriniñ ol vechile tanẓīm-i dāʾiresi-çün Yānya'ya gelmesi żımnında ṭaraf-ı muḫliṣīden kendüye yazılmış olan ḳā'ime daḫi {12} işbu nemīḳa-i ḫülūṣ-verī ile ṣavb-ı ṣafderānelerine gönderilmiş olmaḳ mülābesesiyle müşārun-ileyhe irsāl ile celb {13} buyurmaları muḥavvel-i ʿuhde-i sāmīleri olmağın hemān ẕāt-ı ʿālīleri her ḥālde icrā-yı ġayret ü besālete himmet buyurmaları {14} me'mūl-ı ḫāliṣānemizdir. Fī 4 Ra 37

[574/209] *Bosna vālīsine, Belġrād, Vidīn, Niş muḥāfıẓlarıyla Alacaḥiṣār mutaṣarrıfına*

{1} Bundan aḳdem Şırplunuñ tedārük-i esliḥa ve cebeḫāne misillü uyḳunsuz ḥarekete mücāseretleri istiḫbār olunaraḳ {2} cenāb-ı müşīrīlerinin evvelkiden ziyāde ḥāżır ü āmāde bulunub her ne vaḳt Şırplunuñ ḥareket ve tecāvüzleri ẓuhūr ider ise {3} muḳaddemā ber-vech-i ḫafī gönderilan emr-i ʿalī iḳtiżā[sı] üzere ḥarekete iʿtinā buyurmaları irādesi ṣavb-ı saʿādetlerine bildirilmiş idi. {4} El-ḥāletü-hāẕihī Prizrīn'iñ voyvodası Ḳapucıbaşı Feyżī Aġa ṭarafından tevārüd iden taḥrīrāt me'ālinde bu eṣnāda Mīloş {5} rü'esā-yı Şırp'ı ṭarafına celb iderek Dersaʿādet'de bulunan knezler ile āyinlerince ʿahd ü peymānları oldığı ecilden {6} bir taḳrīb anları ṭaraflarına celb iderek kendüleri tedārükli bulunmalarını taʿlīm ve beyān ile taḥrīk itmekde oldığı {7} ve iki ḳıṭʿa açık taʿbīr olunur sefīne inşāsıyla Bāṭocāna palanḳası ḳarşusunda Morava üzerinde iḥżār {8} ve Rāḥova ve Aḳça ve Semendire ve Pozorofça nāḥiyelerinde Ṭūna'ya yollar açub her bir yola piyāde ve ʿaraba cisrleri binā {9} ve üç ʿaded bārūt dibeği iʿmāl itdirerek gice ve gündüz fişenk bağlatmaḳda idüği ve üç-beş günde bir defʿa {10} Şırpluyı celb iderek "Devlet-i ʿAliyye'niñ milletimize eylediği muʿāmele cümleniñ maʿlūmıdır. Bugün anlara ise yarın {11} bizedir. Hemān ḥāżır bulunalım. Rūsyalu muḳaddemā bize naṣıl imdād itmiş ise bu defʿa evvelkiden ziyāde iʿāne eyler" {12} diyerek taḥrīk ü ifsād dāʿiyesine düşmüş oldığı cāsūslar irsāliyle istiḫbār ḳılındığı muḥarrer ü mesṭūr olub {13} Şırplunuñ ne maḳūle şerīr ve müfsid ṭā'ife oldığı ve muḳaddemā Belġrād'ı istīlālarında ümmet-i Muḥammed'e ne vechile muʿāmele {14} eyledikleri ve Belġrād'ıñ taḫlīṣiyle mehmā-emken yoluna yatırılınca ne zaḥmetler çekildiği cümleye maʿlūm ve bu cihetle ʿalelḫuṣūṣ {15} böyle vaḳt-i nāzikde Şırpludan bir vechile emniyyet cā'iz olmayaraḳ ʿale'd-devām mütebaṣṣır ü āgāh bulunmaḳ [?] farż derecesinde {16} idüği emr-i ġayr-ı mevhūm olaraḳ keyfiyyet ḫāk-pāy-ı hümāyūn-ı ḥażret-i pādişāhīye lede'l-ʿarż keyfiyyetiñ ṭaraf-ı müşīrīleriyle {17} Belġrād ve Vidīn ve Niş muḥāfıẓları ḥażerātına ve Alacaḥiṣār mutaṣarrıfına taḥrīriyle ḥāżır bulunmaları ve ol ṭarafdan bir ḥareket {18} ẓuhūr ider ise bu ṭarafa inhā ve istīẕān ile vaḳt geçürmeyüb hemān birbiriñiz ile muḫābere iderek hücūma ḍavrandırmamaları {19} ve muḳaddem virilan seby ü istirḳāḳ fetvā-yı şerīfi mūcebince seby ü istirḳāḳ eylemeleri ve millet-i mersūme ṭarafından {20} bir ḥareket olmadığı taḳdīrde ḳavlen ve fiʿilen aṣlā rencīde itmeyüb tevḥ[ī]ş itdirmameleri ḫuṣūṣuna irāde-i seniyye-i mülūkāne {21} müteʿallıḳ olmuş ve keyfiyyet ve ṣūret-i irāde-i ʿaliyye-i şāhāne bu defʿa maḫfiyyen ṭaraf-ı muḫliṣīden muḥāfıẓ-ı müşārun-ileyhim ḥażerātıyla {22} mutaṣarrıf-ı mūmā-ileyhe taḥrīr ü işʿār ḳılınmış olmağla ẕāt-ı saʿādetleri daḫi dirāyet ü feṭānetleri iḳtiżāsı ve emr {23} ü fermān-ı hümāyūn-ı şāhāne muḳteżāsı üzere dā'imā mütebaṣṣır ve ḥāżır ü āmāde bulunub müşārun ve mūmā-ileyhimle muḫābere {24} iderek eğer Şırpludan muġāyir-i resm-i raʿiyyet ʿiṣyān gūne bir ḥareket ẓuhūr ider ise bu ṭarafa inhā ve istīẕān ile {25} vaḳt geçürmeyüb hemān bi'l-ittifāḳ üzerlerine hücūm ile ḏavrandırmamağa ve muḳaddem virilan fetvā-yı şerīf {26} mūcebince seby ü istirḳāḳa diḳḳat ü ġayret ve Şırplu ṭarafından ol vechile ʿiṣyān gūne bir ḥareket vuḳūʿ bulmadığı {27} ḥālde ḳavlen ve fiʿilen aṣlā rencīde vuḳūʿa gelmamesine ve bir ṣūretle tevḥīş olunmamalarına daḫi kemāl-i ihtimām ve ṣarf-ı {28} himmet iderek is̱bāt-ı feṭānet ve ġayrete bez̠l-i liyāḳat buyurmaları siyāḳında maḫfiyyen işbu ḳā'ime. Fī 5 Ra 37

[574/223] *Adana Vālīsi Ḥilmī Paşa'ya*

{1} Ṣaydā ṭarafından ʿasker memlū bir ḳıṭʿa sefīne Ḳıbrīs cānibine ʿazīmeti esnāsında Beyrut ve ol ḥavālī sevāḥilinde {2} yiğirmi beş ḳıṭʿa Çamlıca ʿuṣātı teknelerine teṣādüf itmiş ve ẕikr olunan sefīne ʿuṣāt-ı mesfūre ṭarafından {3} aḫẕ ile derūnunda olan emvāl ü eşyā yağma olunmuş oldığı Ṭarsūs'da olan mütesellimlerine iḫbār olunaraḳ {4} mütesellim-i mūmā-ileyh ʿuṣāt-ı mesfūreniñ baʿżı yanaşub şu alacaḳları maẓnūn olan maḥallere sekbān {5} ve dīdebān taʿyīniyle istiḥkām virmiş ve bu ḫuṣūṣ ṣavb-ı saʿādetlerinden daḫi te'kīd ḳılınmış oldığına dā'ir {6} vārid olan taḥrīrāt-ı şerīfeleri mezāyāsı maʿlūm-ı ḫālişānemiz olmuşdur. Eşḳıyā-yı mesfūreniñ ol vechile {7} vuḳūʿ bulan ḫıyānet ü melʿanetleri cihetiyle yanaşmaları melḥūẓ olan maḥalleriñ istiḥkāmına derkār olan {8} ihtimām ü himmetleri iṣābet olub bundan böyle daḫi te'kīd-i revābıṭ-ı taḳviyeleri vesā'ilini istiḥṣāle iḳdām {9} ü müs̱āberet buyurmaları siyāḳında ḳā'ime. Fī 6 Ra 37

[574/226] *Ṭūna defterdārına*

{1} Boğdān boyārlarından Boğdānlunuñ tertīb eyledikleri maḥżar ile der-bār-ı şevket-ḳarāra gelmek üzere saʿādetlü Serʿasker paşa {2} ḥażretleri ṭarafına vürūd itmiş olan boyārlar ol ṭarafda tevḳīf olunaraḳ ḥāmil olduḳları maḥżarlarınıñ {3} ṣūreti Boğdān Çarḫacısı saʿādetlü Ṣāliḥ Paşa ḥażretleriniñ taḥrīrātı ve mersūmlarıñ serʿasker-i müşārun-ileyhe virdikleri ʿarżuḥālleri {4} taḳdīm olunmuş oldığı beyānıyla tafṣīl-i keyfiyyet müşārun-ileyhimānıñ taḥrīrātlarından ve ẕikr olunan ṣūret-i maḥżar ve ʿarżuḥālden {5} maʿlūm olacağı ifādesine dā'ir resīde-i cā-yı vürūd olan şuḳḳañız ve müşārun-ileyhimānıñ taḥrīrātları ve evrāḳ-ı sā'ire {6} mezāyāları maʿlūmumuz oldığından ḥużūr-ı hümāyūn-ı şāhāneye daḫi ʿarż ile meşmūl-ı liḥāẓa-i āṭıfet-ifāża-i ḥażret-i ẓıllullāhī {7} buyurulmuşdur. Boğdānlunuñ maḥżar-ı mezkūrda olan istidʿālarınıñ fezlekesi gūyā evvelki Rum voyvodalarınıñ meẓālim {8} ü taʿaddiyātlarından şikāyet-birle baʿd-ez-īn Boğdānludan voyvoda naṣb olunmaḳ ṣūretinden ʿibāret ise de el-ḥāletü-hāẕihī {9} Rum milleti beyninde taḥaddüs̱ iden fesād ü iḫtilāl berṭaraf olmayub işbu mādde-i fesād ortalıḳdan külliyyen mündefiʿ {10} olmadıḳça Memleketeyn'iñ taḫliyesi ve voyvoda naṣbı uyamayaraḳ bi-mennihī Taʿālā vaḳt-i merhūnı ḥulūlünde iḳtiżāsına baḳılacağı {11} ve irāde-i seniyye daḫi bu merkezde dāʾir oldığı ecilden ol ṭarafa gelüb tevḳīf olunan boyārlara bu meʾālde {12} yeʾs virmeyecek ve vaʿad çıḳmayacaḳ vechile ḥüsn-i müdāfaʿa ile cevāb virilerek memleketlerine iʿāde olunmaları {13} ḫuṣūṣı ṣavb-ı ḫāliṣānemizden bu defʿa serʿasker-i müşārun-ileyhe taḥrīr olunmağla ifāde-i ḥāl siyāḳında ḳāʾime. Fī 7 Ra 37

[574/237] *Ṣaydā vālīsine*
{1} Ḳıbrīs cezīresi muḥāfaẓası-çün muḳaddemā kendü istiḫdām eyledikleri ʿasākirden kifāyet miḳdārı ʿasker irsāl eylemeleri {2} irādesi ṣavb-ı saʿādetlerine işʿār olunmuş ve cezīre-i mezkūreye gönderdikleri ʿasākiriñ aylıḳları ḫaylī aḳçeye bāliğ olaraḳ {3} cenāb-ı müşīrīleriniñ idāre ideceği şey olmadığından cānib-i Devlet-i ʿAliyye'den āḫar vechile tanẓīmine mütevaḳḳıf idüği {4} ṭaraf-ı saʿādetlerinden beyān ḳılınmış oldığına bināʾen ʿasākir-i merḳūmeniñ maṣārifini ṣūret-i āḫarla idāre itdirmek üzere {5} cenāb-ı müşīrīleriniñ bunlara vireceği aḳçeyi iʿāneten Ḫazīne-i ʿĀmire'ye göndermeleri irādesi cānib-i düstūrīlerinden {6} yazılmış ve ʿasker-i mezkūreniñ aylıḳ ve sāʾir maṣrafları daḫi Ḳıbrīs cezīresi reʿāyāsından zecren taḥṣīl ve idāre olunmaḳ üzere {7} keyfiyyet ü kemmiyyeti Ḳıbrīs muḥaṣṣılından istiʿlām olunmuş idi. Muʾaḫḫaren ṭaraf-ı saʿādetlerine yazılan ḳāʾimemiziñ henüz bir gūne {8} cevābı ẓuhūr itmamiş ise de el-ḥāletü-hāẕihī Ḳıbrīs reʿāyāsı ʿiṣyāna müstaʿid olub ehl-i İslām'ı ise ḳalīlü'l-miḳdār {9} oldığına bināʾen maʿāẕallāhü Taʿālā defʿaten bir ġulüvv ü ʿiṣyān ile cezīre-i mezkūre kefere eline geçmek lāzım gelür ise {10} istiḫlāṣı ḫaylī tekellüfe muḥtāc olacağı ẓāhir ve siziñ ise göndermiş oldığıñız ʿasker daḫi ʿArab uşağı {11} ʿakkām ve meşʿaleci maḳūleleri olub hem silāḥsız ve hem s̱ebātsız olaraḳ reʿāyānıñ emvāl ü eşyālarını {12} ġaṣb ve ehl-i İslām'ıñ māllarını sirḳat ile icrā-yı fezāḥat itmekden ġayri birṭaḳım işe yaramaz ʿasker oldığı {13} taḥaḳḳuḳ idüb Ḳıbrīs'ıñ ḥāli böyle, siziñ irsāl eylemiş oldığıñız ʿasker bu ṣūretle olmaḳ mülābesesiyle bu bir {14} uyġunsuz şey oldığından cezīre-i mezkūreye hem işe yarar ʿasker irişdirilmesi ve hem aylıḳ maṣārifi bütün bütün {15} reʿāyāya taḥmīl olunmayaraḳ başḳa bir çāresi bulunması īcāb-ı ḥālden idüği müberhen ü bāhir ve ẕāt-ı saʿādetleri {16} sāye-i ʿināyet-vāye-i ḥażret-i kītī-sitānīde üç eyālete mutaṣarrıf ve eyāletleriñ her biri ġāyet münbit ü nemā-dār olub {17} velīniʿmetimiz olan Devlet-i ʿAliyye'niñ böyle vaḳtinde fedā-yı māmelek

ve cān iderek ibrāz-ı ḫidmete saʿy eylemeñiz {18} lāzımeden iken şöyle böyle diyerek her māddede taʿallül ü iʿtiẕār ṭarafına ṣapmañız nā-sezā ve şimdiki ḥālde {19} Ḳudüs-i Şerīf'e gönderdikleri ʿasker maṣrafından ve sā'ir gūne meşāġil ü ġavā'ilden daḫi vāreste olaraḳ {20} tamām iş görecek vaḳtiñiz oldıġı hüveydā olmaḳdan nāşī muḳaddem ve mu'aḫḫar vāḳiʿ olan iʿtiẕārat-ı {21} vāhiyelerine gūyā tamāmına ṣayılucasına iḳtiżāsı vechile cevāb virilmiş idi. Lākin cezīre-i meẕkūreniñ {22} ḥāli ve gönderdiğiñiz ʿaskeriñ keyfiyyet ü aḥvāli vech-i meşrūḥ üzere olub Ḫudā-ne-kerde yarın Ḳıbrīs'da {23} bir neviʿ uyġunsuzluḳ olur ise ṣoñı fenā olaraḳ Devlet-i ʿAliyye'niñ ṭaraf ṭaraf derkār olan {24} ġā'ilesi cihetiyle kāffe-i eyālāt ve elviye mutaṣarrıfları muḳteżā-yı me'mūriyyetleri üzere dīn ü devletleri uġurunda {25} mālen ve bedenen ḫidmet ü ġayret itmekde iken siziñ ḫilāf-ı me'mūl her şeyde taʿallül ve muḫālefet vādīsine {26} gitmeñiz ṣoñı çıḳar şey olmadıġı rūşenā oldıġına mebnī şu Ḳıbrīs cezīresine istiḫdām eylediğiñiz {27} ʿaskerden mi olur, yāḫūd eyāletlerden mi olur, ne vechile olur ise güzīde ve tāmmü'l-esliḥa ve iṭāʿat-perver {28} ve işe yarar olmaḳ üzere me'kūlātları cezīre ṭarafından virilüb aylıḳ maṣrafları ṭarafıñızdan (105) iʿṭā olunmaḳ vechile cezīre-i merḳūme muḥāfaẓasında ʿalā-eyyi-ḥāl ṭarafıñızdan ketḫüdā yāḫūd ṭarafıñızdan āḫar bir muʿtemed {2} adamıñız başbuġluġuyla kifāyet miḳdārı ʿasker iḳāmesine ve ol vechile levāzım-ı muḥāfaẓanıñ īfā ve ikmāline iḳdām {3} ü müsāraʿat ve bundan böyle aġrār-ı vāhiye ile vaḳt geçürmekden mübāʿadet eylemeleri ḫuṣūṣuna irāde-i ḳāṭıʿa-i {4} cenāb-ı pādişāhī müteʿalliḳ olaraḳ ol bābda mevhibet-efzā-yı ṣudūr olan bir ḳıṭʿa emr-i ʿalī göndireceğiñiz ʿasākiri {5} çıḳartmayınca ʿavdet itmamek üzere [...] mübāşeretiyle tesyār olunmuş olmaġla muḳteżā-yı dirāyet ü feṭānetiñiz {6} vechile bu vaḳti evḳāt-ı sā'ireye ve bu māddeyi mevādd-ı uḫrāya bir ṣūretle ḳıyās eylemeyüb maṣlaḥat dīn {7} maṣlaḥatı oldıġından ve cenāb-ı müşīrileriniñ iẓhār-ı ʿacz ü ıżṭırār eylemesi rehīn-i iʿtibār olamayacaġından {8} ṭıbḳ-ı emr ü fermān-ı hümāyūn-ı şāhāne üzere me'kūlātları cezīre ṭarafından ve aylıḳ maṣārifleri daḫi ṭarafıñızdan {9} rü'yet ü idāre olunmaḳ üzere ketḫüdāñız veyāḫūd aña mānend ü mes̱īl muʿtemed bir adamıñız ile kifāyet miḳdārı {10} güzīde ve tāmmü'l-esliḥa işe yarar ʿasker tesbīliyle cezīre-i merḳūmeniñ kemāliyle muḥāfaẓası vesā'iliniñ istiḥṣāli ḫuṣūṣuna {11} mezīd-i ihtimām ü diḳḳat ve baʿd-ez-īn bir gūne irā'e-i rū-yı muḫālefet ve iʿtiẕārdan mücānebet ile siz daḫi sā'ir {12} elviye ve eyālāt mutaṣarrıfı bulunan vüzerā-yı ʿiẓām mis̱illü īfā-yı lāzıme-i bendegī ve ṣadāḳate müs̱āberet buyurmaları {13} siyāḳında ḳā'ime. Fī 10 Ra 37

[574/242] *Tūnus Beğlerbeğisi Maḥmūd Paşa'ya*

{1} Tūnus Ocaġı'ndan mümkini miḳdār sefāyin techīz ve iḫrāc olunmasına dā'ir irsāl olunan taḥrīrātımızıñ vuṣūlünden {2} ve ocaġ-ı meẕkūr donanması techīz ve līmāna rabṭ olunmaḳ üzere iken ḳażāzede oldıġından baḥis̱le Frengistān ṭarafından {3} müceddeden fırḳateyn sefineleri iştirāsına ve bir ṭarafdan ocaġ-ı mezkūr tersānesinde ḳorvet sefineleri iʿmāline ve bir ṭarafdan {4} daḫi tersāne-i merḳūmede bulunub ḳorsanlıġa elviran tüccār teknelerinden birḳaç ḳıṭʿasını mübāyaʿa ile techīzlerine mübāşeret {5} olunmuş ve öñde tekmīl olan çend ḳıṭʿa sefāyin tekmīl-i levāzımātıyla Donanma-yı Hümāyūn ṭarafına iḫrāc ü iʿzām ḳılınmış (107) oldıġı ḫuṣūṣlarını ḥāvī vārid olan taḥrīrātıñız mefhūmı maʿlūmumuz olub sefāyin-i merḳūmeniñ techīz ve iʿzāmlarına {2} derkār olan saʿy ü ġayretiñiz bādī-i maḥẓūẓiyyet olaraḳ taḥrīrāt-ı mezkūreñiz ḫāk-pāy-ı hümāyūn-ı mülūkāneye ʿarż ü taḳdīm ile {3} meşmūl-ı nigāh-ı ʿāṭıfet-iktināh-ı ḥażret-i şehinşāhī buyurulmuşdur. Tūnus Ocaġı Salṭanat-ı Seniyye'niñ şecāʿat {4} ü diyānet ile muttaṣıf bir ocaġ-ı manṣūrı olub cenābıñız daḫi Devlet-i ʿAliyye'niñ merdī ve ḥamiyyet ile mevṣūf {5} mīr-i mīrān-ı besālet-iḳtirānından olaraḳ her ḥālde dīn-i mübīn ve Salṭanat-ı Seniyye-i ebed-rehīne ḥüsn-i ḫidmet ve ṣadāḳat {6} iẓhārına mücidd ü sāʿī olacaġıñız iʿtiḳādı ḥaḳḳıñızda derkār ve gāvurlarıñ ʿālī olan dīnimiz ve devletimiz ʿaleyhine bu vechile {7} ihānet ile ellerinden gelan ḫıyāneti ümmet-i Muḥammed ʿaleyhine icrāya saʿy iderek bāṭıl dīnleri-çün kendülerini meydāna atub cān-ı {8} ḫabīs̱lerinden geçmiş olduḳlarına naẓaran şeʿā'ir-i dīniyyeden olan ġayret ü ḥamiyyet-i İslāmiyye'niñ icrāsıyla īʿlā-yı [?] kelimetullāhı müstelzim {9} ḥālāt-ı pesendīdeniñ ikmāli cümle ümmet-i Muḥammed'e ve bi-taḫṣīṣ bendegān-ı Devlet-i ʿAliyye'ye farż olmuş oldıġından ocaġ-ı manṣūre-i pādişāhīden {10} ol vechile sefāyin techīzi ile emr-i cihādı icrāya iʿtinā ve ġayretiñiz ve bu bābda olan ḫidmetiñiz ḳarīn-i maḳbūl olaraḳ bādī-i taḥsīn {11} olub ḥaḳḳıñızda ṭaraf-ı eşref-i cenāb-ı ẓıllullāhīden duʿā-yı icābet-nümā-yı berḫūdārī bī-dirīġ ü sezā buyurulmuş oldıġı {12} vāreste-i ḳayd [ü] işʿār olmaġla bundan böyle daḫi īfā-yı lāzıme-i merdānegī ve feṭānet ve icrā-yı şerāyiṭ-i ṣadāḳat-kārī ve ḥamiyyete {13} bez̲l-i mā-ḥaṣal-i miknet ile dīn-i mübīn ve Devlet-i ʿAliyye-i ebed-rehīn uġurunda me'mūl-ı ḫidmet ve ṣadāḳatiñ icrāsıyla ḥaḳḳıñızda {14} olan ḥüsn-i teveccüh-i ʿālīniñ tezāyüdini mūcib vesā'il-i müstaḥsene ibrāzına diḳḳat eylemeñiz siyāḳında ḳā'ime. Fī 11 Ra 37

[574/244] *Selānīk mutaṣarrıfına*

{1} Mora Cānibi Serʿaskeri ʿaṭūfetlü Seyyid ʿAlī Paşa ḥażretleri ṭarafından bu defʿa tevārüd iden taḥrīrāt me'ālinde maʿiyyetine Evlād-ı {2} Fātiḥān ʿaskeri me'mūr ḳılınması muḥarrer olub ancaḳ Evlād-ı Fātiḥān ʿaskerinden Belġrād'a ve Sīrozī saʿādetlü Yūsuf {3} Paşa ḥażretleri ve Mora Vālīsi Meḥmed Paşa ḥażretleri maʿiyyetlerine tertībāt-ı ṣayfiyye olaraḳ muḳaddemā ḫaylī ʿasker tertīb olunmuş {4} ve giçende Belġrād'da olanlarıñ şitā'iyye olaraḳ tebdīl olunmaları sābıḳ Belġrād Muḥāfıẓı müteveffā ʿAlī Paşa ṭarafından lede'l-inhā {5} bu bābda Selānīk Mütesellimi sābıḳ Yūsuf Beğ'e maḫṣūṣ fermān-ı ʿālī gönderilmiş ise de ġayr-ez-tertībāt el-yevm Selānīk ṭarafında {6} bulunan Evlād-ı Fātiḥān ʿaskeriniñ Selānīk üzerinde daḫi lüzūmı oldığına dāʾir iʿtiẕār cevābı gelmiş ve müşārun-ileyh Mora {7} vālīsi ḥażretleri maʿiyyetinde olan yaz tertībi [Evlād-ı] Fātiḥān ʿaskeriniñ ḳāʿideleri üzere meʾẕūnen vilāyetlerine gitdiklerini {8} işʿār itmiş oldığına naẓaran Evlād-ı Fātiḥān'dan serʿasker-i müşārun-ileyh maʿiyyetine ʿasker iḫrācı müteʿaẕẕir gibi görinür ise de {9} keyfiyyetiñ ṭaraf-ı müşīrīlerine taḥrīriyle imkānı var ise serʿasker-i müşārun-ileyh maʿiyyetine bir-iki biñ nefer Evlād-ı Fātiḥān ʿaskeri {10} tertīb ve irsāli çāresiniñ ṣavb-ı saʿādetlerinden istiʿlāmı tensīb olunmuş ve irāde-i seniyye-i mülūkāne daḫi bunuñ üzerine {11} taʿalluḳ iderek keyfiyyet serʿasker-i müşārun-ileyhe daḫi bildirilmiş olmaġla muḳteżā-yı dirāyetleri ve iḳtiżā-yı irāde-i seniyye-i mülūkāne (108) üzere mümkin ise Evlād-ı Fātiḥān'dan serʿasker-i müşārun-ileyh maʿiyyetine bir-iki biñ ʿasker irsāliniñ çāresini istiḥṣāl {2} ve keyfiyyet ve iḳtiżāsını işʿāra himmet buyurmaları siyāḳında ḳāʾime. Fī 11 Ra 37

[*574/245*] *Mora cānibi serʿaskeri ḥażretlerine*

{1} Muḳteżā-yı meʾmūriyyet-i serʿaskerīleri üzere mürūr eyledikleri maḥalleriñ yemīn ü yesārında olan ḳażālara ṭaraf-ı sipeh-sālārīlerinden [?] {2} buyuruldı ve mübāşirler irsāliyle celb-i ʿasker ḫuṣūṣuna iḳdām ü ihtimām buyurulmuş ise de Yānya cānibine ve maḥāll-i sāʾireye müretteb ʿasākir [?] {3} vesīle iderek taʿallül ü iʿtiẕāra teşebbüs ve istirḥām itmiş olduḳlarından ve cenāb-ı ʿālīleri daḫi Mora cānibine bir gün {4} evvel vuṣūle ṣarf-ı maḳdūr eylediklerinden baḥişle işbu ʿasker iḫrācına ṭaraf-ı Devlet-i ʿAliyye'den muḳaddem ve mübrem biriniñ meʾmūr {5} ve taʿyīn ḳılınması ve bā-ʿavn-i Bārī derbendlerden Mora'ya geçmek müyesser olduḳda derbendleriñ muḥāfaẓasına baḳmaḳ içün māhiyye ile {6} külliyyetlü piyāde ʿasker celb ü tedārük olunmaḳ lāzımeden ise de aylıḳ māddesi iʿānet-i seniyyeye mütevaḳḳıf idüği ve cenāb-ı {7} düstūrīleri saʿādetlü Maḥmūd Paşa ḥażretleriyle İzdīn'e müteveccihen Yeñişehir'den ḥareket buyurmuş olduḳlarından mevcūd-ı maʿiyyet-i {8} serʿaskerīleri olan ʿasākir üç biñ nefere bāliġ olub bir ṭarafdan daḫi aylıḳlu Geġa ṭaḳımı vürūd iderek gün-be-gün [?] {9} teksīr-i cemʿiyyet olunmaḳda oldığı beyānıyla müşārun-ileyh Maḥmūd Paşa'nıñ maʿiyyetinde dört biñ ve İzdīn'de olan meʾmūrlar {10} maʿiyyetlerinde daḫi istiḫbār buyuruldığına göre üç biñ nefer miḳdārı piyāde ve süvārī ʿasker mevcūd oldığına bināʾen {11} bi-mennihī Taʿālā üzerine vuṣūllerinde cümle meʾmūrīn ile birleşerek Fondāna Derbendi'niñ fetḥ ü tesḫīriyle bi-ʿavnihī Taʿālā ilerüye mürūra {12} saʿy ü iḳdām buyurılacaġı ve emlāk-ı hümāyūn żābiṭlerinden ve aṣḥāb-ı çiftlikden bahāları ṣoñra virilmek üzere {13} ḳırḳ biñ keyl-i İstānbūlī ecnās-ı ẕaḫāyir mübāyaʿa ve ʿaleʾl-ḥesāb yigirmi beş biñ ġurūş ücret-i naḳliyye iʿṭāsıyla {14} İzdīn'e irsāl olunmuş ise de şāyed işbu ẕaḫīre tükenüb ilerüsi işlemez ise ʿaskeriñ perīşānlıġına bāʿiṣ

{15} olacağına binā'en külliyyetlü aḳçe ile maʿiyyet-i serʿaskerīlerine muḳtedir biriniñ nüzül emīni taʿyīn olunması ve muḳaddemce istidʿā olunmuş olan {16} otuz ṣandıḳ fişenkden başḳa otuz ṣandıḳ fişengiñ daḫi serīʿan gönderilmesi ve maʿiyyetlerine olan [Evlād-ı] Fātiḥān'dan {17} ʿasker taʿyīn ḳılınması ḫuṣūṣlarını şāmil ve Sīvās eyāletlüsünüñ çend rūz ẓarfında maʿiyyetlerine vāṣıl olacaḳlarını {18} müştemil muḳaddem ve mu'aḫḫar tevārüd iden taḥrīrāt-ı düstūrīleriyle ḳapu ketḫüdāları ṭarafına mersūl şuḳḳaları ve taḳdīm buyurılan {19} evrāḳ mezāyāları maʿlūm-ı ḫālişānemiz olduḳdan ṣoñra rikāb-ı hümāyūn-ı şāhāneye lede'l-ʿarż manẓūr-ı naẓar-ı ʿāṭıfet-es̱er-i {20} ḥażret-i pādişāhī buyurulmuşdur. Ẕāt-ı sāmīleri sā'ire mümās̱il olmayub iḥrāz-ı mesned-i muʿallā-yı Ṣadāret-i ʿUẓmā itmiş uṣūl ve vaḳt ü ḥāli {21} ve mizāc-ı hümāyūn-ı şāhāneyi ʿārif ve faṭīn ve ġayret-şiʿār vükelā-yı fiḫām-ı Salṭanat-ı Seniyye'den olduḳları ecilden her bir me'mūr olduḳları {22} ḫidemāt-ı Devlet-i ʿAliyye'de ve bi-taḫṣīṣ bu defʿaki me'mūriyyetleri olan dīn-i mübīn uğurunda merdāne ve ġayret-şiʿārāne çalışacaḳları {23} ümīd ve iʿtiḳādı ḥaḳḳ-ı sāmīlerinde derkār ve işʿār-ı serʿaskerīleri vechile ḳażālardan maṭlūb vechile ʿasker çıḳaramamaları {24} ḳażālarıñ şimdiye ḳadar eṭrāf ü eknāfa bi'd-defaʿāt ʿasker virmelerinden iḳtiżā iderek taḥammülleri ḳalmamış oldığına naẓaran {25} şimdi inhā-yı müşīrīleri vechile bu ḫuṣūṣa Dersaʿādet'den sürici taʿyīn ve irsāl olunsa ẕāt-ı sāmīleriniñ {26} çıḳaramadığı ʿaskeri sürici iḫrāc idemeyeceği bedīhī ve bedīdār olub aylıḳlu ʿasker fi'l-ḥaḳīḳa işe yarar ise de {27} aylıḳ maṣārifiniñ cümlesi bu ṭarafdan gönderilmek emr-i düşvār ve ẕāt-ı sāmīleri ise böyle vaḳtde uğur-ı dīn ve Devlet-i ʿAliyye'de {28} fedā-yı māmelek itmek ṣūretiyle biraz da ġayret buyurmaları lāzım geleceği āşikār oldığından ġayrı inhā-yı düstūrīlerine {29} naẓaran el-ḥāletü-hāẕihī maʿiyyet-i düstūrīlerinde ve müşārun-ileyh Maḥmūd Paşa ile me'mūrīn-i sā'ire maʿiyyetlerinde mevcūd ve müctemiʿ {30} olan ʿasākiriñ yekūnı on biñ neferi mütecāviz olaraḳ bir ṭarafdan daḫi tecemmuʿ itmekde oldığına ve bu defʿa {31} daḫi ẕāt-ı saʿādetlerine iʿāneten yüz biñ ġurūş iḥsān buyurılaraḳ meblaġ-ı mezbūr naḳden ṭaraf-ı sāmīlerine {32} gönderildiğine binā'en hemān bu aḳçe ile mümkin mertebe aylıḳlu daḫi tedārük ve istiḫdām iderek bir gün evvel icrā-yı {33} muḳteżā-yı me'mūriyyete ṣarf-ı liyāḳat buyurmaları lāzım geleceği ẓāhir ve "On biñ ḳadar ʿasker mevcūd oldığı {34} ṣaḥīḥ ise erbāb olan o ḳadar ʿaskerle çoḳ iş görebilür. Biraz da ġayret idüb aylıḳlu tedārük itsünler." {35} ʿibāre-i kerāmet-ifādesiyle ṭaraf-ı serʿaskerīlerine emr ü fermān-ı hümāyūn buyuruldığı bu defʿa şeref-rīz-i ṣudūr olan {36} ḫaṭṭ-ı şerīf-i şāhāneden müstefād ve bāhir olmağla ġayret ü ṣalābet-i düstūrīleri iḳtiżāsı ve işbu **(109)** ʿibāre-i ḫaṭṭ-ı hümāyūndan müstebān olan emr ü fermān-ı şāhāne muḳteżāsı üzere Mora maṣlaḥatınıñ ehemmiyyeti müṭālaʿa {2} ve böyle vaḳtde ḫidmet ü ġayret iki cihānda müstelzim-i fevz ü selāmet olacağını ve ẕāt-ı serʿaskerīlerinden bi-ʿavnillāhi Taʿālā {3} ber-vefḳ-i dil-ḫāh ḥüsn-i ḫidmet me'mūl-ı ʿālī oldığını tefekkür ile mevcūd oldığı ve bir ṭarafdan tecemmuʿ itmekde idüği {4} işʿār buyurılan ʿasker ve bir ṭarafdan daḫi mümkin mertebe tedārük idecekleri aylıḳlu ʿasker ve me'mūrīn-i sā'ire ile {5} bi'l-ittifāḳ hemān iş görüb īfā-yı me'mūriyyete beẕl-i yārā-yı liyāḳat ve kemāl-i iḳdām ü müsāraʿat buyurmaları {6} gümāşte-i ʿuhde-i ġayret ü diyānetleridir. Ḳaldı ki, vāḳiʿ olan inhā-yı müşīrīlerine göre Yeñişehir ṭaraflarından tedārük ve İzdīn'e {7} sevḳ itmiş olduḳları ẕaḫīre yekūnı ḳırḳ biñ kīleye bāliġ olub bundan başḳa muḳaddemce ṭaraf-ı saʿādetlerine {8} Selānīk ve Orfān ve Ġolos iskeleleri mübāyaʿātından daḫi on keyl ḥınṭa ve beş biñ keyl şaʿīr tertīb {9} ve maʿiyyet-i saʿādetlerine daḫi dergāh-ı ʿālī gedüklülerinden Ḳızanlıḳ ṭarafında olan İbrāhīm Aġa nüzül emīni taʿyīn olunaraḳ {10} bir ān aḳdem irişmesi fermān-ı ʿālī ile tenbīh ve taʿcīl ḳılınmış oldığından başḳa bu defʿa daḫi şeref-sünūḥ iden irāde-i seniyye {11} mūcebince emīn-i mūmā-ileyhe elli biñ ġurūş ʿale'l-ḥesāb aḳçe irsāliyle tekrār mü'ekked istiʿcāl emr-i şerīfi ve ṭaraf-ı muḫlişīden {12} daḫi taʿcīl ve tehdīdi şāmil mektūb gönderilmiş ve muḳaddem işʿār buyurılan fişenkden yiğirmi ṣandıḳ fişenk gönderilmiş {13} oldığından bu defʿa daḫi ḳırḳ ṣandıḳ fişengiñ baḥren Tekfūrḏaġı'na ve andan cenāb-ı müşīrīleriniñ bulundığı maḥalle {14} gönderilmek üzere tertīb ve tesrīb olunmuş olmaḳ mülābesesiyle bi-mennihī Taʿālā işbu fişenkler ḳarīben irişerek ve tertīb olunan {15} ẕaḫīre daḫi cemʿan elli beş biñ keyl dimek olaraḳ bu ḳadar ẕaḫīre on biñ ʿaskere bir eyyām kifāyet-birle {16} şimdilik bu ḫuṣūṣlarda żarūretden viḳāye olunmuş olacaḳları āşikār ve Evlād-ı Fātiḥān ʿaskerinden muḳaddemā {17} Belġrād ve Aydın Mutaṣarrıfı saʿādetlü Sīrozī Yūsuf Paşa ve Mora Vālīsi saʿādetlü Meḥmed Paşa maʿiyyetlerine {18} tertībāt-ı ṣayfiyye olaraḳ ḫaylī ʿasker tertīb olunmuş ve Belġrād'da olanlarıñ şitā'iyye olaraḳ tebdīl olunmaları {19} bābında emr-i ʿālī ṣudūr itmiş ise de ġayr-ez-tertībāt el-yevm Selānīk'de bulunan Evlād-ı Fātiḥān ʿaskeriniñ {20} Selānīk üzerinde lüzūmı īrādıyla taʿallül olunmuş oldığına naẓaran şimdilik Evlād-ı Fātiḥān ʿaskerinden maʿiyyet-i ʿālīlerine {21} ʿasker tertībi müteʿaẕẕir gibi ise de bu ḫuṣūṣa daḫi müteʿalliḳ olan irāde-i ʿaliyye mūcebince saʿādetlü Selānīk mutaṣarrıfı {22} ḥażretlerine taḥrīr ile mümkin ise maʿiyyet-i saʿādetlerine bir-iki biñ nefer Evlād-ı Fātiḥān ʿaskeriniñ tertīb ve irsāli {23} çāresi istiʿlām olunmuş oldığı maʿlūm-ı müşīrīleri buyuruldukda hemān ẕāt-ı sāmīleri ber-vech-i muḥarrer īfā-yı me'mūriyyete {24} müsāraʿat ü himmet buyurmaları siyāḳında ḳā'ime. Fī 11 Ra 37

[*574/247*] ***İzmīr muḥāfıẓına***

{1} İzmīr'de olan Efrenc ṭā'ifesi aḳçe aḫẕıyla reʿāyāyı birer taḳrīb ḳaçırmaḳda olduḳlarından bu keyfiyyet ehl-i İslām {2} beynine güft [ü] gūyı müstelzim oldığı ve ṭā'ife-i Efrencī'den baʿżı erāẕil maḳūleleri müsellaḥ geşt ü güẕār ile bugünlerde {3} ehl-i İslām'dan iki nefer adamı ḍarb ve mecrūḥ itmiş olduḳlarından ehl-i İslām daḫi aḫẕ-ı intiḳām içün {4} tecemmuʿ itmişler ise de nuṣḥ ü pend ile defʿ ve teskīn olundığı ṭaraf-ı saʿādetlerinden inhā olunmuş ise de ẕikr olunan {5} Frenkleriñ ḍarb ve mecrūḥ eyledikleri iki nefer kimesneden ḍolayı [?] İzmīr'de kendüyi bilmez biraz (110) eşḫāṣ aḫẕ-ı ṣār dāʿiyesiyle tecemmuʿ itmiş ve ḳuṣūr-ı ahālī daḫi maṣlaḥatıñ netīcesini mülāḥaẓa itmeksizin {2} anlara uyaraḳ yine ayaḳlanub yetmiş-seksan miḳdār bī-cürm kefereyi iʿdām itmiş olduḳları ve el-ḥāletü-hāẕihī İzmīr'iñ {3} derūnı külliyyen iḫtilāle varub ḫāricden daḫi ṭaḳım ṭaḳım ehl-i İslām "İzmīr reʿāyāsını uracaḳlarmış." {4} diyerek yağma ve ġāret dāʿiyesiyle peyderpey İzmīr'e vürūd ve tecemmuʿ itmekde olduḳları ve böyle gider ise İzmīr'de {5} bir ḥādiṡe-i ʿaẓīme vuḳūʿı melḥūẓ idüği mu'aḫḫaren taḥḳīḳ olunub şimdiye ḳadar İzmīr reʿāyāsınıñ ʿiṣyānları {6} ẓuhūr itmiş değil iken baʿżı erāẕil ve eşḫāṣıñ mücerred yağma ve ġāret dāʿiyesiyle Frenklerden baʿżı {7} şaḫṣıñ uyğunsuzluğunı vesīle iderek ayaḳlanub mücerred yağma dāʿiye-i kāsidesiyle böyle bir ḥareket-i {8} nā-marżiyyeye cesāret itmeleri uyğunsuz ve muġāyir-i rıżā-yı ʿālī oldığı ẓāhir ve cenāb-ı müşīrileriniñ İzmīr'e {9} muḥāfıẓ naṣb ü taʿyīnātından ġaraż żabṭ ü rabṭ-ı eşḳıyā ile ḥıfẓ ü ḥırāset-i memleket ve ḥimāyet ü ṣıyānet-i fuḳarā-yı {10} raʿiyyet iken İzmīr'de birbirini müteʿāḳib bu vechile uyğunsuzluḳlar vuḳūʿı cenāb-ı müşīrileriniñ gevşekliğiyle {11} żabṭ ü rabṭa iḳtidārları olamamasını te'yīd ideceği ve ṣoñra ṭaraf-ı müşīrilerine ʿazv olunacağı müberhen ü bāhir {12} olaraḳ bu defʿa müteʿalliḳ olan irāde-i seniyye-i mülūkāne mūcebince cenāb-ı düstūrīlerine ve İzmīr'iñ vücūh [ve] aʿyān {13} ve Ocaḳlusuna ḫiṭāben tehdīd ve āzārı şāmil bir ḳıṭʿa emr-i ʿalī ıṣdār ve maḫṣūṣ ḫācegān-ı Dīvān-ı Hümāyūn'dan {14} Teşrīfātī-i sābıḳ Reşīd Beğ ile tesyār olunmuş ve İzmīr'iñ Ocaḳlusuna Ocaḳ'ça orṭaları {15} żābiṭānı ṭaraflarından kāğıdlar yazılub saʿādetlü Ḳapūdān paşa ḥażretleri ṭarafından daḫi iḳtiżā idenlere maḫṣūṣ {16} mübāşir ile tenbīh-nāmeler gönderilmiş olmağla cenāb-ı müşīrileri daḫi mübāşir-i mūmā-ileyh ile bi'l-ittiḥād defʿ ve teskīn-i {17} fesād ile İzmīr'iñ ez-her-cihet żabṭ ü rabṭına ve fī-mā-baʿd bu miṡillü ḫilāf-ı rıżā-yı ʿālī ḥāl ü ḥareket vuḳūʿa {18} gelmamesi esbābını istiḥṣāl iderek me'mūriyyetiñiz iḳtiżāsını icrāya diḳḳat ü himmet buyurmaları siyāḳında ḳā'ime. Fī 11 Ra 37

[*574/249*] *Mıṣır vālīsine*

{1} Māh-ı Ṣaferü'l-Ḫayr'ıñ altıncı güni Ḳıbrīs'dan İskenderiye'ye gelan cerīm re'īsi Ḳıbrīs ṣularında iki ḳıṭʿa Çamlıca sefīneleri {2} gezdiğini bi'l-müşāhede ifāde itmiş ve ol gün altı ḳıṭʿa Ṭrāblus sefīneleri daḫi İskenderiye'ye gelmiş oldığı ve ẕikr olunan {3} Çamlıca sefīneleriniñ semt-i meẕkūrda gezmeleri Ḳıbrīs ve Dürzī Ḍağı reʿāyālarınıñ taḥrīk-i fesādları-çün {4} olması melḥūẓ oldığından istīṣālleri żımnında mārrü'ẕ-ẕikr Ṭrāblus sefīnelerine Ġarb ṭarafından vürūd itmiş olan {5} bir ḳıṭʿa sefīneleri terfīḳ olunaraḳ Ḳıbrīs ṣularına iʿẓām olunmuş ve Ġarb Ocaḳları'na olaraḳ muḳaddemā ṣavb-ı {6} ḫulūṣ-verīden yazılmış olan taḥrīrātımızıñ vürūd iden cevābları bu def'a taḳdīm ḳılınmış oldığını ḥāvī resīde-i {7} mevḳi'-i vuṣūl olan taḥrīrāt-ı şerīfeleri mezāyāsı rehīn-i ıṭṭılā'-i ḫulūṣ-verī olduḳdan ṣoñra ḫāk-pāy-ı hümāyūn-ı {8} mülūkāneye bi't-taḳdīm manẓūr-ı hümāyūn-ı şāhāne buyurulmuş ve bu vechile vüs'lerinde olan iḳdāmıñ icrāsıyla sa'y ü ġayretde {9} ḳuṣūr itmedikleri nezd-i hümāyūn-ı şāhānede mūcib-i taḥsīn ü maḳbūliyyet olaraḳ "Berḫūdār olsun" deyu ḥaḳḳ-ı sāmīlerinde {10} du'ā-yı icābet-nümā-yı şāhāne erzān buyurulmuşdur. Ẕāt-ı ḥamiyyet-simāt-ı müşīrīleri vaḳt ü ḥāl muḳteżāsını 'ārif (111) dirāyet-kār ve reviyyet-şi'ār vüzerā-yı 'iẓām-ı Devlet-i 'Aliyye'den olduḳlarından ve ẕikr olunan Çamlıca sefīneleriniñ ol ṣularda {2} gezmeleri Ḳıbrīs ve Dürzī Ḏağı re'āyālarınıñ taḥrīk-i fesādları-çün olması melḥūẓ idüği me'āl-i iş'ārlarından {3} müstefād oldığından sefāyin-i merḳūme ol ṣulara i'zāmı pek münāsib olaraḳ tekrār donanmaya iltiḥāḳları ṭaleb olunmayub {4} ol ṭarafda geşt ü güẕār itdirilmesiniñ ṣavb-ı sa'ādetlerine iş'ārı ṣaḥīfe-pīrā-yı ṣudūr olan ḫaṭṭ-ı hümāyūn-ı mülūkānede {5} emr ü fermān buyurulmuş ve mārrü'ẕ-ẕikr Ṭrāblus sefīneleriniñ cenāb-ı 'ālīleriniñ tensīb ve irsāl eyledikleri vechile Ḳıbrīs {6} ṭarafında geşt ü güẕār eylemeleri sefāyin-i merḳūmeniñ şimdiye ḳadar Rodos ṭaraflarına gelmeleri melḥūẓ oldığından sa'ādetlü Ḳapūdān {7} paşa ḥażretleri ṭarafından derḥāl Rodos mutaṣarrıfına yazdırılmış olmağla mecbūl olduḳları mehām-āşināyī ve reviyyetleri iḳtiżāsı {8} ve bu bābda sünūḥ itmiş olan emr ü irāde-i şāhāne muḳteżāsı üzere sefāyin-i merḳūme ol ṣularda geşt ü güẕār itdirilerek {9} ẕikr olunan Çamlıca sefīneleriniñ istīṣālleriyle re'āyā-yı merḳūmeniñ taḥrīk-i fesād idemameleri esbābını istiḥṣāle {10} himmet buyurmaları siyāḳında ḳā'ime. Fī 11 Ra 37

[*574/252*] ***Mora'ya me'mūr Ḳara 'Askeri Ser'askeri Meḥmed Paşa'ya***
{1} Donanma-yı Hümāyūn ile şimdiden 'azīmet buyuracaḳ olduḳlarından ma'iyyet-i ser'askerīlerinde mevcūd olan ve bir ṭarafdan vürūd {2} idecek 'asākiriñ yiyecekleri külliyyetlü bulunmaḳ ve Mora'da olan Moton ḳal'asıyla ḳılā'-i sā'ireye ẕaḫāyir tertīb ve irsāl {3} ḳılınmaḳ lāzım geleceği ifādesine dā'ir tevārüd iden şuḳḳa-i şerīfeleri me'āli ma'lūm-ı ḫāliṣānemiz olduḳdan ṣoñra sa'ādetlü {4} Ḳapūdān paşa ḥażretlerine lede'l-ḥavāle ma'iyyet-i sa'ādetlerinde Mora['ya] sevḳ olunacaḳ altı biñ nefer ḳara 'askeriniñ me'kūlātı-çün {5} dört aylıḳ olaraḳ sekiz biñ ḳanṭār miḳdārı beksimād tertīb olunmuş oldığından başḳa sefāyin derūnunda iken {6} ekl olunmaḳ içün bir aylıḳ olmaḳ üzere on beş biñ vuḳiyye zeytūn ve yedi biñ beş yüz vuḳiyye ṣoğan ve üç biñ yedi yüz {7} elli vuḳiyye sirke ve üç biñ vuḳiyye revġan-ı zeyt tedārük ve mübāya'a olunmaḳda oldığından bu def'a istīcār [?] olunan tüccār sefīnelerine {8} taḥmīl ḳılınmaḳ üzere idüğüni müşārun-ileyh ḥażretleri ifāde ve i'lām itmiş

ve Mora cezīresinde kā'in Moton ve Ḳoron {9} ve ḳılā'-i sā'ire içün muḳaddem ve bu def'a ẕaḫāyir tertīb ve ẕaḫīre nāẓırı efendi ma'rifetiyle tanẓīm ve tesrīb olunmaḳda oldığından {10} mā'adā bundan aḳdem Moton ve Ḳoron ḳal'alarına aḳçeleri cānib-i mīrīden i'ṭā olunmaḳ üzere müste'men tüccārından ḫaylīce ẕaḫāyir {11} mübāya'a olunmuş ve şimdiki ḥālde ḳılā'-i merḳūmeniñ ẕaḫāyiri mertebe-i kifāyeye varmış oldığı ma'lūm-ı feṭānet-melzūmları {12} olduḳda hemān ẕāt-ı sa'ādetleri īfā-yı lāzıme-i dirāyet-kārī ve reviyyete himmet buyurmaları siyāḳında ḳā'ime. Fī 13 Ra 37

[*574/263*] *Ḳapūdān paşaya*

{1} Donanma-yı Hümāyūn Başbuğı Ḫalīl Beğ'iñ rākib oldığı sefīne ile bu gice Boğaz'a bādbān-küşā-yı 'azīmet oldığı [?] {2} ve tüccār sefīneleriniñ daḫi ba'żıları bugün ḥāżırlanub muvāfıḳ havāya intiẓār üzere olduḳları ve bir miḳdārı {3} daḫi yarın gidecekleri ifādesine dā'ir olan teẕkire-i şerīfeleri ḫāk-pāy-ı hümāyūn-ı ḥażret-i mülūkāneye 'arż olunduḳda {4} "Bir gün evvel cümlesini tekmīl idüb iḫrāc eylemesini müşārun-ileyhe te'kīd eyleyesin. Laḳırdıyla günler geçeyor. Yūsuf Paşa'nıñ {5} taḥrīrātınıñ tārīḫine naẓaran belki sā'ir ḳılā'da olan ümmet-i Muḥammed de perīşān olmuşdur. Ḥasbünallāh ve ni'me'l-vekīl." deyu {6} ḫaṭṭ-ı hümāyūn-ı mehābet-maḳrūn-ı cenāb-ı ẓıllullāhī levḥa-pīrā-yı ṣudūr olmağla me'āl-i münīfini bi't-te'emmül muḳteżāsınıñ icrāsı {7} ḫuṣūṣuna himmet buyurmaları siyāḳında teẕkire. Fī 19 Ra 37

[*574/268*] *Selānīk mutaṣarrıfına*

{1} Ḳapu ketḫüdāları Necīb Efendi'niñ taḳdīm eylediği taḳrīr me'ālinde cenāb-ı müşīrīleri Kesendīre maṣlaḥatından ṣoñra Aynaroz {2} 'uṣātı üzerine 'azīmete niyyet itmişler ise de ḥareket itmezden evvel Aynaroz'dan birḳaç pāpās gelüb ḥaḳlarında {3} 'afv ile mu'āmele olunmasını niyāz ve istīmān itmiş olduḳlarından ẕāt-ı sa'ādetleri daḫi Aynaroz manāstırlarında {4} olan ṭop ve tüfenk ve sā'ir edevāt-ı ḥarbiyyeye müte'alliḳ şeyleriñ cümlesini ṭaraf-ı sa'ādetlerine i'ṭā eyledikleriñden ṣoñra {5} cenāb-ı düstūrīleri bi'n-nefs varub maẓnūn [?] olan maḥallere ve kendüleriniñ aḥvāl ü keyfiyyātlarına taḥṣīl-i vuḳūf {6} ü ıṭṭılā' eylemek ṣūretleri ḥāṣıl olmadıḳça kendüleriniñ 'afvını ḳāl ü ḳaleme almayacaḳlarını beyān itmiş olduḳlarına mebnī {7} mesfūrlar bu ṣūretleri beynlerinde müẕākere itmek üzere 'avdet itmiş olduḳlarından tekrār gelüb rāżī olduḳları {8} ḥālde ne vechile mu'āmele olunmaḳ lāzım geleceğini istīẕān eylemesi esīrler ile gelan tatar ağañızıñ ifādesinden {9} müstebān oldığı muḥarrer olub mu'aḫḫaren tevārüd iden bir ḳıṭ'a şuḳḳa-i müşīrīlerinde Aynaroz ruhbānlarınıñ {10} ṭaraf-ı sa'ādetlerine mersūl Rūmiyyü'l-'ibāre bir ḳıṭ'a 'arżuḥālleri ve Bostāniyān-ı Ḫāṣṣa Ocağı ṭarafından **(119)** żābiṭleri olub bidāyet-i fesāddan berü Aynaroz'da bulunmuş olan Ḫalīl Ḫaṣekī'niñ bir ḳıṭ'a kāğıdıyla ṭaraf-ı şerīflerine {2} iki nefer ruhbān gelüb vāḳiʿ olan ifādelerinde gūyā kendüleri ṣadaḳa ile geçinür fuḳarādan olduḳlarını {3} ve Selānīk ḳażāları reʿāyāsından baʿżıları ḫavflarından nāşī içlerine gelüb ve aḏalar eşḳıyāsından daḫi vāfir reʿāyā Aynaroz'ı {4} żabṭ idüb kendüleri anlara muḳābele idemediklerini ifāde eylediklerinde cenāb-ı dirāyet-me'ābları daḫi kendülerine {5} ḫodbeḫod re'y viremeyeceklerinden ibtidā her ne ḳadar rehābīn ve söz ṣāḥibleri var ise cümlesi ordu-yı müşīrīlerine {6} gelüb ḥāllerini gereği gibi añladıḳdan ṣoñra keyfiyyeti der-bār-ı şevket-medāra işʿār buyuracaḳlarını beyān ü īrād eyledikleri {7} müsaṭṭar olaraḳ mezāyāsı ve mesfūrlara cevāb olaraḳ yazılan kāğıdıñ isrā buyurılan ṣūretiyle mārrü'z-ẕikr {8} Rūmiyyü'l-ʿibāre ʿarżuḥāl tercüme itdirilerek me'ālleri maʿlūm-ı ḫāliṣānemiz olduḳdan ṣoñra ḫāk-pāy-ı hümāyūn-ı {9} şāhāneye ʿarż ü taḳdīm ile manẓūr-ı naẓar-ı kerāmet-eṡer-i şāhāne buyurulmuşdur. Velīniʿmetleri olan Devlet-i ʿAliyye {10} ʿaleyhine iẓhār-ı ʿiṣyān iden gāvurlar her ne vaḳt istīmāna gelüb kemā-fī'l-ḳadīm merkez-i raʿiyyetde ṡābit-ḳadem olmaḳ {11} ve şerāyiṭ-i raʿiyyetiñ ḫilāfı ḥareketde bulunmamaḳ şarṭıyla dāmen-i ʿafv ü istīmāna teşebbüṡ iderler ise şerʿ-i şerīfe {12} muvāfıḳ oldığı ṣūretle ḥaḳlarında ʿafv ile muʿāmele olunmaḳ īcāb ider ise de Aynaroz rāhibleriniñ {13} ẕikr olunan Rūmiyyü'l-ʿibāre ʿarżuḥālleri tercümesi müfādı bunlar gūyā ʿiṣyān ü şeḳāvetden tebri'e-i ẕimmet ṣūretiyle {14} istīmān laḳırdısını ḳāle bile almayaraḳ gūyā kendüleriniñ hiç ḳabāḥati olmayub bahār eṡnāsında içlerine biraz {15} eşḳıyā gelmiş ise de şimdi eşḳıyā ṭaḳımından kimse olmadığı ve cizye boğçalarını getürmek [ve] ol ṭarafıñ {16} keyfiyyetini Bostāniyān-ı Ḫāṣṣa Ocağı ṭarafına bildirmek üzere ṭaraflarından iki nefer rāhib gönderildiğini beyāndan {17} ʿibāret ise de böyle kāğıd ve ḳurı söz ile bunlarıñ ḳavllerine iʿtimād ve kendülerinden emniyyet ḥāṣıl {18} olamaz ki ḥaḳlarında bir şey dinilsün. Bi-taḫṣīṣ şimdi Aynaroz ṭaḳımına ne vechile ṣūret virilür ise yarın {19} sā'ir istīmān iden maḥallere daḫi öylece muʿāmele olunmaḳ lāzım geleceğinden ṭaraf-ı saʿādetlerine gelan ruhbānlara {20} virdiğiñiz cevāb vechile ibtidā ṭaraf-ı saʿādetlerinden birḳaç yüz adam gönderilüb manāstırıñ birinde iḳāme {21} ve mecmūʿ ruhbānlar cerāyim-i vāḳıʿalarını baʿde'l-iʿtirāf istīmān iderler ise evvelā yedlerinde olan [ālāt-ı] ḥarbiyyeye dā'ir {22} ṭop ve tüfenk ve piştov ve bıçaḳ ve bārūt ve fişenk miṡillü her ne var ise ṭaraf-ı saʿādetlerinden muʿtemed me'mūrlar {23} maʿrifetiyle mesken [ü] me'vā ve sā'ir maẓnūn olan maḥalleri ber-vech-i tedḳīḳ yoḳlanaraḳ bir dānesi girü ḳalmamaḳ {24} üzere tamāmen ẓāhire iḫrāc ve teslīm ve maʿrifet-i şerʿle defteri terḳīm olunaraḳ Dersaʿādet'e irsāl ve Cebeḫāne-i ʿĀmire'ye {25} vażʿ olmaḳ ve ṡāniyen tā ki cemīʿ eṭrāfıñ fesādı yatışub ʿalelʿumūm emniyyet-i tāmme levāzımı icrā olununcaya ḳadar {26} Dersaʿādet'de rehīn olaraḳ iḳāme içün içlerinden pāpās ve ḳocabaşı miṡillü iki nefer muʿteber söz ṣāḥibi {27} alınub Dersaʿādet'e gönderilmek ve ṡāliṡen bunlarıñ müddet-i ʿiṣyānlarında rüsūm-ı raʿiyyetden ve sāʾirden ẕimmetlerinde ne miḳdār {28} mebāliġ maṭlūbāt ḳalmış ise tamāmen edā olunmaḳ ve rābiʿan iḳtiżā iden cizyeleri baʿd-ez-īn muḳteżā-yı şerʿ-i {29} şerīf üzere ʿale'r-ruʾūs ve ʿan-yed aḫẕ ü taḥṣīl ḳılınmaḳ şerāʾiṭini sālifü'ẕ-ẕikr Aynaroz cezīresi reʿāyāsına {30} ḳabūl idüb mūcebince ʿamel ü ḥareket ideceklerini şerāyiṭ-i meẕkūreniñ fiʿilen icrāsı delāletiyle inbā iderler ise {31} cenāb-ı saʿādetleri ṭarafından reʾy ve amān iʿṭā olunub ve bu şürūṭı ḳabūl ve muḳteżāsınca ḥareket itmeyañların işleri {32} sāḫte ve sözleri yalan olacağı nümāyān olacağından ve o maḳūle şāyeste-i amān olmayanlara saṭvet ü celādet-i {33} İslāmiyye gösterilerek ḳarīn-i ḫızy ü ḫiẕlān olmaları iḳtiżā ideceğinden ẕāt-ı saʿādetleri iḳtiżāsı vechile söyleşüb {34} eğer böylece ḳabūl iderler ise evvel-emrde ruhbānları nezd-i müşīrīlerine celb ile şerāʾiṭ-i sāʾireyi icrā ve ḳabūl {35} ve icrā idecekleri taʿahhüdātınıñ istiḥṣāliyle ol vaḳt keyfiyyeti derḥāl bu ṭarafa işʿār buyurmañız ve eğer {36} bu ṣūretleriñ birazını ḳabūl ve birazını ṣoñraya teʾḫīr ve ḥīle ve ḫudʿa ile imrār-ı vaḳt dāʿiyesinde {37} olduḳlarını tefehhüm iderseñiz ḫaṣekī-i merḳūmı bir taḳrīb nezd-i saʿādetiñize celb ve ḥāl ü keyfiyyetlerini andan daḫi {38} öğrenerek beyhūde anlarıñ mekr ü ḫudʿa miṡillü laḳırdılarıyla vaḳt geçürmeksizin icrā-yı muḳteżā-yı (120) meʾmūriyyete sürʿat eylemeleri ḫuṣūṣı tensīb olunaraḳ irāde-i seniyye-i mülūkāne daḫi bunuñ üzerine taʿalluḳ ile {2} ber-vech-i meşrūḥ reʾy ve amān idüb işe yarar muʿteber iki nefer rehn virirler ise tanẓīmine mübāderet {3} ve merāmları imrār-ı vaḳt ise yine meʾmūriyyet-i sābıḳañız üzere ḥareket eylemeñiz emr ü fermān-ı hümāyūn buyurulmuş olmağla {4} dirāyet ü feṭānet ve ġayret-i müşīrīleri iḳtiżāsı ve emr ü fermān-ı hümāyūn-ı şāhāne muḳteżāsı üzere ber-vech-i {5} tafṣīl ḳabūl-ı reʾy ve amān eyledikleri ḥālde işe yarar rehn alub baʿdehū fesād yatışub ʿaleʾl-ʿumūm emniyyet-i {6} tāmme ḥuṣūlüne ḳadar Dersaʿādet'de iḳāme olunmaḳ içün bu ṭarafa irsāli ve şerāʾiṭ-i sāʾireniñ daḫi fiʿilen icrā {7} olunacağı taʿahhüdātınıñ kāmilen istiḥṣāliyle keyfiyyeti işʿāra ve eğer mersūmlar imrār-ı vaḳt dāʿiyesinde olurlar ise {8} meʾmūriyyet-i sābıḳañız vechile mersūmlara saṭvet ü celādet-i İslāmiyye'niñ ibrāzına himmet buyurmaları siyāḳında ḳāʾime. Fī 20 Ra 37

[*574/271*] ***Bādra'da olan Sīrozī Yūsuf Paşa'ya***
{1} Ḥasbelḳader Ṭrābolīçe'niñ istīlāsıyla ʿaskerī beyninde tekevvün iden fesād ve ʿuṣāt-ı reʿāyānıñ Bādra üzerine hücūma {2} teheyyüʾ ve ictisārlarından nāşī Bādra ḳalʿasında taḥaṣṣun düşvār olub Ḳastel'e naḳl olunduḳları taḳdīrce Bādra'ya taʿyīn {3} olunacaḳ ʿaskeriñ taḳviyet ü istiḥkāmlarıyla lede'l-iḳtiżā mümkini mertebe imdādlarına irişmek āsān ve Rumili Ḳasteli {4} ve İnebaḫtī'ya mūcib-i metānet olacağı melḥūẓ oldığından Bādra ve Ġaston ve Lālā ahālīsinden idāreleri ḳābil oldığı {5} miḳdār ʿasker ifrāz ve Bādra ḳalʿasına iḳāme ve ṣavb-ı saʿādetlerinden bir miḳdār neferāt ile üzerlerine sergerde taʿyīn

{6} ve üç-dört aylıḳ ẕaḫīreleri tanẓīm ve mevcūddan bir miḳdār mühimmāt daḫi iʿṭā ve teslīm buyurılaraḳ cenāb-ı müşīrīleri {7} Mora Ḳasteli'ne naḳl itmiş olduḳları ve Ṭrābolīçe'niñ keyfiyyet-i istīlāsına müteʿalliḳ beş nefer adamıñ teḳārīr-i muḫtelifelerini {8} mübeyyin kāğıd ile Ṭrābolīçe'niñ istīlāsına sebeb-i müstaḳil olan Elmās Meçe ve Velī Paça'nıñ bir taḳrīb aḫẕ {9} olunan Rūmī kāğıdlarınıñ tercümesi gönderilmiş idüği ve el-ḥāletü-hāẕihī Gördūs ve Anābolī ve Ḳoron ve Moton {10} ḳılāʿına zād ü ẕaḫīre ve mühimmāt ve Bādra ve Īnebaḫtī ve Ḳastelleri ḳalʿalarına ḳurşun ve bārūt ve mühimmāt-ı {11} sā'ire ile imdād olunmaḳ derece-i vücūbda oldığı ve Bādra'da olan Frānsa ḳonsolosı vekīliniñ ihānetiyle {12} ʿuṣāt-ı mesfūre Bādra üzerine ne vechile hücūm ü iḳtiḥām ve ṭaraf-ı İslāmiyān'dan müdāfaʿa ve tenkīllerine ne ṣūretle iḳdām {13} olunmaḳda idüği ve bundan aḳdem Bādra ve Īnebaḫtī ve Ḳastelleri'ne taḳsīm olundığı işʿār buyurılan ḥınṭanıñ {14} üç-dört māh kifāyet ideceği melḥūẓ olub mu'aḫḫaren elli biñ ġurūşluḳ daḫi ẕaḫīre mübāyaʿa olunmuş ve Dersaʿādet'den {15} Īnebaḫtī ḳalʿasına irsāl olunan sekiz biñ kīle ḥınṭa daḫi tevārüd itmiş oldığından ġayrı Bādra'ya gönderilan {16} on biñ keyl ḥınṭanıñ fermānı daḫi vürūd iderek bugünlerde vuṣūlüni bāzergānı taḳrīr eylemiş oldığı {17} beyānıyla bu keyfiyyet ḳılāʿ-i ḫāḳāniyyede olan ümmet-i Muḥammed'iñ ḥayāt-ı tāze bulmalarına bāʿiṡ olmuş ise de mühimmāt-ı {18} ḥarbiyyeniñ fiḳdānı cihetiyle dört ḳalʿaya vefā idecek miḳdār ḳurşun ve fişenk ve mühimmāt-ı sā'ireniñ {19} irsāline himmet buyurulmasını ḥāvī ve Mora ḥaḳḳında icrā olunmaḳda olan tedābīriñ keyfiyyātına ve ṣavb-ı saʿādetlerine {20} iḥsān buyurılan beş yüz kīse ʿaṭiyye-i seniyye ve tertīb olunan miḳdār-ı vāfī fişenk ʿaṭūfetlü Serʿasker paşa {21} ḥażretleri ṭarafına gönderildiğine ve Mora'ya berren tertībāt-ı külliyye ve ʿasākir-i keṡīre ile me'mūrlar taʿyīn olunmuş {22} oldığına dā'ir irsāl olunan taḥrīrāt-ı ḫulūṣ-verīniñ vuṣūlüyle ol bābda levāzım-ı teşekkürden ve ẕikr olunan {23} ʿaṭiyye ve fişengiñ celbi-çün müste'men sefīnesi tedārük ve istikrāsıyla serʿasker-i müşārun-ileyh ṭarafına adam irsāl {24} olunmuş oldığından ve müretteb olan ʿasākir her ne ḳadar külliyyetlü ise de maʿābir-i berriyyeniñ insidādı [?] ve mevsim-i şitā cihetiyle {25} imrārları müteʿassir olacağından baḥisle baḥren mürūrları müyesser olacaḳ maḥallerden imrārları-çün müste'men sefāyini {26} tedārük ve istīcārı ve süfün-i hümāyūndan hiç olmaz ise on beş ḳıṭʿasınıñ ol cānibde bulunması lāzıme-i ḥālden {27} idüğüni muḥtevī ve Bādra'da olan ḳonsolos vekīli mersūm setr-i ihāneti-çün ḳonsolosuna yāḫūd ilçisine {28} başḳa dürlü inhā ider mülāḥaẓasıyla bir ḳıṭʿa Rūmī protesto kāğıdı taḥrīr ve ol ṭarafda bulunan İngiltere {29} ve Nemçe ḳonsoloslarınıñ vekīllerine taṣdīḳ ve temhīr itdirilüb gönderilmiş oldığını şāmil resīde-i cā-yı vürūd {30} olan taḥrīrāt-ı şerīfeleri ve evrāḳ-ı sā'ire me'āl ü mezāyāları maʿlūm-ı ḫālişānemiz oldığından ġayrı ḥużūr-ı {31} hümāyūn-ı şāhāneye daḫi ʿarż ile meşmūl-ı liḥāẓa-i mekārim-ifāża-i ḥażret-i cihān-dārī buyurulmuşdur. Cenāb-ı müşīrīleriniñ {32} bi'l-ıżṭırār naḳl itmiş olduḳları Mora Ḳasteli Bādra'ya bir buçuḳ sā'at mesāfede ḳarīb ve metīn bir ḳal'a oldığından {33} ve Bādra'nıñ ol ṭarafdan daḫi iḳtiżāsına göre imdād ü i'ānet ile emr-i taḥaffuẓī eshel olacağından bu bābda {34} bir gūne be'is olmayub belki iḳtiżā-yı mevḳi'e göre iṣābet ḳabīlinden ma'dūd ve Mora içün icrā olunan {35} tertībāt-ı berriyye keyfiyyeti bundan aḳdem ṣavb-ı sa'ādetlerine iş'ār olunmuş oldığı bedīhī ve bāhir olub baḥren daḫi evvelbahārda {36} iḫrāc olunacaḳ Donanma-yı Hümāyūn ḳara 'askeri ser'askerliği bundan aḳdem Baḥr-i Sefīd Boğazı Muḥāfıẓı sa'ādetlü Meḥmed Paşa ḥażretleri[ne] (122) iḥāle olunaraḳ ma'iyyetine miḳdār-ı vāfī ḳara 'askeri tertīb ve mühimmāt-ı lāzımeleri taḥṣīṣ olunmuş iken Mora gāvurlarınıñ {2} şiddet-i 'iṣyān ü ṭuġyānları cihetiyle Mora'yı bu ḥālde bıraḳmaḳ ma'āẕallāhü Ta'ālā külliyyen elden çıḳmasını mūcib olacağından {3} evvelbahāra ta'līḳ olunmayaraḳ şimdiden mütevekkilen 'alellāhi Ta'ālā bir ṭaḳım donanma iḫrācıyla müşārun-ileyhiñ şimdiden çıḳarılacaḳ {4} Donanma-yı Hümāyūn ḳara 'askeri ser'askerliğiyle 'azīmeti ḫuṣūṣuna mu'aḫḫaren irāde-i seniyye-i şāhāne müte'alliḳ olaraḳ evvelbahārda {5} çıḳacaḳ donanmadan başḳa şimdi bir ṭaḳım süfün-i hümāyūn tehyi'e ve ser'asker-i müşārun-ileyh ma'iyyetiyle müretteb olan {6} ḳara 'askeri irkāb ve miḳdār-ı vāfī ẕaḫāyir ve mühimmāt-ı ḥarbiyyeleri i'ṭā ve Mora cānibine i'zām ü isrā ḳılındığından {7} ġayrı Mora ḳılā'ınıñ her birine daḫi başḳa başḳa kifāyet miḳdārı ẕaḫāyir ve mühimmāt tertīb olunaraḳ cümlesi {8} müste'men sefāyiniyle irsāl olunmuş oldığından inşā'allāhü'l-Meliki'l-Mu'īn ḳarīben süfün-i hümāyūnuñ ol ṭarafa vuṣūlüyle {9} 'uṣāt-ı mesfūreniñ cezālarını bulmaları elṭāf-ı 'amīme-i İlāhiyye'den mes'ūl ü müsted'ā olmağla bu vechile keyfiyyet {10} cenāb-ı sa'ādetleriniñ daḫi ma'lūmları olaraḳ mecbūl olduḳları ṣalābet-i dīniyye ve şecā'at-i fıṭriyye iḳtiżāsından {11} oldığı üzere her ḥālde ibrāz-ı me'āṡir-i ḥamiyyet ü ġayret ve īfā-yı levāzım-ı metānet ü besālete himmet buyurmaları {12} siyāḳında ḳā'ime. Lede'l-vuṣūl Bādra'da olan Frānsa ḳonsolos vekīli mersūma dā'ir Frānsa {13} maṣlaḥatgüẕārınıñ bu āna ḳadar bir nevi' ifādesi vāḳi' olmayub bundan ṣoñra ẓuhūr ider ise iḳtiżāsına baḳılacağı {14} ma'lūm-ı müşīrīleri buyuruldukda. Fī 21 Ra 37

[574/289] *Yānya cānibi ser'askerine*

{1} Mora ve Ḳarlıili ve İnebaḥtī gāvurlarınıñ Nārda üzerine ne vechile hücūm itmiş olduḳları ve sa'ādetlü Ḥasan Paşa {2} ḥażretleriyle ḫazīnedārları muḥārebe itmekde olduḳlarından on biñ nefer miḳdār 'asker ile Ḳaraman Vālīsi sa'ādetlü Reşīd Paşa {3} ḥażretleri ta'yīn olunmuş oldığı bundan aḳdem iş'ār buyuruldığından baḥiṣle Yānya'ya beş sā'at mesāfede {4} vāḳi' Sūlī ḏağı eteğinde olan Beşḳuyular'da daḫi Sūlī ve Yānya gāvurları tecemmu' iderek müşārun-ileyh {5} Reşīd Paşa ḥażretleri Beşḳuyular üzerinden ḏoğrı Nārda'ya

ʿazīmet eylese ġavġā ḏurışaraḳ {6} vaḳt mürūr ideceği ecilden bir sāʿat evvel Nārda'ya irişmek ve Preveze ḳalʿasını muḥāfaẓa eylemek üzere (130) Çamlıḳ ṭarafından iʿzām ḳılınmış ve Beşḳuyular'da olan gāvurlarıñ ḳahr ü tedmīrlerine maʿlūmü'l-miḳdār ʿasker ile {2} ʿÖmer Paşa ve silāḥdarları taʿyīn olunaraḳ ʿavn-i Ḥaḳḳ ile gerek işbu gāvurlarıñ ve gerek maġżūb-ı cenāb-ı pādişāhīniñ {3} ḳarīben iʿdām ü izāleleri cilveger-i mücellā-yı teyessür olması elṭāf-ı İlāhiyye'den me'mūl olub ancaḳ mesmūʿ-ı ʿālīlerine göre {4} Mora Cānibi Serʿaskeri ʿaṭūfetlü ʿAlī Paşa ḥażretleriniñ ve me'mūrīn-i sā'ireniñ maʿiyyetlerinde olan ʿasākir dört {5} biñden mütecāviz olmadığından Fondana Derbendi'ni sökmek ve gāvurlarıñ keṡretine naẓaran Livādya'dan ilerüye geçmek müşkil {6} olacağı ve maʿāẕallāhü Taʿālā verāları ḳaṭʿ olunaraḳ bir perīşānlıḳ gelmek müṭālaʿadan baʿīd olmadığı ve yalñız {7} Mānya gāvurları otuz biñden ziyāde olub Mora cezīresiniñ fetḥ ü tesḫīri beher-ḥāl berren ḳırḳ-elli biñ {8} güzīde ʿaskeriñ vücūdına ve baḥren külliyyetlü Donanma-yı Hümāyūn'uñ vürūdına mütevaḳḳıf idüği ve serʿasker-i müşārun-ileyh {9} ve me'mūrīn-i sā'ire beyhūde İzdīn'de iḳāmet itmekden ise serʿasker-i müşārun-ileyh İzdīn'de ḳalub me'mūrīn-i sā'ire {10} Kerpeniş ve Bādracıḳ ḳażālarını uraraḳ Ḳarlıili gāvurları üzerine me'mūr ve taʿyīn olunsalar anlar {11} ol ṭarafdan ve Nārda ve Beşḳuyular üzerine taʿyīn buyurmuş olduḳları ʿasākir daḫi berü ṭarafdan ibrāz-ı ṣalābet {12} eylediklerinde gāvurlar mużmaḥill ü perīşān olacağı ve ol vaḳt maṣlaḥata suhūlet geleceği ḫuṣūṣlarını şāmil resīde-i cā-yı {13} vürūd olan taḥrīrāt-ı saʿādet-āyāt-ı müşīrāneleri mezāyāsı rehīn-i ıṭṭılāʿ-i ḫulūṣ-verī olduḳdan ṣoñra {14} ḫāk-pāy-ı hümāyūn-ı ḥażret-i ḫilāfet-penāhīye daḫi ʿarż ile meşmūl-ı liḥāẓa-i cenāb-ı pādişāhī buyurulmuşdur. Vāḳıʿan Mora maṣlaḥatı {15} her ne ḳadar ehemm-i umūrdan ise de evvelā Fondana Derbendi'niñ sökülmesi ve söküld[ükd]en ṣoñra daḫi ilerüye geçilüb {16} iş görülmesi beher-ḥāl ḳatı küllī ʿasker ve tertībāta ve baḥren daḫi Donanma-yı Hümāyūn'uñ ṣavlet-endāz olmasına mütevaḳḳıf {17} olub şimdiki ḥālde İzdīn'de tecemmuʿ iden Mora me'mūrlarınıñ ise ʿaskeri inhā-yı sipeh-sālārīlerine göre ġāyet az {18} ve bu miḳdār ʿasker ile Mora üzerinde bir iş göremeyecekleri āşikār olub bu ḥāl ile İzdīn'de tevaḳḳufları {19} daḫi iżāʿat-ı vaḳt ḳabīlinden olacağından serʿasker-i müşārun-ileyhle sā'ir Mora me'mūrlarınıñ me'mūriyyet-i sābıḳaları {20} bir ān aḳdem bi'l-ittifāḳ Derbend'i mürūr ile Mora'nıñ levṡ-i vücūd-ı eşḳıyādan taṣfiyesi ise de ol vechile {21} cümlesiniñ celb ü cemʿ idebildikleri ʿaskeriñ miḳdārı ibtidā Derbend'iñ fetḥ ü küşādı, ṡāniyen Mora {22} cezīresiniñ tesḫīri ümniyesine kifāyet idecek mertebeden ḳatı dūn oldığından başḳa bu ḥāl ile ġayret {23} idüb ilerü gitseler daḫi işʿārları vechile maḥẕūr ü muḫāṭarası derkār ve maʿa-hāẕā işʿār-ı düstūrīleri {24} vechile Mora'dan Yānya'ya varınca ʿişyān ve tecemmuʿ üzere olan gāvurlarıñ hücūm ve müzāḥameleri cihetiyle {25} maʿāẕallāhü Taʿālā Yānya ordusuna bir uyḳunsuzluḳ ʿārıż olması iḥtimālden ġayr-ı baʿīd ve Ḫudā-ne-kerde bu ṣūretiñ {26} vaḫāmet ve şeʾāmeti daḫi vāżıḥ ü bedīd olmaḳdan nāşī inşāʾallāhü Taʿālā berü ṭarafların̈ ḳarīben taṭhīri {27} ve Yānya maṣlaḥatının̈ daḫi ʿahd-i ḳarībde ḥüsn-i ḫitāmıyla baʿdehū Mora üzerine berren ve baḥren külliyyetlü tertībāt ile {28} varılması lāzım gelmiş ve bu defʿa iḫrāc olunan Donanma-yı Hümāyūn Ḳara ʿAskeri Serʿaskeri saʿādetlü Meḥmed Paşa {29} ḥażretleriyle gönderilecek beş-altı biñ ʿaskeriñ şimdiki ḥālde Mora derūnuna iḫrācı bir fāʾideyi {30} müntic olmayaraḳ ol ḳadar ʿaskeri maḥṣūr bıraḳmaḳ ve telef eylemek olacağından müşārun-ileyhiñ meʾmūriyyeti {31} daḫi bi-keremihī Taʿālā hemān müsāʿid havā ile varub Mora Ḳasteli'ne yāḫūd Īnebaḫtī'ya ve o daḫi uymaz ise {32} Pārġa'ya veyā Ġomānīçe'ye ḫurūc ve ol ṭarafda olan meʾmūr ve ẕāt-ı ʿālīleriyle muḫābere iderek hemān {33} bir ḳoldan daḫi müşārun-ileyh ʿiṣyān üzere olan gāvurlarıñ istiḥṣāl-i ḳahr ü tedmīrlerine saʿy ü diḳḳat {34} eylemek üzere taḥvīl ḳılınaraḳ serʿasker-i müşārun-ileyh ʿAlī Paşa daḫi faḳaṭ lüzūmı miḳdārca ʿasker ile İzdīn'de **(131)** iḳāmet ve Derbend'den berüye gāvurlarıñ ḫurūc ve tecāvüz itdirilmamesine diḳḳat eylemek üzere sāʾir meʾmūr-ı {2} maʿiyyeti olan vüzerā ve mīr-i mīrānıñ cümlesi ʿasākir-i mevcūde ile Kerpeniş ve Bādracıḳ ḳażālarını uraraḳ {3} ve cānib-i düstūrīlerinden olan meʾmūrlar ile ḫaberleşerek anlar öteden ve serʿasker-i müşārun-ileyhiñ meʾmūrları berüden {4} Ḳarlıili ve Īnebaḫtī gāvurlarını, ve'l-ḥāṣıl Mora'dan Yānya'ya varınca ġulüvv ü ʿiṣyān üzere olan kefere-i {5} ʿuṣātı ḳahr ü tedmīre meʾmūr ḳılınmaları tensīb olunmuş ve irāde-i seniyye-i mülūkāne daḫi bunuñ üzerine taʿalluḳ iderek {6} ol bābda meʾmūriyyeti şāmil iḳtiżā iden evāmir-i ʿaliyye ıṣdār ve meʾmūrlar ṭarafına tesyār olundığından ġayrı şimdiye ḳadar {7} bu Mora māddesine ne vechile naṣb-ı nefs-i ihtimām ḳılınmış ise de bi-ḥikmetillāhi Taʿālā meʾmūrlar muvaffaḳ olamayaraḳ bilāḫare iş {8} görülmek meʾmūlüne bināʾen serʿaskerlik ḫaṭb-ı cesīmi müşārun-ileyhe iḥāle olunmuş ise daḫi birḳaç kerre "Bu bābda ʿAlī Paşa'dan {9} ḥareket bekleyorum [?]" vādīlerinde ḫaṭṭ-ı hümāyūn-ı şāhāne ṣudūr itmiş oldığından māʿadā ber-vech-i meşrūḥ iḳtiżā-yı ḥālden nāşī {10} bu defʿa işbu taḥvīl-i meʾmūriyyet müẕākeresini mübeyyin taḳdīm-i ḥużūr-ı hümāyūn-ı şāhāne ḳılınan meclis taḳrīri bālāsına şeref- {11} -efzā-yı ṣudūr olan ḫaṭṭ-ı şerīf-i mehābet-redīf-i mülūkānede "Bu meʾmūrlar beṭāʾet ideyorlar. Nārda'nıñ muḥāṣara- {12} -sından berü Yānya ordusı tehlikede oldığı cümleñiziñ maʿlūmıdır. Bir ḳadem aḳdem irişüb iş görmeğe ġayret itsünler. {13} Maʿāẕallāhü Taʿālā ednā mümāṭale ideniñ bir vechile ʿöẕrini ḳabūl itmem ve bi-Rabbi'l-Kaʿbe ḳatl iderim. Artıḳ bu ḳadar beṭāʾet {14} elvirdi ve bu bābda yazmadığım ḳalmadı. Ġayrı diyeceğim de ḳalmadı." deyu beyān ve tasṭīr buyurulmuş oldığından fażla {15} bu Mora meʾmūrlarınıñ bu vechile baṭīʾāne ḥareketleri bi'l-vücūh ġażab-ı āteş-bār-ı ḥażret-i cihān-dārīyi şuʿle-gīr {16} iderek nihāyet maʿāẕallāhü Taʿālā ŝümme maʿāẕallāh bu bābda yaʿnī işbu defʿaki meʾmūriyyetde cüzʾī beṭāʾet ü tesāmuḥ

{17} ḥiss olunan ḥaḳlarında beher-ḥāl şevketlü efendimiziñ āḫar vechile muʿāmele buyuracağı ve velīniʿmeti ġażab ve inkisār-ı {18} ḳalbiyle ḳażāya uġramaḳdan ise şecīʿāne ve merdāne ḥareket iderek ġazā ve cihād farīżasını icrā ile iki ʿālemde {19} nāʾil-i saʿādet olmaḳ evlā olacağı serʿasker-i müşārun-ileyh [ile] meʾmūrīn-i sāʾireye ṭaraf-ı muḥibbīden yazılmış ve tedābīr-i meşrūḥa {20} ṭaraf-ı serʿaskerīlerine daḫi tafṣīlen yazılub cenāb-ı müşīrīleri daḫi aña göre berüden taʿyīn olunan meʾmūrlar ile {21} muḫābere iderek ne vechile münāsib ve muḳteżī olur ise kendülerine öylece taḥrīr eylemek üzere reʾy ü irādelerine {22} iḥāle olunması ḫuṣūṣuna daḫi irāde-i seniyye taʿalluḳ eylemiş olmağla ẕāt-ı dirāyet-simāt-ı müşīrīleri daḫi biʾl-cümle meʾmūrlar ile {23} muḫābere iderek ne vechile münāsib ve muḳteżī ise öylece icrāsına iʿtinā ve himmet buyurmaları reʾy-i ʿālīlerine muḥavvel idüği {24} beyānıyla ḳāʾime. Fī 2 R 37

[*574/291*] *Ḳara ʿaskeri serʿaskerine*

{1} Mora cezīresi gāvurlarınıñ şiddet-i ʿiṣyānlarına bināʾen evvelbahāra baḳılmayaraḳ hemān şimdiden mütevekkilen ʿalellāh {2} iḫrāc olunan Donanma-yı Hümāyūn ile ẕāt-ı ġayret-simātları ʿazīmet iderek müstaṣḥabıñız olan ʿasker ile Mora {3} cezīresi dāḫilinde münāsib maḥālden birine çıḳmaḳ üzere meʾmūr buyurulmuş iseñiz de el-ḥāletü-hāẕihī Yānya Cānibi Serʿaskeri {4} ʿaṭūfetlü Ḫūrşīd Aḥmed Paşa ḥażretleri ṭarafından tevārüd iden taḥrīrāt meʾālinde Mora ve Ḳarlıili ve Īnebaḫtī gāvurları {5} tecemmuʿ ile Nārda üzerine gelüb Nārda'nıñ vāroşuna girdikleri ve saʿādetlü Ḥasan Paşa ḥażretleriyle kendüsünüñ {6} ḫazīnedārı ḳapanub ġavġā itmekde olduḳları ve kendüsi tedābīr-i lāzımeye teşebbüs̱ eyleyerek Ḳaraman Vālīsi {7} saʿādetlü Reşīd Paşa ḥażretlerini on biñ miḳdārı ʿasker ile Çamlıḳ ṭarafından Nārda üzerine gönderib Beş- {8} -ḳuyular nām maḥalde olan gāvurlarıñ ḳahr ü tedmīrlerine daḫi mīr-i mīrāndan ʿÖmer Paşa ile silāḥdarlarını ʿasākir-i vāfiye ile {9} taʿyīn eylemiş oldığı ve mesmūʿuna göre Mora serʿaskeri ve meʾmūrları maʿiyyetlerinde olan ʿasker az olub {10} ol miḳdār ʿasker ile Derbend'i sökemeyecekleri ve sökseler daḫi gāvurlarıñ kes̱retine naẓaran Livādya'dan ilerü gidemeyüb {11} Mora'nıñ tesḫīri beher-ḥāl berren ve baḥren külliyyetlü ʿasker ve tedārükāta mütevaḳḳıf idüği beyānıyla ol bābda baʿżı ārā-yı {12} ṣāʾibe muḥarrer ü mez̲kūr olub vāḳıʿan Mora maṣlaḥatı her ne ḳadar ehemm-i umūrdan ise de evvelā Fondana Derbendi'niñ sökülmesi {13} ve söküldükden ṣoñra daḫi ilerüye geçilüb iş görülmesi beher-ḥāl ḳatı külliyyetlü ʿasker ve tertībāta ve baḥren daḫi {14} Donanma-yı Hümāyūn'uñ ṣavlet-endāz olmasına mütevaḳḳıf olub şimdiki ḥālde İzdīn'de tecemmuʿ iden Mora meʾmūrlarınıñ ise {15} ʿaskeri müşārun-ileyh Ḫūrşīd Paşa ḥażretleriniñ inhāsına göre dūn ve bu miḳdār ʿasker ile Mora üzerinde **(134)** bir iş göremeyecekleri vāreste-i ḳayd [ü] ẓunūn olub bu ḥāl üzere İzdīn'de d̲urmaları daḫi iżāʿat-ı {2} vaḳt ḳabīlinden olacağı derkār ve ḥālbuki Mora ve Ḳarlıili ve Īnebaḫtī gāvurları fevc fevc Nārda ḥavālīsinde {3} olan kefere ve mürteddīn ile bi'l-ittiḥād Yānya ordusuna sū'-i ḳaṣd dā'iye-i fāsidesinde olduḳlarından ma'āẕallāhü Ta'ālā {4} Yānya ordusuna bir ḥāl olmaḳ lāzım gelür ise ṣoñra her iş müşkil olacağı āşikār oldığına ve inşā'allāhü Ta'ālā {5} şu Yānya ṭaraflarına sū'-i ḳaṣd dā'iyesinde olan gāvurlar iki ṭarafdan 'asker sevḳiyle ortaya alınaraḳ ḳahr ü tenkīlleriyle {6} ḳarīben Tepedelenli ḫā'ininiñ itmām-ı kārı daḫi müyesser olduḳdan ṣoñra mecmū' 'asākir ve me'mūrlar ol vaḳt Mora üzerine {7} sevḳ olunaraḳ bi-tevfīḳihī Ta'ālā Mora maṣlaḥatı daḫi ber-vech-i suhūlet ḥuṣūl-pezīr olacağı nümūdār olmağın şimdiki ḥālde {8} ḥasbe'ż-żarūr Mora maṣlaḥatı ṣoñraya ḳalmaḳ lāzım gelerek Mora Ser'askeri 'aṭūfetlü Seyyid 'Alī Paşa ḥażretleri {9} faḳaṭ lüzūmı miḳdārca 'asker ile İzdīn'de oturub Derbend'den berülere ḫurūc dā'iyesinde olan Mora {10} gāvurlarına sedd-i rāh-ı mümāna'at olmaḳ üzere sā'ir mecmū' me'mūrīn ve 'asākir Kerpeniş ve Bādracıḳ ḳażālarını {11} uraraḳ müşārun-ileyh Ḫūrşīd Paşa ḥażretleriniñ öte ṭarafdan sevḳ ü ta'yīn eylediği 'asākir ve me'mūrīn ile {12} bi'l-muḫābere tā birleşinceye ara yerde bulunan mecmū' 'uṣāt ve Īnebaḫtī ve Ḳarlıili gāvurlarını ḳahr ü tedmīr eylemeleri {13} ve ẕāt-ı ser'askerīniñ daḫi istiṣḥāb eyleyecekleri beş-altı biñ ḳara 'askeriyle bu ḥālde Mora derūnuna {14} iḫrācları Mora maṣlaḥatınıñ cesāmetine naẓaran bir fā'ideyi müntic olamayacağından cenāb-ı müşīrīleriniñ me'mūriyyetleri {15} daḫi şimdilik Īnebaḫtī ve Ḳarlıili gāvurları üzerine taḥvīl olunması ṣūretleri tensīb olunmuş {16} ve irāde-i seniyye-i mülūkāne daḫi bunuñ üzerine ta'alluḳ iderek Mora ser'askeri müşārun-ileyh ḥażretleriyle sā'ir Mora {17} me'mūrlarınıñ taḥvīl-i me'mūriyyetlerine dā'ir ṣudūr iden evāmir-i 'aliyye gönderilmiş ve keyfiyyet-i meşrūḥaya mebnī şimdilik {18} taḥvīl-i uṣūle ḥācet mess eylediğinden cenāb-ı müşīrīleriniñ daḫi bi-mennihī Ta'ālā ma'iyyetlerine müretteb 'askeriñ bir ān aḳdem {19} tecemmu'uyla sefāyine irkāben ḳalḳub sa'ādetlü Ḳapūdān paşa ḥażretleri Donanma-yı Hümāyūn Başbuğı Ḫalīl Beğ {20} bendelerine yazılan ta'līmāt vechile bi-keremihī Ta'ālā müsā'ade-i havā ile varub Rumili Ḳasteli'ne veyāḫūd {21} Īnebaḫtī'ya ve o daḫi uymaz ise Pārġa'ya yāḫūd Ġomānīçe'ye ḫurūc ve ol ṭaraflarda olan me'mūrlar {22} ve gerek müşārun-ileyh Ḫūrşīd Paşa ḥażretleriyle muḫābere iderek hemān bir ḳoldan daḫi cenāb-ı düstūrīleri {23} işbu 'işyān üzere olan gāvurlarıñ istiḥṣāl-i ḳahr ü tedmīrlerine sa'y ü ġayret ve ba'dehū ṣudūr {24} idecek irāde-i seniyyeye intiẓār eylemeñiz żımnında taḥvīl-i me'mūriyyet-i ser'askerīlerini şāmil ẕāt-ı şerīflerine ḫiṭāben {25} lāzım gelan emr-i 'alī ıṣdār ve tesyār olunmuş ve müşārun-ileyh Ḳapūdān paşa ḥażretleri ṭarafından başbuġ-ı mūmā-ileyhe {26} gönderilan ta'līmātıñ bir ṣūreti daḫi iḫrāc olunaraḳ ṭaraf-ı düstūrīlerine iṭāre ḳılınmış olmağla hemān {27} ẕāt-ı ġayret-niṣābları bu bābda taḥvīl-i me'mūriyyetlerini şāmil şeref-ṣudūr iden emr-i şerīf-i mezkūr muḳteżāsı {28} üzere ḥareket ve bir ān aḳdem istiṣḥāb ideceğiñiz ʿasākir ile sefāyine rākiben maḥāll-i merḳūmeden birine çıḳub {29} sā'ir me'mūrlar ve müşārun-ileyh Ḫūrşīd Paşa ile muḫābere iderek müstaʿīnen billāhi Taʿālā ʿuṣāt-ı kefere üzerine {30} dilīrāne ve merdāne hücūm ile nām ü şān almaġa bezl-i himmet ve ol vechile ẕātlarından me'mūl-ı ʿālī olan {31} ġayreti iṡbāta müsāraʿat buyurmaları siyāḳında ḳā'ime. Fī 2 R 37

[574/293] *Yānya cānibi serʿaskerine ve Mora cānibi serʿaskerine ve ḳara ʿaskeri serʿaskerine*

{1} Dīger nemīḳa-i ḫāliṣānemizde tafṣīlen beyān olundıġı üzere ḥasbe'ż-żarūr Mora māddesiniñ mevsimine taʿlīḳiyle {2} Mora me'mūrlarınıñ me'mūriyyetleri Nārda ve Ḳarlıili ṭarafları ʿuṣātınıñ ḳahr ü tedmīrlerine taḥvīl ḳılınmış oldıġına binā'en {3} me'mūrlarıñ varacaḳları maḥaller reʿāyāsı şāyed dāmen-i istīmāna teşebbüṡ iderler ise o maḳūle re'y ve amān isteyenlere (136) ne vechile muʿāmele olunmaḳ lāzım geleceği maʿlūm olaraḳ ol ṣūrete taṭbīḳ olunması īcāb-ı ḥāl ve muḳteżā-yı irāde-i {2} seniyyeden olaraḳ dāmen-i istīmāna teşebbüṣ iden gāvurlara baʿżı şerāyiṭ ile re'y virilmek üzere ber-muḳteżā-yı {3} emr ü fermān-ı hümāyūn-ı şāhāne ḳaleme alınmış olan şerāyiṭ-i re'yiñ bir ṣūreti iḫrāc ve işbu nemīḳa-i muḫliṣīye leffen {4} ve maḫfiyyen ṭaraf-ı saʿādetlerine tesyār olunub ancaḳ bu māddeyi āḫardan ketm ile faḳaṭ ẕāt-ı saʿādetleri {5} bilüb şāyed her ne vaḳt istīmān eylemeleri ve faḳaṭ şürūṭ-ı muḥarrereniñ birisi nezʿ-i esliḥa ḫuṣūṣı ise de {6} istiḫbār olundıġına göre ol ḥavālīde baʿżı maḥalleriñ reʿāyāsı yedişer yaşından berü istiṣḥāb-ı esliḥa ile me'lūf {7} ve silāḥlarını virmek kendülerini ölmüş gibi ʿadd itmek iʿtiḳādında olduḳlarından o miṡillü ḳaryeler içlerinden {8} ez-ḳadīm esliḥa ile me'lūf olaraḳ silāḥlarını virmeleri mümkin olmayan olur ise nihāyet bundan daḫi {9} ṣarf-ı naẓar ile hemān ḳurı rehnler aḫẕ ve derḥāl Donanma-yı Hümāyūn ḳangı iskelede ise oraya irsāl {10} ve Donanma-yı Hümāyūn derūnuna vażʿ ve teslīm ve ḥıfẓ itdirilmesi ve Donanma-yı Hümāyūn'a irsāli müteʿassir olanlar daḫi {11} baʿdehū Dersaʿādet'e gönderilmek üzere tīz elden münāsib ve me'men ḳalʿalarda iḳāme ve güzelce muḥāfaẓa olunması {12} ḫuṣūṣları emr ü irāde-i ʿaliyye muḳteżāsından olaraḳ bu vechile keyfiyyet Mora Serʿaskeri ʿaṭūfetlü Seyyid ʿAlī {13} Paşa ve Donanma-yı Hümāyūn Ḳara ʿAskeri Serʿaskeri saʿādetlü Meḥmed Paşa ḥażerātına yazılmış olmaġla dirāyet-i {14} ẕātiyyeleri üzere istīmān idenler olur ise ber-vech-i meşrūḥ himmet ile işbu veṣāyāyı āḫardan ketme diḳḳat {15} buyurmaları siyāḳında maḫfiyyen ve mektūmen işbu ḳā'ime. Fī 2 R 37

[574/297] *Sāḳız muḥāfızına*

{1} Sāḳız cezīresine ḳarīb Ḳoyun adası pīşgāhında filika resminde bir ḳayıḳ dīger bir ḳayıḳa tasalluṭ eylediği ḫaberi vürūdun[dan] ṣoñraca {2} ol ṭarafdan berü gelan bir ḳayıḳ Sāḳız ḳalʿasıyla Çeşme yaḳası miyānında Çeşmeli ʿOṣmān

Re'īs piyādesi üzerine sarḳmış {3} ve ṭarafeynden bārūt ḳalḳdığı Sāḳız iskelesinde bulunan ahālī ve ʿaskerīniñ meşhūdları olduḳda ḳayıḳlara ḏolaraḳ {4} üzerine varmış olduḳlarından ḳayıḳ-ı mezkūr Sāḳız'ıñ Tīmyāna burnuna ḳarīb Oḳmeydānı nām maḥal sāḥiline meyl eyledikde {5} berren daḫi birḳaç yüz adam yetişüb içinde bulduḳları on re's Naṣrāniyye ve yedi re's ṣaġīr ve ṣaġīre ve eşyālarını {6} terk ile aḫẕ ü girift eyledikleri on dört nefer kefereden üç neferi müste'men olduḳlarını ḫaber virmiş ve iki neferi daḫi {7} ṣabī-i mürāhiḳ oldığından Sāḳız ḳalʿasına ḥabs olunmuş oldığı ve ḳuṣūr ḏoḳuz neferini ʿaskerī maḳūlesi esnā-yı rāhda {8} iʿdām eyledikleri ve ẕikr olunan Naṣrāniyye ve sā'irleriniñ eşyāları maʿrifet-i şerʿle taḥrīr olunaraḳ defteriyle mersūmlarıñ keyfiyyetlerini mübeyyin {9} vücūh ve żābiṭān-ı memleket ṭaraflarından virilan maḥżar ve iʿlām taḳdīm ḳılınmış oldığına dā'ir resīde-i mevḳiʿ-i vuṣūl olan {10} taḥrīrāt-ı müşīrīleri mezāyāsı ve evrāḳ-ı mersūle mü'eddāsı rehīn-i ıṭṭılāʿ-i ḫāliṣānemiz olduḳdan ṣoñra ḫāk-pāy-ı hümāyūn-ı şāhāneye {11} daḫi ʿarż ü taḳdīm ile meşmūl-ı liḥāẓa-i kerāmet-ifāża-i ḥażret-i ẓıllullāhī buyurulmuşdur. Me'āl-i işʿār-ı müşīrīlerinden müstefād {12} oldığı üzere ẕikr olunan ḳayıḳıñ aṣl ṭāyife ve ṭaḳımı izbāndīd eşḳıyāsından ve derūnunda bulunan nisvān ṭaḳımı {13} ṣaḥīḥ yolcı ve bī-cürm maḳūlesinden ve iʿdām eyledikleri ḏoḳuz nefer kefereden başḳa el-ḥāletü-hāẕihī maḥbesde tevḳīf olundığı {14} inhā olunan beş neferiñ ikisi Cezāyir-i Sebʿa'dan olan Kefālonya ahālīsinden ve bir neferi gūyā babası Frānsa ḥimāyesinde {15} oldığını iddiʿā eylediğinden ve dīger iki neferi ṣabī-i mürāhiḳ maḳūlesinden olduḳlarına binā'en bunlar şimdilik maḥbesde tevḳīf {16} itdirilerek baʿdehū iḳtiżāsına baḳılması ve nisvān ve ṣıbyān maḳūleleriniñ daḫi ḥaḳīḳat-i ḥāl ü keyfiyyetlerini ẕāt-ı saʿādetleri {17} İzmīr cānibinden istiʿlām ve taḥḳīḳ iderek fi'l-vāḳiʿ kendü taḳrīrleri gibi ise sebīllerini taḫliye-birle faḳaṭ bunlarıñ mālları {18} kendülerine iʿṭā-birle sā'ir eşyā-yı me'ḫūẕe fürūḫt olunub maʿrekede bulunan ʿaskerīye tevzīʿ ü taḳsīm olunması {19} tensīb olunmuş ve irāde-i seniyye-i şāhāne daḫi bunuñ üzerine taʿalluḳ itmiş olmaġla muḳteżā-yı ʿarāfet ve dirāyet-i {20} müşīrīleri üzere maḥbesde tevḳīf olunanlar şimdilik tevḳīf ile nisvān ve ṣıbyān maḳūleleriniñ ḥaḳīḳat {21} ü keyfiyyetleri İzmīr ṭarafından istiʿlām olunaraḳ taḳrīrleri muḳārin-i ṣıḥḥat ise sebīllerini taḫliye ile māllarını iʿṭā ve eşyā-yı sā'ireyi {22} daḫi ṣatdırub aḳçesini maʿrekede bulunan ʿaskerīye tevzīʿ ü taḳsīme himmet ü iʿtinā buyurmaları siyāḳında ḳā'ime. Fī 4 R 37

[*574/300*] ***Yānya Cānibi Serʿaskeri Ḫūrşīd Paşa ḥażretlerine***
{1} İskenderiye Mutaṣarrıfı saʿādetlü Muṣṭafā Paşa ḥażretleri ṭarafından bu defʿa tevārüd iden taḥrīrāt me'ālinde muḳteżā-yı me'mūriyyeti {2} üzere başbuġ maʿiyyetiyle göndireceği ʿaskeri aḳreb-i aḳrabāsından Selīm Beğ ve vekīlḫarcı Ḥüseyin Aġa maʿiyyetleriyle göndermek {3} üzere iken gūyā işbu

ʿasker māddesine dāʾir ṭaraf-ı serʿaskerīlerine olan baʿżı ifādātına "ʿAskeriñiz maʿiyyetimize meʾmūr ʿaskerden {4} olmadığından Mora cānibine gönderilsün." deyu cevāb virilmiş ve Nüzül Emīni Süleymān Ağa daḫi nezd-i düstūrīlerinde tevḳīf {5} ve Oḫrī'de olan ṭopçı ve ʿarabacı neferātı ṭaḳımıyla bā-buyuruldı kendüsünüñ ḫaberi olmaḳsızın Manāstır'a tesyīr {6} olunmuş oldığından bu keyfiyyet ʿasker māddesiniñ şīrāze-i niẓāmına ḫalel īrāṯ itmiş ise de yine ʿasker-i meẕkūruñ iḫrācına {7} diḳḳat idüb ancaḳ göndereceği ʿasker kimiñ maʿiyyetine meʾmūr idüği işʿār olunması muḥarrer ü meẕkūr olub nezd-i ḥaḳāyıḳ-peyvend-i {8} müşīrīlerinde maʿlūm oldığı vechile müşārun-ileyhiñ öteden berü keyfiyyet ve mizācı mażbūṭ olaraḳ her bir ḫuṣūṣda īrād {9} eylediği ʿöẕr ü bahāneden iġmāż olunmaḳ vaḳt ü ḥāl iḳtiżāsına münāsib göründiğinden uṣūl-i vaḳt ve iḳtiżā-yı maṣlaḥata {10} tevfīḳ[an] müşārun-ileyhiñ ḳırılmayacaḳ ṣūretle iʿmāli lāzım geleceğinden bu defʿa müşārun-ileyhe yazılan cevāb-nāme-i muḫliṣīde ẕāt-ı sāmīleriniñ {11} mūmā-ileyh Süleymān Ağa'yı nezd-i saʿādetlerinde tevḳīf buyurmaları bir sebeb ü ḥikmete mebnī olmayub yaʿnī Nüzül Emīni Edhem Ağa'nıñ {12} vefātı taḳrībiyle maʿiyyet-i müşīrīlerinde olan ʿasākiriñ idāre-i taʿyīnātları żımnında tīz elden bir münāsibiniñ nüzül emīni taʿyīni {13} lāzım gelerek hem ordu-yı serʿaskerīlerine ve hem müşārun-ileyhiñ göndireceği ʿaskeriñ taʿyīnātını idāre itmek üzere {14} ağa-yı mūmā-ileyh inhā-yı serʿaskerīleriyle nüzül emīni naṣb olunmuş oldığı ve ṭoplarıñ Manāstır'a iʿādesi ṣūreti daḫi {15} göndireceği ʿasker gecikdiğinden ṭopçı ve ʿarabacı neferātı sefīl olmayub irsāl eyleyeceği ʿaskeriñ vürūdunda celb {16} ve iḳtiżāsı vechile maʿiyyetlerine terfīḳ içün olacağı ve cenāb-ı müşīrīleri Yānya cānibiniñ istiḳlāl-i tāmme ile meʾmūrı {17} ve serʿaskeri olduḳlarından işbu ʿaskeri ṭaraf-ı sipehdārīleriyle bi'l-muḫābere meʾmūr olan vüzerā-yı ʿiẓām ḥażerātınıñ ḳangısı {18} maʿiyyetine iʿzām olunması ṭaraf-ı saʿādetlerinden münāsib görilür ise ol ṭarafa göndermesi temhīd ü beyān ḳılınmış olmağla cenāb-ı {19} feṭānet-elḳāb-ı ḥayderāneleri daḫi vaḳt ü ḥāl ve mizāc-ı maṣlaḥata tevfīḳan müşārun-ileyhiñ şu eṣnāda ḳırılmayacağı ṣūretle {20} kendü ile muḫābere ve mükātebe buyuraraḳ ve göndireceğim didiği ʿaskeriñ başbuğı mīr-i mūmā-ileyhe daḫi iḳtiżāsı vechile {21} kāğıd yazaraḳ ʿasker-i meẕkūr kimiñ maʿiyyetine münāsib ise ol ṭarafa sevḳ ü irsāl iderek īfā-yı lāzıme-i dirāyet-kārī {23} ve reviyyete himmet buyurmaları siyāḳında ḳāʾime. Fī 8 R 37

[*574/310*] ***Rum paṭrīḳine, Ermenī paṭrīḳine***
{1} Rum meẕhebiyle Efrenc meẕhebi beyninde derkār olan farḳ ü mübāyenet maʿlūm ve aṣl Rum olanlar Frenk meẕhebini iḫtiyār {2} itmeyecekleri emr-i ġayr-ı mevhūm oldığından ġayrı Efrenc ṭāʾifesiniñ ṣaḥīḥ reʿāyā-yı Devlet-i ʿAliyye'den olan Rum ile {3} tezvīc ve tezevvüc uṣūlüne girerek iḫtilāṭ eylemeleri memnūʿ olan ḥālātdan iken biraz vaḳtden berü bu uṣūle baḳılmayaraḳ {4}

teseyyüb ve ʿadem-i dikḳḳatden nāşī Frenkler gelüb ḫilāf-ı şarṭ Rum ḳızlarını tezvīc iderek reʿāyā-yı Devlet-i ʿAliyye {5} Efrenc meẕhebine meyl ile nihāyet işbu fesādıñ ḥudūs̱üyle Rum milletiniñ mübtelā-yı vaḫāmet ü ḫaṭar olmasını müʾeddī {6} olaraḳ bu kār-ı mekrūhuñ menʿiyle reʿāyā-yı Devlet-i ʿAliyye'niñ dūçār-ı nedāmet ü vaḫāmet olmaḳlıḳdan viḳāyesi {7} lāzım gelerek bundan ṣoñra bu keyfiyyete sebeb olanlar ve cesāret idüb ruḫṣat virenler ve āyīnince ʿaḳd iden {8} pāpāsları eşedd-i ʿuḳūbetle teʾdīb olunacağı mażmūnunda ḫaṭṭ-ı hümāyūn-ı şevket-maḳrūn-ı şāhāne mehābet-efzā-yı ṣudūr olmağla {9} bu keyfiyyeti milletiñe beyān ile bundan ṣoñra Rumlardan Efrenc ṭāʾifesine her kim ḳız virir ise virüb ve sebeb olanlar {10} ve āyīnince ʿaḳd iden pāpāslar ḳapuları öñlerinde ṣalb ile tertīb-i cezā olunacağından başḳa seniñ daḫi teʾdībiñ {11} muḥaḳḳaḳ olmağla ve bu keyfiyyetiñ taḥarrī ve tecessüs olunacağı peşīnce maʿlūmuñ olaraḳ aña göre bu kār-ı mekrūhdan milletiñi menʿ iderek {12} bundan ṣoñra bir vechile vuḳūʿa gelmamesi esbābını ikmāle kemāliyle ihtimām ü dikḳḳat ve ḫilāfından mübāʿadet eyleyesin deyu. Fī 11 R 37

[574/311] *Mıṣır vālīsine*

{1} Aḳdeñiz'de ʿiṣyān iden gāvurlarıñ şerāre-i şerr ü mefsedetleri Girīd cezīresi reʿāyāsına daḫi sirāyet ile İsfākya {2} kāfirleri bāndıra-küşā-yı ʿiṣyān olaraḳ ümmet-i Muḥammed ʿaleyhine icrā-yı ihānet ü melʿanete ictirā eyledikleri ecilden Girīd'e ez-her- {3} -cihet imdād ü iʿānet olunaraḳ cezīre-i merḳūmeniñ keyd ü mażārr-ı ʿuṣātdan muḥāfaẓası esbābını istiḥṣāl ẕāt-ı ḥamiyyet- {4} -simāt-ı ṣafderāneleriniñ ʿuhde-i ġayret ü ḥamiyyetine iḥāle olunması emrinde kerāmet-efzā-yı ṣudūr olan emr ü irāde-i {5} seniyye-i şāhāne muḳaddem ve muʾaḫḫar ṣavb-ı sāmīlerine işʿār olunmuş oldığına naẓaran bu bābda lāzım olan iḳdām ü ihtimāmıñ {6} īfāsında ẕerre ḳadar teʾennī ve terāḫīyi tecvīz buyurmayacaḳları ẕāt-ı ʿālīlerine maḫṣūṣ olan rıżā-kārī **(145)** ve ḥamiyyet iḳtiżāsıyla müberhen ü müs̱bet ise de bu defʿa Girīd cezīresi ṭarafından tevārüd iden taḥrīrāt ü iʿlām ve maḥżar müfādından {2} muḳaddem Ḳandiye ve Resmo'dan tertīb olunan biraz ʿasker ile ʿiṣyān iden gāvurlarıñ üzerine varılaraḳ şevket-i İslāmiyye {3} kendülere irāʾe ve mesken ü meʾvāları iḥrāḳ ve eyādī-i nuḥūset-mebādī-i ʿuṣāta giriftār olmuş olan Acıṣu {4} ḳalʿası ile muḥāṣaraya cürʾet eyledikleri Ḫānya ḳalʿası taḫlīṣ olunmuş ve ʿuṣāt-ı kefere münhezimen yiğirmi sekiz ḳıṭʿa {5} sefīnelerine rākiben Ġavdoz ve Küçük Çuḳa aḏasına firār itmişler iken muʾaḫḫaren İpsilāndī ḫāʾini ṭarafından ẕaḫīre {6} ve cebeḫāne ile İsfākya'ya başbuğ nāmıyla bir gāvur gelüb envāʿ-ı fesād ü ḥīle taʿlīmiyle Sīsām ṭarafından {7} on biñ miḳdārı kāfir celbine adam göndermiş olduḳları ve Girīd ahālīsiniñ daḫi maʿlūm olan ḥāl ü eṭvārları {8} ve meşhūr olan cebānlıḳları cihetiyle o maḳūle kāfirleriñ ḥīlesine aldanaraḳ ekṣeri ol ṭarafa meyl ü rağbet {9} eyledikleri ve firār iden kāfirler tekrār ʿavdet ile bilā-ḥarb ẕikr olunan Acıṣu ḳalʿasını istīlā ve Ḥānya'yı yeñi başdan {10} muḥāṣaraya ibtidār ile maʿāẕallāhü Taʿālā bütün bütün cezīreyi żabṭ dāʿiye-i kāsidesine düşdükleri ve Girīd'iñ kendüyi bilmez {11} birṭaḳım esāfil ve eşḳıyāsı daḫi kendü ḥāliyle çift ve çubuġı ile meşġūl olan reʿāyāyı iʿdām ve māllarını yaġma dāʿiye-i {12} fāsidesine düşmüş olduḳlarından bu keyfiyyet ʿuṣāt-ı kefereniñ ḳuvvetiyle ehl-i İslām ʿaleyhine icrā-yı ihānetde ıṣrārlarını {13} mūcib olub Ḳandiye ve Ḥānya ve Resmo muḥāfıẓlarınıñ ḳıllet-i dā'ireleri cihetiyle o maḳūle şeḳāvet-kārlarıñ müdāfaʿası {14} mümkin olamayacaġı beyānıyla şu aralıḳ Girīd'e ʿasker ve mühimmāt ve ẕaḫāyir ile imdād olunmaz ise maʿāẕallāhü Taʿālā bütün cezīre {15} elden çıḳacaġı ve ṭaraf-ı ʿālīlerinden Girīd'e üç biñ kīle ḥınṭa gönderilmiş oldıġı muḥarrer ü meẕkūr olub bu Girīd cezīresi {16} ahālīsiniñ ḥālleri mū-be-mū maʿlūm ve Aḳdeñiz'iñ iḫtilāli cihetiyle tīz elden bu ṭarafdan imdād ü iʿāneniñ icrāsı {17} müteʿassir idüği emr-i ġayr-ı mevhūm ise de maʿlūm-ı düstūrāneleri buyuruldıġı üzere Girīd dinilan cezīre yiğirmi yedi sene {18} mütemādiyen muḥāṣara ve muḥārebe olunaraḳ ve uġurunda nice ehl-i İslām cān fedā iderek ḳabża-i taṣarrufa idḫāl olunmuş metīn {19} ve ḥaṣīn bir cezīre olub gelan taḥrīrāt ü iʿlām ve maḥżar müfādına naẓaran cezīre-i merḳūme ziyādece ṣıḳışmış ve şu {20} aralıḳ Girīd'e imdād farż olmuş oldıġından bu defʿa Mora cānibine iḫrāc olunan Donanma-yı Hümāyūn ile gider iken {21} yāḫūd ʿavdetde Girīd'e bıraḳmaḳ üzere biraz mühimmāt tertīb olunmuş ise de Girīd'iñ bu ḥāline ve muḥāfıẓlarınıñ ḳıllet-i {22} dā'ire cihetiyle müdāfaʿa-i düşmen ve eşḳıyāya ʿadem-i iḳtidārlarına naẓaran evvelbahāra baḳılmayaraḳ şimdiden Girīd'e ʿasker ve mühimmāt {23} ve ẕaḫāyir irişdirmek lāzımeden ve bu daḫi tīz elden bu ṭarafdan mümkin olamayub İskenderiye'niñ Girīd'e ḳurbiyyeti cihetiyle {24} ẕāt-ı sāmīleriniñ himmet ü iḳdāmına mütevaḳḳıf mevāddan oldıġından ġayrı cenāb-ı şecāʿat-elḳāb-ı düstūrāneleri {25} Devlet-i ʿAliyye'niñ ẕātıyla iftiḫār eylediği ve şevketlü kerāmetlü efendimiziñ ḥaḳḳında kemāl-i vüṣūḳ ü iʿtimād ve teveccüh-i ʿālīleri {26} ber-kemāl olan vüzerā-yı ʿiẓāmdan olaraḳ Girīd'e imdād ile muḥāfaẓası vesā'iliniñ ikmāli ḥaṣren ve ḳaṣren ẕāt-ı ʿālīlerinden {27} maṭlūb-ı hümāyūn-ı şāhāne oldıġı ecilden Girīd'iñ bu ḥālini ṭaraf-ı ʿālīlerine iḫbār ile iʿāneniñ bir ṣūretini bulmalarını {28} te'kīd lāzım gelerek bu defʿa müteʿalliḳ olan emr ü fermān-ı hümāyūn-ı şāhāne mūcebince Girīd'e imdād eylemeleri veṣāyāsını {29} şāmil ṭaraf-ı ʿālīlerine ḫiṭāben bir ḳıṭʿa emr-i ʿalī ıṣdār ve bālāsı ḫaṭṭ-ı şerīf-i şevket-redīf-i şāhāne ile tevşīḥ {30} buyurılaraḳ maḫṣūṣ çifte tatar ile ṣavb-ı sāmīlerine tesyār olunmuş oldıġından muḳteżāsınıñ icrāsı ġayret-i ẕātiyyelerine {31} muḥavveldir. Ẕāt-ı Felāṭūn-simātları her bir emr ü fermān-ı şāhāneniñ icrāsına ne vechile mücidd ü sāʿī-olduḳları maʿlūm {32} olaraḳ bu Girīd māddesinde daḫi vüsʿ-i beşerde olan iḳdām ü ihtimāmı icrā buyuracaḳları āşikār oldıġından {33} ve Girīd'iñ ḥāli ber-vech-i meşrūḥ ġāyet ṣıḳışmış idüğünden ne yapar iseñiz yapub Girīd cezīresine kifāyet miḳdārı {34} ʿasker ve ẕaḫīre ve mühimmāt irsāliyle imdād ü iʿāneniñ imkān ve çāresini ikmāl buyurmaları ḳaṭʿī irāde-i seniyye-i {35} şāhāne muḳteżāsındandır. Bu cihetle ẕāt-ı sāmīleri daḫi bu bābda ṣādır olan emr-i şerīf-i meẕkūr manṭūḳ-ı münīfi ve ḥamiyyet (146) ve ṣalābet-i düstūrīleri üzere ne vechile ve ne ṭarīḳiyle olabilür ise şu Girīd'e imdād ü iʿānet iderek ʿuṣāt-ı {2} keferениñ ḳahr ü tenkīlleriyle Girīd'iñ muḥāfaẓası esbābını ikmāl buyurarak dīnimize ve devletimize evvelki sebḳat iden {3} ve bir ṭarafdan ẓuhūr itmekde olan ḫidmet ve ṣadāḳatlerine ʿilāveten bu bābda bir eṡer-i celīl daḫi ẓuhūra getürüb {4} şevket-meʾāb efendimiziñ iksīr-i aʿẓam olan duʿā-yı ḫayrlarına maẓhar olmaḳlığa beẕl-i himmet buyurmaları ṭaraf-ı ʿālīlerinden {5} aḳdem-i meʾmūlümüzdür. İşte Girīd'iñ ḥāliyle şevketlü efendimiziñ bu bābda ṭaraf-ı müşīrīlerinden meʾmūl-ı ʿālīleri olan {6} ḫidmet ü ġayret emr-i şerīf-i meẕkūr ile işbu ḳāʾime-i ḫulūṣ-verī müfādından maʿlūm-ı ʿālīleri olacağından {7} cenāb-ı ḥamiyyet-niṣābları daḫi ne vechile olabilür ise ol ṣūretle imdād ü iʿānetiñ icrāsıyla iṡbāt-ı müddeʿā-yı ṣalābet-şiʿārī {8} ve ḥamiyyete beẕl-i himmet buyurmaları siyāḳında ḳāʾime. Fī 12 R 37

[*574/314*] *Ḳapūdān paşaya*

{1} Girīd cezīresi-çün bu defʿa Dersaʿādet'den tertīb olunan mühimmāt ü edevātıñ şimdiden gidecek Donanma-yı Hümāyūn sefāyinine {2} taḥmīlen gider iken yāḫūd ʿavdetlerinde Ḥānya ve Resmo ḳalʿalarından ḳangısına mümkin ise iḫrāc eylemeleri irādesi giçen gün ṣavb-ı saʿādetlerine {3} bildirilmiş idi. Bu defʿa saʿādetlü Mıṣır vālīsi ḥażretleri ṭarafından tevārüd iden taḥrīrātda muḳteżā-yı meʾmūriyyeti üzere Girīd içün {4} lāzım gelan ʿasākir ve sāʾireyi iḥżār ü tehyiʾe itmiş ise de Girīd'e ʿasker imrārı muḥāfaẓa idecek cenk sefāyininiñ vücūdundan {5} lābüd oldığı muḥarrer ü meẕkūr oldığından ve vāḳıʿan muḥāfaẓa idecek sefāyin olmadıḳça yalñız tüccār sefīnesiyle ʿasker imrār {6} olunmayacağı āşikār idüğünden bu defʿa gidecek Donanma-yı Hümāyūn sefāyini götürecekleri ʿaskeri Arnavudluḳ sevāḥiline {7} iḫrāc itdikden ṣoñra cümlesi ḏoğrı İskenderiye ṭarafına gidib Mıṣır vālīsi müşārun-ileyhiñ ḥāżırladığı ʿaskeri biʾl-istiṣḥāb {8} Girīd ve sāʾir iḳtiżā iden maḥallere īṣāl eylemeleri ḫuṣūṣuna irāde-i seniyye-i mülūkāne taʿalluḳ itmiş ve ol bābda şeref-sünūḥ iden {9} emr ü fermān-ı hümāyūn-ı şāhāne mūcebince Donanma-yı Hümāyūn meʾmūrlarına iḳtiżā iden emr-i ʿalī ıṣdār ve ṭaraf-ı saʿādetlerine irsāl {10} ḳılınmış olmağla emr-i şerīf-i meẕkūruñ maḥalline serīʿan irsāliyle emr-i şerīf-i meẕkūr mūcebince bu bābda lāzım gelan veṣāyā {11} ve tenbīhātıñ ṣavb-ı saʿādetlerinden daḫi Donanma-yı Hümāyūn başbuğlarına ve sāʾire iḳtiżā idenlere eṭrāfıyla taḥrīrine ve Girīd içün götürecekleri {12} mühimmātıñ daḫi gidişlerinde uymadığı ṣūretde ʿaskeri Arnavudluḳ sevāḥiline baʿdeʾl-iḫrāc İskenderiye'ye varub alacaḳları (148) ʿaskeri Girīd'e gönderdikleri vaḳt muḳaddemki irāde üzere iḫrāc eylemelerini daḫi tefhīme himmet buyurmaları siyāḳında {2} teẕkire. Fī 14 R 37

[*574/320*] ***Defterdār efendiye buyuruldı***
{1} El-ḥāletü-hāẕihī Rum milleti beyninde taḥaddüs̱ iden ġā'ile sebebiyle Devlet-i ʿAliyye'niñ mübtelā oldıġı maṣārifāt-ı kes̱īre cihetiyle ẕī-ḳudret {2} bulunan eṣdiḳā-yı Devlet-i ʿAliyye'niñ böyle vaḳtde ḫidmet ve ibrāz-ı ṣadāḳat eylemeleri irādesine cevāben bu defʿa Mıṣır Vālīsi {3} saʿādetlü Meḥmed ʿAlī Paşa ḥażretleri ṭarafından tevārüd iden taḥrīrāt me'ālinde Mıṣır'ıñ senevī müretteb olan irsāliyyesine {4} biñ kīse aḳçe daḫi żamm iderek Devlet-i ʿAliyye'ye ḫidmet ideceği muḥarrer ü mez̠kūr olub Mıṣır'ıñ Ḍarbḫāne-i ʿĀmire'ye müretteb {5} irsāliyyesi yedi biñ kīse aḳçe olub mu'aḫḫaren daḫi biñ kīse aḳçe Tersāne-i ʿĀmire ḫazīnesine tertīben żamm itdirilmiş oldıġından **(151)** müşārun-ileyhiñ işbu żamm ideceği biñ kīse ile ḏoḳuz biñ kīseye bāliġ olacaġından keyfiyyet rikāb-ı hümāyūn-ı şāhāneye lede'l-ʿarż {2} işbu żamīme daḫi Ḍarbḫāne-i ʿĀmire irsāliyyesine ʿilāve olunmaḳ üzere Ḍarbḫāne-i ʿĀmire nāẓırı ʿizzetlü efendiyle bi'l-müẕākere maḥalline {3} ḳayd ve iḳtiżā iden maḥallere ʿilmüḫaberleriniñ iʿṭāsıyla tanẓīm olunmaḳ üzere ṭarafıñıza ḥavālesi ḫuṣūṣuna irāde-i seniyye {4} müteʿalliḳ olmuş olmaġla mūcebince iḳtiżāsını tanẓīme mübāderet eyleyesin deyu. Fī 15 R 37

[*574/321*] ***Boġdān çarḫacısına***
{1} Muḳaddemce ṣavb-ı saʿādetlerine yazılan veṣāyā iḳtiżāsı üzere maʿiyyet-i müşīrīlerinde beş ḳıṭʿa ṭop ve ḳadr-i kifāye cebeḫāne {2} tevḳīfiyle māʿadāsı baʿżı vesīle ile İbrā'īl'e naḳl olunmaḳ üzere oldıġı ve Rūsyalunuñ şimdiki ḥāl ü keyfiyyeti ve Boġdān'da {3} olan ṣunūf-ı ʿaskeriyyeniñ ahālī ve reʿāyāya ẓulm ü taʿaddīleri beyānıyla ol ṭarafda olan beş ʿaded Yeñiçeri orṭalarınıñ {4} İbrā'īl'e naḳl ü irsālleri ḫuṣūṣunda istiʿlām-ı irāde-i seniyyeyi şāmil firistāde ve ibʿās̱ buyurılan taḥrīrāt-ı müşīrīleri mezāyāsı {5} rehīn-i ıṭṭılāʿ-i ḫulūṣ-verī oldukdan ṣoñra ḫāk-pāy-ı hümāyūn-ı mülūkāneye ʿarż ü taḳdīm ile manẓūr-ı hümāyūn-ı şāhāne buyurulmuşdur. {6} Rūsyalu şimdiye ḳadar öylece ḏurayor ise de ṭaraf-ı Devlet-i ʿAliyye'den mu'aḫḫaren virilan cevāba naẓaran bundan ṣoñra ne diyeceği {7} mechūl ve belki iʿlān-ı ḥarb itmesi muḥtemel oldıġından şimdiki ḥālde Boġdān'ıñ ʿaskerden ḫulüvvi cā'iz olmadıġından başḳa ẕikr olunan {8} orṭalar Boġdān'da ḳalmaḳ lāzım gelse sā'ir ʿasākir daḫi bunları görüb şöyle böyle diyerek cümleten ʿavdet ve belki İbrā'īl'de {9} daḫi ḏurmayaraḳ teşettüt idecekleri āşikār oldıġından ġayrı serḥadlerde daḫi ʿasker ḏurḏurmaḳ müşkil olacaġından {10} işbu meḥāẕīre mebnī bunlarıñ şimdilik ʿavdetleri bir vechile cā'iz olmadıġı ecilden işbu orṭalar şimdilik olduḳları maḥalden {11} ḳımıldamayaraḳ ve ahālī ve reʿāyāya ḫilāf-ı şerʿ-i şerīf ve muġāyir-i rıżā-yı ʿālī meẓālim ü taʿaddiyāt daḫi vuḳūʿua gelmeyerek {12} kemā-kān Boġdān'da tevaḳḳuf ü iḳāmetleri-çün Boġdān'da olan żābiṭān ve yoldaşlara bu ṭarafda olan żābiṭān ṭaraflarından {13} ve ʿizzetlü Yeñiçeri aġası cānibinden daḫi ol ṭarafda

olan ḳul ketḫüdāsına iḳtiżāsı vechile müʾekked mektūblar taḥrīr ve Ocaḳ'dan {14} çavuş mübāşeretiyle irsāl olunması tensīb olunmuş ve irāde-i ʿaliyye-i şāhāne daḫi bunuñ üzerine taʿalluḳ iderek ol vechile bu ṭarafda {15} olan żābiṭāndan ol ṭarafda olan żābiṭān ve yoldaşlara mūmā-ileyh Yeñiçeri aġası ṭarafından ḳul ketḫüdāsına iḳtiżāsına [göre] {16} müʾekked mektūblar taḥrīr ve Ocaḳ'dan çavuş mübāşeretiyle irsāl itdirilmiş olmaġla ẕāt-ı saʿādetleri daḫi hemān orṭaları {17} yine Boġdān'da tevḳīf ve żābiṭān ve ʿasākiri ḥüsn-i ṣūretle istimālet ve teʾlīf iderek ahālī ve reʿāyānıñ bilā-mūcib {18} rencīde ve taʿaddī olunmamaları vesāʾilini żābiṭān vāsıṭasıyla istiḥṣāle ihtimām ü diḳḳat-birle īfā-yı levāzım-ı dirāyet-kārī {19} ve reviyyete ṣarf-ı himmet buyurmaları siyāḳında ḳāʾime. Fī 16 R 37

[574/322] *Sāḳız ve Midillü ve İstānköy ve Limnī muḥāfıẓlarıyla Rodos mutaṣarrıfına başḳa başḳa*

{1} El-ḥāletü-hāẕihī ṭaşrada ve burada olan Rumlar el-ān istīmān itmeyüb ʿinādlarında ıṣrār eylediklerinden şāyed ḫāricden {2} izbāndīd tekneleri varub eşḳıyā ile iltiḥāḳ ve iẓhār-ı ʿiṣyān eylemeleri ḳarīn-i iḥtimāl ve keẕālik henüz ʿiṣyān idemeyan {3} cezīreler ḥaḳlarında daḫi bu gūne vesvese ve iḥtimālāt ḫāṭır-güẕār oldıġına bināʾen bunlarıñ cümlesinden rehn yollu birḳaç {4} muʿteberleri Dersaʿādet'e celb ve ʿizzetlü Bostāncıbaşı aġa ṭarafında maḥbūsen ḥıfẓ olunması tensīb olunmuş ve Sāḳız metrepolīdi {5} muḳaddem sünūḥ itmiş olan irāde-i seniyye iḳtiżāsı üzere kemā-kān Sāḳız ḳalʿasında tevḳīf ve ḳocabaşılarıñ daḫi {6} münāvebeten ḥabs ve iḳāmeleri uṣūli daḫi yine icrā olunmaḳ üzere kendülerinden kemāl-i emniyyet içün Sāḳız reʿāyāsınıñ {7} ḳırḳlar taʿbīr olunur kefereniñ içinde on ikiler dinilan gāvurlardan eñ muʿteberleri olan iki-üç nefer gāvuruñ {8} içlerinden rehn olaraḳ alunub eṭrāfıñ fesādı yatışınca ḳadar Dersaʿādet'de iḳāme olunmaḳ üzere bu ṭarafa irsāl buyurmaları {9} ḫuṣūṣuna irāde-i seniyye-i mülūkāne taʿalluḳ itmiş olmaġla on ikiler taʿbīr olunur meẕkūr gāvurlarıñ eñ muʿteberlerinden (152) ḳangıları ise eṭrāfıñ fesādı yatışınca ḳadar içlerinden iki-üç neferiniñ rehn olaraḳ Dersaʿādet'de iḳāme {2} olunmaḳ üzere yanlarına ṭaraf-ı müşīrīlerinden muʿtemed adamlar terfīḳ ve taʿyīniyle ber-muḳteżā-yı emr ü irāde-i seniyye bu ṭarafa irsāline {3} himmet buyurmaları siyāḳında ḳāʾime. Fī 16 R 37

[574/324] *Sāḳız muḥāfıẓına*

{1} Bu es̱nāda İbṣāra cezīresi gāvurları birṭaḳım süfün-i menḥūse tehyiʾesiyle gūyā derūnlarına Sīsām cezīresinden dört biñ {2} ḳadar gāvur irkāb itmek tertībinde olduḳlarından ṣūret-i ḥāle naẓaran niyyet-i ʿāṭılaları Sāḳız cezīresi üzerine hücūm oldıġını {3} İzmir'de olan İngiltere ḳonsolosı dostāne iḫbār itdiğine dāʾir saʿādetlü İzmīr muḥāfıẓı ḥażretleriniñ ṣavb-ı düstūrānelerine

{4} gelmiş olan taḥrīrātı iṭāre ḳılındığı beyānıyla el-ḥāletü-hāẕihī mevcūd-ı dā'ire-i sa'ādetleri olan dört yüz nefer ile İlyāszāde {5} ma'iyyetinde beş-altı yüz ve Sāḳız'ıñ ḥarb ü ḍarbe muḳtedir dört yüz miḳdārı 'askeri ve me'mūr olan ṭopçı ve 'arabacı neferātıyla {6} yalñız ḳal'a muḥāfaẓası düşvār ve mūmā-ileyh İlyāszāde ma'iyyetine müretteb biñ nefer tekmīl olsa bile 'askere iḥtiyāc derkār {7} oldığı ifādesine dā'ir tevārüd iden taḥrīrāt-ı müşīrīleri mezāyāsı ma'lūm-ı ḫulūṣ-verī olmuşdur. Ẕikr olunan ḥavādiṡi (153) muḥāfıẓ-ı müşārun-ileyh bu ṭarafa inhā eylemiş oldığından başḳa Dersa'ādet'de olan İngiltere ilçisi sa'ādetlü Ḳapūdān paşa ḥażretlerine {2} daḫi iḫbār itmiş olub meẕkūr izbāndīd sefīneleriniñ ḥāżırlanmaḳda olduḳları ḥavādiṡi ṣaḥīḥ olsa daḫi levāyiḥ-i ḥāle naẓaran {3} bunlarıñ aṣl maḳṣūdları Mora veyāḫūd Girīd gibi vüs'atli bir maḥalle ṭoplanaraḳ zu'm-ı bāṭıllarınca bunuñ birini {4} ele geçürebilürler ise oraya yerleşüb barınmaḳ ġaraż-ı kāsidinden 'ibāret olması melḥūẓ ve işbu gāvur gemileriniñ daḫi {5} 'azīmeti ẕikr olunan cezīrelerden birine olması muḥtemel ise de ḥazm ü iḥtiyāṭa ri'āyeten Sāḳız cezīresiniñ daḫi lāyıḳıyla {6} istiḥṣāl-i esbāb-ı muḥāfaẓasına baḳılmaḳ lāzımeden ve me'āl-i iş'ārlarına naẓaran el-yevm Sāḳız'da mevcūd ve müctemi' 'asākiriñ {7} ṭopı emr-i muḥāfaẓaya vāfī olmadığı bedīhiyyātdan olmaḳdan nāşī bu def'a müte'alliḳ olan irāde-i seniyye-i mülūkāne mūcebince {8} Aydın sancağında vāḳi' ḳażālardan Güzelḥiṣār mütesellimi sābıḳ zu'amādan Küçük Aḥmed Beğ başbuğluğuyla yedi yüz elli {9} ve Ṣaruḫan sancağında kā'in ḳażālardan Mağnīsā'da sābıḳ Tüfenkçibaşı Mollā Ağa başbuğluğuyla beş yüz ve nefs-i İzmīr'den {10} Kestellizāde Aḥmed Ağa başbuğluğuyla keẕālik beş yüz nefer ki cem'an biñ yedi yüz elli nefer 'asker tertīb olunaraḳ iḳtiżā iden {11} evāmiri ıṣdār ve işbu 'askeri tamāmen iḫrāc ve Sāḳız'a īṣāl eyledikden ṣoñra 'avdet eylemek üzere maḫṣūṣ mübāşir ile {12} tesyār olunmuş ve mūmā-ileyh İlyāszāde'ye daḫi noḳṣān olan 'askerini tekmīl eylemesi te'kīd ü tenbīh ḳılınmış ve Sāḳız ḳal'ası-çün {13} muḳaddemce Ḳuşaḍası ṭarafından kifāyet miḳdārı ẕaḫīre müretteb ise de işbu müceddeden tertīb olunan 'askeriñ ḳatıḳ-bahā yollu {14} maṣārifleri cezīre ṭarafından idāre itdirilmek ve muḳaddem Sāḳız ḳal'ası-çün müretteb olan ẕaḫāyir derece-i kifāyede midir, {15} ḳuyūd-ı lāzımesine bi'l-mürāca'a lüzūmı miḳdār serī'an biraz ẕaḫīre daḫi tertīb ü tanẓīm ḳılınması 'izzetlü Defterdār efendiye ḥavāle {16} ḳılınmış olmağla hemān ẕāt-ı şecā'at-simātları ibrāz-ı ṡebāt ü metānete ve iẓhār-ı ḥamiyyet ü ġayret ile esbāb-ı muḥāfaẓa ve ḥırāsetiñ {17} lāyıḳıyla istiḥṣāl ü icrāsına beẕl-i himmet buyurmaları siyāḳında ḳā'ime. Fī 16 R 37

[*574/325*] ***Mora ser'askerine***

{1} Ma'iyyet-i sipehdārīlerine me'mūr nüzül emīniniñ idāreye muḳtedir olamayacağı beyānıyla bir başḳa ḳaviyyü'l-iḳtidār nüzül emīni {2} naṣbı ve muḳaddemā tertīb olunan ẕaḫāyir ḳalīl olaraḳ naḳli vaḳte muḥtāc olacağından ẕaḫīre ḫuṣūṣunda żarūret derkār {3} idüği ve me'mūr olan nefīr-i ʿām ʿaskeriniñ bir neferi mevcūd olmayub māhiyyelü ʿasker taḥrīriyle tekṣīr-i ʿasākir olunmaḳda oldıġı {4} ve İzdīn'de mevcūd me'mūrlar maʿiyyetlerinde olan ʿasākiriñ defteriyle me'mūrlarıñ ʿarīżaları gönderildiği tafṣīlāṭıyla {5} kāffe-i ḫuṣūṣātıñ şifāhen ifādesi żımnında ḫazīnedārları Reşīd Efendi'niñ Dersaʿādet'e irsāl olunmuş idüği ifādesine dā'ir {6} tevārüd iden taḥrīrāt-ı mufaṣṣalaları mezāyāsı ve evrāḳ-ı mersūle-i meẕkūre ile ḫazīnedārları mūmā-ileyhiñ ḳaleme aldırılan {7} taḳrīri me'ālleri maʿlūm-ı ḫālişānemiz olduḳdan ṣoñra ḫāk-pāy-ı hümāyūn-ı şāhāneye bi't-taḳdīm manẓūr-ı ʿāṭıfet-neşūr-ı {8} ḥażret-i pādişāh-ı heft-iḳlīm buyurulmuşdur. Mora'dan Yānya'ya varınca ʿiṣyān iden gāvurlarıñ bugünlerde ġulüvv {9} ü ṭuġyānları ziyādelenmiş oldıġından evvel-be-evvel bunlarıñ ḳahr ü iżmiḥlāli lāzıme-i ḥālden oldıġına binā'en bi'ż-żarūr Mora {10} maṣlaḥatı biraz girüye buraġılaraḳ cenāb-ı müşīrīleri Mora Derbendi'nden berüye gāvurları menʿ içün miḳdār-ı kāfī {11} ʿasker ile İzdīn'de iḳāmet itmek ve maʿiyyet-i serʿaskerīlerinde mevcūd vüzerā-yı ʿiẓām ve mīr-i mīrān-ı kirām ve ṣunūf-ı {12} ʿaskeriyyeyi ʿuṣāt ve eşḳıyā üzerine sevḳ ü iʿzām eylemek üzere me'mūr olaraḳ ol bābda şeref-pāş-ı ṣaḥīfe-i ṣudūr olan {13} ḫaṭṭ-ı hümāyūn-ı şāhāne mūcebince lāzımü'ṣ-ṣudūr olan emr-i ʿalī muḳaddemce ıṣdār ve ṣūret-i ḥāl ṣavb-ı ḫulūṣ-verīden {14} işʿār ile tesyār olunmuş ise de işbu taḥrīrāt ve ḫazīnedārları mūmā-ileyh anlarıñ vuṣūlünden muḳaddem çıḳarılmış {15} olacaġı ẓāhir ve şimdiye ḳadar ẕikr olunan emr-i ʿalī ve taḥrīrātımız mevṣūl [?] olaraḳ ṣūret-i me'mūriyyetleri ve celādet-rīz-i {16} ṣudūr olan emr ü irāde-i ʿālī maʿlūmuñuz olmuş olacaġı bedīhī ve ẓāhir olub bundan aḳdem Yeñişehir ṭaraflarında olan {17} emlāk-ı hümāyūn ve sā'ireden ḳırḳ biñ keyl miḳdārı ẕaḫāyir celb olunmaḳda oldıġı muḳaddemce ṭaraf-ı saʿādetlerinden gelan {18} taḥrīrāt müfādından müstebān ve Ġolos ve Orfān ve Selānīk ṭaraflarından on beş biñ keyl ḥınṭa ve şaʿīr tertīb olunmuş {19} oldıġından bu miḳdār ẕaḫīre ile maʿiyyet-i saʿādetlerinde ve me'mūr-ı sā'ire yanlarında bulunan on biñ miḳdārı {20} ʿasker birḳaç ay idāre olunacaġı vāreste-i ḳayd [ü] īrād iken bu vechile ẕaḫīre māddesinde olan işʿārları muḳaddemki {21} taḥrīrlerine muġāyir ise de Yeñişehir ve Tırḥāla arasında mekārī bārgīrleriyle ẕaḫīre naḳl itmek üzere taʿyīn olunması {22} işʿār ü īrād buyurulmuş oldıġından ṣoñra bu mādde serrişte-i ʿillet olmamaḳ içün bu ḫuṣūṣ muḳaddemce **(154)** ol ḥavālī meṣāliḥine neẓāret me'mūriyyetiyle Yeñişehir'e irsāl olunan re'īs-i esbaḳ ʿizzetlü ʿĀrif Efendi'ye iḥāle ile nüzül emīni {2} Ḳızanlıḳlı İbrāhīm Aġa daḫi maʿiyyetine me'mūr ḳılınub birbirleriyle bi'l-müẕākere lāzım gelan ẕaḫāyiri ol ṭarafdan tedārük ile İzdīn'e {3} irsāl itmek ve ṣoñra iḳtiżā iden muḥāsebesi aña göre rü'yet ü tanẓīm olunması-çün baʿdehū defterleri taḳdīm olunmaḳ üzere {4} tensīb olunmuş ve emr ü fermān-ı şāhāne daḫi bunuñ üzerine cereyān itmiş oldıġından ol bābda īcāb iden emr-i ʿalī ıṣdār {5} ve mūmā-ileyhimā ṭaraflarına tesyār olunmuş olmaḳ mülābesesiyle cenāb-ı müşīrīleri taḥvīl-i me'mūriyyetlerine dā'ir muḳaddemce irsāl olunan {6} emr-i ʿalī ve taḥrīrāt-ı ḫulūṣ-verī muḳteżāsı üzere kifāyet miḳdārı ʿasker ile İzdīn'de iḳāmet ü ārām ve me'mūrlar ile {7} ʿasākiriñ cümlesini saʿādetlü Maḥmūd Paşa ḥażretleri maʿiyyetiyle ʿuṣāt-ı maḳhūre üzerine sevḳ ü iʿzām ve bunlarıñ ẕaḫīrelerini {8} irişdirmeğe kemāliyle diḳḳat ü ihtimām buyurmaları lāzım geleceği ve bu bābda ednā derece beṭā'et mūcib-i ḥayf ü nedāmet {9} olacağı ve keyfiyyet-i sā'ire ve ṣūret-i irāde-i seniyye ḫazīnedārları mūmā-ileyhiñ tevdīʿ-i kūze-i ḥāfıẓası [?] ḳılınmış oldığından {10} her bir ḫuṣūṣ taḳrīr-i şifāhīsinden maʿlūm-ı saʿādetleri buyurılacağı ẓāhir olmağla hemān ẕāt-ı saʿādetleri her ḥālde muḳteżā-yı {11} me'mūriyyet-i serʿaskerīlerini icrā ile ġayret ü besālet me'āṯirini icrā iderek bi-ʿavnihī Taʿālā bir daḳīḳa evvel maṭlūb vechile {12} iş görmeğe beẕl-i yārā-yı liyāḳat buyurmaları siyāḳında ḳā'ime. Fī 16 R 37

[*574/329*] ***Selānīk mutaṣarrıfına***

{1} Rehberī-i tevfīḳ-i Ḥażret-i Mevlā ve yāver-i teveccühāt-ı meyāmin-āyāt-ı cenāb-ı pādişāh-ı kişver-küşā ile Kesendīre cezīresiniñ fetḥ ü tesḫīriyle {2} ʿuṣāt-ı reʿāyānıñ ḳahr ü tedmīrleri Aynaroz'da tecemmuʿ itmiş olan aḏa gāvurlarınıñ meşhūdları oldığı gibi ḳayıḳlara {3} binüb cūyān-ı kenār-ı firār olmuş ve girü ḳalan ruhbān ve maʿden reʿāyāları daḫi ṭaraflarından çend nefer rāhib irsāliyle {4} esliḥalarını teslīm ideceklerini ve ḥaḳlarında ne vechile muʿāmele olunur ise öylece ḥareket eyleyeceklerini beyān ve taʿahhüd iderek {5} istīmān eylemiş olduḳlarından Aynaroz'a bir miḳdār ʿasker irsāl idüb ẕāt-ı saʿādetleri daḫi ḳarīb maḥalde naṣb-ı {6} evtād-ı ḫıyām-birle manāstırlarıñ żabṭına ve esliḥalarınıñ aḫẕ ü ḳabżına ne vechile mübāderet ü iḳdām buyurmuş olduḳları ve re'y {7} ve amāna dā'ir gönderilan taʿlīm-nāme vāṣıl olmaḳsızın maʿden reʿāyāsına istimālet virilerek Aynaroz'dan çıḳarılmış {8} oldığına binā'en tedābīr ü ārālarınıñ ekṯeri taʿlīm-nāmeye muvāfıḳ düşüb maṣlaḥat daḫi ḳolaylanmış idüği ve bi-mennihī Taʿālā ḳarīben Aynaroz {9} māddesi rehīn-i ḫitām olduḳdan ṣoñra havālar müsāʿid oldığı ḥālde Ḳosṭāntī ve Aġustos'da olan Yamāndi nām ḳapūdān {10} üzerine ḥareket ü ʿazīmet olunacağı beyānıyla şimdilik Zūra [?] ve Kesendīre aḏalarına li-ecli'l-muḥāfaẓa bir miḳdār ʿasker iḳāme {11} olunması istīẕānını şāmil tevārüd iden taḥrīrāt-ı behcet-āyāt-ı müşīrīleri me'āl ü mezāyāsı rehīn-i ıṭṭılāʿ-i ḫulūṣ-verī olaraḳ {12} eṯer-i iḳdām ü ġayretleriyle işbu Aynaroz māddesi daḫi ḳolaylanmış oldığından bu keyfiyyet bādī-i maḥẓūẓiyyet oldığından ġayrı taḥrīrāt-ı {13} vārideleri ḥużūr-ı hümāyūn-ı şāhāneye daḫi ʿarż ile manẓūr-ı naẓar-ı ʿāṭıfet-eṯer-i cenāb-ı cihān-bānī olub ve nezd-i hümāyūn-ı şāhānede {14} bu ṣūretle ġayret ü ḫidmetleri bādī-i āferīn olmuşdur. Ẕāt-ı ʿālīleri ġayretli ve işgüẕār ve ḏoğrı yola gider faṭīn {15} ve dirāyet-kār vüzerā-yı ʿiẓāmdan olduḳlarından inşā'allāhü

Taʿālā ʿahd-i ḳarībde dil-ḫāh üzere ol ṭaraflarıñ kāmilen rābıṭasına muvaffaḳ {16} olmaları elṭāf-ı İlāhiyye'den me'mūl ü müstedʿā ve cenāb-ı dirāyet-niṣāb-ı düstūrānelerиniñ uṣūl-i me'mūriyyetleri ol ḥavālīde {17} ʿiṣyān üzere olan gāvurlarıñ ḳahr ü istīṣāli ve dāmen-i istīmāna yapışanlarınıñ taʿlīmāta taṭbīḳan taḥt-ı niẓām ve rābıṭaya {18} idḫāli ṣūretleri oldığından bu ḫuṣūṣlarda ṭaraf-ı müşīrānelerine ruḫṣat ve istiḳlāl derkār ve ẕāt-ı dirāyet-simātları {19} erbāb-ı ḥamiyyetden olaraḳ uṣūl ve fürūʿ-ı me'mūriyyetlerinden olan her bir ḫuṣūṣda muḳteżā-yı reviyyet ü dirāyetiñiz üzere icrā-yı ḥüsn-i {20} tedbīr iderek hemān işiñ gelişine ve maḥallinde maṣlaḥatıñ īcāb ü iḳtiżāsına göre ḥarekete saʿy ü ġayret eylemeleri lāzım geleceği āşikār {21} ve irāde-i seniyye-i ḥażret-i cihān-dārī daḫi bu merkezde devvār olmağın ẕāt-ı besālet-simāt-ı düstūrīleri baʿd-ez-īn daḫi rekīz-i fıṭrat-ı {22} aṣliyyeleri olan gevher-i şecāʿat ü ṣalābeti beẕl ü niṡār eyleyerek her ḥālde iṡbāt-ı müddeʿā-yı kār-güẕārī ve şecāʿate ve iʿmāl-i ḥüsn-i {23} tedbīr ile hemān işiñ gelişine ve maḥallinde īcāb-ı maṣlaḥata göre ḥareket buyuraraḳ ḥaḳḳ-ı ġayūrānelerinde şuʿle-nümā olan teveccühāt-ı behiyye-i {24} cenāb-ı kītī-sitānīniñ tezyīd ü tevfīrine himmet buyurmaları siyāḳında ḳā'ime. Fī 18 R 37

[*574/339*] ***Silistre Vālīsi ve Ṭūna Serʿaskeri Meḥmed Selīm Paşa'ya***

{1} Nemçelü ṭarafından Bükreş'e gelan ġazete kāğıdlarında esbaḳ Dīvān Tercümānı Yānḳo'nuñ iʿdāmı Bolī'da iḳāmete me'mūr olan {2} ḳarındaşı İskerlet'iñ mesmūʿı olduḳda nüzül iṣābetiyle hālik olmuş oldığı münderic oldığından bu keyfiyyet Eflāḳ ve Boğdān {3} ḳā'immaḳāmlarınıñ mūcib-i dehşetleri oldığından māʿadā mersūmlarıñ ḳā'immaḳām[lık]ları zā'il olacağına dā'ir Yaş ve Bükreş ahālī {4} ve boyārānı beynlerinde güft [ü] gū eksik olmadığına binā'en mersūmāna istimāleti ḥāvī ṭaraf-ı muḫliṣīden kāğıdlar yazılması īcāb-ı maṣlaḥatdan {5} oldığı ḫuṣūṣunı ve Rūsyaludan celb ü istirāḳ olunan baʿżı ḥavādiṡ ü āṡārı mübeyyin bu defʿa cā-yı vuṣūl olan {6} taḥrīrāt-ı düstūrīleri mezāyāsı maʿlūm-ı ḫāliṣānemiz olduḳdan ṣoñra rikāb-ı ḳamer-tāb-ı şāhāneye ʿarż ile manẓūr-ı hümāyūn-ı {7} mülūkāne buyurulmuşdur. Ve mersūm Yānḳo fi'l-aṣl müfsid ve muḥarrik bir gāvur oldığından başḳa menfāsı olan Ḳayṣeriyye'de daḫi {8} tek ḏurmayub īḳāʿ-i fesāda ictirā itmiş oldığı lede't-taḥḳīḳ cezāsı tertīb olundığı ḫaberi mesmūʿı oldığı gibi {9} mesfūr İskerlet daḫi menzūlen mürd ü hālik olmuş oldığından vāḳıʿan inhā-yı müşīrīleri vechile ḳā'immaḳām-ı {10} mersūmānıñ te'mīn ü taṭmīnleri żımnında ṭaraf-ı muḫliṣīden mektūblar taḥrīri münāsib olacağından kerāmet-efzā-yı ṣudūr olan {11} irāde-i seniyye-i mülūkāne mūcebince bu defʿa ṣavb-ı muḥibbānemizden Eflāḳ ve Boğdān ḳā'immaḳāmlarına başḳa başḳa mektūblar taḥrīriyle {12} me'āllerinde muḳaddemā kendünüñ her ne ḳadar Eflāḳ voyvodası hālik İskerlet Beğ'iñ ṭarafından gönderilmişler ise de mu'aḫḫaren {13} evāmir-i ʿaliyye ile me'mūriyyetleri tecdīd ve te'kīd olunmuş olaraḳ el-ḥāletü-hāẕihī voyvoda-i mūmā-ileyhiñ helāki vuḳūʿ bulması {14} cihetiyle kendüleriniñ ḳā'immaḳāmlıḳ ve uṣūl-i me'mūriyyetlerine fesḫ ve ḫalel taṭarruḳ itmek lāzım gelmeyüb kemā-kān ḳā'immaḳāmlıḳ {15} üzerlerinde oldığından hemān umūr-ı me'mūrelerine fütūr ve sekte getürmeyerek bundan böyle daḫi ṣādıḳāne ve müstaḳīmāne {16} muḳteżā-yı me'mūriyyetleriniñ icrā ve īfāsıyla her bir ḫuṣūṣuñ merkez-i lāyıḳında idāre ve rü'yete saʿy eylemeleri veṣāyāsı iḳtiżāsına {17} derc ü işʿār ve ẕikr olunan mektūblar mersūmlara ṭarafıñızdan iṭāre olunmaḳ üzere ṣavb-ı müşīrīlerine irsāl ü tesyār {18} olunmuş ve Rūsyalu şimdiye ḳadar dürlü uṣūle teşebbüs̱ itmiş oldığından ʿaskerini çekmesi gibi ḥavādis̱i baḳılmayaraḳ {19} bu maḳūle ḥavādis̱e iʿtibār olunmayaraḳ hemān ġayret ü iḳdāmı icrā eylemek lāzım gelmiş olmaġla cenāb-ı düstūrīleri muḳteżā-yı **(164)** dirāyet ü feṭānetleri üzere mütebaṣṣır ü āgāh bulunmaġa ve [her] bir ṭarafdan daḫi aḥvāl-i aġyārdan ḫaber alaraḳ {2} ġāfil bulunmamaġa diḳḳat-birle is̱bāt-ı müddeʿā-yı feṭānet ü ḥamiyyete beẕl-i himmet buyurmaları siyāḳında ḳā'ime. Fī selḫ-i R 37

Ayniyat 575

[575/4] *Selānīk mutaṣarrıfına*

{1} Aynaroz ruhbānlarına muḳaddemce irāde ve ṭaraf-ı saʿādetlerine işʿār olunan şerāyiṭ-i istīmān tamāmca ḳabūl itdirilerek {2} ve bi't-tedrīc ʿasker sevḳiyle kebīr kenīsā ve ḳuleler ve ṭop ve edevāt-ı sā'ireniñ ekṣeri aḫẕ ü żabṭ olunaraḳ külliyyen {3} tesḫīri ḳuvve-i ḳarībeye geldiği beyānıyla ol bābda baʿżı mevād ifādesiyle istīẕānı şāmil ve Nüzül Emīni sābıḳ {4} ʿAlī Beğ bendeleriniñ cerāyim-i sābıḳasınıñ ʿafvı teşekkürüni müştemil güẕerān iden Rebīʿulāḫire'niñ on yedisi {5} tārīḫiyle bir ṭaḳım taḥrīrāt-ı müşīrīleriniñ ḥāmili olan tatar esnā-yı rāhda ḫastalanub ḳalmış oldığından {6} işbu ṭaḳım taḥrīrāt-ı düstūrīlerini Aynaroz'da olan manāstırlarıñ metānet ü raṣāneti ve keṣret-i ebniye ve müteferriʿātını {7} mübeyyin ve şimdiye ḳadar kebīr ve ṣağīr elli beş ḳıṭʿa ṭop ve beş-altı yüz miḳdārı tüfenk ve biraz piştov ve bıçaḳ {8} ve ḳılıç aḫẕ olunmuş ise de ṭoplarıñ henüz edevāt ü mühimmātları ve ziyāde esliḥa ẓāhire iḫrāc olunmadığına binā'en {9} iştibāh vuḳūʿuyla iki biñ beş yüz güzīde ʿasker kenīsā ve ḳuleler derūnlarına yerleşdirilerek her ṭarafı żabṭ {10} olunmuş oldığından bundan ṣoñra vaḳtlüce taḥarrī ve tecessüse ibtidār olunacağını ve Aynaroz līmānına gelmiş olan {11} iki direkli bir ḳıṭʿa eşḳıyā teknesi bi'l-muḥārebe ne vechile aḫẕ ü żabṭ buyuruldığını ve Eşek aḏası üzerine {12} ne ṭarīḳiyle ʿasker sevḳi niyyetinde olduḳları beyānıyla Aynaroz'dan aḫẕ olunan ṭoplar berren ve baḥren Selānīk'e naḳline {13} ibtidār eylediklerini mutażammın māh-ı meẕkūruñ yiğirmi beşi tārīḫiyle müverraḫ olan taḥrīrātları ḥāmili olan tatar {14} aḫẕ ile getürmüş oldığından cümlesiniñ me'ālleri maʿlūm-ı ḫāliṣānemiz olduḳdan ṣoñra rikāb-ı hümāyūn-ı {15} şāhāneye ʿarż ile meşmūl-ı liḥāẓa-i ʿāṭıfet-ifāża-i ḥażret-i pādişāhī buyurulmuşdur. Ẕāt-ı besālet-simāt-ı {16} müşīrīleri müdebbir ve cesūr ve ṣādıḳ ve ġayret-şiʿār vüzerā-yı ʿiẓām-ı Salṭanat-ı Seniyye'den olub maṣlaḥat-ı me'mūrelerinde {17} tamām yoluyla ḥareket ve ibrāz-ı saʿy ü ġayret itmekde olduḳlarından bu keyfiyyet bādī-i ḥaẓẓ ü taḥsīn oldığından {18} ġayrı bu ṣūretle müdebbirāne ve ṣādıḳane ḥareket ve dīn-i mübīn uğurunda cānsipārāne ve merdāne ġayretleri nezd-i hümāyūn-ı {19} cenāb-ı pādişāhī[de] daḫi bādī-i āferīn olmuşdur. Hemān Cenāb-ı Ḥaḳḳ siziñ gibi ṣādıḳ ve ġayūr eṣdiḳāyı {20} eksik itmeyüb sāye-i hümā-vāye-i şāhānede nā'il-i envāʿ-ı fevz ü iʿtibār eyleye, āmīn. Bu vechile ṣādıḳāne saʿy {21} ü iḳdāmları cihetiyle inşā'allāhü'r-Raḥmān yüzüñüzden dīn ü devlet yolunda ve şevketlü efendimiziñ uğur-ı hümāyūnlarında naḳş-efgen-i {22} ṣaḥāyif-i rūzigār olacaḳ nice nice ḫidemāt-ı ḥasene ibrāzına muvaffaḳ olmaları elṭāf-ı İlāhiyye'den müstedʿā ve baʿżı {23} işʿār ve istīẕān buyurduḳları ḫuṣūṣlar ve gerek Aynaroz'uñ beyān ü işʿār buyurılan ḥāl ü keyfiyyetine naẓaran {24} bundan böyle lāyıḳıyla muḥāfaẓasınıñ ṣūret ve iḳtiżāsı bu ṭarafda derdest-i müẕākere oldığından iḳtiżā iden {25} cevābları bundan ṣoñra ṭaraf-ı saʿādetlerine işʿār olunacağı hüveydā olmağla ẕāt-ı ḥayderī-simāt-ı düstūrīleri {26} her ḥālde iẓhār-ı meẓāhir-i ġayret ve ṣalābet ü ḥamiyyete bezl-i himmet buyurmaları siyāḳında ḳāʾime. Fī 2 Ca 37

[575/9] *Selānīk mutaṣarrıfına*

{1} Aynaroz'da kāʾin kenīsā ve ḳuleler ve sāʾir esliḥa maẓnūn olan maḥaller muʿtemed adamlar maʿrifetiyle taḥarrī olunmaḳda ise de {2} ẕikr olunan kenīsālardan Profitilyā dimekle maʿrūf kilīsādan dört nefer rāhib nezd-i müşīrīlerine gelerek kendüleriniñ {3} Rūsya tebaʿasından olduḳlarını ve bunlardan başḳa yetmiş ḳadar rāhibleriñ yedlerinde Rūsyalunuñ pātenta kāğıdı {4} oldığını ve li-ecli'z-ziyāre Ḳudüs-i Şerīf ve maḥāll-i sāʾireye ʿazīmetlerine mümānaʿat olunmamaḳ bābında yedlerinde olub ibrāz {5} eyledikleri üç ḳıṭʿa evāmir-i şerīfe gönderildiği beyānıyla ẕikr olunan yetmiş Rūsya keşīşleriniñ maḥall-i mezbūrda iḳāmetleri {6} ḫuṣūṣuna ne vechile irāde-i seniyye taʿalluḳ ider ise keyfiyyetiñ işʿārı ḫuṣūṣuna dāʾir resīde-i mevḳiʿ-i vuṣūl olan taḥrīrāt-ı müşīrīleri {7} mezāyāsı maʿlūm-ı ḫāliṣānemiz olmuşdur. Ẕikr olunan rāhibleriñ yedlerinden alınub gönderilan evāmir-i şerīfe işʿār-ı müşīrīleri {8} vechile fi'l-ḥaḳīḳa ʿatīḳ ve ḥükmi mensūḫ oldığından baṭṭālda ḥıfẓ itdirilmiş olub ancaḳ Rūsyalu ṭarafından yedlerinde pātenta {9} kāğıdı olub Rūsya tebaʿasından olduḳlarını ifāde iden rāhibler reʿāyā-yı Devlet-i ʿAliyye'den olmayub saḥīḥ {10} Rūsyalu olsalar bile ol ḳadar Rūsya keşīşleriniñ bir manāstırı taṣarruflarına ʿahden bir gūne mesāġ olmadığından başḳa {11} bunlarıñ yedlerinde oldığını īrād eyledikleri kāğıdlar aṣl Rūsya diyārında tevellüd itmiş Rūsyalunuñ raʿiyyet {12} ve raʿiyyeti oğullarından olanlara Rūsya devleti ṭarafından virilmesi muʿtād olan pasāporta olmayub müsteʾmen {13} ve ḳonsolos vekīlleri ṭarafından virilmiş olan pātenta kāğıdı oldığı meʾāl-i işʿārlarından münfehim ve işbu pātenta {14} māddesi daḫi muḳaddemā külliyyen memnūʿ olan mevāddan olub şöyle ki, Devlet-i ʿAliyye'niñ raʿiyyet ve raʿiyyeti oğullarından {15} olaraḳ eben ʿan-ceddin Devlet-i ʿAliyye'niñ cizye-güẕār reʿāyāsından olan baʿżı esāfil maḳūleleri müsteʾmen ve ḳonsolos {16} ve ḳonsolos vekīli ve tercümānları ṭaraflarından pātenta ve pasāporta kāğıdları aḫẕına cesāret ile kendülerini {17} müsteʾmen mesleğine ilḥāḳ iderek cizye-i şerʿiyye ve tekālīf-i sāʾirelerini virmekde imtināʿ ile müsteʾmenlik iddiʿāsında {18} olurlar ise o maḳūle saḥīḥ reʿāyā-yı Devlet-i ʿAliyye yedlerinde bulunmuş olan pātenta ve pasāporta kāğıdları alınaraḳ **(6)** ḥükm-i raʿiyyete tenzīl ve cizye-i şerʿiyye ve tekālīf-i sāʾireleri tamāmen taḥṣīl olunmaḳ muvāfıḳ-ı ʿahd [ü] şürūṭ oldığına bināʾen bu ḫuṣūṣa {2} ṭaraf-ı müşīrīlerinden lāyıḳıyla ihtimām olunmaḳ lāzımeden olmağla cenāb-ı düstūrīleri muḳteżā-yı dirāyetleri üzere {3} yedlerinde pātenta kāğıdı oldığını iḫbār iden gāvurlar öteden berü Devlet-i ʿAliyye'niñ raʿiyyet ve raʿiyyeti oğullarından {4} olaraḳ mücerred müsteʾmenlik iddiʿāsıyla bir taḳrīb yedlerine ḳonsolos ve ḳonsolos vekīli ve tercümānları ṭaraflarından {5} pātenta ve pasāporta kāğıdı almış eben ʿan-ceddin Devlet-i ʿAliyye'niñ cizye-güẕār reʿāyāsından olan Mosḳovlulardan ise {6} bi't-taḥḳīḳ reʿāyā-yı Devlet-i ʿAliyye'niñ pātenta kāğıdı alması memnūʿ oldığından bunlarıñ yedlerinde olan pātenta kāğıdlarını {7} nezʿ ve ṭaḳımıyla bu ṭarafa irsāl ile kendüleri sā'ir Devlet-i ʿAliyye'niñ reʿāyā rāhibleri mis̱illü ḥükm-i raʿiyyete tenzīl ve ḥaḳlarında {8} reʿāyā muʿāmelesi icrāya mübāderet ve eğer bu vechile olmayub yaʿnī bu gāvurlar eben ʿan-ceddin Rūsya diyārında tevellüd iderek {9} birer ikişer manāstır-ı meẕkūra gelüb temekkün itmiş saḥīḥ Rūsyalu olaraḳ yedlerinde olan kāğıdları daḫi {10} saḥīḥ Rūsyalu olduḳlarını işʿār ider Rūsya devleti ṭarafından virilmiş olan pasāporta kāğıdı ise ol vaḳt {11} yedlerinde olan kāğıdlarıñ alınması tecvīz olunmayaraḳ iḳtiżāsına baḳılmaḳ içün ʿale't-tafṣīl keyfiyyeti bu ṭarafa işʿāra {12} himmet buyurmaları siyāḳında ḳā'ime. Fī 5 Ca 37

[575/11] *Aydın Mutaṣarrıfı olub Mora Ḳasteli'nde olan Sīrozī Yūsuf Paşa'ya*
{1} Bādra üzerine mu'aḫḫaren gelan ʿuṣāt-ı kefere münhezimen ve perīşān olaraḳ ḥamden-lillāhi Taʿālā şimdiki ḥālde ıżdırābları ehven {2} olub ʿaṭūfetlü Serʿasker Ḫūrşīd Paşa ḥażretleri ṭarafından istemiş olduḳları ʿasākir sefāyin ile geldiklerinde mütevekkilen ʿalellāh {3} Anābolī ve Gördūs ḳalʿalarına li-ecli'l-imdād ʿazīmeti niyyet ve murād eyledikleri ve ʿaṭiyye-i seniyyeden serʿasker-i müşārun-ileyh yüz biñ {4} ğurūş göndermiş ise de ḳuṣūrınıñ daḫi irsāliyle baḥren maʿlūmü'l-miḳdār ʿasker ve külliyyetlü fişek yetişdirmesi serʿasker-i {5} müşārun-ileyhe ṭaraf-ı saʿādetlerinden işʿār olunmuş oldığı ḫuṣūṣlarını ve baʿżı ḥavādis̱i şāmil tevārüd iden taḥrīrāt-ı düstūrāneleri {6} mezāyāsı rehīn-i ıṭṭılāʿ-i ḫulūṣ-verī olub ḫāk-pāy-ı hümāyūn-ı cenāb-ı şehriyārīye daḫi ʿarż ile manẓūr-ı naẓar-ı ʿāṭıfet- {7} -es̱er-i ḥażret-i tācdārī buyurulmuşdur. Eşḳıyā-yı mesfūreniñ ol ṭaraflara şiddet üzere derkār olan sū'-i ḳaṣd ve ḫıyānetleri {8} cihetiyle Anābolī ḳalʿası ve sā'ir sāḥilde bulunan ḳılāʿ içün muḳaddemā müste'men sefāyiniyle ẕaḫāyir ve mühimmāt gönderilmiş {9} oldığından inşā'allāhü Taʿālā bugünlerde muvāfıḳ havā ẓuhūruyla maḥallerine varmış olması elṭāf-ı İlāhiyye'den me'mūl ve Gördūs {10} ḳalʿası sāḥil-i baḥre baʿīdce bulundığından oraya imdād ü iʿānet māddesi mutlaḳā Donanma-yı Hümāyūn'uñ ol ṭaraflara varmasından {11} mütevaḳḳıf oldığına binā'en bi-luṭfihī Taʿālā bundan böyle gerek ḳalʿa-i merḳūme ve gerek ḳılāʿ-i sā'ire içün tekrār münāsib {12} sefīne isticārıyla başḳa mühimmāt ve ʿasker ve ẕaḫīre mis̱illü levāzım-ı imdād ü muʿāvenetiñ çāresi mülāḥaẓa olunmaḳda {13} olaraḳ müşārun-ileyh Serʿasker paşa ḥażretleri ṭarafından ʿasker ḫuṣūṣunda ẓuhūr iden te'ḫīr mutlaḳā Yānya maṣlaḥatınıñ imtidādından {14} iḳtiżā ider ise de bu defʿa sünūḥ iden irāde-i seniyye mūcebince gerek ʿaṭiyye-i seniyyeden ḳuṣūr ḳalan meblağıñ ve gerek (7) istidʿā eyledikleri külliyyetlüce fişengiñ peyderpey

ṭaraf-ı irsāline himmet eylemesi iḳtiżāsı vechile ser'asker-i müşārun-ileyhe {2} yazılmış olmaġla hemān cenāb-ı ḥamiyyet-elḳāb-ı müşīrīleri her ḥālde metānet ü s̱ebāt ve ẕātlarından me'mūl olan dirāyet {3} ü şecā'at māddesini is̱bāt buyurmaları siyāḳında ḳā'ime. Fī 7 Ca 37

[575/14] *Selānīk mutaṣarrıfına*

{1} Berātlu Avrūpā tüccārından ve Selānīk re'āyāsından Ḳaranīḳola İsteryo bu es̱nāda Nemçe ḳonsolosuna ilticā itmek {2} ḫūlyāsında ve bilā-berāt Lāzārī nām şaḫṣıñ Anāpolitān tercümānlıġı da'vāsında oldıġı ve fi'l-aṣl yerlü {3} re'āyādan olub Rum milleti fesādı ẓuhūrunda Sāḳız'da bulunub andan 'iyāliyle Frengistān'a gitmiş ve şimdi {4} yine 'iyāliyle Selānīk'e gelmiş olan Ḳāsṭorī nām ẕimmī Frenk ḳıyāfetine girerek tebdīl-i cāme-i ra'iyyet itmiş {5} oldıġından mesfūr Ḳasṭorī lede'l-istinṭāḳ İngilīzlü ḥimāyesine deḫālet ve ḳonsolos ḳonaġına {6} firār eylediğinden ve ḳonsolos-ı mersūm ṭarafından daḫi teṣāḥub olundıġından bunlar ḥaḳlarında ne vechile {7} mu'āmele olunmaḳ lāzım geleceği ḫuṣūṣuna dā'ir vürūd iden şuḳḳa-i şerīfeleri mezāyāsı rehīn-i ıṭṭılā'-i {8} ḫulūṣ-verī olmuşdur. Mesfūr İsteryo tācir ṭaraf-ı Devlet-i 'Aliyye'den bā-berāt-ı 'ālī Avrūpā ticāretine me'ẕūniyyet ile {9} nā'il-i 'ināyet ve maẓhar-ı envā'-ı imtiyāz ve ri'āyet olaraḳ bu muḳābelede merkez-i ṣıdḳ ü ra'iyyetde s̱ebāt ü metānet {10} ve īfā-yı merāsim-i teşekküre muvāẓabet eylemesi lāzıme-i ẕimmeti iken devlet-i sā'ire ṭaraflarına temāyül ü iltimāsı bā-ḫaṭṭ-ı hümāyūn-ı {11} şāhāne virilan nizāmıñ ḫilāfı ve rıżā-yı 'ālīniñ muġāyiri idüği ve Devlet-i 'Aliyye'niñ cizye-güẕār {12} re'āyāsından hiç ferdiñ ilçi ve müste'men ve ḳonsolos ve tercümān ṭaraflarından pātenta kāġıdı aḫẕı {13} şer'-i şerīfe ve 'ahd-nāmelere muġāyir olaraḳ o mis̱illü ḥareket idenleriñ yedlerinde bulunan kāġıdlar nez' {14} ve kendüleri ḥükm-i ra'iyyete tenzīl ḳılınaraḳ cizye-i şer'iyye ve rüsūmāt-ı sā'ireleri ve ticāret üzere olanlarıñ {15} īcāb iden kürekleri [?] re'āyā mis̱illü tamāmen taḥṣīl olunmaḳ niẓāmından oldıġından ġayrı Devlet-i 'Aliyye {16} re'āyāsından ve tüccār teba'asından hiçbir şaḫṣa İngiltere pātentası ve ilçi ve ḳonsolos pasāporṭası {17} virilmamesi daḫi muḳteżā-yı 'ahd-nāmeden olaraḳ mersūm Lāzārī'niñ bilā-berāt tercümānlıḳ iddi'āsında oldıġı {18} ve mesfūr Ḳasṭorī nām ẕimmīniñ daḫi ol vechile muġāyir-i niẓām tebdīl-i ḳıyāfet eylediği ve ḳonsolosları {19} ṭarafından teṣāḥub olundıġı bu ṭarafda 'izzetlü Re'īsü'l-küttāb efendi ṭarafından İngiltere ve Nemçe ve Sicilyāteyn {20} devletleri ilçilerine beyān olunaraḳ ve bu keyfiyyetler men' [ile] fī-mā-ba'd o maḳūle ḫilāf-ı şürūṭ ü niẓām ḥālāt {21} vuḳū' bulmaması vesā'ili istiḥṣāl olunması dermiyān olunmuş olmaġla cenāb-ı müşīrīleri o maḳūle {22} saḥīḥ Devlet-i 'Aliyye re'āyāsından olub yedlerinde ilçi ve ḳonsolos ve müste'men ve tercümān ṭarafından virilmiş {23} olaraḳ pātenta ve pasāporṭa kāġıdı bulunanlarıñ kāġıdlarını nez' ve kendülerini ḥükm-i ra'iyyete tenzīl ve Avrūpā

{24} ticāreti berātı olanlarıñ daḫi berātları şürūṭı üzere ḥareket iderek her ḥālde īfā-yı muḳteżā-yı uṣūl-şināsī {25} ve reviyyete himmet buyurmaları siyāḳında ḳā'ime. Fī 7 Ca 37

[*575/16*] *Mora cānibi ser'askerine*

{1} Müstaṣḥab-ı ma'iyyet-i ser'askerīleri olan 'asākiriñ 'ulūfesi-çün gönderilan yüz biñ ġurūş 'aṭiyye-i seniyyeniñ vuṣūlüyle {2} ol bābda teşekkür ü maḥmedeti şāmil ve ma'iyyet-i ser'askerīlerinde nüzül emīni olmayub mevcūd olan aylıḳlu 'asker daḫi altı biñ neferi {3} tecāvüz eylediğinden māh-be-māh ḳırḳar ġurūşdan 'ulūfeleriniñ i'ṭāsı ve rūz-merre ta'yīnātlarınıñ idāresi emr-i düşvār oldığı {4} ifādesinden baḥiṣle 'uhde-i 'ālīlerinde olan sancaḳlarıñ s̱emerātı cānib-i mīrīden aḫẕ olunmaḳ ile mi, ne vechile ise külliyyetlü {5} aḳçe ile nüzül emīni irsāl olunması ve sā'ir ifādeyi müştemil bu def'a resīde-i mevḳi' [-i vuṣūl] olan taḥrīrāt-ı düstūrīleri {6} mezāyāsı ḳarīn-i ıṭṭılā'-i ḫulūṣ-verī olmuş ve rikāb-ı hümāyūn-ı şāhāneye daḫi 'arż ile meşmūl-ı liḥāẓa-i cenāb-ı pādişāhī {7} buyurulmuşdur. İnhā ve iş'ār buyurılan ẕaḫīre ve nüzül emīni māddeleri muḳaddem iḳtiżāları icrā olunaraḳ keyfiyyetleri {8} daḫi ṭaraf-ı sipehdārīlerine bildirilmiş oldığı ve şimdiye ḳadar me'mūr-ı ma'iyyetleri olan nüzül emīni daḫi ol ṭarafa varmış {9} olacağı vāżıḥātdan olub el-ḥāletü-hāẕihī mevcūd-ı ma'iyyetleri olan beş-altı biñ 'askeriñ müterākim olan {10} 'ulūfeleriniñ i'ṭāsı żımnında ṭaraf-ı sāmīlerine aḳçe irsāliniñ ṣūreti taḥrīrāt-ı müşīrīlerinden müstefād ise de {11} ma'lūm-ı 'ālīleri buyuruldığı vechile evvelā böyle bütün bütün aylıḳlu 'asker istiḫdāmı maṣārif cihetiyle başa çıḳar şey {12} olmadığı, s̱āniyen beher nefere ḳırḳar ġurūş māhiyye i'ṭāsı fāḥiş olub, s̱ālis̱en şimdiki ḥālde İzdīn'de altı biñ 'askeriñ {13} lüzūmı olmayacağı cihetleriyle gerek biraz daḫi ḳażā 'askeri celb ve istiḫdām eylemeniñ çāresine ve gerek sā'ir me'mūrīn ile {14} bi'l-müẕākere şu aylıḳlarıñ yiğirmi beş, nihāyet otuz ġurūşı tecāvüz itmamesi esbābınıñ istiḥṣāline mübāderet buyurmaları {15} ve bi-mennihī Ta'ālā Mora üzerine hücūm ve 'azīmetiñ ṣırası geldikde tevfīr-i 'asker māddesiniñ iḳtiżāsı icrā olunmaḳ {16} üzere şimdilik İzdīn'de ma'iyyet-i sa'ādetlerinde üç-dört biñ nefer miḳdārı 'asker tevḳīf ve istiḫdām buyurmaları {17} derece-i kifāyede olacağı ve bu uṣūl üzere īcāb iden aylıḳ maṣārifini daḫi bütün bütün cānib-i mīrīye {18} taḥmīl münāsib olmayub me'mūrīn-i sā'ire mis̱illü birazı daḫi 'uhde-i sāmīlerinde olan manṣıblarıñ nemā ve ḥāṣılātıyla {19} idāre olunmaḳ üzere bu def'a daḫi ṭaraf-ı sāmīlerine i'āneten beş yüz kīse aḳçe gönderilmesi ḫuṣūṣı müẕākere ve tensīb {20} olunmuş ve emr ü irāde-i seniyye daḫi bunuñ üzerine ta'alluḳ iderek mūcebince i'āneten bu def'a ṭaraf-ı sāmīlerine beş yüz kīse {21} aḳçe i'ṭā ve irsāl ḳılınmış olmağla ẕāt-ı sa'ādetleri daḫi muḳteżā-yı dirāyet ü ġayretleri üzere ol vechile ḳırḳar ġurūş {22} māhiyye ile bütün bütün aylıḳlu 'askeriñ maṣārifine ṭāḳat gelmeyeceğini derpīş buyurarak̤ meʾmūrīn-i sāʾire ile biʾl-müẕākere {23} şu aylıḳ ḫuṣūṣunuñ ber-vech-i muḥarrer bir ḥüsn-i ṣūrete rabṭ ve ifrāġına ve biraz daḫi ḳażā ʿaskeri celb ile istiḫdāma {24} ve şimdiki ḥālde İzdīnʾde maʿiyyet-i saʿādetlerinde üç-dört biñ ʿasker derece-i kifāyede görinür ise de istiḫdām eylecekleri {25} ʿaskeriñ aylıḳlarını bütün bütün cānib-i [mīrīye] taḥmīl nā-rev[ā] oldığından biraz daḫi ẕāt-ı sāmīleri ʿuhdelerinde olan {26} manṣıb ḥāṣılātıyla idāre iderek is̱bāt-ı ġayret ü ḥamiyyete bez̠l-i himmet buyurmaları siyāḳında ḳāʾime. Fī 7 Ca 37

[*575/23*] *Selānīk mutaṣarrıfına*

{1} Ṭāşoz cezīresi reʿāyāsı ṭaraflarından çend nefer ḳocabaşı ṭaraf-ı saʿādetlerine gelüb kendüleriniñ reʿāyā-yı sāʾire gibi {2} ʿiṣyānları vuḳūʿ bulmamış oldığı beyānıyla ne ṣūretle müteşebbis̱-i ẕeyl-i istirḥām ve istīmān olduḳlarına ve mesfūrlar {3} nezd-i düstūrīlerinde tevḳīf-birle taḳdīm eyledikleri Rūmiyyüʾl-imlā maḥżarları gönderildiği ḫuṣūṣuna dāʾir tevārüd iden {4} taḥrīrāt-ı müşīrāneleri mezāyāsı maʿlūm-ı ḫāliṣānemiz olmuşdur. Reh-neverd-i baġy ü ṭuġyān olan reʿāyānıñ ḳahr ü tenkīlleri {5} lāzımeden oldığı mis̱illü sāḥa-i istīmāna düşenlere iḳtiżāsı üzere reʾy ve amān virilmesi īcāb-ı şefḳat-i {6} İslāmiyyeʾden olarak̤ bu maḳūleler ḥaḳlarında ne vechile muʿāmele olunmaḳ iḳtiżā ideceği muḳaddemce ṣavb-ı saʿādetlerine işʿār {7} ve Ṭāşoz reʿāyāsınıñ muḳaddemce vāḳiʿ olan istīmān ve istirḥāmlarına bināʾen ṣavb-ı saʿādetlerine ḫiṭāben ol bābda emr-i ʿālī {8} daḫi tesyār olunmuş olmaġla ṣādır olan emr-i ʿālī muḳteżāsı üzere reʿāyā-yı mesfūre ḥaḳlarında daḫi ol ṣūretle {9} ḥarekete himmet buyurmaları dirāyet-i ẕātiyye-i müşīrīlerine muḥavvel idüği beyānıyla ḳāʾime. Fī 14 Ca 37

[*575/26*] *Mora cānibi serʿaskerine*

{1} Mevcūd-ı maʿiyyet-i serʿaskerīleri olan vüzerā-yı ʿiẓām ve mīr-i mīrān-ı kirām ḥażerātı muḳteżā-yı meʾmūriyyetleri üzere giçen Rebīʿulāḫirʾiñ {2} dördünci güni Bādracıḳ ve Kerpeniş ve Ḳarlıili üzerlerine sevḳ ü irsāl olunmuş ve müşārun ve mūmā-ileyhim Kerpeniş civārında {3} olan çend ʿaded ḳurā reʿāyāsına reʾy virerek Kerpeniş[ʾe] duḫūl eylemiş ise de şiddet-i şitāya teṣādüf iderek {4} baʿżı ḥayvānāt telef oldığından ve ʿasākiriñ ʿadem-i s̱ebātından nāşī biʾż-żarūr Bādracıḳʾa ʿavdet itmiş olduḳlarını {5} ve keyfiyyet serʿasker ʿaṭūfetlü Ḫūrşīd Aḥmed Paşa ḥażretlerine daḫi işʿār ḳılındığını ḥāvī firistāde ve isrā buyurılan {6} taḥrīrāt-ı müşīrīleri meʾāl ü mezāyāsı rehīn-i ıṭṭılāʿ-i ḫulūṣ-verī olduḳdan ṣoñra ḫāk-pāy-ı kīmyā-sāy-ı mülūkāneye {7} biʾt-taḳdīm manẓūr-ı hümāyūn-ı şāhāne buyurulmuşdur. Cenāb-ı dirāyet-elḳāb-ı düstūrīleri biʾl-istiḳlāl Mora cānibiniñ serʿasker-i {8} vālā-ʿunvānı olarak̤ müşārun ve mūmā-ileyhim maʿiyyet-i saʿādetlerine meʾmūr olduḳlarından bunlarıñ īfā-yı meʾmūriyyet ile mevcūd olan {9} ṣunūf-ı ʿaskeriyyeniñ s̱ebāt ü ġayretlerini müstelzim vesā'il-i lāyıḳanıñ icrāsı müteḥattim-i ẕimmet-i me'mūriyyetleri olan mevādd-ı {10} muḳteżiyeden ve bu vechile ʿaskeriñ ʿadem-i s̱ebātı īrādıyla īfā-yı me'mūriyyetde terāḫī ve tedābīr-i ʿācile ve ṣavlet-i İslāmiyye'niñ {11} icrā ve inbāsında beṭā'et bir vechile tecvīz olunur mevāddan olmayaraḳ bilāḫare bu ḫuṣūṣ me'mūrlarıñ tekāsülüne ʿazv {12} olunacaġı umūr-ı vāżıḥādan olub bu defʿa taḥrīrāt-ı vārideleri bālāsına kerāmet-efzā-yı ṣudūr olan ḫaṭṭ-ı şerīf-i {13} mehābet-redīf-i ḥażret-i pādişāhīde "Ol ṭarafda olan ʿaskeriñ ʿadem-i s̱ebātına bu ṭarafdan tedbīr olunamaz. Bu ḳadar vüzerā {14} ve mīr-i mīrān oraya cemʿ olmuşlar, żabṭıñ çāresini bulsunlar. Böyle gevşeklik ile bir iş görülmez. Gözlerini açsunlar. {15} Mü'ekked cevāb taḥrīr eyleyesin." deyu emr ü fermān buyurulmuş olmaġla me'āl-i münīfinden āşikār olan irāde-i seniyye-i mülūkāneyi {16} te'emmül ve mülāḥaẓa ve gevşeklik ile iş bitmeyüb bu vaḳtler her bir me'mūruñ vaẓīfe-i me'mūriyyetini icrāda daḳīḳa {17} fevt itmesi mużır olacaġını derpīş ü müṭālaʿa buyura[raḳ] her ḥālde ʿuṣāt-ı reʿāyāya şevket-i İslāmiyye'niñ icrāsını [ve] {18} me'mūriyyet-i serʿaskerīniñ ḥüsn-i encāmını mūcib olur esbāb-ı merġūbeniñ īfāsına bez̲l-i yārā-yı liyāḳat ve himmet {19} buyurmaları dirāyet ve ʿarāfet-i düstūrīlerine menūṭ idüġi beyānıyla ḳā'ime. Fī 14 Ca 37

[575/40] *Tırḥāla mutaṣarrıfına*

{1} Tırḥāla sancaġında vāḳiʿ Ġolos ve Arġalāştī nāḥiyeleri reʿāyāları bundan aḳdem Ad̲a gāvurlarına iltiḥāḳ ve ehl-i İslām {2} üzerine hücūm ile iẓhār-ı baġy ü ṭuġyān eylediklerine binā'en es̱nā-yı muḥārebede mürd olan ve ad̲alara firār iden ḳocabaşı {3} ve söz ṣāḥibleri ḫā'in ve ʿāṣī gāvurlarıñ nāḥiyeteyn-i mezbūreteyn arāżīsinde külliyyetlü emlāk ve zeytūn eşcārları {4} oldıġından cānib-i mīrī-çün żabṭ ü taḥrīri ḫuṣūṣuna muḳaddemā selef-i müşīrīleri saʿādetlü Maḥmūd Paşa ḥażretleri lede'l-inhā {5} mesfūrlarıñ ol ṭarafda olan kāffe-i emvāl ü eşyā ve emlāk ve sā'ireleri cānib-i mīrī-çün żabṭ ü taḥrīri bābında {6} müşārun-ileyhe ḫiṭāben emr-i ʿālī ıṣdār ve maḫṣūṣ mübāşir ile tesyār olunmuş iken ile'l-ān bir cevābı vürūd itmediġinden ġayrı {7} ḫavene-i mesfūre muḳaddemā ḥīn-i ṭuġyān ü ʿiṣyānlarında Ġolos ḳalʿası üzerine bī-pervā hücūm[a] cesāret ve yedlerine geçen {8} ehl-i İslām'ı dürlü ez̲ā ile şehīd ve nisvān ve ṣıbyānlarını esīr iderek iẓhār-ı envāʿ-ı melʿanet ü şenāʿat [?] itmiş olduḳlarından {9} bunlarıñ teṣāḥubuyla cānib-i mīrī-çün żabṭ ü taḥrīri fermān olan emvāl ü emlāk ü eşyālarını ketm muġāyir-i ṣadāḳat {10} ü diyānet olacaġı ẓāhir ve baʿżı erbāb-ı vuḳūfuñ ifāde ve iḫbārlarıyla ḥīn-i muḥārebede mürd olan ve ad̲alara firār {11} iden ḳocabaşıları ve söz ṣāḥibleri ḫaveneniñ esāmī ve miḳdār-ı emlākları beyānıyla bu defʿa bir ḳıṭʿa [defter] taḳdīm ḳılınmış oldıġından {12} defter-i mez̲kūruñ yekūnı on yük yetmiş ḏoḳuz biñ ġurūşa bāliġ olmuş ise de bunlar erbāb-ı vuḳūfuñ muṭṭaliʿ {13} olabildikleri miḳdār oldığından maḥallinde ḥaḳīḳ[at]i üzere ẓāhire iḫrāc olunduḳda beher-ḥāl birḳaç ḳat ziyāde olacağı {14} müberhen ü bāhir olmaḳdan nāşī defter-i mezkūr muḫallefāta ḳayd ile ol bābda ṣavb-ı saʿādetlerine ve sāʾire ḫiṭāben bir ḳıṭʿa emr-i ʿālī {15} ıṣdār ve defter-i mezkūruñ ṣūretiyle berāber tesyār olunmuş olmağla muḳteżā-yı dirāyet ü ġayretleri üzere ṣūret-i {16} mezkūrda muḥarrer ve gerek ḫāric-ez-defter ḥīn-i muḥārebede mürd olan ve firār iden ḳocabaşı ve söz ṣāḥibleri ḫavene {17} ve melʿanet-kārlarıñ biʾl-cümle emvāl ü eşyā ve emlāk ve sāʾir her neleri var ise bir ḫilāli ketm ü iḫfā ve iżāʿat olunmayaraḳ {18} ẓāhire iḫrāc buyuraraḳ ṣıḥḥat ve ḥaḳīḳati üzere memhūr ve mümżā defteriniñ serīʿan Dersaʿādet'e taḳdīmine himmet ile infāẕ-ı {19} emr-i ʿālīye müsāraʿat buyurmaları siyāḳında ḳāʾime. Fī 19 Ca 37

[575/43] *Rumili vālīsi ḥażretlerine*
{1} Ḳarlıili ʿuṣātı istīmān dāʿiyesiyle ṣavb-ı sipehdārīlerine iki nefer ḳocabaşı göndermiş olduḳlarından {2} evvelā cānib-i Devlet-i ʿAliyye'den taʿyīn olunan mütesellim ve ṭaraf-ı ʿālīlerinden naṣb olunacaḳ Derbend ağasını mineʾl-ḳadīm {3} oldığı misillü maḥallerine iḳʿād olunmaḳ, s̱āniyen sekenesi olan ehl-i İslām öteden berü olageldiği vechile {4} ḫānelerinde iskān olunmaḳ, s̱ālis̱en ber-muʿtād Derbend ağası maʿiyyetinde geşt ü güẕār iden ḳapūdān ẕimmīler ve yanlarında olan {5} neferātından māʿadā sāʾir reʿāyā yedlerinde olan esliḥaları teslīm itmek, rābiʿan beher ḳaryeden ikişer merʿiyyüʾl-ḫāṭır {6} ḳocabaşı rehn ṭarīḳiyle nezd-i ʿālīlerinde bulunmaḳ, ḫāmisen muḳaddem ve muʾaḫḫar üzerlerine edāsı lāzım gelan {7} maṭlūbāt-ı mīriyyeyi tamāmen iʿṭā eylemek üzere raʿiyyeti ḳabūl iderler ise reʾy virileceğine söz {8} virilerek ẕikr olunan ḳocabaşılar iʿāde olunmuş oldığı ve Sūlī ʿuṣātınıñ maġżūb-ı maḳtūl yanında olan {9} rehīnleri ṣavb-ı sāmīlerinden żabṭ olunaraḳ mersūmlar daḫi çend rūz ẓarfında raʿiyyeti ḳabūl idecekleri ve Mora {10} cezīresinden ḫāric Rum milleti ʿuṣātınıñ indifāʿ-i ġāʾilesi elṭāf-ı İlāhiyye'den meʾmūl idüği ifādesini şāmil {11} resīde-i enmile-i vürūd olan taḥrīr-i sāmīleri mezāyāsı maʿlūm-ı s̱enāverī olduḳdan ṣoñra taḥrīrāt-ı mersūle-i mezkūreleri {12} ḫāk-pāy-ı hümāyūn-ı cenāb-ı pādişāhīye ʿarż ü taḳdīm ile manẓūr-ı naẓar-ı kerāmet-es̱er-i ḥażret-i pādişāhī buyurulmuşdur. {13} Şevket-i İslāmiyye'yi müşāhede ile [d]āmen-i istīmāna teşebbüs̱ iden gāvurlara baʿżı şerāyiṭ ile reʾy virilmek üzere {14} ber-muḳteżā-yı emr ü fermān-ı hümāyūn ḳaleme alınan şerāyiṭ-i reʾyiñ bir ṣūreti bundan aḳdem ṣavb-ı serʿaskerīlerine {15} gönderilerek keyfiyyet işʿār ü tenmīḳ ḳılınmış ve reʿāyā-yı mersūme şürūṭ-ı meşrūḥ üzere istīmāna ṭālib olaraḳ {16} rehnleri ṣavb-ı müşīrīlerine veyāḫūd muʾaḫḫaren virilan niẓām mūcebince Dersaʿādet'e irsāl iderler ise ol vaḳt {17} istīmānları ḳabūl olunaraḳ kendülerine reʾy ve amān virilmesi ḫuṣūṣuna irāde-i ʿaliyye-i mülūkāne müteʿalliḳ olmuş olmağla {18} bu şürūṭ üzere reʿāyā-yı mersūme reʾy ve amān ṭaleb idüb rāżī

olurlar ise re'y virilmesi ḫuṣūṣuna himem-i seniyyeleri {19} derkār buyurulmaḳ siyāḳında ḳā'ime. Fī 3 C 37

[575/46] *Tırḥāla mutaṣarrıfına*

{1} Tırḥāla sancağınıñ eṭrāfı Rum gāvurlarınıñ ʿiṣyānları cihetiyle çığrından çıḳmış ise de baʿżı maḥallerine ʿasker sevḳi {2} ve baʿżı maḥallere daḫi vaḳt ü ḥāle münāsib ḥareket ile levs̱-i vücūd-ı eşḳıyādan taṭhīr olunmuş ve faḳaṭ Mārġalāş {3} ḳażāsında bulunan ʿasākiriñ celbi Bülbülce'niñ taḥt-ı niẓāma idḫāline ḳalmış idüği ve Alāṣonya ḳapūdānı Ṭolo nām gāvur {4} ne ṣūretle müteşebbis̱-i dāmen-i istīmān olmuş olub sā'ir baʿżı maḥaller reʿāyāsı daḫi istīmān itmek üzere olduḳları {5} ve ol bābda vürūd iden iʿlāmāt taḳdīm ḳılındığı ifādesine dā'ir tevārüd iden taḥrīrāt-ı şerīfeleri mezāyāsı rehīn-i {6} ıṭṭılāʿ-i ḫulūṣ-verī olduḳdan ṣoñra ḫāk-pāy-ı hümāyūn-ı ḥażret-i pādişāhīye daḫi ʿarż ile meşmūl-ı liḥāẓa-i cenāb-ı tācdārī (24) buyurulmuşdur. Bu maḳūle ʿiṣyān itmiş reʿāyā bundan böyle dāmen-i istīmāna teşebbüs̱lerinde şürūṭ-ı müteʿaddideyi ḳabūl {2} eyledikleri ḥālde istīmānları ḳabūl olunaraḳ re'y ve amān virilmesi ḳarār-gīr olmuş ve ol ṭaraflar reʿāyāsından {3} istīmān idenleri olur ise şürūṭ-ı meẕkūreye taṭbīḳan iḳtiżāsınıñ icrāsı ʿaṭūfetlü serʿasker-i ẓafer-rehber Ḫūrşīd {4} Aḥmed Paşa ḥażretlerine eṭrāfıyla taḥrīr ü işʿār ḳılınmış olaraḳ gerek bu ḫuṣūṣı ve gerek buña maḳīs mevādd-ı sā'ireyi {5} daḫi müşārun-ileyhle bi'l-muḫābere ne vechile re'y ü tedbīr iderler ise inżimām-ı re'yiyle ḥarekete mübāderet eylemeleri īcāb-ı maṣlaḥatdan {6} ve muḳteżā-yı irāde-i seniyyeden olaraḳ ṣūret-i inhāları bu defʿa ṣavb-ı ḫulūṣ-verīden müşārun-ileyh ḥażretlerine daḫi yazılmış {7} olmağla dirāyet-i ẕātiyyeleri iḳtiżāsı üzere gerek bu ḫuṣūṣı ve gerek buña mes̱īl ḫuṣūṣāt-ı sā'ireyi serʿasker-i {8} müşārun-ileyhle bi'l-muḫābere naṣıl tedbīr ider ise inżimām-ı re'yleriyle ḥarekete iʿtinā ve müs̱āberet buyurmaları siyāḳında ḳā'ime. Fī 6 C 37

[575/47] ***Vidīn, Yergöği, Ada-i Kebīr, Nīğbolī, Ṭolcī, Māçīn, Ḫırsova, İsāḳcı, Köstence, Belġrād, İbrā'īl, Vārna, Babadağı, Baḥr-i Sefīd Boğazı, Niş, Misivrī, Ḳārş muḥāfıẓlarına, Silistre, Bosna, Çıldır vālīlerine, Boğdān çarḫacısına, Ḫūrşīd Paşa ḥażretlerine, donanma başbuğı Ḫalīl Beğ'e***

{1} Cümleye maʿlūm oldığı vechile Rumlarıñ ehl-i İslām ʿaleyhine olaraḳ ẓuhūra gelüb ṭaraf ṭaraf me'mūrlar taʿyīniyle {2} teskīn ve ıṭfāsına baḳılmaḳda olan nā'ire-i fesādıñ bidāyet-i vuḳūʿı es̱nāsında Rūsya devletiniñ Dersaʿādet'de olan {3} sefīri ve memālik-i maḥrūsede bulunan ḳonsolosları kendülüklerinden ḳalḳub gitmiş ve Salṭanat-ı Seniyye daḫi işbu fesād-ı ʿumūmīniñ {4} defʿi esbābınıñ istiḥṣāliyle meşġūl bulunmuş oldığı ḥālde Rūsya devleti Devlet-i ʿAliyye'niñ iẓhār-ı ʿiṣyān iden Rumlarıñ {5} iʿdām ve tenkīllerine dā'ir icrā itmekde oldığı tedābīri taḳbīḥ iderek Devlet-i ʿAliyye'yi bu uṣūlden ferāġat itdirmek içün {6} Nemçe ve İngiltere devletlerini tavsīṭ-birle bunlarıñ Dersaʿādet'de olan ilçileri maʿrifetleriyle Devlet-i ʿAliyye'niñ ʿaleyhine ve Rumlarıñ {7} lehine olaraḳ birṭaḳım meṭālib ve müddeʿā göstererek peyderpey baʿżı teklīf ve izʿācdan ḥālī olmayub ez-cümle {8} bundan aḳdem Dersaʿādet'de olan Nemçe ilçisiyle ʿaḳd olunan mükālemede Rūsyalu ṭarafından iddiʿā ve īrād olunan mevādd-ı erbaʿadan {9} evvelkisi muḥtāc-ı taʿmīr olan kilīsālarıñ taʿmīrine ruḫṣat iʿṭāsı ve ikincisi reʿāyādan mücrim ile bī-cürm olanlarıñ farḳ ü temyīzi {10} ve üçün-cisi āyīn-i ʿĪseviyye'niñ kemā-kān icrāsı ḥuṣūṣları olub bunlarıñ birazı el-ān icrā olunmaḳda oldıǧı ityān {11} ve kilīsā taʿmīri miṣillü müddeʿānıñ vaḳt-i āsāyişde mesāǧ-ı şerʿī oldıǧı vechile icrāsına baḳılacaǧını mutażammın vaʿad-i ʿālī {12} sebḳat idüb dördünci olan Eflāḳ ve Boǧdān'ıñ ʿasākir-i İslāmiyye'den taḫliyesiyle voyvodalarıñ naṣb māddesini {13} şu fesādıñ ʿalelʿumūm yatışmasına taʿlīḳ ü imhāle Devlet-i ʿAliyye'niñ bi-ḥaḳḳın mecbūriyyeti oldıǧı ve bu mecbūriyyetiñ sebebi daḫi {14} gerçi her ne ḳadar şimdilik Eflāḳ ve Boǧdān'da fesād berṭaraf olmuş ise de sāʾir maḥalleriñ fesād ü ʿişyānları {15} el-ān ʿumūmen yatışmayub ve bu ḥālde Memleketeyn ʿasākir-i İslāmiyye'den taḫliye ve voyvodalar naṣb olundıǧı ḥālde fesādıñ ʿumūmī oldıǧına {16} ve Rumlarıñ zuʿm-ı bāṭılları gūyā Yūnān memālikini żabṭ itmek üzere ittifāḳları oldıǧı derkār idüğüne naẓaran şimdi {17} Rumlardan voyvoda naṣb olunmaḳ lāzım gelse hem-cinsleri başına tecemmuʿ iderek Memleketeyn ez-ser-i nev melceʾ-i eşḳıyā olmaḳ maḥzūrını {18} ve buña mümāsil āḫar gūn-ā-gūn hücnet ü mażarrātı müstetbiʿ olacaǧı meczūm idüğünden Rūsyalu ṭarafına bu bābda her dürlü {19} edille ve berāhīn basṭ ü temhīd olunaraḳ iḳtiżā iden cevāb-ı bā-ṣavābları kemāl-i ḥaḳḳ ü ḥaḳīḳate maḳrūn olaraḳ {20} bundan aḳdem īrād ü beyān olunmuş ve Rūsyalu işbu ecvibe-i ḥaḳīḳiyyeyi inṣāfāne diñlemeyerek ve cevābları {21} iʿlān-ı ḥarbe vesīle iderek baǧteten ḥudūdı tecāvüz itmek iḥtimāline mebnī her ḥālde mütebaṣṣırāne ḥarekete iʿtinā ve diḳḳat {22} olunmaḳ veşāyāsı çend māh muḳaddem ber-vech-i tafṣīl cümle muḥāfıẓın ve meʾmūrīne beyān ü işʿār olunmuş idi. Minvāl-i muḥarrer üzere {23} virilan cevāblar mutavassıṭ olan devletleriñ ilçileri vesāṭetiyle maḥalline teblīǧ olunduḳdan ṣoñra el-ḥāletü-hāẕihī Nemçe ilçisi mūmā-ileyhiñ {24} Bāb-ı ʿĀlī'ye taḳdīm eylediği taḳrīr-i resmīsi tercümesiniñ fezleke-i meʾālinde ḥaḳlarında vaʿad-i ʿālī sebḳat iden mevādd-ı selāṣeye [?] {25} bir şey dinilmeyerek mażarratı āşikār olan Eflāḳ ve Boǧdān memleketleriniñ ʿasker-i İslām'dan taḫliyesiyle voyvodalarıñ {26} naṣbı ḥuṣūṣı taʿcīl ve Dersaʿādet'de olan İngiltere ilçisi daḫi ʿaḳd olunan meclis-i mükālemede Rūsyalunuñ merāmı tervīcine dāʾir {27} birṭaḳım aḳvāl ve ebḥāṣ ve taḫvīfāt basṭ iderek ez-her-cihet ziyādesiyle ışrār ve Frānsa ve İngiltere ve Nemçe ve Prūsyā {28} devletleri daḫi cümleten müttefiḳ olaraḳ bu bābda Rūsyalunuñ ḥaḳḳını iḳrār itmekde olduḳlarından ṭaraf-ı Devlet-i ʿAliyye'den {29} baʿd-ez-īn daḫi voyvodalar naṣbına taʿyīn-i vaḳt olunmaz ve

Memleketeyn ʿasākir-i İslāmiyye'den taḫliye ḳılınmaz ise Rūsyalunuñ {30} iʿlān-ı ḥarb ideceği ve ol vechile Rūsyalu iʿlān-ı ḥarb eylediği ḥālde kendüsi daḫi sefāret ṭaḳımını ve İngiltere {31} tebaʿasını alub ʿavdete mecbūr oldığını ḳaṭʿīce ifāde itmiş ve Devlet-i ʿAliyye cānibinden daḫi Memleketeyn'iñ ʿasākir-i İslāmiyye'den {32} külliyyen taḫliyesi ve voyvodalarıñ naṣb ü taʿyīni el-yevm derkār olan fesād-ı ʿumūmīniñ yatışub āsāyiş-i ʿāmme {33} ve Rumlardan Devlet-i ʿAliyye emniyyet-i tāmme ḥuṣūlüne taʿlīḳe derkār olan mecbūriyyet ve maʿẕūriyyet tekrār (25) ve bi-mennihī Taʿālā ḳarīben ḥuṣūli mütevaḳḳaʿ ola[n] emniyyet-i tāmme ve āsāyiş-i ʿāmme ḥulūlünde Memleketeyn şarṭınıñ kāmilen icrā olunacağı {2} vaʿad ve teẕkār ve Anāḏolī ḥudūdınıñ ber-mūceb-i ʿahd ü şürūṭ Rūsyalu ṭarafından taḫliyesi ve bidāyet-i fesādda Rūsya diyārına {3} ḳaçan firārīleriñ keẕālik ʿahd mūcebince reddi ḫuṣūṣlarınıñ Rūsyalu ṭarafından icrā olunmasını mutażammın kemāl-i ḥaḳ {4} ve inṣāfa maḳrūn olan Devlet-i ʿAliyye'niñ muṭālebāt-ı ḥaḳīḳiyyesi dermiyān olunaraḳ mufaṣṣal ve meşrūḥ bu defʿa {5} resmī taḳrīrler ḳaleme aldırıldıḳdan ṣoñra bu bābda lāyiḥ-i eẕhān olan müṭālaʿāt ki Frenkleriñ meşhūr ü maʿlūm olan {6} uṣūl ü mizāclarına naẓaran işbu taḫliye [ve] voyvodalarıñ naṣbı māddesiniñ ṭaraf-ı Devlet-i ʿAliyye'den icrā olunması {7} ḥaḳḳında ẓuhūra gelan ṭavr ü ḥareketleri ayaḳ patırdısı olaraḳ işbu ḥaḳ ve ḥaḳīḳate maḳrūn cevāblar ile {8} mülzem olmaları iḥtimāli ḫāṭıra gelür ise de Rūsyalunuñ öteden berü mücerreb olan meslek ü mişvārına göre {9} işine elvirdiği ḥālde ednā bir vesīle ile iʿlān-ı ḥarb itmesi işbu virilan cevāblar her ne ḳadar iʿlān-ı ḥarbe {10} sebeb olmaz ve muḥārebeyi daʿvet itmez ḳabīlden olsa daḫi Devlet-i ʿAliyye'niñ reʿāyā teʾdībātıyla meşğūliyyeti eṣnāsını {11} fırṣat ʿadd iderek tecāvüz-i ḥudūda taṣaddī eylemesi ṣūretleri daḫi ağleb-i melḥūẓ ve İngiltere ilçisi ifādesi vechile {12} tebaʿasını alub gitmesi ve ittifāḳlarına naẓaran sāʾir ilçileriñ daḫi buña mütābaʿat eylemeleri muḥtemel oldığından bu defʿa {13} bu ṭarafda mecmūʿ vüzerā-yı ʿiẓām ve ʿulemā-yı fiḫām ve ricāl-i devlet ve Ocaḳlar ağavātı ve sāʾir lāzım gelenler ile ʿaḳd olunan {14} meclis-i ʿumūmīde işbu müddeʿānıñ nīk ü bedi eṭrāfıyla düşünilerek Rumlarıñ fesād-ı ʿumūmīleri yatışmaḳsızın {15} voyvodaları naṣb ve Memleketeyn'i taḫliye itmeklikde Devlet-i ʿAliyye ḥaṣr ü taʿdāda gelmez mażarrāt teʿāḳubı meczūm oldığını {16} dermiyān-birle cümleniñ kelime-i vāḥide üzere ittifāḳ ü ittiḥādı inżimāmıyla ḳarār-gīr olmuş ve ol vechile ḳaleme alınan {17} taḳrīrler İngiltere ve Nemçe ilçileri mūmā-ileyhimāya virilmiş olmağla Rūsyalunuñ işbu ṭutdığı uṣūl şāyed {18} ayaḳ patırdısı olmayaraḳ Devlet-i ʿAliyye'niñ işbu ḥaḳīḳate maḳrūn ecvibe-i ṣāʾibesini Rūsyalu inṣāfāne diñlemeyerek {19} iʿlān-ı ḥarb ve ḥudūdı tecāvüze taṣaddīsi iḥtimāli derkār oldığından ḥudūd-ı ḫāḳāniyyede bulunan kāffe-i muḥāfıẓīn {20} şimdiki ḥālde vāḳiʿ olan taḳayyüd ü ihtimāmlarını bir ḳat daḫi ziyāde iderek ve ez-her-cihet tedārüklü ve müteyaḳḳıẓ ü āgāh {21} bulunaraḳ meʾmūr-ı muḥāfaẓası oldığı maḥalliñ kemāl-i ḥıfẓ ü ḥırāsetine diḳḳat ehemm-i umūrdan ve bu bābda farṭ-ı taḳayyüd ü ihtimām {22} ve ʿale'd-devām Rūsyalu ṭarafından tecessüs ve tedḳīḳ-i aḥvāle min-külli'l-vücūh mesāʿī-i cemīle ṣarfına cehd-i mā-lā-kelām itmek {23} muḳteżā-yı irāde-i şāhāneden olaraḳ keyfiyyet bu defʿa iḳtiżā idenlere ber-vech-i ḫafī yazılmış olmağla ẕāt-ı saʿādetleri daḫi {24} işbu keyfiyyātı bilüb Rūsyaludan evvelkiden ziyāde emniyyet cā'iz olmadığını añlayub ʿale'd-devām eṭrāf {25} ü eknāfa medd-i enẓār-ı baṣīret ve bir ān ve bir daḳīḳa ġaflet itmeyüb emr-i muḥāfaẓa ve muḥāreseyi icrāya kemāliyle diḳḳat {26} ve Rūsyalunuñ ḥarekāt ü eṭvārından ḫaber alaraḳ eṭrāfıñızda bulunan muḥāfıẓīn ḥażerātıyla daḫi resm-i muḫābereye diḳḳat, {27} netīce-i kelām gice ve gündüz āgāh bulunub bir vechile ġaflet itmameğe diḳḳat-i tām buyurmaları siyāḳında ḳā'ime. Fī 6 C 37

[575/54] *Ḫūrşīd Paşa ḥażretlerine*

{1} Bu defʿa tevārüd iden taḥrīrāt-ı seniyyeleriniñ bir şuḳḳası me'ālinde el-yevm maʿiyyetlerinde olan Mora Vālīsi saʿādetlü Meḥmed Paşa {2} bendeleri muḳaddemā ʿuhdesine tevcīh olunan Selānīk sancağınıñ żabṭına dest-res olamayaraḳ müteʿāḳiben Mora eyāleti {3} kendüsüne iḥsān buyurulmuş ise de ora daḫi bu ḥālde ve müşārun-ileyh maṣārif-i külliyyeye dūçār oldığından {4} bundan böyle ne ṭarafa me'mūr ve taʿyīn olunur ise gitmek üzere faḳaṭ ḥāṣılātından fā'ide-mend olması-çün {5} Mora eyāleti ʿuhdesinden ṣarf ü taḥvīl ile Mora Serʿaskeri ʿaṭūfetlü Seyyid ʿAlī Paşa ḥażretlerine ve Teke ve Ḥamīd {6} sancaḳları daḫi Sīrozī saʿādetlü Yūsuf Paşa ḥażretlerine ve Aydın ve Ṣaruḫan sancaḳları müşārun-ileyh Meḥmed Paşa ḥażretlerine (27) tevcīh olunması ḫuṣūṣı muḥarrer ü meẕkūr olaraḳ müfādı maʿlūm-ı ḫāliṣānemiz olduḳdan ṣoñra rikāb-ı hümāyūn-ı {2} şāhāneye ʿarż ile meşmūl-ı liḥāẓa-i ʿāṭıfet-ifāża-i ḥażret-i pādişāhī buyurulmuşdur. Vāḳıʿan müşārun-ileyh Meḥmed Paşa {3} ḥażretleriniñ ḥüsn-i ḫidmet ü ġayreti müsellem olaraḳ iltifāt ve mükāfāta şāyān ve Aydın ve Ṣaruḫan sancaḳları ile {4} Teke ve Ḥamīd sancaḳları ḥāṣılāt cihetinden seyyān olub faḳaṭ Aydın ve Ṣaruḫan sancaḳları müşārun-ileyh {5} Yūsuf Paşa ḥażretlerine ʿahd-i ḳarībde tevcīh olunmaḳ mülābesesiyle tebdīli tekellüfüne müteḥammil olmadığından Teke ve Ḥamīd sancaḳları {6} müşārun-ileyh Seyyid ʿAlī Paşa ʿuhdesinden alınub müşārun-ileyh Meḥmed Paşa'ya tevcīhine müsāʿade-i seniyye erzān buyurılur. Lākin {7} Mora serʿaskeri müşārun-ileyh Seyyid ʿAlī Paşa bu me'mūriyyetde ber-vefḳ-i me'mūl çıḳmayub beṭā'et ü reḫāvet üzere {8} ḏavrandığından tebdīli iḳtiżā ideyor ise de Mora maṣlaḥatınıñ cesāmet ve ehemmiyyetini ẕāt-ı sāmīlerine taʿrīfe ḥācet {9} olmayaraḳ ʿavn ü ʿināyet-i Bārī'yle bu maṣlaḥatıñ daḫi ḥüsn-i ṣūretle ʿuhdesinden gelinmesi eḫaṣṣ-ı maṭlūb-ı {10} ḥażret-i pādişāhī olmaḳ mülābesesiyle Yānya maṣlaḥatı cenāb-ı ʿālīlerine yorġunluḳ virmiş ise de ẕāt-ı sāmīlerine {11} maḫṣūṣ olan cevher-i diyānet ve merdī ve şecāʿat iḳtiżāsınca me'āṡir-i bergüzīde-i sābıḳalarına bunı daḫi {12} ʿilāve ile dīn ü devlet uğurunda ilā-yevmi'l-ḳıyām īfā-yı şān ü nām idecek böyle bir ḫidmet-i celīleye {13} daḫi himmet buyuracaḳları iʿtiḳādı derkār olub ancaḳ Arnavudluğ'uñ henüz taḥt-ı rābıṭaya girmamesi {14} ve Rūsyaludan ve düvel-i sā'ireden emniyyet mefḳūd olması cihetleriyle cenāb-ı ʿālīleriniñ bi'n-nefs Mora'ya {15} ʿazīmetleriyle Arnavudluḳ ve Rumili öyle bırağılması nezd-i şāhānede pek münāsib görünmediğinden ẕāt-ı {16} ḥayderī-simāt-ı ṣafderāneleri berülerde eṭrāf ü eknāfıñ tanẓīm-i şīrāze-i umūr ü meṣāliḥine baḳmaḳ üzere {17} Yānya'da yāḫūd ol ḥavālīde münāsib görecekleri bir maḥalde iḳāmet ve her ṭarafa neẓāret ve iʿānet eyleyerek {18} maʿiyyetlerinde olan vüzerādan müşārun-ileyh Meḥmed Paşa yāḫūd Ḳaraman Vālīsi Reşīd Paşa veyā Yānya Mutaṣarrıfı ʿÖmer Paşa {19} ḥażerātından yāḫūd sā'ir vüzerādan biriniñ Mora serʿaskerliğine intiḫāb ve me'mūriyyetini mi tensīb buyurursuz {20} ve aña göre daḫi Mora eyāletini ne vechile tanẓīm itmek münāsib olur, ḥāṣılı bu bābda re'y ü taṣvībleri {21} ne vechile ise serīʿan işʿāra himmet buyuruldukda derḥāl icrā-yı muḳteżāsına baḳılması ve dīger ḳā'ime-i muḫliṣīde {22} beyān ve terḳīm olundığı vechile İngiltere ve Nemçe ilçilerine virilan taḳrīrlere naẓaran Rūsyalu iʿlān-ı ḥarb itmek {23} lāzım geldiği ḥālde bu bābda daḫi cenāb-ı diyānet-me'āb-ı düstūrāneleriniñ her güne re'y ü tedbīrleri ne vechile ise {24} riyāsızca işʿār, ve'l-ḥāṣıl meṣāliḥ-i ḥāliyeyi ol ṭarafıñ uṣūlüne ve ẕāt-ı sāmīleriniñ niyyāt ve tedābīrine {25} taṭbīḳ buyuraraḳ her ḫuṣūṣda re'y ü mülāḥaẓalarınıñ ḏoğrıcasını eṭrāfıyla bu ṭarafa taḥrīr ü inhā buyurmaları {26} muḳteżayāt-ı münāsibeden ve īcāb-ı emr ü fermān-ı hümāyūn-ı ḥażret-i ḫilāfet-penāhīden oldığı maʿlūm-ı dirāyet-melzūmları {27} buyuruldukda gerek Mora serʿaskerliği māddesinde ve Rūsyalu iʿlān-ı ḥarb eylediği taḳdīrce meṣāliḥ-i ḥāliyeye {28} naẓaran niyyāt ve tedābīr-i müşīrīleri ve bu ḫuṣūṣlarda re'y ü mülāḥaẓa-i ṣā'ibeleri her ne vechile ise riyāsızca ber-vech-i {29} īżāḥ ve serīʿan bu ṭarafa işʿāra himmet buyurmaları siyāḳında ḳā'ime. Fī 6 C 37

[*575/68*] ***Ḫūrşīd Paşa ḥażretlerine***

{1} Saʿādetlü Sīrozī Yūsuf Paşa bendeleri ṭarafına muḳaddem gönderilan beş yüz kīse ile biraz fişenk müşārun-ileyhiñ {2} ḳapucılar ketḫüdāsı bendelerine teslīmen irsāl buyurulmuş idüği ve üç biñ ḳadar māhiyyelü ʿaskeriñ Preveze'de olan {3} sefāyin ile irsāl buyurulması muḳaddem ṣavb-ı ʿālīlerine yazılmış ise de verādan biriniñ maʿiyyeti olmadıḳça Bālyabādra'ya {4} ʿasker irsāli mümkin olamayacağı ve muḳaddemā ism maḥalleri açıḳ olaraḳ gönderilan evāmir-i şerīfeden lüzūmı {5} olanlardan māʿadāsı gönderilmiş oldığı ve saʿādetlü Eğrīboz Muḥāfızı ʿAlī Paşa ḥażretleriniñ inhā-yı düstūrīleri {6} beyān olunmayaraḳ manṣıbı ṭarafına ʿazīmet eylemesi müşārun-ileyhe taḥrīr ü işʿār olunması ve Mora vālīlikleri {7} evān[ın]da iltiz[ā]mātdan bir aḳçeye dest-res olamadıḳlarından ṣarrāflarınıñ aṣḥāb-ı muḳāṭaʿāta virmiş olduḳları

{8} peşīnāt ve taḥvīlātıñ istirdādıyla ṣarrāflarına teslīm ḳılınması ve ḫidmet-i kitābetlerinde olan Ḥācī Süleymān {9} Efendi bendeleriniñ nümāyān olan ṣadāḳati cihetiyle mūmā-ileyhe beher sene ʿaḳīb-i tevcīhāt-ı hümāyūnda baʿżı müstaḥaḳḳīne {10} virilan ḫidmet-i mübāşiriyyeden bir miḳdār şey taḫṣīṣine müsāʿade-i seniyye şāyān buyurulması ḫuṣūṣlarını şāmil {11} tevārüd iden taḥrīrāt-ı şerīfeleri mezāyāsı rehīn-i ıṭṭılāʿ-i s̱enāverī olduḳdan ṣoñra ḥużūr-ı meʾālī-mevfūr-ı {12} ḥażret-i pādişāhīye daḫi ʿarż ile manẓūr-ı naẓar-ı ʿāṭıfet-es̱er-i cenāb-ı şehinşāhī buyurulmuşdur. Ẕāt-ı sāmīleri {13} ol ṭarafların̄ serʿasker-i ẓafer-rehberi olduḳlarından her bir ḫuṣūṣuñ vuḳūfları olacağı ẓāhir ü rū-nümā ve şimdi {14} müşārun-ileyhiñ ṭaleb itmiş oldığı ʿasker gönderilemamiş ise de lillāhi'l-ḥamd Donanma-yı Hümāyūn'uñ daḫi Mora'ya varmış {15} olduḳları meʾāl-i işʿārlarından müstebān ve inşāʾallāh bundan ṣoñra irişdirilmesi daḫi mümkin olacağı {16} elṭāf-ı İlāhiyye'den müstedʿā olub müteʿalliḳ olan irāde-i seniyye-i cenāb-ı pādişāhī iḳtiżāsı üzere iʿāde (33) eyledikleri evāmir baṭṭālda ḥıfẓ itdirilerek müşārun-ileyh ʿAlī Paşa'nıñ vāḳıʿan şimdi Yānya'da lüzūmı {2} ḳalmayub manṣıbı olan Eğrīboz'a gidüb iḳāmet ve esbāb-ı muḥāfaẓaya diḳḳat eylemesi-çün inhāları beyān olunmayaraḳ {3} müşārun-ileyhe maḫṣūṣ fermān-ı ʿālī gönderilmiş ve iltizāmāt māddesinde olan inhāları daḫi ḥaḳḳa maḳrūn ve Mora'dan {4} kimseniñ bir aḳçe alamadığı cümleye maʿlūm olaraḳ ol vechile ṣarrāfları ṭarafından virilan peşīnā[t] ve taḥvīlātıñ {5} maḥallerinden istirdādı-çün inhāları vechile tanẓīmine mübāderet eylemesi Ḍarbḫāne-i ʿĀmire nāẓırı ʿizzetlü efendiye ḥavāle olunmuş {6} ve vuḳūʿ bulan maḫlūlātdan ḏoldırılmaḳ üzere mūmā-ileyh Ḥācī Süleymān Efendi bendelerine senevī biñ ġurūş {7} ḫidmet-i mübāşiriyye taḫṣīṣ olunaraḳ maḥalline ḳayd itdirilmiş olmağla ẕāt-ı ʿālīleri baʿd-ez-īn daḫi her ḥālde īfā-yı {8} mübteġā-yı mehām-āşināyī ve dirāyete himmet buyurmaları siyāḳında ḳāʾime. Fī 9 C 37

[575/70] ***Rumili Vālīsi Ḫūrşīd Paşa ḥażretlerine***

{1} Ḳarlıili ve İnebaḫtī ʿuṣātınıñ ḳahr ü tenkīlleri esbāb ü ārāsına teşebbüs̱ ü müs̱āberet olunmaḳ iḳtiżā itmiş {2} oldığına bināʾen Mora Vālīsi saʿādetlü Meḥmed Paşa ḥażretleriyle sāʾirleri ʿasākir-i vāfire ile ʿuṣāt-ı maḫẕūle {3} üzerine sevḳ ü taʿyīn ve Bādracıḳ ṭarafında olan meʾmūrlarıñ daḫi ol ṭarafa taḥrīk ü iʿzāmları {4} żımnında Mora Cānibi Serʿaskeri ʿaṭūfetlü ʿAlī Paşa ḥażretlerine taḥrīrāt-ı seniyyeleri iṭāresiyle ifāde ve tebyīn {5} buyurulmuş oldığı beyānıyla muḳaddemā ḳara ʿaskeriyle iḫrāc olunmuş olan Donanma-yı Hümāyūn'uñ daḫi Mora ṣularına {6} irişmeleri istiʿcāl ḳılınmasını ṣāmil bu defʿa resīde-i mevḳiʿ-i vürūd olan taḥrīrāt-ı saʿādet-āyāt-ı düstūrīleri {7} mezāyāsı rehīn-i ıṭṭılāʿ-i ḫulūṣ-verī ve ḫāk-pāy-ı hümāyūn-ı şāhāneye daḫi ʿarż ü taḳdīm ile meşmūl-ı liḥāẓa-i {8} ʿalem-şümūl-ı cenāb-ı kītī-sitānī olmuşdur.

ʿUṣāt-ı maḳhūre üzerine ol vechile meʾmūrlar taʿyīn ve irsāl {9} ve Bādracıḳ ṭarafında olan meʾmūrlarıñ daḫi bir ṭarafdan hücūm ü iḳtiḥāmları-çün serʿasker-i müşārun-ileyh ṭarafına {10} taḥrīrāt isbāline himmet-i seniyyeleri maḥż-ı iṣābet nevʿinden olub Donanma-yı Hümāyūn'uñ istiʿcāl olunması ḫuṣūṣı {11} taḥrīrāt-ı mezkūrelerinde işʿār buyurulmuş ise de dīger şuḳḳa-i sāmīlerinde Donanma-yı Hümāyūn'uñ Bādra'ya {12} vuṣūlleri muḥarrer olaraḳ işbu taḥrīrāt-ı düstūrīleri şuḳḳa-i mezkūreden muḳaddem yazılmış oldığı iḳtiżā ideceği {13} ẓāhir ve bu gāvurlarıñ düvel-i Naṣārā'dan birine istinādları olmasa bu ḳadar böyle ıṣrār itmeyecekleri {14} ve bunlarıñ gözleri ḳorḳmayınca istīmān itmeyecekleri maʿlūm ü bāhir olaraḳ hemān ġayret ü iḳdām ile {15} ḳahr ü tenkīllerine saʿy olunması lāzımeden olaraḳ bu vechile emr-i tedmīrlerini mūcib ḥālāta teşebbüşleri nezd-i {16} şāhānede daḫi ḳarīn-i istiṣvāb ü istiḥsān olmaġla ifāde-i ḥāl siyāḳında ḳāʾime. Fī 9 C 37

[*575/71*] *Ḫūrşīd Paşa ḥażretlerine*
{1} Mora maṣlaḥatınıñ nezd-i sāmīlerinde maʿlūm olan cesāmet ve ehemmiyyeti cihetiyle bu ḫuṣūṣuñ daḫi ḥüsn-i ṣūretle ʿuhdesinden {2} gelinmesi eḫaṣṣ-ı maṭlūb-ı ʿālī ise de aḥvāl-i ḥāliyeye naẓaran yaʿnī Arnavudluġ'uñ henüz taḥt-ı rābıṭaya girmamesi ve Rūsyaludan {3} ve düvel-i sāʾireden emniyyet mefḳūd olması cihetleriyle cenāb-ı şecāʿat-meʾāb-ı düstūrīleriniñ bi'n-nefs Mora'ya ʿazīmetleri {4} nezd-i kerāmet-vefd-i şāhānede münāsib görünmeyerek ẕāt-ı sāmīleri Yānya yāḫūd āḫar münāsib gördükleri maḥalde iḳāmet {5} ve her ṭarafıñ umūr ü meṣāliḥini rüʾyet ü neẓāret itmek üzere Mora serʿaskerliğine maʿiyyet-i serʿaskerīlerinde olan {6} saʿādetlü Meḥmed Paşa ve Ḳaraman Vālīsi Reşīd Paşa ve Yānya Mutaṣarrıfı ʿÖmer Paşa ḥażerātından ve sāʾir vüzerādan ve meʾmūrīnden {7} ḳangısını münāsib görürler ise ol vechile tanẓīm ve icrā olunması-çün keyfiyyeti ʿicāleten işʿār buyurmaları ṣūreti bundan üç gün {8} muḳaddem yazılan cevāb-nāme-i muḫliṣīde terḳīm ü tasṭīr olunmuş idi. Müteʿāḳiben resīde-i enmile-i vuṣūl olan taḥrīrāt-ı seniyyelerinde {9} Ṭrābolīçe vaḳʿasında ḳayd-ı esre giriftār olan ḥaremleri ve ketḫüdālarıyla müşārun-ileyh Meḥmed Paşa'nıñ ḥarem ve ketḫüdāsı ve sāʾirīniñ {10} taḫlīṣleri ḫuṣūṣunda teşebbüş buyurduḳları uṣūle gāvurlarıñ ne vechile cevāb virdiği beyānıyla bunlardan intiḳām alınaraḳ {11} o maḳūle esīrleriñ eyādī-i kefereden taḫlīṣi żımnında bi'n-nefs Mora üzerine meʾmūriyyetleri iltimās ve maḳtūl-ı maḳhūruñ {12} żabṭ-ı muḫallefātı-çün mübāşir taʿyīn ve irsāli taʿcīl buyurulmuş olmaġın mezāyāsı ḳarīn-i ıṭṭılāʿ-i şenāverī olduḳdan ṣoñra {13} rikāb-ı hümāyūn-ı şāhāneye ʿarż ile meşmūl-ı nigāh-ı ʿāṭıfet-iktināh-ı ḥażret-i pādişāhī buyurulmuşdur. Ṭrābolīçe'de ḳalan ḥaremleri {14} ve sāʾirleriñ istiḫlāṣı dağdağası cenāb-ı ḥamiyyet-meʾāb-ı düstūrīlerini bī-ḥużūr eylediğinden bizẕāt Mora üzerine meʾmūr {15} ḳılınmalarını işʿār buyurmuş olmaları ḫaṣīṣa-i

ẕātiyyeleri olan cevher-i bī-bahā-yı ġayret ü ṣalābet ve mādde-i müstaḳille-i ḥamiyyet {16} ü diyānet iḳtiżāsından oldıġı ve Mora maṣlaḥatı daḫi ehemm-i umūrdan idüġi müsellemdir. Ve maḳtūl-ı maḳhūruñ muḫallefātı-çün {17} çend rūz muḳaddem yazılan ḳā'ime-i s̱enā-kārīde beyān olundıġı üzere Tersāne-i ʿĀmire Emīni sābıḳ Ṣāliḥ Efendi taʿyīn {18} olunmuş oldıġından hemān gitmek üzeredir. Lākin evvelki gün Mosḳovluya dā'ir yazılan ḳā'ime-i muḫliṣīden maʿlūm-ı {19} ʿālīleri olacaġı vechile el-yevm Frenkleriñ aġzı Memleketeyn ḥaḳḳında Rūsyalunuñ ıṣrār eylediġi taḫliye ve voyvodalar {20} naṣbı māddesi icrā olunmaz ise muḥārebeyi müntic olub Nemçe ilçisiniñ mu'aḫḫaren virdiġi taḳrīrinde ve İngiltere ilçisi daḫi {21} ʿaḳd olunan mükālemede Devlet-i ʿAliyye'ye göre ḥasbe'l-meḥāẕīr ḳabūlı emr-i muḥāl olan tekālīflerine ıṣrār iderek nihāyet {22} Rūsyalunuñ üç haftaya ḳadar iʿlān-ı ḥarb ideceġini ve devletleriniñ ittifāḳları taḳrībiyle ol ḥālde kendüleri daḫi {23} Dersaʿādet'den gideceklerini ifāde idüb nezd-i Devlet-i ʿAliyye'de ise bunlarıñ teklīflerini ḳabūl ile giderek göz göre {24} mużmaḥil olmaḳdan ise mütevekkilen ʿalellāhi'l-Muʿīn ve iʿtimāden-bi-naṣrihi'l-mübīn lede'l-iḳtiżā muḥārebeyi tercīḥ ü iḫtiyār {25} itmekliġe ittifāḳ-ı ārā ile ḳarār virilerek bugünlerde ilçi-i mersūmāna cevābı ḥāvī taḳrīr-i ʿālīler virilmiş {26} ve işbu virilan taḳrīr ile mükāleme mażbaṭasınıñ şeref-sünūḥ iden irāde-i seniyye mūcebince birer ḳıṭʿa ṣūretleri {27} iḫrāc itdirilerek re'yü'l-ʿayn meşhūduñuz olmaḳ içün işbu ḳā'ime-i s̱enā-kārīye leffen ṭaraf-ı ʿālīlerine gönderilmiş {28} oldıġından keyfiyyet-i ḥāl müṭālaʿalarından daḫi maʿlūm-ı sāmīleri buyurılur. Ḥāl bu vechile olub ilerüsi mechūl iken {29} ẕāt-ı nerīmān-simāt-ı ṣafderāneleriniñ berülerden uzamaları [?] bir vechile münāsib görülmeyüb ḫuṣūṣan işʿār-ı sāmīleri {30} vechile bizẕāt Mora derūnuna ʿazīmetleri lāzım gelse verālarında cenāb-ı ʿālīlerine peyderpey imdād ü iʿānet {31} irişdirecek ẕāt-ı sāmīlerine muʿādil bir vezīr yoḳdur ki ḥattā işe yarasun. Bu cihetle bu ṣūret düşünilecek şeydir [?] {32} ammā ber-mūceb-i irāde-i seniyye Mora serʿaskerliġine münāsib görecekleri her kim ise anıñ ḳuvvet-i kāmile ile ve cenāb-ı {33} ʿālīleriniñ re'y ü tedbīrleri üzere taʿyīn ve irsāli taḳdīrinde lillāhi'l-ḥamd bugünlerde Donanma-yı Hümāyūn ile Ḳara ʿAskeri {34} Serʿaskeri Meḥmed Paşa bendeleri daḫi Bālyabādra ṭarafına varmış ve taḥrīr ü işʿārlarına naẓaran Ḳarlıili ve Īnebaḫtī {35} ʿuṣātınıñ ḳahr ü tenkīlleri-çün maḥż-ı iṣābet olaraḳ me'mūrlar ile ʿasākir-i vefīre sevḳ ü taʿyīn buyurulmuş oldıġından {36} inşā'allāhü'r-Raḥmān ḳarīben bu ʿuṣātıñ tenkīli ḥāṣıl oldıġı gibi Mora maṣlaḥatı daḫi suhūlet kesb ideceġi işʿār-ı {37} sāmīlerinden müstefād olmuş oldıġına naẓaran bā-ʿavn-i Bārī ʿuṣāt-ı mesfūreniñ te'dīb ü tenkīlleri bugünlerde {38} müyesser olaraḳ baʿdehū bunlarıñ ṭopdan Mora üzerine hücūm ü iḳtiḥām ve cenāb-ı serʿaskerīleri daḫi berüden bunlara {39} peyderpey imdād ü iʿānet-birle ḳuvvetü'ẓ-ẓahr olmaḳlıḳları ʿaẓīm işe yarayaraḳ inşā'allāhü Taʿālā himmet-i şecīʿāneleriyle Mora maṣlaḥatı **(35)** daḫi ḳarīben bir ḥüsn-i ṣūret bulması elṭāf-ı İlāhiyye'den me'mūldür. Ḥaremleriyle sā'irlerini gāvurlar ellerinden çıḳarmamaḳ {2} dā'iyesinde olmaları mücerred kendü zu'mlarınca iḥtiyāṭ ṣayaraḳ bundan böyle ba'żı mes'ūllerine müsā'ade taḥṣīline vesīle {3} itmek ġarażından 'ibāret oldıġı ṣūret-i me'ālden müstebān oldıġına binā'en inşā'allāhü Ta'ālā bunlarıñ ṣavn-ı Ḥażret-i {4} Ṣamedānī ile hiçbir ḳıllarına ḫaṭā gelmeyerek ḥüsn-i ṣūretle istiḫlāṣları elṭāf-ı Sübḥāniyye'den mes'ūl olub {5} ḥāṣılı, ẕāt-ı 'ālīleriniñ bizzāt 'azīmetlerinde görecekleri işi bi-tevfīḳihī Ta'ālā intiḫāb buyuracaḳları ser'asker daḫi {6} yine cenāb-ı mu'allā-elḳāb-ı sipeh-sālārīleriniñ himmet ve muẓāheretleriyle görebileceğinden bu cihetler ile ẕāt-ı 'ālīleri şimdilik {7} bizzāt 'azīmet ve me'mūriyyetiñiz tedbīrinden ṣarf-ı naẓar buyuraraḳ berülerde münāsib gördükleri maḥalde istiḳlāl-i {8} tām ile iḳāmet ve her ṭarafıñ umūr ü meṣāliḥine neẓāret buyurmaları münāsib olacağından hemān bu uṣūle göre {9} re'y ü tensīb ü tedbīrleri ne vechile ise bir ān aḳdem iḳtiżāsınıñ icrāsına baḳılmaḳ içün 'icāleten taḥrīre himmet buyurmaları {10} lāzım geleceği ve emr ü irāde-i seniyye-i şāhāne daḫi ber-vech-i meşrūḥ ṣādır ü sāniḥ olmuş idüği ma'lūm-ı dirāyet-melzūm-ı {11} ṣafderāneleri buyuruldukda ber-minvāl-i muḥarrer keyfiyyetiñ bir ān evvel iş'ārına ṣarf-ı himmet buyurmaları siyāḳında ḳā'ime. Fī 9 C 37

[*575/91*] ***Tersāne emīni efendiye buyuruldı***

{1} Bu eşnāda ba'żı düvel bayrağıyla Aḳdeñiz'den Ḳaradeñiz'e ve Ḳaradeñiz'den Aḳdeñiz'e āmed-şod iden sefāyiniñ iḳtiżā iden {2} ḳançılārya senedātları yoḳlanaraḳ içlerinde gerek sefīne ve gerek ḥamūleleri Rum eşḳıyāsı mālı iken sāḫte sened istiṣḥāb {3} itmiş olanlar lede't-temyīz o maḳūle eşḳıyā tekne ve ḥamūleleriniñ ṭaraf-ı Devlet-i 'Aliyye'den żabṭı iḳtiżā eylediğinden işbu yoḳlama {4} maṣlaḥatı ber-mūceb-i irāde-i seniyye vezīr-i mükerrem sa'ādetlü Ḳapūdān paşa ḥażretlerine ḥavāle olunmuş olmağla müşārun-ileyh ma'rifetiyle bi't-tedḳīḳ {5} ẓāhire iḫrāc olunmuş ve olunmaḳda olan o maḳūle eşḳıyā tekneleri cānib-i mīrīden żabṭ ile Tersāne-i 'Āmire'ye rabṭ {6} ve ḳayd olunmaḳ iḳtiżā ideceği mişillü gerek bu maḳūle eşḳıyā tekneleriniñ ve gerek sā'ir düvel tüccārı sefīneleriniñ {7} derūnlarında Rum eşḳıyāsı mālı olaraḳ bulunan ecnās-ı ẕaḫīre daḫi inżimām-ı re'yiñiz ile iḫrāc ve tekmīl ve ẕaḫīre {8} nāẓırı efendi ma'rifetiyle fī'āt taḳdīr olunaraḳ Anbār-ı 'Āmire'ye vaż' ve iddiḫār itdirilmek ve ẕaḫīreden mā'adā ṭuz ve yaġ {9} ve erzāḳ-ı sā'ire ve ālāt mişillü eşyādan her ne ẓuhūr ider ise cümlesine vaḳt ü ḥāle göre bahālar taḳdīr olunaraḳ bunlardan {10} Tersāne-i 'Āmire'ye lüzūmı olanlar fī'āt-ı rāyicesine göre bahāları ḥesāb olunduḳdan ṣoñra Tersāne-i 'Āmire'de tevḳīf {11} ve iḳtiżāsına göre i'māl ve ṣarf olunub Tersāne'ye lüzūmı olmayan eşyāyı daḫi eṣnāfa tevzī' ve fürūḫt itdirderek {12} bunlardan ḥāṣıl olacaḳ mebāliğ bundan böyle ṣudūr idecek irāde-i seniyyeye taṭbīḳan ṣarf ve tanẓīm olunmaḳ üzere

{13} Tersāne-i ʿĀmire ḫazīnesinde ber-vech-i emānet mevḳūfen başḳaca ḥıfẓ olunmaḳ lāzım gelüb o maḳūle senedātı sāḫte {14} olaraḳ eşḳıyā mālı olmaḳ üzere żabṭ ve ilişikleri ḳat olunmaḳda olan ve bundan böyle ẓuhūr iderek żabṭı {15} lāzım gelan sefineleriñ keyfiyyetleri müşārun-ileyh ḥażretleri ṭarafından Bāb-ı ʿĀlī'ye taḳrīr ve istīẕān olunduḳça ṭarafıñıza ḥavāle {16} olunacaḳ olmağla imdi ber-minvāl-i muḥarrer gerek şimdiye ḳadar aḫẕ ü żabṭ olunan ve gerek bundan böyle aḫẕ ü żabṭ olunacaḳ {17} tekne ve ḥamūlelerden faḳaṭ tekneleri Tersāne-i ʿĀmire'ye rabṭ ve ol sefineniñ miḳdār-ı ẕirāʿı ve eşkāli ne vechiledir {18} ve değer bahāsı ḳaç ġurūşdur, taḫmīn ve içinde bulunan ṭop ve edevāt ve ālāt-ı lāzımesi ʿale'l-infirād taḥrīr ü defter olunub ḥamūlesi {19} ẕaḫāyir ise cins ve fi'ātıyla ẕaḫīre nāẓırı efendi maʿrifetiyle Anbār-ı ʿĀmire'ye iḫrāc ve teslīm ve sā'ir eşyā ve erzāḳ-ı sā'ire Tersāne-i {20} ʿĀmire'ye lüzūmı olanlarını fi'āt-ı rāyicesiyle Tersāne-i ʿĀmire'de tevḳīf ve māʿadāsını eṣnāfa fürūḫt ve aḳçelerini {21} taḥṣīl ile gerek Tersāne ḫazīnesinden virilmesi ve gerek eṣnāfdan taḥṣīl iḳtiżā iden mebāliği ber-vech-i emānet mevḳūfen {22} başḳaca ḥıfẓ itdirderek bu ḫuṣūṣlarıñ uṣūl ü müteferriʿāt ve īrād ü maṣārifini bundan böyle lede'l-iḳtiżā mürācaʿat {23} olunmaḳ içün Tersāne-i ʿĀmire ẕimmeti ṭarafında başḳaca defter itdirdüb iḳtiżā itdikçe lāzım gelan maḥallere ʿilmüḫaberlerini {24} iʿṭā itdirderek icrā-yı uṣūl-i irāde-i seniyyeye mübāderet eyleyesin deyu. Fī 18 C 37

[*575/93*] *Ḫūrşīd Paşa ḥażretlerine*

{1} Ḳara ʿaskeriniñ Donanma-yı Hümāyūn ile Bādra ṭaraflarına vuṣūli gāvurlarıñ mūcib-i ḫaşyetleri olmuş ise de {2} Donanma-yı Hümāyūn'uñ ḳara ʿaskerini ṣavb-ı me'mūresine iḫrācından ṣoñra İskenderiye'ye ʿazīmet ve saʿādetlü Mışır vālīsi {3} ḥażretleriniñ tehyi'e eyledikleri ʿasākir ve mühimmātı alaraḳ andan Girīd ṭarafına bādbān-küşā-yı nuṣret olacağı Ḳapūdān paşa {4} ḥażretleri ṭarafından ṣavb-ı ṣafderānelerine yazılmış oldığı beyānıyla bir on ḳadar süfün-i hümāyūnuñ Bādra ṭarafında {5} ḳalması küllī fā'ideyi müntic olacağından başḳa ẕāt-ı ḥamiyyet-simātlarınıñ İnebaḫtī Ḳasteli'nden ḳarşuya mürūr menvī-i żamīr-i {6} şecāʿat-semīr-i ḥayderāneleri olmaḳ taḳrībiyle bu ṣūret ḫaylī mevāddı [?] müstelzim olacağı tevārüd iden taḥrīrāt-ı {7} sāmīlerinden bir şuḳḳada muḥarrer olaraḳ mezāyāsı maʿlūm-ı ṣenāverī olduḳdan ṣoñra rikāb-ı ḳamer-tāb-ı şāhāneye ʿarż ile {8} manẓūr-ı hümāyūn-ı mülūkāne buyurulmuşdur. Bu vechile Bālyabādra'da Donanma-yı Hümāyūn sefāyininden on {9} ḳıṭʿasınıñ ḳalması cānib-i ʿālīleriniñ Mora'ya ʿazīmetleri mülāḥaẓasına göre mürūrda mūcib-i suhūlet olacağı {10} işʿār buyurulmuş ise de ẕāt-ı sāmīleriniñ Mora'ya bi'n-nefs ʿazīmetleri uyamayacağına dā'ir kerāmet-efzā-yı {11} ṣudūr olan irāde-i seniyye muḳaddem ve mu'aḫḫar ṭaraf-ı sipeh-sālārīlerine tafṣīlen yazılmış olub gerçi her ne ṣūretle olsa {12} ol ṭaraflarda Donanma-yı Hümāyūn sefāyininiñ mevcūd bulunmasında her vechile fā'ide olacağı müsellemdir.

Lākin sefāyin-i mez̠kūre {13} ḳara ʿaskerini ol ṭarafa çıḳardıḳları gibi doğrı İskenderiye'ye gitmelerine dā'ir sünūḥ itmiş olan irāde-i seniyye {14} mutlaḳā Girīd cezīresi maṣlaḥatına mebnī olaraḳ cezīre-i mez̠kūre maṣlaḥatı ise ṣıḳışur gibi olub şöyle ki, Resmo nāḥiyesinde {15} Tāta [?] köyünde ʿuṣāt-ı kefere ile vāḳiʿ olan muḥārebede muḥżır ağa ile birḳaç nefer ehl-i İslām ḳayd-ı esre giriftār {16} ve birāderi şehīd olaraḳ Resmo'da her gün muḥārebe olunmaḳda olub Mīlopoṭamo nāḥiyesi gāvurları daḫi ʿiṣyān eyledikleri {17} ve Mārt'a ḳadar Girīd keferesi cümleten ayaḳlanub iẓhār-ı ġulüv idecekleri istiḫbār olunmuş ve bu cihetle Girīd gibi bir ḥıṣn-ı {18} ḥaṣīn cezīre maʿāz̠allāhü Taʿālā eyādī-i ʿuṣāta giriftār olmaḳ lāzım gelse taḫlīṣi müşkil ve tekellüfi mūcib olacağı {19} ẓāhir olmaḳ mülābesesiyle tīz elden Girīd'e imdādıñ çāresi istiḥṣāli derece-i vücūba varmış oldığından {20} ve vaḳt [ü] ḥāle naẓaran Girīd maṣlaḥatı daḫi ḥadd-i ẕātında umūr-ı cesīmeden idüğünden tīz elden işbu Donanma-yı Hümāyūn sefāyininiñ {21} İskenderiye'ye varub müşārun-ileyh Mıṣır vālīsi ḥażretleri ṭarafından derūnlarına ʿasker ve mühimmāt vażʿıyla imdād olunmaḳdan ġayrı {22} çāresi olmadığına binā'en ol ṣūretle żarūrī sefāyin-i merḳūme me'mūr ḳılınmışlar idi. Ve giçende donanma-yı mez̠kūruñ {23} Bālyabādra pīşgāhına vuṣūlleri ḫaberi ṭaraf-ı ʿālīlerinden işʿār olunmuş oldığından ġayrı mu'aḫḫaren donanma-yı mez̠kūr {24} başbuğı Ḫalīl Beğ bendeleri ṭarafından saʿādetlü Ḳapūdān paşa ḥażretlerine gelmiş olan [?] kāğıd me'ālinde donanma-yı mez̠kūr {25} ḳara ʿaskerini ve Serʿasker Meḥmed Paşa ḥażretlerini Bālyabādra'ya iḫrāc ve ẕaḫīre ve mühimmāt memlū olan yiğirmi dört ḳıṭʿa {26} tüccār teknelerini ol ṭarafda tevḳīf eyledikden ṣoñra Mesolenk ṭarafından ẓuhūr iden elli dört ḳıṭʿa eşḳıyā tekneleriyle {27} muḥārebeye ibtidār iderek bā-ʿavn [ü] nuṣret-i Bārī yedi ḳıṭʿasını iġrāḳ ve bir ḳıṭʿasını iḥrāḳ iderek baḳiyye ḳalan süfün-i kefere münhezimen {28} firār itmiş ve Donanma-yı Hümāyūn daḫi Moton üzerine varmış olduḳları muḥarrer ve başbuġ-ı mūmā-ileyhiñ ẕikr olunan {29} kāğıdını getüren müste'men ḳapūdānıñ havā ve mevsimiñ muvāfaḳatına naẓaran donanma-yı mez̠kūruñ bugünlerde İskenderiye'ye {30} varmaları me'mūl oldığı müstefād olub bu vechile bunlardan Bādra'da sefāyin tevḳīf itdirilmesi ṣūretiniñ {31} imkānı ṣavuşmuş ise de ṭābīʿatıyla mühimmāt ve ẕaḫāyir memlū olan tüccār tekneleri Bādra līmānında ḳalmış oldığından {32} Rumili'den Mora'ya ʿasker imrārı mis̠illü ḫidemāt-ı lāzımede işbu tüccār tekneleriniñ daḫi işe yarayacağı ẓāhir {33} ve el-ḥāletü-hāẕihī evvelbahār tertībi olaraḳ müşārun-ileyh Ḳapūdān paşa maʿiyyetiyle Aḳdeñiz'e külliyyetlü Donanma-yı Hümāyūn {34} çıḳarılmaḳ üzere oldığından inşā'allāhü Taʿālā Mora'nıñ her ṭarafına varılaraḳ ʿavn ü ʿināyet-i Bārī ile her bir iş {35} güzel olacağı müberhen ü bāhir olmaḳdan nāşī ẕāt-ı sāmīleri Mora māddesine dā'ir muḳaddem ve mu'aḫḫar vāḳiʿ olub {36} işʿār olunan irāde-i seniyyeniñ icrāsını mūcib ḥālātı ikmāle iʿtinā buyurmaları lāzım geleceğinden başḳa {37} bu defʿa levḥa-zīb-i ṣudūr olan ḫaṭṭ-ı hümāyūn-ı şāhānede “Müşārun-ileyh Mora’ya kendü gitmek hevesinde ise de {38} vaḳte uymaz. Bir ḳadem aḳdem tertībine baḳsa güzel olur idi.” deyu emr ü fermān buyurulmuş olmağla hemān {39} ẕāt-ı ḥayderī-simāt-ı ṣafderāneleri şevket-i İslāmiyye’niñ şu Mora gāvurlarına irā’esini mūcib ārā-yı {40} ṣā’ibe ve tertībāt-ı muḳteżiyeniñ bir ān evvel ikmāliyle keyfiyyeti serī‘an iş‘āra himmet buyurmaları siyāḳında ḳā’ime. Fī 21 C 37

[*575/96*] ***Selānīk mutaṣarrıfına***

{1} Selānīk sancağı dāḫilinde vāḳi‘ Ağustos ḳażāsı re‘āyāsı muḳaddemce ‘iṣyān itmişler ise de Kesendīre cezīresiniñ {2} fetḥ ü tesḫīrinden ṣoñra istīmān eylediklerine binā’en ta‘līm-nāme şürūṭı üzere re‘āyā-yı mesfūreye re’y ve amān virilmiş {3} ve silāḥlarını teslīm eylemeleri bi’d-defa‘āt taḥrīr ve te’kīd buyurulmuş iken giden mübāşirler tehī i‘āde ve re‘āyā-yı mesfūreden {4} daḫi ḫuşūnet ü ru‘ūnet ṣūretleri müşāhede olunmaḳda ise daḫi ḳażā’-i mezbūr Ḥaremeyn-i Şerīfeyn evḳāfı müsaḳḳafātından olan {5} sa‘ādetlü Dārü’s-sa‘ādetü’ş-şerīfe ağası ḥażretleri cānibinden naṣb ü ta‘yīn olunmuş olan voyvodası nezd-i müşīrīlerine gelüb {6} merḳūmdan esliḥa muṭālebe olunduḳda ne vechile cevāb virdiği ve mesmū‘larına göre ḳażā’-i mezbūrda külliyyetlü esliḥa mevcūd {7} oldığından ġayrı bir ṭarafdan yine i‘māl ve tanẓīm eyledikleri ecilden ḫitām-ı maṣlaḥatla Aynaroz’dan ḥareket ve Selānīk’e vuṣūl ile {8} re‘āyā-yı mesfūreniñ ḳahr ü iżmiḥlāl ve taḥt-ı ra‘iyyete idḫālleri żımnında Ağustos ḳażāsı üzerine ‘azīmet buyuracaḳları {9} ifādesini mutażammın tevārüd iden şuḳḳa-i şerīfeleri mezāyāsı ma‘lūm-ı muḫliṣānemiz oldığından ġayrı rikāb-ı ‘adālet-me’āb-ı {10} cenāb-ı kişver-küşāyīye daḫi ‘arż ile meşmūl-ı liḥāẓa-i ‘āṭıfet-ifāża-i ḥażret-i şehriyārī buyurulmuşdur. Rum eşḳıyāsınıñ {11} ümmet-i Muḥammed ‘aleyhine derkār olan sū’-i ḳaṣd ve ḫıyānetleri cihetiyle bunlarıñ kesr-i ünūf-ı ‘inād ve ḫabāsetlerine ibtidār derece-i {12} vücūba resīde olmuş oldığından ẕikr olunan Ağustos ḳażāsı Ḥaremeyn-i Muḥteremeyn evḳāfından olsa daḫi ‘iṣyān {13} ü şeḳāvet māddesinde bu miṣillü münāsebet ve merbūṭiyyete i‘tibā[r] olunmayaraḳ her ḳangı maḥalliñ re‘āyāsı ‘iṣyān üzere ise {14} hemān ḥaḳlarından gelinmesi lāzımeden ve ẕāt-ı sa‘ādetleriniñ muḳteżā-yı me’mūriyyetleri daḫi zīr-i ḥükūmetlerinde bulunan {15} maḥallerden her ḳangı maḥalliñ re‘āyāsı ‘iṣyān ü şeḳāvetlerinde ıṣrār üzere iseler te’dīb ü tenkīllerini istiḥṣāle {16} mübāderet itmek ve istīmān idenlere daḫi muḳaddemā ṭaraf-ı düstūrīlerine bildirilan şürūṭ ve ta‘līmiñ icrāsıyla {17} re’y ve amān virilmek ṣūretleri olub hemān işbu uṣūl-i me’mūriyyet ve ṣūret-i iş‘ārları üzere re‘āyā-yı {18} mesfūre ḥaḳlarında daḫi her ne güne mu‘āmele iḳtiżā ider ise icrāsına müṡāberetleri lāzımeden ve bu mādde mevādd-ı sā’ireye {19} ḳıyās olunmayub “Bu Ḥaremeyn idi, bu filān adamıñ muḳāṭa‘asından idi” deyu iġmāż olunmayaraḳ velev bizẕāt ḫavāṣṣ-ı {20} hümāyūndan ise daḫi mādām-ki reʿāyāsı ʿiṣyān itmiş ola, ruḫṣat-ı kāmileleri vechile ḳażā'-i mezbūrı urub {21} yedlerinde olan şürūṭ mūcebince istīmān idenlerden māʿadāsını ḳırub bu bābda kimse su'āle ḳādir olmayacağı daḫi {22} şeref-rīz-i ṣudūr olan ḫaṭṭ-ı hümāyūn-ı şāhāne müfād-ı münīfi muḳteżāsından olmağla hemān iḳtiżāsınıñ icrāsı {23} muḥavvel-i ʿuhde-i dirāyet ve istiḳlāl-i müşīrīleri idüği beyānıyla ḳā'ime. Fī 22 C 37

[575/99] *Selānīk mutaṣarrıfına*
{1} Aynaroz cezīresi reʿāyāsı şürūṭ-ı erbaʿa-i maʿlūmeyi ḳabūl eyledikleri ḥālde istīmān ve istirḥāmlarına müsāʿade-i {2} ʿaliyye erzān ḳılındığı ve ceyb-i hümāyūn ve sā'ir virgüleri istidʿā ve taʿahhüdleri vechile iki ḳat olaraḳ taḥṣīl olunması {3} ve muḳaddemā cānib-i mīrīden żabṭ olunmuş olan metūḫlarıñ terk ve iḥsān ḳılındığı beyānıyla cezīre-i mezkūreye lüzūmı miḳdār {4} ʿasker iḳāmesiyle reʿāyā ve berāyānıñ ẓulm ü taʿaddīden viḳāyetleri tenbīhātını şāmil ṣudūr iden emr-i ʿālīniñ vuṣūlünden baḥişle {5} cezīre-i mezkūreniñ ġayr-ez-emvāl cizye-i ḳadīmi ceyb-i hümāyūn ve maṭlūbāt-ı sā'ireye virdikleri mebāliġ birer ḳat daḫi {6} żam ile taʿahhüdleri vechile meblaġ-ı mezkūr lede't-taḥṣīl Ḫazīne-i ʿĀmire'ye gönderileceği ve cezīre-i mezkūreyi li-ecli'l-muḥāfaẓa {7} muḳtedir başbuġ ile lüzūmı miḳdār ʿasker iḳāme ḳılınmış oldığı ve aḫẕ olunan ṭop ve tüfenk ve bārūt ve fişenk {8} ve sā'ir edevāt-ı ḥarbiyye Selānīk ḳalʿasında ḥıfẓ itdirilerek defter müfredātı bundan ṣoñra taḳdīm ḳılınacağı ve Aynaroz {9} pāpāslarından on nefer pāpās ḳapu çuḳadārı bendelerine terfīḳan gönderildiği ve cizye māddesinde ʿale'r-ru'ūs {10} taḥṣīl olunmaḳ lāzım gelse maḳṭūʿı ḳadar ṭutmayaraḳ cānib-i mīrīye żararı mü'eddī oldığından öteden berü vire geldikleri {11} cizyeniñ daḫi ikişer ḳatı taḥṣīl olundığı ḥālde cānib-i mīrīye menfaʿat olacağına dā'ir bu defʿa resīde-i mevḳiʿ-i vuṣūl olan {12} taḥrīrāt-ı müşīrīleri me'āl ü mezāyāsı maʿlūm-ı ḫālişānemiz olduḳdan ṣoñra ḫāk-pāy-ı hümāyūn-ı ḥażret-i pādişāhīye daḫi ʿarż ü taḳdīm ile {13} meşmū[l]-ı liḥāẓa-i kerāmet-ifāde-i ḥażret-i pādişāhī buyurulmuşdur. İşʿār-ı müşīrīlerinden müstefād oldığı üzere Aynaroz reʿāyāsınıñ {14} cizyeleri ʿale'r-ru'ūs taḥṣīl olunmaḳ lāzım gelse cānib-i mīrīye żararı mūcib olacağı gösterilmiş ise de ḳarār-gīr olan {15} istīmān şürūṭunda cizyeleri ʿale'r-ru'ūs taḥṣīli māddesi muḳteżā-yı şerʿ-i şerīfe mebnī olub Aynaroz cizyesi ḥaḳḳında {16} cānib-i mīrīye biraz żararı mü'eddī olsa bile şerʿ-i şerīfiñ ḥükmi żarar mülāḥaẓasına muḳaddim oldığından māʿadā {17} Aynaroz cezīresi ruhbānları Rum milletiniñ muḳtedāları meṣābesinde olaraḳ bunlara ne şekl ṣūret virilür ise {18} sā'iri daḫi aña taṭbīḳ olunmaḳ īcāb ideceği ve Devlet-i ʿAliyye evvel ü āḫir her işini şerʿ-i şerīfe taṭbīḳan rü'yet idüb {19} böyle noḳṣān ve żarar aranılmayub şerʿ-i şerīf iḳtiżāsından olan żarara żarar dinilmeyerek belki maḥż-ı ḫayr ü menfaʿat {20} olacağında şübhe olmayacağı ẓāhir ve bu ṣūretde cenāb-ı müşīrīleri

muḳaddemki irāde-i seniyye mūcebince Aynaroz cizyesiniñ {21} bundan böyle ʿale'r-ru'ūs ve ʿan-yed taḥṣīli ṣūretiniñ icrāsına himmet buyurmaları lāzım gelerek irāde-i seniyye-i ḥażret-i {22} pādişāhī daḫi bu merkezde dā'ir olmağla hemān cenāb-ı saʿādetleri muḳteżā-yı dirāyet ü feṭānetleri üzere Aynaroz cizyesiniñ {23} bundan böyle ber-mūceb-i emr ü irāde-i seniyye ʿale'r-ru'ūs ve ʿan-yed taḥṣīli esbābınıñ icrāsına himmet buyurmaları siyāḳında ḳā'ime. {24} Lede'l-vuṣūl ẕikr olunan on nefer pāpāslardan ṭoḳuz neferi vürūd idüb bir neferi daḫi baḥren gelmekde oldığını {25} ḳapu çuḳadārları mūmā-ileyh ifāde itmiş ve mersūm ṭoḳuz nefer ber-mūceb-i irāde-i ʿaliyye ʿizzetlü Bostāncıbaşı ağa ṭarafında {26} rehn ṣūretiyle tevḳīf itdirilmiş olmağla hemān ẕāt-ı saʿādetleri her ḥālde icrā-yı şerāyiṭ-i dirāyet ve me'mūriyyete himmet buyurmaları {27} me'mūldür. Fī 26 C 37

[*575/103*] *Ḫūrşīd Paşa ḥażretlerine*
{1} Ḳara ʿaskeriyle Bālyabādra'ya vāṣıl olan Donanma-yı Hümāyūn'uñ Girīd maṣlaḥatı żımnında İskenderiye'ye me'mūriyyetleri derkār ise de {2} on ḳıṭʿa süfün-i hümāyūnuñ Bālyabādra ṭarafında ḳalması küllī fā'ideyi mūcib olacağı giçende tevārüd iden taḥrīrāt-ı seniyyeleriniñ {3} bir ḳıṭʿa şuḳḳasında taḥrīr ü inhā buyurulmuş ve yazılan cevāb-nāme-i muḫliṣīde daḫi Girīd maṣlaḥatınıñ ehemmiyyeti baʿde'l-beyān Donanma-yı Hümāyūn ile {4} gönderilan tüccār tekneleri Bādra līmānında ḳalmış olduḳlarından Rumili'den Mora'ya ʿasker imrārı miṡillü ḫidemātda işe {5} yarayacaḳları ve evvelbahārda saʿādetlü Ḳapūdān paşa ḥażretleri külliyyetlü Donanma-yı Hümāyūn ile çıḳarılacağı ṣūreti teẕkīr ü beyān {6} ḳılınmış idi. Muḳaddemki Donanma-yı Hümāyūn'uñ Girīd māddesi-çün İskenderiye'ye me'mūriyyetleri ḫuṣūṣı cezīre-i merḳūme maṣlaḥatınıñ ehemmiyyetine binā'en {7} żarūriyyāt ḳabīlinden ise de el-ḥāletü-hāẕihī Mora cezīresi maṣlaḥatı daḫi vaḳt ü ḥāle göre ehem ve lillāhi'l-ḥamd eṡer-i himem-i seniyyeleriyle Tepedelenli {8} ġā'ilesi bitmiş oldığından ḳaradan külliyyetlü ʿasker sevḳ olunur ise de Derbend'i sökmek emr-i müteʿassir olaraḳ {9} tertīb olunacaḳ me'mūrīn ve ʿasākiriñ baḥren imrārı ṣūretinden ġayrı semt-i suhūlet olmadığı ve bu daḫi Donanma-yı Hümāyūn {10} sefāyininiñ ol ṭaraflarda vücūdına mütevaḳḳıf oldığından başḳa Donanma-yı Hümāyūn'uñ Mora üzerinde ṣavlet-endāz {11} olaraḳ bulunması ʿaẓīm işe yarayacağı vāreste-i ḳayd [ü] raḳam olaraḳ bā-ʿavn ü ʿināyet-i Cenāb-ı Ḫayru'n-Nāṣırīn evvel-be-evvel {12} şu Mora maṣlaḥatınıñ iḳtiżāsına baḳılaraḳ bu ġā'ile daḫi aradan ḳalḳar ise sā'ir cezīreleriñ maṣlaḥatı kesb-i suhūlet ideceği {13} vāżıḥātdan ve bu cihetle ibtidā Mora üzerine ḳuvvet-i külliyye iʿmāliyle baḥren ve berren iẓhār-ı saṭvet olunması vācibātdan ve el-ḥāletü-hāẕihī {14} müşārun-ileyh Ḳapūdān paşa ḥażretleri maʿiyyetiyle çıḳmaḳ üzere ḥāżırlanmaḳda olan Donanma-yı Hümāyūn bi-ḥavlillāhi Taʿālā

çend rūz {15} ẓarfında ḥareket ü ʿazīmet idecek olub ve müşārun-ileyhiñ meʾmūriyyeti daḫi evvel-be-evvel ḏoġrı Mora üzerine olmaḳ {16} īcāb eylediği bedīhiyyātdan olmaḳdan nāşī bu defʿa bu ṭarafda ʿaḳd olunan encümen-i şūrāda müşārun-ileyh Ḳapūdān paşa {17} ḥażretleriniñ hemān birḳaç gün ẓarfında çıḳacaġına naẓaran Mora'ya āḫar donanma tertībine ḥācet olmayaraḳ bi-mennihī Taʿālā {18} müşārun-ileyh ḥażretleri istiṣḥāb ideceği Donanma-yı Hümāyūn'ı alub Boġaz'a ʿazīmet ve Boġaz'da Riyāla beğ {19} maʿiyyetinde bulunan süfün-i hümāyūnı daḫi istiṣḥāb ve muḳaddem iḫrāc olunub İskenderiye'den Girīd'e ve baʿdehū müşārun-ileyh **(49)** maʿiyyetine iltiḥāḳ içün Boġaz'a gelecek sefāyin-i hümāyūn daḫi her ne vaḳt gelür ise verāsından irişmeleri-çün ṭarafından {2} Boġaz'a maḫṣūṣ meʾmūr bıraġaraḳ tīz elden mevcūd-ı maʿiyyeti olacaḳ Donanma-yı Hümāyūn ile ḏoġrı Mora üzerine {3} ʿazīmet ve Bālyabādra ṭaraflarına vuṣūllerinde ẕāt-ı sāmīleriyle bi'l-muḫābere Rumili'den Mora derūnuna imrār {4} olunacaḳ meʾmūrīn ve ʿasākiri gerek Donanma-yı Hümāyūn sefīne ve filikalarıyla ve ger[ek] el-yevm ol ṭarafda bıraġılan tüccār {5} tekneleriyle imrār iderek ve bir ṭarafdan daḫi iḳtiżā-yı ḥāl ü maṣlaḥata göre Donanma-yı Hümāyūn'uñ Mora üzerinde {6} ne vechile iʿmāli īcāb ider ise öylece icrā olunaraḳ evvel-be-evvel Mora maṣlaḥatınıñ itmāmına saʿy ü ġayret olunması {7} ve inşāʾallāhü Taʿālā Mora maṣlaḥatı bitdiği gibi nevbet cezīrelere gelerek müşārun-ileyh Ḳapūdān paşa ḥażretleri ol vaḳt {8} yine cenāb-ı sipehdārīleriyle bi'l-muḫābere Donanma-yı Hümāyūn maʿiyyetine her ne miḳdār ḳara ʿaskeri iḳtiżā ider ise aḫẕ ü istiṣḥāb {9} eyleyerek Ṣulıca ve Çamlıca veyāḫūd sāʾir cezīrelerden ḳangısınıñ üzerine varmaḳlıġı reʾy ü tedbīr ider {10} ve iḳtiżā-yı vaḳt ü maṣlaḥat her ne ṣūreti īcāb eyler ise muḳteżā-yı ruḫṣat ve istiḳlāli üzere öylece ḥareket {11} itmesi ḳarār-gīr olaraḳ keyfiyyet ḫāk-pāy-ı hümāyūn-ı şāhāneye ʿarż ü istīẕān olunmuş ve irāde-i seniyye-i mülūkāne daḫi {12} bu vechile sāniḥ ü ṣādır olaraḳ müşārun-ileyh Ḳapūdān paşa ḥażretlerine hemān ḥareket ve ber-vech-i meşrūḥ īfā-yı {13} meʾmūriyyet żımnında ʿazīmet eylemeleri teʾkīd ḳılınmış oldıġından şu günlerde müşārun-ileyh istiṣḥāb eyleyeceği Donanma-yı Hümāyūn {14} ile bu ṭarafdan fekk-i lenger-i iḳāmet ve Boġaz'da olan süfün-i hümāyūnı daḫi alub hemān ḏoġrı Mora üzerine {15} bādbān-küşā-yı ʿazīmet olacaġından bi-selāmetillāhi Taʿālā Bālyabādra ṭaraflarına vuṣūl ile cenāb-ı ḥayderī-elḳāb-ı {16} düstūrāneleri ile muḫābere eyledikde Rumili'den Mora derūnuna imrār olunacaḳ meʾmūrīn ve ʿasākiriñ ṣūret-i imrārını {17} bi'l-istiḥṣāl bā-ʿavn-i Bārī şu Mora ġāʾilesiniñ evvel-be-evvel ḥüsn-i indifāʿı vesāʾilini istikmāl buyurduḳdan {18} ṣoñra yine müşārun-ileyhle muḫābere buyuraraḳ sāʾir aḏalar içün maʿiyyet-i müşārun-ileyhe beş biñ miḳdārı güzīde ʿasker {19} iʿṭāsına ve işbu ʿasker ʿulūfelü olmaḳ iḳtiżā ider ise ol miḳdār ʿaskeriñ ʿulūfeleri cānib-i mīrīden virilmek üzere {20} tanẓīm ve tesyīre, ḥāṣılı gerek şu Mora derūnuna meʾmūrīn ve ʿaskeriñ imrārıyla evvel-be-evvel şu ġāʾileniñ {21} indifāʿı ve ṣoñra adalar içün müşārun-ileyh Ḳapūdān paşa ḥażretleri maʿiyyetine lüzūmı derkār olan ḳara ʿaskeriniñ {22} tanẓīm ve iʿṭāsı mütevaḳḳıf-ı himem-i şerīfeleri olmağla aña göre levāzım-ı ḥamiyyet ü diyānet-i düstūrāneleriniñ icrāsına bezl-i mā-ḥaṣal-i {23} liyāḳat buyurmaları siyāḳında ḳāʾime. Ledeʾl-vuṣūl muḳaddem Bālyabādraʾya varmış olan Donanma-yı Hümāyūnʾuñ eşḳıyā {24} süfün-i menḥūsesiyle muḥārebe eylediği iḫbār olunmuş ise de keyfiyyet maʿlūm olamadığından taḥḳīḳ-i mādde żımnında ṭaraf-ı ṣafderānelerinden {25} adam gönderildiği bu defʿa tevārüd iden bir ḳıṭʿa ḳāʾime-i seniyyelerinde muḥarrer olub Donanma-yı Hümāyūnʾuñ ol vechile gāvur gemileriyle {26} muḥārebe iderek birazını iġrāḳ ü iḥrāḳ iderek lillāhiʾl-ḥamd nesīm-i ẓafer cānib-i Donanma-yı Hümāyūnʾda vezān oldığı ḫaberi {27} muḳaddem Donanma-yı Hümāyūn başbuğı ṭarafından tevārüd itmiş ve keyfiyyet giçende yazılan nemīḳa-i muḫliṣīde basṭ ü beyān ḳılınmış {28} oldığından şimdiye ḳadar maʿlūm-ı ʿālīleri olmuş olacağı ẓāhir olmağla hemān ẕāt-ı sāmīleri her ḥālde ġayret {29} ü ḥamiyyet buyurmaları meʾmūl-ı ḫāliṣānemizdir. Fī 29 C 37

[*575/105*] ***Serʿasker-i ẓafer-rehber Ḫūrşīd Paşa ḥażretlerine***
{1} Bu defʿa tevārüd iden bir ḳıṭʿa şuḳḳa-i seniyyeleri meʾālinde ḥālā Teke ve Ḥamīd Sancaḳları Mutaṣarrıfı Meḥmed Paşa ve Ḳaraman {2} Vālīsi Reşīd Paşa ve Yānya Mutaṣarrıfı ʿÖmer Paşa ḥażerātı Īnebaḫtī üzerinden ḳarşuya geçmek üzere Moraʾya taʿyīn itmek {3} taṣmīminde iseler de müşārun-ileyh ʿÖmer Paşa kendü bedeninden ʿulūfesiz olaraḳ Avlonya sancağından faḳaṭ üç biñ adam {4} çıḳaracağı ve ḳuṣūrları daḫi bedenlerinden biñ, nihāyet biñ beş yüz neferden ziyāde götüremeyecekleri derkār {5} ve Mora maṣlaḥatı ise el-ḥāletü-hāẕihī mevādd-ı cesīmeden olaraḳ külliyyetlü ʿaskere mütevaḳḳıf idüği āşikār ve Rumili ṭarafından {6} sevḳ olunacaḳ ʿasker bunlarıñ maʿiyyetleriyle Mora üzerine sevḳ olunmaḳ lāzım gelse Rūsyalu ile sefer māddesi taḥaḳḳuḳ {7} ider ise ol vaḳt Rumiliʾden meʾmūl üzere ʿasker çıḳarılamayacağı bedīdār ve müşārun-ileyhim maʿiyyetlerine ʿulūfelü {8} ʿasker tertīb olunsa külliyyetlü maṣārife muḥtāc olacağı nümū-dār oldığı beyānıyla bu ḫuṣūṣda ẕāt-ı sāmīleri daḫi muḫayyer {9} olduḳları muḥarrer ü mezkūr olmağın mezāyāsı rehīn-i ıṭṭılāʿ-i ṣenāverī olmuşdur. Vāḳıʿan Mora maṣlaḥatı külliyyetlü ʿaskere mütevaḳḳıf olub {10} Arnavud ʿaskeri ez-ḳadīm ʿulūfeye alışmış olduḳlarından Mora içün Arnavudluḳʾdan ʿulūfesiz külliyyetlü ʿasker iḫrācı {11} mümkin olamayacağı ve Mosḳovlu maṣlaḥatınıñ ilerüsi mechūl olmaḳ cihetiyle şimdiki ḥālde Rumili ʿaskerini bütün bütün {12} Mora üzerine sevḳ itmek daḫi tecvīz olunamayacağı nümāyān ve bu cihetler ile tīz elden Mora içün īcāb iden {13} külliyyetlü ʿaskeri bi'ż-żarūr aylıḳlu olaraḳ tedārük ve istiḫdām itmekden ġayrı çāre olmayub bu ṣūret biraz maṣārifi {14} mūcib olur ise de maṣlaḥatıñ

ehemmiyyetine ve vaḳt ü ḥāliñ nezāketine naẓaran maṣlaḥatı nefīr-i ʿām ʿaskeri dağdağa [ve] müẕebẕeb {15} itmekden ise sāye-i şevket-vāye-i şāhānede aḳçeye baḳılmayaraḳ bir ān aḳdem şu Mora ġāʾilesini aradan çıḳarmaḳ {16} her vechile ḫayrlu göründiği vāżıḥ ü ʿayāndır. Şöyle ki, el-ḥāletü-hāẕihī evvelbahār duḫūl idüb ol ṭaraflarıñ şiddet-i bürūdet-i {17} havāsı iʿtidāl ṣūretini kesb itmiş olacağından āteş-i ṭuġyānları ʿalev-gīr olan ḫavene-i ʿuṣātıñ bā-ʿavn-i Bārī {18} ve ḳuvve-i ḳudsiyye-i cenāb-ı pādişāhī inṭıfāʾ-i şerr ü şūrlarıyla ḳahr ü tedmīrleri żımnında bir elli biñ ʿasker ile şu günlerde {19} üzerlerine varıldığı gibi ḳırḳ-elli güne ḳadar külliyyen levs̱-i vücūd-ı eşḳıyādan Mora ve ol ḥavālīniñ taṭhīri meʾmūl olub {20} ancaḳ Ṭosḳalar maḳtūl-ı maḳhūr Tepedelenliʾniñ vaḳtinde bile bir maḥalle meʾmūr olsalar ʿulūfe almağa alışmış olduḳlarına bināʾen {21} şimdi nefīr-i ʿām vechile meʾmūr ḳılınmaları fāʾideyi mūcib olacağından başḳa nefīr-i ʿām ʿaskeri aylıḳlu ʿasker gibi {22} başı bağlı olmayub ellerine çapul geçdiği gibi der-ʿaḳab maḥallerine ʿavdet idecekleri derkār idüğünden ve Oḫrī ve İlbaṣan {23} sancaḳlarında olan Geġa ṭāʾifesiniñ uṣūli daḫi Ṭosḳalar gibi oldığından böyle olmaḳdan ise ẓāhirde birdenbire her ne ḳadar {24} küllī maṣārifi iḫtiyār ḳabīlinden ise de ʿulūfelü ʿasker başı bağlu olaraḳ bi-ḥavlillāhi Taʿālā müddet-i ḳalīlede maṭlūb vechile {25} iş görülmesi elṭāf-ı ḫafiyye-i İlāhiyyeʾden meʾmūl olaraḳ Tosḳalunuñ ḫāṭırı merʿī beğ ve ḫānedānları Yānya ṣaḥrāsına {26} celb olunaraḳ ẕāt-ı sipeh-sālārīleriyle müşārun-ileyh ʿÖmer Paşa ṭarafından ibtidā bu maṣlaḥatıñ meṣāliḥ-i dīniyyeden olaraḳ mālen ve bedenen {27} herkese çalışmaḳ farż oldığı lāyıḳıyla tefhīm olunduḳdan ṣoñra işte ḥāl böyle iken yine Devlet-i ʿAliyye sizden {28} nefīr-i ʿām olaraḳ ʿasker istemeyüb lākin bu ḫuṣūṣ dīn māddesi oldığından muʿtedil māhiyye diyerek aylıḳları {29} otuz, nihāyet otuz beş ġurūşa ḳadar mı olur, bir ḥaḳḳ-ı iʿtidāle rabṭ olunmaḳ ve filān gün filān maḥalde cümlesi ḥāżır {30} bulunub ol günden iʿtibāren māhiyyeleri iʿṭā ḳılınmaḳ üzere herkes bildiği ve ḳavm [ü] ḳabīlesinden olaraḳ biʾl-ittifāḳ {31} otuz biñ nefer ʿasker cemʿiyle Devlet-i ʿAliyyeʾye ḫidmet eylemeleri ṣūreti tefehhüm ve tanẓīm ḳılınması ve bu vechile Ṭosḳalu ʿaskeri {32} ne vaḳt ve ne maḥalde cemʿ olmaḳ üzere virilecek ḳarāra taṭbīḳan Oḫrī ve İlbaṣan sancaḳları mutaṣarrıfları ve beğleri {33} maʿrifetiyle keẕālik muʿtedil māhiyye ile on biñ nefer Geġa ʿaskeri daḫi anlardan tertīb ve mecmaʿ ittiḫāẕ olunacaḳ {34} maḥalle iḥżār olunması ve Yānya meştāsından ruḫṣat virilan aʿyānlar daḫi bedenlerinden olaraḳ ne vaḳt maṭlūb olunsalar {35} cümlesi bir on biñ ʿasker ile irişmeleri ḳavl olunmuş idüği baʿżı ṭaraflarından sāmiʿa-güẕār olmaḳ cihetiyle Ṭosḳa {36} ve Geġa ʿaskeri ne vaḳt ve ne maḥalle cemʿ olacaḳ ise ol vaḳt ve maḥal ẕikr olunan aʿyānlara daḫi bildirilerek ʿasker-i meẕkūre daḫi {37} ol vaḳt o maḥalde cemʿ olması ve bu ṣūretler ile ʿasker-i merḳūmeniñ ṭopı elli biñe bāliġ olaraḳ iḳtiżāsına göre {38} ḳol ḳol cāddeden ve İnebaḫtīʾdan ve Moraʾya ve Ṣālona ve Nārdaʾdan Ḳarlıiliʾne ḏoġrı sevḳ ol[un] duḳları gibi {39} mecmaʿ-ı ʿuṣāt perīşān olaraḳ ve Mora ṭarafında olan Anḳara ve Kenḳırī Sancaḳları Mutaṣarrıfı saʿādetlü Meḥmed Paşa ḥażretlerine daḫi (51) ḳuvvet gelerek ve ol vaḳte ḳadar Donanma-yı Hümāyūn daḫi irişerek inşāʾallāhü'r-Raḥmān meʾmūl olan {2} vaḳtden evvel Mora ġāʾilesi külliyyen berṭaraf olacağı meʾmūl oldığından bu ṣūret tensīb olunaraḳ rikāb-ı {3} hümāyūn-ı mülūkāneye ledeʾl-ʿarż mūcebince tanẓīmine irāde-i seniyye-i mülūkāne taʿalluḳ idüb Ṭosḳaluların̄ beğ ve ḫānedānları {4} Yānya'ya celbi ve müẕākere-birle muʿtedil māhiyyeye rabṭ olunaraḳ otuz bin̄ nefer Ṭosḳa ʿaskeri ve keẕālik {5} Avlonya ve İlbaṣan sancaḳları beğ ve ḫānedānları daḫi livāʾeyn-i meẕkūreyn mutaṣarrıfları nezdine celb ve müẕākere ḳılınaraḳ {6} muʿtedil māhiyye ile on bin̄ nefer ʿasker tertīb ve tecemmuʿ idecekleri maḥalde daḫi bulunduḳları günden iʿtibāren ʿulūfeleri {7} virilmek üzere ṣavb-ı sāmīlerine ve müşārun-ileyh ʿÖmer Paşa ve Oḫrī ve İlbaṣan mutaṣarrıflarına başḳa başḳa iḳtiżā iden evāmir-i ʿaliyye {8} ıṣdār ve cümlesi ṭaraf-ı ʿālīlerine tesyār olunmuş ve Mora maṣlaḥatının̄ ehemmiyyetine ve vaḳt ü ḥālin̄ nezāketine mebnī Mora maṣlaḥatı-çün daḫi {9} birḳaç aylıḳ ʿasker ʿulūfesi maṣārifini iḫtiyār itmekden ġayrı çāre görünmediğinden bu vechile reʾy ü tedbīr ḳılınmış ise de {10} bu maṣlaḥatın̄ evvel ü āḫiri ve īcāb ü iḳtiżāsı bütün bütün ẕāt-ı ʿālīlerinin̄ ʿuhde-i dirāyet ve istiḳlālin̄ize muḥavvel {11} olmaḳdan nāşī artıḳ bu vechile serīʿan ol miḳdār aylıḳlu ʿaskeri cemʿ idersiz, ḥāṣılı ne yapar isen̄iz yapub ve ne vechile {12} münāsib görür isen̄iz öylece idüb şu Mora'ya taʿyīn buyuracağın̄ız meʾmūrları bir ān aḳdem vaḳt geçmeksizin {13} külliyyetlü ʿasker ile imrārın̄ çāresini istiḥṣāl buyuraraḳ an̄a göre levāzım ve muḳteżāsını serīʿan bu ṭarafa {14} işʿār buyurmaları siyāḳında ḳāʾime. Fī ġurret-i B 37

[575/107] *Mora Vālīsi ve Serʿaskeri Seyyid ʿAlī Paşa'ya*
{1} Maʿiyyet-i düstūrīlerinde olan ʿaskerī ṭāʾifesinin̄ işlemiş ʿulūfeleri ve taʿyīnāt-ı māndeleri iki bin̄ {2} kīseye bāliġ oldığından vaḳtiyle yetişemediği ṣūretde beyneʾl-ʿasākir mūcib-i güft [ü] gū olacağı beyānıyla {3} meblaġ-ı mezbūrun̄ bir ān aḳdem iʿṭā ve iḥsān buyurulmasını ve ẕaḫāyir ḫuṣūṣunda müżāyaḳaları derkār idüğünden {4} muḥtāc-ı iʿāne-i seniyye olduḳları ḫuṣūṣlarını ḥāvī ve maʿiyyet-i müşīrīlerinde olan Den̄izli voyvodası sābıḳ Ṭavāslı {5} ʿOṣmān Ağa'nın̄ ʿavdetine müsāʿade-i seniyye erzānī ḳılınması iltimāsını muḥtevī muḳaddem ve muʾaḫḫar firistāde ve isrā buyurılan {6} taḥrīrāt-ı saʿādetleri mezāyāsı rehīn-i ıṭṭılāʿ-i ḫulūṣ-verī olmuş ve ṣavb-ı saʿādetlerine ʿasker ʿulūfesinden ḏolayı {7} aḳçenin̄ lüzūmı oldığı aḳṭār-ı Rumili'nin̄ istiḳlāl-i tāmme ile vālī-i vālā-şānı ve serʿasker-i ẓafer-ʿunvānı {8} ʿaṭūfetlü Ḫūrşīd Aḥmed Paşa ḥażretleri ṭaraflarından daḫi bā-taḥrīrāt inhā ḳılınmış oldığına bināʾen keyfiyyet ḥużūr-ı mekārim-neşūr-ı {9} ḥażret-i ḫilāfet-penāhīye ʿarż ü taḳdīm ile meşmūl-ı nigāh-ı ʿināyet-iktināh-ı cenāb-ı cihān-dārī buyurılaraḳ

ʿasākir-i merḳūme {10} ʿulūfeleri-çün iki biñ kīse aḳçe iʿṭāsına irāde-i seniyye müteʿalliḳ olmuş ve meblağ-ı mezbūr ḫazīne-bend ile ṣavb-ı saʿādetlerine {11} irsāl olunmuş ve mūmā-ileyh Ṭavāslı ʿOs̱mān Ağa erbāb-ı iḳtidārdan olub şimdi tamām ḫidmetde bulunacaḳ {12} vaḳt oldığından ʿavdetine ruḫṣat-ı seniyye tecvīz buyurulmamış ve ordu-yı serʿaskerīleri-çün lāzım gelan ẕaḫīreniñ {13} ṣūret-i tedārük ve irsāli ne vechile īcāb ider ise icrāsına himmet ve maʿiyyet-i serʿaskerīlerine bir muḳtedir nüzül emīni ve ḳaṣṣāb- {14} -başı ve kāffe-i mālzemeyi tanẓīm buyurmaları şeref-sünūḥ iden emr ü irāde-i ʿaliyye-i şāhāne mūcebince müşārun-ileyh ḥażretlerine {15} ṭaraf-ı muḫliṣīden taḥrīr ü işāret ḳılınmış olub dīger ḳāʾime-i ḫāliṣānemizde beyān olundığı vechile müşārun-ileyh Ḫūrşīd {16} Paşa ḥażretleri aḳṭār-ı Rumili'niñ sipeh-sālār-ı bāhirü'l-iʿtibārından olmaḳ ḥasebiyle ḳarīḥa-i ṣabīḥa-i ḥażret-i pādişāh-ı {17} bülend-iʿtibārdan iḥsān buyurılan nüfūẕ ü iʿtibārları kāffe-i meṣāliḥe şāmil oldığına bināʾen ḫuṭūb-ı mevkūle {18} ve mevādd-ı meʾmūrelerinde küllī ve cüzʾī müşārun-ileyh ḥażretlerine mürācaʿat ve reʾy ü tedbīrlerine muvāfaḳat merāsimini icrā-birle {19} her ḥālde īfā-yı muḳteżā-yı reviyyet-mendī ve meʾmūriyyete şitāb ü sürʿat buyurmaları siyāḳında ḳāʾime. Fī ġurret-i B 37

[*575/110*] *Ḫūrşīd Paşa ḥażretlerine*
{1} Teke ve Ḥamīd sancaḳlarınıñ saʿādetlü Mora Vālīsi Meḥmed Paşa ḥażretlerine tevcīhine müsāʿade-i seniyye erzānī buyurılacağı ve Mora Serʿaskeri {2} ʿaṭūfetlü Seyyid ʿAlī Paşa bu meʾmūriyyetde meʾmūl gibi çıḳmayub beṭāʾet üzere ḏavrandığından tebdīli iḳtiżā iderek {3} ol bābda müşārun-ileyh Meḥmed Paşa yāḫūd Ḳaraman Vālīsi saʿādetlü Reşīd Paşa ve Yānya Mutaṣarrıfı saʿādetlü ʿÖmer Paşa ḥażerātından {4} ve sāʾir vüzerādan biriniñ intiḫābıyla işʿār ḳılınması ḫuṣūṣlarına dāʾir mersūl-ı ṣavb-ı ʿālīleri ḳılınan taḥrīrāt-ı s̱enāverīye {5} cevāb olaraḳ vārid olan ḳāʾime-i seniyyelerinde müşārun-ileyh Seyyid ʿAlī Paşa ḥażretleri meʾmūriyyet-i meẕkūrede muvaffaḳ {6} olamamış ise de müşārun-ileyhim Meḥmed Paşa ve Reşīd Paşa ve ʿÖmer Paşa ḥażerātı daḫi yeñi vezīr olmaḳ taḳrībiyle serʿaskerlik {7} umūr-ı celīlesiniñ ʿuhdelerine iḥālesi nezd-i saʿādetlerinde tensīb olunmuş olub ancaḳ müşārun-ileyhim Meḥmed Paşa ve Reşīd Paşa {8} ve ʿÖmer Paşa ḥażerātı bi'l-ittifāḳ Īnebaḫtī'dan ḳarşuya geçmek üzere Mora'ya taʿyīn ḳılınaraḳ verālarından {9} lāzım gelan muʿāveneti icrā buyuracaḳları ve Mora serʿaskerliğiniñ kemā-kān müşārun-ileyh Seyyid ʿAlī Paşa ḥażretleri {10} ʿuhdesinde ibḳā ve taḳrīr yāḫūd āḫar vüzerā-yı ʿiẓāmdan birine iḥālesiyle Evlād-ı Fātiḥān'dan ve Gümülcine {11} ve Drāma ve Sīroz ṭaraflarından ʿasker sevḳ ü tesyīr olunması farīża-i ḥāliyeden oldığı ve Teke ve Ḥamīd sancaḳlarınıñ {12} müşārun-ileyh Meḥmed Paşa ḥażretleri ʿuhdesine tevcīhi ḫuṣūṣları tasṭīr ü imlā buyurulmuş olmağla mezāyāsı rehīn-i ıṭṭılāʿ-i {13} ḫāliṣānemiz olmuş ve ḫāk-pāy-ı mekārim-peymā-yı ḥażret-i pādişāhīye

ʿarż ile manẓūr-ı naẓar-ı ʿināyet-es̱er-i cenāb-ı {14} şehinşāhī buyurulmuşdur. Ẕāt-ı dirāyet-simāt-ı düstūrāneleri kemāl-i kār-āşināyī ve feṭānet ve mezīd-i mehām-dānī {15} ve ʿarāfet ile meşhūr ve her bir māddeyi miḥver-i lāyıḳında rüʾyet ider vükelā-yı fiḫāmdan olduḳlarından ve bu yaz {16} fevt olmaḳsızın Mora'nıñ berren ve baḥren kemāl-i derece ḥaṣr ü tażyīḳi ile taḫlīṣi esbābınıñ istiḥṣāli vaḳt ü ḥāl {17} ve mizāc-ı maṣlaḥata naẓaran beğāyet ehem göründiğinden müşārun-ileyh Seyyid ʿAlī Paşa bu maṣlaḥatda gevşek ḏavranaraḳ meʾmūl gibi {18} çıḳmadığına bināʾen tebdīli ṣūreti münāsib görinür ise de müşārun-ileyhim Meḥmed Paşa ve Reşīd Paşa ve ʿÖmer Paşa'nıñ {19} serʿaskerliğe elvirmez ʿadd olunaraḳ müşārun-ileyh Seyyid ʿAlī Paşa'nıñ serʿaskerlikde ibḳāsı ṣūretini ẕāt-ı sāmīleri {20} müreccaḥ göstermiş olduḳlarından müteʿalliḳ olan irāde-i seniyye-i mülūkāne mūcebince serʿaskerlik-i meẕkūr müşārun-ileyh {21} Seyyid ʿAlī Paşa ḥażretleri ʿuhdesinde ibḳā ve Teke ve Ḥamīd sancaḳları daḫi müşārun-ileyh Meḥmed Paşa ḥażretlerine ve Mora eyāleti {22} daḫi serʿasker-i müşārun-ileyhe tevcīh olunmuş olub lākin Mora maṣlaḥatınıñ ehemmiyy-eti taʿrīfden müstağnī ve maṣlaḥat serʿasker-i {23} müşārun-ileyhe ḳalur ise lāyıḳıyla iş göremeyeceği bedīhī olaraḳ ẓāhirde serʿaskerlik ḫaṭb-ı cesīmine müşārun-ileyh {24} meʾmūr ise de cenāb-ı düstūrīleri el-ḥāletü-hāẕihī aḳṭār-ı Rumili'niñ biʾl-istiḳlāl serʿasker-i ẓafer-rehberi {25} olaraḳ ḫıṭṭa-i Rumili'de vāḳiʿ kāffe-i vüzerā ve meʾmūrīne neẓāret-i şāmile ve mecmūʿ-ı meṣāliḥ ḥaḳḳında ruḫṣat-ı kāmileleri {26} derkār oldığına bināʾen işbu Mora maṣlaḥatınıñ daḫi her ṭarafı bütün bütün ẕāt-ı sāmīleriniñ iʿmāl-i tedābīr-i lāzıme ile {27} neẓāret ve himmetlerine mütevaḳḳıf olmaḳdan nāşī gerek müşārun-ileyhim Meḥmed Paşa ve Reşīd Paşa ve ʿÖmer Paşa ḥażerātınıñ işʿār-ı {28} ʿālīleri üzere ne vechile olur ise bir ān aḳdem külliyyetlü ʿasker ile İnebaḫtī'dan Mora derūnuna imrārları ḫuṣūṣunda {29} ve gerek serʿasker-i müşārun-ileyh daḫi baʿd-ez-īn her maṣlaḥatda ẕāt-ı sāmīleriyle muḫābereye meʾmūr oldığına bināʾen bu ṭaḳımıñ daḫi {30} berren Mora Derbendi'nden imrār ve idḫālleri esbābınıñ istiḥṣālinde ṣavb-ı saʿādetlerinden lāzım gelan reʾy ü tedbīr {31} ve imdād ü iʿānetiñ icrāsına himmet ve Mora üzerine gerek vüzerā ve gerek sāʾirden her kimi meʾmūr ve taʿyīn idecek iseñiz {32} hemān meʾmūr ve taʿyīn idüb vüzerādan her ḳangısını üzerine ve her ḳangısını āḫar ṭarafa münāsib görür iseñiz {33} taʿyīn iderek bu ḫuṣūṣa dāʾir ne maḳūle evāmir iḳtiżā ider ise inhā eylemeñiz, veʾl-ḥāṣıl cümlesini bildiğiñiz gibi (54) tertīb ü tanẓīm itmeñiz reʾy-i ʿālīñize iḥāle olunması daḫi muḳteżā-yı emr ü fermān-ı şāhāneden ve Mora eyāletiniñ ʿuhdesine {2} tevcīhi mücerred Mora serʿaskerliğinde tevfīr-i nüfūẕ ve tezāyüd-i münāsebet ğarażına mebnī olaraḳ ṭarafına ez-her-cihet iʿānet {3} buyurmalarınıñ ṣavb-ı ʿālīlerine işʿār ḳılındığı ḥikāyesiyle kendüsi daḫi ẕāt-ı sāmīleri mis̱illü rütbe-i celīle-i {4} ṣadāreti ḥāʾiz olmuş ise de cenāb-ı müşīrīleriniñ aḳṭār-ı Rumili'de kāffe-i vüzerā ve meʾmūrīne neẓāret {5} ve iḳtiżāsına göre reʾy ü tedbīr ve muʿāvenet itmek üzere ḳarīḥa-i ṣabīḥa-i mülūkāneden meʾmūr buyurulmuş olduḳlarından {6} baʿd-ez-īn her bir maṣlaḥat-ı serʿaskerīye dāʾir iḳtiżā iden umūr ü meṣāliḥde ṭaraf-ı düstūrīlerine mürācaʿat eylemesi eṭrāfıyla {7} serʿasker-i müşārun-ileyhe tavṣiye ve beyān olunmuş oldıġı maʿlūm-ı sāmīleri buyuruldukda her ḥālde icrā-yı şerāyiṭ-i kār-dānāyī {8} ve reviyyete himmet buyurmaları siyāḳında. Fī ġurret-i B 37

[*575/113*] *Ḫūrşīd Paşa ḥażretlerine*

{1} Silaḥdār-ı ġayret-şiʿārları ve sāʾir bendeleri ḥaḳlarında sāniḥ olan iltifāt ve ʿināyāt-ı ʿaliyyeleriniñ īfā-yı merāsim-i {2} teşekkür ü maḥmedetinden baḥiṣle Geġa paşalarınıñ şimdiden ḥāżır ü āmāde olaraḳ ne miḳdār ʿasker ile ṣavb-ı sāmīlerinden [?] {3} ne vaḳt maṭlūb olunur ise serīʿan ḥareket ve ṣavb-ı meʾmūrlarına ʿazīmet eylemeleri-çün başḳa başḳa iḳtiżā iden {4} evāmiriñ ıṣdār ve tesyār ḳılınması ve bunlara birer miḳdār ʿaṭiyye-i seniyye iʿṭā ve irsāli lāzımeden ise de maḥallerinden {5} ḥareket eylemezden evvel gönderilmesi maḥẕūrı müstetbiʿ olacaġından meʾmūr olduḳları maḥallere vuṣūllerinde ʿaṭiyye-i {6} seniyye daḫi gönderileceği kendülere bildirilmesi ve Ḳāḳosil gāvurlarınıñ ʿiṣyānda ıṣrārları cihetiyle {7} üzerlerine iki ḳoldan varılmaḳ içün ilerüye gitmeyüb birḳaç gün Nārda'da iḳāmet eylemeleri ṣavb-ı serʿaskerīlerinden {8} ʿuṣāt-ı mersūme üzerine taʿyīn buyurulmuş olan ḥālā Teke ve Ḥamīd sancaḳları mutaṣarrıfıyla Ḳaraman vālīsi ḥażerātına {9} taḥrīr buyuruldıġı ifādesini ve Ḳaṣṣābbaşı sābıḳ ʿAlī Efendi bendeleriniñ daḫi ʿafv ü ıṭlāḳı ḫuṣūṣunı şāmil {10} enāmil-pīrā-yı vürūd olan taḥrīrāt-ı düstūrāneleri meʾāl ü mezāyāsı ḳarīn-i ıṭṭılāʿ-i ṡenāverī olduḳdan ṣoñra {11} ṭaḳımıyla ḫāk-pāy-ı emel-baḫşā-yı ḥażret-i pādişāhīye daḫi ʿarż ü taḳdīm ile manẓūr-ı naẓar-ı ʿāṭıfet-eṡer-i {12} cenāb-ı kītī-sitānī buyurulmuş ve "Müşārun-ileyhe ne ḳadar iltifāt olunsa değer. Ġayretli vezīrdir. Ḥaḳḳ Taʿālā dāʾimā livāsını {13} manṣūr eyleye." deyu ḫaṭṭ-ı hümāyūn-ı kerāmet-maḳrūn-ı ḥażret-i ẓıllullāhī şeref-baḫşā-yı ṣudūr olmuşdur. Kāffe-i işʿārat-ı {14} sāmīleri ẕāt-ı ʿālīlerine mevhibe-i İlāhiyye olan rüşd ü dirāyet iḳtiżāsından olaraḳ becā ve Geġalıḳ paşaları {15} ḥaḳḳında olan işʿār-ı sāmīleri daḫi nefsü'l-emre muvāfıḳ oldıġı hüveydā olaraḳ bu defʿa müteʿalliḳ olan {16} emr ü irāde-i seniyye-i mülūkāne mūcebince gönderdikleri pūşula vechile ve inhā-yı ʿālīleri üzere Geġa paşalarınıñ {17} maʿiyyet-i serʿaskerīlerine meʾmūriyyetlerini ḥāvī iḳtiżā iden evāmiri şimdiden ıṣdār ve kendülerine tesyār-birle {18} her ne vaḳt maḥall-i meʾmūriyyetlerine varırlar ise bu ṭarafdan kendülerine ʿaṭāyā-yı seniyye daḫi gönderileceği paşa-yı {19} mūmā-ileyhime ṣavb-ı muḫliṣīden başḳa başḳa taḥrīr ü işʿār ḳılınmış ve Ḳāḳosil gāvurları ḥaḳḳında olan işʿārlarınıñ {20} iḳtiżā-yı reʾy ü tedbīri ne vechile ise ʿuhde-i istiḳlāl ve reʾy-i āṣafānelerine ḥavāle ḳılınması şeref-baḫş-ı ṣudūr iden {21} ḫaṭṭ-ı hümāyūn-ı şāhāneden müstebān olmuş ve ḳaṣṣābbaşı sābıḳ-ı mūmā-ileyh bendeleri daḫi ṭıbḳ-ı iltimās-ı ʿālīleri üzere {22} ʿafv ü ıṭlāḳ buyurulmuş olmağla mūmā-ileyhiñ ıṭlāḳını birāderi saʿādetlü Ḥasan Paşa ḥażretlerine ifādeye himmet {23} ve ẕāt-ı Felāṭūn-simāt-ı müşīrāneleri hemān mecbūl ü mefṭūr olduḳları māye-i ḥamiyyet ü şecāʿat muḳteżāsı üzere {24} her ḥālde şevket-i İslāmiyye'niñ ibrāz ü iẓhārını müstelzim ḥālātı ikmāle mübāderet muḥavvel-i ʿuhde-i ḥamiyyet ü diyānetleri {25} idüği beyānıyla ḳā'ime. Fī ġurret-i B 37

[575/126] *Limnī muḥāfıẓına*

{1} Bozbaba reʿāyāsınıñ istīmānı ḥāvī üç nefer ḳocabaşılar ile ṣavb-ı müşīrīlerine gelmiş olan kāğıdları {2} Dersaʿādet'e taḳdīm ol[un]dığı ve cizye-i maḳṭūʿaları mālı olaraḳ göndermiş olduḳları biñ yetmiş iki ġurūş daḫi {3} gönderilmiş oldığı beyānıyla lāzım gelan cizye evrāḳınıñ irsāl ḳılınmasını ve baʿżı ḥavādiṡi ḥāvī firistāde ve isrā {4} buyurılan taḥrīrāt-ı düstūrīleri ve ẕikr olunan kāğıdlar me'āli rehīn-i ıṭṭılāʿ-i ḫulūṣ-verī olduḳdan ṣoñra ḫāk-pāy-ı {5} hümāyūn-ı mülūkāneye ʿarż ü taḳdīm ile manẓūr-ı hümāyūn-ı şāhāne buyurulmuşdur. Cezīre-i merḳūme reʿāyāsı bu āna ḳadar {6} ʿiṣyānlarında ıṣrār ile şimdi Donanma-yı Hümāyūn'uñ Aḳdeñiz'e çıḳacağı maʿlūmları oldığından istīmān {7} itmişler olub ẕikr olunan ḳocabaşıları daḫi rehn olaraḳ Limnī'ye göndermişler ise de bu maḳūle baʿde'l-ʿiṣyān {8} istīmān idenler ḥaḳḳında bā-irāde-i seniyye ḳarār-gīr olan şürūṭ-ı istīmān muḳteżāsınca baʿd-ez-īn iḳtiżā iden {9} cizyeleri ʿale'r-ru'ūs ve ʿan-yed taḥṣīl olunmaḳ ve içlerinden birḳaç nefer söz ṣāḥibleri rehn olaraḳ Dersaʿādet'e {10} gönderilmek īcāb eylediğinden ẕikr olunan cizye aḳçesi yine ṭaraf-ı müşīrīlerine iʿāde ve istīmān şürūṭunuñ bir ṣūreti {11} irsāl olunaraḳ mūcebince gerek cizyeleriniñ baʿd-ez-īn ʿale'r-ru'ūs ve ʿan-yed taḥṣīl ve gerek ẕikr olunan ḳocabaşılarıñ {12} ibḳā-yı āsāyişe ḳadar rehn olaraḳ iḳāme içün Dersaʿādet'e irsāliyle dīger şarṭlarıñ daḫi tamāmen icrāsı ṣūretleri {13} kendülere teklīf olunub eğer öylece ḳabūl ve icrā iderler ise ol vaḳt kendülere re'y ve amān virilmek üzere {14} keyfiyyeti Dersaʿādet'e işʿār eylemeñiz ve ḳabūl eylemedikleri taḳdīrde daḫi ʿavn-i Ḥaḳḳ'la ḳarīben cümlesiniñ ḥaḳlarından gelinmek {15} üzere mersūm ḳocabaşıları yine bu ṭarafa göndermeñiz tensīb olunmuş ve emr ü irāde-i şāhāne daḫi bu merkezde {16} deverān iderek şürūṭ-ı mezḳūruñ bir ḳıṭʿa ṣūreti iḫrāc ve işbu nemīḳa-i ḫulūṣ-verī leffen ṣavb-ı saʿādetlerine {17} gönderilmiş ve mārrü'ẕ-ẕikr aḳçe daḫi yine ṣavb-ı saʿādetlerine iʿāde ḳılınmış olmağla ẕikr olunan ṣūretde münderic şarṭlarıñ {18} tamāmen icrāsı ṣūretleri kendülere teklīf olunub eğer öylece ḳabūl ve icrā iderler ise keyfiyyeti Dersaʿādet'e işʿār ve mersūm {19} ḳocabaşıları bu ṭarafa irsāle ve ḳabūl itmedikleri ṣūretde ʿavn-i Ḥaḳḳ'la ḳarīben cümlesiniñ ḥaḳlarından gelinmek üzere {20} yine mersūm ḳocabaşıları Dersaʿādet'e iḥżāra himmet buyurmaları siyāḳında ḳā'ime. Fī 5 B 37

[575/127] *İzmīr muḥāfıẓına*

{1} Sāḳız cezīresi pīşgāhına Sīsām ṭarafından ḳırḳ-elli ḳadar ḳayıḳ ile on beş ḳadar eşḳıyā teknesi gelüb sū᾽-i ḳaṣdları {2} Sāḳız cezīresi olacağından Aydın ve Ṣaruḫan sancaḳlarından Sāḳız'a müretteb ʿaskeriñ ḳuṣūruyla İzmīr mübāyaʿacısı {3} maʿrifetiyle gönderilecek ẕaḫīreniñ ʿācilen irsāl olunması ḫuṣūṣı ṣavb-ı saʿādetlerine saʿādetlü Sāḳız muḥāfıẓı {4} ḥażretleri ṭarafından işʿār olunmuş ve cenāb-ı müşīrīleri daḫi derḥāl livā᾽eyn-i merḳūmeyn mütesellimlerine mü᾽ekked taḥrīrātlar {5} irsāl iderek ʿasākir-i merḳūmeyi taʿcīl ve mübāyaʿacı-i mūmā-ileyh maʿrifetiyle gönderilecek ẕaḫīreyi develere {6} taḥmīl iderek Çeşme ḳalʿasına tesbīl ve vaḳt bulduḳları gibi gönderilan ẕaḫīreyi Sāḳız'a irişdirmelerini {7} iḳtiżā idenlere te᾽kīd buyurmuş olduḳlarını ve ẕikr olunan gāvur tekneleri cezīre-i merḳūme ile muḥārebe eylemekde {8} olduḳlarına dā᾽ir mu᾽aḫḫaren Çeşme ṭarafından tevārüd itmiş olan kāğıd iṭāre ḳılındığını şāmil tevārüd iden {9} taḥrīrāt-ı düstūrīleri mezāyāsı maʿlūm-ı ḫālişānemiz olmuşdur. ʿUṣāt-ı eşḳıyānıñ ol ṣūretle Sāḳız {10} cezīresine sū᾽-i ḳaṣd ve icrā-yı ihānet ġarażıyla muḥārebeye cesāret itmiş olduḳları me᾽āl-i işʿārlarından müstebān ve Sāḳız ise {11} reʿāyāsı kes̱īr bir maḥal olmaḳ taḳrībiyle tīz elden müretteb olan ʿasākiriñ ve ẕaḫīreniñ irişdirilüb ḳalʿa-i şāhāneniñ {12} mekāyid-i aʿdādan muḥāfaẓasını mūcib vesā᾽iliñ ikmāli derece-i vücūbda oldığı bedīhī ve ʿayān olaraḳ bu defʿa {13} ẕikr olunan sancaḳlardan müretteb ʿaskeriñ bir ān ve bir daḳīḳa evvel ne vechile olur ise irişdirilmesi-çün iḳtiżā idenlere mü᾽ekked {14} ü müşedded istiʿcāl evāmiri ıṣdār ve tesyār ḳılınmış olmağla ẕāt-ı saʿādetleri daḫi muḳteżā-yı ġayret ü ḥamiyyetiñiz ve iḳtiżā-yı {15} işʿārıñız üzere ẕaḫāyir-i mürettebeyi hemān develer ile Çeşme ṭarafına gönderüb andan bir taḳrīb Sāḳız'a irişdirilmesi {16} vesā᾽ilini istiḥṣāle ve sā᾽ir her ne vechile ve ne ṭarīḳiyle Sāḳız'a ṭaraf-ı saʿādetlerinden imdād ü iʿānet mümkin olabilür ise, {17} ve'l-ḥāṣıl şu Sāḳız cezīresi ḥaḳḳında ṭaraf-ı şerīfiñizden mümkinü'l-icrā olan iʿāneyi ʿācilen ikmāl ile {18} diyānet ü ṣadāḳat levāzımını is̱bāta saʿy-ı bī-şümār buyurmaları siyāḳında ḳā᾽ime. Fī 6 B 37

[575/132] *Sāḳız muḥāfıẓına*

{1} Sāḳız üzerine gelan ʿuṣāt-ı kefere ne vechile muḥārebeye ictirā itmiş ve emr-i müdāfaʿa ve ḳahr ü tedmīrlerine ne ṣūretle saʿy ü ġayret {2} olunmuş oldığı beyānıyla gönderilan pūṣula mūcebince ʿācilen mühimmāt ü edevāt-ı lāzıme ve ʿasker irişdirilmesi ḫuṣūṣuna dā᾽ir {3} ve sergerde-i ʿuṣāt olan laʿīniñ gönderdiği kāğıda dehān-ı ṭop ile cevāb virilerek kāğıd-ı mezkūr {4} iṭāre ḳılındığına müteddā᾽ir tevārüd iden taḥrīrāt-ı düstūrīleri ve kāğıd-ı mezkūr tercümesi mezāyāsı maʿlūm-ı ḫālişānemiz {5} olduḳdan ṣoñra ḫāk-pāy-ı hümāyūn-ı şāhāneye ʿarż ile meşmūl-ı nigāh-ı celādet-iktināh-ı ḥażret-i pādişāhī buyurulmuşdur. {6} Saʿādetlü İzmīr muḥāfıẓı ḥażretleri ṭarafından daḫi gönderilan taḥrīrāt tevārüd itmiş ve keyfiyyet maʿlūm olmuş ve Aydın {7} ve Ṣaruḫan ṭarafından müretteb ʿaskeri taʿcīl eylediği ve İzmīr'den mübāyaʿacı maʿrifetiyle müretteb olan ẕaḫīreyi sevḳ {8} ü tesbīl eylediği müşārun-ileyh ṭarafından beyān ü işʿār ḳılınmış ise de derḥāl ʿasākir-i merḳūme bu ṭarafdan daḫi mü'ekked ü müşedded {9} evāmir-i ʿaliyye ıṣdārıyla istiʿcāl olunmuş ve muḥāfıẓ-ı müşārun-ileyhe taḥrīr ve tesyīr olunmuş olan cevāb-nāme-i ḫālişānemizde {10} Sāḳız'a bi'l-vücūh imdād ü iʿānet ve iṡbāt-ı ġayret ü diyānet itmesi te'kīd ḳılınub gönderdikleri pūṣula mūcebince {11} maṭlūb buyurılan mühimmāt ve hekīm ve çırāḫ [?] daḫi derdest-i tanẓīm olub el-ḥāletü-hāẕihī vezīr-i mükerrem saʿādetlü Ḳapūdān paşa {12} ḥażretleri maʿiyyetiyle bu defʿa Aḳdeñiz'e çıḳacaḳ Donanma-yı Hümāyūn Beşikṭaş pīşgāhına alārġa olub {13} müşārun-ileyh Ḳapūdān paşa ḥażretleri daḫi gemiye girmiş olduḳlarından bi-luṭfihī Taʿālā hemān müşārun-ileyh ḥażretleri Donanma-yı {14} Hümāyūn ile çıḳmaḳ üzere oldığından mühimmāt-ı meẕkūre daḫi berāberce irsāl olunmaḳ üzeredir. Ḳaldı ki, (62) gāvurlar her ne ḳadar Sāḳız ḳalʿası üzerine gelmeğe cesāret itmişler ise de ẕāt-ı saʿādetleri metānet ve ḥamiyyeti {2} iṡbāt buyuraraḳ müdāfaʿalarına iḳdām buyurmuş olduḳlarından ḫaylīsi giriftār-ı şimşīr-i ġuzāt-ı muvaḥḥidīn oldığı {3} me'āl-i işʿārlarından müstefād olaraḳ bu keyfiyyet bādī-i ḥaẓẓ ü taḥsīn ve inşā'allāhü Taʿālā ʿahd-i ḳarībde şevket-i {4} İslāmiyye'yi müşāhede idecekleri elṭāf-ı ḫafiyye-i İlāhiyye'den mes'ūl olmağın hemān bu ḫuṣūṣda ġayret olunaraḳ {5} o maḳūle ʿāṣī gāvurlara göz açdırmayub ḳahr ü tedmīr ile iki cihānda fevz ü selāmeti taḥṣīl bi'l-cümle mü'min {6} ve muvaḥḥide farīża-i ẕimmet oldığı nezd-i saʿādetlerinde maʿlūm olan keyfiyyātdan ve inşā'allāhü Taʿālā hemān şu aralıḳ {7} Donanma-yı Hümāyūn-ı nuṣret-maḳrūn ve ʿasākir-i mürettebe-i manṣūre irişerek Sāḳız'a gelan kāfirler külliyyen mużmaḥill ü perīşān {8} olacaḳları ʿināyet-i Bārī'yle vāżıḥātdan olmağla hemān cenāb-ı ḥamiyyet-me'āb-ı düstūrāneleri ez-her-cihet muṭma'innü'l-ḳalb {9} olaraḳ ġayret ü diyānetlerini iṡbāt ve o maḳūle kāfirler ʿavn-i Ḥaḳḳ'la bir şey dimek olmayub saṭvet-i ḳāhire-i {10} İslāmiyye'ye tāb-āver-i taḥammül olamayacaḳlarını ve Donanma-yı Hümāyūn ve ʿasākir-i mürettebe varmaḳ üzere olduḳlarını {11} lāzım gelenlere tefhīm-birle bir ṭarafdan ḳahr ü tenkīl ile ḥaḳlarından gelmeğe beẕl-i himmet ü ġayret buyurmaları siyāḳında ḳā'ime. Fī 9 [?] B 37

[*575/136*] ***Mora Ḳasteli'nde olan Yūsuf Paşa'ya***

{1} Bundan aḳdem ʿuhde-i saʿādetlerine tevcīh olunmuş olan Aydın ve Ṣaruḫan sancaḳlarınıñ īfā-yı lāzıme-i şükr-güẕārī {2} ve maḥmedetinden ve uğur-ı dīn ve Devlet-i ʿAliyye'de cānsipārāne çalışacaḳlarından baḥiṡle saʿādetlü Anḳara Mutaṣarrıfı Meḥmed Paşa {3} ḥażretleriniñ Bālyabādra'ya vuṣūli cümle ümmet-i Muḥammed'e bāʿiṡ-i inşirāḥ olaraḳ eṡer-i teveccühāt-ı şāhāne ile Yānya maṣlaḥatı daḫi {4} rehīn-i ḥüsn-i ḫitām oldığından müşārun-ileyh Meḥmed Paşa ḥażretleriniñ Preveze'ye gitmesi Mora ṭarafında olan bu ḳadar {5} nüfūs-ı keṡīre-i mü'minīne īrāṡ-ı fütūr iderek gāvurlarıñ şīrīnlemelerini müstelzim olacağından müşārun-ileyhle bi'l-ittifāḳ {6} kemāl-i derece şıḳışmış olan Gördūs'üñ imdādına gidilmek taṣmīm olunmuş ise de Bādra'ya üç sā'at mesāfe {7} maḥallerde ḫaylīce eşḳıyā göründiğinden üzerlerine 'asker irsāliyle vuḳū' bulan muḥārebede āverde-i pençe-i ġuzāt olan {8} diller Mora 'uṣātınıñ külliyyetle Bādra üzerine geleceklerini ifāde itmiş oldığından Gördūs'e gidilmekden {9} ṣarf-ı naẓar ile Bādra'nıñ cevānib-i erba'asına metānet virilmiş ise daḫi evvelbahār içün tertīb olunan Donanma-yı Hümāyūn'uñ {10} bir gün evvel iḫrācı ve berren me'mūrlarıñ irişmeleri ta'cīl ḳılınması ve sa'ādetlü Yānya Mutaṣarrıfı 'Ömer Paşa ḥażretleriniñ {11} külliyyetlü 'asker ile Nārda ve Ḳarlıili gāvurlarını ḳahr ü tenkīl iderek İnebaḫtī ṭarafına gitmek üzere oldığı {12} mesmū'-ı müşīrīleri oldığından İzdīn'de olan vüzerā-yı 'iẓām daḫi Ṣālona'ya mürūra iḳdām-birle baḥren cenāb-ı {13} sa'ādetlerine ḫaber virirler ise ol ṭarafda bulunan sefāyin ile İstifa yāḫūd Ṣālona iskelelerinde 'asker-i İslāmiyye'niñ {14} Mora'ya imrārları ile iş görülmesi münāsib olacağı ḫuṣūṣlarını ḥāvī ve sā'ir ifādeyi muḥtevī resīde-i cā-yı {15} vuṣūl olan taḥrīrāt-ı düstūrāneleri mezāyāsı ma'lūm-ı muḥibbī olmuş ve ḫāk-pāy-ı hümāyūn-ı şāhāneye 'arż ile meşmūl-ı liḥāẓa-i {16} 'āṭıfet-ifāża-i cenāb-ı şehriyārī buyurulmuşdur. Mora ṭarafınıñ ṣıḳışması cihetiyle berren ve baḥren i'ānet-i muḳteżiyeniñ {17} icrāsına bi'l-i'tinā bundan aḳdem Mora me'mūrlarından mā'adā ḥālā Rumili'niñ vālī-i vālā-şānı ve ḳarīḥa-i ṣabīḥa-i {18} cenāb-ı şāhāneden virilan ruḫṣat-ı seniyye iḳtiżāsı üzere istiḳlāl-i tāmme ile ser'asker-i ẓafer-'unvānı **(64)** 'aṭūfetlü Ḫūrşīd Aḥmed Paşa ḥażretleri Mora üzerine külliyyetlü 'asker göndermek üzere olub Donanma-yı {2} Hümāyūn daḫi Beşiktaş pīşgāhına çekdirilerek çend rūz muḳaddemce sa'ādetlü Ḳapūdān paşa ḥażretleri daḫi {3} gemiye girmiş oldığından inşā'allāhü'r-Raḥmān bir ṭarafdan berren gidecek me'mūrlar vararaḳ ve bir ṭarafdan muvāfıḳ {4} havā ile Donanma-yı Hümāyūn daḫi vāṣıl olaraḳ berren ve baḥren bi't-tażyīḳ Mora'nıñ eyādī-i küffārdan istiḫlāṣı {5} elṭāf-ı İlāhiyye'den müsted'ā ve İzdīn'de olan me'mūrlarıñ inhā-yı müşīrīleri üzere İstifa ve Ṣālona iskelelerinden {6} Mora'ya imrārları ṣūreti münāsib göründiğinden müte'alliḳ olan irāde-i seniyye mūcebince keyfiyyet ṭaraf-ı ḫāliṣānemizden {7} bu def'a müşārun-ileyh Ḫūrşīd Paşa ḥażretlerine ḥikāyeten taḥrīr olunub iḳtiżāsınıñ icrāsı re'y ü tedbīrine {8} ḥavāle ḳılınmış idüği hüveydā olmaḳdan nāşī muḳteżā-yı ġayret ü ḥamiyyet-i müşīrīleri üzere ẕāt-ı sa'ādetleri muṭma'innü'l-ḳalb {9} bulunub bundan böyle daḫi ibrāz-ı me'āṡir-i ṣalābete teşmīr-i sāḳ-ı himmet buyurmaları siyāḳında ḳā'ime. Lede'l-vuṣūl {10} muḳaddemā istemiş olduḳları ṭop ve ḳundaḳlarınıñ Donanma-yı Hümāyūn ile īṣāli taḥrīrāt-ı mevrūde-i mezkūrelerinde {11} iş'ār buyurulmuş oldığından ṭıbḳ-ı işʿārları vechile ẕikr olunan ḳundaḳlar Donanma-yı Hümāyūn ile gönderilmek üzere {12} oldığı maʿlūm-ı saʿādetleri buyurulduḳda her ḥālde īfā-yı levāzım-ı besālet-kārī ve taḥaffuẓīye mübāşeret buyurmaları me'mūldür. Fī 11 B 37

[575/147] *İzmīr muḥāfıẓına*

{1} Sāḳız'dan İzmīr'e gelmiş olan Covānī nām müste'meniñ eşḳıyā ile Sāḳız'da olan ehl-i İslām'ıñ el-yevm muḥārebede {2} olub ʿuṣāt-ı eşḳıyānıñ Midillü üzerine daḫi gitmek niyyet-i fāsidesinde olduḳlarına dā'ir virdiği ḫaber keyfiyyeti {3} ve derḥāl ṭaraf-ı saʿādetlerinden keyfiyyet Midillü muḥāfıẓına taḥrīr ile mütebaṣṣır bulunması te'kīd olunmuş oldığını ve Aydın ve Ṣaruḫan {4} sancaḳlarından Sāḳız'a müretteb ʿaskeriñ ḳuṣūrı ṭaraf-ı saʿādetlerinden mütesellimlerine taḥrīr ve taʿcīl olunmuş ve ʿasākir-i {5} merḳūmeden başḳa li-ecli'l-imdād birḳaç yüz nefer piyāde ve süvārī gelmiş ve İzmīr'den daḫi şimdiye ḳadar yedi-sekiz yüz {6} nefer ʿasker tertīb olunmuş ise de bu ʿaskeriñ cümlesi Çeşme ḳaṣabasında tecemmuʿ iderek Sāḳız'a geçmeleri mümkin {7} olamadığı ve ʿasākir-i merḳūmeniñ Çeşme'de iḳāmetleri mümted olur ise ẕaḫīre tedārükünde ʿusret çekeceklerinden {8} tefriḳalarını mūcib olacağı ifādesini şāmil tevārüd iden taḥrīrāt-ı müşīrīleri mezāyāsı rehīn-i ıṭṭılāʿ-i {9} ḫālişānemiz olub bu vechile Sāḳız ṭarafına imdād ü iʿāneti mūcib esbābıñ istiḥṣāline derkār olan {10} ġayret ü himmetleri ve Midillü muḥāfıẓını daḫi iḫṭāra müsāraʿatları tamām ẕāt-ı saʿādetlerinden me'mūl ü muntaẓar {11} olan istiḳāmet ü ḥamiyyeti iṣbāt ü te'kīd itmekle bu keyfiyyet müstelzim-i ḥaẓẓ ü taḥsīn ve mūcib-i sitāyiş ü āferīn {12} olmuşdur. Sāḳız cezīresi üzerine hücūm iden gāvurlarıñ ḳahr ü tedmīri emrinde lāzım gelan tedābīr ve tedārükātıñ {13} icrāsına iʿtinā olunmuş ve el-ḥāletü-hāẕihī saʿādetlü Ḳapūdān paşa ḥażretleri daḫi sefīneye girüb fora ġābya {14} itmiş oldığından muvāfıḳ havāya müteraḳḳıb oldığına binā'en bi-mennihī Taʿālā hemān havā [muvāfıḳ] oldığı gibi müşārun-ileyh Ḳapūdān {15} paşa ḥażretleri ḳalḳub ḏoğrı Sāḳız üzerine ʿazīmet ve Çeşme ṭarafında olan ʿaskeriñ imrārı {16} vesā'ilini istiḥṣāl ve bir ṭarafdan daḫi Donanma-yı Hümāyūn'dan ḳara ʿaskeri iḫrāc iderek ʿavn-i Bārī'yle ḳarīben Sāḳız'ıñ {17} bir ḥüsn-i ṣūret kesb itmesi elṭāf-ı İlāhiyye'den müstedʿā olaraḳ Midillü keyfiyyeti bu defʿa ṭarafımızdan Midillü muḥāfıẓına {18} ve nāẓırına yazılaraḳ āgāh bulunmaları tenbīh olunmuş olmağla ẕāt-ı saʿādetleri daḫi ġayret buyurub ve iṣbāt-ı {19} ḥamiyyet idüb şu Çeşme yaḳasına tecemmuʿ iden ʿasākiriñ Donanma-yı Hümāyūn varınca ḳadar ḏağılmayaraḳ ḥüsn-i idārelerine {20} ve İzmīr'den Sāḳız'a gidecek ẕaḫāyiriñ develer ile hemān Çeşme yaḳasına ve andan Sāḳız'a imrārına ve inşā'allāhü Taʿālā {21} muvāfıḳ havā ile hemān Donanma-yı Hümāyūn varmaḳ üzere ise de donanma varmazdan evvel daḫi bir çāresini bulabilür iseñiz {22} hemān Sāḳız'a imrār iderek bir ḥüsn-i ḫidmet ibrāzına ġayret ü himmet buyurmaları siyāḳında ḳā'ime. Fī 12 B 37

[*575/150*] *Ḫūrşīd Paşa ḥażretlerine*
{1} Mora maṣlaḥatınıñ ehemmiyyeti cihetiyle Mora içün tertīb ve tesyīr buyuracaḳları ʿaskeriñ baḥren imrārı Donanma-yı Hümāyūn {2} sefāyininiñ ol ṭaraflarda ṣavlet-endāz olmasına mütevaḳḳıf oldıġından saʿādetlü Ḳapūdān paşa ḥażretleri {3} istiṣḥāb ideceği Donanma-yı Hümāyūn ile ḏoġrı Mora üzerine ʿazīmet ve Bālyabādra ṭaraflarına vuṣūllerinde {4} ẕāt-ı sāmīleriyle bi'l-muḫābere Rumili'den imrār olunacaḳ me'mūrīn ve ʿasākiri gerek Donanma-yı Hümāyūn {5} sefīne ve filiḳaları ve gerek el-yevm ol ṭarafda bıraġılan tüccār tekneleriyle imrār iderek ve bir ṭarafdan daḫi {6} iḳtiżā-yı ḥāl ü maṣlaḥata göre Donanma-yı Hümāyūn'uñ Mora üzerinde ne vechile iʿmāli īcāb ider ise öylece icrā olunaraḳ {7} evvel-be-evvel şu Mora ġā'ilesiniñ bā-ʿavn-i Bārī itmāmına saʿy ü ġayret olunması bundan aḳdem bu ṭarafda {8} ittifāḳ-ı ārā ile ḳarār-gīr oldıġı keyfiyyeti giçende ṣavb-ı sāmīlerine tafṣīlen beyān ü işʿār olunmuş idi. Ol ḳarār üzere {9} Donanma-yı Hümāyūn āmāde ḳılınaraḳ müşārun-ileyh Ḳapūdān paşa ḥażretleri daḫi sefīneye girüb fora ġābya iderek {10} hemān ḥareket itmek üzere muvāfıḳ havāya müteraḳḳıb ise de bugünlerde Sīsām aḏası ṭarafında (70) ḳırḳ-elli ḳadar ḳayıḳ ve on beş ḳadar tekne ile izbāndīd eşḳıyāsı Sāḳız cezīresi üzerine hücūm ve ḳaraya {2} ʿasker çıḳararaḳ muḥārebeye cesāret ve saʿādetlü Sāḳız Muḥāfıẓı Vaḥīd Paşa ḥażretleri daḫi mevcūd olan {3} ʿasākir-i muvaḥḥidīn ile Sāḳız ḳalʿasından müdāfaʿalarına mübāderet iderek el-yevm muḥārebe olunmaḳda oldıġı ḫaberi {4} tevārüd itmiş ve bu cihetle Sāḳız ḳalʿası maḥṣūr gibi ḳalmış olub ʿuṣāt-ı eşḳıyānıñ bu aralıḳ bu dāʿiyeye teşebbüṡleri {5} Donanma-yı Hümāyūn'ı Mora üzerine ʿazīmetden ʿavḳ ve işġāl ṣanīʿasına mebnī olması mütebādir-i ḫāṭır ve bunlarıñ {6} bu vechile yeñi başdan ʿiṣyān ider gibi ḥareketleri Rūsyalunuñ taḥrīkiyle olması aḳreb-i melḥūẓ ise de {7} şimdiki ḥālde Sāḳız['ı] bu ḥālde bıraḳmaḳ cā'iz olmadıġından Sāḳız cezīresi-çün tertīb olunan bārūt {8} ve mühimmāt ve ṭoplar ve ṭopçı neferātı ve sā'iri cümleten tehyi'e olunub Donanma-yı Hümāyūn'a vażʿ-birle inşā'allāhü Taʿālā {9} Donanma-yı Hümāyūn ḳarīben Sāḳız üzerine vuṣūlleriyle götürdükleri mühimmātı iḫrāc ve Çeşme yaḳasında Sāḳız'a {10} geçmek üzere olan ʿaskeri sālimen imrār ve Donanma-yı Hümāyūn'dan daḫi birḳaç biñ ḳara ʿaskeri iḫrāc {11} olunaraḳ bā-ʿavn-i Bārī ve ḳuvve-i ḳudsiyye-i cenāb-ı ẓıllullāhī eşḳıyānıñ defʿaten ḳahr ü tenkīlleriyle cezīre-i meẕkūre {12} maṣlaḥatı ḳarīben bir ḥüsn-i ṣūret kesb itmesi elṭāf-ı İlāhiyye'den mes'ūl ü mütevaḳḳaʿ olaraḳ mu'aḫḫaren bu ṣūret {13} tensīb ü irāde olunmuş ve ol vechile muvāfıḳ havāya müteraḳḳıben hemān ḥareket itmek üzere olan Donanma-yı Hümāyūn {14} ibtidā ḏoġrı Sāḳız'a, andan muḳaddemki ḳarār vechile Mora üzerine ʿazīmet

itmesi lāzım gelmiş olaraḳ {15} ʿavn ü nuṣret-i Cenāb-ı Ḫayru'n-Nāṣırīn ile Sāḳız cezīresi maṣlaḥatı uzamayub hemān elṭāf-ı İlāhiyye'den me'mūl oldığı üzere {16} Donanma-yı Hümāyūn vardığı gibi bir ḥüsn-i ṣūret kesb iderek inşā'allāh Donanma-yı Hümāyūn yine yolundan ḳalmayaraḳ {17} evvelki ḳarār vechile Mora ṭarafına ʿazīmet ideceği āşikār ise de şāyed Donanma-yı Hümāyūn'uñ Sāḳız üzerinde biraz {18} eğlenmesi īcāb ider ise ẕāt-ı sāmīleri Mora derūnuna imrār içün sāḥile indirecekleri ʿasker Donanma-yı Hümāyūn {19} intiẓārında ḳalmamaḳ ve ifāte-i vaḳt olunmaḳsızın ol ṭarafda bulunan tüccār tekneleri ve āḫar ṣūretler ile mürūruñ {20} çāresine baḳılmaḳ içün keyfiyyet-i ḥāliñ şimdiden ṭaraf-ı ṣafderānelerine bildirilmesi ḫuṣūṣuna irāde-i seniyye-i {21} mülūkāne taʿalluḳ itmiş olmağla cenāb-ı ḥayderī-elḳāb-ı düstūrāneleri muḳteżā-yı ḥamiyyet ü diyānetleri vechile {22} hemān sāḥile tenzīl buyuracağıñız ʿaskeri bir ān aḳdem tenzīle himmet ü müsāraʿat ve bi-mennihī Taʿālā Donanma-yı Hümāyūn daḫi {23} Sāḳız maṣlaḥatını ḳarīben bitürüb andan Mora'ya varmaları elṭāf-ı İlāhiyye'den me'mūl olub ancaḳ şāyed biraz {24} gecikür ise tenzīl olunacaḳ ʿasker bütün bütün Donanma-yı Hümāyūn'a intiẓār ile ifāte-i vaḳt olunmayaraḳ {25} ol ṭarafda olan tüccār tekneleri ve sā'ir ṣūretlerle daḫi imrārıñ ṭaraf-ı taḳrībi bulunur ise hemān {26} öylece ġayret-birle iṡbāt-ı merdī ve kār-şināsīye beẕl-i himmet buyurmaları siyāḳında ḳā'ime. Fī 12 B 37

[575/152] *Rumili Vālīsi Ḫūrşīd Paşa'ya*

{1} Rum gāvurları teknelerinden elli-altmış pāre sefīne sevāḥilde geşt ü güẕār iderek merām-ı fāsidleri {2} Sūlī gāvurlarına taḳviyet ile ʿasākir-i manṣūreniñ Ḳarlıili ṭarafına geçemamesi oldığı ve Preveze ile {3} Pārġa ḳalʿaları beyninde olan Dīnāşa ḳalʿası el-yevm gāvurlarıñ yedlerinde bulunmaḳ taḳrībiyle ẕaḫīre {4} ve cebeḫāne ve mühimmāt ile memlū beş-altı ḳıṭʿa sefīne ḳalʿa-i merḳūme pīşgāhına gelüb Sūlī keferesine cebeḫāne {5} ve ẕaḫīre virmekde oldığı istiḫbār olunaraḳ ḳalʿa-i merḳūmeniñ żabṭ ü tesḫīri ve ẕikr olunan cebeḫāne {6} ve ẕaḫīreniñ aḫẕ ü żabṭıyla bā-ʿavn-i Bārī Sūlī keferesiniñ bütün bütün aradan ḳaldırmaḳ niyyet-i ḫāliṣasıyla {7} Teke Mutaṣarrıfı saʿādetlü Meḥmed Paşa ḥażretleriniñ mevcūd-ı maʿiyyeti olan süvārī ve piyāde ʿaskerden başḳa {8} Yānya Mutaṣarrıfı ʿÖmer Paşa maʿrifetiyle Avlonya sancağından sekiz biñ nefer ʿasker tertīb ve Delvīne sancağı {9} ʿaskeri daḫi bütün bütün kefere-i meẕkūre üzerine taʿyīn ve tesrīb olundığı ve Ḳaraferye ḳażāsından {10} Ḳapūdān Yamāndī nām melʿūn daḫi iʿlān-ı ʿiṣyān eylediği saʿādetlü Selānīk mutaṣarrıfı ḥażretleri {11} ṭarafından bā-taḥrīrāt inhā olunmuş oldığından derḥāl mühürdārları bendeleri taʿyīn ve isrā ḳılınaraḳ laʿīn-i mersūmuñ {12} aḫẕ ü istīṣāline ne vechile teşebbüs buyurulmuş idüği keyfiyyātını şāmil ve ifāde-i sā'ireyi müştemil resīde-i {13} enmile-i vürūd olan taḥrīrāt-ı ʿālīleri mezāyāsı maʿlūm-ı ṡenāverī olduḳdan ṣoñra ḫāk-pāy-ı hümāyūn-ı ḥażret-i {14} pādişāhīye daḫi ʿarż ü taḳdīm ile manẓūr-ı hümāyūn-ı mülūkāne buyurulmuş ve "Cenāb-ı Allāh Ḥabīb-i Kibriyā'sı ḥürmetine {15} ümmet-i Muḥammed'i manṣūr eyleye." deyu duʿā-yı iksīr-nümā-yı ḥażret-i ẓıllullāhī erzān buyurulmuşdur. Ẕāt-ı sāmīlerine {16} min-ḳıbeli'l-Ḥaḳḳ mevhibe-i maḫṣūṣa olan kemāl-i rüşd ü sedād ve mezīd-i ḥamiyyet ü diyānet-i Ḫudā-dād iḳtiżāsına mebnī {17} her bir kārda iʿmāl buyurduḳları ārā-yı ṣā'ibe ve tedbīr-i s̱āḳıbları merkez-i lāyıḳında olacağı ẓāhir ve işbu {18} Sūlī gāvurlarınıñ daḫi ḳahr ü iżmiḥlālleri-çün icrā buyurmuş olduḳları tedābīr ve ḫā'in-i mersūmuñ {19} istiḥṣāli żımnında teşebbüs̱ eyledikleri uṣūl re'y-i ṣavāb oldığı müberhen ü bāhir olaraḳ bāʿis̱-i ḥaẓẓ ü taḥsīn {20} olmağla işbu tedābīr-i ḥaseneleri daḫi muvāfıḳ-ı tevfīḳ olaraḳ inşā'allāhü'r-Raḥmān ḳarīben kefere-i menḥūse maẓhar-ı ḳahr {21} ü dimār olmaları elṭāf-ı ḫafiyye-i İlāhiyye'den me'mūl ü müstedʿā olmağla hemān ẕāt-ı muʿallā-elḳāb-ı ṣafderāneleri {22} her vechile īfā-yı levāzım-ı merdānegī ve ḥamiyyet-şiʿārīye himmet buyurmaları siyāḳında ḳā'ime. Fī 13 B 37

[*575/158*] ***Mora serʿaskerine***

{1} Bundan aḳdem Mora ve Ḳarlıili ve Īnebaḫtī gāvurlarınıñ Nārda üzerine gelüb muḥārebeye ictirāları {2} ve maḳhūr Tepedelenli ġā'ilesi ol vaḳt henüz berṭaraf olamaması ve Mora me'mūrlarınıñ maʿiyyetlerinde olan {3} ʿasker Derbend'iñ küşādıyla Mora cezīresiniñ żabṭ ü tesḫīrine vāfī olamaması cihetleriyle Mora māddesi {4} mevsimine taʿlīḳ olunaraḳ ẕāt-ı saʿādetleri İzdīn'de tevḳīf ve muḥāfaẓa ile Mora me'mūrlarınıñ me'mūriyyetleri {5} Ḳarlıili ṭarafları ʿuṣātınıñ ḳahr ü tedmīrlerine taḥvīl ḳılınmış ve ol bābda ḫayr-ḫāhāne iḫṭārāt-ı lāzıme [ve] veṣāyā-yı {6} lāzıme daḫi ṭaraf-ı saʿādetlerine bildirilmiş ve Rumili'niñ istiḳlāl-i tāmme ve ruḫṣat-ı kāmile ile serʿasker-i ẓafer- {7} -rehberi ʿaṭūfetlü Ḫūrşīd Aḥmed Paşa ḥażretleriniñ inhā ve cenāb-ı serʿaskerīleriniñ işʿār ve istidʿāları {8} üzere ṭaraf-ı sipeh-sālārīlerine ʿasker ʿulūfesi-çün giçenlerde iki biñ kīse aḳçe daḫi gönderilerek ṣūret-i {9} me'mūriyyetlerine dā'ir lāzım gelan keyfiyyet ve veṣāyā işʿār olunmuş idi. El-ḥāletü-hāẕihī ʿavn ü ʿ ināyet-i Bārī {10} ve ḳuvve-i ḳudsiyye-i cenāb-ı pādişāhīyle Tepedelenli ġā'ilesi berṭaraf olmaḳ taḳrībiyle Mora māddesiniñ mevsimi {11} gelüb ancaḳ Mora maṣlaḥatı ġāyet ehem ve bir ān aḳdem Mora'da olan gāvurlarıñ ḥaḳlarından gelinerek ġā'ilesiniñ {12} indifāʿı rütbe-i vücūbda oldığı vāreste-i ḳayd [ü] raḳam olmağın bu mādde her ṭarafdan eṭrāfıyla ṭutılaraḳ {13} ve me'mūrlar daḫi bi'l-ittifāḳ diyānet ü ḥamiyyetleri me'ās̱irini is̱bāt iderek Mora derūnuna külliyyetlü ʿasker idḫāliyle {14} żabṭ ü tesḫīri çāresini ikmāl lāzımeden oldığına ve Mora serʿaskerliği ʿuhde-i istiḳlāllerine muḥavvel ise de {15} muḳaddemā ṣavb-ı serʿaskerīlerine yazıldığı vechile müşārun-ileyh Ḫūrşīd Paşa ḥażretlerine ḳarīḥa-i ṣabīḥa-i mülūkāneden {16} virilmiş olan ruḫṣat-ı tāmme ve istiḳlāl-i kāmile iḳtiżāsı üzere Rumili'de kā'in mecmūʿ vüzerā-yı ʿiẓām {17} ve mīr-i mīrān-ı kirām ve müteʿayyinān ve ḫānedān, veʾl-ḥāṣıl her bir ṭarafa ve kāffe-i meʾmūrīn ve bi-taḫṣīṣ Mora māddesine {18} neẓāret ve meʾmūriyyetleri şāmil olmaḳlıġı īcāb eylediğinden müşārun-ileyh Ḫūrşīd Paşa ḥażretleri aʿyānları {19} maʿiyyetlerinde olan ʿaskerden başḳa Ṭosḳa ve Geġalıḳʾdan Mora māddesi-çün aylıḳlu ḳırḳ biñ nefer ʿasker {20} tertīb ü tanẓīm buyuracaḳ olduḳlarından işbu ḳırḳ biñ nefer aylıḳlu ʿaskeriñ miḳdār-ı vāfīsi saʿādetlü {21} Teke ve Ḥamīd Sancaḳları Mutaṣarrıfı Meḥmed Paşa ve Yānya Mutaṣarrıfı ʿÖmer Paşa ve Ḳaraman Vālīsi Reşīd Paşa ḥażerātı maʿiyyetleriyle {22} İnebaḫtī ṭarafından Mora derūnuna imrār olunmaḳ ve birazını daḫi İzdīn ordusı-çün ifrāz eyleyerek ẕāt-ı saʿādetleriyle {23} sāʾir meʾmūrlar maʿiyyetlerine iḳtiżāsına göre sevḳ ü tesrīb ḳılınmaḳ ḫuṣūṣları müşārun-ileyh Ḫūrşīd Paşa ḥażretleriniñ {24} reʾy ü irāde ve ārā-yı ṣāʾibelerine muḥavvel olaraḳ Mora meʾmūrlarınıñ Ḳarlıili ṭarafına olan meʾmūriyyetleri daḫi {25} kemā-kān Mora ṭarafına taḥvīl ḳılınmış ve ol bābda şeref-rīz-i ṣudūr olan ḫaṭṭ-ı hümāyūn-ı şāhāne mūcebince taḥvīl-i meʾmūriyyetlerini {26} nāṭıḳ iḳtiżā iden emr-i ʿālī ıṣdār ve müşārun-ileyh Ḫūrşīd Paşa ḥażretleri ṭarafına tesyār olunmuş olub ancaḳ bu bābda evvelki gibi {27} beṭāʾet ve ednā mertebe reḫāvet ü tesāmuḥ ġayr-ı cāʾiz olmaġla aña göre īfā-yı meʾmūriyyete merdāne ve cānsipārāne {28} çalışub dīn ü devlet yolunda ibrāz-ı ḥüsn-i ḫidmet iderek şevketlü efendimiziñ teveccühāt-ı ḥasenelerini taḥṣīle {29} beẕl-i ḳudret ve müşārun-ileyh Ḫūrşīd Paşa ḥażretleri ṭarafından derdest-i tertīb olan Ṭosḳa ve Geġa ʿaskerinden maʿiyyet-i serʿaskerīlerine (74) göndireceği miḳdār ʿaskeri biʾl-istiṣḥāb ẕāt-ı saʿādetleri daḫi bundan başḳa mümkin mertebe ʿasker ve dāʾire ile {2} teksīr-i cemʿiyyet iderek icrā-yı meʾmūriyyete diḳḳat ve müşārun-ileyh Ḫūrşīd Paşa ḥażretleriniñ her ḥālde vāḳiʿ olacaḳ {3} işʿār ve irādesi vechile ḥareket buyurmañız īcāb-ı ḥāl ü maṣlaḥatdan ve iḳtiżā-yı emr ü irāde-i şāhāneden olaraḳ {4} keyfiyyet bu defʿa sāʾir Mora meʾmūrlarına daḫi bildirilmiş olmaġla ẕāt-ı ʿālīleri daḫi artıḳ gevşekliği terk ile {5} meʾmūr-ı maʿiyyet-i serʿaskerīleri olan vüzerā ve mīr-i mīrān-ı kirām ve sāʾir ile göñül birliği ve ittifāḳ iderek bir daḳīḳa {6} evvel şu Derbendʾi söküb Mora derūnuna duḫūl ile itmām-ı meʾmūriyyet ve ġāʾileye kemāliyle şitāb ü sürʿat ve bundan böyle {7} bu yolda ḳaṭʿan beṭāʾet cāʾiz olmadığı ve īfā-yı meʾmūriyyet-i serʿaskerīye kemāliyle ihtimām ü sürʿat buyurmaları {8} ẕāt-ı düstūrānelerine göre farīżadan olmaġla aña göre ḥareket ve īcāb-ı meʾmūriyyet ve ḥamiyyeti iṡbāta kemāliyle şitāb {9} ü sürʿat buyurmaları siyāḳında ḳāʾime. Fī 18 B 37

[*575/160*] *Ḫūrşīd Paşa ḥażretlerine*

{1} İzdīn ṭarafında olan meʾmūrlarıñ Ḳarlıiliʾye olan meʾmūriyyetleri kemā-fīʾs-sābıḳ Mora üzerine taḥvīl {2} olunaraḳ bir ḳadem aḳdem ʿaleʾlʿumūm cāddeden Moraʾya ʿazīmet eylemeleri-çün müʾekked fermān-ı ʿālī ıṣdār ve tesyār {3} ve serīʿan tesyār olunması ve İzdīn ordusunuñ keyfiyyet-i maʿlūmesine mebnī bir çāresine baḳılması ve Drāmalı saʿādetlü {4} Maḥmūd Paşa bendeleriniñ uyḳunsuzluġı ḫuṣūṣlarına dāʾir resīde-i mevḳiʿ-i vuṣūl olan taḥrīrāt-ı düstūrīleri {5} mezāyāsı maʿlūm-ı s̱enāverī olduḳdan ṣoñra rikāb-ı hümāyūn-ı şāhāneye ʿarż ile manẓūr-ı naẓar-ı kerāmet-es̱er-i ḥażret-i {6} pādişāhī olmuşdur. Vāḳıʿan Mora Serʿaskeri ʿaṭūfetlü Seyyid ʿAlī Paşa ḥażretleriniñ gevşekliği derkār ise de {7} aṣl reʾs-i mesʾele ʿasker māddesi olub derbendleriñ sökülmesi külliyyetlü ʿaskere muḥtāc ve şimdiki müctemiʿ olan {8} meʾmūrīn ve ʿasākir-i cüzʾiyye ile iş görilemeyeceği bedīdār olub ẕāt-ı vālā-yı sipehdārīleriniñ daḫi şu İzdīn {9} ordusunuñ bir çāresine baḳılsun, deyu biʾt-tekrār vāḳiʿ olan taḥrīr ve teʾkīdleri muḳaddem Ṭosḳa ve Geġalıḳʾdan {10} aylıḳlu ḳırḳ biñ nefer ʿasker tedārüküne derkār olan ruḫṣat-ı seniyye ḫaberi ṣavb-ı ʿālīlerine varmaḳsızın olacaġı {11} ẓāhir ve şimdi ol vechile taḥrīr olunacaḳ ḳırḳ biñ nefer ʿaskeriñ mes̱elā yiğirmi biñi saʿādetlü Meḥmed Paşa ve ʿÖmer Paşa {12} ve Reşīd Paşa ḥażerātı maʿiyyetleriyle İnebaḫtī ṭaraflarından Mora derūnuna imrār olunub yiğirmi biñ neferi daḫi {13} İzdīn ordusuna iḳrār olunaraḳ Mora serʿaskeri müşārun-ileyh ve sāʾir meʾmūrlar maʿiyyetlerine iḳtiżāsına göre sevḳ ü tesrīb {14} buyurduḳları ḥālde ʿaskersizlik daġdaġası berṭaraf olacaġı emr-i bāhirdir. Mora serʿaskeri müşārun-ileyhiñ {15} ʿazl ü tebdīli vaḳt ü ḥāle münāsib olmadıġını muḳaddemā ẕāt-ı saʿādetleri işʿār idüb vāḳıʿan şimdi {16} tīz elden serʿaskerliğe intiḫāb ve taʿyīn olunacaḳ münāsib hiçbir vezīr bulunamayub ḫuṣūṣan bu aralıḳ tebdīlinde teşettüt-i {17} ʿasker mis̱illü meḥāẕīr daḫi derkār ve bu cihetle tebdīli ṣūretini yine ẕāt-ı ʿarāfet-simātları tecvīz buyurmayacaḳları {18} bedīdārdır. Keẕālik müşārun-ileyh Maḥmūd Paşaʾnıñ fīʾl-ḥaḳīḳa uyḳunsuzluġı derkār ve ḥaḳḳında vāḳiʿ olan {19} inhāları saḥīḥ olaraḳ teʾdīb ü muʾāḫaẕeye müstaḥaḳ ise de müşārun-ileyhiñ el-yevm maʿiyyetinde üç-dört biñ güzīde {20} ʿaskeri mevcūd ve ʿaskerī beyninde ems̱āline ḳıyāsen nüfūẕlıca ve cerbezeli adam oldıġından bi-mennihī Taʿālā Derbend ele {21} geçdiği gibi muḥāfaẓasına taʿyīn ve iḳāme mis̱illü ḫidmete yarayacaġından bu aralıḳ böyle ṣāḥib-i ʿasker ve cerbezeli {22} vezīriñ ol ṭaraflarda bulunması ve taḳṣīrātından iġmāż ile iş gördürmeniñ çāresine baḳılması münāsib {23} olacaġından ġayrı şimdi müşārun-ileyhiñ teʾdīb ü terhībi ṣūretine gidilse kendüsi Yānya üzerinde {24} itdiklerini bilüb ḥālā mücāzāt ḫavfıyla mütevaḥḥiş ve kendüsi ise zengīnliği cihetiyle ʿaskerī beyninde ṣāḥib-i nüfūẕ {25} ve ẕātında ḫırçın ve ʿanūd Rumiliʾde ṭarafı çoḳ ve ifsāda muḳtedir oldıġından teʾdīb olunacaġını añladıġı {26} gibi bütün orduyı ḏaġıtmaḳ ve eṭrāfı fesāda virmek ve belki giderek cān ḫavfıyla uyḳunsuz ṣūretlere {27} cesāret eylemek mis̱illü şeyler cümleten kendüden melḥūẓ ve bunuñ ḥaḳḳında böyle bir şey olsa keyfiyyet Sīrozī Yūsuf {28} Paşa ḥażretleriniñ daḫi Yānya ordusundaki mācerāda ittiḥādlarına mebnī tevaḥḥuşunı müstelzim olması maḥẕūrı daḫi {29} mütebādir-i ḫāṭır olub, ḥāṣılı şimdilik teʾdīb ü terhīb muʿāmelesi vaḳt ü ḥāle göre münāsib görünmeyerek {30} beyne't-talṭīf ve't-terhīb ḳullanılub bundan böyle evvelki itdiklerini başdıracaḳ ḥüsn-i ḫidmete muvaffaḳ {31} olur ise ol vaḳt ḥaḳḳında bütün bütün ʿafv-ı ʿālī erzān buyurulmaḳ ve eğer yine uyḳunsuz ḥarekete gider ise {32} ṣırası geldikde iḳtiżāsına baḳılmaḳ üzere şimdilik müşārun-ileyhimānıñ tebdīl ve te'dīblerinden ṣarf-ı naẓar ile {33} hemān vāḳiʿ olan inhā-yı düstūrāneleri vechile İzdīn me'mūrlarınıñ Ḳarlıili'ye olan me'mūriyyetleri {34} kemā-fī's-sābıḳ Mora üzerine ṣarf ü taḥvīl ile ṭaraf-ı sipeh-sālārīlerinden derdest-i tertīb olan Ṭosḳa {35} ve Geğa ʿaskerinden ol ṭarafa ʿasker irişdiği ve ne vechile ḥareket eylemeleri lāzım geleceğine dā'ir işʿār-ı ṣafderāneleri {36} vāḳiʿ oldığı ānda bilā-tevaḳḳuf ḥareket ve ʿalelʿumūm cāddeden ʿazīmet ile bi-ʿavnihī Taʿālā Derbend'i söküb {37} hemān Mora derūnuna hücūm ü iḳtiḥāma müsāraʿat eylemeleri bābında İzdīn me'mūrlarınıñ cümlesine ḫiṭāben ekīd ü şedīd **(76)** evāmir-i ʿaliyye ıṣdār ve tesyār ve ṭaraf-ı ḫāliṣānemizden daḫi Mora serʿaskeri müşārun-ileyh ile sā'ir me'mūrīne {2} her ḥālde ẕāt-ı vālālarınıñ vāḳiʿ olacaḳ emr ü re'yi üzere ḥareket ve her biri ṭaraf-ı ʿālīlerinden maʿiyyetlerine {3} gönderilecek miḳdār ʿasākiri bi'l-istiṣḥāb kendüleri daḫi bundan başḳa mümkin mertebe ʿasker ve dā'irelerini {4} teksīr iderek icrā-yı me'mūriyyete diḳḳat ü müsāraʿat eylemeleri żımnında iḳtiżāsına [göre] başḳa başḳa taḥrīrāt tasṭīr ve irsāl {5} olunmuş ve İzdīnli Ḫalīl Beğ ol ṭaraflara vuḳūfı ve reʿāyānıñ kendüsünden emniyyeti ve ol ḥavālī meṣāliḥinde {6} nüfūẕı olmaḳ taḳrībiyle İzdīn ordusunda istiḫdāmında fevā'id melḥūẓ oldığından mīr-i mümā-ileyh bā-fermān-ı ʿālī {7} Mora serʿaskeri müşārun-ileyhe ketḫüdā naṣb olunaraḳ mīr-i mümā-ileyhi ketḫüdālıḳ ḫidmetinde istiḫdām ve kendüsüne umūr-ı lāzımede {8} ruḫṣat-ı kāmile iʿṭā itmesi serʿasker-i müşārun-ileyhe ṭaraf-ı s̱enāverīden bildirilmesi ḫuṣūṣları tensīb olunmuş {9} ve irāde-i seniyye-i mülūkāne daḫi bunuñ üzerine taʿalluḳ iderek mūcebince İzdīn me'mūrlarınıñ taḥvīl-i me'mūriyyetleri {10} bābında ṣudūr iden evāmir-i ʿaliyye ve ṭaraf-ı s̱enāverīden yazılan taḥrīrāt ve mümā-ileyh Ḫalīl Beğ'iñ serʿasker-i müşārun-ileyhe {11} ketḫüdā naṣb olundığını mübeyyin emr-i şerīf ile ol bābda ṭaraf-ı muḫliṣīden tasṭīr olunan ḳā'ime cümleten ṣavb-ı ʿālīlerine {12} gönderilmişdir. Ẕāt-ı sāmīleriniñ Ṭosḳa ve Geğalıḳ'dan tertībi irāde olunan ḳırḳ biñ nefer ʿulūfelü ve Rumili {13} aʿyānları maʿiyyetleriyle on biñ nefer ʿasākiriñ serīʿan tanẓīmiyle lüzūmı miḳdārını müşārun-ileyhim Meḥmed Paşa {14} ve Reşīd Paşa ve ʿÖmer Paşa ḥażerātı maʿiyyetiyle İnebaḫtī ṭarafından baḥren Mora derūnuna sevḳ ü īṣāl iderek {15} İzdīn ḳoluna daḫi ne miḳdār ʿasker gönderilmek ve me'mūrlara bu ṭarafdan yazılan tenbīh-nāmelerden başḳa ṭaraf-ı vālālarından {16} daḫi ne gūne tedbīr ve taʿlīm olunmaḳ iḳtiżā ider ise ve muḳaddemā serʿasker-i müşārun-ileyhiñ tebdīli ẕāt-ı sāmīleri tecvīz buyurmadıḳlarına {17} naẓaran İzdīn ṭarafınıñ çāresine baḳılsun, deyu vāḳiʿ olan işʿārları her ne ḳadar ber-vech-i muḥarrer ʿasākir-i merḳūmeniñ {18} tertībi irādesi maʿlūm-ı sāmīleri olmazdan muḳaddem olacağı ẓāhir ise de ṣūret-i dīgerde bir mülāḥaẓaları {19} oldığı taḳdīrce vaḳt geçmeksizin çāresine baḳılmaḳ ne vechile uyar ise istiḳlāl-i tām ve neẓāret-i şāmile-i {20} düstūrāneleri iḳtiżāsı üzere hemān öylece icrāsına himmet, veʾl-ḥāṣıl bu Mora māddesi daḫi bütün bütün {21} ẕāt-ı ʿālīleriniñ himmet ü ġayret-i ṣafderāneleriyle ber-vefḳ-i maṭlūb bir gün evvel berṭaraf olması elṭāf-ı İlāhiyyeʾden {22} müstedʿā olmağın bu bābda īcāb ü iḳtiżā-yı maṣlaḥatıñ ʿuhde-i istiḳlāl-i ʿālīlerine iḥālesi daḫi {23} īcāb-ı irāde-i ʿaliyyeden olmaḳdan nāşī aña göre is̱bāt-ı mehām-şināsī ve diyānete beẕl-i himmet buyurmaları {24} istiḳāmet ve reviyyet-i serʿaskerīlerine muḥavveldir. Ḳaldı ki, el-ḥāletü-hāẕihī ol ṭaraflarda ẕaḫīreniñ ḳılletine naẓaran eşyā {25} sevḳ olunacaḳ ʿasker ve meʾmūrīn, verāmızdan ẕaḫīre gelsün, deyu bir maḥalde beyhūde meks̱ ü tevaḳḳuf ü ārām ile {26} imrār-ı vaḳti tecvīz itmeyerek hemān ḥavl ü ḳuvvet-i Ḥażret-i Bārī ile düşmeniñ oldığı yerlere hücūm ü tecāvüz eyleyerek {27} ẕaḫīrelerini vardıḳları yerlerden almaḳlığa saʿy ü ġayret eylemeleri ve İzdīn meʾmūrları ṭaraf-ı ʿālīlerinden {28} gönderilecek aylıḳlu mīrī ʿasākirinden başḳa kendüleri daḫi meʾmūr-ı istiḫdāmı olduḳları ʿaskeri ve dāʾirelerini {29} tekmīlce istiṣḥāb itmeleri ve her ḳangısınıñ ḳuṣūr ü reḫāveti vāḳiʿ olur ise ṭaraf-ı sāmīlerinden Dersaʿādetʾe {30} bildirileceği tenbīhātı cānib-i ḥayderānelerinden cümlesine iḳtiżāsına göre tefhīm olunması ve Mora meʾmūrlarından {31} Çorum Mutaṣarrıfı ʿAlī bendeleri cesūr ve kār-güẕār adam ise de żaʿaf-ı ḥāli oldığından ṣavb-ı sāmīlerinden münāsibi {32} vechile iḳdār ü iʿānet olunması ve giçenki tevārüd iden taḥrīrāt-ı müşīrānelerinde müşārun-ileyhimā Meḥmed Paşa ve Reşīd Paşa {33} ḥażerātını Ḳāḳosil gāvurları üzerine taʿyīn buyurduḳları muḥarrer ise de Mora maṣlaḥatınıñ evvel-be-evvel ardı alınması-çün {34} Īnebaḫtī ve Ḳarlıili ṭaraflarında olan ʿuṣātıñ ḳahr ü tenkīlleri çāresine baḳılmaḳ münāsib ve Ḳāḳosil gāvurlarınıñ {35} baʿżı ṣūretle reʾy virilerek şimdilik yatışdırılması mümkin göründiğinden eğer bu Ḳāḳosil gāvurlarınıñ fiʾl-ḥaḳīḳa {36} şimdilik żararsızca bir ṣūretle yatışdırılmaları mümkin oldığı ḥālde maṣlaḥatı uzatmaḳdan ise hemān öylece tanẓīm ile {37} evvel-be-evvel Ḳarlıili ve Īnebaḫtī gāvurlarınıñ istīṣālleri çāresine baḳılması Mora maṣlaḥatına mūcib-i suhūlet olması {38} bu ṭarafda mütebādir-i ḫāṭır olmuş ise de bu ṣūretler daḫi yine mutlaḳā cenāb-ı şerīfleriniñ reʾy ü tensīblerine muḥavvel {39} olaraḳ işbu işʿāratımız mücerred bir iḫṭār ḳabīlinden oldığı maʿlūm-ı düstūrāneleri buyurulduḳda her ḥālde iẓhār-ı {40} meẓāhir-i dirāyet ü ġayrete himmet buyurmaları siyāḳında ḳāʾime. Fī 18 B 37

[*575/179*] ***Selānīk mutaṣarrıfına***

{1} Aynaroz manāstırında mütemekkin Rūsyalu rāhibleriñ yedlerinde bulunan pasāporta kāğıdları muḳaddem ṭaraf-ı müşīrīlerinden {2} taḳdīm olunmuş ise de yine aṣḥābına teslīm olunmaḳ üzere iʿāde ḳılındığını ve ṣūret-i şarṭ ve ḥimāyetlerini mübeyyin {3} taḥrīrāt-ı muḫlişīniñ vuṣūlünden ve evrāḳ-ı mezḳūre aṣḥābına teslīm ol[un]dığından baḥisle manāstır-ı mezḳūra müstevfī {4} ʿasker iḳāme itmiş olduḳlarından gerek reʿāyā-yı Devlet-i ʿAliyye'den olan ve gerek Rūsyalu olub manāstırda {5} temekkün eyleyan keşīşleriñ bir ṣūretle ḥarekāt-ı nā-ber-cāya cesāret idemeyecekleri ve Kesendīre ve Aynaroz ve Şekā [?] {6} ve Eşek aḏalarına müceddeden ḳuleler binā ve inşāsıyla miḳdār-ı kifāye ʿasker iḳāme itdirilse ol ḥavālīde eşḳıyā maḳūlesi {7} temekkün idemeyeceği ve Aynarozlılarıñ şikestī-i bāzū-yı iḳtidārlarını mūcib olacağı beyānıyla tanẓīm olunan {8} resmleri Nefs-i Aynaroz'da vāḳiʿ manāstır ve ḳuleleriñ dāḫil ve ḫāricinde mevcūd oḏa ve maḫzenleriñ ve emlāk-ı {9} sā'ireniñ miḳdār-ı kemmiyyetini mübeyyin defteri taḳdīm ḳılındığı ve mesfūr Aynaroz pāpāslarınıñ ekserīsi esāfilden {10} olaraḳ her biri vilāyetlerinden birer sebebe mebnī firār ile gelüb pāpās ḳıyāfetine girmiş ve vaḳt-i iḫtilālde {11} taḥrīk-i silsile-i fitneye ictisār ve baʿżıları aḏalar arasına firār itmişler ise de o maḳūleler baʿd-ez-īn {12} ḳabūl olunmaması ve içlerinde var ise ṭard olunması ve her bir manāstırda olan pāpāslarıñ āyīnlerince içlerinde {13} birer başpāpās şeklinde söz ṣāḥibi ve cümlesiniñ üzerine bir metrepolīd naṣb olunsa ḫāric-ez- {14} -ṭavḳ-ı raʿiyyet ḥarekete cesāret idemeyecekleri ve Semādirek cezīresinden firār iden yetmiş-seksan ḳadar reʿāyā {15} saʿādetlü Anḳara mutaṣarrıfı ḥażretleriniñ ḳapucılar ketḫüdāsına iltica itmiş olduḳlarından ne vechile irāde-i seniyye {16} sünūḥ ider ise işʿār ḳılınması ve Ağustos ve Ḳaraferye ve Ḳaterīn ḳażāları reʿāyāsı cümleten iẓhār-ı ʿiṣyān {17} eyledi̇klerinden ʿuṣāt-ı mesfūreniñ ḳahr ü tenkīlleri-çün bizzāt ʿazīmet eylemeleri īcāb eylediğinden Selānīk'den ḥareket {18} ve Ḳaraferye'ye vuṣūl ile naṣb-ı iʿlān-ı rāyet buyurmuş olduḳları ḫuṣūṣlarını ḥāvī tevārüd iden taḥrīrāt-ı {19} şerīfeleri mezāyāsı rehīn-i ıṭṭılāʿ-i muḥibbānemiz olduḳdan ṣoñra ʿatebe-i felek-mertebe-i cenāb-ı kītī-sitānīye daḫi {20} ʿarż ile manẓūr-ı naẓar-ı ʿāṭıfet-es̱er-i ḥażret-i tācdārī buyurulmuşdur. Ẕāt-ı dirāyet-simāt-ı müşīrīleri {21} feṭānet ve mehām-āşināyī ve reviyyet ile muttaṣıf olduḳlarından inhāları vechile Kesendīre ve Şekā [?] ve Eşek aḏalarına {22} müceddeden ḳuleler inşāsı ve her birine miḳdār-ı kifāye ʿasker iḳāmesi vāḳıʿan lāzımeden ise de ibtidā Dersaʿādet'den {23} bir mühendis gönderilerek maʿrifet-i müşīrāneleriyle ẕikr olunan ḳuleleriñ mevḳiʿ ve maṣārifini muʿāyene ve keşf iderek {24} ne miḳdār maṣārif ile vücūda geleceği ve ne ḳadar vaḳtde inşā ve itmāmı ḥāṣıl olacağını bu ṭarafa baʿde'l-inhā {25} Selānīk vücūhundan bir münāsibi binā emīni taʿyīn olunaraḳ yapdırılmaḳ ve baʿdehū ʿasker iḳāmesiniñ ṣūret {26} ve iḳtiżāsı daḫi ṭaraf-ı müşīrīlerine iḥāle olunmaḳ lāzım geleceği ve beher manāstıra birer başpāpās ve cümlesiniñ üzerine {27} birer başkeşīş naṣbına dā'ir lāyiḥ-i ḫāṭırları vāḳıʿan yolunda ise de bu mis̱illü şeyler āyīn-i bāṭılları üzere {28} bu ṭarafda olan Rum paṭrīḳi maʿrifetiyle yapdırılmaḳ iḳtiżā idüb ḥālbuki el-ḥāletü-hāẕihī Rumlarıñ ṣağīr ve kebīr {29} cümlesi mürtekib-i ḫabāṣet olaraḳ paṭrīḳe daḫi lāyıḳıyla emniyyet cā'iz olmadığına naẓaran şimdilik bu bābda olan {30} iş'ārlarınıñ icrāsı ṣırası olmayub bu cihetle gerek bu ḫuṣūṣı ve gerek buña mümāṣil sā'ir niẓāmāt ve menviyyāt [?] {31} bundan böyle vaḳt-i merhūnı ḥulūlüne ta'līḳ olunaraḳ hemān şimdiki ḥālde her ṭarafıñ muḥāfaẓasına güzelce {32} diḳḳat olunmaḳ lāzım geldiğinden cenāb-ı düstūrīleriniñ daḫi şimdilik hemān levāzım-ı muḥāfaẓaya bir ḳat daḫi {33} iḳtiżāsına göre taḳviyet ü istiḥkām virmeleri īcāb-ı ḥālden ve Semādirek cezīresiniñ istīmān-ı {34} baḳiyye-i re'āyāsı muḳaddem ṣavb-ı sa'ādetlerine yazılan şerāyiṭ-i erba'ayı tamāmen ḳabūl ve icrā iderler ise {35} ol vaḳt re'y ve amān virilmesi muḳteżā-yı irāde-i seniyyeden olub ẕikr olunan ḳuleleriñ keşf ü mu'āyene {36} ve maṣārifini ḥesāb ve ne ḳadar vaḳtde tamām olacağını inhā itmek üzere bu def'a bir mühendis ta'yīn ve irsāl {37} olunmuş olmağla ber-vech-i muḥarrer keşf ü mu'āyene iderek keyfiyyetini serī'an inhāya mübāderet ve iş'ār-ı {38} müşīrīleri vechile melā'īn-i mesfūre üzerlerine biẕẕāt 'azīmet buyurmuş olduḳlarından ruḫṣat ve istiḳlāl-i {39} düstūrīleri üzere melā'īn-i mesfūreniñ ḳahr ü tenkīllerini müstelzim ḥālātıñ istiḥṣāline himmet (85) buyurmaları siyāḳında ḳā'ime. Lede'l-vuṣūl Donanma-yı Hümāyūn'dan birḳaç ḳıṭ'a süfün-i hümāyūnuñ ol ṭaraflar {2} sevāḥiline ta'yīn ḳılınması ḫāme-güẕār-ı iş'ār buyurulmuş ise de taḥrīrāt-ı vāridelerinden çend rūz muḳaddem {3} sa'ādetlü Ḳapūdān paşa ḥażretleri Donanma-yı Hümāyūn'ı bi'l-istiṣḥāb Mora'ya gitmek üzere Dersa'ādet'den {4} fekk-i lenger-i iḳāmet itmiş idüği ma'lūm-ı sa'ādetleri buyurulduḳda her ḥālde ẕāt-ı sa'ādetleri īfā-yı mübteğā-yı {5} dirāyet-kārī ve besālete müṣāberet buyurmaları me'mūldür. Fī 21 B 37

[*575/183*] ***Silistre vālīsine***
{1} El-ḥāletü-hāẕihī Yaş ve Bükreş'de iḳāmet üzere olan nefīr-i 'ām 'askeriniñ müddet-i iḳāmetleri bir seneye ḳarīb olaraḳ {2} firār sevdāsında olduḳları ve her ne ḳadar Rūz-ı Ḫıżır'a dek tevḳīfleri ṣūretine baḳılmaḳda ise de ekṣeri çıplaḳ olduḳlarından {3} Rūz-ı Ḫıżır'dan ṣoñra ṣebātları mümkin olamayacağı beyānıyla 'asākir-i merḳūmeniñ tecdīdi irāde-i seniyyeye mütevaḳḳıf {4} oldığı tevārüd iden taḥrīrāt-ı müşīrīlerinde beyān ü iş'ār olunmuş oldığından me'āli ve ol bābda 'asākir-i merḳūme {5} sergerdeleriniñ 'arżuḥālleri mezāyāsı ma'lūm-ı ḫāliṣānemiz olmuşdur. El-ḥāletü-hāẕihī Mosḳovlunuñ ne gūne ḥareket {6} ideceği mechūl ve Anāḏolī'dan 'asker tertībi ise vaḳte muḥtāc ve Rūz-ı Ḫıżır'a daḫi biraz vaḳt oldığından {7} cenāb-ı müşīrīleri tīz elden zīr-i idāre-i müşīrīlerinde olan ḳażālardan beş biñ miḳdārı nefīr-i 'ām 'askeri {8} tertīb iderek keyfiyyeti bu ṭarafa taḥrīr buyurduḳlarında ol vaḳte ḳadar Rūz-ı Ḫıżır daḫi ḥulūl ve Mosḳovlunuñ ne gūne {9} ḏavranacağı tebeyyün eyleyerek aña göre iḳtiżāsına baḳılması münāsib görilüb lākin muḳaddemce

ṭaraf-ı saʿādetlerine {10} yazıldığı vechile Rūsyalunuñ iddiʿā eylediği mevādd-ı erbaʿadan biri daḫi Memleketeyn'iñ ʿasākir-i İslāmiyye'den {11} taḫliyesi olub ṭaraf-ı Devlet-i ʿAliyye'den daḫi Rumlarıñ fesādları yatışmaḳsızın taḫliye mażarrāt-ı müstaḳilleyi {12} daʿvet ḳabīlinden olacağından ol ṣūret tecvīz olunamayacağına binā'en taḫfīf-i ʿasker māddesine baḳacağı īrād {13} olunmuş ve ol ṭarafda olan nefīr-i ʿām ʿaskeriniñ işe yaramayacağı taḥrīrāt-ı vāridelerinde īmā ve inhā buyurulmuş {14} oldığından ol vechile işe yaramayan nefīr-i ʿām ʿaskeri çıḳdıḳdan ṣoñra Yaş'da ve Bükreş'de olan aylıḳlu {15} ʿasker ile Boğdān'da olan Yeñiçeri ʿaskeri şimdiki ḥālde kifāyet ider ise cenāb-ı müşīrīleriniñ bu defʿa {16} ḳażālardan tertīb eylemeleri tensīb olunan beş biñ nefīr-i ʿām ʿaskeri gönderilmezden evvel bu işe yaramayan {17} nefīr-i ʿām ʿaskeri iḫrāc olunsa bu ṭarafda ilçilere "Devlet-i ʿAliyye ʿahdiniñ icrāsında s̱ābit-ḳademdir, işte {18} Memleketeyn'de olan ʿaskeri taḫfīf tedbīrindedir." dinilerek nevʿan-mā maṣlaḥatı teshīl ḳabīlinden ise de bu ṣūret {19} böyle olmalı dimek olmayub şu Eflāḳ ve Boğdān'da mevcūd olan ʿulūfelü ve Yeñiçeri ʿaskeri kifāyet {20} eylediği ḥālde dimek olacağından keyfiyyetiñ serīʿan ṣavb-ı saʿādetlerinden istiʿlāmı ḫuṣūṣuna irāde-i ʿaliyye-i {21} mülūkāne taʿalluḳ itmiş olmağla ẕāt-ı saʿādetleri muḳteżā-yı ġayret ü ḥamiyyetleri üzere bu ṭarafdan münāsib görüldiği {22} vechile zīr-i ḥükūmet-i düstūrīlerinde olan ḳażālardan şimdiden beş biñ nefīr-i ʿām ʿaskeri tertīb ü iḥżār {23} iderek lede'l-iḳtiżā ilerü sevḳ olunmaḳ üzere lāzım gelan evāmir-i ʿaliyye ıṣdār ve tesyār olunmaḳ içün {24} keyfiyyeti serīʿan inhāya ve ol vechile el-yevm Memleketeyn'de mevcūd olub işe yaramadıḳları ṭaraf-ı müşīrīlerinden inhā olunan nefīr-i ʿām ʿaskeri {25} çıḳarıldığı ṣūretde maḥẕūrdan sālim olub el-ān muḥāfaẓada olan aylıḳlu ve Yeñiçeri ʿaskeri şimdiki ḥālde elvirir ise {26} bu ṭarafda ilçilere ol vechile cevāb virilüb teshīl ve taḫfīf içün ʿasākir-i merḳūmeye hemān vilāyetlerine gitmek üzere {27} iẕn ü ruḫṣat virerek ʿācilen bu ṭarafa işʿāra himmet ü müsāraʿat buyurmaları siyāḳında ḳā'ime. Fī 15 B 37

[575/186] ***Mora serʿaskerine***

{1} Ordu-yı serʿaskerīlerinde ẕaḫīre ḫuṣūṣunda derkār olan müżāyaḳa ve ıżṭırāb keyfiyyātı tafṣīlātından baḥis̱le ẕaḫīre tertībine {2} ṣūret virilince ḳadar Yeñişehir'den mübāyaʿa-i mīriyyelerine maḥsūb olunmaḳ üzere ẕaḫīre irsāl olunması bābında emr-i ʿālī ıṣdārı {3} ve bir miḳdār fişenk irsāli ḫuṣūṣuna ve mīr-i mīrāndan ʿAlī Şefīḳ Paşa'nıñ nezd-i müşīrīlerinde tevḳīfine ruḫṣat iʿṭā {4} ḳılınmasına dā'ir tevārüd iden taḥrīrāt-ı müşīrīleri mezāyāsı rehīn-i ıṭṭılāʿ-i ḫālişānemiz olmuşdur. Lillāhi'l-ḥamd ḳuvvet-i ḳudsiyye-i {5} cenāb-ı cihān-bānī ile Tepedelenli ġā'ilesi rehīn-i ḫitām olaraḳ Mora üzerine hücūmuñ ṣırası gelmiş ve Mora'da {6} olan eşḳıyā gāvurlarınıñ inṭıfā'-i [?] şerāre-i baġy ü ʿiṣyānları-çün me'mūrlarıñ Mora'ya duḫūlleriyle şu kāfirlerden aḫẕ-ı {7} s̱ār olunmaḳ ve mevsim fevt olmaḳsızın iş görülmek me'mūrlara farż derecesine varmış oldığından Mora {8} me'mūrlarınıñ Ḳarlıili ṭarafına olan me'mūriyyetleri kemā-fī's-sābıḳ Mora üzerine taḥvīl ile iḳtiżā iden evāmir-i ʿaliyye {9} ve taḥrīrāt-ı muḳteżiye serʿasker-i ẓafer-rehber ʿaṭūfetlü Ḫūrşīd Aḥmed Paşa ḥażretleri ṭarafına gönderilmiş ve ordu-yı serʿaskerīleri-çün {10} bir muḳtedir nüzül emīni ve ḳaṣṣābbaşı taʿyīn idüb kāffe-i mālzemeyi tanẓīm eylemesi müşārun-ileyh ḥażretlerine tafṣīl-i {11} keyfiyyet ve mevādd-ı me'mūrelerinde cüz'ī ve küllī ḫuṣūṣātda müşārun-ileyhe mürācaʿat ve re'y ü tedbīriyle ḥareket {12} buyurmaları irādesi daḫi ṭaraf-ı ʿālīlerine bildirilmiş oldığından işbu taḥrīrātları ẕikr olunan irāde maʿlūm-ı {13} saʿādetleri olmaḳsızın gönderilmiş olacağı ẓāhir ve şimdiye ḳadar bu mādde żımnında gönderilan evāmir ve taḥrīrātıñ {14} vuṣūlüyle mū-be-mū keyfiyyet maʿlūm-ı saʿādetleri buyurulmuş olacağı bāhir olub el-ḥāletü-hāẕihī bu ṭarafda daḫi fişengiñ {15} biraz fıḳdānı oldığından ve Yānya cānibinde külliyyetlü fişenk mevcūd idüğünden gerek fişenk ve gerek mevādd-ı {16} sā'ireyi muḳteżā-yı me'mūriyyet-i serʿaskerīleri üzere müşārun-ileyh Ḫūrşīd Paşa ḥażretleriyle muḫābere ve mükātebe-birle {17} tanẓīm iderek hemān bir daḳīḳa evvel īfā-yı me'mūriyyet-i serʿaskerīye bezl-i himmet buyurmaları lāzımeden ve mūmā-ileyh {18} Şefīḳ Paşa daḫi Mora üzerine me'mūr olanlara dāḫil olaraḳ aña daḫi müstaḳil emr-i ʿālī ve taḥrīrāt gönderilmiş {19} idüği vāżıḥātdan olmağla dirāyet-i ẕātiyye-i müşīrāneleri iḳtiżāsı ve işʿārat-ı vāḳıʿa-i muḫlişī muḳteżāsı üzere {20} bundan böyle kāffe-i ḫuṣūṣātı müşārun-ileyh Serʿasker Ḫūrşīd Paşa ḥażretleriyle bi'l-muḫābere hemān me'mūriyyetiñiz iḳtiżāsı vechile {21} bir ān aḳdem Mora'ya duḫūlüñ çāresini bulub īfā-yı me'mūriyyete beğāyet sürʿat ü himmet buyurmaları siyāḳında ḳā'ime. Fī 25 B 37

[575/188] *Tırḥāla Mutaṣarrıfı ʿAlī Nāmıḳ Paşa'ya*

{1} Selānīk sancağında vāḳiʿ Ḳaraferye Ḳażāsı Ḳapūdānı Yamāndī nām melʿūnuñ ve sā'ir ʿuṣāt-ı eşḳıyānıñ berren ve baḥren {2} şiddet-i ṭuġyānları cihetiyle ṣavb-ı müşīrīlerinden lāzımü'l-muḥārese olan maḥālle ʿasākir iḳāmesiyle istikmāl-i emr-i muḥāfaẓaya {3} iʿtinā olunmuş ve bāndıra-küşā-yı ʿiṣyān olan Alāṣonya ḳapūdānı nām ḫā'iniñ üzerine ʿasker taʿyīniyle ne vechile {4} perīşān itdirilerek ʿavenelerinden on neferi maẓhar-ı tīġ-i ġuzāt-ı muvaḥḥidīn olmuş ve Mecdān [?] ḳolı ḳapūdānı olan {5} ḫā'in daḫi ʿavenesiyle ḥayyen aḫẕ ü girift olunaraḳ cezā-yı sezāları tertīb ve bunlarıñ ru'ūs-ı maḳṭūʿa-i menḥūseleri {6} tesrīb ḳılınmış ve Plaṭomāna ve Ġolos ḳalʿalarınıñ istiḥkāmına ne ṣūretle himmet buyurulmuş oldığı ifādātı {7} tafṣīlātından bahişle ḥasbe'l-iḳtiżā istiḫdām eylemekde olduḳları ʿasākir ʿulūfesi cihetiyle iʿāne-i seniyyeye muḥtāc {8} olduḳları ḫuṣūṣunı şāmil tevārüd iden taḥrīrāt-ı müşīrāneleri mezāyāsı rehīn-i ıṭṭılāʿ-i ḫulūṣ-verī olub {9} bu vechile dīn-i mübīn ve Devlet-i

ʿAliyye-i ebed-rehīn uġurunda derkār olan ġayret ü ihtimāmları tamām ẕāt-ı saʿādetlerinden {10} meʾmūl ü muntaẓar olan ās̱ār-ı diyānet ü ḥamiyyeti teʾyīd iderek mūcib-i ḥaẓẓ ü taḥsīn olmuş ve iḳdār ü iʿānet-i seniyyeye {11} şiddet-i iḥtiyācları keyfiyyātına dāʾir ʿaṭūfetlü Ḫūrşīd Paşa ḥażretleri ṭarafından daḫi taḥrīrāt tevārüd itmiş oldığından {12} ṭaḳımıyla ḫāk-pāy-ı hümāyūn-ı şāhāneye ʿarż ü taḳdīm ile meşmūl-ı liḥāẓa-i ʿāṭıfet-ifāża-i ḥażret-i pādişāhī buyurulmuş {13} ve ruʾūs-ı maḳṭūʿa-i mez̠kūre daḫi pīşgāh-ı bāb-ı ʿadālet-meʾāb-ı ḫüsrevānīde ġalṭīde-i ḫāk-i ʿibret ḳılınmışdır. Ẕāt-ı {14} besālet-simāt-ı düstūrīleri kemāl-i ṣalābet ü şecāʿat ile mevṣūf çerāġ-ı dest-efrūḫte-i cenāb-ı şehinşāhī olan {15} vüzerā-yı ʿiẓāmdan olaraḳ ẕātıñızdan uġur-ı meyāmin-mevfūr-ı şāhānede nice nice ḫidemāt-ı mebrūre ẓuhūrı derkār {16} ve taḳviye-i bāzū-yı iḳtidārıñız maṭlūb idüği bedīdār oldığından müteʿalliḳ olan irāde-i seniyye-i mülūkāne mūcebince {17} ʿaṭiyye-i seniyye-i cihān-dārī olaraḳ bu defʿa ṭaraf-ı müşīrīlerine beş yüz kīse aḳçe gönderilmiş olmaġla hemān ẕāt-ı saʿādetleri {18} bundan böyle daḫi ġayret ve ibrāz-ı merdī ve ḥamiyyet buyuraraḳ zīr-i idāre-i müşīrīlerinde olan maḥalliñ kemā-hiye-ḥaḳḳuhā {19} mekāyid-i aʿdādan muḥāfaẓasına ve o maḳūle ʿuṣāt-ı kefereniñ göz açdırmayacaḳ vechile ḳahr ü tedmīrleriyle iki cihānda {20} bāʿis̱-i fevz ü felāḥ olacaḳ mesāʿī-i meşkūre ve meʾās̱ir-i mebrūre ibrāzına ve her ḥālde serʿasker-i müşārun-ileyh ḥażretleriniñ daḫi {21} reʾy ü irādesine muvāfaḳatla is̱bāt-ı müddeʿā-yı dirāyet-kārī ve ṣalābete himmet buyurmaları siyāḳında ḳāʾime. Fī 27 B 37

[*575/192*] ***İzmīr muḥāfıẓına***

{1} Māh-ı Receb-i Şerīf'iñ on ḏoḳuzuncı güni Donanma-yı Hümāyūn-ı nuṣret-maḳrūn Sāḳız pīşgāhına vürūd ile {2} kefere tekneleriniñ muḳaddemce cezīre-i mez̠kūreye çıḳarmış oldığı ʿasākir-i menḥūseyi tamāmen almaġa dest-res olamayaraḳ {3} cümlesi firāra şitābān olduḳlarından Çeşme yaḳasından mürūr iden ġuzāt-ı muvaḥḥidīn derūn-ı ḳaṣabada olan kefere-i menḥūse {4} üzerine hücūm iderek lillāhiʾl-ḥamd ekṡeri helāk olmuş ve ol vechile Sāḳız ḳalʿası muḥāṣaradan taḫlīṣ ḳılınmış ve Timyāna {5} ṭarafına firār iden eşḳıyā gāvurlarınıñ taʿḳībi daḫi taṣmīm olunmuş idüği keyfiyyetine dāʾir bu defʿa firistāde ve isrā buyurılan {6} taḥrīrāt-ı beşāret-āyāt-ı düstūrīleri vārid ü vāṣıl ve mefhūm ü mezāyāsı rehīn-i ıṭṭılāʿ-i ḫulūṣ-verī olaraḳ {7} ʿavn ü ʿināyet-i Cenāb-ı Bārī ve yümn-i teveccühāt-ı ḥażret-i kītī-sitānī ile kefere-i ʿuṣāt maḳhūr ü münhezim olaraḳ cezīre-i mez̠kūreniñ {8} muḥāṣaradan ḫalāṣ olmuş oldığı Ḳuşaḏası Muḥāfıẓı saʿādetlü Muṣṭafā Reşīd Paşa ḥażretleri ṭarafından daḫi işʿār olunmuş oldığından {9} bu keyfiyyet bādī-i ferḥat ü meserret olaraḳ taḥrīrāt-ı mersūleleri ve müşārun-ileyhiñ sālifüʾz̠-z̠ikr taḥrīrātı ḫāk-pāy-ı {10} hümāyūn-ı şāhāneye ʿarż ü taḳdīm ile meşmūl-ı nigāh-ı ʿāṭıfet-iktināh-ı cenāb-ı ẓıllullāhī olmuşdur. Cümleye maʿlūm oldığı üzere {11} gāvurlarıñ ṭaraf ṭaraf ümmet-i Muḥammed

ʿaleyhine vuḳūʿa gelan ḫıyānet ü melʿanetleri cihetiyle bi'l-cümle me'mūrīn bu bābda ḫāb ü rāḥatı {12} terk ile dīn-i mübīn uğurunda merdāne çalışmaḳ ve herkes bulundığı maḥalliñ ḥıfẓ ü ḥırāsetine kemāliyle iʿtinā ve diḳḳat itmek {13} cümleye farż derecesinde oldığı ẓāhir ve Donanma-yı Hümāyūn yetişerek lillāhi'l-ḥamd Sāḳız ḳalʿası ḳayd-ı muḥāṣaradan {14} rehā bulmuş oldığına naẓaran inşā'allāhü'r-Raḥmān şimdiye ḳadar cezīrede bulunan ʿuṣāt-ı eşḳıyānıñ cümlesi cezā-yı sezālarını {15} bulmuş olacaḳları elṭāf-ı İlāhiyye'den mes'ūl ve bāhir olmağın hemān cenāb-ı ḥamiyyet-me'āb-ı düstūrīleri daḫi her ḥālde emr-i muḥāfaẓayı {16} lāyıḳıyla ikmāl ve ʿale'd-devām eṭrāf ü eknāfa medd-i enẓār-ı baṣīret iderek bir ān ve bir daḳīḳa ġāfil bulunmamağa saʿy-ı bī-hemāl buyuraraḳ {17} bir ṭarafdan daḫi eṭrāfdan ve gāvurlarıñ ḥāl ü mişvārından ḫaberdār olub istiḫbār olunan keyfiyyeti pey-ā-pey bu ṭarafa taḥrīr ü işʿāra {18} himmet ve Sāḳız ṭarafına daḫi mümkin olan imdād ü iʿāneniñ īfā ve icrāsına müsāraʿat buyurmaları siyāḳında ḳā'ime. Fī 27 B 37

[575/199] Ḳapūdān paşa ḥażretlerine

{1} Lāpsekī pīşgāhından ḥareketleriniñ ferdāsı Sāḳız cezīresine vāṣıl olaraḳ vezīr-i mükerrem saʿādetlü Vaḥīd Paşa ḥażretleriyle {2} bi'l-muḫābere Donanma-yı Hümāyūn'dan ve Çeşme yaḳasından cezīre-i merḳūmeye ʿasker iḫrācıyla ʿuṣāt-ı eşḳıyā ile ne vechile muḥārebe {3} ve Sāḳız ḳalʿası muḥāṣaradan ne ṣūretle taḫlīṣ olunmuş oldığı ve el-yevm muḥārebe üzere olduḳları Donanma-yı {4} Hümāyūn'uñ vürūdı ānda küffār tekneleri firār itmiş ve yerlü ḳayıḳlarınıñ yiğirmi sekiz ḳıṭʿası ṭaraf-ı düstūrīlerinden {5} iḥrāḳ ve on beş ḳıṭʿası tevḳīf olunub müşārun-ileyh ḥażretlerine virilecek ʿaṭiyye ve mühimmāt daḫi teslīm olunaraḳ {6} ḳalʿa-i merḳūmeniñ esbāb-ı taḳviyesi istiḥṣāl ve müşārun-ileyhiñ maṭlūbı vechile Donanma-yı Hümāyūn'dan biñ ḳanṭār beksimād {7} iʿṭā ḳılınmış ve Midillü ve İstānköy ve Rodos cezīreleri reʿāyāsı henüz ṭuğyān itmamişler ise de tedārükāt-ı {8} ḳaviyye ile muḥāfaẓalarına iʿtinā olunmadıḳça menvī-i żamīrleri olan ḫıyāneti fiʿile çıḳarmağa ictisār ideceklerinden {9} cezāyir-i merḳūmeye daḫi Anāḍolī'dan ʿasker tertīb ve irsāliyle taḳviyeleri lāzımeden oldığı ḫuṣūṣlarını {10} ḥāvī resīde-i enmile-i vürūd olan taḥrīrāt-ı meserret-āyātları me'āl ü mezāyāsı rehīn-i ıṭṭılāʿ-i ḫulūṣ-verī olub {11} cezīre-i merḳūmeye vuṣūlleriyle Sāḳız ḳalʿasınıñ muḥāṣaradan taḫlīṣine derkār olan saʿy ü iḳdām ü ihtimāmları bādī-i {12} ḥaẓẓ ü taḥsīn olaraḳ taḥrīrāt-ı mevrūde-i meẕkūreleri derḥāl ḫāk-pāy-ı hümāyūn-ı mülūkāneye ʿarż ü taḳdīm ile manẓūr-ı {13} hümāyūn-ı şāhāne buyurulmuşdur. Ẕāt-ı şecāʿat-simātları ġayūr ve cesūr ve mezīd-i mehām-āşināyī ve reviyyet ile mecbūl ü mefṭūr {14} vüzerā-yı ʿiẓām-ı Devlet-i ʿAliyye'den olaraḳ me'mūr olduḳları mehāmm-ı seniyyeniñ tesviyesinde ve bi-taḫṣīṣ tedmīr-i eşḳıyā {15} emrinde derkār olan saʿy ü ġayretleri maʿlūm oldığından ol bābda irā'e-i veṣāyādan müstaġnī olduḳları ẓāhir {16} ve lillāhi'l-ḥamd Cenāb-ı Bārī'niñ ʿavnıyla tīzce irişüb Sāḳız ḳalʿası taḫlīṣ olunmuş oldığına naẓaran cezīre-i merḳūmeniñ {17} ḥāvī oldığı ḳurāsında olan eşḳıyā daḫi şimdiye ḳadar maẓhar-ı ḳahr ü dimār olaraḳ Sāḳız ġāʾilesi külliyyen {18} berṭaraf olmuş olması elṭāf-ı İlāhiyye'den meʾmūl olaraḳ bu ḫaber-i meserret-es̱eriñ vürūdına ān-be-ān müteraḳḳıb {19} oldığımız bāhir olmağla hemān Cenāb-ı Ḥaḳḳ her ḥālde ümmet-i Muḥammed'e nuṣret iḥsān eyleye, āmīn. Ḳaldı ki, ẕāt-ı ʿālīleriniñ {20} işʿār buyurduḳları maḥalleriñ muḥāfaẓasına ihtimām fi'l-ḥaḳīḳa īcāb-ı vaḳt ü maṣlaḥatdan olub Midillü ve İstānköy {21} ve Rodos ve Limnī cezīreleri muḥāfaẓaları-çün sünūḥ iden irāde-i şāhāne mūcebince muḳaddem ve muʾaḫḫar iḳtiżā iden maḥallerden {22} ʿasākir tertībiyle müʾekked evāmir-i ʿaliyye ve mübāşir irsāl ve istiʿcāl olunmuş ve Sāḳız cezīresi-çün daḫi Aydın ve Ṣaruḫan {23} sancaḳlarından ʿasker tertīb ve bir ṭarafdan taʿcīl ḳılınmış oldığından inşāʾallāhü Taʿālā şimdiye ḳadar ʿasākir-i meʾmūre maḥallerine {24} vararaḳ ḥavālī-i merḳūmeniñ ez-her-cihet istiḥkāmı ḥāṣıl olmuş olacağı derkār ve bir ṭarafdan maḥāll-i merḳūmeniñ {25} istiḥkāmını müstelzim ḥālātıñ icrāsında vaḳt ifāte olunmayacağı ʿind-i saʿādetlerinde daḫi maʿlūm ü bedīdār {26} olmağla hemān ẕāt-ı saʿādetleri her ḥālde şerāyiṭ-i ḥamiyyet ü diyāneti is̱bāta beẕl-i himmet buyurmaları siyāḳında ḳāʾime. Fī 28 B 37

[575/200] ***Sāḳız muḥāfıẓına***

{1} Sāḳız cezīresine gelan izbāndīd eşḳıyāsıyla Sāḳız reʿāyāsı daḫi yek-dil olaraḳ Sāḳız ḳalʿasını berren ve baḥren muḥāṣara {2} eylediklerinden ceng ü muḥārebeye iştiğāl üzere iken Donanma-yı Hümāyūn'uñ vuṣūlüyle saʿādetlü Ḳapūdān paşa ḥażretleriyle {3} bi'l-muḫābere ḳaraya ʿasker iḫrāc olunaraḳ vāroş üzerine iki ḳoldan hücūm itdirildikde eşḳıyā-yı maḫẕūleniñ {4} müteḥaṣṣın olduḳları manāstır ve ṭabya ve menāzil ve üç ṭopları ne ṣūretle aḫẕ olunmuş ve ʿasākir-i manṣūre-i İslāmiyye'niñ {5} irişdikleri melāʿīni ḳahr ü tedmīr ve dest-res olduḳları üserā ve ġanāyimi iġtinām iderek ḥamden-lillāhi Taʿālā sālimen {6} ʿavdet ve muʾaḫḫaren daḫi maḥallāt-ı şehre hücūm ile baʿżı ṭarafları iḥrāḳ ve on yedi ḳıṭʿa ṭoplarını aḫẕ idüb {7} işbu ġazā-yı ġarrāda iʿdām olunan ve ḥayyen ṭutılan küffārıñ bellü başlularından iki yük kelle ve ḳulaḳ {8} ve birḳaç bāndıraları gönderilmiş oldığı ifādesini mübeşşir resīde-i cā-yı vuṣūl olan taḥrīrāt-ı saʿādet- {9} -āyāt-ı müşīrāneleri mezāyā-yı sāmīsi rehīn-i ıṭṭılāʿ-i muḥibbānemiz olub ẕāt-ı diyānet-simāt-ı müşīrīleri {10} mezīd-i ḥamiyyet ü ṣalābet ve kemāl-i fütüvvet ü besālet ile ārāste vüzerā-yı ʿiẓām-ı ġayret-ittisām-ı Salṭanat-ı Seniyye'den {11} olduḳlarından Allāh'ıñ luṭf ü iḥsānına ḥamd ü s̱enā olsun, es̱er-i iḳdām ü ihtimām-ı şecīʿāneleriyle ṣūret-yāb-ı mirʾāt-ı {12} ẓuhūr olan şāhid-i fevz ü nuṣret-i Rabbānī müstelzim-i ḥaẓẓ ü taḥsīn ve bādī-i sitāyiş ü āferīn oldığından ġayrı **(93)** taḥrīrāt-ı vāride-i meẕkūreleri ʿatebe-i ʿulyā-yı cenāb-ı pādişāhīye ʿarż ile bu keyfiyyet nezd-i meʿālī-vefd-i ḫüsrevānede {2} daḫi mūcib-i maḥẓūẓiyyet olmuş ve ẕikr olunan kelle ve ḳulaḳ-ı menḥūse ve bāndıra-i maʿkūseler yāfte vażʿıyla pīşgāh-ı {3} bāb-ı ʿadālet-penāh-ı ḥażret-i cihān-bānīde ġalṭīde-i ḫāk-i ʿibret ve meẕellet ḳılınmışdır. Rum ṭāʾifesiniñ dīn-i Muḥammedī'ye {4} olan eski ḫıyānetleri bir seneden ziyādedir meydāna çıḳmış ve Sāḳız reʿāyāsınıñ daḫi ittifāḳları ẓāhir olmuş {5} ise de dīnimiz dīn-i ʿālī-i Muḥammedī olaraḳ ʿināyet-i Bārī ve imdād-ı rūḥāniyyet-i cenāb-ı peyġamberī ile bunlarıñ {6} cümlesi ḳarīben cezālarını bulacaḳları elṭāf-ı İlāhiyye'den mesʾūl ü meʾmūl ve her ḥālde meʾmūrīniñ s̱ebāt ü ġayret {7} ile o maḳūle ʿiṣyān iden gāvurlara şevket-i İslāmiyye'yi göstermeleri müteḥattim-i ʿuhde-i diyānet oldığı ġayr-ı mestūr {8} olmaġla hemān ẕāt-ı sāmīleri ez-her-cihet ṭaraf-ı saʿādetlerinden meʾmūl ü muntaẓar olan merdī ve ḥamiyyet ü dirāyet {9} ve feṭānet ü metānet iḳtiżāsını icrāya beẕl-i naḳdīne-i himmet buyurmaları muḥavvel-i ʿuhde-i saʿādetleridir. Ḳaldı ki, muḳaddem tertīb {10} olundığı üzere bi'l-münāvebe ḳalʿaya alınan ḳocabaşılardan elde bulunanlar ile metrepolīdi daḫi ṣalb {11} eylemeñiziñ ṭaraf-ı saʿādetlerine müʾekked yazılması ṣaḥīfe-pīrā-yı ṣudūr olan ḫaṭṭ-ı hümāyūn-ı celādet-maḳrūn-ı {12} cenāb-ı pādişāhīde emr ü fermān buyurulmuş olmaġla mūcebince muḳaddem münāvebe ile ḳalʿaya alınan ḳocabaşılardan {13} elde bulunanlar ile metrepolīdi daḫi ʿalā-eyyi-ḥāl ṣalb iderek icrā-yı emr ü irāde-i seniyyeye ve her ḥālde īfā-yı {14} şerāyiṭ-i taḥaffuẓīye himmet buyurmaları siyāḳında ḳāʾime. Fī 29 B 37

[*575/206*] ***Rumili Vālīsi Ḫūrşīd Paşa ḥażretlerine***

{1} Muḳteżā-yı irāde-i seniyye-i şāhāne üzere Ṭosḳa ve Geġa ṭaḳımından aylıḳlu olaraḳ ḳırḳ biñ nefer ʿasker tertībiyle Mora üzerine {2} iḳtiżāsı vechile sevḳ ü taʿyīn ḳılınması ḫuṣūṣuna dāʾir ıṣdār ve tesyār olunan evāmir-i ʿaliyye ve nemīḳa-i s̱enāverīniñ vuṣūlünden baḥis̱le {3} ẕikr olunan evāmir-i ʿaliyye şimdilik baʿżı mülāḥaẓaya mebnī ibrāz buyurulmamış ise de Avlonya sancaġından bā-buyuruldı vāfir ʿasker {4} tertīb ve Oḫrī ve İlbaṣan sancaḳlarından daḫi defʿaten on biñ nefer ʿasker çıḳarılmaḳda ʿusret olacaġından mutaṣarrıflarınıñ {5} getürecekleri ḳażā ʿaskerinden māʿadā livāʾeyn-i meẕkūreynden ʿulūfelü olaraḳ ikişer biñ ve sāʾir Geġa paşalarınıñ {6} daḫi getürecekleri ʿasākir-i mürettebeden başḳa her birlerinden biñ ve biñ beş yüz ʿasker maṭlūb buyurulmuş oldığı {7} ve ʿasākir-i meẕkūre bi-mennihī Taʿālā ḳarīben tecemmuʿ itdikde iḳtiżāsı vechile Ḳarlıili üzerinden Mora'ya sevḳ olunduḳdan ṣoñra {8} ẕāt-ı ʿālīleri daḫi Yānya'dan ḥareket ve Yeñişehir'e ʿazīmet-birle bā-ʿavn-i Bārī Mora'nıñ fetḥ ü tesḫīri elṭāf-ı İlāhiyye'den {9} meʾmūl idüği ve Sūlī gāvurları yedlerinde olan Rinyāṣa ḳalʿası üzerine meʾmūr buyurmuş olduḳları Teke ve Ḥamīd {10} Sancaḳları Mutaṣarrıfı saʿādetlü Meḥmed Paşa ḥażretleri lillāhi'l-ḥamd ḳalʿa-i merḳūmeyi fetḥ ü tesḫīr itmiş oldığından Delvīne ahālīsi

{11} ʿalelʿumūm maʿiyyet-i müşārun-ileyhe taʿyīn olunaraḳ bir ṭarafdan anlar ve bir ṭarafdan daḫi Avlonya sancağından müretteb ʿasker ile müşārun-ileyh {12} ʿÖmer Paşa Sūlī üzerine meʾmūr ḳılınmış ve Ḳaraferye ḳażāsında iʿlān-ı ʿiṣyān iden Yamāndī nām kāfiriñ ḳahr {13} ü iżmiḥlāli-çün Paşa Sancağı dāḫilinde olan aʿyānlar Manāstır'da olan ḳāʾimmaḳāmları maʿiyyetiyle Ağustos ve ol ḥavālīde {14} ayaḳlanmış olan ḫavene üzerine taʿyīn buyurulmuş oldığı ifādātıyla Ḳarlıili üzerinden Mora'ya sevḳ olunacaḳ {15} ʿasākiriñ idāre-i taʿyīnātları-çün Dersaʿādet'den bir nüzül emīni ve ḳaṣṣābbaşı gönderilmesi ve maʿiyyet-i ʿālīlerinde olan {16} Nüzül Emīni Süleymān Ağa'ya daḫi aḳçe irişdirilmesi ve Mora serʿaskeri ordusı-çün Ermiye'de emlāk-ı hümāyūn nāẓırı olan {17} Ḳara ʿOs̱mān-zāde Yaʿḳūb Ağa bendeleri nüzül emīni ve ḳaṣṣābbaşı taʿyīn olunaraḳ ẕaḫīre ḫuṣūṣı daḫi saʿādetlü Tırḥala {18} mutaṣarrıfıyla ʿĀrif Efendi bendelerine taḥrīr buyurulmuş oldığını şāmil ve ifādāt-ı sāʾireyi müştemil resīde-i enmile-i vürūd olan {19} taḥrīrāt-ı behcet-āyātları mezāyāsı maʿlūm-ı s̱enāverī olduḳdan ṣoñra ḫāk-pāy-ı hümāyūn-ı ḥażret-i pādişāhīye daḫi ʿarż ile {20} manẓūr-ı naẓar-ı ḥażret-i ẓıllullāhī buyurulmuş ve "Pek güzel tedbīr ü tertīb eylemiş. Yine her bir ḫuṣūṣ reʾyine iḥāle oluna." deyu {21} ḫaṭṭ-ı hümāyūn-ı kerāmet-maḳrūn-ı cenāb-ı pādişāhī zīb-efzā-yı sünūḥ ü ṣudūr olmuşdur. Ẕāt-ı ḥayderī-simāt-ı sipehdārīlerine {22} min-ḳıbeli'l-Ḥaḳḳ mevhibe-i maḫṣūṣa olan kemāl-i rüşd ü feṭānet ve mezīd-i ḥamiyyet ü şecāʿat iḳtiżāsı üzere kāffe-i ḥālde {23} müteşebbis̱ olduḳları uṣūl ü ḥareket cümlesi tamām vaḳt ü maṣlaḥata muvāfıḳ tedābīr-i ḥaseneden ve şimdiye ḳadar ibrāz buyurmuş {24} olduḳları ḫidemāt-ı ʿālem-pesendlerine hiç diyecek olmayub her bir kārda meşhūd olan ārā-yı ṣāʾibe ve efkār-ı s̱āḳıbeleri {25} merkez-i lāyıḳında olaraḳ inşāʾallāhü'r-Raḥmān işbu Mora maṣlaḥatında daḫi tevfīḳāt-ı Sübḥāniyye'ye maẓhar olacaḳları ve Ḳaraferye ḳażāsında {26} bāndıra-küşā-yı idbār olan ḫavene-i müşrikīniñ ḳahr ü iżmiḥlālleri-çün Selānīk Mutaṣarrıfı saʿādetlü Meḥmed Paşa bendeleri daḫi {27} bugünlerde ḥareket itmiş oldığından bā-ʿavn-i Bārī müşārun-ileyh berüden ve ẕāt-ı sāmīleriniñ meʾmūr buyurduḳları ʿasākir daḫi {28} öte ṭarafdan hücūm ü iḳtiḥām ile ʿuṣāt-ı mesfūre ḳarīben ve külliyyen mużmaḥill ü perīşān olacaḳları elṭāf-ı ḫafiyye-i İlāhiyye'den {29} meʾmūl ü müstedʿādır. Ḳarlıili üzerinden Mora'ya sevḳ olunacaḳ ʿasākiriñ idāre-i taʿyīnātları-çün müteʿalliḳ olan {30} irāde-i seniyye-i şāhāne mūcebince dergāh-ı ʿālī ḳapucıbaşılarından sābıḳ Bīğā Mütesellimi Aḥmed Ağa bendeleri nüzül emīni ve ḳaṣṣābbaşı {31} taʿyīn olunaraḳ ʿale'l-ḥesāb yüz elli biñ ğurūş daḫi iʿṭā-birle serīʿan iḫrāc ü iʿzām olunmaḳ üzere olub ordu-yı {32} ẓafer-būları nüzül emīni olan Süleymān Ağa bendelerine daḫi şimdilik biñ kīse aḳçe irsāl olunaraḳ bundan böyle {33} daḫi aḳçe irişdirileceği beyānıyla hemān umūr-ı meʾmūresinde ibrāz-ı ḥüsn-i ḫidmet ve ṣadāḳat ve her ḥālde emr ü reʾy-i {34} ṣafderānelerine mütābaʿat eylemesi tenbīhiyle [?]

tesliyeti şāmil ṣavb-ı s̱enāverīden mūmā-ileyh Süleymān Aġa bendelerine maḫṣūṣ {35} kāġıd yazılmış ve Mora Serʿaskeri ʿaṭūfetlü ʿAlī Paşa ordusı-çün mūmā-ileyh Ḳara ʿOs̱mān-zāde Yaʿḳūb Aġa bendeleriniñ {36} vāḳıʿan münāsib oldıġından Başmuḥāsebe ḳaleminde ḳaydı bulunmaḳ ve ḥīn-i muḥāsebede mürācaʿat olunmaḳ içün aġa-yı mūmā-ileyhiñ {37} ol vechile meʾmūriyyeti keyfiyyeti ḳalem-i mezbūra ḳayd olunmaḳ üzere ʿizzetlü Defterdār efendi bendelerine ḥavāle ḳılınmış olmaḳdan nāşī kāffe-i {38} ḫuṣūṣātda iḳtiżā-yı ḥāl ü vaḳte göre ḥareket ve lāzım gelan ārā-yı ṣāʾibeniñ icrāsına müs̱āberet buyurmaları {39} muḥavvel-i ʿuhde-i ʿālīleri idüği beyānıyla ḳāʾime. Fī selḫ-i B 37

[575/207] *Mıṣır vālīsi ḥażretlerine*

{1} Muḳaddem ve muʾaḫḫar ṣavb-ı ʿālīlerine işʿār ü beyān olundıġı üzere Girīd cezīresinde ʿiṣyān iden gāvurlar yevmen-fe-yevmen {2} işʿāl-i nāʾire-i melʿanet eylediklerinden muḳteżā-yı meʾmūriyyet-i ʿālīleri vechile cezīre-i merḳūmda olan ḫavene-i dīniñ {3} ḳahr ü iżmiḥlālleriyle Girīd gibi bir ḥıṣn-ı ḥaṣīniñ şerāre-i şerr ü mażarrat-ı aʿdādan muḥāfaẓasıyla ḥüsn-i niẓāmına sürʿat [ü] {4} himmetleri netīce-i maḳṣūd-ı ʿālī idüği ber-tafṣīl ẕāt-ı ḥamiyyet-simātlarına bildirilmiş idi. Bu bābda tekrīr-i maḳāl külfesine [?] {5} ḥācet bıraḳmayaraḳ her ne dürlü imkān müsāʿid olur ise cezīre-i meẕkūreniñ imdād ü iʿānesi edāsını icrāya {6} teşmīr-i sāʿid-i ihtimām buyuracaḳları tecārib-i ʿadīde ile mücerreb olan mişvār-ı bergüzīde-i ṣalābet-mendīleri iḳtiżāsıyla {7} müstedlel ü müberhen ve ʿasker ve mühimmāt sevḳi-çün Mora cezīresinden biʾl-ʿavde İskenderiye'ye meʾmūr olan Donanma-yı Hümāyūn {8} ve süfün-i sāʾireniñ taʿmīr ü tetmīmleri ḫuṣūṣuna ne ṣūretle cebīre-bend-i himmet buyurulmuş oldıġı taḥrīrāt-ı düstūrīlerinde {9} muḥarrer ü mübeyyen ise de bugünlerde Dersaʿādet'de muḳīm Girīd tüccārlarına Resmo ṭarafından gönderilan üç ḳıṭʿa mektūblar {10} Bāb-ı ʿĀlī'ye taḳdīm olunub mefhūmlarında ʿuṣāt-ı reʿāyā Ayovāsīlī ve Amārī ve Resmo nāḥiyelerini żabṭ idüb {11} cümle reʿāyā İsfākyalulara ittibāʿ eyledikleri ve Ḫānya ve Resmo ṭaşrasında ṭop menziline ḳarīb ṣoḳılaraḳ {12} ceng ü peykār üzere olduḳları ve Resmo şehrinden biñden ziyāde şehīd virdikleri ve gāvurlarıñ her ṭarafdan {13} hücūm ü ġulüvlerine müdāfaʿaya iḳtidārları ḳalmayub imdād ü iʿāneye intiẓār eyledikleri münderic ü meẕkūr olub {14} mekātīb-i meẕkūre müfādına göre eğer şu günlerde imdād irişmez ise ʿaṣamnallāh [?] cezīre-i meẕkūre kāmilen eyādī-i {15} ʿuṣāta girmeğe bir ramaḳ ḳalmış rütbede idüği maẓnūn ve bu cihetle ne vechile olur ise olsuñ Girīd'iñ {16} imdādına irişmek farż derece olub bunuñ bir imkān çāresi rābıṭasını istiḥṣāl ile şu Girīd cezīresine {17} imdād ü iʿānet buyurmaları ḥaṣren ve ḳaṣren ẕāt-ı diyānet-simāt-ı düstūrīlerinden maṭlūb-ı ḥażret-i pādişāhī oldıġı {18} biʾd-defaʿā[t] ifādāt-ı ḫāliṣānemizden rū-nümūn olmaġla merkūz-ı māye-i fıṭriyyeleri olan ḥaṣānet-i sütūde-simātları {19} imtis̱āl-kārī ve diyānet ve farṭ-ı ḥamiyyet ü ṣalābet iḳtiżāsı ve muḳaddem ve mu'aḫḫar şeref-sünūḥ iden emr ü irāde-i cenāb-ı ḫilāfet-penāhī {20} muḳteżāsı üzere bu ḫidmet-i vācibü'l-müsāra'ati daḫi mesā'ī-i maḳbūle-i sālifelerine żamīme buyurarak ne vechile mümkin olur ise {21} olsun şu Girīd cezīresine imdād ü i'ānet-birle kefere-i maḫẕūleniñ ḳahr ü tenkīl ü istīṣālleriyle Girīd'iñ {22} levs-i vücūd-ı mekīdet-ālūdlarından taṣfiyesi esbābını ikmāl buyurarak ḥaḳḳ-ı eḥaḳḳ-ı 'ālīlerinde pertev-pāş olan {23} meḥāsin-i teveccüh-i pādişāhīyi ḳat-ender-ḳat te'kīde ṣarf-ı yārā-yı himmet ve her ḥālde icrā-yı muḳteżā-yı ṣalābet-şi'ārī {24} ve ḥamiyyete bezl-i mā-ḥaṣal-i miknet buyurmaları gümāşte-i şīme-i ġayret ü diyānet-i düstūrīleri [idüği] beyānıyla ḳā'ime. Fī ġurret-i Ş 37

[*575/209*] ***Ḳapūdān paşa ḥażretlerine***
{1} Müstaṣḥab-ı ma'iyyet-i düstūrīleri olan Donanma-yı Hümāyūn bi-'avnihī Ta'ālā Sāḳız ḫidmetinden ṣoñra bir kerre daḫi Midillü ṭarafına {2} 'azīmet lāzım geleceği beyānıyla andan ṣoñra ne maḥalle 'azīmetleri irāde olunur ise iş'ār olunmasını ve ba'żı ifādeyi şāmil {3} ḳapu ketḫüdāları ṭarafına mersūl şuḳḳa-i müşīrīlerini mūmā-ileyh irā'e itmekle mezāyāsı ma'lūm-ı ḫāliṣānemiz olduḳdan ṣoñra rikāb-ı hümāyūn-ı {4} şāhāneye 'arż ile manẓūr-ı naẓar-ı kerāmet-eser-i ḥażret-i pādişāhī olmuşdur. Ma'lūm-ı müşīrīleri oldığı vechile Donanma-yı Hümāyūn'uñ {5} ibtidā tertīb ve iḫrācı esnāsında Sāḳız ḥādisesi ẓuhūr itmamiş oldığından ḏoğrı Mora'ya varub bi-mennihī Ta'ālā **(98)** Mora maṣlaḥatı niẓāmından ṣoñra aḏalar arasına inerek iḳtiżāsı vechile ḥareket buyurmalarını müş'ir ta'līmāt {2} emr-i şerīfi virilmiş iken mu'aḫḫaren Sāḳız māddesiniñ ẓuhūrına mebnī evvel-be-evvel Sāḳız'a gitmeleri īcāb iderek ol vechile {3} irāde-i 'aliyye sāniḥ olmuş olub el-ḥāletü-hāẕihī Sāḳız cezīresiniñ bā-'avn-i Bārī bugünlerde ḥüsn-i niẓāmı {4} tekmīlinde Mora maṣlaḥatınıñ kemāl-i ehemmiyyetine ve sā'ir aḏalar eşḳıyāsı tasalluṭı vāḳi' olsa bile bunlar Mora'ya maḳīs olmayarak {5} her ne vaḳt olsa 'avn-i Ḥaḳḳ'la tesḫīr ve tanẓīmi mümkin göründiğine naẓaran Donanma-yı Hümāyūn-ı Şāhāne'niñ sā'ir aḏalara ḳaṭ'an {6} ilişmeyerek havā müsā'id oldığı gibi Sāḳız'dan ḏoğrı Mora üzerine gitmesi īcāb-ı maṣlaḥatdan oldığı ẓāhir {7} ve şeref-pāş-ı ṣaḥīfe-i süṭūr ve ṣudūr olan ḫaṭṭ-ı şerīf-i kerāmet-redīf-i şāhānede "Sāḳız cezīresinde biraz fütūḥāt {8} olmuş ise de emīn olunacaḳ mertebe niẓāmı daḫi ḫaylī tedbīre muḥtāc; bu ṭarafdaki aḏalar fetḥ olunca Ḳāsım gelüb {9} Mora maṣlaḥatı ḳalur. Mora içün bu ḳadar maṣārif ve bu ḳadar tertībāt 'abeṡ olacağından başḳa Meḥmed Paşa ve Yūsuf {10} Paşa gibi iki işe yarar vezīr cezīre-i meẕkūrda olub ne ḥālde olduḳları ma'lūm değil iken donanma bu ġā'ilede [?] {11} uğraşmaḳ cā'iz değildir. Ḳapūdān paşaya Mora'ya gitmesi ḳaṭ'iyyen yazılmaḳ īcāb ider." deyu emr ü irāde-i hümāyūn buyurulmuş {12} oldığından muḳteżā-yı irāde-i seniyye-i mülūkāne üzere ḥareket buyurmaları lāzım geleceği müberhen ü

bāhir olmağla her ḥālde {13} īfā-yı şerāyiṭ-i me'mūriyyet ve ġayrete himmet buyurmaları siyāḳında ḳā'ime. Fī ġurret-i Ş 37

[575/226] *Sābıḳ ʿAlā'iye mütesellimi olub Sāḳız'a me'mūr mīr-i mīrāndan ʿAbdī Paşa'ya*
{1} Cenābıñız bundan aḳdem saʿādetlü İzmīr muḥāfıẓı ḥażretleri ṭarafından Çeşme'de olan ʿaskeriñ üzerine başbuġ olaraḳ {2} taʿyīn olunmuş iseñiz de Sāḳız cezīresinde ʿaskeriñ azlığı ve ʿuṣāt-ı kefereniñ kes̱reti cihetiyle vezīr-i mükerrem saʿādetlü {3} Sāḳız Muḥāfıẓı Vaḥīd Paşa ḥażretleri maʿiyyetinde işe yarar fenn-i ḥarb ü peykāra āşinā biriniñ bulunması īcāb-ı vaḳt {4} ü maṣlaḥatdan ve siziñ evṣāf-ı mez̠kūre ile ittiṣāfıñız cihetiyle hemān beş yüz ve daḫi ziyāde tedārük idebildiğiñiz {5} miḳdār ʿasker ile serīʿan Sāḳız'a mürūr itmek üzere muḥāfıẓ-ı müşārun-ileyh maʿiyyetine me'mūriyyetiñiz ḫuṣūṣı emr ü fermān-ı {6} hümāyūn-ı şāhāne muḳteżāsından olaraḳ ol bābda me'mūriyyetiñizi şāmil iḳtiżā iden emr-i ʿālī ıṣdār ve derdest-i tasṭīr {7} iken el-ḥāletü-hāẕihī Sāḳız'a mürūruñuz ile küffār üzerine taʿyīn ḳılınaraḳ muḥārebe ve cihād ile meşġūl oldığıñız muḥāfıẓ-ı müşārun-ileyh {8} ḥażretleri ṭarafından işʿār olunub bu keyfiyyet maḥżā iṣābet ḳabīlinden olaraḳ cenābıñıza ʿaṭiyye-i seniyye-i mülūkāne olaraḳ {9} yiğirmi beş biñ ġurūş iḥsān ḳılınmış ve ol bābda ṭarafıñıza ḫiṭāben bir ḳıṭʿa emr-i ʿālī taṣdīr ve tesyīr olunmuş ve meblaġ-ı mezbūr {10} daḫi naḳden gönderilmiş olmağla işte bu vaḳt tamām dīn ü devlet yolunda ḫidmet idecek ve ġayret ü ṣadāḳat {11} me'āṡirini is̱bāt ile nām ü şān alacaḳ mevsimler oldığından, göreyim sizi, diyānet ü ġayretiñiz iḳtiżāsı üzere {12} hemān her ḥālde muḥāfıẓ-ı müşārun-ileyhiñ emr ü re'yine mütābaʿat ve is̱bāt-ı merdī ve şecāʿate diḳḳat ile iki cihānda nā'il-i rifʿat {13} olmaḳlığa kemāl-i müsāraʿat eylemeñiz siyāḳında ḳā'ime. Fī 4 Ş 37

[575/229] *Sāḳız muḥāfıẓına dīger kenār*
{1} Tīz elden Sāḳız'a ʿasker irişdirilmesi {2} żımnında Aydın ve Ṣaruḫan sancaḳlarından {3} Ḳuşadası'na müretteb olan {4} biñ beş yüz nefer ve saʿādetlü {5} Behrām Paşa ḥażretleriniñ tüfenkçibaşısı {6} İbrāhīm Ağa maʿiyyetiyle iki yüz elli {7} ve Mağnīsā vücūhundan Süleymān Paşa {8} tüfenkçibaşısı Ḳara Muṣṭafā Ağa {9} üç yüz nefer ʿasker ile saʿādetlü {10} İzmīr muḥāfıẓı ḥażretleri maʿrifetiyle {11} Ṣığla sancağından daḫi beş yüz {12} nefer maʿiyyet-i düstūrīlerine me'mūr {13} ve taʿyīn ḳılınmış oldığı metn-i {14} nemīḳa-i muḫliṣīde beyān ü işʿār {15} olunmuş ise de mu'aḫḫaren vürūd {16} iden taḥrīrāt-ı şerīfelerinde {17} Çeşme yaḳasından ḳatı çoḳ {18} ʿasker Donanma-yı Hümāyūn'uñ vürūdunda {19} Sāḳız'a geçmiş olduḳlarından ve lillāhi'l-ḥamd {20} kefere-i maḥẕūleniñ ḳuvvet-i bāzūları {21} şikest olaraḳ şimdilik {22} mevcūd olan ʿasker daḫi {23} külliyyetlü oldığı muḥarrer ü mesṭūr {24} olmağla

bu ṣūretde Sāḳız'da {25} ʿasker-i müstevfī ve Ḳuşaḏası'nıñ {26} daḫi istiḥkām ve muḥāfaẓası rütbe-i {27} vücūbda idüği rū-nümā olmaġın {28} işiñ gelişine göre baʿdehū {29} iḳtiżāsına baḳılmaḳ üzere {30} şimdilik ʿasākir-i meẕkūre terk {31} ve teʾḫīr olunmuş oldıġı beyānı {32} taḥşiye-i metn-i ḫulūṣ-verīye {33} bādī olmuşdur. Fī 6 Ş 37

[*575/231*] *Ḳapūdān paşa ḥażretlerine*
{1} Mora üzerine ʿazīmetleri ḫuṣūṣunda müteʿalliḳ olan emr ü irāde-i şāhāne keyfiyyeti giçen gün ṭaraf-ı düstūrīlerine işʿār ü beyān {2} olunmuş idi. El-ḥāletü-hāẕihī Mora gāvurlarınıñ şiddet-i ʿiṣyānlarına ve Gördūs ḳalʿasınıñ eyādī-i müşrikīne giriftār olub {3} çıḳan ehl-i İslām'a gāvurlar kendü dīn-i bāṭıllarını teklīf iderek ḳabūl itmeyan nice ẕükur ü ināṣı şehīd eylediklerine {4} ve Bādra üzerine gelan gürūh-ı müşrikīniñ sergerdesi olan Ḳoloḳotronī nām laʿīniñ buyuruldı şeklinde kendülere {5} maġrūrāne ve kāfirāne birṭaḳım hezeyānı şāmil kāġıdı geldiğine ve bir ān aḳdem ʿasākir-i külliyye ile imdād olunması istidʿāsına {6} dāʾir Bādra'da olan saʿādetlü Meḥmed Paşa ile Yūsuf Paşa ḥażretlerinden kendüye gelan taḥrīrāt gönderildiği serʿasker-i {7} ẓafer-rehber ʿaṭūfetlü Ḫūrşīd Aḥmed Paşa ḥażretleri ṭarafından inhā olunmuş ve rikāb-ı hümāyūn-ı şāhāneye ledeʾl-ʿarż bu kāfirleriñ {8} itdiklerini insān oḳumaġa daḫi taḥammül idemediğinden hemān cenāb-ı müşīrīleri bi-mennihī Taʿālā Sāḳız maṣlaḥatı ḫitāmında ḳalḳub {9} ḏoġrı Mora'ya irişmeleriniñ ṭaraf-ı saʿādetlerine teʾkīd olunması ḫuṣūṣuna irāde-i seniyye-i mülūkāne taʿalluḳ itmiş olmaġla ġayret ü diyānetleri {10} iḳtiżāsı ve meʾmūriyyetleri muḳteżāsı üzere bā-ʿavn-i Bārī Sāḳız maṣlaḥatı ḫitāmında hemān ḳalḳub Mora'ya irişmeğe müsāraʿat {11} ü himmet buyurmaları siyāḳında ḳāʾime. Fī 6 Ş 37

[*575/232*] *Ḫūrşīd Paşa ḥażretlerine*
{1} Bādra['da] olan saʿādetlü Yūsuf Paşa ve Meḥmed Paşa ḥażerātı ṭaraflarından Mora'nıñ şimdiki ḥāl ü keyfiyyātına ve imdād ü iʿānetiñ {2} istiʿcāline dāʾir ṣavb-ı sipehdārīlerine tevārüd iden taḥrīrāt taḳdīm olundıġı beyānıyla ṭaraf-ı ṣafderānelerinden müşārun-ileyhimāya ne vechile {3} cevāb-nāme yazılmış oldıġını ve Ḳarlıili'den sevḳ olunacaḳ ʿasker tertīb olunmaḳda olub Yeñişehir cāddesinden {4} sevḳ olunacaḳ ʿasākiriñ idāre-i taʿyīnātları-çün Rumili ḳażālarından bā-buyuruldı müretteb olan rāyic ve mübāyaʿa ẕaḫāyiri {5} beḳāyālarınıñ Yeñişehir'e naḳli żımnında ṭaraf-ı sāmīlerinden buyuruldılar neşr olunaraḳ bir ṭarafdan daḫi bahāsınıñ ziyādeliğine baḳılmayub {6} [...]'de daḫi ẕaḫīre iştirāsına teşebbüṡ buyurulmuş oldıġını ve Yeñişehir Naḳībi Ketḫüdāsı Meḥmed Ṭāhir Efendi'niñ ʿafv {7} ü ıṭlāḳı ve sāʾir baʿżı işʿārat-ı ḫāliṣānemiziñ ecvibesi ifādātını şāmil resīde-i mevkiʿ-i vuṣūl olan {8} taḥrīrāt-ı düstūrāneleri mezāyāsı ve taḥrīrāt-ı mersūle müfād-ı ciğer-sūzı rehīn-i ıṭṭılāʿ-i ḫāliṣānemiz

olduḳdan ṣoñra {9} ṭaḳımıyla rikāb-ı ḳamer-tāb-ı şāhāneye ʿarż ile manẓūr-ı hümāyūn-ı mülūkāne buyurulmuşdur. Mora gāvurlarınıñ itdiklerini insān {10} oḳumaġa daḫi taḥammül idemeyeceğinden Cenāb-ı Ḳahhār-ı Müntaḳim inşāʾallāh ṣāḥib-i şerīʿat efendimiziñ ḥürmetine ḳarīben bu gāvurlardan {11} aḫẕ-ı s̱ār ile ümmet-i Muḥammed'e itdikleri ḫıyāneti yanlarına bıraḳmayacaġı elṭāf-ı İlāhiyye'den mesʾūl ü müstedʿā ve ẕāt-ı diyānet-simāt-ı {12} ḥayderāneleri daḫi müşārun-ileyhimā Yūsuf Paşa ve Meḥmed Paşa ḥażerātına yazmış olduḳları tesliyet-āmīz cevāb ʿayn-ı iṣābet (106) olaraḳ bi-mennihī Taʿālā cevāb-ı meẕkūruñ mūceb ü muḳteżāsını daḫi bir ān aḳdem ḳuvveden fiʿile çıḳararaḳ ve bu dīn-i {2} mübīn yolunda maṣrūf buyurılan ġayret ü iḳdāmlarını bundan böyle bir ḳat daḫi ziyāde iderek luṭf ü ʿavn-i {3} Cenāb-ı Muʿīn ile ḳarīben Mora'nıñ derūnuna ʿasākir-i külliyye imrār ve idḫāliyle dīn ü devletimiziñ düşmenleri olan {4} ḫavene-i müşrikīniñ ḳahr ü tenkīliyle yeñi başdan Mora gibi bir iḳlīmiñ fetḥ ü tesḫīrine muvaffaḳ olacaḳları iʿtiḳādāt-ı {5} ḥasenesi daḫi ḥaḳḳ-ı sāmīlerinde derkārdır. Hemān Cenāb-ı Rabb-i Müsteʿān her ḥālde müteşebbis̱ olduḳları meṣāliḥ-i {6} dīniyyede suhūlet iḥsānıyla dergāh-ı ulūhiyyetinde ilticāmız vechile ḳarīben şu Mora ġāʾilesiniñ indifāʿına daḫi {7} muvaffaḳ[iyyet] ü nuṣret iḥsān eyleye, āmīn. Donanma-yı Hümāyūn'uñ Mora'ya ʿazīmeti muṣammem iken Sāḳız ġāʾilesiniñ ẓuhūrı {8} sebebiyle żarūrī Sāḳız'a gidüb andan Mora'ya ʿazīmeti ḫuṣūṣı irāde ḳılındıġı muḳaddem ṣavb-ı ʿālīlerine yazılmış idi. {9} El-ḥāletü-hāẕihī lillāhi'l-ḥamd ve'l-mennihī Donanma-yı Hümāyūn Sāḳız'a vararaḳ berren ve baḥren ʿuṣāt-ı kefere ile bi'l-muḥārebe Sāḳız ḳalʿası {10} muḥāṣaradan taḫlīṣ ile derūn-ı cezīrede olan gāvurlarıñ ḳatı vāfiri maẓhar-ı tīġ-i ʿadū-tedmīr-i ġuzāt olmuş ve bi'l-cümle māl {11} ü eşyāları iġtinām ve evlād ü ʿiyālleri istirḳāḳ olunaraḳ baḳiyyetü's-süyūf olan gāvurlarıñ daḫi verāları taʿḳīb {12} ve pey-ā-pey ele geçenler ḳanṭara-i şimşīrden geçürülmekde oldıġı ve yiğirmi ḳadar ḳurā reʿāyāsı istīmān eyledikleri aḫbār-ı sārresi {13} birbirini taʿḳīb itmiş oldıġından ve bir ṭarafdan daḫi Anādolī'dan Sāḳız'a ehl-i tevḥīd fevc fevc geçmekde olduḳlarından {14} bu cihetle bā-ʿavn-i Bārī Sāḳız māddesi ḳuvve-i ḳarībeye gelmiş oldıġına bināʾen bu defʿa şeref-sünūḥ iden irāde-i seniyye {15} iḳtiżāsı üzere bi-mennihī Taʿālā Sāḳız maṣlaḥatı ḫitāmında hemān ḳalḳub Mora'ya irişmeleri ḫuṣūṣı saʿādetlü Ḳapūdān paşa {16} ḥażretlerine ṣavb-ı s̱enāverīden yazılmış olmaḳ mülābesesiyle bi-ʿavnihī Taʿālā Donanma-yı Hümāyūn irişerek ve ẕāt-ı sāmīleri {17} kemāl-i iḳdām ü himmet-birle Mora'ya külliyyetlü ʿasker imrār ve idḫāl iderek Mora'nıñ ḳarīben fetḥ ü tesḫīri {18} elṭāf-ı Rabb-i Müsteʿān'dan meʾmūldür. Ḳaldı ki, ẕāt-ı sāmīleri Yānya'dan ḳalḳub Yeñişehir'e geleceklerini işʿār {19} buyurmuşlar ise de Yānya ḥavālīsi ʿuṣāt-ı kefere ile memlū olaraḳ maʿāẕallāhü Taʿālā Yānya'yı ḳuvvetsiz bulub da sūʾ-i ḳaṣd {20} ve Ḫudā-ne-kerde ḳalʿayı żabṭ itmeleri lāzım gelür ise ṣoñra ġāyet müşkil olacaġı ḫāṭırası derkār oldığından cenāb-ı ʿālīleri {21} Yeñişehir'e gelecekleri ve saʿādetlü ʿÖmer Paşa bendelerini daḫi Mora üzerine göndirecekleri vaḳt Yānya'ya bırağılacaḳ {22} me'mūr ve mütesellim her kim ise ʿasākir-i vāfiye ile muḳtedir ve ḳuvvetlü olmasında daḫi ṭaraf-ı saʿādetleri iḫṭār olunması iḳtiżā-yı {23} irāde-i seniyyeden olmağla her ḥālde isbāt-ı ġayret ü feṭānet ü ḥamiyyete bezl-i himmet buyurmaları siyāḳında ḳā'ime. {24} Lede'l-vuṣūl mūmā-ileyh Ṭāhir Efendi'niñ maḳtūl Velī Paşa ve sā'irīniñ emvālleri keyfiyyetine vuḳūfı mervī oldığından {25} kendüsünden baʿżı su'āl ü cevāb iḳtiżā ideceğine binā'en li-ecli'l istinṭāḳ menfāsından ibtidā ḏoğrı Dersaʿādet'e gelmek {26} şarṭıyla ʿafv ü ıṭlāḳı ḫuṣūṣuna müsāʿade-i ʿaliyye erzānī buyurulmuş ve ol vechile mūmā-ileyh ıṭlāḳ ḳılınmış olmağla hemān {27} besālet ü şecāʿat me'āsirini icrāya himmet buyurmaları me'mūl-ı ḫāliṣānemizdir. Fī 7 Ş 37

[*575/233*] *Ḳapūdān paşa ḥażretlerine*

{1} Bā-ʿavn-i Bārī Sāḳız vāroşı żabṭ ü tesḫīr olunduḳdan ṣoñra eṭrāf ḳaryelere ḳol ḳol ʿasākir-i nuṣret-me'āsir sevḳ {2} ve żabṭ olunan ṭabyalardan yiğirmi ḳıṭʿa ṭop aḫẕ olunaraḳ ẓuhūra gelan nuṣret-i celīle ve fütūḥāt-ı cezīleniñ ve ṭālib-i {3} re'y ve amān olan eşḳıyā-yı reʿāyāya bu cihetle re'y buyuruldısı virildiğiniñ keyfiyyātı tafṣīliyle Sīsām ṭarafından vürūd ile {4} ḏağlara firār itmiş olan Līġoṣet ve Līḳūrġo ve Acī Anḏon Baronyā ve Acī Mānol nām gāvurlarıñ ḥayyen aḫẕ ü girifti {5} ṣūretine teşebbüs buyurulmuş idüği ve yiğirmi dört ḳadar ḳurā gāvurları istīmān itmek üzere iseler de ḏağ köyleriniñ {6} cesīm ve aḳvāsı olan Volīso ḳaryesi suhūlet vechile istīmān itmeyeceğinden saʿādetlü Vaḥīd Paşa ḥażretleriyle bi'l-müẕākere {7} mīr-i mīrāndan ʿAbdī Paşa maʿiyyetiyle ḳarye-i merḳūmeye ʿasākir-i vāfiye irsāl olunmuş ve re'y virilan ḳurā reʿāyāsına {8} bir ṭarafdan [daḫl?] itdirmamek ve ṭālib-i re'y olanları celb itmek üzere Ṣığla Mütesellimi İlyās Ağa ve Maṣṭaḳī Emīni ʿÖmer Ağa {9} ol ṭaraflara me'mūr ḳılınmış oldığı ve Sāḳız ḳalʿasına virilmek üzere Donanma-yı Hümāyūn ile gönderilan üç ḳıṭʿa çarḫa {10} ṭopları ve bārūt ve mühimmāt-ı sā'ire teslīm olunmuş ve donanmadan daḫi iki ḳıṭʿa çarḫa ṭopı virilmiş ise de {11} ḳalʿa-i merḳūmede külliyyetlü bārūt-ı siyāhıñ vücūdı lāzımeden oldığı ḫuṣūṣlarını şāmil ve Mestā ḳaryesinden aḫẕ ile {12} ṣavb-ı saʿādetlerine gönderilan iki nefer yaralu olaraḳ on iki nefer izbāndīd eşḳıyāsı ve żabṭ olunan Ayā Yorgī ḳaryesinden (107) aḫẕ olunan on ḏoḳuz nefer ḳalpaḳlı tüccār Donanma-yı Hümāyūn'da ḥabs olunduḳlarını ve ifādāt-ı sā'ireyi {2} müştemil tevārüd iden taḥrīrāt-ı müşīrīleri mezāyāsı maʿlūm-ı ḫāliṣānemiz olub müşārun-ileyh Vaḥīd Paşa ḥażretleriniñ {3} daḫi bu bābda taḥrīrātları gelmiş oldığından cümlesi rikāb-ı hümāyūn-ı şāhāneye ʿarż ile manẓūr-ı naẓar ʿāṭıfet-eṣer-i ḥażret-i {4} pādişāhī buyurulmuşdur. Fī'l-ḥaḳīḳa Sāḳız'da tecemmuʿ iden ʿasker-i İslām'ıñ idāreleri żımnında Sāḳız ḳalʿasında miḳdār-ı kifāye {5} ẕaḫīre bulunması lāzımeden olarak ḳalʿa-i merḳūme içün ẕaḫīre ve mühimmāt ve bārūt irsāli derdest oldığından {6} ġayrı bu defʿa sünūḥ iden irāde-i seniyye mūcebince eṭrāfdan mümkin mertebe rāyiciyle ẕaḫīre tedārük ve idāre itmek {7} üzere ḫācegān-ı Dīvān-ı Hümāyūn'dan Aḥmed Beğ bā-fermān-ı ʿālī maʿiyyet-i müşīrīlerine nüzül emīni taʿyīn olunaraḳ kendüye {8} ʿale'l-ḥesāb elli biñ ġurūş daḫi iʿṭā-birle iʿzām olunmuş olub ṭıbḳ-ı inhāları vechile iki biñ beş yüz {9} ḳanṭār beksimādı İzmīr mübāyaʿacısı maʿrifetiyle ṭabḫ itdirdüb Sāḳız'a irsāl eylemesi bābında İzmīr muḥāfıẓı müşārun-ileyhe {10} ḫiṭāben fermān-ı ʿālī ıṣdār ve tesyār olunmuş oldığından bi-mennihī Taʿālā ẕaḫāyir-i mürettebe ve ẕikr olunan beksimād irişerek {11} ve mübāyaʿacı-i mūmā-ileyh daḫi varub eṭrāfdan mümkin mertebe rāyiciyle ẕaḫīre tedārük ile idāre-i taʿyīnāta diḳḳat iderek {12} bu māddede ṣıḳlet çekmeyeceği me'mūli derkār olmağla hemān cenāb-ı düstūrīleri ez-her-cihet īfā-yı şerāyiṭ-i diyānet {13} ve dirāyete himmet buyurmaları ʿuhde-i feṭānetlerine muḥavveldir. Ḳaldı ki, cenāb-ı müşīrīleriniñ işʿārlarından otuz biñ ḳadar ahālīyi {14} ḥāvī olan yiğirmi dört ʿaded ḳurāya re'y virildiği müstebān ve müşārun-ileyh Vaḥīd Paşa ḥażretleriniñ taḥrīrlerinden {15} divşirilan silāḥları ḳatı cüz'ī ve çürük şeyler oldığı nümāyān olub rehn olaraḳ ḳalʿaya biraz gāvurlar {16} alınmış ise de bunlar fırṣat bulduḳları gibi yine ʿiṣyān idecekleri muḳaddem Sāḳız ḳalʿasında ve Āsitāne-i Saʿādet'de {17} rehnleri ḏurdığı ḥālde vuḳūʿa gelan ʿiṣyānlarından müstedlel ü āşikār ve bu ḳadarcıḳ ile ilerüsüne iʿtimād {18} ve emniyyet cā'iz olamadığı ve gāvurlarıñ ise bu miṣillü ʿiṣyāna cesāretleri mutlaḳā tedārük eyledikleri esliḥa ve ālāt-ı ḥarbiyyelerine iʿtimādlarından nāşī olmaḳ iḳtiżā ideceğinden beher-ḥāl külliyyetlü esliḥaları olub da yine ketm ü iḫfā dāʿiyesinde {19} olduḳları bedīhī ve bedīdār ve bunlarıñ bu vechile istīmānları daḫi ḳılıç altında me'yūsiyyetlerinden ve Donanma-yı Hümāyūn {20} ḳalḳub gidince ḳadar cānlarını ḳurtarmaḳ dāʿiyesinden nāşī olaraḳ yarın Donanma-yı Hümāyūn ḳalḳub ve ʿasker daḫi {21} ḏağılub fırṣat bulduḳları gibi yine ʿiṣyān ü şeḳāvete ibtidār idecekleri nümū-dār olub ḥāṣılı gāvurlarıñ {22} istīmānları ḫavflarından nāşī olaraḳ fırṣat bulduḳları gibi yine ʿiṣyān idecekleri gönderilan ʿarżuḥālleri tercümesinden {23} ve esliḥanıñ azlığından ẓāhir olmaḳ mülābesesiyle bu müṭālaʿātıñ ṭaraf-ı saʿādetleriyle müşārun-ileyh Vaḥīd Paşa ḥażretlerine beyān {24} ve iḫṭārıyla bunlarıñ bu ṣūretle olan istīmānlarına pek de iʿtimād itmeyüb ve ilerüsüni güzelce mülāḥaẓa idüb aña göre {25} evvel-be-evvel esliḥaları taḥarrīsine kemāl-i mertebe diḳḳat ve ellerinde bir çaḳı ve bıçaḳ maḳūlesi daḫi ḳalmayacaḳ mertebe divşirilmesine {26} ihtimām ü ġayret, ḥāṣılı ilerüde kendülerinden iṭmīnān ü emniyyeti mūcib ṣūret ve tedābīr-i ḳaviyye her neṇ ise istiḥṣāline müṣābereṭ {27} ve Donanma-yı Hümāyūn'uñ bir ān aḳdem Mora'ya ʿazīmet itmesi farīża-i ḥālden oldığına binā'en hemān Sāḳız maṣlaḥatınıñ {28} bu vechile gereği gibi bir rābıṭa-i ḳaviyye taḥtına idḫāl olunması muḳteżā-yı irāde-i seniyye olarak̦ işbu müṭāla'āt bu vechile 'aynen {29} müşārun-ileyh Vaḥīd Paşa ḥażretlerine daḫi iş'ār ḳılınmış olmağla cenāb-ı müşīrīleri daḫi aña göre iḳtiżā-yı maṣlaḥatı icrāya kemāl-i {30} müsāra'at buyurmaları siyāḳında ḳā'ime. Lede'l-vuṣūl Donanma-yı Hümāyūn'a gönderilan izbāndīd ve gerek sā'ir 'uṣāt-ı eşḳıyānıñ {31} ḥayyen ḥabslerinde bir fā'ide olmayarak̦ hemān cümleten i'dām ü siyāsetleri daḫi muḳteżā-yı irāde-i seniyyeden olmağla icrāsına himmet ve {32} her ḥālde īfā-yı dirāyet ve me'mūriyyete sür'at buyurmaları me'mūldür. Fī 6 Ş 37

[575/239] *Mora ser'askeri ḥażretlerine*
{1} Güẕerān iden Receb-i Şerīf'iñ yiğirminci güni İzdīn pīşgāhına ẓuhūr iden ḥaydūd tekneleri İzdīn'e ḳarīb {2} Aḳīnoz ve İstīlice ve Ayāmārīna iskelelerine yedi-sekiz biñ ḳadar Mora 'uṣātı iḫrācıyla 'asker-i İslām üzerine {3} berren ve baḥren hücūma ictisār itmişler ise de bā-'avn-i Bārī sevḳ olunan 'asker-i İslāmiyye'niñ saṭvetlerine tāb-āver olamayarak̦ {4} bi'l-muḥārebe kefere-i maḥẕūle ne vechile münhezim ü perīşān ve süfün-i maḳhūrelerine firāra şitābān olmuş ve içlerinden mecmū'-ı {5} tevābi'iyle bir manāstıra ḳapanan Mānolī tevābi'iyle berāber ne ṣūretle ṭu'me-i şīr-i şimşīr-i ġāziyān olmuş ve iki ṭopları alınmış {6} oldığı beyānıyla ḳapūdān-ı mel'ūnuñ ser-i maḳṭū'uyla ru'ūs-ı maḳṭū'a-i sā'ire ve aḫẕ olunan bāndīralar irsāl buyurulmuş {7} idüğüni ve Bādracıḳ üzerine daḫi birṭaḳım kefere hücūm itmiş oldığından Bādracıḳ ṭarafına daḫi imdād ü i'āne olunmaḳda ise de {8} kefere-i maḳhūreniñ cem'iyyetleri gün-be-gün artmaḳda olub Eğrīboz ve İnebaḥtī sancaḳları ḳapūdānları Mora'ya cem' olarak̦ {9} tedārükāt-ı külliyye ile çıḳdıḳları ṭutılan gāvurlarıñ taḳrīrlerinden müstebān oldığından ẕaḫīre ve cebeḫāne ve levāzımāt-ı sā'ire ile {10} imdād ü i'āne olunması ser'asker-i ẓafer-rehber 'aṭūfetlü Ḫūrşīd Paşa ḥażretlerine ṭaraf-ı düstūrīlerinden taḥrīr olunmuş ise de {11} bu cānibden daḫi iḳtiżāsı üzere te'kīd olunması ve tīz elden iki yüz ṣandıḳ fişenk gönderilmesi ve sa'ādetlü Maḥmūd Paşa ḥażretleriniñ {12} cānsipārāne ve merdāne ġayret ü şecā'ati işrāb buyurılarak̦ me'mūrīn ḥaḳlarında tāziyāne-i şevḳ olur mu'āmele-i {13} dil-nüvāzāneniñ icrā ḳılınması ve muḥārebe-i meẕkūrede İzmīrli Yorġākī Ḳapūdān nām ḫā'iniñ yeğeni Anāstāş mühīn ele geçüb {14} istinṭāḳ olunduḳda İzmīr ve Limnī tācirleri teknelerinden dört ḳıṭ'a tekne eşḳıyā-yı mersūme ile berāber oldığını ḫaber virmiş oldığından {15} bunlarıñ maḥallerine 'avdetlerinde aḫẕ ve izāleleri [?] Limnī ve İzmīr muḥāfıẓlarına taḥrīr olunması ve muḥārebe-i meẕkūrede mīr-i mīrāndan {16} Behrām Paşa ketḫüdāsı Meḥmed Paşa şehīden fevt oldığı keyfiyyātıyla ol bābda sā'ir ifādeyi ḥāvī resīde-i cā-yı vürūd olan {17} taḥrīrāt-ı ser'askerīleri mezāyāsı rehīn-i ıṭṭılā'-i ḫulūṣ-verī olub 'uṣāt-ı mersūmeniñ ol vechile üzerlerine varılarak̦ {18} dil-ḫāh üzere tenkīl ü istīṣālleri 'alev-gīr olan nā'ire-i şerr ü şūrları ıṭfāsında levāzım-ı ġayret ü ḥamiyyeti ibrāza {19} himmet ve Bādracıḳ ṭarafına daḫi imdād ü i'ānet

şerīṭasına riʿāyetleri ẕāt-ı meʿālī-bünyānlarından meʾmūl ü muntaẓar olan {20} ḥamiyyet-mendī ve ḥaṣāfet iḳtiżāsını teşyīd itmekle vesīle-i inbisāṭ ü taḥsīn ve bādī-i behcet ü āferīn olaraḳ taḥrīrāt-ı vārideleri derḥāl {21} ṭaḳımıyla ḥużūr-ı fāʾiżu'n-nūr-ı cenāb-ı mülūkāneye ʿarż ü taḳdīm ile meşmūl-ı liḥāẓa-i mekārim-ifāża-i ḥażret-i ḫilāfet-penāhī {22} olmuş ve gönderilan ruʾūs-ı maḳṭūʿa ve bāndıralar daḫi pīşgāh-ı bāb-ı hümāyūnda ġalṭīde-i ḫāk-i ʿibret ḳılınmışdır. Maʿlūm-ı feṭānet-melzūm-ı {23} serʿaskerīleri oldıġı üzere ordu-yı serʿaskerīlerine levāzım-ı muʿāveneti icrā eylemesi irāde-i kerāmet-ifādesi muḳaddem ve muʾaḫḫar {24} müşārun-ileyh Ḫūrşīd Paşa ḥażretlerine yazılmış ise de bu defʿa daḫi şeref-pāş-ı ṣaḥīfe-i süṭūr olan ḫaṭṭ-ı hümāyūn-ı mülūkāne mūcebince {25} istidʿā buyurduḳları muʿāveneti dirīġ itmamesi ber-vech-i teʾkīd müşārun-ileyh ḥażretlerine maḫṣūṣan taḥrīr olunmuş ve bu ṭarafdan {26} fişenk irsāli müteʿassir oldıġından maḳhūr Tepedelenli'niñ Yānya'da külliyyetlüce ḫānesi ḳalmış idüğünden tīz elden İzdīn ṭarafına {27} münāsib miḳdār fişenk irişdirmesi daḫi teẕkīr ḳılınmış ve müşārun-ileyh Maḥmūd Paşa'nıñ daḫi bu bābda ġayret ü şecāʿati mūcib-i {28} maḥẓūẓiyyet ü sābāş olaraḳ taḥsīni ḥāvī ṭaraf-ı ḫāliṣānemizden taḥrīrāt iṭāre ve ḳapūdān-ı mersūmlar maḥallerine ʿavdet {29} eyledikl erinde kendüleri aḫẕ ve iʿdām ve sefīneleriniñ żabṭ ile keyfiyyeti Dersaʿādet'e işʿār eylemeleri Limnī ve İzmīr muḥāfıẓları {30} müşārun-ileyhimāya taḥrīr ve ifāde ḳılınmışdır. Ḳaldı ki, ḫāʾin-i bī-dīn İpsilāndīoğlı'nıñ ve sāʾir Mora gāvurlarınıñ {31} ḥāl ü ḥareket-i ḫınzīrāneleri muḳaddem işidilmiş şeyler ise de ḫāʾin-i mesfūruñ berülere ol vechile taḫaṭṭīye cürʾeti {32} Mora'da ḳuvvetleriniñ ziyādeliğine ve Rumili ṭarafını gözine kesdirmiş oldıġına delālet ideceğinden bu defʿa {33} şeref-pīrā-yı ṣaḥīfe-i ṣudūr olan ḫaṭṭ-ı hümāyūn-ı şāhānede Ḫūrşīd Paşa ve sāʾir meʾmūrlara teʾkīd üzere yazılmış {34} "Ġayret idüb şu yolı açmaġa baḳsunlar." deyu emr ü fermān buyurulmuş ve mūcebince keyfiyyet müşārun-ileyh ḥażretleriyle sāʾirlere yazılmış [?] {35} olmaḳ mülābesesiyle cenā[b]-ı serʿaskerīleri daḫi ġayret buyurub ʿavn ü ʿināyet-i Ḫayru'n-Nāṣırīn ile ġayret olunaraḳ {36} şu günlerde ṭarīḳiñ küşādıyla bir uġurdan kefere-i ḫiẕlān-ḳarīn üzerlerine hücūm ü iḳtiḥām ve ḳahr ü tedmīr ve istīṣāllerine {37} ihtimām-ı tām iderek şu yoluñ açılmasına kemāl-i diḳḳat ile Mora cezīresine ġulġule-endāz-ı istīṣāl olmaḳ esbāb ü ārāsını {38} ikmāle himmet, ve'l-ḥāṣıl beher-ḥāl muḳteżā-yı meʾmūriyyet-i serʿaskerīleri vechile şu ṭarīḳiñ küşādına ve her ḥālde {39} icrā-yı muḳteżā-yı serʿaskerī ve ḥamiyyete beẕl-i yārā-yı miknet buyurmaları muntaẓar-ı cenāb-ı pādişāhī idüği beyānıyla ḳāʾime. Lede'l-vuṣūl {40} müteveffā-yı mūmā-ileyh Meḥmed Paşa'nıñ ol ṭarafda bulunan emvāl ü eşyāsınıñ baʿdehū iḳtiżāsına baḳılmaḳ üzere taḥrīr ve ḥıfẓ {41} itdirderek keyfiyyeti defteriyle berāber Dersaʿādet'e işʿār buyurmaları daḫi īcāb-ı irāde-i ʿaliyyeden olmaġla ol vechile himmet {42} ve ez-her-cihet īfā-yı şerāyiṭ-i reviyyet-mendī ve besālete beẕl-i mā-ḥaṣal-i liyāḳat buyurmaları meʾmūl-ı ḫāliṣānemizdir. Fī 9 Ş 37

[575/250] *Ḳapūdān paşa vekīline ve Ġalaṭa ḳāḏīsına*
{1} Rum milleti beyninde taḥaddüs̱ iden fesād ü mel'anet cihetiyle bu bābda tedābīr-i muḳteżiye ve niẓāmāt-ı dāḫiliyyeniñ {2} icrāsına i'tinā olunmaḳda oldığından bundan aḳdem Dersa'ādet'de olan bi'l-cümle ḫānlarda kā'in oḏalarda {3} mevcūd re'āyānıñ esāmī ve şöhretleri taḥrīr ve s̱ebt-i defter olunaraḳ kefīli olmayanlarıñ iḫrācı ve bahālarıyla {4} bulunan esliḥalarınıñ devşirilmesi ve ba'd-ez-īn ḫānlara esliḥa ve bārūt ve ḳurşun girmamek içün {5} her bir ḫāna ḫāricden ve mutlaḳā ehl-i İslām'dan olaraḳ birer nāẓır ta'yīn ve iḳāmesiyle müceddeden taḥt-ı żābıṭaya {6} idḫāli ḫuṣūṣuna irāde-i seniyye ta'alluḳ itmiş ve mūcebince İstānbūl'da olan ḫānlarda mevcūd re'āyānıñ {7} esāmī ve şöhretleri taḥrīr ve küfelāya rabṭ olunaraḳ içlerinde kefīli olmayanlar ṭard ü iḫrāc ve oḏalarda {8} ālāt-ı ḥarbe müte'alliḳ eşyā taḥarrī olunub kefīlsiz efrād-ı re'āyānıñ ḫān oḏalarında iskānına cevāz {9} gösterilmamek içün ḫāricden ve mutlaḳā ehl-i İslām'dan olaraḳ birer nāẓır daḫi ta'yīn ḳılınmış ve işbu irādeye mebnī {10} Ġalaṭa ve eṭrāfında olan ḫānlarda mevcūd re'āyā daḫi taḥrīr ve silāḥları defter olunmuş ise de İstānbūl {11} ḫānları gibi nāẓır ta'yīni ḫuṣūṣı icrā olunmamış oldığından bu ḫuṣūṣ muḳaddem sünūḥ iden irāde-i seniyyeye **(115)** münāfī ve niẓāmāt-ı dāḫiliyye żımnında teşebbüs̱ olunmaḳda olan uṣūl-i merġūba mübāyin olaraḳ Ġalaṭa {2} ve eṭrāfında olan ḫānlarıñ daḫi İstānbūl ḫānlarına taṭbīḳan tanẓīmi lāzımeden ve īcāb-ı irāde-i 'aliyyeden {3} olmaġla imdi Ġalaṭa ve eṭrāfında vāḳi' bi'l-cümle ḫānlarıñ derūnlarında olan re'āyā kefīle rabṭ ve müste'men {4} tüccār ile berāber cümlesi muḳaddemki taḥrīrde s̱ebt-i defter ve sicille ḳayd olunmuş oldığından ol defterleriñ bu def'a sicilden {5} birer ḳıṭ'a ṣūretlerini iḫrāc ve ṭaraf-ı şer'den [?] kātib ta'yīni ile Ġalaṭa'da olan her bir ḫānda mütemekkin eşḫāṣ {6} ismlerini defter-i meẕkūra taṭbīḳ ve evvelki taḥrīr üzere müste'cir ve kefīlleri mevcūd olanlardan başḳa ṣoñradan {7} ḫānlara girmiş var ise anları daḫi gereği gibi taḥarrī ve taḥḳīḳ iderek ḳavī kefīle rabṭ ve müceddeden ism ve resm-i {8} eşkāliyle s̱ebt-i defter ve kefīli olmayanları ṭard iderek fī-mā-ba'd ālāt-ı ḥarbe müte'alliḳ eşyā girmamek ve kefīlsiz {9} eşḫāṣ ḳonmamaḳ üzere her bir ḫāna ḫāricden ve mutlaḳā ehl-i İslām'dan olaraḳ birer mu'temed nāẓır ta'yīn ve iḳāme {10} ve taḥrīr olunan defteriñ bir ṣūretini daḫi ta'yīn olunacaḳ nāẓırlarıñ yedlerine i'ṭā ve bu vechile niẓām-ı ḳavīye rabṭ {11} iderek keyfiyyeti i'lām ü ifādeye diḳḳat eyleyesin deyu. Fī 17 Ş 37

[575/252] *Ḳapūdān paşa ḥażretlerine*
{1} Sāḳız ḳal'ası muḥāṣaradan taḫlīṣ ve vāroş maḥallātı żabṭ ü tesḫīr olunaraḳ maṣṭaḳī ve muḥaṣṣıllıḳ ve ḫāṣ ḳaryelerinden {2} yiġirmi ḳarye re'āyāları ṭ[ā]lib-i 'afv ü amān olduḳlarından re'y virilerek muḥāfaẓalarına İlyās Aġa bendeleri {3} ta'yīn olunmuş ve Anā Bonī nām manāstıra taḥaṣṣun iden eşḳıyā üzerine

me'mūrlar irsāliyle ne vechile ḳahr ü tedmīr ḳılınmış {4} ve ḏaġ ḳaryeleri ve şehr re'āyāsı firārīleri içlerinde olan izbāndīd gāvurlarıyla ṣa'abü'l-'urūc ḏaġlara gitmişler ise de {5} ẕaḫīreleri olmadığını ṭutılan diller ḫaber virmiş olduḳlarından bunlarıñ daḫi firār veyāḫūd gelüb {6} köylerinde ḳarār idecekleri ve Donanma-yı Hümāyūn'uñ ol ṭarafdan ḥareketinden ṣoñra ḫāricden cem'iyyetlü gāvur gelüb Sāḳız'ıñ {7} perīşān olan re'āyāsını cem' ve taḥrīk itmeleri mülāḥaẓadan ba'īd olmadığından ve Sāḳız'a gelmiş olan müretteb ve göñüllü {8} 'askeriñ s̱ebātları mümkin olamayacağından Sāḳız muḥāfaẓası-çün miḳdār-ı kifāye 'asker tertīb ve Donanma-yı Hümāyūn'dan {9} yedi yüz iki ḳanṭār peksimād virilmiş ise de sa'ādetlü Vaḥīd Paşa ḥażretleriniñ ẕaḫīre māddesinden ıżḏırābı ber-kemāl {10} oldığından vezīr-i mükerrem İzmīr muḥāfıẓı ḥażretleri ma'rifetiyle miḳdār-ı vāfī peksimād ṭabḫ itdirilerek Sāḳız'a tesrīb olunması {11} ve Oroz nām ḏaġ tepesinde tecemmu' iden gāvurlar daḫi istīmān itmiş olduḳlarından re'y virileceği ve bundan başḳa Sāḳız'da {12} bir iş ḳalmamış oldığını ve bu bābda sā'ir ba'żı ifādāt ile Sāḳız cezīresinden olan 'uṣāt-ı kefereniñ bāġçe {13} ve emlākları taḥrīri-çün ḫademe-i Devlet-i 'Aliyye'den biri me'mūr ve irsāl olunmasını şāmil muḳaddem bir ṭaḳım taḥrīrāt-ı müşīrīleri {14} tevārüd itmiş ve bu mażmūnda müşārun-ileyh Vaḥīd Paşa ḥażretleriniñ daḫi taḥrīrātı gelmiş oldığından başḳa **(116)** müte'āḳiben Sāḳız'a tertīb olunan 'askeriñ imrārıyla Mora üzerine ḥareket itmeleri irādesini nāṭıḳ gönderilan {2} taḥrīrāt-ı muḫliṣīye cevāb olaraḳ mūcebince ḥareket buyuracaḳlarını ve Arnavudluḳ'dan Mora derūnuna imrār içün {3} İnebaḫtī körfezine indirilecek 'askeriñ bir ān aḳdem tenzīli me'mūrlara te'kīd ḳılınmasını ḥāvī bir ḳıṭ'a ḳā'ime ile {4} şuḳḳa-i şerīfeleri vāṣıl olmuş idüğünden cümlesiniñ mezāyāları ḳarīn-i ıṭṭılā'-i muḫliṣī olduḳdan ṣoñra rikāb-ı {5} hümāyūn-ı şāhāneye 'arż ile manẓūr-ı naẓar-ı kerāmet-es̱er-i ḥażret-i pādişāhī buyurulmuşdur. Bundan aḳdem ṣavb-ı sa'ādetlerine {6} yazılan ḳā'ime-i muḫliṣī hāmişinde beyān olundığı vechile Aydın ve Ṣaruḫan sancaḳlarından Ḳuşaḏası muḥāfaẓasına {7} müretteb biñ beş yüz neferiñ me'mūriyyetleri Sāḳız'a taḥvīl ve Maġnīsā vücūhundan Tüfenkçibaşı Ḳara Muṣṭafā Aġa üç yüz {8} ve Aydın Güzelḥiṣārı vücūhundan Yamalıḳlı-zāde İbrāhīm Aġa iki yüz elli nefer ile Sāḳız'a me'mūr ve Ṣıġla sancağından daḫi {9} beş yüz nefer 'asker tertīb olunmuş iken Sāḳız'a Çeşme ṭarafından yiğirmi biñden mütecāviz göñüllü 'askeri geçüb bir ṭarafdan daḫi {10} geçmekde olduḳları inhā olundığına binā'en Ḳuşaḏası tertībi bozulmamaḳ içün 'asākir-i müretttebe-i mezbūre te'ḫīr olunmuş idi. {11} El-ḥāletü-hāẕihī gerek cenāb-ı sa'ādetleriniñ ve gerek müşārun-ileyh Vaḥīd Paşa'nıñ iş'ārına naẓaran Anāḏolī'dan geçen göñüllü 'askeri {12} yaġma hevesiyle geçüb ḫaylī ġanāyime daḫi dest-res olmuş olduḳlarından şimdi yine geldikleri gibi 'avdet idecekleri {13} āşikār ve Donanma-yı Hümāyūn ile ẕāt-ı sa'ādetleri ol ṭarafdan ḳalḳub Mora üzerine gitdikden ṣoñra cezīre-i merḳūme

{14} ḫālī ḳalacağı nümū-dār olub her ne ḳadar bu mertebe ḳahr ü tedmīrden ṣoñra tekrār fesād ü ʿiṣyān vuḳūʿı {15} pek de meʾmūl değil ise de ḥazm ü iḥtiyāṭa riʿāyeten Sāḳız ḳalʿasında miḳdār-ı vāfī ʿasker bulunmaḳ lāzımeden idüğünden {16} ve aylıḳlu Rumili ʿaskeri ve Anāḏolī'nıñ sāʾir maḥallerinden ʿasker tertībi uyamayacağından hemān yine tīz elden muḳaddemki tertīb üzere {17} Aydın ve Ṣaruḫan sancaḳlarından Ḳuşaḏası'na müretteb sālifü'ẕ-ẕikr biñ beş yüz neferiñ meʾmūriyyeti Sāḳız'a taḥvīl olunub {18} mūmā-ileyhimā Tüfenkçibaşı Ḳara Muṣṭafā Ağa üç yüz ve Yamalıḳlı-zāde İbrāhīm Ağa'nıñ iki yüz elli nefer piyāde ʿaskeri {19} kendü bedenlerinden olub gitmek üzere meʾmūriyyetleri ve Ṣığla sancağından daḫi meẕkūr beş yüz nefer piyāde ʿasker {20} münāsib başbuğ ile irsāl eylemesi bābında saʿādetlü İzmīr muḥāfıẓı ḥażretlerine emr-i ʿālī ıṣdār ve tesyārı tensīb olunmuş {21} ve irāde-i seniyye-i mülūkāne daḫi bunuñ üzerine taʿalluḳ iderek mūcebince lāzımü'ṣ-ṣudūr olan evāmir-i ʿaliyye ıṣdār {22} ve maḥallerine tesyār ḳılınmış oldığından ġayrı Sāḳız cezīresi-çün muḳaddemce şeref-sünūḥ iden irāde-i seniyye iḳtiżāsı üzere {23} muʾaḫḫaren daḫi bārūt ve mühimmāt ve ẕaḫīre tertībi ve nüzül emīni taʿyīni miŝillü tedābīr-i muḳteżiye ikmāl ve muḳaddem ve bu defʿa {24} İzmīr muḥāfıẓı müşārun-ileyh maʿrifetiyle yedi biñ beş yüz ḳanṭār peksimād ṭabḫı fermān ḳılınmış ve keyfiyyāt-ı meşrūḥa müşārun-ileyh {25} Vaḥīd Paşa ḥażretlerine eṭrāfıyla yazılaraḳ veṣāyā-yı muḳteżiye tebyīn ü tefhīm olunmuş oldığından işbu tedābīr ile {26} Sāḳız ḳalʿası istiḥkāmı ḥāṣıl olmuş olacağı ẓāhirdir. Ḳaldı ki, maʿlūm-ı dirāyet-melzūm-ı müşīrīleri buyuruldığı vechile {27} el-ḥāletü-hāẕihī Mora maṣlaḥatı cemīʿ meṣāliḥden ehemm ü aḳdemi olaraḳ sāʾir aḏaların her ne vaḳt olsa ʿavn-i Ḥaḳḳ'la {28} tesḫīr ve tanẓīmi mümkin olacağından Donanma-yı Hümāyūn'uñ Sāḳız maṣlaḥatı bitdiği gibi bi-tevfīḳihī Taʿālā ḏoğrı Mora üzerine {29} ḳalḳub gitmesi lāzımeden ve gerek ẕāt-ı saʿādetleriniñ ve gerek müşārun-ileyh Vaḥīd Paşa'nıñ işʿārıñıza göre {30} lillāhi'l-ḥamd Sāḳız'ıñ baḳiyyetü's-süyūf olan reʿāyāsı ṭaḳım ṭaḳım istīmān itmekde olaraḳ muḳaddemce taḥrīr ve tavṣiye {31} olundığı üzere şürūṭ-ı istīmānı güzelce icrāya ve silāḥlarınıñ tamāmen divşirilmesi māddesine diḳḳat {32} ü ihtimām ile bir rābıṭa-i ḳaviyye taḥtına ḳoduḳları gibi Sāḳız cezīresi maṣlaḥatı bugünlerde bitmiş ʿadd olunacağına naẓaran {33} hemān bu vechile cezīre-i meẕkūre maṣlaḥatı bitdiği gibi Donanma-yı Hümāyūn'ı bi'l-istiṣḥāb ol ṭarafdan ḥareket ile ḏoğrı {34} Mora üzerine ʿazīmet buyurmaları ve istīmān şürūṭunuñ bir ṣūreti daḫi müşārun-ileyh Vaḥīd Paşa'ya gönderilüb {35} işʿār-ı müşīrīleri vechile Īnebaḫtī ṭarafından Mora derūnuna imrārı tertīb olunan meʾmūrīn ve ʿasākiriñ sevāḥile {36} bir ān aḳdem irsāl ve tenzīli māddesiniñ ʿaṭūfetlü Ḫūrşīd Paşa ḥażretlerine taḥrīri daḫi īcāb-ı irāde-i ʿaliyye-i {37} şāhāneden olaraḳ mūcebince istīmān şürūṭunuñ bir ṣūreti müşārun-ileyh Vaḥīd Paşa'ya gönderilmiş ve sevāḥile {38} tenzīl olunacaḳ ʿasker ḫuṣūṣı Donanma-yı

Hümāyūn'uñ bir ān aḳdem Mora üzerine ʿazīmete meʾmūr oldığı ḥikāyesiyle {39} iḳtiżāsına göre müşārun-ileyh Ḫūrşīd Paşa ḥażretlerine yazılmış olmağla ẕāt-ı saʿādetleri daḫi muḳteżā-yı irāde-i seniyye üzere {40} hemān ber-vech-i meşrūḥ Sāḳız cezīresi maṣlaḥatı bitdiği gibi Donanma-yı Hümāyūn ile ol ṭarafdan ḥareket ve mütevekkilen ʿalellāhi'l-Muʿīn {41} ḏoğrı Mora üzerine ʿazīmet ile īfā-yı meʾmūriyyet ve iṯbāt-ı müddeʿā-yı diyānet ü besālete ṣarf-ı mā-ḥaṣal-i liyāḳat {42} ve himmet buyurmaları siyāḳında ḳāʾime. Lede'l-vuṣūl Sāḳız cezīresinde ʿiṣyān ve firār iden veyāḫūd iʿdām olunan {43} gāvurlarıñ cānib-i mīrīye ʿāʾid olan emvāl ü emlākları taḥrīrine ḫācegān-ı Dīvān-ı Hümāyūn'dan İbrāhīm Şeref Efendi {44} bā-irāde-i ʿaliyye meʾmūr ḳılınmış ve Sāḳız līmānı derūnunda bulunub irsāl buyurduḳları defter mūcebince żabṭ olunan (117) ḳayıḳlarıñ buraya gelmesi mi iḳtiżā ider, ṣūret-i münāsibi ne vechile ise Tersāne'de iḳtiżā idenler ile bi'l-müẕākere {2} iḳtiżā-yı niẓāmını ifāde eylemesi ʿizzetlü Tersāne-i ʿĀmire emīni efendi bendelerine ḥavāle olunmuş olmağla hemān {3} ẕāt-ı ġayret-simātları her ḥālde īfā-yı meʾmūriyyet ve ṣadāḳat ve icrā-yı şecāʿat ü diyānete himmet buyurmaları meʾmūldür. Fī 18 Ş 37

[*575/262*] ***Selānīk Mutaṣarrıfına***

{1} Aynaroz manāstırlarında olan ṭop ve esliḥa ve bārūt ve mühimmāt-ı sāʾire taḥarrī olunaraḳ ẓāhire iḫrāc ve aḫẕ {2} olundığı bundan aḳdem ṭaraf-ı saʿādetlerinden işʿār olunmuş ise de ol ṭarafdan gelüb bu ṭarafda şeref-i İslām ile {3} teşerrüf iden üserādan bir nefer şaḫṣ Aynaroz manāstırlarından Ḳūṭlūmūş manāstırında dört ḳıṭʿa ṭop ile {4} beş yüzden mütecāviz tüfenk mevcūd olub cebeḫāneniñ keṯreti daḫi taḫmīninden ʿārī oldığını ve Dīnobro [?] manāstırında {5} üç ḳıṭʿa ṭop olub tüfenk ve cebeḫāneniñ miḳdārı maʿlūmı olmadığını ve Lāvra manāstırında iki ḳıṭʿa ṭop {6} ve külliyyetlü cebeḫāne oldığını ifāde ve taḳrīr itmiş oldığından cenāb-ı ġayret-meʾāblarınıñ divşirdikleri ṭop ve cebeḫāne {7} ve esliḥa bu manāstırlardan mıdır, yoḫsa anlar başḳa olub bu ṭop ve esliḥa bir taḳrīb gāvurlarıñ ḥīlesiyle ketm ü iḫfā mı {8} olunmuşdur, iştibāh vāḳiʿ olaraḳ keyfiyyetiñ ṭaraf-ı saʿādetlerine işʿārıyla istiʿlāmı lāzım gelmekle işbu ḫaber virilan {9} manāstırlarda mevcūd ṭop ve esliḥa divşirilan esliḥada dāḫil midir, yoḫsa bunlar bir taḳrīb ketm ü iḫfā mı {10} olunmuşdur, keyfiyyeti iḳtiżāsı vechile ẓāhire iḫrāc ile bu ṭarafa taḥrīre himmet buyurmaları siyāḳında ḳāʾime. Fī 18 Ş 37

[*575/268*] ***Ḫūrşīd Paşa ḥażretlerine***

{1} Ṭrābolīçe vaḳʿasında Mora derūnunda ḳalan ḥarem-i müşīrīleri Ḳorfa cenerāli vāsıṭasıyla taḫlīṣ olunaraḳ {2} Preveze'ye vürūd itmiş olduḳları ifādesine dāʾir ve keyfiyyet-i sāʾireye [?] müteḍāʾir tevārüd iden şuḳḳa-i sāmīleri {3} meʾāli maʿlūm-ı ṯenāverānem olub lillāhi'l-ḥamd ve'l-mennihī ḥarem-i muḥterem-i düstūrāneleriniñ ḫalāṣıyla Preveze'ye vuṣūlleri (124) ve bu ṣūretle ẕāt-ı şecāʿat-simātlarınıñ dūçār olduḳları dağdağa-i ḫaṭardan vāreste ve rehā {2} olmaları ẕerīʿa-i müstaḳille-i inşirāḥ ü meserret olaraḳ şuḳḳa-i mevrūde-i mezḳūreleri ḥużūr-ı mekārim-mevfūr-ı {3} ḥażret-i kītī-sitānīye daḫi ʿarż olunmuş ve keyfiyyet maʿlūm-ı hümāyūn-ı şāhāne buyurulmuş olmağın inşā'allāhü'r-Raḥmān {4} şu Mora gāvurlarından bā-ʿavn-i Bārī gereği gibi aḫẕ-ı intiḳāmıñ çāresini istiḥṣāle muvaffaḳ olmaları daʿavātı {5} īṣāl-i bārgāh-ı Cenāb-ı ʿAzīz-i Ẕū'l-İntiḳām ḳılınmış oldığı beyānıyla ḳā'ime. Fī 20 Ş 37

[*575/271*] *Ḳapūdān paşa ḥażretlerine*
{1} Sāḳız muḥāfızı vezīr-i mükerrem saʿādetlü Vaḥīd Paşa ḥażretleri ḥaḳḳında baʿżı keyfiyyātı mübeyyin ve istīmān iden {2} Sāḳız reʿāyāsı ṭarafından cānib-i mīrīye iki senede muḳassaṭan edā itmek üzere üç biñ kīse aḳçe bedel-i ʿafv {3} iʿṭāsını muḥārebede ṭutılan Sāḳız'ıñ ikinci ḳocabaşısı ile ḳalʿada rehn olan gāvurlar beynlerinde söyleşüb {4} temessüke rabṭ olunmaḳ üzere iken mersūmlarıñ ve metrepolīdiñ iʿdāmları ḥaḳḳında ṣudūr iden irāde-i seniyy-eye {5} mebnī terk olundığından baḥişle bu bābda istiʿlām-ı irādeyi ve sā'ir ifādeyi mutażammın ḳapu ketḫüdāları efendi ṭarafına {6} mersūl şuḳḳa-i şerīfeleri mezāyāları rehīn-i ıṭṭılāʿ muḫliṣī olduḳdan ṣoñra rikāb-ı ḳamer-tāb-ı mülūkāneye ʿarż ile {7} manẓūr-ı hümāyūn-ı şāhāne buyurulmuşdur. Muḥāfıẓ-ı müşārun-ileyh ḥaḳḳında işʿār buyurılan keyfiyyāt uyḳunsuz ise de rāvī {8} ve nāḳ[il]leri muḥārebede ṭutılan Sāḳız ḳocabaşısı ile Frenk ḳonsolosları oldığından ṣıḥḥatine pek de ḥükm olunamayaraḳ {9} ḥaḳīḳat-i ḥāl mechūl ve her ne ise ʿaskeriñ żabṭ ü rabṭına ve emr-i muḥāfaẓanıñ lāyıḳıyla istiḥṣāline muḳtedir olamaması {10} uyḳunsuz şeyler olub bu defʿa muḥāfıẓ-ı müşārun-ileyh daḫi Sāḳız'dan taḫlīṣini istidʿā itmiş ise de bugünlerde müşārun-ileyhiñ {11} tebdīli ṣūreti taʿcīl olunmayaraḳ işiñ gelişine göre ḥareket olunmaḳ üzere sünūḥ iden irāde-i seniyye mūcebince {12} inhā-yı müşīrīleri beyān olunmayaraḳ bu defʿa ṭaraf-ı muḫlişīden kendüsüne iḳtiżāsı vechile tenbīh-nāme yazılmışdır. Ḳaldı ki, {13} Sāḳız gāvurlarınıñ bedel-i ʿafv olaraḳ üç biñ kīse aḳçe iki senede cānib-i mīrīye virecekleri me'āl-i işʿārlarından {14} münfehim olub istīmān idenlere re'y virilmek lāzım ve bedel-i ʿafv olaraḳ aḳçe alınmaḳ īcāb ider ise daḫi {15} Sāḳız gāvurlarınıñ iḳtidārlarına naẓaran iki senede üç biñ kīseye taʿahhüdleri ṭamaʿ olunacaḳ mertebede {16} olmadığından başḳa elde olan metrepolīd ile ḳocabaşılarıñ tavassuṭlarına münḥaṣır olmadığı ẓāhir ve bedel-i {17} ʿafva anlarıñ tavassuṭları itdikleri ḫıyāneti bilerek cān ḫavfıyla oldığından ve Sāḳız gāvurlarınıñ {18} iḳtidārlarına göre mersūmlarıñ tavassuṭlarına ḥācet olmayacağı müberhen ü bāhirdir. Bu cihetle muḳaddemki irāde-i celādet- {19} -ifāde-i şāhāne üzere gerek metrepolīd ve gerek sā'irlerini iʿdām itmamiş ise hemān izāle ile cezālarını {20} tertīb eylemesi bu ṭarafda

ṭaraf-ı muḫliṣīden muḥāfıẓ-ı müşārun-ileyhe te'kīd olunmuş olmağla ẕāt-ı sa'ādetleri daḫi her ḥālde {21} dirāyet ü ṣadāḳatiñiz muḳteżāsını icrāya müsāra'at ü himmet buyurmaları siyāḳında ḳā'ime. Fī 20 Ş 37

[575/272] *Sāḳız muḥāfıẓına*

{1} Lillāhi'l-ḥamd Sāḳız 'uṣātı şevket-i İslāmiyye'yi gereği gibi müşāhede itmiş olduḳlarından dāmen-i istīmāna āvīzān olan {2} gāvurlara re'y virilmek uṣūlüne teşebbüs̱ olunmuş ve 'asākir-i mevcūde iğtinām eyledikleri emvāl ile 'avdet dā'iyesine {3} düşmüş ise de muḳaddemce iş'ār eyledikleri 'asākir-i cedīdeniñ ol ṭarafa vuṣūlüne ḳadar tevḳīfleri esbābınıñ istiḥṣāline {4} i'tinā buyuracaḳları ve seby ü istirḳāḳ olunan üserā içün pencik virilmesine ruḫṣatı şāmil emr-i 'ālī ıṣdār {5} ve tesyār ḳılınması ḫuṣūṣuna dā'ir tevārüd iden taḥrīrāt-ı müşīrīleriyle muḳaddemce i'dām ü izāleleri ḫuṣūṣuna irāde-i 'aliyye-i {6} şāhāne ta'alluḳ itmiş olan gāvurlarıñ bedel-i 'afv olmaḳ üzere cānib-i mīrīye iki seneye ḳadar üç biñ kīse aḳçe {7} bütün cezīreden virilmesini sa'ādetlü Ḳapūdān paşa ḥażretleriyle mersūmlar söyleşmiş olduḳları ve ba'żı ifādeye {8} dā'ir ḳapu ketḫüdāları efendi ṭarafına mersūl ṣuḳḳaları mezāyāları ma'lūm-ı ḫāliṣānemiz olduḳdan ṣoñra rikāb-ı {9} hümāyūn-ı şāhāneye 'arż ile manẓūr-ı hümāyūn-ı ḥażret-i pādişāhī olmuşdur. Ḥazm ü iḥtiyāṭa ri'āyeten Sāḳız muḥāfaẓası-çün {10} lāzım gelan 'asker tertīb olunaraḳ ṣūreti evvelki gün ṣavb-ı sa'ādetlerine yazılmış ve 'iṣyān iden {11} re'āyānıñ emvālleri iğtinām ve 'iyāl ü evlādları seby ü istirḳāḳ olunması muḳaddemā ṭaraf-ı şer'den virilan {12} fetvā-yı şerīf mūcebince ṣudūr iden evāmir-i 'aliyye muḳteżāsından ve alınan esīrler içün me'mūrlar ṭarafından pencik {13} i'ṭāsı daḫi lāzım [ü] melzūm ḳabīlinden olaraḳ bu def'a şeref-sünūḥ iden irāde-i seniyye iḳtiżāsı üzere {14} pencik i'ṭāsı ḫuṣūṣuna ruḫṣatı ḥāvī cenāb-ı müşīrīlerine ḫiṭāben bir ḳıṭ'a emr-i 'ālī ıṣdār ve tesyār {15} ḳılınmış oldığından muḳteżāsını icrāya himmet buyurmaları iḳtiżā-yı maṣlaḥatdandır. Ḳaldı ki, müşārun-ileyh Ḳapūdān paşa {16} ḥażretleri bedel-i 'afv içün ol vechile üç biñ kīse cānib-i mīrīye ḫidmet olunması ṣūretini istiḥṣāl itmeğe teşebbüs̱ {17} itmiş oldığı me'āl-i iş'ārıñızdan müstebān olub istīmān idenlere re'y virilmek lāzım ve bedel-i {18} 'afv olaraḳ aḳçe alınmaḳ īcāb ider ise daḫi Sāḳız gāvurlarınıñ iḳtidārlarına naẓaran iki senede üç biñ {19} kīseye ta'ahhüdleri ṭama' olunacaḳ mertebede olmadığından başḳa elde olan metrepolīd ile ḳoca- {20} -başılarıñ tavassuṭlarına münḥaṣır olmadığı ẓāhirdir. Ve bu cihetle gerek metrepolīd ve gerek muḳaddem ḥaḳlarında {21} irāde-i celādet-ifāde-i şāhāne ta'alluḳ itmiş olan gāvurlarıñ beher-ḥāl cezāları tertīb olunması iḳtiżā-yı {22} emr ü fermān-ı hümāyūn-ı mülūkāneden olmağla bedel-i 'afva anlarıñ tavassuṭları itdikleri ḫıyāneti bilerek cān ḫavfıyla {23} oldığından ve Sāḳız gāvurlarınıñ iḳtidārlarına naẓaran mersūmlarıñ tavassuṭlarına münḥaṣır olmadığından eğer şimdiye ḳadar {24} gerek metrepolīd ve gerek dīgerlerini iʿdām itmamiş iseñiz hemān izāleleriyle sünūḥ iden emr ü fermān-ı hümāyūn {25} muḳteżāsını icrā ve her ḥālde dirāyet ü istiḳāmetiñiz mübteġāsını daḫi īfāya müsāraʿat buyurmaları feṭānet-i {26} ẕātiyyelerine muḥavvel idüği beyānıyla ḳāʾime. Fī 20 Ş 37

[575/273] *Sāḳız Muḥāfıẓı Vaḥīd Paşa'ya*

{1} Kāffe-i ḥālde ve bi-taḫṣīṣ böyle vaḳt-i nāzikde meʾmūrīniñ ḥakīmāne ḥareket ile dīn ve Devlet-i ʿAliyye yolunda ḫidemāt-ı ḥasene {2} ibrāzına saʿy ü ġayret eylemesi lāzımeden ve cenāb-ı düstūrīleri ise sāʾire maḳīs olmayub rikāb-ı hümāyūn-ı şāhāneden {3} neşʾet itmiş ve uṣūl ü mizāc-ı ʿālī ve vaḳt ü ḥāli öğrenmiş vüzerā-yı ʿiẓāmdan olduḳları cihetiyle {4} her bir ḫuṣūṣda ṭaraf-ı şerīfiñizden meʾmūlüñ mā-fevḳi ḥarekāt-ı reviyyet-mendāne ve ḫidemāt-ı ḥasene-i ḥakīmāne ẓuhūrı {5} meʾmūl iken ʿaksi olaraḳ cenābıñızıñ baʿżı uyḳunsuz işleriñiz ve irtikāba dāʾir eṭvārıñız istimāʿ {6} olunayor. Ez-cümle ʿasākiriñ ber-muḳteżā-yı vaḳt ü ḥāl teʾlīf ü istimāletle istiḫdāmı çāresine baḳılmaḳ {7} lāzım iken ʿunf ile muʿāmeleñiz ve żabṭ ü rabṭa ʿadem-i diḳḳatiñiz ʿaskeriñ teşettütüne bādī olub ḥattā {8} reʿāyānıñ ʿiṣyāna cesāretleri daḫi cenāb-ı şerīfiñiz ẓulm ü iʿtisāfıyla emr-i muḥāfaẓaya ʿadem-i taḳayyüdüñüzden {9} neşʾet eylediği rivāyet olunur. Bu ḫuṣūṣlar semʿ-i hümāyūn-ı şāhāneye vāṣıl olmaḳ lāzım gelse ḥaḳḳ-ı şerīfiñizde {10} ne vechile vaḫāmeti intāc ideceği müberhendir. Muḫlişiñiziñ ṭaraf-ı saʿādetlerine olan ḫulūṣ ü muḥabbetim böyle vaḫīmü'l-ʿāḳıbe olan (127) mevāddan taḥẕīriyle īḳāẓıñızı [?] īcāb ideceğinden işte bu vechile mesmūʿātımızı ṭaraf-ı şerīfiñize beyān {2} eyledim. Siz daḫi dirāyet ü feṭānetiñiz iḳtiżāsı üzere güzelce ḏavranub żabṭ ü rabṭ-ı ʿasākire ihtimām {3} ve levāzım-ı muḥāfaẓayı istiḥṣāle iḳdām ile ez-her-cihet dirāyet ü ṣadāḳatiñiz muḳteżāsını icrā ve ḥaḳḳıñızda {4} teveccühāt-ı ḥasene-i şāhāneyi taḥṣīl ve tezyīde saʿy-ı [bī-]intihā buyurmaları siyāḳında ḳāʾime. Fī 20 Ş 37

[575/285] *Ḫūrşīd Paşa ḥażretlerine ve Ḳapūdān paşa ḥażretlerine*

{1} Bālyabādra ṭarafında olan Aydın ve Ṣaruḫan Sancaḳları Mutaṣarrıfı saʿādetlü Yūsuf Paşa ve Anḳara ve Kenḳırī {2} Mutaṣarrıfı saʿādetlü Meḥmed Paşa ḥażerātı ṭarafından Mora gāvurlarınıñ derkār olan ṭuġyān ve ümmet-i Muḥammed ʿaleyhine mütecāsir {3} olduḳları melʿanet keyfiyyetiyle Mora'nıñ levs̱-i vücūd-ı ʿuṣātdan taṭhīr ve tesviyesinde lāyiḥ-i ḫāṭırları olan tedābīre {4} dāʾir bu defʿa bir ḳıṭʿa bend bend lāyiḥa güne ḳāʾime ile bir ḳıṭʿa şuḳḳa tevārüd idüb bi-ʿavnihī Taʿālā Mora ve Īnebaḫtī {5} ve Eğrīboz ve Ḳarlıili ʿuṣātınıñ ḳahr ü tedmīrleri-çün ḳol ḳol sevḳ ü taʿyīn olunması lāzım gelan ʿasākiriñ ṣūret-i {6} tertīb ve irsāline ve gerek Donanma-yı Hümāyūn'uñ iḳtiżā-yı ʿazm ve iʿmāline dāʾir müşārun-ileyhimānıñ lāyiḥa-i meẕkūrda muḥarrer {7} tedābīrleri yollu görinür ise de Mora içün tertīb olunan Arnavud ʿaskeriniñ iḳtiżāsına göre ḳol ḳol sevḳ

{8} ü tesrīb ve buña müteferriʿ kāffe-i tedābīr ü tertībātıñ icrā ve iʿmāli istiḳlāl-i tāmme ile ẕāt-ı sāmīleriniñ {9} ʿuhde-i ḥamiyyet ü diyānetlerine muḥavvel olub giçen gün tevārüd iden taḥrīrāt-ı sipehdārīlerinde daḫi Geġa ʿaskeriniñ bugünlerde {10} tecemmuʿ itmek üzere oldıġı ve cenāb-ı ḥayderī-elḳāb-ı düstūrāneleri daḫi muḳaddemki taṣmīmleri vechile sevāḥilde olan {11} ḳılāʿı müşāhede ve Preveze'ye çıḳan ḥaremlerini görmek içün Preveze ṭarafına ʿazīmet ve baʿdehū Yeñişehir'e nehżat buyurılacaġını {12} işʿār buyurmuş olduḳlarından iḳtiżā-yı me'mūriyyet-i serʿaskerīleriniñ icrāsında daḳīḳa fevt buyurmayacaḳları emr-i müṣbet ise de {13} Mora'da olan ʿuṣāt-ı kefere ḳuvvetlenmeksizin vaḳt geçmeyerek bi-ʿavnihī Taʿālā Mora derūnuna külliyyetlü ʿasākir-i İslāmiyye'niñ {14} idḫāliyle ḥaḳlarından gelmekliğiñ çāresine baḳılması farīża-i ḥālden ve işbu Mora māddesinde muḳteżā-yı kemāl-i ġayret {15} ve ʿulüvv-i himmetleri üzere iḳdām buyuracaḳları vāżıḥātdan olmaḳ mülābesesiyle şu Mora maṣlaḥatını cümle umūra taḳdīm iderek {16} ve ḥaremleri ol ṭarafda bulunub da ẕāt-ı sāmīlerine bir gūne ḫadşe ve ġā'ile olmamaḳ ve anlarıñ daḫi ārām ve istirāḥatleri {17} ḥāṣıl olmaḳ içün li-ecli'l-iḳāme Dersaʿādet'e yāḫūd āḫar münāsib gördiğiñiz maḥalle irsāl buyuraraḳ hemān cenāb-ı {18} ḥayderī-elḳāb-ı ḫidīvīleri bir gün evvel Yeñişehir'e gelüb ve ictimāʿ idecek ʿasākiri bir ān aḳdem cemʿ idüb {19} re'y ü tedbīr-i müşīrīleri vechile ḳol ḳol me'mūrlar maʿiyyetleriyle Mora derūnuna ve sā'ir iḳtiżā iden maḥallere sevḳ {20} ü irsāl, ve'l-ḥāṣıl vaḳt geçmeksizin ve fırṣat fevt olmaḳsızın ḥavl ü ḳuvvet-i Cenāb-ı Bārī'yle maṭlūb olan {21} me'āṣir-i fevz ü nuṣreti istiḥṣāl itmeğe kemāl-i himmet ü müsāraʿat buyurmaları ve müşārun-ileyhimā ṭaraflarından gelan mārrü'ẕ-ẕikr {22} lāyiḥa gūne ḳā'ime ile şuḳḳa-i mezkūreniñ birer ṣūreti iḫrāc ve mücerred manẓūrları olmaḳ içün ṭaraf-ı sāmīlerine {23} tesyār olunması ḫuṣūṣuna irāde-i seniyye-i mülūkāne taʿalluḳ itmiş ve mūcebince ẕikr olunan ṣūretler iḫrāc olunaraḳ {24} işbu nemīḳamıza leffen isbāl ü isrā ḳılınmış olub ancaḳ işbu lāyiḥa ṣūretiniñ irsāli ẕāt-ı sāmīleriniñ {25} re'y ü tedbīrlerine müdāḫale ḳabīlinden olmayaraḳ mücerred manẓūrları olmaḳ ve içinde aḫẕ idecekleri ve beğendikleri şey var ise {26} icrā idüb yoġ ise terk buyurulmaḳ ġarażıyla olaraḳ yine her bir ḫuṣūṣ re'y ve istiḳlāl-i düstūrīlerine muḥavvel {27} olmaġla hemān ẕāt-ı sāmīleri muḳteżā-yı diyānetleri üzere şu Mora maṣlaḥatını kemāl-i ġayret ve ʿulüvv-i himmetleri üzere {28} cümle umūra taḳdīm ve ḥaremlerini daḫi ẕāt-ı ʿālīlerine bir gūne ḫadşe olmamaḳ içün Dersaʿādet'e yāḫūd münāsib {29} gördükleri maḥalle iʿzām ve ol vechile istirāḥatleri vesā'ilini istiḥṣāl-birle ne vechile münāsib görilür ve ne ṣūretle {30} re'y ü tedbīr buyurılur ise ol vechile ḥarekete kemāl-i müsāraʿat buyuraraḳ vaḳt geçmeksizin şu Mora derūnuna {31} ʿasākir-i İslāmiyye'niñ idḫāliyle ʿuṣāt-ı kefereniñ ḳahr ü tedmīr ve Mora'nıñ yeñiden fetḥ ü tesḫīri emr-i ehemmini {32} icrāya bezl-i mā-ḥaṣal-i liyāḳat ve himmet buyurmaları aḳdem-i maṭlūb-ı ʿālī idüği beyānıyla ḳā'ime. Lede'l-vuṣūl {33} işbu ṣūretleriñ birer ḳıṭʿası daḫi donanmaya dāʾir olan keyfiyyātı bilmek ve yine kendüsi iḳtiżā-yı reʾy {34} ve istiḳlāli vechile ḥareket itmek içün şeref-sünūḥ iden irāde-i seniyye mūcebince saʿādetlü Ḳapūdān paşa ḥażretleri {35} ṭarafına gönderilmiş olmağla cenāb-ı ʿālīleri her ḥālde is̱bāt-ı müddeʿā-yı diyānet ü ṣalābete bez̠l-i himmet buyurmaları meʾmūl-ı {36} ḫāliṣānemizdir. Fī 25 Ş 37

[*575/288*] ***Selānīk mutaṣarrıfına***

{1} Ḳaraferye'de mütemekkin ḳocabaşılarıñ eşḳıyā ile ittifāḳ ve Ağustos gāvurlarıyla olan ittiḥādları taḥḳīḳ olunmuş {2} ve mersūmlardan Ṭaşooğlı didikleri gāvuruñ ḫānesinde esliḥa oldığı ḫaber alınaraḳ mesfūr ile sāʾir ihānet {3} maḥsūs olan gāvurlar Selānīk'e gönderilmiş ise de Ḳaraferye vücūhundan Maḥmūd Efendi ile sābıḳ Şehr Ketḫüdāsı {4} Seyyid Muṣṭafā Efendi nām kimesneleriñ gāvurlar ile ülfet ü muvāneseti cihetiyle dāʾimā ḳabāḥatlarini setr itmek {5} ve silāḥlarını ketm mis̱illü ḥarekāta cesāret itmekde olduḳları ve mesfūr Ṭaşooğlı'nıñ mūmā-ileyh Maḥmūd Efendi {6} z̠immetinde ber-mūceb-i defter eşyāsı taḥḳīḳ ḳılındığı ve Rum gāvurlarınıñ ehl-i İslām ʿaleyhine derkār olan ḫıyānetleri {7} ẓāhir iken bunlarıñ yine ülfet ü muvānesetden ḫālī olmadıḳlarından mūmā-ileyhimānıñ birer maḥalle nefy ü tağrīb {8} ḳılınmaları ḫuṣūṣuna dāʾir resīde-i mevḳiʿ-i vuṣūl olan şuḳḳa-i şerīfeleriyle mersūmuñ merḳūm Maḥmūd Efendi z̠immetinde {9} olan eşyāsı defteri manẓūr ü mezāyāsı maʿlūm-ı ḫāliṣānemiz olduḳdan ṣoñra ḫāk-pāy-ı hümāyūn-ı cenāb-ı {10} pādişāhīye daḫi ʿarż ile manẓūr-ı hümāyūn-ı mülūkāne buyurulmuşdur. Vāḳıʿan inhā-yı müşīrāneleri vechile Rum kefere-i {11} feceresiniñ ümmet-i Muḥammed ʿaleyhine derkār olan ḫıyānet ü melʿanetleri meydāna çıḳmış ve bunlarıñ mürtekib oldığı **(133)** ihānetlerini herkes bilmiş iken merḳūmānıñ bu ṣūretle ülfet ü muvāneset ve esliḥalarını ṣaḳlamaḳ {2} mis̱illü ḥālāt-ı rediyyeye cesāretleri kendüleriniñ teʾdīb ü gūş-māllerini īcāb itmiş oldığından z̠immī-i mersūmuñ {3} merḳūm Maḥmūd Efendi z̠immetinde olan eşyāsı istirdād olunub z̠immī-i mersūmuñ cezāsı tertīb ve mezbūr {4} Maḥmūd Efendi ile Muṣṭafā birer maḥalle nefy ü tağrīb ḳılınması ḫuṣūṣuna irāde-i celādet-ifāde-i ḥażret-i pādişāhī taʿalluḳ itmiş {5} ve mūcebince bā-işāret-i ḥażret-i fetvā-penāhī merḳūm Maḥmūd Efendi'niñ Güzelḥiṣār'a ve mezbūr Muṣṭafā Efendi'niñ Bayındır'a {6} nefy ü iclāsı bābında evāmir-i ʿaliyye ıṣdār ve tesyār ḳılınmış olmağla z̠āt-ı saʿādetleri ber-muḳteżā-yı irāde-i ʿaliyye z̠immī-i {7} mersūmuñ merḳūm Maḥmūd Efendi z̠immetinde olan eşyāsını istirdād iderek z̠immī-i mersūmuñ cezāsını tertīb {8} ve merḳūmānıñ daḫi menfālarına iʿzām ü tesrībi ḫuṣūṣuna himmet buyurmaları siyāḳında ḳāʾime. Fī 28 Ş 37

[*575/289*] ***Limnī muḥāfıẓına***

{1} Muḳteżā-yı irāde-i seniyye-i şāhāne üzere Bozbaba adası reʿāyāsınıñ vāḳiʿ olan istīmānları şerāyiṭ-i {2} erbaʿayı baʿde'l-icrā ḳabūl olunmaḳ lāzım geleceğine dā'ir mersūl-ı ṣavb-ı müşīrīleri ḳılınan nemīḳa-i ḫāliṣānemiziñ {3} vuṣūlüyle ber-mūceb-i irāde-i seniyye ada-i mezkūr reʿāyāsı şerāyiṭ-i istīmānı tamāmen ḳabūl iderek içlerinden {4} rehn olmaḳ üzere ḳocabaşılarından iki nefer zimmī gönderildiği ve otuz yedi Muḥarrem'inden iʿtibāren Bozbaba muḳāṭaʿasını {5} sābıḳı vechile maʿa-żam dört biñ ġurūşa ḳabūl itmiş olduḳlarından gerek muḳāṭaʿa-i mezkūr żabṭ-nāmesi ve gerek {6} cizye evrāḳlarınıñ cibāyeti ḫuṣūṣuna ne vechile irāde-i seniyye ṣudūr ider ise ṣavb-ı saʿādetlerine işʿār ḳılınması ifādesine {7} dā'ir resīde-i mevḳiʿ-i vuṣūl olan taḥrīrāt-ı müşīrīleri mezāyāsı maʿlūm-ı ḫāliṣānemiz olduḳdan ṣoñra ḫāk-pāy-ı hümāyūn-ı {8} şāhāneye daḫi ʿarż ile manẓūr-ı hümāyūn-ı ḥażret-i pādişāhī buyurulmuşdur. Rehn olaraḳ Dersaʿādet'e gönderilmiş olan {9} zimmīler ʿizzetlü Bostāncıbaşı aġa ṭarafına virilmiş ve reʿāyā-yı mersūmeniñ taʿahhüdleri vechile cizyeleriniñ ʿale'r-ru'ūs {10} taḥṣīl ü cibāyeti ve zimmetlerinde ḳalmış rüsūmāt var ise taḥṣīli ḫuṣūṣlarınıñ icrā-yı muḳteżāsı daḫi ʿizzetlü Defterdār {11} efendiye ḥavāle olunmuş ve reʿāyā-yı mersūmeniñ bu vechile şerāyiṭ-i istīmānı tamāmen ḳabūl ve taʿahhüdlerine mebnī ḥaḳlarında {12} re'y ve amān virildiğini mübeyyin Ṭāşoz cezīresi reʿāyāsına virildiği misillü bunlar içün daḫi iḳtiżāsına göre {13} bir ḳıṭʿa emr-i ʿālī ıṣdār ve tesyār ḳılınmış olub Bozbaba muḳāṭaʿasınıñ otuz yedi senesine maḥsūben iḳtiżā iden {14} żabṭ-nāmesi ḳapu ketḫüdāları maʿrifetiyle aṣḥābı ṭarafından aḫz ve irsāl olunmaḳ üzere ise de inhā-yı müşīrīlerine naẓaran {15} "Muḳāṭaʿa-i mezkūr żabṭ-nāmesini reʿāyā kendüleri istiyorlar" dimekden maḳṣūd eğer içlerine ehl-i İslām girmeyerek kendü {16} kendülerine żabṭ ṣūreti ise bu ṣūret baʿd-ez-īn cā'iz olmayacağından maʿrifet-i müşīrīleriyle ehl-i İslām'dan {17} bir münāsib voyvoda iḳāmesi mi lāzım gelür, ne vechile ise iḳtiżāsınıñ icrāsına himmet buyurmaları lāzımeden ve muḳteżā-yı {18} emr ü irāde-i seniyyeden olmaġla muḳteżā-yı feṭānet ü dirāyetleri üzere muḳāṭaʿa-i mezkūra maʿrifet-i düstūrīyle {19} ehl-i İslām'dan bir münāsib voyvoda iḳāmesi mi lāzım gelür, ne vechile ise muḳteżāsınıñ icrāsına himmet buyurmaları siyāḳında ḳā'ime. Fī 28 [?] Ş 37

[575/290] *Ḳapūdān paşa vekīli ve Tersāne emīnine, Ṭopçıbaşıya, Bostāncıbaşıya*

{1} Dersaʿādet'de bulunan Sāḳız reʿāyāsından evli olmayub bekār olanlarınıñ bulunduḳları maḥallerden aḫzıyla Tersāne-i {2} ʿĀmire ḫidmetinde ḳullanılmaları irāde-i seniyye muḳteżāsından olaraḳ bu mādde bā-defaʿāt ṭarafıñıza tenbīh ve sipāriş {3} olunmuş idi. O maḳūle bekār Sāḳız gāvurları şimdiye ḳadar divşirilüb ardı alınmış mıdır, yoḫsa henüz tekmīl {4} olmamış mıdır, keyfiyyeti maʿlūm olamadığından ġayrı selāṭīn ve sā'ir her kimiñ baġçe ve ḫānelerinde var ise alınub {5} defʿ olunmaları bu defʿa mehābet-efzā-yı ṣudūr olan ḫaṭṭ-ı hümāyūn-ı şāhānede emr ü fermān buyurulmuş olmaġla {6} o maḳūle bekār olan Sāḳız reʿāyāsı olduḳları maḥalden divşirilerek bu bābda ḳaṭʿan ifāte-i vaḳti tecvīz {7} itmeyerek nerede Sāḳız reʿāyāsınıñ bekārları var ise bir dānesi girü ḳalmayaraḳ cümlesini divşirüb tekmīl {8} oldıġı ḫaberini ifādeye müsāraʿat ü diḳḳat eyleyesin deyu. Fī 29 Ş 37

[*575/291*] ***Selānīk mutaṣarrıfına***
{1} Taḫt-ı iṭāʿat ü inḳıyāddan ḫurūc ve şāhiḳa-i [?] baġy ü ʿiṣyāna ʿurūc iderek ṭuʿme-i şimşīr-i ġuzāt-ı muvaḥḥidīn {2} olan Aġustos reʿāyāsınıñ baḳiyyesi ḏaġlara firār eylemiş ise de birer ikişer aḫẕ ü girift ile {3} cezāları tertīb ve icrā olunmuş ve sergerde-i eşḳıyā olan Zafīrākī ve Ḳapūdān Ṭaşooġlı {4} nām gāvurlar daḫi iʿdām olunaraḳ ruʾūs-ı maḳṭūʿaları ḳapucılar bölükbaşıları bendeleriyle gönderilmiş {5} oldıġı ve Aġustos ḳażāsı külliyyen muḥteriḳ ve ḫarāb olmuş ise de mezāriʿ ve bāġları ve çiftlik ve emlāk-ı {6} sāʾire maḥṣūlüyle mevcūd olub Ḥaremeyn-i Muḥteremeyn evḳāfı müsaḳḳafātından olmaḳ mülābesesiyle mesfūr {7} Zafīrākī ḫāʾinden iḥtirāzen Selānīk'de iḳāmet üzere olan iki nefer ẕimmīler ḳaṣaba-i mezbūreye ḳocabaşı {8} taʿyīn olunaraḳ kemā-fīʾl-ḳadīm iʿmārı ḫāṭır-güẕārları ise de emlāk-ı merḳūmeniñ cānib-i mīrī-çün {9} żabṭ ü taḥrīri bābında ṭaraf-ı Devlet-i ʿAliyye'den bir muḥarrir taʿyīni ve biraz zamāndan berü sūʾ-i {10} ḥareketleri maʿlūm olan Vodīna Ḳażāsı Serdārı Ḥayṭa Yūsuf ve aʿyānı ʿAbdürraḥīm Beğ {11} nām şaḳīler daḫi iʿdām olundıġından bunlarıñ daḫi emvāl ü emlākları żabṭına bir mübāşir taʿyīn {12} ve irsāl olunması ḫuṣūṣlarını ḥāvī ve ifāde-i sāʾireyi muḥtevī firistāde ve isrā buyurılan {13} taḥrīrāt-ı şerīfeleri mezāyāsı rehīn-i ıṭṭılāʿ-i ḫulūṣ-verī olduḳdan ṣoñra ḫāk-pāy-ı hümāyūn-ı ḥażret-i {14} pādişāhīye daḫi ʿarż ile manẓūr-ı naẓar-ı ʿāṭıfet-eṣer-i cenāb-ı şehriyārī buyurulmuş ve ruʾūs-ı mevrūde-i {15} meẕkūre daḫi yāfte vażʿıyla pīşgāh-ı bāb-ı ʿadālet-meʾāb-ı ḫüsrevānede ġalṭīde-i türāb-ı meẕellet ḳılınmışdır. {16} Ẕāt-ı saʿādet-āyāt-ı müşīrīleri Salṭanat-ı Seniyye'niñ ġayūr ve dirāyet-kār vüzerā-yı ʿiẓāmından {17} olduḳları ḥasebiyle işbu Aġustos reʿāyāsınıñ bu vechile ḳahr ü tedmīrlerine derkār olan {18} iḳdām ü mübāderetleri müstelzim-i maḥẓūẓiyyet ve nezd-i meʾālī-vefd-i mülūkānede daḫi bādī-i taḥsīn {19} ü midḥat olub inhā-yı müşīrīleri vechile Aġustos ḳażāsı el-ḥāletü-hāẕihī fetḥ-i cedīd ḥükmünde olmaḳ mülābesesiyle {20} ḳażāʾ-i meẕkūruñ eşḳıyā mālı olmaḳ üzere ḥāvī oldıġı arāżī ve emlāk ve çiftlikāt {21} ve maḥṣūlātıñ żabṭ ü taḥrīri-çün ṭaraf-ı Devlet-i ʿAliyye'den bir mübāşir ile muḥarrir taʿyīni lāzım geldiğine ve merḳūmān {22} Yūsuf ve ʿAbdürraḥīm Beğ'iñ muḫallefātlarınıñ żabṭ ü taḥrīri-çün daḫi başḳaca mübāşir taʿyīninden ṣarf-ı naẓar {23} olunaraḳ bunlar daḫi taʿyīn olunacaḳ mübāşire iḥāle olunmaḳ cesbān olacaġına bināʾen Aġustos {24} ve Vodīna'da olan emlāk ve muḫallefātıñ reʾy-i müşīrīleriyle taḥrīr olunmaḳ şarṭıyla dergāh-ı ʿālī ḳapucıbaşılarından {25} Muḥsin-zāde ḥafīdi Meḥmed Beğ bendeleri mübāşir taʿyīn olunub maʿiyyetine

bir mütefen[nin] muḥarrir terfīḳ ve irsāl {26} olunması ṣaḥīfe-pīrā-yı ṣudūr olan ḫaṭṭ-ı hümāyūn-ı şāhānede emr ü fermān buyurulmuş ve mūcebince mīr-i mūmā-ileyh {27} emlāk-ı mezkūreye mübāşir ve maʿiyyetine Başmuḥāsebe'den mütefennin bir muḥarrir taʿyīn ḳılınmış olmaġla dirāyet-i {28} kāmile-i düstūrāneleri iḳtiżāsı üzere gerek ẕikr olunan Aġustos ḳażāsı eşḳıyā emlākı ve gerek {29} maḳtūl-ı merḳūmlarıñ kāffe-i emvāl ü emlāklarınıñ mübāşir-i mūmā-ileyh bendeleriyle żabṭ ü taḥrīri ḫuṣūṣuna {30} himmet buyurmaları siyāḳında ḳā'ime. Fī selḫ-i Ş 37

[*575/294*] ***İzmīr muḥāfıẓına***

{1} Sāḳız reʿāyāsınıñ vāḳiʿ olan ʿiṣyānları cihetiyle li-ecli'l-iltica İzmīr'de tavaṭṭun itmiş olan Sāḳızlu reʿāyāsı {2} maġāza ve dükkānları ve derūnunda mevcūd emvāl ü eşyālarını maḫfiyyen maḥall-i āḫara naḳl itmek sevdāsında olduḳları {3} taḥḳīḳ olunmuş oldıġından ve ẕikr olunan maġāza ve dükkānlar maʿrifet-i şerʿle taḥrīr itdirilerek defteri {4} gönderildiğinden ve el-ḥāletü-hāẕihī Sāḳız ġā'ilesi berṭaraf olmuş idüğünden baḥisle ẕikr olunan dükkān ve maġāzalarıñ {5} küşād ve aṣḥābına teslīmi yāḫūd ḥāli üzere terk ve ibḳāsı istiʿlāmını şāmil vārid olan taḥrīrāt-ı şerīfeleri {6} mezāyāsı maʿlūm-ı muḫliṣī olduḳdan ṣoñra ḫāk-pāy-ı hümāyūn-ı şāhāneye daḫi bi't-taḳdīm manẓūr-ı naẓar-ı ʿāṭıfet-eser-i ḥażret-i {7} cihān-dārī buyurulmuşdur. Cenāb-ı müşīrīleri her ne ḳadar Sāḳız māddesi berṭaraf olmuş deyu taḥrīr ideyorlar ise de {8} ġā'ile-i mezkūre henüz berṭaraf oldıġından gereği gibi rābıṭasına girdikden ṣoñra ẕāt-ı saʿādetlerine bu ṭarafdan {9} tekrār taḥrīr olununcaya ḳadar dükkān ve maġāzalar memhūren tevḳīf olunmaḳ emr ü fermān-ı hümāyūn-ı mülūkāne muḳteżāsından {10} idüği maʿlūm-ı saʿādetleri buyurulduḳda mūcebince ḥarekete himmet buyurmaları siyāḳında ḳā'ime. Fī 2 N 37

[*575/297*] ***Ḳapūdān paşaya***

{1} Sāḳız muḥāfıẓı vezīr-i mükerrem saʿādetlü Vaḥīd Paşa ḥażretleriniñ uyġunsuz baʿżı ḥāllerinden ve emr-i muḥāfaẓayı {2} lāyıḳıyla idāreye muḳtedir olamamaḳ taḳrībiyle Donanma-yı Hümāyūn'uñ ol ṭarafdan gitmesini istemediğinden {3} ve İbṣāra ve Sīsām ṭaraflarında eşḳıyā tekneleri olub Donanma-yı Hümāyūn ḳalḳub gitdikden ṣoñra Sāḳız üzerine {4} tekrār hücūm itmeleri melḥūẓ olub Donanma-yı Hümāyūn daḫi eşḳıyānıñ āteş gemileri sevḳ itmesi maḥẕūrına mebnī {5} timür üzerinde ḍurması cā'iz görülmeyerek şimdilik yelken üzerine ḳalḳmış olub Sāḳız maṣlaḥatı **(136)** rābıṭa bulduḳdan ṣoñra Mora üzerine ʿazīmeti irāde-i seniyye muḳteżāsından idüğünden baḥisle muḥāfıẓ-ı {2} müşārun-ileyh ṭarafından baʿdehū bir iştikā vuḳūʿı mülāḥaẓasıyla Donanma-yı Hümāyūn'uñ Mora'ya ʿazīmeti bābında bir ḳıṭʿa {3} ḳaṭʿiyyü'l-müfād emr-i

ʿālī veyāḫūd mektūb-ı muḫlişī iṭāresini şāmil ḳapu ketḫüdāları ṭarafına mersūl şuḳḳaları mezāyāsı {4} maʿlūm-ı ḫālişānemiz olduḳdan ṣoñra rikāb-ı hümāyūn-ı şāhāneye ʿarż ile manẓūr-ı naẓar-ı kerāmet-es̱er-i ḥażret-i {5} pādişāhī buyurulmuşdur. Müşārun-ileyh Vaḥīd Paşa'nıñ daḫi bir ṭaḳım taḥrīrātı tevārüd idüb me'ālinde ol ṭarafda {6} her bir ḫuṣūṣda esbāb-ı ḥāliye ve ʿilel-i īcābiyyesini beyān ve kendünüñ mizācsızlığını dermiyān iderek muḥāfıẓlıḳdan {7} ʿafvını ve ber-mūceb-i irāde-i seniyye metrepolīd ve sā'irleri iʿdām eylediğini ve fesādda medḫalleri olmayan {8} Lātīn reʿāyāsı ṭaḳımından el-yevm Sāḳız ḳalʿasında maḥbūs olan beş nefer rehnleriñ taḫliye-i sebīl[l]erini taḥrīr {9} ve istīẕān itmiş olub ẕāt-ı saʿādetleriniñ bizẕāt Mora me'mūriyyetleri derkār iken tekrār ṣarāḥaten fermān {10} istemeğe ḥācet olmadığı mis̱illü müşārun-ileyh Vaḥīd Paşa'nıñ daḫi ḥāl ve mizācı maʿlūm oldığından {11} tebdīli lāzım gelmiş ve vüzerā ve sā'irden me'mūr olmaḳ lāzım gelse ol ṭarafa vāṣıl olunca vaḳte muḥtāc oldığından {12} tīz elden ifāte-i vaḳt olunmayacaḳ ḥālāta teşebbüs̱ īcāb-ı maṣlaḥatdan oldığı tebeyyün itmiş oldığına binā'en {13} kerāmet-efzā-yı ṣudūr olan ḫaṭṭ-ı hümāyūn-ı şāhāne mūcebince bu defʿa Sāḳız muḥāfıẓlığı el-yevm Sāḳız'da olan {14} mīr-i mīrāndan ʿAlā'iyeli ʿAbdī Paşa'ya iḥāle ile kendüye yüz kīse ʿaṭiyye-i seniyye ve mü'ekked me'mūriyyet emr-i şerīfi {15} tesyār olunub muḳaddemce Sāḳız muḥāfaẓası-çün tertīb olunan ʿasker daḫi istiʿcāl olunmuş oldığından başḳa vezīr-i mükerrem {16} saʿādetlü Çirmen Mutaṣarrıfı Ṣāliḥ Paşa ḥażretleriniñ ḥazm ü iḥtiyāṭa riʿāyeten taḥrīr itmekde oldığı ʿaskerden biñ nefer {17} aylıḳlu ʿaskeriñ Sāḳız'a me'mūriyyetiyle işbu ʿaskeriñ ʿicāleten alub serīʿan Gelībolī'ya götürüb andan {18} Anāḏolī ṭarafına imrār ve berren Çeşme yaḳasına īṣāl ile Sāḳız'a geçürmek üzere maḫṣūṣ muḳaddem gediklü {19} mübāşir taʿyīn olunmuş ve işbu ʿasker irişince ḳadar Sāḳız'da iḳāmet idüb ʿasker vāṣıl olduḳda Sāḳız'dan {20} ḥareket ve Anāḏolī ṭarafına geçmesi ṭaraf-ı muḫlişīden müşārun-ileyh Vaḥīd Paşa'ya ve ṣūret-i ḥāl beyān olunaraḳ emr-i muḥāfaẓaya {21} kemāliyle iḳdām eylemesi muḥāfıẓ-ı lāḥıḳ mūmā-ileyh ʿAbdī Paşa'ya ṭaraf-ı ḫālişānemizden mü'ekked yazılmış olmağla {22} ṣūret-i ḥāl maʿlūm-ı saʿādetleri buyuruldukda bi-mennihī Taʿālā bālāda beyān olunan ʿasākir Sāḳız'a mürūr ve müşārun-ileyh {23} Vaḥīd Paşa Anāḏolī'ya ʿubūr eyledikden ṣoñra cenāb-ı dirāyet-elḳāb-ı müşīrīleri daḫi derḥāl ʿicāleten {24} Mora'ya ʿazīmet-birle īfā-yı me'mūriyyet ve feṭānete himmet ü müsāraʿat buyurmaları siyāḳında ḳā'ime. Lede'l-vuṣūl {25} çünki müşārun-ileyh Vaḥīd Paşa ol vechile Lātīn reʿāyāsınıñ fesādda medḫalleri olmadığını yazmış {26} oldığından Sāḳız ḳalʿasında maḥbūs olan beş neferiñ taḫliye-i sebīlleriyle dīgerleriniñ daḫi {27} rencīde olunmaması emr ü fermān-ı hümāyūn-ı şāhāne iḳtiżāsından olaraḳ bu ḫuṣūṣ daḫi müşārun-ileyh {28} ve ḫalefi mūmā-ileyh ʿAbdī Paşa'ya yazılmış olmağla her ḥālde is̱bāt-ı müddeʿā-yı dirāyet ü ḥamiyyete himmet buyurmaları me'mūldür. Fī 3 N 37

[575/299] *Sābıḳ Sāḳız muḥāfıẓına*

{1} Sāḳız cezīresinde olan ʿuṣāt-ı kefere ile vāḳiʿ olan muḥārebātda ḳuvve-i ḳāhire-i Devlet-i ʿAliyye'yi görüb istīmān itmiş {2} ve maşṭaḳī ve ḫāṣ köyleri reʿāyāsından daḫi otuz ḳadar ḳurā ahālīsiyle māʿadāsından daḫi emāre-i istīmān {3} görünmüş oldığı ve şerāyiṭ-i ʿafvıñ aḳvāsı olan esliḥa māddesi icrā olunamayub silāḥlu gāvurlarıñ {4} vāfiri Ībṣāra ṭarafına firār itdiğinden ġayrı bu gāvurlar gereği gibi ḳılıç yimedikçe ḫabāṡet ü ḫıyānetlerinden fāriġ olmayacaḳlarından {5} saʿādetlü Ḳapūdān paşa ḥażretleriyle bi'l-muḫābere maʿiyyet-i müşīrīlerinde olan mīr-i mīrāndan ʿAbdī Paşa ve müşārun-ileyh Ḳapūdān paşa {6} ṭarafından silaḥdārı ve İlyās Aġa başbuġluġuyla üç ḳoldan ḏaġlarda olan kefere-i fecere üzerine sevḳ olunan ʿasākir-i {7} nuṣret-me'āṡir rāst geldikleri küffārı ḳahr ü tenkīl ve ʿiyāl ü evlādlarını seby ü istirḳāḳ itmiş olduḳları {8} ve baḳiyyetü's-süyūf olan reʿāyānıñ ẓāhirde silāḥları yoġ ise de bundan ṣoñra maşṭaḳī ve ḳurā'-i sā'ireye {9} me'mūrlar taʿyīniyle taḥarrī ve tecessüs olunaraḳ iḳtiżāsına göre bir miḳdārınıñ daḫi cezāsı tertīb olunduḳdan ṣoñra {10} şürūṭ-ı lāzımeleriyle me'vālarında īṭān itmek çāresine baḳılacaġı ve Sāḳız ḳalʿası muḥāfaẓası-çün beş-altı biñ {11} rābıṭalı ʿasker lāzım olub el-ḥāletü-hāẕihī mevcūd olan İzmīr ve Ṣaruḫan ve Ṣıġla ʿasākiri ise firār itmek {12} dāʿiyesinde olduḳları ve ḳurb ü civār olan Ībṣāra cezīresi eşḳıyāsı daḫi Donanma-yı Hümāyūn'uñ maḥall-i āḫara {13} ʿazīmetinden ṣoñra tekrār Sāḳız'a hücūm idecekleri āşikār oldığından müdāfaʿa-i aʿdāya vāfī ʿasākir-i cedīde tertīb {14} ve muḳtedir başbuġ ile taʿyīn ve tesrīb ḳılınması ve bu defʿaki muḥārebede alınan ru'ūs-ı menḥūse ve ḳulaḳ gönderildiği {15} ve ber-mūceb-i irāde-i seniyye metrepolīd ve sā'irleri iʿdām ḳılındığı ve elde maḥbūs olan beş nefer Lātīn reʿāyāsı rehnleriniñ {16} bu fesādda medḫalleri olmadığı beyānıyla sebīlleriniñ taḫliyesi ḫuṣūṣı ve mizācsızlıḳları cihetiyle Sāḳız cezīresini {17} mūmā-ileyh ʿAbdī Paşa yāḫūd āḫar birine iḥāle ile li-ecli't-tedbīr cenāb-ı müşīrīleriniñ Anāḏolī'dan yaḳın bir maḥalle {18} çıḳmalarına ruḫṣat-ı seniyye istiḥṣāl ḳılınması ḫuṣūṣlarını şāmil resīde-i mevḳiʿ-i vuṣūl olan taḥrīrāt-ı müşīrīleri {19} mezāyāsı maʿlūm-ı ḫulūṣ-verī olduḳdan ṣoñra ḫāk-pāy-ı hümāyūn-ı ḥażret-i pādişāhīye daḫi ʿarż ü taḳdīm ile {20} manẓūr-ı hümāyūn-ı ḥażret-i ẓıllullāhī buyurulmuşdur. Cenābıñız iẓhār-ı ʿacz buyuraraḳ Anāḏolī ṭarafına geçmeñize ruḫṣat iltimās {21} buyurmuş olduḳlarından ve Ībṣāra ve Sīsām ṭaraflarında eşḳıyā tekneleri olub Donanma-yı Hümāyūn ḳalḳub {22} gitdikden ṣoñra Sāḳız üzerine tekrār hücūm eylemeleri melḥūẓ idüği müşārun-ileyh Ḳapūdān paşa ḥażretleri ṭarafından daḫi {23} işʿār olunmuş oldığından ifāte-i vaḳti mūcib olmamaḳ içün kerāmet-efzā-yı ṣudūr olan ḫaṭṭ-ı hümāyūn-ı ḥażret-i {24} pādişāhī mūcebince Sāḳız muḥāfıẓlığı mīr-i mīrāndan mūmā-ileyh ʿAbdī Paşa'ya iḥāle olunaraḳ mü'ekked me'mūriyyet emr-i şerīfi {25} tesyār olunmuş ve emr-i muḥāfaẓaya kemāliyle iḳdām eylemesi ṣavb-ı muḫlişīden ḫalefiñiz mūmā-ileyhe yazılmış olub muḳaddemce Sāḳız {26} muḥāfaẓası-çün tertīb olunan ʿasker daḫi istiʿcāl olunmuş oldıġından başḳa saʿādetlü Çirmen mutaṣarrıfı ḥażretleriniñ ḥazm ü iḥtiyāṭa {27} riʿāyeten taḥrīr itmekde oldıġı ʿasākirden biñ nefer aylıḳlu ʿaskeriñ Sāḳız'a meʾmūriyyetiyle işbu ʿaskeri ʿicāleten alub {28} Gelībolī'ya götürüb Anāḍolī'ya imrār-birle Çeşme yaḳasına īṣāl ile andan Sāḳız'a geçürmek üzere bā-ḫuṣūṣ {29} gediklü mübāşir taʿyīn olunmuş ve işbu ʿasker irişinceye ḳadar cenāb-ı müşīrīleri Sāḳız'da iḳāmet idüb ʿasker-i merḳūme {30} vāṣıl olduḳdan ṣoñra Sāḳız'dan ḥareket ve Anāḍolī ṭarafına ʿazīmet eylemeñiz ḫuṣūṣuna daḫi irāde-i ʿaliyye taʿalluḳ eylemiş {31} olaraḳ keyfiyyet ṭaraf-ı ḫulūṣ-verīden müşārun-ileyh Ḳapūdān paşaya daḫi beyān ü işʿār ḳılınmış olmaġla ġayret ü dirāyetleri {32} iḳtiżāsı ve emr ü fermān-ı şāhāne muḳteżāsı üzere ʿasākir-i merḳūme Sāḳız'a vāṣıl oluncaya ḳadar Sāḳız'da iḳāmet idüb **(138)** ʿasker vāṣıl olduḳdan ṣoñra Anāḍolī ṭarafına ʿazīmete himmet buyurmaları siyāḳında ḳāʾime. Lede'l-vuṣūl {2} maḥbūs olan beş nefer Lātīn reʿāyāsınıñ fesādda medḫalleri olmadıġı ṭaraf-ı müşīrīlerinden inhā olunmuş oldıġından {3} mersūmlarıñ taḫliye-i sebīlleriyle dīgerleriniñ daḫi rencīde olunmaması emr ü fermān-ı şāhāne iḳtiżāsından {4} olaraḳ bu ḫuṣūṣ müşārun-ileyhe ve ḫalefiñiz mūmā-ileyh ʿAbdī Paşa'ya daḫi yazılmış olmaġla cenābıñız daḫi {5} ḫalefiñiz mūmā-ileyh ile bi'l-müẕākere bu bābda iḳtiżā-yı irāde-i ʿaliyyeyi icrāya ve her ḥālde is̱bāt-ı müddeʿā-yı {6} dirāyet-kārī ve feṭānete himmet buyurmaları meʾmūldür. Fī 3 N 37

[*575/318*] *Ḫūrşīd Paşa ḥażretlerine*
{1} Mora üzerine ḳol ḳol sevḳ ve tertībi derdest olan ʿasākiriñ bir ān aḳdem irsālleri ḫuṣūṣuna {2} dāʾir gönderilan taḥrīrāt-ı ḫulūṣ-verīniñ vuṣūlünden baḥisle Rumili Ḳasteli'nden baḥren Mora'ya imrār içün {3} tertīb olunan yiġirmi biñ nefer Ṭosḳa ʿaskeriniñ el-ḥāletü-hāẕihī on beş biñ neferi tecemmuʿ ile ḳuṣūrı {4} daḫi hemān tekmīl ol[un]maḳ üzere olaraḳ evvel-emrde Sūlī gāvurlarınıñ ḳahr ü tedmīrleri-çün {5} saʿādetlü Meḥmed Paşa ve Reşīd Paşa ve ʿÖmer Paşa ḥażerātı ve silaḥdārları maʿiyyetleriyle dört ḳoldan sevḳ {6} olunmuş oldıġı ve bi-mennihī Taʿālā Sūlī ġāʾilesi bitdikden ṣoñra hemān ḍoġrı Mora Ḳasteli'ne tenzīl ve andan {7} Mora'ya imrār olunacaġı ve cenāb-ı müşīrīleri Yeñişehir'e ʿazīmet ile iḳtiżāsına göre ʿasker sevḳine iḳdām {8} idecekler ise saʿādetlü Eġrīboz Muḥāfıẓı ʿAlī Paşa ḥażretlerine üç biñ nefer ʿasker virerek Eġrīboz {9} ṭarafına iʿzām eylemesi ʿaṭūfetlü Mora Serʿaskeri Seyyid ʿAlī Paşa ḥażretlerine taḥrīr ü işʿār ḳılınması ve daḳīḳ {10} ve beksimād iştirāsı-çün aḳçe ile ḫaftāncıları saʿādetlü Selānīk mutaṣarrıfı ḥażretlerine gönderilmiş oldıġından {11} bu ḫuṣūṣ daḫi müşārun-ileyhe teʾkīd ve taʿcīl olunması ḫuṣūṣunı şāmil ve maḳtūl ʿAlī Paşa'nıñ {12} ẓuhūr iden nuḳūdundan tevḳīf itmiş olduḳları yedi biñ yedi yüz şu ḳadar kīse aḳçe ne maḥallere {13} ṣarf olunmuş ve

olunacağı ve Preveze ḳalʿasınıñ rütbe-i vücūbda olan muḥāfaẓasıyla ahālīsiniñ {14} keyfiyyetinden baḥişle ḥasbe'l-īcāb maḳtūl Tepedelenli çiftliklerinden Preveze civārında Mīḫālīç ve Menḳa [?] çiftlikleriniñ {15} çiftleri ahālīye tevzīʿ ve iʿṭā olunaraḳ ve Ḳanāla [?] çiftliği daḫi mütesellim ve muḥāfıẓına virilerek {16} iskāt-birle taḳdīm buyurılan defter mūcebince ḳılāʿ-i maʿlūme içün tertīb ve vażʿ olunan biñ neferiñ {17} ʿulūfeleriniñ ṣūret-i tanẓīmi ve sā'ir ifādātı şāmil tevārüd iden taḥrīrāt-ı saʿādet-āyāt-ı serʿaskerīleri {18} mezāyāsı rehīn-i ıṭṭılāʿ-i ḫulūṣ-verī olmuş ve ḫāk-pāy-ı cenāb-ı şehriyārīye ʿarż ü taḳdīm ile manẓūr-ı {19} hümāyūn-ı mülūkāne buyurulmuşdur. ʿAsākir-i merḳūmeniñ işʿār-ı müşīrīleri vechile bi-ʿavnihī Sübḥānehū ve Taʿālā Sūlī {20} gāvurlarını ḳahr ü tenkīl eyledikden ṣoñra hemān ḏoğrı Mora Ḳasteli'ne tenzīl ve andan Mora'ya {21} imrār olunacaḳları saʿādetlü Ḳapūdān paşa ḥażretleriniñ maʿlūmı olaraḳ Sāḳız muḥāfaẓası-çün {22} tertīb ve tesrīb olunan ʿasker mürūr eylediği gibi Donanma-yı Hümāyūn'uñ serīʿan ḏoğrı Mora üzerine {23} ʿazīmeti żımnında ṣūret-i ḥāl müteʿalliḳ olan irāde-i seniyye-i şāhāne mūcebince müşārun-ileyhe taḥrīr ü işʿār olunmuş {24} ve serʿasker-i müşārun-ileyh maʿiyyetinde mevcūd ʿaskerden Eğrīboz Muḥāfıẓı ʿAlī Paşa maʿiyyetine tīz elden üç biñ {25} miḳdārı ʿasker iʿṭāsıyla İzdīn'den iḫrāc ü iʿzām eylemesi-çün ṣavb-ı muḥibbīden serʿasker-i müşārun-ileyhe {26} daḫi iḳtiżāsı üzere ekīd tenbīh-nāme baʿs̱ ü tesyīr ḳılınmış ve müşārun-ileyh Selānīk mutaṣarrıfı ḥażretlerine daḫi {27} maṭlūb eyledikleri daḳīḳ ve beksimādı mübāyaʿa-i mürettebeden ve maḥāll-i sā'ireden iştirā ile serīʿan ʿalā-eyyi-ḥāl {28} müste'men sefīnesine taḥmīl ve Eğrīboz körfezine irsāl ü tesbīl eylemesi ṣavb-ı muḫliṣīden ekīden yazılmış ve nuḳūd-ı {29} mezkūreye muḳābil gösterdikleri maṣārifātıñ cümlesi vāḳıʿan yerlü yerinde olaraḳ bir diyecek olmamağla {30} faḳaṭ Preveze'niñ yerlü ṭopçılarıyla ol ṭarafda bulunan şālūpalar neferātınıñ güẕeşte mevācibleri-çün {31} iʿṭā eylemiş olduḳları mebāliğ mis̱illü baʿżı maṣrūfatıñ ḳā'ide-i mīriyye üzere maḥallerine ḳayd ve maḥsūbiyyeti {32} lāzım geleceğinden iḳtiżā-yı tanẓīmine mübāderet itmek üzere ʿizzetlü Defterdār efendiye ḥavāle olunmuş ve inhā-yı müşīrīleri {33} vechile reʿāyā ġā'ilesi berṭaraf olduḳdan ṣoñra Yānya ve Preveze ve ḳılāʿ-i sā'ireye mevżūʿ {34} neferātıñ nıṣfıyla idāresi mümkin olabilür ise de şimdilik ol miḳdār ʿasker istiḫdāmı {35} īcāb-ı vaḳt ü ḥālden oldığına ve ber-manṭūḳ-ı defter-i şehriyye iḳtiżā iden seksan dört biñ {36} bu ḳadar ġurūşuñ işbu māh-ı Ramażān-ı Şerīf ġurresinden iʿtibāren bundan böyle iʿṭāsı lāzım {37} gelecek ise daḫi cenāb-ı müşīrīleriniñ fıḳdān-ı nuḳūd cihetiyle derkār olan keyfiyyeti maʿlūm idüğüne binā'en {38} meblağ-ı mezbūr ne maḥallerden ḥavāle olunmaḳ lāzım gelür ise iḳtiżā-yı ḥüsn-i ṣūretini ifāde itmek ve çiftlikler {39} keyfiyyeti daḫi ḳaydı maḥallerine şerḥ virdirilmek üzere mūmā-ileyh Defterdār efendiye ḥavāle ḳılınmış olmağla {40} ẕāt-ı sipeh-sālārīleri her ḥālde īfā-yı levāzım-ı kār-āşināyī ve reviyyete himmet buyurmaları siyāḳında ḳā'ime. Fī 17 N 37

[575/320] *Eğrīboz muḥāfıẓına*
{1} Ẕāt-ı müşīrīleriniñ Yānya'ya olan me'mūriyyetleri manṣıbları ṭarafına taḥvīl olunaraḳ bir ḳadem aḳdem Eğrīboz'a {2} vuṣūle müsāra'at eylemeleri bundan aḳdem irāde olunmuş ve İzdīn'de olan üç biñ nefer İskenderiye {3} 'askerini istiṣḥāb itmek ve idāre-i ta'yīnātları-çün Yeñişehir'den daḫi iki biñ beş yüz keyl ẕaḫīre virilmek {4} üzere cenābıñızı i'zām itmiş oldığı ve ol miḳdār ẕaḫīre Yeñişehir'den alındığı ser'asker-i ẓafer-rehber 'aṭūfetlü {5} Ḫūrşīd Paşa ḥażretleri ṭarafından inhā ḳılınmış oldığına naẓaran şimdiye ḳadar īfā-yı me'mūriyyet ve ġayrete {6} himmet buyurmaları lāzımeden iken İzdīn'e varub istirāḥat ḳaydına düşerek tamām dīn ü devlet yolunda {7} ḫidmet idecek ve diyānet ü ġayret me'āṡirini iṡbāt eyleyecek vaḳtlerde böyle gevşek ḏavranaraḳ {8} sizden ḫilāf-ı me'mūl el-yevm ol ṭarafda eğlenmeñiz ḏoğrısı ġayret ü ḥamiyyete yaḳışdırılamıyor. Mora ṭarafında {9} 'uṣāt-ı eşḳıyānıñ şiddet-i ṭuġyānları cihetiyle şunlara şevket-i İslāmiyye'niñ ibrāz ü iẓhārı ne derecelerde {10} maḳṣūd-ı 'ālī ve siziñ bir ān aḳdem Eğrīboz ṭaraflarına pā-nihāde-i saṭvet olmañız muḳteżā-yı irāde-i seniyyeden idüği {11} bedīhī oldığından Mora Ser'askeri 'aṭūfetlü Seyyid 'Alī Paşa ḥażretleri ma'iyyetinde olan 'asākirden ma'iyyet-i müşīrīlerine {12} üç biñ nefer 'asker virerek cenāb-ı şerīfiñizi İzdīn'den iḫrāc ve Eğrīboz'a i'zām eylemesi ḫuṣūṣuna bu def'a {13} irāde-i ḳāṭı'a-i ḫüsrevāne ta'alluḳ iderek keyfiyyet ser'asker-i müşārun-ileyh ḥażretlerine ṭaraf-ı ḫulūṣ-verīden taḥrīrāt {14} iṭāresiyle bildirilmiş olmağla muḳteżā-yı ġayret ü diyānetiñiz üzere hemān ser'asker-i müşārun-ileyhiñ ma'iyyet-i düstūrīlerine {15} ta'yīn buyuracaḳları 'asker-i merḳūmı bir ān aḳdem bi'l-istiṣḥāb ve te'ḫīr ü terāḫī gūne ḥālāt tecvīz buyurulmayaraḳ {16} bir daḳīḳa evvel 'alā-eyyi-ḥāl Eğrīboz ṭarafına vuṣūle kemāl-i şitāb ü sür'at ile icrā-yı lāzıme-i me'mūriyyet {17} ve şecā'ate himmet buyurmaları siyāḳında ḳā'ime. Fī 17 N 37

[575/322] *Ḳapūdān paşaya ve Rodos mutaṣarrıfına*
{1} İskenderiye cānibinde olan Donanma-yı Hümāyūn'uñ bugünlerde Rodos'a ḏoğrı geleceği ve işbu sefāyiniñ Rodos'a {2} vürūdları ānda ma'iyyet-i müşīrīlerine iltiḥāḳları żımnında ṭaraf-ı sa'ādetlerinden ḫaber gönderildiği bu def'a istimā' olunub {3} ma'lūm-ı dirāyet-melzūm-ı müşīrīleri oldığı vechile işbu sefāyiniñ evvel-be-evvel me'mūriyyetleri Girīd üzerine olub ḥattā {4} bugünlerde Girīd cezīresi evvelkiden ziyāde ṣıḳıda olaraḳ Ḥānya ve Resmo ḳal'aları muḥāṣarada ve on yedi ḳıṭ'a {5} miḳdārı izbāndīd tekneleri ṭarīḳ-i baḥri sed ile cezīre-i merḳūmeye ẕaḫīre gemisi ve sā'ir hiçbir tekne ṣalıvirmamekde {6} olduḳları istiḫbār olundığına naẓaran ber-muḳteżā-yı vaḳt ü ḥāl Girīd maṣlaḥatı daḫi ehemm-i umūrdan ve sefāyin-i meẕkūreniñ {7} İskenderiye'den ibtidā ḏoğrı Girīd üzerine ve ba'dehū Donanma-yı Hümāyūn ma'iyyetine irişmeleri ḫuṣūṣı muḳaddem mecālis-i {8} şūrāda ittifāḳ-ı ārā ile ḳarār virilerek irāde-i hümāyūn-ı

ḥażret-i cihān-bānī muḳteżāsından oldığına bināʾen işbu {9} donanma Rodos ṭarafına eğer Girīd maṣlaḥatından ṣoñra gelür ise ḏoğrı maʿiyyet-i saʿādetlerine celb ve iltiḥāḳları vāḳıʿan lāzımeden {10} oldığı miṯillü Girīd maṣlaḥatından evvel Rodos'a uğradıḳları ḥālde yaʿnī İskenderiye'de olan donanma Girīd'e ʿasker {11} bıraḳma[ḳ]sızın bu ṭarafa gelürler ise yoldan alıḳonılub maʿiyyetiñize celb olunmaları pek saçma olaraḳ tecvīz olunmayacağı {12} vāżıḥātdan olaraḳ müteʿalliḳ olan irāde-i seniyye muḳteżāsı üzere bu defʿa ṭaraf-ı muḫliṣīden Rodos Mutaṣarrıfı {13} Şükrī Beğ bendelerine yazılmış olmağla cenāb-ı müşīrīleri daḫi aña göre ṭaraf-ı saʿādetlerinden mīr-i mūmā-ileyhe {14} īżāḥan tenbīh-nāme irsāliyle işbu donanmanıñ muḳaddemki irāde ve ḳarār vechile Girīd maṣlaḥatından ṣoñra maʿiyyet-i saʿādetlerine {15} celbi vesāʾilini istiḥṣāle himmet buyurmaları siyāḳında ḳāʾime. Fī 17 N 37

[*575/328*] *Ḳızılḥiṣār Mütesellimi Ḳapucıbaşı ʿÖmer Beğ'e*
{1} ʿUṣāt-ı eşḳıyānıñ ehl-i İslām ʿaleyhine derkār olan ihānet ü melʿanetleri keyfiyyātından ve el-ḥāletü-hāẕihī {2} Atina ḳalʿası maḥṣūr olub Ḳızılḥiṣār ve Eğrīboz ṭarafları ẕaḫīre ve mühimmātdan tehī ve ahālīleriniñ ıżdırābları {3} derece-i kemālde idüğünden baḥiṣle ḥaḳlarında müsāʿade-i seniyye erzān ḳılınmasını şāmil tevārüd iden ʿarīżañ manẓūr {4} ü mefhūmı maʿlūmumuz olduḳdan ṣoñra rikāb-ı ḳamer-tāb-ı şāhāneye daḫi ʿarż ile manẓūr-ı hümāyūn-ı mülūkāne buyurulmuşdur. {5} Eğrīboz ḳalʿası-çün ʿahd-i ḳarībde maḫṣūṣ müsteʾmen sefīnesiyle Dersaʿādet'den ẕaḫīre gönderilmiş ise de Ḳızılḥiṣār {6} ahālīsiniñ daḫi ẕaḫīre ḫuṣūṣunda müżāyaḳaları oldığı meʾāl-i işʿārıñdan müstefād olaraḳ ol ṭarafa {7} daḫi biraz ẕaḫīre irişdirilerek ahālī-i merḳūmeniñ müżāyaḳadan viḳāyeleri esbābını istiḥṣāl {8} lāzım gelmiş oldığından bu defʿa müteʿalliḳ olan irāde-i seniyye-i şāhāne mūcebince Ḳızılḥiṣār ḳarīb {9} olan Selānīk'den iḳtiżā iden bahāsı baʿdehū bu ṭarafdan virilmek üzere Selānīk Sancağı {10} Mutaṣarrıfı saʿādetlü Meḥmed Paşa ḥażretleri maʿrifetiyle biñ beş yüz kīle ẕaḫīre mübāyaʿa ve müsteʾmen sefīnesiyle mi {11} olabilür, veyāḫūd ne vechile mümkin olabilür ise bir ān aḳdem Ḳızılḥiṣār'a irsāl olunmaḳ üzere müşārun-ileyh {12} Meḥmed Paşa ḥażretlerine maḫṣūṣ fermān-ı ʿālī ıṣdār ve tesyār olunmuş oldığından inşāʾallāhü'r-Raḥmān hemān {13} ẕikr olunan ẕaḫīre irişerek ol ṭarafda daḫi ẕaḫīre māddesinde zaḥmet çekilmeyeceği miṯillü {14} Rumili vālī-i vālā-şānı ve istiḳlāl-i tāmme ile serʿasker-i ẓafer-ʿunvānı ʿaṭūfetlü Ḫūrşīd Aḥmed Paşa {15} ḥażretleri iki ṭarafdan Mora üzerine ʿasākir-i külliyye sevḳ itmekde oldığından ve bir ṭarafdan daḫi {16} Mora meʾmūrları hücūm ü iḳtiḥām itmek ve baḥren daḫi külliyyetlü Donanma-yı Hümāyūn varmaḳ üzere idüğünden {17} bā-ʿavn-i Bārī ḳarīben ʿuṣāt-ı eşḳıyānıñ ümmet-i Muḥammed'e eyledikleri ḫıyānet ü melʿanetiñ mücāzātını {18} görerek ḳahr ü tenkīlleri elṭāf-ı İlāhiyye'den meʾmūl ü müstedʿā olmağla hemān sen muḳteżā-yı {19} diyānet ü

ġayretiñ üzere her ḥālde muṭma'innü'l-ḳalb olaraḳ merdī ve şecāʿat me'āṡirini {20} iṡbāta diḳḳat eylemañ içün ḳā'ime. Fī 20 N 37

[*575/333*] *Mora cānibinde olan Anḳara Mutaṣarrıfı Meḥmed Paşa'ya*
{1} Taʿyīnāt-ı ʿaskeriyyeniñ ne vechile idāresine ibtidār ol[un]dığından ve müżāyaḳalarından baḥişle miḳdār-ı vāfī ẕaḫīre {2} ve aḳçe ve yüz elli ṣandıḳ fişenk ve ḳadr-i vāfī bārūt ve çādır gönderilmesi ḫuṣūṣunı ḥāvī vārid olan {3} taḥrīrāt-ı müşīrīleri me'āliyle bu ṭarafa gelan mühürdārları bendeleriniñ taḳrīri maʿlūm-ı ḫulūṣ-verī olduḳdan ṣoñra {4} ḫāk-pāy-ı hümāyūn-ı mülūkāneye daḫi ʿarż ü taḳdīm ile manẓūr-ı hümāyūn-ı şāhāne buyurulmuşdur. Çādır ḫuṣūṣı muḳaddemā daḫi **(155)** ṣavb-ı saʿādetlerinden inhā buyurulmuş ve ḥasbe'l-vaḳt bu ṭarafdan çādır irsāli müteʿassir oldığından andan ṣarf-ı naẓar ile {2} ṣavb-ı saʿādetlerine ol vaḳt üç yüz kīse aḳçe iḥsān ve irsāl buyurulmuş ve serʿasker-i ẓafer-rehber ʿaṭūfetlü {3} Ḫūrşīd Paşa ḥażretleri Mora içün külliyyetlü ʿasker sevḳ itmek ve Donanma-yı Hümāyūn sefīneleri daḫi varmaḳ {4} üzere oldığı ṭaraf-ı saʿādetlerine bildirilmiş ve Mora'ya muḳteżī olan iʿāneti ve fişenk ve mühimmāt irsāli {5} ḫuṣūṣunı icrā eylemesi serʿasker-i müşārun-ileyhe daḫi evvel ü āḫir yazılmış idi. El-ḥāletü-hāẕihī serʿasker-i müşārun-ileyh {6} ḥażretleri Mora içün tertīb eyledikleri ʿaskeri ḳol ḳol sevḳ ü tesrīb itmek üzere oldığı {7} ḫaberi gelmiş olmağla inşā'allāhü Taʿālā bugünlerde ʿasākir-i merḳūme ile ṭaraf ṭaraf ʿuṣāt-ı eşḳıyā üzerine {8} hücūm ü iḳtiḥām olunaraḳ ḳahr ü tenkīlleri maḳṣūdı āyīne-i ḥuṣūlde cilveger-i mücellā-yı teyessür [?]olacağı elṭāf-ı {9} İlāhiyye'den me'mūl ü müstedʿā olub mārrü'ẕ-ẕikr üç yüz kīse aḳçeniñ bugünlerde vuṣūlüyle defʿ-i żarūret {10} itmiş olacaḳları bedīhī ve hüveydā olaraḳ ol ṭarafa bārūt ve fişenk irsāli ḫuṣūṣı müteʿalliḳ {11} olan irāde-i seniyye iḳtiżāsı üzere bu defʿa daḫi müşārun-ileyh Ḫūrşīd Paşa ḥażretlerine tekrār taḥrīr ü iḫṭār {12} olunmuş ve tīz elden iḳtiżā iden nevliniñ nıṣfı ʿavdetinde, dīgeri peşīn iʿṭā olunmaḳ üzere istīcār olunan {13} bir ḳıṭʿa İngiltere sefīnesine bu ṭarafda Anbār-ı ʿĀmire'den ṣiġorṭa vechile dört biñ keyl ḥınṭa taḥmīl {14} ve tesbīl ḳılınmış olmağla hemān ẕāt-ı saʿādetleri her ḥālde muṭma'innü'l-ḳalb olaraḳ ve iṡbāt-ı diyānet {15} ü şecāʿat iderek īfā-yı lāzıme-i reviyyet-kārī ve ḥamiyyete himmet buyurmaları siyāḳında ḳā'ime. Lede'l-vuṣūl {16} saʿādetlü Yūsuf Paşa ḥażretleriyle bi'l-iştirāk vārid olan ḳā'imelerinde Preveze iskelesinden {17} sefīneler ile ʿasker irsāli ḫuṣūṣı müşārun-ileyh Ḫūrşīd Paşa ḥażretlerine ṣavb-ı ḫulūṣ-verīden {18} işʿār olunması muḥarrer ise de el-ḥāletü-hāẕihī Mora maṣlaḥatına dā'ir her bir ḫuṣūṣ müşārun-ileyh ḥażretleriniñ re'y-i müstaḳilline {19} muḥavvel olaraḳ ol daḫi iḳtiżā iden tedābīri īcāb-ı vaḳt ü maṣlaḥat ve iḳtiżā-yı mevḳiʿ ü münāsebete {20} taṭbīḳan icrā itmekde ve Mora içün ḳol ḳol tertīb eylediği ʿasākiri iḳtiżāsına göre sevḳ ve iʿmāl {21} eylemekde olub bu ḫuṣūṣ ṭaraflarıñızdan müşārun-ileyh ḥażretlerine yazılmış oldığına naẓaran işʿār fi'l-vāḳiʿ {22} münāsib ve muvāfıḳ-ı

maṣlaḥat ise bu ṭarafiñ tenbīhātına ḥācet olmayarak̟ müşārun-ileyh ḥażretleri daḫi öylece {23} icrā ideceği derkār olmağla hemān ẕāt-ı saʿādetleri bundan böyle daḫi bu mak̟ūle ḫuṣūṣātı müşārun-ileyh {24} Ḫūrşīd Paşa ḥażretlerine taḥrīr ü işʿār iderek emr ü re'yi üzere ḥarekete himmet buyurmaları siyāk̟ında k̟ā'ime. Fī 22 N 37

[*575/337*] ***Selānīk mutaṣarrıfına***
{1} Rumili Vālīsi serʿasker-i ẓafer-rehber ʿaṭūfetlü Ḫūrşīd Aḥmed Paşa ḥażretleriyle saʿādetlü Tırḫāla Mutaṣarrıfı ʿAlī Nāmık̟ Paşa {2} ḥażretleri ṭarafından vāk̟iʿ olan işʿāra mebnī Anābolī k̟alʿasına bir k̟ıṭʿa İngiltere tüccār sefīnesiyle altı biñ keyl {3} ḥınṭa göndermiş olduk̟ları ve mu'aḫḫaren müşārun-ileyh Ḫūrşīd Paşa ḥażretleriniñ işʿārı vechile Eğrīboz ve İzdīn körfezlerine {4} daḫi irişdirilmek üzere ẕaḫāyir tedārüküyle beksimād ṭabḫ itdirmekde idükleri ifādesini şāmil resīde-i cā-yı vürūd olan {5} taḥrīrāt-ı şerīfeleri mezāyāsı rehīn-i ıṭṭılāʿ-i ḫulūṣ-verī olub bu vechile gerek Anābolī k̟alʿasına ẕaḫīre irsāliyle {6} maḥṣūr olan ümmet-i Muḥammed'e ol vechile imdād itmek ve gerek serʿasker-i müşārun-ileyhiñ inhāsı vechile Eğrīboz ve İzdīn ṭaraflarına {7} Selānīk'den ẕaḫīre tanẓīm ve irsāline saʿy eylemek miṡillü ḫidemāta iʿtināları tamām ġayret ü ḥamiyyet ve ṣadāk̟at ü diyānet {8} me'āṡirini iṡbāt itmekle bu keyfiyyet müstelzim-i midḥat ü taḥsīn olarak̟ taḥrīrāt-ı vārid[e]leri ḫāk-pāy-ı hümāyūn-ı cenāb-ı {9} şehriyārīye daḫi ʿarż ile manẓūr-ı naẓar-ı ʿāṭıfet-eṡer-i ḥażret-i tācdārī olmuş ve bu vechile mağlaṭasız suhūletle {10} ibrāz-ı ḫidemāt-ı ḥaseneye maṣrūf olan himmetleri nezd-i şāhānede daḫi bādī-i āferīn olarak̟ "Berḫūdār olsun." {11} deyu ḥak̟k̟-ı saʿādetlerinde duʿā-yı icābet-nümā-yı şāhāne erzān buyurulmuşdur. Ẕāt-ı sāmīleri ibtidā-yı me'mūriyyetlerinden bu āna k̟adar dīn {12} ü devlet yolunda ibrāz-ı ḥüsn-i ḫidmet ve ṣadāk̟ati iltizām buyurmuş olduk̟larından lillāhi'l-ḥamd her bir teveccühlerinde niyyāt-ı ḫāliṣaları {13} ik̟tiżāsından nāşī muvaffak̟ olduk̟ları ecilden inşā'allāhü Taʿālā bundan böyle nice nice ḫidemāt-ı ḥaseneye maẓhar olacak̟ları {14} elṭāf-ı İlāhiyye'den me'mūl ü müstedʿā ve ḥak̟k̟-ı şerīflerinde ḥāṣıl olmuş iʿtik̟ādāt-ı ḥasene ik̟tiżāsına naẓaran ẕāt-ı saʿādetleri {15} her ḥālde irā'e-i ārā ve te'kīd ü veṣāyādan muġnī [?] olduk̟ları bedīdār olmağla hemān bundan böyle daḫi her ḥālde {16} īfā-yı levāzım-ı dirāyet-kārī ve ḥamiyyet ve icrā-yı merāsim-i diyānet ü fütüvvete himmet buyurmaları siyāk̟ında k̟ā'ime. Fī 26 N 37

[*575/341*] ***Rumili vālīsi Ḫūrşīd Paşa ḥażretlerine***
{1} Ḥālā Selānīk Sancağı Mutaṣarrıfı vezīr-i mükerrem saʿādetlü Meḥmed Paşa ḥażretleri ṭarafından lāyiḥa gūne vārid olan {2} k̟ā'ime me'ālinde sāye-i şāhānede Selānīk sancağı dāḫilinde olan arāżī-i İslāmiyye'de eşk̟ıyā ṭā'ifesiniñ {3} taḥaṣṣun ve temekkün idebileceği maḥal k̟almamış ise de Lefteḥor nāḥiyesi

sāḥil-i baḥrde bulunub adalardan {4} ve maḥāll-i sā'ireden sefineler āmed-şod itmekde oldığından maḥall-i mezbūruñ sedd ü bendi-çün ḳırḳ-elli nefer {5} adam iskān idecek ḳadar bir ḳalʿa bināsı ve Aġustos ḳaṣabasına daḫi keẕālik bir ḳalʿa inşāsı ve bunlardan {6} māʿadā İnceḳara ve Ḳaraırmaḳ nehirleriniñ geçid başlarında beşer adam eğlenecek birer ḳule iḥdāsı {7} ve Ḳaraferye ahālīsi cebān olduḳlarından ḳażā'-i mezkūruñ ve Ḳaterīn cānibleriniñ muḥāfaẓası {8} lāzımeden olmaḳ mülābesesiyle Ḳaraferye muḥāfaẓasına Rumili aʿyānlarından Zaġra Aʿyānı Ḳapucıbaşı {9} Boz Velī miṡillü biriniñ taʿyīni ve el-ḥāletü-hāẓihī Ḳaterīn aʿyānı olan Ṣāliḥ Beğ'iñ uyḳunsuzluġuna binā'en {10} Manāstır ḫānedānından Rüstem Beğ'iñ Ḳaterīn'e aʿyān naṣb ve işbu ḳażālar bunlara te'bīd ṣūretiyle iḥāle olundığı {11} ḥālde ḳāżā'eyn-i mezkūreyniñ ʿimār ü iḥyāsı mümkin olabileceği ve ol ḥavālīde bulunan çiftlikāt {12} ve ʿalāḳa ṣāḥibleriniñ derkār olan teseyyüblerinden nāşī reʿāyāsınıñ ekṡerīsi ḥaydūd olub {13} pāpāsları daḫi orman ve dere içlerinde iki yüzden mütecāviz kenīsā peydā iderek ḥaydūdlara {14} mesken ü me'vā ile arāżī-i İslāmiyye'yi żabṭ eyledikleri ecilden bu ḫuṣūṣuñ menʿi vülātıñ vaẓīfe-i {15} me'mūriyyetlerinden ise de bulunan vülāt müddet-i ḳalīlede ʿazl olunageldiklerinden ẕikr olunan {16} Selānīk sancaġı bir vezīriñ ʿuhdesine veyāḫūd rikāb-ı hümāyūnda perverde olmuş Mīr-aḫūr-ı {17} Evvel-i Ḥażret-i Şehriyārī İbrāhīm Aġa miṡillü birine ber-vech-i te'bīd iḥāle olunsa ẕikr olunan ḳalʿa ve ḳuleleri {18} kendü bedeninden inşā iderek emr-i muḥāfaẓalarına iʿtinā ve diḳḳat ideceği ve Derbendāt muḥāfaẓası {19} vülāta iḥāle olunaraḳ bu münāsebetle Arnavud ṭā'ifesiniñ bi't-tedrīc ḳażālardan defʿi menāfiʿ-i keṡīreyi {20} müstevcib olacaġından ve her bir çiftlikde dört-beş nefer Arnavud iḳāme ve içlerinde bulunan {21} reʿāyānıñ kemm ü keyfiyyetleri vülātıñ maʿlūmı olmayub aṣḥābı ṭarafından ḥabs ve te'dīb {22} olunageldiğinden baʿd-ez-īn aṣḥāb-ı çiftlikāt umūr-ı ḥarāṡetine dā'ir maṣlaḥatdan ġayrıya ḳarışmayub {23} reʿāyā maṣlaḥatı ʿumūmen vülāt ṭarafına iḥāle olunması ve bu sebeb ile Müslümān iḳāmet eylediği {24} bir ḳaṣabada on biñ ḳadar reʿāyā muḳīm olmaġla baʿd-ez-īn bu miṡillü ḳaṣabalardan iḫrāc ile {25} kendü köylerinde iḳāmet itdirilmesi ve aṣḥāb-ı ʿalāḳa maḥṣūlātları her ne ise ṭaşrada bıraḳmayub derūn-ı {26} ḳaṣabaya ve Selānīk ḫāricinde olanlar daḫi keẕālik ḥāṣılātlarını Selānīk'e naḳl eylemeleri ve kemāl-i ḥīlelerinden {27} nāşī toḫum diyerek çiftliklerinde buğday ṣaḳlayub düvel ḳonsoloslarıyla ülfetleri oldığından Ḳaterīn'den {28} Çayaġzı nām maḥalle varınca iskelelere gāvur gemileri yanaşub buğday ve ḥarīr ḳaçırmaḳda olmalarıyla {29} baʿd-ez-īn ẕikr olunan iskeleler ibṭāl olunaraḳ ẕaḫīre ve sā'ir eşyā Selānīk'e naḳl olunmaḳ {30} ve naḳl itmeyanler olur ise ẕaḫīreleri cānib-i mīrī-çün żabṭ ḳılınmaḳ üzere niẓāma rabṭ olunması {31} ve ḫuṣūṣāt-ı mezkūreye müsāʿade-i seniyye erzān buyurılaraḳ livā'-i mezkūr te'bīden kendüsüne iḥāle **(159)** buyuruldığı ḥālde ʿavn-i Ḥaḳḳ'la şīrāze-i niẓāmı mümkin olabileceği muḥarrer ü mezkūr olub müşārun-ileyhiñ {2} işbu inhā eylediği māddeleriñ cümlesi münāsib ve Selānīk sancağı daḫi kendüye te'bīden tevcīh olunmaḳda {3} be'is yoġ ise de ẕāt-ı sipehdārīleri aḳṭār-ı Rumili'niñ istiḳlāl-i tāmme ile vālī-i vālā-şānı ve ser'asker-i {4} ẓafer-'unvānı olduḳlarından keyfiyyetiñ evvel-emrde ṣavb-ı sāmīlerinden isti'lāmıyla ba'dehū iḳtiżāsına baḳılması {5} lāzım gelmiş ve emr ü fermān-ı hümāyūn-ı şāhāne daḫi bunuñ üzerine ta'alluḳ itmiş ve ẕikr olunan lāyiḥanıñ {6} bir ḳıṭ'a ṣūreti daḫi derūn-ı nemīḳa-i ṣenāverīye maṭviyyen ṣavb-ı düstūrānelerine gönderilmiş olmağla müşārun-ileyhiñ {7} işbu iş'āratında ẕāt-ı ṣafderāneleriniñ lāyiḥ-i ḫāṭırları ne vechiledir ve müşārun-ileyhiñ inhāsı vechile {8} icrāsı münāsib midir, bu bābda olan re'y-i rezīn-i iṣābet-ḳarīnleri ne vechile ise iḳtiżāsınıñ icrāsı-çün {9} keyfiyyeti bu ṭarafa taḥrīr ü iş'āra himmet buyurmaları siyāḳında ḳā'ime. Fī [2]8 N 37

[575/342] *Silistre vālīsine ve Vidīn muḥāfıẓına bi't-taṣarruf*
{1} Eflāḳ ve Boğdān'ıñ aṣl yerlü boyārlarından bundan aḳdem Dersa'ādet'e celb olunan boyārlarıñ niyyāt {2} ü marżīleri añlaşılaraḳ Rumlardan emniyyetiñ insilābı cihetiyle yerlü ve mu'teber boyārlardan Memleketeyn'e {3} voyvodalar naṣb ü ta'yīni māddesi derdest-i müẕākere ve icrā ise de Bükreş ḳā'immaḳāmı olan {4} Negrī'niñ bir ḳarındaşı Mosḳovlunuñ mu'teber cenerāllerinden olaraḳ muḳaddemā Mosḳovlu ṭarafından Īrānlu i'ānesine {5} me'mūr ḳılınmış ve bugünlerde me'ẕūnen arāżī-i metrūke ḥavālīsine geldiği istiḫbār olunmuş oldığını {6} ve ḳā'immaḳām-ı mersūmuñ zevcesi İpsilāndī'niñ ḳızı olaraḳ el-yevm hālik olan Eflāḳ Voyvodası {7} İskerlet'iñ ta'alluḳatıyla berāber Bolī'da bulundığını ve mersūm bugünlerde dīvān tercümānınıñ nefyi mülābesesiyle {8} emelinden me'yūs olaraḳ firār itmesi iḥtimālden ba'īd olmadığını ve yine Eflāḳ boyārlarından Semmūr- {9} -ḳaş Mosḳovlu oldığını mersūm boyārlardan ba'żıları ifāde ve beyān itmiş ve ḫāk-pāy-ı hümāyūn-ı {10} şāhāneye lede'l-'arż ḳā'immaḳām-ı mersūm Negrī'niñ ḳarındaşı ol ṭarafa taḳarrüb eylediği ṣūretde aḫşama {11} ṣabāḥa firārı pek melḥūẓ oldığından tīz elden ḳā'immaḳām-ı mersūmuñ firār idemamesi-çün keyfiyyetiñ {12} maḫfiyyen ṭaraf-ı sa'ādetlerine taḥrīriyle ḳā'immaḳām-ı mersūma ve Yaş'da olan İstefanāḳī'den daḫi {13} emniyyet olunmayacağından buña eyüce diḳḳat iderek firārlarını iḥsās iderseñiz derḥāl ṭutub {14} bu ṭarafa göndermeñiz ṭaraf-ı sa'ādetlerine mü'ekked tenbīh ve Ḳara Eflāḳ'da ḳā'immaḳām olan Semmūrḳaşoğlı {15} içün daḫi sa'ādetlü Vidīn muḥāfıẓı ḥażretlerine ṣūret-i ḥāl beyān ü tezbīr olunması ḫuṣūṣuna irāde-i 'aliyye-i {16} mülūkāne ta'alluḳ itmiş ve mūcebince mersūm Semmūrḳaş'ıñ reviş ü eṭvārına diḳḳat ve dā'imā āgāh {17} bulunaraḳ eğer firārını ḥiss ider ise derḥāl ṭutub bu ṭarafa göndermesi ḫuṣūṣı maḫfiyyen ve mektūmen {18} müşārun-ileyh Vidīn muḥāfıẓı ḥażretlerine ṭaraf-ı muḫliṣīden yazılmış olmağla ẕāt-ı sa'ādetleri daḫi keyfiyyeti {19} bilüb ber-mūceb-i irāde-i

seniyye gerek Bükreş ḳā'immaḳāmı olan mersūm Negrī ve gerek Yaş {20} ḳā'immaḳāmı olan mesfūr İstefanāḳī'niñ ḥāl ü eṭvārından ḫaberdār olaraḳ ve keyfiyyeti iḳtiżāsına {21} göre Bükreş'de olan ketḫüdālarına daḫi ḫafī tenbīh ü te'kīd eyleyerek mersūmān ol vechile firār dā'iyesinde {22} olur ise zinhār ḳaçırılmayub hemān firārı ḥiss olundığı gibi ṭutub bu ṭarafa irsāle, ve'l-ḥāṣıl {23} bunlara eyüce diḳḳat buyuraraḳ bir vechile firār idemameleri rābıṭasınıñ ḥakīmāne istiḥṣāline kemāl-i diḳḳat {24} ü himmet buyurmaları siyāḳında mektūmen ve maḫfiyyen maḫṣūṣ işbu ḳā'ime. Fī 25 Ş 37

[575/344] *Silistre vālīsine ve Vidīn muḥāfıẓına*

{1} Eflāḳ Ḳā'immaḳāmı Negrī ile Boğdān Ḳā'immaḳāmı İstefanāḳī ve Ḳara Eflāḳ Ḳā'immaḳāmı Semmūrḳaşoğlı'ndan {2} emniyyet cā'iz olmadığından gerek Eflāḳ ḳā'immaḳāmı mersūm Negrī'niñ ve gerek Boğdān ḳā'immaḳāmı mesfūr {3} İstefanāḳī'niñ maḥall-i āḫara firār idemameleri ḫuṣūṣuna diḳḳat ve firārları vuḳū' bulur ise derḥāl aḫẕ ü girift {4} eylemeñiz irāde-i seniyyesi muḳaddemce maḫfiyyen ṭaraf-ı sa'ādetlerine ve Ḳara Eflāḳ'da olan mesfūr {5} Semmūrḳaşoğlı'nıñ firār idemamesi ve firārı ḥiss olunduḳda keẕālik aḫẕ ü girift eylemesi {6} mektūmen sa'ādetlü Vidīn muḥāfıẓı ḥażretlerine taḥrīr ü iş'ār olunmuş idi. Ancaḳ fī-mā-ba'd bu Rum ṭaḳımlarınıñ {7} hiçbirinden 'ācilen ve ācilen emniyyet olunamayaraḳ mersūmlar bundan böyle Memleketeyn'iñ gerek voyvodalıḳ {8} ve gerek sā'ir ḫidmetlerin[de] daḫi ḳullanılamayacaḳları derkār ve voyvodalıḳlar daḫi bu def'a yerlü boyārlara {9} virildiği ṣūretde mersūmlar külliyyen emellerinden me'yūs olaraḳ beher-ḥāl milletçe meclūb olduḳları {10} ṭarafa firāra çāre-cū olacaḳları āşikār ve bunlar böyle Memleketeyn'e müte'alliḳ ḫidmetlerde ḳullanılamayacaḳları {11} miṣillü şimdilerde gerek ol ṭarafda ve gerek Dersa'ādet'de iḳāmetleri daḫi uymayacağı taḳrībiyle {12} her ne vaḳt olsa bunlarıñ Anāḍolī'da birer maḥalle def'leri lāzım geldiği müstağnī-i ta'rīf ü iş'ār {13} oldığından beyhūde muḥāfaẓaları ġā'ileleri ile uğraşılmaḳdan ise şimdiden Anāḍolī'da birer maḥalle {14} nefy ü def'leri voyvodalıḳlarıñ ta'yīnine ḳadar yine yerlüden birer boyārlarıñ ḳā'immaḳām naṣb {15} olunmaları ṣūreti mütebādir-i ḫāṭır olmuş ise de mersūmān bir taḳrīb-i dil-firīb ile [te]vaḥḥuş {16} ve firārları vuḳū'a gelmeksizin Silistre'ye celb olunabilür mi ve yerlü boyārlardan ḳā'immaḳām {17} ta'yīn olunması mersūmānıñ celbinden ṣoñra lāzım gelmez mi, evvel-emrde keyfiyyetiñ ṭaraf-ı sa'ādetlerinden {18} isti'lāmıyla iḳtiżāsınıñ icrāsı tensīb olunmuş ve Ḳara Eflāḳ'da olan Semmūrḳaş- {19} -oğlı'nıñ daḫi bu uṣūl üzere celbi ṣūreti muḥāfıẓ-ı müşārun-ileyhden isti'lām ḳılınmış olmağla {20} muḳteżā-yı dirāyetleri üzere mersūmān Negrī ve İstefanāḳī'niñ kendülere işbu irādeden {21} serrişte virilmeyerek Silistre'ye celb ve tevḳīfleri ne vechile müyesser olabilür ise {22} bi'l-müṭāla'a iḳtiżā-yı maṣlaḥatı serīʿan bu ṭarafa işʿāra himmet buyurmaları siyāḳında maḫfiyyen ḳāʾime. Fī 11 N 37

[575/346] *Silistre vālīsine*
{1} Yaş ve Bükreş ḳāʾimmaḳāmları İstefanākī ve Negrīʾniñ reviş ü eṭvārlarına diḳḳat olunaraḳ her ne vaḳt {2} firārları ḥiss olunur ise aḫẕ ü girift olunmaları veṣāyāsına dāʾir mersūl-ı ṣavb-ı saʿādetleri {3} ḳılınan nemīḳa-i muḫliṣīye cevāben vārid olan ḳāʾime-i şerīflerinde Bükreş Ḳāʾimmaḳāmı Negrīʾniñ firārı {4} istişʿār [?] olunduḳda aḫẕ ü girifti ṣūreti ikmāl olunmuş ise de Yaş mesāfe maḥal oldığından {5} ve ol ṭarafda ketm-i esrār idecek kimesne olmadığından mersūmuñ eṭvārına uzaḳdan neẓāret ol[un]acağı {6} ḫuṣūṣı muḥarrer ü meẕkūr olmağın mezāyāsı ve Rūsyaluya dāʾir ve sāʾir işʿārları meʾāli maʿlūm-ı ḫāliṣānemiz {7} olduḳdan ṣoñra rikāb-ı ḳamer-tāb-ı şāhāneye ʿarż ile manẓūr-ı hümāyūn-ı mülūkāne buyurulmuşdur. Ḳāʾimmaḳām-ı mersūmānıñ {8} bir ṣūret-i ḥakīmāne ile Silistreʾye celb ṣūretiniñ icrāsı mümkin olub olmadığı keyfiyyeti giçende ber-vech-i ḫafī {9} ṣavb-ı saʿādetlerinden istiʿlām olunmuş olub mersūmānıñ firārları taḳdīrinde aḫẕ ü giriftleri {10} ṣūretinde ve Yaş ḳāʾimmaḳāmı mersūm İstefanākī ḥaḳḳında biraz ṣuʿūbet gösterilmiş ise de yine çāresini {11} istiḥṣāle saʿy ü ġayret eylemeñiz lāzım geleceği bedīdār olaraḳ emr ü fermān-ı hümāyūn-ı mülūkāne daḫi {12} bu dāʾirede devvār olmağla muḳteżā-yı dirāyet ü ġayretleri üzere mersūm İstefanākī ḥaḳḳında daḫi {13} firār idemamesi çāresiniñ istiḥṣāli ḫuṣūṣuna ḥakīmāne saʿy ü ġayret buyurmaları siyāḳında ḳāʾime. Fī 22 N 37

Ayniyat 576

[576/2] *Ḫūrşīd Paşa ḥażretlerine*

{1} Baʿżı ifāde-i muḳteżiyeyi mübeyyin muḳaddemce mersūl-ı ṣavb-ı sāmīleri ḳılınan taḥrīrāt-ı muḫliṣīniñ vuṣūli beyānıyla {2} Sūlī gāvurlarınıñ keyfiyyet-i ʿiṣyān ve müteḥaṣṣın olduḳları maḥalliñ ṣaʿbliği ṣūretini ve tīz elden muḥāṣaralarıyla {3} tekmīl-i ġāʾileleri żımnında Teke ve Ḥamīd Mutaṣarrıfı Meḥmed Paşa ve Ḳaraman Vālīsi Reşīd Paşa ve Yānya Mutaṣarrıfı ʿÖmer Paşa {4} ḥażerātı ve sāʾir sergerdeler taʿyīn buyurılaraḳ ẕāt-ı ġayret-simātları güẕerān iden Ramażān-ı Şerīfʾiñ yiğirmi {5} sekizinci güni Yānyaʾdan ḥareket ve Yeñişehirʾe ʿazīmet buyuracaḳları ifādesini ve Sūlī üzerine meʾmūr buyurduḳları {6} müşārun-ileyhim ve sāʾire ne vechile emr-i ʿālī iṭāre ḳılınmasını ve Mora serʿaskerliği Tırḥāla mutaṣarrıfı sābıḳ saʿādetlü {7} Maḥmūd Paşa ḥażretlerine iḥāle olunaraḳ muḳaddemce gönderilmiş olan emr-i şerīf Ḳapucıbaşı Meḥmed Beğ bendeleriyle {8} irsāl olunmuş ve serʿasker-i sābıḳ Seyyid ʿAlī Paşa ḥażretlerine İzdīn muḥāfaẓasına iʿtinā ve saʿādetlü Erīb Aḥmed Paşa {9} ḥażretlerine daḫi Bādracıḳ muḥāfaẓasına iḳdām eylemeleri ṭaraf-ı sipehdārīlerinden yazılmış ise de müşārun-ileyhimānıñ {10} meʾmūriyyetlerini şāmil lāzım gelan evāmir-i ʿaliyye taṣdīr ve müşārun-ileyh Seyyid ʿAlī Paşa ḥażretleriniñ meʾmūriyyet emr-i şerīfinden {11} İzdīnʾden mürūr idecek ʿasākiriñ mālzemelerine iʿānet eylemesi derc ve teẕkīr olunaraḳ tesyīr ḳılınmasını {12} ve sāʾir ifāde ile nüzül emīni aġa bendeleriniñ henüz varmamış oldığını müştemil tevārüd iden (2) taḥrīrāt-ı sāmīleri mezāyāsı maʿlūm-ı s̱enāverī olduḳdan ṣoñra ṭaḳımıyla rikāb-ı ḳamer-tāb-ı şāhāneye ʿarż ile {2} manẓūr-ı hümāyūn-ı mülūkāne buyurulmuşdur. Meʾāl ve işʿār-ı sipeh-sālārīlerine naẓaran Sūlī maṣlaḥatı ḫaylī ağırlaşmış ise de {3} Cenāb-ı Müsehhilüʾṣ-Ṣuʿūbʾuñ ḳudret ve ʿināyetiyle ḳarīben ber-vech-i suhūlet bu ġāʾileniñ daḫi ḫitāmına inşāʾallāhü Taʿālā {4} muvaffaḳ olacaḳları elṭāf-ı İlāhiyyeʾden müstedʿā olaraḳ şeref-sünūḥ iden emr ü irāde-i seniyye-i ḥażret-i {5} pādişāhī iḳtiżāsı ve ṭıbḳ-ı inhā-yı ʿālīleri muḳteżāsı üzere Sūlī gāvurları muḥāṣarasına taʿyīn buyurduḳları {6} müşārun-ileyhim ḥażerātıyla sāʾir sergerdelere ve Ṭosḳa ve Çamlıḳ ve Delvīne aġalarına ḫiṭāben teşvīḳ {7} ü talṭīf ve tehdīdi şāmil iḳtiżāsına göre fermān-ı ʿālī ıṣdār ve müşārun-ileyhim bendelerine ṭaraf-ı s̱enāverīden daḫi {8} münāsibi vechile teşvīḳ ü teʾkīdi müştemil taḥrīrāt isṭār olunaraḳ cümlesi bu ṭarafdan maḫṣūṣ tatar ile {9} müşārun-ileyhim ṭarafına irsāl ü tesyār ve müşārun-ileyhimā Seyyid ʿAlī Paşa ve Erīb Aḥmed Paşaʾnıñ meʾmūriyyetlerini {10} ḥāvī ıṣdār olunan evāmir-i ʿaliyye daḫi ṣavb-ı sāmīlerine irsāl olunmuş ve nüzül emīni mūmā-ileyhiñ şimdiye ḳadar {11} ol ṭarafa varmaması münāsibsiz oldığından her nerede ise ʿalā-eyyi-ḥāl bir ān aḳdem maḥall-i meʾmūriyyetine {12} irişmesi-çün ṭaraf-ı muḫliṣīden müʾekked tevbīḫ-nāme yazılaraḳ maḫṣūṣ tatar ile ʿicāleten gönderilmiş {13} olmağla hemān ẕāt-ı sāmīleri her ḥālde iṣbāt-ı müddeʿā-yı ṣalābet ü ḥamiyyete beẕl-i himmet buyurmaları siyāḳında {14} ḳāʾime. Lede'l-vuṣūl maḳtūl Tepedelenli'niñ muẖallefātından muḳaddem tevḳīf buyurmuş olduḳları bir ʿaded {15} yüzük ve bir enfiye ḳuṭūsı ve bir çift piştov ile bir ḳabża yatağan bu defʿa irsāl olunmuş oldıġı bir ḳıṭʿa {16} ḳāʾime-i müşīrīlerinde beyān ü işʿār buyurulmuş ve eşyā-yı meẕkūre daẖi vāṣıl olaraḳ ẖāk-pāy-ı hümāyūna {17} taḳdīm ḳılınmış olmağın hemān īfā-yı şerāyiṭ-i dirāyet ve meʾmūriyyete himmet buyurmaları meʾmūl-ı ẖāliṣānemizdir. Fī 5 L 37

[576/3] *Ḳaraman Vālīsi Reşīd Paşa'ya ve Teke ve Ḥamīd ve Yānya sancaḳları mutaṣarrıflarına*

{1} Sūlī gāvurlarınıñ ʿiṣyānları şiddet bularaḳ Sūlī'niñ eṭrāfıyla muḥāṣarası īcāb eylediğine bināʾen {2} cenāb-ı müşīrīlerini ve saʿādetlü Yānya sancağı mutaṣarrıfı ʿÖmer Paşa ḥażretleriyle silaḥdārlarını yiğirmi biñden ziyāde {3} ʿasker ile Sūlī üzerine meʾmūr itmiş ve saʿādetlü Ḳaraman vālīsi ḥażretlerini daẖi Nārda'ya yerleşdirmiş {4} oldığını serʿasker-i ẓafer-peyker ʿaṭūfetlü Ḫūrşīd Aḥmed Paşa ḥażretleri bu defʿa bā-taḥrīrāt inhā idüb {5} ẕāt-ı ḥamiyyet-simāt-ı düstūrīleri Salṭanat-ı Seniyye'niñ ġayret ü diyānet ve ṣalābet ü fütüvvet ile ārāste {6} vüzerā-yı ʿiẓāmından olub ẖidemāt-ı Devlet-i ʿAliyye'de ibrāzī-i ṣıdḳ ü istiḳāmet idecekleri maʿlūm olan {7} ḥālātdan ve müşārun-ileyh ḥażretleri Rumili'niñ vālī-i vālā-şānı ve ḳarīḥa-i ṣabīḥa-i mülūkāneden istiḳlāl-i {8} kāmile ile serʿasker-i ẓafer-ʿunvānı olaraḳ ẕāt-ı saʿādetlerini ne ṣūretle meʾmūr eylemişler ise cenāb-ı müşīrīleri daẖi {9} öylece ḥareket buyuracaḳları vāżıḥātdan ise de gāvurlarıñ bi'l-ittiḥād ümmet-i Muḥammed ʿaleyhine derkār olan {10} melʿanet ve ẖıyānetleri ān-be-ān artmaḳda ve Sūlī gāvurları daẖi kendülerine metānet virmekde olduḳlarından {11} bunlarıñ gereği gibi ḥaṣr ü tażyīḳiyle ḥaḳlarından gelinmek cümleye vācib ü elzem oldığına bināʾen müteʿalliḳ olan {12} irāde-i seniyye-i şāhāne mūcebince bir ān aḳdem şu Sūlī gāvurlarınıñ itmām-ı ġāʾileleriyle Mora üzerine {13} ʿazīmet olunması irādesini nāṭıḳ bu defʿa müşārun-ileyhimā ile ẕāt-ı saʿādetlerine ve sāʾire ẖiṭāben bir ḳıṭʿa emr-i ʿālī {14} ıṣdār ve tesyār olunmuş ve keyfiyyāt ṣavb-ı muẖliṣīden daẖi müşārun-ileyhimā ḥażerātına teʾkīd ve işʿār ḳılınmış olmağla {15} göreyim cenāb-ı düstūrānelerini, maṭlūb-ı ḥażret-i ẓıllullāhī vechile şu Sūlī gāvurlarınıñ şikestī-i bāzū-yı {16} baġy ü ʿiṣyānlarını mūcib esbāb ü vesāʾiliñ istiḥṣāline teşmīr-i sāḳ-ı ġayret-birle Mora gāvurlarından {17} aẖẕ-ı ṣāra şitāb ü sürʿat ve dünyā ve āẖiretde nāʾil-i fevz ü selāmet olmaḳlığa beẕl-i yārā-yı liyāḳat buyuraraḳ {18} ḥaḳḳ-ı saʿādetlerinde derkār olan teveccühāt-ı ʿaliyyeniñ tezāyüdini müstelzim ḥālātıñ ikmāline mezīd-i himmet buyurmaları siyāḳında. Fī 5 L 37

[576/6] *Ser'asker Ḫūrşīd Aḥmed Paşa ḥażretlerine*
{1} Alacaḥiṣār sancaġı dāḫilinde olan palanḳalarıñ ve Morava köprisiniñ muḥāfaẓaları żımnında livā'-i mezbūr {2} mutaṣarrıfı Şehsuvār Paşa'nıñ āḫar maḥalle me'mūr ḳılınmayaraḳ maḥāll-i mez̲kūruñ muḥāfaẓalarına ta'yīn ḳılınması ve Şehirköyü'nden {3} 'asker istenilmeyerek semt ve civār olan Rumili ḳażālarından beş biñ nefer 'asker tertīb olunması ḫuṣūṣuna dā'ir {4} sa'ādetlü Niş muḥāfıẓı ḥażretleriniñ vāḳi' olan inhāsına binā'en ol bābda isti'lām-ı muḳteżā-yı maṣlaḥatı mübeyyin {5} muḳaddemce mersūl-ı ṣavb-ı vālāları ḳılınan taḥrīrāt-ı s̲enāverīniñ vuṣūlünden baḥis̲le paşa-yı mūmā-ileyhiñ oġlı {6} Maḥmūd Paşa'nıñ biraz 'asker ile Yeñişehir'e vürūd itmiş ve muḥāfıẓ-ı müşārun-ileyhiñ bu ṭarafa göndermiş oldıġı {7} defterde muḥarrer ḳażā a'yānları tertīb eylemiş olduḳları 'asker ile Yeñişehir'e vāṣıl olmuş olduḳlarından tekrār {8} 'asker tertībi fuḳarāya bār-ı girān olacaġından şimdilik tevḳīf olunub Ḫudā-ne-kerde ḥīn-i iḳtiżāda der-'aḳab {9} tertīb olunması ve mūmā-ileyh Maḥmūd Paşa'nıñ i'ādesi menūṭ-ı re'y-i 'ālī idüġi ve İzdīnli Ḫalīl Beğ ecel-i mev'ūduyla {10} medyūnen fevt olmuş oldıġından muḫallefātınıñ żabṭından ṣarf-ı enẓār ile 'uhdesinden münḥal olan İzdīn {11} muḳāṭa'ası ḥiṣṣesiniñ ḳadīm mu'accelesiyle ṣaġīr oġlı Tevfīḳ Beğ'e iḥsān buyurulması ḫuṣūṣlarını ḥāvī {12} tevārüd iden taḥrīrāt-ı şerīfeleri mezāyāsı rehīn-i ıṭṭılā'-i ḫulūṣ-verī olmuş ve ḫāk-pāy-ı hümāyūn-ı {13} cenāb-ı mülūkāneye 'arż ile meşmūl-ı liḥāẓa-i 'āṭıfet-ifāża-i ḥażret-i şehriyārī buyurulmuşdur. {14} İnhā-yı müşīrīleri vechile mūmā-ileyh Şehsuvār Paşa'nıñ oġlı ma'iyyetiyle gönderdiġi 'asker iki yüz neferden {32} 'ibāret oldıġına göre bu miḳdār 'askeriñ Alacaḥiṣār'dan çıḳmasında be'is olmadıġından başḳa {15} şimdi bunlarıñ i'ādesi lāzım gelse hem sā'ir ḳażālar 'askerine sirāyet maḥẕūrını mūcib ve hem işbu {16} i'āde şāyi'ası ol ḥavālīde gūyā Ṣırplu 'iṣyān itmiş ḥavādis̲ine sebeb olaraḳ bu daḫi ba'żı meḥāẕīri {17} müstevcib oldıġından ve şimdiki ḥālde gerek Mosḳovlunuñ ve gerek Ṣırplunuñ bir güne ḥareketleri ẓuhūr {18} itmeyerek bundan böyle daḫi Mosḳovlu ḥareket itmedikçe Ṣırplu daḫi bir şey yapamayacaḳları derkār idügünden {19} ẕikr olunan Şehsuvār Paşa 'askeriyle oġlı Maḥmūd Paşa'nıñ şimdilik i'ādesi lāzım gelmeyerek hemān {20} iḳtiżāsına göre istiḫdām eylemeleri ḫuṣūṣı tensīb olunmuş ve emr ü irāde-i şāhāne daḫi bunuñ üzerine {21} ta'alluḳ iderek keyfiyyet iḳtiżāsı vechile muḥāfıẓ-ı müşārun-ileyhe ṣavb-ı ḫulūṣ-verīden bildirilmiş ve müteveffā-yı {22} mūmā-ileyhiñ 'uhdesinden münḥal olan muḳāṭa'a ḥiṣṣesi daḫi müte'alliḳ olan irāde-i seniyye-i şāhāne mūcebince {23} ḳadīm mu'accelesiyle oġlı mūmā-ileyhe tevcīh ve muḫallefātı daḫi vereṣesine terk ve in'ām olunaraḳ iḳtiżāsını {24} tanẓīm eylemesi 'izzetlü Defterdār efendiye ḥavāle ḳılınmış olmaġla ẕāt-ı sāmīleri her ḥālde īfā-yı şerāyiṭ-i {25} kār-āgāhī ve dirāyete himmet buyurmaları siyāḳında ḳā'ime. Fī 5 L 37

[576/8] *Sāḳız Muḥāfızı ʿAbdī Paşa'ya*
{1} Bi-taḳdīrillāhi Taʿālā bu es̱nāda Ḳapūdān-ı sābıḳ ʿAlī Paşa'nıñ ne vechile fevt olmuş oldığı ve müşārun-ileyhiñ vefātı {2} ḥādis̱esinden ṣoñra Sāḳız'da bulunan ʿasker bī-cürm olan maṣṭakī köyleri reʿāyāsı üzerlerine hücūm iderek cümlesini {3} ḳatl ve yaġma ve tārümār eyledikleri beyānıyla Sāḳız'a müretteb ʿasker bir ān aḳdem irişdirilerek ẕaḫīre ve cihet-i sā'ire ile daḫi {4} levāzım-ı taḳviyetiñ icrāsına himmet olunması ḫuṣūṣunı şāmil tevārüd iden taḥrīrātıñız manẓūr ü mezāyāsı maʿlūmumuz olduḳdan ṣoñra {5} rikāb-ı hümāyūn-ı şāhāneye daḫi ʿarż ile manẓūr-ı naẓar-ı kerāmet-es̱er-i ḥażret-i pādişāhī buyurulmuşdur. Bu maḳūle şeyler {6} muḥārebe es̱nāsında olagelmiş oldığından inşā'allāhü Taʿālā nice nice fevz [ü] nuṣret vuḳūʿuna muḳaddeme-i beşāret ve ṣadaḳa-i {7} envāʿ-ı ġālibiyyet ü nuṣret olması elṭāf-ı İlāhiyye'den mes'ūl ü me'mūl olaraḳ kerāmet-efzā-yı ṣudūr olan {8} ḫaṭṭ-ı şerīf-i şāhāne mūcebince deryā ḳapūdānlığı Bālyabādra'da olan Anḳara ve Kenḳırī sancaḳları mutaṣarrıfı sābıḳ {9} vezīr-i mükerrem saʿādetlü Meḥmed Paşa ḥażretlerine tevcīh ü iḥsān ve Ḳapūdān paşa ḳā'immaḳāmlığı daḫi Ḳapūdāna-i Hümāyūn Ḳapūdānı {10} Muḫtār Beğ'e iḥāle ile ol bābda veṣāyā-yı muḳteżiye ḳā'immaḳām-ı mūmā-ileyhe yazılmış ve Sāḳız'a müretteb aylıḳlu ve ḳażā ʿaskeriniñ {11} bugünlerde hemān Sāḳız'a geçmek üzere olmaları me'mūl ise de iḥtiyāṭen bu defʿa daḫi mü'ekked istiʿcāl evāmiri {12} taṣdīr ve maḫṣūṣ tatar ile gönderilmiş olub ancaḳ muḳaddem re'y ve amān virilmiş olan bī-cürm reʿāyānıñ bu vechile {13} ḳatl ü iʿdām olunmaları şerʿ-i şerīfiñ ḫilāfı ve rıżā-yı pādişāhīniñ muġāyiri oldığı ẓāhir ve o maḳūle {14} kendüyi bilmezleriñ żabṭ ü rabṭıyla cürmi olmayan reʿāyāya bu mis̱illü muʿāmele itdirilmeyüb ḥimāyet ü ṣıyānetlerine {15} diḳḳat ü iʿtinā cenābıñızıñ müteferriʿāt-ı me'mūriyyetiñizden idüği bedīhī ve bāhir olaraḳ irāde-i seniyye-i şāhāne daḫi {16} bu dā'irede dā'ir olmaġla baʿd-ez-īn o maḳūle cürmi olmayub re'y ve amān virilmiş olan reʿāyānıñ ḥimāyet {17} ü ṣıyānetleriyle bir gūne rencīde olunmamaları esbābınıñ istiḥṣāline mezīd-i diḳḳat eylemeñiz içün ḳā'ime. Fī 6 L 37

[576/9] *Bu defʿa ḳapūdān-ı deryā ḳā'immaḳāmı olan Ḳapūdāna-i Hümāyūn Ḳapūdānı Muḫtār Beğ'e ve Paṭrona ḳapūdānı beğe ve sā'ir Donanma-yı Hümāyūn ḳapūdān ve me'mūrlarına*
{1} Sāḳız pīşgāhında olan Donanma-yı Hümāyūn yanına Nemçe bāndīrasıyla gelan üç ḳıṭʿa sefīne gūyā me'mūrlar maʿrifetiyle {2} yoḳlandıḳda ṣaḥīḥ Nemçelü olduḳlarını mübeyyin pasāporta ibrāz eyleyiklerinden emniyyet ḥāṣıl olmuş ise de meğer {3} izbāndīd ṭaḳımı olduḳlarına binā'en geçen Ramażān-ı Şerīf'iñ yiğirmi ṭoḳuzuncı gicesi āteş gemileri ḳoyvirerek {4} sābıḳ Ḳapūdān-ı Deryā ʿAlī Paşa'nıñ rākib oldığı sefīne ṭutışub yanmış ve müşārun-ileyh ġarḳ ve fevt

olmuş oldığı {5} bu def'a vāḳi' olan iş'ār ü inhādan ma'lūm olub işbu ḥādiṣe müteveffā-yı müşārun-ileyhiñ zu'munca Frenklere emniyyet ile {6} bir gāvur gemisinde pasāporta kāğıdı gördiği gibi sāḫte ve ṣaḥīḥ oldığını düşünmeyerek i'timād itmesinden neş'et itmiş ise de (5) bu bābda donanma me'mūrlarınıñ daḫi reḫāvet ü tesāmuḫları olmaḳ iḳtiżā ideceği āşikār ve böyle vaḳtde {2} hiçbir ṭarafdan emniyyet cā'iz olunmayaraḳ 'ale'd-devām mütebaṣṣır ü āgāh bulunmaḳ cümle me'mūrlara farż derecesinde oldığı {3} bedīdār olaraḳ ba'd-ez-īn ecnebī ve müste'men sefāyiniñ hiçbirisini Donanma-yı Hümāyūn'a yaḳlaşdırmamañız ve leyl {4} ü nehār cevānib-i eṭrāfa medd-i enẓār-ı diḳḳat ve başīret eylemeñiz īcāb-ı emr ü irāde-i şāhāneden olmağla 'aḳlıñızı {5} başıñıza devşirerek ve me'mūriyyet ve ġayretiñiz muḳteżāsını icrā iderek bundan ṣoñra hiçbir ecnebī gemisini {6} Donanma-yı Hümāyūn'a yaḳlaşdırmayub her ḥālde mütebaṣṣırāne ḥareket ve eṭrāf ü eknāfa medd-i enẓār-ı diḳḳat eylemeñiz içün mektūb. Fī 6 L 37

[*576/10*] ***İzmīr Muḥāfıẓı Ḥasan Paşa'ya***

{1} Ḳapūdān-ı sābıḳ 'Alī Paşa Donanma-yı Hümāyūn ile Sāḳız pīşgāhında iken Nemçe bāndırasıyla üç ḳıṭ'a sefīne gelüb {2} ber-mu'tād yoḳlandıḳlarında gūyā ṣaḥīḥ Nemçelü olduḳlarını mübeyyin pasāporta ibrāz eylediklerine binā'en kendülerden {3} emniyyet ḥāṣıl olmuş ise de meğer izbāndīd ṭaḳımı olduḳlarından ol aḫşam sā'at altı ṣularında üç {4} ḳıṭ'a āteş gemisi ṣalıvirmiş olmalarıyla müşārun-ileyh Ḳapūdān paşanıñ rākib oldığı sefīne iḥrāḳ {5} ve ḥamden-lillāhi Ta'ālā sā'irlerine bir gūne żarar iṣābet itmamiş ise de müşārun-ileyh deryāya düşüb iğrāḳ olmuş {6} oldığı ḫaberi bu def'a Sāḳız ṭarafından ve Donanma-yı Hümāyūn'dan vārid olub ma'lūm-ı müşīrīleri oldığı üzere {7} bu maḳūle şeyler muḥārebe eṣnāsında olagelmiş oldığından inşā'allāhü Ta'ālā nice nice nuṣret ve fütūḥāta muḳaddeme olaraḳ {8} her ḥālde envā'-ı fevz ü ẓafer der-ḳafā idüği elṭāf-ı mā-lā-nihāye-i Cenāb-ı Perverdigār'dan me'mūl ü müsted'ā olub {9} müte'alliḳ olan irāde-i seniyye-i mülūkāne iḳtiżāsı üzere deryā ḳapūdānlığı bu def'a Anḳara ve Kenḳırī sancaḳlarına mutaṣarrıf olub {10} Bālyabādra'da olan sa'ādetlü Meḥmed Paşa'ya tevcīh ve Donanma-yı Hümāyūn ḳā'immaḳāmlığı Ḳapūdāna-i Hümāyūn Ḳapūdānı Muḫtār Beğ'e {11} iḥāle olunaraḳ ṣūret-i ḥāl Girīd üzerindeki donanma başbuğı Ḫalīl Beğ'e ve Mıṣır ve Ocaḳlar başbuğlarına {12} beyān-birle hemān muḳaddemki me'mūriyyetleri üzere Girīd'e çıḳaracaḳları 'asker ve ẕaḫīre ve mühimmātı iḫrāc {13} itdikleri gibi bir ān ḏurmayub ḏoğrı Donanma-yı Hümāyūn'a iltiḥāḳ itmeleri bābında me'mūrīn-i mūmā-ileyhimāya {14} ḫiṭāben ṣudūr iden emr-i 'ālī müte'alliḳ olan emr ü irāde-i seniyye mūcebince ṭaraf-ı sa'ādetlerinden münāsib müste'men sefīnesiyle mi olur, {15} ne vechile imkānı bulunur ise Girīd'de olan Donanma-yı Hümāyūn'a yetişdirilmek üzere ṣavb-ı müşīrānelerine gönderilmiş olmağla

{16} ber-mūceb-i irāde-i seniyye-i mülūkāne emr-i şerīf-i meẕkūruñ ne ṣūretle ve ne ṭarīḳle olur ise olsun Girīd'e {17} irişdirilmesi esbābınıñ istiḥṣāline himmet buyurmaları siyāḳında ḳā'ime. Fī 6 L 37

[576/13] *Ḳapūdān paşa Ḳā'immaḳāmı Ḳapūdāna Muḫtār Beğ'e*

{1} Bu def'a vāḳi' olan ḥādiṣe cihetiyle Ḳapūdān-ı Deryā 'Alī Paşa'nıñ vefātına binā'en deryā ḳapūdānlığı Bālyabādra'da olan {2} Anḳara ve Kenḳırī sancaḳları mutaṣarrıfı sābıḳ vezīr-i mükerrem sa'ādetlü Meḥmed Paşa ḥażretlerine tevcīh ü iḥsān-ı hümāyūn buyurulmuş {3} ve Donanma-yı Hümāyūn ile Bālyabādra'ya varub müşārun-ileyh Ḳapūdān paşa ḥażretlerini Donanma-yı Hümāyūn'a alınca ḳadar {4} deryā ḳapūdānlığı ḳā'immaḳāmlığı cenābıñızıñ 'uhdesine iḥāle ile lāzım gelan ḳā'immaḳāmlıḳ emr-i şerīfi ṭarafıñıza gönderilmiş {5} oldığından manṭūḳ-ı münīfi üzere icrā-yı me'mūriyyete i'tinā ve diḳḳat eyleyeceğiñiz ẓāhir olub ancaḳ el-ḥāletü-hāẕihī {6} Donanma-yı Hümāyūn'uñ ḳuvvetlendirilerek ḳalḳub Mora üzerine gitmeleri lāzımeden oldığından muḳaddemce techīz olunub {7} Aḳdeñiz boğazına gönderilan beş ḳıṭ'a süfün-i hümāyūn ile ṣālūpalardan faḳaṭ ṣālūpalar belki Aḳdeñiz'de istiḫdāma {8} elvirmamek mülāḥaẓasıyla anlar yine Boğaz içerüsünde ḳalmaḳ üzere mā'adā beş ḳıṭ'a süfün-i hümāyūnı berāber alub {9} getürmeñiz ve ba'dehū Sāḳız'a mürūr idecek 'asker bi-mennihī Ta'ālā bugünlerde geçdikden ṣoñra Girīd üzerinde olan {10} Donanma-yı Hümāyūn ṭaḳımı Girīd cezīresine çıḳaracaḳları 'asker ve ẕaḫīre ve mühimmātı bugünlerde çıḳarub 'avdet {11} itmeleri me'mūl oldığından anlar daḫi geldikde cümleñiz bi'l-ittiḥād cem'iyyet-i keṣīr ile Mora'ya girüb müşārun-ileyh Ḳapūdān paşayı {12} Bālyabādra'dan alub emr ü re'yi üzere 'amel ü ḥarekete ve icrā-yı me'mūriyyet ve ṣadāḳate müsāra'at eylemeñiz ḫuṣūṣuna irāde {13} seniyye-i şāhāne ta'alluḳ itmiş ve Boğaz'da olan mārrü'ẕ-ẕikr beş 'aded sefāyiniñ Donanma-yı Hümāyūn ma'iyyetine iltiḥāḳı-çün {14} başbuğı Ḫalīl Ḳapūdān'a ḫiṭāben iḳtiżā iden emri ıṣdār ve tesyār olunmuş ve Girīd üzerinde olan donanma başbuğı {15} Çeşmeli Ḫalīl Beğ'e ve sefāyin-i Mıṣriyye ve Ocaḳlar sefāyini başbuğlarına daḫi ṣūret-i ḥāl beyān olunaraḳ hemān {16} muḳaddemki me'mūriyyetleri üzere Girīd'e çıḳaracaḳları 'asker ve ẕaḫīre ve mühimmātı çıḳardıḳları gibi bir ān ḏurmayub {17} ḏoğrı Donanma-yı Hümāyūn ma'iyyetine iltiḥāḳ itmeleri tenbīhātını şāmil bir ḳıṭ'a fermān-ı 'ālī ıṣdār-birle Girīd'e gider {18} bir müste'men sefīnesiyle mi olur, ne vechile mümkin olur ise bir ān aḳdem maḥalline irişdirilmek üzere İzmīr Muḥāfızı {19} sa'ādetlü Ḥasan Paşa ḥażretleri ṭarafına tesyār ḳılınmış ve işbu emr-i 'ālīniñ bir nüsḫası daḫi ṭarafıñıza gönderilmiş olmağla {20} siz daḫi işbu emr-i 'ālīniñ Girīd'e irsāli çāresini ne vechile bulur iseñiz icrā ve isrā iderek ṭarafıñıza ve sā'ir Donanma-yı Hümāyūn {21} me'mūrlarına ḫiṭāben yazılan fermān-ı 'ālī muḳteżāsı üzere ḥareket ve muḳaddem müteveffā Ḳapūdān 'Alī

Paşa Aḳdeñiz boġazında {22} olan ẕaḫīre gemilerini almaḳ içün yelken üzerine ḳalḳub bir muvāfıḳ havāda Boġaz'a ḏoġrı gelmesi yazılmış oldıġından {23} siz ol irāde üzere Aḳdeñiz boġazında olan ẕaḫīre gemilerini almaḳ içün Bozcaaḏa ṣularına geldiğiñizde {24} Boġaz'da olan meẕkūr beş ḳıṭʿa sefāyini istiṣḥāb iderek tekrār Sāḳız ṣularına ʿavdet ve Sāḳız'a {25} mürūr idecek ʿaskeriñ ardı alınınca ḳadar Sāḳız ve Midillū ṣularında geşt ü güẕār ve ol vaḳte ḳadar Girīd {26} üzerinde olan Donanma-yı Hümāyūn'a daḫi gelürler ise fe-bihā; gelmedikleri ḥālde biraz daḫi anlara intiẓāren bu ṣularda {27} gezüb anlarıñ ḥīn-i ʿavdetlerinde bi'l-iltiḥāḳ cümleñiz ḏoġrı Mora üzerine ʿazīmet ve Bālyabādra'ya varub {28} müşārun-ileyh Ḳapūdān paşa ḥażretlerini alaraḳ emr ü re'yine mütābaʿat ve her ḥālde īfā-yı lāzıme-i me'mūriyyete diḳḳat {29} ve şu gāvurlardan aḫẕ-ı s̱āra iʿtinā ve mübāderet-birle ġayret ü ṣadāḳatiñizi icrāya müs̱āberet eylemeñiz içün ḳā'ime. Fī 7 L 37

[*576/15*] ***Ḳapūdāna beğe***

{1} İzbāndīd gāvurlarınıñ bu es̱nāda Donanma-yı Hümāyūn'a eyledikleri ḫıyānet ile Ḳapūdān ʿAlī Paşa'nıñ vefātı {2} ve cümle ḳapūdānlar ile bi'l-ittifāḳ Donanma-yı Hümāyūn'uñ muḥāfaẓasına kemāl-i iʿtinā ve diḳḳat olunmaḳda oldıġı ve ḥasbe'l-īcāb {3} Donanma-yı Hümāyūn ile Sāḳız pīşgāhından ḥareket ile Ayāzmend ṭaraflarına gelindiği ve bundan böyle müste'men {4} sefāyininiñ daḫi Donanma-yı Hümāyūn'a uġradılmaması iḳtiżā-yı vaḳt ü ḥālden oldıġı ve Donanma-yı Hümāyūn'a {5} bir-iki biñ nefer ʿasker lāzımeden ve ẕī-nüfūẕ ve muḳtedir bir ẕātıñ ḳapūdān-ı deryā naṣb ü taʿyīni {6} īcāb-ı ḥāl ü maṣlaḥatdan idüği ifādātıyla sā'ir ifādeyi şāmil maḥżar gūne vārid olan maʿrūżāt mezāyāsı {7} maʿlūmumuz olmuşdur. Müteveffā-yı müşārun-ileyh ʿAlī Paşa'nıñ vefātı ḫaberi muḳaddemce ṭarafıñızdan ve Sāḳız cānibinden {8} gelmiş ve müteveffā-yı müşārun-ileyhiñ vaḳt [ü] ḥāli ve gāvurlarıñ bi'l-ittifāḳ ümmet-i Muḥammed ʿaleyhine olan ihānetleri {9} derecesini düşünmeyerek bir gemide hemān bir pasāporṭa buldıġı gibi gāvurlardan emniyyet itmesi cihetiyle kendü nefsine {10} ʿā'id olmaḳ üzere ol vechile varṭaya giriftār oldıġı tebeyyün eylemiş oldıġından ġayrı fi'l-ḥaḳīḳa Sāḳız gibi {11} bir ḏar maḥalde timür üzerinde şöyle vaḳtde tevaḳḳuf ġayr-ı cā'iz oldıġından başḳa müste'men sefīneleriniñ {12} böyle vaḳt-i şūrişde Donanma-yı Hümāyūn semtine uġramaları yolsuz ve uyġunsuz bir keyfiyyet olmaḳ cihetiyle {13} ṭarafıñıza ve cümle Donanma-yı Hümāyūn me'mūrlarına bā-emr ü fermān-ı ḥażret-i pādişāhī yazılan dīger tenbīh-nāmemizde {14} baʿd-ez-īn Donanma-yı Hümāyūn semtine ecnebī ve müste'men sefāyini uġradılmaması te'kīd ve Aḳdeñiz boġazında {15} olan ḳūmānya gemileriyle beş ḳıṭʿa süfün-i hümāyūnı Bozcaaḏa pīşgāhına gelüb istiṣḥāb iderek {16} ʿavdet eylemeñiz veṣāyāsı daḫi başḳaca size olan kāġıdlarda derc ve beyān ḳılınmış oldıġından ol vechile {17} ʿamel ü ḥareket eylemeñiz iḳtiżā-yı maṣlaḥatdandır. Ḳaldı ki, Donanma-yı Hümāyūn'a bu ṭarafdan ʿasker tertīb ve irsāline ḥācet olmayub {18} başḳaca kāğıdlarda ṭarafıñıza yazıldığı vechile deryā ḳapūdānlığı vāḳiʿ olan işʿār ve iltimāsıñıza muvāfıḳ {19} olaraḳ ġayret ve cesāret ve seḫāvet ile şöhret-şiʿār olub Bālyabādra'da bulunan vezīr-i mükerrem {20} saʿādetlü Meḥmed Paşa ḥażretlerine tevcīh ü iḥsān buyurulmuş ve siziñ Boğaz'da olan beş ḳıṭʿa sefīne ile Girīd {21} üzerinden ʿavdet itmek üzere olan sefāyini bi'l-istiṣḥāb cemʿiyyetlü Donanma-yı Hümāyūn ile ḏoğrı Mora {22} üzerine gidüb Bālyabādra['ya] vararaḳ müşārun-ileyh Ḳapūdān Meḥmed Paşa ḥażretlerini donanmaya alaraḳ gāvurlardan {23} aḫẕ-ı intiḳām ve īfā-yı me'mūriyyete iḳdām eylemeñiz veṣāyāsı ṭarafıñıza tafṣīlen bildirilmiş oldığından ve müşārun-ileyh {24} Ḳapūdān paşa ḥażretleri maʿiyyetinde el-yevm işe yarar vāfir ʿasker oldığından başḳa ḥālā Rumili vālīsi serʿasker-i ẓafer-peyker {25} ʿaṭūfetlü Ḫūrşīd Aḥmed Paşa ḥażretleri Mora'ya işe yarar külliyyetlü ʿasker sevḳ ve imrār eylemek üzere idüğünden {26} bi-mennihī Taʿālā Donanma-yı Hümāyūn ile Bālyabādra'ya varub müşārun-ileyh Ḳapūdān paşa ḥażretleriyle mülāḳātıñızda işbu ʿasker {27} ḫuṣūṣunı ifāde ve istişāre iderek ne miḳdār ʿasker lāzım ise ol ṭarafdan maʿrifet-i müşārun-ileyhle istiṣḥāb olunmaḳ {28} lāzım geleceği maʿlūmuñuz olduḳda siz cümle ile bi'l-ittifāḳ ber-vech-i muḥarrer yazılan veṣāyā ve taʿlīmātıñ iḳtiżāsını {29} icrāya ve her ḥālde ġayret ü ṣadāḳatiñizi iṡbāt ile cümleñiz iki cihānda bādī-i fevz ü selāmet olur ḥālāt-ı {30} memdūḥanıñ ikmāline beẕl-i liyāḳat eylemeñiz içün ḳā'ime. Lede'l-vuṣūl ḫuṣūṣāt-ı merḳūmeyi mutażammın mu'aḫḫaren tevārüd iden {31} taḥrīrātıñızda Sāḳız'dan ḥareketiñizde ġomāna timürleri ḳaṭʿ olunmuş ve tīz elden çıḳarılamamış oldığından {32} ġomāna timürleri irsāl olunması ḫuṣūṣı daḫi muḥarrer ü meẕkūr olmaḳ mülābesesiyle līmān re'īsiyle bi'l-müẕākere mümkin mertebe {33} ġomāna timürleri irişdirilmesi ḫuṣūṣı Tersāne-i ʿĀmire emīni ʿizzetlü efendiye te'kīd olunmuş oldığından mümkin olan {34} ġomāna timürleriniñ irsāline iḳdām olunacağı ẓāhir ise de Sāḳız pīşgāhında bırağılan ġomāna timürleriniñ {35} daḫi çıḳarılması lāzımeden olaraḳ işbu timürleriñ iḫrācına iḳdām eylemesi Sāḳız Muḥāfıẓı ʿAbdī Paşa'ya {36} taḥrīr ve te'kīd olunmağla siz daḫi Boğaz'da olan sefāyini istiṣḥāb eyledikden ṣoñra Sāḳız ṣularına tekrār {37} ʿavdetiñizde bırağılan ġomāna timürleriniñ iḫrācına mümkin mertebe iḳdām ü ġayret eyleyesiz. Fī 7 L 37

[*576/16*] *Ḫūrşīd Paşa ḥażretlerine*

{1} Dīger ḳā'ime-i muḫliṣī müfādından maʿlūm-ı sāmīleri buyurılacağı vechile deryā ḳapūdānlığı Bālyabādra'da olan {2} saʿādetlü Meḥmed Paşa ḥażretlerine tevcīh olunmuş oldığından müşārun-ileyhiñ tevcīh emr-i şerīfinde keyfiyyetiñ ṣavb-ı ʿālīlerine {3} yazıldığı ḥikāyet olunaraḳ Donanma-yı Hümāyūn sefāyini ol ṣulara vardığı gibi bir daḳīḳa vaḳt geçürmeyerek {4} hemān rākib olub cenāb-ı sipehdārīleriyle bi'l-muḫābere Mora derūnuna idḫāl olunacaḳ me'mūrīn ve ʿasākiri {5} gerek Donanma-yı Hümāyūn sefīne ve filikaları ve gerek ol ṭarafda olan tüccār tekneleri imrār ve bir ṭarafdan daḫi {6} iḳtiżā-yı vaḳt ü ḥāle göre ḥarekete ibtidār ve Donanma-yı Hümāyūn'uñ Mora üzerinde ne vechile iʿmāli iḳtiżā ider ise {7} cenāb-ı ʿālīleriniñ tavṣiye ve taḥrīri vechile icrāsına bez̲l-i iḳtidār iderek cezīre-i merḳūmeyi baḥren daḫi gereği gibi {8} ḥaṣr ü tażyīḳe diḳḳat ve ibrāz-ı ṣavlet ü saṭvet ve ġayret eylemesi ve bu mādde bitmeksizin Mora ṣularından {9} ayrılmaması ve Mora'nıñ fetḥ ü tesḫīri müyesser olduḳdan ṣoñra ẕāt-ı sāmīleriyle ḫaberleşerek miḳdār-ı vāfī {10} ʿasker celb ve irkāb ile sā'ir ad̲alar maṣlaḥatına baḳması ve istīmān idenler ḥaḳlarında şerāyiṭ-i erbaʿa-ı maʿlūmeyi {11} icrā eylemesi taʿlīmātı iḳtiżāsı vechile derc ve tez̲kīr olunmuş ve işbu veṣāyā ṣavb-ı muḫliṣīden daḫi yazılmış {12} oldığından müşārun-ileyh iḳtiżāsını icrā ve cenāb-ı ʿālīleriyle muḫābereye iʿtinā eyleyeceği ẓāhir olub ancaḳ müşārun-ileyh {13} Ḳapūdān paşanıñ muḳaddemā me'mūriyyeti ne ṣūretle olub ne vechile Bālyabādra'da ḳalmış idüği maʿlūm-ı ʿālīleri {14} olan ḥālātdan ve bu defʿa ḳapūdānlığıñ ʿuhdesine iḥālesi cihetiyle Donanma-yı Hümāyūn ol ṭarafa vardıḳda {15} müşārun-ileyh gemiye girüb ber-vech-i meşrūḥ me'mūriyyetini icrāya baḳacağı vāżıḥātdan ve bu cihetle Aydın Mutaṣarrıfı {16} saʿādetlü Yūsuf Paşa ḥażretleriniñ kemā-kān Bālyabādra muḥāfaẓasına taḳayyüd eylemesi īcāb-ı maṣlaḥatdan olaraḳ {17} bu mādde daḫi müşārun-ileyhimā Ḳapūdān paşa ve Yūsuf Paşa'ya ṣavb-ı muḫliṣīden yazılmış ve işbu taḥrīrātlar ṭaḳımıyla ṭaraf-ı sāmīlerine {18} gönderilmiş oldığından ẕāt-ı ʿālīleri daḫi iḳtiżāsı vechile keyfiyyet ve veṣāyā-yı muḳteżiyeyi ṭaraf-ı sāmīlerinden {19} müşārun-ileyhimāya taḥrīr ve ve müşārun-ileyh Yūsuf Paşa ne vechile iʿānet olunmaḳ īcāb ider ise bi'l-icrā taḥrīrāt-ı mez̲kūreyi {20} müşārun-ileyhimāya tesyīr buyuraraḳ şu Mora ġā'ilesiniñ bir ān aḳdem ḫitāmını iḳtiżā iden ḥālāt-ı müstaḥseneniñ {21} īfāsına bez̲l-i himmet buyurmaları muḥavvel-i ʿuhde-i diyānetleri idüği beyānıyla ḳā'ime. Fī 7 L 37

[*576/20*] *Ḫūrşīd Paşa ḥażretlerine*

{1} Geġalıḳ paşalarınıñ maʿiyyet-i sipeh-sālārīlerine me'mūriyyetleri irādesinde her birine ṭaraf-ı s̲enāverīden yazılan {2} taḥrīrātda ẕāt-ı ʿālīleri ne vechile ṭaleb buyururlar ise ol anda ḳalḳub emr ü irādeleri vechile ḥareket {3} eylemeleri ve her ne vaḳt maḥall-i me'mūrlarına varırlar ise aṭiyye-i seniyye daḫi gönderileceği ḫuṣūṣı beyān ve temhīd ḳılınmış idi. {4} El-ḥāletü-hāz̲ihī ṣavb-ı ʿālīlerinden tevārüd iden taḥrīrātda Geġa mīr-i mīrānlarınıñ iḫrācları iʿlāmları gelmiş ise de imtināʿ {5} ṣūretinde olduḳları mükātebeten beyān ü işʿār buyurulmuş olub bunlarıñ me'mūriyyetleri cenāb-ı sāmīleriniñ {6} ṭaleb buyurduḳları ānda bilā-ifāte-i vaḳt ḳalḳub emr ü irādeleri vechile ḥareket oldığından ve ẕāt-ı ʿālīleri daḫi {7} tekrār bu ṭarafdan te'kīd ve taʿcīl olunmaları ṣūretinde bir şey īmā buyurmamış olduḳlarından keyfiyyetiñ ṭaraf-ı vālālarından {8} istişʿārı lāzım gelmekle bu Geġalıḳ paşalarınıñ bu vechile baṭīʾāne ḥareketleri cihetiyle bu ṭarafdan teʾkīd ve taʿcīl olunmaḳ {9} iḳtiżā ider mi, yoḫsa işʿār-ı sāmīleri vechile ẕāt-ı sāmīleri celb buyurarak bu ṭarafdan bir şey dinilmek iḳtiżā itmez mi, {10} bu bābda īcāb her ne ise iḳtiżāsına baḳılmaḳ üzere keyfiyyetiñ işʿārına himmet buyurmaları siyāḳında ḳāʾime. Fī 7 L 37

[576/21] *Sāḳız'a meʾmūr Ḳapucıbaşı İlyāszāde'ye*

{1} Muḳteżā-yı meʾmūriyyetiñ üzere Sāḳız'da lāzım gelan maḥalleriñ muḥāfaẓasıyla iṡbāt-ı ṣadāḳat itmekde iseñ de {2} mevcūd-ı maʿiyyetiñ olan ʿaskeri tecdīd ve tanẓīm ve mālzeme-i sāʾireñi tetmīm itmek üzere bir müddetçik {3} ʿavdetiñe ruḫṣat istidʿāsını şāmil tevārüd iden ʿarīżañ manẓūr ü mezāyāsı maʿlūmumuz olmuşdur. Sen {4} erbāb-ı ṣadāḳat ü ġayretden olaraḳ meʾmūr oldıġıñ ḫuṣūṣātda ibrāz-ı istiḳāmet eyleyeceğiñ derkār ise de {5} Rum gāvurlarınıñ mürtekib olduḳları ʿiṣyān ü şeḳāvetde ıṣrārları cihetiyle meʾmūrlarıñ olduḳları {6} maḥallerden ʿavdetleri ġayr-ı mücāz oldıġından başḳa maʿlūmuñ oldıġı vechile bu eṡnāda Donanma-yı Hümāyūn'a (11) ne vechile ihānet iderek Ḳapūdān ʿAlī Paşa vefātı vuḳūʿa gelmiş ve işbu ḥādiṡeden ṣoñra Sāḳız'da olan {2} bī-cürm reʿāyāyı daḫi mevcūd olan ʿasker ḫilāf-ı şerʿ ve rıżā ḳatl ü iʿdām itmiş oldıġından tīz elden {3} tedābīr-i muḳteżiyeniñ icrāsı lāzım gelerek deryā ḳapūdānlıġı Bālyabādra'da olan vezīr-i mükerrem saʿādetlü Meḥmed Paşa {4} ḥażretlerine tevcīh ile Sāḳız'a müretteb ʿaskeriñ imrārından ṣoñra Donanma-yı Hümāyūn ve Girīd üzerinde ve Baḥr-i Sefīd boġazında {5} olan sefāyini bi'l-istiṣḥāb Mora'ya gitmek üzere Ḳapūdān paşa ḳāʾimmaḳāmlıġı Ḳapūdāna-i Hümāyūn Ḳapūdānı {6} Muḫtār Beğ'e iḥāle olunmuş oldıġına bināʾen bu eṡnāda seniñ Sāḳız'dan infikākiñ cāʾiz olmadıġı miṡillü tecdīd-i ʿasker {7} ve tetmīm-i mālzeme berü ṭarafda olan adamlarına ṭarafıñdan işʿār ile daḫi olacaḳ şey olmaġla sen muḳteżā-yı {8} meʾmūriyyetiñ üzere kemā-kān Sāḳız'da iḳāmet ve żabṭ ü rabṭ-ı ʿasker ile ḫilāf-ı şerʿ ve rıżā kendü ḥāliyle olan {9} reʿāyāya bir gūne daḫl ü taʿarruż vuḳūʿa gelmamesi emr-i ehemmine diḳḳat eylemañ içün ḳāʾime. Fī 7 L 37

[576/26] *Ḳuşaḏası muḥāfıẓına*

{1} Söke ḳurāsından Sīsām aḏasına firār iden kefereniñ fürūḫt olunan emvāl ü emlāk ve ḥayvānātlarınıñ eṡmānı {2} iki yük ḳırḳ bir biñ yedi yüz ḳırḳ üç ġurūşa resīde olaraḳ üç taḳsīṭ ile edā olunmaḳ üzere taḳsīṭ-i evveli olaraḳ {3} seksan biñ beş yüz seksan bir ġurūşı bu defʿa Dersaʿādet'e gönderilmiş ve taḳsīṭ-i ṡānī ve ṡāliṡi olan meblaġ {4} işbu sene-i mübāreke Şaʿbān-ı Şerīf'iniñ on ḏoḳuzuncı gününden iʿtibāren birer māh mürūrunda edā olunacaġı bā-taḥrīrāt {5} ve iʿlām inhā olunmuş olub meblaġ-ı mezbūruñ taḳsīṭ-i evveli olarak̤ vürūd iden meblaġ-ı mezbūruñ k̤ırk̤ biñ {6} beş yüz seksan bir ġurūşı sābık̤an Ḫumbaraḫāne-i ʿĀmire Nāẓırı Ḥüseyin Beğ'iñ cānib-i mīrīde olan maṭlūbuna maḥsūben {7} mīr-i mūmā-ileyhe ve girü k̤alan k̤ırk̤ biñ ġurūşı ḥālā Anāpa Muḥāfıẓı saʿādetlü Aḥmed Paşa maʿāşından ḏolayı {8} virilecek yüz biñ ġurūşa maḥsūben iʿṭā ve tak̤sīṭ-i s̱ānī ak̤çesinden daḫi altmış biñ ġurūşı müşārun-ileyhiñ {9} maʿāş-ı mez̠kūreden k̤uṣūr maṭlūbuna ve tak̤sīṭ-i s̱ānī k̤uṣūruyla s̱ālis̱ ak̤çesinden elli dört biñ şu k̤adar ġurūşı {10} mīr-i mūmā-ileyhiñ k̤uṣūr maṭlūbuna ve māʿadāsı ricāl-i Devlet-i ʿAliyye'den ḥālā Ṭopḫāne-i ʿĀmire Nāẓırı Aḥmed Aġa'nıñ {11} cānib-i mīrīde olan maṭlūbuna maḥsūben tertīb ve taḫṣīṣ olunarak̤ tanẓīm olunmuş ve ol bābda cenāb-ı müşīrīlerine ve K̤uşaḏası {12} nā'ibine ḫiṭāben bir k̤ıṭʿa emr-i ʿālī ıṣdār ve tesyār k̤ılınmış olmaġla emr-i şerīf-i mez̠kūrda beyān olundıġı üzere ġayr-ez-peşīn {13} k̤uṣūr vak̤ti geçmiş olan tak̤sīṭ-i s̱ānī ak̤çesinden Anāpa muḥāfıẓı müşārun-ileyhiñ maʿāşına maḥsūben taḫṣīṣ olunan {14} altmış biñ ġurūşı evvel-be-evvel taḥṣīl ve irsāle ve tak̤sīṭ-i s̱ānī k̤uṣūruyla tak̤sīṭ-i s̱ālis̱ ak̤çelerini nāẓır-ı mūmā-ileyh ile {15} mīr-i mūmā-ileyhe taḫṣīṣ olunmuş olan mebāliġ-i maʿlūmeyi daḫi vak̤t geçürmeyerek hemān isbāle himmet buyurmaları siyāk̤ında k̤ā'ime. Fī 8 L 37

[576/29] *Sāk̤ız Muḥāfıẓı ʿAbdī Paşa'ya*

{1} Sāk̤ız cezīresi reʿāyāsından üç-dört biñ k̤adar reʿāyāyı Frānsa ve Nemçe ve İngiltere k̤onsolosları {2} istiṣḥāb iderek sefīnelere vażʿ ve istedikleri maḥallere imrār dāʿiyesinde olduk̤larından bu keyfiyyetiñ {3} menʿine teşebbüs̱ olunmuş ise de k̤onsolos-ı mersūmlar ıṣrār ṣūretinde olacak̤ları beyānıyla ḫuṣūṣ-ı mezbūruñ {4} bir niẓām taḥtına idḫāli ifādesini şāmil irsāl olunan taḥrīrātıñız vāṣıl ve mezāyāsına ıṭṭılāʿımız ḥāṣıl olub {5} reʿāyā-yı Devlet-i ʿAliyye'den olarak̤ devlet-i ecnebiyyeye ilticā ile pātenta ve pasāporta kāġıdı alanlarıñ derḥāl {6} yedlerinde olan pātenta kāġıdlarını alub ḥükm-i raʿiyyete tenzīlleriyle ḥaklarında īcāb iden mücāzātıñ icrāsı {7} muk̤teżā-yı vak̤t ü ḥālden olarak̤ bu defʿa ik̤tiżāsı vechile ṭarafıñıza ve sā'ire ḫiṭāben bir k̤ıṭʿa emr-i ʿālī {8} ıṣdār ve tesyār olunmuş olmaġla infāẕ ü icrāsıyla baʿd-ez-īn o mak̤ūle ḥālāt vuk̤ūʿa gelmamesi esbābınıñ {9} istiḥṣāline mübāderet ü dik̤k̤at eylemeñiz içün k̤ā'ime. Fī 10 L 37

[576/30] *İzmīr Muḥāfıẓı Ḥasan Paşa'ya*

{1} İzmīr'de olan reʿāyā-yı Devlet-i ʿAliyye'niñ firār ve sā'ir vechile ḥareketleri vuk̤ūʿa gelmamesi esbāb-ı muk̤teżiyesiniñ {2} ikmāline ṣavb-ı saʿādetlerinden iʿtinā olunmak̤da oldıġından reʿāyā-yı mesfūre İzmīr'de muk̤īm düvel-i ecnebiyye k̤onsoloslarından {3} pātenta ve pasāporta kāġıdı aḫẕıyla ḥimāyelerine iltica ve tebdīl-i cāme ve hey'et ve mālik olduk̤ları menzil ve dükkān {4} ve maġāzalarını ve sā'ir māllarını Efrenc ṭā'ifesine beyʿ ve ferāġat ile müste'men sefāyiniyle diledikleri maḥalle {5} firāra mübāderet eyledikleri ecilden bu keyfiyyet İzmīr'de olan düvel-i ecnebiyye ḳonsoloslarına lāyıḳıyla ifāde olunmuş {6} ve anlar daḫi ḫilāf-ı müsālemet keyfiyyātı ḳabūl itmeyeceklerinden ṭaraf-ı müşīrīlerinden yoḳlamacı ta'yīniyle sefīneleri {7} taḥarrī olunmasını īrād itmişler ise daḫi mu'aḫḫaren gelüb giden beğlik sefīnelerini taḥarrīde irā'e-i rū-yı mümāna'at {8} itmekde olduḳları ve ma'lūmü'l-esāmī çend nefer ḳocabaşıları bir taḳrīb ḫafīce beğlik gemilerine aldıḳları {9} ve bu keyfiyyet ekserī Frānsa ḳonsolosı ma'rifetiyle vuḳū' bulmaḳda idüği beyānıyla bu māddeniñ vaḳtiyle çāresine {10} baḳılması ḫuṣūṣunı şāmil tevārüd iden taḥrīrāt-ı müşīrīleri me'āl ü mezāyāsı ma'lūm-ı muḫlişī olmuşdur. Re'āyā-yı {11} Devlet-i 'Aliyye'niñ düvel-i Naṣārā me'mūrlarına iltica ve iḥtimā ve ḳonsolosluḳ ve ḳonsolos vekāleti iddi'ā itmeleri {12} ve ḳabūl ve ṣaḥābet iden düvel-i ecnebiyye me'mūrları ṭaraflarından pātenta ve pasāporta kāğıdı virilmesi ve müste'men {13} ṭā'ifesiniñ re'āyā ḳızı tezevvüc ve kendü nefsleri ve gerek manāstır ve kenīsāları-çün memālik-i Salṭanat-ı Seniyye'den daḫi {14} emlāk ü arāżī taṣarruf eylemeleri öteden berü 'ahden ve şarṭan memnū' oldığından bu ḫuṣūṣlara ḳaṭ'an mesāğ {15} olmadığından bu maḳūle düvel-i ecnebiyye ṭarafına iltica iderek pātenta ve pasāporta kāğıdı aḫẕına ictisār iden {16} re'āyā-yı Devlet-i ['Aliyye] bi't-taḥḳīḳ derḥāl yedlerinde olan pātenta ve pasāporta kāğıdları nez' olunaraḳ {17} kendüleri te'dīb olunması lāzım geleceği ve müste'men ṭā'ifesine emlāk ü arāżī fürūḫt idenleriñ yedlerinde olan {18} senedāta i'tibār olunmayaraḳ re'āyādan ṭāliblerine değer bahāsıyla ṣatdırılması iḳtiżā ideceği ẓāhir oldığından {19} bu def'a iḳtiżāsına göre bu mādde żımnında ṭaraf-ı sa'ādetlerine ve İzmīr nā'ibi efendiye ḫiṭāben bir ḳıṭ'a emr-i 'ālī ıṣdār {20} ve tesyār olunmuş ve bu ṭarafda bu maḳūle 'ahd ü şürūṭa münāfī ḥālātdan me'mūrlarınıñ men' eylemeleri 'izzetlü Re'īsü'l-küttāb {21} efendi ṭarafından düvel-i ecnebiyye ilçilerine beyān ü ifāde olunmuş oldığından cānib-i müşīrīleri emr-i şerīf-i meẕkūr {22} manṭūḳ-ı münīfiniñ icrāsıyla ba'd-ez-īn re'āyā-yı Devlet-i 'Aliyye'niñ pātenta ve pasāporta aḫẕı ve emlāk {23} ü arāżī fürūḫtı ve firārları misillü ḥālāt vuḳū'a gelmamesi emr-i ehemmine beğāyet i'tinā ve diḳḳat buyurmaları {24} dirāyet-i ẕātiyyelerine muḥavveldir. Ḳaldı ki, re'āyā-yı Devlet-i 'Aliyye'niñ taḥaddüs iden fesād cihetiyle ba'd-ez-īn firārları {25} vuḳū'a gelmamek żımnında yoḳlama māddesi muḳaddemce tanẓīm olunmuş ise de işbu yoḳlama māddesi ancaḳ müste'men tüccār {26} sefāyini ḥaḳḳında cārī olub, yoḫsa o misillü beğlik cenk sefīnesiniñ yoḳlanmaları mu'tād olmadığından başḳa {27} düvel-i ecnebiyyeniñ beğlik sefīnesi yoḳlaması şöyle ḍursun, bu beğlik cenk sefīneleri sevāḥile bile {28} yaḳlaşdırılmaları cā'iz olmayub memnū' olan ḥālātdan ve pātenta ve pasāporta kāğıdı i'ṭāsıyla firār-ı re'āyā misillü {29} ḥālāta ibtidār iden Frānsa ḳonsolosı oldığı taḥrīrāt-ı vāridelerinde beyān olunaraḳ ol serrişte ile {30} firār-ı re'āyā ḫuṣūṣı vuḳūʿa gelmiş oldıġı çend neferiñ esāmīsi taṣrīḥiyle işhād ve taṣdīḳ-i müddeʿā ṣūreti {31} gösterilmiş ise de bu keyfiyyet yalñız Frānsalu ṭarafından olmayub sāʾir düvel ḳonsoloslarınıñ daḫi {32} ictirā idecekleri ḥālātdan ise de bu ṭarafda İngiltere ve Nemçe ilçileri bu bābda kendülere taṣdīḳ-i müddeʿā (14) olacaḳ nesne işʿār olunmadığından bu ḫuṣūṣdan tebriʾe-i ẕimmet göstermişler ise de anlara daḫi bu maḳūle naṣṣ-ı ʿahde {2} mübāyin ḥālāt vuḳūʿa gelmamesi meʾmūrlarına tenbīh itmeleri ifāde olunmuş oldığından cenāb-ı müşīrīleri ber-vech-i meşrūḥ {3} hiçbir ṭarafdan reʿāyā-yı Devlet-i ʿAliyye'niñ pātenta ve pasāporta aḫẕı ve emlāk ü arāżī fürūḫtı ve firār miṡillü {4} ḥālāt vuḳūʿa gelmamesine lāyıḳıyla ḥakīmāne ve nāzikāne ihtimām buyurmaları lāzım geleceği vāżıḥātdan {5} olmağla muḳteżā-yı dirāyetleri üzere bu ḫuṣūṣlara diḳḳat ve düvel-i ecnebiyye beğlik gemisi yoḳlanması uyamayacağından ġayrı {6} o maḳūle cenk sefīnesiniñ sāḥile bile yaḳlaşamamaları esbāb-ı lāzımesini istiḥṣāle himmet buyurmaları siyāḳında ḳāʾime. Fī 10 L 37

[*576/31*] ***İzmīr muḥāfıẓı Ḥasan Paşa'ya***
{1} Bā-ḫaṭṭ-ı hümāyūn-ı şevket-maḳrūn-ı şāhāne Ḍarbḫāne-i ʿĀmire'den żabṭ ü idāre olunan muḳāṭaʿātdan İstendīl ve Şīre {2} cezīreleri Lātīn reʿāyāları bundan aḳdem birbirlerine kefīl olaraḳ Dersaʿādet'de ḳıbel-i şerʿ-i enverden ism ü eşkālleri {3} beyān olunaraḳ bā-teẕkire İzmīr ve bilād-ı sāʾireye mürūrlarına ruḫṣat virilmiş iken reʿā[yā]-yı mesfūreniñ İzmīr'den {4} Dersaʿādet'e ve bilād-ı sāʾireye ʿazīmetleri-çün ḥükkām ṭarafından iẕn ü ruḫṣatı ḥāvī teẕkire virilmekde mümānaʿat {5} olundığı beyānıyla ḥasbe'l-iḳtiżā Dersaʿādet'e ve bilād-ı sāʾire[ye] ʿazīmetleri lāzım geldikde muʿtemed kefīller aḫẕ olunmaḳ şarṭıyla {6} teẕkireleri virilerek mürūr ü ʿubūrlarına muḫālefet olunmamasını bu defʿa reʿāyā-yı mersūme bā-ʿarżuḥāl inhā ve istirḥām idüb {7} maʿlūm-ı düstūrīleri oldığı üzere gerek ehl-i İslām ve gerek milel-i ṡelāṡeden şaḫṣ-ı vāḥidiñ bilā-teẕkire {8} ne Āsitāne-i ʿAliyye'den ṭaşraya ve ne ṭaşradan Dersaʿādet'e gelüb gidemamesi ḫuṣūṣunuñ taḥt-ı rābıṭa ve niẓāma idḫāliyle {9} o maḳūle İstānbūl'dan gidecek olanlara İstānbūl ḳāḍīsı bulunan ṭarafından ve ṭaşradan geleceklere maḥalleriniñ {10} ḥükkāmı cānibinden her biriniñ esāmī ve eşkāl ve vilāyetleri ve maṣlaḥat ve sebeb-i ʿazīmetleri beyān olunaraḳ mühürlü {11} iẕn teẕkireleri virilmek ve teẕkiresiz hiç ferd ṣalıvirilmamek içün her ṭarafa evāmir-i ʿaliyye neşr olunmuş ve muʾaḫḫaren {12} birḳaç defʿa daḫi teʾkīd ḳılınmış oldığından bunlarıñ daḫi kefīlleri alınaraḳ mürūrlarına ruḫṣatı ḥāvī iẕn {13} teẕkiresi virilmek üzere her ne ḳadar emr-i ʿālī iʿṭāsı ṣūreti yeñiden īcāb itmeyüb bunlarıñ bu vechile istidʿāya {14} teşebbüṡleri ol ṭarafda Lātīn meẕhebinde olan reʿāyānıñ mürūr ü ʿubūrlarında kefīlleri alınaraḳ ḥükkām ṭarafından {15} teẕkire virilmiyor mı ve fi'l-ḥaḳīḳa reʿāyā-yı mersūmeye ber-mūceb-i niẓām teẕkire virilmekde muḫālefet olundığı {16} vāḳiʿ midir,

yoḫsa tezkire virilmamesi bir sebeb ü ḥikmete mi mebnīdir, ne vechile ise keyfiyyeti taḥarrī ve taḥḳīḳ ve işʿāra {17} himmet buyurmaları siyāḳında ḳāʾime. Fī 10 L 37

[576/32] *Selānīk mutaṣarrıfına*
{1} Atina ḳalʿası ʿuṣāt-ı eşḳıyādan maḥṣūr olaraḳ Ḳızılḥiṣār ṭarafında ẕaḫīreniñ ḳılleti cihetiyle tīz elden biñ {2} beş yüz keyl ẕaḫīreniñ irsāli esbābınıñ istiḥṣāli żımnında gönderilan emr-i ʿālī ve ol bābda yazılan {3} taḥrīrāt-ı muḫlişīniñ vuṣūli ve işbu ẕaḫīre ile ʿaṭūfetlü Serʿasker Ḫūrşīd Aḥmed Paşa ḥażretleriniñ işʿārları {4} vechile tedārük buyurduḳları daḳīḳ ve beksimādıñ irsāli müsteʾmen sefīnesine mütevaḳḳıf oldığından ve Selānīk'de {5} muḳīm İngiltere ve Nemçe ve Frānsa ḳonsoloslarıyla ledeʾl-müẕākere şiğorṭa māddesini bu ṭarafda olan ilçileri {6} maʿrifetiyle tanẓīme taʿlīḳ eyledikleri beyānıyla bu ṭarafda iḳtiżāsı icrā olunmasını mutażammın olan taḥrīrāt-ı müşīrīleri {7} mezāyāsı maʿlūm-ı ḫāliṣānemiz olmuşdur. Ḥasbeʾl-vaḳt gönderilecek ẕaḫāyiriñ irsāli fīʾl-ḥaḳīḳa müsteʾmen sefāyinine {8} muḥtāc ise de Frānsa müsteʾmen sefīneleri ḥaḳḳında emniyyet ġayr-ı cāʾiz ve bu defʿa Donanma-yı Hümāyūn'da vāḳiʿ {9} olan ḥādiṡe cihetiyle Nemçelü tüccār tekneleri ḥaḳḳında daḫi emniyyet meslūb olaraḳ gönderilecek ẕaḫāyiriñ {10} beher-ḥāl İngilterelü sefīneleriyle irsāli īcāb ideceğinden ve bu ṭarafdan gönderilan ẕaḫāyir daḫi İngiltere devleti {11} tüccār tekneleriyle gönderilmekde oldığından keyfiyyet iḳtiżāsı vechile Dersaʿādet'de muḳīm İngiltere ilçisine ʿizzetlü {12} Reʾīsüʾl-küttāb efendi ṭarafından ifāde olunaraḳ şiğorṭaları tanẓīm olunaraḳ iki ṭarafa gidecek {13} ẕaḫīre içün daḫi Selānīk'de olan ḳonsoloslarına bir ḳıṭʿa mektūb alınmış ve mektūb-ı meẕkūr işbu {14} nemīḳamıza leffen ṣavb-ı saʿādetlerine gönderilmiş olmağla Nemçe ve Frānsa tekneleri tedārükünden ṣarf-ı naẓar ile ẕikr olunan {15} mektūbı Selānīk'de olan İngiltere ḳonsolosuna iʿṭā iderek gönderilecek ẕaḫīreyi İngiltere {16} tüccār tekneleriyle irsāle ve şiğorṭa māddesini ḳonsolos-ı mersūm ile tanẓīme himmet buyurmaları siyāḳında ḳāʾime. Fī 11 L 37

[576/36] *Ḳapūdāna beğe*
{1} Paṭrona-i Hümāyūn ḳapūdānı ve sāʾir Donanma-yı Hümāyūn ḳapūdānları ile biʾl-iştirāk irsāl olunan bend bend maʿrūżātıñız {2} meʾāli maʿlūmumuz oldu. Donanma-yı Hümāyūn'da olan ʿaskere fütūr gelüb bir-iki biñ cedīd ʿaskere ve eski ʿaskeri {3} nefeslendirmeğe muḥtāc oldığı ve ġomāna timürleri ḳaṭʿ olmuş oldığından bu ṭarafdan ġomāna timürleri {4} gönderilmesi ve ḳūmānya ḫuṣūṣlarını yazmışsıñız. Donanma-yı Hümāyūn Dersaʿādet'den çıḳalı henüz pek az vaḳt {5} olub bu ṭarafdan ḥīn-i iḫrācıñızda kāffe-i sefāyiniñ neferāt ve ʿaskerleri bāliğan-mā-belağ ḳonulmuş ve yedi aylıḳ {6} ḳūmānyaları tekmīlen virilmiş ve Dersaʿādet'den ḳalḳub Sāḳız pīşgāhına ʿazīmet ve iḳāmetden başḳa

henüz bir işde {7} bulunulmayub küffār tekneleriyle bir gūne muḥārebe daḫi vāḳiʿ olmamış iken çārçābuk "Askere fütūr geldi ve nefeslendirmeğe {8} muḥtāc oldı ve ḳūmānya tükenmeğe başladı" gibi şeyler yazmañız neden iḳtiżā ideyor? Devlet-i ʿAliyye iki senedir {9} Donanma-yı Hümāyūn'a bu ḳadar biñ kīse ṣarfıyla ve hezār külfet ve iḳdām ile tedārük ve iḫrāc eylediği ḳalʿa mānendi {10} sefāyin-i hümāyūn ile dīn düşmeni olan kefere-i menḥūseniñ Sāḳız çırnığı gibi ḳayıḳlardan ḳorḳub Boġaz'a {11} ḳaçmaḳ istediğiñiz añlaşılıyor. Ḥattā giçen sene müteveffā Ḳapūdān paşa ile berāber cümleñiz yine bu uṣūli ṭutub {12} Mora üzerinde bir aḳçelik ḫidmet göstermeksizin ve Ḥażret-i Ḥaḳḳ'dan ve şevketlü pādişāhımızdan ḥicāb itmeksizin {13} bilā-mūcib ḳalḳub geldiñiz ve Ṭrābolīçe'niñ ve sā'ir maḥalleriñ küffār eline geçerek bu ḳadar ümmet-i Muḥammed'den olan **(16)** ẕükūr ve nisvān ve ṣıbyānıñ küffāra esīr olub ayaḳlar altında pāymāl olmasına sebeb-i müstaḳil sizler oldıñız. {2} Şimdi daḫi giçen sene gibi şöyle böyle diyerek bir bahāne ile ayaḳ sürimek ve vaḳt geçürmek {3} isteyorsuñuz. Buña cebānlıḳ ve bayağı dīn ü devlete ihānetden başḳa bir şey dinilmez. Siz cümleñiz {4} ehl-i īmāndan ve pādişāh etmeğiyle perverde olmuş bendegāndan iken bu mesleğe sülūkuñuz ḍoğrısı tecvīz olunmaz {5} ve ṣoñı güzel gelmez. Bir de müteveffā ḳapūdān ʿAlī Paşa'yı şöyle böyle kār-güẕār adam idi, deyu yazayorsuñuz. {6} Lillāhi'l-ḥamd sizler daḫi fenn-i deryāya vāḳıf ve umūr-āşinā geçinürsüñüz. Lākin hiçbiriñiz umūr-ı baḥrden {7} ḫaberiñiz yoḳ gibi ḍavranayorsuz. Zīr[ā] Sāḳız gibi bir ḍar maḥalde yiğirmiden mütecāviz gemi timür üzerinde {8} ḳaravulsuz ve ḳılaġuzsuz ġāfilāne yatub bu ḳażāyı bayağı kendü kendüñüze celb itmek mütefennin-i deryā {9} ve umūr-āşinā olmaḳlığa uyar mı? Donanma her ne maḥalde bulunur ise bulunsun, yatdığı yere velev ṣaḥīḥ dost {10} gemisi olsa bile uğradılur mı? Burada aḫşamdan ṣoñra Tersāne öñünden bir piyāde bile geçürtülmez iken {11} aṣl fesādlı maḥalde gāvur gemisini donanma içinden geçürmek naṣıl olur? Ve el-ḥāletü-hāẕihī Tersāne-i ʿĀmire'de {12} ġomāna timürleriniñ fıḳdānı cümleñiziñ maʿlūmı iken orada burada ednā sebeb ile ġomānalarıñızı {13} bıraḳmañız ve ṣoñra buradan peyderpey ġomāna ve şunı bunı istemeñiz başa çıḳar mı? Ḥāṣılı isrāfāt ve telefātdan başḳa {14} eliñizden bir şey gelmez gibi olayor. Buña Ḥażret-i Allāh'ıñ ve şevket-me'āb efendimiziñ rıżāsı yoḳdur. Sizler daḫi {15} güzelce mülāḥaẓa idüb ve ġayretiñiz muḳteżāsını ve ocağıñızıñ nāmūsunı yerine getürmeğe çalışub bundan böyle {16} dīn ü devlet ġayretini ve pādişāh-ı ʿālem-penāh efendimiziñ ḳulluğunı icrā ve yidiğiñiz etmeğiñ ḥaḳḳ-ı şükrini īfāya baḳub {17} cümleñiz bi'l-ittiḥād meslek-i ġayret ü ḥamiyyeti iltizām ve muḳaddemce ṭarafıñıza taḥrīr ü tenbīh oldığı vechile bi-mennihī Taʿālā {18} bugünlerde Boġaz'da olan süfün-i hümāyūnı ve ẕaḫīre gemilerini alub Sāḳız'a geçecek ʿasker geçüb Girīd üzerinde {19} olan Donanma-yı Hümāyūn daḫi vürūd-birle iltiḥāḳıñızda zinhār şurada burada beyhūde eğlenmeyerek ve bundan böyle {20} ecnebī sefāyiniñ hiçbirine iʿtimād itmeyerek ve ṣaḥīḥ dost gemisi olsa bile zinhār donanmaya yaḳın getürmeyerek {21} ve vaḳt geçürmeyerek hemān cümleñiz birden ḳalḳub ḏoğrı Mora üzerine ʿazīmet ve Bālyabādra'ya {22} varub saʿādetlü Ḳapūdān paşa ḥażretlerini donanmaya aḫẕ iderek baʿdehū müşārun-ileyhiñ emr ü re'yiyle ḥarekete diḳḳat {23} ve bu vechile ġayret ü ṣadāḳat mesleğine sülūk ile rıżā-yı selāmet-iḳtiżā-yı ḥażret-i pādişāhīye muvāfıḳ {24} ḫidemāt-ı ḥasene ibrāzına saʿy ü iḳdām eylediğiñizde her biriñiz nā'il-i mükāfāt olacağıñız bī-iştibāh oldığı mis̱illü {25} maʿāẕallāhü Taʿālā ḫilāfı vuḳūʿunda ṣoñundan ḳorḳmaḳ cümleñize lāzım geleceğinden aña göre nāmūs-ı ocağıñızı {26} ve ġayretiñizi yerine getürerek vaḳt geçmeksizin iş görmeğe ve tekmīl-i me'mūriyyet ile nām almağa müsāraʿat eylemeñiz siyāḳında {27} cümleñize tenbīhen ve iḳdāmen maḫṣūṣ işbu ḳā'ime. Lede'l-vuṣūl istediğiñiz ġomāna ve sā'ireden kebīr ve ṣaġīr {28} on bir ʿaded lenger ve on bir ʿaded ġomāna ve on iki ʿaded çubuḳ ve seren ve on altı ʿaded bādbān ve ālāt-ı lāzıme {29} ʿizzetlü Tersāne-i ʿĀmire emīni maʿrifetiyle tanẓīm ve münāsib sefīneye taḥmīl olunaraḳ Aḳdeñiz boğazına gönderilmiş oldığından {30} boğaz-ı meẕkūrda olan beş ḳıṭʿa süfün-i hümāyūn ile ẕaḫīre teknelerini almağa Bozcaaḏa ṣularına geldiğiñizde {31} ẕikr olunan ġomāna ve eşyā-yı sā'ireyi daḫi alub icrā-yı me'mūriyyete müsāraʿat eyleyesiz. Fī 15 L 37

[576/38] ***İbrāhīm Paşa ḥażretlerine, Bosṭāncıbaşıya, İstānbūl ve Bilād-ı S̱elās̱e ḳāḍīlarına ve Gümrük emīnine***

{1} İḳtiżā-yı şerʿ-i şerīf üzere kefere-i ehl-i ḥarbiñ es̱nā-yı mübārezede seby ü istirḳāḳ olunan ʿiyāl ü evlādları {2} emvāl-ı ġanāyimden olub beyʿ ü şirāsı mücāz ise de ehl-i İslām beyninde cereyāna maḳṣūr oldığına binā'en {3} bu bābda daḫi muḳteżā-yı şerʿ-i şerīf üzere ʿamel ü ḥarekete mezīd-i iʿtinā ve diḳḳat kāffe-i muvaḥḥidīniñ vaẓīfe-i {4} ḥāllerinden iken bu es̱nāda Sāḳız ve maḥāll-i sā'ireden Dersaʿādet'e gelan Rum üserāsını mübālāt-ı dīniyyeden {5} bī-behre baʿżı ṭamaʿkārān ve nāḳıṣātü'l-ʿaḳli ve'd-dīn olan gürūh-ı nisvān ziyāde bahā ile fürūḫt itmek {6} dāʿiye-i fāsidesiyle nihānī kefereye esīr ṣatmaḳ ve baʿżıları daḫi ḥīle-i kāsidesine revāc virmek ve "Çerkes {7} esīridir" deyu baʿdehū getürüb ziyāde bahāya ṣatmaḳ ümniye-i fāsidesiyle Anāpa ḥavālīsine getürmek mis̱illü {8} ḥālāt-ı ġayr-ı cā'izeye cesāret itmekde olduḳları bu defʿa istimāʿ ü istiḫbār olunub bu keyfiyyet saʿy-bi'l-fesād {9} ḳabīlinden olmağla şerʿan ve mülken tecvīz olunur mevāddan olmayaraḳ irāde-i seniyyeniñ muġāyiri ve serīʿan {10} o maḳūle ḥālāt-ı mekrūheye mütecāsir olanlarıñ menʿ ü taḥẕīri lāzımeden idüği bedīhī olaraḳ keyfiyyet {11} iḳtiżā idenlere iḳtiżāsına göre başḳa başḳa beyāż üzerine fermān-ı ʿālī ıṣdārıyla tenbīh olunmuş olmağla siz daḫi {12} esīrciler ketḫüdāsını ve sā'ir iḳtiżā idenleri ve e'imme-i maḥallātı nezdiñize celb ile her kim ṭamaʿan kefereye Rum esīri {13} fürūḫtuna cesāret ider, yāḫūd bir taḳrīb Anāpa cānibine irsāle mütecāsir olur ise ḫaber alındığı gibi gerek bāyiʿ {14} gerek müşterī, her kim olur ise olsun icrā-yı mücāzātında daḳīḳa teʾḫīr olunmayacağını gūş-ı hūşlarına gereği gibi tefhīm {15} ve işbu ḥālāt-ı mekrūheden cümleniñ mübāʿadet eylemesini iʿlān ü ifhām eylemelerini eʾimme-i maḥallāta güzelce {16} tenbīhe ve fī-mā-baʿd cesāret ider olur ise alan ve ṣatanı ism ü şöhretiyle der-ʿaḳab ḫaber virmelerini ekīden teʾkīde {17} mübāderet ile bir vechile cāʾiz olmayan işbu keyfiyyetiñ vuḳūʿa gelmamesi emr-i ehemmine beğāyet diḳḳat eyleyesin deyu. Fī 17 L 37

[576/42] *Rum ve Ermenī paṭrīḳlerine başḳa başḳa buyuruldı*
{1} Bu es̱nāda Sāḳız ve maḥāll-i sāʾireden gelan Rum milleti üserāsını baʿżı ṭamaʿkārān ziyāde bahā ile {2} ṣatmaḳ dāʿiye-i fāsidesiyle İstānbūl'da nihānī reʿāyāya fürūḫta ve reʿāyā daḫi ğayret-i cinsiyyet {3} iderek o maḳūle Rum esīrlerini baʿżı vāsıṭa peydā ve bāyiʿini ıṭmāʿ ile iştirāsına cesāret {4} itmekde olduḳları bu defʿa istimāʿ ü istiḫbār olunub iğtinām-kerde-i İslām olan üserānıñ ol vechile {5} reʿāyāya beyʿ ü şirāsına mesāğ-ı şerʿī olmadığından bu keyfiyyete cesāret idenleriñ ḥaḳlarından gelinmesi {6} irāde olunmuş ve keyfiyyet iḳtiżā idenlere bā-fermān-ı ʿālī tenbīh ḳılınmış olmağla sen daḫi milletiñden her kim {7} iğtinām-kerde-i ehl-i İslām olan üserādan bir reʾsi bir taḳrīb almağa cesāret itmiş ve ider ise {8} ḫaber alındığı gibi fürūḫt iden her kim olur ise derḥāl icrā-yı mücāzāt olunub el-ān daḫi bulundığı {9} maḥalde siyāset ile ems̱āline ʿibret ḳılınacağı ve bu mādde maḫṣūṣ tebdīller taʿyīniyle taḥarrī olacağı milletiñe gereği gibi {10} tefhīme diḳḳat ile bu keyfiyyetden milletiñi menʿe müsāraʿat ve ḫilāfından beğāyet ḥaẕer ü mübāʿadet eyleyesin deyu. Fī 17 L 37

[576/46] *Meʾmūriyyetle Sāḳız'da olan Şeref Efendi'ye*
{1} Sāḳız cezīresinde şimdiye ḳadar bir gūne ʿiṣyānları meşhūd olmayan Lātīn reʿāyāsı ṭaḳımından {2} muḳaddem ḫavfa tābiʿ olaraḳ biʾż-żarūr iḫtifā ile şimdi çıḳub taḥrīr olunan emlāklarını istidʿā {3} eyleyan reʿāyā ḥaḳlarında icrā olunacaḳ muʿāmeleniñ istiʿlāmıyla istīmān iden maṣṭakī ḳaryeleri {4} reʿāyāsı-çün reʾyi şāmil ve ʿaskerī ṭāʾifesiniñ yedine geçmiş olan emvāliñ ḫumsı cānib-i mīrīye {5} alınmaḳ bābında bir ḳıṭʿa emr-i ʿālī ıṣdār ḳılınması ve ṭarafıña memleket ṭarafından maʿāş taʿyīn olunması ḫuṣūṣunı {6} mübeyyin ve ifādāt-ı sāʾireyi mutażammın tevārüd iden maʿrūżātıñ manẓūr ü meʾālleri maʿlūmumuz olduḳdan ṣoñra {7} ḥużūr-ı mekārim-mevfūr-ı ḥażret-i şāhāneye ʿarż ile meşmūl-ı naẓar-ı cenāb-ı mülūkāne buyurulmuşdur. Sāḳız cezīresinde {8} şimdiye dek ʿiṣyān itmeyan Lātīn reʿāyāsından ḫavfa tebaʿiyyetle iḫtifā ile meydāna çıḳan {9} reʿāyādan emlāklarını istidʿā idenleriñ emlākları kendülere redd olunmaḳ {10} ve Sāḳız reʿāyāsından ʿiṣyān itmamiş veyāḫūd muḳaddemce biʾl-istīmān reʾy almış olanlarıñ emvāl ü emlākları {11} daḫi

kendüleri ḥayātda iseler kendülerine ve içlerinde mu'aḫḫaren 'askerī ṭā'ifesi ṭarafından bilā-cürm i'dām {12} olunanlarıñ emvāl ü emlākları şer'an intiḳāl-i 'ādī ile evlād ü 'iyāllerine intiḳāl ideceğine binā'en {13} o maḳūleleriñ emvāl ü emlākları ba'de't-taḥḳīḳ evlād ü 'iyāllerine i'ṭā ḳılınmaḳ ve maṣṭakī re'āyāsından {14} mevcūd olanlarıñ ḥimāyetleri-çün istīmān şürūṭı derciyle evāmir-i 'aliyye ıṣdārı ve ṭarafiña nüzül emīni ṭarafından {15} et ve ekmek ta'yīni virilmesiniñ Sāḳız muḥāfıẓı ṭarafına taḥrīri ve 'asker yedlerine geçmiş emvāliñ cümlesi {16} kendülere baḫş ṣūreti oldıġı ruḫṣat-ı şer'iyyeyi ḥāvī muḳaddemā neşr olunan evāmirde muḥarrer oldıġından {17} işbu ḫums laḳırdısından ṣarf-ı naẓar olunması ḫuṣūṣları tensīb olunmuş ve emr ü fermān-ı şāhāne daḫi {18} bu merkezde dā'ir olaraḳ ol vechile bilā-cürm iḫtifā ile şimdi meydāna çıḳan re'āyānıñ emlāk {19} ü emvālleri kendülere ve helāk olanlarıñ intiḳāl-i 'ādī-i şer'ī ile 'iyāl ü evlādlarına virilmek {20} ve istīmān şürūṭı üzere maṣṭakī re'āyāsı ḥimāyet olunmaḳ üzere lāzım gelan evāmir-i 'aliyye ıṣdār ve ṭarafiña {21} miḳdār-ı kifāye nüzül emīni ṭarafından et ve ekmek i'ṭā itdirilmesi ṭarafımızdan muḥāfıẓ-ı mūmā-ileyhe iş'ār olunmuş {22} olmağla sen bundan ṣoñra nüzül emīni ṭarafından virilecek ta'yīnāta ḳanā'at ile memleket ṭarafından ta'yīnāt {23} muṭālebesi miṣillü şeylerden ictināb iderek hemān muḳteżā-yı ṣadāḳat ve me'mūriyyetiñ üzere iṡbāt-ı {24} müdde'ā-yı dirāyet-kārī ve istiḳāmete mübāderet eylemañ içün ḳā'ime. Lede'l-vuṣūl Çeşme ṭarafından firār iden {25} gāvurlarıñ emvāl ü emlāklarınıñ żabṭ ü taḥrīri daḫi bā-irāde-i seniyye saña ihāle olunaraḳ lāzım gelan {26} emr-i şerīfi gönderilmiş olmağla her ḥālde iṡbāt-ı ṣadāḳate diḳḳat eyleyesin. Fī 19 L 37

[576/47] ***Sāḳız muḥāfıẓına***

{1} Maṣṭakī re'āyāsından istīmān idenleriñ ḥaḳḳında bir ḳıṭ'a re'yi şāmil emr-i 'ālī ıṣdār olunması ve ṭaraf-ı {2} cānib-i memleketden ta'yīn virilmesi ḫuṣūṣı bu def'a Sāḳız'da 'uṣāt-ı eşḳıyā ve firārī emlākı taḥrīrine {3} me'mūriyyetle ol ṭarafda olan Şerīf Efendi ṭarafından bā-taḥrīrāt istid'ā olunmuş ve re'āyā-yı merḳūme Ḳapūdān-ı {4} sābıḳ 'Alī Paşa'nıñ vefātından ṣoñra 'askeri ṭarafından ḳırılmış ise de şurada burada biraz daḫi {5} mevcūd olmaları melḥūẓ oldıġından o maḳūle istīmān idenlerden el-yevm derūn-ı cezīrede mevcūd {6} olanlarıñ ḥimāyet ü ṣıyānetleri muḳaddemce ṭarafıñıza yazılmış ise de bu def'a daḫi müte'alliḳ olan {7} irāde-i seniyye muḳteżāsı üzere istīmān şürūṭı derciyle bir ḳıṭ'a emr-i 'ālī ıṣdār ve isbāl olunub {8} ancaḳ Sāḳız re'āyāsından muḳaddemā 'iṣyān üzere olan adalara firār idenlerden bundan böyle Sāḳız'a {9} gelecek gāvurlarıñ hiçbir vaḳtde ḳabūl ve iġmāżları cā'iz olmamaḳ mülābesesiyle aḫẕ ü giriftleri (20) ve mübāşir-i mūmā-ileyhe memleket ṭarafından ta'yīnāt i'ṭāsı uymayacağından nüzül emīni ṭarafından miḳdār-ı kifāye et ve ekmek {2} ta'yīni virdirilmesi ve Sāḳız'da 'askerī yedine geçmiş olan emvāliñ ḫumsı cānib-i mīrīye ʿāʾid olacaġı {3} mübāşir-i mūmā-ileyh ṭarafından yazılmış ise de ʿaskerī ṭāʾifesiniñ yedlerine geçen şeyleriñ cümlesi kendülere {4} baḫş ḳılınmış ve seby ü istirḳāḳa ruḫṣat-ı şerʿiyyeyi ḥāvī neşr olunan evāmirde teẕkār olunmuş oldıġından {5} ḫums laḳırdısından ṣarf-ı naẓar olunması lāzım geleceği vāżıḥātdan ve emr ü fermān-ı mülūkāne muḳteżāsından {6} olaraḳ nüzül emīni ṭarafından virilecek taʿyīne ḳanāʿat ile ṭaraf-ı memleketden nesne muṭālebe itmamesi ve işbu {7} ḫums laḳırdısından ve ṭalebinden ṣarf-ı naẓar olunması ṭarafımızdan mübāşir-i mūmā-ileyhe taḥrīr ü tenbīh olunmuş olmaġla cenābıñız {8} Sāḳız reʿāyāsından muḳaddemā ʿiṣyān iden aḏalara firār idenlerden bundan ṣoñra Sāḳız'a gelecek {9} gāvurlarıñ aḫẕ ü giriftleri ṣūretiniñ icrāsıyla mübāşir-i mūmā-ileyhe nüzül emīni ṭarafından miḳdār-ı kifāye et {10} ve ekmek iʿṭā itdirilmesi ve ber-vech-i meşrūḥ ḫums laḳırdısı ve ṭalebinden ṣarf-ı naẓar olunması ḫuṣūṣuna mübāderet {11} ve her ḥālde icrā-yı lāzıme-i dirāyet-kārī ve feṭānete beẕl-i maḳderet eylemeñiz içün ḳāʾime. Fī 19 L 37

[*576/50*] ***Ḫūrşīd Paşa ḥażretlerine***

{1} İşbu māh-ı Şevvāl-i Şerīf'iñ on ikinci güni müctemiʿ-i maʿiyyet-i sipehsālārīleri olan meʾmūrīn ve ʿasākiri bi'l-istiṣḥāb {2} Yeñişehir'den ḥareket ve İzdīn ilerüsünde olan Alāmāna köprisine ḏoġrı ʿazīmet ile cisr-i meẕkūrda aylıḳlu ʿasākiri {3} taʿdād iderek birer aylıḳ ʿulūfelerini iʿṭā ve Mora Serʿaskeri saʿādetlü Maḥmūd Paşa maʿiyyetiyle ḏoġrı Mora üzerine {4} sevḳ ü isrā-birle ẕāt-ı ġayret-simātları yine Yeñişehir'e ʿavdet ve ḳarīben Geġa paşalarınıñ vürūdlarında anları daḫi {5} başḳa ḳoldan sevḳ ü taʿyīne himmet buyuracaḳları saʿādetlü Tırḥāla mutaṣarrıfıyla Sīvās vālīsi ḥażerātını istiṣḥāb {6} buyurduḳlarını ve Sūlī ġāʾilesi birkaç gün ẓarfında bitemediği ṣūretde iḳtiżā iden maḥallere üç-dört biñ ḳadar ʿasker {7} iḳʿādıyla kendüleri muḳaddemki tertīb üzere Ḳarlıili üzerinden ḏoġrı Mora'ya ʿazīmet eylemelerini Teke ve Yānya mutaṣarrıfları {8} bendelerine taḥrīr buyurmuş olduḳlarını ve Donanma-yı Hümāyūn'uñ el-yevm ne maḥalde oldıġı istiʿlāmını şāmil ḳapu ketḫüdāları efendi {9} bendeleri ṭarafına mersūl şuḳḳa-i seniyyeleriyle Yeñişehir'den Mora ve Yānya ordularına ẕaḫāyir sevḳine meʾmūr ʿizzetlü ʿĀrif {10} Efendi bendeleriniñ el-ḥāletü-hāẕihī īfā-yı meʾmūriyyet iderek ol ṭarafda maṣlaḥatı ḳalmamış oldıġından Dersaʿādet'e ʿavdetine {11} ruḫṣat virilmesini mübeyyin olan ḳāʾime-i ṣafderāneleri mezāyāsı maʿlūm-ı muḫliṣī olduḳdan ṣoñra rikāb-ı ḳamer-tāb-ı {12} ḥażret-i pādişāhīye ʿarż ile manẓūr-ı hümāyūn-ı şāhāne buyurulmuş ve "Lillāhi'l-ḥamd ġayret idüb māddeyi ṣırasına ḳoymuş. {13} Cenāb-ı Bārī tevfīḳ ü nuṣret iḥsān eyleye." deyu duʿā-yı icābet-nümā-yı ḥażret-i ẓıllullāhīyi müşʿir ḫaṭṭ-ı şerīf-i mülūkāne {14} şeref-rīz-i ṣudūr olmuşdur. Bundan aḳdem Donanma-yı Hümāyūn Sāḳız pīşgāhında iken Ḳapūdān-ı sābıḳ ʿAlī Paşa'nıñ {15} nefsine ʿāʾid olmaḳ üzere vāḳiʿ olan ḥādiṣede vefātı cihetiyle deryā ḳapūdānlıġı Bālyabādra'da olan saʿādetlü

{16} Meḥmed Paşa ḥażretlerine tevcīh olunaraḳ Donanma-yı Hümāyūn'da Ḳapūdān paşa ḳā'immaḳāmlığı Ḳapūdāna-i Hümāyūn Ḳapūdānı Muḫtār Beğ'e {17} iḥāle ile Girīd üzerinde olan Donanma-yı Hümāyūn ve sefāyin-i sā'ire ile birleşerek cümlesi birden ḏoğrı Mora {18} üzerine ʿazīmet ve Bālyabādra'ya varub müşārun-ileyh Ḳapūdān paşa ḥażretlerini alaraḳ īfā-yı me'mūriyyete diḳḳat eylemeleri {19} tedābīr ve irādesi ʿale't-tafṣīl ne vechile icrā ve tekmīl olundığı ṣavb-ı sāmīlerine yazılmış ve el-ḥāletü-hāẕihī Girīd'e me'mūr {20} Donanma-yı Hümāyūn ile sefāyin-i sā'ireniñ Girīd ṭarafında īfā-yı me'mūriyyet iderek ʿavdet ve İstānköy ṭarafına vuṣūlleri (22) ḫaberi vārid olmuş oldığından ve muḳaddem ve mu'aḫḫar Donanma-yı Hümāyūn me'mūrlarına birbirleriyle birleşerek ifāte-i vaḳt {2} itmeyüb me'mūriyyetleri vechile Mora'ya gitmeleri iḳtiżāsına göre ekīd ü şedīd yazılmış olub bu vechile daḫi {3} donanmalar birbirine taḳarrüb eylemiş olduḳlarından bi-mennihī Taʿālā hemān iltiḥāḳ eylediklerinde inşā'allāhü'r-Raḥmān ḏoğrı {4} Mora üzerine ʿazīmet eyleyecekleri ve mūmā-ileyh ʿĀrif Efendi bendeleriniñ ol ṭarafda maṣlaḥatı ḳalmamış {5} oldığından ṭıbḳ-ı inhāları vechile ʿavdetine ruḫṣat-ı seniyye-i şāhāne erzān buyurılaraḳ ṭaraf-ı ʿālīlerinden {6} bi'l-istīẕān ʿavdet eylemesi ṭaraf-ı s̱enāverīden mūmā-ileyhe taḥrīr ḳılınmış oldığı muḥāṭ-ı ʿilm-i sāmīleri buyurulduḳda {7} hemān ġayret ve ibrāz-ı saṭvet ü ṣalābet buyuraraḳ bā-ʿavn-i Bārī bir gün evvel şu Mora ġā'ilesiniñ {8} ḥüsn-i indifāʿı emrinde lāzım gelan iḳdām ü himmeti ṣarf-birle īfā-yı me'mūriyyete nis̱ār-ı mā-ḥaṣal-i iḳtidār buyurmaları {9} maṭlūb idüği beyānıyla ḳā'ime. Fī 21 L 37

[576/53] *Rodos Mutaṣarrıfı Şükrī Beğ'e*

{1} Rum firārīleriniñ müste'men tüccār sefīnelerinde daḫi bulunur ise çıḳarılması ḫuṣūṣunı āmir şeref-rīz-i ṣudūr olan {2} fermān-ı ʿālīniñ vuṣūlüyle tenfīẕ ü icrāsına müsāraʿat ideceğiñ ẓāhir ise de o maḳūle firārīleriñ iḫrācı-çün {3} müste'men sefīnesi yoḳlanılmasında düvel ḳonsolosları bu ṭarafda olan ilçilerinden bir gūne kāğıd olmadığından {4} sefīneleri taḥarrīsinde mümānaʿat idecekleri mülāḥaẓasına binā'en Rodos'da olan ḳonsoloslara Dersaʿādet'de muḳīm {5} ilçileri ṭarafından birer ḳıṭʿa mektūb gönderilmesi ifādesine dā'ir tevārüd iden ʿarīżañ mezāyāsı maʿlūmumuz olmuşdur. {6} Rum ṭā'ife-i şerīresiniñ ʿiṣyān ü şeḳāvetleri gün-be-gün artub izbāndīd gemileri Rūsya bāndırası daḫi {7} açaraḳ dürlü dürlü ḥīle ve ṣanīʿa ḳullanmaḳda olduḳları bi'l-iḫbār taḥḳīḳ olunub bu maḳūle Rūsya bāndırası {8} küşād idenlere lāyıḳıyla baḳılmadığı ḥālde eşḳıyā tekneleriyle aṣl ṣaḥīḥ Rūsya tüccār sefāyininiñ farḳ ü temyīzi (23) müşkil olacağına mebnī baʿde'l-yevm ibḳā-yı āsāyişe ḳadar Rūsya bāndırasıyla olanlarıñ daḫi kemā-yenbaġī {2} yoḳlanılması lāzım gelerek keyfiyyet Rūsya devletiniñ Dersaʿādet'de muḳīm ilçisine resmen taḳrīr iʿṭāsıyla {3} ifāde ve beyān ḳılınmış oldığından bu maḳūle reʿāyā sefīnesi vürūdunda

gereği gibi taḥarrī olunması ve Rūsya {4} bāndırasıyla ẓuhūr iden sefāyin-i meşkūke ṣaḥīḥ Rūsya teba'asından olub olmadığı yalñız ḫāricden {5} naẓar ile temyīz ve taḥḳīḳ mümkin olamayacağı gibi evvel-emrde li-ecli't-tedḳīḳ derūnlarınıñ kemā-yenbağī yoḳlanılması {6} īrād ve teklīf olunub ol ṣūrete muḫālefet eylediği taḳdīrce eşḳıyā zümresinden 'add olunacağına mebnī {7} bi'ż-żarūre bāndırasına 'amel ve i'tibār olunmayaraḳ ḥaḳlarında eşḳıyā mu'āmelesi icrā olunması ve eğer rāżī olur ise {8} anlarıñ daḫi derūnlarında kendüyi ḳorsandan muḥāfaẓa içün i'māle kifāyet miḳdārdan ziyāde ṭop ve cebeḫāne {9} ve mühimmāt ve gemi ḳullanacaḳ mellāḥından fażla neferāt bulunur, ve'l-ḥāṣıl düşmenlik ṣūreti iḥsās {10} olunur ise hemān tevḳīf ile keyfiyyetiñ Dersa'ādet'e inhā ve bu vesīle ile Āsitāne-i 'Aliyye'ye ẕaḫāyir ve erzāḳ {11} naḳl ider ve kendülerinde ṣūret-i şeḳāvet maḥsūs olmayan sefīnelere muḫālefetle Dersa'ādet sekenesiniñ {12} müżāyaḳalarını mūcib vaż' ve ḥālet vuḳū'a gelmesinden mübā'adet ve ittiḳā olunması bābında şeref-pāş-ı ṣaḥīfe-i {13} ṣudūr olan ḫaṭṭ-ı hümāyūn-ı şāhāne mūcebince Baḥr-i Sefīd'iñ Anāḏolī ve Rumili ve Arnavudluḳ sevāḥilinde kā'in {14} ḳażālar ve maḥāll-i sā'irede iḳtiżā idenlere ḫiṭāben bundan aḳdem evāmir-i 'aliyye neşriyle tenbīh ü te'kīd ḳılınmış oldığına ve seniñ daḫi {15} o maḳūle derūnunda firārī ḥiss eylediğiñ müste'men tüccār sefīneleriniñ taḥarrīsine ibtidārıñ 'ahden lāzım geleceğine naẓaran {16} bu bābda ilçilerden ḳonsolos mektūbı almaḳ iḳtiżā itmeyeceği ve bi'l-farż 'ādī mektūb alınub kendüsi daḫi işbu taḥarrī {17} māddesi anlara ağır geldiğinden yine ellerinden geldiği ḳadar yoḳlatmamağa sa'y ü iḳdām idecekleri ẓāhir olmağla sen {18} muḳteżā-yı dirāyetiñ üzere düvel-i Naṣārā'nıñ tüccār teknelerinden birinde firārī re'āyā oldığını ḥiss ider, yāḫūd düvel {19} tüccār gemisinden bir vechile şübhe eyler iseñ muḳteżā-yı irāde-i seniyye üzere yoḳlanmasına diḳḳat ve bu bābda ıṣrār {20} iderek ve içinde muḫtefī re'āyā bulunur ise derḥāl iḫrāc ve ḥabs ile keyfiyyeti bu ṭarafa inhā-birle iṡbāt-ı müdde'āya mübāderet {21} ve ḳonsoloslar ṭarafından mümāna'at ṣūreti īrād olunur ise ibḳā-yı āsāyişe ḳadar şübhe olunan müste'men sefīnesiniñ {22} yoḳlanması irāde-i seniyye muḳteżāsından oldığından başḳa işbu yoḳlama māddesi 'ahd ve şürūṭa daḫi muvāfıḳ ve Dersa'ādet'de {23} bulunan ilçileriniñ teslīm-kerdeleri olan mevāddan idüğüni dostāne lāyıḳıyla beyān iderek def'-i şübhe idecek {24} vechile yoḳlamağa diḳḳat ve işbu yoḳlama vesīlesiyle dost ve muṣāliḥ olan düvel teba'asına bilā-mūcib bir güne {25} ta'addī vuḳū'a gelmamesine ve bilā-mūcib ya'nī sebeb [ve] serriştesiz bādī-i iştika olacaḳ ḥālāt ẓuhūr itmamesine {26} kemāl-i ihtimām ve müṣāberet eylemañ içün ḳā'ime.
Fī 21 L 37

[576/56] *Baḥr-i Sefīd Boğazı muḥāfıẓına*
{1} Sāḳız cezīresiniñ muḳaddem fetḥ ü tesḫīrinde 'asker-i İslām'ıñ aldıḳları es[ī]riñ yedlerine Sāḳız muḥāfıẓı ve müteveffā {2} ḳapūdān-ı sābıḳ ṭaraflarından

birer ḳıṭʿa pencik iʿṭā olunaraḳ ṣāḥibleri sefīne ile Boğaz'a getürdüklerinde penciklerine {3} baḳılub baʿdehū getürecekleri maḥallere mürūr ve ʿazīmetlerine ruḫṣat virilmekde ise de mu'aḫḫaren ḳapūdān-ı {4} sābıḳıñ vefātı ḥādis̱esinde muḳaddem re'y ve amān virilan maşṭaḳī ḳaryelerini ʿaskerī ṭā'ifesi {5} urub esīr nāmıyla aldıḳları ẕükūr ve ināṣıñ pencikleri olmadığından o maḳūleleriñ tevḳīfleri iḳtiżā {6} ider ise de erāẕil ṭaḳımınıñ ḳīl ü ḳāllerini mūcib olacağından bunlarıñ tevḳīf ve imrārları şıḳlarında {7} istiʿlām-ı irādeyi şāmil resīde-i cā-yı vuṣūl olan taḥrīrāt-ı saʿādetleri mezāyāsı rehīn-i ıṭṭılāʿ-i ḫulūṣ-verī {8} olmuşdur. Baʿde'l-amān alınmış olan üserānıñ muḳteżā-yı şerʿīsi cānib-i fetvā-penāhīden lede's-su'āl ṭaraf-ı Devlet-i ʿAliyye'den {9} re'y ve amān iʿṭā buyurılan maḥallerden ʿaskerī ṭā'ifesiniñ o mis̱illü ḫodbeḫod aldıḳları ẕükūr ve ināṣıñ {10} yedlerine pencik iʿṭāsı iḳtiżā itmeyerek bunlar ḥür ve reʿāyā olub beyʿ ü şirāları meşrūḥ olmadığını mübeyyin {11} iki ḳıṭʿa fetvā-yı şerīf mūcebince o maḳūle ḫilāf-ı şerʿ-i şerīf olaraḳ alınan ẕükūr ve ināṣ her ne ise {12} beyʿ ü şirāları cā'iz olmadığına mebnī her kimiñ yedinde bulunur ise aḫẕ ü tevḳīf ve baʿdehū Sāḳız muḥāfıẓıyla bi'l-muḫābere {13} vaṭanlarına baʿs̱ ü tesrīb olunması żımnında ṭaraf-ı düstūrīlerine ḫiṭāben bir ḳıṭʿa emr-i ʿālī ıṣdārı ḫuṣūṣuna {14} irāde-i seniyye-i mülūkāne taʿalluḳ itmiş ve mūcebince ol bābda lāzım gelan emr-i şerīf ıṣdār ve tesyār ḳılınmış olmağla {15} muḳteżā-yı dirāyet-i düstūrīleri üzere emr-i şerīf-i meẕkūruñ infāẕ ü icrāsına himmet ve bu vechile muvāfıḳ-ı {16} şerʿ-i şerīf olan irādeyi diñlemeyerek içlerinden baʿżı erāẕil maḳūlesi edebsizlikle bir güne ḳīl ü ḳāl {17} peydā itmeleri lāzım gelür ise o maḳūleleriñ cebren ve ḳahr ile ellerinden almaḳ ṣūretlerinden ṣarf-ı naẓar iderek {18} ber-nehc-i şerʿī bunlarıñ beyʿ ü şirāları ve ināṣınıñ istifrāşı ḥarām oldığını gūş-ı hūşlarına ilḳā ve tefhīm ile {19} ṣavuşdurulması ḫuṣūṣuna ṣarf-ı reviyyet buyurmaları siyāḳında ḳā'ime. Fī 23 L 37

[576/58] *Silistre vālīsine, bi't-taṣarruf Vidīn muḥāfıẓına*
{1} Maʿlūm-ı müşīrīleri oldığı vechile Eflāḳ ve Boğdān'ıñ aṣl yerlü ve muʿteber boyārlarından bundan aḳdem Dersaʿādet'e {2} celb olunmuş olan boyārlarıñ niyyāt ü marżīleri añlaşılaraḳ Fenārlu Rumlardan emniyyetiñ insilābı {3} cihetiyle yerlü ve muʿteber boyārlardan Eflāḳ ve Boğdān'a voyvodalar naṣb ü taʿyīni derdest-i müẕākere ve icrā oldığı {4} muḳaddem ṭaraf-ı saʿādetlerine bildirilmiş ve Bükreş ve Yaş ḳā'immaḳāmlarınıñ firārdan muḥāfaẓaları irādesi {5} daḫi beyān ve ifhām ḳılınmış idi. Boyārān-ı mersūmūnı marżī ve menviyyātları bir müddetden berü Memleketeyn'e voyvoda naṣb {6} ü taʿyīn olunan Fenārlu Rumlarıñ envāʿ-ı ẓulm ü taʿaddīsi ve bu defʿa ḥādis̱ olan fesādları cihetiyle {7} baʿd-ez-īn Memleketeyn voyvodalıḳları ḫāricden Rumlara iḥāle olunmayaraḳ ḳadīmi olageldiği vechile yerlü {8} boyārlarına iḥāle ḳılınması ve bu bābda baʿżı mes'ūlātdan ʿibāret olub ez-cümle ibḳā-yı āsāyişe ḳadar {9} Eflāḳ memleketinde iki biñ ve Boğdān'da biñ nefer beşlü

neferātı istiḫdām olunaraḳ işbu neferātıñ {10} ʿulūfe ve taʿyīnātlarından ez-ḳadīm istiḫdām olunan miḳdārıñ ʿulūfe ve taʿyīnātları muḳaddemā ne vechile virile- {11} -gelmiş ise yine öylece iʿṭā olunmaḳ üzere faḳaṭ bu defʿa ḥasbe'l-vaḳt istiḫdām olunacaḳ ziyāde neferātıñ {12} maṣārifi voyvodalarıñ menāfiʿinden rü'yet olunmasına müsāʿade olunması ve ʿalā-ṭarīḳi'r-rehn voyvoda olacaḳlarıñ {13} evlād ü ʿiyālleriniñ Dersaʿādet'e celb ve iḳāmesi ṣūreti gösterilmiş ise de bu keyfiyyet ḥükūmetçe {14} kendülere şe'ni mūcib olacağından ve ʿiyālleriniñ ol ṭarafdan tefrīḳi cebr ve ḥabs ṣūreti {15} olmadıḳça mümkin olmayacağından rehn taʿbīrinden ve ʿiyālleriniñ celbinden ṣarf-ı naẓar ile faḳaṭ birer nefer {16} oğullarınıñ ḳapu ketḫüdāsı maḳāmında istiḫdām içün Dersaʿādet'e celb ve iḳāme olunması ve sā'ir ifādāt {17} ve iltimāsātı serd ve beyān eylemiş olduḳlarından her bir māddeleriniñ iḳtiżā-yı vaḳt ü ḥāl Rūsyalu ile maʿḳūd {18} olan ʿahd ü şarṭa taṭbīḳan iḳtiżāları vechile tenḳīḥ ve tanẓīm olunaraḳ Eflāḳ voyvodalığınıñ {19} mütevekkilen ʿalellāh Dersaʿādet'e gelmiş olan Eflāḳ boyārlarınıñ ḥasbe'r-rütbe pīşrev ve dīgerleriniñ uṣūl {20} ve reviş ve muʿāmelerine naẓaran cümlesiniñ muʿteberi olan Līġorī Gīḳā boyāra ve Boġdān voyvodalığınıñ {21} daḫi Boġdān boyārları içinde muʿteberleri olan Yoġān Sāndil İstūrca nām boyāra tevcīh ü iḥālesi {22} ve bu cihetle voyvodalıḳlarıñ taʿyīninde Bāb-ı ʿĀlī'de ḫilʿat ilbāsı ve Dīvān-ı Hümāyūn'da ḳūḳa iksāsı {23} miṡillü rüsūmāt-ı ʿādiye icrāsı Rumlarıñ ittibāʿ ṣūretiyle ṭoplanub ṣoñra berāber gitmesi miṡillü baʿżı {24} meḥāẕīri müstetbiʿ olacağından ol ṣūretle icrā-yı rüsūmātdan ṣarf-ı naẓar ile keyfiyyet kendülere maḫfiyyen ifāde {25} ve birer mihmāndāra terfīḳ ve Silistre'ye irsāl olunub tevcīh fermānları ve ḫilʿat ve ḳūḳaları daḫi mihmāndāra {26} teslīmen ṣavb-ı saʿādetlerine gönderilerek boyārān-ı mersūmān Silistre'ye vardıḳları gibi voyvodalıḳlarını {28} iʿlān ile ḫilʿat ve ḳūḳaları iksā ve fermānları yedlerine iʿṭā ve kendüleri daḫi dā'irelerini Silistre'de {29} tanẓīm iderek baʿdehū maḥallerine iʿzām olunmaları ve tīz elden başbeşlü ağalıḳları-çün Rumili'niñ muʿteber {30} ve ʿasker istiḫdāmına muḳtedir aʿyān ve ağavātından intiḫāb ve taʿyīni ve bunlar Memleketeyn'de faḳaṭ birer sene iḳāmet- {31} -birle senesi āḫirinde yedlerine bā-fermān-ı ʿālī taʿyīn olunacaḳ āḫar beşlü ağaları varıḳda bunlar vilāyetlerine {32} ʿavdet itmek üzere tanẓīmi lāzım geleceğinden şimdi Eflāḳ memleketi başbeşlü ağalığına Bāzārcıḳ Aʿyānı {33} Ḳavanoszāde Ḳapucıbaşı Ḥasan Beğ taʿyīn olunaraḳ hemān maʿiyyetine güzīde ve mücerrebü'l-eṭvār iki biñ {34} aylıḳlu beşlü neferātı cemʿ ve istiṣḥāb-birle nezd-i müşīrīlerine varub ẕāt-ı saʿādetleri her ne vaḳt {35} kendüsüne emr iderseñiz derḥāl Eflāḳ'a ʿazīmet ve muḳteżā-yı me'mūriyyeti üzere maʿiyyetinde olan ʿaskeriñ {36} żabṭ ü rabṭıyla taʿaddī vuḳūʿa gelmamesine diḳḳat eylemesi veṣāyāsı derciyle mīr-i mūmā-ileyhe me'mūriyyet emr-i şerīfi {37} gönderilmesi ve Boġdān beşlü ağalığına daḫi ḳażā aʿyānlarından mūmā-ileyh Ḥasan Beğ'e mümāṡil ve mücerrebü'l-eṭvār {38} ḫānedānlardan her kimi intiḫāb ider iseñiz baʿdehū meʾmūriyyet fermānı taṣdīr ve irsāl olunmaḳ üzere tīz elden {39} buyuruldı ile taʿyīn ve maʿiyyetine istiṣḥābı lāzım gelan biñ nefer aylıḳlu beşlü neferātını daḫi mücerrebü'l-eṭvār {40} olmaḳ üzere serīʿan tedārük itdirderek ve Eflāḳ başbeşlü aġası olan mūmā-ileyh Ḥasan Beğ **(26)** ol ṭarafa vardıḳda cümle neferātıyla ḥāżır ḏurdıraraḳ bundan böyle voyvodalarıñ ol ṭarafa vuṣūlüyle baʿde'l-iʿlān {2} Memleketeyn'e iʿzāmlarında bunları daḫi maḥallerine gönderüb el-ḥāletü-hāẕihī Eflāḳ ve Boğdān'da bulunan ʿaskeri ol vaḳt derḥāl {3} iʿāde itmeñiz ve keẕālik Ḳara Eflāḳ'da bulunan ʿaskeri daḫi ol vaḳt saʿādetlü Vidīn muḥāfıẓı ḥażretleriyle muḫābere {4} iderek Vidīn'e celb itdirmeñiz ve Eflāḳ ve Boğdān başbeşlü aġalarına ʿale'd-devām eṭrāfıñ ve voyvodalarıñ {5} ḥāl ü keyfiyyetlerine diḳḳat-birle her ne vaḳt lāzımü'l-inhā bir keyfiyyete vāḳıf olurlar ise derḥāl maḫfiyyen ṭarafıñıza ve Dersaʿādet'e {6} taḥrīr ü işʿār ve bi'l-farż voyvodalarıñ bir gūne ihānet ile firāra taṣaddīleri vuḳūʿ bulmaḳ lāzım gelür ise derḥāl {7} aḫẕ ü girifte ibtidār ve meẕelā aġyār ṭarafından bir fitne ve ḥareket ḫaber alınub voyvodalar berü ṭarafa bildirmekde ayaḳ {8} sürürler ise derḥāl keyfiyyeti ṣavb-ı saʿādetlerine ve sāʾir ḳılāʿ-ı ḫāḳāniyye muḥāfıẓlarına inhā itmeleri veṣāyā-yı mektūmesini {8} maḫfiyyen ifāde ve ifhām buyurmañız ḫuṣūṣları tensīb olunmuş ve emr ü irāde-i seniyye-i mülūkāne daḫi ḫuṣūṣāt-ı mezkūreniñ {9} ber-vech-i meşrūḥ icrāsında sāniḥ ü ṣādır olaraḳ mūcebince Eflāḳ voyvodalığı mersūm Līġorī Gīḳā boyāra ve Boğdān {10} voyvodalığı daḫi mesfūr Yoğan Sāndil İstūrca boyāra iḥāle olundığı kendülere ifāde ve tebşīr olunaraḳ {11} bu ṭarafa geldikleri gibi Silistre'ye ʿazīmet itmek üzere Eflāḳ voyvodasına dergāh-ı ʿālī gediklülerinden Telḫīṣī-i sābıḳ {12} Şākir Beğ ve Boğdān voyvodasına daḫi āḫar münāsibi mihmāndār taʿyīn olunaraḳ iḳtiżā iden tevcīh ve meʾmūriyyet emr-i şerīfiyle {13} ḫilʿat ve ḳūḳaları mihmāndārān-ı mūmā-ileyhim bendelerine teslīmen ṣavb-ı saʿādetlerine irsāl olunmaḳ üzere oldığından {14} bi-mennihī Taʿālā ol ṭarafa vuṣūllerinde voyvodalıḳlarıñ iʿlānıyla dāʾirelerini Silistre'de tanẓīm itdirerek maḥallerine iʿzām {15} buyurmaları lāzım geleceği ve Eflāḳ beşlü aġalığına mūmā-ileyh Ḳavanoszāde Ḥasan Beğ taʿyīn olunaraḳ iḳtiżā {16} iden meʾmūriyyet emr-i şerīfi gönderilmiş oldığından cenāb-ı saʿādetleri daḫi Boğdān başbeşlü aġalığına ḳażā aʿyān {17} ve ḫānedānlarından mūmā-ileyh Ḥasan Beğ'e mümāṣil münāsib ve mücerreb ve muḳtedir birini intiḫāb ve bā-buyuruldı taʿyīn-birle ol vechile {18} biñ nefer mücerreb ʿasker tedārük itdirerek voyvodalarıñ bundan böyle maḥallerine iʿzāmında bunları daḫi irsāl {19} ve veṣāyā-yı meşrūḥayı kendülerine ġāyet mektūm ü maḫfī olaraḳ tefhīme ve ol vaḳt el-ḥāletü-hāẕihī Eflāḳ ve Boğdān'da olan {20} ʿasākiriñ iʿādesine müṣāberet eylemeleri iḳtiżā ideceği ẓāhir olmağla işbu tedābīr-i muḥarrereyi güzelce teʾemmül buyuraraḳ {21} iḳtiżālarınıñ vaḳtleri geldikde icrāsına himmet buyurmaları dirāyet ü feṭānet-i ẕātiyyelerine muḥavveldir. Ḳaldı ki, el-ḥāletü-hāẕihī {22} Boğdān ḳā'immaḳāmı olan İstefanākī ve Eflāḳ ḳā'immaḳāmı olan Negrī ve Ḳara Eflāḳ ḳā'immaḳāmı Semmūrḳaşoğlı'nıñ {23} firārları melḥūẓ ve her ne ise ol ṭarafda ḏurmaları ġayr-ı cā'iz oldığından bu def'a voyvoda-ı mersūmān ṭarafından Eflāḳ {24} ve Boğdān ve Ḳara Eflāḳ'a ol ṭarafda olan yerlü boyārlarından ḳā'immaḳāmlar ta'yīn ḳılınacaḳ idüğünden voyvoda-i mersūmān {25} ṭaraflarından naṣb ü ta'yīn olunacaḳ yerlü ḳā'immaḳāmlarıñ fermānları varmazdan ve keyfiyyetiñ tebeyyün ve i'lānından muḳaddem {26} Bükreş ve Yaş ve Ḳara Eflāḳ'da olan şimdiki ḳā'immaḳāmlarıñ celb ve tevḳīfi lāzımeden oldığından ve voyvodalar {27} ṭaraflarından ta'yīn olunacaḳ ḳā'immaḳāmlarıñ ol ṭarafa vuṣūllerine ḳadar şimdiki ḳā'immaḳāmlarıñ yerlerinde tevḳīflerine {28} ḥācet olmayub hemān bunlarıñ irāde-i seniyye mūcebince celb ve tevḳīfleriyle voyvodalar ṭarafından ta'yīn olunacaḳ ḳā'immaḳāmlarıñ {29} tebeyyününe ḳadar idāre-i umūr-ı memleket ol ṭarafda olan memleket boyārları ma'rifetiyle rü'yet olunmasınıñ ṭaraf-ı sa'ādetlerine {30} tenbīhi kāfī olacağını ifāde itmiş olduḳlarından Ḳara Eflāḳ'da olan Semmūrḳaşoğlı'nı hemān Vidīn'e celb {31} ve tevḳīf ile Eflāḳ voyvodası ṭarafından naṣb ü ta'yīn olunacaḳ ḳā'immaḳāmıñ tebeyyününe ḳadar idāre-i umūr-ı memlekete {32} i'tinā ve diḳḳat itmelerini Ḳara Eflāḳ'da olan boyārlara tenbīh eylemesi ṭaraf-ı ḫāliṣānemizden Vidīn muḥāfıẓı {33} müşārun-ileyhe yazılmış olmağla cenāb-ı sa'ādetleri daḫi Eflāḳ ve Boğdān ḳā'immaḳāmları olan mersūmān Negrī {34} ve İstefanākī'yi Silistre'ye celb ve tevḳīf iderek yerlerine voyvodalar ṭaraflarından ta'yīn olunacaḳ ḳā'imma-ḳāmlarıñ {35} ta'yīnine ḳadar gerek Yaş ve gerek Bükreş'de umūr-ı memleketi sızıldısızca idāre eylemelerini Memleketeyn boyārlarına taḥrīr ü tenbīh ve işbu {36} celb olunacaḳ ḳā'immaḳām Semmūrḳaş'ıñ bundan böyle voyvodalar maḥallerine vardıḳdan ṣoñra memlekete dā'ir ḥesābları {37} rü'yet-birle ilişikleri kesildiği vaḳt keyfiyyeti bu ṭarafa iş'ār buyurmañız daḫi iḳtiżā-yı emr ü irāde-i şāhāneden {38} olmağla ẕāt-ı sa'ādetleri daḫi Eflāḳ ve Boğdān ḳā'immaḳāmı sābıḳ mersūmān Negrī ve İstefanākī'yi her ne vechile ise serī'an {39} Silistre'ye celb ve tevḳīf-birle ber-vech-i muḥarrer muḥāfaẓalarına ihtimām buyurmaları siyāḳında ḳā'ime. Lede'l-vuṣūl {40} Dersa'ādet'de olan düvel ilçilerine Memleketeyn voyvodalıḳları ḳarīben tebeyyün iderek bu mādde icrā olunacağı muḳaddem {41} resmen ifāde olunmuş oldığından her bār ilçiler bu keyfiyyeti su'ālden ḫālī olmadıḳlarından ve ber-muḳteżā-yı maṣlaḥat {42} işbu voyvodalıḳlarıñ bu vechile icrā olundığı ilçilere ifāde olunmaḳ lāzım geleceğinden bu def'a Eflāḳ {43} ve Boğdān'a mersūmānıñ voyvoda naṣb ü ta'yīn olunmuş oldığı Maḳām-ı Riyāset'den ilçilere taḳrīrler i'ṭāsıyla {44} bildirilmiş oldığına naẓaran şāyed ilçiler keyfiyyeti ol ṭarafda olan ḳonsoloslarına taḥrīr iderek ḳā'immaḳām-ı sābıḳlar {45} serrişte aḫẕıyla firār itmeleri mülāḥaẓadan ba'īd olmadığından mersūmānıñ Silistre'ye celb ve tevḳīflerinde {46} teʾennī ve tesāmuḥ cāʾiz olmamağla her ne vechile ise hemān ẕāt-ı saʿādetleri serīʿan ve ʿācilen mersūmān {47} Negrī ve İstefanākī'niñ firārları vuḳūʿa gelmeksizin hemān Silistre'ye celb ve tevḳīfleriyle keyfiyyeti {48} işʿāra himmet buyurmaları meʾmūldür. Fī 23 L 37

[576/61] *Sāḳız muḥāfıẓına*

{1} Sāḳız ve ḳurālarında istīmān iden bī-cürm reʿāyānıñ emr-i muḥāfaẓa ve ḥimāyelerine iʿtinā eylemeñiz veṣāyāsını şāmil {2} gönderilan taḥrīrātımızıñ vuṣūlünden baḥiṣle muḳaddemce ʿaskerī ṭāʾifesiniñ istīmān itmiş olan maşṭakī ḳurāları {3} reʿāyāsından aḫẕ itmiş olduḳları emvāl ü eşyā ve evlād ü ʿiyālleri ṭarafıñızdan meʾmūrlar taʿyīniyle istirdād {4} olunaraḳ aṣḥābına teslīm olundığını ve bundan böyle istīmān iden bī-cürm reʿāyānıñ muḥāfaẓa ve muḥāresesine {5} iʿtinā eyleyecekleri ve Edirne ṭarafından Sāḳız muḥāfaẓasına meʾmūr biñ nefer aylıḳlu ʿasker mübāşiriyle vāṣıl olaraḳ {6} taʿyīnāt-ı lāzımeleri iʿṭā olunmaḳda ise de bundan böyle māh-be-māh virilecek ʿulūfeleri ne ṭarafdan {7} iʿṭā olunacağı istiʿlāmını şāmil resīde-i mevḳiʿ-i vuṣūl olan taḥrīrātıñız mezāyāsı ve ol bābda taḳdīm ḳılınan {8} iʿlām müʾeddāsı maʿlūmumuz olmuşdur. O maḳūle dāmen-i istīmāna teşebbüṣ iden bī-cürm reʿāyānıñ bilā-mūcib {9} renciş ü āzārı şerʿ-i şerīfe ve rıżā-yı pādişāhīye muġāyir oldığından ol vechile eşḫāṣ-ı merḳūmeniñ (28) indifāʿ-i fesādlarıyla ġāret-kerdeleri olan emvāl ü eşyā ve reʿāyānıñ istirdādı ḫuṣūṣuna {2} derkār olan ġayret ü iḳdāmıñız sizden meʾmūl olan dirāyet ve diyānet meʾāṣirini iṣbāt itmiş oldığı {3} ẓāhir ü bedīhī ve ẕikr olunan biñ nefer ʿaskeriñ bundan böyle māh-be-māh işleyecek ʿulūfeleri {4} saʿādetlü Çirmen mutaṣarrıfı ḥażretleri maʿrifetiyle tanẓīm ve iʿṭā olunması ḳarār-gīr olmuş olmağla hemān cenābıñız bundan böyle daḫi {5} istīmān iden reʿāyānıñ bi'l-vücūh muḥāfaẓa ve her ḥālde ʿasākiriñ żabṭ ü rabṭıyla lāyıḳıyla istiḫdāmına {6} mübāderet eylemeñiz siyāḳında ḳāʾime. Fī 24 L 37

[576/66] ***İbrāhīm Paşa ḥażretlerine, İstānbūl ve [Bilād-ı] Ṣelaṣe ḳāḍīlarına, Gümrük emīnine ve Bosṭāncıbaşıya***

{1} Ber-muḳteżā-yı şerʿ-i enver kefere-i ehl-i ḥarbiñ eṣnā-yı muḥārebede seby ü istirḳāḳ olunan evlād ü ʿiyālleri {2} emvāl-ı ġanāyimden olaraḳ o maḳūle dārü'l-ḥarb olan maḥalliñ fetḥ ü tesḫīrinde ʿasker-i İslām ṭarafından alınan {3} esīr içün fermān-ı ḥażret-i pādişāhīyle meʾẕūn olanlar ṭaraflarından pencik iʿṭāsıyla bu miṣillü pencikli esīriñ {4} ehl-i İslām'a maḳṣūr olaraḳ beyʿ ü şirāsı ve istifrāşı cāʾiz ise de şevket-i İslāmiyye'yi görüb istīmān {5} ile raʿiyyeti ḳabūl iden kefereniñ ʿırż ve māl ve cānlarını viḳāyet ve vechen mine'l-vücūh o maḳūle reʿāyānıñ {6} muḥāfaẓalarına iʿtinā ve diḳḳat müteḥattim-i ʿuhde-i diyānet oldığından o miṣillü istīmān iden reʿāyānıñ evlād ü ʿiyāl {7} ve māl ve cānları muḥāfaẓasına mübāderet lāzımeden iken giçende Sāḳız'da istīmān iden kefereniñ ṣoñradan {8} bilā-mūcib ba'żı kendüyi bilmez ve diyānet ve şerī'at ne oldığını fehm ü idrāk eylemez birṭaḳım eşḫāṣ evlād {9} ü 'iyāllerine ta'arruż ile "esīrimizdir" diyerek diledikleri maḥalle götürmek ve fürūḫt itmek dā'iye-i bāṭılasında {10} olduḳları bu def'a iḫbār olunub ṭaraf-ı Devlet-i 'Aliyye'den re'y ve amān virilan maḥallerden 'askerī ṭā'ifesiniñ {11} ḫodbeḫod aldıḳları o maḳūle ẕükūr ve ināṣıñ yedlerine pencik i'ṭāsı iḳtiżā itmeyerek bunlar ḥür {12} ve re'āyā olub bey' ü şirāsı meşrū' olmadığı ve ināṣınıñ istifrāşı ḥarām oldığı ḳıbel-i şer'-i {13} enverden beyān ile ol bābda fetvā-yı şerīf virilmiş ve bu maḳūle ḫilāf-ı şer'-i şerīf olaraḳ {14} alınan ẕükūr ve ināṣ her ne ise bey' ü şirāsı cā'iz olmadığına mebnī her kimiñ yedinde bulunur ise aḫẕ {15} ü tevḳīf ile maḥalline īṣāli bā-fermān-ı 'ālī Baḥr-i Sefīd Boğazı muḥāfıẓına tenbīh ḳılınub Dersa'ādet'e daḫi {16} o maḳūle üserāyı bir taḳrīb getürüb bey' ü şirā eylemeleri melḥūẓ oldığından İstānbūl'da bu miṣillü penciksiz esīr {17} alınub ṣatılmaması ḫuṣūṣunuñ lāzım gelenlere tenbīhi ḫuṣūṣuna irāde-i seniyye müte'alliḳ olaraḳ keyfiyyet iḳtiżā {18} idenlere tenbīh ḳılınmış olmağla siz daḫi esīrciler ketḫüdāsını ve sā'ir iḳtiżā idenleri ve e'imme-i maḥallātı {19} celb ü cem' iderek zinhār ḫilāf-ı şer'-i şerīf o maḳūle penciksiz esīri alub ṣatmaḳdan beğāyet {20} ḥaẕer ü mücānebet eylemelerini ekīden tenbīhe diḳḳat eyleyesin deyu. Fī 24 L 37

[*576/71*] *Ḫūrşīd Paşa ḥażretlerine*

{1} Geğalıḳ paşaları īfā-yı me'mūriyyetde {2} imrār-ı vaḳt itmekde olduḳlarından {3} tehdīd ü taḥẕīri şāmil {4} birer ḳıṭ'a emr-i 'ālī ıṣdārı {5} ḫuṣūṣunı şāmil tevārüd iden {6} taḥrīrāt-ı düstūrīleriyle Mora {7} Ser'askeri sābıḳ Seyyid 'Alī Paşa {8} ḥaḳḳında şikāyet gūne ba'żı {9} iş'ārı müştemil ḳapu ketḫüdāları {10} efendi bendeleri ṭarafına mersūl {11} şuḳḳa-i seniyyeleri mezāyāsı {12} ma'lūm-ı ḫāliṣānemiz olduḳdan ṣoñra {13} rikāb-ı ḳamer-tāb-ı şāhāneye 'arż ile {14} manẓūr-ı hümāyūn-ı celādet-nümūn-ı {15} ḥażret-i pādişāhī buyurulmuşdur. {16} Geğalıḳ paşalarından **(31a)** Üskūb Mutaṣarrıfı sābıḳ Mālik Paşa {2} yeğeni Yaşar Paşa'yı ma'iyyet-i 'ālīlerine {3} i'ẓām eylediği muḳaddemce paşa-yı mūmā-ileyhiñ {4} tevārüd iden taḥrīrātından müstebān olub {5} mā'adā Īvrānyalı Ḥüseyin Paşa ile {6} Dūḳagīn Mutaṣarrıfı Nu'mān Paşa'nıñ {7} oğlı Arslan Paşa ve Yāḳovalı {8} Seyfeddīn Paşa ve Prizrīn Mutaṣarrıfı {9} Maḥmūd Paşa ve Oḫrī Mutaṣarrıfı 'Abbās {10} Paşa ve İlbaṣan Mutaṣarrıfı Maḥmūd Paşa {11} ve Ḳalḳandelenli Receb Paşa-zāde {12} Muṣṭafā Ḥıfẓī Beğ içün bu def'a {13} şeref-sünūḥ iden irāde-i seniyye mūcebince {14} iḳtiżāsına göre mü'ekked ve müşedded {15} isti'cāl evāmiriyle her birine ṭaraf-ı {16} ḫāliṣānemizden tehdīd ü teşvīḳi ḥāvī {17} başḳa başḳa mektūblar yazılmış ve bunlara {18} her ne vaḳt me'mūr olduḳları maḥalle {19} varırlar ise kendülere aṭiyye-i seniyye {20} gönderileceği muḳaddem ṭaraf-ı s̱enāverīden {21} yazılan mektūblarda va'ad ve iş'ār {22} olunmuş ise de sür'at-i ḥareketlerine {23} medār-ı şevḳ olmaḳ içün gönderilecek {24} aṭiyyeniñ maḥall-i me'mūrelerine {25} vuṣūllerinde i'ṭā olunmaḳ üzere {26} ṭaraf-ı sipehdārīlerine gönderilmiş {27} oldığı bu def'a başḳa başḳa yazılan {28} mektūblarda beyān ü tez̲kār olunub {29} işbu yedi nefer me'mūrlar ile {30} mūmā-ileyh Yaşar Paşa'ya virilmek {31} üzere beherine on beşer biñ ġurūşdan {32} yüz yiğirmi biñ ġurūş aṭiyye daḫi {33} bu def'a naḳden ṭaraf-ı sāmīlerine {34} gönderilmiş olmağla her ḥālde icrā-yı {35} mübteġā-yı feṭānete himmet buyurmaları {36} muḥavvel-i 'uhde-i sipehdārīleridir. Ḳaldı ki, {37} mūmā-ileyh Seyyid 'Alī Paşa'nıñ {38} bundan böyle ol ṭaraflarda {39} bir işe yaramayub elinden bir gūne ḫidmet {40} daḫi gelmeyeceği ve belki oralarda {41} d̲urduḳça 'asākir beyninde iḫtilāl vuḳū'una {42} sebeb olmaḳ mis̱illü uyġunsuzluġa {43} bādī olacaġı rū-nümā oldığından **(32a)** ve şimdiye ḳadar kendüsüne bu ḳadar i'ānet {2} ve bu ḳadar tenbīhāt olunmuş iken {3} yine bu derece uyġunsuz d̲avranmasına {4} naẓaran bundan ṣoñra i'ānet {5} ve tenbīhiñ daḫi fā'idesi olmayacaġı {6} tebeyyün eylediğinden kāffe-i emvāl {7} ü eşyāsı müṣādere ve fürūḫt olunub {8} 'askeriñ maṭlūbātına i'ṭā ve ḳuṣūr {9} maṭlūbları ḳalur ise bu ṭarafa inhā {10} buyurmaları żımnında ṣavb-ı sāmīlerine {11} ḫiṭāben ve maḫfiyyen fermān-ı 'ālī ıṣdār {12} ve mübāşir ile tesyār olunması {13} ve mūmā-ileyhiñ ref'-i vezāretiyle Bolī'ya {14} nefy ü iclā ḳılınması ḫuṣūṣuna irāde-i {15} mehābet-ifāde-i şāhāne ta'alluḳ iderek {16} mūcebince iḳtiżā iden emr-i 'ālī {17} maḫfiyyen ıṣdār ve mübāşir ile ṣavb-ı ser'askerīlerine {18} tesyār olunmaḳ üzere olmağla {19} manṭūḳ-ı münīfiniñ icrāsıyla {20} keyfiyyetiñ bu ṭarafa iş'ārına {21} himmet buyurmaları siyāḳında ḳā'ime. Fī 26 L 37

[576/74] *Īvrānyalı Ḥüseyin Paşa'ya, Dūḳagīn Mutaṣarrıfı Nu'mān Paşa'ya, Yāḳovalı Seyfeddīn Paşa'ya, Prizrīn Mutaṣarrıfı Maḥmūd Paşa'ya, Oḫrī Mutaṣarrıfı 'Abbās Paşa'ya, İlbaṣan Mutaṣarrıfı Maḥmūd Paşa'ya, Ḳalḳandelenli Receb Paşa-zāde Muṣṭafā Ḥıfẓī Beğ'e*

{1} Rum gāvurlarınıñ fesādından d̲olayı eks̱er maḥalleriñ şūriş ü iḫtilāli henüz mündefi' olamadığından {2} ve siz erbāb-ı liyāḳat ve ṣadāḳatden idüğüñüzden ḥāżır ü āmāde olaraḳ Rumili'niñ vālī-i vālā-şānı {3} ve istiḳlāl-i tāmme ve neẓāret-i şāmile ile ser'asker-i ẓafer-'unvānı vezīr-i Felāṭūn-tedbīr 'aṭūfetlü {4} Ḫūrşīd Aḥmed Paşa ḥażretleri sizi ne miḳdār 'asker ile ne vaḳt maṭlūb ider ise derḥāl ḥareket {5} ve me'mūr eylediği maḥalle 'azīmet eylemeñiz irādesi bundan aḳdem bā-fermān-ı 'ālī ṭarafıñıza bildirilmiş ve her ne vaḳt {6} maḥall-i me'mūruñuza varır iseñiz ṭarafıñıza aṭiyye-i seniyye daḫi gönderileceği iş'ār olunmuş idi. El-ḥāletü-hāz̲ihī {7} ser'asker-i müşārun-ileyh ḥażretleri İzdīn'den ilerüde vāḳi' Alāmāna köprisine varub ḳol ḳol Mora üzerine {8}

ʿasker sevḳ ü tesrīb itmekde oldığı ve siziñ el-ān ol ṭarafa varmamış oldığıñız tevārüd iden {9} taḥrīrātlarından müstebān olub siz ġayret ü ṣadāḳatle muttaṣıf ṭarafıñızdan ḥüsn-i ḫidmet me'mūl olunur {10} bendegān-ı Salṭanat-ı Seniyye'den oldığıñızdan ġayrı bu ḫuṣūṣ başḳa şey'e beñzemeyüb dīn ġavġāsı {11} olaraḳ Mora'da bu ḳadar dīn ḳarındaşlarımızı bāṭıl dīnleri-çün kendülerini meydāna atub {12} cān-ı ḫabīs̱lerinden geçmiş birṭaḳım gāvurlar ayaḳlar altına alaraḳ itmedikleri feżāḥat ü ḫıyānet ḳalmamış {13} ve bu cihetle bu gāvurlara ġayret-i İslāmiyye ve şevket-i Devlet-i ʿAliyye'yi ibrāz ü iẓhār erbāb-ı diyānet {14} ü ḥamiyyete farż olmuş iken cenābıñızıñ muġāyir-i me'mūriyyet el-ān maʿiyyet-i müşārun-ileyhe varmamañız ḏoġrısı {15} size yaḳışdırılamayub tamām şu gāvurlardan intiḳām alacaḳ ve nām ü şān ile kesb-i imtiyāz idecek {16} mevsimler bu vaḳtler iken böyle imrār-ı vaḳt itmeñiz rıżā-yı hümāyūn-ı şāhāneye bi'l-vücūh muġāyir olacağından {17} şeref-sünūḥ iden emr ü irāde-i şāhāne iḳtiżāsı üzere bu defʿa istiʿcāli ḥāvī ṭarafıñıza ḫiṭāben {18} bir ḳıṭʿa emr-i ʿālī ıṣdār ve tesyār ve ṭarafıñıza aṭiyye-i seniyye daḫi iḥsānıyla muḳaddemki işʿārımız vechile {19} maḥall-i me'mūruñuza vardığıñızda virilmek üzere serʿasker-i müşārun-ileyh ḥażretleri ṭarafına irsāl olunmuş olmağla {20} bu bābda ṣādır olan emr-i şerīf-i mez̲kūr ile işbu ḳā'imemiziñ vuṣūlüne ḳadar ḥareket itmamiş iseñiz {21} bundan ṣoñra ḳaṭʿan bir daḳīḳa tevaḳḳufı tecvīz ile iki cihānda mübtelā-yı nedāmet olmaḳlıḳdan ḥaẕer eyleyerek {22} hemān muḳteżā-yı me'mūriyyetiñiz üzere ḳalḳub müşārun-ileyh Serʿasker paşa ḥażretleri ṭarafıñıza ne vechile {23} yazmış ve sizi ne ṣūretle ve miḳdār ʿasker ile istemiş ise ol vechile ʿazīmet ve me'mūr oldığıñız {24} maḥalle vuṣūle kemāl-i şitāb ü sürʿat iderek dīn ü devlet yolunda iş görüb nām ü şān almağa {25} ve maẓhar-ı mükāfāt olmaḳlığa diḳḳat-birle sizden me'mūl olan ġayret ü ṣadāḳati is̱bāta mübāderet {26} eylemeñiz içün ḳā'ime. Fī 26 L 37

[576/78] ***Prizrīn, Oḫrī, İlbaṣan mutaṣarrıflarına, ber-vech-i meşrūḥ Bāzārcıḳ Voyvodası Ḳapucıbaşı Ḥasan Beğ'e***

{1} Cümleye maʿlūm oldığı vechile Rum milleti beyninde taḥaddüs̱ iden fesād-ı ʿumūmī cihetiyle Fenārlu Rum ṭaḳımından {2} külliyyen emniyyet meslūb olub şimdiki ḥāl ve uṣūle naẓaran Eflāḳ ve Boġdān voyvodalıḳlarınıñ Fenārlu {3} Rum ṭā'ifesine tevcīh ü iḥālesi bir vechile cā'iz olmayacağından ve Eflāḳ ve Boġdān'a daḫi {4} birer voyvodanıñ naṣb [ü] taʿyīni lāzım gelüb bu ḫuṣūṣı Rūsyalu iddiʿā ve Dersaʿādet'de bulunan düvel {5} ilçileri daḫi pey-ā-pey Memleketeyn māddesini īrād itmekde olduḳlarından bir ṣūret-i ḥaseneye ifrāġı lāzım gelerek {6} Eflāḳ ve Boġdān'ıñ aṣl yerlü muʿteber boyārlarından bundan aḳdem Dersaʿādet'e celb olunmuş olan {7} boyārlarıñ içlerinde cümlesiniñ pīşrev-i muʿteberi olan yerlü Eflāḳ boyārlarından Ġrīgorī {8} Gīḳā Yāno nām boyārıñ Eflāḳ'a ve Boġdān boyārları muʿteberlerinden Yoan Üstūrza Loġofet

(33) nām boyārıñ Boġdān'a voyvoda naṣb ü taʿyīni tensīb olunaraḳ ol vechile mersūmān {2} Eflāḳ ve Boġdān voyvodaları naṣb ü taʿyīn olunmuş ise de bunlara Dersaʿādet'de ḫilʿat ilbāsı {3} ve ḳūḳa iksāsı miṡillü tekellüfāt-ı resmiyyeniñ icrāsında ittibāʿ ṣūretiyle Rumlarıñ berāber gitmesi {4} maḥẕūrı melḥūẓ olmaḳ taḳrībiyle ol resmiñ icrāsından daḫi ṣarf-ı naẓar ile voyvoda-i mersūmān {5} bu ṭarafdan birer mihmāndāra terfīḳ ve ḏoġrı ḥālā Silistre vālīsi ve Ṭūna serʿaskeri ve vezīr-i mükerrem saʿādetlü {6} Meḥmed Selīm Paşa ḥażretleri ṭarafına irsāl ve ḫilʿat ve ḳūḳaları ve me'mūriyyet emrleri daḫi mihmāndārlarına {7} teslīmen cānib-i müşārun-ileyhe isbāl olunaraḳ Silistre'de beğlikleri iʿlān ve ḫilʿatları ve ḳūḳaları {8} iksā ve me'mūriyyet emrleri iʿṭā olunaraḳ maḳarr-ı emāretlerine gönderilmeleri müstaṣveb olmaḳ cihetiyle bu ṣūretle {9} icrā-yı muḳteżālarına ibtidār olunmuş olub ancaḳ işbu yerlü boyārlarıñ vāḳiʿ olan istidʿālarından {10} bir mādde daḫi öteden berü Rumlardan naṣb ü taʿyīn olunan voyvodalar diledikleri vechile Rum ṭā'ifesinden {11} ve gerek Arnavud cinsinden tüfenkçibaşı ve delīlbaşı naṣb ve bunlardan neferāt taḥrīr itmişler ise de bu defʿa {12} yerlü boyārlarından naṣb olunacaḳ voyvoda fī-mā-baʿd Rum ve Arnavud ṭā'ifesinden gerek tüfenkçibaşı {13} gerek delīlbaşı ve nefer daḫi yazmayub tüfenkçibaşı ve delīlbaşıları daḫi dīvān efendisi ve baş- {14} -beşlü aġasınıñ re'y ve maʿrifetiyle bi'l-intiḫāb voyvodalar naṣb ü taʿyīn eylemesi ve faḳaṭ bunlarıñ {15} maʿiyyetlerinde istiḫdām olunacaḳ neferāt voyvodalar ile boyārān-ı memleket beyninde müẕākere olunaraḳ {16} aṣl yerlü kefīllü reʿāyādan taḥrīr olunması ve Fenārlu Rumlardan şimdiye ḳadar naṣb olunan voyvodalar {17} diledikleri kimesneyi kendülere dīvān efendisi ve başbeşlü aġası naṣb itmek ʿādetleri ise de {18} bundan ṣoñra naṣb olunacaḳ voyvodalara ṭaraf-ı Devlet-i ʿAliyye'den bi'l-intiḫāb bir dīvān efendisi ile {19} bir muḳtedir başbeşlü aġası naṣb olunması ve işbu beşlü aġası maʿiyyetine muḥāfaẓa-i memleket içün {20} ehl-i İslām'dan ve ehl-i ʿırż gürūhundan olmaḳ üzere iki biñ beşlü neferātı taḫṣīṣ ol[un]araḳ {21} yerlüden olan żābiṭān ve neferāt ile berāber muḥārese-i vilāyet ve muḥāfaẓa-i memlekete diḳḳat {22} ve muʿtād üzere virilecek ʿulūfe ve taʿyīnāta ḳanāʿat-birle umūr-ı memlekete müdāḫale ve muḳaddemki {23} miṡillü ahālīyi bilā-mūcib ʿavā'id ve sā'ir nesne muṭālebe itmameleri ḫuṣūṣı iltimāsı olub {24} irāde-i merāḥim-ʿāde-i ḥażret-i pādişāhī mutlaḳā āsāyiş-i memleket ve istirāḥat-ı fuḳarā-yı raʿiyyet mādde-i {25} ḫayriyyesinden ʿibāret oldıġından ġayrı ḥasbe'l-vaḳti ve'l-ḥāl Memleketeyn'e mücerreb ve muʿtemed birer beşlü {26} aġası taʿyīni īcāb-ı maṣlaḥatdan olaraḳ sen daḫi sā'ire mümāṡil olmayub eben-ʿan-ced Salṭanat-ı Seniyye'niñ {27} ṣıdḳ ü istiḳāmetle muttaṣıf bendegānından olmañ mülābesesiyle ṭarafıñdan bi'l-vücūh ḥüsn-i ḫidmet {28} ve ġayret ü ṣadāḳat me'mūl oldıġına binā'en bu defʿa seniñ bi'l-intiḫāb Eflāḳ başbeşlü aġalıġına {29} taʿyīn ḳılınmañ ḫuṣūṣuna irāde-i seniyye-i mülūkāne taʿalluḳ itmiş ve ol bābda me'mūriyyetiñi şāmil iḳtiżā {30} iden emr-i ʿālī ıṣdār

ve ṭarafıña tesyār olunub saña tefhīm ve taʿlīm olunacaḳ veṣāyā-yı mektūme {31} daḫi maḫfiyyen saʿādetlü Silistre vālīsi ḥażretlerine yazılmış olmağla ḥaḳḳıñızda ber-kemāl olan ḥüsn-i {32} iʿtiḳād ve iʿtimād-ı ʿālī iḳtiżāsından olaraḳ işbu me’mūriyyetiñ iḳtiżāsı üzere güzīde ve mücerreb {33} iki biñ beşlü neferātı tedārük ve istiṣḥāb iderek hemān serīʿan müşārun-ileyh Silistre vālīsi {34} ḥażretleri nezdine varub müşārun-ileyh her ne vaḳt saña emr ider ise derḥāl Eflāḳ'a ʿazīmet ve maʿiyyetiñde olan {35} ʿaskeri kemāliyle żabṭ ü rabṭ ve virilecek ʿulūfe ve taʿyīnātdan başḳa ḫafī ve celī reʿāyādan {36} ʿavā'id ve sā'ir nāmıyla bir aḳçe ḫafī ve celī aldırmamağa kemāliyle diḳḳat ve müşārun-ileyh ṭarafına tevdīʿ-i kūze-i {37} ḥıfẓıñ ḳılınacaḳ ḫafī veṣāyāyı daḫi gereği gibi tefhīm ve nefsiñden ġayra tecāvüz itdirmeyerek muḳteżāsıyla {38} ḥareket ile iṡbāt-ı müddeʿā-yı ṣadāḳat ü dirāyete diḳḳat eylemañ içün ḳā'ime. Fī 26 L 37

[*576/82*] *Ḳapūdāna beğe*

{1} Bundan aḳdemce baʿżı veṣāyā-yı muḳteżiyeyi şāmil gönderilan taḥrīrātımızıñ vuṣūli ve her ḥālde dīn {2} ü devlet yolunda cānsipārāne çalışaraḳ īfā-yı me'mūriyyete iʿtinā ve diḳḳat ideceğiñiz beyānıyla {3} Donanma-yı Hümāyūn ile Bozcaaḏa pīşgāhına gelüb Boğaz'da olan beş ḳıṭʿa süfün-i hümāyūndan Baḥr-i Vesīʿ ile {4} bir ḳıṭʿa aḳṭarma sefīnesiniñ sürʿat-i seyrleri olmadığından derūnlarında olan ʿasākiri dīger sefīnelere taḳsīm {5} ve ẕikr olunan sefīneleri Boğaz'da tevḳīf ve māʿadā üç ḳıṭʿa sefīne ile altı ḳıṭʿa ẕaḫīre teknelerini {6} celb itmiş ve Donanma-yı Hümāyūn maʿiyyetinde olan sefāyinden bir ḳıṭʿa şālūpa ile çend ḳıṭʿa şu gemileriniñ berāber {7} gönderilmesi uymayacağından Bozcaaḏa līmānında tevḳīf ile Sāḳız'a geçecek ʿasker içün Midillü ile Sāḳız {8} arası ṣularına ʿazīmet itmiş oldığıñızı ve ol vaḳte ḳadar Girīd üzerindeki sefāyin vürūd ve iltiḥāḳ ider ise {9} hemān muḳteżā-yı me'mūriyyetiñiz ile Mora üzerine ʿazīmet olunacağı āşikār ise de Girīd üzerindeki sefāyiniñ {10} henüz berülere ʿavdetlerine dā'ir bir ṣaḥīḥ ḫaber alınamamış oldığından şāyed bunlarıñ biraz daḫi gecikmeleri lāzım {11} gelür ise anları beklemeyerek bu ṭaḳım Donanma-yı Hümāyūn ile ḏoğrı Mora'ya ʿazīmetiñiz irādesi istiʿlāmını {12} ḥāvī ve ṭarafıñıza gönderilan yiğirmi beş biñ ġurūş aṭiyye-i seniyyeniñ vuṣūlüyle ol bābda teşekküri ve muḳaddemce {13} gönderildiği işʿār olunan ġomāna timürleriyle eşyā-yı sā'ire vāṣıl olmamış oldığından bir ḳadem aḳdem {14} irişdirilmesini muḥtevī tevārüd iden maʿrūżātıñız mezāyāsı maʿlūmumuz olduḳdan ṣoñra rikāb-ı hümāyūn-ı ḥażret-i pādişāhīye {15} daḫi ʿarż ile manẓūr-ı naẓar-ı ʿāṭıfet-eṡer-i cenāb-ı ẓıllullāhī buyurulmuşdur. Cümleye maʿlūm oldığı üzere erbāb-ı diyānet {16} ü istiḳāmetden olanlara böyle vaḳtlerde ḫāb ü rāḥatı terk ile dīn ü devleti yolunda merdāne ve cānsipārāne {17} çalışmaḳ farż olmuş ve sizler ise niʿam-ı celīle-i şāhāneye müstağraḳ bendegān-ı Devlet-i ʿAliyye'den oldığıñızdan şu vaḳtlerde {18} cümleñiz cān ü göñülden ittifāḳ iderek pādişāh ḳulluğunı iṡbāt ve ocağıñızıñ nāmūsunı yerine getürmeğe saʿy {19} ü ġayret eylemeñiz rütbe-i vücūba varmış oldığı āşikār ve Girīd ṭarafında olan donanmanıñ berülere vürūdı {20} ḥavādis̱i birḳaç kerredir istimāʿ olunmuş ise de henüz ṣaḥīḥ ḫaberi alınamamış ve el-ḥāletü-hāẕihī Sāḳız'a geçecek {21} ʿaskeriñ tamāmen imrār olunmuş oldığı ḫaberi gelmiş oldığından Sāḳız ṭaraflarında işiñiz ḳalmamış oldığı bedīdār {22} olaraḳ Girīd üzerindeki donanma şu günlerde vāṣıl olur ise ne güzel, irişemedikleri ṣūretde beyhūde imrār-ı vaḳt {23} itmeyerek inhā ve istīẕānıñız vechile hemān ḳalḳub ḏoğrı Mora üzerine ʿazīmet ve Bālyabādra'ya varub {24} saʿādetlü Ḳapūdān paşa ḥażretlerini aḫẕ ile īfā-yı meʾmūriyyete iʿtinā ve diḳḳat itmeñiz ḫuṣūṣuna irāde-i seniyye-i mülūkāne {25} taʿalluḳ itmiş ve Girīd üzerindeki donanma içün Başbuğ Ḫalīl Beğ ile Mışır ve Ġarb Ocaḳları sefāyini {26} başbuğlarına Donanma-yı Hümāyūn'uñ Mora üzerine ʿazīmet eylediği beyān olunaraḳ hemān verādan {27} bir ān aḳdem Mora üzerine ʿazīmet ve Donanma-yı Hümāyūn'a iltiḥāḳa müsāraʿat eylemeleri bābında maḫṣūṣ fermān-ı ʿālī {28} ıṣdār ve İzmīr ṭarafından tesyār olunmuş oldığından işbu Girīd üzerindeki donanma şāyed bu defʿa gönderilan {29} fermān-ı ʿālīden muḳaddem berülere gelmiş bulunur ise hemān ṣūret-i irāde-i seniyyeyi başbuġ-ı mūmā-ileyhime tefh[ī]m ve siziñ **(36)** verāñızdan Mora'ya gidüb iltiḥāḳ eylemelerini tavṣiye ve teblīġ eylemeleri-çün şeref-sünūḥ iden irāde-i seniyye {2} mūcebince ṭarafımızdan İstānköy Muḥāfıẓı Ḥilmī Paşa ḥażretleriyle saʿādetlü Boğaz Muḥāfıẓı ḥażretlerine ve Sāḳız Muḥāfıẓı {3} ʿAbdī Paşa'ya ve Rodos mutaṣarrıfına ve Midillü nāẓırına başḳa başḳa mektūblar yazılmış ve muḳaddemce gönderilan {4} ġomāna timürleri ve eşyā-yı sāʾire maḥmūl olan sefīneyi Çanaḳḳalʿası'ndan geçer iken gördiğini taḥrīrātıñızı {5} getüran tatar ifāde itmiş oldığına naẓaran şimdiye ḳadar vuṣūli mülāḥaẓa olunmuş olmağla hemān cenābıñız {6} muḳteżā-yı ġayret ü ṣadāḳatiñiz ve iḳtiżā-yı meʾmūriyyetiñiz üzere eğer şimdiye ḳadar Girīd üzerindeki donanma gelüb {7} iltiḥāḳ itmiş ise cümleñiz birden ve eğer ẕikr olunan donanma henüz iltiḥāḳ itmamiş ise beyhūde imrār-ı vaḳt itmeyüb {8} mühimmāt gemileri vardığı gibi ḳalḳub ḏoğrı Bālyabādra'ya ʿazīmet idüb müşārun-ileyh Ḳapūdān paşa {9} ḥażretlerini alaraḳ īfā-yı meʾmūriyyete kemāliyle şitāb ü sürʿat eylemeñiz siyāḳında ḳāʾime. Fī 28 L 37

[576/83] *Aydın mütesellimi Sefer Ağa'ya*

{1} Aydın Güzelḥiṣārı Ḳarabaşı Antimon nām gāvur ile ʿavenesinden Ḳocabaşı İstrāṭī ve yeğeni ʿAbācı Çaḳır oğulları {2} ve Beñlioğlı ve Değirmancıoğlı nām gāvurlar māmeleklerini birer taḳrīb Būca nām maḥalle imrār ile kendüleri daḫi {3} giçen sene Sīsām aḏasına firār itmiş olduḳlarından mersūmlarıñ ol ṭarafda olan menzilleri derūnunda ḳalan {4} beş biñ ġurūşluḳ miḳdārı cüzʾī eşyālarıyla emlākları ahālī fuḳarāsına terk olunması bu defʿa Güzelḥiṣār nāʾibi

{5} ṭarafından bā-iʿlām inhā olunub giçen sene ḳarabaş-ı mersūmuñ firārı beyānıyla yerine bir ḳarabaş taʿyīn itdirilmesi {6} selefiñ ṭarafından inhā olunmuş ve ol vechile Paṭrīḳḫāne ṭarafından āḫar ḳarabaş taʿyīn itdirilmiş ise de sā'ir {7} meẕkūrü'l-esāmī gāvurlarıñ firārına dā'ir inhā maʿlūm olmayub maʿa-hāẕā bu ḳadar gāvur firār eyledikleri ḥālde {8} mecmūʿ eşyā ve emlāklarını berāber götüremeyecekleri ẓāhir ve bu cihetle firārī-i mersūmlarıñ ol ṭarafda külliyyetlüce {9} emvāl ü eşyāları olmaḳ iḳtiżā ideceği müberhen ü bāhir oldığından keyfiyyetiñ ṭarafından istiʿlāmı lāzım gelmekle {10} bu firārları inhā olunan gāvurlar ol ṭarafda ne maḳūle gāvurlardan idi ve ne vechile firār itmişlerdir ve ḥīn-i firārlarında {11} götürdükleri eşyāyı naṣıl götürebilmişlerdir ve el-ḥāletü-hāẕihī mevcūd olan emvāl ü eşyā ve ḫāne ve emlāk {12} ve sā'ireleri nedir ve ḳıymetleri ne olabilür, eṭrāfıyla taḥḳīḳ ve cānib-i mīrīye ḫidmet lāzımeden ve iḳtiżā-yı {13} ṣadāḳatden oldığını derpīş iderek ḥaḳīḳat-i ḥāli ber-vech-i īżāḥ bu ṭarafa işʿāra diḳḳat eylemeñiz içün mektūb. Fī ġurret-i Ẕa 37

[*576/87*] *Ḫūrşīd Paşa ḥażretlerine*
{1} Mora üzerine sevḳ olunmuş olan ordunuñ idāre-i taʿyīnātı-çün Yeñişehir'den ʿarabalar ile külliyyetlü ẕaḫīre sevḳ olunmuş {2} ve olunmaḳda ise de yollarıñ ṣarplığı ve ordu-yı meẕkūruñ uzaması cihetiyle ẕaḫīre irsālinde ṣuʿūbet olacağından {3} Selānīk mübāyaʿasından sefīne ile baḥren Mora ordusuna ẕaḫīre irişdirilmesi ve Donanma-yı Hümāyūn'uñ Mora ṣularına {4} irişmeleri taʿcīl olunması ḫuṣūṣuna dā'ir olan ḳā'ime-i seniyyeleri müfādı maʿlūm-ı ḫāliṣānemiz olduḳdan ṣoñra ḫāk-pāy-ı {5} hümāyūn-ı şāhāneye ʿarż ile manẓūr-ı naẓar-ı ʿāṭıfet-eṡer-i ḥażret-i pādişāhī buyurulmuşdur. Selānīk ṭarafından İzdīn ordusı-çün {6} baḥren ẕaḫīre irsāli ḫuṣūṣı muḳaddemce ṣavb-ı sāmīlerinden bu ṭarafa inhā ve Selānīk mutaṣarrıfı ḥażretlerine işʿār buyurulmuş {7} ve müşārun-ileyh daḫi işbu ẕaḫīre ḫuṣūṣı-çün bu ṭarafda ilçilerden mektūb alınub gönderilmesini ve alınacaḳ mektūbuñ vuṣūlünde (38) gerek İzdīn ve gerek sā'ir iḳtiżā iden maḥallere müste'men sefīnesiyle ẕaḫīre göndireceğini inbā itmiş {2} oldığından ve İngiltere tüccār sefīnesinden ġayrılarınıñ sefīnelerine ẕaḫīre taḥmīl ve irsāl olunsa eṡnā-yı rāhda {3} eşḳıyā tekneleri çevirüb ellerinden alacağı derkār ve mesbūḳ idüğünden bu ṭarafda İngiltere ilçisinden {4} şiġorṭa vechile tanẓīmi żımnında Selānīk'de olan ḳonsoloslarına mektūb alınaraḳ müşārun-ileyh Selānīk {5} mutaṣarrıfı ḥażretleri ṭarafına gönderilmiş idi. Bu defʿa şeref-sünūḥ iden irāde-i seniyye mūcebince ṣūret-i inhāları {6} beyān olunaraḳ Mora ordusı-çün bir ān aḳdem Selānīk ṭarafından ẕaḫīre irişdirmesi ve keyfiyyeti ṣavb-ı sāmīlerine {7} daḫi bildirmesi müşārun-ileyhe ṣavb-ı muḫliṣīden mü'ekked taḥrīr ü işʿār ḳılınmış oldığından bi-mennihī Taʿālā müşārun-ileyh daḫi {8} ġayret iderek ẕaḫīre ḫuṣūṣunda zaḥmet çekilmeyeceği me'mūli derkār ve Girīd üzerinde olan Donanma-yı Hümāyūn {9} ile Mıṣır ve

Ġarb Ocaḳları sefāyini lillāhi'l-ḥamd ve'l-mennihī sālimen ve ġānimen ʿavdet iderek Ayāzmend {10} pīşgāhında Ḳapūdāna beğ bendeleri maʿiyyetinde olan Donanma-yı Hümāyūn'a iltiḥāḳ itmiş ve işbu māh-ı Ẕīlḳaʿde'niñ {11} üçünci güni mecmūʿ-ı Donanma-yı Hümāyūn birden ḥareket ve me'mūriyyetleri muḳteżāsı üzere Mora'ya ʿazīmet eylemiş {12} olduḳları ḫaberi gelmiş oldığından muvāfıḳ havā ile hemān inşā'allāhü Taʿālā Donanma-yı Hümāyūn'uñ Mora ṭaraflarına {13} vāṣıl olmaḳ üzere olacağı āşikār olmağla ifāde-i ḥāl siyāḳında ḳā'ime. Fī 9 Ẕa 37

[576/88] *Selānīk mutaṣarrıfına*

{1} Atina ḳalʿası-çün tīz elden biñ beş yüz keyl ẕaḫīre ile ʿaṭūfetlü Ḫūrşīd Paşa ḥażretleriniñ maṭlūb buyurduḳları {2} daḳīḳ ve beksimādıñ irsāli müste'men sefīnesine mütevaḳḳıf olaraḳ Selānīk'de muḳīm İngiltere ve Nemçe ve Frānçe {3} ḳonsoloslarıyla lede'l-müẕākere şiġorṭa māddesini bu ṭarafda olan ilçileri maʿrifetiyle tanẓīme taʿlīḳ eyledikleri muḳaddemā {4} ṣavb-ı saʿādetlerinden lede'l-inhā Frānçe ve Nemçe sefīneleri ḥaḳḳında emniyyet cā'iz olmadığından keyfiyyet iḳtiżāsı {5} vechile Dersaʿādet'de muḳīm İngiltere ilçisine ʿizzetlü Re'īsü'l-küttāb efendi ṭarafından ifāde olunaraḳ şiġorṭaları {6} tanẓīm ile iki ṭarafa gidecek ẕaḫīre içün Selānīk'de olan İngiltere ḳonsolosuna iʿṭā olunmaḳ üzere ilçi-i {7} mūmā-ileyhden aḫẕ olunan mektūb gönderilmiş idüği muḳaddemce ṣavb-ı saʿādetlerine işʿār olunmuş idi. El-ḥāletü-hāẕihī müşārun-ileyh {8} Ḫūrşīd Paşa ḥażretleriniñ Mora üzerine sevḳ itmiş oldığı külliyyetlü ʿasākiriñ idāre-i taʿyīnātları-çün {9} Yeñişehir'den ʿarabalara taḥmīlen ẕaḫīre sevḳ itmekde ise de yolları̇ñ ṣarplığı ve Mora ordusunuñ Fondana {10} Derbendi'ni geçerek gün-be-gün uzaması cihetiyle ẕaḫīre sevḳ ü irsālinde ṣuʿūbet olacağına mebnī {11} Selānīk mübāyaʿasından sefīneye taḥmīlen Mora ordusuna ẕaḫīre irişdirilmesi müşārun-ileyh ḥażretleri ṭarafından {12} inhā olunmuş ve Mora ordusı-çün bir ān aḳdem Selānīk ṭarafından ẕaḫīre irişdirmeñiz ve keyfiyyeti bu ṭarafa ve müşārun-ileyh {13} ḥażretleri ṭarafına bildirmeñiz ḫuṣūṣuna irāde-i seniyye-i mülūkāne taʿalluḳ iderek keyfiyyet ṭaraf-ı muḫlişīden müşārun-ileyh ḥażretlerine {14} yazılmış olmağla muḳteżā-yı ġayret-i düstūrīleri üzere ber-mūceb-i emr ü irāde-i şāhāne ʿalā-eyyi-ḥāl Mora {15} ordusı-çün ne vechile olur ise hemān ẕaḫīre irişdirilerek keyfiyyeti müşārun-ileyh ḥażretlerine ve bu ṭarafa inhā ve işʿāra {16} himmet buyurmaları siyāḳında ḳā'ime. Fī 9 Ẕa 37

[576/92] *Ḫūrşīd Paşa ḥażretlerine*

{1} Diyānet-i ẕātiyye ve şecāʿat-i ḫulḳiyyeleri iḳtiżāsından olaraḳ dīn-i mübīn ve Devlet-i ʿAliyye-i ebed-rehīne olan ḫıyānet-i {2} cibilliyyelerini icrā dāʿiye-i fāsidesiyle Mora ṭarafında bu ḳadar seyyid ve seyyide ve ricāl ve nisvān ve eṭfāle envā‘-ı ihānet {3} ü mel‘aneti icrāya mütecāsir olan gāvurlara bā-‘avn [ü] ‘ināyet-i Ḥażret-i Ḫayru’n-Nāṣırīn şevket-i İslāmiyye ve saṭvet-i ḳāhire-i {4} devlet-i Muḥammediyye’yi ibrāz ü irā’e ile aḫẕ-ı s̱ār niyyet-i ḫāliṣasıyla müsta‘īnen billāhi Ta‘ālā Alāmāna köprisinde müctemi‘ {5} olan ‘asākir-i ẓafer-me’ās̱iri ta‘dād ve Mora Ser‘askeri sa‘ādetlü Maḥmūd Paşa ve sā’ir vüzerā ve me’mūrīn {6} bendeleri ma‘iyyetlerine tertīb ve tesrīb buyurduḳları ‘asākiriñ kemmiyyet ve miḳdārını ve lillāhi’l-ḥamd tanẓīm buyurmuş {7} olduḳları ordu-yı ẓafer-bū-yı şāhāne ġavġāsızca Fondana Derbendi’ni mürūr ile ilerü ‘azīmet itmiş olduḳlarını {8} ve ser‘asker-i müşārun-ileyh bendelerine ve sā’ire ne vechile telḳīn-i veṣāyā ve tefhīm-i ārā ve maṣārif-i ser‘askerī żımnında iki yüz {9} elli biñ ġurūş daḫi i‘ṭā buyurduḳlarını ve sābıḳ Sīvās Vālīsi sa‘ādetlü Süleymān Paşa bendeleri ma‘iyyetine {10} miḳdār-ı vāfī ‘asker i‘ṭāsıyla İzdīn muḥāfaẓasına me’mūr buyurulmuş ise de iḳtiżā ider ise Kerpeniş ve Ṣālona (40) ṭaraflarına veyāḫūd ser‘asker ordusı verāsından gönderilmek menvī-i zamir-i ġayret-semīrleri oldıġını müş‘ir {2} ve Yānya ṭarafından gāvurlar Sūl’a imdād içün Pilāḳa’ya gelmiş olduḳları istiḫbār buyurılaraḳ ḳahr ü tenkīlleri {3} esbābı istiḥṣāli niyyet-i ḫāliṣasıyla Alāmāna köprisinden bir gün bir gicede Yeñişehir’i teşrīf {4} iderek tedābīr-i muḳteżiyeye teşebbüs̱ buyurduḳları es̱nāda ḥamden s̱ümme ḥamden kefere-i ḫiẕlān-ḳarīn ne ṣūretle {5} giriftār-ı şimşīr-i ġuzāt-ı muvaḥḥidīn olmuş oldıġı ḫaber-i beşāret-es̱erini muḫbir sa‘ādetlü Reşīd Paşa {6} ve Yānya muḥāfıẓı bendeleri ṭaraflarından tevārüd iden taḥrīrāt iṭāre ḳılındıġı beyānıyla luṭf-ı Cenāb-ı Ḥaḳḳ’la {7} birḳaç gün ẓarfında Sūl maṣlaḥatınıñ ḥüsn-i ḫitāmıyla ol ṭarafdan daḫi me’mūrlarıñ İnebaḫtī ṭarafından {8} Mora’ya imrārları me’mūl-ı sāmīleri oldıġını ve nezd-i sipeh-sālārīlerinde külliyyetlü cebeḫāneniñ vücūdı {9} lāzımeden oldıġından bu ṭarafda ḥāżır oldıġı ḥālde fişenk olmadıġı ṣūretde maḳtūl Tepedelenli’den {10} alınan ḳurşundan ol ṭarafda baġlatdırılmaḳ üzere bārūt gönderilmesi ḫuṣūṣunı ve ifādāt-ı sā’ireyi {11} ḥāvī bu def‘a enāmil-pīrā-yı vuṣūl olan taḥrīrāt-ı sāmī-āyāt-ı ḥayderāneleri ve evrāḳ-ı mersūle mezāyāsı {12} ma‘lūm-ı s̱enāverī olub bu vechile Derbend ṭarafından şān-ı vālā-nişān-ı Devlet-i ‘Aliyye’ye lāyıḳ olan {13} ḥālātla me’mūrlarıñ sevḳ ü i‘zāmına ve bir ṭarafdan Sūl ġā’ilesiniñ indifā‘ı ve ol ṭaraf gāvurlarınıñ {14} daḫi tedmīrleriyle İnebaḫtī ṭarafından gönderilecek me’mūrlarıñ sevḳ ü tesrībi vesā’iliniñ sür‘at-i ḥuṣūlüne {15} himmetleri el-ḥaḳ ẕāt-ı ġayret-simāt-ı ser‘askerīlerinde merkūz olan cevāhir-i diyānet ü ḥamiyyeti is̱bāt ü te’kīd {16} iderek bu keyfiyyet bādī-i sitāyiş ü midḥat ve müstelzim-i taḥsīn ü memnūniyyet olaraḳ taḥrīrāt-ı {17} vārideleri ṭaḳımıyla ‘atebe-i ‘ulyā-yı mülūkāneye lede’l-‘arż “Müşārun-ileyhiñ ġayret ü iḳdāmına söz olmaz. {18} Ḥaḳḳ Ta‘ālā berḫūrdār eyleye.” deyu ḥaḳḳ-ı sāmīlerinde du‘ā-yı iksīr-nümā-yı ẓıllullāhīyi şāmil ḫaṭṭ-ı hümāyūn-ı {19} şāhāne kerāmet-baḫşā-yı ṣudūr olmuşdur. Cenāb-ı şecā‘at-elḳāb-ı ṣafderāneleri uġur-ı dīn ve Devlet-i

ʿAliyye'de {20} ne vechile saʿy ü iḳdām ve ibrāz-ı ḫidemāt-ı ḥaseneye ne ṣūretle ġayret ü ihtimām buyuracaḳları kibār ü ṣıġār {21} ve cümle ʿindinde müs̱bet ü āşikār ve lillāhi'l-ḥamd Sūlī ṭarafında ve Peta ḳaryesinde tecemmuʿ itmiş olan ʿuṣāt-ı maḳhūre {22} daḫi mübtelā-yı nekāl ü dimār olaraḳ ḫaylī fütūḥāt cilve-rīz-i teyessür olmuş oldığına ve me'āl-i işʿār-ı {23} düstūrānelerine naẓaran inşā'allāhü'r-Raḥmān şimdiye ḳadar Sūl ġā'ilesi rehīn-i ḥüsn-i ḫitām olaraḳ me'mūrlarıñ {24} Mora'ya sevḳi māddesi daḫi icrā-birle ḳarīben şu Mora'nıñ fetḥ ü tesḫīrine muvaffaḳ olacaḳları elṭāf-ı {25} İlāhiyye'den me'mūl ve bedīdār olub ẕāt-ı besālet-simātları muraḫḫaṣ olduḳlarından müşārun-ileyh Süleymān Paşa'yı {26} ne vechile münāsib görürseñiz ol vechile istiḫdām buyurmañız şeref-baḫşā-yı ṣudūr olan ḫaṭṭ-ı hümāyūn-ı şāhāne {27} me'āl-i münīfi iḳtiżāsından olmaġla hemān ẕāt-ı sāmīleri me'mūrları iḳtiżāsı vechile istiḫdām ve bir gün evvel {28} īfā-yı şerāyiṭ-i me'mūriyyete saʿy-ı mā-lā-kelām buyurmaları muḥavvel-i ʿuhde-i mehām-şināsīleridir. Ḳaldı ki, işʿār-ı sāmīleri {29} vechile bārūt māddesi vāḳıʿan ehemm-i mehāmdan ve bu ṭarafdan yapılmış ḳurşunlı fişenk irsālinde ṣuʿūbet {30} olacağından kerāmet-baḫşā-yı ṣudūr ü sünūḥ olan emr ü irāde-i seniyye iḳtiżāsı üzere ṭıbḳ-ı inhā-yı serʿaskerīleri {31} vechile maḳtūl ʿAlī Paşa'dan alınan ḳurşunlardan ol ṭarafda fişenk bağlatdırılmaḳ üzere ordunuñ {32} cesāmetine naẓaran ne miḳdār bārūt tertībi münāsib ise serīʿan tertīb ve ṣūret-i irsālini tanẓīm itmek üzere {33} ʿizzetlü Defterdār efendiye ḥavāle olunmuş olmaġla her ḥālde iẓhār-ı meẓāhir-i ġayret ü ḥamiyyete bez̠l-i himmet buyurmaları {34} siyāḳında ḳā'ime. Lede'l-vuṣūl Geġalıḳ paşalarından Lesḳofçalı Maḥmūd Paşa ile Nuʿmān Paşa-zāde Arslan {35} Paşa bendelerinden māʿadāsı gelmamiş ve ṭaraf-ı ʿālīlerinden bunlara ne me'ālde kāġıdlar yazılmış oldığı taḥrīrāt-ı {36} ʿālīlerinden müstebān olub giçenlerde ṣavb-ı sipehdārīlerine işʿār olundığı vechile bunlara mü'ekked ve müşedded {37} evāmir-i ʿaliyye ıṣdār ve ʿaṭiyyeleri daḫi ṣavb-ı sāmīlerine tesyār ve kendülerine ṭaraf-ı s̱enāverīden daḫi ṣıḳıca kāġıdlar {38} isbāl olunmuş ve ẕāt-ı sāmīleri daḫi bu bābda icrāsına teşebbüs̱ buyurmuş olduḳları tedbīr ḳarīn-i ṣavāb **(41)** ve taḥsīn olmaġla inşā'allāhü'r-Raḥmān himem-i seniyyeleriyle ḳarīben müteraḳḳıb oldığımız aḫbār-ı sārreniñ vuṣūlüyle cümle {2} ümmet-i Muḥammed'iñ vāye-dār-ı inbisāṭ ü mesār olması elṭāf-ı mā-lā-nihāye-i Ḥażret-i Ḫudā'dan müstedʿā olmaḳ {3} mülābesesiyle hemān bundan böyle daḫi her bir ḫuṣūṣda istiḳlāl-i kāmileleri iḳtiżāsı üzere ārā-yı ṣā'ibeniñ {4} iʿmāliyle īfā-yı me'mūriyyete kemāl-i himmet buyurmaları me'mūl-ı ḫāliṣānemizdir. Fī 9 Ẕa 37

[576/100] *Ḳaraman vālīsine*

{1} Sūlī gāvurlarınıñ itmām-ı ġā'ileleriyle Mora üzerine ʿazīmet olunması bābında ıṣdār ve tesyār ḳılınan fermān-ı ʿālī {2} ve taḥrīrāt-ı muḫliṣīniñ vuṣūlüyle Mora ve Ḳarlıili ṭaraflarından sekiz biñ miḳdārı kāfir gelüb Nārda'ya iki {3} buçuḳ sāʿat mesāfede olan Ḳonboṭ nām ḳaryede birḳaç gün iḳāmet eyledikden ṣoñra iki biñ ḳadar {4} gāvur terk iderek ḳuṣūrı Nārda'ya bir sāʿat mesāfede vāḳiʿ Peta nām ḳaryeye gelmiş ve Nārda'yı muḥāṣara {5} dāʿiye-i fāsidesinde olmuşlar ise de bir vechile cesāret idemeyüb anda daḫi biraz gāvur ḳalaraḳ māʿadāsı {6} Sūlī kāfirlerine imdād içün Yānya'ya ḳarīb Pīlāḳa nām cibāle gitmiş ve Nārda ve gerek Yānya ve sā'ir ḳażālar {7} reʿāyālarını daḫi ıḍlāl eyleyerek külliyyetlü gāvur cemʿ eylemiş olduḳlarından ẕāt-ı saʿādetleri daḫi {8} mevcūd-ı maʿiyyetleri olan ve tedārük buyurılan ʿasākirden üç biñ nefer ʿasker ile ketḫüdālarını ẕikr olunan {9} Pīlāḳa nām cibāl üzerine iʿzām ve cenāb-ı besālet-me'ābları daḫi ḳuṣūr ʿaskerle Ḳonboṭ'da taḥaşşüd iden {10} küffār üzerlerine saṭvet-endāz-ı iḳtiḥām eyleyerek ḳarye-i merḳūmede olan küffār ḳanṭara-i tīğden güẕār ile {11} vāfir kelle ve dil aḫẕıyla ʿavdet olunmuş ve ketḫüdāları mūmā-ileyh daḫi meẕkūr cibālde bulunan eşḳıyā ile bi'l-muḥārebe {12} cemʿiyyet-i küffārı tārümār ve bi'l-cümle ẕaḫāyir ve cebeḫāne ve mühimmāt-ı sā'irelerini żabṭ ü tesḫīr ve iki nefer sergerde ile {13} ḫaylī kelle aḫẕ ve birazını esīr eylediğinden māʿadā Praneşta [?] ḳaryesinde müteḥaṣṣın olan eşḳıyā üzerlerine daḫi {14} ketḫüdāları mūmā-ileyh ile bi'l-muḫābere iki cānibden hücūm-birle anda daḫi fevz ü nuṣret cānib-i İslāmiyān'da {15} nümūdār olaraḳ iki ḳıṭʿa ṭop ve kāffe-i cebeḫāne ve ẕaḫīreleri ve bāndıra ve trempeteleri ve ḫaylīce dil {16} ve kelle aḫẕ ve beş nefer sergerdeleri daḫi iʿdām-birle baḳiyyetü's-süyūfı Mora ve Ḳarlıili ṭaraflarına ve Ağrafa {17} ḏağlarına ḳaçırılmış ve bu ṣūretle Sūlī gāvurlarına imdād ġā'ilesi berṭaraf olmuş oldığı ve işbu {18} fütūḥāt ḫaberiyle ẕikr olunan kelleler ʿaṭūfetlü serʿasker-i ẓafer-rehber Ḫūrşīd Aḥmed Paşa ḥażretleri ṭaraflarına {19} gönderile[rek] inşā'allāhü Taʿālā birḳaç gün ẓarfında Sūlī ġā'ilesi berṭaraf olduḳda Ḳarlıili üzerinden Mora'ya ʿazīmet {20} olunacağı ḫuṣūṣunı şāmil resīde-i cā-yı vuṣūl olan taḥrīrāt-ı saʿādet-āyāt-ı düstūrāneleri me'āl ü mezāyāsı {21} ıṭṭılāʿ-i ḫāliṣānemiz ile muḥāṭ ve meşmūl olub ẕāt-ı dirāyet-simāt-ı müşīrīleri ġayret ü besālet ile āráste {22} ve ṣalābet ü diyānet ile pīrāste vüzerā-yı ʿiẓām-ı Salṭanat-ı Seniyye'den olduḳlarından ʿavn ü ʿināyet-i Ḥażret-i Rabb-i {23} Müsteʿān ve yümn-i teveccüh-i cenāb-ı şehinşāh-ı maʿdelet-ʿunvān ile iḳdām ü ġayret-i düstūrāneleri munżam olaraḳ {24} lillāhi'l-ḥamd güzel fütūḥāt oldığından bu ḫidmet ü ġayretleri rehīn-i maḥẓūẓiyyet ü āferīn ve müstelzim-i {25} midḥat ü taḥsīn ve taḥrīrāt-ı mersūle-i meẕkūreleri rikāb-ı müsteṭāb-ı ḥażret-i tācdārīye bi't-taḳdīm manẓūr-ı {26} naẓar-ı ʿāṭıfet-eser-i cenāb-ı pādişāh-ı rū-yı zemīn olmuş ve ẕikr olunan kelle ve bāndıra ve trempeteler {27} bu defʿa serʿasker-i müşārun-ileyh ḥażretleri ṭarafından pīşgāh-ı bāb-ı ʿadālet-me'āb-ı cenāb-ı mülūkānede ġalṭīde-i {28} türāb-ı ḥaḳāret ḳılınmışdır. "Cenab-ı Ḥaḳḳ ẕāt-ı düstūrīleri gibi uğur-ı dīn ve Devlet-i ʿAliyye'de bu ṣūretle merdāne {29} ve dilīrāne çalışanları iki cihānda nā'il-i envāʿ-ı fevz ü rifʿat eyleye, āmīn." du'ā-yı ḫayrı ḥaḳḳ-ı sa'ādetlerinde {30} be-tekrār ibḳā olunmuş olmağla hemān ba'd-ez-īn daḫi her ḥālde iẓhār-ı meẓāhir-i ġayret ve ibrāz-ı lāzıme-i ṣalābet (45) ve diyānete iḳdām-birle ṭaraf-ı sa'ādetlerine derkār olan teveccühāt-ı seniyyeniñ tezāyüdini müstelzim {2} ḥālāt ü vesā'iliñ ikmāline ihtimām buyurmaları siyāḳında ḳā'ime. Fī 16 Ẕa 37

[576/105] *Defterdār efendiye buyuruldı*

{1} El-ḥāletü-hāẕihī Sāḳız maṣlaḥatı ḏağınıḳ ve bu ḳadar emlāk ve dekākīn ve bāğçe ve mezāri' meydānda ḳalub {2} bundan aḳdem taḥrīre me'mūr olan Şeref Efendi'niñ uyḳunsuzluğı tebeyyün itmiş oldığından efendi-i mūmā-ileyhiñ {3} 'azliyle yerine gerek Sāḳız'da ve gerek Çeşme yaḳasında olan emlākıñ żabṭ ü taḥrīri maṣlaḥatına dergāh-ı 'ālī {4} ḳapucıbaşılarından Rodos Mutaṣarrıfı sābıḳ Yūsuf Beğ'iñ me'mūr ve ma'iyyetine daḫi bir nefer kātib Başmuḥāsebe'den {5} ve bir nefer kātib Defterḫāne'den ve münāza'un-fīh olan emlāk māddeleriniñ maḥallinde muḳteżā-yı şer'-i şerīf {6} ve ḥaḳḳāniyyet üzere faṣl [ü] rü'yeti-çün bir nefer kātib ḳıbel-i şer'den terfīḳ olunması ḫuṣūṣuna irāde-i seniyye-i mülūkāne {7} ta'alluḳ itmiş ve mūcebince mīr-i mūmā-ileyh ta'yīn olunaraḳ cānib-i şer'-i şerīfden kātib ta'yīni ṭaraf-ı ḥażret-i fetvā-penāhīye {8} ifāde olunmuş olmağla siz daḫi iḳtiżā iden emr-i şerīfini ıṣdār itdirdüb Başmuḥāsebe'den ve Defterḫāne'den {9} ta'yīni lāzım gelan birer nefer mütefennin kātibiñ ma'iyyet-i mūmā-ileyhe me'mūriyyetlerini tanẓīm eyleyesin deyu. Fī 17 Ẕa 37

[576/109] *İzmīr muḥāfıẓına*

{1} İzmīr mütemekkinlerinden olub muḳaddemce firār itmiş olan Yorġancı Māvrīdī nām ẕimmīniñ Ḳaraburun ḳażāsı {2} ahālīsi ẕimmetlerinde alacağı olan altı biñ altı yüz ġurūşuñ taḥṣīline ṭaraf-ı sa'ādetlerinden bā-buyuruldı {3} adam ta'yīn olunmuş ise de mersūmuñ yedi-sekiz sene muḳaddem Rūsya ḥimāyesine iltică eylediği ḫaber virildiği {4} beyānıyla ol bābda isti'lām-ı irādeyi şāmil tevārüd iden şuḳḳa-i şerīfleri me'āli ma'lūm-ı muḫliṣī olmuşdur. {5} Ma'lūm-ı müşīrīleri oldığı üzere Devlet-i 'Aliyye re'āyāsından olub firār itmiş olan gāvurlarıñ muḫallefātları {6} cānib-i mīrī-çün żabṭ olunmaḳ īcāb-ı irāde-i seniyyeden ve düvel ḳonsoloslarından pātenta ve pasāporṭa aḫẕıyla re'āyā-yı (48) Devlet-i 'Aliyye'niñ düvel-i ecnebiyye ḥimāyelerine iltică̄ları memnū' olan ḥālāt vāżıḥātdan oldığına mebnī {2} mersūm daḫi eben-'an-ced ṣaḥīḥ Devlet-i 'Aliyye re'āyāsından oldığı nezd-i müşīrīlerinde müṡbet ve muḥaḳḳaḳ oldığı ṣūretde {3} ẕikr olunan ẕimemātıñ cānib-i mīrī-çün taḥṣīl ve irsāli lāzımeden olmağla mersūmuñ keyfiyyeti gereği gibi {4} taḥḳīḳ olunaraḳ Devlet-i 'Aliyye re'āyāsından oldığı tebeyyün eylediği ve nezd-i sa'ādetlerinde müs̱bet ve muḥaḳḳaḳ oldıġı ḥālde {5} ẕikr olunan maṭlūb ve muḫallefātınıñ cānib-i mīrī-çün żabṭ ü taḥṣīli ḫuṣūṣuna himmet buyurmaları siyāḳında ḳā'ime. Fī 17 Ẕa 37

[*576/111*] ***Selānīk mutaṣarrıfına***
{1} Selānīk sancaġı dāḫilinde olan arāżī-i İslāmiyye'den eşḳıyā ṭā'ifesiniñ taḥaṣṣun ve temekkün idebilecekleri {2} maḥal ḳal[ma]mış ise de Lefteḥor nāḥiyesi sāḥil-i baḥrde bulunub aḏalardan ve sā'ir maḥallerden sefīneler āmed-şod {3} itmekde oldıġından maḥall-i merḳūmuñ sedd ü bendi-çün ḳırḳ-elli nefer adam iskān idecek ḳadar bir ḳalʿa bināsı {4} ve Aġustos ḳaṣabasına daḫi bir ḳule inşāsı ve İnceḳara ve Ḳaraırmaḳ nehrleriniñ geçid başlarında beşer adam {5} eğlenecek birer ḳule iḥdās̱ı ve Ḳaraferye muḥāfaẓasına Rumili aʿyānlarından Zaġra Aʿyānı Ḳapucıbaşı {6} Boz Velī Aġa mis̱illü biriniñ taʿyīni ve Manāstırlı Rüstem Beğ'iñ Ḳaterīn'e aʿyān naṣbı ṣūretlerinde {7} ḳażā'eyn-i mezḳūreyniñ ʿimār ü iḥyāsı mümkin olabileceği ve ol ḥavālīde bulunan çiftlikāt ve ʿalāḳa {8} ṣāḥibleriniñ derkār olan teseyyüblerinden nāşī reʿāyānıñ eks̱eri ḥaydūd olub pāpāslar daḫi {9} orman ve dere içlerinde iki yüzden mütecāviz kenīsā peydā iderek ḥaydūdlara me'vā ve mesken oldıġı {10} ve bu cihetle arāżī-i İslāmiyye'yi żabṭ eyledikleri ve bu ḫuṣūṣuñ menʿi vülātıñ vaẓīfe-i ẕimmetleri ise de {11} müddet-i ḳalīlede ʿazl olunageldiklerinden Selānīk sancaġı bir vezīriñ ʿuhdesine ber-vech-i te'bīd iḥāle olunsa {12} ẕikr olunan ḳule ve ḳalʿaları kendü bedeninden inşā iderek emr-i muḥāfaẓalarına iʿtinā ve diḳḳat ideceği {13} ve Derbendāt muḥāfaẓası vülāta iḥāle olunaraḳ bu münāsebetle Arnavud ṭā'ifesiniñ bi't-tedrīc {14} ḳażālar[dan] defʿi menāfiʿ-i kes̱īreyi mūcib olacaġı ve her bir çiftlik derūnunda dört-beş nefer Arnavud iḳāme {15} ve içlerinde bulunan reʿāyānıñ kemm ü keyfiyyetleri vülātıñ maʿlūmı olamayaraḳ aṣḥābı ṭarafından ḥabs {16} ve te'dīb olunageldiğinden ehl-i İslām iḳāmet itdiği ḳaṣabada on biñ ḳadar reʿāyā iḳāme itmekle {17} baʿd-ez-īn aṣḥāb-ı çiftlikāt ḥarās̱ete dā'ir maṣlaḥatdan ġayrıya ḳarışmayub reʿāyā maṣlaḥatı ʿumūmen {18} vülāt ṭarafına iḥāle oluna[raḳ] kes̱ret olan reʿāyā daḫi ḳaṣabalardan iḫrāc ve tefrīḳ ile kendü {19} köylerinde iḳāme olunması ve aṣḥāb-ı ʿalāḳa maḥṣūlātları her ne ise ṭaşrada bıraḳmayub derūn-ı ḳaṣabaya {20} ve Selānīk ḫāricinde olanlar daḫi keẕālik ḥāṣılātlarını Selānīk'e naḳl eylemeleri tenbīh ḳılınmasını ve bunlar kemāl-i {21} ḥīlelerinden nāşī toḫum diyerek çiftliklerinde buğday ṣaḳlayub düvel ḳonsoloslarıyla ülfetleri {22} oldıġından Ḳaterīn'den Çayaġzı nām maḥalle varınca iskelelere gāvur gemileri yanaşub buğday ve ḥarīr {23} ḳaçırmaḳda olmalarıyla baʿd-ez-īn ẕikr olunan iskeleler ibṭāl ile ẕaḫīre ve sā'ir eşyā Selānīk'e {24} naḳl olunmaḳ ve naḳl itmeyanler olur ise ẕaḫīreleri cānib-i mīrīden żabṭ ḳılınmaḳ üzere niẓāma rabṭ **(49)** olunması ve işbu ḫuṣūṣāt ḳarīn-i müsāʿade olaraḳ Selānīk sancaġı te'bīden

ʿuhde-i saʿādetlerine iḥāle {2} olunur ise ʿavn-i Ḥaḳḳ'la şīrāze-i niẓāmı mümkin olacağı keyfiyyātı bundan aḳdem tevārüd iden lāyiḥa gūne {3} taḥrīrātlarında muḥarrer ü meẕkūr ve muʾaḫḫaren ḳapu ketḫüdāları efendi ṭarafına mersūl şuḳḳa-i şerīfeleri meʾālinde Derbendāt {4} neẓāreti ʿaṭūfetlü Ḫūrşīd Aḥmed Paşa ḥażretleriniñ ʿuhdesine muḥavvel olmaḳ mülābesesiyle zīr-i idāre-i müşīrīlerinde {5} olan Ḳaraferye ve Vodīna Derbendi idāresine meʾmūr ḳılınan Derbend ağaları ḳażālardan aldıḳları {6} aḳçeye naẓaran külliyyetlü ʿasker istiḫdāmıyla emr-i muḥāfaẓaya diḳḳat eylemeleri lāzımeden iken ẕikr olunan {7} Derbend meʾmūrları bu daḳīḳaya riʿāyet itmediklerinden ḥayādīd ve eşḳıyā maḳūleleri ayaḳlanub ʿuṣāt-ı {8} reʿāyā daḫi anlara tebaʿiyyet ile bunca ihānet ü feżāḥat vuḳūʿ bulmuş oldığından derbend-i meẕkūr güzīde {9} ʿasker ile cerī ve cesūr bir adamıñ ʿuhdesinde bulunmuş olsa eşḳıyānıñ ayaḳlanması ve ʿuṣātıñ {10} ittibāʿı mümkin olamayacağı derkār idüğünden keyfiyyet muḳaddemce ṭaraf-ı müşīrīlerinden müşārun-ileyh ḥażretlerine {11} taḥrīr olunaraḳ Derbend ağası bulunanıñ ʿazliyle Yānyalı Süleymān Ḳondo nām kimesne naṣb olunmuş ise de {12} anıñ daḫi lāyıḳıyla muḥāfaẓaya muḳtedir olamadığından ve muḳaddem hengām-ı muḥārebede bir taḳrīb İşkīros {13} ve İşkāpulos aḏalarına firār itmiş olan Yamāndī nām melʿūnuñ bu esnāda sefīneler ile ol ḥavālī[ye] {14} çıḳması istiḫbār olundığından şaḳī-i mersūmuñ defʿ-i mażarratı żımnında ṭaraf-ı müşīrīlerinden ʿasker taʿyīn ve Lefteḥor {15} ve Gilindīr ve Ḳaraferye ṭarafları gereği gibi muḥāfaẓa olunmuş oldığı ve öteden berü derbend-i meẕkūruñ idāresi {16} Selānīk mutaṣarrıfları ʿuhdesinde iken muḳaddemā maḳtūl Tepedelenli'niñ tağallüben żabṭ eylediği beyānıyla lāyıḳıyla ʿasker {17} beslemek ve emr-i muḥāfaẓaya diḳḳat itmek ve ḥayādīd maḳūlesini ilişdirmamek şarṭıyla derbend-i meẕkūruñ {18} ʿuhdeñize iḥāle ḳılınması ve Ḳaterīn Aʿyānı Ḳapucıbaşı Ṣāliḥ Beğ'iñ vefātı ve vālidesiyle oğlı Ḫalīl Beğ'iñ {19} Selānīk'de olduḳları ifādesinden baḥişle mīr-i mūmā-ileyhe kifāyet miḳdārı īrād iḥsānıyla māʿadā {20} arāżī ve emlāk ʿaleʾd-devām o semtleri mażarrat-ı eşḳıyādan muḥāfaẓa itmek ve īrādına göre ʿasker beslemek {21} şarṭıyla Devlet-i ʿAliyye'den ġayūr ve ṣadāḳat-kār birine iḥālesi fāʾideden ḫālī olmayacağı ve müteveffā-yı {22} mūmā-ileyhiñ emlāk-ı metrūkesiniñ defteri taḳdīm ḳılındığı ḫuṣūṣları münderic ü mesṭūr olub {23} işʿārāt-ı vāḳıʿalarınıñ ekserīsi yollu ve münāsib mevāddan ve cenāb-ı düstūrīleri çerāğ-ı maḫṣūṣ-ı {24} ḥażret-i pādişāhī olan vüzerā-yı ʿiẓāmdan olaraḳ her ḥālde ẕāt-ı saʿādetlerinden devlet-i Muḥammediyye'ye {25} ḥüsn-i ḫidmet ve ṣadāḳat meʾmūl oldığından Selānīk sancağınıñ teʾbīden ʿuhde-i saʿādetlerine iḥālesiyle {26} zīr-i ḥükūmet-i müşīrīlerinde yaʿnī Selānīk sancağı dāḫilinde vāḳiʿ lāzımüʾl-muḥāfaẓa olan maḥallere iḳtiżāsına {27} göre ṭaraf-ı müşīrīlerinden ḳuleler inşā itdirmek ve derūnlarına kifāyet miḳdārı muḥāfıẓ neferātı vażʿ {28} ve iḳʿād itmek ve ḳaṣabalarda külliyyetlü müctemiʿ olan reʿāyāyı daḫi aṣl ḳaryelerine iḳtiżāsına göre naḳl ve tefrīḳ {29} eylemek ve livā'-i mezbūr dāḫilinde ecnebī sefīnelere ẕaḫīre ve sā'ir memnūʿ olan eşyāyı ṣatdırmamaḳ {30} mis̱illü sancaġıñ niẓām ü intiẓām ve ḥüsn-i idāresini ve muḥāfaẓasını mūcib olur ḫuṣūṣlarda daḫi ḫayrlu olacaḳ {31} ṣūretleriñ icrāsı ʿuhde-i dirāyet ü ṣadāḳatiñize iḥāle ḳılınması ve mūmā-ileyh Ṣāliḥ Beğ'iñ vefātı cihetiyle Ḳaterīn {32} ḳażāsı aʿyānlıġı māddesi ṭabīʿatıyla ḥāṣıl olmuş keyfiyyātdan olub Ḳaterīn muḥāsebesiniñ [?] nıṣf ḥiṣṣesi {33} Ḍarbḫāne-i ʿĀmire'den mażbūṭ oldıġından müteveffā-yı mūmā-ileyh ʿuhdesinden münḥal olan dīger nıṣf ḥiṣṣesi daḫi {34} Ḍarbḫāne-i ʿĀmire'den żabṭ olunaraḳ ve ḫāricden aʿyān naṣb olunmayaraḳ bundan böyle ṭopdan {35} żabṭ ü idāresi-çün sā'ir maḥaller mis̱illü Ḍarbḫāne-i ʿĀmire'den münāsib ve muḳtedir biriniñ taʿyīniyle ḳażā'-i {36} meẕkūruñ ḥüsn-i idāresi ve muḥāfaẓası daḫi aña iḥāle olunması ve müteveffā-yı mūmā-ileyhiñ sā'ir emlāk {37} ve çiftlikleri taḥrīri-çün daḫi münāsib mübāşir taʿyīn olunaraḳ keyfiyyeti lede't-tebeyyün oġlı ve vālidesine {38} terk ve iʿṭāsı münāsib olanlarıñ ol vaḳt iḳtiżāsına baḳılması ve Lefteḥor iskelesi vāḳıʿan öteden berü {39} uyḳunsuz bir maḥal oldıġından sedd ü bendi-çün emr-i ʿālī taṣdīr ḳılınması ḫuṣūṣları tensīb olunmuş {40} ve irāde-i seniyye-i mülūkāne daḫi bunuñ üzerine taʿalluḳ iderek mūcebince Selānīk sancaġı ʿuhde-i saʿādetlerine (50) te'bīd ḳılınub Ḳaterīn muḳāṭaʿası daḫi ol ṣūretle Ḍarbḫāne-i ʿĀmire'den żabṭ ve ḥüsn-i idāresi vesā'ili {2} istiḥṣāl ḳılınmış ve müteveffā Ṣāliḥ Beğ'iñ muḫallefātına mübāşir taʿyīn olunmaḳ ṣūretlerini tanẓīm itmek üzere {3} ʿizzetlü Defterdār efendiye ḥavāle olunmuş ve Lefteḥor iskelesi Tırḥala ile Selānīk beyninde oldıġından {4} sedd ü bendi-çün cenāb-ı müşīrīleriyle saʿādetlü Tırḥala mutaṣarrıfına ḫiṭāben bir ḳıṭʿa emr-i ʿālī ıṣdār ve tesyār {5} ḳılınmış [?] olmaġla ber-vech-i meşrūḥ Selānīk sancaġınıñ ḥüsn-i niẓām ü intiẓāmı ve iḳtiżā iden maḥallere {6} ḳuleler inşāsıyla emr-i muḥāfaẓasınıñ ikmāli dirāyet-i ẕātiyyelerine muḥavvel oldıġı mis̱illü Selānīk vücūhı {7} evvel ü āḫir işe yarar maḳūleden değil ise de bunlarıñ külliyyen perīşān ve münḳariż olmalarını mūcib {8} olacaḳ derece ṣıḳışdırılmaları münāsib olmadıġından bunlara ḍoḳunur mevāddа ḥakīmāne ḥareket iderek {9} hem sancaġıñ ḥüsn-i idāre ve muḥāfaẓasıyla viḳāye-i nüfūẕ-ı müşīrīlerini müstelzim ḥālātı istiḥṣāl ve hem {10} Selānīk vücūhunuñ öteden berü sāye-i şāhānede mütemettiʿ olageldikleri ḫuṣūṣātda mülken mużır {11} olmayan şeylerde daḫi şimdilik pek ṣıḳışdırılmayaraḳ ḥakīmāne muʿāmele ile ḳullanılması münāsib olmaġla {12} aña göre ḥarekāt-ı reviyyet-mendāne ve müstaḳīmāneniñ icrāsına bez̲l-i himmet buyurmaları siyāḳında ḳā'ime. Lede'l-vuṣūl {13} Ḳaraferye ve Vodīna derbendleriniñ ʿuhde-i saʿādetlerine iḥālesi ṣūreti me'āl-i işʿārlarından müstefād ise de {14} Derbendāt neẓāreti müşārun-ileyh Ḫūrşīd Paşa ḥażretleriniñ ʿuhdelerinde oldıġından ẕikr olunan {15} derbendleriñ iltimāsları vechile ifrāzı cā'iz ve münāsib olmadıġından bu ḫuṣūṣı cenāb-ı şerīfiñiz müşārun-ileyh {16} ḥażretlerine taḥrīr ve iltimās iderek muḳaddem derbend-i meẕkūrı iltimāsıñız ile mezbūr Arnavud Süleymān'a iḥāle itdirmiş {17} oldığıñız mis̱illü şimdi daḫi müstaḳillen kendüñüze iḥālesini müşārun-ileyhden ṭaleb ve ricā ve mu'ayyenātı {18} her ne ise tamāmen edā ve īfā eylemeñiz, ḥāṣılı bu māddeyi müşārun-ileyh Ḫūrşīd Paşa ḥażretleriyle muḫābere ve tanẓīm {19} itmeñiz lāzımeden ve īcāb-ı irāde-i seniyyeden olmağla hemān cenāb-ı ṣadāḳat-me'ābıñız her ḥālde is̱bāt-ı müdde'ā-yı {20} kār-āzmūdegī ve dirāyete beẕl-i himmet buyurmaları me'mūldür. Fī 18 Z̠a 37

[*576/113*] *Ḫūrşīd Paşa ḥażretlerine*
{1} Rum gāvurlarınıñ ṭuġyān ü ġaleyānları ve mürtekib olduḳları 'iṣyānda muṣır olaraḳ bu yolda cān-ı {2} ḫabīs̱lerinden geçmeği iḫtiyār itmekde olduḳları ve ẕāt-ı sāmīleri iḳdāmda ḳuṣūr itmiyorlar ise de bu gāvurlarıñ {3} bu ṣūretle ıṣrārları mūcib-i ḥayret olmaḳda oldıġı ifādātı tafṣīlātıyla ol bābda keyfiyyāt-ı sā'ireyi {4} mutażammın resīde-i enmile-i vuṣūl olan taḥrīrāt-ı düstūrīleri mezāyāsı ma'lūm-ı ḫāliṣānemiz olduḳdan ṣoñra {5} rikāb-ı hümāyūn-ı şāhāneye 'arż ile manẓūr-ı naẓar-ı kerāmet-es̱er-i ḥażret-i ẓıllullāhī buyurulmuşdur. Bu āna ḳadar sāye-i {6} merāḥim-vāye-i Salṭanat-ı Seniyye'de envā'-ı müsā'ade ve 'ināyete müstaġraḳ olmuş iken ḳadr ü şükrini bilmeyerek {7} dīn ve Devlet-i 'Aliyye 'aleyhine irtikāb-ı ihānet ü mel'anet iden Rum gāvurları bir buçuḳ senedir re'y ve amān {8} ṭaleb itmediklerinden başḳa ve ol ḥavālīde bu ḳadar 'asker var iken yine bī-pervā muḥārebe ile memleket żabṭına {9} ictisār itmekde iseler de nezd-i sāmīlerinde ma'lūm oldıġı vechile Ḥaḳḳ Sübḥānehū ve Ta'ālā Ḥażretleri (51) bu dīn-i mübīn ve Devlet-i 'Aliyye-i ebed-rehīniñ her ḥālde ḥāfıẓ ve nāṣırı oldıġı cā-yı şübhe olmayub gerçi {2} ṣūret-i ẓāhireye naẓaran Rum 'uṣātınıñ işbu şeḳāvet ü 'iṣyānları milletçe 'umūmī bir şey olaraḳ {3} bunlarıñ şimdiye ḳadar vāḳi' olan bunca fezāḥat ü şenā'atlarına göre bundan böyle Rumlar ile {4} ehl-i İslām beyninde evvelki ṣūretle iltiyām ve i'tilāf ḥuṣūli mümkin olmayacaġı ve Devlet-i 'Aliyye'ye ṣūret-i {5} ẓāhirde dost geçinan düvel ilçileriniñ ifāde itmekde olduḳları ṣūretlerle bunları yatışdırmaḳ ise {6} beher-ḥāl şimdiki 'iṣyānlarından ziyāde mużır ve fenā olacaġı ecilden bā-'avn ü 'ināyet-i Cenāb-ı Bārī {7} bunları ḳılıç altına alaraḳ ḳahr ü tedmīr ve ol vechile taḥt-ı iṭā'ate ircā' itmek ve şimdiye ḳadar bu ṭarafda {8} cümlemiz, ve'l-ḥāṣıl mecmū' ehl-i İslām ittifāḳ-ı ḳulūb ile ittiḫāẕ eylediğimiz uṣūl-i bedeviyyet ve mu'āmele-i ṣalābeti {9} elden bıraḳmamaḳ ve belki gün-be-gün taḳviyet virmek lāzım gelüb ma'a-hāẕā şimdiki ḥālde Rumlarıñ {10} mecma'-ı fesād ve merkez-i ṭuġyānları Mora'dan 'ibāret oldıġından inşā['allāhü]'r-Raḥmān es̱er-i iḳdām ü himmetleriyle Mora {11} cezīresi ḳarīben bir ḥüsn-i ṣūret kesb eylediğinden her bir şey yoluna gireceği elṭāf-ı İlāhiyye'den me'mūl ü müsted'ā {12} ve ġayret ü ḥamiyyetleri s̱emeresi olaraḳ lillāhi'l-ḥamd Mora derūnuna

ḫaylī ʿasker idḫāl olunub bir ṭarafdan daḫi {13} ʿasker sevḳ buyurmaḳda olduḳlarından ve Ḳāḳosil gāvurları üzerinde olan meʾmūrlar daḫi inşāʾallāhü Taʿālā {14} bugünlerde ol ṭaraf maṣlaḥatına bir ḥüsn-i ṣūret virmeleri melḥūẓ olub Donanma-yı Hümāyūn'uñ daḫi şimdiye ḳadar {15} Mora üzerine vāṣıl olmaları ümīd olundığından hemān ʿavn-i Bārī'yle bugünlerde Mora'dan fütūḥāt-ı celīle {16} ẓuhūrı ʿināyet-i Sübḥāniyye'den mütemennā olmaḳ mülābesesiyle merkūz-ı ẕāt-ı şecīʿāneleri olan dirāyet ü ḥamiyyet {17} iḳtiżāsı üzere dīnimiz ʿālī ve devletimiz devlet-i Muḥammedī olaraḳ ṣāḥibi büyük oldığını derpīş ve o maḳūle {18} dīn düşmenleri olan kāfirler her ne ḳadar dīn-i bāṭılları uğrına cān-ı ḫabīṡlerinden geçüb kendülerini {19} meydāna atsalar āḫir zamān peyġamberi olan Ḥażret-i Muḥammed ṣallallāhü Taʿālā ʿaleyhi ve sellem efendimiziñ ḳıyāmete ḳadar beḳāsı {20} müṡbet olan şerīʿatı ḥürmetine Cenāb-ı Müntaḳim ve Ḳahhār o maḳūle kefere-i fecereyi maẓhar-ı ḳahr ü dimār eyleyerek {21} ümmet-i Muḥammed'e eyledikleri ḫıyānet ü melʿanetiñ intiḳāmını aldırmaḳda ʿasākir-i İslāmiyye'ye cünūd-ı ẓafer-mevʿūd-ı {22} ġaybiyyesiyle imdād buyuracağı ḳażiyye-i vāżıḥasını tefekkür buyuraraḳ aṣlā ve ḳaṭʿā gāvurlarıñ o maḳūle {23} ıṣrārlarına baḳmayaraḳ hemān ṣalābet-i dīniyye ve şecāʿat-i ẕātiyyeleri muḳteżāsınca ʿavn ve nuṣret-i Bārī'ye {24} ittikā buyuraraḳ bunları ḳılıç altına alub bu ḳadar seyyid ve seyyide ve ricāl ve nisvān ve eṭfāl ehl-i īmāna {25} eyledikleri ḫıyānet ü melʿanetiñ intiḳāmını almağa ve ol vechile dīn-i mübīn ve Devlet-i ʿAliyye-i ebed-rehīn uğurunda {26} merdāne ve şecīʿāne ḥareket-birle ʿindellāh ve ʿinde-Resūlüllāh maḳbūl ü merġūb olacaḳ ḫidemāt-ı bergüzīde {27} ibrāzına saʿy ü ġayret ve ol vechile şevketlü efendimiziñ ḥaḳḳ-ı sāmīlerinde olan iʿtiḳādāt-ı ḥasenelerini ez-ser-i nev {28} iṡbāt ü teʾyīde beẕl-i himmet buyurmaları siyāḳında ḳāʾime. Fī 21 Ẕa 37

[576/119] *Sāḳız muḥāfıẓına*

{1} Ḳapūdān-ı sābıḳ müteveffā ʿAlī Paşa'nıñ vefātından ṣoñra ʿaskerī ṭāʾifesi Sāḳız cezīresinde maṣṭakī {2} ḳurāsı reʿāyāsını urmuş iseler de reʿāyā-yı mersūmeniñ muḳaddemā vāḳiʿ olan istīmānlarına mebnī ẕükūr ve ināṡıñ {3} beyʿ ü şirālarına cevāz-ı şerʿī olmadığından o maḳūle reʿāyā her kimiñ yedinde bulunur ise aḫẕ ve vaṭanlarına {4} iʿādesi bundan aḳdemce bā-emr-i ʿālī Baḥr-i Sefīd Boğazı Muḥāfıẓı vezīr-i mükerrem saʿādetlü Muṣṭafā Paşa ḥażretlerine tenbīh {5} ḳılınmış ve bu defʿa müşārun-ileyh ṭarafından tevārüd iden taḥrīrātda yedinde cenābıñızıñ teẕkiresiyle İzmīrli Şaʿbān Ağa {6} nām kimesneniñ getürmüş oldığı iki nefer esīrler ḥürriyyet iddiʿāsında olduḳlarından baḥiṡle ṣāḥibleri yedinden {7} alınmaḳ lāzım gelse virdiğiñiz teẕkireye bināʾen ḳīl ü ḳāli mūcib olacağı beyān ü işʿār ve pencik olaraḳ virmiş {8} oldığıñız teẕkireler isrā ve tesyār olunmuş olub ancaḳ Sāḳız cezīresi reʿāyāsından muḳaddemā hengām-ı muḥārebede {9} seby ü istirḳāḳ olunan üserā içün ol vaḳt Sāḳız muḥāfızı bulunan Vaḥīd Paşa muḳteżā-yı meʾmūriyyeti üzere {10} pencik virmiş ve muʾaḫḫaren Sāḳız muḥāfızlığınıñ ʿuhdeñize iḥālesi cihetiyle o maḳūle hengām-ı muḥārebede alınan esīrlerden {11} girü ḳalmış olanlarına daḫi ṭarafıñızdan pencikleri virilerek şimdiye ḳadar tekmīl ol[un] muş olacağı ẓāhir ve bi'l-istīmān {12} taḥt-ı raʿiyyete idḫāl olunan reʿāyānıñ beyʿ ü şirāsı cāʾiz olmayub istifrāşı ḥarām olacağından bu maḳūleleriñ {13} ḥimāyet ü ṣıyānetleri ḫuṣūṣuna diḳḳat eylemeñiz muḳaddemce ṭarafıñıza taḥrīr ü tenbīh ḳılınmış idüği bedīhī ve bāhir ise de {14} müşārun-ileyhiñ vāḳiʿ olan işʿārına ve ẕikr olunan esīrleriñ ifādelerine naẓaran bunlar istīmān ile reʾy virilan {15} maṣṭaḳī ḳurāsı reʿāyālarından ve raʿiyyeti ḳabūl eyleyanlerden olub beyʿ ü şirāsına ruḫṣat-ı şerʿiyye yoğ iken {16} siziñ ol vechile pencik iʿṭāsına mübāderetiñiz uyḳunsuz oldığından başḳa şerʿ-i şerīf iḳtiżāsınıñ ve rıżā-yı ʿālīniñ {17} bi'l-vücūh muğāyiri idüği āşikār olmağla baʿd-ez-īn o maḳūle reʾy ve amān virilmiş olan reʿāyāya ḫilāf-ı {18} şerʿ-i şerīf pencik virmeyerek o maḳūle reʿāyānıñ vaṭanlarına iʿādesiyle muḳaddemā vāḳiʿ olan işʿārımız {19} vechile dāḫil-i dāʾire-i amān olan reʿāyānıñ ḥimāyet ü ṣıyānetleri ve rencīde ve eẕādan viḳāyetleri ḫuṣūṣuna {20} mübāderet ü diḳḳat eylemeñiz siyāḳında ḳāʾime. Fī 22 Ẕa 37

[576/120] *Rum milletiniñ ṣağīr ve kebīrine buyuruldı*

{1} El-ḥāletü-hāẕihī paṭrīḳiñiziñ hālik olması cihetiyle yerine milletiniñ dāʾimā nīk ü bed-i aḥvālini taḥarrī ve tedḳīḳ-birle {2} iḳtiżā idenlere nuṣḥ ü pend idecek ve naṣīḥat ḳabūl itmeyüb ıṣrār idenleri vaḳtiyle Devlet-i ʿAliyye'ye ḫaber virecek {3} ve ḥālen ve müstaḳbelen milleti mehlike-i ʿuẓmāya düşirmeyüb Salṭanat-ı Seniyye'ye ibrāz-ı ṣadāḳat idecek biriniñ {4} paṭrīḳ naṣb ü taʿyīni lāzımeden olmağla imdi içiñizde dāʾimā veẓāyif-i raʿiyyeti millete icrā itdirecek {5} ve Devlet-i ʿAliyye'ye ḥālen ve müstaḳbelen ṣadāḳat ü istiḳāmetle ḫidmet ve kendü milletini bi'l-ifsād mehlike-i ʿuẓmāya {6} düşirmek miṣillü feżāḥat ü ihānet[den] ittiḳā ve mücānebet ve millet içinde şaḳī ve bedḫāh terbiyeye ve terbiyet {7} ḳabūl itmeyanleri bilā-imhāl cānib-i Devlet-i ʿAliyye'ye ifādeye müsāraʿat idecek her kim ise anı paṭrīḳliğe intiḫāb {8} idüb ṭaraf-ı Devlet-i ʿAliyye'den ol kimesne paṭrīḳ naṣb olunmaḳ içün keyfiyyeti ʿalelʿumūm ifādeye mübāderet eyleyesiz deyu. Fī 22 Ẕa 37

[576/143] *Ḫūrşīd Paşa ḥażretlerine*

{1} Vezīr-i mükerrem saʿādetlü Ḳapūdān paşa ḥażretleriniñ Donanma-yı Hümāyūn Bādra pīşgāhına lenger-zen-i saṭvet olmuş ise de {2} Bādra pīşgāhında iḳāmet maḥẓūrdan sālim olmayacağından Moton ve Ḳoron ve Anābolī ve Arḫos ve Yānya ṭaraflarında {3} geşt ü güẕār itmek üzere Bādra'dan ḥareketi istīẕānına ve lillāhi'l-ḥamd ve'l-mennihī Mora ordusı Derbend'den geçerek {4}

Gördūs ḳalʿasını baʿde'l-fetḥ Anābolī ve Arḫos ve Ṭrābolīçe ṭaraflarına ʿazīmet itmiş ve Bādra'ya vürūd iden {5} üç-dört ḳıṭʿa sefīneniñ ẕaḫīresi alınaraḳ ordu-yı meẕkūr cānibine gönderilmiş oldığına ve aḳçe cihetiyle {6} żarūreti ifādesine dā'ir ṣavb-ı sāmīlerine tevārüd itmiş olan taḥrīrātına Donanma-yı Hümāyūn'uñ Bādra pīşgāhında {7} iḳāmeti fā'ideyi müntic olmayacağından Ḳarlıili ṭarafından gidecek ʿasākir-i şāhāneniñ Mora'ya imrārı żımnında {8} beş-altı ḳıṭʿa sefīne bıraġaraḳ Donanma-yı Hümāyūn'ı bi'l-istiṣḥāb ṭıbḳ-ı işʿārı vechile maḥāll-i merḳūme ṭaraflarına {9} şirāʿ-küşā-yı nuṣret ve Mora ordusı me'mūrlarıyla bi'l-muḫābere ḳahr ü tenkīl-i aʿdāya beẕl-i liyāḳat eylemesi {10} ve Īnebaḫtī Muḥāfıẓı Ḳapucıbaşı Emīn Aġa bendelerine daḫi aḳçe irsāli bā-taḥrīrāt iltimās itmiş ise de ʿulūfe cihetiyle {11} ẕāt-ı sāmīleri külliyyetlü aḳçeye muḥtāc olacaḳlarından müşārun-ileyhimāya aḳçe gönderilemeyerek istedikleri aḳçe {12} bu ṭarafdan gönderileceği maʿrıżında ṭaraf-ı sipehdārīlerinden cevāb-nāme yazılaraḳ müşārun ve mūmā-ileyhimānıñ {13} taḥrīrātı ve sābıḳ Sīvās vālīsi olub ḥālā Eġrīboz muḥāfıẓı olan saʿādetlü Ḥasan Paşa ḥażretleriniñ Anābolī {14} ḳalʿası muḥāṣara ve istīlādan taḫlīṣ olmuş oldığını mübeşşir bu ṭarafda birāderine yazmış oldığı şuḳḳaları {15} ve Sūl me'mūrlarına ṭaraf-ı serʿaskerīlerinden tehdīd ve veṣāyā-yı mü'eṯṯireyi şāmil yazılmış olan taḥrīrātlara {16} gelan cevāb-nāmeler irsāl buyuruldığı ve Mora Serʿaskeri saʿādetlü Maḥmūd Paşa ḥażretleriniñ işbu ġayreti {17} ḳarīn-i āferīn olub Sūl ġā'ilesi daḫi bitmiş gibi oldığından inşā'allāhü'r-Raḥmān ʿan-ḳarīb Mora'nıñ külliyyen {18} ʿavn ü ʿināyet-i Bārī'yle aḳdem-i me'mūl oldığı beyānıyla müşārun-ileyh Ḳapūdān paşa ḥażretleriyle aġa-yı mūmā-ileyhe {19} aḳçe irsāli ve Mora ordusı-çün Dersaʿādet ve Selānīk'den daḳīḳ ve beksimād sefāyin ile isbāl ve muḳaddemce {20} ṣavb-ı sāmīlerine gönderilan iki biñ kīse henüz vürūd itmeyüb vāṣıl olsa bile Sūl üzerinde olan {21} ʿasākiriñ ʿulūfelerine vāfī olmayacağından ne vechile ise ṣavb-ı ʿālīlerine külliyyetlü aḳçe irişdirilmesi ḫuṣūṣunı {22} ve sā'ir ifādeyi ḥāvī tevārüd iden taḥrīrāt-ı behcet-āyāt-ı sāmīleri ve evrāḳ-ı mersūle mezāyāları {23} rehīn-i ıṭṭılāʿ-i ṡenāverī olub lillāhi'l-ḥamd eṡer-i iḳdām ü himmet-i ṣalābet-şiʿārīleriyle Mora ve Sūl {24} māddeleri yoluna girüb Cenāb-ı Ḫayru'n-Nāṣırīn'iñ ʿavn ü ʿināyetiyle ʿahd-i ḳarībde Mora cezīresi kāmilen {25} tesḫīr olunacağı elṭāf-ı İlāhiyye-i Ṣamedāniyye edillesiyle mir'āt-ı ḥuṣūlde cilve-nümā olacağı me'mūl olaraḳ **(65)** işbu peyām-ı ferḥat-encāmıñ şu eyyām-ı mübārekeye teṣādüfi cümle ümmet-i Muḥammed'e baʿiṡ-i meserret olaraḳ ʿīd-ber-ʿīd olaraḳ {2} bu bābda ẓuhūra gelan ve gelmekde olan ġayret ü himmet-i celūdānelerine hiç diyecek olmayaraḳ hemān "ʿAleyhi {3} ʿavnüllāh" duʿāsı ḥaḳḳ-ı eḥaḳḳ-ı sāmīlerinde icrā-birle müşārun-ileyh Ḳapūdān paşa ḥażretleriniñ daḫi Donanma-yı Hümāyūn'a {4} rākib olmuş oldığını mübeyyin taḥrīrātı gelmiş oldığından taḥrīrāt-ı seniyyeleri ve evrāḳ-ı mersūle ve müşārun-ileyhiñ {5} taḥrīrātı derḥāl ṭaḳımıyla ḫāk-pāy-ı hümāyūn-ı şāhāneye

ʿarż ü taḳdīm ile manẓūr-ı hümāyūn-ı mülūkāne buyurulmuşdur. {6} Sūlī maṣlaḥatı ḫitāma resīde olub Mora ġāʾilesi daḫi inşāʾallāhü Taʿālā ḳarīben ḥüsn-i ṣūret bulmaġa yüz {7} ṭutmuş oldıġından es̱er-i himem-i seniyyeleriyle bundan böyle meʾmūl olan aḫbār-ı sārreniñ pey-ā-pey vürūdı {8} elṭāf-ı İlāhiyye'den müstedʿā ve müşārun-ileyh Ḳapūdān paşa s̱enā-kārlarına muḳaddemce yüz biñ ġurūş aṭiyye-i seniyye ile {9} baʿżı yararlıḳları ẓuhūr idenleri talṭīf ve teşvīḳ żımnında miḳdār-ı kifāye ḫilaʿ ve şāl irsāl olunmuş {10} ve götüren tatarlara ḥāmil-i taḥrīrātları olan tatarlar Sīroz'da teṣādüf itmiş oldıġından şimdiye {11} ḳadar meblaġ-ı mezbūr vāṣıl olaraḳ müşārun-ileyh[e] aḳçe ḫuṣūṣuyla iʿānet-i lāzıme icrā olunmuş olacaġı hüveydā ise de {12} işʿār-ı düstūrīleri vechile ehemm-i umūr olan aḳçe ve ẕaḫīre irişdirmek olacaġından bu defʿa {13} kerāmet-efzā-yı ṣudūr olan ḫaṭṭ-ı şerīf-i şāhāne mūcebince ẕāt-ı sāmīlerine ve İnebaḫtī muḥāfıẓı mūmā-ileyh ile {14} müşārun-ileyh Ḳapūdān paşaya virilmek üzere üç biñ kīse aḳçe naḳden tertīb ve ṣavb-ı sāmīlerine {15} tesrīb olunmuş olmaġın işbu aḳçeden İnebaḫtī muḥāfıẓı mūmā-ileyhiñ istediği mebāliği tamāmen iʿṭā {16} ve ḳapūdān-ı müşārun-ileyhe daḫi münāsib gördükleri miḳdār aḳçe irsāl-birle ḳuṣūrını ẕāt-ı ʿālīleri {17} ʿasker ʿulūfesine ṣarf iderek īfā-yı lāzıme-i mehām-şināsīye himmet buyurulmaḳ muḥavvel-i ʿuhde-i düstūrīleri olub {18} bundan böyle daḫi ṭaraf-ı sāmīlerine peyderpey aḳçe irsāliyle taḳviye-i bāzū-yı iḳtidārları emrinde tecvīz-i ḳuṣūr {19} olunmayacaġından başḳa saʿādetlü Selānīk mutaṣarrıfı bendeleri bugünlerde Selānīk'den Mora ordusı-çün bir ḳıṭʿası {20} ḥınṭa ve bir ḳıṭʿası beksimād [ve] daḳīḳ ḥamūlesiyle iki ḳıṭʿa İngiltere sefīnesi istīcār ve İzdīn'e irsāl itmiş {21} ve bundan böyle daḫi İngiltere sefīnesi vürūd eyledikçe ẕaḫīre taḥmīl ve tesbīl eyleyeceğini bu defʿa bā-taḥrīrāt {22} inhā eylemiş ise de müteʿalliḳ olan irāde-i ʿaliyye-i şāhāne iḳtiżāsı üzere bundan böyle göndireceği ẕaḫīre {23} faḳaṭ daḳīḳ ve beksimād olub peyderpey irsāline ġayret eylemesi ṭaraf-ı ḫulūṣ-verīden müşārun-ileyhe taḥrīr {24} ve teʾkīd olundıġından fażla Mora'da ʿasākir-i İslāmiyye'niñ ẕaḫīreden ṣıḳılmamaları-çün bu ṭarafdan daḫi {25} ẕaḫīre irsāliniñ çāresine baḳılmaḳda olaraḳ vüsʿ-i beşerde olan iḳdām ü ihtimāmıñ icrāsında {26} bu ṭarafdan bundan böyle daḫi bir vechile ifāte-i vaḳt olunmayacaġı maʿlūm-ı sāmīleri buyurulduḳda hemān {27} ẕāt-ı sipeh-sālārīleri her ḥālde tedābīr-i muḳteżiye ve ārā-yı ṣāʾibeniñ bi-tevfīḳillāhi Taʿālā ḥüsn-i iʿmāliyle ḳuvve-i {28} ḳarībeye gelmiş olan şu Sūl ve Mora ġāʾileleriniñ ber-vefḳ-i dil-ḫāh bir daḳīḳa evvel külliyyen indifāʿı {29} vesāʾiliniñ istiḥṣāline ṣarf-ı yārā-yı liyāḳat buyurmaları mütevaḳḳıf-ı himem-i seniyyeleridir. Ḳaldı ki, müşārun-ileyh {30} Ḳapūdān paşa ḥażretleriniñ ṣavb-ı ṣafderānelerinden istīẕān eylediği mevāddan Donanma-yı Hümāyūn'a {31} dāʾir olanınıñ cevābını ne vechile taḥrīr eyledikleri taḥrīrāt-ı vāridelerinde muḥarrer ise de sāʾir istīẕān eylediği {32} ḫuṣūṣlara dāʾir bir şey taḥrīr buyurmadıḳlarından anlara dāʾir ne vechile tedbīr eyledikleri maʿlūm olamayub bu vechile {33} müşārun-ileyhiñ sā'ir ṭaraf-ı müşīrānelerinden istīẕān eylediği mevādda dā'ir bir şey yazmayaraḳ taḥrīrātını {34} bu ṭarafa irsāl buyurmaḳdan maḳṣūdları bu ṭarafdan re'y olunmaḳ mıdır, yoḫsa ẕāt-ı saʿādetleri {35} iḳtiżālarını icrā buyurmuşlar mıdır, bu ḫuṣūṣlarıñ evvel ü āḫiri cenāb-ı ġayret-me'āblarına muḥavvel olub {36} cümlesi ẕāt-ı serʿaskerīniñ re'y ü tedbīr buyuracaḳları mevāddan oldığından hemān iḳtiżālarını {37} icrā ve işʿār iderek faḳaṭ ṣūret-i ḥāli bu ṭarafa bildirmeleri ve bu ṭarafdan istīẕāna mütevaḳḳıf {38} mādde oldığı ḥālde anı daḫi ṣarāḥaten işʿār buyurmaları lāzımeden ve īcāb-ı irāde-i seniyyeden {39} olmağla hemān ez-her-cihet me'mūriyyet-i ṣafderāneleriniñ icrāsına beẕl-i himmet buyurmaları siyāḳında ḳā'ime. Fī 8 Ẕ 37

[*576/144*] *Ḳapūdān paşa ḥażretlerine*
{1} ʿUhde-i müşīrīlerine tevcīh ü iḥsān buyurılan deryā ḳapūdānlığınıñ edā-yı teşekküründen ve İzdīn ṭarafında {2} olan vüzerā-yı ʿiẓām ḥażretleriniñ bi-tevfīḳihī Taʿālā Mora'ya duḫūlleriyle Gördūs ḳalʿası fetḥ ü tesḫīr {3} olunmuş ve Donanma-yı Hümāyūn daḫi vürūd ile ẕāt-ı saʿādetleri rākib olmuş ve Anābolī ḳalʿası eyādī-i {4} küffārdan taḫlīṣ ḳılınmış oldığından baḥisle ʿaṭūfetlü serʿasker-i ẓafer-rehber Ḫūrşīd Paşa ḥażretleri ṭarafından {5} vürūd idecek irāde ve işʿāra müteraḳḳıben baḥren keyd-i aʿdānıñ indifāʿına himmet buyurulmaḳda oldığını {6} şāmil meserret-baḫşā-yı vürūd olan taḥrīrāt-ı müşīrīleri mezāyāsı rehīn-i ıṭṭılāʿ-i ḫulūṣ-verī {7} olaraḳ ḫāk-pāy-ı hümāyūn-ı mülūkāneye ʿarż ile manẓūr-ı naẓar-ı ʿāṭıfet-eṣer-i cenāb-ı tācdārī olmuş {8} ve "Ḥaḳḳ Taʿālā tevfīḳ-i ʿaliyyesin refīḳ idüb livāsını manṣūr eyleye" deyu ḥaḳḳ-ı müşīrīlerinde duʿā-yı icābet-nümā-yı {9} ẓıllullāhīyi mutażammın ḫaṭṭ-ı şerīf-i şāhāne şeref-rīz-i ṣudūr eylemişdir. Cenāb-ı dirāyet-niṣāb-ı düstūrīleri {10} Devlet-i ʿAliyye-i ebediyyetü'd-devāmıñ diyānet ü ġayret ve ṣadāḳat-i lāzımesini iʿtiyād itmiş ve uğur-ı dīn {11} ve Devlet-i ʿAliyye'de ṡübūt-yāfte-i levḥa-i ẓuhūr olacaḳ ḫidemāt ibrāzını endīşe ve efkār idinmiş eṣdaḳ-ı {12} ṣādıḳ vüzerā-yı ʿiẓāmından olduḳlarından ḥaḳḳ-ı saʿādetlerinde meḥāsin-i teveccüh-i ʿālī derkār ve elḥamdülillāh {13} Donanma-yı Hümāyūn vaḳtiyle irişüb berren daḫi ʿasker ve vüzerā dāḫil olmuş olduḳları {14} me'āl-i işʿārlarından ve müşārun-ileyh Serʿasker paşa ḥażretleri ṭarafından tevārüd iden taḥrīrāt me'āl-i behcet-iştimālinden {15} nümūdār olub Allāh'ıñ ʿavn ü ʿināyetiyle ḳarīben Mora külliyyen żabṭ ü tesḫīr olunması elṭāf-ı ḫafiyye-i İlāhiyye'den {16} mes'ūl ü müstedʿā olmağın hemān ẕāt-ı saʿādetleri muḳteżā-yı me'mūriyyet ve lāzıme-i ġayret ü ṣadāḳatleri {17} üzere şu Mora ġā'ilesiniñ bir ān evvel indifāʿıyla ḥaḳḳ-ı saʿādetlerinde derkār olan teveccüh-i ʿālīniñ {18} tezāyüd ü tevāfürini mūcib esbābıñ istiḥṣāline ve serʿasker-i müşārun-ileyh

ḥażretleriyle ez-her-cihet muḫābere-i {19} lāzımeyi icrāya ve īfā-yı muḳteżā-yı me'mūriyyete himmet buyurmaları siyāḳında ḳā'ime. Lede'l-vuṣūl {20} Donanma-yı Hümāyūn ḳapūdān ve żābiṭān ve neferātınıñ ve muḳaddem meştāya müretteb ve Preveze'de olan {21} süfün-i hümāyūn ile Cezāyir ve Tūnus ve Ṭrāblus ocaḳları sefīneleri ḳapūdān ve neferātınıñ otuz yedi {22} senesine maḥsūben müstaḥaḳḳ olduḳları mevācibleriniñ tanẓīm ve i'ṭā ve Donanma-yı Hümāyūn ma'iyyetinde olan {23} mīrī tüccār sefīneleriniñ Dersa'ādet'den ḥīn-i ḫurūclarında 'ale'l-ḥesāb ikişer aylıḳları virilmiş ise de {24} ḫurūcları ḫaylī vaḳt oldığından bunlarıñ daḫi işlemiş māhiyyeleriniñ irsāl olunması ḫuṣūṣları {25} taḥrīrāt-ı vārideleriinde muḥarrer olaraḳ müte'alliḳ olan irāde-i seniyye mūcebince keyfiyyet ve iḳtiżāsı añlaşıldıḳdan ṣoñra {26} aḳçe serī'an müşārun-ileyh Ḫūrşīd Paşa ḥażretleri ṭaraflarına gönderilmek üzere Tersāne-i 'Āmire emīni 'izzetlü {27} efendi bendelerine ḥavāle olunmuş idüği ma'lūm-ı sa'ādetleri buyurulduḳda ber-vech-i muḥarrer ḥarekete himmet buyurmaları me'mūldür. Fī 8 Ẕ 37

[576/145] ***Selānīk mutaṣarrıfına***

{1} Bundan aḳdem şeref-sünūḥ iden irāde-i seniyye mūcebince Mora ordusı-çün bir ḳıṭ'ası ḥınṭa ve bir ḳıṭ'ası daḳīḳ {2} ve beksimād olmaḳ üzere iki İngiltere sefīnesi istīcār olunaraḳ gönderildiği ve bundan böyle daḫi {3} İngiltere sefīnesi ẓuhūrunda ẕaḫīre taḥmīl ve tesbīl olunmasına i'tinā eyleyecekleri beyānıyla bu def'a {4} ḥınṭa taḥmīl olunmuş olan sefīneye virilan on iki biñ elli beş ġurūş nevli i'ṭā olunması {5} ḫuṣūṣunı ḥāvī tevārüd iden taḥrīrāt-ı müşīrīleri mezāyāsı ma'lūm-ı ḫālişānemiz olmuşdur. Lillāhi'l-ḥamd {6} 'asākir-i şāhāneniñ Mora Derbendi'nden girüb Gördūs ḳal'asını ba'de't-tesḫīr Anābolī ḳal'asını daḫi {7} muḥāṣara ve istīlādan taḫlīṣ olunmuş oldığına ve Mora'ya berren ẕaḫīre irsāli müte'assir olmayub {8} ḥınṭa gönderildiği ṣūretde ordularda daḳīḳ itmek daḫi emr-i 'asīr oldığından Selānīk ṭarafından {9} Mora ordusı-çün gönderilecek ẕaḫīreniñ daḳīḳ ile beksimād olaraḳ irişdirilmesi lāzımeden {10} idüğüne dā'ir ser'asker-i ẓafer-rehber 'aṭūfetlü Ḫūrşīd Paşa ḥażretleriniñ bu def'a taḥrīrātı tevārüd itmiş {11} oldığından müşārun-ileyh ḥażretleriniñ taḥrīrātıyla berāber taḥrīrāt-ı vārideleri 'atebe-i 'ulyā-yı mülūkāne[ye] 'arż ḳılınmış (67) ve bundan böyle göndireceğiñiz ẕaḫāyir faḳaṭ beksimād ile daḳīḳ olması ve peyderpey irsāline ġayret {2} eylemeñiz ve mārrü'ẕ-ẕikr nevl-i sefīne i'ṭā olunması ḫuṣūṣuna irāde-i seniyye-i mülūkāne müte'alliḳ olmuş ve mūcebince {3} nevl-i mezkūruñ i'ṭāsı 'izzetlü Defterdār efendiye ḥavāle olunmuş olmaġla ẕāt-ı sa'ādetleri {4} muḳteżā-yı ġayret ve iḳtiżā-yı irāde-i 'aliyye üzere bundan böyle göndirecekleri ẕaḫāyir faḳaṭ {5} daḳīḳ ve beksimād olmaḳ üzere tanẓīm iderek peyderpey Mora ordusuna sevḳ ü tesbīliñ {6} esbāb-ı muḳteżiyesini bi'l-ikmāl

Mora ordusunda olan ʿasākir-i muvaḥḥidīniñ ẕaḫīre māddesinde {7} giriftār-ı żucret olmamalarını müstelzim ḥālātıñ istiḥṣāline ṣarf-ı himmet buyurmaları siyāḳında ḳāʾime. Fī 9 Ẕ 37

[576/148] *İzmīr muḥāfıẓına*
{1} Ḥālā Tırḥāla sancağına mutaṣarrıf olub Anābolī muḥāfaẓasında olan saʿādetlü ʿAlī Nāmıḳ Paşa {2} ḥażretleri ẕaḫīre ḫuṣūṣunda derkār olan müżāyaḳadan baḥṣ iderek īcāb iden bahāsı {3} cānib-i Devlet-i ʿAliyye'den yāḫūd ṣarrāfı ṭarafından teʾdiye olunmaḳ üzere miḳdār-ı vāfī ẕaḫīre tedārük {4} ve Frānsa sefīnesine taḥmīl ve maʿiyyetine bir ḳıṭʿa Frānsa beğliği terfīḳ itdirilerek serīʿan tesyīr olunmasını {5} ṣavb-ı saʿādetlerine yazmış oldığından müşārun-ileyhiñ maṭlūb eylediği ẕaḫīreniñ irsāli {6} her ne ḳadar emr-i ʿālī ṣudūrına mütevaḳḳıf ise de ẕaḫīrede derkār olan ıżdırāblarını müşārun-ileyhiñ {7} taḥrīrātını getüren Frānsa sefīnesi ḳapūdānı daḫi ifāde eylemiş idüğünden imrār-ı vaḳt olmamaḳ içün {8} derḥāl ṭaraf-ı düstūrīlerinden buyuruldı iʿṭāsıyla dergāh-ı ʿālī ḳapucıbaşılarından Menemen Voyvodası Muṣṭafā {9} Ağa'dan altışar ġurūş on üçer pāra fī ile sekiz biñ yüz keyl ḥınṭa mübāyaʿa ve bir ḳıṭʿa Frānsa {10} beğliği terfīḳ olunmaḳ şarṭıyla beher keyline ḳırḳ üçer pāra nevl virilmek üzere tanẓīm olunaraḳ {11} sefīneye taḥmīline mübāşeret olunmuş oldığı ve müşārun-ileyhiñ vārid olan şuḳḳasıyla ḳapu ketḫüdāsına mersūl {12} kāğıdı ve ẕaḫīre-i merḳūmeniñ īcāb iden bahā ve nevlini mübeyyin pūşulası taḳdīm ḳılındığı beyānıyla bu bābda {13} lāzım gelan emr-i ʿālī ıṣdār ve ẕikr olunan ḥınṭanıñ s̱emeni ağa-yı mūmā-ileyhiñ Dersaʿādet'de ṣarrāfı {14} ṭarafına teslīm itdirilerek maḳbūż senediniñ ṭaraf-ı saʿādetlerine tesyār ḳılınması ḫuṣūṣuna dāʾir olan {15} şuḳḳa-i şerīfeleriyle evrāḳ-ı mersūle mezāyāsı maʿlūm-ı ḫālişānemiz olmuşdur. Fī'l-ḥaḳīḳa bir maḥalden maḥall-i āḫara {16} ẕaḫīre naḳli ḫaṭṭ-ı hümāyūn-ı şāhāne ile muvaşşaḥ emr-i ʿālī ṣudūrına mütevaḳḳıf ise de bu ḫuṣūṣ meṣāliḥ-i {17} dīniyyeden ve sürʿat-i icrāsı farīża-i ḥāliyeden olaraḳ niẓām-ı mezḳūra taṭbīḳ ile imrār-ı vaḳt olacaḳ {18} mevāddan olmadığına bināʾen ol ṣūretle serīʿan tanẓīm ve tesyīri esbābınıñ istiḥṣāline himmetleri iṣābet {19} ḳabīlinden olub ancaḳ Mora'da ʿasākir-i İslāmiyye'niñ ẕaḫīre māddesinde giriftār-ı meşaḳḳat olduḳları {20} maʿlūm ve ḥınṭa irsālinde öğüdülmesi cihetiyle ʿusret olacağından daḳīḳ gönderilmesi işe yarayacağı emr-i meczūm {21} oldığı mis̱illü gönderilecek ẕaḫīreniñ şiḳorṭa vechile tanẓīm ve irsāli ḥasbe'l-vaḳt münāsib {22} olacağı āşikār ve tedārük ve irsāl buyuracaḳları mārrü'ẕ-ẕikr ḥınṭadan başḳa mümkin oldığı {23} miḳdār daḳīḳ daḫi tanẓīm iderek yine Frānsa yāḫūd āḫar müsteʾmen sefīnesiyle Anābolī'ya veyā Mora'da {24} ʿasākir-i İslāmiyye'niñ oldığı āḫar münāsib maḥalle irsāl olunması dīn ü devlete ḫidmet ḳabīlinden olacağı {25} bedīdār olmaḳ mülābesesiyle irsāl buyuracaḳları sālifü'l-beyān ḥınṭa içün lāzım gelan emr-i ʿālī {26} ıṣdār ve

tesyār olunmuş oldığından māʿadā Mora'ya daḳīḳ irsāli żımnında bir ḳıṭʿa emr-i ʿālī daḫi {27} taṣdīr ve tesyīr olunmuş olub işʿār-ı müşīrīleri vechile ẕikr olunan sekiz biñ yüz keyl ḥınṭa s̱emeniniñ {28} iʿṭāsı derdest olaraḳ Mora içün gönderilecek daḳīḳiñ daḫi es̱mānı ve nevli ne miḳdāra bāliġ {29} olur ise iʿṭā ol[un]acaġı [āşikār] olmaġla hemān ẕāt-ı saʿādetleri evāmir-i şerīfe-i mezkūreniñ manṭūḳ-ı {30} münīfiniñ sürʿat-i icrāsıyla mecbūl oldığıñız ġayret ü ḥamiyyeti is̱bāta kemāl-i himmet ü müsāraʿat ve gönderilecek {31} ẕaḫīreniñ şiġorṭa vechile tanẓīmi imrār-ı vaḳti mūcib olmayacaḳ ṣūretle mümkin ise ol vechile {32} himmet mümkin olmayub Frenkleriñ maʿlūm olan uṣūli sebebiyle bu şiġorṭa māddesiniñ {33} tanẓīmi imrār-ı vaḳti müstelzim olacaḳ ise andan daḫi ṣarf-ı naẓar ile hemān biraz daḫi daḳīḳ {34} tedārük ve münāsib müste'men sefīnesine taḥmīl ve mehmā-emken sālimen irsāli emrinde beğlik terfīḳi {35} ve sā'ir gūne lāzım gelan tedbīri icrā-birle bir daḳīḳa evvel mütevekkilen ʿalellāh ne ṣūretle olur ise Mora'da {36} ehl-i İslām ṭarafına irişdirilmesi vesā'il-i muḳteżiyesiniñ ikmāli ḫuṣūṣuna beẕl-i himmet buyurmaları siyāḳında ḳā'ime. Fī 16 Ẕ 37

[*576/152*] *Ḫūrşīd Paşa ḥażretlerine*
{1} Bu defʿa bi-ḥikmetillāhi Taʿālā Mora ordusunda ẕaḫīresizlik vesīlesiyle ẓuhūr iden uyḳunsuzluḳ keyfiyyetinden {2} ve bugünlerde Yānya Mutaṣarrıfı saʿādetlü ʿÖmer Paşa ve Ḳaraman Vālīsi Reşīd Paşa ḥażerātı Sūlī üzerinden {3} ḏoġrı Mora'ya gitmek ve Teke Mutaṣarrıfı Meḥmed Paşa ḥażretleriyle silaḥdārları bendeleri serīʿan Yeñişehir'e gelüb andan {4} Mora derūnuna sevḳ olunmaḳ tedābīrine teşebbüs̱lerinden ve muḳaddemā ṭaraf-ı serʿaskerīlerine gönderilan iki biñ kīse aḳçe {5} tamāmen Sūl üzerinde olan ʿaskeriñ ʿulūfesine virilüb sā'ir vüzerā ve me'mūrlara daḫi bi'l-istidāne {6} iḳtiżāsına göre aḳçeler irsāl itmiş ve el-ḥāletü-hāẕihī ol ṭaraflardan Mora derūnuna berren ve baḥren ẕaḫīre irsāli {7} mümkin olmayub giçende Selānīk'den ẕaḫīre taḥmīliyle İzdīn'e gönderilan İngiltere tüccār sefīnelerini daḫi eşḳıyā tekneleri {8} çeküb żabṭ eylemiş olduḳlarından baḥis̱le Dersaʿādet'den ne vechile olur ise Mora'ya ẕaḫīre irişdirilmesi ve ṭaraf-ı düstūrīlerine {9} daḫi külliyyetlü aḳçe ile imdād olunması ḫuṣūṣlarına dā'ir tevārüd iden şuḳḳa-i şerīfeleri ve Mora'da olan {10} vüzerādan ṣavb-ı sāmīlerine gelüb taḳdīm buyurılan taḥrīrāt me'āl ü mezāyāsına ıṭṭılāʿ-i muḫliṣī ḥāṣıl olduḳdan (70) ṣoñra ḫāk-pāy-ı mekārim-peymā-yı mülūkāneye daḫi ʿarż ile meşmūl-ı bāṣıra-i ʿāṭıfet-bāhire-i ḥażret-i tācdārī {2} buyurulmuşdur. Mora ordusunda ʿaskerī ṭā'ifesiniñ ol vechile ḥarekāta ibtidārları eğer ẕaḫīresizlikden olsa {3} o ḳadar mühimmāt ve ḥayvānāt ve insānı telef itmeğe ḥācet olmayub ẕaḫīre bulmanıñ çāresine baḳılması {4} ve çünki fesād-ı mezkūr ẕaḫīresizlikden neş'et eylediği ḥālde nüzül emīni tüccārlara getürdiği ẕaḫīreyi {5} terk itmamesi lāzımeden iken böyle olması bir

fesād taḥtında oldıġı ẓāhir ve sebeb olanlar kimler ise {6} cezālarını min-ṭarafillāh bulacaḳları müberhen ü bāhir olub bu bābda beyhūde kederiñ fā'idesi olmayaraḳ {7} ʿavn ü ʿināyet-i Cenāb-ı Rabbü'l-ʿĀlemīn'e istinād ile elden gelan ġayreti icrā ve diyānet ü ṣadāḳat {8} me'ās̱iriniñ is̱bātını müstelzim vesā'ili īfā lāzımeden ve Mora me'mūrlarınıñ maṭlūb eyledikleri {9} eşyānıñ cümlesi ḳābil ise de tīz elden ẕaḫīre irişdirmeniñ ne vechile olur ise olsun {10} çāresi bulunması farīża-i ḥāliyeden idüği ẓāhir oldıġından Mora'ya ẕaḫīre irişdirilmek {11} içün birḳaç ṣūret ḫāṭıra gelüb şöyle ki, Dersaʿādet'den Mora'ya daḳīḳ ve beksimād tertīb {12} ve irsāliniñ çāresine baḳılmaḳda ise de maʿlūm-ı ʿālīleri oldıġı vechile müste'men sefīnelerinden {13} emniyyetsizliğe ve vaḳt ü ḥāle naẓaran biraz vaḳte muḥtāc ve ẕaḫīre ḫuṣūṣı ise te'ḫīr ḳabūl ider {14} mevāddan olmadıġı vāreste-i ḳayd [ü] iḥticāc olub bu cihetle hemān ol ṭaraflardan sāye-i ʿāṭıfet- {15} -vāye-i şāhānede aḳçe ḳuvvetiyle ẕaḫīre irişdirmeniñ ṭaraf ve taḳrībini bulmaḳ īcāb-ı ḥālden ve ṣavb-ı {16} serʿaskerīlerine daḫi mu'aḫḫaren daḫi üç biñ kīse aḳçe tertīb ve irsāl olunmuş oldıġından başḳa {17} bundan böyle daḫi peyderpey külliyyetlü aḳçe irsālinde ḳuṣūr olunmayacaġı vāżıḥātdan olmaḳ ḥasebiyle ẕāt-ı {18} ġayret-simāt-ı sipehdārīleri hemān ücretleri ne miḳdāra bāliġ olur ise pey-ā-pey bu ṭarafdan gönderilmek üzere {19} Yeñişehir ve Selānīk ṭaraflarından vücūdı melḥūẓ olan üç-dört biñ kirācı ḥayvānātıyla mümkin {20} mertebe Mora'ya ẕaḫīre irişdirmeğe mi himmet buyurursuz, yoḫsa saʿādetlü Sīrozī Yūsuf Paşa {21} ḥażretleriniñ ṣavb-ı vālālarına olan inhāsı vechile müşārun-ileyh ṭarafına külliyyetlü aḳçe gönderüb Zānṭa {22} ve Kefālonya ṭaraflarından, ve'l-ḥāṣıl bulunabildiği müste'men sefīnelerinden mi iştirā itdirirsiz, bu bābda {23} aḳçeye baḳmayub hemān iş görmeniñ ṣūretine baḳmaları ve müste'men sefīneleriyle Selānīk ṭarafından {24} daḫi ẕaḫīre irsāline baʿd-ez-īn emniyyet olunamayacaġına binā'en saʿādetlü Ḳapūdān paşa ve Selānīk Mutaṣarrıfı {25} Meḥmed Paşa ḥażerātıyla bi'l-muḫābere lillāhi'l-ḥamd ve'l-mennihī Donanma-yı Hümāyūn'da yüz ḳıṭʿaya ḳarīb sefāyin mevcūd olaraḳ {26} içinden bir ṭaḳım yiğirmi-otuz ḳıṭʿa sefāyin tertībiyle Selānīk'e gelüb hemān tehyi'e itdirilecek ẕaḫīre {27} teknelerini alub getürmeleri muḫāṭaradan sālim ve mümkin ve münāsib ise bu ṣūreti daḫi böylece icrā buyurmaları {28} ve Bālyabādra ṭaraflarına müste'men tekneleri ẕaḫīre götürmekde ise de merkūz olan ihānetleri iḳtiżāsınca {29} ʿasker-i İslām'ıñ bu müżāyaḳasını ve memālik-i maḥrūseden ẕaḫīre irsāliniñ inḳıṭāʿını gördükleri gibi {30} yüklerini yuḳaru yıġub isā'ete başlayacaḳları rū-nümā olub Arnavud İskenderiyesi ise ol ṭaraflara ḳarīb {31} ve Donanma-yı Hümāyūn daḫi ol ḥavālīde oldıġından emniyyet derkār olmaġla oradan baḥren sefīneler ile īcāb {32} iden maḥalle ẕaḫīre irişdirilmesi mümkin ve āsān oldıġından İskender[iye] Mutaṣarrıfı saʿādetlü Muṣṭafā {33} Paşa ḥażretlerine maḫṣūṣ fermān-ı ʿālī ile bir mübāşir taʿyīn ve Mora'nıñ ḥāl ü keyfiyyeti ve ẕaḫīreniñ

{34} şiddet-i lüzūmı beyān olunarak hemān muktezā-yı ġayret ü diyāneti üzere ol ṭaraflardan her ne cins ẕaḫīre {35} olur ise olsun akçesi cānib-i mīrīden virilmek üzere bulabildiği ve mümkin oldığı miḳdār {36} ẕaḫīre tedārük ve sefīnelere taḥmīlen Mora'ya irsāl eylemesi te'kīd olunub mübāşir-i mūmā-ileyhe daḫi {37} ʿale'l-ḥesāb sermāye olarak yüz biñ ġurūş virilmesi ve Selānīk mutaṣarrıfı müşārun-ileyhe daḫi {38} ṣūret-i ḥāl beyān olunarak hiç olmaz ise İzdīn'e kadar götürmek üzere Selānīk ṭaraflarından {39} kirācı ḥayvānātıyla berren ẕaḫīre irişdirmekliğe müsāraʿat eylemesi taḥrīr kılınması ṣūretleri mülāḥaẓa ve teẕekkür {40} ve istiṣvāb olunmuş ve ḫāk-pāy-ı hümāyūn-ı şāhāneden lede'l-istīẕān emr ü fermān-ı hümāyūn-ı şāhāne daḫi (71) tedābīr-i meẕkūreniñ icrāsına müteʿallik olmuş olub mūcebince İskenderiye mutaṣarrıfı müşārun-ileyhe ol vechile {2} fermān-ı ʿālī ıṣdār ve ʿale'l-ḥesāb yedine yüz biñ ġurūş iʿṭā olunarak maḫṣūṣ dergāh-ı ʿālī gediklülerinden {3} Muṣṭafā Beğ mübāşeretiyle hemān irsāl olunmak üzere olarak Selānīk mutaṣarrıfı müşārun-ileyhe daḫi {4} ṭaraf-ı ḫulūṣ-verīden taḥrīrāt yazılmış olub bu ḫuṣūṣuñ evvel ü āḫiri himem-i seniyye-i ṣafderāne ve ārā-yı {5} ṣā'ibe-i şecīʿānelerine mütevakkıf ü menūṭ oldığından ve bundan böyle bu ṭarafdan peyderpey külliyyetlü akçe irsālinde {6} kuṣūr olunmayacağından ẕāt-ı ʿālīleri ber-vech-i meşrūḥ hemān ücretleri ne miḳdāra bāliġ olur ise akçesi {7} bu ṭarafdan pey-ā-pey gönderilmek üzere Yeñişehir ve Selānīk ṭaraflarından vücūdı melḥūẓ olan ḥayvānātla {8} mümkin mertebe ẕaḫīre irişdirmeğe mi himmet buyurursuz, yoḫsa müşārun-ileyh Yūsuf Paşa'nıñ inhāsı vechile {9} anıñ maʿrifetiyle mi tanẓīm idersiz, ḥāṣılı akçe fikrini bir dürlü ilişik itmeyerek hemān iş görmeğe mezīd-i {10} dikkat ve müşārun-ileyh Muṣṭafā Paşa ḥażretleri ṭarafına daḫi ṭaraf-ı ʿālīlerinden maḫṣūṣ adam irsāl ve muḫābere {11} iderek ol ṭarafdan daḫi ne vechile olur ise Mora'ya ẕaḫīre sevki vesā'ilini ikmāl-birle ġayret ü ḥamiyyet-i {12} ẕātiyyelerini icrāya himmet buyurmaları siyākında kā'ime. Lede'l-vuṣūl Dersaʿādet'den külliyyetlü fişenk gönderilmesi {13} ve fişenk irsāli mümkin değil ise ol ṭarafda Tepedelenli'den alınan kurşunlardan bağlatdırılmak üzere bārūt {14} irsāl kılınması giçende ṣavb-ı ʿālīlerinden işʿār olunmuş oldığına binā'en iki yüz biñ desteden ziyāde fişenk {15} tanẓīmine kāfī olmak üzere dört yüz vārīl bārūt ve aña göre kurşundan başka mühimmāt-ı lāzımesi daḫi {16} mukaddemce sefāyine taḥmīlen Tekfūrdağı'na ve andan berren ṭaraf-ı saʿādetlerine irsāl olunmuş ise de müteʿākib ʿizzetlü {17} Ḥasan Taḥsīn Efendi bendeleriniñ takdīm eylediği bend bend takrīrinde ol ṭaraflarda külliyyetlü fişenk ve mühimmāt-ı ḥarbiyyeniñ {18} vücūdı lāzımeden idüği muḥarrer ü mesṭūr oldığından gönderilan mārrü'l-beyān bārūt kāfī olub {19} olmadığı ṭaraf-ı ʿālīlerinden cevābı vürūdunda iktiżāsına bakılmak üzere mukaddemce ṣavb-ı sāmīlerine bir kıṭʿa {20} istiʿlām-nāme gönderilmiş ise de Mora ordusı keyfiyyetine naẓaran ziyāde fişengiñ şiddet-i lüzūmı melḥūẓ olarak {21} şeref-sünūḥ iden irāde-i seniyye mūcebince ṣavb-ı sāmīlerinden cevāb vürūdına baḳılmayaraḳ bu def'a daḫi muḳaddemki {22} tertīb misillü ol ṭarafda Tepedelenli'den me'ḫūẕ ḳurşundan fişenk bağladılmaḳ üzere bir dört yüz vārīl {23} bārūt daḫi iḳtiżā iden mühimmātıyla berāber tertīb ve kemā-fi'l-evvel baḥren Tekfūrdağı'na ve andan berren ṭaraf-ı {24} sa'ādetlerine tesrīb olunmaḳ üzere sür'at-i tanẓīmi 'izzetlü Defterdār efendi bendelerine ḥavāle ḳılınmış olmağla {25} ẕāt-ı dirāyet-āyāt-ı müşīrīleri her ḥālde īfā-yı şerāyiṭ-i dirāyet-kārīye himmet buyurmaları me'mūldür. Fī 18 Ẕ 37

[*576/156*] ***İskenderiye mutaṣarrıfına***
{1} Ḥālā Rumili Vālīsi ser'asker-i ẓafer-rehber 'aṭūfetlü Ḫūrşīd Aḥmed Paşa ḥażretleriniñ Mora üzerine {2} sevḳ ü i'zām eylediği Mora me'mūrları olan vüzerā-yı 'iẓām ve me'mūrīn-i sā'ire ma'iyyetlerinde {3} olan 'asākir-i İslāmiyye ile ılġar iderek doğrı Mora Derbendi'ne varub gāvurlar her ne ḳadar derbend-i {4} mezḳūra istiḥkām virmişler ise de tāb-āver olamayaraḳ def'aten 'asker-i İslām Derbend'i mürūr {5} ve eyādī-i 'uṣāta giriftār olmuş olan Gördūs ḳal'asını fetḥ ü tesḫīr ve Anābolī ḳal'asını daḫi {6} taḫlīṣ iderek Ṭrābolīçe üzerine 'azīmet ve gāvurlarıñ tecemmu' eyledikleri maḥalde bā-'avn-i Bārī (73) üzerlerine varılaraḳ ḳahr ü tedmīrleriyle icrā-yı cihāda müsāra'at itmek üzere iken bi-ḥikmetillāhi Ta'ālā {2} ẕaḫīresizliği vesīle ile 'asker-i İslām beyninde uyḳunsuzluḳ vāḳi' olub bi'ż-żarūr tekrār Gördūs'e 'avdet {3} olunmuş oldığı Mora me'mūrları ṭarafından inhā olunub Mora maṣlaḥatı ḳuvve-i ḳarībeye gelmiş iken ẕaḫīresiz- {4} -likden nāşī bu vechile 'asker-i İslām'ıñ uğurlarına çıḳan gāvurlara bile baḳmayaraḳ Gördūs'e 'avdet eylemeleri {5} gāvurlarıñ bir ḳat daḫi şımarmalarını müstelzim oldığından başḳa Mora'da taḥaddüs iden fesāddan berü maḥṣūr {6} olub ma'āẕallāhü Ta'ālā eyādī-i küffāra giriftār olmaḳ ṣūretlerini kesb itmiş olan bu ḳadar seyyid ve seyyide {7} ve ricāl ve nisvān ve ṣıbyān 'asker-i İslām'ıñ ol vechile Mora derūnuna duḫūlüyle gāvurlarıñ ḥavṣala-i {8} İslāmiyye'ye ṣığmaz ve taḥammül olunmaz ḫıyānet ü mel'anetlerinden ḳurtulmaḳ derecesine gelmiş iken bu ṣūret o maḳūlelere {9} ne vechile bādī-i ḥüzn ü melāl olacağından ḳaṭ'-ı naẓar bunca 'asākir-i muvaḥḥidīn daḫi küffār içinde ẕaḫīresiz {10} ḳalmış olmaḳ ḥasebiyle artıḳ bu yolda ẕerre ḳadar İslām'dan behresi olana ḍurub oturmaḳ {11} ve ḫāb ü rāḥat ḥarām olaraḳ elden gelen ġayret ü iḳdāmı ṣarf ile şu Mora'ya ẕaḫīre irişdirüb {12} 'asker-i İslām'ı bu ẕaḫīre fikrinden vāreste iderek dīnimiziñ düşmeni olan gāvurlardan intiḳām almaḳ {13} vesā'ilini istiḥṣāl eylemesi farż olmuş taḳrībiyle el-ḥāletü-hāẕihī Mora'ya Dersa'ādet'den külliyyetlü ẕaḫīre sevḳi {14} çāresine baḳılacaḳ ise de muḳaddemce Selānīk ṭarafından İngiltere tüccār sefīneleriyle İzdīn'e sevḳ olunan {15} ẕaḫāyiri eşḳıyā tekneleri żabṭ itmiş olduḳlarından şimdiki ḥālde müste'men sefīnelerinden emniyyetsizliğe ve vaḳt {16} ü ḥāle

naẓaran Dersaʿādet'den Mora'ya ẕaḫīre isbāli biraz vaḳte muḥtāc ve Mora'da ise {17} ẕaḫīreniñ şiddet-i lüzūmı olaraḳ bu ḫuṣūṣda bir gün geçürmek cā'iz olmadığı vāreste-i ḳayd [ü] iḥticāc {18} olub ẕāt-ı dirāyet-āyāt-ı müşīrīleri ise Salṭanat-ı Seniyye'niñ kemāl-i diyānet ü ḥamiyyet ile ārāste vüzerā-yı {19} ʿiẓāmından olaraḳ dīn ü devlet yolunda her ḥālde ibrāz-ı ḥüsn-i ḫidmet idecekleri iʿtiḳād-ı ʿālīsi {20} ḥaḳḳ-ı şerīflerinde derkār oldığından māʿadā mecbūl [?] olduḳları ġayret-i İslāmiyye iḳtiżāsına naẓaran Mora'da {21} ẕaḫīresizlikden müżāyaḳaya giriftār olmuş ümmet-i Muḥammed'e mümkin olan iʿāneti icrā ile bu māddede dünyā {22} ve āḫiretde mes'ūl olmaḳdan ittiḳā eyleyecekleri āşikār ve İskenderiye sancağı ise Mora'ya ḳarīb maḥalde bulunub {23} Donanma-yı Hümāyūn daḫi ol ḥavālīde oldığından emniyyet derkār olaraḳ oradan baḥren sefīneler ile īcāb [iden] {24} maḥalle ẕaḫīre irişdirilmesi mümkin ve āsān olacağına binā'en aḳçesi cānib-i mīrīden virilmek üzere ol ṭarafdan {25} her ne cins olur ise olsun bulabildiğiñiz miḳdār ẕaḫīre tedārük ve sefīnelere taḥmīlen Mora'ya īṣāle ġayret {26} eylemeñiz emr ü fermān-ı hümāyūn buyurulmuş olub ol bābda ẕāt-ı saʿādetlerine ḫiṭāben bir ḳıṭʿa emr-i şerīf ıṣdār ve dergāh-ı {27} ʿālī gediklülerinden Muṣṭafā Beğ mübāşir taʿyīn ve yedine ʿale'l-ḥesāb sermāye olaraḳ yüz biñ ġurūş daḫi {28} iʿṭā olunaraḳ ṣavb-ı müşīrīlerine irsāl ḳılınmış olmağın işte tamām ġayret-i İslāmiyye ve ṣadāḳati icrā ve iṡbāt {29} idecek ve şevketlü efendimiziñ ḫayr duʿālarına maẓhar olacaḳ vaḳtler oldığından artıḳ siz daḫi ne yapar iseñiz {30} yapub bu māddede bir daḳīḳa vaḳt geçürmeyerek ḥaḳḳıñızda olan ḥüsn-i iʿtiḳād iḳtiżāsı üzere hemān {31} ol ṭaraflardan her ne cins ẕaḫīre olur ise olsun aḳçesi cānib-i mīrīye iʿṭā olunmaḳ üzere bula- {32} -bildiğiñiz ḳadar ẕaḫīre tedārük ve aḳçesini mübāşir-i mūmā-ileyh maʿrifetiyle virerek derḥāl sefīnelere {33} taḥmīlen Mora'ya īṣāle müsāraʿat ve bu māddede müşārun-ileyh Ḫūrşīd Paşa ḥażretleriyle daḫi muḫābereye {34} riʿāyet-birle ẕātlarından me'mūl-ı ʿālī olan ṣalābet ü ġayret me'āṡirini iẓhāra kemāl-i şitāb ü sürʿat {35} buyurmaları siyāḳında ḳā'ime. Fī 20 Ẕ 37

Ayniyat 577

[577/10] *Ḳızılḥiṣār mütesellimine*

{1} Ḳızılḥiṣār üzerine gelan dīn düşmenleriyle vāḳiʿ olan muḥārebede Cenāb-ı Ḥaḳḳ'ıñ luṭf ü nuṣretiyle {2} gāvurlar ne vechile bozulmuş ve Mānya Beği dinilan gāvuruñ oğlı Īlyā nām melʿūn ne ṣūretle iʿdām {3} olunaraḳ ser-i maḳṭūʿı gönderilmiş oldıġı ve Ḳızılḥiṣār ḳalʿasınıñ lāzım gelan maḥallerine ṭabyalar {4} inşāsıyla taḳviyet virilmiş idüği beyānıyla ḳalʿa-i merḳūme ve līmān burcı içün ṭop ve hāvan {5} ve yuvarlaḳ ve bārūt ve sā'ir mühimmāt-ı cebeḫāne ve edevāt-ı muḳteżiye gönderilmesi ḫuṣūṣunı şāmil {6} tevārüd iden maʿrūżātıñ ile taḳdīm olunan iʿlām ve maḥżar ve bu ṭarafa gönderilan adamıñıñ ḳaleme {7} aldırılan taḳrīri mezāyāsı maʿlūmumuz olduḳdan ṣoñra ḫāk-pāy-ı hümāyūn-ı ḥażret-i şehinşāhīye daḫi {8} ʿarż ü taḳdīm ile manẓūr-ı naẓar-ı ʿāṭıfet-es̱er-i cenāb-ı pādişāhī buyurulmuş ve ḫā'in-i mersūm Īlyā'nıñ {9} gönderilan ser-i maḳṭūʿı pīşgāh-ı bāb-ı hümāyūnda ġalṭīde-i ḫāk-i mez̠ellet ḳılınmışdır. Sen öteden berü diyānet {10} ve ġayret ü şecāʿat ile meşhūr ve Devlet-i ʿAliyye'niñ ṣādıḳ ve bahādır bendesi oldıġından dīn ü devletimiz {11} yolunda senden her ḥālde ḫidmet ve ṣadāḳat me'mūli derkār olaraḳ bu vechile ġayretiñ ve ḫā'in-i {12} mersūmı ele getürerek izāleye mübāderetiñ tamām senden me'mūlümüz olan diyānet ü istiḳāmeti is̱bāt itmekle {13} kemāl-i maḥẓūẓiyyeti mūcib olmuşdur. Āferīn, berḫūrdār olasın. Şevketlü pādişāhımız efendimiziñ nān ü nemeki {14} seniñ gibi dīn yolunda ve pādişāh uġurunda çalışanlara ḥelāl olsun. Seniñ gibi {15} şecīʿ ve bahādır devlet bendesine dirīġ muʿāmelesi olmayaraḳ her ḥālde taltīfiñ maṭlūb olmaġla {16} üzerinde olan sālyāne beğliğine ḫalel gelmeyecek vechile Devlet-i ʿAliyye'den bir maṭlūbuñ olaraḳ {17} bu ṭarafa işʿār eylediğiñde isʿāf ve iltimāsıña daḫi müsāʿade olunacaġı bī-gümān olmaġla hemān sen {18} bundan böyle daḫi güzelce çalışaraḳ dīn ü devlet yolunda ibrāz-ı ḥüsn-i ḫidmet ve şu dīnimiziñ düşmenleri {19} olan gāvurlardan intiḳām almaġa kemāl-i ġayret eylemañ senden maṭlūbdur. Ḳaldı ki, Ḳızılḥiṣār içün {20} mühimmāt ve ẕaḫīre irsāli Devlet-i ʿAliyye'niñ daḫi aḳdem-i efkārı ve el-ḥāletü-hāẕihī eşḳıyā gāvurlarınıñ tekneleri {21} ġā'ilesi berṭaraf olamamaḳ taḳrībiyle berren ve baḥren mühimmāt ve ẕaḫīre irsāli müteʿassir ise de bu ṭarafdan {22} gerek mühimmāt ve gerek ẕaḫīre irsāliniñ çāresine baḳılmaḳda oldıġından ve bu defʿa muḳteżī olan {23} maḥallere virilmek üzere vezīr-i mükerrem saʿādetlü Ḳapūdān paşa ḥażretleri ṭarafına müste'men tekneleriyle gönderilan {24} ẕaḫīreden Ḳızılḥiṣār'a daḫi bir miḳdār ẕaḫīre ve mümkin olur ise Donanma-yı Hümāyūn'dan biraz mühimmāt virmesi {25} müşārun-ileyh ḥażretlerine yazılmış idüğünden ve bundan böyle daḫi bu ṭarafdan irsāliniñ çāresine baḳılacaġından {26} hemān sen muṭma'innü'l-ḳalb olaraḳ ve cümle ile ittifāḳ iderek ol ṭarafıñ taḳviyet ü muḥāfaẓasıyla şu dīn {27} düşmenleri olan gāvurlardan intiḳām almaġa diḳḳat-birle nām ü şān alacaḳ ḥüsn-i ḫidmet ibrāzına müsāraʿat {28} eylemañ içün ḳāʾime. Fī 6 M 38

[577/11] *Mıṣır vālīsine*
{1} Bu defʿa Girīd ṭarafından tevārüd iden taḥrīrāt meʾālinde ʿuṣāt-ı kefere ile derkār olan muḥārebeden baḥs̱ iderek {2} Ḳandiye ve Resmo ḳalʿalarınıñ mühimmāt ve ẕaḫīre ḫuṣūṣunda derkār olan müżāyaḳaları beyānıyla ẕaḫīre ve cebeḫāne {3} irsāli beyān ve istidʿā olunmuş olub sāye-i şevket-vāye-i şāhānede ẕaḫīre tedārüki mümkin ve istedikleri {4} mühimmāt lillāhi'l-ḥamd mevcūd ise de nezd-i saʿādetlerinde maʿlūm oldıġı vechile berren irsāliñ ʿadem-i imkānı {5} ve ṭaraf-ı baḥriyyeniñ insidādı cihetiyle nihāyet müsteʾmen sefīneleriyle gönderilmekden ġayrı çāre yoġ ise de {6} müsteʾmen ṭaḳımınıñ sāʾirinden emniyyet meslūb ve fi'l-cümle emniyyet iḥtimāli olan İngilterelü {7} daḫi mühimmāt ve cebeḫāne götürmeklükden ibā ve iʿtiẕār itmekde oldıġından şimdiki uṣūl {8} ve ḥāle naẓaran bu ṭarafdan Girīd'e mühimmāt irsāli müteʿaẕẕir ve müstaḥīlü'l-imkān ve Girīd maṣlaḥatı bütün bütün (8) ẕāt-ı şecāʿat-simāt-ı düstūrāneleriniñ ʿuhde-i istīhāllerine muḥavvel olaraḳ şimdiye ḳadar {2} bu bābda lāyıḳıyla ḫidmet ü ġayret buyurmuş olduḳları maʿlūm ve bundan böyle daḫi {3} Girīd ṭarafına ez-her-cihet imdād ü iʿānet levāzımınıñ icrāsıyla bu bābda mümkin olan iḳdāmı {4} icrā buyuracaḳları ḥamiyyet ü diyānet-i ẕātiyyeleri edillesiyle nümāyān ise de Girīd ṭarafı mühimmāt {5} ve ẕaḫīre cihetiyle ṣıḳışmış ve iʿānete muḥtāc olmuş oldıġından Girīd'den istenilan mühimmātıñ {6} defteri ṭaraf-ı ʿālīlerine gönderilerek mümkin ise ol ṭarafdan gerek Ḳandiye ve Resmo ve gerek Ḥānya {7} ḳalʿalarına münāsibi miḳdār mühimmāt ve cebeḫāne ve ẕaḫīre irsāline saʿy ü himmet buyurmalarınıñ {8} ṭaraf-ı müşīrānelerine taḥrīri iḳtiżā-yı irāde-i ʿaliyyeden olaraḳ ẕikr olunan mühimmāt defteri {9} işbu nemīḳa-i ḫāliṣānemize leffen ṣavb-ı sāmīlerine gönderilmiş olmaġla mümkin oldıġı ḥālde ḳılāʿ-i {10} merḳūmeye münāsib miḳdārı cebeḫāne ve ẕaḫīre irsāliyle iʿānet-i muḳteżiyeniñ ikmāline teşmīr-i sāḳ-ı {11} ġayret buyurmaları diyānet ü ḥamiyyet ve istiḳāmet-i ẕātiyyelerine muḥavvel idüği beyānıyla ḳāʾime. Fī 6 M 38

[577/19] *Ḫūrşīd Paşa ḥażretlerine*
{1} Bu defʿa tevārüd iden taḥrīrāt-ı düstūrīlerinden bir ḳıṭʿa şuḳḳa-i şerīfelerinde Ḳoloḳotronī melʿūnunuñ {2} Gördūs ordusunda olan Arnavudlara göndermiş oldıġı Rūmiyyü'l-imlā kāġıd ile tercümesi {3} saʿādetlü Sīrozī Yūsuf Paşa ḥażretleri ṭarafından gelmiş oldıġından taḳdīm ḳılındıġı ve melʿūn-ı {4} mesfūruñ murādı Meçobo'nuñ oġlı Elmās ile eylediği muḳāvele üzere Arnavudları taḥrīk {5} itmek olacaġı muḥarrer ü meẕkūr olmaġla rehīn-i ıṭṭılāʿ-i ḫulūṣ-verī olmuş ve ḫāk-pāy-ı hümāyūn-ı {6} şāhāneye daḫi ʿarż ü taḳdīm ile manẓūr-ı

hümāyūn-ı mülūkāne buyurulmuşdur. Gāvurlarıñ ümmet-i {7} Muḥammed ʿaleyhine derkār olan ḫıyānet ü melʿanetleri cihetiyle ʿasākir-i İslāmiyye'yi perīşān itmeğe {8} çalışacaḳları derkār ve Arnavud ʿaskeri sergerdelerinden daḫi mübālāt olmayub {9} aḳçeye ṭamaʿ ile küfri irtikāb eyleyecekleri nümūdār olaraḳ mezbūr Meçobo'nuñ oğlı {10} Elmās'ı bir taḳrīb ile iʿdām idebilür iseñiz çāresine baḳmañızıñ re'y-i serʿaskerīlerine iḥālesi {11} ḫuṣūṣuna irāde-i seniyye-i cenāb-ı mülūkāne taʿalluḳ iderek ol bābda ḫaṭṭ-ı hümāyūn-ı mehābet-maḳrūn-ı {12} mülūkāne celādet-nümūn-ı ṣudūr olmuş olmağın dirāyet-i ẕātiyye-i düstūrīleri iḳtiżāsı {13} üzere şu Meçobo'nuñ oğlı Elmās'ı bir taḳrīb ile iʿdām idebilürler ise çāresine baḳmañız {14} muḥavvel-i ʿuhde-i reviyyet ve süpürde-i dūş-ı sipehdārī ve feṭānetleri idüği beyānıyla ḳā'ime. Fī 9 M 38

[577/20] *Ḫūrşīd Paşa ḥażretlerine*

{1} ʿAvn [ü] ʿināyet-i Cenāb-ı Perverdigār ve eser-i himmet-i seniyye-i bülend-iḳtidārlarıyla bi-ḥamdillāhi Taʿālā Sūlī ġā'ilesi berṭaraf olaraḳ {2} ol ṭarafda ʿÖmer Paşa bendelerine saʿādetlü Reşīd Paşa'ya ilişerek bir ayaḳ evvel Mora'ya girmesi taḥrīr {3} ve saʿādetlü Meḥmed Paşa'nıñ daḫi ṣavb-ı sāmīlerine vuṣūle müsāraʿat eylemesi taʿcīl buyurulmuş oldığı beyānıyla {4} müşārun-ileyh ʿÖmer Paşa ḥażretleriniñ ḳalḳdığı ḫaberiniñ vürūdunda Esedābād ṭarafında olan {5} ḫazīnedārları bendeleri sā'ir me'mūrīn ile berü ṭarafdan Mora'ya iʿzām ve müşārun-ileyh {6} Meḥmed Paşa daḫi verālarından isrā buyurılacağı tedbīrine mübāşeret buyurulmuş ve ṣavb-ı sāmīlerine gönderilmiş {7} olan üç biñ kīseniñ vuṣūlüyle Mora'da olan vüzerā-yı ʿiẓām ve me'mūrīn-i sā'ire {8} ṭaraflarına iḳtiżāsına göre aḳçeler isrā ve her bir ṭarafa cevāblar yazılaraḳ ne ṣūretle tedābīr-i sā'ire icrāsına {9} iʿtinā ḳılınmış oldığı beyānıyla muḳaddem ve mu'aḫḫar sū-yı mekārim-bū-yı düstūrānelerinden nigāşte-i kilk-i {10} beyān buyuruldığı üzere Mora ordusı-çün Dersaʿādet'den ẕaḫīre irişdirilmesini şāmil ve ifādāt-ı {11} sā'ireyi müştemil bu defʿa enmile-pīrā-yı tevḳīr-i vürūd olan taḥrīrāt-ı saʿādet-āyāt-ı serʿaskerīleri {12} mezāyā-yı inbisāṭ-iḥtivāsı ve müşārun-ileyhim ṭaraflarından ṣavb-ı ʿālīlerine vürūd ile taḳdīm olunan {13} taḥrīrāt ve ol bābda yazılan ṣuver-i ecvibe-i kirāmīleri mefāhīm ü mü'eddāsı rehīn-i ıṭṭılāʿ-i (13) ḫulūṣ-verī olub ol vechile Sūlī ġā'ilesiniñ daḫi indifāʿıyla Mora cānibine ḳuvve-i kāmile {2} esbāb ü ārāsını īfāya teşebbüs ü himmetleri vesīle-i envāʿ-ı inşirāḥ ve sāpāş ve bādī-i {3} kemāl-i midḥat ü taḥsīn olaraḳ taḥrīrāt-ı mevrūdeleri ṭaḳımıyla taḳdīm-i serā-perde-i ʿulyā-yı mülūkāne {4} ḳılınub manẓūr-ı naẓar-ı iksīr-eser-i cenāb-ı ẓıllullāhī buyurulmuşdur. Cenāb-ı meʿālī-elḳāb-ı düstūrānelerine {5} aṭiyye-i İlāhiyye olan ḫaṣā'il-i sütūde-şemā'il-i mehām-āşināyī ve ḥamiyyet iḳtiżāsı ve şimdiye ḳadar rāyāt-ı {6} ẓafer-āyāt-ı sipehdārīlerinden muʿāyene ve müşāhede olunan fevz ü nuṣret āṣār ve berekātıyla inşā'allāhü Ta'ālā {7} bundan böyle kāffe-i ḫuṭūb-ı mevkūlelerinde 'avn ü 'ināyet-i Bārī ve teveccühāt-ı ḳudsiyye-i cenāb-ı {8} pādişāhī bādī olaraḳ Mora maṣlaḥatınıñ daḫi bir ḥüsn-i ṣūrete ifrāġı elṭāf-ı mā-lā-nihāye-i {9} Ḥażret-i Müsehhilü'ṣ-Ṣa'āb'dan muntaẓar ü müsted'ā ve her ḥālde du'ā-yı tevfīḳ ü selāmet ve nuṣretleri {10} vird-i zebān-ı ṣıġār ü kibār oldıġı hüveydādır. Hemān Cenāb-ı Müsehhilü'ṣ-Ṣu'ūb kāffe-i umūrlarını {11} teshīl ve her bir tedbīr ü ārālarını muḳārin-i tevfīḳ eyleye, āmīn. Mora ordusuna ẕaḫīre irsāliniñ {12} çāresi istiḥṣāli aḳdem-i umūrdan olaraḳ bu bābda vaḳt ü ḥāl iḳtiżāsına tevfīḳan ṣūret-i {13} sehālet-i suhūleti istiḥṣāli żımnında idāre-i pergār-ı efkār [ü] ārā ḳılınaraḳ muḳaddemce ṭaraf-ı düstūrīlerine taḥrīr {14} olundıġı üzere İngiltere sefīnesine taḥmīlen gönderilmek üzere Dersa'ādet Anbār-ı 'Āmire ẕaḫāyirinden {15} ṭaḥn olunan daḳīḳden başḳa bundan aḳdem rāyic ẕaḫīresi olaraḳ ẕaḫīre nāẓırı efendi ma'rifetiyle Dersa'ādet'de {16} olan İngiltere devleti bāzergānlarından Bulaḳ bāzergānıñ sefīnelerinden istīcār ile Mıṣır'a gönderilmiş {17} olan üç ḳıṭ'a sefīne Aḳdeñiz boġazına gelmiş oldıġı istiḫbār olunaraḳ ẕikr olunan sefīneler {18} daḫi ẕaḫīre ḥamūlesiyle Boġaz'dan ḍoġrı Donanma-yı Hümāyūn ma'iyyetine sa'ādetlü Ḳapūdān paşa {19} ḥażretleri ṭarafına sevḳ ü isbāl ḳılınmaḳ üzere bāzergān-ı mersūm ile şerāyiṭ-i 'adīdeye rabṭ ve taḥt-ı {20} rābıṭaya idḫāl olunaraḳ işbu ẕaḫīreniñ ṭarafına vuṣūlünde bir miḳdārını Ḳızılḥiṣār'a virüb {21} mā'adāsını Mora'da şiddet-i lüzūmı olan maḥallere tevzī' ve taḳsīm eylemesi müşārun-ileyh Ḳapūdān paşaya {22} yazılmış ve sa'ādetlü Selānīk mutaṣarrıfı ḥażretleri ṭarafından daḫi muḳaddem ve mu'aḫḫar üç ḳıṭ'a İngiltere {23} sefīnesiyle gönderilmiş olan ẕaḫāyirden başḳa bu def'a daḫi taḫmīnen on biñ kīle ḥamūleyi müteḥammil {24} bir ḳıṭ'a Nemçe sefīnesine daḳīḳ ve beksimād taḥmīl ile iḫrāc olunmaḳ üzere idüği müşārun-ileyhiñ {25} taḥrīr ü iş'ārından müstebān olmuş olub inşā['allāhü]'r-Raḥmān işbu ẕaḫīre sefīneleri hemān bi-selāmetillāhi Ta'ālā {26} vāṣıl olaraḳ işe yarayacaġı ẓāhir ve bundan böyle ez-her-cihet bu ṭarafdan sa'y ü iḳdāmda ḳuṣūr olunmayacaġı {27} müberhen ü bāhir olmaġın hemān cenāb-ı ḥamiyyet-me'āb-ı düstūrīleri merkūz-ı cibillet-i fıṭriyye ve mermūz-ı {28} seciyye-i ẕātiyyeleri olan māye-i ṣalābet ve mādde-i 'ulüvv-i himmet levāzımınıñ ba'd-ez-īn daḫi ibẕāl {29} ü īşārıyla sevābıḳ-ı ḫidemāt-ı bergüzīdelerine bu māddeyi daḫi 'ilāve ile ḥaḳḳ-ı eḥaḳḳ-ı 'ālīlerinde sāṭı'u- {30} -'l-endād olan i'tiḳādāt-ı ḥasene-i 'āliyyeyi bir ḳat daḫi te'yīde beẕl-i mā-ḥaṣal-i iḳtidār {31} ü himmet buyurmaları siyāḳında ḳā'ime. Fī 9 M 38

[577/25] *Sāḳız Muḥāfızı Yūsuf Paşa'ya*

{1} Muḳteżā-yı me'mūriyyetiñiz üzere Sāḳız'a vāṣıl olaraḳ īfā-yı lāzıme-i me'mūriyyete ḳıyām ü müṣāberetiñizden {2} ve 'Abdī Paşa'nıñ uyḳunsuz ḥarekāt-ı nābecāsı ve maṣṭaḳī re'āyāsı keyfiyyātı tafṣīlātından baḥişle {3} Sāḳız

Nā'ibi Ḫaffāfzāde Seyyid Meḥmed Efendi'niñ uyḳunsuzluġuna ve ol bābda sā'ir ifādāta dā'ir {4} irsāl ḳılınan taḥrīrātıñız vāṣıl ve mezāyāsına ıṭṭılā'ımız muḥīṭ ü şāmil olmuş ve ḫāk-pāy-ı hümāyūn-ı {5} şāhāneye daḫi 'arż ü taḳdīm ile manẓūr-ı naẓar-ı kerāmet-es̱er-i ḥażret-i pādişāhī buyurulmuşdur. Cenābıñız Devlet-i 'Aliyye'niñ {6} ṣādıḳ ve işgüẕār ve mücerrebü'l-eṭvār bendegānından olaraḳ ez-her-cihet ẕātıñızdan dīn-i mübīn ve Salṭanat-ı Seniyye-i {7} ebed-rehīne ḥüsn-i ḫidmet ve ṣadāḳat me'mūli derkār oldığına binā'en bu def'a yine muḳaddem me'mūr oldığıñız {8} emlāk mübāşirliği 'uhdeñizde olmaḳ ve Sāḳız muḥāfaẓasında iḳāmet itmek şarṭıyla bā-rütbe-i mīr-i mīrānī {9} Ḳaresī sancaġı kemā-fī's-sābıḳ sa'ādetlü Ḫudāvendigār muḥāfıẓı ḥażretleri ṭarafından żabṭ ü idāre ile {10} bedel-i ḥāṣılāt olaraḳ şehriyye beş biñ beş yüz ġurūş ṭarafıñıza virilmek üzere 'uhdeñize teveccüh {11} ve iḥsān-ı hümāyūn buyurulmuş ve ol bābda me'mūriyyetiñizi nāṭıḳ tenbīhāt-ı lāzıme derciyle iḳtiżā iden emr-i 'ālī {12} ıṣdār ve tesyār olunub ṭıbḳ-ı inhāñız vechile şeref-sünūḥ iden irāde-i 'aliyye-i mülūkāne mūcebince {13} cānib-i cenāb-ı fetvā-penāhīye bi'l-ifāde nā'ib-i mūmā-ileyh Ḫaffāfzāde Meḥmed Efendi'niñ 'azl ile yerine āḫarı (15) ta'yīn itdirilmiş ve selefiñiz mūmā-ileyh 'Abdī Paşa'nıñ daḫi ol ṭarafda iḳāmetini mūcib bir şey {2} olmadığından İzmīr Muḥāfıẓı sa'ādetlü Ḥasan Paşa ḥażretleri ma'iyyetine 'azīmet itmesi bu def'a ṭarafımızdan {3} paşa-yı mūmā-ileyhe yazılmış ve keyfiyyet İzmīr muḥāfıẓı müşārun-ileyhe daḫi bildirilmiş olmaġla hemān {4} cenābıñız ḥaḳḳıñızda bu vechile erzān buyurılan luṭf ve müsā'ade-i seniyyeye muḳābeleten her ḥālde ḥüsn-i ḫidmet {5} ve ṣadāḳat ibrāzıyla me'mūriyyetiñiz emr-i şerīfinde münderic ü meẕkūr oldığı vechile gerek Sāḳız'ıñ lāyıḳıyla {6} emr-i muḥāfaẓası ve gerek me'mūr oldığıñız emlāk taḥrīri ve 'asākiriñ żabṭ ü rabṭı ḫuṣūṣuna ve inhā {7} eylediğiñiz ḥālāt-ı rediyyeniñ men'i ve ref'i emr-i ehemmine mezīd-i diḳḳat ü i'tinā ve maṣṭakī köylerinden mu'aḫḫaren {8} ḫilāf-ı şerī'at-ı ġarrā alınmış olan esīrleriñ istirdādı vesā'ilini ikmāl ve īfā-birle cenābıñızdan me'mūl {9} olan ās̱ār-ı kār-güẕārī ve ṣadāḳati is̱bāt ü ibrāza kemāliyle kūşiş ü ġayret eylemeñiz içün ḳā'ime. Fī 10 M 38

[577/29] ***Boġaz muḥāfıẓına***
{1} Sāḳız Muḥāfıẓı sābıḳ 'Abdī Paşa Dersa'ādet'e īṣāl eylemek üzere Sāḳız üserāsından sekiz nefer ġulām {2} ve cāriyeyi İngiltere ḳapūdānlarından İstīfāno nām ḳapūdāna teslīm itmiş ve mersūm daḫi bunları aḫẕ ile {3} Boġaz'a gelmiş ise de ẕikr olunan cāriye ve ġulāmlar maṣṭakī ḳurāsı re'āyāsından olduḳlarını taḳrīr {4} eylediklerinden tevḳīf ḳılınmış idüği Boġaz'da sefāyin yoḳlamasına me'mūr Meḥmed Sırrī Efendi cānibinden {5} ṭarafına yazılmış idüğüni paşa-yı mūmā-ileyhiñ ḳapu ketḫüdāsı Es'ad Beğ bā-taḳrīr inhā idüb Sāḳız {6} cezīresinde vāḳi' maṣṭakī ḳaryesi re'āyāsınıñ muḳaddem ẓuhūra gelan istīmānlarına binā'en bey' ü şirāsı {7} cā'iz olmayub istifrāşı ḥarām

oldığından her kimiñ yedinde bulunur ise muḳteżā-yı şerʿ-i şerīf üzere {8} aḫẕ ve vaṭanlarına iʿādesi ḫuṣūṣı bundan aḳdem ẕāt-ı saʿādetlerine bildirilmiş oldığına bināʾen bu ḫuṣūṣa {9} iʿtinā ve diḳḳat lāzımeden ve yoḳlamacı-i mūmā-ileyhiñ inhāsına naẓaran üserā-yı merḳūme maṣṭakī {10} reʿāyāsından olduḳları mütebeyyin olan ḥālātdan olaraḳ bunlarıñ daḫi maḥallerine irsāli {11} īcāb-ı ḥālden olaraḳ keyfiyyet bu defʿa ṣavb-ı ḫulūṣ-verīden ḥālā Sāḳız Muḥāfıẓı Yūsuf Paşa'ya {12} taḥrīr olunmuş olmağla cenāb-ı müşīrīleri yoḳlamacı-i mūmā-ileyh ṭarafından tevḳīf ḳılınan üserā-yı mersūmeniñ {13} āminen ve sālimen ve tamāmen Sāḳız Muḥāfıẓı mūmā-ileyh Yūsuf Paşa ṭarafına irsāl ve teslīmi ve paşa-yı mūmā-ileyhiñ {14} ḳabż ü tesellümüni müşʿir sened aḫẕı ve irsāli ṣūretini istiḥṣāle himmet buyurmaları siyāḳında ḳāʾime. Fī 13 M 38

Derkenar: İşbu emr-nāme-i sāmīniñ vuṣūlünden baḥiṣle işbu sekiz nefer esīrden iki neferi şeref-i İslām ile müşerref olub Boğaz'da sefāyin yoḳlamasına meʾmūr Sırrī Efendi nezdinde tevḳīf olunaraḳ māʿadā altı neferi ve boğaz-ı mezḳūra vürūd iden üserādan maṣṭakī reʿāyāsından oldığı tebeyyün idüb muḥāfıẓ-ı müşārun-ileyh nezdinde tevḳīf olunmuş olan yiğirmi beş reʾs esīr ki cemʿan otuz bir reʾs esīr müşārun-ileyhiñ silaḥdārı Arḳadaş Yūsuf Ağa ile Sāḳız cezīresine vürūd idüb taḳdīm ḳılınan defterlerde ẕikr olundığı vechile maʿrifet-i şerʿle maḥallerine teslīm ve ḳaryelerine iskān olundığını mübeyyin Sāḳız muḥāfıẓınıñ fī 20 R 38 tārīḫiyle vārid olan ʿarīżası bā-fermān-ı ʿālī ḳaydı bālāsına şerḥ virildi.

[577/30] *Sāḳız muḥāfıẓına*

{1} Selefiñiz ʿAbdī Paşa Dersaʿādet'de ḳapu ketḫüdāsına ve baʿżı ḫademesine īṣāl itmek üzere Sāḳız üserāsından {2} yedi nefer ġulām ve cāriyeyi birer ḳıṭʿa pencik virerek İngiltere ḳapūdānlarından İstīfāno nām ḳapūdāna teslīm {3} itmiş ve mersūm daḫi bunları aḫẕ ile Boğaz'a gelmiş ise de üserā-yı mersūme maṣṭakī reʿāyāsından {4} olduḳlarını beyān itmiş olduḳlarından tevḳīf ḳılınmış idüği Baḥr-i Sefīd boğazında sefāyin yoḳlamasına {5} meʾmūr Meḥmed Sırrī Efendi cānibinden ṭarafına yazılmış idüğüni paşa-yı mūmā-ileyhiñ ḳapu ketḫüdāsı bā-taḳrīr {6} ifāde idüb Sāḳız cezīresinde vāḳiʿ maṣṭakī ḳurāsı reʿāyāsınıñ muḳaddem vāḳiʿ olan {7} istīmānlarına mebnī beyʿ ü şirā ve istifrāşı cāʾiz olmayaraḳ her kimiñ yedinde bulunur ise muḳteżā-yı {8} şerʿ-i şerīf üzere aḫẕ ve vaṭanlarına irsāli ḫuṣūṣı bundan aḳdem lāzım gelenlere tenbīh olundığına (17) ve yoḳlamacı-i mūmā-ileyhiñ vāḳiʿ olan inhāsına göre üserā-yı mersūme maṣṭakī reʿāyāsından {2} idüğüne bināʾen yoḳlamacı-i mūmā-ileyh ṭarafından tevḳīf olunan mezḳūr esīrleriñ ṭarafıñıza irsāl ve teslīm {3} iderek teslīmi müşʿir sened aḫẕ eylemesi bu defʿa ṭarafımızdan Boğaz muḥāfıẓı müşārun-ileyhe yazılmış ve selefiñiz {4} mūmā-ileyh ʿAbdī Paşa'nıñ ẕikr olunan esīrler içün virmiş oldığı yedi ḳıṭʿa pencik daḫi {5} işbu ḳāʾimemize leffen ṭarafıñıza gönderilmiş olub mārrü'ẕ-ẕikr penciklerin̄ tārīḫlerine naẓaran Şevvāl ve Ẕīlḳa'de'de {6} Sāḳız'da bir cihetle muḥārebe olmamış oldığına binā'en re'āyā-yı mersūmenin̄ istīmān iden maṣṭakī {7} köylerinden olduḳları daḫi münfehim ve āşikār olmağla ẕikr olunan esīrler müşārun-ileyh ṭarafından {8} ṭarafıñıza vāṣıl olduḳda bunlar maṣṭakī ḳurāsı re'āyāsından mıdır, muḳaddem vāḳi' olan muḥārebede {9} ḥarben fetvā-yı şerīf mūcebince istirḳāḳ olunan esīrlerden midir, ol vechile ḥarben alınan esīrlerden {10} oldığı ḥālde pencikleri alındıḳları zamān virilmeyüb ṣoñraya ḳalması ne sebeble olmuşdur, {11} gereği gibi taḥḳīḳ ve ẓāhire iḫrāc eyledikden ṣoñra eğer maṣṭakī re'āyāsından ise vaṭanlarına {12} i'ādesiyle selefiñiz mūmā-ileyh ṭarafından ne vechile pencik virilmiş oldığı keyfiyyeti[ni] bu ṭarafa inhā ve iş'āra {13} ve eğer bunlar fi'l-ḥaḳīḳa muḳaddemā Vaḥīd Paşa zamānında ḥarben fetvā-yı şerīf mūcebince alınan esīrlerden ise {14} ol vaḳt tevḳīf ile keẕālik keyfiyyetiñ bu ṭarafa taḥrīr ü iş'ārına, ḥāṣılı istīmān iden re'āyānıñ {15} şer'an seby ü istirḳāḳı cā'iz olmayub istifrāşı ḥarām oldığından işbu esīrleriñ ḥaḳīḳat-i ḥālini {16} gereği gibi ẓāhire iḫrāc iderek bu bābda ḥaḳīḳat-i mādde ne vechile ise vuḳū'ı üzere bu ṭarafa inhā {17} iderek istīmān itmiş olan re'āyānıñ bi'l-vücūh muḥāfaẓasına kemāl-i i'tinā ve diḳḳat eylemeñiz içün ḳā'ime. Fī 13 M 38

[577/36] *Ḳapūdān paşaya*

{1} Yāverī-i tevfīḳ-i Cenāb-ı Bārī ile Mora me'mūrlarınıñ Derbend'den mürūr itmiş olduḳları mesmū'ı olaraḳ {2} Mıṣır Vālīsi sa'ādetlü El-Ḥāc Meḥmed 'Alī Paşa ḥażretleri 'alā-ṭarīḳi'l-hediyye iki ḳıṭ'a müste'men sefīnesine on sekiz {3} biñ keyl-i İstānbūlī ḥınṭa ve üç yüz erdeb pirinç ve sekiz biñ vuḳıyye revġan-ı sāde ve elli ḳanṭār {4} ḳahve ve işbu ẕaḫāyiriñ ṭaraf-ı müşīrīlerine irsāli münāsib ise de ẕāt-ı sa'ādetleriniñ daḫi {5} ol ṣularda geşt ü güẕār eyleyecekleri melḥūẓ oldığından sa'ādetlü Yūsuf Paşa ḥażretleri {6} ṭarafına sevḳ ü tesbīl eylemiş oldığını müşārun-ileyh Meḥmed 'Alī Paşa ḥażretleri bā-taḥrīrāt inhā ve iş'ār itmiş {7} ve 'Īd-i Aḍḥā'dan berü Adrasān [?] ve Ḳıbrīs ve Dīmyāṭ boğazı ḥavālīsinde ve Ḳıbrīs açıḳlarında {8} eşḳıyā tekneleri geşt ü güẕār ve rāst geldikleri ḳayıḳlara īṣāl-i ḫasār eylemekde olduḳlarını {9} müşārun-ileyhiñ gelan tatarları beyān ü teẕkār eylemiş oldığından başḳa Çamlıca gāvurlarınıñ {10} on pāre sefāyin-i menḫūseleri Baf ḳażāsı sāḥiline gelüb ḳırḳ-elli mīl açıḳda gezmekde {11} oldığından İskenderiye'den ḳahve ve ṭuz ḥamūlesiyle Anṭālya'ya gider iken Cezāyirli Maḥmūd {12} Ḳapūdān'ıñ süvār oldığı sefīnesini żabṭ itmek niyyet-i fāsidesiyle üzerine hücūm itmişler ise de {13} ḳapūdān-ı merḳūm sefīneyi delüb ṭāyifeleriyle ṣandāla atılaraḳ Baf līmānına duḫūl ile ḫalāṣ {14} olduḳları ve Arnavud Burnı nām maḥalde daḫi bir ḳıṭ'a Dīmyāṭ sefīnesine rāst gelerek {15} żabṭ eyledikleri ve Ḳıbrīs'da Ḳormākīn [?] nām ḳarye pīşgāhında daḫi Girīdli Seydī Ḳapūdān'ıñ {16} rākib oldığı sefīnesine teṣādüf ile ẕaḫīre ve cebeḫāne ve mühimmāt-ı sā'iresini aldıḳları {17} ve Māġosa pīşgāhında daḫi on ʿaded eşḳıyā gemisi görünmüş ve ol sevāḥ[il]iñ muḥāfaẓasına vāfī {18} ʿasker oldığından ṭaşra çıḳub icrā-yı ḫabās̱et idemamişler ise de civārda olan {19} Ḳarbās ḳażāsı ṭaraflarında geşt ü güẕār ve Dīmyāṭlı İbrāhīm Re'īs sefīnesine şarḳındılığa {20} ictisār eyledikleri ve Ḳıbrīs'ıñ Anāḏolī'ya ḳarīb maḥallerini sefāyin-i menḥūseleriyle sedd eyledikleri {21} ve işbu ḳayıḳlarıñ faḳaṭ üç ḳıṭʿası üçer direkli olub māʿadāsı ikişer direkli olaraḳ (20) içlerinde otuzar ḳırḳar gāvur olur olmaz derecede idüği ḥavādis̱i bu defʿa Ḳıbrīs {23} muḥaṣṣılı bendeleri ṭarafından gelmiş oldığından keyfiyyet maʿlūm-ı dirāyet-melzūm-ı müşīrīleri buyurulmaḳ {24} içün ḳā'ime. Fī 15 M 38

[577/40] ***Sāḳız muḥāfıẓına***

{1} İskenderiyeli Seyyid Ḥācī Meḥmed nām kimesne bundan aḳdem Sāḳız muḥārebesinde altı re's cāriye ile berāber bir re's {2} ġulām iştirā iderek piyāde taʿbīr olunur ḳayığa irkāben İzmīr'e gider iken Ḳapūdān-ı Deryā sābıḳ müteveffā {3} ʿAlī Paşa'nıñ çavuşlarından iki nefer çavuş gelüb kendüyi ve ẕikr olunan esīrleri müteveffā-yı müşārun-ileyhiñ {4} sefīnesine götürerek kendüyi ḥabs eyledikden ṣoñra sebīlini taḫliye itmiş ve ẕikr olunan yedi nefer esīri {5} tevḳīf ile baʿdehū müteveffā-yı müşārun-ileyhiñ esīrleriyle berāber Dersaʿādet'e gelmiş oldığını beyān ve yedinde olan {6} pencikler mūcebince baʿde'ṣ-s̱übūt üserā-yı mersūmeniñ kendüye virdirilmesini dermiyān iderek ol bābda istirḥām {7} ü istidʿāyı mübeyyin rikāb-ı ḳamer-tāb-ı şāhāneye ʿarżuḥāl taḳdīm itmiş oldığından keyfiyyet müşārun-ileyhiñ ḳapu ketḫüdāsı {8} olub terekesiniñ tesviyesine me'mūr olan Cebeḫāne-i ʿĀmire nāẓırı efendiden baʿde'l-istiʿlām müddeʿī-i merḳūm ile {9} müteveffā-yı müşārun-ileyhiñ veres̱esi vekīli Cumʿa güni ʿArż Oḏası'nda lede't-terāfüʿ merḳūm Ḥācī Meḥmed {10} istidʿā-yı meşrūḥunı beyān iderek iddiʿā eylediği esīrlerden ḥāżıratün-bi'l-meclis bulunan orta boylı {11} açıḳ ḳaşlı taḫmīnen on yedi yaşında Mārūḳa nām Naṣrāniyyeniñ kendüye teslīmiyle sā'ir beş re's {12} cāriye ile ġulāmıñ daḫi ʿaynen yāḫūd s̱emenen tereke-i müşārun-ileyhden iʿṭāsını ṭaleb eyledikde müddeʿī-i merḳūmuñ (22) bu mertebe ile daʿvāsında mārrü'ẕ-ẕikr beş re's cāriye ve ġulām içün vekīl-i veres̱eye su'āl teveccüh {2} itmeyüb ancaḳ mersūme Mārūḳa Sāḳız cezīresinde maṣṭakī reʿāyāsından Ṭatlışu ḳaryesi {3} ahālīsinden ḥürretü'l-aṣl raʿiyyet evlādından olub raʿiyyetden ḫurūc ile ʿiṣyān itmeyüb {4} seby ü istirḳāḳı bā-fermān-ı ʿālī memnūʿ iken taḥt-ı raʿiyyetde oldığı ḥālde ṭā'ife-i ʿaskeriyye bilā-izn {5} kendüyi aḫẕ ve seby ü istirḳāḳ eyledikl erinden ṣoñra merḳūm Seyyid Meḥmed daḫi ṭā'ife-i merḳūmeden raḳīḳa {6} olmaḳ üzere esīr ve āḫar üserāsıyla maḥall-i āḫara naḳl itmek üzere iken müteveffā-yı müşārun-ileyh aḫẕ ve ol vechile {7} ḳarye-i merḳūme ahālīsinden olduḳlarına mebnī sebīlini taḫliye es̱nāsında müşārun-ileyhiñ fevti cihetiyle yedinde bulunmuş {8} oldığını ifāde ve taḳrīr iderek ḥürretü'l-aṣl ra'iyyet ve ra'iyyet evlādından oldığından taḫliye-i sebīlini {9} istid'ā itmiş ve mersūme iddi'āsını şāhidler ityān iderek ber-nehc-i şer'ī ba'de'l-is̱bāt mūcebince mersūme Mārūḳa {10} Naṣrāniyyeniñ ḥürre oldığı ḥālde sebīli taḫliye olunmaḳ iḳtiżā eylediği ṭaraf-ı şer'-i enverden i'lām olunmuş {11} ve mūcebince mezbūreniñ sebīli taḫliye ḳılınmış ve maşṭakī re'āyāsından olub istīmān iden re'āyānıñ {12} seby ü istirḳāḳı cā'iz olmayub muġāyir-i emr ü irāde-i seniyye-i mülūkāneden oldığından mersūmeniñ daḫi {13} maḥalline i'āde ve teslīmi şīme-i ra'iyyet-perverīden ve el-ḥāletü-hāẕihī cenābıñızıñ Dersa'ādet'de ḳapu ketḫüdālıḳ umūruñuzuñ rü'yetine {14} kimesne ta'yīn olunmamış oldığından mersūme Mārūḳa Naṣrāniyye bu ṭarafda ba'żı ḫuṣūṣuñuzı rü'yet iden {15} Tersāne-i 'Āmire Kīsedarı Ṭāhir Efendi'ye teslīm ve anıñ ma'rifetiyle ṭarafıñıza gönderilmiş olmağın {16} merḳūmeniñ ol ṭarafa vuṣūlünde ḳarye-i merḳūmede bunuñ aḳrabā ve müte'alliḳātından kim var ise ba'de't-taḥḳīḳ {17} mersūmeyi maḥalline teslīm iderek keyfiyyeti bu ṭarafa iş'ār ve evvel ü āḫir irāde olundığı vechile istīmān {18} idüb taḥt-ı ra'iyyetde olan ve 'iṣyān ü şeḳāvetde medḫali bulunmayan re'āyānıñ bi'l-vücūh {19} muḥāfaẓa ve ḥimāyet ü ṣıyānetlerine kemāl-i i'tinā ve diḳḳat eylemeñiz içün mektūb. Fī 17 M 38

[577/41] *Ḫūrşīd Paşa ḥażretlerine*

{1} Ma'lūm-ı 'ālīleri oldığı üzere iki seneden berü bu ḳadar aḳçe ṣarf olunaraḳ hezār tekellüfle iḫrāc olunmuş {2} olan Donanma-yı Hümāyūn ve ma'iyyetinde olan Mıṣır ve Ocaḳlar sefāyini seksan-ḏoḳsan ḳıṭ'aya {3} bāliġ olur iken şimdiye ḳadar bir iş göremeyüb beyhūde oradan oraya gezmeleri ve bunca ḳal'a gibi {4} gemiler ile gāvurlarıñ çırnıḳ mis̱illü ḳayıḳlarına cevāb viremeyerek imrār-ı vaḳt eylemeleri mücerred Tersānelüleriñ {5} cebānet ve ġayretsizliğinden neş'et idüb reviş-i ḥāle naẓaran bunlar giçen sene gibi birer bahāne ile {6} Mora eṭrāfında gezinerek ṣoñra bilā-ruḫṣat ḳalḳub Boğaz'a gelecekleri mütebādir-i ḫāṭır {7} ve bu ṣūret ise Mora maṣlaḥatı bā-'avn-i Bārī yoluna girmedikçe tecvīz olunur ḥālātdan olmadığı {8} ẓāhir oldığına binā'en bu def'a kerāmet-efzā-yı ṣudūr olan ḫaṭṭ-ı hümāyūn-ı şāhāne mūcebince {9} me'mūriyyetleriniñ iḳtiżāsını icrā ve ol vechile bilā-istīẕān Boğaz'a gelmek ṣūretinde olurlar ise {10} ḥaḳlarında vaḫāmeti netīce vireceği beyānıyla bu ṣūretden ittiḳā eylemeleri żımnında tehdīd ü teşvīḳi şāmil {11} sa'ādetlü Ḳapūdān paşa ḥażretlerine ṭaraf-ı muḫliṣīden mufaṣṣal ḳā'ime yazılmış ve müşārun-ileyh Ḳapūdān {12} paşa ḥażretleriniñ Donanma-yı Hümāyūn me'mūrları ḥaḳḳında istiḳlāl ve tevsī'-i me'mūriyyetini mutażammın {13} beyāż üzerine celādet-efzā-yı ṣudūr olan ḫaṭṭ-ı hümāyūn-ı şāhāne daḫi ẕikr olunan ḳā'imemize leffen {14} ṭaraf-ı 'ālīlerine gönderilmiş olmaġla ne ṭarīḳle olur ise ẕikr olunan ḳā'imemiziñ müşārun-ileyh {15} Ḳapūdān paşa ḥażretlerine irsāli vesā'iliniñ istiḥṣāline himmet buyurmaları muḳteżā-yı irāde-i seniyye-i mülūkāneden {16} idüği beyānıyla ḳāʾime. Fī 17 M 38

[577/43] *Ḳapūdān paşaya*
{1} Aḳdeñiz'de olan ʿuṣāt-ı eşḳıyānıñ indifāʿ-i ġāʾilesi mutlaḳā Donanma-yı Hümāyūn'uñ sevḳ ve iʿmāline {2} mütevaḳḳıf mevāddan ve böyle gider ise maʿāẕallāh bu ʿuṣāt-ı eşḳıyā tekneleri Aḳdeñiz'iñ her ṭarafında geşt {3} ü güẕāra fürce-yāb olaraḳ bayağı ṭaraf-ı baḥriyyeniñ külliyyen mesdūdiyyetini mūcib olacağı vāżıḥātdan {4} olub ḥālbuki bi'l-cümle Donanma-yı Hümāyūn me'mūrları muvācehesinde ʿalenen ḳırāʾat olunmaḳ üzere {5} dīger celī ṣūretinde yazılan ḳāʾimemizde temhīd ve işāret olundığı vechile Mora üzerinde müctemiʿ {6} olan Donanma-yı Hümāyūn'uñ şimdiye ḳadar bir işe yaramadıḳları mücerred Tersāne ümerāsınıñ cebānet {7} ve redāʾetlerinden nāşī olub kendüleri bir iş göremediklerinden başḳa ḳapūdān paşa bulunanları [?] {8} ve Mıṣır ve Ocaḳlar sefāyini ṭaḳımlarını daḫi iḫāfe ile kendülerine uydıraraḳ bir iş görmeksizin {9} giçen sene gibi Donanma-yı Hümāyūn'ı alub Boğaz'a gelecekleri levāyiḥ-i ḥālden ẓāhir ve Aḳdeñiz bu ḥālde {10} iken bu ṣūret bir vechile cāʾiz olmayacağı müberhen ü bāhir olmaḳ mülābesesiyle bundan böyle ḳış mevsimi {11} gelerek donanmanıñ Mora üzerinden ʿavdetlerine iẕn virilmek lāzım geldiği ḥālde saʿādetlü {12} Mıṣır vālīsi ḥażretleriniñ sefīneleriyle Cezāyir ve Tūnus ve Ṭrāblus ocaḳları sefāyini ḏoğrı İskenderiye'ye {13} gidüb bi-mennihī Taʿālā evvelbahārda iḳtiżā-yı vaḳte göre ṣudūr idecek irāde-i seniyyeye ḳadar {14} orada ārām itmesi ve eyyām-ı şitāda daḫi bütün bütün boş ḏurmayub içlerinden lüzūmı miḳdārı [?] {15} Mıṣır vālīsi ḥażretleri maʿrifetiyle Girīd ve Ḳıbrīs ṣularında ve sāʾir maḥallerde iḳtiżāsına göre istiḫdām olunmuş [?] {16} ve ḳuṣūr Donanma-yı Hümāyūn ile cenāb-ı müşīrīleri daḫi ol vaḳt ibtidā ḏoğrı Ḳıbrīs ṣularına varub {17} ol ṭarafda iddiḫār itdirilan elli biñ ḳanṭār beksimādıñ mümkin miḳdārını Donanma-yı Hümāyūn sefīnelerine {18} ve māʿadāsını daḫi lüzūmı ḳadar tüccār teknelerine ve ḳayıḳlara taḥmīl ve istiṣḥāb eyledikden ṣoñra aşağı {19} aḏalar arasına gelerek ḳışın aḏalar arasında ve olur olmaz līmānlarda barınamayacaḳ {20} ḳapaḳ açar ḳālyon-ı hümāyūn ile beksimād tekneleriniñ Boğaz'dan içerüye idḫāl ve Tersāne taʿmīrine {21} muḥtāc olmayanları Boğaz dāḫilinde münāsib maḥalde tevḳīf ve Tersāne'de taʿmīri īcāb idenler irsāl {22} ve ẕikr olunan beksimād daḫi Aḳdeñiz boğazında münāsib maḥal var ise naḳl ve ḥıfẓ ve olmadığı ḥālde {23} Gelībolī beksimādḫānesine iḫrāc olunması ve māʿadā fırḳateyn ve ḳorvet ve brīḳ mişillü süfün-i hümāyūn ile [?] {24} ẕāt-ı saʿādetleri aḏalar arasında münāsib ṣularda geşt ü güẕār ve havānıñ uyuşuna göre {25} aşağı yuḳaru āmed-şod iderek ve pek īcāb ider ise baʿżen Boğaz'a gelüb yine çıḳaraḳ ṭarīḳ-i {26} baḥrıñ külliyyen mesdūd olmamasına ve böyle bildiğiñiz eşḳıyā tekneleriniñ ḳahr ü tenkīline ve İzmīr ve Ḳuş- {27} -aḏası muḥāfıẓlarıyla

muḫābere ve müẕākere iderek ve ʿasker sevḳi-çün iḳtiżā ider ise muḥāfıẓ-ı müşārun-ileyhimāya {28} buradan daḫi tenbīhāt gönderilerek Sāḳız cezīresi mis̱illü mecmaʿ-ı eşḳıyā olan Sīsām aḏasınıñ {29} taṭhīr ve tesḫīrine ibtidār itmeñiz tensīb olunaraḳ irāde-i seniyye-i şāhāne daḫi bu vechile taʿalluḳ itmiş {30} oldığından icrā-yı muḳteżāsına iʿtinā eyleyeceğiñiz ẓāhir ve bi-mennihī Taʿālā mevsimi geldikde Sīsām aḏası {31} żımnında ṣavb-ı saʿādetlerine taʿlīmāt gönderileceği ve Donanma-yı Hümāyūn'uñ ẕaḫīre cihetiyle aḳdem-i levāzımı {32} olan beksimād Ḳıbrīs'da müddeḫar beksimād ber-vech-i meşrūḥ alınub gönderildiği ṣūretde ol ġā'ile {33} oradan ḳalḳub sā'ir ḳış ẕaḫīresi olan erzāḳıñ ve mevācib ve baḫşīşātıñ daḫi {34} sāye-i iḥsān-vāye-i cenāb-ı pādişāhīde bu ṭarafdan tanẓīm ve irsāl olunacağı müberhen ü bāhir ise de {35} el-ān donanmada bulunan ḳālyoncı ʿaskeri ṣayfiyye olaraḳ hezār tekellüfle tertīb ve cemʿ olunmuş **(24)** oldığına naẓaran ḳışıñ yine bunlarıñ donanmada ḏurdırılmalarınıñ çāresi istiḥṣāli lāzımeden {2} olub şöyle ki, bu ḳış Donanma-yı Hümāyūn ḥaḳḳında şeref-sünūḥ iden irāde-i ḳāṭıʿa-i ḥażret-i pādişāhī {3} ber-vech-i muḥarrer Mıṣır ve Ocaḳlar sefāyininiñ İskenderiye'ye gidüb Ḳıbrīs ve Girīd ṣularında istiḫdām {4} olunması ve aṣl Donanma-yı Hümāyūn ile cenāb-ı şerīfiñiziñ Ḳıbrīs'daki beksimādı bi'l-istiṣḥāb aşağı {5} aḏalar arasına inüb ve ḳapaḳ açar ḳālyonları Boġaz'dan içerüye gönderüb ḳuṣūr süfün-i hümāyūn ile {6} aḏalar arasında geşt ü güẕār ve evvel-be-evvel Sīsām cezīresi eşḳıyāsını ḳahr ü tedmīre ibtidār itmeñiz {7} ṣūretlerinden ʿibāretdir. Ve işbu irāde-i seniyye-i şāhāne ḳaṭʿī olub tebdīl ü taḫallüfi mümkin değildir. Ve Tersāne {8} ṭaḳımı öteden berü mecbūl olduḳları cebānet ü ḫabās̱et iḳtiżāsınca yine dürlü dürlü maġlaṭalar idecekleri {9} derkār ise de ḳaṭʿan ıṣġā olun[ma]maḳ lāzım geleceğinden māʿadā ıṣrār iderler ise te'dīb olunmaları {10} īcāb idecekdir. Ve'l-ḥāṣıl donanmanıñ ḳışlıḳ beksimādları Ḳıbrīs'dan gönderilecek beksimāddan {11} müstevfī virileceği ve erzāḳ-ı sā'ire ve mevācib ve mālzeme-i muḳteżiye daḫi kāmilen bu ṭarafdan gönderileceği {12} nümāyān olub ancaḳ şu ḳālyoncı ʿaskeriniñ bu ḳış Donanma-yı Hümāyūn'da tevḳīfleri çāresi nedir, {13} mes̱elā içlerinde ḫasta ve nā-tüvān olanları iʿāde ve anlarıñ yerlerine ḳapaḳ açarlarıñ neferātı {14} aḫẕ olunmaḳ ve ʿüryān olanlarına ʿabā ve kebe yapdırılmaḳ ve baʿżı mevāʿīd ile ıṭmāʿ ve teşvīḳ olunmaḳ {15} ile mi olur, bu ḫuṣūṣuñ iḳtiżā-yı re'y ü tedbīri şimdiden bilinüb aña göre ḥareket olunmaḳ {16} żımnında keyfiyyetiñ maḫfiyyen ṭaraf-ı saʿādetlerinden istiʿlāmı īcāb-ı emr ü irāde-i mülūkāneden ve ber-vech-i bālā {17} ḳaṭʿī olan irāde-i şāhāneniñ esās uṣūli tebeddül itmeyüb faḳaṭ müteferriʿāt ve levāzımāt {18} ḥaḳḳında cenābıñızıñ re'y ü tedbīriñiz ne vechile ise peşīnce bilüb ṣoñra aña göre iḳtiżāsına baḳılacağı {19} maʿlūm-ı şerīfiñiz buyurulduḳda muḳteżā-yı dirāyetiñiz üzere siz daḫi bu keyfiyyetleriñ her bir ṭarafını eṭrāfıyla {20} mülāḥaẓa ve re'y ü tedbīr ideceğiñiz keyfiyyātı zinhār maġlaṭa ve taṣʿīb olmayaraḳ ve maʿlūm-ı müşīrīleri {21} olan żarūriyyāt-ı vaḳt ü ḥāle ve ḥayyiz-i imkāna taṭbīḳ iderek īżāḥan ve tafṣīlen ve serīʿan işʿāra {22} himmet buyurmaları siyāḳında mektūmen ve maḫfiyyen işbu ḳāʾime. Fī 17 M 38

Derkenar: Nüsḫa-i s̱āniye olaraḳ Meḥmed Paşa'nıñ ḳapūdānlıġında yazılub Ḫūrşīd Paşa merḥūm ṭarafından gönderilmek üzere irsāl olunan taḥrīrāt olub müşārun-ileyh Ḫūrşīd Paşa'nıñ fevti taḳrībiyle serʿasker-i lāḥıḳ Celāl Paşa ṭarafına geçmiş ve müşārun-ileyh Celāl Paşa'nıñ daḫi fevti cihetiyle ketḫüdāsı ṭarafından iʿāde olunmuş olmaġla ḫaṭṭ-ı hümāyūn-ı cenāb-ı hümāyūn-ı şāhāne taḳdīm olunmaġla ḳaydına bu vechile şerḥ virilüb ḳāʾime ve şuḳḳa fī 7 Ca 38 tārīḫinde müsvedde ṭobrasında baṭṭālda ḥıfẓ olunmuşdur.

[577/44] *Ḳapūdān paşaya dīger*
{1} Cümleye maʿlūm oldıġı üzere Salṭanat-ı Seniyye'niñ Tersāne Ocaġı iḥdās̱ıyla gemi yapmaḳdan ve bu ḳadar ḳapūdānān {2} ve gediklü ve sāʾireye maʿāş ve mevācib virmekden ġarażı bir ṭarafdan bir düşmen ẓuhūrunda donanmasını iḫrāc iderek {3} ve düşmenden intiḳām almaḳ ve muḥāfaẓa-i memālik ve raʿiyyet ve muḥārese-i nāmūs-ı devlet żımnında oldıġından {4} donanma meʾmūrları daḫi bu uṣūli bilüb ve nān ü nemek ḥaḳḳını yerine getürüb şevketlü kerāmetlü {5} pādişāhımız efendimiziñ uġur-ı hümāyūnlarında ve dīnleri yolunda merdāne ve cānsipārāne çalışaraḳ {6} dost ü düşmen arasında Cenāb-ı Ḥaḳḳ'ıñ ʿavn ü ʿināyetiyle ḫacīl olmayaraḳ iş görüb ocaḳları {7} ġayretini is̱bāt itmek kendülere farīża-i ẕimmet iken aṣlā bu uṣūle riʿāyet olunmuyor ve bu devlet {8} devlet-i ʿāliye-i Muḥammedī'dir, uġurunda çalışmaḳ Müslümānım diyanlere müteḥattim-i ẕimmetdir. Bu āna ḳadar vuḳūʿı ġayr-ı mesbūḳ {9} oldıġı üzere bu defʿa Devlet-i ʿAliyye'niñ kendü mülki içinde ḥādis̱e ẓuhūruyla Salṭanat-ı Seniyye'niñ {10} envāʿ-ı luṭf ü iḥsānına müstaġraḳ olmuş reʿāyāsı bilā-mūcib ʿiṣyān iderek mücerred kendü bāṭıl {11} dīnleri-çün ehl-i īmāna olan ḫuṣūmetlerini meydāna çıḳarub şimdiye ḳadar bu ḳadar seyyid ve seyyide ve ricāl {12} ve nisvān ve ṣıbyān dīn ḳarındaşlarımızdan ellerine geçenlere itmedikleri ḫıyānet ve insān değil ṭaş {13} ḍayanamayacaḳ ṣūretde eylemedikleri melʿanet ḳalmamış ve ancaḳ dīn-i mübīn ve Devlet-i ʿAliyye-i ebed-rehīn uġurunda {14} ḫidmet idüb şu gāvurlardan Ḥażret-i Müntaḳim-i Ḳahhār'ıñ luṭfuyla intiḳām almaḳ içün Devlet-i ʿAliyye daḫi (25) bu āna ḳadar biñ kīse aḳçe ṣarfı ve hezār tekellüf ile Donanma-yı Hümāyūn iḫrāc ve maʿiyyetine {2} Mıṣır vālīsi gibi bir ġayretli ve dīndār vezīriñ işe yarar ʿasker ve adamıyla gönderdiği ve cümle ʿindinde {3} diyānet ü şecāʿatle şöhreti olan Ġarb Ocaḳları'nıñ sefīnelerini taʿyīn itmiş iken şu {4} vaḳte ḳadar bir iş görilemeyerek ve bu ḳadar ḳalʿa mānendi gemiler ile dīn düşmenleri olan {5} gāvurlarıñ çırnıḳ gibi ḳayıḳlarına cevāb virilemeyerek hemān oradan oraya gezilmesi naṣıl ġayretdir {6} ve ne vechile nāmūs-ı diyānete ṣıġar, bilinemiyor. Ve bir ṭarafdan ẕaḫīre ve

mühimmāt ve şu ve bu isteniliyor. {7} Aḳdeñiz Devlet-i ʿAliyye'niñ kendü deñizi olub bu ḳadar Donanma-yı Hümāyūn sefāyini bir ṭarafında iken {8} ʿuṣāt-ı eşḳıyā dinilan gāvurlar Aḳdeñiz'i żabṭ ve sedd idüb Devlet-i ʿAliyye'niñ göndireceği {9} ẕaḫāyir ve mühimmātı Frenk tekneleriyle hezār imtinān çekerek ve bu ḳadar ḥadden aşurı aḳçe {10} ve nevller virerek göndermeğe çalışılması ve ol daḫi lāyıḳıyla olamaması bu ḳadar düvel arasında {11} Donanma-yı Hümāyūn'a naḳīṣayı mūcib değil midir, bu Tersāne ricāli cümleyi yoḳdan var iden {12} Ḥażret-i Ḥakīm-i Muṭlaḳ'dan ḳorḳmaz mı ve şevketlü pādişāhımız efendimizden ḥicāb itmezler mi? Gāvurlarıñ {13} böyle dīn ḳarındaşlarımıza itmedikleri eẕiyyet ve melʿanet ḳalmamış iken imdād itmeyüb ve intiḳām almağa {14} çalışmayaraḳ ve farż olan cihādda lillāhi'l-ḥamd bir cihetle ʿacz yoġ iken hemān "Şöyle oldı, {15} böyle oldı" diyerek Ḳāsım ḥulūlüni bekleyüb bir taḳrīb ʿavdet itmek yoluna baḳdıḳları-çün yarın {16} ḥużūr-ı Bārī'de ne cevāb virebilürler ve dīnimiz ve devletimiziñ ṣāḥibi olan Peyġamberimiz ṣallallāhü Taʿālā {17} ʿaleyhi ve sellem efendimizden ḥayā olunmaz mı? Bu ḳadar donanma böyle vaḳtde işe yaramadıḳdan ṣoñra ne vaḳt {18} yarayacaḳdır? Ednā mertebe ġayret ü ḥamiyyeti olanlar bunı tecvīz idebilür mü? Giçen sene bu ḳadar maṣraf {19} telef olub bir iş görmeğe muḳtedir olamadıḳlarından başḳa Sāḳız öñünde ẓuhūr iden keyfiyyet-i {20} maʿlūmeden daḫi ḥicāb olunmayub bilāḫare Mora ṣularına varılmış iken yine bir şey dimek olmayaraḳ {21} seksan-ḏoḳsan ḳadar sefīne Anāboli'ya ẕaḫīre geçürmek içün oyalanmaḳdadır. Bu ḳadar donanma ile {22} bilmem dīni ayrı düşmeniñ nesinden ḫavf ideyorsuñuz? Bi-taḫṣīṣ şevket ü ṣalābet-i İslāmiyye'ye {23} Ḥażret-i Ḥaḳḳ'ıñ ʿavnıyla kāfirler ḏayanamayacağı ẓāhirdir. İşte gāvurlar ẕerre ḳadar donanmada ġayret {24} olmadığını añlayaraḳ bī-pervā istedikleri yerlerde gezeyorlar. Bu defʿa daḫi Ḳıbrīs ṣularına gelüb {25} ne vechile ḥarekete cesāret eyledikleri dīger ḳā'ime-i ḫāliṣānemiz müfādından maʿlūm-ı şerīfiñiz olur. {26} Lillāhi'l-ḥamd donanmanıñ hiçbir noḳṣānı olmayub Devlet-i ʿAliyye her bir şey'ini bāliġan-mā-belaġ tanẓīm itmiş ve itmekde iken {27} ve donanma ricāli muḳaddem selefiñiziñ vefātında cesūr ve ġayretli ve saḫī bir vezīriñ ḳapūdān-ı deryā olmasını {28} ricā idüb ẕāt-ı saʿādetleri gibi evṣāf-ı meẕkūre ile muttaṣıf vezīr-i ẕī-şān daḫi ḳapūdānlığa taʿyīn {29} olunmuş iken yine böyle gevşek ḏavranmaḳ ve aṣlā ġayret s̱emeresi görülmamek cā-yı istiġrābdır. {30} Ḥāṣılı, şevketlü efendimiz her bir ḫuṣūṣı eṭrāfıyla mülāḥaẓa ve ümerā'-i donanma ile ve Mısır ve Ocaḳlar {31} başbuğları ve sā'ir iḳtiżā idenler ile müẕākere ve istişāre iderek ve dīn ü devletimiz yolunda beṭā'et {32} göstermeyerek iş görmeñizi ve şu gāvurlarıñ maṭlūb olan ḳahr ü tenkīlleri ḳażiyyesi ne ṣūretle {33} mümkin ü müyesser olur ise öylece ḥareket iderek bārī hiç olmaz ise ḳış gelmeksizin beyne'l-aʿdā Donanma-yı {34} Hümāyūn'uñ yüzini ağardacaḳ ḳadar olsun bir işde bulunmañızı emr ü fermān buyuraraḳ giçen sene {35} mis̱illü iẕnsiz ḳalḳub Boğaz'a gelmameği irāde buyururlar. Maʿāẕallāhü Taʿālā bir işe muvaffaḳ olunmaz ve öyle {36} bilā-ruḫṣat ḳalḳub Boğaz'a gelinmeğe cesāret olunur ise cümle donanma me'mūrları ḥaḳlarında {37} uyḳunsuz muʿāmele ẓuhūruyla vaḫāmeti netīce vireceği yaḳīnen maʿlūm-ı şerīfiñiz olduḳda keyfiyyeti {38} mecmūʿ-ı donanma ricāline ve iḳtiżā idenlere beyān iderek hemān cümleñiz göñül birliğiyle bir iş görüb {39} yüz ağartmağa nis̱ār-ı naḳdīne-i ğayret ve zinhār iẕnsiz ḳalḳub gelmekden ḥaẕer ü mübāʿadet (26) ve ẕāt-ı saʿādetleri istiḳlāl-i tāmme ve ruḫṣat-ı kāmile ile ḳapūdān-ı deryā naṣb ü taʿyīn olunmuş {2} oldığıñızdan aña göre istiḳlāl ve ruḫṣatıñız muḳteżāsı üzere ḥareket ve iḳtiżā idenleriñ {3} te'dīb ve taltīflerine müsāraʿat buyurarak hemān iş görüb ğayretiñiz muḳteżāsını is̱bāta {4} müs̱āberet buyurmaları siyāḳında ḳā'ime. Fī 17 M 38

[577/45] *Belğrād muḥāfıẓına*

{1} Ṣırp Başknezi Mīloş bu ṭarafda olan knezleriñ iʿdāmı ḥavādis̱ini neşr iderek bu bābda {2} ṣavb-ı saʿādetlerine ne vechile kāğıdlar göndererek mersūmlarıñ ḥayāt ve memātlarından ḫaber alınmaḳ içün {3} bir nefer Ermenī irsāl ideceğini beyān eylemiş ve ṭaraf-ı müşīrīlerinden daḫi ne ṣūretle cevāb virilmiş ve bilāḫare {4} mersūmuñ ʿizzetlü Re'īsü'l-küttāb efendiye ve bu ṭarafda olan Ṣırp knezlerine yazdığı kāğıdlar irsāline {5} ḳarār virilerek ol vechile mersūmuñ kāğıdları gönderilmiş oldığı beyānıyla mersūmuñ bu vechile {6} ıṣrārdan merāmı Dersaʿādet'e knez ismiyle birḳaç nefer gāvur gönderüb bu ṭarafda olan {7} knezleri celb ile merāmlarını icrā ğarażından ʿibāret idüği ḫuṣūṣunı şāmil ve rāyic nuḳūd māddesinde {8} mersūmuñ ḥarekāt-ı vāḳıʿasını müştemil bu defʿa resīde-i mevḳiʿ-i vuṣūl olan taḥrīrāt-ı müşīrīleri {9} mezāyāsı maʿlūm-ı ḫulūṣ-verī olduḳdan ṣoñra ḫāk-pāy-ı hümāyūn-ı ḥażret-i pādişāhīye daḫi ʿarż ile manẓūr-ı {10} hümāyūn-ı cenāb-ı ẓıllullāhī buyurulmuşdur. Ṣırplunuñ ve Mīloş'uñ evvel ü āḫir merām ü maḳṣūdları bu ṭarafda {11} Bosṭāncıbaşı ḥabsinde olan knezleriñ ve ez-cümle içinde birisi ğāyet muʿteberleri oldığından {12} anı bir taḳrīb bu ṭarafdan ḳurtarub baʿdehū istedikleri ṭavrı ḳullanmaḳ ğaraż-ı fāsidinden ʿibāret {13} oldığı ẓāhir ve şimdiki ḥālde bunlardan hiçbirisiniñ taḫliye-i sebīli cā'iz olmadığı mis̱illü baʿżı zemīn ile {14} bunlarıñ yine bu ṭarafda olduḳları yerde ibḳā ḳılınmaları lāzımeden oldığına binā'en mersūmlar mūmā-ileyh Re'īs efendi {15} ṭarafından celb ile Ṣırplunuñ kendülerine olan kāğıdları yedlerine baʿde'l-iʿṭā, gerçi Mīloş ḫidmet-i {16} Riyāset'e şöyle yazmış ve sizlerden bir gūne ḫaber alamadığını göstermiş, siz niçün milletiñize aralıḳ aralıḳ {17} kāğıd yazmıyorsuz? Devlet-i ʿAliyye sizi muḫābereden menʿ itmiş değildir ve Devlet-i ʿAliyye sizi Ṣırpludan {18} ʿadem-i emniyyete mebnī alıḳoyub ḥabs itmiş değildir. Mücerred yine ḥimāyet ü ṣıyānet içün Sarāy-ı Hümāyūn {19} derūnunda müsāfereten iskān eylemişdir. Zīrā Fenār'da veyāḫūd ḫāricde sā'ir bir maḥalde iḳāme olunsañız {20} el-ḥāletü-hāẕihī Rum milletiniñ meydānda olan fesādı cihetiyle nāgehānī bir şūriş vuḳūʿı melḥūẓ ve ol ḥālde {21} sizler ne maḳūle adamlar oldığıñızı añlatmağa vaḳt ḳalmaḳsızın sizleri daḫi itlāf itmeleri muḥtemel oldığından {22} siziñ bu vechile Sarāy-ı Hümāyūn'da müsterīḥan iḳāmetiñiz tensīb olunmuşdur. Ḳaldı ki, Rum milleti fesādı {23} berṭaraf olmadıḳça Devlet-i ʿAliyye'niñ bu meşġūliyyeti arasında Şırplunuñ istidʿāları keyfiyyātını mülāḥaẓa {24} idecek vaḳti olmadığından ġayrı Şırplunuñ şimdiye ḳadar merkez-i raʿiyyet ü iṭāʿatde s̱ebāt-ı ḳadem {25} gösterdikleri gibi bundan böyle daḫi anıñ üzerine s̱ābit-ḳadem olduḳça Devlet-i ʿAliyye'den şimdiye ḳadar {26} kendülerine bir şey dinilmediği mis̱illü baʿd-ez-īn daḫi ḥimāyet ve ḥüsn-i muʿāmeleden başḳa bir nesne dinilmeyeceği {27} ve bu taḳdīrce daḫi siziñ ʿavdetiñiz ile yeriñize āḫarları gelmekliğine daḫi ḥācet olmadığı ve sebeb-i müsāferetleri {28} ve işbu tafṣīl-i ifādeyi milletlerine ḏoğrıca yazmalarınıñ mersūmlara ifāde ve tenbīh olunması tensīb olunmuş {29} ve irāde-i seniyye daḫi bunuñ üzerine taʿalluḳ iderek ber-vech-i muḥarrer keyfiyyet mersūmlara bu ṣūretle ifāde {30} olunaraḳ anlara daḫi yazdırılmış olan kāğıd mersūm Mīloş ṭarafına gönderilmek içün ṭaḳımıyla {31} işbu nemīḳa-i ḫulūṣ-verīye leffen mersūl-ı ṣavb-ı müşīrīleri ḳılınmışdır. Ḳaldı ki, eğer mersūm Mīloş işbu {32} knezleriñ yazdığı kāğıdlara daḫi ḳanāʿat itmeyüb kemāl-i iṭmīnān içün ister ise didiği Yuvānçe'sini [?] {33} bu ṭarafa gönderüb re'yü'l-ʿayn müşāhede itdirmesi mersūmuñ re'yine ḥavāle eyleyerek işbu {34} tafṣīlātı Mīloş ṭarafına beyān ü işʿār eylemeñiz muḳteżā-yı irāde-i ʿaliyyeden olmağla mecbūl ü mefṭūr (27) oldığıñız kār-āşināyī ve ḥamiyyet iḳtiżāsı üzere ẕikr olunan knezleriñ mersūm Mīloş {2} ṭarafına yazdıḳları kāğıdı irsāl ile işbu tafṣīlātı daḫi lāyıḳıyla beyān ü işʿāra mübāderet {3} ve bir ān ve bir daḳīḳa ġāfil bulunmayub dā'imā Şırplunuñ reviş ü eṭvārlarına medd-i enẓār-ı baṣīret-birle {4} ẕātlarından me'mūl olan dirāyet ü feṭānet me'ās̱irini is̱bāt ü te'kīde himmet buyurmaları {5} siyāḳında ḳā'ime. Fī 18 M 38

[577/60] ***Silistre vālīsine***

{1} Bundan aḳdem ʿavāṭıf-ı ʿaliyye-i şāhāneden ẕāt-ı saʿādetleriyle me'mūrīn-i sā'ireye iḥsān buyurılan teşrīfāt-ı {2} seniyyeniñ vuṣūlünden baḥis̱le ol bābda īfā-yı resm-i teşekkür ü maḥmedeti şāmil ve Eflāḳ ve Boğdān {3} voyvodalarınıñ ber-mūceb-i irāde-i seniyye ḳūḳaları iksā ve maḳarr-ı emāretlerine iʿzām ü isrā ḳılınmış {4} ve sābıḳ ḳā'immaḳāmlar Negrī ve İstefanākī Silistre'de tevḳīf olunmuş oldığı beyānıyla mersūmān ḥaḳlarında {5} ne vechile irāde-i seniyye sünūḥ ider ise icrāsına ibtidār ol[un]acağını ve ifāde-i sā'ireyi müştemil bu defʿa {6} resīde-i mevḳiʿ-i vuṣūl olan taḥrīrāt-ı müşīrīleri mezāyāsı maʿlūm-ı ḫālişānemiz olub icrā-yı {7} resm-i şükr-güẕārī ve maḥmedete maṣrūf olan himmetleri ẕerīʿa-i maḥẓūẓiyyet olaraḳ ḫāk-pāy-ı hümāyūn-ı ḥażret-i {8} pādişāhīye daḫi ʿarż ile manẓūr-ı naẓar-ı ʿāṭıfet-es̱er-i cenāb-ı ẓıllullāhī buyurulmuşdur. Ḥasbe'l-vaḳti ve'l-ḥāl {9} mersūmān Negrī ile İstefanāḳī'niñ Anāḏolī ṭaraflarında birer maḥalle nefy ü iclāları tensīb olunmuş oldığından {10} mersūmānıñ Ḫudāvendigār sancağı dāḫilinde vāḳiʿ Göynük ile Seferīḥiṣār ḳażālarına nefy ü iclāları {11} ḫuṣūṣuna irāde-i seniyye-i şāhāne taʿalluḳ iderek ol bābda iḳtiżā iden evāmiri ıṣdār ve başḳa başḳa çavuşlar {12} taʿyīniyle ṣavb-ı saʿādetlerine tesyār olunmuş ve mersūmlarıñ es̱nā-yı rāhda muḥāfaẓalarına iʿtinā eylemeleri-çün {13} lāzım gelenlere ḫiṭāben yol emr-i şerīfi daḫi iʿṭā ḳılınmış olmağla bi-mennihī Taʿālā mübāşir-i mūmā-ileyhimānıñ {14} ol ṭarafa vuṣūllerinde mersūmları mübāşirlerine teslīm ile menfālarına iʿzāmları ve es̱nā-yı rāhda firār {15} idemameleri-çün iḳtiżā iden tedbīriñ icrāsı ḫuṣūṣuna himmet buyurmaları siyāḳında ḳā'ime. Fī 29 M 38

[577/68] *Ḫūrşīd Paşa ḥażretlerine*

{1} Meçobo'nuñ oğlı Elmās ḫā'ini ḥaḳḳında celādet-rīz-i ṣudūr olan irāde-i seniyyeyi müşʿir mersūl-ı ṣavb-ı ʿālīleri {2} ḳılınan nemīḳa-i muḫliṣīniñ vuṣūlünden ve icrā-yı ḫıyānet [iden] yalñız merḳūm olmayub beş-altı nefer kimesneniñ {3} ḫıyānetleri tebeyyün itmiş ve merḳūm Elmās ḫā'ini muḳaddemā Ṭāhir ʿAbbās ile Ağo Mühürdār'a ilticā iderek virilan {4} re'ye dāḫil olmuş oldığından baḥis̱le inşā'allāh vaḳtiyle gerek merḳūm ve gerek ems̱āli cezā-yı sezālarını {5} bulacağını ve Avlonya māddesi-çün ne vechile buyuruldı irsāl itmiş olduḳlarını ve baʿżı ifādeyi ve ḫazīnedārları {6} bendeleri mevcūd-ı maʿiyyeti olan mīr-i mīrān ve sā'ir ṣunūf-ı ʿaskeriyye ve ẕaḫīre ve mühimmātı bi'l-istiṣḥāb {7} Mora üzerine ʿazīmet itmiş oldığından Yeñişehir'e celb buyurılan saʿādetlü Meḥmed Paşa bendeleri maʿiyyetinde {8} olan ʿaskeriñ daḫi ʿulūfesi virilerek ḫazīnedārları mūmā-ileyhiñ verāsından gönderilmek {9} üzere oldığı beyānıyla Mora ordusuna dā'ir sā'ir icrā buyurduḳları tedābīri ḥāvī ve saʿādetlü {10} Ḳapūdān paşanıñ Bādra'dan ḥareketine ve sā'ir ifādāta dā'ir ṭaraf-ı müşīrīlerine tevārüd iden taḥrīrātıyla {11} ṣavb-ı sāmīlerinden müşārun-ileyh ḥażretlerine yazılan cevāb-nāme ṣūreti ve baʿżı ḥavādis̱i müşʿir İzdīn {12} Muḥāfıẓı saʿādetlü Süleymān Paşa ile Bādracıḳ muḥāfaẓasına me'mūr biñbaşıları bendeleriniñ Rūmiyyü'l-ʿibāre {13} kāğıdı ve tercümesi taḳdīm ḳılındığı ve Donanma-yı Hümāyūn ḥaḳḳında olan mülāḥaẓa ve tedbīrlerini ve aḳçe cihetiyle {14} mużḏarib olduḳlarından külliyyetlü aḳçe gönderilmesini muḥtevī ve Bādracıḳ ḳażāsı ḳaryelerinden muḳaddemā re'y almış {15} olan ova ḳaryeleri reʿāyāsıyla cümle ḳurā reʿāyāları cizye evrāḳlarını muṭālebe itmiş olduḳları {16} İzdīn muḥāfıẓı müşārun-ileyh ṭarafından inhā olunmuş ve Yeñişehir ve tevābiʿi cizyedārı Süleymān Ağa {17} ḳulları ṭarafından miḳdār-ı vāfī evrāḳ maḫṣūṣ cizyedār ile gönderilmiş oldığına binā'en ḳażā[-i] mezbūr cizye {18} boğçasıyla saʿādetlü ʿÖmer Paşa bendeleri ṭarafından re'y ṭalebinde oldığı işʿār buyurulmuş olan maʿlūmü'l-esāmī (39) ḳażālarıñ cizye boğçaları ṣavb-ı ṣafderānelerine gönderilmesini mübeyyin tevārüd iden taḥrīrāt-ı sāmīleriyle {2} evrāḳ-ı meẕkūr me'ālleri maʿlūm-ı ḫāliṣānemiz olduḳdan ṣoñra ṭaḳımıyla rikāb-ı ḳamer-tāb-ı cenāb-ı cihān-bānīye {3} ʿarż ile manẓūr-ı hümāyūn-ı şāhāne buyurulmuşdur. Avlonya māddesi ne vechile oldığı tafṣīlen yazılmamış oldığından {4} ne vechile oldığı maʿlūm olamamış ise de bu devlet-i ʿāliye Muḥammediyye olub icrā-yı ihānet ü melʿanet idenler cenāb-ı {5} Müntaḳim-i Ḳahhār'ıñ ʿavn ü ʿināyetiyle maẓhar-ı mücāzāt olacaḳlarından ve merḳūm Elmās'ıñ eylediği daḫi büyük {6} ḫıyānet idüğünden inşā'allāh vaḳtiyle cezāsını bulacağı ẓāhir oldığı miṣillü Mora'nıñ fetḥ ü tesḫīri {7} emrinde maṣrūf olan iḳdām ü ihtimām-ı ʿālīleri ve bu bābda icrā buyurmuş ve buyurmaḳda olduḳları tedbīr ü ārāları {8} mū-be-mū maʿlūm olaraḳ bu ḫuṣūṣda daḫi ẕāt-ı sāmīlerine te'kīd ḥāṣılı taḥṣīl ḳabīlinden olmaḳ mülābesesiyle {9} inşā[Allāhü]'r-Raḥmān her bir tedbīrleri muvāfıḳ-ı taḳdīr olaraḳ ḳarīben yeñi başdan Mora gibi bir cezīreniñ fetḥ ü tesḫīriyle {10} dīn ve Devlet-i ʿAliyye'ye ilā-yevmi'l-ḳıyām mūcib-i nīk-nāmī olur bir ḫidmet ibrāzına maẓhar olacaḳları ʿināyet-i {11} Ṣamedāniyye ile müṣbet ü bāhir olaraḳ hemān her ḥālde duʿā-yı tevfīḳ ü nuṣretleri vird-i zebān ḳılınmışdır. Cenāb-ı Ḥaḳḳ {12} her bir tedbīrlerin muvāfıḳ-ı ḳader ve livā-yı ḫaḍrāların ḳarīn-i fetḥ ü ẓafer eyleye, āmīn. Donanma-yı Hümāyūn ḥaḳḳında inhā {13} buyurılan mülāḥaẓa ve tedbīr vāḳiʿe muṭābıḳ olaraḳ muḳaddemce daḫi bu cānibde mülāḥaẓa-birle müşārun-ileyh {14} Ḳapūdān paşa ḥażretlerine iḳtiżā iden tenbīhāt ḫafī ve celī olaraḳ terḳīm ü taḥrīr ve müşārun-ileyhe ḫiṭāben bu bābda {15} beyāż üzerine şeref-pīrā-yı ṣudūr olan ḫaṭṭ-ı hümāyūn-ı şāhāne daḫi derūnuna vażʿ ile maʿrifet-i sāmīleriyle irsāl {16} olunmaḳ üzere ṣavb-ı serʿaskerīlerine tesyīr ve keyfiyyet cānib-i ʿālīlerine daḫi işʿār ve teẕkīr ḳılınmış idi. El-ḥāletü-hāẕihī {17} me'āl-i işʿārlarına naẓaran ḳapūdān-ı müşārun-ileyh Anābolī semtlerine gitmiş ve müşārun-ileyh daḫi Anābolī'ya ẕaḫīre {18} irişdirmek üzere Bādra'dan ḥareket ile Çamlıca ve Ṣulıca aḏaları pīşgāhına vürūdunda ʿuṣāt-ı {19} eşḳıyānıñ āmāde eyledikleri vāfir tekneleriyle muḥārebe iderek lillāhi'l-ḥamd perīşān ü tārümār itmiş ve baʿżısını {20} iḥrāḳ ü iğrāḳ eylemiş oldığı beyānıyla hemān Anābolī'ya gitmek üzere muvāfıḳ havāya müteraḳḳıb oldığını müşʿir {21} baḥren başçuḳadārıyla bu ṭarafa taḥrīrātı gelmiş oldığından muḳaddemce Donanma-yı Hümāyūn ḥaḳḳında bi'l-mülāḥaẓa {22} icrā olunan tedbīr ve irādeyi müşʿir ẕikr olunan taḥrīrātlarımız ile ḫaṭṭ-ı hümāyūn-ı şāhāneniñ müşārun-ileyhiñ {23} Bādra ṭarafından uzaması cihetiyle şeref-sünūḥ iden irāde-i ʿaliyye mūcebince iḥtiyāṭen nüsḫa-i s̱āniye olaraḳ {24} birer ṣūretleri daḫi yazılub baḥren İngiltere teknesiyle müşārun-ileyhiñ gelan adamına teslīmen gönderilmek {25} üzere oldığı ve el-ḥāletü-hāẕihī Devlet-i ʿAliyye'niñ mübtelā oldığı maṣārif-i bī-nihāye cihetiyle nuḳūda fıḳdān {26} gelme derecesine varmış ise de akçesiz daḫi olmayacağından mevācibden ṣoñra bir çāre bulunub ṭaraf-ı

{27} müşīrīlerine biñ beş yüz kīse ḳadar tedārük ve irsāl olunması ḫuṣūṣuna irāde-i ʿaliyye müteʿalliḳ olaraḳ {28} bi-mennihī Taʿālā işbu aḳçeniñ daḫi bundan böyle irsāli çāresine baḳılacağı ve reʾy ve amān ṭalebinde olan {29} reʿāyā ḥaḳḳında evvelā yedlerinde olan ālāt-ı ḥarbiyyeye dāʾir ṭop ve tüfenk ve piştov ve bıçaḳ ve bārūt {30} ve fişenk miṡillü her ne var ise meʾmūrlar maʿrifetiyle ber-vech-i diḳḳat yoḳlanub bir şey girü ḳalmamaḳ üzere alınaraḳ {31} defteriyle Dersaʿādet'e irsāl ve Cebeḫāne-i ʿĀmire'ye vażʿ olunmaḳ, s̱āniyen cemīʿ eṭrāfıñ fesādı yatışub ʿalelʿumūm {32} emniyyet-i tāmme levāzımı icrā olununca ḳadar içlerinden rehn olaraḳ pāpās ve ḳocabaşıları miṡillü iki nefer {33} muʿteberleri Dersaʿādet'e gönderilmek, s̱āliṡen bunlarıñ müddet-i ʿiṣyānlarında virgü ve rüsūm-ı raʿiyyetden ẕimmetlerinde {34} ne miḳdār mebāliġ ve maṭlūbāt ḳalmış ise tamāmen edā olunmaḳ, rābiʿan iḳtiżā iden cizyeleri baʿd-ez-īn muḳteżā-yı {35} şerʿ-i şerīf üzere ʿale'r-ruʾūs ve ʿan-yed aḫẕ ü taḥṣīl ḳılınmaḳ üzere mevādd-ı erbaʿayı şāmil ḳarār-gīr {36} olan istīmān şürūṭunuñ bir ḳıṭʿa ṣūreti muḳaddemā ṣavb-ı serʿaskerīlerine gönderilmiş oldığından {37} icrā-yı muḳteżāsına himmet buyuracaḳları meczūm olaraḳ sünūḥ iden irāde-i ʿaliyye üzere maṭlūb buyurılan {38} cizye boğçaları tertīb ve irsāl olunması ʿizzetlü Defterdār efendi bendelerine ḥavāle ḳılındığı muḥāṭ-ı ʿilm-i sāmīleri {39} buyuruldukda ez-her-cihet feṭānet ve ġayret-i ẕātiyyelerini is̱bāta beẕl-i himmet buyurmaları siyāḳında ḳāʾime. Fī selḫ-i M 38

[*577/77*] *Ḫūrşīd Paşa ḥażretlerine*

{1} Ḫazīnedārları bendeleri maʿiyyetinde olan Geġa paşalarınıñ Esed ovasından ilerü Mora['ya] gitmekden {2} tereddüd ile ḳış geldi bahānesiyle ʿavdet dāʿiyesinde olduḳlarından ṣavb-ı sāmīlerinden ne mażmūnda buyuruldı {3} gönderilmiş oldığı beyānıyla bunlara tehdīdi ve saʿādetlü ʿÖmer Paşa ve Reşīd Paşa ḥażerātına istiʿcāl ve teʾkīdi şāmil {4} ve Dūḳagīn mutaṣarrıfı Nuʿmān Paşa bendeleriniñ maṭlūb-ı serʿaskerīleri olan ʿasker ile maʿiyyet-i sāmīlerine {5} vuṣūle müsāraʿat eylemesi bābında taʿcīli müştemil evāmir-i ʿaliyye ıṣdār ve tesyārı ve aylıḳsız olaraḳ {6} Çirmen sancağından müretteb ʿaskeriñ irişdirilmesi ve Donanma-yı Hümāyūn ḥaḳḳında muḳaddemce kerāmet-efzā-yı ṣudūr {7} olan irāde-i ʿaliyyeyi mutażammın saʿādetlü Ḳapūdān paşa ḥażretlerine ḫiṭāben olan ḫaṭṭ-ı hümāyūn-ı şāhāne ile {8} taḥrīrātımız Preveze üzerinden gönderilmiş ise de Donanma-yı Hümāyūn ne ṭarafda oldığı ṣaḥīḥan ḫaber alınamamış {9} oldığından müşārun-ileyhe yazılan veṣāyā tekrār taḥrīr ile bu ṭarafdan müsteʾmen sefīnesiyle gönderilmesi ḫuṣūṣunı {10} ve Eġrīboz'dan çıḳan ʿaskeriñ keyfiyyeti ve Çarḫacı ʿAlī Paşa ṭarafından ṣavb-ı sāmīlerine tevārüd iden evrāḳ ile {11} ṣavb-ı sipehdārīlerinden Arnavud paşalarına ve ḫazīnedārları mūmā-ileyh bendelerine yazılmış olan buyuruldılarıñ {12} ṣūretleri ve ḫazīnedārları bendelerinden gelmiş olan kāğıdlar iṭāre buyuruldığı ve saʿādetlü Meḥmed Paşa {13} bendeleri ne ṣūretle Mora ṭarafına iʿzām buyurılacağı ifādātını ḥāvī tevārüd iden taḥrīrāt-ı seniyyeleri {14} müfādı ve evrāḳ-ı mersūle mezāyāları maʿlūm-ı s̱enāverī olduḳdan ṣoñra ṭaḳımıyla rikāb-ı ḳamer-tāb-ı {15} mülūkāneye ʿarż ile manẓūr-ı hümāyūn-ı şāhāne buyurulmuşdur. Nezd-i sāmīlerinde maʿlūm oldığı vechile Arnavud {16} milleti mecbūl olduḳları ṭamaʿ ve irtikāb cihetiyle "Ġavġā biterse bize iḥtiyāc ḳalmaz, aḳçe ḳazanmaḳdan {17} maḥrūm oluruz" diyerek dürlü dürlü fesād iḫtirāʿına mütecāsir olacaḳlarından bu bābda maṣlaḥatı ṭabīʿatına {18} terk cā'iz olmayaraḳ bir ṣūret-i ḥaseneye ifrāġı żımnında vüsʿ-i beşerde olan tedābīr ü iḳdāmātıñ {19} icrāsına saʿy ü ġayret itmek īcāb-ı vaḳt ü ḥālden ve Geġa paşalarına ol vechile müşedded buyuruldılar {20} taḳrīrine ve sā'ir müteşebbis̱ olduḳları tedābīr tamām yolunda ve muvāfıḳ-ı me'mūriyyet-i serʿaskerīleri {21} ve muṭābıḳ-ı istiḳlāl ve ruḫṣat-ı kāmileleri olmaḳ mülābesesiyle mūcib-i kemāl-i taḥsīn olaraḳ inşā'allāhü'r-Raḥmān {22} bu vechile merdāne ve cānsipārāne ġayret ü himmetleri ve celūdāne ḥareketleri ās̱ārı olaraḳ her bir emr {23} ü irādeleri me'mūrīne müstelzim-i dehşet ve mūcib-i intibāh ve ġayret olaraḳ īfā-yı me'mūriyyete {24} iḳdām eylemelerini īcāb ider ḥālātdan olmağla hemān Cenāb-ı Müsehhilü'ṣ-Ṣuʿūb kāffe-i umūrların {25} teshīl ve her ḥālde ārā-yı dilīrānelerin muvāfıḳ-ı taḳdīr eyleye, āmīn. Ṭıbḳ-ı inhā-yı sipehdārīleri vechile müteʿalliḳ {26} olan emr ü irāde-i ḥażret-i pādişāhī mūcebince ḫazīnedārları mūmā-ileyh maʿiyyetinde bulunan Geġa paşalarına **(45)** ḫiṭāben tehdīdāt-ı lāzımeyi ḥāvī başḳa ve Ḳarlıili ṭarafında olan müşārun-ileyhimā ʿÖmer Paşa {2} ve Reşīd Paşa ḥażerātına daḫi tenbīhāt-ı muḳteżiyeyi muḥtevī başḳa ve Dūḳagīn mutaṣarrıfı mūmā-ileyh Nuʿmān Paşa'nıñ {3} bir ān aḳdem külliyyetlü ʿasākir ile maʿiyyet-i ʿālīlerine vuṣūle şitāb eylemesini mutażammın başḳa evāmir-i ekīde ıṣdār {4} ve tesyār olunmuş olub maʿiyyet-i ʿālīleri-çün Çirmen sancağı ḳażālarından aylıḳsız olaraḳ tertīb olunmuş olan {5} iki biñ nefer ʿaskeriñ dört ṭaḳım olaraḳ iḫrāc ve Gümülcine ṭarīḳiyle iʿzām olunmuş oldığını {6} saʿādetlü Çirmen mutaṣarrıfı ḥażretleri inhā eylediği muḳaddem ṣavb-ı saʿādetlerine yazılmış ve Donanma-yı Hümāyūn {7} ḥaḳḳında bi'l-mülāḥaẓa icrā olunan tedābīr ve irādeyi müşʿir nüsḫa-i s̱āniye olaraḳ müşārun-ileyh Ḳapūdān paşa {8} ḥażretlerine mu'aḫḫaren yazılan taḥrīrāt-ı ḫulūṣ-verī ile ṣudūr iden ḫaṭṭ-ı hümāyūn-ı şāhāne bu ṭarafdan {9} İngiltere sefīnesiyle müşārun-ileyhiñ gelan adamına teslīmen gönderilmiş oldığı giçen gün yazılan {10} cevāb-nāme-i s̱enāverīde beyān ü tez̠kār ḳılınmış oldığından şimdiye ḳadar bu ḫuṣūṣlar yazılan taḥrīrāt-ı {11} ḫulūṣ-verīniñ vuṣūlüyle maʿlūm-ı sāmīleri olmuş olacağı ẓāhir ve her bir ḫuṣūṣda iḳdāmāt-ı lāzımeniñ {12} icrāsında mümkin oldığı ve vüsʿ-i beşerden geldiği derece bu ṭarafda daḳīḳa fevt olunmadığı ve bundan böyle {13} daḫi olunmayacağı müberhen ü bāhir olmağla zamān iḳtiżāsından olaraḳ baʿżı keyfiyyet-i nā-lāyıḳa ẓuhūrı {14} z̠ihn-i müşīrīlerine yorġunluḳ virir ise de dīn-i mübīn uġurunda olan işbu me'mūriyyetleri {15} ṭabīʿatına terk ile olmayub mevādd-ı cesīmeden oldığından hemān bundan böyle daḫi luṭfen her bir ḫuṣūṣda {16} ġayret ü himmet ile maḥżā himem-i seniyyeleri āsārı olaraḳ Mora'ya ʿasker-i İslām girmiş ve mu'aḫḫaren daḫi {17} ordular tertīb olunmuş iken şu Mora'nıñ ne vechile ve ne ṭarīḳ ile olur ise tesḫīri vesā'il-i muḳteżiyesiniñ {18} ikmāline nisār-ı mā-ḥaṣal-i liyāḳat ü ḳudret buyurmaları aḳdem-i maṭlūb idüği beyānıyla ḳā'ime. Fī 8 Ṣ 38

[577/83] *Ḳapūdān paşa ḥażretlerine*

{1} Muḳteżā-yı ġayret ü diyānetleri üzere Anābolī ḳalʿasına ne ṣūretle zaḫīre irişdirilmiş ve esnā-yı rāhda {2} teṣādüf olunan eşḳıyā tekneleriyle bi'l-muḥārebe ne vechile maẓhar-ı nuṣret ve fütūḥāt olmuş olduḳları {3} ve Mora me'mūrları ṭarafından vāḳiʿ olan inhā ve iltimāsa mebnī Donanma-yı Hümāyūn'dan dört ḳıṭʿa {4} süfün-i hümāyūn ifrāz ve tüccār tekneleri terfīḳiyle Īnebaḫtī körfezine iʿzām olunmuş ve ʿaṭūfetlü Serʿasker {5} Ḫūrşīd Paşa ḥażretleriniñ taḥrīrine binā'en iki ḳıṭʿa sefāyin daḫi Preveze'ye gönderilmiş ve Çamlıca {6} ve Ṣulıca adaları pīşgāhına vürūdlarında serserī geşt ü güẕār iden Frānsa beğliği ḳapūdānlarıyla {7} ne ṭarīḳ ile muḫābere ḳılınmış oldığı beyānıyla Donanma-yı Hümāyūn maʿiyyetinde olan sefāyinlerinden çend {8} ḳıṭʿası işe yaramadığından Tūnus Beğlerbeğisi Maḥmūd Paşa tebdīlini inhā eylemiş ise de ruḫṣat virilmesi {9} bābında istiʿlām-ı irādeyi ve Donanma-yı Hümāyūn'da peksimād pek az ḳalmış idüğünden bir ān aḳdem peksimād {10} irişdirilmesi ve mevsim-i şitā taḳarrüb eylemekde oldığından meştā içün ḳangı maḥal iḫtiyār olu[nu]r ise ṣavb-ı {11} saʿādetlerine işʿār olunması ḫuṣūṣlarını şāmil ve sā'ir ifādeyi müştemil resīde-i mevḳiʿ-i vuṣūl olan {12} taḥrīrāt-ı saʿādet-āyāt-ı düstūrīleri me'āl ü mezāyāları rehīn-i ıṭṭılāʿ-i ḫulūṣ-verī ve ḫāk-pāy-ı hümāyūn-ı {13} cenāb-ı şāhāneye ʿarż ile manẓūr-ı naẓar-ı ʿāṭıfet-eser-i ḥażret-i şehriyārī olmuş ve vāḳıʿan süfün-i hümāyūnuñ {14} bu vechile Īnebaḫtī körfezinde iḳāmetleri ez-her-cihet Mora ordusuna baʿis-i taḳviyet olacağından {15} bu ḫuṣūṣda güzel ḏavranmış olduḳları cihetiyle bu keyfiyyet bādī-i taḥsīn olaraḳ dirāyet-i ẕātiyyelerini {16} isbāt eylemişdir. Maʿlūm-ı feṭānet-melzūm-ı müşīrīleri oldığı üzere Donanma-yı Hümāyūn'uñ ez-her-cihet {17} muḥāfaẓası lāzımeden olaraḳ ẕāt-ı saʿādetleri daḫi bu ḫuṣūṣa diḳḳat buyuracaḳları derkār ise de {18} işbu Frānsa beğliği didikleri sefīneler ṣaḥīḥ Frānsa tekneleri oldığı ḥālde oralarda geşt ü güẕārı {19} mücerred eşḳıyāya muʿāvenet ve firār iden Rumları taḫlīṣ içün olmaḳ iḳtiżā ideceği veyāḫūd aṣl {20} Frānsa sefāyini olmayub eşḳıyā ṭaḳımı olaraḳ baʿżı adalarda olan hemcinslerini alub ḳaçırmaḳ {21} veyāḫūd āteş gemileri olaraḳ Donanma-yı Hümāyūn ḥaḳḳında mā-fī'ż-żamīrleri olan ḫıyānet {22} ü melʿaneti icrā itmek üzere gemilerini āḫar düvel sefāyini şeklinde göstermeleri sevābıḳ-ı aḥvāllerinden {23} ẓāhir ve Sāḳız vaḳʿası daḫi muḳaddemā baʿżı eşḳıyā sefāyininiñ Nemçe bāndırası küşādı ve kendülerini {24} ol hey'etle irā'elerinden neş'et itmiş oldıġı müberhen ü bāhir olub bi'l-farż bunlar ṣaḥīḥ Devlet-i ʿAliyye ile {25} dost ve muṣāliḥ olan devlet tekneleri olsa bile muḥārib olan donanma arasında ṣaḥīḥ dost {26} sefīnesiniñ daḫi gezmesi cā'iz olmadıġı ve bunlardan alınacaḳ ḥavādiṣiñ lüzūmı olmayacaġı āşikārdır. {27} Ḥāṣılı, gāvurlar dā'imā icrā-yı ihānet ü melʿanet ḳaṣdıyla envāʿ-ı ḥīleyi iʿmāl ideceklerinden muḳaddem daḫi {28} işʿār ü tenbīh olundıġı vechile zinhār ü zinhār bu kāfirleriñ o maḳūle desāyis ü ḥīlelerine firīfte {29} olmayaraḳ Donanma-yı Hümāyūn'uñ civār ve derūnuna bir vechile ecnebī sefāyini uġradılmaması şerāyiṭ-i {30} tabaṣṣur ü āgāhīden ve bu ḫuṣūṣa beġāyet iʿtinā ve diḳḳat bi'l-cümle donanma me'mūrlarınıñ farīża-i ẕimmetleri {31} olan ḥālātdan olmaġla ol vechile zinhār ecnebī sefāyininiñ Donanma-yı Hümāyūn semtine yaḳlaşdırılmaması {32} ve mūmā-ileyh Maḥmūd Paşa'nıñ irsālini istīẕān eyledikleri cedīd sefāyin her ne vaḳt olsa Donanma-yı Hümāyūn {33} maʿiyyetinde bulunması tezāyüd-i ḳuvveti müstelzim olacaġından sefāyin-i meẕkūreniñ celb olunması muḳteżā-yı {34} irāde-i seniyye-i mülūkāneden olmaġla aña göre īfā-yı şerāyiṭ-i me'mūriyyet ve dirāyete beẕl-i himmet {35} buyurmaları muḥavvel-i ʿuhde-i feṭānetleridir. Ḳaldı ki, Donanma-yı Hümāyūn'da peksimād azalmaġa başladıġı giçende {36} ṭaraf-ı düstūrīlerinden taḥrīr ü işʿār olunmuş oldıġından müteʿalliḳ olan irāde-i seniyye-i mülūkāne mūcebince {37} Donanma-yı Hümāyūn lāzımesi-çün beş biñ ḳanṭār peksimād tüccār sefīneleriyle irsāl ü tesrīb ḳılınmış ve keyfiyyet {38} mevsim-i şitānıñ taḳarrübi vesīlesiyle Donanma-yı Hümāyūn'uñ bi'l-istīẕān ʿavdet itmameleri ve ol vaḳte ḳadar {39} bir iş görmeġe saʿy ü iḳdām eylemeleri ve mevsim-i şitāda daḫi ne vechile ḳışlamaları lāzım geleceġi muḳaddem ve mu'aḫḫar **(48)** iki ṭaḳım taḥrīrāt-ı ḫulūṣ-verī ile ṣavb-ı saʿādetlerine bildirilmiş ve işbu taḥrīrātları anlarıñ ṭaraf-ı müşīrīlerine {2} vuṣūlünden evvel çıḳarılmış oldıġı ṣūret-i ḥālden añlaşılmış ise de şimdiye ḳadar ol taḥrīrātlarımızıñ {3} vuṣūlüyle ṣūret-i irāde-i ʿaliyye maʿlūm-ı müşīrīleri olacaġı ẓāhir olmaġla muḳteżā-yı dirāyet {4} ü ḥaṣāfet-i düstūrāneleri üzere baʿd-ez-īn her ḥālde merdāne ve dilīrāne ḥareket ve şu gāvurlardan {5} bā-ʿavn ü ʿināyet-i Bārī aḫẕ-ı ṣār iderek īfā-yı me'mūriyyet ve iṣbāt-ı diyānet ü ḥamiyyet ile {6} ḥaḳḳ-ı müşīrīlerinde olan teveccühāt-ı ḥasene-i ḥażret-i ẓıllullāhīyi tezyīde ve muḳaddemce vāḳiʿ olan {7} tenbīhāt ü veṣāyā üzere ḥarekete iʿtinā ve müṣāberet buyuraraḳ her ḥālde īfā-yı muḳteżā-yı {8} dirāyet-kārī ve feṭānete mübāderet buyurmaları siyāḳında ḳā'ime. Fī 11 Ş 38

[*577/84*] *Çirmen mutaṣarrıfına*

{1} Selānīk despotunuñ ḳarındaşı Īnöz'de ḳocabaşı olan Mīḫāl nām ẕimmī Īnöz'e bir buçuḳ sāʿat {2} maḥalde kā'in Iskārlotī manāstırında olan iki ḳıṭʿa ṭopı manāstır-ı meẕkūr başpāpāsı Mārtānyos {3} rāhibiñ maʿlūmı olaraḳ meẕkūr manāstırıñ ṣaġ ṭarafında ṭopraġa gömmüş oldıġı bu defʿa derece-i

{4} ṣıḥḥatde iḫbār olunub mersūmuñ bu vechile ḥareket-i rediyyeye cesāreti muġāyir-i resm-i raʿiyyet {5} ve ẕikr olunan ṭopların̄ ẓāhire iḫrācı lāzımeden oldıġı vāreste-i ḳayd [ü] işāret olmaġla {6} muḳteżā-yı kār-dānāyī ve dirāyetleri üzere ṣavb-ı saʿādetlerinden ḫafīce manāstır-ı meẕkūra adam taʿyīn {7} ve keyfiyyeti iḳtiżā idenlere ekīden taḥrīr-birle serrişte virilmeyerek hemān ẕikr olunan ṭopların̄ bir ṣūretle {8} ḫaber virilan maḥalden ẓāhire [iḫrāc] olunduḳdan ṣoñra firār idemeyecek ṣūretle mersūmān Mīḫāl {9} ve rāhib Mar[ta]nyos'uñ daḫi ḥabs ü tevḳīfi vesāʾiliniñ icrāsına ve keyfiyyetiñ bu ṭarafa taḥrīr {10} ü inhāsına himmet buyurmaları siyāḳında ḳāʾime. Fī 13 Ṣ 38

[577/86] *Sāḳız muḥāfıẓına*

{1} Bundan aḳdem Sāḳız muḥārebesinde aḫẕ olunan Ḳaterīna binti Dīmitrī Naṣrāniyye ve yanında olan {2} ṣaġīre Māriya ḥużūrumuzda vāḳiʿ olan mürāfaʿada mersūme Ḳaterīna Sāḳız ḳurālarından {3} maṣṭakī köylerinden Eftābente [?] nām maḥalle ahālīsinden olub babası mersūm Dīmitrī hālik {4} olmazdan evvel maḥalle-i meẕkūrede ḳocabaşı oldıġı ḥālde sekiz sene muḳaddem hālik {5} ve ḥayāt ve memātları nā-maʿlūm li-ebeveyn Mīḫāl ve İstimāṭ ve Yorgī ve şöhretleri Maḳrī olaraḳ {6} kebīr ḳarındaşları Vāngero ve Çūpcīne [?] ism ü şöhretiyle anası ve Ḳosṭanṭīn Despodari nām {7} pāpās ḳarındaşları olub ve ṣaġīre-i mersūme daḫi ẕikr olunan maṣṭakī ḳurālarından {8} Vūno köyünden Dīmitrī nām ẕimmīniñ zevcesi Angela Naṣrāniyyeden mütevellid oldıġını taḳrīr ü ifāde {9} itmişler ise de keyfiyyetiñ ṭarafıñızdan istiʿlāmı lāzım gelmekle mersūmeleriñ vāḳiʿ olan ifādeleri {10} vechile bunlar ḥaḳīḳaten maṣṭakī ve ḳurāları ahālīsinden istīmān idenlerden midir, yoḫsa muḳaddem {11} muḥārib olub esnā-yı muḥārebede seby ü istirḳāḳ olunan Sāḳız ʿuṣātı ṭaḳımından mıdır, eğer bunlar {12} fi'l-ḥaḳīḳa maṣṭakī ṭaḳımından olaraḳ baʿde'l-muḥārebe bir ṣūretle alınmış olduḳları ḥālde ber-mūceb-i {13} fetvā-yı şerīf beyʿ ü şirā ve istifrāşı ḥarām oldıġından ḫuṣūṣ-ı meẕkūrı ol ṭarafda gereği gibi {14} taḥarrī ve taḥḳīḳ-birle iḳtiżāsına baḳılmaḳ üzere keyfiyyeti ber-vech-i īżāḥ bu ṭarafa taḥrīr ü tenmīḳe mübāderet {15} eylemeñiz içün ḳāʾime. Fī 14 Ṣ 38

Derkenar: İşbu emr-nāme-i sāmīniñ vuṣūlünden baḥişle ḫuṣūṣ-ı mezbūr maṣṭakī dīdebānları Müslimīnden ve mevcūd olan maṣṭakī reʿāyāsından lede's-suʾāl mersūme ve yanında olan ṣaġīre maṣṭakī ḳaryesi mütemekkinelerinden ve mütevellidelerinden oldıġı ve bunları ṣoñradan cebren aldıḳlarını ṣaḥīḥan ḫaber virdiklerini mübeyyin Sāḳız muḥāfıẓınıñ fī 27 R 38 tārīḫinde vārid olan şuḳḳası meʾāli bā-fermān-ı ʿālī ḳaydı bālāsına şerḥ virildi.

[577/87] *Yūnd aḏası muḥāfıẓına*

{1} Ayvalıḳ ve Yūnd aḏası reʿāyāsınıñ ḫilāf-ı resm-i raʿiyyet vāḳiʿ olan ḥareketleri cihetiyle ṭaraf-ı şerʿ-i enverden {2} virilan fetvā-yı şerīf mūcebince seby ü istirḳāḳları bābında muḳaddemā emr-i ʿālī ṣādır olmuş ve ol vaḳt Yūnd adası {3} reʿāyāsınıñ ekseri eşḳıyā sefīnelerine rükūb ile firār itmişler ise de yiğirmi beş ḫāne miḳdārı fırṣat bulamayub {4} ada-i merḳūme pīşgāhında vāḳiʿ manāstırda taḥaṣṣun-birle üzerlerine hücūm ü tażyīḳ olunduḳlarında ḫalāṣlarından {5} nā-ümīd olaraḳ istīmān eylemiş olduḳlarından mecmūʿ otuz nefer ẕükūr ve otuz nefer ināṣ ve altmış ḏoḳuz {6} nefer ṣağīr ve ṣağīre olmaḳ üzere Midillū cezīresine celb ile ḥıfẓ olunmuş oldığından reʿāyā-yı {7} mersūme ḥaḳlarında ʿafv ile muʿāmele olunaraḳ ibḳā-yı āsāyişden ṣoñra vaṭanlarına iʿāde olunmaḳ {8} üzere Midillū'de iḳāme ve iskānları ḫuṣūṣı ol zamān Midillū Muḥāfızı sābıḳ Reşīd Paşa'ya taḥrīr ü işʿār {9} olunmuş idi. El-ḥāletü-hāẕihī reʿāyā-yı mersūmeniñ taḳdīm itmiş olduḳları ʿarżuḥāllerinde kendüleri Midillū {10} cezīresinde iḳāmet itmekde iseler de ḥāllerine merḥameten vaṭan-ı aṣlīleri olan Yūnd adasında kemā-kān {11} īvā ve iskān olunmalarına ruḫṣat-ı seniyye erzānī buyurulması muḥarrer ve müstedʿā olub bunlarıñ istirḥāmları {12} vechile vaṭan-ı aṣlīlerinde iḳāmelerine ruḫṣat irā'esi ʿ[im]ārī-i memleketi müstelzim ise de bu gāvurlar {13} muḳaddemā taḫlīṣ-i cān ümīdiyle istīmān iderek ol vechile Midillū'ye gönderilüb muḥāfaẓa itdirilmiş {14} olduḳlarından şimdi bunlarıñ ʿavdetlerine ruḫṣat virilerek vaṭanları[na] geldiklerinde ḫilāf-ı resm-i {15} raʿiyyet ḥarekete cesāret idebilürler mi ve bir gūne maḥẓūr melḥūẓ mıdır ve ḫāric-ez-raʿiyyet bir vechile {16} ḥarekete cesāret itmeyerek muḥāfaẓalarına ṭarafıñdan taʿahhüd olunur mı, keyfiyyetiñ evvel-emrde istiʿlāmı {17} lāzımeden ve īcāb-ı maṣlaḥatdan olmağla sen daḫi muḳteżā-yı dirāyetiñ üzere bu gāvurlarıñ {18} vaṭan-ı aṣlīleri olan Yūnd adasında iskānlarına ruḫṣat iʿṭāsında ʿimārī-i memleket melḥūẓ {19} oldığı miṡillü bir gūne maḥẓūr yoḳ mıdır ve bunlar memleketlerine geldikleri ḥālde kendü ḥālleriyle {20} taḥt-ı raʿiyyetde olaraḳ sākin olurlar mı ve ṭarafıñdan muḥāfaẓaları mümkin olabilür mi, keyfiyyetiñ {21} nīk ü bedini eṭrāfıyla tefekkür ü mülāḥaẓa eyleyerek aña göre iḳtiżāsınıñ icrāsı-çün bu ṭarafa {22} taḥrīr ü işʿāra mübāderet eylemañ içün ḳā'ime. Fī 14 Ş 38

[*577/88*] *Ḫūrşīd Paşa ḥażretlerine*
{1} Mora Serʿaskeri saʿādetlü Maḥmūd Paşa ile ʿÖmer Paşa ve Yūsuf Paşa ve Nüzül Emīni Aḥmed Ağa {2} ve sā'ir ṭaraflardan ṣavb-ı sipehdārīlerine gelmiş olan kāğıdlar taḳdīm ḳılındığı {3} ve Mora me'mūrlarına ṭaraf-ı serʿaskerīlerinden ne vechile buyuruldılar yazılmış oldığı beyānıyla {4} Mora serʿaskeri müşārun-ileyhle maʿiyyetinde olan vüzerā ve mīr-i mīrān ve aʿyān {5} ve sergerdelere ḫiṭāben başḳa ve ʿÖmer Paşa ve Reşīd Paşa ḥażerātına ḫiṭāben başḳa ve saʿādetlü {6} Meḥmed Paşa bendeleriyle me'mūr-ı maʿiyyeti olan mīr-i mīrān ve sā'ire ḫiṭāben başḳa ne zemīnde {7} ekīdü'l-meżāmīn evāmir-i ʿaliyye ıṣdār ve bu ṭarafdan muḳaddem mübāşirler ile tesyār olunması

{8} lāzımeden idüği ve bu es̱nāda Ḳorfa cenerāli ṭarafından fī-mā-baʿd İngiltere sefīnelerine {9} gerek ehl-i İslām ve gerek reʿāyādan hiç kimesne alınmamasına dāʾir vāḳiʿ olan tenbīh sebebiyle {10} baʿd-ez-īn Mora meʾmūrlarıyla muḫābere münḳaṭıʿ olmaḳ lāzım geleceğinden bu ḫuṣūṣuñ bu ṭarafda {11} İngiltere ilçisine ifāde olunaraḳ tenbīh-i mez̲kūruñ fesḫ itdirilmesi īcāb-ı maṣlaḥatdan oldığı {12} ifādesiyle bugünlerde ṭaraf-ı saʿādetlerine külliyyetlü aḳçe irişdirilmesi ḫuṣūṣuna dāʾir ve İngilterelünüñ {13} bu vechile tenbīhine mebnī Donanma-yı Hümāyūn ḥaḳḳında muḳaddem sünūḥ iden irāde-i seniyyeyi müşʿir {14} saʿādetlü Ḳapūdān paşa ḥażretlerine īṣāl olunmaḳ üzere ṣavb-ı ʿālīlerine gönderilan {15} ḫaṭṭ-ı hümāyūn ve taḥrīrāt-ı muḫliṣī Preveze ṭarafından gönderilmiş ise de vāṣıl olub olmayacağı {16} meşkūk oldığından irāde-i mez̲küre tekrār ḳapūdān-ı müşārun-ileyhe taḥrīr ve tesyīr olunması {17} keyfiyyātına mütedāʾir resīde-i mevḳiʿ-i vuṣūl olan taḥrīrāt-ı düstūrīleri ve evrāḳ-ı mersūle mefāhīmi {18} ḳarīn-i ıṭṭılāʿ-i ḫāliṣānemiz olduḳdan ṣoñra rikāb-ı hümāyūn-ı şāhāneye daḫi ʿarż ile {19} meşmūl-ı liḥāẓa-i cenāb-ı şehriyārī olmuşdur. Vāḳıʿan inhā-yı düstūrīlerinden müstefād oldığı vechile {20} meʾmūrlara şimdiye ḳadar ṣavb-ı sāmīlerinden iʿāne-i muḳteżiye ve tenbīhāt-ı lāzıme eṭrāfıyla {21} icrā olunmuş ise de bunlarıñ ġayretsizlikleri ve mevcūd-ı maʿiyyetleri olan ʿasākiriñ {22} diyānetsizlikleri cihetiyle bir iş görilemeyüb Mora maṣlaḥatı uyġunsuzluḳ ṣūreti kesb idüb {23} ancaḳ maʿlūm-ı ʿālīleri oldığı üzere dīn ü devletimiziñ ṣāḥibi büyük oldığından {24} o maḳūle dīni ayrı kāfirler inşāʾallāhü'r-Raḥmān yapdıḳları çāh-ı melʿanete kendüleri düşerek {25} Ḥażret-i Ḳahhār-ı Müntaḳim'iñ ʿavn ü ʿināyeti ve ṣāḥib-i şerīʿat efendimiziñ meded-i rūḥāniyyeti {26} ve ḫalīfe-i Resūlüllāh olan şevketlü efendimiziñ teveccühāt-ı ḳudsiyye-i ẓıllullāhīleri ile {27} ʿan-ḳarībi'z-zamān ġayret ü himmet-i ṣafderāneleriyle her bir ḫuṣūṣı yoluna girerek dīnimiz düşmenlerinden {28} aḫẕ-ı intiḳām olunması Cenāb-ı Müsehhilü'ṣ-Ṣaʿāb'dan meʾmūl ü müstedʿā ve bu emr-i ehemm-i dīnde ẕerre-nümā ḳuṣūr {29} ü reḫāvet maʿāẕallāhü Taʿālā dünyā ve āḫiretde ne vechile mūcib-i nedāmet olacağı hüveydā olaraḳ {30} mehābet-rīz-i ṣudūr ü sünūḥ olan irāde-i seniyye-i mülūkāne iḳtiżāsı ve işʿār-ı sāmīleri muḳteżāsı {31} üzere Mora ordusı beyhūde Gördūs'de iḳāmet itmekde oldığı istimāʿ olundığından {32} baḥs̱ olunaraḳ ḳış geldi iʿtiẕārından geçüb Mora'nıñ bütün bütün fetḥ ü tesḫīrine iḳdām eylemeleri {33} mażmūnunda Mora serʿaskeri müşārun-ileyhle maʿiyyeti meʾmūrlarına ḫiṭāben başḳa ve müşārun-ileyh {34} Meḥmed Paşa bendeleri daḫi meʾmūriyyeti iḳtiżāsı üzere mīr-i mīrān ve eyāletlü ve Evlād-ı Fātiḥān {35} ve sāʾir ṣunūf-ı ʿaskeriyyeyi Mora Derbendi'nden veyāḫūd Livādya ve İstifa ve Ṣālona iskelelerinden {36} Mora'ya imrār iderek kendüsi ol ṭarafda olan gāvurlarıñ ḳahr ü istīṣāllerine müsāraʿat {37} eylemesi żımnında müşārun-ileyhe ḫiṭāben başḳa ve ʿÖmer Paşa ve Reşīd Paşa bendelerine daḫi serīʿan {38} İnebaḥtī Ḳasteli'nden Mora'ya mürūr ve Mora ordusuna iltiḥāḳ eyleyerek īfā-yı me'mūriyyete iḳdām {39} ü müṣāberet eylemeleri zemīninde başḳa mü'ekked ve müşedded evāmir-i ʿaliyye ıṣdār ve maḫṣūṣ mübāşir ile {40} tesyār olunmuş oldığından ġayrı İngilterelünüñ sālifü'ẕ-ẕikr vāḳiʿ olan tenbīhleri {41} keyfiyyeti bu ṭarafda ilçileri cānibine ifāde ve su'āl ile iḳtiżā[sına] baḳılmaḳ üzere olub {42} geçende aḳçe ḫuṣūṣuna dā'ir vuḳūʿ bulan işʿār-ı ʿālīlerine mebnī her ne ḳadar maṣārifāt-ı mütehācime cihetiyle (51) nuḳūda fıḳdān gelme derecesine varmış ise de ẕāt-ı sāmīlerine daḫi aḳçeniñ {2} şiddet-i lüzūmı oldığından biñ kīse maḳtūl Tepedelenli ʿAlī Paşa ẕimemātından {3} ve beş yüz kīse aḳçe Ḍarbḫāne-i ʿĀmire'den uydırılaraḳ cemʿan naḳden ve ḥavāleten biñ beş yüz kīse {4} aḳçe gönderilmiş ve bu defʿa aḳçe māddesine dā'ir işʿārları anıñ vuṣūlünden evvel olmuş {5} olub ancaḳ ḥasbe'ż-żarūr külliyyetlü aḳçeye muḥtāc olduḳları siyāḳ-ı işʿārlarından {6} maʿlūm ü āşikār ve vaḳt ü ḥāl iḳtiżāsından nāşī tīz elden naḳd irsāli daḫi {7} düşvār olmaḳ mülābesesiyle bu defʿa daḫi müteʿalliḳ olan irāde-i seniyye-i mülūkāne muḳteżāsı {8} üzere Tepedelenli ẕimemātından serīʿu'l-ḥuṣūl olaraḳ biñ beş yüz kīse aḳçe tertīb {9} ve iḳtiżā iden evāmiri tesrīb olunmuş olmaġla hemān ẕāt-ı saʿādetleri her ḥālde muṭma'innü'l-ḳalb {10} olaraḳ Ḥażret-i Ḳādir-i Muṭlaḳ'ıñ ʿavn ü ʿināyetine tevekkül ve ṣāḥib-i saʿādet efendimiziñ {11} rūḥāniyyetine tevessül buyuraraḳ ve bir māddede kendülerine bir dürlü fütūr virmeyerek hemān {12} şu me'mūrlarıñ muḳteżā-yı me'mūriyyetlerini icrāya teşvīḳ ü iġrā ve iḳtiżāsı vechile sevḳ {13} ü iʿzām ve ārā-yı ṣā'ibe ve tedābīr-i lāzımeniñ īfāsına saʿy-ı mā-lā-kelām buyuraraḳ {14} inşā'allāhü Taʿālā īfā-yı şerāyiṭ-i serʿaskerī ve me'mūriyyete himmet ü iḳdām-ı müşīrīleri {15} derkār buyurılaraḳ iṡbāt-ı müddeʿā-yı diyānet ü ḥamiyyete bezl-i yārā-yı ihtimām buyurmaları {16} muḥavvel-i ʿuhde-i sipehdārīleridir. Ḳaldı ki, geçende ṣavb-ı saʿādetlerine işʿār ü beyān olundığı üzere {17} Donanma-yı Hümāyūn ḥaḳḳında sünūḥ iden irāde-i seniyyeyi mutażammın mu'aḫḫaren saʿādetlü Ḳapūdān paşa {18} ḥażretlerine nüsḫa-i ṡāniye olaraḳ memhūren ḫaṭṭ-ı hümāyūn-ı şāhāne yazılan taḥrīrāt-ı {19} muḫliṣīyle baḥren gönderilmiş idi. El-ḥāletü-hāẕihī ḳapūdān-ı müşārun-ileyh ṭarafından vārid olan {20} taḥrīrāt me'ālinde märrü'ẕ-ẕikr ḫaṭṭ-ı şerīf-i şāhāne ve taḥrīrāt-ı muḫliṣī vāṣıl olmuş ise de {21} bi-ḥikmetillāhi Taʿālā ẓuhūr iden lodos fırtunası sebebiyle bir ṭarafda lenger-zen-i ḳarār olamayaraḳ {22} żarūrī Bozcaaḍa pīşgāhına gelmişler ise daḫi bu keyfiyyet ʿavdet ḳabīlinden olmayub ancaḳ {23} şiddet-i fırtunadan bir maḥalli ṭutamayaraḳ mecbūren bir gelinme oldığına binā'en bugünlerde muvāfıḳ {24} havā ẓuhūrunda derḥāl ḳalḳub sünūḥ iden irāde-i seniyye mūcebince Aḳdeñiz'e gidecekleri {25} muḥarrer olub fī'l-ḥaḳīḳa Donanma-yı Hümāyūn'uñ ol ṭaraflardan çekilmesi maṣlaḥata nā-muvāfıḳ {26} ve sünūḥ iden irāde-i ʿaliyye-i mülūkāneye ġayr-ı muṭābıḳ oldığından bunlar berülerde ilişdirilmeyerek {27} hemān muvāfıḳ havāda iʿāde olunacaġı maʿlūm-ı saʿādetleri buyuruldukda her ḥālde cenāb-ı

{28} dirāyet-me'āb-ı düstūrīleri icrā-yı mübteġā-yı reviyyet-mendī ve feṭānete himmet buyurmaları siyāḳında {29} ḳā'ime. Fī 17 Ṣ 38

[577/92] *Mıṣır vālīsine*
{1} Girīd cezīresinde bāndıra-küşā-yı ʿiṣyān olan ʿuṣāt-ı eşḳıyānıñ ḳahr [ü] istīṣālleriyle {2} taḥt-ı raʿiyyete idḫāl ve cezīre-i merḳūmeniñ ḥüsn-i niẓāma rabṭı vesā'iliniñ icrā ve ikmāli {3} irāde-i kerāmet-ʿāde-i ḥażret-i mülūkāne ile ʿuhde-i liyāḳat ve diyānetlerine tefvīż ü iḥāle ḳılınmış {4} oldıġından ṣavb-ı düstūrīlerinden daḫi cezīre-i merḳūmeniñ levs̱-i vücūd-ı eşḳıyādan {5} taṭhīr ü taṣfiyesi niyyet-i ḫāliṣasıyla Ḥasan Paşa maʿiyyetiyle ʿasākir ve lāzım gelan mühimmāt {6} ve cebeḫāne ve ẕaḫāyir irsāl buyurılaraḳ cezīre-i merḳūmeniñ çirkāb-ı vücūd-ı ḫavene-i ʿuṣātdan {7} taṭhīriyle istiḥṣāl-i vesā'il-i niẓām ü āsāyişine ṣarf-ı himmet buyurulmuş ve buyurulmaḳda idüği {8} āşikār ise de bu defʿa saʿādetlü Ḳapūdān-ı Deryā Meḥmed Paşa ḥażretleri ṭarafından tevārüd iden {9} taḥrīrāt me'ālinde muḫālif havā ile ṣu almaḳ içün Sūda līmānına varmış olduḳlarından {10} sevāḥilde mevcūd olan ʿuṣāt-ı kefere ṣu aldırmamaḳ dāʿiyesinde olmuşlar ise de Donanma-yı {11} Hümāyūn'dan müşārun-ileyh maʿiyyetiyle biraz ʿasker çıḳarılaraḳ ʿuṣāt-ı müşrikīn üzerine hücūm ile {12} derḥāl yüzden mütecāvizi ḳarīn-i ḳahr ü dimār olmuş ve māʿadāsı ʿavn-i Bārī'yle ṣavlet-i İslāmiyye'ye {13} tāb-āver olamayaraḳ ḏaġ başlarına firār itmiş ve ol vechile Donanma-yı Hümāyūn lāzım olan {14} ṣuyunı almış ve Sūda ḳalʿası ahālīsi ẕaḫīreye iḥtiyāclarını beyān eylediklerinden {15} Donanma-yı Hümāyūn mevcūdundan biraz ẕaḫīre virilüb Ḳandiye muḥāfızı ve me'mūrīn-i sā'ire daḫi {16} ʿasker cihetiyle istimdād eylemiş olduḳlarından Donanma-yı Hümāyūn'da olan ḳara ʿaskerinden {17} biñ nefer iḫrāc ve Girīd me'mūrları ṭaraflarına irsāl itmiş oldıġı ve ʿiṣyān iden reʿāyānıñ {18} henüz ʿiṣyān itmeyüb taḥt-ı raʿiyyetde olan reʿāyāya ġālib olması cihetiyle bunlar daḫi {19} ʿuṣāt-ı eşḳıyāya tebaʿiyyet itmeksizin bugünlerde Girīd'e kifāyet miḳdārı ʿasker tertīb {20} ve tesrībi cezīre-i Girīd'iñ levs̱-i vücūd-ı eşḳıyādan taṭhīrini mūcib olacaġı keyfiyyātı {21} muḥarrer ü meẕkūr olub ẕāt-ı diyānet-simāt-ı düstūrāneleriniñ el-ḥaḳ dīn-i mübīn ve Devlet-i ʿAliyye-i {22} ebed-rehīn uġurunda teslīm-kerde-i ṣıġār ü kibār olaraḳ mültezemleri olan ġayret ü himmet {23} iḳtiżāsına ve bi-taḫṣīṣ Girīd māddesi bütün bütün muḥavvel-i ʿuhde-i istīhāl-i sāmīleri ḳılınmış {24} oldıġına naẓaran bu bābda te'kīde ḥācet bıraḳmayaraḳ mümkin olan iʿāneti icrā ile {25} bir ān aḳdem Girīd ġā'ilesiniñ defʿi vesā'ilini istiḥṣāle beẕl-i himmet buyuracaḳları {26} maʿlūm ü müs̱bet ise de ḳapūdān-ı müşārun-ileyh ḥażretleriniñ aṣl me'mūriyyeti Mora ṭarafı {27} oldıġından ġayrı bu bābda vārid olub rikāb-ı hümāyūna ʿarż olunan müşārun-ileyhiñ (55) taḥrīrātı bālāsına şeref-pīrā-yı ṣaḥīfe-i ṣudūr olan ḫaṭṭ-ı hümāyūn-ı şāhānede "Girīd'e Mıṣır vālīsi {2} imdād irişdirir inşā'allāh, yine tekrār müşārun-ileyhe taḥrīr olunsun." deyu

emr ü fermān-ı hümāyūn {3} buyurulmuş olmağla ġayret ü diyānet-i ẕātiyyeleri iḳtiżāsı ve ḥaḳḳ-ı sāmīlerinde derkār olan {31} ḥüsn-i iʿtimād ve iʿtiḳād-ı şāhāne muḳteżāsı üzere bugünlerde daḫi iḳtiżāsına göre {4} Girīd'e ʿasker ve ẕaḫīre ve mühimmāt irsāliyle muʿāvenet-i muḳteżiyeyi icrā ve bir ān evvel {5} şu Girīd ġāʾilesiniñ berṭaraf olması vesāʾil-i lāzımesini īfāya beẕl-i cüll-i himmet {6} buyurmaları muḥavvel-i ʿuhde-i ġayret ü ḥamiyyetleri idüği beyānıyla ḳāʾime. Fī 20 Ş 38

[577/98] *Limnī muḥāfıẓına*

{1} Bundan aḳdem Dersaʿādet'e celb ile ʿalā-ṭarīḳi'r-rehn ʿizzetlü Bosṭāncıbaşı ağa {2} ṭarafında tevḳīf olunan sekiz nefer Limnī reʿāyāsınıñ cezīre-i meẕkūrede olan {3} mezrūʿāt ve bāğlarınıñ idāresi-çün kimesneleri olmadığından istibdālleri {4} ḫuṣūṣunı evlād ü ʿiyālleri istirḥāmdan ḫālī olmadıḳları beyānıyla {5} mersūmlarıñ yerlerine cezīre-i meẕkūre reʿāyālarınıñ söz ṣāḥiblerinden **(58)** çend nefer reʿāyā gönderilmek üzere mersūmlarıñ istibdāli ḫuṣūṣuna müsāʿade-i seniyye {2} erzānī ḳılınması ifādesine dāʾir resīde-i mevḳiʿ-i vuṣūl olan taḥrīrāt-ı müşīrīleri {3} mezāyāsı maʿlūm-ı ḫāliṣānemiz olduḳdan ṣoñra ʿatebe-i gerdūn-mertebe-i ḥażret-i {4} pādişāhīye daḫi bi't-taḳdīm meşmūl-ı liḥāẓa-i cenāb-ı şehinşāh-ı rū-yı zemīn {5} olmuşdur. Vāḳıʿan mersūmlarıñ yerlerine yine ol miḳdār söz ṣāḥibi ve muʿteber reʿāyā {6} gönderildikde mersūmlarıñ ʿavdetlerine ruḫṣat virilmesi tensīb olunmuş ve irāde-i seniyye-i {7} mülūkāne daḫi bu vechile taʿalluḳ itmiş olmağla mersūmlarıñ yerlerine rehn olmaḳ üzere {8} [yine] ol miḳdār söz ṣāḥibi ve muʿteber reʿāyā gönderildikde bunlarıñ ʿavdetlerine {9} ruḫṣat virileceği beyānıyla ḳāʾime. Fī 25 Ş 38

[577/108] *Midillū nāẓırına*

{1} Midillū cezīresi muḥāfaẓasında olan ʿasākiriñ baʿżısı ḫastalanub māʿadāsı daḫi {2} ḳış taḳarrüb eylediğinden ʿavdetlerine ruḫṣat istidʿāsında olduḳlarından baḥişle {3} ol vechile müsāʿade olundığı ḥālde bundan böyle iḳtiżāsına göre mürūr ü ʿubūr iden {4} ʿasākirden miḳdār-ı vāfī ʿasker tanẓīmine ibtidār olunmaḳ üzere istiʿlām-ı irāde-i seniyyeyi {5} şāmil taḳdīm ḳılınan ʿarīżañ meʾāli ve ol bābda gönderilan iʿlām mezāyāsı {6} maʿlūmumuz olmuşdur. Cezīre-i merḳūme muḥāfaẓası-çün īcāb iden māhiyyeleri cezīre ṭarafından {7} virilmek üzere Ḳaresī ve Ḫudāvendigār sancaḳlarında kāʾin maʿlūmü'l-esāmī ḳażālardan {8} muḳaddemā beş yüz elli nefer ʿasker tertīb olunmuş olub Rum millet-i mekrūhesiniñ ümmet-i Muḥammed ʿaleyhine {9} derkār olan ḥareket-i rediyyeleri cihetiyle ṭaraf ṭaraf ʿiṣyān ü şeḳāvetde ıṣrār ve birṭaḳım {10} sefāyin-i menḥūseleriyle Aḳdeñiz'de geşt ü güẕār iderek rāst geldikleri ümmet-i Muḥammed'e {11} īṣāl-i gezend ü ḫasār ve baʿżı yol bulduḳları sevāḥilde vāḳiʿ maḥālle daḫi {12} ṣarḳındılığa ibtidār eyledikleri ẓāhir ve defʿ-i keyd ü mażarratları żımnında çıḳarılmış olan {13} Donanma-yı Hümāyūn daḫi muḳaddemce fūrtuna sebebiyle Boġaz'a gelmiş olmaḳ taḳrībiyle {14} şimdi kefere-i fecere "meydān bulduḳ" zu'm-ı bāṭılıyla gözleri kesdiği maḥalle iṭāle-i dest-i {15} mel'anet dā'iyesine düşeceklerinden bi'l-vücūh emniyyet olunmayaraḳ emr-i muḥāfaẓaya {16} her maḥalde evvelkiden birḳaç ḳat ziyāde ihtimām ü diḳḳat me'mūrlara farīża-i ẕimmet {17} idüği bedīhī ve bāhir olub ez-cümle sen mevs̱ūḳ ü mu'temed bendegān-ı Devlet-i 'Aliyye'den {18} oldığıñdan mā'adā cezīre-i meẕkūre masḳaṭ-ı re'siñ olmaḳ cihetiyle muḥāfaẓasına {19} me'mūr olmuş oldığıñdan ḫāricden me'mūr muḥāfıẓ gibi olmayub vaṭan ġayretine naẓaran {20} esbāb-ı muḥāreseye derece-i nihāyede iḳdām ü mübāderet itmek 'uhde-i dirāyetiñe müterettib {21} oldığına binā'en işbu inhā eylediğiñ 'askeriñ 'avdetlerine ruḫṣat virilse bile {22} güzīde ve münteḫab tāmmü'l-esliḥa muḥāfaẓaya kifāyet ider mertebede 'asker tedārük idüb {23} ve iḳtiżā iden maḥallere yerleşdirüb ma'āẕallāhü Ta'ālā düşmen-i dīniñ bir güne mażarrat {24} idemeyeceğini 'aḳlıñ kesdikden ṣoñra bu ṭarafa inhā ile bu 'askeriñ lüzūmı {25} olmadığı tebeyyün eyledikden ṣoñra ol vaḳt 'avdetlerine ruḫṣat virilmek lāzım geleceği {26} ma'lūmuñ olduḳda muḳteżā-yı dirāyet ü ṣadāḳatiñ üzere bundan böyle 'asker-i meẕkūruñ {27} s̱ebāt idemeyecekleri ṣūretde ber-minvāl-i muḥarrer yerlerine münteḫab ve yarar, māhiyyeleri {28} kemā-fī's-sābıḳ cezīre ṭarafından virilmek üzere kifāyet miḳdārı 'asker tedārük {29} idüb iḳtiżā iden maḥallere yerleşdirdikden ṣoñra keyfiyyeti bu ṭarafa inhāya ve gāvurlarıñ {30} 'iṣyānda ıṣrārları ve el-ḥāletü-hāẕihī Aḳdeñiz'de birṭaḳım tekne-i menḥūseleriyle gezerek {31} icrā-yı mel'anet dā'iyesinde olduḳları ve zinhār ü zinhār ġāfil bulunmayub {32} gice ve gündüz mütebaṣṣır bulunacaḳ mevsim oldığı ma'lūmuñ olduḳda aña göre ḥareket {33} ve şerāyiṭ-i muḥāfaẓayı kāmilen icrāya diḳḳat-birle senden me'mūl olan ġayreti ibrāza {34} kemāl-i ihtimām ü diḳḳat eylemañ içün ḳā'ime. Fī 5 Ra 38

[577/109] *Ḫūrşīd Paşa ḥażretlerine*

{1} Vekīlḫarcları mu'āvedetiyle [?] Mora me'mūrları ve Ḳapūdān paşa ḥażretleri ṭaraflarından ṣavb-ı sāmīlerine {2} tevārüd iden taḥrīrāt iṭāre buyuruldığı beyānıyla Donanma-yı Hümāyūn'uñ tekrār Mora üzerine i'zām ve i'ādesi {3} ve sa'ādetlü Meḥmed Paşa bendeleriniñ bā-'avn-i Bārī Ġrāvya Ḫānı'nda olan gāvurları perīşān ve ṭoplarını {4} żabṭ ile Ṣālona'ya 'azīmet ve duḫūl eyleyerek tedābīr-i lāzımeyi icrāya müs̱āberet eylemiş oldığına dā'ir {5} Zoḳa-oġlı Maḥmūd Paşa bendelerine olan şuḳḳası gönderilmiş oldığı ve ḫazīnedārlarıyla mīr-i mīrānlar {6} müşārun-ileyh Meḥmed Paşa'nıñ verāsından Ṣālona'ya gitmiş olduḳları ve sa'ādetlü 'Ömer Paşa ve Reşīd Paşa {7} bendeleri daḫi Ḳarlıili'ye duḫūl iderek Mesolenk'e 'azīmet ve żabṭ eyledikleri istiḫbār buyuruldığı {8} ve muḳaddemā iş'ār buyuruldığı vechile Mora me'mūrlarına ḫiṭāben ışdār olunacaḳ evāmir-i şerīfeniñ {9} bir sā'at evvel tesyār olunması ve Avlonyalı İsmā'īl Beğ ile birāderi Bekir Beğ'iñ derkār olan {10} mel'anetleri cihetiyle li-ecli't-te'dīb Dīmetoḳa'ya nefy ü taġrīb ve iṭā'at itmedikleri ḥālde cezāları {11} tertīb olunmaḳ üzere īcāb ider ise iẓhār eylemediği ṣūretde ketm ü iḫfā olunmaḳ üzere emr-i 'ālī {12} ıṣdār ḳılınması ve ba'żı veṣāyā ve tenbīhi şāmil sa'ādetlü Süleymān Paşa bendelerine yazılan {13} şuḳḳa-i düstūrīleri müsveddesi gönderilmiş oldığı ve Muḫtār Paşa-zāde Ḥüseyin Paşa Edirne'ye {14} ve Süleymān Paşa daḫi Dersa'ādet'e gönderilecek ise de mūmā-ileyh Süleymān Paşa'nıñ Burūsa {15} yāḫūd ol ḥavālīde iḳāmet itdirilmesi ḫuṣūṣlarına ve sā'ir ifādeye dā'ir tevārüd iden taḥrīrāt-ı {16} düstūrīleri ve evrāḳ-ı mersūle me'āl ü mezāyāları rehīn-i ıṭṭılā'-i ḫulūṣ-verī olduḳdan ṣoñra rikāb-ı hümāyūn-ı {17} şāhāneye daḫi 'arż ile meşmūl-ı liḥāẓa-i cenāb-ı tācdārī buyurulmuş ve icrā-yı me'mūriyyet-i sipehdārīlerine {18} maṣrūf olan himem-i seniyyeleri tamām ẕāt-ı 'ālīlerinden me'mūl olan ḥālāt-ı müstaḥseneyi te'yīd itmekle {19} bādī-i maḥẓūẓiyyet olaraḳ du'ā-yı tevfīḳ ü selāmetleri ibḳā ḳılınmışdır. Donanma-yı Hümāyūn'a dā'ir fezleke-i {20} iş'ārları tekrār Mora üzerine i'zām ve i'ādeleri ise daḫi Donanma-yı Hümāyūn'uñ muḳaddemce fūrtuna sebebiyle {21} Bozcaada pīşgāhına geldikleri ve her ne ise yine i'āde olunacağı selef-i muḫliṣī ṭarafından ṣavb-ı 'ālīlerine {22} iş'ār olunmuş ve ol eṡnāda sa'ādetlü Ḳapūdān paşa ḥażretleri ṭarafından taḥrīrāt vārid olaraḳ {23} me'ālinde Donanma-yı Hümāyūn Bālyabādra pīşgāhından ḳalḳub Anābolī ṣularına vürūd ve Ṣulıca {24} ve Çamlıca öñlerinde müctemi' eşḳıyā tekneleriyle muḥārebe ve müste'men sefīnesiyle bir taḳrīb Anābolī'ya {25} ẕaḫīre irsāl ve kendüleri ṣu almaḳ içün Girīd cezīresinde vāḳi' Sūda līmānına 'azīmet ve ba'dehū 'avdetlerinde {26} şedīd furtunaya teṣādüf ile Bozcaada'ya gelmişler ise de şeref-sünūḥ iden irāde-i seniyye üzere tekrār {27} işe yarar sefāyini istiṣḥāb iderek hemān ḥareket ve Aḳdeñiz'e 'avdet itmek üzere oldığı ve donanmanıñ {28} ba'żı mālzemesiniñ verādan gönderilmesi muḥarrer olub müte'āḳiben müşārun-ileyhiñ tevārüd iden taḥrīrātı fezlekesinde {29} giçen māh-ı Ṣafer'iñ yiğirmi altıncı Pāzār gicesi şedīd lodos rūzgārıyla eşḳıyā gāvurlarınıñ Donanma-yı Hümāyūn {30} üzerine sevḳ eyledikleri on beş miḳdārı āteş gemilerinden üç ḳıṭ'ası ilerü gelüb yaḳlaşdığında {31} bi'l-cümle donanma gemileri timürlerini ḳaṭ' ile yelken üzerine ḳalḳaraḳ ṭop endāḫtıyla ẕikr olunan {32} āteş gemileriniñ bir ḳıṭ'asını iġrāḳ itmişler ise de bi-ḥikmetillāhi Ta'ālā iki ḳıṭ'ası Burc-ı Nuṣret nām ḳapaḳ açar {33} ḳālyona iltiṣāḳ ile ḳażāzede olmuş ve ol ḥāl üzere sā'ir donanma sefīneleri bi'ż-żarūr {34} Boğaz dāḫilinde olan Kepezaltı nām maḥalle gelüb orası deñiz altı maḥal oldığından ḏuramayaraḳ {35} ḳapaḳ açar ḳālyonlar Na'ra burnuna gelmiş oldığı mezkūr oldığından el-ḥāletü-hāẕihī Donanma-yı Hümāyūn'uñ {36} bundan böyle ne vechile ḥareket eylemesi lāzım geleceği derdest-i müẕākere olaraḳ ṣūret-i ḳarārı {37} bundan ṣoñra ṣavb-ı sāmīlerine yazılacağı āşikār ise de işbu donanma māddesinde Devlet-i ʿAliyye ṭarafından olan {38} bunca iḳdāmāt mū-be-mū maʿlūm-ı sāmīleri olan mevāddan ve bundan böyle daḫi ḳış ve yaz dinilmeyerek {39} iḳtiżā-yı maṣlaḥatıñ icrā ve teʾkīdāt-ı muḳteżiyeniñ īfāsında ḳaṭʿan ifāte-i vaḳt olunmayacağı {40} vāżıḥātdan olmağla bi-ḥavlillāhi Taʿālā ās̱ār-ı ihtimām-ı seniyyeleriyle her bir maṣlaḥat ḳarīn-i yüsr ü suhūlet olacağı {41} elṭāf-ı Rabbāniyye edillesiyle müs̱bet ve meʾmūrlarıñ beṭāʾetleri her ne ḳadar işʿār-ı ʿālīlerinden nümāyān ise de {42} ẕāt-ı ḥamiyyet-simāt-ı düstūrāneleri muḳteżā-yı diyānet-i fıṭriyyeleri vechile berren sevḳ ü tesyīr olunmaḳda olan {43} ʿasākir ve meʾmūrīniñ bir ān aḳdem Mora'ya idḫālleriyle küffārıñ ḳahr ü tenkīlleri esbābınıñ istiḥṣāline **(66)** ve Anābolī ḳalʿasına daḫi biraz ẕaḫīre irişdirmeniñ bir çāresini bulmağa iḳdām ü himmet buyurduḳlarında {2} inşāʾallāhü'r-Raḥmān ḳarīben maṭlūb-ı ʿālī vechile ġayretullāh ẓuhūruyla Mora māddesi berṭaraf olması {3} Ḥażret-i Ḫayru'n-Nāṣırīn'den mesʾūl oldığı vāreste-i ḳayd [ü] işāret olmağla hemān ẕāt-ı sāmīleri meʾmūrīni {4} bi'l-iġrā Mora'ya idḫāl ile iş gördürmeleri ve aṣlā kendülerine fütūr getürmeyerek is̱bāt-ı ḥamiyyet {5} ü dirāyete beẕl-i himmet iderek Anābolī'ya daḫi biraz ẕaḫīre irişdirmeniñ çāresi istiḥṣāline himmet buyurmaları {6} lāzımeden ve īcāb-ı irāde-i seniyyeden olmağın aña göre iẓhār-ı ṣalābet ü ġayrete beẕl-i himmet buyurmaları muḥavvel-i {7} ʿuhde-i feṭānet-kārīleridir. Ḳaldı ki, Mora meʾmūrlarına olaraḳ muḳaddem işʿār buyurılan evāmir-i şerīfe bundan evvel {8} ıṣdār ve tesyār olunmuş oldığına naẓaran şimdiye ḳadar vāṣıl olmuş olacağı ẓāhir olub mūmā-ileyhimā {9} İsmāʿīl Beğ ile birāderi Bekir Beğ'iñ daḫi li-ecli't-teʾdīb Dīmetoḳa'ya nefy ü iclāları bābında başḳa ve iṭāʿat {10} itmezler ise cezāları tertīb ve ser-i maḳṭūʿları bu ṭarafa tesrīb olunmaḳ üzere başḳa mehābet-rīz-i ṣudūr olan {11} ḫaṭṭ-ı hümāyūn-ı şāhāne mūcebince iki ḳıṭʿa evāmir-i şerīfe daḫi ıṣdār ve tezbīr ü işʿārları vechile ḳangısınıñ {12} icrāsı iḳtiżā ider ise ibrāz ve icrā ve iḳtiżā itmez ise ketm ü iḫfā buyurulmaḳ üzere ṭaraf-ı saʿādetlerine baʿs̱ ü isrā {13} olunması ve işʿār-ı ʿālīleri vechile mūmā-ileyh Süleymān Paşa'nıñ Dersaʿādet'de bulunması maḥẕūrdan sālim olmayacağından mūmā-ileyhiñ {14} bu ṭarafa vuṣūlünde derḥāl Burūsa'ya gönderilmesi muḳaddem daḫi ḫāṭır-güẕār olmış oldığından bundan böyle geldiği gibi {15} derḥāl Burūsa'ya gönderileceği müberhen ü bāhir olmağla hemān cenāb-ı dirāyet-meʾāb-ı düstūrāneleri her ḥālde icrā-yı {16} şerāyiṭ-i ḥamiyyet-kārī ve feṭānete himmet buyurmaları siyāḳında ḳāʾime. Lede'l-vuṣūl İzdīn'de olan Süleymān Paşa ḥażretlerine {17} yazdıḳları kāğıd tamām yolunda olub ẕāt-ı ʿālīlerinde olan ġayret meʾmūrīn-i sāʾireniñ ġayretsizliğini {18} revā görmediğinden ancaḳ cenāb-ı ʿālīlerine bu maḳūleler fütūr virdikleri tebeyyün eylemiş ise de tamām icrā-yı besālet ü metānet {19} mevsimi oldığından yine ẕāt-ı ʿālīleri fütūr getürmeyerek her ḥālde istiḳlāl-i kāmile-i serʿaskerī iḳtiżāsından olan {20} ḥareketi icrā-birle is̱bāt-ı müddeʿā-yı ḥamiyyete beẕl-i himmet buyurmaları me'mūl-ı ḫāliṣānemizdir. Fī 5 Ra 38

[577/110] *Ḳapūdān paşa ḥażretlerine*
{1} Bundan aḳdem ṣavb-ı saʿādetlerine ḫiṭāben şeref-efzā-yı ṣaḥīfe-i ṣudūr olan ḫaṭṭ-ı hümāyūn-ı şāhāne ile baʿżı veṣāyā-yı {2} muḳteżiyeyi şāmil selef-i muḫliṣī ṭarafından gönderilan taḥrīrātıñ vuṣūli beyānıyla muḥtāc-ı taʿmīr olan sefāyin-i {3} hümāyūnuñ termīmleri żımnında serīʿan miʿmār gönderilerek Donanma-yı Hümāyūn neferātınıñ mevācib ve baḫşīşāt {4} ve ḳışlıḳ elbise ve peksimād ve ḳūmānyaları māddeleriniñ tanẓīmine iʿtinā olunması ḫuṣūṣlarıyla mevādd-ı sā'ireyi mutażammın {5} muḳaddem vārid olan taḥrīrāt-ı müşīrīleri müfādı maʿlūm olaraḳ derḥāl Tersāne-i ʿĀmire'den üç nefer miʿmār {6} intiḫāb ve irsāl olunub ḫuṣūṣāt-ı sā'ire-i muḥarrereleri daḫi derdest-i müẕākere ve tanẓīm oldığı ḥālde donanma-yı {7} hümāyūn keyfiyyātı ve noḳṣān olan mālzemeleri istiʿlāmına dā'ir mersūl-ı ṣavb-ı şerīfleri ḳılınmış olan {8} istiʿlām-nāmeye cevāben işʿārāt-ı sābıḳalarını mü'eyyid bir ṭaḳım taḥrīrātları vārid oldığını müteʿāḳib {9} giçen Ṣaferü'l-Ḫayr'ıñ yiğirmi altıncı Pāzār gicesi lodos rūzgārıyla gāvurlarıñ Donanma-yı Hümāyūn üzerine {10} sevḳ eyledikleri on beş miḳdārı āteş gemileriniñ ilerü gelan üç ḳıṭʿasından bir ḳıṭʿası iġrāḳ {11} olunmuş ise de iki ḳıṭʿası Burc-ı Nuṣret nām ḳālyona iltiṣāḳ ile muḥteriḳ olmuş ve bi'l-cümle donanma gemileri {12} ġomanaları ḳaṭʿ iderek ol ḥāl üzere Kepezaltı'na gelmiş ve anda daḫi ḏuramayaraḳ ḳapaḳ açar ḳālyonlar {13} Naʿra burnuna gelüb iḳāmet itmiş oldığı ve el-ḥāletü-hāẕihī beher sefīne birer ġomana ve birer küçük {14} timür ile ḳalmış olduḳlarından bu bābda muḫayyer olaraḳ ẓuhūr-ı irāde-i seniyyeye müteraḳḳıb olduḳları {15} ḫaber-i ḥayret-efzāsını ḥāvī vārid olan taḥrīrāt-ı müşīrīleri mezāyāsı rehīn-i ıṭṭılāʿ-i ḫulūṣ-verī {16} olduḳdan ṣoñra maʿrūż-ı ḥużūr-ı ḥażret-i ḫilāfet-penāhī ḳılınaraḳ manẓūr-ı naẓar-ı cenāb-ı ẓıllullāhī buyurulmuşdur. {17} İki seneden berü Donanma-yı Hümāyūn'a bu ḳadar iḳdām ü ihtimām olunmuş ve bunca aḳçe ṣarf ḳılınmış iken {18} şimdiye ḳadar bir iş görilemeyüb maʿa-hāẕā gāvurlarıñ tekneleri bizim sefīnelerimiziñ ṣandālları ḳadar {19} olub ḳış yaz dimeyerek s̱ebāt ile ellerinden gelan ḫıyāneti icrā ve bu ḳadar ḫasārete ictirā {20} itmekde olduḳlarından bu keyfiyyet kāffe-i ḳulūb-ı müstemiʿīni giriftār-ı endūh ü ḥayret itmişdir. Ṣūret-i ḥāle naẓaran {21} Donanma-yı Hümāyūn sefāyini bu ḥāl üzere tekrār Aḳdeñiz'e çıḳmaları ve gerek bu ḳış Aḳdeñiz'de ḳalmaları {22} ġayr-ı cā'iz gibi görinür ise de ʿaṭūfetlü Ḫūrşīd Paşa ḥażretleri ṭarafından vārid olan taḥrīrātda {23} Anābolī ḳalʿası ahālīsi bugünlerde ẕaḫīresizlikden ġāyet ṣıḳılmış olduḳları ve Donanma-yı {24} Hümāyūn Mora üzerine varmaz ise ḥāl müşkil olacağı muḥarrer oldığından maʿiyyet-i müşīrīlerinde olan {25} Donanma-yı Hümāyūn'uñ şimdiki ḥāline

ve Aḳdeñiz ve bi-taḫṣīṣ Mora'nıñ keyfiyyet ü aḥvāline göre {26} bu mādde iki ṭarafı müşkil ve ʿuḳūl [ü] eẕhānı mübtelā-yı ḥayret ider bir keyfiyyet oldıġından (67) keyfiyyetiñ her ṭarafı müṭālaʿa ve iḳtiżāsı müẕākere olunmaḳ üzere maḫṣūṣ ʿaḳd olunan Meclis-i Şūrā'ya {2} Līmān Re'īsi Aḥmed Beğ ve Ḫalīc Başbuġı ʿAlī Beğ ve sā'ir ḳapūdānlar celb olunaraḳ iḳtiżā-yı maṣlaḥatıñ {3} müẕākeresine mübāderet olunmuş ve Devlet-i ʿAliyye'niñ bu ḳadar donanması var iken Mora'yı bu ḥālde bıraġub {4} gelmek uyamayaraḳ her ne ḳadar meḥāẕīr ve ṣuʿūbet olsa bile bir çāre bulunmaḳ levāzım-ı ḥamiyyet ü diyānetden {5} ve el-ḥāletü-hāẕihī yalñız Donanma-yı Hümāyūn sefāyini içün timür ve ġomana maṭlūb olunub mevcūda naẓaran {6} bu ḥamlede bunlar gönderildiği taḳdīrde maʿāẕallāh yine bir ḥādiṡe vuḳūʿa gelse mecmūʿ-ı donanma timürsüz {7} ve ġomanasız ḳalaraḳ müşkil olacaġı ve giçen sene cenāb-ı müşīrīlerini Mışır ve Cezāyir ve Tūnus gemileri {8} dört-beş biñ ʿasker ile Boġaz'dan alub Bālyabādra'ya getürmüş ve baʿdehū kendüleri İskenderiye'ye {9} gitmiş olduḳları miṡillü şimdi daḫi Donanma-yı Hümāyūn'dan ve Mışır ve Ocaḳlar sefāyininden ḳapaḳ açarlar {10} ve saḳaṭları bıraġılub işe yarar sefāyin yine Bādra'ya gitmeleri ve Anābolī ḳalʿasına ẕaḫīre irişdirilmesi {11} ṣūreti ehem oldıġından bārī Mışır ve Ocaḳlar sefāyininden ve donanmadan bir ṭaḳım donanma olmaḳ üzere {12} Anbār-ı ʿĀmire'den on beş-yiğirmi biñ keyl ẕaḫīre tertīb olunub işbu ẕaḫīreyi ḏoġrı Anābolī'ya {13} getürüb her ne vechile mümkin olur ise īṣāl ve teslīmine ġayret olunması ve müşārun-ileyh Ḫūrşīd Paşa ḥażretleriniñ {14} işʿārına göre Donanma-yı Hümāyūn Mora üzerine gitmez ise Mora maṣlaḥatı uyġunsuzlaşacaḳ gibi göründiğinden {15} ve ʿalelḫuṣūṣ Anābolī ḳalʿası metānet ü raṣānet cihetiyle Mora cezīresiniñ kilīdi meṡābesinde {16} ve el-yevm ahālīsi ẕaḫīre ḫuṣūṣunda hemān bir ramaḳ ḳalmış gibi müżāyaḳada oldıġından bārī tīz elden {17} Anābolī'ya ẕaḫīre irişdirilmek içün Donanma-yı Hümāyūn'uñ ḳalḳub gitmesi ve bu ṣūretde daḫi yaʿnī {18} şimdiye ḳadar yedi-sekiz defʿa müste'men sefīneleri muḳāvele ve külliyyetlü aḳçeler vaʿad olunub gönderilmiş {19} ise de hiçbirisi getürüb ẕaḫīre teslīm itmediklerinden ve bundan ṣoñra müste'men sefīnesiyle ẕaḫīre {20} irişdiririz mülāḥaẓası nābecā oldıġından ve şu Anābolī ḳalʿasına tīz elden ẕaḫīre irişdirmeniñ {21} çāresine baḳılmaḳ vācibātdan idüğünden ḳalʿa-i mezkūre içün tertīb olunacaḳ ẕaḫāyir tüccār sefīneleriyle {22} Boġaz'a irsāl olunub donanmadan ṣaġlam sefāyin ifrāzıyla Anābolī'ya gitmeleri ve ḥasbe'l-iḥtiyāṭ {23} lā-aḳal otuz-otuz beş ḳıṭʿa sefīne olmaḳ īcāb ideceğinden ve şimdiki ḥālde donanmanıñ {24} içinden bu miḳdār sefāyiniñ tīz elden iḫrāc ü irsāli mümkin olub olmadıġı maʿlūm olamayacaġı {25} ḫuṣūṣları ve işbu maṣlaḥat üzerine gerek Tersāne ricāl ve ḳapūdānları ve gerek sā'ire ṭarafından {26} ebḥāṡ-ı keṡīre cereyānından ṣoñra bilāḫare evvel-emrde Tersāne-i ʿĀmire emīni efendi ile Līmān Re'īsi {27} Aḥmed Beğ'iñ ʿicāleten Boġaz'a gidüb Donanma-yı Hümāyūn'uñ her bir ḥāl ü keyfiyyetini re'yü'l-ʿayn müşāhede iderek {28} serīʿan bu ṭarafa taḥrīr eyledikden ṣoñra aña göre iḳtiżāsına baḳılması Donanma-yı Hümāyūn me'mūrlarınıñ {29} sözlerine baḳılacaḳ olsa bunlar İstānbūl'a gelmek dāʿiyesiyle yine iʿtiẕāra taṣaddī eyleyeceklerinden {30} bu bābda ibrāz-ı saʿy ü ġayret ile dāmen-dermiyān olunması ḫuṣūṣları teẕekkür ve tensīb olunmuş {31} ve ol vechile ḫāk-pāy-ı hümāyūn-ı şāhāneden istīẕān olunduḳda irāde-i seniyye-i ḥażret-i pādişāhī {32} daḫi bu vechile müteʿalliḳ olaraḳ mūmā-ileyhimā Tersāne emīni efendi ile līmān re'īsi ol ṭarafa {33} gönderilmiş olmaġla siz daḫi artıḳ gevşekliği bıraġub ve dīn ü devlet yolunda ḥüsn-i ḫidmet {34} ve ġayret iltizām idüb donanma me'mūrlarınıñ ġayretsizliğine baḳmayaraḳ mūmā-ileyhimā ile bi'l-istişāre {35} el-ḥāletü-hāẕihī Donanma-yı Hümāyūn sefāyininden faḳaṭ şu Anābolī ḳalʿasına ẕaḫīre getürmek üzere {36} işe yarar ve ṣaġlam ne miḳdār sefāyin çıḳabilür ve kifāyet derecesinde midir ve bi-mennihī Taʿālā {37} gidecek olduḳları ḥālde ne miḳdār ẕaḫīre getürebileceklerdir ve Mıṣır ve Ocaḳlar {38} sefāyininiñ şimdi İskenderiye'ye gidüb gidemamelerinde daḫi ḥaḳīḳat-i ḥāl ve kendü başbuġlarınıñ {39} nihāyet-i maḳālleri nedir, cüz'ī ve küllī her bir ḫuṣūṣuñ nihāyet derecede īcāb ü iḳtiżāsını {40} tedḳīḳ ve taḥḳīḳ iderek iḳtiżāsınıñ icrāsına baḳılmaḳ üzere īżāḥan ve tafṣīlen {41} bu ṭarafa işʿāra ve Anābolī ḳalʿasına ẕaḫīre irişdirilmek ehemm ü elzem oldıġı miṡillü {42} Devlet-i ʿAliyye donanmasınıñ telef ve muḫāṭaradan viḳāyesi daḫi ferāyiż-i mülkiyyeden oldıġına binā'en {43} aña göre her bir ṭarafını eṭrāfıyla tefekkür ü mülāḥaẓa ve donanma me'mūrlarınıñ sāde taʿallülātlarına **(68)** ḥavāle-i semʿ-i iʿtibār olunmamaḳ üzere efendi-i mūmā-ileyh ve Līmān Re'īsi Aḥmed Beğ ile bi'l-ittiḥād istişāre {2} iderek īcāb-ı vaḳt ü maṣlaḥata ve işiñ ṣıḳı oldıġı bilinerek şerāyiṭ-i ḥamiyyet ü diyānete {3} şāyān olacaḳ ṣūrete taṭbīḳan ḥarekāt-ı reviyyet-mendāneye himmet ü müsāraʿat buyurmaları {4} siyāḳında ḳā'ime. Fī 6 Ra 38

[*577/113*] ***İzmīr Muḥāfıẓına***

{1} Bundan aḳdem ʿuṣāt-ı reʿāyā ellerinden taḫlīṣ-i cān iderek bir taḳrīb İzmīr'e gelmiş olan {2} Atina ahālīsi İzmīr'iñ mütemevvil ü ẕī-ḳudret olanlarına taḳsīm buyurılaraḳ ḥaḳlarında {3} levāzım-ı ġarīb-nüvāzī ve ḥimāyet icrā buyurulmuş oldıġı muḳaddemā tevārüd iden taḥrīrāt-ı {4} müşīrīlerinden ve ḳapu ketḫüdāları efendi bendelerine göndermiş olduḳları şuḳḳa müfādından {5} müstebān ise de el-ḥāletü-hāẕihī ahālī-i merḳūme müsāfir olduḳları maḥallerden defʿ ve istiṡḳāl {6} olunaraḳ ḳahve bucaḳlarında sefīl ü sergerdān ve merḥamet-i seniyyeye muḥtāc ü şāyān {7} olduḳlarını bu defʿa Bāb-ı ʿĀlī'ye ʿarżuḥāl taḳdīmiyle istirḥām itmeleriyle bunlar vilāyetlerinde {8} Rum gāvurlarından bu ḳadar ḥaḳāret ve istīlā görerek māl ve vaṭanlarından mehcūr olmuş {9} ve yalñız cānlarını taḫlīṣ idebilerek bir taḳrīb İzmīr'e düşmüş birṭaḳım ehl-i īmāndan {10} ʿāciz ve ʿācize dīn ḳarındaşlarımıza İzmīr gibi bir cesīm beldede baḳılmayub dūçār-ı sefālet {11} olmaları şīme-i diyānet ve şefḳate bi'l-vücūh mübāyin ve siyyemā İzmīr bilād-ı sā'ireye {12} maḳīs olmayub tüccār yaṭağı maḥal ve s̱ervet ü sāmān aṣḥābından bunca kesānı {13} oldığı derkār iken merḳūmlarıñ meydānda ḳalmaları nā-revā ve bi'l-vücūh rıżā-yı ʿālīye {14} muğāyir bir keyfiyyet idüği bedīhī ve hüveydā olmağın muḳteżā-yı ṣalābet ü fütüvvet-i {15} düstūrīleri üzere ahālī-i merḳūmeniñ ol vechile bī-mesken ḳalaraḳ ıżḏırābları {16} vāḳiʿ ise tecvīz buyurmayub ʿalā-eyyi-ḥāl İzmīr'iñ ḫānedān ve ẕī-ḳudret olanlarına müsāfir {17} virilerek bi-ʿavnillāhi Taʿālā memleketlerine ʿavdetlerine ḳadar infāḳ ve iskānlarıyla {18} bi'l-vücūh āsāyişleri vesā'ilini istiḥṣāl ile ḥaḳlarında lāzıme-i bī-kes-nüvāzī {19} ve mürüvvetiñ īfāsına himmet buyurmaları siyāḳında ḳā'ime. Fī 7 Ra 38

[577/116] *Tersāne-i ʿĀmire emīni efendiye ve Ḳapūdān paşa ḥażretlerine*

{1} Serʿasker-i ẓafer-rehber ʿaṭūfetlü Ḫūrşīd Paşa ḥażretleri ṭarafından bu defʿa tevārüd iden {2} taḥrīrātda Donanma-yı Hümāyūn Anāḏolī ṭarafından ʿavdet ve Anābolī veyāḫūd Bādra'ya gelmez ise {3} Mora ordusundan ḫayr olmayacağını ve bunlarıñ iş görmedikleri āteş gemileri ḫavfından ise {4} İngilīzlüleriñ müşārun-ileyhe ifādesine göre donanma Anābolī yāḫūd öyle bir maḥalle {5} gidecekleri vaḳt iki-üç ḳıṭʿa çürük sefīne ilerüye ḳoyvirilse āteş gemileri {6} oldığı ṣūretde anlarıñ üzerine geleceği ve ol cihetle āteş gemisi dağdağasından {7} ḫalāṣ olunacağı ṣūretini irā'e iderek donanmanıñ Anābolī ve Bādra ṭaraflarına {8} ʿazīmetini müşārun-ileyh taḥrīr ve istiʿcāl itmekle Mora üzerine donanma gönderilmesi ḫuṣūṣunda {9} müşārun-ileyhiñ bi'd-defaʿāt vāḳiʿ olan iḫṭār ve ıṣrārı müsellem ü becā ve Donanma-yı Hümāyūn'uñ {10} keyfiyyeti daḫi maʿlūm ü hüveydā ise de ʿaṣamnallāh [?] bu ḳış Mora ordusuna {11} ḳuvvetü'ẓ-ẓahr olacaḳ bir ṣūrete baḳılmaz ise ḥāl müşkil olacağından çār-nā-çār {12} müşārun-ileyh ḥażretleriniñ işʿārları vechile her ne ṭarīḳle olur ise olsun (71) ḳırub ṣarub bir çāresine baḳılmaḳ ferāyiż-i ḥāliyeden ve müşārun-ileyh ḥażretleriniñ {2} işbu inhāsınıñ taḥrīriyle isticvābı emr ü irāde-i mülūkāneden olmağla bu bābda yaʿnī Mora'ya {3} donanma gitmez ise uyğunsuz olacağına dā'ir müşārun-ileyhiñ inhāsına ve āteş gemileri ḥaḳḳında {4} iḫṭār eylediği keyfiyyete dā'ir iḳtiżā-yı maṣlaḥat nedir ve serīʿan ne vechile uyabilür, bunuñ çāresi {5} ne ṭarīḳle istiḥṣāl olunacaḳdır ve naṣıl ḥareket idecekseñiz keyfiyyeti serīʿan ve ʿācilen bu ṭarafa {6} işʿāra himmet buyurmaları siyāḳında ḳā'ime. Fī 10 Ra 38

[577/117] *İzmīr Muḥāfıẓı Ḥasan Paşa'ya*

{1} Maʿrifet-i düstūrāneleriyle ṭaḥn olunmuş olan daḳīḳ Anābolī yāḫūd Gördūs'e īṣāl {2} olunmaḳ üzere iki ḳıṭʿa İngilīz sefīnesine bi'l-muḳāvele taḥmīl olunaraḳ

İzmīr līmānından {3} çıḳarılmış ise de izbāndīd tekneleri taḳarrübüyle aḫẕ olunmuş oldıġı bi'l-istiḫbār {4} ḳonsolosları celb ile ne vechile iddiʿā olunmuş ve ne ṣūretle nıṣfı taḥṣīl itdirilerek {5} maḥalline gönderilmiş ve nıṣf-ı dīgeri daḫi īṣāl olunmaḳ üzere ḳarār virilmiş idüği {6} ve fūrtuna taḳrībiyle Çeşme ṭarafında bulunmuş olan bir ḳıṭʿa ḳorvet-i hümāyūna iḳtiżā iden {7} ḳomāna ve timür ve biraz peksimād tesyār ve keyfiyyet saʿādetlü Ḳapūdān paşa ḥażretlerine işʿār {8} olunmuş oldıġı ve Ībṣāra ṭarafında olan gāvurlarıñ ḳurduḳları dām-ı fesāda dā'ir {9} istirāḳ olunan baʿżı ḥavādiṣ ve aḫbā[r] tafṣīlātı[na] mütedā'ir resīde-i cā-yı vürūd olan {10} taḥrīrāt-ı saʿādet-āyāt-ı düstūrīleri me'āli rehīn-i ıṭṭılāʿ-i muḫliṣānemiz olub ẕāt-ı {11} ʿarāfet-simāt-ı müşīrāneleri Salṭanat-ı Seniyye'niñ dirāyet ü ṣadāḳat ve feṭānet ü ḥamiyyet ile {12} muttaṣıf vüzerā-yı ʿiẓāmından olduḳları ḥayṣiyyet[iy]le gerek daḳīḳ-i meẕkūruñ maḥalline īṣāli {13} ve gerek ḳorvet-i meẕkūra ol vechile ḳomāna ve timür ve peksimād irsāli ve ol vechile {14} ḥavādiṣ istiḫbārı ḫuṣūṣlarında vāḳiʿ olan ḥareket ve himmet-i fütüvvet-kārīleri {15} bādī-i midḥat ü taḥsīn ve taḥrīrāt-ı meẕkūreleri ḫāk-pāy-ı hümāyūn-ı cenāb-ı pādişāhīye {16} taḳdīm ile manẓūr-ı naẓar-ı kerāmet-eṣer-i ḥażret-i pādişāhī olmuş ve şeref-pīrā-yı ṣaḥīfe-i {17} süṭūr olan ḫaṭṭ-ı hümāyūn-ı şāhānede "Ḍoġrısı müşārun-ileyhiñ bu vechile ḥareketinden {18} maḥẓūẓ oldum." ʿibāresi derc ve teẕkīr buyurulmuşdur. Cümleye maʿlūm oldıġı vechile {19} gāvurlarıñ dīn-i mübīn ve Devlet-i ʿAliyye-i ebed-rehīn ʿaleyhine mürtekib olduḳları ʿiṣyān {20} ü melʿanetde ıṣrārları cihetiyle böyle vaḳtde vüsʿ-ş beşerde olan iḳdāmātıñ icrāsıyla {21} dīn ü devlete ḫidmet erbāb-ı diyānet ü ḥamiyyete farīża-i ẕimmet olub ẕāt-ı saʿādetleri ise {22} ḥamiyyet ü diyānet ile ārāste vüzerā-yı ʿiẓāmdan olduḳları ecilden her ḥālde ümmet-i Muḥammed'e {23} imdād ü iʿāneti mūcib ve dīn-i mübīne ve Devlet-i ʿAliyye'ye ḫidemāt-ı ḥasene ibrāzını müstevcib {24} vesā'il-i lāyıḳanıñ icrāsıyla iki cihānda nā'il-i fevz ü iʿtibār olacaḳ keyfiyyāta {25} beẕl-i niṣār-ı ġayret buyuracaḳları iʿtiḳādı ḥaḳḳ-ı şerīflerinde derkār olmaġla göreyim {26} cenāb-ı ġayret-niṣāblarını, bundan böyle daḫi o miṣillü ḫuṣūṣlarda ve her ḥālde {27} ibrāz-ı me'āṣir-i ḥamiyyet-kārī ve kār-güẕārīye himmet-birle ḥaḳḳ-ı saʿādetlerinde iʿtiḳādı taṣdīḳe {28} müsāraʿat buyurmaları siyāḳında ḳā'ime. Fī 10 Ra 38

[577/118] Ḫūrşīd Paşa ḥażretlerine

{1} Saʿādetlü Meḥmed Paşa ḥażretleri Ṣālona ve ḳurāsını yaḳub Livādya'ya gitmek üzere Ġrāvya {2} Ḫānı'na gelmiş ve ḫān-ı mezbūrdan daḫi ḥareket ve Dādī ḳaryesine vürūdunda ḳarye-i meẕkūrede {3} vāḳiʿ manāstırda gāvur görünmüş oldıġından üzerlerine hücūm iderek bi-naṣrillāhi Taʿālā {4} ḳahr ü tenkīl-i eşḳıyā-birle iki nefer ḳapūdān kellesiyle seksan ḳadar ru'ūs-ı maḳṭūʿa ve iki ʿaded {5} bāndīra aḫẕ ve cānib-i sipehdārīlerine göndermiş ve ẕikr olunan ru'ūs-ı maḳṭūʿa ile {6} bāndīralar irsāl olunmuş oldığı ve müşārun-ileyhiñ ṣavb-ı düstūrīlerine ḥayyen göndermiş {7} oldığı bir nefer ḳapūdānıñ taḳrīrine naẓaran el-ḥāletü-hāẕihī gāvurlar İstilice ḳaryesinde ise de {8} ʿavn-i Ḥaḳḳ'la maḥall-i meẕkūrda daḫi bozulduḳlarında bir yerde pāyidār olamayacaḳlarından {9} Derbend ṭarīḳiyle ḏoğrı Mora'ya ʿasker imrārı cilveger-i teyessür olacağı ve Donanma-yı {10} Hümāyūn'uñ bir ān aḳdem Anābolī ve Bādra ṭaraflarına ʿazīmetleri istiʿcāl olunmasını {11} ve Donanma-yı Hümāyūn'uñ āteş gemileri mażarratlarından sālim olacağı tedbīr ü ārāsına {12} dā'ir ve naḳden ve ḥavāleten mersūl-ı ṣavb-ı ṣafd[er]āneleri ḳılınan evāmir-i ʿaliyye ve beş yüz kīseniñ {13} vuṣūllerini şāmil bu defʿa resīde-i cā-yı vürūd olan taḥrīrāt-ı sipehdārīleri {14} mezāyāsı ve evrāḳ-ı mersūle mü'eddāsı rehīn-i ıṭṭılāʿ-i ḫulūṣ-verī olub lillāhi'l-ḥamd ve'l-mennihī {15} eṡer-i iḳdām ü himmet-i sipeh-sālārīleriyle müşārun-ileyh Meḥmed Paşa ḥażretleri daḫi maẓhar-ı fevz {16} ü ġalebe olaraḳ ilerü gitmiş oldığından inşā'allāhü'r-Raḥmān ʿavn-i Ḥaḳḳ'la bunlar daḫi {17} Derbend'i mürūr ve Mora'ya duḫūl ile cümlesine ġayret gelerek şu Mora ġā'ilesi {18} ʿahd-i ḳarībde bir ḥüsn-i ṣūret kesb itmesi Ḥażret-i Müsehhilü'ṣ-Ṣaʿāb'dan me'mūl ü müstedʿā olaraḳ {19} derḥāl taḥrīrāt-ı meẕkūreleri ṭaḳımıyla pāy-gāh-ı serīr-i şevket-maṣīr-i cenāb-ı ḫilāfet-penāhīye ʿarż ü taḳdīm ile {20} meşmūl-ı naẓar-ı ʿāṭıfet-eṡer-i ḥażret-i pādişāhī buyurulmuş ve irsāl buyurılan ru'ūs-ı maḳṭūʿa ve bāndīralar {21} daḫi pīşgāh-ı bāb-ı hümāyūnda ġalṭīde-i ḫāk-i meẕellet ḳılınmışdır. Vāḳıʿan işʿār-ı sāmīleri vechile {22} Donanma-yı Hümāyūn'uñ Mora ṭarafından uzaması yolsuz olacağından bir ān aḳdem tekrār ḳış ve yaz {23} dinmeyerek donanmanıñ iʿādesi aḳdem-i efkār ise de Bozcaaḏa öñünde kefere-i eşḳıyānıñ {24} Donanma-yı Hümāyūn üzerine āteş gemileri sevḳiyle vāḳiʿ olan ihānetleri cihetiyle bi'ż-żarūr {25} süfün-i Donanma-yı Hümāyūn'uñ Boğaz'a ʿavdetleri vāḳiʿ olmuş oldığından bundan böyle {26} donanma ḥaḳḳında ne gūne ṣūret ḳarār-gīr olur ise ṭaraf-ı ʿālīlerine bildirileceği giçende yazılan {27} ḳā'ime-i ṡenāverīde taḥkiye ve inbā olunmuş idi. Ehemmiyyet-i māddeye mebnī bu bābda Ḳapūdān paşa {28} ḥażretleriniñ taḥrīrine ve donanma me'mūrlarınıñ ifādelerine baḳılmayaraḳ el-ḥāletü-hāẕihī Donanma-yı {29} Hümāyūn'uñ vāḳiʿ olan ḫasāret cihetiyle saḳaṭ ve ziyān ve keyfiyyet-i ḥālini bi'l-muʿāyene añlayub {30} bu ṭarafa yazmaḳ ve tanẓīm-i noḳṣānıyla lüzūmı ḳadar donanmadan sefāyin ifrāz ve Mora üzerine {31} ʿazīmetleri çāresiniñ istiḥṣāline ihtimām eylemek maṣlaḥatı-çün bundan aḳdemce ʿizzetlü Tersāne-i {32} ʿĀmire emīni efendi ve līmān re'īsi bendeleri maḫṣūṣ Boğaz'a taʿyīn ve iʿẓām olunmuş oldığından {33} bu defʿa şeref-sünūḥ iden irāde-i seniyye mūcebince gerek Mora üzerine ʿazīmetleri istiʿcāline {34} ve gerek āteş gemileri tedbīrine dā'ir vāḳiʿ olan işʿārları keyfiyyeti emīn-i mūmā-ileyhiñ {35} verāsından maḫṣūṣ taḥrīr ve istiʿcāl ve saʿādetlü Ḳapūdān paşa ḥażretlerine daḫi beyān ü teẕkār olunmuş {36} olarak işbu donanma māddesinde bu ṭarafda bir daḳīḳa ifāte-i vaḳt tecvīz olunmayaraḳ (73) çāresi istiḥṣāline derece-i nihāyede iḳdām olunmaḳda olmağla hemān cenāb-ı devletleri {2} meknūz-ı ẕāt-ı vālāları olan cevher-i ḥamiyyet ü ṣalābet iḳtiżāsı üzere gerek müşārun-ileyh {3} Meḥmed Paşa ḥażretleriniñ ve sā'ir me'mūrīniñ Mora'ya idḫālleri çāresini istikmāl ile {4} şu gāvurlarıñ ḳahr ü istīṣālleri vesā'il ve ārāsını istiḥṣāle ṣarf-ı yārā-yı miknet {5} buyurmaları siyāḳında ḳā'ime. Fī 10 Ra 38

[577/120] *Sīrozī Yūsuf Paşa'ya ve Ḥasan Paşa'ya, Mora Ser'askeri Maḥmūd Paşa'ya ve Aḥmed Erīb Paşa'ya ve ṣadr-ı esbaḳ 'Alī Paşa'ya ve Tırḥāla Mutaṣarrıfı Nāmıḳ Paşa'ya ve Yānya mutaṣarrıfına ve Ḳaraman vālīsine ve Meḥmed Paşa'ya*

{1} İstiḳlāl-i kāmile ile Rumili Vālīsi ve Derbendāt Nāẓırı ṣadr-ı esbaḳ Ḫūrşīd Aḥmed Paşa {2} Yeñişehir'de iḳāmet ile Mora maṣlaḥatı temşiyetine sa'y ü ġayret itmekde iken bi-emrillāhi Ta'ālā {3} işbu māh-ı Rebī'ulevvel'iñ beşinci Çehārşenbe gicesi ḥulūl-ı ecel-i mev'ūduyla 'āzim-i gülşen-sarāy-ı {4} behişt olmuş oldığından Mora me'mūrlarına ve müteferri'ātı olan meṣāliḥ-i lāzımeye {5} müteveffā-yı müşārun-ileyh miṡillü i'ānet-i lāzımeyi icrā ve bugünki şey'i ferdāya bıraḳmayaraḳ (74) īfā-yı şerāyiṭ-i me'mūriyyete i'tinā ve diḳḳat itmek ve el-ḥāletü-hāẕihī cenāb-ı müşīrīleri {2} Mora derūnunda a'dā-yı dīn-i mübīn olan kefere-i ḫiẕlān-ḳarīn ḳarşusunda īfā-yı {3} me'mūriyyete sā'ī olduḳlarından maṣlaḥat tenglenmamek üzere ḫuṣūṣāt-ı vāḳı'ayı {4} temşiyet ve tervīce iḳdām ü himmet ider bir ẕātıñ tīz elden Yeñişehir'de vücūdı lāzım gelmiş {5} ve Bosna Vālīsi vezīr-i mükerrem sa'ādetlü Celāl Paşa ḥażretleri eski vezīr ve ṣadāḳat {6} ü dirāyetle iṡbāt-ı ḥayṡiyyet itmiş 'āḳil ve cesūr ve Mora maṣlaḥatında ez-her-cihet sa'y ü ġayret {7} ve ihtimām ideceği vāreste-i ḳayd [ü] süṭūr olmaḳ mülābesesiyle bu def'a kerāmet-baḫşā-yı ṣudūr olan {8} ḫaṭṭ-ı hümāyūn-ı şāhāne mūcebince istiḳlāl-i kāmile ve Ḫıṭṭa-i Rumili ser'askerliği 'unvānıyla {9} Rumili eyāleti ve Derbendāt neẓāreti müşārun-ileyh Celāl Paşa ḥażretlerine tevcīh {10} olunaraḳ 'icāleten Bosna'dan ḳalḳub menzil ile Yeñişehir'e vürūd ve muḳteżā-yı me'mūriyyetini {11} icrāya mübāderet itmek üzere iḳtiżā iden me'mūriyyet emr-i şerīfi ıṣdār ve tesyār olunmuş {12} ve her bir me'mūr me'mūriyyet-i sābıḳaları üzere Mora maṣlaḥatında lāzıme-i ġayret ü ḥamiyyeti {13} icrāya diḳḳat eylemeleri bābında şeref-sünūḥ iden irāde-i seniyye-i şāhāne mūcebince sa'ādetlü {14} Mora vālīsi ḥażretleriyle cenāb-ı müşīrīlerine ve vüzerā-yı sā'ireye ḫiṭāben emr-i 'ālī {15} taṣdīr ve tesyīr ḳılınmış ve me'mūriyyet-i müşīrīlerinde yüsr ü suhūleti īcāb ider ḥālāta {16} evvelkiden ziyāde sür'at-i himmet eylemesi müşārun-ileyh Celāl Paşa ḥażretlerine mü'ekkeden yazılmış {17} olmağla manṭūḳ ü muḳteżā-yı emr-i şerīf üzere ḥarekete himmet buyurılacağı {18} rekīz-i fıṭrat-ı ẕātiyyeleri olan māye-i fermān-berī ve ḥamiyyet-i düstūrāneleri delāletiyle müs̱bet {19} ü müberhen ve ol bābda te'kīd-i lāzımeye ḥācet olmayacağı bedīhī ve mübeyyen ise de el-ḥāletü-hāẕihī {20} vaḳtler teng olub Mora maṣlaḥatınıñ teşettüt ü tefriḳadan muḥāfaẓasına ihtimām ü diḳḳat olunmaḳ {21} vācibātdan ve şu mevsim tamām dīn ve Devlet-i ʿAliyye'ye cān ü göñülden ḫidmet iderek {22} nām ü kām ṣāḥibi olmaḳlığa himmet olunacaḳ günler idüği vāżıḥātdan olmağla {23} müteveffā-yı müşārun-ileyhiñ ḥasbelḳader intiḳāli cihetiyle maʿāẕallāhü Taʿālā meṣāliḥ-i me'mūrelerinde {24} ẕerre ḳadar fütūr şā'ibesini tecvīz buyurmayaraḳ kemā-kān dīn ü devlet yolunda ibrāz-ı me'ās̱ir-i {25} yegānegī ve ḥamiyyet ve kemā-fī's-sābıḳ vüzerā-yı ʿiẓām ve me'mūrīn-i sā'ire ile merāsim-i teʿāżud {26} ü ittifāḳa riʿāyet ile meṣāliḥ-i me'mūrelerini sekte ve ḫalelden viḳāyete himmet ve serʿasker-i {27} müşārun-ileyhiñ kemā-kān re'y ü irādesine mürācaʿat ve merāsim-i yek-cihetī ve vifāḳa müṣāberet-birle {28} me'mūriyyet-i lāzımelerini īfāya mübāderet buyuraraḳ ḥaḳḳ-ı düstūrīlerinde ber-kemāl olan {29} teveccüh-i ʿālī ve ḥüsn-i iʿtiḳādāt-ı sā'ireyi te'yīde beẕl-i cüll-i himmet buyurmaları siyāḳında ḳā'ime.

[577/124] *Bu defʿa Rumili eyāleti tevcīh olunan Celāl Paşa'ya*
{1} İstiḳlāl-i kāmile ile Rumili vālīsi ve Derbendāt nāẓırı olan ṣadr-ı esbaḳ {2} Ḫūrşīd Aḥmed Paşa Yeñişehir'de iḳāmet ile Mora maṣlaḥatı temşiyetine saʿy {3} ü ġayret itmekde iken bā-emr-i Ḫudā işbu māh-ı Rebīʿulevvelī'niñ beşinci Çehārşenbe gicesi {4} ḥulūl-ı ecel-i mevʿūduyla ʿāzim-i gülşen-sarāy-ı behişt olmuş oldığından tīz elden {5} Mora me'mūrlarına müteveffā-yı müşārun-ileyh mis̱illü iʿānet-i lāzımeyi ve bugünki işi (76) ferdāya bıraḳmayaraḳ īfā-yı şerāyiṭ-i me'mūriyyete iʿtinā itmek üzere ʿaḳl ü dirāyet {2} ve ḥüsn-i ṣīt ü şöhreti müsellem erbāb-ı ġayret ü ṣadāḳat ve aṣḥāb-ı istiḳāmet ü ḥamiyyetden {3} bir ẕāt-ı feṭānet-simātıñ müteveffā-yı müşārun-ileyh gibi me'mūriyyeti lāzım gelüb cenāb-ı müşīrīleri {4} daḫi evṣāf-ı mezkūre ile muttaṣıf ʿāḳil ve kāmil ve müdebbir ve kār-āzmūde vüzerā-yı ʿiẓām-ı {5} reviyyet-ittisām-ı Devlet-i ʿAliyye'den olduḳlarından ġayrı şimdiye ḳadar mevkūl-ı ʿuhde-i müşīrīleri {6} olan ḫidemāt-ı celīlede lāyıḳıyla ibrāz-ı me'ās̱ir-i kār-güẕārī ve ḥamiyyet eylemiş ve Bosna eyāleti {7} ʿuhde-i saʿādetlerine iḥāle olunalıdan berü eyālet-i mezkūreniñ lāyıḳıyla żabṭ ü idāre {8} ve istiḥṣāl-i āsāyiş ü niẓāmına ṣarf-ı himmet ile is̱bāt-ı ḥays̱iyyet buyurmuş olduḳlarından {9} ve müşārun-ileyh müteveffā Ḫūrşīd Paşa'nıñ aṣl me'mūriyyeti Mora'da bāndīra-küşā-yı ʿiṣyān olan {10} kefere-i fecereniñ ḳahr ü tedmīriyle Mora'nıñ fetḥ ü tesḫīri vesā'ilini istiḥṣāl olub bu mādde ise {11} dīn ḫidmeti oldığına binā'en muḳteżā-yı diyānetleri üzere bu yolda terk-i ḫāb ü rāḥat ile {12} müteveffā-yı müşārun-ileyh gibi ibrāz-ı ḥüsn-i ḫidmet idecekleri iʿtiḳādāt-ı ʿālīsi ḥaḳḳ-ı saʿādetlerinde {13} derkār olaraḳ bu defʿa kerāmet-baḫşā-yı ṣudūr olan ḫaṭṭ-ı hümāyūn-ı şāhāne

mūcebince {14} Rumili eyāleti ve Derbendāt neẓāreti bi'l-istiḳlāl Ḫıṭṭa-i Rumili ser'askerliği 'unvānıyla {15} 'uhde-i sa'ādetlerine tevcīh ve Bosna eyāleti daḫi Ṣofya'da iḳāmet üzere olan {16} İçil Sancağı Mutaṣarrıfı sābıḳ sa'ādetlü Selīm Sırrī Paşa ḥażretlerine tevcīh olunaraḳ {17} ba'd-ez-īn gevşekliği [?] bıraġub ṣıḳıca ḏavranaraḳ Bosna'ya vardığında cenāb-ı müşīrīleriniñ {18} derūn-ı eyālete virdikleri niẓāmıñ uṣūl ü fürū'unı öğrenerek öylece ḥareket eylemesi {19} veṣāyāsı ṣavb-ı ḫulūṣ-verīden yazılmış ve ḫalef-i müşīrīleri müşārun-ileyh varıncaya ḳadar idāre-i {20} umūr-ı eyālet içün gerek dā'ire-i düstūrīlerinden ve gerek Bosna mīr-i mīrānlarından her kimi intiḫāb ider {21} ve münāsib görür iseñiz anı muḥāfıẓ ve ḳā'immaḳām olaraḳ bıraġub ẕāt-ı şerīfiñiz aḥmāl {22} ü eṣḳāliñiz verādan gelmek üzere sebük-bārca dā'ireñiz ḫalḳıyla Yeñişehir'e irişerek muḳteżā-yı {23} me'mūriyyetiñizi icrāya ḳıyām ü müs̱ūl itmek üzere şeref-sünūḥ iden irāde-i seniyye-i şāhāne mūcebince {24} bir ḳıṭ'a ismi açıḳ ḳā'immaḳāmlıḳ fermānı daḫi ıṣdār ve tesyār olunmuş olmağla göreyim cenāb-ı {25} dirāyet-me'ābların, işte dīn ü devlete ḫidmet işbu me'mūriyyetlerinde kemā-hiye-ḥaḳḳuhā icrā ile is̱bāt-ı {26} müdde'ā-yı diyānet ü ṣadāḳat olunacaḳ mevsim olmağın hemān muḳteżā-yı irāde-i 'aliyye-i mülūkāne {27} üzere bu bābda ṣudūr iden me'mūriyyet emr-i şerīfiyle işbu nemīḳa-i ḫāliṣānemiziñ vuṣūli {28} ānda Bosna'ya muḥāfıẓ ve ḳā'immaḳāmlıḳ içün münāsib gördükleri bendeleri kim ise anıñ ismine {29} ḳā'immaḳāmlıḳ emr-i şerīfini ḏoldırub i'ṭā ve veṣāyā-yı lāzımeyi gūş-ı hūşuna ilḳā-birle {30} ẕāt-ı sa'ādetleri derḥāl ḥareket ve menzil ile Yeñişehir'e irişüb me'mūriyyetleri muḳteżāsını icrāya {31} sür'at ve Derbendāt'ıñ muḥāfaẓası ve Mora me'mūrları ḥaḳlarında ez-her-cihet i'ānet-i {32} lāzımeniñ īfāsı emr-i ehemmine beğāyet ihtimām ü diḳḳat, ve'l-ḥāṣıl selefleri müteveffā-yı müşārun-ileyh mis̱illü {33} 'asker ve mālzeme-i sā'ire sevḳi ve lāzım gelenleriñ talṭīf ve taḥẕīr ile i'māli ḫuṣūṣlarına {34} bi'l-i'tinā inşā'allāhü'r-Raḥmān yüzüñüzden şu Mora'nıñ bir daḳīḳa evvel fetḥ ü tesḫīri emrine {35} Cenāb-ı Ḫayru'n-Nāṣırīn'iñ tevfīḳ ü nuṣretine ittikā'en ġayret ve īfā-yı levāzım-ı me'mūriyyete himmet-birle (77) ẕātlarından me'mūl-ı 'ālī olan dirāyet ü ṣadāḳat ve ḥaṣāfet me'āṣirini is̱bāta ṣarf-ı vüs'-i liyāḳat {2} buyurmaları siyāḳında ḳā'ime. Lede'l-vuṣūl Mora ṭarafında olan me'mūrları taṭmīn {3} ve istimālet żımnında bu def'a kerāmet-efzā-yı ṣudūr ü sünūḥ olan emr ü irāde-i şāhāne mūcebince {4} Gördūs'de olan Mora Ser'askeri ve Vālīsi sa'ādetlü Maḥmūd Paşa ile Ḥasan Paşa {5} ve Aḥmed Erīb Paşa ve ṣadr-ı esbaḳ Seyyid 'Alī Paşa ve Anābolī'da olan Tırḥāla Mutaṣarrıfı 'Alī Nāmıḳ Paşa {6} ve Bālyabādra Muḥāfıẓı Sīrozī Yūsuf Paşa ve Ḳarlıili'den Mora'ya geçmek üzere olan {7} Yānya Mutaṣarrıfı 'Ömer Paşa ve Ḳaraman Vālīsi Reşīd Paşa ve henüz ma'iyyetinde olan Gīġa paşaları {8} ve sā'ir ile Mora Derbendi'ni geçmek üzere olan Teke ve Ḥamīd Sancaḳları Mutaṣarrıfı vezīr-i mükerrem sa'ādetlü {9} Meḥmed Paşa ḥażerātına keyfiyyet beyān olunaraḳ iḳtiżāsına göre teşvīḳ ü iğrāyı şāmil {10} evāmir-i ʿaliyye ıṣdār ve tesyār ve ṭaraf-ı muḫliṣīden daḫi başḳa başḳa her biriniñ uṣūl-i meʾmūriyyetine göre {11} veṣāyā-yı müʾeṣṣire taḥrīr ü teẕkār olunmuş ve Yānya Mutaṣarrıfı müşārun-ileyh ʿÖmer Paşa'ya yazılan {12} taḥrīrāt-ı muḫliṣīde kendüsünüñ vāḳiʿ olacaḳ mültemesātına müteveffā-yı müşārun-ileyh miṣillü ẕāt-ı {13} saʿādetleriniñ daḫi iʿtinā ve diḳḳat eylemesi ṭaraf-ı müşīrīlerine tavṣiye olundığı bildirilmiş {14} ve müteveffā-yı müşārun-ileyhiñ ketḫüdāsı olub Yeñişehir'de olan Mora Ḳāʾimmaḳāmı sābıḳ {15} Ḳapucıbaşı Ṣāliḥ Ağa'ya daḫi Rumili eyāleti ʿuhde-i saʿādetlerine iḥāle olundığı {16} ve bi-mennihī Taʿālā ol ṭarafa vürūdlarında kendülerini kemā-kān istiḫdām eylemeñiziñ ṭaraf-ı saʿādetlerine {17} işʿār ḳılındığı beyānıyla müteveffā-yı müşārun-ileyhiñ dāʾiresi bir ṭarafa ḏağılmayub ve heyʾetlerini {18} bozmayub ol cānibe vuṣūllerinde ḫidmet-i saʿādetlerinde bulunaraḳ ibrāz-ı ḫidmet eylemeleri {19} żımnında ṭaraf-ı muḫliṣīden maḫṣūṣ mektūb yazılmış oldığı maʿlūm-ı şerīfleri buyurulduḳda {20} aña göre ḥareket ve bir ān evvel Yeñişehir'e irişüb eṭrāf-ı Rumili'ye medd-i enẓār-ı diḳḳat {21} ve Mora meʾmūrlarına daḫi ez-her-cihet iʿānet-i lāzımeyi icrāya müsāberet buyurmaları meʾmūldür. Fī 14 Ra 38

[577/128] *Selānīk mutaṣarrıfına*
{1} Bi'l-istiḳlāl Rumili Vālīsi ve Derbendāt Nāẓırı olan Ḫūrşīd Aḥmed Paşa {2} Yeñişehir'de ʿāzim-i dār-ı beḳā olmuş oldığından tīz elden Mora meʾmūrlarına iʿānet-i muḳteżiyeyi {3} lāyıḳıyla īfā ve müteferriʿātı olan meṣāliḥi ḥüsn-i ṣūretle icrā eylemek üzere müteveffā-yı {4} müşārun-ileyhiñ yerine Rumili eyāleti Ḫıṭṭa-i Rumili Serʿaskerliği ʿunvānı ve Derbendāt neẓāretiyle {5} sābıḳ Bosna vālīsi vezīr-i mükerrem saʿādetlü Celāl Paşa ḥażretlerine tevcīh olunaraḳ {6} menzil ile serīʿan Yeñişehir'e irişmesi irādesiyle lāzım gelan meʾmūriyyet emr-i şerīfi çifte tatar ile {7} gönderilmiş ve müşārun-ileyh ḥażretleri Yeñişehir'e vürūd idince ḳadar müteveffā-yı müşārun-ileyhiñ {8} dāʾiresi ḏağılmaması ḫuṣūṣı ṭaraf-ı muḫliṣīden müteveffā-yı müşārun-ileyhiñ Yeñişehir'de ketḫüdāsı {9} olan Ḳapucıbaşı Ṣāliḥ Ağa'ya yazılmış ve Mora meʾmūrlarına daḫi iḳtiżāsına göre {10} veṣāyā-yı lāzıme taḥrīr ve tesyīr olunmuş ise de şāyed bugünlerde Ḫūrşīd Paşa'nıñ {11} vefātı aralığını vaḳt-i fırṣat zuʿmuyla eṭrāfda olan Ağrafa gāvurları ve sāʾir kefere {12} bir güne ḥareket ve ṭuğyān itmeleri lāzım gelür ise Yeñişehir'de ʿaskeriñ azlığı telāş virir vesvesesi {13} mütebādir-i ḫāṭır olub cenāb-ı müşīrīleri daḫi dīndār ve ṣāḥib-i iḳtidār cesūr ve ġayūr {14} vüzerā-yı ʿiẓāmdan olaraḳ maḳarr-ı ḥükūmetleri olan Selānīk Yeñişehir'e ḳurb ü civār olmaḳ {15} taḳrībiyle Rumili vālīsi müşārun-ileyh ḥażretleri Yeñişehir'e gelince ḳadar oralarda {16} maʿāẕallāhü Taʿālā bir ḥādiṣe vuḳūʿa gelmamek üzere müteheyyiʾ bulunaraḳ ve ṭaraf-ı saʿādetlerinden {17} gerek Tırḥala Mütesellimi Mesʿūd Ağa'ya ve gerek müteveffā-yı müşārun-ileyhiñ

ketḫüdāsı mūmā-ileyh Ṣāliḥ Aġa'ya {18} kāġıd iṭāresiyle bi'l-muḫābere eğer anlar daḫi mütebādir-i ḫāṭır olan öyle bir vesveseleri {19} oldıġını beyān ile ṭaraf-ı sa'ādetlerinden 'asker isterler ise derḥāl kifāyet miḳdārı {20} 'asker irsāl iderek vālī-i müşārun-ileyh ol ṭaraflara gelince ḳadar müteyaḳḳıẓ bulunub {21} her ne ṭarafa bir gūne imdād ü i'ānet iḳtiżā ider ise derḥāl icrāsına müsāra'at {22} eylemeñiz ḫuṣūṣuna irāde-i seniyye-i mülūkāne ta'alluḳ iderek ol bābda ḫaṭṭ-ı şerīf-i kerāmet-redīf-i {23} şāhāne şeref-rīz-i ṣudūr olmaġla manṭūḳ-ı münīfi iḳtiżāsı ve ġayret ü ḥamiyyetleri muḳteżāsı {24} üzere ẕāt-ı sa'ādetleri Tırḥāla mütesellimi ve müteveffā-yı müşārun-ileyhiñ ketḫüdāsı mūmā-ileyhimā ile {25} muḫābere iderek eğer anlarıñ daḫi ol vechile bir vesveseleri olub ṭaraf-ı sa'ādetlerinden {26} 'asker isterler ise derḥāl kifāyet miḳdārı 'asker irişdirmeğe, ve'l-ḥāṣıl vālī-i müşārun-ileyh {27} ḥażretleri ol ṭaraflara gelince ḳadar her bir ṭarafa iḥāle-i enẓār-ı baṣīret ile her ne ṭarafa {28} imdād ü i'ānet īcāb ider ise sür'at-i icrāsına kemāl-i i'tinā ve himmet buyurmaları siyāḳında {29} maḫṣūṣ işbu ḳā'ime. Fī 15 Ra 38

[577/137] *Sāḳız Muḥāfıẓı Yūsuf Paşa'ya*

{1} Sāḳız ḳal'ası muḥāfaẓası-çün Ṣaruḫan ve Ṣıġla sancaḳlarından muḳaddemā tertīb olunmuş olan {2} 'askeriñ birazı firār itmiş ve birazı daḫi işe yarar maḳūleden olmadıġından başḳa ekẟerīsi {3} ḫasta ve 'amel-mānde olmuş olduḳları beyānıyla neferāt-ı merḳūmeniñ tebdīliyle müceddeden beş biñ nefer {4} 'asker tertīb olunması ḫuṣūṣuna dā'ir ve ifādāt-ı sā'ireye müteḍā'ir bu def'a irsāl olunan {5} taḥrīrātıñız ve ol bābda taḳdīm olunan i'lām ve maḥżar mefāhīmi ma'lūmumuz olmuşdur. Sāḳız cezīresiniñ {6} emr-i muḥāfaẓası ehem oldıġından bundan aḳdem cezīre-i meẕkūre muḥāfaẓası-çün Çirmen sancaġında vāḳi' {7} ḳażālardan biñ nefer aylıḳlu ve Aydın sancaġından biñ ve Ṣaruḫan ve Ṣıġla sancaḳlarından {8} beşer yüz 'asker ki cem'an iki biñ nefer daḫi nefīr-i 'ām 'askeri tertīb olunmuş ve şimdi {9} iş'ārıñız vechile yine birṭaḳım ḳażā 'askeri tertīb olunsa ḳażālar bir-iki seneden berü {10} Rum fesādı cihetiyle ziyādece zedelenmiş ve şimdiki ḥālde beş biñ nefer 'asker tertībi {11} ḳażālar fuḳarāsınıñ taḥammülünden ḫāric ḳalmış olub ma'a-hāẕā nefīr-i 'ām 'askeri işe yarar şey {12} olmayub ḥīn-i tertībinden birazı maḥallinden çıḳarken ve birazı eṡnā-yı rāhda ve ekẟeri {13} Sāḳız'a vürūdunda birer taḳrīb firār idecekleri tecārib-i sābıḳa ile āşikār {14} ve bu cihetle yine emr-i muḥāfaẓada 'asker cihetiyle żarūret olacaġı bedīdār olub el-ḥāletü-hāẕihī {15} ḳış mevsimi ḥulūl itmiş oldıġından muḳaddem Çirmen'den tertīb olundıġı vechile {16} bir biñ nefer 'ulūfelü 'asker daḫi tertīb olunsa bunlar ḳażā 'askeri gibi olmayub {17} işe yarar ve ẟebāt ider maḳūleden olacaġından iki biñ nefer aylıḳlu 'asker dört biñ {18} ḳażā 'askeri dimek olaraḳ Sāḳız ḳal'asınıñ ve iḳtiżā iden maḥalliniñ muḥāfaẓası {19} lāyıḳıyla istiḥṣāl olunmuş olacaġı ẓāhir oldığına naẓaran şimdi fuḳarānıñ {20} ḥāl ve taḥammüline göre meştā tertībi olaraḳ evvelki tertīb tanṣīf-birle ẕikr olunan {21} sancaḳlardan biñ nefer ʿasker tertīb olunub işbu tertīb olunacaḳ biñ neferiñ beheri {22} otuzar ġurūşa olaraḳ bedele ḳaṭʿ ve tanẓīm ve ol vechile bedeli māh-be-māh {23} ṭarafıñıza virilmek üzere mütesellimlere bu ṭarafdan müʾekkeden taḥrīr olunaraḳ işbu bedel {24} ṭarafıñızdan alınub yerlerine otuzar ġurūş māhiyye ile biñ nefer aylıḳlu {25} sekbān taḥrīr ve istiḫdām olunsa bunlarıñ aylıḳları alınacaḳ bedelden olaraḳ **(84)** ṭarafıñızdan kendülere virilecek oldığından firār idemeyüb işe yarayacağı {2} ve istediğiñiz gibi ḳullanılacağı mütebādir-i ḫāṭır olmuş ise de işbu tedārük olunacaḳ {3} biñ neferiñ ol ṭaraflardan ve yine bu sancaḳlardan tedārük ve taḥrīri mümkin olabilür mi, {4} evvel-emrde keyfiyyetiñ ṭarafıñızdan istiʿlāmı īcāb-ı maṣlaḥatdan olmağla ber-vech-i muḥarrer ẕikr olunan {5} sancaḳlardan ol vechile biñ nefer meştā ʿaskeri tertīb ile bedele ḳaṭʿ ve beher māh iḳtiżā iden {6} bedelini ṭarafıñıza naḳden teslīm eylemeleri mütesellimlere bu ṭarafdan müʾekkeden taḥrīr olundığı ṣūretde {7} muḳaddem Çirmen'den müretteb biñ neferden başḳa tekrār bir biñ nefer işe yarar ʿulūfelü ʿasker ẕikr olunan {8} sancaḳlardan celb ü tedārük idebilür misiñiz ve ne vechile olabilür, iḳtiżāsı icrā olunmaḳ üzere {9} keyfiyyetiñ serīʿan ve īżāḥan bu ṭarafa taḥrīrine ve emr-i muḥāfaẓayı lāyıḳıyla ikmāl iderek {10} gice ve gündüz, ve'l-ḥāṣıl bir daḳīḳa ġāfil bulunmayub icrā-yı şerāyiṭ-i me'mūriyyete kemāl-i iʿtinā ve diḳḳat {11} eylemeñiz içün ḳā'ime. Fī 19 Ra 38

[*577/140*] ***Ḳapūdān paşa ḥażretlerine***
{1} Tersāne-i ʿĀmire emīni ʿizzetlü efendi ile müştereken tevārüd iden taḥrīrātıñızıñ bir māddesinde {2} Mışır sefāyini başbuġı İskenderiye'ye ʿazīmetlerine ruḫṣat virildiği ḥālde inşā'allāhü'r-Raḥmān {3} sālimen aḏalar arasından gideceğini beyān itmiş oldığı muḥarrer olub Girīd cezīresi imdād {4} ü iʿānete muḥtāc ve vezīr-i ġayret-semīr saʿādetlü Mışır vālīsi ḥażretleri daḫi cezīre-i merḳūme içün **(86)** birṭaḳım ʿasker ve edevāt ḥāżırlamış ise de irsāli cenk sefīneleriniñ vücūdına mütevaḳḳıf {2} oldığından Mışır sefāyininiñ İskenderiye'ye ʿavdetlerine ruḫṣat virilür ise derḥāl {3} cezīre-i Girīd'iñ imdādına müsāraʿat eyleyeceği tevārüd iden taḥrīrātı me'āliyle ḳapu ketḫüdāsı efendiniñ {4} ve vārid olan tatarınıñ ifādesinden müstebān olaraḳ bu cihetle hemān ẕikr olunan {5} sefīneleriñ ḏoġrı İskenderiye'ye ʿazīmetlerine ruḫṣat virilmesi min-külli'l-vücūh enseb {6} olacağı vāreste-i ḳayd [ü] iḥticāc oldığından bu defʿa müteʿalliḳ olan emr ü irāde-i seniyye-i {7} mülūkāne mūcebince sefāyin-i Mışriyye'niñ cümleten İskenderiye'ye ʿavdetlerine ruḫṣat virildiği {8} beyānıyla bi-mennihī Taʿālā vuṣūllerinde muḳaddemden ol ṭarafda bulunan Yıldız fırḳateyn-i hümāyūn ile {9} ṣoñradan kendünüñ tedārük eylediği sefāyini bunlara terfīḳ ve tehyi'e eylediği ʿasker ve mühimmāt {10} ve ẕaḫāyiri

daḫi sefīnelere irkāb ve taḥmīl ile bir ān aḳdem Girīd cezīresine imdād eylemesi {11} ve bu sene-i mübāreke mis̱illü bi-mennihī Taʿālā evvelbahārda iḫrācı muṣammem olan Donanma-yı Hümāyūn {12} maʿiyyetine daḫi bunlarıñ tekrār vürūd ve iltiḥāḳı lāzım geleceğine naẓaran Girīd'den ʿavdetlerinden ṣoñra {13} evvelbahār içün cemīʿ levāzımātlarını tanẓīm ü tekmīle himmet eyleyerek ol vaḳte ḳadar ṣudūr idecek {14} irāde-i seniyyeye teraḳḳub ü intiẓār itmesi ḫuṣūṣı vālī-i müşārun-ileyh ḥażretlerine ṭaraf-ı muḫliṣīden {15} yazılmış ve başbuġ-ı mūmā-ileyhe daḫi İskenderiye'ye ʿavdetlerine ruḫṣat virildiğini mübeyyin {16} ṣavb-ı ḫāliṣānemizden mektūb gönderilmiş olmağla cenāb-ı düstūrīleri daḫi sefāyin-i {17} Mıṣriyye'niñ başbuġ-ı mūmā-ileyh ile İskenderiye'ye ʿazīmetlerine irāʾe-i ruḫṣat buyurmaları siyāḳında {18} ḳāʾime. Fī 20 Ra 38

[577/142] *Ḳapūdān paşaya ve Tersāne emīni efendiye*

{1} Tersāne-i ʿĀmire emīni ʿizzetlü efendi ile müştereken tevārüd iden taḥrīrāt-ı müşīrīleri fez̲leke-i {2} meʾālinde el-ḥāletü-hāẕihī Donanma-yı Hümāyūn'uñ işe yaramaz beş ḳıṭʿa aḳṭarmalarından māʿadā mevcūdı olan {3} otuz dört ḳıṭʿa sefāyiniñ yiğirmi dört ḳıṭʿası ve Ocaḳlar'ıñ mevcūd olan {4} on ḏoḳuz ḳıṭʿa sefīnelerinden on yedi ḳıṭʿası muḥtāc-ı taʿmīr olduḳlarından li-ecli't-taʿmīr {5} Dersaʿādet'e celb olunmaları lāzımeden oldığı ve ḳuṣūr üç ḳıṭʿa ḳālyon ve üç ḳıṭʿa {6} fırḳateyn ve üç ḳıṭʿa ḳorvet ve beş ḳıṭʿa ṣālūpa ile iki ḳıṭʿa Tūnus gemileri {7} ṣağlam ve işe yarar sefāyin olub bunlarıñ tekmīl-i noḳṣānları-çün ber-mūceb-i defter Dersaʿādet'den {8} irsāli īcāb iden çāpa ve ġomanalardan māʿadā tanẓīmine muḥtāc olan baʿżı levāzımāt {9} ü mühimmātlarınıñ Boğaz'da tanẓīmi mümkin ise de Mıṣır tekneleriniñ eks̱eri meze ḳarīnaya muḥtāc {10} olaraḳ Anābolī'ya ʿazīmetleri mümkin olamayacağından ṣağlam olan sālifü'z̲-z̲ikr {11} on altı ʿaded sefīneniñ daḫi ẕaḫīre irsāli żımnında Anābolī'ya iʿzāmı derece-i kifāyede {12} olmadığı ve Anābolī Ḳasteli ʿuṣāt-ı eşḳıyā yedinde oldığı maḥẕūrları cihetiyle ġayr-ı cāʾiz {13} idüği ve Anābolī ḳalʿasına imdād ü iʿānetiñ çāresi ve Donanma-yı Hümāyūn'a ḳara ʿaskeri {14} vażʿ olunaraḳ evvel-emrde bā-ʿavn-i Bārī Ṣulıca ve Çamlıca aḏalarınıñ żabṭıyla {15} süfün-i aʿdānıñ tefrīḳ ve tebʿīdine mütevaḳḳıf olacağı ve mecmūʿ-ı süfün-i hümāyūnda mevcūd {16} ʿasker sekiz biñ miḳdārı oldığından işbu on altı ḳıṭʿa sefāyiniñ Aḳdeñiz'e iḫrācı {17} taḳdīrinde bir miḳdār cedīd ʿasker daḫi iḳtiżā ideceği ḫuṣūṣları muḥarrer ü mez̲kūr olmağla {18} mefāhīmi ve muʾaḫḫaren müşārun-ileyhle müşterek irsāl olunan taḥrīrātıñız mezāyāsı maʿlūm-ı ḫāliṣānemiz {19} olduḳdan ṣoñra rikāb-ı ḳamer-tāb-ı şāhāneye ʿarż ü taḳdīm ile manẓūr-ı hümāyūn-ı mülūkāne buyurulmuşdur. {20} Meʾāl-i işʿārları göz ḳorḳaklığından ʿibāret ve muḳaddem maʿiyyet-i saʿādetleriyle Bālyabādra'dan {21} ḳalḳub Anābolī pīşgāhına gelan donanma seksan-ḏoḳsan pāre mükemmel sefāyin iken {22} Anābolī ḳalʿasına ẕaḫīre īṣāliniñ çāresi bulunamamış iken şimdi on altı ḳıṭʿa {23} sefīne ile bir iş görilemeyeceği rehīn-i ḥayyiz-i bedāhet olub her ne ise ṣūret-i ḥāle göre {24} bu ḳış Ocaḳlar sefīneleri İskenderiye'ye gidemeyeceklerine naẓaran el-ḥāletü-hāẕihī {25} gerek Donanma-yı Hümāyūn ve gerek Ocaḳlar sefāyininden Tersāne-i ʿĀmire taʿmīrine {26} muḥtāc olanlarıñ cümlesi Dersaʿādet'e gelüb hemān taʿmīrāt-ı lāzımelerine mübāşeret ve bi-mennihī Taʿālā {27} evvelbahāra ḳadar techīz ü tanẓīmlerine saʿy ü ġayret olunmaḳ lāzımeden oldığı miṡillü Aḳdeñiz daḫi {28} bütün bütün boş bırağılmaḳ lāzım gelse bu ḳış eşḳıyā tekneleri Aḳdeñiz'de istedikleri gibi {29} gezüb bir ḳat daḫi şīrīnleyerek eṭrāf ü eknāfa ve Dersaʿādet'e gelecek revġan-ı zeyt {30} ve ṣābūn ve sā'ir eşyā ḳayıḳlarına tasalluṭ idecekleri āşikār ve ḥattā şimdiden {31} bu maḳūle tecāvüz ve tasalluṭa ictisāra başlamış olduḳları ol ṭarafdan tevārüd iden {32} evrāḳ me'āllerinden bedīdār olub Donanma-yı Hümāyūn me'mūrlarınıñ cebānlıḳlarından her ne ḳadar (88) bu gāvurlarıñ üzerlerine varamıyorlar ise de birṭaḳım sefāyiniñ yine bu ḳış Aḳdeñiz'de {2} bulunması gāvurlarıñ istedikleri gibi tecāvüz ve tasalluṭa māniʿ olacağından ve ḳālyon {3} ve fırḳateyn-i hümāyūnlar ḳışıñ aḏalar arasında gezmekliğe ve gāvurlarıñ tekneleri gizlendikleri {4} ṣığ yerlere girmekliğe elvirmeyeceklerinden ṣağlam deyu işʿār olunan ḳālyon ve fırḳateynler daḫi {5} Dersaʿādet'e gelmek üzere faḳaṭ ol cānibde mevcūd olan ḳorvet ve brīḳ ve ġoleta {6} ve şā[lū]palardan başḳa el-yevm Tersāne-i ʿĀmire mevcūdundan daḫi irsāl ile işbu ufaḳ sefāyin {7} mümkin miḳdārı bir donanma tertīb ve tīz elden gerek neferāt ve ʿaskerleri ve gerek sā'ir noḳṣān {8} ve mālzemeleri Dersaʿādet'e gelecek sefāyin ṭaḳımlarından iʿṭā ve tanẓīm olunaraḳ {9} havā müsāʿid olduḳça Boğaz'dan çıḳub Bozcaaḏa ve Midillü ve Molova ve sā'ir aḏalar arasında {10} ve sevāḥilde geşt ü güẕār ve bulabildikleri eşḳıyā tekneleriniñ ḳahr ü tenkīllerine ibtidār itmek {11} ve şiddetli fūrtuna ẓuhūrunda yine Boğaz'a gelüb havā açıldıḳça tekrār çıḳmaḳ üzere me'mūr ḳılınmaları {12} ve Tersāne-i ʿĀmire taʿmīrine muḥtāc olan gerek Donanma-yı Hümāyūn ve gerek Ocaḳlar sefāyinini {13} serīʿan mūmā-ileyh Tersāne-i ʿĀmire emīni efendi alub berāber ʿavdet-birle ol ṭarafda ḳalacaḳ {14} sefāyine bu cānibden irsāle mütevaḳḳıf mālzeme var ise ʿācilen efendi-i mūmā-ileyh Tersāne-i {15} ʿĀmire'den anları rü'yet ve gerek Tersāne mevcūdundan gönderilecek ḳorvet ve şālūpalarıñ {16} tekmīl-i levāzımlarıyla Boğaz'a irişdirmeğe himmet eylemesi ve cenāb-ı müşīrīleri daḫi işbu {17} ḳış donanması ṭaḳımınıñ tanẓīm ü tekmīli maṣlaḥatı-çün şimdilik Boğaz'da tevḳīf-birle ber-vech-i bālā {18} cümlesiniñ ol ṭarafda taʿmīrāt ve levāzımātlarını tanẓīm ve ʿasker ve ẕaḫāyirlerini buraya gelecek sefāyinden {19} iʿṭā ve tetmīm idüb Tersāne-i ʿĀmire'den gönderilecek sefāyiniñ daḫi ol ṭarafa vuṣūlünde {20} cümlesini birleşdirüb üzerlerine münāsib ve kār-güẕār bir başbuġ intiḫāb ve naṣb ü taʿyīn iderek {21} ardını alub Boğaz'dan iḫrāc eyledikden ṣoñra ḫaberini işʿār ve ol vaḳt Dersaʿādet'e {22} ʿavdet eylemelerini istīẕān eylemeleri bu ṭarafda ʿaḳd olunan Meclis-i Şūrā'da ittifāḳ-ı ārā ile {23} ḳarār-gīr olmuş ve ḫāk-pāy-ı hümāyūn-ı ḥażret-i pādişāhīye lede'l-istīẕān emr ü fermān-ı hümāyūn-ı {24} şāhāne daḫi bunuñ üzerine taʿalluḳ itmiş ve keyfiyyet ṭaraf-ı muḫliṣīden efendi-i mūmā-ileyhe {25} daḫi yazılmış olmaġla cenāb-ı müşīrīleri daḫi bārī donanma bu ḳadar olsun bir iş görmek içün {26} beher-ḥāl bu ḳış ber-vech-i meşrūḥ aḏalar arasında gezmek içün ol ṭarafda mevcūd olan {27} ḳorvet ve brīḳ ve ġoleta ve ṣālūpalardan her ne miḳdār mümkin ise ayırub bunlarıñ ʿasker {28} ve mellāḥ ve ẕaḫīre ve mühimmāt ve sā'ir mālzemelerini Dersaʿādet'e gelecek sefāyinden {29} ifrāz ve iʿṭā iderek hemān Tersāne-i ʿĀmire taʿmīrine muḥtāc olan gerek Donanma-yı Hümāyūn {30} ve gerek Ocaḳlar sefāyinini serīʿan efendi-i mūmā-ileyhle berāber bu ṭarafa irsāle {31} ve işbu ḳış donanması ṭaḳımınıñ tanẓīm ü tekmīli-çün siz şimdilik Boġaz'da tevḳīf-birle {32} cümlesiniñ ol ṭarafda taʿmīrāt ve levāzımātı tanẓīm ve ʿasker ve ẕaḫāyirleri buraya gelecek {33} sefāyinden iʿṭā ve tetmīm ve bu ṭarafdan gidecek sefīneler daḫi varub cümlesini **(89)** birleşdirerek üzerlerine münāsib birini intiḫāb ve başbuġ taʿyīniyle Boġaz'dan iḫrāc {2} eyledikden ṣoñra keyfiyyeti bu ṭarafa işʿār ile ol vaḳt Dersaʿādet'e ʿavdetlerini istīẕāna {3} himmet buyurmaları siyāḳında ḳā'ime. Fī 20 Ra 38

[577/146] *Baḥr-i Sefīd Boġazı ve Sāḳız ve İstānköy ve Ḳuşaḏası ve İzmīr ve Limnī muḥāfıẓlarına ve Rodos mutaṣarrıfına ve Menteşā mütesellimine*

{1} Bu esnāda otuz nefer miḳdārı ʿuṣāt bir ḳıṭʿa ṭraṭa ile Sāḳız'da vāḳiʿ maṣṭaḳī ḳurāsından {2} ḥayvānāt ve ẕaḫīre almaḳ dāʿiyesiyle ḳurā'-i merḳūme yalosuna yanaşub ḫurūc itmek üzere iken {3} Sāḳız muḥāfıẓı ṭarafından maḥall-i meẕkūra taʿyīn olunmuş olan ʿasker mersūmlarıñ üzerine {4} hücūm ile birazı telef olmuş ve bir neferi ḥayyen aḫẕ olunub mersūm lede'l-istinṭāḳ {5} Donanma-yı Hümāyūn Boġaz'dan içerüye duḫūlünde ʿuṣāt-ı kefere ḳırḳ altı ḳıṭʿa ṭraṭa ile {6} ẕaḫīre almaḳ içün Çāndārlı'yı baṣacaḳlarını ve bugünlerde ḫırsızlıġa çıḳacaḳlarını {7} taḳrīr itmiş oldıġını mübeyyin vārid olan taḥrīrātıñız manẓūrumuz olduḳdan ṣoñra **(91)** ḥużūr-ı hümāyūn-ı mülūkāneye daḫi ʿarż ü taḳdīm ile manẓūr-ı hümāyūn-ı şāhāne buyurulmuşdur. {2} Donanma-yı Hümāyūn'uñ Boġaz pīşgāhına vürūdı cihetiyle Sīsām ve İbṣāra'da tecemmuʿ iden {3} kefere gerek Sāḳız ve gerek maḥāll-i sā'ireye ẕaḫīre ve cebeḫāne almaḳ içün hücūma cesāret {4} itmeleri muḥtemel idüġünden bu gāvurlarıñ ḥiyel ü mekrinden emniyyet cā'iz olmayaraḳ bi'l-cümle {5} cezāyir ve sevāḥil me'mūrlarınıñ gice ve gündüz emr-i muḥāfaẓaya kemāl-i iʿtinā ve levāzım-ı istiḥkām {6} ve mikneti istiḥżār ve īfāya diḳḳat itmeleri vācibeden ve muḳteżā-yı irāde-i ʿaliyye-i mülūkāneden {7} ve bu bābda maʿāẕallāhü Taʿālā ẕerre ḳadar teġāfül ü beṭā'et mūcib-i mes'ūliyyet olacaġı bedīhiyyātdan {8} olmaġla zinhār ü zinhār Sīsām ve İbṣāra aḏaları gāvurlarından, ve'l-ḥāṣıl mecmūʿ ʿuṣāt-ı {9} eşḳıyādan ġāfil bulunmayaraḳ bir taḳrīb ẕaḫīre ve cebeḫāne müżāyaḳasıyla ol ṭaraflara {10} hücūm eylemeleri lāzım gelür ise hemān bā-ʿavn-i Bārī ḳahr ü tedmīrleriyle bir dāane ẕaḫīre {11} ve bir dirhem cebeḫāne alamamaları emr-i ehemmine ve tabaṣṣur ü āgāhī levāzımını icrāya ihtimām ü diḳḳat {12} ve her ḥālde īfā-yı şerāyiṭ-i meʾmūriyyete iḳdām ü mübāderet eylemeñiz içün ḳāʾime. Fī 21 Ra 38

[577/150] *Mora Serʿaskeri Maḥmūd Paşa'ya*

{1} Anābolī ḳalʿasında olan saʿādetlü ʿAlī Nāmıḳ Paşa ḥażretleriniñ ẕaḫīresizlikden żarūreti {2} ber-kemāl olaraḳ bu āna ḳadar bu ṭarafdan bi'd-defaʿāt ẕaḫīre irsāl olunmuş ve Bālyabādra'da olan {3} saʿādetlü Yūsuf Paşa ḥażretleri maʿrifetiyle daḫi müsteʾmen teknelerinden külliyyetlü ẕaḫīre iştirā {4} ve saʿādetlü Mıṣır vālīsi ḥażretleri ṭarafından daḫi ḫaylī ẕaḫīre baʿs̱ ü isrā ḳılınmış ve İzmīr {5} ve İskenderiye'den daḫi peyderpey ḫaylī ẕaḫīre gitmiş ve gitmekde, ḥāṣılı Mora derūnunda el-yevm külliyyetlü {6} ẕaḫīre bulunmaḳda oldığından ḳalʿa-i merḳūmeye pey-ā-pey ẕaḫīre irişdirerek {7} müżāyaḳadan vāreste olmasına diḳḳat ü ihtimām lāzımeden ve bu bābda ẕerre ḳadar beṭāʾet {8} ü reḫāvet dünyā ve āḫiretde mūcib-i vaḫāmet olacağı vāżıḥātdan ise de bu māddeye {9} riʿāyet olunmadığı āşikār ve şimdiye ḳadar Mora ordusundan ḳalʿa-i merḳūmeye iki nevbet {10} ḥayvānāt ile ẕaḫīre gönderilmiş oldığı Yeñişehir'de olan müteveffā Ḫūrşīd Paşa {11} ketḫüdāsı Ṣāliḥ Aġa ṭarafından tevārüd iden evrāḳ meʾālinden müstebān ise de cüzʾī bir şey olub {12} müżāyaḳadan vāreste idecek mertebe olmadığı bedīdār olub ḥālbuki cenāb-ı {13} müşīrīleri bu defʿaki gönderdikleri ẕaḫīreyi bıraḳdıḳdan ṣoñra ʿavdet iden ḥayvānātı {14} gāvurlar çevirüb żabṭ eylediklerini ve baʿd-ez-īn tekrār ḥayvānāt ile ẕaḫīre irsāliniñ {15} imkānı daḫi olmadığını taḥrīr eylemiş iseñiz de ber-vech-i muḥarrer lillāhi'l-ḥamd el-yevm Mora derūnunda {16} bu ḳadar ẕaḫīre var iken ve Gördūs ile Anābolī beyninde buʿd ü mesāfe ve ṣarp maḥal {17} olmayub mevcūd olan vüzerā-yı ʿiẓāmıñ birisi külliyyetlü ẕaḫīre getürüb bıraḳması {18} mümkin görineyor iken yalñız ḥayvānāt ile biraz ẕaḫīre gönderüb ve ḥayvānātları daḫi (95) gāvurlara virüb ṣoñra öylece baḳub ḏurulmaḳ ḏoğrısı cümleñiziñ ġayret {2} ü ḥamiyyetsizliklerinden iḳtiżā eylediği ẓāhir ve bu maṣlaḥat dīn maṣlaḥatı olaraḳ bunda {3} ednā beṭāʾet idenler dünyāda ẕāt-ı şevket-simāt-ı şāhāneye cevāb viremeyeceğinden {4} ġayrı āḫiretde daḫi maẓhar-ı mücāzāt olacaḳları bāhir oldığından başḳa bu defʿa daḫi {5} mehābet-efzā-yı ṣudūr olan ḫaṭṭ-ı hümāyūn-ı şāhānede "Gördūs ile Anābolī beyni {6} mesmūʿ-ı hümāyūnuma göre sekiz sāʿat ve düz ova olub bu ḳadar vüzerā ve ʿasker {7} var iken Anābolī'ya imdād itmamek mücerred ʿadem-i ġayretden neşʾet ideceği ẓāhir olmaġla {8} bundan ṣoñra daḫi ġayretsizlik iderler ise vüzerānıñ birine necāt virmem. Bu vechile yazub {9} bildiresin" deyu emr ü fermān-ı hümāyūn buyurulmuş oldığına ve Gördūs'de bu ḳadar ʿasker ile {10} oṭurub lillāhi'l-ḥamd Mora'da daḫi ḫaylī ẕaḫīre cemʿ olmuş iken bir iş görmedikden başḳa {11} Anābolī gibi bir ḳalʿaya ẕaḫīre ile olsun imdād itmamek ne dimek olacağı ednā {12} mülāḥaẓa ile maʿlūm olacağına bināʾen baʿd-ez-īn şu Anābolī ḳalʿasına ne yapar iseñiz {13} yapub peyderpey külliyyetlü ẕaḫīre irsāliniñ çāresine baḳmaları, ve'l-ḥāṣıl ẕāt-ı saʿādetleri {14} serʿaskerlik ʿunvānıyla Mora'nıñ vālīsi olduḳları ecilden cümleden ziyāde siziñ {15} muḳteżā-yı meʾmūriyyetiñizi icrāya teşmīr-i sāʿid-i iḳdām ü ġayret eylemeñiz size farīża-i {16} ẕimmet olub maʿāẕallāhü Taʿālā ḳalʿa-i merḳūmeye bir gūne raḫne ve ḫasār vuḳūʿ bulmaḳ {17} lāzım gelür ise ṣoñra bir vechile cevāba ḳādir olamayaraḳ mübtelā-yı ġażab-ı {18} cān-sūz-ı pādişāhī olacaḳları maʿlūm-ı saʿādetleri olduḳda artıḳ {19} evvelki gibi ḥamiyyetsizliği terk idüb biraz da ġayret ü ṣadāḳat eyleyerek beher-ḥāl {20} ḳalʿa-i merḳūmeye ḥayvānāt ile ẕaḫīre irişdirmeniñ çāresine baḳub {21} mübtelā-yı vaḫāmet ü nedāmet olmaḳdan tevaḳḳī ve mücānebet buyurmaları siyāḳında ḳāʾime. Fī 21 Ra 38

[*577/156*] ***Belġrād muḥāfıẓına***
{1} Ṣırplu Başknezi Mīloş'uñ rāyic nuḳūd māddesine ve bu ṭarafda olan {2} Ṣırp vekīlleriniñ iʿādesi iltimāsına dāʾir ṭaraf-ı müşīrīlerine göndermiş oldığı {3} adamınıñ mersūm Mīloş'uñ Devlet-i ʿAliyye'ye derkār olan ṣıdḳ ü istiḳāmetinden {4} baḥs̱ iderek vāḳiʿ olan iltimāslarını Yovānçe nām adamınıñ tatarlarına terfīḳan {5} irsāl ḳılındığını mutażammın resīde-i mevḳiʿ-i vuṣūl olan taḥrīrāt-ı saʿādet-āyāt-ı {6} düstūrāneleri mezāyāsı ve ol bābda Mīloş mersūmuñ ʿizzetlü Reʾīsü'l-küttāb {7} efendi ṭarafına gelan kāğıdı müʾeddāsı rehīn-i ıṭṭılāʿ-i ḫālişānemiz olmuş ve ḫāk-pāy-ı {8} hümāyūn-ı ḥażret-i pādişāhīye daḫi bi't-taḳdīm meşmūl-ı enẓār-ı mekārim-āṣār-ı cenāb-ı (100) şehriyārī buyurulmuşdur. Mersūm Mīloş'uñ kāğıdınıñ fez̠leke-i meʾāli rāyic māddesiyle {2} Dersaʿādet'de olan adamlarınıñ taḫliye-i sebīlleri ise de Salṭanat-ı Seniyye-i sermediyyetü'l- {3} -ḳıyāmıñ Ṣırp reʿāyāsından ve Mīloş mersūmdan evvel ü āḫir emniyyeti derkār olub {4} bu ṭarafa gönderdikleri vekīlleriñ vürūdını müteʿāḳib Rum milletiniñ fesādları {5} meydāna çıḳaraḳ bütün ehl-i İslām silāḫa yapışdığından ol aralıḳda mücerred mersūmlarıñ {6} emniyyet-i ḥālleri-çün müsāfereten sarāy-ı hümāyūn derūnuna naḳl ü iskān olunmuş ve evvel ü āḫir {7} ḥaḳlarında muʿāmele-i riʿāyet ve ḥimāyet icrā olunmaḳda olaraḳ Ṣırplu derūnunda {8} baʿżı bedḫāhlarıñ iḫtirāʿ eyledikleri erācīfiñ aṣlı olmadığından bu defʿa {9} mersūm Mīloş'uñ Dersaʿādet'e gelüb iʿāde olunan adamı mesfūr daḫi reʾyü'l-ʿayn {10} görmüş ve mesfūrlar ile daḫi görişüb söyleşmiş ve bunlarıñ şimdilik bu vechile {11} olduḳları yerde ibḳāları mücerred kendüleriniñ selāmeti ve Ṣırplunuñ Devlet-i ʿAliyye'den emniyyeti içün {12} olub yaʿnī lillāhi'l-ḥamd Salṭanat-ı Seniyye'niñ Ṣırpludan emniyyet

taḥṣīl itmekliğe iḥtiyācı olmayub {13} bu emniyyet mutlaḳā Ṣırp re'āyāsınıñ selāmet-i ḥālleri içün olmağla bi-mennihī Ta'ālā {14} ḳarīben ortalıḳda ibḳā-yı āsāyiş ve sükūnet-i 'āmmeniñ, ḫuṣūṣuyla her bir ḫuṣūṣuñ {15} ḥüsn-i ṣūret ve iḳtiżāsına baḳılur. Ḳaldı ki, rāyic nuḳūd māddesi Devlet-i 'Aliyye'niñ {16} niẓāmāt-ı mülkiyye-i mu'tenā-bahāsından ve Ṣırp memleketi ve ahālīsi daḫi Salṭanat-ı Seniyye'niñ {17} memālik ve re'āyāsından olmaḳ mülābesesiyle bu niẓām her yerde icrā ve infāẕ olunub da {18} Ṣırplu derūnunda tenfīẕ olunmaması Ṣırplunuñ ve mersūm Mīloş'uñ iddi'ā eyledikleri {19} ṣadāḳate münāfī olub ḫulāṣa-i kelām bu māddede ta'allülāt-ı vāhiyeye ḥavāle-i {20} sem'-i i'tibār olunamayacağı vāżıḥ ü bedīhī olaraḳ şeref-sünūḥ iden emr ü irāde-i seniyye-i {21} mülūkāne muḳteżāsı üzere bu def'a daḫi te'kīdi ḥāvī bir ḳıṭ'a emr-i 'ālī ıṣdār {22} ve tesyār olunmuş olmağın ẕikr olunan fi'āt-ı nuḳūd māddesiniñ ber-mūceb-i irāde-i seniyye {23} tenfīẕ ü icrāsı maṭlūb-ı ḳaṭ'ī idüğüni Mīloş mersūma ifāde ve tefhīm iderek {24} her ḥālde īfā-yı şerāyiṭ-i kār-dānāyī ve dirāyete himmet buyurmaları siyāḳında ḳā'ime. Fī 22 Ra 38

[577/159] ***Silistre vālīsine ve İbrā'īl muḥāfıẓına ve Rūsçuḳ mütesellimine ve Yergöği ve Īsāḳçı ve Māçīn ve Ṭolcī ve Ḫırsova ve Köstence ve Vidīn ve Nīğbolī ve ḳule muḥāfıẓlarına başḳa başḳa***

{1} Cemī' zamānda ḳılā'-i ḫāḳāniyye muḥāfaẓasında bulunanlar 'ale'd-devām mütebaṣṣır ü āgāh bulunaraḳ {2} ve bir cihetle semt-i ağyārdan ġāfil olmayaraḳ şerāyiṭ-i teyaḳḳuẓ ü tabaṣṣuruñ kemā-hiye-ḥaḳḳuhā icrāsına {3} i'tinā ve diḳḳat itmek ve cānib-i ağyārdan isticlāb idebildiği ḥavādiṡ ü āṡārı {4} cānib-i Salṭanat-ı Seniyye'ye inhā eylemek muḳteżā-yı me'mūriyyetlerinden ve el-ḥāletü-hāẕihī vaḳt ü ḥāl {5} iḳtiżāsına naẓaran işbu uṣūl-i müstaḥseneniñ icrāsına evvel-kiden birkaç ḳaṭ' ziyāde {6} ihtimām farīżadan oldıġı vāżıḥātdan oldıġından ġayrı ḥālā Rūsya ḳrālınıñ {7} ḳarındaşı Ḳosṭanṭī bu esnāda Rūsya'nıñ Ḳazāḳ re'āyāsından 'asker yazmaḳda oldıġı (103) ve muḳaddem Eflāḳ ve Boğdān'da taḥaddüṡ iden fesādda Yaş ḳażāsında olan {2} Rum manāstırlarından Ġolya manāstırı başrāhibi ile sā'ir rāhibler Prūt'uñ {3} ḳarşu yaḳasına firār itmiş olduḳlarından şimdi bunlar daḫi eşḳıyā gürūhunı {4} başlarına celb ü cem' iderek ve silāḥ virerek arāżī-i Devlet-i 'Aliyye'ye geçmeğe ḥāżırlanmaḳ {5} dā'iye-i fāsidesinde olduḳları bu def'a eṭrāfdan istiḫbār olunaraḳ ve der-bār-ı {6} şevket-medāra inhā olunub el-ḥāletü-hāẕihī Devlet-i 'Aliyye Rūsyalu ile muṣāliḥ ise de {7} cemī' zamānda düvel-i Efrenciyye'niñ hiçbirinden ve 'alelḫuṣūṣ Rūsyaludan {8} bir vechile emniyyet cā'iz olmadıġından işbu ḥavādiṡ ṣaḥīḥ, ġayr-ı ṣaḥīḥ her ne ise serḥaddāt-ı {9} ḫāḳāniyye muḥāfıẓlarınıñ müstemirren emr-i muḥāfaẓaya diḳḳat ve bir ān ve bir daḳīḳa hiçbir ṭarafdan bir ṣūretle {10} ġaflet itmameleriniñ tenbīh ü te'kīd olunması ḫuṣūṣuna irāde-i 'aliyye-i şāhāne müte'alliḳ olaraḳ {11} keyfiyyet lāzım gelenlere işʿār ü tenbīh olunmuş olmağla cenāb-ı düstūrīleri daḫi {12} uṣūl-i müstaḥsene-i Salṭanat-ı Seniyye ve ḳāʿide-i merʿiyye-i Devlet-i ʿAliyye'den oldığı vechile {13} bir ān ve bir daḳīḳa bir cihetle semt-i ağyārdan ġāfil bulunmayub ʿale'd-devām eṭrāf ü eknāfa {14} iḥāle-i enẓār-ı baṣīret ve me'mūr-ı muḥāfaẓası olduḳları ḳalʿa-i pādişāhī ve eṭrāfınıñ {15} bi'l-vücūh muḥāfaẓa ve muḥāresesi emr-i ehemmine kemāliyle ihtimām ü diḳḳat ve bir ṭarafdan daḫi {16} ağyārıñ reviş ü eṭvārından lāyıḳıyla ḫaber alınaraḳ muṭṭaliʿ olduḳları {17} ve ḥavādiṡiñ bu ṭarafa işʿārına, ve'l-ḥāṣıl şerāyiṭ-i me'mūriyyetlerinden olan uṣūl-i {18} āgāhī ve tabaṣṣuruñ icrāsına beğāyet ihtimām ü himmet buyurmaları siyāḳında ḳā'ime. Fī 26 Ra 38

[*577/161*] ***Sünne Muḥāfızı Yūnus Ağa'ya***

{1} Bu esnāda Rūsyalu ṭarafından Rūsyalunuñ aṣl yerlü reʿāyāsı Ḳazāḳlarından birṭaḳım reʿāyā {2} evlād ü ʿiyālleriyle berāber berü ṭarafa firār itmiş olduḳlarından sebeb-i firārları kendülerden su'āl {3} olunduḳda Rūsya ḳrālınıñ ḳarındaşı bunlarıñ işe yararlarını ʿasker yazmaḳda oldığından {4} taḥammül idemeyerek firār eylediklerini ve bundan böyle Ṭūna ḏonar ise peyderpey berü ṭarafa firār {5} ideceklerini beyān itmiş olduḳları [ve] şimdiye ḳadar firār idenler yüz göç miḳdārı olub {6} Babaḏağı ḳażāsına ve sā'ir maḥallere irsāl olunmuş ise de gerek bunlara gerek bundan ṣoñra {7} firār ideceklere dā'ir sünūḥ idecek irādeniñ ṭarafıña işʿār olunması ḫuṣūṣunı ve sā'ir {8} ifādeyi şāmil tevārüd iden ʿarīżañ mezāyāsı maʿlūmumuz olduḳdan ṣoñra rikāb-ı ḳamer-tāb-ı {9} şā[hā]neye daḫi ʿarż ile manẓūr-ı hümāyūn-ı mülūkāne buyurulmuşdur. Devlet-i ʿAliyye ile Rūsyalu beyninde {10} münʿaḳid olan ʿahd-nāmede iki devlet reʿāyāsından baʿżıları āḫar töhmet ve ʿadem-i iṭāʿat {11} veyāḫūd ḫıyānet idüb devleteyniñ birine ilticā ve iḫtifā ḳaṣdında olur ise Devlet-i ʿAliyye'de {12} dīn-i İslām'ı ḳabūl ve Rūsya devletinde tanaṣṣur idenlerden māʿadā aṣlā bir bahāne ile ḳabūl {13} ve ḥimāyet olunmayub der-ʿaḳab red veyāḫūd hiç olmaz ise ilticā eyledikleri devletiñ memālikinden {14} ṭard ile gerek ehl-i İslām ve gerek Ḫristiyān zümresinden bir kimesne bir dürlü taḳṣīrāt idüb {15} her ne mülāḥaẓa ile bir ṭarafa ilticā ider ise bu miṡillüler ṭaleb olunduḳça bilā-te'ḫīr redd olunmaları {16} muṣarraḥ ve meşrūṭ oldığından her ne ḳadar işbu ʿahd ü şarṭıñ icrāsına Devlet-i ʿAliyye ihtimām {17} itmekde ise de icrā-yı ʿahd iki devlet beyninde cārī olmaḳ iḳtiżā ider iken Rum milleti beyninde {18} taḥaddüṡ iden fesādda aṣl bādī-i fesād olan Devlet-i ʿAliyye reʿāyāsıyla envāʿ-ı ihānet {19} ü ḫıyāneti ẓāhir ü müṡbet ḫaylī ehl-i ẕimmet reʿāyā Rūsya diyārına firār ile ḳabūl olunmuş {20} ve bunlarıñ reddinde lāzım gelan ʿahd ü şarṭı icrāda Rūsyaluya her ne ḳadar teklīf {21} ve ısrār ḳılınmış ise de Rūsyalu redd itmediğinden berü ṭarafa firār iden Rūsya reʿāyāsınıñ daḫi {22} redd ü ṭardında bi'l-muḳābele iġmāż-ı ʿayn ve müsāmaḥa olunaraḳ derḥāl reddi dāʿiyesine {23} düşmeyerek ve açıḳdan açığa daḫi teṣāḥub ü ḳabūl ṣūreti gösterilmeyerek ḥakīmāne {24} ḥareket ile ḥudūddan berüye tebʿīd olunmaları iḳtiżā itmiş olmağla ṭabīʿatıyla {25} kendülüklerinden berü ṭarafa geçüb ilticā iden o maḳūle Rūsya firārīleriniñ redd ü ṭardında {26} iğmāż-ı ʿayn ve tesāmuḥ olunaraḳ hemān nāzikāne bilmezlikden ḥudūddan berüye tebʿīd ile {27} Rūsyalu "Bizim şu vechile ʿaskerimizden şunlar firār eyledi" dinilerek istirdādı {28} iddiʿā olunduḳda "Devlet-i ʿAliyye'niñ ʿahd ü şarṭı icrāya kemāliyle riʿāyeti derkār olaraḳ (105) Salṭanat-ı Seniyye me'mūrlarına dā'imā te'kīd ü tenbīh eylediği ḫuṣūṣāt-ı maʿlūmedendir {2} ve firārī reddi devleteyn beyninde cārī ve muʿteber olacaḳ keyfiyyāt-ı vāżıḥadandır." {3} dinilerek bir ṭarafdan bilmezlik ṣūretinde o maḳūle firārīleri taḥarrī ideceğini {4} Rūsyalunuñ iʿtimād eyleyeceği ṣūretle ifādeye ve bir ṭarafdan daḫi bu māddede {5} göz yayındıraraḳ [?] iğmāż ü tesāmuḥa mübāderet ile her ḥālde şerāyiṭ-i daḳīḳa-dānī {6} ve uṣūl-āşināyīyi iṡbāta müṣāberet eylemañ içün ḳā'ime. Fī 26 Ra 38

[*577/166*] *Vidīn muḥāfıẓına*

{1} Yānya sancağı dāḫilinde kā'in Ḳonīçe ve sā'ir ḳażālar reʿā[yā]sından olub Eflāḳ cānibine {2} geçmek üzere Plevne ḳażāsına vürūd itmiş olan yiğirmi sekiz nefer Rum gāvurları {3} yedlerinde baʿżı Rūmiyyü'l-imlā rumūzlı kāğıdlar bulunmuş oldığından cümlesiniñ iʿdāmı {4} irādesini şāmil selef-i muḥibbī ṭarafından gönderilmiş olan taḥrīrāta cevāb olaraḳ {5} tevārüd iden taḥrīrāt-ı şerīfelerinde reʿāyā-yı mersūmeniñ bir neferi ḫastalanub {6} helāk olmuş ve altı neferi daḫi kirācı maḳūlesinden oldığı taḥḳīḳ ḳılınaraḳ {7} ẓuhūr-ı irādeden evvelce memleketlerine ʿavdet itdirilüb bir ḳıṭʿa pūṣulası iṭāre {8} buyurulmuş ve üç neferi daḫi ṣabī olaraḳ ʿafv ü merḥamete şāyeste idüğünden {9} ẓuhūr-ı irādeye değin ḥabsde tevḳīf ile māʿadā on sekiz neferi muḳteżā-yı {10} irāde-i seniyye üzere iʿdām ḳılınaraḳ ser-i maḳṭūʿları gönderildiği ḫuṣūṣı {11} muḥarrer ü mezkūr olmağın me'āl ü mezāyāsı maʿlūm-ı ḫāliṣānemiz olduḳdan ṣoñra {12} taḥrīrāt-ı mezkūreleri ḥużūr-ı mekārim-mevfūr-ı ḥażret-i mülūkāneye daḫi ʿarż ile manẓūr-ı hümāyūn-ı (109) şāhāne buyurulmuşdur. Ru'ūs-ı maḳṭūʿa-i mersūle pīşgāh-ı bāb-ı ʿadālet-me'āb-ı ḫüsrevānede {2} ġalṭīde-i ḫāk-i mezellet ḳılınmışdır. İnhā ve işʿār-ı müşīrīlerine naẓaran ismleri ẕikr olunan {3} pūṣulada muḥarrer ẕimmīler kirācı maḳūlesinden olduḳları taḥḳīḳ ḳılınaraḳ sebīlleri {4} taḫliye ḳılınmış olub dīger maḥbūsen tevḳīf olundığı işʿār ḳılınan üç nefer ẕimmīler daḫi {5} ṣabī olduḳları ḥālde sebīlleriniñ taḫliyesi iḳtiżā itmiş ve emr ü fermān-ı hümāyūn-ı şāhāne daḫi {6} bunuñ üzerine taʿalluḳ eylemiş olmağla ẕikr olunan üç nefer ẕimmī ṣabī maḳūlesinden oldığı {7} ḥālde sebīlleriniñ taḫliyesi ḫuṣūṣuna himmet ve her ḥālde icrā-yı lāzıme-i dirāyet-kārī {8} ve feṭānete mübāderet buyurmaları siyāḳında ḳā'ime. Fī 27 Ra 38

[*577/168*] *Şām ve Ṣaydā vālīlerine*

{1} Rum ʿuṣātınıñ ehl-i İslām ʿaleyhine mütecāsir olduḳları fesād ü melʿaneti tervīc içün {2} Dürzī ve Nuṣayrī ṭā'ifeleriyle ittifāḳ ü ittiḥād ve bunları daḫi millet-i İslāmiyye ʿaleyhine {3} taḥrīk ü ifsād dāʿiyesiyle bu es̱nāda ṭāʾife-i mersūme ile muḫābere ve mükātebe {4} itmekde olduḳları istimāʿ olunub cümleye maʿlūm oldığı üzere Rum eşḳıyāsı {5} ümmet-i Muḥammed ʿaleyhine mürtekib olduḳları ihānet ü melʿaneti icrā dāʿiye-i fāsidesiyle {6} ellerinden gelan ḫıyāneti icrā ve o maḳūle ṭāʾifeniñ daḫi kendüleriyle hem-dest-i melʿanet {7} olmaḳ üzere ifsādına ictirā iderek Devlet-i ʿAliyye'yi her ṭarafdan işġāl içün {8} envāʿ-ı taṣnīʿ ve ḥiyel īcādına çalışacaḳları āşikār ve bu cihetle bu millet-i ḫabīs̱e-i {9} Rum'uñ mekr ü fesādından bir vechile emniyyet ġayr-ı mücāz oldığı bedīdār olub {10} ẕāt-ı saʿādetleri ol ṭarafların̄ vālī-i vālā-şānı olaraḳ ṭāʾife-i merḳūme-i Dürzī {11} ve Nuṣayrī'niñ ʿale'd-devām reviş ü eṭvārına iḥāle-i çeşm-i diḳḳat buyuracaḳları iʿtiḳādı {12} ḥaḳḳ-ı saʿādetlerinde derkār olmaġla bu ṭarafdan mesmūʿ oldığı gibi fi'l-ḥaḳīḳa Rum eşḳıyāsınıñ {13} ol vechile Nuṣayrī ve Dürzī ṭāʾifesiyle muḫābere ve mükātebe eylediklerine dāʾir {14} bir gūne mesmūʿātları var mıdır, bu bābda ḳaṭʿan levāzım-ı tabaṣṣur ü āgāhīniñ elden {15} bıraġılmaması vaḳt ü ḥāl iḳtiżāsından oldığı āşikār olmaġla muḳteżā-yı ġayret (110) ü feṭānetleri üzere eşḳıyā-yı Rum'uñ ṭāʾife-i mersūme ile ol vechile {2} muḫābere ve mükātebeleri mesmūʿ-ı müşīrīleri olmuş mıdır, bu ṭarafa işʿāra ve eğer {3} bu keyfiyyet mesmūʿları olmuş ise bu ḫuṣūṣa kemāliyle diḳḳat iderek şerāyiṭ-i ḥazm {4} ü iḥtiyāṭa mezīd-i diḳḳat ve her ḥālde is̱bāt-ı dirāyet ü reviyyete himmet buyurmaları {5} siyāḳında ḳāʾime. Fī 28 Ra 38

[*577/169*] ***Silistre vālīsine ve Rūsçuḳ mütesellimine***

{1} Eflāḳ ve Boġdān'a mürūr teẕkiresiyle āmed-şod iden baʿżı eşḫāṣ birṭaḳım uyġunsuz {2} ḥarekete ibtidār eyledikleri bu defʿa saʿādetlü İbrāʾīl muḥāfıẓı ḥażretleri cānibinden {3} bi'l-inhā Memleketeyn-i merḳūmeteyniñ levs̱-i vücūd-ı eşḳıyādan taṭhīriyle istiḥṣāl-i niẓāmında {4} bu ḳadar zaḥmet ü meşaḳḳat çekilmiş iken bu maḳūle eşḫāṣıñ kār-ı mefsedetlerini {5} tervīc içün öyle ḥālāt-ı ġayr-ı marżiyyeye ictisārları ez-ser-i nev niẓām-ı beldeniñ {6} inḥilāline baʿis̱ olacaġından ḫuṣūṣ-ı mezbūruñ bir ḥüsn-i ṣūrete rabṭı lāzım gelerek {7} baʿd-ez-īn reʿāyādan olub Memleketeyn'e gitmek üzere fażīletlü İstānbūl ḳāḍīsı {8} efendiden mürūr teẕkiresi isteyanlere evvelki gibi ism ü şöhret ve eşkāl ü heyʾeti taḥrīr ile {9} iktifā olunmayub maṣlaḥatı nedir ve alacaġı içün gideyor ise ḳaç ġurūşdur ve kimdedir, diyerek {10} eṭrāfıyla öğrenildikden māʿadā Eflāḳ ve Boġdān voyvodalarınıñ Dersaʿādet'de olan {11} ḳapu ketḫüdālarından teẕkireleri var mıdır, suʾāl olunaraḳ eğer Eflāḳ'a gidecek ise {12} Eflāḳ ḳapu ketḫüdāsından ve Boġdān'a gidecek ise Boġdān ḳapu ketḫüdāsından evvel-emrde {13} teẕkire alub getürmesi tenbīh olunmaḳ ve ol vechile teẕkire alub getürdükden ṣoñra daḫi {14} defʿaten mürūr teẕkiresi virilmeyüb keyfiyyet ʿizzetlü Reʾīsü'l-küttāb efendiye daḫi {15} beyān olunaraḳ efendi-i mūmā-ileyh daḫi keyfiyyet ve maṣlaḥat ne idüğüni bildikden ṣoñra

{16} fi'l-ḥaḳīḳa Memleketeyn'den birine gitmesi muḳteżī ise ol vaḳt maṣlaḥat ve keyfiyyeti beyān olunaraḳ {17} yedine mūmā-ileyh İstānbūl ḳāḍīsı efendi ṭarafından mürūr tezkiresi virilmek {18} ve ehl-i ẕimmetden olmayub ehl-i İslām'dan fī-mā-ba'd li-ecli't-ticāre İbrā'īl ve Ḳalās {19} ve Silistre ve Rūsçuḳ ve sā'ir ol ṭaraflara gidecek olan ḳapan-ı daḳīḳ tācirleri {20} ve şerīk ve yazıcılarına Ḳapan nā'ibi efendi ṭarafından ve yaġ ve bal ḳapanı ṭaḳımına daḫi {21} ḳapanları nāẓırları cāniblerinden iḫbār ile ṣaḥīḥ ticāret żımnında 'azīmet idecekleri {22} ber-vech-i tedḳīḳ taḥḳīḳ olunaraḳ esāmī ve eşkāli ve ticāretle gitdiğine dā'ir aḥvāli {23} derc ve taṣrīḥ ile yedlerine mürūr tezkireleri virilüb ol vechile ḥāl ü keyfiyyetleri {24} taḥḳīḳ olunmayanlar ẕikr olunan maḥallere ve ḫuṣūṣuyla Memleketeyn'e 'azīmet itdirilmamesine (111) diḳḳat eylemesi mūmā-ileyh İstānbūl ḳāḍīsı efendiye beyāż üzerine fermān-ı 'ālī ile {2} tenbīh olunmuş ve keyfiyyet müşār[un-ileyh] İbrā'īl muḥāfıẓı ḥażretlerine ve Rūsçuḳ mütesellimine ṭarafımızdan {3} bildirilmiş olmaġla cenāb-ı müşīrīleri daḫi muḳteżā-yı dirāyetleri üzere ol ṭaraflardan {4} daḫi Memleketeyn-i merḳūmeteyne Müslim ve re'āyādan vech-i meşrūḥ üzere yedlerinde tezkire {5} bulunanlardan mā'adāsınıñ geçemameleri vesā'ilini istiḥṣāle gereği gibi ihtimām ü mübāderet {6} buyurmaları siyāḳında ḳā'ime. Fī 29 Ra 38

[577/172] *Çirmen mutaṣarrıfına*

{1} Şeref-i İslām ile teşerrüf itmiş olan sābıḳ Ḳrayova ḳā'immaḳāmı ber-muḳteżā-yı irāde-i seniyye {2} Vidīn'den Edirne'ye vürūd itmiş oldıġından ḫāne taḫṣīṣiyle iḳāme olunmuş oldıġı {3} ifādesine dā'ir tevārüd iden taḥrīrāt-ı düstūrīleri mezāyāsı ma'lūm-ı ḫāliṣānemiz {4} olduḳdan ṣoñra rikāb-ı ḳamer-tāb-ı şāhāneye 'arż ile manẓūr-ı hümāyūn-ı mülūkāne buyurulmuşdur. {5} Ma'lūm-ı dirāyet-melzūm-ı müşīrāneleri buyuruldıġı vechile bunlarıñ bu aralıḳ Müslümān olmalarına {6} pek de i'timād cā'iz olmadıġı āşikār ve merḳūm daḫi her ne ḳadar şeref-i İslām ile teşerrüf {7} itmiş ise de bütün bütün boşlanmayub ṭarz ü ṭavrına diḳḳat lāzımeden oldıġı bedīdār ve emr ü irāde-i {8} şāhāne daḫi bu dā'irede devvār olmaġla muḳteżā-yı dirāyet ü feṭānet-i düstūrāneleri {9} üzere merḳūm her ne ḳadar şeref-i İslām ile müşerref olmuş ise de bütün bütün boşlamayub {10} ḥakīmāne uṣūl ile ṭarz ü ṭavrına diḳḳat buyurmaları siyāḳında ḳā'ime. Fī ġurret-i R 38

[577/174] *İskenderiye mutaṣarrıfına*

{1} Mora ordusuna mümkinü'l-miḳdār ẕaḫīre tedārük ve irsāl eylemeñiz irādesini nāṭıḳ {2} ıṣdār ve dergāh-ı 'ālī gediklülerinden Muṣṭafā Beğ mübāşeretiyle tesyār olunan emr-i 'ālī {3} ve mūmā-ileyh yedine sermāye olaraḳ virilmiş olan yüz biñ ġurūşuñ vuṣūlünden {4} ve bir def'a biñ yük ve mu'aḫḫaren ḏoḳuz yüz yük ẕaḫīre gönderilmiş oldıġından baḥişle {5} bundan böyle daḫi mübāşir-i mūmā-ileyh maʿrifetiyle ẕaḫīre mübāyaʿa ve Mora'ya sevḳ ü īṣāle {6} himmet ü ġayret buyuracaḳlarını şāmil tevārüd iden taḥrīrāt-ı müşīrīleri mezāyāsı maʿlūm-ı ḫāliṣānemiz {7} olub bu vechile icrā-yı irāde-i seniyyeye sürʿat-i himmetleri tamām ẕāt-ı saʿādetlerinden me'mūl olan {8} ġayret ü ḥamiyyeti is̱bāt itmekle ẕerīʿa-i ḥaẓẓ ü taḥsīn olmuş ve taḥrīrāt-ı vārideleri ḫāk-pāy-ı {9} hümāyūn-ı şāhāneye ʿarż ile manẓūr-ı naẓar-ı ʿāṭıfet-es̱er-i ḥażret-i pādişāhī buyurulmuşdur. Cümleye maʿlūm {10} oldıġı üzere Mora'da bāndīra-küşā-yı ʿiṣyān olaraḳ bu ḳadar ümmet-i Muḥammed'e envāʿ-ı ḫıyānet {11} ü ihānet itmiş olan gāvurlarıñ ḳahr ü tedmīri żımnında me'mūr olan ʿasākir-i İslāmiyye'ye {12} ẕaḫīre irişdirilmek dīne ve devlete büyük ḫidmet ve cenāb-ı düstūrīleri daḫi {13} Salṭanat-ı Seniyye'niñ ġayūr ve kār-güẕār vüzerāsından olduḳlarından böyle ehem olan {14} ḫidmetiñ īfāsında bez̠l-i yārā-yı liyāḳat buyuracaḳları rehīn-i ḥayyiz-i bedāhet olmaġla {15} hemān ġayret ü ḥamiyyet-i ẕātiyyeleri iḳtiżāsı ve me'mūriyyet-i düstūrīleri muḳteżāsı {16} üzere bundan böyle daḫi pey-ā-pey külliyyetlü ẕaḫīre tedārük ve mūmā-ileyh maʿrifetiyle mübāyaʿa {17} iderek bir ṭarafdan Mora'ya ve mümkin olur ise Ḳarlıili üzerinden tedmīr-i ʿuṣāta me'mūren {18} el-yevm Mesolenk ṭaraflarında muḥārebe üzere olan Ḳaraman Vālīsi saʿādetlü Meḥmed Reşīd Paşa {19} ve Yānya Mutaṣarrıfı ʿÖmer Paşa ḥażerātı ṭaraflarına biraz ẕaḫāyir sevḳiyle gerek Mora ve gerek {20} müşārun-ileyhimā ordularınıñ ẕaḫīre māddesinde giriftār-ı meşaḳḳat olmaması {21} esbāb-ı muḳteżiyesini ikmāle bez̠l-i himmet buyurmaları maṭlūb idüği beyānıyla {22} ḳā'ime. Fī 2 R 38

[*577/178*] ***Cezāyir beğlerbeğisine***

{1} Muḳteżā-yı diyānet ü ġayretiñiz üzere Cezāyir ḳalʿası pīşgāhında tehyi'e ve iḥżār itmiş {2} oldıġıñız mevcūd beş ḳıṭʿa sefīneniñ daḫi icrā-yı farīża-i cihād żımnında Donanma-yı {3} Hümāyūn maʿiyyetine sevḳ ü tesyīri ḫuṣūṣunı istīẕān eylemiş oldıġıñız vezīr-i mükerrem {4} saʿādetlü Ḳapūdān paşa ḥażretleri ṭarafından inhā ve ẕikr olunan sefīnelerden iki ḳıṭʿa {5} fırḳateyniñ Donanma-yı Hümāyūn maʿiyyetine isbāliyle māʿadāsınıñ ḳalʿa-i merḳūme pīşgāhı {6} sefīneden ḫālī ḳalmamaḳ üzere maḥallinde tevḳīfi inbā olunub bu vechile techīz-i sefāyin ile {7} dīn ve Devlet-i ʿAliyye uġurunda ibrāz-ı ḥüsn-i ḫidmete ġayretiñiz tamām sizden me'mūl olan {8} ḥamiyyet ü diyāneti is̱bāt ü te'kīd itmeğin vesīle-i maḥẓūẓiyyet olmuşdur. Cezāyir Ocaġı {9} ẕāt-ı şevket-simāt-ı ḥażret-i pādişāhīniñ kemāl-i ṣalābet ü ġayret ile ārāste ve mecbūl {10} ve şecāʿat ü diyānet ile meşhūr memdūḥ ve manṣūr bir ocaġı olub cümle sekene {11} ve ahālīsi dīn ü devletleri yolunda cānsipārāne çalışacaḳları āşikār (117) ve siz daḫi şevketlü pādişāh-ı ʿālem-penāh efendimiziñ uġur-ı hümāyūnlarında is̱bāt-ı ṣadāḳat {2} ve ḥüsn-i ḫidmete bez̠l-i liyāḳat ider bendegānından oldıġıñız bedīdār olub el-ḥāletü-hāẕihī {3} mevsim-i şitānıñ ḥulūli cihetiyle baʿżı taʿmīrāt ve mālzeme-i seferiyyeniñ tetmīmi żımnında {4} Donanma-yı Hümāyūn Boġaz'dan içerü girmiş ise de Devlet-i ʿAliyye taḥaddüs̱ iden Rum milleti {5} fesādınıñ indifāʿıyla bu kāfirleriñ ümmet-i Muḥammed ʿaleyhine irtikāb eyledikleri ḫıyānet {6} ve melʿanetiñ bā-ʿavn-i Bārī intiḳāmını almaḳ niyyet-i ḫāliṣasıyla evvelbahāra külliyyetlü Donanma-yı {7} Hümāyūn tertīb ü techīz itmekde oldıġından cenāb-ı ġayret-meʾābıñız daḫi mez̠kūr beş ḳıṭʿa {8} sefāyinden üç ḳıṭʿası ol ṭarafda tevḳīf olunub iki ḳıṭʿa fırḳateyniñ evvelbahārda {9} Donanma-yı Hümāyūn'a iltiḥāḳ itmek üzere vaḳt ü mevsimiyle irsāli ve bi-mennihī Taʿālā ḥulūl-i evvelbahārda {10} Donanma-yı Hümāyūn'uñ ḫurūcunda maʿiyyetinde bulunmaḳ üzere vaḳtiyle sevḳ ü isbāli ve bundan {11} böyle daḫi ez-her-cihet ġayret ü ṣadāḳat muḳteżāsınıñ īfāsı ḫuṣūṣuna mübāderet eylemeñiz {12} içün ḳāʾime. Fī 2 R 38

[577/183] ***İzdīn ṣaḥrāsında vāḳiʿ Alāmāna köprisinde olan tedmīr-i ʿuṣāta meʾmūr Teke ve Ḥamīd Sancaḳları Mutaṣarrıfı vezīr-i mükerrem saʿādetlü Meḥmed Paşa ḥażretleri maʿiyyetinde olan ʿizzetlü paşalar ḥażerātınıñ ḥużūrlarına ve sāʾir sergerdegān zīde mecdühüme***

{1} Sizler muḳaddem müteveffā Ḫūrşīd Aḥmed Paşa ṭarafından müşārun-ileyh Meḥmed Paşa ḥażretleri maʿiyyetiyle {2} Ṣālona ve ol ḥavālī ve Mora ʿuṣātı ḳahr ü tedmīrine meʾmūr ve taʿyīn ḳılınmış oldıġıñızdan {3} maʿiyyet-i müşārun-ileyhle Ṣālona ve Ġrāvya ve Dādī ve Vonīça ḥavālīsi gāvurlarını tedmīr iderek {4} īfā-yı meʾmūriyyet itmekde iken müşārun-ileyh Ḫūrşīd Paşa'nıñ vefātı cihetiyle ẕaḫīre māddesinde {5} giriftār-ı meşaḳḳat olmuş oldıġıñızdan bi'l-ittifāḳ müşārun-ileyhle berāber Alāmāna köprisine {6} ʿavdet itmiş iseñiz de vaḳtiñiz tamām oldıġı beyānıyla ruḫṣat istidʿāsında oldıġıñız {7} bu defʿa müşārun-ileyh ḥażretleri ṭarafından inhā ve işʿār olunub müteveffā-yı müşārun-ileyhiñ yerine {8} bi'l-istiḳlāl serʿaskerlik ile ḥālā Rumili Vālīsi vezīr-i mükerrem saʿādetlü Celāl Paşa {9} ḥażretleri meʾmūr ve taʿyīn olunaraḳ hemān Yeñişehir'e varmaḳ üzere oldıġından {10} ve sizleriñ daḫi serʿasker-i müşārun-ileyhiñ emr ü reʾyiyle ḥareket itmeñiz muḳteżā-yı meʾmūriyyetiñizden {11} idüġünden bi-mennihī Taʿālā müşārun-ileyh ḥażretleri ḳarīben Yeñişehir'e vürūdunda tedābīr-i muḳteżiyeniñ {12} icrāsına himmet eyleyecekleri ẓāhir ise de sizleriñ meʾmūr oldıġıñız işbu ḫidmet {13} şöylece bir maṣlaḥat olmayub dīn-i mübīn ḫidmeti olmaḳ taḳrībiyle bu yolda ḳış ve yaz dimeyerek {14} ve şuña buña baḳmayaraḳ cān ü başıyla çalışmaḳ her bir meʾmūra farīża-i ẕimmet (121) ve müteḥattim-i ẕimmet-i diyānetdir. Ve ʿaksi ḥareket idenler dünyāda mübtelā-yı peşīmānī ve nedāmet {2} olacaġından ġayrı āḫiretde daḫi mesʾūl ü muʿāteb olacaġı bī-iştibāhdır. {3} İşte bu defʿa sizleriñ cümleñiziñ Rumili vālīsi ve serʿaskeri müşārun-ileyh ḥażretleri {4} Yeñişehir'e gelince ḳadar hiçbiriñiz ḏaġılmayub cümleñiz müşārun-ileyh Meḥmed Paşa ḥażretleri maʿiyyetinde {5} s̱ebāt ü metānet ve emr ü re'yine mütāba'at itmeñiz ve farażā yanıñızda olan 'askeriñiz {6} ḫāh ü nā-ḫāh firār itseler bile sizleriñ müşārun-ileyh ḥażretleri ma'iyyetinden ayrılmamañız ḫuṣūṣuna {7} irāde-i ḳāṭı'a-i ḥażret-i pādişāhī müte'alliḳ olaraḳ keyfiyyet müşārun-ileyh ḥażretlerine {8} ṭarafımızdan yazılmış olmaġla sizler cümleñiz muḳteżā-yı me'mūriyyet ve iḳtiżā-yı emr ü irāde-i {9} şāhāne üzere hey'et-i mecmū'añızı bozmayub ve hiçbiriñiz ḏaġılmayub cümleñiz müşārun-ileyh {10} Meḥmed Paşa ḥażretleri ma'iyyetinde s̱ebāt ü ḳarār ile dīn yolunda ibrāz-ı ḥüsn-i ḫidmete {11} müsāra'at ve ḫilāfını tecvīz ile mes'ūl ü mu'āteb olmaḳdan beġāyet ḥaẕer ü mücānebet {12} eylemeñiz siyāḳında te'kīden ve tenbīhen maḫṣūṣ işbu mektūb. Fī 5 R 38

[577/185] ***Rumili vālīsine***

{1} Mora ṭarafı me'mūrlarından Teke ve Ḥamīd sancaḳları mutaṣarrıfı olan vezīr-i mükerrem sa'ādetlü Meḥmed Paşa {2} ḥażretleri ṭarafından bu def'a tevārüd iden taḥrīrāt me'ālinde müşārun-ileyh Ṣālona ve Ġrāvya ve Dādī {3} ve Vonīça ḥavālīleri 'uṣātını ba'de't-tedmīr 'uṣāt-ı kefereden re'y ve amān istid'āsıyla {4} müşārun-ileyhe kāġıd gelmiş ve müşārun-ileyh daḫi söz añlarlarından birḳaç gāvur istemiş oldıġından {5} nezdine gelan gāvurlar es̱nā-yı muḥārebede muḥteriḳ olan kilīsālarınıñ ta'mīrine ruḫṣat virilmek {6} ve ḳapūdān Dīsāva başḳapūdān olmaḳ üzere emr-i 'ālī ıṣdārına müsā'ade olunmaḳ {7} ve iki senelik cizyelerini edā eylemek üzere re'y ve amāna ṭālib olmuş ve ol vechile {8} cerāyim-i sābıḳalarınıñ 'afvını şāmil emr-i şerīf ıṣdārını ilticā eylemiş olduḳlarından {9} mersūmlarıñ bir-iki seneden berü mürtekib olduḳları 'iṣyān cihetiyle işbu istīmānları {10} ṣıḥḥati tebeyyün eylemek içün yiğirmi bir gün mühleti nāṭıḳ ṭarafından bir ḳıṭ'a re'y buyuruldısı {11} virmiş oldıġı beyānıyla müddet-i merḳūmede mersūmlarıñ ra'iyyeti ḳabūlleri teyaḳḳun olunur ise {12} ibrāz olunmaḳ, olmadıġı ḥālde kemā-kān ḳahr ü tedmīrlerine baḳılmaḳ üzere istedikleri {13} evāmir-i şerīfeniñ ıṣdār ve tesyār olunması ve Ḫūrşīd Paşa'nıñ vefātından ṣoñra ẕaḫīresizlikden {14} mübtelā-yı meşaḳḳat olmaları ve ma'iyyetinde olan mīr-i mīrān ve sergerdegān-ı sā'ire daḫi {15} ẕaḫīresizliği serrişte iderek 'avdete ıṣrār eyledikleri ve 'askeriniñ daḫi çoġı {16} ḫasta ve telef oldıġı cihetleriyle żarūrī İzdīn ṣaḥrāsında vāḳi' Alāmāna köprisine {17} 'avdet ve naṣb-ı evtād-ı iḳāmet itmiş ise de mīr-i mīrān ve sergerdegān-ı mūmā-ileyhim **(125)** 'avdete ruḫṣat istid'āsında olduḳları ve bunlarıñ işe yarar 'askerleri daḫi {2} firār itmiş idüği muḥarrer ü meẕkūr olub müşārun-ileyhiñ iş'ārāt-ı meẕkūresi müfādından {3} müstebān oldıġı vechile istīmān iden kefere-i mersūmeniñ merkez-i iṭā'atde s̱ābit-ḳadem olacaḳları {4} añlaşıldıġı ṣūretde mesāġ-ı şer'ī oldıġı üzere muḳaddemā ittifāḳ-ı ārā ile ḳarār-gīr olmuş {5} olan istīmān şürūṭı derciyle fermān-ı 'ālī virilmekde be'is yoġ ise daḫi mersūmūnuñ ṭalebleri {6} vechile münhedim olan kenīsālarıñ taʿmīri derc olunması ve mersūm Dīsāva'nıñ ḳapūdānlığı içün {7} fermān-ı ʿālī virilmesi uyar şey olmadığından muḳaddemā muḳteżā-yı şerʿ-i şerīf üzere {8} ḳarār-gīr olan istīmān şürūṭunuñ bir ḳıṭʿa ṣūreti iḫrāc ve müşārun-ileyhe irsāl olunaraḳ {9} inhā itmiş oldığı gāvurlarıñ ḳabūl-ı istīmānları żımnında şürūṭ-ı mezkūre derciyle bir ḳıṭʿa {10} emr-i şerīf ıṣdārı ve eğer mersūmlar ṣaḥīḥ istīmān ve iṭāʿat idecekler ise ẕikr olunan {11} istīmān şürūṭı kendülere teklīf ve istedikleri ḳapūdānlıḳ içün şimdiye ḳadar devletçe {12} fermān virildiği mesbūḳ olmayub bu maḳūle ḳapūdānlıḳlar öteden berü Derbend ağaları {13} maʿrifetiyle intiḫāb ve taʿyīn olunageldiğine naẓaran baʿd-ez-īn daḫi öylece cārī olmaḳ {14} ve kilīsālarıñ taʿmīri māddesi ibḳā-yı āsāyişden ṣoñra bi'l-istidʿā iḳtiżāsına baḳılmaḳ {15} ṣūretleriniñ müşārun-ileyh ṭarafından mersūmlara tefhīm olunaraḳ eğer böylece şerāyiṭ-i mezkūreyi {16} tamāmen ḳabūl ve fiʿilen icrāya ḳıyām iderler ise buña diyecek olmadığından {17} ol vaḳt mārrü'ẕ-ẕikr emr-i ʿālīyi ibrāz ve iʿṭā eylemesi ve keẕālik sā'ir istīmān iden {18} reʿāyā olur ise yine böylece şerāyiṭ-i mezkūre üzere re'y virmesi ve ḳapūdān-ı mersūm daḫi {19} re'y ve amān ṭalebinde olur ise ḥasbe'ş-şerʿ mersūma daḫi re'y ve amān iʿṭā eylemesi ve ol ṭarafların {20} gāvurları öteden berü silāḥ ṭaşımağla me'lūf olduḳlarından şāyed ʿumūmen silāḥlarını {21} virmekden tereddüd iderek bu keyfiyyet tekrār ʿiṣyānda s̱ebātlarını müstelzim olacağını {22} añladığı ṣūretde ẕikr olunan fermān-ı ʿālīyi ketm ü iḫfā iderek şimdilik bunlarıñ {23} şöylece yatışdırılması ḥāṣıl olub bi-ʿināyetillāhi Taʿālā Mora ve sā'ir her bir ṭarafıñ {24} meṣāliḥi yoluna girdikden ṣoñra şerāyiṭ-i mezkūreniñ ṣırasıyla icrāsı istiḥṣāl {25} olunmaḳ üzere tīz elden bunları ürkütmamek içün saʿādetlü Yānya Mutaṣarrıfı {26} ʿÖmer Paşa'nıñ Ḳarlıili ṭaraflarında istīmān iden gāvurlara kendülüğünden virdiği {27} re'y ve amān vechile müşārun-ileyh daḫi bunlara ve sā'ir bu maḳūle ıṣrār idenlere {28} nihāyet mertebede mümkin olan ṣūretler ile şöylece kendülüğünden olaraḳ **(126)** Devlet-i ʿAliyye ṭarafından fermān celbi ṣırasına düşürmeyecek vechile buyuruldı {2} iʿṭāsıyla mı olur, sāde söz ile mi uyar, ḳavī rehīnler alaraḳ yatışmaḳlığa {3} müstaʿid olanları ne vechile olur ise tīz elden yatışdırmağa saʿy ü ġayret itmesi {4} ve eğer hiç ḳabūl olunamayacaḳ teklīf-i ʿanīf ile ıṣrār iderler ise ol vaḳt bi-fażlillāh {5} ḳahr ü tedmīrlerine beẕl-i liyāḳat eylemesi irādesi maḫfiyyen müşārun-ileyhe yazılmış ve istīmān iden {6} reʿāyāya re'y virilmek üzere muḳaddemā ḳarār-gīr olan şürūṭ-ı erbaʿanıñ bir ḳıṭʿa ṣūreti {7} iḫrāc ve şerāyiṭ-i mezkūre derciyle bir ḳıṭʿa fermān-ı ʿālī daḫi ıṣdār ve müşārun-ileyhe tesyār olunmuş {8} ve müşārun-ileyhiñ ol vechile Alāmāna köprisine ʿavdeti ḥasbe'ż-żarūr oldığından bārī {9} orada s̱ebāt ve nihāyetü'n-nihāye mużṭar ḳaldığı ḥālde ḳurbunda olan İzdīn'e ʿavdet {10} ve zinhār andan berüye gelmameğe ġayret ve cenāb-ı müşīrīleri ḳarīben Yeñişehir'e gelüb imdād irişdirilinceye dek {11} s̱ebāt ü metānet eylemesi ve maʿiyyetinde olan Geġa paşaları ve me'mūrīn-i sā'ire daḫi {12} ẕāt-ı düstūrīleriniñ Yeñişehir'e vuṣūllerine ḳadar ḏaġılmamaları ḫuṣūṣları daḫi {13} müşārun-ileyhe eṭrāfıyla bildirilerek ma'iyyetinde olan Geġa paşalarına ve sā'ir sergerdegāna {14} yanlarında olan 'askerleri bi'l-farż ḏaġılsa bile cenāb-ı müşīrīleriniñ Yeñişehir'e {15} vuṣūllerine ḳadar müşārun-ileyh ma'iyyetinde s̱ebāt eylemeleri żımnında iḳtiżāsına göre sünūḥ iden {16} irāde-i 'aliyye mūcebince ṣavb-ı muḫlişīden tenbīh-nāme yazılmış ve İzdīn'e pey-ā-pey ẕaḫīre irişdirilmesi {17} daḫi selef-i müşīrīleri müteveffā Ḫūrşīd Paşa'nıñ Yeñişehir'de olan ketḫüdāsı Ḳapucıbaşı {18} Ṣāliḥ Aġa'ya taḥrīr ü tenbīh olunmuş oldıġı ve işbu keyfiyyetiñ ṣavb-ı ser'askerīlerine iş'ārıyla {19} bir ān aḳdem Yeñişehir'e irişüb lāzım gelan tedābīri icrāya sür'at eylemeñiz daḫi muḳteżā-yı {20} irāde-i 'aliyyeden idüġi ma'lūm-ı dirāyet-melzūm-ı müşīrīleri buyuruldukda hemān cenāb-ı ser'askerīleri {21} bir ān aḳdem ve bir sā'at muḳaddem Yeñişehir'e irişüb lāzım gelan tedābīri icrāya müsāra'at {22} ve her ḥālde icrā-yı levāzım-ı ġayret-kārī ve ḥamiyyete bezl-i cüll-i himmet buyurmaları siyāḳında ḳā'ime. Fī 6 R 38

[577/187] *Ḳarlıili cānibinde olan Ḳaraman Vālīsi Reşīd Paşa'ya ve Yānya Mutaṣarrıfı 'Ömer Paşa'ya*

{1} Muḳteżā-yı ġayret ü ṣalābet-i düstūrīleri üzere Īnebaḫtī sancaġında vāḳi' Ḳrāvārī {2} ve Abūḳor ve Kerpeniş ḳażāları 'uṣātı bi't-tażyīḳ ṭaleb-i re'y ve amān eylemişler ise de {3} Mora'dan birḳaç biñ gāvur imdādlarına gelmiş ve Ṣālona ve ḥavālīsinden ve Ḳarlıili {4} sancaġından firār iden gāvurlar daḫi tecemmu' iderek ẕikr olunan ḳażāları başmış {5} olduḳlarından üzerlerine Īnebaḫtī Mutaṣarrıfı İsmā'īl Paşa ve Aḥmed Paşa {6} bir-iki biñ 'asker ile gönderilmiş ve İşḳāla [?] ma'berinde taḥaşşüd iden küffār ile bi'l-muḥārebe {7} eks̱eri ḳanṭara-i tīġden güẕār ile ḳırḳ-elli dil ve kelle alınmış oldıġı ve 'uṣāt-ı mesfūreniñ {8} ḳahr ü tenkīllerine leyl ü nehār ṣarf-ı vüs' ü iḳtidār eylemekde olduḳlarından bi-'avnihī Ta'ālā {9} ġā'ileleri berṭaraf oldıġı gibi muḳteżā-yı me'mūriyyetleri üzere Mora cānibine 'azīmete {10} şitāb [ü] sür'at buyuracaḳları ifādesini şāmil tevārüd iden taḥrīrāt-ı sa'ādet-āyāt-ı {11} müşīrīleri me'āl ü mezāyāsı rehīn-i ıṭṭılā'-i ḫulūṣ-verī olub ẕāt-ı ġayret-simāt-ı {12} düstūrānelerиниñ eşḳıyā-yı merḳūmeniñ tażyīḳinde ne vechile iḳdām ü himmet {13} ve terk-i ḫāb ü rāḥat eyledikleriini ve sa'ādetlü Yūsuf Paşa ḥażretleri ṭarafından {14} biraz ẕaḫīre gelmiş ise de el-ḥāletü-hāẕihī ẕaḫīreden daḫi żarūret çekmekde oldıġını {15} taḥrīrāt-ı müşīrīlerini ḥāmil olan tatar ifāde ve taḳrīr itmiş oldıġından {16} taḥrīrāt-ı meẕkūreleri ve tatar-ı merḳūmuñ ḳaleme aldırılan taḳrīri ḫāk-pāy-ı hümāyūn-ı {17} cenāb-ı şāhāneye 'arż ile manẓūr-ı naẓar-ı 'āṭıfet-es̱er-i ḥażret-i cihān-dārī {18} olmuşdur. Cenāb-ı ḥamiyyet-me'āb-ı müşīrīleri şecā'at ü diyānet ve ġayret ü besālet ile {19} ārāste vüzerā-yı 'iẓāmdan olduḳlarından 'uṣāt-ı mesfūreniñ bu vechile {20} tażyīḳlerinde derkār olan sa'y ü ġayretlerine hiç diyecek olmayarak̤ tamām {21} ẕātlarından me'mūl olan ṣalābet-i dīniyyeyi is̱bāt iderek bu ṣūretlerle ne derecelerde {22} zaḥmet çekmekde olduk̤ları ma'lūm ü āşikār olub lākin maṣlaḥat dīn ü devlet (128) ḫidmeti oldığından ve bu yolda bu vechile metānet ü ṣalābet ile ibrāz-ı ḥüsn-i ḫidmet {2} idenleriñ ḫidmetleri dünyā ve āḫiretde żāyi' olmayacağından cenāb-ı müşīrīleri daḫi {3} inşā'allāhü Ta'ālā sāye-i mekārim-vāye-i ḥażret-i şehinşāhīde envā'-ı mükāfāt-ı celīleye maẓhar {4} olacak̤ları bedīdārdır. K̤aldı ki, Mesolenk māddesiniñ imtidādı iḥtimāline {5} ve Mora'ya ve 'alelḫuṣūṣ Anābolī k̤al'asına şimdiden ẕaḫīre irişdirmeniñ çāresine {6} bak̤ılmak̤ farīżadan oldığına binā'en şeref-ṣudūr iden irāde-i seniyye-i şāhāne ik̤tiżāsı {7} üzere bu def'a Dersa'ādet'den üç k̤ıṭ'a müste'men tekneleriyle ẕaḫīre iştirā ve muk̤āvele {8} olunarak̤ bir k̤ıṭ'ası ḏoğrı Mesolenk'e ve bir k̤ıṭ'ası daḫi Gördūs ordusı-çün {9} ve dīgeri daḫi Gördūs'den berren Anābolī k̤al'asına irişdirilmesi-çün tertīb ile iki {10} sefīne daḫi Gördūs'e irsāl olunmak̤ üzere tanẓīm olunmuş ve cenāb-ı şerīflerine dā'ir {11} her gūne i'ānetiñ icrāsına ik̤dām eylemesi muk̤addem ve mu'aḫḫar sa'ādetlü Rumili Vālīsi {12} ve bi'l-istik̤lāl Ser'askeri Celāl Paşa ḥażretlerine daḫi tavṣiye ve te'kīd k̤ılınmış {13} oldığından başk̤a İskenderiye Mutaṣarrıfı sa'ādetlü Muṣṭafā Paşa muk̤teżā-yı me'mūriyyeti {14} üzere İskenderiye'den pey-ā-pey Mora'ya ẕaḫīre irsāl eylemekde oldığından Mora'ya {15} göndireceği ẕaḫīreden mümkin oldığı ḥālde bir-iki sefīne ẕaḫīre daḫi Mesolenk'de ṭaraf-ı {16} sa'ādetlerine göndermesi müşārun-ileyhe eṭrāfıyla yazılmış ise de inşā'allāhü'r-Raḥmān me'mūlümüz vechile {17} şimdiye k̤adar Mesolenk māddesini berṭaraf itmiş oldığıñız elṭāf-ı ḫafiyye-i İlāhiyye'den {18} müsted'ā ve bu maṣlaḥatda bu ṣūretle çalışdığıñız cihet ile ḥak̤k̤ıñızda teveccühāt-ı k̤udsiyye-i {19} ḥażret-i pādişāhī ber-kemāl idüği hüveydā olmağla göreyim ẕāt-ı ġayret-simātıñızı, {20} tamām nām ü şān alacak̤ vak̤tler oldığından hemān muk̤teżā-yı ġayret ü şecā'atiñiz üzere {21} bundan böyle daḫi s̱ebāt ü metānet ve merdī ve ṣalābeti elden bırak̤mayarak̤ bi-'avnihī Ta'ālā {22} k̤arīben şu Mesolenk gāvurlarınıñ k̤ahr ü tedmīrleriyle orasınıñ maṣlaḥatını bitürdükleri gibi {23} aṣl me'mūriyyetleri üzere Mora derūnuna mürūr ve tenkīl-i 'uṣāta ġayret ü ik̤dām iderek {24} ḥāṣılı şu kāfirleriñ bu k̤adar ümmet-i Muḥammed'e eyledikleri ḫıyānet ü mel'anet cihetiyle ber-vefk̤-i {25} dil-ḫāh aḫẕ-ı s̱ār ü intik̤ām iderek dünyā ve āḫiretde kesb-i imtiyāz ü şöhret olur {26} vesā'il-i memdūḥanıñ istiḥṣāline himmet buyurmaları ẕātlarından ak̤dem-i maṭlūb-ı 'ālī {27} idüği siyāk̤ında k̤ā'ime. Fī 6 R 38

[577/189] *Bālyabādra muḥāfaẓasında olan Yūsuf Paşa'ya*

{1} K̤arlıili cānibinde bulunan K̤araman Vālīsi sa'ādetlü Reşīd Paşa ve Yānya Mutaṣarrıfı {2} 'Ömer Paşa ḥażerātı ṭaraflarından bu def'a tevārüd iden taḥrīrāt me'ālinde İnebaḫtī {3} sancağında vāk̤i' K̤rāvārī ve Abūk̤or ve Kerpeniş k̤ażāları

ʿuṣātı ḥaṣr ü tażyīḳ {4} olunaraḳ re'y ve amāna ṭālib olmuşlar iken Mora'dan üç-dört biñ kāfir Mesolenk {5} ʿuṣātı imdādına gelmiş ve Ḳarlıili ve Ṣālona ve ḥavālīsinden firār iden ʿuṣāt-ı kefere daḫi {6} bi't-tecemmuʿ ẕikr olunan ḳażāları başmış olduḳlarından müşārun-ileyhimā maʿiyyetlerinde olan {7} Īnebaḫtī Mutaṣarrıfı İsmāʿīl Paşa ile mīr-i mīrāndan Aḥmed Paşa'yı birḳaç biñ ʿasker ile {8} ʿuṣāt-ı mesfūre üzerlerine gönderilmiş oldıġı ve İşḳāla [?] maʿberinde müctemiʿ olan {9} eşḳıyā ile bi'l-muḥārebe ḳatı vāfir kāfir ṭuʿme-i tīġ-i ġuzāt-ı muvaḥḥidīn olaraḳ baḳiyyesi {10} perākende ve perīşān olmuş idüġi muḥarrer ü mezkūr ve müşārun-ileyhimānıñ ẕaḫīresizlikden {11} müżāyaḳaları resīde-i kemāl oldıġı ẕāt-ı saʿādetleriniñ mesmūʿı olaraḳ (130) Mora Ḳasteli'nden bir ḳayıḳ ẕaḫīre göndermişler ise de mu'aḫḫaren müşārun-ileyh Reşīd Paşa {2} ḥażretleri ḫaftāncısı vāsıṭasıyla bir miḳdār daḫi ẕaḫīre irişdirmelerini {3} iltimās itmiş ve cenāb-ı müşīrīleri daḫi "gönderilür" cevābıyla ḫaftānī-i mūmā-ileyhi {4} iʿāde eylemiş olduḳlarını taḥrīrāt ile gelan tatarıñ ifādesinden müstefād olub {5} cenāb-ı fütüvvet-me'āb-ı düstūrīleri diyānet ü ṣalābet ile muttaṣıf vüzerā-yı ʿiẓām-ı ḥamiyyet-ittisām-ı {6} Devlet-i ʿAliyye'den olduḳlarından ol vechile müşārun-ileyhimā ḥażerātına ẕaḫīre irsāliyle iʿāneleri {7} tamām ẕāt-ı ġayret-simāt-ı düstūrānelerinden me'mūl olan āṣār-ı ḥamiyyet-kārī ve ṣadāḳati iẓhār iderek {8} baʿd-ez-īn daḫi ṭıbḳ-ı ifādeleri vechile müşārun-ileyhimāya iʿāne eyleyecekleri derkār ise de {9} müşārun-ileyhimā el-ān ġavġā üzerinde olduḳlarından ẕaḫīre cihetiyle bir gūne dūçār-ı żarūret {10} olmamaları lāzımeden oldıġına ve bu ṭarafdan mümkin mertebe ẕaḫīre irişdirilmesi vesā'ili {11} istiḥṣāl olunmaḳda ise de mevsim-i deryā güẕerānı ve Aḳdeñiz'de ʿuṣāt-ı eşḳıyā tekneleri {12} bulunması taḳrībiyle maḥalline vuṣūli vaḳte muḥtāc idüġi bedīhiyyātdan ve maʿa-hāẕā Bālyabādra {13} ol ṭarafa semt olub el-yevm Bālyabādra'da ḫaylī ẕaḫīre mevcūd ü müddeḫar olması {14} melḥūẓ idüġüne binā'en cenāb-ı müşīrīleriniñ ne vechile ise ḳarşu Mesolenk ordusuna kifāyet {15} miḳdārı ẕaḫīre irişdirmeleri ḫuṣūṣı muḳteżā-yı irāde-i seniyye-i mülūkāneden olmaġla {16} bu ḫuṣūṣ mevādd-ı sā'ireye mümāṣil olmayub dīn maṣlaḥatı olaraḳ te'ḫīr ü te'ennī götürür {17} mevāddan olmadıġına binā'en ārāyiş-i ẕāt-ı ṣalābet-āyāt-ı düstūrīleri iḳtiżāsı ve emr ü irāde-i {18} ʿaliyye-i şāhāne mūceb ü muḳteżāsı üzere ne vechile olur ise olsun şu Mesolenk {19} ordusuna kifāyet miḳdārı ẕaḫīre göndirerek müşārun-ileyhimānıñ ẕaḫīre ḫuṣūṣunda {20} ṣıḳlet çekmameleri esbāb-ı lāzımesiniñ istiḥṣāliyle iṣbāt-ı mübteġā-yı diyānet {21} ü ḥamiyyete himmet buyurmaları siyāḳında ḳā'ime. Fī 6 R 38

[577/191] *Mora serʿaskerine ve ṣadr-ı esbaḳ ʿAlī Paşa'ya ve Erīb Paşa'ya ve Ḥasan Paşa'ya*

{1} Anābolī ḳalʿasında olan saʿādetlü ʿAlī Nāmıḳ Paşa ḥażretleriniñ ẕaḫīresizlikden {2} derkār olan żarūreti cihetiyle ḳalʿa-i merḳūmeye pey-ā-pey ẕaḫīre irişdirerek {3} derūnunda olan ümmet-i Muḥammed'iñ ẕaḫīre ḫuṣūṣunda żarūret ve ıżdırāb çekmameleri {4} ḫuṣūṣı muḳaddemce ṣavb-ı müşīrīlerine bildirilmiş ise de el-ḥāletü-hāẕihī mevsim-i şitānıñ {5} ḥulūli cihetiyle Donanma-yı Hümāyūn'uñ cümlesi Dersa'ādet'e celb olunaraḳ ta'mīr ü termīm {6} ḳılınacağından ve bu cihetle ḳal'a-i merḳūmeye baḥren ẕaḫīre irişdirilmesiniñ çāresi {7} bulunamayacağından ne ṣūretle olur ise olsun ḳal'a-i merḳūmeye berren ẕaḫīre irsāli {8} vesā'iliniñ ikmāli lāzım gelmiş ve lillāhi'l-ḥamd Gördūs'de külliyyetlü ẕaḫīre mevcūd olaraḳ (132) Anābolī ile Gördūs'üñ beyni mesāfe-i ba'īde ve ṣarp maḥal olmayub ẕaḫīre ile imdād {2} ü i'ānede suhūlet derkār idüğünden ve bu bābda ẕerre ḳadar tehāvün ü beṭā'et dünyā ve āḫiretde {3} mūcib-i vaḫāmet ü nedāmet olacağından bu ḫuṣūṣa dā'ir mehābet-efzā-yı ṣudūr olan {4} irāde-i hümāyūn-ı şāhāne bi-'ibāretiha muḳaddemce yazılan nemīḳa-i ḫāliṣānemizde beyān {5} ü iş'ār ve Anābolī'ya ẕaḫīre irişdirmeğe ġayret eylemeleri tavṣiye ve teẕkār olunmuş {6} oldığına mebnī şimdiye ḳadar ḳal'a-i merḳūmeye ẕaḫīre irsāliyle ḳal'a-i merḳūme ahālīsiniñ {7} giriftār olduḳları żarūretden vāreste olmaları vesā'iliniñ icrāsına ihtimām {8} ü himmet olunmuş olacağı āşikār ise de bu ḫuṣūṣ mevādd-ı sā'ireye bir ṣūretle {9} beñzemeyüb dīn maṣlaḥatı oldığından bu māddeye bi'l-ittifāḳ teşmīr-i sāḳ-ı ġayret {10} ü ḥamiyyet eylemek cümleye farīża-i ẕimmet ve ma'āẕallāhü Ta'ālā ḳal'a-i merḳūmeye bir gūne raḫne {11} ve ḫasār vuḳū' bulmaḳ lāzım gelür ise bir ṣūretle cevāba ḳādir olamayacağıñız ve bu bābda {12} īrād olunacaḳ 'öẕr ü 'illet ḳarīn-i i'tibār olmayacağı vāreste-i ḳayd [ü] işāret olmağla {13} bu def'a daḫi keyfiyyetiñ ṭaraf-ı şerīfiñize iḫṭār ü iş'ārı muḳteżā-yı {14} emr ü fermān-ı şāhāneden olmağla nihāyet keyfiyyeti güzelce mülāḥaẓa ile artıḳ {15} gevşeklik ve ġayretizliği külliyyen terk ile ne yapar iseñiz yapub ḳal'a-i merḳūmeye {16} peyderpey külliyyetlü ẕaḫīre irsāliyle imdād ü i'ānete mezīd-i sa'y ü ġayret iderek her ḥālde {17} maẓhar-ı peşīmānī ve nedāmet olmaḳlıḳdan tevaḳḳī ve mücānebet eylemeñiz siyāḳında ḳā'ime. Fī 6 R 38

[577/194] ***Ḳapūdān paşaya***
{1} Bi-'avnillāhi Ta'ālā evvelbahārda iḫrāc olunacaḳ süfün-i Donanma-yı Hümāyūn'uñ şimdiden tertīb {2} ve noḳṣānlarınıñ tekmīl ve techīzi maṣlaḥat-ı mühimmesi 'izzetlü Tersāne-i 'Āmire emīni vekīli {3} efendi ve sā'ir lāzım gelenler ile müẕākere buyurılaraḳ eşḳıyā tekneleri ufaḳ tefek {4} re'āyā teknelerinden 'ibāret olaraḳ diledikleri gibi ḳullanıldıḳlarından ḳapaḳ açar ḳālyonlar {5} bunlarıñ vardığı ṣulara varamadığı ve lāyıḳıyla havāsını bulmadıḳça taḥrīk ve i'māli {6} mümkin olamadığı ve sā'ir süfün-i ṣaġīre daḫi Donanma-yı Hümāyūn ma'iyyetinden ayrılamadıḳları {7} ecilden eşḳıyā-yı mesfūre dekk ü desīse ile icrā-yı ihānete ictisār {8} ide geldikleri ve bu cihetle kebīr ḳālyon-ı hümāyūn sevḳi 'abeṣ idüği ve ḳapaḳlarıñ dūnı [?] {9} olaraḳ fırḳateyn ve ḳorvet ve sā'ir süfün-i ṣaġīre kifāyet ideceği beyānıyla taḳdīm buyurılan {10} defter

mūcebince Aḳdeñiz tertībi olaraḳ fırḳateyn ve ḳorvet ve sā'ir elli iki ḳıṭ'a {11} süfün-i hümāyūndan başḳa Ḫalīc-i Āsitāne-i Sa'ādet içün ve Ḳaradeñiz boġazı ve iḳtiżā ider ise {12} Aḳdeñiz tertībine 'ilāve olunmaḳ üzere sābıḳı vechile bir ḳıṭ'a üç anbārlı {13} dört ḳıṭ'a ḳapaḳ ve yiğirmi ḳıṭ'a şālūpanıñ tertīb ü techīzi taṣvīb buyurulmuş {14} oldıġı beyānıyla ġayr-ez-gediklüyān ṭaşra neferātınıñ tertībi cenāb-ı düstūrīlerine {15} ve mevācib ve ḳūmānya ve mühimmātıñ tanẓīmi daḫi mūmā-ileyh bendelerine ḥavāle ḳılınmasına dā'ir {16} evvelki gün meclisde ḳırā'at olunan taḳrīrleri ḫāk-pāy-ı hümāyūn-ı şāhāneye taḳdīm ile {17} ṣūret-i iş'ārları istīẕān olunduḳda hemān bu vechile tanẓīmine müsāra'at olunması {18} ḫuṣūṣuna irāde-i seniyye-i ḥażret-i cihān-bānī ta'alluḳ itmiş ve sālifü'l-beyān mevācib {19} ve ḳūmānya ve mühimmāt-ı sā'ireniñ tanẓīmine mübāderet eylemesi mūmā-ileyh bendelerine ḥavāle {20} olunmuş olmaġla hemān cenāb-ı düstūrīleri daḫi ẕikr olunan iki ṭaḳım donanma içün {21} lāzım gelan yetmiş yedi ḳıṭ'a süfün-i hümāyūnuñ tanẓīm ü techīzine mübāşeret-birle ġayr-ez-gediklüyān {22} lāzım gelan ṭaşra neferātınıñ tertīb ve celbi rābıṭasını istiḥṣāle himmet buyurmaları {27} siyāḳında ḳā'ime. Fī 6 R 38

Ayniyat 578

[578/1] *Selānīk mutaṣarrıfına*
{1} Ḥālā Rumili Vālīsi ve Ser'askeri sa'ādetlü Celāl Paşa ḥażretleri Yeñişehir'e gelince ḳadar {2} müteveffā Ḫūrşīd Paşa ketḫüdāsı ve Tırḥāla mütesellimi ṭaraflarına lede'l-iḳtiżā 'asker irsāliyle {3} imdād ü i'ānet levāzımını icrāya himmet buyurmaları irādesini şāmil bundan aḳdemce {4} mersūl-ı sū-yı ḥamiyyet-bū-yı düstūrīleri ḳılınan taḥrīrāt-ı ḫāliṣānemiziñ vuṣūlünden {5} baḥisle ma'āẕallāh oralarda bir ḥādiṣe ẓuhūrı ḥīnde gönderilmek üzere {6} yeñi başdan miḳdār-ı kifāye 'asker tedārük ü tehyi'e buyurılaraḳ keyfiyyet mūmā-ileyhimāya {7} bildirilmiş oldıġı ve Mora ṭarafına baḥren ẕaḫīre sevḳi kesb-i ṣu'ūbet itmiş oldıġından {8} Selānīk sancaġından iki yüz elli miḳdārı ḥayvānāt tedārük olunaraḳ Yeñişehir'e irsāl {9} olunmuş ise de ol miḳdār ḥayvānāt ile ne miḳdār ẕaḫīre sevḳ olunabileceġi {10} ẓāhir oldıġına binā'en Mora ordusuna sevḳ-i ẕaḫāyir żımnında ve ser'asker-i müşārun-ileyh {11} ma'iyyetine ḳaviyyü'l-iḳtidār a'yānlarıñ me'mūr ḳılınması ḫuṣūṣunda lāyiḥ-i ḫāṭırları olan {12} ārāyı mutażammın bu def'a firistāde ve isrā buyurılan taḥrīrāt-ı düstūrīleri mezāyāsı {13} rehīn-i ıṭṭılā'-i ḫulūṣ-verī ve pāy-gāh-ı serīr-i şevket-maṣīr-i cenāb-ı cihān-bānīye 'arż ile {14} manẓūr-ı naẓar-ı iksīr-eṣer-i ḥażret-i ḫilāfet-penāhī buyurılaraḳ ol vechile imtiṣāl-i irādeye {15} müsāra'at ve livā'-i mezbūrdan ḥayvānāt tertīb ve irsāline himmetleri mecbūl olduḳları {16} kār-güẕārī ve ġayreti iṣbāt iderek ḥaḳḳ-ı sa'ādetlerinde du'ā-yı icābet-peymā-yı {17} cenāb-ı pādişāhī erzānī ḳılınmışdır. Gerek ḥayvānāt ve gerek 'asākir māddesinde {18} lāyiḥ-i ḫāṭırları olan tedābīr yolunda ve vāḳı'an münāsib ise de muḳaddemā Anāḍolī {19} ṭarafından daḫi naḳl-i ẕaḫāyir içün ḥayvānāt tertīb olunmuş oldıġından {20} ve müteveffā Ḫūrşīd Paşa muḫallefātında daḫi vāfir ḥayvānāt olacaġı melḥūẓ idüġünden (2) bu def'a şeref-sünūḥ iden irāde-i seniyye iḳtiżāsı üzere keyfiyyet ḥālā Rumili Vālīsi {2} ve bi'l-istiḳlāl Ser'askeri sa'ādetlü Celāl Paşa ḥażretleri ṭarafından isti'lām olunmuş {3} ve müteveffā-yı müşārun-ileyhiñ ḥayvānātlarınıñ daḫi müşārun-ileyhe devr ü teslīmi żımnında müteveffā-yı {4} müşārun-ileyhiñ ketḫüdāsı ve muḫallefāt mübāşirine maḫṣūṣ kāġıdlar gönderilmiş olmaġla cenāb-ı {5} müşīrīleri bundan böyle daḫi her ḥālde icrā-yı muḳteżā-yı ḥamiyyet-mendī ve ḥaṣāfet {6} ve īfā-yı muḳteżā-yı dirāyet-kārī ve me'mūriyyete ṣarf-ı yārā-yı miknet buyurmaları {7} siyāḳında ḳā'ime. Fī 8 R 38

[578/2] *Rumili vālīsine*
{1} Bundan aḳdem selef-i müşīrīleri müteveffā Ḫūrşīd Paşa ma'iyyetinde ẕaḫāyir ve mühimmāt {2} naḳli miṣillü ḫidmetlerinde ḳullanılmaḳ üzere Anāḍolī

ṭarafından deve ve ḳaṭır tertīb olunmuş {3} oldığından mā'adā Ḳayṣeriyye Mutaṣarrıfı sābıḳ müteveffā Ḥüseyin Paşa'nıñ daḫi muḫallefātından {4} yüz elli bir mehār şütürān ile seksan dört re's esterān celb olunmuş ve mīrī aḫūrlarına {5} teslīm ḳılınmış ise de mevsim-i şitānıñ taḳarrübi cihetiyle ḥayvānāt-ı mezḳūreniñ esnā-yı rāhda {6} şitādan telef olacaḳları mülāḥaẓasından başḳa şimdilik ol miḳdār deve ve ḳaṭırıñ {7} irsāli iḳtiżā idüb itmediği ve mevsim-i bahār ḥulūl eyledikde ol vaḳt iḳtiżā-yı maṣlaḥata göre {8} īcāb ider ve istenür ise gönderilmesi ṣūretleri isti'lāmına dā'ir gönderilmiş olan taḥrīrāt {9} ḥasbelḳader müşārun-ileyhiñ fevti 'aḳībinde vāṣıl olaraḳ cevābsız ḳalmış olub {10} ancaḳ el-ḥāletü-hāẕihī Mora ordusuna baḥren ẕaḫīre sevḳi 'usretlenüb çār-nā-çār berren göndermeğe {11} muḥtāc oldığından Rumili ḳażālarından şimdiden miḳdār-ı kifāye ḥayvānāt tertībi {12} ve müşārun-ileyhiñ vefātı cihetiyle Yeñişehir'de olan 'asker ḏağılmaḳda oldığından {13} ve ẕāt-ı ser'askerīleriniñ Yeñişehir'e vuṣūllerinde işe yarar 'asker vücūdı lāzımeden olub {14} nefīr-i 'ām 'askeri s̱ebāt itmeyecekleri mücerreb idüğünden Zağra A'yānı Velī Ağa mis̱illü {15} ḳaviyyü'l-iḳtidār a'yānlarıñ külliyyetlü 'asker ile me'mūr ḳılınaraḳ maḫṣūṣ mübāşirler ile iḫrāc {16} ü i'zāmları ba'żı ṭarafdan inhā ve iḫṭār olunub vāḳı'an işbu iḫṭārāt becā ise de {17} Rumili'niñ ḥāvī oldığı ḳażālardan ḥayvānāt tertībi ahālī ve fuḳarāya bunca teklīfat {18} ve tertībāt üzerine bir nevi' bār olacağından ve muḳaddem ber-vech-i meşrūḥ Anāḏolī ṭarafından {19} ẕaḫīre naḳli-çün ḥayvānāt tertīb olunub Ḳayṣeriyye mutaṣarrıfı müteveffā-yı müşārun-ileyhiñ daḫi {20} ḥayvānātı celb ile keyfiyyet ol vechile müteveffā-yı müşārun-ileyh Ḫūrşīd Paşa'dan {21} isti'lām olunaraḳ cevābı vürūdına tevaḳḳufı ḥāciz olmuş idüğünden ve müteveffā-yı {22} müşārun-ileyhde daḫi vāfir ḥayvānāt olması melḥūẓ oldığından müteveffā-yı müşārun-ileyhiñ {23} ẓuhūr iden ḥayvānātınıñ nezd-i müşīrīlerinde tevḳīfiyle defteriniñ celbi ve müteveffā (3) Ḥüseyin Paşa'nıñ muḫallefātından ẓuhūr idüb gelan ve gerek Anāḏolī ṭarafından {2} tertīb olunan ḥayvānāt bi-mennihī Ta'ālā mevsim-i bahār ḥulūlünde iḳtiżāsına baḳılmaḳ {3} üzere şimdilik ḥayvānāt-ı mezḳūreniñ lüzūm ve 'adem-i lüzūmı keyfiyyetiniñ ṣavb-ı {4} düstūrīlerinden isti'lāmıyla bu bābda ne vechile iş'ār-ı düstūrīleri vāḳi' olur ise {5} aña göre icrā-yı muḳteżāsına baḳılması ve şimdiden 'ale'l-'amyā ma'iyyet-i ser'askerīlerine {6} şunı bunı me'mūr itmekden ise ẕāt-ı müşīrīleri fi'l-aṣl oralarda bulunaraḳ {7} her bir maḥalliñ ḥāl ü keyfiyyātına ve Rumili ağavāt ve a'yānlarınıñ mizāc ü mişvārlarına {8} kesb-i ıṭṭılā' itmiş olduḳlarından şimdiki ḥālde ma'iyyet-i düstūrīlerine ne ḳadar 'asker {9} celbi ve kimleriñ me'mūriyyeti münāsibdir, evvel-emrde cenāb-ı sa'ādetlerinden isti'lām {10} ü istiş'ār olunaraḳ ba'dehū iḳtiżāsına baḳılması tensīb olunmuş ve irāde-i seniyye-i mülūkāne {11} daḫi bu vechile ta'alluḳ itmiş ve şeref-sünūḥ iden emr ü fermān-ı hümāyūn-ı şāhāne mūcebince {12} müteveffā Ḫūrşīd Paşa muḫallefātında ẓuhūr iden ḥayvānātı ẕaḫīre naḳli żımnında {13} ṭaraf-ı saʿādetlerine devr ü teslīm iderek kemmiyyet ve miḳdārını mübeyyin defteri irsāl {14} olunması bu defʿa ṭaraf-ı muḫliṣīden müteveffā-yı müşārun-ileyhiñ Yeñişehir'de olan ketḫüdāsı {15} Ṣāliḥ Aġa ile muḫallefāt mübāşiri Ḳapucıbaşı Yūsuf Aġa'ya yazılmış olmaġla {16} ẕāt-ı saʿādetleri daḫi gerek ḥayvānāt māddesinde ve gerek maʿiyyet-i düstūrīlerine {17} me'mūriyyetleri iḳtiżā idenleriñ ṣūret-i taʿyīn ve iḫrāclarında iḳtiżā-yı tedbīr ne vechile {18} olmaḳ lāzım gelür ise muḳteżāsına baḳılmaḳ üzere serīʿan ve īżāḥan keyfiyyeti {19} işʿāra himmet buyurmaları siyāḳında ḳā'ime. Lede'l-vuṣūl baḥren Mora'ya ẕaḫīre {20} imrārı derece-i istiḥālede oldıġından muḳteżā-yı ġayreti üzere berren {21} Mora'ya ẕaḫīre naḳli żımnında Selānīk sancaġı dāḫilinde olan ḳażālardan {22} iki yüz elli re's ḥayvān tedārük iderek Yeñişehir'e irsāl itmiş oldıġı {23} saʿādetlü Selānīk mutaṣarrıfı ḥażretleri ṭarafından inhā olunmuş ise de ol miḳdār {24} ḥayvān ile ne miḳdār ẕaḫīre gönderilebileceği ẓāhir olmaġla aña göre {25} işbu ẕaḫāyir naḳli māddesinde īcāb-ı maṣlaḥatıñ işʿārına himmet buyurmaları {26} me'mūldür. Fī 8 R 38

[578/7] *Mīr-i mīrāndan Meḥmed Paşa'ya*
{1} Eflāḳ ve Boġdān voyvodalarınıñ Dersaʿādet'de iḳāmet itmek üzere birer nefer oġullarıyla aṣl {2} ḳapu ketḫüdāları olmaḳ üzere birer nefer boyārlar bundan aḳdemce celb ve voyvodazādeler Çengālköyü'nde {3} iḳāme olunmuş ise de ḥasbe'l-maṣlaḥa voyvodalarıñ bu ṭarafa celb olunan oġullarınıñ ṭarafımızdan {4} adam taʿyīniyle ḥüsn-i ṣūret ve lāyıḳıyla muḥāfaẓa ve Ocaġ-ı ʿĀmire'den daḫi yasaḳcı taʿyīn olunaraḳ {5} leylen ve nehāren mersūmlarıñ ḫānelerinde iḳāmet ve ḫāricden ecnebī Rum ṭā'ifesiniñ āmed-şodlarına {6} mümānaʿat ve voyvodazādeler ḥasbe'l-iḳtiżā bir yere gidecek olurlar ise yanlarında berāber giderek {7} muḥāfaẓalarına diḳḳat ve aṣl ḳapu ketḫüdāları olan boyārlara bir şey dinilmeyerek istedikleri maḥalde {8} iḳāmet idüb kendü maṣlaḥatları-çün voyvodazādeleriñ yanlarına āmed-şodlarına mümānaʿat olunmaması {9} ve işbu voyvodazādeler maḥbūs gibi muḥāfaẓa olunmayub kendülere serrişte virilmeyerek {10} bir ḥüsn-i ṣūretle muḥāfaẓa olunmalarına irāde-i seniyye-i mülūkāne taʿalluḳ iderek ol vechile mersūmān {11} voyvodazādeler Çengālköyü'nde iḳāme itdirilmiş ve ṭarafımızdan daḫi Enderūn aġalarımızdan {12} Muṣṭafā Beğ muḥāfaẓalarına taʿyīn ḳılınmış idi. El-ḥāletü-hāẕihī ol ṭarafıñ muḥāfaẓası size iḥāle {13} olundıġından ve mīr-i merḳūm daḫi nezdimize celb olunmuş idüğünden ber-vech-i meşrūḥ mesfūrānıñ {14} bundan böyle ṭarafıñızdan muḥāfaẓalarına ibtidār olunmaḳ lāzım gelmeğin cenābıñız daḫi {15} ṭarafımızdan iḳāme olunan adamıñ yerine mücerreb ve muʿtemed adam taʿyīn iderek maḥbūs gibi olmayaraḳ (5) ve kendülere serrişte virilmeyerek ḥakīmāne muḥāfaẓaları esbāb-ı muḳteżiyesini {2} icrāya ve keyfiyyeti ṭarafımıza işʿāra mübāderet eylemeñiz içün teẕkire. Fī 8 R 38

[578/11] *İzdīn Muḥāfızı Süleymān Paşa'ya*

{1} Ma'iyyet-i sa'ādetlerinde olan 'asākiriñ Ẕīlḥicce'ye maḥsūben iḳtiżā iden bir aylıḳ 'ulūfeleri {2} müteveffā Ser'asker Ḫūrşīd Paşa ṭarafından irsāl ḳılınmış ise de müddet-i merḳūmeden {3} bu āna ḳadar 'asākir-i merḳūme müterākim olan 'ulūfelerini muṭālebe ile ta'cīzden ḫālī {4} olmadıḳlarını mübeyyin vürūd iden taḥrīrāt-ı şerīfeleri ve i'lām-ı mersūl me'āli {5} ma'lūm-ı ḫulūṣ-verī olmuşdur. Bu maḳūle mevād umūr-ı ser'askerī müteferri'ātından {6} olaraḳ tanẓīm ü tesviyesi ser'asker bulunanlar ma'rifetleriyle olacağı ẓāhir ve el-ḥāletü-hāẕihī {7} Rumili eyāleti ser'askerlik 'unvānıyla sa'ādetlü Celāl Paşa ḥażretleri 'uhdesine iḥāle {8} ve tevcīh olunmuş olmaḳ mülābesesiyle ẕāt-ı sa'ādetleri müteveffā-yı müşārun-ileyh zamānında {9} oldığı vechile böyle şeyleri ser'asker-i müşārun-ileyhle bi'l-muḫābere iḳtiżāsınıñ tanẓīmi {10} lāzım geleceği bāhir oldığından keyfiyyet ṭaraf-ı muḫliṣīden bu def'a ser'asker-i müşārun-ileyhe {11} yazılmış olmağla dirāyet-i ẕātiyyeleri iḳtiżāsı üzere cenāb-ı müşīrīleri ḫuṣūṣ-ı {12} mezbūrı ser'asker-i müşārun-ileyh ṭarafına bi'l-iş'ār īfā-yı lāzıme-i reviyyet-kārī {13} ve feṭānete himmet buyurmaları siyāḳında ḳā'ime. Fī 9 R 38

[578/12] *Yeñişehir ordusı nüzül emīni Ḳapucıbaşı Süleymān Ağa'ya*

{1} Me'mūr oldığıñ nüzül emāneti ḫidmetinde şimdiye ḳadar ğayret ve ibrāz-ı ṣadāḳat {2} itmiş iseñ daḫi emānet-i merḳūmeniñ idāresine ḳudretiñ ḳalmadığı beyānıyla {3} ol bābda isti'ṭāf ve istirḥāmı şāmil tevārüd iden 'arīżañ me'āli ma'lūmumuz {4} olmuşdur. Sen ṣıdḳ ü istiḳāmetle muttaṣıf bendegān-ı Devlet-i 'Aliyye'den oldığıñ {5} ecilden 'uhde-i ğayretiñe muḥavvel olan ḫuṣūṣda ibrāz-ı ḥüsn-i ḫidmete mücidd ü sā'ī {6} olacağıñ āşikār ve işbu nüzül emānetine me'mūriyyetinden berü ne vechile sa'y ü ğayret {7} itmiş oldığıñ bi'l-istimā' ma'lūm ü bedīdār ise de cümleye ma'lūm oldığı {8} vechile ḫidemāt-ı dīn ve Devlet-i 'Aliyye'de ibrāz-ı istiḳāmet idenleriñ emekleri {9} bir vaḳtde żāyi' olmayub nice nice mükāfāt müşāhede eyleyecekleri ẓāhir {10} ve sen daḫi işbu me'mūriyyetinde ibrāz-ı ṣadāḳat ü ğayret eyledikçe müşāhede-i mükāfāt {11} ideceğiñ bāhir oldığından başḳa sa'ādetlü Ser'asker paşa ḥażretleri {12} hemān ol ṭarafa varmaḳ üzere olub teshīl-i umūr-ı me'mūreñi mūcib (8) vesā'iliñ istiḥṣālinde daḫi dirīğ-i himmet olunmayacağı ve inşā'allāhü'r-Raḥmān 'avn-i Bārī'yle {2} ḳarīben Mora ğā'ilesi rehīn-i ḥüsn-i ḫitām olması elṭāf-ı İlāhiyye'den mes'ūl ü müsted'ā oldığı {3} ma'lūm-ı ṣadāḳat-melzūmuñ olduḳda biraz daḫi ḥamiyyetiñ iḳtiżāsı üzere ğayret {4} ve umūr-ı me'mūreñi evvelkiden ziyāde ḥüsn-i idāreye ṣarf-ı maḳderet iderek senden {5} me'mūl olan ṣadāḳat me'āṣirini ibrāza bez̲l-i vüs' ü ṭāḳat eylemañ maṭlūb idüği {6} beyānıyla ḳā'ime. Fī 9 R 38

[578/17] *Rumili vālīsine*

{1} Maḳtūl Tepedelenli ṭaḳımınıñ Ḍarbḫāne-i 'Āmire'den mażbūṭ muḳāṭa'āt ve çiftlikātından {2} Dömenik ve Alāṣonya ve Bādracıḳ ḳażālarında kā'in çiftlikāt ile Tırḥāla ve İnebaḫtī {3} sancaḳlarında vāḳiʿ Ḫaṣhāʾ-i Dömenik ve Bādracıḳ ve Cānḥiṣārı muḳāṭaʿalarınıñ otuz {4} altı senesine maḥsūben ber-vech-i emānet idāresi silāḥşorān-ı ḫāṣṣadan İsmāʿīl Ağa'ya iḥāle {5} olunmuş ise de mūmā-ileyh bu defʿa ecel-i mevʿūduyla fevt olmuş oldığından emānet-i mez̲kūreniñ {6} birine iḥālesi lāzım gelerek müteʿalliḳ olan irāde-i seniyye-i mülūkāne iḳtiżāsı üzere {7} emānet-i merḳūme āḫar ḫuṣūṣa me'mūren el-yevm Yeñişehir'de iḳāmet üzere olan {8} ḫācegān-ı Dīvān-ı Hümāyūn'dan ʿAlī Rā'iḳ Beğ bendelerine iḥāle olunmuş ise daḫi mīr-i mūmā-ileyhiñ {9} aṣl me'mūriyyeti ṣadr-ı esbaḳ Seyyid ʿAlī Paşa'nıñ refʿ-i vezāretiyle kāffe-i emvāl ü eşyāsı {10} maʿrifet-i şerʿ ve müteveffā Ḫūrşīd Paşa maʿrifetiyle żabṭ ve fürūḫt olunaraḳ es̲mānı {11} ʿaskeriniñ maṭlūbuna virildikden ṣoñra ḳuṣūr maṭlūbāt ḳalur ise miḳdārını mübeyyin {12} defterini bu ṭarafa taḳdīm itmek oldığından ve müşārun-ileyh Seyyid ʿAlī Paşa mīr-i mūmā-ileyh {13} ol ṭarafa vāṣıl olmaḳsızın Mora derūnuna girmiş ve baʿdehū Ḫūrşīd Paşa'nıñ {14} vefātı vāḳiʿ olmuş idüğünden müşārun-ileyh ḥaḳḳında olan irāde icrā olunamayaraḳ {15} gerek mīr-i mūmā-ileyh ve gerek müşārun-ileyhi menfāsı olan Bolī'ya götürmek üzere {16} bā-emr-i ʿālī mübāşir taʿyīn ḳılınan gediklül-erden Ḥasan Ağa bendeleri bu āna ḳadar ol ṭarafda {17} iḳāmet itmekde iseler de müşārun-ileyh Seyyid ʿAlī Paşa'nıñ Mora derūnundan ne vaḳt ve ne ṣūretle {18} çıḳacağı mechūl olmaḳ ve müşārun-ileyh ḥaḳḳında bu vechile irāde-i şāhāne ṣādır olmuş iken {19} terki münāsib olmamaḳ mülābesesiyle gediklü-yi mūmā-ileyh ol ṭarafda ḳalaraḳ mīr-i mūmā-ileyh {20} yedindeki maḫfī emr-i ʿālīyi z̲āt-ı saʿādetleri Yeñişehir'e geldiklerinde cenāb-ı müşīrīlerine {21} iʿṭā idüb bundan böyle işiñ gelişine ve iḳtiżāsına göre cenāb-ı düstūrīleri {22} infā[z̲] ü icrā eylemek üzere mīr-i mūmā-ileyhiñ ber-vech-i meşrūḥ çiftlikāt ve muḳāṭaʿāt (11) maṣlaḥatına baḳması ḫuṣūṣlarına irāde-i seniyye-i şāhāne taʿalluḳ itmiş ve z̲ikr olunan {2} emr-i ʿālīyi cenāb-ı müşīrīleri Yeñişehir'e geldiklerinde ṭaraf-ı serʿaskerīlerine maḫfiyyen iʿṭā {3} ve kendüsi maṣlaḥat-ı me'mūresini tanẓīme iʿtinā eylemesi mīr-i mūmā-ileyhe taḥrīr ve gediklü-yi {4} mūmā-ileyh daḫi yine ke'l-evvel ol ṭarafda iḳāmet iderek cenāb-ı düstūrīleriniñ inżimām-ı re'y {5} ü ārāsıyla ḥareket eylemesi ṭarafımızdan başḳaca tavṣiye ve tez̲ekkür olunmuş olmağla muḳteżā-yı dirāyet {6} ü feṭānet-i düstūrīleri üzere müşārun-ileyh ḥaḳḳında olan irāde-i ḫafiyyeniñ bundan böyle {7} işiñ gelişine ve iḳtiżāsına göre icrāsıyla ber-vech-i muḥarrer defteriniñ bu ṭarafa irsāline {8} himmet buyurmaları siyāḳında ḳā'ime. Fī 10 R 38

[578/19] *Selānīk mutaṣarrıfına*

{1} Selānīk mütemekkinlerinden hālik Nano'nuñ [?] torunları Bīmāḥo [?] ve Līsāndro ve Ṭayfaro [?] {2} nām gāvurlar bundan aḳdem Frānsa'ya firār itmiş olduḳlarından ber-mūceb-i defter mutaṣarrıf olduḳları {3} ḫān ve mağāza mis̲illü emlāklarınıñ cānib-i mīrī-çün żabṭ ve fürūḫtı īcāb iderek {4} mersūmlar bundan altı māh mürūrına değin yine Selānīk'e ʿavdet ve kemā-kān raʿiyyeti ḳabūl iderler ise {5} emlāk ü arāżīlerine müdāḫale olunmamaḳ ve gelmedikleri ṣūretde cānib-i mīrīden żabṭ olunmaḳ {6} üzere Frānsa ḳonsolosunuñ iltimāsıyla ṭaraf-ı saʿādetlerinden re'y buyuruldısı iʿṭā ḳılınmış {7} oldığından ol bābda bir ḳıṭʿa emr-i ʿālī ıṣdārı ḫuṣūṣuna dā'ir bu defʿa ḳapu ketḫüdāları {8} efendi bendelerine mebʿūs̱ bir ḳıṭʿa şuḳḳa-i müşīrīleri me'āli maʿlūm-ı muḫliṣī olmuşdur. {9} Maʿlūm-ı saʿādetleri oldığı üzere Rum reʿāyāsından fesādda medḫalleri oldığı (13) taḥḳīḳ ile cezāları tertīb olunan ve diyār-ı āḫara firār iden gāvurlarıñ bi'l-cümle {2} mālik olduḳları emvāl ü emlāk-ı sā'ireleriniñ cānib-i mīrīden żabṭı muḳteżā-yı {3} irāde-i seniyyeden ve bu ḫuṣūṣ daḫi Devlet-i ʿAliyye'niñ kendü umūr-ı dāḫiliyyesinden {4} olmaḳ ḥasebiyle o maḳūle firārīleriñ emvāl ü emlākları żabṭına düvel-i ecnebiyye me'mūrları {5} ṭarafından ḳaṭʿan ve ḳāṭıbeten bir gūne müdāḫale iḳtiżā itmeyüb ʿalelḫuṣūṣ bidāyet-i fesāddan berü {6} Frankleriñ reʿāyādan baʿżılarını ḳaçırmaḳ ve baʿżı firārīler ḥaḳḳında birer ṣūret ve zemīn {7} ile ḥimāyet dāʿiyesine düşmek miṡillü nice mefāsid ü desāyisleri maḥsūs ve meşhūd {8} olmaḳdan nāşī bunlarıñ reʿāyā maṣlaḥatına dā'ir aḥvāl-i ḥadīʿatü'l-iştimāllerine ḥavāle-i {9} semʿ-i iʿtibār cā'iz olmayaraḳ ḥattā firārīlerden birinde düvel-i ecnebiyye tebaʿasından {10} biriniñ maṭlūbāt iddiʿāsı daḫi vuḳūʿ bulsa ber-nehc-i şerʿī s̱übūt ve taḥḳīḳi-çün firār iden {11} şaḫṣıñ maḥalline ʿavdet ve vürūdına tevḳīf ve taʿlīḳi īcāb eylediğine binā'en el-ḥāletü-hāẕihī {12} Dersaʿādet'de reʿāyā maṣlaḥatında icrā olunan uṣūl bu merkezde dā'ir oldığından {13} sā'ir memālik-i maḥrūsede daḫi bu uṣūlüñ icrāsı lāzım gelüb bu cihetle firārī-i {14} mersūmlar ḥaḳḳında īcāb-ı maṣlaḥat her ne ise re'y-i rezīn-i ḥakīmānelerine mütevaḳḳıf mevāddan {15} olaraḳ şöyle mersūmlarıñ firārları töhmet-i vāḳıʿalarına mebnī olmaḳ iḥtimāli derkār {16} oldığı miṡillü mücerred baʿżı vehm ü vesveseden nāşī bu aralıḳ memālik-i maḥrūsede {17} bulunmamaḳ ḳaṣdıyla firār itmiş olmaları daḫi muḥtemel ve maʿa-[mā-]fih bunlarıñ ebnā-yı cinsinden sā'ir {18} fesād ü ḫıyānetleri ẓuhūr itmeyanlere ber-muḳteżā-yı şerʿ-i şerīf bir şey dinilmeyerek {19} ʿırż ve māl ve cānları kemā-kān muḥāfaẓa olunmaḳda iken bunlarıñ üçi birden {20} bu ḳadar emlāk ü arāżīlerini terk ile firārı iḫtiyār itmeleri pek de tehī olmayaraḳ {21} bir cünḥaları olmaḳ ṣūret-i ḥālden müstedel oldığına naẓaran fi'l-ḥaḳīḳa fesādda {22} medḫalleri olub da ḫavf-ı mücāzāta mebnī firār itmişler ise ber-mūceb-i irāde-i seniyye {23} emlāk ü arāżīleriniñ cānib-i mīrīden żabṭ ve fürūḫtı bābında ḳaṭʿiyyen emr-i ʿālī {24} ıṣdārı ve illā mücerred vehm ü vesveseye ẕehāb ile firār itmiş olduḳları ḥālde {25} vech-i āḫarla bi't-te'mīn yine maḥallerine celb ve iskānları iḳtiżā idüb iki {26} ṣūretde daḫi Frankleriñ vesāṭet ve müdāḫalesi cā'iz olmayacağından başḳa {27} reʿāyā-yı Devlet-i ʿAliyye'den olub bir gūne cünḥası vuḳūʿ bulanlar düvel-i ecnebiyye {28} me'mūrlarınıñ ḫidmetlerinde bile bulunsalar yine anlarıñ ʿahden ḥimāyet iddiʿāsına istiḥḳāḳları {29} olmayaraḳ o maḳūle aṣḥāb-ı cünḥanıñ töhmetlerine göre ṣavb-ı düstūrīlerinden (14) te'dībāt-ı lāyıḳa icrāsı lāzım geleceği ve Frānsa ḳonsolosı mersūmuñ firārī-i {2} mersūmlar ḥaḳḳında ol vechile altı māh müddet taʿyīniyle re'y buyuruldısı iḫtilās eylemesi {3} emlāk ü arāżīlerini bir müddet żabṭ itdirmamek veyāḫūd te'mīn buyuruldısı aḫẕından ṣoñra {4} meydāna çıḳarmaḳ ve müddet-i meẕkūre inḳıżāsından ṣoñra daḫi zemīn-i āḫar tedārük {5} itmek miṡillü ḥiyel-i Frengāneden ḫālī olmadığı müstağnī-i taʿrīf ü beyān olmağla {6} mersūmlarıñ ḥaḳīḳat-i ḥāl ü keyfiyyetleri taḥḳīḳ ü tedḳīḳ-birle īcāb ü iḳtiżāsınıñ {7} bizẕāt ṭaraf-ı düstūrīlerinden icrāsı ve bundan böyle düvel ḳonsolosı ve me'mūrlarınıñ {8} reʿāyā-yı Devlet-i ʿAliyye maṣlaḥatına dā'ir o maḳūle inhā ve istidʿāları vuḳūʿunda {9} "Düvel-i müteḥābbe me'mūrlarınıñ vaẓīfe-i me'mūriyyetleri kendü tebaʿalarınıñ meṣāliḥ-i lāzımesine {10} münḥaṣır olmağla kendü tebaʿa ve tüccārlarına dā'ir inhā ve istidʿālarınıñ ʿahd ü şarṭ mūcebince {11} iḳtiżālarına baḳılur. Lākin reʿāyā-yı Devlet-i ʿAliyye maṣlaḥatı ve īcāb ü iḳtiżāsınıñ icrāsı {12} bizim bilüb yapacağımız mevāddan olub düvel-i müteḥābbe me'mūrlarınıñ dā'ire-i me'mūriyyetlerinden {13} ḫāricdir." yollu ecvibe-i mülzime iʿṭāsı ḫuṣūṣlarına himmet ve ḫuṣūṣ-ı meẕkūrı daḫi {14} bundan böyle gereği gibi taḥḳīḳ-birle firārī-i mersūmlarıñ buyuruldı tārīḫi {15} inḳıżāsından ṣoñra meydāna çıḳmadıḳları veyāḫūd meydāna çıḳub ʿafv ü müsāmaḥaya {16} gelmez ve şerʿan te'dībleri īcāb idecek töhmetleri tebeyyün eylediği ḥālde ol vaḳt {17} keyfiyyet ve iḳtiżāsınıñ Dersaʿādet'e inhāsı ḫuṣūṣuna himmet buyurmaları siyāḳında ḳā'ime. Fī 10 R 38

[*578/21*] ***Sāḳız muḥāfıẓına***

{1} Sāḳız cezīresiyle Çeşme yaḳasında iʿdām olunan ve firār itmiş olan ʿuṣāt-ı kefere {2} emlāk ü emvālleriniñ cānib-i mīrī-çün żabṭ ü taḥrīrine me'mūriyyetiñiz cihetiyle bi'l-cümle emvāl {3} ve maḥṣūlātı aḫẕ iderek ketḫüdāñız olan Kenḳırī ʿİzzet Efendi'niñ iğfāliyle maḥṣūlātıñ {4} cüz'ī miḳdārını deftere idḫāl ve māʿadāsını ketm ve āḫara beyʿ ü fürūḫt ve eṡmānını ekl {5} ü belʿ itmeğe cesāret eylediğiñiz ve Çeşme yaḳası ahālīsiniñ cezīre-i merḳūme ʿuṣātına {6} memleket deyni olaraḳ borçları olan dört yüz biñ ġurūş ile ʿuṣāt-ı mersūmeniñ {7} daḫi ahālī-i merḳūmeden baʿżılarına iki yüz biñ ġurūş müteferriḳ ẕimemātlarınıñ nıṣfını {8} ve baʿżen ṡülüṡüni tenzīl ve temessükātını tebdīl itmek mülāḥaẓasıyla ṡebt-i defter itdirmediğiñiz {9} ve Sāḳız'dan firār iden ʿuṣāt-ı reʿāyānıñ cānib-i mīrīye ʿā'id olan emvāl {10} ü emlāklarınıñ żabṭ ü taḥrīri-çün maʿiyyetiñizde mevlā ve muḥarrir efendiler eğerçi īfā-yı {11} me'mūriyyetlerine saʿy itmek murādında iseler de cezīre-i merḳūme vücūhundan olub {12} bundan aḳdemce mürted olaraḳ firār iden ve el-ān İbṣāra'da olan Ṣalyāroğlı {13} Mīnā didikleri ḫabīṡiñ el-yevm Sāḳız'da olan oğlı ʿAlī Çelebi nām şaḫṣı müdīr ve müsteşār {14} ʿadd eyleyerek anıñ taʿrīf ve taʿlīmiyle firārī kefereniñ gelüb tecemmuʿlarına ve zeytūnlarını {15} devşirmelerine ruḫṣat ve bi'l-vücūh müsāʿade gösterdiğiñizden aḏalarda olan {16} ʿuṣāt-ı kefere cezīre-i merḳūmeye gelüb zeytūn maḥṣūllerini ve sā'ir māllarını alub {17} istedikleri maḥallere fürūḫt eylediklerine mebnī el-ḥāletü-hāẕihī ʿiṣyān üzere olan {18} aḏa gāvurları ruḫṣatıñız cihetiyle revġan ve zeytūn ḫuṣūṣunda ḳaṭʿan müżāyaḳa {19} görmedikleri ve cezīre-i merḳūmede olan sekene-i ehl-i İslām ʿindiñizde muḥaḳḳar ve mevcūd olan {20} reʿāyā ve gelüb giden ʿuṣāt-ı kefere muʿteber olaraḳ ḥattā İbṣāra'da olub {21} gelemamiş olan baʿżı ʿuṣātıñ Çeşme yaḳasında olan alacaḳlarını {22} merḳūm ʿAlī Çelebi taḥṣīl ve kendülere irsāl itmekde ve ketḫüdāñız merḳūm daḫi bu ḫuṣūṣ içün (16) teẕkire virmekde oldığı ve Sāḳız ḳalʿasında olan ẕaḫāyiriñ iḥtiyāṭa riʿāyeten {2} ṣarfı cā'iz değil iken mevcūd ẕaḫāyirden beş biñ keyl miḳdārı ẕaḫīre ifrāz {3} ve ḥabbāzān ṭā'ifesine iʿṭā eylediğiñiz ve merḳūm ʿAlī Çelebi'niñ re'yiyle ḥareketiñize mebnī {4} bī-pervā aḏalardan ʿuṣāt-ı eşḳıyāya cezīre-i merḳūmeye gelmeğe ruḫṣat virerek {5} bir gūne taḥarrīde olmadığıñız ve merḳūm ʿAlī Çelebi'niñ babası mürted-i mersūm el-ān İbṣāra aḏası {6} ʿuṣātına sergerde olub bundan aḳdemce Sāḳız'da vāḳiʿ olan hücūmda ʿuṣātla berāber {7} gelmiş oldığından ḥālā oğlı ile mükātebe iderek bunlardan bir vechile emniyyet cā'iz {8} olmadığı ve bu ḫuṣūṣlar maʿiyyetiñize ṭaraf-ı şerʿden me'mūr mevlā ile muḥarrir ṭarafından {9} ve ahālī cānibinden iḫṭār ve menʿi māddesine ibtidār olunmuş ise de ıṣġā itmeyerek {10} "Sizleriñ vaẓīfeñiz değild[ir], Devlet-i ʿAliyye benden ṣorar" deyu nā-mülāyim cevāb virerek {11} bildiğiñizden ḳalmadığıñızı, ḥattā mevlā ve muḥarrir-i mūmā-ileyhimānıñ bu ḫuṣūṣları {12} der-bār-ı şevket-medāra bildirmeleri lāzımeden ise de bu ṭarafa gönderdikleri kāğıdlarını {13} ṭutub küşād eylediğiñizden bunları yazmağa cesāret idemedikleri {14} bu defʿa āmed-şod idenlerden ve sā'irden derece-i ṣıḥḥatde istimāʿ ve taḥḳīḳ olunub {15} sizden Devlet-i ʿAliyye'ye ez-her-cihet ḥüsn-i ḫidmet ve ṣadāḳat ve me'mūr oldığı umūrda {16} diyānet ü istiḳāmet ider me'mūlüyle bā-rütbe-i mīr-i mīrānī cezīre-i merḳūme muḥāfıẓlığı {17} ʿuhdeñize iḥāle olunmuş ve mücerred tereffüh ü āsāyişiñiz ġarażıyla ʿuhdeñize münāsib {18} manṣıb daḫi tevcīh ḳılınmış ve ṣadāḳat ümīdiyle iʿdām olunan ve firār eyleyan {19} gāvurlarıñ muḫallefātları taḥrīri māddesi daḫi ʿuhdeñizde ibḳā olunmuş oldığından {20} umūr-ı me'mūreñizde ḫidemāt-ı mebrūre ve mesāʿī-i meşkūre ibrāz ü iẓhārıyla {21} taḥṣīl-i nīk-nāmī ve şöhrete iʿtinā ve diḳḳat ve bidāyet-i me'mūriyyetiñizde ṣadāḳatle {22} çalışub Devlet-i ʿAliyye'ye ḫidmet beğendirüb nā'il-i mükāfāt-ı seniyye {23} olmaḳlığa müṣāberet eylemeñiz farīża-i ẕimmetiñiz iken bu vādīden ẕühūl ile {24} ibtidā-yı neş'etiñizde bu vechile ḥamiyyet ü ṣadāḳate yaḳışmaz ve diyānet ü istiḳāmete ṣığmaz {25} efʿāl-i ġayr-ı marżiyyeye ictisārıñız uyġunsuz ve ḥaḳḳıñızda ne gūne vaḫāmet {26} ve nedāmeti iḳtiżā ider yolsuz ḥareket oldığı ednā mülāḥaẓa ile maʿlūm olur. {27} Vāḳıʿan Sāḳız cezīresiniñ muḥāfaẓasını ve ẕikr olunan emlāk ü arāżīniñ {28} taḥrīrini Devlet-i ʿAliyye size iḥāle itmiş oldığından nīk ü bedini sizden ṣoracağı (17) ẓāhir ise de böyle ketḫüdāñızıñ ve bir mürted olan ḫabīs̱iñ oğlunuñ iğfāl ü taḥrīkiyle {2} bu gūne nā-mülāyim ḥareketiñiz vuḳūʿa gelerek ve maʿāẕallāhü Taʿālā ʿadem-i taḳayyüd ü ihtimām {3} ve ṭamaʿ belāsıyla Sāḳız'da bir ḥādis̱e vuḳūʿ bularaḳ mesʾūliyyeti size rāciʿ oldığı ḥālde {4} ol vaḳt ne vechile cevāb vireceksiñiz ve naṣıl şevketlü efendimiziñ ġażab-ı āteş-bār-ı mülūkānesinden {5} ḳurtılacaḳsıñız, bilinemez. Böyle vaḳtde dīn ü devlete cānsipārāne ḫidmet iki cihānda {6} mūcib-i rifʿat olacağı mis̱illü böyle ḥarekāt-ı meẕmūme mūcib-i ḫüsrān ü nedāmet olacağı {7} bī-iştibāhdır. İşte bu defʿa size ḫayr-ḫāhāne bu vechile beyān eyledim. Bundan ṣoñra {8} selāmet-i ḥāl lāzım ise ʿaḳlıñızı başıñıza devşirüb o maḳūleleriñ defʿiyle {9} yoluyla ḥareket ve cezīre-i merḳūmeniñ bi'l-vücūh muḥāfaẓasıyla öyle ʿuṣāt-ı eşḳıyānıñ {10} gelüb gidemameleri emr-i ehemmine beğāyet diḳḳat ve meʾmūr-ı taḥrīri oldığıñız emlāk {11} ve sāʾireniñ bir aḳçesi ḫāric ve mektūm ḳalmayaraḳ cümlesini mevlā ve muḥarrir-i mūmā-ileyhim {12} maʿrifetleriyle s̱ebt-i defter itdirüb ṭamaʿ seyyiʾesine giriftār olmaḳdan mübāʿadet-birle {13} rıżā-yı emr-i ʿālīye muvāfıḳ ḥareket-i memdūḥa ibrāzına ṣarf-ı endīşe-i diḳḳat eylemeñiz içün {14} ḳāʾime. Fī 11 R 38

[578/24] ***İzmīr Muḥāfıẓına***

{1} İzmīr mütemekkinlerinden Devlet-i ʿAliyye reʿāyāsından Yanākī nām ẕimmī İzmīr'de Frenk maḥallesinde {2} vāḳiʿ Cūbā [?] Ḫānı dimekle maʿrūf ḫānıñ nıṣfına mutaṣarrıf olub İzmīr'de muḳīm {3} Flemenk ḳonsolosuyla vāḳiʿ olan ḳarābeti cihetiyle mutaṣarrıf oldığı nıṣf-ı ḫānı ḫilāf-ı ʿahd ü şarṭ {4} muvāżaʿaten ḳonsolos-ı mersūmuñ ḳarısı Ṭarūma nām Naṣrāniyyeye fürūḫt ve kendüsi {5} firār itmiş oldığından ṣudūr iden irāde mūcebince ẕikr olunan nıṣf-ı ḫānıñ beyʿ ü ferāğına {6} iʿtibār olunmayub cānib-i mīrīden żabṭ olunacağını ḳonsolos-ı mersūm derk iderek mersūm {7} Yanākī firār itmeyüb iḫtifā itmiş oldığını ḫaber virmiş ve mersūmuñ is̱bāt-ı vücūd eylemesi {8} ṭaraf-ı düstūrīlerinden tenbīh olunmuş ve mersūm Yanākī daḫi is̱bāt-ı vücūd iderek ẕikr olunan {9} nıṣf-ı ḫānıñ zevce-i mersūme ṭarafından vekīl olaraḳ ẕimmī-i mersūma ḳonsolos-ı mesfūr {10} redd itmiş oldığı beyānıyla cānib-i mīrīden żabṭı yāḫūd ṣāḥib-i evveli mersūmda ibḳāsı {11} ḫuṣūṣlarında ne vechile irāde-i seniyye taʿalluḳ ider ise ṣavb-ı saʿādetlerine işʿārı ḫuṣūṣı {12} ṭaraf-ı saʿādetlerinden bā-taḥrīrāt ü iʿlām inhā olunmuş olub ancaḳ ẕimmī-i mersūm firārı es̱nāsında {13} "Elli biñ ġurūş alacağım muḳābelesinde zevcem mersūme Ṭārūma'ya beyʿ ve İzmīr ḥākimi efendi ṭarafından {14} ḥüccet itdirmişdir." deyu ḫān-ı mezḳūruñ nıṣf ḥiṣṣesini ḳonsolos-ı mersūm żabṭ murād itmiş {15} ise de ḥiṣṣe-i mezḳūreniñ s̱emeni ḫaylī ziyāde ideceğinden elli biñ ġurūşa beyʿi muvāżaʿa {16} oldığını te'yīd eylediğinden ġayrı firārī-i mersūmı nezd-i sa'ādetlerine celb ve iḥżār {17} ve bey'-i meẕkūrı fesḫ ile meblaġ-ı meẕkūr elli biñ ġurūş mersūmeye deyni oldıġını {18} iḳrār iderek yine kendüyi iḫtifā itmiş oldıġı beyānıyla mersūmuñ ḫıyānetiniñ taḥaḳḳuḳuna binā'en {19} nıṣf-ı ḫān-ı meẕkūr ile kāffe-i emvāl ü eşyāsınıñ cānib-i mīrīden żabṭı menūṭ-ı {20} re'y-i 'ālī idüği İzmīr'de firārī gāvurlarıñ emlākı taḥrīrine me'mūr Kātibzāde {21} Aḥmed Aġa ṭarafından inhā olunmuş ve ẕāt-ı müşīrīleriyle mübāşir-i mūmā-ileyh ṭarafından vāḳi' olan inhālarda {22} mübāyenet olaraḳ ḫuṣūṣ-ı merḳūmda iştibāh vāḳi' oldıġından ve mersūmuñ daḫi {23} iḫtifāsına naẓaran firārī 'idādından ma'dūd olmayacaġı ṣūret-i ḥālden nümāyān {24} idüğünden ḫuṣūṣ-ı meẕkūruñ gereği gibi aḥvāli tebeyyün ü taḥaḳḳuḳ idinceye ḳadar şimdilik (19) żabṭ ve terk ṣūretleriniñ ikisi daḫi icrā olunmayub mübāşir-i mūmā-ileyhiñ taḥrīr itmekde oldıġı {2} emlāk ve muḫallefātıñ mümżā defteri tekmīl ve taḳdīminde ḥaḳīḳat-i keyfiyyetiñ kemā-hiye-ḥaḳḳuhā {3} ẓāhire iḫrācıyla tekrār inhāsı lāzımeden olmaġla muḳteżā-yı feṭānetleri üzere {4} defter-i meẕkūruñ tekmīlinde bu māddeniñ daḫi ḥaḳīḳati vechile inhā ve iş'ārına himmet buyurmaları {5} siyāḳında ḳā'ime. Fī 12 R 38

[578/27] ***Rumili vālīsine***
{1} El-ḥāletü-hāẕihī Yeñişehir'de mevcūd ü müddeḫar olan ẕaḫīre bī-me'āl olub hemān tükenme derecesinde {2} oldıġı istimā' olundıġından ve İzdīn ve Alāmāna ṭaraflarına ẕaḫīre iḳtiżā eyledikçe Yeñişehir'den {3} gönderilmesi irāde olunmaḳda idüğünden başḳa ẕāt-ı ser'askerīniñ bi-mennihī Ta'ālā Yeñişehir'e vürūdlarında {4} beher-ḥāl muḥtāc olduḳları külliyyetlü 'asākiriñ iḥtişādına ibtidārlarında ẕaḫāyir-i vāfiyeniñ lüzūmı {5} derkār olacaġından her ne ḳadar ol ṭarafda ta'yīnāt-ı 'askeriyyeniñ idāresi żımnında başḳa nüzül {6} me'mūrları olaraḳ 'asākire virilecek ta'yīnāt nüzül emīnleri ma'rifetiyle rü'yet ve i'ṭā {7} ve idāre olunaraḳ işbu nüzül māddesi nüzül emīnlerinden mes'ūl ve şimdiye ḳadar nüzül emīnleri {8} idāre-i ta'yīnāt-ı 'askeriyyeyi ne vechile rü'yet itmişler ise yine kemā-kān anlar idāre ve rü'yet itmek {9} lāzım geleceği emr-i ġayr-ı mechūl ise de ehemmiyyet-i maṣlaḥat cihetiyle ẕāt-ı sa'ādetleriniñ Yeñişehir'e {10} vuṣūlünden muḳaddem ṭaraf-ı Salṭanat-ı Seniyye'den kār-güẕār ve ġayret ü ṣadāḳat ile şöhret-şi'ār {11} biriniñ 'unvān-ı defterdārī ile Yeñişehir'e ta'yīn ve irsāliyle selefleri müteveffā Ḫūrşīd Paşa {12} ṭarafından Yeñişehir ordusı-çün emlāk-ı hümāyūndan ve maḥāll-i sā'ireden bā-buyuruldı istenilan {13} ẕaḫāyirden girü ḳalmış her ne ise añlayaraḳ beḳāyānıñ bir ṭarafdan peyderpey taḥṣīl ve celbine iḳdām {14} ve her bir ḳażādan ne miḳdār ẕaḫīre maṭlūb olunmaḳ iḳtiżā ider ve taḥammülleri ne vechiledir, {15} erbāb-ı vuḳūfdan bi't-taḥḳīḳ cenāb-ı ser'askerīleriniñ müceddeden tertīb eyleyecekleri ẕaḫīreyi {16} daḫi re'y-i müşīrīleri vechile ḥareket iderek bir ān evvel cem' ü

iddiḫār ve irād[e] eyledikleri maḥalle {17} iʿṭāya saʿy-ı mā-lā-kelām olunması īcāb-ı maṣlaḥatdan oldığına bināʾen ol bābda şeref-rīz-i ṣudūr olan {18} ḫaṭṭ-ı hümāyūn-ı şāhāne mūcebince bu ḫuṣūṣa ʿunvān-ı defterdārīyle biʾl-intiḫāb ḫācegān-ı {19} Dīvān-ı Hümāyūnʾdan ve muʿteberān-ı ḫademe-i Devlet-i ʿAliyyeʾden sābıḳan Ṭopḫāne-i ʿĀmire Ocağı {20} Kātibi El-Ḥāc Aḥmed Efendi taʿyīn ve ṣavb-ı meʾmūresine iʿzām olunmuş oldığından efendi-i mūmā-ileyh {21} mübteġā-yı ṣıdḳ ü istiḳāmet ve ġayreti üzere meʾmūriyyeti şāmil yedinde olan emr-i ʿālī {22} muḳteżāsı üzere ḥareket iderek bā-ʿavn-i Bārī ber-vefḳ-i murād ibrāz-ı ḥüsn-i ḫidmet ile taḥṣīl-i {23} rıżā-yı serʿaskerīlerine diḳḳat ideceği ve efendi-i mūmā-ileyhiñ meʾmūriyyeti taʿyīnāt-ı ʿaskeriyye {24} iʿṭāsı olmayub ol mādde nüzül emīnleriniñ idāre ideceği şey olaraḳ mūmā-ileyh mücerred {25} selefleri müteveffā-yı müşārun-ileyhiñ eṭrāfdan bā-buyuruldı maṭlūb eylediği ẕaḫāyirden girü ḳalan {26} ne ise peyderpey taḥṣīl ve celbe iḳdām ve cenāb-ı müşīrīleriniñ müceddeden tertīb eyleyecekleri {27} ẕaḫāyiri yine ẕāt-ı sipehdārīleriniñ emr ü reʾyiyle celb ü cemʿ ve irāde eyledikleri maḥalle iʿṭāya {28} ihtimām oldığı müberhen ü bāhir ise de ẕāt-ı saʿādetleri eyālet-i Rumiliʾniñ vālī-i vālā-şānı {29} ve biʾl-istiḳlāl serʿasker-i ẓafer-ʿunvānı olduḳlarından ve efendi-i mūmā-ileyhiñ meʾmūriyyeti ancaḳ {30} teshīl-i meṣāliḥ-i serʿaskerīleri żımnında idüğünden bu ḫuṣūṣuñ lāyıḳıyla rüʾyet ü temşiyeti {31} ancaḳ cenāb-ı düstūrīleriniñ himmet ü iḳdām ve ġayret ü ihtimāmına mütevaḳḳıf olub bu cihetle (22) mūmā-ileyhe iʿānet-i muḳteżiyeniñ icrāsı hem meṣāliḥ-i ehemme-i Devlet-i ʿAliyyeʾyi vaḳt {2} ü zamānıyla rüʾyet ve hem efendi-i mūmā-ileyhiñ işbu meʾmūriyyetinde ber-vefḳ-i murād himmet iderek {3} taḥṣīl-i rıżā-yı serʿaskerīlerine muvaffaḳiyyeti īcāb ideceği vāreste-i ḳayd [ü] işāret olmağla {4} rekīz-i fıṭrat-ı aṣliyyeleri olan mādde-i maḫṣūṣa-i kār-āzmūdegī ve dirāyet iḳtiżāsı {5} üzere efendi-i mūmā-ileyh ḥaḳḳında ez-her-cihet muʿāvenet ve ḥimāyet-i lāyıḳanıñ biʾl-vücūh {6} īfāsıyla teshīl-i maṣlaḥat-ı meʾmūresini müstelzim vesāʾil-i muḳteżiye icrāsına bezl-i himmet {7} buyurmaları maṭlūb-ı maḫṣūṣ-ı muḫliṣī idüği beyānıyla ḳāʾime. Fī 15 R 38

[578/28] ***Rumili vālīsine***

{1} Niş Muḥāfıẓı saʿādetlü Ḥüseyin Paşa maʿiyyetinde olan iki biñ nefer aylıḳlu ʿaskere mīrīniñ {2} keṣret-i maṣārifātı ve Ṣırplu ṭarafında şimdilik bir ḥādiṣe olmaması cihetiyle iẕn virilüb {3} muḥāfıẓ-ı müşārun-ileyhiñ dāʾiresini tekṣīr iderek emr-i muḥāfaẓaya iʿtinā eylemesi ve ledeʾl-iḳtiżā derḥāl {4} eṭrāfdan ʿasker celbiyle levāzım-ı müdāfaʿaya ḳıyām idüb Ala[ca]ḥiṣār Mutaṣarrıfı Şehsuvār Paşaʾnıñ {5} daḫi ḥīn-i iḳtiżāda müşārun-ileyhe iʿānet itmesi irāde olunaraḳ keyfiyyet bundan aḳdem {6} muḥāfıẓ-ı müşārun ve mutaṣarrıf-ı mūmā-ileyhimāya iḳtiżāsına göre yazılmış imiş. El-ḥāletü-hāẕihī muḥāfıẓ-ı müşārun-ileyh {7} ṭarafından tevārüd iden taḥrīrāt meʾālinde Alacaḥiṣār mutaṣarrıfı mūmā-ileyh lede'l-iḳtiżā {8} kendüye imdād ü iʿāne itmek üzere me'mūr ise de Alacaḫiṣār sancağı dāḫilinde {9} kā'in palanḳalar ile Morava köprisiniñ emr-i muḥāfaẓalarına daḫi me'mūriyyeti olmaḳ {10} ve kendüsünüñ güzīde ve münteḫab ʿaskeri oğlı Maḥmūd Paşa maʿiyyetiyle Mora üzerinde bulunmaḳ ḥasebiyle {11} oğlı mūmā-ileyhiñ Mora'ya olan me'mūriyyeti Alacaḫiṣār'a taḥvīl olunmasını mutaṣarrıf-ı mūmā-ileyh {12} taḥrīr ve iltimās eylemiş oldığı muḥarrer ü mezḳūr olub mūmā-ileyh Maḥmūd Paşa'nıñ iʿādesini {13} giçen sene pederi mūmā-ileyh yine istidʿā itmiş ve keyfiyyet ol vaḳt selefleri müteveffā {14} Ḫūrşīd Paşa'dan istiʿlām olunmuş ise de müteveffā-yı müşārun-ileyh mūmā-ileyh Maḥmūd Paşa'nıñ {15} iki yüz nefer ḳadar ʿasker ile Yeñişehir'e vürūd eylediğini beyān iderek Alacaḫiṣār'a iʿādesi {16} ḫuṣūṣı menūṭ-ı re'y-i ʿālī idüğüni bu ṭarafa yazmış oldığına ve paşa-yı mūmā-ileyhiñ {17} ol miḳdār ʿasker ile müteveffā-yı müşārun-ileyh maʿiyyetine gitmesine naẓaran Alacaḫiṣār'dan {18} ol miḳdār ʿasker çıḳmasında be'is olmadığından başḳa paşa-yı mūmā-ileyhiñ iʿādesi {19} lāzım gelse sā'ir ḳażālar ʿaskerine daḫi sirāyeti ve Ṣırplunuñ ʿiṣyānı ḥavādiṣi miṣillü {20} meḥāẕīri müstelzim olacağına ve gerek Mosḳovlu ve gerek Ṣırplunuñ bir gūne ḥareketleri {21} ẓuhūr itmeyerek bundan böyle daḫi Mosḳovlu ḥareket itmedikçe Ṣırplu daḫi bir şey yapamayacağı {22} derkār idüğüne binā'en hemān paşa-yı mūmā-ileyhiñ kemākān maʿiyyetinde tevḳīfiyle iḳtiżāsına {23} göre istiḫdāmı ḫuṣūṣı ol zamān müteveffā-yı müşārun-ileyhe taḥrīr ü işʿār olunmuş ve Alacaḫiṣār {24} Mutaṣarrıfı mūmā-ileyh Şehsuvār Paşa'ya daḫi dā'imā mütebaşşır ü āgāh bulunaraḳ lede'l-iḳtiżā **(23)** muḥāfıẓ-ı müşārun-ileyh ṭarafına imdād ü iʿāne eylemesi irādesini nāṭıḳ gönderilan taḥrīrāta {2} cevāben paşa-yı mūmā-ileyhiñ Bāb-ı ʿĀlī'ye vārid olan maʿrūżātında ber-mūceb-i emr ü irāde-i {3} seniyye zīr-i idāresinde lāzımü'l-muḥārese olan maḥallere ʿasker taʿyīniyle şerāyiṭ-i iḥtiyāṭda {4} ḳuṣūr itmediği miṣillü bir ṭarafdan bir ḥādiṣe vuḳūʿ bulmaḳ lāzım gelür ise muḥāfıẓ-ı müşārun-ileyhe {5} vüsʿi mertebe iʿāneye mübāderet ideceğini işʿār eylemiş ve giçenlerde ṣavb-ı sipehdārīlerine {6} beyān ü işʿār olundığı üzere saʿādetlü Meḥmed Paşa ḥażretleri maʿiyyetinde olan Geğa paşaları {7} daḫi her ne ḳadar ʿaskerleri firār itse bile kendüleri maḥall-i me'mūriyyetlerinden ayrılmayaraḳ ṣebāt {8} ü metānet itmeleri-çün tenbīh-nāme yazılmış oldığına naẓaran bu maḳūle mevāddıñ ṣavb-ı {9} sipehdārīlerine işʿārıyla bu bābda re'y ü tedbīr-i serʿaskerīleri ne ise öylece icrā eylemeleri {10} lāzımeden ve emr ü irāde-i seniyye-i şāhāne muḳteżāsından olaraḳ gerek mūmā-ileyh {11} Maḥmūd Paşa'nıñ iʿādesi māddesini ve gerek bu miṣillü iḳtiżā iden māddeleri ṭaraf-ı serʿaskerīlerine {12} yazması şeref-sünūḥ iden irāde-i seniyye mūcebince ṭaraf-ı muḫliṣīden muḥāfıẓ-ı müşārun-ileyhe yazılmış {13} olmağla muḳteżā-yı dirāyet ü ḥaṣāfet-i düstūrāneleri üzere ḫuṣūṣ-ı mezbūrı eṭrāfıyla {14} müṭālaʿa iderek ṣūret-i ḥāle naẓaran mūmā-ileyh Maḥmūd Paşa bendeleriniñ pederi yanına iʿādesinde {15} re'y ü tedbīr-i müşīrīleri ne vechile ise öylece icrā ve her ḥālde şerāyiṭ-i mehām-āşināyī ve reviyyetiñ {16} īfāsına himmet ü iʿtinā buyurmaları siyāḳında ḳāʾime. Fī 16 R 38

[*578/29*] ***Rumili Vālīsi Celāl Paşa'ya***

{1} Müteveffā Ḫūrşīd Paşa ketḫüdāsı Ḳapucıbaşı {2} Ṣāliḥ Aġa bendeleriniñ el-yevm yanında olan {3} müteveffā-yı müşārun-ileyhiñ ṣarrāfı Ermenī ṭāʾifesinden {4} Ḥalebli Acī Anṭon ile başyamaġınıñ {5} ve yine aġa-yı mūmā-ileyh yanında olan {6} sābıḳ nüzül emīni müteveffā Edhem Aġa'nıñ {7} aḫẕ ve iʿṭāsı ḫidmetinde istiḫdām eylemiş oldıġı {8} Tırḥāla mütemekkinlerinden Yazıcı Mīḫālākī ve mesfūruñ {9} yamaġı olan Yānyalı Yazıcı Zāfirī ve ḳarındaşı {11} Ḳosṭī nām ẕimmīleriñ baʿżı suʾāl ve cevāb żımnında {12} Dersaʿādet'e celbi lāzım gelmiş oldıġından mersūmlarıñ {13} Dersaʿādet'e iḥżārı żımnında zuʿamādan biriniñ {14} taʿyīniyle ṭaraf-ı serʿaskerīlerine irsāli ve mersūmlarıñ {15} maʿrifet-i düstūrīleriyle bu ṭarafa iḥżārı ḫuṣūṣuna {16} irāde-i seniyye-i mülūkāne taʿalluḳ itmiş ve mūcebince {17} bu ḫuṣūṣa dergāh-ı ʿālī gediklülerinden Dervīş {18} Muṣṭafā Aġa bendeleri maḫṣūṣ mübāşir taʿyīn {19} olunaraḳ ṣavb-ı saʿādetlerine gönderilmiş ve bi-mennihī Taʿālā {20} ẕāt-ı sāmīleriniñ Yeñişehir'e vuṣūllerinde hemān {21} işbu nemīḳamızı cenāb-ı saʿādetlerine teslīm iderek {22} mersūmları alub ḏoġrı bu ṭarafa getürmesi {23} daḫi şeref-sünūḥ iden irāde-i seniyye iḳtiżāsı üzere {24} mübāşir-i mūmā-ileyhe tenbīh olunmuş olmaġla ẕāt-ı düstūrīleri {25} daḫi mersūmlarıñ mübāşir-i mūmā-ileyhe teslīmen bu ṭarafa irsāli {26} ve eṡnā-yı rāhda bir ṭarafa firār idemameleri ne maḳūle {27} esbāba menūṭ ise istiḥṣāli ḫuṣūṣuna himmet ü müsāraʿat {28} buyurmaları siyāḳında ḳāʾime. Lede'l-vuṣūl bu gāvurlardan {29} maḳtūl Tepedelenli'niñ baʿżı ṣūretler ile ketm ü iḫfā {30} olunmuş olan nuḳūduyla muḳaddem bir taḳrīb aḫẕ {31} ve ketm itmiş oldıġı ẕimemātıñ senediniñ iḳtiżāsı {32} vechile suʾāliyle ḫārice çıḳarılması lāzım gelmiş {33} ve bu māddeler daḫi mersūmlarıñ ittifāḳ ve maʿrifetleriyle {34} oldıġı tebeyyün itmiş oldıġından her ne ḳadar {35} müteveffā Ḫūrşīd Paşa ṣarrāfı Ḥalebli ve Ermenī {36} ise de dīgerleriyle ittifāḳ ve iḫtilāṭı {37} ve mūmā-ileyh Ṣāliḥ Aġa'nıñ yanında bulunmaları {38} cihetiyle ibtidā birisi aḫẕ ve mübāşirine teslīm olundıġı {39} yāḫūd bir ṣūretle āḫara serrişte virildiği ḥālde **(23a)** firār itmeleri veyāḫūd baʿżılarıñ ḳaçırmaları {2} melḥūẓ oldıġından bir ṣūretle cümlesiniñ {3} aḫẕıyla mübāşirine teslīmen irsāli lāzımeden {4} olmaġla aña göre ḥareket ile bunlardan {5} zinhār bir neferi ḳaçırılmayaraḳ cümlesiniñ berāber {6} irsāl ve iḥżārına himmet buyurmaları meʾmūldür. Fī 16 R 38

[*578/31*] ***Menteşā sancaġı mütesellimine***

{1} Menteşā sancaġında vāḳiʿ Mandālyāt ḳażāsına tābiʿ Aḳbük ḳaryesi ve Ṭaşlıca ve Ṭarāḫiye {2} ḳażāları reʿāyālarından bidāyet-i fesādda firār idüb bu aralıḳ müteşebbiṡ-i ẕeyl-i amān olan {3} maʿlūmü'l-miḳdār reʿāyā ile ḥabs itmiş oldığıñ Dīmitrī nām ḳocabaşı ḥaḳlarında {4} isti'lām-ı irāde-i seniyyeyi şāmil vārid olan 'arīżañ me'āli ma'lūmumuz olmuşdur. {5} Ṭavḳ-ı ra'iyyetden çıḳub 'işyān iden gāvurlardan bu maḳūle re'y ve amān ṭalebinde olan {6} re'āyā ḥaḳlarında şefḳat-i İslāmiyye iḳtiżāsınca bir şey dinilmeyerek şerāyiṭ-i erba'aya {7} rabṭ ile re'y ve amān i'ṭāsı muḳaddemce ittifāḳ-ı ārā ile ber-muḳteżā-yı şer'-i şerīf {8} ḳarār-gīr olaraḳ işbu şürūṭ-ı erba'ayı ḳabūl ve mūcebince ḥareket idenleriñ fi'illeri {9} delāletiyle ḳavllerine ve istīmānlarına i'timād olundığı ṣūretde bu miṣillülere mesāġ-ı şer'ī {10} üzere re'y ve amān i'ṭāsı muḳteżā-yı irāde-i seniyyeden oldığına binā'en şerāyiṭ-i {11} mezkūreniñ bir ṣūreti iḫrāc itdirilerek işbu kāġıdımıza maṭviyyen ṭarafıña gönderilmiş {12} olub ancaḳ re'āyā-yı mesfūre fi'l-ḥaḳīḳa ez-dil ü cān re'y ve amān ṭalebinde olduḳları {13} ḥālde faḳaṭ bunlar müstaḳil bir cezīre re'āyāsı olmayaraḳ ehl-i İslām köylerinde mütemekkin (25) re'āyādan olduḳlarına naẓaran içlerinden rehn alınub gönderilmek şarṭı bunlar ḥaḳḳında {2} iḳtiżā itmeyerek hemān ol ṭarafıñ uṣūl ve iḳtiżāsı üzere ṣaḥīḥ emniyyet olunacaḳ {3} ṣūret her ne ise anı istiḥṣāl-birle dīger şürūṭ-ı s̱elās̱eyi kendülere teklīf ve tefhīm {4} iderek tamāmen ḳabūl ve fi'ilen icrā iderler ise muḳteżā-yı şer'-i münīf üzere istīmānları ḳabūl {5} ve re'y ve amān i'ṭāsıyla vaṭanlarına 'avdetlerine ruḫṣat i'ṭā eylemañ ve şerāyiṭ-i mezkūreyi {6} ol vechile ḳabūl itmeyüb kemā-kān 'iṣyānlarında muṣır olurlar ise iḳtiżāsına göre ḳahr ü tenkīlleri {7} esbābınıñ istiḥṣāline mübāderet ve mesfūr ḳocabaşı daḫi istīmān itmiş oldığına naẓaran {8} anıñ ḥaḳḳında daḫi ẕikr olunan istīmān şürūṭuna taṭbīḳan fi'ili ḳavline delālet ile i'timād {9} cā'iz oldığı taḳdīrce sā'iri mis̱illü re'y ve amān i'ṭā ve sebīlini taḫliye eyleyerek {10} 'iyāl ü evlādını daḫi celb itdirmañ ḫuṣūṣları īcāb-ı maṣlaḥatdan ve emr ü fermān-ı hümāyūn-ı {11} şāhāne iḳtiżāsından olmaġla re'āyā-yı mesfūre şerāyiṭ-i mezkūreyi ol vechile tamāmıyla {12} ḳabūl idüb fi'illeri delāletiyle ḳavllerine i'timād olundığı ṣūretde re'y ve amān {13} i'ṭā, ḳabūl eylemedikleri ḥālde ḳahr ü tenkīlleri vesā'iliniñ istiḥṣāline diḳḳat {14} ü i'tinā eylemañ içün ḳā'ime. Fī 18 R 38

[*578/35*] ***Rumili vālīsine***

{1} Ḳarlıili cānibinde olan Yānya Mutaṣarrıfı sa'ādetlü 'Ömer Paşa ṭarafından bu def'a tevārüd iden {2} bir ḳıṭ'a ḳā'ime me'ālinde bundan bir sene muḳaddem selefleri müteveffā Ḫūrşīd Paşa ṭarafından {3} bā-buyuruldı biñ nefer 'asker ile Bālyabādra muḥāfaẓasında olan Aydın Sancaġı Mutaṣarrıfı {4} Sīrozī sa'ādetlü Yūsuf Paşa ḥażretleri ma'iyyetine me'mūr olmuş olan Avlonyalı {5} İsmā'īl Beğ ma'iyyet-i müşārun-ileyhde bir müddetcik iḳāmet itmiş ise de Mora gāvurlarınıñ şiddet-i {6} 'iṣyānlarını görerek gāvurlar ile bi'l-muḫābere bir taḳrīb mecmū' neferātıyla birḳaç ḳıṭ'a Frenk {7} teknesine rākib olaraḳ Avlonya ṭarafına ric'at itmiş ve bu cihetle mīr-i mūmā-ileyhiñ {8} tertīb-i cezāsı lāzım gelmiş ise de ol eṡnāda henüz Tepedelenli ġā'ilesi berṭaraf olmamaḳ {9} taḳrībiyle vaḳtine taʿlīḳ ile mīr-i mūmā-ileyhi iġfāl içün Sūlī māddesinde istiḫdāmını {10} müteveffā-yı müşārun-ileyh reʾy ü irāde eylemiş ve Sūlī ordusunda uyġunsuz ḥareketinden başḳa {11} leylen mecmūʿ ʿaskeriyle firār iderek Avlonya'ya vardıḳda emvāl-i mīriyyeyi żabṭ ü taḥṣīl {12} ve Arnavud ṭāʾifesine ʿulūfe ve baḫşiş olaraḳ iʿṭā ve o ṣūretle başına birṭaḳım (27) ḥaşerāt cemʿ iderek ʿadem-i iṭāʿate ictirā itmiş oldıġına bināʾen müteveffā-yı müşārun-ileyh {2} bervech-i suhūlet mīr-i mūmā-ileyhiñ Yeñişehir'e celbi-çün bā-buyuruldı ḳahvecibaşısını göndermiş iken {3} iṭāʿat itmediğine mebnī Yeñişehir'de olan birāderini ḥabse ilḳā eyleyerek mūmā-ileyh {4} İsmāʿīl Beğ'iñ tertīb-i cezāsı-çün mühürdārı Ḥasan Beğ'i bir miḳdār ʿasker ile Avlonya üzerine {5} göndermiş ve verāsından daḫi delīlbaşısını birḳaç yüz süvārī ile taʿyīn itmiş ise de {6} ol eṣnāda serʿasker-i müşārun-ileyhiñ vefātı ẓuhūruyla delīlbaşı-i merḳūm Yeñişehir'e ʿavdet idüb {7} mühürdārı mūmā-ileyh daḫi el-ān Avlonya ṭarafında īfā-yı meʾmūriyyet itmek üzere ḳalmış {8} oldıġı ve işbu Avlonya māddesi Arnavudluġ'a bādī-i iḫtilāl olacaġı beyānıyla {9} mūmā-ileyh İsmāʿīl Beğ'iñ tertīb-i cezāsı-çün müteveffā-yı müşārun-ileyhiñ mühürdārı mūmā-ileyhe {10} ve meʾmūrīn-i sāʾireye ḫiṭāben fermān-ı ʿālī ıṣdār olunması ve Avlonya ve Delvīne sancaḳlarınıñ {11} ḥāvī oldıġı ḳażālarıñ ḥükkām ve beğlerine ve aġavāt ve bölükbaşılarına daḫi {12} bir sāʿat evvel kendü maʿiyyetine irişmeleri bā-evāmir-i ʿaliyye tenbīh olunaraḳ maḫṣūṣ {13} mübāşir gönderilmesi ve Yeñişehir'de maḥbūs olan mūmā-ileyh İsmāʿīl Beğ'iñ birāderi Aḥmed Beğ'iñ {14} ḥabsde tevḳīfiyle muḥāfaẓa olunması ve Yeñişehir'de iḳāmet üzere olan İbrāhīm Paşa-zāde {15} Süleymān Paşa ile Muḫtār Paşa-zāde Ḥüseyin Paşa'nıñ ol ṭarafdan defʿ olunmaları {16} ve müteveffā-yı müşārun-ileyhiñ Arnavudluġ'ı ifsāda cürʾetlerini bilerek Yeñişehir'de celb itmiş oldıġı {17} Tepedelenli silaḥdārıyla aña mümāṣilleriñ muḥāfaẓa ve cezāları tertīb olunması lāzımeden idüġi {18} ḫuṣūṣları muḥarrer ü mezkūr olub mūmā-ileyh Avlonyalı İsmāʿīl Beğ ile birāderi {19} Bekir Beğ'iñ Avlonya'ya ʿazīmetle taḥrīk-i fesāda cürʾet ve müşārun-ileyh ʿÖmer Paşa'nıñ mütesellimini {20} defʿ iderek Avlonya'yı żabṭ eylediğine ve bunlarıñ bu ḥāl üzere bıraġılması müşārun-ileyh {21} ʿÖmer Paşa'nıñ kesr-i nüfūẕ ve ḫāṭırını mūcib olacaġına bināʾen iḳtiżāsına göre {22} birini icrā ve dīgerini ketm ü iḫfā itmek üzere mūmā-ileyhimānıñ Dīmetoḳa'ya nefy {23} ü iclāları bābında başḳa ve iṭāʿat ü inḳıyād itmedikleri ḥālde iʿdām ü izāleleri {24} żımnında başḳa maḫfiyyen evāmir-i ʿaliyye ıṣdār ve tesyārı muḳaddemā selef-i düstūrīleri {25} müteveffā-yı müşārun-ileyh ṭarafından inhā olunmuş ve şeref-sünūḥ iden irāde-i ʿaliyye-i mülūkāne {26} mūcebince ol vechile mektūmen iki ḳıṭʿa emr-i ʿālī ıṣdār ve irsāl ḳılınmış ise de {27} müteʿāḳiben müşārun-ileyhiñ fevti vuḳūʿ bulmuş ve bu cihetle müteveffā-yı müşārun-ileyh işbu {28} iki ḳıṭʿa emr-i ʿālīden ḳangısını icrāya teşebbüṣ itmiş oldıġı maʿlūm olamamış {29} oldıġından başḳa rivāyet olundıġına göre mūmā-ileyh İsmāʿīl Beğ Arnavudluḳ içinde (28) ḫānedān ve ḳavm ü ḳabīle ṣāḥibi ve belki şimdiki ḥālde vaḳʿ ü iʿtibār cihetiyle müşārun-ileyh {2} ʿÖmer Paşa'ya muʿādil olmaḳ mülābesesiyle şimdi müşārun-ileyhiñ inhāsı vechile tertīb-i cezāsı bābında {3} mūmā-ileyh Mühürdār Ḥasan Beğ ve sā'ire ḫiṭāben fermān-ı ʿālī ıṣdār olunmaḳ lāzım gelse bunlar suhūletle {4} icrā idemeyerek maʿāẕallāhü Taʿālā Arnavudluḳ içinde daḫi bir fesād-ı ʿaẓīm peydā olması maḥẕūrı {5} derkār ve bi'l-ʿaks mīr-i mūmā-ileyhe muʿāmele-i ʿafv ü istimālet gösterilse müşārun-ileyh ʿÖmer Paşa {6} ḳuşḳulanub Mora me'mūriyyetinden iẓhār-ı fütūr ü reḫāvet ve belki vesveseye düşerek {7} ḫodbeḫod ʿavdet ideceği ẓāhir ü āşikār olub maʿa-hāẕā müşārun-ileyh ʿÖmer Paşa'nıñ keyfiyyeti maʿlūm {8} ve reviş ü reftārı dīger ḳā'ime-i muḫliṣī ile gönderilan Reşīd Paşa ḥażretleri {9} ḫaftāncısınıñ taḳrīrinden daḫi vāżıḥ ü meczūm ve mūmā-ileyh İsmāʿīl Beğ rivāyet {10} olundığına göre müşārun-ileyhe muʿādil idüği emr-i ġayr-ı mevhūm oldığından şimdiki ḥālde {11} eslem ṣūret olmaḳ üzere mūmā-ileyh İsmāʿīl Beğ'iñ sū'-i ḥarekātı muḳaddemā müteveffā {12} Ḫūrşīd Paşa ṭarafına inhā olunmuş ve iḳtiżā-yı maṣlaḥatıñ icrāsı ʿuhde-i istiḳlāline iḥāle {13} olunaraḳ müteveffā-yı müşārun-ileyh maṣlaḥatı iltizām idinmiş ise de bi-taḳdīrillāhi Taʿālā {14} vefātı vuḳūʿ bulmuş olub ancaḳ evvel ü āḫir kendünüñ vaḳʿ ü iʿtibārı nezd-i Devlet-i ʿAliyye'de {15} müstelzem oldığı ve ẕāt-ı sipehdārīleri daḫi müteveffā-yı müşārun-ileyhiñ ḥā'iz oldığı istiḳlāl {16} ve ruḫṣat-ı kāmile ile me'mūr olaraḳ müteveffā-yı müşārun-ileyhiñ uṣūl ü fürūʿ-ı me'mūriyyeti {17} cenāb-ı serʿaskerīlerine naḳl itmiş oldığından bu keyfiyyet daḫi ṣavb-ı sipehdārīlerine işʿār {18} ḳılındığı ve bu maṣlaḥat devletçe daḫi mültezem oldığı beyānıyla böyle şeyler ile ẕihnini taḫdīş {19} itmeyüb hemān īfā-yı me'mūriyyete müsāraʿat eylemesi veṣāyāsı iḳtiżāsına göre yazılması {20} tensīb olunmuş ve irāde-i hümāyūn-ı şāhāne daḫi bunuñ üzerine taʿalluḳ iderek ol vechile {21} ṣavb-ı muḫliṣīden müşārun-ileyhe cevāb-nāme yazılmış oldığı ve müşārun-ileyh ʿÖmer Paşa'nıñ ol ṭarafdan {22} defʿlerini inhā itmiş oldığı İbrāhīm Paşa-zāde Süleymān Paşa ile Muḫtār Paşa-zāde Ḥüseyin Paşa {23} bundan aḳdem sünūḥ iden irāde-i seniyye mūcebince celb olunaraḳ mūmā-ileyh Süleymān Paşa {24} Dersaʿādet'de iḳāme ve mūmā-ileyh Ḥüseyin Paşa Edirne'de iskān olunaraḳ bunlarıñ {25} Arnavudluḳ ṭarafıyla muḫābereleri meḥāẕīri ḳaṭʿ olunmuş ve ḥattā mūmā-ileyh Ḥüseyin Paşa'nıñ {26} Libohova'da olan vālidesiniñ daḫi Edirne'ye celbi-çün bu defʿa mübāşir taʿyīn ḳılınmış {27} oldığından bu mādde daḫi bu ṣūretle müşārun-ileyhe yazılan cevāb-nāmemizde bildirildiği {28} maʿlūm-ı dirāyet-melzūm-ı müşīrāneleri buyuruldukda ẕāt-ı sāmīleri bu bābda şeref-sünūḥ iden {29} irāde-i ʿaliyye-i şāhāne mūcebince hey'et-i maṣlaḥata ve ṭabīʿat-ı vaḳt ü ḥāle göre īcāb {30} ü iḳtiżāsı ne ise aña göre tedābīr-i lāzımesini müṭālaʿa buyuraraḳ vāḳiʿ olan re'y ü tedbīr-i {31} serʿaskerīlerini bu ṭarafa işʿāra himmet buyurmaları muḥavvel-i ʿuhde-i kār-āzmūdegī ve feṭānet-i {32} ẕātiyyeleridir. Ḳaldı ki, Yānya mutaṣarrıfı müşārun-ileyhiñ iş'ārından el-yevm Yeñişehir'de bulunan (29) maḳtūl Tepedelenli silaḥdārıyla sā'ir ba'żı Arnavud beğleriniñ te'dībleri ḫuṣūṣunuñ {2} ṣavb-ı ser'askerīlerine yazılması müstefād ise de selefleri müteveffā-yı müşārun-ileyhiñ {3} muḳaddemā vāḳi' olmuş olan inhāsında Mora'da olan sergerde-i 'uṣāt Ḳoloḳoṭronī {4} nām mel'ūnuñ murādı Meçopo'nuñ oğlı Elmās ile eylediği muḳāvele üzere Arnavudları {5} taḥrīk oldığı teẕkīr olunmuş ve Arnavud 'askeri sergerdelerinde mübālāt olmayub aḳçeye ṭama' ile {6} küfri irtikāb eyleyecekleri ẓāhir oldığından mezbūr Meçopo'nuñ oğlı Elmās'ı {7} bir taḳrīb ile i'dām eylemesi çāresi re'yine ḥavāle olunması ḫuṣūṣuna ol vaḳt ta'alluḳ itmiş olan {8} irāde-i 'aliyye ṣūreti müteveffā-yı müşārun-ileyhe bildirilmiş ve müteveffā-yı müşārun-ileyhiñ gelan {9} cevāb-nāmesinde yalñız icrā-yı ḫıyānet iden merḳūm Elmās olmayub beş-altı nefer kimesneniñ {10} ḫıyānetleri tebeyyün itmiş ve merḳūm Elmās ḫā'ini muḳaddemā Ṭāhir 'Abbās ile Aġo Mühürdār'a {11} ilticā iderek virmiş oldığı re'ye dāḫil olmuş oldığından inşā'allāh vaḳtiyle gerek merḳūm {12} ve gerek sā'irleri cezā-yı sezālarını bulacaḳları muḥarrer ü mezkūr oldığına ve vāḳı'an bunlarıñ {13} daḫi kendülerine maḫṣūṣ tevābi' ü levāḥıḳları olaraḳ açıḳdan izāleleri {14} mümkin olamayacağına binā'en keyfiyyetiñ ṣavb-ı ser'askerīlerine iş'ārıyla müşārun-ileyh 'Ömer Paşa'ya {15} daḫi bu māddeniñ ṭaraf-ı sa'ādetlerine yazıldığı bildirilmesine emr ü irāde-i şāhāne {16} ta'alluḳ iderek bu ḫuṣūṣ daḫi ṭaraf-ı ser'askerīlerine yazıldığı iḳtiżāsına göre müşārun-ileyhe {17} yazılan ḳā'imemizde derc ve teẕkār ḳılınmış olmağla hemān ẕāt-ı ser'askerīleri {18} muḳteżā-yı me'mūriyyet ve iḳtiżā-yı dirāyet ü feṭānetleri üzere īcāb-ı vaḳt ü maṣlaḥata {19} tevfīḳan her bir ḫuṣūṣuñ iḳtiżālarını te'emmül ve icrā ve vāḳi' olan re'y ü tedbīr-i {20} ser'askerīlerini bu ṭarafa iş'ār ü inbāya himmet buyurmaları siyāḳında ḳā'ime. Fī 19 R 38

[578/37] ***Rumili vālīsine***
{1} Sa'ādetlü Ḳaraman Vālīsi Meḥmed Reşīd Paşa ve Yānya Mutaṣarrıfı 'Ömer Paşa ḥażerātı altı-yedi māhdan berü {2} Sūl ve Nārda ve Ḳarlıili ṭaraflarında bulunaraḳ ma'iyyetlerinde olan 'asākiriñ 'ulūfeleri {3} ṭarafından virileceğini mübeyyin selef-i müşīrīleri Ḫūrşīd Paşa'nıñ göndermiş oldığı taḥrīrāt {4} ve ḫarc teẕkireleri mūcebince müşārun-ileyhimā ḳā'ide üzere biñbaşılar ve bölükbaşılara ṭaraflarından {5} teẕkireler i'ṭā eylemişler ise de müşārun-ileyh Ḫūrşīd Paşa'nıñ vefātı ḫaberi 'askeriniñ {6} mesmū'ı olaraḳ işlemiş olan beş aylıḳ 'ulūfelerini muṭālebe ile tażyīḳe ibtidār {7} eyledikleri ve kendülerde nıṣfını bile virmeğe ḳudret olmadığından cānib-i mīrīden {8} i'ṭā olunması ve bu āna ḳadar ma'iyyetlerinde olan 'asākiriñ ta'yīnāt-ı lāzımelerini {9} nüzül emīni Ḳapucıbaşı Aḥmed Ağa aḳçesi olmadığından viremeyüb sa'ādetlü Sīrozī {10} Yūsuf Paşa ḥażretleri biraz ẕaḫīre göndermiş ise de vefā itmediğinden ol

ṭarafda {11} Efrenc ṭā'ifesinden ẓaḫīre alub idāre itmek üzere külliyyetlü aḳçe i'ṭāsıyla bir nüzül emīni {12} gönderilmesi ḫuṣūṣları müşārun-ileyhimā ḥażerātı ṭaraflarından bi'l-iştirāk ve ol ṭaraflara me'mūriyyeti {13} hengāmından berü sāye-i şāhānede mevcūdı olan nuḳūduyla istiḳrāż eyledigi {14} külliyyetlü mebāliği istiḫdām olunan 'asākire ve sā'ir lāzım gelan maḥalleriñ muḥāfaẓasına {15} ṣarf itmiş oldığından mā'adā müteveffā-yı müşārun-ileyh cānibinden üç biñ nefere ḫarc {16} i'ṭā olunmuş ise de Nārda ve Vonīça muḥāfaẓasıyla vāḳi' olan muḥārebelerde {17} biñ kīseden mütecāviz aḳçe ṣarf eylemiş ve Çamlıḳ ṭarafından gelan 'asākire daḫi iki biñ {18} sekiz yüz ḫarc teẕkiresi i'ṭā itmiş oldığı ve māh-ı Ṣaferü'l-Ḫayr ġurresi i'tibārıyla işbu {19} Çamlıḳ 'askerine virilan ḫarc teẕkiresiyle muḳaddemce ma'iyyetinde olan üç biñ neferiñ {20} Ẕīlḥicce ġurresinden Rebī'ulevvel ġurresine ḳadar dört aylıḳ ve sālifü'ẕ-ẕikr iki biñ {21} sekiz yüz neferiñ daḫi Ṣaferü'l-Ḫayr ġurresinden tārīḫ-i merḳūma gelince iki aylıḳ 'ulūfeleri olan {22} altı yüz on altı biñ ġurūşuñ bir gün evvel i'ṭā ḳılınması ve Īnebaḫtī muḥāfıẓı mīr-i mīrāndan {23} İsmā'īl Paşa Īnebaḫtī sancağı ḳażālarını taḥt-ı niẓāma idḫāl ile meşġūl olub {24} sā'ir ol ḥavālī keyfiyyātı gönderdiği ḫaftāncısınıñ taḳrīrinden ma'lūm olacağı {25} müşārun-ileyh Reşīd Paşa ḥażretleriniñ münferiden tevārüd iden taḥrīrātları me'āllerinden **(32)** müstebān olub müşārun-ileyhimānıñ feẕleke-i inhāları ma'iyyetlerinde olan 'asākiriñ {2} işlemiş 'ulūfeleri-çün külliyyetlü aḳçe irsāl ve keẕālik Dersa'ādet'den külliyyetlüce aḳçe ile {3} bir nüzül emīni ta'yīn ve isbāl ḳılınmasını istid'ādan ve ḫaftānī-i mūmā-ileyhiñ vāḳi' olan {4} taḳrīr-i şifāhīsi müşārun-ileyh 'Ömer Paşa'nıñ ba'żı nā-mülāyim ḥarekātından 'ibāret olaraḳ {5} müşārun-ileyhimā ma'iyyetlerinde mūmā-ileyh Aḥmed Aġa nüzül emīni olaraḳ bulunmuş oldığından tekrār nüzül emīnine {6} ḥācet olmayub ancaḳ müşārun-ileyh 'Ömer Paşa'nıñ ma'iyyetindeki 'asker ne miḳdārdır ve işlemiş 'ulūfeleri {7} ne ḳadardır ve müteveffā-yı müşārun-ileyh ṭarafından virildi didiği ḫarc teẕkireleri naṣıl şeydir, {8} buraları ma'lūm olmadığından başḳa şimdi 'ale'l-ḥesāb bir miḳdār aḳçe gönderilsün dinilmek {9} lāzım gelse yarın mecmū' Mora me'mūrları bu ṭarafdan başḳa başḳa aḳçe ṭalebine ḳalḳaraḳ {10} öñi alınmaz derecesine varacağı derkār ve rivāyet olundığına göre müşārun-ileyhimā bugünlerde {11} istīmān itmekde olan Ḳarlıili re'ā[yā]sına iki senelik cizye ve ẕimmetlerinde müterākim {12} sā'ir virgülerini tamāmen te'diye itmek üzere re'y virmekde olduḳlarına ve Ḳarlıili {13} re'āyāsı ise ḥadd ü ḥesāba gelmeyüb aḳçeden başḳa anlarda ẓaḫīreniñ daḫi keṡreti {14} oldığına naẓaran bunlardan alınacaḳ iki senelik cizye ve virgü aḳçelerine maḥsūben kifāyet {15} miḳdārı ẓaḫīre aldıḳdan ṣoñra ḳuṣūr aḳçe daḫi 'asākiriñ işlemiş 'ulūfelerine kifāyet {16} ideceği bedīdār iken bunlar bunı hiç ḳāle almayaraḳ bütün bütün Devlet-i 'Aliyye'ye taḥmīl itmek {17} ṣūretinde olmaları nā-revā olaraḳ işbu cizye ve virgü aḳçelerinden dolayı ḥasbe'l-mülāḥaẓa {18} müşārun-ileyhimāya bir şey yazılmayarak̤ hemān istedikleri ʿulūfe ve ak̤çe māddesi uṣūl-i sābık̤a {19} üzere ẕāt-ı serʿaskerīleriniñ inżimām-ı reʾy ve inhālarıyla olacak̤ şeyler oldığından {20} keyfiyyet ve ik̤tiżāsı ṭaraf-ı sipehdārīlerine işʿār olundığı beyānıyla gerek bu ḫuṣūṣı ve gerek buña mümāẕil {21} sāʾir mevāddı bundan böyle ṣavb-ı düstūrīlerine taḥrīr ve muḫābere eylemeleri ve kemā-fīʾl-evvel {22} saʿylarına fütūr virmeyerek ibrāz-ı meʾāẕir-i kār-dānāyī ve ġayrete dik̤k̤at itmeleri ik̤tiżāsı üzere {23} müşārun-ileyhimāya taḥrīr ü işʿār olunub keyfiyyetiñ ṣavb-ı saʿādetlerine daḫi işʿārıyla müteveffā-yı {24} müşārun-ileyh vak̤tinde cārī olan üzere baʿd-ez-īn daḫi Mora meʾmūrlarınıñ gerek ʿasker {25} ʿulūfesi ve gerek levāzım-ı sāʾirelerine dāʾir ik̤tiżā iden mebāliġ ṣavb-ı sāmīlerinden {26} inhā olunarak̤ aña göre buradan gönderilan ak̤çeler daḫi maʿrifet-i serʿaskerīleriyle {27} ik̤tiżāsına göre her birine gönderilmesi īcāb-ı maṣlaḥatdan ise de şimdiki ḥālde Devlet-i ʿAliyyeʾniñ {28} giriftār oldığı maṣārif-i bī-nihāyesi cihetiyle nuk̤ūda fık̤dān terettüb itme derecesine {29} varub ʿalelḫuṣūṣ ol ṭaraflarda istīmān iden K̤arlıili reʿāyāsından {30} alınacak̤ iki senelik cizye ve virgü ḫaylī ak̤çe kesüb sāʾirinden daḫi keẕālik külliyyetlü {31} ak̤çe ḥāṣıl olur iken meʾmūrlar bütün bütün bunuñ üzerine yatarak̤ yine Dersaʿādetʾden (33) bī-inṣāfāne külliyyetlü ak̤çe ṭalebinde olmaları lāyık̤ ve revā olmadığından cenāb-ı {2} dirāyet-meʾāb-ı sipehdārīleri bu bābda cevher-i dirāyet ü ḥamiyyet levāzımını icrāya himmet buyurarak̤ {3} ve meʾmūrlarıñ daḫi umūr ü maṣlaḥatlarına sekte getürülmamek lāzımeden oldığı gibi {4} mīrīniñ ḥāl ü keyfiyyeti daḫi bu vechile oldığını ḫāṭırdan çık̤armayarak̤ aña göre {5} gerek müşārun-ileyhimānıñ ve gerek sāʾir meʾmūrlarıñ ṭaleb ü istidʿā idecekleri mebāliġiñ {6} mümkin mik̤dārını meʾḫūẕātlarına nak̤ż ve ik̤tiżāsına göre tenk̤īḥ iderek derece-i nihāyede {7} iʿṭāsı īcāb iden mebāliġiñ mik̤dārını ẕāt-ı saʿādetleri bu ṭarafa işʿār eylediklerinde {8} ik̤tiżāsına göre nak̤d ve ḥavālāt tertīb ve irsāl olunması tensīb olunmuş ve irāde-i ʿaliyye-i {9} şāhāne daḫi bu merkezde dāʾir olarak̤ müşārun-ileyhimāya ol vechile ik̤tiżāsına göre {10} cevāb taḥrīr k̤ılınmış olub ancak̤ ḫaftānī-i mūmā-ileyhiñ müşārun-ileyh ʿÖmer Paşa ḥak̤k̤ında olan {11} ifādātı siyāk̤-ı uṣūle naẓaran ḥak̤īk̤ate mak̤rūn ve ẕāt-ı serʿaskerīleri ol ṭarafların̄ {12} istik̤lāl-i kāmile ile vālī-i vālā-şānı olduk̤larından keyfiyyet eṭrāfıyla maʿlūmları {13} olmak̤ içün şeref-sünūḥ iden emr ü irāde-i seniyye-i mülūkāne ik̤tiżāsı üzere ḫaftānī-i {14} mūmā-ileyhiñ tak̤rīriniñ bir ṣūreti iḫrāc ve işbu nemīk̤a-i muḫliṣī derūnuna maṭviyyen {15} ṣavb-ı saʿādetlerine irsāl olunmuş olub meʾālinden maʿlūm-ı ʿālīleri olacağı vechile {16} müşārun-ileyh ʿÖmer Paşa Derbendāt neẓāretini ṭarafına iḥāleye müşārun-ileyh Reşīd Paşaʾyı {17} tavsīṭ ve taʿcīl itmek merāmında ise de fī-mā-baʿd Derbendātʾıñ Rumili eyāletinden {18} tefrīk̤i hiçbir zamānda cāʾiz olmayacağı cümle ʿindinde meczūm ve mukarrer ve bilḫuṣūṣ {19} Arnavud cinsine baʿd-ez-īn gerek başk̤aca Derbendāt virilmek ve gerek bunlardan {20}

Rumili vālīsi naṣb olunmaḳ ḳaṭ'an ve ḳāṭıbeten tecvīz olunmayacağı bedīhī ve aẓher oldığına {21} maḳhūr 'Alī Paşa'dan çekilan şeyler delīl-i vāżıḥ ve burhān-ı ḳāṭı' ḳabīlinden olmağla {22} bu taḳdīrce müşārun-ileyh 'Ömer Paşa bi'l-farż "Derbendāt baña virilmiyor" diyerek me'mūr {23} oldığı maṣlaḥatları ta'vīḳ ve teşvīş dā'iyesinde olursa bile yine Derbendāt'ıñ {24} Rumili eyāletinden infikāki cā'iz olmayub müşārun-ileyh 'Ömer Paşa'nıñ daḫi ḥāl ü keyfiyyeti {25} ol vechile oldığından ve ẕāt-ı feṭānet-simāt-ı düstūrāneleri her bir māddeniñ {26} nīk ü bedini ve ḥaḳāyıḳ ü deḳāyıḳını bilür Devlet-i 'Aliyye'niñ mevs̱ūḳ ü mu'temed vüzerā-yı {27} 'iẓāmından olduḳları ecilden cenāb-ı sa'ādetleri daḫi ol ṭarafların uṣūl [ü] {28} aḥvāline göre iḳtiżāsını bi't-te'ennī eṭrāfıyla mülāḥaẓa ve müṭāla'a iderek ḥakīmāne {29} re'y ü tedbīr-i ser'askerīleri ne merkezde dā'ir olur ise aña göre mu'āmele ile {30} iḳtiżā-yı ḥāli bu ṭarafa iş'āra mübāderet buyurmaları daḫi īcāb-ı maṣlaḥatdan **(34)** ve iḳtiżā-yı irāde-i seniyyeden oldığı ma'lūm-ı dirāyet-melzūm-ı sipehdārīleri buyurulduḳda {2} ẕāt-ı sa'ādetleri ber-vech-i muḥarrer her ḥālde icrā-yı lāzıme-i ḥaṣāfet-kārī ve īfā-yı mübteğā-yı {3} reviyyet-mendī ve kār-azmāyīye himmet buyurmaları siyāḳında ḳā'ime. Lede'l-vuṣūl müşārun-ileyhimānıñ {4} ḫaftānī-i mūmā-ileyh ile vārid olan taḥrīrāt-ı meẕkūrede Derbendāt'ıñ Rumili eyāletiyle {5} 'uhde-i müşīrīlerine tevcīhi ṣūretinden ḫaberdār olmaḳsızın çıḳarılmış olması melḥūẓ olub {6} müşārun-ileyh 'Ömer Paşa işbu Derbendāt māddesinde müşārun-ileyh Reşīd Paşa ḥażretlerine tavassuṭı {7} iltimās itmiş ve müşārun-ileyh daḫi ḳaleme almayaraḳ ḫaftānīsi merḳūmı göndermiş oldığından {8} maṣlaḥatdan serrişte virilmeyüb müşārun-ileyhimāya ye's ü fütūrı daḫi mūcib olmamaḳ içün {9} yazılan sālifü'ẕ-ẕikr cevāb-nāmelerimizde Derbendāt lafẓından ṣarf-ı naẓar ile faḳaṭ ḫaftānī-i {10} mūmā-ileyhiñ taḳrīrinden müstefhem olan maṣlaḥat bundan böyle eṭrāfıyla mülāḥaẓa olunaraḳ {11} iḳtiżāsına baḳılacağı ta'bīri derc ü imlā olunmuş oldığı ma'lūm-ı düstūrīleri buyurulduḳda {12} her ḥālde dirāyet ve me'mūriyyetleri iḳtiżāsını icrāya beẕl-i himmet buyurmaları me'mūldür. Fī 19 R 38

[*578/38*] *Ḳaraman Vālīsi Reşīd Paşa'ya ve Yānya Mutaṣarrıfı 'Ömer Paşa'ya*
{1} Muḳteżā-yı me'mūriyyet ve ġayret-i düstūrīleri üzere Mora derūnuna girmek niyyet-i ḫāliṣasıyla {2} sa'ādetlü 'Ömer Paşa ḥażretleriyle bi'l-ittiḥād bā-'avn-i Bārī Īvrāḥor'a dāḫil olmuş {3} ve Ḳarlıili ḳażāları tesḫīr olunaraḳ Mesolenk'de taḥaṣṣun iderek 'iṣyānda ıṣrār {4} itmiş olan kefere-i ḫāsirīniñ ḳahr ü tedmīrlerine teşebbüs̱ ḳılınmış oldığı beyānıyla bi-naṣrillāhi Ta'ālā {5} ḳaṣaba-i mezbūre daḫi ḳarīben żabṭ ü tesḫīr ve ṭarīḳ-i cādde taṭhīr olunaraḳ Mora ṭarafına {6} geçmek tertībinde olduḳları ve Ḫūrşīd Paşa merḥūmuñ vefātı cihetiyle 'asākir-i merḳūme {7} güẕeşte beş aylıḳ 'ulūfelerini muṭālebe ve ta'cīzden ḫālī olmadıḳları beyānıyla sālifü'ẕ-ẕikr {8} 'ulūfeleriniñ irsāline 'ināyet-i seniyye erzānī buyurulması ve mevcūd-ı ma'iyyet-i düstūrīleri olan

{9} ʿasākir taʿyīnātını Ḳarlıili nüzül emīni idāreye muḳtedir olamayaraḳ mübtelā-yı żarūret {10} olduḳları ecilden ol ṭarafda mübāyaʿa itmek üzere külliyyetlü aḳçe ile bir nüzül emīni {11} taʿyīn ḳılınması ḫuṣūṣlarını şāmil müşārun-ileyh saʿādetlü ʿÖmer Paşa ḥażretleriyle müştereken {12} tevārüd iden taḥrīrāt-ı düstūrīleri mezāyāsı rehīn-i ıṭṭılāʿ-i ḫulūṣ-verī olub {13} ol vechile ʿuṣāt-ı reʿāyāya ġulġule-endāz-ı istīṣāl olaraḳ Mora'ya geçmek {14} tertībine şürūʿ ü himmetleri tamām ẕāt-ı ḥamiyyet-simāt-ı düstūrīlerinden muntaẓar olan ās̱ār-ı ġayret {15} ü şecāʿat levāzımını te'yīd itmekle kemāl-i taḥsīn üe maḥẓūẓiyyeti mūcib olaraḳ taḥrīrāt-ı {16} mevrūdeleri pāy-gāh-ı serīr-i şevket-maṣīr-i cenāb-ı ḫilāfet-penāhīye daḫi ʿarż ü taḳdīm ile {17} meşmūl-ı liḥāẓa-i ʿālem-şümūl-ı ḥażret-i ẓıllullāhī buyurulmuşdur. Vāḳıʿan ʿasker ʿulūfesi {18} ve taʿyīnāt ḫuṣūṣlarında me'mūrlarıñ vāreste-i müżāyaḳa olmaları vesā'il ve ārāsınıñ {19} istiḥṣāli maṭlūb ü mültezem olub ancaḳ el-ḥāletü-hāẕihī kāffe-i me'mūrīn üzerlerine (35) sipehdār olan Rumili vālīsi saʿādetlü Celāl Paşa ḥażretleri bi-tevfīḳillāhi Taʿālā {2} bugünlerde Yeñişehir'e vāṣıl olmaḳ üzere oldığından ẕikr olunan ʿulūfe ve aḳçe {3} ve sā'ir ḫuṣūṣāt uṣūl-i sābıḳa üzere müşārun-ileyh ḥażretleriniñ re'y ve inżimāmıyla {4} olacaḳ mevāddan oldığına binā'en şeref-sünūḥ iden emr ü irāde-i seniyye üzere keyfiyyet {5} iḳtiżāsı vechile müşārun-ileyhe taḥrīr ü işʿār olunmuş oldığı ve cenāb-ı müşīrīleri daḫi {6} gerek bu ḫuṣūṣları ve gerek buña mümās̱il sā'ir mevāddı müşārun-ileyhe taḥrīr ve muḫābere-birle {7} umūr-ı me'mūrelerine ẕerre ḳadar fütūr getürmeyerek muḳteżā-yı ġayret ü ḥamiyyet-i ẕātiyyeleri {8} üzere bir gün aḳdem Mora'ya girmeğe ṣarf-ı yārā-yı himmet buyurmaları īcāb-ı irāde-i ʿaliyye-i {9} mülūkāneden idüği maʿlūm-ı düstūrīleri buyurulduḳda ẕāt-ı saʿādetleri ġayūr ve cesūr {10} ve her ḥālde kendüden ḥüsn-i ḫidmet ve ṣadāḳat me'mūl-ı ʿālī olan vüzerā-yı ʿiẓāmdan {11} olduḳlarına binā'en hemān ḥaḳḳ-ı düstūrīlerinde ber-kemāl olan iʿtiḳādāt-ı ḥasene iḳtiżāsı {12} ve merdī ve diyānetiñiz muḳteżāsı üzere her bir ḥāl ü maṣlaḥatı müşārun-ileyh Serʿasker paşa {13} ḥażretlerine taḥrīr iderek hemān siz bir ān aḳdem ve bir daḳīḳa muḳaddem ġayret idüb {14} ol ṭaraf ġā'ilesini bitürerek Mora'ya geçüb şu Mora māddesiniñ bā-ʿavn-i Bārī {15} itmāmıyla nām ü şān alaraḳ fā'iḳu'l-aḳrān olmaḳlığa kemāliyle şitāb ü sürʿat buyurmaları {16} siyāḳında ḳā'ime. Lede'l-vuṣūl ḫaftānī-i merḳūm bendeleriniñ şifāhen vāḳiʿ olan {17} her bir ifādesi me'āli maʿlūm olub īcāb-ı maṣlaḥat bundan böyle eṭrāfıyla mülāḥaẓa olunaraḳ {18} iḳtiżāsına baḳılacağı maʿlūm-ı reviyyet-melzūmuñuz olduḳda her ḥālde īfā-yı muḳteżā-yı {19} me'mūriyyet ve ḥaṣāfete bez̤l-i reviyyet buyurmaları me'mūldür. Fī 19 R 38

[*578/50*] ***İzmīr muḥāfıẓına***

{1} Cenāb-ı müşīrīleri İzmīr muḥāfaẓasına me'mūr olalıdan berü şimdiye ḳadar ḫidmet-i me'mūreñizde {2} bez̤l-i liyāḳat iderek İzmīr ve enḥāsınıñ muḥāfaẓası ve eşrār-ı İzmīr'iñ indifāʿıyla żabṭ {3} ü rabṭ-ı memleket ḫuṣūṣunda lāzım gelan tedābīr ü ārānıñ iʿmālinde ṣarf-ı ḳudret itmiş iseñiz de {4} ḥasbe'l-vaḳti ve'l-ḥāl İzmīr gibi bir beldeniñ muḥāfaẓasıyla şerāre-i eşrār ve mekāyid-i aġyārdan {5} muḥāfaẓası külliyyetlü ʿasker ile ḥāṣıl olacaġından cenāb-ı saʿādetleri iç dā'ireñizden {6} başḳa biñ beş yüz miḳdārı ʿulūfelü ʿasker istiḫdāmına mecbūr olaraḳ ʿasker-i merḳūmeniñ {7} her ne ḥāl ise ʿulūfeleri şimdiye ḳadar uydurulmuş ise de tedāḫül kesb iderek terāküm itmekde {8} oldıġından mübtelā-yı düyūn oldıġıñız beyānıyla İzmīr'e civār olan sancaḳlardan {9} iki biñ nefer ʿasker tertīb ve ʿasākir-i merḳūmeniñ bedele ḳaṭʿıyla yerine maʿiyyetiñizde olan {10} işe yarar aylıḳlu ʿaskeriñ istiḫdāmına ve taʿyīnātları daḫi bir maḥalden taḫṣīṣiyle ḫuṣūṣ-ı {11} mezkūruñ bir ṣūretine baḳılması lāzımeden idüğüni şāmil dīvān kātibleri vesāṭetiyle {12} resīde-i cā-yı vuṣūl [olan] taḥrīrāt-ı müşīrīleri mezāyāsı maʿlūm-ı ḫāliṣānemiz olmuş ve bu bābda {13} ḳapu ketḫüdāları efendi bendeleri daḫi bir ḳıṭʿa taḳrīr taḳdīm itmiş oldıġından taḥrīrāt-ı {14} mersūleñiz ile berāber ḫāk-pāy-ı hümāyūn-ı şāhāneye daḫi ʿarż ile manẓūr-ı naẓar-ı kerāmet-es̱er-i {15} ḥażret-i ẓıllullāhī buyurulmuşdur. Cenābıñız Rum gāvurlarınıñ bidāyet-i fesādı es̱nāsında {16} baʿżı erāẕil ve eşḳıyā ṭā'ifesi ṭaraflarından gerek İzmīr'de bulunan müste'men ṭā'ifesine {17} ve gerek ehl-i ʿırż olan reʿāyāya bir gūne tecāvüz ve taʿaddī vuḳūʿa gelmamek içün {18} ol vaḳt muḥāfaẓaya taʿyīn olunmuş ve şimdiye ḳadar emr-i muḥāfaẓada bulunmuş iseñiz de {19} "El-ḥāletü-hāẕihī biñ beş yüz nefer ʿasker istiḫdām ideyorum" didiğiñiz taḥḳīḳ olundıġına göre {20} iki yüz neferden ʿibāret olub külliyyet-i dā'ireñiz olmadıġına daḫi İzmīr'de bir-iki defʿa {21} vuḳūʿa gelan ḥādis̱e ve iḫtilāl delīl-i kāfī oldıġı ve İzmīr'iñ firārī gāvurlarınıñ emvālinden {22} ve gerek ḫuṣūṣāt-ı sā'ireden ḳatı küllī aḳçe aldıġıñız daḫi bi't-taḥḳīḳ maʿlūm ü bedīhī olub {23} bi'l-farż bundan ṣoñra ʿaskeriñizi çoġaltsañız bile İzmīr'iñ muḥāfaẓası külliyyetlü ʿaskere (41) muḥtāc olmadıġından teks̱īr-i ʿasker daḫi beyhūde olacaġı vāżıḥātdan olub her ne ise {2} az ve çoḳ şimdiki ḥālde ḳullandıġıñız ʿaskeri kendüñüz idāre idüb böyle vāhī inhā ve istidʿālar ile {3} Devlet-i ʿAliyye'yi beyhūde işġāl itmeyerek mevcūduñuz olan ʿasker ile iḳtiżā-yı me'mūriyyetiñizi {4} icrāya iʿtinā eylemeñiz lāzım geldiği ẓāhir ve emr ü fermān-ı mülūkāne daḫi bu merkezde dā'ir olmaġla {5} muḳteżā-yı feṭānetiñiz ve reviyyetiñiz üzere bundan böyle teks̱īr-i dā'ire īcāb itmeyüb ḳullandıġıñız {6} ʿaskeri daḫi kendüñüz idāre iderek īfā-yı me'mūriyyete iʿtinā ve diḳḳat eylemeñiz siyāḳında ḳā'ime. Fī 27 R 38

[578/51] *Menteşā Mütesellimi silāḥşorān-ı ḫāṣṣadan Yaḥyā Beğ'e*

{1} İstānköy cezīresi muḥāfaẓası-çün ṣayf ve şitā tertībi olaraḳ Menteşā sancaġından maṭlūb {2} ḏoḳuz yüz nefer ʿasker hengām-ı ṣayfda ṭarafıñdan muṭālebe ḳılınmış oldıġından dört yüz neferi {3} irsāl olunmuş ve māʿadāsına on beşer ġurūşdan bedel virilmek üzere ṣūret virilmiş {4} ve noḳṣān ʿaskeriñ

yerine ṭarafıñdan māhiyyelü ʿasker tedārüküyle istiḫdām ve lāzım gelan māhiyyelerini {5} bi'l-istidāne tanẓīm itmiş ise de el-ān bedel-i mez̠kūr gönderilmediğinden ġayrı işbu şitā tertībiniñ {6} daḫi ṣoḥbeti olunmaḳ üzere gönderilmiş olan İskender Aġa nām kimesne meştā tertībi olaraḳ {7} maṭlūb olan ʿaskeri livā'-i mezbūr ahālīsi bir vechile tedārük ve iʿṭāya ḳudret-yāb olamayacaḳlarını {8} ḳaṭʿiyyen ifāde ve beyān eylemiş idüğüne binā'en nā-çār olaraḳ üç yüz elli nefere rābıṭa virilüb {9} iki yüz neferi ʿaynen cezīre-i merḳūmeye isrā ve yüz elli neferiñ daḫi māh-be-māh yiğirmişer ġurūşdan {10} bedeli iʿṭā olunmaḳ şarṭıyla ḳarār virilmiş ve bunlarıñ icrāsına taʿahhüd olunmuş ise de gönderilmiş olan {11} iki yüz nefer ʿasker silāḥsız ve ʿüryān olaraḳ işe yarar maḳūleden olmadığından bi'ż-żarūr {12} eṭrāfdan aylıḳlu sekbān ʿaskeri celb ve istiḫdāmına mecbūr oldığı ve z̠ikr olunan {13} bedeller virilmeyüb ṭarafıñdan müsāmaḥa ḳılındığı bu defʿa cezīre-i merḳūme muḥāfızı ʿaṭūfetlü İbrāhīm {14} Ḥilmī Paşa ḥażretleri ṭarafından taḥrīr ü inhā olunub cümleye maʿlūm oldığı üzere ehl-i İslām {15} ʿaleyhine Rum eşḳıyāsınıñ mütecāsir oldığı ihānet ü melʿanet cihetiyle memālik-i maḥrūse-i şāhāneden {16} lāzımü'l-ḥırāse olan maḥāll ü mevāżiʿiñ muḥāfaẓaları esbāb-ı lāzımesiniñ istiḥṣāli {17} lāzım gelerek ol ṣūretle cezīre-i merḳūme muḥāfaẓası irādesiyle livā'-i mezbūrdan {18} ṣayf ve şitā tertībi olaraḳ bā-fermān-ı ʿālī ʿasker tertīb olunmuş oldığından gönderilecek {19} ʿaskeriñ işe yarar maḳūleden ve tāmmü'l-esliḥa olaraḳ irsāli lāzımeden iken {20} ʿasker-i mez̠kūr gönderilmediğinden başḳa bi't-terāżī müşārun-ileyhle ḳarār virmiş oldığıñız ṣūret {21} daḫi icrā olunmaması seniñ kemāl-i beṭā'et ü müsāmaḥañdan neş'et ideceği ẓāhir ve maʿāẕallāhü Taʿālā {22} cezīre-i merḳūme muḥāfaẓasınıñ lāyıḳıyla ikmālinde ḳuṣūr vuḳūʿ bulmaḳ lāzım gelür ise müretteb olan {23} ʿaskeriñ irsālinde vāḳiʿ olan ḳuṣūruñ cihetiyle saña daḫi mes'ūliyyet rāciʿ olacağı {24} bī-şekk ü bāhir olmaġla aña göre encām-ı kārı tefekkür iderek cezīre-i merḳūme içün müretteb olan {25} ʿaskeriñ tāmmü'l-esliḥa ve işe yarar maḳūleden olmaḳ üzere irsāline ve müşārun-ileyh ḥażretleriyle ne vechile ḳarār {26} virmiş iseñiz bi'l-muḫābere īfāsına kemāl-i diḳḳat ve ḫilāfı ḥareketden beġāyet ḥaz̠er ü mücānebet eylemañ içün mektūb.
Fī 28 R 38

[578/53] *Erīb Paşa'ya (Mora derūnunda), Bādra Muḥāfıẓı Yūsuf Paşa'ya (Bālyabādra'da), Ḥasan Paşa'ya (Mora derūnunda), ṣadr-ı esbaḳ ʿAlī Paşa'ya (Mora derūnunda), Tırḥāla mutaṣarrıfı Nāmıḳ Paşa'ya (Mora derūnunda), Yānya mutaṣarrıfına (Mora'ya geçmek üzere Ḳarlıili cānibinde), Ḳaraman vālīsine (Mora'ya geçmek üzere Ḳarlıili cānibinde)*
{1} Bundan aḳdem istiḳlāl-i kāmile ile Rumili eyāleti ve Derbendāt neẓāreti ʿuhdesine {2} tevcīh olunmuş olan ʿAlī Celāl Paşa muḳteżā-yı me'mūriyyeti vechile Bosna'dan ḥareket {3} ve Yeñişehir'e ʿazīmet itmek üzere iken mübtelā

oldığı ʿillet-i mizācı müşted olaraḳ bi-ḥikmetillāhi Taʿālā {4} Trāvnīk'de ʿāzim-i dār-ı beḳā olmuş idüği bu defʿa inhā olunmuş oldığından Mora meʾmūrlarına {5} ve sāʾir müteferriʿātı olan meṣāliḥ-i lāzımeye iʿānet-i muḳteżiyeyi īfā ve rüʾyet ü icrā-yı mübteġā-yı {6} meʾmūriyyete ihtimām ü diḳḳat ve el-ḥāletü-hāẕihī cenāb-ı müşīrīleri Mora derūnunda indifāʿ-i keyd-i aʿdā {7} māddesine mübāderet eylemekde olduḳlarından maṣlaḥat sekte-peẕīr olmamaḳ üzere ḫuṣūṣāt-ı {8} vāḳıʿayı rüʾyet ü temşiyet itmek içün tīz elden bir ẕātıñ Yeñişehir'de vücūduyla ḥāṣıl olacağı {9} rehīn-i ḥayyiz-i bedāhet ve İzdīn'de bulunan saʿādetlü Teke ve Ḥamīd Mutaṣarrıfı Meḥmed Paşa ḥażretleri {10} Yeñişehir'e yaḳın bulundığından ġayrı dirāyet ü ḥaṣāfet ile āräste mehām-āşinā ve kāffe-i {11} ḫuṣūṣda ibrāz-ı meʾāṣir-i ġayret ü ḥamiyyet eyleyeceği delālet-i mişvār ü aḥvāliyle rū-nümā olmaḳ mülābesesiyle {12} bu defʿa kerāmet-efzā-yı ṣaḥīfe-i ṣudūr olan ḫaṭṭ-ı hümāyūn-ı mülūkāne mūceb ü muḳteżāsı üzere {13} istiḳlāl-i kāmile ve Ḫıṭṭa-i Rumili serʿaskerliği ʿunvānıyla Rumili eyāleti ve Derbendāt neẓāreti {14} müşārun-ileyh Meḥmed Paşa ḥażretlerine tevcīh olunaraḳ Yeñişehir'e vuṣūl ve muḳteżā-yı meʾmūriyyetini {15} icrāya ḳıyām ü müs̱ūl eylemek üzere lāzım gelan emr-i şerīfi ıṣdār ve tesyār ḳılınmış ve bi'l-cümle {16} meʾmūrīn meʾmūriyyet-i sābıḳaları vechile lāzıme-i ġayret ü ḥamiyyeti icrāya diḳḳat eylemeleri bābında {17} şeref-sünūḥ iden irāde-i seniyye-i şāhāne mūcebince cenāb-ı müşīrīleriyle sāʾir vüzerā-yı ʿiẓām {18} ḥażerātına ḫiṭāben daḫi taṣdīr ḳılınan emr-i ʿālī gönderilmiş ve meʾmūriyyet-i müşīrānelerinde yüsr {19} ü suhūleti müstelzim esbābıñ istiḥṣāline sürʿat-i iḳdām ü himmet eylemesi müşārun-ileyh Meḥmed Paşa {20} ḥażretlerine ber-vech-i ekīd taḥrīr ü işʿār olunmuş olmağla ber-mūceb-i emr-i şerīf-i meẕkūr ḥarekete {21} iʿtinā buyuracaḳları māye-i ẕātiyyeleri olan dirāyet ü ḥaṣāfet ve imtis̱āl-gīrī {22} ve ṣadāḳat edillesiyle ẓāhir ü müs̱bet ve bu bābda teʾkīde ḥācet mess itmeyeceği {23} rehīn-i ḥayyiz-i bedāhet ise de el-ḥāletü-hāẕihī vaḳtler beġāyet teng olub Mora maṣlaḥatınıñ {23} teşettüt ü tefriḳa ʿārıżasından viḳā[ye]sine ihtimām ü himmet olunmaḳ vācibāt-ı umūrdan {25} ve şu mevsim tamām dīn ve Devlet-i ʿAliyye'ye ṣamīmī ḫidmet iderek nām ü şān almağa himmet {26} olunacaḳ günler idüği vāżıḥātdan olmağın ḥasbelḳader müteveffā-yı müşārun-ileyhiñ **(43)** intiḳāli cihetiyle maʿāẕallāhü Taʿālā meṣāliḥ-i meʾmūrelerinde ẕerre-nümā şāʾibe-i fütūr cāʾiz görülmeyerek {2} keʾl-evvel dīn ü devlet yolunda ibrāz-ı meʾās̱ir-i merdānegī ve fütuvvet ve vüzerā-yı ʿiẓām ve meʾmūrīn-i {3} sāʾire ile daḫi merāsim-i yek-cihetī ve ittiḥāda riʿāyet-birle meṣāliḥ-i meʾmūrelerini sekte ve ḫalelden {4} viḳāyete ve serʿasker-i müşārun-ileyhiñ reʾy ü irādesine mütābaʿat iderek lāzıme-i meʾmūriyyetlerini icrāya {5} ve ḥaḳḳ-ı saʿādetlerinde ber-kemāl olan teveccüh-i ʿālī ve ḥüsn-i iʿtiḳādāt-ı sāʾireyi teʾyīd ü is̱bāta {6} himmet buyurmaları siyāḳında ḳāʾime. Fī 2 Ca 38

[578/54] *Bi'l-istiḳlāl aḳṭār-ı Rumili ser'askerliğiyle Rumili eyāleti tevcīh olunan Meḥmed Paşa'ya*
{1} Bundan aḳdem Rumili eyāleti ve ser'askerliğiyle Derbendāt neẓāreti tevcīh olunmuş olan {2} Celāl Paşa muḳteżā-yı me'mūriyyeti üzere Yeñişehir'e gelmek üzere pā-der-rikāb-ı {3} ḥareket iken mübtelā oldıġı 'illet müşted olaraḳ fevt olmuş oldıġı ḫaberi bu def'a {4} vārid olmuş oldıġından tīz elden müteveffā-yı müşārun-ileyhiñ yerine müteveffā Ḫūrşīd Paşa {5} miṣillü bugünki işi yarına bıraḳmayaraḳ her bir maṣlaḥatı miḥver-i lāyıḳında rü'yet ü tanẓīme {6} ve Mora me'mūrlarına i'ānet-i muḳteżiyeyi kemā-hiye-ḥaḳḳuhā icrā iderek iş görmeğe muḳtedir {7} 'āḳil ve cesūr ve dirāyet ü şecā'atle muttaṣıf ṣādıḳ ve rıżā-kār biriniñ naṣb ü ta'yīni {8} lāzım gelüb cenāb-ı müşīrīleri daḫi evṣāf-ı meẕkūre ile muttaṣıf ve her ḥālde ṭarafıñızdan {9} ḥüsn-i ḫidmet ü ġayret me'mūl olan vüzerā-yı 'iẓāmdan olub ḥattā ḥaḳḳ-ı şerīfiñizde derkār {10} olan ḥüsn-i i'timād ve me'mūl-ı ḥażret-i pādişāhī iḳtiżāsından nāşī muḳaddem merḥūm Ḫūrşīd {11} Paşa'nıñ vefātında ẕāt-ı sa'ādetleri ilerülerde bulunmamış olsañız ḥaḳḳ-ı sa'ādetlerinde {12} ba'żı menviyyāt-ı seniyye derkār oldıġı ol vaḳt ṭaraf-ı sa'ādetlerine yazılmış olan {13} ḳā'ime-i muḫliṣīde derc ve teẕkār ḳılınmış idi. El-ḥāletü-hāẕihī cenāb-ı düstūrīleri İzdīn ṭarafında {14} olaraḳ Yeñişehir'e ḳarīb oldıġıñızdan maṣlaḥatı tenglemeyerek hemān me'mūriyyetiñiz muḳteżāsınıñ {15} icrāsına ḳıyām eyleyeceğiñize ve mücerred ẕātıñızdan dīn ve Devlet-i 'Aliyye'ye ḥüsn-i ḫidmet me'mūl {16} oldıġına binā'en bu def'a kerāmet-efzā-yı ṣudūr olan ḫaṭṭ-ı hümāyūn-ı ḥażret-i pādişāhī {17} mūcebince Rumili vālīliği bi'l-istiḳlāl 'unvān-ı ser'askerī ve Derbendāt neẓāreti inżimāmıyla {18} 'uhde-i sa'ādetlerine tevcīh ü iḥāle olunaraḳ lāzım gelan tevcīh ve me'mūriyyet emr-i şerīfesi {19} ıṣdār ve tesyār olunmuş olmaġla işte tamām ẕātıñızdan me'mūl-ı 'ālī olan ġayret {20} ü ṣadāḳat me'āṣirini iṡbāt iderek dīn ü devlet yolunda ve şevketlü efendimiziñ uġur-ı {21} hümāyūnlarında merdāne ve cānsipārāne çalışaraḳ müteveffā-yı müşārun-ileyh Ḫūrşīd Paşa miṣillü {22} cümle 'indinde ve bi-taḫṣīṣ nezd-i ḥażret-i pādişāhīde meşkūrü'l-mesā'ī olaraḳ bir ḳat daḫi {23} maḥsūdü'l-aḳrān olmaḳlıġa sa'y ü himmet olunacaḳ mevsim olmaġla göreyim ẕāt-ı ser'askerīlerini, {24} hemān Yeñişehir'e gelüb me'mūriyyet-i ser'askerīleri muḳteżāsını icrāya ḳıyām ve gerek Mora ṭarafında {25} ve gerek Ḳarlıili cānibinde bulunan me'mūrīn ḥażerātına i'ānet-i muḳteżiyeyi icrāya {26} ihtimām, ve'l-ḥāṣıl müteveffā-yı müşārun-ileyh Ḫūrşīd Paşa miṣillü her bir ḫuṣūṣı kemāl-i germiyyetle {27} ṭutaraḳ bir ān evvel şu Mora ġā'ilesiniñ inşā'allāhü Ta'ālā yüzüñüzden netīce-baḫşā-yı **(44)** ḥüsn-i ḫitām olmasına sa'y-ı mā-lā-kelām buyurmaları dirāyet ü ḥamiyyet-i ẕātiyyelerine muḥavveldir. Ḳaldı ki, {2} ma'lūm-ı düstūrīleri oldıġı üzere muḳaddemā Mora ser'askerliğini müteveffā-yı müşārun-ileyh {3} Ḫūrşīd Paşa Drāmalı Maḥmūd Paşa'ya iḥāle itmiş ise de giçenlerde müşārun-ileyh {4} Maḥmūd Paşa'nıñ daḫi fevti ḫaberi

gelmiş oldığından müteveffā-yı müşārun-ileyhiñ ʿuhdesinden {5} münḥal olan Mora eyāletiyle serʿaskerliğiniñ vüzerādan āḫar münāsib birine tevcīh ü iḥālesi {6} īcāb-ı maṣlaḥatdan ise de şimdiki ḥālde yalñız Mora eyāletinden bir gūne nemā ve menfaʿat ḥāṣıl {7} olmayacağına naẓaran Rumili eyāletiniñ ʿuhde-i saʿādetlerine iḥālesi cihetiyle münḥal olan {8} Teke ve Ḥamīd sancaḳları tīz elden āḫara tevcīh olunmayaraḳ cenāb-ı serʿaskerīleri Mora serʿaskerliğine {9} vüzerādan her kimi münāsib görür iseñiz Mora eyāleti daḫi naṣb olunacaḳ serʿaskere tevcīh {10} olunmaḳ lāzım geleceğinden keyfiyyetiñ ṭaraf-ı saʿādetlerinden istiʿlāmı muḳteżā-yı irāde-i seniyye-i {11} mülūkāneden olmağla muḳteżā-yı dirāyetleri üzere müteveffā-yı müşārun-ileyh Maḥmūd Paşa'nıñ {12} yerine Mora eyāletiyle serʿaskerliği vüzerādan kime iḥāle olunmaḳ münāsibdir ve Mora eyāletinde {13} şimdiki ḥālde nemā meʾmūl olmadığına naẓaran Teke ve Ḥamīd sancaḳlarınıñ daḫi Mora vālīsi {14} naṣb olunacaḳ ẕāta ilḥāḳan tevcīhi lāzım gelür mi, bu bābda reʾy ü tedbīr-i müşīrīleri {15} her ne vechile ise serīʿan ve ʿācilen muḳteżāsı icrā olunmaḳ üzere bu ṭarafa taḥrīre himmet buyurmaları {16} siyāḳında ḳāʾime. Ledeʾl-vuṣūl Mora ṭarafında olan meʾmūrları taṭmīn ü istimālet żımnında {17} bu defʿa kerāmet-efzā-yı ṣudūr ü sünūḥ olan emr ü irāde-i şāhāne mūcebince Gördūs'de {18} olan saʿādetlü Erīb Aḥmed Paşa ve Seyyid ʿAlī Paşa ve Ḥasan Paşa ve Tırḥāla Mutaṣarrıfı Nāmıḳ Paşa ile {19} Bālyabādra Muḥāfıẓı Yūsuf Paşa ve Ḳarlıili'den Mora'ya geçmek üzere olan ʿÖmer Paşa {20} ve Ḳaraman Vālīsi Reşīd Paşa ḥażerātına keyfiyyet beyān olunaraḳ iḳtiżāsına göre teşvīḳ ü iğrāyı {21} şāmil evāmir-i ʿaliyye ıṣdār ve tesyār ve ṭaraf-ı muḫliṣīden daḫi her biriniñ uṣūl-i meʾmūriyyetine göre {22} başḳa başḳa veṣāyā-yı lāzıme taḥrīr ve tesyār olunmuş oldığı maʿlūm-ı düstūrīleri buyuruldukda {23} hemān her ḥālde icrā-yı meʾmūriyyet ve ṣadāḳate kemāl-i himmet ü müsāraʿat buyurmaları meʾmūldür. Fī 2 Ca 38

[578/59] *Ḳapūdān paşaya*

{1} Bi-mennihī Taʿālā evvelbahārda maʿiyyet-i düstūrīleriyle Baḥr-i Sefīd'e iḫrācı ve Ḫalīc tertībi olaraḳ techīzleri {2} irāde olunan iki ṭaḳım Donanma-yı Hümāyūn'uñ iḳtiżā iden maṣārifātıyla Tersāne-i ʿĀmire {3} ḫazīnesiniñ bir senelik īcāb iden maṣārifātına vāridāt-ı ḥāliyesi baʿdeʾl-maḥsūb {4} ḳuṣūr lāzım gelan aḳçeniñ daḫi tertīb ü tanẓīmi ḫuṣūṣlarına dāʾir ʿizzetlü Tersāne-i ʿĀmire emīni {5} efendi ṭarafından taḳdīm olunan taḳrīr ve iki ḳıṭʿa defter meʾāli ve biʾd-defaʿāt şifāhen vāḳiʿ olan {6} ifāde ve iḫṭārlarına bināʾen ḳālyoncı neferātınıñ īcāb iden aḳçeleri-çün tertīb olunacaḳ mebāliğiñ {7} tanẓīmi māddeleri derpīş ü müṭālaʿa olunduḳda ḥasbeʾl-vaḳti veʾl-ḥāl bu maḳūle maṣārifātda {8} mümkin mertebe taṣarrufāta diḳḳat olunmaḳ lāzımeden olub eğerçi Ḫalīc içün tertīb olunan {9} bir ḳıṭʿa üç anbārlı ve dört ḳıṭʿa ḳapaḳ açar ḳālyon-ı hümāyūn ve yiğirmi ḳıṭʿa şālūpa {10} bütün bütün terk olunmayub bunlarıñ kāffe-i levāzımātı yine tanẓīm ü techīz ve Ḳaradeñiz boġazınıñ {11} istiḥkāmı-çün ḳaraġol miṡillü birḳaç ḳıṭʿa brīḳ ve birḳaç ḳıṭʿa şālūpa taʿyīn olunmaḳ üzere {12} faḳaṭ ḳālyon-ı hümāyūnlar ile şālūpalarıñ ziyādesi giçen sene gibi Beşikṭaş pīşgāhına {13} çekdirilmeyerek Tersāne öñünde mücehhezen alārġada tevḳīf olunsa maṣārif cihetiyle ḫiffet {14} ve medār-ı ḥuṣūli melḥūẓ ve Ḫudā-ne-kerde iḳtiżā itdiği ḥālde her ne vaḳt olsa yuḳaruya çekdirilmeleri {15} daḫi mümkin göründiğinden bu ṣūretde taḳrīr-i mezḳūrda gösterilan maṣārifāt tekrār efendi-i {16} mūmā-ileyhe ḥavāle ile aña göre ḥesāb itdirilerek baʿde't-tenzīl her ne miḳdāra bāliġ olur ise {17} baʿdehū iḳtiżāsına baḳılması mütebādir-i ḫāṭır olaraḳ keyfiyyet bā-taḳrīr ḫāk-pāy-ı hümāyūn-ı şāhāneye {18} ʿarż ü istīẕān olunduḳda "Şu Ḫalīc tertībi birḳaç seneden berü tertīb olunmaḳda ise de hemān {19} beyhūde aḳçeyi itlāf itmekden ʿibāret olayor ve lüzūmı miḳdār ḳaraġol miṡillü biraz ufaḳ {20} gemileriñ Ḳaradeñiz boġazında bulunması lāzımeden idüği ve aṣl ihtimām idüb bir ḳadem aḳdem techīz {21} ve iḫrācına baḳılması elzem olan Aḳdeñiz tertībi oldıġı ve taʿmīre muḥtāc olan sefāyini daḫi {22} ḥazm ü iḥtiyāṭa riʿāyeten bir ṭarafdan taʿmīrine mübāşeret itmeleriniñ cenāb-ı müşīrīleriyle Tersāne-i ʿĀmire {23} emīni efendiye tenbīh olunması ve keyfiyyet tekrār efendi-i mūmā-ileyhe ḥavāle olunaraḳ baʿde't-tenzīl {24} her ne miḳdāra bāliġ olur ise tekrār ṭaraf-ı hümāyūna ʿarż olunması" meʾālinde ḫaṭṭ-ı hümāyūn-ı şāhāne {25} kerāmet-rīz-i ṣudūr olmuş ve mūcebince ḫuṣūṣ-ı mezbūr efendi-i mūmā-ileyhe ḥavāle olunmuş olmaġla {26} cenāb-ı müşīrīleri hemān efendi-i mūmā-ileyh bendeleriyle bi'l-ittifāḳ fermān-ı hümāyūn buyuruldıġı üzere muḥtāc-ı taʿmīr olan {27} süfün-i hümāyūnuñ bir ṭarafdan taʿmīr ve taḥkīmlerine mübāşeret buyurmaları siyāḳında teẕkire. Fī 3 Ca 38

[578/63] *İzmīr muḥāfıẓına ve Aydın ve Ṣaruḫan mütesellimlerine*
{1} Ḥasbe't-taḳdīr Mora'da kā'in Anābolī ḳalʿasına bu defʿa kefere-i ʿuṣāt istīlā iderek {2} derūnundan çıḳmış olan iki biñ beş yüz ḳadar ẕükūr ve ināṡ on ḳıṭʿa Çamlıca teknelerine {3} irkāben Ḳuşadası cānibine gönderilmiş ve bir ḳıṭʿa sefīnede olan ehl-i İslām {4} vāṣıl olmuş oldıġı vezīr-i mükerrem saʿādetlü Ḳuşadası muḥāfıẓı ḥażretleri ṭarafından {5} inhā olunub bunlar birṭaḳım düşmen elinden ḳurtulmuş ʿāciz ve ʿācize dīn ḳarındaşlarımız {6} olaraḳ ʿüryānen semt-i selāmete vāṣıl olmuş olduḳlarından inşā'allāhü'r-Raḥmānü' l-Meliki'n-Naṣīr {7} ḳarīben vaṭanlarınıñ çirkāb-ı vücūd-ı kefereden taṭhīriyle tesḫīrine ḳadar münāsib maḥallere {8} yerleşdirilerek ḥaḳlarında ḥuḳūḳ-ı müsāferet ve uḫuvvet-i İslāmiyyet iḳtiżāsından oldıġı {9} vechile ez-her-cihet muʿāmelāt-ı raḥm ü şefḳatiñ icrāsı lāzımeden ve ahālī-i merḳūmeden {10} birazınıñ İzmīr'de baʿżı ẕī-ḳudret olan ehl-i İslām ḫānelerine taḳsīmi {11} muḳteżā-yı irāde-i seniyye-i mülūkāneden olaraḳ keyfiyyet ṭaraf-ı ḫulūṣ-verīden muḥāfıẓ-ı {12} müşārun-ileyh ḥażretlerine yazılmış olmaġla cenāb-ı düstūrīleri

daḫi Anābolī ahālīsinden (50) muḥāfıẓ-ı müşārun-ileyhiñ İzmīr'e göndireceği dīn ḳarındaşlarımızı İzmīr'de ẕī-ḳudret olan {2} ehl-i İslām ḫānelerine taḳsīm iderek ez-her-cihet ḥaḳlarında muʿāmele-i uḫuvvet-i İslāmiyye'yi {3} icrā ve āsāyişleri vesā'ilini istiḥṣāle kemāl-i diḳḳat ü iʿtinā eylemelerini ekīden tenbīh-birle bunlar ḥaḳlarında {4} raḥm ü şefḳat ve iʿānet esbābınıñ istiḥṣāline himmet buyurmaları siyāḳında ḳā'ime. Fī 5 Ca 38

[578/64] *Ḳuşaḏası muḥāfıẓına*

{1} Ḥasbe't-taḳdīr-i mümteniʿu't-taġyīr Anābolī ḳalʿası eyādī-i ʿuṣāt-ı müşrikīne giriftār olaraḳ {2} derūnunda bulunan ẕükūr ve ināẟ iki biñ beş yüz ḳadar ehl-i İslām on ḳıṭʿa Çamlıca gemilerine {3} irkāb olunaraḳ Ḳuşaḏası sāḥiline çıḳarılmaḳ üzere irsāl olunmuş ve bunlardan {4} bir ḳıṭʿa gemide olan Müslimīn sālimen ol ṭarafa vāṣıl olmuş oldıġından münāsib maḥallere {5} müsāfir virilmiş oldıġı ve bundan ṣoñra vürūd idecekler İzmīr ve Maġnīsā ṭaraflarına {6} gönderileceği ve gāvurlar işbu istīlādan ḳurtulmuş ümmet-i Muḥammed'i Ḳuşaḏası'na {7} getürünce ḳadar eẕnā-yı rāhda bir vechile eẕiyyet itmamişler ise de kenār-ı sāḥile taḳarrüblerinde {8} cümlesini ʿüryān iderek bıraḳmış olduḳları beyānıyla ḥaḳlarında şefḳat-i lāzımeniñ icrāsı {9} ḫuṣūṣuna dā'ir tevārüd iden taḥrīrāt-ı müşīrīleri mezāyā-yı te'eẟẟür-nümāsı maʿlūm-ı ḫāliṣānemiz {10} olduḳdan ṣoñra rikāb-ı ḳamer-tāb-ı şāhāneye ʿarż ile manẓūr-ı hümāyūn-ı mülūkāne buyurulmuşdur. {11} Şimdiye ḳadar Anābolī ḳalʿasına ẕaḫīre irişdirilmeğe her ne ḳadar iḳdām olunmuş ise de mümkin {12} ve müyesser olamayaraḳ nihāyet ḳażā ve ḳader bu vechile ḥükmüni icrā itmiş ise de inşā'allāhü'r-Raḥmān {13} ʿavn ü ʿināyet-i Bārī'yle bu kāfirleriñ itdikleri ihānet yanlarına ḳalmayaraḳ kendülerden {14} ber-vefḳ-i me'mūl aḫẕ-ı ẟār olunması Cenāb-ı ʿAzīz-i Ẕūntiḳām'dan me'mūl ü müstedʿā ve işʿār-ı {15} müşīrīlerine naẓaran ahālī-i merḳūme Ḳuşaḏası sevāḥiline ʿüryān ve perīşān olaraḳ {16} çıḳarılmaḳda olduḳlarından bunlara iʿānet-i lāzımeniñ icrāsı şīme-i şefḳat-kārīden {17} oldıġı hüveydā ise de Ḳuşaḏası'na gelan ahālī ve gelecekler ne miḳdār oldıġı {18} maʿlūm olamadıġından şimdilik şeref-sünūḥ iden irāde-i seniyye iḳtiżāsı üzere ṭaraf-ı saʿādetlerine {19} on beş biñ ġurūş irsāl olunmuş ve şimdiye ḳadar gelmiş ve gerek bundan ṣoñra gelecek {20} bīçāregānıñ mevsim-i şitā cihetiyle şiddet-i berdden barınacaḳ miḳdār muḥtāc olduḳları {21} elbiselerini mehmā-emken tanẓīm ve eṭrāfa gönderilüb yerleşdirilince ḳadar yedlerine daḫi ḥāllü ḥālince {22} birer miḳdār ḫarclıḳ iʿṭā itmeñiz ve işʿārıñız vechile Maġnīsā ve Aydın ve İzmīr ṭaraflarına, {23} ve'l-ḥāṣıl münāsib olan maḥallere yerleşdirmeñiz ḫuṣūṣuna emr ü irāde-i ʿaliyye-i şāhāne taʿalluḳ itmiş {24} ve keyfiyyet ṭaraf-ı muḫliṣīden İzmīr muḥāfıẓı ḥażretleriyle Aydın ve Ṣaruḫan mütesellimlerine daḫi {25} yazılaraḳ ahālī-i merḳūmeniñ ẕī-ḳudret olan ehl-i İslām ḫānelerine taḳsīm ve iḳāmesiyle {26} ḥuḳūḳ-ı müsāferet ve uḫuvvet-i İslāmiyyet iḳtiżāsından oldıġı vechile ḥaḳlarında muʿāmelāt-ı raḥm {27} ü şefḳatiñ istiḥṣāline iʿtinā eylemeleri teʾkīd olunmuş olmaġla ẕāt-ı saʿādetleri daḫi {28} mecbūl olduḳları ḥamiyyet ü diyānet iḳtiżāsı üzere ahālī-i merḳūmeden şimdiye ḳadar gelmiş (51) ve bundan böyle geleceklеriñ şiddet-i şitādan barınacaḳ derecede elbiselerini tanẓīm {2} ve yedlerine birer miḳdār ḫarclıḳ iʿṭā ve münāsib maḥallere yerleşdirilmelerine saʿy-ı evfā buyurmaları {3} siyāḳında ḳāʾime. Fī 5 Ca 38

[578/65] *Rumili Vālīsi Meḥmed Paşa'ya*

{1} Ḳuşaḏası Muḥāfızı vezīr-i mükerrem saʿādetlü Reşīd Paşa ḥażretleri ṭarafından bu defʿa tevārüd iden {2} taḥrīrāt meʾālinde Anābolī ḳalʿasında olan ehl-i İslām ẕaḫīresizlikden s̱ebāta ḳudret-yāb {3} olamayaraḳ giçen Rebīʿulevvelī'niñ yiğirmi sekizinci Pençşenbe gicesi ʿuṣāt-ı eşḳıyā ibtidā {4} Palāmūda ḳalʿasına ve Rebīʿulāḫire'niñ ikinci Pāzārirtesi güni Anābolī ḳalʿasına istīlā {5} iderek derūn-ı ḳalʿada olan iki biñ beş yüz ḳadar ẕükūr ve inās̱ ehl-i İslām on ḳıṭʿa {6} Çamlıca teknelerine irkāb olunaraḳ Ḳuşaḏası sāḥiline gönderilmiş ve bir ḳıṭʿası {7} sālimen vāṣıl olmuş ve sefāyin-i merḳūmeden bir ḳıṭʿası Sīsām aḏasında oldıġını {8} görmüşler ise de māʿadāsı ne ṭarafda olduḳları maʿlūm olmadıġını ve saʿādetlü ʿAlī Nāmıḳ {9} Paşa ile Anābolī Muḥāfızı sābıḳ Sālim Paşa üçer beşer adamlarıyla rehn olaraḳ {10} ḳalʿa-i merḳūmede tevḳīf ve ḥabs olunmuş idüğüni Ḳuşaḏası'na gelan ehl-i İslām ile {11} berāber bulunan Anābolī ḳalʿası Yeñiçeri żābiṭi taḳrīr itmiş oldıġı ve gāvurlar işbu ehl-i İslām'ı {12} Ḳuşaḏası'na getürünce es̱nā-yı rāhda bir gūne eẕā itmamişler ise de sāḥile taḳarrüblerinde {13} cümlesini ʿüryān iderek öylece ḳaraya çıḳarmış olduḳları ḫaber-i küdūret-es̱eri {14} muḥarrer ü mezḳūr olub şimdiye ḳadar Anābolī ḳalʿasına berren ve baḥren ẕaḫīre irişdirilmeniñ {15} çāresine her ne ḳadar iḳdām olunmuş ise de meʾmūrlarıñ beṭāʾeti cihetiyle mümkin olamayaraḳ {16} her ne ise ḳażā ve ḳader ḥükmüni bu vechile icrā itmiş ise de inşāʾallāhü'r-Raḥmān ḥażret-i risālet-penāh {17} ṣallallāhü Taʿālā ʿaleyhi ve sellem efendimiziñ imdād-ı rūḥāniyyetleriyle ḳarīben cümle maḥalleriñ taṣfiye ve taṭhīri {18} ve Mora'nıñ levs̱-i vücūd-ı kefereden taṣfiyesi emrine cenāb-ı serʿaskerīleriniñ muvaffaḳ {19} olmaları elṭāf-ı İlāhiyye'den meʾmūl ü müstedʿā olaraḳ keyfiyyetiñ ṭaraf-ı sipehdārīlerine {20} işʿārı muḳteżā-yı emr ü fermān-ı hümāyūn-ı şāhāneden olmaġla ẕāt-ı serʿaskerīleri daḫi {21} ġayret idüb ve ḥamiyyet iḳtiżāsını icrāya şitāb ü sürʿat eyleyüb bu gāvurlar ümmet-i Muḥammed'e {22} bu ḳadar ihānet ü melʿanet eyledikden ṣoñra mücerred meʾmūrlarıñ beṭāʾeti sebebiyle Anābolī'ya daḫi {23} istīlā ve bir vezīr-i ẕī-şān ile bir mīr-i mīrānı ḥabse ictirā eyledikleri ḥavṣala-sūz-ı erbāb-ı {24} diyānet ü şecāʿat oldıġını tefekkür ve artıḳ bu yolda Müslümānım diyane ḏurub oturmaḳ {25} ḥarām olacaġını teʾemmül-birle hemān ne vechile ve ne ṭarīḳle ise şu Mora ġā'ilesiniñ {26} bir ān aḳdem ḥüsn-i ḫitāmıyla şu kāfirlerden aḫẕ-ı intiḳāmı mūcib esbābıñ istiḥṣāline {27} ʿavn [ü] ʿināyet-i Bārī'ye tevessül iderek ihtimām ü diḳḳat ve ẕātıñızdan me'mūl-ı ʿālī olan {28} cevher-i diyānet ü şecāʿati iṡbāta beẕl-i mā-ḥaṣal-i liyāḳat buyurmaları aḳdem-i maṭlūb-ı ʿālī {29} idüği beyānıyla ḳā'ime. Fī 6 Ca 38

[578/66] ***Rumili vālīsine***

{1} Anābolī ḳalʿasınıñ ẕaḫīresizlikden nāşī eyādī-i ʿuṣāta ne vechile dūçār oldıġı {2} ve içinde bulunan ẕükūr ve ināṡ ehl-i İslām ne ṣūretle çıḳarılmış idüği dünki gün {3} ṭaraf-ı saʿādetlerine yazılan taḥrīrāt-ı ḫulūṣ-verīde ber-vech-i tafṣīl beyān ü işʿār ḳılınmış idi. {4} Ḳalʿa-i merḳūmeye bu āna ḳadar berren ve baḥren ẕaḫīre irişdirilmesiniñ çāresine baḳılaraḳ ḥattā {5} Bālyabādra'da olan saʿādetlü Yūsuf Paşa ḥażretleri maʿrifetiyle müste'men teknelerinden {6} vāfir ẕaḫīre iştirā ve saʿādetlü Mışır vālīsi ḥażretleri cānibinden külliyyetlü ẕaḫīre isrā olunmuş {7} ve İzmīr ve İskenderiye ṭaraflarından daḫi peyderpey ḫaylī ẕaḫīre gitmiş ve gitmekde, ḥāṣılı Mora derūnunda {8} külliyyetlü ẕaḫīre bulunmaḳda oldıġından ḳalʿa-i merḳūmeye pey-ā-pey ẕaḫīre irişdirilmesiniñ {9} çāresi istiḥṣāline ihtimām ü diḳḳat lāzımeden ve Anābolī ile Gördūs beyninde buʿd-ı mesāfe {10} ve ṣarp maḥal olmayub düz ova ve sekiz sāʿat bir maḥal olmaḳ taḳrībiyle beher-ḥāl ḳalʿa-i merḳūmeye {11} ez-her-cihet imdād ü iʿāneye diḳḳat ve iḳdām ü ġayret eylemeleri Gördūs'de olan vüzerā-yı ʿiẓāma {12} muḳaddem ve mu'aḫḫar yazılmış ve ḳalʿa-i merḳūmeye bir güne gezend ü żarar vuḳūʿ bulmaḳ lāzım gelür ise ṣoñra {13} bir vechile cevāba ḳādir olamayaraḳ mübtelā-yı ġażab-ı cān-sūz-ı mülūkāne olacaḳları {14} müteʿalliḳ olan irāde-i celādet-ifāde-i şāhāne iḳtiżāsı üzere müşārun-ileyhime bildirilmiş oldıġından {15} anlar daḫi muḳteżā-yı irāde-i seniyye-i cihān-dārī ve iḳtiżā-yı diyānet ü ḥamiyyetleri üzere ḳalʿa-i merḳūmeye {16} ẕaḫīre ve cihāt-ı sā'ire ile imdād eylemeleri farīża-i ẕimmetleri olan mevāddan olub egerçi {17} ḳalʿa-i merḳūmeniñ bu ṣūretle eyādī-i nuḥūset-mebādī-i ʿuṣāta giriftār olması ḳażā ve ḳader iḳtiżāsından {18} neş'et ider bir mādde ise de şevket-i bāhire-i İslāmiyye ve ḳuvvet-i ḳāhire-i Devlet-i ʿAliyye-i Muḥammediyye'ye naẓaran {19} bu gāvurlarıñ dernek ve cemʿiyyet ve gūyā "taḥṣīl eyledik" didikleri ḳuvvetleri bir şey dimek olmadıġından {20} ḳalʿa-i merḳūmeniñ bu vechile żabṭ ü istīlāsı mücerred me'mūrlarıñ ʿadem-i taḳayyüd ü ihtimāmlarından {21} iḳtiżā iderek bunlarıñ te'dībleri lāzım gelmiş oldıġından māʿadā Gördūs ordusunda olan {22} vüzerā ve me'mūrlara akçe ve ẕaḫīre diriġ olunmayub ḥasbe'l-imkān yetişdirilmiş ve ber-vech-i muḥarrer {23} Gördūs ile Anābolī beyni sekiz sāʿat ve düz ova iken me'mūrlarıñ ḳaṭʿan ġayret itmameleri {24} ne derece ḥamiyyetsizlikdir, beyāna muḥtāc olmayub ḥaḳḳa'l-inṣāf eşedd-i te'dībe müstaḥaḳ olmuşlar ise de {25} ne vechile muʿāmele olunmaḳ iḳtiżā ider ve bundan ṣoñra ne vechile tedbīr ve ḥareket lāzım gelür, keyfiyyetiñ {26} ʿicāleten ḫaberini irişdirmeğe iḳdām eylemek üzere ṭarafıñıza taḥrīri ḫuṣūṣı mehābet-efzā-yı ṣudūr olan {27} ḫaṭṭ-ı hümāyūn-ı şāhāne meʾāl-i münīfinden müstebān ve meʾmūrīn-i müşārun-ileyhim ṭaraflarına bu ḳadar tenbīh olunmuş {28} ve Gördūs'de bunca ẕaḫīre var iken ḳalʿa-i merḳūmede olan bunca ẕükūr ve ināṡ dīn ḳarındaşlarımız {29} sefīl ve ʿüryān vaṭanlarından çıḳması ve öyle bir ḥıṣn-ı ḥaṣīniñ o maḳūle eyādī-i küffāra geçmesi {30} ḏoğrısı diyānetsiz ve ġayretsizliklerinden neşʾet eylediği ṣūret-i ḥālden nümāyān olmağla ber-mūceb-i {31} emr ü fermān-ı hümāyūn-ı cenāb-ı pādişāhī meʾmūrīn-i müşārun-ileyhim ḥaḳlarında ne vechile muʿāmele olunmaḳ {32} iḳtiżā ider ve bundan ṣoñra ne ṣūretle ḥareket ve tedbīr lāzım gelür, ḫaberini ʿicāleten taḥrīr ü işʿāra himmet {33} buyurmaları siyāḳında ḳāʾime. Fī 6 Ca 38

[578/67] *Aydın ve Ṣaruḫan Sancaḳları Mutaṣarrıfı olub Bālyabādra muḥāfaẓasında olan Yūsuf Paşa'ya*

{1} Giçen sene ḳapūdān-ı sābıḳ vezīr-i mükerrem saʿādetlü Meḥmed Paşa ḥażretleriyle maʿiyyetinde olan {2} ḳara ʿaskerini Mora'ya sevḳ ü īṣāl içün māhiyye ile cānib-i mīrīden istīcār olunan {3} tüccār sefīnelerinden Bādra'da terk olunan altı ḳıṭʿa ve eṡnā-yı rāhda ḳażāzede olan {4} iki ḳıṭʿa ki cemʿan sekiz ḳıṭʿa sefāyin aṣḥābı güẕeşte māhiyyelerine dest-res olamadıḳlarından {5} maġdūr olduḳları beyānıyla terāküm iden aylıḳlarınıñ iʿṭā olunması ḫuṣūṣı ẕikr olunan {6} sefāyin ḳapūdānları ṭarafından ʿarżuḥāl taḳdīmiyle inhā ve istidʿā olunub keyfiyyet Tersāne-i ʿĀmire {7} emīni ʿizzetlü efendiye ḥavāle olunduḳda süfün-i merḳūme otuz yedi senesi Rebīʿulevvel'iniñ {8} on beşi tārīḫiyle cānib-i mīrīden istīcār ve üçer aylıḳ nevlleri ber-vech-i peşīn iʿṭā olunub {9} süfün-i meẕkūreden Bādra'da ḳalan altı ḳıṭʿa sefīneniñ tārīḫ-i mezbūrdan işbu iki yüz {10} otuz sekiz senesi Rebīʿulāḫir'i ġāyetine ḳadar on üç buçuḳ ayda iḳtiżā iden nevllerinden {11} ġayr-ez-iʿṭā ḳuṣūr yüz on üç biñ yüz yiğirmi ḏoḳuz ġurūş ve ḳażāzede olan {12} iki ḳıṭʿa sefīneden bir ḳıṭʿasınıñ otuz yedi senesi Rebīʿulevvel'iniñ beşine ve dīgeriniñ {13} yiğirmi altısına ḳadar güẕeşte aylıḳlarından ḳuṣūr maṭlūbları otuz yedi biñ yedi yüz ḏoḳsan {14} ḏoḳuz buçuḳ ġurūş ki cemʿan yüz elli biñ ḏoḳuz yüz yiğirmi sekiz buçuḳ ġurūşa bāliġ olmuş oldığı {15} ve ẕikr olunan altı ḳıṭʿa sefīne ṣavb-ı müşīrīlerinden Bādra'da tevḳīf ḳılınmış ise de {16} bunlar lāyıḳıyla işe yarar sefāyinden olmayub el-yevm ol ṭarafda mevcūd olan beş-altı ḳıṭʿa {17} sefīneñizden başḳa süfün-i Donanma-yı Hümāyūn'dan daḫi üç-dört ḳıṭʿa sefīne Bādra'da {18} terk olunmuş oldığından meẕkūr tüccār tekneleri Bādra'da tevḳīfi beyhūde aylıḳları {19} işleyerek cānib-i mīrīye ḫasārı mūcib olacağı beyānıyla ẕikr olunan tekneleriñ Dersaʿādet'e {20} ʿavdetlerine ruḫṣat iʿṭāsı ḫuṣūṣını efendi-i mūmā-ileyh bā-iʿlām ifāde itmiş olmağla ẕikr olunan {21} sefīneleriñ ol ṭarafda tevḳīfi beyhūde olaraḳ cānib-i mīrīye mūcib-i ḫasār olacağından {22} ṣıyāneten-li'l-mīrī sefāyin-i mezkūreniñ Dersa'ādet'e 'avdetlerine ruḫṣat i'ṭāsı ḫuṣūṣuna {23} himmet buyurmaları siyāḳında ḳā'ime. Fī 6 Ca 38

[*578/68*] ***Rumili vālīsine***
{1} Müteveffā Ḫūrşīd Paşa ma'iyyetinde ẕaḫāyir ve mühimmāt naḳli miŝillü ḫidmetlerde ḳullanılmaḳ üzere {2} Anāḏolī ṭarafından deve ve ḳaṭır tertīb olunmuş oldığından mā'adā Ḳayṣeriyye Mutaṣarrıfı esbaḳ {3} müteveffā Ḥüseyin Paşa'nıñ daḫi muḫallefātından yüz elli bir mehār şütürān ile seksan dört {4} re's ester celb ḳılınmış ve mīrī aḫūrlarına teslīm olunmuş ise de mevsim-i şitānıñ taḳarrübi {5} cihetiyle ḥayvānāt-ı merḳūmeniñ esnā-yı rāhda telef olacaḳları mülāḥaẓasından başḳa {6} şimdilik ol miḳdār deve ve ḳaṭırıñ irsāli iḳtiżā idüb itmediği ve mevsim-i bahār ḥulūl {7} eyledikde ol vaḳt iḳtiżā-yı maṣlaḥat ne vechile ise aña göre īcāb ider ve istenür ise {8} gönderilmesi ṣūretleri müteveffā-yı müşārun-ileyhden isti'lām olunmuş ise de ḥasbelḳader **(54)** fevti 'aḳībinde vāṣıl olaraḳ cevābsız ḳalmış ve müteveffā-yı müşārun-ileyh 'uhdesinde olan {2} Rumili eyāleti selef-i müşīrīleri müteveffā Celāl Paşa'ya tevcīh olunub Mora ordusuna {3} baḥren ẕaḫīre sevḳi 'usretlendiğine mebnī berren gönderilmeğe muḥtāc oldığından Rumili ḳażālarından {4} şimdiden miḳdār-ı kifāye ḥayvānāt tertībi ve müşārun-ileyh Ḫūrşīd Paşa'nıñ fevti cihetiyle {5} Yeñişehir'de olan 'asker ḏağılmaḳda oldığından ve müteveffā-yı müşārun-ileyh Celāl Paşa'nıñ daḫi {6} Yeñişehir'e vuṣūlünde işe yarar 'askeriñ vücūdı lāzımeden olub nefīr-i 'ām 'askeri daḫi {7} ŝebāt itmeyecekleri meczūm ü mücerreb idüğünden Zağra A'yānı Velī Ağa miŝillü ḳaviyyü'l-iḳtidār a'yānlarıñ {8} külliyyetlü 'asker ile me'mūr ḳılınaraḳ mübāşirler ile iḫrāc ü i'zāmları bundan aḳdem ba'żı ṭarafdan {9} inhā ve iḫṭār olunmuş ise de Rumili'niñ ḥāvī oldığı ḳażālardan ḥayvānāt tertībi {10} ahālīye bunca teklīfat ve tertībāt üzerine bir nevi' bār olacağından ve muḳaddem {11} ber-vech-i meşrūḥ Anāḏolī ṭarafından ḥayvānāt tertīb olunub Ḳayṣeriyye mutaṣarrıfı müteveffā-yı müşārun-ileyhiñ {12} daḫi ḥayvānātı celb ile keyfiyyet ol vechile müteveffā-yı müşārun-ileyh Ḫūrşīd Paşa'dan isti'lām {13} olunaraḳ cevābı vürūdına fevti ḥāciz olmuş idüğünden ve müteveffā-yı müşārun-ileyh Ḫūrşīd Paşa'da {14} daḫi vāfir ḥayvānāt olması melḥūẓ oldığından mevcūd olan ḥayvānātınıñ nezdinde tevḳīfiyle {15} defteriniñ celbi ve müteveffā Ḥüseyin Paşa muḫallefātından ẓuhūr idüb gelan ve gerek Anāḏolī ṭarafından {16} tertīb olunan ḥayvānāt bi-mennihī Ta'ālā mevsim-i bahār ḥulūlünde iḳtiżāsına baḳılmaḳ üzere ḥayvānāt-ı {17} merḳūmeniñ şimdilik lüzūm ve 'adem-i lüzūmı ve şimdiki ḥālde ma'iyyetine ne ḳadar 'asker celbi {18} ve kimleriñ me'mūriyyetleri münāsib idüği muḳteżā-yı irāde-i seniyye-i şāhāne üzere müteveffā-yı {19} müşārun-ileyh Celāl Paşa'dan isti'lām olunmuş ve müteveffā-yı müşārun-ileyh

Ḫūrşīd Paşa {20} muḫallefātından ẓuhūr iden ḥayvānātı ẕaḫīre naḳli żımnında müteveffā-yı müşārun-ileyh Celāl Paşa'ya {21} devr ü teslīm iderek defterini irsāl eylemesi müteveffā-yı müşārun-ileyh Ḫūr[şīd] Paşa'nıñ Yeñişehir'de olan {22} ketḫüdāsı Ṣāliḥ Aġa ile muḫallefāt mübāşiri Yūsuf Aġa'ya yazılmış ise de müşārun-ileyh Celāl Paşa'nıñ {23} daḫi irtiḥāli cihetiyle ḫuṣūṣāt-ı merḳūmeniñ cevābı gelmamiş ve Rumili eyāleti serʿaskerlik ʿunvānıyla {24} bu defʿa ʿuhde-i saʿādetlerine tevcīh olunmuş oldıġından ber-vech-i muḥarrer gerek ḥayvānāt māddesinde {25} ve gerek maʿiyyet-i saʿādetlerine meʾmūriyyetleri iḳtiżā idenleriñ ṣūret-i taʿyīn ve iḫrāclarında {26} tedbīr ne vechile olmaḳ lāzım gelür ise muḳteżāsına baḳılmaḳ içün serīʿan ve īżāḥan keyfiyyeti işʿār {27} eylemeleri lāzım geleceği. Fī 6 Ca 38

[578/70] ***Rumili vālīsine***
{1} Ḳarlıili cānibinde olan Yānya mutaṣarrıfı saʿādetlü ʿÖmer Paşa ṭarafından muḳaddem tevārüd iden {2} taḥrīrātda bundan bir sene muḳaddem müteveffā-yı müşārun-ileyh Ḫūrşīd Paşa ṭarafından bā-buyuruldı {3} biñ nefer ʿasker ile Bālyabādra muḥāfaẓasında olan Aydın Mutaṣarrıfı Sīrozī {4} Yūsuf Paşa ḥażretleri maʿiyyetine meʾmūr olmuş olan Avlonyalı İsmāʿīl Beğ {5} maʿiyyet-i müşārun-ileyhde bir müddetcik iḳāmet itmiş ise de Mora gāvurlarınıñ şiddet-i ʿiṣyānlarını {6} görerek gāvurlar ile bi'l-muḫābere bir taḳrīb mecmūʿ neferātıyla birḳaç ḳıṭʿa Frenk teknesine {7} rākib olaraḳ Avlonya ṭarafına ricʿat itmiş ve bu cihetle mīr-i mūmā-ileyhiñ tertīb-i cezāsı {8} lāzım gelmiş ise daḫi ol eṣnāda henüz Tepedelenli ġāʾilesi berṭaraf olmamaḳ taḳrībiyle {9} vaḳtine taʿlīḳ ile mīr-i mūmā-ileyhi iġfāl içün Sūlī māddesinde istiḫdāmını {10} müteveffā-yı müşārun-ileyh Ḫūrşīd Paşa re'y ü irāde eylemiş ve Sūlī ordusunda uyġunsuz {11} ḥareketinden başḳa leylen mecmūʿ ʿaskeriyle firār iderek Avlonya'ya vardıḳda emvāl-i mīriyyeyi żabṭ {12} ü taḥṣīl ve Arnavud ṭāʾifesine ʿulūfe ve baḫşiş olaraḳ iʿṭā ve ol ṣūretle **(56)** başına birṭaḳım ḥaşerāt cemʿ eyleyerek ʿadem-i iṭāʿate ictirā itmiş oldıġına bināʾen müteveffā-yı {2} müşārun-ileyh Ḫūrşīd Paşa ber-vech-i suhūlet mīr-i mūmā-ileyhiñ Yeñişehir'e celbi-çün bā-buyuruldı {3} ḳahvecibaşısını göndermiş iken ʿadem-i iṭāʿatine mebnī Yeñişehir'de olan birāderini {4} ḥabse ilḳā eyleyerek mūmā-ileyh İsmāʿīl Beğ'iñ tertīb-i cezāsı-çün mühürdārı Ḥasan Beğ'i bir miḳdār ʿasker ile {5} Avlonya üzerine göndermiş ve delīlbaşısını daḫi birḳaç yüz süvārī ile taʿyīn itmiş ise de {6} ol eṣnāda müşārun-ileyhiñ vefātı ẓuhūruyla delīlbaşı-i merḳūm Yeñişehir'e ʿavdet idüb {7} mühürdār-ı mūmā-ileyh el-ān Avlonya ṭarafında īfā-yı meʾmūriyyet itmek üzere ḳalmış oldıġı {8} ve işbu Avlonya māddesi Arnavudluġ'a bādī-i iḫtilāl olacaġı beyānıyla mūmā-ileyh İsmāʿīl Beğ'iñ {9} tertīb-i cezāsı-çün mühürdār-ı mūmā-ileyhe ve meʾmūrīn-i sāʾireye ḫiṭāben fermān-ı ʿālī ıṣdār olunması {10} ve Avlonya ve Delvīne sancaḳlarınıñ ḥāvī oldıġı ḳażāların ḥükkām ve beğlerine ve

ağavāt {11} ve bölükbaşılarına daḫi bir sāʿat evvel kendü maʿiyyetine irişmeleri bā-evāmir-i ʿaliyye tenbīh olunaraḳ {12} maḫṣūṣ mübāşir gönderilmesi ve Yeñişehir'de maḥbūs olan mūmā-ileyh İsmāʿīl Beğ'iñ birāderi {13} Aḥmed Beğ'iñ ḥabsde tevḳīfiyle muḥāfaẓa olunması ve Yeñişehir'de iḳāmet üzere olan İbrāhīm Paşa- {14} -zāde Süleymān Paşa ile Muḫtār Paşa-zāde Ḥüseyin Paşa'nıñ ol ṭarafdan defʿ olunmaları {15} ve müteveffā-yı müşārun-ileyh Ḫūrşīd Paşa'nıñ Arnavudluğ'ı ifsāda cürʾetlerini bilerek Yeñişehir'e celb {16} itmiş oldığı Tepedelenli silaḥdārıyla aña mümās̱illeriñ muḥāfaẓa ve cezāları tertīb olunması lāzımeden {17} idüği muḥarrer ü meẕkūr olub mūmā-ileyh İsmāʿīl Beğ ile birāderi Bekir Beğ'iñ Avlonya'ya {18} ʿazīmetle taḥrīk-i fesāda cürʾet ve müşārun-ileyh ʿÖmer Paşa'nıñ mütesellimini defʿ iderek Avlonya'yı żabṭ {19} eylediğine ve bunlarıñ bu ḥāl ile bırağılması müşārun-ileyh ʿÖmer Paşa'nıñ kesr-i nüfūẕ ve ḫāṭırını {20} mūcib olacağına bināʾen iḳtiżāsına göre birini icrā ve dīgerini ketm ü iḫfā itmek üzere {21} mūmā-ileyhimānıñ Dīmetoḳa'ya nefy ü iclāları bābında başḳa ve iṭāʿat ü inḳıyād itmedikleri {22} ḥālde iʿdām ü izāleleri żımnında başḳa maḫfiyyen evāmir-i ʿaliyye ıṣdār ve tesyārı muḳaddemā müteveffā-yı {23} müşārun-ileyh Ḫūrşīd Paşa ṭarafından inhā olunmuş ve şeref-sünūḥ iden irāde-i ʿaliyye-i mülūkāne {24} iḳtiżāsı üzere ol vechile mektūmen iki ḳıṭʿa emr-i ʿālī ıṣdār ve müteveffā-yı müşārun-ileyh ṭarafına {25} tesyār ḳılınmış ise de müteʿāḳiben müşārun-ileyhiñ fevti vuḳūʿ bulmuş ve bu cihetle müşārun-ileyh {26} işbu iki ḳıṭʿa emr-i şerīfden ḳangısını icrāya teşebbüs̱ itmiş oldığı maʿlūm olamamış {27} oldığından başḳa rivāyet olundığına göre mūmā-ileyh İsmāʿīl Beğ Arnavudluḳ içinde {28} ḫānedān ve ḳavm ü ḳabīle ṣāḥibi ve belki şimdiki ḥālde vaḳʿ ü iʿtibār cihetiyle müşārun-ileyh {29} ʿÖmer Paşa'ya muʿādil olmaḳ mülābesesiyle şimdi müşārun-ileyhiñ inhāsı vechile tertīb-i cezāsı bābında {30} mūmā-ileyh mühürdār Ḥasan Beğ ve sāʾire ḫiṭāben fermān-ı ʿālī ıṣdār olunmaḳ lāzım gelse bunlar {31} suhūletle icrā idemeyerek maʿāẕallāhü Taʿālā Arnavudluḳ içinde daḫi bir fesād-ı ʿaẓīm peydā olması {32} maḥẕūrı derkār ve bi'l-ʿaks mīr-i mūmā-ileyhe muʿāmele-i ʿafv ü istimālet gösterilse müşārun-ileyh (57) ʿÖmer Paşa ḳuşḳulanub Mora meʾmūriyyetinden iẓhār-ı fütūr ü reḫāvet ve belki vesveseye {2} ẕehāb ile ḫodbeḫod ʿavdet ideceği ẓāhir ü āşikār olub maʿa-hāẕā müşārun-ileyh ʿÖmer Paşa'nıñ {3} keyfiyyeti maʿlūm ve mīr-i mūmā-ileyhiñ rivāyet olundığına göre müşārun-ileyhe muʿādil idüği {4} emr-i ġayr-ı mevhūm oldığından eslem ṣūret olmaḳ üzere mūmā-ileyh İsmāʿīl Beğ'iñ sūʾ-i ḥarekātı {5} muḳaddemā müteveffā Ḫūrşīd Paşa ṭarafından inhā olunmuş ve iḳtiżā-yı maṣlaḥatıñ icrāsı ʿuhde-i istiḳlāline {6} iḥāle olunaraḳ müteveffā-yı müşārun-ileyh maṣlaḥatı iltizām idinmiş ise de bi-taḳdīrillāhi Taʿālā vefātı vuḳūʿ bulmuş {7} olub ancaḳ evvel ü āḫir kendüsünüñ vaḳʿ ü iʿtibārı nezd-i Devlet-i ʿAliyye'de merʿī oldığı {8} ve bu maṣlaḥat devletçe daḫi mültezem idüği beyānıyla böyle şeyler ile ẕihnini taḫdīş itmeyüb {9} hemān īfā-yı me'mūriyyete müsāraʿat eylemesi veṣāyāsı müteʿalliḳ olan irāde-i seniyye vechile {10} müşārun-ileyhe taḥrīr ü işʿār ve müşārun-ileyh ʿÖmer Paşa'nıñ ol ṭarafdan defʿlerini inhā itmiş oldığı {11} İbrāhīm Paşa-zāde Süleymān Paşa ile Muḫtār Paşa-zāde Ḥüseyin Paşa bundan aḳdem sünūḥ iden {12} irāde-i seniyye-i mülūkāne mūcebince celb olunaraḳ mūmā-ileyh Süleymān Paşa Dersaʿādet'de iḳāme {13} ve mūmā-ileyh Ḥüseyin Paşa daḫi Edirne'de iskān olunaraḳ bunlarıñ Arnavudluḳ ṭarafıyla muḫābereleri {14} meḥāẕīri defʿ olunmuş ve ḥattā mūmā-ileyh Ḥüseyin Paşa'nıñ Libohova'da olan vālidesiniñ daḫi {15} Edirne'ye celbi-çün mübāşir taʿyīn ḳılınmış oldığından māʿadā müşārun-ileyh ʿÖmer Paşa'nıñ işʿārından {16} Yeñişehir'de olan maḳtūl Tepedelenli silaḥdārıyla sā'ir baʿżı Arnavud beğleriniñ te'dībleri {17} ḫuṣūṣunuñ müteveffā-yı müşārun-ileyh Celāl Paşa'ya yazılması müstefād ise de müşārun-ileyh {18} Ḫūrşīd Paşa'nıñ muḳaddemā vāḳiʿ olmuş olan inhāsından Mora'da olan sergerde-i ʿuṣāt {19} Ḳoloḳotronī nām melʿūnuñ murādı Meçopo'nuñ oğlı Elmās ile eylediği muḳāvele üzere {20} Arnavudları taḥrīk oldığı teẕkīr olunmuş ve Arnavud ʿaskeri sergerdelerinde mübālāt olmayub {21} aḳçeye ṭamaʿ ile küfri irtikāb eyleyecekleri ẓāhir oldığından mezbūr Meçopo'nuñ oğlı {22} Elmās'ı bir taḳrīb ile iʿdām eylemesi sünūḥ iden irāde-i seniyye mūcebince müteveffā-yı müşārun-ileyh {23} Ḫūrşīd Paşa'nıñ re'yine ḥavāle olunmuş ve müteveffā-yı müşārun-ileyh Ḫūrşīd Paşa'nıñ {24} gelan cevāb-nāmesinde icrā-yı ḫıyānet iden yalñız mezbūr Elmās olmayub beş-altı nefer {25} kimesneniñ ḫıyānetleri tebeyyün itmiş ve merḳūm Elmās ḫā'ini muḳaddemā Ṭāhir ʿAbbās ile {26} Aġo Mühürdār'a ilticā iderek virmiş oldığı re'ye dāḫil olmuş oldığından inşā'allāhü Taʿālā {27} vaḳtiyle cümlesi cezā-yı sezālarını bulacaḳları muḥarrer ü meẕkūr oldığına ve vāḳıʿan bunlarıñ {28} daḫi kendülerine maḫṣūṣ tevābiʿ ü levāḥıḳları olaraḳ açıḳdan izāleleri mümkin {29} olamayacağına binā'en keyfiyyāt-ı meşrūḥaya ve iḳtiżā-yı vaḳt ü ḥāle taṭbīḳan terettüb idecek {30} re'y ü tedbīriñ işʿārına himmet eylemesi selefleri müteveffā-yı müşārun-ileyh Celāl Paşa'ya {31} yazılmış ve keyfiyyet iḳtiżāsı üzere müşārun-ileyh ʿÖmer Paşa'ya daḫi bildirilmiş ise de müteveffā-yı {32} müşārun-ileyh Celāl Paşa'nıñ me'mūriyyet ve istiḳlāli ẕāt-ı saʿādetlerine naḳl itmiş {33} oldığından bu keyfiyyet daḫi maʿlūm-ı müşīrīleri olaraḳ vāḳiʿ olacaḳ {34} re'y ü tedbīrleri ne vechile ise işʿār buyurmaları iḳtiżā ideceği. Fī 6 Ca 38

[578/74] ***Rumili vālīsine***

{1} Anābolī ḳalʿası-çün bu āna ḳadar berren ve baḥren ẕaḫīre irişdirilmesiniñ çāresine baḳılmaḳda {2} ve Mora me'mūrlarına te'kīd ve iḳdāmda ḳuṣūr olunmadığından ol bābda şeref-sünūḥ iden {3} irāde-i seniyye-i şāhāne mūcebince evvelki gün mebʿūṣ-ı ṣavb-ı saʿādetleri ḳılınan {4} taḥrīrāt-ı muḫlişīde İzmīr ve İskenderiye ṭaraflarından daḫi peyderpey ḫaylī ẕaḫīre gitmiş {5} ve gitmekde oldıġı 'ibāresi derc ü iş'ār olunmuş ise de gerek ẕikr olunan {6} maḥallerden ve gerek Dersa'ādet ve sā'ir semtden Mora'ya ne vechile ẕaḫīre {7} gönderildiğiniñ ṭaraf-ı ser'askerīlerine bildirilmesi muḳteẕā-yı maṣlaḥatdan olmaġla **(62)** şu vechile iş'āra ibtidār olunur ki; bundan aḳdem rāyic ẕaḫīresi celbi-çün İngiltere devleti {2} bāzergānlarından Bulaḳ bāzergānıñ bi'l-istīcār Mıṣır'a gönderilüb Boġaz'a gelmiş olan {3} üç ḳıṭ'a sefīnesi ḥamūlesi lüzūmı olan maḥallere çıḳarılmaḳ üzere ol vaḳt Donanma-yı Hümāyūn'a {4} gönderilmiş ve Donanma-yı Hümāyūn daḫi Mora ṭarafına sevḳ itmiş ve Mora me'mūrlarınıñ Derbend'den {5} mürūrlarıyla ẕaḫīreden żarūretleri oldıġı mesmū'ı olaraḳ sa'ādetlü Mıṣır vālīsi {6} ḥażretleri iki ḳıṭ'a müste'men sefīnesiyle Bālyabādra'da olan sa'ādetlü Yūsuf Paşa {7} ḥażretleri ṭarafına miḳdār-ı vāfī ḥınṭa ve yaġ ve ḳahve göndermiş oldıġını bu ṭarafa yazmış {8} ve İnebaḫtī ḳal'ası ve Ḳasteli ile Mora Ḳasteli'ne tertīb olunan sekiz biñ keyl ḥınṭa ve beş biñ {9} iki yüz yiğirmi üç keyl daḳīḳ ve mühimmāt-ı sā'ire daḫi mersūm Bulaḳ bāzergān ma'rifetiyle bir ḳıṭ'a {10} müste'men sefīnesine taḥmīlen irsāl olunmuş ve bunlarıñ daḫi Mora ordusuna yāḫūd Mora ḳılā'ından {11} ḳanġısına eşedd-i lüzūmı var ise irişdirmesi ḳapūdān-ı sābıḳ sa'ādetlü Meḥmed Paşa ḥażretlerine {12} yazılmış ve Mora'ya ẕaḫīre sevḳi-çün maḫṣūṣ yüz biñ ġurūş sermāye virilerek sa'ādetlü {13} İskenderiye Mutaşarrıfı Muṣṭafā Paşa ḥażretleri ṭarafına gediklü mübāşir irsāl ḳılınmış ve müşārun-ileyh daḫi {14} iki ḳıṭ'a Nemçe sefīnelerine taḥmīlen Mora'ya bir def'a biñ yük ve mu'aḫḫaren ḏoḳuz yüz yük {15} ẕaḫīre irsāl eylediğini ve bundan böyle daḫi yine külliyyetlü ẕaḫīre tesyār ideceğini bundan aḳdem beyān {16} ü teẕkār itmiş ve İzmīr Muḥāfıẓı sa'ādetlü Ḥasan Paşa ḥażretleri daḫi Anābolī yāḫūd Gördūs {17} ḳal'alarına īşāl olunmaḳ üzere müste'men sefāyininden iki ḳıṭ'a sefīne ile {18} ma'lūmü'l-miḳdār daḳīḳ irsāl eylediğini taḥrīr eylemiş ve Dersa'ādet lāzımesi-çün Selānīk sancaġından {19} müretteb ẕaḫāyirden Mora ordusı-çün Selānīk mübāya'acısı ma'rifetiyle yiğirmi biñ altı yüz ḳırḳ {20} sekiz keyl ḥınṭa ve yedi biñ sekiz yüz keyl şa'īr ile otuz dört biñ yedi yüz on ḏoḳuz {21} vuḳıyye daḳīḳ ve biñ yedi yüz seksan ḳanṭār peksimād Efrenc sefāyiniyle gönderilmiş ve ẕaḫāyir-i {22} mezkūre varmış oldıġı istiḫbār ḳılındıġını sa'ādetlü Selānīk mutaşarrıfı ḥażretleri daḫi {23} yazmış ve mersūm Bulaḳ bāzergān ma'rifetiyle gönderilan sefīnelerden iki ḳıṭ'ası {24} vāṣıl oldıġını mübeyyin müşārun-ileyh Yūsuf Paşa'nıñ vārid olan taḥrīrātı giçen gün {25} ṭaraf-ı sa'ādetlerine Mora'ya dā'ir eṭrāfdan vürūd iderek müteveffā Celāl Paşa ketḫüdāsınıñ {26} göndermiş oldıġı kāġıdlar içinde bālāsına surḫ işāretiyle gönderilmiş ve Sīrozī müşārun-ileyh {27} Yūsuf Paşa ḥażretleri ma'rifetiyle ol ṭarafdan Gördūs ordusı-çün mübāya'a olunmaḳda olan {28} vāfir ẕaḫāyiriñ bir ṭarafdan polīçeleri vürūd iderek bu ḳadar aḳçeleri bu ṭarafda virilmiş {29} ve bir ṭarafdan geldikçe virilmeğe başlanmış olub Mora'ya bu ṣūretler ile ẕaḫīre irişdirilmekde {30} şimdiye ḳadar ṭaraf-ı Salṭanat-ı Seniyye'den i'āne-i lāzımede ḳuṣūr olunmadığından mā'adā {31} bu def'a daḫi müste'men sefāyininden bir ḳıṭ'a Nemçelü sefīnesiyle dört biñ üç yüz {32} keyl ḥınṭa Mesolenk'e ve keẕālik bir ḳıṭ'a Nemçe sefīne[sine] taḥmīlen on biñ keyl ḥınṭa daḫi {33} Gördūs ḳal'asına teslīm olunarak nıṣfı olan beş biñ keyl ḥınṭanıñ Gördūs'den berren {34} Anābolī ḳal'asına īṣāli tertīb ve taṣmīm olunmuş ise de ḥasbe't-taḳdīr Anābolī ḳal'asını 'uṣāt-ı kefere **(63)** istīlā itmiş oldığından ḳal'a-i merḳūme mübāya'ası yine fesḫ olunmayarak müte'alliḳ olan {2} irāde-i seniyye-i şāhāne mūcebince on biñ keyl ẕaḫīre tamāmen Gördūs'e ve dört biñ {3} üç yüz keyl ẕaḫīre daḫi Mesolenk ordusuna irsāl ve teslīm olunmaḳ üzere derdest-i tanẓīm {4} ve tesyār idüği ma'lūm-ı dirāyet-melzūm-ı sipehdārīleri buyuruldukda ẕāt-ı sa'ādetleri daḫi {5} aña göre īfā-yı levāzım-ı mehām-āşināyī ve icrā-yı mübteġā-yı ser'askerīye himmet buyurmaları {6} siyāḳında ḳā'ime. Fī 9 Ca 38

[*578/75*] ***Ḳandiye ḳāḍīsına ve 'ulemā ve meşāyiḫ ve vücūh ve żābiṭān ve Ocaḳlu ve sā'irlerine***

{1} Girīd cezīresi 'uṣātı şeḳāvetlerini artırub ne vechile icrā-yı mel'anet eylemekde olduḳları {2} ve ẕaḫīre ve mühimmātdan żarūret derkār oldığı beyānıyla ol bābda i'āne ṭalebini mutażammın {3} taḳdīm ḳılınan i'lām ve maḥżar mezāyāsı me'ālleri ma'lūmumuz olmuşdur. Rum gāvurlarınıñ Devlet-i 'Aliyye {4} ve ümmet-i Muḥammed 'aleyhine derkār olan ḫıyānet ü mel'anetleri cihetiyle ṭaraf-ı Devlet-i 'Aliyye'den {5} her maḥalle i'āne-i mümkineniñ icrāsında dirīġ mu'āmelesi olunmamış ve ḥattā Aḳdeñiz'de küffār teknelerininñ {6} gezüb rāst geldikleri ehl-i İslām sefāyinine īṣāl-i ḫıyānet eylediklerinden Girīd'e Dersa'ādet'den {7} imdād olunamamış ise de sa'ādetlü Mıṣır vālīsi ḥażretlerine gerek 'asker ve gerek ẕaḫīre {8} ve mühimmāt ile i'āne eylemesi muḳaddemā bā-irāde-i seniyye-i mülūkāne ḥavāle olunmuş ve vālī-i müşārun-ileyh {9} daḫi ma'lūmü'l-miḳdār 'asker ve mühimmāt ve ẕaḫīre ile mīr-i mīrāndan Ḥasan Paşa'yı {10} muḳaddemā göndermiş ise de tekrār Girīd cezīresi-çün 'asākir-i vāfiye ve mühimmāt-ı külliyye ve ẕaḫīre {11} ḥāżırlayaraḳ cenk gemisine muḥtāc oldığını bu ṭarafa yazmış ve bundan bir māh muḳaddem {12} Donanma-yı Hümāyūn ma'iyyetinde olan müşārun-ileyhiñ cenk gemileri Girīd'e 'asker ve mühimmāt {13} ve ẕaḫīre ve sā'ire ile imdād eylemesi żımnında İskenderiye'ye gönderilerek keyfiyyet mü'ekkeden {14} ṭarafımızdan vālī-i müşārun-ileyh ḥażretlerine yazılmış oldığına naẓaran hemān müşārun-ileyh ḥażretleri {15} göndireceği 'asker ve sā'ireyi inşā'allāhü Ta'ālā şimdiye ḳadar göndermiş veyā göndermek üzere {16} olması me'mūldür. Ancaḳ gāvurlarıñ Girīd'de bu ḳadar ṣabī ve ṣabiyye ve ricāl ve nisvān dīn ḳarındaşlarımıza {17} ihānet dā'iye-i fāsidesinde olduḳları ma'lūm oldığından bu def'a daḫi {18} merāḥim-efzā-yı sünūḥ ü ṣudūr olan irāde-i seniyye-i mülūkāne iḳtiżāsı üzere ne yapar ise {19} yapub Girīd'e ez-her-cihet imdād ü iʿānet eylemesi ṭarafımızdan vālī-i müşārun-ileyhe taḥrīr ve teʾkīd {20} ḳılınmış oldığından inşāʾallāhüʾr-Raḥmān ʿan-ḳarīb vālī-i müşārun-ileyh ṭarafından ʿasker ve mühimmāt {21} ve ẕaḫīre ile imdād ẓuhūr iderek gāvurlarıñ ḥaḳḳından gelinür. Hemān siz baʿd-ez-īn {22} aṣlā saʿy ü ġayretiñize fütūr virmeyerek Ḳandiye Muḥāfıẓı vezīr-i mükerrem saʿādetlü Şerīf Paşa {23} ḥażretleriniñ daḫi kemā-fīʾl-evvel emr ü reʾyine mütābaʿat iderek dīnimiz ve devletimiz ʿalī olub {24} o maḳūle dīn düşmenleri inşāʾallāh bir şey yapamayacağını bilerek cümleñiz göñül birliğiyle ibrāz-ı ġayret {25} ve şu kāfirlerden aḫẕ-ı intiḳām eyleyerek Devlet-i ʿAliyye bendeliği ve pādişāh-ı ʿālem-penāh efendimiziñ {26} ḳulluğunı iẓhār-birle dünyā ve āḫiretde nāʾil-i mükāfāt olmaḳlığa mübāderet eylemeñiz içün {27} mektūb. Fī 9 Ca 38

[*578/76*] *Mıṣır vālīsine*

{1} Girīd cezīresinde ʿiṣyān iden gāvurlar şeḳāvet ü ṭuġyānlarını artıraraḳ Ḳandiye {2} civārında kāʾin çiftlikleri iḥrāḳ ve Ḳandiye'ye cereyān iden şu kemerlerini hedm ve eks̱er nevāḥīyi {3} istīlā iderek mīrī anbārına naḳl olunacaḳ ẕaḫāyir yed-i küffāra geçmiş ve baʿżı maḥallerden {4} cüzʾī miḳdār gelan ve mīrī anbārında bulunan ẕaḫīre ile şimdiye ḳadar cünūd-ı muvaḥḥidīniñ {5} meʾkūlātları tanẓīm ve idāre olunmuş ise de bundan böyle idāre ġayr-ı mümkin ve ẕaḫīre {6} ḫuṣūṣunda şiddet-i żarūretleri oldığı ve el-ḥāletü-hāẕihī saʿādetlü Ḳandiye Muḥāfıẓı Şerīf Paşa {7} ve ṭaraf-ı saʿādetlerinden gönderilmiş olan Ḥasan Paşa tenkīl-i eşḳıyāya iʿtinā itmekde iseler de {8} Girīd cezīresine ḳarīb Kerpe aḏası gāvurları sefīneler ile cezīre-i merḳūmeniñ nihāyetinde vāḳiʿ {9} İstiye ve Yerapetra ve Melānyo [?] sevāḥilinde olan līmānlara yanaşub bulduḳları ẕaḫāyir {10} ve ḥayvānātı yaġma ve ġāret ve ehl-i İslām ve ṣıbyānı esīr ve şehīd eylediklerinden defʿ-i mażarratları {11} külliyyetlü ʿasker ve sefāyin ile ḥāṣıl olacağı ve mevcūd olan cebeḫāne ve mühimmāt-ı {12} sāʾireleri vuḳūʿ bulan muḥārebelerde ṣarf olunmuş oldığından ẕaḫīre ve cebeḫāne {13} ve mühimmāt ile daḫi imdād ü iʿāne olunması Girīd ahālīsi ṭarafından iʿlām ve maḥżar taḳdīmiyle {14} bu defʿa niyāz ve istidʿā olundığından māʿadā ber-vech-i muḥarrer ẕaḫīre ve cebeḫāne ve mühimmātdan {15} żarūret ber-kemāl oldığı muḥāfıẓ-ı müşārun-ileyh cānibinden daḫi inhā ve başḳa iʿlām ve maḥżar ile {16} mühimmāta dāʾir eşyā-yı maṭlūbeniñ ism ü cinsini mübeyyin bir ḳıṭʿa defter daḫi baʿs̱ ü isrā olunmuş {17} olub maʿlūm-ı dirāyet-melzūm-ı müşīrīleri oldığı ve biʾd-defaʿāt ṭarafı-ı saʿādetlerine taḥrīr {18} ü işʿār ḳılındığı vechile eşḳıyā-yı kefereniñ Aḳdeñiz'de gezen tekneleri rāst geldikleri {19} ehl-i İslām sefāyinine gezend ü ḫasār īṣālinden ḫālī olmadıḳları cihetiyle cezīre-i merḳūmeye {20} Dersaʿādet'den bir gūne imdād ü iʿāneniñ şimdiki ḥālde çāre ve imkānı olmayub maʿa-hāẕā {21} Girīd māddesi evvel ü āḫir şeref-baḫşā-yı ṣudūr olan ḫaṭṭ-ı hümāyūn-ı şāhāne mūcebince {22} ʿuhde-i ġayret ü ḥamiyyet-i müşīrānelerine muḥavvel olan mevāddan ve ẕāt-ı saʿādetleri daḫi {23} ḏoġrısı mümkin mertebe ġayret ü iḳdām buyuraraḳ muḳaddem ẕaḫīreleriyle berāber gönderdikleri {24} ʿasākir ve mühimmātdan başḳa giçende daḫi vürūd iden iʿlām ve maḥżara mebnī ṭaraf-ı düstūrīlerine {25} iṭāre ḳılınan taḥrīrāta cevāben tevārüd itmiş olan ḳāʾime-i müşīrīlerinde ve gerek tatarları {26} bendeleriniñ vāḳiʿ olan taḳrīrinde cezīre-i merḳūmeye irsāl olunmaḳ içün İskenderiye'de {27} ḫaylī mühimmāt ve ẕaḫīre ve dört biñ miḳdārı ʿasker āmāde ise de taḥmīl olunacaḳ {28} tüccār sefīnelerini li-ecli'l-muḥāfaẓa göndirecek cenk sefāyini olmadığından {29} Donanma-yı Hümāyūn maʿiyyetinde olan sefīneleriniñ şimdilik İskenderiye'ye iʿādesi {30} irāde buyurılur ise derḥāl cezīre-i merḳūmeye gönderileceği beyān ḳılınmış oldığına bināʾen sefāyin-i {31} müşīrīleriniñ bu ḳış hem levāzımātını tekmīl ve hem Girīd cezīresi imdādına āmāde buyurmuş olduḳları {32} mühimmāt ve ẕaḫīre ve ʿaskeri tüccār sefāyinine taḥmīl ve cenk sefīnelerini terfīḳ ile tesbīl {33} olunmaḳ üzere İskenderiye'ye ʿazīmetlerine ruḫṣat virilerek bundan bir māh muḳaddem (65) gitmiş olduḳlarindan bi-selāmetillāhi Taʿālā şimdiye ḳadar vuṣūlleriyle ẕāt-ı fütüvvet-simāt-ı {2} müşīrīleri daḫi icrā-yı meʾmūriyyete iḳdām ve mübāşeret eylemiş olmaları dirāyet ü ḥamiyyet {3} ve ṣalābet ü diyānetleri edillesiyle rehīn-i ḥayyiz-i bedāhet ise de cezīre-i meẕkūreniñ aḥvāli {4} ber-minvāl-i muḥarrer ve şimdiki ḥālde ṣūret-i imdād ü iʿāneniñ bu ṭarafdan icrāsı mümkin olamayacaġı {5} emr-i aẓher oldığına ve ẕāt-ı ḥayderī-simāt-ı müşīrāneleri uġur-ı dīn ü devletde ve şevketlü {6} efendimiziñ yolunda bu āna ḳadar zīver-i cerīde-i rūzigār olur nice nice ḫidemāt-ı mebrūre ibrāzını {7} bi'l-iltizām icrā itmiş ve eylemekde olduḳlarına naẓaran müşārun-ileyh Şerīf Paşa ḥażretleriniñ {8} göndermiş oldığı mühimmāt defteriniñ bir ṣūreti iḫrāc ve ṣavb-ı saʿādetlerine irsāliyle {9} cezīre-i merḳūmeye gönderecekleri imdād ü iʿāneniñ bir ān aḳdem irişdirilmesi ḫuṣūṣunuñ {10} işʿārı irāde-i seniyye-i şāhāne muḳteżāsından olaraḳ mūcebince ṣūret-i meẕkūr işbu {11} nemīḳa-i muḫliṣīye leffen ṭaraf-ı müşīrīlerine gönderilmiş ve bu ṣūretle iʿāne-i lāzımeniñ ṣavb-ı {12} saʿādetlerinden icrā buyurılacaġı muḥāfıẓ-ı müşārun-ileyhe daḫi işʿār ḳılınmış olmaġla artıḳ ẕāt-ı ġayret-simāt-ı {13} düstūrīleri ne yapar iseñiz yapub şu Girīd'e ẕaḫīre ve ʿasker ve mühimmāt ile imdād ü iʿāneniñ {14} çāresini istiḥṣāl ile ümmet-i Muḥammed ve bu ḳadar seyyid ve seyyideniñ dīnimiziñ ve devletimiziñ düşmeni {15} olan kāfirleriñ ihānet ü melʿanetinden taḫlīṣi ve Girīd gibi bir cezīreniñ keyd ü mażārr-ı eşḳıyādan {16} muḥāfaẓasıyla dünyā ve āḫiretde müntic-i selāmet olacaḳ işbu dīn-i mübīn ḫidmetiniñ itmāmı {17} emr-i ehemmine kemāl-i müsāraʿat-birle ibrāz-ı lāzıme-i dirāyet ve meʾmūriyyet ve iẓhār-ı meʾāṣir-i diyānet {18} ü fütüvvete ṣarf-ı yārā-yı ġayret buyurmaları siyāḳında ḳāʾime. Fī 9 Ca 38

[578/77] *Rumili vālīsine*
{1} Mora ser'askeri bulunan Drāmalı Maḥmūd Paşa'nıñ {2} fevti cihetiyle Mora eyāletiyle ser'askerliğiniñ {3} ve Teke ve Ḥamīd sancaḳlarınıñ kime tevcīhi {4} ve ne vechile tanẓīmi ve Gördūs'de olan me'mūrīniñ {5} 'adem-i taḳayyüd ve ġayreti cihetiyle Anābolī ḳal'ası {6} ne ḥāle giriftār olmuş oldığından {7} bu me'mūrlara ne gūnā mu'āmele olunmaḳ ve bundan ṣoñra {8} ne vechile ḥareket ḳılınmaḳ iḳtiżā ideceği {9} muḳaddem ve mu'aḫḫar yazılan taḥrīrāt-ı ḫulūṣ-verī ile {10} ṭaraf-ı sa'ādetlerinden isti'lām ḳılınmış oldığından {11} muḳteżāsını iş'ār buyuracaḳları ẓāhir ise de {12} me'mūr olduḳları ḫaṭb-ı mu'aẓẓama-i ser'askerīde {13} dil-ḫāh-ı 'alī vechile bā-'avn-i Bārī ḥüsn-i ḫidmet {14} ibrāzına muvaffaḳ olaraḳ inşā'allāhü'r-Raḥmān {15} ḳarīben şu Mora ġā'ilesiniñ indifā'ıyla {16} 'uṣāt-ı eşḳıyādan aḫẕ-ı s̱ārı īcāb ider {17} ḥālāt-ı müstaḥseneniñ istiḥṣāline maṣdar olmaları {18} aḳdem-i efkār ve e'azz-ı me'ārib-i ḫulūṣ-şi'ār {19} oldığından bu bābda mütebādir-i ḫāṭır-ı muḫlişī olan {20} ba'żı keyfiyyetiñ ta'līm olmayaraḳ mücerred iḫṭār {21} ḳabīlinden olmaḳ üzere ṣavb-ı sa'ādetlerine iş'ārına {22} ibtidār olunur ki, el-ḥāletü-hāẕihī Mora derūnunda {23} ve eṭrāfında Mora ser'askerliğinde cenāb-ı ġayret-niṣāb-ı {24} ser'askeriniñ istedikleri gibi vezīr pek de me'mūl {25} olmayub şimdiye ḳadar bir-iki vezīr daḫi vefāt iderek {26} eksilmiş oldığından ma'iyyet-i sipeh-sālārīlerine {27} dinç ve heveskār ve şecī' ve bahādırlıḳda {28} şöhret-şi'ār bir-iki vezīriñ ta'yīni münāsib gibi {29} ḫāṭıra gelüb el-ḥāletü-hāẕihī Babadaġı muḥāfaẓasında {30} bulunan vezīr-i mükerrem sa'ādetlü Berḳofçalı {31} Yūsuf Paşa'nıñ öteden berü şecā'at {32} ve 'asker-perverlikle şöhreti ve dā'ire-i s̱ervet {33} ü ḳudreti oldığından ve Rūsçuḳ mütesellimi bulunan {34} mīr-i mīrāndan Üskūb Sancağı Mutaṣarrıfı Muṣṭafā {35} Paşa daḫi şimdiye ḳadar cem' ve istiḫdām eylediği {36} 'askerini belki bir ḫidmet-i seniyyede istiḫdām olunmaḳ {37} ümniyesiyle ḏağıtmayub ibrāz-ı ḫidmete {38} heves ü ḫāhişini ve s̱ervet ü iḳtidārını {39} beyān iderek rütbe-i vālā-yı vezāretle {40} çerāġ olunaraḳ istiḫdām olunmasını inhā ve iltimās idüb **(65a)** vāḳı'an paşa-yı mūmā-ileyh Rūsçuḳ ṭarafına me'mūr {2} olalıdan berü ibrāz-ı ḥüsn-i ḫidmete sa'y itmiş {3} idüğünden ve müşārun-ileyh Yūsuf Paşa {4} ḥażretleriniñ fi'l-aṣl seferlerde cenāb-ı {5} ser'askerīleriyle ülfet ve beyniñizde ḥüsn-i muvāneset {6} oldığı ba'żı ṭaraflardan ḫaber virildiğine naẓaran {7} müşārun-ileyhiñ ma'iyyet-i ser'askerīlerine me'mūriyyeti {8} mūcib-i maḥẓūẓiyyetleri olaraḳ belki müşārun-ileyhi {9} cümleden ziyāde Mora ser'askerliğine tensīb eylemeleri {10} ve mūmā-ileyh Muṣṭafā Paşa'yı daḫi işe yarar adam {11} göründiği ecilden kendüye vezāret iḥsānıyla {12} ma'iyyet-i sāmīlerine me'mūriyyetinde iḳtiżāsına göre {13} sevḳ ve istiḫdām itmeleri ḫāṭıra gelmiş ise de {14} işbu ṣūret böyle olsun dimek olmayub {15} ancaḳ şöyle bir müṭāla'a-i münāsibe ḳabīlinden {16} ve 'unvān-ı ser'askerīyle Mora māddesi 'uhde-i ḥamiyyet-i {17} düstūrānelerine muḥavvel olmaḳ taḳrībiyle gerek {18}

maʿiyyet-i serʿaskerīlerine meʾmūriyyetleri iḳtiżā {19} idenleriñ ve gerek Mora serʿaskerliğine meʾmūr {20} olacaḳ ẕātıñ intiḫāb ve işʿārı {21} mutlaḳā ẕāt-ı sāmīleriniñ reʾy ve istiṣvābına {22} menūṭ mevāddan olub müşārun-ileyh Yūsuf {23} Paşa ve mūmā-ileyh Muṣṭafā Paşa'nıñ {24} ber-vech-i muḥarrer ḥāl ü keyfiyyetleri cihetiyle bu ṣūret {25} ḫāṭır-ı muḫliṣīye gelmiş ve ḥattā müşārun-ileyh Yūsuf {26} Paşa'nıñ ol vechile maʿiyyet-i saʿādetlerine {27} celb ile serʿaskerlikde yāḫūd āḫar ṣūretle {28} istiḫdām itmekliği isterseñiz {29} ṣoñra kendüsüni daḫi minnet altında bıraġub {30} istediğiñiz gibi ḳullanmaġa medār olmaḳ içün {31} bu ṭarafa meʾmūriyyetini işʿārıñızda kendü ḳarīḥa-i {32} müşīrīlerinden istemiş gibi müşārun-ileyhe daḫi {33} ṭaraf-ı müşīrīlerinden taḥrīrāt iṭāresiyle {34} "İşte sizi maʿiyyetime celb içün ḥaḳḳıñızda {35} ḥüsn-i şehādet iderek Dersaʿādet'e {36} şu vechile yazdım, müsāʿade buyurulmasını {37} meʾmūl iderim, hemān ḥāżırlanıñ" yollu {38} işʿār ü beyān olunsa müşārun-ileyhe {39} ṭaraf-ı saʿādetlerinden cemīle ḳabīlinden olacağından **(66a)** müşārun-ileyhiñ meʾmūriyyeti taḳdīrinde {2} bu ṣūret daḫi münāsib mülāḥaẓa olunmuş {3} ve her ḥālde meʾmūriyyet-i serʿaskerīleriniñ {4} icrāsına iḳtiżā iden ārā ve tedbīriñ {5} icrāsı yine ẕāt-ı müşīrīleriniñ reʾyine muḥavvel {6} olmaġla işbu işʿārımız ber-minvāl-i muḥarrer {7} mücerred müṭālaʿa-i münāsibe nevʿinden olaraḳ {8} bir iḫṭār olmaġla bu bābda ḥaḳīḳat-i {9} reʾyiñiz ne vechile ise aña göre iḳtiżāsına {10} baḳılmaḳ üzere keyfiyyeti işʿāra himmet {11} buyurmaları siyāḳında ḳāʾime. Fī 9 Ca 38

[578/79] *Mıṣır vālīsine*

{1} Girīd ṭarafından der-bār-ı şevket-medāra tevārüd iden taḥrīrāt ve maḥżar ile Girīd'de olan ʿuṣāt-ı kefereniñ {2} ne vechile icrā-yı melʿanete sāʿī olduḳları keyfiyyeti dīger ḳāʾime-i muḫliṣīde beyān ve Girīd'e imdād {3} ü iʿānetiñ icrāsına müsāraʿat buyurmaları irādesi dermiyān olunmuş oldıġından icrā-yı muḳteżāsına {4} bez̲l-i himmet eyleyecekleri ẕāt-ı sāmīlerine mevhibe-i İlāhiyye olan diyānet ü ġayret edillesiyle {5} müṡbet ise de müteʿāḳiben İzmīr Muḥāfıẓı saʿādetlü Ḥasan Paşa ṭarafından tevārüd iden taḥrīrāt {6} meʾālinde muḳaddem Sīsām cezīresine sāʾir aḏalardan firār ile ḫaylīce gāvur tecemmuʿ itmiş iken bu eṡnāda {7} cezīre-i merḳūmede aṣl yerlü gāvurlar ḳalub māʿadāsı gitmiş olduḳları istimāʿ olunaraḳ {8} ḳangı ṭarafa gitdikleri lede't-taḥarrī Mora'da kāʾin Anābolī ḳalʿasınıñ bu eṡnāda eyādī-i {9} ʿuṣāt-ı kefereye giriftār olması taḳrībiyle Mora gāvurları her bir cezīrede olan kāfirlere {10} "İşte Anābolī ḳalʿasını biz aldıḳ, sizler de ġayret ve birbiriñizi taḥrīṣ iderek bir gün evvel {11} külliyyetle Girīd cezīresine varub Girīd'de olan gāvurlara imdād idiñ." deyu ḫaber göndermiş {12} olduḳlarından gerek Sīsām ve gerek sāʾir aḏalarda olan gāvurlarıñ Girīd'e gitmiş olduḳlarını {13} ṣaḥīḥan istiḫbār eylediği muḥarrer ü mez̲kūr olub ẕikr olunan Anābolī ḳalʿasına her ne ḳadar ẕaḫīre {14} irişdirilerek imdād olunmasına saʿy ü ġayret olunmuş ve ḥattā ẕāt-ı saʿādetleri ṭarafından daḫi {15} kemāl-i diyānet ü ḥamiyyetlerinden Mora ṭarafına muḳaddem ẕaḫīre gönderilmiş ise de müsteʾmen tekneleri {16} ne keyfiyyete mebnī ise bu ṭarafdan gönderilan ẕaḫīreyi maḥalline īṣāl itmeyüb Gördūs {17} ṭarafında olan meʾmūrlar daḫi imdād idemeyerek Anābolī'da bulunan ehl-i İslām ẕaḫīresizlikden {18} żarūrī ḳalʿa-i merḳūmeyi vire ile gāvurlara teslīm iderek ʿüryānen çıḳmış olduḳları {19} ecilden ḥasbelḳader ḳalʿa-i merḳūme ʿuṣāt-ı eşḳıyā yedine geçmiş ve bu cihetle gāvurlar bir ḳat daḫi {20} şımarub ellerinden gelan ihāneti icrā dāʿiyesiyle var ḳuvvetlerini Girīd ṭarafına ṣarf {21} eyleyecekleri ḥavādiṡi daḫi bu vechile muḥāfıẓ-ı müşārun-ileyh ṭarafından inhā olunmuş oldığından {22} ve işbu ḥavādiṡ nefsü'l-emre daḫi muvāfıḳ göründiğinden maʿāẕallāhü Taʿālā muḳaddemā yiğirmi yedi sene {23} zaḥmet çekilerek fetḥ ü tesḫīr olunmuş ve yolunda bu ḳadar ümmet-i Muḥammed telef olmuş Girīd gibi {24} bir cezīreye bir ḥāl olmaḳ lāzım gelse Aḳdeñiz ne ḥāle gireceği nezd-i sāmīlerinde beyāndan {25} müstaġnīdir. Girīd'e bu ṭarafdan imdād ü iʿānet olmanıñ şimdiki ḥālde imkānı {26} olmayaraḳ ve ẕāt-ı şecāʿat-simātlarınıñ dīn ve Devlet-i ʿAliyye yolunda iltizām buyurduḳları {27} ġayret nezd-i ʿālīde maʿlūm olaraḳ Girīd'iñ levṡ-i vücūd-ı eşḳıyādan taṭhīr ü taṣfiyesiyle {28} ḥüsn-i intiẓāmı evvel ü āḫir ʿuhde-i istīhāl-i düstūrānelerine ḥavāle olunmuş oldığından {29} cenāb-ı ḥamiyyet-niṣābları daḫi şimdiye ḳadar egerçi bu bābda ġayret ü iḳdāmda ḳuṣūr {30} itmedikleri ve bundan böyle daḫi her gūne saʿy ü himmet buyuracaḳları meczūm-ı ḥażret-i {31} pādişāhī olaraḳ ḥaḳḳ-ı eḥaḳḳ-ı düstūrānelerinde teżāʿuf-ı teveccühāt-ı cenāb-ı {32} tācdārīyi mūcib oldığı ẓāhir ü āşikār ve dīger ḳāʾime-i meẕküremizde beyān olundığı **(68)** vechile muḳaddemce vāḳiʿ olan inhā-yı müşīrānelerine mebnī Donanma-yı Hümāyūn maʿiyyetinde olan {2} sefīneleriñiziñ ʿavdetlerine ruḫṣat virilmiş oldığından bi-mennihī Taʿālā şimdiye ḳadar vuṣūlleriyle {3} Girīd'e imdādıñ tanẓīm ve icrāsına mübāşeret buyurmuş olacaḳları meʾmūli derkār ise de gāvurlarıñ {4} ʿiṣyān ve mürtekib olduḳları melʿanetde ıṣrārları cihetiyle işbu istiḫbār olunan keyfiyyetiñ daḫi {5} ṣavb-ı sāmīlerine işʿārıyla şu Girīd cezīresi ḥaḳḳında var ḳuvveti bāzūya getürerek her ne gūne {6} imdād ü iʿānet lāzım ve himmet-i kāmileñiziñ icrāsı her ne ṣūrete mütevaḳḳıf ise öylece icrāsına {7} saʿy ü ġayret eyleyerek ḥāṣılı cezīre-i Girīd'iñ tasalluṭ-ı aʿdādan viḳāyesiyle ḳahr ü tenkīl-i eşḳıyā {8} vesāʾilini istiḥṣāle iḳdām ü ihtimām buyurmañız muḳteżā-yı emr ü irāde-i seniyye-i ḥażret-i ẓıllullāhīden {9} olmaġla maḫṣūṣ-ı ẕāt-ı şecāʿat-simātları olan ḥamiyyet ü ṣadāḳat iḳtiżāsı ve emr ü irāde-i {10} ḥażret-i pādişāhī muḳteżāsı üzere gāvurlarıñ Girīd ṭarafına olan sūʾ-i ḳaṣdları ḫuṣūṣuna {11} dāʾir istiḫbār olunan keyfiyyāt-ı meşrūḥa maʿlūm-ı saʿādetleri olduḳda artıḳ {12} dīn-i mübīn ve Devlet-i ʿAliyye-i ebed-rehīn uġurunda iltizām buyurmuş olduḳları ġayret iḳtiżāsını {13} bu bābda daḫi iṡbāt iderek ve şu gāvurlardan aḫẕ-ı s̱ār żımnında var ḳuvvetiñizi bāzūya getürerek {14} her ne vechile imdād ü iʿānete ve ne ṣūretle himmete menūṭ ü mütevaḳḳıf ise öylece icrā-birle ḥāṣılı {15} cezīre-i merḳūmeniñ tasalluṭ-ı aʿdādan viḳāyesiyle ḳahr ü tenkīl-i eşḳıyā vesāʾilini istiḥṣāle {16} kemāl-i iḳdām ü ihtimām buyuraraḳ ḥaḳḳ-ı sāmīlerinde bu bābda meʾmūl-ı ʿālī olan ḥüsn-i himmet {17} ü ġayretiñ īfāsına ve ol vechile is̱bāt-ı müddeʿā-yı şecāʿat-kārī ve diyānete bez̠l-i mā-ḥaṣal-i {18} miknet buyurmaları aḳdem-i maṭlūb idüği beyānıyla ḳāʾime. Lede'l-vuṣūl cenāb-ı ġayret-meʾāblarınıñ {19} dīn ü devlet yolunda naṣıl çalışacaḳları maʿlūm ve işte gāvurlar naṣıl olmuş ise {20} Anābolī'yı istīlā eyledikden ṣoñra şımarub beyānnāme neşr iderek Girīd'e sūʾ-i ḳaṣd dāʿiyesine {21} düşdükleri istiḫbār olunmuş oldığından ne vechile olur ise bu kāfirleriñ Girīd'e olan {22} tasalluṭlarınıñ indifāʿıyla ḳahr ü tenkīllerine ġayret olunması farż derecesine varmış {23} oldığı emr-i ġayr-ı mevhūm olub Girīd ḫuṣūṣı ise evvel Cenāb-ı Ḫayru'n-Nāṣırīn'den, {24} s̱āniyen cenāb-ı şerīflerinden meʾmūl ve bu emr-i ehemme kemāl-i derece iḳdām ü himmet buyurmaları {25} cenāb-ı sāmīlerinden aḳdem-i maṭlūb-ı ʿālī idüği emr-i ġayr-ı mechūl olmaġla artıḳ göreyim {26} ẕāt-ı sāmīlerini, naṣıl ider ve ne vechile ġayret ü himmet buyururlar ise şu Girīd'e ʿasker {27} ve mühimmāt ve ẕaḫīre ile imdād iderek eşḳıyānıñ tasalluṭlarınıñ indifāʿıyla {28} Girīd'iñ levs̱-i vücūd-ı ʿuṣātdan taḫlīṣi ḫuṣūṣuna himmet-i şerīfeleri derkār buyurulmaḳ {29} meʾmūldür. Fī 10 Ca 38

[578/85] *Boġdān voyvodasına*

{1} Memleket-i Boġdān'da gerek boyārlıḳ ve gerek sāʾir rütbeler kendü beynlerinde kişizāde ve muʿteber ʿadd olunan {2} ve ābā ve ecdādları ḫidemāt-ı memleketde bulunmuş olan kimesnelere virilerek esāfil maḳūlesine {3} boyārlıḳ ve sāʾir rütbe virilmamek memleket-i merḳūmede merʿī ve ḫuṭūṭ-ı hümāyūn ile müʾekked {4} olan niẓām ve ḳāʿide-i ḳadīme muḳteżāsından iken Fenārlu ṭaḳımları ve ʿalelḫuṣūṣ firārī Mīḫāl-i {5} bed-fiʿāl irtikābından nāşī gerek voyvodalıġı müddetinde ve gerek firārı es̱nāsında nice fürūmāye eşḫāṣa {6} küçük ve büyük rütbelerde boyārlıḳ ve pāyeler ve ḳatı vāfir kimesneye daḫi muʿāfiyyet tez̠kireleri {7} virüb ṣoñra birṭaḳım eşḫāṣ-ı mechūle daḫi birer taḳrīb boyārlıḳ ve manṣıb taḥṣīl itmek {8} cihetiyle Boġdān memleketinde boyārān gürūhı tekes̱s̱ür eylediği ve mersūmlar dāʾimā dürlü dürlü erācīf {9} ü ekāẕīb neşr ü işāʿa iderek bu keyfiyyet hem memleketiñ iḫlāl-i niẓāmını ve hem fuḳarā-yı raʿiyyete żarar {10} ü ziyān vuḳūʿunı müʾeddī oldığı beyānıyla o maḳūle ābā ve ecdādları ḫidemāt-ı memleketde bulunmamış {11} mechūlü'l-aḥvāl eşḫāṣıñ taḥṣīl eyledikleri rütbe ve boyārlıḳlar refʿ ü ilġā olunaraḳ {12} içlerinden ʿadem-i iṭāʿatle mefsedete taṣaddī ider olur ise muḳaddemlerde oldığı vechile {13} o maḳūleler derūn-ı memleketden daḫi iḫrāc ile Ṭūna'dan berü ṭarafa ṭard ü tebʿīd olunmaḳ {14} bābında ṭarafıña ḫiṭāben ekīdü'l-mażmūn bir ḳıṭʿa emr-i ʿālī ıṣdār ve tesyār olunması istidʿāsını ḥāvī {15} tevārüd iden ʿarīżañ ve Boġdān'da mevcūd metrepolīdān ve aṣl boyārān ve sā'ir ahālī-i memleketiñ {16} maḥżarları manẓūr ü me'āl ve mezāyāları maʿlūmumuz olduḳdan ṣoñra rikāb-ı müsteṭāb-ı ḥażret-i cihān-dārīye {17} daḫi ʿarż ile meşmūl-ı liḥāẓa-i ʿāṭıfet-ifāża-i cenāb-ı tācdārī buyurulmuşdur. El-ḥāletü-hāẕihī {18} memleket-i merḳūmeniñ iʿāde-i āsāyiş ü emniyyetiyle vedīʿa-i Cenāb-ı Rabb-i ʿİzzet olan ahālī ve reʿāyānıñ {19} min-külli'l-vücūh ārāmiş ü rāḥatlarını mūcib esbābıñ istiḥṣāli eḫaṣṣ-ı maṭlūb-ı ʿālī {20} oldığından ve muḳaddemlerde daḫi böyle nā-ehl ve mechūlü'l-aḥvāl eşḫāṣıñ birer taḳrīb ile {21} taḥṣīl itmiş olduḳları boyārlıḳları refʿ ü ilġā ve ḥarekāt-ı nā-bercāya taṣaddī ideri {22} olur ise o maḳūleler memleketden berü ṭarafa ṭard ü defʿ ile menfiyyen iḳāmet itdirilmesi-çün {23} emr-i şerīf ıṣdār olunmuş olub ancaḳ bundan aḳdem ʿasker-i İslāmiyye'niñ taṭhīr-i levs̱-i vücūd-ı {24} eşḳıyā żımnında memleket-i Boġdān'da iḳāmetleri müddetinde idāreleri ḫuṣūṣunda baʿżıları {25} ibrāz-ı levāzım-ı ṣıdḳ ü istiḳāmet iderek bu vechile ḫidmetleri sebḳat idenlere boyārlıḳ {26} ve pāyeler virilmiş oldığı istimāʿ olunub o mis̱illüleriñ rütbeleri refʿi nā-revā olmaḳ ḥasebiyle {27} memleket-i merḳūmede ʿasākir-i İslāmiyye'niñ bulundığı hengāmda idāreleri māddesinde **(73)** ḫidmetleri sebḳat iderek virilanlerden māʿadā bir taḳrīb taḥṣīl-i merātib itmiş olan {2} eşḫāṣ-ı mechūleniñ boyārlıḳları refʿ ü ilġā ve içlerinden ʿadem-i iṭāʿat {3} ve ḥarekāt-ı nā-marżiyyeye cesāret ider olur ise o maḳūleler ḥıfẓan-li'n-niẓām memleketden {4} ṭard ve berü arāżī-i Devlet-i ʿAliyye'ye iḫrāc olunaraḳ levs̱-i vücūd-ı mefsedet-ālūdlarından {5} memleketiñ taṣfiyesine diḳḳat olunmaḳ ḫuṣūṣuna irāde-i seniyye müteʿalliḳ olaraḳ ol bābda {6} ḫaṭṭ-ı hümāyūn-ı kerāmet-maḳrūn-ı ḥażret-i tācdārī ṣaḥīfe-pīrā-yı ṣudūr olmaġın manṭūḳ ü muḳteżāsı {7} üzere evān-ı meẕkūrede ḫidmetleri muḳābili nā'il olanlardan başḳa o mis̱illü mechūlü'l-aḥvāl {8} eşḫāṣıñ birer taḳrīb taḥṣīl itmiş olduḳları boyārlıḳları refʿ ile içlerinden ʿadem-i muṭāvaʿat {9} ve uyġunsuz evżāʿa mücāseret ider olur ise derḥāl memleketden ṭardıyla berü memālik-i {10} Devlet-i ʿAliyye'ye irsāllerine diḳḳat olunmaḳ bābında ṭarafıña ḫiṭāben başḳa ve o maḳūle ʿadem-i iṭāʿat {11} ṣūretiyle ḥareket idüb ḥıfẓan-li'n-niẓām Ṭūna'dan berüye iḫrāc olunan olur ise {12} menfiyyen tevḳīfleri-çün iḳtiżā idenlere ḫiṭāben başḳa evāmir-i ʿaliyye ıṣdār ve tesyār olunmaġla {13} ṭarafıña ḫiṭāben ṣudūr iden emr-i ʿālī manṭūḳ-ı münīfiniñ icrāsıyla niẓām-ı memleketiñ taṭarruḳ-ı {14} ḫalelden viḳāyesine ve her ḥālde istiḥṣāl-i āsāyiş-i fuḳarā-yı raʿiyyete diḳḳat ve ol vechile {15} is̱bāt-ı müddeʿā-yı ṣadāḳat ü ġayrete ihtimām ü mübāderet eylemañ içün ḳā'ime. Fī 12 Ca 38

[*578/102*] ***Rumili vālīsine***

{1} Ḫūrşīd Paşa'nıñ fevtinden ṣoñra ʿadem-i żabṭ ü idāreden nāşī ṣunūf-ı ʿaskeriyye {2} köylere ḏaġılaraḳ fuḳarāya envāʿ-ı ẓulm ü iʿtisāfa ictisār ve bu cihetle fuḳarā-yı ra'iyyet {3} firāra ibtidār itmekde olduḳları bu def'a istiḫbār olunub bu keyfiyyet mücerred 'asākiriñ {4} 'adem-i żabṭ ü idāresinden neş'et itmiş olub şimdiye ḳadar cenāb-ı ser'askerīleriniñ Yeñişehir'e {5} vürūdlarıyla o maḳūle müteferriḳ olmuş olan 'asākiriñ celb ü cem'i ve żabṭ ü rabṭlarıyla {6} dest-i i'tisāflarınıñ fuḳarā üzerinden indifā'ı esbābını istiḥṣāl buyurmuş olacaḳları {7} me'mūl ise de ma'lūm-ı sipehdārīleri buyuruldığı üzere ol ṭaraflar keṣīrü'r-re'āyā maḥāl olub {8} ḥasbe'l-vaḳt taḥt-ı ra'iyyetde bulunan re'āyānıñ ḥimāyetini müstelzim ḥālāt-ı muḳteżiyeniñ {9} icrāsına kemāliyle i'tinā olunmaḳ lāzımeden ve cemī' zamānda ẓulm ü ta'addī vuḳū'una rıżā-yı Bārī {10} ve ruḫṣat-ı ḥażret-i tācdārī olmadığı ma'lūm olan mevāddan olmağla keyfiyyet mücerred {11} ma'lūm-ı düstūrīleri buyurılaraḳ icrā-yı muḳteżāsına himmet buyurmaları siyāḳında ḳā'ime. Fī 29 Ca 38

[578/105] *Sābıḳ Babadağı muḥāfızı olub bu def'a Mora ser'askerliğiyle Mora eyāleti ve Teke ve Ḥamīd sancaḳları tevcīh olunan Berḳofçalı Yūsuf Paşa'ya*
{1} Cümleye ma'lūm oldığı üzere Rum gāvurları Mora'da tecemmu' iderek Mora derūnunda olan {2} bu ḳadar seyyid ve seyyide ve ṣabī ve nisvān ve ricālden ellerine geçen ümmet-i Muḥammed'e itmedikleri ḫıyānet {3} ve mel'anet ḳalmamış ve Mora me'mūrlarınıñ kemāl-i ġayretsizliklerinden Anābolī ḳal'ası daḫi {4} 'uṣāt-ı kefere ṭarafından istīlā-birle gāvurlarıñ şımarmasını mūcib olmuş oldığından {5} bu def'a bi-ḥavlillāhi Ta'ālā eṭrāflu ṭutılaraḳ inşā'allāhü'r-Raḥmān ḳarīben şu gāvurlardan aḫẕ-ı s̱ār ile {6} Mora'nıñ yeñi başdan fetḥ ü tesḫīri ṣūretine baḳılması lāzım gelüb bu maḳṣūduñ ḥuṣūli daḫi {7} Mora ser'askerliğine şecā'at ü ṣalābet ile meşhūr ve 'asker-perverlik ile muttaṣıf {8} bir ẕātıñ ta'yīninden lābüd olub cenāb-ı düstūrīleri daḫi evṣāf-ı meẕkūre ile muttaṣıf {9} ve uğur-ı dīn ve Devlet-i 'Aliyye'de merdāne ve cānsipārāne çalışur şecī' ve bahādır vüzerā-yı {10} 'iẓāmdan olduḳlarından Mora ser'askerliğine me'mūriyyetleri taḳdīrinde inşā'allāhü'r-Raḥmān {11} me'mūl-ı 'ālī vechile ḥüsn-i ḫidmet iderek az vaḳtde şu Mora ġā'ilesiniñ berṭaraf olmasına {12} muvaffaḳ olacaḳları me'mūli ḥaḳḳ-ı şerīfiñizde derkār oldığından ġayrı ḥālā Rumili {13} vālīsi ve bi'l-istiḳlāl ser'askeri vezīr-i mükerrem sa'ādetlü Meḥmed Paşa ḥażretleri cenāb-ı {14} sa'ādetleriniñ ṣıdḳ ü ġayretinden baḥs̱ iderek Mora ser'askerliğine me'mūriyyetiñizi inhā buyurmuş {15} olduḳlarından bu def'a şeref-pāş-ı ṣaḥīfe-i ṣudūr olan ḫaṭṭ-ı hümāyūn-ı 'ināyet-maḳrūn-ı {16} ḥażret-i pādişāhī mūcebince Mora eyāleti ve maṣārif-i vāḳı'añıza medār olmaḳ içün ilḥāḳan {17} Teke ve Ḥamīd sancaḳları 'uhde-i müşīrīlerine tevcīh ü iḥsān-ı hümāyūn buyurılaraḳ Mora {18} ser'askerliği ẕāt-ı ġayret-simātıñıza iḥāle olunmuş ve 'uhdeñizden münḥal olan Babadağı {19} muḥāfıẓlığı daḫi sābıḳ Rūsçuḳ mütesellimi mīr-i mīrāndan Muṣṭafā Paşa'ya iḥāle ḳılınaraḳ {20} cenāb-ı müşīrīleriniñ bir ān aḳdem Babadağı'ndan ḥareket ve mürūr eylediğiñiz

maḥallerden {21} mümkin mertebe külliyyetlü ʿasker tedārük ve istiṣḥāb iderek ḏoġrı Rumili serʿaskeri {22} müşārun-ileyh ḥażretleri maʿiyyetine irişüb müşārun-ileyhiñ her ḥālde re'y ü tedbīri inżimāmıyla {23} icrā-yı muḳteżā-yı me'mūriyyete müsāraʿat eylemeñizi nāṭıḳ iḳtiżā iden tevcīh ve me'mūriyyet {24} evāmir-i şerīfesi ıṣdār ve tesyār olunmuş olmaġla işte dīn ü devlete tamām ārzū eylediğiñiz {25} ve ḫāhiş-ger oldıġıñız ḫidmeti yerine getürecek ve şevketlü efendimiziñ müstaġraḳ oldıġıñız {26} luṭf ü ʿināyetleriniñ ḥaḳḳını īfā ile dünyā ve āḫiretde maẓhar-ı fevz ü rifʿat olacaḳ zamān {27} olmaġın artıḳ cenāb-ı ḥamiyyet-niṣābıñız daḫi bu maṣlaḥat-ı me'mūreñizde ʿavn-i Bārī'yle {28} sizden ne vechile ġayret ve ne ṣūretle dilīrāne ve şecīʿāne ḫidmet me'mūl-ı ʿālī {29} oldıġını ve bu vechile Teke ve Ḥamīd sancaḳları ilḥāḳıyla Mora eyāletiniñ ve serʿaskerliğiniñ {30} ʿuhdeñize tevcīh ü iḥsānı mücerred sizden ṣadāḳat ve ḥüsn-i ḫidmet me'mūlüyle idüğüni {31} derpīş ü mülāḥaẓa-birle hemān me'mūriyyet-i müşīrīleri iḳtiżāsı üzere serīʿan Babaḏaġı'ndan ḳalḳub {32} mürūr eylediğiñiz maḥallerden külliyyetlü ʿasker istiṣḥābıyla ʿicāleten Yeñişehir'e serʿasker-i müşārun-ileyh ḥażretleri {33} maʿiyyetlerine irişerek anlarıñ re'y ü tedbīrleri inżimāmıyla Mora'nıñ fetḥ ü tesḫīri vesā'ilini {34} istiḥṣāl ile īfā-yı me'mūriyyet ve iṡbāt-ı şecāʿat ve ṣadāḳate kemāl-i himmet ü müsāraʿat buyurmaları siyāḳında ḳā'ime. Fī 4 C 38

[*578/106*] ***Rumili Vālīsi ve Serʿaskeri Meḥmed Paşa'ya***
{1} Mora eyāletiyle serʿaskerliğiniñ ve Teke ve Ḥamīd sancaḳlarınıñ kime tevcīhi ve ne vechile tanẓīmi {2} īcāb ideceğine ve Berḳofçalı vezīr-i mükerrem saʿādetlü Yūsuf Paşa ile mīr-i mīrāndan {3} Rūsçuḳ Muḥāfıẓı Muṣṭafā Paşa'nıñ me'mūriyyeti ḫāṭıra geldiğine dā'ir mersūl-ı ṣavb-ı {4} serʿaskerīleri ḳılınan taḥrīrāt-ı muḫliṣīniñ vuṣūlünden ve müşārun-ileyh Yūsuf Paşa'nıñ {5} ẕikr olunan istiʿlām-nāme-i muḫliṣīniñ vuṣūlünden muḳaddemce Mora serʿaskerliğine me'mūriyyeti {6} nezd-i sipeh-sālārīlerinde tensīb olunaraḳ ḳaleme alınmış oldıġına binā'en bu bābda {7} tevāfuḳ iden tedbīr fāl-i ḫayr ʿadd olundıġından baḥiṡle Mora serʿaskerliğine müşārun-ileyh {8} Yūsuf Paşa taʿyīn olunaraḳ Mora eyāleti Teke ve Ḥamīd sancaḳları ilḥāḳıyla ʿuhdesine tevcīh {9} ve ol vechile taʿyīn olunması yāḫūd vezīr-i mükerrem saʿādetlü Selānīk Mutaṣarrıfı Meḥmed Paşa {10} ḥażretlerine Mora serʿaskerliğiyle Mora eyāleti ve Teke ve Ḥamīd sancaḳları tevcīh ve me'mūr ḳılınaraḳ {11} Selānīk sancaġı tevcīh olunacaḳ vezīr daḫi keẕālik Mora'ya taʿyīn ḳılınması ve Selānīk sancaġınıñ {12} müşārun-ileyh Meḥmed Paşa ʿuhdesinden taḥvīli uymaz ise yerine bir mütesellim ve muḥāfıẓ taʿyīniyle kendünüñ {13} Mora üzerine taʿyīn ḳılınması ve el-ḥāletü-hāẕihī Rumili aʿyānları Mora'da ḳalmış {14} olduḳlarından Rumili'den tertīb olunacaḳ ʿasākir ile Çirmen sancaġı ʿaskerine {15} başbuġ olmaḳ üzere vüzerādan ṣāḥib-i iḳtidār biriniñ me'mūriyyeti īcāb-ı maṣlaḥatdan {16} idüği

ve Rūsçuḳ muḥāfıẓı mūmā-ileyhiñ maʿiyyet-i serʿaskerīlerine me'mūriyyeti taḳdīrinde {17} Balkan'ıñ berü ṭaraflarından maʿiyyetiyle biraz ʿasker tertīb olunsa işe yarayacağı ve ẕāt-ı serʿaskerīleriniñ {18} Yeñişehir'den bir merḥale ḥareket ü ʿazīmeti īcāb eyledikde Tırḥāla mutaṣarrıfı olan vezīr Yeñişehir'de {19} bulunmaḳ veyāḫūd me'mūrīn-i sā'ire ile berāber Mora'ya sevḳ ü iʿzām ḳılınmaḳ üzere Tırḥāla sancağınıñ {20} daḫi münāsib birine tevcīhi ifādātına dā'ir resīde-i cā-yı vuṣūl olan taḥrīrāt-ı {21} düstūrīleri mezāyāsı maʿlūm-ı ḫulūṣ-verī olduḳdan ṣoñra rikāb-ı ḳamer-tāb-ı şāhāneye ʿarż ile {22} manẓūr-ı hümāyūn-ı şāhāne buyurulmuşdur. Me'āl-i işʿār-ı müşīrīlerine naẓaran müşārun-ileyh Yūsuf Paşa {23} ḥażretleriniñ Mora serʿaskerliğine me'mūriyyeti nezd-i müşīrīlerinde müstaḥsen oldığından {24} şeref-pīrā-yı ṣudūr olan ḫaṭṭ-ı şerīf-i şāhāne mūcebince Mora eyāletiyle serʿaskerliği {25} Teke ve Ḥamīd sancaḳları ilḥāḳıyla müşārun-ileyh Yūsuf Paşa'ya tevcīh olunaraḳ hemān {26} bir ān aḳdem Babaḏağı'ndan ḥareket ve mürūr eylediği maḥallerden mümkin mertebe külliyyetlü ʿasker {27} tedārük ve istiṣḥāb-birle ḏoğrı maʿiyyet-i serʿaskerīlerine irişüb re'y ü tedbīr-i müşīrīleri {28} inżimāmıyla icrā-yı muḳteżā-yı me'mūriyyete ḳıyām ü müsāraʿat eylemesi bābında iḳtiżā iden tevcīh {29} ve me'mūriyyet evāmir-i şerīfesi ıṣdār ve müşārun-ileyh ṭarafına tesyār olunaraḳ ṭaraf-ı muḫliṣīden daḫi {30} bu bābda lāzım gelan te'kīdāt ve veṣāyā eṭrāfıyla taḥrīr ü işʿār olunmuş ve Selānīk mutaṣarrıfı {31} müşārun-ileyhiñ daḫi ilerü ḥareket ü ʿazīmeti güzel ve münāsib olacağından kendünüñ {32} ilerü Mora üzerine ḥareket ü ʿazīmeti iḳtiżā-yı emr ü irāde-i şāhāneden oldığı {33} beyānıyla hemān ḥāżırlanub Selānīk sancağı şimdiki çığrından çıḳmamaḳ üzere **(87)** emr-i muḥāfaẓasına muḳtedir mütesellimliğe kimi tensīb ider ise serīʿan işʿār eylemesi müşārun-ileyhe {2} cānib-i ḫāliṣānemizden yazılmış ve Rūsçuḳ Muḥāfıẓı mūmā-ileyh Muṣṭafā Paşa'nıñ {3} muḳaddemce ol vechile maʿiyyet-i saʿādetlerine me'mūriyyeti ḫāṭıra gelerek keyfiyyet ṭaraf-ı serʿaskerīlerine {4} yazılmış ise de el-ḥāletü-hāẕihī ḥazm [ü] iḥtiyāṭa riʿāyeten Babaḏağı'nıñ daḫi muḥāfıẓdan ḫulüvvi {5} cā'iz olmayaraḳ şimdilik mūmā-ileyhiñ maʿiyyet-i müşīrīlerine me'mūriyyetinden ṣarf-ı naẓar ile {6} Babaḏağı muḥāfaẓasına taʿyīn ḳılınmış olub Rumili'den tertīb olunacaḳ ʿasker ile {7} Çirmen ʿaskerine başbuğ olmaḳ üzere vüzerādan muḳtedir biriniñ taʿyīni inhā-yı serʿaskerīlerinden {8} müstefād ise de Rumili'den ʿasker tertībi ne miḳdār ve ne vechile olacağı işʿār buyurulmamış {9} oldığından ve keyfiyyetiñ tekrār ṭaraf-ı ṣafderānelerinden isticvābı imrār-ı vaḳti mūcib {10} olacağından muḳaddemā müteveffā Ḫūrşīd Paşa zamānında oldığı vechile Rumili eyāleti {11} dāḫilinde vāḳiʿ kāffe-i elviye ve ḳażā ve sā'ir maḥāll ü mevāḳiʿden taḥrīrāt veyāḫūd buyuruldı ile {12} her ne vaḳt ve her ne miḳdār ʿasker ṭaleb iderseñiz der-ān-sāʿat irişdirilmek tenbīhātıyla ʿumūm Rumili {13} eyāletine ḫiṭāben bir ḳıṭʿa ekīdü'l-mażmūn fermān-ı ʿālī ıṣdārıyla ṭaraf-ı saʿādetlerine gönderilmiş

{14} oldığı ve Rumili ʿaskeri bu vechile ṣavb-ı serʿaskerīlerine ḥavāle olunmuş oldığından {15} tertīb olunacaḳ Çirmen ʿaskeri daḫi müşārun-ileyh Selānīk mutaṣarrıfı maʿiyyetiyle sevḳ itdirileceği {16} maʿlūm-ı ġayret-melzūm-ı müşīrīleri buyurulduḳda hemān ẕāt-ı serʿaskerīleri mecbūl olduḳları {17} diyānet ü ḥamiyyet iḳtiżāsı üzere ārā-yı ṣāʾibe ve tedābīr-i muḳteżiyeyi ikmāle ve Rumili eyāletine {18} ʿumūm vechile ḫiṭāben gönderilan fermān-ı ʿālī manṭūḳ-ı münīfiniñ icrāsı żımnında bir ṣūretlerini {19} iḫrāc ve mecmūʿ maḥallere neşr ve ṭaraf-ı serʿaskerīlerinden daḫi lüzūmı ve münāsibi miḳdār ʿasker tertīb {20} ve celb iderek Mora maṣlaḥatında iḳtiżāsına göre sevḳ ve istiḫdām ve eğer mārrü'ẕ-ẕikr fermān-ı ʿālīniñ {21} şümūlünden ḫāric āḫar tertīb ve meʾmūriyyetini tensīb eylediğiñiz ʿasker ve meʾmūrlar var ise {22} anlar içün daḫi iḳtiżā iden evāmir-i ʿaliyye gönderilmek üzere keyfiyyeti bu ṭarafa taḥrīr ve ifhām iderek {23} bu mādde vaḳt geçürülmeyüb bā-ʿavn [ü] ʿināyet-i Bārī tetmīm-i ʿasākir ve levāzımāta ve icrā-yı şerāyiṭ-i {24} meʾmūriyyet ve sipeh-sālārīye kemāl-i iʿtinā ve diḳḳat ve her bir maṣlaḥatı germiyyetle ṭutaraḳ inşāʾallāhü'r-Raḥmān {25} ʿan-ḳarīb şu gāvurlardan aḫẕ-ı ẕār iderek Mora'nıñ fetḥ ü tesḫīrine muvaffaḳ olaraḳ {26} ẕātlarından meʾmūl-ı ʿālī olan ḥüsn-i ḫidmet ü ġayret meʾāṣirini iṣbāta nisār-ı mā-ḥaṣal-i liyāḳat {27} ve ḳudret buyurmaları diyānet ü ḥamiyyetlerine muḥavveldir. Ḳaldı ki, şimdiki ḥālde ẕāt-ı serʿaskerīleri {28} Yeñişehir'de olduḳlarından Tırḥāla mutaṣarrıfı olmasa daḫi beʾis olmayub Selānīk mutaṣarrıfı {29} müşārun-ileyh ilerü vardıḳda ol vaḳt işiñ gelişine ve iḳtiżāsına göre tanẓīm olunmaḳ {30} olabileceğinden hemān ẕāt-ı şerīfiñiz ez-her-cihet ġayret cihetiyle ve meʾmūriyyet-i {31} serʿaskeriyyeyi icrā ve īfāya beẕl-i himmet buyurmaları siyāḳında ḳāʾime. Fī 4 C 38

[*578/107*] ***Selānīk mutaṣarrıfına***
{1} Cümleye maʿlūm oldığı üzere Mora derūnunda tecemmuʿ iden ʿuṣāt-ı kefere ellerine geçen bu ḳadar ümmet-i Muḥammed'e {2} şimdiye ḳadar itmedikleri ḫıyānet ü melʿanet ḳalmamış ve Mora meʾmūrlarınıñ ġayretsizliklerinden {3} Anābolī ḳalʿasına daḫi ʿuṣāt-ı eşḳıyā istīlā eyleyerek bir ḳat daḫi şīrīnlemiş oldığından {4} bā-ʿavn [ü] ʿināyet-i Bārī bu defʿa eṭraflu ṭutularaḳ şu Mora'nıñ az vaḳtde inşāʾallāhü Taʿālā {5} fetḥ ü tesḫīriyle dīnimiziñ düşmenleri olan gāvurlardan aḫẕ-ı intiḳāmıñ çāresine baḳılmaḳ {6} rütbe-i vücūba varub bu māddeniñ ḥuṣūli daḫi Mora üzerine dīndār ve şecāʿat ve ṣadāḳat ile {7} şöhret-şiʿār dinç vüzerānıñ meʾmūriyyetinden lābüd oldığına ve sābıḳ Babaḍağı muḥāfıẓı olan {8} vezīr-i mükerrem saʿādetlü Berḳofçalı Yūsuf Paşa ḥażretleri şecīʿ ve ʿasker-perver vezīr olmaḳ mülābesesiyle {9} bu defʿa Teke ve Ḥamīd sancaḳları ilḥāḳıyla Mora eyāleti Mora serʿaskerliğiyle müşārun-ileyhe tevcīh {10} olunaraḳ ʿasākir-i külliyye ile ḥālā Rumili vālīsi ve biʾl-istiḳlāl serʿaskeri vezīr-i mükerrem saʿādetlü {11} Meḥmed Paşa ḥażretleri maʿiyyetine

irişerek müşārun-ileyhiñ inżimām-ı re'y ü tedbīriyle īfā-yı me'mūriyyete {12} taʿyīn olunmuş ise de Mora'nıñ levs̱-i vücūd-ı kefereden taṣfiyesi yalñız müşārun-ileyhle {13} olmayub ẕātından yararlıḳ me'mūl olunur ġayūr ve ṣādıḳ bir-iki vezīriñ daḫi me'mūriyyetinden {14} lābüd olaraḳ ẕāt-ı saʿādetleri daḫi müşārun-ileyh Yūsuf Paşa mis̱illü şecāʿat ve ġayret ile {15} muttaṣıf vüzerā-yı ʿiẓāmdan olub bidāyet-i me'mūriyyetiñizden bu āna ḳadar Selānīk ṭaraflarınıñ {16} ʿuṣāt-ı kefereden taḫlīṣiyle muḥāfaẓası emrinde is̱bāt-ı diyānet ü ṣadāḳat buyurmuş olduḳlarına {17} binā'en cenāb-ı ġayret-niṣāblarınıñ Mora üzerine me'mūr olaraḳ ol ṭarafıñ ḥarb ü ḍarb {18} erbābıyla ilerü ḥareket ü ʿazīmetleri ḫuṣūṣuna irāde-i ʿaliyye-i mülūkāne taʿalluḳ itmiş oldığı {19} ve Rumili eyāletinden müretteb ʿasker müşārun-ileyh Serʿasker paşa ḥażretleriniñ ṭarafına muḥavvel oldığından {20} Çirmen sancağından tertīb olunacaḳ ʿasker daḫi maʿiyyet-i düstūrīleriyle sevḳ olunacağı ve keyfiyyet {21} serʿasker-i müşārun-ileyhe daḫi işʿār ü beyān ḳılındığı ve cenāb-ı düstūrīleriniñ bu vechile ilerü {22} Mora üzerine me'mūriyyetleri cihetiyle Selānīk sancağı şimdiki çıḳrığından çıḳmamaḳ üzere {23} emr-i muḥāfaẓasına muḳtedir dā'ire-i düstūrīlerinden ve āḫar sā'ir kimesnelerden mütesellimliğe kimi {24} tensīb iderseñiz ve tensīb ideceğiñiz adama tezāyüd-i vaḳʿ ü iʿtibārı żımnında ḳapucıbaşılıḳ {25} yāḫūd mīr-i mīrānlıḳ virilmesini mi istersiñiz, iḳtiżāsı icrā olunmaḳ üzere serīʿan bu ṭarafa {26} inhā eylemeñiz daḫi muḳteżā-yı irāde-i seniyye-i mülūkāneden idüği maʿlūm-ı müşīrīleri buyuruldukda {27} ẕāt-ı saʿādetleriniñ bu vechile ilerü Mora üzerine me'mūriyyetiñiz mücerred ẕātıñızda derkār olan {28} ḥilye-i diyānet ü ġayret iḳtiżāsından nāşī inşā'allāhü Taʿālā şu Mora māddesinde ḥüsn-i ḫidmete {29} muvaffaḳ olaraḳ ez-ser-i nev Mora'nıñ fetḥ ü tesḫīriyle şu gāvurlardan aḫẕ-ı intiḳām ġarażıyla {30} oldığından ẕāt-ı şecāʿat-simātları daḫi böyle vaḳtde tamām dīn ve Devlet-i ʿAliyye'ye ḫidmet olunacaḳ {31} mevsim oldığını derpīş iderek hemān tehyi'e-i esbāb-ı seferiyye ve tanẓīm-i ʿasākir-i vāfire ile ilerü ḥareket {32} ü ʿazīmete ve Rumili vālīsi ve serʿaskeri müşārun-ileyh ḥażretleriyle merāsim-i muḫābere ve ittifāḳı icrāya müsāraʿat {33} ve Selānīk sancağı şimdiki çıḳrığından çıḳmamaḳ üzere Selānīk muḥāfaẓasına ve mütesellimliğe {34} dā'ire-i müşīrīlerinden ve āḫardan kimi tensīb iderseñiz ve mütesellim naṣb eyleyeceğiñiz adama ḳapucıbaşılıḳ {35} yāḫūd mīr-i mīrānlıḳ virilmek lāzım mıdır, muḳteżāsı icrā olunmaḳ üzere keyfiyyeti serīʿan işʿār ü işāret {36} buyurmaları siyāḳında ḳā'ime. Fī 4 C 38

[578/111] ***Rumili vālīsine***

{1} ʿUnvān-ı serʿaskerīyle Rumili eyāletiniñ ʿuhde-i düstūrīlerine iḥālesi beyānıyla baʿżı ḫuṣūṣāt-ı lāzımeyi {2} mübeyyin gönderilmiş olan taḥrīrāt-ı muḫliṣīniñ vuṣūlünden baḥis̱le cenāb-ı müşīrīleri faḳaṭ iç dā'ireleri {3} ḫalḳıyla

İzdīn'den ḥareket ve Yeñişehir'e vuṣūle şitāb ü sür'at buyurulmuş ve delīlān ve sā'ir {4} ma'iyyet-i sipehdārīlerinde olan 'asākir Geġa paşalarıyla İzdīn'de bıraġılmış ise de paşa-yı {5} mūmā-ileyhimiñ yanlarında 'askerleri ḳalmamış oldıġından cem' itmekde olduḳları ḳapusuz 'askeri {6} İzdīn'e irsāl eyledikleriinde paşa-yı mūmā-ileyhim kendülerine ve 'askerlerine niẓām virmek üzere {7} vilāyetlerine ruḫṣat virmek taṣmīm-kerdeleri oldıġı ve sa'ādetlü İzdīn Muḥāfıẓı Süleymān Paşa {8} bir manṣıb virilür ise Mora'ya gitmeġe ḫāhiş-ger oldıġını şifāhen ifāde eylediġi ve müteveffā {9} Celāl Paşa'nıñ ilerü sevḳ itmiş oldıġı Banālūḳa Mütesellimi sābıḳ 'Alī Aġa'nıñ ġayret-kār bir adam {10} oldıġı ma'lūmları idüġünden ve kendüsi Ṣofya'da bulundıġından mevcūd-ı ma'iyyeti olan {11} 'asākir ile ma'iyyet-i sa'ādetlerine gelmesi ṭaraf-ı müşīrīlerinden yazılmış ise de ol vechile bir ān aḳdem {12} Yeñişehir'e irişmesi bābında emr-i 'ālī ıṣdār ḳılınması ve Priznik ve İznebol ḳażāları a'yānı müteveffā {13} Ḳara Feyżī Aġa'nıñ oġlı 'Alī Beġ ṭaraf-ı müşīrīlerine adam irsāl iderek müteveffā-yı mūmā-ileyhiñ {14} muḫallefātınıñ kendüsüyle vereṡe-i sā'iresine iḥsān ve a'yānlıġıñ daḫi ṭarafına iḥālesini {15} istid'ā itmiş oldıġından cānib-i mīrīye elli biñ ġurūş i'ṭā ve düyūnunı edā eylemek **(91)** ve maṭlūb buyuracaḳları 'asker ile istedikleri vaḳtde derḥāl ṭaraf-ı müşīrīlerine {2} irişmek üzere a'yānlıḳ-ı mezḳūr bā-buyuruldı mūmā-ileyh 'Alī Beġ'e iḥāle olunacaġı beyānıyla {3} ol bābda daḫi bir ḳıṭ'a emr-i şerīf taṣdīr ve tesyār olunması ve Mesolenk ṭarafında bulunan {4} sa'ādetlü Yānya Mutaṣarrıfı 'Ömer Paşa ṭarafından ba'żı ḥavādiṡe dā'ir vürūd iden Rūmiyyü'l-imlā {5} kāġıd tercümesiyle berāber taḳdīm ḳılındıġı ḫuṣūṣları taḥrīrāt-ı vāride-i ser'askerīlerinde muḥarrer {6} ü mesṭūr olaraḳ rikāb-ı ḳamer-tāb-ı ḥażret-i pādişāhīye bi't-taḳdīm naẓar-ı 'āṭıfet-eṡer-i ḥażret-i {7} tācdārī ile manẓūr olmuşdur. Ẕāt-ı dirāyet-simāt-ı düstūrīleri Rumili eyāletiniñ {8} 'unvān-ı ser'askerīyle vālī-i vālā-şānı olduḳlarından is'āf-ı mültemesāt-ı sipehdārīleri maṭlūb-ı 'ālī ise de {9} el-ḥāletü-hāẕihī müşārun-ileyh Süleymān Paşa ḥażretlerine tevcīh olunmaḳlıġa cesbān açıḳda münāsib {10} manṣıb olmadıġından bundan böyle münāsib manṣıb maḥlūlı vuḳū'unda müşārun-ileyhiñ 'uhdesine {11} tevcīh olunacaġı ve inhā-yı müşīrīleri vechile Banālūḳa Mütesellimi sābıḳ 'Alī Aġa bendelerine {12} mevcūd-ı ma'iyyeti olan 'asākir ile serī'an ṭaraf-ı sa'ādetlerine irişmesi-çün müte'alliḳ olan {13} irāde-i seniyye mūcebince bir ḳıṭ'a emr-i 'ālī ıṣdār ve ṭaraf-ı ser'askerīlerine tesyār olunmuş {14} ve a'yānlıḳ-ı mezbūr cenāb-ı sipehdārīlerinden bā-buyuruldı mūmā-ileyh 'Alī Beġ'e iḥāle ḳılınmış oldıġından {15} ol bābda emr-i 'ālī ıṣdārı lāzım gelmeyüb faḳaṭ ẕāt-ı ser'askerīleri bundan böyle {16} maṭlūb eyleyecekleri 'askeri derḥāl iḫrāc ve ma'iyyet-i sa'ādetlerine irişmek üzere {17} a'yānlıḳ-ı mezḳūr 'uhdesine iḥāle olundıġını mutażammın ṣavb-ı muḫliṣīden mīr-i mūmā-ileyhe {18} mektūb taḥrīr ve iṭāre ve müteveffā-yı mūmā-ileyhiñ muḫallefātı daḫi aṣḥāb-ı düyūnunı iskāt şarṭıyla {19} elli biñ ġurūş bedele ḳaṭʿ olunaraḳ ol bābda iḳtiżā iden emr-i ʿālīniñ ıṣdārı-çün keyfiyyet {20} ʿizzetlü Defterdār efendiye ḥavāle olunmuş idüği maʿlūm-ı dirāyet-melzūm-ı düstūrāneleri buyuruldukda {21} hemān ẕāt-ı serʿaskerīleri her ḥālde icrā-yı muḳteżā-yı reviyyet-kārī ve ḥaṣāfet ve īfā-yı {22} mübteġā-yı sipeh-sālārī ve feṭānete himmet buyurmaları siyāḳında ḳā'ime. Fī 5 C 38

[*578/117*] ***Ṣaydā vālīsine***

{1} Giçen sene Donanma-yı Hümāyūn ṭarafından Mora'da kā'in Anābolī ḳalʿasına ẕaḫīre ile gönderilerek {2} ʿuṣāt-ı eşḳıyā yedine geçüb bir müddet Çamlıca adasında ḥabs ile bu defʿa bir taḳrīb {3} taḫlīṣ-i girībān iderek Dersaʿādet'e gelmiş olan Donanma-yı Hümāyūn çavuşlarından İbrāhīm Çavuş {4} ʿuṣāt-ı eşḳıyā yedinde oldıġı müddetde muṭṭaliʿ oldıġı ḥareket ve keyfiyyetlerini taḳrīr ü ifāde itmiş {5} ve merḳūm ifādāt-ı vāḳıʿasına göre maġżūb ʿAbdullāh Paşa ile gāvurlarıñ ittiḥādı oldıġı {6} añlaşılmış oldıġından rikāb-ı hümāyūn-ı şāhāneye lede'l-ʿarż bu māddeniñ ṣavb-ı müşīrīlerine {7} yazılması ḫuṣūṣuna irāde-i ʿaliyye-i mülūkāne taʿalluḳ iderek çavuş-ı merḳūmuñ ḳaleme aldırılan {8} taḳrīrinden ʿAkkā māddesine dā'ir olan ifāde ve maʿlūmātınıñ bir ṣūreti iḫrāc ve işbu {9} ḳā'ime-i muḫliṣīye leffen ṣavb-ı saʿādetlerine irsāl olunub müṭālaʿasından maʿlūm-ı düstūrīleri {10} buyurılacaġı vechile maġżūb-ı merḳūmuñ ol vechile Çamlıca gāvurlarıyla olan kāfirliğine {11} söz olmayaraḳ inşā'allāhü Taʿālā ḳarīben belāsını bulacaġı elṭāf-ı İlāhiyye delāletiyle ẓāhir ise de {12} fī'l-ḥaḳīḳa merḳūm ʿAbdullāh Paşa'nıñ ol ṣūretle gāvur ʿaskeri alub maʿāẕallāhü Taʿālā {13} ʿAkkā ḳalʿasını gāvurlara teslīm miṡillü ḫıyānete daḫi ictirā ider ise ʿAkkā'nıñ metānetine naẓaran {14} müşkil olacaġından ve ʿAkkā ġā'ilesiniñ ḥüsn-i indifāʿı ẕāt-ı saʿādetlerinden {15} maṭlūb-ı ḳaṭʿī-i ʿālī olaraḳ bu māddeniñ müstaḳil me'mūrı cenāb-ı diyānet-niṣābları {16} idüğünden çavuş-ı merḳūmuñ gönderilan taḳrīri ṣūretini güzelce müṭālaʿa {17} ve bu bābda maʿlūmāt-ı müşīrīleri ne ise anıñla muvāzene iderek iḳtiżā-yı maṣlaḥatıñ {18} sürʿat-i icrāsına ve re'y ü tedbīr-i müşīrīleriniñ ḫāk-pāy-ı hümāyūn-ı mülūkāneye ʿarż içün {19} serīʿan ve ʿācilen inhāsına kemāl-i diḳḳat ve bir ān aḳdem ne vechile ise şu ġā'ileniñ {20} ḫitāmını mūcib ḥālātıñ ikmāliyle ẕātlarından me'mūl olan ġayret ü ṣadāḳati iṡbāta {21} beẕl-i himmet buyurmaları aḳdem-i maṭlūb idüği beyānıyla ḳā'ime. Fī 6 C 38

[*578/126*] ***İskenderiye Mutaṣarrıfı Muṣṭafā Paşa'ya***

{1} Maʿlūm-ı düstūrāneleri oldıġı vechile bunca niʿam ü iḥsān-ı Devlet-i ʿAliyye ile perverde olan {2} Rum reʿāyāsı dā'ire-i inḳıyād ü muṭāvaʿatdan çıḳaraḳ ṭaraf ṭaraf ʿiṣyāna āġāz ve bir-iki (99) seneden berü vādī-i yaġma ve ṭuġyānda tek ü tāz iderek bunca ümmet-i Muḥammed'i şehīd eyledikleri {2} derkār ve cānib-i Salṭanat-ı Seniyye'den defʿ-i mekīdet ve izāle-i ṭuġyān ü şeḳāvetleri żımnında

{3} lāzım gelan maḥallere me'mūrlar irsāliyle tedābīr-i lāzıme icrā buyurulmaḳda idüği bedīdār ise de me'mūrlarıñ {4} ġayretsizliklerinden Anābolī ḳal'ası daḫi gāvurlarıñ ellerine geçerek bir ḳat daḫi şīrīnleyüb 'iṣyānları {5} müzdād olaraḳ el-ḥāletü-hāẕihī Mora maṣlaḥatı beġāyet ṣıḳışmış ve ṣıḳışmaḳda ve Ḳarlıili 'uṣātı {6} ve sā'ir eṭrāfda bulunan gāvurlar tekrār ayaḳlanmaḳda olduḳlarından bi-'avnihī Ta'ālā bu sene-i mübārekede {7} külliyyetlü tedārükāt-ı ḳaviyye ile ḥaḳlarından gelinmek lāzım gelmiş ve bu bābda lāzıme-i ḥamiyyet ü diyāneti icrā {8} bi'l-cümle mü'min ve muvaḥḥide farż olmuş olub şöyle ki, gāvurlarıñ şimdiye ḳadar gerek Mora'da ve gerek {9} eṭrāfda bu ḳadar ümmet-i Muḥammed'e itmedikleri ḥaḳāret ve mel'anet ḳalmamış ve nice dīn ḳarındaşlarımızı {10} envā'-ı eẕā ve cefā ile şehīd itmiş olduḳlarından artıḳ ne vechile ise Cenāb-ı Müsehhilü'ṣ-Ṣa'āb'ıñ 'avn {11} ü 'ināyetiyle inşā'allāhü'r-Raḥmān bu sene maṣlaḥatı ṣıḳı ṭutaraḳ ve cümlemize farż oldığı üzere ġayret-i dīniyye {12} ve mülkiyyeyi ele alaraḳ ve şuña buña baḳmayaraḳ dīnimiz yolunda ve şevketlü efendimiziñ uġur-ı hümāyūnlarında {13} merdāne ve ṣadāḳat-kārāne çalışub diyānet ü ṣadāḳat me'āṯirini iṯbāt eyleyerek 'avn-i Bārī'yle {14} şu gāvurlarıñ ḳahr ü tedmīrine iḳdām lāzımeden oldığına mebnī bu bābda iḳtiżā iden tedābīriñ icrāsına {15} germiyyetle şürū' olunmuş ise de bu maḳṣūduñ ḥuṣūli bu gāvurlarıñ ḳahr ü tedmīrine şecā'at ve rıżā-kār {16} ve ġayret ile muttaṣıf ẕevātıñ me'mūriyyetinden lābüd olub ẕāt-ı dirāyet-me'āb-ı müşīrāneleri ve ḫānedān-ı {17} düstūrāneleriniñ ise evvel ü āḫir uġur-ı Devlet-i 'Aliyye'de nice nice ḫidemāt-ı mebrūre iẓhārıyla {18} derkār olan ġayret ü ṣadāḳatleri vāṣıl-ı ser-menzil-i ġāyet ve ḥaḳḳ-ı eḥaḳḳ-ı düstūrīlerinde teveccühāt-ı {19} iksīr-āyāt-ı ḥażret-i şehriyārī yekdīgere mümāṯeletden 'ārī oldığı rehīn-i ḥayyiz-i bedāhet oldığından {20} işbu dīn-i mübīn ġavġāsında cenāb-ı şecā'at-me'āb-ı müşīrīlerinden ber-vefḳ-i murād ḫidmet ẓuhūrı {21} me'mūl olub ma'a-hāẕā kefere-i maḫẕūle-i mesfūreniñ 'iṣyān ü ṭuġyānları māddesi gün-be-gün {22} şiddetlenerek ma'āẕallāhü Ta'ālā bu sene-i mübārekede bir çāresine baḳılmaz ise mażarratı bütün bütün {23} eṭrāfa ḏoḳunacaġına binā'en bu yolda mecmū' millet-i İslāmiyye dīn ü devletleri ġayretini ele alaraḳ {24} ve cānib-i mīrīde daḫi müżāyaḳa-i nuḳūd cihetiyle sā'ir vaḳtler miṯillü aḳçeye ve şuña buña baḳmayaraḳ {25} hemān ber-mūceb-i fetvā-yı şerīf 'uṣāt-ı kefere üzerine sell-i seyf-i intiḳām olunub ıṣrār eyledikleri {26} ḥālde kendüleri ḳahr ü tenkīl ve evlād ü 'iyālleri seby ü istirḳāḳ ve emvāl ü eşyāları {27} ġuzāt-ı muvaḥḥidīn ṭaraflarından iġtinām olunaraḳ bi-'avnihī Ta'ālā bu sene-i mübārekede a'dā-yı dīn {28} ve fecere-i müşrikīniñ ḳahr ü tedmīrlerine bi'l-ittifāḳ sa'y ü ġayret olunmaḳ ferāyiż-i dīniyyeden {29} oldığından böyle vaḳtde ibrāz-ı ṣadāḳat ile iṯbāt-ı şecā'at cenāb-ı diyānet-me'āb-ı düstūrīleriniñ {30} daḫi aḳdem-i efkārı olmaḳ i'tiḳādāt-ı ḥasenesi ḥaḳḳ-ı müşīrīlerinde derkār idüğünden hemān {31} İskenderiye sancaġı dilāverlerinden çıḳarabildikleri külliyyetlü 'asker ile serī'an ve 'icāleten {32} ḳalḳub ḏoġrı Ḳarlıili üzerine 'azīmet ve ol ḥavālī eşḳıyāsınıñ istiḥṣāl-i ḳahr {33} ü tenkīllerine ṣarf-ı vüsʿ ü maḳderet eylemek üzere meʾmūriyyetleri ḫuṣūṣuna irāde-i seniyye-i {34} şāhāne taʿalluḳ iderek ol bābda bālāsı ḫaṭṭ-ı hümāyūn-ı mülūkāne ile maʿnūn ve muvaşşaḥ bir ḳıṭʿa {35} fermān-ı ʿālī ışdār ve tesyār olunmuş oldıġı ve her ne ḳadar Devlet-i ʿAliyye'niñ maṣārifāt-ı {36} keṣīresi cihetiyle aḳçe māddesinde ʿusret var ise de cenāb-ı müşīrīleriniñ ḥareket ü ʿazīmetleri {37} ḫaberiniñ vürūdunda aṭiyye-i seniyye-i şāhāne ile daḫi lāzıme-i muʿāvenetiñ icrāsına ve bundan böyle {38} her güne levāzım-ı iʿānetiñ īfāsına iʿtinā olunacaġı ve muḳteżā-yı irāde-i ʿaliyye-i mülūkāne üzere {39} maʿiyyet-i müşīrīlerine dergāh-ı ʿālī ḳapucıbaşılarından Oḫrīli Celāl Beğ bendeleri nüzül emīni taʿyīn (100) ve kifāyet miḳdārı ẕaḫīre daḫi tertīb ḳılınmış idüği ve Ḳarlıili'ne ne ṭarīḳle ve ne ṭarafdan {2} girer iseñiz re'y-i düstūrīlerine muḥavvel ise de ḥālā Rumili Vālīsi ve bi'l-istiḳlāl serʿaskeri {3} saʿādetlü Meḥmed Paşa ḥażretleri ile daḫi ḫuṣūṣāt-ı lāzımeyi muḫābere iderek ve teʿāżuda {4} himmet-birle īfā-yı meʾmūriyyete saʿy ü ġayret eylemeleri meʾmūl ü maṭlūb-ı ʿālī oldıġı {5} ve bi-mennihī Taʿālā muḳteżā-yı meʾmūriyyet-i müşīrīleri üzere ḳalḳub ʿuṣāt-ı kefere üzerine {6} vardıḳlarında şāyed içlerinden baʿżı istīmān ider olur ise ittifāḳ-ı ārā ve muḳteżā-yı şerʿ-i şerīf {7} üzere muḳaddemce bu ṭarafda ḳarār-gīr olan istīmān şürūṭı maʿlūmları olub da aña göre ḥareket {8} itmeleri-çün muḳteżā-yı irāde-i seniyye üzere şürūṭ-ı meẕkūreniñ bir ṣūreti daḫi ṭaraf-ı saʿādetlerine {9} gönderildiği maʿlūm-ı dirāyet-melzūm-ı düstūrāneleri buyuruldukda ẕāt-ı müşīrīleri daḫi ḥaḳḳ-ı saʿādetlerinde {10} bu vechile derkār olan ḥüsn-i teveccüh ve iltifāt-ı ḥażret-i pādişāhīyi bilerek hemān iṣbāt-ı şecāʿat {11} ve īfā-yı merdī ve ṣadāḳat ile icrā-yı meʾmūriyyete şitāb iderek nāʾil-i mükāfāt olmaḳlıġa {12} beġāyet ihtimām ü sürʿat buyurmaları maṭlūbdur. Ḳaldı ki, giçen sene Yānya cānibine bi'n-nefs {13} meʾmūriyyet-i müşīrīlerinde Ḳaraḏaġ keferesi māniʿ-i ʿazīmet olmuş oldıġı iʿtiẕār buyurulmuş ise de {14} el-ḥāletü-hāẕihī Devlet-i ʿAliyye ile Rūsyalu beyninde emāre-i ḥarb rū-nümā olmayaraḳ Rūsyalu ḥareket {15} itmedikçe Ḳaraḏaġ keferesinden daḫi vesvese olunmayub bi'l-farż bunlar ḥareket idecek olsalar {16} bile başḳa bir ḳavm olduḳlarına bināʾen Devlet-i ʿAliyye her ne vaḳt olsa ṣarf-ı ḳuvvet iderek bi-ʿavnihī Taʿālā {17} ḥaḳlarından gelineceği āsān ise de bu Rum gāvurlarınıñ ġulüvv ü ṭuġyānları ʿumūmī ve zuʿm-ı bāṭılları daḫi {18} maʿāẕallāhü Taʿālā bütün bütün fenā ṣūretde oldıġı bedīhī oldıġına naẓaran bu māddeden {19} mecmūʿ memālik-i İslāmiyye'ye sirāyeti melḥūẓ olan maḥẕūr ü mażarratı güzelce düşinüb ve muvāzene eyleyüb {20} ḏuracaḳ ve oturacaḳ vaḳt olmadıġını teyaḳḳun ü endīş ve ḥaḳḳ-ı saʿādetlerinde bu ṣūretle ẓuhūra gelan {21} iḥsān ve iltifāt-ı seniyye-i ʿālem-şümūl-ı şāhāneyi daḫi tefekkür ü derpīş iderek şu meʾmūriyyete {22} sürʿat-i imtiṣāl ü muṭāvaʿat ve mükāfāt-i dīniyye ve dünyeviyyeye maẓhar olmaḳlıġa saʿy ü ġayret buyurmaları {23} ẕāt-ı dirāyet-simāt-ı düstūrīlerinden maṭlūb oldıġı beyānıyla ḳāʾime. Fī 10 C 38

[578/127] *Rumili vālīsine*

{1} Ḳarlıili ṭarafında olan saʿādetlü ʿÖmer Paşa ve Reşīd Paşa ḥażerātı muḥtāc-ı imdād olmuş olduḳlarından {2} Arnavudluḳ'dan tekrār ʿasker tertībine teşebbüs̱ olunmuş oldıġı beyānıyla saʿādetlü İskenderiye Mutaṣarrıfı {3} Muṣṭafā Paşa ḥażretleri Mora'ya yāḫūd Ḳarlıili ʿuṣātı üzerine meʾmūr ve taʿyīn {4} ḳılındıġı ṣūretde Mora ġāʾilesiniñ bir ān evvel bitmesine vesīle olacaġı ve Drāç ve Tīrān muḳāṭaʿalarını {5} giçen sene müşārun-ileyh Muṣṭafā Paşa müteveffā Ḫūrşīd Paşa'dan istemiş ise de müteveffā-yı {6} müşārun-ileyh müsāʿade itmediğinden ve bu sene-i mübārekede ṭaraf-ı serʿaskerīlerinden ṭaleb ideceğinden {7} ẕikr olunan muḳāṭaʿalarıñ müşārun-ileyhe iḥālesi fāʾideden ḫālī olmayacaġı ve müşārun-ileyh maʿiyyetine {8} Arnavudluḳ ve ol civārdan bir nüzül emīni taʿyīni ve Rumili ḳażālarından tertīb olunacaḳ ẕaḫāyirden {9} Arnavudluġ'a civār olan maḥallerden daḫi münāsibi vechile ẕaḫīre tefrīḳi ḫuṣūṣları tevārüd iden {10} taḥrīrāt-ı düstūrīlerinde muḥarrer olmaġla keyfiyyet maʿlūm-ı muḫliṣī olmuş ve ḥużūr-ı şāhāneye ʿarż ile {11} meşmūl-ı liḥāẓa-i ʿināyet-ifāża-i cenāb-ı pādişāhī buyurulmuşdur. El-ḥāletü-hāẕihī Mora ṭarafınıñ {12} ṣıḳışmaḳda ve Ḳarlıili cānibi daḫi inhā-yı müşīrīleri ṣūretde oldıġından {13} ve bi-ʿavnihī Taʿālā bu sene-i mübārekede külliyyetlü tedārükāt-ı ḳaviyye ile bu gāvurlarıñ ḥaḳlarından {14} gelinmek lāzımeden idüğünden ve işʿār-ı müşīrīleri vechile müşārun-ileyh Muṣṭafā Paşa'nıñ meʾmūriyyeti ḫuṣūṣı (101) vāḳıʿan ʿaẓīm işe yarayub bi'n-nefs ʿazīmeti taḳdīrinde inşāʾallāhü Taʿālā ʿavn ü ʿināyet-i Bārī'yle Ḳarlıili {2} gāvurlarınıñ müstaḳillen ḥaḳḳından gelmesi ve bunuñ şāyiʿa-i ʿazm ü ḥareketi sāʾir ṭaraflara daḫi {3} ʿaẓīm fāʾide virmesi melḥūẓ ve meczūm olub ancaḳ bundan aḳdem müteveffā Ḫūrşīd Paşa {4} Yānya maṣlaḥatından dolayı müşārun-ileyhi ürkütmüş ve gücendirmiş oldıġından ve İskenderiye ṭaḳımı {5} vāḳıʿan şecīʿ ve bahādır ve ḫānedān-ı ḳadīm olaraḳ Devlet-i ʿAliyye'ye ez-ḳadīm muṭīʿ ve fermān-ber iseler de {6} dāʾimā teʾmīn ü teʾlīf ile ḳullanılmaḳ istediklerinden şimdi müteveffā-yı müşārun-ileyhiñ {7} muʿāmelesinden ḥāṣıl olan tevaḥḥuşunı giderecek vechile talṭīf olundıġı ṣūretde {8} müşārun-ileyh imtis̱āl ü muṭāvaʿat itmesi meʾmūl idüğünden bu defʿa şeref-rīz-i ṣudūr olan {9} irāde-i seniyye mūcebince kendüsi ve ḫānedānınıñ evvel ü āḫir uġur-ı dīn ve Devlet-i ʿAliyye'de {10} meşhūr olan ġayret ü ṣadāḳatlerinden baḥs̱ ü beyān ve bir-iki senedir Rum gāvurlarınıñ ʿiṣyānları {11} ve bilḫuṣūṣ Mora ve Ḳarlıili gāvurlarınıñ bu aralıḳ şiddet-i ṭuġyān ü şeḳāvetleri {12} keyfiyyātı eṭrāfıyla temhīd ü dermiyān olunaraḳ hemān kendüsi İskenderiye sancaġı dilāverlerinden {13} çıḳarabildiği külliyyetlü ʿasker ile serīʿan ve ʿicāleten ḳalḳub ḏoġrı Ḳarlıili üzerine {14} ʿazīmet ve ol ḥavālī eşḳıyāsınıñ ḳahr ü tenkīllerine ṣarf-ı vüsʿ ü maḳderet eylemesi żımnında {15} meʾmūriyyetini mutażammın bālāsı ḫaṭṭ-ı hümāyūn-ı şāhāne ile maʿnūn fermān-ı ʿālī ıṣdār olunmuş oldıġından {16} ġayrı müşārun-ileyhiñ bu bābda bir gūne iʿtiẕāra mecāli ḳalmamaḳ ve hemān sürʿat-i muṭāvaʿat ü imtis̱āle {17} mübāderetini mūcib olub mücerred cenāb-ı serʿaskerīlerine indifāʿ-i keyd ü mażārr-ı eşḳıyā {18} ve ḳahr ü tedmīr-i ʿuṣātda yüsr ü suhūleti mūcib olmaḳ müṭālaʿa-i ḫafiyyesine mebnī ṭaraf-ı eşref-i {19} ḥażret-i pādişāhīden kendüye ḫaṭṭ-ı hümāyūn ile bir ḳabża ḫançer daḫi iḥsān olunaraḳ maḫṣūṣ {20} ḫaṣekī mübāşeretiyle tesyār olunmuş ve her ne ḳadar Devlet-i ʿAliyye'niñ maṣārif-i kes̱īresi cihetiyle {21} ṣuʿūbet derkār ise de aḳçe ḫuṣūṣunda me'yūs olmamaḳ içün hemān kendüsi muḳteżā-yı {22} me'mūriyyeti üzere ḥareket ü ʿazīmeti ḫaberiniñ vürūdunda aṭiyye-i seniyye ile daḫi lāzıme-i muʿāvenetiñ {23} icrāsına ve bundan böyle daḫi her gūne levāzım-ı iʿānetiñ īfāsına iʿtinā olunacağı {24} ve maʿiyyetine dergāh-ı ʿālī ḳapucıbaşılarından Oḫrīli Celāl Beğ nüzül emīni taʿyīn {25} ve kifāyet miḳdārı ẕaḫīre daḫi tertīb olundığı ve Ḳarlıili'ye ne ṭarīḳ ile ve ne ṭarafdan {26} gider ise re'yine muḥavvel idüği ve ḫuṣūṣāt-ı lāzımede ẕāt-ı serʿaskerīleriyle merāsim-i muḫābere {27} ve ittifāḳa riʿāyet-birle cenāb-ı serʿaskerīleriyle bi'l-ittifāḳ saʿy ü ġayret eylemesi ve muḳteżā-yı {28} me'mūriyyeti üzere ʿuṣāt-ı mesfūreniñ ḳahr ü tedmīrlerine vardıḳda şāyed içlerinden {29} baʿżı istīmān ider bulunur ise muḳaddemce ḳarār-gīr olan istīmān şürūṭı maʿlūmı {30} olub da aña göre ḥareket itmesi-çün şürūṭ-ı meẕkūreniñ daḫi bir ṣūreti gönderildiği {32} iḳtiżāsına göre ṣavb-ı muḫliṣīden taʿbīrāt-ı mü'es̱s̱ire ile taḥrīr ü işʿār ḳılınmış oldığından māʿadā {33} müşārun-ileyh giçen sene Yānya'ya gitmekden Ḳaradaġ gāvurlarını īrād iderek iʿtiẕār itmiş ise de {34} el-ḥāletü-hāẕihī Devlet-i ʿAliyye ile Rūsyalu beyninde emāre-i ḥarb rū-nümā olmayaraḳ Mosḳovlu {35} ḥareket itmedikçe Ḳaradaġ keferesinden daḫi vesvese olunmayub bi'l-farż bunlar ḥareket {36} idecek olsalar bile başḳa bir ḳavm olduḳlarına binā'en Devlet-i ʿAliyye her ne vaḳt olsa {37} ṣarf-ı ḳuvvet iderek bi-ʿavnihī Taʿālā ḥaḳlarından gelineceği āsān ise de bu Rum gāvurlarınıñ {38} ġulüvv ü ṭuġyānları ʿumūmī ve zuʿm-ı bāṭılları daḫi maʿāẕallāhü Taʿālā bütün bütün fenā ṣūretde {39} oldığı bedīhī oldığına naẓaran bu māddeden mecmūʿ memālik-i İslāmiyye'ye sirāyeti (102) melḥūẓ olan maḥẕūr ü mażarratı güzelce düşinüb ve muvāzene idüb ḏuracaḳ {2} ve oturacaḳ vaḳt olmadığını teyaḳḳun ile hemān şu me'mūriyyete sürʿat-i imtis̱āl ü muṭāvaʿat {3} eylemesi daḫi müşārun-ileyhe yazılan ḳā'ime-i muḫliṣīde derc ü imlā olunmuş ve dīger ḳā'ime-i muḫliṣīde {4} muḳaddemce vāḳiʿ olan işʿārları vechile gönderilan defter mūcebince yüz ḏoḳsan biñ {5} keyl daḳīḳ ve iki yüz otuz biñ keyl şaʿīr ve yetmiş biñ re's ağnām tertīb ve s̱ülüs̱i bahāları {6} tesrīb olunmaḳ üzere ʿizzetlü Defterdār efendiye ḥavāle ḳılındığı işʿār olunmuş ise de müteʿāḳiben {7} müşārun-ileyh Muṣṭafā Paşa'nıñ me'mūriyyetiyle Arnavudluğ'a yaḳın maḥallerden münāsibi miḳdār {8} ẕaḫīre tefrīḳi işʿār-ı serʿaskerīlerinden müstefād oldığına ve ol vechile müşārun-ileyh {9} bi'n-nefs me'mūr ḳılınmış idüğüne binā'en işʿārları vechile Rumili ḳażālarından müretteb {10} ẕaḫīreden

Arnavudluġ'a yaḳın maḥallerden münāsibi miḳdār ẕaḫīre tefrīḳ olunaraḳ {11} aña göre evāmiriniñ ıṣdārı ḫuṣūṣı tekrār mūmā-ileyh Defterdār efendiye ḥavāle ḳılınmış {12} ve ber-vech-i meşrūḥ müşārun-ileyh Muṣṭafā Paşa'nıñ te'līf ve talṭīfine bu ṭarafdan iʿtinā olunmuş {13} ise de keyfiyyetiñ ber-vech-i tafṣīl ṭaraf-ı serʿaskerīlerine işʿārı ve inhā eyledikleri {14} sālifü'ẕ-ẕikr Drāç ve Tīrān muḳāṭaʿalarınıñ müşārun-ileyhe iḥālesini ḥāvī iḳtiżā iden {15} evāmiriñ ıṣdārıyla ṭaraf-ı saʿādetlerine tesyārı ve ẕāt-ı saʿādetleri daḫi müşārun-ileyhle {16} muḫābere iderek ve yazacaḳları taḥrīrātda müşārun-ileyhiñ celb ü te'mīn ve talṭīfi içün {17} iḳtiżāsına göre taʿbīrāt-ı lāyıḳa-i ḥürmet ü riʿāyeti ḳullanaraḳ ve ẕikr olunan muḳāṭaʿalarıñ {18} iḥālesi memnūniyyet ve sürʿat-i imtis̱ālini mūcib olacaġını añladıġıñız ḥālde bunı daḫi {19} öylece tanẓīm eyleyerek, ve'l-ḥāṣıl bu ḫuṣūṣda müşārun-ileyhi ġayret ü ḥamiyyete getürecek {20} ne maḳūle iltifāt ve vesā'il lāzım gelür ise öylece yaparaḳ ḥüsn-i ṣūretle müşārun-ileyhiñ {21} te'līf ve taḥrīki maḳṣūdınıñ istiḥṣāline saʿy ü ġayret buyurmaları daḫi muḳteżā-yı {22} irāde-i seniyyeden olaraḳ mūcebince muḳāṭaʿāt-ı mezkūreniñ daḫi evāmiri taṣdīr {23} ve ṭaraf-ı serʿaskerīlerine tesyīr olunmuş oldıġı ve ber-vech-i meşrūḥ müşārun-ileyh Muṣṭafā Paşa'ya {24} bālāsı ḫaṭṭ-ı hümāyūn-ı şāhāne ile muvaşşaḥ me'mūriyyet emr-i şerīfinden başḳa ol vechile ḫaṭṭ-ı hümāyūn {25} ve ḫançer irsāliyle talṭīfi ancaḳ icrā-yı me'mūriyyet ile ẕāt-ı serʿaskerīlerine medār-ı yüsr ü suhūlet ġarażıyla {26} oldıġından işbu ḫaṭṭ-ı hümāyūn ile ḫançer irsāli māddesi mücerred cenāb-ı şerīfleriniñ maʿlūmları {27} olmaḳ lāzım geleceğinden işʿār ḳılındıġına binā'en cenāb-ı düstūrīleri daḫi bu ḫuṣūṣı {28} bilmezlenerek hemān müşārun-ileyhiñ ḥareket ve īfā-yı me'mūriyyete müsāraʿatını īcāb ider talṭīfāt {29} ve teşvīḳātıñ icrāsına himmet buyurmaları lāzımeden idüği mis̱illü ẕikr olunan Drāç {30} ve Ḳavāya muḳāṭaʿalarınıñ fermānını daḫi ṭaleb ve iltimāsı vuḳūʿunda müşārun-ileyhi bu emel ile {31} taḥrīk idecek ve icrā-yı me'mūriyyet itdirecek ṣūretleri taḥṣīl itmeleri iḳtiżā-yı {32} maṣlaḥatdan oldıġı maʿlūm-ı saʿādetleri buyuruldukda hemān ẕāt-ı serʿaskerīleri ṭıbḳ-ı irāde-i seniyye {33} vechile ṭaraf-ı müşīrīlerinden müşārun-ileyhe celb ü te'mīn idecek ve ḥareket ve īfā-yı me'mūriyyete {34} teşvīḳ eyleyecek taʿbīrāt-ı münāsibe ile taḥrīrāt iṭāresiyle memnūniyyet ve sürʿat-i imtis̱āl {35} ü muṭāvaʿatı olacaġını añladıġıñız ṣūretde ẕikr olunan muḳāṭaʿaları daḫi müşārun-ileyhe {36} iḥāle iderek her ḥālde icrā-yı muḳteżā-yı dirāyet-kārīye himmet buyurmaları {37} siyāḳında ḳā'ime. Fī 10 C 38

[*578/128*] ***Ḳapūdān paşaya***

{1} Donanma-yı Hümāyūn ile Eğrīboz'a ẕaḫīre irsāli bi-mennihī Taʿālā Mora'ya ʿasker sevḳinde fevā'idi {2} müstelzim olacaġı ve Bālyabādra'da olan Yūsuf Paşa ḥażretleriniñ ẕaḫīre ḫuṣūṣunda {3} ıżdırābı oldıġından ol ṭarafa daḫi ẕaḫīre sevḳi lāzımeden idüği saʿādetlü Rumili {4} vālīsi ḥażretleri ṭarafından inhā olunmuş olub bu bābda lāyiḥ-i ḫāṭır-ı müşīrīleri olan {5} tedbīri mutażammın lāyiḥa gūne taḳdīm buyurılan taḳrīr daḫi bu ṭarafda olan müṭālaʿaya tevāfuḳ itmiş {6} olub şöyle ki, el-ḥāletü-hāẕihī müsteʾmen sefīneleri taḥmīl ve muḳāvele olunan ẕaḫāyiri {7} maḥallerine götürmeyüb dürlü dürlü ḥiyel ve zemīn ile ʿuṣāt-ı eşḳıyāya virmekde olduḳlarına naẓaran {8} baʿd-ez-īn müsteʾmen sefīneleriyle ẕaḫīre irsāline iʿtimād ve emniyyet olunamayacağından ve maʿāẕallāhü Taʿālā {9} bundan böyle gerek Eğrīboz ve Bālyabādra ve gerek sāʾir muḥāṣara ve müżāyaḳada bulunan maḥallere {10} ẕaḫīre irişdirilemez ise fenāyı müntic olacağından bi-mennihī Taʿālā Donanma-yı Hümāyūn iḫrāc ve ʿazīmetlerinde {11} berāber gönderilmek ve reʾy ve maʿrifet-i düstūrīleriyle iḳtiżā iden maḥāll ü mevāḳiʿe īcāb ü lüzūmuna göre {12} taḳsīm ve iʿṭā olunmaḳ içün on beş ve yiğirmi miḳdārı tüccār sefīneleri şimdiden istīcār {13} ve müsteʾmen sefāyiniyle gelan ẕaḫāyirden altmış-yetmiş biñ kīle miḳdārı taḥmīl ve ol vaḳte ḳadar {14} mümkin olur ise ḥınṭanıñ mümkin mertebesinden daḳīḳ ve peksimād tanẓīm olunması tensīb olunmuş {15} ve irāde-i hümāyūn-ı şāhāne daḫi bunuñ üzerine taʿalluḳ itmiş ve ber-vech-i meşrūḥ şimdiden {16} tüccār sefīnesi istīcārı ve müsteʾmen sefāyininden ẕaḫīre taḥmīli ve mümkin olur ise daḳīḳ ve peksimād {17} tanẓīmi ḫuṣūṣlarını ẕāt-ı saʿādetleriyle muḫābere ve Tersāne-i ʿĀmire emīni efendi bendeleriyle müẕākere iderek {18} iḳtiżāsını tanẓīm itmek üzere ẕaḫīre nāẓırı ʿizzetlü efendi bendelerine buyuruldı yazılmış olmağla {19} cenāb-ı sāmīleri mūmā-ileyhimā ile müẕākere ve muḫābere buyuraraḳ iḳtiżāsınıñ icrāsına himmet buyurmaları {20} siyāḳında teẕkire. Fī 10 C 38

[578/129] ***Rumili vālīsine***

{1} Ḳarlıili meʾmūrları nüzül emīni Aḥmed Ağa ile Bekir Çoğādūraʾnıñ ṣavb-ı serʿaskerīlerine gelmiş olan {2} kāğıdı gönderildiği ve Moraʾnıñ şimdiki kesb itmiş oldığı keyfiyyātı beyānıyla Avlonya {3} ve Delvīne sancaḳlarına ne vechile meʾmūriyyet evāmiri gönderilmesi ve maṣlaḥatıñ cesāmetine naẓaran Anāḍolī {4} ṭarafından daḫi bir vezīr taʿyīn olunmasını ve Donanma-yı Hümāyūn ve ẕaḫīre irsāline dāʾir lāyiḥ-i ḫāṭır-ı {5} müşīrīleri olan tedbīri müşʿir müteʿāḳiben vārid olan taḥrīrāt-ı serʿaskerīleri mezāyāsı {6} maʿlūm-ı ḫāliṣānemiz olmuş ve ḫāk-pāy-ı hümāyūn-ı şāhāneye daḫi ʿarż ile manẓūr-ı hümāyūn {7} buyurulmuşdur. Moraʾnıñ keyfiyyeti ṣıḳışmış ve ṣıḳışmaḳda oldığı muḳaddemce daḫi ṭaraf-ı {8} sipehdārīlerinden inhā olunaraḳ iḳtiżā iden tedābīr-i lāzıme ne vechile icrā olunmuş ve olunmaḳda {9} oldığı ṭaraf-ı saʿādetlerine yazılan cevāb-nāme-i muḫliṣī meʾāllerinden maʿlūm-ı müşīrāneleri {10} olacağı ẓāhir ise de cesāmet-i maṣlaḥata naẓaran eṭrāflı ve germiyyetli ṭutulmaḳ ferāyiż-i ḥāliyeden {11} oldığından kerāmet-rīz-i ṣudūr olan ḫaṭṭ-ı hümāyūn-ı şāhāne mūcebince bu defʿa inhā buyurulmuş olan {12} Avlonya ve Delvīne sancaḳlarınıñ ḥāvī oldığı biʾl-cümle ḳażāların ḥükkām ve żābiṭānına {13} ve aġavāt ve beğlerine ḫiṭāben hemān eli silāḥ ṭutan ve dīn ü īmānı olan ehl-i İslām'ıñ {14} cümlesi ġazā ve cihāda ḳıyām ile ṭaḳım ṭaḳım ma'iyyet-i ser'askerīlerine 'azīmet eylemeleri-çün iḳtiżāsına {15} göre ta'bīrāt-ı mü'es̱sire derciyle ekīd ü şedīd evāmir-i 'aliyye ıṣdār ve maḫṣūṣ mübāşirler ile {16} tesyā[r] olunmuş oldıġı ve Donanma-yı Hümāyūn ve ẕaḫīre māddesi ve Anāḏolī ṭarafından {17} vezīr ta'yīni ḫuṣūṣı ve sā'ir tedābīr-i 'ācile ve ācileniñ iḳtiżāsı bu ṭarafda derdest-i {18} müẕākere ve müṭāla'a oldığından bundan böyle keyfiyyetleri ṭaraf-ı müşīrīlerine yazılacaġı (104) ma'lūm-ı sipehdārīleri buyuruldukda hemān cenāb-ı ġayret-niṣāb-ı düstūrīleri her ḥālde īfā-yı {2} şerāyiṭ-i mehām-āşināyī ve reviyyet ve icrā-yı levāzım-ı dirāyet-mendī ve me'mūriyyete müsāra'at ü himmet buyurmaları {3} siyāḳında. Fī 10 C 38

[*578/130*] ***Rumili vālīsine***

{1} Rumili ḳażālarından on biñ iki yüz ḏoḳsan ve Geġā paşalarından gerek 'ulūfelü ve gerek {2} sancaḳ 'askeri olaraḳ irsāl olunan defter mūcebince on üç biñ beş yüz nefer tertīb {3} ve Rumili ḳażālarına başḳa başḳa buyuruldılar tesrīb olunmuş ise de isti'cālleri żımnında evāmir-i 'aliyye {4} ıṣdār ve tesyār olunması ve paşa-yı mūmā-ileyhim İzdīn'den celb olunmaḳ üzere olub vilāyetlerine {5} i'zām ḳılınacaḳlar ise daḫi ol miḳdār 'ulūfelü ve sancaḳ 'askeriyle bir ān aḳdem ma'iyyet-i ser'askerīlerine {6} irişmeleri-çün ne vechile evāmir-i şerīfe ıṣdār ve ḫaṣekīler mübāşeretiyle isbāl ve 'asker 'ulūfesine maḥsūben {7} paşa-yı mūmā-ileyhim ṭaraflarına bir miḳdār aḳçe irsāl ḳılınması ve eyāletlü 'askeri-çün ṣaġ ve ṣol ḳol {8} alaybeğilerine ṭaraf-ı sa'ādetlerinden buyuruldılar gönderilmiş ise de Mārt duḫūlünde ma'iyyet-i sipehdārīlerinde {9} mevcūd bulunmaḳ üzere ne ṣūretle emr-i 'ālī gönderilmesi ve Evlād-ı Fātiḥān żābiṭi ve çeribaşıları daḫi {10} gönderilan defterde muḥarrer 'asker ile ma'iyyet-i sa'ādetlerine me'mūr ḳılınmaları ve Şehsuvār Paşa-zāde {11} Maḥmūd Paşa ḥaḳḳında daḫi sā'ir [mīr-i] mīrānlar mis̱illü mu'āmele buyurılacaġından paşa-yı mūmā-ileyhiñ {12} pederi yanında ḳalması menūṭ-ı irāde idüği ḫuṣūṣlarını ḥāvī firistāde ve isrā buyurılan {13} taḥrīrāt-ı şerīfeleri ve ẕikr olunan defter mezāyāsı rehīn-i ıṭṭılā'-i ḫāliṣānemiz olduḳdan ṣoñra {14} ḥużūr-ı fā'iżu'n-nūr-ı cenāb-ı pādişāhīye daḫi 'arż ile manẓūr-ı hümāyūn-ı mülūkāne buyurulmuşdur. {15} El-ḥāletü-hāẕihī ṭuġyān ü şeḳāvetde ıṣrār iden gāvurlarıñ bā-'avn-i Bārī bu sene kemāl-i ḳuvvetle {16} üzerlerine varılaraḳ ḳahr ü tenkīlleriyle indifā'-i ġā'ilelerini īcāb ider ḥālātıñ ikmāli {17} lāzımeden ve bu maḳṣūduñ ḥuṣūli daḫi ma'iyyet-i ser'askerīlerine külliyyetlü 'asākiriñ me'mūriyyetiyle {18} olacaġından şeref-sünūḥ iden irāde-i seniyye-i cenāb-ı şehriyārī iḳtiżāsı üzere Rumili {19} ḳażālarından tertīb buyurmuş olduḳları sālifü'ẕ-ẕikr on biñ bu ḳadar 'askeriñ isti'cāllerini {20} ḥāvī iki ḳıṭ'a emr-i 'ālī ıṣdār ve maḥallerine yine ma'rifet-i ser'askerīleriyle gönderilmek üzere {21} ṭaraf-ı sa'ādetlerine tesyār olunmuş ve Geğā paşalarınıñ gerek ʿulūfelü ve gerek sancaḳ ʿaskeri {22} olaraḳ on üç biñ bu ḳadar ʿasākiri daḫi bir ān aḳdem tehyi'e ve maʿiyyet-i müşīrīlerine {23} irişmeleri bābında her birerlerine ḫiṭāben başḳa başḳa evāmir-i şerīfe ıṣdār ve üç nefer ḫaṣekīler {24} mübāşeretiyle isbāl ḳılınmış olub paşa-yı mūmā-ileyhimiñ götürecekleri ʿulūfelü ʿaskeriñ {25} māhiyyelerine maḥsūben peşīn birer miḳdār aḳçe irsāli işʿār buyurulmuş ise de miḳdārları beyān {26} olunmamış oldığından ne miḳdār aḳçe gönderilmek lāzımdır ve gönderilmek īcāb eylediği ḥālde {27} bu ṭarafdan ḏoğrı kendülerine gönderilmek mi iḳtiżā ider, yoḫsa ṭaraf-ı müşīrīlerine irsāl {28} olunub da cānib-i düstūrīlerinden kendülerine virilmek mi münāsibdir, keyfiyyeti işʿār eylediklerinde {29} hemān iḳtiżāsı icrā olunacağı ve Rumili eyāletlüsünüñ daḫi Mārt duḫūlünde maʿiyyet-i saʿādetlerinde {30} mevcūd bulunmaları ve bir neferi girüye ḳalur ise ol maḳūleleriñ tīmārları refʿ olunacağı zemīninde {31} bir ḳıṭʿa mü'ekked emr-i ʿālī ıṣdār ve ḫaṣekī mübāşeretiyle tesyār ḳılınmış ve üç biñ nefer Evlād-ı Fātiḥān {32} ʿaskeriniñ daḫi żābiṭ ve çeribaşıları ile maʿiyyet-i serʿaskerīlerine me'mūriyyetlerini nāṭıḳ {33} iḳtiżā iden emrini ıṣdār eylemesi ʿizzetlü Defterdār efendiye ḥavāle ve mūmā-ileyh Maḥmūd Paşa'nıñ {34} taḥvīl-i me'mūriyyeti inhā-yı müşīrīlerine naẓaran mūcib-i ḳīl ü ḳāl olacağından eğer baʿdehū mūmā-ileyh {35} Maḥmūd Paşa'nıñ babası mūmā-ileyh yanında ḳalması īcāb ider ise ol vaḳt beynlerinde uydırılabileceğinden (105) mūmā-ileyh Maḥmūd Paşa'nıñ daḫi sā'ir Geğā paşaları miṡillü me'mūriyyetini ḥāvī emr-i şerīf ıṣdār {2} ve iṭāre olunmuş oldığı maʿlūm-ı sipeh-sālārīleri buyuruldukda hemān cenāb-ı müşīrīleri {3} her ḥālde icrā-yı muḳteżā-yı dirāyet-kārī ve me'mūriyyete himmet buyurmaları siyāḳında ḳā'ime. Fī 10 C 38

[*578/140*] ***Rumili vālīsine***

{1} Bi-taḳdīrillāhi Taʿālā Anābolī ḳalʿasınıñ eyādī-i küffāra geçmesi ve Maḥmūd Paşa ve Erīb Paşa'nıñ {2} birbirini müteʿāḳiben vefātları cihetiyle Gördūs ordusunda olan ehl-i İslām'a fütūr īrāṣ {3} iderek altı aylıḳ ẕaḫīre ve beş yüz nefer ile İpekli ʿAbbās Biñbaşı ḳalʿa-i merḳūmede bırağılub {4} vüzerā ve mīr-i mīrān ve me'mūrīn-i sā'ire baḥren ve ḳuṣūr ʿasker daḫi berren Bālyabādra'ya ʿazīmet eylediklerinde {5} berren giden ʿaskeriñ öñlerine külliyyetlü gāvur çıḳaraḳ vāfir muḥārebeden ṣoñra leb-i deryāda {6} bir ḫāna taḥaṣṣun itmiş olduḳları ve saʿādetlü Sīrozī Yūsuf Paşa ḥażretleri imdādlarına {7} gitmiş ise de naṣıl oldığı ḫaber alınamadığı ve Mānya beğiniñ oğlı olacaḳ ḫā'in Mesolenk {8} ordusunuñ verāsında olan reʿāyāyı taḥrīk iderek ordu-yı meẕkūruñ daḫi ardı kesilmiş {9} ve bu cihetle saʿādetlü Reşīd Paşa ve ʿÖmer Paşa ordularına sekte gelmiş idüği ḥavādiṡlerine dā'ir {10} Yānya ve Preveze ṭaraflarından ṣavb-ı serʿaskerīlerine gelmiş olan kāğıdlar iṭāre ḳılındığı beyānıyla {11} gāvurlarıñ ḥareketleri fenālaşmış oldığından tedābīr-i muḥarrereleriniñ sürʿat-i icrāsıyla münāsib

{12} görilür ise Anāḏolī'dan daḫi bir vezīr taʿyīn olunması ḫuṣūṣı tevārüd iden taḥrīrāt-ı {13} müşīrīlerinde muḥarrer ve Anāḏolī'dan vezīr taʿyīni ve sā'ir tedābīr-i ʿācile ve ācileniñ icrāsı {14} bu ṭarafda derdest-i müẕākere ve müṭālaʿa oldığından keyfiyyetleri ṭaraf-ı müşīrīlerine **(112)** yazılacağı muḳaddemce cevāb olaraḳ yazılmış olan ḳā'ime-i muḫliṣīde müsaṭṭar olub {2} vāḳıʿan işʿār-ı müşīrīlerine naẓaran Mora ve Ḳarlıili ṭarafları gün-be-gün ṣıḳışmaḳda {3} ve eṭrāfda olan gāvurlar tekrār ayaḳlanmaḳda ve maṣlaḥat gitdikçe uyġunsuzlaşmaḳda {4} oldığından inşā'allāhü'r-Raḥmān bu sene-i mübārekede bunlarıñ ḥarben ve ḍarben ve berren ve baḥren {5} ḳahr ü tenkīlleri çāresini istiḥṣāl içün Devlet-i ʿAliyye ḳuvvet ü şevketini ibrāz itmek {6} ve giçen seneye ḳıyās itmeyerek tedārükāt-ı külliyye ve saṭvet-i ḳaviyyeniñ icrāsına iḳdām olunmaḳ {7} farīża-i ḥālden olmaḳ mülābesesiyle ẕāt-ı serʿaskerīleriniñ muḳaddem ve mu'aḫḫar işʿār buyurmuş {8} olduḳları ḫuṣūṣāt kāmilen icrā olunmuş olub yaʿnī cenāb-ı sipehdārīleriniñ Rumili {9} eyāletinden bā-buyuruldı tertīb buyurmuş olduḳları on biñ bu ḳadar nefer ʿaskeriñ {10} istiʿcālleri-çün başḳa ve Geġa paşalarınıñ on üç biñ şu ḳadar ve İskeçe Aʿyānı Emīn Beğ'iñ {11} biñ beş yüz nefer ile me'mūriyyetleri bābında başḳa başḳa ve üç biñ Evlād-ı Fātiḥān {12} ʿaskeri-çün başḳa ve Rumili sipāhīleriniñ me'mūriyyetlerini mutażammın başḳa ve Avlonya ve Delvīne {13} sancaḳlarında eli silāḥ ṭutan ve dīn ü īmānı olanlarıñ me'mūriyyetlerini ḥāvī başḳa {14} evāmir-i ʿaliyye ıṣdārıyla maḫṣūṣ muḳaddem ḫaṣekīler ile tesyār olunmuş ve Anāḏolī ṭarafından {15} tertīb ve celb olunan deve ve ḳaṭırlarıñ maʿiyyet-i sipehdārīlerine gönderilmesi irāde olunub {16} Rumili ḳażālarından tertīb buyurmuş olduḳları ẕaḫāyir ve aġnāmıñ iḳtiżā iden {17} fermānları taṣdīr itdirilerek saʿādetlü İskenderiye mutaṣarrıfı ḥażretleri daḫi Ḳarlıili {18} ʿuṣātı üzerine bi'n-nefs me'mūr ḳılınaraḳ maʿiyyetine nüzül emīni taʿyīn ve ẕaḫīre tefrīḳ {19} ve tertīb ve Selānīk ve Çirmen mutaṣarrıfları ḥażerātınıñ ṣūret-i me'mūriyyetleri kendülere işʿār {20} ve Mora serʿaskeri taʿyīn olunan saʿādetlü Yūsuf Paşa ḥażretleriniñ mürūr eylediği {21} maḥallerden külliyyetlü ʿasker istiṣḥābıyla ʿicāleten irişmesi te'kīd ḳılınmış ve işbu mevādd-ı muḥarrereniñ {22} keyfiyyetleri daḫi ṭaraf-ı serʿaskerīlerine eṭrāfıyla bildirilmiş ve bu ṣūretler ile işʿārāt-ı {23} vāḳıʿalarına taṭbīḳan tedābīr-i lāzıme icrā olunmuş ve bu tertībātıñ ṭopı ḫaylī şey olub {24} Rumili'niñ işe yarar ʿaskeri daḫi Arnavud ve aṣl Rumilili ve Ḳırcalu ʿasākirinden {25} ʿibāret olaraḳ bunlar daḫi icrā ve taʿdād olunan tertībātda mevcūd oldığından {26} ve İskenderiye mutaṣarrıfı müşārun-ileyhiñ imtiṡāl ve ḥareketi me'mūl idüğünden inşā'allāhü Taʿālā {27} bunlarıñ bu vechile iḫrācı müyesser olduḳda ḫaylī iş görülmesi elṭāf-ı İlāhiyye'den {28} mes'ūl ise de maṣlaḥatıñ cesāmetine naẓaran tertībātıñ ḳabardılması ve mütebādir-i ḫāṭır olan {29} ārānıñ icrāsıyla germiyyetle ṭutulması īcāb-ı ḥāl ü maṣlaḥatdan olaraḳ işʿārları vechile {30} Anāḏolī'dan vezīr geçürülmesi ve Anāḏolī ʿaskeriniñ işe yaramaması ve el-ḥāletü-hāẕihī derkār olan {31} Īrān seferi cihetleriyle uyamayacağı bedīhiyyātdan ise de ẕāt-ı ser'askerīleri muḳaddemā {32} aḳṭār-ı Rumili'niñ her ṭarafını gezüb nereden 'asker çıḳar ve ḳangı maḥalliñ 'askeri {33} işe yarar, bunlarıñ cümlesine vāḳıf olduḳlarından icrā olunan tertībāt-ı {34} meşrūḥadan başḳa cenāb-ı müşīrīleri tekrār her ne gūne 'asker isterseñiz iḳtiżāsı icrā (113) olunmaḳ üzere keyfiyyetiñ yine ṭaraf-ı düstūrīlerinden isti'lāmı ve Ṣofya muḥāfaẓasında olan {2} İçil Mutaṣarrıfı Mālik Paşa bendeleri şimdiki ḥālde her ne ḳadar ḳudretli değil ise de Geġa {3} paşalarınıñ Aḫī babası maḳāmında olaraḳ mūmā-ileyh daḫi me'mūr kılınsa sā'ir Geġa paşalarınıñ {4} ḳullanılmalarına bādī olacağından paşa-yı mūmā-ileyhiñ ḏoğrı ma'iyyet-i ser'askerīlerine 'azīmet ile {5} ṭaraf-ı sipehdārīlerinden ma'iyyetine virilecek 'asker ve olunacaḳ i'āne ile Mora üzerine {6} me'mūr ḳılınması ḫāṭıra gelmiş ise de bu māddeniñ daḫi bu vechile icrāsı-çün evvel-emrde {7} ṭaraf-ı şerīflerinden istiknāhı ve Mora ser'askeri müşārun-ileyh Yūsuf Paşa mürūr eylediği {8} maḥallerden külliyyetlü 'asker istiṣḥāb itmek üzere me'mūr ise de müşārun-ileyhiñ bir ḳoldan {9} külliyyetlü 'asker ile gitmesi şāyi'ası fevā'id-i 'aẓīmeyi mūcib olacağından ser'asker-i müşārun-ileyh {10} ma'iyyetine Silistre sancağı ḳażālarından biñ iki yüz elli ve Vidīn ve Nīğbolī sancaḳlarından daḫi {11} biñ yedi yüz elli nefer 'asker tertībiyle işbu 'askeriñ birer birer ḳażālardan iḫrācı dağdağasıyla {12} vaḳt geçürülmeyerek ve yolundan alıḳonulmayaraḳ eğer ser'asker-i müşārun-ileyh Yūsuf Paşa kendüsi {13} oralardan ol miḳdār aylıḳlu tedārük ve istiḫdām idecek olub da bunlarıñ bedelleri alınub {14} uydırılmasını münāsib görür ise sür'at-i tanẓīmine baḳmaları Silistre vālīsi ve Vidīn muḥāfıẓı {15} ḥażerātına yazılması ve ẕaḫīre maṣlaḥatı daḫi vācibü'd-diḳḳa ehemm-i mehāmdan oldığından bu def'a {16} bu ṭarafdan ma'iyyet-i ser'askerīlerine gönderilecek deve ve ḳaṭırlar boş gitmekden ise {17} ḏoğrı Ṣofya'ya gidüb Ṣofya'da mevcūd ü müddeḫar olan peksimāddan bunlara taḥammülleri {18} miḳdār peksimād taḥmīliyle gönderilmesi ve işbu ḥayvānātdan başḳa Rumili'niñ münāsib olan {19} maḥallerinden biraz ḥayvānāt daḫi tertīb ile ḳuṣūr peksimād anlar ile naḳl itdirilmesi ḫuṣūṣları {20} tensīb olunmuş ve emr ü irāde-i seniyye-i mülūkāne bu ṣūretleriñ icrāsına ta'alluḳ iderek {21} mūcebince Mora ser'askeri müşārun-ileyh ma'iyyetine ol vechile bā-evāmir-i 'aliyye Silistre ve Vidīn {22} ṭaraflarından 'asker tertībiyle keyfiyyet Silistre vālīsi ve Vidīn muḥāfıẓı müşārun-ileyhimāya taḥrīr {23} ve ser'asker-i müşārun-ileyh ḥażretlerine daḫi külliyyetlü 'asker ile sür'at-i 'azīmeti ta'cīl ve tezkīr olunmuş {24} ve ḥayvānāt-ı meẕkūreniñ ol ṣūretle Ṣofya'da müddeḫar olan peksimād taḥmīliyle gönderilmesi {25} ve Rumili ḳażālarından münāsib olan maḥallerden biraz ḥayvānāt tertībi māddesiniñ tanẓīmi {26} 'izzetlü Defterdār efendiye ḥavāle ḳılınmış olmağla cenāb-ı ser'askerīleri daḫi muḳaddem ve bu def'a {27} icrā olunan tedābīr-i muḥarrereden başḳa tekrār her ne gūne ʿasker isterseñiz ve mūmā-ileyh {28} Mālik Paşa'nıñ daḫi me'mūriyyetini münāsib görürseñiz iḳtiżāları icrā olunmaḳ üzere {29} eṭrāfıyla keyfiyyetiñ serīʿan ve ʿācilen işʿār ü inhāsına müsāberet buyurmaları vābeste-i {30} ʿuhde-i serʿaskerīleridir. Ḳaldı ki, Donanma-yı Hümāyūn'uñ bir ān aḳdem iḫrācıyla Bādra ṭarafına {31} iʿzām olunması ve yedi-sekiz ḳıṭʿa süfün-i hümāyūnuñ daḫi İzdīn ve Eğrīboz ṭaraflarında {32} bulunması ve süfün-i hümāyūn ile berāber yāḫūd tīz elden müste'men sefīneleriyle {33} miḳdār-ı vāfī ẕaḫīre gönderilmesi mu'aḫḫaren tevārüd iden dīger bir ḳıṭʿa ḳā'ime-i serʿaskerīlerinde {34} muḥarrer olub Bālyabādra muḥāfaẓasında olan saʿādetlü Yūsuf Paşa ṭarafından **(114)** tevārüd iden taḥrīrātda daḫi tīz elden bir başbuğ maʿiyyetiyle Bādra körfezine on beş ḳadar {2} sefīne irsāliyle maʿiyyetine taʿyīn olunması münderic ise de el-ḥāletü-hāẕihī müste'men sefīneleriyle {3} ẕaḫīre irsāline pek de emniyyet olunamayub birṭaḳım telefāt ve ṣuʿūbātı müstevcib {4} oldığından ve müşārun-ileyh Yūsuf Paşa'nıñ işʿārı vechile ol miḳdār sefāyiniñ {5} Donanma-yı Hümāyūn çıḳmadıḳça ifrāz ve irsāli cā'iz olmadığından inşā'allāhü'r-Raḥmān {6} derdest-i techīz olub ḳarīben iḫrāc olunacaḳ Donanma-yı Hümāyūn'ı saʿādetlü Ḳapūdān paşa {7} ḥażretleri iki ṭaḳım iderek bir ṭaḳımını bütün bütün Mora üzerine ḥaṣr ile aşağı yuḳaru {8} ḫidmetde bulunmaḳ üzere taʿyīn ve bir ṭaḳımıyla daḫi kendüsi iḳtiżāsına göre Mora {9} ve Girīd ve sā'ir aḏalar arasında, ve'l-ḥāṣıl Rumili ve Anāḏolī sevāḥillerinde leyl ü nehār {10} yelken üzerinde gezerek bā-ʿavn-i Bārī eşḳıyā ve izbāndīd tekneleriniñ ḳahr ü tenkīl ve ġarḳ {11} ü istīṣālleri ḫuṣūṣuna iḳdām itmek üzere taṣmīm eylemiş olduḳlarından her ne ḳadar {12} İzdīn ṭarafı-çün başḳaca sefāyin ifrāzı mümkin olamıyor ise de müşārun-ileyh Ḳapūdān paşa {13} ḥażretleriniñ tertīb ideceği bir ṭaḳım Donanma-yı Hümāyūn bütün bütün Mora üzerine {14} münḥaṣır olaraḳ gerek İzdīn ve gerek sā'ir maḥallerde leyl ü nehār geşt ü güẕāra me'mūr olacaḳlarına {15} binā'en bunuñla daḫi fī'l-cümle maḳṣūd ḥāṣıl olacağı ve Donanma-yı Hümāyūn maʿiyyetiyle {16} tüccār sefīnelerine taḥmīlen yüz biñ keyl ẕaḫīre ve peksimād ve cebeḫāne ve mühimmāt-ı vāfiye tertīb {17} olunaraḳ işbu ẕaḫīre ve mühimmātı daḫi müşārun-ileyh Ḳapūdān paşa ḥażretleri iḥtiyācı olan {18} maḥallere iḳtiżāsına göre iʿṭā ve taḳsīm eyleyeceği maʿlūm-ı dirāyet-melzūm-ı müşīrīleri {19} buyuruldukda hemān ẕāt-ı serʿaskerīleri her ḥālde ġayret ü şecāʿat ve diyānet muḳteżāsını {20} icrāya himmet buyurmaları siyāḳında ḳā'ime. Fī 15 C 38

[*578/166*] ***Rumili vālīsine***

{1} Bā-ʿavn [ü] ʿināyet-i Ḥażret-i Ḫayru'n-Nāṣırīn bu sene-i mübārekede Mora ġā'ilesiniñ ḥüsn-i indifāʿı żımnında {2} maṣlaḥatıñ germiyyetle ṭutulması-çün Permed beğ ve beğzādelerinden Silaḥdār İlyās Beğ ve Beğzāde Beğ {3} ve aḳrabāları ve Ḳonīçeli İsmāʿīl Beğ ve İslām Beğ-zāde ve Frāşeli Süleymān

Beğ-zāde ve İbrāhīm Beğ {4} ve İslām Beğ ve Ṭāhir Beğ-zāde Ḥasan Beğ ve Velī Beğ-zāde Süleymān Beğ çıḳarabildikleri ʿasākir ile {5} maʿiyyet-i serʿaskerīlerine taʿyīn ḳılınaraḳ saʿādetlü Yānya Mutaṣarrıfı ʿÖmer Paşa ḥażretleriyle mūmā-ileyhime ḫiṭāben {6} ne meʾālde fermān-ı ʿālī ıṣdār ḳılınması ve Delvīneli Muṣṭafā Paşa-zāde Şāhīn Beğ ve Ḳūḳazāde {7} ʿAbdül Beğ ile Süleymān Şāmid ve ʿAlī Mānya ve İslām Pervīne'niñ oğlı Yūsuf Aġa ve Meḥmed Çapar {8} ve Ṭāhir Çapar'a ḫiṭāben ne ṣūretle meʾmūriyyet emr-i şerīfi gönderilmesi ve Avlonyalı İsmāʿīl Beğ ile {9} Ḥācī Aḥmed Aġa'nıñ daḫi inhā-yı müşīrīleri beyān olunaraḳ biñ nefer ʿasker ile maʿiyyet-i sipehdārīlerine {10} ʿazīmet ider ise cerāyim-i vāḳıʿasından ṣarf-ı naẓar ḳılınacağını mutażammın başḳa ve muḫālefeti taḳdīrinde iʿdāmı {11} żımnında başḳa evāmir-i şerīfe ıṣdār olunması ve mūmā-ileyh İsmāʿīl Beğ'iñ birāderi Bekir Beğ'iñ Dersaʿādet'e {12} ʿazīmeti ḫaber virildiğinden mūmā-ileyh celb olunaraḳ ne ṣūretle tenbīh ḳılınması ve müşārun-ileyh ʿÖmer Paşa ile {13} Ḳaraman Vālīsi saʿādetlü Reşīd Paşa ḥażerātı ṭaraflarından gelan taḥrīrāt gönderildiği {14} ḫuṣūṣlarını ve sāʾir ifādeyi şāmil resīde-i cā-yı vürūd olan taḥrīrāt-ı düstūrīleri müfādı {15} ve müşārun-ileyhimānıñ mārrü'ẕ-ẕikr taḥrīrātları mezāyāsı rehīn-i ıṭṭılāʿ-i ḫulūṣ-verī olduḳdan ṣoñra {16} ḫāk-pāy-ı hümāyūn-ı şāhāneye daḫi ʿarż ile meşmūl-ı liḥāẓa-i ʿāṭıfet-ifāża-i cenāb-ı şehriyārī {17} buyurulmuşdur. Rum gāvurlarınıñ şiddet-i ṭuġyānları cihetiyle bunlarıñ şikestī-i bāzū-yı ʿiṣyān {18} ü ġavāyetleri esbābınıñ istiḥṣāli aḳdem-i maḳāṣıd-ı ʿālī oldığından ve ṭıbḳ-ı işʿār-ı müşīrīleri {19} üzere mūmā-ileyhim beğ ve beğzāde ve aġavāt-ı sāʾireye daḫi maʿiyyet-i serʿaskerīlerine meʾmūriyyetlerini {20} ḥāvī evāmir-i şerīfe taṣdīri münāsib olub lākin inhā-yı düstūrīlerinden ʿulūfe māddesi müstebān ise de (131) muḳaddem Arnavudluġ'a gönderilmiş olan fermānlarda ʿulūfe laḳırdısı derc olunmayaraḳ "Hemān eli ḳılıç ṭutan {2} ehl-i īmān ḳalḳub Mora üzerine gitsün" dinilmiş oldığına bināʾen şimdi virilecek fermānlarda {3} inhā-yı müşīrīleri üzere ʿulūfe laḳırdısınıñ derci muḳaddemki fermānlara mübāyin olacağından başḳa {4} ʿulūfe maṣrafına daḫi ṭāḳat gelmeyüb başa çıḳmayacağından şeref-sünūḥ iden irāde-i seniyye-i mülūkāne mūcebince {5} hemān muḳaddemki evāmir-i şerīfeye taṭbīḳan teşvīḳ ü terġībe dāʾir tenbīhāt-ı lāzıme derciyle müşārun-ileyh ʿÖmer Paşa'nıñ {6} ʿasākir-i mürettebe ile īfā-yı meʾmūriyyete diḳḳat eylemek üzere mezḳūrü'l-esāmī beğ ve beğzāde ve sāʾireniñ {7} maʿiyyet-i serʿaskerīlerine meʾmūriyyetleri beyānıyla bir ān aḳdem bunlarıñ ḥareket ü ʿazīmet eylemeleri esbābını istiḥṣāl {8} eylemesini nāṭıḳ müşārun-ileyh ʿÖmer Paşa'ya başḳa ve meʾmūrīn-i mūmā-ileyhime başḳa ve Delvīne beğleri-çün başḳa olaraḳ {9} üç ḳıṭʿa evāmir-i ʿālī ıṣdār ve ṭaraf-ı saʿādetlerinden daḫi buyuruldı taḥrīriyle maḥallerine gönderilmek üzere {10} ṣavb-ı serʿaskerīlerine tesyār olunub ancaḳ ẕikr olunan fermān-ı ʿālīde ḥikmet-i meşrūḥaya mebnī ʿulūfe laḳırdısından {11} ṣarf-ı naẓar olunmuş ise de bunlarıñ içlerinde baʿżı iʿānete muḥtāc olanlar daḫi bulunaraḳ bütün bütün {12} aḳçesiz daḫi olmayacağından ve bunlara lāzım gelan iʿāneniñ icrāsı daḫi ehem idüğünden iʿāne ḫuṣūṣunı {13} ẕāt-ı saʿādetleri ol ṭarafda īcāb ü iḳtiżāsına göre uydurmaḳ üzere hemān me'mūrīn-i mūmā-ileyhimi {14} maḥallerinden iḫrāc ile celb ve istiḫdāmları çāresine baḳmaları ve mūmā-ileyh İsmāʿīl Beğ'iñ iʿdāmı-çün {15} ḫafī emr-i ʿālī ıṣdārı işʿār buyurulmuş ise de vaḳt ü ḥāle göre anıñ mevsimi olmadığından ol ṣūretden {16} ṣarf-ı naẓar olunaraḳ bu ṭarafda olan ḳarındaşı Bekir Beğ Bāb-ı ʿĀlī'ye celb ile "İşte ḳarındaşıñ {17} Mora me'mūriyyetinde ibrāz-ı ġayret ü ḫidmet eylemek şarṭıyla külliyyen ʿafv buyuruldı. Sen de kendüsüne yaz, {18} Serʿasker paşa ḥażretleriniñ maʿiyyetine gidüb Mora maṣlaḥatında ḥüsn-i ḫidmet vücūda getürmeğe diḳḳat eylesün. {19} Eğer bundan ṣoñra daḫi uyġunsuz ḥareketi vuḳūʿ bulur ise ḥaḳḳında vaḫīm olur" yollu ṣıḳıca tenbīh {20} olunması daḫi īcāb-ı irāde-i ʿaliyyeden olaraḳ ol vechile mīr-i mūmā-ileyhiñ ʿafvı ve me'mūriyyetini şāmil {21} ṣudūr iden emr-i ʿālīde derc ve teẕkār olunmuş ve bu ṭarafda olan birāderi Bāb-ı ʿĀlī'ye celb ile {22} minvāl-i muḥarrer üzere ḳarındaşına yazmaḳ içün keyfiyyet ṣıḳıca ifāde ve tenbīh ḳılınmış olmağla ẕāt-ı serʿaskerīleri {23} muḳteżā-yı dirāyetleri üzere me'mūrīn-i mūmā-ileyhimden iʿānete muḥtāc olanlarını īcāb ü iḳtiżāsına {24} göre uydıraraḳ hemān celb ve istiḫdāmları ḫuṣūṣuna ve mūmā-ileyh İsmāʿīl Beğ'i bi't-te'mīn celb ile {25} iş gördürmeğe ġayret ve ol vechile icrā-yı muḳteżā-yı irāde-i seniyye-i şāhāneye beẕl-i himmet-birle {26} her ḥālde īfā-yı şerāyiṭ-i dirāyet-kārī ve me'mūriyyete müsāraʿat buyurmaları siyāḳında ḳā'ime. Fī 28 C 38

[578/167] *Ḳandiye muḥāfıẓına*

{1} Me'mūr-ı muḥāfaẓası olduḳları Ḳandiye ḳalʿasınıñ istiḥṣāl-i emr-i muḥāresesine gice ve gündüz ṣarf-ı mā-ḥaṣal-i {2} maḳdūr itmekde iseler de Girīd cezīresinde ʿuṣāt-ı reʿāyānıñ refte refte izdiyādı ve Girīd ahālīsiniñ {3} ʿadem-i diyānetleri cihetiyle bunlarla muḳāvemet emr-i düşvār olub kefere-i mersūme fürce-yāb olaraḳ {4} eṭrāf ḳaryeleri żabṭ ve taḫrīb itmekde olduḳları ve Mıṣır cānibinden vürūd itmiş olan ʿaskeriñ daḫi {5} eks̱erīsi ḫasta olub mevcūd Mıṣır ʿaskeri ve ahālī ile ʿuṣāt-ı mersūmeden aḫẕ-ı s̱ār müteʿassir idüği {6} ve müste'men sefāyininden ẕaḫīre mübāyaʿası peşīn aḳçeye mütevaḳḳıf olaraḳ poliçe ṣūretlerini ḳabūlden {7} imtināʿ eyledikleri beyānıyla ẕaḫāyir ve mühimmāt ve ʿasker cihetleriyle iʿāne ve imdāda muḥtāc olduḳları {8} ve ṭopçı neferātınıñ ol ṭarafda ʿadem-i vücūdına mebnī mükemmel neferātıyla beş orṭa ṭopçı ve bir orṭa {9} ḫumbaracı taʿyīn ve irsāl ḳılınması ḫuṣūṣlarını ve ifādāt-ı sā'ireyi ḥāvī resīde-i cā-yı vürūd {10} olan taḥrīrāt-ı şerīfeleri mezāyāsı maʿlūm-ı ḫāliṣānemiz oldığından ġayrı ḥużūr-ı hümāyūn-ı {11} cenāb-ı kītī-sitānīye daḫi ʿarż ile meşmūl-ı naẓar-ı mekārim-es̱er-i ḥażret-i ẓıllullāhī buyurulmuşdur.

{12} Maʿlūm-ı müşīrīleri oldıġı vechile Girīd cezīresiniñ levs̱-i vücūd-ı ʿuṣāt-ı reʿāyādan {13} tanẓīf ü taṭhīri emrinde ṭaraf-ı saʿādetlerine ʿasker ve ẕaḫāyir ve mühimmāt-ı lāzıme ile imdād **(132)** ü iʿānet maṣlaḥatı bütün bütün saʿādetlü Mıṣır vālīsi ḥażretleriniñ ʿuhde-i liyāḳatine muḥavvel olaraḳ {2} müşārun-ileyh bu defʿa vāḳiʿ olan inhāsında bundan aḳdem İskenderiye'ye iʿāde olunan sefīneleri {3} ve Girīd cezīresi-çün tehyi'e itmiş oldıġı ʿaskeriñ kemmiyyet ü keyfiyyetinden baḥis̱le sefāyin-i meẕkūreniñ {4} sene-i sābıḳa gibi evvelbahārda Donanma-yı Hümāyūn maʿiyyetine ʿazīmetlerinden ṣarf-ı naẓar olunaraḳ {5} müstaḳillen Girīd cezīresi maṣlaḥatında istiḫdāmları irāde buyuruldıġı ḥālde cezīre-i meẕkūre içün {6} İskenderiye'de tehyi'e itmiş oldıġı ʿasākir ve ẕaḫāyir ve mühimmāt sefāyin-i meẕkūre ile irsāl {7} ve ḳahr ü tedmīr-i eşḳıyā levāzımını istikmāl iderek ḫitām-ı maṣlaḥata ḳadar sefāyin-i meẕkūreyi Girīd ṣularında {8} geşt ü güẕār itdirmek ṣūretiniñ icrāsı Girīd maṣlaḥatına menāfiʿ-i ʿadīdeyi mūcib ve Girīd'de olan {9} Ḥasan Paşa maʿiyyetine daḫi tertīb olunan ʿasker ve mühimmāt ile imdād irişdirilmesini müstevcib olacaġını {10} beyān ve iḫṭār idüb sefāyin-i Mıṣriyye'niñ cezīre-i Girīd ṣularında geşt ü güẕārları hem ʿasker-i İslām'a {11} baʿis̱-i ḳuvvet-i ḳalb ve hem beġāyet reʿāyāya ḫavene-i eşḳıyānıñ ḫāricden iʿāne idemamelerine sebeb olaraḳ {12} ez-her-cihet ḥuṣūl-i menāfiʿ-i ʿaẓīmeyi müstelzim olacaġından ol bābda şeref-sünūḥ iden irāde-i seniyye {13} mūcebince sefāyin-i Mıṣriyye müstaḳillen Girīd maṣlaḥatında istiḫdām olunmaḳ üzere müşārun-ileyhe ruḫṣat virilmiş {14} oldıġından māʿadā giçen sene ẕaḫāyir ve ʿasker-i muḳteżiyeyi göndermiş oldıġı mis̱illü bu defʿa {15} daḫi irāde buyurılan ẕaḫāyir ve ʿasākir ve mühimmātı sefāyin-i meẕkūre ile cezīre-i mezbūreye irişdirüb {16} ẕikr olunan sefāyiniñ ol ṣularda geşt ü güẕārlarıyla ḫāricden eşḳıyā tekneleriniñ iġrāḳ {17} ve ihlāk ve kesr-i ünūf-ı istikbārlarına diḳḳat eylemeleri ḫuṣūṣunuñ sefāyin-i meẕkūre başbuġ {18} ve rü'esālarına tenbīh ve ifhām olunması vālī-i müşārun-ileyhe işʿār ve taḥrīrāt-ı vāride-i meẕkūreleri ḫulāṣası {19} ṣūreti daḫi iḫrāc ve tesyār olunmuş ve levḥa-zīb-i ṣudūr olan irāde-i seniyye manṭūḳunca {20} bu defʿa ṭaraf-ı saʿādetlerine yüz biñ ġurūş daḫi aṭiyye-i seniyye-i mülūkāne iḥsān ve irsāl ḳılınmışdır. {21} Ḳaldı ki, ol cānibde ṭopçı neferātınıñ ʿadem-i vücūdı muḳteżā-yı işʿārlarından münfehim olub {22} eks̱er ṭopçı orṭaları ṭaşra me'mūriyyetde bulunaraḳ bu ṭarafda olan orṭalara daḫi ḳıllet gelmiş {23} oldıġından maʿiyyet-i düstūrīlerine bir ṭopçı orṭası ve üç ḫalīfe ile on ikişer nefer ḫumbaracı {24} ve yiġirmi iki çapında üç ʿaded ḫumbara tertīb ve Donanma-yı Hümāyūn ile berāber baʿs̱ ü tesrīb olunması {25} ve mümkin ise biraz ṭopçı neferātı daḫi Mıṣır'dan gönderilmesi vālī-i müşārun-ileyhe taḥrīr ḳılınması ve gidecek {26} ṭopçı orṭasıyla on ḳıṭʿa ṭop ve iḳtiżāsı üzere bārūt ve fişenk ve tüfenk {27} ve çaḳmaḳ ṭaşı ve maʿlūmü'l-keyl ẕaḫīre tertīb ve iḥtiyāṭen Donanma-yı Hümāyūn ile irsāl olunacaḳ {28} oldıġından bi-mennihī Taʿālā ʿahd-i ḳarībde iḫrācı muṣammem olan Donanma-yı Hümāyūn sefāyiniyle saʿādetlü {29} Ḳapūdān paşa ḥażretleriniñ Girīd üzerine vardığında lüzūmuna göre ẕikr olunan ṭoplardan {30} ṭaraf-ı saʿādetlerine iʿṭā ve mühimmāt ve cebeḫāne ve ẕaḫāyir cihetleriyle daḫi lāzım gelan iʿānet-i kāmile {31} icrā ḳılınması ḳarār-gīr olaraḳ irāde-i seniyye-i mülūkāne bunuñ üzerine müteʿalliḳ olub ol vechile {32} iḳtiżāları icrā ḳılınmış olmağla ẕāt-ı dirāyet-simāt-ı müşīrīleri muḳteżā-yı fıṭrat-ı şecāʿat {33} ü besāletleri üzere merkez-i merdānegī ve ḥamiyyetde ibrāz-ı s̱ebāt ü metānet ve is̱bāt-ı müddeʿā-yı ġayret ü şecāʿat {34} iderek ez-her-cihet istiḥṣāl-i emr-i muḥāfaẓaya kemāliyle ihtimām ü mübāderet ve ol vechile ẕātlarından {35} meʾmūl meʾās̱ir-i serḥad-dārī ve ṣarāmet ve meẓāhir-i ṣadāḳat ü ḥamiyyeti ibrāz ü iẓhāra nis̱ār-ı cehd ü ṭāḳat {36} ve beẕl-i mā-ḥaṣal-i liyāḳat buyurmaları siyāḳında ḳāʾime. Fī 29 C 38

[*578/168*] ***Mıṣır vālīsine***

{1} Girīd cezīresi ʿuṣātı şeḳāvetlerini artırub ṣavb-ı ḥayderī-simātlarından dört biñ ḳadar ʿasker {2} gelmiş ise de vaḫāmet-i havā ile ḫasta olduḳlarından ve Girīd ahālīsinde metānet ve ṣalābet {3} olmadığından ʿasker ve ẕaḫīre ve mühimmāt ile imdād ü iʿāne olunması bu defʿa saʿādetlü Ḳandiye Muḥāfıẓı {4} Şerīf Paşa ḥażretleri cānibinden inhā ve işʿār ḳılınmış olub cezīre-i meẕkūre maṣlaḥatı bütün bütün {5} ʿuhde-i düstūrānelerine muḥavvel olaraḳ çend rūz muḳaddemce tevārüd iden taḥrīrāt-ı müşīrānelerinde {6} Girīd'de şikāyet oldığı derece ṣıḳındı olmadığı işrāb buyurulmuş ise daḫi muḥāfıẓ-ı müşārun-ileyhiñ {7} inhāsına naẓaran Girīd māddesi ṣıḳışmış oldığından dīger ḳāʾime-i muḫlişīde beyān olundığı vechile {8} bundan evvelce İskenderiye'ye ʿavdet itdirilmiş olan sefīneleri daḫi müstaḳillen Girīd maṣlaḥatında {9} istiḫdām itmek üzere ruḫṣat virilmiş ve şeref-sünūḥ iden irāde-i seniyye mūcebince giçen sene irsāl {10} buyurduḳları mis̱illü bu defʿa istenilan ʿasker ve ẕaḫīre ve mühimmāt māddeleri daḫi yine ṭaraf-ı saʿādetlerine {11} iḥāle olunaraḳ keyfiyyet-i maṣlaḥat maʿlūm-ı müşīrīleri olmaḳ içün müşārun-ileyh ṭarafından tevārüd itmiş olan {12} taḥrīrāt ḫulāṣasınıñ bir ṣūreti iḫrāc ile ṣavb-ı saʿādetlerine gönderilmiş oldığı ve muḥāfıẓ-ı {13} müşārun-ileyh beş ʿaded ṭopçı orṭası ṭaleb eylemiş ise de ṭopçı orṭalarınıñ eks̱erīsi ṭaşra meʾmūriyyetde {14} bulunmaḳ ḥasebiyle buradaki orṭalara ḳıllet gelmiş oldığından buradan muḥāfıẓ-ı müşārun-ileyh {15} maʿiyyetine olsa olsa bir orṭa gönderilüb o daḫi Donanma-yı Hümāyūn ile berāber gönderilmeğe {16} muḥtāc olaraḳ bu ṭarafdan faḳaṭ bir ṭopçı orṭası ve üç ḫalīfe ile on ikişer nefer ḫumbaracı {17} ve yiğirmi iki çapında üç ʿaded ḫumbara tertīb-birle Donanma-yı Hümāyūn ile Girīd'e irsāl {18} olunmaḳ üzere ise daḫi mümkin ise biraz ṭopçı neferātı daḫi Mıṣır'dan gönderilmesiniñ ṭaraf-ı {19} müşīrīlerine işʿār olunması daḫi irāde-i seniyye-i mülūkāne iḳtiżāsından oldığı maʿlūm-ı {20} sāmīleri buyurulduḳda muḳteżā-yı diyānet ü ḥamiyyet ve ġayret-i düstūrīleri üzere ne vechile {21} mümkin olabilür ise giçen sene miṣillü Girīd ṭarafına iḳtiżā iden ʿasker ve ẕaḫīre ve mühimmāt {22} ve mümkin olur ise biraz ṭopçı neferātı irsāl buyurараḳ lāzıme-i imdād ü iʿānetiñ icrāsıyla {23} Girīd gibi bir cezīreniñ ve bu ḳadar seyyid ve seyyide ve ricāl ve nisvānıñ keyd ü mażārr-ı küffārdan {24} istiḫlāṣı esbābını istiḥṣāle himmet buyurmaları ḥamiyyet-i ẕātiyyelerine muḥavvel oldıġı beyānıyla ḳāʾime. Fī 29 C 38

Ayniyat 579

[579/3] *Rumili vālīsine*

{1} Gördūs ordusunuñ Bādra'ya ʿavdetlerinden ve Rum gāvurları teknelerinin tasalluṭları {2} cihetiyle müste'men sefīnesiyle ẕaḫīre celbi mümkin olamayub Mıṣır'dan ve Selānīk'den (3) irsāl olunan ẕaḫāyir daḫi Zānṭa'da ḳalmış idüğünden baḥişle Donanma-yı Hümāyūn'dan {2} on beş ḳıṭʿa süfün-i hümāyūnuñ evvel-be-evvel Bādra'ya irsāli iltimāsına dā'ir saʿādetlü {3} Yūsuf Paşa ḥażretleriniñ tevārüd itmiş olan taḥrīrātıyla ʿasker ve ẕaḫīre ve cebeḫāne {4} ve aḳçe irişdirilmek ḫuṣūṣlarına mütedā'ir Bādra'ya ʿavdet eyleyan ṣadr-ı esbaḳ Seyyid ʿAlī Paşa {5} ve Ḥasan Paşa ḥażerātı ve mīr-i mīrān ve aʿyānān ve sergerdegān-ı sā'ireniñ vürūd iden {6} taḥrīrātları taḳdīm olunmuş oldığı beyānıyla muḳaddemce işʿārları vechile Donanma-yı {7} Hümāyūn sefāyininiñ bir miḳdārı İzdīn ve Eğrīboz ṭaraflarında geşt ü güẕār itmek {8} ve ḳuṣūrı Bādra'ya gitmek ve Donanma-yı Hümāyūn ile berāber Bādra ve Eğrīboz'a ẕaḫīre {9} gönderilmek ve Efrenc sefīnesiyle olsun bir ān evvelce Bādra'ya ẕaḫīre irişdirilmek {10} ḫuṣūṣlarınıñ ehemmiyyeti keyfiyyetini ḥāvī resīde-i rāḥa-i vürūd olan taḥrīrāt-ı şerīfeleri {11} mezāyāsı maʿlūm-ı ḫālişānemiz olmuşdur. Bundan aḳdemce selef-i muḫliṣī ṭarafından ṣavb-ı serʿaskerīlerine {12} işʿār olunmuş oldığı vechile müste'men sefīnesiyle ẕaḫīre irsāli ṣūretinden emniyyet ḥāṣıl {13} olmayub yaʿnī ṭā'ife-i müste'menānıñ ḳavlleri mevs̱ūḳ olmayaraḳ sefīnelerine taḥmīlen {14} bir maḥall-i maḫṣūṣa getürecekleri ẕaḫāyiri eşḳıyā sefāyini tasalluṭı vesīlesiyle bir āḫar maḥalle {15} çıḳarmaḳ ve birṭaḳım daḫi telefāt göstermek mis̱illü evżāʿları mücerrebātdan {16} oldığından şimdiki ḥālde müste'men sefīnesiyle Bādra'ya ẕaḫīre irsāli derece-i istiḥālede {17} oldığı mis̱illü müşārun-ileyh Yūsuf Paşa'nıñ iltimāsı vechile Donanma-yı Hümāyūn çıḳmadıḳça {18} ol miḳdār sefāyiniñ ifrāz ve irsāli cā'iz olmayub bi-ḥavlillāhi Taʿālā derdest-i techīz olaraḳ {19} ḳarīben iḫrāc olunacaḳ Donanma-yı Hümāyūn sefāyinini saʿādetlü Ḳapūdān paşa ḥażretleri {20} iki ṭaḳım iderek bir ṭaḳımını bütün bütün Mora üzerine ḥaṣr ile aşağı yuḳarı {21} ḫidmetde bulunmaḳ üzere taʿyīn ve bir ṭaḳımıyla daḫi kendüsi iḳtiżāsına göre {24} Mora ve Girīd ve sā'ir adalar arasında ve sā'ir Rumili ve Anāḏolī sāḥillerinde {22} leyl ü nehār yelken üzerinde gezerek bā-ʿavn-i Bārī eşḳıyā ve izbāndīd teknelerinin ḳahr {23} ü tenkīl ve iğrāḳ ü istīṣālleri ḫuṣūṣuna iḳdām itmek üzere taṣmīm itmiş olduḳlarından {24} her ne ḳadar İzdīn ṭarafı-çün başḳaca sefāyin ifrāzı mümkin olamıyor ise de müşārun-ileyh {25} Ḳapūdān paşa ḥażretleriniñ tertīb ideceği bir ṭaḳım süfün-i hümāyūn bütün bütün Mora üzerine {26} münḥaṣır olaraḳ gerek İzdīn ve gerek sā'ir maḥallerde leyl ü nehār geşt ü güẕāra me'mūr {27} olacaḳlarına mebnī bu ṣūretle daḫi fi'l-cümle maḳṣūd ḥāṣıl olacağı ve Donanma-yı {28} Hümāyūn maʿiyyetiyle tüccār sefīnelerine taḥmīlen yüz biñ keyl ẕaḫīre ve peksimād ve cebeḫāne {29} ve mühimmāt-ı vāfiye tertīb olunaraḳ işbu ẕaḫīre ve mühimmātı daḫi müşārun-ileyh Ḳapūdān paşa {33} ḥażretleri iḥtiyācı olan maḥallere iʿṭā ve taḳsīm ideceği āşikār ve Zānṭa'da olan {30} Selānīk ẕaḫīresiniñ Preveze'ye īṣāli żımnında Dersaʿādet'de muḳīm İngiltere Devleti {31} ilçisinden muḳaddemce mektūb ṭaleb olunub ilçi-i mūmā-ileyh daḫi iẓhār-ı muvāfaḳat-birle {32} bu ṭarafdan Zānṭa'ya gitmek üzere Ḫalīc'de İngiltere sefīnesi bulunmaḳ ḥasebiyle keyfiyyeti {33} Zānṭa żābiṭine kendüsi maḫṣūṣ mektūb ile işʿār ü tenbīh ideceğini (4) ve bu ṣūret sürʿat-i ḥuṣūl [ü] maṣlaḥatı müstelzim olacağını Bāb-ı ʿĀlī'ye iḫbār itmiş oldığına {2} mebnī cenāb-ı saʿādetleri iḳtiżā idenler ile bi'l-muḫābere ẕaḫāyir-i meẕkūreniñ Preveze'ye celb {3} ve me'men maḥalle vażʿ ve ḥıfẓıyla taʿyīnāt-ı ʿaskeriyyeye yoluyla ṣarf ve lüzūmı olan {4} maḥallere lāyıḳıyla sevḳ olunması ḫuṣūṣı ol bābda evvelki gün irsāl olunan ḳā'ime-i muḫliṣīde beyān {5} ü teẕkār ḳılınmış oldığından muḳteżāsını icrāya himmet buyuracaḳları ġayret ü dirāyet-i {6} ẕātiyyeleri iḳtiżāsıyla müberhen ü maʿlūm ise de Zānṭa'ya vürūdı müşārun-ileyh Yūsuf Paşa {7} ṭarafından işʿār olunan Mıṣır ẕaḫīresiniñ daḫi Zānṭa'dan işbu Selānīk ẕaḫīresiyle {8} maʿan Preveze'ye celb ve lüzūmuna taṭbīḳan ol vechile ṣarf ve sevḳ olunması īcāb {9} ideceği vāreste-i ḳayd [ü] işʿār olmağla ẕāt-ı saʿādet-me'āb-ı serʿaskerīleri iḳtiżā idenler ile {10} bi'l-muḫābere Zānṭa'dan Preveze'ye celb olunacaḳ Selānīk ẕaḫīresiyle maʿan işbu Mıṣır ẕaḫāyirini {11} daḫi celb ve iḳtiżā iden maḥalle sevḳ ü irsāli ḫuṣūṣuna himmet ve her ḥālde ḫuṭūb-ı mevkūle-i {12} serʿaskerīleriniñ ḥüsn-i tensīḳiyle ibrāz-ı me'āṣir-i ḥamiyyet ü feṭānet ve icrā-yı levāzım-ı ġayret {13} ü dirāyete himmet buyurmaları siyāḳında ḳā'ime. Fī 4 B 38

[*579/7*] ***Rumili vālīsine***

{1} İzdīn Muḥāfızı saʿādetlü Süleymān Paşa ḥażretlerine bir manṣıb virilür ise Mora'ya gitmeğe ḫāhiş-ger {2} oldığı beyānıyla müşārun-ileyhe münāsib bir manṣıb tevcīhi ḫuṣūṣı muḳaddemce ṣavb-ı serʿaskerīlerinden inhā {3} ve ol vaḳt müşārun-ileyhe tevcīhe cesbān açıḳda manṣıb olmadığından münāsib ḥal vuḳūʿunda {4} müşārun-ileyhe tevcīh olunacağı selef-i muḫliṣī ṭarafından cānib-i düstūrīlerine yazılan taḥrīrātda {5} işʿār ü inbā olunmuş imiş. El-ḥāletü-hāẕihī Gördūs ordusunda bulunan Erīb Paşa ḥulūl-ı ecel-i {6} mevʿūduyla irtiḥāl-i dār-ı beḳā idüb ʿuhdesinde Nīğde ve Ḳırşehri ve Beğşehri sancaḳları {7} münḥal olmuş oldığına binā'en şeref-efzā-yı sünūḥ ü ṣudūr olan irāde-i seniyye-i cenāb-ı pādişāhī {8} mūceb ü muḳteżāsı üzere elviye-i meẕkūre müşārun-ileyh Süleymān Paşa ḥażretleri ʿuhdesine tevcīh {9} ü iḥāle olunmuş ve bu cihetle daḫi iltimās-ı müşīrāneleri icrā ve isʿāf ḳılınmış oldığı {10} maʿlūm-ı dirāyet-melzūm-ı sipehdārīleri buyuruldukda her ḥālde ẕāt-ı ḥaṣāfet-āyāt-ı düstūrīleri {11} īfā-yı lāzıme-i mehām-āşināyī ve reviyyet ve icrā-yı muḳteżā-yı kār-dānāyī ve feṭānete himmet buyurmaları {12} siyāḳında ḳā'ime. Fī 5 B 38

[579/12] *Ḳavāla Mütesellimi Ḥācī Aḥmed Aġa'ya*
{1} Ṭāşoz cezīresine vezīr-i mükerrem sa'ādetlü Selānīk Mutaṣarrıfı Meḥmed Paşa ḥażretleri cānibinden {2} li-ecli'l-muḥāfaẓa müstevfī 'asker gönderilmiş iken cezīre-i merḳūme Ḳavāla'ya ġāyet yaḳın oldığından {3} ḥīn-i ḥācetde miḳdār-ı kifāye 'asker istiṣḥābıyla bizẕāt 'azīmet ideceğini beyān ve ta'ahhüd {4} iderek 'asākir-i merḳūmeniñ cezīre-i merḳūmeden ḳaldırılmalarını iltimās eylediğiñe binā'en {5} müşārun-ileyh 'asākir-i merḳūmeyi cezīre-i meẕkūreden ḳaldırmış ise de kefere-i eşḳıyā cezīre-i mezbūreyi {6} istīlā itmiş ve voyvodası mevcūd olan ehl-i İslām ile bir ḳuleye ḳapanub {7} muḥārebe üzere oldığı bu def'a müşārun-ileyh ḥażretleri ṭarafından inhā olunmuş ve eşḳıyā-yı mesfūre {8} cezīre-i mezbūreyi iḥāṭa eyledikl erinden ṭarafıñdan 'asker imrārına ihtimām olunmaḳda ise daḫi (10) aralıḳ bulunamadığından ṭaraf-ı taḳrībi bulunaraḳ yine 'asker geçürülmesine iḳdām eylemekde {2} oldığıñı şāmil olan 'arīżañ mezāyāsı daḫi ma'lūmumuz olmuşdur. Her bir me'mūruñ {3} 'uhde-i ṣadāḳatine lāzım oldığı üzere me'mūr ve ta'yīn ḳılındığı maṣlaḥatda ibrāz-ı me'āṣir-i {4} istiḳāmet itmek ẕimmetine vācib ü elzem ve müşārun-ileyhiñ inhālarından müstefād {5} oldığına naẓaran cezīre-i merḳūmeniñ keyd ü mażārr-ı eşḳıyādan ḥıfẓ ü ḥırāsetine {6} ṭarafıñdan ta'ahhüd olunmuş oldığından muḳteżā-yı ta'ahhüdüñ üzere cezīre-i merḳūmeniñ {7} lāyıḳıyla muḥāresesine diḳḳat eylemekliğiñ 'uhde-i me'mūriyyetine lāzib ü ehem iken ta'ahhüdüñüñ {8} muġāyiri ve rıżā-yı meyāmin-irtiżā-yı ḥażret-i tācdārīnin ḫilāfı cezīre-i meẕkūreyi {9} 'askersiz bıraġaraḳ ve düşmen-i dīn daḫi bu vechile fürce bularaḳ cezīre-i merḳūmeyi {10} tażyīḳe ictisār eylemeleri mücerred seniñ böyle vaḳtde ta'ahhüdüñe muġāyir müsāmaḥañdan {11} neş'et ideceği ve "Ṣoñra bir aralıḳ bulur, 'asker geçürürüm" dimañ ẕerre ḳadar 'aḳl ü iẕ'ānı {12} ve diyāneti olanlara yaḳışur şey olmayacaġı ẓāhirdir. Bu bābda olan 'adem-i ta'ahhüd {13} ve mübālāt ile vuḳū' bulan reḫāvet ü beṭā'etiñ seniñ te'dīb ü gūş-mālini {14} īcāb ider bir mādde oldığını güzelce düşünüb ne vechile ise çāre ve ḳolayını bularaḳ {15} cezīre-i merḳūmeniñ mażarrat-ı eşḳıyādan muḥāfaẓasını serī'an ve 'ācilen ikmāl eylemañ {16} saña selāmet-i ḥāl olacaġını añlayub ol vechile ḥarekete kemāl-i müsāra'at eylemañ lāzımeden {17} olmaġla me'āl-i iş'ārıñdan müstebān oldığı vechile cezīre-i merḳūmeye ne taḳrīb {18} olur ise bir ān evvel 'asker imrārıyla tasalluṭ ve tażyīḳ-i küffārdan istiḫlāṣı vesā'ilini {19} istiḥṣāle ṣarf-ı liyāḳat ve iḳtidār iderek eğer ma'āẕallāhü Ta'ālā cezīre-i merḳūmeye bir gūne gezend {20} ü ḫasār vāḳi' olur ise ṣoñra ḥaḳḳıñdan gelineceğinden şübhe itmeyüb ve bu ḫuṣūṣda şöyle {21} böyle dimek ḳabūl olunmayacaġını bilüb

aña göre ḥarekete diḳḳat ve ḫilāfından ḥaẕer ü mücānebet {22} eylemañ içün mektūb. Fī 7 B 38

[579/27] *Rumili vālīsine*

{1} Giçen sene müteveffā Ḫūrşīd Paşa Yānya maṣlaḥatı berṭaraf olaraḳ saʿādetlü Ḥasan Paşa ḥażretlerini {2} Mora üzerine me'mūren Yeñişehir'e ḏoğrı iʿẓām eyledikden ṣoñra beher nefere otuz beşer ġurūş {3} ʿulūfe virilüb ṣayılmaḳ üzere ḳapusuz ʿaskerden maʿiyyetine miḳdār-ı vāfī ʿasker cemʿ eylemesini (19) taḥrīr itmiş oldığına mebnī müşārun-ileyh maʿiyyetine iki biñ yüz otuz nefer ʿasker celb ü cemʿ-birle {2} müteveffā-yı müşārun-ileyh ile lede'l-mülāḳāt ʿasākir-i merḳūmeniñ māh-ı Şevvāl'e maḥsūben yetmiş dört biñ {3} beş yüz elli ġurūş bir aylıḳ ʿulūfeleri iʿṭā-birle māh-ı Şaʿbān ve Ramażān-ı Şerīf'e maḥsūben iki aylıḳ {4} güẕeşte ʿulūfeleri pesmānde olaraḳ ʿasākir-i merḳūmeniñ muṭālebede ıṣrārlarına mebnī {5} girü ḳalan iki aylıḳ ʿulūfeleriniñ bir miḳdārını daḫi müşārun-ileyh bi't-tedārük iʿṭā itmiş ise de {6} māʿadāsı el-ān virilemamiş ve kendünüñ żarūret ü müżāyaḳası derece-i kemāle irişmiş {7} oldığı beyānıyla hem ʿasākir-i merḳūmeniñ ḳuṣūr ḳalan aylıḳları virilmek ve hem maṣārifāt-ı {8} sā'iresine medār olmaḳ içün māh-ı Şaʿbān ve Ramażān-ı Şerīf'e maḥsūben īcāb [iden] yüz ḳırḳ {9} ḏoḳuz biñ yüz ġurūşuñ iʿṭāsı ḫuṣūṣunı müşārun-ileyh bu defʿa iltimās ve işʿār ve ol bābda {10} müteveffā-yı müşārun-ileyhiñ ṭarafına gelmiş olan şuḳḳasını baʿs̱ ü tesyār idüb cenāb-ı müşīrīleri {11} aḳṭār-ı Rumili'niñ serʿasker-i ẓafer-rehberi olaraḳ ḫuṭūb-ı mevkūle-i sipehdārīleri müteferriʿātından {12} olan bu maḳūle ḫuṣūṣāt ẕāt-ı dirāyet-simātlarınıñ bilecekleri ve īcāb ü iḳtiżāsına {13} tevfīḳan tesviye ve rü'yet buyuracaḳları meṣāliḥden oldığına mebnī ḫuṣūṣ-ı mezbūrı {14} cenāb-ı müşīrīleriyle bi'l-muḫābere tesviye eylemesi bu defʿa ṣavb-ı ḫulūṣ-verīden müşārun-ileyhe taḥrīr olunmağla {15} ḫuṣūṣ-ı mezbūruñ müşārun-ileyh ile bi'l-muḫābere iḳtiżāsınıñ icrāsı muḥavvel-i ʿuhde-i sipehdārīleri {16} oldığı beyānıyla ḳā'ime. Fī 15 B 38

[579/33] *Ḳapūdān paşaya*

{1} Maʿlūm-ı müşīrīleri oldığı vechile Girīd ṭarafından tevārüd iden evrāḳ ḫulāṣası {2} giçen gün meclisde müẕākere olunaraḳ rikāb-ı ḳamer-tāb-ı şāhāneye lede'l-ʿarż bālāsına {3} şeref-pīrā-yı ṣaḥīfe-i ṣudūr olan ḫaṭṭ-ı hümāyūn-ı şāhāneniñ bir fıḳrasında "Bi'l-ittifāḳ {4} ġayret ü iḳdām lāzımdır. Sözde ġayret var ama fiʿilen ġayret görmüyorum. Ocaḳ {5} gemilerine başbuġ olmaḳ içün Boğaz'a gidecek fırḳateyn şudur budur deyu {6} ḥālā gidemedi. Bu naṣıl ḥareketdir? Sübḥānallāh. Sā'ir donanma ne vaḳt gidebilür? Bundan {7} ṣoñra daḫi tekāsül ü ḳuṣūr olunur ise te'dīb iderim. Aña göre iḳdām ü ġayret {8} oluna" deyu emr ü fermān-ı hümāyūn-ı mülūkāne buyurulmuş olub vāḳıʿan bu bābda {9} cümlemize iḳdām ü ġayret farīża-i ẕimmet-i diyānet olmaġla cenāb-ı müşīrīleri daḫi {10} işbu ḫaṭṭ-ı hümāyūn meʾāl-i münīfini teʾemmül-birle lāzıme-i ġayretiñ icrāsına kemāl-i sürʿat {11} ü himmet buyurmaları dirāyet-i ẕātiyyelerine muḥavveldir. Ḳaldı ki, Beşikṭaş pīşgāhında olan {12} sefīneniñ Ṣalı, nihāyet Çehārşenbe güni taḥrīk ü iʿzām olunacaġını meclis güni {13} muḫlişiñize ifāde buyurmuş oldıġıñızdan muḥibleri daḫi iḥtiyāṭa riʿāyeten bir gün {14} daḫi ilerü atarak Pençşenbe güni ẕikr olunan sefīneniñ taḥrīk ü iʿzām olunacaġını {15} ḫāk-pāy-ı hümāyūna ifāde itdirmiş idim. Dünkü Ṣalı güni sefīne-i merḳūme ḳalḳamamış {16} oldıġından başḳa bugün Çehārşenbe olub ḥālā es̱er-i ḥareket meşhūd değil; eğer {17} yarınki Pençşenbe güni daḫi bu gemi ḳalḳmaz ise muḫlişiñiz mesʾūl olacaġımdan ne vechile ise {18} buña daḫi himmet buyurarak itmām-ı kāffe-i mālzemesiyle şu geminiñ iʿzāmına himmet buyurmaları {19} siyāḳında teẕkire. Fī 20 B 38

[*579/34*] ***Rumili vālīsine***
{1} Bundan aḳdem istiʿcāl-i meʾmūriyyetlerine dāʾir ṣudūr iden evāmir-i ʿaliyye ile Mora ve Ḳarlıili ṭarafları {2} meʾmūrlarına gönderilmiş olan ḫāṣṣa ḫaṣekīlerinden İbrāhīm Beğ ve Muṣṭafā Aġa'nıñ ʿavdetleri {3} beyānıyla Ḳaraman Vālīsi saʿādetlü Reşīd Paşa ḥażretleriyle ʿÖmer Paşa'nıñ keyfiyyetleri {4} taḳrīrlerinden maʿlūm olacaġı ifādesine dāʾir mūmā-ileyhimā vesāṭetiyle firistāde {5} ve isrā buyurılan ḳāʾime-i müşīrīleri mezāyāsı maʿlūm-ı muḫlişī olmuşdur. Mūmā-ileyhimānıñ {6} ifādāt-ı vāḳıʿalarından Ḳarlıili ḳolunda olan müşārun-ileyhimā Reşīd Paşa ve ʿÖmer Paşa'nıñ {7} Preveze'ye gelmeleri mücerred müşārun-ileyh ʿÖmer Paşa'nıñ sūʾ-i tedbīr ve isāʾetinden neşʾet itmiş {8} oldıġı müstebān ve şimdiki ḥālde Mora üzerine icrā olunan tedābīr-i ḥāliyeniñ {9} bir ān aḳdem bi-ḥavlillāhi Taʿālā icrāsını istiḥṣāl lāzım geleceği mis̱llü Ḳarlıili ṭarafına {10} daḫi saʿādetlü İskenderiye Mutaṣarrıfı Muṣṭafā Paşa ḥażretleriniñ ḥareket ü ʿazīmeti {11} henüz tebeyyün itmamesine naẓaran tīz elden bir şey dinilemeyüb faḳaṭ ṣūret-i ḥāle {12} ve müşārun-ileyh Reşīd Paşa'nıñ vāḳiʿ olan inhā ve işʿārına göre fī-mā-baʿd (23) müşārun-ileyh ʿÖmer Paşa ile refāḳati işe yaramayub bi'l-farż İskenderiye mutaṣarrıfı müşārun-ileyh {2} şāyed ḥareket itmeyecek olur ise bile müşārun-ileyhimā Reşīd Paşa ve ʿÖmer Paşa'nıñ {3} giçen sene mis̱llü ikisiniñ birden Ḳarlıili ḳoluna meʾmūriyyetleri uymayarak {4} her ne ise bu mādde müşārun-ileyh İskenderiye mutaṣarrıfınıñ ḥareketi taʿyīninden ṣoñra iḳtiżāsına {5} baḳılacaḳ keyfiyyātdan ise de öteden berü müşārun-ileyh ʿÖmer Paşa'nıñ uyġunsuzluġı {6} istimāʿ ü iḫbār olunmaḳda ve müşārun-ileyh Reşīd Paşa'nıñ ḥüsn-i ḥāl ü ḥareketi {7} işidilmekde olarak Arnavud ṭaḳımları ʿindinde daḫi vaḳʿ ü ḥays̱iyyet ve her biriyle {8} āmīziş ü münāsebet peydā itmiş ve ḥarb ü ḍarbde daḫi ṣādıḳāne saʿy ü ġayret eylemiş

{9} oldığından ve bi-mennihī Taʿālā bundan böyle daḫi dīn ve Devlet-i ʿAliyye meṣāliḥinde {10} çoḳ işe yarayacağı me'mūl idüğünden ṭaraf-ı Devlet-i ʿAliyye'den ḥaḳḳında tezāyüd-i iltifāt {11} ile bir ḳat daḫi vaḳʿ ü iʿtibārını artırarak iḳtiżāsına göre istiḫdāmı münāsib {12} mülāḥaẓa olunmuş ve el-ḥāletü-hāẕihī Tırḥāla sancağı açıḳda olub cenāb-ı serʿaskerīleri {13} ṭarafından daḫi Tırḥāla sancağınıñ bir vezīre virilmesi muḳaddemā inhā buyurulmuş oldığından {14} bu defʿa şeref-sünūḥ iden irāde-i ʿaliyye-i şāhāne mūcebince Tırḥāla sancağı Ḳaraman eyāletine ilḥāḳan {15} müşārun-ileyh Reşīd Paşa ḥażretlerine tevcīh olunmuş oldığı ve Preveze ḳalʿasınıñ {16} bütün bütün ḫulüvvi cā'iz değil ise de şimdiki ḥālde müşārun-ileyhimānıñ ikisi birden {17} Preveze'de ḳalmaları gerek beynlerinde olan münāferet ve gerek emr-i idārede {18} olan żarūret cihetiyle münāsib olmayaraḳ şimdilik müşārun-ileyh ʿÖmer Paşa {19} kendü ḥükūmeti dāḫilinde oldığına mebnī Preveze muḥāfaẓasında ḳalaraḳ ve müşārun-ileyh {20} Reşīd Paşa Yeñişehir'e celb olunaraḳ baʿdehū işiñ gelişine göre ṭaraf-ı serʿaskerīlerinden {21} ne ṭarafa sevḳi münāsib görilür ise öylece icrā olunması münāsib ise de ẕāt-ı ṣafderāneleri {22} bi'l-istiḳlāl ʿunvān-ı ẓafer-nişān-ı serʿaskerīyle me'mūr olduḳlarından bu māddelere dā'ir {23} gerek müşārun-ileyh Reşīd Paşa ve gerek ʿÖmer Paşa ḥażerātına bu ṭarafdan bir şey dinilmeyerek {24} Ḳaraman vālīsi müşārun-ileyhiñ bu defʿa ıṣdār ve tesyār olunan me'mūriyyet emr-i şerīfinde {25} kemā-kān maʿiyyet-i serʿaskerīlerine me'mūriyyeti te'kīd olunaraḳ baʿd-ez-īn daḫi re'y {26} ü irāde-i serʿaskerīleriyle ḥareket itmesi derc ü beyān ve ṭaraf-ı muḫliṣīden yazılmış {27} olan cevāb-nāmede daḫi Tırḥāla sancağınıñ Ḳaraman eyāletine ilḥāḳan ʿuhdesine {28} tevcīhi īrādıyla her ḥālde vāḳiʿ olacaḳ irāde ve işʿār-ı serʿaskerīleri üzere {29} ḥarekete iḳdām eylemesi tefhīm ü dermiyān olunmuş ve müşārun-ileyh ʿÖmer Paşa'ya daḫi ol vechile {30} emr ü re'y-i serʿaskerī vechile ḥareket eylemesini müşʿir maḫṣūṣ ṭaraf-ı ḫāliṣānemizden {31} ḳā'ime yazılmış idüği ve müşārun-ileyh ʿÖmer Paşa'nıñ şimdilik Preveze muḥāfaẓasından {32} ayrılmaması ve Reşīd Paşa ḥażretleriniñ Yeñişehir ṭaraflarına gelüb baʿdehū ḳangı {33} ṭarafa sevḳ ü taʿyīni īcāb ider ise öylece icrā olunması münāsib görünmüş ve maʿamāfīh **(24)** İskenderiye mutaṣarrıfı müşārun-ileyhiñ ḥareket ü ʿazīmeti henüz tebeyyün itmamesine mebnī bu ṭarafdan {2} ṣarāḥaten bir şey dinilemamiş olmaḳdan nāşī bu ḫuṣūṣlarda ol ṭarafların̄ īcāb {3} ü iḳtiżāsına taṭbīḳan ne gūne tedbīr lāzım ise icrāsı re'y-i saʿādet ve ʿuhde-i istiḳlāllerine {4} ḥavāle ḳılınması daḫi muḳteżā-yı irāde-i ʿaliyye-i mülūkāneden oldığı maʿlūm-ı dirāyet-melzūm-ı {5} düstūrīleri buyurulduḳda artıḳ cenāb-ı sipeh-sālārīleri işbu taḥrīrāt-ı muḫliṣīniñ [?] vuṣūlüne ḳadar {6} İskenderiye mutaṣarrıfı müşārun-ileyhiñ ḥareket ve ʿadem-i ḥareketi tebeyyününe ve iḳtiżā-yı ḥāle taṭbīḳan {7} müşārun-ileyhimā ḥaḳḳında ne dinilmek lāzım ise öylece taḥrīr ve icrā ve her ḥālde şerāyiṭ-i dirāyet {8} ü ġayreti īfā buyurmaları siyāḳında ḳā'ime.

Lede'l-vuṣūl Ḳarlıili nüzül emīniniñ {9} külliyyetlü düyūnı oldığından idāre-i maṣlaḥat külliyyetlü aḳçeye muḥtāc oldığı veyāḫūd tebdīli {10} ḫuṣūṣları müşārun-ileyh Reşīd Paşa ḥażretleriniñ işʿārından müstefād olmaḳ ve emīn-i mūmā-ileyh {11} daḫi keyfiyyeti ṣavb-ı serʿaskerīlerine yazmış oldığını ve ṭaraf-ı serʿaskerīlerinden mürettеb ʿasākir {12} peyderpey varmaḳda idüğüni īrād iderek kendünüñ emānet-i mezkūreden ʿafvı mümkin {13} olamadığı ḥālde derḥāl ṭarafına külliyyetlü aḳçe irsāliyle baʿdehū māhiyye üçer yüz biñ ġurūş {14} virilür ise idāre idebileceğini ve bir miḳdār aḳçe irsāliyle idāre-i taʿyīnāt müşārun-ileyhimāya {15} iḥāle olunsa cānib-i mīrīye nefʿi olacağını ve kendünüñ ʿafvı taḳdīrinde baʿżı ufaḳ {16} tefek borcuna virmek üzere iki yüz biñ ġurūş miḳdārı aḳçeniñ gönderilmesini {17} inhā ve istirḥām itmiş olub işbu nüzül māddesi daḫi ẕāt-ı serʿaskerīleriniñ bilüb iḳtiżāsını {18} icrā buyuracaḳları maṣlaḥatdan oldığından emīn-i mūmā-ileyh ḥaḳḳında daḫi baʿd-ez-īn {19} ne yapmaḳ ve ne dimek muḳteżī ise anı daḫi öylece icrā ve inbā buyurmaları re'y-i ṣafderānelerine {20} muḥavvel olmağın hemān ez-her-cihet īfā-yı me'mūriyyet-i serʿaskerīlerine niṣār-ı naḳdīne-i himmet {21} buyurmaları me'mūldür. Fī 20 B 38

[*579/36*] ***Ḳapūdān paşaya***

{1} Eğrībozī Muṣṭafā nām kimesneniñ taḳrīrini mübeyyin Baḥr-i Sefīd Boğazı Muḥāfızı saʿādetlü Muṣṭafā {2} Paşa ḥażretleri ṭarafından ḳapu ketḫüdāsına olaraḳ tevārüd iden şuḳḳa bugün ketḫüdāmız ʿizzetlü ağa {3} ṭarafından ṣavb-ı saʿādetlerine gönderilmiş olaraḳ keyfiyyet maʿlūm-ı müşīrīleri olmuş oldığını {4} ve merḳūm Muṣṭafā nezd-i saʿādetlerinde olub Ayvalıḳ voyvodası ṭarafından cānib-i düstūrīlerine {5} gelmiş olan şuḳḳa taḳdīm olundığını mübeyyin olan teẕkire-i şerīfeleriyle şuḳḳa-i merḳūme müfādı {6} maʿlūm-ı ḫāliṣānemiz olmuşdur. Muḥāfıẓ-ı müşārun-ileyhiñ bu bābda Bāb-ı ʿĀlī'ye olan ḳā'imesi daḫi {7} bu defʿa işbu teẕkire-i muḫliṣīye leffen mersūl-ı ṣavb-ı saʿādetleri ḳılınmağla me'ālinden maʿlūm-ı müşīrīleri {8} olacağı vechile gāvurlarıñ öyle muṣannaʿ āteş gemileri tedārüküyle Boğaz'dan girmeleri {9} muvāfıḳ-ı ḥaḳīḳat oldığı ḥālde maʿāẕallāhü Taʿālā nice meḥāẕīri mūcib oldığından serīʿan {10} ve ʿācilen bu māddeye kemāliyle diḳḳat-birle iḳtiżāsına baḳılması ʿayn-ı farż oldığı āşikār {11} ve merḳūm Muṣṭafā ẕikr olunan tekneleriñ hey'et ve mellāḥlarını bileceğini beyān itmiş oldığından {12} anıñ maʿrifetiyle şu Boğaz'dan girmiş olan keçiboynuzı yüklü tekneleri taḥarrī itmek lāzım {13} geleceği bedīdār olmağla hemān şimdi Esʿad Efendi bendeleriyle līmān me'mūrlarını celb ve ẕikr olunan {14} keçiboynuzı yüklü gemiler Ḫalīc'e gelmiş midir, yoḫsa gelmamiş midir ve gelmişler ise neredediler, keyfiyyeti {15} gereği gibi taḥḳīḳ eyledikden ṣoñra eğer bu gemiler gelmişler ise merḳūm Muṣṭafā'nıñ ḫaber virdiği gemiler midir, {16} ẓāhire iḫrāc ve iḳtiżāsı ne ise ʿācilen icrā, ve'l-ḥāṣıl bu mādde uyġunsuz ve ġāyet diḳḳat {17} olunacaḳ bir şey oldığından bunda iḳtiżā-yı maṣlaḥat her ne ise bir daḳīḳa vaḳt geçürülmeksizin {18} serīʿan tanẓīm ile keyfiyyetiñ rikāb-ı hümāyūn-ı şāhāneye ʿarżı żımnında īżāḥan işʿārıyla {19} ẕikr olunan taḥrīrātıñ iʿādesine himmet buyurmaları siyāḳında teẕkire. Fī 20 B 38

[579/43] ***Rumili vālīsine***

{1} Bu sene-i mübārekede Mora maṣlaḥatı ġāyet eṭrāflu ve germiyyetlü ṭutılaraḳ fetḥ ü tesḫīri esbāb-ı {2} muḳteżiyesiniñ istiḥṣāline ne ṣūretle iʿtinā ve müṣāberet olunmuş ve olunmaḳda oldığı evvel ü āḫir {3} ṣavb-ı serʿaskerīlerine inhā ve işʿār olunmuş ve bi-mennihī Taʿālā derdest-i iḫrāc olan Donanma-yı Hümāyūn ile {4} tüccār sefīnelerine taḥmīlen yüz biñ keyl ẕaḫīre gönderileceği daḫi bildirilmiş ise de işbu yüz biñ {5} keyl ẕaḫīre aṣl Mora ve Eğrīboz ve Ḳarlıili ḳollarında bulunan ordulara ve ḳalʿalara {6} virilmek üzere müretteb oldığından işbu Mora üzerine gönderilecek yüz biñ keyl {7} ẕaḫīreniñ keyfiyyeti maʿlūm-ı düstūrīleri olub inşāʾallāhü'r-Raḥmān Donanma-yı Hümāyūn {8} Mora üzerine vardığında işbu ẕaḫīreyi nerelere ve ḳangı maḥallere iʿṭā ve iḫrāc itmek {9} münāsib ise aña göre müşārun-ileyh Ḳapūdān paşa ḥażretlerine sipāriş ve tavṣiye olunmaḳ üzere {10} keyfiyyetiñ ṣavb-ı sipehdārīlerinden istiʿlām ü istiknāhı lāzımeden ve muḳteżā-yı irāde-i seniyyeden {11} olaraḳ ber-vech-i muḥarrer maḥāll-i merḳūmeye virilmek üzere müretteb olan yüz biñ keyl ẕaḫīreyi {12} inşāʾallāhü Taʿālā ḳarīben müşārun-ileyh Ḳapūdān paşa ḥażretleri Mora üzerine vardıḳda nerelere {13} ve ḳangı maḥallere iḫrāc itmek münāsib ise şimdiden müşārun-ileyhe tefhīm olunmaḳ üzere keyfiyyetiñ (28) serīʿan işʿārına himmet buyurmaları muḳteżā-yı maṣlaḥatdan olub, ḳaldı ki, bu sene-i mübārekede {2} Mora üzerine sevḳ ve tertīb olunan ʿasākiriñ külliyyetine ve Rumili ḳażālarından Yeñişehir'e müretteb {3} olan ẕaḫāyir ile Mora'ya ḳadar ʿaskeriñ idāresi ḥāṣıl olur ise de Mora ṭaraflarına mürūrlarında {4} Yeñişehir'den buralara ẕaḫīre īṣāli mümkin olamayaraḳ beher-ḥāl Donanma-yı Hümāyūn ile gidecek {5} ẕaḫāyir ile idāre olunmaları lāzım geleceğine ve ḥālbuki ʿasākir külliyyetlü oldığı taḳdīrce yüz biñ keyl {6} ẕaḫīre az vaḳtde tükenüb ṣoñra yine żarūret çekilerek maʿāẕallāhü Taʿālā giçen sene gibi ʿasākiriñ {7} perīşānlığına sebeb olması cā-yı mülāḥaẓa oldığına ve ez-cümle saʿādetlü İskenderiye mutaṣarrıfı {8} ḥażretleri ḥareket idüb de Ḳarlıili ṭaraflarını uraraḳ Mesolenk'e gelecek olur ise müşārun-ileyhiñ {9} ʿaskeri-çün daḫi ḫaylī ẕaḫīre iḳtiżā ideceğine ve el-ḥāletü-hāẕihī Bālyabādra ṭarafında olan saʿādetlü {10} Sīrozī Yūsuf Paşa ḥażretleri müsteʾmen tüccārıyla uydırub ẕaḫīre almaḳda ve Frenkler daḫi {11} bu vaḳti fırṣat ʿadd iderek ṣatdıḳları ẕaḫīreyi ġāyet ġālī bahā ile virmekde ise de {12} bi-selāmetillāhi Taʿālā yarın işbu yüz biñ keyl ẕaḫīre ol ṭaraflara varub müsteʾmen tüccārı {13} bunı gördüklerinde burunları ḳırılaraḳ ẕaḫīreyi biraz raḫīṣ bahā ile virmeleri melḥūẓ {14} idüğüne bināʾen Donanma-yı

Hümāyūn maʿiyyetiyle ol miḳdār ẕaḫīre tertīb ve irsāl olunmuş ise daḫi {15} sevḳ olunacaḳ ʿasākiriñ külliyyetine naẓaran biraz ẕaḫīre daḫi ol ṭaraflardan iştirā ve iddiḫār olunması {16} münāsib olacağından bu ḫuṣūṣı müşārun-ileyh Ḳapūdān paşa ile müẕākere iderek ve her ḥālde {17} cānib-i mīrīyi daḫi ele alaraḳ ol ṭaraflardan müsteʾmen sefīnelerinden raḫīṣ bahā ile {18} ẕaḫīre bulur ise otuz-ḳırḳ biñ keyl miḳdārı ẕaḫīre iştirā ve bunı mücerred Mora ordularına {19} lede'l-ḥāce sevḳ içün başḳaca ḥıfẓ ü iddiḫāra iʿtinā iderek iḳtiżā iden bahāları {20} bu ṭarafda cānib-i mīrīden virilmek üzere ṣāḥibleri yedlerine polīçe kāğıdları isrā eylemesi {21} ḫuṣūṣunuñ daḫi müşārun-ileyh Yūsuf Paşa'ya taḥrīriyle ṣūret-i maṣlaḥatıñ ṭaraf-ı saʿādetlerine {22} bildirilmesi daḫi muḳteżā-yı irāde-i seniyye-i mülūkāneden olaraḳ mūcebince müşārun-ileyh Yūsuf Paşa'ya {23} ol vechile müsteʾmen ṭāʾifesinden raḫīṣ bahā ile ẕaḫīre bulur ise otuz-ḳırḳ biñ keyl {24} ẕaḫīre alaraḳ mücerred Mora ordularına lede'l-ḥāce sevḳ içün başḳaca ḥıfẓ ü iddiḫār eylemesini mutażammın {25} ṣavb-ı ḫāliṣā-nemizden yazılan ḳāʾime Donanma-yı Hümāyūn ile gönderilmek üzere idüği {26} maʿlūm-ı sipehdārīleri buyuruldukda her ḥālde cenāb-ı saʿādetleri daḫi icrā-yı şerāyiṭ-i ğayret-şiʿārī {27} ve meʾmūriyyete himmet ü müsāraʿat buyurmaları siyāḳında ḳāʾime. Fī 22 B 38

[579/46] *Ḳandiye ve Resmo ve Ḥānya Muḥāfıẓlarına*

{1} Girīd cezīresi reʿāyāsı bütün bütün ğulüvv ü ʿiṣyān iderek ḳalʿalar ṣūret-i muḥāṣaraya girmiş {2} ve ʿasker ve ẕaḫīre ve mühimmāt ve bārūt daḫi tükenmeğe yaḳlaşmış oldığından ve henüz {3} saʿādetlü Mıṣır vālīsi ṭarafından bir gūne imdād gelmeyüb vücūhla iʿānete muḥtāc olduḳlarından {4} ʿasker ve ẕaḫīre ve mühimmāt-ı ḥarbiyyeden māʿadā ṭopçı neferātı irsāliyle daḫi imdād ü iʿānet **(31)** olunması ḫuṣūṣlarına dāʾir tevārüd iden taḥrīrāt-ı düstūrīleri ve evrāḳ-ı mebʿūs̱e meʾāl {2} ü mezāyāları rehīn-i ıṭṭılāʿ-i ḫulūṣ-verī olmuş ve ḫāk-pāy-ı merāḥim-peymā-yı ḥażret-i kişver-küşāyīye {3} ʿarż ile manẓūr-ı hümāyūn-ı mülūkāne buyurulmuşdur. Gāvurlar her ne ḳadar ʿiṣyān ü ṭuğyānlarını {4} artırmış ve artırmaḳda ise de ʿavn [ü] ʿināyet-i Cenāb-ı Ḫayru'n-Nāṣırīn ve meded-i rūḥāniyyet-i ḥażret-i {5} ḥabīb-i Rabbü'l-ʿĀlemīn ile şevket-i İslāmiyye ve ḳuvve-i ḳāhire-i Salṭanat-ı Seniyye'ye bunlarıñ {6} tāb-āver olamayacaḳları ẓāhir ve bi-ʿināyetillāhi'l-Meliki'l-Müsteʿān o maḳūle kefere-i dūzaḫ-nişān {7} ümmet-i Muḥammed'e [ve] velīniʿmetleri olan Devlet-i ʿAliyye'ye bilā-mūcib eyledikleri ihānet ü ḫıyānetiñ {8} yaḳında mücāzātını görecekleri elṭāf-ı İlāhiyye delāletiyle müs̱bet ü bāhir olub Girīd gibi {9} bir ḥıṣn-ı ḥaṣīniñ mekāyid-i aʿdādan viḳāyesi ve derūnunda bulunan bunca ümmet-i Muḥammed'iñ şerr ü şūr-ı {10} aʿdā-yı dīnden ḥimāyesi aḳdem-i maṭlūb-ı ʿālī olaraḳ bu āna ḳadar bu ṭarafdan mümkin mertebe imdād {11} ü iʿānet icrāsına ihtimāmda ḳuṣūr olunmayub cezīre-i merḳūme maṣlaḥatı bütün bütün müşārun-ileyh {12} Mışır vālīsi ḥażretlerine muḥavvel olarak müşārun-ileyh daḫi ʿasker ve cihāt-ı sā'ire ile şimdiye gelince {13} lāzıme-i iʿāneti īfā itmiş ve ḥattā bu defʿa daḫi tedārük ve tanẓīm eylediği ʿasker ve mühimmāt-ı sā'iri {14} sefīnelerine taḥmīl idüb hemān göndermek üzere oldığını bugünlerde Mışır ṭarafından gelan {15} tüccār sefīneleri ḳapūdānları iḫbār eylemiş oldığına binā'en inşā'allāhü Taʿālā bunlarıñ şimdiye ḳadar {16} Girīd'e vāṣıl olması me'mūl ise daḫi ʿināyet-efzā-yı sünūḥ ü ṣudūr olan ḫaṭṭ-ı hümāyūn-ı {17} şāhāne iḳtiżāsı üzere keyfiyyet bu kerre daḫi vālī-i müşārun-ileyhe eṭrāfıyla taḥrīr ve ez-her-cihet {18} cezīre-i merḳūmeye imdād ü iʿānet eylemesi tavṣiye ve tez̲kīr olundığından māʿadā ḳarīben Aḳdeñiz'e {19} iḫrāc olunmaḳ üzere olan Donanma-yı Hümāyūn ile cezīre-i mez̲kūre içün müstaḳillen iki ʿaded {20} ṭopçı orṭası ve Ḳandiye ve Ḫānya ve Resmo ḳalʿaları-çün başḳa başḳa cebeḫāne ve mühimmāt-ı mütenevviʿa {21} tertīb olunmuş ve iḳtiżāsı üzere ẕaḫīre iʿṭāsıyla iʿānet ü imdād eylemesi ḫuṣūṣı daḫi {22} saʿādetlü Ḳapūdān paşa ḥażretlerine ifāde ve tefhīm ḳılınmış oldığından başḳa İzmīr {23} ve Ḳuşadası'nda bulunan serserī Girīd ahālīsiniñ Donanma-yı Hümāyūn ile vaṭanları {24} imdādına gitmeleri bā-evāmir-i ʿaliyye tenbīh olunmuş oldığından ve müşārun-ileyh Mışır vālīsi ḥażretleriniñ {25} sefāyini müstaḳillen Girīd üzerine me'mūr ḳılınmış idüğünden inşā'allāhü'r-Raḥmān şimdiye ḳadar vālī-i {26} müşārun-ileyhiñ göndireceği ʿasker ve mühimmāt ve sefāyin gelerek Girīd'iñ ol vechile ḥaṣr {27} ü tażyīḳden ḫalāṣı ve ʿiṣyān iden gāvurlarıñ ḳahr ü tenkīli vesā'ili ḥāṣıl {28} olmuş olacağı elṭāf-ı İlāhiyye'den me'mūl ve bi-mennihī Taʿālā ḳarīben iḫrāc olunmaḳ üzere {29} olan Donanma-yı Hümāyūn ile saʿādetlü Ḳapūdān paşa ḥażretleri ḏoğrı Girīd üzerine {30} gidecek oldığından inşā'allāhü Taʿālā Donanma-yı Hümāyūn'uñ daḫi ol ṭarafa vuṣūlünde Girīd {31} gāvurlarınıñ ḳuvvetü'ẓ-ẓahrları olan izbāndīd tekneleriniñ tefriḳa ve perīşānīyle Girīd içinde ḳalan {32} ʿuṣāt-ı kefereniñ daḫi ḥaḳḳından gelineceği ʿināyet-i Ḥaḳḳ'a naẓaran emr-i ġayr-ı mechūl olmağla {33} ẕāt-ı saʿādetleri gerek bu ṭarafdan Girīd'e lāzım gelan iʿāneniñ kemā-hiye-ḥaḳḳuhā icrāsında {34} ve gerek müşārun-ileyh Mışır vālīsi ḥażretlerine te'kīdde ḳaṭʿan ifāte-i vaḳt tecvīz olunmadığını {35} ve bi-mennihī Taʿālā gerek Donanma-yı Hümāyūn ve gerek vālī-i müşārun-ileyh sefīne ve ʿaskeri ḳarīben vararaḳ (32) bu ġā'ile inşā'allāhü Taʿālā berṭaraf olacağını cezmen bilerek aṣlā saʿy ü iḳdāmlarına {2} fütūr virmeyüb hemān merkez-i s̱ebāt ü metānetde pā-ber-cā-yı ḳarār olaraḳ emr-i muḥāfaẓanıñ {3} istiḳrārı ve ḫavene-i eşḳıyānıñ ḳahr ü istīṣāli ḫuṣūṣuna ṣarf-ı mā-ḥaṣal-i iḳtidār buyurmaları {4} siyāḳında ḳā'ime. Fī 22 B 38

[579/50] *Boġaz muḥāfıẓına*

{1} Aḳdeñiz'de geşt ü güẕār itmekde olan eşḳıyā keferesi on iki ʿaded eczālu āteş gemisi tertīb {2} ve üzerine keçiboynuzı ve günlük taḥmīl ve mellāḥlarınıñ ḳıyāfetlerini hey᾽et-i Efrencīden tebdīl {3} ü taḥvīl iderek düvel bāndıraları küşādıyla Boġaz᾽dan içerü girüb Ḫudā-ne-kerde {4} Naʿra burnı pīşgāhında ve bu ṭarafda bulunan süfün-i Donanma-yı Hümāyūn᾽a īṣāl-i ḫasār ile {5} icrā-yı melʿanet niyyet-i bāṭılasında olduḳlarını birḳaç māhdan berü eşḳıyā-yı mesfūre yedlerine {6} geçüb bir taḳrīb taḫlīṣ-i girībān ile ṣavb-ı saʿādetlerine gelan Eġrībozī Muṣṭafā {7} nām kimesneniñ ifādesinden maʿlūmları oldıġı ānda keyfiyyet yoḳlamaya me᾽mūr Meḥmed Sırrī {8} Efendi bendelerinden lede᾽l-istifsār bundan beş-on gün evvel keçiboynuzı ḥamūlesiyle {9} beş-altı ḳıṭʿa müste᾽men sefīnesi vürūd iderek yoḳlanmış ve uṣūl-i baḥriyye üzere {10} ruḫṣat virilmiş oldıġını ifāde ve teẕkār itmiş ise de merḳūm Muṣṭafā sefāyin-i mezbūreniñ {11} hey᾽et ve eşkālini bildiġini ifāde eylediġinden Dersaʿādet᾽e gönderildiġi ḫuṣūṣunı şāmil {12} vārid olan taḥrīrāt-ı müşīrīleri mezāyāsı rehīn-i ıṭṭılāʿ-i muḫliṣī olmuş ve ḫāk-pāy-ı {13} hümāyūn-ı şāhāneye daḫi ʿarż ile manẓūr-ı naẓar-ı cenāb-ı şehinşāhī buyurulmuşdur. Bu mādde {14} ġāyet uyġunsuz ve diḳḳat idecek bir keyfiyyet oldıġından ve merḳūm Muṣṭafā daḫi {15} bu ṭarafa gelmiş idüġünden derḥāl me᾽mūrlar maʿrifetiyle taḥarrī itdirildikde Ḫalīc-i Ḳosṭanṭīniyye᾽ye {16} gelmiş olan keçiboynuzı ḥamūleli sefīneler merḳūm Muṣṭafā᾽nıñ didiġi tekneler değil ise de {17} bā-ʿavn-i Bārī bundan böyle daḫi iḳtiżāsı vechile bu ṭarafda taḳayyüd ve taḥarrī olunması {18} lāzım gelenlere tenbīh ve taʿlīm olunub ancaḳ gāvurlarıñ bir-iki seneden berü ümmet-i Muḥammed᾽e eyledikleri {19} ḫıyānet ü melʿanet ve ḥattā tekne-i menḥūslarınıñ hey᾽etini ve kendü ḳıyāfet-i mekrūhelerini düvel-i Efrenciyye {20} sefāyin ve ṭāyifeleri ṣūretine taḥvīl iderek geçen sene Donanma-yı Hümāyūn᾽a itdikleri ihānet {21} ve ḫabāṣetleri yād-dāşt olaraḳ bunlar luṭf ü ʿināyet-i Ḥażret-i Bārī ile Donanma-yı Hümāyūn᾽uñ {22} ṣavletine tāb-āver olamayacaḳlarını ve inşā᾽allāhü Taʿālā ʿan-ḳarīb ḥaḳlarından gelineceġini {23} bildiklerinden bu maḳūle desīse ile bir taḳrīb icrā-yı ḫıyānete çalışacaḳları ẓāhir ise de {24} kāfirleriñ ne derecelerde sū᾽-i ḳaṣdları oldıġı bu miṣillü iḫbār olunan ḥiyel-i {25} melʿanet-kārānelerinden āşikār ve bu cihetle kāffe-i me᾽mūrīn gice ve gündüz dimeyüb mütebaṣṣır {26} bulunaraḳ ḥamiyyet ü ġayret-i dīniyyeyi ibrāz ve icrā eylemesi lāzım geleceġi bedīdār olub {27} bu gāvurlarıñ ol vechile āteş gemisi īcārıyla Boġaz᾽dan bir taḳrīb girmeġe cesāretleri {28} vuḳūʿa gelür ise beher-ḥāl cenāb-ı müşīrīleriyle yoḳlamacı bulunanıñ diḳḳat ü ihtimām iderek {29} ve iḳtiżāsına göre Boġaz᾽da olan düvel tercümānlarını ṣıḳışdıraraḳ tevḳīf {30} ve muḳteżāsını icrā buyurmaları lāzımeden ve īcāb-ı me᾽mūriyyetiñizden ve her ne ḳadar ḥamūle {31} yoḳlaması ʿahden uymaz ise de böyle vaḳtde ḫaber virilan gibi bir tekne gelür ve şübhe {32} īrāṣ ider ise gāvurlarıñ ḥareketlerini ve ʿārıż olan şübheniñ sebeb ü ḥikmeti {33} dostāne tābiʿ oldıġı devletiñ ḳonsolosuna lāyıḳıyla tefhīm olunaraḳ {34} refʿ-i şübhe żımnında tevḳīf ve iḳtiżāsına baḳılması īcāb-ı vaḳt ü ḥālden olub **(35)** baʿd-ez-īn ẕāt-ı saʿādetleri daḫi yoḳlamacı-i mūmā-ileyh bendeleri maʿiyyetine dirāyet-kār ve kār-güẕār {2} ve münteḫab adamıñızı terfīḳ ve taʿyīn iderek Boğaz'dan içerü girecek mecmūʿ müste'men {3} sefāyinini evvelkiden ziyāde kemāl-i diḳḳat ile ve külliyyen şekk ü şübhe berṭaraf olmadıḳça {4} ṣalıvirmameñiz ve bir gūne iştibāh vuḳūʿunda tevḳīf eylemeñiz ḫuṣūṣuna irāde-i seniyye-i şāhāne {5} taʿalluḳ itmiş olmağla muḳteżā-yı dirāyet ü ġayretleri üzere gāvurlarıñ derece-i cesāret {6} ve ḫıyānetlerini güzelce mülāḥaẓa ve Boğaz muḥāfızlığı daḫi ʿuhde-i saʿādetlerinde oldığını {7} tefekkür ü müṭālaʿa ve nezāket-i vaḳti daḫi te'emmül-birle bundan ṣoñra Boğaz'dan geçecek kāffe-i {8} müste'men gemilerini yoḳlamada me'mūr olan yoḳlamacı maʿiyyetine münteḫab ve mücerreb ve dirāyet-kār bir adamıñızı {9} terfīḳ iderek kemāl-i diḳḳat ile yoḳlayub ve iḳtiżāsına göre tercümānları ṣıḳışdırub {10} Boğaz'a vürūd iden tüccār sefīnelerinden gereği gibi şübhe zā'il ve emniyyet ü iṭmīnān ḥāṣıl {11} olduḳdan ṣoñra ṣalıvermeleri ve emniyyet ḥāṣıl olmayan sefīneleri tevḳīf {12} ve düvel ḳonsoloslarından iddiʿāda olanları olur ise keyfiyyeti dostāne ve ḥakīmāne tefhīm iderek {13} ṣūret-i ḥāli bu ṭarafa işʿāra diḳḳat, ve'l-ḥāṣıl bu ḫuṣūṣı sā'ir şey'e bir cihetle ḳıyās {14} itmeyüb leyl ü nehār baṣīret üzere olub bu bābda ednā mertebe teġāfül vuḳūʿa {15} gelmamesi emr-i ehemmine müsāraʿat buyurmaları siyāḳında ḳā'ime. Fī 23 B 38

[579/59] *Midillū Nāẓırı Ḳapucıbaşı Muṣṭafā Aġa'ya*
{1} Bundan aḳdem Dersaʿādet'e celb ve tevḳīf olunan Midillū cezīresi despot ve ḳocabaşılarınıñ {2} müddet-i iḳāmetleri bir seneden mütecāviz olaraḳ ʿiyāl ü evlādları taʿcīzden ḫālī olmadıḳlarından {3} sā'ir cezīreler ḳocabaşıları miṡillü mesfūrlarıñ daḫi istibdālleri muvāfıḳ-ı irāde-i seniyye ise {4} Midillū'ye irsāllerine iʿtinā ḳılınmasını ḥāvī tevārüd iden ʿarīżañ manẓūr ü mefhūmı {5} maʿlūmumuz oldığından ġayrı rikāb-ı hümāyūn-ı şāhāneye daḫi ʿarż ile meşmūl-ı naẓar-ı {6} iksīr-eṡer-i ḥażret-i pādişāhī buyurulmuşdur. İstibdāllerini inhā eylediğiñ rehnler cezīre-i {7} mezbūre metrepolīdiyle dīger beş nefer ḳocabaşılar olub bunlarıñ müddet-i tevḳīfleri {8} bir seneyi mütecāviz oldığına naẓaran vāḳiʿ olan inhāya mebnī emṡāli vechile mesfūrlarıñ {9} istibdāllerine müsāʿade olunmaḳ iḳtiżā ider ise de el-ḥāletü-hāẕihī fesād-ı reʿāyā berṭaraf olmadığından {10} yerlerine gönderilecek rehnler yine cezīre-i meẕkūre reʿāyāsınıñ ġāyet muʿteberlerinden {11} olub şöyle ki, bunlar bu ṭarafda tevḳīf olunduḳça ol ṭarafda olan reʿāyādan {12} bir vechile ḫilāf-ı uṣūl-i raʿiyyet muʿāmele vuḳūʿ bulmayacaḳ ṣūretle muʿteber olmaları {13} şarṭıyla altı nefer rehnleriñ nefs-i Midillū ve nevāḥīsinden tedārük ve irsālinde {14} bu ṭarafda olan altı neferiñ taḫliye-i sebīlleriyle vilāyetlerine iʿzāmlarına müsāʿade (40) olunacağı ẓāhir ve irāde-i seniyye-i şāhāne daḫi bu merkezde dā'ir olmağla {2} li-ecli'l-istibdāl irsāl ideceğiñ altı neferiñ ġāyet muʿteberān-ı reʿāyā-yı cezīreden {3} olmalarına ġāyetü'l-ġāye ihtimām ü diḳḳat eylemañ içün ḳā'ime. Fī 3 Ş 38

[579/62] *Rumili vālīsine*

{1} El-ḥāletü-hāẕihī Mora üzerine me'mūr sa'ādetlü Çirmen mutaṣarrıfı ḥażretlerinden taḥrīrāt vürūduyla {2} me'ālinde ma'iyyetine müretteb 'asākirden iki biñ dö[r]t yüz altmış beş neferini ketḫüdāsı İbrāhīm Paşa ma'iyyetiyle {3} iḫrāc ve Gümülcine cāddesiyle i'zām ve biñ yüz ḳırḳ beş neferini daḫi mühürdārı ma'iyyetine terfīḳan {4} iḫrāc-birle Manāstır ṭarīḳiyle iẕhāb idüb kendü daḫi ḳuṣūr 'asākiri bi'l-istiṣḥāb (42) hemān Edirne'den ḥareket ü 'azīmet üzere ise de ismā'ına göre işbu sene-i mübārekede 'asākir-i müretttebe {2} ve me'mūrīn-i sā'ire içün tertīb olunan ẕaḫāyirden el-yevm Yeñişehir'e müstevfī ẕaḫīre celb ü cem' olunamayub {3} kendü daḫi hemān ḥareket üzere oldığından ġayrı me'mūrīn-i sā'ire daḫi es̱nā-yı rāhda olduḳlarından {4} Yeñişehir'e vuṣūle ḳadar ẕaḫāyir-i müretttebe tamāmen irişdirilemez ise tekmīline değin Yeñişehir'de tevaḳḳuf iḳtiżā iderek {5} vaḫāmet-i havā cihetiyle 'askere bīzārlıḳ geleceği ve dā'imā dinç 'asker ile iş görüldiği mücerrebātdan oldığı {6} beyānıyla bu bābda lāzıme-i tedābīriñ icrāsına baḳılması zemīnleri basṭ ü temhīd olunmuş olub nezd-i ser'askerīlerinde {7} beyāndan müstaġnī oldığı üzere cezīre-i Mora'nıñ eyādī-i menḥūse-i 'uṣāt-ı re'āyādan taḫlīṣi {8} ve bi-taḫṣīṣ Yeñişehir'den Mora Derbendi ağzına varınca vāḳi' memālik ve Ḳarlıili ḥavālīsiniñ {9} levs̱-i vücūd-ı ḫaveneden tanẓīf ü taṭhīri irādesiniñ ḳuvvetden fi'ile iḫrācı me'mūrlarıñ ġayret-i dīniyye {10} ve mülkiyyeyi ele alaraḳ sa'y ü iḳdāmlarına vābeste olacağı mis̱illü ṭavā'if-i 'askeriyyeniñ me'kūlāt {11} ve aḳvāt-ı żarūriyyelerine lāzım olan ẕaḫāyiriñ evvel-be-evvel tedārük ü tehyi'esiyle cünūd-ı muvaḥḥidīniñ {12} 'illet-i fāci'a-i cū' ve teşettütden viḳāyeleri esbāb-ı farīżasınıñ ḳable'l-iḥtiyāc kemā-hiye-ḥaḳḳuhā {13} istiḥṣāli emrine vüs'-i beşerde olan iḳdāmāt-ı 'ācileniñ icrāsı daḫi giçen sene aḥvāline {14} naẓaran farż-ı kifāyeden suḳūṭ ile farż-ı 'ayn menzilesine irişmiş oldığı müberhendir. {15} Muḳaddemā vāḳi' olan iş'ār-ı sipehdārīleri üzere Yeñişehir'de cem' ü iddiḫār olunmaḳ üzere Rumili {16} ḳażālarından ma'lūmü'l-miḳdār ẕaḫāyir tertīb olunmuş ve Ṣofya'da mevcūd olan ile giçen sene tertībinden {17} ḳuṣūr ḳalan sekiz biñ ḳanṭār peksimādıñ Yeñişehir'e irsāli ṭaraf-ı sa'ādetlerinden Ṣofya nāẓırıyla mütesellimine {18} yazıldığı beyānıyla yine Ṣofya'da altı biñ ḳanṭār daḫi peksimād ṭabḫ ü i'māl olunmaḳ üzere emr-i 'ālī {19} ıṣdārı giçende ṭaraf-ı sa'ādetlerinden inhā buyurulmuş ve ol vechile müceddeden altı biñ ḳanṭār peksimād {20} ṭabḫı bābında mūmā-ileyhimāya ḫiṭāben fermān-ı 'ālī ıṣdār olunmuş oldığı muḳaddemce ṣavb-ı sa'ādetlerine {21} yazılmış olub ẕaḫāyir müretteb olan maḥālden bu'd-ı mesāfe olanlarınıñ bedelleri alınub naḳż {22} ve maḥsūb olunmaḳ üzere inżimām-ı re'y-i ser'askerīleriyle teshīlen-li'l-maṣlaḥa Yeñişehir'de olan aṣḥāb-ı 'alāḳa {23} ve mültezimīn ẕaḫīrelerinden yiğirmi biñ keyl ẕaḫīre mübāya'a olunmuş oldığı muḳaddemce ṣavb-ı müşīrīlerinden {24} ve bu def'a Yeñişehir defterdārı efendi bendeleriniñ vāḳiʿ olan inhāsından müstefād ise de cemīʿ zamānda {25} idāre-i ʿasker evvel-be-evvel iddiḫār-ı ẕaḫāyire menūṭ olub ṭaraf-ı Devlet-i ʿAliyye'den bu ḫuṣūṣa nihāyet {26} derecede iḳdām olunmuş ve olunmaḳda olub ḥattā Mora ḳolunda olan ordulara ve ḳılāʿa {27} virilmek üzere derdest-i iḫrāc olan Donanma-yı Hümāyūn ile yüz biñ keyl ẕaḫīre gönderilecek {28} oldığından işbu ẕaḫāyiriñ ḳangı maḥallere iʿṭāsı iḳtiżā ideceği bundan aḳdem ṣavb-ı serʿaskerīlerinden {29} istiʿlām ü istişʿār olunmuş idi. Bi-mennihī Taʿālā cevābı vürūdunda iḳtiżāsı saʿādetlü Ḳapūdān paşa {30} ḥażretlerine tefhīm olunacağı āşikār ise de vāḳıʿan Çirmen mutaṣarrıfı müşārun-ileyhiñ işʿārı gibi {31} ṣunūf-ı ʿaskeriyyeye teşettüt ü perīşānlığı müstelzim ve ifāte-i vaḳt ile ʿaskere fütūrı mūcib olmamaḳ içün {32} eşedd-i iḥtiyāc ile muḥtāc olduḳları ẕaḫāyiriñ ʿācilen çāresi istiḥṣāli ve bi-mennihī Taʿālā meʾmūrīn {33} vardıḳları gibi hemān iḳtiżāsına göre sevḳiyle iş görülmesi lāzımeden ve bu maṣlaḥat ise müteferriʿāt-ı {34} mehāmm-ı maḫṣūṣa-i serʿaskerīleri olan mevāddan olub şöyle ki, ṣunūf-ı ʿaskeriyye ve meʾmūrīn-i {35} sāʾireniñ ol cānibe vuṣūllerine değin ilerünüñ ẕaḫīresi çāresi istiḥṣāl olunamaz ise {36} taḥaşşüd iden ʿasākir mevcūd olan ve bir ṭarafdan tevārüd iden ẕaḫāyiri ekl ü ṣarf ile (43) ilerü ẕaḫāyir ve meʾmūrīn sevḳine imkān müsāʿid olmayaraḳ maʿāẕallāh şimdiye değin maṣrūf olan {2} bu ḳadar mesāʿī ve iḳdāmāt bir fāʾideyi netīce virmeyeceği cā-yı işkāl değildir. El-ḥāletü-hāẕihī {3} Yeñişehir'den İzdīn'e maṭlūb vechile ẕaḫāyir naḳli mümkin ve İzdīn'den Alāmāna köprisi ve belki Fondāna {4} Derbendi aşılub Esedābād'a ve bi'l-farż iḳdām ile Livādya'ya varınca ẕaḫīre sevḳ olunsun {5} dinilse andan ilerü İstifa ve andan Mora Derbendi'ne ve yedi sāʿat içerüsi olan Gördūs'e {6} varınca ẕaḫīre naḳli kāmilen taṭhīr-i ṭarīḳ olunub emniyyet-i tāmme ḥāṣıl olmayınca naḳl olunacaḳ ẕaḫāyiriñ {7} muḥāfaẓası müstevfī ʿaskere muḥtāc ve ẕaḫīre naḳli żımnında gönderilecek ʿasker daḫi bir ṭarafdan {8} ʿuṣāt-ı kefere ẓuhūr iderek muḥārebe īcāb eylediği ḥālde getürecekleri ẕaḫīreyi kendüleri {9} telef iderek yine ilerüye gitmiş bulunan ʿasker ẕaḫīresiz ḳalub ʿaṣamnallāh [?] bir uyġunsuz {10} şey vuḳūʿı giçen sene delāletiyle vāreste-i ḳayd [ü] iḥtiyācdır. İzdīn'den taḳrīben ḳırḳ sāʿat {11} mesāfe olan Derbend'e varınca sevḳ olunacaḳ ʿasākiriñ idāresi ḫāṭır-ḫırāş bir mādde olub {12} bu keyfiyyetiñ bir ṣūret-i ḥaseneye ifrāġı daḫi mücerred ẕāt-ı ġayret-simāt-ı serʿaskerīleriniñ ārā-yı ṣāʾibe {13} ve tedābīr-i ḥakīmānelerine merbūṭ olaraḳ gerçi Donanma-yı Hümāyūn ile gidecek yüz biñ keyl {14} ẕaḫīre ile ʿasākir-i İslāmiyye'niñ inşāʾallāhü Taʿālā Mora'ya duḫūlünden ṣoñra idāreleri ve ol vaḳt {15} deñiz ṭarafı açılaraḳ bir ṭarafdan daḫi müsteʾmenden ẕaḫīre iştirāsıyla zaḥmet çekilmamesi {16} meʾmūl ise de şu İzdīn'den Mora'ya varınca meʾmūrīn ne vechile idāre buyurılacaḳ, bunuñ {17} beher-ḥāl şimdiye ḳadar cenāb-ı müşīrīleri bir ṣūret ve çāresini mülāḥaẓa ve istiḥṣāl {18} buyurmuş olacaḳları cā-yı şübhe olmamaġla bu bābda tedābīr ü ārā-yı ṣāʾibeleri maʿlūm {19} olub bu ḫuṣūṣda endīşe ve efkārdan vāreste olmaḳ içün keyfiyyetiñ ʿale't-tafṣīl {20} serīʿan işʿārına ve gerek ẕaḫīre tedārük ve iddiḫārı ve gerek ṣunūf-ı ʿaskeriyyeniñ ilerü sevḳinde {21} ẕaḫīre māddesinde zaḥmet çekmamesi vesāʾiliniñ istiḥṣāli mücerred himem-i şerīfelerine muḥtāc bir mādde-i {22} ehemme-i vācibü'l-iʿtinā ve ḥaḳḳ-ı saʿādetlerinde ber-kemāl olan iʿtiḳādāt-ı ḥasene iḳtiżāsına naẓaran {23} şimdiye ḳadar bu māddeleriñ bir ḥüsn-i ṣūreti istiḥṣāl buyurulmuş olacağı hüveydā ise de ehemmiyyet-i maṣlaḥat {24} teʾkīde icbār itmekle muḳteżā-yı meʾmūriyyet ve ġayretleri üzere Mora üzerine meʾmūr {25} vüzerā-yı ʿiẓām ve ṣunūf-ı ʿaskeriyye ve sāʾir meʾmūrīniñ ẕaḫīre żarūreti ġāʾilesiyle {26} beyhūde Yeñişehir'de ilişmeyecek ve ilerülerde müżāyaḳa çekmeyecek vechile ẕaḫāyirleriniñ {27} tedārük ü istiḥżārı çāresiniñ istiḥṣāline nis̱ār-ı mā-ḥaṣal-i miknet ve ol vechile icrā-yı lāzıme-i {28} serʿaskerī ve şecāʿate ṣarf-ı reviyyet buyurmaları siyāḳında ḳāʾime. Fī 3 Ş 38

[*579/65*] ***Rumili vālīsine***

{1} İskenderiye Mutaṣarrıfı saʿādetlü Muṣṭafā Paşa ḥażretleriniñ Oḫrīli Celāl Beğ ṭarafına {2} ādemīsi vürūduyla iltimāsātını mübeyyin bend bend bir ḳıṭʿa müẕekkeresinde çıḳaracağı ʿaskeriñ (48) baḫşīşlerinden başḳa kendüsüne beş yüz kīse ḳadar aṭiyye-i seniyye iḥsān buyurulması ve maʿiyyetine {2} Dūḳagīn Mutaṣarrıfı Nuʿmān Paşa ve Oḫrī ve İlbaṣan mutaṣarrıflarıyla Prizrīn Mutaṣarrıfı {3} Maḥmūd Paşa veyāḫūd birāderi Emīn Paşa'nıñ meʾmūriyyeti ve Oḫrī ve İlbaṣan sancaḳlarınıñ {4} ʿuhdesine tevcīhi ve Ḳaraman Vālīsi saʿādetlü Reşīd Paşa ile Yānya Mutaṣarrıfı ʿÖmer Paşa'nıñ daḫi {5} maʿiyyetine meʾmūr ḳılınması ve Aḳçaḥiṣārlı Ḥācī Paşa'nıñ maʿiyyet-i saʿādetlerine yāḫūd kendü maʿiyyetine {6} meʾmūriyyeti ḫuṣūṣları muḥarrer oldığından bahis̱le müşārun-ileyhiñ evvelki sene Berāt üzerine meʾmūriyyetinde {7} iki biñ kīse iḥsān olunaraḳ ʿaskerine taḳsīm itmiş ise de bu defʿaki meʾmūriyyeti mesāfe-i baʿīde {8} ve çıḳaracağı ʿasker külliyyetlü oldığından iḥsān buyurılacaḳ aḳçe evvelkiden ziyāde olmaḳ {9} ve Oḫrī Mutaṣarrıfı ʿAbbās Paşa'nıñ yeğeni Ḥasan Beğ İskenderiye mutaṣarrıfı müşārun-ileyhiñ eniştesi {10} oldığına ve livāʾ-i meẕkūr müşārun-ileyhe virildiği ḥālde mūmā-ileyh Ḥasan Beğ'i beş yüz nefer ʿasker ile {11} Oḫrī'den çıḳarub ʿAbbās Paşa'yı mütesellim bıraġacağına ve bu keyfiyyet İlbaṣan Mutaṣarrıfı {12} Maḥmūd Paşa'nıñ daḫi külliyyetlü ʿasker ile çıḳmasını mūcib olacağına mebnī faḳaṭ Oḫrī sancağınıñ {13} İskenderiye mutaṣarrıfı müşārun-ileyhe tevcīhinde beʾis olmayaraḳ irāde-i ʿaliyyeye menūṭ oldığını {14} ve müşārun-ileyh maʿiyyetine sāʾir Geğa paşalarınıñ meʾmūriyyetleri uymayacağından faḳaṭ aḳrabāsından {15} olan mūmā-ileyh Nuʿmān Paşa Dūḳagīn ʿaskeriyle müşārun-ileyh maʿiyyetine ve mūmā-ileyh Ḥācī Paşa {16} daḫi üç yüz adam ile maʿiyyet-i serʿaskerīlerine meʾmūr ḳılınaraḳ iḳtiżā iden evāmiri ıṣdār {17} ve ṭaraf-ı saʿādetlerine tesyār olunmasını şāmil tevārüd iden taḥrīrāt-ı sipehdārīleriyle İskenderiye mutaṣarrıfı {18} müşārun-ileyhiñ sālifü'z-zikr iltimāsātını müş'ir bend bend müzekkeresi üzerine işāret buyuruldığı {19} vechile cānib-i sa'ādetlerinden virilmiş olan cevāb ve re'y ü müṭāla'āt-ı ser'askerīleri müfādı {20} ma'lūm-ı ḫāliṣānemiz olduḳdan ṣoñra rikāb-ı ḳamer-tāb-ı şāhāneye 'arż ile manẓūr-ı hümāyūn-ı mülūkāne {21} buyurulmuşdur. Müşārun-ileyh Muṣṭafā Paşa ḥażretleriniñ ḫazīnedārları yediyle bu ṭarafa daḫi taḥrīrātı vürūd {22} iderek Ḳarlıili üzerine iḫrāc ve tedārüküne teşebbüs eylediği yiğirmi biñ nefer 'askeriñ talṭīf {23} ve teşvīḳleri żımnında mümkin mertebe i'ānet-i seniyye tertīb ve irsāliyle virilecek aḳçeniñ {24} miḳdārı taṣrīḥ olunaraḳ cümleye ḫiṭāben başḳa ve ta'ahhüdi miḳdār 'asker ile sür'at-i ḥareket {25} ü 'azīmeti bābında başḳa evāmir-i 'aliyye ıṣdārıyla kendüsüne daḫi aṭiyye-i seniyye gönderilmesi ve İlbaṣan {26} ve Oḫrī sancaḳlarınıñ ḥāṣılātında māl yoġ ise de mücerred nüfūzına medār-ı taḳviyet ve yol üzerinde {27} olduḳlarından gider iken ziyāde 'asker çıḳarmaġa suhūlet olmaḳ içün livā'eyn-i mezkūreyniñ {28} 'uhdesine tevcīh ve mūmā-ileyhimiñ ma'iyyetine me'mūr ḳılınması ve ṭopçı orṭası gönderilmesi {29} ve ma'iyyetinde olan 'asākire ta'yīnāt ḫuṣūṣunda zaḥmet çekdirilmamesi esbābınıñ istiḥṣāline baḳılması {30} inhā ve iltimās olunmuş olub nezd-i sa'ādetlerinde ma'lūm oldığı vechile İskenderiye mutaṣarrıfı {31} müşārun-ileyhiñ derkār olan ṣīt ü şöhreti ve İskenderiye 'askeriniñ dilāverlikle meşhūriyyeti {32} taḳrībiyle inşā'allāhü Ta'ālā müşārun-ileyhiñ külliyyetlü 'asker ile Ḳarlıili üzerine 'azīmetinde 'aẓīm işe {33} yarayacaġı elṭāf-ı İlāhiyye'den me'mūl ve kendüsi yiğirmi biñ 'asker ile ḥareket ideceğini {34} yazmış ve ḥattā ḫazīnedārı mūmā-ileyh daḫi i'timād olunmaz ise ṭaraf-ı Devlet-i 'Aliyye'den sırran {35} ve 'alenen maḫṣūṣ me'mūrlar ta'yīniyle çıḳarılacaḳ 'asker tamāmca bu miḳdār oldığı mu'āyene **(49)** ve ta'dād olunmasını söylemiş oldığından ve her ne ise şimdiki ḥālde müşārun-ileyhiñ mes'ūlünüñ {2} is'āfı lāzımeden idüğünden iş'ār-ı müşīrīleri vechile müşārun-ileyhe bu def'a evvelkiden {3} ziyāde olmaḳ üzere akçe irsāli ḫāṭıra gelür ise de el-ḥāletü-hāẕihī Devlet-i 'Aliyye'niñ nihāyetsiz {4} maṣārifāt-ı keṡīresi olmaḳ taḳrībiyle sābıḳından dūn olmamaḳ üzere müşārun-ileyhiñ {5} şimdi çıḳaracaġı 'askere baḫşiş olaraḳ taḳsīm olunmaḳ üzere biñ beş yüz ve kendüsüne daḫi {6} maḫfiyyen i'ṭā olunmaḳ içün beş yüz ki cem'an iki biñ kīse irsāl ve iş'ār ve iltimāsı vechile evāmir-i 'aliyye ile {7} maḫṣūṣ mübāşir ta'yīn ve tesyār olunması ve ba'żı mülāḥaẓāta mebnī Oḫrī ve İlbaṣan sancaḳlarınıñ {8} daḫi müşārun-ileyhe tevcīhiyle Prizrīn Mutaṣarrıfı Maḥmūd Paşa'nıñ müşārun-ileyh ma'iyyetine me'mūriyyeti {9} uymayacaġından ve Oḫrī ve İlbaṣan sancaḳları mutaṣarrıflarınıñ livā'eyn-i mezkūreyniñ tebeddüli {10} cihetiyle me'mūriyyetleri ṭabī'atıyla girü ḳalmış oldığından Prizrīn Mutaṣarrıfı mūmā-ileyh Maḥmūd Paşa {11} kemā-kān ma'iyyet-i ser'askerīlerine olan me'mūriyyetinde ibḳā ile faḳaṭ ẕāt-ı sa'ādetleriniñ tensībi vechile {12} Dūḳagīn Mutaṣarrıfı Nu'mān Paşa'nıñ me'mūriyyeti ma'iyyet-i müşārun-ileyhe taḥvīl olunaraḳ Aḳçaḥiṣārlı {13} Ḥācī Paşa'nıñ daḫi üç yüz nefer 'asker ile ẕāt-ı ser'askerīleri ma'iyyetine me'mūr ḳılınması ve müşārun-ileyhimā {14} Reşīd Paşa ve 'Ömer Paşa'nıñ cenāb-ı düstūrīleriniñ virmiş olduḳları cevāb vechile {15} me'mūriyyetleri uymayacağından ve bunlarıñ iḳtiżā-yı istiḫdāmları re'y-i ser'askerīlerine muḥavvel oldığından {16} andan ṣarf-ı naẓar olunması ve Nüzül Emīni 'Abdülkerīm Beğ'e daḫi 'ale'l-ḥesāb olaraḳ yüz biñ ġurūş {17} gönderilüb mūmā-ileyhiñ me'mūr-ı idāresi oldığı ta'yīnāta müretteb ẕaḫāyiriñ ḳażālardan {18} bir ān aḳdem taḥṣīl ve teslīmi-çün isti'cāl evāmiri gönderilmesi ve Ḳarlıili ḳolundan sevḳ olunacaḳ {19} me'mūrīn ve 'asākir Ḳarlıili ve İnebaḫtī sancaḳları dāḫilinden mürūr ve ilerüde bulunan {20} 'uṣāt-ı kefereyi urmaḳ üzere serī'an Ḳastel'e ve andan Mora'ya 'ubūrlarında livā'eyn-i {21} meẕkūreyn cibālinde bulunan ḥayādīd ṭā'ifesini taṭhīr itmek ve Nārda'dan Ḳastel'e varınca {22} yollarda 'uṣāt-ı kefereye ṣarḳındılıḳ itdirmamek ve bu vechile 'askeriñ verāsını {23} işletdirmek üzere üç-dört biñ 'asker ile erbāb-ı iḳtidārdan biriniñ me'mūriyyeti {24} münāsib olacağını ve ḥālā İnebaḫtī Mutaṣarrıfı mīr-i mīrāndan Palāslızāde İsmā'īl Paşa'nıñ {25} ġayret ü ṣadāḳati muḥaḳḳaḳ oldığından bu ḫuṣūṣa paşa-yı mūmā-ileyh me'mūr ḳılınaraḳ {26} İnebaḫtī sancağıyla maḫlūṭ olan Ḳarlıili sancağınıñ daḫi 'uhdesine tevcīhi iḳtiżā ideceğini {27} ba'żı erbāb-ı vuḳūf iḫbār itmiş olduḳlarına mebnī ol vechile Ḳarlıili sancağı daḫi {28} mūmā-ileyh İsmā'īl Paşa'ya ilḥāḳan tevcīh olunaraḳ müşārun-ileyh Muṣṭafā Paşa ma'iyyetine {29} me'mūr ve bir 'aded mükemmel ṭaḳım ve neferātıyla ṭopçı orṭası irsāl ḳılınması ḫuṣūṣları {30} tensīb olunmuş ve irāde-i seniyye-i mülūkāne daḫi bu vechile icrālarına ta'alluḳ iderek mūcebince {31} müşārun-ileyhiñ çıḳaracağı 'askere baḫşīş olaraḳ biñ beş yüz ve kendüye maḫfiyyen aṭiyye-i {32} seniyye olmaḳ üzere virilmek içün beş yüz kīse aḳçe tertīb ve iḳtiżāsına göre evāmir-i 'aliyye daḫi {33} taṣdīr olunaraḳ ḫaṣekī ağalıḳdan muḫrec silāḥşorān-ı ḫāṣṣadan İsmā'īl Ağa mübāşeretiyle {34} gönderilmiş ve Oḫrī ve İlbaṣan sancaḳları ilḥāḳan 'uhdesine tevcīh olunaraḳ {35} mūmā-ileyh Nu'mān Paşa'nıñ me'mūriyyeti ma'iyyet-i müşārun-ileyhe taḥvīl ve mūmā-ileyh Ḥācī Paşa daḫi (50) ẕāt-ı ser'askerīleri ma'iyyetine me'mūr ḳılınaraḳ iḳtiżā iden evāmiri taṣdīr ve tesyīr ve nüzül emīni {2} mūmā-ileyhe daḫi yüz biñ ġurūş 'ale'l-ḥesāb aḳçe ile isti'cāl evāmiri tesyār ve mūmā-ileyh {3} İsmā'īl Paşa'ya ilḥāḳan Ḳarlıili sancağı virilerek müşārun-ileyh Muṣṭafā Paşa ma'iyyetine {4} me'mūr ve bir orṭa ṭopçı daḫi ta'yīn olunmuş olub ancaḳ ẕikr olunan Oḫrī ve İlbaṣan {5} sancaḳları bu def'a ber-vech-i muḥarrer ḥasbe'l-iḳtiżā müşārun-ileyhe tevcīh olunmuş ise de her ḥālde {6} ẕāt-ı ser'askerīleriniñ viḳāye-i nüfūẕı daḫi mültezem oldığından işbu iki sancağıñ daḫi {7} tevcīhini cenāb-ı düstūrīleri yazub iltimās itmiş gibi ḏavranaraḳ Oḫrī Mutaṣarrıfı {8} 'Abbās Paşa'yı iş'ārları vechile

Oḫrī'ye mütesellim idecekseñiz itdirüb İlbaşan {9} sancağından ʿazl olunan Maḥmūd Paşa'yı daḫi ne vechile istiḫdām itmekliği tensīb iderseñiz öylece {10} icrā eylemeñiziñ re'yiñize iḥālesi daḫi iḳtiżā-yı irāde-i ʿaliyye-i mülūkāneden olmağla her ḥālde {11} iṡbāt-ı müddeʿā-yı dirāyet-kārī ve feṭānete himmet buyurmaları muḥavvel-i ʿuhde-i kār-āşināyī ve ḥamiyyet-i {12} serʿaskerīleridir. Ḳaldı ki, baʿżı erbāb-ı vuḳūfuñ iḫbārlarına göre işbu sene-i mübārekede {13} Mora Derbendi'nden ṣarf-ı naẓar olunaraḳ Mora'ya imrārı iḳtiżā idecek ʿaskerden {14} Ḳarlıili ve Īnebaḥtī ḥavālīlerinde tevḳīfi münāsib görilan üç-dört biñ ʿaskerden māʿadā {15} ordu ġalebeliği olmamaḳ içün on beş biñ miḳdārı ʿasker Ḳarlıili üzerinden Ḳastel'e {16} ve on beş biñ ḳadar ʿasker daḫi İzdīn ḳoluyla Ṣālona üzerinden Īnebaḥtī'ya irsāl {17} ve biñ nefer derūn-ı İzdīn'de ve biñ nefer daḫi Ṣālona'da ve iḥtiyāṭen dört-beş yüz nefer ile {18} Derbend ağası daḫi Ağrafa'da iḳāme olunub dört-beş biñ ʿasker daḫi Ağrafa ḳoluyla {19} yine Īnebaḥtī'ya iʿzām ve Eğrīboz ve İstifa ve ḥavālīsine daḫi beş biñ miḳdārı ʿasker {20} taʿyīn olundığı ṣūretde süfün-i Donanma-yı Hümāyūn daḫi ol ṣulara vürūd ile {21} ḳol ḳol irsāl ve Mora'ya imrār olunan ʿasākir ve me'mūrīn birden muhāceme ve iḳtiḥām eyledik lerinde {22} bi-ʿavnillāhi Taʿālā ḥuṣūl-i emr-i maḳṣūd cilveger-i mir'āt-ı teyessür ü suhūlet olacağı elṭāf-ı İlāhiyye'den {23} müstedʿā olub el-ḥāletü-hāẕihī cenāb-ı serʿaskerīleriniñ daḫi Mora üzerine sevḳ idecekleri {24} ʿasākire dā'ir tedbīr ü tertībātları ne vechiledir ve şimdiki ḥālde ṭutduḳları meṣāliḥ ne merkezlerdedir {25} ve ḳol ḳol tertībātları ne ṣūretledir, şimdiden bu cānibe işʿārları lāzımeden ve muḳteżā-yı {26} irāde-i seniyyeden olmağla muḳteżā-yı fıṭrat-ı uṣūl-āşināyī ve şecāʿat-i müşīrīleri üzere {27} ʿasākir emrinde icrāsı ḫāṭır-güẕār-ı serʿaskerīleri olan tedbīr ü tertībāt ne vechiledir ve el-yevm {29} ṭutduḳları meṣāliḥ ne merkezlerdedir ve ḳol ḳol tertībleri ne uṣūl üzeredir, bu cānibe {29} işʿāra mübāderet ve her ḥālde mehāmm-ı mev[kū]le-i sipehdārīleriniñ miḥver-i lāyıḳında ḥüsn-i tensīḳ ü temşiyetiyle {30} ibrāz-ı me'āṣir-i şecāʿat ü ḥamiyyete himmet buyurmaları siyāḳında ḳā'ime. Lede'l-vuṣūl Bālyabādra'da {31} olan saʿādetlü Yūsuf Paşa ḥażretleriniñ iki senedir ẓuhūr iden ṡebāt ü ġayreti {32} kemālde olub bugünlerde Dersaʿādet'e gelmiş olan dīvān kātibiniñ vāḳiʿ olan {33} ifādesine göre müşārun-ileyh kendü maʿiyyetine taḫṣīṣan dört-beş biñ nefer ʿasker irişdirilür ise {34} Mora derūnunda ʿaẓīm ḫidmet göreceğini söyleyüb ṣūret-i ḥāl daḫi bu ümniyeyi mü'eyyid {35} olaraḳ müşārun-ileyhiñ ġayreti meşhūd olmuş ve bundan böyle kendüsünden yararlıḳ me'mūl (51) ve ṭaraf-ı serʿaskerīlerinden şimdiden beş-altı biñ ʿasker irsāline ġayret olunsa inşā'allāhü Taʿālā {2} ʿaẓīm fā'ideyi mūcib olacağı emr-i ġayr-ı mechūl olaraḳ bu ḫuṣūṣuñ ṭaraf-ı saʿādetlerine {3} mü'ekkeden yazılması emr ü fermān-ı hümāyūn-ı şāhāne muḳteżāsından oldığı maʿlūm-ı saʿādetleri {4} buyuruldukda şimdiden maʿiyyet-i müşārun-ileyhe ʿasker irişdirilmesi vesāʾil-i muḳteżiyesiniñ icrāsıyla {5} her ḥālde sürʿat-i ḫitām-ı meʾmūriyyet-i serʿaskerīlerini īcāb ider vesāʾiliñ ikmāline himmet buyurmaları {6} meʾmūldür. Fī 4 Ş 38

[*579/68*] ***Rumili vālīsine***
{1} Müteveffā Ḫūrşīd Paşa'nıñ virmiş oldıġı teẕkireler ile vefātına değin işlemiş olan ʿasker {2} ʿulūfesiniñ keyfiyyet ü kemmiyyetini mübeyyin taḳdīm buyurılan defter mūcebince yekūnı ḳırḳ yük {3} bu ḳadar biñ ġurūşa bāliġ olaraḳ muṭālebeden ḫālī olmadıḳlarından ġayrı müteveffā-yı müşārun-ileyhiñ {4} vefātından berü daḫi beş aylıḳ ʿulūfeleri işleyerek ṭaleb ü istidʿā itmekde olduḳları {5} ve giçen sene ʿasākir ʿulūfesi bu vechile pesmānde olaraḳ alamadıḳlarından bu sene-i mübārekede {6} ʿulūfe ile maṭlūb olunan ʿasākir gelmekde iseler de iki aylıḳ ʿulūfelerini peşīnen ṭaleb itmekde {7} olduḳlarından bu es̱nāda ṭaraf-ı müşīrīlerine aḳçe irişmez ise ʿasākire ṣovuḳluḳ gelerek tamām iş {8} görecek mevsimde maṣlaḥata sekte geleceği ifādesi tafṣīlātından baḥis̱le bugünlerde {9} ṣavb-ı serʿaskerīlerine külliyyetlü aḳçe irsāl olunmasını ḥāvī saʿādetlü ʿÖmer Paşa ve Reşīd Paşa {10} ḥażerātınıñ aḳçe ṭalebine dāʾir cānib-i saʿādetlerine vürūd iden şuḳḳaları gönderildiğini muḥtevī {11} resīde-i cā-yı vürūd olan taḥrīrāt-ı şerīfeleri mezāyāsı maʿlūm-ı ḫāliṣānemiz olub müşārun-ileyhimā {12} Reşīd Paşa ve ʿÖmer Paşa'nıñ bu ḫuṣūṣa dāʾir bu ṭarafa daḫi taḥrīrātları gelmiş oldıġından ḥużūr-ı {13} hümāyūn-ı şāhāneye daḫi ʿarż ile meşmūl-ı liḥāẓa-i mekārim-ifāża-i ḥażret-i cihān-dārī buyurulmuşdur. {14} Cümleye maʿlūm oldıġı üzere Devlet-i ʿAliyye'niñ emvāc-ı baḥr gibi mütetābiʿu'ẓ-ẓuhūr ve müterādifüʾ- {15} -ʾl-vuḳūʿ olan maṣārifāt-ı ṭāḳat-güdāzı ḫazāʾin-i mīriyyede vücūd-ı nuḳūdı derece-i {16} istiḥāleye irişdirme ṣūretine getürüb tīz elden külliyyetlü aḳçe tedārükünüñ imkānı bulunamaz {17} menzileye varmış ve bu ʿulūfe māddesiniñ telefātı ise bir vechile başa çıḳar mevāddan {18} olmayub böyle gider ise mecmūʿ maṣārif ḏuracaġına mebnī hiçbir devletiñ taḥammül idemeyeceği {19} mertebelerde pek derecesiz fāḥiş olmuş ve taḥammül ve idāreden ḳalmış ise daḫi zamāne {20} ʿaskeriniñ ḥāli maʿlūm olub cenāb-ı müşīrīleriniñ ḫaṭb-ı cesīm-i serʿaskerīye meʾmūriyyetleri {21} ve tamām iş görecekleri mevsim olması cihetiyle külliyyetlüce iʿāneye iḥtiyācları emr-i meczūm {22} olmaḳ ḥasebiyle her ne ḥāl ise bu defʿa ṣavb-ı serʿaskerīleri-çün Ḍarbḫāne-i ʿĀmire'den naḳden biñ {23} kīse aḳçe ve Tepedelenli ʿAlī Paşa ẕimemātından daḫi ḥavāleten iki biñ kīse aḳçe tertīb ve müşārun-ileyh ʿÖmer Paşa {24} maṭlūbı-çün daḫi Yānya ve Delvīne ve Avlonya sancaḳları dāḫilinde olan ẕimemātından {25} ve Reşīd Paşa ḥażretleriniñ maṭlūbuna maḥsūben daḫi Tırḥāla sancaġında kāʾin ẕimemātından (53) münāsibi miḳdār ḥavālāt tanẓīmi ḫuṣūṣı ʿizzetlü Defterdār ve Ḍarbḫāne nāẓırı efendilere {2} ḥavāle-birle müşārun-ileyhimāya iḳtiżāsına

göre ṭaraf-ı ḫāliṣānemizden cevāb-nāme yazılmış {3} ve ṭaraf-ı saʿādetlerine ḥavāle olunan iki biñ kīse aḳçeniñ iḳtiżā iden evāmiriyle naḳden {4} tertīb olunan biñ kīse aḳçe bu defʿa ṣavb-ı serʿaskerīlerine irsāl olunmuş olub lākin {5} bu aylıḳ māddesi günden güne azub idāre ve iʿṭānıñ imkānı mefḳūd olmaḳ derecelere {6} varayor. Cenāb-ı düstūrīleri sā'ire mümās̱il olmayub Devlet-i ʿAliyye'niñ her bir ḥāline vāḳıf {7} ve bu mis̱illü maṣārif-i ṭāḳat-güdāza hiçbir devlet taḥammül idemeyüb encām-ı kār girüsi ḏuracağı {8} deḳāyıḳına ʿārif ve maḥrem ve muʿtemed vükelā-yı Salṭanat-ı Seniyye'den olduḳları cihetle Devlet-i ʿAliyye'niñ {9} ḥüsn-i ḥālini derpīş iderek hemān iḫtitām-ı maṣlaḥata iḳdām buyurmaları ẕāt-ı serʿaskerīlerine lāzımeden {10} oldığı āşikā[r] ve egerçi zamāne ʿaskerleriniñ ḥālleri maʿlūm ise de yaḳın vaḳtlerdeki {11} seferlerde bu mis̱illü fāḥiş maṣrafıñ mis̱li sebḳat itmediği ve bilḫuṣūṣ ʿahd-i ḳarībde {12} gerek Pāsbānzāde vaḳʿasında ve gerek müteveffā-yı müşārun-ileyhiñ Ṣırp üzerine me'mūriyyetinde {13} Arnavudluḳ'dan ve Rumili'den bu ḳadar vüzerā ve mīr-i mīrān ile yetmiş-seksan biñ ḳadar ʿasker taḥaşşüd {14} itmiş iken böyle aylıḳ ve maṣraf laḳırdısı işidilmediği nezd-i müşīrīlerinde daḫi maʿlūm ü bedīdārdır. {15} Müteveffā-yı müşārun-ileyh vaḳtinde ḥasbe'ż-żarūr böyle bir uṣūl-i nā-refteye gidilmiş ise de ilerüsüni {16} düşünüb velīniʿmetimiz olan Devlet-i ʿAliyye'niñ ḥüsn-i ḥāli mülāḥaẓasını ḫāṭırdan çıḳarmayub {17} aña göre her bir ḫuṣūṣa diḳḳatleri elzem-i levāzımdandır. Ez-cümle, irsāl buyurduḳları defterde filān maʿiyyetinde {18} şu ḳadar nefere şu ḳadar teẕkire, şu ḳadar ġurūş deyu muḥarrer olub lākin bu ʿaskerler teẕkireleri tārīḫinden {19} ṣoñra noḳṣān ve tezāyüd ḳabūl itmamiş midir ve el-yevm maʿiyyetlerinde mevcūd mıdır değil midir ve mevcūd ise {20} niçün ʿaskersizlikden şikāyet olunuyor ve niçün iş görülmüyor; bu daḳīḳalara diḳḳat olunmaması {21} ve bundan başḳa vüzerā ve vālīler ḳapuları ḫalḳını ve delīl ve tüfenkçi neferātını kendü manṣıbları {22} ḥāṣılātlarıyla idāre eylemeleri ve her biri taḥt-ı ḥükūmetinde olan maḥaller ʿasākirini sürüb {23} çıḳarub ḳullanmaları lāzım iken şimdi her bir me'mūrlar dā'ireleri etbāʿına varınca ḳadar {24} teẕkire virmekde ve kendü manṣıbları dāḫilinden ʿasker çıḳarmayub çıḳardıḳları ʿaskeri daḫi {25} aylıḳlu diyerek ʿulūfe ṭaleb itmekde olmaları ḏoğrısı yolsuzdur ve başa çıḳar şey {26} değildir ve buña Ḥażret-i Allāh'ıñ ve pādişāh-ı ʿālem-penāh efendimiziñ rıżāları olmayub {27} böyle şeylere ṭaraf-ı müşīrīlerinden iʿtinā ve diḳḳat olunmaḳ ve her ne ise maṣlaḥatı teşennüce düşürmeksizin {28} bi-ʿavnihī Taʿālā bu sene-i mübārekede şu ġavā'il-i ḥāliyeniñ indifāʿ ü iḫtitāmı çāre ve tedābīrini {29} istiḥṣāle himmet ve ol vechile īfā-yı nām ü şān ile baʿiṡ-i felāḥ ü saʿādet-i Dāreyn olur {30} esbābı istikmāle iʿtinā ve ġayret buyurulmaḳ levāzım-ı marżiyye-i sipehdārī ve ḥamiyyetden olub irāde-i {31} seniyye-i şāhāne daḫi bu uṣūli ḥāvī olmağla muḳteżā-yı fıṭrat-ı ġayret ü dirāyetleri üzere {32} müteferriʿāt-ı ḫuṭūb-ı mevkūle-i serʿaskerīlerinden olan bu maḳūle mevādd-ı vācibü't-tedḳīḳe kemā-hiye-ḥaḳḳuhā {33} diḳḳat ve Devlet-i ʿAliyye'niñ maṣārifāt-ı ṭāḳat-güdāzı hengāmında böyle maṣārifāt-ı {34} fāḥişeden viḳāyeti esbāb ü vesā'iliniñ ikmāline mübāderet-birle her ḥālde mehāmm-ı {35} mevkūle-i serʿaskerīleriniñ ḥüsn-i tensīḳ ü temşiyetine bi-ḥavlillāhi Taʿālā işbu sene-i mübārekede (54) maṣlaḥat teşennüce düşmeksizin ḥüsn-i indifāʿ-i ġavā'ile muvaffaḳiyyete nisār-ı mā-ḥaṣal-i liyāḳat ve reviyyet {2} buyurmaları ḥaṣren ve ḳaṣren ẕāt-ı saʿādetlerinden maṭlūb-ı ʿālī idüği beyānıyla ḳā'ime. Fī 4 Ş 38

[579/78] *Rumili serʿaskerine*

{1} Gāvurlarıñ Mora derūnunda ibtidā-yı ʿiṣyānlarından berü me'mūrīn ṭarafından bir gūne nuṣret [?] {2} ve ḳuvve-i ḳāhire-i İslāmiyye'yi irā'ede ġayret müşāhede idemedikleri ecilden {3} ʿinād ü ʿiṣyānları müşted ve ehl-i īmān ʿaleyhine mürtekib olduḳları ihānet ü melʿanet {4} ġā'ilesiniñ indifāʿı mümted olmuş oldığından bu melʿūnlarıñ bā-ʿavn [ü] ʿināyet-i {5} Cenāb-ı Müsehhilü'ṣ-Ṣaʿāb ḳahr ü tenkīlleri esbāb-ı muḳteżiyesiniñ istikmāli cümleye farż {6} olmuş oldığı bī-şekk ü bi-irtiyābdır. Bālyabādra'da olan Aydın ve Ṣaruḫan {7} sancaḳlarına mutaṣarrıf vezīr-i mükerrem saʿādetlü Yūsuf Paşa ḥażretleri bir-iki seneden berü {8} Mora derūnunda olaraḳ ʿuṣāt-ı kefereniñ ḥarekāt-ı melʿanet-iştimāllerine kemā-hiye-ḥaḳḳuhā (62) taḥṣīl-i vuḳūf itmiş ve maʿiyyetine işe yarar ʿasker virilse ʿavn ü ʿināyet-i Bārī'yle {2} ber-vefḳ-i murād iş görmeğe saʿy-ı bī-hemāl ideceğini yazmış oldığından müşārun-ileyh maʿiyyetine {3} hemān beş-altı biñ ʿasker irsāli vesā'ilini istiḥṣāl eylemeleri irādesi giçen gün yazılan {4} nemīḳa-i muḥibbānemizde beyān ü işʿār olunmuş idi. El-ḥāletü-hāẕihī müşārun-ileyh Yūsuf Paşa {5} ḥażretleriniñ taḥrīrāt ile baḥren der-bār-ı şevket-medāra gelmiş olan dīvān kātibiniñ ḳaleme aldırılan {6} taḳrīrinde müşārun-ileyhe rūz ü leyāl ḫulāṣa-i maḳṣūd ü merām düşmen-i li'āmdan aḫẕ-ı intiḳām {7} oldığından Mora Serʿaskeri saʿādetlü Yūsuf Paşa ḥażretleriyle merāsim-i muḫābere {8} ve istīẕāna diḳḳat iderek ve bir ṭarafdan daḫi kendüsi ilerü giderek ṭaraf ṭaraf {9} düşmen-i dīni şaşırmaḳ niyyetiyle yedi-sekiz biñ ḳadar güzīde ʿaskeriñ maʿiyyetine taḫṣīṣ {10} ve Preveze'ye irsāl ile bi-mennihī Taʿālā Donanma-yı Hümāyūn'uñ ol ṭaraflara vürūdunda birḳaç {11} ḳıṭʿa süfün-i hümāyūn ve mevcūdı olan sefīneler ile ṭarafına celb olunaraḳ {12} Cenāb-ı Ḫayru'n-Nāṣırīn'iñ ʿavn ü nuṣretiyle iş görmek emelinde oldığı beyānıyla {13} Rumili ʿaskeri olaraḳ ol miḳdār ʿaskeriñ maʿiyyetine taḫṣīṣ ve irsāli {14} ricāsında oldığı muḥarrer olub müşārun-ileyh Yūsuf Paşa'nıñ inhāsı tamām yolunda olaraḳ {15} keyfiyyet ḫāk-pāy-ı hümāyūn-ı şāhāneye ʿarż olunduḳda üç biñ nefer Evlād-ı Fātiḥān {16} ʿaskeriniñ üzerine üç-dört biñ nefer daḫi ʿilāve ile ḥāżırlayub, ve'l-ḥāṣıl {17} her ne vechile olur ise muḳaddem vāḳiʿ olan irāde-i seniyye muḳteżāsı üzere altı-yedi biñ {18} nefer güzīde ʿasker tehyi'e iderek bi-mennihī Taʿālā Donanma-yı Hümāyūn ol ḥavālīye vardıḳda {19} hemān

Bālyabādra'ya müşārun-ileyh ma'iyyetine īṣāl itmek üzere ṭarafıñıza taḥrīr ve te'kīd olunması {20} ḫuṣūṣuna irāde-i seniyye mülūkāne ta'alluḳ iderek ol bābda ḫaṭṭ-ı hümāyūn-ı kerāmet maḳrūn-ı {21} ḥażret-i pādişāhī şeref-rīz-i ṣudūr olmuş olub bi-ḥavlillāhi Ta'ālā bi'l-iḳdām sa'ādetlü {22} Ḳapūdān paşa ḥażretleri ma'iyyetiyle hemān Donanma-yı Hümāyūn-ı Şāhāne'niñ iḫrācına {23} daḫi teşebbüs̱ olunmuş olmağla ẕāt-ı ser'askerīleri daḫi ġayret ü himmet buyurub her ne vechile ise {24} ber-mūceb-i emr ü fermān-ı hümāyūn-ı şāhāne mārrü'ẕ-ẕikr üç biñ nefer Evlād-ı Fātiḥān {25} 'askeriniñ üzerine üç-dört biñ nefer güzīde 'asākiriñ 'ilāvesiyle ḥāżırlayub {26} bi-mennihī Ta'ālā Donanma-yı Hümāyūn'uñ ol ḥavālīye vardığı gibi Bādra'da müşārun-ileyh ma'iyyetine {27} īṣāle kemāl-i ihtimām ü diḳḳat ve el-ḥāletü-hāẕihī me'mūrīniñ Mora'ya duḫūli mevsimi {28} ḥulūl idüb tamām iş görecek ve nām ü şān alub ḥaḳḳ-ı ser'askerīlerinde olan {29} ḥüsn-i i'tiḳādı is̱bāt idecek ve dīn ü devlet yolunda çalışub dünyā ve āḫiretde {30} nā'il-i fevz ü felāḥ olacaḳ vaḳt oldığından ve gāvurlarıñ ṭutuşuna naẓaran ehl-i īmāna {31} rāḥat ḥarām idüğünden aña göre me'mūriyyet-i ser'askerīlerini icrāya kemāl-i şitāb ü sür'at {32} ve ber-minvāl-i muḥarrer müşārun-ileyh Yūsuf Paşa ḥażretleri ma'iyyetine ber-mūceb-i irāde-i seniyye ol miḳdār {33} işe yarar 'askeriñ sür'at-i i'zāmını müstelzim ḥālātı icrāya kemāl-i taḳayyüd ü diḳḳat ve kāffe-i {35} ḥālde bir daḳīḳa ifāte-i vaḳti tecvīz itmeyerek hemān ġayret buyurub iş görmeğe himmet {36} buyurmaları ẕāt-ı ser'askerīlerinden aḳdem-i maṭlūb idüği beyānıyla ḳā'ime. Fī 8 Ş 38

[*579/89*] ***Rumili vālīsine***

{1} Eğrīboz ve Ḳızılḥiṣār ḳal'alarına gāvurlarıñ sū'-i ḳaṣdı derkār olmaḳdan nāşī bu ṭarafdan {2} ẕaḫāyir cihetiyle lāzım gelan i'ānet icrā ḳılınmış ise de 'asker cihetiyle daḫi i'ānet-i lāzımeniñ {3} icrāsı himem-i ser'askerīlerine tevaḳḳuf ideceğinden bi-mennihī Ta'ālā Mora üzerine 'asker sevḳ eylediklerinde {4} biraz 'asker daḫi Eğrīboz ṭarafına irsāl eylemeleri ḫuṣūṣı bundan aḳdem ṣavb-ı sa'ādetlerine {5} iş'ār olunmuş ve ḳol ḳol cānib-i Mora'ya imrārları ḫāṭır-güẕār olan 'asākir {6} ve me'mūrīniñ ta'yīn ve i'zāmlarında Eğrīboz ve İstifa ve ḥavālīsine daḫi {7} beş biñ miḳdārı 'asker ta'yīni muḥassenāt-ı umūrdan olacağı mu'aḫḫaren ṣavb-ı sa'ādetlerine {8} taḥrīr ü iḫṭār ḳılınmış oldığından muḳteżāsınıñ icrāsına himmet buyurılacağı ma'lūm ise de **(69)** Ḳızılḥiṣār Mütesellimi 'Ömer Beğ öteden berü erbāb-ı şecā'atden yarar ve kār-güẕār ve tenkīl-i 'uṣāt-ı eşḳıyāya {2} ṣāḥib-i liyāḳat ve iḳtidār oldığı müsellem ü meczūm olmaḳ cihetiyle birkaç biñ 'asker ile mīr-i mūmā-ileyh {3} Eğrīboz cezīresiniñ levs̱-i vücūd-ı eşḳıyādan taṭhīri emrinde ḫaylīce işe yarayacağı {4} istimā' ve taḥḳīḳ olundığından mütesellim-i mūmā-ileyh ma'iyyeti-çün daḫi başḳaca imdād ü i'ānet {5} tertībiyle iş gördürmeğe iḳdām eylemeleri ḫuṣūṣuna irāde-i seniyye müte'alliḳ olmağla muḳteżā-yı {6} kār-dānī ve ḥamiyyet-i müşīrīleri üzere mütesellim-i mūmā-ileyh maʿiyyeti-çün li-ecli'l-iʿāne başḳaca ʿasker tertīb {7} ve irsāl-birle ol cānibde daḫi gāvurlarıñ tedmīr ü istīṣālleri esbābınıñ istiḥṣāline {8} ve her ḥālde muḥavvel-i ʿuhde-i istiḳlālleri olan umūr-ı serʿaskerīye müteferriʿ kāffe-i ḫuṣūṣātıñ {9} sürʿat-i ḥüsn-i tesviye ve tanẓīmiyle keyfiyyāt-ı muḳteżiye ve ṣuver-i tedābīr ü ārālarınıñ ʿale't-tafṣīl {10} işʿārına himmet buyurmaları siyāḳında ḳā'ime. Fī 11 Ş 38

[579/90] *Bālyabādra Muḥāfıẓı Yūsuf Paşa'ya*
{1} Bu defʿa iḳtiżā iden ḫuṣūṣāt-ı lāzımeyi şifāhen ifāde itmek üzere taḥrīrāt-ı müşīrīleriyle {2} bir ḳıṭʿa İngiltereli sefīnesine irkāben baḥren Dersaʿādet'e gönderilmiş olan dīvān kātibleri {3} efendi bendeleriniñ vuṣūlüyle lede'l-istinṭāḳ Donanma-yı Hümāyūn'uñ Rumili serʿaskeri {4} olanlar maʿiyyetlerine me'mūriyyetlerinden bir fā'ide ḥāṣıl olmadığı iki senedir meşhūd olan {5} umūrdan maʿlūm olaraḳ fī-mā-baʿd ḳapūdān-ı deryā olanlarıñ re'y ü ḥareketlerinde {6} müstaḳil olmaları müstelzim-i menāfiʿ-i külliyye olacağını ve Mora ve Rumili yaḳası maṣlaḥatınıñ {7} şimdiye ḳadar imtidādıyla ʿuṣāt-ı reʿāyānıñ vāḳiʿ olan ıṣrār ü ʿinādları mutlaḳā {8} gāvur gemileriniñ vuḳūʿa gelan iʿānetlerinden neş'et eylediğinden bunlarıñ işbu sene-i {9} mübārekede bā-ʿavn-i Bārī iğrāḳ ü istīṣāllerine diḳḳat olunmaḳ ḫuṣūṣunuñ me'mūrlara tenbīhi {10} umūr-ı mefrūżadan idüğüni ve cenāb-ı müşīrīleriniñ rūz ü leyāl aḳdem-i efkār ve merāmları {11} düşmen-i li'āmdan aḫẕ-ı intiḳāma maḳṣūr olaraḳ saʿādetlü Mora serʿaskeri ḥażretleriyle {12} bi'l-muḫābere ilerü ʿazīmet-birle ṭaraf ṭaraf düşmen-i dīni şaşırmaḳ üzere maʿiyyet-i müşīrīlerine {13} Rumili ʿaskeri olmaḳ üzere yedi-sekiz biñ ḳadar güzīde ʿasker taḫṣīṣ ve Preveze'ye {14} irsāli iltimāsında olduḳlarından bu ḫuṣūṣa müsāʿade-birle ol miḳdār ʿasker taʿyīni ḫuṣūṣı {15} saʿādetlü Rumili serʿaskeri ḥażretlerine taḥrīr ve te'kīd ve Preveze'de tehyi'e olundığı {16} taḳdīrce Donanma-yı Hümāyūn'uñ inşā'allāhü Taʿālā ol ṭarafa vuṣūlünde birḳaç ḳıṭʿa {17} süfün-i hümāyūn ve māʿadā kendü sefīneleriñiz ile ʿasākir-i meẕkūre celb olunaraḳ {18} ḫāṭır-ḫāh-ı ʿālīye muvāfıḳ iş görileceğini ve el-ḥāletü-hāẕihī cezīre-i Mora'da mevcūd olan {19} ʿasākir-i muvaḥḥidīn ve bundan böyle duḫūl idecek cünūd-ı Müslimīne ẕaḫīre ve cebeḫāne {20} cihetleriyle iʿānet-i lāzıme serʿasker-i müşārun-ileyh ṭarafından icrā olunmaḳ müteʿassir olacağından {21} bunlara bir ṭarafdan Donanma-yı Hümāyūn maʿiyyetiyle mümkini mertebe ẕaḫīre irişdirilmek {22} ve bir cānibden daḫi ṭā'ife-i Efrenc'den mübāyaʿa ve tehyi'e ḳılınmaḳ tedābīriniñ şimdiden icrāsına {23} baḳılması lāzım geleceğini ve efendi-i mūmā-ileyhiñ rākib oldığı sefīne-i meẕkūreye ẕaḫīre {24} vażʿ olunmaḳ üzere gönderilmiş oldığından iʿṭā buyurılacaḳ ẕaḫīreniñ peksimād olaraḳ (70) taḥmīli muḳteżā-yı iltimās-ı müşīrīlerinden oldığı ve bi-ḥamdillāh Moton ve Ḳoron ḳalʿalarında {2} müstevfī ẕaḫīre oldığı taḥḳīḳ olunub faḳaṭ bārūtları ḳalīl oldığından {3} bir

miḳdār bārūt gönderilmesi ṣavb-ı müşīrīlerinden istidʿā olunmuş ise de ḥasbe'l-vaḳt {4} zīr-i muḥāfaẓalarında olan ḳalʿalara daḫi bārūtuñ şiddet-i lüzūmı derkār olaraḳ {5} gönderilemediğinden Dersaʿādet'den ḳılāʿ-i merḳūmeye bārūt irişdirilmesi lāzımeden {6} oldığını dīvān kātibleri mūmā-ileyh beyān ü taḳrīr itmiş oldığından mūmā-ileyhiñ {7} taḳrīr-i meşrūḥı ḳaleme aldırılaraḳ manẓūr ü me'āl ve mezāyāsı maʿlūm-ı ḫāliṣānemiz oldığından {8} ġayrı rikāb-ı müsteṭāb-ı ḥażret-i cihān-dārīye daḫi ʿarż ile meşmūl-ı naẓar-ı iksīr-es̱er-i ḥażret-i {9} ẓıllullāhī buyurulmuşdur. İşbu sene-i mübārekede berren ve baḥren ʿuṣāt-ı mesfūreden aḫẕ-ı intiḳām {10} olunmaḳ ḫuṣūṣuna ṭaraf-ı eşref-i ḥażret-i pādişāhīden naṣb-ı nefs-i iḳdām olunmuş ve ṣunūf-ı ʿaskeriyye {11} ve me'mūrīn-i sā'ire içün iḳtiżā iden ẕaḫāyir lāzım gelan maḥallerden müstevfī tertīb ü tehyi'esi {12} tedābīri istiḥṣāl ḳılınmış ve bi-luṭfillāhi Taʿālā bu yıl külliyyen refʿ-i ġā'ileye maẓhariyyet temennāsıyla {13} ittiḥād-ı küllī ve ittifāḳ-ı ḳulūb ile germiyyetlü ṭutılub ʿavn ü ʿināyet-i Cenāb-ı Ḫayru'n-Nāṣırīn {14} ve imdād-ı rūḥāniyyet-i ḥażret-i Faḫrü'l-Mürselīn ve teveccühāt-ı ḳudsiyye-i pādişāh-ı rū-yı zemīn ile {15} şu gāvurlarıñ ḳahr [ü] dimār ve kesr-i ünūf-ı istikbārlarına beẕl-i iḳtidār olunması ḫuṣūṣı bi'l-cümle {16} me'mūrīne kirāren ber-vech-i ekīd tavṣiye ve işʿār olunub bundan böyle daḫi nev-be-nev tekrārına {17} ibtidār olunmaḳda oldığından ġayrı saʿādetlü Ḳapūdān paşa ḥażretleri teheyyü' üzere {18} olan Donanma-yı Hümāyūn sefāyinini maʿiyyetine bi'l-istiṣḥāb bugünlerde bu ṭarafdan {19} ḥareket-birle Boġaz'dan ḫurūcundan ṣoñra ṣūret-i seyr ü seyāḥati emrinde iḳtiżā-yı ḥāl {20} ü maṣlaḥat ve īcāb-ı mevsim-i deryā cihetleriyle ne vechile ḍavranmaḳ ve ne ṣūretle seyr ü sefer itmek {21} lāzım gelür ise aña göre ḥareket ve ibrāz-ı me'āṣir-i şecāʿat ü ḥamiyyet eylemesi ḫuṣūṣı müstaḳillen {22} ʿuhde-i liyāḳatine iḥāle olunmuş ve maʿiyyet-i müşīrīleri-çün maṭlūb buyurılan ʿasker ḫuṣūṣı daḫi {23} taḥrīrāt-ı müşīrīleri vürūdundan evvel saʿādetlü Rumili Vālīsi ve Serʿaskeri Meḥmed Paşa {24} ḥażretlerine yazılmış oldığından başḳa mu'aḫḫaren daḫi şeref-sünūḥ iden irāde-i seniyye-i şāhāne {25} muḳteżāsı üzere üç biñ nefer Evlād-ı Fātiḥān ʿaskeri üzerine üç-dört biñ nefer daḫi {26} ʿilāve ile ḥāżırlayub ne vechile olur ise altı-yedi biñ nefer güzīde ʿasker tehyi'e iderek {27} bi-mennihī Taʿālā Donanma-yı Hümāyūn'uñ ol ḥavālīye vürūdunda hemān Bālyabādra'da maʿiyyet-i müşīrīlerine {28} īṣāl eylemesi irādesi serʿasker-i müşārun-ileyhe mü'ekkeden taḥrīr olunmuş ve gerek cezīre-i Mora ve gerek {29} maḥāll-i sā'ire içün Donanma-yı Hümāyūn ile yüz biñ kīle ẕaḫīre ve mühimmāt-ı sā'ire gönderilmek {30} cihetiyle iḳtiżā iden maḥallere ẕaḫīre ve mühimmāt ile imdād ü iʿāne eylemek ḳapūdān-ı müşārun-ileyhiñ {31} muḳteżā-yı me'mūriyyetinden oldığından fażla cenāb-ı müşīrīleriyle daḫi müste'men ṭā'ifesinden {32} ḳırḳ-elli biñ kīle ẕaḫīre iştirāsına ruḫṣatı müştemil ṣavb-ı ḫulūṣ-verīden kāġıd taḥrīriyle {33} ḳapūdān-ı müşārun-ileyhe tevdīʿan gönderilmiş ve dīvān kātibleri mūmā-ileyhiñ rākib oldığı {34} sefīneye daḫi peksimād taḥmīl ve tesbīl olunmuş olub inşā'allāhü Ta'ālā ḳapūdān-ı müşārun-ileyhiñ {35} Donanma-yı Hümāyūn sefāyiniyle istiṣḥāb ideceği bārūt ve mühimmātdan īcāb idecek maḥallere (71) iḳtiżāsı miḳdār i'ṭā ideceğine mebnī mārrü'ẕ-ẕikr Moton ve Ḳoron ḳal'alarına daḫi lüzūmı derece {2} bārūt vireceği emr-i bāhirdir. Ḳaldı ki, cenāb-ı sa'ādet-me'ābları bir-iki seneden berü mevcūd-ı ma'iyyet-i {3} düstūrīleri cünūd-ı muvaḥḥidīn ile berāber ol ṭarafda iṡbāt-ı vücūd-ı ġayret ve kemāl-i ṡebāt ü metānet ile {4} ibrāz-ı me'āṡir-i ṣavlet ü şecā'ate beẕl-i mā-ḥaṣal-i liyāḳat ve ḥamiyyet itmiş olduḳları ṣıġār ü kibār cümle {5} 'indinde ma'lūm ü āşikār ve bu bābda olan ġayret ü ḫidmetleri yalñız Devlet-i 'Aliyye'ye olmayub {6} dīn-i mübīn uġurunda cihād ü ġazā oldığından dünyā ve āḫiretde żāyi' olmayacağı bedīdār olub {7} inşā'allāhü'r-Raḥmān bu sene-i mübārekede giçen sene gibi ḏavranmayaraḳ her bir mādde germiyyetlü ve eṭrāflu {8} ṭutulmasına naṣb-ı nefs-i ihtimām ḳılınmış oldığından ṡemeresi olaraḳ ḳarīben berren ve baḥren külliyyetlü 'asker ve donanma {9} ve ẕaḫīre ile her güne imdād ü i'āne icrā olunmaḳ üzere idüği bī-iştibāh ve cenāb-ı {10} düstūrīleri daḫi mevcūd-ı ma'iyyetleri olan ġuzāt-ı muvaḥḥidīn ile ġayret ü ṡebāt ve ma'iyyet-i müşīrīleri-çün {11} gönderilecek mārrü'ẕ-ẕikr 'asākiri daḫi celb eyleyerek ve 'uṣāt-ı kefere üzerine dilīrāne {12} hücūm iderek bi-ḥavlillāhi Ta'ālā nezd-i 'ālīde şāyān-ı taḥsīn ü āferīn ve inşā'allāhü'r-Raḥmān her dürlü {13} mükāfāt-ı celīleyi mūcib olacaḳ şecā'at ü ṣalābete himmet buyurduḳlarında o maḳūle dīn düşmenleri {14} saṭvet-i ḳāhire-i İslāmiyye'ye taḥammül idemeyüb az vaḳtde ḫitām-ı maṣlaḥatla dünyā ve āḫiretde müntic-i fevz ü felāḥ olur {15} ḫidmete muvaffaḳ olacaḳları elṭāf-ı İlāhiyye delāletiyle bī-şekk ü güvāh olub keyfiyyet bā-emr ü fermān-ı {16} hümāyūn-ı şāhāne ıṣdār ve tesyār olunan emr-i 'ālīden daḫi ma'lūmuñuz olduḳda hemān {17} bu ṭarafdan her vechile imdād ü i'ānetde ḳuṣūr olunmayacağını ve siziñ ve siziñle berāber çalışan {18} dīn ḳarındaşlarımızıñ ġayret ü metānetleri mū-be-mū ma'lūm olub bir vechile żāyi' olmayacağını {19} cezmen ve yaḳīnen bilerek cümleñiz ittifāḳ-ı ḳulūb ile dīnimiz yolunda ve pādişāhımız efendimiz uġurunda {20} merdāne ve cānsipārāne çalışub ve bu vaḳtler tamām iş görüb nām alacaḳ ve dīn {21} ü devlet yolunda çalışub dünyā ve āḫiretde sa'ādet kesb idecek vaḳtler oldığından {22} aña göre ibrāz-ı levāzım-ı ṣavlet ü ṣalābete beẕl-i mā-ḥaṣal-i liyāḳat idüb ṭaraf-ı sa'ādetlerinden {23} me'mūl ü muntaẓar-kerde-i 'ālī olan besālet ü ṣarāmet me'āṡirini ibrāza kemāl-i ġayret ü himmet {24} buyurmaları siyāḳında ḳā'ime. Fī 12 Ş 38

[*579/92*] ***Ḳapūdān paşaya***

{1} Ma'lūm-ı düstūrīleri oldığı vechile Bālyabādra muḥāfaẓasında olan vezīr-i mükerrem sa'ādetlü {2} Yūsuf Paşa ḥażretleriniñ Donanma-yı Hümāyūn'uñ seyr ü ḥareketinde ẕāt-ı saʿādetleri müstaḳil ve muḫtār {3} olaraḳ maʿiyyetine üç ḳıṭʿa fırḳateyn irsāli māddesine dāʾir olan işʿār ü iḫṭārı giçen gün {4} Tersāne-i ʿĀmire'de ḳırāʾat olunaraḳ ẕāt-ı düstūrīleriniñ uṣūl-i meʾmūriyyetleri reʾy ü taṣvībleri {5} vechile bi-ʿavnihī Taʿālā Mora üzerine vardıḳlarında Bālyabādra ve Preveze ve sāʾir iḳtiżā iden {6} maḥalleri dolaşub her birine virilecek ẕaḫāyir ve mühimmātı iʿṭā ve iḳtiżāsına göre aşağı yuḳaru {7} geşt ü güẕār idecek olduḳlarından ve müşārun-ileyh Yūsuf Paşa şāyed giçen seneler mis̱illü Donanma-yı {8} Hümāyūn'uñ Bālyabādra körfezinde meks̱ ü tevḳīfini teklīf idecek olur ise ḥasbe'l-meḥāẕīr ḳabūl {9} olunamayaraḳ faḳaṭ istediği vechile Donanma-yı Hümāyūn'dan birḳaç ḳıṭʿa sefīneniñ meks̱ ü tevḳīfi {10} mümkin olacağına bināʾen bu ḫuṣūṣı bi-mennihī Taʿālā ol ṭarafa vardıḳlarında müşārun-ileyhle bi'l-müẕākere tanẓīm {11} ve icrā olunacağı ṭaraf-ı saʿādetlerinden ifāde olunmuş ve bu ḫuṣūṣuñ īcāb ü iḳtiżāsı ve gerek {12} Donanma-yı Hümāyūn'uñ Mora üzerinde ṣūret-i geşt ü güẕārı ne vechile olmaḳ lāzım gelür ise {13} öylece icrā itmek üzere reʾy-i müstaḳille-i müşīrīlerine ḥavāle ḳılınmış oldığı rikāb-ı ḳamer-tāb-ı şāhāneye {14} ʿarż ü ifāde olunduḳda ol vechile tanẓīm ve icrāsına irāde-i ʿaliyye-i cenāb-ı pādişāhī müteʿalliḳ olmuş {15} oldığı maʿlūm-ı saʿādetleri buyurulmaḳ içün teẕkire. Fī 12 Ş 38

[579/93] ***Rumili vālīsine, Mora serʿaskerine, İskenderiye mutaṣarrıfına, Çirmen mutaṣarrıfına, Ḳaraman vālīsine***

{1} Mora ve ḥavālīsinde bāndıra-küşā-yı ʿiṣyān olan gāvurlarıñ saṭvet-i ḳāhire-i İslāmiyye'ye tāb-āver {2} olamayaraḳ dāmen-i ʿafv ü amāna āvīzān olduḳları ḥālde istīmānları ne vechile ḳabūl olunmaḳ {3} ve ne şarṭ ile reʾy ve amān virilmek iḳtiżā ideceği maʿlūm-ı saʿādetleri olmaḳ içün muḳaddemā bu ṭarafda {4} ittifāḳ-ı ārā ile ḳarār-gīr olan istīmān şürūṭunuñ bir ṣūreti iḫrāc ve bundan aḳdem ṭaraf-ı saʿādetlerine {5} irsāl olunmuş oldığından gāvurlarıñ istīmānları taḳdīrinde icrā-yı muḳteżāsına himmet buyurılacağı {6} ẓāhir ise de inşāʾallāhü Taʿālā meʾmūrlarıñ iḳdām ü ġayretleriyle bu gāvurlarıñ külliyyen indifāʿ-i ġāʾileleri {7} żımnında bu sene-i mübārekede maṣlaḥat eṭrāflu ṭutılacaḳ oldığından ʿuṣāt-ı kefere meʾmūrlarıñ {8} germiyyetle hücūm ideceklerini añladıḳları gibi li-ecli'l-iġfāl istīmān ṣūretine teşebbüs̱ iderek {9} ve adamlar irsāliyle şöyle böyle diyerek tamām ʿaskere fütūr getürdükden ṣoñra yine fesād ü melʿanetlerini {10} icrā eyleyecekleri ḥasbe't-tecrübe maʿlūm olan ḥālātdan ve bu gāvurlar bu derece ʿinād ü ʿiṣyān {11} ve bu mertebe şeḳāvet ü ṭuġyāndan ṣoñra bir kerre ḍarb ü şiddet görmedikçe ve bi-ʿavnihī Taʿālā **(73)** üzerlerine sell-i seyf ile vāfiri ḳırılmadıḳça istīmānlarına iʿtimād ḥāṣıl olamayacağı {2} vāżıḥātdan oldığına bināʾen her ne ḳadar ẕikr olunan istīmān şürūṭunuñ tamāmen ve kāmilen icrāsı {3} istiḥṣāl olunmaḳ lāzımeden ise de bi-mennihī Taʿālā kefere-i ʿuṣāt üzerine hücūm olunduḳda {4} gāvurlar ḥīlelerinden nāşī istīmān ṣūreti göstererek ve berü ṭarafdan daḫi "Şerāyiṭ-i istīmānı {5} söyleşelim" dinilerek beş-on gün imrār-ı vaḳt ile maṣlaḥatı teşennüc itmek ġayr-ı mücāz olmaḳdan nāşī {6} bi-ḥavlillāhi Taʿālā bu defʿa ṭaraf ṭaraf ʿuṣāt-ı kefere üzerine hücūm olunduḳda gāvurlar yine böyle {7} mücerred iġfāl ḳaṣdıyla istīmān ṣūretine teşebbüs̱ idecek olurlar ise gönderecekleri {8} adamlarını "Ḏur baḳalım" diyerek ordu-yı müşīrīlerinde ḥabs ü tevḳīf-birle ʿuṣātıñ bulunduḳları {9} ḳażā ve ḳalʿa her ne ise üzerine varılub istīmānları ḥīle ve ṣanīʿaya mebnī oldığı tebeyyün eylediği {10} taḳdīrce sell-i seyf ile hücūm ve birḳaç ḥamle ḳatl ü iʿdām iderek gereği gibi ḳahr ve ġalebe taḥṣīl eyledikden ṣoñra {11} vāḳiʿ olacaḳ feryād ve istirḥāmlarına ol vaḳt ḥavāle-i semʿ ile şürūṭ-ı istīmānıñ kāmilen icrāsına {12} baḳılması veyāḫūd mes̱elā bir ḳalʿanıñ üzerine varıldıḳda derūnunda olan gāvurlar istīmān idecek {13} olurlar ise derḥāl ḳalʿayı ve silāḥlarını ve rehīnlerini almaḳ ve mühlet isterler ise nihāyet yiğirmi dört {14} sāʿatden ziyāde mehl virilmamek ve evvel-be-evvel sergerdeleri olan gāvur istenilüb aḫẕ {15} olunmaḳ mis̱illü tedābīre teşebbüs̱ olunması īcāb-ı ḥālden olaraḳ işbu keyfiyyetiñ ṭaraf-ı saʿādetleriyle {16} saʿādetlü Mora serʿaskeri ve İskenderiye ve Çirmen mutaṣarrıfları ve Ḳaraman vālīsi ḥażerātına taḥrīr {17} ve taʿlīmi ḫuṣūṣuna irāde-i seniyye-i mülūkāne taʿalluḳ itmiş ve keyfiyyet müşārun-ileyhime daḫi bu vechile {18} ṣavb-ı ḫāliṣānemizden taḥrīr ve tefhīm olunmuş olmağla ṣūret-i ḥāl maʿlūm-ı serʿaskerīleri buyurulduḳda {19} aña göre ḥareket, ḥāṣılı şu gāvurlarıñ istīmān māddesinde olan ḥiyel ü iġfāllerine zinhār {20} ü zinhār aldanmayub iḳtiżā-yı ḥāl ü mevḳiʿe göre ġalebe taḥṣīliyle şürūṭ-ı istīmānı öylece kāmilen {21} icrā-birle her ḥālde ġayret ü şecāʿat ve dirāyet meʾās̱irini ibrāza bes̱l-i cüll-i himmet buyurmaları {22} siyāḳında ḳāʾime. Fī 12 Ş 38

[*579/94*] ***Bālyabādra Muḥāfıẓı Yūsuf Paşa'ya***

{1} Meknūz-ı fıṭrat-ı ẕātiyyeleri olan cevher-i ġayret ü ḥamiyyet iḳtiżāsından olaraḳ şimdiye ḳadar {2} zīr-i muḥāfaẓalarında olan ḳılāʿıñ mekāyid-i aʿdādan muḥāresesine iḳdām buyurulmuş ve bu cihetle {3} idāre-i taʿyīnāt-ı ʿaskeriyye żımnında Efrenc ṭāʾifesinden ġālī bahā ile ẕaḫāyir iştirāsına mecbūriyyet ḥāṣıl {4} olmuş ve ẕaḫāyir māddesine dāʾir maḳbūżat ve maṣārifātıñ defteri taḳdīm ḳılınmış oldığı {5} beyānıyla ġayr-ez-polīçe ve maḳbūżat ḳuṣūr dört yük yetmiş ḏoḳuz biñ bu ḳadar ġurūşuñ daḫi {6} sürʿat-i teʾdiyesiyle beyneʾl-Efrenc iʿtibārlarınıñ viḳāyesine himmet ve Tüfenkçibaşı İnce Meḥmed Ağa bendeleriniñ {7} müteveffā Ḫūrşīd Paşa ṭarafından virilmiş olan teẕkireden dolayı maṭlūbunuñ iʿṭāsı esbābınıñ {8} istiḥṣāline ve ḳapūdān-ı sābıḳ saʿādetlü Meḥmed Paşa muḳaddemā müteveffā-yı müşārun-ileyh ṭarafına gönderilmiş olan {9} ḫazīne maṭlūblarına baʿdeʾl-maḥsūb ḳuṣūrınıñ iʿṭāsına ve mühimmāt-ı ḫıyāmiyye irsāline mübāderet {10} olunması ve giçen sene

Donanma-yı Hümāyūn'uñ ṣūret-i seyr ü ḥareketi keyfiyyetinden baḥişle ma'iyyet-i müşīrīlerine {11} taḫṣīṣan üç ḳıṭ'a fırḳateyn gönderilmesi ve idāre-i ta'yīnāt içün münāsib bir nüzül emīni ta'yīn {12} ve tesyīr ḳılınması ḫuṣūṣlarını şāmil ve gāvurlarıñ me'mūrları iġfāl içün müteşebbiṣ-i dāmen-i {13} 'afv [ü] amān olacaḳlarına dā'ir mesmū'āt-ı düstūrīleriyle ba'żı ifādeyi müştemil dīvān kātibi {14} efendi bendeleri vesāṭetiyle tevārüd iden taḥrīrāt-ı müşīrīleri ve evrāḳ-ı mersūle müfādı (74) ve efendi-i mūmā-ileyhiñ ḳaleme aldırılan taḳrīr me'āli mū-be-mū ḳarīn-i ıṭṭılā'-i muḫlişī olduḳdan ṣoñra {2} ṭaḳımıyla rikāb-ı ḳamer-tāb-ı şāhāneye 'arż ile manẓūr-ı hümāyūn-ı mülūkāne buyurulmuşdur. Ẕāt-ı ġayret-simāt-ı {3} düstūrīleri şimdiye ḳadar bulunduḳları maḥalde ṣebāt ü ġayret ve a'dā-yı dīniñ ḳahr ü tedmīri {4} emr-i ehemminde beẕl-i vüs' ü maḳderet iderek dīn ve Devlet-i 'Aliyye uġurunda ibrāz-ı merdī ve ḥüsn-i ḫidmet {5} itmeğe mücidd ü sā'ī olduḳları nezd-i 'ālīde ma'lūm ü āşikār ve fi'l-ḥaḳīḳa iş'ār-ı sa'ādetleri vechile {6} Devlet-i 'Aliyye'niñ ġavā'il-i keṣīresi cihetiyle mübtelā oldıġı maṣārifāt-ı bī-nihāye arasında ġālī bahā ile {7} ẕaḫīre mübāya'ası düşvār ise de ḥasbelḳader Mora ġā'ilesiniñ imtidādı ve ṭarīḳ-i baḥrıñ {8} insidādı cihetiyle idāre-i ta'yīnāt-ı 'askeriyye żımnında olmuş oldıġından bu bābda iḫtiyār buyurılan {9} maṣārifāt żarūrī ḳabīlinden idüġi bedīdār olaraḳ şeref-sünūḥ iden irāde-i seniyye mūcebince {10} gerek işbu ẕaḫāyir bahāsınıñ ve gerek tüfenkçibaşı-i merḳūm maṭlūbuyla maṭlūbāt-ı müşīrīleriniñ ve mühimmāt-ı {11} ḫıyāmiyyeniñ iḳtiżālarına baḳılmaḳ üzere derdest oldıġından her biriniñ keyfiyyeti bundan ṣoñra {12} inbā olunacaġı ve bi-mennihī Ta'ālā hemān sa'ādetlü Ḳapūdān paşa ḥażretleriyle Donanma-yı Hümāyūn bu ṭarafdan {13} fekk-i lenger-i iḳāmet ve inşā'allāhü'r-Raḥmān gāvurlardan aḫẕ-ı ṣār niyyet-i ḫāliṣasıyla ol ṭaraflara {14} ṣavlet-endāz-ı 'azīmet olmaḳ üzere olub müşārun-ileyh Ḳapūdān paşa ḥażretleri daḫi gerek ma'iyyet-i {15} müşīrīleri-çün maṭlūb buyurılan fırḳateyn i'ṭāsınıñ īcāb ü iḳtiżāsını ve gerek Donanma-yı {16} Hümāyūn'uñ Mora üzerine ṣūret-i geşt ü güẕārı ne vechile olmaḳ lāzım gelür ise öylece icrā itmek {17} üzere bā-emr ü fermān-ı hümāyūn-ı şāhāne bi'l-istiḳlāl me'mūr olduḳlarından inşā'allāhü Ta'ālā {18} ḳarīben Donanma-yı Hümāyūn ol ṭaraflara saṭvet-endāz oldıġında bu ḫuṣūṣuñ īcāb ü iḳtiżāsı {19} ne ise ol vechile icrā eyleyecekleri ve vāḳı'an inhā-yı düstūrīleri vechile bu gāvurlar gereği gibi {20} şevket-i ḳāhire-i İslāmiyye'yi görmedikçe istīmānlarına i'timād ḥāṣıl olamayub bi-'avnihī Ta'ālā {21} me'mūrlar 'uṣāt üzerine vardıḳlarında istīmān ṣūreti göstererek imrār-ı vaḳt ile maṣlaḥatı {22} teşennüce çalışacaḳları ḥasbe't-tecrübe ma'lūm oldıġına binā'en gāvurlarıñ istīmānları taḳdīrinde {23} ne vechile mu'āmele olunmaḳ iḳtiżā ide[ceği] keyfiyyeti daḫi sa'ādetlü Rumili Vālīsi ve Ser'askeri Meḥmed Paşa {24} ḥażretleriyle Mora ser'askeri ve İskenderiye mutaṣarrıfı ve Çirmen mutaṣarrıfı ve Ḳaraman vālīsi ḥażerātına {25} iḳtiżāsı vechile taḥrīr olunmuş idüġi ma'lūm-ı dirāyet-melzūm-ı müşīrīleri buyurulduḳda hemān ẕāt-ı diyānet-simāt-ı {26} düstūrīleri her ḥālde ġayret-i lāzımeyi icrā ve inşā'allāhü Ta'ālā niyyet-i ḫāliṣaları üzere me'mūrīn-i sā'ire ile {27} merāsim-i te'āżuda bi'r-ri'āye şu gāvurlardan aḫẕ-ı intiḳām ve 'avn [ü] 'ināyet-i Cenāb-ı Ḫayru'n-Nāṣırīn {28} ile bu sene Mora'nıñ levs̱-i vücūd-ı 'uṣātdan taṣfiye ve taṭhīriyle yeñi başdan fetḥ ü tesḫīri {29} esbābınıñ istiḥṣāliyle ẕātlarından me'mūl-ı 'ālī olan şecā'at ü diyānet me'āṡirini ibrāza ve ḥaḳḳ-ı sa'ādetlerinde {30} ber-kemāl olan ḥüsn-i teveccühāt-ı ḥaseneyi tezyīd ü tevfīre sa'y-ı mā-lā-kelām buyuraraḳ iki cihānda {31} nā'il-i fevz ü rif'at olacaḳ ḫidmet iẓhārına niṡār-ı mā-ḥaṣal-i himmet buyurmaları ṭaraf-ı sa'ādetlerinden {32} aḳdem-i maṭlūb idüği beyānıyla ḳā'ime. Fī 13 Ş 38

[*579/96*] ***Ḳapūdān paşaya***
{1} Ma'lūm-ı müşīrīleri oldığı üzere Girīd cezīresi imdādı-çün İzmīr ve Ḳuşaḏası ṭaraflarında {2} bulunan başıboş Girīdlüleriñ ve sā'ir ġazā ve cihād isteyan göñüllü 'asākiriñ Donanma-yı Hümāyūn'a {3} irkāben Girīd'e īṣālleri żımnında Ḳuşaḏası'na tecemmu' ve Donanma-yı Hümāyūn'a intiẓār eylemeleri żımnında {4} muḳaddemce Ḳuşaḏası ve İzmīr muḥāfıẓları ḥażerātına fermān-ı 'ālī gönderilmiş ve mu'aḫḫaren 'asākir-i merḳūmeniñ {5} Donanma-yı Hümāyūn geçer iken Çeşme yaḳasından alınması suhūletli olacağı ṭaraf-ı sa'ādetlerinden inhā olunmuş {6} oldığına binā'en müşārun-ileyhimāya tekrār ol vechile fermān-ı 'ālī irsāliyle Ḳuşaḏası'nda tecemmu' idecek {7} 'asākiriñ ḏoğrı Çeşme yaḳasına irsālleri te'kīd ḳılınmış idi. El-ḥāletü-hāẕihī Ḳuşaḏası Muḥāfıẓı {8} sa'ādetlü Reşīd Paşa ḥażretleri ṭarafından tevārüd iden taḥrīrātda muḳaddem gönderilan emr-i 'ālī iḳtiżāsı {9} üzere o maḳūle başıboş Girīdlü ve sā'ir ḳażālardan ḳatı çoḳ kimesneler göñüllü bayraḳları küşādıyla {10} fevc fevc Ḳuşaḏası'na gelmekde iseler de sebeb-i vürūd ü cem'iyyetleri ve aṣl meyl ü ḫāhişleri {11} Sīsām cezīresine geçmek oldığından Girīd imdādına gidüb gitmeyecekleri mechūl oldığı {12} muḥarrer ü mezkūr olub 'asākir-i merḳūme ol vechile Sīsām aḏasına geçmek ḳaṣdıyla tecemmu' itmiş {13} olduḳlarına naẓaran şāyed Donanma-yı Hümāyūn ile Girīd üzerine gitmekden imtinā' idecek olurlar ise {14} cebr ve iḳdām ile Donanma-yı Hümāyūn'a ḳonulmaları lāzım geleceğinden keyfiyyet ḫāk-pāy-ı hümāyūn-ı {14} şāhāneye 'arż olunduḳda ẕikr olunan göñüllü 'asākiriñ keyfiyyeti şimdiden cenāb-ı düstūrīleriyle {15} müẕākere olunması mażmūnunda ḫaṭṭ-ı hümāyūn-ı şāhāne şeref-rīz-i ṣudūr olmağla 'asākir-i merḳūmeniñ ol vechile {16} Sīsām ḳaṣdıyla tecemmu'ları ve Girīd'e gitmekden imtinā'ları taḳdīrinde ne vechile olmaḳ iḳtiżā ider, {17} bu bābda iḳtiżā-yı maṣlaḥat ve mütebādir-i ḫāṭır-ı şerīfleri olan tedbīr ne ise aña göre iḳtiżāsına {18} baḳılmaḳ ve muḥāfıẓ-ı müşārun-ileyhe daḫi veṣāyā-yı lāzıme taḥrīr olunmaḳ içün keyfiyyetiñ iş'ārına himmet {19} buyurmaları siyāḳında teẕkire. Fī 15 Ş 38

[579/102] *Rumili vālīsine*

{1} Mora Nüzül Emīni Yaʿḳūb Aġa bendeleriniñ muḳaddemā almış oldıġı ẕaḫīre bahāsınıñ Preveze ḳonsolosuna {2} īṣāli-çün ṭaraf-ı serʿaskerīlerinden īṣāline taʿyīn buyurulmuş olan Maḥmūd Beğ bendeleri maʿrifetiyle {3} Bālyabādra'ya on biñ keyl ḥınṭa irsāline ne ṣūretle ḳarār virilüb senede rabṭ olunmuş oldıġı ve Mora {4} ṭarafına dā'ir ve sā'ir istıṭlāʿ olunan ḥavādis̱ ve keyfiyyātı mübeyyin ve saʿādetlü Reşīd Paşa ve ʿÖmer Paşa {5} ve Süleymān Paşa maʿiyyetlerinde ve Yeñişehir'de olan ʿasākiriñ güẕeşte ʿulūfeleri cihetiyle mużṭarib olduḳlarından {6} ṭaraf-ı sipehdārīlerine külliyyetlü aḳçe irişdirilmesi ḫuṣūṣuna dā'ir tevārüd iden taḥrīrāt-ı düstūrīlerine {7} ve istimāʿ olunan ḥavādis̱ ve sā'ire dā'ir bend bend tercüme kāġıdı mezāyāları maʿlūm-ı ḫāliṣānemiz {8} olduḳdan ṣoñra rikāb-ı hümāyūn-ı şāhāneye daḫi ʿarż ile manẓūr-ı naẓar-ı kerāmet-es̱er-i ḥażret-i pādişāhī {9} buyurulmuşdur. Evvel ü āḫir ṭaraf-ı serʿaskerīlerine işʿār ü beyān olunmuş oldıġı üzere Mora ġā'ilesiniñ {10} imtidādı ve Devlet-i ʿAliyye'niñ mübtelā oldıġı ġavā'il-i kes̱īre cihetiyle maṣārifāt-ı ṭāḳat-fersānıñ {11} ḥadd ü ḥaṣrı olmayaraḳ nuḳūda fıḳdān gelme derecesine varmış ise de es̱er-i himmet ü iḳdām-ı sipehdārīleriyle {12} inşā'allāhü'r-Raḥmān bu sene ġayret olunaraḳ ḫitām-ı ġā'ile niyyet-i ḫāliṣasıyla maṣlaḥat eṭrāflu ve germiyyetlü {13} ṭutılacaġından ṭaraf-ı saʿādetlerine iʿānet-i muḳteżiyeniñ icrāsına iḳdām lāzımeden ve fi'l-ḥaḳīḳa {14} ḥasbe'l-vaḳt her bir maṣlaḥat aḳçeye tevaḳḳuf ideceği maʿlūm olan mevāddan olaraḳ giçende aḳçe irsāline dā'ir {15} vāḳiʿ olan işʿār-ı düstūrīlerine mebnī ṣavb-ı serʿaskerīlerine biñ kīse naḳd ile müteveffā Tepedelenli ẕimemātından (79) iki biñ kīse aḳçe ḥavāleten iʿṭā ve irsāl olunmuş ve müşārun-ileyhimā Reşīd Paşa ve ʿÖmer Paşa ḥażerātınıñ {2} ʿasker ʿulūfesinden dolayı olan maṭlūbları-çün daḫi ẕimemāt-ı merḳūmeden başḳaca biñ iki yüz {3} bu ḳadar kīse aḳçe ḥavāle olunaraḳ keyfiyyeti ṣavb-ı saʿādetlerine yazılmış oldıġına naẓaran bu defʿa aḳçe {4} māddesine dā'ir olan işʿārları işbu tertīb ve irsāl olunan naḳd ve ḥavāleniñ ḫaberi {5} ṭaraf-ı müşīrīlerine varmaḳsızın olacaġı ẓāhir ise de me'āl-i işʿārlarına göre bu miḳdār kifāyet itmez {6} derecede oldıġından bundan böyle daḫi ṭaraf-ı saʿādetleri-çün iḳtiżāsına göre aḳçe tertīb {7} ve irsāliñ çāresine baḳılmaḳda oldıġına binā'en hemān cenāb-ı dirāyet-me'āb-ı serʿaskerīleri şimdilik {8} bunlar ile me'mūrları oyalayub vaḳt ü mevsim geçmeksizin iş gördürmekliğe iḳdām ü ġayret eylemeñiz {9} muḳteżā-yı emr ü irāde-i şāhāneden olmaġla mecbūl olduḳları mehām-şināsī ve feṭānet {10} ü ġayret iḳtiżāsı üzere her ne ḳadar bundan böyle daḫi ṭaraf-ı serʿaskerīlerine aḳçe tertīb ve irsāliniñ {11} çāresine baḳılmaḳda ise de ẕāt-ı serʿaskerīleri aṣlā ifāte-i vaḳti tecvīz itmeyerek gönderilan ile {12} şimdilik ʿaskeri oyalayaraḳ ve iḳtiżāsına göre teşvīḳ ü iġrā eyleyerek hemān mevsim geçmeksizin {13} iş gördürmeğe himmet ve bā-ʿavn-i Bārī bir ān aḳdem ne vechile ise şu ġā'ile indifāʿıyla ḥaḳḳ-ı saʿādetlerinde {14} ber-kemāl olan iʿtimād ve iʿtiḳād-ı ʿālīyi taṣdīḳ idecek ḫidemāt-ı meşkūre ibrāzına kemāl-i şitāb {15} ü sürʿat buyurmaları aḳdem-i maṭlūb idüği beyānıyla ḳā'ime. Fī 16 Ş 38

[579/110] *Ḳuşaḏası muḥāfıẓına*
{1} Girīd cezīresi imdādı-çün Ḳuşaḏası ve İzmīr ṭaraflarında olan başıboş Girīdlüleriñ ve sā'ir {2} ġazā ve cihād isteyan göñüllü ʿasākiriñ Donanma-yı Hümāyūn'a irkāben Girīd'e īṣālleri żımnında {3} Ḳuşaḏası'nda tecemmuʿ ve Donanma-yı Hümāyūn'a intiẓār eylemeleri-çün bundan aḳdem ıṣdār ve tesyār olunan {4} emr-i ʿālī ve taḥrīrātıñ vuṣūlünden ve o maḳūle başıboş Girīdlü ve sā'irden ḳatı çoḳ kimesneler göñüllü {5} bayraḳları küşādıyla fevc fevc Ḳuşaḏası'na gelmekde iseler de sebeb-i vürūd ü cemʿiyyetleri ve aṣl {6} meyl ü ḫāhişleri Sīsām cezīresine geçmek oldığına mebnī Girīd imdādına göñüllü ʿaskeriñ {7} gidüb gitmeyecekleri mechūl olaraḳ o miṣillü ʿasākiriñ Donanma-yı Hümāyūn ile fī-sebīlillāh {8} ġazā ve cihāda ʿazīmete teşvīḳ ü terġībi ḥāvī Aydın mütesellimine kāġıd gönderilmiş ve bu bābda saʿādetlü {9} İzmīr muḥāfıẓı ḥażretleriyle daḫi levāzım-ı muḫābereye riʿāyet ḳılınmış idüğünden ve cenāb-ı saʿādetleriniñ {10} ʿulūfelü ʿasker istiḫdām eylemeleri cihetiyle żarūret-i ḥālleri derkār ve maʿiyyet-i müşīrīlerinde nüzül emīni {11} olan dergāh-ı ʿālī ḳapucıbaşılarından Muṣṭafā Aġa'nıñ imtidād-ı me'mūriyyeti cihetiyle nüzül emānetini idāreye {12} ʿadīmü'l-iḳtidār oldığından baḥisle ḥaḳḳ-ı şerīflerinde ʿināyet-i seniyye şāyān ve emīn-i mūmā-ileyhiñ {13} tebdīli ḫuṣūṣuna müsāʿade-i ʿaliyye erzān buyurulması iltimāsını ḥāvī resīde-i cā-yı vuṣūl olan {14} taḥrīrāt-ı şerīfeleri mezāyāsı maʿlūm-ı ḫāliṣānemiz oldığından ġayrı ḥużūr-ı hümāyūn-ı şāhāneye {15} daḫi ʿarż ile meşmūl-ı liḥāẓa-i mekārim-ifāża-i ḥażret-i cihāndārī buyurulmuşdur. ʿAsākir-i mezkūreniñ {16} Donanma-yı Hümāyūn geçer iken Çeşme yaḳasından alınması suhūletli olacaġı mu'aḫḫaren saʿādetlü Ḳapūdān paşa **(85)** ḥażretleriniñ vāḳiʿ olan ifādesinden müstefād oldığına mebnī Ḳuşaḏası'nda tecemmuʿ idecek {2} ʿasākir ḏoğrı Çeşme yaḳasına irsāl ve cemʿ iderek Donanma-yı Hümāyūn'uñ ol ṭarafa vuṣūlünde {3} ḳapūdān-ı müşārun-ileyh ile bi'l-muḫābere oradan Donanma-yı Hümāyūn'a vażʿ ile Girīd cezīresi üzerine {4} irsālleri esbābınıñ istiḥṣāline ġayret eylemeleri ḫuṣūṣı mu'aḫḫaren ṣudūr iden emr-i ʿālī ile ṣavb-ı müşīrīlerine {5} tavṣiye ve işʿār olunmuş oldığına naẓaran işbu taḥrīrātları emr-i şerīf-i mezkūruñ vuṣūlünden muḳaddem {6} yola çıḳarılmış olacaġı ẓāhir olub işbu ʿasker maṣlaḥatı bu defʿa ḳapūdān-ı müşārun-ileyh ḥażretleriyle {7} lede'l-müẕākere fevc fevc bayraḳlar ile Ḳuşaḏası'na tecemmuʿ itmekde olan ʿasākiriñ ṭopı beş-altı biñ nefere {8} ancaḳ resīde olmaḳ melḥūẓ ve vüzerā-yı ʿiẓām ḥażerātı maʿiyyetleriyle başlu ve müretteb ʿasker olmadıḳça {9} o maḳūle göñüllü ʿasker on biñ daḫi olsa Sīsām cezīresi üzerine ʿazīmetlerinden bir fā'ide ḥāṣıl {10} olmayub Girīd'e gitmekden daḫi imtināʿ idecekleri maẓnūn olaraḳ içlerinde Girīdlü bulunanlardan {11} ve

sā'ir ġayret-i dīniyyesi olanlardan Girīd'e gitmek me'mūl olanları daḫi yine külliyyetlü olmayacağından {12} ve muḳaddem iş'ār olundığı vechile müşārun-ileyh Donanma-yı Hümāyūn ile ibtidā Çeşme yaḳasına varub {13} andan ḏoğrı Girīd'e 'azīmet idecek oldığından Girīd'e evvel-emrde gitmek üzere Girīdlü ve sā'ir {14} başıboş bulunan göñüllü 'askeriñ Çeşme yaḳasına sevḳ ü irsālleriyle tehyi'e itdirilmesi iḳtiżā ideceğini {15} müşārun-ileyh ifāde itmiş ve işbu māh-ı Şa'bān-ı Şerīf'iñ yiğirminci Pençşenbe güni müsta'īnen billāhi Ta'ālā Donanma-yı {16} Hümāyūn daḫi bu cānibden fekk-i lenger-i iḳāmet-birle Baḥr-i Sefīd'e neşr-i şirā'-i 'azīmet eylemiş ve bu es̱nāda {17} birṭaḳım eşḫāṣıñ Ḳuşaḏası ḥavālīsinde ve Ṣığla ve Aydın ve Ṣaruḫan sancaḳları dāḫillerinde {18} fırḳa fırḳa geşt ü güẕār ve birazı daḫi göñüllü nāmıyla bayraḳ küşād iderek uğradıḳları köylerde {19} yem ve yiyecek ve bayraḳ 'avā'idi ṭalebiyle fuḳarāya gūn-ā-gūn ẓulm ü ḫasāra ictisār üzere olduḳları {20} iḫbār ve taḥḳīḳ olundığından o maḳūleler men' ü def' ve bayraḳları ellerinden alınub muḫālefet idenleri {21} te'dīb olunmaḳ üzere bu def'a cenāb-ı müşīrīlerine ve İzmīr muḥāfızı müşārun-ileyhe ve Aydın ve Ṣaruḫan {22} mütesellimlerine ve sā'ir iḳtiżā idenlere ḫiṭāben başḳa başḳa evāmir-i 'aliyye ıṣdār ve ḫaṣekīler mübāşeretiyle tesyār {23} olunmuş olub şeref-sünūḥ iden irāde-i seniyye mūcebince li-ecli'l-i'āne cenāb-ı müşīrīlerine elli biñ {24} ġurūş aṭiyye-i seniyye daḫi tertīb ve irsāl ḳılınmış olmağla muḳteżā-yı ġayret ü ḥamiyyetleri üzere {25} Donanma-yı Hümāyūn ol cānibe varıncaya değin evvel-emrde Girīd'e gitmek üzere Girīdlü ve sā'ir {26} başıboş bulunan göñüllü 'askeriñ 'icāleten Çeşme yaḳasına sevḳ ü irsāl ve tehyi'e ile {27} Donanma-yı Hümāyūn'uñ vuṣūlünde beyhūde meks̱ itdirilmeyerek ḳapūdān-ı müşārun-ileyh ḥażretleriyle bi'l-muḫābere {28} derḥāl vaż' ve irkāb olunmaları emrine iḳdām ü ġayret ve emr-i şerīf-i meẕkūr müfād-ı münīfiniñ {29} daḫi icrāsıyla her ḥālde icrā-yı emr-i muḥāfaẓa ve teyaḳḳuẓa kemāliyle i'tinā ve himmet buyurmaları siyāḳında {30} ḳā'ime. Fī 20 Ş 38

[*579/116*] ***Sāḳız muḥāfızına***

{1} Sāḳız cezīresi ve maḥāll-i sā'ireden seby ü istirḳāḳ olunan üserānıñ kefereye fürūḫt olunmaması {2} ve her kim fürūḫta cesāret ider ise te'dīb ḳılınması muḳteżā-yı irāde-i seniyye-i mülūkāneden ise de {3} ehl-i İslām'dan ba'żı ṭama'kār eşḫāṣ maḳūlesi üserā-yı merḳūmeyi kefereye fürūḫta cesāret {4} itmekde olub ḥattā bundan evvelce İngilterelü sefīnesi derūnunda İzmīr cānibinden Frānsalulara {5} fürūḫt olunmuş Sāḳızlı üserāyı sa'ādetlü İzmīr muḥāfızı ḥażretleri bi't-taḥarrī ẓāhire iḫrāc {6} iderek bu ṭarafa yazmış ve sefīne-i meẕkūre daḫi tevārüd itmiş oldığından mersūmlar es̱nā-yı muḥārebede {7} istirḳāḳ olunmuş üserādan iseler de her birini Dersa'ādet'de mütemekkin Sāḳızlı re'āyādan babaları {8} ve zevc ve aḳrabāları ve müte'alliḳāt-ı sā'ireleri müste'men ṭā'ifesi yedleriyle birer taḳrīb İzmīr'de {9} ṣatun aldırub Dersa'ādet'e celb itmiş olduḳları tebeyyün iderek yine Sāḳız cezīresine iʿāde {10} olunaraḳ Sāḳız'da münāsib olan maḥallere īvā ve iskānları ṭarafıñıza teʾkīd ve işʿār olunmuş idi. {11} Bu defʿa daḫi Dersaʿādet ḳurbunda Beşikṭaş civārında Paşa maḥallesinde mütemekkin Nīḳola nām reʾīsiñ (88) ḫānesinde ṣaġīr ve kebīr altı nefer Sāḳızlı bulunaraḳ lede'l-istinṭāḳ her birini {2} Sāḳız reʿāyāsından Dersaʿādet'de muḳīm babası ve ḳarındaşı ṣatun alaraḳ bir taḳrīb celb {3} itmiş olduḳları tebeyyün eylediğinden işbu altı nefer daḫi esāmī ve eşkāllerini mübeyyin bir ḳıṭʿa {4} defter ile Tersāne-i ʿĀmire'den taʿyīn olunan çavuşa teslīmen yine Sāḳız cezīresine iʿāde {5} ve irsāl ḳılınmış olmaġla mersūmlar Sāḳız cezīresine lede'l-vürūd esāmī ve eşkāllerini mübeyyin {6} defter alınaraḳ bunları daḫi münāsib olan maḥallere īvā ve iskān ile baʿd-ez-īn bir taḳrīb {7} ḫurūc idemameleri rābıṭasını ikmāle ve mersūmlarıñ tamāmen vuṣūlleriyle ne vechile ve ne maḥallere {8} yerleşdirilmişdir, keyfiyyeti bu ṭarafa taḥrīr ü işʿāra mübāderet eylemeñiz içün ḳāʾime. Fī 21 Ş 38

Derkenar: İşbu emr-nāme-i sāmīniñ ve altı nefer Sāḳızlınıñ mübāşiri Dīvānḫāne Çavuşı Aḥmed Çavuş ile vuṣūlüyle vaṭan-ı aṣliyyeleri maṣṭakī ḳurālarından Ḳaṭarāḥtī nām ḳaryeye īvā ve iskān olunduḳlarını mübeyyin Sāḳız muḥāfıẓınıñ fī 5 L 38 tārīḫinde vārid olan ʿarīżasıyla Sāḳız nāʾibiniñ iʿlāmı meʾālleri bā-fermān-ı ʿālī şerḥ virildi.

[*579/118*] ***İzmīr Muḥāfıẓı Ḥasan Paşa'ya***

{1} Taḳdīr-i mümteniʿu't-taġyīr-i Ṣamedānī iḳtiżāsından olaraḳ eyādī-i küffāra düçār olmuş olan {2} Anābolī ḳalʿası ahālīsinden İzmīr'e gelmiş ve gelmekde olan ehl-i İslām ḥaḳlarında levāzım-ı uḫuvvetden {3} olan ḥürmet ü riʿāyet ve vücūh ü ahālī-i memleket ile bi'l-ittifāḳ icrā olunmuş ve olunmaḳda {4} oldıġı muḳaddemā ṣavb-ı saʿādetlerinden inhā ve işʿār ḳılınmış ise de bunlarıñ içlerinde baʿżı {5} eşyā çıḳa[r]mış olanlar dīgerlerine nisbeten ḳudreti var gibi görünse bile merḳūmlar istīlādan ḳurtulmuş {6} birtaḳım ʿāciz ve ʿācize olduḳlarından seyyān ṭutılaraḳ o maḳūle İzmīr'e gelüb iskān idenler {7} ḥaḳlarında vaṭanlarınıñ dest-i kefereden taḫlīṣine ḳadar lāzım gelan ḥürmet ü riʿāyet icrā ve āsāyiş {8} ü rāḥatları vesāʾili ikmāl ve īfā ḳılınması ḫuṣūṣı bundan aḳdem ṣavb-ı müşīrīlerine yazılmış imiş. {9} El-ḥāletü-hāẕihī ahālī-i merḳūmeden ricāl ve nisvān olaraḳ iki yüz miḳdārı nüfūs İzmīr'de {10} iḳāmet itmekde iseler de muḳaddemce taḫṣīṣ olunmuş olan yevmiyeleri tedāḫüle binmiş ve birazınıñ daḫi {11} yevmiyeleri ḳaṭʿ ḳılınmış oldıġından ḥabbe-i vāḥideye muḥtāc ve aç [ü] lā-ʿilāc olaraḳ sefīl ü sergerdān {12} ve raḥm ü şefḳate vücūhla şāyeste ve şāyān olduḳlar[ı] beyānıyla ḥāl-i dīger-gūnlarına merḥameten infāḳları (89) ḫuṣūṣuna müsāʿade-i seniyye erzān buyurulması bu defʿa ahālī-i merḳūme ṭaraflarından bā-ʿarżuḥāl inhā {2} ve istirḥām olunub bunlar ḳader ve ḳażā-yı Sübḥānī'yle ʿuṣāt-ı kefere ellerinden sāḥil-i necāt {3} ü selāmete vāṣıl olmuş ve ʿāciz ü nā-çār ḳalaraḳ vaṭanlarından ve ʿiyāl ü müteʿalliḳātından {4} ayrılmış birṭaḳım mecrūḥu'l-fu'ād dīn ḳarındaşlarımız olmaḳ mülābesesiyle ḥaḳlarında muʿāmele-i uḫuvvet-i {5} İslāmiyye'niñ icrāsı lāzımeden ve muḳaddemce ol vechile işʿār olunmuş mevāddan iken bu vechile {6} taḫṣīṣ ḳılınan yevmiyeleriniñ tedāḫüle binmesi ve baʿżılarınıñ daḫi ḳaṭʿla cevr ü eẕā ḳılınması {7} muʿāmele-i uḫuvvet-i İslāmiyye ve mihmān-nüvāzī merāsimine muvāfıḳ ve şīme-i āgāhī ve ḥamiyyete lāyıḳ {8} düşmeyeceği ẓāhir ve bunlar bā-ʿavn-i Ḫayru'n-Nāṣırīn vaṭanlarınıñ dest-i küffārdan taḫlīṣine ḳadar {9} müsāfir olmaġla muḳaddemā işʿār ḳılınmış oldıġı üzere merḳūmlar ve bundan ṣoñra İzmīr'e gelüb {10} istidʿā-yı iskān idenler mecrūḥu'l-ḳalb ve nā-çār dīn ḳarındaşlarımız oldıġından ez-her-cihet {11} ḥaḳlarında merāsim-i mihmān-nüvāzī icrā ve taṭyīb-i ḫāṭırlarıyla ḥürmet ü riʿāyet-i muḳteżiye bi'l-vücūh {12} īfā olunaraḳ bā-ʿavn-i Bārī vaṭanlarınıñ eyādī-i eşḳıyādan taḫlīṣine dek ārāmiş ü istirāḥat {13} ve āsāyiş ü refāhiyyetlerini müstelzim esbāb-ı ḥaseneniñ ikmāl ü istiḥṣāliyle iṡbāt-ı müddeʿā-yı dirāyete {14} ṣarf-ı himmet buyurmaları siyāḳında ḳā'ime. Fī 21 Ş 38

[*579/119*] ***Rumili vālīsine***

{1} Ḳaraman eyāletine ilḥāḳan Tırḥala sancaġı vezīr-i mükerrem saʿādetlü Reşīd Paşa ḥażretlerine tevcīh ü iḥsān {2} buyurulmuş oldıġını müteʿāḳib Yānya Mutaṣarrıfı saʿādetlü ʿÖmer Paşa'ya dā'ir bundan aḳdemce mersūl-ı {3} ṣavb-ı saʿādetleri ḳılınan taḥrīrāt-ı muḫliṣīye cevāb olaraḳ bu defʿa tevārüd iden bir ḳıṭʿa ḳā'ime-i {4} düstūrīleri müfādında İskenderiye Sancaġı Mutaṣarrıfı saʿādetlü Muṣṭafā Paşa ḥażretleri ʿasker tertīb {5} itmekde olub muntaẓır oldıġı aṭiyye-i seniyyeniñ ẓuhūrunda derḥāl ḥareket ideceğini ṭaraf-ı saʿādetlerine {6} yazmış oldıġına ve müşārun-ileyh Reşīd Paşa ḥażretleriniñ Arnavud ṭā'ifesi ʿindinde vaḳʿ ü ḥaysiyyeti {7} ber-kemāl olub müşārun-ileyh ʿÖmer Paşa'dan ziyāde ʿasker cemʿ ideceğine naẓaran müşārun-ileyh Reşīd Paşa {8} ḥażretleriniñ İskenderiye mutaṣarrıfı müşārun-ileyh ile berāber Ḳarlıili üzerine ʿazīmetinde Mora'ya mürūr {9} ve Bālyabādra'da olan ʿasākiri bi'l-istiṣḥāb ḏoġrı Ġaston ovalarına ʿazīmetle ḳahr {10} ü tedmīr-i ʿuṣāta me'mūriyyeti münāsib olacaġı ve müşārun-ileyh ʿÖmer Paşa'nıñ daḫi Preveze'de ḳalması {11} baʿżı cihetler ile uymayacaġından İskenderiye mutaṣarrıfı müşārun-ileyhle berāber Ḳarlıili maṣlaḥatında {12} istiḫdām olunması ve bugünlerde Mora ve Eġrīboz üzerine vüzerā ve me'mūrları ne vechile tertīb {13} ve taʿyīn buyuracaḳları ifādesiyle Banālūḳa Mütesellimi ʿAlo Aġa bendeleriniñ Eġrīboz sancaġınıñ levṡ-i {14} vücūd-ı eşḳıyādan taṭhīrine me'mūriyyetini şāmil kendüsüne ḫiṭāben bir ḳıṭʿa emr-i ʿālī ıṣdār {15} ve ṣavb-ı sipehdārīlerine tesyār olunması ḫuṣūṣı ve sā'ir ifādāt muḥarrer ü mezkūr olaraḳ {16} mezāyāsı ve irsāl buyurılan evrāḳ me'ālleri maʿlūm-ı ḫālişānemiz olmuş ve rikāb-ı ḳamer-tāb-ı {17} şāhāneye ʿarż ü taḳdīm ile manẓūr-ı hümāyūn-ı mülūkāne buyurulmuşdur. Müşārun-ileyhimā Reşīd Paşa {18} ve ʿÖmer Paşa'nıñ İskenderiye mutaṣarrıfı müşārun-ileyh maʿiyyetine me'mūriyyetleri ṣūreti me'āl-i işʿārlarından {19} müstefād ve işbu tertībleri yolsuz olmadığı ve Bālyabādra'da saʿādetlü Yūsuf Paşa ḥażretleri {20} maʿiyyetine üç biñ Evlād-ı Fātiḥān ve birḳaç biñ sā'ir ʿasker ki cemʿan altı-yedi biñ ʿasker {21} irsāli irādesine dā'ir giçende yazılan nemīḳa-i muḫliṣīniñ vuṣūlünden evvel oldığı (90) vāreste-i ḳayd [ü] īrād ise de müşārun-ileyh Muṣṭafā Paşa ḥażretleri muḳaddemce bu ṭarafa göndermiş {2} oldığı taḥrīrātında müşārun-ileyh ʿÖmer Paşa'nıñ kendü maʿiyyetine me'mūriyyeti ḫuṣūṣunı bundan böyle {3} mülāḥaẓa ve taḥrīr ideceğini yazmış ve henüz buña dā'ir bu ṭarafa bir gūne inhā ve işʿārı ẓuhūr {4} itmamiş olub maʿa-hāẕā müşārun-ileyh kendüsi ṭālib olmadıḳça maʿiyyetine me'mūrlar ilḥāḳı uymayacağı {5} ve müşārun-ileyhi kendü bildiğine bıraġub "şöyle oldı, böyle oldı" didirecek bahānelere düşürmamek {6} lāzımeden idüği nezd-i saʿādetlerinde daḫi maʿlūm olan ḥālātdan ve bu cihetle müşārun-ileyhimānıñ {7} bu vechile maʿiyyetine me'mūriyyetleri ṣūretini henüz müşārun-ileyh Muṣṭafā Paşa ṭaraf-ı serʿaskerīlerine taḥrīr {8} ve ṭaleb itmeyüb işbu işʿārları ẕāt-ı sipehdārīleriniñ tedbīr ü taṣmīmleri oldığı ḥālde {9} zinhār terk ve te'ḫīr buyurarak ve ṭaraf-ı ṣafderānelerinden re'sen bir şey dinmeyerek eğer kendüsi {10} yazub ister ve ne vechile ṭaleb ider ise ol vaḳt öylece icrā buyurmaları iḳtiżā-yı maṣlaḥatdan {11} ve muḳteżā-yı irāde-i seniyyeden olmaġla ol vechile icrā-yı muḳteżā-yı dirāyet ü feṭānet ile {12} müşārun-ileyh Muṣṭafā Paşa'yı kendü bildiğine bıraġaraḳ ve ḥüsn-i ṣūret ve kemāl-i riʿāyetle iş görmesi {13} vesā'iliniñ ikmāline himmet buyurmaları lāzımeden oldığı ve ṭıbḳ-ı işʿār-ı müşīrīleri vechile Banālūḳa mütesellimi {14} mūmā-ileyhiñ Eġrīboz üzerine me'mūriyyetini şāmil iḳtiżā iden emr-i ʿālī şeref-sünūḥ iden irāde-i seniyye {15} mūcebince ıṣdār ve ṭaraf-ı serʿaskerīlerine tesyār ḳılındığı maʿlūm-ı müşīrīleri buyuruldukda her ḥālde {16} iṡbāt-ı dirāyet ve me'mūriyyete şitāb ü sürʿat buyurmaları siyāḳında ḳā'ime. Fī 21 Ş 38

[*579/123*] ***Mora vālīsi ve serʿaskerine ve Çirmen mutaṣarrıfına***
{1} Mora cezīresi ve ḥavālīsinde kā'in Rum keferesi ʿuṣātınıñ ümmet-i Muḥammed'e itmedikleri sū'-i ḳaṣd ve ihānet ḳalmadığına mebnī {2} işbu sene-i mübārekede göñül birliğiyle germiyyetlü ṭutılaraḳ ʿavn ü ʿināyet-i Ḥażret-i Bārī ve ḳuvve-i ḳudsiyye-i cenāb-ı {3} tācdārīyle mesfūrlardan gereği gibi aḫẕ-ı ṡār ü intiḳām olunub memālik-i pādişāhīniñ levṡ-i vücūd-ı şeḳāvet- {4} -ālūdlarından taṣfiye ve taṭhīri idāre-i mekārim-ifādesiyle cenāb-ı şecāʿat-me'āb-ı müşīrīleri ḫaṭb-ı cesīm-i serʿaskerīye {5} me'mūr ḳılınmış ve ṭaraf ṭaraf ʿasākir-i vefīre ve me'mūrīn-i sā'ire taʿyīn olunmuş olmaḳ mülābesesiyle ẕāt-ı saʿādetleriniñ

{6} bu bābda icrā-yı muḳteżā-yı merdānegī ve şecāʿate iḳdām buyuracaḳları maʿlūm ise daḫi el-ḥāletü-hāẕihī saʿādetlü {7} Ḳapūdān paşa ḥażretleri Donanma-yı Hümāyūn sefāyinini maʿiyyetine biʾl-istiṣḥāb bu cānibden fekk-i lenger-i iḳāmet {8} ve Aḳdeñiz'e neşr-i şirāʿ-i ʿazīmet itmiş oldığından berren meʾmūr olan vüzerā-yı ʿiẓām ve sāʾirleri daḫi {9} vaḳt güẕerān itmeksizin mevsimiyle icrā-yı muḳteżā-yı meʾmūriyyete ve saʿādetlü Rumili vālīsi ve serʿaskeri {10} ḥażretleri ile biʾl-müẕākere vāḳiʿ olacaḳ reʾy ü tensībi vechile ḥareket ve semt-i meʾmūriyyete vürūda şitāb {11} ü sürʿat iderek icrā-yı levāzım-ı şecāʿat ve ġayret eylemeleri umūr-ı mefrūżadan olub irāde-i seniyye-i şāhāne {12} daḫi ol vechile müteʿalliḳ olmaġla mecbūl olduḳları ġayret ü ḥamiyyet iḳtiżāsı ve emr ü irāde-i seniyye manṭūḳ {13} ü muḳteżāsı üzere cümle ile biʾl-ittifāḳ ḳahr ü tenkīl-i ʿuṣāt-ı maḫẕūleye beẕl-i yārā-yı liyāḳat ve ol vechile {14} ẕāt-ı saʿādetlerinden meʾmūl olan şecāʿat ü besālet levāzımını ibrāz ü iẓhāra himmet buyurmaları {15} siyāḳında ḳāʾime. Fī 25 Ş 38

[579/124] *İskenderiye ve Oḫrī ve İlbaṣan sancaḳlarına mutaṣarrıf Muṣṭafā Paşa'ya*

{1} Mora ve Ḳarlıili ṭaraflarında ʿuṣāt-ı kefereniñ ʿiṣyān ü ṭuġyānda ıṣrār ile ümmet-i Muḥammed ḥaḳḳında {2} ellerinden gelan melʿaneti icrā dāʿiye-i fāsidesinde olduḳları ecilden ve bu gāvurlarıñ bir-iki seneden berü {3} taḥammül-sūz-ı ehl-i īmān olacaḳ vechile bu ḳadar dīn ḳarındaşlarımıza eyledikleri ḫıyānetin inşāʾallāhü Taʿālā {4} intiḳāmını almaḳ ẕimmet-i himmet-i Salṭanat-ı Seniyye'ye lāzım geldiğinden bu sene-i mübārekede maṣlaḥat eṭrāflu ṭutılaraḳ {5} bā-ʿavn-i Bārī şu gāvurlara ḥadlerini bildirerek ve şevket-i İslāmiyye'yi ber-vefḳ-i murād göstererek {6} hemān az vaḳtde indifāʿ-i ġāʾileleri niyyet-i ḫāliṣasıyla Mora üzerine iḳtiżāsına göre meʾmūrlar {7} taʿyīn olunmuş ve saʿādetlü Ḳapūdān paşa ḥażretleri maʿiyyetiyle külliyyetlü Donanma-yı Hümāyūn sefāyini **(93)** ve ẕaḫīre ve mühimmāt tertīb ḳılınmış oldığından başḳa ẕāt-ı şecāʿat-simātları gibi bir vezīr-i ġayret-semīriñ daḫi {2} Ḳarlıili ṭarafından ʿuṣāt-ı kefere üzerine saṭvet-endāz olması ḫuṣūṣuna irāde-i kerāmet-ifāde-i şāhāne {3} taʿalluḳ eylemiş olmaḳ mülābesesiyle inşāʾallāhüʾl-Melikü'n-Naṣīr gerek ẕāt-ı diyānet-simātları meʾmūl-ı ʿālī vechile {4} işbu dīn-i mübīn ḫidmetinde ibrāz-ı ġayret ü şecāʿat eyleyerek ve gerek meʾmūrīn-i sāʾire daḫi icrā-yı meʾmūriyyete {5} merdāne çalışaraḳ dīn ü devletimiz yolunda ḳarīben bir ḫidmet-i ḥasene vücūda gelmesi elṭāf-ı İlāhiyye'den meʾmūl {6} ü müstedʿā ve bundan aḳdem icrā-yı meʾmūriyyetlerine dāʾir şeref-sünūḥ iden irāde-i ʿaliyye-i şāhāne iḳtiżāsı {7} icrā olunaraḳ maṭlūb buyurılan aḳçe ve sāʾire tanẓīm ve irsāl olunmuş oldığından hemān şimdiye ḳadar {8} ẕāt-ı şerīfleri daḫi ḥareket-birle gāvurlar üzerine velvele-sāz-ı şecāʿat ü ṣalābet olmuş olacaḳları {9} hüveydā ise de müşārun-ileyh Ḳapūdān paşa ḥażretleri müstaṣḥab-ı maʿiyyeti olan Donanma-yı Hümāyūn ile Dersaʿādet'den {10} ḥareket ve Aḳdeñiz'e şirāʿ-küşā-yı ʿazīmet olmuş oldığından inşā'allāhü'r-Raḥmān hemān ḳarīben Mora ḥavālīsine {11} varacağı derkār olaraḳ berü ṭarafdan Mora üzerine me'mūr olan vüzerā-yı ʿiẓāmıñ bi'l-ittifāḳ {12} ḳahr ü tenkīl-i aʿdāya müsāraʿat eylemeleri şeref-sünūḥ iden irāde-i seniyye mūcebince me'mūrīn ḥażerātına ṭaraf-ı ḫāliṣānemizden {13} yazılmış olaraḳ ẕāt-ı şecāʿat-simāt-ı düstūrānelerine daḫi Donanma-yı Hümāyūn'uñ ḥareket ü ʿazīmeti işʿār olunaraḳ {14} hemān bir ān aḳdem muḳteżā-yı me'mūriyyetleri üzere şu gāvurlarıñ ḳahr ü tedmīrlerine himmet eylemeleriniñ te'kīd ve istiʿcāl ḳılınması {15} īcāb-ı emr ü fermān-ı hümāyūn-ı şāhāneden olmağla ẕātlarından me'mūl-ı cenāb-ı ẓıllullāhī olan şecāʿat {16} ü ṣadāḳati bir ān evvel icrāya niṣār-ı mā-ḥaṣal-i iḳtidār iderek bā-ʿavn [ü] ʿināyet-i Cenāb-ı Bārī bir gün evvel {17} maḥall-i me'mūreleri cānibine irişerek şu gāvurlara göz açdırmayaraḳ hemān ḳahr ü tedmīrleriyle ḥaḳlarında olan {18} teveccühi tezyīde beẕl-i himmet buyurmaları siyāḳında ḳā'ime. Fī 25 Ş 38

[*579/126*] ***Yeñişehir defterdārına***

{1} Yeñişehir'e vuṣūlüñden berü rü'yet-i mehāmm-ı me'mūreñe naṣb-ı nefs-i iḳdām ile şimdiye dek gerek emlāk-ı hümāyūndan {2} tedārük ve gerek rāyiciyle iştirā ve nüzül emīnine teslīm olunan ecnās-ı ẕaḫāyir bir yük on biñ kīleye {3} resīde olaraḳ ġayr-ez-maṣrūf el-yevm ḳırḳ biñ kīleden mütecāviz ecnās-ı ẕaḫāyir ve üç yüz biñ vuḳıyye {4} peksimād mevcūd idüği ve Ṣofya'dan müretteb ʿatīḳ ve cedīd peksimād daḫi peyderpey vürūd itmekde olub {5} Rumili ḳażālarından müretteb daḳīḳ ve şaʿīr ve ağnāmıñ daḫi taḥṣīli emrine mübāşeret olunmuş ve maḥṣūl-ı {6} cedīdiñ daḫi vaḳt-i idrāki taḳarrüb itmiş oldığı beyānıyla ʿasākir ve me'mūrīniñ żarūretden vāreste {7} olacaḳları me'mūl oldığı ifādesine dā'ir tevārüd iden ʿarīżañ manẓūr ü mefhūmı maʿlūmumuz {8} olub bu vechile icrā-yı ġayret ü ṣadāḳate diḳḳat tamām mecbūl oldığıñ ḥamiyyet ü istiḳāmeti {9} te'kīd ider bir keyfiyyet olmağla ẕerīʿa-i ḥaẓẓ ü taḥsīn oldığından ġayrı ḥużūr-ı hümāyūn-ı şāhāneye daḫi {10} ʿarż ile meşmūl-ı naẓar-ı mekārim-eẟer-i ḥażret-i cihān-dārī buyurulmuşdur. Maʿlūmuñ oldığı üzere işbu {11} sene-i mübārekede bi-ḥavlillāhi Taʿālā ʿuṣāt-ı reʿāyādan gereği gibi aḫẕ-ı ẟār ü intiḳām olunmaḳ irāde-i {12} kerāmet-ifādesiyle külliyyetlü me'mūrīn ve ʿasākir taʿyīn olunmuş olub cemīʿ zamānda ʿasker dimek {13} ẕaḫīre dimek oldığına ve ʿasākir-i me'mūreniñ tecemmuʿ ü taḥaşşüdüyle tamām iş görecek vaḳt {14} ü mevsim idüğüne binā'en işbu ẕaḫāyir emr-i ehemmine cümleden ziyāde iḳdām olunaraḳ ʿasākir ve me'mūrīne {15} żarūret ü müżāyaḳa çekdirilmamesi esbābınıñ istiḥṣāline diḳḳat ü ġayret olunmaḳ umūr-ı mefrūżadan {16} olmağla muḳteżā-yı ḥamiyyet ü dirāyet-i fıṭriyyeñ üzere bi-mennihī Taʿālā bundan böyle daḫi bu emr-i ehemde {17} vüsʿ-i beşerde olan mesāʿī ve iḳdāmı icrā iderek ve meʾmūriyyetiñ iḳtiżāsı üzere saʿādetlü {18} Serʿasker paşa ḥażretleriniñ inżimām-ı reʾy ve himmetiyle ẕaḫāyir-i lāzımeniñ tedārük ü tehyiʾesi {19} ne maḳūle ihtimām ü ġayrete tevaḳḳuf ider ise icrāsıyla meşkūrü'l-mesāʿī ve maḳbūlü'l-ḫidme olmaḳlığa {20} diḳḳat ve her ḥālde is̱bāt-ı müddeʿā-yı ṣadāḳat ü reviyyete mübāderet eylemañ içün ḳāʾime. Fī 26 Ş 38

[*579/127*] ***İbrāhīm Paşa'ya***
{1} Yūnd adası muḥāfaẓası-çün Ḳaresī sancağından müretteb ʿaskerden Kemer-i Edremīd ḥiṣṣesi-çün cevāb virilmiş {2} oldığından başḳa ḳuṣūr gönderdikleri ʿasker beher māh tebdīlinde üçer beşer noḳṣān geldikleri {3} ve es̱nā-yı rāhda daḫi rāst geldikleri reʿāyāyı iʿdām ve nehb ü ġāret mis̱illü fezāḥate {4} cesāret eyledikleri beyānıyla beher ḳażādan müretteb ʿaskeriñ tamāmen iḫrāc ü irsāliyle es̱nā-yı rāhda {5} o maḳūle ḫilāf-ı rıżā ḥareketden taḥẕīr olunmaları bābında emr-i ʿālī ıṣdārı ḫuṣūṣı Yūnd Adası {6} Muḥāfızı Ḳara ʿOs̱mān-zāde Meḥmed Ağa ṭarafından inhā ve iltimās olunub maʿlūm-ı saʿādetleri oldığı {7} üzere livāʾ-i mezbūrdan müretteb ʿasker mücerred ada-i meẕkūr muḥāfaẓası ġarażıyla oldığından bunlarıñ {8} bir neferi noḳṣān olmayaraḳ tamāmen meʾmūr olduḳları maḥalde is̱bāt-ı vücūd eylemeleri lāzımeden iken {9} böyle baʿżı maḥalden cevāb virilmesi ve gönderilan daḫi noḳṣān varması uyġunsuz oldığından {10} başḳa müretteb olan ʿaskeriñ māh-be-māh tebdīli neden īcāb eylediği daḫi añlaşılamamağla ağa-yı {11} mūmā-ileyh ṭarafından gelan ʿarīża ile ʿasker-i meẕkūruñ tevzīʿ defteri işbu teẕkire-i muḫliṣīye leffen (96) mersūl-ı ṣavb-ı saʿādetleri ḳılınmağla keyfiyyet müṭālaʿasından daḫi maʿlūm-ı saʿādetleri {2} buyurılur. Ḳaresī sancağı idāresi ʿuhde-i saʿādetlerine muḥavvel oldığından bu bābda fermān-ı ʿālī {3} ıṣdārına ḥācet olmayaraḳ cenāb-ı düstūrīleri keyfiyyeti iḳtiżāsı vechile mütesellimleri bendelerine {4} ve sāʾir iḳtiżā idenlere ekīden taḥrīr iderek ʿasākir-i merḳūmeniñ tamāmen ve kāmilen muḥāfıẓ-ı mūmā-ileyh maʿiyyetine {5} is̱bāt-ı vücūd eylemeleri ve zinhār ü zinhār kendü ḥāliyle olan fuḳarā-yı raʿiyyete ednā mertebe taʿaddī {6} ve ḫasār vuḳūʿa gelmamesi rābıṭa-i ḳaviyyesiniñ serīʿan istiḥṣāline ve keyfiyyeti işʿāra himmet buyurmaları {7} siyāḳında teẕkire. Fī 26 Ş 38

[*579/128*] ***İstānköy muḥāfıẓına***
{1} İstānköy reʿāyāsı muʿteberlerinden olaraḳ bundan aḳdem celb ve tevḳīf olunmuş olan {2} üç nefer rehnleriñ tebdīli-çün yerlerine yine reʿāyā-yı mersūmeniñ muʿteberlerinden üç nefer rehn irsāl {3} ü iʿzām olunmuş idüği bu defʿa bā-iʿlām inhā olunub keyfiyyet ḫāk-pāy-ı hümāyūn-ı şāhāneden {4} bi'l-istīẕān sāniḥ olan emr ü fermān-ı mülūkāne muḳteżāsı üzere tevḳīf

olunan üç neferiñ {5} emsāli vechile taḫliye-i sebīlleriyle yerlerine vürūd iden mersūmlar rehn olmaḳ üzere ʿizzetlü Bosṭāncıbaşı {6} aġa ṭarafında tevḳīf ḳılınmış idüği beyānıyla ḳā'ime. Fī 26 Ş 38

[579/130] *Çirmen mutaṣarrıfına*
{1} Muḳteżā-yı me'mūriyyet-i müşīrīleri üzere bir ḳadem aḳdem Yeñişehir'e vuṣūl ü luḥūḳa iḳdām ü ġayretleri {2} derkār ise de Dūbnīça merḥalesine vuṣūllerinde piyāde ʿaskeriñ yorġunluġı sürʿat-i seyre māniʿ-i küllī {3} oldıġından başḳa Mora Vālīsi ve Serʿaskeri vezīr-i mükerrem saʿādetlü Yūsuf Paşa ḥażretleriniñ {4} Ṣofya'dan ḥareket ve Dūbnīça merḥalesinde öñüñüzi alaraḳ rah-i rāstıñızda bulunduḳlarından {5} müşārun-ileyh ve cenāb-ı saʿādetleri ʿasākiriniñ birbirini teʿāḳubı cihetiyle daḫi sürʿat üzere gidilemediği {6} ve serʿasker-i müşārun-ileyhiñ daḫi ṣavb-ı saʿādetlerine göndermiş olduḳları şuḳḳalarında Dūbnīça'da birḳaç gün {7} tevaḳḳufları yazılmış oldıġı ecilden ḥasbe'ż-żarūr birḳaç gün iḳāmet olunaraḳ ẕikr olunan {8} şuḳḳanıñ taḳdīm ḳılındıġı ve yine ilerüye sürʿat buyuracaḳlarını mübeyyin bu defʿa firistāde {9} ve isrā buyurılan taḥrīrāt-ı şerīfeleri vārid ve mefhūm ü mezāyāsına ve şuḳḳa-i mersūle mü'eddāsına {10} ıṭṭılāʿ-i ḫulūṣ-verī muḥīṭ ü şāmil olmuşdur. Fī'l-ḥaḳīḳa piyāde ʿaskeriñ sürʿat-i seyre māniʿ olacaġı {11} derkār oldıġından başḳa müşārun-ileyhiñ daḫi ol vechile eṣnā-yı rāhda teṣādüfi bir ḳat daḫi **(97)** ʿusreti müntic idüği maʿlūm ise de maʿlūm-ı saʿādetleri oldıġı vechile bu mevsimler tamām iş görecek {2} vaḳtler olub bi'l-cümle me'mūrīniñ bir ān evvelce maḥall-i me'mūrelerine vuṣūl ü luḥūḳ ile iṡbāt-ı diyānet {3} ü şecāʿate diḳḳat eylemeleri īcāb-ı vaḳt ü maṣlaḥatdan ve cenāb-ı ġayret-niṣābları daḫi bā-ʿavn-i Bārī {4} īfā-yı me'mūriyyet ile ḥaḳḳ-ı saʿādetlerinde ber-kemāl olan ḥüsn-i iʿtiḳādı taṣdīḳe müsāraʿat buyurur {5} vüzerā-yı ʿiẓāmdan olduḳlarından ol bābda te'kīde ḥācet olmadıġı bedīhiyyātdan ise de tamām iş görüb {6} nām ü şān alacaḳ vaḳtler olmaġla hemān iḳtiżāsına göre ḥareket iderek bir ḳadem aḳdem Yeñişehir'e vuṣūle {7} iḳdām ü ġayret ve cümle ile bi'l-ittifāḳ icrā-yı me'mūriyyet ve diyānete kemāl-i himmet ve şitāb ü sürʿat {8} buyurmaları siyāḳında ḳā'ime. Fī 29 Ş 38

[579/141] *Midillü nāẓırına*
{1} Bundan aḳdem Midillü cezīresi reʿā[yā]ları muʿteberānından ʿalā-ṭarīḳi'r-rehn celb ile ʿizzetlü Bosṭāncı- {2} -başı aġa ṭarafında tevḳīf olunmuş olan altı nefer reʿāyānıñ müddet-i tevḳīfleri bir seneyi tecāvüz itmiş {3} oldıġından bu defʿa gönderilmiş olan altı nefer muʿteber reʿāyā rehn olaraḳ tevḳīf ile muḳaddemki {4} rehnleriñ taḫliye-i sebīlleri istidʿāsına dā'ir olan ʿarīżañ manẓūr ü mezāyāsı maʿlūmumuz olmuş {5} ve gönderilan altı nefer reʿāyā daḫi gelmiş

olmağla bunlar rehn olarak̤ tevk̤īf ile muk̤addemki altı neferiñ {6} sebīlleri taḫliye k̤ılınmış oldığı beyānıyla mektūb. Fī 5 N 38

[579/142] *Rumili vālīsine*
{1} Bālyabādra'da olan saʿādetlü Yūsuf Paşa ḥażretleri maʿiyyetine üç biñ nefer Evlād-ı Fātiḥān {2} ʿaskeriyle üç-dört biñ nefer daḫi āḫar ʿasker irsāl ü īṣāli irādesini mübeyyin mu'aḫḫaren gönderilan {3} taḥrīrāt-ı muḫlişīniñ vuṣūlüyle ol mik̤dār ʿaskeriñ Preveze'den baḥren irsāli müstelzim-i ṣuʿūbet olub {4} Mora ordusunuñ Alāmāna'dan ilerü sevk̤inde ʿAlo Aġa maʿiyyetinde taḥaşşüd idecek ʿasākirden başk̤a {5} olarak̤ üç biñ nefer Evlād-ı Fātiḥān ʿaskeriyle üç biñ nefer daḫi k̤ażā ʿaskeri mūmā-ileyh maʿiyyetine {6} virilüb İzdīn'den Ṣālona ve Olunduruk ve andan Īnebaḥtī'ya irsāli teshīl-i maṣlaḥatı mūcib ve fevā'id-i {7} sā'ireyi müstevcib olacaġı ifādesinden ve mūmā-ileyhiñ çırāk̤lık̤ me'mūlüyle ibrāz-ı ḫidmete derkār olan {8} ḫāhiş ü ġayretinden baḥişle umūr-ı me'mūresinde tezāyüd-i ġayretini müstelzim olmak̤ üzere mūmā-ileyhe {9} k̤apucıbaşılık̤ iḥsān olunmasını ḥāvī ve bu esnāda ṣavb-ı saʿādetlerine külliyyetlü ak̤çeniñ derece-i lüzūmı {10} ifādesiyle bugünlerde ṭaraf-ı serʿaskerīlerine nak̤den üç-dört biñ kīse irişdirilmesi ḫuṣūṣuna müsāʿade buyurulması {11} iltimāsını muḥtevī resīde-i cā-yı vürūd olan taḥrīrāt-ı şerīfeleri mezāyāsı maʿlūm-ı ḫulūṣ-verī {12} oldığından ġayrı ḥużūr-ı hümāyūn-ı ḥażret-i cihāndārīye daḫi ʿarż ile meşmūl-ı liḥāẓa-i ʿāṭıfet- {13} -ifāża-i cenāb-ı pādişāhī buyurulmuşdur. Bālyabādra'da müşārun-ileyh Yūsuf Paşa maʿiyyetine ʿasker {14} irişdirilmek beġāyet muk̤teżī ve lāzib olarak̤ maʿiyyet-i müşārun-ileyhe ʿasker irişdirilmesi emrinde {15} işʿār buyurılan tedbīr daḫi müstaḥsen ve münāsib göründiğinden hemān ol vechile icrāsına ihtimām {16} ü dik̤k̤at eylemeleri muk̤teżā-yı irāde-i seniyyeden ve mūmā-ileyh ʿAlo Aġa ve sā'ir uġur-ı dīn ve Devlet-i ʿAliyye'de {17} cānsipārāne ḫidmet ü ġayret idenler ḥaklarında ebvāb-ı luṭf ve müsāʿadāt-ı Salṭanat-ı Seniyye {18} meftūḥ ü mekşūf olarak̤ ẓuhūr iden ḫidmet ve ṣadāk̤atleri rehīn-i nesy ü ferāmūş olmak̤sızın {19} min-ġayr-ı dirīġ iżʿāfıyla nā'il-i mükāfāt-ı ḥasene k̤ılınmaları mübteġā-yı şīme-i kerīme-i Devlet-i ʿAliyye'den ise daḫi {20} henüz bir iş görülmamiş ve bir gūne numūnesi maʿlūm olmamış iken mūmā-ileyhe k̤apucıbaşılık̤ {21} iʿṭāsı uṣūl-i ḥāle tevāfuk̤ itmamesi muʿāmele-i dirīġ olmayarak̤ şimdilik te'ḫīr-i iltimās-ı müşīrīlerini {22} īcāb idüb ancak̤ mūmā-ileyh bundan ṣoñra bir iş görüb āsār-ı ġayret ü ṣadāk̤ati meşhūd olduk̤da {23} muk̤teżā-yı iltimās-ı serʿaskerīleri vechile k̤apucıbaşılık̤ iʿṭāsı ve sā'ir ṣūretle maẓhar-ı mükāfāt {23} ve muk̤teżiyü'l-āmāl k̤ılınacaġı ḥālāt-ı vāżıḥadan olmaġla müşārun-ileyh Yūsuf Paşa maʿiyyeti-çün {23} ol mik̤dār ʿasākiriñ mūmā-ileyh ʿAlo Aġa maʿiyyetiyle işʿār buyurduk̤ları maḥallerden sevk̤ ü isrāsıyla {24} ber-mūceb-i irāde-i

seniyye ṣavb-ı müşārun-ileyhe irişdirilmesi emrine himmet buyurmaları muḥavvel-i ʿuhde-i serʿaskerīleridir. {25} Ḳaldı ki, müteḳalled-i gerden-i liyāḳat ve ihtimām-ı sipehdārīleri olan Mora maṣlaḥatı Devlet-i ʿAliyye'niñ aḳdem-i mehāmm-ı {26} vācibü'l-ihtimāmından olaraḳ bu bābda ḫazā'in-i mīriyyede vücūd-ı nuḳūd derece-i istiḥāleye varmış iken {27} ṭaraf-ı Devlet-i ʿAliyye'den yine bir cānibden çāre ve tedbīri bulunaraḳ ḳaṭʿan dirīġ muʿāmelesi olmaḳsızın {28} ātīde ẓuhūrı elṭāf-ı İlāhiyye'den mes'ūl ü muntaẓar olan ās̱ār-ı fevz ü ẓafere teraḳḳuben ḫuṭūb-ı mevkūle-i {29} serʿaskerīleriniñ teshīli emrinde ne vechile luṭf ve müsāʿadāt-ı seniyye maṣrūf ve mebẕūl ḳılınmaḳda {30} idüği beyāndan müstaġnī ve muḳaddemā ṣavb-ı saʿādetlerine ḥavāleten tertīb ḳılınan iki biñ kīseniñ naḳde tebdīli {31} emrinde bundan aḳdemce vāḳiʿ olan inhā ve iltimās-ı sipehdārīlerine mebnī şeref-sünūḥ iden irāde-i seniyye mūcebince (103) ḥavālāt-ı meẕkūre bundan ṣoñra taḥṣīl ve ātīde vāḳiʿ olacaḳ maṣārife maḥsūb olunmaḳ üzere {2} maṭlūb buyurılan iki biñ kīseniñ biñ kīsesi derḥāl naḳden irsāl olunub dīger biñ kīsesi daḫi {3} beş-on güne ḳadar tedārük ve verādan isbāl olunmaḳ üzere idüği ol bābda gönderilan {4} cevāb-nāme-i ḫāliṣānemizde temhīd ve işʿār olunmuş oldığından derdest-i tedārük olan {5} mārrü'ẕ-ẕikr biñ kīse daḫi bugünlerde tehyi'e ve istiḥżār-birle hemān ṣavb-ı serʿaskerīlerine baʿs̱ ü tesyār {6} ve bundan böyle daḫi tedārük ve tanẓīmi çāresine ibtidār olunmaḳ üzere iken bundan aḳdem {7} Tepedelenli ẕimemātından ḥavāle olunmuş olan aḳçeden saʿādetlü ʿÖmer Paşa ṭarafına göndermiş olduḳları {8} ḥavāle fermānını müşārun-ileyh iʿāde iderek meblaġ-ı mezbūruñ taḥṣīli imkānda olmadığını ṣavb-ı serʿaskerīlerine {9} yazmış oldığı ve merḳūm Tepedelenli'niñ Tırḥāla sancağında olan ẕimemātından yine ṣavb-ı saʿādetlerine {10} ḥavāleten iʿṭā olunmuş olan iki biñ yiğirmi bir kīse aḳçeniñ ıṣdār ve tesyār olunan evāmir-i şerīfesi {11} vāṣıl olmuş ise de işbu maṭlūbātıñ el-ḥāletü-hāẕihī mevsim-i taḥṣīli olmayub tamām iş görecek vaḳt {12} oldığından ve bir ṭarafdan me'mūrīn ve ʿasākir-i mürettebe gelüb hemān ilerü sevḳ ü iʿzām olunacaḳlarından {13} ʿasākir-i muḳteżiyeniñ sevḳ ü iʿzāmından ṣoñra ẕimemāt-ı merḳūmeniñ taḥṣīli ṣūretine baḳılmaḳ üzere {14} ne vechile mümkin olabilür ise bugünlerde serīʿan ṭaraf-ı serʿaskerīlerine üç-dört biñ kīse aḳçeniñ {15} naḳden irişdirilmesi te'kīdine ve müteveffā Receb Paşa muḫallefātınıñ yüz biñ ġurūş bedel ile terki {16} ve oğlı ʿAbdurraḥmān Beğ'e rütbe-i mīr-i mīrānī tevcīhi emrinde isʿāf-ı iltimās-ı düstūrīlerine bī-dirīġ buyurulmuş {17} olan müsāʿade-i seniyyeniñ īfā-yı levāzım-ı teşekkürine dā'ir olan taḥrīrāt-ı müşīrīleri daḫi {18} tevārüd iderek keyfiyyet maʿlūm-ı muḫliṣī olduḳdan ṣoñra ʿatebe-i felek-mertebe-i ḥażret-i kītī-sitānīye {19} taḳdīm ile manẓūr-ı hümāyūn-ı mülūkāne buyurulmuşdur. Ẕimemāt-ı merḳūmeniñ sürʿat-i taḥṣīli {20} mümkin olamayacağı beyān ve taʿallül olunmuş ise de ẕimemāt-ı merḳūme müşārun-ileyh ʿÖmer Paşa'nıñ {21} yazıcısı olub giçende iʿāde olunmuş olan Ḳosṭa Ġrāmatik ve sā'ir vuḳūfı olanlar {22} maʿrifetleriyle ẕimemāt-ı merḳūmeniñ içinde ġāyet ṣaġlam ve serīʿu'l-ḥuṣūl olanlarından tertīb {23} olunmuş oldıġından müşārun-ileyh ʿÖmer Paşa'nıñ ol vechile işʿārı şāyān-ı iʿtibār değil ise de {24} çünki tamām iş görilecek mevsim oldıġından ve cenāb-ı müşīrīleri daḫi ʿasākir ve meʾmūrīni {25} hemān ilerü sevḳ itmek üzere olduḳlarını yazmış olduḳlarından her ne ḳadar maṣārifāt-ı {26} bī-nihāye cihetiyle işʿār buyurduḳları miḳdār naḳdiñ irsāli düşvār ise de böyle iş üzerinde {27} olduḳları vaḳtde teshīl-i meṣāliḥ-i serʿaskerīlerine iḳdām lāzımeden oldıġına bināʾen muḳaddem tertīb olunub {28} biñ kīsesi gönderilmiş olan iki biñ kīseniñ ḳuṣūrı olmaḳ üzere girü ḳalan {29} biñ kīse aḳçeniñ üzerine şeref-sünūḥ iden irāde-i seniyye mūcebince bir biñ kīse aḳçe daḫi ʿilāve olunaraḳ {30} bu defʿa naḳden iki biñ kīse aḳçe gönderilmiş ve çend rūz evvelce gönderilan mārrü'ẕ-ẕikr biñ kīse {31} aḳçe ile berāber üç biñ kīse aḳçeye bāliġ olacaġından bu bābda vāḳiʿ olan inhā ve işʿār-ı {32} serʿaskerīleri daḫi tamāmıyla icrā olunmuş oldıġı ve ẕimemāt-ı merḳūme muḳaddem ber-vech-i muḥarrer {33} erbāb-ı vuḳūf maʿrifetleriyle ġāyet ṣaġlam ve serīʿu'l-ḥuṣūl olmaḳ üzere tertīb olunmuş oldıġına {34} naẓaran bu aḳçe girü ḳalur şey olmayub bir ṭarafdan anıñ daḫi taḥṣīline iḳdām lāzımeden oldıġından {35} mücerred maṭlūb vechile iş görmeñiz ġarażıyla her ne ḥāl ise işʿār buyurılan üç biñ kīse aḳçe naḳd {36} tedārük ve tesyār ḳılınmış ise de cümlemize velīniʿmetimiz olan Devlet-i ʿAliyye'niñ ḥüsn-i ḥālini aḳdem-i efkār {37} itmek lāzıme-i ẕimmet-i ṣadāḳat oldıġından bir ṭarafdan daḫi ẕimemāt-ı merḳūmeniñ taḥṣīlini {38} müstelzim esbābıñ istiḥṣāline himmet buyurmaları lāzımeden idüġi ve işbu aḳçe māddesinde olan {39} işʿārları tamāmıyla icrā olunmuş ve baʿd-ez-īn cenāb-ı serʿaskerīlerine bir diyecek ḳalmamış olub (104) hemān iş görülmek farīżadan oldıġına bināʾen aña göre bi'l-ittifāḳ saʿy ü ġayret ile {2} īfā-yı meʾmūriyyetde ḳuṣūr olunmaması muḳteżā-yı emr ü fermān-ı hümāyūn-ı şāhāneden {3} oldıġı maʿlūm-ı saʿādetleri buyuruldukda cenāb-ı sipehdārīleri daḫi aña göre dāmen-i ġayret {4} ü ḥamiyyeti miyān-ı istiḳāmet ü ṣalābete bend iderek ve lāzım gelenler ile merāsim-i teʿāżud ü ittifāḳı {5} icrāya ihtimām eyleyerek ve işʿārlarından müstefād oldıġı üzere şu mevsim-i fırṣatı ḳaçırmayaraḳ {6} hemān mütevekkilen ʿalellāh ḳol ḳol aʿdā-yı dīn üzerine hücūm ü iḳtiḥām-birle Cenāb-ı Ḫayru'n-Nāṣırīn'iñ {7} ʿavn ü nuṣretiyle şu gāvurlardan aḫẕ-ı intiḳāma ve inşāʾallāhü Taʿālā hemān şu eṣnāda maẓhar-ı envāʿ-ı {8} fütūḥāt olaraḳ ṣıġār ü kibārıñ muntaẓır olduḳları aḫbār-ı sārreniñ peyderpey işʿārına {9} bezl-i himmet-birle icrā-yı şerāyiṭ-i meʾmūriyyete kemāl-i iḳdām ü ġayret buyurmaları siyāḳında ḳāʾime. Fī 6 N 38

[*579/145*] ***Rumili vālīsine***

{1} Mora Vālīsi ve Serʿaskeri saʿādetlü Yūsuf Paşa ḥażretleri Şaʿbān-ı Şerīf'iñ yiġirmi yedinci {2} güni Manāstır'dan ḥareket-birle Yeñişehir'e ʿazīmet üzere oldığını ve iʿānet-i seniyyeye iḥtiyācı {3} derkār idüğüni bu defʿa bā-taḥrīrāt inhā ve işʿār idüb cenāb-ı serʿaskerīleri daḫi aḳçe istidʿāsına {4} dāʾir vārid olan taḥrīrātlarından ḳapu ketḫüdālarına mersūl olan bir ḳıṭʿa şuḳḳalarında müşārun-ileyh {5} bugünlerde vürūd-birle Mora üzerine sevḳ ü iʿzām olundığında iḳtiżā ider ise müşārun-ileyhe daḫi {6} aḳçe virileceğini işʿār buyurmuş olduḳlarından muḳteżā-yı irāde-i seniyye üzere muḳaddem ve muʾaḫḫar {7} ṭaraf-ı saʿādetleri-çün naḳden tertīb ve tesyīr olunmuş olan mebāliğ tamām dört biñ kīseye bāliğ {8} olaraḳ bu bābda ṭıbḳ-ı istidʿāları üzere müsāʿade buyurulmuş oldığına bināʾen müşārun-ileyh ṭarafına {9} lāzım gelan iʿāneti daḫi ẕāt-ı saʿādetleriniñ işbu mebāliğ-i mersūleden uydırub iʿṭā {10} eylemeleri lāzım geleceğinden māʿadā öteden berü bu misillü vüzerā ve meʾmūrīne bu ṭarafdan başḳa başḳa {11} aḳçe gönderilmek uṣūli başa çıḳar şey olmadığından bunlarıñ cümlesine īcāb ü iḳtiżāsına {12} göre iʿānet māddesi ʿuhde-i istiḳlāl-i düstūrānelerine ḥavāle olunmaḳda oldığı ẓāhir {13} ve müşārun-ileyh ol ṭarafa vürūdunda fi'l-vāḳiʿ iʿānet-i seniyyeye muḥtāc ve ne miḳdār münāsib ise ṣavb-ı {14} müşīrānelerine gönderilan mebāliğden iʿṭā eylemeleri muḳteżā-yı irāde-i seniyyeden idüği müberhen {15} ü bāhir olaraḳ iʿānet māddesi uṣūl-i cārī üzere ṭaraf-ı serʿaskerīlerine sipāriş olundığı {16} beyānıyla Yeñişehir'e vürūdunda ṭaraf-ı sipehdārīlerine ifāde-i ḥāl eylemesi ṣavb-ı muḫliṣīden müşārun-ileyhe {17} yazılmış olmağla müşārun-ileyh Yeñişehir'e vürūdunda iʿānete muḥtāc ve ne miḳdār münāsib ise ẕikr olunan {18} mebāliğ-i mersūleden iʿṭāya himmet buyurmaları siyāḳında ḳāʾime. Fī 7 N 38

[*579/155*] ***İskenderiye ve Oḫrī ve İlbaṣan sancaḳlarına mutaṣarrıf vezīre***

{1} ʿAvāṭıf-ı cihān-şümūl-ı cenāb-ı pādişāhīden ʿuhde-i saʿādetlerinde olan İskenderiye sancağına ilḥāḳan Oḫrī {2} ve İlbaṣan sancaḳları daḫi ẕāt-ı dirāyet-simāt-ı müşīrīlerine iḥsān buyurulmuş oldığından ol bābda {3} teşekkür ü maḥmedeti şāmil ve Debreli Yūsuf Beğ-zāde enişteleri Ḥasan Beğ'iñ iki aylıḳ ʿulūfeleri {4} cānib-i Devlet-i ʿAliyye'den virilmek üzere Debre ve Mat ṭaraflarından biñ beş yüz nefer ʿasker ile {5} maʿiyyet-i saʿādetlerine meʾmūr ḳılınmasını müştemil tevārüd iden taḥrīrāt-ı düstūrīleri ile mūmā-ileyh Ḥasan Beğ'e {6} ḳapucıbaşılıḳ iḥsānı Māṭ ve Debre ṭaraflarında tezāyüd-i nüfūẕ-ı müşīrīlerini mūcib olacağından ol bābda {7} müsāʿade-i seniyye erzān buyurulması mültemes-i düstūrīleri idüğüne dāʾir ḳapu ketḫüdāları bendelerine mersūl şuḳḳa-i {8} şerīfeleri mezāyāsı maʿlūm-ı ḫāliṣānemiz olub icrā-yı merāsim-i şükr-güẕārī ve maḥmedete derkār olan {9} himmetleri mūcib-i maḥẓūẓiyyet olaraḳ taḥrīrāt-ı vārideleri ʿaynen ḫāk-pāy-ı iksīr-sāy-ı ḥażret-i pādişāhīye daḫi {10} ʿarż ü taḳdīm ile manẓūr-ı hümāyūn-ı mülūkāne buyurulmuşdur. Cenāb-ı ġayret-meʾāb-ı müşīrīleri Salṭanat-ı Seniyye'niñ

{11} ẕātından ḥüsn-i ḫidmet ve şecāʿat meʾmūl eylediği vüzerā-yı ʿiẓāmından olub her ḥālde tezāyüd-i vaḳʿ {12} ü nüfūẕlarıyla isʿāf-ı iltimāsları maṭlūb ü mültezem oldığı mis̱illü mūmā-ileyh Ḥasan Beğ bendeleriniñ {13} maʿiyyet-i saʿādetlerine istenilmesi vāḳıʿan münāsib ise de işʿār-ı müşīrīleri vechile mūmā-ileyhiñ {14} biñ beş yüz nefer ʿasker istiḫdām itmesi ve iki aylıḳ ʿulūfeleri pīşīn gönderilmesi muvāfıḳ-ı vaḳt ü maṣlaḥat olmayub {15} bu keyfiyyet daḫi aḳçe dirīği maʿnāsına olmayaraḳ mücerred meḥāẕīr-i sāʾireye mebnī oldığı nezd-i saʿādetlerinde daḫi {16} maʿlūm olan ḥālātdan ve İskenderiye ocağınıñ ez-ḳadīm şān ü şöhreti ve cenāb-ı ġayret-meʾāb-ı {17} müşīrīleriniñ ced-be-ced sāye-i Devlet-i ʿAliyye'de olan iʿtibā[r] ü ḥays̱iyyetleri öteden berü esfār-ı {18} hümāyūnda ve ḫidemāt-ı sāʾire-i Salṭanat-ı Seniyye'ye meʾmūriyyetde ḳaṭʿan ʿulūfe ve aylıḳ laḳırdısı olmayaraḳ {19} cānsipārāne saʿy ü ḥareket ile ḳatı çoḳ yüz aḳlıḳlarında bulunmalarından īcāb idüb cenāb-ı {20} saʿādetleriniñ daḫi ḳarīḥa-i ṣabīḥa-i ḥażret-i pādişāhīden bu defʿa işbu dīn-i mübīn maṣlaḥatına meʾmūr {21} buyurulmuş olduḳlarından inşā['allāhü]'r-Raḥmān ḳarīben yüzüñüzden ḫidemāt-ı ḥasene vücūda gelmesine intiẓār {22} derkār ve ḥaḳḳ-ı saʿādetlerinde ber-kemāl olan ḥüsn-i teveccüh-i şāhāne iḳtiżāsına naẓaran hiçbir şeyde {23} dirīġ muʿāmelesi tecvīz buyurulmayacağı bedīdārdır. Cümleye maʿlūm oldığı üzere maṣārifāt-ı bī-nihāye-i {24} Devlet-i ʿAliyye cihetiyle nuḳūda fıḳdān gelme derecesinde ise de mūmā-ileyh Ḥasan Beğ maʿiyyeti-çün {25} işʿār buyurılan biñ beş yüz neferiñ iki aylıḳ ʿulūfeleri ṭopı sāye-i hümāyūn-ı şāhānede {26} bir şey dimek olmadığından pīşīn irsāli bir maṣlaḥatdan değil ise de cenāb-ı düstūrīleriniñ {27} iḫrāc idecekleri İskenderiye ʿaskeri uṣūl-i ḳadīm üzere iken şimdi bunlarıñ içine {28} aylıḳlu ʿasker ḳarışdırmaḳ ve aylıḳ laḳırdısını lisāna düşürmek bir vechile cāʾiz olmayaraḳ {29} zinhār İskenderiye ḫānedānınıñ ḳadīm şān ü şöhretine ḫalel gelmamek içün işbu aylıḳ ṣoḥbetiniñ {30} ortadan ḳaldırılması ḫānedānlarından ẕāt-ı saʿādetlerine mevrūs̱ olan ġayret ü istiḳāmet {31} iḳtiżāsından ve mūmā-ileyh Ḥasan Beğ bendeleri ne miḳdār ʿasker ile maʿiyyet-i saʿādetlerine gider ise {32} ve ṭaraf-ı saʿādetlerinden baḫşīş nāmıyla ne ḳadar aḳçe münāsib görilür ise ṭaraf-ı şerīflerinden {33} defteri vürūdunda iḳtiżāsına baḳılacağı bedīhiyyātdan olub, ḥāṣılı her bir umūr ü maṣlaḥat-ı müşīrīlerini **(112)** tervīcde bu ṭarafda saʿy ü ġayret olunacağından hemān cenāb-ı saʿādetleri daḫi bi-mennihī Taʿālā {2} ġayret idüb ber-vefḳ-i meʾmūl ḥüsn-i ḫidmet ibrāzına muvaffaḳ olaraḳ ḫānedānıñızdan {3} mevrūs̱ olan Devlet-i ʿAliyye uğurunda is̱bāt-ı müddeʿā-yı ġayret ile mükāfāt-ı seniyyeye maẓhar {4} olmaḳlığa beẕl-i vüsʿ ü liyāḳat ve ṭıbḳ-ı iltimās-ı düstūrīleri üzere mūmā-ileyh Ḥasan Beğ'e ʿavāṭıf-ı {5} ʿaliyye-i şāhāneden ḳapucıbaşılıḳ tevcīh ü iḥsān-ı hümāyūn buyurılaraḳ iḳtiżā iden {6} ruʾūs-ı hümāyūnuyla mīr-i mūmā-ileyhiñ ʿale'l-ıṭlāḳ götürebildiği ḳadar ʿasker ile maʿiyyet-i saʿādetlerine {7} meʾmūriyyetini şāmil iḳtiżā iden emr-i ʿālī ıṣdār ve ṭaraf-ı saʿādetlerine tesyār ḳılınmış oldığından {8} hemān mūmā-ileyhi dahi maʿiyyet-i düstūrīlerine celb ile īfā-yı meʾmūriyyete müsāraʿat buyurmaları {9} ġayret ü ḥamiyyet-i ẕātiyyelerine muḥavveldir. Ḳaldı ki, ber-vech-i meşrūḥ İskenderiye ḫānedānı ḥaḳḳında derkār olan {10} ḥüsn-i teveccüh ve iʿtimād-ı ʿālī muḳteżāsınca dīn ve Devlet-i ʿAliyye uġurunda ibrāz-ı ḥüsn-i ḫidmet ile {11} velīniʿmetleri olan devlet-i Muḥammediyye'ye iẓhār-ı ʿiṣyān iderek ümmet-i Muḥammed ʿaleyhine envāʿ-ı ḫıyānet {12} ü melʿanete ictirā iden gāvurlardan aḫẕ-ı s̱ār ü intiḳām niyyet-i ḫāliṣasıyla ḳarīḥa-i ṣabīḥa-i şāhāneden {13} cenāb-ı düstūrīleriniñ meʾmūriyyeti emr ü fermān buyurulmuş oldığına naẓaran böyle dünyā ve āḫiretde {14} maẓhar-ı envāʿ-ı fevz ü felāḥ olacaḳ ḫidmetde bir gün evvel meʾmūl-ı ʿālī üzere ġayret ü şecāʿat {14} iẓhārı żımnında şimdiye ḳadar cenāb-ı düstūrīleriniñ ḥareket ve ṣavb-ı meʾmūrelerine ʿazīmet itmeleri {15} meʾmūl iken aġırca ḏavranaraḳ henüz ḥareketlerine dāʾir bir işʿārları vāḳiʿ olmadığından bu bābda {16} suʾāl-i hümāyūn-ı şāhāne derkār olmaġla muḳteżā-yı ġayret ü diyānetleri üzere eğer şimdiye ḳadar {17} ḥareket ü ʿazīmet buyurulmamış ise bundan böyle aġırca ḏavranmayaraḳ hemān mütevekkilen ʿalellāhi Taʿālā {18} ḥareket-birle īfā-yı meʾmūriyyet ve is̱bāt-ı müddeʿā-yı ṣalābet ile ḥaḳḳ-ı saʿādetlerinde olan ḥüsn-i iʿtimādı {19} taṣdīḳe müsāraʿat ü himmet ve rikāb-ı hümāyūn-ı şāhāneye ʿarż içün ḥareket ü ʿazīmetleri {20} ḫaberini ʿācilen işʿāra müs̱āberet buyurmaları siyāḳında ḳāʾime. Fī 16 N 38

[*579/160*] ***Rumili serʿaskerine***

{1} Muḳaddemā ṭaraf-ı serʿaskerīlerine biñ kīse naḳd ile Tepedelenli ẓimemātından iki biñ kīselik ẓimemāt ḥavāleten {2} iʿṭā olunmuş oldığına dāʾir gönderilmiş olan taḥrīrāt-ı muḫliṣīniñ vürūdundan ve ẓimemāt-ı {3} merḳūmeniñ şimdiki ḥālde taḥṣīli müteʿassir oldığından baḥis̱le tamām iş görecek mevsimde (115) maṣlaḥata sekte īrās̱ itmamek içün külliyyetlü aḳçeniñ irişdirilmesi ve maʿiyyet-i saʿādetlerinde olan {2} delīl ʿaskeriniñ mütecāsir olduḳları ʿulūfe nizāʿı ve Bālyabādra'da olan saʿādetlü Yūsuf Paşa {3} ḥażretleriniñ maʿiyyetinde olan Tüfenkçibaşı Meḥmed'iñ güẕeşte ʿulūfesi iʿṭāsı iltimāsına dāʾir ṣavb-ı serʿaskerīlerine {4} gelmiş olan taḥrīrātıyla ʿulūfe-i müterākimeniñ defteri taḳdīm ḳılındığı ve İnebaḫtī muḥāfaẓasında olan {5} Emīn Aġa daḫi ʿulūfeden ḏolayı aḳçe istidʿāsında oldığı ifādātına ve ifāde-i sāʾireye müteḍāʾir {6} bu defʿa mevḳiʿ-res-i vuṣūl olan taḥrīrāt-ı sipehdārīleri ve evrāḳ-ı mersūle mezāyāsı maʿlūm-ı ḫāliṣānemiz olduḳdan ṣoñra {7} ṭaḳımıyla rikāb-ı ḳamer-tāb-ı mülūkāneye ʿarż ü taḳdīm ile manẓūr-ı hümāyūn-ı şāhāne buyurulmuşdur. Muḳaddem ve muʾaḫḫar ṣavb-ı {8} saʿādetlerine yazılmış oldığı vechile maṣārifāt-ı bī-ḥadd ü ġāye cihetiyle ḫazāʾin-i mīriyyede nuḳūda fıḳdān {9} terettüb itme derecesine varmış ve bu cihetle külliyyetlü naḳd aḳçe irsāli kesb-i ʿusret eylemiş ise de cenāb-ı düstūrīleri {10} evvel ü āḫir vāḳiʿ olan işʿārlarında yoluna gir[dikde?] ve ʿavn-i Ḥaḳḳ'la ḳarībü'l-ʿahdde ḥüsn-i ḫitāmı me'mūl olan {11} maṣlaḥatı te'ḫīrden viḳāyeten üç-dört biñ kīse irsālini iltimās eylemiş olduḳlarından her ne ḳadar ẕimemāt-ı {12} merḳūme serīʿu'l-ḥuṣūl olaraḳ tertīb olunmuş ise de ol vechile işʿārlarına mebnī muḳaddem gönderilüb vuṣūli {13} işbu taḥrīrātlarıyla inhā olunan biñ kīse aḳçeden başḳa mu'aḫḫaren bir biñ kīse aḳçe başḳa ve müteʿāḳiben iki biñ kīse {14} aḳçe daḫi başḳa tertīb olunaraḳ ṣavb-ı saʿādetlerine gönderilmiş ve işbu inhāları henüz bunlarıñ ḫaberi vuṣūlünden {15} evvel olmaḳ lāzım geleceği tebeyyün itmiş ise de bi-mennihī Taʿālā mebāliġ-i merḳūme ʿahd-i ḳarībde vāṣıl olacağına ve muḳaddem {16} ve mu'aḫḫar işʿārlarına ve bi-taḫṣīṣ bu defʿa ḳapu ketḫüdāları efendi bendeleri ṭarafına muḥarrer şuḳḳalarında "Şu günlerde {17} üç-dört biñ kīse aḳçe ile her iş biter" ṣūretini īmā ve işʿār buyurmuş olduḳlarına ve ber-vech-i muḥarrer istedikleri {18} dört biñ kīse aḳçe tamāmen gönderilmiş idüğüne naẓaran bundan böyle bir diyecek ḳalmayaraḳ hemān {19} cenāb-ı şerīfiñiz daḫi iş görmeğe ġayret buyurmaları lāzımeden olub şöyle ki, her ne ḳadar fıḳdān-ı nuḳūd {20} māddesi derkār ise de ehemmiyyet-i maṣlaḥata ve ṣūret-i işʿārlarına mebnī her ne ḥāl ise maṭlūb buyurılan aḳçe tamāmen {21} bu ṭarafdan tedārük ile gönderilmiş ve evvelbahār daḫi tekmīl olub faṣl-ı ṣayf duḫūl itmeğe bir şey ḳalmamış iken {22} yine bir iş görilemeyerek ve olduḳları maḥalden bir ḫaṭve ḥareket olunmayaraḳ bir ġayretsizlik ṣūreti {23} rū-nümā olmaḳda oldığından bu mādde bādī-i tahayyür oldığından başḳa ḥaḳḳ-ı saʿādetlerinde derkār olan {24} ḥüsn-i iʿtiḳād ve me'mūl-ı ʿālīye mebnī böyle vaḳt geçüb henüz bir iş görilemamesinden su'āl-i hümāyūn-ı şāhāne daḫi {25} vāḳiʿ olmaḳda oldığı ve müşārun-ileyh Yūsuf Paşa maʿiyyetinde olan merḳūm tüfenkçibaşınıñ maṭlūbı keyfiyyeti {26} ḥaḳḳan ne vechile olmaḳ lāzım ise öylece icrā iderek ṭaraf-ı saʿādetlerine gönderilan mebāliġden uydurmaları {27} lāzım geleceği ve Īnebaḫtī muḥāfaẓasında bulunan mūmā-ileyh Emīn Aġa'ya giçende vāḳiʿ olan inhā ve istidʿāya binā'en {28} yüz biñ ġurūş tertīb olunaraḳ mūmā-ileyh ṭarafına irsāl olunmaḳ üzere ṭaraf-ı serʿaskerīlerine gönderilmiş {29} ve bu cihetle aġa-yı mūmā-ileyhiñ şimdilik mehmā-emken defʿ-i ıżdırābı ṣūreti istiḥṣāl ḳılınmış olmaḳ {30} mülābesesiyle bu bābda olan işʿārları daḫi meblaġ-ı mezbūruñ vuṣūlünden evvel olacağı ẓāhir olmağla {31} cenāb-ı saʿādetleri daḫi hemān her ḥālde dāmen-i ġayret ü iḳdāmı dermiyān eyleyerek ve şudur budur {32} diyerek artıḳ imrār-ı vaḳt miṡillü ḥālāt vuḳūʿa gelmamesine iʿtinā iderek hemān me'mūriyyetleri {33} īcābını icrā ile bir ān aḳdem iş görüb şu ġā'ileniñ ḥüsn-i indifāʿıyla ḥaḳḳıñızda olan teveccüh {34} ve iʿtiḳād-ı ʿālīyi taṣdīḳe ve ol vechile icrā-yı emr ü irāde-i seniyyeye kemāl-i sürʿat ü şitāba himmet buyurmaları siyāḳında ḳā'ime. Fī 18 N 38

[*579/161*] ***Bālyabādra muḥāfıẓına***

{1} Muḳteżā-yı şīme-i aḫillā-nüvāzī ve fütüvvet-i aṣliyyeleri üzere tebrīk ü tesʿīd-i ṣadāret-i ḫāliṣānemizi şāmil {2} ve ṣavb-ı ṡenāverīye derkār olan bünyān-ı ḫulūṣ-ı muḫādenet-i maḫṣūṣlarınıñ te'kīd ü teşyīdini müştemil {3} resīde-i dest-i vürūd olan taḥrīrāt-ı saʿādetleriyle baʿżı ifādāt ve keyfiyyātdan baḥiṣle maʿiyyet-i düstūrānelerine {4} bir nefer cerrāḥ ve bir mühendis irsāline dā'ir ḳapu ketḫüdāları efendi bendeleri cānibine mersūl olan bir ṭaḳım {5} şuḳḳaları me'ālleri rehīn-i ıṭṭılāʿ-i ḫulūṣ-verī olaraḳ īfā-yı levāzım-ı tebrīk ü tehniyet ve taḥkīm-i {6} erkān-ı muḫālaṣata derkār ve mebẕūl olan himem-i şerīfeleri vesīle-i kemāl-i maḥẓūẓiyyet olmuşdur. Ẕāt-ı besālet- {7} -simāt-ı müşīrīleri uğur-ı dīn ve Devlet-i ʿAliyye'de ḫidemāt-ı mebrūre ve mesāʿī-i meşkūre iẓhārına {8} ṣārif-i naḳdīne-i iḳtidār olmaḳlığı iltizām buyurmuş ve şimdiye ḳadar Mora ṭarafında ibrāz-ı diyānet ü metānet {9} eylemiş vüzerā-yı ʿiẓām-ı fütüvvet-ittisām-ı Salṭanat-ı Seniyye'den olduḳları ecilden ṭaraf-ı saʿādetlerine ṣamīmī {10} ve ḥaḳīḳī ḫulūṣ ü meveddetimiz derkār ve inşā'allāhü Taʿālā bundan böyle daḫi ʿālī olan dīnimiz uğurunda {11} ve şevketlü pādişāhımız efendimiz yolunda pesendīde-i ḫāṣṣ ü ʿām olur ḫidemāt iẓhārına muvaffaḳ olaraḳ {12} ḥaḳḳ-ı saʿādetlerinde olan iʿtiḳādāt-ı ḥasene iṡbāt buyurılacağı me'mūli āşikār ve maʿiyyet-i şerīflerinde {13} birer nefer cerrāḥ ve mühendisiñ lüzūmı işʿār buyurulmuş ise de el-ḥāletü-hāẕihī Donanma-yı Hümāyūn'uñ Āsitāne-i {14} Saʿādet'den ḥareket ü ʿazīmeti ve berren irsāli daḫi ġayr-ı mümkin olmaḳ cihetiyle ẕikr olunan cerrāḥ ve mühendisiñ {15} bu ṭarafdan şimdilik irsāli ḫuṣūṣı derece-i imkāna dāḫil olmayaraḳ mühendisden ṣarf-ı naẓar ile {16} sādece ol ṭarafa vardıḳlarında Donanma-yı Hümāyūn mevcūdundan bir nefer cerrāḥıñ ṣavb-ı müşīrīlerine {17} iʿṭāsına himmet eylemesi ḫuṣūṣı bu defʿa ṣavb-ı ḫulūṣ-verīden saʿādetlü Ḳapūdān paşa ḥażretlerine {18} yazılmış olmağla hemān ẕāt-ı saʿādetleri her ḥālde icrā-yı levāzım-ı dirāyet-kārī ve feṭānet ve īfā-yı {19} şerāyiṭ-i besālet-mendī ve şecāʿate beẕl-i mā-ḥaṣal-i himmet buyurmaları siyāḳında ḳā'ime. Fī 18 N 38

[*579/164*] *Ḳapūdān paşaya*
{1} Donanma-yı Hümāyūn'uñ Boğaz'dan istiʿcāl-i ḥareket ü ʿazīmetine dā'ir mersūl-ı ṣavb-ı saʿādetleri ḳılınan taḥrīrāt-ı ḫulūṣ-verīye {2} cevāb olaraḳ tevārüd iden taḥrīrāt-ı şerīfelerinde şimdiye ḳadar Naʿra pīşgāhında tevaḳḳufları Riyāla beğ bendeleri {3} maʿiyyetinde olan süfün-i Donanma-yı Hümāyūn ve sā'ireye muḳteżī olan ḳūmānyalarınıñ iʿṭā itdirilmesinden {4} ve girüden gelecek fırḳateyn ve ḳorvet ve tüccār gemileriniñ ʿadem-i vürūdundan neş'et ve iḳtiżā eylediğine binā'en {5} bi-mennihī Taʿālā vürūdlarında hemān ḥareket olunacağı ve eşḳıyā gāvurları şimdilik kendülerini çekmişler ise de {6} kemāl-i ḥīle ve desīselerinden idüği ve bundan aḳdem Foça līmānında eşḳıyā tekneleri ḫavfından ḳapanmış ḳalmış {7} olan fırḳateyni Riyāla beğ bendeleri techīz ve maʿiyyetine istiṣḥāb eylemiş oldığı keyfiyyātı muḥarrer ü meẕkūr olmağın {8} me'āli rehīn-i ıṭṭılāʿ-i ḫulūṣ-verī ve ḫāk-pāy-ı hümāyūn-ı

şāhāneye daḫi ʿarż ü taḳdīm ile manẓūr-ı naẓar-ı {9} kerāmet-es̱er-i ḥażret-i pādişāhī olmuşdur. Ẕāt-ı feṭānet-simātları uġur-ı dīn ve Devlet-i ʿAliyye'de {10} ḥüsn-i ḫidmet ve ṣadāḳat itmekliği aḳdem-i efkār idinmiş kemāl-i dirāyet ü ḥamiyyet ile mecbūl olan {11} vüzerā-yı ʿiẓām-ı Salṭanat-ı Seniyye'den olduḳları ecilden her kārda ve bi-taḫṣīṣ işbu me'mūr olduḳları {12} umūr-ı mühimme-i dīniyyede bā-ʿavn-i Bārī me'mūl-ı ʿālī vechile ḫidemāt-ı meşkūre vücūda getürecekleri {13} ve inşā'allāhü'r-Raḥmān ez-her-cihet şu dīn düşmenlerimizden aḫẕ-ı s̱ār ü intiḳāma muvaffaḳ olmaḳlığı īcāb ider vesā'il-i {14} ḥaseneniñ icrāsını iltizām buyuracaḳları iʿtiḳādı ḥaḳḳ-ı şerīflerinde derkār ve girüden irsāl olunacaḳ {15} fırḳateyn ve ḳorvet ve tüccār sefāyini bi-ecmaʿihim muḳaddemce bu ṭarafdan taḥrīk ve irsāl olunmuş oldığına mebnī {16} şimdiye ḳadar Donanma-yı Hümāyūn-ı Şāhāne'ye mülāḳī olmuş olacaḳlarından hemān ḥareket ve ṣavb-ı maḳṣūda ʿazīmet {17} buyuracaḳları āşikār ise de eşḳıyā-yı mersūme tek ḏurmayub ehl-i İslām ʿaleyhine ellerinden gelan ihānet {18} ü melʿaneti icrāya ḳıyām itmekde olduḳlarından bir ān evvel Donanma-yı Hümāyūn'uñ Boġaz'dan iḫrācıyla {19} bi-ʿavnihī Taʿālā şu gāvurlarıñ tefrīḳ-i cemʿiyyet ve istīṣālleri vesā'ilini istiḥṣāl vācibe-i ḥālden ve ḥattā {20} Ṣığla sancağında Seferīḥiṣār-ı Çeşme ḳażāsında sāḥil-i baḥrde vāḳiʿ İpsilī ḳaryesi üzerine Sīsām aḏası {21} eşḳıyāsından birṭaḳım gāvurlar ḳayıḳlar ile hücūm-birle ahālīden baʿżılarını iʿdām ve māl (118) ü emlāklarını ġāret ve iḥrāḳ-birle icrā-yı ihānete cür'et eylediklerinden ahālī-i merḳūme daḫi {2} Seferīḥiṣār ḳaṣabasına ʿazīmetle taḫlīṣ-i cān itmek üzere iken ḳaṣaba-i merḳūme[de] bulunan {3} reʿāyā gāvurlarınıñ ṭuġyāna taṣaddīleri cihetiyle ahālī-i merḳūme daḫi bī-iḫtiyār reʿāyā-yı {4} mersūme üzerine sell-i seyf-i s̱ār eyledikleri saʿādetlü İzmīr muḥāfıẓı ḥażretleriniñ bu defʿa {5} tevārüd iden taḥrīrātından müstefād olaraḳ bu keyfiyyetiñ ṭaraf-ı saʿādetlerine işʿārı muḳteżā-yı {6} emr ü fermān-ı şāhāneden olmaġla īcāb-ı dirāyet ü ḥamiyyet-i aṣliyyeleri üzere şimdiye ḳadar Boġaz'dan {7} kāmilen Donanma-yı Hümāyūn'ı bi'l-istiṣḥāb ḥareket ü ʿazīmet buyurulmamış ise baʿd-ez-īn tevaḳḳuf ü ārāmı {8} tecvīz buyurmayaraḳ müstaʿīnen billāhi'l-Kerīm Boġaz'dan ḥareket-birle şu gāvurlarıñ tefrīḳ-i cemʿiyyet ve istīṣāllerini {9} mūcib vesā'il-i lāzımeniñ īfā ve ikmāline ve bunlardan bir vechile emniyyet cā'iz olmayub ḥiyel ü mefāsidlerini {10} bi'l-mülāḥaẓa ʿale'd-devām levāzım-ı teyaḳḳuẓ ü intibāha beġāyet ihtimām ü himmet buyurmaları siyāḳında ḳā'ime. Fī 19 N 38

[*579/172*] ***Rumili vālīsine***

{1} Muḳaddemce vāḳiʿ olan işʿār-ı müşīrīlerinden müstefād oldığı üzere Ġolos ḳażāsında Bülbülce'ye semt olub {2} ʿişyānda ıṣrār itmiş olan yiğirmi ʿaded ḳarye gāvurları üzerlerine ʿasker taʿyīn ve re'y māddesi {3} teklīf olunmuş ise de ḳabūl itmediklerine binā'en muḥārebeye āġāz olunduḳda ḳurā'-i mezkūreden on yedi ʿadedi {4} istīmān itmiş oldığından her bir ḳaryeden üç nefer muʿteber rehīnlerini Ġolos ḳalʿasına teslīm itmek {5} ve mevcūd olan silāḥlarını virmek ve ʿasākire ḫidmet eylemek ve ḥayvānlarıyla ẕaḫīre naḳli mis̱illü ḫidmetde {6} bulunmaḳ şarṭıyla ḳurā'-i meẕkūreye re'y virilmiş ise de ḳuṣūr ḳalan üç ḳarye gāvurları ʿiṣyānda ıṣrār {7} itmiş olduḳlarından üzerlerine varılaraḳ bi'l-muḥārebe alınan kelle ve ḳulaḳ ve bāndıraları gönderilmiş oldığı {8} beyānıyla ẕikr olunan ḳaryelere bir miḳdār ʿasker ile bir pāndūr taʿyīn iderek ʿasākir-i meẕkūre celb ve Mora'ya {9} sevḳ olunacaḳ ve reʿā[yā]-yı mesfūreniñ istīmānlarına ve derbend aġası maṭlūb eylediklerine dā'ir Rūmī {10} ve Türkī taḥrīr itmiş olduḳları senedāt taḳdīm olundığı ve İskenderiye Mutaṣarrıfı saʿādetlü Muṣṭafā Paşa {11} ḥażretleriniñ işbu Ramażān-ı Şerīf'iñ yiğirminci güni İskenderiye'den ḥareket ve ṣavb-ı me'mūrına teveccüh {12} ü ʿazīmetine dā'ir ve sā'ir baʿżı işʿārātı ve ṭaraf-ı düstūrīlerine tevārüd iden taḥrīrātı irsāl ḳılındığı {13} ifādātını şāmil bu defʿa firistāde ve isrā buyurılan taḥrīrāt-ı düstūrīleri mezāyāsı rehīn-i ıṭṭılāʿ-i ḫulūṣ-verī {14} olub ol vechile ṭālib-i amān olan gāvurlarıñ te'mīn ve ıṣrār-ı ʿiṣyān idenleriñ ḳahr ü tenkīlleri {15} ḫuṣūṣunda vāḳiʿ olan himmetleri vesīle-i maḥẓūẓiyyet olaraḳ taḥrīrāt-ı meẕkūreleri ḫāk-pāy-ı hümāyūn-ı {16} şāhāneye daḫi ʿarż ile meşmūl-ı liḥāẓa-i mekārim-ifāża-i cenāb-ı pādişāhī buyurulmuş ve gönderilan ru'ūs-ı {17} maḳṭūʿa ve ḳulaḳ ve bāndıralar pīşgāh-ı bāb-ı hümāyūnda ġalṭīde-i ḫāk-i ʿibret ḳılınmışdır. Re'y virilmiş olan {18} ḳurā'-i meẕkūre reʿāyāsınıñ istīmānlarına dā'ir Rūmī ve Türkī kāġıdlarınıñ gönderildiği taḥrīrāt-ı mersūlelerinde {19} münderic ü meẕkūr ise de o maḳūle kāġıd ẓuhūr itmeyüb ġālibā sehve mebnī girü ḳalmış oldığı nümāyān {20} ve icrā buyurmuş olduḳları istīmān şürūṭı muḳaddemā bu ṭarafdan gönderilmiş olan taʿlīmāt ve irādeye {21} muvāfıḳ idüği ṣūret-i işʿārlarından müstebān olmaġla muḳteżā-yı dirāyet ü ḥamiyyet-i düstūrīleri üzere {22} bundan böyle daḫi muḳaddem ṭaraf-ı serʿaskerīlerine taḥrīr olunan şerāyiṭ-i istīmānıñ her ḥālde tamāmen icrāsına {23} iʿtinā ve diḳḳat ve muḳaddem ṣavb-ı sipehdārīlerine tavṣiye ve işʿār olundığı üzere müşārun-ileyh Muṣṭafā Paşa {24} ḥażretleriniñ gerek ẕaḫīre ve gerek levāzımāt-ı sā'ireden dolayı bir güne s̱ıḳlet çekmeyüb iş gördirilmesi {25} emrinde ṭaraf-ı serʿaskerīlerinden lāzım gelan iḳdām ü ihtimāmı icrāya kemā-yenbaġī himmet-birle müşārun-ileyhiñ {26} taʿyīnāt ḫuṣūṣunda ve cihāt-ı sā'irede giriftār-ı meşaḳḳat olmayaraḳ ve bir ilişik bıraḳmayaraḳ hemān {27} iş görmesi vesā'il [ü] ārāsını istikmāle ṣarf-ı yārā-yı miknet ve her ḥālde icrā-yı muḳteżā-yı dirāyet-mendī ve me'mūriyyete {28} ṣarf-ı naḳdīne-i reviyyet buyurmaları siyāḳında ḳā'ime. Fī 24 N 38

[*579/173*] *Sīrozī Yūsuf Paşa'ya*

{1} Bā-ʿavn-i Bārī bu sene-i mübārekede me'mūrīn-i sā'ire ile bi'l-ittiḥād düşmen-i dīn üzerine hücūm ü iḳtiḥām {2} ve aḫẕ-ı s̱ār ü intiḳām itmek üzere müddet-i ḳalīle ẓarfında maʿiyyet-i saʿādetlerinde bulunmaḳ şarṭıyla on biñ nefer {3} aylıḳlu Arnavud ʿaskeri celb ü tedārüküne bi't-teşebbüs̱ lāzım gelan ḫarc tez̲kireleri ve buyuruldı irsāl olunduḳdan ṣoñra (123) maʿiyyetlerine Evlād-ı Fātiḥān ve Rumili ḳażālarından ʿasker tertīb olundığı Rumili Serʿaskeri saʿādetlü {2} Meḥmed Paşa ḥażretleri cānibinden ṣavb-ı müşīrīlerine işʿār ḳılınmış ise de ʿasākir-i mürettebe-i merḳūmeniñ vuṣūlleri {3} vaḳte muḥtāc olacağından celb olunacaḳ ʿaskeriñ tanẓīmi içün Preveze'ye gelmiş olduḳları beyānıyla {4} ʿasākir-i mürettebe-i merḳūmeden ṣarf-ı naẓar olunaraḳ celb ü tedārük buyuracaḳları ʿasākiriñ cihāda teşvīḳ {5} ü iġrāsı-çün peşīnen virilmek üzere iki aylıḳ ʿulūfeleriniñ irsāline müsāʿade olunması ve ẕaḫīre maṣlaḥatını {6} rü'yet itmek üzere maʿiyyet-i saʿādetlerine bir nüzül emīni naṣb ve irsāl olunması ḫuṣūṣuna dā'ir resīde-i {7} dest-i vuṣūl olan taḥrīrāt-ı şerīfeleri me'āli ıṭṭılāʿ-i ḫāliṣānemiz ile muḥāṭ ü meşmūl olmuş olub {8} saʿādetlü Rumili Vālīsi ve Serʿaskeri Meḥmed Paşa ḥażretleri daḫi ẕāt-ı saʿādetleriniñ ṭīnetlerinde {9} merkūz olan ḥamiyyet ü diyānet iḳtiżāsından olaraḳ maḥżā şu gāvurlardan aḫẕ-ı s̱ār niyyet-i ḫāliṣasıyla {10} ʿasker cemʿi żımnında hemān yine ʿavdet itmek üzere Preveze'ye gelmiş olduḳlarını inhā itmiş oldığından {11} bu bābda olan taḥrīrāt-ı vāride ḫāk-pāy-ı hümāyūn-ı şāhāneye daḫi ʿarż ile manẓūr-ı merḥamet-mevfūr-ı ḥażret-i {12} ẓıllullāhī buyurulmuşdur. Ẕāt-ı dirāyet-simāt-ı düstūrāneleri zīver-i ṣadāḳat ü istiḳāmet ve cevher-i şecāʿat {13} ü besālet ile pīrāste vüzerā-yı ʿiẓām-ı Salṭanat-ı Seniyye'den olduḳları ecilden her ḥālde uğur-ı dīn {14} ve Devlet-i ʿAliyye'de ḥüsn-i ḫidmet ḥuṣūlüne saʿy ü iḳdām ve dīn düşmenlerimizden aḫẕ-ı s̱ār ü intiḳāmı īcāb iden {15} ḥarekāt-ı memdūḥayı iltizām buyuracaḳları derkār ve iki seneye ḳarīb Mora derūnunda bulunub gāvurlarıñ {16} her bir uṣūl ü ḥareketine taḥṣīl-i vuḳūf itmiş olduḳlarından bu vechile Preveze'ye ʿazīmetle ʿasker tedārüküne teşebbüs̱ {17} ü himmetleri vāḳıʿan ġayret ü ḥamiyyetlerinden ve giçen sene mis̱illü Rumili vālīsi ḥażretleri ṭarafından ʿasker ile {18} iʿāne ve imdād olunmaz ḫulyāsından neş'et ideceği āşikār oldığı mis̱illü cenāb-ı saʿādetleriniñ {19} es̱er-i iḳdām ü himmetleriyle şimdiye ḳadar emr-i muḥāfaẓasını ikmāl buyurmuş olduḳları ḳılāʿıñ kemā-kān muḥāfaẓasıyla {20} hemān ol ṭarafdan daḫi iḳtiżāsına göre gāvurlarıñ ḳahr ü tedmīrine iḳdām lāzımeden ve bu vechile {21} teşebbüs̱ buyurmuş olduḳları uṣūl mücerred bā-ʿavn-i Bārī bu sene maṣlaḥatıñ germiyyetle ṭutuldığına ıṭṭılāʿları {22} olmamaḳdan īcāb ideceği bedīhiyyātdan olub maʿa-hāẕā Ḳarlıili ḳoluna müstaḳillen İskenderiye Mutaṣarrıfı {23} saʿādetlü Muṣṭafā Paşa ḥażretleri bā-irāde-i seniyye me'mūr olduḳlarına naẓaran şimdi ẕāt-ı saʿādetleriniñ {24} ol ḳoldan berren ʿazīmetleri ṣūreti müşārun-ileyh Muṣṭafā Paşa'nıñ öñüni kesmek gibi bir şey olacağından {25} maṣlaḥatıñ tebāyün ü teşettütüyle müşārun-ileyhiñ me'mūriyyetine dā'ir ittiḫāẕ ve icrā olunan uṣūl ve destgāhıñ {26} iḫlālini müstevcib olmamaḳ içün hemān tīz elden tedārük eylediğiñiz iki-üç biñ nefer ʿaskeri {27} Preveze'den sefīne ve ḳayıḳlar ile baḥren Bādra'ya irsāl ve kendüñüz daḫi serīʿan Bādra'ya ʿavdet- {28} -birle fi'l-aṣl Bādra'da olan biñ beş yüz miḳdārı dā'ireleri ḫalḳıyla Preveze'den gönderilecek {29} ʿasākiriñ ṭopı dört-beş biñ işe yarar ʿasker dimek olacağından bi-mennihī Taʿālā müşārun-ileyh {30} Muṣṭafā Paşa ve gerek sā'ir vüzerā-yı ʿiẓām ve me'mūrlarıñ ḳol ḳol Ḳarlıili ve Mora'ya hücūm {31} ü iḳtiḥāmlarında ẕāt-ı besālet-simātları daḫi Mora derūnunda küffār üzerine iḳtiżāsı vechile {32} muhāceme ile iştiğāl ve bu vechile bi-ʿavnihī ve keremihī Taʿālā Mor[a] maṣlaḥatınıñ tehvīn ü teshīli esbābını {33} istiḥṣāl eylemeñiz tensīb olunmuş ve bu keyfiyyetleriñ evvel ü āḫiri ve ḥaḳḳ-ı saʿādetlerinde ber-kemāl olan {34} ḥüsn-i teveccüh-i ʿālī ve ṣaḥābetimiz bundan aḳdem bu ṭarafa gönderilmiş olan dīvān kātibleri Saʿīd Efendi {35} bendeleriniñ kūze-i ḥāfıẓasına telḳīn-birle her bir keyfiyyeti şifāhen ifāde itmek üzere mūmā-ileyh **(124)** ṣavb-ı saʿādetlerine iʿāde olunub taḳviye-i bāzū-yı iḳtidārıñız żımnında şeref-sünūḥ iden irāde-i ʿaliyye mūcebince {2} ṭaraf-ı şerīflerine beş yüz kīse aḳçe aṭiyye-i seniyye tertīb olunaraḳ meblağ-ı mezbūr daḫi efendi-i mūmā-ileyh bendelerine {3} teslīm ve tesyīr ḳılınmış ve Rumili vālīsi müşārun-ileyh ṭarafından maʿiyyet-i saʿādetlerine irsāli irāde olunan {4} yedi-sekiz biñ nefer ʿaskeriñ Bālyabādra'ya ṣūret-i īṣālleri ḫuṣūṣunda ẕāt-ı şerīfleriniñ re'y {5} ü tedbīrini bi'l-muḫābere añlayub öylece sevḳ ü īṣāli ḫuṣūṣı bu defʿa iḳtiżāsı vechile vālī-i müşārun-ileyhe {6} mü'ekkeden yazılmış idüği ve ẕaḫīre māddesi-çün nüzül emīni taʿyīni inhā buyurulmuş ise de evvel ü āḫir iştirā itmiş {7} ve itmekde olduḳları ẕaḫāyir külliyyetlü oldığından başḳa bu defʿa daḫi Donanma-yı Hümāyūn maʿiyyetiyle külliyyetlü {8} ẕaḫīre gönderilmiş ve bu ẕaḫīreler ol ṭarafa varub ol aralıḳda müste'men ṭā'ifesinden ehven bahā ile {9} ẕaḫīre mübāyaʿası mümkin olmaḳ müṭālaʿasıyla otuz-ḳırḳ biñ keyl ḳadar ẕaḫīre iştirā ve iddiḫār olunaraḳ {10} aḳçeleriniñ bu ṭarafa polīçe olunması ḫuṣūṣı muḳaddemce ṣavb-ı düstūrīlerine taḥrīr ü işʿār ve saʿādetlü Ḳapūdān {11} paşa ḥażretleriyle baʿs̱ ü tesyār olunmuş oldığından şimdi nüzül emīni taʿyīni ve āḫar güne tedbīr {12} iḳtiżā itmeyeceği ve ʿulūfelü ʿasker ṣūreti İskenderiye ʿaskerine sirāyet ile başa çıḳmayub uṣūl bozılacağı {13} maʿlūm-ı saʿādetleri buyuruldukda ẕāt-ı saʿādetleri ʿulūfelü ʿasker māddesini bir vechile şāyiʿ itmeyerek {14} ve İskenderiye Mutaṣarrıfı Muṣṭafā Paşa'nıñ uṣūl-i me'mūriyyet ve ʿaskerīniñ şīrāze-i niẓāmına ḫalel {15} taṭarruḳ eyleyecek ḥālātı tecvīz eylemeyerek ber-mūceb-i irāde-i seniyye-i şāhāne hemān tīz elden tedārük {16} ü celb eylediğiñiz iki-üç biñ nefer ʿaskeri Bālyabādra'ya irsāl ve cenābları daḫi ʿavdet iderek {17} bi-mennihī Taʿālā me'mūrīn-i müşārun ve mūmā-ileyhimiñ düşmen üzerine hücūmlarında cenāb-ı şecāʿat-simātları daḫi {18} küffār ile muhācemeye ve Mora maṣlaḥatınıñ sürʿat-i indifāʿ-i ğā'ilesinde tehvīn ü teshīli īcāb ider esbābı {19} istiḥṣāle himmet ve Rumili vālīsi müşārun-ileyhle bi'l-muḫābere maʿiyyet-i şerīflerine mürettеb ʿaskeriñ ne ṭarafdan celbi {20} suhūletli ise ol vechile celbi vesāʾilini ikmāle müsāberet-birle ẕātlarından meʾmūl-ı ʿālī olan dirāyet {21} ü ḥamiyyeti ibrāz ü iẓhāra ṣarf-ı maḳderet buyurmaları siyāḳında ḳāʾime. Fī 26 N 38

[579/175] *Rumili vālīsine*

{1} Mora Serʿaskeri saʿādetlü Yūsuf Paşa ḥażretleri Yeñişehir'e vāṣıl olmuş ve Çirmen mutaṣarrıfı ḥażretleri {2} daḫi gelmek üzere olaraḳ ekṡer meʾmūrīn vürūd itmiş oldıġı ve ʿulūfe cihetiyle aḳçeye {3} muḥtāc olduḳları beyānıyla serīʿan külliyyetlü aḳçe irsāl olunması ve Tırḥāla Mutaṣarrıfı saʿādetlü Reşīd Paşa'nıñ {4} ıżṭırāb-ı ḥāline dāʾir olan şuḳḳası taḳdīm ḳılındıġı ve Bālyabādra Muḥāfıẓı Yūsuf Paşa ḥażretleri {5} Preveze'ye gelüb aylıḳlu ʿasker tedārüküne teşebbüṡ eylediğini ṣavb-ı müşīrīlerine yazmış oldıġından iltimāsı {6} vechile iki aylıḳ ʿulūfeleriniñ irsāli ḫuṣūṣunda istiʿlām-ı irādeyi şāmil resīde-i enmile-i vürūd olan {7} taḥrīrāt-ı şerīfeleri ve müşārun-ileyhimā Reşīd Paşa ve Yūsuf Paşa'nıñ ṭaraf-ı saʿādetlerine mersūl {8} taḥrīrātı meʾālleri rehīn-i ıṭṭılāʿ-i ḫulūṣ-nümūd olmuş ve ḫāk-pāy-ı hümāyūn-ı şāhāneye daḫi ʿarż ile {9} manẓūr-ı kerāmet-mevfūr-ı ḥażret-i mülūkāne buyurulmuşdur. Muḳaddem vāḳiʿ olan inhā ve iltimāsıñıza mebnī sünūḥ iden {10} irāde-i seniyye-i şāhāne mūcebince bundan aḳdem ṭaraf-ı saʿādetlerine naḳden üç biñ kīse aḳçe gönderilmiş {11} oldıġından işbu aḳçe istidʿāları meblaġ-ı mezbūruñ vuṣūlünden evvelce vāḳiʿ olmuş oldıġı derkār {12} ve iḳtiżāsı vechile meblaġ-ı mezbūruñ lāzım gelenlere ṣarf ve iʿṭāsına himmet buyuracaḳları āşikār ise de {13} Mora Serʿaskeri Yūsuf Paşa ile saʿādetlü Reşīd Paşa aḳçe ṭalebiyle bu ṭarafa daḫi taḥrīrāt isrā {14} itmiş olduḳlarından bunlarıñ bu gūne Dersaʿādet'e başḳa başḳa taḥrīrāt irsāliyle aḳçe istidʿāsında {15} olmaları daḫi meblaġ-ı mezbūruñ vürūdundan muḳaddem olmaḳ iḳtiżā eylediğinden tekrār aḳçe gönderilmek {16} lāzım gelmeyeceğinden māʿadā her ne vaḳt olsa meʾmūrlarıñ bu vechile istidʿāları serʿaskerlik münāsebetiyle {17} ṭaraf-ı sipehdārīlerinden rüʾyet olunmaḳ lāzım geleceğine ve meblaġ-ı mezbūr daḫi şimdiye dek varmış olacaġına {18} bināʾen Mora Serʿaskeri Yūsuf Paşa ile müşārun-ileyh Reşīd Paşa ve sāʾir meʾmūrlardan her birine ne miḳdār {19} aḳçe iʿṭāsı īcāb ider ise seref ü telef ṣıraları olmayaraḳ taṣarrufāt-ı mümkine ile her birini ḳayırub {20} ve bu ṭarafa taḥrīr itdirmeğe ḥācet bıraḳmayub bir ān aḳdem maḥāll-i meʾmūrelerine sevḳ ü iʿzām ile zinhār vaḳt {21} ü mevsim geçmeksizin şu sene-i mübārekede bir iş görmekliğe ihtimām olunması ve müşārun-ileyh Sīrozī {22} Yūsuf Paşa ḥażretleri Preveze'ye gelmiş ise de baʿżı müṭālaʿāt cihetiyle ol ṭarafdan {23} tedārük eylediği iki-üç biñ nefer ʿaskeri baḥren Bālya'ya irsāl ve kendüsi daḫi Bālya'ya ʿavdet iderek {24} Mora maṣlaḥatınıñ sürʿat-i indifāʿı emrinde teshīlāt-ı lāzımeyi icrā eylemesi bu defʿa kendüye yazılmış {25} ve beş yüz kīse aḳçe aṭiyye-i seniyye gönderilmiş ise de ṭaraf-ı saʿādetlerinden maʿiyyet-i müşārun-ileyhe {26} mürettеb ʿasker bundan böyle ʿAlo Aġa maʿiyyetiyle Ṣālona ve Bādracık ṭaraflarını urarak {27} Īnebaḫtī'ya indiklerinde ḳarşu Ḳastel'e geçürülmek gibi baʿżı tedābīr muḳaddemce ṭarafıñızdan işʿār {28} buyurulmuş olub ancaḳ işbu maʿiyyet-i müşārun-ileyhe mürettebe yedi-sekiz biñ nefer ʿaskeri ḥaṣren ve ḳaṣren müşārun-ileyh {29} Yūsuf Paşa maʿiyyetine taḫṣīṣ-birle bunlarıñ Bālyabādra'ya ṣūret-i īṣālleri ḫuṣūṣunda {30} müşārun-ileyh Yūsuf Paşa'nıñ re'y ü tedbīrini cenābıñız muḫābere iderek müşārun-ileyh ʿasākir-i merḳūmuñ {31} ḏoġrı Ṣālona iskelesine inüb de oradan ḳayıḳlar ile Bālya'ya geçürülmesini mi ister, yoḫsa {32} āḫar bir semt-i suhūletini bulub öylece olmasını mı diler, ḥāṣılı bu ʿaskeriñ maʿiyyet-i müşārun-ileyhe {33} īṣāli ḫuṣūṣunda kendüsünüñ ṭarafıñızdan ne vechile ṭaleb ve işʿārı vāḳiʿ olur ise **(126)** ol ṣūretle sevḳ ü irsāl ḳılınmasınıñ ber-vech-i ekīd ṭaraf-ı şerīflerine taḥrīri ḫuṣūṣuna irāde-i seniyye-i {2} şāhāne taʿalluḳ itmiş ve müşārun-ileyhimā Mora Serʿaskeri Yūsuf Paşa ve Reşīd Paşa ḥażretleriyle {3} saʿādetlü Çirmen mutaṣarrıfına te'kīd-i me'mūriyyetlerine dā'ir yazılmış olan taḥrīrātımız ṭaraf-ı şerīflerine {4} gönderilmiş olmaġla ẕikr olunan taḥrīrātlarımızıñ müşārun-ileyhime iʿṭāsıyla ber-mūceb-i emr ü fermān-ı {5} şāhāne me'mūr olduḳları maṣlaḥatda iş görmeleri vesā'il-i lāzımesiniñ īfāsına ve Sīrozī {6} Yūsuf Paşa ḥażretleri maʿiyyetine mürettebe ʿaskeriñ Bālya'ya imrārı ṣūretini müşārun-ileyh ṭarafından bi'l-istimzāc {7} ne vechile ister ise öylece sevḳ ü irsāle kemāliyle diḳḳat-birle vaḳt ü zamān geçmeksizin şu Rum eşḳıyāsından {8} aḫẕ-ı s̱ār ü intiḳāmı müstelzim esbābıñ istiḥṣāline bi'l-iḳdām ẕātlarından me'mūl-ı ʿālī olan {9} dirāyet ve diyāneti is̱bāt ü iẓhāra beẕl-i cüll-i himmet buyurmaları eḫaṣṣ-ı maṭlūb-ı ḫāliṣānemiz idüği {10} beyānıyla ḳā'ime. Fī 26 N 38

Ayniyat 1713

[*1713/11*] *Ḳapūdān paşaya*

{1} Saʿādetlü Sīrozī Yūsuf Paşa ḥażretleriniñ Vonīça ṭarafında ʿaskerīsi ḍağıldıḳdan ṣoñra {2} ḳuṣūr üç biñ miḳdārı ʿaskerīsini ketḫüdāsıyla Vonīça'da bıraġub çend nefer etbāʿıyla {3} Donanma-yı Hümāyūn'a gelmiş oldığından ve ol ṭaraf ḳılāʿınıñ ḥüsn-i idāresi ve Mora {4} ahālīsinden Bādra'da tecemmuʿ idenleriñ ve sā'ir ṣunūf-ı ʿaskeriyyeniñ idāre ve iʿmāli żımnında {5} müşārun-ileyhiñ Donanma-yı Hümāyūn'a vürūdı ẕāt-ı saʿādetlerine iṭmīnān-ı ḳalbi mūcib olmuş {6} idüğünden müşārun-ileyh ile her ḫuṣūṣı eṭrāfıyla müẕākere iderek gerek müstaṣḥabları olan {7} ve gerek aḳçesiyle tedārük olunan ecnās-ı ẕaḫāyir ve mühimmātıñ cümlesi müşārun-ileyh ḥażretlerine teslīm {8} ve Ḳapūdāna-i esbaḳ Ḫalīl Beğ başbuğluğuyla meştā tertībi olaraḳ on dört ḳıṭʿa süfün-i hümāyūn {8} daḫi iʿṭā olunaraḳ cenāb-ı müşīrīleri müstaʿīnen billāhi Taʿālā ḳuṣūr Donanma-yı Hümāyūn'ı {9} istiṣḥāben aḏalar üzerine ʿazīmet itmek üzere olduḳları ve Eğrīboz muḥāfızı ḥażretleriyle daḫi {10} bi'l-muḫābere üç ḳıṭʿa sefīne daḫi anda bıraḳmaḳ ve Ībṣāra ve sā'ir lāzım gelan maḥallere daḫi {11} sefāyin taʿyīniyle ḳaraya ʿasker çıḳarub urmaḳ ve Bülbülce'ye daḫi birḳaç sefīne göndermek {12} taṣmīm-kerdeleri idüği beyānıyla sālifü'ẕ-ẕikr on dört ḳıṭʿa sefāyiniñ ve müşārun-ileyh Yūsuf Paşa {13} ḥażretlerine teslīm olunan ecnās-ı ẕaḫāyirin defterleri taḳdīm ḳılındığı ve müşārun-ileyhden {14} ve aṣḥāb-ı ẕaḫāyirden daḫi īcāb iden maḳbūż senedleri bundan böyle aḫẕ ile irsāl ḳılınacağı {15} ḫuṣūṣlarını ve ifādāt-ı sā'ireyi ḥāvī resīde-i cā-yı vuṣūl olan taḥrīrāt-ı şerīfeleri mezāyāsı {16} rehīn-i ıṭṭılāʿ-i ḫulūṣ-verī oldığından ġayrı ḥużūr-ı ʿāṭıfet-neşūr-ı cenāb-ı pādişāhīye daḫi {17} ʿarż ü taḳdīm ile meşmūl-ı nigāh-ı mekārim-iktināh-ı cenāb-ı cihān-dārī olmuşdur. Ẕāt-ı ḥaṣāfet-āyāt-ı {18} düstūrīleri Salṭanat-ı Seniyye'niñ kemāl-i dirāyet ü ṣadāḳat ve mezīd-i kār-āşināyī ve reviyyet ile {19} ārāste vüzerā-yı ʿiẓāmından olduḳlarından süpürde-i dūş-ı liyāḳat ve me'mūriyyetleri ḳılınan {20} mehāmm-ı seniyyeniñ lāyıḳ ü münāsibi vechile tanẓīminde beẕl-i tāb ü tüvān itmeği iʿtiyād buyurmuş olmaları {21} cihetden gönderilan deftere naẓaran iştirā olunan ẕaḫāyirde külliyyet olaraḳ inşā'allāhü'r-Raḥmān {22} me'mūrlarıñ ẕaḫīre ḫuṣūṣunda ʿusret çekmamelerini müstelzim olacağına mebnī bu bābda daḫi {23} ibrāz-ı ḥüsn-i ḫidmet ve ṣadāḳat eylemiş olduḳlarından ġayrı cenāb-ı müşīrīleri işiñ gelişine {24} ve ol semtleriñ īcāb ü iḳtiżāsına göre ḥareket ve rū-yı deryāda iḳtiżā iden yerlerde {25} seyr ü seferle ḫavene-i kefereye ibrāz-ı ṣavlet ü ṣarāmet eylemeleri emrinde re'ylerinde müstaḳil {26} ve tedbīrlerinde müstebid olduḳları ḥayṡiyyet[iy]le muḳteżā-yı istiḳlāl-i kāmileleri üzere ol ṭarafıñ {27} taḳviyet ü emniyyetini bi'l-istiḥṣāl hemān aḏalar gāvurları üzerlerine ḥareket ü ʿazīmeti taṣmīm {28} itmiş olduḳlarından her ḥālde manṣūr ü muẓaffer olmaları duʿā-yı icābet-nümāsı ẕikr olunan {29} taḥrīrātları bālāsına şeref-efzā-yı ṣudūr olan ḫaṭṭ-ı hümāyūn-ı kerāmet-maḳrūn-ı şāhānede taṣrīḥ {30} ü beyān buyurulmuş ve müteʿalliḳ olan irāde-i ʿaliyye-i şāhāne iḳtiżāsı üzere ol ṭarafda (9) bıraḳmış olduḳları sefāyin maḥalline ḳayd olunmaḳ içün ʿizzetlü Tersāne-i ʿĀmire emīni efendi bendelerine {2} ve ẕaḫīre ḫuṣūṣı daḫi ʿizzetlü Defterdār efendiye ḥavāle olunmuş olmağla hemān cenāb-ı şecāʿat-meʾāb-ı {3} sāmīleri māye-i maḫṣūṣa-i fıṭriyyeleri olan diyānet ü ṣalābet ve ḥamiyyet iḳtiżāsını ibrāz ü {4} iẓhār iderek şu gāvurlardan aḫẕ-ı intiḳāma ṣarf-ı yārā-yı himmet ve liyāḳat-birle bir gün aḳdem {5} itmām-ı ġāʾileye beẕl-i vüsʿ ü ḳudret buyurmaları siyāḳında ḳāʾime. Lede'l-vuṣūl müşārun-ileyh Yūsuf {6} Paşa'nıñ ʿaskerīsi beyninde vuḳūʿ bulan perīşānlıḳ Yānya Mutaṣarrıfı ʿÖmer Paşa'nıñ taḥrīk ü ifsādıyla {7} olmuş ise de vaḳt ü ḥāl iḳtiżāsına taṭbīḳan yine müşārun-ileyhiñ talṭīf ü istimāletle ḳullanılması {8} taḥrīrāt-ı meẕkūrelerinde īmā ve işāret buyurulmuş olub müşārun-ileyh ḥaḳḳında olan işʿārları {9} becā olaraḳ bu ṭarafda daḫi şimdiye ḳadar talṭīf ü istimāletle muʿāmele olunaraḳ bundan böyle daḫi {10} ol ṣūret icrā olunacağından ġayrı bu defʿa daḫi iḳtiżāsı üzere ṭarafımızdan müşārun-ileyhe {11} istimāleti şāmil taḥrīrāt baʿs̱ ü isrā olunmuş idüği maʿlūm-ı saʿādetleri buyurulduḳda {12} cenāb-ı müşīrīleri her ḥālde icrā-yı lāzıme-i dirāyet-kārīye himmet buyurmaları meʾmūldür. Fī 10 M 39

[*1713/12*] ***Rumili vālīsine***

{1} Mora Serʿaskeri saʿādetlü Yūsuf Paşa ve Çirmen Mutaṣarrıfı Ṣāliḥ Paşa ḥażerātı maʿiyyetlerinde olan {2} ʿaskerler ḏağılmış oldığından yeñi başdan ʿasker irsāli īcāb iderek tīz elden Prizrīnli {3} Maḥmūd Paşa ve Pekinli Caʿfer Paşa'nıñ işlemiş ʿulūfeleri selefleri Meḥmed Paşa'nıñ nuḳūd-ı mażbūṭasından {4} iʿṭā-birle iḫrāc ü irsāl olunmuş olub Tırḥāla Mutaṣarrıfı saʿādetlü Reşīd Paşa'yı daḫi {5} on biñ nefer güzīde ʿasker tertībiyle göndermek taṣmīminde iseñiz daḫi ʿasākiriñ gerek işlemiş {6} ve gerek peşīn iḳtiżā iden ʿulūfeleri külliyyetlü aḳçeye muḥtāc oldığından baḥişle tīz elden {7} üç-dört biñ kīse aḳçe irsāl ve iḥsān buyurulması ve cenāb-ı müşīrīleri daḫi iḳtiżā ider ise {8} ḳalḳub berāber gitmek taṣmīminde olduḳları ve Eğrīboz ṭarafınıñ tafṣīl-i keyfiyyeti muḳaddemce selefleri {9} ṭarafından ol cānibe irsāl-birle bu defʿa Dersaʿādet'e gönderilan tatarıñ taḳrīrinden maʿlūm olacağı {10} ve selefleri paşa-yı mūmā-ileyh ṭarafından Dersaʿādet'e yazılmış bulunan ve eṭrāfdan gelan taḥrīrāt daḫi {11} taḳdīm olundığı ḫuṣūṣlarını ḥāvī resīde-i cā-yı vürūd olan taḥrīrāt-ı şerīfeleri {12} ve evrāḳ-ı sāʾire mezāyāları maʿlūm-ı ḫulūṣ-verī oldığından ġayrı ḥużūr-ı hümāyūn-ı ḥażret-i {13} cihān-dārīye daḫi ʿarż [ile] meşmūl-ı naẓar-ı mekārim-es̱er-i ḥażret-i cihān-dārī buyurulmuşdur. Nezd-i ḥaḳāyıḳ-dānīlerinde {14} beyāndan müstağnī oldığı üzere bir müddetden berü ġavāʾiliñ kes̱reti ve Mora maṣlaḥatınıñ imtidādı ḥasebiyle {15} ẓuhūra gelmekde olan maṣārifāt-ı ṭāḳat-güdāz ḫazā'in-i mīriyyede vücūd-ı nuḳūdı derece-i nefāda {16} irişdirmiş ise daḫi ẕāt-ı ġayret-simāt-ı müşīrīleri bi'l-istiḳlāl ḫaṭb-ı cesīm-i ser'askerīye me'mūr {17} olaraḳ Mora maṣlaḥatı bütün bütün muḥavvel-i 'uhde-i liyāḳat ü istīhālleri olub aḳçesiz 'asker sevḳi {18} ġayr-ı mümkin ve vaḳt ü mevsim ise ġāyet teng olaraḳ bā-'avn-i Bārī ḳış gelmeksizin şu Mora {19} maṣlaḥatınıñ itmām ü iḫtitāmı murād-ı mekārim-i'tiyād-ı cenāb-ı cihān-dārī muḳteżāsından oldığından {20} bundan aḳdem ẕāt-ı ser'askerīlerine teslīm olunmaḳ üzere 'izzetlü Mīr-aḫūr-ı Evvel beğ bendeleri ṭarafına {21} gönderilmiş olan biñ kīse aḳçeniñ üzerine bu def'a şeref-sünūḥ iden irāde-i seniyye mūcebince (10) üç biñ kīse aḳçe daḫi tertīb-birle meblaġ-ı mezbūr naḳden ṣavb-ı sa'ādetlerine tesyār olunmuş {2} ve bu cihetle evvelki gönderilan mezkūr biñ kīse aḳçe ile tamām dört biñ kīseye bāliġ olub {3} bu bābda olan iş'ār-ı ser'askerīleri derḥāl tamāmıyla icrā ḳılınmış olmaġın hemān tedbīr {4} ü tertībleri üzere müşārun-ileyh Reşīd Paşa'yı külliyyetlü 'asker ile iḫrāc ve kendüñüzüñ ḥareket {5} ü 'azīmetiñize dā'ir ve sā'ir her bir ḫuṣūṣda istiḳlāl ve me'mūriyyet ve lāzıme-i ġayret ü ḥamiyyetleri {6} īcābından oldığı üzere ne vechile re'y ü tensīb ider iseñiz ol vechile icrā ve müşārun-ileyhimā {7} Yūsuf Paşa ve Ṣāliḥ Paşa ma'iyyetlerine daḫi tīz elden miḳdār-ı vāfī 'asker irişdirilmesi {8} ṣūretini ikmāl ve īfā eylemeleri muḥavvel-i 'uhde-i istiḳlālleri olan mevāddan olaraḳ irāde-i {9} seniyye-i şāhāne daḫi bunuñ üzerine müte'alliḳ olmaġla mecbūl ü meftūr olduḳları {10} māye-i ġayret ü şecā'at ve mādde-i ḥamiyyet ü besālet iḳtiżāsı ve emr ü fermān-ı cenāb-ı pādişāhī {11} muḳteżāsı üzere bā-'avn-i Müste'ān işbu sene-i mübārekede ḳış gelmeksizin ve maṣlaḥat teşennüce düşmeksizin {12} şu Mora ġā'ilesiniñ indifā'ı emrinde re'y ü tedbīr-i müşīrīleri ne vechile ise hemān anıñ icrāsına {13} ṣarf-ı yārā-yı liyāḳat ve müşārun-ileyh Reşīd Paşa'nıñ külliyyetlü 'asker ile iḫrācı ve müşārun-ileyhimā {14} Yūsuf Paşa ve Ṣāliḥ Paşa ma'iyyetlerine daḫi 'asākir-i vāfiye irişdirilmesi tedābīrini ikmāl-birle {15} ḫuṭūb-ı mevkūle-i ser'askerīleri müteferri'ātından olan ḫuṣūṣātıñ ḥüsn-i tensīḳ ü temşiyetine {16} beẕl-i naḳdīne-i miknet buyurılaraḳ ẕātlarından me'mūl ü muntaẓar-kerde-i 'ālī olan me'āṣir-i kār-dānī {17} ve ḥaṣāfeti icrāya himmet buyurmaları siyāḳında ḳā'ime. Fī 10 M 39

[*1713/35*] ***Sābıḳ Ḫudāvendigār ve Ḳocaili sancaḳları mutaṣarrıfı olub bu def'a İbrā'īl muḥāfıẓlıġı tevcīh olunan İbrāhīm Paşa'ya***

{1} Muḳaddemā miyāne-i iḫlāṣ-neşāda [?] ber-vech-i ḫafī {2} müẕākeresi sebḳ itmiş olan Sīsām māddesiniñ {3} fi'ile iḫrācı niyyet-i ḫāliṣasıyla ẕāt-ı sa'ādetleriniñ {4} serriştesizce Burūsa'ya 'azīmetleri tensīb ü irāde {5} olunmuş ve ol vechile 'azīmet buyurulmuş ve īfā-yı me'mūriyyet {6} tertībi lāzım gelan 'askere dā'ir bu def'a taḥrīrātları {7} tevārüd itmiş olaraḳ iḳtiżāsı derdest-i müṭālaʿa {8} ve icrā olub lākin el-ḥāletü-hāẕihī eşḳıyāya meʾmūrlar {9} ṭarafından ḳahr ve ġalebe muʿāmelesi göremeyüb mevsim-i {10} şitā daḫi gün-be-gün taḳarrüb itmekde oldığından {11} ve düvel-i ecnebiyyeden ve bā-ḫuṣūṣ Rūsyaludan {12} ne vechile muʿāmele vuḳūʿa geleceği henüz bilinemediğinden {13} baʿżı mesmūʿāt ü iḫbārata göre el-ān baʿżı ḥazm ü iḥtiyāṭ {14} merāsimine diḳḳatde şu aralıḳ Devlet-i ʿAliyye'ye mübālaġa ṣūretini {15} iltizām derece-i vücūbda oldığı bedīdār ve serriştesizce {16} istiḥkāmāt-ı muḳteżiyeniñ icrāsına kemāl-i taḳayyüd {17} ü ihtimām muḳteżā-yı vaḳt ü maṣlaḥat idüği nümūdār {18} olaraḳ Ṭūna boyunda kāʾin ḳılāʿ-i ḫāḳāniyyeniñ {19} ve ez-cümle İbrāʾīl gibi bir serḥadd-i cesīmiñ taḳviye ve taḥkīmi {20} emr-i ehemmine ibtidār lāzımeden olub her ne ḳadar mühimmāt {21} ve ẕaḫāyir ile ḳılāʿ-i merḳūmeniñ taḳviyesi istiḥṣāl olunsa bile {22} muḥāfaẓa-i serḥad ve idāre-i ʿasker ġayūr ve muʿtemed ẕātıñ {23} vücūduyla ḥāṣıl olacaġı bī-reyb ü gümān ve ẕāt-ı {24} ġayret-simāt-ı müşīrīleri sāʾire mümāṣil olmayub {25} ḥaḳḳ-ı şerīflerinde kemāl-i teveccüh ve iʿtimād-ı ʿālī ḥāṣıl olmuş {26} ṣıdḳ ü feṭānet ile mecbūl vüzerā-yı ʿiẓām-ı Devlet-i ʿAliyye'den {27} olduḳlarından başḳa her bir uṣūl ü aḥvāl bu ṭarafda {28} olduḳları müddetde kesb-i ıṭṭılāʿ buyurmuş olduḳlarından {29} şimdiki ḥālde ve iḳtiżā-yı vaḳt ü maṣlaḥata göre {30} Sīsām māddesiyle ẕāt-ı saʿādetlerini işġālden ise {31} "Taḳdīmü ehemmi ʿale'l-mühim" ḳāʿidesince tīz elden {32} cenāb-ı ġayret-meʾāblarınıñ İbrāʾīl'e irişdirilerek {33} Sīsām māddesi Anāḏolī'dan münāsib {34} bir vezīriñ taʿyīni ile ḥāṣıl olacaġı derkār {35} olmaḳdan nāşī ẕāt-ı saʿādetleriniñ melḥūẓ olan {36} meḥāẕīr-i ātiyeye mebnī İbrāʾīl muḥāfaẓasına meʾmūriyyetiñiz {37} ḫuṣūṣuna irāde-i seniyye-i cenāb-ı pādişāhī {38} taʿalluḳ iderek ol bābda ḫaṭṭ-ı şerīf-i **(20a)** kerāmet-redīf-i mülūkāne şeref-rīz-i {2} ṣudūr olmuş ve Ḫudāvendigār ve Ḳocaili {3} sancaḳları daḫi Ḳayṣeriyye Mutaṣarrıfı sābıḳ saʿādetlü {4} Ġālib Paşa ḥażretlerine tevcīh olunmuş ve selefleri {5} saʿādetlü Ebūbekir Ṣıdḳī Paşa ḥażretleriniñ daḫi {6} Yeñişehir ṭarafına meʾmūriyyeti irāde buyurılaraḳ ḳāʿide-i {7} serḥad-dārīden oldığı vechile cenāb-ı düstūrīleriniñ {8} İbrāʾīl'e vuṣūllerinde teslīm ü tesellüm ṣūreti baʿde'l-ifa {9} derḥāl ḥareket ve Yeñişehir'e ʿazīmet eylemesi müşārun-ileyh {10} Ebūbekir Ṣıdḳī Paşa ḥażretlerine daḫi ṭaraf-ı muḫliṣīden {11} yazılmış olub bu vechile ẕāt-ı düstūrīleriniñ {12} İbrāʾīl muḥāfaẓasına meʾmūriyyetleri ḥaḳḳ-ı saʿādetlerinde {13} bir güne iġbirārdan olmayub ḥaḳīḳī cenāb-ı saʿādetlerine {14} derkār olan teveccüh ve iʿtimāda mebnī şu aralıḳ {15} ẕāt-ı ḥayderī-simātları miẕillü bir ẕātıñ ol ṭarafda {16} vücūdı elzem oldığından neşʾet itmiş olmaġla {17} cenāb-ı düstūrīleri muḳteżā-yı fermān-berī ve ġayretleri {18} üzere işe yarar güzīde ʿasker ve mükemmel dāʾireleri {19} ḫalḳıyla derḥāl Burūsa'dan ḥareket ve Gelībolī'dan mürūr {20} ve ḏoġrı yoldan seyr-i serīʿ ile İbrāʾīl'e varub {21} muḥāfaẓa ve muḥārese esbābını ikmāle müsāraʿat ve kemā-kān {22} Sīsām māddesiniñ maḫfī ve mektūm ṭutulmasına {23} ve icrā-yı şerāyiṭ-i dirāyet ü feṭānete beẕl-i himmet {24} ve bi-mennihī Ta'ālā İbrā'īl'e ba'de'l-vuṣūl ḥakīmāne ve nāzikāne semt-i {25} aġyāra iḥāle-i çeşm-i baṣīret-birle dā'ire-i {26} istıṭlā'-ı keyfiyyāta ve her ḥālde ẕātlarından me'mūl {27} olan ḥamiyyet ü ġayret me'āsirini isbāta himmet {28} buyurmaları siyāḳında ḳā'ime. Fī 18 M 39

[*1713/40*] ***Rumili vālīsine***
{1} Eġrīboz ḳal'asında ẕaḫāyiriñ ḳılleti cihetiyle ol bābda sa'ādetlü Eġrīboz muḥāfıẓı ḥażretleriniñ ṭaraf-ı {2} ser'askerīlerine meb'ūs taḥrīrātı ve evrāḳ-ı sā'ire gönderildiği beyānıyla Dersa'ādet'den müste'men sefāyiniyle {3} ḳırḳ-elli biñ keyl ẕaḫīre irsāli ḫuṣūṣuna dā'ir muḳaddem ve mu'aḫḫar vārid olan nemīḳa-i şerīfleri {4} mezāyāsı ḳarīn-i ıṭṭılā'-i muḫliṣī olub muḥāfıẓ-ı müşārun-ileyhiñ fezleke-i iş'ārı Donanma-yı Hümāyūn ile {5} varan ẕaḫāyir Mora ser'askeri ta'yīnātına virilmiş oldığından ẕaḫīreden dolayı żarūret {6} derkār idüği ve kendüsi birḳaç senedir maṣārifāt-ı keṣīreye dūçār olaraḳ mefḳūdü'l-iḳtidār {7} oldığından ve ma'iyyetinde lā-aḳal beş biñ ḳadar 'askeriñ vücūdı lāzımeden idüğünden ol miḳdār {8} 'askeriñ īcāb iden ḫarcları ṭaraf-ı Devlet-i 'Aliyye'den i'ṭā olunması ṣūretleri olmağla cümlesi {9} ḫāk-pāy-ı hümāyūn-ı ḥażret-i şehriyārīye 'arż ü taḳdīm ile manẓūr-ı naẓar-ı 'āṭıfet-eser-i cenāb-ı tācdārī {10} olmuşdur. Ḳal'a-i merḳūmeye muḳaddemce Donanma-yı Hümāyūn ile ḫaylī ẕaḫīre çıḳarılmış ise de ol vechile {11} 'asākir-i müteḥaşşideye ṣarf olunmuş ve bu cihetle tekrār biraz ẕaḫīre irsāliniñ çāresine baḳılmaḳ {12} lāzım gelmiş oldığından iş'ār-ı müşīrīleri vechile bu ṭarafdan müste'men sefāyiniyle ẕaḫīre isbāli {13} ṣūreti mütebādir-i ḫāṭır olmuş ise daḫi müste'men ṭā'ifesi bu maḳūle şey götürmekden imtinā' {14} itmekde ve götürseler bile aṣl gönderilan maḥalle götürmeyerek dürlü dürlü ṣūrete ḳoymaḳda (22) olduḳlarına naẓaran tīz elden bu ṣūret uymayacağından ma'lūm-ı sipehdārīleri oldığı üzere bu sene-i mübārekede {2} Selānīk mübāya'ası ẕaḫīresiniñ nıṣfı daḳīḳ ve nıṣf-ı dīgeri peksimād yapılub lede'l-iḳtiżā {3} Mora ṭaraflarına sevḳ ü irsāl olunmaḳ içün tehyi'e ve tanẓīmi muḳaddemā fermān ol[un]muş oldığından ẕikr olunan {4} daḳīḳ ve peksimāddan Eġrīboz ḳal'ası-çün kifāyet miḳdārını alub götürmesi ve ḥāżır olmadığı ṣūretde {5} daḳīḳ ve peksimāda maḥsūben ḥınṭa ve şa'īr aḫẕ ve īṣāl eylemesi şeref-sünūḥ iden irāde-i seniyye-i şāhāne {6} iḳtiżāsı üzere bu def'a sa'ādetlü Ḳapūdān paşa ḥażretlerine taḥrīr ve işbu şıḳḳaynıñ ḳangısı mümkin ise icrā {7} ve ḳapūdān-ı müşārun-ileyhe teslīm ve i'ṭā itmesi sa'ādetlü Selānīk mutaṣarrıfı ḥażretlerine daḫi iş'ār ü tezbīr {8} olunmuş olub ancaḳ muḥāfıẓ-ı müşārun-ileyh yeñi vezīr olaraḳ i'ānet-i seniyyeye şāyān ve iḳdārı {9} lāzımeden görinür ise de yazdığı vechile bu ṭarafdan ḫarc taḫṣīṣi ṣūreti sā'ire sirāyet maḥẓūrına {10} mebnī uyar ve başa çıḳar şey olmadığından ve ẕāt-ı sa'ādetleri aḳṭār-ı Rumili'niñ istiḳlāl-i {11} kāmile ile ser'asker-i vālā-şānı

olduḳlarından müşārun-ileyhe Dersaʿādet'den başḳaca iʿānet olunmaḳ ve şöyle böyle {12} dinmek nüfūẕ-ı serʿaskerīye kesr ü ḫalel taṭarruḳunı müstelzim olmaḳ ve maṣlaḥatıñ çatallıḳ vuḳūʿ bulmaḳ {13} ṣūretlerini īcāb ideceğinden ẕaḫīre ḫuṣūṣunuñ ol vechile tanẓīmi müşārun-ileyh Ḳapūdān paşa ḥażretlerine {14} taḥrīr ü işʿār olundıġı ve bu maḳūle maṣlaḥat ve iltimāsında ṭaraf-ı serʿaskerīlerine mürācaʿat-birle iḳtiżā-yı {15} ḥāl ü maṣlaḥat ne ise ṭaraf-ı düstūrīlerinden rü'yet olunmaḳ uṣūl-i sipehdārīden oldıġı beyānıyla {16} bu mişillü mevādd ü meṣāliḥi bundan böyle sū-yı serʿaskerīlerine ʿarż ü inbā eylemesi iḳtiżāsı üzere {17} muḥāfıẓ-ı müşārun-ileyhe yazılan cevāb-nāme-i muḫlişīde beyān ü teẕkīr ḳılınmış olmağla muḥāfıẓ-ı müşārun-ileyhiñ {18} ḥadd-i ẕātında iʿāneye iḥtiyācı ne derecededir, cenāb-ı müşīrīleri taḥḳīḳ buyuraraḳ ṭaraf-ı saʿādetlerine {19} gönderilan mebāliğden müşārun-ileyh cānibine daḫi münāsib gördükleri miḳdār aḳçe irsāliyle iḳdārı {20} ve baʿd-ez-īn sā'ir cihetle iḳtiżā iden muʿāvenetiñ icrā ve ikmāli daḫi muḥavvel-i ʿuhde-i düstūrīleri olan {21} mevāddan ve iḳtiżā-yı irāde-i ʿaliyyeden oldıġı maʿlūm-ı dirāyet-melzūm-ı sipehdārīleri buyurulduḳda {22} her ḥālde icrā-yı levāzım-ı dirāyet-kārī ve reviyyete himmet buyurmaları siyāḳında ḳā'ime. Fī 20 M 39

[*1713/41*] ***Selānīk mutaṣarrıfına***
{1} Selef-i müşīrīleri ṭarafından Selānīk sevāḥili muḥāfaẓasına me'mūr sefāyin ḳapūdānlarından ʿArab Meḥmed {2} Ḳapūdān'ıñ Ṭāşoz cezīresi līmānında timür üzerinde müṣādif oldıġı İngiltere sefāyininden {3} Nīḳo veled-i Desmo [?] nām ḳapūdān rākib oldıġı sefīne derūnunda bulub preze [?] ṭarīḳiyle aḫẕ itmiş {4} oldıġı reʿāyā ve sefīne-i meẕkūre Selānīk'e celb ve maʿrifet-i şerʿle lede'l-istinṭāḳ reʿāyā-yı {5} mezbūreniñ baʿżıları Drāmalı müteveffā Maḥmūd Paşa sāyislerinden ve baʿżıları Ṭāşoz cezīresi {6} reʿāyāsından olaraḳ Ṭāşozlular vaṭanlarına yerleşdikden ṣoñra māʿadāsı daḫi Çayağzı'na {7} varub bi'l-istīmān ḳaryelerinde temekkün itmek üzere on beş ġurūş nevl muḳāvelesiyle {8} sefīne-i meẕkūreye rākib olmuş olduḳları tebeyyün itmiş ve reʿāyā-yı mersūmeniñ ism ü şöhretlerini {9} mübeyyin mümżā defter ve Selānīk ḳāḍīsınıñ iʿlāmı ve Ṭāşoz voyvodasınıñ tevārüd itmiş {10} olan ʿarīżasınıñ ve ḳapūdān yedinde olan izn-i sefīne emr-i şerīfiniñ mümżā ṣūretleri {11} taḳdīm olunmuş ve reʿāyā-yı mersūme ol cānibde Rum vekīline teslīm itdirilmiş oldıġı ve mersūmlarıñ {12} ḳaryelerine ve yerlü yerine yerleşdirilmesi sā'ir firārī olan reʿāyānıñ vaṭanlarına ʿavdetlerine {13} vesīle olacaġı ḫāṭır-güẕār-ı müşīrīleri olmuş idüği beyānıyla ol bābda istiʿlām-ı irādeyi ḥāvī {14} resīde-i cā-yı vürūd olan taḥrīrāt-ı şerīfeleri ve evrāḳ-ı sā'ire mezāyāları maʿlūm-ı ḫāliṣānemiz olmuşdur. {15} Reʿāyā-yı mersūmeniñ baʿżıları müteveffā-yı müşārun-ileyhiñ sāyislerinden ve baʿżıları Ṭāşoz {16} reʿāyāsından olaraḳ bi'l-istīmān yine vaṭanlarında temekkün içün sefīne-i merḳūmeye girmiş olduḳları maʿrifet-i {17} şerʿle tebeyyün eylediği

muḳteżā-yı işʿārlarından ve iʿlām-ı mez̠kūr meʾālinden müstefād ve iḳtiżā-yı taḥrīrleri üzere (23) reʿāyā-yı mersūmeniñ yerlü yerine īvā ve iskānları sāʾir firārī olan reʿāyānıñ vaṭanlarına {2} ʿavdetlerini mūcib olaraḳ tamām irāde-i ṣāʾibeden oldığı vāreste-i ḳayd [ü] īrād olub Devlet-i ʿAliyye ile {3} İngiltere devleti beyninde revābıṭ-ı silm ü ṣafvet derkār olaraḳ eşḳıyā sefīnesi yaʿnī Çamlıca ve Ṣulıca'nıñ {4} bir taḳrīb alınmış sefīneleri olmayaraḳ devlet-i müteḥābbe tüccārınıñ ṣaḥīḥ müsteʾmen taʿbīr [olunan] sefīnesiniñ {5} taʿvīḳi īcāb itmeyeceği daḫi āşikār olmağla muḳteżā-yı işʿārları üzere reʿāyā-yı mersūmeyi yerlü yerine {6} iskān-birle ṣaḥīḥ İngilterelü sefīnesi oldığı ḥālde sefīne-i mez̠kūre eğer el-yevm Selānīk iskelesinde {7} ise dostāne muʿāmele ibrāz olunaraḳ taḫliye-i sebīline himmet buyurmaları siyāḳında ḳāʾime. Fī 20 M 39

[*1713/42*] ***Rumili vālīsine***

{1} Saʿādetlü Tırḥāla Mutaṣarrıfı Reşīd Paşa ve Yānya Mutaṣarrıfı ʿÖmer Paşa ve Aydın Mutaṣarrıfı Yūsuf Paşa ḥażerātınıñ {2} Mora derūnuna idḫālleri ḫuṣūṣunı ve baʿżı veṣāyāyı şāmil gönderilan nemīḳa-i muḫliṣānemiziñ {3} vuṣūlünden baḥişle Debre-i Zīr ve Māṭ ve Premedī ṭaraflarından tertīb olunan dört biñ beş yüz nefer ʿaskeriñ {4} vürūdına intiẓārda olduḳlarından geldikleri gibi müşārun-ileyhimā Reşīd Paşa ve ʿÖmer Paşa ḥażerātı {5} ne ṣūretle meʾmūr ve iʿmāl ḳılınacağı ve müşārun-ileyh Yūsuf Paşa'nıñ Bālyabādra'ya ʿavdet itmiş oldığı {6} istimāʿ buyurulmuş idüği ḫuṣūṣlarını ve sāʾir ifādeyi ḥāvī resīde-i mevḳiʿ-i vuṣūl olan taḥrīrāt-ı {7} şerīfeleri mezāyāsı ıṭṭılāʿ-i ḫulūṣ-verī ile meşmūl olduḳdan ṣoñra ḫāk-pāy-ı hümāyūn-ı cenāb-ı pādişāhīye {8} daḫi ʿarż ü taḳdīm ile manẓūr-ı naẓar-ı ʿāṭıfet-es̠er-i ḥażret-i şehinşāhī buyurulmuşdur. Z̠āt-ı dirāyet-simāt-ı {9} düstūrīleri Salṭanat-ı Seniyye'niñ mezīd-i kār-dānī ve reviyyet ve kemāl-i uṣūl-şināsī ve ḥaṣāfet ile {10} muttaṣıf vüzerā-yı ʿiẓāmından olaraḳ umūr-ı serʿaskerī istiḳlāl-i kāmile ile ʿuhde-i mehām-āşināyīlerine {11} tevcīh ü iḥāle buyurulmuş oldığına bināʾen kāffe-i meʾmūrīniñ iʿmālleri vābeste-i reʾy ü irāde-i sipehdārīleri {12} olaraḳ müşārun-ileyhimānıñ ol vechile celb ü cemʿ idecekleri ʿasākir ile Mora'ya idḫālleri ḫuṣūṣuna {13} dāʾir tedābīr ʿuhde-i serʿaskerīleri olan mevāddan olub bu keyfiyyet ve maṭlūb ü maḳṣūd bir gün evvel iş görilüb bā-ʿavn-i Bārī {14} şu ġāʾileniñ indifāʿı olaraḳ bu keyfiyyet daḫi z̠āt-ı serʿaskerīleriniñ ġayret ü himmetine mütevaḳḳıf idüği {15} vāżıḥātdan olmağla muḳteżā-yı kār-dānī ve dirāyet-i düstūrīleri üzere celb ü cemʿ idecekleri ʿaskeri {16} bir ān aḳdem celb ve tanẓīm-birle müşārun-ileyhimā ve meʾmūrīn-i sāʾireniñ Mora derūnuna sevḳ ü idḫālleriyle {17} bi-ʿavnihī Taʿālā iş görülmesine saʿy ü ġayret ve ol vechile icrā-yı irāde-i seniyye-i şāhāne ve īfā-yı şerāyiṭ-i diyānet {18} ü ḥamiyyet iderek rekīz-i fıṭrat-ı aṣliyyeleri olan gevher-i dirāyet ve ṣıdḳ [ü] istiḳāmeti ibrāz ü iẓhār-birle {19} ḥaḳḳ-ı saʿādetlerinde olan ḥüsn-i iʿtiḳād ve iʿtimādı taṣdīḳe kemāl-i şitāb ü sürʿat buyurmaları siyāḳında ḳā'ime. {20} Lede'l-vuṣūl ber-vech-i muḥarrer idāre-i maṣārifāt-ı vāḳı'a żımnında külliyyetlü mebāliġ irsāli taḥrīrāt-ı mezkūrelerinde {21} ḫāme-güẕār-ı iş'ār buyurulmuş ise de bu ḫuṣūṣ [?] muḳaddemce daḫi ṣavb-ı müşīrīlerinden taḥrīr ü inhā ḳılınmış {22} oldığından muḳaddemce gönderilan biñ kīse aḳçeden başḳa üç biñ kīse aḳçe daḫi tertīb ve tesyīr ḳılınmış {23} oldığı çend rūz evvelce yazılan nemīḳa-i muḫliṣīde beyān ü teẕkār olunmuş olub şimdiye ḳadar taḥrīrāt-ı {24} mersūlemiziñ vuṣūlüyle keyfiyyet ma'lūm-ı müşīrīleri olacağından ẕāt-ı sa'ādetleri her ḥālde īfā-yı {25} şerāyiṭ-i dirāyet-kārī ve reviyyete himmet ü müṣāberet buyurmaları me'mūldür. Fī 20 M 39

[*1713/47*] *Ḳapūdān paşaya*

{1} Donanma-yı Hümāyūn ile Girīd cezīresine hāvanlar gönderilmiş ise [de] faḳaṭ yiğirmi bir biñ iki yüz ḳırḳ altı keyl ẕaḫāyir vāṣıl olub {2} mā'adā bir şey ẓuhūr itmediğinden ġayrı Ḳandiye ḳal'asında mevcūd olan ecnās dört yüz ḳırḳ üç 'aded ṭop ve yiğirmi {3} altı 'aded hāvanlardan ekṣerīsiniñ ḳundaḳ ve tekerlekleri fersūde olub ol ḥavālīde bulunan ağaçlarıñ {4} ḳundaḳ ve tekerlek i'māline ṣalāḥiyyeti olmadığından Ṭopḫāne-i 'Āmire mevcūdundan ḳundaḳ ve tekerlek ve idāre-i sā'ire ile {5} mütefennin on beş nefer marānḳoz ve usta i'zāmına müsā'ade buyurulması sa'ādetlü Ḳandiye muḥāfıẓı ḥażretleri ṭarafından {6} bā-taḥrīrāt inhā ve ẕikr olunan ṭoplarıñ miḳdārını mübeyyin defteri ba'ṣ ü isrā olunmuş ve ḫuṣūṣ-ı mezbūruñ {7} iḳtiżāsına göre tanẓīm ve icrāsına irāde-i 'aliyye ta'alluḳ itmiş olmaḳ mülābesesiyle keyfiyyet 'izzetlü Defterdār efendiye {8} lede'l-ḥavāle Ṭopḫāne-i 'Āmire'den muḳaddemā Donanma-yı Hümāyūn ma'iyyetiyle Pīr 'Alī-zāde Aḥmed Ḳapūdān sefīnesine taḥmīlen {9} ḳal'a-i mezbūreye cāb-ı [?] muḫtelife ile beş biñ 'aded yuvarlaḳ ve biñ 'aded māhtāb ve elli 'aded ṭop {10} veznesi ve yiğirmi 'aded fitīl ağacı ve on 'aded māhtāb māşası ve elli ḳıyye fitīl-i Mıṣrī ve ma'a-ḳabża yiğirmi {11} 'aded burġı sıḳın [?] tertīb ve tesrīb ḳılınmış ve maṭlūb olunan ḳundaḳlıḳ ağaçlarıñ bu ṭarafda tedārük ve tanẓīm {12} ve irsāli mümkin ise ḫaylīce külliyyetlü olub bayağı bir gemi yüki olabileceğinden müste'men sefīnesiyle gönderilse külliyyetlü {13} nevl muṭālebe ideceklerinden mā'adā bu maḳūle mühimmāt nev'inden olan şeyleri muḳaddemlerde müste'men ṭā'ifesi {14} götürmekde tereddüd ve istiġnā eyledikleri miṣillü şimdilerde daḫi götürmeyecekleri levāyiḥ-i ḥālātdan müstebān {15} olmuş oldığına binā'en bu ṭarafdan tertībinden fā'ide olmayacağı beyānıyla muḳaddemce ḳal'a-i mezḳūreye Ṭopḫāne ve Cebeḫāne ṭaraflarından {16} tertīb ve Donanma-yı Hümāyūn ile tesrīb olunan mühimmātıñ şimdiye ḳadar maḥalline teslīm olunmamasınıñ sebeb ü ḥikmeti ma'lūm {17} olamadığından keyfiyyetiñ evvel-emrde ṣavb-ı sa'ādetlerinden isti'lāmıyla ba'dehū iḳtiżāsınıñ icrāsı iḳtiżā ideceği {18} ve ẕikr olunan ḳundaḳlıḳ ve tekerleklik ağaçlar Menteşā sancağınıñ münāsib maḥallerinden mi, yoḫsa Girīd'e semt olan {19} maḥall-i münāsibeden mi tertīb ve ol maḥalliñ ḥükkām ve żābiṭānı ma'rifetleriyle ḳaṭ' ve tanẓīm ve Donanma-yı Hümāyūn yāḫūd Mıṣır donanmalarından {20} ḳangısı ol ḥavālīye uġrar ise anlarıñ ma'rifetiyle mi Ḳandiye ḳal'asına irsāli mümkin olabilür, ṣūret-i suhūleti ve sür'at-i {21} tanẓīm ve irsāli ne vechiledir ve ne maḥalden olmaḳ ehven ü ensebdir, keyfiyyet ve iḳtiżāsını tanẓīm ve iş'āra himmet buyurmaları {22} lāzım geleceğini mūmā-ileyh Defterdār efendi bā-taḳrīr ifāde itmekle ẕikr olunan mühimmātıñ şimdiye ḳadar maḥalline teslīm {23} olunmamasınıñ sebeb ü ḥikmeti ne ise iş'āra mübāderet ve mārrü'l-beyān ḳundaḳ ve tekerleklik aġaçlarıñ tertīb ü tesviyesi {24} ḫuṣūṣunuñ ṣūret-i suhūleti ve sür'at-i tanẓīm ve irsāli ne vechile ve ne maḥalden olmaḳ ehven ü enseb ise iḳtiżāsını {25} tanẓīm ve taḥrīre himmet buyurmaları siyāḳında ḳā'ime. Fī 22 M 39

[*1713/54*] ***Ḳapūdān paşaya***
{1} Donanma-yı Hümāyūn sefāyini ile Bālyabādra'dan ḳalḳub meltemleriñ şiddet üzere hübūbundan nāşī {2} Aḏa[lar] arasından güẕār ve teṣādüf eyledikleri on beş ḳadar Ībṣāra gāvur teknelerini Ībṣār[a] līmānına ḳadar {3} ta'ḳībe ibtidār buyurараḳ ẕikr olunan tekneler līmān-ı meẕkūra duḫūl ile ḫalāṣ olmuş olduḳlarından {4} cenāb-ı müşīrīleri daḫi ḏoġrı Midillū cezīresi pīşgāhına gelmiş ve birḳaç gün ẓarfında Midillū'den ṣularını {5} alub yine ḥareket ve Eġrīboz ve Ḳızılḥiṣār ve sā'ir iḳtiżā iden maḥallere 'azīmeti niyyet eylemiş olduḳları {6} ve Ocaḳlar sefāyini üç seneden berü Donanma-yı Hümāyūn ma'iyyetinde müstaḫdem olduḳlarından bi-mennihī Ta'ālā evvelbahārda {7} yine Donanma-yı Hümāyūn ma'iyyetine vürūd itmek üzere bu ḳış kendü ocaḳlarına gidüb ḳışlamaları-çün {8} Ḳāsım'a otuz gün ḳalaraḳ cümlesiniñ ocaḳlarına 'avdetlerine ruḫṣatı ḥāvī yedlerine buyuruldı virilmiş {9} oldıġı ve el-ḥāletü-hāẕihī Donanma-yı Hümāyūn'uñ ḳūmānya ẕaḫāyiri ḫitāma yüz ṭutub mevsim-i deryā daḫi {10} günden güne güẕār itmekde idüğünden Donanma-yı Hümāyūn meştāya ḳalmaḳ ve şitā'iyye ḳūmānya tertīb olunmaḳ lāzım gelür ise {11} şimdiden cenāb-ı sa'ādetleriniñ ma'lūmları olub ḳışlaya elvirmeyan ve muḥtāc-ı ta'mīr olan {12} sefāyin ayrılaraḳ Tersāne-i 'Āmire'ye gönderilmek lāzım geleceği ifādesinden baḥisle mā'adā sefāyin içün {13} ḳangı maḥal meştā taḫṣīṣ buyurulmaḳ yāḫūd meştā ḫuṣūṣı re'y-i müşīrīlerine ḥavāle ḳılınmaḳ veyāḫūd {14} cenāb-ı müşīrīleri Dersa'ādet'e gelmek üzere bir münāsib başbuġ naṣbıyla birḳaç tekne bıraġılmaḳ şıḳlarında {15} ne vechile irāde buyurılur ise ṣavb-ı sa'ādetlerine iş'ār olunması ḫuṣūṣını ḥāvī ve Sāḳız cezīresi {16} re'āyāsından bundan aḳdem firār ile eṭrāf aḏalarda iḳāmet üzere olan ẕükūr ü ināẕ {17} ve ṣaġīr ü kebīr birṭaḳım firārīler 'ırż ü edebleriyle oṭurmaḳ şarṭıyla cezīre-i meẕkūreye gelüb iḳāmetlerine (28) ruḫṣatı ḥāvī ṭaraf-ı müşīrīlerinden buyuruldı istid'ā itmiş ve Sāḳız Muḥāfıẓı Yūsuf Paşa bendeleri daḫi bu ḫuṣūṣı

iltimās {2} bilmiş oldıġı beyānıyla bu bābda isti'lām-ı irādeyi ve ifādāt-ı sā'ireyi muḥtevī resīde-i cā-yı vürūd olan taḥrīrāt-ı şerīfeleri {3} mezāyāsı ma'lūm-ı ḫāliṣānemiz oldıġından ġayrı ḥużūr-ı hümāyūn-ı mülūkāneye daḫi 'arż ile meşmūl-ı liḥāẓa-i mekārim-ifāża-i cenāb-ı {4} tācdārī buyurulmuşdur. Cenāb-ı müşīrīleri ġayūr ü şecā'at-kār ve cesūr ü ṣalābet-şi'ār vüzerā-yı 'iẓām-ı Salṭanat-ı Seniyye'den olub {5} işbu sene-i mübārekede es̱er-i sa'y ü iḳdām-ı müşīrīleriyle küllī ḫidmet ẓuhūrı me'mūl ve i'tiḳādıyla seyr ü seferleri emrinde eslāf-ı {6} müşīrīlerine oldıġı mis̱illü cenāb-ı sa'ādetlerine bir ṭarafdan ta'līmāt virilmeksizin her bir ḫuṣūṣ re'y ü tedbīrlerine iḥāle ile {7} her dürlü seyr ü sefer ve ḥareketlerinde ẕāt-ı sa'ādetlerine istiḳlāl virilmiş iken bir vaḳt Bālyabādra'da tevaḳḳuf ve 'avdet ile {8} Midillü'ye ḳadar gelerek gāvurlarıñ iki teknesini olsun istīṣāl itmeksizin 'avdet [ve] meştā tertībi ṣūretine teşebbüs̱leri uyġunsuz {9} ve bi-ḥikmetillāhi Ta'ālā şimdiye ḳadar ba'żı maḥallere ẕaḫīre īṣālinden ġayrı bir ḫidmete muvaffaḳ olamamaları taḳdīr-i Sübḥāniyye īcābından ise de {10} meltemleriñ şiddet üzere hübūbuyla eşḳıyā tekneleri līmānlara ṣaḳlanaraḳ aḫẕ ve i'zāmlarına fırṣat-yāb olamadıḳları me'āl-i {11} iş'ārlarından müstebān olub ancaḳ gāvur tekneleriniñ süfün-i hümāyūna tāb-āver olamayaraḳ firār gösterüb iḫtirā'-ı ḥiyel ü desāyis ile {12} işlerini görmekde ve bu cihetle günden güne ḳuvvetleri artaraḳ Devlet-i 'Aliyye['ye] bir dāhiye-i dehyā olmaḳda olduḳlarına mebnī "Bunlarıñ hübūb-ı {13} meltemden ṣıġınmış olduḳları līmān aġzına süfün-i hümāyūndan birḳaçını ta'yīn-birle iẓhār-ı saṭvet ü ṣavlet olunmaḳ mümkin olamıyor mı? {14} Ve mersūmlar süfün-i Donanma-yı Hümāyūn ile muḳābeleye 'adem-i ḳudretlerini setr içün ba'żen āteş gemisi sevḳi ve ba'żen ḥiyel-i sā'ire iḫtirā'ıyla {15} berü ṭarafa şaşḳınlıḳ virmekde olduḳlarına muḳābeleten ṭaraf-ı sa'ādetlerinden daḫi böyle bir ṣanī'a ile līmānlara girmiş olan {16} sefīneleriniñ iḥrāḳ ü iġrāḳı çāresi bulunamıyor mı?" müṭāla'ası cevelān-gīr-i eẕhān olmaḳdadır. Eğerçi bugünlerde {17} Midillü'den daḫi ḳalḳub Ḳızılḥiṣār ve Eġrīboz ṭaraflarına 'azīmet idecekleri taḥrīr buyurulmuş ise de oralarda daḫi böyle {18} ḳurı ḳurıya ḏolaşaraḳ ḳarīben bütün bütün Boġaz'a 'avdetleri mülāḥaẓası ḫāṭır-ḫırāş olub gāvur tekneleri ḳış {19} ve ṭūfān dimeyüb ve meştā aramayub Baḥr-i Sefīd'i geşt ü güẕār iderek rāst geldikleri maḥallere īṣāl-i ḫasāret iderler iken {20} bizim donanmamız iki tekne olsun ele getürmeksizin şimdiden meştā mülāḥaẓasına düşmesi cā-yı istiġrābdır. Giçen sene süfün-i hümāyūndan {21} birazı Boġaz'da ḳışlamışlar iken gāvur tekneleriniñ Boġaz aġzında itmedikleri feżāḥat ü mel'anet ḳalmayub bizim gemilerden hiçbiri {22} çıḳub müdāfa'alarına baḳmadıḳları ma'lūm-ı sa'ādetleri olan ḳażāyādan ve 'uṣāt-ı Rum'uñ ise baḥren ḳuvvetleri kesilmedikçe maṣlaḥat {23} bitmeyeceği ma'lūm olan mevāddan ve bunlarıñ ḳuvvet-i baḥriyyelerini ḳaṭ' itmek ṣūreti daḫi mutlaḳā Donanma-yı Hümāyūn'uñ mütevaḳḳıf {24} idüği bedīhiyyātdan iken üç senedir bir işe yaramaḳsızın Donanma-yı Hümāyūn'uñ 'avdeti bi'l-'aks gāvurlarıñ tezāyüd-i ḳuvvet ve cür'etlerine {25} ba'iṡ olub derecesiz uyġunsuz ve şe'ni mūcib şey oldığı nezd-i sa'ādetlerinde daḫi ma'lūm olan keyfiyyātdandır. Donanma-yı Hümāyūn'uñ {26} taḳviyet-i hey'et-i ictimā'iyyesi Ocaḳlar sefāyiniyle ḥāṣıl gibi iken muḳteżā-yı istiḳlālleri üzere Dersa'ādet'e inhā ve istīẕān {27} itmeksizin bunlarıñ 'avdetlerine ruḫṣatı ḥāvī buyuruldı virilmiş olması her ne ḳadar mecbūriyyetden nāşī olsa da bu daḫi uyġunsuz {28} bir şey olub çāresiz ber-muḳteżā-yı ḥükm-i İlāhiyye maṣlaḥat bu ṣūretlere gelmiş ve Ocaḳlar sefāyinine ruḫṣat virilmiş olmaġla bu bābda tekrār {29} bir şey dimeğe maḥal ḳalmamışdır. Donanma-yı Hümāyūn'uñ bu ḳış Aḳdeñiz'de ḳalmasındaki fā'ide kefere-i eşḳıyānıñ sevāḥil[e] olan {30} tasalluṭlarınıñ def'i ve Dersa'ādet'e gelmesinde menfa'at Devlet-i 'Aliyye'niñ şitā'iyye maṣārifinden vāresteliği māddelerinden 'ibāret olaraḳ {31} taḫfīf-i maṣārif menfa'atine baḳılaraḳ Donanma-yı Hümāyūn Dersa'ādet'e 'avdet itdirilmek lāzım geldiği taḳdīrce eyyām-ı şitāda {32} eşḳıyānıñ tasalluṭları melḥūẓ olan sevāḥile 'asker iḳāmesiyle taḳviye-i muḥāfaẓalarına baḳılmaḳ lāzım geleceği ve tasalluṭ-ı eşḳıyā {33} muḥtemel olan bunca sevāḥiliñ muḥāfaẓası emr-i 'asīr olaraḳ geçenki Çāndārlı vaḳ'asınıñ ẓuhūrunda 'aẓīm ḫalecān virüb {34} her ne ḥāl ise ṭaraf ṭaraf fermānlar neşriyle iḳtiżā iden sevāḥile 'asker indirilmiş ise de ṣoñra bunlarıñ olduḳları {35} maḥallerde ta'yīnāt ve idāreleri daḫi başḳaca bir ġā'ile-i müte'aẕẕire oldığına naẓaran Donanma-yı Hümāyūn'uñ Dersa'ādet'e 'avdetinden {36} ḥāṣıl olacaḳ menfa'ate 'adem-i 'avdetinden ẓuhūrı melḥūẓ olan fā'ide müreccaḥ olacağı ve mevsim-i şitāda eşḳıyā tekneleri {37} şuraya buraya ṣarḳındılıḳ itmek ve bu ṭaraflara ḫalecān virmek ve sevāḥiliñ bundan böyle berren muḥāfaẓaları {38} müte'aẕẕir olmaḳ cihetleriyle bu ḳış Donanma-yı Hümāyūn'uñ bütün bütün 'avdeti ġayr-ı mücāz olaraḳ cenāb-ı müşīrīleriniñ bi'n-nefs {39} ḳalmalarına ḥācet mess itmeyüb belki evvelbahār içün Donanma-yı Hümāyūn'uñ tanẓīmi ve sā'ir gūne tedārükāt ü tertībātı icrāsı {40} müẕākerelerinde bu sene ḥāṣıl eyledikleri ma'lūmātları añlaşılaraḳ aña göre tedbīr ve mülāḥaẓa olunmaḳ üzere ẕāt-ı sa'ādetleriniñ {41} Dersa'ādet'e gelmeleri ve bir muḳtedir başbuġ ile Boġaz'da biraz süfün-i hümāyūn tevḳīf ve istiḫdām olunması dā'ir-i dā'ire-i efkār olub {42} şöyle ki, Donanma-yı Hümāyūn'uñ külliyyen içerü alınması [?] vaḳt ü ḥāle göre cā'iz olmadığından cenāb-ı sa'ādetleri bu ṭarafa gelmek üzere {43} bir muḳtedir başbuġ ile işe yarar tekneler Aḳdeñiz'de bıraġılub bunlar Boġaz'da tevḳīf ile aralıḳ aralıḳ havālar müsā'id {44} olduḳça aḏalar arasına çıḳmaḳ ve fırtunalar olduḳça yine Boġaz'a gelmek üzere me'mūr ḳılınmaları sevāḥiliñ muḥāfaẓasına {45} medār olub ya'nī bu ḳış Aḳdeñiz boġazını bütün bütün boş bıraḳmaḳ bir vechile cā'iz olmadığından ṣaġlam olan {46} süfün-i hümāyūndan münāsib miḳdārınıñ ol vechile tevḳīfi vācibāt-ı ḥālden oldığına naẓaran tevḳīfe elviren sefāyin {47} ne miḳdārdır ve münāsib başbuġ ma'iyyetiyle mi olmaḳ lāzımdır ve nerelerde ḳışlayub geşt ü güẕārları ne vechile olacaḳdır {48} ve şitā'iyye levāzımātları nedir ve naṣıl olmaḳ muḳteżīdir, buraları cenāb-ı müşīrīleriniñ bilecekleri ve re'y ü tedbīr idecekleri {49} mevāddan ve tertībini iş'ār buyurduḳları ḳūmānya içün Donanma-yı Hümāyūn'uñ ḥīn-i iḫrācında girü ḳalub verādan {50} gönderilan iki ḳıṭ'a tüccār sefīnesine maḥmūl ẕaḫāyir ve erzāḳ ile'l-ān Midillū pīşgāhında ḳalmış oldığından şimdi {51} bunları alub ḳūmānya ḥesābına idḫāl eylemeleri muḳteżayātdan olaraḳ bu āna ḳadar bir nevi' ḫidmet ẓuhūra gelemediğinden **(29)** bārī 'avdet mevsimine ḳadar nīrū-yı iḳdāmāt-ı beşeriyye fi'ile getürilerek bir yüz aḳlığı ḥāṣıl olacaḳ ḫidmet ibrāzı {2} farīża-i maṣlaḥatdan ve meştā ḫuṣūṣunda mülāḥaẓāt-ı meẕkūreye göre nihāyet re'y ü tedbīrleriniñ ṣavb-ı sa'ādetlerinden istikşāf {3} ü isti'lāmı irāde-i seniyye-i şāhāne muḳteżāsından olmağla evvel-emrde muḳteżā-yı me'mūriyyet ve istiḳlāl-i müşīrīleri vechile giçen {4} seneki gibi olmayaraḳ bā-'avn-i Bārī ibrāz-ı ḳuvve-i fā'iḳ-i İslāmiyye olacaḳ ṣūretle meştā ḫuṣūṣunda nihāyet re'y ü tedbīrleri {5} ne vechile ise iş'āra mübāderet ve Donanma-yı Hümāyūn'uñ 'avdeti mevsimine ḳadar bir yüz aḳlığı ḥāṣıl olmaḳ üzere ḫidemāt-ı {6} bergüzīde ẓuhūra getürmeğe beẕl-i yār[ā]-yı liyāḳat ve ṣarf-ı nīrū-yı ġayret iderek ẕātlarından me'mūl ü muntaẓar olan me'āṯir-i şecā'at {7} ü ḥamiyyeti ibrāz ü iẓhāra bi'l-vücūh himmet buyurmaları siyāḳında ḳā'ime. Lede'l-vuṣūl Sāḳız cezīresi firārīlerinden isti'fā-yı cürm iden {8} firārīleriñ 'avdet ve iḳāmetlerine ruḫṣat i'ṭāsı münāsib olub ancaḳ kendülerinden ba'd-ez-īn iṭmīnān ü emniyyeti müstelzim olaraḳ {9} bir ḥüsn-i ṣūret-i rābıṭaya ḳonılaraḳ ol vechile ruḫṣat virilmek īcāb-ı ḥālden ve iḳtiżā-yı irāde-i seniyyeden oldığına mebnī {10} işbu 'avdet istid'āsında olan firārīlerden fī-mā-ba'd muġāyir-i emniyyet bir gūne ḥāl ü ḥareket vuḳū'a gelmeyeceğine ve bunlar ile sā'ir {11} Sāḳızlu olmayaraḳ eşḳıyā gāvurları [ile] berāber Sāḳız'a gelüb Sāḳız'da olan re'āyāyı daḫi taḥrīk idemamesine dā'ir bir ḥüsn-i {12} ṣūrete ḳonılaraḳ ve küfelāya rabṭ gibi şeyler yapılaraḳ öylece ruḫṣatı ḥāvī buyuruldı i'ṭā buyurmalarında be'is olmadığı {13} ma'lūm-ı müşīrīleri buyurulduḳda ber-vech-i muḥarrer ḥarekete himmet buyurmaları me'mūldür. Fī 27 M 39

[*1713/60*] ***Ḳandiye muḥāfıẓına***

{1} Cenāb-ı müşīrīleri māye-i merġūbe-i dirāyet ü feṭānet ve mādde-i maḳbūle-i rüşd ü reviyyetle müteḫalliḳ ü meftūr [?] olaraḳ ḥaḳḳıñızda {2} ḥüsn-i teveccüh ve i'tiḳād-ı 'ālī derkār oldığından bundan aḳdem rütbe-i sāmiye-i vezāret ile Ḳandiye muḥāfıẓlığı ve Girīd ser'askerliği 'uhde-i {3} liyāḳatlerine iḥāle olunmuş oldığına mebnī cenāb-ı sa'ādetleri daḫi her ḥālde dirāyet-kārāne ḥareket ve umūr-ı ḥarbiyye[ye] dā'ir ḫuṣūṣātda sa'ādetlü {4} Mıṣır vālīsi ḥażretleriniñ me'mūrlarıyla güzelce ittiḥād ü muvāfaḳat ve levāzım-ı ītilāf ü ri'āyeti icrāya beẕl-i reviyyet-birle **(31)** her ḥālde ḳabūl-ı 'āmme ḥāṣıl olacaḳ vechile ḥareket eylemeñiz iḳtiżā ider iken bu daḳīḳalara riʿāyet ve ṣarf-ı fikr-i feṭānet {2} itmediğiñizden geç geç ḥareket ve yolsuz ve ḏolaşıḳ kār ü eṭvāra mübāderet itmekde oldığıñız bu defʿa müşārun-ileyh ṭarafından {3} inhā ve işʿār olunub müşārun-ileyhiñ bu vechile vāḳiʿ olan inhā[sı] ġālibā kendüyi gücendirecek baʿżı işleri {4} tecvīziñizden ve umūr-ı ḥarbiyye ve emr-i muḥāfaẓada yolsuz ve ḏolaşıḳ ṭavr ü ḥareketleriñizden neşʾet itmiş olması melḥūẓ olub {5} cenāb-ı saʿādetleri Girīd eyāletiniñ her ne ḳadar serʿaskeri iseñiz de ʿasker ciheti ve iʿānet ṣūretiyle cezīre-i Girīd'iñ levs̱-i {6} vücūd-ı eşḳıyādan taṣfiyesiyle ḥüsn-i intiẓāmı müşārun-ileyhiñ liyāḳat ve iḳtidārına muḥavvel olaraḳ o mis̱illü geç meç eṭvār {7} ve ḳarışıḳ ve ḏolaşıḳ evżāʿ ü girdār tecvīziyle müşārun-ileyhi gücendirmek Girīd'e imdād ü iʿānet emrinde ṣarīḥan {8} anlarıñ şevḳ ü ġayretine fütūr virmekden ʿibāret olaraḳ ol ṣūret ise ḥasbe'l-vaḳt ne vechile vaḫīm olacağı {9} ẓāhir ü bedīdār oldığından bu kūşeleri güzelce müṭālaʿa ve ʿavāḳıbü'l-umūrı evvelce mülāḥaẓa-birle netāyic-i ḥālde ẓuhūrı {10} ḫāṭır-ḫırāş olan meḥāẕīriñ muḳaddeme-i indifāʿı olacaḳ ārā-yı nāfiʿa-i dirāyet-kārāne müşārun-ileyhiñ meʾmūrlarıyla {11} ḥüsn-i ītilāf ü muvāfaḳat ile mi ḥāṣıldır, yoḫsa kendü ile umūr-ı ḥarbiyye ve emr-i taḥaffuẓī ve baṣīretde mütteḥidāne muḫābere {12} ve mükātebe ile mi īcāb ider, şimdiden yoluyla ḥakīmāne iʿmāl ü icrā-birle cezīre-i mezkūreniñ levs̱-i vücūd-ı ḫaveneden {13} taṣfiyesi ve ḥuṣūl-i revābıṭ-ı intiẓāmı emrine vaḳf-ı vücūd-ı iḳdām ve naṣb-ı nefs-i ihtimām eylemeleri farīżadan ve muḳteżā-yı {14} irāde-i seniyyeden olmağla mecbūl olduḳları kemāl-i dūr-endīşī ve feṭānet ve mezīd-i kār-dānī ve feṭānet iḳtiżāsı üzere umūr-ı ḥarbiyyeye {15} dāʾir ḫuṣūṣda müşārun-ileyhiñ meʾmūrlarıyla güzelce ītilāf ü ittiḥād ve levāzım-ı riʿāyeti icrāya vücūhla ṣarf-ı ẕihn-i {16} ictihād iderek müşārun-ileyhiñ isticlāb-ı ḫāṭırlarını müstelzim olur vesāʾiliñ istiḥṣāl ü īfāsı ve geç ve meç eṭvār {17} ve ilişik ve ḏolaşıḳ ṭavr ü mişvārı tecvīz eylemeyerek iḳtiżā-yı vaḳt ü maṣlaḥatıñ icrāsıyla meşkūrü'l-mesāʿī {18} ve memdūḥü'l-meʾās̱ir olmaḳlığa himmet ve ol vechile ẕātlarından meʾmūl olan ās̱ār-ı kār-dānī ve dūr-endīşīyi ibrāz ü iẓhāra {19} mübāderet buyurmaları siyāḳında ḳāʾime. Fī 28 M 39

[*1713/62*] ***Rumili vālīsi müşārun-ileyhe kenār***

{1} Müşārun-ileyh Muṣṭafā Paşa'nıñ Dersaʿādet'de olan ḫazīnedārına tevārüd itmiş olan şuḳḳasında Kerpeniş'den {2} iki günlük ẕaḫīre alaraḳ Mesolenk üzerine ḳalḳub Donanma-yı Hümāyūn Mesolenk ve ḥavālīsinde bulunaraḳ ẕaḫīre {3} ḫuṣūṣunda zaḥmet çekmeyeceği mülāḥaẓasında ise de Donanma-yı Hümāyūn anda bulunamadığı taḳdīrce iş düşvār olacağı {4} muḥarrer ü mesṭūr olub Donanma-yı Hümāyūn ol ṭarafdan ʿavdet ideli ḫaylī vaḳt olmuş ve müşārun-ileyh daḫi ṣunūf-ı {5} ʿaskeriyye ile ol ṭarafa gitmiş oldığından ẕaḫīre ḫuṣūṣunda dūçār-ı ʿusret ü müżāyaḳa olmaması lāzımesiniñ istiḥṣāli {6} farīżadan olaraḳ muḳaddemce Preveze['ye] ẕaḫīre tehyi'e ve istiḥżārı żımnında ṣavb-ı serʿaskerīlerinden aḳçe gönderilmiş oldıġı ol vaḳt {7} tevārüd iden taḥrīrāt-ı müşīrīlerinden müstefād olmuş ise de maʿiyyet-i müşārun-ileyhde mevcūd ʿaskeriñ vefret [ü] külliyyetine ve Mesolenk māddesiniñ {8} şāyed biraz uzaması müṭālaʿasına naẓaran ol cānibde külliyyetlü ẕaḫīreniñ vücūdı īcāb-ı ḥāl ü maṣlaḥatdan olmaġla {9} saʿādetlü Ḳapūdān paşa ḥażretleri ṭarafından Bālyabādra'da bıraġılmış olan süfün-i hümāyūn başbuġı Ḫalīl Ḳapūdān'a daḫi {10} ṭaraf-ı serʿaskerīlerinden veṣāyā-yı lāzımeniñ işʿārıyla gerek ẕaḫīre ḫuṣūṣı ve gerek baḥren iʿāne māddesinde {11} iḳdāmāt-ı muḳteżiyeniñ icrāsına vücūhla bezl-i maḳdūr eylemesi eṭrāfıyla taḥrīr ü tenbīh buyurılaraḳ müşārun-ileyhiñ {12} ẕaḫīre emrinde maṣūnü'l-ġā'ile olacaġı vechile iʿānet-i lāzımeniñ icrā olunmasına bi'l-vücūh himmet ü iʿtinā buyurmaları {13} me'mūldür. Fī 29 M 39

[*1713/68*] ***Rumili vālīsine***

{1} İskenderiye Mutaṣarrıfı saʿādetlü Muṣṭafā {2} Paşa ḥażretleri Tırḥāla'da iken {3} Aġrafa derbendātı muḥāfaẓasını {4} bi'l-iltimās selefiñiz Meḥmed Paşa müşārun-ileyhe {5} iḥāle iderek ṭaraf-ı müşārun-ileyhden {6} muḥāfaẓacı taʿyīniyle Aġrafa ve Aspr- {7} -opoṭān nāḥiyeleri niẓāma rabṭ {8} ve aḫẕ olunmuş olan rehn ve silāḥları {9} anda tevḳīf ile bu defʿa ẕikr olunan {10} rehn ve silāḥları ṭarafına celb {11} itmek üzere iken ṭaraf-ı müşīrīlerinden {12} ẕikr olunan Aġrafa derbendātı {13} muḥāfızlıġınıñ āḫara iḥāle olunmuş {14} oldıġı mesmūʿı oldıġı beyānıyla {15} mārrü'ẕ-ẕikr rehnler ve silāḥlarıñ {16} ṭaraf-ı serʿaskerīlerinden celbi iḳtiżā {17} ideceġini müşārun-ileyh Dersaʿādet'de olan {18} ḫazīnedārına mersūl şuḳḳasında işāret {19} itmiş oldıġından keyfiyyet ḥużūr-ı hümāyūn-ı {20} şāhāneye daḫi ʿarż ile maʿlūm-ı {21} kerāmet-melzūm-ı cenāb-ı cihān-dārī {22} buyurulmuşdur. Mārrü'ẕ-ẕikr Aġrafa {23} derbendātınıñ ṣavb-ı saʿādetlerinden {24} āḫara iḥāle olunmasınıñ sebebi {25} ġayr-ı maʿlūm olub **(34a)** her ne vechile ise bu ḫuṣūṣa {2} müşārun-ileyh ilişmiş oldıġı {3} siyāḳ-ı işʿārından ve ḫazīnedārı {4} mūmā-ileyhiñ ifādesinden {5} münfehim olaraḳ şu aralıḳ müşārun-ileyhi {6} ḳıracaḳ ve söz bulmaġa vesīle olacaḳ {7} şeyleriñ ʿadem-i vuḳūʿı īcābına {8} naẓaran derbendāt-ı meẕkūreniñ {9} müşārun-ileyhe iḥālesinde be'is {10} ü maḥẓūr olmadıġı ṣūretde {11} gūyā muḳaddem aña iḥālesi cenāb-ı {12} serʿaskerīleriniñ maʿlūmı olmayaraḳ {13} āḫara virilmiş, yollu riʿāyet-i ḫāṭır {14} [ve] viḳāye-i maṣlaḥat ṣūretiyle yine {15} müşārun-ileyhe iḥālesini kendülüġüñüzden {16} yapar gibi bi'l-muḫābere uydurmaları {17} ḥasbe'l-vaḳt münāsib görülmüş ise de {18} ẕāt-ı saʿādetleri Rumili'niñ {19} serʿasker-i ẓafer-peykeri olaraḳ {20} ḫuṣūṣ-ı mezbūr muḥavvel-i ʿuhde-i {21} istiḳlālleri olan mevāddan {22} olub irāde-i seniyye-i şāhāne {23} daḫi bu uṣūl üzere {24} müteʿalliḳ olmaġla bu bābda ṣūret-i re'y {25} ü tensībleri ne vechile ise icrāsı [?] {26} muḥavvel-i ʿuhde-i sipehdārīleri {27} oldıġı beyānıyla ḳā'ime. Fī 2 Ş 39

[*1713/70*] *Müşārun-ileyhe* [*Ḳapūdān paşaya*] *kenār*
{1} Mıṣır Vālīsi saʿādetlü Meḥmed ʿAlī Paşa ḥażretleri süfün-i Mıṣriyye'niñ on beş ḳıṭʿasını Girīd cezīresine taʿyīn ve on üç {2} ḳıṭʿasını daḫi üç biñ kīse aḳçe taḥmīliyle Cebel-i ʿAṭṭār[lı] İsmāʿīl Ḳapūdān maʿiyyetiyle bu ṭarafa irsāl-birle ve mebāliġ-i merḳūmeyi {3} bu cānibe baʿde't-teslīm Donanma-yı Hümāyūn'a iltiḥāḳ itmek üzere ḳapūdān-ı merḳūma tenbīh itmiş ve mārrü'ẕ-ẕikr sefīneler ile eṡnā-yı {4} seferde teṣādüf iden bir ḳıṭʿa mīrī ḳorveti ve Tūnus ḳapūdānası ve Bodrum'da ḳalmış olan dīger iki sefīneler {5} daḫi birleşerek Ḳoyun aḏasına geldikleri ve bi-mennihī Taʿālā Bozaḏa'ya vürūdlarında mebāliġ-i mezbūreyi teslīm ve tesyīr {6} eyleyecekleri ḳaraġollar ṭarafından cānib-i müşīrīlerine ifāde ve iḫbār olunmuş oldıġı ifādesine dā'ir ḳapu ketḫüdāları {7} ṭarafına mersūl şuḳḳa-i şerīfleri daḫi manẓūr ile me'āl ü mezāyāsı maʿlūmumuz olmuşdur. Siyāḳ-ı işʿār-ı müşīrīlerine naẓaran sefāyin-i {8} merḳūme meblaġ-ı mezbūrı bu cānibe baʿde't-teslīm ʿavd-birle Donanma-yı Hümāyūn'a iltiḥāḳ ideceğine mebnī süfün-i Donanma-yı Hümāyūn bu ṣūretle {9} külliyyet peydā ideceğinden kemīn-gāhlarda ve sā'ir körfez ve līmānlarda ve aḏalar arasında olan gāvur tekneleriniñ aḫẕ {10} ü istīṣālleri emrinde inşā'allāh suhūlet ḥāṣıl olacağından başḳa ʿuṣāt-ı kefereniñ mesken ü me'vāları [?] olan {11} aḏalar ve baʿżı maḥalleriñ daḫi urılub taḫrīblerine ve firār eyledikleri līmānlara floḳa ve sā'ir ufaḳ sefīneler ile mümkin oldıġı {12} ḥālde iḥrāḳlarına yārā-yı miknet ve liyāḳat ḥuṣūle geleceği āşikār ve işbu sene-i mübārekede bi-ḥavlillāhi Taʿālā eṡer-i iḳdām {13} ü ġayret-i ṣalābet-kārāneleriyle Donanma-yı Hümāyūn bir iş göre[rek?] beyne'd-düvel sebeb-i sitāyiş ü teẕkār olacaḳ ḫidemāt-ı {14} bergüzīdeye maẓhariyyetleri āṡārınıñ ẓuhūrına teraḳḳub ü intiẓār-ı ʿālī derkār olaraḳ bu bābda beyān-ı veṣāyā ve iḫṭārāta {15} ḥācet bıraḳmayacaḳları vāreste-i ḳayd [ü] işʿār olmaġla māye-i fıṭrıye-i ḥamiyyet ü şecāʿatleri iḳtiżāsından oldıġı üzere {16} ẕikr olunan sefāyin-i Mıṣriyye ile daḫi birleşüb cemʿiyyet-i [?] süfün-i eşḳıyā olan maḥaller araşdırılaraḳ ve aḏalar arası {17} ve sā'ir iḳtiżā iden maḥaller ḏolaşılaraḳ şu gāvur tekneleriniñ ifnā ve külliyyen ḳahr ü istīṣālleri esbābınıñ {18} istiḥṣāline ve mesken-i eşḳıyā olan baʿżı aḏalar ve sā'ir maḥalliñ urılub taḫrīb olunması vesā'iliniñ ikmāline vücūhla {19} ihtimām ü himmet ve her ḥālde ibrāz-ı me'āṣir-i ṣavlet ü şecāʿate mübāderet buyurmaları muḥavvel-i ʿuhde-i istiḳlāl-i düstūrīleri {20} idüği beyānı taḥşiye-i ḳā'ime-i meveddete bādī olmuşdur. Fī 3 Ṣ 39

[*1713/76*] *Mıṣır vālīsine*
{1} Girīd cezīresinde vāḳiʿ Ḳandiye ve Resmo'da ḫaylī fütūḥāt olaraḳ küffārdan vāfiri güẕārende-i ḳanṭara-i {2} ṣamṣām olmuş ve ḫaylīce esliḥa ve eşyā iġtinām ve sergerdeleri olan Ṭombāz nām melʿanet-enbāz ile {3} Ḳoloḳoṭron'uñ oġlı daḫi iʿdām olunmuş ve bu ṣūretle kefere-i dūzaḫ-nişāna [?] perīşānlıḳ gelmiş ise de {4} Ġrānbūsa ḳalʿasına bundan aḳdem Ḫānya ṭarafından müste'men sefīnesiyle

irsāl olunan ẕaḫāyir eyādī-i küffāra {5} geçdiğinden ve içinde olan ehl-i īmānıñ ẕaḫīresizlikden żarūretleri derece-i kemāle resān oldığından mevcūd {6} olan üç-dört ḳıṭʿa ḳayıḳlarıyla Tīfāza'ya [?] gitmek üzere olduḳları Resmo ahālī ve tüccārları {7} cānibinden Dersaʿādet'de olan şerīkleri ṭarafına bu defʿa tevārüd iden kāğıdlarda muḥarrer ü meẕkūr olub cezīre-i {8} merḳūmeniñ levāzım-ı imdād ü iʿāneti bütün bütün ʿuhde-i ḥayderānelerine muḥavvel olmaḳ mülābesesiyle muḳaddemce {9} ḳalʿa-i merḳūmeniñ bir müddet[den] berü maḥṣūr ḳaldığı ve ʿasākiriñ fıḳdānı ve ahālīniñ uyğunsuzluğı {10} cihetiyle nihāyet-i kār ḳalʿa-i merḳūmeyi vire ile gāvurlara virerek kendüleri ʿArabistān ṭarafına geçmek {11} dāʿiyesinde olduḳları istimāʿ olunaraḳ kendüsi ẕaḫīre ve mühimmāt ile imdād eylemekde ise de ʿasker ile muḥāfaẓasını {12} istiḥṣāl idemeyeceği saʿādetlü Ḥānya muḥāfızı ḥażretleri ṭarafından işʿār olunmuş ve sünūḥ iden irāde-i seniyye-i şāhāne {13} iḳtiżāsı üzere ḳalʿa-i merḳūmeye ez-her-cihet imdād ü iʿānet [?] ve muḥāfaẓasına ihtimām ü diḳḳat eylemeleriniñ Girīd'de {14} olan ʿasākir-i Mıṣriyye başbuğuna ve me'mūrīn-i sā'ireye cānib-i düstūrīlerinden taḥrīr olunması ṣavb-ı düstūrīlerine bildirilmiş {15} oldığından ẕāt-ı ġayret-simāt-ı müşīrāneleri daḫi şimdiye ḳadar iḳtiżāsını icrā buyurmuş olacaḳları ġayret ü ḥamiyyet-i {16} ẕātiyyeleriyle müşbet ise de bu defʿa vāḳiʿ olan işʿāra naẓaran ḳalʿa-i merḳūme ahālīsiniñ ẕaḫīresizlikden {17} mużdarib olduḳları ẓāhir olaraḳ her ne vechile ise ḳalʿa-i merḳūmeye ẕaḫīre irişdirmeğe ġayret eylemeleri ṭaraf-ı ḫāliṣānemizden {18} saʿādetlü Ḳandiye ve Ḥānya muḥāfızları ḥażerātıyla Girīd'de olan ʿasākir-i Mıṣriyye başbuğı bendelerine ṭaraf-ı ḫāliṣānemizden {19} yazılmış olub ancaḳ Girīd'iñ levṣ-i vücūd-ı eşḳıyādan kāmilen taṣfiyesi ve ḥüsn-i intiẓāmı mütevaḳḳıf-ı müşīrīleri oldığı {20} miṣillü ḳalʿa-i merḳūmeniñ daḫi bi'l-vücūh imdād ü iʿānesi vābeste-i ġayret-i ẕātiyyeleri olan mevāddan olmağla {21} ḳalʿa-i merḳūmeye ẕaḫīre irişdirilerek ez-her-cihet emr-i muḥāfaẓası īcāb ider ḥālātıñ sürʿat-i istiḥṣāli ne maḳūle {22} vesā'ile menūṭ [?] ise istiḥṣāle himmet buyurmaları siyāḳında ḳā'ime. Fī 9 Ṣ 39

[*1713/85*] *Ḫudāvendigār mütesellimine*

{1} Baḥr-i Sefīd boğazı sevāḥili muḥāfaẓası-çün Ḫudāvendigār sancağı ḳażālarından bundan aḳdem bā-emr-i ʿālī tertīb-birle iḳtiżā iden {2} mīrīleri ḳażālar ṭarafından bedeliyye iʿṭā olunaraḳ saʿādetlü Boğaz muḥāfızı ḥażretleri maʿiyyetine irsāl ü tesrīb olunmuş olan {3} ḏoḳuz yüz yetmiş nefer ʿasākiriñ müddet-i me'mūriyyetleri tekmīline ḳadar me'mūr olduḳları maḥallerde iḳāmet ü ṣebāt eylemeleri {4} iḳtiżā ider iken Kirmāstī ḳażāsı ʿaskeriniñ yiğirmi ve Burūsa-maʿa-Kite [?] ḳażāsı ʿaskeriniñ ḳırḳ iki ve Kebsūd {5} ḳażāsınıñ otuz sekiz ve Mīḫāliç ḳażāsınıñ ḏoḳuz ve Yārḥiṣār-maʿa-Bāzārcıḳ ḳażāsınıñ sekiz ve İnegöl {6} ḳażāsınıñ otuz sekiz ve Ḫarmencik ḳażāsınıñ on bir ve Aṭrānos ḳażāsınıñ otuz bir ve Domānīç ḳażāsınıñ {7} on beş ve Yeñişehir ḳażāsınıñ yiğirmi dört ve Gönān ḳażāsınıñ altmış beş neferi ki ẕikr olunan ḳażālar ʿasākiri olan {8} ḏoḳuz yüz yetmiş neferiñ üç yüz bir neferi maḥall-i meʾmūriyyetlerinden firār itmiş olduḳları müşārun-ileyh ṭarafından bā-taḥrīrāt {9} inhā olunub ʿasākir-i meẕkūreniñ mīrīleri tamāmen fuḳarādan taḥṣīl olunaraḳ yedlerine virilmiş iken ol miḳdār {10} ʿasākir müddet-i meʾmūriyyetleri münḳażiye olmaḳsızın ʿār-ı firārı irtikāba ibtidār itmiş olduḳlarından beyhūde {11} fuḳarāyı ıżrārdan viḳāye żımnında firār itmiş olan ol miḳdār ʿasākiriñ muḳaddem virilmiş olan mīrīleriniñ {12} tamāmen kendülerinden veyāḫūd kefīllerinden taḥṣīl[iyl]e fuḳarānıñ ḫiffet-i maṣārifi żımnında reddi īcāb-ı ḥaḳḳāniyyet olmağla {13} ẕikr olunan ḳażālar ʿasākirinden firār itmiş olan cemʿan üç yüz bir nefer ʿasākir maḥallerinde maʿrifet-i şerʿle muḳaddem virilmiş {14} olan mīrīleri her ne ise tamāmen ve kāmilen kendülerinden veyāḫūd kefīllerinden taḥṣīl ve girü fuḳarāya redd ü teslīmiyle her bir {15} maḥalliñ firārī ʿaskeri mīrīleriniñ fuḳarāya redd itdirildiğini müşʿir lāzım gelan iʿlāmlarını taḳdīme mübāderet {16} eylemañ içün ḳāʾime. Fī 12 Ṣ 39

[*1713/99*] *Ḳuşadası Muḥāfıẓı İlyāszāde'ye*

{1} Ḳuşadası Muḥāfıẓı sābıḳ Reşīd Paşa'yı maḥall-i iḳāmetine īṣāle meʾmūr dergāh-ı ʿālī ḳapucıbaşılarından Aḥmed Ağa ile {2} Ḳuşadası'nda ḥīn-i mülāḳātında Devlet-i ʿAliyye cānibinden ṭarafıña ruḫṣat buyuruldığı taḳdīrce Balāṭ ovasında olan {3} Türkleriñ celb ü cemʿiyle Sīsām adasını żabṭ ü tesḫīr ideceğiñi hasb-i ḥāl ṣūretiyle ifāde eylediğiñi ağa-yı mūmā-ileyh {4} bu defʿa ledeʾl-ʿavde beyān ü ifāde idüb işbu Sīsām māddesi muḳaddemā seniñ meʾmūriyyetiñ iḳtiżāsından iken ol vaḳt {5} Mora māddesiniñ ṣıḳışması ve muʾaḫḫaren Sāḳız'a meʾmūriyyetiñ cihetiyle ḥāli üzerine ḳalmış ise de sen öteden berü ṣıdḳ ü istiḳāmet {6} ve dirāyet ü ġayret ile muttaṣıf ve şöhret-şiʿār ve velīniʿmetimiz olan Salṭanat-ı Seniyye'ye ibrāz-ı ḥüsn-i ḫidmet eylemeği ẕimmet ve ṣadāḳatiñe {7} farż bilmiş bendegāndan oldığıñ ecilden şu gāvurlarıñ bu āna ḳadar ümmet-i Muḥammed'e eyledikleri ihānet ü melʿanetiñ intiḳāmını almaḳ {8} niyyet-i ḫāliṣasıyla elden gelan ġayret ü ḫidmetiñ icrāsına müṣāberet cümle ehl-i īmān ve meʾmūrīne müteḥattim-i ẕimmet-i diyānet oldığına {9} bināʾen seniñ daḫi bu vechile bir ṣūret-i ḥasene ile şu Sīsām māddesini bitürüb dīnimize ve devletimize bu bābda bir ḫidmet ibrāzı {10} ve bu bābda olan meʾmūriyyet-i sābıḳañı daḫi īfā eylemek fikr ü emelinde olmañ tamām ṭarafıña olan ḥüsn-i ẓan ve meʾmūlümüzü {11} iṡbāt itmekle baʿiṡ-i maḥẓūẓiyyet olmuş olub ancaḳ celb ideceğiñ adamları ne ṣūretle cemʿ ü iḥżār ve ada-i meẕkūrı żabṭ {12} ü tesḫīrde ne vechile reʾy ü tedbīre ibtidār eyleyeceğiñi açmayub faḳaṭ ber-vech-i meşrūḥ ifāde itmiş oldığıñ ecilden bu bābda icrā {13} ideceğiñ tedbīr ü ārā nedir ve ada-i meẕkūruñ żabṭ ü tesḫīri ne ṣūret ve ṭarīḳ ile ḥāṣıl olmaḳ mümkindir ve ne ṭarīḳle {14} ḥareket ideceksiñ, ṭarafından lāzım gelmekle ḫuṣūṣ-ı mezkūrda müṭālaʿa ve mülāḥaẓañ inşāʾallāhü Taʿālā Sīsām'ıñ {15} tesḫīrine muvaffaḳ olmaḳlığa eylediğiñ tedbīr ne vechile ise serīʿan ve maḫfiyyen bu ṭarafa işʿāra diḳḳat ü mübāderet eylemañ {16} içün mektūmen işbu ḳāʾime. Fī 19 Ṣ 39

[*1703/107*] *Menteşā mütesellimine*

{1} Menteşā sancağı sevāḥili ṣularında eşḳıyā tekneleri geşt ü güẕārdan ḫālī olmayub Gügercinlik iskelesine bir sāʿat {2} mesāfede vāḳiʿ maḥalle iki ʿaded eşḳıyā ḳayıḳları vürūd ve derūnunda olan ʿuṣāt-ı kefere ḳaraya ḫurūc itmişler iken {3} o sevāḥile meʾmūr adamlarıñ üzerlerine hücūm-birle sergerdeleri olan Moralı Petrākī nām laʿīni ihlāk {4} ve ḳuṣūrını perīşān iderek melāʿīn-i mesfūreniñ ekseri kendülerini deryāya ilḳā itmiş ve ẕikr olunan ḳayıḳlarıñ {5} bir ḳıṭʿa[sı] aḫẕ ü girift ve Bodrum līmānına rabṭ olunmuş ve mürd-i mesfūr ile hevādārlarından bir neferiniñ ser-i maḳṭūʿları {6} gönderilmiş ve ṭarafıñdan lāzım gelan maḥallere ʿasākir tertīb ve taʿyīn ḳılınmış ise de muḥāfaẓa-i sevāḥil teʾkīdini şāmil {7} bir ḳıṭʿa emr-i ʿālī ıṣdārı īcāb ideceğini ḥāvī tevārüd iden ʿarīżañ manẓūr ü meʾāl ve mezāyāsı maʿlūmumuz oldığından ġayrı {8} ḥużūr-ı hümāyūn-ı şāhāneye daḫi ʿarż ile meşmūl-ı naẓar-ı iksīr-eser-i cenāb-ı cihān-dārī buyurulmuş ve ruʾūs-ı {9} maḳṭūʿa-i mezkūre ġalṭīde-i ḫāk-i ʿibret ḳılınmışdır. Sen erbāb-ı ġayret ü ḥamiyyetden olaraḳ muḥāfaẓa-i sevāḥil ve enḥāya {10} diḳḳat ve bi-taḫṣīṣ melāʿīn-i mesfūreniñ ol vechile ḳahr ü tedmīrleri emrine ihtimām ü ġayretiñ tamām senden meʾmūl {11} olan şecāʿat ü ḥamiyyeti isbāt iderek vesīle-i ḥaẓẓ ü taḥsīn olmuş ve şeref-sünūḥ iden irāde-i seniyye mūcebince {12} ṭıbḳ-ı işʿārıñ vechile teʾkīdi ḥāvī iḳtiżā iden emr-i ʿālī ıṣdār ve tesyār ḳılınmış olub ancaḳ meʾmūr-ı inşāsı **(49)** oldığıñ ḳālyon-ı hümāyūnuñ daḫi bir ān aḳdem itmāmına ġayret ü ihtimām eylemañ lāzımeden ve muḳteżā-yı {2} irāde-i seniyyeden olmağla mecbūl oldığıñ ġayret ü ṣadāḳat iḳtiżāsı ve emr-i şerīf-i mezkūr manṭūḳ {3} ü muḳteżāsı üzere Menteşā sancağı sevāḥiliniñ keyd ü gezend-i eşḳıyādan maṣūn olacaḳ vechile istiḥṣāl-i {4} emr-i muḥāfaẓa ve istiḥkāmına diḳḳat ve ḳālyon-ı mezkūruñ daḫi sürʿat-i inşāsıyla bir ān aḳdemce itmāmı {5} emrine bi'l-vücūh ihtimām ü ġayret ve ol vechile isbāt-ı müddeʿā-yı ṣıdḳ ü ḥamiyyete bezl ve yārā-yı liyāḳat eylemañ içün {6} ḳāʾime. Fī 22 Ṣ 39

[*1703/109*] *Rumili vālīsine*

{1} Bādra Muḥāfıẓı saʿādetlü Yūsuf Paşa ḥażretleri ṭarafından ʿulūfe ve ẕaḫāyir ve ʿasākir ḫuṣūṣlarına dāʾir mühürdārı yediyle {2} tevārüd itmiş olan taḥrīrātı ve bir ḳıṭʿa ʿulūfe defteri ve mühürdār-ı mūmā-ileyhiñ ḳaleme alınmış bend bend taḳrīri taḳdīm olundığı {3} ve Gördūs ve Īnebaḫtī ʿaskeriniñ ʿulūfe muṭālebesinde olan ıṣrārları keyfiyyeti ṣavb-ı saʿādetlerine gönderilmiş olan

{4} Köprili A'yānı Ḳapucıbaşı ağanıñ taḳrīrinden daḫi tebeyyün itmiş idüği ḫuṣūṣlarına dā'ir tevārüd iden taḥrīrāt-ı müşīrīleriyle {5} mühürdār-ı mūmā-ileyhiñ mārrü'ẕ-ẕikr taḳrīri bendleri bālāsına midād-ı surḫla vāḳi' olan işāretleri ve defter ve evrāḳ-ı sā'ire {6} mezāyāları ma'lūm-ı ḫāliṣānemiz oldığından ġayrı ḥużūr-ı feyż-gencūr-ı cenāb-ı cihān-dārīye daḫi 'arż ile meşmūl-ı naẓar-ı iksīr-eser-i {7} ḥażret-i ḫilāfet-penāhī buyurulmuşdur. Beyāndan müstaġnī oldığı üzere bundan aḳdem Gördūs['den] Bālyabādra'ya çıḳmış olan {8} ṣadr-ı esbaḳ Seyyid 'Alī Paşa [ve] Ḥasan Paşa ḥażerātı ve sā'ir rü'esā ma'iyyetlerinde bulunan aylıḳlu 'askeriñ işlemiş 'ulūfeleri {9} virilemediğinden 'askerī beyninde sızıldı ve şemātet vuḳū'ı muḳaddemā inhā-birle gösterilan mebāliğiñ yekūnı külliyyetlü ve ḳatı {10} fāḥiş şey oldığından ve ol esnāda sa'ādetlü Ḳapūdān paşa ḥażretleri Donanma-yı Hümāyūn ile ol cānibde bulundığından {11} şunuñ bir orṭasını bularaḳ işbu 'ulūfe muṭālebesinde olan 'askerīniñ iskātları çāresini istiḥṣāl ve keyfiyyeti {12} bu ṭarafa iş'ār eylemesi ḫuṣūṣı müşārun-ileyhe taḥrīr olunmuş ise de müte'āḳiben müşārun-ileyhiñ infikākiyle buña dā'ir henüz cevābı {13} ẓuhūr itmeyüb ancaḳ ẕikr olunan taḳrīr ve deftere naẓaran Gördūs ordusı 'askeriniñ yedlerinde olan ḫarc teẕkireleri mūcebince {14} maṭlūb eyledükleri 'ulūfeniñ yekūnı on biñ yedi yüz bu ḳadar kīseye bāliġ ve müşārun-ileyh Ḥasan Paşa'nıñ kendü ma'iyyetindeki {15} 'askeriñ biñ yedi yüz bu ḳadar kīse 'ulūfeleri-çün deyn [?] taḥvīli virmesine mebnī meblaġ-ı mezbūr fürū-nihāde olunduḳda ḏoḳuz biñ beş {16} kīse maṭlūbları ḳalub ḳapūdān-ı müşārun-ileyhiñ re'yiyle üç biñ yüz kīseye irżā olunmaḳlığa sa'y olunmuş ise de {17} 'askerler nihāyet dört biñ kīseden aşağıya rāżī olmadıḳlarından 'alā-ḥālihī ḳalmış idüği muḥarrer olub müşārun-ileyhimā {18} Seyyid 'Alī Paşa ve Seyyid Ḥasan Paşa iki senedir bu 'ulūfe aḳçeleri-çün peyderpey feryād itmekde iseler de şimdiye ḳadar bir ṣūret {19} virilemediğinden bundan böyle kendülere ye's gelüb ḳal'aları terk ve 'avdet itmeleri maẓnūn ve eğerçi bunlarıñ {20} orada ḏurmaları daḫi bir aḳçelik işe yaramamaları cihetiyle 'abeṡ gibi oldığından Rumili'ye 'avdetlerine ruḫṣat {21} i'ṭāsıyla yerlerine münāvebe ṣūretinde āḫar 'asker gönderilmeniñ imkānı bulunsa güzel olacağı rū-nümūn ise de şimdi āḫar 'asker {22} gönderilmeksizin müşārun-ileyhimānıñ 'avdetlerine ruḫṣat virilmek lāzım gelse sā'ir 'asker daḫi gerek 'ulūfe muṭālebesi ve gerek {23} bīzārlıḳları taḳrībiyle bunlarıñ ardına düşerek 'umūmen Rumili'ye çıḳub ḳal'alarıñ 'askerden ḫatm [?] ḳalması miṡillü {24} meḥāẕīr ḫāṭır-güẕār ve 'asākir-i mezbūreniñ işlemiş 'ulūfeleri-çün dört biñ kīseden aşağıya rāżī olmadıḳları defterde {25} muḥarrer ise [de] ba'żı erbāb-ı vuḳūfuñ iḫbārına göre şimdi müşārun-ileyh Yūsuf Paşa ṭarafına bu mādde içün naḳden iki biñ kīse {26} aḳçe gönderilse bunuñla iskātları çāresini bulabileceği me'mūli derkār olub lākin fıḳdān-ı nuḳūd cihetiyle şimdi bu ḳadar {27} aḳçeniñ daḫi irsāli düşvār oldığından ġayrı bu 'ulūfe isteyan 'asker evvel ü āḫir işe yaramayub bulundukları yerlerde {28} itlāf-ı ẕaḫāyir ve ṭaleb-i mebāliġden ġayrı kār ü pīşeleri olmayub mesmūʿ oldıġına göre bu istenilan ʿulūfe müteveffā Ḫūrşīd {29} Paşa'nıñ ḥayātında virmiş oldıġı teẕākir ḥesābınca olaraḳ ol vaḳt teẕkire {30} virildiği bir bölükbaşınıñ yüz neferi bulunmuş ise [de] ṣoñra neferātı ḏaġılub el-yevm yalñız başına ḳalmış iken yine teẕkire {31} mūcebince ʿulūfe ṭalebinde olduḳları cihetinden bunlara velev iki biñ kīse olsun virilmek emr-i fāḥiş idüği bedīdār {32} ve baʿd-ez-īn bunlarıñ ve gerek müşārun-ileyhimānıñ Bālyabādra['da] ḏurmaları żarardan ġayrı bir nesneyi müntic olmadıġından bunlarıñ {33} defʿleriyle sā'ir ʿaskeriñ ḏaġılması lāzım gelmeyeceği dā'ir-i dā'ire-i efkār olub şöyle ki, Bālyabādra'da bu ʿulūfelerini {34} muṭālebe iden ʿasker maʿlūm-ı müşīrīleri oldıġı vechile muḳaddemā Gördūs'den perīşān olaraḳ oraya çıḳub baḳiyyesi daḫi {35} orada ḏaġılmış ve el-ḥāletü-hāẕihī her bir sergerde faḳaṭ birḳaç adamlarıyla ḳalmış iken yine bu ḳadar fāḥiş ʿulūfe ṭalebinde {36} olmaları yaḳışıḳsız oldıġından māʿadā ber-muḳteżā-yı vaḳt ü ḥāl böyle beyhūde yere bu ḳadar aḳçe virilemeyeceğinden ve böyle {37} ʿāciz ü dermānde ʿaskeriñ Bālyabādra'da ḏurmaları itlāf-ı ẕaḫāyirden ġayrı bir nesneyi müntic olmayacaġı maʿlūm oldıġından {38} ve faḳaṭ bunlarıñ her ne vaḳt olsa birer miḳdār şey ile iskāt ve sızıldılarınıñ ḳaṭʿı lāzım geleceğinden cenāb-ı {39} müşīrīleri bu ḫuṣūṣı müşārun-ileyh Yūsuf Paşa ile iḳtiżāsına göre muḫābere iderek eğer vaḳt ü ḥāle göre {40} bu ʿaskeriñ ve gerek müşārun-ileyhimā Seyyid ʿAlī Paşa ve Ḥasan Paşa'nıñ Rumili'ye defʿ ü iḫrāclarında bir güne {41} be'is ü maḥẕūr yoġ ise maṭlūb eyledikleri ʿulūfe māddesinde daḫi nihāyetü'n-nihāye birer miḳdār şey ile iskātları {42} ṣūretini istiḥṣāl-birle ol vechile ḳarārlaşdırub aña göre keyfiyyetiñ bu cānibe işʿārına ibtidārları īcāb-ı maṣlaḥatdan {43} ve iḳtiżā-yı irāde-i seniyyeden olmaġla mecbūl olduḳları dirāyet ü ḥamiyyet iḳtiżāsı ve irāde-i seniyye muḳteżāsı üzere {44} müşārun-ileyh Yūsuf Paşa ile bi'l-muḫābere müşārun-ileyhimā Seyyid ʿAlī Paşa ve Ḥasan Paşa'nıñ Rumili'ye defʿ (50) ü iḫrāclarında bir be'is [ü] maḥẕūr olmadıġı tebeyyün ider ise ve münāsib görilür ise ʿulūfe māddesiniñ daḫi ṣıyānet-i {2} mīrī farīżasını gözederek bir ḥüsn-i ṣūrete rabṭıyla sızıldılarınıñ ḳaṭʿını ḳarārlaşdırdıḳdan ṣoñra keyfiyyetiñ bu ṭarafa {3} işʿārı muḥavvel-i ʿuhde-i serʿaskerīleridir. Ḳaldı ki, müşārun-ileyh Yūsuf Paşa'nıñ bir inhāsı daḫi ṭaraf-ı saʿādetlerinden {4} saʿādetlü Reşīd Paşa ḥażretleriniñ külliyyetlü ʿasker ile Ṣālona üzerinden Bālyabādra'ya imrārı taḳdīrinde ol ṭarafda {5} mevcūd olan ẕaḫāyir kifāyet itmeyeceğinden tekrār külliyyetlü ẕaḫāyir mübāyaʿasına iḥtiyāc ṣūretini işʿārdan ʿibāret ise de {6} muḳaddem ve mu'aḫḫar irsāl ve ol ṭarafda mübāyaʿa ile iddiḫār olunan ẕaḫāyir külliyyetlü şey olub bu miḳdār ẕaḫāyir ile bir-iki {7} ordu idāre olunur ve şimdiye ḳadar ise bir iş görmamiş iken şimdiden böyle ẕaḫīre içün feryād ṣūreti {8} gösterilmesi müstaġreb olub ḥālbuki bu sene-i mübārekede müşārun-ileyh Ḳapūdān paşanıñ Bālyabādra'ya

Donanma-yı {9} Hümāyūn ile getürüb bıraḳdıġı ẕaḫīreden başḳa bir ṭaḳım daḫi daḳīḳ mübāyaʿa olunmuş ve müşārun-ileyh Ḳapūdān paşa ol cānibde iken {10} müsteʾmen sefāyininden daḫi ḳatı çoḳ ecnās-ı ẕaḫāyir iştirā ve iʿṭā itmiş oldıġından işbu ẕaḫāyir Bālyabādra'ya ve Ḳasteller {11} ve sāʾir ḳalʿalara bāliġan-mā-belaġ vefā itdikden ṣoñra Mora derūnuna sevḳ olunacaḳ ʿaskeriñ daḫi idāre-i taʿyīnātlarına {12} yetişür derecesinde oldıġı melḥūẓ oldıġından işbu ẕaḫāyiriñ keyfiyyet ü kemmiyyeti maʿlūm-ı saʿādetleri buyurulmaḳ içün ḳuyūdına {13} bi'l-mürācaʿa iki ḳıṭʿa defteri iḫrāc ve ṣavb-ı serʿaskerīlerine irsāl olunmaġın defter-i meẕkūra naẓaran bu sene-i mübārekede Bālyabādra {14} ṭarafına bu ḳadar ẕaḫāyir virilmiş ve ol daḫi Mora derūnuna sevḳ olunacaḳ ʿasākiriñ idāre-i taʿyīnātları ġarażına mebnī {15} olmuş ve bu āna ḳadar ise Mora derūnuna ʿasker idḫāl olunaraḳ ẕaḫīre virilmamiş oldıġına mebnī şimdi müşārun-ileyh Yūsuf {16} Paşa ṭarafından çārçābuk ẕaḫīresizlikden baḥs̱ olunması pek de tamāmına ṣayılur söz olmayub bi-mennihī Taʿālā cenāb-ı {17} müşīrīleri bundan böyle Mora derūnuna külliyyetlü ʿasker sevḳ iderek ol vaḳt ʿaskeriñ kes̱retine göre fi'l-ḥaḳīḳa {18} biraz ẕaḫīre daḫi alınmaḳ īcāb ider ise bu ṭarafa polīçe olunub pīç-ā-pīç olmaḳdan ise ol ṭarafda yine müsteʾmen sefīnelerinden {19} peşīn aḳçe ile iştirā itdirilerek keyfiyyetiñ bu ṭarafa taḥrīr ve defteriniñ tesyīr olunması münāsib olacaġı {20} ve irāde-i seniyye daḫi bu vechile müteʿalliḳ oldıġı maʿlūm-ı saʿādetleri buyuruldukda ol vechile iḳtiżāsınıñ icrāsıyla her ḥālde {21} icrā-yı levāzım-ı sipehdārī ve ġayret ve ibrāz-ı meʾās̱ir-i kār-dānī ve şecāʿate kemāl-i iḳdām ü himmet buyurmaları siyāḳında ḳāʾime. {22} Lede'l-vuṣūl mārrü'ẕ-ẕikr taḳrīriñ bir bendinde Gördūs ḳalʿası muḥāfaẓasında olan neferātıñ ẕaḫīresizlikden {23} ıżdırābları keyfiyyātınıñ işʿārātına cevāb olaraḳ ẕāt-ı serʿaskerīleriniñ surḫla vāḳiʿ olan işʿārātları {24} feẕlekesinde cenāb-ı müşīrīleri bunuñ bir çāresi cüst-cūsunda olduḳları muḥarrer ü meẕkūr olub ancaḳ Gördūs {25} ḳalʿası Mora Derbendi'niñ aġzında bir sedd-i sedīd olub elde olduḳça muvācehe-i aʿdāya bir maʿḳıl-i metīn olaraḳ {26} bi-ʿavnillāhi'l-Meliki'n-Naṣīr cezīre-i meẕkūreniñ tesḫīrine mūcib [ve] medār-ı küllī olacaġından maʿāẕallāhü Taʿālā {27} elden çıḳmaḳ lāzım gelür ise vücūhla uyġunsuz olacaġına mebnī Bālyabādra'da olan süfün-i hümāyūn başbuġı {28} Ḫalīl Beğ'e bu ḫuṣūṣ taḥrīr ü tenbīh olundıġı ṣūretde ol ṭarafdan sefāyin-i hümāyūn ile ḳalʿa-i meẕkūreye biraz ẕaḫīre {29} irişdirmesi ve bi-taḫṣīṣ ḳalʿa-i merḳūmeye biñ nefer olsun yeñiden ʿasker idḫāli ḳalʿa-i pādişāhīye ifāża-i {30} rūḥ ṣūretinde ḥayāt-ı tāze vireceğinden müsellemiyyetine mebnī süfün-i meẕkūre ile ol ṣūretiñ daḫi ḥuṣūli {31} mümkin olur gibi ḫāṭır-güẕār olmuş ise de bu ḫuṣūṣlar müteferriʿāt-ı ḫuṭūb-ı mevkūle-i serʿaskerīlerinden olaraḳ icrāsı {32} muḥavvel-i ʿuhde-i sipehdārīleri olan mevāddan olmaġın ne yaparsañız yapub tīz elden şu Gördūs ḳalʿasına miḳdār-ı {33} vāfī ẕaḫīre irişdirilmesi ve imkān müsāʿid oldıġı taḳdīrce biñ nefer daḫi

ʿasker idḫāli emrine naṣb-ı nefs-i {34} iḳdām ü himmet buyurmaları farīża-i ḥāl ü maṣlaḥatdan idüği maʿlūm-ı saʿādetleri buyuruldukda ber-vech-i meşrūḥ ḥarekete himmet {35} buyurmaları me'mūldür. Fī 23 Ş 39

[*1713/111*] ***Rumili vālīsine***

{1} Muḳaddem gönderilmiş olan dört biñ kīse aḳçeniñ vuṣūlüyle Tırḥāla Mutaṣarrıfı saʿādetlü Reşīd Paşa ḥażretleriniñ külliyyetlü {2} ʿasker ile Ṣālona üzerine sevḳ[i] taṣmīm buyurılaraḳ Mora Serʿaskeri saʿādetlü Yūsuf Paşa ve Ṣāliḥ Paşa {3} ḥażerātı daḫi berāber gitmek üzere kendülerine teklīf olunmuş ise de maʿiyyetlerinde olan ʿasākiriñ uyğunsuzluğı {4} sebebiyle ḫaṭve-i vāḥide ḥareket idemeyeceklerini müşʿir cevāb-nāmeleri gelmiş ve müşārun-ileyh Reşīd Paşa daḫi yalñız gitmekden {5} istinkāf eylemiş ve müşārun-ileyh Ṣāliḥ Paşa'nıñ ketḫüdāsı mīr-i mīrāndan İbrāhīm Paşa İzdīn'den ayrılub Yeñişehir'e gelmiş idüği {6} ve el-ḥāletü-hāẕihī cenāb-ı müşīrīleri inḥirāf-ı mizācdan bī-mecāl ve mużḍarib ve ol ṭarafda bulunan me'mūrlarıñ hiçbirinden {7} ber-vefḳ-i dil-ḫāh-ı ʿālī ḥüsn-i ḫidmet ġayr-ı me'mūl olaraḳ İbrā'īl Muḥāfıẓı sābıḳ Ebūbekir Ṣıdḳī Paşa ḥażretleriniñ {8} ol semte me'mūriyyeti mūcib-i maḥẓūẓiyyetleri olub müşārun-ileyhden māʿadā Çapar-zāde saʿādetlü Celāl Paşa ve Ḥaleb {9} Vālīsi Muṣṭafā Paşa miẟillü birḳaç işe yarar vezīr daḫi taʿyīn olunsa iş görülmek melḥūẓ idüği ifādātını mübeyyin {10} ve işʿārāt-ı sā'ireyi mutażammın resīde-i cā-yı vürūd olan taḥrīrāt-ı şerīfeleri mezāyāsı maʿlūm-ı ḫulūṣ-verī oldığından ġayrı {11} ḥużūr-ı hümāyūn-ı şāhāneye daḫi ʿarż ile meşmūl-ı liḥāẓa-i mekārim-ifāża-i ḥażret-i cihān-dārī buyurulmuşdur. Cenāb-ı {12} serʿaskerīleriniñ iş görecekleri vaḳtde nā-mizāclıḳları maṣlaḥata sekte īrāṣını müstelzim olaraḳ mūcib-i ḫadşe {13} ve te'eẟẟür olmuş ise de o maḳūle ʿārıża-i cismāniyye ṣadaḳa-i ṣıḥḥat [ʿadd] olundığından inşā'allāhü Taʿālā şimdiye ḳadar mübeddel-i bür' {14} ü ʿāfiyet olaraḳ telāfī-i mā-fāta himmet buyurılacağı me'mūl olub el-ḥāletü-hāẕihī müşārun-ileyhim Yūsuf Paşa ve Ṣāliḥ Paşa {15} ve Reşīd Paşa'nıñ ol vechile vāḳiʿ olan taʿallül[l]eri cihetiyle müşārun-ileyhimā Celāl Paşa ve Muṣṭafā Paşa miẟillü işe yarar {16} birḳaç vezīriñ me'mūriyyeti inhā buyurulmuş ise de öyle uzaḳ maḥalde olan vüzerānıñ Rumili'ye me'mūriyyetleri {17} taḳdīrinde beher-ḥāl evvelbahāra ḳadar ancaḳ varabileceklerine naẓaran bu tedbīr evvelbahār tertībi dimek oldığından evvelbahār {18} içün īcāb iden tedābīr ü tertībātıñ bundan ṣoñra iḳtiżāsına baḳılmaḳ lāzım gelerek bu sene-i mübārekede bi-ḫaşyetillāhi Taʿālā {19} Mora derūnunda bir iş görilemediğine mebnī evvel-be-evvel şu ḳış eyyāmında mevāḳiʿ-i lāzımeniñ olsun muḥāfaẓaları {20} esbābına diḳḳat ve İzdīn ṭaraflarınıñ daḫi taḳviyesiyle gāvurlar maʿāẕallāhü Taʿālā fürce-yāb olub berülere taḫaṭṭī ve tecāvüz {21} idemeyecek vechile iḳtiżā iden mesālik ve maʿābire muḥāfıẓlar iḳāmesi miẟillü tedābīre mübāderet olunmaḳ aḳdem-i umūrdan {22} ve şimdiki ḥālde Mora derūnunda ehl-i İslām yedinde olan Moton ve Ḳoron ḳalʿaları ẕaḫīreden ġayrı şeyʾe muḥtāc olmayub {23} evvel-bahāra ḳadar yetişecek ẕaḫīreleri daḫi mevcūd ve olmasa bile bundan böyle iḳtiżā ider ise bunlara biraz ẕaḫīre de {24} irsāli mümkin olub bu ḳış cümleden ziyāde Bālyabādra ṭarafınıñ ve Eġrīboz'uñ taḳviye-i istiḥkāmına baḳılmaḳ {25} lāzımeden ve rivāyet olundıġına göre el-yevm Bālyabādra'da ve Ḳasteller'de beş-altı biñ nüfūs mevcūd ise de eks̱erīsi {26} ʿaceze maḳūlesi olaraḳ içlerinde işe yarar faḳaṭ biñ beş yüz miḳdāra bāliġ olacaġından şimdiden {27} Sīrozī saʿādetlü Yūsuf Paşa ḥażretleri maʿiyyetine Rumili'den iki biñ ḳadar işe yarar dinç ʿasker gönderilmesi münāsib olub {28} giçende müşārun-ileyh Yūsuf Paşa'nıñ "Vonīça'da bıraḳdım" deyu işʿār eylediği biñ beş yüz miḳdārı ʿasker el-yevm {29} nerede ve ne ḥālde olduḳları maʿlūm değil ise de ʿacabā bunlara biraz ʿasker daḫi ʿilāve itdirilerek ve Bālya- {30} -bādra ṭarafında olan Donanma-yı Hümāyūn Başbuġı Ḫalīl Beğ'e daḫi yazılaraḳ Preveze'den süfün-i hümāyūna irkāben {31} baḥren Bālyabādra'ya imrārı mümkin midir, yoḫsa Evlād-ı Fātiḥān ʿaskerinden iki biñ nefer tertīb ile İskenderiye Mutaṣarrıfı {32} Muṣṭafā Paşa ol ḥavālīde iken Īnebaḫtī ṭarafından ḳarşu ḳastele geçürülmeleri mi āsāndır, ne vechile mümkin ve münāsib olur ise {33} şu Bālyabādra Muḥāfızı müşārun-ileyh Yūsuf Paşa maʿiyyetine iki biñ ḳadar ʿasker tertīb ve īṣāliniñ çāresine {34} baḳılmaḳ ve Eġrīboz'a biraz tāze ʿasker irsāliyle bu ḳış muḥāfaẓa ve istiḥkāmı ṣūreti icrā olunmaḳ farīża-i vaḳt {35} ü maṣlaḥatdan olaraḳ irāde-i seniyye-i şāhāne daḫi bu ṣūretle müteʿalliḳ olmaġla muḳteżā-yı kār-āgāhī ve reviyyetleri {36} üzere ne vechile olur ise müşārun-ileyh Yūsuf Paşa maʿiyyetine tīz elden iki biñ ḳadar ʿasker tertīb ve irsāli ve saʿādetlü {37} Eġrīboz Muḥāfızı ʿÖmer Paşa maʿiyyetine daḫi Rumili'den biñ beş yüz miḳdārı ʿaskeriñ īṣāli Ġolos ṭarafından {38} silāḥşordan mı olur, ṭaraf ve taḳrībiniñ istiḥṣāli ve İzdīn ve sāʾir ol ṭaraflarıñ ve īcāb iden maʿābiriñ gereği gibi {39} taḳviyet ü muḥāfaẓaları emr-i ehemmine himmet ve her ḥālde icrā-yı levāzım-ı sipehdārī ve ġayret ve ibrāz-ı meʾās̱ir-i ḥamiyyet ü dirāyete mübāderet {40} buyurmaları siyāḳında ḳāʾime. Fī 26 Ş 39

[1713/116] *Edirne bostāncıbaşısına*

{1} Sāḳız ve Semādirek ve maḥāll-i sāʾireden ġuzāt-ı muvaḥḥidīniñ seby ü istirḳāḳ iderek fürūḫt żımnında Edirne'ye {2} tevārüd eyleyan Rum üserāsınıñ baʿżısını reʿāyā iʿāne ve aḳçe iʿṭāsıyla esīrlikden taḫlīṣ ve kimisini daḫi kefere {3} ḳarıları alub āzād itmekde ve Efrenc ṭāʾifesi daḫi alub İzmīr ve Sāḳız ṭaraflarında olan aḳrabālarına göndermekde {4} olduḳları beyānıyla bu bābda irādeyi şāmil tevārüd iden taḥrīrātıñız meʾāli rehīn-i ıṭṭılāʿımız olub iḳtiżā-yı şerʿ-i şerīf {5} üzere kefere-i ehl-i ḥarbiñ es̱nā-yı muḥārebede seby ü istirḳāḳ olunan ʿiyāl ü evlādları emvāl-i ġanāyimden olaraḳ {6} beyʿ ü şirāsı mücāz ise de ehl-i İslām beyninde cereyāna maḳṣūr oldığından ol vechile ʿamel ü ḥarekete iʿtinā ve diḳḳat {7} kāffe-i muvaḥḥidīne vaẓīfe-i ẕimmet ve ʿaksi ḥarekete cürʾet idenleriñ menʿ ü taḥẕīri īcāb-ı aḥkām-ı şerʿiyyeden idüği {8} vāreste-i ḳayd [ü] işāret olaraḳ fī-mā-baʿd kefereye Rum esīri fürūḫtuna cesāret veyāḫūd ziyāde bahā ile {9} ṣatmaḳ ümniye-i fāsidesiyle bir taḳrīb Anāpa cānibine irsāle cürʾet ider bulunur ise ḫaber alındığı gibi gerek bāyiʿ {10} ve müşterī her kim olur ise olsun icrā-yı mücāzātda daḳīḳa fevt olunmaması ve işbu ḥālāt-ı mekrūheniñ {11} külliyyen menʿ ḳılınması bundan aḳdem Dersaʿādet'de lāzım gelenlere tenbīh ü teʾkīd olunmuş oldığına göre Edirne'de daḫi bu uṣūlüñ {12} icrāsı lāzımeden olmağla siz daḫi hiç ferdiñ kefereye bir taḳrīb nihānī ve āşikāre Rum esīri ṣatmamasına {13} kemāliyle diḳḳat iderek her kim bu kār-ı mekrūha cesāret ider ise icrā-yı mücāzātda daḳīḳa fevt olunmayacağını lāzım {14} gelenlere işāʿa ve iʿlān ile fī-mā-baʿd bu miṡillü bir vechile cāʾiz olmayan keyfiyyetiñ vuḳūʿa gelmamesine mezīd-i iʿtinā {15} ve mübāderet eylemeñiz içün ḳāʾime. Fī 27 Ṣ 39

[*1713/117*] ***Midillü nāẓırına***
{1} Ayvalıḳ reʿāyāsından bundan aḳdem Şīre ve ol ḥavālī cezīrelerine firār iden reʿāyā el-ḥāletü-hāẕihī giriftār olduḳları ḥaḳāret {2} mülābesesiyle firārlarına nādim ü peşīmān olaraḳ dāmen-i ʿafv ü amāna teşebbüṡ itmiş olduḳlarını baʿżı Frenk tüccārları {3} ṭarafıña iḫbār eylediklerinden baḥisle reʿāyā-yı mesfūreniñ vaṭanlarına ʿavdetleri ḫuṣūṣuna müsāʿade-i seniyye erzān buyuruldığı {4} ḥālde ruḫṣatı ḥāvī ṭarafıña ḫiṭāben emr-i ʿālī ıṣdārı ḫuṣūṣı tevārüd iden ʿarīżañda beyān ü işʿār olunub {5} reʿāyā-yı mesfūre vaṭanlarına ʿavdetlerine ruḫṣat ve müsāʿade-i seniyye erzānī buyurulmasını muḳaddemā daḫi paṭrīḳleri maʿrifetiyle {6} bā-ʿarżuḥāl istidʿā itmiş ve şimdi seni tavsīṭ iderek bu vechile istirḥām eylemiş olduḳlarından merḥamet-efzā-yı ṣudūr {7} olan ḫaṭṭ-ı hümāyūn-ı cenāb-ı cihān-dārī manṭūḳ-ı münīfi üzere baʿd-ez-īn cizyelerini ʿaleʾr-ruʾūs virmeleri {8} ve ālāt-ı ḥarbiyye[ye] dāʾir bir nesne istiṣḥāb itmameleri ve ẕimmetlerinde güẕeşte tekālīf ve cizyeleri var ise tamāmen teʾdiye {9} itmeleri miṡillü şerāyiṭ-i lāzıme derciyle iḳtiżāsı üzere ṭarafıña ḫiṭāben bir ḳıṭʿa emr-i ʿālī ıṣdār ve tesyār olunmuş {10} ve vürūd idecek reʿāyāyı iḳtiżāsına göre biʾl-istīmān iskān itdirmesi ṭarafımızdan mektūb taḥrīriyle {11} Ayvalıḳ voyvodasına daḫi tenbīh ḳılınmış ve bu ḫuṣūṣı kendüsi daḫi reʿāyā-yı mesfūreye taḥrīr eylemesi ʿizzetlü {12} Reʾīsüʾl-küttāb efendi cānibinden paṭrīḳ-i mersūma ifāde olunmuş olmağla emr-i şerīf-i mezkūr manṭūḳ-ı {13} münīfine taṭbīḳan reʿāyā-yı mesfūreniñ biʾl-istīmān celb ve vaṭanlarına iskānları {14} vesāʾilini istiḥṣāle diḳḳat-birle her ḥālde īfā-yı mübteğā-yı dirāyet ü ṣadāḳate müsāraʿat {15} eylemañ içün mektūb. Fī 28 Ṣ 39

[*1713/118*] *Ayvalıḳ voyvodasına*

{1} Bundan aḳdem Ayvalıḳ'da ve Yūnd adasında vuḳūʿı müteḥaḳḳıḳ olan mādde-i ʿişyān eşnāsında bir taḳrīb baʿżı cezīrelere firār itmiş olan birṭaḳım reʿāyā {2} firārlarına nādim ü peşīmān olaraḳ dāmen-i ʿafv ü amāna teşebbüs itmiş olduḳlarını Midillū Nāẓırı {3} Ḳapucıbaşı Muṣṭafā Aġa bu defʿa bā-ʿarīża beyān ü inhā idüb {4} mütecāsir-i ʿişyān ü şeḳāvet olan reʿāyānıñ ber-muḳteżā-yı şerʿ-i şerīf teʾdīb ü terbiyeleri lāzım geldiği mişillü müteşebbis-i dāmen-i ʿafv ü amān olanlarıñ maẓhar-ı ʿafv ü şefḳat ve sāye-i ʿadālet-vāye-i ḥażret-i cihān-dārīde āsūde-nişīn-i emn ü rāḥat olmaları daḫi şīme-i mülk-dārī ve raʿiyyet-perverī iḳtiżāsından oldığından {5} merḥamet-efzā-yı ṣudūr olan ḫaṭṭ-ı hümāyūn-ı ʿāṭıfet-maḳrūn-ı ḥażret-i pādişāhī manṭūḳ-ı münīfi {6} üzere vaṭanlarına ʿavdet eylemelerine ruḫṣatı ḥāvī nāẓır-ı mūmā-ileyhe {7} ḫiṭāben emr-i ʿālī ıṣdār ve tesyār ve keyfiyyet ṭarafımızdan daḫi işʿār olunmuş ve vürūd idecek reʿāyāyı bi'l-istīmān [iskān] {8} itdirmañ ḫuṣūṣuna daḫi irāde-i seniyye taʿalluḳ eylemiş olmaġla muḳteżā-yı ṣadāḳatiñ üzere bundan böyle reʿāyā-yı {9} mesfūreden vürūd idenleriñ bi'l-istīmān iskān ve muḥāfaẓaları esbābını istiḥṣāl-birle her ḥālde icrā-yı {10} lāzıme-i dirāyete mübāderet eylemañ içün mektūb. Fī 28 Ş 39

[*1713/119*] *Rumili vālīsine*

{1} Nezd-i serʿaskerīlerinde maʿlūm oldıġı üzere her ne ḳadar iḳdām olunmuş ise [de] ber-muḳteżā-yı ḥükm-i ḫafiyye-i İlāhiyye bu sene {2} maṭlūb vechile bir iş görilemeyerek mevsim-i şitā daḫi taḳarrüb itmekde oldıġından bu keyfiyyet gāvurlarıñ bir ḳat daḫi {3} şımarub ellerinden gelan melʿaneti icrā dāʿiye-i fāsidesine düşmeleri ḫāṭır-ḫırāş olmaḳda ise de Ḥażret-i {4} Ḫayru'n-Nāṣırīn'iñ ʿavn ü nuṣretine iʿtimāden işbu emr-i dīnde ḳış ve yaz dimeyerek ve bir vechile saʿy ü himmete {5} fütūr virmeyerek hemān iş görilüb düşmen-i dīnden aḫẕ-ı ṣāra iḳdām erbāb-ı tevḥīde farīża-i ẕimmet {6} oldıġı vāreste-i ḳayd [ü] ifhāmdır. İskenderiye Mutaṣarrıfı saʿādetlü Muṣṭafā Paşa ḥażretleriniñ Mesolenk üzerine ʿazīmeti {7} ḫaberi vürūd ideli ḫaylī zamān olmuş oldıġından inşā['allāhü]'r-Raḥmān şimdiye ḳadar müşārun-ileyhiñ Mesolenk'i żabṭ ü tesḫīr {8} eylemesi elṭāf-ı İlāhiyye'den meʾmūl ise de bu bābda ṭaraf-ı saʿādetlerinden bir güne işʿār vāḳiʿ olmadıġından ve müşārun-ileyh {9} Muṣṭafā Paşa'dan lāyıḳıyla bir ḫaber alınamadıġından müşārun-ileyhiñ ḥareketi ne vechile oldıġınıñ ve şimdiye ḳadar {10} Mesolenk māddesi ne ṣūret kesb eylemiş idüġünüñ ṭaraf-ı serʿaskerīlerinden istiknāhı īcāb-ı ḥālden {11} olmaġla müşārun-ileyh Muṣṭafā Paşa ḥażretleriniñ keyfiyyātına şimdiye ḳadar ne vechile ıṭṭılāʿ ḥāṣıl {12} eylemişlerdir ve müşārun-ileyhiñ ʿazīmet eylediği Mesolenk māddesi bu āna ḳadar naṣıl olmuşdur, {13} maḫṣūṣ cānib-i serʿaskerīlerinden adam ve taḥrīrāt gönderilerek istiknāh-ı aḥvāle diḳḳat ü müsāraʿat ile {14} keyfiyyeti tīz elden bu ṭarafa [işʿār] buyurmañız lāzım geldiğinden ġayrı Mesolenk māddesi ḳarīn-i ḥüsn-i ḫitām olduḳdan ṣoñra daḫi {15} müşārun-ileyhiñ ol ṭarafdan mevsim-i şitā serriştesiyle infikāki mücāz oldıġından bu bābda ne vechile re'y ü tedbīr {16} olunmaḳ lāzım gelür, ve'l-ḥāṣıl müşārun-ileyhiñ keyfiyyet ve ḥareketi ve Mesolenk māddesi ne vechile olmuşdur ve el-ān {17} maṣlaḥat ne merkezdedir ve her ne ḳadar mevsim şitā olsa ol ḥavālīde şiddet üzere ḳış olmayacaġı maʿlūm {18} oldıġından müşārun-ileyhiñ bundan böyle daḫi s̱ebāt iderek germiyyetle iş gördirilmesi ṣūretinde müṭālaʿa-i {19} düstūrīleri ne vechiledir, bunları eṭrāfıyla serīʿan ve maḫfiyyen ṣavb-ı muḫliṣīye işʿāra himmet buyurmaları siyāḳında {20} ʿicāleten maḫṣūṣ işbu ḳā'ime. Fī ġurret-i Ra 39

[*1713/120*] ***Edirne bosṭāncıbaşısına***
{1} Īnöz reʿāyāsından bir taḳrīb izbāndīd eşḳıyāsı ṭaraflarında bulunmuş olanlarıñ el-ḥāletü-hāẕihī {2} kimi İzmīr ve kimi sā'ir aḏalara çıḳub perīşān ve sefīl ü sergerdān olaraḳ ḥaḳlarında merḥamet-i {3} seniyye sezāvār ḳılınması tażarruʿātında olduḳları beyānıyla bu mis̱illüleriñ ʿavd ü ricʿatları ḫuṣūṣuna müsāʿade-birle {4} ruḫṣatı ḥāvī bir ḳıṭʿa emr-i ʿālī ıṣdārı bu defʿa ṭarafıñızdan taḥrīr ve iltimās olunmuş ve bu bābda bir ḳıṭʿa iʿlām-ı {5} şerʿī gönderilmiş olub mütecāsir-i ʿiṣyān ü şeḳāvet olan reʿāyānıñ ber-muḳteżā-yı şerʿ-i şerīf {6} te'dīb ü terbiyeleri lāzım geldiği mis̱illü dāmen-i ʿafv ü amāna teşebbüs̱ idenleriñ daḫi uṣūl ü ādāb-ı raʿiyyete {7} muvāfıḳ ḥareketleri ḳavlen ve fiʿlen lede't-taḥḳīḳ maẓhar-ı ʿafv ü şefḳat ve sāye-i ʿadālet-vāye-i mülūkānede {8} āsūde-nişīn-i emn ü rāḥat olmaları daḫi şīme-i kerīme-i mülket-dārī ve raʿiyyet-perverī iḳtiżāsından oldıġından {9} bu bābda vāḳiʿ olan iltimāsa mebnī lāzım gelan emr-i şerīf ıṣdār ve tesyār olunmuş olmaġla manṭūḳ [ü] {10} muḳteżāsınıñ infāẕ ü icrāsına mübāderet eylemeñiz içün ḳā'ime. Fī ġurret-i Ra 39

[*1713/121*] ***Ḳapūdān paşaya***
{1} Eyyām-ı şitāda eşḳıyā tekneleriniñ eṭrāf ve sevāḥile tasalluṭları mülāḥaẓasına mebnī bu ḳış Donanma-yı {2} Hümāyūn'uñ bütün bütün Dersaʿādet'e ʿavdeti tecvīz olunmayaraḳ havālar müsāʿid olduḳça aḏalar arasında geşt ü güẕār {3} ve fūrtuna mevsimlerinde münāsib līmānda ḳarār itmek üzere ṣaġlam sefāyinden münāsib miḳdārı ifrāz ve bir muḳtedir {4} başbuġ maʿiyyetiyle Aḳdeñiz['de] tevḳīf olunması ve meştā taḫṣīṣi ḫuṣūṣlarında cenāb-ı şerīfleriniñ nihāyet re'y ü tedbīr {5} ve mülāḥaẓātları istiʿlāmına dā'ir muḳaddemce mersūl-ı ṣavb-ı saʿādetleri ḳılınan nemīḳa-i ḫāliṣānemize cevāben bu defʿa {6} resīde-i rāḥa-i vürūd olan taḥrīrāt-ı şerīfelerinde ḫuṣūṣāt-ı meẕkūreye dā'ir ifādāt ẕeylinde bu defʿa Midillū'den {7} faḳaṭ Cezāyir ve Ṭrāblus teknelerine evvelbahārda gelmek şarṭıyla iẕn virilüb Ṭūnus sefāyini tevḳīf olunmuş oldıġı {8} ve cenāb-ı müşīrīleriniñ meştāya ḳalmaḳ veyāḫūd Dersaʿādet'e gelmek

şıḳlarında her ne vechile emr ü irāde-i ʿaliyye {9} müteʿalliḳ olur ise mūceb ü muḳteżāsı üzere ḥareket idecekleri ve Donanma-yı Hümāyūn sefāyininden taʿmīre muḥtāc {10} olanlar ile meştāya taḫṣīṣ olunacaḳlar başḳa başḳa gösterilerek defterini taḳdīm-birle bunlarıñ lāzım gelan {11} ḳūmānyaları Ḳālyonlar Rūznāmçesi'nden tertīb ü tanẓīm olunmaḳ lāzım geleceği ve meştāya ḳalacaḳ sefāyin Boġaz'da {12} eğlenmesi uymayacağından şiddetlü havālarda līmānda ḳarār ve küşāyişli havālarda yemīn ü yesāra geşt ü güẕār itmek {13} ve dā'imā ḫāricde bulunmaḳ üzere Foça līmānı meştā tertīb buyuruldığı keyfiyyātı derc ü işʿār buyurulmuş oldığından {14} bi'l-cümle me'āl-i işʿārları maʿlūm-ı ḫāliṣānemiz oldığından ġayrı ḥużūr-ı feyż-gencūr-ı ḥażret-i ḫilāfet-penāhīye daḫi ʿarż ile {15} meşmūl-ı naẓar-ı iksīr-es̱er-i cenāb-ı cihān-dārī buyurulmuşdur. Cenāb-ı müşīrīleri Devlet-i ʿAliyye'niñ ḥilye-i ẕekā ve feṭānet ile {16} ārāste-i zīver-i nühā ve rezānet ile pīrāste vüzerā-yı ʿiẓām-ı şecāʿat-ittisāmından olub süpürde-i dūş-ı {17} liyāḳat ü ehliyyetleri ḳılınan ḫuṭūb-ı muʿaẓẓamayı ber-vefḳ-i ḫāṭır-ḫāh-ı ʿālī tensīḳ ü tesviyeye bi'l-vücūh mücidd ü saʿī {18} olduḳları ḥays̱iyyet[iy]le Donanma-yı Hümāyūn'a müteʿalliḳ bi'l-cümle ḫuṣūṣātıñ retḳ ü fetḳ ve ḥall ü ʿaḳdi muḥavvel-i {19} ʿuhde-i istiḳlāl-i müşīrīleri olaraḳ taḥrīrāt-ı mez̲kūreñizde bu ḳış kendüñüzüñ Aḳdeñiz'de meştāya ḳalmaḳ {20} veyāḫūd Dersaʿādet'e gelmek şıḳlarında münāsibi taṣrīḥ olunmayub gönderilmiş olan defter-i mez̲kūrda meştāya {21} ḳalacaḳ sefāyini başḳa başḳa göstererek bunlarıñ üzerine Riyāla beğin başbuğluğı işāretiyle kendüñüzüñ {22} ve Ḳapūdāna ve Paṭrona beğleriñ rākib olduḳları sefīneler Dersaʿādet'e gelecek süfün-i hümāyūn ṣırasına {23} yazılaraḳ taʿmīrlerine dā'ir ve sā'ir ṣarāḥaten bir şey dinmamiş oldığına ve iḳtiżā-yı vaḳt ü ḥāle naẓaran şimdi cenāb-ı {24} müşīrīleriniñ bi'n-nefs meştāya ḳalmaları yāḫūd tevḳīf idecekleri sefāyini taʿyīn idecekleri {25} başbuġ maʿiyyetiyle bıraġub kendüñüzüñ Dersaʿādet'e gelmeleri şıḳlarınıñ ikisinde de birer güne {26} mülāḥaẓa ḫāṭır-güẕār olub şöyle ki, cenāb-ı müşīrīleri biẕẕāt ḳaldıḳları ḥālde Donanma-yı Hümāyūn neferātınıñ {27} żabṭ ü rabṭıyla ḏağılmamalarına medār-ı küllī ve Dersaʿādet'e geldikleri taḳdīrce evvelbahāra tanẓīm olunacaḳ Donanma-yı Hümāyūn {28} tertībātınıñ vaḳt ü zamānıyla rü'yet ü ikmāline sebeb-i ḳavī olacaḳları cā-yı işkāl olmayaraḳ işbu iki ṣūretde {29} daḫi birer güne fā'ide ve bi'l-ʿaks maḥẓūr görinüb bu ḳış Aḳdeñiz'de ḳalacaḳ süfün-i hümāyūn içün Foça līmānı {30} meştā tertīb olundığı ṣarāḥaten işʿār buyurulmuş oldığına mebnī vāḳıʿan līmān-ı mez̲kūr İzmīr'e birkaç sāʿat {31} mesāfede ġāyet vāsiʿ ve Foça-i ʿAtīḳ ḳalʿası daḫi līmāna ḳarīb ve maḥfūẓ olaraḳ meştā taḫṣīṣine tamām {32} münāsib maḥal oldığından tevḳīf olunacaḳ sefāyin üzerine bir muḳtedir başbuġ naṣb ü taʿyīn idüb cenāb-ı {33} müşīrīleri bi-mennihī Taʿālā evvelbahār içün tehyi'esi lāzım gelan Donanma-yı Hümāyūn'uñ vaḳt ü zamānıyla tertībāt ü levāzımı {34} tanẓīmine iḳdām itmek ve bu sene Aḳdeñiz'de ḥāṣıl eyledikleri maʿlūmāt añlaşılaraḳ iḳtiżāsı müẕākere {35} olunmaḳ üzere Dersaʿādet'e gelmeleri münāsib görinerek bu cānibe gelmelerinde bu ẕikr olunan fevā'id derkār ise daḫi {36} ẕāt-ı saʿādetleri buraya gelecek olduḳları ḥālde Riyāla beği başbuġ bıraġaraḳ cenāb-ı şerīfleri ve Ḳapūdāna {37} ve Paṭrona beğleriñ rākib olduḳları süfün-i hümāyūnı daḫi berāber getürmek üzere göndermiş oldıġıñız {38} defter-i meẕkūra naẓaran Riyāla beğ maʿiyyetiyle bıraġılacaḳ sefāyin faḳaṭ üç ḳıṭʿa fırḳateyn ve iki ḳorvet {39} ve bir ḳıṭʿa brīḳ ve ġolet ile Tūnuslılarıñ yedi ḳıṭʿa sefīneleri ki cemʿan on dört pāre tekneden ʿibāret {40} ḳalacaġından bu miḳdār sefāyin deryāda geşt ü güẕār idebilürler mi ve s̱āniyen Foça līmānı her ne ḳadar {41} şöyle böyle olsa daḫi bu ḳış gāvurlar beher-ḥāl bunlarıñ üzerine düşerek ḥafaẓallāhü Taʿālā {42} her nerede olsa sū'-i ḳaṣd ve ihānet dāʿiyesine çalışacaḳlarına mebnī ve başbuġ bıraġacaḳları bendeleri {43} her ne ḳadar ġayretli adam olsa daḫi donanma ahālīsine siziñ ḳadar nüfūẕı olamayaraḳ istediği gibi ḳullanamaması {44} melḥūẓ idüğünden bu ṣūret maḥẕūr ü muḫāṭara mülāḥaẓātından sālim olub olamayacaġına ḥükm olunamayub {45} ancaḳ cenāb-ı düstūrīleri bi'n-nefs meştāya ḳaldıḳları ṣūretde Ḳapūdāna ve Paṭrona beğler daḫi berāber ḳalaraḳ {46} meştāya ḳalacaḳ sefāyiniñ ziyādeliğini müstelzim olacaġından māʿadā ahālī-i donanmanıñ żabṭ ü rabṭında {47} ve istediğiñiz gibi ḳullanılmalarında ve bütün ḳış meştāda yatmayaraḳ dā'imā yemīnen ve yesāren geşt ü güẕāra **(56)** ḳıyām itdirilmelerinde cenāb-ı müşīrīleriniñ nüfūẕ ve ihtimāmlarıyla bıraġacaḳları başbuġuñ nüfūẕ ve iḳdāmında farḳ-ı ʿaẓīm {2} derkār ve cenāb-ı saʿādetleri Donanma-yı Hümāyūn'uñ biẕẕāt me'mūr-ı müstaḳilli oldıġıñıza binā'en kendüñüz ḳaldıġıñız ṣūretde {3} sā'ir başbuġ ve me'mūra maḳīs olmayaraḳ her bir ḫuṣūṣda lāyıḳıyla saʿy ü diḳḳat ideceğiñiz işʿār ve bilḫuṣūṣ {4} siziñ bu ḳış Dersaʿādet'e gelmameñiz Aḳdeñiz'den Donanma-yı Hümāyūn'uñ ʿadem-i ʿavdeti şāyiʿasıyla gāvurlarıñ eṭrāfa tasalluṭa {5} cesāret idemameleri mis̱illü baʿżı fevā'id-i ʿaẓīmeyi daḫi müstelzim olacaġı bedīdār olmaḳdan nāşī nihāyet taʿmīre muḥtāc olan {6} süfün-i hümāyūnı Dersaʿādet'e göndirüb içinden az vaḳtde taʿmīr ḳabūl idenleri çārçābuk yapılub gönderilmek ve el-yevm {7} Tersāne-i ʿĀmire'de derdest-i techīz olan fırḳatalar daḫi bi-mennihī Taʿālā az vaḳtde tekmīl ve irsāl olunmaḳ üzere bu ḳış {8} cenāb-ı şerīfiñiziñ Donanma-yı Hümāyūn üzerinde meştāya ḳalmaları ve bi'l-farż şifāhen ifāde idecekleri baʿżı mühim {9} tedābīr var ise şöylece menzil ile gelüb yine gitmek üzere daḫi olabileceği dā'ir-i dā'ire-i efkār olub lākin {10} lāyiḥ-i eẕhān olan işbu mülāḥaẓāt cümleten cenāb-ı müşīrīleriniñ donanma ricāliniñ bilüb düşünecekleri {11} şeyler olaraḳ meştā ittiḫāẕ idecekleri līmān maḥẕūrsuz olub olmadıġını ve tevḳīf idecekleri meẕkūru'l-miḳdār {12} sefāyin Aḏa[lar?] arasında geşt ü güẕāra elvirüb elvirmeyeceğini bi'l-müẕākere öylece tertīb itmiş olduḳları nümāyān {13} ve ʿalelḫuṣūṣ bu māddeleriñ īcāb ü iḳtiżāsını tefekkür ve icrā itmek cümleden evvel ẕāt-ı saʿādetleriniñ vaẓīfe-i meʾmūriyyetleri {14} olarak̦ maʿāẕallāhü Taʿālā uyġunsuz bir şey olması mesʾūliyyeti intāc ideceğinden bunlarıñ īcāb ü iḳtiżāları muḥavvel-i {15} ʿuhde-i dirāyetleri oldıġı vāżıḥ ü ʿayān oldıġından cenāb-ı müşīrīleri bu ḳış elvirecek ḳadar sefāyin ile bizzāt {16} meştāya ḳalub taʿmīri lāzım gelenleri Dersaʿādet'e göndermek veyāḫūd bunları münāsib gördiğiñiz başbuġ maʿiyyetiyle {17} bıraġub kendüñüz taʿmīr olunacak̦ sefāyin ile buraya gelmek şıḳlarından ḳanġısını īcāb-ı ḥāl ü maṣlaḥatdan ʿadd ider iseñiz {18} öylece ḥareket ve icrā eylemeñiz müfevveż-i ʿuhde-i istiḳlālleri olan mevāddan olub, şu ḳadar ki; eğer cenābıñız Dersaʿādet'e {19} gelmeği münāsib görür ve iḫtiyār iderseñiz ʿacele itmeyerek meştā içün tertīb eylediğiñiz maḥalliñ gereği gibi taḳviyet ü istiḥkāmıyla {20} bıraḳacaġıñız süfün-i hümāyūnuñ gāvurlarıñ āteş gemileri maḥẕūrundan muḥāfaẓalarına dāʾir esbāb ne maḳūle tedābīr [ve] {21} vesāʾile mütevaḳḳıf ise ol ṣūretde kemā-hiye-ḥaḳḳuhā istiḥṣāl ü istikmāline ve gerek bunlarıñ dāʾimā rū-yı deryāda {22} geşt ü güẕārlarıyla eṭrāf-ı sevāḥili muḥāfaẓa itmeleri żımnında her gūne tedbīr ve muḳteżayātıñ icrā ve tanẓīmine bi'l-iḳdām {23} ḥüsn-i ṣūret virdikden ṣoñra gelmeleri lāzım geleceği bedīhiyyātdan olarak̦ irāde-i seniyye-i şāhāne daḫi bu uṣūli ḥāvī {24} olmaġla mecbūl ü meftūr olduḳları farṭ-ı dirāyet ü kiyāset ve mezīd-i rüşd ü feṭānet iḳtiżāsı üzere şıḳḳaynda ḫāṭır-güẕār {25} olan fevāʾid ve meḥāẕīri müṭālaʿa ve Donanma-yı Hümāyūn'uñ her bir ḫuṣūṣ ve seyr ü ḥareketi ve cenāb-ı düstūrīleriniñ meştāya {26} ḳalub ḳalmamaları ʿuhde-i istiḳlāllerine muḥavvel oldıġından iḳtiżā-yı maṣlaḥat ve meştā maḥalliniñ taḳviyesini ve sāʾir {27} mażarrat-ı aʿdādan bā-ʿavn-i Bārī vāreste olacaġı mevāddı ve iş görülmek ṣūretini lāyıḳıyla tefekkür iderek {28} Dersaʿādet'e gelmeleri veyāḫūd meştāya ḳalmaları şıḳlarında ḳanġısı tercīḥ buyurılur ise muḳteżāsınıñ icrāsına ve Dersaʿādet'e {29} gelecek olduḳları ḥālde ber-vech-i muḥarrer ʿacele buyurulmayarak̦ her bir keyfiyyetiñ merkez-i lāyıḳında tanẓīm ü tetmīmine himmetbirle her ḥālde {30} icrā-yı muḳteżā-yı kār-āgāhī ve reviyyet ve īfā-yı levāzım ve dūr-endīşī ve besālete himmet buyurmaları muḥavvel-i ʿuhde-i {31} ḥaṣāfetleri oldıġı beyānıyla ḳāʾime. Fī ġurret-i Ra 39

[*1713/124*] ***Rumili vālīsine***

{1} Muḳaddemce ṭaraf-ı serʿaskerīlerine taḥrīr ü işʿār olundıġı üzere Eġrīboz'a Selānīk mübāyaʿasından ẕaḫīre aḫẕ ve īṣāl {2} eylemesi saʿādetlü Ḳapūdān paşa ḥażretlerine yazılmış oldıġına bināʾen bu defʿa müşārun-ileyh cānibinden tevārüd iden taḥrīrātda {3} ẕaḫīre-i mezkūreyi Eġrīboz'a īṣāl ve Bülbülce maṣlaḥatı[nı] bir ṣūret-i ḥaseneye idḫāl eylemek üzere müşārun-ileyh eṣnā-yı {4} rāhda iken İşkātos cezīresi ʿuṣātı teknelerinden ve Çamlıca ve Ṣulıca ve İbṣāra gāvurları sefāyin-i menḥūselerinden {5} otuzdan mütecāviz Donanma-yı Hümāyūn üzerine īṣāl-i ḫasār ü melʿanet içün gelanleriñ birazı aḫẕ ü girift {6} ve ḳuṣūrı ġarḳ ü iḥrāḳ olunmuş ve ḳurtılabilenleri daḫi kenār-ı firāra bādbān-küşā-yı nikbet olmuş ve sergerdeleriniñ {7} rākib oldığı tekne daḫi ḍarbe-i ṭopdan ġāyet zedelenüb seyr ü ḥareketden ḳalmış oldığından kendü iḥrāḳ ile {8} ġarḳ olunduḳları müşāhede olundığından ġayrı Eġrīboz ve Īzdīn körfezlerine me'mūr eylediği süfün-i hümāyūn {9} daḫi eşḳıyā ġoletalarından beş ḳıṭʿasını iḥrāḳ ve ikisini aḫẕ ü girift eylemiş olduḳları ve Bülbülce ḳocabaşıları {10} cümleten nezd-i müşārun-ileyhe gelüb isā'et-i [?] sābıḳalarından istiʿfā eylediklerine mebnī üç nefer muʿteber rehnleri {11} ve silāḥları aḫẕ olunduḳdan ṣoñra līmānlarında olan on dört ḳıṭʿa ḳadar sefīneleri ḫitām-ı ġā'ileye değin {12} ṭarafında ḥıfẓ olunmaḳ üzere ṭaleb olunmuş ise de bir-iki senedir metrūk oldığından taʿmīr eyledikden ṣoñra kendüleri {13} Tersāne-i ʿĀmire'ye getürmek vechile taʿahhüd itdirilmiş ve ẕikr olunan rehnler Ḳapūdāna beğin süvār oldığı {14} firḳateyne müsāfir virilmiş ve bu cihetle Bülbülce ġā'ilesi bitmiş oldığı ve Selānīk'den alub Eġrīboz'a īṣāl eylediği {15} ẕaḫīre derece-i kifāyeden dūn oldığından müste'men yedinden altı biñ keyl ḥınṭa ve dört biñ keyl ḳoḳoroz {16} mübāyaʿa ve iştirā ve Bülbülce sefīnelerinden iki ḳıṭʿa sefīneye ḳocabaşıları maʿrifetiyle taḥmīl ve Eġrīboz'a isrā olundığı {17} ve ṭaraf-ı düstūrīlerinden Eġrīboz muḥāfıẓı ḥażretlerine īṣāl olunmaḳ üzere gönderilan yüz biñ ġurūşı daḫi bir ḳıṭʿa {18} Bülbülce sefīnesiyle irsāl eylemiş idüği ve Līvādya ḳażāsı ḳaryelerinden Eksīrihorī ve Ayā Yorgī ve Çiftlik Köyi nām {19} üç ʿaded ḳarye ḳocabaşıları daḫi müşārun-ileyh ṭarafına gelerek ḥarekāt-ı sābıḳalarına nādim ü peşīmān olub {20} esliḥa ve üç nefer rehnlerini cānib-i müşārun-ileyhe teslīm itmek şarṭıyla müteşebbiṡ-i dāmen-i ʿafv ü amān olaraḳ idāreleri-çün {21} müşārun-ileyh Eġrīboz muḥāfıẓı cānibinden ve kendü ṭarafından birer adam ṭaleb eylemişler ise de rehnleri ṭarafından aḫẕ olunub {22} yedlerine re'y buyuruldısı iʿṭā ve silāḥları aḫẕ olunmaḳ ve re'y virilerek idārelerine ṭarafından adam taʿyīn {23} ḳılınmaḳ ḫuṣūṣları muḥāfıẓ-ı müşārun-ileyhe yazılmış ve bu miṡillü Rumili ḳażālarından nice reʿāyā gelüb re'y ve amān {24} ricāsında olduḳları iḫbār olundığından ve ol sevāḥilde böyle şeylerle iḳāmeti iḳtiżā itmediğinden o maḳūle ṭālib-i {25} amān olaraḳ ẓuhūr ideri olur ise ṭarafına ḫaber virmesini Bülbülce'de bıraḳdığı dīvānḫāne çavuşuna tenbīh eylediği {26} muḥarrer ü mesṭūr olub lillāhi'l-ḥamd ve'l-ʿaṭāyā müşārun-ileyh ḥażretleri Donanma-yı Hümāyūn'a bir gūne gezend ü żarar vāḳiʿ olmaḳsızın {27} ḫaylī fütūḥāta maẓhar olmuş ve Bülbülce maṣlaḥatına ḳarār virüb Eġrīboz'a gidecek ẕaḫīre ve aḳçeyi daḫi īṣāl eylemiş {28} ve Līvādya ve sā'ir maḥaller reʿāyāsınıñ daḫi bu ṣūretle ṭavḳ-ı raʿiyyete ḫāhiş-ger olduḳlarını yazmış oldığından keyfiyyetiñ {29} ṭaraf-ı saʿādetlerine taḥrīr ü inhāsı iḳtiżā eylediği maʿlūm-ı sipehdārīleri buyuruldukda ẕāt-ı düstūrīleri daḫi her ḥālde {30} īfā-yı levāzım-ı dirāyet-kārī ve reviyyete himmet buyurmaları siyāḳında ḳā'ime. Fī 5 Ra 39

[*1713/136*] *Mora Ser'askeri Yūsuf Paşa'ya*
{1} Maʿiyyet-i saʿādetlerinde olan ʿaskeriñ teşettüt ü perīşānlıḳları serriştesiyle Īzdīn'e ḳadar ʿavdet eyledikleri {2} keyfiyyetini şāmil muḳaddem ve muʾaḫḫar tevārüd iden taḥrīrāt-ı düstūrāneleri meʾāl ü mezāyāları rehīn-i ıṭṭılāʿ-i muḫliṣī ve ḫāk-pāy-ı {3} hümāyūn-ı ḥażret-i pādişāhīye ʿarż ü taḳdīm ile manẓūr-ı cenāb-ı şehinşāhī olmuşdur. Ẕāt-ı saʿādet-āyāt-ı {4} müşīrīlerinden ġayret ü şecāʿat meʾmūl-ı ʿālīsi derkār olaraḳ bundan aḳdem Mora eyāleti ʿunvān-ı serʿaskerī ile {5} biʾl-intiḫāb ʿuhde-i saʿādetlerine iḥāle ve tevcīh olunmuş ve hemān ḳahr ü tenkīl-i aʿdāya mübāderet eylemek üzere {6} bu ṭarafdan lāzım gelan veṣāyā ṣavb-ı düstūrīlerine taḥrīr ḳılınmış oldıġından her ḥālde levāzım-ı merdī ve dirāyet-kārīye {7} teşmīr-i bāzū-yı iḳtidār ve ol vechile ḥaḳḳıñızda olan iʿtiḳādı taṣdīḳe saʿy-ı bī-şümār eylemeñiz lāzımeden iken {8} henüz şāyān-ı taḥsīn olacaḳ bir güne ḫidmet ve ṣadāḳatiñiz sebḳ itmeksizin Esedābād'a ve andan daḫi Īzdīn'e ḳadar {9} ʿavdet eylemeñiz ḥaḳḳıñızda muʾāḫaẕe ve muʿātebeyi mūcib ise de ol vechile ʿavdetiñizi saʿādetlü Rumili vālīsi {10} ve serʿaskeri ḥażretleri iḳtiżā-yı ḳażā ve ḳadere ḥaml ile cürm ü ḳuṣūruñuzuñ ʿafvını ricā ve şefāʿat itmiş {11} oldıġına mebnī āḫar güne muʿāmeleden iġmāż-ı ʿayn [ile] ʿafv olunmuş ve bundan böyle serʿasker-i müşārun-ileyh ḥażretleri {12} sizi ne vechile istiḫdām ider ise öylece ḥareket ve her ḥālde emr ü reʾyine mürācaʿat iderek cebr-i mā-fāt itmekliğe {13} ṣarf-ı vüsʿ ü maḳderet eylemeñiz ḫuṣūṣuna irāde-i seniyye taʿalluḳ itmiş ve ḥaḳḳ-ı saʿādetlerinde ẓuhūra gelmiş olan işbu {14} müsāʿade ve merḥamet-i seniyyeye muḳābeleten dāmen-der-miyān-ı [?] ġayret ve zinhār ü zinhār evvelki gibi yine bir uyġunsuzluḳ ẓuhūra {15} gelür ise ol vaḳt ḥaḳḳ-ı saʿādetlerinde beġāyet vaḫīm olacaġını bilerek aña göre ġāfilāne ḥareket ve serʿasker-i {16} müşārun-ileyh ḥażretleri sizi ne vechile istiḫdām eyler ise emr ü irādesine mütābaʿat-birle cebr-i noḳṣān eylemekliğe {17} bezl-i tāb ü tüvān ve miknet buyuraraḳ ṭaraf-ı saʿādetlerinden meʾmūl-ı ʿālī üzere ḥüsn-i ḫidmet vücūda getürmekliğe ṣarf-ı {18} mā-ḥaṣal-i saʿy ü ḳudret buyurmaları siyāḳında ḳāʾime. Fī 12 Ra 39

[*1713/147*] *Rumili vālīsine*
{1} Saʿādetlü Ḳapūdān paşa ḥażretleriniñ Ġolos ḳalʿası pīşgāhında fekk-i lenger-i iḳāmet iderek ol ḥavālīde meʾmen līmān {2} olmadıġından Aḳdeñiz'e doġrı ʿazīmetinden iki gün ṣoñra Çamlıca ve Ībṣāra ʿuṣātı teknelerinden ḳırḳ yedi ḳıṭʿa {3} gemi ẓuhūr ve Bülbülce reʿāyāsınıñ reʾylerini fesḫ itmek ḳaṣdıyla Bülbülce'ye hücūm eylemişler ise de altı sāʿat mesāfede {4} vāḳiʿ Arġalāştī ve Lefḳoz ṭarafları muḥāfaẓasına meʾmūr saʿādetlü Reşīd Paşa ḥażretleriniñ biñbaşısı Ṭāhir Aġa {5} dört yüz nefer ile derḥāl Bülbülce'ye ʿazīmet ve faḳaṭ Bülbülce'niñ muḥāfaẓasına mübāderet itmiş ve ʿuṣāt-ı mesfūre {6} bir sāʿat mesāfede olan iskeleye çıḳub mevcūd bulunan beş ḳıṭʿa tekneyi aḫẕ ve

maḫzenlerde mevcūd ẕaḫīre (67) ve baʿżı eşyāyı yağma ve ġāret idüb biñbaşı-i merḳūmuñ vürūdını gördüklerinde süfün-i menḥūselerine rākib olaraḳ {2} Eğrīboz boğazı cānibine gitmiş oldığı ve merḳūm biñbaşınıñ ol miktar nefer ile Bülbülce ve sā'ir me'mūr oldığı {3} maḥālli idāre idemeyeceği ve ẕaḫīre cihetiyle Bülbülce'de kemāl-i derece ṣıḳındı derkār idüği bu defʿa müşārun-ileyh Reşīd {4} Paşa ṭarafından inhā olunmuş olub maʿlūm-ı düstūrīleri oldığı üzere müşārun-ileyh Reşīd Paşa'nıñ ʿuhdesinde olan {5} Tırḥāla manṣıbı ṣarf ü taḥvīl ile Baḥr-i Sefīd boğazı ṭarafına ḏoğrı gelmesi irāde olunaraḳ ol bābda emr-i ʿālī ıṣdār {6} ve müşārun-ileyh Reşīd Paşa şimdiye ḳadar ṣūret-i me'mūriyyetinden ḫaberdār olaraḳ berülere ḏoğrı gelmeğe mübāşeret itmiş {7} oldığına naẓaran biñbaşı-i merḳūmı daḫi muḥāfaẓadan ḳaldırmış olması melḥūẓ olub şimdiye ḳadar bu ḫuṣūṣa dā'ir ṭaraf-ı {8} serʿaskerīlerinden bir gūne inhā vāḳiʿ olmamış ve muḳteżā-yı me'mūriyyet-i serʿaskerīleri üzere şimdiye ḳadar Bülbülce'niñ muḥāfaẓasını {9} ve ẕaḫāyir cihetiyle iʿānet-i muḳteżiyeniñ ikmālini mūcib vesā'iliñ istiḥṣāline himmet buyurulmuş olacağı mütebādir-i ḫāṭır olmuş ise de {10} mevsim-i şitānıñ gereği gibi taḳarrübi ve Donanma-yı Hümāyūn'uñ ḥasbe'l-mevsim berülere gelmesi cihetiyle gāvurlar bir aralıḳda uyġunca {11} havā bulduḳları gibi süfün-i menḥūseleriyle rāst geldikleri ve gözleri kesdiği maḥallere ṣarḳındılıḳ idecekleri ẓāhir {12} ve Bülbülce reʿāyāsı muḳaddem istīmān itmiş ve rehn virerek ṭavḳ-ı raʿiyyete girmiş olduḳlarından bunlarıñ muḥāfaẓasını īcāb {13} ider esbābıñ ikmāli lāzım gelmiş olub el-ḥāletü-hāẕihī müşārun-ileyh Reşīd Paşa'nıñ ʿazli ḫaberi şāyiʿ oldığı gibi {14} ol ṭarafda olan ʿasker terk iderek Bülbülce eṭrāfı müstaḥfıẓdan ḫālī ḳaldığı ṣūretde gāvurlar Bülbülce reʿāyāsını {15} yeñi başdan taḥrīk ve ṭavʿan ve kerhen ʿiṣyāna terġīb dāʿiyesine düşdükleri ve bu ṣūret uyġunsuz olacağı ẓāhir {16} ve Bülbülce'niñ muḥāfaẓası ve ol ḥavālīye ʿuṣāt ṭarafından bir gūne gezend vuḳūʿa gelmamesi esbābınıñ sürʿat-i istiḥṣāli {17} cenāb-ı serʿaskerīleriniñ me'mūriyyetleri iḳtiżāsından olacağı müberhen ü bāhir olmağla muḳteżā-yı ġayret ü dirāyetleri üzere {18} gerek Bülbülce'ye ẕaḫīre ve ʿasker irsāliyle emr-i muḥāfaẓasını ikmāle iʿtinā ve mübāderet ve gerek sā'ir lāzımü'l-muḥāfaẓa olan {19} maḥālliñ daḫi esbāb-ı muḥāreselerini istiḥṣāle ṣarf-ı yārā-yı himmet ve Bülbülce ve sā'ir ol ḥavālīniñ esbāb-ı muḥāfaẓasına {20} ne ṣūretle iʿtinā buyuruldığı ḫaberiniñ işʿārına müsāraʿat buyurmaları siyāḳında ḳā'ime. Fī 18 Ra 39

[*1713/148*] *Ḳapūdān paşaya*
{1} Meştā ḫuṣūṣuna dā'ir muḳaddem vāḳiʿ olan inhā[-yı] müşīrīlerine mebnī meştā ittiḫāẕ olunan Foça līmānınıñ hengām-ı şitāda mażarrat-ı {2} eşḳıyādan maḥfūẓ olacaḳ vechile taḳviyet ü istiḥkāmı ve cenāb-ı saʿādetleriniñ bizẕāt meştāya ḳalub yāḫūd {3} münāsib başbuġ naṣb iderek Dersaʿādet'e gelmeleri ḫuṣūṣları ve muḳteżayāt-ı sā'ire cümleten menūṭ-ı re'y ü tedbīr {4} ve tercīḥ-i

müşīrleri oldıġı ṣavb-ı düstūrīlerine bundan aḳdemce taḥrīr olunmuş ve el-ḥāletü-hāẕihī cevāb olaraḳ resīde-i {5} rāḥa-i vürūd olan taḥrīrāt-ı şerīfelerinde Foça līmānı ḥaḳḳında mu'aḫḫaren mülāḥaẓa buyurılan ba'żı meḥāẕīre mebnī meştā {6} ittiḫāẕına elvirmediği ve meştāya ḳalacaḳ ṣaġlam sefāyin on ḳıṭ'adan 'ibāret oldıġına binā'en eyyām-ı şitāda {7} ol miḳdār sefāyiniñ Aḳdeñiz'de gerek meştā ve gerek geşt ü güẕārları maḥẕūr ü muḫāṭaradan sālim olmadıġı ve cenāb-ı {8} müşīrleriniñ biẕẕāt ḳalḳub ḳalmaları re'y-i 'ālīye mütevaḳḳıf ise de bi-mennihī Ta'ālā evvelbahārda Donanma-yı Hümāyūn {9} iḫrācı īcābına mebnī ta'mīre muḥtāc sefāyiniñ beher-taḳdīr bir ān aḳdem Dersa'ādet'e celbiyle levāzım-ı ta'mīrāt ve tanẓīmatlarına {10} mübāşeret ü müsāra'at olunmaḳ muḳteżī oldıġı ifādesi ve ifādāt-ı sā'ire tafṣīlen münderic ü mesṭūr oldıġından {11} me'āl-i iş'ārāt-ı müşīrleri ma'lūm-ı ḫālişānemiz oldıġından ġayrı ḥużūr-ı hümāyūn-ı şāhāneye daḫi 'arż ile meşmūl-ı naẓar-ı {12} 'āṭıfet-eṡer-i ḥażret-i ẓıllullāhī buyurulmuşdur. Cenāb-ı müşīrleri muḳaddemki inhālarında meştāya bıraḳmaḳlıġa elvirir on dört {13} ḳıṭ'a sefīneniñ ikisini ẕaḫīre ile Eġrīboz'a ve ikisini daḫi ta'mīr içün Dersa'ādet'e göndirüb ḳuṣūr on ḳıṭ'a tekne {14} ḳalmaḳ lāzım gelmiş ve Foça līmānı daḫi meştā ittiḫāẕına uyamamış olaraḳ bu ḳış Aḳdeñiz'de donanma tevḳīfi ve bunlarıñ {15} mevsim-i şitāda geşt ü güẕārları maḥẕūr ü muḫāṭar[a]dan sālim olmadıġı me'āl-i iş'ārlarından tebeyyün itmiş olub gönderilmiş {16} olan defterde meştā içün ayrılan sefāyin içün daḫi bir maḥal-i meştā gösterilmamiş oldıġından cümle donanma Dersa'ādet'e gelsün {17} dinilmek gibi añlaşılub ve vāḳı'an mevsim-i şitāda ol miḳdār sefāyin ile Aḳdeñiz'de ḏurulmaḳ muḫāṭaradan sālim olmayacaġından {18} taḥrīrāt-ı vāridelerinde gösterilmiş olan i'tirāżāt becā oldıġı gibi şimdi Donanma-yı Hümāyūn bütün bütün Dersa'ādet'e gelmek {19} lāzım gelse gāvurlar meydānı ḫālī bulub sevāḥile itmedikleri mażarrat ḳalmayacaġı ve meştāya ḳalacaḳ sefāyin az olsa bile {20} donanma şāyi'ası Aḳdeñiz'de fā'ideden ḫālī olmayacaġı cihetlerinden nāşī şu meştāya elvirecek on ḳadar süfün-i hümāyūna el-yevm {21} Tersāne-i 'Āmire'de derdest-i techīz ve tekmīl olan altı ḳıṭ'a fırḳata daḫi irsāl ve 'ilāve olunaraḳ mümkin olur ise Midillü {22} ve Sāḳız līmānları miṣillü bir münāsib maḥalde ve nihāyet bunlar daḫi uymadıġı ṣūretde bārī Aḳdeñiz boġazında ḳışladılsalar {23} bu taḳdīrce cenāb-ı müşīrleriniñ bi'n-nefs ḳalmaları lāzım gelmez ise bile üzerlerine bir münāsib başbuġ naṣbıyla havā müsā'id {24} olduḳça Aḳdeñiz'e çıḳub aḏalar arasında geşt ü güẕār ve fūrtuna mevsimlerinde Boġaz'a 'avdet ve ḳarār itmek üzere {25} me'mūr kılınsalar yine fā'ide ve menfa'atden ḫālī olmayacaġı bu ṭarafda ḥāżırlanan mārrü'ẕ-ẕikr fırḳataları cenāb-ı müşīrleri meştā {26} içün bundan aḳdem taḥrīr itmiş olduḳlarına binā'en 'alel'acele techīz ve tetmīmlerine iḳdām olunmuş ve gediklüyān ve neferātı tedārük {27} ve taḥrīr olunaraḳ gediklüyān mevācibiyle berāber yüz elli biñ ġurūşa ḳarīb

ʿulūfeleri peşīn virilmiş ve ḳūmānyaları ḳonılub {28} ḥāżırlanmış oldıġından şimdi ʿazīmetleri fesẖ olunsa virilan aḳçeleriñ tamāmen istirdādı mümkin olamayacaġına naẓaran {29} beyhūde telef gibi olmaḳdan ise Boġaz'a olsun gönderilmeleri emr-i müstaḥsen olacaġı vāreste-i ḳayd [ü] ẓunūn olub ancaḳ Aḳdeñiz'de **(68)** sefāyin ḳışladılması bir münāsib ve maḥfūẓ līmāna muḥtāc ve Foça līmānı maḥẕūrdan ġayr-ı sālim oldıġı miṣillü Midillü līmānı daẖi {2} uymayub Sāḳız Boġaz'a uzaḳ düşdiğinden orası daẖi ġayr-ı mücāz olaraḳ nihāyet olsa olsa Aḳdeñiz boġazında {3} ḳışlamaları lāzım ve giçen sene Riyāla beğ maʿiyyetiyle Boġaz'da biraz sefāyin tevḳīf olunmuş ise de evvelbahāra ḳadar {4} ḳaṭʿan Aḳdeñiz'e çıḳamayaraḳ öylece Boġaz'da ḳalmış ve beyhūde maṣārif ve telefātı mūcib olmuş oldıġına naẓaran {5} bu ḳış daẖi Boġaz'da ḳışlamaları yine öyle olacaġı maʿlūm ve bu ḳış donanma Aḳdeñiz'de ḏurmayub Boġaz'da daẖi {6} ḳalmayacaḳ olur ise gāvurlarıñ bir ḳat daẖi ġaleyānını mūcib ve pek uyġunsuz olacaġı ve bu cihetle nihāyet Aḳdeñiz'de {7} līmān olmadıġı taḳdīrde daẖi bārī Boġaz'da mümkin miḳdārı sefāyin ḳışladılmaḳ lāzım geleceği emr-i ġayr-ı mevhūm ise de {8} bu ṣūret cenāb-ı müşīrīleriyle Donanma-yı Hümāyūn ricāliniñ re'y ü tedbīr idecekleri mevāddan ve bu cihetle ẕāt-ı saʿādetleri {9} taʿmīre muḥtāc sefāyin-i hümāyūnı bi'l-istiṣḥāb Dersaʿādet'e gelüb bu ṭarafda bu ẖuṣūṣlar şifāhen müẕākere ve ḳarār virilmek {10} iḳtiżā-yı maṣlaḥatdan idüği bedīhiyyātdan olaraḳ muḳaddemā inhā[-yı] düstūrīlerine mebnī ber-vech-i muḥarrer tanẓīm olunan fırḳatalarıñ {11} ḳūmānyaları tamāmen tehyi'e ve neferātı vażʿ olunub yüz elli biñ ġurūşa ḳarīb ʿulūfeleri daẖi virilerek ḥāżırlanmış {12} oldıġından meştā içün işāret buyurılan sefāyini taʿyīn ideceğiñiz başbuġ ile muḫāṭaradan sālim olacaḳ {13} vechile Boġaz'da terk ve tevḳīf ve meẕkūr fırḳataları tīz elden Boġaz'a gönderilmek mi istersiñiz, ol bābda re'y {14} ü tedbīrleri ne vechile ise evvel be evvel li-ecli'l-icrā bu ṭarafa işʿār-birle ẕāt-ı saʿādetleri her bir ẖuṣūṣı şifāhen {15} müẕākere itmek üzere ḳuṣūr taʿmīre muḥtāc süfün-i hümāyūnı bi'l-istiṣḥāb bir ān aḳdem Dersaʿādet'e ʿavdet eylemeleri tensīb {16} ol[un]muş ve irāde-i hümāyūn-ı şāhāne daẖi bu merkezde dā'ir olmuş olmaġla hemān ẕāt-ı saʿādetleri ber-vech-i muḥarrer {17} keyfiyyeti işʿār ve meştāya bıraġılacaḳ sefāyini münāsib başbuġ ile Boġaz'da tevḳīf iderek ḳuṣūr taʿmīre muḥtāc sefāyini {18} bi'l-istiṣḥāb Dersaʿādet'e ʿavdet ve bir ān aḳdem vuṣūle müsāraʿat buyurmaları siyāḳında ḳā'ime. Fī 19 Ra 39

[*1713/151*] ***Rumili vālīsine***

{1} Saʿādetlü Adana ve Ḥaleb vālīleri ḥażerātınıñ külliyyetlü ʿasker ile Mora maṣlaḥatına me'mūriyyetleri muḳaddem işʿār buyurılub {2} müşārun-ileyhimā mesāfe-i baʿīdede bulunaraḳ Mora üzerine me'mūriyyetleri lāzım gelse maḥallerinden ḳalḳub varmaları {3} vaḳte muḥtāc olacaġı cihetiyle evvelbahār tertībi dimek olacaġından evvelbahār tertībātı bundan böyle eṭrāfıyla mülāḥaẓa {4} ve müṭāla'a olunaraḳ icrāsına baḳılacaġı bundan aḳdem cevāben gönderilan taḥrīrāt-ı ḫāliṣānemizde teẕkār ḳılınmış {5} ise de ol ḥavālīniñ mevsim-i ṣayfi tīz ḥulūl iderek havālara şiddet-i germiyyet geldiği gibi vaḫāmetinden 'askere {6} ḫastalık ve perīşānlıḳ 'ārıż olmaḳda oldıġına mebnī bi-mennihī Ta'ālā Receb-i Şerīf'de Yeñişehir'de mevcūd {7} bulunmaḳ üzere müşārun-ileyhimānıñ şimdiden me'mūriyyetleri mütevaḳḳıf-ı irāde-i seniyye oldıġı ifāde ve ifādāt-ı {8} sā'ireyi ḥāvī resīde-i dest-i vürūd olan taḥrīrāt-ı şerīfeleri mezāyāsı ma'lūm-ı ḫāliṣānemiz oldıġından {9} ġayrı ḥużūr-ı hümāyūn-ı şāhāneye daḫi 'arż ile meşmūl-ı naẓar-ı mekārim-es̱er-i cenāb-ı ḫilāfet-penāhī buyurulmuşdur. {10} Müşārun-ileyhimā ol cānibe me'mūriyyetleri evvel ü āḫir ṭaraf-ı ser'askerīlerinde āverde-i zebān-ı ḫāme-i iş'ār buyurılub {11} ancaḳ evvel-emrde müşārun-ileyh Adana Vālīsi Celāl Paşa şimdiye dek me'mūr oldıġı maḥallerde ḥüsn-i ḫidmete {12} muvaffaḳ olamayaraḳ şöhreti ẕātına ġālib ve müşārun-ileyh Ḥaleb vālīsi Muṣṭafā Paşa'dan aña nisbetle işe yaramaḳ {13} me'mūl ise [de] bunlarıñ ikisi mesāfe-i ba'īdede olaraḳ gerek şimdi ve gerek bundan böyle her ne vaḳt me'mūr {14} ḳılınmaları lāzım gelse maḥallerinden 'asker ṭoplayub Rumili'ye mürūr ve Yeñişehir'e vuṣūlleri ḫaylī vaḳte muḥtāc ve bilḫuṣūṣ {15} Mora üzerinde tekes̱s̱ür-i vüzerā teşettüt-i idāreden ġayrı bir fā'ide[yi] müntic olmadıġı bi't-tecrübe ma'lūm ü mütebeyyin {16} oldıġı vāreste-i ḳayd [ü] iḥticāc oldıġından mā'adā bunlarıñ getürecekleri Anāḏolī 'askeriniñ ma'lūm ü mücerreb olan {17} ḥāl ü mişvārlarına naẓaran yorġın arġın Rumili'ye geçer geçmez müteferriḳ ü perīşān olacaḳları cihetden şu Mora {18} maṣlaḥatında gerek Anāḏolī ve gerek sā'ir ḥavālī 'askerleri işe yaramayaraḳ bu cihetlerle müşārun-ileyhimānıñ me'mūriyyetleri {19} uyġun görünmeyüb bu işi yine Arnavudlara gördürmekden ġayrı çāre ve tedbīr ḫāṭıra gelmeyerek bu daḫi {20} ḥüsn-i i'māl ve tedbīre ve ez-cümle ne yapılur ise yapılub şu Arnavud paşalarını celb ü istimāletiñ çāre[si] bulunmaġa {21} mütevaḳḳıf olaraḳ işi bunlara gördürmekden aḥsen ṣūret olmadıġı bu ṭarafda lāyiḥ-i ez̠hān olub fi'l-ḥaḳīḳa {22} ẕihn-i müşīrīleri tebādür idenlere böyle midir ve Rumili'de manṣıb mutaṣarrıfı olub ḥasbe'l-civār tenkīl-i eşḳıyāya {23} me'mūr vüzerādan başḳa Anāḏolī ṭarafından Rumili'ye vüzerā imrārı teşettüt-i idā[re]yi müstelzim olageldiği tecrübe ol[un]dıġına naẓaran {24} beyhūde tekellüfi mūcib görineġor [?]. Bu ṣūretlerden başḳa mutlaḳā şu ġā'ileniñ müddet-i ḳalīleden [?] indifā'ı ḥāṣıl {25} olacaḳ başḳa tedbīr ne vechiledir, cenāb-ı müşīrīleri maṣlaḥatıñ me'mūr-ı müstaḳilli ve aḳṭār-ı Rumili'niñ bi'l-istiḳlāl {26} ser'asker-i ẓafer-rehberi olduḳlarından her bir tertīb ve tedābīrde ne yapmaḳ ve ne vechile ḏavranmaḳ lāzım ü muḳteżī ise öylece icrā {27} ve istiḥṣāline ḳıyām ü iḳdām eylemeleri lāzımeden ve muḳteżā-yı irāde-i seniyyeden olub Rumili ve Arnavudluḳ'dan olacaḳ {28} evvelbahār tertībātına dā'ir bu ṭarafdan istīẕān idecekleri ve evāmir-i 'aliyye maṭlūb eyleyecekleri ḫuṣūṣāt her ne ise {29} bu cānibe taḥrīr ü inhā buyuruldukça hemān muḳteżāları icrāsına baḳılacağı maʿlūm-ı müşīrīleri buyurulduḳda ḫuṭūb-ı mevkūle-i serʿaskerīleriniñ {30} ḥüsn-i tensīḳ ü temşiyetiyle icrā-yı levāzım-ı meʾmūriyyet ve ibrāz-ı meʾās̱ir-i merdī ve şecāʿate naṣb-ı nefs-i iḳdām ü ġayret buyuraraḳ nigāşte-i ṣaḥāyif-i ās̱ār {31} ve ilā-āḫiriʾl-edvār elsine-zīb-i ṣıġār ü kibār olacaḳ ḫidemāt-ı bergüzīde iẓhārına himmet buyurmaları vābeste-i dirāyetleri oldığı beyānıyla ḳāʾime. Fī 23 Ra 39

[*1713/158*] ***Rumili vālīsine***
{1} Saʿādetlü Mıṣır vālīsi ḥażretleri ṭarafından Girīd cezīresine meʾmūr ʿasākir-i Mıṣriyye başbuġı Serçeşme Ḥasan Beğ Ḳandiyeʾye ledeʾl-vürūd cezīre-i {2} merḳūmeniñ eks̱er nevāḥīsini geşt ü güẕār ve rāst geldiği ʿuṣāt-ı kefereyi ḳahr ü istīṣāl eyleyerek dört yüz çift ḳulaḳ {3} ve üç biñ reʾs esīr almış ve ẕikr olunan ḳulaḳları müşārun[-ileyh] ṭarafına irsāl ile ḳar ḳış ve ḍaġ ve ṭaş dimeyüb {4} mecmaʿ-ı küffār olan maḥalleri başaraḳ ḳahr ü tedmīrlerine beẕl-i maḳdūr ideceğini başbuġ-ı mūmā-ileyh ṣavb-ı müşārun-ileyhe yazmış {5} oldığından müşārun-ileyh daḫi ẕikr olunan ḳulaḳları Dersaʿādetʾe tesyār ile şu mevsim-i şitā mürūr itmeksizin ʿuṣāt-ı kefereniñ {6} mesken [ü] meʾvāları ne maḥaller ise başılaraḳ ʿiṣyān ü şeḳāvetde ıṣrār idenleri tedmīr [ve] iʿdām ve istīmān idenlere iʿṭā-yı {7} reʾy ve amān olunaraḳ ḥüsn-i itmām-ı ġāʾileye ṣarf-ı ihtimām eylemesi teʾkīdātını mübeyyin buyuruldı ile ḫaftāncısı[nı] cezīre-i {8} merḳūmeye iʿzām ü tesyār eylediği beyānıyla yaz gelmeksizin ʿuṣāt-ı mesfūreniñ maḳarr ü meskenleri olan maḥaller biʾl-cümle {9} başılub ḳahr ü tedmīr ve ele geçenleri esīr olunaraḳ ḳuṣūr istīmān idenlere daḫi amān virilüb Girīd ġāʾilesiniñ {10} bu ḳış bitürülmesi meʾmūl idüğüni bu defʿa Mıṣır vālīsi müşārun-ileyh bā-taḥrīrāt işʿār itmiş ve ẕāt-ı serʿaskerīleriniñ bundan aḳdemce {11} tevārüd itmiş olan taḥrīrāt-ı şerīfelerinde ḫaṭb-ı cesīm-i sipehdārīye meʾmūriyyetlerinden berü ʿārıża-i inḥirāf-ı mizāc lāyıḳıyla ḥüsn-i {12} tensīḳ-i umūr-ı mevkūlelerine ḥaylūlet itmiş ise de bugünlerde vücūd-ı saʿādetlerinde ān-be-ān ās̱ār-ı bürʾ {12} ü ṣıḥḥat nümāyān olub ẕāt-ı saʿādetleri ise tenperverān-ı zamān mis̱illü ḳar ḳış ve çamur ve yağaş deyu ifāte-i {14} vaḳt ve itlāf-ı fırṣata rāḥat ü ḥuẓūrı tercīḥ ider maḳūleden olmadıḳlarından ġayrı ḥaḳḳaʾl-inṣāf iş görecek {15} vaḳt tamām ḳış mevsimi olaraḳ ʿuṣāt-ı reʿāyā evlād ü ʿiyāl ve aḥmāl ü eṡḳālleriyle ḳaçırmaġa reh-yāb olmaḳsızın {16} bī-vaḳt min-ġayr-ı meʾmūl baġteten üzerlerine hücūm ü iḳtiḥām olunduḳda eks̱eri ṭuʿme-i şīr-i şimşīr olub baḳiyyesi ṭālib-i {17} reʾy ve amān olacaḳları beyānıyla işbu tedābīr-i ḫayriyyelerini ḳuvvetden fiʿile iḫrāc üzere olduḳları ifādātı {18} muḥarrer ü mesṭūr olaraḳ cenāb-ı serʿaskerīleriniñ işbu işʿārātıyla Mıṣır vālīsi müşārun-ileyhiñ vāḳiʿ olan tedbīr {19} ve ifādātı beyninde muvāfaḳat ẓuhūruyla Girīd ṭarafında olan fütūḥāt daḫi tedbīr-i meẕkūruñ reʾy-i ṣavāb idüğüni is̱bāt {20} eylemiş ve inşāʾallāhüʾr-Raḥmān

ẕāt-ı saʿādetleri daḫi ol vechile ḥarekete himmet buyurduḳlarında ʿuṣāt-ı eşḳıyā meʾmūlleri olmayan {21} vaḳtde ṣavlet-i İslāmiyye'yi bi'l-müşāhede işbu ġāʾileniñ hemān bu ḳış rehīn-i ḥüsn-i ḫitām olmasına muvaffaḳ olmaları elṭāf-ı {22} İlāhiyye'den istidʿā olunmuş olaraḳ bi'l-cümle Mora meʾmūrları ve uṣūl-i ḫayriyyet-mevṣūli cenāb-ı serʿaskerīleri misillü {23} iltizām-birle mevsim-i şitāya baḳmayub ve belki bu mevsimi tamām iş görecek ve gāvurlardan aḫẕ-ı intiḳām idecek {24} vaḳt bilüb ṭaraf ṭaraf hücūm ü iḳtiḥāma derkār olmaları tamām ḥiyel-i ḥarbiyye ve farīża-i ḥāliyeden olaraḳ irāde-i seniyye-i {25} pādişāhī daḫi bu uṣūli ḥāvī oldığından bu bābda şeref-sünūḥ iden irāde-i seniyye-i şāhāne mūcebince cenāb-ı müşīrīlerine {26} ve meʾmūrīn-i sāʾireye ḫiṭāben iḳtiżāsına göre evāmir-i ʿaliyye daḫi ıṣdār ve tesyār olunmağla ẕāt-ı besālet-simāt-ı serʿaskerīleri {27} şecāʿat ü ḥamiyyet-i ẕātiyyeleri iḳtiżāsı ve vāḳiʿ olan taḥrīr ü işʿārları muḳteżāsı ve sünūḥ iden emr ü fermān-ı hümāyūn-ı ḥażret-i {28} ẓıllullāhī manṭūḳ ü mübteġāsı üzere ḳar ḳış ve çamur ve yağaşa baḳmayub hemān ḳış mevsiminde göz açdırmaḳsızın {29} şu gāvurlarıñ ḳahr ü tedmīri żımnında ṭaraf ṭaraf hücūm ü iḳtiḥām iderek ḫidemāt-ı külliyye ibrāzına ve ol vechile ḫuṭūb-ı {30} mevkūle-i serʿaskerīlerini ḥüsn-i tensīḳ ü temşiyete ve bu ṣūretle nām-āver olaraḳ ās̱ār-ı bergüzīdelerin mes̱būt-ı ṣaḥāyif-i {31} rūzigār itmekliğe ṣarf-ı mā-ḥaṣal-i liyāḳat ve her ḥālde ibrāz-ı meʾās̱ir-i ṣavlet ü şecāʿate himmet buyurmaları siyāḳında ḳāʾime. Fī 29 Ra 39

[*1713/161*] ***Rumili vālīsine***

{1} Mora cezīresinde vāḳiʿ Gördūs ḳalʿasında olan yüz ḳadar ricāl ve nisvān ve ṣıbyān ve beş yüz miḳdārı ʿaskerī {2} ṭaḳımı ẕaḫīresizlikden mużṭar olaraḳ ḳalʿa-i merḳūmeyi ṭop ve cebeḫāne-i mevcūdesiyle terk ve nā-çār vire ile çıḳub {3} iki ḳıṭʿa sefīneye rākib olmuş olduḳlarından ẕikr olunan sefīneleriñ biri giçen Rebīʿulevvelī'niñ yiğirminci güni Selānīk sevāḥilinde {4} vāḳiʿ Ayātmī [?] līmānına yanaşub müteveffā Ḥācī Ebūbekir Paşa tüfenkçibaşısı olub bir seneden berü ḳalʿa-i merḳūmede olan {5} Ḫalīl Biñbaşı maʿiyyetiyle iki yüz nefer ʿasker ve ḏoḳsan ḳadar ahālī çıḳmış olduḳları ve dīger sefīneniñ daḫi (75) bugünlerde vürūdı melḥūẓ oldığı bu defʿa saʿādetlü Selānīk mutaṣarrıfı ḥażretleri ṭarafından inhā ve iḫbār olunub {2} muḳaddemā tevārüd iden taḥrīrāt-ı müşīrīleriniñ birinde ḳalʿa-i merḳūmeniñ müżāyaḳası oldığı Sīrozī Yūsuf Paşa {3} ḥażretleri cānibinden inhā olunmuş idüği ve imdād ü iʿānetiñ çāresini cüst-cūda olduḳları muḥarrer ve bu ḫuṣūṣ [?] {4} ol es̱nāda saʿādetlü Ḳapūdān paşa ḥażretleri ṭarafından gelan taḥrīrātda daḫi mesṭūr oldığından Bālyabādra'da {5} bıraġılan Donanma-yı Hümāyūn Başbuġı Ḫalīl Beğ'e taḥrīr ü tenbīh ile ʿalā-eyyi-ḥāl ḳalʿa-i merḳūmeye ẕaḫīre irişdirilmeniñ çāresine {6} baḳmañız ve mümkin olur ise Rumili'den biñ nefer miḳdārı ʿasker irsāliyle daḫi imdād ü muʿāvenet eylemeñiz ṭaraf-ı müşīrīlerine ṣavb-ı {7} ḫāliṣānemizden yazılmış ve cenāb-ı saʿādetleri daḫi iḳtiżā-yı keyfiyyeti başbuġ-ı mūmā-ileyhe yazub biñ nefer ʿasker {8} irsāliniñ daḫi çāresini düşünmekde olduḳları cevāb-nāme-i vāridelerinde taḥrīr ü beyān olunmuş idi. Gāvurlarıñ {9} ümmet-i Muḥammed ʿaleyhine derkār olan sūʾ-i ḳaṣd ve ihānetleri şöylece olmayub mürtekib olduḳları ḫıyānet ü melʿanetde cānlarını {10} gözlerine alub ellerinden gelan ḫabāṣet ü leʾāmeti icrāda muṣır olduḳlarından ve biʾd-defaʿāt ṣavb-ı serʿaskerīlerine {11} yazıldığı vechile iki-üç seneden berü ṭaraf-ı Devlet-i ʿAliyyeʾden bu ḳadar aḳçe ṣarfıyla bunca iḳdām ü himmet olunmuş iken şimdiye ḳadar {12} meʾmūrlar bir ṭarafda bir iş görmediklerinden fażla elde bulunan maḥalleriñ imdād ve muḥāfaẓasına bile muḳtedir olamayaraḳ {13} küffāra virmeleri ḥavṣala-i ḥamiyyete ṣığar şey olmadığından ve bu keyfiyyet gāvurlarıñ yeñi başdan şımarmalarını müstelzim {14} olaraḳ sāʾir maḥallere daḫi hücūm ü istīlā dāʿiye-i fāsidesinde olacaḳları nümāyān idüğünden ve bu mādde āḫar şeyʾe {15} beñzemeyüb dīn ġavġāsı olaraḳ diyānet ü ḥamiyyetden ẕerrece behresi olanlara ḍurub oturacaḳ vaḳt olmayub {16} ḥāṣılı bundan böyle "geldi, gitdi" laḳırdılarıyla vaḳt geçürmeniñ ṣırası ṣavışub hemān cümle meʾmūrlar ittifāḳ {17} ü ġayret iderek Mora üzerine hücūm ü iḳtiḥāma dāʾir müteşebbiṣ olduḳları tedābīr ne ise bir ān aḳdem ḳuvveden fiʿile iḫrācıyla {18} ʿavn ü ʿināyet-i Ḥażret-i Rabb-i Müsteʿānʾa tevessülen iş görmekliğe beẕl-i vüsʿ ü maḳderet olunmaḳ lāzımeden ve muḳteżā-yı {19} irāde-i seniyye-i şāhāneden olmağla mecbūl olduḳları ġayret ü şecāʿat ve diyānet ü ḥamiyyet iḳtiżāsı ve meʾmūriyyet-i {20} müstaḳille-i serʿaskerīleri īcāb ü mübteġāsı üzere baʿd-ez-īn "şu olmadı, böyle gitdi" laḳırdılarıyla vaḳt geçürmeniñ {21} ṣıraları ṣavışub hemān cümle ile biʾl-ittifāḳ Mora üzerine hücūm ü iḳtiḥām iderek saṭvet-i bāhire-i {22} İslāmiyyeʾniñ irāʾesiyle şu küffār-ı bed-tebārdan aḫẕ-ı ṣārı müstelzim ḥālāt ne ise ol ṣūretiñ istiḥṣāl {23} ü istikmāline teşmīr-i bāzū-yı iḳdām ü himmet olunmaḳ ẕātlarından meʾmūl ü maṭlūb idüğüni bilüb aña göre şu ġāʾileniñ {24} bir ān evvel indifāʿı esbāb [ü] vesāʾiliniñ istiḥṣāline müsāraʿat buyurmaları siyāḳında ḳāʾime. Fī 2 R 39

[*1713/179*] ***Rumili vālīsine***
{1} Yānya Mutaṣarrıfı ʿÖmer Paşa ḥażretleri ṭarafından bu defʿa tevārüd iden taḥrīrāt meʾālinde Mesolenk üzerinde olan {2} İskenderiye Mutaṣarrıfı saʿādetlü Muṣṭafā Paşa ḥażretleri ile biʾl-ittifāḳ Andalīḳozʾuñ żabṭ ü tesḫīrine iḳdām itmişler iken {3} gūyā müşārun-ileyh Muṣṭafā Paşaʾnıñ ʿaskeri şitā ve yağmur bahānesiyle ıṣrāra ibtidār eylediklerinden ol ṭarafda olan {4} süfün-i hümāyūndan aldıḳları ṭop ve hāvanları girü donanma ṭarafına virerek ordusunı ḳaldırub Nārda cānibine {5} ʿavdet itmiş ve kendüsi daḫi nā-çār muvāfaḳat-birle Preveze yolunı ṭutmuş oldığı muḥarrer ü meẕkūr ise de bu

ḫuṣūṣa {6} dāʾir şimdiye ḳadar ṭaraf-ı serʿaskerīlerinden Ağrafa ve Kerpeniş ve Bādracıḳ ve ḥavālīsi gāvurlarını müşārun-ileyhiñ bu vechile {7} ʿavdeti cihetiyle ʿuṣāt-ı sāʾire yeñi başdan taḥrīk iderek bir ḳat daḫi nāʾire-i ʿutüvv ü ʿişyānı işʿāl itmeleri {8} iḥtimāli ḫāṭır-ḫırāş-ı muḫliṣ-i ḫayr-endīşleri olacağından fażla muḳaddem ve muʾaḫḫar güẕāriş-peẕīr-i ḫāme-i işʿār buyurulmuş {9} olan ārā-yı sipehdārīleriniñ icrāsına ne vechile teşebbüs̱ ol[un]dığına dāʾir bu ṭarafda bir gūne maʿlūmāt daḫi olmadığından {10} bu daḫi başḳaca bir fikr [ü] endīş olaraḳ müşārun-ileyh Muṣṭafā Paşa'nıñ bu vechile ʿavdet eylemesi Bālyabādra {11} ṭarafında olan saʿādetlü Yūsuf Paşa'nıñ ve maʿiyyetinde bulunan cünūd-ı muvaḥḥidīniñ daḫi yeʾs ü fütūrlarını (81) müstelzim olacağı ṣūret-i ḥālden nümāyān oldığından müşārun-ileyhiñ ol vechile girü ʿavdetinden bir gūne şuʾūn [?] ve ġayretlerine {2} fütūr getürmeyüb her ḥālde merdāne ve dilīrāne s̱ebāt-birle mübālāt-ı dīniyyeyi iẓhār ü is̱bāt eylemesi bu defʿa {3} ṣavb-ı muḫliṣīden müşārun-ileyh Yūsuf Paşa ḥażretlerine iḳtiżāsına göre yazılmış olub ancaḳ sālifü'l-beyān {4} Ağrafa ve Kerpeniş ve Bādracıḳ ve sāʾir ol ḥavālī reʿāyāsı yeñi başdan bir ġāʾile çıḳarırlar ise netīcesi düşvār {5} ve bu keyfiyyetler mücerred meʾmūrīniñ beṭāʾet-birle işbu emr-i ehemm-i dīnde üzerlerine farż olan ḫidemātı lāyıḳıyla {6} görmeğe saʿy itmamelerinden īcāb ideceği āşikār olub her ne ise ẕāt-ı dirāyet-simāt-ı düstūrīleriniñ {7} bilüb düşüneceği mādde oldığından [?] bu bābda ve her ḥālde reʾy ü tedbīr-i serʿaskerīleri ne ise icrā ile keyfiyyeti {8} serīʿan işʿār eylemeleri lāzımeden olmağla muḳteżā-yı dirāyet ü ḥaṣāfet-i müşīrīleri üzere müşārun-ileyh Muṣṭafā {9} Paşa'nıñ ʿavdeti māddesinde ve Bālyabādra ṭarafınıñ ḥüsn-i muḥāfaẓası emrinde maʿlūmāt ve tedābīr-i sipehdārīleri {10} nedir ve muḳaddem işʿār buyurılan tedābīr-i müşīrīleri icrāsına ne vechile teşebbüs̱ olunmuşdur ve Mesolenk'e ḳadar elde olan {11} maḥālliñ muḥāfaẓası ṣūreti ne vechile olmuşdur, serīʿan ve īżāḥan işʿār-birle her ḥālde īfā-yı levāzım-ı reviyyet-kārī {12} ve feṭānete mübāderet buyurmaları siyāḳında ḳāʾime. Fī 15 R 39

[*1713/180*] *Sīrozī Yūsuf Paşa'ya*

{1} Yānya Mutaṣarrıfı saʿādetlü ʿÖmer Paşa ḥażretleri ṭarafından {2} bu defʿa tevārüd iden taḥrīrāt meʾālinde Mesolenk üzerinde {3} olan İskenderiye Mutaṣarrıfı saʿādetlü Muṣṭafā Paşa {4} ḥażretleriyle bi'l-ittifāḳ Andalīḳoz'uñ żabṭ ü tesḫīrine {5} iḳdām itmişler iken gūyā müşārun-ileyh Muṣṭafā Paşa'nıñ {6} ʿaskeri şitā ve yağmur bahānesiyle ışrāra ibtidār {7} eylediklerinden ol ṭarafda olan süfün-i hümāyūndan aldıḳları {8} ṭop ve hāvanları girü Donanma-yı Hümāyūn'a teslīm {9} iderek ordusunı ḳaldırub Nārda cānibine ʿavdet {10} itmiş ve kendüsi daḫi nā-çār muvāfaḳat-birle {11} Preveze yolunı ṭutmuş oldığı muḥarrer ü mezkūr {12} olub müşārun-ileyh Muṣṭafā Paşa Mora gāvurlarınıñ

{13} gūyā didikleri metānete mağrūr olduḳları Mesolenk {14} ve Andalīḳoz'uñ berren ve baḥren ḥaṣr ü tażyīḳiyle tesḫīrine {15} mübāşeret iderek īfā-yı şerāyiṭ-i me'mūriyyete {16} iʿtinā itmiş iken bu vechile bir iş görmeksizin {17} gāvurlara ḳarşu ḳurdığı destgāhını {18} bozaraḳ ḫodbeḫod bilā-istīẕān ḳalḳub {19} gitmesi bādī-i taʿaccüb bir mādde olub ẕāt-ı dirāyet- {20} -simāt-ı düstūrīleriniñ ise ol ṭarafda {21} adamları bulunmaḳ ve müşārun-ileyhiñ bu vechile ḥareket {22} ve girü ʿavdeti sebebine ıṭṭılāʿ-i müşīrīleri {23} derkār olmaḳ melḥūẓ oldığına bināʾen şimdiye ḳadar {24} ṭaraf-ı saʿādetlerinden bu māddeye dāʾir bir gūne taḥrīrāt {25} vürūd eylemamesi daḫi müstelzim-i ḥayret oluyor. {26} Maʿa-hāẕā ẕāt-ı ġayret-simāt-ı düstūrīleri diyānet {27} ü ḥamiyyet ve ḫānedānlıḳ ve ṣadāḳat meʾāṡirini iṡbāt iderek {28} bidāyet-i fesāddan berü Mora derūnunda bulunmuş ve ʿuṣāt-ı {29} kefere-i fecere ile bunca muḥārebe ve cihādları vāḳiʿ olaraḳ {30} dört ʿaded ḳılāʿ-i ḥaṣīniñ emr-i muḥāfaẓasına cānsipārāne {31} ve dilīrāne ġayret eylemiş saʿy ve ṣadāḳati meşkūr ve memdūḥ {32} vüzerā-yı ʿiẓāmdan iken bi-ḥikmetillāhi Taʿālā temādī-i fesād {33} ve ʿadem-i muvāfaḳat ü ittiḥād cihetiyle şimdiye ḳadar bu iş {34} görilemeyerek bu defʿa daḫi müşārun-ileyh Muṣṭafā Paşa'nıñ {35} ol ṣūretle ḫodbeḫod ʿavdeti cenāb-ı şerīfiñize bir neviʿ {36} yeʾs ü fütūrı īrāṡ iderek bu ḳadar zamān çekdikleri {37} zaḥmet ve emr-i muḥāfaẓaya ṣarf eyledikleri emek hebā {38} olur mülāḥaẓası ḍoğrısı muḥibbiñize bir ḫāṭıra olmuşdur. {39} Ḫulūṣ-verleri mesned-i muʿallā-yı Ṣadāret-i ʿUẓmā'ya ṣuʿūdumuzda {40} bā-ʿavn ü ʿināyet-i Ḥażret-i Müsehhilü's-Ṣaʿāb ve imdād-ı {41} rūḥāniyyet-i cenāb-ı ḥabīb-i Fātiḥü'l-Ebvāb işbu meṣāliḥ-i {42} dīniyyede her vechile me'mūriyyete suhūleti īcāb ider {43} vesāʾiliñ ikmāline ve billāhi't-tevfīḳ iʿtinā ve mübāşeret olunmuş {44} ve ẕāt-ı şerīfiñiziñ tevārüd iden taḥrīrātlarında müraḳḳam mevāddıñ {45} daḫi iḳtiżāsı icrāsına teşebbüṡ ḳılınmış olaraḳ {46} inşā['allāhü]'r-Raḥmān her bir ḫuṣūṣda bu ṭarafdan lāzım gelan {47} iḳdāmātıñ icrāsında ifāte-i vaḳt olunmayacağı miṡillü {48} mecmūʿ-ı me'mūrīn bu bābda ṣūret-i me'mūriyyetleri dīn ġavġāsı {49} oldığını derpīş eyleyerek īcāb-ı diyānete tevāfuḳ {50} idecek ṣūretle ṡebāt eylemeleri ʿuhde-i ġayret ü ḥamiyyetlerine {51} vābeste idüği āşikār olub ẕāt-ı düstūrīleriniñ ne vechile {52} īrād-ı ḥüsn-i ḫidmete sāʿī olduḳları ve ne ṣūretle bu āna ḳadar {53} ol ṭarafda ṡebāt ü ġayret eyledikleri mū-be-mū nezd-i muḫliṣīde maʿlūm {54} ve inşāʾallāhü Taʿālā işbu saʿy ve ṣadāḳatiñ iki cihānda {55} envāʿ-ı mükāfātını müşāhede buyuracaḳları **(82a)** emr-i ġayr-ı mevhūm olmağla {2} göreyim cenāb-ı şerīfiñizi, müşārun-ileyh {3} Muṣṭafā Paşa'nıñ ol vechile ʿavdetinden ḳaṭʿan {4} kendüñüzde mevcūd olan cünūd-ı muvaḥḥidīne fütūr ü yeʾs {5} getürmeyerek hemān şerāyiṭ-i diyānet [ü] ḥamiyyetden olan {6} ṡebātı icrā ve emr-i muḥāfaẓanıñ evvelkiden ziyāde icrāsına {7} saʿy ü iʿtinā-birle şevket-i İslāmiyye'niñ icrāsına {8} ve müşārun-ileyhiñ ʿavdeti sebebiniñ bu ṭarafa işʿārına {9} himmet buyurmaları siyāḳında ḳāʾime. Fī 15 R 39

[*1713/182*] *Rodos Mutaṣarrıfı Ḳapucıbaşı Şükrī Beğ'e*

{1} Çamlıca ve Ṣulıca ve Ībṣāra gāvurlarınıñ Īnöz ve ḥavālīsiyle İstānköy ve Rodos cezīreleri ve Ḳuşadası {2} ve sāʾir Anādolī sevāḥiline tasalluṭ niyyet-i fāsidesinde olduḳlarına ve sāʾire dāʾir istiḫbār olunan ḥavādiṣātı mübeyyin {3} tevārüd iden maʿrūżātıñ manẓūr ü meʾāl ve mezāyāları maʿlūmumuz oldığından ġayrı ḥużūr-ı hümāyūn-ı ḥażret-i cihān-dārīye {4} daḫi ʿarż ile meşmūl-ı naẓar-ı iksīr-eṣer-i cenāb-ı pādişāhī buyurulmuşdur. Vāḳiʿ olan mesmūʿātıñ ḥavādiṣ ḳabīlinden {5} olaraḳ ṣıdḳ ü kiẕb iḥtimāli derkār ise de bu gāvurlarıñ şimdiye dek ehl-i İslām ʿaleyhine irtikāb {6} itmedikleri ihānet ü melʿanet ḳalmadığından bunlarıñ mekr ü mekīdetlerinden bir ān ġaflet cāʾiz olmayub dāʾimen ve müstemirren {7} müteyaḳḳıẓ ü āgāh bulunmaḳ cümleye farīżadan ve levāzım-ı iḥtiyāṭiyyeden ve seniñ istirāḳ itmiş oldığıñ işbu ḥavādiṣ {8} miṣillü gūyā Rodos'uñ ḥīn-i fetḥinde Mālṭa'ya ḳaçmış olan gāvurlar bu vaḳti mevsim-i fırṣat bilerek {9} biraz aḳçe cemʿi ve sefāyin tedārüküyle vaṭan-ı aṣlīlerini ehl-i İslām yedinden almaḳ fikr-i bāṭılında olduḳlarına dāʾir Rodos {10} ḥaḳḳında baʿżı ḥavādiṣ rivāyet olunub bunlar her ne ḳadar mesmūʿāt ü ḥavādiṣ nevʿinden ʿadd olunsa daḫi {11} şimdiki ḥālden ziyāde şerāyiṭ-i ḥazm ü iḥtiyāṭa riʿāyet farīża-i ḥāl ü maṣlaḥatdan oldığına bināʾen cezīre-i Rodos'uñ {12} kemā-hiye-ḥaḳḳuhā taḳviyetine baḳılmaḳ ve mekr-i ağyārdan bir ān ġāfil bulunmayub dāʾimā şerāyiṭ-i tabaṣṣur ü āgāhīye riʿāyet olunmaḳ {13} farż-ı ʿayn olmağın cezīre-i mezbūre içün muḳaddem Rumili'den tāmmü'l-ʿaded beş yüz nefer ʿulūfelü ʿasker celb {14} ü tedārük ve emr-i muḥāfaẓada istiḫdām olunmaḳ üzere īcāb iden aylıḳları bundan aḳdem Teke ve Ḥamīd ve Menteşā {15} sancaḳlarından tertīb olunmuş ve keyfiyyet ṭarafıña yazılmış oldığından ʿasākir-i merḳūme cezīre-i meẕkūreye şimdiye dek {16} celb olunmamışlar ise ʿicāleten cemʿ ve tedārük olunaraḳ lāyıḳıyla emr-i muḥāfaẓayı ikmāl ve şerāyiṭ-i taḥaffuẓīyi {17} ber-vefḳ-i murād istiḥṣāl żımnında bu ṭarafa mürācaʿat olunaraḳ bir gūne tedbīr var ise serīʿan işʿār eylemañ lāzımeden (82) ve iḳtiżā-yı meʾmūriyyetiñden olmağla cezīre-i mezbūre içün tedārük ideceğiñ beş yüz nefer henüz celb olunmamış {2} ise bir ān aḳdemce tedārük ve emr-i muḥāfaẓada istiḫdāmlarıyla cezīre-i mezbūreniñ keyd ü gezend-i düşmenden maṣūn {3} olacaḳ vechile taḳviyet ü taḥkīmine diḳḳat [ve] mekr ü mekīdet-i ağyārdan bir ān ve bir daḳīḳa ġāfil bulunmayub ve gice ve gündüz {4} dimeyüb dāʾimen ve müstemirren çigūnegī-i ḥāl ü ḥareketlerini taḥḳīḳ-birle ʿale'd-devām müteyaḳḳıẓ ü āgāh bulunmağa ġayret, ve'l-ḥāṣıl {5} Rodos cezīresiniñ muḥāfaẓası seniñ ʿuhdeñe muḥavvel oldığından aña göre her ḥālde īfā-yı levāzım-ı kār-āgāhī {6} ve reviyyete ṣarf-ı mā-ḥaṣal-i liyāḳat eylemañ içün ḳā'ime. Fī 16 R 39

[*1713/184*] ***İstānköy, Limnī, İzmīr, Sāḳız, Ḳuşadası muḥāfızlarına; Midillū nāẓırına, Menteşā mütesellimine, Bālīkesir mütesellimine, Edremīd ve Ayāzmend voyvodalarına***

{1} Ībṣāra cezīresinde bulunan eşḳıyā tecemmuʿ iderek bi'l-ittifāḳ Selānīk yāḫūd İzmīr ṭaraflarına geçüb icrā-yı {2} melʿanet fikr-i fāsidinde olduḳları ḥavādiṣi cihetiyle her ḥālde esbāb-ı muḥāfaẓanıñ istiḥṣāliyle dā'imā mütebaṣṣır bulunmaları {3} selefimiz ḥażretleri cānibinden ṭaraf-ı saʿādetlerine işʿār olunmuş imiş. Bu defʿa daḫi Rodos Mutaṣarrıfı Şükrī Beğ ṭarafından tevārüd iden {4} taḥrīrātda Çamlıca ʿuṣātı techīz idecekleri tekneleriyle Īnöz ve ol ḥavālīde olan aḏalara ve Ṣulıca eşḳıyāsı daḫi {5} İstānköy ve Rodos ve Ībṣāra kāfirleri daḫi Ḳuşaḏası ve sā'ir Anāḏolī sevāḥili üzerlerine varub īṣāl-i {6} ḫasār zuʿm-ı bāṭılında olduḳları ḥavādiṣi muḥarrer olub cemīʿ zamānda düşmen-i dīnden emniyyet ġayr-ı cā'iz ve ḫaber-i mezkūruñ {7} ṣıdḳ ü kizbe iḥtimāli olaraḳ her ne ḳadar gāvurlarıñ taḫdīş içün neşr eylemeleri muḥtemel olsa bile bu kāfirler {8} ḫālī bulduḳları maḥal[le] īṣāl-i ḫasār ü melʿanet itmeğe ictisār idecekleri tecārib-i sābıḳa ile maʿlūm olub {9} ḥattā bu eṣnāda eşḳıyā[-yı] mesfūre ṭrāta ile bir defʿa Ayāzmend iskelesine ve bir defʿa daḫi Emrūdābād sāḥiline {10} mütecāsir-i hücūm ü iḳtiḥām olmuşlar ise de anda olan cünūd-ı İslāmiyye müdāfaʿalarına ḳıyām ü ihtimām iderek mesfūrlar {11} kemāl-i ḫaybet ü ḫüsrān ile vādī-i firāra girīzān olduḳları Ayāzmend cānibinden tevārüd iden iʿlāmdan müstebān {12} ve bu cihetle şerāyiṭ-i ḥazm ü iḥtiyāṭa riʿāyet lāzımeden ve īcāb-ı vaḳt [ü] maṣlaḥatdan ve me'mūrīniñ ʿale'd-devām mütebaṣṣır {13} ü āgāh bulunmaları irāde-i seniyye-i şāhāne iḳtiżāsından olmağla ẕāt-ı saʿādetleri her ān mütebaṣṣır ü āgāh bulunaraḳ {14} İstānköy eṭrāfınıñ kemāl-i mertebe muḥāfaẓa ve muḥāresesi esbābınıñ istiḥṣāliyle dā'imā semt-i aġyārdan ḫaberdār {15} olaraḳ īfā-yı levāzım-ı teyaḳḳuẓ ü intibāhīye diḳḳat ü himmet buyurmaları siyāḳında ḳā'ime. Fī 17 R 39

[*1713/186*] ***Rumili vālīsine***

{1} Mora ordusunuñ Eğrīboz'dan ʿavdetlerinden ṣoñra gāvurlar ṣīrīnleyüb cemʿiyyetleri tekeṣṣür itmekde oldığından {2} ḫaricde müdāfaʿaya mümkin olamayacağına binā'en Eğrīboz cezīresiniñ ṣağ ḳollarında istīmān itmiş olan {3} ḳaryeler muḥāfaẓasına taʿyīn itmiş oldığı ʿaskerini nezdine celb ile Nefs-i Eğrīboz ve Ḳarababa ḳalʿaları {4} muḥāfaẓasıyla iştiġāl itmiş ise de kefere-i maḫẕūleniñ ān-be-ān ruʿūnet ü şeḳāvetleri müşted olaraḳ bu ṣūretle **(83)** müdāfaʿa-i aʿdā ve taṭhīr-i cezīre mümkin olamayacağından ġayrı Ḳızılḥiṣār ahālīsiniñ daḫi bi-ḥikmetillāhi Taʿālā müstevlī {2} olan ʿillet-i vebā taḳrībiyle eks̱eri fevt ve ḳuṣūrı daḫi perīşān-ḥāl olduḳlarından küffārıñ maʿāẕallāhü Taʿālā {3} ol ṭarafa hücūm[ı] lāzım gelür ise bir vechile imdād ü iʿāne olunamayacağından keyfiyyeti ṣavb-ı serʿaskerīlerine işʿār ile {4} üç biñ ḳadar piyāde ʿasker irsālini iltimās itmiş ise daḫi henüz bir es̱er ẓuhūr itmediği ve Mānyalu Petro ile {5} Dīsāvī melʿūnlarınıñ Atina'ya vürūduyla sekiz-on biñ gāvur ile Ḳızılḥiṣār'a hücūm dāʿiyesinde {6} olduḳlarını istiḫbār eylediğinden başḳa bu es̱nāda Eğrīboz boğazınıñ aşağı ṭarafından on iki ḳıṭʿa aʿdā {7} teknesi ẓuhūr [iderek?] Ḳızılḥiṣār sāḥillerinden ve Ḳademī [?] ṭarafından ḳara[ya] ʿasker döküb ol ṭarafda olan ʿasākir-i İslām {8} ile muḥārebe üzere olaraḳ netīcesi henüz mechūl idüği beyānıyla ṭaraf-ı sipehdārīlerinden iltimās itmiş oldığı {9} ʿasākiriñ bir ān aḳdem irişdirilmesi tekrār ṭaraf-ı saʿādetlerine işʿār eylemiş idüğ[ün]i bu defʿa Eğrīboz Muḥāfızı saʿādetlü ʿÖmer Paşa {10} ḥażretleri bā-taḥrīrāt inhā idüb müşārun-ileyh ol vechile Eğrīboz'da ʿaskersiz ḳalaraḳ gāvurlarıñ muhācemesi cihetiyle {11} esbāb-ı muʿāvenetiñ icrāsını ṣavb-ı serʿaskerīlerinden iltimās eylemiş oldığına naẓaran şimdiye ḳadar bu ḫuṣūṣuñ {12} iḳtiżāsı ne ise icrāsına müsāraʿat buyurmuş olacaḳları meʾmūli derkār ve bundan aḳdem cenāb-ı müşīrīleriniñ {13} tevārüd itmiş olan taḥrīrātlarında Eğrīboz cezīresi-çün ketḫüdāları maʿiyyeti ve işe yarar serg-erdeler refāḳatiyle dört {14} biñ yedi yüz elli nefer süvārī ve piyāde aylıḳlu ʿasker techīz ve irsāl buyuruldığı muḥarrer olaraḳ müşārun-ileyhiñ {15} işbu taḥrīrātı ʿasker-i meẕkūruñ vürūdundan muḳaddem çıḳarılmış olmaḳ iḳtiżā ideceği bedīdār ise de istimāʿ {16} olundığına göre gönderilan ʿasākiriñ ṭopı biñ beş yüz miḳdārı olaraḳ Eğrīboz'a varmış olub {17} miḳdār-ı işʿārlarından ol rütbelerde tenāḳuş bulması yollarda firār itmelerinden nāşī midir nedir, her neden olmuş ise {18} olub lākin biñ beş yüz nefer ʿasker miḳdār-ı kifāyeden beğāyet dūn ve cezīre-i meẕkūreniñ ise ʿasker ciheti {19} ve cihāt-ı sāʾire ile taḳviyet ü istiḥkāmı umūr-ı mefrūżadan ve müteferriʿāt-ı umūr-ı mevkūle-i serʿaskerīlerinden {20} idüği bedīhī ve rū-nümūn oldığından ve müşārun-ileyhiñ işʿārına naẓaran tīz elden Eğrīboz'a imdād ü iʿānet {21} lāzım geldiğinden fi'l-ḥaḳīḳa gönderilan dört biñ bu ḳadar ʿasker yoldan ḏağılaraḳ biñ beş yüz ḳalmış {22} ise ve her ne vechile mümkin olabilür ise şu Eğrīboz'a ʿasker ciheti ve cihat-i sāʾire ile lāzım gelan {23} imdād ü iʿānetiñ serīʿan icrāsıyla keyd ü gezend-i eşḳıyādan maṣūn olacaḳ vechile taḳviyet ü istiḥkāmı {24} çāresiniñ istiḥṣāli ṣavb-ı saʿādetlerinden ḥaṣren ve ḳaṭʿiyyen maṭlūb olmağla muḳteżā-yı ġayret ü diyānet-i {25} serʿaskerīleri üzere ifāte-i vaḳt olmaḳsızın her ne vechile olur ise olsun beher-ḥāl cezīre-i merḳūmeye ʿasker {26} ciheti ve cihāt-ı sāʾire ile iḳtiżā iden imdād ü iʿāneti ḳuvveden fiʿile iḫrāc-birle ibrāz-ı meʾās̱ir-i ḥamiyyet {27} ü ṣadāḳate himmet buyurmaları siyāḳında ḳāʾime. Fī 19 R 39

[*1713/193*] *Limnī Muḥāfıẓı saʿādetlü Nūrullāh Paşa ḥażretlerine*
{1} İzbāndīd tekneleri bu aralıḳ üçer beşer Limnī cezīresine hücūm-birle muḫārebeye āġāz iderek īṣāl-i gezend ü ḫasār {2} efkār-ı fāsidesinde olduḳlarından mevcūd-ı maʿiyyet-i müşīrīleri olan ʿasākir ile müdāfaʿalarına iḳdām ü ihtimām {3} eylemekde iseler de mevcūd olan ʿasākiriñ s̱ülüs̱ānı ḫasta ve bī-mecāl, dīgerleri daḫi perīşān-ḥāl olmaları {4} cihetiyle maʿāẕallāhü Taʿālā bundan böyle gāvurlarıñ tekrār taʿaddīleri lāzım gelür ise ʿasākir-i merḳūme ile muḳābele müteʿassir {5} olacağı beyānıyla gerek ʿasker ḫuṣūṣunda ve gerek aḳçe māddesinde muḥtāc-ı iʿānet-i seniyye olduḳlarını şāmil {6} mevḳiʿ-res-i vuṣūl olan taḥrīrāt-ı saʿādet-āyāt-ı düstūrīleri mezāyāsı rehīn-i ıṭṭılāʿ-i ḫāli-ṣānemiz oldığından ġayrı {7} ḫāk-pāy-ı hümāyūn-ı cenāb-ı pādişāhīye daḫi ʿarż ile meşmūl-ı nigāh-ı ʿāṭıfet-iktināh-ı ḥażret-i şehinşāhī {8} buyurulmuşdur. Limnī muḥāfaẓası-çün maʿiyyet-i düstūrīlerine Kūtāhya sancağında kāʾin Deñizli ḫāṣṣından māʿadā ḳażālardan {9} bā-fermān-ı ʿālī beş yüz nefer ʿasker tertīb olunaraḳ bir ān aḳdem irsāli ḫuṣūṣı ʿaṭūfetlü Anāḏolī vālīsi ḥażretlerine {10} çend rūz muḳaddem ṭaraf-ı ḫulūṣ-verīden taḥrīr ve teʾkīd ḳılınmış ise [de] işʿār-ı düstūrīlerine ve eşḳıyā tekneleriniñ Aḳdeñiz'i {11} ḫālī bularaḳ bu vechile icrā-yı ihānet ü melʿanet dāʿiyesinde olduḳlarına naẓaran cezīre-i mezbūrede el-yevm mevcūd {12} olan ʿasākir muḳābeleye vāfī olmayaraḳ ʿasākir-i mürettebe-i meẕkūreniñ daḫi irişmesi vaḳte muḥtāc {13} olacağından ve cezīre-i mezbūreniñ taḳviyesi daḫi ehem oldığından saʿādetlü Ḳapūdān paşa ḥażretleriniñ {14} aḏalar arasında geşt ü güẕār itmek üzere Boġaz'da buraḳmış oldığı Donanma-yı Hümāyūn sefāyininiñ {15} bugünlerde iḫtilās-ı havā ile Aḳdeñiz'e çıḳub gerek cezīre-i meẕkūre pīşgāhında ve gerek sāʾir {16} aḏalar arasında geşt ü güẕār itmelerini lāzım gelenlere taḥrīr eylemesi ve muḫlişleriyle Dersaʿādet'e gelmiş ve gelmekde olan {17} ʿasākiriñ ziyādesinden üç yüz neferi ifrāz ve Aḳdeñiz boğazına irsāl olunaraḳ ve neferāt-ı merḳūmeyi {18} Donanma-yı Hümāyūn sefīneleriyle mi olur, yoḫsa Donanma-yı Hümāyūn maʿiyyetiyle ḳayıḳlara irkāben mi gönderilür, {19} imkānı ne vechile ise istiḥṣāl iderek bir gün evvel cezīre-i mezbūreye īṣāl olunmasınıñ saʿādetlü Boġaz muḥāfızı {20} ḥażretlerine yazılub bu ṣūretle ve Kūtāhya sancağından mürettebi sālifü'ẕ-ẕikr beş yüz nefer ʿaskeriñ ʿaynen celbinden {21} ṣarf-ı naẓar ile bedelleri alınaraḳ alınub da işbu gönderilecek ʿasākiriñ māhiyyeleri anıñla rüʾyet ve beş yüze {22} varıncaya ḳadar ḳuṣūr lāzım gelan iki yüz neferi daḫi ẕāt-ı saʿādetleri diledikleri yerlerden tedārük ve istiḫdāma {23} himmet olunmaḳ üzere ẕikr olunan beş yüz nefer ʿaskeriñ beher neferi maʿa-ḳatıḳ-bahā ḳırḳ beş ġurūşa ḳaṭʿ olunaraḳ {24} tīz elden ikişer aylıḳ bedelleri ṭaraf-ı saʿādetlerine peşīnen ve ḳuṣūrını daḫi pey-ā-pey taḥṣīl ve irsāl ol[un]masınıñ müşārun-ileyh {25} Anāḏolī vālīsi ḥażretlerine işʿār ü tezbīr ḳılınması tesrīb olunmuş ve irāde-i seniyye-i mülūkāne daḫi bunuñ üzerine taʿalluḳ {26} iderek

mūcebince Boġaz'da olan donanmanıñ iḫtilās-ı havā ile çıḳub cezīre-i meẕkūre pīşgāhında geşt ü güẕār {27} eylemesi ḫuṣūṣı müşārun-ileyh Ḳapūdān paşa ṭarafından donanma me'mūrlarına ekīden yazdırılmış ve tīz elden bu ṭarafda olan {28} ʿasākirden daḫi üç yüz nefer güzīde ʿasker maʿiyyet-i saʿādetlerine me'mūr ḳılınaraḳ Boġaz'a iʿzām olunub bunları donanma sefīneleriyle mi {29} olur, yoḫsa donanma maʿiyyetiyle ḳayıḳlara irkāb iderek mi irsāl ider, ne vechile olur ise bir daḳīḳa evvel maʿiyyet-i düstūrīlerine {30} irişdirmesi Boġaz muḥāfıẓı müşārun-ileyhe ṭaraf-ı ḫāliṣānemizden ġāyet mü'ekked yazılmış ve Kūtāhya'dan müretteb bedeliyye-i merḳūmeniñ {31} daḫi ṭaraf-ı saʿādetlerine irişdirilmesi Anāḍolī vālīsi müşārun-ileyhe taḥrīr ve te'kīd ḳılınmış oldıġından başḳa cenāb-ı müşīrīleriniñ daḫi {32} aḳçe cihetiyle iḳdārları daḫi maṭlūb oldıġından muʿayyen olan muḥāfıẓlıḳ maʿāşından ve Limnī ḳalʿası taʿmīri {33} maṣārifi ve sā'ireden cānib-i mīrīde maṭlūbları olan cemʿan ḳırḳ sekiz biñ sekiz yüz altmış altı ġurūşdan māʿadā {34} aṭiyye-i seniyye olmaḳ üzere yiğirmi beş biñ ġurūş daḫi müteʿalliḳ olan irāde-i ʿaliyye-i mülūkāne iḳtiżāsı üzere **(86)** bu defʿa ṭaraf-ı müşīrīlerine gönderilmiş olmaġla ẕāt-ı saʿādetleri mārrü'ẕ-ẕikr üç yüz neferi maʿiyyet-i {2} saʿādetlerine celb ve lāyıḳıyla istiḫdām ve üzerlerine lāzım gelan iki yüz neferi daḫi diledikleri yerlerden {3} tedārük iderek beş yüz neferi itmām ve emr-i muḥāfaẓayı lāyıḳıyla īfāya iḳdām-birle ṭaraf-ı düstūrīlerinden {4} me'mūl olan dirāyet ü ġayret ve ṣadāḳat mādde-i memdūḥasını iṡbāt ü te'kīde himmet ve inşā'allāhü Taʿālā {5} bundan böyle daḫi her ḥālde lāzım gelan iʿānet ü iḳdāmıñ icrāsında bu ṭarafdan ifāte-i vaḳt {6} olunmayacaġını cezmen ve yaḳīnen bilerek ez-her-cihet muṭma'innü'l-ḳalb olaraḳ merkez-i merdī ve besāletde {7} ṡābit olub emr-i muḥāfaẓayı ber-vefḳ-i merām icrāya saʿy-ı mā-lā-kelām ve ol vechile iṡbāt-ı müddeʿā-yı şecāʿat {8} ü ṣalābete ihtimām buyurmaları siyāḳında ḳā'ime. Fī 20 R 39

[*1713/200*] ***Rumili vālīsine***

{1} İskenderiye Mutaṣarrıfı saʿādetlü Muṣṭafā Paşa ḥażretleriniñ ʿaskerīsi şitā ve yaġmur bahānesiyle ricʿatı ıṣrār iderek Nārda'ya {2} ʿavdet itmiş oldıġı saʿādetlü Yānya mutaṣarrıfı ḥażretleri ṭarafından muḳaddemce işʿār olunub ṣavb-ı serʿaskerīlerinden bu ḫuṣūṣa dā'ir bir gūne {3} inhā vāḳiʿ olmadıġından Bālyabādra ṭarafınıñ ḥüsn-i muḥāfaẓası emrinde maʿlūmāt ve tedābīr-i sipehdārīleri nedir ve muḳaddem işʿār {4} buyurılan tedābīrleriniñ icrāsına ne vechile teşebbüṡ olunmuşdur ve Mesolenk'e ḳadar elde olan maḥālliñ muḥāfaẓası ṣūreti ne vechile {5} olmuşdur, serīʿan işʿār buyurmaları ḫuṣūṣı bundan aḳdemce ṣavb-ı saʿādetlerine işʿār olunmuş oldıġına naẓaran icrā-yı {6} muḳteżāsına himmet buyurmuş olacaḳları ẓāhir ise de maʿlūm-ı müşīrīleri oldıġı üzere Mora maṣlaḥatınıñ ilerüde īcāb iden {7} ekṡer-i tedābīri Mesolenk maṣlaḥatınıñ ḫitāmına taʿlīḳ olunmaḳda iken ḥasbelḳader müşārun-ileyh daḫi

ʿavdet iderek Mesolenk {8} maṣlaḥatı bitmeyüb bundan ṣoñra gāvurlar bir ḳat daḫi şīrīnleyerek maʿāẕallāh Bālyabādra ve Īnebaḫtī ve Ḳasteller'den daḫi {9} vesvese olunacağına ve Mora maṣlaḥatı evvel ü āḫir umūr-ı cesīmeden olaraḳ el-ḥāletü-hāẕihī her ṭarafda tekevvün iden fesādıñ menşe'i {10} bütün bütün Mora maṣlaḥatı oldığına naẓaran maʿāẕallāhü Taʿālā bundan böyle daḫi uzaması dürlü dürlü uyġunsuzluḳları mü'eddī olacağından {11} bu maṣlaḥatıñ bir ḳavī tedbīri istiḥṣāl olunmaḳ lāzımeden ise de müşārun-ileyh Muṣṭafā Paşa'nıñ Mesolenk üzerinden ʿavdeti ve gāvurlarıñ {12} şīrīnlemeleri cihetleriyle Bālyabādra ve Īnebaḫtī ve Ḳastelleri ṭaraflarına hücūm eylemeleri ve oralarda bulunan ahālī ve ʿasākire ez-ser-i nev {13} fütūr gelmesi mülāḥaẓasına binā'en cümle tedbīrden evvel Bālyabādra ṭarafınıñ taḳviyet ü istiḥkāmı ṣūretine baḳılmaḳ lāzımeden {14} oldığına binā'en bu ṭarafdan müste'men sefīneleri istīcārıyla Bālyabādra'ya otuz dört biñ kīle ḳadar ẕaḫīre gönderilmek üzere {15} ise de tīz elden müşārun-ileyh Yūsuf Paşa maʿiyyetine birḳaç biñ nefer tāze ʿasker irişdirilmesi vācibeden olaraḳ şeref-sünūḥ iden {16} irāde-i seniyye mūcebince Arnavudluḳ'dan iki biñ nefer işe yarar aylıḳlu ʿasker tedārük ve Preveze'den sefāyine irkāben Bālyabādra'ya {17} irsāle ġayret itmek üzere işbu iki biñ neferiñ me'lūf olduḳları vechile ber-vech-i peşīn ikişer aylıḳları-çün yüz yiğirmi biñ {18} ġurūş Yānya mutaṣarrıfı müşārun-ileyh ṭarafına bu defʿa irsāl ile keyfiyyet-i irāde-i seniyye kendüye işʿār olunmuş olub bu mādde mevādd-ı {19} sā'ireye maḳīs olmayaraḳ ʿaṣamnallāhü [?] Taʿālā Bālyabādra'nıñ bir ṣūret-i āḫar kesb eylemesinde mes'ūliyyet ṣavb-ı serʿaskerīlerine rāciʿ {20} olacağından cenāb-ı müşīrīleriniñ cemʿ itmekde olduḳları ʿasākirden daḫi ne yapar iseñiz yapub Bālyabādra ve Ḳasteller {21} ve Īnebaḫtī muḥāfaẓası-çün müşārun-ileyh Yūsuf Paşa maʿiyyetine serīʿan iki biñ nefer ʿasker irsāli çāresini istiḥṣāl eylemeñiz farīżadan {22} ve īcāb-ı irāde-i seniyye-i mülūkāneden olmağla müşārun-ileyh ʿÖmer Paşa ṭarafından ol miḳdār ʿasker gider, ziyāde iḳtiżā itmez gibi zinhār {23} gevşek ṭutılmayub her ne ṣūretle olur ise cenāb-ı serʿaskerīleri muḳteżā-yı ġayret ü ḥamiyyetleri üzere Preveze'den yā āḫar ṭarafdan {24} sefīne ile mi olur, āḫar vechile mi mümkin olabilür, müşārun-ileyh Yūsuf Paşa maʿiyyetine tīz elden beher-ḥāl iki biñ nefer ʿaskeriñ {25} irişdirilmesi çāresini istiḥṣāle ve tīz elden Bālyabādra'nıñ taḳviyesi istikmāline himmet ve her ḥālde icrā-yı muḳteżā-yı serʿaskerī {26} ve ḥamiyyete ṣarf-ı miknet buyurmaları siyāḳında ḳā'ime. Fī 24 R 39

[*1713/201*] ***İskenderiye mutaṣarrıfına***

{1} Mevsim-i şitānıñ ḥulūli baʿżı esbāb-ı īcābiyyeniñ terādüf ü teʿāḳubı cihetiyle bi'ż-żarūr Mesolenk üzerinden ḳal[ḳ]ub Nārda ṭaraflarına {2} vürūd ile ruḫṣat-ı seniyye vürūdına ḳadar anda iḳāmeti murād itmişler iken bi'l-īcāb andan daḫi ḥareket ve evvelbahārda tedārükāt-ı ḳaviyye ile {3} çıḳmaḳ ve tedārükāt-ı lāzımeye şimdiden teşebbüs̱ ü mübāşeret itmek üzere İskenderiye'ye ʿavdet itmiş olduḳları ifādesini ve ifādāt-ı sā'ireyi {4} ḥāvī muḳaddem ve mu'aḫḫar tārīḫ ile resīde-i cā-yı vürūd olan taḥrīrāt-ı şerīfeleri mezāyāsı maʿlūm-ı ḫāliṣānemiz oldıġından ġayrı ḥużūr-ı hümāyūn-ı (88) şāhāneye daḫi ʿarż ile meşmūl-ı liḥāẓa-i mekārim-ifāża-i cenāb-ı cihān-dārī buyurulmuşdur. Cenāb-ı müşīrīleri ṣādıḳ ü cesūr ve rıżā-kār {2} ü ġayūr vüzerā-yı ʿiẓām-ı Salṭanat-ı Seniyye'den oldıġıñızdan ḫānedānıñız es̱erine iḳtiżā ile dīn ve Devlet-i ʿAliyye uġurunda ibrāz-ı ḥüsn-i ḫidmet {3} ve ṣadāḳat niyyet-i ḫāliṣasıyla Mesolenk'iñ żabṭ ü tesḫīrine teşebbüs̱ ü iḳdām itmişler ve bu ḳadar vaḳt emr-i muḥāṣarada bulunmuşlar iken bu ṣūretle {4} ʿavdetleri mücerred terāküm-i esbāb-ı żarūriyye ile olacaġı maʿlūm ve bi-mennihī Taʿālā evvelbahārda tedārükāt-ı ḳaviyye ile telāfī-i mā-fāta iḳdām idecekleri {5} emr-i ġayr-ı mevhūm olub lākin ʿindiñizde beyāndan müstaġnī oldıġı üzere bu Mora maṣlaḥatı bir vaḳtden berü imtidād bularaḳ ḥasbelḳader bu sene daḫi {6} böyle geçmiş ve ẕāt-ı şecāʿat-simātlarından ḥasbelḳader maṭlūb vechile gāvurlar şiddet ü zaḫm göremamiş olub yaʿnī cenāb-ı ġayret-me'ābları {7} ḥaḳḳında Mora gāvurlarınıñ ḳuvvetü'ẓ-ẓahr ʿadd idüb ḏayandıḳları Mesolenk māddesiniñ ḥüsn-i tesḫīr ve niẓāmıyla bütün bütün ʿuṣāt-ı {8} eşḳıyānıñ maẓhar-ı ḳahr ü dimār olmasını īcāb ider ḫidemāt-ı ḥasene ẓuhūrına intiẓār derkār oldıġı ḥālde bu ṣūretle vāḳiʿ olan ʿavdetleri {9} Mora māddesiniñ uyġunsuzlaşaraḳ bir ḳat daḫi gāvurlarıñ şīrīnleyüb tezāyüd-i şeḳāvet ü ʿiṣyānlarını ve envāʿ-ı meḥāẕīri müstelzim {10} olacaġı rütbe-i vużūḥda ise [de] inşā'allāhü Taʿālā taḥrīr ü işʿārları vechile telāfī-i mā-fāt idecekleri ġayret-i ẕātiyyeleri [ile] ẓāhir ve bi-mennihī Taʿālā {11} şu ġā'ileniñ evvelbahārda ḥüsn-i ḫitāmı çāresi bulunmaḳ ve tedārükāt-ı ḳaviyyeye teşebbüs̱ olunmaḳ umūr-ı mefrūżadan oldıġı müberhen ü bāhir {12} oldıġına binā'en dīn ü devletimize ḳalben ve ḳāleben ḥüsn-i ḫidmet iderek bu kāfirleriñ bu ḳadar vaḳtden berü uzamış olan ġā'ileleriniñ {13} indifāʿıyla ümmet-i Muḥammed'e eyledikleri ihānet ü melʿanetiñ intiḳāmını alaraḳ ʿuhde-i İslāmiyyet'e müteḥattim olan ġazā ve cihād şerāyiṭini icrā żımnında {14} Ḥażret-i Müsehhilü'ṣ-Ṣaʿāb'ıñ ʿavn ü nuṣretiyle her bir māddeye germiyyetle yapışılmaḳ lāzımeden ve bu cihetle cenāb-ı müşīrīleriniñ evvelbahāra ḏoġrı {15} re'y ü tedbīrleri ve teşebbüs̱ idecekleri tedārükāt nedir, ṣavb-ı saʿādetlerinden bi'l-istişʿār bu cānibde daḫi bilinmek daḫi iḳtiżā-yı {16} maṣlaḥat ve muḳteżā-yı irāde-i seniyyeden olmaġla mecbūl ü meftūr olduḳları māye-i ġayret ü ḥamiyyet ve mādde-i rıżā-kārī ve besālet iḳtiżāsı {17} üzere şu gāvurlara ḥaddini bildirüb aḫẕ-ı intiḳām cümlemize farż oldıġını ve īcāb-ı ḥāl ü maṣlaḥatı eṭrāfıyla mülāḥaẓa ve tefekkür {18} ü müṭālaʿa-birle evvelbahāra ḏoġrı re'y ü tedbīr-i müşīrīleri nedir ve teşebbüs̱ buyuracaḳları tedārükāt ne vechiledir ve ne gūne olmaḳ lāzımdır, {19} keyfiyyeti bir ān aḳdem iḳtiżāsına baḳılmaḳ üzere Dersaʿādet'e taḥrīr ü işʿār-birle cebr-i mā-fātı müstelzim esbābıñ ikmāl ü istiḥżārına {20} himmet ve ol vechile ẕātlarından me'mūl olan kār-dānī ve ġayret ve rıżā-kārī ve ḥamiyyet me'āṣirini ibrāz ü iẓhāra niṣār-ı mā-ḥaṣal-i {21} miknet buyurmaları siyāḳında ḳā'ime. Fī 24 R 39

[*1713/203*] *Sīrozī Yūsuf Paşa'ya*
{1} Bundan aḳdemce ṭaraf-ı müşīrīlerine nigāşte-i ḫāme-i beyān ḳılındığı üzere Mesolenk ve Andalīḳoz'uñ üzerinde olan {2} İskenderiye Mutaṣarrıfı sa'ādetlü Muṣṭafā Paşa ḥażretleri ba'żı esbāb-ı ẓāhireye mebnī 'avdet ve İskenderiye'ye ḏoğrı {3} 'azīmet eylemiş olub ancaḳ müşārun-ileyh Muṣṭafā Paşa'nıñ bu ḳadar tekellüfle ẕikr olunan Mesolenk ve Andalīḳoz'uñ {4} ḥaṣr ü tażyīḳiyle tesḫīrine mübāşeret iderek īfā-yı şerāyiṭ-i me'mūriyyete i'tinā itmiş iken bu vechile bir iş görülmeksizin {5} 'avdeti ḫavene-i eşḳıyānıñ bir ḳat daḫi şīrīnleyerek ol ṭaraflara daḫi icrā[-yı] ihānet dā'iyesine düşmeleri {6} mülāḥaẓadan ba'īd olmayub gerçi ẕāt-ı düstūrīleriniñ şimdiye ḳadar cilveger-i mücellā-yı bürūz olan {7} ġayret ü ḥamiyyet ve s̱ebāt ü ṣalābetleri iḳtiżāsına naẓaran bā-'avn-i Bārī müdāfa'a-i düşmen ve muḥāfaẓa-i ḳılā'a evvelkiden {8} ziyāde beẕl-i himmet-birle ẕātlarından cümlemiziñ me'mūli olan ṣalābet ve diyānet ü ṣadāḳat me'āṣirini is̱bāta beẕl-i himmet {9} buyuracaḳları i'tiḳādı derkār ve bi-ḥavlillāhi Ta'ālā ez-her-cihet tedārükāt-ı ḳaviyye ve tedābīr-i lāzımeniñ derdest-i icrā oldığı {10} bedīdār ise de tīz elden cenāb-ı ġayret-me'āblarınıñ ez-her-cihet taḳviyetlerini īcāb ider vesā'iliñ ikmāli daḫi lāzımeden oldığından {11} bu ṭarafdan müste'men sefīneleri istīcārıyla ṭaraf-ı düstūrīlerine otuz dört biñ kīle miḳdārı ẕaḫīre tertīb ve irsāline {12} i'tinā ve mübāderet olunmuş oldığından ġayrı ma'iyyet-i müşīrīlerine tāze 'asker ve biraz aḳçe gönderilmek īcāb ideceğinden {13} ne yapar ise yapub Bālyabādra ve Īnebaḫtī ve Ḳasteller muḥāfaẓası-çün serī'an ṣavb-ı sa'ādetlerine iki biñ nefer 'asker {14} īṣāliniñ çāresi Preveze'den sefīneler ile mi olur, ne vechile mümkin ise istiḥṣāline ġayret ü iḳdām eylemesi bu def'a {15} şeref-sünūḥ iden irāde-i 'aliyye mūcebince Rumili vālīsi ve ser'askeri ḥażretlerine ṭaraf-ı ḫāliṣānemizden ber-vech-i ekīd yazılmış ve bundan {16} başḳa Arnavudluḳ'dan iki biñ nefer işe yarar aylıḳlu 'asker tedārük ve Preveze'den sefāyine irkāben Bālyabādra'ya {17} irsāle ġayret itmek üzere işbu iki biñ neferiñ ber-vech-i peşīn ikişer aylıḳları-çün yüz yiğirmi biñ ġurūş daḫi naḳden {18} Yānya mutaṣarrıfına irsāl olunmuş ve cenāb-ı düstūrīleriniñ 'asker 'ulūfesine dā'ir muḳaddem tevārüd iden taḥrīrātları iḳtiżāsına baḳılmaḳ üzere {19} derdest ise de tīz elden 'ale'l-ḥesāb olaraḳ ṭaraf-ı sa'ādetlerine beş yüz kīse aḳçe tertīb ve maḫṣūṣ dā'ire-i ḫāliṣānemizden [...] bendeleriyle {20} irsāl ü tesbīl ḳılınmış olub [?] inşā['allāhü]'r-Raḥmān bundan böyle daḫi ez-her-cihet i'ānet-i muḳteżiyeniñ icrāsında bir vechile ḳuṣūr olunmayacağı {21} bī-iştibāh olub ol ṭarafların tertībāt-ı külliyye ile bā-'avn-i Bārī tedārükāt-ı vefīreye temşiyet olunmuş olmağla {22} fıṭrat-ı kāmile ve

cibillet-i ḥaseneleri iḳtiżāsına terettüb eylediği üzere hemān cenāb-ı düstūrīleri ve ol ṭaraf ḳılāʿında {23} bulunan ümmet-i Muḥammed s̱ebāt ü metānetlerine ẕerre ḳadar fütūr ü kesel virmeyerek emr-i muḥāfaẓada merdāne ve dilīrāne ḳıyām {24} ü ḥareket ve Preveze'den gönderilecek ʿaskeriñ irkābı-çün Bālyabādra'da olan sefāyinden kifāyet miḳdārınıñ {25} Preveze'ye irsāli lāzım geleceğine binā'en müşārun-ileyhimā ḥażerātıyla muḫābere iderek ḳangı ṭarafıñ ʿaskeri Preveze'de mevcūd {26} olur ise sefīneler ile Bālyabādra'ya celbe iḳdām ü müsāraʿat ve müşārun-ileyh Muṣṭafā Paşa'nıñ ol vechile ʿavdetinden ẕatıñızı (89) ve sā'ir ḳulūb-ı ʿaskeriyyeyi ʿārıża-i fütūrdan viḳāyet ile bundan böyle hemān şerāyiṭ-i İslāmiyye'den olan s̱ebāt {2} ü metāneti icrā ve emr-i muḥāfaẓanıñ evvelkiden ziyāde īfāsına saʿy-ı evfā-birle ḥaḳḳıñızda maẓnūn [?] ü me'mūl olan {3} māye-i ṣarāmet ü şecāʿati te'yīde nis̱ār-ı cihāt [?] ve miknet buyurmaları siyāḳında ḳā'ime. F 24 R 39

[*1713/204*] *Yānya Mutaṣarrıfı ʿÖmer Paşa'ya*

{1} Cenāb-ı müşīrīleri İskenderiye Mutaṣarrıfı saʿādetlü Muṣṭafā Paşa ḥażretleriyle berāber Mesolenk üzerinde iken mevsim-i şitānıñ {2} ẓuhūr ve şiddeti ḥasebiyle müşārun-ileyhiñ ʿaskeri vilāyetleri ṭarafına ʿavdet dāʿiyesine düşerek nihāyet ḫāh ü nā-ḫāh {3} ʿavd ü ricʿatları vuḳūʿuyla müşārun-ileyh Nārda ṭarafına ve ẕāt-ı saʿādetleri Preveze cānibine gitmiş olduḳları ifādesine dā'ir {4} resīde-i cā-yı vürūd olan taḥrīrāt-ı şerīfeleri mezāyāsı maʿlūm-ı ḫālişānemiz oldığından ġayrı ḥużūr-ı hümāyūn-ı ḥażret-i cihān-dārīye {5} daḫi ʿarż ile meşmūl-ı liḥāẓa-i mekārim-ifāża-i cenāb-ı cihān-dārī buyurulmuşdur. Bu bābda İskenderiye mutaṣarrıfı müşārun-ileyhiñ daḫi {6} taḥrīrātı vürūd itmiş olub bu defʿa gerek cenāb-ı düstūrīleriniñ ve gerek müşārun-ileyh Muṣṭafā Paşa'nıñ iḳdām ü ġayretleri {7} maʿlūm ise [de] bu ṣūretle vāḳiʿ olan ʿavdet terādüf-i esbāb-ı żarūriyyeden neş'et eyleyeceği ẓāhir olub ancaḳ el-ḥāletü-hāẕihī {8} Mesolenk maṣlaḥatı bitmeyüb bundan ṣoñra gāvurlarıñ şīrīnlemeleri lāzım gelerek Bālyabādra ve Īnebaḫtī ve Ḳasteller'e {9} muhāceme ve iḳtiḥām eylemeleri mülāḥaẓadan baʿīd olmadığından şimdi cümleden evvel Bālyabādra ṭarafınıñ taḳviyet ü istiḥkāmı {10} ṣūretine baḳılmaḳ ve Bādra Muḥāfıẓı saʿādetlü Yūsuf Paşa ḥażretleri maʿiyyetine serīʿan tāze ʿasker irişdirilmek lāzımeden {11} ve farīża-i ḥāl ü maṣlaḥatdan oldığından cenāb-ı müşīrīleri ne yaparsañız yapub Arnavudluḳ'dan iki biñ nefer işe yarar {12} ve s̱ebāt ider güzīde aylıḳlu ʿasker tedārük ve Preveze'den sefāyine irkāben Bālyabādra'ya irsāl eylemeleri ḫuṣūṣuna {13} irāde-i seniyye-i mülūkāne müteʿalliḳ olaraḳ ol miḳdār ʿaskeriñ ber-vech-i peşīn ikişer aylıḳları olaraḳ yüz yiğirmi biñ {14} ġurūş tertīb ve ṣavb-ı ḫālişānemizden taʿyīn olunan [...] ile ṭaraf-ı müşīrīlerine baʿs̱ ü tesrīb olunmuş olmağla ʿuṣātıñ {15} Mesolenk'den dolayı ẓuhūra gelmesi melḥūẓ olan cesāretleri cihetiyle Bālyabādra'nıñ ez-ser-i nev taḳviyesine {16} medār olacaḳ ol miḳdār ʿaskeri ḳaṭʿan ve ḳāṭıbeten teʾḫīr ü teʾennī ile imrār-ı vaḳt olunmayaraḳ ʿicāleten tedārük {17} ü tehyiʾeleriyle müşārun-ileyh maʿiyyetine sürʿat-i īṣāliñ çāre ve tedbīrini istiḥṣāl eylemeleri ẕāt-ı saʿādetlerinden {18} ḳaṭʿī maṭlūb olmağla ġayret-i ẕātiyyeñiz iḳtiżāsı ve ṭaraf-ı şerīfiñize derkār olan ḥüsn-i iʿtiḳād ve iʿtimād {19} muḳteżāsı üzere ẕikr olunan iki biñ nefer ʿasākiri Arnavudluḳ'dan güzīde ve işe yarar olmaḳ üzere {20} ʿicāleten tedārük ü istiḥżār-birle Preveze'den sefāyine irkāben müşārun-ileyh Yūsuf Paşa maʿiyyetine serīʿan irişdirmeğe {21} beẕl-i mā-ḥaṣal-i ḳudret ve ol vechile sizden meʾmūl ü muntaẓar olan meʾāṣir-i kār-dānī ve ṣadāḳati ibrāz ü iẓhāra {22} ve keyfiyyeti işʿāra himmet buyurmaları siyāḳında ḳāʾime. Fī 24 R 39

[*1713/206*] ***Rumili vālīsine***
{1} Muḳaddem vāḳiʿ olan işʿār-ı müşīrīleri üzere Ṣālona ve İstifa ve sāʾir münāsib maḥallerden ḳol ḳol ʿuṣāt-ı kefere {2} üzerlerine sevḳ ü iʿzām itmek üzere cemʿ ve tedārük itmiş olduḳları on beş biñ nefer ʿasākiriñ tertīb {3} ü tanẓīm-i levāzımlarıyla iḫrāclarını taṣmīm itmişler ise de aḳçeye iḥtiyācları oldığı ifādāt ve baʿżı erbāb-ı {4} vuḳūf ile biʾl-müẕākere Rumili cānibinden ve Arnavudluḳ'dan ʿulūfelü ve ʿulūfesiz tertībi iḳtiżā iden ʿasākir ile lāzım {5} gelan ʿulūfe ve ẕaḫāyir ve şütürān keyfiyyātını ḥāvī İskenderiye Mutaṣarrıfı saʿādetlü Muṣṭafā Paşa ḥażretleriniñ Mesolenk {6} üzerinden ḳalḳub ʿavdet eylemiş oldığını ve ol bābda sāʾir ifādātı muḥtevī muḳaddem ve muʾaḫḫar resīde-i cā-yı {7} vürūd olan taḥrīrāt-ı şerīfeleri mezāyāsı maʿlūm-ı ḫālişānemiz oldığından ġayrı ḥużūr-ı hümāyūn-ı şāhāneye daḫi {8} ʿarż ile meşmūl-ı liḥāẓa-i mekārim-ifāża-i ḥażret-i cihān-dārī buyurulmuşdur. Ẕāt-ı ġayret-simāt-ı düstūrīleri kemāl-i {9} kār-āgāhī [ve] ṣalābet ve mezīd-i umūr-şināsī ve ṣadāḳat ile müteḫalliḳ ü mefṭūr vüzerā-yı ʿiẓāmdan olaraḳ ḫaṭb-ı cesīm-i serʿaskerī {10} biʾl-istiḳlāl muḥavvel-i ʿuhde-i liyāḳat ü istīhālleri oldığından mehāmm-ı mevkūle-i sipehdārīleriniñ ḥüsn-i tensīḳi emrinde (90) iḳdāmāt-ı lāzımeniñ icrāsıyla ibrāz-ı ḫidemāt-ı bergüzīdeye biʾl-vücūh mücidd ü sāʿī olacaḳları iʿtiḳādāt-ı ḥasenesi ḥaḳḳ-ı {2} saʿādetlerinde derkār ve müşārun-ileyh Muṣṭafā Paşa'nıñ ol vechile ʿavdeti cihetiyle şimdilik mevcūd olan ʿasākir ile elde {3} bulunan ḳażā ve ḳılāʿıñ muḥāfaẓası çāresini istiḥṣālden özge efkārları olmadığı bir ḳıṭʿa şuḳḳa-i şerīfelerinde {4} nigāriş-peẕīr-i ḫāme-i işʿār olub müşārun-ileyh Muṣṭafā Paşa daḫi işʿārına göre terādüf-i esbāb-ı īcābiyye ile ʿavd ü ricʿata {5} mecbūr olaraḳ bi-mennihī Taʿālā evvelbahārda çıḳub telāfī-i mā-fāta ibtidār itmek üzere şimdiden tedārükāt-ı lāzımeye teşebbüs̱ ideceğini {6} taḥrīrāt-ı düstūrīlerinden muḳaddemce bu cānibe inhā itmiş ve ol bābda ṣavb-ı ḫālişānemizden iḳtiżāsına göre kendüye cevāb-nāme yazılmış olub {7} ancaḳ maʿlūm-ı dirāyet-melzūm-ı müşīrīleri oldığı ve biʾd-defaʿāt ṣavb-ı serʿaskerīlerine yazılmış oldığı vechile Rum gāvurlarınıñ fesādı {8} taḳrībiyle

bu āna ḳadar bu ḳadar ḫazā'in telef olmuş ve olmaḳda iken henüz meydānda görülmüş bir iş olmadığından başḳa her bir vaḳtde birer {9} ṣūretle me'mūrīniñ uyġunsuz ḥareketi ve tesāmuḥ ve ʿadem-i ġayreti birbirine ʿazv iderek gāvurlar şımarub izdiyād-ı şeḳāvetleriyle {10} envāʿ-ı meḥāẕīri müstetbiʿ ve temādī-i ġavā'ili mūcib olmuş ve bir ṭarafdan aḳçe muṭālebesi ve ḫazāyin ḏayanmayacaḳ derecede maṣraf {11} irā'esi daḫi ḫazāyin-i mīriyyede vücūd-ı nuḳūdı derece-i nefāda irişdirmiş ise daḫi cenāb-ı müşīrīleri muḳaddem ve mu'aḫḫar vāḳiʿ olan {12} işʿārları üzere ḳış mevsimine baḳmayaraḳ iş görmek aḳdem-i efkārları olaraḳ külliyyetlü mebāliġ maṭlūb buyurmuş {13} olduḳlarına mebnī bundan aḳdemce maṣārif-i serʿaskerīye medār içün ṣavb-ı saʿādetlerine biñ beş yüz kīse aḳçe gönderilmiş oldığından {14} başḳa bu defʿa daḫi şeref-sünūḥ iden irāde-i seniyye mūcebince biñ beş yüz kīse aḳçe daḫi tertīb ile cānib-i sipehdārīlerine baʿs̱ {15} ü tesrīb olunmuş olub bu ḳadar müddetdir fesād-ı meẕkūruñ indifāʿı me'mūrlarıñ ḥaḳīḳī saʿy ü ġayret itmameleri {16} cihetiyle uzayub dīn ü devlete yarar işde lāyıḳıyla bulunulmamış olaraḳ bi-mennihī Taʿālā evvelbahārda bu māddeye her ṭarafdan el birliğiyle {17} iḳdām ü himmet olmaḳ ḫuṣūṣunuñ derece-i ehemmiyyeti muḥtāc-ı taʿrīf ü beyān olmamaġla tertībi işʿār buyurılan ʿasākir ve ẕaḫāyir {18} ve şütürān maṣlaḥatları daḫi derdest-i müẕākere ve tanẓīm olaraḳ her bir keyfiyyet bundan ṣoñraca ṭaraf-ı serʿaskerīlerine beyān ü işʿār {19} olunacaḳ oldığından hemān ẕāt-ı serʿaskerīleri mecbūl olduḳları ṣalābet ü şecāʿat muḳteżāsı evvel ü āḫir vāḳiʿ olan {20} işʿārları iḳtiżāsı üzere icrā-yı şerāyiṭ-i ḥamiyyet ü ġayret ve elde olan ḳılāʿ ve ḳażā ve sā'ir maḥalleriñ taḳviyet ü muḥāfaẓası {21} ḳış ve yaġaş dimeyüb iş görerek her ḥālde ḫuṭūb-ı mevkūle-i serʿaskerīleriniñ ḥüsn-i tensīḳ ü temşiyetiyle ibrāz-ı me'āṣir-i {22} şecāʿat ü ṣadāḳate himmet buyurmaları siyāḳında ḳā'ime. Fī 27 R 39

[*1713/207*] ***Müşārun-ileyhe kenār***

{1} İskenderiye mutaṣarrıfı müşārun-ileyhiñ Mesolenk üzerinden ʿavdeti cihetiyle Bālyabādra ve Īnebaḫtī ve Ḳasteller'iñ taḳviyet {2} ü taḥkīmi żımnında Bālyabādra Muḥāfıẓı saʿādetlü Yūsuf Paşa ḥażretleri maʿiyyeti-çün iki biñ nefer aylıḳlu Arnavud ʿaskeri {3} tedārük ve Preveze'den imrārı ḫuṣūṣı saʿādetlü Yānya mutaṣarrıfı ḥażretlerine yazılmış ise de cenāb-ı serʿaskerīleri daḫi celb {4} ü tedārük itmiş olduḳları ʿaskerden iki biñ nefer güzīde ʿasker ifrāz ve müşārun-ileyh Yūsuf Paşa maʿiyyetine irsāl-birle {5} levāzım-ı iʿāneti ikmāl buyurmaları ḫuṣūṣı bundan aḳdemce ṣavb-ı sipehdārīlerine maḫṣūṣan işʿār olunmuş oldığından muḳteżāsınıñ {6} icrāsıyla icrā-yı şerāyiṭ-i serʿaskerīye müsāraʿat buyuracaḳları ẓāhir ise de istimāʿ ü iḫbār olundığına göre {7} müşārun-ileyh Muṣṭafā Paşa'nıñ ʿavdetinden ḏolayı gāvurlar şīrīnleyerek Bālyabādra ṭarafına daḫi icrā-yı ihānet {8} dāʿiyesinde olduḳlarından eğer şu mevsimde müşārun-ileyh Yūsuf [Paşa] maʿiyyetine işe yarar dinç ʿasker irişdirilemez ise maʿāẕallāhü Taʿālā {9} uyğunsuz olacağı ecilden ne vechile olur ise hemān ḳış dimeyerek serīʿan Bālyabādra ṭarafınıñ muḥāfaẓasına baḳılmaḳ {10} farż derecesinde olub muḥāfaẓa ve taḳviyet dimek daḫi dinç ve güzīde ʿasker ile ḥāṣıl olacağına binā'en muḳaddemce vāḳiʿ {11} olan işʿār-ı muḫliṣī üzere işte Yānya Mutaṣarrıfı ʿÖmer Paşa'ya yazılmış ve ʿulūfeleri-çün aḳçe daḫi gönderilmiş ve bi-mennihī Taʿālā {12} ʿalā-eyyi-ḥāl ne vechile olur ise olsun ẕāt-ı serʿaskerīleri daḫi serīʿan ve ʿācilen müşārun-ileyh Yūsuf Paşa maʿiyyetine {13} iki biñ nefer işe yarar ʿasker irişdirmeleri ve sā'ir vechile daḫi muʿāvenet-i muḳteżiyeyi icrāya himmet buyurmaları {14} lāzımeden olub şöyle ki, şu aralıḳ müşārun-ileyh maʿiyyetine ʿasker irişdirilemeyüb maʿāẕallāhü Taʿālā Bālyabādra ve Ḳasteller {15} ve Īnebaḫtī ṭaraflarında daḫi uyğunsuzluḳ olmaḳ lāzım gelür ise umūr-ı serʿaskerī bi'l-istiḳlāl ʿuhde-i saʿādetlerine {16} muḥavvel olub bu ḫuṣūṣ daḫi evvel ü āḫir ṭaraf-ı saʿādetlerine bildirilmiş oldığından mes'ūliyyeti netīce vireceğinde şübhe {17} olmamağla aña göre müşārun-ileyh ʿÖmer Paşa'nıñ irsāl ideceği ʿaskere baḳmayaraḳ ne yapar iseñiz yapub ve ne maḳūle {18} tedbīr īcāb ider ise ʿalā-eyyi-ḥāl ol tedbīri ʿācilen ḳuvveden fiʿile getürüb müşārun-ileyh Yūsuf Paşa maʿiyyetine {19} ʿicāleten iki biñ nefer dinç ve güzīde ʿaskeriñ irişdirilmesine ve sā'ir vechile daḫi lāzım gelan muʿāveneti icrāya [ve] {20} vüsʿ-i beşerde olan mesāʿī ve iḳdāmātı icrāya himmet buyurmaları beyānıyla taḥşiye-i metn-i meveddete ibtidār olundı. Fī 27 R 39

[*1713/208*] ***Rumili vālīsine***

{1} Bālyabādra'da olan ṣadr-ı esbaḳ Seyyid ʿAlī Paşa ve Ḥasan Paşa ḥażerātı ve sā'ir rü'esā-yı ʿaskeriyye maʿiyyetlerinde bulunanlarıñ işlemiş {2} ʿulūfeleri külliyyetlü ve ḳatı fāḥiş şey oldığından başḳa bu ʿulūfe isteyan ʿasker evvel ü āḫir işe yarar maḳūleden {3} olmayaraḳ hemān bulunduḳları maḥallerde itlāf-ı ẕaḫāyir ve ṭaleb-i mebāliğden ğayrı kārları olmadığı tecārib-i ʿadīde ile maʿlūm {4} ve istenilan ʿulūfe daḫi müteveffā Ḫūrşīd Paşa'nıñ olub maʿa-hāẕā ol vaḳt her ne ḳadar ʿadem-i diḳḳat ile teẕākir {5} virilmiş ise de yüz nefer içün virilan teẕkire żımnında şimdiki ḥālde bir nefer ḳalmamış iken mücerred me'mūrīn bu uṣūli bir kār {6} ittiḫāẕıyla yine teẕkire mūcebince ʿulūfe ṭalebinde olduḳları cihetden bunlarıñ istedikleri ʿulūfeleri virilmek ṣūreti {7} başa çıḳar şey olmadığına ve şimdiye ḳadar hiçbir işe yaramayub bundan ṣoñra daḫi yaramayacaḳları müteyaḳḳan oldığına binā'en {8} Sīrozī saʿādetlü Yūsuf Paşa ḥażretleriyle bi'l-muḫābere müşārun-ileyhimānıñ ʿasākir-i sā'ireye sirāyet itmamek ve vechen mine'l-vücūh **(91)** Bālyabādra'nıñ taḥkīmine ḫalel virmeyecek vechile ṣūretini ḳarārlaşdırıḳdan ṣoñra keyfiyyeti bu cānibe işʿār {2} buyurmaları ḫuṣūṣı bundan aḳdem ṣavb-ı dirāyet-evb-i müşīrīlerinden istiʿlām ü istişʿār olunmuş idi. El-ḥāletü-hāẕihī {3} bu ʿulūfe māddesi müteferriʿātdan olarak İzdīn Muḥāfıẓı sābıḳ sa'ādetlü Süleymān Paşa ḥażretleri ṭarafından muḳaddem ve mu'aḫḫar {4} tevārüd iden taḥrīrāt me'ālinde müteveffā Ḫūrşīd Paşa ve selefiñiz Meḥmed Paşa zamānlarında işlemiş olan iki biñ iki yüz {5} elli ḫarcıñ ġayr-ez-teslīm iḳtiżā iden dört yüz elli biñ ġurūşuñ tedārükünden 'acz ve ıżdırābını taḥrīr iderek {6} 'ināyet-i seniyye istid'ā olunmuş ise de müteveffā-yı müşārun-ileyhiñ girüyi düşünmeyerek ṣūret-i semāḥatde ol vechile ḫarc {7} tezkireleri ibẕāl ve i'ṭā itmiş ve işbu tezkireler üç seneden berü elden ele gezerek me'mūrlara bir sermāye olmuş {8} ve ḥattā virilan tezkireleriñ birazı daḫi iki seneden berü ol ṭarafdan müfāraḳat ile Anāḍolī ve Rumili'de {9} sā'ir vüzerā-yı 'iẓām ḥażerātı ḫidmetlerinde bulunmuş sergerdelerde görülmüş iken yine me'mūrlar bidāyet-i māddede virilan {10} tezkire ḥesābınca aḳçe istemeleri velīni'metleri olan Devlet-i 'Aliyye'ye 'adem-i ṣadāḳatlerinden ve müşārun-ileyh Süleymān {11} Paşa'nıñ iki biñ iki yüz elli ḫarc didiği daḫi bu ḳabīlden olub ma'a-hāẕā müşārun-ileyh Süleymān Paşa'nıñ {12} hiçbir işe yaramayaraḳ İzdīn muḥāfaẓasında oldıġı vaḳtde ancaḳ ma'iyyetinde iki yüz nefer oldıġı ma'lūm iken {13} i'ẓām-ı mādde iderek bu vechile istid'āsı mücerred celb-i menfa'at idüġi nümāyān oldıġına binā'en bu maḳūle {14} vāhī muġālaṭalara ḥavāle-i sem ü i'tibār olunmayacaġı ve nihāyeti ḥaḳḳında peşīmānlıġı intāc ideceği beyānıyla {15} ḳalḳub manṣıbı ṭarafına gitmesi bu def'a ṭaraf-ı ḫāliṣānemizden iḳtiżāsı vechile müşārun-ileyh Süleymān Paşa'ya yazılmış {16} olmaġla ẕāt-ı ser'askerīleri daḫi müşārun-ileyhi ol ṭarafdan taḥrīk ile manṣıbı ṭarafına i'zāma ve muḳaddemki iş'ār-ı {17} muḫliṣī üzere eğer müşārun-ileyhimā Seyyid 'Alī Paşa ve Seyyid Ḥasan Paşa'nıñ şimdiki ḥālde faḳaṭ 'askerīye ḍoḳunmayaraḳ {18} yalñız kendüleriniñ bir ḥüsn-i ṣūretle çıḳarılmalarında bir güne be'is ü maḥẕūr yoġ ise ve müşārun-ileyhimānıñ çıḳmaları {19} vesīlesiyle ol ṭarafdan bir nefer çıḳmayacaġı[nı] gereği gibi teyaḳḳun ider ise ol vaḳt müşārun-ileyh Yūsuf Paşa ḥażretleriyle {20} bi'l-muḫābere müşārun-ileyhimānıñ daḫi berü ṭarafa iḫrācları vesā'iliniñ istiḥṣāline himmet buyurmaları siyāḳında ḳā'ime. Fī 28 R 39

[*1713/217*] ***Yānya mutaṣarrıfına***
{1} Sa'ādetlü Ser'asker paşa ḥażretleri ṭarafından mu'aḫḫaren sa'ādetlü Sīrozī Yūsuf Paşa ḥażretlerine irsāl olunmuş olan {2} dö[r]t yüz kīse aḳçeyi bir taḳrīb gāvurlarıñ almış olduḳları bu def'a inhā ve iḫbār olunub müşārun-ileyh Yūsuf {3} Paşa'ya īṣāl olunmaḳ üzere giçen bu ṭarafda beş yüz kīse aḳçe tertīb ve çifte tatar ile irsāl ḳılınmış {4} oldıġından gāvurlarıñ bu vechile berren ve baḥren şiddet-i 'iṣyānları cihetiyle ẕikr olunan beş yüz kīseniñ {5} Preveze'ye vürūdunda emniyyet-i ṭarīḳ ne vechile ise bi'l-istiḥṣāl meblaġ-ı mezbūruñ sālimen ṭarafına īṣāli {6} ve Bālyabādra'ya gönderilmesi muḳaddem ṭaraf-ı sa'ādetlerine iş'ār ve te'kīd ḳılınmış olan iki biñ nefer 'asker {7} henüz

gönderilmediği ḥālde beher-ḥāl ʿasker-i mez̠kūruñ sergerdeleriyle berāber bir ān aḳdem müşārun-ileyh ṭarafına {8} yetişdirilmesi çāresiniñ istiḥṣāli cenāb-ı şerīflerinden maṭlūb olan mevāddan olmağla muḳteżā-yı {9} dirāyet ü ġayret-i düstūrīleri üzere meblaġ-ı mezbūruñ ʿuṣāt ṭarafından bir gūne ihānet olunmaḳsızın müşārun-ileyh {10} ṭarafına sālimen irsāl ve ʿasker-i mezbūruñ īṣāliyle bā-ʿavn ü ʿināyet-i Bārī bu ḳış şu Bādra ve Ḳasteller'iñ {11} keyd ü gezend-i aʿdādan viḳāyesi esbāb-ı lāzımesiniñ istikmāline ṣarf-ı naḳdīne-i ihtimām ü mübāderet buyurmaları {12} ẕāt-ı saʿādetlerinden ḳaṭʿī maṭlūb idüği beyānıyla ḳā'ime. Fī 4 Ca 39

[*1713/221*] ***Ḳapūdān paşaya***

{1} Giçen gün Meclis-i Şūrā'da beyne'l-ḥużżār tez̠ekkür olundığı üzere Ībṣāra cezīresiniñ urulması māddesinde īrād olunan {2} tedābīri mutażammın taḳdīm buyurduḳları bir ḳıṭʿa taḳrīr ve ol bābda irsāl buyurılan tez̠kire-i şerīfeleri pāy-gāh-ı serīr-i şevket-maṣīr-i {3} cenāb-ı ḫilāfet-penāhīye ʿarż olunduḳda "Bu bābda müşārun-ileyhiñ mülāḥaẓası yollu ise de aṣl elzem olan Mora {4} cezīresiniñ evvel-be-evvel ḳol ḳol olaraḳ bi'l-ittifāḳ hücūm ve ʿavn ü ʿināyet-i Ḥaḳḳ'la żabṭ ü tesḫīr[i] olmağla Meclis-i {5} Şūrā'da cümle ṭarafından īrād ve istiḥsān ol[un]dığı üzere müşārun-ileyhiñ daḫi bi-mennihī Taʿālā evvelbahārda Donanma-yı {6} Hümāyūn'um ile Mora['ya] ʿazīmeti iḳtiżā ider." deyu ḫaṭṭ-ı hümāyūn-ı şāhāne şeref-rīz-i ṣudūr olmuş [olmağla] keyfiyyet maʿlūm-ı saʿādetleri {7} buyurulmaḳ siyāḳında tez̠kire. Fī 5 Ca 39

[*1713/228*] ***Rumili vālīsine***

{1} İskenderiye Mutaṣarrıfı saʿādetlü Muṣṭafā Paşa ḥażretleri ḥasbelḳader Mesolenk maṣlaḥatını bıraġub ʿavdete mecbūr olmuş {2} ise de evvelbahārda tedārükāt-ı ḳaviyye ile yine bıraḳdığı maṣlaḥatıñ üzerine geleceğini yazmış ve bu ṭarafda {3} olan müşārun-ileyhiñ ḫazīnedārı daḫi müşārun-ileyhiñ on beş biñ ʿasker ile ḳalḳabileceğini ifāde {4} itmiş ise de şeref-sünūḥ iden irāde-i seniyye mūcebince şimdi giçen sene mis̠illü ʿuhdesinde olan sancaḳlardan {5} külliyyetlü Geġa ʿaskeriyle bi-mennihī Taʿālā evvelbahārda ḳalḳub Ḳarlıili'niñ taṭhīri ve Mesolenk'iñ żabṭ ü tesḫīri {6} maṣlaḥatına me'mūr ḳılınmış ve müşārun-ileyhiñ bu ṭarafda olan ḫazīnedārı daḫi bizẕāt müşārun-ileyhe tefhīm-i aḥvāl {7} içün ṭaraf-ı muḫliṣīden terfīḳ olunan me'mūr ile berāber cānib-i müşārun-ileyhe gönderilerek müşārun-ileyhiñ me'mūriyyetini {8} ḥāvī emr-i ʿālī ve ṭarafımızdan iḳtiżāsına göre taḥrīrāt iṭāresi tesyār ve Dūḳagīn Mutaṣarrıfı Nuʿmān Paşa daḫi {9} maʿiyyet-i müşārun-ileyhe me'mūr ḳılınub müşārun-ileyhiñ ordusı-çün giçen sene oldığı gibi maḫṣūṣ ẕaḫāyir ve aġnām {10} daḫi tertīb olunmuş oldığı; {11} ve Yānya Mutaṣarrıfı saʿādetlü ʿÖmer Paşa ḥażretleriniñ daḫi işe yarayacağı me'mūl oldığından üç biñ nefer bedeninden

{12} ve beş biñ nefer aylıḳlu Ṭosḳa ʿaskeriyle maʿiyyet-i sipehdārīlerine meʾmūr ḳılınaraḳ ibtidā anıñ maʿrifetiyle müstaḳillen {13} Atina'nıñ żabṭ ü tesḫīri ve gāvurlarıñ Derbend'den berüye geçemameleri esbābınıñ istiḥṣāline taʿyīn-birle {14} bi-mennihī Taʿālā buña muvaffaḳ olduḳdan ṣoñra ilerülere sevḳ ile iḳtiżāsına göre istiḫdām olunması-çün her ḥālde {15} reʾy ü irāde-i müşīrīleri vechile ḥareket itmek üzere meʾmūr ve taʿyīn olunması mütebādir-i ḫāṭır olmuş ise de İskenderiye {16} Mutaṣarrıfı müşārun-ileyh Muṣṭafā Paşa ḥażretleri maʿiyyetinde olan Geġa ṭaḳımına aylıḳ laḳırdısı olmayacağından ve her ne ḳadar {17} Ṭosḳa ṭaḳımıyla Geġa ṭaḳımı müşārun-ileyh Muṣṭafā Paşa'nıñ giçen sene miṡillü Ḳarlıili'ye ve müşārun-ileyh ʿÖmer Paşa'nıñ {18} maʿiyyet-i serʿaskerīlerine meʾmūriyyetleri cihetleriyle birbirinden ayrılmış ise de yine seyyān muʿāmelesi olunmaḳ lāzım geleceğinden {19} müşārun-ileyh ʿÖmer Paşa'nıñ ʿale'l-ıṭlāḳ sekiz-on biñ nefer Ṭosḳa ʿaskeriyle evvelbahārda maʿiyyet-i saʿādetlerine {20} meʾmūriyyeti ve cenāb-ı müşīrīleri daḫi müşārun-ileyh ʿÖmer Paşa'yı lā-aḳal sekiz biñ ʿasker ile çıḳarub Atina {21} ḳolunda istiḫdām iderek işbu ʿasker içün müşārun-ileyhe beş biñden ziyāde ḫarc virmeyerek ḳuṣūrını müşārun-ileyhiñ {22} kendü bedeninden idāre itdirmeleri ḫuṣūṣuna irāde-i seniyye taʿalluḳuyla ol bābda müşārun-ileyhiñ aylıḳ laḳırdısı {23} olmayaraḳ sekiz-on biñ ʿasker ile maʿiyyet-i serʿaskerīlerine meʾmūriyyeti[ni] şāmil iḳtiżā iden emr-i ʿālī ıṣdār {24} ve maḫṣūṣ mübāşir ile tesyār olunmuş olmağla ẕāt-ı saʿādetleri daḫi ber-vech-i muḥarrer müşārun-ileyhi lā-aḳal sekiz biñ {25} tām ʿasker ile çıḳarub maʿiyyet-i serʿaskerīlerine celb ve faḳaṭ beş biñ neferine ḫarc iʿṭāsıyla māʿadāsını {26} kendüye idāre itdirerek ol vechile Atina ḳolunda istiḫdām buyurmaları; {27} ve bi-mennihī Taʿālā evvelbahārda maʿiyyet-i saʿādetlerine külliyyetlü ʿasker tertībi lāzım gelüb Rumili ḳażālarından giçen sene miṡillü {28} ʿasker iḫrāc olunsa ṡebātsızlıḳları cihetiyle işe yaramayacaḳlarından tertīb olunacaḳ ʿasākiriñ beher neferi {29} otuz beşer ġurūşdan altışar aylıḳ ḥesābıyla īcāb iden bedelleri ḳażālardan taḥṣīl ve ṭaraf-ı serʿaskerīlerine {30} tevṣīl olunaraḳ ẕāt-ı saʿādetleri daḫi iḳtiżāsına göre Arnavud ve Rumili ve Ḳırcalu ʿaskerinden işe yarar ve tüvānā {31} ve güzīde olmaḳ üzere aylıḳlu ʿasākir celb ve muḳtedir ve kār-güẕār sergerde maʿiyyetleriyle īcāb ü iḳtiżāsına göre {32} istiḫdām itmek ve şu ḳadar ki; Rumili ve Ḳırcalu ṭaraflarından külliyyetlü işe yarar aylıḳlu ʿaskeriñ maʿiyyet-i serʿaskerīlerinde {33} defʿaten tecemmuʿı ḥāṣıl olamaması mülāḥaẓasına bināʾen bu vechile aylıḳlu işe yarar ʿasker çıḳan maḥallere ṭaraf-ı Devlet-i {34} ʿAliyye'den maḫṣūṣ mübāşirler irsāliyle iḫrāc ü īṣāllerine iḳdām itdirmek üzere Rumili ḳażālarında giçen senelerde {35} tertīb olunan ʿasker baʿżı maḥalliñ derece-i taḥammülünden ziyāde ve noḳṣān ve baʿżısı dūn olmaḳ mülābesesiyle bu sene-i {36} mübāreke içün taʿdīl ve tesviye uṣūlüne riʿāyeten her bir ḳażānıñ maʿlūm olan ḥāl ve taḥammülüne göre tertīb olunması {37} tensīb olunaraḳ ol bābda sünūḥ iden irāde-i seniyye mūcebince Filibe ḳażāsından biñ ve Manāstır ḳażāsından altı yüz {38} ve Ṣofya ḳażāsından yüz elli ve Fīlorina ḳażāsından yüz elli ve Serfīçe'den yüz yiğirmi ve Behlişte'den yüz {39} ve Prespe'den elli ve Görīce ḳażāsından iki yüz ve Rādomīr'den elli ve Köstendīl ḳażāsından iki yüz ve Petrīç ḳażāsından {40} iki yüz ve İştib ve Köprili ve Dobrīç ḳażālarından ikişer yüz ve Ḏoyrān ḳażāsından yüz yiğirmi ve Cumʿabāzārı'ndan {41} elli beş ve Ḫūrpişte ve Eğribucaḳ ḳażālarından ellişer ve Rādovişte ve Ḳūmānova ve Ḳīrçova ḳażālarından yüzer {42} ve Pirlepe ḳażāsından üç yüz ve Nāslīç ḳażāsından yüz elli ve Çehārşenbe ḳażāsından üç yüz ve Tatarbāzārı ḳażāsından {43} dört yüz ve Kesriye ḳażāsından iki yüz ve Drāma'dan beş yüz ve Menlik ḳażāsından iki yüz ve Ḳol[on]ya ḳażāsından elli {44} ve Tikveş ve Ustrūmca ḳażālarından yüz ellişer ve Ṭırnovī ḳażāsınıñ taḥammülüne binā'en oradan daḫi biñ nefer ki cemʿan {45} yedi biñ üç yüz ḳırḳ beş nefer ʿasker bedelleri alınmaḳ üzere tertīb ve Ṣamāḳo-maʿa-İhtimān ḳażāsından {46} Ṣamāḳo nāẓırı veyāḫūd kendüye muʿādil başbuğ ile Nevreḳop ve Sīroz ve Timürḥiṣār ve Prāvişte {47} ve Zīḫne ve Rāzlıḳ ḳażālarınıñ ʿasākir-i mürettebesiyle aʿyānları kendü sevāḥilini muḥāfaẓa itmek ve buralardan maʿiyyet-i {48} müşīrīlerine istenilmamek üzere tanẓīm olunmuş oldığından baʿd-ez-īn daḫi ol vechile īfā ve keẕālik Rumili ḳażālarından {49} Ṣırpluya civār olan ḳażālardan ʿasker tertībinden ḥasbe'l-iḥtiyāṭ bu sene daḫi ṣarf-ı naẓar-birle Çirmen sancağından giçen sene {50} mutaṣarrıfı maʿiyyetine tertīb olunan altı biñ neferiñ bu sene-i mübārekede taḫfīfen-li'l-fuḳarā iki biñi tenzīl olunaraḳ maʿiyyet-i saʿādetleri {51} içün Yeñice-i Ḳaraṣu ḳażāsından māʿadā ḥāvī oldığı ḳażālardan daḫi dört biñ nefer tertīb ve uṣūl-i meşrūḥa ile (98) bunlarıñ daḫi iḳtiżā iden bedelleri taḥṣīl ve ṣavb-ı sipehdārīlerine irsāl ḳılınmaḳ üzere iḳtiżāsına göre {2} lāzım gelan mü'ekked evāmir-i şerīfesi ıṣdār ve maḫṣūṣ mübāşirler ile tesyār olunmaḳda oldığı; {3} Evlād-ı Fātiḥān'dan daḫi ʿaynen iḫrāc [ve?] üç biñ nefer ʿasker tertībiyle maʿiyyet-i saʿādetlerine īṣāl ve Üsküb Nāẓırı {4} ʿAlī Ḥıfẓī Beğ daḫi Priştine'den māʿadā maḥallerden iki biñ beş yüz nefer güzīde ʿasker ve Üsküb Mutaṣarrıfı {5} Priştineli Yaşar Paşa daḫi Priştine ḳażālarından iki biñ nefer tüvānā ʿasker ve Īvrānyalı mīr-i mīrāndan {6} Ḥüseyin Paşa Īvrānya'dan ve bedeninden yedi yüz elli ve keẕālik Lesḳofçalı Maḥmūd Paşa daḫi Lesḳofça'dan {7} ve bedeninden yedi yüz elli ve ḳapucıbaşılardan Yeñice-i Ḳaraṣu Aʿyānı Emīn Beğ daḫi ḳażāsından ve bedeninden {8} biñ nefer güzīde ʿasker istiṣḥābıyla bi-mennihī Taʿālā Nevrūz ibtidāsında maʿiyyet-i serʿaskerīlerinde iṣbāt-ı vücūd itmek {9} üzere muḳteżā-yı irāde-i seniyye üzere me'mūr ve taʿyīn ḳılınaraḳ her birine lāzım gelan evāmir-i şerīfe taṣdīr ve başḳa {10} başḳa mübāşirler ile tesyīr olunmaḳ üzere idüği; {11} işbu tertībāta naẓaran bedelleri alınaraḳ yerlerine işe yarar aylıḳlu ʿasker istiḫdām olunmaḳ üzere Rumili ve Çirmen {12} sancağı ḳażālarından ve Ṭırnovī'den tertīb olunan

ʿasākiriñ ṭopı on bir biñ üç yüz ḏoḳsan beş nefere {13} bāliġ ve ʿaynen tertīb olunacaḳ Şamāḳo ve Evlād-ı Fātiḥān ve Üsküb ve Priştine ve Īvrānya ve Lesḳofça ve Yeñice-i Ḳaraṣu {14} ʿaskerleri daḫi cemʿan on biñ üç yüz nefere resīde olaraḳ yekūnı yiğirmi bir biñ altı yüz ḳırḳ beş nefer {15} ʿasker dimek olmağla bunlardan başḳa Prizrīn Mutaṣarrıfı Maḥmūd Paşa daḫi biñ beş yüz ʿasker ile maʿiyyet-i serʿaskerīlerinde {16} is̱bāt-ı vücūd itmek üzere meʾmūr ḳılınmış oldığından paşa-yı mūmā-ileyhe götüreceği ʿaskeriñ ne miḳdārını {17} bedeninden aylıḳlu olaraḳ uydırabileceğini cenāb-ı serʿaskerīleri añlayub aña göre paşa-yı mūmā-ileyhle {18} muḫābere eylemeleri lāzım geleceği; {19} Rumili eyāletinde kāʾin biʾl-cümle eşkinci zuʿamā ve erbāb-ı tīmārı dört biñ neferi mütecāviz olmağla bunlar daḫi {20} ʿumūmen Nevrūz ibtidāsında maʿiyyet-i saʿādetlerinde is̱bāt-ı vücūd itmek üzere meʾmūr ḳılınmaları lāzımeden ise de eyāletlünüñ {21} şürūṭ mūcebince meʾmūr olduḳları maḥalde mülāzımlarıyla berāber is̱bāt-ı vücūd eylemek lāzımeden iken alaybeğileri tamāmıyla {22} sancaḳlusunı istiṣḥāb itmediklerinden bu defʿa bunlarıñ daḫi kāmilen maʿiyyet-i serʿaskerīlerinde is̱bāt-ı vücūd {23} eylemeleri żımnında sünūḥ iden irāde-i seniyye mūcebince her bir sancağıñ ne miḳdār aṣḥāb-ı tīmār ve zeʿāmetleri ve mülāzımları {24} var ise bir neferi girüye ḳalmayaraḳ tamāmen çıḳarub Nevrūz'a ḳadar maʿiyyet-i saʿādetlerine īṣāl ve is̱bāt-ı vücūd {25} itdirilmek üzere Dersaʿādet'den her bir sancağa maḫṣūṣ birer ḳıṭʿa fermān-ı ʿālī ile başḳa başḳa birer muḳaddem mübāşir taʿyīn {26} ve ḫademe-i Devlet-i ʿAliyye'den daḫi maʿiyyet-i saʿādetlerine bir münāsib yoḳlamacı taʿyīniyle yedine virilecek cebe defterleriyle {27} varub Nevrūz'da maʿiyyet-i saʿādetlerine vürūd idecek sancaḳluları yegān yegān yoḳlayaraḳ is̱bāt-ı vücūd {28} itmeyanleriñ zeʿāmet ve tīmārlarını refʿlerinden mevcūd mülāzımlara ve sāʾir işe yarar ve tüvānā yiğitlere ʿarż itmek {29} ve bu vechile tevcīhleri bu ṭarafda icrā olunmaḳ üzere tanẓīm ve her bir sancağıñ alaybeğilerine ḳaldırmaḳ içün {30} mübāşirler gitmekde olub yoḳlamaya bu ṭarafdan irsāli lāzım gelan yoḳlamacı intiḫāb ve irsāl olunmaḳda idüği; {31} ve Ṭosḳalıḳ beğzādelerinden müşārun-ileyh Yānya Mutaṣarrıfı ʿÖmer Paşa ile beynleri uyğun ve anıñ maʿiyyetiyle çıḳmaları {32} melḥūẓ olanlardan māʿadā yaʿnī müşārun-ileyhiñ maʿiyyetini ḳabūl itmeyüb maʿiyyet-i müşīrīlerine başḳaca meʾmūl olduḳları {33} ḥālde her biri vāfir ʿasker ile çıḳaraḳ bi-ʿavnihī Taʿālā ḫaylī işe yarayacaḳları istiḫbār ve taḥḳīḳ olunan {34} Ṭosḳalığ'ıñ muʿteber ve muḳtedir beğ ve beğzādelerinden Avlonya sancağında İbrāhīm Paşa yeğeni İsmāʿīl Beğ, {35} yine livāʾ-i mezbūrda Ḳoştaraşlı [?] Beğ-zāde Beğ, yine livāʾ-i mezbūr[da] Ergīrili Murtażā Beğ, yine livāʾ-i mezbūrda {36} Silaḥdār İlyās Beğ, yine livāʾ-i mezbūrda Ḳaplan Paşa-zāde Ṭāhir Beğ, yine livāʾ-i mezbūrda ʿAlī Raʾūf Paşa- {37} -zāde Erşī [?] Beğ, yine livāʾ-i mezbūrda Ḳlişūralı Rüstem Beğ, yine livāʾ-i mezbūrda Behşidli [?] Ḫalīl Beğ, yine livāʾ-i {38} mezbūrda Elmās Maḥmūd Aġa, yine livāʾ-i mezbūrda

İslām Timür Aġa, yine livā᾿-i mezbūrda Vizālanlı [?] Ḳahramān Beğ, {39} yine livā᾿-i mezbūrda Līḥov[a]'da [?] Süleymān Beğ-zāde ʿİzzet Beğ, Ḳonīçeli İsmāʿīl Beğ, Frāşeli Süleymān Beğ-zāde, {40} Delvīneli Muṣṭafā Paşa-zāde Şāhīn Beğ, Delvīne'de Ḥasan Çapar'ıñ oġlı Zeynel Beğ, yine livā᾿-i mezbūrda {41} Muṣṭafā Dālyān, Delvīneli ʿAlī Mānya, Delvīne sancaġında İslām Permerte'niñ [?] oġlı Yūsuf, yine livā᾿-i mezbūrda {42} Meḥmed Çapar, yine livā᾿-i mezbūrda Ṭāhir Çapar muḳtedir olabildikleri güzīde ʿasākir ile ṭaraf-ı müşīrīlerine varub iṣbāt-ı {43} vücūd eylemek üzere maʿiyyet-i serʿaskerīlerine me᾿mūr ḳılınmış ve her birine yararlıḳları müşāhede olunduḳça ḥaḳlarında {44} mükāfāt-ı celīle erzān buyurılacaġı teşvīḳātıyla ʿale'l-esāmī başḳa başḳa fermānlar ıṣdār ve li-ecli'l-iḫrāc {45} maḫṣūṣ ḫaṣekīler mübāşeretiyle irsāl ü tesyār ḳılınmaḳ üzere oldıġından ẕāt-ı saʿādetleri daḫi muḳteżā-yı me᾿mūriyyetleri {46} üzere bunları ḥüsn-i te᾿mīn ü istimāletle ṭaraf-ı saʿādetlerine celb ve istiḫdām eylemeleri lāzım geleceği; {47} giçen senelerde Rumili vālīsi bulunanlar maʿiyyetlerinde taḥaşşüd iden ʿasākiriñ idāre-i taʿyīnātları-çün Rumili ḳażālarından {48} tertīb olunmuş olan yüz elli biñ kīle daḳīḳ ve yüz seksan biñ kīle şaʿīr ve elli beş biñ re᾿s aġnāmıñ ʿaynen {49} taḥṣīline teşebbüs̱ olunmuş ise de envāʿ-ı ʿusreti müstelzim olmuş oldıġından bi-mennihī Taʿālā bu sene-i mübārekede meẕkūrü'l-miḳdār {50} daḳīḳ ve şaʿīr ve aġnāmıñ bedelleri alınaraḳ ḥāṣıl olacaḳ mebāliġden tecemmuʿ idecek ʿasākiriñ laḥm taʿyīnātları içün {51} lāzım gelan yüz sekiz biñ re᾿s miḳdārı aġnām Yeñişehir ḥavālīsinden aḳçesiyle tedārük olunmaḳ ve ḳuṣūr mebāliġ daḫi ʿasākir {52} ʿulūfeleri maṣārifine ṣarf ḳılınmaḳ üzere ʿaynen lāzım gelan ẕaḫīre daḫi Orfān ve Selānīk iskeleleriniñ Dersaʿādet {53} mübāyaʿası tertībātından ḥavāle olunaraḳ maḥallerinde şimdiden tehyi᾿e ve istiḥżār itdirilmesi ṭaraf-ı saʿādetlerinden inhā {54} ve īrād olunmuş olub vāḳıʿan Mora üzerine ḳol ḳol sevḳ olunacaḳ ʿasākir içün külliyyetlü ẕaḫīreniñ {55} tedārüki lāzımeden ve beyān olundıġı vechile bu miḳdār ʿasākir-i külliyyeye verādan ẕaḫīre irişdirilmek ḥayyiz-i imkānda **(99)** olmayub bu sene-i mübārekede Donanma-yı Hümāyūn ile yalñız Mora me᾿mūrları-çün yüz biñ keyl ẕaḫīre gönderilmiş {2} ve saʿādetlü Ḳapūdān paşa ve Sīrozī Yūsuf Paşa maʿrifetleriyle müste᾿men sefāyininden daḫi bī-nihāye ẕaḫāyir iştirā {3} olunmuş iken yine ẕaḫīresizlik şikāyeti vāḳiʿ oldıġına naẓaran evvelbahār içün tertīb olunacaḳ bu ḳadar orduları ñ {4} lāyıḳıyla idāreleri ẕaḫīre māddesinde daḫi ḥüsn-i ṣūreti istiḥṣāl olunması lāzım gelerek müteʿalliḳ olan {5} irāde-i ʿaliyye mūcebince ekṣerīsi peksimād ve daḳīḳ ve māʿadāsı şaʿīr ve baḳla olmaḳ üzere bir ṭaḳım külliyyetlü ẕaḫīre daḫi {6} Mıṣır'dan sefīnelere taḥmīlen Mora üzerine gönderilüb bi-mennihī Taʿālā ol vaḳte ḳadar müşārun-ileyh Ḳapūdān paşa ḥażretleri {7} daḫi Donanma-yı Hümāyūn ile Mora üzerine vuṣūl ile saʿādetlü Mıṣır vālīsi ḥażretleri ṭarafından olacaḳ {8} me᾿mūr ile bi'l-muḫābere işbu ẕaḫīreniñ lüzūmı miḳdārını yaʿnī her ṭarafda tecemmuʿ ü taḥaşşüd idecek orduları ñ

{9} ve evvelden bulunan ʿasākiriñ miḳdār [ve] kemmiyyetlerine göre kifāyet idecek ḳadarlarını Bālyabādra ve İnebaḫtī {10} ve İzdīn ṭaraflarına iḫrāc ve me'mūrlara teslīm ve ḳuṣūr ẕaḫāyiri daḫi sefīnelerde tevḳīf-birle ordular Mora derūnunda {11} ve ḥavālīsinde her ḳangı maḥalle varub ẕaḫīre isterler ise bi'l-muḫābere oralara iḫrāc itdirilmek üzere tertīb olunaraḳ {12} ṣūret-i ḥāl Mıṣır vālīsi müşārun-ileyhe yazılmış ve bundan başḳa mümkin olabildiği ḥālde Mora derūnuna iḫrāc içün {13} ṭarafından münāsib başbuġ ile mümkin miḳdārı ḳara ʿaskeri daḫi tertīb ve irsāl eylemesi işʿār ü tenbīh ḳılınaraḳ {14} bu ḫuṣūṣlarıñ diḳḳat ve icrāsı żımnında ricāl-i Devlet-i ʿAliyye'den Bārūtḫāneler Nāẓırı Necīb Efendi daḫi Mıṣır {15} vālīsi müşārun-ileyh ṭarafına gönderilmek üzere oldıġı ve bu ṣūretle Mıṣır vālīsi müşārun-ileyh ṭarafından külliyyetlü ẕaḫāyir {16} irişdirilecek ise de Mıṣır'dan ẕaḫīre vürūdına ḳadar ve gerek ʿasākir-i müteḥaşşideniñ Yeñişehir'den sevāḥile {17} nüzūllerine değin idāreleri-çün yine ḫaylī ẕaḫīreye iḥtiyāc derkār olacaġından ve inhā-yı sipehdārīleri vechile {18} bedel uydırılması her vechile suhūlet ve ḥüsn-i ṣūreti müstevcib olub faḳaṭ Mıṣır'dan ẕaḫīre tertībi ḫuṣūṣı {19} cümleniñ mesmūʿ ve maʿlūmı olacaġına ve giçen seneki aġnām tertībiniñ miḳdārı dūn olaraḳ bu sene-i {20} mübārekede iki ḳatı miḳdārı aġnām tedārüki lāzım geleceğine naẓaran sene-i sābıḳa tertībātı olan {21} daḳīḳ ve şaʿīriñ her bir ḳażānıñ ḥāl ve taḥammülüne göre baʿżen nıṣfları ve baʿżen ziyāde ve noḳṣān uydırılaraḳ {22} ve aña muḳābil aġnām tertībi daḫi keẕālik ḥāl ve taḥammüllerine göre ḳabardılaraḳ [?] sene-i sābıḳa tertībinden {23} elli beş biñ bu ḳadar kīle tenzīliyle ḳuṣūr ḍoḳsan dört biñ yedi yüz bu ḳadar kīle daḳīḳ ve şaʿīriñ tertīb-i {24} sābıḳından daḫi altmış iki biñ bu ḳadar kīle tenzīliyle ḳuṣūr yüz on yedi biñ dört yüz bu ḳadar kīle {25} şaʿīr ve aġnām tertībine on altı biñ yedi yüz bu ḳadar re's żammıyla yetmiş bir biñ yedi yüz re's aġnām olmaḳ üzere {26} tertīb olunub raḥmen-li'l-fuḳarā taʿdīl ve tesviye uṣūlüne riʿāyeten ve emṣāline ḳıyāsen daḳīḳiñ kīlesi sekizer ġurūş {27} ve şaʿīriñ kīlesi dörder ġurūş ve aġnāmıñ beher re'si altışar ġurūşdan bedeli alınub Yeñişehir defterdārı {28} efendi ṭarafına teslīm olunmaḳ üzere iḳtiżā iden evāmiri ıṣdār ḳılınmaḳda idüġi; {29} ve bu vechile Rumili ḳażālarınıñ ẕaḫīre ve aġnām tertībi bedele ḳaṭʿ olunacaḳ oldıġından ve idāre ve taʿyīnāt içün {30} lāzım gelan aġnāmı cenāb-ı müşīrīleri Yeñişehir ḥavālīsinden rāyiciyle iştirā ve idāre idecek olduḳlarından {31} Mıṣır ẕaḫīresi vürūd idinceye ḳadar ḥasbe'l-iḥtiyāṭ ṭaraf-ı Devlet-i ʿAliyye'den külliyyetlüce ẕaḫīre ve peksimād tertīb {32} olunaraḳ baʿdehū işiñ gelişine göre iḳtiżāsına baḳılmaḳ lāzım geleceğine binā'en Orfān iskelesinden Dersaʿādet'e {33} mürettеb ẕaḫīreden bundan aḳdem ṭabḫı fermān olunan on beş biñ ḳanṭār peksimād ile yiğirmi beş biñ kīle {34} daḳīḳ ve yiğirmi beş biñ kīle şaʿīr bi-mennihī Taʿālā evvelbahāra ḳadar tekmīl ü tehyi'e ve āmāde olunaraḳ bundan böyle {35} ḳangı ṭarafa irsālleri irāde olunur ise öylece tanẓīm olunmaḳ üzere anbārlarda ḥıfẓ olunması ve Selānīk {36} iskelesinden daḫi mümkin mertebe peksimād ve daḳīḳ ve şaʿīr bir ān aḳdem ṭabḫ ve tedḳīḳ ve iḥżār olunub {37} baʿdehū ne vechile irāde sünūḥ ider ise ol ṭarafa iʿṭā olunması ve Ġolos iskelesinde ḥāṣıl olan ẕaḫīre {38} keyfiyyeti bi'l-istiʿlām evvelbahāra ḳadar iskele-i mezbūrda āmāde ḳılınması iḳtiżā idenlere bā-evāmir-i ʿaliyye ve taḥrīrāt {39} tenbīh ḳılınmış oldığından başḳa iḥtiyāṭa riʿāyeten Dersaʿādet'den daḫi aḳçesiyle müste'men sefīnelerinden otuz biñ {40} kīle daḳīḳ ve yiğirmi biñ kīle şaʿīr mübāyaʿa olunaraḳ bi-mennihī Taʿālā Donanma-yı Hümāyūn iḫrācında müşārun-ileyh Ḳapūdān {41} paşaya teslīmen Mora üzerinde īcāb iden maḥalle iḫrāc olunmaḳ üzere tertīb ve irsāl olunması-çün {42} keyfiyyet bu ṭarafda ẕaḫīre nāẓırı vekīli efendi maʿrifetiyle derdest-i tanẓīm olub Mora ordusı-çün baʿżı maḥallerde {43} derdest-i ṭabḫ olan peksimādlar daḫi taʿcīl olunmuş olaraḳ ẕaḫīre naḳli-çün işʿār buyurılan develeriñ {44} ṣūret-i tertīb ü tanẓīmi derdest olaraḳ bunlarıñ ḥuṣūlüne iḳdām ü müsāraʿat ḳılınmaḳda oldığı; {45} maʿiyyet-i müşīrīlerine cemʿ ve tertīb olunan ʿasākir-i külliyye ile bi-ʿavnihī Taʿālā müstaḳillen ve bizẕāt Mora'nıñ fetḥ ü tesḫīrine {46} ḳıyām buyuraraḳ Yeñişehir'den ḥareket ile Ṣālona'dan Mora'ya baḥren mi, yoḫsa Atina üzerinden varılub {47} Derbend'den mi mürūr buyurılur, yāḫūd bir başḳa ṣūret ve çāre mi mülāḥaẓa ḳılınur ve bu ḫuṣūṣuñ re'y {48} ve istiḳlāl-i müşīrānelerine iḥāle olunması ve bu cihetle Yeñişehir'den bizẕāt ḥareketlerinde idāre-i umūr ve verādan {49} īṣāl-i levāzım içün saʿādetlü Ebūbekir Paşa'nıñ yā āḫar münāsib biriniñ Yeñişehir'de tevḳīfi lāzım {50} geleceğinden bu māddeniñ daḫi ṭaraf-ı saʿādetlerinden bi'l-istiʿlām ne vechile işʿār ve kim tensīb buyurılur ise {51} iḳtiżāsı icrā ḳılınması īcāb-ı irāde-i seniyyeden oldığından muḳteżā-yı ġayret ü ḥamiyyet-i aṣliyyeleri üzere {52} evvelbahārda celb ve istiṣḥāb olunacaḳ ʿasākir ile bizẕāt ḥareket ve bu bābda giceyi gündüze ḳataraḳ {53} ber-vech-i muḥarrer Mora'ya ḳangı cānibinden geçebilürler ise öylece mürūra ve Yeñişehir'de Ebūbekir Paşa ḥażretleriniñ veyāḫūd {54} āḫar bir münāsibiniñ ḳā'immaḳāmlıḳ ṣūretiyle tevḳīf ü iḳāmesi ṣūretinde re'yleri ne gūne ise öylece fermān-ı ʿālī {55} gönderilmek üzere keyfiyyeti bu ṭarafa işʿār ü işāret buyurmaları lāzım geleceği; (100) inşā'allāhü Taʿālā bu sene-i mübārekede ġayret olunub ḫitām-ı maṣlaḥat niyyet-i ḫāliṣasıyla bu ṭarafdan ber-vech-i bālā tedābīr-i {2} lāzıme icrā olunmuş ise [de] ẕāt-ı serʿaskerīleriniñ daḫi ḫitām-ı maṣlaḥatıñ sürʿatini mūcib olur ve īcāb ider bunlardan {3} başḳa her gūne diyecek ve yapacaḳ tertībleri var ise ṣoñra "şöyle oldı" dinmamek içün bu ṭarafa işʿāra {4} ve siziñ yapacağıñız var ise derḥāl icrāya himmet buyurmaları me'mūldür. Fī 7 Ca 39

[*1713/229*] ***İskenderiye mutaṣarrıfına***

{1} Terādüf-i esbāb-ı īcābiyye cihetiyle bi-mennihī Taʿālā evvelbahārda tedārükāt-ı ḳaviyye ile çıḳmaḳ ve şimdiden levāzımāt-ı seferiyyeye teşebbüs̱ {2} ü mübāderet itmek üzere Mesolenk maṣlaḥatı te'ḫīr olunaraḳ İskenderiye'ye

ʿavdet itmiş olduḳları bundan aḳdem {3} ṭaraf-ı saʿādetlerinden inhā olunmuş oldığına bināʾen bi-mennihī Taʿālā vaḳt-i meẕkūrda ibrāz-ı lāzıme-i ṣıdḳ ü ġayret żımnında {4} teşebbüs̱ idecekleri tedārükāta dāʾir reʾy ü tedbīr-i düstūrīleri ṭaraf-ı saʿādetlerinden istiʿlām olunmuş {5} ise de velīniʿmeti olan Devlet-i ʿAliyye ʿaleyhine ʿiṣyān iderek bu ḳadar ẕükūr ve inās̱ ve seyyid ve seyyide[ye] ḥavṣala-i İslāmiyyeʾye {6} ṣığmayacaḳ derece ihānet ü melʿanet itmiş olan Rum gāvurlarınıñ indifāʿ-i ġavāʾiliyle maḳarr-ı fesād ittiḫāẕ olunan {7} Moraʾnıñ fetḥ ü tesḫīri emrine ṭaraf-ı Salṭanat-ı Seniyyeʾden bunca iḳdām ü himmet olunmuş ve bī-nihāye maṣārifāt ve tekellüfāt {8} iḫtiyār olunmuş ve ẕātından ġayret ü şecāʿat meʾmūl olanlar daḫi meʾmūr ḳılınmış iken reʿāyā maḳūlesinden olan birṭaḳım {9} gāvurlarıñ ḥaḳḳından gelinmeyerek her bir defʿasında birer ṣūretle iş görilemeyüb nihāyet Mora māddesiniñ imtidādı {10} ḥāṣıl olmuş olub lākin bu vechile meʾmūrīniñ icrā-yı meʾmūriyyetde beṭāʾetleri uyġunsuz olub şöyle ki, {11} kāffe-i bendegān-ı Salṭanat-ı Seniyye nāʾil oldığı fevz ü iʿtibār velīniʿmetimiz olan Devlet-i ʿAliyyeʾniñ sāyesinde oldığı {12} ve sāye-i şāhānede kesb olunan şān ü nüfūẕ aṣḥābına reʿāyā maḳūlesinden aḫẕ-ı intiḳām olunamamaḳda {13} düvel-i Efrenciyyeʾye ḳarşu ne vechile şeʾn ve naḳīṣayı [?] mūcib olacağı ẓāhir oldığından başḳa reʾs-i fesād bu Mora {14} māddesi olub bu māddeniñ böyle uzamasında dīnen ve mülken ne vechile meḥāẕīr olacağı nezd-i erbāb-ı baṣīretde {15} āşikārdır. Bināʾen-ʿaleyh Müslümānım diyan ve şān ü rifʿatı ancaḳ bu devlet-i Muḥammediyye sāyesinde oldığını bilenlere bu bābda {16} ḫāb ü rāḥatı terk iderek inşāʾallāhü Taʿālā hemān cān ü dilden şu ġāʾileniñ serīʿan ḥüsn-i ḫitāmına çalışmaḳ {17} farż olmuş oldığına bināʾen ḥavl ü ḳuvvet-i Rabb-i Müsteʿān ile bu sene-i mübārekede maṣlaḥat ġāyet eṭrāflu {18} ve germiyyetlü ṭutılub meʾmūrīn daḫi şudur budur laḳırdısıyla muġāyir-i ḥamiyyet ü diyānet vaḳt geçürmeyüb inşāʾallāhü Taʿālā {19} maṭlūb vechile iş görülmek ġarażına mebnī her bir tertībāt nihāyet derecede icrā ve ikmāl olunmaḳ üzere saʿādetlü {20} Rumili vālīsi ḥażretleri maʿiyyetine külliyyetlü ʿasker taʿyīn olunaraḳ bi-ʿavnihī Taʿālā Moraʾnıñ fetḥ ü tesḫīrine müstaḳillen {21} ve bizẕāt ḳıyām iderek Yeñişehirʾden ḳalḳub Ṣālonaʾdan Moraʾya baḥren mi geçer, yoḫsa Atina üzerinden {22} varub Derbendʾden mi mürūr ider, yāḫūd bir başḳa çāre mi bilür, ne vechile ider ise ʿuhde-i istiḳlāline ḥavāle {23} olunaraḳ meʾmūr ve taʿyīn ve saʿādetlü Yānya Mutaṣarrıfı ʿÖmer Paşa ḥażretleri daḫi mecmūʿ Ṭosḳa ʿaskeri {24} ve Ṭosḳaʾnıñ ve baʿżı beğzādeleri daḫi muḳtedir olduḳları miḳdār ʿasker ile maʿiyyet-i müşārun-ileyhe {25} taʿyīn olunub ẕāt-ı saʿādetleri daḫi vāḳiʿ olan işʿār ve taʿahhüdleri vechile evvelbahārda tedārükāt-ı {26} külliyye ile gelecek olduḳlarından ve bu ṭarafda olan ḫazīnedārı bendeleri daḫi on beş biñ ʿasker ile ḳalḳacaḳlarını {27} söylemiş oldığından ʿuhde-i saʿādetlerinde olan sancaḳlardan giçen sene mis̱illü külliyyetlü ʿasker ile ḳalḳub {28} Ḳarlıiliʾniñ taṭhīri ve Mesolenkʾiñ żabṭ ü tesḫīri maṣlaḥatlarına biʾn-nefs meʾmūr ve taʿyīn ḳılınmaları ḫuṣūṣuna {29} irāde-i seniyye-i şāhāne ta'alluk iderek ol bābda lāzımü'ṣ-ṣudūr olan evāmir-i şerīfe ıṣdār ve tesyār olunmaḳ üzere {30} oldığından ġayrı işbu sene-i mübārekede icrā olunacaḳ tertībāt ve ṣūret-i irāde-i seniyye-i şāhāne ve cihet {31} ve ehemmiyyet-i me'mūriyyet-i müşīrīlerini şifāhen ifāde ve tefhīm itmek üzere Dersa'ādet'de olan ḫazīnedārları {32} mūmā-ileyh bendeleri ṭaraf-ı sa'ādetlerine gönderilmiş ve dā'ire-i muḫliṣīden daḫi bu ḫuṣūṣ żımnında mühürdār-ı ṣenāverī {33} mīr-i mūmā-ileyhe terfīḳ ve irsāl olunmuş olub ṣūret-i irāde-i seniyye ve ehemmiyyet-i maṣlaḥat mūmā-ileyhimā bendeleriniñ {34} taḳrīrlerinden ma'lūm-ı sa'ādet-melzūm-ı müşīrīleri buyurılaraḳ iḳtiżāsınıñ icrāsına müsāra'at [ü] himmet buyurılacağı {35} ẓāhir ise daḫi ber-vech-i meşrūḥ bu Mora māddesiniñ derece-i ehemmiyyeti ve bu bābda ṭaraf-ı Devlet-i 'Aliyye'den {36} ṣarf ol[un]an him-met ṣūreti ednā mülāḥaẓa ile ma'lūm ve bu bābda bundan ṣoñra te'ennī ve terāḫī cümlemize ve dīn {37} ü devletimize beğāyet mużır olacağı emr-i ġayr-ı mevhūm olub ḥālbuki ẕāt-ı sa'ādetleriniñ bu vechile re'sen ve müstaḳillen {38} Ḳarlıili ve Mesolenk ṭarafına me'mūriyyetleri mücerred ṭaraf-ı sa'ādetlerinden şevketlü efendimiziñ ber-vefḳ-i murād ḥüsn-i ḫidmet ve ṣadāḳat {39} me'mūl-ı 'ālīsinden neş'et itmiş oldığına naẓaran cenāb-ı düstūrīleri daḫi ḫānedānları eṣerine giderek ve inşā'allāhü Ta'ālā {40} ḥüsn-i ḫidmete ve īfā-yı me'mūriyyete muvaffaḳ olduḳlarında envā'-ı mükāfātını müşāhede ideceklerini yaḳīnen bilerek aña göre {41} bi-mennihī Ta'ālā evvelbahārda külliyyetlü 'asker ile Ḳarlıili'niñ taṭhīri ve Mesolenk'iñ yine bi't-tażyīḳ żabṭ ü tesḫīri vesā'ilini {42} 'avn-i Ḥaḳḳ'la istiḥṣāl itmek üzere şimdiden tedārükāt-ı ḳaviyyeye teşebbüṣ ü mübāderet, ḥāṣılı ẕāt-ı sa'ādetlerine bu ṭarafdan {43} ve ser'asker-i müşārun-ileyh cānibinden daḫi giçen seneden efzūn her kār ü maṣlaḥatda levāzım-ı mu'āvenet ve bir ṣūretle mübtelā-yı meşaḳḳat {44} olmamaları vesā'ilini istiḥṣāle diḳḳatde bir gūne ḳuṣūr ü beṭā'et olunmayacağı ve keyfiyyet ṭaraf-ı sa'ādetlerinden daḫi ne vechile ḥüsn-i ḫidmet {45} ve ṣadāḳat me'mūl oldığı ḫazīnedārlarıyla maḫṣūṣ gönderilan adamımız mūmā-ileyhimānıñ taḳrīrlerinden daḫi {46} ma'lūm-ı sa'ādetleri buyurulduḳda dīn ü devletimize ḥüsn-i ḫidmet niyyet-i ḫāliṣasıyla şu gāvurlarıñ ḥaddini bildirerek {47} ve şevket-me'āb efendimize ḫidmet beğendirerek iki cihānda ṣā'id-i silm-pāye-i [?] fevz ü rif'at olmaḳlığa ṣarf-ı efkār ve diḳḳat {48} ve her ḥālde ẕātlarından muntaẓar-ı 'ālī olan merdī ve besālet-i müşīrīlerini iṣbāt ü iẓhāra müsāra'at buyurmaları siyāḳında ḳā'ime. Fī 7 Ca 39

[*1713/239*] ***Rumili vālīsine kenar***

{1} İşbu nemīḳa-i ḫulūṣ-verīye leffen irsāl-i sū-yı sa'ādetleri ḳılınan mufaṣṣal bend bend ḳā'ime-i ḫāliṣānemizde {2} maiyyet-i ser'askerīlerine tertīb olunacaḳ 'asākirin bedelleri alınub yerlerine Rumili'nin 'asker yaṭağı {3} maḥallerinden aylıḳlu 'asākir iḫrāc ve istiḫdāmı ḫuṣūṣu gösterilmiş olduğundan keyfiyyet maʿlūm-ı sipehdārīleri {4} olacağı derkār ise de işbu ʿasker yaṭağı dinilan maḥallere bu ṭarafdan mübāşirler gönderilerek aylıḳlu ʿaskerin {5} tedārük ve iḫrācı veyāḫūd nezd-i saʿādetlerinde olan sergerdeler maʿrifetiyle ṭarafıñızdan celb ve istiḫdāmı {6} şıḳlarında reʾy-i vālāları ne vechile ise yaʿnī nezd-i saʿādetlerinde tecemmuʿ lāzım gelan neferāt-ı külliyyeniñ miḳdārına {7} göre o mis̱illü aylıḳlu Türk ʿaskeriniñ ṭaraf-ı saʿādetlerinden vaḳtiyle cemʿi müteʿassir ise maḥallerine bu cānibden mübāşir {8} gönderilerek aylıḳlu ʿaskerin daḫi iḫrācına bu ṭarafdan iḳdām olunmaḳ lāzım geleceğine mebnī bu bābda {9} suhūlet-i maṣlaḥat ve īcāb-ı keyfiyyet ne vechile ise serīʿan icrā ve keyfiyyeti bu ṭarafa daḫi işʿār ve inbāya {10} himmet buyurmaları żımnında taḥşiye-i metn-i meveddete ibtidār olundı. Fi 8 Ca 39

[*1713/245*] ***Rumili vālīsine***
{1} Bu defʿa saʿādetlü Sīrozī Yūsuf Paşa ḥażretleriniñ mühürdārı ile Dersaʿādet'e tevārüd iden taḥrīrātı {2} meʾālinde bi-taḳdīrillāhi Taʿālā bu sene-i mübārekede baʿżı esbāb-ı īcābiyyeye mebnī Mora ve Mesolenk meʾmūrlarınıñ {3} iş görmeksizin ʿavdetleri ve kendüsünüñ Preveze'de cemʿ eylediği ʿaskeriñ ḏağılması cihetiyle sene-i {4} ātiyeye ḳalaraḳ bu keyfiyyetden kefere-i ʿuṣāt bir ḳat daḫi şīrīnleyüb bundan böyle Bādra ve Īnebaḫtī ve Ḳasteller {5} ḳalʿaları üzerlerine bī-muḥābā tasalluṭ ve hücūm idecekleri melḥūẓiyyetine ve bu keyfiyyet ḳılāʿ-i merḳūmede maḥṣūr olan {6} ehl-i İslām'ıñ yeʾs ü fütūrlarını mūcib olacağına ve ṣadr-ı esbaḳ ʿAlī Paşa ve Ḥasan Paşa ḥażerātı maʿiyyetleriyle Gördūs'den {7} çıḳub el-yevm Bālyabādra'da olan ṭav[ā]ʾif-i ʿaskeriyyeniñ işlemiş ʿulūfeleri muṭālebesinden dolayı {8} mütecāsir olacaḳları ḥarekāt-ı rediyyeleri tebeyyün itmiş idüğüne mebnī içlerinden müfsid olanlarınıñ taṣfiyesiyle {9} Rūz-ı Ḫıżır'a ḳadar ḳıyām ü s̱ebātları żımnında ḥakīmāne tedbīr iderek işlemiş ʿatīḳ ʿulūfeleriniñ iʿṭāsıyla müceddeden virmiş {10} oldığı ḫarc teẕkireleriniñ iḳtiżā iden dört aylıḳ ʿulūfeleri irsāl ve idāre-i taʿyīnāt-ı ʿasākir içün (107) ẕaḫīre tertīb ve isbāl olunması ve el-yevm Bālyabādra'da olan müşārun-ileyh Seyyid ʿAlī Paşa ḥażretleriniñ {2} ol ṭarafda iḳāmeti beyhūde oldığından Rumili'ye bi'l-iḫrāc bir şeyʾle ḳayırılması ve müşārun-ileyh Seyyid Ḥasan Paşa {3} daḫi mevcūd-ı maʿiyyeti olan ʿasker ile Īnebaḫtī ve Ḳasteli ḳalʿaları muḥāfaẓasına meʾmūr ḳılınub Şāhīn {4} ʿAlī Paşa'nıñ vefātı cihetiyle münḥal olan Çorum sancağı ol ṭarafda olan Aḥmed Ağa'ya ḫidmet ve şecāʿat-i {5} sābıḳasına mükāfāten bā-rütbe-i mīr-i mīrānī iḥsān ve müşārun-ileyh maʿiyyetine meʾmūren Bālyabādra muḥāfaẓasına {6} taʿyīn olunması ḫuṣūṣātı mündemic ü meẕkūr olub vāḳıʿan şimdiye ḳadar icrā olunan bu ḳadar iḳdāmātıñ {7} s̱emeresi görülmeyerek bu sene daḫi Mora meʾmūrlarıyla İskenderiye mutaṣarrıfı ḥażretleriniñ maʿlūm olan uṣūl üzere {8} ʿavdetleri ḳażiyyesi Bālyabādra'da olanlara yeʾs ü fütūrı mūcib ve kefere-i ʿuṣātıñ bir ḳat daḫi {9} şīrīnleyerek

Bālyabādra üzerine hücūm dāʿiyesine tecāsürini müʾeddī ve müstevcib olmaḳ müṭālaʿaları {10} mütebādir-i ḫāṭır olaraḳ bundan aḳdem ʿasākir ʿulūfelerine maḥsūben tīz elden müşārun-ileyhe beş yüz kīse aḳçe {11} irsāliyle veṣāyā-yı lāzıme yazılmış ve Bālyabādra'ya iki biñ nefer aylıḳlu ʿasker irişdirmesi-çün Yānya {12} mutaṣarrıfı ḥażretlerine taḥrīr olunaraḳ bir aylıḳ ʿulūfeleri daḫi gönderilmiş ve maʿiyyet-i müşārun-ileyhe ne vechile {13} olabilür ise serīʿan iki biñ nefer ʿasker irsāl ve sāʾir vechile daḫi iʿānet-i mümkineyi icrāya himmet {14} buyurmaları ẕāt-ı serʿaskerīlerinden daḫi muḳaddem ve muʾaḫḫar teʾkīd ḳılınmış oldığı müşārun-ileyh Yūsuf Paşa'ya {15} taḥkiye ve beyān ve fīʾl-ḥaḳīḳa müşārun-ileyhiñ söz virmiş oldığı ʿulūfe aḳçesiniñ iʿṭāsı çāresiniñ {16} istiḥṣāli lāzımeden oldığından muḳaddemce irsāl olunan beş yüz kīse maḥsūb olunaraḳ ḳuṣūr lāzım {17} gelecek biñ kīse ile müceddeden virilmiş olan teẕkirelerden ḏolayı şimdilik iki aylıḳ içün {18} īcāb iden mebāliğe maḥsūben daḫi beş yüz kīse aḳçe ki cemʿan bu defʿa daḫi biñ beş yüz kīse aḳçe {19} tertīb ve Bālyabādra'ya getürüb müşārun-ileyh maʿrifetiyle taḳsīm itmek üzere ḫāṣṣa ḫaṣekīlerinden Ḥasan Aġa {20} mübāşeretiyle irsāl ü tesrīb olunmuş ve müşārun-ileyh Seyyid ʿAlī Paşa daḫi faḳaṭ kendü etbāʿısıyla Rumili'ye {21} iḫrāc olunmasına ruḫṣat-ı seniyye erzānī buyurılaraḳ keyfiyyet müşārun-ileyh Yūsuf Paşa'ya taḥrīr olunmuş ve müşārun-ileyh {22} Seyyid Ḥasan Paşa'nıñ Īnebaḫtī ḳalʿaları muḥāfaẓasına meʾmūriyyetiyle lāzım gelan emr-i şerīfi gönderilüb {23} münḥal olan Çorum sancaġı müşārun-ileyhiñ iltimāsı üzere mūmā-ileyh Aḥmed Aġa'ya bā-rütbe-i mīr-i mīrānī tevcīh {24} ve meʾmūriyyetini nāṭıḳ lāzım gelan evāmiri ıṣdār ve tesyār ve bu bābda müşārun-ileyhe veṣāyā-yı muḳteżiye terḳīm {25} ü izbār olunmuş ise de muḳaddem ve muʾaḫḫar ṣavb-ı serʿaskerīlerine taḥrīr olundığı vechile maʿiyyet-i müşārun-ileyhe irişdirilmesi {26} irāde ḳılınan iki biñ neferiñ şimdiye ḳadar irsāli çāresi istiḥṣāl buyurulmuş olacaġı fıṭrat-ı {27} ẕātiyyelerinde merkūz olan ġayret ü ḥamiyyet iḳtiżāsıyla müṡbet olaraḳ ol bābda tekrār veṣāyāya ḥācet {28} olmadıġı hüveydā ise de cümleye rū-nümā oldığı üzere Mora üzerinde bir iş görilemeyerek ol vechile {29} meʾmūrlarıñ ʿavdetleri cihetiyle ḫavene-i eşḳıyā tamām bu māddeyi serrişte-i fırṣat iderek maʿāẕallāhü Taʿālā {30} Bālyabādra ṭarafınıñ mekāyid ü mażārr-ı eşḳıyādan muḥāfaẓası ehemm ü aḳdem ve emr-i muḥāfaẓası daḫi {31} ʿalelʿacele tāze ve dinç ʿasker irişdirmeğe mevḳūf idüği vāreste-i ḳayd [ü] raḳam olmaġın mecbūl olduḳları {32} kār-güẕārī ve ḥaṣāfet iḳtiżāsı ve muḳaddem ve muʾaḫḫar teʾkīd ve taḥrīr ol[un]dığı üzere henüz ʿasākir-i {33} meẕkūre gönderilmamiş ise bundan böyle ifāte-i vaḳti tecvīz buyurmayub ẕikr olunan iki biñ nefer {34} ʿaskeriñ maʿiyyet-i müşārun-ileyhe irişdirilmesi çāresini istiḥṣāle himmet ve her ḥālde icrā-yı muḳteżā-yı {35} serʿaskerī ve meʾmūriyyete ṣarf-ı yārā-yı miknet buyurmaları siyāḳında ḳāʾime. Fī 9 Ca 39

[1713/260] *Bu def'a Çirmen sancağı ilḥāḳıyla Mora vālī[li]ği ve ser'askerliği 'uhdesine iḥāle olunan Dervīş Paşa'ya*

{1} 'Āmmeye ma'lūm olan Rum gāvurlarınıñ fesādı cihetiyle ḥāṣıl olan Mora ġā'ilesi me'mūrlarıñ şerāyiṭ-i diyānet ü ḥamiyyete münāfī {2} ve ġayret ü ṣadāḳate muġāyir ḥareketleriyle imtidād ve cesāmet bularaḳ eşḳıyā gāvurları günden güne şımarub şeḳāvet (115) ve ġavā'illerini tezyīd ile bu ḳadar ehl-i İslām'a itmedikleri ihānet ü mel'anet ḳalmayaraḳ ṭaraf-ı Devlet-i 'Aliyye'den {2} ḥadd ü şümāra gelmez ḫazā'in ṣarf olunmuş ve vaṣf ü ta'bīre gelmez ṣūretle sa'y ü iḳdām ḳılınmış iken yine bir iş görilemeyüb {3} gāvurlarıñ ünūf-ı naḫvet ü ru'ūnetleri büyümüş ve saṭvet-i ḳāhire-i İslāmiyye'yi lāyıḳıyla göremedikleri ḥayṡiyyet[iy]le {4} istidrāc ü istikbārları kemāle irişmiş oldığından bu sene-i mübārekede daḫi bu ḫuṣūṣuñ gevşek ṭutulması {5} ḥālen ve istiḳbālen nice meḥāẕīr-i dīniyye ve mülkiyyeyi müstetbi' olacağı ẓāhir ve ḥavl ü ḳuvvet-i Cenāb-ı Ḫayru'n-Nāṣırīn'e {6} istināden işbu sene-i müteyemmenede tedābīr-i ḳaviyyeye teşebbüṡ olunmaḳ mertebe-i farżiyyete varmış oldığı bāhir olmaḳdan nāşī bi-ḥavlillāhi Ta'ālā {7} işbu sene-i bāhirü'l-meymenede şu gāvurlardan gereği gibi aḫẕ-ı intiḳām olunmaḳ üzere berren ve baḥren tedābīr-i külliyyeye teşebbüṡ olunaraḳ {8} Rumili ve Arnavudluḳ'dan külliyyetlü 'asākir tertīb ve sene-i sābıḳadan efzūn Donanma-yı Hümāyūn sefāyini ta'yīn ve Mıṣır {9} cānibinden daḫi ẕaḫāyir ve 'asākir miṡillü tertībāt taḫṣīṣ olunaraḳ bunlarıñ cümlesi derdest-i icrā oldığından ġayrı {10} sa'ādetlü Rumili vālīsi ve ser'askeri ḥażretleri daḫi bizẕāt ḥareket-birle Mora'nıñ tesḫīrine iḳdām itmek üzere {11} me'mūr ḳılınmış olub ancaḳ vālī-i müşārun-ileyhiñ ilerüsünce Mora'ya duḫūl itmek üzere Mora ser'askerliğiniñ daḫi {12} ẕāten ve zamānen şecā'at-i fıṭriyye ve ṣalābet-i dīniyye ile müteḥallīḳ eṣdaḳ ve fermān-ber bir vezīr-i besālet-semīriñ 'uhde-i ehliyyet ü liyāḳatine {13} iḥālesinden lābüd ü muḳteżī olub nerīmān-ṣıfat-ı müşīrīleri ise evṣāf-ı meẕkūre ile muttaṣıf nāmdār ve ṣavlet-şi'ār {14} vüzerā-yı 'iẓāmdan olduḳları cihetden Mora ser'askerliği 'unvānıyla Mora eyāletine ilḥāḳan Çirmen sancağı 'uhde-i istīhāl-i {15} düstūrīlerine ve Vidīn sancağı daḫi el-yevm Edirne'de müsāfereten iḳāmet üzere olan Tırḥāla Mutaṣarrıfı sābıḳ sa'ādetlü Reşīd {16} Paşa ḥażretlerine tevcīh olunub bir ān aḳdem ol cānibden ḥareket ve ṣavb-ı me'mūrlarına 'azīmete müsāra'atları lāzımeden ise daḫi {17} ḫalef-i müşīrīleriniñ vürūduyla şerāyiṭ-i teslīm ü tesellümüñ icrāsı ḳā'ide-i serḥad-dārīden oldığına mebnī hemān oldığı {18} maḥalden ḳalḳub Vidīn'e irişüb icrā-yı emr-i tesellüme müsāra'at eylemesi bu def'a ḫalef-i müşīrīleri müşārun-ileyhe ṭaraf-ı {18} muḫliṣīden mü'ekkeden iş'ār olunmuş oldığından ḫalefleri müşārun-ileyhiñ ol cānibe vürūdına ḳadar cenāb-ı müşīrīleri {19} itmām-ı levāzım-ı tehyi'e[ye] ibtidār iderek ḥāżır ü müheyyā bulunub müşārun-ileyhiñ vürūdı ānda ḳā'ide-i teslīm ü tesellümi icrā-birle {20} hemān ḥareket ve gerek ol ṭaraflardan ve gerek manṣıb-ı müşīrīleri olan Çirmen sancağı dāḫilinden maʿiyyetiñize külliyyetlü {22} ʿasākir celb ü cemʿiyle Edirne'ye uğramaḳsızın Edirne'de yine şimdiki mütesellimi mi istiḫdām buyururlar, yoḫsa ṭaraf-ı saʿādetlerinden {23} bir āḫar mütesellim mi gönderilür, ne vechile münāsib görür iseñiz öylece icrā iderek münāsib olan ṭarīḳden bir ān aḳdem ḏoğrı {24} Yeñişehir'e ʿazīmet ve Rumili vālīsi müşārun-ileyhle her bir ḫuṣūṣı müẕākere iderek vāḳiʿ olan re'y ü tensībi üzere {25} ḥarekete mübāderet buyurmaları lāzımeden ve iḳtiżā-yı emr ü irāde-i şāhāneden olmağla mecbūl ü mefṭūr olduḳları kār-dānī {26} ve kiyāset iḳtiżāsı ve emr ü irāde-i seniyye-i şāhāne mūceb ü muḳteżāsı üzere ḫalefleri müşārun-ileyhiñ Vidīn'e vürūdına {27} değin istiḥżār-ı levāzıma mübāderet-birle müşārun-ileyhiñ vürūdı ānda ḳāʿide-i teslīm ü tesellümi baʿde'l-icrā {28} hemān andan ḥareket ve ol ṭaraflardan ve Çirmen sancağı dāḫilinden maʿiyyet-i saʿādetlerine külliyyetlüce ʿasker celb ü cemʿ iderek {29} Edirne'ye uğramaḳsızın münāsib ṭarīḳden Yeñişehir'e ʿazīmet ve bir ān aḳdem vuṣūl ü luḥūḳa müsāraʿat-birle Rumili {30} vālīsi müşārun-ileyhle her bir ḫuṣūṣı müẕākere iderek vāḳiʿ olan re'y ü tensībi üzere ḥarekete mübāderet, ve'l-ḥāṣıl {31} ẕāt-ı saʿādetleriniñ bu vechile Mora serʿaskerliğine me'mūriyyeti mücerred böyle dīn ü devlet maṣlaḥat[ın]ıñ ẕātıñızdan küllī ḥüsn-i {32} ḫidmet ẓuhūrı me'mūl-ı ʿālīsine mebnī oldığından cenāb-ı müşīrīleri daḫi aña göre ḥareket iderek ḥaḳḳ-ı şerīfiñizde olan {33} iʿtiḳād-ı ʿālīyi taṣdīḳ ile meşkūrü'l-mesāʿī olmaḳlığa ve her ḥālde icrā-yı levāzım-ı ġayret ü ḥamiyyete himmet buyurmaları {34} siyāḳında ḳā'ime. Fī 15 Ca 39

Ayniyat 1769

[*1769/11*] ***Devletlü veliyyü'n-ni'am Ağa efendimiz ḥażretleri ṭaraflarından Rumili vālīsine***

{1} Me'mūriyyet-i ser'askerīleri īcābından olarak ba'żı veṣāyā ve iḫṭārāt-ı sā'ireyi mutażammın muḳaddem {2} ve mu'aḫḫar cānib-i me'ālī-menāḳıb-ı ḥażret-i vekālet-penāhīden taḥrīrāt-ı sāmiyeniñ ḥāvī oldıġı nüket {3} ü meżāmīni ma'lūm-ı ṣafderāneleri buyurılub ḫayr-ḫāhları bildiklerinden ol bābda resīde-i enmile-i {4} ṣādıḳānem olan şuḳḳa-i seniyyelerinde mündemic olan mevādd-ı ṣıdḳ-i'tiyādları mū-be-mū rehīn-i ıṭṭılā'-i bendegī {5} olmuşdur. Vāḳı'an cemī' zamānda ḫaṭb-ı cesīm-i ser'askerīye me'mūr olan ẕevātıñ akçe ve ẕaḫīre {6} ḫuṣūṣlarında ve mevādd-ı sā'irede ḳıbel-i Salṭanat-ı Seniyye'den iḳdār ü i'ānelerine himmet buyurulmaḳ vācibāt-ı {7} umūrdan olub ma'lūm-ı devletleridir ki, Mora maṣlaḥatı bidāyet-i fesāddan giçen seneye gelince ḳadar {8} lāyıḳıyla ṭutılamayub ya'nī gāh me'mūrları beyninde teżād ü mübāyenet ve geh çatallıḳ ve 'adem-i {9} taḳayyüd ile ilişüb vaḳt geçmiş olaraḳ bir iş vücūda gelmediği ecilden ṭaraf-ı Devlet-i 'Aliyye'den {10} giçen sene tertībātına kemā-hiye-ḥaḳḳuhā taḳayyüd ü ihtimām ve bir şeyde şudur dinilecek mādde bıraġılmayaraḳ {11} ikmāl-i levāzımāt-ı cihādiyyeye iḳdām-ı tām olunmuş iken bi-ḥikmetillāhi Ta'ālā yine bir iş başarılmaḳ muḳadder {12} olmayaraḳ ḳış gelmiş oldıġından ḥasbe'l-īcābi ve'l-maṣlaḥa cenāb-ı ser'askerīleriniñ Mora {13} vālīsi devletlü paşa ḥażretleriniñ Mora'ya pā-nihāde-i vuṣūlüne ḳadar Alāmāna'dan 'avdetleri {14} mücāz olmadıġından ol ṭaraflarınıñ bir ġā'ile-i zā'ide ḥudūs̱ünden muḥāfaẓasına himmetleri lāzım gelerek {15} ol bābda ṣūret-i me'mūriyyet-i ser'askerīleri ṭaraf-ı eşref-i veliyyü'n-ni'amīden ṣavb-ı 'ālīlerine bi't-tekrār {16} bildirilmiş oldıġı ẓāhirdir. Zīrā Mora gāvurlarınıñ azġınlıḳlarına naẓaran ol ṭaraflar {17} boş bıraġılmaḳ lāzım gelse ḫavene-i eşḳıyā Yeñişehir ovalarına ḳadar īṣāl-i ḫasāret ve istīlā {18} ve ol fırṣatla eṭrāfda bulunan gāvurlar daḫi yek-ḳademe baş ḳaldıracaḳları taṣavvurāt-ı vehmiyyeden {19} bīrūn idüği nezd-i kār-āzmūdegī-i veliyyü'n-ni'amīlerinde daḫi müsellem ü rū-nümādır. Ḳaldı ki, şuḳḳa-i seniyyeleriniñ {20} bir fıḳrasında İzdīn ve Bādracıḳ'da olan 'askere on biñ ḫarc virilmekde ve Yeñişehir ḥavālīsi muḥāfaẓası-çün {21} daḫi iki biñden ziyāde süvārī 'asker istiḫdām olunmaḳda ise de bunlarıñ girüye ḳalan 'ulūfeleri {22} henüz virilemamiş ve meştā 'askerine taḫṣīṣ buyurılacaḳ ḫarc daḫi ma'lūm olamamış {23} oldıġından bu mādde bādī-i ḥayretleri oldıġını beyān-birle netīce-i ḳarārıñ {24} ṣavb-ı sāmīlerine bildirilmesi münderic ü mesṭūr olub cenāb-ı me'ālī-elḳābları Salṭanat-ı Seniyye'niñ {25} müşārun-bi'l-benān ve mümtāzü'l-aḳrān vüzerā-yı 'iẓāmından olduḳlarından başḳa mevkūl-ı 'uhde-i {26} istīhālleri buyurılan ḫuṭūb-ı mu'aẓẓama-i ser'askerīleriniñ kāffe-i uṣūl ü fürū'una vāḳıf ü dānā {27} olduḳları ḥaḳḳ-ı ʿālīlerinde derkār ve meṣāliḥ-i sipehdārīlerine teferruʿ iden ārā-yı lāzımeniñ (11) icrāsında şimdiye ḳadar ḳuṣūr olunmadığı mis̱illü bundan böyle daẖi tensīḳ-i umūr-ı mevkūlelerinde {2} muʿāmele-i tesāmuḥ tecvīz olunmayacağı [?] āşikār ise de meştā ʿaskeri buyurılan on biñ {3} ẖarcdan murād-ı devletleri nedir, yaʿnī bu on biñ ʿasker tez̠kire ḥesābınca mı oluyor, yoẖsa {4} ʿale'l-ḳarār ṣaḥīḥ on biñ nefer midir, eğer ẖarc tez̠kire uṣūlünce on biñ dimek olur ise {5} ol uṣūl üzere on biñ ẖarc ḳaç nefer olmaḳ iḳtiżā ideyor, ṣūreti tavżīḥ ü beyān {6} buyurulmamış ve cenāb-ı müşīrīleri şimdiki ḥāle göre maṣlaḥatıñ īcābı nedir, ḳaṭʿīce "Şöyle olur, {7} böyle lāzım, yaʿnī filān maḥalle şu ḳadar ʿaskerden eksik uymaz, şuraya bu ḳadar ḳonmalı" yollu pürüzsüzce {8} ʿaskeriñ miḳdārını ve ol ḳadar ʿaskere şu ḳadar ẖarc virilmek lāzım geleceği[ni] ṣarīḥan işʿār {9} ü beyān buyurmamış olduḳlarından ve bi-taẖṣīṣ muḳaddemce gösterilan ẖarc ẖuṣūṣı cenāb-ı saʿādetleri {10} bu vechile bulunduḳları maḥalde ḳalmaları taḳdīrine göre olmayub ilerü teşrīf ile biraz fevz ü ġalebeye {11} maẓhariyyet taḳdīrinde oldığından yaz mevsimi mis̱illü olmamaḳ iḳtiżā ider, müṭālaʿasına mebnī pürüzsüz {12} bilinmek lāzım gelmiş oldığından keyfiyyeti maʿlūm olamayaraḳ ḥaḳīḳat-i ḥāl ṣavb-ı ʿālīlerinden {13} bi'l-istikşāf baʿdehū aña taṭbīḳan icrāsına ibtidār olunacağı beyānıyla ʿarīża. Fī 10 R 40

[*1769/12*] ***Menteşā mütesellimine***

{1} Menteşā sancağında sāḥil[de] vāḳiʿ Māndālyāt ḳażāsıyla Güğercinlik ḳażāsı sevāḥiline Sīsām ad̠asından {2} gāvurlar çıḳub ebnā-yı sebīle tasalluṭ eylediklerinden başḳa d̠ağlarda iẖtifā ile giceleyerek köylerden {3} ḥayvānāt sürüb götürdükleri bu defʿa iẖbār ve taḥḳīḳ olunub sen bundan aḳdem {4} sevāḥil-i mez̠kūreniñ keyd ü mażārr-ı eşḳıyādan muḥāfaẓasına iḳdām itmek üzere mütesellim {5} taʿyīn olunmuş oldığıñdan gice ve gündüz ġaflet itmeyerek emr-i muḥāfaẓayı lāyıḳıyla istikmāl {6} eylemañ lāzıme-i ẕimmet ve müterettib-i ʿuhde-i meʾmūriyyetiñ iken gāvurlarıñ bu ṣūretle bī-pervā sevāḥil-i {7} merḳūmeye çıḳub ebnā-yı sebīl ve ḳurā ahālīsine īṣāl-i gezend ü ẖasārete ibtidārları mücerred seniñ {8} müsāmaḥa ve ʿadem-i taḳayyüdüñden iḳtiżā ideyor. Muḥāfaẓa böyle mi olur? Bu gāvurlar ol ṭaraflarda {9} böyle melʿanet eylediği ḥālde seniñ mes'ūl olmañ iḳtiżā itmez mi? Böyle vaḳtde meʾmūr bulun[an]lar {10} leyl ü nehār ẖāb ü rāḥatı terk iderek dīn ü devleti yolunda çalışmaḳ farż iken (12) sen hemān "Ben mütesellimim" diyerek kendü nefʿiñe baḳub zīr-i idāreñde olan maḥālliñ muḥāfaẓasına {2} taḳayyüd itmameñ seniñ ḥaḳḳıñdan gelinmeği iḳtiżā ideceği maʿlūmuñ olduḳda ʿaḳlıñı başıña {3} devşirüb sevāḥil-i merḳūmeniñ lāyıḳıyla muḥāfaẓasına diḳḳat iderek baʿd-ez-īn {4} ol ḥavālīde bu mis̱illü şey vuḳūʿa gelmamesine ve ʿuṣāt-ı eşḳıyā gelürler ise mütebaṣṣır bulunub {5} ve göz açdırmayub ḳahr ü istīṣālleriyle ahālī-i ḳurā ve ebnā-i sebīliñ emn ü irāḥaları {6} vesāʾilini istiḥṣāle iʿtinā ve mübāderet ve ẖilāfından ḥaẕer ü mücānebet eylemañ içün {7} seni īḳāẓ żımnında maḫṣūṣ işbu mektūb. Fī 11 R 40

[1769/19] *Sābıḳ Vidīn Muḥāfıẓı olub bu def ʿa istiḳlāl-i kāmil ve ʿunvān-ı serʿaskerī ile Rumili eyāleti tevcīh olunan Reşīd Paşa'ya*
{1} Cümleye maʿlūm oldığı üzere Rum gāvurlarınıñ rāyet-efrāz-ı şeḳā ve ṭuġyān olduḳları neyyir ve şerāre-i {2} şerr ü şūr ve mażarratlarınıñ inṭıfāsı emrinde berren ve baḥren bunca tedārükāt ü tertībāt-ı ḳaviyyeye teşebbüs̱ ile ḳıbel-i {3} Salṭanat-ı Seniyye'den ez-her-cihet ṣarf-ı vüsʿ ü maḳderet olunaraḳ gerek Rumili vālīsi ve serʿaskeri bulunan {4} ẕevātıñ ve gerek sā'ir me'mūrlarıñ bi'l-vücūh iḳdārlarında dirīġ-i himmet olunmamış ve her bir serʿasker tebeddülünde ḳuvvet-i tāze {5} bulunmaḳ ve renc ü fütūrsuz ḳullanılmaḳ irādesiyle maḥal ve münāsibe göre istedikleri ve irā'e eyledikleri {6} icrā olunaraḳ "şu eksik, bu noḳṣān" dinilecek bir şey bıraġılmamış iken bidāye-i fesāddan geçen seneye {7} gelince hiçbir ṭarafdan bir ḫidmet ü ġayret vücūda gelmeyerek günden güne maṣlaḥat fenālaşub maʿāẕallāhü Taʿālā {8} ḥālen ve istiḳbālen ve dāḫilen ve ḫāricen envāʿ-ı meḥāẕīri güneş gibi āşikār olan bir dāhiye-i dehyānıñ {9} ʿadem-i tenezzüli ve bilḫuṣūṣ bu sene-i mübārekede me'mūrlarıñ hiç ġayret itmameleri cihetiyle imtidād-ı fesād[d]an ḏolayı {10} ḳāl ü ḳaleme gelmez gün-ā-gün mażarrat rū-nümā olmaġa ba[ş]lamış ve selefiñiz saʿādetlü Dervīş Paşa ḥażretleri {11} her ne ḳadar müstaḳīm vüzerā-yı ʿiẓām-ı Salṭanat-ı Seniyye'den ise de kendü [ẕ]ā[tı]nda olan beṭā'et ve vehm ciheti ve eṭrāfı {12} lāyıḳıyla iʿmāl idemamesi sebebiyle geçirerek bir iş görmeğe muvaffaḳ olamamış oldığına ve Ḫudā-ne-kerde {13} ecsām-ı maṣlaḥata ʿilel-i müzmine ʿārıża olaraḳ ʿuṣāt-ı Rum fenn-i ḥarbi öğrenüb yevmen-fe-yevmen maṣlaḥat {14} bayaġı cesāmetlenmiş idügüne binā'en bu dā'ıñ bir ʿilāc ü çāresiniñ görülmesi farż derecesine varmış {15} ve şimdiye ḳadar telef olunan bī-nihāye aḳçe ve mühimmāt ile yine iş görilemamesiniñ menşe' ü sebebini taḥarrī {16} lāzım gelmiş oldığından ibtidā Rumili vālīsi bulunan ẕevātıñ iş göremamelerine sebeb ü bādī {17} Arnavudlardan ġayrı ʿasker bulub ḳullanamamaları olub Arnavud ʿaskeri ise ʿulūfeye ilişmiş ve gāvurlar ile {18} uyuşmuş birṭaḳım maḫlūḳ olaraḳ hemān vaḳt geçürüb ʿulūfe almaḳ dāʿiyesinde olduḳlarına ve ol ṭarafıñ {19} maṣlaḥatı ise beher-ḥāl Arnavud ʿaskeriyle biteceği maʿlūm idügüne mebnī evvel-emrde Arnavudluġ'ı lāyıḳıyla istiḫdāmıñ {20} çāresi bulunaraḳ bā-ʿavn-i Bārī bu mādde-i cesīmeyi Arnavudlara gördürmek īcāb-ı vaḳt ü maṣlaḥatdan {21} ve Arnavudlarıñ daḫi merām ü marżīleri Derbendāt oldığı vāżıḥātdan olmaḳdan nāşī bu māddeniñ {22} īcāb-ı vaḳt ü ḥāle tevfīḳan icrāsı lāzım gelmiş ise de maṣlaḥatda üss-i esās Rumili eyāleti {23} taḳrībiyle evvel-emrde Devlet-i ʿAliyye'ye ṣıdḳ ü istiḳāmeti derkār ve Arnavudlarıñ uṣūlüni bilür {24} ve ḥüsn-i ṣūretle ḳullanmaġa muvaffaḳ olur bir ẕevātıñ Rumili vālīsi

naṣb ü taʿyīniyle müteferriʿātınıñ {25} daḫi icrāsı lāzımeden oldığına ve cenāb-ı ṣarāmet-elḳāb-ı düstūrīleriniñ evvel ü āḫir dīn ve Devlet-i ʿAliyye {26} uġurunda derkār olan ġayret ü ḥamiyyet ve ʿalelḫuṣūṣ bidāye-i fesād[d]a meʾmūr olduḳları ḫidmet-i {27} dīniyyede ibrāz buyurmuş olduḳları ṣalābet ü metānet ve bi-taḫṣīṣ Arnavudluġ'uñ mizācına kesb-i {28} ıṭṭılāʿ ile beğ ve beğzādegān ve vücūh ve ḫānedānıyla kesb-i āmīziş [?] ü iḫtilāṭ buyuraraḳ mizāc {29} ü mişvārlarını tecrübe buyurmuş olduḳları bedīdār olaraḳ bir gūne uzamasında maḥẓūr ü mażarrat {30} oldığı ẓāhir olan böyle bir maṣlaḥatda cān ü baş ile çalışacaḳları iʿtiḳādı ḥaḳḳ-ı saʿādetlerinde (17) manẓūr-ı ʿālī idüğüne bināʾen bu defʿa kerāmet-efzā-yı ṣudūr olan irāde-i ʿināyet-ʿāde-i cenāb-ı pādişāhī mūcebince {2} ʿavāṭıf-ı ʿaliyye-i kītī-sitānīden istiḳlāl-i tāmme ve ruḫṣat-ı kāmile ve ʿunvān-ı serʿaskerī ile Rumili eyāleti {3} ʿuhde-i istīhāl-i düstūrīlerine tevcīh ü iḥsān-ı hümāyūn buyurılub ḳapu-ketḫüdāları bendelerine ilbās-ı ḫilʿat olunmuş {4} ve Vidīn muḥāfıẓlığı daḫi Selānīk Mutaṣarrıfı sābıḳ saʿādetlü İbrāhīm Paşa'ya tevcīh ḳılınmış idüğüne naẓaran {5} ḳāʿide-i serḥad-dārīden oldığı üzere ḫalefler[i] müşārun-ileyhiñ vürūdunda ẕāt-ı saʿādetleriniñ Vidīn'den {6} ḥareketleri lāzım gelmiş ise de ehemmiyyet-i maṣlaḥata göre cenāb-ı düstūrīleri bir ān aḳdem Yeñişehir'e vuṣūl ile {7} vaḳt geçmeksizin hemān işe yapışub ḫidmet görmeleri īcābından nāşī bu ṣūretde ḫalefleri müşārun-ileyhiñ {8} vürūdına baḳmayaraḳ hemān birḳaç gün yaʿnī nihāyet bir hafta ẓarfında Vidīn'den ḥareket ve yağmur {9} ve yaşa baḳmayaraḳ ʿazīmet ve yemīn ü yesārdan istedikleri meʾmūrīn ve ʿaskeri ṭoplayaraḳ seyr-i serīʿ ile {10} Yeñişehir'e vuṣūle şitāb ü sürʿat buyurmaları daḫi irāde-i ḳāṭıʿa-i şāhāneden oldığından Vidīn {11} muḥāfıẓlığı ḳāʾimmaḳāmlığı ḫalefleri müşārun-ileyhiñ vürūdına değin el-yevm maʿiyyet-i saʿādetlerinde olan mīr-i mīrāndan {12} Caʿfer Paşa'ya iḥāle olunaraḳ iḳtiżā iden emr-i şerīf ve taḥrīrāt daḫi gönderilmiş ve bi-mennihī Taʿālā Arnavudluġ'uñ {13} ber-vefḳ-i murād istiḫdāmıyla inşāʾallāhü Taʿālā hemān az vaḳtde şu ġāʾileniñ indifāʿı emrinde bi't-taṣvīb {14} icrā olunan uṣūlüñ ber-vech-i ātī icrāsına ibtidār olunmaḳ üzere olmağla hemān ẕāt-ı saʿādetleri {15} muḳteżā-yı meʾmūriyyetleri ve iḳtiżā-yı irāde-i seniyye üzere mūmā-ileyh Caʿfer Paşa'yı muḥāfıẓ ḳāʾimmaḳāmı {16} naṣb iderek ve yağmur ve yaşa baḳmayaraḳ nihāyet bir haftaya ḳadar Vidīn'den ḥareket ve yemīn {17} ü yesārdan istedikleri ʿasker ve meʾmūrları ṭoplayaraḳ bir daḳīḳa evvel Yeñişehir'e irişüb vaḳtiyle işe {18} yapışaraḳ inşāʾallāhü'r-Raḥmān şu ġāʾileniñ yüzüñüzden berṭaraf olmasına iʿtinā ve himmet-birle sizden {19} meʾmūl olan ḫidmet-i ḥaseneyi ibrāza beẕl-i mā-ḥaṣal-i liyāḳat buyurmaları dirāyet-i ẕātiyyelerine muḥavvel idüği; {20} bend-i evvelde beyān olundığı üzere bu maṣlaḥatıñ imtidādına sebeb Arnavud ʿaskeri olub {21} bu Arnavudluġ'uñ yolı bulunaraḳ iʿmāli çāresine baḳılmaḳ lāzım gelmiş ve Yānya Mutaṣarrıfı ʿÖmer Paşa {22} ḥażretleri muḳaddemā müteveffā Ḫūrşīd Paşa zamānında vezāretle bekām olaraḳ Yānya ve Avlonya ve Delvīne {23} sancaḳları ʿuhdesine iḥāle olunmuş ve Mesolenk ṭarafınıñ levs̱-i vücūd-ı eşḳıyādan taṣfiyesine meʾmūr {24} ḳılınmış ise de müşārun-ileyh ʿÖmer Paşa bir iş başaramadığından māʿadā ʿuhdesinde olan sancaḳları daḫi {25} yoluyla idāre idemeyerek eks̱er Arnavudluġ'uñ kendüden müteneffir oldığı tebeyyün itmiş ve bu cihetle {26} müşārun-ileyh ʿÖmer Paşa'nıñ daḫi ḥasbe'l-īcāb teʾmīn ü talṭīfiyle ol ṭaraflardan āḫar manṣıba naḳli {27} reʾs-i mesʾele ʿadd olunmuş oldığına ve Selānīk eṭrāfında müşārun-ileyhiñ çiftlik ve ʿalāḳası {28} bulunaraḳ teʾmīnine medār olacağına [?] bināʾen ḫalefleri müşārun-ileyh İbrāhīm Paşa'nıñ ʿuhdesinden {29} münḥal olan Selānīk sancağı daḫi müşārun-ileyh ʿÖmer Paşa'ya tevcīh olunaraḳ ṭaraf-ı ḫāliṣānemizden (18) kendüye yazılan taḥrīrātda kendü her ne ḳadar Devlet-i ʿAliyye'niñ rıżā-kār ve fermān-ber vüzerāsından olub {2} ḥüsn-i ḫidmete saʿy itmiş ise de bi-ḥikmetillāhi Taʿālā ʿuhdesinde olan sancaḳları yoluyla idāreye {3} muvaffaḳ olamadığından ʿazl ile kendüye Selānīk sancağı tevcīh olunmuş oldığı işʿār {4} ve işbu irāde ḥaḳḳında bir gūne iġbirārdan nāşī olmayub elviye-i sāʾirede olan tevcīhāt mis̱illü {5} oldığından hemān ḳalḳub Selānīk'e gelerek żabṭ ü rabṭa ve eṭrāfınıñ mekāyid-i aʿdādan muḥāfaẓasına {6} saʿy-ı bī-şümār eylemesi iḳtiżāsına göre teşvīḳāt-ı lāzımesi derc ve tez̠kār ḳılınmış ise de müşārun-ileyhiñ {7} mizācı nezd-i saʿādetlerinde mū-be-mū maʿlūm ve bu cihetle bir gūne vehm ile uyġunsuzluġa düşirecek mādde {8} vuḳūʿ bulmamasına iʿtinā īcāb-ı ḥālden idüği emr-i ġayr-ı mevhūm oldığına bināʾen ṭaraf-ı düstūrīlerinden {9} daḫi ḫāliṣāne ve ḥaḳīḳī kelimāt taḥrīriyle teʾmīn ve īcāb ider ise ṭaraf-ı serʿaskerīlerinden adam {10} gönderile[rek] teʾlīfi, ve'l-ḥāṣıl bu bābda müşārun-ileyh ʿÖmer Paşa ḥażretleriniñ bir gūne vesveseye ẕāhib {11} olmayaraḳ manṣıbı olan Selānīk'e sürʿat-i ʿazīmeti ṣūret[in]iñ mizācına taṭbīḳan nāzikāne ve ḥakīmāne istiḥṣāline {12} ṣavb-ı sipehdārīlerinden daḫi iʿtinā olunması īcāb-ı irāde-i seniyyeden oldığı; {13} müşārun-ileyh ʿÖmer Paşa'nıñ ʿuhdesinden münḥal olan Yānya ve Avlonya ve Delvīne sancaḳları daḫi Arnavudluġ'uñ {14} merʿiyyü'l-ḫāṭır ve ʿaṣabiyyet üzere ḫānedānından münāsibine tevcīhi lāzım gelmiş oldığından ẕikr olunan {15} sancaḳlardan faḳaṭ Avlonya sancağı Avlonya'nıñ ḫānedānından bulu[nu]b Dersaʿādet'de olan Avlonyalı {16} İbrāhīm Paşa-zāde mīr-i mīrāndan Süleymān Paşa'ya tevcīh olunub el-yevm Berāt'da olan Tepedelenli mühürdārı {17} Aġo Mühürdār ʿOs̱mān Aġa ṣūret-i ẓāhirde ʿÖmer Paşa ṭarafında ise de maʿnen ʿÖmer Paşa'yı pek ister {18} ṭaḳımdan olmayub Avlonya ṭarafını daḫi naṣıl ister ise öylece ḳu[l]lanacağı erbāb-ı vuḳūfuñ {19} iḫbārıyla maʿlūm oldığına mebnī Berāt ḳalʿasınıñ ḥüsn-i ṣūretle ʿÖmer Paşa elinden alınması ve mūmā-ileyh {20} Süleymān Paşa'nıñ daḫi lāyıḳıyla ḳullanılması ümniyesiyle Berāt mütesellimliği ve paşa-yı mūmā-ileyhiñ {21} ketḫüdālığı mūmā-ileyh Aġo Mühürdār ʿOs̱mān Aġa'ya bā-fermān-ı ʿālī iḥāle-birle kendüye serīʿan Berāt ḳalʿasınıñ {22} żabṭ ve muḥāfaẓası ve Süleymān Paşa'nıñ vālidesini derūn-ı ḳalʿaya idḫāl ile maṣlaḥatı yoluna ḳoyması {23} ve mūmā-ileyh Süleymān Paşa'nıñ evvelbahārda çıḳaracağı ʿasker ve sā'ireniñ şimdiden tehyi'esiyle {24} paşa-yı mūmā-ileyh manṣıbına vardıḳda ve manṣıbından daḫi me'mūriyyeti cānibine gitdikde yine ol ṭarafların̄ {25} ḥüsn-i idāresi ʿale'd-devām kendüden maṭlūb-ı ḳaṭʿī idüğ[ün]i mübeyyin me'mūriyyet emri ve ṭaraf-ı ḫāliṣānemizden {26} daḫi iḳtiżāsına göre taḥrīrāt gönderilmiş olaraḳ bi-mennihī Taʿālā paşa-yı mūmā-ileyh daḫi manṣıbına iḳʿād {27} olunmaḳ üzere maʿiyyetine dergāh-ı ʿālī ḳapucıbaşılarından Ayaş Müftīsi-zāde Mesʿūd Aġa iḳʿāda {28} me'mūr [?] olaraḳ paşa-yı mūmā-ileyhe terfīḳan hemān bu ṭarafdan taḥrīk ü iʿzām olunmaḳ üzere {29} olub Yānya ve Delvīne sancaḳları daḫi bu defʿa saʿādetlü Ḳapūdān paşa ḥażretleri maʿiyyetiyle {30} Dersaʿādet'e gelmiş olan Īnebaḫtī Muḥāfıẓı Palāslızāde İsmāʿīl Paşa'ya ʿuhdesinde olan Ḳarlıili'ye {31} ilḥāḳan tevcīh olunmaḳ taṣmīm olunmuş ise de livā'eyn-i merḳūmeyniñ şimdilik Rumili eyāletine ilḥāḳan {32} cenāb-ı düstūrīlerine tevcīhi ve mūmā-ileyh İsmāʿīl Paşa'nıñ daḫi şöylece maʿiyyet-i düstūrīlerine {33} me'mūr ṣūretiyle Dersaʿādet'den iḫrāc ve ḏoğrı Yeñişehir'e iʿzāmıyla ẕāt-ı saʿādetleri bi-mennihī Taʿālā {34} Yeñişehir'e baʿde'l-vuṣūl Yānya ve Delvīne sancaḳlarınıñ mūmā-ileyh Palāslızāde'ye tevcīhini ʿarż iderek {35} inhā ve işʿārları üzere tevcīh olunması tensīb olunmuş ve ol vechile mūmā-ileyh İsmāʿīl Paşa {36} şimdilik Ḳarlıili ve Īnebaḫtī sancaḳları kemā-kān ʿuhdesinde ḏuraraḳ maʿiyyet-i müşīrīlerine me'mūren **(19)** Yeñişehir'e ʿazīmet itmek üzere keyfiyyet kendüsüne bildirilerek çend rūz ẓarfında Dersaʿādet'den {2} çıḳarılmaḳda olmağın [?] paşa-yı mūmā-ileyhiñ meslek ü mişvārı daḫi maʿlūm-ı müşīrīleri {3} oldığından bu ṣūreti cenāb-ı serʿaskerī daḫi tensīb buyuracaḳları derkār oldığına {4} naẓaran livā'eyn-i meẕkūreyniñ paşa-yı mūmā-ileyhe tevcīh ve ilḥāḳını Dersaʿādet'e ʿarż ü inhā eylemeleri {5} viḳāye-i nüfūẕ-ı serʿaskerīlerini mūcib olacağından ol vechile icrāsı daḫi iḳtiżā-yı irāde-i {6} seniyyeden idüği; {7} Arnavudluğ'uñ ḥüsn-i ṣūretle istiḫdāmıyla iş gördirilmesi lüzūmuna ve müşārun-ileyh ʿÖmer Paşa'nıñ {8} ol ṭaraflardan bi't-te'mīn tebʿīdi īcābına mebnī Yānya ve Delvīne sancaḳları dāḫilinde olan yerlere {9} lāzım gelan mütesellim ve muḥāfıẓlarıñ daḫi şimdiden intiḫāb ve taʿyīni iḳtiżā-yı maṣlaḥatdan oldığından {10} Yānya mütesellimliği Yānya ḫānedānından ʿĀṣım Beğ-zāde Paşo Beğ'e iḥāle-birle Ṭāhir ʿAbbās'ı kemā-fi's-sābıḳ {11} ḳapu bölükbaşılığında istiḫdām itmek üzere ikisine ḫiṭāben başḳa ve Delvīne mütesellimliği daḫi ol ṭarafıñ {12} ḫānedānından Muṣṭafā Paşa-zāde Şāhīn Beğ'e ve sā'ir muḥāfaẓada olanlar daḫi kemā-kān muḥāfıẓlıḳlarda {13} ibḳā olunaraḳ başḳa başḳa me'mūriyyet evāmir-i şerīfesi gönderilerek ʿÖmer Paşa ḥaḳḳında bir güne {14} irāde olmayub mücerred ʿuhdesinde olan sancaḳları yoluyla idāreye muvaffaḳ olamadığından sā'ir {15} sancaḳlarda oldığı miṡillü ʿazl olunaraḳ kendüye

Selānīk sancağı iḥsān olunmuş oldığından {16} inhā-yı müşīrīleri üzere taʿyīn olunacaḳ sancaḳ mutaṣarrıfı varınca ḳadar eṭrāfıñ lāyıḳıyla muḥāfaẓa {17} ve ḥüsn-i idāresine iʿtinā ve diḳḳat eylemeleri kendülerine ḳaṭʿiyyen maṭlūb oldığını mutażammın ṭaraf-ı {18} ḫāliṣānemizden her birine başḳa başḳa īcābına göre teşvīḳātı şāmil kāğıdlar gönderilmiş {19} olub Ḳapūdān Yorġākī'niñ Rum fesādı ẓuhūrundan berü ṣadāḳati meşhūd olmağın Rumili {20} Vālīsi esbaḳ Ebūlubūd Meḥmed Paşa ṭarafından yedine virilan buyuruldı mūcebince ḳapūdānlığı ve Nārda {21} ḳażāsında olan ḳapūdānlarıñ daḫi kemā-kān ḳapūdānlıḳları ibḳāsıyla bundan böyle daḫi {22} maẓhar-ı elṭāf-ı seniyye olacaḳlarını mübeyyin başḳa başḳa evāmir-i ʿaliyye ıṣdār ve tesyār olunaraḳ bu gāvurlarıñ {23} daḫi bu vechile celb ü istimāletleri ṣūretine baḳılmış idüği; {24} müşārun-ileyh ʿÖmer Paşa'nıñ yeğeni mīr-i mīrāndan Aḥmed Paşa başḳaca manṣıb emelinde olub paşa-yı {25} mūmā-ileyh müşārun-ileyh ʿÖmer Paşa'nıñ müsteşārı ṣūretinde oldığı taḥḳīḳ ḳılınmış oldığından baʿżısı[nı] {26} tevcīhle [?] yanından ayırmaḳ ve müşārun-ileyhi daḫi zımnen te'mīn çıḳmaḳ içün Köstendīl sancağı ve daḫi {27} Yergöği muḥāfıẓlığına merbūṭiyyetden ifrāz ve mūmā-ileyh Aḥmed Paşa'ya tevcīh olunaraḳ bi'n-nefs manṣıbına {28} ʿazīmet eylemesi-çün iḳtiżāsına göre te'mīn ü istimāleti mutażammın emr-i ʿālī ıṣdār ve ṭaraf-ı ḫulūṣ-verīden {29} daḫi taḥrīr ü işʿār ḳılındığı; {30} Īnebaḫtī Muḥāfıẓı sābıḳ [ve]zīr-i mükerrem saʿādetlü Ḥasan Paşa ḥażretleri el-ḥāletü-hāẓihī Yānya'da {31} bulunmuş ve Nārda'nıñ daḫi muḥāfaẓası lāzım gelmiş olaraḳ müşārun-ileyhiñ serīʿan {32} Nārda'ya vuṣūl ile emr-i muḥāfaẓaya ḳıyām eylemesi bābında başḳa ve Delvīne sancağında {33} vāḳiʿ Aydo [?] nām Ḥācī İslām Ağa güzīde iki yüz nefer ve Ḥasan Çapar-zāde Aḥmed Ağa (20) birāderiyle yüz elli ve silāḥşorān-ı ḫāṣṣadan Çapar-zāde Ṭāhir Ağa yüz nefer [—]{2} yine Yānya ḳapu bölükbaşılığı üzerinde olaraḳ müşārun-ileyhle berāber ʿicāleten irişmek üzere beş yüz nefer {3} ve Rumili ordusunda olan Üsküb Nāẓırı Ḥıfẓī Beğ bendeleri daḫi maʿiyyeti ʿaskeriyle serīʿan Nārda {4} muḥāfaẓasına yetişüb muḥāfıẓ-ı müşārun-ileyh maʿiyyetinde olmaḳ üzere me'mūriyyetlerini ve inhā-yı müşīrīleriyle {5} naṣb olunacaḳ sancaḳ mutaṣarrıfı varıncaya ḳadar emr-i muḥāfaẓaya ḳıyām eylemek üzere māhiyyeleri {6} ṭaraf-ı Devlet-i ʿAliyye'den virileceğini mutażammın başḳa başḳa evāmir-i ʿaliyye ıṣdār ve her birine iḳtiżāsı vechile {7} cānib-i ḫāliṣānemizden mektūblar daḫi tesyār ḳılınmış ve Nārda muḥāfaẓasında olacaḳ işbu {8} ʿaskeriñ üç aylıḳ taʿyīnātlarıyla Sūlī ve Pārġa ve Vonīça ḳalʿalarında ẕaḫīreniñ ḳılleti oldığı {9} taḳdīrinde iki aylıḳ ẕaḫīreleri iştirāsı-çün ʿale'l-ḥesāb olaraḳ Preveze Mütesellimi Ebūbekir Ağa'ya {10} yüz biñ ġurūş gönderilüb her ḥālde ġayret-i lāzımeyi icrā itmesi ṭaraf-ı muḫliṣīden te'kīd ḳılınmış idüği; {11} işbu tedbīre göre Tırḥāla sancağınıñ daḫi Arnavud paşalardan bir münāsibine tevcīhi īcābına {12} ve el-ḥāletü-hāẓihī Yergöği Muḥāfıẓı olan mīr-i mīrāndan Ṣāliḥ Paşa bendeleri öteden berü maʿlūm

{13} ü meşhūd olan ḥüsn-i mişvārına mebnī tamām ehl ü cesbān oldığına binā'en şeref-ṣudūr olan {14} irāde-i şāhāne mūcebince livā'-i mezbūr daḫi paşa-yı mūmā-ileyhe ve Yergöği muḥāfıẓlığı daḫi mūmā-ileyh {15} Ca'fer Paşa bendelerine tevcīh ve Ca'fer Paşa varıncaya ḳadar Yergöği muḥāfaẓasına Rūsçuḳ Muḥāfıẓı {16} Muṣṭafā Paşa ṭarafından neẓāret ve Yergöği ḳal'ası binā emīni Meḥmed Aġa daḫi muḥāfıẓ vekīli olaraḳ {17} ḳal'ada iḳāmet idüb mūmā-ileyh Ṣāliḥ Paşa hemān ḳalḳub Yeñişehir'e 'azīmet ve ma'iyyet-i ser'askerīlerinde {18} ve her ḥālde emr ü re'ylerinde olaraḳ ibrāz-ı ḥüsn-i ḫidmet itmek üzere me'mūriyyet emr-i şerīfi gönderilmiş {19} ve sa'ādetlü Ebūbekir Paşa ḥażretleri daḫi vezāreti ve Bolī ve Vīrānşehir sancaḳları 'uhdesinde olaraḳ {20} ba'dehū ṣudūr idecek irāde-i seniyye vechile ḥareket itmek üzere cenāb-ı müşīrīleriniñ Yeñişehir'e {21} vuṣūllerine ḳadar kemā-kān ol ṭarafda iḳāmetle umūr-ı muḳteżiyeniñ rü'yet ü idāresine diḳḳat {22} ve Tırḥāla Derbend Aġası Süleymān Aġa daḫi ol ḥavālīniñ emr-i muḥāfaẓasına müsāra'at eylemek {23} üzere müşārun ve mūmā-ileyhimāya evāmir-i 'aliyye ve taḥrīrāt ıṣdār ve tesyār olunmuş ve Tırḥāla mutaṣarrıfı {24} naṣb olunan mūmā-ileyh Ṣāliḥ Paşa'ya bu def'a yazılan taḥrīrāt-ı ḫāliṣānemizde {25} Tırḥāla'nıñ 'uhdesine tevcīhi gūyā cenāb-ı düstūrīleriniñ ḥaḳḳında vāḳi' olan {26} ḥüsn-i şehādetleriyle oldığı īrād olunaraḳ nüfūẕ-ı müşīrīleriniñ viḳāyesi żarūreti {27} gösterilmiş oldığı; {28} ma'lūm-ı feṭānet-kārīleri oldığı üzere Arnavudluğ'uñ şimdiye dek bir iş görmek {29} merām idinmameleri mücerred aḳṣā-yı murādları olan Derbendāt'ıñ kendülerine iḥālesi efkārıyla idüği {30} vāżıḥātdan oldığına ve ḥasbe'l-vaḳt şimdilik tek iş gördürülmek içün Derbendāt'ıñ {31} Rumili'ye ilḥāḳı fā'idesinden ṣarf-ı naẓar ile bi'ż-żarūr Ṭosḳalıġ'a virilmesi īcāb-ı ḥālden {32} idüğüne naẓaran Derbendāt neẓāretiniñ Poda Silaḥdār İlyās Beğ'e ḳapucıbaşılıḳla iḥālesi ba'żı {33} rivāyete göre muḥassenātdan ise de rivāyet-i dīgere göre mūmā-ileyh Silaḥdār Arnavudluğ'uñ {34} mu'teber ḫānedānzādelerinden olmadığından müşārun-ileyh 'Ömer Paşa gibi bunı daḫi çekemameleri {35} mülāḥaẓasından başḳa Derbendāt başḳaca virilmekden ise Yānya veyāḫūd Tırḥāla mutaṣarrıflarından **(21)** birine virilmesinde fevā'id beyān olundığı ecilden şimdilik Derbendāt kimesneye virilmamiş olmaġla {2} bi-mennihī Ta'ālā cenāb-ı ser'askerīleri Yeñişehir'e ḏoġrı vardıḳlarında taḥḳīḳ-i aḥvāl-birle Derbendāt'ıñ {3} bir münāsib rütbe ve pāye ile müstaḳillen Silaḥdār Poda'ya mı virilmesi münāsibdir, yoḫsa Yānya ve Delvīne {4} sancaḳlarına mutaṣarrıf olacaḳ ḳullarına ilḥāḳ olunması mı ensebdir, maṣlaḥata ḳangısı evfaḳ görilür ve ne vechile {5} tensīb buyurılur ise aña iḥālesi-çün bi't-taḥḳīḳ keyfiyyeti bu ṭarafa taḥrīr ü iş'āra himmet buyurmaları {6} daḫi īcāb-ı irāde-i 'aliyyeden idüği; {7} selefiñiz müşārun-ileyh Dervīş Paşa ḥażretleri ḥasbelḳader bir iş görmeğe muvaffaḳ olamamış ise de {8} tafṣīlāt ve mücāzātı daḫi maṣlaḥat ü vaḳtiñ cesāmet ve īcābına baġışlanaraḳ ve vezāreti üzerinde {9} olarak̲ maʿzūl olub āḫar bir münāsib manṣıb münḫal oluncaya dek şimdilik müşārun-ileyh {10} ve gerek maʿiyyetinde bulunan bi'l-cümle meʾmūrīn cenāb-ı düstūrīleri ol ṭarafa varıncaya ḳadar {11} heyʾet-i mecmūʿasıyla bulundukḳları maḥalde ve İzdīn muḥāfaẓasında s̱ebāt ü ḳıyām eylemeleri içün {12} başḳa başḳa evāmir-i ʿaliyye ıṣdār olunmuş ve ʿaskeriñ ḳalmış olan ʿulūfe ḥesāblarını kemāliyle {13} tedḳīḳ ve tenḳīḥ iderek görüb defterini ṣavb-ı serʿaskerīlerine isrā ve cenāb-ı serʿaskerīleri Yeñişehir {14} ṭarafına vürūdlarında āḫar manṣıba naḳli meʾmūriyyeti taḥaḳḳuḳunda ʿazīmet eylemesi taḥrīr ü inhā ḳılınmış {15} olmağla cenāb-ı müşīrīleri daḫi ol ṭaraflara varıncaya dek bunlarıñ bulunduḳları maḥalde {16} ve İzdīn muḥāfaẓasında s̱ebāt ü iḳāmetlerine dāʾir bu ṭarafdan yazılan tenbīhātı müʾekkid ve iḳtiżāsına göre {17} veṣāyā olunmasını mutażammın mekātīb ve buyuruldılar tasṭīr ve tesyīr, ve'l-ḥāṣıl bunları ilerüde {18} ne vechile ve ne ṭarafda ve ne miḳdār ʿasker ile ḳullanmaḳ murād buyurılur ise muḳteżā-yı istiḳlāl-i {19} düstūrīleri üzere kendülerine lāzım gelan veṣāyā iʿlān ve tezbīr ve ʿasākiriñ ḳalmış {20} ʿulūfe meṭāliblerine dāʾir fesādıñ daḫi nihāyet derecede ḥüsn-i tesviyesini derpīş {21} buyuraraḳ īcāb ü muḳteżāsını icrāya himmet buyurmaları lāzımeden oldığı; {22} İskenderiye Mutaṣarrıfı saʿādetlü Muṣṭafā Paşa ḥażretleri baʿżı esbāba mebnī bi'n-nefs īfā-yı {23} meʾmūriyyet idemeyerek muḳaddem bedeninden olmaḳ üzere üç biñ nefer ʿasker tertīb ve irsāl {24} itmiş ise de muḳteżā-yı taʿahhüdi üzere bi-mennihī Taʿālā bu sene-i mübārekede ʿuhdesinde olan {25} İskenderiye ve Oḫrī ve İlbaṣan sancaḳlarından beş biñ nefer tāmmü'l-ʿaded [?] işe yarar ʿasker {26} tertīb ve ṭarafından muḳtedir başbuğla Nevrūz'da maʿiyyet-i düstūrīlerinde mevcūd {27} bulunmaḳ üzere hemān iḫrāc ü irsāline mübāderet eylemesi-çün şimdiden meʾmūriyyeti ḥāvī {28} emr-i ʿālī ıṣdār ve ṭaraf-ı ḫulūṣ-verīden taḥrīrāt iṭāre ve tesyār olundığı; {29} Berḳofçalı saʿādetlü Yūsuf Paşa'nıñ dīger irāde ṣudūrına dek Yeñişehir'de meks̱ {30} ü tevḳīfi muḳaddemce kendüsüne yazılmış ve müşārun-ileyh muḳaddem ve muʾaḫḫar her ne ḳadar ruḫṣat **(22)** istidʿāsında olmuş ise de cenāb-ı düstūrīleri Yeñişehir'e vuṣūllerinden ṣoñra iḳtiżāsına baḳılmaḳ üzere {2} şimdilik kemā-kān Yeñişehir'de iḳāmet eylemesi tekrār fermān-ı ʿālī ile teʾkīd ḳılınmış idüği; {3} nezd-i müşīrīlerinde beyāndan müstağnī oldığı üzere Arnavud ʿaskeri ʿulūfelerini vaḳt ü zamānıyla {4} almadıḳça işe yaramayub ʿulūfe nizāʿı çıḳarmaḳda olduḳlarından her ne ḳadar Rumili'den ʿasker {5} bedelātı tertīb olunacaḳ ise de yerlü [ye]rinden taḥṣīl ve īṣāli vaḳte muḥtāc ve inşā'allāhü Taʿālā ẕāt-ı serʿaskerīleriniñ {6} Yeñişehir'e vuṣūlleriyle berāber ʿasākir-i müctemiʿanıñ iki ayda bir kerre işlemiş ʿulūfeleri irsāl olunmaḳ üzere {7} maṣārif-i serʿaskerīleri-çün aḳçe irsāl olunaraḳ sāye-i hümā-vāye-i şāhānede size ṣıḳındı çekdirilmemesi {8} esbāb ü ārāsınıñ istiḥṣāline iʿtinā olunacağı vāreste-i ḳayd [ü] iḥticācdır. Ḳaldı ki, Arnavud {9} ʿaskeriniñ ʿulūfeden ġayrı istedikleri olmadığı mis̱illü Arnavud rüʾesāsınıñ daḫi

{10} akçeden ziyāde emelleri çiftlik ve arāżī gibi şeylere münḥaṣır oldığından inşā'allāhü Ta'ālā {11} görecekleri ḫidmete ve gösterecekleri yüz aḳlıḳlarına göre cenāb-ı düstūrīlerine {12} ez-her-cihet mükāfāt olunacağı bī-iştibāh olub şöyle ki, cenāb-ı sa'ādetleri eslāflarına {13} maḳīs ü muvāzin ṭutulmayub meṡelā iḳtiżāsına göre ba'żı iş görecekleri teklīf ideceğiñiz {14} ḫidmeti vücūda getürdükden ṣoñra incāz buyurmaḳ şarṭıyla rütbe ve akçe ve çiftlik miṡillü {15} dil-ḫāhları olan va'adi itmek ve incāzı mevsiminde hemān icrā buyurmaḳ üzere cenāb-ı {16} düstūrīleri[ne] ṭaraf-ı Devlet-i 'Aliyye'den ruḫṣat ve istiḳlāl virilmiş olub el-ḥāṣıl hemān maṭlūb {17} olan, iş görilüb bi-'avnihī Ta'ālā az vaḳtde şu ġā'ileniñ berṭaraf olması oldığı ve her ḥālde {18} re'yiñizde müstaḳil olaraḳ cenābıñız[a] eslāfıñızdan ziyāde ruḫṣat ve istiḳlāl virilmiş {19} ve tertībāt-ı sā'ire daḫi derdest-i tanẓīm olaraḳ şimdiye ḳadar icrā olunan daḫi ber-vech-i meşrūḥ {20} idüği ma'lūm-ı ser'askerīleri buyuruldukda her ḥālde icrā-yı muḳteżā-yı me'mūriyyet ve ser'askerīye şitāb {21} ü himmet buyurmaları siyāḳında ḳā'ime. Fī 19 R 40

[*1769/21*] ***Yergöği Muḥāfızı olub bu def'a Tırḥāla sancağı tevcīh olunan Ṣāliḥ Paşa'ya***

{1} Cümleye ma'lūm oldığı üzere Arnavudluḳ şevketlü kerāmetlü pādişāhımız efendimiziñ ġayret {2} ü ṣadāḳat ile meşhūr birṭaḳım işe yarar ḳul ve 'askeri iken bi-ḥikmetillāhi Ta'ālā birḳaç seneden berü {3} Mesolenk['iñ] żabṭı ve Ḳarlıili'niñ taṭhīri müyesser olamaması ḳurb ü civārdan bulunan Arnavudluġ'uñ {4} reh-i Ḥaḳḳ ile ḏavranamamalarından nāşī olub re'āyā maḳūlesinden olan dīni ayrı birṭaḳım {5} gāvurlarıñ bu vechile fürce-yāb olaraḳ fesādlarınıñ imtidādı Devlet-i 'Aliyye'niñ 'aẓīm {6} uyġunsuzluġı müstelzim olacağından beyne'l-me'mūrīn derkār olan mübāyenetiñ ḫulāṣası {7} ve Arnavud 'askeriniñ lāyıḳıyla işe ṣaldırılaraḳ cān ü göñülden istiḫdāmları Arnavudluġ'uñ {8} uṣūl-i ḳadīmine rücū'uyla bu āna ḳadar dīn ü devlet yolunda eyledikleri yüz aḳlıġı[nı] bi-mennihī Ta'ālā {9} bundan ṣoñra yerine getürmek ṣūretiniñ icrāsı Salṭanat-ı Seniyye ẕimmet-i himmetine terettüb eylediğine {10} ve Rumili Vālīsi sa'ādetlü Dervīş Paşa ḥażretleri daḫi bi-ḥikmetillāhi Ta'ālā bir iş görmeğe {11} ve me'mūrīn ve 'alelḫuṣūṣ ṭavā'if-i 'askeriyyeyi ilerü sevḳ ile ḳullanmaġa muvaffaḳ olamadığından {12} ḥasbe'l-īcāb ṣarf ü taḥvīliyle Rumili eyāleti ve ḫuṭūb-ı ser'askerī bu def'a 'avāṭıf-ı {13} cihān-şümūl-ı cenāb-ı pādişāhīden istiḳlāl-i tāmme ve ruḫṣat-ı kāmile ile **(25)** Vidīn Muḥāfızı vezīr-i mükerrem sa'ādetlü Reşīd Paşa ḥażretlerine tevcīh ü iḥsān-ı hümāyūn ve Yānya ve Delvīne {2} sancaḳlarıyla Derbendāt neẓāreti daḫi müşārun-ileyh ḥażretleriniñ 'uhde-i istīhāline iḥāle buyurulmuş ve Yānya {3} Mutaṣarrıfı sābıḳ sa'ādetlü 'Ömer Paşa ḥażretlerine daḫi Selānīk sancağı virilmiş ve Vidīn muḥāfıẓlığı Selānīk {4} Mutaṣarrıfı sa'ādetlü İbrāhīm Paşa ḥażretlerine tefvīż olunub cenābıñızıñ nezd-i Devlet-i ʿAliyye'de {5} öteden berü maʿlūm ü meşhūr olan ḥüsn-i mişvārıñıza ve Rumili vālīsi lāḥıḳ müşārun-ileyhiñ ḥaḳḳıñızda {6} bu kerre sebḳat iden ḥüsn-i şehādetine binā'en mücerred sizden dīn ve Devlet-i ʿAliyye uġurunda ḥüsn-i ḫidmet ve ṣadāḳat {7} bürūzı meczūm olaraḳ Tırḥāla sancaġı bu defʿa ʿavāṭıf-ı ʿaliyye-i ḫüsrevāneden ʿuhdeñize tevcīh {8} olunub ol bābda me'mūriyyetiñizi ḥāvī iḳtiżā iden evāmir-i şerīfesi ıṣdār ve siziñ müşārun-ileyh {9} Rumili vālīsi ḥażretleri maʿiyyetinde bulunaraḳ īfā-yı me'mūriyyete ḳıyām ü şitāb eylemeñiz īcāb-ı irāde-i {10} seniyyeden oldıġına ve ʿuhdeñizden münḥal olan Yergöġi muḥāfızlıġı[nı]ñ daḫi Vidīn'de Rumili vālīsi {11} müşārun-ileyhiñ maʿiyyet[in]de bulunan mīr-i mīrāndan Caʿfer Paşa'ya iḥāle olunaraḳ paşa-yı mūmā-ileyh gelinceye dek {12} Rūsçuḳ Muḥāfızı Muṣṭafā Paşa Yergöġi ḳalʿasınıñ muḥāfaẓasına neẓāret ve ḳalʿa binā emīni Ḳapucıbaşı {13} Meḥmed Aġa daḫi muḥāfıẓ vekāleti ṣūretiyle ḳalʿada iḳāmet eylemeleri bābında paşa-yı ve aġa-yı mūmā-ileyhimāya {14} ḫiṭāben emr-i ʿālī ıṣdār olunmuş olmaġla hemān cenābıñız ḳalʿa-i meẕkūreniñ bi'l-cümle mühimmāt-ı mevcūdesini {15} vekīl-i mūmā-ileyhe teslīm ve Rūsçuḳ muḥāfızı paşa-yı mūmā-ileyh [ile] bi'l-muḫābere Yergöġi'niñ anlar ṭarafından muḥāfaẓası {16} istiḥṣāl olunaraḳ bir ān ve bir daḳīḳa eġlenmeyüb işbu nemīḳamızıñ vuṣūlünden nihāyet üç {17} gün ṣoñra ol ṭarafdan ḥareket ve mükemmel ḳapu ile manṣıbıñız olan Tırḥāla'ya ʿazīmet ve Yeñişehir'e vuṣūle {18} müsāraʿat ile Rumili vālīsi müşārun-ileyh ḥażretleriniñ ḳudūmüne intiẓār ve her ḥālde emr ü re'yiyle {19} ḥarekete iṣbāt-ı naḳdīne-i iḳtidār iderek sizden me'mūl ve manẓūr-ı ʿālī olan ās̱ār-ı ġayret-kārī {20} ve ḥamiyyeti icrā-birle beyne'l-aḳrān kesb-i imtiyāz itmekliġe ve her ḥālde īfā-yı muḳteżā-yı me'mūriyyete {21} mübāderet ve ṣavb-ı me'mūruñuza ḥareket ü ʿazīmetiñizi inhā ve işʿār [?] eylemeñiz dirāyet-i ẕātiyyeñize {22} muḥavveldir. Livā'-i meẕkūruñ ʿuhdeñize tevcīhle bu defʿa icrā olunan tevcīhāt mücerred şimdiye ḳadar {23} me'mūrlar ṭarafından bir iş görilemeyerek Rum fesādı günden güne fenālaşub dīnen ve mülken {24} envāʿ-ı meḥāẕīri müstetbiʿ olacaġı tebeyyün itmiş ve bu mādde daḫi Arnavudluġ'uñ lāyıḳıyla iʿmāl {25} olunamamasından neş'et eylemiş oldıġından Arnavudluġ'uñ ḥüsn-i ṣūretle iʿmāliyle inşā'allāhü Taʿālā {26} cümleñiz az vaḳtde şu ġā'ileniñ ortadan ḳaldırılması ġarażıyla oldıġı ve sizden daḫi {27} Salṭanat-ı Seniyye bu bābda ġayret ü ṣadāḳat me'mūl iderek ol vechile Tırḥāla sancaġına naḳliñiz {28} ḫuṣūṣuna irāde-i seniyye taʿalluḳ eylediġi maʿlūmuñuz olduḳda cenābıñız daḫi bu bābda etek {29} dermiyān idüb bir ān aḳdem Yeñişehir'e varub ʿasākir-i lāzımeyi cemʿ iderek ve manṣıbıñız {30} dāḫilini eṭrāfıyla muḥāfaẓaya iʿtinā iderek cümle ile ittifāḳ idüb ve Arnavud ʿaskeriniñ {31} ḥüsn-i ṣūretle istiḫdāmı ve iş gördirilmesi ṣūretini icrā eyleyüb bā-ʿavn-i Bārī iş {32} görmekliġe müsāraʿat ve ol vechile sāye-i şāhānede çerāġ ve maḥsūdü'l-a[ḳr]ān olmaḳlıġa {33} şitāb ü sürʿat eylemeñiz içün ḳā'ime. Fī 19 R 40

[*1769/24*] *Bālyabādra Muḥāfıẓı Yūsuf Paşa'ya*

{1} Cümleye maʿlūm oldıġı üzere Rum gāvurlarınıñ bāndıra-küşā-yı şeḳā olduḳlarından berü şerāre-i şerr ü {2} şūr ve mekīdetleriniñ inṭıfāsı emrinde berren ve baḥren bunca tedārükāt ü tertībāt-ı ḳaviyyeye teşebbüs̱ ile ḳıbel-i {3} Salṭanat-ı Seniyye'den ez-her-cihet ṣarf-ı vüsʿ ü maḳderet olunaraḳ gerek Rumili vālīsi ve serʿaskeri {4} bulunan ẕevātıñ ve gerek me'mūrīn-i sā'ireniñ iḳdārlarında dirīġ-i himmet olunmamış iken şimdiye ḳadar bir iş {5} görilemeyerek maṣlaḥat günden güne fenālaşmış ve maʿāẕallāhü Taʿālā ḥālen ve istiḳbālen ve dāḫilen ve ḫāricen {6} envāʿ-ı meḥāẕīri güneş gibi āşikār olan bir dāhiye-i dehyānıñ indifāʿı ḫuṣūṣuna hiçbir ṭarafdan muvaffaḳ {7} olunamamış oldıġına ve inşā'allāhü Taʿālā ġā'ile-i meẕkūreniñ bu sene-i mübārekede bir çāresi istiḥṣāliyle {8} defʿine her ne ḳadar iʿtinā olunmaḳ lāzım gelmiş idüğüne binā'en bu bābda ṣarf-ı efkār olunaraḳ bu mādde-i {9} cesīmeniñ iḳtiżāsına göre indifāʿı Arnavudluġ'uñ ḥüsn-i iʿmāl ü idāresi ve Ḳarlıili ve Mesolenk'iñ {10} taṭhīriyle olacaġı ẓāhir ve Yānya Mutaṣarrıfı ʿÖmer Paşa ḥażretleriniñ [?] ẕāt-ı saʿādetlerine taʿrīfden müstaġnī {11} oldıġı vechile derkār olan mizāc ü mişvārı taḳrībiyle müşārun-ileyh orada bulunduḳça Arnavudluġ'uñ {12} lāyıḳıyla istiḫdāmı iʿmāli müyesser olamayacaġı edille-i ʿaḳliyye ve naḳliyye-i ṣaḥīḥa ile tebeyyün ü taḥaḳḳuḳ itmiş oldıġından {13} gitdikçe ṣuʿūbete dūçār olmaḳda oldıġına binā'en mücerred dīn ü devletimize her cihetle ażar olan fesād-ı meẕkūruñ {14} indifāʿı ġarażına mebnī ḫāliṣan Arnavudluġ'uñ uṣūl-i sābıḳına ircāʿ ve ḥüsn-i iʿmāli żımnında bu defʿa {15} Rumili eyāletiniñ Arnavudluḳ ile āmīzişi ḥāṣıl olmuş ve Devlet-i ʿAliyye'ye ṣadāḳat ve ḫidmeti geçmiş bir ẕātıñ {16} eyālet-i merḳūme ʿuhdesine iḥāle ile maḥall-i sā'ireniñ daḫi Arnavudluḳ'da ʿaṣabiyyet ile ḫānedānından birine iḥāle[si] {17} lābüd olub ẕāt-ı saʿādetleri Salṭanat-ı Seniyye'niñ her ḥālde icrā-yı emr ü irādesine muḳtedir {18} ve muʿtemed vüzerā-yı ʿiẓāmdan olduḳları müsellem ve bu āna ḳadar ol ṭarafda s̱ebāt ile ne vechile {19} ḫidemāt-ı ḥasene īrādına saʿy ü ġayret iderek şevketlü efendimiziñ yolunda ve dīn ü devlet {20} uġurunda olan ṣadāḳat ü ḥamiyyetlerini icrā buyurduḳları müs̱bet ise de el-ḥāletü-hāẕihī bulunduḳları {21} maḥalliñ daḫi es̱er-i iḳdām ü himmet-i müşīrīleriyle ber-vefḳ-i murād şimdiye ḳadar icrā olunmuş olan muḥāfaẓasına {22} bir ṣūretle īrās̱-ı sekte ider maṣlaḥat vuḳūʿ bulmaması emrine riʿāyet ḥasbe'l-vaḳt {23} farż menzilinde olaraḳ bi-ḥikmetillāhi Taʿālā saʿādetlü İbrāhīm Paşa ḥażretleriniñ daḫi henüz ol ṭaraflara {24} vuṣūli ḫaberi gelmamiş ve geçende müşārun-ileyh ḥażretleri cānibinden tevārüd iden taḥrīrātda muʾaḫḫaren {25} daḫi Bodrum'dan ḥareket ü ʿazīmet eyledikden ṣoñra Girīd ṣularında eşḳıyā tekneleriyle ʿaẓīm muḥārebe iderek (30) ḥamden-lillāhi'l-Meliki'l-Müsteʿān maẓhar-ı ġālibiyyet olmuş ve ol es̱nāda fūrtuna ve muḫālefet-i havā sebebiyle {2} Rodos'a ʿavdet itmiş olub ḥasbe'l-mevsim maʿiyyetinde ʿasker ve mühimmāt maḥmūl olan iki yüzden {3} ziyāde tüccār tekneleriyle defʿaten Moton'a gidilmek müteʿassir olacaġından ẕikr olunan tüccār sefāyininden {4} birazını Rodos'da tevḳīf ile iḳtiżāsına göre bir ṭaḳımını Girīd'e sevḳ ve anları iḫrāc ey[ledi]kden ṣoñra {5} dīger ṭaḳımı daḫi celb-birle Girīd'den [müsā'id] havā olduḳça ṭaḳım ṭaḳım Moton'a naḳl ve kendüsi daḫi ol vechile ʿazīmeti {6} taṣmīm iderek icrāsına mübāşeret eylemiş oldıġı muḥarrer ü meẕkūr oldıġına naẓaran inşā'allāhü Taʿālā şimdiye ḳadar {7} işbu tedbīrini icrā itmiş olacaġı me'mūl ise de henüz müşārun-ileyhiñ ṭaḳımıyla derūn-ı Mora'ya duḫūli {8} ḫaberi gelmamiş oldıġından cenāb-ı saʿādetleriniñ ol ṭarafdan infikākleri bir ṣūretle tecvīz olunamamış {9} ve Vidīn Muḥāfıẓı saʿādetlü Reşīd Paşa ḥażretleri daḫi Arnavudluḳ ile āmīziş itmiş ġayret-kār vüzerā-yı {10} ʿiẓāmdan bulunmuş idüğüne binā'en bu defʿa ʿunvān-ı sipehdārī ile Rumili eyāleti müşārun-ileyh Reşīd Paşa {11} ḥażretlerine tevcīh olunub Yānya ve Delvīne sancaḳları daḫi müşārun-ileyh ʿÖmer Paşa ʿuhdesinden ṣarf ile {12} şimdilik serʿasker-i müşārun-ileyh ḥażretlerine ilḥāḳan iḥāle ve Avlonya sancaġı daḫi Avlonyalı müteveffā {13} İbrāhīm Paşa-zāde mīr-i mīrāndan Süleymān Paşa'ya tevcīh ü iḥsān buyurılub Selānīk sancaġı {14} daḫi müşārun-ileyh ʿÖmer Paşa'ya ve Tırḥala sancaġı daḫi Yergöği Muḥāfıẓı İlbaṣanlı Ṣāliḥ Paşa'ya {15} tevcīh olunaraḳ Arnavudluġ'uñ iʿmāli ṣūretine ve sā'ir tertībāt ve mālzemeniñ sinīn-i {15} sābıḳaya maḳīs olmayaraḳ inşā'allāhü Taʿālā bu sene-i mübārekede kemāl-i ḳuvvet ile şu ġā'ileniñ {16} indifāʿı niyyet-i ḫāliṣasıyla ber-vech-i germiyyet icrāsına teşebbüs̱ olunmuş oldıġından bi-mennihī Taʿālā {17} müşārun-ileyh İbrāhīm Paşa ḥażretleri daḫi şimdiye ḳadar ṭaḳımıyla Moton ve Ḳoron ṭaraflarına {18} vāṣıl olub ol ḥavālīniñ ve maḥāll-i sā'ireniñ maṣlaḥatı kesb-i suhūlet ideceği elṭāf-ı İlāhiyye {19} delāletiyle me'mūl ve cenāb-ı ṣarāmet-elḳābları uġur-ı dīn ve Devlet-i ʿAliyye'de bidāyet-i fesād[d]an berü {20} ibrāz buyurmuş olduḳları ġayret ü ḥamiyyet ve cānsipārāne himmetlerine ve çekdikleri miḥen ü meşāḳḳa {21} diyecek olmayaraḳ nezd-i Salṭanat-ı Seniyye'de ve bi'l-cümle vükelā-yı Devlet-i ʿAliyye ʿindlerinde {22} ẓāhir ü nümāyān ve bi-mennihī Taʿālā ḳarīben şu ġā'ileniñ defʿiyle murād ü marżīleri gibi mükāfātını {23} müşāhede eyleyecekleri bī-reyb ü gümān olmaġla hemān ẕāt-ı saʿādetleri bi-ḥavlillāhi Taʿālā bu sene-i [mübārekede] {24} ṭutılan uṣūl ġāyet eṭrāflu ve germiyyetlü oldıġını bilerek ve şimdiye ḳadar meşhūd {25} olan ḫidmet ve ṣadāḳatleri bir vechile ferāmūş olunur ḳabīlden olmadıġını cezm eyleyerek {26} bir müddet daḫi s̱ebāt-birle kemā-kān ġayreti elden bıraḳmayub diyānet-i ẕātiyyeleri iḳtiżāsını {27} icrā ve ol vechile ḥaḳḳ-ı ʿālīlerinde olan ḥüsn-i teveccüh ve iʿtiḳād-ı ʿālīyi bir ḳat daḫi taṣdīḳe {28} himmet buyurmaları siyāḳında ḳā'ime. Fī 19 R 40

[*1769/46*] ***Rumili vālīsine kenār***

{1} Bi-mennihī Taʿālā işbu Rum fesādınıñ ḳarīben indifāʿı emrinde Arnavudluġ'uñ iʿmāli tedābīrine teşebbüs̱ olunmuş oldıġından {2} bu defʿa Yānya ve Delvīne ve Avlonya sancaḳları dāḫillerinde olan mecmūʿ ḳażā ve ḳurā ve ḳaṣabātda mutavaṭṭın ʿulemā ve ṣuleḥā {3} ve eʾimme ve ḫuṭabā ve beğ ve beğzādegān, veʾl-ḥāṣıl ʿumūm ehl-i İslāmlarına ḫiṭāb olaraḳ ʿuṣāt-ı eşḳıyānıñ ṣūret-i {4} ḥareketleri uyğunsuz oldığı īrādıyla Ḳarlıili ṭaraflarınıñ levs̱-i vücūd-ı eşḳıyādan taṣfiye ve taṭhīri ve Mesolenk'iñ {5} fetḥ ü tesḫīri derece-i vücūbda oldığından bu ṭaraflara hücūm ṣūretiyle żabṭ ü tesḫīr olunaraḳ dīn-i mübīn uğurunda {6} ibrāz-ı ḫidmete kemāl-i saʿy ü ġayret eylemeleri żımnında kemāl-i teşvīḳ ü iġrāyı ḥāvī üç ḳıṭʿa emr-i ʿālī ıṣdār ve taḳviye-i {7} nüfūẕ-ı müşīrīleri içün ṭaraf-ı saʿādetlerine tesyār olunmuş olmağla ẕāt-ı serʿaskerīleri eyālet-i Rumili'niñ ʿuhde-i saʿādetlerine {8} tevcīhiyle bu ḫaṭb-ı cesīme-i meʾmūriyyetlerini ḳażālara bā-buyuruldı iʿlān idecek olduḳlarından ẕikr olunan evāmir-i ʿaliyye {9} mūceblerince iḳtiżāsına göre ṭaraf-ı serʿaskerīlerinden daḫi başḳa başḳa buyuruldılar yazılub maḫṣūṣ dāʾire-i saʿādetlerinden {10} iş bilür ve söz añlar bendeleri mübāşeretiyle elviye-i meẕkūreye irsāl ve gerek evāmir-i ʿaliyye-i meẕkūre {11} ve gerek buyuruldılarını ẕikr olunan sancaḳlarıñ ḥāvī oldığı her bir ḳażā ve ḳaṣaba ve ḳurāda başḳa başḳa ḳırāʾat {12} itdirderek cümlesiniñ teşvīḳ ü iġrālarını mūcib ve bu maṣlaḥata hemān hücūm iderek iş görmeğe kemāl-i ḫāhiş {13} ve iḳdāmlarını müstevcib esbāb-ı lāzımeyi istiḥṣāle himmet buyurmaları dirāyet-i ẕātiyyelerine muḥavveldir. Fī 20 R 40

[*1769/49*] *Ḳapūdān paşaya teẕkire*

{1} Maʿlūm-ı düstūrīleri oldığı üzere ḳaç seneden berü Rum fesādı imtidād kesb iderek bir iş görilemamiş {2} ve şimdiye ḳadar birḳaç serʿasker tebdīl olunaraḳ Devlet-i ʿAliyye envāʿ-ı himmeti icrāda ḳuṣūr itmeyüb giçen sene daḫi işe {3} yarar meʾmūlüyle biʾl-ittifāḳ ḥālā Rumili Vālīsi Dervīş Paşa ḥażretleri serʿaskerlik maṣlaḥatına meʾmūr ḳılınaraḳ {4} kāffe-i mesʾūlüne müsāʿade olunmuş ise de müşārun-ileyh daḫi bi-ḥikmetillāhi Taʿālā bir işe muvaffaḳ olamayaraḳ Alāmāna'ya {5} ʿavdet eylemiş oldığına ve bu maṣlaḥatıñ bu vechile imtidādı gāvurlarıñ günden güne ḳuvvetleri artaraḳ {6} dīnen [?] [ve] mülken envāʿ-ı meḥāẕīri müstetbiʿ idüğüne bināʾen bir çāresi istiḥṣāli ve nīk ü bed-i maṣlaḥatıñ etrāfıyla {7} mütālaʿasıyla dīn ü devletimize ʿāʾid işbu māddeniñ ḥüsn-i indifāʿı emrinde vüsʿ-i beşerde olan tedābīr {8} ü iḳdāmātıñ icrāsı farż olmuş oldığından iḳtiżā idenler ile ʿaḳd-i encümen-i meşveret olunaraḳ vāḳiʿ {9} olan müẕākereniñ fezlekesinde ḳaç seneden berü serʿaskerleriñ iş göremamesi Arnavud'dan başḳa ʿasker {10} bulub ḳu[l]lanamadıḳlarından ve Arnavud daḫi ʿulūfeye alışmış bir ḳavm olaraḳ maṣlaḥatı bitürmek {11} istemediklerinden nāşī olub bu maṣlaḥatı görecek ve Arnavudluğ'a ġalebe çalacaḳ miḳdār işe yarar {12} Türk ʿaskeri tedārüki derece-i istiḥālede oldığına naẓaran bu māddeyi Arnavudlara ḥasbeʾl-maṣlaḥa baʿżı **(45)** mümāşāt ile gördürmek iḳtiżā idüb bu ṣūretde daḫi Arnavudlarıñ marżī ve murādları Derbendāt oldığı {2} ẓāhir ve

Yānya Mutaṣarrıfı ʿÖmer Paşa'ya Derbendāt vir[il]üb ḫitām-ı maṣlaḥat kendüden maṭlūb oldığı īrād olunsa müşārun-ileyhiñ {3} rivāyet olundığına göre Arnavudluġ'da pek nüfūẕı olmadığından başḳa evvel ü āḫir kendüden ḥüsn-i ḫidmet ve ṣadāḳat {4} me'mūl olunmayub şimdiye ḳadar tecrübe olunan isā'eti daḫi bir iş görmeyerek ihānete cür'et ideceğine delālet {5} ideceğinden bunuñ yerine Arnavudluġ'uñ ʿaṣabiyyet ve ricāl-i ḫānedānından bir münāsibiniñ bulunması īcāb-ı maṣlaḥatdan {6} idüği müberhen ü bāhir olaraḳ el-yevm maʿiyyet-i saʿādetlerinde olan Palāslızāde İsmāʿīl Paşa ile Tepedelenli Silaḥdārı {7} Poda İlyās Beğ ḫāṭıra gelmiş ise de mūmā-ileyh Palāslızāde İsmāʿīl Paşa devlet bendesi ve rıżā-cūy ise de {8} Arnavudluḳ'da küllī temeyyüz ve iʿtibārı var mıdır, bilinemediğinden başḳa ẕātında biraz gevşekliği rivāyet ol[un]dığına ve paşa-yı {9} mūmā-ileyh maʿiyyet-i saʿādetlerinde bulunaraḳ aḥvāl ü mizācını gereği gibi añlamış olduḳlarına ve ẕāt-ı saʿādetleri daḫi {10} Devlet-i ʿAliyye'niñ maḥrem vükelā-yı fiḫāmından bulunduḳlarına binā'en ber-vech-i ḫafī keyfiyyetiñ ṭaraf-ı saʿādetlerinden istiʿlāmı ḫuṣūṣuna {11} irāde-i seniyye-i mülūkāne taʿalluḳ itmekle cenāb-ı düstūrīleri ʿāḳil ve kār-āzmūde [?] ve mücerreb-i rūzigār olduḳlarından {12} Rumili vālīleri bir ṭarafdan ve Arnavudluḳ daḫi ḥaḳīḳī işe yapışaraḳ dīger ṭarafdan sevḳ ü taʿyīn olunmaḳ vechile {13} Arnavudluḳ ṭaḳımınıñ ṣūret-i istiḫdāmı ne vechile olabilür, bu bābda olan müṭālaʿa-i düstūrīlerini ve mūmā-ileyh {14} Palāslızāde ḥaḳḳında şimdiye ḳadar olan maʿlūmāt-ı müşīrīlerini eṭrāfıyla serīʿan ber-vech-i īżāḥ maḫfiyyen ve mektūmen {15} işʿāra himmet buyurmaları siyāḳında teẕkire. Fī 21 R 40

[*1769/52*] ***Rumili vālīsine***

{1} Bā-ʿavn ü ʿināyet-i Cenāb-ı Ḫayru'n-Nāṣırīn bu sene-i mübārekede evvel-be-evvel Mesolenk'iñ żabṭ ü tesḫīriyle Ḳarlıili ṭarafınıñ {2} levs̱-i vücūd-ı eşḳıyādan taṭhīri niyyet-i ḫāliṣasıyla Paşa Sancağı'nda vāḳiʿ Nefs-i Ḳolonya ḳażāsınıñ bi'l-cümle ʿulemā ve żābiṭān {3} ve ahālīsi emr ü re'y-i serʿaskerīleri üzere cümlesi çıḳub maʿiyyet-i serʿaskerīyle ʿuṣāt-ı kefere üzerine ʿazīmetleri ḫuṣūṣuna {4} irāde-i seniyye taʿalluḳ iderek ol bābda tehdīd ü teşvīḳi şāmil bir ḳıṭʿa emr-i ʿālī ıṣdār ve ṣavb-ı saʿādetlerine göndermek {5} üzere ṭaraf-ı müşīrānelerine tesyār olunmuş olmaġla cenāb-ı serʿaskerīleri daḫi iḳtiżāsına göre buyuruldı yazaraḳ {6} maḫṣūṣ adam ile emr-i şerīf-i meẕkūrı ḳażā'-i merḳūma tesyār ve ḳırā'at itdirderek ve vaḳt ü ḥāle teşvīḳ {7} ü terġīb eyle[ye]rek cümlesiniñ celbiyle iş gördürmeğe sevḳi ḫuṣūṣuna himmet buyurmaları dirāyet-i ẕātiyyelerine muḥavvel idüği {8} beyānıyla ḳā'ime.

[*1769/61*] ***Avlonya Mütesellimi Mühürdār ʿOs̱mān Aġa'ya***

{1} İnşā'allāhü Taʿālā bu sene-i mübārekede şu ʿuṣāt-ı Rum eşḳıyāsı ġā'ilesiniñ indifāʿına cümlemiz birden {2} göñül birliğiyle yapışub ġayret ü ḥamiyyeti icrā itmek niyyet-i ḫāliṣasıyla teşebbüs̱ ve icrā olunan tedābīr muḳaddemce {3} ṭarafıña yazılmış ve Avlonya sancağı daḫi müteveffā İbrāhīm Paşa-zāde Süleymān Paşa'ya tevcīh olunaraḳ Avlonya {4} mütesellimliği ve paşa-yı mūmā-ileyhiñ ketḫüdālığı ʿuhde-i ġayret ü ṣadāḳatiñe iḥāle ile ol bābda iḳtiżā iden emr-i ʿālī {5} daḫi ṭarafıña irsāl olunaraḳ keyfiyyet bildirilmiş oldığından şimdiye ḳadar keyfiyyet maʿlūmuñ olaraḳ {6} muḳteżā-yı me'mūriyyetiñ üzere Berāt ḳalʿasını żabṭ ve paşa-yı mūmā-ileyhiñ vālidesini derūn-ı ḳalʿaya idḫāl {7} iderek Avlonya sancağınıñ dāḫilen ve ḫāricen żabṭ [ve] ḥüsn-i idāresine iʿtinā itmiş olacağıñ senden me'mūl ü muntaẓar {8} oldığı ḥālde müteʿāḳiben ḥālā Avlonya mutaṣarrıfı paşa-yı mūmā-ileyhiñ daḫi me'mūriyyet-i lāzımesine ḳıyām itmek {9} üzere iḳʿādına ḥasbe'l-ʿāde me'mūr ḳılınan dergāh-ı ʿālī ḳapucıbaşılarından Mesʿūd Aġa müfāraḳatıyla bu defʿa {10} iʿzām olunmuş olmaġla inşā'allāhü Taʿālā paşa-yı mūmā-ileyhiñ ol ṭarafa vuṣūlünde senden me'mūl-ı ʿālī olan ġayret {11} ü ṣadāḳat iḳtiżāsı ve muḳaddemce bildirilmiş olan irāde-i seniyye mūceb ü muḳteżāsı üzere Avlonya sancağınıñ dāḫilen {12} ve ḫāricen ḥüsn-i idāresiyle bi-mennihī Taʿālā paşa-yı mūmā-ileyh ile kefere-i ʿuṣāt üzerine çıḳarılacaḳ ʿasākiriñ {13} ve mevādd-ı sā'ireniñ tesviye ve istiḥżārı ḫuṣūṣuna vuḳūf ve dirāyetiñ üzere bu bābda ihtimām ü diḳḳat {14} ve paşa-yı mūmā-ileyh lāyıḳıyla iḫrāc olunduḳdan ṣoñra yine livā'-i mezbūr ve lāzımü'l-muḥāfaẓa olan maḥalleriñ (50) güzelce idāreleri, ve'l-ḥāṣıl ol ṭarafa ve paşa-yı mūmā-ileyhe dā'ir kāffe-i meṣāliḥiñ evvel ü āḫir merkez ü miḥverinde rü'yet {2} ü tanẓīmle bir müddetden berü zīr-i ḫafāda mestūr olan Arnavudluḳ nāmūsunı meydāna çıḳarub dīn ve Devlet-i ʿAliyye'ye {3} ḫidmet vücūda getürmeğe diḳḳat eylemañ senden ḳaṭʿī maṭlūb olub paşa-yı mūmā-ileyhiñ daḫi ḥüsn-i idāresi {4} ṭarafıña muḥavvel oldığından sen daḫi bu bābda ġayret-i lāzımeyi icrāya ṣarf-ı ẕihn ve diḳḳat ve her ḥālde icrā-yı {5} lāzıme-i imtis̱āl-kārī ve me'mūriyyete mübāderet eylemañ içün ḳā'ime. Fī 24 R 40

[*1769/64*] ***Rumili vālīsi ḥażretlerine***

{1} Evlād-ı Fātiḥān ṭā'ifesi bidāyet-i fesād[d]an berü me'mūriyyetden ḫālī olmayaraḳ ḳu[l]lanılmış ve muḳaddem daḫi Belġrād ṭarafına {2} me'mūr olunaraḳ hiç boş bıraġılmamış ve giçen sene daḫi selef-i müşīrīleri maʿiyyetine üç biñ nefer taʿyīn ḳılınmışlar ise de {3} faḳaṭ biñ sekiz yüz miḳdārı varub māʿadāsı gidemamiş ve anlarıñ daḫi eks̱eri telef olmuş {4} oldığından bu cihetler ile ṭā'ife-i merḳūme bayaġı çürümüş ve el-ḥāletü-hāẕihī Selānīk Mutaṣarrıfı sābıḳ İbrāhīm Paşa {5} ḥażretleri ṭarafından vürūd itmiş olan taḥrīrātda ṭā'ife-i merḳūmeniñ Mora üzerinde giçen sene {6} bir işe yaramadıḳlarından ve Selānīk sevāḥiliniñ daḫi muḥāfaẓ[as]ı elzem olaraḳ sevāḥil-i meẕkūre daḫi bunlarıñ {7} meskenlerinden maʿdūd olaraḳ ol ṭarafda işe yaramaları melḥūẓ idüğünden beher sene taʿyīni muʿtād olan {8} üç biñ nefer Evlād-ı

Fātiḥān'ıñ nıṣfı Ḳāsım'dan Rūz-ı Ḫıżır'a ḳadar ve nıṣf-ı dīgeri daḫi Rūz-ı Ḫıżır'dan {9} Ḳāsım'a ḳadar ber-vech-i münāvebe istiḫdām olunmaḳ üzere Selānīk mutaṣarrıfı ma'iyyetine me'mūr ve ta'yīn ḳılınması muḥarrer {10} ü mezḳūr ve bu sene-i mübārekede henüz Evlād-ı Fātiḥān 'askeriniñ bir ṭarafa me'mūriyyetleri icrā olunmamış oldıġı {11} vāreste-i ḳayd [ü] süṭūr olaraḳ evvel-emrde bu māddeniñ daḫi vaḳt ü ḥāle tevfīḳan ve Evlād-ı (51) Fātiḥān 'askeriniñ hal[e] taṭbīḳan īcāb ü iḳtiżāsınıñ ṭaraf-ı sa'ādetlerinden istiknāhı lāzımeden olmaġla ṭā'ife-i {2} merḳūmeniñ giçen sene misillü ma'iyyet-i ser'askerīlerine me'mūriyyetleri yāḫūd Selānīk sevāḥiliniñ muḥāfaẓası-çün Selānīk {3} mutaṣarrıfı sābıḳ müşārun-ileyhiñ inhāsı vechile Selānīk mutaṣarrıfları ma'iyyetine ta'yīn ḳılınmaları veyā terkleri şıḳlarından {4} ḳangısı īcāb-ı vaḳt ü maṣlaḥata evfaḳ ise aña göre iḳtiżāsınıñ icrāsı-çün keyfiyyetiñ bu ṭarafa taḥrīr ü iş'ārı {5} ḫuṣūṣuna himmet buyurmaları siyāḳında ḳā'ime. Fī 27 R 40

[*1769/65*] ***Rumili vālīsi ḥażretlerine***

{1} İstiḳlāl-i tāmme ve ruḫṣat-ı kāmile ile Rumili eyāleti ve ser'askerliğiniñ 'uhde-i düstūrīleri[ne] iḥālesiyle {2} Arnavudluğ'uñ cihet-i i'māl ü istiḫdāmından icrā olunan tedābīr keyfiyyetini mutażammın bend bend yazılmış olan mufaṣṣal {3} ḳā'ime-i ḫulūṣ-verī me'ālinde tertībāt-ı sā'ire daḫi derdest-i icrā oldıġı beyān ve īmā ḳılınmış idi. İnşā'allāhü Ta'ālā {4} bu sene-i mübārekede ẕāt-ı ser'askerīleri ma'iyyetiñize celb ü cem' idecekleri 'asākir-i külliyye ve ḳol ḳol sevḳ ve i'māl {5} ideceğiñiz me'mūrīn ile evvel-be-evvel Ḳarlıili ve Mesolenk ṭaraflarınıñ taṭhīr ü taṣfiyesine bi'l-iḳdām bā-'avn-i {6} Bārī bir ḥamlede iş görilüb Mesolenk ṭaraflarınıñ maṣlaḥatı berṭaraf oldıġı ḥālde andan ṣoñra {7} Eġrīboz ṭaraflarınıñ żabṭ ü tesḫī[ri]-çün sa'ādetlü Eġrīboz muḥāfıẓı ḥażretleri ma'iyyetine kifāyet miḳdārı 'asker {8} ve me'mūr gönderilerek ve işiñ gelişine göre ḥareket iderek 'ināyet-i Cenāb-ı Bārī'yle gāvurları gereği gibi {9} ḥaṣr ü tażyīḳ ve iş bitmeyince 'avdet itmeyecek oldıġıñızdan külliyyetlü cebeḫāne ve mühimmāt [ve] tertībāt[a] {10} iḥtiyāc mess ideceği ẓāhir ve giçen sene Rumili ḳażālarından tertīb olunan ẕaḫīre ve 'asker bedelātı maḥallerinden {11} taḥṣīl ve Yeñişehir ṭarafına tesbīl olunmuş ve Dersa'ādet'den daḫi külliyyetlü aḳçe gönderilmiş ise de Yeñişehir'de 'asker {12} 'ulūfesine ve nüzül emīnlerine virilerek ḥesābı ḳarışmış ve bir iş daḫi görilemeyerek bu ḳadar aḳçe {13} telef olmuş oldıġından ve me'mūrlar yine vaḳtiyle 'askere 'ulūfe virmeyerek 'askerī ṭā'ifesini i'mālde {14} 'ulūfe viremedikleri cihetle muvaffaḳ olamamış olduḳlarından ve inşā'allāhü Ta'ālā bu sene-i mübārekede iş {15} görilüb şu beliyyeniñ ümmet-i Muḥammed üzerinden def'i niyyet-i ḫāliṣasıyla gerek ẕāt-ı sa'ādetleriniñ ma'iyyetlerinde {16} olan ve gerek me'mūrīn ṭaraflarında bulunan 'asākiriñ ber-vefḳ-i murād istiḫdām-ı 'askere muvaffaḳ olmalarıñız {17} içün 'askeri boş ḏurdıġıñız [?] ḥālde iki ayda bir kerre işlemiş 'ulūfeleri bu ṭarafdan naḳden {18} gönderilecek oldığından ve inşā'allāhü'r-Raḥmān Rumili ordusı berülerde ilişmeyerek ḏoğrı külliyyetle {19} Ḳarlıili ṭarafına ʿazīmet olunacağına naẓaran īcāb idecek ẕaḫāyir-i külliyyeniñ berren tedārük ve irsāli mümkin {20} olamayaraḳ beher-ḥāl cümlesiniñ bu ṭarafdan sefāyin ile bir ān aḳdem semtlü semtine irsāli münāsib olacağından {21} ve işbu ʿulūfe ve ẕaḫīre akçesi ḳatı külliyyetlü mebāliğe mütevaḳḳıf idüğünden bu defʿa bā-irāde-i seniyye Rumili {22} ḳażālarından giçen seneye ḳıyāsen tertīb olunan ʿasker bedeliyyesiyle ağnām ve ẕaḫāyir bedelleriniñ {23} iḳtiżā iden tertīb defterleriniñ birer ḳıṭʿa ṣūretleri iḫrāc ve ṭaraf-ı serʿaskerīlerine tesyār olunmuş ve mecmūʿ maṣraf {24} bu ṭarafdan naḳden ve peşīnen virileceğine mebnī işbu bedel[l] eriñ taḥṣīliyle ḏoğrı Ḍarbḫāne-i ʿĀmire'ye irsāli ṣudūr iden {25} evāmir-i ʿaliyyede taṣrīḥ ü beyān ḳılınmış oldığı; {26} ve cenāb-ı düstūrīleri muḳteżā-yı istiḳlāl-i düstūrīleri üzere defter-i meẕkūrda muḥarrer maḥallerden {27} tekrār nefīr-i ʿām ʿaskeri ve mübāyaʿa-i mīriyye ṣūretiyle ẕaḫīre ve ağnām istemeleri taḳdīrinde bu keyfiyyet iki {28} başlı olaraḳ fuḳarāya güçlükli olacağından bu ṣūret uymayacağı nezd-i saʿādetlerinde daḫi taʿrīfden {29} muğnī ise de baʿżı işe yarar ḳażā aʿyānlarınıñ kendülerini li-ecli'l-istiḫdām maʿiyyet-i saʿādetlerine celb {30} veyāḫūd ʿulūfelerini cenāb-ı müşīrīleri başḳaca virmek üzere Rumili'niñ baʿżı maḥallinden {31} aylıḳlu ʿasker ve aḳçesiyle ẕaḫīre ve ağnām ṭaleb itmeleri īcāb eyledikde ḫuṣūṣ-ı meẕkūruñ ṭaraf-ı sipehdārīlerinden {32} buyuruldı icrāsı lāzım geleceği; **(52)** bi-ḥavlillāhi Taʿālā ʿuṣāt-ı kefereden ber-vefḳ-i murād aḫẕ-ı s̱ār ile evvel-emrde Mesolenk ve Ḳarlıili'niñ żabṭ {2} ü tesḫīr ve taṣfiyesi emrine ḳıyām itmek üzere Mesolenk üzerine teveccühlerinde eslāfları mis̱illü ibtidā {3} Yeñişehir'de tecemmuʿ ve baʿdehū İzdīn üzerinden ʿazīmet buyuracaḳları taḳdīre göre evvelā Yeñişehir ṭaraflarınıñ {4} vaḫāmet-i havāsından ʿasker zedelenüb İzdīn ṭarīḳiyle ʿazīmetlerinde daḫi eğerçi İzdīn'den Ḳarlıili'ne altı {5} günlük mesāfe ise de yolları ġāyet ṣaʿab ve sengistān ve Amlāna [?] Derbendi mis̱illü eşḳıyā taḥaṣṣungāhı {6} ve ṣuʿūbetlü memerr ü maʿberler oldığından her vechile zaḥmet ü ʿusret çekilmekde oldığı tecrübe olunmuş ve ḥālbuki {7} bu ṭarīḳe gidilmeyerek ve Yeñişehir'e daḫi uğranmayaraḳ ḏoğrı Manāstır üzerinden Meçova ve andan Yānya ve Nārda ve Preveze {8} ṭarīḳiyle gidildiği ṣūretde yollar hem āsān ü sehl olacağından başḳa eṭrāfdan daḫi ʿasker celb ü cemʿine ve ẕaḫīre {9} naḳl idecek ḥayvānāta uyğunluḳ olacağı ve bi-ʿavnillāhi Taʿālā buralarıñ żabṭ ü tesḫīri ḥāṣıl olduḳdan ṣoñra {10} İzdīn yolunda olan Ṣālona ve İstifa ve Atina mis̱illü maḥalleriñ daḫi āsānlıḳla biteceği erbāb-ı vuḳūf ṭarafından {11} īrād ü iḫbār olunub bu ṣūrete yaʿnī Yānya ṭarīḳinden gidilmek ṣūretine göre şimdiki ḥālde ṭaraf-ı saʿādetlerinden {12} İzdīn ve Bādracıḳ ve sā'ir ol ṭaraflarda lāzım gelan maḥallere beş-altı biñ ḳadar ʿasker ve me'mūrlar iḳāmesiyle {13} hemān ẕāt-ı serʿaskerīleri Manāstır ve Yānya yoluna ʿazīmet buyurmaları münāsib mülāḥaẓa olunmuş ise de murād-ı {14} ḳaṭʿī "Şu vādīye gidilsün" dinilmek olmayub mücerred erbāb-ı vuḳūfuñ iḫbārına bināʾen teshīl-i ṭarīḳ dāʿiyesiyle {15} bir iḫṭār oldıġı ve cenāb-ı maʿārif-elḳābları ol ḥavālī ve ṭarafıñ semt-i suhūlet ve maṣlaḥatlarına muvāfaḳat ve mülāyemet {16} ṣūretlerini cümleden ziyāde bilmiş ve gözetmiş olduḳlarından bu bābda Mesolenk'e ne cānibden gidilmesi münāsib ve vaḳt {17} ü maṣlaḥata ne ṭaraf muvāfıḳ ise öylece icrāsı reʾy-i rezīn-i düstūrīleri[ne] müfevveż olub, şu ḳadar ki; İzdīn {18} ṭarīḳinden gidilecek olur ise bu ṭarafdan Īzdīn iskelesine müterettib ẕaḫīre tamāmca ol cānibe gönderilmek {19} ve eğer Mesolenk'e Preveze ṭarīḳiyle gidilmek nezd-i saʿādetlerinde daḫi taṣvīb buyurılur ise ẕāt-ı serʿaskerīleriniñ {20} Yeñişehir'e ṣapamayub ḏoğrı Manāstır'ı teşrīf ile beş-o[n] gün Manāstır'da iḳāmetlerinde īcāb idecek {21} ẕaḫīre pek külliyyetlü olmayacağından her vechile çāresi istiḥṣāli mümkin olacağına bināʾen ol vaḳt İzdīn ṭaraflarında iḳāme {22} idecekleri muḥāfaẓa meʾmūrları ne miḳdār olacaḳ ise iḳtiżā iden ẕaḫīreleri aña göre tertīb ve başḳaca {23} İzdīn'e tesrīb olunmaḳ üzere ṣūret-i reʾy ü ḳarārlarını serīʿan bu ṭarafa işʿār buyurmaları īcāb eyleyeceği {24} ve bu bābda olan iḫṭārımız mücerred reʾs-i mesʾele-i meʾmūriyyetlerinden olan Mesolenk'iñ bi-ʿavnillāhi Taʿālā fetḥ ü tesḫīri {25} emrinde rivāyet olunan ṭarīḳiñ semt-i suhūletini beyāndan ʿibāret idüği; {26} erbāb-ı vuḳūfuñ ifādelerine ve giçen sene selef-i düstūrīleriniñ Amlāna [?] Derbendi'nde ilişdiği tecrübesine göre {27} Mesolenk'iñ berren ve baḥren ḥaṣr ü tażyīḳi ve Donanma-yı Hümāyūn'uñ aşağı yuḳarı geşt ü güẕār ile baḥren {28} daḫi iẓhār-ı saṭvet olunmasından lābüd oldığına ve bi-mennihī Taʿālā gerek ẕaḫāyir ve mühimmāt ve cebeḫāne {29} ve sāʾireniñ maḥallerine īṣāli ve gerek Mesolenk'iñ baḥren daḫi muḥāṣarası īcāb-ı ḥāl ü maṣlaḥatdan {30} ve bu maḳṣūduñ ḥuṣūli daḫi başḳaca bir ṭaḳım Donanma-yı Hümāyūn tertīb ve iḫrāca mütevaḳḳıf {31} oldığından inşāʾallāhü Taʿālā saʿādetlü Ḳapūdān paşa ḥażretleri maʿiyyetine müretteb olan Donanma-yı {32} Hümāyūn ile evvelbahārda müşārun-ileyh ḏoğrı Bālyabādra ve Preveze ṭaraflarına ʿazīmet ve gönderilecek {33} bārūt ve mühimmāt ve mürettebāt-ı sāʾireyi maḥallerine īṣāl itmek ve Mesolenk'iñ ḥaṣr ü tażyīḳi içün {34} tehyiʾe olunmuş olan lāncon taʿbīr itdikleri ḳayıḳları daḫi berāber istiṣḥāb iderek cenāb-ı {35} serʿaskerīleri Mesolenk'iñ berren muḥāṣarasına mübāderetlerinde ḳapūdān-ı müşārun-ileyhiñ daḫi baḥren ḥaṣr ü tażyīḳe {36} mübāşeret ve sāʾir ṭaraflarda daḫi iḳtiżāsına göre imdād ü muʿāvenet eylemek üzere meʾmūriyyeti {37} ḫuṣūṣuna irāde-i seniyye taʿalluḳ itmiş ve bi-mennihī Taʿālā evvelbahārda müretteb maʿiyyeti olan Donanma-yı Hümāyūn ile istiṣḥāb {38} ideceği mühimmāt-ı sāʾireyi maḥallerine īṣāl iderek icrā-yı meʾmūriyyete ḳıyām itmek üzere şimdiden {39} tehyiʾe-i esbāb-ı ʿazīmete müşārun-ileyh Ḳapūdān paşa ḥażretleri teşebbüs ü ibtidār eylemiş ise de evvelki sene {40} oldığı gibi müşārun-ileyh Ḳapūdān paşa ḥażretleri ol ḥavālīlerde ilişüb ḳalur ise işe yaramayacağından {41} bu cihetle ḳara meʾmūrlarınıñ daḫi vaḳtiyle Mesolenk üzerine varub işe başlaması farīża-i ḥāl {42} ü maṣlaḥatdan oldığı maʿlūm-ı düstūrīleri buyuruldukda bi-tevfīḳillāhi Taʿālā ẕāt-ı serʿaskerīleri ḳapūdān-ı (53) müşārun-ileyh ile bir mevsimde irişilüb berren ve baḥren şimşīr-i zehr-āb-dāre-i İslāmiyye['yi] kefere-i eşḳıyāya {2} iẕāḳa [?] ile bir ḥamlede Mesolenk'iñ żabṭ ü tesḫīriyle ibrāz-ı meʾāṡir-i meşkūreye muvaffaḳ olmaḳ üzere {3} inşāʾallāhü Taʿālā vaḳt ü mevsimiyle cümle meʾmūrīni Mesolenk üzerine sevḳ ve ẕāt-ı saʿādetleri daḫi {4} vaḳtiyle irişmeğe beẕl-i cüll-i himmet buyurmaları īcāb-ı irāde-i seniyyeden oldığı; {5} bi-mennihī Taʿālā maʿiyyet-i sipehdārīlerinde istiḫdām buyuracaḳları süvārī ve piyāde ʿasākiriñ ṭopı ḳırḳ beş biñ nefer olmaḳ {6} farż ü taḫmīn olunaraḳ Kānūn-ı Ṡānī ibtidāsından gelecek Teşrīn-i Evvel ġāyetine değin ḏoḳuz ayda idāre-i taʿyīnātları-çün {7} cemʿan üç yük yiğirmi biñ kīle daḳīḳ ve beş yük otuz dört biñ bu ḳadar kīle şaʿīr ve Eğrīboz'da taḥaşşüd idecek {8} ʿasākir içün daḫi bir yük bu ḳadar kīle daḳīḳ ve elli biñ altı yüz bu ḳadar kīle şaʿīr tertīb olunaraḳ ẕaḫāyir-i {9} merḳūme peyderpey bu ṭarafdan müsteʾmen sefāyini istīcārıyla iḳtiżāsına göre ṭaḳım ṭaḳım İzdīn ve Preveze {10} ve Eğrīboz ṭaraflarına gönderilmek üzere tanẓīm olunmuş oldığı; {11} bi-ḥavlillāhi Taʿālā Mesolenk üzerine gidecekleri yollarda peksimād daḳīḳden ziyāde işe yarayacağından Yeñişehir'de {12} Tırḥāla Mutaṣarrıfı sābıḳ saʿādetlü Ebūbekir Paşa ḥażretleri maʿrifetiyle ṭabḫı derdest yiğirmi biñ ḳanṭār peksimād {13} elli biñ keyli daḳīḳ ḥesābıyla Yeñişehir tertībinden aşağı varılaraḳ ḳangı ṭarafından ʿazīmet buyurılacaḳ ise {14} peksimād-ı meẕkūrdan lüzūmı miḳdārını istiṣḥāb ve māʿadāsınıñ īcāb iden maḥallere maʿrifet-i serʿaskerīleriyle {15} ḥavālesi tensīb olunmuş ve keyfiyyet müşārun-ileyh Ebūbekir Paşa ḥażretleriyle Yeñişehir Nüzül Emīni Muṣṭafā Beğ bendelerine {16} daḫi yazılmış olmağla bā-ʿavn-i Bārī eşḳıyā-yı kefere üzerine ʿazīmetlerinde peksimād-ı meẕkūrdan lüzūmı {17} miḳdārını istiṣḥāb ve māʿadāsınıñ īcāb iden maḥallere ḥavālesi muḥavvel-i ʿuhde-i serʿaskerīleri idüği; {18} ḥālā Selānīk sancağına mutaṣarrıf saʿādetlü ʿÖmer Paşa ḥażretleri ṭarafından muḳaddemce vāḳiʿ olan inhāya mebnī müşārun-ileyh {19} maʿiyyetinde bulunmaḳ üzere Cebeḫāne-i ʿĀmire mevcūdundan beş yüz ṣandıḳ fişenk tertīb ve Yeñişehir cānibine baʿs̱ {20} ü tesrīb ḳılınmış ise de vuḳūʿ bulan tebeddülāt cihetiyle ẕikr olunan fişengiñ müşārun-ileyh ṭarafında lüzūmı ḳalmamış {21} oldığından ẕāt-ı serʿaskerīleriniñ ol ṭarafa vürūdlarında ṭaraf-ı düstūrīlerine redd ü teslīm olunması ḫuṣūṣı {22} müşārun-ileyh Ebūbekir Paşa ḥażretlerine taḥrīr ü işʿār ḳılınmış idi. El-ḥāletü-hāẕihī maʿiyyet-i düstūrīlerinde mühimmāt-ı cebeḫāneniñ {23} lüzūmı olacağından ẕikr olunan beş yüz ṣandıḳ fişenk muḳteżī olan maḥallere ṣarf ve iʿṭā içün {24} müşārun-ileyh Ebūbekir Paşa ḥażretlerinden bi't-taʿdād aḫẕ ve iḳtiżāsı vechile ṣarf ve iʿṭāsı muḥavvel-i ʿuhde-i {25} sipehdārīleri idüği; {26} maʿiyyet-i sipehdārīlerinde taḥaşşüd idecek ʿasākir ve meʾmūrīn içün külliyyetlü bārūt ve fişenk ve baʿżı ḳılāʿ {27} ve mevāḳiʿ içün cebeḫāne ve mühimmāt-ı mütenevviʿa ve Mesolenk üzerinde istiʿmāl olunmaḳ içün ḳazma ve kürek {28} mişillü levāzımātıñ derece-i kifāyede olaraḳ tertīb ü tehyiʾesiyle bi-mennihī Taʿālā evvelbahārda Donanma-yı Hümāyūn {29} maʿiyyetiyle istīcār olunacaḳ ehl-i İslām tüccārı teknelerine taḥmīl ve irsāl olunmaḳ ve bunlarıñ cümlesini müşārun-ileyh {30} Ḳapūdān paşa ḥażretleri gönderüb defteriyle yerlü yerine virmek üzere mühimmāt-ı mez̠kūresiniñ şimdiden {31} tehyiʾe ve tanẓīmine mübāderet eylemesi ḫuṣūṣı ʿizzetlü Defterdār efendiye ḥavāle olunmuş olaraḳ derdest-i tehyiʾe {32} ve tanẓīm oldıġı; {33} mīr-i mīrān-ı kirāmdan Zoḳa Maḥmūd Paşa ile Debre vücūhundan Ḳapucıbaşı Ḥasan Beğʾiñ maʿiyyet-i saʿādetlerine meʾmūriyyeti {34} münāsib olacaġı erbāb-ı vuḳūf ṭarafından iḫbār olundıġına mebnī paşa ve mīr-i mūmā-ileyhimānıñ maʿiyyet-i serʿaskerīlerine {35} meʾmūriyyetleri bābında iki ḳıṭʿa emr-i ʿālī ıṣdār ve ṣavb-ı saʿādetlerine iṭāre ve tesyār olunmuş ise de {36} bunlarıñ maʿiyyet-i saʿādetlerine celbi veyāḫūd terki mücerred reʾy-i şerīfiñize muḥavvel olan mevāddan oldıġından **(54)** eğer mūmā-ileyhimā bendeleriniñ maʿiyyet-i düstūrīlerinde işe yarayacaḳları ve ḫidmet görecekleri nezd-i irfan-penāhīlerinde {2} daḫi mübeyyen ü muḳarrer olaraḳ celb ve istiḫdāmları taṣvīb buyurılur ise z̠ikr olunan meʾmūriyyet {3} emrleriniñ kendülerine irsāliyle maʿiyyet-i düstūrīlerine celbi bu ṣūret tensīb olunmadıġı ḥālde terk ile {4} emr-i şerīfe-i mez̠kūreniñ iʿādesi reʾy-i rezīn-i düstūrīlerine vābeste idüği beyānıyla ḳāʾime. Fī 27 R 40

[*1769/75*] ***Defterdār efendiye***

{1} Maʿlūmuñuz oldıġı ve meclisde müẕākere ḳılındıġı vechile Rumili Vālīsi ve Serʿaskeri saʿādetlü Reşīd Paşa ḥażretleri {2} maʿiyyetinde Kānūn-ı S̠ānī ibtidāsından gelecek Teşrīn-i Evvel ġāyetine değin mevsim-be-mevsim ziyādelenerek derece-i {3} nihāyede on beş biñ süvārī ve otuz biñ nefer piyāde ki cemʿan ḳırḳ beş biñ nefer ʿasākiriñ maʿa-aylıḳ {4} iḳtiżā iden ʿulūfeleri terḳīm itmiş oldıġıñız deftere naẓaran otuz iki biñ yedi yüz altmış kīseye bāliġ olub {5} ẕaḫāyir maṣārifi olan on bir biñ kīse aḳçe ve ḥayvānāt kirāları ve cebeḫāne ve mühimmāt taḥmīli-çün {6} istīcār olunacaḳ [?] ehl-i İslām tüccār tekneleriniñ māhiyyeleri ve vālī-i müşārun-ileyhiñ serʿaskerlik maṣārifi {7} içün kendüsüne daḫi başḳaca irsāli īcāb idecek mebāliġ mis̠illü maṣārif-i sāʾire ile yekūnı elli biñ {8} kīse dimek olacaġından müşārun-ileyh maʿiyyetinde taḥaşşüd idecek ʿasākiriñ iki ayda bir kerre işlemiş ʿulūfeleri {9} bu ṭarafdan naḳden irişdirilmek īcābına mebnī buña ve maṣārif-i sāʾireye peyderpey aḳçe iʿṭāsı lāzım {10} geleceğinden z̠ikr olunan elli biñ kīse aḳçeniñ şimdiden mümkin mertebe yeri bulunaraḳ Ḍarbḫāne-i ʿĀmireʾye {11} tertīb ve taḫṣīṣ olunmaḳ īcāb eylediğinden Meclisʾde ḳırāʾat olunan tertīb defteri nāṭıḳ oldıġı üzere {12} Rumili ve Vidīn ve

Nīğbolī ve Silistre ve Çirmen sancaḳları ḳażālarından giçen seneki tertībātıñ ʿaynı olmaḳ üzere {13} beher neferi māhiyye otuz beşer ġurūşdan altışar aylıḳ tertīb olunan ʿasākir bedeliyyesiniñ yekūnı yedi biñ altı yüz {14} ḳırḳ bir kīse ve ẕaḫāyir ve ağnām bedelātı üç biñ iki yüz yedi kīseye bāliġ olub elli biñ kīse aḳçe maṣārifine başḳa {15} bir şey dimek olmayacağından bi'ż-żarūr bu senelik Anāḏolī ṭarafından daḫi faḳaṭ ʿasker bedeliyyesi tertībi lāzım {16} geleceğinden taḳdīm eylediğiñiz defter-i meẕkūr ẕeylinde terḳīm olundığı vechile Anāḏolī cānibinde kā'in elviye ve ḳażālardan {17} beher neferi ikişer yüz ellişer ġurūş ḥesābıyla ʿasker bedeliyyesi tertībi taṣvīb olunub bunuñ daḫi yekūnı {18} sekiz biñ dört yüz kīse ki Rumili ve Anāḏolī'nıñ bedeliyye-i mürettebeleri on ḏoḳuz biñ üç yüz ḳırḳ ḏoḳuz kīseye {19} bāliġ oldığından hemān mebāliġ-i meẕkūre yerlü yerinden taḥṣīl ve Dersaʿādet'e celb ile maṣārif-i meẕkūreye taḫṣīṣan {20} Ḍarbḫāne-i ʿĀmire'ye teslīm olunmaḳ üzere ʿasākir bedelātı evāmiri Dīvān-ı Hümāyūn ṭarafından ve ẕaḫīre ve ağnām {21} bedelleri evāmiri daḫi ṭarafıñıza ḥavāle ile iḳtiżāsına göre yaʿnī bu vechile bedelāt tertībine neden ḥācet mess itdiği {22} ve Ḍarbḫāne-i ʿĀmire'ye taḫṣīṣi neden iḳtiżā eylediği keyfiyyātı cümleniñ añlayacağı vechile derc ü tasṭīr ve bu ṭarafdan {23} ḳapu ketḫüdāları maʿrifetiyle taḥṣīli mümkin olan maḥalleriñ fermānları ḳapu ketḫüdāları ṭarafına virilüb māʿadāsı daḫi münāsib {24} mübāşir ile tesyīr ḳılınması ḫuṣūṣlarına irāde-i seniyye-i şāhāne taʿalluḳuyla mūcebince Dīvān-ı Hümāyūn ṭarafından (58) ıṣdār olunacaḳ evāmir derdest-i taṣdīr olmağla siz daḫi bedeliyye-i merḳūme ol vechile taḥṣīli bābında iḳtiżā iden {2} evāmirlerini taṣdīr ve Bāb-ı ʿĀlī'ye irsāl itdirdesiz deyu. Fī 29 R 40

[*1769/79*] ***Defterdār efendiye***

{1} Maʿlūmuñuz oldığı ve meclisde müẕākere ḳılındığı vechile bi-mennihī Taʿālā Rumili vālīsi ḥażretleri maʿiyyetinde {2} işbu Kānūn-ı S̱ānī ibtidāsından iʿtibāren mevḳiʿ-be-mevḳiʿ ziyādelenerek istiḫdām ideceği ʿasākiriñ {3} gelecek Teşrīn-i Evvel ġāyetine değin ḏoḳuz māhda idāre-i taʿyīnātları-çün iḳtiżā iden daḳīḳ {4} ve şaʿīr ile Eğrīboz'da taḥaşşüd idecek ʿasākiriñ taʿyīnātları lāzımesinden olan ẕaḫāyir {5} içün Edirne anbārında istibdāl olunacaḳ ẕaḫīreden ve Memleketeyn'den ṣarf-ı naẓar ile Edirne ve Tekfūrḏağı {6} ve Silivrī ve Berġos ve Alçaḳlar iskelesine merbūṭ ḳażālardan celb olunacaḳ ẕaḫāyir içün taʿvīżan {7} Anbār-ı ʿĀmire'den virilerek tertībātı devrinde yerine ḳonılaraḳ zinhār Dersaʿādet tertībātına ḫalel ü sekte {8} gelmeyecek vechile ẕaḫīre nāẓırı efendiniñ beyān ü ifādesi vechile uydırılmaḳ ve bu ṭarafdan {9} peyderpey müste'men sefāyini isticārıyla iḳtiżāsı vechile ṭaḳım ṭaḳım Īzdīn ve Preveze ve Eğrīboz {10} ṭaraflarına gönderilmek üzere evāmir-i muḳteżiyesi ıṣdār olunması ve tertīb olunacaḳ ẕaḫāyir ve nevl {11} ve şiġorṭa ve maṣārifāt-ı sā'iresi-çün iḳtiżā iden mebāliğden Ḍarbḫāne-i ʿĀmire'ye tertīb olunacaḳ {12} bedelātdan taʿvīż ṣūretiyle nāẓır-ı mūmā-ileyh cānibine ʿale'l-ḥesāb biñ kīse aḳçe virilmesi ve işbu ẕaḫīre {13} maṣlaḥatı nāẓır-ı mūmā-ileyh maʿrifetiyle rü'yet olunacaḳ ise de her bir maḥalle ṭaḳım ṭaḳım ne miḳdār ẕaḫīre gönderileceği {14} saʿādetlü Ḳapūdān paşa ḥażretleriniñ maʿlūmı olub bi-mennihī Taʿālā Donanma-yı Hümāyūn ol ṭaraflara vardıḳda {15} iḳtiżāsına göre ḥareket olunması lāzım geleceğinden istīcār olunacaḳ sefāyiniñ ḥāl ü keyfiyyet ve ṣūret-i {16} istīcārları ve gerek tedārük ve taḥmīl olunacaḳ ẕaḫāyiriñ keyfiyyet ve iḳtiżāları evvel-emrde müşārun-ileyh {17} Ḳapūdān paşa ḥażretleriyle ʿizzetlü Tersāne-i ʿĀmire emīni beğefendi ile söyleşerek müşārun ve mūmā-ileyhimānıñ {18} inżimām-ı re'yleriyle tanẓīm olunmasını ve zinhār ü zinhār telef ü seref vuḳūʿa gelmey-erek gerek ẕaḫāyir-bahā {19} ve gerek nevl ve şiğorṭa māddeleriniñ gereği gibi tedḳīḳ ve taṣarrufa diḳḳat olunması ve İzdīn tertībi her ḥālde {20} tehyi'e-birle Rumili vālīsi müşārun-ileyhiñ semt-i ʿazīmeti tebeyyün eyledikde Īzdīn ẕaḫīresi aña göre {21} gönderilmesi ḫuṣūṣları ḫāk-pāy-ı hümāyūn-ı şāhāneden istīẕān olunduḳda ol vechile icrāsı {22} ḫuṣūṣuna irāde-i seniyye taʿalluḳ itmiş ve keyfiyyet müşārun-ileyh Ḳapūdān paşa ḥażretleriyle Tersāne-i ʿĀmire {23} emīni mūmā-ileyh[e] bā-fermān-ı ʿālī beyān ḳılınmış olmağla bu māddeyi muḥtekir ṭā'ifesi serrişte {24} iderek "Ẕaḫīreniñ lüzūmı varmış" deyu ẕaḫāyiriñ ġalāsını mūcib olmayacaḳ vechile ṣūret-i {25} mübāyaʿa ve tedārükünde kimlere evāmir-i şerīfe ıṣdārı lāzım gelür ise ẕaḫīre nāẓırı efendiyle bi'l-müẕākere {26} aña göre īcāb iden evāmir-i ʿaliyye ıṣdārıyla ẕaḫīre nāẓırı mūmā-ileyhiñ müşārun ve mūmā-ileyhimā maʿrifetiyle {27} tanẓīm olunmaḳ üzere me'mūriyyetini ve ʿale'l-ḥesāb olaraḳ ol vechile taʿvīżan Ḍarbḫāne-i ʿĀmire'den {28} biñ kīse aḳçe iʿṭāsını tanẓīm eyleyesin deyu. Fī 29 R 40

[1769/84] *Anāḍolī vālīsi ḥażretlerine*

{1} Limnī cezīresi-çün Kūtāhya sancağı ḳażālarından müretteb ʿasker bedeliniñ vaḳtiyle irişdirilmesi tenbī[hi]ni şāmil iṭāre-i {2} ṣavb-ı sāmīleri ḳılınan taḥrīrāt-ı ḫulūṣ-verīniñ vuṣūlünden ve bedel-i mezkūruñ ẕikr olunan ḳażālarıñ {3} perīşānlıḳları cihetiyle taḥṣīli güçlüklü oldığından baḥişle bedel-i mezkūrdan Eskişe[hi]r ve Ḳaraḥiṣār-ı {4} Ṣāḥib sancaḳlarına daḫi ḥınṭa ṭarḥı bābında emr-i ʿālī ṣudūrını müştemil firistāde ve isrā buyurılan taḥrīrāt-ı {5} şerīfeleri me'āli rehīn-i ıṭṭılāʿ-i ḫulūṣ-verī olmuşdur. Bi-ḥikmetillāhi Taʿālā Rum fesādı ġā'ilesiniñ {6} imtidādı cihetiyle her bir maḥal fuḳarāsı birer gūne meşaḳḳate ibtila olmuş ve vedīʿa-i Bārī olan fuḳarā-yı raʿiyyetiñ {7} taḫfīf-i bārı cümleye ve bizẕāt ẕāt-ı şevket-simāt-ı ḥażret-i pādişāhīye dāğ-ı derūn oldığından her-bār {8} bu māddeniñ icrāsı çāresine naṣb-ı nefs ḳılınmış ise de inşā'allāhü Taʿālā bu sene-i {9} mübārekede icrā olunan tedābīr-i külliyye taḳdīre tevāfuḳ iderek ġā'ile-i mezkūreniñ defʿiyle {10} cümleye āsāyiş geleceği elṭāf-ı İlāhiyye delāletiyle ẓāhir ve tertīb-i cedīdden iḳtiżā iden maḥallere

{11} ḥiṣṣe ṭarḥ olunmuş oldığından muḳaddem tanẓīm olunan bedeliyye-i meẕkūreniñ daḫi ol vechile ṭarḥ ü taḥmīli {12} münāsib olmayacağı nezd-i şerīflerinde müberhen ü bāhir olmağla ẕāt-ı saʿādetleri bedel-i meẕkūruñ muḳaddem {13} icrā olunan uṣūl üzere bir müddetçik daḫi Kūtāhya sancağı ḳażālarından taḥṣīliyle māh-be-māh iʿṭā {14} ve teʾdiyesi ṣūretiniñ ikmāline himmet buyurmaları siyāḳında ḳāʾime. Fī ġurret-i Ca 40

[*1769/90*] ***Bālyabādra Muḥāfıẓı Yūsuf Paşaʾya***
{1} Bundan aḳdem vāḳiʿ olan işʿār-ı müşīrīleri üzere Gördūs ṭaḳımından teẕkire virilmiş olan maʿa-sergerde {2} yedi yüz elli nefer süvārī ve biñ ḳırḳ iki nefer piyāde delīl ve tüfenkçi ve sekbānānıñ geçen şehr-i Şevvāl ġāyetine değin {3} işlemiş olan ʿulūfelerinden ġayr-ez-irsāl biñ üç yüz şu ḳadar kīse maṭlūbları görünmüş ve muḳaddemā {4} Īnebaḫtī ʿaskeri-çün gönderilmiş olan üç yüz kīse aḳçe nezd-i saʿādetlerinde tevḳīf ḳılınmış oldığından {5} sünūḥ iden irāde-i seniyye mūcebince ẕikr olunan üç yüz kīse bu ṭarafdan Īnebaḫtīʾya irsāl ve cenāb-ı müşīrīlerine {6} biñ kīse aḳçe isbāl olunmuş ve on biñ nefere altı aylıḳ ẕaḫīre olmaḳ üzere üç biñ keyl şaʿīr ve yiğirmi {7} yedi biñ keyl ḥınṭa ve daḳīḳ daḫi tertīb ve tesrīb ḳılınaraḳ keyfiyyet ṣavb-ı ḫāliṣānemizden sū-yı müşīrīlerine {8} bildirilmiş idi. El-ḥāletü-hāẕihī Ġastonlı ʿAlī Efendi bendeleriyle tevārüd iden taḥrīrāt-ı müşīrīleri meʾālinde ʿasākir-i merḳūmeniñ {9} taʿdād olunan eski maṭlūbları ve yeñi teẕkireler mūcebince terāküm itmekde olan ʿulūfeleriniñ ʿadem-i ẓuhūrı ve ẕaḫīreniñ {10} fiḳdānıyla gāvurlarıñ mürtekib olduḳları fesād ü melʿanetde ıṣrārları cihetiyle yeʾs ü fütūr gelerek ʿaskerī {11} ṭāʾifesi s̱ebāt ü ḳarārdan rū-gerdān ve ʿatīḳ ve cedīd ʿulūfeleri muṭālebesiyle uyġunsuzluḳları nümāyān {12} oldığından ʿulūfeleriniñ irişdirilmesi ve müsteʾmen tüccārıyla ṣarrāfları Ṣāpçı ṭarafına göndermiş olduḳları {13} polīçeñiz ḳabūl olunmamış oldığından bu keyfiyyet iʿtibārıñızıñ tüccār beyninde suḳūṭunı īcāb eyleyeceği muḥarrer ü meẕkūr {14} olmağın meʾāl ü mezāyāsı ve mümā-ileyh bendeleriniñ biʾl-istinṭāḳ vāḳiʿ olan ifādātı ve ḳaleme aldırılan taḳrīri daḫi {15} maʿlūm-ı ḫulūṣ-verī olmuş ve ṭaḳımıyla ḫāk-pāy-ı mekārim-peymā-yı şāhāneye ʿarż ü taḳdīm ile manẓūr-ı hümāyūn-ı {16} mülūkāne buyurılaraḳ bu bābda sabr ü s̱ebāt ve envāʿ-ı miḥen ü meşāḳḳa dūçār olaraḳ metānetleri {17} ḥaḳ bu ki baʿis̱-i taḥsīn ü āferīn olub inşāʾallāhü Taʿālā bu ʿusrüñ ḳarīben yüsri ẓuhūruyla mükāfāt-ı ḥaseneye **(64)** maẓhariyyetleri elṭāf-ı İlāhiyyeʾden mesʾūl olub bu vechile ḫidemāt-ı dīniyyede ber-vefḳ-i murād-ı ʿālī s̱ebāt ü ġayret ve ibrāz-ı meʾās̱ir-i {2} merdānegī ve ḥamiyyet buyurmuş olduḳlarından işbu ḫidmetleri cümle ʿindinde cā-yı teslīm olaraḳ tesviye-i işʿārāt-ı {3} vāḳıʿalarında bir vechile bu ṭarafdan ifāte-i vaḳt olunmayub taḳviye-i bāzū-yı iḳtidārlarını īcāb ider esbābıñ vüsʿ ü imkān {4} derecesi icrāsı aḳdem-i efkār ü maḳṣūd ve gönderilan ʿulūfe māddesine dāʾir olan deftere naẓaran gerek {5} Gördūs ʿaskeriniñ ve gerek

cedīd tezkire virilan Bālyabādra ve Īnebaḫtī ʿaskerleriniñ ve sāʾireniñ işlemiş {6} ʿulūfeleriniñ yekūnı yedi biñ yedi yüz şu ḳadar kīseye resīde oldıġı ẓāhir ü rū-nümūd ise de muḳaddemki {7} ḥesāb üzere iki biñ iki yüz altmış şu ḳadar kīse aḳçe ʿatīḳ ʿulūfeden ṣarf-ı naẓar ile muʾaḫḫaren üç yüz kīse Īnebaḫtīʾya {8} ve biñ kīse aḳçe ṣavb-ı saʿādetlerine gönderilmiş oldıġına göre ḳuṣūr dört biñ şu ḳadar kīse bāḳī görinür ise daḫi {9} giçen sene müceddeden tezkire virilan ʿasākiriñ māh-be-māh işleyecek ʿulūfeleri bu ṭarafdan gönderileceği mevʿūd olaraḳ {10} muḳaddemce tertīb ve irsāl olunan biñ kīse aḳçe Şevvālʾe ḳadar işlemiş ʿulūfeleri-çün olub faḳaṭ yetmiş beş biñ ġurūş {11} andan ṣoñra işleyecek ʿulūfeye maḥsūb olunmaḳ üzere tanẓīm olunmuş ve el-ḥāletü-hāẕihī Şevvālʾden işbu ḥulūl iden {12} Cemāẕiyelūlā ġāyetine ḳadar māhiyye yüz on üç biñ sekiz yüz ġurūşdan yedi māhda işlemiş ʿulūfeniñ {13} yekūnı mārrüʾẕ-ẕikr yetmiş beş biñ ġurūş fürū-nihāde olunduḳdan ṣoñra biñ dört yüz ḳırḳ iki kīse aḳçe yüz on {14} dört ġurūşa bāliġ olmuş [?] oldıġına ve Mora Vālīsi saʿādetlü İbrāhīm Paşa ḥażretleriniñ Moraʾya vuṣūlüne ḳadar {15} ʿasker-i meẕkūruñ s̱ebātları esbābınıñ istiḥṣāli ehemmiyyetine bināʾen ẕikr olunan biñ dört yüz ḳırḳ iki kīse aḳçe küsūr {16} şu ḳadar ġurūşuñ ṣavb-ı müşīrīlerine irsāli ve ol ṭarafda olan ser[ge]rdegān ve ahālī ve ṭavāʾif-i ʿaskeriyyeniñ {17} şimdiye ḳadar dīn ve Devlet-i ʿAliyye uġurunda s̱ebāt ü metānetleri ve içlerinde ṣadāḳat erbābından olanlarıñ yararlıḳları {18} yegān yegān maʿlūm olaraḳ inşāʾallāhü Taʿālā bundan böyle ḳarīben meʾmūrlar berren ve baḥren ol ṭaraflara irişerek maṣlaḥat {19} bitinceye ḳadar kemā-kān emr-i muḥāfaẓada s̱ebāt ü metānetleri maṭlūb-ı ḳaṭʿī ve baʿdehū her birlerine sāye-i Salṭanat-ı Seniyyeʾde {20} mükāfāt ḳılınacaġı bedīhī oldıġı mis̱illü şāyed içlerinde kendüyi bilmezler bıraġub gitmek dāʿiyesine düşerek {21} maʿāẕallāhü Taʿālā bir fenālıḳ vuḳūʿuna sebeb olmaları lāzım gelür ise hiçbir maḥalde pençe-i ġażab ve ḳahr-ı pādişāhīden {22} taḫlīṣ-i girībān idemeyeceklerini bilüb aña göre ḥareket eylemeleri bābında istimālet ve terhībi şāmil ṣavb-ı saʿādetlerine {23} ve sāʾir ol ṭarafda olan ser[ger]degāñ ve ahālī ve ʿaskerīye ḫiṭāben emr-i ʿālī ıṣdārı ve derdest olan {24} polīçeler girü çevrilmeyerek bu ṭarafda çāresiniñ istiḥṣāl olunması ḫuṣūṣuna irāde-i seniyye-i mülūkāne {25} taʿalluḳ iderek mūcebince meblaġ-ı mezbūr biñ dört yüz ḳırḳ iki kīse aḳçe yüz on dört ġurūş Ḍarbḫāne-i ʿĀmireʾden {26} iḫrāc ü irsāl ve ẕikr olunan fermān-ı ʿālī daḫi ıṣdār ve isbāl ḳılınmış oldıġından başḳa derdest olan {27} polīçeleriniñ daḫi ne vechile olur ise olsun uydırub polīçeleri girü çevirmeyerek bir ṣūret-i {28} ḥasenesini ikmāl eylemeleri daḫi ḳapu ketḫüdāları Necīb Efendi ile ṣarrāfları mesfūra ekīden tenbīh itdirilmiş {29} olmaġla ẕāt-ı saʿādetleri muṭmaʾinnüʾl-ḳalb olaraḳ ve ḫuṣūṣāt-ı vāḳıʿaları isʿāfında bu ṭarafdan zerre ḳadar {30} terāḫī olunmayacaġını cezm buyuraraḳ aña göre iḳtiżā-yı metānet ü ṣalābeti icrā ve müşārun-ileyh İbrāhīm Paşa {31} ḥażretleri Moraʾya ṣavlet-endāz oluncaya ḳadar s̱ebāt ü ġayret-birle ahālī ve

ʿaskerī ṭāʾifesiniñ {32} bir uyġunsuzluġa cürʾet idemameleri vesāʾiliniñ ikmāline kemāliyle iʿtinā ve diḳḳat eḫaṣṣ-ı maṭlūb-ı {33} ḫāliṣānemiz idüği beyānıyla ḳāʾime. Fī 3 Ca 40

[*1769/94*] *Yānya Ḳapu Bölükbaşısı Ṭāhir ʿAbbās ve Dervīş Ḥasan Aġaʾya, Delvīne sancaġında Aydonātlı Ḥācī İslām Aġaʾya, Ḥasan Çapar-zāde Aḥmed Aġa ve Silāḥşor Çapar-zāde Ṭāhir Aġaʾya, Üskūb Nāẓırı Ḥıfẓī Beğʾe ve Libohovalı ʿİzzet Beğʾe, Ergīrīli ʿAlī Zot Paşa-zāde Erşī* [*?*] *Beğʾe ve Meḥmed Beğʾe ve Naʿīm Beğʾe, Ergīrīli filān paşazādeler Ṭāhir Beğ ve Fālū* [*?*] *Beğʾe*
{1} Vezīr-i mükerrem saʿādetlü Ḥasan Paşa ḥażretleriniñ Nārda muḥāfaẓasına meʾmūriyyetiyle seniñ daḫi müşārun-ileyh maʿiyyetine meʾmūriyyetiñ {2} ḫuṣūṣuna irāde-i seniyye-i mülūkāne taʿalluḳ iderek ne miḳdār ʿasker ile irişmañ ve inşāʾallāhü Taʿālā meʾmūrlara bir gūne {3} ṣıḳındı çekdirilmeyeceğinden hemān īfā-yı meʾmūriyyete ibtidār eylemañ ḫuṣūṣı saña bildirilmiş oldıġından şimdiye ḳadar {4} icrā-yı irāde-i ʿaliyyeye diḳḳat iderek dīn ü devlet ġayretini icrā eyleyeceğiñ meʾmūl ise de ol ḥavālī gāvurlarınıñ {5} söylenmekde olan ḥareket ve ʿāṣīliḳlerine göre Nārda ḳalʿasınıñ ziyāde muḥāfaẓası lāzımeden {6} ve sen Devlet-i ʿAliyyeʾniñ ṣādıḳ ve ġayretli bendesi olub böyle vaḳti ḏurub oturacaḳ zamān {7} bilmeyüb hemān eliñden gelan saʿy ü ġayreti icrā ideceğiñ maʿlūm olaraḳ Devlet-i ʿAliyye daḫi böyle {8} ṣadāḳatle çalışan bendesi ḥaḳḳında hiçbir şey esirgemeyeceği āşikār oldıġından gerek seniñ {9} götüreceğiñ ve gerek sāʾir gidecek ʿasākiriñ işleyecek ʿulūfelerine ʿaleʾl-ḥesāb olaraḳ {10} taḳsīm olunmaḳ üzere bu defʿa müteʿalliḳ olan irāde-i seniyye-i pādişāhāne mūcebince müşārun-ileyh {11} Ḥasan Paşa ḥażretlerine iki yüz kīse aḳçe gönderilmekle bundan böyle daḫi gerek ʿulūfe ve gerek {12} sāʾir şeylerde hiç meʾmūra ṣıḳlet ve zaḥmet çekdirilmeyeceği bī-iştibāhdır. Hemān dīn-i Muḥammedī {13} ve devlet-i ʿOs̱māni ġayretini çeküb dünyā ve āḫiretde zaḥmet çekmameği isteyan eşdiḳāya lāzım olan {14} ġayret idüb iş görerek iki cihānda emeline nāʾil olmaḳ olmaġla sen daḫi Devlet-i ʿAliyye {15} ve şevketlü ḳudretlü pādişāhımız efendimiz senden ġayret ü ṣadāḳat meʾmūlüyle seni meʾmūr itmiş oldıġını (67) bilerek eğer şimdiye ḳadar ḳalkmamış iseñ bundan ṣoñra bir daḳīḳa eğlenmeyüb hemān ḳalḳaraḳ muḳaddem tenbīh {2} olundıġı miḳdār ʿaskeri alub müşārun-ileyh Ḥasan Paşa maʿiyyetine irişmeğe diḳḳat ve meʾmūruñ biri daḫi sen {3} oldıġıñdan bir gūne uyġunsuzluḳ vāḳiʿ olmayub her ḥālde emr-i muḥāfaẓaya lāyıḳıyla baḳaraḳ is̱bāt-ı ṣadāḳate {4} müsāraʿat eylemañ içün maḫṣūṣ işbu mektūb. Fī 6 Ca 40

[*1769/96*] *Ḥüseyin Paşa ḥażretlerine*
{1} Birḳaç günden berü Ḳaraburun ḥavālīsine ecnebī devlet beğliği olaraḳ iki ḳıṭʿa sefīne geşt ü güẕār iderek {2} bir ḳıṭʿası deñize açılub dīger bir ḳıṭʿası

Boğaz ağzında d̲olaşmaḳda oldıġı Ḳaraburun me'mūrları ve Boğaz {3} nāẓırı bendeleri ṭaraflarından ṣavb-ı saʿādetlerine inhā olunaraḳ ẕikr olunan sefīneler Boğaz'dan içerü girmek dāʿiyesinde {4} olurlar ise ṭop endāḫtı istīẕān olunmuş oldıġına dā'ir olan teẕkire-i şerīfeleri [ve] gönderilan kāġıd mezāyāsı {5} maʿlūm-ı ḫāliṣānemiz olmuşdur. Bu ḫuṣūṣ Boğaz nāẓırı mūmā-ileyh ṭarafından ʿizzetlü Yeñiçeri Aġa[sı] bendelerine daḫi işʿār {6} olunmuş olub cümleye maʿlūm oldıġı üzere her ḳangı devletiñ olur ise olsun beğlik cenk sefīneleriniñ {7} gerek Aḳdeñiz ve gerek Ḳaradeñiz boġazlarından duḫūli ʿahden ve şarṭan menʿ-i küllī ile memnūʿ olub hiçbir vaḳtde {8} buña müsāʿadeye mesāġ olamayacaġı āşikār ve ẕikr olunan sefīneler Boğaz'dan girmek dāʿiyesinde olurlar ise {9} ḳavāʿid-i baḥriyye üzere ibtidā Boğaz ḳılāʿından mümānaʿat ʿalāmeti gösterilerek Boğaz'a duḫūlüne ruḫṣat {10} virilmamesi ve diñlemez ise menʿ olunması lāzım geleceği bedīhī ve bedīdār olmaġla cenāb-ı düstūrīleri gerek {11} Boğaz nāẓırı mūmā-ileyh ve gerek sā'ir iḳtiżā idenlere mü'ekked tenbīh buyuraraḳ eğer meẕkūr sefīneler {12} Boğaz'dan girmek dāʿiyesinde olurlar ise ḳavāʿid-i baḥriyye üzere ibtidā mümānaʿat işāreti çeküb **(68)** diñlemez ise ṭo[p] endāḫtıyla menʿi ḫuṣūṣuna, ve'l-ḥāṣıl beğlik cenk sefīnesi Boğaz'dan girmek memnūʿ {2} oldıġından bir vechile duḫūlüne mesāġ göstermeyüb ṭop endāḫtıyla menʿine kemāl-i taḳayyüd eylemelerini ekīden {3} tenbīhe himmet ve Boğaz me'mūrları gūyā kendülüklerinden olaraḳ ṣandāl ile ẕikr olunan sefīneleriñ üzerine {4} varub dostāne muʿāmele ile "Buralarda ne gezeyorsuñuz, nedir?" diyerek su'āl idüb gerek gemileriñ {5} ḥāl ü keyfiyyetini ve gerek niçün gezdiklerini ve Boğaz ḥavālīsinde gezmekden ġarażları ne oldıġını {6} ḫaber aldırub bu bābda olan taḥḳīḳātıñızı serīʿan işʿār ü işāret buyurmaları siyāḳında {7} teẕkire. Fī 6 Ca 40

[*1769/110*] ***Vidīn muḥāfıẓı ḥażretlerine***
{1} Rumili Vālīsi esbaḳ Ebūlubūd Meḥmed Paşa'nıñ Arnavud bölükbaşılarından ʿAbdullāh nām kimesne bundan on bir māh {2} muḳaddem Selānīk ḳaṣabasında Ḳaramaḥalle memleketlerinden ve sefīne ḳapūdānlarından Nīḳola nām ẕimmīniñ oġlı ṣaġīr {3} Lūḳa ẕimmīyi küfri ḥālinde bir taḳrīb alub "ʿUṣāt-ı reʿāyā üserāsıdır" diyerek fürūḫt itmiş {4} ve bundan evvel ṣaġīr-i mersūm Dersaʿādet'e gelmiş oldıġından lede'l-istinṭāḳ ʿuṣāt-ı reʿāyā evlādı {5} olmadıġını ve ol vaḳt bölükbaşı-i merḳūm kendüyi ḫilāf-ı şerʿ-i şerīf fużūlī żabṭ ve fürūḫt eylediğini {6} ifāde ve taḳrīr itmiş ve şeref-i İslām ile müşerref olmuş ise de mersūmuñ istiʿlām-ı ḥāli żımnında {7} muḳaddemce cānib-i muḥibbānemizden ṭaraf-ı müşīrīlerine taḥrīrāt gönderilmiş idi. İle'l-ān {8} bir gūne ḫaber ü eser ẓuhūr itmameğin muḳaddem vāḳiʿ olan işʿār-ı ḫāliṣānemiz vechile mersūm Nīḳola {8} ʿuṣāt-ı reʿāyādan mıdır, yoḫsa oġlı mersūmuñ ifādesi vechile taḥt-ı raʿiyyetde oldıġı ve ʿuṣāt-ı eşḳıyādan {9} olmadıġı ḥālde mi oġlı

mersūm bölükbaşı-i merḳūm ṭarafından esīr şekline ḳonılaraḳ fużūlī {10} żabṭ ve fürūḫt olunmuşdur, vuḳūʿ-ı ḥāl ü keyfiyyet ne vechile olmuş ise eṭrāfıyla lāzım gelenlerden {11} suʾāl ü taḥḳīḳ olunaraḳ ḥaḳīḳat-i maṣlaḥatıñ bu ṭarafa işʿār ü tenmīḳine himmet buyurmaları siyāḳında {12} mektūb. Fī 10 Ca 40

[*1769/111*] ***Rumili vālīsine***
{1} ʿAvāṭıf-ı cihān-şümūl-ı cenāb-ı pādişāhīden Rumili eyāleti ve ḫaṭb-ı cesīm-i serʿaskerī inżimāmıyla Yānya ve Delvīne sancaḳları {2} ve Derbendāt neẓāreti ʿuhde-i istīhāl-i düstūrīlerine tevcīh buyuruldığını nāṭıḳ [şeref-baḫş-ı] ṣaḥāyif-i ṣudūr olan evāmir-i ʿaliyye ve gönderilan {3} taḥrīrāt-ı ḫulūṣ-verīniñ vuṣūlünden ve ol bābda īfā-yı resm-i teşekkür ü maḥmedetden baḥiṡle muḳteżā-yı meʾmūriyyet-i serʿaskerī {4} üzere maʿiyyet-i düstūrīlerinde bulunan Caʿfer Paşa bendeleri Vidīn'e muḥāfıẓ ḳāʾimmaḳāmı taʿyīn buyurılaraḳ {5} Yānya ve Delvīne ve Avlonya sancaḳları ahālīlerine ḫiṭāben ıṣdār olunan evāmir-i ʿaliyye mücebince ṭaraf-ı {6} serʿaskerīlerinden daḫi iḳtiżā iden buyuruldılar neşr ve tesyīr olunaraḳ hemān cenāb-ı düstūrīleri sekiz-on günüñ {7} ẓarfında ṣavb-ı meʾmūrlarına ḥareket ü ʿazīmete şitāb buyurulmaḳ üzere olduḳları beyānıyla maʿiyyet-i sipehdārīlerinde {8} olacaḳ ordu-yı meʾmūrīleriniñ iştikāya maḥal bıraġılmayacaḳ vechile ẕāt-ı düstūrīleri aḳçe ve ẕaḫāyir ḫuṣūṣlarında {9} żarūretden viḳāye ḳılınması ve maʿiyyet-i saʿādetlerine münāsib biri defterdār taʿyīn olunaraḳ ʿasākir ve ẕaḫāyir ve ḥayvānāt {10} ḳangı ṭarafdan tertīb olunacaḳ ise ẕāt-ı düstūrīleri āgāh ḳılınması ve bu sene-i mübārekede Rumili'nden müretteb {11} ʿasākir her ne ḳadar bedele ḳaṭʿ olunmaḳ üzere tertīb olunmuş ise de baʿżı ḳażālarıñ bi'n-nefs aʿyān ve żābiṭānı {12} ḳażāsı ʿaskeriyle taʿyīn ḳılındığı ṣūretde ez-her-cihet işe yarayacaḳlarından Üsküb Nāẓırı Ḥıfẓī Beğ ve Prizrīn {13} ve Priştine ve Alacaḥiṣār sancaḳları mutaṣarrıfı bendeleri maʿlūmü'l-miḳdār ve Rādomīr ve Ustrūmca ve İştib ve Vonīça ve Kesriye {14} ve Naslīç aʿyānlarıyla Manāstır vücūhundan Rüstem Beğ bendeleri daḫi ḳażālarından çıḳarabildikleri ḳadar ʿasker ile {15} Rūz-ı Ḫıżır'dan muḳaddem maḥall-i meʾmūrlarına irişmek üzere meʾmūr ve taʿyīn ve İskenderiye Mutaṣarrıfı saʿādetlü Muṣṭafā {16} Paşa ḥażretleriniñ daḫi meʾmūr-ı iḫrācı oldıġı ʿaskeriñ nihāyet Mārt āḫirine ḳadar maʿiyyet-i serʿaskerīlerine irişdirilmesi {17} taʿcīl olunması ve Yānya ve Delvīne sancaḳlarıyla Derbendāt neẓāretiniñ inhā-yı müşīrīleri vuḳūʿundan evvel bir kimesneye {18} iḥāle olunmaması iḫṭārını ve ifādāt-ı sāʾireyi şāmil bu defʿa firistāde ve isrā buyurılan taḥrīrāt-ı düstūrīleri {19} mezāyāsı mū-be-mū maʿlūm-ı ḫulūṣ-verī olub ol vechile īfā-yı resm-i teşekkür ü maḥmedete himmet ve icrā-yı levāzım-ı serʿaskerī {20} ve meʾmūriyyete şitāb ü sürʿatleri ẕāt-ı feṭānet-simāt-ı düstūrīlerinden muntaẓar-ı ʿālī olan āṡār-ı bergüzīde-i ġayret-şiʿārīyi {21} teʾyīd itmekle ẕerīʿa-i maḥẓūẓiyyet olaraḳ taḥrīrāt-ı mevrūdeleri derḥāl

ḫāk-pāy-ı hümāyūn-ı şāhāneye daḫi ʿarż ü taḳdīm ile {22} meşmūl-ı liḥāẓa-i mekārim-ifāża-i cenāb-ı ẓıllullāhī buyurulmuşdur. Ṣavb-ı saʿādetlerine beyāndan müstaġnī oldıġı ve muḳaddem ve muʾaḫḫar {23} telvīḥ ü beyān ḳılındıġı vechile bi-ʿavnillāhi Taʿālā bu sene-i mübārekede dāḫilen ve ḫāricen tertībāt-ı ḳaviyye ile şu Mora ġāʾilesiniñ {24} ümmet-i Muḥammed üzerinden indifāʿı niyyet-i ḫāliṣasıyla mevkūl-ı ʿuhde-i düstūrīleri ḳılınan ḫaṭb-ı cesīm-i serʿaskerīye müteferriʿ kāffe-i ḫuṣūṣāt {25} ġāyet eṭrāflu ve germiyyetlü ṭutılaraḳ bir māddeniñ noḳṣān bıraġılmamasına kemāl-i iʿtinā ve ihtimām olunmuş ve olunmaḳda ve maṣlaḥat-ı {26} mevkūleleriniñ mevḳūfün-ʿaleyhi olan ʿasākir ve ẕaḫāyir ve ḥayvānāt ve sāʾir tertībāt-ı lāzımeniñ cümlesi semt ve münāsibiyle {27} müṭālaʿa olunaraḳ biʾl-icrā keyfiyyātı muḳaddemce ʿaleʾt-tafṣīl ṣavb-ı serʿaskerīlerine işʿār ü inbā ḳılınmış ve işbu taḥrīrātları {28} anıñ vuṣūlünden muḳaddem çıḳarılmış olub inşāʾallāhüʾr-Raḥmān taḥrīrāt-ı mezkūreniñ şimdiye ḳadar vuṣūlüyle her bir {29} ḫuṣūṣ maʿlūm-ı ʿilm-i feṭānet-melz[ū]mları buyurılacaġı derkār ve cenāb-ı düstūrīleri aṣḥāb-ı rüşd ü kiyāsetden ve Arnavudluḳ {30} ve ol ḥavālīniñ mizāc ü mişvār ve keyfiyyātına kesb-i ıṭṭılāʿ ü vuḳūf buyurmuş vüzerā-yı ʿiẓāmdan olduḳları {31} müsellem-kerde-i enām olub sinīn-i sābıḳa aḥvāli derpīş ve eslāfları vaḳtlerinde sebḳat iden nīk ü bed-i keyfiyyeti kemāl-i {32} tefekkür ü endīş ile bu ṭarafdan biʾt-taḥḳīḳi veʾt-teʾennī icrā olunmuş olan tedābīriñ baʿżısı sāniḥ-i ḫāṭırları müṭālaʿaya {33} tevāfuḳ itmamiş gibi münfehim olmuş ise de tedābīr-i mezkūreniñ cümlesi Arnavudluḳ ve umūr-ı ḥāliye keyfiyyātına vuḳūf-ı {34} tāmmı olanlar ile bu ṭarafda biʾt-tedḳīḳ icrā olunmuş olub vāḳıʿan işʿārlarından müstefād olan ṣūrete daḫi {35} vuḳūf ü maʿlūmātları cihetiyle diyecek yoġ ise de tertībāt-ı mezkūre ber-vech-i meşrūḥ erbāb-ı vuḳūfuñ iḫbārıyla {36} olmuş ve muḳaddemce evāmiri neşr ile icrā ḳılınmış oldıġından inşāʾallāhü Taʿālā cümlesi muḳārenet-i tevfīḳāt-ı {37} Sübḥāniyye ile her vechile Devlet-i ʿAliyye ḥaḳḳında ḫayr ü menāfiʿi müşāhede olunması elṭāf-ı İlāhiyyeʾden müstedʿā ve işʿārları mis̱illü (76) ẕikr olunan Yānya ve Delvīne sancaḳları ve Derbendāt neẓāretiniñ inhā-yı düstūrīleri vuḳūʿundan evvel bir kimesneye {2} tevcīh olunmaması muḳteżā-yı maṣlaḥatdan olaraḳ mültezem olan nüfūẕ-ı serʿaskerīleriniñ viḳāyesi żımnında muḳaddem {3} bu ṭarafda daḫi ol vechile ḳarār virilmiş ve keyfiyyet ṣavb-ı saʿādetlerine daḫi beyān ü işrāb olunmuş olmaḳ mülābesesiyle {4} bundan böyle daḫi bu bābda ve sāʾir müteferriʿāt-ı maṣlaḥatda ne vechile ʿarż ü inhāları vāḳiʿ olur ise ol vechile {5} iḳtiżāsına baḳılacaġı ve maʿiyyet-i düstūrīlerinde münāsib bir bendeleriniñ defterdārlıḳ ʿunvānıyla bulunmasında beʾis {6} yoġ ise daḫi muḳaddem ṣavb-ı sāmīlerine yazıldıġı üzere Rumili ḳażālarından mürettеb bedelāt mücerred ʿulūfe {7} māddesinde ṭaraf-ı serʿaskerīlerine bir neviʿ meşaḳḳat olmamaḳ içün bu defʿa sābıḳları mis̱illü Yeñişehirʾe {8} gönderilmeyerek bu ṭarafa gelüb ẕāt-ı saʿādetleriniñ istiḫdām idecekleri ʿasākiriñ iki ayda bir {9} işlemiş ʿulūfe[leri] bu ṭarafdan naḳden ṭaraf-ı serʿaskerīlerine irsāl olunacağına binā'en ol vechile me'mūr taʿyīni {10} tekellüfüne ḥācet mess itmeyeceği müṭālaʿasıyla o māddeden ṣarf-ı naẓar olunmuş ve işbu inhāları daḫi mu'aḫḫaren tertībāt keyfiyyet[in]e dā'ir yazılan mezkūr {11} taḥrīrātımızıñ vuṣūlünden muḳaddem olmaḳ iḳtiżā ideceği ẓāhir ve aʿyānları maʿiyyetleriyle ʿaynen ʿasker tertīb {12} eyledikleri ḳażāların̄ baʿżıları muḳaddemki bedel tertībinde dāḫil oldığından işʿār buyurduḳları ḳażālar {13} ifrāz ile ẕikr olunan buyuruldı-i düstūrīleriyle her ne ḳadar ʿasker maṭlūb buyurılur ise bilā-noḳṣān {14} tanẓīm ve bi'n-nefs kendüleri istiṣḥāb iderek Nevrūz'dan evvel maʿiyyet-i düstūrīlerine irişmek {15} ve bir neferi noḳṣān olmamaḳ üzere sālifü'ẕ-ẕikr ḳażālar aʿyānlarına ḫiṭāben başḳa başḳa evāmir-i ʿaliyye {16} ıṣdār ve mutaṣarrıfīn-i mūmā-ileyhim ve Üskūb nāẓırı mīr-i mūmā-ileyh bendelerine daḫi taṣrīḥ buyurulmuş olan miḳdār vechile {17} taʿyīn ve tertīb olunan ʿasākiri her birleri bi'l-istiṣḥāb vaḳt-i mezkūrda īfā-yı me'mūriyyete şitāb eylemeleri {18} bābında mūmā-ileyhim bendelerine ḫiṭāben daḫi evāmir-i şerīfe taṣdīr ve maḫṣūṣ mübāşirler taʿyīn ve tesyīr olunmuş ve İskenderiye {19} mutaṣarrıfı müşārun-ileyh muḳaddem ḥīn-i tertībde beş biñ ʿasker iḫrācına me'mūr olmuş oldığından şimdi işʿār-ı serʿaskerīleri {20} vechile üç biñ nefer göndermesi te'kīd olunsa evvelki irādeye münāfī olacağından başḳa beş biñ nefer daḫi tām {21} olaraḳ çıḳarılacağı mechūl olaraḳ muḳaddem me'mūriyyetiniñ taʿcīl ve te'kīdinde üç biñ ve daḫi ziyādece ʿasker {22} irsāl eyleyeceği ve ṭaraf-ı düstūrīleriyle müşārun-ileyh muḫābere iderek beş biñ neferden birazını cenāb-ı serʿaskerīleri {23} tenzīl buyururlar ise hem nüfūẕ-ı müşīrīleri muḥāfaẓa olunmuş ve hem ṭaraf-ı serʿaskerīleriyle olan muḫābere vechile iḫrāc {24} ideceği ʿasker tamām olmaḳ lāzım geleceği mülāḥaẓa ḳılınmış oldığından müşārun-ileyhiñ muḳaddemce me'mūr-ı iḫrācı {25} oldığı vechile beş biñ nefer ʿaskeriñ bir neferi noḳṣān olmamaḳ ve cengāver ve güzīde olmaḳ üzere {26} beher-ḥāl Nevrūz'dan evvel maʿiyyet-i saʿādetlerinde iṣbāt-ı vücūd eylemeleri veṣāyāsı derciyle te'kīd ve istiʿcāli {27} mutażammın tekrār müşārun-ileyhe emr-i ʿālī ve ṣavb-ı ḫulūṣ-verīden daḫi taḥrīrāt iṭāre ve isbāl ḳılınmış olmağla muḳteżā-yı {28} d[ir]āyet ve me'mūriyyet-i serʿaskerīleri-çün ẕikr olunan ḳażāların̄ her birinden ne miḳdār ʿasker maṭlūb buyurılur ise {29} ṭaraf-ı düstūrīlerinden buyuruldılar tasṭīr ve irsāliyle ṭaleb ve istiʿcāl ve ḫuṣūṣāt-ı mevkūle-i sā'irelerinde daḫi {30} muḳteżā-yı istiḳlāl-i tām ve ruḫṣat-ı kāmile-i mā-lā-kelāmları üzere ve vaḳt [ü] ḥāl ve maṣlaḥatı bildikleri {31} gibice icrā-birle her ḥālde ẕāt-ı şecāʿat-simāt-ı müşīrānelerinden me'mūl-ı ʿālī olan āṣār-ı bergüzīde-i reviyyet-mendī {32} ve kār-güẕārī levāzımını te'yīd ider mesāʿī-i maḳbūle ibrāzına diḳḳat ü himmet buyurmaları siyāḳında ḳā'ime. Fī 12 Ca 40

[*1769/113*] *İskenderiye mutaṣarrıfına*

{1} Cümleye maʿlūm ü rūşenā oldığı üzere bu Rum ʿuṣātı ġāʾilesi indifāʿında dīnen biʾl-cümle ümmet-i Muḥammedʾden {2} olanlarıñ cihet-i iştirākiyyesi derkār olub ʿalelḫuṣūṣ sāye-i hümā-vāye-i şāhānede iktisāb-ı rüteb {3} ve iştihā[r] ile mübeccel olan vüzerā-yı ʿiẓām ve mīr-i mīrān-ı kirām ve sāʾir ḫademe-i Devlet-i ʿAliyye-i ebed-ḳıyāmıñ cümleden {4} ziyāde şu meṣāʾibiñ defʿ ü imḥāsına mālen ve bedenen saʿy ü iḳdām eylemeleri farīża-i ẕimmetleri āşikārdır. {5} Cenāb-ı asalet-meʾābları bi-ḥamdillāhi Taʿālā sāye-i Devlet-i ʿAliyyeʾde aḳrān ü iḫvānlarına tesābuḳ itmiş ḫānedān-ı {6} ḳadīm olan vüzerā-yı ʿiẓāmdan olduḳları ḥays̱iyyet[iy]le bu māddede terk-i ḫāb ü rāḥat {7} ve bez̲l-i vücūd ü ḳudret iderek dīn-i Muḥammedī uġurunda ve emīrüʾl-müʾminīn olan şevketlü pādişāhımız {8} efendimiziñ yolunda ibrāz-ı ḥüsn-i ḫidmet ve iẓhār-ı ġayret ile is̱bāt-ı müddeʿā-yı ṣadāḳat eyleyeceğiñiz iʿtiḳādı {9} ḥaḳḳ-ı saʿādetlerinde derkār ve bu cihetle muḳteżā-yı meʾmūriyyetleri üzere sene-i sābıḳada vāḳiʿ olan taʿahhüdleri {10} vechile ʿuhde-i müşīrīlerinde olan sancaḳlarından başbuġ maʿiyyetiyle beş biñ nefer güzīde ʿasker tertīb ve iḫrācına {11} müsāraʿat eyleyecekleri bedīdār ise de el-ḥāletü-hāẕihī serʿasker-i ẓafer-rehber saʿādetlü Reşīd Paşa ḥażretleri {12} ṭarafından tevārüd iden taḥrīrātda muḳteżā-yı meʾmūriyyeti üzere Vidīnʾden ḥareket iderek inşāʾallāhü Taʿālā Mārtʾdan {13} bir ay-yiğirmi gün muḳaddem icrā-yı şerāyiṭ-i meʾmūriyyete ḳıyām itmek üzere meʾmūrīniñ ol vaḳte ḳadar maʿiyyetine {14} is̱bāt-ı vücūd eylemeleri lāzım geleceği beyān olunmuş ve evvelbahār ān-be-ān çatmaḳda ve meʾmūrlarıñ iş üzerinde {15} bulunacaḳları mevsim girmekde oldığından cenāb-ı saʿādetleriniñ daḫi nihāyetüʾn-nihāye Mārtʾdan yiğirmi gün evvel {16} beş biñ nefer ʿaskeri serʿasker-i müşārun-ileyh maʿiyyetinde is̱bāt-ı vücūd itmek üzere hemān tehyiʾe ve tanẓīm ve iḫrāc ü irsāl {17} itmeleri lāzım gelmiş oldığından ol bābda şeref-sünūḥ iden emr ü irāde-i ḥażret-i pādişāhī mūcebince bu defʿa {18} teʾkīd ve istiʿcāli ḥāvī bir ḳıṭʿa emr-i ʿālī ıṣdār ve tesyār ol[un]maġla bu mādde dīn-i mübīn maṣlaḥatı olub {19} bu gāvurlarıñ ġāʾilesiniñ imtidādı uyġunsuz olaraḳ ümmet-i Muḥammedʾden olanlara bu bābda ġayret farż {20} olmuş oldığını bilerek ġayret-i ẕātiyyeleri iḳtiżāsı ve emr ü fermān-ı hümāyūn-ı mülūkāne muḳteżāsı üzere meʾmūr-ı {21} iḫrācı oldığıñız beş biñ nefer ʿaskeriñ münāsib başbuġ maʿiyyetiyle tamāmen ve serīʿan iḫrāc ve beher-ḥāl Nevrūzʾdan {22} vāfir vaḳt evvel maʿiyyet-i müşārun-ileyhde is̱bāt-ı vücūd itmek üzere irişdirmeğe mezīd-i saʿy ü himmet-birle {23} ẕātıñızdan muntaẓar-ı ʿālī olan ās̱ār-ı bergüzīde-i ġayret-kārī ve ḥamiyyete ṣarf-ı yār[ā]-yı liyāḳat ve ʿasākir-i {24} merḳūmeniñ bi's-sürʿa iḫrāc ü irsālleriyle keyfiyyeti işʿāra mübāderet buyurmaları siyāḳında ḳāʾime. Fī 12 Ca 40

[*1769/119*] *ʿAlāʾiyye ve Ḳızılcaṭuzla ve Edremīd ve Sulṭāniyye ve Ṭāşoz ve Ḳavāla ve Finike ve Gilindire ve Ḳazḏağı ve Ḏalama ve Ḳaraağaç ve Tekfūrḏağı ve Kemer-i Edremīd ve Mekrī ve Īnöz ve Meyis nāʾiblerine ve Midillū nāẓırına ve Eğrīboz ve Sāḳız ve Ḳandiye ve Baḥr-i Sefīd Boğazı muḥāfızlarına ve Teke mütesellimine*
{1} Velīniʿmetleri olan Devlet-i ʿAliyye'ye ʿişyān fežāḥatini mürtekib olan Rum gāvurları dürlü dürlü ḥīleler {2} ḳullanaraḳ Efrenc ḳıyāfetinde sevāḥil-i İslāmiyye'den kerāste ve edevāt-ı ḥarbiyyeye müteʿalliḳ eşyā iştirāsıyla kesb-i {3} ḳuvvet eylediklerine ve bu sene-i mübārekede ʿuṣāt maṣlaḥatı beğāyet diḳḳatlü ṭutılaraḳ baḥren ve berren tedābīr-i {4} muḳteżiyeye teşebbüs̱ ḳılınmış oldığına bināʾen edevāt-ı ḥarbiyyeden olan kerāste ve levāzım-ı sāʾireniñ memālik-i {5} maḥrūseden müsteʾmenāna iʿṭāsı memnūʿ oldığı mis̱illü velev ehl-i İslām mālı olub diyār-ı İslāmiyye'ye {6} gidecek olsun, altı ay ḳadar hiçbir sefīne ve ḳayığa kerāste ve fūçī çenberi ve fūçī taḥtası {7} ve gönye [?] ve ḏoñ yağı ve sāʾir levāzım-ı ḥarbiyye taḥmīl ve bir maḥalden bir maḥalle naḳl olunmaması ḫuṣūṣuna irāde-i {8} ḳāṭıʿa-i ḥażret-i pādişāhī taʿalluḳ iderek ol bābda lāzım gelan maḥallere ekīd ü şedīd evāmir-i ʿaliyye ıṣdārıyla {9} tenbīh ḳılınmış ve ol bābda ṭarafıñıza ḫiṭāben daḫi bir ḳıṭʿa emr-i ʿālī taṣdīr olunmuş oldığından muḳtežāsı üzere {10} ḥareket lāzımeden olub şöy[le] ki, eğer bu bābda ṣādır olan emr-i ʿālīye muğāyir Ḳızılcaṭuzla iskelesinden {11} bir sefīneye altı ay müddetde bir dal kerāste yāḫūd levāzım-ı ḥarbiyyeye müteʿalliḳ eşyā virilür ise {12} ṣoñra "şöyle oldı, böyle gitdi" diyerek ideceğiñiz iʿtiẕāra iʿtibār olunmayub günāhı boynuñuza, {13} ibtidā siziñ ḥaḳḳıñızdan ve baʿdehū virenleriñ ḥaḳlarından gelineceği yaḳīnen maʿlūmuñuz olaraḳ aña göre {14} bu bābda ṣādır olan emr-i ʿālī muḳtežāsı vechile ḥareket eylemeñiz içün evvel-emrde tenbīhen işbu mektūb. Fī 14 Ca 40

[*1769/123*] *Berḳofçalı Yūsuf Paşa'ya*
{1} Birṭaḳım ḳapusuz başı boş ʿasker ṭāʾifesi Tırḥāla sancağında Yeñişehir ḳażāsında kāʾin emlāk-ı hümāyūn {2} çiftlikātına ḏağılaraḳ çiftlikāt-ı merḳūme reʿāyāsınıñ eks̱erīsi vāḳiʿ olan rencīdeye tāb-āver {3} olamayaraḳ firār itmiş ve baḳiyye reʿāyā daḫi perīşān olmaḳlığa yüz ṭutmuş oldığı bu defʿa maḥallinden {4} bā-iʿlām ve maḥżar inhā ve istirḥām olunub çiftlikāt-ı merḳūme emlāk-ı hümāyūn-ı şāhāneden ve reʿāyāsınıñ {5} daḫi bi'l-vücūh emn ü āsāyişlerini mūcib ḥālātıñ istikmāline iʿtinā lāzımeden oldığından ğayrı {6} ẕāt-ı saʿādetleri Rumili vālīsi ve serʿaskeri ḥażretleriniñ ol ṭaraflara vuṣūlüne ḳadar ol cānibde iḳāmete {7} meʾmūr oldığıñızdan ol ḥavālīniñ lāyıḳıyla esbāb-ı muḥāfaẓasıyla żabṭ ü rabṭ-ı ʿasker ile bir gūne uyğunsuzluḳ {8} vuḳūʿa gelmamesine mezīd-i ihtimām ü iʿtinā eylemeñiz lāzıme-i ẕimmet-i meʾmūriyyetiñiz olub ʿasākiriñ żabṭ ü idāresine {9} daḫi muḳtedir oldığıñız maʿlūm olan ḥālātdan iken ʿaskerī

ṭā'ifesiniñ çiftlikāt-ı hümāyūn re'āyāsına {10} ve re'āyā-yı sā'ireye vāḳi' olan ẓulm ü ta'addīleriniñ men' ü def'iyle tenfīẕ eylemameñiz mūcib-i istiġrāb olmaġla {11} muḳteżā-yı dirāyet-i düstūrīleri üzere bi-mennihī Ta'ālā ser'asker-i müşārun-ileyh ol ṭaraflara vuṣūlüne ḳadar 'askeriniñ {12} żabṭ ü idāresiyle gerek emlāk-ı hümāyūn re'āyāsına ve gerek re'āyā-yı sā'ireye bir vechile cevr {13} ü eẕā vuḳū'a gelmamesi vesā'ilini istiḥṣāl ile te'mīn-i ahālī ve fuḳarā emrine i'tinā ve himmet buyurmaları {14} siyāḳında ḳā'ime. Fī 15 Ca 40

[*1769/127*] ***Rumili vālīsi ḥażretlerine***

{1} 'Uṣāt-ı eşḳıyā-yı Rum'uñ ḥavl ü ḳuvvet-i Cenāb-ı Bārī'yle şikestī-i bāzū-yı nikbet ü ġurūrları niyyet-i ḫāliṣasıyla evvel-emrde {2} Mesolenk'iñ āverde-i dest-i tesḫīr olması Arnavudluḳ'dan altı biñ nefer 'asker tertīb olunaraḳ Aġrāfa üzerinden {3} ba'ṡ ü tesrīb ile bi-luṭfillāhi Ta'ālā Aġrāfa['nıñ] levṡ-i vücūd-ı eşḳıyādan taṣfiyesi müyesser olduḳda iḳtiżā iden maḥal[lere] {4} muḥāfaẓa 'asker[i] muḥārese ḳılındıḳdan ṣoñra ḳuṣūr 'asker ile bir ḳoldan Mesolenk'iñ tesḫīrine i'tinā olunduḳda tesḫīri {5} bā-'avn-i Bārī az vaḳtde tesḫīri elṭāf-ı İlāhiyye'den me'mūl oldıġı ve Mesolenk ṭop ve hāvan ile tażyīḳe {6} muḥtāc oldıġından muḳaddemā Bālyabādra'da bulunan Donanma-yı Hümāyūn sefāyini anda oldıġı ḥālde beşer ve yedişer vuḳıyyelik {7} dört-beş ḳıṭ'a ṭop ve hāvan irsāl eylemesi Bālyabādra Muḥāfıẓı sa'ādetlü Yūsuf Paşa ḥażretlerine iş'ār olunması {8} ve Atina ve Ṣālona ṭaraflarına ne vechile ve ne miḳdār 'asker sevḳi iḳtiżā ideceği ḫuṣūṣlarına dā'ir lāyiḥ-i ḫāṭır-ı düstūrīleri olan {9} tedābīri şāmil beş bendi müştemil olan bir ḳıṭ'a taḳrīr gūne şuḳḳa-i şerīfeleri me'āl ü mü'eddāsı rehīn-i ıṭṭılā'-i ḫulūṣ-pīrā {10} ve ḫāk-pāy-ı hümāyūn-ı ḥażret-i pādişāhīye 'arż ile meşmūl-ı liḥāẓa-i 'āṭıfet-ifāża-i cenāb-ı şehinşāh-ı cihān-ārā olub {11} süpürde-i dūş-ı ihtimām ü himmet-i dilīrāneleri ḳılınan ḫaṭb-ı cesīm-i sipehdārīleriniñ mütevekkilen 'alellāhi Ta'ālā sür'at-i icrāsına {12} bu ṣūretle olan iḳdām ü ġayret-i düstūrīleri ẕāt-ı 'arāfet-simāt-ı sāmīlerinden me'mūl ü muntaẓar olan āṡār-ı bergüzīde-i {13} dir[ā]yet-kārīyi iṡbāt itmişdir. Cenāb-ı sa'ādetleri maṣlaḥat-ı ehemme-i dīniyyeye istiḳlāl-i tāmme ve ruḫṣat-ı kāmile ile {14} me'mūr olduḳlarından bu bābda kāffe-i meṣāliḥiñ fetḳ ü retḳi 'uhde-i istiḳlāl-i düstūrānelerine muḥavvel oldıġı misillü {15} ẕimmet-i himmet-i Salṭanat-ı Seniyye'ye terettüb iden iḳdāmāt-ı lāzıme ve ihtimāmāt-ı muḳteżiyeniñ bir daḳīḳa girü ḳalmayaraḳ {16} kāmilen icrāsı nezd-i 'ālī ve 'ind-i ḫulūṣ-verī ve bi'l-cümle vükelā 'indlerinde derece-i nihāyede mültezem olaraḳ işbu {17} maṣlaḥat-ı ehemme-i dīniyyede bu ṭarafdan icrāsı lāzım gelan mevāddıñ sür'at-i icrāsına gice ve gündüz dinmeyerek iḳdām {18} olunmaḳda oldıġından inşā'allāhü'r-Raḥmān ẕāt-ı sa'ādetleri daḫi ḥaḳḳ-ı şerīflerinde olan i'tiḳādı bu bābda taṣdīḳ niyyet-i ḫāliṣasıyla {19} bu ṭarafda icrā olunan iḳdāmāta muḳābil ṣarf-ı himmet buyurduḳları taḳdīrce yüzüñüzden az vaḳ[t] de bu ġā'ile {20} ber-vefḳ-i murād ḳarīn-i ḫitām olacağı elṭāf-ı İlāhiyye'den me'mūl ü müsted'ā ve Bālyabādra'da inhā eyledikleri Donanma-yı {21} Hümāyūn sefāyini el-ḥāletü-hāẕihī Mora Vālīsi sa'ādetlü İbrāhīm Paşa ḥażretleri ma'iyyetinde olduḳlarından anlardan ṭop {22} ve hāvan ḥavālesine maḥal olmayaraḳ bundan aḳdem gerek Mesolenk maṣlaḥatı ve gerek sā'ir maḥāl ve ḳılā' içün {23} ṣavb-ı ser'askerīlerine irsāli iḳtiżā iden ṭop ve hāvan ve cebeḫāne ve mühimmāt-ı sā'ire ve ẕaḫāyir bu ṭarafda {24} bi'l-müẕākere tertīb ve şimdiden iḳtiżāsına göre tanẓīm ü tehyi'e olunmaḳ üzere olaraḳ bi-mennihī Ta'ālā evvelbahārda {25} Donanma-yı Hümāyūn ile baḥren gönderilecek oldığından işbu inhā eyledikleri ṭop ve hāvanlarıñ daḫi {26} iş'ār-ı düstūrīleri vechile tertībine i'tinā olunaraḳ derdest olan tertībātıñ keyfiyyet ü kemmiyyeti ma'lūm-ı sa'ādetleri {27} olmaḳ içün müfredāt defteri tanẓīm ve ṭaraf-ı sa'ādetlerine irsāl olunmuş oldığından icrā olunan tertībāt {28} keyfiyyeti defter-i meẕkūrdan ma'lūm-ı ser'askerīleri buyurılacağı hüveydā olmaḳdan nāşī inşā'allāhü Ta'ālā ẕāt-ı düstūrīleri {29} berren Mesolenk üzerine hücūm ü iḳtiḥām idinceye ḳadar Donanma-yı Hümāyūn daḫi baḥren ol ṭaraflara vāṣıl olacağından {30} götüreceği ṭop ve hāvan ve mühimmāt-ı sā'ireyi Mesolenk maṣlaḥatında ve sā'ir īcāb iden maḥallerde **(85)** iḳtiżāsına göre ṣarf ve isti'māl eylemeleri ve Mesolenk ve Atina ve Ṣālona ṭaraflarına sevḳ ü tesyīri lāzım gelan {2} 'asākiri inhā buyurılan tedābīr ü ārā vechile mi sevḳ ü ta'yīn idersiñiz, yoḫsa Yeñişehir'e ḍoğrı vardıḳdan ṣoñra {3} bir ḳat daḫi taḥṣīl ideceğiñiz ma'lūmāta ve īcāb-ı maṣlaḥata göre başḳa dürlü mi yapmañız iḳtiżā ider, ne vechile iḳtiżā {4} ider ise bunlarıñ cümlesi tedābīr-i ḥarbiyye ve ser'askerlik me'mūriyyeti müteferri'ātından oldığına naẓaran her bir ḫuṣūṣda {5} ne yapmaḳ lāzım gelür ise muḳteżā-yı dirāyet ve istiḳlāl-i müşīrīleri üzere öylece icrā eylemeleri 'uhde-i istiḳlāl-i {6} ser'askerīlerine muḥavvel oldığı ve Atina maṣlaḥatında Eğrīboz Muḥāfıẓı sa'ādetlü 'Ömer Paşa ḥażretleriniñ istiḫdāmı vāḳı'an {7} münāsib olacağından ẕāt-ı ser'askerīleri kendüsüne ne vechile re'y ü irāde ider iseñiz ol vechile ḥareket ve mecbūl oldığı {8} yararlığı ibrāza diḳḳat eylemek üzere sünūḥ iden emr ü fermān-ı hümāyūn-ı şāhāne mūcebince ṣūret-i me'mūriyyeti muḥāfıẓ-ı {9} müşārun-ileyhe ṣavb-ı muḫliṣīden ḳā'ime taḥrīriyle te'kīd ḳılındığı ve cenāb-ı düstūrīleri bi-mennihī Ta'ālā Yeñişehir'e vürūd ile {10} her ṭarafıñ esbāb-ı fetḥ ü tesḫīrlerine mübāşeret ve Ṣālona ḳoluna sevḳ ve tertīb idecekleri 'askeri daḫi ṭaraf-ı sa'ādetlerinden {11} münāsib başbuğla iḫrāc iderek bunları Ṣālona maṣlaḥatını bitirdikden ṣoñra ṭaḳımıyla muḥāfıẓ-ı müşārun-ileyh ma'iyyetinde {12} olmaḳ üzere mi me'mūr eylersiñiz, ḥāṣılı ne vechile re'y ü tedbīr ider ve müşārun-ileyhi ne ṣūretle ḳullanur iseñiz ol vechile {13} iḳtiżā iden veṣāyāyı müşārun-ileyhe iş'ār ve ẕikr olunan ḳā'ime-i muḫliṣīyi daḫi tesyār-birle ṭıbḳ-ı tensīb-i {14} düstūrīleri üzere Atina maṣlaḥatında müşārun-ileyhi bi'l-istiḫdām gerek Atina'nıñ żabṭ ü tesḫīri ve gerek Mesolenk

{15} ve maḥāll-i sā'ireniñ levs̱-i vücūd-ı eşḳıyādan taṣfiye ve taṭhīri vesā'ilini [?] ikmāl buyurmañız içün Eğrīboz muḥāfıẓı {16} müşārun-ileyhe yazılan mārrü'ẕ-ẕikr ḳā'ime-i muḫlişī daḫi ṭaraf-ı sa'ādetlerine gönderildiği bi-mennihī Ta'ālā muḥāṭ-ı 'ilm-i müşīrīleri buyuruldukda {17} bu bābda īcāb-ı ḥāl ve iḳtiżā-yı maṣlaḥat ne ise aña göre ḥareket ve tertībāt keyfiyyeti daḫi defter-i mersūle-i mezḳūreden ma'lūm-ı {18} sa'ādetleri buyuruldukda aña göre ġayret ü ḥamiyyet ile ẕātlarından me'mūl olan diyāneti is̱bāta himmet buyurmaları siyāḳında {19} ḳā'ime. Fī 18 Ca 40

[*1769/128*] ***Eğrīboz muḥāfıẓına***

{1} Ma'lūm-ı düstūrīleri buyuruldıġı üzere bu sene-i mübārekede 'avn ü nuṣret-i Sübḥāniyye'ye bi't-tevessül def'-i şerr ü şūr-ı eşḳıyāyı {2} müstelzim olur esbāb ü tedābīriñ icrāsı beġāyet eṭrāflu ve germiyyetlü ṭutılaraḳ muḳaddemce Rumili eyāleti ve istiḳlāl-i {3} tām ile ser'askerliği vezīr-i mükerrem sa'ādetlü Reşīd Paşa ḥażretleri 'uhdesine iḥāle ve tefvīż olunmuş ve bu def'a {4} ser'asker-i müşārun-ileyhiñ tevārüd iden taḥrīrātı me'ālinde evvel-emrde Ṣālona üzerine kifāyet miḳdārı 'asker gönderilerek {5} Ṣālona ve ḥavālīsiniñ levs̱-i vücūd-ı kefereden taṣfiyesi ṣūreti istiḥṣāl olunduḳdan ṣoñra Atina ḳal'asınıñ {6} fetḥ ü tesḫīri żımnında tertīb olunacaḳ cünūd-ı İslāmiyye üzerine müstaḳillen 'asker-perver şüca'ā vüzerādan {7} bir ẕātıñ me'mūriyyeti ve Eğrīboz'a ḳal'a-i merḳūme on iki sā'at mesāfe olaraḳ lāzım gelan ẕaḫāyir ve mühimmāt-ı {8} ḥarbiyyeniñ Eğrīboz'a irsāl ve iddiḫārı muḳteżī oldıġı muḥarrer ü mezkūr olub ẕāt-ı besālet-simāt-ı müşīrāneleri {9} kemāl-i ḥamiyyet ü diyānet ve mezīd-i merdānegī ve şecā'at ile ma'rūf ü müştehir olaraḳ dīn-i mübīn uġurunda ve pādişāhımız efendimiziñ {10} uġur-ı hümāyūnlarında mültezemleri olan ġayret ü ṣadāḳatleri ve bi-taḫṣīṣ Eğrīboz ḥavālīsiniñ çirk-i vücūd-ı 'iṣyān- {11} -ālūd-ı müşrikīnden taṭhīriyle istikmāl-i vesā'il-i muḥāfaẓası emrinde cilve-nümā-yı sāḥa-i ẓuhūr olan sa'y ü himmetleri mū-be-mū ma'lūm {12} ü āşikār ve inşā'allāhü'r-Raḥmān bundan böyle daḫi nice nice ḫidemāt-ı ḥaseneye maẓhariyyetle fā'iḳu'l-aḳrān ve müşārun-bi'l-benān {13} olacaḳları i'tiḳādı ḥaḳḳ-ı şerīflerinde derkār oldıġına ve Atina'nıñ Eğrīboz'a ḳurbiyyeti cihetiyle inşā'allāhü Ta'ālā {14} müşārun-ileyh Ser'asker paşa ḥażretleri Atina üzerine 'asker sevḳinde cenābıñızıñ bu ḫuṣūṣa me'mūriyyeti **(86)** tensīb ḳılınmış idüğüne binā'en ser'asker-i müşārun-ileyh Atina ḳal'asınıñ fetḥ ü tesḫīri maṣlaḥat-ı ḫayriyyesinde ẕāt-ı sa'ādetlerini ne vechile {2} ḳullanur ve re'y ider ise ol vechile ḥareket eylemeñiz ḫuṣūṣuna irāde-i seniyye ta'alluḳ itmiş ve keyfiyyet ser'asker-i müşārun-ileyh ḥażretlerine {3} bildirilerek īcāb iden ẕaḫāyir ve mühimmāt-ı sā'ireniñ daḫi Eğrīboz'da iddiḫār olunmaḳ üzere irsāli ṣūretine {4} teşebbüs̱ ḳılınmış olmaġla mecbūl oldıġıñız imtis̱āl-kārī ve dirāyet iḳtiżāsı üzere ḳal'a-i merḳūmeniñ bā-'avn-i Bārī {5} eyādī-i 'uṣāt-ı kefereden fetḥ ü tesḫīri māddesinde ser'asker-i müşārun-ileyh ḥażretleri ẕāt-ı düstūrānelerini ne ṣūretle {6} istiḫdām ider ve ne gūne re'y ü tedbīr eyler ise ol vechile ḥarekete himmet ve ẕātıñızdan me'mūl olan kār-güẕārī ve yararlığı fevḳa'l-melḥūẓ {7} ibrāz ü is̱bāta ġayret ve ṣarf-ı maḳderet buyurmaları siyāḳında ḳā'ime. Fī 18 Ca 40

[*1769/129*] ***Rumili vālīsine***
{1} Muḳaddemce ṣavb-ı düstūrīlerine telvīḥ ü işāret olundığı vechile bi-'avnillāhi Ta'ālā ẕāt-ı sa'ādetleriniñ mu'asker-i sipehdārīlerine {2} ḳadem-nihāde-i celādet ve vuṣūllerine ḳadar selefleri sa'ādetlü Dervīş Paşa ḥażretleriniñ bulundığı maḥalde s̱ebāt ü ḳarār {3} ve umūr-ı lāzımeniñ rü'yet ü idāresine ibtidār eylemesi irādesine dā'ir gönderilan emr-i 'ālī ve taḥrīrāt-ı ḫulūṣ-verīye {4} cevāben bu def'a müşārun-ileyhiñ tevārüd iden taḥrīrātı me'ālinde icrā-yı me'mūriyyete i'tinā itmekde ise de mu'aḫḫaren bu ṭarafdan kendüye {5} gönderilmiş olan beş yüz kīse aḳçe es̱nā-yı tebeddülde vāṣıl olmuş oldığından mevcūd-ı ma'iyyeti olan 'askeriñ nıṣf aylıḳlarına bile {6} vefā itmeyerek gūyā 'asker-i merḳūm güẕeşte 'ulūfelerini muṭālebe ile ḳīl ü ḳāle ibtidār eyledikleri ve bunlarıñ güẕeşte 'ulūfelerini {7} te'diyeye muḳtedir olamadığı beyānıyla ḥīn-i teşrīflerinde 'ulūfe sızıldısınıñ def'ine suhūlet olmaḳ içün ṭaraf-ı düstūrīlerine aḳçe {8} irsāl olunması ḫuṣūṣları mündemic ü muḥarrer olub müşārun-ileyhiñ işbu iş'ārından müstenbaṭ oldığına naẓaran 'asākir-i merḳūme {9} güẕeşte māhiyyelerini tamāmca ṭaleb ve ıṣrār itmiş olduḳlarından ẕikr olunan beş yüz kīse aḳçe henüz 'askere virilmeyerek {10} nezdinde mevcūd olmaḳ iḳtiżā ideceği ẓāhir ise de 'inde-ūlī'n-nühā ma'lūm ü rūşenā oldığı üzere Devlet-i 'Aliyye'niñ {11} muḥīṭ-i müterākimü'l-emvāc mis̱illü fevcen fevcen mübtelā oldığı maṣārifāt-ı lā-yuḥṣāsı derkār iken nā-be-maḥal ḫazīne itlāfına rıżā-yı {12} Ḥażret-i Bārī ve emr-i cenāb-ı ẓıllullāhī olmayub zīrā 'ulūfelü 'asker ictimā'ından maḳṣūd beyhūde vaḳt geçürmeyerek {13} ilerü sevḳ ile iş görmek ve ara yerde bir sekte olur ise de ḍurġunluḳ getürmeyüb maṣlaḥatı ḥüsn-i intāca {14} irişdirmek iken bunlar şimdiye ḳadar bir aḳçeye yarayacaḳ ve tamāmca 'ulūfeye müstaḥaḳ olacaḳ bir iş göremeyerek {15} hemān imrār-ı vaḳt ile 'ulūfe işletmiş ve cerr-i menfa'atlerinden bir maṣlaḥata yaramamış olduḳlarından böyle iş {16} görmeksizin ṭaraf-ı Devlet-i 'Aliyye'den meccānen istedikleri ḳadar 'ulūfe virilmesi bir vechile cā'iz olur mevāddan {17} olmadığı rū-nümā ve bi-tevḳīfillāhi Ta'ālā cenāb-ı ser'askerīleriniñ bugünlerde ṣavb-ı me'mūrlarına vuṣūlleri sāḥa-i teyessürde {18} cilve-nümā olması elṭāf-ı İlāhiyye'den müsted'ā oldığına binā'en bi-mennihī Ta'ālā ol ṭarafa vardıḳları gibi 'askerī 'ulūfesi {19} saḥānetinden dāne [?] olur żımnında maṣārif-i ser'askerīlerine maḥsūben şeref-sünūḥ olan irāde-i seniyye-i mülūkāne mūcebince bu def'a cenāb-ı müşīrīlerine {20} iki biñ beş yüz kīse aḳçe irsāl olunmuş ve müşārun-ileyhiñ

işʿārına naẓaran ẕikr olunan beş yüz kīse aḳçe daḫi ʿaskere virilmeyerek {21} nezdinde mevcūd bulunmuş oldığından meblaġ-ı mezbūruñ ʿasker ʿulūfesine virilmek içün ṭaraf-ı düstūrīlerine devr [ü] teslīmi ḫuṣūṣı {22} müşārun-ileyhe daḫi maḫṣūṣ yazılmış ve bu cihetle üç biñ kīse aḳçeye bāliġ olmuş olmaġla muḳteżā-yı feṭānet ve ḥaṣāfet-i {23} düstūrīleri üzere ẕikr olunan beş yüz kīse ile bu defʿa gönderilan mārrü'l-beyān iki biñ beş yüz kīse aḳçeyi aḫẕ {24} ü ḳabż-birle ʿasker-i merḳūmuñ iddiʿā eyledikleri ʿulūfelerini bi't-tedḳīḳ nihāyet imkānı mertebe tenḳīḥ iderek işbu {25} üç biñ kīseden edā ve māʿadāsını daḫi sā'ir maṣārifāt-ı serʿaskerīlerine ṣarf ve iʿṭā buyurub ʿasker-i merḳūmeniñ {26} güẕeşte ʿulūfeleri-çün nihāyet tenḳīḥden ṣoñra ne miḳdār aḳçe virilür ise maʿlūm olmaḳ içün iḳtiżā iden {27} mümżā defteriyle keyfiyyeti bu ṭarafa taḥrīr ü inbāya himmet ve her ḥālde icrā-yı mübteġā-yı reviyyet-mendī ve me'mūriyyet-i {28} serʿaskerīye beẕl-i yārā-yı miknet buyurmaları siyāḳında ḳā'ime. Fī 18 Ca 40

[*1769/138*] *Limnī muḥāfıẓına*

{1} Me'mūr-ı muḥāfaẓası oldığıñız Limnī cezīresi mütemekkinlerinden ve fesādda medḫali olanlardan olub bundan aḳdem {2} firār itmiş olan gāvurlarıñ cezīre-i merḳūmede olan müteʿalliḳātlarına aḳçe ve kāġıd irsāl eylemekde olduḳları {3} mesmūʿ-ı şerīfleri olaraḳ bu ḫuṣūṣa diḳḳat-birle bu defʿa mesfūrlarıñ ʿiyāl ü müteʿalliḳātlarına göndermiş {4} olduḳları yiğirmi ḳıṭʿa kāġıdlarıyla ḫarclıḳ nāmıyla gönderdikleri biñ sekiz yüz altmış bir ġurūş ele getürilerek {5} meblaġ-ı mezbūr tevḳīf olunmuş ve meẕkūr kāġıdlar lede't-tercüme me'āli aḳçe gönderildiğinden ʿibāret idüği tebeyyün eylemiş {6} oldığı ifādesine dā'ir tevārüd iden taḥrīrāt-ı şerīfeleri ve gönderilan pūşula müfādı rehīn-i ıṭṭılāʿ-i ḫulūṣ-verī {7} olmuşdur. Maʿlūm-ı müşīrīleri oldığı üzere Rum gāvurı bilā-mūcib ʿiṣyān fezāḥatini mürtekib olaraḳ ellerinden gelan {8} ihāneti icrā dāʿiye-i fāsidesinde olduḳlarından bunlardan emniyyet ġayr-ı cā'iz ve siyāḳ-ı işʿārıñızdan mersūmlarıñ {9} fesād[d]a eli olaraḳ firār itmiş olduḳları bedīhī ve bāriz oldığına naẓaran ol ṣūretle mersūmlarıñ cezīre-i merḳūmede {10} bulunan müteʿalliḳātlarıyla kāġıdlaşmaları uyġunsuz olacaġından bunlarıñ birbirleriyle mükātebe ve muḫābereye fırṣat-yāb olamamaları {11} vesā'iliniñ ḥakīmāne ikmāli me'mūriyyet-i maḫṣūṣalarına müteferriʿ mevāddan ve me'āl-i taḥrīriñize göre mersūmlar meblaġ-ı mezbūrı {12} ḫarclıḳ olaraḳ göndermiş olduḳlarından maḥallerine iʿṭāsı reʿāyā-yı sā'ireniñ te'mīni[ni] mūcib olacaġı {13} bedīhiyyātdan olmaġla ẕāt-ı saʿādetleri meblaġ-ı mezbūrı yerlü yerine iʿṭā-birle fī-mā-baʿd cezīre-i merḳūmede bulunan reʿāyānıñ {14} firārī gāvurlar ile bir cihetle muḫābere ve mükātebeye fırṣat bulamamaları esbāb [ü] vesā'iliniñ icrā ve istiḥṣāline himmet ve her ḥālde {15} īfā-yı muḳteżā-yı kār-āgāhī ve taḥaffuẓīye mübāderet buyurmaları siyāḳında ḳā'ime. Fī 20 Ca 40

[*1769/140*] ***Mora vālīsine***

{1} Maʿiyyet-i saʿādetlerinde olan Donanma-yı Hümāyūn ṭaḳımından baʿżıları muʿayyen ve muʿtād olan yaz ve ḳış mevāciblerini {2} istidʿā ve taṣdīʿden ḫālī olmadıḳlarından lāzım gelan mevāciblerinñ irsāli ve ber-mūceb-i defter muḳteżī olan {3} ālāt ve mühimmāt ü edevātıñ daḫi isbāli ḫuṣūṣı muḳaddemce ṣavb-ı saʿādetlerinden [i]nhā ve işʿār olunub el-ḥāletü-hāẕihī {4} maʿiyyet-i saʿādetlerinde seferber olan Ḳapūdāna ve Paṭrona Beğ ile Başbuġ Ḫalīl Beğ bendeleri ṭaḳımları olan {5} fırḳateyn ve ḳorvet ve brīḳ miṡillü yiğirmi yedi ḳıṭʿa süfün-i hümāyūn gediklülerinñ iki yüz otuz ḏoḳuz {6} senesi ḳısṭ-ı ṡāliṡ ve rābiʿ ve işbu ḳırḳ senesi ḳısṭ-ı evvel mevācibleri ve ṭaşra neferātınıñ bāğlıḳ ve küsūr {7} ve ṣayf ve şitā mevācibleri ve ġābyārānıñ yedi aylıḳ māhiyyeleri ve ḳapūdānıñ bir senelik maʿāşları {8} ve dört ḳıṭʿa Tūnus Ocağı tekneleri ʿavdet itmamişler ise anlarıñ üç ḳısṭ mevācibleriyle **(91)** ḳapūdānlarınıñ bir senelik maʿāşları cemʿan üç biñ üç yüz elli kīseye bāliğ olmuş ise de bunlardan {2} baʿżılarınıñ meʾmūriyyetleri iki seneyi mütecāviz ve birazınıñ bir seneye ḳarīb olaraḳ külliyyetlü noḳṣānı olması {3} meʾmūl olduḳlarından süfün-i mezbūre ṭaḳımınıñ mevcūd ve nā-mevcūdı bilinüb aña göre mevāciblerinñ {4} iʿṭāsı īcāb-ı maṣlaḥatdan idüği emr-i ġayr-ı mechūl olaraḳ müteʿalliḳ olan irāde-i seniyye-i mülūkāne mūcebince {5} Tersāne-i ʿĀmire cānibinden paşa gemisi ḫācesi İbrāhīm Ḫāce bendeleri İskenderiye'ye meʾmūr ve irsāl {6} ve lāzım gelan defterleri isbāl-birle ṭaraflarından daḫi meʾmūr-ı merḳūm maʿiyyetine adam terfīḳ iderek aña göre {7} mevācib ve maʿāşlarınıñ İskenderiye'de iʿṭāsı ḫuṣūṣı vezīr-i dilīr peder-i vālāları ʿaṭūfetlü {8} Mıṣır vālīsi ḥażretlerine iḥāle ile taḥrīr ü işʿār ḳılınmış ve ber-mūceb-i defter maṭlūb buyurılan ālāt ve mühimmāt {9} ü edevātıñ daḫi bir ḳadem aḳdem irsāl ü tesyīri ḫuṣūṣuna ʿizzetlü Tersāne-i ʿĀmire emīni beğefendi {10} bendeleri maʿrifetiyle bi'l-iḳdām şiddet-i şitānıñ ḥaylūleti cihetiyle tārīḫ-i nemīḳa-i ḫāliṣānemiz eṡnāsında bu ṭarafdan iḫrāc {11} olunmaḳ üzere olmağla ẕāt-ı ʿālīleri keyfiyyeti iḳtiżā idenlere ifāde ve inhā iderek bi-mennihī Taʿālā Mora'ya {12} çıḳdıḳdan ṣoñra pederleri müşārun-ileyhiñ geçenlerde bu ṭarafa vāḳiʿ olan taḥrīrine bināʾen ṭaraf-ı ḫāliṣānemiz[den] daḫi cenāb-ı {13} saʿādetlerine işʿār olundığı üzere süfün-i merḳūmeniñ ṭaḳımıyla İskenderiye'ye iʿzām ü isrā olunması esbābınıñ {14} istiḥṣāline himmet ü iʿtinā-birle her ḥālde īfā-yı levāzım-ı ġayret ve celādete himmet buyurmaları siyāḳında ḳāʾime. Fī 22 Ca 40

[*1769/155*] ***Rumili vālīsine***

{1} ʿUṣāt-ı Rum'uñ şimdiye değin Mesolenk['e] virdikleri istiḥkāmāta naẓaran fetḥ ü tesḫīri mücerred {2} ṭop ve hāvan ve edevāt-ı ḥarbiyye-i sāʾire ile ḍarb ve tażyīḳine menūṭ ise de o maḳūle ṭop ve hāvan {3} ve mühimmāt-ı sāʾireniñ berren sevḳ ü tesbīli düşvār olacağı beyānıyla Bālyabādra'da bulunan sefāyin

{4} el-yevm ol ṭarafda ise beşer ve yedişer ḳıyyelik dört-beş ḳıṭ'a ṭop ve havānıñ ma'iyyet-i ser'askerīlerine irsāli {5} ṣūretiniñ istiḥṣāli ve eğer ẕikr olunan sefāyin ol ṭarafda değil ise ol miḳdār ṭop ve havānıñ Donanma-yı {6} Hümāyūn sefāyiniyle irişdirilmesi ḫuṣūṣı muḳaddemce tevārüd iden taḥrīrāt-ı düstūrīlerinde derc ü inbā {7} buyurulmuş oldığından ḫuṣūṣ-ı mezbūruñ derdest-i tertīb idüği ṣavb-ı ser'askerīlerine bildirilmiş idi. {8} Mesolenk maṣlaḥatı-çün muḳaddem on altı ve on dört ve on bir çaplarında dört ḳıṭ'a bālyemez ve bir buçuḳ {9} çapında iki ḳıṭ'a sür'at ve mu'aḫḫaren yedi çapında obūs ki cem'an tertīb olunmuş olan sekiz ḳıṭ'a ecnās-ı {10} ṭop ve dört ḳıṭ'a hāvan ile mühimmāt-ı sā'ireniñ ṣūret-i defter ve ifāde-i ḥāl emr-i şerīfi 'ahd-i {11} ḳarībde ṣavb-ı sa'ādetlerine gönderilmiş ve işbu inhāları emr-i şerīf-i meẕkūruñ vuṣūlünden muḳaddem olaraḳ {12} şimdiye ḳadar keyfiyyet ma'lūm-ı ser'askerīleri olmuş olacağı ẓāhir ise de muḳaddem ve mu'aḫḫar tertīb olunan {13} ve cins ve 'aded ve çapları beyān ḳılınan mārrü'ẕ-ẕikr ṭop ve hāvanlar kāfī oldığı ṣūretde bu def'a {14} taḥrīr olunan ṭop ve hāvanlarıñ terki ve lüzūmı oldığı taḳdīrce anlarıñ daḫi tertīb ve irsāli {15} ḫuṣūṣ[un]uñ icrāsı żımnında keyfiyyetiñ ṣavb-ı ser'askerīlerinden isti'lām olunması īcāb eylediğini (104) 'izzetlü Defterdār efendi bā-taḳrīr ifāde itmekle emr-i şerīf-i meẕkūr mūcebince muḳaddem ve mu'aḫḫar tertīb {2} olunan ṭop ve hāvan ve mühimmāt-ı sā'ire kāfī midir ve bunlardan başḳa olaraḳ bu def'a {3} inhā buyurılan ṭop ve hāvanlarıñ lüzūmı var mıdır, evvel-emrde bilinüb iḳtiżāsınıñ {4} icrāsına baḳılmaḳ içün keyfiyyeti serī'an taḥrīr ü iş'āra himmet buyurmaları siyāḳında ḳā'ime. Fī 26 Ca 40

[*1769/156*] ***Bālyabādra muḥāfıẓına***

{1} Ġaston ḳażāsında kā'in Beden [?] ve Fenḳārī [?] nām ḳaryeleri eşḳıyā-yı kefere cā-yı taḥaṣṣun ittiḫāẕ iderek {2} aralıḳ bulduḳça Bālyabādra ṭaraflarına īṣāl-i gezend ü ḫasāra cesāret itmekde olduḳlarından {3} üzerlerine sevḳ ü ta'yīn buyurmuş olduḳları 'asker ḳaryeteyn-i merḳūmeteyne vararaḳ muḥārebeye bi'l-ibtidār {4} ḫavene-i müşrikīn tāb-āver-i muḳāvemet olamadıḳlarından semt-i cibāle firār itmiş ve esnā-yı muḥārebede {5} aḫẕ olunan seksan altı nefer eşḳıyānıñ ḳulaḳları taḳdīm ḳılınmış oldığı ve Mesolenk gāvurlarınıñ {6} tedārük itmiş olduḳları ḳayıḳlar mürūr ü 'ubūr iden sefāyine tasalluṭ itmekde olduḳlarından İngiltere {7} donanması ḳomandārları ma'rifetiyle meẕkūr ḳayıḳlarıñ līmāndan çıḳamamaları ṣūreti istiḥṣāl {8} olunmuş ise de bu def'a Ḳorfa cenerāli meẕkūr ḳayıḳlara Ḳorfa bayrağı küşād itdirderek gezmekliğe {9} ruḫṣat virmiş oldığından bu ḫuṣūṣda men' ü taḥẕīr żımnında İngiltere devleti ilçisinden cenerāl-i mersūma {10} ve sefāyinleri ḳomandārlarına kāğıdlar aḫẕ ve irsāli lāzımeden ve o miṡillü Mesolenk ḳayıḳları ol ṭaraflarda {11} ẓuhūr ider ise bāndīralarına i'tibār olunmayaraḳ aḫẕ ü girift olunmaları īcāb-ı maṣlaḥatdan idüği {12} beyānıyla lede'l-iḳtiżā ne maḳūle mu'āmele olunmaḳ lāzım gelür ise işʿār ḳılınması ve Mesolenk ve Bālyabādra {13} pīşgāhında olan eşḳıyā tekneleri bu esnāda Mora gāvurları beynine şiḳāḳ taṭarruḳuna mebnī ol ṭarafdan {14} gitmiş olduḳları ve muḳaddem ve mu'aḫḫar vāḳiʿ olan işʿār-ı müşīrīleri vechile Bālyabādra'da olan {15} ʿasākiriñ işlemiş ʿulūfeleri-çün aḳçe ve idāreleri żımnında ẕaḫīre irişdirilmesi ve ḥasbe'ż-żarūr {16} ol ṭaraflarda baʿżı müste'men teknelerinden deyn temessüki iʿṭāsıyla iştirā itmiş olduḳları ẕaḫīreniñ {17} bahāları[nı] göndermesi ḫuṣūṣlarını şāmil ve Cidde ve Mora Vālīsi vezīr-i dilīr saʿādetlü İbrāhīm Paşa {18} ḥażretleriniñ Sūda līmānına gitdiğine dā'ir mesmūʿāt-ı müşīrīleriyle ifādāt-ı sā'ireyi müştemil tevārüd iden {19} taḥrīrāt-ı saʿādetleri me'āl ü mezāyāsı rehīn-i ıṭṭılāʿ-i ḫulūṣ-verī olub bu vechile ẕikr olunan ḳaryelere {20} tecemmuʿ itmiş olan eşḳıyā üzerine ʿasker sevḳiyle istiḥṣāl-i esbāb-ı ḳahr ü iżmiḥlāllerine maṣrūf buyurılan {21} himem-i şerīfeleri tamām ẕāt-ı besālet-simātıñızdan me'mūlümüz olan ās̱ār-ı bergüzīde-i merdānegī ve diyāneti is̱bāt itmiş {22} olmağın bādī-i ḥaẓẓ ü taḥsīn olmuş ve taḥrīrāt-ı mezkūreleri taḳdīm-i ʿatebe-i ʿulyā-yı pādişāhī ḳılınaraḳ {23} meşmūl-ı liḥāẓa-i kerāmet-ifāża-i ḥażret-i şehinşāhī buyurulmuş ve gönderilan ḳulaḳlar daḫi pīşgāh-ı bāb-ı hümāyūnda {24} ġalṭīde-i ḫāk-i meẕellet ḳılınmışdır. Cenāb-ı ḥamiyyet-niṣāb-ı müşīrīleri zīver-i besālet ü feṭānet ile ārāste {25} vüzerā-yı ʿiẓām-ı Salṭanat-ı Seniyye'den olaraḳ şimdiye ḳadar Bālyabādra'da nümāyān olan saʿy {26} ü ġayret ve iltizām buyurmuş olduḳları merdlik ve ṣadāḳatleri cümle ʿindinde müsellem ve inşā'allāhü'r-Raḥmān {27} sāye-i hümā-vāye-i mülūkānede iżʿāf-ı mużāʿaf mükāfāt-ı celīlesine maẓhariyyetle beyne'l-aḳrān [?] (105) müşārun-bi'l-benān olacaḳları vā[re]ste-i ḳayd [ü] raḳam ve ez-her-cihet taḳviye-i bāzū-yı miknet ü iḳtidārlarını īcāb {2} ider esbābıñ ikmāli marżī ve mültezem olub bundan aḳdem vāḳiʿ olan işʿārāt-ı müşīrīleri vechile {3} sünūḥ iden irāde-i merāḥim-ʿāde-i mülūkāne mūcebince ʿasākir-i merḳūmeniñ ʿulūfeleri-çün iki {4} defʿada ṣavb-ı saʿādetlerine iki biñ dört yüz bu ḳadar kīse aḳçe gönderilmiş ve altı aylıḳ olmaḳ üzere {5} daḫi otuz biñ keyl ẕaḫāyir tertīb olunaraḳ keyfiyyetleri muḳaddem ve mu'aḫḫar ber-vech-i tafṣīl ṭaraf-ı müşīrīlerine {6} beyān ü taḥrīr olunmuş ve mebāliġ-i merḳūmeden bundan evvelce gönderilan biñ kīse aḳçeniñ Preveze'ye {7} vuṣūli ḫaberi gelmiş oldığına naẓaran inşā'allāhü Taʿālā şimdiye ḳadar bi's-selāme cümlesi ṣavb-ı şerīflerine {8} vāṣıl olmuş olacağı ve ẕaḫāyir-i mürettebeniñ daḫi şimdiye ḳadar nıṣfından ziyādesi gönderilmiş oldığından {9} ḳuṣūrı da hemān sefīnelere taḥmīl ve tesbīl olunmaḳ üzere oldığı derkār olub ṣūret-i işʿār {10} ü ifādelerine göre eşḳıyā gürūhuna perīşānlıḳ gelmiş ve içlerine nifāḳ düşmüş oldığına {11} ve inşā'allāhü Taʿālā muvāfaḳat-ı havā ile müşārun-ileyh İbrāhīm Paşa ḥażretleriniñ bugünlerde Mora'ya {12} saṭvet-endāz olması me'mūl idüğüne mebnī eşḳıyā-yı kefere ʿan-ḳarībi'z-zamān mürtekib olduḳları fesād {13} ü ʿiṣyānıñ mücāzātını görerek belālarını bulacaḳları ʿavn ü ʿināyet-i Ḥażret-i

Müntaḳim ve Ḳahhār delāletiyle {14} meczūm idüği vāreste-i ḳayd [ü] işʿār ve ẕāt-ı saʿādetleriniñ mecbūl olduḳları dirāyet ü ḥamiyyete naẓaran {15} ol ṭarafıñ uṣūlüne taṭbīḳan Mesolenk ḳayıḳlarınıñ o maḳūle Ḳorfa bayrağıyla ẓuhūrunda aḫẕ {16} ü giriftlerine himmet buyuracaḳları derkār ise de ṭıbḳ-ı işʿār-ı müşīrīleri vechile keyfiyyet ʿizzetlü {17} Reʾīsü'l-küttāb efendi ṭarafından daḫi ilçi-i mūmā-ileyhe ifāde olunmaḳ üzere oldığından ḳarār-ı {18} keyfiyyet bundan ṣoñra ṣavb-ı müşīrīlerine işʿār olunacağı [?] āşikār olmağla ẕāt-ı ḥamiyyet-simāt-ı {19} müşīrāneleri her ḥālde muṭmaʾinnü'l-ḳalb olaraḳ ve taḳviye-i bāzū-yı iḳtidārıñızı mūcib olur {20} himmet ü iḳdāmda bir ān ve daḳīḳa ifāte-i vaḳt olunmayacağını cezm buyuraraḳ aña göre īfā-yı {21} lāzıme-i meʾmūriyyet ve ḥamiyyet ve ibrāz-ı meʾāṡir-i merdānegī ve şecāʿate ṣarf-ı maḳderet-birle ẕātıñızdan {22} meʾmūl-ı ʿālī olan ḫidemāt-ı merġūbeyi nev-be-nev iẓhāra himmet buyurmaları siyāḳında ḳāʾime. Fī 27 Ca 4[0]

[*1769/173*] ***Mora vālīsine***

{1} Vālid-i mācid-i bāhirü'l-meḥāmidleri vezīr-i ṣalābet-semīr ʿaṭūfetlü Mıṣır Vālīsi El-Ḥāc ʿAlī Paşa {2} ḥażretleriniñ vāḳiʿ olan işʿārlarına mebnī cenāb-ı ġayret-meʾāb-ı müşīrīleriniñ vezānī-i tevfīḳ-i {3} Bārī'yle Moton'a çıḳdıḳdan ṣoñra maʿiyyet-i serʿaskerīlerinde bulunan sefāyin-i Donanma-yı Hümāyūn'uñ {4} ṭaḳımıyla İskenderiye'ye gitmeleri irādesini mutażammın ıṣdār ve tesyār olunan emr-i ʿālī {5} ve taḥrīrāt-ı ḫulūṣ-verīniñ vuṣūlünden baḥiṡle muḳaddem mevcūd-ı maʿiyyet-i düstūrīleri olan {6} ʿasker ve mühimmātdan birazını istiṣḥāb ve māʿadāsını ṣoñra almaḳ üzere Marmaris'den ḥareket {7} ve Sūda līmānına varub götürdükleri ʿaskeri sāḥile iḫrāc ve ẕaḫāyir-i muḳteżiyelerini {8} iʿṭā ile māʿadāsını daḫi almaḳ üzere Marmaris līmānına ʿavdet buyurmuş olduḳlarından {9} inşāʾallāhü Taʿālā cümlesini birden taḥrīk ile muvāfıḳ havā ẓuhūrunda ḏoğrı Moton'a ʿazīmete himmet {10} buyurılacağı ve İskenderiye'ye irsāli irāde olunan sefāyin-i Donanma-yı Hümāyūn'dan baʿżısınıñ {11} muḥtāc oldığı taʿmīr İskenderiye'de tanẓīm olunmaḳ mümkin olmayaraḳ Tersāne-i ʿĀmire'ye irsāle {12} mütevaḳḳıf görinür ise de bu bābda sünūḥ iden irāde-i ʿaliyyeniñ īfāsına ṣarf-ı iḳtidār {13} buyurılacağı ḫuṣūṣunı şāmil bu defʿa firistāde ve isrā buyurılan taḥrīrāt-ı saʿādet-āyāt-ı {14} düstūrīleri mezāyāsı rehīn-i ıṭṭılāʿ-i ḫulūṣ-verī olmuş ve ḥużūr-ı mekārim-mevfūr-ı ḥażret-i {15} pādişāhīye daḫi ʿarż ile meşmūl-ı liḥāẓa-i ʿālem-şümūl-ı cenāb-ı ẓıllu-llāhī buyurulmuşdur. Cenāb-ı {16} ḥamiyyet-meʾāb-ı düstūrīleri Salṭanat-ı Seniyye'niñ ẕātıyla müfteḫir oldığı bir vezīr-i ẕī-şānıñ {17} maḫdūm-ı dirāyet-melzūmı olaraḳ ṭaraf-ı şerīfiñizden Devlet-i ʿAliyye'ye küllī ḫidmet meʾmūlüyle {18} ḫaṭb-ı serʿaskerī ʿuhde-i istīhāl-i müşīrīlerine iḥāle olunmuş ve ẕāt-ı saʿādetleri daḫi el-ḥaḳ {19} şimdiye ḳadar īfā-yı meʾmūriyyete ṣarf-ı himmet buyurmuş iseler de bi-ḥikmetihī Ḫudā bu sene-i mübārekede {20} ekṡer-i evḳāt lodos ile geçüb muḫālefet-i havā Mora ṭarafına vuṣūlüñüze sedd-i rāh-ı mümāna'at {21} olaraḳ bu āna ḳadar deñiz üzerinde envā'-ı miḥen [ü] meşāḳḳa giriftār olmalarını müstelzim olmuş (120) oldıġı mis̱illü ḳara me'mūrları daḫi iş üzerine varamayaraḳ bir maṣlaḥat görilemeyüb beyhūde {2} vaḳt geçerek bu ḳadar tedābīr ü ārā bir nesneyi müfīd olmamış ve gāvurlar bir ḳat daḫi şımarub ellerinden {3} gelan ihāneti icrāya muṣır olmuş olduḳlarından ve ḳara me'mūrlarınıñ iş göremamelerine sebeb-i müstaḳil {4} ittifāḳ ü ittiḥād merāsiminiñ icrāsına 'adem-i taḳayyüd olub birbirleriyle tevāfuḳ ü te'āżud itmamelerine bādī daḫi {5} ḥasbe'l-mevḳi' Mora'nıñ ḫāricinde gāvurlarıñ ḳuvvetü'ẓ-ẓahr ittiḫāẕ eyledikleri Ḳarlıili {6} ve Mesolenk ṭaraflarınıñ żabṭ ü tesḫīri Arnavud 'askeriniñ ol ḥavālī uṣūlüne derkār olan vuḳūfları {7} cihetiyle anlarıñ iḳdāmıyla olub Türk 'askeri bu bābda pek işe yaramadıḳları ẓāhir ve Arnavud 'askeriniñ {8} ise ḥāli 'ulūfeden ġayrı bir şey bilmeyerek ḥüsn-i istiḫdām ile iş gördürmeğe mütevaḳḳıf ü merbūṭ {9} ve Arnavudluġ'uñ işe yarar sancaḳları Yānya Mutaṣarrıfı 'Ömer Paşa'nıñ 'uhdesinde bulunub ṭā'ife-i merḳūmeniñ {10} daḫi müşārun-ileyh 'Ömer Paşa'ya ışınamamaları taḳrībi her ṭarafdan birer güne iġfāl ü taḥrīk ile Rumili {11} vālīsi bulunanlar Arnavud 'askerini i'māl ü istiḫdāma muvaffaḳ olamadıḳlarından hemān beyhūde ḥadd ü ḥesāba gelmez {12} 'ulūfe aḳçesiniñ telefini müstelzim olmuş idüğünden inşā'allāhü Ta'ālā cenāb-ı müşīrīleri derūn-ı Mora'ya 'ahd-i {13} ḳarībde pā-nihāde-i ṣavlet olduḳlarında Rumili ṭarafı olan Ḳarlıili ve dāḫilinde bulunan Mesolenk cānibleriyle {14} Eğrīboz ṭaraflarınıñ daḫi levs̱-i vücūd-ı eşḳıyādan taṣfiyesi niyyet-i ḫāliṣasıyla her ṭarafdan birden 'uṣāt-ı {15} eşḳıyā üzerine hecme-zen-i celādet olmaḳ üzere ārā-yı ṣā'ibeniñ icrāsı lāzım gelmiş oldığına mebnī muḳaddemce {16} Selānīk sancaġı müşārun-ileyh 'Ömer Paşa'ya tevcīh olunaraḳ sür'at-i ḥareket ve Selānīk'e vuṣūle şitāb eylemesi tenbīh olunmuş {17} ve esās maṣlaḥat Arnavudluġ'uñ ḥüsn-i i'māli oldığından Arnavudluḳ ile muḳaddemki me'mūriyyetinde ḥüsn-i āmīziş ü iḫtilāṭ {18} eylemiş olan Vidīn Muḥāfızı sābıḳ sa'ādetlü Reşīd Paşa ḥażretlerine daḫi Rumili eyāletiyle Yānya ve Delvīne sancaḳları {19} tevcīh olunaraḳ Avlonya sancaġı daḫi Avlonya'nıñ ḫānedānından müteveffā İbrāhīm Paşa-zāde Süleymān Paşa'ya {20} ve Tırḥāla sancaġı daḫi Yergöği Muḥāfızı sābıḳ İlbaṣanlı Ṣāliḥ Paşa bendelerine tevcīh olunaraḳ Nārda muḥāfaẓasına İnebaḫtī {21} Muḥāfızı sābıḳ sa'ādetlü Ḥasan Paşa ḥażretleri me'mūr ḳılınmış ve Arnavudluġ'uñ beğ ve beğzāde ve söz ṣāḥiblerinden {22} ve Geġalıḳ ve Ṭoskalıḳ paşalarından ma'lūmü'l-esāmī kesan ve sā'ir ṣunūf-ı 'askeriyyesi Rumili vālīsi müşārun-ileyh {23} ma'iyyetine me'mūr ḳılınaraḳ İskenderiye Mutaṣarrıfı sa'ādetlü Muṣṭafā Paşa daḫi vālī-i müşārun-ileyh ma'iyyetine beş biñ nefer 'asker {24} irsāl itmek üzere me'mūr ḳılınmış ve sā'ir Rumili ḳażālarından istediği 'askeri çıḳarılmaḳ ve 'ulūfeleri {25} ṭaraf-ı Devlet-i 'Aliyye'den virilmek üzere bā-'avn-i Bārī ḏoġrı Ḳarlıili ṭarafınıñ dāḫilen ve ḫāricen levs̱-i vücūd-ı {26} eşḳıyādan taṣfiyesiyle Eğrīboz ṭarafınıñ daḫi taṭhīri emr-i ehemmine müşārun-ileyh Reşīd Paşa ḥażretleri me'mūr ḳılınmış {27} ve imtidād-ı vaḳt ile birḳaç senedir bir iş görülmamesine sebeb olan māddeniñ biri daḫi Rumili vālīsi {28} bulunan iḫtilāf-ı me'mūrīn cihetiyle vaḳtiyle iş başına varamayub 'asker me'mūrları celb idinceye dek yazıñ ortası {29} olaraḳ tamām ḥarāret-i eyyāmda tecemmu' iden 'askerden neş'et iden naġż [?] cihetiyle 'askerī ṭā'ifesine müstevlī olan {30} ḫastalık oldığından inşā'allāhü Ta'ālā bu sene-i mübārekede Rumili vālīsi müşārun-ileyh vaḳtiyle ya'nī nihāyet-i Rūz-ı Ḫıżır'dan {31} evvelce Nevrūz es̱nālarında işiñ üzerine varub muḥārebe ve tesḫīre me'mūr ḳılınaraḳ ṣūret-i me'mūriyyeti beyān ile ta'cīl {32} olunub müşārun-ileyh daḫi derḥāl Derbend'den ḥareket ve bugünlerde Yeñişehir'e varub anda daḫi nihāyet sekiz-on gün {33} tevaḳḳuf ve me'mūrlardan gelmeyanleri celb-birle derḥāl Nārda üzerinden ḏoğrı Mesolenk'e gitmek ve Ṣālona ḳolundan daḫi {34} başḳaca birṭaḳım 'asker göndermek üzere taṣmīm-birle es̱nā-yı rāhda oldığı ḫaberi gelmiş ve müşārun-ileyh 'Ömer Paşa daḫi {35} Selānīk'e gelmek üzere oldığını yazmış ve Rumili vālīsi müşārun-ileyh ma'iyyetine me'mūr ḳılınan 'asker ḳırḳ biñ nefer dimek {36} olub bir ṭaḳımı Ağrāfa üzerinden Ṣālona ḳolundan sevḳ olunacaḳ oldığından ve işbu 'asker ile **(121)** Rumili vālīsi müşārun-ileyh ibtidā iki ḳoldan sāḥil ṣırasıyla ve bir ṭarafdan daḫi Ağrāfa ḏağları ṭarafından {2} taṭhīre başlanaraḳ Mesolenk üzerinde tecemmu'-birle Mesolenk'i bā-'avn-i Bārī tażyīḳ ve tesḫīre ibtidār eyleyeceklerinden {3} gerek sāḥil ṣırasıyla giden ve gerek ḳara cānibinden sevḳ olunacaḳ 'askeriñ īcāb iden külliyyetlü ẕaḫāyir ve mühimmāt[ın]ıñ {4} daḫi berren irsāli derece-i istiḥālede olub beher-ḥāl Dersa'ādet'den baḥren īṣāle tevaḳḳuf eyleyeceğinden ġayrı {5} iḫbār olundığına göre birḳaç seneden berü gāvurlar Mesolenk'e kemāliyle taḳviyet virüb ve cevānib-i erba'asından {6} üç ṭarafı baḥr ile muḥāṭ oldığından yere mülāṣıḳ olan ṭarafına daḫi 'amīḳ ḫendeḳ ḥafrıyla şu ḳoyvirmiş {7} olduḳlarına binā'en Mesolenk['iñ] yalñız berren muḥāṣarasıyla ṭūl müddet uğraşılmaḳda ise [de] baḥren daḫi lāncon ta'bīr olunur {8} ḳayıḳlar ile ṭop ve ḫumbara endāḫt olunaraḳ tażyīḳi suhūlet-i maṣlaḥatı mūcib olacağına ve inşā'allāhü Ta'ālā {9} cenāb-ı düstūrīleri 'an-ḳarīb Mora derūnuna celādet-nümā-yı tesḫīr olub ol es̱nāda ḳara {10} me'mūrları daḫi Ḳarlıili ve Mesolenk üzerine vararaḳ ve Donanma-yı Hümāyūn sefāyini daḫi pederleri {11} müşārun-ileyh ḥażretleriniñ es̱er-i himmet ü iḳdām-ı ḥayderānesiyle aḏalar üzerine ṣavlet-endāz olub gāvurlarıñ {12} birbirlerine mu'āvenete ḳudretleri ḳalmayaraḳ her ṭarafdan birden dest-i diyānet ile işe yapışılması bir daḳīḳa {13} evvel ḥüsn-i ḫitām-ı maṣlaḥatı mūcib idüğüne mebnī şu aralıḳ ma'āẕallāhü Ta'ālā 'askeriñ mühimmāt ve ẕaḫīreden {14} ṣıḳılmaması ve Mesolenk'iñ daḫi ol ṣūretle baḥren tażyīḳi ṣūretine baḳılmaḳ īcāb eyleyeceğinden vezīr-i mükerrem sa'ādetlü {15} Ḳapūdān paşa ḥażretleri daḫi müceddeden tertīb olunan bir ṭaḳım Donanma-yı Hümāyūn ile Rumili ordusuna {16} taḥaşşüd idecek ʿasākiriñ ẕaḫāyiri ve mühimmāt-ı muḳteżiye taḥmīl olunan tüccār gemilerini bi'l-istiṣḥāb ḏoğrı {17} Preveze'ye īṣāl ve Ḳarlıili sāḥilini muḥāfaẓa ve andan Mesolenk ṭarafınıñ baḥren tażyīḳ[in]e ibtidār itmek {18} üzere me'mūr ḳılınaraḳ inşā'allāhü Taʿālā hemān evvelbahār duḫūlünde bir ṭarafdan iḫrāc ü iʿzām olunmaḳ üzere {19} ḳarār virilmiş ve Donanma-yı Hümāyūn sefāyininden baʿżıları taʿmīr[e] muḥtāc oldığı āverde-i ḫāme-i işʿār {20} buyurulmuş ise de bu bābda kerāmet-efzā-yı ṣudūr olan ḫaṭṭ-ı hümāyūn-ı şāhāneniñ ʿibāre-i münīfesinde "Bu {21} sefāyin içün Mıṣır vālīsiniñ inhāsına göre Mora vālīsi müşārun-ileyhi Moton'a götürdükden ṣoñra {22} ṭaḳımıyla İskenderiye'ye ʿazīmetlerine irāde-i şāhānemiz taʿalluḳ itmiş idi. Bu taḥrīrāta göre bunlarıñ {23} birazı küllī taʿmīre muḥtāc oldığından beher-ḥāl Tersāne-i ʿĀmire'mize gelmeğe tevaḳḳuf ideyor ise de {24} gerek Mora vālīsi müşārun-ileyhiñ taḥrīrātı ve gerek tertībāt-ı sā'ireniñ cümlesi şimdiden ʿale't-tafṣīl {25} Mıṣır vālīsine ṭarafıñdan taḥrīr ve irsāl olunsun. Sefāyin-i meẕkūre ḥaḳḳında müşārun-ileyhiñ ne diyeceği {26} bilindikden ṣoñra ol vechile icrāsına baḳılur" deyu emr ü fermān-ı hümāyūn-ı mülūkāne sünūḥ itmiş ve işbu {27} tertībāt ve keyfiyyāt ʿale't-tafṣīl pederleri müşārun-ileyhe taḥrīr ve istiʿlām olunmuş olub ancaḳ {28} Donanma-yı Hümāyūn sefāyininden Tersāne-i ʿĀmire'ye küllī [?] irsāle mütevaḳḳıf olanlar ḳaç ḳıṭʿadır {29} ve ne maḳūle taʿmīrdir, īżāḥ buyurulmamış oldığından ġayrı bunlarıñ Boğaz'a ve andan Tersāne-i {30} ʿĀmire'ye gelüb taʿmīrāt-ı lāyıḳaları baʿde't-tanẓīm tekrār iʿāde ve İskenderiye'ye iʿzām ü īṣālleri {31} ḫaylī vaḳte muḥtāc olacağına ve pederleri müşārun-ileyh ḥażretleri daḫi sefāyin-i mezbūreniñ bir ān evvel {32} irsāllerini ṭaleb eylemiş olduḳlarından ġayrı taʿmīrāt-ı meẕkūreniñ İskenderiye yāḫūd Rodos gibi {33} ṭaşra līmānlarında daḫi yapılur şey olması melḥūẓ oldığına naẓaran mümkin olanlarını oralarda tanẓīm {34} itdirmeğe iḳdām, ve'l-ḥāṣıl bu bābda icrā-yı maṣlaḥatıñ icrāsına saʿy-ı mā-lā-kelām buyurmaları lāzım geleceği {35} ve bu vechile icrā olunan tedbīr ü ārā mücerred bu ġā'ileniñ imtidādı cihetiyle gerek cenāb-ı müşīrīleri {36} ve gerek peder-i vālā-güherleri müşārun-ileyh ḥażretleri baḥren ve ḳara me'mūrları daḫi berren birden inşā'allāhü'r-Raḥmān (122) nihāyet-i Nevrūz eṡnālarında işe yapışub gāvurlarıñ birbirlerine muʿāvenete ḳudret-yāb olamayaraḳ {2} her ṭarafdan ibrāz-ı ṣavlet-i İslāmiyye ile indifāʿ-i ġā'ile niyyet-i ḫāliṣasıyla oldığı maʿlūm-ı düstūrīleri {3} buyuruldukda muḳteżā-yı me'mūriyyet ve ḥamiyyet-i düstūrīleri üzere sefāyin-i meẕkūreniñ bi-ʿavnillāhi Taʿālā {4} Moton'a vuṣūlleri ānda ol vechile mümkin olanlarını oralarda tanẓīm ve mecmūʿ-ı Donanma-yı Hümāyūn'uñ {5} bir daḳīḳa evvel İskenderiye'ye irsāllerine mezīd-i ihtimām ü himmet ve şāyed taʿmīre muḥtāc dinilan {6} sefāyiniñ içlerinde beher-ḥāl Tersāne'ye gelmekl[iğ]e tevaḳḳuf idenleri var ise ol bābda īcāb-ı {7} maṣlaḥatıñ icrāsına ve her ḥālde īfā-yı lāzıme-i ḥaṣāfete ṣarf-ı küll-i miknet buyurmaları siyāḳında {8} ḳā'ime. Fī ġurret-i C 40

[*1769/175*] *Ṭolcī Ḳal'ası Muḥāfıẓı Ḳapucıbaşı Yūnus Aġa'ya*
{1} Rūsyalunuñ ba'żı ḥavādis̱inden ve içlerinde ẓuhūr iden ḫastalık cihetiyle berü ṭarafa solṭāt {2} ve re'āyānıñ firāren gelmeleri iḥtimālātından baḥis̱le o maḳūle firārları vuḳū'uyla istirdādları iddi'āsı {3} lāzım gelür ise ne vechile mu'āmele olunmasınıñ ṭarafıña iş'ār ḳılınması ḫuṣūṣuna dā'ir bu def'a tevārüd iden {4} 'arīżañ mezāyāsı ma'lūmumuz olmuşdur. Muḳaddemā ṭarafıña yazılmış oldıġı vechile Devlet-i 'Aliyye ile Rūsyalu {5} beyninde mün'aḳid olan 'ahd-nāmede iki devlet re'āyāsından ba'żıları āḫar töhmet ve 'adem-i **(123)** iṭā'at veyāḫūd ḫıyānet idüb devleteyniñ birine ilticā ve iḫtifā ḳaṣdında olur ise Devlet-i 'Aliyye'de {2} dīn-i İslām'ı ḳabūl ve Rūsya devletinde tanaṣṣur idenlerden mā'adā aṣlā bir bahāne ile ḳabūl ü ḥimāyet olunmayub {3} der-'aḳab red veyāḫūd hiç olmaz ise iltica eyledikleri devletiñ memālikinden ṭard ile gerek ehl-i İslām {4} ve gerek Ḫristiyān zümresinden bir kimesne bir dürlü tafṣīlāt idüb her ne mülāḥaẓa ile bir ṭarafa iltica ider ise {5} bu mis̱illüler ṭaleb olunduḳça bilā-te'ḫīr redd olunmaları muṣarraḥ ve meşrūṭ oldıġından her ne ḳadar işbu 'ahd {6} ü şarṭıñ icrāsına Devlet-i 'Aliyye ihtimām itmekde ise de icrā-yı 'ahd iki devlet beyninde cārī olmaḳ iḳtiżā ider {7} iken Rum milleti beyninde taḥaddüs̱ iden fesādda aṣl bādī-i fesād olan Devlet-i 'Aliyye re'āyāsıyla envā'-ı {8} ihānet ü ḫabās̱eti ẓāhir ü müs̱bet ḫaylī ehl-i ẕimmet re'āyā Rūsya diyārına firār ile ḳabūl olunmuş {9} ve bunlarıñ reddinde lāzım gelan 'ahd ü şarṭı icrāda Rūsyaluya her ne ḳadar teklīf ve ıṣrār ḳılınmış ise de {10} Rūsyalu redd itmediğinden berü ṭarafa firār iden Rūsya re'āyāsınıñ daḫi redd ü ṭardında bi'l-muḳābele {11} iġmāż-ı 'ayn ve müsāmaḥa olunaraḳ derḥāl reddi dā'iyesine düşülmeyerek ve açıḳdan açıġa daḫi {12} teṣāḥub ü ḳabūl ṣūreti gösterilmeyerek ḥakīmāne ḥareket ile ḥudūddan berüye teb'īd olunmaları {13} iḳtiżā itmiş olmaġla ṭabī'atıyla kendülüklerinden berü ṭarafa geçüb iltica iden o maḳūle Rūsya firārīleriniñ {14} redd ü ṭardında iġmāż-ı 'ayn ve tesāmuḥ olunaraḳ hemān nāzikāne bilmezlikden gelerek ḥudūddan {15} berüye teb'īd ile Rūsyalu "Bizim şu vechile 'askerimizden şunlar firār eyledi" dinilerek istirdādı {16} iddi'ā olunduḳda "Devlet-i 'Aliyye'niñ 'ahd ü şarṭı icrāya kemāliyle ri'āyeti derkār olaraḳ Salṭanat-ı Seniyye {17} me'mūrlarına dā'imā te'kīd ü tenbīh eylediği ḫuṣūṣāt-ı ma'lūmedendir ve firārī reddi devleteyn beyninde cārī {18} ve mu'teber olacaḳ keyfiyyāt-ı vāżıḥadandır" dinilerek bir ṭarafdan bilmezlik ṣūretinde o maḳūle firārīleri {19} taḥarrī ideceğini Rūsyalunuñ i'timād eyleyeceği ṣūretle ifādeye ve bir ṭarafdan daḫi bu mādde {20} göz ya[yı]ndıraraḳ [?] iġmāż ü tesāmuḥa mübāderet ile her ḥālde şerāyiṭ-i daḳīḳa-dānī ve uṣūl-āşināyīyi {21} is̱bāta mübāderet eylemañ içün ḳā'ime. Fī 5 C 40

[*1769/176*] ***Rumili vālīsine***
{1} Bundan aḳdem ṭaraf-ı saʿādetlerine taḥrīr ü inbā olundıġı üzere selef-i müşīrīleri saʿādetlü Dervīş {2} Paşa ḥażretleri maʿiyyetinde bulunan ʿasākiriñ bi'ṭ-tenḳīḥ ʿulūfeleriniñ iʿṭāsıyla sızıldılarınıñ {3} indifāʿı żımnında müşārun-ileyhiñ nezdinde olan beş yüz kīse aḳçe ile bu ṭarafdan daḫi {4} maṣārifāt-ı serʿaskerīlerine maḥsūben ṭaraf-ı düstūrīlerine gönder[il]miş olan iki biñ beş yüz {5} kīseden bi't-taṣarruf virilmesi ḫuṣūṣı ṣavb-ı müşīrīlerine bildirilmiş oldıġından bi-tevfīḳillāhi Taʿālā {6} şimdiye ḳadar Yeñişehir'e vāṣıl olaraḳ īfā-yı muḳteżā-yı reviyyet-mendāneye himmet buyurmuş {7} olacaḳları ẓāhir ise de el-ḥāletü-hāẕihī müşārun-ileyh ḥażretleri ṭarafından vārid olan {8} taḥrīrātda maʿiyyetinde müstaḫdem ʿasākiriñ Rebīʿulāḫir selḫine ḳadar terāküm [iden] ʿulūfeleri dört {9} biñ dört yüz bu ḳadar kīseye bāliġ olaraḳ muṭālebesinde ıṣrār itmiş ve muḥāfaẓayı {10} terk ile İzdīn ve Bādracıḳ ahālīsini berāber alub Yeñişehir'e ʿazīmete ḳarār virmiş (124) olduḳlarından bi'ż-żarūr maṭlūblarınıñ nıṣfı olan iki biñ iki yüz bu ḳadar kīseniñ iʿṭāsına {2} ʿahd-birle defʿ-i şemātet olunmuş ise de müşārun-ileyhiñ yanında muḳaddem gönderilmiş olan beş yüz {3} kīseden başḳa aḳçe olmayaraḳ ve bir ṭarafdan daḫi istidāneniñ imkānı bulunamayaraḳ ḥayretde {4} ḳalmış ve ʿasākir-i merḳūme ayaḳlanaraḳ kendüyi aḳçe muṭālebesiyle tażyīḳe ibtidār eylemiş {5} olduḳları ve müşārun-ileyhi tażyīḳ idenler mīr-i mīrāndan ʿAbbās Paşa ve delīlbaşılardan {6} Kör Ḳāsım ve Arnavud Aḥmed nām şaḫṣlar idüġi muḥarrer ve müstedʿā olmaġla ẕāt-ı saʿādetleri {7} inşā'allāhü'r-Raḥmān şimdiye ḳadar ol ṭarafa vāṣıl olaraḳ ol ḥavālī uṣūlüne taṭbīḳan iḳtiżāsınıñ {8} icrāsına himmet buyuracaḳları āşikār olmaġla mücerred keyfiyyet maʿlūm-ı düstūrīleri olmaḳ içün {9} ifāde-i ḥāl siyāḳında ḳā'ime. Fī 7 C 40

[*1769/177*] ***Rumili vālīsine***
{1} Ẕāt-ı serʿaskerīleri Yānya ve Nārda ve Preveze ṭaraflarına ʿazīmet idecek iseler de Donanma-yı Hümāyūn ile {2} gönderilecek ẕaḫīreniñ vürūdı üç māha tevaḳḳuf ideceġi ve el-yevm maʿiyyet-i düstūrīlerinde {3} mevcūd olan altı biñ miḳdār ʿasākiriñ Rūz-ı Ḫıżır'a ḳadar idāre-i taʿyīnātları ẕaḫāyir-i {4} külliyyeye muḥtāc olub ol ṭarafda mevcūd ẕaḫīre daḫi olmamaḳ ḥasebiyle Rūz-ı Ḫıżır'a ḳadar {5} īcāb iden ẕaḫāyiriñ müste'men sefāyiniyle gönderilmesini şāmil ve Tırḥāla Sancaġı Mutaṣarrıfı {6} sābıḳ saʿādetlü Ebūbekir Paşa ḥażretleri yiġirmi biñ ḳanṭār peksimād ṭabḫına me'mūr olmuş {7} ise de ancaḳ beş biñ ḳanṭār peksimād ṭabḫ itdirileceġinden İzdīn ve ḥavālīsine li-ecli'l-muḥāfaẓa {8} taʿyīn olunacaḳ ʿasākiriñ idāre-i taʿyīnātı-çün muḳteżī olan ẕaḫāyiriñ mümkin oldıġı {9} vechile irsāli lāzım gelmiş oldıġı ve İzdīn cānibinde ḥabbe-i vāḥide şaʿīr olmayub mevcūd {10} olan daḳīḳ daḫi İzdīn ve ḥavālīsi muḥāfaẓasında bulunan ʿasākire virilmekde oldıġından {11} bundan māʿadā Yeñişehir mültezimleri

yedlerinde bulunan zaḫāyiriñ maʿrifet-i şerʿ ve cümle ittifāḳıyla {12} miḳdār-ı keyli taḥrīr ve temhīr-birle īcāb iden es̱mānı nüzül emīni ṭarafından aṣḥābına iʿṭā olunmaḳ {13} üzere zaḫāyir-i mezkūreniñ emīn-i mūmā-ileyhe devr [ü] teslīmi-çün bā-buyuruldı muʿtemed adamlar {14} taʿyīn ve irsāl olunmuş ise de zaḫāyir-i mezkūre daḫi taʿyīnāt-ı ʿaskeriyye ve dāʾire-i müşīrīlerine {15} on beş gün kifāyet idebileceği ifādesini müştemil tevārüd iden taḥrīrāt-ı düstūrīleri {16} meʾāl ü mezāyāsı rehīn-i ıṭṭılāʿ-i muḥibbī olduḳdan ṣoñra ʿizzetlü Defterdār efendi bendelerine {17} ledeʾl-ḥavāle tertīb-i ʿatīḳden muḳaddemā bā-irāde-i seniyye sekiz ḳıṭʿa sefāyine taḥmīlen Preveze {18} iskelesine irsāl olunan zaḫāyirden faḳaṭ Nemçelü Borsobek [?] bāzergā[n] kefāletiyle {19} istīcār ve dört biñ sekiz yüz altmış ḏoḳuz buçuḳ keyl daḳīḳ ve üç biñ ḏoḳuz yüz {20} elli keyl şaʿīr taḥmīl olunaraḳ Esḳādya [?] nām ḳapūdān sefīnesi ḥamūlesi olan zaḫāyir-i {21} mezkūreyi ʿuṣāt-ı Rum keferesi aḫz ü girift eylediklerinden ber-mūceb-i muḳāvele {22} aḳçesi bāzergān-ı mersūmdan taḥṣīl olunmaḳda oldığını ve māʿadā yedi ḳıṭʿa **(125)** sefāyin ḥamūleleri olan otuz bir biñ iki yüz ḏoḳsan altı keyl daḳīḳ ve yiğirmi beş biñ {2} yedi yüz ḳırḳ keyl şaʿīr iskele-i mezkūra teslīm olunmuş oldığını ve ẕāt-ı serʿaskerīleriniñ işbu {3} sene-i mübāreke Cemāẕiyelevvelīsi ġāyetine ḳadar Yeñişehir['e] vuṣūlleri istiḫbār olundığından taḳrībi {4} ḥesāb olunaraḳ iki māh müddetde vefā idecek derecelerde Ġolos iskelesine teslīm olunmaḳ {5} üzere şimdilik beş ḳıṭʿa sefāyine yiğirmi yedi biñ sekiz keyl-i ṣāfī aʿlā daḳīḳ {6} ve on yedi biñ üç yüz yetmiş beş buçuḳ keyl şaʿīr vażʿ ü taḥmīl olunmuş ve sefāyin-i {7} mezkūreniñ üç ḳıṭʿası māh-ı merḳūmuñ yiğirmi yedinci güni Dersaʿādet'den ḥareket idüb {8} iki ḳıṭʿası daḫi ḥareket itmekde oldığını ve taḳdīm olunan defter mūcebince iki yüz otuz {9} ḏoḳuz senesi Şubāṭ'ı ibtidāsından iʿtibār ile Teşrīn-i Evvel ġāyetine gelince maʿiyyet-i saʿādetlerinde {10} taḥaşşüd idecek ʿasākiriñ taʿyīnātı-çün sālifüʾẕ-ẕikr Ġolos ve İzdīn iskeleleri {11} tertīblerinden māʿadā Preveze ve Bālyabādra ve Mesolenk'e irsāl olunmaḳ üzere üç yük yiğirmi {12} biñ altı yüz yiğirmi keyl daḳīḳ ve beş yük otuz dört biñ üç yüz yetmiş beş keyl {13} şaʿīr tertīb olunmuş ve Şubāṭ'a daḫi müddet olub sālifüʾẕ-ẕikr Ġolos tertībi taḳdīm {14} olundığından şimdiye ḳadar Preveze'ye irsāl olunmaḳ üzere dört ḳıṭʿa sefāyine on dört {15} biñ iki yüz seksan üç buçuḳ keyl daḳīḳ ve yiğirmi bir biñ ḏoḳuz yüz seksan bir keyl şaʿīr {16} vażʿ ü taḥmīl olunmuş ve bir ṭarafdan dīger sefāyine daḫi taḥmīl olunmaḳda oldığından bi-mennihī Taʿālā {17} on gün ẓarfında cenāb-ı saʿādetlerine iki-üç māh vefā idecek derecede zaḫāyiriñ {18} tedārük ve taḥmīl ve sālifüʾẕ-ẕikr Preveze'ye daḫi tesbīl olunacağını ve mutaṣarrıf-ı sābıḳ {19} müşārun-ileyh Ebūbekir Paşa ḥażretleri muḳaddemā yiğirmi biñ ḳanṭār peksimād ṭabḫına meʾmūr {20} olmuş ise de ṭabḫı lāzımesinden olan elli biñ keyl ḥınṭa mīrī mübāyaʿasından {21} tedārüki mümkin olamayaraḳ faḳaṭ mīrī tertībinden ve emlāk ḥāṣılātından dermiyān {22} idebildiği on iki biñ beş keyl zaḫīre ile ancaḳ beş biñ ḳanṭār peksimād vücūda {23} geleceğini bi'l-inhā ol vechile beş biñ ḳanṭār peksimādıñ ṭabḫına irāde-i seniyye taʿalluḳ {24} eylemiş ve īcāb iden ücret-i ṭabḫiyye ve ṭaḥniyye ve çuvāl bahāsına maḥsūben ʿale'l-ḥesāb yiğirmi biñ {25} ġurūş virilmiş ve ḳara ʿaskeri-çün Bebek peksimādḫānesinden ṭabḫı tertīb olunan {26} peksimāddan on biñ ḳanṭār peksimād İzdīn ve Ġolos iskelelerine tesbīl olunmaḳ içün {27} dört ḳıṭʿa müste'men sefīnesine taḥmīl olunmaḳda idüğüni ve maʿiyyet-i serʿaskerīlerine müretteb olan {28} daḳīḳ ve şaʿīrden şimdiki ḥālde Ġolos tertībi tekmīl ol[un]muş ve Preveze tertībi daḫi {29} ḳuvve-i ḳarībeye gelmiş oldığından birḳaç gün ẓarfında İzdīn iskelesine daḫi külliyyetlü {30} ẕaḫīre isbāline müsāraʿat olunacağını mūmā-ileyh Defterdār efendi bā-taḳrīr ifāde {31} itmiş oldığı maʿlūm-ı düstūrīleri buyuruldukda her ḥālde icrā-yı şerāyiṭ-i sipehdārī {32} ve me'mūriyyete himmet buyurmaları siyāḳında ḳā'ime. Fī 7 C 40

[*1769/197*] *Mıṣır Vālīsi Meḥmed ʿAlī Paşa ḥażretlerine*
{1} Ḥavl ü ḳuvvet-i Ḥażret-i Rabb-i Müsteʿān'a ittikā'en maḫdūm-ı ṣalābet-mevsūmları saʿādetlü İbrāhīm Paşa ḥażretleri bu sene-i mübārekede {2} tedārükāt-ı ḳaviyye ile Ṣulıca ve Çamlıca aḏalarınıñ tesḫīri ve Mora'nıñ levṣ-i vücūd-ı eşḳıyādan taṣfiye ve taṭhīri niyyet-i ḫāliṣasıyla {3} iʿzām buyurulmuş ise de ḥasbelḳader aḏalar maṣlaḥatına dest-res olamayaraḳ maʿiyyetinde bulunanlarıñ daḫi ʿuṣāt-ı eşḳıyānıñ {4} āteş gemilerinden ve ṭop āteşinden gözleri yılmış ve bu keyfiyyet eşḳıyānıñ ġalebeye yol bulmasını mūcib olmuş oldığı müşārun-ileyhiñ {5} ṣavb-ı sāmīlerine tevārüd iden taḥrīrātından müstebān oldığından ve beyne'l-aġyār reʿāyā-yı Devlet-i ʿAliyye'den ʿiṣyān itmiş olan birṭaḳım {6} gāvurlarıñ ġā'ilesi bu vechile mümted olaraḳ bi-ḥikmetillāhi Taʿālā bu sene daḫi böyle olması ẕāt-ı diyānet-simāt-ı düstūrīleriniñ ʿırḳ-ı ḥamiyyetlerini {7} tehyīc itmiş idüğüne binā'en bi-ʿavnillāhi Taʿālā Ṣulıca ve Çamlıca ve Sīsām ve sā'ir cezīreleriñ żabṭ ü tesḫīr ve taṣfiyesi-çün tehyi'e buyurulmuş {8} olan on iki biñ miḳdār ʿaskeri bi'l-istiṣḥāb tedārük olunan sefāyin ile bi'n-nefs emr-i ġazāya ʿazīmet itmek ve inşā'allāhü Taʿālā anları {9} bitürdükden ṣoñra Mora'ya varub maḫdūmları müşārun-ileyhi yerinde [?] görerek iḳtiżā iden ʿaskeri daḫi maʿiyyet-i müşārun-ileyhe terk-birle {10} İskenderiye'ye ʿavdet eylemek tedbīri taṣmīm buyuruldığı beyānıyla bu bābda ruḫṣat-ı seniyye erzān ve el-yevm maʿiyyet-i müşārun-ileyhde bulunan {11} bi'l-cümle Donanma-yı Hümāyūn sefāyin[in]iñ Boğaz['a] ʿavdetlerinde ḏoğrı İskenderiye'ye irsālleri iltimāslarına müsāʿade-i ʿaliyye {12} şāyān buyurulması ḫuṣūṣunı şāmil ḳapucılar ketḫüdāları Ḥācī Aḥmed Ağa bendeleri vesāṭetiyle irsāl buyurılan taḥrīrāt-ı seniyyeleri ve teşekküri {13} şāmil dīger ḳā'ime-i düstūrāneleri mezāyāsı maʿlūm-ı ḫāliṣānemiz olmuşdur. Ḳaç seneden berü bu fesādıñ imtidādı envāʿ-ı {14} meḥāẕīri müstetbiʿ olaraḳ tezāyüd bulub ve

pek uyğunsuz görünmekde oldığından ʿavn ü ʿināyet-i Bārī ile evvel-be-evvel {15} şu beliyyeniñ ortadan ḳaldırılması īcābına göre ẕāt-ı sāmīleriniñ bi'n-nefs īfā-yı ḫidmete ḳıyām ve bu gūne maṣlaḥat-ı cesīmeyi ġayret-i {16} dīn ü devlet içün ḫāhişle derʿuhde ve iltizām buyurmalarına "Allāh'ıñ ʿavnı ve ḥabībiniñ imdād-ı rūḥāniyyeti berāber olsun" {17} duʿāsıyla taḥsīn ü āferīnden ġayrı diyecek olmayub faḳaṭ ẕāt-ı saʿādetleriniñ Mıṣır'dan infikāklerinde Ḥaremeyn-i Şerīfeyn {18} ve gerek Mıṣır'a dā'ir uyğunsuzluḳ mülāḥaẓaları ḫāṭıra gelür ise de cenāb-ı şerīfleri bu ṣıraları daḫi gözederek {19} ol ṭaraflardan emniyyet-i kāmileleri olmasa bu keyfiyyeti inhā buyurmayacaḳları meczūm oldığından taḥrīrāt-ı vārideleri ṭaḳımıyla {20} rikāb-ı hümāyūn-ı mülūkāneye ʿarż olunduḳda "Mısır vālīsi müşārun-ileyhiñ işbu ḳā'imesi manẓūr ü me'āli maʿlūm-ı hümāyūnum olmuşdur. {21} Vālī-i müşārun-ileyhiñ bu vechile bi'n-nefs ḥareketini inhāsı mutlaḳā kemāl-i ġayret ü ṣadāḳat ve diyānetinden nāşī olmağla beğāyet maḥẓūẓiyyet-i {22} mülūkānemi mūcib olmuşdur. Ḥaḳḳ Taʿālā Dāreyn'de ʿazīz eylesün. Mıṣır ve Ḥaremeyn'e dā'ir bu bābda olan meḥāẕīri elbette {23} muḳteżā-yı dirāyet ü feṭāneti üzere düşünmez değildir. Ancaḳ şurası ẕihn-i hümāyūnumı taḫdīş ideyor: Şöyle ki, Rabbim {24} itmesün, müşārun-ileyh taḥrīr ü inhāsı vechile çıḳub Frenkler bir āḫar vechile Rumları iʿmāl iderek maʿāẕallāh s̱ümme {25} maʿāẕallāh müşārun-ileyhiñ daḫi öñüni arḳasını keserek mūcib-i şe'n olur bir şey vuḳūʿa gelür ise Rum ġā'ilesiniñ {26} iştidādını ve eşḳıyā [?] me'mūrlarınıñ bir ḳat daḫi gevşemelerini ve sā'ir vechile ġā'ile arasında dīger ġā'ileniñ taḥaddüs̱üni {27} mūcib olaraḳ artıḳ bütün bütün Frengleriñ şımarmalarını müstelzim olur mı? Şurası her ne ḳadar mechūl {28} ve murād-ı İlāhī nedir bilinemez ise de doğrısı müşārun-ileyhiñ bizẕāt yerinden ḥareketini ẕihn-i hümāyūnumda tecvīz idemiyorum. {29} Elbette kendüsünüñ İskenderiye'de bulunmasında çoḳ fevā'id vardır. ʿAcabā kendü mücerreb adamlarından başbuğluğa şāyān bir münāsib {30} adamı yoḳ mı, yine kendüsünden istiʿlām olunaraḳ ne vechile ḳadriniñ terfīʿini tensīb ider ise o rütbede pāye virilerek {31} me'mūr ḳılınur idi. Ḳapūdāna beğ ile Mora vālīsi maʿiyyetinde olan sefāyin ṭaḳımıyla dīgerlerine ilḥāḳan Mora {32} vālīsi Moton'a götürdükden ṣoñra hey'et-i mecmūʿalarıyla İskenderiye'ye ʿazīmet itsünler. Vālī-i müşārun-ileyh ẕāt-ı hümāyūnumuñ {33} ṣadāḳat-kār ve ġayret-şiʿārı olmağla ḥaḳḳında ḥüsn-i teveccüh-i şāhānem ber-kemāldir. Ḥaḳḳ Taʿālā tevfīḳ ü nuṣret iḥsān eyleye, {34} āmīn" deyu ḫaṭṭ-ı hümāyūn-ı mülūkāne şeref-rīz-i ṣudūr olmuşdur. Ẕāt-ı ḥayderī-simāt-ı düstūrāneleri dīn ve Devlet-i ʿAliyye'niñ {35} ḫayr-ḫāh vükelā-yı fiḫāmından bulunub ḥālen ve istiḳbālen ve dīnen ve mülken envāʿ-ı [e]hemmiyyet ve maḥẕūrı bedīdār olan {36} şu ġā'ile-i mekrūheniñ bu ṣūretle imtidādı ẕāt-ı ʿālīlerine ağır gelerek kemāl-i diyānetlerinden bu uğurda {37} bi'n-nefs çalışmaḳlığı iḫtiyār buyurmuş olduḳları ẓāhir ve inşā'allāhü Taʿālā yüzüñüzden bu ġā'ile ḳarīben mündefiʿ [olaraḳ?] (143) bi̲z̲z̲āt gitmekliği terk iderek münāsib birini göndermek ṣūretini icrā idecek oldıġıñız {2} ḥālde terfīʿ-i ḳadri-çün ne maḳūle rütbede pāye virilmesini tensīb iderek işʿār ider iseñiz icrā {3} olunacaġı, ve'l-ḥāṣıl bi̲z̲z̲āt gidüb gitmameleri ve bi̲z̲z̲āt ʿazīmetleri taḳdīrinde bu ṭarafda oldıġı {4} mis̲illü ketm ü iḫfāsı ḫuṣūṣları z̲āt-ı sāmīlerine muḥavvel olmaġın ḳangı ṣūret tensīb buyurılur ise {5} ol vechile icrā ve keyfiyyeti inhā buyurmaları siyāḳında ḳā'ime. Fī 16 R 240

Ayniyat 580

[580/2] *Rumili vālīsine*
{1} Muḳteżā-yı ġayret ü ḥamiyyet-i düstūrīleri üzere bir ān aḳdem ṣavb-ı me'mūra irişmek ḳaṣdıyla ibtidā-yı Cumādelāḫire'de {2} Manāstır'a vuṣūlleri ṣūret-nümā-yı mir'āt-ı ḥuṣūl olub yedi-sekiz gün mekṣ ü iḳāmet ve ba'dehū Yeñişehir'e 'azīmet-birle {3} umūr-ı lāzıme-i sipehdārīleri beş gün ẓarfında rü'yet ü itmām ve Yānya ṭarafına 'azīmete iḳdām idecekleri ve sa'ādetlü {4} Selānīk Mutaṣarrıfı 'Ömer Paşa ḥaḳḳında ba'żı mesmū'āt ü muḫāberāt keyfiyyātıyla müşārun-ileyhiñ ṣavb-ı sa'ādetlerine mersūl {5} taḥrīrātı ve Avlonya Mutaṣarrıfı Süleymān Paşa ṭarafından ve vālidesi cānibinden tevārüd iden evrāḳ taḳdīm ḳılındığı beyānıyla {6} inşā'allāhü Ta'ālā Yānya'ya vuṣūllerinde ne vechile aḫbār ü āṣāra dest-res olabilürler ise iş'ār eyleyecekleri tafṣīlātını mübeyyin {7} resīde-i dest-i muḥabbet olan taḥrīrāt-ı sa'ādet-āyāt-ı müşīrīleri mezāyāsı ıṭṭılā'-i muḫliṣī ile meşmūl {8} olduḳdan ṣoñra ḥużūr-ı 'āṭıfet-neşūr-ı cenāb-ı şāhāneye daḫi bi't-taḳdīm manẓūr-ı naẓar-ı 'āṭıfet-neşūr-ı ḥażret-i {9} pādişāhī olmuş ve ẕāt-ı ser'askerīleri kemāl-i ġayret ve kār-dānī ve ḥaṣāfet ile mecbūl olduḳlarından iş'ārları {10} vechile gerek cānib-i me'mūrlarına irişmeğe maṣrūf olan sa'y ü ġayret ve gerek müşārun-ileyh 'Ömer Paşa'nıñ {11} te'līf ü istimāletine mebẕūl buyurılan diḳḳatleri ṭaraf-ı sa'ādetlerinden me'mūl ü muntaẓar olan āṣār-ı reviyyet-mendīyi {12} iṣbāt ü te'yīd eylemişdir. Müşārun-ileyh 'Ömer Paşa'nıñ sālifü'ẕ-ẕikr taḥrīrātı me'āli geçende bu cānibe gelan ma'rūżātınıñ {13} miṣli olub ya'nī Yānya'da tevaḳḳuf ü mekṣi gūyā aḳçesizliğe mebnī oldığından ecvibe-i muḳteżiyesi muḳteżā-yı {14} irāde-i seniyye-i şāhāne üzere eṭrāfıyla taḥrīr ve muḳaddem ḥavāle olunan beş yüz kīseden mā'adā {15} 'uhde-i iltizāmında olan bedel-i iltizāmātdan biñ kīse aḳçe daḫi ḥavāle olunaraḳ hemān bir ān evvel {16} Selānīk'e irişmeğe şitāb ü sür'at eylemesi [?] beyān ü teẕkīr olunmuş ve keyfiyyet ṣavb-ı ser'askerīlerine daḫi {17} bildirilmiş oldığından ġayrı müşārun-ileyh ol zamān buraya göndermiş oldığı tatarı 'ādī {18} tatar olmayub müşārun-ileyhiñ maḥrem ve mu'temed ādemīsi oldığı ve ḥaḳīḳī taḥarrī-i emniyyet içün geldiği iḥsās olunmaḳ {19} mülābesesiyle ḥīn-i iḫrācında tatar-ı merḳūm Bāb-ı 'Ālī'ye celb ile iḳtiżāsı üzere şifāhen daḫi te'mīn {20} ü istimāleti mutażammın muḳaddemāt-ı münāsibe serd ü beyān olunaraḳ i'āde ḳılınmış olub ṣūret-i ḥāle naẓaran {21} müşārun-ileyh 'Ömer Paşa tatar-ı merḳūmuñ ṭarafına varmasına müteraḳḳıb olmaḳ iḳtiżā ider ise de bi-mennihī'l-Kerīm bugün {22} yarın tatar-ı merḳūmuñ vuṣūlünde külliyyen def'-i vesvese ile Selānīk'e 'azīmete müsāra'at eylemesi me'mūl {23} ve Avlonya'da olan mühürdār daḫi ġālibā müşārun-ileyhiñ ḏavranışına teraḳḳub ve te'ennī itmekde {24} oldığı mesmū' olmaġla her ne ise ẕāt-ı sa'ādetleri ba'd-ez-īn daḫi müşārun-ileyhi bir ān evvel {25} manṣıbına gitmeğe terġīb ü

teşvīḳ ve bi-mennihī Taʿālā gerek Manāstır'da ve gerek Yeñişehir'de hemān meṣāliḥ-i {26} muḳteżiyelerini rüʾyet ü ikmāl iderek ʿalā-vechi't-taʿcīl ṣavb-ı meʾmūrlarına irişmeğe iḳdām {27} ü ġayretleri lāzımeden ve īcāb-ı irāde-i seniyyeden oldığı maʿlūm-ı dirāyet-melzūm-ı düstūrīleri {28} buyuruldukda her ḥālde īfā-yı levāzım-ı kār-āgāhī ve feṭānet ve īfā-yı muḳteżā-yı meʾmūriyyete himmet {29} buyurmaları siyāḳında mektūb. Fī 15 C 40

[580/3] *Rumili vālīsine*
{1} Bu defʿa saʿādetlü Ḳapūdān paşa ḥażretleri ṭarafına İşkātos cezīresi reʿāyāsınıñ ṣūret-i istīmān {2} ve ḳabūl-ı raʿiyyet irāʾesiyle Rūmiyyü'l-ʿibāre gönderdikleri kāğıdlarıyla Bülbülce reʿāyāsı ṭarafından daḫi baʿżı {3} istidʿāyı mutażammın vürūd itmiş olan kāğıdları müşārun-ileyh ḥażretleri ṭarafından taḳdīm olunub tercümeleri {4} meʾālinde ẕikr olunan İşkātos reʿāyāsı gūyā bu āna dek ṣūret-i ʿiṣyānda görünmüşler ise de ṭavʿan olmayub {5} aḏalarında olan ḳalʿalarını eşḳıyā żabṭ itmiş oldığından żarūrī mümāşāta mecbūr olmuşlar ise de {6} el-ḥāletü-hāẕihī eşḳıyā ḳalʿadan çıḳub reʿāyā girmiş ve kemā-fi'l-evvel raʿiyyeti ḳabūl eylemiş olduḳlarından {7} ol ṭarafda geşt ü güẕār iden düşmen tekneleri tasalluṭundan muḥāfaẓaları ḫuṣūṣuna ne vechile emr {8} ü irāde buyurılur ise icrā olunması ve Bülbülce reʿāyālarınıñ kāğıdları tercüme-i meʾālinde daḫi müşārun-ileyh {9} ḥażretleriniñ kendülerine muḳaddemā vāḳiʿ olan tenbīhi vechile cezīre-i meẕkūre muḥāfıẓı Ṭāhir Aġa {10} maʿiyyetinde li-ecli'l-istiḫdām reʿāyā-yı merḳūmeniñ virmiş olduḳları yüz elli nefer ʿaskeriñ ʿulūfeleri {11} Tırḥala Mutaṣarrıfı sābıḳ saʿādetlü Ebūbekir Paşa ḥażretleri ṭarafından vürūd itmediğinden ve neferāt-ı merḳūme perākende {12} olacaḳlarından Muḥarrem ġurresinden berü iḳtiżā iden ʿulūfelerini kendüleri bi't-tedārük virmişler ise de {13} bundan böyle virilecek ʿulūfeleri teʾḫīr olunmayaraḳ irsāl olunması ve ḳable'l-istīmān aḏa-i mezbūr {14} reʿāyāsınıñ maḥāll-i sāʾireden ve sāʾirleriniñ aḏa-i meẕkūr reʿāyāsından ġāret eyledikleri māl ü eşyā {15} daʿvāsına şürūʿ olunmamaḳ üzere bir ḳıṭʿa fermān-ı ʿālī ıṣdār ḳılınması muḥarrer ve müstedʿā olub cenāb-ı {16} mekārim-elḳāb-ı düstūrīleri ʿunvān-ı sipehdārī ile imtiyāz-baḫşā olduḳları ḥayṡiyyet[iy]le bu maḳūle {17} keyfiyyātıñ daḫi [?] reʾy-i sāmīleriyle ḥalli iḳtiżā ideceğinden başḳa Bülbülce maṣlaḥatına ẕāt-ı saʿādetleriniñ {18} muḳaddem daḫi vuḳūfları derkār idüğüne bināʾen Bülbülce reʿāyāsınıñ istedikleri ʿulūfe māddesiniñ {19} īcāb ü iḳtiżāsı ne vechile ise öylece icrāsına himmet ve dīger istidʿāları olan fermān-ı ʿālīniñ {20} ıṣdārında bir güne maḥẓūr ü hücnet var mıdır yoḳ mıdır ve iḳtiżā ider mi itmez mi, bu ṭarafa işʿār {21} ü işāret buyurmaları ve İşkātos reʿāyāsınıñ ṣūret-i istīmānda olan istidʿālarına ḫāb-ı ḫargūş {22} virilmesi tensīb olunaraḳ irāde-i seniyye daḫi bu merkezde dāʾir olmuş ve ol vechile İşkātos cezīresi {23} reʿāyāsı ḥaḳḳında iḳtiżā iden tedbīr icrā olunmuş olmaġla ẕāt-ı saʿādetleri

muḳteżā-yı feṭānetleri {24} üzere Bülbülce reʿāyāsı ṭarafından vāḳiʿ olan ʿulūfe istidʿāsı māddesiniñ īcāb ü iḳtiżāsı {25} ne vechile ise ṣūret-i istiḥṣāline müsāraʿat ve dīger müstedʿāları olan emr-i şerīfiñ ıṣdārı {26} maḥẕūrdan sālim midir değil midir, iḳtiżā ider mi itmez mi, bu ṭarafa biʾl-müṭālaʿa taḥrīr ü işʿāra himmet {27} buyurmaları siyāḳında ḳāʾime. Fī 15 C 40

[580/4] *Rumili vālīsine*
{1} Yeñişehir ṭarafında mevcūd ẕaḫīre ve deve ve bārgīr ve sāʾireniñ miḳdār ve kemmiyyeti Tırḥāla Sancağı Mutaṣarrıfı sābıḳ Ebūbekir Paşa {2} ḥażretleriyle Yeñişehir Defterdārı ʿAlī Beğ ve Nüzül Emīni Muṣṭafā Aġa bendeleri ṭarafından ledeʾl-istiʿlām Yeñişehir'de ẕaḫīre ve deveye {3} müteʿalliḳ bir şey olmadığını ve İzdīn'de ʿamel-mānde olaraḳ el-yevm mevcūd olan yüz yiğirmi reʾs deve ve bir miḳdār bārgīrden māʿadāsı {4} telef olmuş idüğüni ve giçen sene tertīb olunan mekārī bārgīrleri bir buçuḳ-iki māh ḏayanamayub cümlesi telef ve faḳaṭ şütürānıñ {5} vücūdı ʿayn-ı iṣābet olmuş oldığını mübeyyin müşārun ve mūmā-ileyhim ṭaraflarından ṣavb-ı serʿaskerīlerine taḥrīrāt tevārüd itmiş oldığı beyānıyla {6} evvelbahār tertībinde ʿasākiriñ külliyyet ve kemmiyyetine göre ne ṣūretle mümkin ise ziyādece şütürānın tertīb ve irsāli suhūlet-i maṣlaḥatı {7} mūcib idüği tevārüd iden taḥrīrāt-ı serʿaskerīlerinde muḥarrer olmaġla keyfiyyet ʿizzetlü Defterdār efendiye ledeʾl-ḥavāle giçen sene Yeñişehir ordusı-çün {8} Ḫudāvendigār ve Ḳaresī ve Bīġā sancaḳlarından beher mehārı ikişer yüz ellişer ġurūş kirā ile tertīb olunan biñ mehār şütürānıñ {9} Edirne ve Ḫayrabolī aḫūrlarında mevcūd mīrī şütürānından timürbaş olaraḳ iki yüz elli iki mehār deve gönderilmiş ve Tırḥāla {10} ve Avlonya ve İlbaṣan ve Oḫrī sancaḳlarında kāʾin ḳurā ve çiftlikātıñ ḥāl ve taḥammüllerine göre birer ikişer bārgīr tertīb ve mīrī tamġası {11} ḍarb olunaraḳ ordu-yı mezḳūra irsāli-çün başḳa ve maʿiyyet-i serʿaskerīlerinde ẕaḫāyir ve mühimmāt ve levāzım-ı sāʾire naḳli-çün {12} selef-i müşīrīleri saʿādetlü Dervīş Paşa ḥażretleri maʿiyyetine mīrī aḫūrlarından timürbaş ṣūretiyle gönderilan develer mārrüʾẕ-ẕikr Ḫudāvendigār {13} ve Ḳaresī ve Bīġā sancaḳlarından biʾl-istīcār irsāl olunan develeriñ mevcūdları ṣavb-ı serʿaskerīlerine devr ü teslīm olunması bābında {14} sünūḥ iden irāde-i seniyye mūcebince başḳa evāmir-i şerīfe taṣdīr ve tesyīr ḳılınmış ve işbu ḳırḳ senesine maḥsūben kirāları ṭaraf-ı serʿaskerīlerinden {15} virilmek üzere ber-vech-i sābıḳ ẕikr olunan sancaḳlarından biñ mehār şütürān ve beher reʾsi şehriyye otuzar ġurūş {16} kirā ile Edirne ve Filibe ve İslimye ve sāʾir maʿlūmüʾl-esāmī otuz sekiz ʿaded ḳażādan iki biñ yetmiş beş reʾs bārgīr {17} tertīb olunmuş ve ẕikr olunan mīrī aḫūrlarda ne miḳdār işe yarar deve var ise timürbaş olaraḳ Yeñişehir'e irsāli {18} bābında emr-i şerīf taṣdīr ḳılınmış ve ṣavb-ı serʿaskerīlerine teslīmi bābında ol vechile emr-i ʿālī ıṣdār ve tesyār ḳılınmış {19} oldığını mūmā-ileyh Defterdār efendi bā-taḳrīr ifāde iderek

mārrü'z-zikr timürbaş develeriñ ṭaraf-ı saʿādetlerine teslīmi bābında {20} bu defʿa daḫi mü'ekked emr-i ʿālī taṣdīr olunmuş ve bu sene-i mübāreke içün biñ mehār mekārī şütürān ile iki biñ {21} yetmiş beş re's bārgīr tertīb olunmuş oldığı keyfiyyeti muḳaddem ṣavb-ı saʿādetlerine bildirilmiş olmağla cenāb-ı serʿaskerīleri {22} zikr olunan timürbaş iki yüz elli iki deveyi daḫi ber-mūceb-i emr-i ʿālī ʿaynen selefleri müşārun-ileyh ṭarafından alub ḫidemāt-ı seniyyede {23} istiḫdām ve bu sene tertīb olunan mārrü'z-zikr biñ mehār deve ile iki biñ yetmiş beş re's bārgīrden başḳa ḳuṣūr {24} ḥayvānāt-ı mürettebeden mevcūdlarını alub kezālik iḳtiżāsına göre ḳullanaraḳ her ḥālde icrā-yı lāzıme-i {25} reviyyet-kārī ve ḥaṣāfete himmet buyurmaları siyāḳında ḳā'ime. Fī 15 C 40

[580/7] *Eġrīboz Muḥāfıẓına*

{1} Mora derūnunda olan ʿuṣāt-ı eşḳıyā sergerdelerinden Ḳoloḳotronī ve Ḳondoyānopūlo ve Ḳarītena ḳocabaşılarından Deli {2} Yānī oġulları ve Mānotīk [?] nām ḫā'inler baʿżı muḥāsebāt ve sergerdelik iddiʿāsıyla vūlī taʿbīr itdikleri cumhūrlarından {3} ayrılub beynlerinde peydā olan münāfese cihetiyle birbiriyle muḫāṣame ve muḳāteleye ibtidār itmiş ve Çamlıca ve cezāyir-i sā'ire {4} daḫi inḳılāba dūçār olmuş olduḳları ifāde-i ḫayriyyesini ḥāvī ḳapu ketḫüdāsı efendi bendelerine mersūl taḥrīrāt-ı şerīfeleri {5} mezāyāsı rehīn-i ıṭṭılāʿ-i ḫulūṣ-verī olub bu vechile isticlāb-ı ḥavādiṡ-i ḫayriyyeye derkār olan himmetleri (9) fıṭrat-ı ẕātiyyelerinde merkūz diyānet [?] ve ṣadāḳati te'yīd itmeğin bu keyfiyyet müstelzim-i maḥẓūẓiyyet-i ḫāliṣānemiz olaraḳ {2} taḥrīrāt-ı mezkūreleri ḥużūr-ı fā'iżu'n-nūr-ı ḥażret-i pādişāhīye daḫi ʿarż ü taḳdīm ile meşmūl-ı nigāh-ı ʿāṭıfet- {3} -iktināh-ı cenāb-ı şehinşāhī buyurulmuşdur. Eşḳıyā-yı maḳhūre miyānında min-ḳıbeli'r-Raḥmān bu vechile vāḳiʿ olan şiḳāḳ {4} ü nifāḳ teşettüt-i ittifāḳlarını müstelzim olacağından bi-mennihī Taʿālā ʿahd-i ḳarībde cümleten ḳarīn-i ḳahr ü ḫiẕlān olaraḳ {5} belālarını bulacaḳları elṭāf-ı ḫafiyye-i Sübḥāniyye'den me'mūl ü müstedʿā olmağla hemān cenāb-ı ḥamiyyet-elḳāb-ı {6} düstūrīleri mecbūl ü meftūr olduḳları ġayret ü ṣadāḳat ve ḥaṣāfet ü diyānetleri iḳtiżāsı üzere her ḥālde {7} icrā-yı lāzıme-i dirāyet-kārī ve me'mūriyyete diḳḳat ve muḥavvel-i ʿuhde-i şecāʿatleri olan maḥālliñ ber-vefḳ-i murād muḥāfaẓasıyla {8} bir ṭarafdan daḫi ʿuṣāt-ı eşḳıyādan aḫẕ-ı intiḳāmı īcāb ider ḥālātıñ ikmāline ve bundan böyle daḫi cānib-i aʿdādan {9} istıṭlāʿ ve isticlāb olunan āṡār ü ḥavādiṡ-i ḫayriyyeyi bu ṭarafa taḥrīr ü işāret buyurmaları siyāḳında ḳā'ime. Fī 15 C 40

[580/8] *Silistre vālīsine ve Boġdān beşlü aġasına bi't-taṣarruf*

{1} Boġdān Voyvodası esbaḳ Ḳalimākīzāde İskerlet'iñ dāmādı Ḳosṭākī'niñ menfāsı bundan aḳdem Burūsa'ya taḥvīl olunmuş {2} ise de mersūmuñ Boġdān'da iḳāmet itmek üzere üç nefer evlādıyla ʿafv ü ıṭlāḳına müsāʿade olunması Boğdān ṭarafından {3} bā-maʿrūżāt ricā ve istirḥām ḳılınmış oldığından merḥameten ol vechile Boğdān'da iḳāmet itmek üzere mersūmuñ ıṭlāḳına {4} müsāʿade olunaraḳ iḳtiżā iden emr-i şerīfi Dersaʿādet'de olan Boğdān voyvodasınıñ oğlı beğzādeye virilmiş ve mersūm {5} Ḳosṭākī ol vechile evlādıyla Burūsa'dan ḳalḳub Boğdān'a gitmek üzere ol ṭarafa ʿazīmet eylemiş ise de mu'aḫḫaren mersūm {6} beğzāde gūyā mesfūr Ḳosṭākī'niñ ʿafv ü ıṭlāḳı żımnında baʿżı maḥalle aḳçe virmiş oldığını īrād iderek mersūm {7} Ḳosṭākī'den muṭālebe idermiş. Cümleye maʿlūm oldığı üzere zamān-ı ʿadālet-nişān-ı ḥażret-i pādişāhīde bu maḳūle {8} mevād içün ferdiñ aḳçe almağa zehresi olmayacağından ve sāye-i hümā-vāye-i mülūkānede vükelā-yı Salṭanat-ı Seniyye'niñ {9} o maḳūle şey'e iltifātı olmayacağından bu māddeniñ mersūm Ḳosṭākī'ye tefhīmiyle kendüden mesfūr beğzāde Bāb-ı ʿĀlī'ye {10} yāḫūd āḫara aḳçe virdim, diyerek bir şey ister ise aṣlı olmadığından zinhār iltifāt itmeyerek virilmamesi {11} lāzımeden olmağla mersūm Ḳosṭākī henüz Boğdān ṭarafına geçmeyerek Silistre'de ise ẕāt-ı saʿādetleri mesfūrı celb {12} ve kendüsünüñ ıṭlāḳı żımnında ferdiñ bir aḳçe almamış oldığını beyān iderek eğer mesfūr beğzāde yā āḫarı kendüden {13} bu mādde içün bir aḳçe ister ise aṣlı olmadığından virmamesini eṭrāfıyla ḫafīce tefhīme ve eğer şimdiye ḳadar ol ṭarafa {14} varub da Boğdān'a geçmiş bulunur ise keyfiyyet Boğdān Başbeşlü Ağası Aḥmed Ağa ṭarafından ḫafīce tefhīm olunmaḳ üzere {15} bu bābda ağa-yı mūmā-ileyhe olaraḳ yazılub ṣavb-ı saʿādetlerine irsāl olunmuş olan mektūbumuzuñ mūmā-ileyhe {16} irsāline mübāderet buyurmaları siyāḳında ḳā'ime. Fī 15 C 40

[580/10] ***İzmīr Muḥāfıẓı Ḥasan Paşa'ya***

{1} İzmīr ḫāricinden Ūrla'ya varınca sāḥil olaraḳ altı sāʿat ḳadar maḥal ʿaskerden ḫālī oldığından gice ve gündüz {2} Sīsām cezīresinden ḫırsız gelüb İzmīr'e üç-dört-beş sāʿat maḥalde sāḥile çıḳaraḳ ol ḥavālīde sākin Türkman {3} ṭā'ifesiniñ ḥayvānāt ve emvāl-i sā'irelerini sürmek ve ellerine adam geçer ise ṣoyduḳdan ṣoñra cezīre-i mezḳūra {4} getürüb baʿdehū müteʿalliḳātına ḫaber irsāliyle fürūḫt itmek misillü ḥarekāta ictisār itmekde olduḳları bu defʿa taḥḳīḳ {5} olunub maʿlūm-ı düstūrīleri oldığı üzere ʿuṣāt-ı kefere ḫālī bulub gözlerine kesdirdikleri maḥālle tecāvüz ile {6} ellerinden gelan ḫıyānet ü melʿaneti icrā dāʿiye-i bāṭılasına ictirā idecekleri āşikār ve İzmīr ve ḥavālīsi muḥāfaẓası {7} ʿuhde-i saʿādetlerine muḥavvel olmaḳ mülābesesiyle gāvurlarıñ ol vechile İzmīr ḥavālīsinde ḫālī bulduḳları maḥallere dest- {8} -dırāzī-i ḫıyānet ü melʿanet olaraḳ çalub çarpub me'vā-yı melʿanet ʿadd eyledikleri Sīsām'a gitmeğe yol bulmalarınıñ {9} mes'ūliyyeti ṭaraf-ı müşīrīlerine ʿā'id olacağı ve bu cihetle ẕāt-ı saʿādetleri leyl ü nehār mütebaṣṣır bulunaraḳ gerek İzmīr {10} ve gerek eṭrāfına o maḳūle gāvurlarıñ gelemamesi ve gelmeğe cesāret iderler ise şey aldırma şöyle dursun, {11} göz açdırmayarak ḳahr ü tedmīrleri emr-i ehemmine kemāl-i ihtimām ü diḳḳat buyurmaları mütehattim-i ʿuhde-i meʾmūriyyet ve diyānetiñiz {12} olacağı bedīhī ve bedīdār olaraḳ baʿd-ez-īn bir daḳīḳa ġafleti tecvīz itmeyüb ve gice ve gündüz dimeyüb İzmīr {13} ve havālīsiniñ keyd ü mażarr-ı düşmenden bi'l-vücūh muhāfaẓasını mūcib esbābıñ istihṣāline kemāliyle ihtimām eylemeñiz {14} lāzımeden ve īcāb-ı emr ü irāde-i seniyye-i mülūkāne olmağla muḳteżā-yı dirāyet ve meʾmūriyyetleri üzere {15} İzmīr ve havālīsinde kāʾin lāzımü'l-ḥırāse olan sevāḥiliñ miḳdār-ı vāfī ʿasker taʿyīniyle kemā-hiye-ḥaḳḳuhā {16} ḥıfẓ ü ḥırāset ile fuḳarā-yı raʿiyyetiñ keyd ü gezend-i eşḳıyādan muhāfaẓaları esbābını bi'l-istihṣāl bundan böyle {17} bir vechile gāvurlarıñ ol ṭaraflara çıḳub icrā-yı melʿanet idemameleri ve gelürler ise ʿavn-i Ḥaḳḳ'la göz açdırmayub {18} ḳahr ü tedmīrleri ḥuṣūṣuna iḳdām ve ol vechile irāḥa-i ʿibād ve teʾmīn-i bilād ḥuṣūṣlarınıñ ikmāline {19} saʿy-ı mā-lā-kelam buyurmaları siyāḳında ḳāʾime. Fī 15 C 40

[580/13] Ḳapūdān paşa ḥażretlerine

{1} İşkātos ve Bülbülce cezīreleri ṭarafından gelan kāğıdlar tercümeleriyle taḳdīm olundığı ve zikr olunan Bülbülce reʿāyāsınıñ {2} ṣūret-i istidʿāları vāḳiʿe muṭābıḳ idüği beyānıyla İşkātos reʿāyāsına ḫāb-ı ḫargūş zemīnlerinde {3} ṭaraf-ı saʿādetlerinden bir ḳıṭʿa reʾy buyuruldısı gönderilmesi istīzānına dāʾir mersūl-ı ṣavb-ı muḫliṣī buyurılan tezkire-i {4} şerīfeleriyle evrāḳ-ı mezkūre bi'l-müṭālaʿa ḥāk-pāy-ı hümāyūn-ı şāhāneye daḫi ʿarż ile meşmūl-ı naẓar-ı ʿāṭıfet-eser-i {5} ḥażret-i cihān-bānī buyurulmuşdur. Maʿlūm-ı düstūrīleri oldığı üzere Bülbülce Rumili'ye mülāṣıḳ oldığından başḳa {6} saʿādetlü Rumili vālīsi ḥażretleriñ Bülbülce'ye vuḳūf-ı tāmmı olacağından mersūmlarıñ istedikleri ʿulūfe {7} māddesiniñ īcāb ü iḳtiżāsı ne vechile ise öylece icrāsı ve dīger istidʿāları olan fermān-ı ʿālīniñ {8} ıṣdārında bir gūne maḥẓūr olub olmadığı ḥuṣūṣunuñ müşārun-ileyhe taḥrīr ve istiʿlāmı ve İşkātos cezīresi {9} reʿāyāsınıñ taḳdīm eyledikleri maḥżarları tercümesi meʾāline ve işʿār-ı düstūrīlerine naẓaran reʿāyā-yı mersūme {10} raʿiyyeti ḳabūl ve istīmān ṣūretini ibrāz itmiş olduḳlarından ṭıbḳ-ı inhā-yı düstūrīleri üzere ḫāb-ı ḫargūş {11} zemīnlerinde ṭaraf-ı saʿādetlerinden bir ḳıṭʿa buyuruldı yazılub meʾālinde "Siziñ bu vechile istīmān ve raʿiyyeti ḳabūlüñüz {12} [her] ḥālde mūcib-i refāh ü selāmetiñiz olmağla hemān böylece merkez-i raʿiyyetde şebāt idesiz ve baʿd-ez-īn Devlet-i ʿAliyye daḫi {13} sizi böyle bilüb ḥaḳḳıñızda dāʾimā levāzım-ı ḥimāyet icrā olunacağında iştibāh yoḳdur. Faḳaṭ bu vechile (12) istīmān iden reʿāyā-yı Devlet-i ʿAliyye ḥaḳlarında şerāyiṭ-i istīmānıñ icrāsını baʿde'l-müşāhede yedlerine reʾy emr-i şerīfi {2} daḫi iʿṭā olunmaḳda olaraḳ işbu aḥvāliñ siziñ ḥaḳḳıñızda daḫi istihṣāli ibtidā-yı emrde ṭarafıñıza bir meʾmūr irsāliyle {3} rüʾyet ü tanẓīme mütevaḳḳıf ve şimdilik mevsim şitā olmaḳ cihetiyle bi-mennihī Taʿālā evvelbahārda sefāyin-i hümāyūn-ı şāhāne {4} ol ṣulara vardığında her bir ḫuṣūṣuñuzuñ tanẓīm ve temşiyetine baḳılur" yollu maḳālāt-ı müşevviḳa temhīd ḳılınması {5} ḫuṣūṣuna irāde-i seniyye-i şāhāne ta'alluḳ itmiş ve Bülbülce māddesi-çün ber-vech-i meşrūḥ Rumili vālīsi müşārun-ileyhe {6} ṭaraf-ı ḫulūṣ-verīden iḳtiżāsına göre taḥrīrāt iṭāre olunmuş olmağla cenāb-ı dirāyet-elḳāb-ı müşīrīleri {7} daḫi İşkātos re'āyāsınıñ ol vechile ḫāb-ı ḫargūş virilerek te'mīn ve taḥt-ı ra'iyyete idḫālleri {8} ma'rıżında iḳtiżāsına göre buyuruldı ıṣdār ve tesyārına himmet buyurmaları siyāḳında teẕkire. Fī 15 C 40

[580/14] ***İskenderiye mutaṣarrıfına***

{1} Giçen sene vāḳi' olan ta'ahhüdleri vechile 'uhde-i müşīrīlerinde olan sancaḳlardan başbuğ ma'iyyetiyle {2} beş biñ nefer 'asker tertīb iderek iḫrāc ve Rumili Vālīsi ve Ser'askeri sa'ādetlü Reşīd Paşa ḥażretleri {3} ma'iyyetine tamāmen ve serī'an i'zām eylemeñiz ḫuṣūṣuna irāde-i ḳāṭı'a-i şāhāne ta'alluḳ iderek 'asākir-i merḳūmeniñ {4} iḫrāc ü i'zām olunduḳları ḫaberini bu ṭarafa getürmek üzere ḫāṣṣa ḫaṣekīlerinden maḫṣūṣ mübāşir daḫi {5} ta'yīn ve tesyār ve ol bābda cānib-i ḫāliṣānemizden daḫi veṣāyā-yı muḳteżiye tezbīr ü iş'ār olunmuş oldığından {6} ehemmiyyet-i maṣlaḥata naẓaran şimdiye dek icrā-yı muḳteżā-yı me'mūriyyet ve ḥamiyyete i'tinā ve himmet buyurmuş olacaḳları {7} me'mūl ise de henüz 'asākir-i merḳūmeniñ iḫrāc ü i'zāmlarına dā'ir bir gūne inhāları vāḳi' olmayub ma'a-hāẕā {8} ma'lūm-ı düstūrīleri oldığı üzere bi-'avnillāhi Ta'ālā Mora ġā'ilesiniñ bu sene-i mübārekede berṭaraf olması {9} niyyet-i ḫāliṣasıyla tertībāt-ı külliyyeye teşebbüs̱ olunmuş ve cümle me'mūrlarıñ şimdiden me'mūr olduḳları maḥalde {10} bulunmaları lāzım gelmiş ve ser'asker-i müşārun-ileyh ḥażretleri daḫi Manāstır'dan ḳalḳaraḳ bugünlerde Yeñişehir'e varmış {11} olub müşārun-ileyh Yeñişehir'de nihāyet on [?] gün miḳdārı iḳāmet ve andan daḫi ṣavb-ı me'mūrlarına 'azīmet ideceği ve inşā'allāhü'- {12} -'r-Raḥmān Nevrūz'dan evvel maṣlaḥat-ı mevkūlesine mübāşeret ü ḳıyām eyleyeceği nümāyān ve bu cihetle me'mūrlarıñ {13} 'ācilen ma'iyyet-i müşārun-ileyhe irişmeleri müteḥattim-i 'uhde-i diyānet olacağı ẓāhir ü 'ayān olub şöyle ki, bu mādde {14} dīn ġavġāsı olub ehl-i İslām'a bu bābda ḫāb ü rāḥatı terk farż olmuş olaraḳ beṭā'et ü müsāmaḥa {15} dünyā ve āḫiretde mes'ūliyyeti īcāb eyleyeceği ve cenābıñız ise sā'ire maḳīs olmayub ḫānedānzāde ve sāye-i hümā-vāye-i {16} şāhānede iktisāb-ı rüteb ve iştihār itmiş vüzerā-yı 'iẓāmdan olduḳlarına binā'en sā'ireden ziyāde {17} bu emr-i ehemm-i dīnde sa'y ü ġayret-birle me'mūrīn-i sā'ireye müsābaḳat buyurmaları lāzım geleceği ve giçen sene mis̱illü {18} bī-vaḳt 'asker gönderilür ise bir işe yaramayacağından başḳa īfā-yı me'mūriyyet 'add olunmayacağı ma'lūm-ı düstūrīleri {19} buyurulduḳda eğer 'asker-i merḳūme işbu ḳā'ime-i muḫliṣīniñ vuṣūlüne ḳadar iḫrāc ü i'zām olunmamış ise vuṣūl-i ḳā'imemizde {20} bir gün ifāte-i vaḳti tecvīz itmeyerek derḥāl tamāmen ve kāmilen iḫrāc ve bir daḳīḳa evvel ser'asker-i müşārun-ileyh ma'iyyetine {21} vuṣūlleri esbābını istiḥṣāl ile 'asker-i merḳūmeniñ tamāmen iḫrāc ü i'zām olunduḳları ḫaberini {22} serī'an bu ṭarafa inhā ve iş'āra himmet ve ol vechile icrā-yı me'mūriyyet ile iṣbāt-ı diyānete müsāra'at {23} buyurmaları siyāḳında ḳā'ime. Fī 16 C 40

[580/29] *Rumili vālīsine*
{1} Muḳteżā-yı me'mūriyyet ve ḥamiyyet-i ṣafderāneleri üzere ṣavb-ı maḳṣūda müteveccihen işbu Cumādelāḫire'niñ {2} on beşinci güni Yeñişehir'e basṭ-ı ḳādime-i celādet ve vuṣūllerinden baḥisle i'māl-i pergār-ı tedbīr-i dil-ḫırāşlarıyla {3} Eğrīboz ve İstifa ve Ṣālona ṭaraflarında olan gāvurlar ṭālib-i re'y ve amān [?] olaraḳ gönderdikleri {4} adamlarına ne vechile cevāblar virilmiş ve ḥasbe'l-maṣlaḥa Yānya ṭarafınıñ żabṭı-çün beş yüz nefer ile ḫazīnedārları {5} bendeleri gönderilüb iltimāsına mebnī izāle-i [va]ḥşeti [?] żımnında Selānīk mutaṣarrıfı ḥażretlerine elli biñ ġurūş {6} gönderilerek bir gün evvel manṣıbına 'azīmeti żımnında müşārun-ileyhe ne ṣūretle isti'cāl buyurulmuş oldığı ve Berḳofçalı {7} sa'ādetlü Yūsuf Paşa'nıñ derkār olan fütūrına ve Bolī Mutaṣarrıfı Ebūbekir Paşa ḥażretleriniñ iḫtiyārlığına mebnī {8} manṣıbları ṭaraflarına 'azīmetlerine ruḫṣat virilmiş idüğüni şāmil ve Silaḥdār Poda ḥaḳḳında ve gerek Yeñişehir ḥavālīsinde {9} geşt ü güẕār üzere olan Geġa ṭaḳımı ḥaḳlarında icrā buyurmuş olduḳları mu'āmelāt-ı ḥakīmāne ve tedābīr-i dil-firībāneyi {10} müştemil bu def'a resīde-i dest-i muḥibbī olan taḥrīrāt-ı düstūrīleri mezāyāsı ve müşārun-ileyhimā Yūsuf Paşa ve 'Ömer Paşa {11} ṭaraflarından muḳaddem ve mu'aḫḫar ṣavb-ı sa'ādetlerine vürūd ile taḳdīm olunmuş olan taḥrīrāt mefāhīmi mū-be-mū ma'lūm-ı {12} ḫulūṣ-verī olub ol vechile Yeñişehir'e vuṣūllerine iş'ār [?] ve ḥavālī-i mezkūre re'āyāsınıñ istīmāna meyl {13} ü inhimāklerini īcāb ider ārā-yı lāzıme ve saṭvet-i bāhire-i sipeh-sālārāneyi ibrāz ü iẓhār ve silaḥdār-ı {14} mūmā-ileyh ve Geġa ṭaḳımları ḥaḳlarında icrā-yı mu'āmelāt-ı ḥakīmāne ve tedābīr ve taṣmīmāt-ı müteṣallibāneye himmet {15} ü ibtidārları el-ḥaḳ ẕāt-ı reşādet-simāt-ı düstūrīlerinden me'mūl ü muntaẓar olan āṣār-ı bergüzīde-i reviyyet-mendāneyi te'yīd {16} itmekle vesīle-i kemāl-i sitāyiş ve maḥẓūẓiyyet olaraḳ taḥrīrāt-ı mezkūreleri ṭaḳımıyla ma'rūż-ı ḥużūr-ı {17} ḥażret-i şehriyār-ı gerdūn-iḳtidār ḳılınaraḳ meşmūl-ı liḥāẓa-i cihān-şümūl-ı mülūkāne olmuşdur. Ma'lūm-ı düstūrīleri {18} oldığı üzere bi-'avnillāhi Ta'ālā bu sene-i mübārekede şu Rum fesād ve ġavā'iliniñ kökden indifā'ı niyyet-i {19} ṣādıḳasıyla mu'asker-i sipehdārī ve sā'ir me'mūrīn ma'iyyetlerinde mevcūd 'asākiriñ ẕaḫāyir ve cihāt-ı sā'ire ile {20} müżāyaḳa çekdirilmamesi ṣūretine bu ṭarafdan ne vechile teşebbüṡ olunaraḳ yegā[n] yegān bildirilmiş ve şimdiye ḳadar keyfiyyātı {21} ma'lūm-ı düstūrīleri olmuş olacağı ẓāhir ve mūmā-ileyh Silaḥdār Poda ḥaḳḳında olan mu'āmeleleri tamām {22} derdest olan uṣūle muvāfıḳ olub

mūmā-ileyhiñ istiḫdāmı żımnında muḳaddemce vāḳiʿ olan işʿārımız mücerred ibtidā-yı {23} tebeddülātda Arnavudluğ'uñ celb ü teʾlīfi ümniyesiyle ʿalelʿumūm taḥṣīl-i emniyyet itmeleri ḳażiyyesine bināʾen bu ṭarafa {24} vāḳiʿ olan bu mis̱illü işʿārı cenāb-ı müşīrīleri bildirmek vechile teẕkīr ü beyān ḳabīlinden [?] ve cenāb-ı {25} düstūrīleri maṣlaḥatıñ üzerine varılmış olduḳlarından gerek mūmā-ileyh ve gerek Arnavudluğ'uñ sāʾir {26} bay ü gedā ve ṣağīr ü kebīriniñ ṣūret-i iʿmāl ü istiḫdāmları raʿnā maʿlūmları olan mevāddan ve muḳteżā-yı {27} z̤ekāvet ü feṭānetleri üzere kāffe-i maṣlaḥatı merkez-i lāyıḳında rüʾyet buyurmaḳda olduḳlarından cümlesiniñ {28} īcāb ü iḳtiżāsına göre istiḫdāmı reʾy-i rezīn-i serʿaskerīlerine muḥavvel idüği ve müşārun-ileyhimānıñ manṣıbları {29} ṭaraflarına ʿazīmetlerine ol vechile ruḫṣat virilmiş oldığına bināʾen şeref-sünūḥ olan irāde-i seniyye mūcebince {30} ṭıbḳ-ı ruḫṣatları üzere bu ṭarafdan daḫi terḫīṣ kılındıḳlarını mutażammın ṭaraf-ı ḫulūṣ-verīden daḫi müşārun-ileyhimāya {31} taḥrīr ü işʿār olunmuş oldığı maʿlūm-ı düstūrīleri buyurulduḳda her ḥālde icrā-yı muḳteżā-yı reviyyet-mendāneye {32} himmet buyurmaları siyāḳında ḳāʾime. Fī 27 C 40

[580/47] *Mora vālīsine*

{1} Bālyabādra ve ol ḥavālī ḳılāʿı-çün Dersaʿādet'den gönderilan ẕaḫīreyi gāvurlarıñ Mesolenk pīşgāhına {2} ablūḳaları olmaḳ taḳrībiyle maḥalline virilemamiş ve bu cihetle Bālyabādra ve Ḳasteller ve Īnebaḫtī {3} ṣıḳılmış oldığından tīz elden mevcūd-ı maʿiyyet-i ʿālīleri olan sefāyinden münāsib miḳdār sefīne {4} ifrāzıyla Bālyabādra'ya imdād eylemeleri ḫuṣūṣı çend rūz aḳdemce sū-yı saʿādetlerine taḥrīr ü işʿār {5} ve bu bābda Preveze Mütesellimi Bekir Ağa ile Bālyabādra Muḥāfıẓı saʿādetlü Yūsuf Paşa ḥażretleriniñ {6} Preveze'de olan iç çuḳadārı Ṣāliḥ Ağa'nıñ bu ṭarafa gelan ʿarīżaları ṣūreti iḫrāc ve tesyār {7} olunmuş oldığından inşāʾallāhü Taʿālā icrā-yı muḳteżāsına himmet buyuracaḳları ẓāhir ise de el-ḥāletü-hāẕihī {8} taḥḳīḳ ve iḫbār ol[un]dığına naẓaran Bālyabādra ve Ḳasteller ve Īnebaḫtī ḳalʿaları ẕaḫīresizlikden pek (32) ṣıḳılmış ve gāvurlar daḫi bu vaḳti fırṣat ʿadd iderek muḥāṣaraya başlamış olduḳlarından Ḫudā-ne-kerde ol ṭaraflarda {2} bir fenālıḳ ẓuhūr itmek lāzım gelür ise bütün bütün maṣlaḥata sekte geleceğinden başḳa ẕüll-i ʿaẓīmi müstevcib {3} olacağından ve bu cihetle ne vechile olur ise olsun bir daḳīḳa evvel Bālyabādra'nıñ imdādına yetişmek farīża-i {4} ḥāliyeden oldığına ve Mora vālīsi istiḳlāl-i kāmile ile ʿuhde-i saʿādetlerine muḥavvel idüğüne bināʾen {5} şimdiye ḳadar ẕāt-ı ʿālīleri Mora['ya] saṭvet-endāz olmamış iseñiz ne yapar iseñiz yapub nāmūs-ı dīn {6} ve Devlet-i ʿAliyye'yi viḳāyeten ḳılāʿ-i merḳūmede bulunub dört seneden berü bunca envāʿ-ı żucret {7} ü ıżdırāba dūçār olmuş olan dīn ḳarındaşlarımızı ṣıyāneten bir daḳīḳa evvel gāvurlarıñ tekne- {8} -leriniñ müdāfaʿasına kāfī cenk sefāyini irsāl iderek ve gönderilmiş olan ẕaḫāyiri maḥallerine teslīm {9} itdirderek ol ḥavālīniñ muḥāṣaradan taḫlīṣi ḫuṣūṣuna bez̠l-i tāb ü miknet buyurmaları eḫaṣṣ-ı maṭlūb {10} olmağla yāverī-i ʿavn ü nuṣret-i Rabb-i ʿİzzet ile her ne ḳadar şimdiye dek Mora'ya pāy-endāz-ı besālet {11} olmuş olacaḳları elṭāf-ı İlāhiyye delāletiyle meʾmūl ise de şāyed muġāyeret-i havā ile henüz Mora {12} cānibine vāṣıl olamamış iseler muḳaddemki işʿār-ı muḫliṣī üzere işbu nemīḳa-i muḥibbī nerede ve ne maḥalde {13} resīde-i dest-i ʿālīleri olur ise derḥāl gāvur gemileriniñ müdāfaʿasına kāfī cenk sefāyinini {14} Bālyabādra'ya meʾmūr ve irsāl iderek Zānṭa ve Preveze'de olan ẕaḫāyiriñ ḳılāʿ-i merḳūmeye {15} geçirilüb imdād ü iʿāneye ve ol ṭarafda olan düşmen tekneleriniñ vāḳiʿ olan mażarratınıñ {16} menʿ ü defʿine kemāl-i şitāb ü sürʿat-birle īfā-yı şerāyiṭ-i besālet-kārī ve meʾmūriyyete ṣarf-ı maḳderet {17} ve ẕāt-ı saʿādetlerinden meʾmūl-ı ʿālī olan ġayret ve ḥüsn-i ḫidmeti bu bābda daḫi icrā ve is̠bāt ile {18} ne vechile Bālyabādra ṭarafına imdād ü iʿāne buyurduḳlarını ʿācilen ve serīʿan ṭaraf-ı ḫāliṣānemize {19} inhā ve işāret buyurmaları siyāḳında maḫṣūṣan işbu ḳāʾime. Fī 3 B 40

[580/53] *Veliyyü'n-niʿam Aġa efendimiz ṭarafından Avlonya Mütesellimi Aġo ʿOs̠mān Aġa'ya*

{1} Bundan aḳdemce ṭarafıñıza gönderilan nemīḳamızıñ vuṣūlünden baḥis̠le Avlonya Mutaṣarrıfı saʿādetlü Süleymān Paşa ḥażretleriniñ {2} ol ṭarafa vuṣūlüyle icrā-yı irāde-i seniyyeye ne vechile ibtidār itmiş oldıġıñızı ḥāvī bu defʿa maḳām-ı muʿallā-yı ḥażret-i {3} vekālet-penāhīye taḳdīm olunan ve ṭaraf-ı muḥibbānemize gönderilan taḥrīrātıñız mefhūmı maʿlūmumuz olmuşdur. Cenābıñız kār-āzmūde {4} ve maṣlaḥat-āşinā ve ġayūr ve ṣādıḳ bendegān-ı Devlet-i ʿAliyye'den ve ol ḥavālīniñ sözi ṣayılur vücūhundan oldıġıñız {5} vükelā-yı Devlet-i ʿAliyye'niñ maʿlūmları olub sizden dīn ve Devlet-i ʿAliyye'ye ḥüsn-i ḫidmet ve ṣadāḳat ibrāzı {6} meʾmūlünde olaraḳ Avlonya sancaġınıñ ḥıfẓ ü ḥırāseti ve livāʾ-i mezbūr mutaṣarrıfı saʿādetlü Süleymān Paşa ḥażretleriniñ {7} çıḳaracaġı ʿaskeriñ tanẓīm ü tesviyesi ṭarafıñızdan maṭlūb olmuş idi. Bu vechile emr ü irāde-i seniyye-i şāhāneyi {8} tamāmca icrā devletlü ʿÖmer Paşa ḥażretleriniñ ḥaremleriniñ āḫar ḳonaḳlara muʿazzezen naḳl ve īvā ile bu bābda bi't-teʾennī vāḳiʿ olan {9} uṣūl ve diḳḳatiñiz pesendīde ve taḥsīn ve icrā-yı lāzıme-i meʾmūriyyete iẓhār-ı ḫāhiş ve mübāderetiñiz ḥaḳḳıñızda olan {10} ḥüsn-i şehādet ve midḥati teʾyīd itmekle emr ü irāde-i seniyyeyi yoluyla icrā ḫuṣūṣuna saʿy ü diḳḳatiñiz mūcib-i maḥẓūẓiyyet {11} ve memnūniyyet olmuşdur. Cenāb-ı şerīfiñiz emekdār ve dūr-endīş ve ġayret-şiʿār olub bu ḫuṣūṣ [?] ṣadāḳatiñizi is̠bāt {12} eylediğinden mā-sebaḳda her ne dinilmiş ise külliyyen maḥv ü zāʾil [?] olaraḳ bundan böyle ḥaḳḳıñızdan ḥüsn-i ẓann-ı ʿālī **(36)** derkār ve ber-kemāl oldıġına naẓaran her ne dürlü ifk ü iftirā mis̠illü şeyler mesmūʿ olsa bile bir vechile rehīn-i ıṣġā ve iʿtibār olmayub {2} ez-her-cihet emīn ü müsterīḥ olasız. Ḳaldı ki, cenāb-ı şerīfiñiz Avlonya mutaṣarrıfı paşa-yı mūmā-ileyhiñ ketḫüdālıḳ ve mütesellimliğinde müstaḳır {3} olaraḳ bu vechile Arnavudluḳ sekenesiniñ emniyyeti ḥāṣıl olmuş ise de bilād ve ḳurāsınıñ bundan böyle gereği gibi āsāyiş {4} ü istirāḥatı şu ʿuṣāt-ı kefereniñ indifāʿ-i ġāʾilesine mevḳūf ve bu ḳażiyye daḫi Ṭosḳa'nıñ ġayret-i kāmile ṣarfına {5} menūṭ ve ṣarf olunacaḳ ġayretiñ daḫi çoġı siziñ paşa-yı mūmā-ileyhiñ ez-her-cihet vefret ü külliyyet üzere çıḳartmañıza [?] {6} mütevaḳḳıf ü merbūṭ oldıġı ʿind-i muḥibbānemizde meczūm oldıġından bu ḫuṣūṣda vuḳūf ü maʿlūmātıñıza göre ne yapılmaḳ {7} elzem ise daḳīḳa fevt itmeyerek devletlü Serʿasker paşa ḥażretleriniñ reʾy ü irādelerine tevfīḳan fiʿilen istiḥżār {8} itmeñiz ne derecelerde farīża-i ḥālden idüği maʿlūmuñuz olmaġla ol vechile şu mevādd-ı dīniyye ve maṣlaḥat-ı Devlet-i ʿAliyye'de {9} ṣıyānet ve ṣadāḳatiñiz bir vechile ferāmūş olunmayacaġı ve siziñ bu vechile ġayret ü ṣadāḳatiñiz dīn ve Devlet-i ʿAliyye'ye büyük {10} ḫidmet olacaġından Ṭosḳalıġ'ıñ nāmūsunı tekmīl itmiş olacaġıñız bī-iştibāh ü āşikār ve muḳaddem icrā olunan {11} tedābīr daḫi mücerred Devlet-i ʿAliyye'ye ḫidmet ile ve nāmūs ve ġayreti meydāna çıḳarmaḳ emeliyle olmaġla hemān siz {12} her ḥālde ol ṭarafıñ ḥüsn-i idāresiyle meşġūl olacaġıñızı cezmen bilerek ḥüsn-i żabṭ ü rabṭ ve idāresine {13} ve ʿasker iḫrācı ve meṣāliḥ-i sāʾireniñ ḥüsn-i temşiyet ü rüʾyetine ibrāz-ı diḳḳat iderek devletlü Rumili vālīsi {14} ḥażretleriniñ emr ü tenbīhine taṭbīḳan īfā-yı meʾmūriyyet itmesi esbāb ü vesāʾilini ikmāle himmet eylemeñiz siyāḳında ḳāʾime. Fī 3 B 40

[*580/61*] ***Rumili vālīsine***
{1} Avlonya Sancaġı Mutaṣarrıfı Süleymān Paşa bendeleri maḳarr-ı ḥükūmeti olan Berāt'a vuṣūl ve umūr-ı meʾmūresine [?] ḳıyām ü müṡūlüni bu defʿa inhā {2} ve işʿār itmiş ve Aġo Mühürdār ʿOṣmān Aġa daḫi dīn ve Devlet-i ʿAliyye'de ez-dil ü cān ibrāz-ı ḥüsn-i ḫidmet ideceğini bā-ʿarīża inbā idüb {3} bu vechile meʾmūriyyetini īfā eylediği[ni] paşa-yı mūmā-ileyhi manṣıbına īṣāl ve iḳʿāda meʾmūr dergāh-ı ʿālī ḳapucıbaşılarından {4} Mesʿūd Aġa bendeleri taḥrīr ve īmā eylemiş olub sāye-i mekārim-vāye-i ḥażret-i kītī-sitānīde bu ḫuṣūṣuñ ber-vefḳ-i meʾmūl {5} cilveger-i sāḥa-i yüsr ve ḥuṣūl-i bādī-i maḥẓūẓiyyet olaraḳ ol bābda şeref-[ṣādır?] olan irāde-i seniyye-i mülūkāne mūcebince {6} paşa-yı mūmā-ileyh ve Aġo Mühürdār ʿOṣmān Aġa'ya münāsibi vechile ṣavb-ı muḫliṣīden cevāblar yazılaraḳ bundan böyle {7} livāʾ-i mezbūruñ ḥüsn-i żabṭ ü rabṭ ve idāresine ve ʿasker iḫrācı maṣlaḥatı ve meṣāliḥ-i sāʾirede ikisine daḫi ne ṣūretle {8} ṭaraf-ı serʿaskerīlerinden reʾy ü irāde vāḳiʿ olur ise öylece icrā ve tanẓīmine iʿtinā eylemeleri veṣāyāsı müʾekkeden {9} tasṭīr ḳılınmış oldıġından ẕāt-ı serʿaskerīleri ol ṭarafa dāʾir ne vechile reʾy ü irāde iderseñiz mūmā-ileyhimā Süleymān Paşa {10} ve Aġo Mühürdār'a iḳtiżāsına göre taḥrīr ile icrā-yı mübteġā-yı serʿaskerīye himmet buyurılub dirāyet-i ẕātiyyelerine {11}

muḥavveldir. Ḳaldı ki, mūmā-ileyh Mesʿūd Aġa'nıñ bu cihetle ol ṭarafda bir işi ḳalmamış oldıġından ġayrı {12} muḳaddem evvelbahār tertībinde ordu-yı serʿaskerīleri Ḳarlıili ve Mesolenk üzerine vardıḳda berülerden ẕaḫīre {13} īṣāli mümkin olamayaraḳ andan ötede ne miḳdār ẕaḫīre lāzım gelür ise bu ṭarafdan sefāyin ile Preveze'ye irsāl {14} ü tesyār ve taʿyīn olunacaḳ nüzül emīni maʿrifetiyle münāsib maḥalde iddiḫār itdirilmesi tensīb olunmuş oldıġına ve Mesolenk'e {15} Preveze'den ẕaḫīre irsāli müteʿassir olub Īnebaḫtī'dan iddiḫār olunacaḳ ẕaḫīreden virilmesi münāsib gibi ḫāṭıra gelmiş {16} idüġüne binā'en Preveze'ye münāsib bir nüzül emīni taʿyīn olunaraḳ anıñ ṭarafından daḫi muʿtemed bir adamı Īnebaḫtī'ya irsāl ile {17} Īnebaḫtī'ya gönderilmiş ve gönderilmekde olan ẕaḫāyiri ḳabż ü tesellüm iderek ordu-yı sipehdārīleriniñ bi-mennihī Taʿālā {18} Mesolenk'e vardıġında lāzım gelan ẕaḫāyiriñ Īnebaḫtī'dan iʿṭā ve idāresi teshīl-i maṣlaḥat [?] ḳabīlinden ʿadd olunacaġı {19} mülāḥaẓa olunaraḳ bu defʿa mūmā-ileyh Mesʿūd Aġa şeref-sünūḥ iden irāde-i seniyye üzere Preveze nüzül emīni taʿyīn olunmuş {20} ve kendüsi ʿicāleten Preveze'ye varub şimdiye ḳadar gönderilmiş ve gönderilmekde olan ẕaḫāyiri ḳabż ü tesellüm ile {21} ṭarafıñızdan Bālyabādra'ya daḫi muʿtemed bir adam taʿyīn iderek bi-mennihī Taʿālā Ordu-yı serʿaskerīleri Mesolenk'a vardıḳda {22} taʿyīnātı Bālyabādra'da müddeḫar ẕaḫāyirden iʿṭā ile zinhār ü zinhār ẕaḫīre māddesinden bir cihetle {23} zaḥmet çekdirmamesi veṣāyāsı beyānıyla kendüye gerek bu ṭarafdan ve gerek ṣavb-ı serʿaskerīlerinden zaḥmet çekdirilmeyeceġi (40) ve maṭlūb olan ordu-yı serʿaskerīleri ḳangı maḥalle teveccüh ider ise ẕaḫīre māddesinden meşaḳḳat çekmamek {2} oldıġından semt-i suhūleti bu ṭarafda bu vechile mütebādir-i ḫāṭır olmuş ise de Yeñişehir'den ḥareketlerinden ṣoñra ṭaraf-ı {3} sipehdārīlerinden bu ṣūret yāḫūd āḫar vechile tensīb olunaraḳ kendüye her ne irāde ve re'y-i müşīrīleri {4} olur ise ol vechile ḥarekete müsāraʿat eylemesi ekīden tenbīh ḳılınmış ve bir ṣūretle daḫi nüzül emīni mūmā-ileyhe {5} dā'ir iḳtiżā iden ārā ve veṣāyāyı tenbīh ve baʿżı maṣārif-i müteferriʿa içün aḳçe iʿṭāsı īcāb itdikçe {6} maṣārif-i serʿaskerīden maʿdūd olmaḳ üzere iʿṭā ve iḳtiżāsına göre mūmā-ileyhi istiḫdām-birle her ḥālde {7} icrā-yı mübteġā-yı sipehdārī ve besālet ve īfā-yı feṭānet-kārī ve me'mūriyyete ṣarf-ı himmet buyurmaları {8} siyāḳında ḳā'ime. Fī 4 B 40

[*580/69*] ***Eġrīboz muḥāfıẓına***
{1} Bundan aḳdem Rumili Vālīsi sābıḳ saʿādetlü Dervīş Paşa ḥażretleri ṭarafına ḫazīnedārları gönderilerek {2} aḳçe ve ʿasker ḫuṣūṣunda muḥtāc-ı iʿānet olduḳları beyān ve iltimās buyurulmuş ise de bi-ḥikmetillāhi Taʿālā müşārun-ileyhiñ {3} tesviye-i mehāmm-ı cihādiyyede derkār olan beṭā'et ü reḫāvetine mebnī maṭlūblarınıñ isʿāfına muvaffaḳ olamamış {4} ise daḫi serʿasker-i lāḥıḳ

saʿādetlü Reşīd Paşa ḥażretleri muḳteżā-yı ġayret ü ḥamiyyeti üzere Yeñişehir'e geldiği gibi tīz elden ṭaraf-ı düstūrīlerine {5} seksan beş biñ ġurūş aḳçe ile piyāde olaraḳ biñ ve süvārī olaraḳ dört yüz nefer ʿasker daḫi tertīb {6} ü tanẓīm iderek ḫazīnedārları mūmā-ileyh bendeleri maʿiyyetiyle ṣavb-ı saʿādetlerine iʿzām ü irsāl itmiş ve meblaġ-ı mezbūruñ {7} lāzım gelan maḳbūż senedini daḫi bu ṭarafa göndermiş oldığı bu defʿa serʿasker-i müşārun-ileyh ḥażretleri ṭarafından {8} tevārüd iden taḥrīrāt me'ālinden müstebān olub ẕāt-ı ṣarāmet-āyāt-ı düstūrīleri dīn-i mübīn ve ḫalīfe-i rū-yı zemīn {9} uġurunda ibrāz-ı ġayret ü ḥamiyyet ile müştehir ü mevṣūf şücʿān-ı vüzerā-yı Salṭanat-ı Seniyye'den olduḳları müsellemü'ṣ-ṣübūt olan {10} ḳażāyādan ve serʿasker-i müşārun-ileyh ḥażretleriniñ ol vechile taḳviye-i bāzū-yı iḳtidārlarını müstelzim olur resm-i cānib-dārī {11} ve iʿāneyi icrāya sürʿat-i himmeti tamām şerāyiṭ-i sipehdārī ve ḥamiyyeti īfā ḳabīlinden olaraḳ keyfiyyet nezd-i Devlet-i ʿAliyye'de {12} baʿiṣ-i ḥaẓẓ ü maḳbūliyyet olmuş ve şeref-sünūḥ olan irāde-i seniyye mūcebince meblaġ-ı mezbūr seksan beş biñ ġurūş muḳaddemce {13} cenāb-ı saʿādetlerine taḫṣīṣ ḳılınmış olan üç biñ beş yüz ḫarca maḥsūb olunmaḳ üzere fürū-nihāde itdirilerek {14} meblaġ-ı mezbūr bu ṭarafdan serʿasker-i müşārun-ileyh ḥażretleri cānibine gönderilmiş olmaġla hemān ẕāt-ı saʿādetleri {15} mevcūd-ı maʿiyyetleri olan ʿasākir-i ẓafer-muẓāhir ile me'mūr-ı muḥāfaẓası olduḳları ḳılāʿ-i pādişāhīniñ istiḥṣāl-i {16} esbāb-ı taḥkīm ü taḳviyesiyle ol ḥavālīniñ keyd [ü] mażārr-ı eşḳıyādan kemā-yenbaġī muḥāfaẓa ve muḥāresesine kemāl-i taḳayyüd {17} ü ihtimām-birle ẕāt-ı ġayūrānelerinden me'mūl ü muntaẓar-ı ʿālī olan me'āṣir-i bergüzīde-i ḥamiyyet-mendāneyi icrāya {18} ve her ḥālde īfā-yı şerāyiṭ-i me'mūriyyete ṣarf-ı küll-i miknet buyurmaları siyāḳında ḳā'ime. Fī 6 B 40

[*580/70*] *Ḳuşadası muḥāfıẓına*

{1} Me'mūr-ı muḥāfaẓası oldığıñ Ḳuşadası sevāḥilinde vāḳiʿ derbendleriñ ʿaskerden ḫulüvvi cihetiyle Sīsām {2} gāvurlarınıñ ḥayvānāt sirḳat eyledikleri ve baʿżı gāvur daḫi Sīsām'a ḫufyeten firāra fırṣat-yāb olduḳları {3} bundan aḳdem istimāʿ ve taḥḳīḳ olunaraḳ ol bābda tenbīhi şāmil gönderilan taḥrīrātımızıñ vuṣūlünden ve Ṣığla {4} sancaġı ḳażālarından Sāḳız cezīresine müretteb beş yüz nefer ʿaskeriñ maʿiyyetine me'mūriyyetleri taḥvīl olundığı ḥālde {5} Ḳuşadası ve sevāḥiliniñ taḳviyet ü istiḥkāmātı ḥāṣıl olacaġından baḥişle ol vechile neferāt-ı merḳūmeniñ {6} Sāḳız'a olan me'mūriyyetleri maʿiyyetiñe taḥvīl ḳılınması ḫuṣūṣuna dā'ir bu defʿa tevārüd iden ʿarīżañ manẓūr ü mefhūmı {7} maʿlūmumuz olmuşdur. Sāḳız cezīresi lāzımü'l-muḥārese maḥal olaraḳ muḥāfaẓa ʿaskerinden ḫālī ḳalması cā'iz {8} olmadıġına naẓaran ʿasākir-i merḳūmeniñ cezīre-i mezkūreden infikākleri uyamayub sen aḳrabā ve ta'alluḳat cihetiyle {9} ol ḥavālīde ṣāḥib-i iḳtidār oldıġıñdan bundan aḳdem vāḳiʿ olan istidʿāña mebnī Sāḳız'dan bi'n-nefs {10} ʿafvıñ ve Ḳuşaḏası'na me'mūriyyetiñ ve Sāḳız'da olan beş yüz nefer ʿaskeri münāsib sergerde ile {11} Sāḳız'da tevḳīf eylemañ ḫuṣūṣı irāde olunmuş ve lede'l-iḳtiżā Çeşme ṭarafından daḫi Sāḳız'a imdād irişmek {12} şarṭı me'mūriyyetiñe idḫāl ḳılınmış oldıġına binā'en şudur budur dimeyerek hemān ol vechile īfā-yı levāzım-ı {13} taḥaffuẓ-kārī ve me'mūriyyete diḳḳat farīża-i ẕimmetiñ olmaġla gözüñi açub ve vaḳt ü ḥāli güzelce düşünüb {14} me'mūr oldıġıñ maḥāll ü mevāżiʿiñ lāyıḳıyla muḥāresesine kemāl-i taḳayyüd ü ihtimām ile maʿāẕallāh saña {15} muḥavvel olan maḥālde bir güne uyġunsuzluḳ vuḳūʿuyla nefsiñi mes'ūl ü muʿāteb olmaḳlıḳdan viḳāyeye diḳḳat {16} eylemañ içün mektūb. Fī 9 B 40

[580/71] *Rumili vālīsine*
{1} Selef-i müşīrīleri saʿādetlü Dervīş Paşa ḥażretleri maʿiyyetinde bulunan ʿasākir ʿulūfe istidʿāsıyla müşārun-ileyhi {2} uyġunsuz muʿāmeleler ile tażyīḳe ictisār itmiş olduḳları muḳaddem ve mu'aḫḫar ṭarafından tevārüd iden taḥrīrātından müstebān {3} olub ṣavb-ı düstūrīlerine beyāndan müstaġnī oldıġı üzere şu Rum fesādı çıḳalıdan berü ʿaskerī ṭā'ifesiniñ {4} bir aḳçelik işe yaramadıḳlarından başḳa Mora üzerine me'mūr olan vüzerā-yı ʿiẓāma ʿulūfe ġavġāsıyla itmedikleri {5} feżāḥat ü ḥaḳāret ḳalmayub bidāyet-i fesāddan berü ʿadd ü ḥesāba gelmez ḫazā'in telefine sebeb olmuş ve şimdiye ḳadar {6} itdikleri yanlarına ḳalmış olub ʿināyet-i Ḥaḳḳ'la o maḳūle ḫaveneleriñ icrā-yı te'dībleriyle nāmūs-ı vezāretiñ {7} viḳāyesi bir iş değil ise de ṣırasında icrāsı īcāb-ı vaḳt ü maṣlaḥatdan oldıġı ẓāhir ve cemīʿ zamānda {8} böyle ḥavṣala-i hażm ü taḥammüle ṣıġmaz ve meslek-i inḳıyād ü iṭāʿate yaḳışmaz ḥarekāt-ı küstāḫāne efrād-ı ʿaskerden {9} ẓuhūr itmeyüb elbette ʿaskeriñ içlerinde söz ṣāḥibleri taḥrīkiyle olmaḳ iḳtiżā ideceği bedīhī ve bāhir olaraḳ {10} o maḳūle söz ṣāḥibleriniñ bir ṣırasına düşirilerek birḳaçınıñ tertīb-i cezāları emr ü fermān-ı {11} mülūkāneden olub ancaḳ her bir maṣlaḥat ṣırasında olmaḳ lāzım geleceğinden işbu irādeden murād hemān {12} icrāsı ḳażiyyesi olmayaraḳ mevsim ve ṣırası geldikde icrā itmek üzere faḳaṭ şimdiden (47) ṣūret-i irāde-i seniyye ḫāṭır-nişānları olmaḳ ṣūreti olmaġla ẕāt-ı saʿādetleri muḳteżā-yı feṭānet ü dirāyetleri üzere {2} işbu irādeyi şimdilik derece-i nihāyede ketm ü iḫfā ve nefsiñizden ġayra tecāvüz itdirmeyerek o maḳūle feżāḥate {3} cesāret ile muḥtāc-ı te'dīb ü terbiye olanları evvel-emrde serriştesizce ḫārice iḫrāc ile ism ü resm ve şöhretini gereği gibi {4} bildikden ṣoñra ne vaḳt ṣırası gelür ve te'dībi ḥālen ve istiḳbālen bir güne maḥẕūrı müstetbiʿ olmayacaġı tebeyyün ider ise ol vaḳt {5} icrā-yı muḳteżā-yı emr ü irādeye himmet buyurmaları muḥavvel-i ʿuhde-i saʿādetleri idüği beyānıyla maḫfiyyen ve mektūmen ḳā'ime. Fī 10 B 40

[580/76] *Ḳapūdān paşaya*

{1} Derdest-i techīz olan süfün-i Donanma-yı Hümāyūn'dan tekmīl olanlarınıñ Tersāne-i ʿĀmire pīşgāhına alārġaya çekdirilmesi {2} ve bir ṭarafdan tekmīl olduḳça anlarıñ daḫi keẕālik alārġa olunması istīẕānına dā'ir irsāl buyurılan teẕkire-i {3} şerīfeleri me'āli rehīn-i ıṭṭılāʿ-i muḫlişī olduḳdan ṣoñra ḥużūr-ı hümāyūn-ı ḥażret-i pādişāhīye ʿarż {4} ü taḳdīm olunduḳda "Ḳapūdān paşanıñ işbu teẕkiresi manẓūr-ı hümāyūnum olmuşdur. İşte evvelbahār da {5} ġāyet taḳrīb eylediği [ve] müşārun-ileyhiñ inhāsı vechile ḥāżır ü müheyyā olanları bi-mennihī Taʿālā yarınki gün {6} alārġa itdirilerek bir ṭarafdan derdest-i techīz olanlar daḫi tekmīl olduḳça keẕālik alārġa itdirilüb {7} Şaʿbān-ı Şerīf'iñ on beşine ḳadar Beşikṭaş pīşgāhına çekdirilmesine iḳdām-ı tām olunsun. Donanma-yı {8} Hümāyūn'umuzuñ bir ān evvel iḫrācı ne derecelerde ehemm ü elzem oldığı cümleñiziñ maʿlūmı olmaġla, Tersāne {9} maṣlaḥatı Ḳapūdān paşanıñ işidir, diyerek gevşek ṭutulmayub el birliğiyle bi'l-ittifāḳ ḳuṣūr {10} ḳalan sefāyin ve sā'ireniñ ikmāline ġayret olunsun. Bugün ʿale's-seḥer Tersāne'ye ʿazīmet eylediğiñ {11} müşārun-ileyhiñ taḥrīrinden maʿlūm-ı hümāyūnum olmaġla yine hiç ardını boşlamayub te'kīd ve iḳdāmdan ḫālī {12} olmayasın. Ṭaşrada olanlardan henüz bugünlerde bir ḫaber gelemedi. Ġālibā böyle şeyler de icrā olundı, {13} dinilerek ṣoñra arḳasına düşülmüyor ẓann iderim. Böylelik ile maṣlaḥat meydān almaz. Dā'imā iḳdām olunmaḳ lāzımdır" {14} deyu ḫaṭṭ-ı şerīf-i mülūkāne zīver-efzā-yı ṣudūr olub vāḳıʿan nefs-i emr ü fermān-ı hümāyūn-ı şāhāne iḳtiżā[sı] {15} üzere evvelbahār beġāyet taḳarrüb itmekde ve ẕāt-ı saʿādetleri daḫi evvelce ʿazīmet eylemek üzere ḥāżırlanmaḳda {16} olaraḳ her ḥālde müterettib-i ẕimmet-i muḫlişī olan iḳdāmāt-ı lāzıme bi'l-icrā ṭaşra destgāhlarda tekmīl ol[un]muş {17} olan süfün-i hümāyūnuñ Şaʿbān-ı Şerīf içinde ve belki daḫi evvel Tersāne-i ʿĀmire'ye irişdirilmesi pey-ā-pey taḥrīr {18} ve istiʿcāl ḳılınmaḳda ise de maʿlūm-ı ʿālīleri oldığı üzere sefīne dimek ʿaskerle olacağından el-ḥāletü-hāẕihī {19} ṭaşradan gelecek neferāt ne miḳdārı gelmiş ve ḳuṣūr ne ḳalmışdır, taṣrīḥ ve bunlara ne ṣūretle iḳdām olundığı {20} beyān ü tavżīḥ buyurulmamış oldığına ve bi-mennihī Taʿālā mevsim-i ḥareketlerine bir şey ḳalmamış idüğüne binā'en tekmīl olan süfün-i {21} hümāyūnuñ ṭıbḳ-ı emr ü fermān-ı şāhāne üzere alārġa itdirilerek ve bir ṭarafdan tekmīl olduḳça keẕālik alārġa {22} itdirilüb Şaʿbān-ı Şerīf'iñ on beşine ḳadar Beşikṭaş pīşgāhına çekdirilmesine ġayret ve şu ṭaşra neferātınıñ {23} gelmişi var mıdır ve ne miḳdār ve ne vechile iḳdām olunmaḳda olub nihāyet ne vaḳte ḳadar tekmīlen gelür, işʿāra ve ṭaraf-ı {24} saʿādetlerinden daḫi iḳdāmāt-ı lāzımeniñ icrāsına himmet ve bu bābda ṭaraf-ı ḫālişānemizden icrā olunacaḳ {25} iḳdām var ise derḥāl icrā olunmaḳ üzere keyfiyyeti iḳtiżāsıyla işʿāra mübāderet, ve'l-ḥāṣıl inşā'allāhü Taʿālā {26} Donanma-yı Hümāyūn'uñ vaḳtiyle iḫrācı emrinde ṭaraf-ı muhlişīye müteferriʿ iḳdāmda ḳuṣūr olunmayacağı maʿlūm-ı düstūrīleri {27} buyuruldukda īcāb-ı maṣlaḥat ne ise işʿār ü iḫṭār ve ẕāt-ı sāmīleri daḫi gice ve gündüz iḳdāmāt-ı lāzımeyi {28} īfā buyurmaları siyāḳında ḳā'ime. Fī 11 B 40

[580/78] *Veliyyü'n-niʿam Aġa efendimiz ḥażretlerinden Aġo Mühürdār ʿOsmān Aġa'ya*

{1} Selānīk Mutaṣarrıfı devletlü ʿÖmer Paşa ḥażretleri ṭarafından bu defʿa ḳapu ketḫüdāsı Nāşid Beğefendi'ye gelan şuḳḳasında {2} kendüleriniñ Nārda'dan Yānya'ya vürūdlarında siziñle olan Avlonya muḳāṭaʿāt ve iltizāmātından dolayı mütesellimlik {3} ḥesābını görmek üzere siziñ Yānya'ya gelmeñizi ṭarafıñıza yazmış ve ṭarafıñızdan müşārun-ileyhe gönderdiğiñiz cevābda {4} bā-emr-i ʿālī Avlonya'ya mütesellim oldığıñızdan bi'n-nefs gelmam mümkin değil, lākin işbu ḥesāb-ı külliyye beher-ḥāl kendüm şifāhen rū-be-rū {5} rü'yeti lāzım ve bu eṣnāda bilā-ruḫṣat ḥareket muḫāṭaradan ʿadd iderek müşārun-ileyh ṭarafına gelmeñiz içün ber-minvāl-i muḥarrer {6} emr-i ʿālī ışdārı niyāzıñız ve siziñ müşārun-ileyh ṭarafına ʿazīmete ḫāhiş ve temennī itmekde oldığıñızı taḥrīr ü inhā ve ḥesābıñızıñ {7} rü'yeti żımnında Selānīk'e ʿazīmetiñize ruḫṣat virilmesini iltimās buyurmuş olmalarıyla iḳtiżā-yı ḥāl lede'l-müṭālaʿa vāḳıʿan {8} müşārun-ileyh ḥażretleri ḥasbe'l-meşġūliyye bir müddet ḥesābıñızı göremamiş ve şimdi infiṣāli vuḳūʿı cihetiyle ḥesāb māddesiniñ daḫi {9} pesmānde-i ʿuḳde-i te'ḫīr olunması cā'iz görülmeyeceği miṣillü Avlonya sancağınıñ ḥüsn-i idāresine ve ʿasker çıḳarılmasına {10} ẕerre ḳadar sekte gelmamesi mültezem-i ʿālī oldığından bu bābda her ne ḳadar Selānīk'e gelmeğe ibrāz-ı ḫāhiş itmeñiz ṣaḥīḥ olsa bile {11} siziñ oradan ḥālen ve istiḳbālen infikākiñiz bir vechile tecvīz olunur mevāddan olmadığından ve bā-ḫuṣūṣ bu eṣnāda {12} siziñ ol ṭarafdan ḥareketiñiz bir vechile uymayacağından "Aġo ʿOsmān Aġa'yı ḥesāb içün istemişsiñiz. Aġa-yı mūmā-ileyh Avlonya {13} Mutaṣarrıfı Süleymān Paşa'nıñ ketḫüdāsı oldığından başḳa Avlonya sancağına bā-fermān-ı ʿālī mütesellim taʿyīn olunmuş oldığından {14} ve mūmā-ileyh Süleymān Paşa külliyyetlü ʿasker ile devletlü Rumili vālīsi ve serʿaskeri ḥażretleri maʿiyyetine me'mūr olub müşārun-ileyh {15} Serʿasker paşa ḥażretleri bu eṣnāda Nārda'ya gitmek üzere idüğünden Süleymān Paşa'nıñ idāre-i umūrı ve iḫrāc olunacaḳ {16} ʿasākir-i külliyyeniñ ber-vefḳ-i maṭlūb çıḳarılması bizẕāt Aġo ʿOsmān'ıñ iş üzerinde bulunmasına ve Süleymān Paşa çıḳdıḳdan ṣoñra daḫi {17} Berāt'da oṭurub Avlonya sancağınıñ ʿale'd-devām ḥüsn-i idāresiyle Süleymān Paşa'nıñ verāsından mālzemesiniñ {18} tanẓīm ü tetmīmi ve ez-her-cihet taḳviyesi mūmā-ileyhiñ me'mūriyyeti iḳtiżāsındandır. Bu cihetle Aġo ʿOsmān'ıñ Selānīk'e gelmesi {19} maṣlaḥata sekte vireceğinden tecvīz olunmaz ve irāde-i seniyyeye muġāyir olacağından muʿtemed bir adamıñızı Berāt'a irsāl ile {20} Aġo ʿOsmān Aġa ile ḥesābıñız var ise Berāt'da adamıñız maʿrifetiyle görmeñiz lāzım gelür.

Keyfiyyet bu vechile ʿOs̱mān Aġa'ya {21} taḥrīr olundı" deyu müşārun-ileyh ʿÖmer Paşa ḥażretlerine ḳapu ketḫüdāsı mūmā-ileyh ṭarafından yazdırılmış olub fi'l-ḥaḳīḳa {22} siziñ ḥālen ve istiḳbālen Berāt'dan infikākiñiz uymayacaġından ol vechile müşārun-ileyh ḥażretlerine beyān-i ḥāl ile {23} iʿtiẕār itmeñiz tamām maṣlaḥata muvāfiḳ olmaġla cenābıñız muḳaddem ṭarafıñıza yazıldıġı vechile Avlonya sancaġınıñ {24} ḥüsn-i idāresiyle mūmā-ileyh Süleymān Paşa ile çıḳacaḳ ʿaskeriñ vaḳtiyle çıḳarılmasına ihtimām eylemeñiz lāzım gelür. (51) Zīrā bu maṣlaḥat Devlet-i ʿAliyye'niñ göziniñ bebeği gibi mültezemidir ve sizden ḥüsn-i ḫidmet ve ṣadāḳat me'mūl iderek {2} Arnavudluġ'uñ ʿalelʿumūm bu dīn-i mübīn maṣlaḥatına cān ü göñülden yapışub Cenāb-ı Ḥaḳḳ'ıñ ʿavn ü ʿināyetiyle {3} maṭlūb-ı ʿālī vechile bitürilüb bundan böyle sāye-i hümā-vāye-i şāhānede Arnavudluġ'uñ devām-ı āsāyiş ü istirāḥatı {4} Devlet-i ʿAliyye'niñ ḳarār-ı re'y ü irāde-i ḳaṭıʿası olmaġın göreyim cenābıñızı, dīn ü devlete olan ḫidmet ve ṣadāḳat {5} bugünde olub bir vechile żāyiʿ olmayacaġını ve şevketlü ḳudretlü pādişāhımız efendimiziñ Arnavudluġ'a ḥüsn-i naẓar {6} ve iʿtimādları şimdi ve bundan böyle tezāyüd ü teraḳḳī bulmaḳda olub sizden daḫi bu yolda ṣadāḳat ve ḥüsn-i ḫidmet {7} me'mūl-ı ʿālī oldıġını yaḳīnen ve cezmen bilerek ve tamām ġayret ü ṣadāḳat mevsimi oldıġını añlayaraḳ me'mūriyyetiñiz {8} muḳteżāsını bildiğiñiz ve derece-i nihāyede vüsʿüñüzden geldiği derece Allāh içün tamāmca maʿa-ziyādetin icrā ile {9} ḥaḳḳıñız olan teveccüh ve iʿtiḳādı is̱bāta sürʿat eylemeñiz siyāḳında ḳā'ime. Fī 12 B 240

[580/100] ***Rumili vālīsine***

{1} Bu defʿa Eġrīboz Muḥāfıẓı saʿādetlü ʿÖmer Paşa ḥażretleri ṭarafından vārid olan taḥrīrāt me'ālinde öteden berü Livādya ḳażāsı ḳapūdānı olub {2} bidāyet-i fesāddan berü iẓhār-ı ʿiṣyān itmiş olan Ḳapūdān Dīsāva bu es̱nāda müşārun-ileyh ṭarafından istīmān ile baʿżı ḫuṣūṣ {3} müẕākeresi-çün Eġrīboz ḫāricinde bir maḥalle adam irsālini iltimās eylemiş oldıġından müşārun-ileyh dīvān kātibini irsāl iderek {4} bi'l-müẕākere mersūm gūyā kendüsi istīmāndan başḳa baʿżı şerāyiṭ ile ibrāz-ı ḫidmete taʿahhüd eylediğine binā'en ol vechile muḳāvele olunaraḳ {5} şerāyiṭ-i merḳūme mevāddını mübeyyin bend bend terḳīm olunan varaḳa taḳdīm olunmuş ve keyfiyyeti ṣavb-ı serʿaskerīlerine yazmış oldıġı {6} muḥarrer ü meẕkūr varaḳa-i merḳūmede daḫi İstifa'da iḳāmet ve baʿżı maḥalleriñ muḥāfaẓasında istiḫdām içün ṣavb-ı serʿaskerīlerinden {7} biñ nefer süvārī ve beş biñ nefer piyāde ʿasker gönderilmesi ve mersūm li-ecli'ż-żabṭ Atina üzerine ve sā'ir maḥallere gitdikde {8} ʿasākir-i merḳūmeden lüzūmı miḳdārını berāber götürmesi ve ḫidmet ve ṣadāḳati meşhūd olduḳdan ṣoñra başında müteḥaşşid {9} olan neferāta māhiyye ve taʿyīnāt bedeli virilmesi ve mersūmuñ zīr-i idāresinde olan Livādya ve İstifa ve Ṭalānda ḳażālarından {10} māʿadā sā'ir istīmān itmeyan maḥallere ʿasākir irsālinde mersūm ḳā'idü'l-ceyş olması münderic ü mesṭūr olub bu ḫuṣūṣa dā'ir {11} ṣavb-ı ʿālīlerinden bir gūne inhā ẓuhūr itmediğine ve ẕikr olunan mevād kāğıdında muḥarrer şeylerin̄ ekṡerīsi yaḳışıḳsız görünmüş {12} ise de muḥāfıẓ-ı müşārun-ileyhin̄ öteden berü ol ḥavālīye vuḳūfı ve gāvurlar ile muḫāberesi derkār ve ẕātında erbāb-ı dirāyet {13} ü ḥamiyyetden olaraḳ mersūmla o gūne muḳāveleye rağbeti cevāb-ı ye's virilmeyüb de yen̄i başdan ṭuğyān itdirilmamesi maḳṣūdına mı {14} mebnīdir, yoḫsa āḫar bir īcābı ve kūşesi mi vardır, bilinemediğine binā'en nihāyet her bir māddeye dā'ir ḫāṭıra gelan mülāḥaẓāt {15} ü müṭālaʿāt ṣavb-ı saʿādetlerine bildirilerek bu bābda re'y ve istiṣvāb-ı serʿaskerīleri ne vechile ise muḥāfıẓ-ı müşārun-ileyhe {16} işʿār eylemeleri taḥrīr ve tavṣiye olunmaḳ üzere iken bu māddeye dā'ir resīde-i dest-i iḫlāṣ olan taḥrīrāt-ı şerīfeleri {17} mefhūmundan muḥāfıẓ-ı müşārun-ileyhin̄ ḫuṣūṣ-ı meẕkūrı mutażammın ḳapucılar ketḫüdāsı vesāṭetiyle ṣavb-ı serʿaskerīlerine vürūd iden {18} taḥrīrātı taḳdīm buyuruldığı beyānıyla eğerçi muḥāfıẓ-ı müşārun-ileyh mersūm ile ol vechile muḳāveleye rağbet itmiş ise de {19} mersūmun̄ merāmı aṣl istīmān oldığı ḥālde kendüsi Eğrīboz'a gelüb muḥāfıẓ-ı müşārun-ileyhle mülāḳī olmaḳ ve ḳarındaşı {20} veyāḫūd oğlunı rehn virmek iḳtiżā ider iken bunlar birisi olmayaraḳ mücerred müşārun-ileyhin̄ dīvān efendisiyle {21} mülāḳāt iderek "şu vechile ḫidmet ve ṣadāḳat iderim" deyu söylediği sözler iʿtimāda şāyān olamayacağı {22} ve bu ṣūretle istiḫdāmı nice meḥāẕīri müstelzim olub el-ḥāletü-hāẕihī Ṣālona'nın̄ taṭhīri maṣlaḥatına saʿy {23} ü iḳdām olunmaḳda oldığına binā'en inşā'allāhü'r-Raḥmān Ṣālona ġā'ilesi berṭaraf olduḳdan ṣon̄ra Atina ve ḥavālīsinde olan **(66)** reʿāyā daḫi yā istīmān veyāḫūd firāra şitābān olacaḳlarından mersūmun̄ ṣıḥḥat-i istīmān taḳdīrinde hemān {2} zīr-i idāresinde olan Livādya ve İstifa ve Ṭalānda ḳażālarının̄ müteferriḳ olan reʿāyāsını celb ü cemʿ {3} ve ḥayādīd-i eşḳıyādan muḥāfaẓa ve lede'l-iḳtiżā ʿasker gönderilan maḥallere kendüsi ḳulağuzluḳ {4} itmesi ve baʿżı ẕaḫīre naḳli miṡillü ḫidemātda bulunması kāfī olacağı ve ḥaḳīḳaten böyle iṡbāt-ı müddeʿā {5} ider ise gerek mersūm ve müteʿalliḳātının̄ ve gerek cemʿ ve iskān ideceği reʿāyānın̄ ḥimāyet ü ṣıyānetlerine {6} baḳılmaḳ ve kendüsünün̄ cerāyim-i sābıḳası ʿafv ile evvelden ʿuhdesinde bulunan ḳażālar pāndūrluğunun̄ {7} ʿuhdesinde īfāsı ṣaḥīḥan vaʿad olunmaḳ üzere şürūṭ-ı istīmāna rābıṭa virilmesi münāsib olacağı ṣūretleri {8} müstebān olmuş ve bu bābda olan müṭālaʿāt ve taṣvībat-ı düstūrāneleri bu ṭarafda olunan {9} müṭālaʿāt ü mülāḥaẓāta tevāfuḳ ve te'yīd iderek inşā'allāhü Taʿālā her bir maṣlaḥata bu ṣūretler ile {10} cilve-nümā olan muvāfaḳat her ḥālde tevfīḳāt-ı İlāhiyye'nin̄ muḳārenetine delīl olaraḳ ʿan-ḳarīb {11} şu ġā'ilenin̄ ber-vefḳ-i murād ḥüsn-i indifāʿıyla ümmet-i Muḥammed'in̄ maẓhar-ı āsāyiş olmalarını müstelzim {12} olacağından bu ṣūret daḫi başḳaca bir maḥẓūẓiyyeti mūcib olmuş ve ṣūret-i işʿār ve mülāḥaẓaları {13} muḥāfıẓ-ı müşārun-ileyhin̄ taḥrīrāt-ı vāridesiyle berāber ḫāk-pāy-ı hümāyūn-ı mülūkāneye ʿarż ve beyān ile {14} manẓūr-ı naẓar-ı ḥażret-i şehinşāhī buyurulmuş ve fi'l-ḥaḳīḳa meʾāl ve işʿā[r]-ı feṭānet-şiʿār-ı düstūrānelerinden {15} müstefād oldığı vechile mersūm Eġrīboz'a girmeyerek dīvān kātibi mūmā-ileyhle mülāḳāt itmesi {16} ve ḳarındaşı veyā oğlunı rehn virmeyerek şöylece taʿahhüd itmesi şāyān-ı iʿtibār olmadığından ve ṣaḥīḥ {17} istīmān eylediği ḥālde daḫi tīz elden devletçe maʿiyyetine ʿasker virilerek istiḫdāmı ṣūreti yaḳışıḳsız {18} olacağından ve hemān işʿār buyurılan ḫidmetlerde bulunması kifāyet ideceğinden muḳteżā-yı vuḳūf {19} ve ıṭṭılāʿ-i müşīrīleri ve īcāb-ı istiḳlāl-i kāmil-i serʿaskerīleri üzere gerek ʿasker irsāli ve gerek {20} sāʾir ḫuṣūṣlarda istiḥsān ü istiṣvāb buyuracaḳları ṣuver ü ārā her ne ise öylece icrā {21} ve muḥāfıẓ-ı müşārun-ileyhe ol vechile sū-yı sāmīlerinden eṭrāfıyla taḥrīr ü inbā olunması ḫuṣūṣuna irāde-i {22} seniyye-i şāhāne taʿalluḳ itmiş ve muḥāfıẓ-ı müşārun-ileyhe ṣavb-ı muḫliṣīden yazılan cevāb-nāmede kendünüñ {23} ġayret ü diyānet [?] ve ol ḥavālīye vāḳiʿ olan vuḳūfundan baḥiṣle ṭaraf-ı serʿaskerīlerinden kendüye ne vechile {24} reʾy ü işʿār vāḳiʿ olur ise öylece ḥareket eylemesi münāsibi vechile tenbīh ü tavṣiye ḳılınaraḳ müşārun-ileyhe {25} olan mārrü'ẕ-ẕikr cevāb-nāmemizi ṣavb-ı düstūrīlerinden yazılacaḳ taḥrīrāt ile müşārun-ileyhiñ {26} ṣavb-ı sipehdārīlerine gelmiş olan ḳapucılar ketḫüdāsı mūmā-ileyhle gönderilmek üzere sū-yı şerīflerine {27} tesyīr olunmuş olmağla ẕāt-ı saʿādetleri ḥamiyyet ü feṭānetleri iḳtiżāsı ve istiḳlāl ve ruḫṣat-ı {28} tāmmeleri mübteġāsı üzere gerek ʿasākir irsālinde ve mevādd-ı sāʾirede istiḥsān buyuracaḳları {29} ṣūret ve tedbīr her ne ise öylece icrāya himmet ve keyfiyyeti īżāḥan müşārun-ileyh ḥażretlerine serīʿan {30} yazub taḥrīrāt-ı mersūlemizle berāber mūmā-ileyhe teslīm ve irsāle mübāderet-birle īfā-yı muḳteżā-yı {31} reviyyet-mendī ve meʾmūriyyete ṣarf-ı maḳderet buyurmaları siyāḳında ḳāʾime. Fī 25 B 40

[580/110] *Sīrozī Yūsuf Paşa'ya*

{1} Bi-ḥamdihī Sübḥānihī ve Taʿālā ḥālā Cidde ve Mora Vālīsi vezīr-i mükerrem saʿādetlü El-Ḥāc İbrāhīm Paşa ḥażretleriniñ {2} Moton ve Ḳoron cānibine saṭvet-endāz-ı vuṣūl oldığı ve Mesolenk pīşgāhında olan gāvur gemileri {3} yığılub gitmiş olduḳlarından Zānṭa'da ḥāżır olub eşḳıyā mażarratından tevḳīf ḳılınmış olan ẕaḫāyir gelerek (74) ve müşārun-ileyh ḥażretleri daḫi bā-ʿavn-i Bārī'yle [?] ḳarīben Bālyabādra'ya vararaḳ inşāʾallāhü Taʿālā külliyyen defʿ-i müżāyaḳa olunacağı {2} tebşīrini ḥāvī ḳapu ketḫüdāları efendi bendelerine mersūl şuḳḳa-i şerīfeleri mezāyāsı maʿlūm-ı muḫliṣī oldığından ġayrı {3} vālī-i müşārun-ileyh ḥażretleriniñ Moton'a vürūdı mirʾāt-ı ḥuṣūlde rū-nümūd oldığı ṣaḥīḥan istiḫbār olundığını {4} Rumili Vālīsi ve Serʿaskeri saʿādetlü Reşīd Paşa ḥażretleri daḫi müteʿāḳiben inhā itmiş oldığına bināʾen bu keyfiyyet {5} cümleten eṣdiḳā-yı Devlet-i ʿAliyye'ye baʿiṣ-i kemāl-i memnūniyyet ve inbisāṭ olaraḳ derḥāl şuḳḳa-i meẕkūreleri ve serʿasker-i {6} müşārun-ileyh ḥażretleriniñ taḥrīrāt-ı mebʿūs̱esi ḥużūr-ı hümāyūn-ı ḥażret-i pādişāhīye daḫi ʿarż ile meşmūl-ı liḥāẓa-i {7} ʿāṭıfet-ifāża-i cenāb-ı şehinşāhī buyurulmuşdur. Müşārun-ileyh İbrāhīm Paşa ḥażretleri Moton'a vardıḳdan ṣoñra Bālya- {8} -bādra'ya on sekiz ḳıṭʿa sefāyin irsāl itmiş ve sefāyin-i merḳūme Bālyabādra līmānına dāḫil olmuş olduḳlarını {9} cenāb-ı müşīrīleriniñ Preveze'ye vürūd iden adamları ifāde itmiş olduḳları taḥḳīḳ ḳılındığı serʿasker-i {10} müşārun-ileyhiñ taḥrīrātı me'ālinden müstebān ve hüveydā ve bundan böyle bu ṭarafdan gönderilan ẕaḫāyir ve İzmīr cānibinden {11} giden aḳçe daḫi vāṣıl olaraḳ ve müşārun-ileyh İbrāhīm Paşa ḥażretleri daḫi ʿavn-i Bārī'yle ol ṭaraflara yerleşerek {12} inşā'allāhü Taʿālā derkār olan ıżdırāb külliyyen mündefiʿ olmuş olacağından başḳa müşārun-ileyh Rumili vālīsi ve serʿaskeri {13} ḥażretleri hemān Mesolenk üzerine varmaḳ üzere oldığından inşā'allāhü'r-Raḥmān müşārun-ileyh İbrāhīm Paşa {14} ḥażretleri baḥren ve serʿasker-i müşārun-ileyh ḥażretleri berren ibrāz-ı ġayret ü şecāʿat iderek hemān az vaḳtde şu ġā'ileniñ {15} indifāʿına muvaffaḳ olmaları elṭāf-ı İlāhiyye'den me'mūl ü müstedʿā olmağla hemān ẕāt-ı düstūrīleri baʿd-ez-īn {16} daḫi metānet ve müşārun-ileyh İbrāhīm Paşa ḥażretleriyle merāsim-i teʿāżud ü ittifāḳa riʿāyet-birle ibrāz-ı lāzıme-i {17} besālet-kārī ve ḥamiyyete himmet buyurmaları siyāḳında ḳā'ime. Fī 28 B 40

[580/117] ***İzmīr muḥāfıẓına***

{1} Mora ve Cidde Vālīsi ve Donanma-yı Mıṣriyye Serʿaskeri vezīr-i mükerrem saʿādetlü İbrāhīm Paşa ḥażretlerine serīʿan īṣāl {2} olunmaḳ üzere çifte tatarımız ile gönderilmiş olan taḥrīrāt-ı ḫulūṣ-verī ilişdirilmeyerek ne vechile mümkin ise {3} āminen irsāline [himmet?] buyurulmasına dā'ir iṭāre-i sū-yı şerīfleri ḳılınan ḳā'ime-i muḥibbānemiziñ vuṣūlünden ve taḥrīrāt-ı meẕkūremiz {4} serʿasker-i müşārun-ileyhe gönderileceğinden baḥis̱le müşārun-ileyh İbrāhīm Paşa ḥażretleri otuz altı ḳıṭʿa sefāyin {5} ve beş biñ miḳdārı ʿasker ile Moton'a lenger-endāz-ı vürūd ve Mora cezīresinde Anāvārīn ḳalʿasıyla Ḳalāmāta'nıñ {6} fetḥ ü tesḫīrine muvaffaḳiyyetleri āyine-i ḥuṣūlde cilve-nümūd olmuş oldığı ve Moton ve Ḳoron ḳalʿalarınıñ metāneti ṣūretini {7} ikmāl iderek Sūda līmānında olan sefāyin ve ʿasākiri ṣavb-ı maḳṣūda sevḳ itmek üzere līmān-ı meẕkūra {8} ʿavdet eylemiş idüği ḥavādis̱-i meserret-me'ās̱iri iḫbār ve rivāyet ḳılınmış oldığına dā'ir tevārüd iden taḥrīrāt-ı saʿādetleri {9} me'āl ü mezāyāsı rehīn-i ıṭṭılāʿ-i ḫulūṣ-verī olub bu vechile isticlāb-ı ḥavādis̱-i sārreye vāḳiʿ olan {10} himmet-i şerīfeleri bādī-i neşāṭ ü inbisāṭ-ı muḫliṣī olaraḳ derḥāl taḥrīrāt-ı meẕkūreleri ḫāk-pāy-ı hümāyūn-ı {11} ḥażret-i pādişāhīye daḫi ʿarż ü taḳdīm ile meşmūl-ı nigāh-ı mekārim-iktināh-ı cenāb-ı şehinşāhī buyurulmuşdur. Müşārun-ileyh {12} İbrāhīm Paşa ḥażretleriniñ Mora'ya saṭvet-endāz-ı vuṣūl olduḳları ḥavādis̱ātı başḳa ṭaraflardan daḫi inhā ve işʿār {13} olunmuş ve taḥḳīḳāt ve işʿārlarına göre müşārun-ileyh ḥażretleri kefere-i dūzaḫ-ḳarīn ile muḥārebeye ḏurışaraḳ {14} Anāvārīn ḳalʿasıyla Ḳalāmāta'nıñ fetḥ ü tesḫīrine muvaffaḳ olmuş oldığından inşā'allāhü'r-Raḥmān muḳārin-i ṣıḥḥat olaraḳ {15} bugünlerde müşārun-ileyh ḥażretleriniñ taḥrīrātı ẓuhūrı me'mūl olmağla muḳteżā-yı kiyāset ü dirāyetleri üzere {16} baʿd-ez-īn daḫi taḥarrī ve taḥḳīḳden ḫālī olmayaraḳ vāḳıf ü muṭṭaliʿ oldığıñız aḥvāl ü ās̱ārıñ bildirmeğe {17} şāyān olanlarını daḳīḳa fevt itmeyüb işʿār ü taḥrīre himmet buyurmaları siyāḳında ḳā'ime. Fī 3 Ş 40

[580/124] ***Rumili vālīsine***

{1} Avlonya Sancağı Mutaṣarrıfı Süleymān Paşa ṭarafından bu defʿa tevārüd iden taḥrīrāt me'ālinde muḳteżā-yı me'mūriyyeti üzere {2} levāzım-ı seferiyyesini ve istiṣḥāb eyleyeceği ʿasākiri tanẓīm iderek emr ü re'y-i sipehdārīlerine muntaẓır oldığını işʿār itmiş {3} oldığından başḳa paşa-yı mūmā-ileyhiñ Dersaʿādet'e gelmiş olan adamı daḫi paşa-yı mūmā-ileyh livā'-i mezbūrdan {4} dört biñ ve bedeninden üç biñ ve māhiyyesi ṣavb-ı ʿālīlerinden virilmek üzere biñ nefer ki sekiz biñ nefer ʿasker {5} tedārük ü tehyi'e itmesi ṣavb-ı serʿaskerīlerinden paşa-yı mūmā-ileyhe tenbīh olunmuş ve ol vechile icrā-yı irāde-i sipehdārīlerine {6} iḳdām itmiş ise de kendünüñ müżāyaḳa-i ḥāli cihetiyle bedeninden tedārük ve istiṣḥāb ideceği üç biñ nefer ʿaskeri {7} idārede ʿāciz olacağından iki biñ nefere iblāğına ġayret itmekde oldığını ve şimdiye ḳadar ḥareket ve maʿiyyet-i serʿaskerīlerine {8} ʿazīmet itmiş olacağını ifāde ve taḳrīr idüb merḳūmuñ bu vechile vāḳiʿ olan ifādesinden paşa-yı mūmā-ileyhiñ {9} muḥtāc-ı iʿānet oldığı istişmām ḳılınmış ise de ẕāt-ı serʿaskerīleri istiḳlāl-i tām ve ruḫṣat-ı kāmile ile ḫıṭṭa-i Rumili'niñ {10} vālī-i vālā-şānı ve sipeh-sālār-ı ẓafer-nişānı olaraḳ umūr-ı me'mūre-i müşīrāne ve ḫuṭūb-ı mevkūle-i dāverānelerinde müstaḳil- {11} -bi'r-re'y olduḳları ecilden me'mūrīniñ ḥüsn-i istiḫdāmıyla ḥaḳlarında lāzım gelan iʿāneyi lāyıḳı vechile icrāya himmet {12} buyuracaḳları maʿlūm ve bu cihetle paşa-yı mūmā-ileyhe bu ṭarafdan iʿānet ṣūreti sirāyet maḥẕūrına mebnī uyamayacağı {13} emr-i ġayr-ı mevhūm olub maʿlūm-ı müşīrīleri buyuruldığı üzere paşa-yı mūmā-ileyh bendeleri muḳaddem maḳtūl Tepedelenli {14} ʿAlī Paşa mağdūrı olaraḳ her ne ḳadar kendüye Avlonya sancağı tevcīh buyurulmuş ise de iʿānesiz ber-vefḳ-i murād ʿasker {15} celbine ḥāṣılātınıñ vefā itmeyeceği ẓāhir ve paşa-yı mūmā-ileyhiñ muḳaddemce Dersaʿādet'den ol ṭarafa iʿzāmında yiğirmi {16} beş biñ ġurūş ʿaṭiyye iḥsān buyurulmuş ve manṣıbına varub külliyyetlü ʿasker çıḳararaḳ kendüden me'mūl vechile {17} ḥüsn-i ḫidmet ve ṣadāḳat rū-nümūn olacağı esnāda iḳdār ḳılınacağı kendüye işrāb ḳılınmış oldığından fi'l-ḥaḳīḳa {18} maṭlūb-ı serʿaskerīleri vechile ʿasker ile gelür ve ḥüsn-i ḫidmete saʿy ider ise ol vaḳt iḳdār olunması lāzım geleceği {19} bāhir ise daḫi gerek paşa-yı mūmā-ileyhiñ ve kāffe-i maʿiyyet-i serʿaskerīleri me'mūrlarınıñ her ḥālde ḥüsn-i idāre ve iḳdārları {20} ve īcābına göre istiḫdāmları re'y-i rezīn-i sipehdārīlerine muḥavvel oldığına binā'en bu def'a paşa-yı mūmā-ileyh ṭaraf-ı ḫāliṣānemizden {21} yazılan cevāb-nāmemizde ẕāt-ı sa'ādetleriniñ istiḳlāl-i tām ile me'mūriyyetleri ve her ḥālde şükr ü şikāyetleri müṡmir olacağı {22} muḳaddemātından baḥiṡle her bir ḫuṣūṣda ṭaraf-ı ser'askerīlerine mürāca'at iderek taḥṣīl-i rıżā-yı şerīfleriyle ḥaḳḳında teşekkürini istiḥṣāle {23} ġayret eylemesi iḳtiżāsına göre temhīd ü tavṣiye olunmuş ve paşa-yı mūmā-ileyh daḫi şimdiye ḳadar ḳalḳub ṣavb-ı ser'askerīlerine {24} varmış olması mülāḥaẓa ḳılınmış olmağla ẕāt-ı 'ālīleri paşa-yı mūmā-ileyh ve 'askerīsiniñ ḥāl ü keyfiyyetlerine ba'de'l-ıṭṭılā' {25} sā'ir Arnavud paşalarına sirāyet itmeyecek vechile paşa-yı mūmā-ileyhiñ iḳdārı ne vechile münāsib ise ol ṣūretiñ ikmāli {26} vābeste-i himem-i ser'askerīleri idüği beyānıyla ḳā'ime. Lede'l-vuṣūl mūmā-ileyh Süleymān Paşa ḥaḳḳında bu vechile vāḳi' olan iş'ārımız {27} paşa-yı mūmā-ileyhi bir nevi' teṣāḥub ma'nāsına olmayub ḫaṭb-ı cesīm-i ser'askerī muḥavvel-i 'uhde-i düstūrīleri olaraḳ sā'ir {28} bu maḳūle istid'ā idenleriñ ṣūret-i istid'āları ve keyfiyyet ṭaraf-ı düstūrīlerine inhā ve iş'ār ve o maḳūle istid'āları ṭaraf-ı {29} ser'askerīlerine mürāca'at ile olacağı daḫi kendülere beyān ü teẕkār ḳılınmış oldığından ve her bir me'mūruñ keyfiyyet-i istiḫdām {30} ve īcāb-ı ḥāli re'y-i rezīn-i düstūrīlerine muḥavvel idüğünden bu vechile iş'ārımız daḫi paşa-yı mūmā-ileyh muḳaddemā buradan gitmiş (82) olmağın münāsebetle inhāsı vāḳi' olmuş olaraḳ ḥāli beyāndan 'ibāret oldığı ma'lūm-ı düstūrīleri buyuruldukda her ḥālde {2} icrā-yı şerāyiṭ-i dirāyet ü feṭānete himmet buyurmaları siyāḳında ḳā'ime. Fī 7 Ş 40

[580/135] *Çirmen mutaṣarrıfına*

{1} Ma'lūm-ı sa'ādetleri oldığı üzere Gümülcine ḳażāsından a'yānı başbuğluğuyla Rumili Vālīsi ve Ser'askeri {2} sa'ādetlü Reşīd Paşa ḥażretleriniñ istemiş oldığı üç biñ Ḳırcalu 'askeriniñ bir ān aḳdem ma'iyyet-i müşārun-ileyhe {3} īṣāli ḫuṣūṣuna himmet buyurmaları muḳaddem ve mu'aḫḫar ṣavb-ı müşīrīlerine iş'ār ü taḥrīr olunmuş oldığından 'asker-i {4} meẕkūruñ şimdiye ḳadar ma'iyyet-i müşārun-ileyhe vuṣūli lāzımeden iken henüz vāṣıl olmamış oldığı ve Nārda'dan {5} Mesolenk üzerine ḥareketi bu 'askeriñ vuṣūlüne [mü]tevaḳḳıf oldığı ve ser'asker-i müşārun-ileyh Receb-i Şerīf'iñ yiğirmi {6} ḍoḳuzunda Nārda'ya varmış oldığı ser'asker-i müşārun-ileyh cānibinden bu def'a vārid olan taḥrīrātdan müstebān {7} olub her ne ḳadar daḫi [?] ser'asker-i müşārun-ileyh ḥażretleri ān-be-ān bu 'askeriñ vürūdına müteraḳḳıb olaraḳ ve bu mevsimlerde iş {8} üzerinde bulunulmaz ise maṣlaḥata sekte geleceğinden 'asker-i meẕkūruñ bir daḳīḳa evvel irişdirilmesi pek ehem ve bu maṣlaḥat {9} meṣāliḥ-i sā'ireye mümāṡil olmayaraḳ bu bābda ġayret ve her bir maṣlaḥatı vaḳtiyle irişdirmeğe müsāra'at cümleye farīża-i {10} ẕimmet oldığı vāreste-i ḳayd [ü] raḳamdır. Cenāb-ı düstūrīleri uṣūl-i vaḳt ü keyfiyyet ve mevsim-i muḥārebeyi ʿārif {11} vüzerā-yı ʿiẓāmdan olduḳlarına ve maḥall-i mezbūr dāḫil-i ḳalem-rev-i ḥükūmet-i müşīrīlerinde bulunmuş oldığına binā'en ʿasker-i mez̲kūruñ {12} vaḳtiyle irişmediği ḥālde işe yaramayacağını bildiğiñizden ve bu maṣlaḥatıñ sıkı sıkıya ṭarafıñıza ḥavāle olunmuş olması {13} ol vaḳt bir şey dimek olmayacağından ve müşārun-ileyh el-ḥāletü-hāz̲ihī iş üzerine varmaḳ üzere oldığını yazmış {14} idüğünden ne vechile olur ise bir ān aḳdem ʿasker-i mez̲kūruñ maʿiyyet-i müşārun-ileyhe irişdirilmesi lāzımeden olaraḳ {15} şeref-sünūḥ olan emr ü irāde-i mülūkāne iḳtiżāsı üzere ʿasker-i mez̲kūrı tamāmen iḫrāc ve istiṣḥāb {16} ve bir daḳīḳa evvel müşārun-ileyh maʿiyyetine īṣāl ve teslīmden ṣoñra ʿavdet itmek üzere ḫāṣṣa ḫaṣekīlerinden [...] {17} Ḫaṣekī bu defʿa maḫṣūṣ mübāşir taʿyīn ve tesyār ve ol bābda z̲āt-ı saʿādetlerine ḫiṭāben bir ḳıṭʿa emr-i ʿālī (90) ıṣdār ve irsāl olunmuş ve keyfiyyet serʿasker-i müşārun-ileyhe daḫi bildirilmiş olmağla cenāb-ı düstūrīleri baʿd-ez-īn {2} bir daḳīḳa te'ḫīri tecvīz buyurmayaraḳ z̲ikr olunan ʿasker nerede ise muḳaddemki irāde vechile tamām ve güzīde {3} olmaḳ üzere maʿiyyet-i serʿasker-i müşārun-ileyhe irişdirmeğe kemāliyle şitāb ü sürʿat ve keyfiyyeti ʿicāleten bu ṭarafa işāret {4} buyurmaları siyāḳında ḳā'ime. Fī 9 Ş 40

[*580/141*] ***Rumili vālīsine***

{1} Bi-keremillāhi Taʿālā Mesolenk pīşgāhında olan gāvur tekneleri defʿ olmuş ve Bālyabādra'ya gönderilan z̲aḫāyir {2} maḥalline varmış oldığı ol ṭarafdan istiḫbār ḳılınmış ve bu keyfiyyet işʿār-ı sipehdārīlerinden tebeyyün itmiş ise de bir müddetden berü {3} gerek Bālyabādra ve gerek Īnebaḫtī ve Ḳasteller ḳalʿalarınıñ lāyıḳıyla keyfiyyeti bilinemeyüb me'mūrlarından istiʿlām {4} olunsa her bir defʿasında bir ṣūretle inhā ideceklerinden şu ḳalʿalarıñ ḥaḳīḳat-i ḥāli yaʿnī el-ḥāletü-hāz̲ihī mevcūd {5} ʿasākir ve mühimmāt ve z̲aḫāyiri ne vechiledir ve ahālīsi ne keyfiyyetdedir, üslūb-ı ḥakīmāne ile taḥḳīḳi lāzım gelmiş ve bu mādde {6} daḫi z̲immet-i himmet-i dirāyet-kārīlerine taḥattüm eylemiş olmağla z̲āt-ı saʿādetleri muʿtemed ve kār-āşinā ve uṣūl-şinās münāsib {7} bir bendelerini bir zemīn-i münāsibe ile ol ṭaraflara göndirerek gerek Bālyabādra ve Īnebaḫtī ḳalʿalarında {8} ve gerek Ḳasteller'de ne miḳdār z̲aḫīre vardır ve mühimmāt ve ʿasker mevcūd mıdır ve ḳalʿalarıñ ḥāli ve ṣūret-i {9} taḳviyetleri ne vechiledir ve ahālīsi ne miḳdār olabilür, eṭrāfıyla serriştesizce tecessüs ü taḥarrī itdirderek {10} her biriniñ keyfiyyetlerini īżāḥan işʿāra himmet buyurmaları siyāḳında ḳā'ime. Fī 11 Ş 40

[*580/143*] ***Selānīk mutaṣarrıfı ʿÖmer Paşa'ya***

{1} Cenābıñız biñ nefer ʿasker ile Rumili Vālīsi ve bi'l-istiḳlāl Serʿaskeri vezīr-i mükerrem saʿādetlü Reşīd Paşa ḥażretleri {2} maʿiyyetine me'mūr olaraḳ

Rūz-ı Ḫıżır'dan yiğirmi [gün] muḳaddem ṣavb-ı me'mūriyyetiñize irişmeñiz bābında emr-i şerīf taṣdīr {3} ve tesyīr ve maḫṣūṣ ṭarafımız[dan] taḥrīrāt tasṭīriyle maṣlaḥatıñ ehemmiyyeti ve bu sene-i mübāreke uṣūlünüñ keyfiyyeti eṭrāfıyla beyān {4} ü iş'ār ḳılınmış oldığından icrā-yı irāde-i seniyyeye sür'at lāzımeden iken henüz ḥareket ü 'azīmetiñize dā'ir bir ḫaber {5} ẓuhūr itmeyüb ḥālbuki ser'asker-i müşārun-ileyh ḥażretleri māh-ı Receb'iñ yiğirmi yedinci güni Yānya'dan ḥareket ve Nārda'ya {6} varub andan ilerüye 'azīmetle müsta'īnen billāhi Ta'ālā muḥārebeye ḳıyām itmek üzere oldığına binā'en me'mūrlarıñ {7} şimdiye ḳadar iḳtiżā-yı me'mūriyyetini icrā iderek ma'iyyet-i ser'asker-i müşārun-ileyhde is̱bāt-ı vücūd eylemamesi böyle ehemm-i dīnde {8} beṭā'etine maḥmūl olaraḳ kendü kendüye mes'ūliyyeti da'vet ḳabīlinden olmaz mı? Bu sene-i mübārekede inşā'allāhü Ta'ālā {9} bu ġā'ileniñ ḥüsn-i indifā'ı niyyet-i ḫāliṣasıyla maṣlaḥata germiyyetle şürū' olundığı ve vaḳtiyle her bir me'mūruñ īfā-yı {10} me'mūriyyete müsāra'at eylemesi ḳaṭ'ī irāde-i seniyye-i şāhāne muḳteżāsından idüği ibtidā-yı emrde bildirilmiş iken {11} böyle ağır ḏavranaraḳ murādıñız giçen seneler gibi biraz çürük çarıḳ 'asker ile vaḳtsiz gitmek ise vaḳtiyle ve me'mūr {12} oldığı vechile tamāmca ve işe yarar 'asker ile ser'asker-i müşārun-ileyh ma'iyyetine is̱bāt-ı vücūd itmeyan ve tamām ve işe yarar {13} 'asker ile is̱bāt-ı vücūd iderek cān ü göñülden dīn yolunda ve devlet uğurunda ibrāz-ı ḥüsn-i ḫidmete çalışmadığını {14} ser'asker-i müşārun-ileyh ḥażretleri ṭarafından taṣdīḳ itdirmek ṣūretinde olmayan me'mūrlarıñ ḥareket ü 'azīmetleri (95) īfā-yı me'mūriyyet ṣayılmayaraḳ beher-ḥāl ḥaḳḳında mücāzāt-ı lāzımeniñ icrā olunacağı muḥaḳḳaḳ olmaḳdan nāşī {2} işte bu def'a daḫi nihāyet ta'cīl olmaḳ üzere te'kīd ve isti'cāli şāmil ṣudūr iden emr-i 'ālī ile ve sizi {3} ṣavb-ı me'mūreñize kemāl-i sür'at ile īṣāl içün maḫṣūṣ ḫāṣṣa ḫaṣekīlerinden ta'yīn ve tesyār olunmuş [...] {4} Ḫaṣekī olmağla işbu tenbīh ve isti'cāl nihāyet-i maṣlaḥat olub bundan ṣoñra iḳtiżāsı icrā olunacağını yaḳīnen bilerek {5} selāmet-i ḥāl lāzım ise bu bābda ṣādır olan emr-i 'ālī ve işbu mektūbumuz ile ḫaṣekī-i mūmā-ileyh nerede size irişür ise {6} gice ve gündüz dimeyüb hemān me'mūr oldığıñız 'asākir ile 'icāleten ser'asker-i müşārun-ileyh ma'iyyetine irişerek emr ü re'yi {7} üzere ḥareket ve ma'iyyet-i müşārun-ileyhe vuṣūlüñüz ḫaberiyle serī'an mübāşir-i mūmā-ileyhi i'ādeye diḳḳat ve ol vechile {8} selāmet-i ḥāliñizi taḥṣīle müsāra'at eylemeñiz içün maḫṣūṣan işbu mektūb. Fī 12 Ş 40

[*580/144*] ***Rumili vālīsi ḥażretlerine***

{1} Ẕāt-ı ġayret-simāt-ı düstūrīleriniñ istiṣḥāb eyleyecekleri 'asākir ḏoğrı ceng ü ḥarbe sevḳ olunacaḳlarından faḳaṭ {2} ẕaḫīre ta'yīnātıyla iktifā olunaraḳ ḳaṣṣābbaşı ta'yīnine ḥācet mess itmeyeceği muḳaddemce ṣavb-ı sipehdārīlerine {3} yazılmış ise de ṣunūf-ı 'asākir nān ile ma'an laḥm ta'yīni almaḳ ile me'lūf olduḳlarından bu def'a laḥm ta'yīniniñ ḳaṭ'ı {4} 'asākir-i merḳūmeye fütūrı mūriṣ olacağından ve bundan böyle ḳaṣṣābbaşı naṣb ü ta'yīni ifāte-i vaḳti müstelzim {5} olacağından ṭaraf-ı sipehdārīlerinden şimdiye ḳadar virilmiş ve bundan ṣoñra virilecek ḫarclara iḳtiżā iden {6} laḥm sū-yı ser'askerīlerinden virilmek ve laḥm bulunmayan maḥallerde on beşer pāradan i'ṭā ḳılınmaḳ üzere īcāb iden bahāsınıñ {7} 'ulūfe aḳçeleriyle berāber ṣavb-ı sa'ādetlerine irsāl olunub ba'dehū münāsib maḥallerden ağnām tertīb ve bedelātınıñ {8} cānib-i mīrīden taḥṣīl olunması ḫuṣūṣı tevārüd iden taḥrīrāt-ı ser'askerīlerinden müstefād olub ma'lūm-ı düstūrīleri {9} oldığı üzere muḳaddem ḳaṣṣābbaşı ta'yīn olunmaması bu sene-i mübārekede ḳażālar tertībi bedele rabṭ ve taḥvīl ve ağnām {10} tertībinden ṣarf-ı naẓar olunmasından īcāb idüb fi'l-vāḳi' bu bābda 'asākir-i me'mūreye fütūrı īrāṣ ider ḥālāt vuḳū'a {11} gelmamesine i'tinā lāzımeden ve şimdi ḳaṣṣābbaşı ta'yīn olunmaḳ lāzım gelse iş'ār-ı müşīrīleri vechile geciküb {12} işe yaramayacağı ve her ne ḳadar cenāb-ı düstūrīleri ḳażālardan ağnām tertībini göstermiş iseler de Rumili'niñ {13} ekṣer ḳażālarından bu sene-i mübārekede 'aynen ve bedelen 'asker tertīb olunmuş oldığından şimdi ağnām bedelleri {14} tertīb ve muṭālebesi mürettebāt-ı sā'ireye sekte īrāṣını müstelzim olacağı vāżıḥātdan oldığına binā'en maṣārif-i {15} ser'askerīye ṣarf itmek üzere 'asākir-i merḳūmeye laḥm ta'yīnātınıñ 'aynen i'ṭā olunamadığı eyyāmda iş'ār-ı müşīrīleri {16} vechile on beşer pāra fī ile bedelleriniñ ṣavb-ı ser'askerīlerinden i'ṭā olunması münāsib tensīb olunmuş ve irāde-i seniyye-i {17} şāhāne daḫi bu vechile ta'alluḳ itmiş olmağla ẕāt-ı sa'ādetleri iḳtiżā[sına] göre 'asākir-i merḳūma laḥm bulunmadığı maḥallerde {18} maṣārif-i ser'askerīye maḥsūb olunmaḳ üzere on beşer pāradan bedel i'ṭāsıyla hemān 'asākir-i müteḥaşşideyi bi'l-istiḫdām {19} iş görüb cenāb-ı ser'askerīlerinden me'mūl olan ġayret ü himmeti icrāya müsāra'at buyurmaları siyāḳında {20} ḳā'ime. Fī 12 Ş 40

[*580/146*] ***Rumili vālīsine***

{1} Ḥālā Mora Vālīsi ve Donanma-yı Mıṣriyye Ser'askeri sa'ādetlü İbrāhīm Paşa ḥażretleriniñ Moton'a vuṣūlleriyle Anāvārīn {2} ḳal'asını ve Ḳalāmāta ḳaṣabasını żabṭ ü tesḫīr iderek Sūda līmānında ḳalan süfün-i hümāyūn ve 'askeri ṣavb-ı maḳṣūda {3} sevḳ itmek üzere līmān-ı meẕkūr cānibine şirā'-küşā-yı 'azīmet olmuş oldığı ḥavādiṣi eṭrāfdan inhā ve iḫbār **(97)** olundığı keyfiyyeti muḳaddemce ṣavb-ı ser'asker[iler]ine taḥrīr ü iş'ār ḳılınmış idi. El-ḥāletü-hāẕihī müşārun-ileyh ḥażretleri ṭarafından tevārüd iden {2} taḥrīrāt me'ālinde müstaṣḥab-ı ma'iyyeti olan Donanma-yı Hümāyūn ile güẕerān iden Cumādelāḫir'iñ on birinci güni Mārmāris {3} līmānından fekk-i lenger-i iḳāmet ve Mora cānibine bādbān-küşā-yı teveccüh ü 'azīmet buyurmuşlar ise de bi-ḥikmetillāhi Ta'ālā iştidādı mümted {4} olan furṭunalar cihetiyle süfün-i hümāyūn-ı meẕkūre müteşettit olaraḳ faḳaṭ kendüleri yiğirmi beş ḳıṭ'a süfün-i hümāyūn-ı {5} nuṣret-maḳrūn ile Receb-i Şerīf'iñ beşinci güni Moton'a pā-nihāde-i saṭvet ve birḳaç gün ārām ü iḳāmetden ṣoñra bir miḳdār ʿasker ile {6} Anāvārīn ḳalʿası ṭarafına sevḳ-i semend-i celādet buyurmuş ve Moton ile Anāvārīn'iñ beyni iki sāʿat mesāfe olub at {7} işleyecek maḥal olmadığından baʿżı kulübelerde müteḥaṣṣın olan gāvurlar ṣavlet-i şīrāne-i İslāmiyān'a tāb-āver olamayaraḳ {8} ḏağlara firār ve terk eyledikleri ḳoyun ve keçi ve eşyā-yı sā'ire ġuzāt-ı ʿadū-şikārıñ giriftār-ı eyādī-i iğtināmları oldığından {9} ġayrı Moton ve Ḳoron ḳalʿaları daḫi küffār-ı ḫāk-sārıñ muhāceme-i ḥaṣr ü tażyīḳlerinden ḫalāṣ olmuş ve bi-mennihī Taʿālā {10} çeşm-dāşt-ı intiẓār olduḳları Donanma-yı Hümāyūn-ı sā'ire ile tevārüd idecek ʿasākir-i nuṣret-me'āṣiriñ vuṣūlünde ne ṭarafa rāyet- {11} -dān-ı besālet olmaḳ münāsib olur ise ol semte irḫā-yı ʿinān-ı ṣarāmet buyuracaḳları peyām-ı behcet-ittisāmı muḥarrer olub müşārun-ileyhiñ işʿārına {12} naẓaran inşā'allāhü'r-Raḥmān şimdiye ḳadar girüden gelecek sefīneleriñ daḫi vuṣūlleriyle ṭaraf ṭaraf ḫavene-i eşḳıyā üzerine ġulġule-endāz-ı {13} celādet olaraḳ ʿahd-i ḳarībde ġā'ileleriniñ berṭaraf olması me'mūl ü mütemennā ve ẕāt-ı ḥayderī-simāt-ı serʿaskerīleri daḫi şimdiye ḳadar {14} iş üzerine varmış olacaḳları me'mūlüne binā'en bi-mennihī Taʿālā müşārun-ileyh ḥażretleri Mora derūnunda ve ẕāt-ı serʿaskerīleri daḫi Mesolenk ve eṭrāf {15} ü eknāfında olan kefere-i eşḳıyā üzerlerine sell-i seyf-i iḳtiḥām ile dāḫilen ve ḫāricen levs-i vücūd-ı nuḥūset-nümūd-ı eşḳıyādan taṭhīr ü taṣfiyesiyle {16} ḳaṭʿ-ı ʿurūḳ-ı mefsedetleri sāḥa-i teyessürde cilve-nümā olması elṭāf-ı Sübḥāniyye'den müstedʿā olmağla müşārun-ileyh ḥażretleri ṭarafından bu vechile {17} tevārüd iden ḫaber maʿlūm-ı düstūrīleri buyurılaraḳ ẕāt-ı şecāʿat-elḳāb-ı müşīrīleri daḫi her ḥālde icrā-yı şerāyiṭ-i kār-güẕārī ve besālete {18} himmet buyurmaları siyāḳında ḳā'ime. Fī 15 Ş 40

[580/154] ***Rumili vālīsine***

{1} Yāverī-i tevfīḳ-i niʿme'r-refīḳ-i Ṣamedānī ile işbu māh-ı Şaʿbān-ı Şerīf'iñ sekizinci güni mevcūd-ı maʿiyyet-i ẓafer-āyāt-ı {2} düstūrāneleri olan ʿasākir-i nuṣret-me'āṣirden dört biñ nefer ile ketḫüdāları bir ḳoldan ve māh-ı {3} meẕkūruñ on birinci güni sekiz biñ nefer güzīde ʿasker ile Palāslı İsmāʿīl Paşa dīger ḳoldan {4} sevḳ ü taʿyīn ve Ṣālona ḳolunda olan me'mūrlarıñ daḫi ḥareketleri te'kīd ve istiʿcāl buyurılaraḳ {5} bi-ʿavnihī Taʿālā üç ḳoldan küffār üzerine hücūm ü iḳtiḥām olunmaḳ üzere tertīb (101) ve ẕāt-ı ḥayderī-simāt-ı müşīrāneleri daḫi reh-nümāyī-i luṭf-ı Bārī ile ne vechile Mesolenk üzerine ʿazīmeti {2} taṣmīm ve taṣvīb eylemiş ve ne ṣūretle tedābīr ü tertībāta teşebbüṣ buyurmuş olduḳları beyānıyla Mesolenk tertībi {3} olan ṭop ve hāvan ve edevāt ü mühimmāt-ı sā'ireniñ bir ḳadem aḳdem Donanma-yı Hümāyūn ile irişdirilmesi {4} ve muḳaddemce Mora Vālīsi ve Serʿaskeri saʿādetlü İbrāhīm Paşa ḥażretleri ṭarafından vürūd itmiş olan {5} sefāyin-i donanma Moton'a ʿasker iḫrācından ṣoñra ʿavdet itmiş olduḳlarından yine gāvur gemileri gelüb {6} Bālya boġazını sedd itmiş olduḳlarını mübeyyin saʿādetlü Bālyabādra muḥāfıẓı ḥażretleri cānibinden ṣavb-ı {7} saʿādetlerine gelan şuḳḳaları taḳdīm olunmuş ve tekrār Ḳorfa ṭarafından ne ṣūretle ecnās-ı ẕaḫīre iştirā {8} ve īṣāli ḫuṣūṣuna iḳdām ü ġayret buyurulmuş oldığı ve Ḳapūdān Dīsāva'nıñ istīmānı māddesine {9} dā'ir saʿādetlü Eġrīboz muḥāfıẓı ḥażretlerine gönderilmek üzere yazılub iṭāre-i sū-yı müşīrīleri ḳılınan {10} taḥrīrātımız Eġrīboz muḥāfıẓı müşārun-ileyh ṭarafına irsāl ve ṭaraf-ı serʿaskerīlerinden daḫi ne me'ālde taḥrīrāt isbāl {11} olunmuş ve muḥāfıẓ-ı müşārun-ileyhiñ muḳaddem iştikā eylediği ʿasker sergerdesi Üsküblı ʿAlī Delīlbaşı nām ḫabīs̱ {12} ʿaskerini Eġrīboz'da terk ile İzdīn ṭarafına gelmiş oldığından cezā-yı sezāsı tertīb olunaraḳ yerine {13} rü'esā-yı ʿaskeriyyeden münāsibi intiḫāb ve muḥāfıẓ-ı müşārun-ileyh maʿiyyetine irsāl ḳılınacağı ve İnebaḫtī ʿaskeri-çün {14} bi'd-defaʿāt külliyyetlü aḳçe gönderilmiş ve mu'aḫḫaren daḫi üç yüz kīse aḳçe tertīb ve tesrīb ḳılınmış ise de bu ʿulūfe {15} māddesiniñ ardı alınamadığından istiḥṣāl-i ḥüsn-i rābıṭası muḳaddem sū-yı serʿaskerīlerine yazılmış oldığına {16} ve ʿasākir-i merḳūmeniñ ʿulūfeleri żımnında iki defʿa irsāl olunan üçer yüz kīse aḳçe Bālyabādra {17} muḥāfıẓı müşārun-ileyh ṭarafından aḫẕ ḳılınmış idüği taḥḳīḳ buyuruldığına mebnī ʿasākir-i merḳūme ʿulūfeleri-çün {18} dört yüz kīse aḳçe tertīb ve ṭaraf-ı serʿaskerīlerine tesrīb ḳılınması ve selef-i müşīrīleri saʿādetlü Dervīş Paşa {19} ḥażretleriniñ güẕeşte ʿasker ʿulūfe ve māndesi defterleri bundan aḳdem taḳdīm buyurulmuş ise de anlardan {20} ṣarf-ı naẓar olunaraḳ bu defʿa ʿasker-i merḳūmuñ ʿulūfeleri ne vechile rü'yet ve nihāyet ne miḳdāra bāliġ ve ne ṣūretle {21} te'diye ve ḳaṭʿ-ı nizāʿ ḳılınmış oldığını mübeyyin iṭāre buyurılan üç ḳıṭʿa defteriñ Başmuḥāsebe'ye ḳaydıyla ʿilmüḫaberiniñ {22} irsāl olunması ḫuṣūṣlarını ve ifādāt-ı sā'ireyi şāmil resīde-i dest-i iḫlāṣ olan taḥrīrāt-ı saʿādet- {23} -āyāt-ı müşīrīleri mezāyāsıyla Bālyabādra muḥāfıẓı müşārun-ileyhiñ sū-yı şerīflerine vürūd ile gönderilmiş {24} olan taḥrīrātı ve defātir-i merḳūme mü'eddāları rehīn-i ıṭṭılāʿ-i ḫulūṣ-verī olub ol vechile īfā-yı {25} me'mūriyyet itmek üzere üç ḳoldan ḳahr ü istīṣāl-i eşḳıyā ve defʿ-i mekīdet-i aʿdā niyyet-i ṣādıḳasıyla icrā buyurmuş {26} olduḳları re'y ü tedbīr ve bi-taḫṣīṣ Bālyabādra içün Ḳorfa'dan ẕaḫāyir-i mütenevviʿa iştirā ve īṣāline {27} maṣrūf olan ġayret ü iḳdām-ı dil-peẕīrleri delīlbaşı-i merḳūmuñ tertīb-i cezāsıyla yerine münāsibiniñ {28} irsāline vāḳiʿ olacaḳ himmetleri tamām yolunda olaraḳ ẕātlarından cümlemiziñ me'mūli olan kār-āşināyī {29} ve feṭāneti iṣbāt ü te'kīd-birle bādī-i ferḥat ü mesār ve duʿā-yı tevfīḳ ü selāmetleri ʿan-ṣamīmi'l-ḳalb {30} zībende-i zebān-ı tekrār olmuş ve taḥrīrāt-ı meẕkūreleri mübārek rikāb-ı müsteṭāb-ı şāhāneye ʿarż {31} ü taḳdīm ile meşmūl-ı liḥāẓa-i kerāmet-ifāża-i tācdārī buyurulmuşdur. Ẕāt-ı besālet-simātları (102) zīver-i ḥamiyyet ü ṣalābet ile ārāste olaraḳ muḥavvel-i dūş-ı istīhāl ü ihtimāmları ḳılınan ḫidemāt-ı seniyyede

{2} ve bi-taḫṣīṣ me'mūr olduḳları işbu ḫuṭūb-ı muʿaẓẓama-i sipeh-sālārīde fevḳa'l-me'mūl ibrāz-ı ḫidemāt-ı {3} pesendīde ve iẓhār-ı mesāʿī-i bergüzīdeye ṣārif-i naḳdīne-i tāb ü tüvān olaraḳ reh-nümūnī-i Ḥażret-i tevfīḳ-i Ḫudā {4} ve meded-resī-i rūḥāniyyet-i ḥażret-i Seyyidü'l-Enbiyā ile inşā'allāhü'r-Raḥmān her bir maṣlaḥat-ı mevkūlelerinde {5} muvaffaḳ olacaḳları emāre-i ḥasenesi rū-nümūn ü derkār ve ez-her-cihet taḳviye-i bāzū-yı miknet {6} ü iḳtidārları olur esbāb-ı ḥaseneniñ istiḥṣāli aḳdem-i efkār olub sürʿat-i irsālini iltimās {7} buyurmuş olduḳları ṭop ve hāvan ve mühimmāt-ı sā'ire Donanma-yı Hümāyūn-ı Şāhāne ile irsāl olunmaḳ {8} üzere müretteb oldığından hemān saʿādetlü Ḳapūdān paşa ḥażretleri bunları Donanma-yı Hümāyūn ile bi'l-istiṣḥāb {9} ʿazīmet üzere olaraḳ ḥattā Donanma-yı Hümāyūn'uñ bir ṭaḳımı ilerü Boġaz'a irsāl ile Gelībolī {10} ve Lābsekī ṭaraflarında ḥaṭab ve peksimādlarını almaḳda ve māʿadāsı daḫi bi'l-iḳdām ḥāżırlanaraḳ peyderpey alārġa {11} olmaḳda oldığına binā'en bi-ʿavnillāhi'l-Meliki'l-Muʿīn bunlar daḫi hemān Ramażān-ı Şerīf ibtidāsına ḏoġrı {12} çıḳub teshīlāt-ı İlāhiyye'ye muḳārenetle ḳarīben ol ṭaraflara vuṣūl ile Mesolenk tertībi olan {13} meẕkūr eşyā ve levāzım-ı sā'ireyi vaḳtiyle īṣāle muvaffaḳiyyetleri elṭāf-ı İlāhiyye'den mes'ūl ve lillāhi'l-ḥamd {14} müşārun-ileyh İbrāhīm Paşa ḥażretleri daḫi māh-ı Receb-i Şerīf'iñ beşinci güni bi-selāmetillāhi Taʿālā Moton'a {15} lenger-endāz-ı vuṣlat ve Ḳoron ḳalʿasını ḳayd-ı muḥāṣaradan taḫlīṣe himmet ile ġānimen ve ġāliben Moton'a {16} ʿavdet eylemiş oldığından girüde ḳalan donanma ve ʿasākir vürūdlarında iḳtiżā-yı vaḳt ü ḥāle {17} göre ḥareket eyleyeceği müşārun-ileyh ṭarafından muḳaddemce işʿār olunmuş oldığından ʿavn-i Ḫudā ile şimdiye ḳadar {18} girüde olan donanma daḫi vāṣıl olaraḳ anlar daḫi īfā-yı me'mūriyyete mübāşeret eylemiş ve Bālya ṭarafı {19} daḫi bütün bütün muḥāṣara ve müżāyaḳadan ḳurtulmuş olacaġı me'mūl olub me'āl-i işʿārlarına {20} göre Īnebaḫtī ʿaskeri-çün iki defʿada gönderilmiş olan altı yüz kīse aḳçe Bālyabādra {21} muḥāfıẓı müşārun-ileyh ṭarafında ḳalmış oldığından meblaġ-ı mezbūr Bālyabādra ʿaskeriniñ işlemekde {22} olan ʿulūfelerine maḥsūben muḥāfıẓ-ı müşārun-ileyhe ẕimmet ḳaydıyla ilerüde aña göre ḥesābı görülmesi-çün {23} maḥalline ḳayd ü işāret itdirilmek üzere inhā ve tensībleri üzere sünūḥ iden irāde-i seniyye-i {24} şāhāne mūcebince Īnebaḫtī ʿaskeriniñ ʿulūfe sızıldılarınıñ ḳaṭʿ ve tanẓīmi żımnında Ḍarbḫāne-i ʿĀmire'- {25} -den dört yüz kīse aḳçe tertīb ve irsāl olunmuş ve ṭıbḳ-ı iltimāsları vechile muḳaddemce Başmuḥāsebe'den {26} ḳayd itdirilan defterlerden ṣarf-ı naẓar olunaraḳ bu defʿa gönderilmiş olan defātir-i ṣaḥīḥa {27} ḳayd ü sebt ve iḳtiżā iden ṣūret-i defteriyle ʿilmüḫaber emri ıṣdār ve tesyār ḳılınmış olmaġla {28} ẕāt-ı ʿālīleri bu ṭarafda ḫuṣūṣāt-ı vāḳıʿalarınıñ sürʿat-i tesviye ve tensīḳine ṣarf-ı mā-ḥaṣal-i [?] ḳudret {29} olunmaḳda ve hemān Donanma-yı Hümāyūn iḫrācına bi'l-iḳdām ġayret ḳılınmaḳda oldığını cezm buyuraraḳ {30} bir ān aḳdem īfā-yı lāzıme-i me'mūriyyet ve besālete himmet ve yüzüñüzden dīn ve Devlet-i ʿAliyye'ye muntaẓarımız olan {31} ḫidemāt-ı ḥaseneyi ibrāza nis̱ār-ı naḳdīne-i ġayret-birle şu gāvurlardan bā-ʿavn ü ʿināyet-i Bārī {32} lāyıḳıyla aḫẕ-ı s̱ār ü intiḳāmı iḳtiżā ider esbāb ü vesāʾili icrā ve ikmāle mübāderet buyurmaları {33} siyāḳında ḳāʾime. Fī 24 Ş 40

[580/155] ***İskenderiye mutaṣarrıfına***

{1} ʿUhde-i müşīrīlerinde olan sancaḳlardan Rumili Vālīsi ve Serʿaskeri saʿādetlü Reşīd Paşa ḥażretleri {2} maʿiyyetine irsāl olunmaḳ üzere bā-irāde-i şāhāne iḫrācına meʾmūr olduḳları beş biñ nefer güzīde {3} ve tüvānā ʿaskeriñ sürʿat-i iʿzāmları ḫuṣūṣuna müteʿalliḳ olan emr ü fermān-ı mülūkāne īcābı üzere {4} ol bābda bir ḳıṭʿa emr-i ʿālī ıṣdār ve ʿasker-i merḳūmuñ iḫrāc ü iʿzām olunduḳları ḫaberini bu ṭarafa {5} getürmek üzere ḫāṣṣa ḫaṣekīlerinden maḫṣūṣ mübāşir daḫi taʿyīn olunaraḳ veṣāyā-yı muḳteżiye {6} ṣavb-ı ḫulūṣ-verīden daḫi etrāfıyla ṭaraf-ı şerīfiñize taḥrīr ü işʿār ḳılınmış oldığından ehemmiyyet-i maṣlaḥata {7} naẓaran şimdiye ḳadar icrā-yı lāzıme-i meʾmūriyyete müsāraʿat eylemiş olacaḳları meʾmūl ise de {8} henüz ʿasker-i meẕkūruñ iḫrācına dāʾir bir gūne inhāları vāḳiʿ olmayub maʿa-hāẕā maʿlūm-ı şerīfiñiz oldığı {9} üzere cümle meʾmūrlarıñ vaḳt ü mevsimiyle meʾmūr olduḳları maḥalde işleri üzerinde bulunmaları lāzımeden {10} ve el-ḥāletü-hāẕihī serʿasker-i müşārun-ileyh ḥażretleri daḫi emr-i muḥārebeye mübāşeret itmiş olduḳlarından meʾmūrlarıñ {11} ʿācilen maʿiyyet-i müşārun-ileyhe irişmeleri müteḥattim-i ʿuhde-i diyānet olacağı vāżıḥātdan olub şöyle ki, {12} bu mādde dīn ġavġāsı oldığından ehl-i İslām'a bu bābda ḫāb ü rāḥatı terk itmek farż {13} olaraḳ beṭāʾet ü müsāmaḥa dünyā ve āḫiretde mesʾūliyyeti intāc ideceği ve cenāb-ı müşīrīleri ise sāʾire {14} maḳīs olmayub ḫānedānzāde ve sāye-i hümā-vāye-i şāhānede iktisāb-ı nām ü şān {15} itmiş vüzerā-yı ʿiẓām-ı Salṭanat-ı Seniyye'den olduḳlarına naẓaran sāʾirlerinden ziyāde bu emr-i ehemm-i {16} dīnde saʿy ü ġayret ve meʾmūrīn-i sāʾireye müsābaḳat eylemeleri lāzım geleceği ve giçen sene mis̱illü {17} bī-vaḳt ʿasker gönderilür ise bir işe yaramayaraḳ īfā-yı meʾmūriyyet ʿadd olunmayacağı ve bu defʿa {18} vāḳiʿ olan suʾāl-i hümāyūn-ı şāhāneye mebnī ʿasker-i meẕkūruñ iḫrāc olunduḳları ḫaberini {19} getürmek üzere maḫṣūṣan tatarlarımızdan [...] Tatar ḫarcırāhı daḫi bu ṭarafda virilerek {20} ṣavb-ı müşīrīlerine gönderilmiş idüği maʿlūm-ı şerīfleri olduḳda eğer ʿasker-i merḳūm tām {21} ve güzīde olaraḳ işbu ḳāʾime-i ḫāliṣānemiziñ vuṣūlüne ḳadar iḫrāc ü iʿzām olunmamış ise {22} baʿd-ez-īn vaḳt ḳalmamış oldığından bir gün ifāte-i vaḳti tecvīz itmeyerek derḥāl tamāmen {23} ve kāmilen iḫrāc ve bir daḳīḳa evvel serʿasker-i müşārun-ileyh ḥażretleri maʿiyyetine īṣālleri esbābını {24} istiḥṣāl ile ʿasker-i merḳūmuñ iḫrāc ü iʿzām olunduḳları ḫaberini tatar-ı merḳūm muʿāvedetiyle {25} serīʿan bu ṭarafa inhā ve işāret ve ol vechile icrā-yı meʾmūriyyet [ve] diyānete müsāraʿat buyurmaları {26} siyāḳında ḳāʾime. Fī 24 Ş 40

[580/156] *Selānīk mutaṣarrıfına*
{1} Bu sene-i mübārekede Evlād-ı Fātiḥān'dan tertīb olunmuş olan üç biñ neferiñ iki biñ neferi maʿiyyet-i saʿādetlerinde {2} bi'l-münāvebe istiḫdām olunmaḳ üzere biñ neferi Rumili Vālīsi ve Serʿaskeri saʿādetlü Reşīd Paşa {3} ḥażretleri maʿiyyetine me'mūr olmuş ve ʿasker-i merḳūmuñ başbuğluġı Tikveş Çeribaşısı Ḳanṭūrzāde (104) Muṣṭafā Beğ ʿuhdesine iḥāle ḳılınmış oldığından mīr-i mūmā-ileyh başbuğluġuyla ʿasker-i mezḳūruñ sürʿat-i iḫrācı {2} ḫuṣūṣuna irāde-i ḳāṭıʿa-i şāhāne taʿalluḳ iderek ṣavb-ı saʿādetlerine ḫiṭāben bir ḳıṭʿa ṣudūr iden fermān-ı ʿālī {3} ḫaṣekī mübāşeretiyle gönderilmiş ve bu seneniñ uṣūlüyle ehemmiyyet-i maṣlaḥat daḫi sū-yı müşīrīlerine taḥrīr ü işʿār ḳılınmış {4} oldığından şimdiye ḳadar ʿasker-i mezḳūrı iḫrāc ü iʿzām eylemiş olacaḳları me'mūl ise de el-ḥāletü-hāẕihī {5} bu ḫuṣūṣa dā'ir bir gūne inhāları vāḳiʿ olmamış oldığına ve serʿasker-i müşārun-ileyh ḥażretleri bugünlerde ilerü {6} ʿazīmetle müstaʿīnen billāhi Taʿālā muḥārebeye ḳıyām eylemiş idüğüne mebnī me'mūrlarıñ şimdiye ḳadar icrā-yı me'mūriyyete {7} ḳıyām eylemeleri īcāb-ı maṣlaḥatdan ve iḳtiżā-yı emr ü fermān-ı şāhāneden olaraḳ bu defʿa kāffe-i me'mūrīniñ {8} aḥvāl ü ḥareketleriniñ taḥḳīḳi irādesiyle her birine başḳa başḳa taḥrīrāt ve maḫṣūṣ tatarlar gönderilmiş {9} ve ẕikr olunan Fātiḥān ʿaskeri-çün daḫi maḫṣūṣan tatarlarımızdan [...] Tatar ḫarcırāhı virilerek {10} ṣavb-ı şerīflerine irsāl olunmuş olmaġla bu mādde dīn maṣlaḥatı olaraḳ bu ḫuṣūṣda ġayret cümleye {11} vażīfe-i ẕimmet ve ednā derece müsāmaḥa mes'ūliyyeti daʿvet olacaġı maʿlūm-ı müşīrīleri buyuruldukda {12} henüz ẕikr olunan biñ nefer ʿasker mīr-i mūmā-ileyh başbuğluġuyla iḫrāc olunmamış ise baʿd-ez-īn te'ḫīr {13} ġayr-ı mücāz oldığından bir daḳīḳa terāḫī olunmayaraḳ hemān ʿasker-i mezḳūrı iḫrāc ve maʿiyyet-i müşārun-ileyhe {14} īṣāle kemāliyle şitāb ü sürʿat ve iḫrāc ü iʿzām olunduḳları ḫaberini serīʿan tatar-ı merḳūm muʿāvedetiyle {15} inhā ve işāret-birle īfā-yı me'mūriyyete diḳḳat buyurmaları siyāḳında maḫṣūṣan işbu ḳā'ime. Fī 24 Ş 40

[580/161] *Rumili vālīsine*
{1} Eğrīboz Muḥāfızı vezīr-i mükerrem saʿādetlü ʿÖmer Paşa ḥażretleri bundan aḳdem istīmān ṣūretinde olan Dīsava {2} Ḳapūdān'ıñ ṭalebine taṭbīḳan sū-yı sipehdārīlerinden İstifa cānibine başḳaca beş biñ nefer süvārī ve piyāde {3} ʿaskeriñ īcāb ü lüzūmunı bā-taḥrīrāt ṣavb-ı muḫliṣīye inhā ve beyān ve keyfiyyeti ṭaraf-ı serʿaskerīlerine {4} daḫi yazmış oldığını inbā ve dermiyān eylemiş oldığına binā'en ol bābda tafṣīl-i keyfiyyet ṣavb-ı vālālarına {5} taḥrīr ve ḥasbe'l-maṣlaḥa īcāb ü iḳtiżāsı re'y ü tensīb-i ṣafderānelerine ḥavāle olunmuş oldığından {6} gelan cevāb-nāme-i müşīrīlerinde el-ḥāletü-hāẕihī kefere-i ʿuṣāt üzerine dört biñ nefer ʿasker ile {7} ketḫüdālarını bir ḳoldan ve sekiz biñ

nefer ʿasker ile İsmāʿīl Paşa bendelerini bir ḳoldan sevḳ ü taʿyīn ve Ṣālona {8} ḳoluna meʾmūr ʿAbbās Paşa ve Biñbaşı Mıṣırlı Muṣṭafā Beğ ṭarafına daḫi hemān bugünlerde bi'l-ittiḥād {9} muḥārebeye ḳıyām eylemelerini teʾkīd eyledikleri ve muḳaddemā muḥāfıẓ-ı müşārun-ileyh maʿiyyetine göndermiş olduḳları {10} delīlbaşıyı iʿdām ve yerine āḫar münāsibini iʿzām ve her ne ṭaleb olunur ise iḳtiżāsına baḳmağa {11} iḳdām buyuracağıñız muḥāfıẓ-ı müşārun-ileyhe taḥrīr olunmuş idüği muḥarrer ise de muḥāfıẓ-ı müşārun-ileyh {12} ẕikr olunan beş biñ nefer ʿaskeriñ īṣāli muḳteżī oldığı beyānıyla vaḳt ü zamān fevt olmaḳsızın {13} icrā-yı muḳteżāsına himmet olunmasını ṣavb-ı serʿaskerīlerine yazmış oldığını bu defʿa daḫi işʿār idüb {14} ẕāt-ı dirāyet-simāt-ı düstūrīleri istiḳlāl-i kāmil ile aḳṭār-ı Rumili'niñ vālī-i vālā-şānı {15} olaraḳ her bir maḥalliñ keyfiyyetini ve lüzūm ü iḳtiżāsı vechile muḥāfaẓa ve idāresini istiknāh-birle {16} aña göre muḳteżā-yı maṣlaḥatı icrā eyleyecekleri hüveydā oldığına ve cenāb-ı müşīrileriniñ İstifa'ya {17} ʿasker irsāl idüb itmeyeceklerine dāʾir bir şey yazmamaları ġālibā Ṣālona ḳoluna meʾmūr ʿasākiriñ {18} bi-mennihī Taʿālā Ṣālona'yı fetḥ ü tesḫīr eyledikden ṣoñra İstifa ve Atina üzerlerine ḳıyām ü iḳtiḥām ideceği {19} mülāḥaẓasıyla muḥāfıẓ-ı müşārun-ileyhiñ maḳṣūdı olan ṣūret ilerüde ṭabīʿatıyla ḥāṣıl olacağına {20} mebnī olub muḥāfıẓ-ı müşārun-ileyhiñ bu defʿaki işʿārı faḳaṭ keyfiyyeti ṣavb-ı serʿaskerīlerine yazdığını {21} beyān ile ifāde-i ḥāl ḳabīlinden ise de kendüsi ḫāhiş-ger oldığına bināʾen saʿy ü ġayretine (108) fütūr ü kesel gelmamesi ümniyesine mebnī cenāb-ı sipehdārīleriniñ el-ḥāletü-hāẕihī ol vechile ḳol ḳol ʿasākir ve meʾmūrīn {2} sevḳ ü taʿyīn ve Ṣālona ḳolunda olanlara daḫi ol ṣūretle veṣāyā-yı lāzımeyi işʿār ü tenbīh itmiş {3} olduḳlarını ve delīlbaşı-i merḳūmı daḫi iʿdām ile yerine āḫarını taʿyīn iderek her bir {4} ḫuṣūṣda levāzım-ı iʿāneti icrā ideceğiñizi ṭarafına yazmış oldığıñızdan bundan böyle daḫi her bir {5} ṭarafıñıza müteʿalliḳ levāzım-ı muʿāvenetde cānib-i serʿaskerīden iḳdām ü himmetde ḳuṣūr olunmayacağı beyānıyla {6} hemān ẕāt-ı sipehdārīleri Ṣālona üzerinde olan meʾmūrlar ile muḫābere iderek her ṭarafda bi'l-ittifāḳ {7} iş görülmekle iḳdām ü ġayret eylemesi şeref-sünūḥ olan irāde-i seniyye-i şāhāne mūcebince ṭaraf-ı {8} muḥāfıẓ-ı müşārun-ileyhe taḥrīr ü işʿār olunmuş olub ancaḳ bu ḫuṣūṣlarıñ cümlesi ẕāt-ı ʿālīleriniñ {9} bileceği ve reʾyleri munżam olmadıḳça icrāsı lāzım gelmeyecek mevāddan ve yāverī-i tevfīḳ-i Sübḥānī ile {10} uṣūl-i sipehdārīyi miḥver-i lāyıḳında rüʾyete teşmīr-i sāḳ-ı ġayret buyurmaḳda olduḳları bedīhiyyātdan olmağla {11} hemān ẕāt-ı sipehdārīleri daḫi kendü ṭaraflarından ḥasbe'l-maṣlaḥa muḥāfıẓ-ı müşārun-ileyhe iş {12} gördirecek ṣūretle muʿāmele ve mesʾūlāt-ı vāḳıʿasına īcāb ü iḳtiżāsına göre müsāʿade {13} buyuraraḳ īfā-yı şerāyiṭ-i reviyyet-mendāneyi iṣbāta himmet buyurmaları siyāḳında ḳāʾime. Fī 25 Ş 40

[580/170] *Rumili vālīsine*

{1} Maʿiyyet-i müşīrīlerine meʾmūr Palāslızāde İsmāʿīl Paşa bendeleri şimdiye ḳadar meʾmūr oldıġı ḫidemāt-ı seniyyede {2} ġayret ve ibrāz-ı ḥüsn-i ḫidmeti kendüye bādī-i rifʿat ʿadd eylemiş ṣıdḳ ü istiḳāmet ile muttaṣıf bendegān-ı Devlet-i ʿAliyye'den {3} oldıġı Salṭanat-ı Seniyye ʿindinde maʿlūm oldıġından başḳa bu āna ḳadar paşa-yı mūmā-ileyh bendeleriniñ ġayret {4} ve icrā-yı ḳavāʿid-i cānsipārīye müsāraʿatı meşhūd-ı serʿaskerīleri olmuş oldıġı muḳaddemāt ve şehādet-i {5} ḥasenesi ve Yānya ve Delvīne Sancaḳlarınıñ paşa-yı mūmā-ileyhiñ ʿuhdesine ʿarż-ı serʿaskerīleriyle tevcīhi {6} ḫuṣūṣunuñ bā-ʿavn-i Bārī şu Rum fesādı ġāʾilesiniñ ḥüsn-i indifāʿına teʾḫīrinde ḥasbe'l-müṭālaʿa {7} baʿżı fevāʾid ü muḥassenāt derkār ise de beyne'l-aḳrān irtifāʿ-i ḳadr ü menziletiyle tezāyüd-i şevḳ ü ġayreti żımnında {8} şimdilik ʿuhdesinde bulunan Īnebaḫtī ve Ḳarlıili sancaḳları rütbe-i vālā-yı vezāretle ibḳāʾen iḥsān {9} buyurulması ḫuṣūṣuna dāʾir resīde-i dest-i iḫlāṣ olan taḥrīrāt-ı saʿādet-āyāt-ı düstūrīleri {10} mezāyāsı rehīn-i ıṭṭılāʿ-i ḫulūṣ-verī olmuşdur. Ẕāt-ı ḥaṣāfet-simāt-ı müşīrīleri māye-i kār-āgāhī {11} ve dirāyet ile muttaṣıf vüzerā-yı ʿiẓām-ı Salṭanat-ı Seniyye'den olaraḳ şimdiye ḳadar muḥavvel-i ʿuhde-i istīhālleri {12} ḳılınan ḫuṭūb-ı muʿaẓẓama-i sipehdārīnin zīr ü bālāsını merkez ü niṣābında müṭālaʿa ile ḥüsn-i temşiyetine muvaffaḳ {13} olmaḳlıġa ez-dil ü cān saʿy ü himmet buyurmaḳda olduḳları ve yāverī-i tevfīḳ-i Bārī'ye muḳārenetle {14} kāffe-i reʾy ü müṭālaʿa-i düstūrīleri uṣūl ve vaḳt ü maṣlaḥata tevāfuḳ iderek inşāʾallāhü'r-Raḥmān yüzüñüzden {15} dīn ve devlet-i ʿāliye-i Muḥammediyye'ye envāʿ-ı ḫidmet ve ṣadāḳat ẓuhūrı elṭāf-ı İlāhiyye'den mesʾūl ü meʾmūl idüġi {16} ecilden ḥaḳīḳī ve ṣamīmī şevketlü kerāmetlü efendimiziñ ṭaraf-ı saʿādetlerine bi'l-vücūh ḥüsn-i teveccüh ve iʿtimād-ı hümāyūnı {17} derkār ve mūmā-ileyh İsmāʿīl Paşa bendeleri daḫi eben ʿan-ceddin Devlet-i ʿAliyye maṣārifini iltizām itmiş {18} fermān-ber ve rıżā-küster bendegān-ı ḥażret-i pādişāhīden olaraḳ paşa-yı mūmā-ileyh ʿuhdesine şimdilik {19} sancaḳ tevcīhiniñ teʾḫīrinde kendüsünüñ daḫi teslīm-kerdesi olacaḳ muḥassenātı müṭālaʿa ile sebḳ iden {20} tecrübelerine naẓaran ḥaḳḳında bu vechile ḫāme-güẕār-ı işʿār buyurılan iltimāsları daḫi becā ve yolunda olaraḳ {21} keyfiyyetiñ ḫāk-pāy-ı hümāyūn-ı mülūkāneye ʿarż ve isʿāf-ı iltimās-ı düstūrīlerini müstelzim ḥālātıñ ikmāli {22} müteḥattim-i ẕimmet-i muḫālaṣatımız oldıġından taḥrīrāt-ı müşīrīleri meşmūl-ı liḥāẓa-i meʿālī-ifāża-i cenāb-ı cihān-bānī {23} buyuruldıġını müteʿāḳib ḳısṭeyn mevācibi Yuvān Günü'ne teṣādüfi cihetiyle ber-muʿtād muḫlişleri ḫāk-pāy-ı hümāyūn-ı {24} şāhāneye ruḫ-süde oldıġımızda cenāb-ı müşīrīleriniñ Arnavudluḳ ḥaḳḳında ve ẕāt-ı maṣlaḥatda {25} icrā itmekde olduḳları ḥakīmāne ve müdebbirāne ḥareketleri mizāc-ı hümāyūn-ı şāhānelerine tevāfuḳ ile {26} ḥaḳlarında maḥāsin [ve] teveccühāt-ı mekārim-ġāyāt-ı cihān-bānīleri gün-be-gün tezāyüd itmekde oldıġı ve iltimāsāt-ı {27} vāḳıʿa-i müşīrīlerine müsāʿade-i

ʿaliyye-i cihān-bānīleri dirīġ buyurulmadıġı tebşīrātı mübārek zebān-ı {28} muʿciz-beyān-ı pādişāhīlerinden şeref-ṣudūr buyuruldıġından māʿadā el-ḥāletü-hāẕihī ẕāt-ı sipehdārīleri {29} şu Rum fesādı ġāʾilesiniñ ʿavn-i Ḥaḳḳʾla bu sene-i mübārekede külliyyen bitirilmesine cān ü göñülden {30} iḳdām ve çārçābuk meʾmūrları ḳol ḳol iderek İsmāʿīl Paşa bendelerini daḫi sekiz biñ ʿasker ile (114) bir ḳoldan sevḳ [ü] iʿzām-birle bi-mennihī Taʿālā cenāb-ı düstūrīleri daḫi hemān biẕẕāt Mesolenk üzerine {2} ḳıyām ü ḥareketi taʿcīlde olduḳlarına naẓaran inşāʾallāhü Taʿālā bugünlerde Nārdaʾdan ḥareket ü ḳıyām ve kefere-i {3} ʿuṣāt üzerine hücūm ü iḳtiḥām iderek ḳarīben ve ʿācilen şu Mesolenkʾiñ fetḥ ü tesḫīrine muvaffaḳiyyetleri {4} elṭāf-ı İlāhiyyeʾden meʾmūl olmasıyla el-ān mübārek ẕihn ü endīşe-i ḥażret-i cihān-bānī buña maṣrūf {5} oldıġından ve mūmā-ileyh İsmāʿīl Paşa bendeleri daḫi vāḳıʿan ṭıbḳ-ı tavṣiye-i müşīrīleri vechile ẕātında {6} şāyān-ı iltifāt-ı ʿālī olaraḳ bi-tevfīḳihī Taʿālā şu Mesolenkʾiñ żabṭ ü tesḫīri beşāretiniñ ḳarīben vürūd {7} ü ẓuhūruyla ḥaḳḳ-ı eḥaḳḳ-ı serʿaskerīlerinde menaṣṣa-pīrā-yı sünūḥ buyurılacaḳ meʾāṡir-i iltifāt-ı hümāyūn-ı şāhāneye {8} paşa-yı mūmā-ileyhiñ talṭīfi daḫi terdīf buyurılaraḳ her ḥālde şān ü ʿunvān-ı sipehdārī {9} ve nüfūẕ ve istiḳlāl-i serʿaskerīleri tevfīr ü tażʿīf buyurulmaḳ aḥsen göründiğinden hemān teraḳḳub ü intiẓār-ı {10} ḥażret-i pādişāhī işbu peyām-ı beşāret-irtisāmıñ vürūd ü bürūzına şāmil oldıġı maʿlūm-ı deḳāyıḳ- {11} -melzūm-ı [dü]stūrāneleri buyuruldukda cümlemiziñ velīniʿmeti olan ẕāt-ı şevket-simāt-ı ḳudret-niṣāb {12} -ḫalledellāhü mülkehū ilā-yevmiʾl-meʾāb- efendimiz ḥażretleriniñ leyl ü nehār aḳdem-i efkār-ı hümāyūnları olan işbu {13} mādde-i ehemme-i dīniyyeniñ ʿavn-i Bārīʾye iʿtimāden ve rūḥāniyyet-i ḥażret-i Seyyidüʾl-Mürselīnʾe tevessülen {14} sāḥa-i teyessürde çehre-nümā olmasına ne vechile ṣārif-i naḳdīne-i ġayret ü himmet olmaḳ ʿibād-ı ṣadāḳat- {15} -muʿtāda elzem ü aḳdem oldıġı nezd-i müşīkāfīlerinde ityān-ı edilleden muġnī idüğünden hemān ġayret {16} ü himmet-birle şimşīr-i ʿadū-tedmīri gerden-i ʿuṣāt-ı kefereye iḥāle-birle bir nefes evvel şu Mesolenkʾiñ {17} tesḫīri ḫaber-i behcet-eseriniñ inşāʾallāhü Taʿālā iṭāresine ẕātlarından meʾmūl olan {18} himmet ü iḳdāmāt-ı lāzımeniñ fevḳa-mā-yeteṣavver ibẕāline müsāraʿat buyurmaları siyāḳında ḳāʾime. Fī 28 Ş 40

[*580/176*] ***Rumili vālīsine***

{1} ʿUṣāt-ı kefereniñ Mesolenkʾe sedd olmaḳ ḫulyā-yı bāṭılıyla taḳviyet ü istiḥkām virmiş olduḳları Maḳrīnora Derbendi {2} müştemilātı olan manāstır ve ṭabyalarıyla berāber bi-naṣrillāhi Taʿālā ḳabża-i tesḫīre getürilerek muḥāfaẓasına {3} vāfī ʿasker yerleşdirilmiş ve Mesolenkʾe ḳadar cünūd-ı muvaḥḥidīne ḥāʾil olur bir maḥal ḳalmadıġından Aspro- {4} -poṭām ṣuyuna inşā itdirmekde olduḳları köpriniñ ʿan-ḳarīb tekmīliyle müstaʿīnen billāhi

Taʿālā hemān Mesolenk {5} üzerine ḥareket ü ʿazīmet buyuracaḳları ve Dersaʿādet'den gönderilan ve cenāb-ı ġayret-niṣāb-ı serʿaskerīleriniñ {6} Zānṭa'dan irsāline himmet buyurmuş olduḳları ẕaḫāyir Bālyabādra'ya vāṣıl olaraḳ lillāhi'l-ḥamd (117) Bālyabādra ṭarafı ẕaḫīre müżāyaḳasından külliyyen vāreste oldıġı keyfiyyātıyla Preveze['ye] müretteb ẕaḫāyiriñ sürʿat-i {2} irsāli muḳteżī ve lāzım idüği ve Tırḥāla Derbendi'ne iḳʿād olunmuş olan Silaḥdār İlyās Beğ'iñ {3} kendüsüne vāḳiʿ olan tenbīhāt ü veṣāyā-yı sipehdārīleri vechile ḥarekete iʿtinā iderek Ağrafa ṭaraflarında {4} olan ʿuṣāt-ı kefereniñ ḥarben ve silmen indifāʿ-i ġā'ilelerine ne ṣūretle iḳdām eylediğini müşʿir ṭaraf-ı sāmīlerine {5} tevārüd iden Rūmiyyü'l-ʿibāre kāġıdı tercümesiyle iṭāre buyurılaraḳ bi-ḥamdihī Taʿālā ol ṭaraflarda daḫi {6} emāre-i fevz ü ẓafer rū-nümā olmaḳda oldıġı ḫuṣūṣlarını şāmil ve bi-ʿavnihī Taʿālā kefere-i ʿuṣāt ile {7} vāḳiʿ olacaḳ muḥārebelerde aḫẕ olunacaḳ ru'ūs-ı maḳṭūʿa-i eşḳıyānıñ irsāli ṣūretinde istiʿlām-ı irādeyi {8} müştemil resīde-i behcet olan taḥrīrāt-ı şerīfeleriyle mīr-i mūmā-ileyh bendeleriniñ kāġıdı tercümesi me'āl {9} ü mefāhīmi mū-be-mū maʿlūm-ı ḫulūṣ-verī olmuş; yāverī-i yüsr ü tevfīḳ-i Yezdānī ile derbend-i meẕkūruñ {10} bu vechile ber-vech-i suhūlet żabṭ ü tesḫīri muḳaddeme-i fütūḥāt ve mebde'-i tebşīrāt oldıġına binā'en bu keyfiyyet {11} bādī-i inşirāḥ ü memnūniyyet olaraḳ taḥrīrāt-ı meẕkūreleri derḥāl ṭaḳımıyla rikāb-ı hümāyūn-ı şāhāneye {12} ʿarż ü taḳdīm olunduḳda "Maḳrīnora dinilan derbendiñ ber-vech-i suhūlet żabṭ ü tesḫīri inşā'allāhü Taʿālā {13} muḳaddeme-i fevz ü nuṣretdir. Maḥẓūẓ oldum. Ḥaḳḳ Taʿālā ehl-i İslām'ı her ḥālde manṣūr eyleye, āmīn" deyu {14} inbisāṭ ve duʿā-yı ḫayret-intimā-yı şāhāneyi mutażammın ḫaṭṭ-ı şerīf-i ḥażret-i pādişāhī şeref-rīz-i ṣudūr olmuşdur. {15} Nezd-i sipehdārīlerinde maʿlūm oldıġı vechile bu gāvurlar şimdiye ḳadar me'mūrlar ṭaraflarından bir vechile ġayret-i {16} dīniyye ve şevket-i İslāmiyye'yi göremediklerinden istedikleri gibi lāzım gelan maḥallere taḳviyet virerek {17} bayaġı ceng ü sitīz ne oldıġını bilmeyan reʿāyā maḳūlesi gāvurlar ehl-i İslām'a muḳābeleyi gözlerine {18} kesdirmiş olduḳlarından ẕāt-ı ʿālīleri bu daḳīḳalara ṣarf-ı ẕihn eyler ve böyle ḥareketiñ dīnen ve mülken {19} derkār olan meḥāẕīri ne ṣūreti intāc ideceğini derk ü iẕʿān ider dīndār ve şecāʿat-kār {20} vükelā-yı fiḫāmdan olaraḳ cānib-i seniyyü'l-menāḳıb-ı ḥażret-i pādişāhīye bu emr-i ehemm-i dīnde ġayret ü diyānetleri [?] {21} iḳtiżāsını icrā itmek üzere bi'l-intiḫāb ʿunvān-ı sipehdārīyle me'mūr buyurulmuş olduḳlarına ve lillāhi'l-ḥamd {22} her ḥālde reviyyet-mendāne ve ṣādıḳāne ḥareketler me'āṣiri olaraḳ ḥamden ṡümme ḥamden tevfīḳāt-ı İlāhiyye'ye maẓhariyyetleri {23} emāre-i ḥasenesi ān-be-ān rū-nümā olmaḳda oldıġına binā'en inşā'allāhü'r-Raḥmān ḳaç seneden berü uzayub {24} ümmet-i Muḥammed'e bir ġā'ile-i ʿaẓīme olmuş olan işbu fesād-ı ḳabīḥanıñ ʿan-ḳarībi'z-zamān ber-vefḳ-i murād {25} ḥüsn-i indifāʿ ü ḫitāmına muvaffaḳ olmaları ez-derūn elṭāf-ı İlāhiyye'den me'mūl ü müstedʿā ve teshīl-i

{26} mevādd ü meṣāliḥ-i serʿaskerīleri aḳdem-i efkār olaraḳ işʿār buyurmuş olduḳları Preveze {27} tertībi bi'l-iḳdām şimdiye ḳadar vāfir sefāyin taḥmīl ve irsāl olunmuş ve keyfiyyetleri daḫi defteriyle {28} berāber ṣavb-ı saʿādetlerine işʿār ve tesyār ḳılınmış oldığından inşā'allāhü Taʿālā muvāfıḳ havā ile {29} o misillü ẕaḫīre teknelerinīñ peyderpey vuṣūlleri me'mūl ve bu māddeye ve mevādd-ı sā'ireye bu ṭarafdan {30} iḳdāmda daḳīḳa fevt [?] olunmadığı ve bundan böyle daḫi olunmayacağı emr-i ġayr-ı mechūl olub {31} me'āl-i işʿārlarına naẓaran mūmā-ileyh İlyās Beğ'iñ davranışı yollu ise de bundan böyle {32} daḫi lāyıḳıyla ḥareket ve iş görüb ibrāz-ı ṣadāḳate ġayret eylemesi himem-i şerīfe-i daḳīḳa-dānī {33} ve kār-āşināyīlerine menūṭ oldığı hüveydā olmağla hemān cenāb-ı dirāyet-elḳāb-ı düstūrīleri {34} cümlemiziñ ve biẕẕāt şevketlü efendimiziñ ẕātlarından me'mūlümüz olan ġayret ü diyāneti isbāt (118) ve icrā eyleyerek ḳaç seneden berü şu gāvurlarıñ göremamiş olduḳları saṭvet-i ḳāhire-i İslāmiyye'yi {2} ʿavn ü nuṣret-i Ḥażret-i Bārī'ye iʿtimāden irā'eye ṣārif-i naḳdīne-i himmet-birle inşā'allāhü Taʿālā ḳarīben {3} şu ġā'ileniñ indifāʿına muvaffaḳ olaraḳ ilā-āḫiri'z-zamān sebt-i ṣaḥīfe-i rūzigār olacaḳ ḥālāt-ı {4} müstaḥseneniñ ibrāzına bezl-i mā-ḥaṣal-i himmet ve kemāl-i intiẓār-ı ʿālī derkār olan Mesolenk['iñ] ʿavn-i Bārī'yle {5} tesḫīri ḫaber-i behcet-eseriniñ sürʿat-i işʿārına mübāderet buyurmaları siyāḳında ḳā'ime. Lede'l-vuṣūl {6} bi-ʿināyetillāhi Taʿālā tedmīr-i kefere-i ʿuṣāt ile aḫẕ olunacaḳ ru'ūs-ı maḳṭūʿa-i menḥūseniñ ḳalīlü'l-miḳdār {7} olaraḳ Dersaʿādet'e irsāli yaḳışmaz ise de nezd-i düstūrīlerinde birikdikçe birḳaç yüzini birden {8} irsāl buyurmaları münāsib olacağı maʿlūm-ı müşīrīleri buyurulduḳda hemān cenāb-ı müşīrīleri her ḥālde {9} isbāt-ı müddeʿā-yı ṣalābete himmet buyurmaları me'mūldür. Fī ġurret-i N 40

[*580/180*] *Ḳapūdān paşa ḥażretlerine*
{1} Bu esnāda Andıra cezīresinden Dersaʿādet'e gelmek üzere Boğaz'a vürūd itmiş olan elli sekiz nefer kebīre {2} ve ṣağīre Naṣrāniyyeleriñ Ḳalʿa-i Sulṭāniyye'de tevḳīf olunmuş olduḳları bu defʿa Boğaz Muḥāfızı saʿādetlü Muṣṭafā Paşa {3} ḥażretleri ṭarafından bā-taḥrīrāt inhā ve mersūmeleriñ esāmīsini mübeyyin bir ḳıṭʿa defter isrā olunub cezīre-i meẕkūreniñ ʿiṣyān üzere {4} olub olmadıḳları maʿlūmumuz olmadığından başḳa müşārun-ileyhiñ işʿārından bunlarıñ böyle Rūsyalu tüccār sefīnesine {5} ḏoluşaraḳ Boğaz'a gelmeleri bir sebeb taḥtında olmaḳ añlaşılub yaʿnī eğer cezīre-i meẕkūre reʿāyāsı ʿiṣyān üzere ise {6} bunlar naşıl çıḳmışlar ve taḥt-ı raʿiyyetde olduḳları taḳdīrde meskenlerini terke sebeb ne oluyor ve eğer Rūsya diyārına {7} firār ḳaṣdıyla bu uṣūle teşebbüs itmişler ise ʿavn-i Ḥaḳḳ'la Dersaʿādet'den geçemeyecekleri derkārdır. Her ne ise, ṣūret-i ḥāl {8} maʿlūm-ı düstūrīleri olmaḳ içün taḥrīrāt-ı meẕkūre ṣavb-ı düstūrīlerine iṭāre olunmuş ve bu bābda re'y ve maʿlūmāt-ı {9} müşīrīleri

ne vechile ise keyfiyyet Boğaz muḥāfızı müşārun-ileyhe şimdiden taḥrīr ü işʿār olunmaḳ üzere re'y ü müṭālaʿāt-ı {10} düstūrīlerini ṣavb-ı ḫāliṣānemize tezbīr ü tezkāra himmet ve bi-mennihī'l-Kerīm Boğaz'ı teşrīflerinde mersūmeleriñ keyfiyyet ü ḥāllerini {11} muḥāfıẓ-ı müşārun-ileyh maʿrifetiyle taḥḳīḳ ü tedḳīḳ buyuraraḳ īcābı ne ise icrāsı muḥavvel-i re'y-i sāmīleri idüği beyānıyla {12} tezkire. Fī 3 N 40

[*580/181*] ***Rumili vālīsine***
{1} Eğrīboz ṭarafında olan Ḳapūdān Dīsāva'nıñ istīmānı ḳarār-gīr-i ṣıḥḥat ü s̱übūt olaraḳ mersūm vāsıṭasıyla İstifa {2} ve Livādya ve Ṭalānda reʿāyāları daḫi taḥt-ı raʿiyyetde [?] idḫāl ve Mora Derbendi'ne merbūṭ ḳurā reʿāyāları daḫi {3} ṭālib-i re'y ve amān olmuş olduḳlarını mübeyyin Eğrīboz Muḥāfızı saʿādetlü ʿÖmer Paşa ḥażretleriniñ tevārüd iden taḥrīrāt {4} ve ādemīsiyle ḳapūdān-ı mersūm ṭarafından gönderilmiş olan yazıcısı nezd-i serʿaskerīlerine celb ü te'mīn ve talṭīf ile (120) reʿāyā-yı mersūmeniñ ʿumūmen esliḥaları devşirilerek Eğrīboz ḳalʿasına teslīm olunmuş ve ḳapūdān-ı mersūmuñ {2} ḳarındaşı rehīn alınmaḳ üzere ḳarār virilerek cānib-i sipehdārīlerinden buyuruldılar ve dā'ire-i düstūrīlerinden {3} adam irsāliyle mesfūrlara ne vechile re'[y] ü amān iʿṭā buyurulmuş ve ṣūret-i ḥāl iḳtiżāsına göre muḥāfıẓ-ı {4} müşārun-ileyhe daḫi işʿār ḳılınmış oldığı ve muḳaddimetü'l-ceyş olmaḳ üzere Mesolenk üzerine sevḳ ü taʿyīn buyurmuş {5} olduḳları ketḫüdāları bendeleriniñ taḥḳīḳ ve işʿār ve sā'ir erbāb-ı vuḳūfuñ iḫbārlarına naẓaran Mesolenk ṭarafında {6} olan nāḥiyeler reʿāyāları İngiltere adalarına firār ü iltica itmiş olaraḳ ol ḥavālīde reʿāyādan es̱er {7} ḳalmamış ise de bu māddeniñ müstaḳbelen meḥāẓīri müstetbiʿ olacağı beyānıyla keyfiyyet bu ṭarafda ilçilerine {8} bi'l-ifāde ṣūret-i rābıṭası istiḥṣāl olunması ḫuṣūṣātını şāmil ve ifādāt-ı sā'ireyi müştemil bu defʿa resīde-i {9} enmile-i muḫālaṣat olan taḥrīrāt-ı saʿādet-āyāt-ı düstūrīleri mezāyāsı rehīn-i ıṭṭılāʿ-i ḫulūṣ-verī olub {10} reʿāyā-yı mersūmeniñ ol ṣūretle ṭālib-i amān olaraḳ taḥt-ı raʿiyyete idḫālleriyle Eğrīboz ve ḥavālīsi {11} maṣlaḥatınıñ ber-vech-i suhūlet ḫitām-pezīr olması muḥassenāt-ı umūrdan ʿadd olundığı mis̱illü ẕāt-ı ḥaḳāyıḳ-simāt-ı düstūrīleriniñ daḫi {12} bu bābda icrā buyurmuş olduḳları tedābīr ü ārā-yı ṣā'ibe māye-i fıṭriyyelerinde olan cevher-i girān-ḳadr-i kār-āzmūdegī {13} ve ḥaṣāfeti te'yīd itmekle mūcib-i kemāl-i maḥẓūẓiyyet olaraḳ taḥrīrāt-ı mevrūdeleri derḥāl pāy-gāh-ı serīr-i {14} şevket-maṣīr-i cenāb-ı ḫilāfet-penāhīye daḫi ʿarż ü taḳdīm ile meşmūl-ı nigāh-ı meʿālī-iktināh-ı cenāb-ı cihān-bānī buyurılaraḳ {15} ḥaḳḳ-ı eḥaḳḳ-ı sāmīlerinde duʿā-yı iksīr-nümā-yı ḥażret-i pādişāhī erzānī buyurulmuşdur. Nezd-i sāmīlerinde beyāndan {16} muğnī oldığı üzere eğerçi reʿāyā-yı mersūmeniñ şevket-i İslāmiyye gözlerini ürküderek hecme-i dilāverān-ı {17} ʿasākire tāb-āver-i muḳāvemet olamayacaḳlarını bildiklerinden ol vechile irtikāb-ı ʿār-ı firār itmiş olduḳları

{18} derkār ise de mersūmlarıñ memālik-i Devlet-i ʿAliyye'den ḫārice firār ü ilticāları vāḳıʿan elbetde meḥāẕīrden {19} sālim olamayacağından bu māddeniñ öñi kesdirilmesi lāzımeden ve düvel-i müteḥābbe beyninde yekdīgeriñ ʿāṣī {20} ve firārīleri teṣāḥub ü ḳabūl olunmaması beyne'd-düvel rüsūm-ı merʿiyye ve şürūṭ-ı muʿtenā-bahādan olmaḳ mülābesesiyle {21} ẕikr olunan Rum eşḳıyāsı firārīleriniñ daḫi İngiltere aḏalarında ḳabūl ve tevḳīf olunmamaları ḫuṣūṣı {22} bu ṭarafda ʿizzetlü Re'īsü'l-küttāb efendi ṭarafından İngiltere sefāretine ifāde ve iddiʿā ve Ḳorfa cenerāline mektūb taḥrīr {23} eylemesi ifāde ve inbā olunmuş ise de Frenkleriñ maʿlūm ü mücerreb olan mizāc ü mişvārlarına naẓaran bu ṭarafda {24} iẓhār-ı muvāfaḳat itseler bile fiʿilen icrāsı ẕāt-ı ʿālīleriniñ ḥüsn-i tedbīr ü iḳdām-ı serʿaskerīlerine menūṭ olaraḳ {25} bu ḫuṣūṣuñ ṭaraf-ı ṣafderānelerinden daḫi Ḳorfa cenerāli ve sā'ir İngiltere me'mūrlarına īrād {26} ve iddiʿā olunaraḳ ḥüsn-i ṣūretle öñi kesdirilmesi münāsib mülāḥaẓa olunmuş ve emr ü fermān-ı şāhāne daḫi {27} bunuñ üzerine zīver-baḫş-ı ṣudūr olmuş ve keyfiyyet saʿādetlü Ḳapūdān paşa ḥażretlerine daḫi bildirilerek {28} bi-mennihī Taʿālā müşārun-ileyh ḳarīben ol ṭarafa vardıḳlarında cenāb-ı düstūrīleriyle bi'l-muḫābere ne vechile īcāb ider ise {29} icrāsına himmet eylemesi tavṣiye ve işʿār ḳılınmış olmağla hemān cenāb-ı düstūrīleri ol ṭarafda İngiltere {30} me'mūrlarına münāsibi vechile īrād ve iddiʿā buyuraraḳ firārī māddesiniñ öñi kesdirilmesi ṣūretiniñ {31} istiḥṣāline himmet-i vālā-nehmet-i serʿaskerīleri derkār ve kāffe-i umūr-ı me'mūre-i serʿaskerīniñ ḥüsn-i intācını īcāb ider {32} ḥālāt-ı müstaḥseneniñ sürʿat-i ikmāline saʿy-ı bī-şümār buyurmaları siyāḳında ḳā'ime. Fī 4 N 40

[580/197] *Boğaz muḥāfıẓına*
{1} Tüccār ḳapūdānlarından Rūsya bāndırasıyla Dīmitrī dī Corcī nām ḳapūdānıñ süvār oldığı mārtīḳo taʿbīr olunur sefīnesiyle {2} Dersaʿādet'e göndermek üzere Andıra cezīresinden Baḥr-i Sefīd boğazına gelüb bir ḳıṭʿa defteri taḳdīm ḳılınan kebīre {3} ve ṣağīre elli sekiz nefer Naṣrāniyye yedlerinde teẕkire bulunmadığından tevḳīf olunduḳları beyānıyla bu bābda istiʿlām-ı irādeyi şāmil {4} tevārüd iden taḥrīrāt-ı şerīfeleri me'āli rehīn-i ıṭṭılāʿ-i ḫulūṣ-verī olduḳdan ṣoñra īcāb-ı maṣlaḥat saʿādetlü Ḳapūdān paşa ḥażretlerinden {5} lede's-su'āl cezīre-i merḳūme reʿāyāsından her ne ḳadar ʿiṣyān ṣūreti rū-nümā olmamış ise de bugünlerde Dersaʿādet'e {6} baʿżı Lātīn ve Rum reʿāyāları gelmekde olduḳlarına naẓaran mersūmlarıñ gelmeleri daḫi yā eşḳıyā ḫavfından veyāḫūd bu sene-i {7} mübārekede aḏalarıñ urulması ḫaşyetinden nāşī olması muḥtemel idüğüni ifāde buyurmuş olduḳlarına ve bi-mennihī Taʿālā müşārun-ileyh ḥażretleri {8} daḫi hemān Boğaz'a varmaḳ üzere idüklerine mebnī bi-mennihī Taʿālā müşārun-ileyh ḥażretleriyle mülāḳātlarında iḳtiżāsını icrā itmek üzere {9} müşārun-ileyh ḥażretlerini iḫṭār ve bi'l-müẕākere ne vechile re'y ü tensīb

buyururlar ise ol vechile icrāya himmet ü ibtidār buyurmaları siyāḳında ḳā'ime. Fī 13 N 40

[580/199] *Ḳapūdān paşa ḥażretlerine*
{1} Şīre ve İstendīl adalarında ḳalb altun iʿmāline cesāret olundığına dā'ir ʿizzetlü Ḍarbḫāne-i ʿĀmire nāẓırı efendi {2} bendeleri taḳdīm itmiş oldığı taḳrīri manẓūr-ı sāmīleri olmaḳ içün iṭāre-i sū-yı ʿālīleri kılındı. Vāḳıʿan bu mādde-i {3} mekrūhuñ indifāʿı esbāb-ı muḳteżiyesiniñ sürʿat-i istiḥṣāli lāzımeden ise de ber-vefḳ-i murād defʿiyle ṣūret-i ḥaseneye {4} idrācı bi-ʿavnillāhi Taʿālā Aḳdeñiz ṭarafından fesādıñ berṭaraf olmasına mevḳūf ve el-ḥāletü-hāẕihī cenāb-ı düstūrīleriniñ {5} me'mūriyyetleri emr-i cihāda maʿṭūf olaraḳ inşā'allāhü Taʿālā ḳarīben ṣırası geldikde bu māddeniñ daḫi ḥüsn-i ṣūretle {6} defʿine himmet buyuracaḳları āşikār ise de hemān keyfiyyet maʿlūm-ı düstūrīleri buyurulmaḳ içün teẕkire-i meveddet taḥrīrine ibtidār kılındı. Fī 13 N 40

[580/200] *Rumili vālīsine*
{1} Rekīz-i fıṭrat-ı aṣliyyeleri olan mādde-i ġayret ü diyānet ve vāye-i ḥamiyyet ü besālet īcābı vechile imrār-ı vaḳti tecvīz buyurmayaraḳ {2} īfā-yı me'mūriyyete sürʿat ü iʿtinā niyyet-i ṣādıḳasıyla Ġūrya nām maḥalde kā'in nehrden ṣallar inşāsıyla mevcūd-ı maʿiyyet-i {3} ẓafer-āyetleri olan ʿasākir ḳarşu cānibe imrār ve münāsib sergerdeler ile ṭaraf ṭaraf me'mūr ve tesyār ḳılınaraḳ {4} Mesolenk'iñ her cānibi ʿasākir-i İslāmiyye ile muḥāṭ ise de Mesolenk derūnunda bulunan kefereniñ nihāyet mertebe tażyīḳ ü tenkīlleri {5} Donanma-yı Hümāyūn-ı Şāhāne ile vürūd idecek edevāt-ı ḳalʿa-gīrīniñ ẓuhūrına mütevaḳḳıf oldığı beyānıyla ẕikr olunan {6} edevāt ü mühimmāt ile ẕaḫīre ḫuṣūṣunda kemāl-i mertebe müżāyaḳa ṣūreti rū-nümā olmuş oldığından ẕaḫāyir-i mürettebeniñ {7} sürʿat-i tesyār ü isbāli iltimāsına dā'ir mevḳiʿ-res olan taḥrīrāt-ı sipeh-sālārīleri me'āl ü mezāyāsı rehīn-i ıṭṭılāʿ-i {8} ḫulūṣ-verī olub bu vechile Mesolenk'iñ fetḥ ü tesḫīri niyyet-i ḫāliṣasıyla ʿasākiriñ ḳarşu ṭarafa sürʿat-i imrār {9} ve emr-i muḥāṣaraya ibtidār buyurmaları ḥamiyyet ü besālet-i ẕātiyyelerini te'yīd ve inşā'allāhü'r-Raḥmān şu ġā'ileniñ bu sene-i mübārekede {10} külliyyen indifāʿına maẓhariyyetleri ḫuṣūṣunda cümlemiziñ me'mūli olan iʿtiḳādāt-ı ḥaseneyi bir ḳat daḫi te'kīd iderek {11} muvaffaḳiyyet ü selāmetleri edʿiye-i ḫayriyyesi ʿan-ṣamīm refʿ-i bārgāh-ı Cenāb-ı Rabb-i Mecīd ḳılınmışdır ve taḥrīrāt-ı mezkūreleri ḫāk-pāy-ı {12} hümāyūn-ı mülūkāneye daḫi ʿarż ile meşmūl-ı naẓar-ı kīmyā-eṡer-i ḥażret-i tācdārī buyurulmuşdur. Ẕāt-ı āṣaf-ṣıfatları dīn ü devletimiz {13} düşmeni olan ḫavene-i Rum'uñ ḳahr ü istīṣālleriyle memālik-i şāhāneye olan tasalluṭları defʿi emr-i ehemmine ṭaraf-ı {14} eşref-i ḥażret-i mülūkāneden istiḳlāl-i tām ve ruḫṣat-ı mā-lā-kelām

ile bā-ʿunvān-ı serʿaskerī meʾmūr buyurulmuş ve ḥavl ü ḳuvve-i {15} Ḥażret-i Ḫudā ve imdād-ı rūḥāniyyet-i cenāb-ı Seyyidü'l-Enbiyā ile umūr-ı mevkūle-i düstūrānelerine vaḳt ü mevsimiyle yapışaraḳ {16} el-ḥāletü-hāẕihī Mesolenk'iñ ḥaṣr ü tażyīḳi üzerinde bulunmuş olduḳlarından teshīl-i meṣāliḥleriyle ẕātlarına imdād {17} ü iʿānet cümlemize farż meṡābesinde oldığından bu bābda ḳuṣūr muḥāl ve bir ḫuṣūṣda żarūret-dīde olmayaraḳ teshīl-i umūr-ı {18} serʿaskerīleriyle taḳviye-i bāzū-yı miknet ü iḳtidārları olur esbāb ü vesāʾiliñ icrāsı aḳdem-i efkār ü āmāl olaraḳ {19} Preveze ve Bālyabādra'ya müretteb ẕaḫāyir taḥmīl olunan müsteʾmen sefīneleriniñ ekṡerīsi Nemçelü olub {20} yaḳın müddetden berü ve sekizer-onar ḳıṭʿa peyderpey iḫrāc ü iʿzām olunmuş ve cümlesiniñ ardı alınaraḳ **(129)** şimdiye ḳadar gönderilan yalñız Preveze tertībi sefāyini yiğirmi yedi ḳıṭʿaya bāliġ olmuş olmaġın inşāʾallāhü'r-Raḥmān {2} peyderpey ol ṭarafa vuṣūlleri meʾmūl ve muḳaddemki iltimās ve taḥrīrleri üzere bundan ṣoñra gönderilecek ẕaḫāyir {3} Bālyabādra'ya sevḳ ü irsāl ḳılınacaġı emr-i ġayr-ı mechūl ise [de] işʿārları vechile ẕāt-ı ʿālīleri Mesolenk üzerinde olaraḳ {4} ḥaṣr ü tażyīḳ itmekde olduḳlarına naẓaran ẕaḫāyir-i külliyye ve mühimmāt-ı lāzımeniñ vücūdı lāzım geleceğinden ve saʿādetlü {5} Ḳapūdān paşa ḥażretleri daḫi Beşikṭaş pīşgāhından fekk-i lenger-i iḳāmet ve semt-i meʾmūresine ʿazīmet eylemiş olduḳlarından [?] {6} Boġaz'da ārām ü tevaḳḳuf [?] itmeyerek ḳalḳub vaḳtiyle Mesolenk cānibine irişmeğe şitāb ü sürʿat ve şāyed meẕkūr {7} ẕaḫīre teknelerinden yollarda ve Zānṭa'da ilişmiş ḳalmışı var ise bunları daḫi iḳtiżāsına göre ḳaldırub {8} bir ān evvel ol ṣavba īṣālleri vesāʾilini istiḥṣāle ġayret eylemeleri sünūḥ iden irāde-i ʿaliyye mūcebince müşārun-ileyhe {9} işʿār ü tenbīh olunmuş ve bundan böyle ḳuṣūr istīcār olunacaḳ sefīnelere daḫi sürʿat-i iḳdām eylemesi ẕaḫīre nāẓırı {10} efendi bendelerine tebyīn ü teʾkīd ḳılınmış olmaġla ẕāt-ı sipehdārīleri ẕaḫīre ḫuṣūṣunda ve mevādd-ı sāʾirede {11} bu ṭarafda ḳuṣūr olunmayacaġını cezmle muṭmaʾin olaraḳ iḳtiżā-yı meʾmūriyyet-i serʿaskerīlerini icrāya himmet ve şu gāvurlara {12} mürtekib olduḳları ʿamelleri cezāsını göstererek ber-vefḳ-i maḳṣūd aḫẕ-ı ṡāra ve dīde-dūz-ı intiẓār oldığımız peyām-ı {13} meserretiñ inhā ve işʿārına ṣarf-ı reviyyet-birle iṡbāt-ı müddeʿā-yı feṭānet-kārī ve ḥamiyyete himmet buyurmaları siyāḳında {14} ḳāʾime. Fī 14 N 40

[*580/215*] ***Rumili vālīsine***
{1} Meknūz-ı ẕāt-ı vālāları olan cevher-i girān-ḳadr-i şecāʿat ve muḳteżā-yı meʾmūriyyet ve ḥamiyyet-i serʿaskerīleri üzere {2} meʾmūr-ı maʿiyyet-i sipehdārīleri olan Palāslızāde İsmāʿīl Paşa bendeleriyle sāʾir biñbaşılarıñ Mesolenk üzerine sevḳ ü taʿyīniyle {3} Mesolenk'iñ muḥāṣara ve tażyīḳine ḳıyām ile Ġalaṭa ve Beḫor [?] ḳaryeleri ve Ṣovuḳṣu iskelesi ne vechile żabṭ ve muḥāfaẓalarına {4} iḳdām olunmuş ve kefere-i eşḳıyānıñ Mesolenk'e ḳarīb maḥalde iḥdāṡ

itmiş olduḳları loġoruñ evvel-emrde żabṭ ü tesḫīri {5} lüzūmuna mebnī loġor-ı meẕkūruñ üzerine hücūm-birle derūnunda olan ḫavene-i eşḳıyā ḏayanamayub deñiz ṭarafından {6} münhezimen firār ve bi-ʿavnillāhi Taʿālā loġor-ı meẕkūruñ ne ṣūretle żabṭ ü tesḫīrine ibtidār olunmuş ve baʿdehū muʿasker-i ẓafer-rehber {7} Mesolenk'e sevḳ-birle Mesolenk'iñ berren cevānib-i s̱elās̱esi muḥāṣara ḳılınmış ise de Donanma-yı Hümāyūn ve ẕaḫāyir ve mühimmāt {8} sefineleriniñ bir ān aḳdem irişdirilmesi ḫuṣūṣunı şāmil ve ifāde-i sā'ireyi müştemil firistāde ve isrā buyurılan taḥrīrāt-ı {9} düstūrīleri mezāyāsı ve merḳūmān biñbaşılar ile Aġrafa üzerinde olan Poda İlyās Beğ bendeleri {10} ṭaraflarından tenkīl-i eşḳıyāya dā'ir taḳdīm olunan Rūmiyyü'l-ʿibāre evrāḳ tercümesi mü'eddāsı maʿlūm-ı ḫulūṣ-verī {11} olub ʿinde-ūlī'n-nühā vāżıḥ ü rū-nümā oldıġı üzere Mora gāvurlarınıñ ḳuvvetü'ẓ-ẓahr ittiḫāẕ itmiş olduḳları {12} Mesolenk'iñ içinde olan ḫavene-i eşḳıyā şimdiye ḳadar bir ḍarb görmeyüb saṭvet-i bāhire-i Devlet-i ʿAliyye'den bī-pervā {13} olaraḳ ünūf-i naḫvetlerini ḳabartmışlar iken böyle vaḳt-i yesīrde mesfūrlara göz açdırılmayaraḳ ḳahr ü tenkīl {14} ve ʿalelḫuṣūṣ loġor-ı meẕkūruñ żabṭ ü tesḫīriyle Mesolenk'iñ ol vechile ḥaṣr ü iḥāṭası ḫuṣūṣlarında {15} maṣrūf buyurılan himmet-i kāmile-i ṣafderāneleri el-ḥaḳ serʿaskerlik şānını ve düstūriyyet ʿunvānını ikmāl ü icrā olmaġla {16} bu keyfiyyet mūcib-i maḥẓūẓiyyet olaraḳ taḥrīrāt-ı düstūrīleri ḫāk-pāy-ı hümāyūn-ı şāhāneye daḫi ʿarż ü taḳdīm ile manẓūr-ı {17} naẓar-ı cenā[b]-ı ḫilāfet-penāhī buyurulmuşdur. İşʿār-ı ʿālīlerine naẓaran eşḳıyā-yı maḫẕūle her ṭarafda münhezim olaraḳ {18} sedd-i rāh ittiḫāẕ itmiş olduḳları loġor daḫi żabṭ olunmuş ve Mesolenk'iñ fetḥ ü tesḫīri nüvīd-i behcet-bedīdine intiẓār-ı ʿālī {19} derkār olub saʿādetlü Ḳapūdān paşa ḥażretleri daḫi Donanma-yı Hümāyūn ve ẕaḫāyir ve mühimmāt sefāyinini bi'l-istiṣḥāb {20} ḏoġrı ṣavb-ı me'mūriyyete irişmek üzere bundan aḳdem Dersaʿādet'den fekk-i lenger-i iḳāmet itmiş ve Boġaz'a varmış {21} ve Boġaz'dan daḫi bugünlerde ḳal[ḳ]maḳ üzere oldıġından ehemmiyyet-i maṣlaḥat ve ṣūret-i me'mūriyyeti her ne ḳadar te'kīd-i {22} veṣāyādan müstaġnī ise de şeref-sünūḥ olan irāde-i seniyye-i şāhāne mūcebince vāḳiʿ olan inhāları ber-vech-i tafṣīl {23} basṭ ü taḥkiye-birle muvāfıḳ havā ile bir ān aḳdem semt-i me'mūresine irişmesi ḫuṣūṣı bu defʿa müşārun-ileyhe ʿicāleten {24} taḥrīr ve beġāyet te'kīd olunmuş olmaġla inşā'allāhü Taʿālā maḥż-ı elṭāf ü iḥsān-ı Cenāb-ı Perverdigār ile şurṭa-i tevfīḳ-i {25} yāver olaraḳ ḳarīben ol ṭarafa Donanma-yı Hümāyūn vāṣıl ve mühimmāt ve ẕaḫāyir sefāyininiñ vürūd iderek ve maṣlaḥat-ı {26} mevkūlelerinde ez-her-cihet yüsr ü suhūlet ḥuṣūlüyle cümlemiziñ muntaẓarı ve bā-ḫuṣūṣ şevketlü efendimiz ḥażretleriniñ **(138)** maṭmaḥ-ı naẓarı olan Mesolenk'iñ ʿan-ḳarīb fetḥ ü tesḫīrine muvaffaḳ olacaḳları iḥsān-ı İlāhiyye'den me'mūl ü müstedʿā {2} olmaġla bundan böyle daḫi her ḥālde muḳteżā-yı me'mūriyyet ve ḥaṣāfete himmet buyurmaları siyāḳında ḳā'ime. Fī 22 N 40

[*580/218*] ***Rumili vālīsine***

{1} Salṭanat-ı Seniyye'niñ ni'am-ı firāvān ve envā'-ı müsā'ade ve iḥsānına müstaġraḳ olduḳları ḥālde bilā-mūcib mürtekib-i şeḳāvet {2} ü 'işyān olmuş olan Rum ḫavenesiniñ şimdiye ḳadar def'-i ġā'ileleri rū-nümā olmaması ḥālen ve istiḳbālen nice meḥāẕīri {3} ve bi-taḫṣīṣ Devlet-i 'Aliyye-i Muḥammediyye'niñ min-'indillāh mecbūl oldıġı şecā'at ü ḳuvvet īcābına naẓaran düvel-i ecnebiyye beyninde ẕüll-i 'aẓīmi {4} müstevcib oldıġına ve bu bābda ḥadlerini bildirüb ḳuvve-i ḳāhire-i İslāmiyye'yi ber-vefḳ-i maṭlūb-ı 'ālī irā'e eylemek cenāb-ı {5} besālet-niṣābları şecī' ve cesūr ve diyānet ü ḥamiyyet ile meftūr bir ẕātıñ istiḳlāl vechile me'mūriyyetinden lābüd {6} idüğüne binā'en ḥaḳḳ-ı 'ālīlerinde olan ḥüsn-i naẓar-ı şāhāne ve yümn-i teveccüh-i mülūkāne iḳtiżāsı üzere yüzüñüzden (140) Devlet-i 'Aliyye'ye ṣunūf-ı fevz ü nuṣret ve bu maṣlaḥat-ı dīniyyede ġayret ile şu gāvurlardan aḫẕ-ı intiḳāma sa'y ü himmet {2} me'mūl-ı 'ālīsiyle ḫaṭb-ı cesīm-i sipeh-sālārī ruḫṣat-ı kāmile vechile tefvīż-i 'uhde-i ḥamiyyet-şi'ārīleri ḳılınmış ve ẕāt-ı {3} sa'ādetleri daḫi umūr-ı me'mūrelerine vaḳt ü zamānıyla yapışmış olduḳlarından ẕāt-ı ḥamiyyet-simātlarına lāzıme-i imdād {4} ü i'āneyi icrā ve taḳviye-i bāzū-yı iḳtidārları olur vesā'ili īfāya i'tinā vācibe-i ẕimmet-i me'mūriyyetimiz ve aḳdem-i efkār {5} ü endīşemiz olmaḳdan nāşī bundan aḳdem ẕāt-ı ser'askerīleri şāyed İzdīn üzerinden giderler iḥtimāliyle Ġolos ve İzdīn iskelelerine {6} otuz biñ nefer süvārī ve piyāde 'askere dört aylıḳ ẕaḫīre olmaḳ üzere yüz on sekiz biñ bu ḳadar keyl daḳīḳ {7} ve yüz ḏoḳsan altı biñ bu ḳadar kīle şa'īr ve Preveze ve Bālyabādra iskelelerine daḫi on beş biñ nefer süvārī {8} ve piyāde 'askere dört aylıḳ ve ḳırḳ beş biñ nefer süvārī ve piyāde 'askere beş aylıḳ ki geçen Şubāṭ ibtidāsından {9} işbu sene-i mübāreke Rūz-ı Ḳāsım'ına ḳadar kifāyet itmek üzere cem'an üç yüz yiğirmi biñ bu ḳadar keyl daḳīḳ ve üç yük {10} otuz dört biñ bu ḳadar keyl şa'īr tertīb ve Eġrīboz ṭarafı-çün daḫi başḳaca on beş biñ nefer süvārī ve piyāde {11} 'asker idāresine altı aylıḳ daḳīḳ ve üç aylıḳ şa'īr irsāli tensīb olunaraḳ şimdiye ḳadar istīcār olunan müste'men sefāyinine {12} taḥmīlen ibtidā İzdīn ve Ġolos iskelelerine gönderilan daḳīḳ ve şa'īr ve peksimāddan başḳa ordu-yı müşīrīleri-çün {13} yalñız Preveze ve Bālyabādra iskelelerine yiğirmi-otuz ḳıṭ'a sefāyin ile yüz on dört biñ üç yüz bu ḳadar {14} keyl daḳīḳ ve yüz yetmiş bir biñ keyl şa'īr gönderilerek keyfiyyetleri ṣavb-ı sa'ādetlerine muḳaddemce bildirilmiş ve Preveze'niñ {15} Āsitāne tertībinden faḳaṭ altı biñ bu ḳadar keyl daḳīḳ ile bir yük altmış iki biñ bu ḳadar keyl şa'īr ḳalmış ve yine {16} Preveze tertībi olaraḳ sa'ādetlü Çirmen mutaṣarrıfı ḥażretleri ma'rifetiyle Īnöz iskelesinden taḥmīl ve irsāli müretteb olan {17} iki yüz biñ keyl daḳīḳ ve iki yüz biñ keyl şa'īr içün şimdiye ḳadar Dersa'ādet'den bi'l-muḳāvele istīcār ve irsāl olunan {18} tehī müste'men sefīnesi on bir ḳıṭ'aya bāliġ olmuş ve Preveze'ye Dersa'ādet'den giden ẕaḫīre tekneleri ḥamūlelerini {19} boşaltdıḳdan ṣoñra Īnöz iskelesine gelüb oradan daḫi ẕaḫīre taḥmīl ve ʿazīmetleri ḳapūdānlarıyla muḳāvele itdirilmiş {20} oldığından peyderpey taḥmīl ve muʾaḫḫaren vāḳiʿ olan işʿārları vechile Bālyabādra'ya sevḳ ü tesbīline ġayret ü iḳdām olunacağına {21} naẓaran Preveze ve Bālyabādra ve gerek İzdīn ve Ġolos ve Eğrīboz ṭarafları-çün ber-vech-i muḥarrer müretteb olan ẕaḫāyir {22} bi-mennihī Taʿālā her bir ṭarafda her ne miḳdār ʿasākir tecemmuʿ itse Rūz-ı Ḳāsım'a ḳadar bāliġan-mā-belaġ idārelerine kāfī ve keẕālik {23} şimdiye ḳadar Preveze ve Bālyabādra içün yalñız Dersaʿādet'den gönderilan daḳīḳ ve şaʿīr inşāʾallāhü'r-Raḥmān tamāmen vāṣıl {24} olduḳları ḥālde el-yevm maʿiyyet-i sāmīlerinde müteḥaşşid olan ʿasākire üç-dört ay vāfī olacağı bedīhī olaraḳ evvel {25} ve āḫir bu māddelerde vüsʿ-i beşerde olan iḳdāmātıñ her dürlüsi icrā olunmuş ve ḥattā Donanma-yı Hümāyūn'uñ bir ān aḳdem {26} ʿazīmetiyle şāyed yollarda ve Zānṭa'da ilişmiş sefāyin var ise ḳaldırub gönderilmeleri saʿādetlü Ḳapūdān paşa {27} ḥażretlerine maḫṣūṣan tenbīh ve sipāriş ḳılınmış ve gönderilan ẕaḫīre eks̱erīsi Nemçe müsteʾmen sefāyiniyle irsāl olunmuş {28} olub ḥasbe'ẓ-ẓāhir Nemçe meʾmūrları kendülere düşen ḫidmetde ġayret ider gibi olduḳlarından ẕikr olunan {29} sefīneler şāyed yollarda baʿżı esbāb-ı vāfiye [?] ilişüb ḳalma[ma] ları-çün ṭarafından Aḳdeñiz'de olan Nemçe donanması ḳūmandānına **(141)** mektūb yazması ḫuṣūṣı ʿizzetlü Reʾīsü'l-küttāb efendi ṭarafından Nemçe ilçisine ifāde olunaraḳ derḥāl muvāfaḳat-birle {2} ilçi-i mūmā-ileyh ḳūmandān-ı mersūma kāğıd yazmış, ve'l-ḥāṣıl muḳaddem ve muʾaḫḫar ṭaraf-ı şerīflerine beyān ü işʿār olunmuş {3} oldığı vechile şu Donanma-yı Hümāyūn'uñ ve ẕaḫīre sefīneleriniñ bir daḳīḳa evvel irişmelerine dāʾir {4} şimdiye ḳadar ve el-ān vüsʿde olan tedābīr ü iḳdāmāt icrā olunmuş ve olunmaḳda olaraḳ ḳapūdān-ı müşārun-ileyh {5} ḥażretleriniñ daḫi bu bābda kemāl-i saʿy ü iḳdāmı ẓāhir ü hüveydā oldığına naẓaran hübūb-ı şurṭa-i tevfīḳ-i Rabbānī ile {6} hemān bugünlerde Boğaz'dan ḥareket ü ʿazīmetleri vuḳūʿuyla birḳaç gün ẓarfında ḏoğrı Mesolenk'e lenger-endāz-ı {7} vuṣūl ve ordu-yı müşīrleri-çün şimdiye ḳadar Dersaʿādet'den gönderilmiş olan ẕaḫāyir daḫi peyderpey ol ṭarafa {8} vāṣıl olaraḳ bu bābda inşāʾallāhü'r-Raḥmān müżāyaḳa çekmeyecekleri elṭāf-ı bī-ġāyāt-ı Ṣamedāniyye delāletiyle meʾmūl oldığı {9} mis̱illü Ḫudā-ne-kerde Donanma-yı Hümāyūn havāsızlıḳdan veyāḫūd yollarda eşḳıyā tekneleriyle uğraşmaḳdan gecikmek vāḳiʿ olur {10} ve ẕaḫīre tekneleri daḫi şāyed eşḳıyā tekneleriniñ ablūḳalarından ḏolayı varamazlar ise ol vaḳt ẕaḫīre {11} ḫuṣūṣunda ẕāt-ı serʿaskerīlerine güçlük olmaḳ vāhimesi ḫāṭır-ḫırāş bir keyfiyyetden ve teshīlāt-ı ḫuṣūṣāt-ı vāḳıʿalarıyla {12} şu ġāʾileniñ ḥüsn-i indifāʿını īcāb ider esbābıñ icrāsı aḳdem-i āmālimiz idüğünden īcāb eylediği ḥālde Zānṭa {13} ve eṭrāfdan ẕaḫīre tedārük ve iştirā olunmaḳ ve iḳtiżā eylediği ṣūretde maṣārif-i serʿaskerīye maḥsūb ḳılınmaḳ üzere {14} bu defʿa maḫṣūṣan biñ kīse aḳçe tertīb ve irsāli ḫuṣūṣuna irāde-i seniyye-i şāhāne taʿalluḳ itmiş ve meblağ-ı mezbūr sū-yı ser'askerīlerine {15} gönderilmiş olmağın ẕāt-ı 'ālīleri iḳtiżā ider ise Zānṭa ve eṭrāfdan aḳçe ile mehmā-emken ẕaḫīre celb ü tedārüküne {16} himmet ve eğer bu ṭarafdan gönderilan ẕaḫīre tekneleri varub da ḫāricden ẕaḫīre tedārüküne iḥtiyāc ḳalmaz ise meblaġ-ı mezbūrı {17} 'ulūfe maṣārifine ṣarf iderek ḥāṣılı muḳteżā-yı kemāl-i ġayret ve mübteġā-yı istiḳlāl-i tām ve reviyyetiñiz üzere {18} maṣlaḥat-ı me'mūreñizde 'avn-i Ḥaḳḳ'la bir gūne ḫalel ü sekte īrāṯ itmeksizin germiyyetle yapışub evvel-be-evvel maṣlaḥatıñ {19} kilīdi meṯābesinde olan şu Mesolenk'iñ ḥarben ve istīmānen żabṭ ü tesḫīri ḫuṣūṣuna her ne vechile dest-res ve muvaffaḳ {20} olabilür iseñiz 'uhde-i re'y ve istiḳlāl-i kāmilelerine muḥavvel ve cenāb-ı feṭānet-nişābları ne ṣūreti tensīb ve icrā {21} buyurursañız nezd-i 'ālīde maḳbūl ü mu'teber oldığından aña göre ḥareket ve intiẓārında oldığımız peyām-ı meserretiñ iş'ārıyla {22} cümleyi vāye-dār-ı inbisāṭ ü ferḥat buyurmaları siyāḳında ḳā'ime. Fī 25 N 40

Ayniyat 580–1

[*580–1/8*] *Rodos Mutaṣarrıfı Şükrī Beğ'e*
{1} Sen dirāyet ü reviyyet ve ġayret ü ṣadāḳat ile mecbūl ḫademe-i Devlet-i ʿAliyye'den olub gerek Mıṣır {2} donanması keyfiyyetini ve gerek aḥvāl-i ḍalālet-iştimāl-i eşḳıyāyı dā'imā taḥarrī ve taḥḳīḳe iʿtinā {3} ve diḳḳat ve muṭṭaliʿ oldığıñ ḥavādiṡ ü āṡārı pey-ā-pey bu cānibe işʿār ü işāret eylemañ {4} ḫuṣūṣı muḳaddem ve mu'aḫḫar ṭarafıña taḥrīr olunmuş oldığına binā'en bu uṣūle diḳḳat ve riʿāyet {5} lāzımeden iken iki aydan berü ṭarafıñdan taḥrīrāt gönderilmeyerek vāḳıf oldığıñ {6} uṣūl ü ḥarekātdan bir şey añlaşılmamış olub maʿa-hāẕā sen sā'ire maḳīs olmayub ġayretli {7} adam olaraḳ vaḳt ü ḥāli bilür ve saʿādetlü Mora Vālīsi İbrāhīm Paşa ḥażretleri {8} Moton'a çıḳalı ḫaylīce vaḳt olaraḳ el-ḥāletü-hāẕihī ne keyfiyyetdedir ve donanmalar ne[re]lerde {9} ve eşḳıyā ne ṣūretdedir ve sevāḥil aḥvāli naṣıldır, bu ḫuṣūṣlardan ḍolayı bu ṭarafda {10} olacaḳ intiẓārı düşinür maḳūleden oldığıñdan ve bulundığıñ maḥal her ṭarafa semt {11} oldığından bu vechile iki māhdan berü bir kāğıd göndermamañ neden iḳtiżā eylediği (8) bilinemediğinden bu defʿa maḫṣūṣ tatar irsāliyle su'āle ibtidār olundı. Muḳteżā-yı ṣadāḳat ü ġayretiñ {2} üzere el-ḥāletü-hāẕihī müşārun-ileyh nerededir ve ne ḥāldedir ve böyle uzun uzadı kāğıd {3} gönderilmameğe sebeb nedir, ʿale't-tafṣīl yazub tatar-ı merḳūmı serīʿan iʿādeye diḳḳat ve bundan {4} ṣoñra gerek müşārun-ileyhiñ ṣūret-i ḥareketini ve gāvurlarıñ ḥāllerini ve sevāḥile dā'ir muṭṭaliʿ oldığıñ {5} vuḳūʿātı peyderpey bu ṭarafa işʿār iderek ṭarafıñdan me'mūl olan dirāyeti iṡbāta mübāderet eylemañ {6} içün maḫṣūṣ işbu ḳā'ime. Fī 8 L 40

[*580–1/22*] *Rumili vālīsine*
{1} ʿAvn ü nuṣret-i Cenāb-ı Bārī ve eṡer-i iḳdām [ü] ġayret ve ḥamiyyet-şiʿārīyle Ṣālona ṭarafına me'mūr buyurmuş olduḳları {2} ketḫüdāları bendeleri müstaṣḥab-ı maʿiyyet-i ġayūrānesi olan ʿasker-i ẓafer-me'āṡir ile Ṣālona'nıñ {3} żabṭ ü tesḫīri ve uğurlarına çıḳan küffār-ı tehī-kārıñ ḳahr ü tedmīri emrinde maẓhar-ı nuṣret {4} olmuş ve kefere-i mesfūreden ne miḳdārı tedmīr ve ne ḳadarı ḥayyen aḫẕ ü der-zincīr olunmuş ve Ṣālona {5} ve ḳalʿası derūnunda olan biñ vuḳıyye miḳdārı bārūt ve ḳurşun ve mühimmāt fetḥ ü tesḫīr ve eyādī-i {6} nikbet-mebādī-i eşḳıyāda ḳalmış buluna[n] ehl-i İslām ḳayd-ı esrden taḫlīṣ ḳılınmış oldığına redīf olmaḳ {7} üzere delīlbaşıları bendeleri daḫi Lūnduruk içinde olan elli-altmış miḳdārı ehl-i İslām {8} ḳabża-i tesḫīre getürmüş oldığı ḫaber-i meserret-eṡerlerini mübeyyin ve mübeşşir ketḫüdāları mūmā-ileyh bendeleri ile {9} İnebaḫtī Muḥāfıẓı Emīn Ağa ṭaraflarından ṣavb-ı besālet-evb-i düstūrānelerine tevārüd iden kāğıdlar {10} irsāl olundığı beyānıyla işbu fütūḥātdan ḍolayı ḳulūb-ı ḳāsiye-i eşḳıyāyı {11}

bir ḳat daḫi ẓulmet istīʿāb ideceğinden donanma-yı ẓafer-peymānıñ şu günlerde vuṣūli müyesser {12} oldıġı ḥālde Mesolenk'iñ daḫi beş gün ẓarfında tesḫīri ṣūret-yāb-ı mirʾāt-ı ḥuṣūl olacağı {13} ḫuṣūṣuna dāʾir resīde-i dest-i iʿzāz olan taḥrīrāt-ı beşāret-āyāt-ı düstūrīleri ve ẕikr olunan {14} kāğıdlar meʾālleri rehīn-i ıṭṭılāʿ-i ḫulūṣ-perdāzları olub ḥamden s̱ümme ḥamden Ḥażret-i Muvaffiḳ-ı Umūr {15} ẕāt-ı diyānet-simāt-i serʿaskerīlerinden bizẕāt şevketlü efendimiziñ ve cümlemiziñ meʾmūli olan {16} tevfīḳ ü nuṣret-i cenāb-ı ṣarāmet-elḳāb-ı düstūrīlerini ḳarīn eyleyerek bu vechile gāvurlarıñ (17) Mesolenk'e mes̱īl olmaḳ üzere ḳuvvetü'ẓ-ẓahr ʿadd eyledikleri Ṣālona'nıñ Lūnduruk ʿilāvesiyle şirẕime-i {2} ʿuṣātdan taḫlīṣine muvaffaḳ eylemesi inşāʾallāhü Taʿālā ḳarīben Mesolenk'iñ daḫi levs̱-i vücūd-ı ʿuṣātdan taṣfiyesiyle {3} ümmet-i Muḥammed'iñ giriftār oldıġı ġāʾile-i ḥāʾileniñ külliyyen indifāʿına maẓhar olmalarına delīl ʿadd olunaraḳ {4} işbu ḫaber-i beşāret-es̱er cümleye kemāl-i inbisāṭ ü meserreti mūcib olaraḳ derḥāl ʿaynen taḥrīrāt-ı vārideleri {5} ḥużūr-ı ʿāṭıfet-neşūr-ı ḥażret-i ẓıllullāhīye daḫi ʿarż ü taḳdīm olunduḳda "ʿAvn ü ʿināyet-i Ḥaḳḳ'la {6} Ṣālona ve Lūnduruk'uñ ber-vech-i [?] suhūlet żabṭ ü tesḫīrleri ḥāṣıl olmuş oldıġından pek maḥẓūẓ {7} oldum. İnşāʾallāh ḳarīben Mesolenk'iñ daḫi żabṭ ü tesḫīri elṭāf-ı Sübḥāniyye'den meʾmūl ü müstedʿādır." {8} deyu ḫaṭṭ-ı hümāyūn-ı şevket-maḳrūn-ı şāhāne zīverde-i levḥa-i ṣudūr olmuşdur. Hemān Ḥażret-i {9} Ḥaḳḳ ẕāt-ı saʿādetleri gibi eṣdiḳā-yı Devlet-i ʿAliyye'yi eksik itmeyüb her bir kārda muvaffaḳ eyleye, āmīn. {10} Bidāyet-i meʾmūriyyetlerinden bu vaḳte gelince icrā buyurmuş ve buyurmaḳda olduḳları tedābīr ü ārānıñ {11} cümlesi becā ve ḳarīn-i iʿtirāż olur bir mādde olmadıġı hüveydā ve bu ḫuṣūṣ daḫi tevfīḳāt-ı {12} celīleye muḳārenete delīl-i ḳavī olacağı vāreste-i ḳayd [ü] inbā olub gāvurlarıñ ise bidāyet-i fesāddan {13} şimdiye ḳadar meʾmūrlar cānibinden meʾmūl üzere bir ṣıḳı görmediklerinden bunlarıñ ünūf-ı nikbet-meʾlūfları {14} ḳabarmış ise de lillāhi'l-ḥamd ṭaraf-ı düstūrīlerinden bu vechile rāyiḥa-ı ġālibiyyet ü manṣūriyyeti istişmām eyledikleri {15} gibi "El-ḫāʾinü ḫāʾifün" ḳażiyyesi müʾeddāsınca semt-i idbāra firār eylemeleri eşḳıyā-yı sāʾireniñ daḫi {16} tezelzül-efgen-i pāy-ı şeḳāvetleri olaraḳ ḳarīben her ṭarafıñ ve ḫuṣūṣuyla ḥaṣr ü tażyīḳine meşġūl {17} olduḳları Mesolenk ṭarafınıñ daḫi yaḳında āverde-i dest-i tesḫīr olmasına iḥsān ü ʿināyet-i Cenāb-ı {18} Bārī delāletiyle çeşm-dār-ı intiẓār oldıġımız vāreste-i ḳayd [ü] ẓunūn ve muḳaddemce ṭaraf-ı saʿādetlerinden {19} taḥrīr ü işʿār ḳılındıġı üzere saʿādetlü Ḳapūdān paşa ḥażretleri Boġaz'dan çıḳub Mesolenk'e {20} ḏoġrı bādbān-küşā-yı ʿazīmet oldıġından inşāʾallāhü'l-Meliki'l-Muʿīn şimdilerde ol ṭarafa lenger- {21} -endāz-ı saṭvet olacağı meʾmūl ü maẓnūn idüği muḥāṭ-ı ʿilm-i ʿālīleri buyurulduḳda hemān cenāb-ı ḥamiyyet-meʾāb-ı {22} dilīrāneleri māye-i fıṭrat-ı şecīʿāneleri olan gevher-i ʿālem-bahā-yı ġayret ü dirāyet iḳtiżāsı üzere {23} himmet ü iḳdām-ı serʿaskerīleriyle fetḥ ü tesḫīri ḳuvve-i ḳarībeye gelmiş ve bu ṭarafda cümlemiziñ ve ʿalelḫuṣūṣ ẕāt-ı {24} şevket-penāh efendimizin aḳdem-i intiẓār[ı] olmuş olan şu Mesolenk'iñ daḫi her ne vechile olur ise {25} eyādī-i melʿanet-mebādī-i kefereden bir ān evvel taḫlīṣi esbābını istiḥṣāl buyuraraḳ ẕātlarından {26} me'mūl ü muntaẓar olan ās̱ār-ı reviyyet-mendī ve besāleti iẓhāra beẕl-i yārā-yı himmet buyurmaları siyāḳında ḳā'ime. Fī 16 L 40

[*580–1/26*] ***Tırḥāla mutaṣarrıfına***

{1} Rumili Vālīsi ve Serʿaskeri saʿādetlü Reşīd Paşa ḥażretleri Mesolenk'iñ fetḥ ü tesḫīrine rāyet-efrāz-ı ḳıyām {2} eyledikden ṣoñra ketḫüdālarını daḫi ʿasākir-i vefīre ile Ṣālona ve Olunduruk ve ol ḥavālīniñ levs̱-i {3} eyādī-i menḥūse-i eşḳıyādan żabṭ ve taṭhīrine me'mūr ve taʿyīn itmiş oldığından bi-ḥamdihī Taʿālā bu defʿa {4} ẕikr olunan Ṣālona ve Olunduruk ṭaraflarınıñ żabṭ ü tesḫīri müyesser oldığı ḫaber-i beşāret-es̱eriyle {5} müşārun-ileyh ḥażretleriniñ taḥrīrātı vürūd eylemiş ise de cümleye maʿlūm oldığı üzere ṣunūf-ı ʿaskeriyyeniñ {6} s̱ebāt ü ḳıyāmı ẕaḫīreniñ vücūdına mevḳūf oldığına binā'en işbu ḫaber-i fütūḥātıñ ṭarafıñıza işʿārıyla {7} ol ṭarafa daḫi ẕaḫīre irişdirilerek ketḫüdā-yı mūmā-ileyhiñ ẕaḫīre māddesinde giriftār-ı meşāḳ olmaması {8} emr-i ehemmine iʿtinā eylemeñiz żımnında müşārun-ileyh Serʿasker paşa ḥażretleriniñ ṭarafıñıza bir gūne re'y ü işʿārı olması {9} melḥūẓ ve cenābıñızıñ daḫi müşārun-ileyh ḥażretleriniñ bu bābda her ne vechile emr ü işʿārı vāḳiʿ olur ise derḥāl {10} icrāsına ibtidār eyleyeceğiñiz me'mūl ise de şāyed meşġūliyyet ḥasebiyle henüz müşārun-ileyh ḥażretleriniñ {11} bu bābda ṭarafıñıza bir gūne inhāları vāḳiʿ olmamış ise derḥāl cenābıñız ketḫüdā-yı mūmā-ileyhle muḫābere ve mükātebe {12} iderek ol ḥavālīden her ne vechile olur ise üç yüz re's ḥayvān cemʿ ve istiḥżār eyleyerek her ne vechile ise {13} Ṣālona'ya ẕaḫīre irişdirerek zinhār ü zinhār Ṣālona'da ve Lūnduruk ṭarafında olan {14} ʿasākir-i İslāmiyye'niñ ẕaḫīre ḫuṣūṣunda zaḥmet çekmameleri emr-i ehemmine beġāyet ihtimām ü müsāraʿat eylemeñiz {15} sizden maṭlūb idüği beyānıyla ʿicāleten maḫṣūṣ işbu ḳā'ime. Fī 16 L 40

[*580–1/28*] ***İẕnikmīd kerāste nāẓırı efendiye***

{1} Ayvalıḳ reʿāyāsı bidāyet-i fesādda ḏağılmış ise de giçenlerde yine me'vā-yı ḳadīmlerine ʿavdetlerine ruḫṣat-ı seniyye {2} istidʿā eylediklerine binā'en ol bābda müsāʿade-i ʿaliyye-i şāhāne erzān buyurulmuş ve el-ḥāletü-hāẕihī reʿāyā-yı mesfūre {3} vaṭan-ı ḳadīmleri olan Ayvalıġ'a gelmeğe başlamış ise daḫi bunlarıñ ol ṭarafda olan ḫāneleri muḳaddem muḥteriḳ {4} oldığından müceddeden inşāsı lāzımeden oldığına ve Ayvalıḳ'da kerāste bulunmadığına binā'en İẕnikmīd ṭarafından ḳara ṣığır {5} ve çifte dūlāb ve sā'ir ems̱āli kerāsteniñ mübāyaʿasına ruḫṣat virilmesi bu defʿa Midillü Nāẓırı Ḳapucıbaşı {6} Muṣṭafā Aġa ṭarafından inhā olunub her ne ḳadar gerek ehl-i İslām ve gerek müste'men tüccārları sefāyini {7} ve sā'ir ḳayıḳlar ile altı māh mürūr itmedikçe bir maḥalle kerāste ve eşyā-yı sā'ire virilmamesi bā-evāmir-i ʿaliyye tenbīh ü te'kīd {8} olunmuş ise de el-ḥāletü-hāẕihī müddet-i merḳūme münḳażiye olmuş oldığından bu bābda nāẓır-ı mūmā-ileyh cānibinden {9} ṭarafıñıza ne vechile taḥrīr olunur ve ne maḳūle kerāste ṭaleb ḳılınur ise ḏoġrı Midillü'ye gönderüb teslīm ve senedini {10} Dersaʿādet'e [ta]ḳdīm itmek üzere ḳavī kefīle rabṭıyla sefīneye taḥmīlen Midillü'ye irsāli {11} ve zinhār ü zinhār āḫar serrişte ile eşḳıyānıñ bir dal kerāste ve eşyā-yı memnūʿadan {12} bir şey alamamaları esbābınıñ istiḥṣāli ḫuṣūṣuna mübāderet eylemeñiz içün ḳā'ime. Fī 17 L 40

[*580–1/34*] ***Boġaz muḥāfıẓına***

{1} Ḳapūdān-ı Deryā vezīr-i mükerrem saʿādetlü Ḫüsrev Paşa ḥażretleri henüz ol ṭaraflarda ise iʿṭā olunmaḳ {2} ve ṣavb-ı me'mūriyyete bādbān-küşā-yı ʿazīmet oldığı ḥālde bu cānibe iʿāde ve isrā ḳılınmaḳ üzere {3} müşārun-ileyhe olaraḳ yazılan nemīḳa-i muḥibbānemiziñ sū-yı saʿādetlerine gönder[ild]iğini mutażammın muḳaddemce {4} mebʿūṣ-ı ṣavb-ı müşīrīleri ḳılınan taḥrīrāt-ı muḫlişīniñ vuṣūlünden ve müşārun-ileyh işbu şehr-i Şevvāl-i Şerīf'iñ {5} onuncı güni Bozcaaḏa pīşgāhından ḥareket ve ferdāsı Bozbaba ṣularında ẓuhūr iden küffār {6} tekneleriyle bi'l-muḥārebe ḥamden-lillāhi Taʿālā Donanma-yı Hümāyūn'a bir gūne żarar ü ḫasār vuḳūʿa gelmeyerek ʿuṣāt {7} tekneleri münhezimen Ībṣāra ve Bozbaba ṭaraflarına firār itmiş ve Donanma-yı Hümāyūn'uñ Andıra boġazı {8} ṣularında iki bölük olaraḳ semt-i maḳṣūda ʿazīmet eylemiş oldığından ve müşārun-ileyhe olan sālifü'- {9} -'ẕ-ẕikr nemīḳa-i muḥibbī iʿāde kılındığından baḥişle baʿd-ez-īn daḫi bu bābda celb idecekleri aḥvāl {10} ü āṣārı işʿār buyuracaḳları ifādesine dā'ir tevārüd iden taḥrīrāt-ı saʿādet-āyāt-ı müşīrīleri {11} ve ol bābda taḳdīm buyurılan evrāḳ me'ālleri maʿlūm-ı ḫāliṣānemiz oldığından ġayrı ḫāk-pāy-ı hümāyūn-ı {12} ḥażret-i pādişāhīye daḫi ʿarż ile meşmūl-ı liḥāẓa-i ʿāṭıfet-ifāża-i cenāb-ı şehinşāhī buyurulmuşdur. {13} Ẕāt-ı düstūrīleri dirāyet ü feṭānet ve daḳīḳa-āşināyī ve ḥaṣāfet ile mecbūl ü muttaṣıf vüzerā-yı {14} ʿiẓām-ı Salṭanat-ı Seniyye'den olaraḳ ḳapūdān-ı müşārun-ileyhiñ taḥarrī-i seyr ü ḥarekete bu ṣūretle maṣrūf olan {15} himem-i reviyyet-mendāneleri ṭaraf-ı saʿādetlerinden me'mūl ü muntaẓar olan mādde-i kār-dānī ve kiyāseti te'yīd itmiş {16} olmaġla baʿd-ez-īn daḫi gerek müşārun-ileyhiñ ṣūret-i ḥareket ü ʿazīmetine ve aḥvāl-i sā'ireye dā'ir {17} isticlāb ü istiḫbār buyurılan ḥavādiṣ ü āṣārıñ işʿārına himmet buyurmaları siyāḳında ḳā'ime. Fī 19 L 40

[*580–1/38*] ***Mora vālīsine***

{1} Maḫṣūṣ-ı fıṭrat-ı bergüzīdeleri olan me'āṣir-i memdūḥa-i ġayret ve yegānegī ve māye-i merġūbe-i {2} besālet ve merdānegī īcābı üzere uġur-ı dīn ve Devlet-i ʿAliyye ve meṣāliḥ-i seniyyede mültezemleri {3} olan ġayret ve şecīʿāne ḥareketleri maʿlūm-ı ʿālī olmaḳ mülābesesiyle Mora derūnunda {4} bir müd[det]den berü şaḳḳ-ı ʿaṣā-yı ʿiṣyān ve refʿ-i bāndıra-i ṭuġyān iden aʿdā-yı dīn-i mübīn {5} ve eşḳıyā-yı ḫāsirīniñ ḳahr ü istīṣālleriyle Mora cezīresiniñ çirkāb-ı vücūd-ı ḫabāṣet-ālūdlarından {6} taṣfiye ve taṭhīrine ṭaraf-ı eşref-i ḥażret-i pādişāh-ı kişver-küşāyīden istiḳlāl-i tām ve ruḫṣat-ı {7} mā-lā-kelām ile meʾmūr ve taʿyīn buyurulmuş olduḳlarına ve ḥamden-lillāhi Taʿālā Mora'ya lenger-endāz-ı {8} vuṣlat olduḳları ḫaberi muḳaddemce gelmiş idüğüne bināʾen süpürde-i dūş-ı ḥamiyyet-pūşları ḳılınan işbu {9} ḫuṭūb-ı cesīme-i dīniyyede ber-vefḳ-i rıżā-yı ʿālī envāʿ-ı fevz ü nuṣret ve ṣunūf-ı fütūḥāt-ı meserret-eṣere {10} maẓhariyyetleri edʿiye-i ḫayriyye-i müstecābesine ez-dil ü cān müdāvemet ḳılınmaḳda ve leyl ü nehār sū-yı {11} sipehdārīlerinden vürūd-ı aḫbār-ı sārreye teraḳḳub ü intiẓār olunmaḳda iken yāverī-i tevfīḳ-i {12} niʿme'r-refīḳ-i Ḥażret-i Ḳādir-i Ẕü'l-Celāl ve lemʿa-pāşī-i neyyir-i teveccühāt-ı ḳudsiyye-i cenāb-ı pādişāh-ı {13} maḥmūdü'l-ḫıṣāl ve himem-i ḳāliʿu'l-cibāl-i ḥayderī-fiʿāl-i düstūrāneleriyle Sūda cānibinde olan {14} Donanma-yı Hümāyūn Moton pīşgāhına lenger-zen-i vürūd olmuş ve şerāyiṭ-i meʾmūriyyetiñ icrāsı {15} mevsimi gelmiş oldıġından ve Anāvārīn ḳalʿasınıñ ber-vech-i suhūlet fetḥi pīşgāhında olan {16} aḏanıñ evvel-emrde żabṭına tevaḳḳuf eylediğinden aḏa-i merḳūmuñ āverde-i dest-i tesḫīr {17} olması niyyet-i ḫāliṣasıyla mevcūd-ı maʿiyyet-i ʿālīleri olan ʿasākir sergerdelerinden **(29)** Ḥüseyin Beğ ve Ḫūrşīd Beğ miḳdār-ı vāfī ʿasker ile sevḳ ü taʿyīn olunmuşlar ise de Mora {2} keferesiniñ ʿulūfe ile tedārük eylemiş olduḳları Rumili gāvurlarından üç biñ {3} miḳdārı eşḳıyā mūmā-ileyhimāyı istiḳbāl ve nāʾire-i ḥarb ü ḳıtāli işʿāl itmiş olduḳlarından {4} eşḳıyā-yı mersūme maġlūb olaraḳ münhezimen Anāvārīn ḳalʿasına iki sāʿat mesāfe olan {5} ḳaryelere firār ve iḳāmet itmiş olduḳları mesmūʿ-ı sāmīleri olaraḳ üzerlerine üç ḳoldan {6} ʿasker tertīb ile tefrīḳleri ṣūreti istiḥṣāl olunduḳdan ṣoñra bi'l-iḳdām aḏa-i merḳūmeniñ {7} daḫi fetḥ ü tesḫīri āyīne-i teyessürde rū-nümā olmuş ve bu ṭaḳımdan bir nefer ḳapūdān ile altı nefer {8} dil ve otuz altı ʿaded ruʾūs-ı maḳṭūʿa aḫẕ ḳılınmış idüği ve yine Anāvārīn ḳalʿasına dört {9} sāʿat mesāfe maḥalde eşḳıyānıñ cemʿiyyetleri vuḳūʿ bulmuş oldıġından üzerlerine sevḳ-i semend-i {10} besālet olunaraḳ dört nefer ḳapūdān ve elli altı nefer dil ve yüz elli altı ʿaded {11} ruʾūs-ı maḳṭūʿa alınub Moton'a ʿavdet buyurmuş olduḳları ve eski Anāvārīn ḳalʿası {12} daḫi bi't-tażyīḳ derūnunda bulunan eşḳıyā müteşebbiṣ-i eẕyāl-i amān o[l]muş olduḳlarından {13} żabṭ ü tesḫīr ve ḳalʿada bulunan sekiz yüz altmış altı nefer küffārıñ faḳaṭ iki nefer {14} pāpāsları tevḳīf olunub sāʾirleri Mora derūnuna sevḳ ü tesyīr ḳılınmış ve Anāvārīn ḳalʿasınıñ {15} daḫi berr[en] ve baḥren tażyīḳine ibtidār olunmuş ise de derūnunda mevcūd gāvurlar istīmān ile {16} çıḳmış ve vāḳiʿ olan istidʿālarına bināʾen esliḥaları alınaraḳ üç ḳıṭʿa Nemçe sefīnesine {17} irkāben Ḳalāmata cānibine irsāl buyurmuş ve bu ṣūretler ile ʿatīḳ ve cedīd Anāvārīn ve mecārīsi [?] {18} olan ciheteyn [?] kāmilen fetḥ ü tesḫīr olunmuş ve baʿżı mülāḥaẓaya mebnī Mānya Beği Petro [nā]m ḫāʾiniñ oğlı {19} Yorġākī kāfir ile Messina ḳapūdānlarından Yāṭrāḳī nām ḫabīs̱ tevḳīf buyurulmuş ve Anāvārīn {20} līmānı[n]da bulunan sekiz ḳıṭʿa gāvur tekneleri ol ṭarafda ilişemediklerinden firār itmek üzere {21} olduḳları ḥālde Donanma-yı Hümāyūn'a teṣādüf ile bi'l-muḥārebe üç ḳıṭʿası aḫẕ ü żabṭ {22} ve Moton līmānına bend ü rabṭ olunmuş oldığı beyānıyla ifādāt-ı sāʾireyi ḥāvī tevārīḫ-i {23} muḫtelife ile tevārüd iden taḥrīrāt-ı behcet-āyāt-ı serʿaskerīleri meʾāl-i farż-iştimāli mū-be-mū maʿlūm-ı {24} ḫulūṣ-verī olaraḳ ḥamden-lillāhi'l-ʿAliyyi'l-Aʿlā her bir vaḳʿada şāhid-i dilārā-yı ġalebe ve nuṣretiñ {25} ṣavb-ı saʿādetlerinde ve meẕkūr aḏa ile eski Anāvārīn ve aṣl Anāvarīn ḳalʿalarınıñ {26} istīmānen żabṭ ü tesḫīri ṣūretiniñ āyīne-i teyessürde hüveydā olması umūr-ı meʾmūre-i serʿaskerīlerinde {27} muḳārenet-i tevfīḳ-i Ḫudā'ya delālet ider āṣār-ı ḥaseneden oldığından el-ḥaḳ bu bābda ẓuhūra gelan {28} mesāʿī-i mebrūre ve meʾāṣir-i meşkūreleri ḫidemāt-ı sābıḳalarına ʿilāveten sitāyiş-efzā-yı elsine-i {29} ṣıġār ü kibār ve zīver-ārā-yı ṣaḥāyif-i rūzigār olmaġa elyaḳ ü sezāvār olmaḳ ḥasebiyle cümlemize {30} bādī-i dil-küşāyī ve ferḥat ve müstelzim-i inbisāṭ ü meserret olaraḳ inşāʾallāhü'r-Raḥmān bundan ṣoñra {31} daḫi nice nice fütūḥāt-ı celīleye muvaffaḳiyyetle mehçe-i rāyet-i ẓafer-āyet-i müşīrāneleri bülendī-i nuṣret ve irtifāʿ-i {32} ẓafer ü ġālibiyyetle hem-ser-i merkez-i āfitāb ve ruʾūs-ı şeḳā-meʾnūs-ı eşḳıyā cūybār-ı şimşīr-i ẓafer- {33} -teʾs̱īrlerinde mānend-i ḥabāb olmaḳ edʿiyesi bi'l-iḫlāṣ merfūʿ-ı dergāh-ı icābet-penāh-ı Ḥażret-i {34} Fātiḥü'l-Ebvāb ḳılınmış ve taḥrīrāt-ı vāride-i meẕkūreleri derḥāl ḫāk-pāy-ı mekārim-iḥtivā-yı şāhāne (30) ve ḥużūr-ı feyż-gencūr-ı mülūkāneye ʿarż ü taḳdīm ile meşmūl-ı liḥāẓa-i kerāmet-ifāża-i ḥażret-i ḫilāfet-penāhī {2} ve manẓūr-ı naẓar-ı iksīr-es̱er-i cenāb-ı ẓıllullāhī buyurılub bu keyfiyyet nezd-i şāhānede şāyeste-i {3} sitāyiş ü taḥsīn olaraḳ "Āferīn müşārun-ileyh[e], ḏoğrısı merdāne ve şecīʿāne ġayret eylemiş {4} ve maʿiyyetinde olanlar güzel ġayūrāne ḥareket itmişler. Pek maḥẓūẓ oldum. Ḥaḳḳ Taʿālā saʿylarını {5} meşkūr eyleye, āmīn. İnşāʾallāh bundan böyle nice nice fütūḥāt-ı ʿaẓīmeye maẓhar olurlar" deyu {6} ḥaḳḳ-ı eḥaḳḳ-ı ʿālīlerinde duʿā-yı ʿālem-bahā-yı şehinşāhīyi mutażammın ḫaṭṭ-ı mekārim-nuḳaṭ-ı cenāb-ı pādişāhī {7} zībāyiş-baḫşā-yı ṣaḥīfe-i ṣudūr buyurulmuş; hemīşe Ḥażret-i Nuṣret-Dihende-i Fiʾe-i Müʾminīn maṭlūb-ı {8} meʾmūle-i düstūrānelerin teʾyīdāt-ı İlāhiyye'sine rehīn ve meʾmūlümüz vechile eṣnāf-ı fevz ü ġālibiyyete {9} maẓhar ve ḳarīn eyleye, āmīn s̱ümme āmīn. Ẕāt-ı ḥamiyyet-simātları Salṭanat-ı Seniyye-i ebediyyetü'l-istimrārıñ {10} merdümek-i çeşm-i iftiḫārı olan vüzerā-yı fiḫām-i ẕevi'l-iḳtidārından olaraḳ merkūz-ı ṭīnet-i {11} meʿālī-menḳabetleri olan āṣār-ı ġayret ü şecāʿat ve māye-i merdānegī ve fütüvvet īcābınca {12} şimdiye ḳadar meṣāliḥ-i seniyyede cilve-menaṣṣa-i ẓuhūr olan ḫidemāt-ı cemīle ve mesāʿī-i cezīleleri {13} cümle ʿindinde müsellem ve işbu me'mūr olduḳları umūr-ı dīniyyede daḫi bā-ʿavn ü ʿināyet-i {14} Ḥaḳḳ müstelzim-i müstezād-ı manẓūme-i mefāḫirleri olur nice nice fütūḥāt-ı celīleye maẓhariyyetle {15} ʿan-ḳarībi'z-zamān şu Mora'nıñ külliyyen fetḥ ü tesḫīri ḫuṣūṣuna ve marżī-i ʿālī oldıġı {16} üzere ḳuvve-i ḳāhire-i ʿOs̱māniyye'yi şu gāvurlara lāyıḳıyla irā'eye muvaffaḳ olacaḳları ẓuhūr iden {17} işbu füyūżāt-ı Rabbāniyye ve icrā buyurmuş olduḳları uṣūl ve tedābīr iḳtiżāsından müstedlel ü münfehim {18} idüği vāreste-i ḳayd [ü] raḳam olub işʿār-ı sāmīlerine naẓaran maʿiyyet-i saʿādetlerinde mevcūd {19} ʿasākir-i İslāmiyye sergerdeleri ve Donanma-yı Hümāyūn me'mūrları güzel ġayret ü ḫidmet {20} itmiş olduḳları ve bu maḳūle ibrāz-ı merdī ve ḥüsn-i ḫidmete ve ẕāt-ı sāmīleri mis̱illü Salṭanat-ı {21} Seniyye'niñ bi'l-istiḳlāl me'mūrı olan cenāb-ı şecāʿat-me'āb-ı düstūrāneleriniñ {22} emr ü re'yine mütābaʿat idenleriñ teşvīḳ ü talṭīflerini īcāb ider vesā'iliñ icrāsı {23} şāyān-ı şān-ı Salṭanat-ı Seniyye idüğünden ve irādelerine muvāfaḳat ile işbu ḫidmet-i {24} dīniyyede yararlıḳları ẓuhūra gelan sergerdegān bendelerine bundan böyle ḫidmet {25} ve yararlıḳları vuḳūʿunda bi'l-īcāb talṭīfleri lāzım gelenlere ʿalā-merātibihim iʿṭā ve iksā {26} olunmaḳ üzere kerāmet-efzā-yı ṣudūr olan irāde-i seniyye mūcebince on ʿaded ḏonluḳ ve on beş {27} ʿaded cār ki cemʿan yiğirmi beş ʿaded şāl ve aʿlā ve evsaṭ ve ednā olaraḳ üç ṣınıf {28} on beş s̱evb ḳonṭūş semmūr kürk ve on beş s̱evb şemseli ve yiğirmi beş s̱evb şemsesiz ki {29} cemʿan ḳırḳ ʿaded ḳabūṭ iḥtiyāṭ ṣūretiyle tertīb ve ḳapu ketḫüdāları efendi bendelerine teslīmen irsāl olunmuş {30} oldıġından başḳa mūmā-ileyh Ḳapūdāna beğ ile Paṭrona-i Hümāyūn Ḥasan Beğ ve Çeşmeli Ḫalīl Beğ {31} bendeleri ve sā'ir ḳapūdānān ve Donanma-yı Mıṣriyye ve Ġarb Ocaḳları ṭaḳımınıñ cümlesine re'y [ü] tensībleri {32} vechile taḳsīm olunmaḳ üzere yüz biñ ġurūş aṭiyye-i seniyye-i şāhāne tertīb ve irsāl ve sū-yı {33} müşīrīleri ḳılınmış olmaġla mecbūl olduḳları mādde-i bergüzīde-i fütüvvet ü ḥamiyyet iḳtiżāsı üzere ẕikr olunan **(31)** şāl ve kürk ve ḳābūṭları maʿiyyet-i bāhirü'l-meymenet-i düstūrīlerinde mevcūd olub emr ü irādelerine muvāfaḳat iden {2} ve yararlıḳları ẓāhir olan sergerdegāna mevsim ve ṣırasında ʿalā-merātibihim iʿṭā ve iksā {3} ve meẕkūr yüz biñ ġurūşı daḫi aṭiyye-i seniyye olaraḳ re'y ü tensībleri vechile bu defʿa Donanma-yı {4} Hümāyūn ve süfün-i Mıṣriyye ve Ġarbiyye ṭaḳımlarına tevzīʿ ve iʿṭā iderek bir ḳat daḫi teşvīḳleri ṣūretiniñ {5} istikmāl ve bā-ʿavn-i Bārī şu Mora eşḳıyāsınıñ kesr-i ünūf-ı naḫvet ü melʿanetlerini müstelzim olacaḳ {6} vechile ṣamṣām-ı ʿadū-şiken-i İslāmiyye'niñ lāyıḳıyla iẕāḳasıyla kellā ve kellā şu günlerde defʿ-i {7} ġā'ilelerini īcāb ider esbāb-ı merġūbeniñ istiḥṣāline ṣarf-ı maḳderet ve bundan böyle daḫi {8} aḫbār-ı sārre teʿāḳubuna intiẓār-ı ʿālī ve cümlemiziñ teraḳḳubı derkār oldıġından inşā'allāhü Taʿālā muvaffaḳ {9} ve maẓhar olacaḳları fütūḥāt ve ās̱ār-ı meserrātıñ peyderpey bu ṭarafa taḥrīr ü işʿārına ve mümkin {10} oldıġı derece taḥrīrāt-ı vālālarını gecikdirmameğe nis̱ār-ı mā-ḥaṣal-i himmet-birle ẕātlarından cümlemiziñ {11} muntaẓarı olan me'āṡir-i bergüzīde-i feṭānet-şi'ārī ve besāleti ḳat-ender-ḳat iṡbāt ü te'kīde {12} kemāl-i mertebe sa'y ü ġayret buyurmaları siyāḳında ḳā'ime. Fī 21 L 40

[580–1/39] *Müşārun-ileyhe kenār*
{1} Mānya beği Petro nām kāfiriñ oġlı Yorġākī mel'ūnuyla Messina ḳapūdānlarından Yāṭrāḳī {2} nām ḫabīṡiñ tevḳīfleri Anābolī ḳal'asında giriftār-ı ḳayd-ı esāret olan 'Alī Nāmıḳ Paşa {3} ḥażretleriyle Sālim Paşa'nıñ mübādelesi niyyet-i ḫayriyyesiyle oldıġı hāmiş-i taḥrīrāt-ı düstūrīlerinde {4} nigāşte-i ḫāme-i beyān ü işāret buyur[ul]muş olmaġla ol vechile müşārun ve mūmā-ileyhimānıñ {5} eyādī-i kefere-i müşrikīnden taḫlīṣleri żımnında vāḳi' olan tedbīrleri muvāfıḳ-ı uṣūl ü maṣlaḥat {6} ve tamām çāresāzlıḳ ve civān-merdī levāzımını iṡbāt ve icrā ider bir keyfiyyet olmaġla {7} bu daḫi başḳaca bādī-i memnūniyyet ü ibtihāc olaraḳ du'ā-yı tevfīḳ ve 'āfiyetleri {8} tekrār ḳılınmaġın mücerred bu bābda daḫi himmet ü ġayret-i düstūrānelerinden ḥuṣūle gelan {9} maḥẓūẓiyyetimizi inbā ma'rıżında taḥşiye-i metn-i nemīḳa-i ḫulūṣ-verīye ibtidār kılındı. Fī 21 L 40

[580–1/40] *Bālyabādra muḥāfıẓına*
{1} Rumili Vālīsi ve bi'l-istiḳlāl Ser'askeri sa'ādetlü Reşīd Paşa ḥażretleri ordusuyla ma'iyyet-i {2} sa'ādetlerinde mevcūd 'asākir-i İslāmiyye içün bu ṭarafdan bi'l-istīcār ẓaḫīre taḥmīliyle ol ṣulara {3} tesyār olunan müste'men sefīneleriniñ Zānṭa'ya vürūdlarında orada bulunan {4} Ḳosṭanṭīn Ḳāna ve ḳardaşları ve cezīre-i merḳūmede olan Nemçe ḳonsolosı {5} o maḳūle sefāyin ḳapūdānlarını taḥrīk ü iġfāl iderek ḥamūleleriniñ ḳaraya iḫrāc {6} ve tevḳīf ve iżā'asına bādī olduḳları beyānıyla mesfūrlarıñ taḥẕīri żımnında {7} Dersa'ādet'de muḳīm Nemçe ilçisinden bir ḳıṭ'a mektūb aḫẕ ve irsāl ve Bālyabādra ḳonsolosı {8} olub Zānṭa['da] iḳāmet iden Cānco Mīḳāvel [?] nām müste'meniñ olduḳça ṣadāḳat {9} ve ḫidmeti sebḳat eylemekde idüğünden teşvīḳi-çün mersūma daḫi ilçi-i mūmā-ileyh ṭarafından {10} bir ḳıṭ'a kāġıd isbāl ḳılınması ḫuṣūṣuna dā'ir olan taḥrīrāt-ı şerīfeleri me'āl ü mezāyāsı {11} rehīn-i ıṭṭılā'-i ḫulūṣ-verī olmuşdur. Ma'lūm-ı müşīrīleri oldıġı üzere **(32)** sefāyin-i merḳūmeye taḥmīl olunan ẓaḫāyir bu cānibden ta'yīn ü taḫṣīṣ ḳılınan maḥalle sevḳ olunmaḳ üzere {2} muḳāvele olunmaḳda oldıġına naẓaran ol ṣūretle Zānṭa'da tevḳīf ve ḥamūleleriniñ ḳaraya iḫrāc {3} olunması muḳāvele-i meẕkūreniñ ḫilāfı olacaġından keyfiyyet ilçi-i mūmā-ileyhe ifāde olunaraḳ {4} o maḳūle sefāyiniñ ilişdirilmeyerek maḥallerine sevḳ ü isrāsı żımnında Zānṭa'da olan Nemçe ḳonsolosuna {5} bir ḳıṭ'a kāġıd aḫẕ ve tercümesiyle berāber sū-yı müşīrīlerine ba'ṡ olunmuş oldıġı ve me'āl-i iş'ārıñıza {6} göre Bālyabādra'da olan Nemçe ḳonsolosunuñ ibrāz-ı ḥüsn-i ḫidmet ṣūret[in]de oldıġı müstefād ise de {7} bunuñ içün başḳa

mektūb alınması maṣlaḥata tevāfuḳ itmeyeceğinden ve o maḳūle ibrāz-ı dostī ve ṣadāḳat {8} idenleriñ ṭaraf-ı müşīrīlerinden talṭīfine himmet lāzım geleceğinden cenāb-ı müşīrīleri iḳtiżāsına göre {9} mersūmuñ talṭīf[iy]le ẕikr olunan mektūbı ḳonsolo[s]-ı mersūm ṭarafına irsāl iderek her ḥālde {10} īfā-yı şerāyiṭ-i kār-āzmūdegī ve feṭānete himmet buyurmaları siyāḳında ḳā'ime. Fī 29 L 40

[*580–1/46*] *Ḳapūdān paşaya*
{1} Muḳaddem ve mu'aḫḫar ṣavb-ı sāmīlerine iş'ār olundığı üzere Rumili Vālīsi ve Ser'askeri sa'ādetlü Reşīd Paşa {2} ḥażretleri bu sene-i mübārekede şerāyiṭ-i iḳdām ü ihtimāmı lāyıḳıyla icrā ve Mesolenk'iñ muḥāṣarasına vaḳtiyle {3} cevānib-i s̱elās̱eden ḳuvve-i ḳarībeye getürmüş ve Mesolenk'iñ daḫi ṭarafı [?] açıḳ oldığından ẕāt-ı sāmīleri {4} Donanma-yı Hümāyūn'la ol ṭarafa saṭvet-endāz olduḳları gibi Mesolenk'iñ fetḥ ü tesḫīri elṭāf-ı İlāhiyye {5} delāletiyle ḥāṣıl olacağı tebeyyün itmiş oldığından bir gün evvel Donanma-yı Hümāyūn-ı Şāhāne ile ol ṭarafa irişmeleri {6} farż menzilesinde oldığını ser'asker-i müşārun-ileyh peyderpey taḥrīr ü inhā eylemiş ve bir ān aḳdem ṣavb-ı me'mūrlarına irişmeleri {7} bābında ḳaṭ'ī ṣudūr iden emr ü fermān-ı hümāyūn-ı şāhāne keyfiyyeti daḫi ṣavb-ı sa'ādetlerine bildirilmiş oldığından {8} muḳteżāsıyla 'amel iderek īfā-yı me'mūriyyete şitāb niyyet-i ḫayriyyesiyle Boğaz'dan ḥareket ve es̱nā-yı rāhda {9} rāst geldikleri gāvur teknelerine 'ināyet-i Ḥażret-i Ḫayru'n-Nāṣırīn ile irā'e-i saṭvet ü celādet buyuraraḳ {10} bi-tevfīḳillāhi Ta'ālā Andıra boğazlarından mürūr eyledikleri ḫaber-i behcet-es̱eri gelmiş oldığından bu āna ḳadar {11} peyām-ı fetḥ ü tesḫīri muntaẓar-ı 'ālī olan Mesolenk üzerine vararaḳ ol ġā'ileniñ ḫitām bulması {12} aḳdem-i melḥūẓ iken müşārun-ileyh Rumili vālīsi ḥażretleriniñ bu def'a daḫi ẓuhūr iden taḥrīrātlarında giçen {13} şehr-i Şevvāl-i Şerīf'iñ on ḏoḳuzuncı gününe ḳadar Donanma-yı Hümāyūn ol ṭaraflarda ẓuhūr itmediği ve maṣlaḥat {14} ḳuvve-i ḳarībeye gelmiş oldığından 'askerī ṭā'ifesine fütūr īrās̱ itmeksizin ẕāt-ı sāmīleriniñ {15} irişmesi ehem oldığı keyfiyyeti münderic ise de deryā ḥāli ma'lūm oldığından her ne ḳadar ser'asker-i müşārun-ileyh **(36)** ṭarafından ol vechile inhā olunmuş ise de inşā'allāhü Ta'ālā ol taḥrīrātlarını çıḳardıḳdan ṣoñra Donanma-yı Hümāyūn'uñ {2} varmış olması dā'ir-i dā'ire-i teslīmiyyet [?] oldığını müte'āḳib ol tārīḫde bi'l-cümle Donanma-yı Hümāyūn ile {3} berāber Sūda līmānına lenger-endāz-ı vuṣūl olduḳları daḫi istiḫbār olunmuş ve bu cihetle tārīḫ-i meẕkūra ḳadar {4} ẕāt-ı sāmīleri Mesolenk pīşgāhına varamamış olduḳları anla[şıl]mış ise de ma'lūm-ı müşīrīleri üzere {5} ser'asker-i müşārun-ileyh ḥażretleri muḳaddemā bu ṭarafda olan iḳdām ü ta'cīle mebnī ne vechile ise Donanma-yı Hümāyūn {6} vaḳtiyle gelecek, diyerek Mesolenk öñüne varub ṭabya ve metrīslerini ḥaṣr ile bir deñizden bir deñize {7} Mesolenk'i muḥāṣara itmiş ve gāvurlar gereği gibi ṣıḳışmış olub hemān

ʿavn-i Bārī'yle tesḫīri cenāb-ı ġayret-meʾāb-ı {8} müşīrīleriniñ ol ḥavālīye saṭvet-endāz olmalarına ḳalmış olub bu vechile ʿasākir-i meʾmūre bir maḥalde {9} mütemādiyen intiẓārda ḳalması fütūr īrāṣını ve fütūr ẓuhūrı maʿāẕallāhü Taʿālā ḳuvve-i ḳarībeye gelmiş {10} maṣlaḥata sekte taṭarruḳunı müstelzim olaraḳ bu ṣūret ise ḳaç seneden berü zaḥmet çekilüb bu derece ḳuvve-i {11} ḳarībeye gelmiş maṣlaḥata Ḫudā itmesün bir vechile cāʾiz olmayacağı müsellemiyyete naẓaran ne vechile ise cenāb-ı sāmīleriniñ {12} şuña buña baḳmayaraḳ ve serʿasker-i müşārun-ileyhi inḳılābda bıraḳmayaraḳ hemān bir ān evvel ol ṭarafa {13} irişüb īfā-yı meʾmūriyyete kemāliyle şitāb buyurmaları īcāb ideceği ẓāhir ve mücerreb ü meczūm olan {14} ġayret ü ḥamiyyetleri īcābına göre bu māddede ẕāt-ı saʿādetlerine teʾkīde ḥācet olmayacağı bāhir ise de {15} maṣlaḥat yoluna girmiş ve ancaḳ Donanma-yı Hümāyūn'uñ irişmesine ḳalmış ve serʿasker-i müşārun-ileyh daḫi ʿasākir-i {16} vāfire ile ol ṭarafa vararaḳ ḫaylī zamān geçmiş oldığından taʿcīl farż olmuş oldığına bināʾen {17} bu defʿa şeref-ṣudūr olan ḫaṭṭ-ı hümāyūn-ı şāhānede keyfiyyetiñ ṣavb-ı saʿādetlerine işʿārıyla {18} istiʿcāli emr ü fermān buyurulmuş olmağla bu ṭarafda leyl ü nehār eẕhān-ı meʾmūriyyet-i ẕāt-ı şerīfleriniñ {19} Donanma-yı Hümāyūn ile bir daḳīḳa evvel ṣavb-ı meʾmūrlarına varub bi-naṣrillāhi Taʿālā aḳdem-i [?] intiẓār {20} derkār olan Mesolenk ġāʾilesiniñ ḥüsn-i indifāʿına muvaffaḳiyyetleri emrinde dāʾir olaraḳ hemān {21} duʿā-yı tevfīḳ ü selāmetleri vird-i zebān oldığı maʿlūm-ı sāmīleri buyuruldukda eğer işbu nemīḳa-i {22} ḫālişānemiz vuṣūlüne ḳadar Mesolenk öñüne varılmamış bulunılur ise ne vechile olmaḳ lāzım ise luṭfen {23} bir daḳīḳa tevḳīfi tecvīz itmeyerek ol ṭarafa irişüb īfā-yı şerāyiṭ-i meʾmūriyyet ve ġayrete kemāl-i {24} şitāb ü sürʿat buyurmaları ḥażretlerinden ḥaṣren maṭlūb idüği beyānıyla ʿicāleten işbu ḳāʾime. Fī ġurret-i Ẕa 40

[*580–1/49*] ***Şām ve Ḥaleb ve Ḳaraman ve Sīvās vālīlerine ve Anḳara ve Ḥamīd ve Bozoḳ ve Ḳaraḥiṣār-ı Ṣāḥib mutaṣarrıflarına ve Vidīn muḥāfıẓına ve Edirne beğlerbeğisine***

{1} İşbu sene-i mübārekeye maḥsūben saʿādetlü Rumili vālīsi ḥażretleri ordusıçün Sīvās sancağından {2} müretteb olan maʿlūmü'l-miḳdār ʿasker bedeliyyesiniñ taḥṣīl ve Ḍarbḫāne-i ʿĀmire'ye tesbīli bābında {3} muḳaddem ṣādır olan emr-i ʿālī dergāh-ı ʿālī ḳapucıbaşılarından ʿAlī Ağa mübāşeretiyle gönderilmiş oldığından şimdiye ḳadar {4} tamāmen taḥṣīl ve mübāşir-i mūmā-ileyhe teslīmen irsāli lāzımeden ve irāde-i seniyye muḳteżāsından iken bedeliyye-i mezbūreniñ {5} birazı taḥṣīl ve irsāl ile māʿadā bir yük on yedi biñ beş yüz ġurūş el-ān nā-taḥṣīl ḳalaraḳ {6} henüz itmām olunamamış olub maʿlūm-ı düstūrīleri oldığı üzere bedeliyye-i merḳūme dīn ü devletimiziñ {7} düşmeni olan Rum ʿuṣātınıñ indifāʿ-i ġāʾileleri niyyet-i ḫāliṣasıyla tertīb olunmuş ve teshīl-i {8} maṣlaḥat żımnında Ḍarbḫāne-i ʿĀmire'den taʿvīżan virilmiş oldığından ifāte-i vaḳt olunmaḳsızın tamāmen (39) taḥṣīl ve Ḍarbḫāne-i ʿĀmire'ye tevṣīli aḳdem-i maṭlūb-ı ʿālī ve bu vechile ʿuḳde-i taʿvīḳe [?] dūçār olması {2} cenāb-ı düstūrīleriniñ ʿadem-i ihtimāmıñıza ḥaml olunaraḳ ḥaḳḳ-ı şerīfiñizde olan iʿtiḳāda münāfī {3} olacağı bedīhī ve meblaġ-ı mezbūr ittifāḳ-ı ārā ve irāde-i ḳāṭıʿa-i şāhāne ile tanẓīm ü tertīb olunmuş {4} oldığına naẓaran beher-ḥāl sürʿat-i taḥṣīliyle ifāte-i vaḳt dāʿiyesinde olanlar ḥaḳlarında īcāb iden {5} muʿāmele-i te'dībiñ icrā olunacağı emr-i celī olmağla muḳteżā-yı dirāyet ü ḥamiyyetleri üzere eğer şimdiye ḳadar {6} meblaġ-ı mezbūr taḥṣīl olunmamış ise bundan ṣoñra bir gün te'ḫīri tecvīz ile mes'ūliyyeti daʿvetden {7} mübāʿadet iderek ʿalā-eyyi-ḥāl serīʿan ve ʿācilen ve tamāmen ve kāmilen taḥṣīl ve bir sāʿat evvel Ḍarbḫāne-i {8} ʿĀmire'ye tesbīli vesā'ilini istiḥṣāle himmet buyurmaları siyāḳında ḳā'ime. Fī 2 Ẕa 40

[*580–1/53*] ***Rumili vālīsine***

{1} Cidde ve Mora Vālīsi vezīr-i dilīr saʿādetlü İbrāhīm Paşa ḥażretleriniñ Mora'yı teşrīfleriyle {2} Anāvarīn ḳalʿasınıñ tesḫīrine muvaffaḳiyyetlerini tebrīk żımnında taḥrīrāt-ı serʿaskerīleriyle devātdārları {3} bendeleri gönderilmek üzere iken Cezāyir tekneleriniñ Mesolenk üzerine me'mūriyyetlerine dā'ir {4} ıṣdār ve tesyār olunmuş olan emr-i ʿālī ve taḥrīrāt-ı ḫulūṣ-verī vāṣıl olaraḳ iḳtiżāsı {5} vechile ṣavb-ı ʿālīlerinden donanma-yı merḳūm başbuġuna kāġıd imlā ve emr-i şerīf-i meẕkūr daḫi mūmā-ileyh {6} devātdārları bendelerine teslīmen Bālyabādra Muḥāfıẓı saʿādetlü Yūsuf Paşa ḥażretleriniñ iki ḳıṭʿa {7} sefīnesine irkāb ile isrā olunmuş ise de havānıñ ʿadem-i müsāʿadesinden nāşī Bālyabādra {8} boġazında olṭa urmaḳda olduḳları ḥālde bunlara sedd-i rāh-ı muḫālefet olmaḳ üzere iki {9} ḳıṭʿa eşḳıyā teknesi ẓuhūr iderek bi'l-muḥārebe emāre-i ġālibiyyet berü ṭarafda bedīd olmuş ise de {10} tekneniñ biri saḳaṭlıḳ göstermiş oldığından meẕkūr tekneler mecbūren ʿavdet eylemiş ve emr-i şerīf-i meẕkūr {11} Preveze muḥāfıẓı bendeleri maʿrifetiyle gönderilmiş oldığı ve Mesolenk pīşgāhına važʿ-ı lenger-i nikbet iden {12} eşḳıyā ḳayıḳları cā-be-cā aḏalardan celb olunan ẕaḫāyiri menʿ ile ṭarīḳi sedd eylemiş ve Dersaʿādet'den {13} gönderilmekde olan ẕaḫāyir tekneleri vürūd itse daḫi ablūḳa beliyyesi ḥasebiyle içerü giremeyecekleri rū-nümā {14} olmuş idüği beyānıyla Donanma-yı Hümāyūn-ı Şāhāne'niñ vürūdına eşedd-i intiẓārda olduḳlarını {15} şāmil resīde-i dest-i iḫlāṣ olan taḥrīrāt-ı saʿādet-āyāt-ı [?] müşīrīleri me'āl ü mezāyāsı rehīn-i ıṭṭılāʿ-i muḥibbī {16} olmuş ve ḫāk-pāy-ı hümāyūn-ı şāhāneye ʿarż ü taḳdīm ile meşmūl-ı enẓār-ı kerāmet-āsār-ı ḥażret-i pādişāhī buyurulmuşdur. {17} Ārāyiş-i ẕāt-ı meḥāsin-ṣıfātları olan cevher-i ṣalābet ü diyānet īcābı üzere ibtidā-yı me'mūriyyetlerinden {18} bu āna ḳadar saṭvet-endāz-ı sāḥa-i ẓuhūr olan mesāʿī-i dilīrāne ve iḳdāmāt-ı müşīrāneleri el-ḥaḳ yolunda olaraḳ {19} yāverī-i tevfīḳ-i niʿme'r-refīḳ-i Sübḥānī ile ʿan-ḳarīb ḫitām-ı me'mūriyyete maẓhariyyetleri emārāt-ı ḥasenesi ṣūret-nümā {20} olmaḳda ve Ḫudā ʿAlīm ü Dānā'dır ki, ḫaṭb-ı cesīm-i serʿaskerīlerine müteferriʿ kāffe-i meṣāliḥ-i dāverīleriniñ {21} teshīlini īcāb ider esbābıñ icrāsına leyl ü nehār ṣarf-ı efkār ḳılınmaḳda olub evvel ü āḫir {22} vāḳiʿ olan işʿārlarına göre es̱er-i himem-i dilīrāneleriyle Mesolenk bir ṣudan bir ṣuya muḥāṣarada (42) olaraḳ ʿavn-i Bārī'yle fetḥ olunmuş ṣūretinde ise daḫi gāvurlarıñ ḳaldırılmayub [?] ʿiyāl ü evlād ve māl ü eşyālarıyla {2} tesḫīri māddesi Donanma-yı Hümāyūn-ı Şāhāne'niñ ol ṣulara ṣavlet-endāz olmasıyla [?] ḥāṣıl olacağı {3} ecilden ehemmiyyet-i maṣlaḥat kendüleriniñ maʿlūmı olaraḳ īfā-yı me'mūriyyete her ne ḳadar saʿy ü ġayret eyleyecekleri {4} meczūm ise de bir ayaḳ evvel Mesolenk'e irişmesi bi'd-defaʿāt saʿādetlü Ḳapūdān paşa ḥażretlerine işʿār olunmuş ve mu'aḫḫaren {5} Donanma-yı Hümāyūn'uñ Sūda līmānına lenger-zen-i vuṣūl oldığı bi'l-iḫbār sünūḥ iden irāde-i seniyye mūcebince {6} keyfiyyet beğāyet mü'ekked olaraḳ be-tekrār bildirilmiş ve ṣūret-i ḥāl daḫi cevāb-ı sāmīlerine yazılmış oldığına naẓaran {7} vezāyiş-i [?] nesāyim-i ʿavn-i Perverdigār ile şimdiye ḳadar Donanma-yı Hümāyūn-ı Şāhāne ile müşārun-ileyh ḥażretleri ol ṭarafa {8} lenger-endāz-ı saṭvet olmuş ve Cezāyir tekneleri daḫi ber-mūceb-i irāde-i seniyye celb buyurulmuş ve ṣubḥ ü mesā {9} tesḫīri intiẓārında oldığımız Mesolenk'iñ daḫi fetḥ ü tesḫīri ṣūret bulmuş olacağı ve bu vechile işʿār {10} buyurılan ablūḳa māddesi daḫi mündefiʿ olaraḳ ẕaḫīre tekneleri daḫi bi's-selāme maḥall-i me'mūrlarına varacaḳları {11} elṭāf-ı bī-ġāyāt-ı Ṣamedāniyye delāletiyle meczūm ü āşikār ve hemān bugünlerde ṣavb-ı ʿālīlerinden peyām-ı meserret işʿārı {12} aḳdem-i me'mūl ve derkār olub bu defʿa müşārun-ileyh İbrāhīm Paşa ḥażretleri ṭarafından tevārüd iden taḥrīrātda {13} muḳteżā-yı me'mūriyyet ve ġayretleri üzere Moton ṣaḥrāsından ḥareket ve Ḳūndurīna nām cibāliñ cānib-i cenūbīsinde {14} vāḳiʿ Sḳāramanġa nām maḥalle naṣb-ı rāyet-i nuṣret ve maḥall-i meẕkūr ittiṣālinde kā'in Mānyakī nām cebelde müctemiʿ ve müteḥaṣṣın {15} olan eşḳıyā-yı dūzaḫ-mekān ile muḫābereye mübāderet iderek ḥamden-lillāhi Taʿālā şāhid-i dil-ārām-ı fevz {16} ü ġālibiyyet cānib-i müşārun-ileyhde nümāyiş-baḫş-ı ṣūret ve eşḳıyā-yı mersūme dūçār-ı ṣadmet-i ḳahr ü nikbet {17} olmuş ve es̱nā-yı muḥārebede bu defʿa alınmış olan beş yüz çift ḳulaḳ ile muḳaddemā vuḳūʿ bulan {18} muḥārebātda aḫẕ olunan üç yüz iki [?] çift ḳulaḳ gönderilmiş idüği ve ṣavn [ü] luṭf-ı Ḫudā ile {19} eşḳıyā şuʿle-i şimşīr-i ẓafer-te's̱īr-i İslāmiyye'yi görmüş olduḳlarından şevket-i İslāmiyye'ye tāb-āver-i taḥammül {20} olamayacaḳları muḥarrer ü meẕkūr olub Mesolenk'iñ mütevaḳḳıfūn-ʿaleyhi olan Donanma-yı Hümāyūn ve Cezāyir tekneleri {21} şimdiye ḳadar inşā'allāhü'r-Raḥmān ol ṭarafa vāṣıl olmuş olaraḳ ẕāt-ı ḥayderī-simātları şimdiye ḳadar {22} şu netīce-i efkārımız olan Mesolenk'i żabṭ ü tesḫīr ile ol ḥavālīyi levs̱-i vücūd-ı ʿiṣyān-ālūd-ı eşḳıyādan {23} taṭhīr buyurmuş olacaḳları emr-i ġayr-ı mestūr olmağın hemān bu bābda ġayret buyuraraḳ īfā-yı şerāyiṭ-i {24} me'mūriyyet ve ḥaṣāfet ile leyl ü nehār cümlemiziñ muntaẓarı olan peyām-ı meserret-encāmıñ peyderpey işʿārına {25} himmet ve cenāb-ı muʿallā-elḳāb-ı düstūrīlerinden ẕāt-ı şevket-simāt-ı şāhāneniñ meʾmūl-ı maḫṣūṣı olan {26} ās̱ār-ı merdānegī ve şecāʿati ibrāza bezl-i miknet buyurmaları siyāḳında ḳāʾime. Fī 6 Ẕa 40

[*580–1/54*] ***Mora vālīsine***

{1} Ẕāt-ı ʿālīleri aṭiyye-i behiyye-i Ṣamedāniyye olan māye-i ṣalābet-kārī ve ḥamiyyet ibtiġāsı ve meʾmūriyyet-i müstaḳille-i {2} serʿaskerīleri iḳtiżāsı üzere bi-keremillāhi Taʿālā Mora'ya basṭ-ı ḳādime-i celādet ve ḫavene-i müşrikīn üzerlerine {3} refʿ-i rāyet-i nehżat-birle müddet-i yesīre ẓarfında Anāvārīn ve ḥavālīsiniñ ḍarben ve ḳahren āverde-i **(43)** ḳabża-i tesḫīri emrinde maẓhar ü muvaffaḳ olduḳları ḫidemāt-ı cihān-pesend-i dilīrāneleriniñ henüz manẓūme-i nüvīd-i {2} meserret-bedīdi derdest-i müṭālaʿa-i istīs̱ār-ı [?] müstemiʿīn iken lillāhiʾl-ḥamdi veʾl-ʿaṭāyā ve Ḳūndurīna nām {3} cibāliñ cānib-i cenūbīsinde vāḳiʿ Isḳāramanġa [?] nām ḳażā ittiṣālinde kāʾin Mānyakī cebelinde müteḥaṣṣın {4} olan biñ iki yüzden mütecāviz küffār-ı ḫāk-sār üzerine hecme-zen-i iḳtiḥām ve kefere-i fecereyi tażyīḳ ile {5} tedmīr ü istīṣāllerine himmet ü iḳdām buyurmuş ve içlerinden semt-i firāra girīzān olanlarıñ biʾt-taʿḳīb {6} cān-ı ḫabīs̱leri dereke-i nār-ı Caḥīm'e tesrīb ile ne ṣūretle ḳahr ü tedmīr-i eşḳıyāya naṣb-ı nefs-i ihtimām ḳılınmış {7} oldıġı beyānıyla es̱nā-yı muḥārebede alınan ve muḳaddem aḫẕ olunan sekiz yüz seksan çift ḳulaḳ bu defʿa {8} irsāl olunmuş oldıġı ifāde-i meserret-nümāsını mutażammın olan taḥrīrāt-ı serʿaskerīleri daḫi vārid olan ḥamden {9} s̱ümme ḥamden bu vechile taʿḳīb-i fütūḥāta muvaffaḳiyyetleri ser-levha-i kitāb-ı celādet ve cihānīlerin [?] ez-ser-i nev teẕhīb iderek {10} bu defʿa daḫi sürādiḳāt-ı nuṣret-i İlāhiyye'den menaṣṣa-ārā-yı bürūz olan şāhid-i gül-çehre-i fevz ü ġālibiyyet {11} ve bi-taḫṣīṣ cünūd-ı ẓafer-nümūd-ı İslāmiyye'niñ ol vechile dilīrāne ve şecīʿāne saʿy ü iḳdām ve ġayretleri cümlemize müstelzim-i {12} inbisāṭ-ı bi-ġāye olmuş ve derḥāl taḥrīrāt-ı mevrūdeleri ṭaḳımıyla südde-i sidre-sāy-ı cenāb-ı ẓıllullāhīye {13} ʿarż ü taḳdīm ile meşmūl-ı liḥāẓa-i mekārim-ifāża-i ḥażret-i pādişāhī buyurulmuşdur. Ve ẕikr olunan {14} ḳulaḳlar daḫi pīşgāh-ı bāb-ı hümāyūnda ġalṭīde-i ḫāk-i meẕellet ḳılınmışdır. Ẕāt-ı ṣarāmet-simāt-ı düstūrīleriniñ {15} gencīne-i fıṭriyyelerinde mevdūʿ-ı dest-i ḳudret olan cevher-i ʿālem-pesend-i şecāʿat ü ṣalābet ve müddeḫar-ı {16} dārüʾl-ḫızāne-i ẕātiyyeleri olan nevādir-i saṭvet ü besāleti ḳahr ü istīṣāl-i aʿdāya ṣarf ü ibẕāl iderek {17} min-ḳıbeliʾr-Raḥmān meʾmūr oldıġımız cihād ü ġazāyı icrāya derkār olan mesāʿī-i meşkūrüʾl-efāḫim-i {18} dilīrāneleri s̱emeresi olaraḳ inşāʾallāhü Taʿālā ṭıbḳ-ı işʿār-ı sāmīleri vechile az vaḳtde Mora {19} cezīresi eşḳıyāsı kāmilen zīr-i ḥüsām-ı ʿadū-intiḳām-ı İslāmiyye'ye ilticā ile ḥüsn-i ḫitām-ı meʾmūriyyete {20} muvaffaḳiyy[et]leri elṭāf-ı Sübḥāniyye'den müstedʿā olaraḳ biʾl-iḫlāṣ edʿiye-i tevfīḳ ü selāmetleri {21} vird-i zebān olmaġla hemān muḳteżā-yı ṣalābet ü ḥamiyyet-i düstūrileri üzere bundan böyle {22} daḫi her ḥālde icrā-yı muḳteżā-yı me'mūriyyet ve besālete himmet ve leylen ve nehāren intiẓārında oldıġımız {23} aḫbār-ı sārre-i fütūḥuñ birbirini ta'ḳīben iş'ārıyla cümle muvaḥḥidīni rehīn-i ibtihāc ü meserret buyurmaları {24} siyāḳında ḳā'ime. Fī 6 Ẕa 40

[580–1/55] *Sāḳız muḥāfıẓına*

{1} Donanma-yı Hümāyūn'uñ Boġaz'dan ḥareketle Ṣıġrī pīşgāhında ve mu'aḫḫaren Andıra boġazında {2} gāvur tekneleriyle muḥārebe iderek ġāliben ve sālimen Ḳızılḥiṣār ṣularına 'azīmet itdiğini Donanma-yı {3} Hümāyūn süvārī ḳapūdānlarından Sāḳız'a gelmiş olan Nevrūzoġlı İbrāhīm Ḳapūdān {4} ifāde ve beyān itmiş ve ba'dehū vezīr-i mükerrem sa'ādetlü Ḳapūdān paşa ḥażretleri Donanma-yı {5} Hümāyūn ile Sūda līmānına vuṣūl ile Mora'ya gitmek üzere oldıġı istiḫbār olunmuş {6} idüği ifādesini şāmil tevārüd iden taḥrīrātıñız me'āl ü mezāyāsı ma'lūmumuz olub bu ṣūretle (44) isticlāb-ı ḥavādiṡ ü āṡāra derkār olan müsāra'atıñız ẕātıñızdan me'mūl olan dirāyeti te'yīd itmekle {2} taḥrīrāt-ı mersūleñiz ḫāk-pāy-ı hümāyūn-ı şāhāneye 'arż ü taḳdīm ile manẓūr-ı naẓar-ı cenāb-ı pādişāhī {3} buyurulmuşdur. Mora or[d]ularınıñ keyfiyyeti [ve] Donanma-yı Hümāyūn'uñ seyr ü ḥareketi ne vechile oldıġ[ın]ıñ 'ale'd-devām {4} taḥḳīḳ[i] lāzımeden ve Sāḳız sefāyin-i mütevārideniñ reh-i rāstı oldıġından her ān istiḫbār-ı aḥvāl {5} mümkin olacaġı bedīhiyyātdan olmaġla muḳteżā-yı dirāyet ü ġayretiñiz üzere bundan böyle daḫi istirāḳ {6} olunabilan ḥavādiṡ ve aḥvāliñ peyderpey bu cānibe iş'ārıyla iṡbāt-ı müdde'ā-yı dirāyete mübāderet {7} eylemeñiz siyāḳında ḳā'ime. Fī 6 Ẕa 40

[580–1/57] *Ḳapūdān paşaya*

{1} Rumili Vālīsi ve Ser'askeri sa'ādetlü Reşīd Paşa ḥażretleriniñ Mesolenk'i ne vechile ḥaṣr ü tażyīḳ {2} itmiş ve maṣlaḥat ancaḳ ẕāt-ı sāmīleriniñ Mesolenk pīşgāhına lenger-endāz-ı saṭvet {3} ü celādet buyurmalarına ḳalmış oldıġından bir ān evvel irişmekliğe iḳdām ü müsāra'at {4} buyurmaları irādesi çend rūz muḳaddemce ṣavb-ı ḥamiyyet-evb-i düstūrānelerine taḥrīr (45) ü iş'ār olunmuş olmaḳ ḥasebiyle ol vechile himmet ve bir gün evvel Mesolenk'e irişmeğe kemāl-i şitāb ü sür'at buyuracaḳları {2} āşikār ise de bu def'a ser'asker-i müşārun-ileyh cānibinden tevārüd iden taḥrīrāt me'ālinde bugünlerde 'uṣāt-ı kefere-i {3} maḫẕūleniñ ber-vech-i ḳıṭ'a brīḳ ve ġulet sefīneleri Mesolenk pīşgāhına vaż'-ı timür-i nikbet {4} ü fücur idüb ufaḳ ḳayıḳlar ile cā-be-cā aḏalardan celb olunan ẕaḫāyiriñ mürūrına mümāna'at {5} iderek bütün bütün ṭarīḳi sedd itmiş olduḳları ve Dersa'ādet'den gönderilan ẕaḫīre tekneleri {6} vürūd itse bile ablūḳa beliyyesi taḳrībiyle içerüye giremeyecekleri derkār oldıġından Donanma-yı Hümāyūn'uñ {7} ẓuhūrına kemāl-i intiẓārda oldıġı ve Mesolenk'i muḥāṣara ile dört ṭarafından taḫrīb itmiş ise de fetḥ ü tesḫīri {8} [Donanma-yı] Hümāyūn'uñ vürūdına menūṭ olub ʿaskerī ṭāʾifesi daḫi mücerreb olan aḥvāli cihetiyle müddet-i medīde {9} ol ṭarafda tevaḳḳuf cāʾiz olmadığı ve iş görülmesi ve maṣlaḥatıñ ḫitāmı bi-mennihī Taʿālā Donanma-yı Hümāyūn ẓuhūrunda {10} ḥāṣıl olacağı keyfiyyātı īmā ve işāret olunmuş olub bu vechile ḳuvve-i ḳarībeye gelmiş olan maṣlaḥatıñ, {11} Ḫudā itmesün, uzaması cāʾiz olmayacağından ve ẕāt-ı saʿādetleriniñ ol ṭarafa irişmeleri ḳaṭʿī emr [ü] fermān-ı {12} hümāyūn-ı mülūkāne iḳtiżāsından idüğünden artıḳ ne vechile iderseñiz idüb Mesolenk şu ṣūretle dāḫil-i dāʾire-i {13} iḥāṭa olaraḳ kefere-i fecere başları ḳayğusuna düşerek gözleri ḳaçma merkezine gelmiş ve ʿasākir-i {14} muvaḥḥidīn daḫi yürüyüşe ḫāhiş göstermiş iken Donanma-yı Hümāyūn'uñ ol ṣulara lenger-endāz-ı ṣalābet {15} ü saṭvet olmaḳ üzere henüz Mesolenk pīşgāhına varılmamış ise luṭfen bir daḳīḳa tevaḳḳuf itmeyerek {16} işbu nemīḳa-i muḫliṣī[ni]ñ vürūdunda ol ṭarafa irişüb şu āverde-i dest-i istīṣāl olması ḳuvve-i {17} ḳarībeye gelmiş Mesolenk māddesinde Ḫudā-ne-kerde Donanma-yı Hümāyūn irişemeyüb de böyle oldı dinilmamesi {18} ḫuṣūṣuna beğāyet iḳdām ü himmet buyurmaları siyāḳında maḫṣūṣ işbu ḳāʾime. Fī 6 Ẕa 40

[*580–1/65*] ***Sāḳız muḥāfıẓına***

{1} Sāḳız cezīresi mütemekkinlerinden Ḳosṭanṭīn Varṭodorī nām ẕimmīniñ Ġalaṭa'da Bāyezīd maḥallesinde Sāḳız {2} kilīsāsı ittiṣālinde pāpāslar ḫānesi dimekle ʿarīf mutaṣarrıf oldığı bir bāb ḫānesi firārī oldığından {3} cānib-i mīrīden żabṭ olunmuş ise de maʿlūm firārī olmayub cezīre-i Sāḳız'da evlād ü ʿiyāliyle mütemekkin {4} oldığına mebnī ḫāne-i merḳūmuñ kendüye terki ḫuṣūṣuna müsāʿade buyurulmasını bu defʿa mersūm ʿarżuḥāl taḳdīmiyle {5} inhā ve istidʿā itmiş ve ol bābda Sāḳız nāʾibi ṭarafından virilan iʿlāmı irāʾe eylemiş oldığından keyfiyyet {6} ʿizzetlü Defterdār efendiye ledeʾl-ḥavāle mersūm Ḳosṭanṭīn ẕimmīniñ firārī oldığı muḳaddemā inhā olunaraḳ {7} meẕkūr ḫānesi cānib-i mīrīden żabṭ olunmuş oldığını ve bu maḳūle firārī mālı olaraḳ cānib-i mīrīden {8} mażbūṭ emlākıñ aṣḥābı baʿdehū firārī değilim deyu ẓuhūr ve istidʿāya teşebbüs̱ eyledikde o mis̱illülere cevāb {9} virile geldiğini mūmā-ileyh Defterdār efendi bā-taḳrīr ifāde itmiş ve keyfiyyetiñ ṭarafıñızdan istiʿlāmı lāzım {10} gelmiş olmağla fiʾl-ḥaḳīḳa mersūm firārī maḳūlesinden olmayaraḳ Sāḳız'da ʿiyāl ü evlādıyla mütemekkin midir, {11} yoḫsa es̱nā-yı fesād[d]a firār idüb ṣoñradan gelmiş ve cezīre-i merḳūmede temekkün itmiş maḳūleden midir (50) ve fesāddan şimdiye ḳadar Sāḳız'da mütemekkin oldığı ḥālde Sāḳız vaḳʿasında mersūm nerede ḳalmış ve ne vechile {2} olmuşdur, ḥaḳīḳat-i ḥāl ne vechile ise ẓāhire iḫrāc iderek ḏoğrıcasını bu ṭarafa taḥrīr ü işʿāra {3} mübāderet eylemeñiz içün mektūb. Fī 12 Ẕa 40

[*580–1/66*] *Eġrīboz muḥāfıẓına*

{1} Muḳaddem ve mu'aḫḫar ma'iyyet-i sa'ādetlerinde müctemi' ü mevcūd olan 'askeriñ Şevvāl-i Şerīf ġāyetine ḳadar işlemiş {2} māhiyyelerinden ġayr-ez-maḥsūb yedi yük elli yedi biñ ġurūş maṭlūbları terāküm itmiş {3} ve bir ḳıṭ'a defteri taḳdīm ḳılınmış oldıġı beyānıyla meblaġ-ı mezbūruñ te'ḫīri tecvīz olunmayaraḳ serī'an {4} irsāli iltimāsına dā'ir tevārüd iden taḥrīrāt-ı şerīfeleri ve defter-i mezkūr me'ālleri rehīn-i ıṭṭılā'-i {5} ḫulūṣ-verī olmuş ve ḫāk-pāy-ı hümāyūn-ı şāhāneye 'arż ü taḳdīm ile meşmūl-ı liḥāẓa-i kerāmet- {6} -ifāża-i ḥażret-i pādişāhī buyur[ul]muşdur. Ẕāt-ı besālet-simātları cevher-i merdī ve şecā'at ve zīver-i {7} feṭānet ü ḥamiyyet ile āráste vüzerā-yı 'iẓām-ı Salṭanat-ı Seniyye'den olduḳları ecilden {8} her ḥālde dīn ü devletimiz yolunda merdāne ḥareket ve cānsipārāne ḫidmete sā'ī olacaḳları {9} i'tiḳādı ḥaḳḳ-ı sa'ādetiñizde derkār ve inşā'allāhü'r-Raḥmān nice nice ḫidemāt-ı seniyyede bulunaraḳ {10} beyne'l-aḳrān müşārūn-bi'l-benān olacaḳları nāṣıye-i ẕātlarından bedīdār olaraḳ ez-her cihet {11} taḳviye-i bāzū-yı iḳtidār ü miknetlerini īcāb ider esbāb ü vesā'iliñ istikmāliyle is'āf-ı {12} muḥarrerāt-ı vāḳı'aları maṭlūb ü mültezem oldıġına ve vāḳı'an muḳaddem ẕāt-ı sa'ādetlerine bā-irāde-i {13} seniyye taḫṣīṣ ḳılınmış olan ḫarcdan ṣoñra faḳaṭ bir def'a gönderilan yüz elli biñ ġurūşdan {14} ġayrı aḳçe gönderilmediğine binā'en maṭlūb buyurılan yedi yük elli yedi biñ ġurūş {15} 'ulūfeniñ tanẓīm ve irsāli ḫuṣūṣuna irāde-i seniyye-i şāhāne ta'alluḳ itmiş ve meblaġ-ı mezbūr {16} tamāmen bu def'a tatar aġañız ve refīḳine teslīmen ṣavb-ı şerīflerine gönderilmiş ve bir ān aḳdem āminen ve sālimen {17} meblaġ-ı mezbūrı ṣavb-ı sa'ādetlerine irişdirmekde emniyyet esbābını istiḥṣāl eylemesi Tırḥāla {18} Mutaṣarrıfı Ṣāliḥ Paşa'ya ṭarafımızdan maḫṣūṣ ve mü'ekked yazılmış olmaġın bi-mennihī Ta'ālā serī'an meblaġ-ı mezbūr {19} ṭaraf-ı sa'ādetlerine irişerek 'ulūfe māddesinden ḏolayı giriftār-ı ıżḏırāb olmayacaḳları {20} ẓāhir ve mācerā-yı şerāyiṭ-i besālet ü ḥaṣāfete i'tinā buyuracaḳları mültezemleri olan ġayret {21} ü fütüvvet edillesiyle bāhir olub el-ḥāletü-hāẕihī Rumili Vālīsi ve bi'l-istiḳlāl Ser'askeri {22} sa'ādetlü Reşīd Paşa ḥażretleri Ṣālona ḳolunda olan ketḫüdāları ma'iyyetine bu def'a daḫi {23} yedi biñ nefer 'asker irsāliyle bi-'avnillāhi Ta'ālā Livādya ṭarafında tecemmu' ve taḥaṣṣun iden {24} kefere-i eşḳıyānıñ ḳahr ü tedmīri istiḥṣālinden ṣoñra İstifa'ya ve andan ma'iyyet-i sa'ādetlerine {25} varub inżimām-ı ġayret ü besāletleriyle Atina'nıñ fetḥ ü tesḫīrine me'mūr ve ta'yīn eylemiş olduḳlarını {26} iş'ār itmiş olduḳlarından ẕāt-ı sa'ādetleri daḫi şimdiden teheyyü'-birle ser'asker-i müşārun-ileyhiñ {27} ketḫüdāsı mūmā-ileyhiñ vürūdına intiẓār ve ol ḥavālīye geldikde resm-i ittifāḳ ü ittiḥādı {28} īfāya ibtidār ve ser'asker-i müşārun-ileyh ṭaraf-ı sa'ādetlerine ne vechile taḥrīr ve tavṣiye ider ise (51) icrāsıyla iṣbāt-ı müdde'ā-yı ḥamiyyet-kārī ve ġayrete sa'y-ı bī-şümār buyurmaları lāzımeden olmağla muḳteżā-yı dirāyet {2} ü ḥaṣāfetleri üzere bi-mennihī Taʿālā ketḫüdā-yı mūmā-ileyhiñ ol ḥavālīye vürūdunda birleşerek levāzım-ı ittiḥādı {3} icrā ve Atina'nıñ levs̱-i vücūd-ı eşḳıyādan tanẓīf ü taṭhīri vesā'il-i lāzımesini istikmāl ve īfā- {4} -birle ẕāt-ı dilīrānelerinden me'mūlümüz olan ġayret ü besāleti is̱bāt ü te'kīd ve serʿasker-i müşārun-ileyhle levāzım-ı {5} teʿāżudı bi'l-icrā ḥaḳḳ-ı eḥaḳḳıñızda olan meḥāsin-i teveccüh-i ʿālīyi tezyīde ṣarf-ı mā-ḥaṣal-i diḳḳat ü himmet {6} buyurmaları siyāḳında ḳā'ime. Fī 12 Ẕa 40

[*580–1/70*] ***Rumili vālīsine***

{1} Ḫaṭb-ı mevkūle-i sipehdārīlerine müteferriʿ kāffe-i mevāddıñ miḥver-i lāyıḳında tesviyesi emrine eẕhān her-bār {2} maʿṭūf oldığından ʿavn ü tevfīḳ-i niʿme'r-refīḳ-i Cenāb-ı Rabb-i Ḳadīr ile muḳaddemce żabṭ ü tesḫīrleri ṣūret-nümā-yı {3} ḥuṣūl olan gerek Ṣālona cānibinde bulunan ve gerek me'mūrīn ve ʿasākir-i nuṣret-me'ās̱iriñ ẕaḫīre ḫuṣūṣunda {4} mübtelā-yı żarūret olmamaları mülāḥaẓasıyla Tırḥāla Mutaṣarrıfı Ṣāliḥ Paşa bendelerine ṣavb-ı muḫliṣīden ne vechile {5} taḥrīrāt gönderilmiş ve Mesolenk pīşgāhına bir daḳīḳa evvel bir ṭaḳım süfün-i hümāyūnuñ lenger-endāz-ı saṭvet olması **(53)** leyl ü nehār aḳdem-i efkār ü endīş olmaḳ mülābesesiyle Cezāyir gemileri ḥaḳḳında Mora Vālīsi vezīr-i dilīr saʿādetlü {2} İbrāhīm Paşa ḥażretlerine yazılan ḳā'ime-i muḫliṣī ṣavb-ı serʿaskerīlerinden tesyīr olunmaḳ üzere gönderildiği ifādelerine {3} dā'ir mebʿūs̱-ı cānib-i sipehdārīleri ḳılınan taḥrīrāt-ı ḫulūṣ-verīniñ vuṣūlünden ve Ṣālona'ya ẕaḫīre irişdirmek üzere {4} muḳaddemce paşa-yı mūmā-ileyhe ṣavb-ı serʿaskerīlerinden aḳçe ve ḥayvān irsāl ve maḫṣūṣ buyuruldı daḫi isbāl olunaraḳ {5} ol ṭarafa daḫi ẕaḫīre irişdirilmek çāresi istiḥṣāline iḳdām olunmaḳda oldığına ve Cezāyir gemileriniñ celbi żımnında {6} muḳaddem gönderilan fermān-ı ʿālīniñ müşārun-ileyhe olan taḥrīrātımız Preveze ṭarafına tesyīr ḳılınmış idüğünden baḥis̱le Livādya {7} iskelesine tecemmuʿ itmiş olan şirẕime-i ʿuṣātıñ daḫi nuṣret-i Cenāb-ı Ḫayru'n-Nāṣırīn'e iʿtimāden tedmīr ü istīṣālleri {8} ḫuṣūṣuna ne vechile tedbīr buyur[ul]muş oldığını mübeyyin ve baʿżı ifādeyi mutażammın firistāde ve isrā buyurılan taḥrīrāt-ı saʿādet- {9} -āyāt-ı müşīrīleri me'āl ü meżāyāsı rehīn-i ıṭṭılāʿ-i ḫulūṣ-verī olduḳdan ṣoñra ḫāk-pāy-ı hümāyūn-ı şāhāneye daḫi ʿarż ile {10} meşmūl-ı liḥāẓa-i ʿāṭıfet-ifāża-i cenāb-ı şehinşāhī buyurulmuşdur. Ẕāt-ı dirāyet-simāt-ı ṣafderāneleri zīver-i ġayret {11} ü ṣalābet ile pīrāste vükelā-yı fiḫām-ı Salṭanat-ı Seniyye'den olaraḳ muḥavvel-i ʿuhde-i sāmīleri ḳılınan emr-i cesīm-i serʿaskerī {12} ve müteferriʿātıñ ḥüsn-i tanẓīm ü tesviyesi emrinde ḫāb ü rāḥatı terk buyurmuş olduḳlarına mebnī bu bābda iḳdāmāt-ı lāzımeyi {13} icrā buyuracaḳları cezmen ve yaḳīnen maʿlūm ve muḳaddem mutaṣarrıf-ı mūmā-ileyhe ol vechile bu ṭarafdan işʿār ve te'kīdimiz mücerred {14} bizim daḫi şeb ü rūz fikr ü endīşemiz ḫuṣūṣāt-ı me'mūreleriniñ lāyıḳıyla temşiyeti māddesinden iḳtiżā itmiş olacağı {15} emr-i ġayr-ı mevhūm olub taḥrīrāt-ı vāridelerinde Cezāyir tekneleri Ḳalāmāta līmānında olmaḳ üzere muḥarrer ve Ḳalāmāta {16} līmānından murād Anāvārīn līmānı olması melḥūẓ ise de ṣūret-i ḥāle naẓaran Donanma-yı Hümāyūn olmadıḳça ḫodbeḫod Mesolenk {17} ṭarafına gelemeyecekleri müstefād oldığına ve müşārun-ileyh Ḳapūdān paşa ḥażretleriniñ Sūda līmānına vāṣıl oldığı {18} istimāʿ olunmuş ise de deryā ḥāli maʿlūm olamadığına ve sefāyin-i eşḳıyā ellerinden geldiği ḳadar Donanma-yı Hümāyūn'uñ {19} Mesolenk cānibine gitmekden işġāl[in]e çalışacaḳları cā-yı şübhe olmadığına ve muʾaḫḫaren Ẕīlḳaʿde'niñ yedisi tārīḫiyle {20} işidilan ḥavādiṣe göre Donanma-yı Hümāyūn'uñ Sūda līmānına duḫūlünden ṣoñra girüden Donanma-yı Hümāyūn ile {21} cümlesi yüz on iki pāre gemi olaraḳ Sūda'dan çıḳub Ḳalāmāta körfezinden ʿasker ḳaraya iḫrāc-birle {22} andan Bādra'ya ḏoğrı gidilmiş oldığına bināʾen ve işʿārāt-ı düstūrīlerine göre Ṣālona ṭarafında olan orduñuñ {23} ve eṭrāfda muḥāfaẓada bulunan ʿasākiriñ ẕaḫīreden müżāyaḳaları oldığı müstebān idüğüne ibtināʾen Cenāb-ı Allāh'ıñ {24} maḥż-ı fażl ü iḥsānıyla bi-mennihī Taʿālā bugünlerde Donanma-yı Hümāyūn'uñ ḳarīben Mesolenk ṭarafına vuṣūlüyle ẕaḫīresizlik şıḳındısı {25} berṭaraf olması aġleb-i meʾmūl olub ancaḳ şāyed biraz vaḳt daḫi uzaması lāzım gelür ise maʿāẕallāhü Taʿālā {26} bir gūne żarūret çekilmamek mülāḥaẓasına ve peşīn aḳçe olduḳça gerek aḏalardan ve gerek el-ḥāletü-hāẕihī {27} ḥaṣād ve ẕaḫīre mevsimi oldığına göre Yeñişehir cānibinden ve sāʾir ṭaraflardan ẕaḫīre tedārüki mümkin olacağından {28} cenāb-ı serʿaskerīleri naṣıl imkānını bulabilür iseñiz ol vechile tedārüküne saʿy itmek ve İzdīn'den celb olunacaḳ {29} ẕaḫīreniñ īṣāline iḳtiżā iden ḥayvānātıñ kirāsı-çün daḫi mūmā-ileyh Tırḥāla Mutaṣarrıfı Ṣāliḥ Paşa'ya {30} lüzūmı ḳadar aḳçe göndermek ve Donanma-yı Hümāyūn'uñ irişemamesinden dolayı Mesolenk muḥāṣarasında olan **(54)** ʿasākire daḫi ẕaḫīre endīşesiyle fütūr gelmamek üzere bu defʿa daḫi biñ kīse aḳçe tertībiyle bi-mennihī Taʿālā {2} ʿan-ḳarīb Donanma-yı Hümāyūn irişmiş oldığı ḥālde meblaġ-ı mezbūr ʿulūfe maṣārifine maḥsūb olunması {3} ve Donanma-yı Hümāyūn'uñ teʾḫīri taḳdīrinde vech-i meşrūḥ üzere ne vechile imkānını bulabilür iseñiz ol vechile {4} ẕaḫāyir-i muḳteżiye tedārüküne ṣarf ḳılınması tensīb olunmuş ve irāde-i seniyye-i şāhāne daḫi bu vechile taʿalluḳ iderek mūcebince {5} meblaġ-ı mezbūr biñ kīse aḳçe bu defʿa ʿan-naḳd ṣavb-ı serʿaskerīlerine irsāl olunmuş ve ṭıbḳ-ı taḥrīr ve maṭlūb-ı müşīrīleri {6} üzere maḥall-i muḳteżiyeye berren ẕaḫīre īṣāli ḫuṣūṣuna kemāliyle diḳḳat eylemesi bā-fermān-ı ʿālī mūmā-ileyh Ṣāliḥ Paşa bendelerine {7} tenbīh ü teʾkīd ḳılınmış olub vezānī-i nesīm-i iḥsān-ı Bārī'yle bu āna dek ḳapūdān-ı müşārun-ileyhiñ Mesolenk'e lenger-zen-i nuṣret {8} olması elṭāf-ı İlāhiyye delāletiyle rehīn-i ḥayyiz-i bedāhet ise de şāyed henüz vāṣıl olamamış oldığı ṣūretde {9} ẕāt-ı sāmīleri ẕikr olunan aḳçe ile aḏalardan ve sāʾir yerlerden imkānını bularaḳ ẕaḫīre mübāyaʿasına himmet ve ʿināyet-i {10} Ṣamedāniyye ile Donanma-yı Hümāyūn irişdiği ḥālde meblaġ-ı mezbūrı muḳaddemki gibi ʿulūfe maṣārifine maḥsūb iderek {11} her ḥālde īfā-yı muḳteżā-yı kār-dānī ve dirāyete mübāderet buyurmaları siyāḳında ḳā'ime. Lede'l-vuṣūl ẕāt-ı saʿādetleriniñ {12} ketḫüdāları mūmā-ileyh maʿiyyetine bu defʿa daḫi ol vechile me'mūrlar irsāl buyurmuş oldığıñızdan baḥisle ol ḥavālīye {13} vardıḳda ketḫüdā-yı mūmā-ileyh ile merāsim-i teʿāżud ü ittifāḳa diḳḳat ve Atina'nıñ fetḥ ü tesḫīrine teşmīr-i sāḳ-ı himmet, {14} ve'l-ḥāṣıl ṭaraf-ı serʿaskerīlerinden kendüye ne vechile re'y ü işʿār vāḳiʿ olur ise öylece ḥareket eylemesi müşārun-ileyh Eġrīboz muḥāfıẓı {15} ḥażretlerine yazılmış oldığı maʿlūm-ı sāmīleri buyuruldukda hemān cenāb-ı müşīrīleri her bir ḫuṣūṣda icrā-yı {16} levāzım-ı feṭānet-kārī ve me'mūriyyete himmet buyurmaları me'mūldür. Fī 15 [?] Ẕa 40

[*580–1/75*] ***Selānīk mutaṣarrıfına***

{1} Selānīk sancaġında kā'in Aġustos ḳaṣabası, reʿāyāsınıñ muḳaddemā vāḳiʿ olan ṭuġyānlarına mebnī taḫrīb olunmuş {2} ise de baʿdehū reʿāyā-yı mersūme müteşebbiṣ-i ẕeyl-i istīmān olaraḳ re'y ve amān virildiğine ve müteferriḳ ü perīşān {3} olan reʿāyā birer ikişer gelmekde oldıġına binā'en yine cemʿiyyet peydā olması melḥūẓ ve reʿāyā-yı mersūme gereği gibi terbiye ve te'dīb {4} görmüş olduḳlarından baʿde'l-yevm ʿiṣyān ü melʿanete cür'etleri ġayr-ı me'mūl ise de resm-i iḥtiyāṭa riʿāyeten ḳaṣaba-i {5} merḳūmeniñ bir münāsib maḥalline bir ḳalʿa-peçe ve yanına bir cāmiʿ-i şerīf inşā ve maḳtūl olan ʿuṣāt-ı kefereniñ {6} bāġ ve emvālinden miḳdār-ı kifāye şey virilmek üzere Tikveş ve Ṣarıgöl ḳażālarından raġbet ü ḫāhiş ider {7} maḳūleden yüz ḫāne miḳdārı ehl-i İslām'ıñ iskān ü īvā olunması ve ḳaṣaba-i merḳūmeniñ bu ṣūretle iʿmārı {8} ḥāṣıl olduḳdan ṣoñra ḳadīmden berü ḫazīne-i Ḥaremeyn'e senevī muʿayyen olan vir-güleri cānib-i Ḍarbḫāne-i ʿĀmire'den {9} rü'yet ve ḳaṣaba-i merḳūmeniñ umūr-ı şerʿiyyesi daḫi Ḳaraferye ḳażāsı ṭarafından temşiyet olunaraḳ ṣoñradan iskān {10} olunan Müslim ve reʿā[yā] her kim olur ise olsun, ḥāṣıl olan maḥṣūlātınıñ nıṣfı emlāk-ı hümāyūna ʿā'id olmaḳ {11} üzere ḳaṣaba-i merḳūmeniñ emlāk-ı hümāyūn olaraḳ żabṭ ḳılınması ve ḳaṣaba-i merḳūmede ʿiṣyān iden reʿāyānıñ {12} mutaṣarrıf olduḳları emlāk ve sā'ireleri taʿyīn olunacaḳ mübāşir maʿrifeti ve maʿrifet-i şerʿle lede't-taḥarrī ḳable'l-muḥārebe {13} firār ile bundan böyle [firār?] iden[lere?] ʿimār-ı memleket żımnında amān ve istīmālet virilerek o maḳūleleriñ kendü mālları {14} olan emlāk ve sā'ire ile bundan istimālet ṭalebinde olanlara virilmek üzere terk olunacaḳ **(58)** emvāl ü emlāk ve ḥīn-i muḥārebede aṣḥābı hālik olub ṣırf maḥlūl olan emlāk ü arāżī ve hālik {2} olanlarıñ mālı olaraḳ fürūḫt olunan ẕaḫāyiriñ miḳdār ve bahāsı gösterilerek başḳa başḳa defterleri gönderilmiş {3} idüği ve selef-i müşīrīleri saʿādetlü İbrāhīm Paşa ḥażretleri ṭarafından muḳaddemā lede'l-inhā ḳaṣaba-i merḳūmeniñ emlāk-ı hümāyūn olaraḳ {4} Ḍarbḫāne-i ʿĀmire'den żabṭ ü idāresi menāfiʿ-i ācile ve ʿācileyi müstelzim olacağına mebnī ber-mūceb-i ḳuyūd Ḥaremeyn ḫazīnesine {5} ve maḥāll-i sāʾireye virilegelan muʿayyenāt-ı ḳadīmesi her ne ise ḳaṣaba-i merḳūmeye ʿimār geldikde sene-be-sene ḥāṣılātından virilmek {6} üzere ḳaṣaba-i merḳūme emlāk-ı hümāyūna idḫālen cānib-i Ḍarbḫāne-i ʿĀmire'den żabṭ ü idāre ve reʾy ve amān virilerek {7} iskān itdirilan reʿāyānıñ ḳadīmī kendü mālları olaraḳ terk olunan emlāk yine ḳadīmi vechile ʿöşr {8} ü rüsūmı taḥṣīl ve māʿadā ṣırf maḥlūl olan emlākdan gerek Müslim ve gerek ehl-i ẕimmete virilecek emlākıñ {9} senevī s̱ülüs̱ ḥāṣılātları emlāk-ı hümāyūna ʿāʾid olmaḳ üzere ḳaṣaba-i merḳūmeniñ münāsib maḥallinde bir ḳalʿa-peçe {10} ve bir cāmiʿ inşā ve itmām olunaraḳ maṣārif ve ḫademe veẓāyifi evḳāf-ı hümāyūn cānibinden iʿṭā ve civārda kāʾin {11} maḥallerden ehl-i İslām olaraḳ yüz ve daḫi ziyāde ḫāne naḳl ve īvā ḳılınmaḳ ve fürūḫt olunmuş olan on dört {12} biñ bu ḳadar ġurūş ẕaḫāyir bahāsınıñ Ḍarbḫāne-i ʿĀmire'ye irsāline diḳḳat olunmaḳ üzere başḳa ve ẕikr olunan {13} ḳalʿa-peçe ve cāmiʿ-i şerīf ebniyesi maṣārif ve ḫademesi veẓāyifiniñ miḳdārı taṣrīḥiyle mümżā defteriniñ taḳdīmi {14} żımnında başḳa ıṣdār ve tesyār olunan evāmir-i şerīfeye cevāb olaraḳ müşārun-ileyh İbrāhīm Paşa'nıñ vürūd itmiş olan {15} taḥrīrātında ḫuṣūṣ-ı mezbūruñ ber-vefḳ-i irāde tanẓīmine diḳḳat olunmuş ise de ḳaṣaba-i merḳūmede tavaṭṭuna rağbet ider yedi-sekiz {16} Müslimden başḳa kimesne bulunamayaraḳ ve s̱ülüs̱āna daḫi ḳanāʿat mümkin olamayaraḳ bi'ż-żarūr ḳaṣaba-i merḳūmeniñ {17} iʿmārı żımnında şimdilik bir şey maṭlūb olunmayacağı ḫaberi eṭrāfa neşr ü iʿlān ve vāfir Müslim ve reʿāyā {18} iskān itdirilmiş ise de bundan böyle daḫi ḳaṣaba-i merḳūmeniñ maʿmūr ü ābādān olması ṣūreti müṭālaʿa ve erbābıyla {19} müẕākere olunaraḳ ḳaṣaba-i merḳūmede fi'l-aṣl tekālīf-i mīriyyeden māʿadā bir şey müretteb olmayub faḳaṭ aʿşār {20} bedeli olaraḳ senevī vaḳf ṭarafına ḏoḳuz yüz ġurūş ile resm-i ispenç virile geldiğinden ve ḳable't-tesḫīr ḳaṣaba-i {21} merḳūmede olan tarla ve bāğlar birḳaç sene terk ile arāżī-i ḫāliye ṣūretine girmiş idüğünden yeñi başdan {22} kirizme itmek ve sürmek maṣārifini taḫṣīṣ ḳılınan s̱ülüs̱ ḥāṣılāt idāre idemeyeceği ve li-ecli't-tecrübe geçen seneniñ {23} ḥāṣılāt ve aʿşār ve rüsūmāt-ı sāʾiresi ḳurb ü civārda vāḳiʿ ḳurā mis̱illü adam taʿyīniyle taḥrīr itdirildikden ṣoñra {24} yedi biñ beş yüz ġurūş ḥuṣūle geldiği mütebeyyin oldığı ecilden meblağ-ı mezbūr ile resm-i ispenç ne ise ḳadīmi vechile {25} vaḳf ṭarafına iʿṭā ve bāḳī fażlası Ḍarbḫāne-i ʿĀmire'ye īrād ḳayd olunması ve emr-i şerīf-i meẕkūrda taḥrīr ü beyān {26} olundığı üzere maḥlūl olan tarla ve bāğlar ile tut eşcārından zirāʿat ve idāre ideceği miḳdār ṭaşradan {27} gelüb ṣoñra iskān itdirilan yabancılarıñ her birine virilüb gerek yerlü ve gerek yabancılardan baʿd-ez-īn {28} aʿşār ve rüsūmāt-ı sāʾire alınması ve şimdiye ḳadar iskān itdirilan Müslim ve ẕimmīye taḳsīm olunan ve henüz virilmeyüb **(59)** ḥāli üzere ḳalan emlāk ve eşcārıñ defteri taḳdīm olunmuş oldığından ḳaṣaba-i merḳūmeye iskān itdirilmeyenleriñ {2} gereği gibi temelleşüb ḳarār bulduḳda ol vaḳt girü ḳalan emlākıñ es̱mānıyla fürūḫtı mümkin olacağı ve ḳaṣaba-i merḳūmede {3} ṣırf maḫlūl olan emlākdan ṣoñradan iskān itdirilanlere virilecek her ne miḳdār ise kendüleri {4} ve neslen-baʿde-neslin evlādları mutaṣarrıf olub içlerinden diyār-ı āḫara gitmek murād ideri olur ise yedinde bulunan {5} emlākıñ ḳaṣr-ı yedine iʿtibār olunmayaraḳ yerine gelecek virilmek üzere şarṭa rabṭ ḳılındığı ṣūretde timārı {6} īvā ve iskān olaraḳ her birinden ʿöşr ile bāğ ve tut eşcārı maḳṭūʿları ve ispençleri alınaraḳ ḫaylīce {7} ḥāṣılāt ẓuhūra geleceği ve ḳaṣaba-i merḳūmede inşā olunan cāmiʿiñ ber-mūceb-i defter lāzım gelan maṣārifiniñ {8} ḳaṣaba-i merḳūme ḥāṣılātından maḥsūbuyla iʿṭāsına ruḫṣat virilmesi ve maḫlūlātdan sene-be-sene cāmiʿ-i mez̲kūr maṣārifiyle {9} ḫademe veẓāyifini idāre idāre idecek vaḳf tertīb ve bir mekteb inşā olunaraḳ maṣārifiniñ defteri {10} taḳdīm olunacağı ve ḳaṣaba-i merḳūme bir uyğunsuz maḥalde vāḳiʿ oldığından ḳalʿa-peçe inşāsınıñ lüzūmı olmayaraḳ {11} bu āna ḳadar neferātıyla bir bölükbaşı taʿyīn ve muḥāfaẓa itdirilmekde olub bi-mennihī Taʿālā bundan böyle ʿimār ve ahālīsiniñ {12} teks̱īri ḥuṣūlünde ʿasker iḳāmesine ḥācet ḳalmayacağı ṣūretleri beyān ü işʿār ḳılınmış ve ḫuṣūṣ-ı mez̲kūruñ {13} uṣūl ve īcābına baḳılmaḳ üzere derdest oldığı ḥālde müteʿāḳiben müşārun-ileyhiñ Selānīk'den infiṣāli ẓuhūruyla {14} ḫuṣūṣāt-ı merḳūmeniñ icrāsı ṭaraf-ı müşīrīlerinden lāzım geldiğinden ve cenāb-ı müşīrīleri ol ḥavālīniñ uṣūl {15} ü aḥvāline seleflerinden ziyāde vuḳūf ü ıṭṭılāʿları melḥūẓ olaraḳ selefleriniñ bu bābda vuḳūʿa gelan {16} inhāları aḥvāl-i ḥāżıraya evfaḳ olub olmadığınıñ ṣavb-ı şerīflerind[en] [da]ḫi bilinmesi lāzımeden ve ḳaṣaba-i {17} merḳūmeniñ ṣuver-i meşrūḥa ile iʿmār ve istiḥkāmı vācibāt-ı umūrdan ve emr ü irāde-i seniyye muḳteżāsından {18} olaraḳ selefleri müşārun-ileyhiñ işʿār eylediği ṣūretleriñ īcāb ü iḳtiżāsına dāʾir şimdiye ḳadar z̲āt-ı {19} düstūrāneleri daḫi taḥṣīl-i vuḳūf ü maʿlūmāt buyurmuş olacaḳları derkār ve cenāb-ı saʿādetleri ol ḥavālīniñ {20} mutaṣarrıf-ı z̲ī-şānı oldığıñızdan ol ḥavālīye dāʾir her bir ḫuṣūṣ z̲ātıñızıñ inżimām-ı tensīb ve maʿrifetleriyle olmaḳ {21} īcāb eyleyeceği vāreste-i ḳayd [ü] işʿār oldığından ḫuṣūṣāt-ı merḳūmeden müṭālaʿātıñızıñ istişʿārı lāzım gelmekle {22} muḳteżā-yı kār-āzmūdegī ve feṭānetleri üzere ḫuṣūṣāt-ı meşrūḥanıñ īcāb ü iḳtiżālarına müteʿalliḳ {23} vuḳūf ü maʿlūmātları ne vechiledir ve bu bābda müṭālaʿañız nedir, ḳaṣaba-i merḳūmeniñ iʿmārı ne ṣūretle olmaḳ {24} lāzım gelür, ḫuṣūṣāt-ı merḳūmeyi müṭālaʿa ve maḥẓūrdan sālim olacaḳ vechile īcāb ü iḳtiżāsına baḳılmaḳ üzere {25} ber-vech-i īżāḥ bu ṭarafa taḥrīr ü işʿāra himmet buyurmaları siyāḳında ḳāʾime. Fī 18 Z̲a 40

[*580–1/91*] ***Rumili vālīsine***

{1} Vezānī-i nesīm-i füyūżāt-ı Sübḥānī ve imdād-ı şurṭa-i tevfīḳ-i Yezdānī ile güz̲ār iden Z̲īlḳaʿde'niñ yiğirmi beşinci güni {2} saʿādetlü Ḳapūdān paşa ḥażretleri müstaṣḥab-ı maʿiyyetleri olan süfün-i Donanma-yı Hümāyūn ile Mesolenk pīşgāhına {3} lenger-endāz-ı saṭvet ve derūn-ı Mesolenk'de olan gāvurlar baḥren daḫi giriftār-ı düşāḫa-i müżāyaḳa ve żucret olmuş {4} olduḳlarından bütün bütün ḳārūre-i miknet ü ḳudretleri şikest olaraḳ es̱er-i himem-i dilīrānelerine sürilan ṭopraḳ {5} daḫi kenār-ı ḫendeḳe resīde olmaḳ derecesine varmış oldıġı beyānıyla inşā'allāhü'r-Raḥmān birḳaç gün ẓarfında {6} nezʿ ü tesḫīri elṭāf-ı mā-lā-nihāye-i Ṣamedāniyye'den aḳdem-i meʾmūl idüği ve Mesolenk'iñ ʿavāḳıb-ı aḥvāline teraḳḳuben {7} istīmān ve ʿiṣyān niyyetinde görinan reʿāyādan Abūḳorī ḳażāsı reʿāyāsı müteşebbis̱-i ẕeyl-i amān olaraḳ {8} ne ṣūretle rehnleri alınub re'y virildiği ḫuṣūṣunı şāmil ve ḥasbe'l-maṣlaḥa Bālyabādra Muḥāfıẓı saʿādetlü Yūsuf {9} Paşa ḥażretleri ṭarafına ṣūret-i idānede dört yüz kīse aḳçe gönderilmiş ve muḥāfıẓ-ı müşārun-ileyhiñ ẕaḫīre {10} iştirāsı istiʿlāmına dā'ir sū-yı sāmīlerine mersūl şuḳḳası taḳdīm buyurulmuş oldıġı ve ḫaṭb-ı serʿaskerīleriniñ **(69)** cesāmeti ve el-ḥāletü-hāẕihī ḫazīne-i sipehdārīleriniñ aḳçeden fıḳdānı cihetiyle gerek ʿasākir ʿulūfesi ve gerek {2} ẕaḫīre mübāyaʿası żımnında maṣārif-i serʿaskerīlerine maḥsūben külliyyetlü aḳçe irsāl ḳılınması keyfiyyātını müştemil resīde-i rāḥa-i {3} behcet olan taḥrīrāt-ı saʿādet-āyāt-ı müşīrīleri mezāyāsı ve muḥāfıẓ-ı müşārun-ileyhiñ mārrü'ẕ-ẕikr şuḳḳası mü'eddāsı rehīn-i {4} ıṭṭılāʿ-i ḫulūṣ-verī olmuş ve ḳapūdān-ı müşārun-ileyh ḥażretleriniñ daḫi ol ṣulara lenger-zen-i ṣarāmet oldıġını {5} mübeyyin taḥrīrātı gelmiş oldıġına ve ẕāt-ı ʿālīleri berren ve müşārun-ileyh ḥażretleri baḥren Mesolenk'i ḥaṣr ü tażyīḳ ile fetḥ ü tesḫīrini {6} ḳuvve-i ḳarībeye getürmüş olduḳlarına naẓaran evvel ü āḫir vāḳiʿ olan işʿār ve taḫmīnleri vechile şimdiye ḳadar {7} şu Mesolenk'i kāmilen żabṭ ü tesḫīr ve tūde-i cemʿiyyet-i eşḳıyāyı bā-ʿavn-i Bārī sūḫte-i bāriḳa-i şimşīr eylemiş olacaḳları nev-be-nev {8} ẓuhūr itmekde olan elṭāf-ı bī-ġāyāt-ı İlāhiyye delāletiyle müstedlel ü āşikār idüğünden dü-çeşm-i intiẓārımız ẓuhūr-ı {9} aḫbār-ı sārreye küşāde oldıġı ḥālde duʿā-yı fevz ü nuṣretleri ez-derūn refʿ-i bārgāh-ı icābet ḳılınmış ve taḥrīrāt-ı {10} mersūleleri mübārek ḫāk-pāy-ı kīmyā-sāy-ı ḥażret-i pādişāhīye ʿarż ü taḳdīm ile meşmūl-ı liḥāẓa-i ḥażret-i kītī-sitānī {11} buyurulmuşdur. Ẕāt-ı ḥayderī-simāt-ı düstūrīleri pīrāye-i rüşd ü ḥamiyyet ve zīver-i ġayret ü ḥaṣāfet ile {12} ārāste olaraḳ muḥavvel-i ʿuhde-i feṭānet-şiʿārīleri ḳılınan her bir umūr-ı mühimme-i seniyyede ve bi-taḫṣīṣ bu defʿaki me'mūriyyetlerinde {13} muḳārenet-i tevfīḳ-i Ḫudā-yı Bī-Çūn inżimāmıyla icrā buyurmaḳda olduḳları ġayret ü ṣadāḳat-i ḥayderīleri idḫāl-i {14} engüşt-i iʿtirāżdan maṣūn ve kāffe-i ḥāl ü ḥareketleri muvāfıḳ-ı mizāc-ı kerāmet-imtizāc-ı cenāb-ı pādişāh-ı rubʿ-ı meskūn {15} olaraḳ şu maṣlaḥatıñ inşā'allāhü'r-Raḥmān az müddetde arḳasını alaraḳ itmām-ı ġā'ileye maẓhariyyetleri leylen ve nehāren {16} dergāh-ı icābet-penāh-ı Rabbānī'den mütemennā ve mes'ūl olub me'āl-i işʿārlarından maʿlūm oldıġı üzere ḥasbe'l-īcāb {17} müşārun-ileyh Yūsuf Paşa ḥażretleri ṭarafına aḳçe ve ẕaḫīre iʿṭāsına ġayret ü himmetleri yolunda ise de muḥāfıẓ-ı {18} müşārun-ileyhiñ ṣūret-i işʿārı Zānṭa'da olan bāzergān maʿrifetiyle ve peşīn aḳçe ile ẕaḫīre iştirāsına {19} żımnen ruḫṣat ṭalebiyle ʿibāret ve el-ḥāletü-hāẕihī lillāhi'l-ḥamd Donanma-yı Hümāyūn'uñ ol ṣavba varmasıyla buradan giden {20} ẕaḫīre tekneleriniñ varmalarına māniʿ ḳalmayaraḳ gidecek ẕaḫīrelerden īcāb ü iḳtiżāsına göre maʿrifet-i {21} serʿaskerīleriyle gerek Bālyabādra ve gerek sā'ir her bir maḥall ü mevāḳiʿe ẕaḫīre iʿṭāsı īcāb ideceği rehīn-i [ḥayyiz-i] bedāhet {22} oldığından bu ḫuṣūṣda istiḳlāl-i tāmm-ı sipehdārīleri üzere muḳteżayāt-ı ḥāl ü maṣlaḥatı icrāya iḳdām eylemeleri {23} lāzımeden ve muḳaddemā ẕaḫīre iştirāsı-çün sū-yı dāverīlerine gönderilmiş olan biñ kīse aḳçeden başḳa {24} geçende ḥasbe'l-iḥtiyāṭ bir biñ kīse aḳçe daḫi maḫṣūṣan ẕaḫīre maṣlaḥatı żımnında irsāl olunmuş oldığına göre {25} işbu taḥrīrāt-ı düstūrīleriniñ vuṣūlünden evvelce çıḳarılmış ve şimdiye ḳadar vāṣıl olmuş olacağı vāżıḥātdan ise de {26} ez-her-cihet teshīl-i maṣlaḥat-ı sipehdārīleri aḳdem-i maṭlūb oldığından bu defʿa şeref-sünūḥ iden irāde-i seniyye iḳtiżāsı üzere {27} maṣārif-i serʿaskerīlerine maḥsūb olmaḳ üzere üç biñ beş yüz kīse aḳçe tertīb ve irsāl olunmuş oldığından başḳa {28} her ḥālde ẕāt-ı sāmīleriyle bi'l-ittiḥād icrā-yı me'mūriyyete diḳḳat eylemesi daḫi iḳtiżāsı vechile ḳapūdān-ı (70) müşārun-ileyh ḥażretlerine yazılmış olmağla cenāb-ı feṭānet-niṣābları bu ṭarafdan sevḳ ü irsāl olunmaḳda olan ẕaḫāyir {2} teknelerinin ol ṭarafa vuṣūlünde iḳtiżā-yı istiḳlāl-i tāmm-ı serʿaskerīleri ve mübteġā-yı kemāl-i dirāyet ü feṭānetleri {3} üzere īcāb ü lüzūmuna göre gerek Bālyabādra ve gerek sā'ir maḥālle sevḳ ü isrāsı ve her bir muḳteżayāt-i ḥāl {4} ü maṣlaḥatıñ kemā-yenbaġī ikmāl ü icrāsı ḫuṣūṣuna ṣarf-ı maḳderet ve ḳapūdān-ı müşārun-ileyh ḥażretleriyle resm-i teʿāżud {5} ü ittifāḳa bi'l-vücūh riʿāyetle şu Mesolenk berren ṣavb-ı ʿālīlerinden ve baḥren müşārun-ileyh ṭarafından ḥaṣr ü tażyīḳ olunaraḳ {6} bi'l-iḳdām żabṭ ü tesḫīriyle eşedd-i intiẓārında oldığımız peyām-ı meserretiñ hemān şu günlerde işʿārıyla cümleyi {7} nā'il-i dest-māye-i ferḥat ü ḥubūr ve defʿ-i ġā'ile-i eşḳıyā ve itmām-ı me'mūriyyet-i ḫayriyyet-intimālarını īcāb ider vesā'il-i {8} ḥaseneniñ ikmāline saʿy-ı mevfūr buyurmaları siyāḳında ḳā'ime. Fī 6 Ẕ 40

[*580–1/100*] ***Sāḳız muḥāfıẓına***

{1} Ṣıġla sancağı ḳażālarından Sāḳız cezīresi muḥāfaẓasına müretteb ve me'mūr olan beş yüz nefer ʿasker ile Çeşme ḳaṣabasına {2} me'mūr Tüfenkçibaşı ʿOṣmān Beğ'iñ me'mūriyyetleri ḫaylī olmuş oldığından baḥişle ʿafvlarına müsāʿade-i seniyye erzān {3} buyurulması ḫuṣūṣı ṭarafıñızdan inhā olunmuş ise de cümleye maʿlūm oldığı üzere Rum gāvurlarınıñ mürtekib {4} oldığı ʿiṣyān henüz meydānda ḍurur iken maḥāll-i muḳteżiyeniñ muḥāfaẓasına tehāvün ġayr-ı mücāz olaraḳ {5} bunlar işʿārıñız vechile ʿafv olundığı ḥālde cenābıñız şimdiki ḥālde mevcūd olan ʿaskeriñiz ile ber-vefḳ-i murād {6} Sāḳız ve Çeşme'niñ muḥāfaẓasına müteʿahhid misiñiz, yoḫsa yerlerine başḳa ʿasker isteyecek misiñiz, işʿārıñızdan maʿlūm olamamış {7} oldığından istişʿārı lāzım gelmiş olmağla bunlar ʿafv olundığı ḥālde yerlerine müceddeden me'mūr olacaḳ {8} āḫarları olmadığı ve emr-i muḥāfaẓa sizden mes'ūl oldığından ʿasākir-i mürettebeniñ ʿafvı taḳdīrinde Ḫudā-ne-kerde {9} bir uyġunsuzluḳ olmaḳ lāzım gelür ise mes'ūliyyeti size rāciʿ olacağı ḫuṣūṣlarını daḫi cezmen bilerek {10} aña göre īcābına baḳılmaḳ üzere keyfiyyeti işʿāra mübāderet eylemeñiz içün ḳā'ime. Fī 13 Ẕ 40

Ayniyat 581

[581/5] *Rumili vālīsine*
{1} Muḳteżā-yı sipehdārī ve me'mūriyyet-i ser'askerīleri üzere Mesolenk'iñ ḥaṣr ü tażyīḳine kemāl-i mertebe iḳdām buyurmuş {2} ve 'uṣāt-ı kefere daḫi ḥamle-i dilīrāne-i İslāmiyān'a ḏayanamayaraḳ müteşebbiṣ-i ezyāl-i re'y ve amān olacaḳlarını añlamış {3} olduḳlarından rehnler alınub virilmek üzere iken bi-ḥikmetillāhi Ta'ālā Donanma-yı Hümāyūn-ı Şāhāne ba'żı serrişte [ile] {4} Mesolenk pīşgāhından fekk-i lenger-i iḳāmet itmiş olduḳlarından ve bu cihetle Mesolenk pīşgāhı süfün-i İslāmiyyeden [?] {5} ḫālī ḳalaraḳ eşḳıyā sefīneleri gelüb Mesolenk'i küllī imdād ü i'āne eylemiş olduḳlarından eşḳıyā-yı mersūme yeñi {6} başdan şımararaḳ ordu-yı müşīrīlerini ürkütmek üzere vāḳi' olan hücūmlarında 'avn ü nuṣret-i Ḥażret-i [Bārī?] {7} ve yümn-i teveccühāt-ı ḳudsiyye-i cenāb-ı pādişāh-ı kişver-küşā ile emr-i müdāfa'alarına bezl-i cüll-i himmet buyurılaraḳ [...] {8} seksan miḳdārı eşḳıyā ḳanṭara-i şimşīrden güẕār ve mā'adāsı daḫi münhezim ü münkesir olduḳları ḥālde 'azm-i semt-i firār [...] {9} olduḳları evvelkiden ziyāde melā'īn-i müteḥaṣṣın[īn]iñ ḳahr ü tażyīḳlerine ġayret buyurmaḳda olduḳları beyānıyla muḳaddemā [?] {10} 'ulūfe māddesi ve ẕaḫāyir mübāya'ası żımnında gönderilmiş olan dört-beş yüz kīse aḳçeniñ vuṣūlüni şāmil ve ifādāt-ı {11} sā'ireyi müştemil firistāde ve isrā buyurılan taḥrīrāt-ı ser'askerīleri ve gözümüz yollarda kemāl-i derece intiẓārımız oldıġı ḥālde [...] {12} ve me'āl ü mezāyāsı rehīn-i ıṭṭılā'-i ḫulūṣ-verī olub bu vechile merdāne ḥareketle tenkīl-i eşḳıyāya ve sa'y ü himmetlerine {13} fütūr virmeyerek evvelkiden ziyāde ḥaṣr ü tażyīḳ-i melā'īn-i ḫāsirīne derkār olan ġayretleri inşā'allāhü'r-Raḥmān 'an-ḳarīb {14} müntic-i fevz ü ġālibiyyet olacaġından bādī-i inbisāṭ-ı derūn olaraḳ derḥāl taḥrīrāt-ı vāride-i meẕkūreleri ḫākpāy-ı {15} kerāmet-iḥtivā-yı ḥażret-i pādişāhīye 'arż ü taḳdīm ile meşmūl-ı liḥāẓa-i mekārim-ifāża-i cenāb-ı kītī-sitānī buyurulmuşdur. Hemān {16} Cenāb-ı Rabb-i 'İzzet mehçe-i rāyāt-ı ẓafer-āyāt-ı ser'askerīlerin muḳārin-i āsmān-ı nuṣret ve bāndıra-i idbār-bāhire-i eşḳıyāyı sernigūn-ı {17} zemīn-i nuḥūset eyleye, āmīn ṣümme āmīn. Ẕāt-ı 'ālīleri şecī' ve cesūr ve dirāyet ü ḥamiyyet ile meftṭūr vüzerā-yı 'iẓām-ı Salṭanat-ı {18} Seniyye'den olaraḳ ḫaṭb-ı cesīm-i ser'askerīye ṭaraf-ı ẓāhirü'ş-şeref-i şāhāneden bi'l-istiḳlāl me'mūr buyurulmuş olduḳlarından bu āna ḳadar {19} cilveger-i sāḥa-i bürūz olan tedbīr-i iṣābet-peẕīrleri el-ḥaḳ şā'ibe-i ta'rīżden maṣūn ve her bir ḥāl ü ḥareketleri nāmūs-ı Salṭanat-ı Seniyye'yi viḳāyeye [...]

[581/21] *Rumili vālīsi ḥażretlerine*
{1} Ordu-yı ser'askerīleri lāzımesi-çün Ġolos ve İzdīn ve Preveze ve Bālyabādra'ya īṣāl olunmaḳ üzere {2} müretteb olub müste'men sefāyiniyle gönderilmekde

olan ẕaḫāyirden şimdiye ḳadar ne miḳdār ẕaḫīre vāṣıl oldıġı {3} muḳaddemce sünūḥ iden irāde-i ʿaliyye mūcebince ṣavb-ı ʿālīlerinden istiʿlām ü istiş̱ʿār olunmuş ve henüz cevābı vürūd itmamiş {4} ise de heme-ān eẕhān ü efkārımız tesviye-i mehāmm-ı serʿaskerīleri emrine maṣrūf ve aḳdem-i tedbīr ü kārımız bir müddetden berü {5} bā-ḥikmet-i Ḫudā mütemādī olan Rum ġāʾilesiniñ ḥüsn-i indifāʿıyla teshīl-i mevādd-ı meʾmūre-i sipehdārīleri semtine maʿṭūf {6} olmaḳ ve el-ḥāletü-hāẕihī mevsim-i şitā gün-be-gün yaḳlaşmaḳda oldıġı cihetiyle el-yevm Mesolenk muḥārebesinde olan ve inşāʾallāhü'r-Raḥmān {7} es̱er-i iḳdām ü ġayret-i ʿālīleriyle Mesolenk'iñ fetḥ ü tesḫīrinden ṣoñra daḫi li-ecli'l-muḥāfaẓa vażʿ ü iḳāmesi lāzım gelan {8} ve Ṣālona ve Bālyabādra ve sāʾir maḥaller mis̱illü elde olub eyādī-i küffāra geçmeyan yerleriñ muḥāfaẓalarında bulunan {9} ʿasākir-i İslāmiyye'niñ iḳtiżā iden ḳış ẕaḫīreleriniñ şimdiden tehyiʾe ve īṣāli īcābına mebnī ẕaḫāyir-i merḳūmeniñ {10} ẕikr olunan maḥāll-i müteferriḳaya berren irsāli mümkin olamayaraḳ beher-ḥāl baḥren īṣāle mütevaḳḳıf ve bu daḫi yā Donanma-yı {11} Hümāyūn veyāḫūd müsteʾmen sefāyiniyle gönderilmeğe muḥtāc olub maʿlūm-ı sāmīleri oldıġı üzere şimdiki ḥālde Donanma-yı Hümāyūn-ı Şāhāne sefāyini Mesolenk muḥāṣarasına meʾmūr ve müsteʾmen ṭāʾifesi daḫi "Götürdiğimiz ẕaḫīreleri {12} eşḳıyā cebren elimizden alıyorlar ve siz de bu ṭarafda ṣiġorṭa vechile taḥmīl eylediğiñizden ẕaḫīreniñ aḳçesini {13} bizden istiyorsuñuz. Bu cihetle biz küllī mutażarrır oluyoruz" diyerek ṣūreten iʿtiẕār ve iç yüzünde daḫi Rumlara {14} bir neviʿ iʿānet ḳaṣdıyla bir müddetden berü maḥāll-i merḳūmeye ẕaḫīre getürmekden istinkāf iẓhār itmekde olduḳları {15} emr-i ġayr-ı mestūr oldıġına ve şimdiye değin Preveze ve Bālyabādra ve Ġolos ve İzdīn iskelelerine gönderilan {16} ẕaḫāyirden iki yük yiğirmi iki biñ keyl miḳdārı ẕaḫīreniñ maḥallerine vuṣūli ḫaberi gelmiş ve bundan böyle {17} başḳa ẕaḫīre tedārük ve iştirā olunmaḳ üzere sū-yı sipeh-sālārīlerine daḫi muḳaddemā iki biñ kīse akçe {18} irsāl ḳılınmış olub gerek sālifü'ẕ-ẕikr maḥallerine vuṣūli ḫaberi gelmiş olan ve gerek gönderilan {19} aḳçe ile tedārük buyurılan ẕaḫīre yaz tertībi dimek olaraḳ ẕāt-ı fütüvvet-simātları işbu ẕaḫāyir ile {20} taʿyīnāt-ı ʿaskeriyyeyi Rūz-ı Ḳāsım'a ḳadar idāreye himmet buyuracaḳları meʾmūl ü meczūm ise de el-yevm {21} mürettebātdan gidemeyan ve saʿādetlü Çirmen mutaṣarrıfı ḥażretleri maʿrifetiyle tedārük ve iştirā olunaraḳ Īnöz'de {22} mevcūd olan ẕaḫīre dört yük miḳdārı olub Frenkleriñ ol vechile imtināʿı cihetiyle gönderilemamiş {23} ve işbu ẕaḫāyir-i mevcūde bāliġan-mā-belaġ ḳış tertībine kāfī ise daḫi īṣālinde ṣūret-i imkān mefḳūd görünmüş {24} idüğüne bināʾen şu ḳış ẕaḫīresiniñ ne vechile olur ise şimdiden īṣāl ve tehyiʾesi çāresiniñ istiḥṣāli {25} farīża-i ḥāliyeden olmaḳ mülābesesiyle muḳaddemā ordu-yı serʿaskerīlerinde ve Ṣālona ve sāʾir maḥallerde olan ʿaskeriñ {26} ṭopı taḳrīben ḳırḳ beş biñ nefer iʿtibār olunaraḳ yaz ẕaḫīresi ol iʿtibār üzere tertīb olundıġı mis̱illü (12) şimdi ḳış ẕaḫīresi daḫi öylece iʿtibār ve tertīb olunmaḳ lāzım gelüb ol vechile ḳırḳ beş biñ nefer ʿaskeriñ {2} beherine yevmiyye üçer yüz dirhem nān-ı ʿazīz ḥesābından altı aylıḳ yaʿnī Rūz-ı Ḳāsım'dan Rūz-ı Ḫıżır'a ḳadar ḳış ẕaḫīresi {3} olmaḳ üzere ʿasker-i merḳūm üç yüz biñ keyl ẕaḫīreye muḥtāc oldığından bu üç yük ẕaḫīreniñ {4} yüz biñ kīlesi ṣavb-ı saʿādetlerinden Preveze ve Pārġa ṭaraflarında olan me'mūrlarıñız maʿrifetiyle Preveze {5} ve Pārġa cāniblerinden ve baʿżı Frenk tüccārı ve sā'ir vesāyiṭ ile birer taḳrīb İngiltere ve Venedīk adalarından {6} ve Avlonyalı Süleymān Paşa ve gerek saʿādetlü İskenderiye mutaṣarrıfınıñ maʿiyyet-i saʿādetlerinde olan ʿaskeri {7} başbuġunuñ ṣoḥbeti [?] olunaraḳ anlarıñ maʿrifetleriyle mümkini mertebede Avlonya ve İskenderiye ṭaraflarından aḳçesiyle {8} ne ṣūretle uydırılur ise tedārük ve mübāyaʿasına saʿy ü himmet ve Yeñişehir'iñ yüz yiğirmi biñ keyl ḥınṭa {9} ve otuz biñ keyl şaʿīr Dersaʿādet tertībi olaraḳ geçen sene Yeñişehir mübāyaʿasından ḳırḳ biñ kīleye {10} ḳarīb ẕaḫīre ḥāṣıl olmuş oldığından ve baʿżı ifādāta göre Yeñişehir ḥavālīsinde olan aṣḥāb-ı ʿalāḳanıñ {11} daḫi s̱ülüs̱ānı emlāk-ı hümāyūn ve s̱ülüs̱i sā'ir çiftlik ve muḳāṭaʿāt olaraḳ bunlardan daḫi otuz-ḳırḳ biñ {12} keyl ẕaḫīre ḥāṣıl ve mübāyaʿa-i mezḳūre ile yetmiş-seksan biñ kīleye bāliġ olacağından Tırḥāla Mutaṣarrıfı {13} Ṣāliḥ Paşa ve Yeñişehir mübāyaʿacısı maʿrifetleriyle mübāyaʿadan ve gerek emlāk-ı hümāyūn ḥāṣılātından ve sā'ir {14} aṣḥāb-ı ʿalāḳadan ne miḳdār ẕaḫīre istiḥṣāl olunur ise yüz biñ kīleye varıncaya ḳadar noḳṣānı daḫi {15} Yeñişehir'iñ ḳırḳ senesi mübāyaʿasıyla muḳaddem bu ṭarafdan Yeñişehir'e gitmiş olan ẕaḫāyiriñ miḳdār ve kemmiyyeti bi'l-istiʿlām {16} bilindikde ol vaḳt aña göre iḳtiżāsı icrā ve baʿdehū işbu ẕaḫīreniñ ṭopı Tırḥāla Mutaṣarrıfı mūmā-ileyh {17} Ṣāliḥ Paşa maʿrifetiyle İzdīn'e naḳline ihtimām ü iʿtinā ḳılınması ve ẕāt-ı ʿālīleri daḫi iki [biñ] re's mekārī ḥayvānātı {18} tedārük iderek ẕaḫīre-i merḳūmeyi İzdīn'den ḥayvānāt-ı mezḳūre ile peyderpey Ṣālona iskelesine ḳaradan {19} naḳl ve tenzīl itdirdüb eğerçi iki biñ ḥayvān yüz biñ keyl ẕaḫīreyi İzdīn'den Ṣālona'ya {20} beş-altı ayda ancaḳ naḳl idebilür ise de iki biñden ziyāde mekārī ḥayvānātı tedārük ve iʿmāli müteʿassir {21} göründiğinden ne ḳadar müddetde naḳli mümkin ü müyesser olur ise bi'ż-żarūr öylece naḳl itdirilmesi ve Ṣālona iskelesi {22} Īnebaḫtī boğazında olaraḳ şimdiki ḥālde oralarda eşḳıyā teknesi olmadığından ve Ṣālona'dan {23} ufaḳ ḳayıḳlar ile ḳıyı ṣıra [?] Mesolenk iskelesine ve Īnebaḫtī ve Bālyabādra ve Ḳasteller'e ẕaḫīre naḳl {24} ü īṣāli mümkin olacağından yine ẕāt-ı düstūrāneleri Ṣālona ḳolunda olan me'mūrlarıñız maʿrifetiyle {25} Preveze ve Bālyabādra ve Īnebaḫtī ve Ḳasteller ṭaraflarından ḳayıḳlar tedārük itdirüb ẕikr olunan {26} yüz biñ keyl ẕaḫīreniñ Ṣālona'dan ḳayıḳlar ile īcāb ü iḳtiżā iden maḥallere celb ve ṣarf {27} itdirilmesi ve el-ḥāletü-hāẕihī Frenkler şiğorṭa ṣūretini ḳabūl itmediklerinden İzdīn'e teslīmi ḫaberi geldikde {28} aḳçesi virilmek şarṭıyla Bālyabādra ve Preveze ve İzdīn'e teslīm olunmaḳ üzere Efrenc tüccārınıñ {29} Ḳaradeñiz'den getürdükleri ẕaḫīreden bu ṭarafda beş-altı sefīne ḳapūdānlarıyla müẕākere ve muḳāvele {30} olunaraḳ geçenlerde irsāl olunmuş ve bir ḳıṭʿasınıñ teslīmi ḫaberi gelmiş olub eğerçi Frenkler muḳaddem (13) ṣiğorṭa muḳāvelesiyle getürdükleri ẕaḫīreyi bile eşḳıyāya teslīm itmiş olduḳlarına naẓaran şimdi şöylece muḳāvele ile {2} gönderilan ẕaḫīreniñ cümlesini maḥallerine teslīm eyleyeceklerini ʿaḳl kesmez ise de bu ṣūretle bundan ṣoñra daḫi ẕaḫīre {3} mübāyaʿa ve irsāl olunaraḳ bir yüz biñ keyl ẕaḫīre gönderilüb velev mevhūm ḳabīlinden olsun, bu ṭarīḳ ile daḫi giden {4} ẕaḫīre yüz biñe iblāğ olunabilür ise ve eğer Frenkler uṣūli değişdirmeyüb bu vechile bir yüz biñ kīleyi ber-mūceb-i mukavale {5} İzdīn'e teslīm iderler ise iḳtiżā iden üç yük ḳış ẕaḫīresiniñ tekmīl ü tertībi ḥāṣıl olmuş olub ve illā Frenkler {6} hiç ẕaḫīre teslīm itmezler ise bu taḳdīrce ber-vech-i meşrūḥ işbu ḳış ẕaḫīresi olan üç yük ẕaḫāyir ḳırḳ {7} beş biñ nefer iʿtibār olunan ʿaskeriñ beherine yevmiye üçer yüz dirhem nān ḥesābıyla tertīb olunmuş oldığından Frenkler ile {8} muḳāvele olunan meẕkūr ẕaḫīre hiç varmadığı ṣūretde żarūrī ʿasker-i meẕkūruñ beherine yevmiye ikişer yüz dirhem {9} nān virilerek bu ḥesāb üzere gerek ṣavb-ı vālālarından tedārük olunacaḳ ve gerek Yeñişehir ṭarafından {10} uydırılacaḳ iki yüz biñ keyl ẕaḫīre ile mehmā-emken ʿasākiriñ idāre-i taʿyīnātları çāresine baḳılması ve ẕāt-ı {11} serʿaskerīleriniñ tedārük ideceği yüz biñ keyl ẕaḫīreniñ ol ṭarafda mübāyaʿa olunacağı vechile iḳtiżā iden {12} bahāları ve ẕikr olunan mekārī ḥayvānātınıñ beher reʾsi māhiyye otuzar ġurūşdan farż olunaraḳ lāzım gelan {13} altı aylıḳ kirāları her ne miḳdāra bāliğ olur ise işbu mebāliğ daḫi bundan böyle sū-yı saʿādetlerine başḳaca {14} gönderilmesi ve ẕaḫāyir-i merḳūme yalñız nüfūs-ı ʿaskeriyye içün oldığından ḥayvānāt içün iḳtiżā iden meʾkūlāt daḫi {15} şimdiye değin ne vechile idāre olunmuş ise yine ol ṣūretle idāre itdirilmek üzere tertīb ve icrāsı {16} iʿmāl-i pergār-ı efkār ile her ṭarafı teʾemmül olunaraḳ īcāb-ı ḥāl ü maṣlaḥata göre mertebe-i imkānda olan tedābīriñ {17} nihāyeti olmaḳ üzere müṭālaʿa ve müẕākere olunmuş ise de muḳteżā-yı kār-āzmūdegī ve sipehdārīleri üzere {18} ẕāt-ı serʿaskerīleri daḫi işbu ḳış ẕaḫīresini müṭālaʿa ve tefekkür buyurmuş olacaḳlarından ḥasbeʾl-vuḳūf bu bābda {19} olan reʾy ü müṭālaʿa keyfiyyeti ne vechile idüği ve el-yevm ne miḳdār ẕaḫāyirleri mevcūd olub bundan ṣoñra {20} daḫi ne miḳdār ẕaḫāyir tedārük idebilecekleri ḫuṣūṣunuñ ṣavb-ı sipehdārīlerinden suʾāl ü istiʿlām ve müṭālaʿāt-ı {21} meẕkūreden başḳa ṣūret-i suhūlet ve cihet-i imkān bulunamayub sālifüʾl-beyān iki yüz biñ keyl ẕaḫīreniñ {22} ol vechile tertīb ve naḳli ṣūretleriniñ icrāsı nezd-i saʿādetlerinde daḫi tensīb olundığı ḥālde Frenkler işidüb de {23} ellerinden geldiği ḳadar bir güne melʿanete çalışmamaları ḫuṣūṣı-çün şimdiki ḥālde maḫfī ve mektūm ṭutılaraḳ sū-yı {24} müşīrānelerine tavṣiye ve ifhāmı ḫuṣūṣı istiṣvāb olunmuş ve irāde-i seniyye-i şāhāne daḫi taʿalluḳ itmiş olmağla {25} işbu ḳış ẕaḫīresiniñ tertīb ve maḥallerine īṣāl ü tesrībi başlıca bir iş olaraḳ bu ṭarafda olunan müṭālaʿāt {26} mis̱illü keyfiyyātı ẕāt-ı ḥamiyyet-āyātları daḫi müṭālaʿa ve tefekkür buyurmuş olacaḳlarına göre ordu-yı serʿaskerīleriyle {27} gerek Īnebaḫtī ve gerek Bālyabādra ve Ṣālona ve Ḳasteller ṭarafına iḳtiżā iden ḳış ẕaḫīresi mādde-i ehemmesinde {28} lāyiḥ-i ḫāṭır-ı ʿāṭır olan reʾy ü tedbīr ne gūne ve ne ṣūretledir ve el-yevm mevcūd ẕaḫīreleri ne miḳdārdır ve bundan {29} böyle daḫi ne ḳadar ẕaḫāyir tedārükünüñ ṣūret ve çāresi istiḥṣāl buyurılabilür, el-ḥāṣıl bu bābda (14) nihāyet tedbīr ü taṣmīmleri her ne ise aña göre īcāb ü iḳtiżāsı icrā olunmaḳ üzere keyfiyyetiñ īżāḥan {2} ve tafṣīlen bu ṭarafa sürʿat-i taḥrīr ü işʿārına beẕl-i cüll-i himmet ve mārrü'ẕ-ẕikr iki yüz biñ keyl ẕaḫāyiriñ müṭālaʿātımız {3} vechile tertīb ve icrāsı ʿind-i düstūrīlerinde daḫi tensīb buyuruldıġı ḥālde ṭāʾife-i Efrenciyye'ye bir neviʿ {4} serrişte olaraḳ melʿanete çalışamamaları żımnında keyfiyyetiñ ḳable'l-icrā ġāyetü'l-ġāye ḫafī ṭutulmasına {5} ṣarf-ı ẕihn ü reviyyet buyurmaları siyāḳında maḫṣūṣan ve mektūmen işbu ḳāʾime taḥrīr ve çifte tatarlarımız ile {6} baʿs̱ ü tesyīr olunmuşdur. İnşāʾallāhü Taʿālā lede'l-vuṣūl ārāyiş-i ẕāt-ı meʿālī-simātları olan cevher-i girān-ḳadr-i {7} besālet ü feṭānet lāmiʿasınca ḫaṭb-ı cesīm-i sipehdārīye meʾmūriyyetlerinden bu āna ḳadar icrā ve iltizām buyurmuş {8} olduḳları tedābīr ü ārā-yı iṣābet-peẕīrleri idḫāl-i engüşt-i taʿrīżden maṣūn ve ez-her-cihet ġayret ü şecāʿat {9} ve s̱ebāt ü metānetleri nezd-i hümāyūn-ı mevhibet-maḳrūn-ı şāhānede ve cümle ṣıġār ü kibār ʿindinde maʿlūm ü rū-nümūn {10} olmaḳ cihetiyle inşāʾallāhü'r-Raḥmān s̱ebt-i cerīde-i rūzigār olmaḳlıġa sezāvār nice nice ḫidemāt-ı bergüzīdeye {11} muvaffaḳiyyetle beyne'l-aḳrān müşārun-bi'l-benān olacaḳları emāre-i ḥasenesi ḥaḳḳ-ı eḥaḳḳıñızda derkār ve ḥaṣr ü tażyīḳine {12} ṣārif-i mā-ḥaṣal-i tāb ü iḳtidār olduḳları Mesolenk'iñ daḫi fetḥ ü tesḫīrini ḳuvve-i ḳarībeye getürmüş {13} olduḳları muḳaddem ve muʾaḫḫar tevārüd iden taḥrīrāt-ı behcet-āyātlarında ḫāme-güẕār-ı işʿār oldıġından cümlemiziñ {14} aḳdem-i meʾmūl ü muntaẓarımız oldıġı vechile bā-ʿavn ü nuṣret-i Bārī ve es̱er-i iḳdām ü s̱ebāt-ı sipehdārīleriyle Mesolenk'iñ {15} fetḥ ü tesḫīri ḥuṣūlünde eşḳıyā-yı kefereniñ ḳuvvetü'ẓ-ẓahr-ı melʿanet ittiḫāẕ eyledikleri maḥal bütün bütün ellerinden {16} çıḳmış olacaġı ecilden belleri ḳırılub Frenkler daḫi meʾyūs olacaġı ve ḥattā ol vaḳt ʿaskeriñ {17} ḳış ẕaḫīresi maṣlaḥatı daḫi kesb-i suhūlet eyleyeceği mis̱illü Ḫudā-ne-kerde ḳażiyye ber-ʿaks olaraḳ şāyed Mesolenk {18} māddesi bitmamek ve bu gāvurlarıñ itdiği melʿanet bu kerre daḫi yanlarına ḳalmaḳ lāzım gelür ise {19} Devlet-i ʿAliyye'ye ʿaẓīm ẕülli mūcib olacaġı nezd-i daḳīḳa-dānīlerinde tekellüfāt-ı beyāniyyeden müstaġnī ve bu māddeniñ {20} böyle uzamasından ḏolayı nezd-i ʿālīde maḫcūbiyyet ü şermsārī müṭālaʿasınıñ ẕihniñizi taḫdīş {21} buyurmayaraḳ ez-dil ü cān itmām-ı umūr-ı meʾmūrelerini müstelzim olur esbāb ü vesāʾiliñ ikmāl ü icrāsına {22} ṣarf-ı eẕhān buyurmaları lāzım geleceği bedīhī olub aḥvāl-i peykār ü muḥārebe [?] maʿlūm olaraḳ {23} s̱ebāt ü sekīnet esbāb-ı fevz ü nuṣretden oldıġı mücerreb ü aẓher ve ẕāt-ı şevket-simāt-ı ḥażret-i ẓıllullāhīniñ {24} teveccühāt-ı ḳudsiyye-i mülūkāneleri ve cümlemiziñ daʿavāt-ı ḫayriyyeleri cenāb-ı fütüvvet-niṣāblarıyla berāber olmağın hemān {25} ḳaviyyü'l-ḳalb olaraḳ ve inşā'allāhü'l-Kerīm bu āna ḳadar çekilan emek ve zaḥmetleriñ s̱emere-i ḥasenesi ẓuhūruyla ḳarīben {26} şu Mesolenk'iñ fetḥ ü tesḫīri[ne] muvaffaḳ olacağıñızı cezm ü teyaḳḳun buyuraraḳ bāṭınen muʿīn-i dīn-i mübīn olan {27} Cenāb-ı Ḫayru'n-Nāṣırīn'den istiʿāne ve istimdād ve ẓāhiren daḫi tecdīd ve taḥrīż-i ʿasākir ve tehyi'e-i zād ü ẕaḫāyir {28} levāzımınıñ īfāsını iltizām ve leyl ü nehār çesm-dāşt-ı intiẓār oldığımız peyām-ı meserreti işʿār ü inbāya {29} nis̱ār-ı naḳdīne-i himmet ve es̱er-i himem-i kūh-endāzīleriyle muḳaddem ve mu'aḫḫar ṣavb-ı sāmīlerinden ve Ṣālona ḳoluna me'mūr {30} buyurduḳları mücāhidīn ṭaraflarından ḳabża-i tesḫīre keşīde ḳılınan ve sā'ir muḥāresesi lāzım gelan maḥāll ü mevāżiʿe **(15)** iḳtiżāsı vechile ʿasākir taʿyīn ve iḳāme ile esbāb-ı muḥāfaẓaları ikmāl buyurulmuş oldığı maʿlūm ve bu bābda {2} irā'e-i ṣuver ü ārādan istiğnāları emr-i ġayr-ı mevhūm ise de nezd-i ʿālīlerinde müberhen oldığı vechile ʿuṣāt-ı kefere {3} mürtekib olduḳları ʿiṣyān ü melʿanetde muṣır olaraḳ aralıḳ bulduḳça gözleri kesdiği ve ʿaskerden ḫālī {4} buldığı maḥallere īṣāl-ı ḫasār zuʿm-ı fāsidinde olacağından ve maʿāẕallāhü Taʿālā maḥāll-i merḳūme birisine bir ṭırnaḳ {5} ilişdirecek olur ise bu daḫi başḳaca bir uyġunsuz şey olaraḳ be-tekrār gāvurlarıñ şīrīnlemesini {6} īcāb eyleyeceğinden bu māddeye daḫi iḥāle-i efkār [ü] reviyyet-birle o mis̱illü lāzımü'l-muḥārese olan maḥalleriñ {7} düşmen ṭarafından īṣāl-i mażār olunmayacaḳ mertebelerde istiḥṣāl-i esbāb-ı muḥāfaẓasına saʿy ü ġayret buyurmaları {8} eḫaṣṣ-ı maṭlūb ü me'mūlümüzdür. Fī 18 M 41

[*581/24*] *Çirmen mutaṣarrıfına*

{1} Saʿādetlü Rumili vālīsi ḥażretleriniñ mevcūd-ı maʿiyyetleri olan ʿasākir taʿyīnātı-çün inżimām-ı re'y-i düstūrīleri[yle?] {2} Edirne ve ḥavālīsi ḳażālarından mübāyaʿa ve Īnöz iskelesine sevḳ ve tenzīl ve Dersaʿādet'den istīcār ve bā-evāmir-i ʿaliyye {2} tesyā[r] olunan sefāyine taḥmīlen Bālyabādra iskelesine īṣāl ḳılınmaḳ üzere tertīb buyurılan iki yüz elli biñ **(17)** keyl daḳīḳ ve iki yüz biñ keyl şaʿīr daḫi taḥmīl ve sālifü'ẕ-ẕikr Bālyabādra iskelesine tesbīl eylemek üzere leffen {2} mebʿūs̱-ı ṣavb-ı saʿādetleri ḳılınan defterde muḥarrer sefāyin istīcār ve tesyār ḳılınmış ve Īnöz iskelesine vāṣıl {3} olunanlarına ḏoḳsan biñ keyl miḳdārı ẕaḫīre ve şaʿīr taḥmīl olunmuş ise de eks̱erīsini es̱nā-yı rāhda küffār tekneleri {4} aḫẕ ü ġaṣb eyledikleri vāṣıl-ı sāmiʿa-i muḥibbī olmağla sefāyin-i mezḳūreniñ ḥīn-i istīcārında taḥmīl olunacaḳ ẕaḫāyir {5} maḥalline vāṣıl olamadığı taḳdīrce bahāsınıñ tażmīn ve tekmīline bāzergānları müteʿahhid olduḳlarını müşʿir yedlerinden mümżā {6} ḳonṭūrāṭo senedi aḫẕ ve Nevl Ḳalemi'nde ḥıfẓ itdirilmiş ve ber-mūceb-i senedāt vāṣıl olunamayanlarınıñ tażmīn {7} ve tekmīli īcāb itmiş olmağla ber-manṭūḳ-ı defter sefāyin-i mezḳūreniñ ne miḳdārı

Īnöz iskelesine vāṣıl olmuş {8} ve ne miḳdārı ẕaḫīre taḥmīl ḳılınmış, ecnāsıyla mikyālini mübeyyin müfredāt defteriniñ tanẓīm ü terḳīm ve taḳdīmi ḫuṣūṣuna himmet buyurmaları {9} siyāḳında ḳā'ime. Fī 18 M 41

[581/26] *Rumili vālīsine*
{1} Ẕāt-ı serʿaskerīleri umūr-ı dīniyyeye [?] me'mūr olaraḳ taḳviye-i bāzū-yı miknet ü iḳtidārlarını müstelzim esbāb {2} ü vesā'iliñ ikmāl ü icrāsı ẕimmet-i muḫādenetimize elzem ve maʿiyyet-i müşīrīlerinde külliyyetlü mühimmāt-ı ḥarbiyyeniñ kemāl-i {3} īcābı olacağı vāreste-i ḳayd [ü] raḳam olub Dersaʿādet'den muḳaddemce ṣavb-ı saʿādetlerine ne vechile mühimmāt tertīb ve irsāl {4} ve bu defʿa Selānīk cānibinden ne ṣūretle mühimmāt ifrāz ve īṣāline iʿtinā ḳılınmış oldığı iṭāre-i sū-yı saʿādetleri {5} ḳılınan taḥrīrātlarımızda maʿlūm-ı müşīrīleri buyurılacağı derkār ise de Ḫudā ʿAlīm ü Dānā'dır ki, leyl ü nehār eẕhān {6} ü efkārımız tensīḳ-i mehāmm-ı serʿaskerīlerine ṣarf ḳılınmaḳda ve meṣāliḥ-i mevkūleleriniñ teshīliyle iş görülmekliği (18) iḳtiżā ider keyfiyyāt müṭālaʿa olunmaḳda oldığına ve mühimmāt-ı ḥarbiyyeden maʿdūd olub bundan aḳdem gönderilan {2} yağlı pāçavralar ve sā'ir mühimmāt-ı ḥarbiyye eşḳıyā ṭarafından żabṭ ḳılınmış oldığı tatarlarımızıñ taḳrīrlerinden {3} maʿlūm-ı ḫāliṣānemiz olunmağa mebnī bu defʿa maḫṣūṣan Ḫumbaracıbaşı ağa bendeleri celb ve müẕ[ā]kere olunaraḳ Mesolenk {4} derūnunda olan ḫāneler aḫşāb oldığı rivāyet olunaraḳ ebniye-i aḫşāba endāḫt ile iḥrāḳ māddesine {5} vesīle olmaḳ üzere on dört çapında ḳırḳ sekiz ve yiğirmi iki çapında ḳırḳ sekiz ve otuz altı {6} çapında dört ʿaded ki cemʿan yüz ʿaded yağlı pāçavra tertīb ve sinīlere [?] vażʿ ile maḫṣūṣ tatarlarımıza {7} teslīmen bārgīrler ile irsāl-i ṣavb-ı saʿādetleri ḳılınmış olmağla ẕikr olunan pāçavralarıñ vürūdunda [?] iḳtiżāsı {8} vechile iʿmāl itdirdüb īfā-yı muḳteżā-yı me'mūriyyet ve besālete ṣarf-ı himmet buyurmaları siyāḳında ḳā'ime. Fī 19 M 41

[581/63] *Mora vālīsi ḥażretlerine*
{1} Ẕāt-ı ḥayderī-simāt-ı sāmīlerine mevhibe-i İlāhiyye olan ġayret ü şecāʿat ve ḥamiyyet ü besālet iḳtiżāsı {2} üzere muḳaddemā fetḥ ü tesḫīrlerine muvaffaḳ olmuş olduḳları Nīşī nām ṣaḥrādan maḥmil-bend-i nehżat ve maḳarr-ı {3} ḥükūmet-i dilīrāneleri olacaḳ Ṭrāboliçe'niñ eyādī-i nikbet-mebādī-i küffār-ı bed-tebārdan nezʿ ü taḫlīṣi {4} niyyet-i ḫāliṣasıyla rāyet-küşā-yı ʿazīmet buyurılaraḳ eşnā-yı rāhda kefere-i müşrikīn-i ḍalālet-ḳarīn {5} güẕergāh-ı düstūrānelerine ḥaylūlet zuʿm-ı bāṭılına düşmüş ve Ḳoloḳotronī nām melʿūn daḫi Şahbāz {6} -ḏağı nām cebel maʿberine metīn ü müstaḥkem metrisler inşā itdirderek ordu-yı [?] serʿaskerīleriniñ mürūrına {7} mümānaʿat eylemiş ise de Mīralay Selīm Beğ bendeleri dāḫil-i dā'ire-i żabṭ ü tesḫīr olan maḥāll ü mevāżiʿi {8} muḥāfaẓa itmek üzere terk ve Ḫūrşīd Beğ bendeleri istiṣḥāb ve Delīlbaşı

Reşvān Ağa daḫi {9} verādan tertīb olunaraḳ kefere-i mesfūre üzerlerine ne vechile hücūm ü iḳtiḥām olunmuş ve ʿasākir-i nuṣret-meʾāṣir-i {10} İslāmiyye naʿra-künān-ı "Allāh Allāh" ve kefere-i ʿāḳıbet-tebāh reh-neverd-i girīve-i āh ü vāh olaraḳ münsed olan ṭuruḳ {11} ve maʿābir ne ṣūretle küşāde ve ordu-yı nuṣret-bū-yı dilīrāneleri ber-vech-i suhūlet Londār ḳażāsı {12} cānibinde vāḳiʿ ṣaḥrāya resīde olmuş ve oradan daḫi fekk-i evtād-ı iḳāmet ve eṣnā-yı rāhda {13} gāvurlarıñ ḳahr ü tedmīrlerine himmet-birle Ṭrāboliçe ḳalʿa ve ḳaṣabası ve eṭrāf ü enḥāsı ne ṭarīḳle fetḥ {14} ü tesḫīr ḳılınmış ve Anābolī ve Arḫos ṣaḥrāsında bulunan mezrūʿāt aḫẕ ve iḥrāḳ ve ne miḳdār ḥayvānāt {15} ve üserā iğtinām ü istirḳāḳ-birle yine Ṭrābolīçe'ye ʿavdet buyurulmuş oldığı ve alınan beş yüz çift ḳulaḳ {16} gönderilmiş idüği tafṣīlātını mübeyyin ve şāmil silaḥdārları Selīm Ağa bendeleriyle bu defʿa resīde-i enāmil-i iftiḫār {17} ü mübāhāt olan taḥrīrāt-ı beşāret-āyāt-ı dilīrāneleri meʾāl ü mezāyāsına ıṭṭılāʿ-i muḥibbānemiz muḥīṭ ü ḥāṣıl {18} olub ẕāt-ı şecāʿat-simāt-ı düstūrāneleri merdümek-i dīde-i enām olan vüzerā-yı ʿiẓām-ı ḥamiyyet-ittisām-ı {19} Salṭanat-ı Seniyye'den olaraḳ leyl ü nehār seyr ü sülūk-ı dilīrānelerinden istiḫbār olunmaḳ aḳdem-i efkār ve ẓuhūr-ı {20} peyām-ı sārre-i düstūrāneleri tūtyā-yı çeşm-i intiẓār oldığına bināʾen rehberī-i tevfīḳ-i niʿme'r-refīḳ-i İlāhī ve imdād-ı {21} rūḥāniyyet-i ḥażret-i risālet-penāhī ve inżimām-ı teveccühāt-ı ḳudsiyye-i cenāb-ı şehinşāhī ve āṣār-ı himem-i kūh-endāzīleriyle {22} birḳaç seneden berü dest-i melʿanet-peyvest-i gürūh-ı kefereye geçmiş olan Ṭrābolīçe gibi bir ḳaṣaba-i cesīme {23} ve eṭrāf ü enḥāsında vāḳiʿ bunca maḥāll ü mevāżiʿiñ hecme-zen-i cān-şiken-i dilīrāne ile nezʿ ü żabṭı ḫuṣūṣuna {24} ibẕāl ü īṣār buyurılan naḳdīne-i mesāʿī-i bī-hemtā-yı ḥamiyyet-kārāneleri muḫliṣ-i bī-riyālarını ve bi'l-cümle vükelā-yı {25} Salṭanat-ı Seniyye'yi vāye-dār-ı envāʿ-ı mesār iderek rehīn-i şābāş ü taḥsīn olmuş ve taḥrīrāt-ı {26} beşāret-āyāt-ı ṣafderāneleri ʿaynen ḥużūr-ı ʿāṭıfet-neşūr-ı ḥażret-i cihān-bānī ve rikāb-ı müsteṭāb-ı {27} cenāb-ı ḫilāfet-penāhīye ʿarż ü taḳdīm ile meşmūl-ı nigāh-ı kerāmet-iktināh-ı şehinşāhī buyurulmuş ve "Āferīn {28} müşārun-ileyhe, güzel ġayret eylemiş, berḫūdār olsun, inşāʾallāh bundan böyle daḫi nice nice fütūḥāt-ı külliyyeye {29} maẓhar olması elṭāf-ı Sübḥāniyye'den meʾmūl ü müstedʿādır. Benim duʿā-yı ḫayrım anlar ile biledir. Ḍoğrısı {30} pek maḥẓūẓ oldum" deyu bālā-yı ḳāʾime-i sāmiyeleri ḫaṭṭ-ı şerīf-i iltifāt-redīf-i ḫüsrevāne ile {31} tezyīn buyurulmuş ve bu vechile maẓhar olduḳları fütūḥāt ve ġalebāt-ı celīleleriniñ maḫṣūṣ tebşīr {32} ü iʿlānı żımnında silaḥdār-ı mūmā-ileyh bendeleriniñ irsāli ile ḥāṣıl olan beşāret-i ʿuẓmā ʿalelʿumūm mūcib-i {33} memnūniyyet-i vefīre olmuş ve vārid olan ḳulaḳlar pīşgāh-ı bāb-ı hümāyūnda ġalṭīde-i ḫāk-i ʿibret {34} ḳılınmışdır. Cenāb-ı dirāyet-meʾāb-ı ʿālīlerine beyāna ḥācet olmadığı üzere bu Rum gāvurlarınıñ **(46)** dīn-i mübīn-i Aḥmedī'ye derkār olan ḫıyānet-i fıṭriyyelerini meydāna çıḳarub ümmet-i Muḥammed'e itmedikleri {2} ihānet ü melʿanet ḳalmamış ve ḥamden s̱ümme ḥamden es̱er-i iḳdām-ı şecīʿāneleriyle Mora'ya pā-nihāde-i ṣalābet {3} buyuralıdan berü ʿuyūn-ı melʿanet-meşḥūn-ı ʿuṣāt-ı kefereye rīk ü ġubār-ı hezīmet rīzān olmuş {4} olmaḳda oldıġına ve bi'l-cümle ḳulūb-ı evrād [?] ve bilḫuṣūṣ duʿā-yı ḫayriyyet-intimā-yı ḥażret-i ḫilāfet-penāhī {5} ẕāt-ı ṣafderāneleriyle berāber idüğüne binā'en inşā'allāhü'l-Meliki'l-Müsteʿān ʿan-ḳarībi'z-zamān kefere-i {6} maḫẕūleniñ dūçār-ı pençe-i ġażanferāneleri olaraḳ ḥaḳlarından [?] gelecekleri bī-iştibāh ve Mora {7} cezīresiniñ kāmilen żabṭ ve taṣfiyesi ʿuhde-i ṣalābet-ʿumde-i düstūrīlerine muḥavvel ü müfevveż oldıġından {8} şimdiye ḳadar sā'ir maḥalleriñ daḫi nezʿ ü tesḫīrine muvaffaḳ olduḳları elṭāf-ı Rabbāniyye taʿalluḳuyla vāreste-i ḳayd [ü] güvāh {9} olub ḥāṣılı işbu fütūḥāt-ı celīle ve nuṣret-i cezīlede maṣrūf buyurılan himem ü ġayret-i dilīrīleri {10} nezd-i ʿāṭıfet-vefd-i ḥażret-i kītī-sitānīde ve bi'l-cümle vükelā-yı Devlet-i ʿAliyye ve belki ümmet-i merḥūme ʿindlerinde rehīn-i {11} ḥayyiz-i ḳabūl ü taḥsīn olaraḳ el-ḥaḳ zīver-i ṣaḥāyif-i rūzigār olacaḳ ḫidemāt-ı ḥaseneye muvaffaḳ olmuş ve olmaḳda {12} olduḳları ẓāhir ü āşikār ve inşā'allāhü Taʿālā bundan böyle daḫi cezīre-i meẕkūreniñ girü ḳalan ḳılāʿ {13} ve bıḳāʿ ve istiḫlāṣı himmet-i vālā-nehmet-i kūh-endāzīleriyle cilveger-i mücellā-yı ḥuṣūl olacaġı me'mūl ve iʿtiḳādı {14} ḥaḳḳ-ı düstūrīlerinde derkār olaraḳ gice ve gündüz çeşm-i intiẓārımız peyām-ı menāḳıbu'ẓ-ẓuhūr-ı sürūra nigerān oldıġı {15} maʿlūm-ı besālet-mevsūm-ı müşīrīleri buyuruldukda ẕāt-ı müşīrīleri baʿd-ez-īn daḫi o mis̱illü küffār-ı bed-kāra göz açdırmayaraḳ {16} sernigūn-ı üftāde-i çāh-ı ḫiẕlān ü melāl ve bir ān aḳdem şu ġā'ileniñ ümmet-i Muḥammed üzerinden defʿ ü refʿi vesā'ilini {17} istiḥṣāl buyuraraḳ zīnet-baḫşende-i elsine-i ṣıġār ü kibār olacaḳ ḫidemāt-ı mebrūre ve mesāʿī-i meşkūre ibrāz {18} ü iẓhārı terādüfüyle cümlemizi ḥiṣṣedār-ı meserret buyurmaları siyāḳında ḳā'ime-i meveddet-ʿalāme taḥrīr ve silaḥdārları {19} mūmā-ileyh Selīm Aġa bendeleriyle firistāde-i nādī-i saʿādet-maṣīrleri ḳılınmışdır. İnşā'allāhü Taʿālā lede'l-vuṣūl her ḥālde {20} īfā-yı levāzım-ı kār-dānī ve ḥamiyyet ve icrā-yı merāsim-i besālet-kārī ve ġayrete himmet buyurmaları me'mūldür. Fī 13 Ṣ 41

[*581/72*] ***Rumili vālīsine***

{1} Nezd-i serʿaskerīlerinde maʿlūm oldıġı ve bi'd-defaʿāt sū-yı saʿādetlerine tavṣiye ve işʿār ḳılındıġı vechile Mora'nıñ {2} kilīdi mes̱ābesinde olan Mesolenk'iñ es̱er-i iḳdām ü himem-i mā-lā-kelāmlarıyla şu günlerde fetḥ ü tesḫīri beşāreti vürūdına {3} eşedd-i intiẓār derkār oldıġına ve ber-muḳteżā-yı mevsim havālar tebdīl olmaḳda idüğüne binā'en mevcūd-ı muʿasker-i sipehdārīleri {4} olan ʿasākir-i İslāmiyye'niñ tezāyüd ü tevāfür-i şevḳ ü ġayretlerini müstelzim olmaḳ irāde-i kerāmet-ifādesiyle {5} bālāsı mübārek ḫaṭṭ-ı mekārim-nuḳaṭ-ı şāhāne ile tevşīḥan ıṣdār ve tesyār olunan fermān-ı ʿālīşān mübāşiri {6} Ḫaṣekī Aḥmed Aġa bendeleriyle vāṣıl olaraḳ iʿlān ü işāʿat ve birer ḳıṭʿa ṣūretleri daḫi Yānya

{7} ve Delvīne ve Avlonya sancaḳlarına bi'l-irsāl tertīb buyurmuş olduḳları ʿasākiriñ sürʿat-i iḫrāc ü īṣāllerini {8} ne vechile teʾkīde himmet buyurmuş olduḳlarından ve Avlonya Mutaṣarrıfı Süleymān Paşa'nıñ televvün-i mizācı cihetiyle iʿmāl-i ʿasākir {9} ve celb-i ḳulūb-ı ahālīye muvaffaḳ olamayaraḳ livāʾ-i mezbūruñ paşa-yı mūmā-ileyh ʿuhdesinde terki ḥālen {10} ve istiḳbālen meḥāẕīri müstetbiʿ olacağı mütebeyyin oldığından ber-muḳteżā-yı istiḳlāl-i serʿaskerīleri Ḳarlıili {11} ve Īnebaḫtī Sancaḳları Mutaṣarrıfı Palāslızāde İsmāʿīl Paşa'ya bā-rütbe-i vālā-yı vezāret Avlonya sancağı tevcīh {12} olunaraḳ ḳulūb-ı ʿaskeriyyeye bir şevḳ-i cedīd ilḳā ve s̱ebāt ü ḳarārları ṣūretine himmet ü iʿtinā buyurulmuş {13} ve Aġo Mühürdār Süleymān Aġa bendeleriniñ daḫi silāḥşorān-ı ḫāṣṣa zümresine idḫāliyle tesrīḥ-i liḥye itdirilerek {14} paşa-yı mūmā-ileyhe ketḫüdā naṣb ü taʿyīn ḳılınmış oldığından baḥis̱le livāʾ-i mezbūruñ rütbe-i sāmiye-i vezāret ile {15} işbu Ṣaferü'l-Ḫayr'ıñ ġurresinde tevcīh buyuruldığını nāṭıḳ iḳtiżā iden evāmir-i ʿaliyye ve tebşīr taḥrīrātımızıñ ıṣdār {16} ve irsāl, mühürdār bendeleriniñ daḫi īcāb iden silāḥşorluḳ mektūbunuñ daḫi isbāl ḳılınmasını şāmil ve muḳaddemce {17} irsālini inhā buyurmuş olduḳları iki biñ beş yüz kīse aḳçeniñ şimdiye ḳadar çıḳarılmış olacağı {18} meczūm-ı saʿādetleri ise de ẕaḫīre mübāyaʿası ve ʿasker ʿulūfesi żımnında külliyyetlü aḳçeye iḥtiyācları {19} derkār idüğünden bir ol miḳdār ḫazīneniñ daḫi tertīb ve sürʿat-i irsāli ve bundan aḳdem Bālyabādra {20} ve Īnebaḫtī ve Ḳasteller-içün müsteʾmen ṭāʾifesinden mübāyaʿa eylemiş olduḳları ẕaḫīreniñ birer ḳıṭʿa **(52)** defteri taḳdīm buyurulmuş ise de bundan böyle maḳbūż senedātı daḫi gönderileceği ḫuṣūṣunı müştemil tevārüd {2} iden taḥrīrāt-ı şerīfeleri meʾāl ü mezāyāsı ve evrāḳ-ı mersūle müʾeddāsı rehīn-i ıṭṭılāʿ-i ḫulūṣ-verī olmuş {3} ve ḫāk-pāy-ı hümāyūn-ı şāhāneye ʿarż ü taḳdīm ile meşmūl-ı liḥāẓa-i ʿāṭıfet-ifāża-i ḥażret-i ẓıllullāhī buyurulmuşdur. {4} Ẕāt-ı fütüvvet-simātları kemāl-i ṣalābet ü ḥamiyyet ile mevṣūf ve her ḥālde dīn ve Devlet-i ʿAliyye'ye nāfiʿ olur {5} ḥarekāt-ı bergüzīde ibrāz ü ibdāsına ve ḫaṭb-ı mevkūle-i sipehdārīleriniñ itmām ve ḥüsn-i intācını müstelzim olur {6} ḥālāt-ı ḥaseneniñ ikmāl ü icrāsına ṣārif-i mā-ḥaṣal-i ḳudret olacaḳları nezd-i ʿālīde ve cümlemiziñ ʿindlerinde {7} emr-i ġayr-ı mechūl olaraḳ ḥaḳḳ-ı eḥaḳḳıñızda ḥüsn-i iʿtiḳād-ı ʿāmme ve iʿtimād-ı tāmme derkār oldığına ve livāʾ-i mezbūruñ {8} muḳaddemā mūmā-ileyh Süleymān Paşa'ya tevcīhi mücerred kendüsi eben ʿan-ceddin Arnavudluḳ ḫānedānından olub öteden berü {9} Arnavudluḳ ḥavālīsiniñ daḫi ḫānedān ve ocaḳzādelerine ḥürmet ü iʿtibār ile iṭāʿat ü inḳıyād ide- [?] {10} -geldiklerine mebnī belki ḫānedānlığı ḥaysiy[yet]iyle Arnavudlar kendüye inḳıyād ider mülāḥaẓa-i [?] serʿaskerīlerinde işe yarar {11} mülāḥaẓasından neşʾet itmiş olub ḥālbuki işʿār-ı saʿādetlerine göre paşa-yı mūmā-ileyh Arnavudları {12} kendüsünden tenfīr ve bā-ḫuṣūṣ kendüsi daḫi Arnavudlardan rū-gerdān oldığı cihetle ʿaczini {13} ṣavb-ı müşīrānelerine beyān ü taḥrīr itmiş oldığından ve müşārun-ileyh İsmāʿīl Paşa daḫi vāḳıʿan bidāyet-i fesāddan berü {14} uğur-ı meyāmin-mevfūr-ı şāhānede ez-dil ü cān çalışmaḳda olaraḳ şāyān-ı mükāfāt-ı seniyye idüğünden {15} müşārun-ileyhiñ terfīʿ-i ḳadri şu günlerde Mesolenk'iñ tesḫīrinde icrā olunmaḳ üzere taṣmīm-kerde-i ḫāliṣānemiz {16} oldığı ḥālde īcāb-ı istiḳlāl-i sipehdārīleri üzere ol vechile bā-rütbe-i vālā-yı vezāret livāʾ-i {17} mezbūruñ müşārun-ileyhe tevcīhi muvāfıḳ-ı uṣūl-i ḥāl ü maṣlaḥat ve ẕāt-ı saʿādetleri maṣlaḥatıñ meʾmūr-ı müstaḳilli {18} olaraḳ iş görmek ümniyesiyle tedābīr-i muḳteżiyeniñ īfā ve icrāsı ḫuṣūṣunda idāre-i pergār-ı reviyyet {19} buyuracaḳları vāreste-i ḳayd [ü] işāret olaraḳ şeref-efzā-yı sünūḥ olan irāde-i seniyye-i şāhāne {20} mūcebince ṭıbḳ-ı inhā ve işʿārları vechile Avlonya sancağı rütbe-i sāmiye-i vezāretle işbu Ṣaferü'l-Ḫayr'ıñ {21} ġurresinden müşārun-ileyh İsmāʿīl Paşa'ya tevcīh ve iḳtiżā iden ḫilʿati ḳapu ketḫüdāsı Nāyāb Efendi bendelerine {22} ilbās ile lāzımü'ṣ-ṣudūr olan tevcīh ve meʾmūriyyet evāmir-i şerīfesi ve mūmā-ileyh Aġo {23} silāḥşorluḳ mektūbı gönderilmiş ve veṣāyā-yı lāzıme ve tenbīhāt-ı muḳteżiye daḫi müşārun-ileyhe işʿār ḳılınmış {24} oldığı ve ẕāt-ı saʿādetleriniñ Ḳarlıili ve Īnebaḫtī sancaḳlarına dāʾir bir gūne inhāları olmadığından {25} şimdilik Avlonya sancağı müşārun-ileyhe ilḥāḳ vechile tevcīh ḳılınmış ise de livāʾeyn-i merḳūmeyniñ daḫi {26} ʿuhdesinde īfāsı mı münāsibdir, yoḫsa anlara dāʾir daḫi bundan ṣoñra başḳaca bir reʾy ü müṭālaʿaları {27} var mıdır, ez-her-cihet tevfīr-i vaḳʿ ü nüfūẕlarını īcāb ider esbābıñ ikmāli ḫuṣūṣuna müsāʿafe-i ʿaliyye meşmūl {28} idüğünden ne vechile münāsib ise ol ṣūretiñ icrāsı muḥavvel-i ʿuhde-i istiḳlāl ve feṭānetleri idüği {29} ve nezd-i saʿādetlerinde tekellüfāt-ı beyāniyyeden muġnī oldığı üzere ẕāt-ı serʿaskerīleri ḫuṭūb-ı ʿaẓīme-i sipehdārīye **(53)** meʾmūr ve itmām-ı meṣāliḥ-i mevkūlelerine ṣārif-i naḳdīne-i maḳdūr olduḳlarından ez-her-cihet taḳviye-i bāzū-yı iḳtidārları {2} olur vesāʾil-i ḥaseneniñ istikmāli vācibe-i ʿuhde-i meʾmūriyyetimiz ve leyl ü nehār aḳdem-i efkār ü endīşemiz olaraḳ muʾaḫḫaren {3} irsāl olunan iki biñ beş yüz kīse akçe bundan evvelce çıḳarılmış oldığından şimdiye ḳadar ṣavb-ı şerīflerine {4} vāṣıl olmuş olacağı derkār ve bu defʿa daḫi ol miḳdār aḳçeniñ tertīb ve irsāli taḥrīrāt-ı meẕkūrelerinde {5} ḫāme-güẕār oldığından bu defʿa daḫi bā-irāde-i seniyye maṣārif-i serʿaskerīye maḥsūben iki biñ beş yüz kīse akçe {6} tertīb ḳılınmış oldığı ve ḳılāʿ-i merḳūme içün tedārük ve iştirā buyurmuş olduḳları ẕaḫāyir bahāları-çün {7} müsteʾmenān yedlerine virilmiş olan poliçe mektūblarınıñ Dersaʿādet'e vürūdunda muḳaddem olan işʿārımız vechile {8} iḳtiżālarına baḳılacağı ve el-ḥāletü-hāẕihī şitā taḳarrüb itmekde ve ān-be-ān vaḳtler geçmekde idüğünden bu keyfiyyet ṭavāyif-i {9} ʿaskeriyyeye fütūrı mūriṣ olaraḳ maʿāẕallāhü Taʿālā maṣlaḥatıñ teşennücüni mūcib olması ḫāṭır-ḫırāş idüği maʿlūm-ı düstūrīleri {10} buyurulduḳda evvel ü āḫir vāḳiʿ olan işʿārāt ve veṣāyāmız vechile ne vechile olur ise olsun şu Mesolenk'iñ bā-ʿavn-i {11} Ḥażret-i Bārī āverde-i ḳabża-i tesḫīr olmasını īcāb ider ḥālāt-ı ḥaseneyi icrāya sürʿat ve ol vechile cümlemizi vāye-dār-ı {12} niṣāb-ı meserret buyurmaları eḫaṣṣ-ı maṭlūb-ı ḫulūṣ-verī idüği beyānıyla ḳāʾime. Fī 18 Ṣ 41

[581/80] *Rumili vālīsine*
{1} Eğrīboz Muḥāfızı saʿādetlü ʿÖmer Paşa ḥażretleriniñ Eğrīboz ve ḥavālīsiniñ muḥāfaẓaları żımnında semt semt {2} meʾmūrlar taʿyīn itmiş ise de kefere eşḳıyāsı tek ḏurmayaraḳ külliyyetlü süfün ile gelüb Eğrīboz cezīresine {3} ʿasker iḫrācıyla taḥrīk-i reʿāyā dāʿiye-i fāsidesinde oldığından müşārun-ileyh miḳdār-ı vāfī ʿasker ile {4} eşḳıyā-yı mersūme üzerine meʾmūr taʿyīn iderek Soḥorḳolu'nda [?] kāʾin Bālṭora [?] nām maḥalde biʾl-muḥārebe {5} eşḳıyā-yı maḫẕūle mağlūb olduḳları ḥālde firār ve küllī eşḳıyā ḳanṭara-i şimşīrden güẕār itmiş ve bir ḳıṭʿa {6} tekneleri alınmış oldığı ve esnā-yı muḥārebede kendülerini deñize atub helāk olanlardan başḳa aḫẕ {7} olunan seksan beş çift kelle ve ḳulaḳ gönderilmiş ve cezīre-i merḳūme bu ṣūretle şerāre-i şerr ü şūrlarından {8} maṣūn olmuş idüği ve el-ḥāletü-hāẕihī kendüsi mevcūd-ı maʿiyyeti olan ʿasākir sergerdelerini talṭīf ve evżāʿlarına {9} taḥammül ile istiḫdām itmekde ise de Ṣālona ṭarafından gelecek ʿasker ẓuhūr itmamiş olub eyyām-ı şitā daḫi {10} taḳarrüb eylemekde oldığına naẓaran bundan böyle daḫi gelüb gelmeyecekleri meşkūk oldığı ve Ḳızılḥiṣār'da {11} fiḳdānī-i ẕaḫīre cihetiyle Eğrīboz'da olan ẕaḫīreden müşārun-ileyh[e] beş biñ keyl ḥınṭa gönderilmiş ise de {12} Ḳızılḥiṣār ḳalʿası düşmen ağzında vāḳiʿ ve eşḳıyānıñ mekāyid ü gezendi ġayr-ı münḳaṭıʿ oldığından on biñ {13} keyl ḥınṭa ile yüz ḳanṭār ḳurşun irsāline müsāʿade ḳılınması ḫuṣūṣları bu defʿa muḥāfıẓ-ı {14} müşārun-ileyh ḥażretleri ṭarafından inhā ve işʿār olunmuş ve ḫāk-pāy-ı hümāyūn-ı şāhāneye ʿarż ile maʿlūm-ı kerāmet- {15} -melzūm-ı pādişāhāne buyurulmuş olub bir müddetden berü müsteʾmen ṭāʾifesi şiğorṭa vechile ẕaḫīre {16} götürmekden imtināʿ itmekde olduḳlarına mebnī bu defʿa Frānçelü Vağrās [?] nām müsteʾmen İzmīr'de olan {17} on biñ beş yüz keyl miḳdārı ḥınṭasını İzmīr'den Ḳızılḥiṣār'a götürmek ve beher keyli onar {18} ġurūşdan olmaḳ üzere iḳtiżā iden bahāsı Ḳızılḥiṣār'a ḥīn-i teslīminde virilmek şarṭıyla {19} ẕaḫīre nāẓırı efendi ile mersūm muḳāvele itmiş ise de müsteʾmen ṭāʾifesiniñ ḥālleri maʿlūm {20} olaraḳ ẕaḫīrelerine ziyāde bahā bulduḳları gibi bu ṭarafdaki muḳāvelelerini aramayaraḳ fürūḫt {21} idecekleri derkār idüğünden ẕaḫīre-i meẕküreniñ Ḳızılḥiṣār'a vuṣūlüne cezm ü yaḳīn ḥāṣıl {22} olamaz ise de başḳa çāresi bulunamamış ve meẕkūr yüz ḳanṭār ḳurşunuñ daḫi müsteʾmen ṭāʾifesiyle **(62)** irsālinde emniyyet olunamayacağından berren irsāli tedbīrine teşebbüs̱ ḳılınmış olmaḳ mülābesesiyle ṣūret-i ḥāl {2} iḳtiżāsı vechile muḥāfıẓ-ı müşārun-ileyhe bildirilmiş ve her ne ḳadar ẕāt-ı serʿaskerīleri bugünlerde şu Mesolenk'iñ {3} fażl ü luṭf-ı İlāhī ile tesḫīri maṣlaḥat-ı ḫayriyyesiyle meşğūl iseler de ḫuṣūṣāt-ı merḳūmeniñ {4} daḫi maʿlūm-ı saʿādetleri buyurulmaḳ

üzere ṣavb-ı sāmīlerine işʿārı ḫuṣūṣuna irāde-i seniyye-i mülūkāne {5} taʿalluḳ itmiş olmağla ifāde-i ḥāl siyāḳında ḳāʾime. Fī 28 Ş 41

[*581/85*] ***İskenderiye mutaṣarrıfına***
{1} Bundan aḳdem İskenderiye sancağından ḥālā Rumili Vālīsi ve Serʿaskeri saʿādetlü Meḥmed Reşīd Paşa ḥażretleri maʿiyyetine {2} müretteb olub irsāl olunmuş olan İskenderiye ʿaskeri şimdiye ḳadar maʿiyyet-i müşārun-ileyhde s̱ebāt ü iḳāmet itmekde {3} iseler de el-ḥāletü-hāẕihī Rūz-ı Ḳāsım duḫūlüne az vaḳt ḳalaraḳ ʿasākir-i merḳūmeniñ ʿavdetleri taḳarrüb itdiği {4} ve bu üç biñ nefer ʿaskeriñ birden ordu-yı müşārun-ileyhden ayrılub ʿavdetleri sāʾir meʾmūrīn ve ʿasākiriñ {5} fütūrlarını müstelzim olacağı vālī-i müşārun-ileyh ṭarafından inhā olunub maʿlūm-ı müşīrīleri buyuruldığı üzere {6} bi-ʿavnihī Taʿālā Mesolenk'iñ fetḥ ü tesḫīriyle gāvurlarıñ kesr-i bāzū-yı miknet ve külliyyen ḳahr ü tenkīlleri esbābı istikmāl {7} ḳılınmaḳ aḳdem-i maṭlūb-ı ʿālī ve el-ḥāletü-hāẕihī serʿasker-i müşārun-ileyh ḳara ṭarafında Mesolenk'i gereği gibi ḥaṣr ü tażyīḳ itmiş ve itmekde ise de {8} deryā ṭarafınıñ mekşūfiyyeti ve gāvurlarıñ daḫi kemāl-i ıṣrār ve melʿanetleri cihetiyle emr-i tesḫīr ḥulūl-ı vaḳt-i muḳadderine ḳadar {9} kesb-i teʾeḫḫur eylediğine bināʾen maʿiyyet-i müşārun-ileyhde olan meʾmūrīn ve ʿasākir yaz ve ḳış dimeyüb ʿavn ü ʿināyet-i Cenāb-ı {10} Bārī ile Mesolenk fetḥ ü tesḫīr olununcaya ḳadar emr-i muḥāṣarada s̱ebāt ü metānet ile tekmīl-i maṣlaḥata dāmen-der-miyān itmek üzere {11} olduḳları bedīhī ve vāḳıʿan vālī-i müşārun-ileyh ḥażretleriniñ inhāsı vechile bir ordu[dan] [?] üç biñ nefer ʿasker birden {12} müfāraḳat ve ʿavdet eylediği taḳdīrce sāʾir ḳalanlarıñ fütūr ve belki teştīt-i cemʿiyyetlerini müstelzim olacağı beyān {13} ü taʿrīfden muğnī olub her ne ḳadar maʿiyyet-i müşārun-ileyh meʾmūrları yerlü yerinde s̱ebāt ü metānet itmekde iseler de {14} ḳış taḳarrüb eyledi diyerek meʾmūrīn ʿavdet niyyetinde olmayub hemān cümlesi dāmen-der-miyān-ı ġayret ile serʿasker-i {15} müşārun-ileyh ḥażretleriniñ emr ü reʾyleri üzere ḥareket ve ḫitām-ı maṣlaḥata var ḳuvvetlerini ṣarfa mübāderet eylemek üzere {16} meʾmūrīne emr-i şerīf ve taḥrīrāt gönderilmiş ve Rumili ḳażālarından daḫi aʿyānları başbuğluğuyla müceddeden ʿulūfelü {17} ʿasker tertīb olunaraḳ serīʿan maʿiyyet-i müşārun-ileyhe vuṣūle iḳdām eylemeleri bābında evāmir-i şerīfe ve taḥrīrāt-ı ekīde irsāl {18} olunmuş olmağın İskenderiye ʿaskeriniñ daḫi bunlara ḳıyāsen s̱ebāt ü iḳāmet eylemeleri muḳteżā-yı maṣlaḥatdan ise de şāyed {19} içlerinde ḫasta ve mecrūḥları olmaḳ iḥtimāli derkār oldığından bunlardan biñ beş yüz nefer güzīde ve ṣaġ ʿasker {20} maʿiyyet-i müşārun-ileyhde ḳalmaḳ üzere dīger biñ beş yüz neferiniñ ḫasta ve maʿẕūr olduḳları ḥālde ʿavdetleri ḫuṣūṣuna {21} ruḫṣat virilmek üzere tensīb olunaraḳ keyfiyyet vālī-i müşārun-ileyh ḥażretlerine daḫi

yazılmış olmağla vuṣūl-i {22} nemīḳa-i ḫāliṣānemizde müşārun-ileyhde olan ʿasākiriñiz başbuğlarına keyfiyyeti bu vechile müʾekkeden taḥrīr ü işʿār ile {23} sālifüʾl-beyān biñ beş yüz neferiñ maʿiyyet-i müşārun-ileyhde s̱ebāt ü iḳāmetleri esbābını [istiḥṣāle?] himmet ve bu vechile tanẓīm {24} olundığını ṣavb-ı ḫulūṣ-verīye işʿār ü işāret buyurmaları siyāḳında ḳāʾime. Fī 12 Ra 41

[581/86] ***Rumili vālīsine***
{1} Teʾkīd-i meʾmūriyyet-i serʿaskerīleri żımnında iṭāre-i sū-yı saʿādetleri ḳılınan taḥrīrāt-ı ḫulūṣ-verīniñ vuṣūlünden ve bi-meşiyyetihī Taʿālā {2} Mesolenk maṣlaḥatınıñ sebeb-i teʾeḫḫurı keyfiyyātından baḥis̱le Arnavud ṭāʾifesiniñ mażbūṭ olan uṣūllerine göre {3} devām ü s̱ebātları iʿtimād olunamayacağına bināʾen bundan aḳdem vāḳiʿ olan inhā ve işʿār-ı saʿādetleri vechile {4} Rumili cānib[in]den meştā içün Arnavud ʿaskeri yerine tertīb olunan ʿasākir-i cedīdeniñ lāzım gelan maḥallere yerleşdirilmek {5} üzere bir ḳadem aḳdem iḫrāc ve tamāmca ordu-yı [ser]ʿaskerīlerine īṣāli bābında müʾekked evāmir-i ʿaliyye ıṣdār ve tesyārı {6} iltimāsını şāmil enmile-zīb-i vürūd olan taḥrīrāt-ı müşīrāneleri meʾāliyle Ṣālona meʾmūrları bendeleri ṭarafına sū-yı şerīfden {7} gelüb taḳdīm buyurılan maḥżar güne kāğıd ve ne maḥallerde ʿasker iḳāmesi lāzım geleceğini mübeyyin iṭāre ḳılınan defter müʾeddāsı {8} rehīn-i ıṭṭılāʿ-i ḫulūṣ-verī olmuş ve cümlesi ḥużūr-ı mekārim-neşūr-ı şāhāneye refʿ ve taḳdīm ile manẓūr-ı meʿālī-mevfūr-ı ḥażret-i {9} tācdārī buyurulmuşdur. Ārāyiş-i ẕāt-ı sütūde-simātları olan cevher-i girān-ḳadr-i besālet ü feṭānet iḳtiżāsı üzere {10} muḥavvel-i ʿuhde-i ġayret-şiʿārī ḳılınan ḫidemāt-ı celīleniñ ḥüsn-i intācını īcāb ider ḥālātıñ sürʿat-i icrāsıyla reʾs-i {11} mesʾele-i maṣlaḥat ʿadd olunan Mesolenk derūnunda müteḥaṣṣın eşḳıyā-yı kefereniñ icrā-yı levāzım-ı ḥaṣr ü tażyīḳine ne vechile {12} iḳdām-ı tām ve muḥāfaẓası muḳteżī olan maḥāll ü mevāḳiʿe vaḳt ü mevsimiyle ʿasākir yerleşdirerek ʿuṣāt-ı {13} maḫẕūleniñ ḳaṭʿ-ı ʿurūḳ-ı mefsedet ü şeḳāvetlerini müstelzim esbāb-ı ḥaseneniñ istikmāline ne derecelerde ġayret ü ihtimām {14} eylemekde olduḳları nezd-i ʿālīde ve bi-taḫṣīṣ cümlemiziñ ʿindlerinde gün gibi āşikār ve bu maḳṣūduñ ḥuṣūli {15} niyyet-i ḫāliṣasıyla teshīl-i mevādd-ı meʾmūre-ı serʿaskerī ve tekmīl-i levāzım-ı ordu-yı sipeh-sālārīleri żımnında bu ṭarafdan daḫi {16} īcāb iden iḳdām ü ihtimāmda ẕerre ḳadar ḳuṣūr olunmadığı müstaġnī-i taʿrīf ü işʿār ve bu maṣlaḥat-ı ḫayriyyeniñ {17} bu āna ḳadar ʿadem-i ḥuṣūli mutlaḳā meşiyyet-i Rabbāniyye īcāb ü iḳtiżāsından olaraḳ bu māddede daḫi Cenāb-ı {18} Vāhibüʾl-Āmālʾiñ işbu ümmet-i merḥūmeye imdād ü iḥsānı der-pey olacağı ve inşāʾallāhüʾr-Raḥmān ḥüsn-i ḫitām-ı maṣlaḥat {19} ās̱ār-ı iḳdām ü himem-i mā-lā-kelāmlarıyla cilveger-i sāḥa-i ḥuṣūl olmaḳ derkār olub ancaḳ imtidād-ı maṣlaḥata mebnī {20} esbāb-ı ẓāhire-i fevz ü nuṣret olan mevādda gevşek ḏavranmaḳ mis̱illü ḥālātıñ vuḳūʿı ġayr-ı mücāz

{21} oldığına ve tervīc-i muḥarrerāt-ı vāḳıʿalarıyla iḳdār-ı bāzū-yı saṭvetlerini mūcib vesāʾil-i lāzımeniñ īfāsı {22} aḳdem-i āmālimiz idüğüne bināʾen bundan aḳdemce meştā ʿaskeri tertībine dāʾir vāḳiʿ olan işʿār-ı ḫidīvāneleri vechile {23} ve gönder[ilan] defter mūcebince teʾkīdāt-ı lāzıme derciyle derḥāl iḳtiżā iden evāmir-i ʿaliyye ıṣdār ve tatarlarımız ile {24} maḥallerine tesyār ve keyfiyyet ṣavb-ı saʿādetlerine daḫi eṭrāfıyla taḥrīr ü işʿār olunmuş ise de işbu taḥrīrāt-ı {25} vāridelerinde muḳaddemce gönderdikleri defter mūcebince bir neferi noḳṣān olmayaraḳ serīʿan iḫrāc ü irsāllerini {26} işʿār buyurmuş olduḳlarından ber-mūceb-i pūṣula evāmir-i ʿaliyye ıṣdār olunan maḥallere şeref-sünūḥ olan irāde-i hümāyūn-ı {27} mülūkāne muḳteżāsı üzere ṣavb-ı ḫāliṣānemizden başḳa başḳa mektūblar taḥrīriyle ʿasākir-i merḳūmeyi Mesolenk {28} maṣlaḥat-ı mühimmesi ve sāʾir maḥall-i muʿtenā muḥāfaẓaları-çün tertīb ve maṭlūb eylemiş olduḳlarından gönderilan {29} evāmir-i şerīfe-i mezkūre mūcebince bir neferi noḳṣān olmayaraḳ serīʿan ve ʿācilen iḫrāc ve maʿiyyet-i saʿādetlerine {30} irsāllerine iḳdām ü diḳḳat ve zinhār imrār-ı vaḳt miṣillü ḥālet vuḳūʿuyla sū-yı serʿaskerīlerinden şikāyeti {31} müştemil bir gūne inhā vāḳiʿ olur ise ḥaḳlarında vaḫāmet ü nedāmeti müstelzim olacağını cezmen ve yaḳīnen bilüb {32} ve her ne yapar ise yapub bi-eyyi-vechin kāne icrā-yı meʾmūriyyetlerine şitāb ü sürʿat eylemeleri tenbīhātıyla nüfūẕ ve istiḳlāl [...]

[*581/90*] ***Rumili vālīsi ḥażretlerine***

{1} Maʿlūm-ı serʿaskerīleri buyurıldığı üzere Mesolenk ve sāʾir eṭrāfdan İngiltere'ye tābiʿ Ḳalāmos cezīresi ṭarafına ve sāʾir {2} İngiltere aḏalarına firār ü iltica itmekde olan Rum eşḳıyāsı İngiltere meʾmūrları ṭaraflarından ḳabūl ü teṣāḥub {3} ve baʿżılarına aḳçe ve mühimmāt-ı ḥarbiyye ile iʿāne olundığı muḳaddem ve muʾaḫḫar ṣavb-ı saʿādetlerinden inhā ve işʿār {4} olunmuş oldığından o maḳūle firārī eşḳıyā ḥaḳḳında İngiltere meʾmūrları ṭaraflarından muğāyir-i ʿahd ü şarṭ ve münāfī-i {5} silm ü ṣafvet vuḳūʿ bulmaḳda olan teṣāḥub ü iʿānet miṣillü ḥālāt-ı nā-marżiyyeniñ menʿ ü defʿini {6} ṭaleb ü iddiʿā żımnında iḳtiżāsına göre Maḳām-ı Riyāset'den muḳaddem İngiltere ilçisi ṭarafına iʿṭā olunmuş {7} olan müẕekkere ve taḳrīr-i resmīden başḳa muʾaḫḫaren daḫi mufaṣṣal bir ḳıṭʿa taḳrīr-i resmī virilmiş ve ilçi-i mūmā-ileyh {8} daḫi keyfiyyeti devleti ṭarafına ve Ḳorfa ḳūmandānına yazacağını tercümānı vesāṭetiyle iḫbār itmiş oldığından {9} taḳrīr-i mezkūruñ bir ḳıṭʿa ṣūreti iḫrāc itdirilerek sū-yı müşīrīlerine tesyīr ve iḳtiżā-yı keyfiyyet işʿār {10} ü taḥrīr ḳılınmış idi. El-ḥāletü-hāẕihī ilçi-i mūmā-ileyh taḳrīr-i mezkūra cevāb olmaḳ üzere taḳdīm eylediği taḳrīr ledeʾt-tercüme {11} netīce-i meʾālinde İngiltere devleti bidāyet-i fesād[d]an berü bī-ṭaraflıḳ uṣūlüni ṭutmuş oldığından ʿaskerī maḳūleleriniñ {12} ve bir defʿa iltica ile ʿavdet ve ehl-i İslām ṭarafına ḫuṣūmet idenleriñ tekrār duḫūllerine ruḫṣat virilmeyüb gūyā {13} muḥārib olan ṭarafeynden mehleke-i ḳarībede bu[luna]nlar li-ecli'l-ḫalāṣ muvaḳḳaten ḳabūl olunmaḳ üzere Cezāyir-i Seb'a ve Ḳalāmos {14} cezīresi ḳūmandānlarına ta'līmāt virilmiş olaraḳ ḳabūl olunanlardan ba'żıları vaṭanlarında āsāyiş {15} vuḳū'uyla maḥallerine 'avdet eylemişler ise de muḥārebe ẓuhūrunda yine iltica idecekleri ve cezīre-i merḳūmede (70) ḳalanlar ibḳā-yı āsāyişde 'avdet niyyetiyle tevaḳḳuf itmekde olub ke-enne bunlarıñ ilticāları faḳr ü fāḳadan nāşī {2} ve İngiltere me'mūrlarınıñ ḳabūl ü teṣāḥubları daḫi insāniyyete mebnī olaraḳ bunuñ 'aynı ba'żen ehl-i İslām ḥaḳḳında {3} daḫi vuḳū'a gelmiş oldığı derc ü tasṭīr olunmuş olub taḳrīr-i meẕkūruñ me'āli İngilterelü ṭarafından eşḳıyā {4} ṭā'ifesiniñ ḳabūlüni bayağı iḳrār ṣūreti oldığından başḳa bī-ṭaraflıḳ ta'bīrinde ve ta'bīrāt-ı sā'irede devletçe ḳabūl {5} ve teslīm olunamayacaḳ şeyler oldığı ve ḥattā İngiltere cenerāllerinden Ḳohrān ve Vīlson nām cenerālleriñ birḳaç biñ {6} 'asker ile eşḳıyāya i'āne içün Anābolī ḳal'asına gireceği ḫuṣūṣı daḫi cemī' düvel ve milel beynlerinde şāyi' {7} olaraḳ gazete kāğıdlarınıñ ba'żısında mersūm Ḳohrān cenerāl eşḳıyāya imdād içün yedi-sekiz tekne ve üç biñ {8} ḳadar 'asker ile Mora ṭarafına gideceği ve ba'żısında Mora'ya gitmeyüb muḳaddemā İngilterelü ṭarafından eşḳıyāya idāne {9} olunan mebāliğiñ senedātını tanẓīm ideceği ve āḫar gazete kāğıdlarında daḫi mersūmuñ Mora'ya 'azīmeti İngiltere {10} devleti ṭarafından men' ḳılındığı ve dīgerinde daḫi cenerāl-i mersūmuñ Mora['ya] 'azīmetden men'i ṣaḥīḥ olmadığı ḥavādiṣi muḥarrer idüğünden işbu iḫtilāfāta naẓaran İngiltere devleti cānibinden i'āne-i eşḳıyāya me'mūriyyetleri {11} ṣūreti henüz taḥaḳḳuḳ itmamiş ise de evvel ü āḫir İngilterelünüñ eşḳıyā gürūhunı ṣaḥābet eylediği mütebeyyin olaraḳ {12} bi-taḫṣīṣ ilçi-i mūmā-ileyh bu def'aki īrād eylediği şeyler muḳaddem virilmiş olan taḳrīre cevāb olamamış idüği {13} ecilden bu def'a ḥavādiṣ-i merḳūme derc ü tasṭīr ve iddi'ā-yı lāzıme temhīd ü teẕkīr ḳılınaraḳ bir ḳıṭ'a mufaṣṣal taḳrīr-i {14} resmī ḳaleme alınub Maḳām-ı Riyāset'den ilçi-i mūmā-ileyh ṭarafına virilmiş oldığından ġayrı İngilterelünüñ işbu aḥvāl-i {15} ḥāżırası keyfiyyeti ma'lūmları olmaḳ içün iḳtiżāsı vechile ḫuṣūṣ-ı mezbūr 'aṭūfetlü Mıṣır vālīsi {16} ve sa'ādetlü Mora Vālīsi İbrāhīm Paşa ḥażerātı ṭaraflarına daḫi ṣavb-ı ḫulūṣ-verīden iş'ār ḳılınmış ve ẕāt-ı {17} sa'ādetleri daḫi maṣlaḥatıñ aṣl me'mūr-ı müstaḳilli olduḳlarından ve her ḥālde maṣlaḥat-ı me'mūrelerine müteferri' {18} ṣūretleriñ mücerred bildirilmesi lāzım geldiğinden bu bābda umūr-ı me'mūrelerine aṣlā gevşeklik getürülmamek {19} vechile taḳrīr-i meẕkūruñ bir ṣūreti çıḳarılaraḳ derūn-ı nemīḳa-i ḫulūṣ-verīye leffen ṭaraf-ı ser'askerīlerine {20} gönderilmiş olmağın keyfiyyet müṭāla'asından ma'lūm-ı şerīfleri buyurulduḳda her ḥālde icrā-yı lāzıme-i {21} feṭānet-kārī vürūdına himmet buyurmaları siyāḳında ḳā'ime.

Fī 2 Ra 41

[581/93] *Ṣofya 250, Dūpnīçe ve Cumʿapāzārı 150, Köstendīl 150, Rādovişte 100, Rāzlıḳ 100, Pirlepe 100, Manāstır 250, Sīroz 200, Nevreḳop 100, Tatarpāzārı 100, Īznebol 80, Rādomīr 30, Timürḥiṣārı 50, Petrīç 50, Menlik 50, Ustrūmca 100, İştib 60, Tikveş 41; mezkūr ḳażālarıñ nüvvāb ve aʿyān ve żābiṭānına*
{1} Ḥālā Rumili Vālīsi ve bi'l-istiḳlāl Serʿaskeri vezīr-i mükerrem saʿādetlü Reşīd Paşa ḥażretleri ẕaḫīre naḳli ḫidmetinde {2} istiḫdām olunmaḳ üzere münāsib ḳażālardan mekārī ḥayvānātı tertīb ve iḫrācını bu defʿa bā-taḥrīrāt {3} inhā ve istidʿā itmiş olub serʿasker-i müşārun-ileyh ḥażretleri el-yevm mühīn-i dīn ü devlet olan Rum eşḳıyāsıyla {4} muḥārebe üzere oldığından ve ḳış içinde daḫi maṣlaḥat-ı me'mūresi üzerinde olacağından ẕaḫīre naḳli żımnında {5} mekārī ḥayvānātınıñ lüzūmı olacağı derkār olaraḳ bu defʿa ẕaḫīre naḳli ḫidmetinde ḳullanılmaḳ içün {6} beher re's bārgīre ḳırḳar ġurūş māhiyye virilmek ve beşer re's bārgīre bir nefer kirācı taʿyīn ḳılınmaḳ üzere {7} baʿżı münāsib ḳażālardan iki biñ re's bārgīr tertīb ḳılınmış ve Ṣofya ḳażāsına daḫi iki yüz elli {8} re's bārgīr taḫṣīṣ olunmuş oldığından bundan ṣoñra lāzım gelan evāmir-i şerīfesi ıṣdār {9} ve mübāşirleriyle tesyār olunmaḳ üzere ise de ehemmiyyet-i maṣlaḥat cihetiyle ẕikr olunan bārgīrleriñ bir ān aḳdem tedārük (73) ve tehyi'esi farż derecesinde olaraḳ tertīb fermānıyla mübāşiriniñ ol ṭarafa vuṣūlünde ḥāżır bulunmasına {2} ġayret eylemeñiz beğāyet elzem olmağla siz hemān fermān-ı ʿālī ve mübāşir-i mūmā-ileyhiñ vuṣūlünden evvelce ẕikr olunan {3} bārgīrleriñ beher re'sine māhiyye ḳırḳar ġurūş kirāları serʿasker-i müşārun-ileyh ḥażretleri ṭarafından virileceğini {4} ve maṣlaḥatıñ beğāyet müstaʿcel oldığını bilerek hemān ḳażāñıza taḫṣīṣ ḳılınan mezkūr bārgīrleriñ hemān {5} tedārük ü tehyi'esiyle beşer re'sine bir nefer kirācı tanẓīmine diḳḳat ve mübāşir-i mūmā-ileyh geldiği gibi ḥāżır bulunub {6} maḥalline tekmīlen ve serīʿan irsāl olunması emrine beğāyet ihtimām ü ġayret iderek ḫilāfı ḥareket vuḳūʿa gelmamesine mübāderet {7} eylemeñiz içün maḫṣūṣan ve ʿicāleten işbu mektūb taḥrīr ve tatarlarımızdan [...] Tatar ile irsāl olunmuşdur. Fī 3 Ra 41

[581/95] *Rumili vālīsi ḥażretlerine*
{1} Ḫaṭb-ı mevkūl-ı serʿaskerīlerine müteferriʿ olan Mesolenk maṣlaḥatına dā'ir bundan aḳdem mersūl-ı ṣavb-ı serʿaskerīleri ḳılınan {2} taḥrīrāt-ı ḫulūṣ-verīniñ vuṣūlünden baḥisle bundan ṣoñra keṣret-i bārān ẓuhūruyla metrisde ʿasker iḳʿādı {3} uyamayacağından vaḳt-i şitāda muḥāṣara içün Mesolenk'e tüfenk menzilinde üç ḳıṭʿa kebīr loğorlar inşāsıyla {4} derūnlarına beş-altı biñ miḳdārı güzīde ʿasker iḳāmesi ve Aspropoṭām nehr-i kebīriniñ geçid başına {5} ḳarşuluḳlı iki ḳule ve taḳdīm olunan pūṣulada muḥarrer maḥālle ḳalʿalar ve sā'ir güne istiḥkāmāt inşāsına mübāderet {6} olundığı ve ḳış tertībi olmaḳ üzere Arnavudluḳ'dan celb olunmaḳda olan ʿaskerden başḳa gönderilan

(75) defter mūcebince Rumili ḳażālarından daḫi aʿyānları ve baʿżılarınıñ başbuğluḳlarıyla bā-buyuruldı bir ṭaḳım {2} ʿasker tertīb olunmuş oldığından ol bābda lāzım gelan emrleriniñ tesyār olunması ve el-ḥāletü-hāẕihī {3} idāre-i ordu-yı serʿaskerīleri Preveze'de bāḳī ḳalan bir miḳdār ẕaḫīre ile Yānya ve Nārda ve Preveze {4} emlāk ve aʿşārı ḥāṣılātına münḥaṣır idüğünden Preveze'ye ẕaḫīre celbi ḫuṣūṣı Preveze'de olan {5} İngiltere ḳonsolosuna yazılmış oldığından ol bābda ḳonsolos-ı mersūmuñ tevārüd iden kāğıdı gönderildiği {6} ve ʿasākir ʿulūfesi ve ẕaḫīre iştirāsı żımnında muḥtāc-ı iʿānet-i seniyye olduḳları beyānıyla külliyyetlü aḳçe {7} irsālini şāmil ve Tırḥāla Sancağı Mutaṣarrıfı Ṣāliḥ Paşa'nıñ ʿuhdesinde olan Tırḥāla sancağından başḳa ṭaraf-ı {8} düstūrīlerinde sevḳ-i ẕaḫāyir içün İzdīn ṭarafına me'mūriyyeti żımnında virilmiş olan biñ ḫarcıñ {9} üzerine beş yüz ḫarc daḫi żamm olunaraḳ beş yüz ʿaskere başbuğ naṣbıyla Ṣālona muḥāfaẓasına me'mūr {10} ve İzdīn'e gelecek ẕaḫāyiriñ ḳabżına ve Ṣālona'ya irsāli ve telefden viḳāyesi żımnında ḫademe-i Devlet-i {11} ʿAliyye'den biri me'mūr ḳılınması ve Üsküb Nāẓırı ʿAlī Ḥıfẓī Beğ'iñ bu sene-i mübārekede maʿiyyet-i vālālarında {12} ḳışlaması-çün terġībi muḥtevī emr-i ʿālī gönderilmesi ve maʿiyyet-i serʿaskerīlerinde olan mīr-i mīrāndan Bosnalı ʿOsmān {13} Paşa'nıñ liyāḳat ve ġayretinden baḥiṣle ṣavb-ı sipehdārīlerinden İzdīn muḥāfaẓasıyla Ṣālona'ya ẕaḫīre sevḳine {14} me'mūr ḳılınacağı ifādesini müştemil tevārüd iden taḥrīrāt-ı düstūrīleri mezāyāsı ve taḳdīm olunan evrāḳ {15} ve ḳonsolos-ı mersūmuñ kāğıdı tercümesi mü'eddāsı maʿlūm-ı ḫulūṣ-verī olaraḳ ḫāk-pāy-ı hümāyūn-ı {16} şāhāneye daḫi ʿarż ü taḳdīm ile manẓūr-ı hümāyūn-ı mülūkāne buyurulmuşdur. Cenāb-ı ḥamiyyet-me'āb-ı düstūrīleri {17} ḫaṭb-ı cesīm-i serʿaskerī süpürde-i dūş-ı istīhālleri ḳılınalıdan berü uğur-ı dīn ve Devlet-i ʿAliyye'de terk-i ḫāb ü rāḥat {18} ve dāmen-der-miyān-ı ġayret iderek ḫidmet-i mevkūlelerini īfāya şarṭınca çalışmış ve re'ş-i me'mūriyyetlerinden {19} olan Mesolenk'iñ idḫāl-i enguşt-i ağrāżdan maṣūn oldığı ḥālde fetḥ ü tesḫīri esbāb-ı ẓāhiresinde {20} var maḳdūruñuzı ṣarf itmiş olduḳları nezd-i ülī'n-nühāda maʿlūm ü rūşenā ve bu bābda ẕāt-ı serʿaskerīlerine {21} ẕerre ḳadar ʿöẕr ü müsāmaḥaya maḥal olmadığı hüveydā ise de maṣlaḥatıñ imtidādı yaʿnī maḳṣūd-ı aṣlī olan Mesolenk'iñ {22} fetḥ ü tesḫīri emriniñ bu vechile kesb-i te'eḫḫur itmesi Cenāb-ı Fāʿil-i Ḥaḳīḳī'niñ muḳadderāt-ı İlāhiyye'sinden {23} olaraḳ esbāb-ı ẓāhiresi Mesolenk'iñ deryā ṭarafından mekşūfiyyeti ve Arnavudlarıñ daḫi maʿlūm olan ḥāl {24} ü keyfiyyetleri netāyici idüği bedīhī ve rū-nümā ve işʿārları vechile loġorlar ve ḳuleler inşāsıyla eyyām-ı şitāda {25} daḫi emr-i muḥāṣaraya iḳdām ü ihtimām buyuracaḳlarına binā'en inşā'allāhü'r-Raḥmān gāvurlar eyyām-ı şitāda maḥṣūriyyete {26} tāb-āver olamayaraḳ firār ve istīmān ṣūretlerinden biri ḥāṣıl olacağı elṭāf-ı Sübḥāniyye'den me'mūl {27} ü müstedʿā olub ḳış tertībātına

dā'ir inhā buyurduḳları tedābīr yolunda ise de ḳażālar ʿaskeriniñ (76) ḥālleri maʿlūm olub tertīb ve maṭlūb eylediğiñiz ʿaskeriñ tamāmca iḫrācı ve vaḳt ü zamānıyla maḥall-i {2} me'mūrlarına vuṣūllerine cezm olunamaz ise de āḫar vechile çāre daḫi bulunamayacağından inhāları vechile {3} ber-manṭūḳ-ı defter ʿasākir-i meẕkūreniñ serīʿan iḫrācları te'kīdātını mutażammın iḳtiżā iden evāmir-i ʿaliyye ıṣdār {4} olundığından başḳa Tırḥāla Mutaṣarrıfı Ṣāliḥ Paşa'nıñ Ṣālona muḥāfaẓasına me'mūriyyeti vāḳıʿan münāsib olacağından {5} muḥāfaẓa-i meẕkūreye me'mūriyyetini ḥāvī ve Üskūb Nāẓırı Ḥıfẓī Beğ'e daḫi maʿiyyet-i düstūrīlerinde ḳışlaması-çün {6} terġīb ü talṭīfi muḥtevī iḳtiżā iden evāmir-i şerīfe ıṣdār ve mīr-i mūmā-ileyhe ṭarafımızdan daḫi mektūb {7} taḥrīr ve ṣavb-ı serʿaskerīlerine tesyīr olunmuş ve İzdīn'de ẕaḫīre ḳabżına me'mūr ḳılınmaḳ üzere ḫademe-i Devlet-i {8} ʿAliyye'den bir münāsibiniñ intiḫābı ḫuṣūṣı işʿār buyurulmuş oldığından ḫuṣūṣ-ı mezbūra dergāh-ı ʿālī {9} ḳapucıbaşılarından müteveffā Aḥmed Paşa ketḫüdāsı Meḥmed Naʿīm Ağa me'mūr ve taʿyīn ḳılınaraḳ lāzım gelan emr-i şerīfi {10} yedine iʿṭā ve ol ṭarafa isrā ḳılınmış ve her ḥālde taḳviye-i bāzū-yı iḳtidārları mültezem-kerde-i ḫāliṣānemiz {11} oldığından geçende iki ṭaḳım olaraḳ birbirini müteʿāḳib ikişer biñ beş yüz kīseden cemʿan beş biñ {12} kīse aḳçe daḫi gönderilmiş olaraḳ şimdiye ḳadar vāṣıl olub işbu taḥrīrāt-ı müşīrīleri mebāliğ-i merḳūmeniñ {13} vuṣūlünden muḳaddem çıḳarılmış idüği bedīdār oldığından cenāb-ı müşīrīleri bu āna ḳadar saʿy ü s̱ebātda {14} ḳuṣūrları olmadığı mis̱illü bundan böyle daḫi her ḥālde iẓhār-ı s̱ebāt ü metānet iderek {15} ve inşā'allāhü Taʿālā bugünlerde Donanma-yı Hümāyūn daḫi Mesolenk pīşgāhına varmış olaraḳ metrislerde ḏurmağa {16} bārān nüzūli biraz māniʿ görinür ise de ʿaskeri metrislerden çekecek ḳadar henüz şitā ḥulūl itmamiş {17} oldığına binā'en ne vechile olur ise bir müddet daḫi tevāfuḳ-ı havā ile Mesolenk muḥāṣarası gevşemamesi {18} ve ez-her-cihet saʿy ü s̱ebāt olunması ḫuṣūṣuna iḳdām ü ihtimām-ı müşīrīleri ne derecelerde elzem oldığı {19} ve evvel ü āḫir ḥaḳḳ-ı ṣafderānelerinde derkār olan ḥüsn-i teveccüh-i ʿālī kemā-kān s̱ābit ü ber-ḳarār ve inşā'allāhü'r-Raḥmān {20} bu maṣlaḥat ās̱ār-ı iḳdām ü himmet-i serʿaskerīleriyle cilveger-i mücellā-yı ḥuṣūl olmaḳ me'mūl ve iʿtiḳādı {21} ḥaḳḳ-ı düstūrīlerinde derkār idüği maʿlūm-ı müşīrīleri buyuruldukda zinhār żarūret-i ḥāl īcābından nāşī {22} maṣlaḥatda żarūrī olan te'eḫḫur sebebiyle ẕāt-ı vālālarına fütūr ve ʿaskerīye kesel getürülmeyerek {23} muḳteżā-yı istiḳlālleri üzere tedābīr-i lāzıme ve muḳteżayāt-ı ḥāliyeniñ icrāsıyla ʿavn ü ʿināyet-i Ḥażret-i Bārī'yle {24} itmām-ı maṣlaḥat-ı serʿaskerīlerini mūcib esbāb ü vesā'ili istikmāle himmet ve işʿārları vechile mūmā-ileyh ʿOs̱mān Paşa {25} bendeleri daḫi ṭaraf-ı saʿādetlerinden İzdīn muḥāfaẓasına ve Ṣālona'ya ẕaḫīre sevḳine taʿyīn buyurılaraḳ her ḥālde {26} īfā-yı şerāyiṭ-i ḥamiyyet-kārī ve serʿaskerīye derece-i nihāyede ṣarf-ı reviyyet buyurmaları siyāḳında ḳā'ime. Fī 3 Ṣ 41

[581/97] *Resmo muḥāfıẓına*

{1} Mora ve Girīd ve sā'ir adalar firārīlerinden birṭaḳım eşḳıyā ḳayıḳlar ile Ġrānbūsa ḳal'asına hücūm ve duḫūl ile Kīsāmo {2} nāḥiyesine daḫi īṣāl-i ḫasāra ictisār itmiş olduḳlarından 'asākir-i Mıṣriyye sergerdelerinden 'Os̱mān Aġa müdāfa'alarına {3} iḳdām ü ġayret eylemiş ise de maṭlūb vechile muḳāvemet idemeyerek Ḥānya ṭarafına 'azīmet itmiş oldıġı ifādesini şāmil {4} ve idāre-i dā'ireñizde müżāyaḳa ve ıżdırābıñız ber-kemāl olaraḳ i'ānet-i seniyyeye muḥtāc oldıġıñızı müştemil ve ifāde-i {5} sā'ireyi mübeyyin bu def'a irsāl olunan taḥrīrātıñız manẓūr ü me'āli ma'lūmumuz olmuşdur. Firārī-i maḫẕūleniñ ol vechile {6} ṭoplaşaraḳ ḳal'a-i mezkūreye hücūm ve duḫūle ictisār itmiş olaraḳ ṭarafından def' ü istīṣāllerine ibtidār {7} olundıġı ḫuṣūṣı çend rūz muḳaddemce Ḥānya ve Ḳandiye muḥāfıẓı ḥażretleri ṭarafından daḫi inhā olunub ma'lūmuñuz {8} oldıġı üzere Girīd cezīresiniñ muḳaddemā eyādī-i menḥūse-i kefereden nez' ü tesḫīri vezīr-i mükerrem 'aṭūfetlü {9} Mıṣır vālīsi ḥażretleri himmet-i maḫṣūṣalarıyla ḥāṣıl oldıġı mis̱illü emr-i muḥāfaẓa ve muḥāresesiniñ daḫi {10} istikmāli müşārun-ileyh ḥażretleri ṭarafından olmaḳ īcāb ideceġi ẓāhir ve eşḳıyā-yı maḫẕūleniñ ol vechile {11} cezīre-i mezkūreye tasalluṭ itmek dā'iyesinde oldıġı mesmū'ı olaraḳ cezīre-i mezkūrede mevcūd olan {12} 'askerinden başḳa müceddeden 'asker tertīb ü tehyi'e iderek Donanma-yı Hümāyūn ile göndermek üzere olduḳları {13} muḳaddemā müşārun-ileyhiñ vürūd iden taḥrīrātı me'ālinden münfehim ve bāhir olaraḳ 'asker-i merḳūmuñ bi-'avnillāhi Ta'ālā {14} şimdiye ḳadar ol ṭarafa vuṣūlleriyle eşḳıyā-yı mersūmeniñ def' ü tenkīlleriyle ol ḥavālīniñ levs̱-i vücūd-ı 'uṣātdan {15} taṣfiye ve taṭhīr olunmuş olacaġı elṭāf-ı İlāhiyye'den me'mūl ü müsted'ā olub ṭarafıñıza olan teveccüh-i fu'ādiyyemiz {16} iḳtiżāsı üzere iltimāsāt-ı vāḳı'añızıñ is'āfı maṭlūbumuz oldıġından keyfiyyet ḫāk-pāy-ı hümāyūn-ı mülūkāneden bi'l-istīẕān {17} şeref-sünūḥ olan irāde-i merāḥim-'āde-i şāhāne mūcebince bu def'a daḫi cenābıñıza yiġirmi beş biñ ġurūş aṭiyye-i seniyye {18} tertīb ve irsāl olunmuş olmaġla muḳteżā-yı dirāyet ü ġayretiñiz üzere bundan böyle daḫi me'mūr-ı muḥāfaẓası oldıġıñız {19} ḳal'a-i pādişāhīniñ ez-her-cihet keyd ü mażārr-ı eşḳıyādan muḥāfaẓa ve muḥāresesiyle her ḥālde icrā-yı mübteġā-yı dirāyet-kārī {20} ve me'mūriyyete beẕl-i mā-ḥaṣal-i liyāḳat eylemeñiz içün ḳā'ime. Fī 4 Ş 41

[581/104] *Sen ki a'yān-ı mūmā-ileyh*[*sin*]

{1} 'Uṣāt-ı Rum ġā'ilesiniñ bā-'avn ü 'ināyet-i Ḥażret-i Bārī bir ān aḳdem ḥüsn-i indifā'ı māddesi eḫaṣṣ-ı meṭālib-i {2} şāhāne olub el-ḥāletü-hāẕihī Rumili Vālīsi ve Ser'askeri sa'ādetlü Meḥmed Reşīd Paşa ḥażretleri mevcūd-ı ma'iyyetleri {3} olan 'asākir-i nuṣret-me'ās̱ir ile Mesolenk'i ḥaṣr ü tażyīḳe ibtidār ve muḳaddemce ṭarafıña ḫiṭāben ıṣdār ve tesyār olunan emr-i şerīfde

{4} basṭ ü beyān olundığı üzere bi-ʿavnihī Taʿālā Mesolenk'iñ fetḥ ü tesḫīri ḳuvve-i ḳarībede olaraḳ ʿasker-i muvaḥḥidīn {5} ḥaṣr ve tenkīl-i kefereye ṣarf-ı iḳtidār itmekde ise de mücerred maṣlaḥatı fevt itmeyerek ve yaz ve ḳış dinmeyerek itmām-ı maṣlaḥata iḳdām {6} olunmaḳ ve şimdiye ḳadar emr-i muḥāṣara ve muḥārebe-i vāḳıʿada yorulmuş ʿasākire teceddüd-i şevḳ ü ḳuvvet olmaḳ ġarażına mebnī {7} meştā tertībi ṣūretiyle maʿiyyet-i müşārun-ileyhe ʿasker irsāli lāzımeden ve ḳış tertībi olaraḳ Arnavudluḳ'dan celb olunmaḳda {8} olan ʿaskerden başḳa Rumili ḳażālarından daḫi ʿulūfelü ʿasker tertībi muḳteżayātdan olmaḳ ḥasebiyle İskeçe'den biñ {9} nefer ʿulūfelü ʿasker ile serʿasker-i müşārun-ileyh seni bi'n-nefs maʿiyyetine ṭaleb eylemiş oldıġını muḳaddemce bā-taḥrīrāt inhā itmiş {10} ve ol miḳdār ʿaskeri bi'l-istiṣḥāb ḥareket ü ʿazīmetiñ ḫuṣūṣuna emr ü irāde-i şāhāne müteʿalliḳ olaraḳ ol bābda {11} emr-i şerīf-i meẕkūr ıṣdār ve tesyār olunmuş oldıġından ber-manṭūḳ-ı emr-i ʿālī ḥarekete diḳḳat eyleyeceğiñ ẓāhir ise de {12} serʿasker-i müşārun-ileyh ḥażretleri el-yevm maṣlaḥat-ı mevkūleleri üzerinde olaraḳ maʿiyyetlerinde ʿasākiriñ eşedd-i lüzūm {13} ü iḳtiżāsı derkār ve bu ḫuṣūṣ dīn ḫidmeti oldıġından bu māddede cümleye ġayret farīżadan idüği {14} āşikār olmaḳ ve serʿasker-i müşārun-ileyh ʿasker-i meẕkūrı Mesolenk maṣlaḥat-ı mühimmesi ve sā'ir maḥāll ü mevāḳiʿ muḥāfaẓaları-çün {15} ṭaleb eylemek mülābesesiyle ʿasker-i meẕkūruñ bir neferi noḳṣān olmayaraḳ serīʿan ve ʿācilen iḫrāc ve maʿiyyet-i {16} müşārun-ileyhe irsāllerine iḳdām ü diḳḳat olunması be-tekrār ṣavb-ı müşārun-ileyhden inhā ve taʿcīl olunmaḳ ve maṣlaḥat-ı ḥāliyeye {17} naẓaran bu bābda hiçbir cihetle ʿöẕr ü ʿillete ḥavāle-i semʿ-i iʿtibār olunmayacaġı peşīnce bilinüb aña göre emr-i ʿālīniñ {18} sürʿat-i icrāsına beġāyet ihtimām olunması ḳaṭʿī irāde-i seniyye iḳtiżāsından ve ḫilāfı ḥareketde bulunanlar {19} bir vechile cevāba ḳādir olamayaraḳ eşedd-i te'dīb ü gūş-māle müstaḥaḳ olacaḳları vāżıḥātdan olmaġla ber-mūceb-i {20} emr-i şerīf-i meẕkūr şimdiye ḳadar ḥareket itmamiş iseñ baʿd-ez-īn ārām ü ḳarārı tecvīz itmeyerek ẕikr olunan {21} ʿaskeri ʿulūfe olmaḳ üzere tüvānā ve işe yarar olaraḳ bir neferi noḳṣān olmayaraḳ hemān tedārük {22} ve istiṣḥāb-birle maʿiyyet-i müşārun-ileyhe varub emr ü re'yi vechile ḥareket ve istiḫdām eyleyeceği ḫidemātda {23} ibrāz-ı saʿy ü ġayret ve ṣadāḳate diḳḳat ve bu maṣlaḥat dīn umūrı olub ḳuvve-i ḳarībeye gelmiş oldıġından {24} zinhār ü zinhār aġır ḏavranmaḳ ve serʿasker-i müşārun-ileyhiñ şikāyeti müştemil bir gūne inhāsı vuḳūʿ bulmaḳ {25} lāzım gelür ise ḥaḳḳıñda vaḫāmet ü nedāmeti müstelzim olacaġını cezmen bilüb ve her ne yapar iseñ yapub {26} icrā-yı muḳteżā-yı me'mūriyyete şitāb ü sürʿat ve serʿasker-i müşārun-ileyh ṭaraf-ı eşref-i şāhāneden istiḳlāl-i {27} tām ve ruḫṣat-ı kāmile-i mā-lā-kelām ile maṣlaḥatıñ bilḫāṣṣa [?] me'mūrı ve nezd-i şāhānede muʿteber ü mevs̱ūḳ {28} vezīri olduḳlarından her ḥāl ü emrde şükr ü şikāyeti ez-her-cihet nezd-i Salṭanat-ı Seniyye'de müs̱mir {29} ü mü'es̱s̱ir ve icrāsı vācib menzilesinde oldığından her bir re'y ü irādesi üzere ḥareket ve uġur-ı (85) pādişāhīde cānsipārāne ve ṣādıḳāne ḥareket ibrāzına ġāyetü'l-ġāye ihtimām ve bir ān aḳdem maḥall-i me'mūriyyete {2} ilişmeğe [?] mübāderet ve siz ki nā'ib ve sā'ir mūmā-ileyhimsiz, siz daḫi ḳuvve-i ḳarībe[ye] gelmiş olan ehemmiyyet-i maṣlaḥatı bilüb {3} aña göre ẕikr olunan ʿaskeriñ bir ān evvel tedārük ve iḫrācı emrinde her dürlü lāzım gelan iḳdāmātı {4} fiʿilen ve kāmilen icrāya müsāraʿat ve maʿāẕallāhü Taʿālā bir gūne cevāb-ı maʿẕerete ibtidār olunmaḳ lāzım gelür ise {5} maṣlaḥata sekte ḥudūs̱i ve bu sekte ḥudūs̱üne sebeb olundığı ḥālde beher-ḥāl te'dībāt-ı şedīde icrāsı muḥaḳḳaḳ {6} oldığından ẕerre ḳadar ḫilāfı ḥareketden bi'l-vücūh mübāʿadet eylemeñiz içün maḫṣūṣan ve te'kīden işbu mektūb taḥrīr {7} ve çifte tatarlarımız ile irsāl olunmuşdur. Fī 12 Ra 41

[*581/107*] *Sāḳız muḥāfıẓına*

{1} Sāḳız cezīresinden ve Çeşme yaḳasından ʿiṣyānen firār iden ve iʿdām olunan gāvurlarıñ emlāk {2} ü arāżī ve sā'irleriniñ ḥāvī oldıġı elli altı ʿaded ḳurādan taḥrīri mümkin olan ova köyleriyle {3} bir ʿaded cebel ḳaryesi ve Vāroş nām maḥalde kā'in menāzil ve dekākīn ve maġāza ve sā'iri {4} bi't-taḥrīr muḳaddemā defteri gönderilmiş ve maṣṭakī ḳaryeleriniñ taḥrīri irāde-i seniyye ẓuhūrına (86) menūṭ ve ḳurā'-i sā'ireniñ taḥrīri daḫi iḫtilāliñ berṭaraf olmasına mütevaḳḳıf ü merbūṭ idüği ve Çeşme yaḳasında {2} olan emlākıñ bi'l-müzāyede ḳarār idecek muʿaccelātınıñ miḳdārı bundan ṣoñra defteriyle maʿan irsāl olunacaġı {3} ṭarafıñıza bā-taḥrīrāt ü iʿlām inhā olunmuş oldığına ve cenābıñız eṣdiḳā-yı Salṭanat-ı Seniyye'den olaraḳ her ḥālde {4} ṭarafıñızdan Devlet-i ʿAliyye'ye ḥüsn-i ḫidmet ẓuhūrı muntaẓar idüğüne binā'en bu bābda vāḳiʿ olan ġayretiñiz rehīn-i {5} ḥayyiz-i bedāhet ise de ẕikr olunan Sāḳız cezīresi ḳurāsında ve Vāroş'da kā'in menāzil ve dekākīn ve maġāza ve sā'iri {6} külliyyetlü şey olmaḳ ḥasebiyle ber-muḳteżā-yı vaḳt ü ḥāl lāyıḳıyla fürūḫt olunamayacağından ḳırḳ senesinden {7} iʿtibāren şimdilik emlāk-ı hümāyūna idḫāl ve cānib-i Ḍarbḫāne-i ʿĀmire'den żabṭ ve irādesi ve maṣṭakī {8} ḳurāsı reʿāyāsına eğerçi muḳaddem re'y ve amān virilmiş ise daḫi ḳable'l-istīmān birazı Ībṣāra'ya firār itmiş {9} ve o maḳūle firārīleriñ ve bi'l-muḥārebe ḳatl ü iʿdām olunanlarıñ emlākı cānib-i Beytülmāl'e ʿā'id olmuş oldığından {10} virilan fetvā-yı şerīfe mūcebince bunlarıñ daḫi żabṭ ü taḥrīr ḳılınması żımnında başḳa ve Çeşme yaḳasında {11} vāḳiʿ emlākıñ miḳdār-ı muʿaccelāt ve ṭāliblerinıñ esāmīsini mübeyyin defteri gönderilmek içün başḳa {12} lāzım gelan evāmir-i şerīfesi ıṣdār olunmuş olub ancaḳ emlāk-ı meẕkūre bir maḥalde olmayaraḳ müteşettit {13} ve cenābıñız daḫi emr-i muḥāfaẓa ile meşġūl bulunmaḳ ḥasebiyle her ne ḳadar ḥüsn-i idāre[ye] ihtimām ü diḳḳat olunsa bile biẕẕāt {14} cümlesine neẓāret mümkin olamayacağından başḳa baʿżı erbāb-ı vuḳūfuñ rivāyet ve iḫbārlarına [ve] emlāk-ı meẕkūreniñ {15} cesāmet ve teferruḳuna mebnī bu ṭarafdan ḫafīfü'l-me'ūne müstaḳil nāẓır irsāliyle bi'n-nefs ḳurā-be-ḳurā geşt ü güẕār iderek ṣūretinde {16} Salṭanat-ı Seniyye'ye menfa'at-i külliyye ḥuṣūli me'mūl ve ol vechile ḳavī ṣarrāf kefāletiyle cānib-i Salṭanat-ı Seniyye'den {17} biri gönderilse cenābıñız ile bi'l-ittiḥād emlāk-ı meẕkūreniñ ḥüsn-i idāresi ṣūreti ḥāṣıl olacağı emr-i ġayr-ı {18} mechūl olub ancaḳ cenābıñız umūr-ı muḥāfaẓa ile tevaġġul arasında emlāk-ı meẕkūre idāresiyle uġraşmaḳ {19} meṣāliḥ-i taḥaffuẓīye sekte īrāṣını müstelzim olmaḳ iḥtimāli mütebādir-i ḫāṭır oldığı miṣillü siz ġayret ü istiḳāmet ile {20} muttaṣıf mīr-i mīrān[dan] oldığıñızdan her ḥālde viḳāye-i nüfūẕ ü i'tibārıñız maṭlūb ü marżī ve bu vechile {21} Dersa'ādet'den nāẓır naṣb ve irsāli bir nevi' kesr-i nüfūẕuñuzı mūcib olmaḳ iḥtimāline mebnī keyfiyyetiñ evvel-emrde {22} ṭarafıñıza taḥrīriyle bu bābda ne vechile iş'ārıñız vāḳi' olur ise ya'nī emlāk-ı meẕkūreniñ cümleten ṭarafıñıza iḥālesinde {23} umūr-ı muḥāfaẓaya ḫalel taṭarruḳ itmediği ve bu ṭarafdan nāẓır irsāli kesr-i nüfūẕuñuza [bā'iṣ?] olmadığı ḥālde bir münāsib nāẓır naṣb {24} ve isrā olunması ḫuṣūṣı münāsib görülmüş olmaġla emlāk-ı meẕkūreniñ bundan böyle 'imārı gözedilerek {25} lāyıḳıyla ḥüsn-i idāresi müstaḳil me'mūruñ maṣlaḥat üzerinde iḳdāmıyla ḥāṣıl olacağı ṣūretde aña göre {26} muḳteżāsı icrā olunmaḳ içün keyfiyyeti īżāḥan iş'āra mübāderet eylemeñiz siyāḳında ḳā'ime. Fī 13 Ra 41

[*581/115*] ***Bālyabādra muḥāfıẓına***

{1} Rekīz-i fıṭrat-ı ẕātiyyeleri olan māye-i şecā'at ü ḥamiyyet ve vāye-i merdānegī ve besāletleri üzere müddet-i vāfireden berü {2} me'mūr-ı muḥāfaẓası olduḳları Bālyabādra ve Ḳastelleri ḳal'alarınıñ istiḥṣāl-i esbāb-ı muḥāfaẓa ve muḥāresesinde {3} iẓhār buyurmuş olduḳları me'āṣir-i bergüzīde-i reviyyet-mendāneleri nezd-i Salṭanat-ı Seniyye'de ma'lūm ü āşikār ve bu āna ḳadar {4} dīn-i mübīn yolunda ve şevketlü pādişāhımız efendimiz uġur-ı hümāyūnlarında sebḳat iden ḫidemāt-ı celīleleri ferāmūş {5} olunmayacağı vāreste-i ḳayd [ü] iş'ār ise de bu ḳadar müddetdir emr-i muḥāfaẓada bulunaraḳ zaḥmet keşīde olmuş ve 'askerī ṭā'ifesiniñ {6} uyġunsuzluḳları cihetiyle yorulmuş olduḳlarından bu def'a ḥasbe'l-iḳtiżā Bālyabādra ve Ḳasteller'e 'aṭūfetlü Mıṣır vālīsi {7} ḥażretleri ṭarafından 'asākir iḳāme olunması tensīb ve sa'ādetlü Ḳapūdān paşa ḥażretleri külliyyetlü Donanma-yı Hümāyūn-ı Şāhāne {8} ve mühimmāt-ı vāfire ile māh-ı Rebī'ulevvelī'niñ üçünci güni İskenderiye'den ḥareket ve Mesolenk'e 'azīmet eylediğinden bi-mennihī Ta'ālā {9} ḳapūdān-ı müşārun-ileyh Mesolenk'e varub Mıṣır 'askerini Bālyabādra'ya iḳ'ād eyledikden ṣoñra oradan [?] alub sa'ādetlü Rum- {10} -ili vālīsi ḥażretleri ṭarafına geçürmesi taṣvīb olunmuş ve bu cihetle ẕāt-ı sa'ādetleriniñ Bālyabādra'da iḳāmetlerini {11} mūcib ḥālet ḳalmamış [?] idüğüne ve biraz vaḳt daḫi sāye-i hümā-vāye-i şāhānede çekilan meşaḳḳate muḳābil istirāḥat {12} ve ārāmları maṭlūb oldığına binā'en cenāb-ı müşīrīleri Rumili vālīsi müşārun-ileyh ṭarafına gelüb oradan {13} manṣıbları olan Aydın sancağına ʿazīmetleri ḫuṣūṣuna irāde-i seniyye taʿalluḳ iderek ol bābda emr-i şerīf taṣdīr {14} ve keyfiyyet iḳtiżāsı vechile müşārun-ileyh Rumili vālīsi ḥażretlerine daḫi işʿār ü taḥrīr olunmuş ve Bālyabādra'da {15} ne miḳdār ẕaḫīre ve mühimmāt ü edevāt var ise cümlesiniñ ecnāsı ve kemmiyyet ü keyfiyyetlerini mübeyyin bir ḳıṭʿa defteriniñ {16} tanẓīm ve bu ṭarafa irsāl ve taḳdīmi ḫuṣūṣuna irāde-i ʿaliyye taʿalluḳ itmiş olmağla ẕāt-ı saʿādetleri Donanma-yı Hümāyūn ile {17} Mıṣır ʿaskeri gelüb Bālyabādra ḳalʿasını teslīm eyledikden ṣoñra ḳalḳub vālī-i müşārun-ileyh ḥażretleri ṭarafına {18} baʿde'l-vürūd ol ṭarafdan daḫi ḥareket ve Gelībolī maʿberinden geçmek üzere manṣıbıñız cānibine ʿazīmete mübāderet {19} ve Bālyabādra'da olan ẕaḫīre ve mühimmāt ve sā'ireniñ daḫi defterini tanẓīm ile bu ṭarafa irsāle himmet buyurmaları {20} siyāḳında ḳā'ime. Fī 21 Ra 41

[*581/119*] *Ḳapūdān paşa ḥażretlerine*
{1} Ḥālā Mıṣır Vālīsi vezīr-i ġayret-semīr ʿaṭūfetlü El-Ḥāc Meḥmed ʿAlī Paşa ḥażretleri muḳteżā-yı fütüvvet ü ḥamiyyeti üzere {2} Donanma-yı Hümāyūn-ı Şāhāne'niñ ẕaḫāyir ve ḳūmānya ve cebeḫāne ve mühimmāt-ı muḳteżiyesini bāliġan-mā-belaġ rü'yet {3} eylediklerinden başḳa Mesolenk içün daḫi iḳtiżā iden ẕaḫāyir ve mühimmāt ile sekiz biñ nefer cihādiyye ʿaskerini {4} ve Cidde ve Mora Vālīsi ve bi'l-istiḳlāl Serʿaskeri saʿādetlü İbrāhīm Paşa ḥażretleri maʿiyyeti-çün daḫi biñden {5} mütecāviz süvārīyi süfün-i Donanma-yı Hümāyūn'a irkāb ve baʿżı süfün-i lāzımeyi daḫi tedārüke saʿy ü şitāb {6} iderek süfün-i Donanma-yı Şāhāne ve sefāyin-i Mıṣriyye ile cümlesini bi'l-istiṣḥāb māh-ı Rebīʿulevvelī'niñ üçünci {7} güni bi-ʿināyetillāhi Taʿālā bender-i İskenderiye līmānından refʿ-i lenger-i ārām buyurmuş ve Mora vālīsi müşārun-ileyh ḥażretleri {8} maʿiyyetine virilecek süvārī ʿaskerini Anāvārīn'e baʿde'l-iḫrāc oradan bi-ʿavnihī Taʿālā ḍoğrı Mesolenk {9} üzerine vürūd ile īfā-yı şerāyiṭ-i me'mūriyyete ḳıyām buyurmaḳ üzere taṣmīm eylemiş olduḳları ẕāt-ı saʿādetleri {10} Donanma-yı Hümāyūn ile Mesolenk'e varub mühimmāt ve ʿaskeri ḳaraya çıḳardıḳdan ṣoñra Bālyabādra['da] bulunan {11} saʿādetlü Sīrozī Yūsuf Paşa'yı oradan alub saʿādetlü Rumili Vālīsi ve Serʿaskeri Reşīd Paşa {12} ḥażretleri ṭarafına getürerek ṭarafından Bālyabādra ve Ḳasteller'e ʿasker vażʿıyla muḥāfaẓa olunması müşārun-ileyh {13} Mıṣır vālīsi ḥażretleriniñ marżī ve merāmı oldığına binā'en ol vechile müşārun-ileyh Yūsuf Paşa'nıñ serʿasker-i müşārun-ileyh {14} ṭarafına geçirilmesi taṣmīm-kerdeleri idüği ve Mora vālīsi müşārun-ileyh ḥażretleriniñ maʿiyyetinde tevḳīf olunan {15} süfün-i Donanma-yı Hümāyūn ve Tūnus ve Ṭrāblus sefāyini ṭaḳımlarınıñ biñ iki yüz ḳırḳ senesi ḳısṭ-ı evvel {16} mevāciblerini Mıṣır vālīsi müşārun-ileyh ḥażretleri ṭarafından alub sergi ferşiyle iʿṭāya me'mūr İbrāhīm Ḫāce {17} bendeleri me'mūriyyeti iḳtiżāsı

üzere İskenderiye'ye vürūd ve edā-yı ḫidmetde bez̠l-i mechūd eyledikden ṣoñra {18} Donanma-yı Hümāyūn ve Tūnus ve Ṭrāblus sefāyini ṭaḳımları daḫi seferber bulunaraḳ işlemiş ve müstaḥaḳ olduḳları mevācibleriniñ {19} iʿṭāsı müstelzim-i teceddüd-i şevḳ ü ġayretleri olacağından gediklüyānıñ ḳırḳ senesine maḥsūben ḳısṭ-ı s̠ānī mevācibleri {20} ve ġābyār neferātınıñ Ẕīlḥicce ġāyetine ḳadar üç aylıḳ māhiyyeleri ve ṭaşra neferātınıñ daḫi mevācib-i ṣayfiyye {21} ve bāğlıḳ ve küsūrları olaraḳ yedi yük elli beş biñ üç yüz otuz üç ġurūş Mıṣır vālīsi {22} müşārun-ileyh ḥażretleri ṭarafından ḫāce-i merḳūm maʿrifetiyle tekrār sergi basṭıyla herkesiñ mevācibleri yedlerine {23} iʿṭā ḳılınmış idüği bu defʿa resīde-i dest-i tekrīm olan taḥrīrāt-ı şerīfeleriyle Mıṣır vālīsi müşārun-ileyh ḥażretleri [?] {24} ṭarafına virilüb ol ṭarafdan gelmiş olan sened gūne şuḳḳaları meʾālinden müstebān ve müşārun-ileyh Mıṣır vālīsi {25} ḥażretleriniñ daḫi bir ṭaḳım taḥrīrāt-ı müşīrīleri vārid olaraḳ müfādından süfün-i Donanma-yı Hümāyūn'a {26} virilmiş olan eşyānıñ defātiri gönderildiği ve süfün-i Mıṣriyye'ye İskenderiye Muḥāfıẓı Muḥarrem Beğ {27} başbuġ taʿyīn ḳılınaraḳ mīr-i mūmā-ileyhe ve sāʾire veṣāyā-yı lāzıme ifāde olundıġı ve mevācib-i merḳūme {28} ber-vech-i muḥarrer virildiği ṣūretleri müstefād ve nümāyān olmaġın mefhūm ü müʾeddāları rehīn-i ıṭṭılāʿ-i ḫulūṣ-verī (100) olduḳdan ṣoñra cümlesi ḫāk-pāy-ı hümāyūn-ı şāhāneye biʾt-taḳdīm meşmūl-ı liḥāẓa-i kerāmet[-ifāża-i] ḥażret-i pādişāh-ı rū-yı zemīn {2} buyurulmuş ve Mıṣır vālīsi müşārun-ileyh ḥażretleriniñ evvel ü āḫir ẓuhūra gelan ġayret ve bu kerre daḫi {3} meşhūd olan himmet ü ḫidmetine bir diyecek olmayaraḳ nezd-i mekārim-vefd-i şāhānede rehīn-i ḥayyiz-i ḳabūl ve maḥẓūẓiyyet {4} olmuşdur. Hemān Cenāb-ı Müsteʿān tevfīḳ-i ʿaliyyesin iḥsān ve nice nice fütūḥāt-ı celīleye maẓhariyyetle cümlemizi {5} mesrūr ü şādān eyleye, āmīn s̠ümme āmīn. Cenāb-ı fütüvvet-niṣāb-ı müşīrāneleri kemāl-i fütüvvet ü ḥamiyyet ile mevṣūf {6} vükelā-yı fiḫām-ı Devlet-i ʿAliyye'den olaraḳ ibrāz-ı ḥüsn-i ḫidmete ṣarf-ı maḳderet ve itmām-ı meʾmūriyyete naṣb-ı nefs-i {7} ġayret buyuracaḳları iʿtiḳādāt-ı ḥasenesi ḥaḳḳ-ı eḥaḳḳıñızda derkār ve muḳaddem ve muʾaḫḫar vāḳiʿ olan işʿārımız vechile {8} Rumili vālīsi müşārun-ileyh Mora'nıñ kilīdi mes̠ābesinde olub ẕāt-ı saʿādetleriyle biʾl iştirāk fetḥ ü tesḫīrine {9} meʾmūr oldıġı Mesolenk'iñ ḳara ṭarafından olacaḳ tażyīḳ ve muḥāṣara[sı]nıñ icrāsına kemāliyle iḳdām ü ihtimām itmek üzere {10} idüği āşikār ise de deryā ṭarafınıñ mekşufiyyeti gāvurlarıñ s̠ebāt ve ḍayanmalarını mūcib oldıġına mebnī Rumili {11} vālīsi müşārun-ileyh gice ve gündüz Donanma-yı Hümāyūn-ı Şāhāne'niñ vürūdına intiẓārda oldıġından Mıṣır vālīsi {12} müşārun-ileyh ḥażretleri ṭarafından him-metle bi-ḥamdihī Sübḥānehū ve Taʿālā mevsim geçmeksizin mükemmel mühimmāt ve levāzımāt ile İskenderiye'den {13} refʿ-i lenger-i ḥareketlerinden ser-zede-i ẓuhūr olan maḥẓūẓiyyet-i seniyye rütbe-i kemāle mevṣūl ve bi-luṭfillāhi Taʿālā {14} şu günlerde Mesolenk pīşgāhına saṭvet-endāz-ı vuṣūl olmaları aḳdem-i melḥūẓ ü me'mūl olaraḳ {15} evvel ü āḫir maḳṣūd-ı aṣlī Mesolenk māddesiniñ her ne vechile ve ne ṣūretle olur ise rehīn-i ḥüsn-i ḫitām {16} olması olub vaḳt daḫi ḏarlaşmaḳda oldığından ma'āẕallāh s̱ümme ma'āẕallāh gāvurlara ḳarşu bunca sefāyin {17} ve mühimmāt-ı külliyye ve tedārükāt-ı vefīre ile İskenderiye'den çıḳılmış iken yine bir iş görülmamek ve berren ve baḥren {18} çekilan zaḥmet ve emek żāyi' olmaḳ lāzım gelür ise 'aẓīm te'es̱s̱üri mūcib ve envā'-ı maḥẕūrı müstevcib {19} olacağından bu def'a Rumili vālīsi müşārun-ileyh ḥażretleri ṭarafına seyr ü ḥareket ve inhāları keyfiyyeti açılaraḳ {20} bu def'a veṣāyā-yı lāzıme taḥrīr ü iş'ār olunmuş ve inşā'allāhü'r-Raḥmān tevfīḳāt-ı Sübḥāniyye'ye maẓhariyyetleri irādesiyle {21} ḥaḳlarında du'ā-yı icābet-peymā-ı ḥażret-i cihān-dārī ve yümn-i teveccühāt-ı celīleleri cenāb-ı şehinşāhīde şāyān ü erzān {22} buyurulmuş idüği ẕāt-ı sa'ādetleri Rumili vālīsi müşārun-ileyh ve sefāyin-i Mıṣriyye başbuğı Muḥarrem Beğ ile muḫābere {23} ve müẕākere iderek ve ḳalben ve ḳāleben cümleñiz cism-i vāḥid gibi müttefiḳ-i ārā ve mütteḥidü'l-ḳalb olaraḳ ḥavl {24} ü ḳuvvet-i Ḥażret-i Ḫayru'n-Nāṣırīn ile naṣıl iderseñiz idüb el birliğiyle şu Mesolenk'iñ żabṭ ü tesḫīri {25} vesā'iliniñ istiḥṣāline beẕl-i maḳderet buyurmaları iḳtiżā-yı emr ü irāde-i şāhāne ve aḳṣā-yı maḳāṣıd-ı {26} pādişāhāneden oldığı ve iş'ār-ı müşīrīleri vechile Bālyabādra ve Ḳasteller'iñ Mıṣır vālīsi müşārun-ileyh ṭarafından (101) 'asker iḳāmesiyle muḥāfaẓası münāsib oldığından ve bu ṣūretle müşārun-ileyh Yūsuf Paşa'nıñ Bālyabādra'da {2} maṣlaḥatı ḳalmayub müddet-i medīde ḫidmet-i muḥāfaẓada ḫaylī zaḥmet çekerek yorulmuş oldığından manṣıbı {3} olan Aydın sancağına 'azīmeti bābında bir ḳıṭ'a emr-i 'ālī ıṣdār ve kendüsüne daḫi iḳtiżāsı vechile {4} ṣavb-ı ḫāliṣānemizden taḥrīrāt isṭār ve Bālyabādra'da ne miḳdār ẕaḫīre ve mühimmāt ü edevāt var ise {5} cümlesiniñ bir ḳıṭ'a defterini tanẓīm idüb bu ṭarafa tesyār eylemesi daḫi teẕkār ḳılınması ḫuṣūṣuna irāde-i {6} seniyye-i şāhāne müte'alliḳ olaraḳ ol bābda lāzım gelan emr-i 'ālī ıṣdār ile sū-yı muḥibbānemizden yazılan {7} ḳā'ime ile berāber Rumili vālīsi ḥażretlerine irsāl ü tesyār ve müşārun-ileyh Yūsuf Paşa ṭarafına evvelce meẕkūr {8} fermān-ı 'ālī ve taḥrīrātımızı irsāl ile müşārun-ileyh Mıṣır vālīsi ḥażretleriniñ 'askeri Bālyabādra'ya ve Ḳasteller'e {9} iḳ'ād ve müşārun-ileyh Yūsuf Paşa berü ṭarafa īṣāl olunduḳdan ṣoñra Gelībolī ma'berinden geçmek üzere {10} manṣıbı ṭarafına i'zām eylemesi vālī-i müşārun-ileyhe iş'ār ḳılındığı ve mevācib-i meẕkūre taḳāsīṭ-i Mıṣriyye'ye [?] maḥsūb {11} olunmaḳ üzere 'izzetlü Defterdār efendiye ḥavāle olundığı ma'lūm-ı sa'ādetleri buyurulduḳda ẕāt-ı müşīrīleri {12} henüz Mesolenk pīşgāhına lenger-endāz-ı ṣavlet olmamış iseñiz bir maḥalde beyhūde ārāmı tecvīz itmeyerek {13} hemān sābıḳü'ẕ-ẕikr süvārī 'askerini Anāvārīn'e çıḳardıḳdan ṣoñra ḏoğrı Mesolenk'e gelüb ba'dehū {14} muḳteżā-yı me'mūriyyetiñiz üzere Bālyabādra'ya 'azīmet ve Mıṣır vālīsi müşārun-ileyhiñ 'askerini iḳ'ād {15} ve mühimmāt-ı merḳūme ve ẕaḫāyir-i mevcūdeniñ defterini müşārun-ileyh Yūsuf Paşa maʿrifetiyle tanẓīm iderek {16} müşārun-ileyh Yūsuf Paşa'nıñ berü ṭarafına imrārına ve müşārun-ileyh Rumili vālīsi ḥażretleri ve gerek mūmā-ileyh {17} Muḥarrem Beğ ile muḫābere ve müşāvere iderek ve ẓāhiren ve bāṭınen cümleñiz cism-i vāḥid gibi olaraḳ el ve göñül {18} birliğiyle şu Mesolenk maṣlaḥatınıñ bi-ʿavnihī Taʿālā istiḥṣāl-i ḥüsn-i ḫitāmıyla Devlet-i ʿAliyye'ye ḳıyāmete ḳadar pīrāye-i edvār {19} ü ās̱ār olacaḳ bir ḫidmet vücūda getürüb iki cihānda nā'il-i ḥüsn-i mükāfāt olmaḳlığa cehd-i ʿaẓīm ve saʿy-ı vesīʿ- {20} -birle Mesolenk'e vuṣūlleri ḫaber-i meserret-es̱erini serīʿan taḥrīre himmet buyurmaları siyāḳında ḳā'ime. Fī 21 Ra 41

[*581/137*] ***Rumili vālīsi ḥażretlerine***

{1} Bundan aḳdem Mora Vālīsi ve bi'l-istiḳlāl Serʿaskeri vezīr-i dilīr saʿādetlü İbrāhīm Paşa ḥażretleriniñ {2} bā-ʿavn ü nuṣret-i Rabb-i ʿİzzet muvaffaḳ olduḳları fevz ü ġālibiyyeti mutażammın silaḥdārları vesāṭetiyle irsāl {3} eyledikleri taḥrīrātıñ bir ṣūreti iḫrāc olunaraḳ iṭāre-i sū-yı ʿālīleri ḳılındığını şāmil ve veṣāyā-yı {4} muḳteżiyeyi müştemil firistāde-i nādī-i serʿaskerī ḳılınan ḳā'ime-i iḫlāṣ-dā'imemiziñ vuṣūli ve ẕāt-ı {5} serʿaskerīleri daḫi şimdiye ḳadar ne ṣūretle icrā-yı lāzıme-i me'mūriyyet ve besālete himmet buyurmuş olduḳları {6} keyfiyyātı ve leyl ü nehār tesḫīrine ümīd-vār oldığımız Mesolenk'iñ bu āna ḳadar ṣūret-i tesḫīri {7} āyīne-i teyessürde ruḫsāre-nümā olmaması mücerred Donanma-yı Hümāyūn-ı Şāhāne'niñ bī-vaḳt ol ṭarafdan {8} infikākinden nāşī idüği ve ḳış tertībi olaraḳ maʿiyyet-i saʿādetlerine me'mūr başbuğlarıñ {9} sürʿat-i ḥareketleri żımnında sū-yı müşīrīlerinden istiʿcāl-nāmeler gönderildiği tafṣīlātıyla Donanma-yı Hümāyūn {10} şu günlerde ol ṣulara vürūd itmez ise ẕaḫīre naḳlinde istiḫdām olunan ḥayvānāt telef olmuş {11} oldığından ẕaḫīre ḫuṣūṣunda zaḥmet çekileceği ifādesini ḥāvī ve işʿārāt-ı sā'ireyi muḥtevī {12} irsāl buyurılan taḥrīrāt-ı saʿādet-āyāt-ı müşīrāneleri me'āl ü mezāyāsı rehīn-i ıṭṭılāʿ-i ḫulūṣ-verī olmuş {13} ve ḫāk-pāy-ı hümāyūn-ı mülūkāneye ʿarż ile meşmūl-ı naẓar-ı ḥażret-i pādişāhī buyurulmuşdur. Ẕāt-ı {14} fütüvvet-simāt-ı düstūrāneleriniñ mecbūl olduḳları māye-i ġayret ü ḥamiyyet ve mādde-i besālet ü şecāʿat {15} iḳtiżāsı üzere ḫaṭb-ı cesīm-i serʿaskerīye ḥīn-i me'mūriyyetlerinden şimdiye ḳadar iltizām buyurduḳları {16} merdī ve ṣavlet ve luṭf-ı Ḥażret-i Ḫudā ve yümn-i teveccühāt-ı cenāb-ı pādişāh-ı kişver-küşā ile aʿdā-yı dīne {17} ibrāz eyledikleri şecāʿat ve dīn ve Devlet-i ʿAliyye'ye olan ḥüsn-i ḫidmetleri nezd-i ʿālīde ve cümle ʿindlerinde {18} güneş gibi āşikār olub ṣūret-i işʿār-ı saʿādetlerinden vālī-i müşārun-ileyhiñ maʿrıż-ı tebşīr ve teşvīḳde {19} yazılan fütūḥātları keyfiyyetini güyā ẕāt-ı ʿālīleri Mesolenk'i żabṭ idemeyüb ifāte-i vaḳt {20} itmekde olduḳları semtine ẕehāb ile bir güne taʿrīż tefehhüm buyurduḳları müstefād olub ḥālbuki {21} bu taʿrīże ʿadem-i ẕehāb içün muḳaddemā mersūl-ı sū-yı saʿādetleri ḳılınan nemīḳa-i ḫāliṣānemizde {22} bu vechile işʿārımız ẕāt-ı serʿaskerīlerini umūr-ı me'mūrelerinde teşvīḳ ü iġrā ġarażına mebnī idüği {23} eṭrāfıyla beyān ü taḥrīr olunmuş oldıġından başḳa Ḫudā ʿAlīm ve güvāhdır ki ol vechile işʿārımız yine {24} bir dürlü iʿtirāż taḥtında olmayaraḳ mücerred tebşīr-i keyfiyyet ve cenāb-ı serʿaskerīlerini teşvīḳ ü iġrādan {25} ʿibāret olub, yoḫsa ẕāt-ı müşīrānelerinin ġayret ve çalışmalarına bir diyeceğimiz olmadığı ve muḳadderāt-ı {26} Sübḥāniyye iḳtiżāsından olaraḳ Mesolenk maṣlaḥatı kesb-i te'eḫḫur itmiş ise de inşā'allāhü'r-Raḥmān {27} bu ḳadar saʿy ü himmetleri hebā ve żāyiʿ olmayaraḳ ʿan-ḳarīb anıñ daḫi żabṭ ü tesḫīrine muvaffaḳ olacaḳları {28} ve muḳaddem cenāb-ı saʿādetleri cānib-i meʿālī-menāḳıb-ı ḥażret-i pādişāhīden ḫademe-i celīle-i serʿaskerīye {29} me'mūren Yeñişehir'e vürūd ve andan daḫi ḥareketlerinde ḥaḳḳ-ı eḥaḳḳıñızda olan teveccühāt-ı ḥasene {30} ve iʿtiḳādāt-ı müstaḥsene-i pādişāhī ne vechile ise el-ān taġayyür-yāb olmayaraḳ yine ol vechile ve belki daḫi ziyāde {31} oldığı derkār oldığından bu bābda ḫāṭır-ı feyż-nümāların [?] ġubār-ı bi-cenābī [?] ve te'eṣṣürden taṣfiye {32} ve viḳāye buyurmaları eḫaṣṣ-ı mütemennā ve ḥamden-lillāhi Taʿālā ʿaṭūfetlü Mıṣır vālīsi ḥażretleri Donanma-yı Hümāyūn'ı {33} techīz iderek işbu Rebīʿulevvelī'niñ üçünci güni İskenderiye'den saʿādetlü Ḳapūdān paşa ḥażretleri {34} maʿiyyetiyle ḏoġrı Mesolenk üzerine çıḳarmış oldığı keyfiyyātı çend rūz aḳdem sū-yı sipehdārīlerine {35} ber-vech-i tafṣīl yazılmış olub inşā'allāhü'l-Kerīm bu ṭarafdan varacaḳ ḫaberden maʿlūmları **(115)** olmaġa ḥācet ḳalmayaraḳ ḳapūdān-ı müşārun-ileyhiñ şimdiye değin Mesolenk pīşgāhına irişmiş olması {2} aġleb-i me'mūl ve bi-ʿavnihī Taʿālā ḳapūdān-ı müşārun-ileyhiñ ol vechile mükemmelen vürūdlarında ẕaḫīre māddesi {3} ve mevādd-ı sā'irede rū-nümā olan ṣuʿūbet fi'l-cümle mübeddel-i yüsr ü suhūlet olaraḳ ḳarīben şu Mesolenk'iñ {4} fetḥ ü tesḫīri müyesser olması elṭāf-ı ḫafiyye-i Ṣamedāniyye'den mes'ūl idüği vāreste-i ḳayd [ü] inhā oldığına {5} ve tervīc-i muḥarrerāt-ı vāḳıʿalarıyla taḳviye-i bāzū-yı miknet ü iḳtidārları olur esbābıñ icrāsında daḳīḳa {6} fevt olunmamaḳ ve beġāyet germiyyetle ṭutulmaḳ mültezem idüğüne mebnī Rumili ḳażālarından tertīb buyurmuş {7} olduḳları ʿasākiriñ maḥallerinden sürʿat-i iḫrācları bābında muḳaddemce mü'ekkeden evāmir-i ʿaliyye ıṣdār ve mu'aḫḫaren {8} istiʿcāli żımnında daḫi ṣavb-ı ḫāliṣānemizden taḥrīr olunan mektūblar tatarlarımız ile tesyār olunmuş oldığından başḳa {9} muḳaddem daḫi işʿār-ı müşīrīleri vechile münāsib olan Rumili ḳażālarından mekārī bārgīri tertībiyle {10} iḳtiżā iden evāmiri muḳaddem mübāşirler ile gönderilmiş ve bu defʿa daḫi sünūḥ iden irāde-i seniyye-i {11} şāhāne mūcebince ekīd ü şedīd istiʿcāl-nāmeler yazılub müretteb olan maḥallere irsāl ḳılınmış olmaġla {12} hemān ẕāt-ı serʿaskerīleri ḥaḳḳ-ı eḥaḳḳ-ı saʿādetlerinde ḥüsn-i teveccühāt-ı kerāmet-āyāt-ı şāhāne evvelkiden efzūn {13} ve umūr-ı mevkūle-i dāverīlerinde s̱ebāt ve ʿazīmetleri cümle

ʿindinde ẓāhir ü rū-nümūn oldıġı cezm ü teyaḳḳun {14} buyuraraḳ ve her ḥālde müsterīḥu'l-bāl ve ḳaviyyü'l-ḳalb olaraḳ evvel ü āḫir vāḳiʿ olan işʿārāt-ı {15} ḫulūṣ-verī vechile icrā-yı lāzıme-i me'mūriyyet ve ḥamiyyete ṣarf-ı mā-ḥaṣal-i ḳudret ve eşedd-i intiẓārında oldıġımız {16} peyām-ı dil-küşānıñ işʿārına himmet buyurmaları siyāḳında ḳā'ime. Fī 25 Ra 41

Ayniyat 582

[582/11] *Sāḳız muḥāfıẓına*

{1} Bu esnāda Sīsām ṭarafından birṭaḳım eşḳıyā otuz ḳadar tekne-i menḥūseleriyle Fokna [?] līmānına {2} gelüb īṣāl-i raḫne ve ḫasāra cesāret itmiş olduḳları ol ḥavālī muḥāfaẓasına me'mūr {3} ʿasākiriñ meşhūdları olaraḳ ne vechile ḳahr ü istīṣāllerine mübāderet ḳılınmış ve tekne-i menḥūseleriniñ {4} on üç ḳıṭʿası aḫẕ [ve] māʿadāsı iġrāḳ olunaraḳ derūnunda olan ḫavene-i dūzaḫ-ḳarār īṣāl-i {5} dereke-i Caḥīm ḳılınub baḳiyyetü's-süyūfları ḍaġda firār itmiş ve eṣnā-yı muḥārebede alınan otuz üç {6} ʿaded ru'ūs-ı maḳṭūʿa ve üç ʿaded bāndıra irsāl olunmuş oldıġı beyānıyla firār iden ʿuṣātıñ daḫi {7} me'mūrlar taʿyīniyle aḫẕ ü tedmīrlerine ibtidār olunmuş oldıġı ve tekne-i meẕkūrlarıñ iki ḳıṭʿası {8} alıḳonub māʿadāsı ġuzāt-ı muvaḥḥidīne li-ecli'l-iġtinām iʿṭā ḳılınmış idüği ifādesine dā'ir {9} bu defʿa irsāl olunan taḥrīrātıñız manẓūr ü me'āli maʿlūmumuz olub bu vechile eşḳıyā-yı maḫẕūleniñ {10} tenkīl ü istīṣāllerine vāḳiʿ olan iʿtinā ve mübāderetiñiz mūcib-i maḥẓūẓiyyet ve meẕkūr tekneleriñ {11} ol ṣūretle ʿasākir-i manṣūreye iʿṭāsı maḥż-ı iṣābet olmuş ve taḥrīrāt-ı vāride-i meẕkūreñiz {12} ḥużūr-ı mekārim-neşūr-ı ḥażret-i ẓıllullāhīye ʿarż ü taḳdīm ile manẓūr-ı naẓar-ı kerāmet-eṣer-i ḥażret-i {13} kītī-sitānī buyurulmuş ve ru'ūs-ı maḳṭūʿa ve bāndıralar pīşgāh-ı bāb-ı hümāyūnda ġalṭīde-i ḫāk-i {14} mezellet ḳılınmışdır. Cenābıñız dirāyet ü istiḳāmetle muttaṣıf mīr-i mīrān-ı kirāmdan olaraḳ me'mūr-ı {15} muḥāfaẓası oldıġıñız maḥāll ü mevāżiʿiñ ez-her-cihet mekāyid-i aʿdādan muḥāfaẓa ve muḥāresesiyle {16} dīn-i mübīn yolunda ve pādişāhımız efendimiziñ uġur-ı hümāyūnlarında cānsipārāne ve ṣādıḳāne {17} ibrāz-ı mesāʿī-i bergüzīdeye ṣarif-i naḳdīne-i iḳtidār olacaġıñız derkār ve ol bābda te'kīd-i {18} veṣāyāya ḥācet olmadıġı vāreste-i ḳayd [ü] işʿār olmaġla bundan böyle daḫi bir ān ve daḳīḳa {19} ġāfil bulunmayub dā'imen ve müstemirren merāsim-i tabaṣṣur ü āgāhīye diḳḳat ve firār itmiş olan ʿuṣātıñ daḫi {20} bi-ʿavnillāhi Taʿālā aḫẕ ü tenkīlleri-çün taʿyīn olunan me'mūrlar ne vechile iḳdām itmişler ise keyfiyyeti {21} eṭrāfıyla taḥrīr ü işʿāra mübāderet eylemeñiz siyāḳında ḳā'ime. Fī 16 R 41

[582/14] *Sīroz aʿyānına*

{1} Bālyabādra'da olan ʿasker terāküm iden aylıḳlarıñ ḳırḳ güne ḳadar virilmek üzere saʿādetlü Yūsuf {2} Paşa ḥażretleriniñ oġlunı rehn almış olduḳları ecilden aḳçe irsāli müşārun-ileyh ṭarafından bu ṭarafa taḥrīr {3} ü işʿār olunmuş ve müşārun-ileyhiñ maʿiyyetindeki ʿaskeriñ ḳırḳ senesi māhiyyesinden bāḳī ḳalub muḳaddemce {4} gönderilmiş olan iki yük otuz bir biñ şu ḳadar ġurūş üzerine ḳırḳ bir senesi Muḥarrem ve Ṣafer ve daḫi {5} ilerüde işleyecek aylıḳlara maḥsūben yedi yük şu ḳadar biñ ġurūş ʿilāve ile cemʿan on yüke {6} iblāġan irsāl ḳılınmış ise de bu def'a 'asker-i meẕkūruñ altı yüz neferi gūyā 'ulūfeleri ḳırḳ gün ẓarfında {7} irişmamiş oldıġını serrişte iderek müşārun-ileyhiñ oġlunı alub Bālyabādra'dan Sīroz'a 'azīmet itmiş {8} ve ḫazīne-i meẕkūre daḫi eṣnā-yı rāhdan Sīroz'a gönderilmiş oldıġı bu def'a inhā olunub 'asker-i meẕkūruñ {9} Bālyabādra'dan ḫodbeḫod Sīroz'a 'azīmetlerine naẓaran ḫazīne-i meẕkūreden 'ulūfelerini istedikleri {10} vechile almaḳ dā'iyesine taṣaddī eyleyecekleri ḫāṭır-güẕār ve ḥālbuki bunlarıñ müstaḥaḳ olduḳları {11} aylıḳlar ne miḳdār idüği müşārun-ileyh Yūsuf Paşa ṭarafından inhā ve iş'ār olunmadıḳça kendüleriniñ aḳvāl-i {12} mücerredelerine i'tibāren istedikleri ḳadar 'ulūfe i'ṭāsı uyamayacaġı āşikār olmaḳ ḥasebiyle eğer 'asker-i meẕkūr {13} dil-ḫāhları vechile 'ulūfe almaḳ dā'iyesine teşebbüs̱ idecek olurlar ise ibtidā ḳavl-i leyyin ile kendülerine {14} "Ḳaç nefer sergerde iseñiz birer adamıñızı burada tevḳīf iderek müstaḥaḳ oldıġıñız 'ulūfeñiziñ miḳdārı {15} müşārun-ileyh Yūsuf Paşa ṭarafından ṭaraf-ı Devlet-i 'Aliyye'ye inhā olunub o miḳdār 'ulūfeñiziñ bu aḳçeden {16} i'ṭāsına ruḫṣat buyuruldukda adamıñıza tamāmen i'ṭā olunur" deyu ṭarafıñdan söylenüb ilzām ü iskātlarına {17} ḳıyām ve eğer bi'n-nihāye diñlemeyüb ḫazīne-i meẕkūreden istedikleri üzere 'ulūfelerini almaḳ içün {18} silāḥ çekmek mis̱illü edebsizliğe cesāret idecek olurlar ise ol vaḳt bi'l-muḳābele iḳtiżāsına göre {19} müdāfa'a ve ṭard ü teb'īdlerine iḳdām eylemañ iḳtiżā-yı irāde-i seniyyeden olaraḳ 'asker-i merḳūmuñ bi'l-iḫāfe {20} müdāfa'aları īcābında saña medār-ı ḳuvvet olmaḳ üzere ma'iyyetiñe lüzūmı miḳdār 'asker irsāl ve i'āne {21} eylemeleri ḫuṣūṣı daḫi bu def'a ṭarafımızdan Nevreḳop ve Timürḥiṣār ḳażāları a'yānlarına başḳa başḳa (12) yazılub ṭarafıña gönderilmiş olmaġla ber-vech-i meşrūḥ 'asker-i meẕkūr ilzām ü iskāt olunamayaraḳ bir dürlü {2} mel'anete ictisār eyledikleri ḥālde ẕikr olunan mektūblarımızı serī'an a'yān-ı mūmā-ileyhimāya gönderüb {3} 'asker celb ve iḳtiżāsına göre bi'l-iḫāfe müdāfa'aları ṣūretiniñ istikmāline diḳḳat ve bunlarıñ {4} sergerde ve neferātları ne maḥallerdendir ve ism ü şöhretleri nedir, lāyıḳıyla öğrenüb tafṣīlen bu ṭarafa {5} taḥrīr ü iş'āra mübāderet eylemañ içün ḳā'ime. Fī 19 R 41

[*582/38*] *Ḳapūdān paşaya*

{1} Ma'iyyet-i düstūrīlerinde olan süfün-i Donanma-yı Hümāyūn ẕāt-ı sa'ādetleriniñ ve Riyāla beğiñ süvār olduḳları fırḳateyn {2} ve ḳorvet ile Ḳāyid-i Ẓafer nām fırḳateynden mā'adāsı muḥtāc-ı ta'mīr olmaḳ mülābesesiyle cümlesi Tersāne-i 'Āmire'de elden geçerek {3} ve bi-mennihī Ta'ālā evvelbahār içün müceddeden dört ḳıṭ'a ḳālyon ve yiğirmi ḳıṭ'a daḫi ḳorvet donadılaraḳ mecmū'undan bir ṭaḳımı {4} eşḳıyā tekneleriyle muḥārebe ve bir ṭaḳımı daḫi ablūḳa merāsimini icrā itmek üzere başḳa başḳa tertīb ḳılınması ve Tersāne-i 'Āmire'de {5} mevcūd olan ḳorvetleriñ āletleri baḳırlanması ve inşā'allāhü'l-Kerīm Çamlıca üzerine varıldıḳda ḳaraya 'asker {6} iḫrācı-çün birer buçuḳ ve üçer vuḳıyye yuvarlaḳ atar işḳāmpāvya şeklinde iki yüz ḳadar filika inşāsı vezīr-i dilīr {7} saʿādetlü Mora Vālīsi El-Ḥāc İbrāhīm Paşa ḥażretleri iltimās itmiş oldığından bir ol ḳadar ḳavī filika daḫi {8} Donanma-yı Hümāyūn maʿiyyetinde bulunmaḳ üzere şimdiden inşālarına mübāşeret olunması ve maṣlaḥatıñ ardı alınmadıḳça {9} cenāb-ı müşīrīleriniñ Donanma-yı Hümāyūn ile Dersaʿādet'e ʿavdetleri uyamayacağından Tersāne-i ʿĀmire'den {10} evvel-bahārda çıḳarılacaḳ süfün-i Donanma-yı Şāhāne Ṭūna Sevāḥili Başbuġı mīr-i mīrān-ı kirāmdan İbrāhīm Paşa {11} ve Rodos Mutaṣarrıfı Şükrī Beğ ve Tersāne Ketḫüdāsı ʿOs̱mān Beğ ve Ġalaṭa Başaġası Pābūççı Aḥmed süvārīlikleriyle maʿiyyet-i düstūrīlerine {12} iltiḥāḳ itmek üzere gönderilmesi tafṣīlātını ḥāvī resīde-i enmile-i meveddet olan taḥrīrāt-ı saʿādet-āyāt-ı müşīrīleri {13} me'āl ü mezāyāsı rehīn-i ıṭṭılāʿ-i ḫulūṣ-sīretleri olmuş ve ḫāk-pāy-ı tūtyā-sāy-ı cenāb-ı cihān-dārīye ʿarż {14} ü taḳdīm ile meşmūl-ı liḥāẓa-i meʿālī-ifāża-i ḥażret-i şehriyār-ı heft-iḳlīm buyurulmuşdur. Cenāb-ı ġayret-me'āb-ı düstūrīleri **(36)** kemāl-i ḥamiyyet ü dirāyet ve mezīd-i ṣadāḳat ü reviyyet ile tezyīn-i ẕāt itmiş vüzerā-yı ʿiẓām-ı Salṭanat-ı Seniyye'den {2} olduḳları ecilden kāffe-i mevādd-ı me'mūreleriniñ merkez-i lāyıḳında rü'yet ü tanẓīmini aḳdem-i efkār eylemiş olacaḳları {3} ve bu sene-i mübārekede ẕāt-ı saʿādetleri Derʿaliyye'ye ʿavdet itmeyerek inşā'allāhü Taʿālā Mesolenk ġā'ilesi {4} berṭaraf olduḳdan ṣoñra Anāvārīn līmānına inüb müşārun-ileyh İbrāhīm Paşa ḥażretleriyle bi'l-ittifāḳ bir aralıḳda {5} Çamlıca'yı urmaḳ üzere ol ṭarafda ḳışlamalarına irāde-i ḳāṭıʿa-i şāhāne taʿalluḳuyla ol bābda ṭaraf-ı müşīrīlerine {6} ve müşārun-ileyh ḥażretlerine ḫiṭāben bālāları mübārek ḫaṭṭ-ı kerāmet-nuḳaṭ-ı mülūkāne ile ile muvaşşaḥ evāmir-i ʿaliyye ıṣdār {7} ve li-ecli'l-icrā ricāl-i Devlet-i ʿAliyye'den ḥālā Çavuşbaşı-i Dīvān-ı Hümāyūn ʿizzetlü Ḥüsnī Beğ ile Bārūtḫāne-i {8} ʿĀmireler Nāẓırı Necīb Efendi taʿyīn ve tesyār olunub keyfiyyet evvel-be-evvel maʿlūm-ı düstūrīleri olmaḳ içün {9} muḳaddemce ṣavb-ı sāmīlerine yazılmış oldığından şimdiye değin ṣūret-i me'mūriyyetleri icmālen ve bi-mennihī Taʿālā işbu {10} nemīḳa-i ḫāliṣānemiziñ vuṣūli günlerinde me'mūrān-ı mūmā-ileyhimā daḫi ol ṭarafa dāḫil olaraḳ sünūḥ iden {11} irāde-i seniyye tafṣīlen maʿlūm-ı müşīrīleri olacağı ve ol vechile cenāb-ı saʿādetleriniñ ol ṭarafda ḳışlayacaḳları {12} cihetine mebnī bi-mennihī Taʿālā evvelbahārda gönderilecek Donanma-yı Hümāyūn'uñ vuṣūlünde ol vaḳt muḥtāc-ı taʿmīr dinilan {13} sefāyin Tersāne-i ʿĀmire'ye irsāl olunması ṣūreti daḫi mu'aḫḫaren sū-yı müşīrīlerine taḥrīr olunmuş olmaḳ ḥasebiyle {14} bu ḫuṣūṣlar ḳarār bulmuş mevāddan idüği āşikār olub ẕāt-ı sāmīleri emr-i cihāda me'mūr ve bu cihetle {15} işʿārāt-ı vāḳıʿa-i düstūrīleriniñ tervīc ü isʿāfı müretteb-i ẕimmet-i himmet idüği ġayr-ı mestūr oldığına binā'en {16} maṭlūb-ı müşīrīleri olan ḳālyon ve ḳorvet ve filikalarıñ tehyi'eleri ve ḳorvetlere baḳır ḳaplanması {17} ve mūmā-ileyhim maʿiyyetleriyle ṣavb-ı düstūrānelerine irsāl olunması ṣūretleri iḳtiżā idenler ile lede't-teẕekkür

{18} el-ḥāletü-hāẕihī Tersāne-i ʿĀmire'de üç ḳıṭʿa ḳālyon ve dört ḳıṭʿa fırḳateyn ve on iki ḳorvet {19} derdest-i techīz olaraḳ Fātiḥ-i Baḥrī nām ḳālyon-ı hümāyūnuñ daḫi muḥtāc-ı taʿmīr olan maḥallleriniñ termīmi mümkin ise de {20} yiğirmi ḳadar ṭopı noḳṣān oldığından başḳa ġomānası olmayub müceddeden ġomāna tanẓīm olunsun dinilse şimdiki ḥālde {21} Tersāne-i ʿĀmire'de tiliñ vücūdı olmayaraḳ şundan bundan tedārük ve iḳdām ile ẕikr olunan {22} üç ḳıṭʿa ḳālyon-ı hümāyūnuñ iḳtiżā iden ḫalāṭları tanẓīm olunabilür ise de Fātiḥ-i Baḥrī'niñ {23} ġomānası tanẓīm ve ṭopları tetmīm olunmaḳ mümkin olamayacağı derdest-i inşā olan iki ḳıṭʿa fırḳateyn {24} ve bir ḳıṭʿa ḳorvet-i hümāyūnuñ evvelbahāra ḳadar itmām ü tekmīline iḳdām ü iʿtinā olunmaḳda oldığı cihetle bunlar elde {25} ve sā'ir mevcūd olanlar daḫi techīz ḳılınmaḳ üzere iken dört yüz ḳıṭʿa filikanıñ evvelbahāra ḳadar üç māh ẓarfında {26} Tersāne-i ʿĀmire sāḥasında inşāları ḥayyiz-i imkāndan dūr ve bi'l-farż inşāları ḳābil olsa bile her birine {27} ikişer ṭopdan sekiz yüz ḳıṭʿa ṭopa muḥtāc olub nuḥāsıñ fiḳdānına mebnī henüz Donanma-yı Hümāyūn'uñ {28} bile iḳtiżā iden ṭopları tekmīl olunamamış iken bunlar içün daḫi ol miḳdār ṭopuñ iʿmāl ü işāğası {29} müteʿaẕẕir ve gidecek Donanma-yı Hümāyūn'a beher-ḥāl ayaḳ bağı olmasıyla me'mūrlara daḫi ṣuʿūbet-i külliyyeyi müstelzim {30} ve maʿāẕallāhü Taʿālā bir fūrṭunaya teṣādüf eyledikde ḳorunamayacaḳlarından żarūrī iplerini kesüb {31} terk iderek beyhūde telef olacağı vāreste-i ḳayd [ü] süṭūr oldığına ve bu keyfiyyātıñ cümlesi {32} cenāb-ı dirāyet-me'āb-ı düstūrīleriniñ raʿnā maʿlūmları olaraḳ ẕikr olunan filikalarıñ iki yüzini müşārun-ileyh {33} İbrāhīm Paşa ḥażretleriniñ ṭalebine mebnī inhā itmiş ve dīger iki yüziniñ daḫi Çamlıca üzerine varıldıḳda {34} ḳaraya ʿasker iḫrācı-çün lüzūmunı göstermiş iseler de baʿżı erbāb-ı vuḳūfuñ ifādesine göre Çamlıca {35} ṣuları ṣığ olmayub kebīr sefīneler ḳarın ḳarına yanaşabileceğine mebnī ol cihetle lüzūmı olmamaḳ {36} lāzım geleceği ve bi-mennihī Taʿālā evvelbahār içün techīz olunmaḳ üzere olan sālifü'ẕ-ẕikr üç ḳıṭʿa ḳālyon {37} ve dört ḳıṭʿa fırḳateyn ve on iki ḳorvet ki cemʿan on ḍoḳuz ḳıṭʿa sefāyin-i hümāyūn tamām bir ṭaḳım {38} donanma olub giçen sene çıḳarılan donanmadan ḳuvvetlü olmuş olacağı mülābesesiyle bu bābda olan {39} maʿẕūriyyet-i ḥaḳīḳiyyeyi ẕāt-ı düstūrīleri daḫi teslīm ü iʿtirāf eyleyecekleri derkār ve Tersāne-i ʿĀmire'de {40} mevcūd olan sefīne-i hümāyūnuñ iḳtiżā iden ṭoplarınıñ tekmīli üç yüz biñ vuḳıyye nuḥāsa muḥtāc {41} ve ṭoplardan başḳa sālifü'l-beyān evvelbahāra techīz olunacaḳ süfün-i hümāyūnuñ cebeḫāne ve maṭbaḫ {42} ve ḳaravānaları-çün daḫi külliyyetlü nuḥāsıñ lüzūmı āşikār ve mevcūd olan nuḥās ise aḳall-i ḳalīl {43} ve el-yevm Tersāne ve Ṭopḫāne'niñ mevcūdı dökümḫānelerde süfün-i hümāyūn içün ṭop işāğa {44} olunmaḳda oldığına ve ḥasbe'l-mevsim Ṣāmsūn ṭarafından mürettеb nuḥāsıñ vürūdı mümkin olamayacağına binā'en (37) "Taḳdīmü ehemmi ʿale'l-mühim" ṭarīḳasınca mevcūd olan ve tedārüki mümkin olabilan miḳdār nuḥās ile {2} süfün-i hümāyūnuñ ṭopları tekmīl itdirilmeğe çalışılmaḳda oldıġı vāreste-i külfe-i işʿār olub {3} mücerred derkār olan maʿẕūriyyet-i ḥaḳīḳiyyeye mebnī ve o mis̱illü ufaḳ tekneleriñ Donanma-yı Hümāyūn ile {4} gidemeyeceği erbāb-ı vuḳūfuñ iḫbārıyla tebeyyün eylediğine mübtenī anlardan ṣarf-ı naẓar ile ẕikr olunan {5} Fātiḥ-i Baḥrī nām ḳālyon-ı hümāyūnuñ ne yapar ise yapub yetişdirmesine ġayret eylemesi müteʿalliḳ olan {6} irāde-i seniyye-i şāhāne iḳtiżāsı üzere ʿizzetlü Tersāne-i ʿĀmire emīni efendiye tenbīh olunmuş {7} ve vāḳıʿan evvelbahāra çıḳarılacaḳ süfün-i hümāyūna başbuġ taʿyīni lāzımeden ve ẕāt-ı düstūrīleriniñ {8} bu ḫuṣūṣı iḫṭār eylemeleri iṣābet ḳabīlinden olaraḳ mūmā-ileyh İbrāhīm Paşa muḳaddemā ḳapūdānlıḳ {9} ve Tersāne ketḫüdālıġı itmiş olaraḳ el-ḥāletü-hāẕihī Ṭūna sevāḥili başbuġluġuna meʾmūr ise de Ṭūna boyunda olan {10} donanma Vidīn ve Silistre ve Rūsçuḳ ṭaraflarında müstaḫdem dört ṭaḳım donanma oldıġından ve kemā-kān başbuġları {11} maʿrifetiyle muḥāfıẓları ṭaraflarından iʿmāl ü idāre olunabileceklerinden paşa-yı mūmā-ileyhiñ ol vechile {12} başbuġluḳ içün Dersaʿādet'e celbinde bir gūne beʾis ü maḥẕūr olmayub ve keẕālik Tersāne ketḫüdāsı {13} ve Ġalaṭa başaġası mūmā-ileyhimānıñ daḫi meʾmūriyyetleri münāsib olub lākin mūmā-ileyh Şükrī Beğ'iñ {14} meʾmūr-ı muḥāfaẓası oldıġı Rodos cezīresi Aḳdeñiz'de vāḳiʿ ve reʿāyā ile memlū ve eşḳıyā {15} tekneleri dāʾimā oralarda geşt ü güẕār üzere oldıġından māʿadā cezīre-i merḳūme tevābiʿinden olan {16} beş-altı aḏanıñ reʿāyāsı ʿiṣyān üzere olaraḳ mīr-i mūmā-ileyh birḳaç seneden berü muḥāfıẓlıḳ-ı {17} mezḳūrı ḥüsn-i idāre üzere iken yerine vekīl iḳāmesiyle oradan infikāki maḥẕūrdan sālim olmadıġından {18} ve merḳūm Pābūçcı Aḥmed ḏoġrısı meʾmūr oldıġı semtleri ḫırıldısız idāre itmekde olaraḳ {19} yerine olacaḳ vekīl içün ḳavī söz virmedikçe meʾmūriyyeti tecvīz olunamayacaġından ve merḳūm daḫi {20} ʿazīmete iẓhār-ı ḫāhiş itmiş ise daḫi yerine vekīl bulmaġa taʿahhüd idemamiş idüğünden {21} faḳaṭ mūmā-ileyhimā Şükrī Beğ ve Pābūçcı Aḥmed'den ṣarf-ı naẓar olunaraḳ inhā ve iltimās-ı müşīrīleri vechile {22} Donanma-yı Hümāyūn-ı mezḳūra başbuġ naṣb ve maʿiyyet-i saʿādetlerine irsāl olunmaḳ üzere ḳalḳub {23} Dersaʿādet'e gelmesi-çün paşa-yı mūmā-ileyhe başḳa ve ṣūret-i ḥāl beyān olunaraḳ Ṭūna sevāḥilinde {24} bulunan donanmanıñ kemā-kān başbuġları maʿrifetiyle iʿmāl ü idāreleri żımnında Silistre vālīsi ḥażretlerine {25} ve Vidīn ve İbrāʾīl ve Rūsçuḳ muḥāfıẓlarına ḫiṭāben iḳtiżāsı üzere başḳa başḳa evāmir-i şerīfe ıṣdār ve ṣavb-ı ḫālişānemizden daḫi {26} maḫṣūṣ taḥrīrāt iṭāre ve tesyār ḳılınmış ve mūmā-ileyh Tersāne Ketḫüdāsı ʿOs̱mān Beğ'iñ yerine Līmān Reʾīsi {27} esbaḳ ʿAlī Beğ vekīl taʿyīn ḳılınaraḳ mīr-i mūmā-ileyh işine mübāşeret eylemiş ise de mūmā-ileyh Şükrī Beğ ile {28} merḳūm Aḥmed'den başḳa olaraḳ bunlara muʿādil münāsiblerinden ister misiñiz, yāḫūd mūmā-ileyh İbrāhīm Paşa ile {29} Tersāne Ketḫüdāsı ʿOs̱mān Beğ'iñ meʾmūriyyetleri kāfīdir, āḫarlarınıñ meʾmūriyyetleri iḳtiżā itmez mi dirsiñiz, {30} bir kerre ṭaraf-ı müşīrīlerinden su'āl olunmaḳ ve cenāb-ı müşīrīleri bu ḳış Dersaʿādet'e gelemeyüb maʿiyyet-i düstūrīlerinde olan {31} süfün-i Donanma-yı Hümāyūn ve sā'ireniñ Mısır ṭarafından aldıḳları beş aylıḳ ḳūmānyaları daḫi Şubāṭ'a ḏoğrı {32} tükeneceğinden evvelbahārda gidecek donanmanıñ kendüleri-çün alacaḳları altışar aylıḳ ḳūmānyadan {33} başḳa maʿiyyet-i müşīrīlerindeki sefāyin içün daḫi ḳūmānya vażʿ ve irsāl olunmaḳ lāzım gelüb olsa olsa {34} bunlara kendü ḳūmānyalarından fażla birer ve nihāyet ikişer aylıḳ ziyāde ḳūmānya ḳonılabilür ise de {35} maʿiyyet-i saʿādetlerinde bulunan sefāyiniñ ḳūmānyalarına ḳadr-i kifāyede olmayaraḳ beher-ḥāl anlara daḫi {36} altışar aylıḳ ḳūmānya iḳtiżā idüb bi'l-farż ikişer aylığı bunlara vażʿ olundığı taḳdīrde {37} dörder aylıḳ ḳūmānya daḫi Frenk sefāyinine emniyyet olunamayacağına mebnī ehl-i İslām tüccār sefīnelerine vażʿ {38} ve Donanma-yı Hümāyūn ile berāber irsāl olunmaḳdan ġayrı ṭarīḳi olmayub ḥālbuki Donanma-yı Hümāyūn maʿiyyetine {39} tüccār sefāyini terfīḳi hem donanmanıñ eşḳıyā teknelerine teṣādüfünde muḥārebelerine māniʿ ve hem Ḫudā-ne-kerde {40} ḳorunamayaraḳ eşḳıyā yedine geçmesiyle ṭaraf-ı Devlet-i ʿAliyye'ye ve tüccāra żarar ü ziyānı müstetbiʿ {41} oldığı bi't-tecrübe maʿlūm ve ẕāt-ı saʿādetleriniñ şimdilik bu māddeye dā'ir bir gūne inhāları vuḳūʿ bulmaması **(38)** bundan böyle yazmaḳ veyāḫūd yine Mısır cānibinden celb olunmaḳ mülāḥaẓalarına mı mebnīdir, her ne ise bu ḫuṣūṣuñ {2} şimdiden tedbīre muḥtāc oldığı emr-i ġayr-ı mevhūm oldığına binā'en bu mādde daḫi ṣavb-ı düstūrīlerinden istiʿlām {3} ḳılınmaḳ ḫuṣūṣı ṣaḥīfe-ārā-yı ṣudūr olan ḫaṭṭ-ı kerāmet-nuḳaṭ-ı mülūkānede emr ü fermān-ı hümāyūn buyurulmuş oldığı {4} maʿlūm-ı saʿādetleri buyuruldukda dirāyet-i ẕātiyye-i düstūrīleri iḳtiżāsı ve irāde-i kerāmet-ʿāde-i ḥażret-i cihān-dārī {5} mūceb ü muḳteżāsı üzere mūmā-ileyhimā Şükrī Beğ ve Pābūççı Aḥmed'den başḳa olaraḳ anlara muʿādil {6} münāsiblerinden kimleriñ me'mūriyyetleri lāzım gelür, yāḫūd paşa-yı mūmā-ileyhle Tersāne ketḫüdāsı mūmā-ileyhiñ {7} me'mūriyyetleri kifāyet iderek āḫarlarınıñ me'mūriyyetleri iḳtiżā itmez mi, aña göre īcābınıñ icrāsına {8} baḳılmaḳ içün keyfiyyetiñ īżāḥan taḥrīrine mübāderet ve sālifü'ẕ-ẕikr maʿiyyet-i düstūrīlerinde olan {9} sefāyiniñ ilerüde Mārt'dan Ḳāsım'a ḳadar iḳtiżā idecek altışar aylıḳ ḳūmānyaları-çün el-ḥāletü-hāẕihī {10} Dersaʿādet'de pirinciñ ḳıllet ü nedreti cihetiyle yerine faṣūlye ve mercimek virilmek ve muʿtād üzere {11} sā'ir ẕaḫāyir daḫi mübāyaʿa ve iʿṭā olunmaḳ lāzım gelmiş ise de işbu altı aylıḳ ḳūmānya ḫaylī şey olub {12} nihāyet ikişer aylığı ber-vech-i muḥarrer evvelbahārda çıḳarılacaḳ Donanma-yı Hümāyūn ile gönderilmek mümkin olsa bile {13} girü ḳalacaḳ dörder aylıḳ ḳūmānyanıñ maʿlūm-ı müşīrīleri oldığı vechile müste'men sefāyiniyle irsālinde {14} ʿadem-i emniyyet ʿārıżası rū-nümā ve ehl-i İslām tüccār sefīnesiniñ daḫi Donanma-yı Hümāyūn maʿiyyetine ilḥāḳı {15} ānifen beyān olunan maḥẕūr ü mażarratı īcāb eyleyeceği hüveydā olmağla ẕāt-ı ʿālīleri bu ḫuṣūṣı {16} müşārun-ileyh İbrāhīm

Paşa ḥażretleriyle bi'l-müẕākere maʿiyyetleriñizde olan sefāyiniñ altışar aylıḳ ḳūmānyalarını {17} yine İskenderiye ṭarafından celb ü istiḥṣāl ve ne vechile rābıṭa virir iseñiz keyfiyyeti bu cānibe işʿāra himmet {18} ve her ḥālde icrā-yı lāzıme-i mehām-dānī ve reviyyete mübāderet buyurmaları siyāḳında ḳā'ime. Fī 22 Ca 41

[582/39] *Ḳapūdān paşaya*
{1} Maʿlūm-ı fütüvvet-melzūmları buyuruldığı üzere İngilterelünüñ evvel ü āḫir eşḳıyā-yı Rum ḫavenesine {2} iʿāneti ḳażiyyesi taḥaḳḳuḳ ü tebeyyün iderek bu ḫuṣūṣuñ ṭaraf-ı Devlet-i ʿAliyye'den bi'l-iddiʿā istiḥṣāl-i menʿ {3} ü defʿi esbābına muḳaddemā İngiltere ilçisi Ūstronġfort Dersaʿādet'de oldığı ḥālde başlanub muḳaddem {4} ve mu'aḫḫar Maḳām-ı Riyāset'den buña dā'ir şifāhen her bir dürlü ifādāt-ı lāzıme ve ecvibe-i muḳteżiye īrādından başḳa {5} bundan aḳdem saʿādetlü Rumili vālīsi ḥażretleriniñ Mesolenk ve sā'ir eṭrāfdan İngiltere aḏalarına firār ü iltica iden {6} eşḳıyānıñ İngiltere me'mūrları ṭaraflarından ḳabūl ü teṣāḥub olunduḳlarına dā'ir inhāsı vuḳūʿunda bu keyfiyyet {7} Devlet-i ʿAliyye ile İngiltere devleti beyninde derkār olan uṣūl-i dostī ve müsālemeye münāfī ve eşḳıyā ṭā'ifesine {8} medār-ı istinād olmaḳ ḥasebiyle imtidād-ı fesād ve te'eḫḫur-ı ḥuṣūl-i āsāyiş meḥāẕīrini mü'eddī olacağından o maḳūle {9} ḥālāt-ı nā-marżiyyeniñ menʿ ü defʿi meṭālibini mutażammın şimdiki İngiltere ilçisine bir ḳıṭʿa müẕekkere ve baʿdehū vālī-i müşārun-ileyhiñ {10} ikinci ve üçünci derecede vāḳiʿ olan inhā ve iştikālarında daḫi ʿahd ü şarṭa binā'en ve tevsīʿ-i dā'ire-i iddiʿā ile {11} iḳtiżāsına göre iki ḳıṭʿa taḳārīr-i resmiyye iʿṭā olunmuş ve mu'aḫḫaren ilçi-i mūmā-ileyh taḳārīr-i meẕkūreye {12} cevāb olmaḳ üzere Bāb-ı ʿĀlī'ye bir ḳıṭʿa taḳrīr-i resmī taḳdīmiyle tercüme-i me'ālinde gūyā İngiltere devletiniñ bī-ṭaraflığına {13} ve İngiltere aḏalarına firār idenleriñ ḳabūli fütüvvete mebnī olmasına dā'ir baʿżı maḳālāt ile İngilterelünüñ {14} Rumlara iʿānetini bayağıca ʿalenen iʿtirāf itmiş oldığından ẕikr olunan bī-ṭarafliḳ ve fütüvvet laḳırdılarını {15} yoluyla cerḥ ü red ve beher-ḥāl iʿānet-i eşḳıyā māddesinden İngiltere me'mūrlarınıñ menʿ ü taḥẕīrlerini bi-ḥaḳḳın ṭaleb ve ilḥāḥ żımnında {16} īcābı vechile mufaṣṣal ve meşrūḥ dīger bir ḳıṭʿa taḳrīr-i resmī daḫi virilüb ilçi-i mūmā-ileyh daḫi devleti ṭarafına gönderdiğini {17} ve cevābı vürūdunda taḳdīm ideceğini beyān itmiş ise de henüz ẓuhūr itmamiş ve İngilterelünüñ bu muʿāmelesi {18} baʿżı düvel-i sā'ire ṭaraflarından daḫi taḳbīḥ olunaraḳ ḥattā Nemçe Devleti ṭarafından bu mādde İngiltere devletine {19} resmen ve ṣarīḥan su'āl olundığını Dersaʿādet'de olan Nemçe ilçisi iḫbār eylemiş olub müteʿāḳiben İngiltere devleti {20} ṭarafından daḫi eşḳıyāya edevāt-ı ḥarbiyye virilmesi muvaḳḳaten menʿ olundığını müşʿir iʿlān-nāmeler neşr ḳılınmış ise de {21} işbu iʿlān-nāme ṭaraf-ı Devlet-i ʿAliyye'den üçünci mertebede virilan sālifü'l-beyān mufaṣṣal

taḳrīr-i resmīniñ {22} İngiltere devleti cānibine vuṣūlünden evvel oldığına göre taḳrīr-i mez̲kūruñ devlet-i müşārun-ileyhā ṭaraflarından {23} resmen cevābı gelmedikçe meṣāliḥ-i Devlet-i ʿAliyye ḥaḳḳında İngilterelünüñ aṣl merām ü menvīsi tebeyyün idemeyeceğinden {24} muntaẓar olan cevāb-ı resmī ṣırası geldikçe ʿizzetlü Reʾīsü'l-küttāb efendi ṭarafından suʾāl ve teʾkīd olunmaḳda oldığı (39) ve bu bābda diyecekleri ne idüği bilinemediği derkār ise de bu defʿa vālī-i müşārun-ileyh ṭarafından vārid olan {2} taḥrīrāt meʾālinde Mora ve sāʾir ʿiṣyān üzere olan gāvurlara iʿāneten İngiltere tüccārından üç ayda {3} onar biñ kīse aḳçe virilmek üzere iki yüz biñ kīse aḳçe tertīb olunaraḳ bu aḳçeniñ taḳsīṭ-i evvelinden {4} Mesolenk gāvurlarına biñ iki yüz kīse aḳçe ʿulūfe gönderilmiş oldığını bu defʿa Anāboli'dan Mesolenk'e gelür iken {5} aḫẕ olunan diller taḳrīr itmiş olduḳları ve meblaġ-ı mez̲kūruñ aḫẕ ü iġtinām olundığı keyfiyyātı {6} ve İngilterelünüñ işbu iʿānetleri māddesi ilçisinden suʾāl olunması ṣūreti muḥarrer ü mez̲kūr olmaḳ mülābesesiyle {7} iʿāne ḫuṣūṣı iḳtiżāsı vechile ilçi-i mūmā-ileyhden suʾāl ve bu münāsebetle cevāb-ı mez̲kūr tekrār ṭaleb {8} ve istiʿcāl olunacaḳ ise daḫi keyfiyyāt-ı merḳūme ẕāt-ı ʿālīleriniñ daḫi mesmūʿları olacağından {9} bu bābda maʿlūmāt ve müṭālaʿāt-ı müşīrāneleriniñ istiʿlāmıyla lede'l-iḳtiżā menʿ-i iʿāne māddesiniñ {10} sū-yı saʿādetlerinden daḫi icrāsı ḫuṣūṣuna irāde-i ʿaliyye-i mülūkāne taʿalluḳ itmiş ve bu māddede {11} ṭaraf-ı Devlet-i ʿAliyye'den ṭutılan uṣūl-i iddiʿā ve īrād olunan ifādāt-ı muʿtenā tafṣīlen maʿlūm-ı {12} saʿādetleri olmaḳ üzere sālifü'z-zikr mufaṣṣal taḳrīr-i resmīniñ bir ḳıṭʿa ṣūreti iḫrāc ve derūn-ı {13} nemīḳa-i ḫulūṣ-verīye leffen irsāl-i sū-yı sāmīleri ḳılınmış olmağın müṭālaʿasından meʾāl ü müfādı {14} maʿlūm-ı müşīrīleri buyurılur. Vālī-i müşārun-ileyhiñ bu defʿaki işʿārı vechile ʿacabā İngiltere tüccārından {15} eşḳıyāya iʿāneten tertīb olunmuş olan iki yüz biñ kīse aḳçe muḳaddem tertīb olunmuş ve taḳsīṭ-i evvel dinilan {16} on biñ kīse aḳçe mez̲kūr iʿlān-nāmeler evvelce Anāboli'ya gelmiş mi bulunmuşdur, yoḫsa iʿlān-nāmede {17} faḳaṭ baʿżı edevāt-ı ḥarbiyyeniñ menʿi mesṭūr olub ṣarīḥan aḳçe ile iʿāneniñ menʿine dāʾir bir nesne {18} olmadığına naẓaran şimdiki ḥālde iʿlān-nāmeyi taṣdīḳan edevāt-ı ḥarbiyye virmezler ise de aḳçe ile iʿāneden {19} ferāġat itmeyecekler midir, bu bābda ẕāt-ı saʿādetleriniñ maʿlūmāt ve taḥḳīḳāt ve bu ḫuṣūṣa dāʾir {20} ḥālen ve istiḳbālen müṭālaʿāt ü mülāḥaẓātları ne vechile ve ne ṣūretle ise ber-vech-i īżāḥ eṭrāfıyla taḥrīr ü işʿār {21} ve irsāl olunan taḳrīr-i mez̲kūr ṣūretine taṭbīḳan īcāb ü iḳtiżā ider ise menʿ-i iʿānet māddesini {22} ẕāt-ı saʿādetleri daḫi Ḳorfa cenerāli ve sāʾir İngiltere ḳūmandān ve amirāli ṭaraflarına muḫābere münāsebeti {23} düşdükçe ẕāt-ı sāmīleri Devlet-i ʿAliyye meʾmūrı olmaḳ ve Salṭanat-ı Seniyye'niñ vükelā-yı fiḫāmından {24} olmaḳ cihetiyle baʿżı iddiʿāda īrād ü tez̲kāra ṣarf-ı himmet buyurmaları siyāḳında ḳāʾime. Fī 25 Ca 41

[582/52] *Sāḳız muḥāfıẓına*
{1} Sāḳız cezīresinde ve Çeşme yaḳasında ʿiṣyānen firār iden ve iʿdām olunan gāvurlarıñ cezīre-i merḳūme {2} ḳurāsında ve vāroşunda żabṭ ü taḥrīr olunan menāzil ve dekākīn ve maġāza ve sāʾiri külliyyetlü şey olmaḳ ḥasebiyle {3} ber-muḳteżā-yı vaḳt ü ḥāl lāyıḳıyla fürūḫt olunamayacağından ḳırḳ senesinden iʿtibāren şimdilik emlāk-ı hümāyūna {4} idḫāl ve cānib-i Ḍarbḫāne-i ʿĀmire'den żabṭ ü idāresine irāde-i seniyye taʿalluḳ itmiş oldığına mebnī cenābıñız {5} muḥāfaẓa ile meşġūl oldığıñızdan emlāk-ı meẕkūreniñ idāresine müstaḳil bir emlāk nāẓırı naṣb {6} ü taʿyīninde bir gūne maḥẓūr olub olmadığı istiʿlāmını ḥāvī gönderilan taḥrīrātımızıñ vuṣūlünden bahiṡle {7} emlāk-ı meẕkūreye āḫar nāẓır naṣb ü taʿyīni kesr-i nüfūẕ ile inḥilāl-i şīrāze-i niẓāma ve reʿāyānıñ perīşān {8} olmasına bādī olacağına mebnī nāẓır naṣb ü taʿyīninden ṣarf-ı naẓar-birle vaḳt-i āsāyişe ḳadar emlāk-ı meẕkūre {9} kemā-fiʾl-evvel ṭarafıñızdan idāre olunması ve emlāk-ı meẕkūreniñ fürūḫtı āsāyişe mevḳūf oldığından {10} şimdilik maṣṭakī ḳurāsından māʿadā cezīre-i meẕkūreniñ ḳurā ve ḳaṣabasında vāḳiʿ mażbūṭ olan bāġçe ve tarlalar {11} İslām ve reʿāyāya, evlād ve evlādına ve baʿdeʾl-inḳırāż maḥlūlātı cānib-i mīrīye ʿāʾid olmaḳ üzere gedik iʿtibār ile {12} gediğine göre muḳāṭaʿa-i zemīn miṡillü icāreye rabṭ ve biʾl-müzāyede ṭāliblerine fürūḫt olunmaḳ menfaʿati mūcib {13} olacağı ifādesini mutażammın bu defʿa tevārüd iden taḥrīrātıñız mezāyāsı maʿlūmumuz olduḳdan ṣoñra ʿizzetlü Defterdār efendiye {14} ḥavāle olunaraḳ keyfiyyet Ḍarbḫāne-i ʿĀmire nāẓırı ʿizzetlü efendiden ledeʾl-istiʿlām emlāk-ı meẕkūreniñ āḫar müstaḳil {15} nāẓır maʿrifetiyle idāresinde maḥẓūr beyān olunmuş oldığına ve gedik māddesi daḫi vaḳt-i āsāyişde iḳtiżāsı {16} müṭālaʿa olunaraḳ tanẓīm olunacaḳ mevāddan idüğüne bināʾen şimdilik gedik māddesinden ṣarf-ı naẓar olunaraḳ {17} reʿāyānıñ teʾmīn ve ḥimāyeleriyle emlāk-ı meẕkūre ṭarafıñızdan ḥüsn-i idāre ve ḥāṣılātınıñ bilā-tevḳīf memhūr {18} ve mümżā defteriyle maʿan peyderpey Ḍarbḫāne-i ʿĀmire'ye celbi lāzım geldiğini nāẓır-ı mūmā-ileyh iʿlām eylediğini mūmā-ileyh {19} Defterdār efendi bā-taḳrīr ifāde itmekle mūcebince reʿāyāyı teʾmīn ve ḥimāye iderek emlāk-ı meẕkūreniñ {20} ḥüsn-i idāresine diḳḳat ve ḥāṣılātını tevḳīf itmeyerek memhūr ve mümżā defteriyle maʿan peyderpey Ḍarbḫāne-i ʿĀmire'ye {21} irsāli ḫuṣūṣuna mübāderet eylemeñiz içün ḳāʾime. Fī 23 Ca 41

[582/55] *Ḥüsnī Beğefendi ve Necīb Efendi'ye*
{1} Saʿādetlü Mora vālīsi ve Ḳapūdān paşa ḥażerātı īfā-yı meʾmūriyyet itmek üzere Mora Ḳasteli'ne {2} ledeʾl-vuṣūl saʿādetlü Rumili vālīsi ḥażretleri daḫi celb olunaraḳ Mesolenk maṣlaḥatına dāʾir biʾd-defaʿāt {3} şifāhen ve baʿdehū biʾl-vāsıṭa ne vechile müẕākerāt ve muḫāberātları vāḳiʿ olmuş ve Rumili

vālīsi müşārun-ileyhe {4} maʿiyyetindeki ʿasker ile Mesolenk'iñ tesḫīri teklīf olundukda kendüsi ol ṣūretle Mesolenk'i żabṭ itmesi {5} muḥāl oldığını ifāde eylemiş idüğüne bināʾen müşārun-ileyhimā ṭaraflarından müşārun-ileyhe Mesolenk ṣaḥrāsından ʿaskerini {6} çeküb izn virerek faḳaṭ dāʾiresi ḫalḳıyla tevaḳḳuf eylemek veyāḫūd ʿaskerini alub Ṣālona ṭarafına {7} ʿazīmet veyā oradan bütün bütün ḥareket itmek şıḳları teklīf olunmuş ise de birini ḳabūl ve iḫtiyār {8} itmamiş oldığından sünūḥ iden irāde-i seniyyeniñ ṭaraflarına işʿār ḳılınmasını müşārun-ileyhimā bi'l-iştirāk {9} işʿār itmiş ve Rumili vālīsi müşārun-ileyh daḫi her ne ḳadar Mesolenk'iñ müddet-i yesīrede tesḫīri meʾmūl ise de {10} müşārun-ileyhimā yiğirmi gün ẓarfında żabṭ eylemesini īrād eyle-diklerinden verā-yı perde-i ḫafāda olan mevādda taʿahhüd idemeyerek {11} bu ṭarafdan istīẕāna ḳarār virmiş oldığını taḥrīr eylemiş olmağın cümlesi ḫāk-pāy-ı hümāyūn-ı mülūkāneye (50) ʿarż ile maʿlūm-ı kerāmet-melzūm-ı ḥażret-i tācdārī buyurulmuşdur. Maʿlūmuñuz oldığı vechile merām ü maḳṣūd-ı ʿālī {2} ne vechile olur ise olsun bi'l-ittifāḳ iş görilüb şu ġāʾileniñ ḥüsn-i indifāʿı yaʿnī evvel-emrde [?] {3} Mesolenk'iñ fetḥ ü tesḫīri ṣūretiniñ istiḥṣālinden ʿibāret ve Rumili vālīsi müşārun-ileyh ḥażretleri {4} her ne ḳadar ġayūr ve şecīʿ ise de medār-ı mikneti Arnavud ʿaskeri olaraḳ bunlar daḫi maṣlaḥatıñ temdīd {5} ü taṣʿībini ticāret ʿadd eylediklerinden bu maḳūle ʿasker ile iş görülmek ifāte-i vaḳti mūcib olacağı {6} ve müşārun-ileyhimā mükemmel mühimmāt ü edevāt ve dinç ʿasker ile ol ṭarafa gelerek ʿaṭūfetlü Mısır vālīsi ḥażretleriniñ {7} reʾy ü tensībi vechile irāde-i seniyye ve ruḫṣat-ı ʿaliyye ẓuhūrına muntaẓır olduḳları vāreste-i ḳayd [ü] işāret {8} olmaḳ mülābesesiyle Mesolenk maṣlaḥatınıñ müstaḳillen müşārun-ileyhimā ḥażerātına iḥālesiyle Rumili vālīsi {9} müşārun-ileyh miḳdār-ı kifāye ʿasker ile Mesolenk'den ḳalḳub Ṣālona ṭarafına ʿazīmet ve ol ḥavālīde olan {10} ʿuṣāt-ı kefereyi ḳahr ü istīṣāle mübāderet eylemek üzere taḥvīl-i meʾmūriyyeti ḫuṣūṣuna müteʿalliḳ olan {11} irāde-i hümāyūn-ı şāhāne mūcebince lāzım gelan emr-i ʿālī ıṣdār ve Rumili vālīsi müşārun-ileyhe tesyār {12} ve Derbendāt muḥāfaẓasında olan Silaḥdār Poda meʾmūr oldığı maṣlaḥatda yoluyla ḥareket ve ḥüsn-i ḫidmet {13} ve ṣadāḳat itmekde oldığı meşhūd oldığından zinhār yerinden ḳaldırmayub ve sāʾir muḥāfaẓaya {14} meʾmūr olanları daḫi kemā-kān ḫidmet-i muḥāfaẓada ibḳā ve istiḫdām idüb maʿiyyetinde olan Īnebaḫtī {15} Muḥāfızı İsmāʿīl Paşa ḥażretlerini daḫi berāber Ṣālona'ya götürmesi mi münāsibdir, yoḫsa Īnebaḫtī muḥāfaẓasına {16} bıraḳmaḳ mı iḳtiżā ider, keyfiyyeti bu ṭarafa işāret ve kendüsi daḫi ol ṭarafda ārāmı tecvīz itmeyerek {17} ḳadr-i kifāye ʿasker istiṣḥābıyla bī-lüzūm olanlarına izn virerek tefrīḳ ve ʿulūfe māddesinden {18} ve sāʾireden ḏolayı olan şeyleri hemān bir ḥüsn-i ṣūrete rabṭ ve tevs̱īḳ ile ilişik peydā {19} itmeyerek Mesolenk üzerinden ḳalḳub Ṣālona üzerine ʿazīmet ve Mesolenk maṣlaḥat-ı ehem-mesine {20} sekte virecek ḫafī ve celī bir muʿāmele vuḳūʿa getürmamesine kemāliyle diḳḳat olunması daḫi maḫṣūṣan {21} vālī-i müşārun-ileyhe taḥrīr ü işʿār olunmuş ve Silaḥdār Poda'ya daḫi ḫidmet-i muḥāfaẓada ḳıyām ü s̱ebāt eylemesi {22} ṣavb-ı muḥibbānemizden mektūb taḥrīriyle tenbīh ḳılınmış oldığından ġayrı sābıḳ Bālyabādra Muḥāfıẓı saʿādetlü {23} Yūsuf Paşa ṭarafına muḳaddemce işlemiş ve işleyecek aylıḳlara maḥsūben iki biñ kīse aḳçe gönderildiğine {24} ve Īnebaḫtī ḳalʿası ʿaskeriniñ ʿulūfesi ve iḳtiżāsına göre ʿasker iḳāme ve muḥāfaẓası muḳaddemce {25} Rumili vālīsi müşārun-ileyhe taḥrīr ḳılınmış idüğüne binā'en el-ḥāletü-hāẕihī Gördūs ʿaskeri ṭabīʿatıyla {26} Bālyabādra'dan çıḳmış ve Sīroz'a gelmiş olduḳlarından taṣmīm olundığı vechile Bālyabādra ve Ḳasteller'e {27} lüzūmı miḳdār ʿasker iḳāmesiyle muḥāfaẓası ve müşārun-ileyh Yūsuf Paşa'nıñ beher-ḥāl Bālyabādra'dan {28} iḫrāc ve berren manṣıbı ṭarafına iʿzāmı keyfiyyātıyla bi-ʿavnillāhi Taʿālā Mesolenk'iñ hemān vaḳt-i yesīrde itmām-ı {29} esbābını bi'l-ittifāḳ icrā eylemeleri ḫuṣūṣı sünūḥ iden irāde-i seniyye mūcebince müşārun-ileyhimā {30} Ḳapūdān paşa ve İbrāhīm Paşa ḥażerātına yazılmış ve ḫuṣūṣāt-ı merḳūmeniñ ber-vech-i meşrūḥ {31} işʿārıyla bir ḳadem aḳdem maḥall-i me'mūriyyetiñize vuṣūle ihtimām eylemeñiziñ daḫi ṭarafıñıza taḥrīri ḫuṣūṣuna {32} irāde-i ʿaliyye-i mülūkāne taʿalluḳ itmiş ve keyfiyyet bu vechile Necīb Efendi'ye daḫi işʿār ḳılınmış olmaġla {33} hemān cenābıñız mecbūl oldığıñız fütüvvet ü dirāyet iḳtiżāsı ve irāde-i seniyye muḳteżāsı üzere {34} es̱nā-yı rāhda bir maḥalde tevaḳḳuf ü ārāmı cā'iz görmeyerek seyr-i serīʿ ile maḥall-i me'mūriyyetiñize varub [?] {35} icrā-yı levāzım-ı me'mūriyyet ve ḥamiyyete himmet eylemeñiz içün ḳā'ime. Fī 8 Ca 41

[582/57] *Rumili vālīsine*
{1} Muḳaddem Donanma-yı Hümāyūn-ı Şāhāne'niñ İskenderiye'den Mesolenk ṭarafına gelmek üzere ḥareketi keyfiyyātına {2} ve ol bābda veṣāyā-yı lāzımeye dā'ir irsāl-i ṣavb-ı saʿādetleri ḳılınan taḥrīrāt-ı ḫulūṣ-verīniñ vuṣūlünden {3} ve Donanma-yı Hümāyūn ile maʿiyyet-i saʿādetlerine iki alay cihādiyye ʿaskeri ve mühimmāt-ı vāfiye gönderildiği {4} ʿaṭūfetlü Mıṣır vālīsi ḥażretleri cānibinden ṣavb-ı serʿaskerīlerine yazılmış ve saʿādetlü Ḳapūdān paşa ḥażretleri {5} Donanma-yı Hümāyūn ile ol ṭarafa lenger-endāz-ı vuṣlat olaraḳ biraz mühimmāt virmiş ise de cihādiyye ʿaskeri {6} maʿiyyet-i saʿādetlerine virilmek uyamayacağından mevcūd-ı maʿiyyet-i şerīfleri olan ʿasker ile Mesolenk'i yiğirmi güne ḳadar {7} żabṭ ü tesḫīre taʿahhüd buyurursañız her bir lāzım olan edevāt-ı ḥarbiyye virileceğini ve illā kendüleri maṣlaḥatı {8} görmek içün ẕāt-ı saʿādetleriniñ āḫar maḥalle ʿazīmetleri īcāb eyleyeceğini ḳapūdān-ı müşārun-ileyhle saʿādetlü Mora Vālīsi {9} ve Serʿaskeri İbrāhīm Paşa ḥażretleri ifāde eylemiş olduḳlarından ve her ne ḳadar Mesolenk'iñ müddet-i yesīrede tesḫīri {10} me'mūl ise de verā-yı perde-i ḫafāda olan mevādda taʿahhüd uyamayacağından baḥis̱le nihāyet bu ṭarafdan {11} istīẕāna ḳarār virilmiş oldığı

ve hezār tekellüf ile Arnavudluḳ'dan ve Rumili ḳażālarından gelmiş ve gelmekde olan {12} ʿaskere ol cānibden ḥareketleri ṣūreti bildirilse bir gūne sızıldıya cür'et eyleyeceklerinden ḳable'l-istīẕān ḥareket {13} buyurmayacaḳları ḫuṣūṣunı şāmil ve ifāde-i sā'ireyi müştemil firistāde buyurılan taḥrīrāt-ı saʿādet-āyātları {14} me'āl ü mezāyāsı rehīn-i ıṭṭılāʿ-i ḫulūṣ-verī olmuş ve ḳapūdān ve serʿasker-i müşārun-ileyhimānıñ daḫi Mora {15} Ḳasteli'nde ẕāt-ı saʿādetleriyle ne vechile şifāhen ve taḥrīren muḫābere ve müẕākereleri vāḳiʿ olmuş oldığı {16} beyānıyla ol bābda istiʿlām-ı irāde-i seniyyeyi şāmil bi'l-iştirāk tevārüd iden taḥrīrātlarından keyfiyyāt-ı ḥāliye {17} tebeyyün itmiş olmağın cümlesi ḫāk-pāy-ı hümāyūn-ı mülūkāneye ʿarż ü taḳdīm ile maʿlūm-ı kerāmet-melzūm-ı {18} ḥażret-i pādişāhī buyurulmuşdur. Ẕāt-ı düstūrāneleri zīver-i besālet ü reviyyet ile ārāste olaraḳ {19} ḫaṭb-ı cesīm-i serʿaskerī ʿuhde-i istīhāl-i müşīrānelerine gümāşte ve seyf-i istiḳlāl-i tām ile miyān-ı {20} ḥamiyyet-nişānları pīrāste ḳılınalıdan berü her bir ḥāl ü ḥareketleri ḳānūn [ü] düstūriyyet-i serʿaskerīye muvāfıḳ {21} ve bu defʿa ḳable'l-istīẕān Mesolenk üzerinden ḳalḳmamaları daḫi mecbūl olduḳları ġayret ü ḥamiyyet {22} ve ḫidmet-i dīn ve Devlet-i ʿAliyye'de iltizām buyurduḳları ḫāhiş ve ṣalābete bürhān-ı ṣādıḳ ise de {23} Arnavud ʿaskeri maṣlaḥatıñ temdīd ü taşʿībini ticāret ittiḫāẕ eyledikleri maʿlūmları olan ḳażāyā-yı vāżıḥadan {24} olaraḳ bunlara ḳalur ise Mesolenk maṣlaḥatını bir vechile bitürmeyecekleri ve muḥārebede istiḫdām olunan {25} ʿasker muṭīʿ ü münḳād olmadıḳça yalñız serʿasker bulunan ẕāt ne derece saʿy ü himmet itse daḫi iş {26} görilemeyeceği derkār ve bi-taḫṣīṣ Mesolenk maṣlaḥatınıñ min-ġayr-ı me'mūl bu vechile kesb-i imtidād eylemesi {27} beher-ḥāl fütūr ü reḫāvet ʿārıżasını müntic olacağı bedīdār ve ʿavn ü ʿināyet-i Cenāb-ı Ḫayru'n-Nāṣırīn ile {28} Mesolenk'iñ bir daḳīḳa evvel żabṭ ve istiḫlāṣı irāde-i ḳāṭıʿa-i ḥażret-i cihān-dārī muḳteżāsından olaraḳ {29} imrār-ı vaḳti mūcib olur ḥareketi tecvīz şerʿan ve ʿaḳlen mümkin ü mutaṣavver olamayacağı müstaġnī-i tavṣiye ve işʿār {30} oldığına ve el-ḥāletü-hāẕihī müşārun-ileyhimā cedīd ve dinç ʿasker ile ol ṭarafa gelmiş olduḳlarına mebnī {31} Mesolenk maṣlaḥatı müşārun-ileyhimāya iḥāle ve tefvīż olunaraḳ kemā-kān Rumili eyāleti ve serʿaskerliği {32} ʿuhde-i saʿādetlerinde oldığı ve şimdiye ḳadar sebḳat iden ḫidemāt ve ġayretleri nezd-i ʿālī ve cümlemiz {33} ʿindlerinde meşkūr olaraḳ teveccühāt-ı ḳudsiyye-i ḥażret-i pādişāhī yine ḥaḳḳ-ı eḥaḳḳ-ı müşīrānelerinde ber-ḳarār {34} idüği ḥālde miḳdār-ı kifāye ʿasker ile Mesolenk'den ḳalḳub müteferriʿāt-ı me'mūriyyet-i serʿaskerīlerinden olan {35} Ṣālona ṭarafına ʿazīmet ve ol ḥavālīde olan ʿuṣāt-ı kefereyi ṭuʿme-i şimşīr-i celādet eylemeleri ḫuṣūṣuna {36} irāde-i ḳāṭıʿa-i şāhāne taʿalluḳ iderek ol bābda bir ḳıṭʿa fermān-ı ʿālī ıṣdār ve tesyār olunmuş oldığından {37} icrā-yı muḳteżāsına ṣarf-ı maḳderet ve bilā-tevaḳḳuf iʿtimād buyurdığıñız ʿaskerden ḳadr-i kifāye ʿasker istiṣḥāb {38} ve māʿadā bī-lüzūm olanlara iẕn ü ruḫṣat iʿṭā iderek ve zinhār ü zinhār ʿulūfe māddesinden (53) ve sā'ir şeyden dolayı ilişik peydā itmeyerek hemān Mesolenk üzerinden ḳalḳub Ṣālona {2} ḥavālīsine ʿazīmete müsāraʿat eyleyecekleri dirāyet-i aṣliyyeleri delāletiyle vāreste-i ḳayd [ü] te'kīd ve işʿār {3} ve bu māddede ḳaṭʿan ẕāt-ı saʿādetlerine ʿazv idecek bir keyfiyyet ve bir gūne müstelzim-i iġbirār olacaḳ {4} ḥālet olmayub ḥaḳḳ-ı düstūrīlerinde olan teveccühāt-ı ḥasene ve iʿtiḳādāt-ı müstaḥsene-i mülūkāne {5} s̱ebāt [s̱ābit?] ü ber-ḳarār ise de maʿāẕallāhü Taʿālā sözüm olmadı diyerek mücerred iġmāż ve ʿadem-i taḳayyüdden nāşī {6} ʿasker beyninde bir gūne fesād çıḳar ve "öñüni alamadım" gibi iʿtiẕāra ṣapılur ve müşārun-ileyhimānıñ {7} renciş-i ḫāṭırını mü'eddī olacaḳ ve Mesolenk işine bir gūne sekte virecek bir muʿāmeleñiz {8} vuḳūʿ bulur ise tamāma ṣayılmayub işte ol zamān iġbirārı daʿvet itmiş olacaḳlarından {9} vāḳiʿ olacaḳ ʿöẕrleri nezd-i hümāyūn-ı şāhānede ḳarīn-i ıṣġā olmayaraḳ beher-ḥāl mes'ūl {10} ü muʿāteb olacaḳlarınıñ işʿārı iḳtiżā-yı emr ü irāde-i mülūkāneden olaraḳ bu defʿa taḥvīl-i {11} me'mūriyyetleri ḫuṣūṣuna irāde-i ḳāṭıʿa-i mülūkāne taʿalluḳ idüb Bālyabādra ve Ḳasteller'e {12} lüzūmı miḳdār ʿasker iḳāme ve muḥāfaẓası ve bā-ʿavn-i Bārī bir ayaḳ evvel żabṭ ü tesḫīr eylemeleri {13} keyfiyyātı müşārun-ileyhimā Ḳapūdān paşa ve İbrāhīm Paşa ḥażretlerine taḥrīr ü işʿār ve kemā-kān Derbendāt {14} muḥāfaẓasında ḳıyām ü s̱ebāt eylemesi daḫi iḳtiżāsı vechile Silaḥdār Poda'ya maḫṣūṣan tasṭīr ve teẕkār {15} olunmuş oldığı maʿlūm-ı serʿaskerīleri buyuruldukda mūmā-ileyhi zinhār yerinden oynatmayub ve sā'ir {16} muḥāfaẓaya me'mūr olanları daḫi kemā-kān ḫidmet-i muḥāfaẓada ibḳā ve istiḫdām idüb maʿiyyet-i şerīflerinde olan {17} Īnebaḫtī Muḥāfızı İsmāʿīl Paşa ḥażretlerini daḫi Ṣālona'ya berāber götürmek mi münāsibdir, yoḫsa Īnebaḫtī {18} muḥāfaẓasına iḳʿādı mı müstaṣvebdir, bi'l-mülāḥaẓa iḳtiżā-yı keyfiyyetiñ işʿārına himmet ve ol ṭarafda {19} tevaḳḳufı cā'iz görmeyerek hemān iʿtimād eyledikleri ʿaskerden ḳadr-i kifāye ʿasker istiṣḥābıyla {20} bī-lüzūm olanları maḥallerine tefrīḳ ve ʿulūfe māddesinden ve sā'irden dolayı olan işleriñizi {21} hemān ḥüsn-i ṣūrete rabṭ ve tevs̱īḳ ile ilişik peydā itmeyerek serīʿan Mesolenk üzerinden ḳalḳub {22} ber-muḳteżā-yı irāde-i seniyye-i şāhāne Ṣālona ḥavālīsine ʿazīmet ve ḳahr ü tenkīl-i ʿuṣāt-ı kefere ile {23} ol ḥavālīniñ levs̱-i vücūd-ı eşḳıyādan taṣfiye ve taṭhīrine ṣarf-ı cüll-i miknet ve īfā-yı şerāyiṭ-i me'mūriyyete diḳḳat {24} ve müşārun-ileyhimā ḥażerātınıñ renciş-i ḫāṭırlarını mü'eddī olacaḳ ve Mesolenk maṣlaḥat-ı ehemmesine sekte virecek {25} vechen mine'l-vücūh ednā bir muʿāmeleleri vuḳūʿa gelmamesine beẕl-i reviyyet buyurmaları eḫaṣṣ-ı maṭlūb-ı ʿālī {26} idüği beyānıyla ḳā'ime. Lede'l-vuṣūl taḥrīrāt-ı düstūrīleri me'ālinde maṣārifāt-ı vāḳıʿa-i serʿaskerīleri-çün {27} ṭaraf-ı saʿādetlerine külliyyetlü aḳçe gönderilmesi münderic ü meẕkūr olub tārīḫ-i nemīḳa-i ḫāliṣānemizden {28} beş-altı gün muḳaddem mücerred teshīl-i mevādd-ı me'mūre-i serʿaskerīleri żımnında ṣavb-ı düstūrīlerine üç biñ kīse aḳçe {29} tertīb ve irsāl olunmuş oldığı maʿlūm-ı müşīrīleri buyuruldukda ber-minvāl-i muḥarrer ḥarekete himmet buyurmaları me'mūldür. Fī 8 Ca 41

[582/59] *Mora Vālīsi İbrāhīm Paşa ḥażretlerine*
{1} Gencīne-i fıṭriyye-i düstūrīlerinde merkūz olan cevher-i ʿālem-pesend-i şecāʿat ü merdānegī ve besālet iḳtiżāsı üzere {2} bi'l-istiḳlāl me'mūr-ı żabṭ ü tesḫīri olduḳları cezīre-i Mora'nıñ çār cihetinde kā'in kefere-i eşḳıyā-yı {3} dūzaḫ-ḳarārıñ ḳahr ü tedmīrlerine sell-i süyūf-ı ḳahramānīleri iḥālesiyle derūn-ı Mora'nıñ levs̱-i vücūd-ı {4} ḫabās̱et-ālūd-ı müşrikīnden taṣfiye ve taṭhīrine ṣarf itmiş olduḳları iḳdām-ı tām ve himmet-i mā-lā-kelāmlarına {5} iżāfe-i ḥasene olaraḳ muḳaddem taṣmīm itmiş olduḳları vechile Arḳadya ḳażāsıyla Pirġoz arasında {6} vāḳiʿ maḥalliñ daḫi eks̱er küffārı sāḥilde kā'in göl içinde olan cezīrede basṭ-ı būriyā-yı {7} nuḥūset itmiş olduḳlarına binā'en üzerlerine sevḳ-i ʿasākir-i nuṣret-me'ās̱ir ile kefere-i mesfūreniñ {8} ne vechile ḳahr ve iʿdām ve mevāżiʿ ü maḥāll-i sā'irede zuʿm-ı bāṭıllarınca taḥaṣṣun ve muḳābeleye {9} ictisār iden ʿuṣāt-ı eşḳıyānıñ gürūh-ı mekrūh-dūzaḫīlere ilḥāḳ ve me'vāları daḫi {10} iḥrāḳ-birle ḳatı çoḳ ṣıbyān ve nisvān seby ü istirḳāḳ ve eşyā ve ḥayvānātı iġtinām olunaraḳ {11} ol ḥavālīniñ tanẓīf ü taṣfiyesine ne ṣūretle himmet buyurulmuş ve es̱nā-yı muḫāberede ele geçen {12} iki yüz yiğirmi iki buçuḳ çift ḳulaḳ gönderilmiş oldıġı ve cenāb-ı ḥayderī-elḳāb-ı düstūrīleri daḫi {13} ʿAlī Çelebi nām ḳaryede saʿādetlü Yūsuf Paşa ve Ḳastel līmānında vezīr-i mükerrem saʿādetlü Ḳapūdān paşa {14} ḥażerātıyla mülāḳāt ve Mesolenk maṣlaḥatına dā'ir icrāsı muḳteżī olan tedābīr ü ārāyı dermiyān {15} ve müẕākere itmiş olduḳları beyānıyla bundan böyle ẓuhūr idecek vuḳūʿāt inhā ve işʿār buyurılacaġı {16} ifādesini mutażammın bu defʿa resīde-i enmile-i behcet olan taḥrīrāt-ı mekārim-āyāt-ı müşīrāneleri {17} mezāyā-yı ḫāṭır-küşāsı rehīn-i ıṭṭılāʿ-i ḫulūṣ-verī olub evvel ü āḫir uġur-ı meyāmin-mevfūr-ı **(56)** cenāb-ı pādişāhīde icrāsını iltizām buyurmuş olduḳları ḫidemāt-ı mebrūre ve me'ās̱ir-i meşkūreleri {2} el-ḥaḳ s̱ebt-i ṣaḥāyif-i rūzigār olmaġa şāyān ve bi'l-vücūh idḫāl-i engüşt-i iʿtirāżdan maṣūnü's-sāḥa {3} olaraḳ cümleler ʿindlerinde ve lā-siyyemā nezd-i meʿālī-vefd-i şāhānede mū-be-mū maʿlūm ü nümāyān {4} oldıġından başḳa bu defʿa daḫi ol vechile nesīm-i fevz ü nuṣret cānib-i İslāmiyān'a vezān {5} ve ġubār-ı hezīmet ü ḫüsrān cānib-i küffār-ı dūzaḫ-ḳarāra rīzān ile maẓhar-ı fütūḥāt-ı celīle {6} olduḳları müstelzim-i inbisāṭ-ı derūn ve müstevcib-i ḥubūr-ı gūn-ā-gūn olaraḳ taḥrīrāt-ı {7} vāride-i meẕkūreleri pīşgāh-ı meʿālī-destgāh-ı cenāb-ı ḫilāfet-penāhīye daḫi ʿarż ü taḳdīm ile {8} meşmūl-ı nigāh-ı mefāḫim-iktināh-ı [?] cenāb-ı pādişāhī buyurulmuş ve ẕikr olunan ḳulaḳlar daḫi {9} pīşgāh-ı bāb-ı ʿadālet-me'āb-ı mülūkānede ġalṭīde-i ḫāk-i meẕellet ḳılınmışdır. Ẕāt-ı ṣalābet-simāt-ı {10} düstūrīleriniñ öteden berü cebīn-i saʿādet-mübīnlerinde bāriḳa-fürūz olan envār-ı şecāʿat {11} ü ḥamiyyet

iḳtiżāsınca süpürde-i dūş-ı istīhālleri ḳılınan mehāmm-ı mevkūleleri icrāsında irā'e-i ṣuver {12} ü ārā ve temhīd-i muḳaddemāt ü inhādan muġnī ve her ḥāl ü kārda ḫidemāt-ı ḥasene ibrāz ü īfāsına {13} mücidd ü sā'ī olduḳları ẓāhir ü bedīhī ve Mesolenk'iñ fetḥ ü tesḫīri me'mūriyyeti 'uhde-i müşīrānelerine {14} iḥāle buyuruldığına dā'ir bu def'a şeref-yāfte-i sünūḥ olan irāde-i mekārim-'āde-i mülūkāne {15} tafṣīlātı dīger nemīḳa-i ḫāliṣānemiz me'ālinden ma'lūm-ı düstūrīleri olacağı ġayr-ı ḫafī olmağla {16} hemān Cenāb-ı Veliyyü't-Tevfīḳ her ḥālde ve umūr-ı mevkūle-i ser'askerīlerinde te'yīdāt-ı İlāhiyye'sine refīḳ-i ṭarīḳ {17} eylemek da'avātı her-bār zīver-i lisān-ı iḫlāṣ-nişānımız idüği beyānıyla ḳā'ime. Fī 9 Ca 41

[*582/62*] ***Ḳapūdān paşa ve İbrāhīm Paşa ḥażretlerine***

{1} Ẕāt-ı sa'ādet-āyātları Mora Vālīsi ve Ser'askeri sa'ādetlü İbrāhīm Paşa ḥażretleriyle bi'l-ittifāḳ {2} Mesolenk'iñ bā-'avn-i Cenāb-ı Rabb-i Müste'ān fetḥ ü tesḫīrine me'mūr buyurulmuş olduḳlarından ṣavb-ı 'ālīlerinden {3} vürūd-ı aḫbār-ı sārreye intiẓārımız derkār oldığı ḥālde bundan aḳdem sū-yı sāmīlerinden ḫāme-güẕār-ı {4} iş'ār oldığı vechile sa'ādetlü Rumili Vālīsi Reşīd Paşa ḥażretleriniñ Mesolenk üzerinden Ṣālona {5} ṭarafına rāyet-küşā-yı ḥareket ü 'azīmet ve ol ḥavālīde olan 'uṣāt-ı kefereye hecme-zen-i ṣavlet olması {6} ḫuṣūṣuna şāmil ve ifāde-i sā'ireyi müştemil iṭāre-i ṣavb-ı sa'ādetleri ḳılınan taḥrīrāt-ı ḫulūṣ-verī {7} ve ol bābda ıṣdār olunan emr-i 'ālī vāṣıl olmuş ise de evvelce Mesolenk'iñ bi'l-ittifāḳ muḥāṣarasına {8} ḳarār virmiş olduḳlarından baḥiṣle Rumili vālīsi müşārun-ileyhiñ nüfūẕını ḫalelden viḳāyeten evvelki ḳarār üzere {9} bi'l-ittiḥād emr-i muḥāfaẓaya iḳdām ü ġayret eylemekde olduḳlarını şāmil ser'asker-i müşārun-ileyhle müştereken {10} firistāde ve isrā buyurılan taḥrīrāt-ı behcet-āyāt-ı müşīrāneleri me'āl ü mezāyāsı rehīn-i ıṭṭılā'-i ḫulūṣ-verī {11} olmuş oldığından bu vechile yekdīgere muvāfaḳat ve ḫidmet-i Salṭanat-ı Seniyye'de ayrılıḳ ve ġayrılıḳ ṣūretlerini (58) berṭaraf ile ibrāz-ı me'āṣir-i reviyyet-mendāneye sa'y ü himmet olunaraḳ şu maṣlaḥatıñ ittiḥād ü ittifāḳ-ı fu'ād ile {2} ṭutulması maḥż-ı iṣābet ve bu bābda daḫi tevfīḳāt-ı Ṣamedāniyye'ye muḳārenetlerine 'alāmet olaraḳ {3} her vechile muḥassenātı derkār oldığından müstelzim-i kemāl-i inbisāṭ ü ferḥat olmuş ve taḥrīrāt-ı mezkūreleri {4} ḥużūr-ı kerāmet-mevfūr-ı ḥażret-i mülūkāneye bi't-taḳdīm meşmūl-ı naẓar-ı cenāb-ı cihān-bānī buyurılaraḳ işbu ittifāḳları {5} māddesi nezd-i 'āṭıfet-vefd-i şāhānede daḫi bādī-i taḥsīn ve şāyān-ı şābāş ü āferīn {6} oldığını mutażammın ḫaṭṭ-ı mekārim-nuḳaṭ-ı ḥażret-i pādişāhī levḥa-pīrā-yı ṣudūr buyurulmuşdur. Cenāb-ı {7} feṭānet-niṣābları şecī' ve ġayūr ve mezīd-i merdī ve besālet ile meftūr vüzerā-yı 'iẓām-ı Salṭanat-ı Seniyye'den {8} olaraḳ umūr-ı me'mūrelerinde ez-dil ü cān iẓhār-ı levāzım-ı ġayret-şi'ārīye ṣārif-i mā-ḥaṣal-i tüvān {9} ve inşā'allāhü'r-Raḥmān 'ahd-i ḳarībde muḥāṣarasında olduḳları şu Mesolenk'iñ fetḥ ü tesḫīriyle bir ḳat daḫi maẓhar-ı {10} daʿavāt-ı ḫayriyye-i ḥażret-i pādişāh-ı kītī-sitānī olacaḳları derkār ve meṣāliḥ-i mevkūle-i düstūrānelerinde {11} ez-her-cihet yollu ḏavranaraḳ te'kīd ü iḫṭāra ḥācet bıraḳmayacaḳları şimdiye ḳadar ibrāz buyurulmuş olan {12} ḫidemāt-ı meşkūre ve mesāʿī-i mebrūreleri delāletiyle müberhen ü āşikār olaraḳ bu defʿa veṣāyā-yı lāzıme {13} serʿasker-i müşārun-ileyhe taḥrīr ü işʿār olunmuş oldığından başḳa bu ḫuṣūṣı çend rūz muḳaddem saʿādetlü Rumili vālīsi {14} ḥażretleri daḫi bā-taḥrīrāt inhā itmiş oldığına binā'en ḳarār virildiği üzere bi'l-ittifāḳ icrā-yı lāzıme-i {15} me'mūriyyete iḳdām ve merāsim-i yegānegī ve ittiḥāda mezīd-i ihtimām eylemesi ḫuṣūṣı müşārun-ileyhe daḫi taḥrīr ü işʿār ḳılınmış {16} olmağla ẕāt-ı saʿādetleri muḳteżā-yı seciyye-i merdānegī ve besāletleri üzere fetḥ ü tesḫīri {17} niyyet-i ḫayriyyesinde olduḳları şu Mesolenk'iñ ber-vefḳ-i maṭlūb-ı ʿālī bir ān aḳdem müşārun-ileyhimā ile bi'l-ittifāḳ {18} ve'l-ittiḥād żabṭ ü tesḫīri vesā'iliniñ istikmāliyle cümlemizi vāye-dār-ı neşāṭ buyurmaları siyāḳında ḳā'ime. Fī 27 C 41

[582/63] *Rumili vālīsine*

{1} Mora eşḳıyāsıyla sā'ir ʿiṣyān üzere olan gāvurlara iʿāneten İngiltere tüccārından {2} üç ayda bir onar biñ kīse aḳçe virilmek üzere iki yüz biñ kīse aḳçe tertīb olunaraḳ {3} bu aḳçeniñ taḳsīṭ-i evvelinden Mesolenk gāvurlarına biñ iki yüz kīse aḳçe ʿulūfe gönderilmiş idüğüni {4} muḳaddemce Anābolī'dan Mesolenk'e gelür iken aḫẕ olunan diller taḳrīr itmiş olduḳlarından meblağ-ı mezbūr aḫẕ {5} ve iğtinām ḳılındığı ve İngiltere idāresinde olan Ḳalāmoṭa [?] aḏasına firār iden eşḳıyā göçleri {6} ḳabūl olunmayaraḳ yine berü ṭarafa iʿādeleri ḫuṣūṣı ṣavb-ı [ser]ʿaskerīlerinden Ḳorfa cenerāline yazılmış ise de {7} henüz cevābı vürūd itmediği ve memālik-i maḥrūsede olan Petāla cezīresine Ayāmavra ḳūmandānı ṭarafından {8} bāndīra vażʿ olundığını ol ṭarafdan gelan cāsūslar ifāde ve ele geçen diller daḫi taḳrīr itmiş olduḳları {9} ve Ṣālona me'mūriyyetini terk ve firār itmiş olan Yaşar Paşa ve Ḥüseyin Paşa ve sā'irleriniñ yine maʿiyyet-i {10} serʿaskerīlerine taʿyīn olunması ve isā'et-i vāḳıʿasına mebnī İzdīn'de izāle ve iʿdām olunan Sulço'nuñ {11} muḫallefātında külliyyet oldığından cānib-i mīrī-çün żabṭ ü taḥrīri bābında emr-i ʿālī ıṣdār ve mübāşir taʿyīn {12} ve tesyār ḳılınması ve aḳçesizlik cihetiyle mevcūd-ı maʿiyyetleri olan ʿasākiriñ idāre-i taʿyīnātları ḫuṣūṣunda {13} dūçār-ı müżāyaḳa oldığıñızdan aḳçesiyle aḏalardan ve müste'men sefīnelerinden ẕaḫāyir celb ve mübāyaʿası {14} mādde-i ehemmesiniñ müşārun-ileyh Ḳapūdān paşa ḥażretlerine taḥrīr ü işʿār ve miḳdār-ı vāfī ḫazīne irsāliyle {15} taḳviye-i bāzū-yı miknetlerine ibtidār olunması ve bundan aḳdem Dersaʿādet'den Eğrīboz içün tertīb ve irsāl olunan {16} ẕaḫāyire dā'ir Eğrīboz muḥāfıẓı ḥażretleriniñ sū-yı saʿādetlerine gelan ḳā'imesi ve pūşulalar {17} gönderilmiş idüğünden başḳa resm-i iḥtiyāṭa riʿāyeten Tırḥāla sancağı mübāyaʿasından on biñ keyl ḥınṭa {18} tertīb ve Bülbülce muḥāfızı Ṭāhir Biñbaşı maʿrifetiyle iki ḳıṭʿa sefīneye taḥmīlen tesrīb olunması {19} ḫuṣūṣunı Tırḥāla mutaṣarrıfına yazmış olduḳları keyfiyyātı ḥāvī ve ifādāt-ı sāʾireyi muḥtevī (59) tevārüd iden taḥrīrāt-ı şerīfeleri mezāyāsı ve evrāḳ-ı mersūle müʾeddāsı rehīn-i ıṭṭılāʿ-i ḫulūṣ-verī {2} oldığından ṣoñra ḫāk-pāy-ı ʿāṭıfet-iḥtivā-yı ḥażret-i cihān-dārīye ʿarż ü taḳdīm ile meşmūl-ı {3} liḥāẓa-i ʿāṭıfet-ifāża-i cenāb-ı pādişāhī buyurulmuşdur. İngiltere tüccārınıñ eşḳıyāya iʿāne aḳçesi {4} tertībi māddesiyle cezīre-i merḳūmeye ḳūmandān-ı mersūm ṭarafından bāndıra vażʿı māddesi daḫi eṭrāfıyla {5} açılaraḳ Ḳorfa cenerāl ve sāʾir İngiltere ḳūmandān ve amirāli ṭaraflarına muḫābere münāsebeti düşdükçe {6} maʿrıż-ı iddiʿāda yād ü teẕkār eylemesi ḳapūdān-ı müşārun-ileyhe taḥrīr olunmuş olub mūmā-ileyhimā Yaşar Paşa ve Ḥüseyin Paşa ile {7} sāʾirleriniñ yine maʿiyyetlerine meʾmūriyyetleri ṣūreti inhā ve işʿār buyurulmuş ise de bunlar ol vechile {8} bilā-mūcib firār ve tefriḳa isāʾetini irtikāb itmiş olduḳlarına naẓaran iltimāsları vechile ibrāz-ı ḫidmet itmek {9} şarṭıyla ʿafv olunacaḳları gösterilse bile vuḳūʿa gelan isāʾetlerinden ve merḳūm Sulço'nuñ iʿdāmı ḳażiyyesinden {10} ḍolayı tekrār maʿiyyet-i saʿādetlerine gelmeğe emīn olamayacaḳlarından māʿadā biʾl-farż gelecek olsalar daḫi {11} vaḳtiyle gelmeyüb geldikleri taḳdīrce de o maḳūle ihānet ü ḫabāṣeti irtikāb iden ḥamiyyetsizleriñ {12} tekrār celb ü cemʿinde çendān fāʾide ḥāṣıl olmayaraḳ belki yine bir fesād ü isāʾete taṣaddī idecekleri {13} derkār oldığından bunlarıñ tekrār meʾmūriyyetlerinden ṣarf-ı naẓar ile mücāzāt-ı aʿmālleri vaḳtiyle biʾl-mülāḥaẓa {14} iḳtiżāsına baḳılmaḳ üzere şimdiki ḥālde meskūtün-ʿanh bırağılması münāsib göründiği ve vāḳıʿan merḳūm Sulço'nuñ {15} s̱ervet ü yesārı maʿlūm olan keyfiyyātdan olaraḳ żabṭ-ı muḫallefātı lāzımeden oldığından {16} sünūḥ iden irāde-i ʿaliyye-i ḥażret-i pādişāhī iḳtiżāsı üzere bu ḫuṣūṣa sābıḳ Māliye Teẕkirecisi {17} İbrāhīm Efendi intiḫāb ü iḫtiyār ve bundan aḳdemce Tırḥāla cānibine tesyār olunmuş oldığı {18} ve ẕaḫīre mübāyaʿası māddesiniñ ḳapūdān-ı müşārun-ileyhe işʿārı taḥrīrāt-ı vāridelerinde meẕkūr {19} ve aḳçe irsāli ḫuṣūṣı daḫi mesṭūr olaraḳ nezd-i saʿādetlerinde maʿlūm oldığı üzere umūr-ı serʿaskerīye {20} müteferriʿ kāffe-i meṣāliḥ-i vāḳıʿalarında lāzım gelan teshīlātıñ icrāsına şimdiye ḳadar saʿy ü ġayret {21} olunmuş oldığı mis̱illü baʿd-ez-īn daḫi iḳdāmāt-ı muḳteżiyede ḳuṣūr olunmayacağı emr-i ġayr-ı mestūr ise de {22} bundan aḳdem vāḳiʿ olan inhālarına mebnī maṣārif-i serʿaskerīye maḥsūben üç biñ kīse aḳçe tertīb {23} ve irsāl olunmuş oldığından işbu istidʿāları anıñ vuṣūlünden evvel olmuş ve şimdiye ḳadar mebāliğ-i merḳūme {24} ṭaraf-ı saʿādetlerine varmış olacağı ecilden bulunan maḥallerden ẕaḫīre tedārük ve mübāyaʿa olunaraḳ {25} defʿ-i müżāyaḳa esbābına teşebbüs̱ eylemiş olacaḳlarınıñ melḥūẓiyyetine naẓaran ḫuṣūṣ-ı mezbūruñ {26} ḳapūdān-ı müşārun-ileyhe taḥrīr ü inbāsı ḥāṣıl-ı taḥṣīl nev'inden olacağı ve Īnebaḥtī 'atīḳ 'askeri {27} 'ulūfeleri-çün müşārun-ileyh Ḳapūdān paşa ḥażretlerinden istiḳrāż buyurılan yüz elli biñ ġurūş daḫi {28} bundan böyle lede'l-iḳtiżā cenāb-ı düstūrīlerine gidecek aḳçeden ifrāz olunmaḳ üzere bu bābda {29} sünūḥ iden irāde-i seniyye mūcebince Ḍarbḫāne-i 'Āmire'den müşārun-ileyh ḥażretleriniñ ḳapu ketḫüdāları {30} efendiye i'ṭā ve ol bābda vāḳi' olan iş'ārına mebnī ṭaraf-ı müşārun-ileyhe irsāl ü isrā {31} olunmuş oldığı ve taḥrīrāt-ı meẕkūrelerinde Eğrīboz muḥāfızı müşārun-ileyhiñ ḳā'imesi derūnuna {32} mevżū' pūṣulalarıñ gönderildiği muḥarrer ise de buña dā'ir derūn-ı ḳā'imede bir gūne evrāḳ ẓuhūr {33} itmamiş oldığına göre sehve mebnī ol ṭarafda ḳalmış olacağı āşikār oldığından su'āli emr ü irāde-i {34} ḥażret-i pādişāhīden idüği ma'lūm-ı düstūrāneleri buyuruldukda mecbūl oldığıñız dirāyet ü besālet {36} iḳtiżāsı ve dīger nemīḳa-i ḫāliṣānemizde vāḳi' olan iş'ārımız ve müşārun-ileyhimā Ḳapūdān paşa {37} ve İbrāhīm Paşa ḥażerātı ile olan ḳarārıñız ibtiġāsı üzere icrā-yı lāzıme-i me'mūriyyete müşārun-ileyhimā ḥażerātıyla {39} bi'l-ittifāḳ ve'l-ittiḥād ṣarf-ı mā-ḥaṣal-i miknet ve her ḥālde ibrāz-ı ḥarekāt-ı reviyyet-mendāneye beẕl-i cüll-i himmet buyurmaları {40} siyāḳında ḳā'ime. F 28 C 41

[582/64] *Erdek ve Paşalīmānı ve Marmara nā'iblerine başḳa başḳa*
{1} Andıra cezīresinden Dersa'ādet'e gelmek üzere Baḥr-i Sefīd boğazında tevḳīf ḳılınmış oldığı muḳaddemā {2} sa'ādetlü Boğaz muḥāfızı ḥażretleri ṭarafından inhā olunan elli sekiz nefer Naṣrāniyyeleri Marmara ve Ekinlik {3} ve Paşalīmānı ve Erdek nām maḥallere i'zām eylemesi ol vaḳt muḥāfız-ı müşārun-ileyhe iş'ār olunaraḳ mesfūreler {4} maḥāll-i meẕkūreye gönderilmiş ve keyfiyyet Rum paṭrīḳi ṭarafından daḫi metrepolīd ve ḳocabaşıları ṭaraflarına {5} mektūblar irsāliyle bildirilmiş idi. Ba'dehū mersūmeleriñ ḥāl ü keyfiyyetini paṭrīḳ-i mersūm ḥużūrumuza beyān {6} ü istirḥām ile şifāhen vāḳi' olan ruḫṣat ve tenbīhimiz üzere mu'aḫḫaren paṭrīḳ-i mesfūr ṭarafından {7} Ḳapuḏağı ve Paşalīmānı metrepolīdlerine yazılmış ise de emr-i 'ālī olmadığı serriştesiyle mersūmeleriñ {8} mürūrlarına ṭarafıñdan teẕkire virilmediği beyānıyla Dersa'ādet'e mürūrlarına mümāna'at olunmamasını bu def'a {9} paṭrīḳ-i mersūm bā-taḳrīr istid'ā idüb mersūmeleriñ 'aceze ve nisvān olaraḳ ol ṭaraflarda dūçār-ı ıżdırāb {10} ü sefālet olduḳlarına binā'en merḥameten mürūrlarına ruḫṣat virilmiş olmağla emr ve tenbīhimiz ile paṭrīḳ-i mersūm {11} ṭarafından muḳaddem gönderilmiş olan kāğıdlar vechile mersūmeleriñ Dersa'ādet'e mürūrlarına ruḫṣat ve bu vesīle ile {12} [bir] ferdiñ bilā-teẕkire āmed-şod idemamesi ḫuṣūṣuna 'ale'd-devām mübāderet eylemañ içün mektūb. Fī 4 B 41

[582/97] *Çirmen mutaṣarrıfına*

{1} Eşḳıyā ṭā'ifesi ḳuvve-i ḳāhire-i İslāmiyye'yi ḥamden s̱ümme ḥamden her maḥalde müşāhede itmekde olduḳlarından {2} ümniye-i bāṭılalarından me'yūs olaraḳ ve gūyā ölümi gözlerine alaraḳ Mārt'ıñ şiddetli lodoslarında {3} ṣaġīr ve kebīr ḳırḳ-elli ḳadar tekne-i menḥūseleriyle Boġaz'dan içerü girmek üzere beynlerinde meşveret {4} eylediklerini eşḳıyā-yı mersūme yedinden mecrūḥan Boġaz'a vürūd itmiş olan bir nefer Rūsyalu ḳapūdānı {5} ḫaber virmiş oldıġı ve mevcūd-ı maʿiyyeti olan ʿasker beş-altı maḥalliñ muḥāfaẓasında olaraḳ anda daḫi {6} ʿusret derkār idüği beyānıyla şu günlerde maʿiyyetine Rumili ṭaraflarından miḳdār-ı kifāye ʿasker taʿyīni {7} mertebe-i vücūbda oldıġını ḥālā Boġaz Muḥāfıẓı vezīr-i mükerrem saʿādetlü Muṣṭafā Paşa ḥażretleri bā-taḥrīrāt {8} inhā ve işʿār itmiş olub eşḳıyā-yı mersūme cānlarını gözlerine alaraḳ īrās̱-ı ḫalecān itmek dāʿiye-i {9} bāṭılasıyla bir lodos havāsında Boġaz'dan içerü duḫūle cür'et itmek üzere mābeynlerinde müẕākere {10} sebḳ eylediği muḳaddemce bi'l-istiḫbār boġaz-ı meẕkūr ḳalʿa ve ṭābyalarınıñ taḳviye ve istiḥkāmı irādesiyle {11} ṭopçı orṭaları taʿyīn ve veṣāyā-yı lāzıme daḫi muḥāfıẓ-ı müşārun-ileyhe işʿār ü tebyīn olunmuş {12} ve ol vaḳt keyfiyyet sū-yı müşīrīlerine daḫi taḥrīr ile dāḫil-i ḥükūmetleri olan sevāḥiliñ mekāyid-i aʿdādan {13} kemāliyle muḥāfaẓa ve muḥāresesine diḳḳat eylemeleri te'kīd ḳılınmış oldıġına ve muḥāfıẓ-ı müşārun-ileyhiñ işbu işʿārı daḫi {14} ḫaber-i sābıḳ-ı meẕkūrı mü'eyyid olaraḳ ḥavādis̱ nevʿinden idüğüne binā'en inşā'allāhü'r-Raḥmān ṭā'ife-i eşḳıyā {15} o maḳūle cesārete fırṣat-yāb olamayaraḳ ʿan-ḳarīb cezā-yı sezālarını müşāhede ile maẓhar-ı ḳahr ü dimār {16} olacaḳları dergāh-ı Ḥażret-i Rabb-i Müntaḳim ve Ḳahhār'dan leyl ü nehār mes'ūl ü mütemennā ise de ber-muḳteżā-yı {17} vaḳt ü ḥāl ḥazm ü iḥtiyāṭa riʿāyet vācibeden ve eşḳıyā-yı kefere cānlarını gözlerine almış {18} olduḳlarından kendülerden her dürlü ihānet ü melʿanet me'mūl idüği vāżıḥātdan olaraḳ {19} şimdi muḥāfıẓ-ı müşārun-ileyhiñ inhā ve işʿār eylediği ʿasker Anāḍolī ḳażālarından tertīb ve taʿyīn olunsa {20} çıḳub gelmeleri ḫaylī vaḳte muḥtāc oldıġından māʿadā gelseler daḫi lāyıḳıyla işe yarayamayacaḳları {21} mücerreb ü maʿlūm idüğüne ve muḥāfıẓ-ı müşārun-ileyh daḫi Rumili ʿaskeri olmaḳ üzere maṭlūb eylemiş {22} oldıġına binā'en gāvurlarıñ taṣmīm eyledikleri rivāyet olunan mevsimler güẕerān idinceye değin iki ay ḳadar {23} müstaḫdem olmaḳ üzere tīz elden biñ nefer işe yarar ve güzīde ʿaskeriñ ṭaraf-ı şerīflerinden irsāli çāresine {24} teşebbüşden başḳa tedbīr bulunamamış olub şöyle ki, ḳapu bölükbaşı ve tüfenkçibaşıñız maʿiyyetlerinde ne miḳdār {25} mevcūd sekbān neferātı var ise hemān tīz elden anları żabṭ ü rabṭa ḳādir ve iʿmāl-i ʿaskere muḳtedir {26} bir başbuġ intiḫābıyla maʿiyyet-i müşārun-ileyhe irişdirüb biñ nefere iblāġına iḳtiżā idecek ḳuṣūr {27} neferātı daḫi vaḳt geçürmeyerek serīʿan ve ʿācilen tanẓīm ile verālarından baʿs̱ ü isrā ve intiḫāb ve irsāl

{28} eyleyecekleri başbuġ lede'l-iḳtiżā muḥārebede ʿaskere s̱ebāt itdirerek iş gördürmek ve muḥāfıẓ-ı {29} müşārun-ileyhiñ kendü adamı ve bayaġı ḳapu bölükbaşısı gibi her vechile emr ü nehyine iṭāʿat ü inḳıyād itmek üzere {30} başbuġ-ı mūmā-ileyhe ekīd ü şedīd tenbīh iderek ṣoñra muḥāfıẓ-ı müşārun-ileyh ṭarafından bir gūne şikāyet vuḳūʿa gelür ise {31} te'dīb olunacaġını gūş-ı hūşuna ilḳā ve bundan başḳa daḫi Īnöz'e ḳadar sevāḥiliñ mekāyid-i aʿdādan {32} ḥıfẓ ü ḥırāsetleri esbābınıñ istiḥṣāline diḳḳat ü iʿtinā eylemeñiz ḫuṣūṣuna irāde-i ʿaliyye-i şāhāne {33} taʿalluḳ iderek ol bābda ḫāṭır-ı şerīf-i mülūkāne şeref-rīz-i ṣudūr olmuş ve sālifü'z-ẕikr ʿasker aylıḳlu olaraḳ {34} ṭaleb olunmaḳ cihetiyle biñ neferiñ biri noḳṣān ve nā-tüvān olmamaḳ üzere iḳtiżā iden iki aylıḳ {35} māhiyyeleri naḳden muḥāfıẓ-ı müşārun-ileyh ṭarafına irsāl ve sā'ir levāzım ve taʿyīnātları daḫi ikmāl olunaraḳ {36} ve Boġaz ḳalʿa ve ṭabyalarınıñ taḳviye ve istiḥkāmına dā'ir tedābīr-i lāzıme bu ṭarafda daḫi icrā ve istiḥṣāl {37} ḳılınaraḳ keyfiyyet eṭrāfıyla muḥāfıẓ-ı müşārun-ileyhe işʿār ü tafṣīl ḳılınmış olmaġla cenāb-ı düstūrīleri muḳteżā-yı (85) mehām-āşināyī ve fütüvvet ve mübteġā-yı kār-āzmūdegī ve dirāyetleri üzere işbu nemīḳa-i ḫāliṣānemiziñ {2} vürūdı ānda vaḳt ü ḥāli ve ehemmiyyet-i maṣlaḥatı eṭrāfıyla mülāḥaẓa ve tefekkür buyuraraḳ {3} ve maṣlaḥat beyne'n-nās şāyiʿ olub bir neviʿ güft [ü] gū olmamaḳ üzere mümkin mertebe ḫafī ṭutaraḳ {4} ḳapu bölükbaşı ve tüfenkçibaşıñız maʿiyyetlerinde ne ḳadar mevcūd sekbān neferātı var ise hemān żabṭ {5} ü rabṭ ve iʿmāl-i ʿaskere muḳtedir ve münāsib bir başbuġ intiḫābıyla maʿiyyet-i müşārun-ileyhe irişdirmeġe ve biñ nefere {6} iblāġına īcāb idecek ḳuṣūr neferātı daḫi zinhār vaḳt ü zamān güẕerānını tecvīz buyurmayaraḳ {7} işe yarar ve tāmmü'l-esliḥa olmaḳ üzere serīʿan ve ʿācilen tanẓīm ile verālarından irsāle nis̱ār-ı mā-ḥaṣal-i himmet {8} ve gönderilecek biñ neferiñ māhiyyeleri ḳurb ü civāriyyet taḳrībi ve ṣıyānet-i mīrī farīżası gözedilerek {9} ḳaçar ġurūş aylıḳ virilmek üzere ḳaṭʿ ve tanẓīmine himmet buyurılabilür ise keyfiyyeti müşārun-ileyh ṭarafına {10} ve ṭarafımıza taḥrīr ü işʿāra ve intiḫāb ve irsāl buyuracaḳları başbuġa daḫi lede'l-ḥāce muḥārebede {11} ʿaskere s̱ebāt ü devām itdirmek ve muḥāfıẓ-ı müşārun-ileyhi efendi bilüb bayaġı etbāʿısı mis̱illü {12} her bir emr ü nehyine iṭāʿat ü inḳıyād itmek ve taʿyīn eylediği maṣlaḥata cān ü göñülden yapışmaḳ üzere {13} ekīd ü şedīd tenbīh buyuraraḳ ṣoñra muḥāfıẓ-ı müşārun-ileyhden bir gūne şikāyet ẓuhūra gelür ise te'dībinde {14} daḳīḳa fevt olunmayacaġını daḫi gereği gibi gūş-ı hūşuna ilḳāya mezīd-i saʿy ü diḳḳat ve evvel ü āḫir {15} vāḳiʿ olan işʿār ve tavṣiyemiz üzere dāḫil-i ḳalem-rev-i ḥükūmet-i müşīrīleri olan sevāḥil ve enḥānıñ {16} Īnöz'e ḳadar mekāyid-i eşḳıyā ve tasalluṭ-ı aʿdādan maṣūn olacaḳ vechile ḥıfẓ ü ḥırāsetleri esbābı {17} ne maḳūle iḳdām ü himmete tevaḳḳuf ider ise bir vechile ihmāl itmeyerek hemān ol ṣūreti istikmāle {18} ṣarf-ı maḳderet-birle her ḥālde is̱bāt-ı müdde'ā-yı reviyyet-mendī ve ḥamiyyete bezl-i mā-ḥaṣal-i iḳdām ü ġayret {19} buyurmaları maṭlūb idüği beyānıyla ḳā'ime. Fī 4 Ş 41

[*582/101*] *Ḳapūdān paşaya*
{1} Rumili Vālīsi ve Ser'askeri sa'ādetlü Meḥmed Reşīd Paşa ḥażretleriniñ evvelki ḳarār üzere Mesolenk {2} maṣlaḥatında tevḳīfi ḫuṣūṣuna irāde-i seniyye-i şāhāne ta'alluḳ iderek ol bābda müşārun-ileyh ve sa'ādetlü {3} Mora ve Cidde vālīsi El-Ḥāc İbrāhīm Paşa ḥażretleriyle bi'l-ittiḥād Mesolenk'iñ żabṭ ü tesḫīrine ṣarf-ı {4} iḳtidār buyurmaları żımnında irsāl ü tesyār olunan nemīḳa-i muḫliṣānemiziñ vuṣūlünden ve müşārun-ileyh Rumili vālīsi {5} ḥażretleriniñ ol vechile maṣlaḥat-ı merḳūmede taḳrīri bādī-i maḥẓūẓiyyet-i müşīrīleri oldığından baḥiṣle {6} müşārun-ileyh İbrāhīm Paşa ḥażretleri giçen şehr-i Receb-i Şerīf'iñ on altıncı güni ṭop ve ḫumbaralar {7} vaż'ıyla Mesolenk'i ne derecelerde göz açdırmayaraḳ ḥaṣr ü tażyīḳe mübāderet ideceklerini {8} sū-yı müşīrīlerine yazmış ve ṭaraf-ı sāmīlerinden her ne istemişler ise i'ṭā olunmuş ve beş-altı def'a izbāndīd {9} tekneleri li-ecli'l-i'āne Mesolenk'e gelmişler ise de ne vechile meksūren 'avdet itdirilerek Mesolenk'iñ {10} berren ve baḥren esbāb-ı ḥaṣr ü tażyīḳi kāmilen istiḥṣāl ḳılınmış oldığından bā-'avn-i Bārī ḳarīben {11} ġā'ilesiniñ berṭaraf olacağı elṭāf-ı İlāhiyye'den müsted'ā oldığı ve Donanma-yı Hümāyūn sefāyininden {12} revġan-ı sāde ve zeyt tükenüb faḳaṭ bordo fenārlarında yaḳılmaḳ üzere beher vuḳıyyesi üçer buçuḳ {13} ġurūşa olaraḳ iki biñ vuḳıyyeden mütecāviz revġan-ı zeyt iştirā olundığını müte'āḳiben körfez {14} içerüsüne giren Nemçelü sefīnesinden yetmiş beşer pāra fī ile yiğirmi beş biñ altı yüz on üç vuḳıyye {15} revġan-ı zeyt ve yiğirmi beşer pāraya olaraḳ otuz bir biñ üç yüz on dört vuḳıyye zeytūn mübāya'a {16} ve ba'żı ẓuhūr iden ḳayıḳlardan daḫi peksimād aḫẕ olunaraḳ iki māh ḳadar Donanma-yı Hümāyūn'uñ {17} idāre olunabileceği ve muḳaddemce vāḳi' olan iş'ār-ı muḫliṣī üzere İngilterelünüñ Rumlara {18} i'āneti ḫuṣūṣı lede't-taḥarrī Anābolī'dan Mesolenk gāvurlarına 'ulūfe nāmıyla gönderilan aḳçeyi {19} müşārun-ileyh Rumili vālīsi ḥażretleriniñ ḳaraġolda olan 'askeri bi't-teṣādüf iġtinām eylemiş olduḳlarından {20} bu mādde żımnında Cezāyir-i Seb'a Ḳomāndārı Pīşel [?] maṭlūb buyurulmuş ve henüz gelmamiş ise de bundan böyle {21} vürūdunda her bir şey müẕākere-birle ṣūret-i keyfiyyeti iş'ār olunacağı tafṣīlātına dā'ir ṭaraf-ı ḫāliṣānemize {22} olaraḳ irsāl buyurılan taḥrīrāt-ı sa'ādet-āyāt-ı düstūrāneleri ve Tersāne-i 'Āmire emīni 'izzetlü efendi bendelerine {23} olan çend ḳıṭ'a şuḳḳa-i şerīfeleri me'āl ü mezāyāsı rehīn-i ıṭṭılā'-i ḫulūṣ-verī ve cümlesi (88) ḫāk-pāy-ı hümāyūn-ı şāhāneye daḫi 'arż ü taḳdīm ile meşmūl-ı liḥāẓa-i cenāb-ı pādişāhī olmuşdur. {2} Mesolenk'iñ ber-vech-i meşrūḥ germiyyetle ḥaṣr ü tażyīḳine i'tinā ve mübāderet olundığı işbu iş'ār-ı müşīrīlerinden

{3} evvelce müşārun-ileyhimā ḥażerātı ṭaraflarından daḫi müştereken inhā olunmuş oldığından inşā'allāhü Ta'ālā 'ahd-i ḳarībde {4} ġā'ile-i merḳūmeniñ berṭaraf olacağı 'ināyet-i Sübḥāniyye'den mes'ūl ü mütemennā ve Donanma-yı Hümāyūn'uñ ḳūmānya {5} ḫuṣūṣunda bu vechile ṣıḳındısı mündefi' olaraḳ iki aylıḳ ẕaḫīreniñ tedārük olunması bādī-i {6} maḥẓūẓiyyet-i cenāb-ı şehinşāh-ı kişver-küşā olub eğerçi muḳaddemce Donanma-yı Hümāyūn'a muḳteżī olan {7} revġan-ı zeyt Midillü'den tertīb olunmuş ise de ẕāt-ı düstūrīleri ḥāżır bu vechile mübāya'a itmiş olduḳlarından {8} yazdıḳları ḥesāb üzere gerek zeytūn ve gerek revġan-ı zeytiñ iḳtiżā iden bahāları şeref-sünūḥ iden {9} irāde-i seniyye-i mülūkāne mūcebince Tersāne-i 'Āmire ḫazīnesinden ṣavb-ı sa'ādetlerine irsāl olunmaḳ üzere {10} oldığı ma'lūm-ı sa'ādetleri buyuruldukda hemān ẕāt-ı sa'ādetleri ba'd-ez-īn daḫi müşārun-ileyhimā ḥażerātıyla {11} bi'l-ittiḥād şu Mesolenk'iñ bir ān evvel eyādī-i nikbet-mebādī-i kefereden taḫlīṣi esbābını istiḥṣāle sür'ate {12} mübāderet buyurmaları siyāḳında ḳā'ime. Lede'l-vuṣūl bi-mennihī Ta'ālā evvelbahārda Dersa'ādet'den gönderilecek {13} süfün-i Donanma-yı Hümāyūn ile bir miḳdār zift ve ḳaṭrān gönderilmesi Tersāne-i 'Āmire emīni efendi-i mūmā-ileyh {14} ṭarafına mersūl ṣuḳḳa-i şerīflerinde muḥarrer oldığına ve vāḳı'an ẕikr olunan zift ve ḳaṭrānıñ Donanma-yı Hümāyūn {15} sefāyinine şiddet-i lüzūmuna mebnī süfün-i meẕkūra taḥmīlen irsāli ḫuṣūṣuna diḳḳat eylemesi daḫi emīn-i mūmā-ileyhe {16} tenbīh olunmuş olmağın hemān cenāb-ı müşīrīleri her ḥālde icrā-yı levāzım-ı ġayret ü besālete himmet buyurmaları me'mūldür. Fī 4-5 Ş 41

[*582/106*] ***Mora vālīsine ve Ḳapūdān paşaya başḳa başḳa***

{1} Ma'lūm-ı müşīrīleri oldığı üzere Donanma-yı Hümāyūn ve süfün-i sā'ireye lüzūmı olan dört aylıḳ ẕaḫīreniñ {2} ḥasbe'l-vaḳt Dersa'ādet'den irsālinde 'usret derkār oldığına binā'en peder-i me'ālī-küsterleri 'aṭūfetlü Mıṣır Vālīsi {3} El-Ḥāc Meḥmed 'Alī Paşa ḥażretlerine ḥavāle olunmuş idüği muḳaddem ve mu'aḫḫar ṣavb-ı müşīrīlerine taḥrīr ü iş'ār ḳılınmış olmaḳ ḥasebiyle {4} müşārun-ileyh ḥażretleri ṭarafından bu def'a tevārüd iden taḥrīrātda der-'aḳab donanma-yı meẕkūr içün üç aylıḳ ḳūmānya tertīb {5} ve 'icāleten irsāli ḫuṣūṣı iḳtiżā idenlere te'kīd ü tenbīh ve lāzım gelan ilm ü ḫaberleri ṭaraf-ı düstūrīlerine {6} ve sa'ādetlü Ḳapūdān paşa ḥażretleri ve el-yevm nezd-i sāmīlerinde olan ḳapu ketḫüdāları Necīb Efendi {7} ṭaraflarına tesyār ve ṣūret-i ḥāl beyān ü iş'ār olunmuş ise de İskenderiye ṣiġortacıları Moton'a giden {8} altı aylıḳ ẕaḫīreniñ ṣiġorta şürūṭı bi's-selāme varanından yüzde sekiz almaḳ ve telef olanından {9} yüzde yetmiş virmek üzere rabṭ itmiş olduḳlarından işbu donanmaya gidecek üç aylıḳ ẕaḫīreniñ daḫi {10} şürūṭ-ı meẕkūre üzere naḳli mersūm ṣiġortacılara ḥavāle olunmuş ve keyfiyyet vālī-i müşārun-ileyhiñ {11} İskenderiye'de muḳīm tercümānlarına yazılmış ise daḫi İngiltereli Ḳohrān cenerāliñ İngiltere'den çıḳdıġı {12} ve Frānçe diyārına gitdiği ve Mārsilya'dan Amārīḳa sefīneleriyle cānib-i Rum'a geleceği me'ālinde {13} İskenderiye tüccārlarına İngiltere'de muḳīm şerīklerinden mektūblar gelmiş oldıġından mersūm ṣiġortacılar daḫi {14} İskenderiye tüccārınıñ şürekāsı olduḳları ḥayṣiyyet[iy]le şu aralıḳ ṣiġorta idemeyeceklerini beyān {15} eyledikleri tercümān-ı mersūm ṭarafından ṭaraflarına gelan cevāb-nāmede muḥarrer oldıġına binā'en maḥalline selāmetle {16} varan ẓaḫīreniñ nevlinden başḳa in'ām ṭarīḳiyle yüzde sekiz virilmek ve telef olanı ṣorulmamaḳ üzere {17} nıṣfınıñ Donanma-yı Hümāyūn'a irsāline ḳarār virmiş oldıġı ve ḥavādiṣ-i mezḳūreniñ ṣıḥḥati taḳdīrinde {18} nıṣf-ı dīgeri daḫi müşārun-ileyh Ḳapūdān paşa ḥażretleri ma'iyyetinde bulunan tüccār teknelerinıñ yanına {19} miḳdār-ı kifāye cenk sefīnesi terfīḳiyle İskenderiye'ye irsāl ve ol vechile celb olunmaḳ lāzım geleceği {20} muḥarrer ü mesṭūr olub bundan çend rūz muḳaddemce ḳapūdān-ı müşārun-ileyh ṭarafından vārid olan taḥrīrātda {21} Donanma-yı Hümāyūn'uñ iki aylıḳ ẓaḫīresi oldıġı inhā olunmuş oldıġından inşā'allāhü Ta'ālā {22} vālī-i müşārun-ileyh ḥażretleri ḳarār virdiği vechile bir buçuḳ aylıḳ ḳūmānya irsāl ü īṣāl iderek {23} ve bi-'avnihī Ta'ālā bu ṭarafdan iḫrāc olunacaḳ Donanma-yı Hümāyūn ṭaḳımına vaż' ü taḥmīl ḳılınacaḳ {24} ḳūmānyalar daḫi varub yetişerek 'avn ü 'ināyet-i Rabbāniyye ile sāye-i übbehet-vāye-i cihān-bānīde {25} Donanma-yı Hümāyūn ḳūmānya ḫuṣūṣunda zaḥmet çekmeyeceği derkār ve mersūm Ḳohrān cenerāliñ Zānṭa {26} ve Ḳorfa ṭaraflarına vürūdı ḥavādiṣi ba'żı ġazetelerden alınmış ise de henüz ṣıḥḥat ve 'adem-i ṣıḥḥati tebeyyün {27} idemeyüb minvāl-i meşrūḥ üzere Donanma-yı Hümāyūn'uñ mevcūduyla vālī-i müşārun-ileyh ḥażretleriniñ göndereceği {28} bir buçuḳ aylıḳ ve bu ṭarafdan gidecek ḳūmānyalar inşā'allāhü Ta'ālā derece-i kifāyede olmaḳ ḥasebiyle dīger bir buçuḳ [aylıḳ] {29} ḳūmānyanıñ aḫẕı-çün İskenderiye cānibine sefāyin irsāli ṣūretine şimdiki ḥālde ḥācet mess itmeyeceği {30} āşikār oldıġına mebnī şeref-sünūḥ iden irāde-i seniyye-i şāhāne mūcebince ṣūret-i ḥāl ṣavb-ı muḫliṣīden **(93)** vālī-i müşārun-ileyh ḥażretlerine taḥrīr ü iş'ār ḳılınmış ve keyfiyyet ḳapūdān-ı müşārun-ileyhe daḫi yazılmış olmaġla {2} ifāde-i ḥāl siyāḳında ḳā'ime. Fī 7 Ş 41

[582/108] *Çirmen mutaṣarrıfına kenār*
{1} Ḫudā-ne-kerde kefere-i mesfūreniñ bir ṣıḳı lodos havāda Boġaz'dan içerü girmeleri ḥavādiṣi {2} bundan aḳdem mesmū' olaraḳ veṣāyā-yı muḳteżiye ol vaḳt ṣavb-ı sa'ādetlerine yazılmış ve eşḳıyā-yı {3} mersūmeniñ tertīb-i mezḳūre üzere icrā-yı mel'anet dā'iye-i bāṭılasında olduḳları mu'aḫḫaren Boġaz {4} muḥāfıẓı müşārun-ileyh cānibinden iş'ār olunaraḳ tīz elden ḳapu bölükbaşı ve tüfenkçibaşıları ma'iyyetlerinde {5} bulunan sekbān neferātınıñ muḳtedir başbuġla muḥāfıẓ-ı müşārun-ileyh ma'iyyetine irişdirmeğe şitāb ü sür'at {6} ve biñ nefere iblāġına lāzım gelan 'asākiriñ daḫi vaḳt geçürmeyerek serī'an tanẓīm

ve īṣāline {7} himmet eylemeleri irādesi bā-taḥrīrāt çend rūz evvelce ṭaraf-ı düstūrīlerine te'kīd olunmuş oldığından (94) şimdiye dek vuṣūlüyle īcābınıñ icrāsına iʿtinā buyuracaḳları hüveydā olub lillāhi'l-ḥamd ve'l-mennihī {2} bu gāvurlar fürce-yāb-ı mefsedet olalıdan berü her maḥalde saṭvet-i bāhire-i İslāmiyye'yi görmekde {3} olaraḳ ḳurduḳları dūlāb-ı melʿanetleriniñ ʿaksine dā'ir olacağını teyaḳḳun ile bunlar {4} ölüm eri olmuş ve bu cihetle kelb-i ʿaḳūr gibi oraya şuraya hecme-zen-i ḫıyānet olmaḳlığı gözlerine {5} kesdirmiş olduḳlarından bunlarıñ defʿ-i ṣā'il-i kelbiyyeleri żımnında boğaz-ı meẕkūruñ lāyıḳıyla taḳviyesi {6} ehemm ü muḳteżī ve cenāb-ı sāmīleriniñ ḫidemāt-ı seniyyede vüsʿlerinden gelan iḳdāmātı ṣarf {7} eyleyecekleri nezd-i ḫāliṣānemizde maʿlūm ü bedīhī oldığına naẓaran bu vaḳte ḳadar mūmā-ileyhimā ḳapu bölükbaşı {8} ve tüfenkçibaşıları bendeleri maʿiyyetlerinde bulunan ʿasākiriñ çıḳarmış olacaḳları me'mūl ise de {9} cānım ḳarındaş, bu ḫuṣūṣda nihāyet derece sürʿat-i iḳdām ü diḳḳat ve ʿasākir-i merḳūmeniñ bir ān aḳdem {10} Boğaz'a irişdirilmesi emrine müsāraʿat-birle vuṣūllerini ṭaraf-ı ḫāliṣānemize işʿār ü işāret {11} ve Īnöz['de] müddeḫar olub Āsitāne'ye getürdülmek üzere Tekfūrḏağı'na naḳl olunan ẕaḫāyirden {12} maʿlūmü'l-miḳdār daḳīḳiñ ʿasākir-i merḳūme taʿyīnātı-çün Boğaz'a irsāli irāde buyurulmuş ve keyfiyyet {13} muḳaddemce ṣavb-ı saʿādetlerine işʿār olunmuş oldığı maʿlūm-ı müşīrīleri buyurulduḳda daḳīḳ-i meẕkūruñ daḫi {14} serīʿan Boğaz'a īṣāli emrine himmet buyurmaları żımnında taḥşiye-i nemīḳa-i muḫālaṣata ibtidār ḳılındı. Fī 8 Ş 41

[*582/110*] ***Mora vālīsine ve Rumili vālīsine***

{1} Meknūz-ı gencīne-i fıṭrat-ı ẕātiyyeleri olan cevher-i ʿālem-bahā-yı besālet ü ṣavlet iḳtiżāsı [?] {2} ve me'mūriyyet-i düstūrāneleri muḳteżāsı üzere Mesolenk'iñ şiddet-i muḥāṣara ve tażyīḳine {3} ṣarf-ı himmet buyurmaḳda iseler de Mesolenk'iñ baḥren miftāḥı meṡābesinde olan Vāsīl aḏasınıñ {4} evvel-emrde żabṭ ü istīṣāli Mesolenk'iñ ḳahr ü tesḫīrine bā-ʿavn-i Rabb-i Eḥadiyyet vesīle-i suhūlet {5} olacağından iʿmāl ü inşā olunan ṣallara miḳdār-ı vāfī ʿasker vażʿ ü teşḥīn ve üzerlerine {6} Girīd Cezīresi Serçeşmesi Ḥüseyin Beğ bendeleri başbuğ naṣb ü taʿyīn buyurılaraḳ aḏa-i meẕkūruñ {7} istīṣāli niyyet-i ḥasenesiyle miḳdār-ı kifāye filika ve ṣandāllar ile sevḳ ü tesyīr ve āṡār-ı himem-i müşīrāneleriyle {8} māh-ı Receb-i Şerīf'iñ selḫi güni bi'l-muḥārebe aḏa-i meẕkūr żabṭ ü tesḫīr olunmuş oldığı beyānıyla tafṣīl-i {9} keyfiyyet ʿizzetlü Ḥüsnī Beğefendi ile Necīb Efendi bendeleriniñ işʿārından maʿlūm olacağını şāmil {10} bi'l-iştirāk irsāl buyurılan taḥrīrāt-ı beşāret-āyāt-ı müşīrāneleri enmile-zīb-i vürūd ü vuṣūl {11} ve me'āl-i ferḥat-iştimāli rehīn-i ıṭṭılāʿ-i muḫliṣ-i velā-şümūl olmuş ve ʿasākir-i manṣūreniñ bu kerre daḫi {12} vuḳūʿa gelan ġayret ü iḳdāmları ve lā-siyyemā ẕāt-ı vālālarınıñ daḫi umūr-ı dīniyyede cilveger-i sāḥa-i {13} bürūz olmaḳda olan himmet ü ihtimāmları keyfiyyātı efendi-i mūmā-ileyhimā ṭaraflarından taḥrīr ü inbā ḳılınmış olub **(95)** ʿavn [ü] nuṣret-i Cenāb-ı Fātiḥü'l-Ebvāb ve ḳuvve-i ḳudsiyye-i ḥażret-i pādişāh-ı İskender-elḳāb ile {2} cezīre-i mezkūruñ ġayūrāne ve cānsipārāne ḥamle ve hücūm ile āverde-i dest-i tesḫīr olması {3} inşā'allāhü'r-Raḥmān şu günlerde Mesolenk'iñ fetḥ ü tesḫīrine berāʿat-i istihlāl ittiḫāẕına sezāvār {4} ve bu keyfiyyet muḫlişlerine ve cümleye bādī-i dil-küşāyī ve mesārr-ı bī-şümār olaraḳ taḥrīrāt-ı mezkūreleri {5} derḥāl rikāb-ı kerāmet-intisāb-ı cihān-dārīye ʿarż ü taḳdīm ile meşmūl-ı enẓār-ı ʿāṭıfet-ās̱ār-ı {6} ḥażret-i şehinşāh-ı maḥmūdü'l-fiʿāl ve işbu ḫidmet-i ḥaseneleri daḫi nezd-i hümāyūn-ı mülūkānede {7} kemāl-i maḥẓūẓiyyeti müstelzim olaraḳ her ḥālde manṣūriyyetleri edʿiye-i icābet-peymāsı ḥaḳḳ-ı eḥaḳlarında {8} bī-dirīġ ü ibẕāl buyurulmuşdur. Ẕāt-ı saʿādet-āyāt-ı düstūrīleri mezīd-i merdī ve şecāʿat ile {9} meftūr ve icrā-yı me'mūriyyete ez-dil ü cān ṣārif-i mā-ḥaṣal-i maḳdūr olduḳlarından inşā'allāhü'r-Raḥmān {10} ʿan-ḳarīb şu Mesolenk'iñ daḫi fetḥ ü tesḫīrine muvaffaḳiyyetle cümlemizi nā'il-i dest-māye-i ferḥat ü sürūr {11} buyuracaḳlarınıñ vużūḥiyyetine ve el-yevm maṣlaḥat-ı mevkūleleri üzerinde vüsʿ-i beşerde olan {12} iḳdām ü ihtimāmı ikmāl ü icrā eylemekde olduḳlarına naẓaran bu bābda te'kīd ü iḫṭār maʿlūmı {13} işʿār nevʿinden olacağı külfe-i beyāndan āzāde ve Ḫudā bilür ki, leyl ü nehār dü-çeşm-i intiẓārımız {14} şu Mesolenk'iñ āġūş-ı tesḫīre keşīdesi ḫaber-i meserretiniñ vürūdı semtine küşāde olmağın {15} aña göre himmet ve icrā-yı muḳteżā-yı me'mūriyyet ve besālete beẕl-i mā-ḥaṣal-i ḳudret-birle naḳş-efgen-i {16} ṣaḥīfe-i rūzigār ve müstelzim-i tenşīṭ-i ḳulūb-ı ṣıġār ü kibār olur ḫidemāt-ı mebrūre ve mesāʿī-i meşkūre {17} ibrāzına ṣarf-ı reviyyet buyurmaları siyāḳında ḳā'ime. Fī 12 Ş 41

[*582/112*] *Ḥüsnī Beğefendi ve Necīb Efendi'ye*

{1} Mesolenk ḳarşusunda kā'in Vāsīl aḏa taʿbīr olunur maḥal Mesolenk'iñ żabṭ ü istīṣāline miftāḥ mes̱ābesinde ise de {2} kefere-i eşḳıyā ṭarafından ne vechile taḥkīmine iʿtinā olunmuş oldığından ve aḏa-i mezkūruñ tesḫīri elzem idüğünden baḥişle {3} atılan gülle ve ṣalḳıma baḳmayaraḳ ʿasākir-i manṣūre ne ṭarīḳ ile aḏa-i merḳūm üzerine hücūm itmiş {4} ve ne ṣūretle żabṭ ü tesḫīr olunmuş ve derūnunda bulunan ṭop ve mühimmātıñ defteri taḳdīm ḳılınmış oldığına {5} ve Mesolenk'e berren ve baḥren hücūm ü iḳtiḥām olunmaḳ üzere ḳaradan inşā olunmaḳda olan yollar tekmīl oldığı gibi {6} iki sāʿat mesāfede vāḳiʿ Andalīḳoz aḏasınıñ daḫi fetḥi müyesser olduḳdan ṣoñra ne ṣūretle {7} Mesolenk üzerine yürüyüş olunmaḳ taṣmīm olunmuş idüğüne dā'ir bi'l-iştirāk irsāl olunan şuḳḳañız **(96)** ve defter-i mezkūr mezāyāsı maʿlūmumuz olub lillāhi'l-ḥamd ve'l-ʿaṭāyā es̱er-i teveccühāt-ı ḳudsiyye-i cenāb-ı şehinşāh-ı kişver-küşā ile {2} aḏa-i mezkūruñ bu ṣūretle āverde-i dest-i tesḫīr ve miknet olmuş olması Mesolenk'iñ daḫi bir ān evvel eyādī-i nikbet- {3} -mebādī-i kefereden nezʿ ü taḫlīṣine tefe'ül-bi'l-ḫayr olunaraḳ bu keyfiyyet cümlemize müstelzim-i inbisāṭ ü behcet {4} ve ḫuṣūṣ-ı mezbūrı mutażammın ḥālā Cidde ve Mora Vālīsi ve bi'l-istiḳlāl Ser'askeri vezīr-i şecā'at-semīr sa'ādetlü İbrāhīm Paşa {5} ve Rumili vālīsi ve ser'askeri vezīr-i mükerrem sa'ādetlü Meḥmed Reşīd Paşa ḥażerātınıñ daḫi tevārüd iden taḥrīrātları {6} ḫāk-pāy-ı hümāyūn-ı ḥażret-i pādişāhīye 'arż ü taḳdīm ile bu ḫuṣūṣ-ı ḫayriyyet-nuṣūṣ nezd-i me'ālī-vefd-i cenāb-ı {7} ḫüsrevānede daḫi ba'iṣ-i neşāṭ ü ferḥat olmuş ve du'ā-yı icābet-peymā-yı ḥażret-i ẓıllullāhīyi mübeyyin {8} ḫaṭṭ-ı hümāyūn-ı kerāmet-mażmūn-ı pādişāhī levḥa-pīrā-yı ṣudūr buyurulmuşdur. Ma'lūmuñuz oldığı vechile kefere-i mesfūre {9} ḳaç seneden berü Mesolenk'i melce'-i direng ittiḫāẕıyla ṣūret-i iş'ārıñıza naẓaran aḏa-i mezbūrı daḫi bayağı palanḳa {10} şekline ḳoymuşlar iken ḥamle-i dilīrāne ve hecme-i nerīmāne-i 'asākir-i nuṣret-me'āṣire tāb-āver olamayaraḳ aḏa-i mezkūruñ {11} bu vechile żabṭ ü tesḫīr olundığı gibi inşā'allāhü Ta'ālā şimdiye ḳadar gerek Andalīḳoz ve gerek Mesolenk'iñ daḫi {12} nez' ü taḫlīṣiyle kefere-i mersūmeniñ ḳahr ü tedmīri elṭāf-ı Rabbāniyye'den müsted'ā ve bu ḫaber-i meserret-eṣeriñ {13} bir ān aḳdem ẓuhūrına çār-çeşm-i intiẓār oldığımız bedīhī ve rūşenā olmağın hemān bu bābda ẓuhūra gelan {14} maḥẓūẓiyyetimizi inbā siyāḳında şuḳḳa. Fī 12 Ş 41

[582/115] *Ḳapūdān paşaya*
{1} Rum eşḳıyāsına i'āne olaraḳ İngiltere tüccārından üç ayda onar biñ kīse virilmek üzere iki yüz biñ {2} kīse aḳçe tertīb olunub ol aḳçeniñ taḳsīṭ-i evvelinden Mesolenk gāvurlarına biñ iki yüz kīse aḳçe {3} 'ulūfe gönderilür iken eṣnā-yı rāhda sa'ādetlü Rumili vālīsi ḥażretleriniñ 'asākiri ṭarafından aḫẕ ü iğtinām {4} olundığı muḳaddemce müşārun-ileyh ḥażretleri ṭarafından iş'ār olunmuş ve İngilterelünüñ eşḳıyāya olan i'ānesi {5} māddesiniñ men'ine dā'ir bundan aḳdem Dersa'ādet'de bulunan İngiltere ilçisine virilmiş olan bir ḳıṭ'a mufaṣṣal {6} taḳrīr-i resmīniñ ṣūreti ṣavb-ı sa'ādetlerine tesyār ḳılınmış oldığından bu bābda ma'lūmāt-ı müşīrīleriniñ {7} istiş'ārını şāmil iṭāre-i sū-yı sāmīleri ḳılınan taḥrīrāt-ı ḫulūṣ-verī vāṣıl olmazdan evvelce {8} bu māddelere dā'ir olan ḫuṣūṣāt ma'rıż-ı iddi'āda mükāleme olunmaḳ içün Cezāyir-i Seb'a'nıñ {9} baḥren ḳūmandānı Pişel [?] maṭlūb buyurulmuş oldığından mersūm daḫi Zānṭa'dan çıḳub ṭaraf-ı 'ālīlerine {10} gelmek üzere oldığı ḥālde devleti maṣlaḥatına dā'ir Mālṭa'ya 'azīmeti muḳteżī olaraḳ ol cānibe gitmiş {11} ve ba'dehū sū-yı sa'ādetlerine geleceğini iḫbār itmiş olmaḳ ḥasebiyle bi-mennihī Ta'ālā mersūmuñ vürūdunda (98) ḫuṣūṣāt-ı merḳūmeniñ cümlesi ma'rıż-ı iddi'āda beyān ve devletçe mükāleme-birle ifādāt-ı lāzıme {2} ve ecvibe-i muḳteżiye dermiyān ḳılınaraḳ keyfiyyet ne vechile olur ise iş'ār buyurılacağını ḥāvī {3} firistāde ve tesyār ḳılınan taḥrīrāt-ı sāmiyeleri me'āl ü mezāyāsı rehīn-i ıṭṭılā'-i ṣenāverī olmuşdur. {4} Nezd-i sa'ādetlerinde tekellüfāt-ı beyāniyyeden

müstaġnī oldıġı üzere düvel-i Efrenciyye her bir maṣlaḥatlarını ḳāleb-i ḥīle {5} ve desīseye ifrāġ iderek rü'yet itmekliği ʿādet itmiş olduḳlarından bunlara iʿtimād bir vechile cāʾiz olmayub {6} ḥattā bu defʿa İngiltere devleti ṭarafından Derʿaliyye'ye gelan büyükilçi vürūdı ʿaḳībinde mükāleme itmek üzere {7} mülāḳāt ṭalebinde taʿcīl itmiş ve ʿizzetlü Reʾīsü'l-küttāb efendi ḫānesine celb ile ʿaḳd-i meclis-i mükāleme {8} olunmuş olub ilçi-i mūmā-ileyh Rumlara dāʾir ifādāta şürūʿ ü mübāşeret ider itmez İngiltere meʾmūrlarınıñ {9} ol ṭarafda Rumlar ḥaḳḳında vuḳūʿa gelmekde olan iʿānet-i külliyyelerini mūmā-ileyh Reʾīs efendi tavṭiʾe-i {10} kelam iderek ol bābda muḳaddem taḳrīr-i resmī ile iddiʿā olundıġı vechile ṣebt [?] ve şekvaya āġāz ile {11} ṭarafeynden ne vechile aḳvāl-i keṣīre cereyān itmiş oldıġı ve ilçi-i mūmā-ileyhiñ devleti ṭarafından meʾmūr oldıġı {12} ifādātıñ netīcesi gūyā Rūsyalu Rum māddesinden dolayı Devlet-i ʿAliyye'ye iʿlān-ı ḥarb itmek niyyetinde olaraḳ {13} bu muḫāṭaranıñ defʿi-çün Rumlarla ıṣlāḥ-ı ẕātü'l-beyn ṣūretine devleti tavassuṭ itmek üzere bu bābda {14} Devlet-i ʿAliyye İngiltere devletiniñ ifādāt-ı ḫayr-ḫāhānesine muvāfaḳat idüb itmeyeceğine bir cevāb-ı ḳaṭʿī {15} iʿṭāsını ṭalebden ʿibāret idüği tafṣīlātını mutażammın ḳaleme alınan meclis-i mükāleme mażbaṭasında {16} beyān olundıġı ṣūretlerle ilçi-i mūmā-ileyhe ḳaṭʿī cevāb virilmiş ise de ilçi-i mūmā-ileyh bu māddeniñ {17} bir defʿa vükelā-yı Salṭanat-ı Seniyye'ye ifāde ḳılınmasını ṭaleb itmiş oldıġından Bāb-ı ʿĀlī'de meclis ʿaḳdiyle mażbaṭa-i {18} merḳūme lede'l-ḳırāʾa işbu Rum māddesi muḳaddem ve muʾaḫḫar gerek İngiltere ve gerek Düvel-i Erbaʿa-i Müttefiḳa {19} dinilan Rūsya ve Nemçe ve Frānsa ve Prūsya devletleri ṭarafından bi'd-defaʿāt īrād ve teklīf olunmuş {20} ve ṭaraf-ı Devlet-i ʿAliyye'den şerʿan ve mülken ḳabūli tecvīz olunamayaraḳ evvel ü āḫir cümlesine ḳaṭʿī cevāblar {21} virilmiş oldıġından bu māddeniñ laḳırdısı bitmiş ve ḥattā Düvel-i Erbaʿa-i merḳūmeniñ ṣoñraki teklīflerinde {22} İngilterelü ḳarışmamış iken şimdi ʿalelʿacele İngilterelünüñ buña yeñiden başlaması Rum fesādınıñ {23} henüz ardı alınamaması cihetiyle İngilterelü iki seneden berü ṭamaʿa düşerek Mora cezīresini daḫi {24} Cezāyir-i Sebʿa gibi ele almaḳ dāʿiyesinden ʿibāret ve Rumlara bu yüzden daḫi bir iʿānet oldıġından {25} ve muḳaddemce taḥḳīḳ olundıġı üzere Rūsya īmparāṭorı müteveffā ʿAleksāndr helākinden evvelce Rum māddesi-çün {26} Devlet-i ʿAliyye'ye iʿlān-ı ḥarbe ḳarār virmiş ise de lillāhi'l-ḥamd ve'l-mennihī niyyetini fiʿile çıḳarmaġa meydān {27} bulamayaraḳ hālik olub Rūsyaluda daḫi küllī fesād ü iḫtilāl vuḳūʿ buldıġından belki bugünlerde {28} ʿavn-i Ḥaḳḳ'la Mesolenk maṣlaḥatınıñ ḫitāmı ḳuvve-i ḳarībeye gelmesi daḫi İngilterelüye baʿiṣ-i taʿcīl olaraḳ Devlet-i ʿAliyye'yi {29} ke-enne Rūsyalu ile bi'l-iḫāfe şu aralıḳ taḥṣīl-i merāmına dest-res olmaḳ ve ḥāṣıl olan maʿlūmāta göre {30} İngiltere devletiniñ iki senedir Devlet-i ʿAliyye ḥaḳḳında taġyīr-i uṣūl ile bu dāʿiyelere düşmesi {31} İngiltere Başvekīli

Ḳānīn'iñ ifsādından neş'et iderek Devlet-i ʿAliyye bu teklīflerine muvāfaḳat {32} gösterdiği ṣūretde Rumlar İngilterelünüñ eline girmiş olacağından başvekīl-i mūmā-ileyh "İşte Rumlara {33} itdiğiñiz iʿāneleri żāyiʿ itmeyüb maṣlaḥatı becerdim" yollu İngilterelüye kendüyi beğendirmek ṣūretleri {34} olacağı mütebādir-i ez̠hān ve Rumlar ibtidā bu fesād ü ʿişyānı gūyā kendüleri fi'l-aṣl Yūnān ḥükūmeti {35} olduḳlarından Salṭanat-ı Seniyye'niñ raʿiyyetinden çıḳub yine eski ḥükūmetlerini taḥṣīl itmek dāʿiye-i bāṭılasıyla {36} meydāna çıḳarmış olduḳları ve evvel ü āḫir bilinmiş oldığı vechile Frenkler ṭaraflarından muḳaddem ve mu'aḫḫar īrād olunan {37} ve gerek bu defʿa İngilterelü cānibinden teklīf ḳılınan ıṣlāḥ-ı z̠ātü'l-beyn laḳırdısınıñ maʿnāsını Rumlarıñ {38} iddiʿā-yı bāṭıllarına muvāfıḳ olacaḳ vechile ḥaḳlarında envāʿ-ı imtiyāzāt taḥṣīl itmek, ve'l-ḥāṣıl bunları **(99)** külliyyen raʿiyyetden çıḳarub bir ḥükūmet ṣūretine ḳoymaḳ dimek oldığı ve maʿāz̠allāhü Taʿālā bu ṣūret ise {2} ʿācilen ve ācilen meḥāẕīr-i külliyyeyi müntic ve belki bunuñ mażarratı gerek Rūsyalu ve gerek İngilterelünüñ {3} iʿlān-ı ḥarb itmeleri mażarratından ağır olacağı ẓāhir ü nümāyān oldığına mebnī şerʿan ve mülken teklīf-i {4} mez̠kūruñ ḳabūli bir vechile cā'iz olmayub evvelki sözde s̠ebāt itmekden ġayrı tedbīr-i dil-peẕīr olunamayacağından {5} muḳaddem Düvel-i Erbaʿa'ya virildiği mis̠illü ilçi-i mūmā-ileyhe daḫi resmen yine ol cevābın iʿṭāsı bi'l-cümle {6} vükelā-yı Salṭanat-ı Seniyye ʿindlerinde tensīb olunaraḳ ol vechile keyfiyyet ḫāk-pāy-ı kerāmet-intimā-yı şāhāneden {7} bi'l-istīẕān mütevekkilen ʿalellāh keyfiyyetiñ bu vechile tekrār ilçi-i mūmā-ileyhe ifādesi ḫuṣūṣuna {8} irāde-i seniyye-i şāhāne taʿalluḳ itmiş oldığına mebnī bu mādde dīn ve şerīʿat-ı Muḥammedī'ye ḏoḳunur şey {9} oldığından Devlet-i ʿAliyye bunı ḳabūl ve ıṣġā itmamekde maʿẕūr ve cevāb-ı sābıḳı iʿāde ve iʿṭāya {10} mecbūr oldığı resmen Maḳām-ı Riyāset'den ilçi-i mūmā-ileyhe ifāde ḳılınmış olub ẕāt-ı ʿālīleri ḫayyir-i {11} dīn ü devlet olaraḳ bu mādde[ye] daḫi vuḳūfları iḳtiżā-yı ḥālden ve her ne ḳadar bu ḫuṣūṣuñ {12} derece-i ġāyetde ketm ü iḫfāsıyla nefsiñizden başḳaya tecāvüz itmamesine ihtimām lāzımeden ise de {13} ilçi-i mūmā-ileyhiñ bu bābda vāḳiʿ olan ifādātı ve Maḳām-ı Riyāset'den maʿrıż-ı iştikāda iʿānet {14} māddesi muḳaddemesiyle ne vechile ecvibe-i ḳaṭʿiyye-i müskite virilmiş oldığı tafṣīlen maʿlūm-ı düstūrīleri {15} buyurılaraḳ ol cānibde olan İngiltere ḳūmandānı ṣavb-ı saʿādetlerine vürūd ile müẕākere iḳtiżāsında {16} aña taṭbīḳan ṭaraf-ı düstūrīlerinden mersūma ecvibe-i lāzıme iʿṭāsıyla bundan böyle ḳaṭʿ-ı yed-i iʿāneleri {17} esbābı istiḥṣāl olunmaḳ içün mażbaṭa-i merḳūmeniñ bir ḳıṭʿa ṣūreti iḫrāc ve derūn-ı nemīḳa-i ḫāliṣānemize {18} idrāc ile iṭāre-i sū-yı saʿādetleri ḳılınmış olmağın tafṣīl-i ḥāl müṭālaʿasından maʿlūm-ı fütüvvet- {19} -iştimālleri buyuruldukda bu māddeniñ ḫafī ṭutulmasına saʿy ü himmet ve ol vechile īfā-yı muḳteżā-yı {20} kār-āşināyī ve feṭānete bez̠l-i maḳderet buyurmaları siyāḳında ḳā'ime. Fī 17 Ş 41

[582/121] *Ḥüsnī Beğefendi'ye, Necīb Efendi'ye*
{1} ʿAvn ü ʿināyet-i Ḥażret-i Rabbü'l-Muʿīn ve imdād ve rūḥāniyyet-i cenāb-ı Resūlü'l-Emīn ve es̱er-i teveccühāt-ı {2} ḳudsiyye-i pādişāh-ı rū-yı zemīn ile muḳaddemce āverde-i dest-i tesḫīr oldıġı nigāriş-yāfte-i {3} kilk-i tebşīr olan Vāsīl nām adanıñ aḫẕ ü istīṣālinden ṣoñra Mesolenk'iñ cānib-i ġarbīsinde {4} vāḳiʿ Andalīḳoz nām cezīreniñ fetḥ ü tesḫīrine berāʿat-i istihlāl olmaḳ üzere üç ṭop {5} menzili mesāfede kā'in ṣaġīr aḏayı iki yüzden mütecāviz küffār-ı tebeh-kār ṭābya ve ṭoplar inşā {6} ve taʿbiyesiyle ittiḫāẕ-ı cā-yı idbār eylemişler ise de berren ve baḥren ne vechile hücūm ü iḳtiḥām olunmuş {7} ve kefere-i mesfūre nīrū-yı ġuzāt-ı muvaḥḥidīne tāb-āver-i muḳāvemet olamayaraḳ ḥarben ve ḍarben ẕikr olunan {8} aḏa ne ṣūretle keşīde-i silk-i iḳtidār ve iki yüzden ziyāde kefere-i fecere giriftār-ı pençe-i ḳahr ü dimār {9} oldıġını müteʿāḳiben ḥālā Cidde ve Mora Vālīsi ve bi'l-istiḳlāl Serʿasker-i ẓafer-rehberi {10} vezīr-i dilīr saʿādetlü İbrāhīm Paşa ve Rumili Vālīsi ve Serʿaskeri saʿādetlü Reşīd Paşa ḥażerātı {11} bi'l-ittiḥād sālifü'l-beyān Andalīḳoz nām aḏa üzerine sevḳ-i ʿasākir-i ṣalābet-nihād eylediklerinde {12} müteḥaṣṣın olan kāfirler müteşebbis̱-i ẕeyl-i amān olduḳlarından ne ṣūretle re'y ve amān virilmiş {13} ve ṭaşra çıḳarılan küffārıñ miḳdārı ẕükūr ve inās̱ ve ṣıbyān bi't-taʿdād üç biñ yüz {14} on sekiz nefere bāliġ olaraḳ ḥīn-i muḥārebede vuḳūʿ bulan şühedā ve mecrūḥīniñ ve alınan {15} ṭop ve ḳayıḳlarıñ miḳdārını mübeyyin defteri gönderilmiş oldıġı tafṣīlāt-ı beşāret-āyātına dā'ir {16} bi'l-iştirāk irsāl olunan şuḳḳañız mezāyāsı ve bu bābda vālī-i müşārun-ileyhimā ḥażerātınıñ daḫi {17} müşterek taḥrīrātları gelmiş olmaġla cümleten me'āl ü mü'eddāsı maʿlūmumuz olub ḥamden li-Vāhibi'l-ʿAṭāyā {18} şāhid-i dil-ārā-yı fevz ü ġālibiyyet manẓara-i vālā-ṭāḳ-ı revāḳdan cānib-i İslāmiyān'a burḳaʿ-küşā {19} ve rīk ü ġubār-ı inhizām ü medmūriyyet ʿuyūn-ı küffāra resā olaraḳ bu keyfiyyet cümlemize {20} müstelzim-i envāʿ-ı sürūr ü ferḥat olmuş ve taḥrīrāt-ı merḳūme ṭaḳımıyla ḫāk-pāy-ı mekārim-peymā-yı {21} ḥażret-i pādişāhīye ʿarż olunaraḳ kemāl-i maḥẓūẓiyyet-i şāhāneyi mübeyyin ḫaṭṭ-ı şerīf-i {22} mülūkāne levḥa-pīrā-yı ṣudūr buyurulmuş ve iḳtiżā[sına] göre müşārun-ileyhimā ḥażerātına ṭarafımızdan {23} teşvīḳ ü iġrāyı şāmil cevāb-nāme taḥrīr ve tesyīr olunmuş olub bā-ʿavn ü iḥsān-ı Cenāb-ı {24} Rabb-i Eḥadiyyet bundan böyle kefere-i mesfūre bir maḥalde ḳuvve-i ḳāhire-i İslāmiyye'ye tāb-āver-i muḳāvemet {25} olamayaraḳ her maḥalde ḳarīben dūçār-ı ḳahr ü dimār olacaḳları me'mūlünde oldıġımız hüveydā ve inşā'allāhü'r-Raḥmān {26} şimdiye ḳadar Mesolenk'iñ daḫi āverde-i ḳabża-i tesḫīr olmuş olacaġı elṭāf ü ʿināyet-i İlāhiyye'den {27} müstedʿā ve alınan ṭop ve ḳayıḳlarıñ miḳdārını mübeyyin defteri gönderildiği me'āl-i işʿārıñızdan {28} münfehim ise de derūn-ı taḥrīrātda ẓuhūr itmediğinden ġālibā sehve mebnī ol ṭarafda ḳalmış olacaġı {29} vāreste-i ḳayd [ü] inbā olmaġın baʿd-ez-īn daḫi her ḥālde icrā-yı levāzım-ı me'mūriyyet ve

dirāyete {30} bi'l-ittifāḳ iḳdām ü diḳḳat eylemeñiz içün maḫṣūṣ işbu şuḳḳa. Fī 21 Ş 41

[*582/124*] *Rumili vālīsine*
{1} Ẕāt-ı sipeh-sālārīleri bi-mennihī Ta'ālā Mesolenk ġā'ilesi berṭaraf olduḳdan ṣoñra Atina ve sā'ir {2} müteferri'āt-ı me'mūriyyet-i düstūrīleri olan maḥalleriñ levs̱-i vücūd-ı eşḳıyādan taṭhīrine bez̠l-i {3} yārā-yı liyāḳat ve himmet buyurmaḳ üzere me'mūr olduḳlarına mebnī ta'yīnāt-ı 'askeriyye żımnında {4} iḳtiżā iden z̠aḫāyiriñ şimdiden tertīb ve istiḥṣāli ve 'asker bedeliyyesi ve mekārī ḥayvānātınıñ {5} daḫi tertībi ve lāzım gelan evāmir-i 'aliyyesiniñ ıṣdārı ve bu sene-i mübārekede İskenderiye {6} ve Oḫrī ve İlbaṣan sancaḳlarından 'aynen 'asker istenilmeyüb bedel tertībiyle lāzım gelan emr-i şerīfiniñ {7} irsāl ü tesrībi ḫuṣūṣlarını şāmil ve inşā'allāhü'r-Raḥmān Atina üzerine sevḳ-i semend-i besālet {8} buyurduḳlarında Eğrīboz ṭarafından ṭop ve dāne ve edevāt-ı sā'ire celbi müte'assir olacağından {9} lāzım gelan ṭop ve edevāt-ı sā'ireniñ Donanma-yı Hümāyūn'dan aḫẕında suhūlet olacağını {10} müştemil muḳaddem ve mu'aḫḫaren ārāyiş-i dest-i vuṣūl olan taḥrīrāt-ı sa'ādet-āyāt-ı düstūrīleri {11} me'āl ü mezāyāsı ma'lūm-ı ḫulūṣ-verī olmuş ve ḫāk-pāy-ı hümāyūn-ı mülūkāneye 'arż ü taḳdīm ile {12} meşmūl-ı liḥāẓa-i ḥażret-i pādişāhī buyurulmuşdur. Cenāb-ı dirāyet-elḳāb-ı müşīrīleri ḫaṭb-ı cesīm-i sipehdārīye {13} me'mūr olaraḳ 'avn ü 'ināyet-i Rabb-i Ġayūr ile Mesolenk ġā'ilesi bitdikden ṣoñra Ṣālona {14} ve Atina ṭaraflarına ḏoğrı 'azīmetlerinde ma'iyyet-i sa'ādetlerinde ve eṭrāf muḥāfaẓasında istiḫdām eyleyecekleri {15} 'asākiriñ ve bunlarıñ altı ayda iḳtiżā iden 'ulūfe ve z̠aḫīre ve mekārī bārgīrleriniñ {16} vaḳtiyle tertīb ü tanẓīmine baḳılmaḳ muḳteżā-yı ḥāliyeden idüği emr-i ġayr-ı mestūr oldığına binā'en (106) her ne ḳadar Rumili ve Anāḏolī ḳażāları fuḳarāsınıñ birkaç seneden berü birbiri üzerine 'asker {2} ve ağnām ve z̠aḫāyir bedelleri tertībātından dolayı ża'af-ı ḥālleri derkār ise de bu sene daḫi {3} bi'ż-żarūre Anāḏolī ve Rumili ṭaraflarından mümkin mertebe bedelāt tertīb ü tanẓīmi lāzım gelerek {4} i'tidāle ḳarīb olmaḳ üzere ba'żı ḳażālardan geçen seneki tertībiñ s̱ülüs̱i ve ba'żılarından {5} s̱ülüs̱ānı ve ba'żı maḥallerden daḫi ziyāde ve noḳṣān olaraḳ münāsibi vechile 'asker ve z̠aḫīre {6} ve ağnām bedelleri tertīb ve ahālī ve fuḳarā hem ḫidmet-i mübāşiriyye bārından vāreste ve hem {7} aṣl bedelātıñ taḥṣīline medār olmaḳ içün ıṣdār olunacaḳ evāmir-i şerīfe mübāşirler ile {8} gönderilmeyüb bedelāt-ı merḳūmeyi maḥallerinden taḥṣīl ve Ḍarbḫāne-i 'Āmire'ye ba's̱ ü tevṣīl itmek üzere {9} vülāt-ı 'iẓām ve mutaṣarrıfīn-i kirām ḥażerātı ḳapu ketḫüdāları ṭaraflarına virilerek irsāl ü tesrīb olunması {10} ve Rumili'de kā'in yiğirmi sekiz 'aded ḳażānıñ a'yān ve voyvoda ve mütesellimleriniñ bu ṭarafda {11} işlerini görür adamları olmadığından ve eğerçi bunlarıñ birazı ẕāt-ı sa'ādetleriniñ {12} zīr-i idārelerinde ise

de el-ḥāletü-hāẕihī meşġūliyyet-i serʿaskerīleri olaraḳ ṭaraf-ı düstūrīlerinden {13} mübāşirler taʿyīniyle bedelāt-ı meẕkūreniñ taḥṣīline vaḳtleri olmayacağından ẕikr olunan ḳażālarıñ {14} evāmir-i şerīfesi iḳtiżāsına göre üçer dörder birleşdirilerek fuḳarāya bār olmayacaḳ vechile {15} ḫafīfü'l-meʾūne mübāşirler ile isbāl ḳılınması ve giçen sene tertīb olunan mekārī bārgīrleri {16} tamāmı tamāmına gönderilmeyüb gönderilanleriñ daḫi eks̱eri lāġar ve es̱nā-yı rāhda telef olaraḳ {17} işe yaramamış oldığı meʾāl-i işʿārlarından müstefād idüğünden bu sene tertīb olunacaḳ {18} ḥayvānāt içün yazılacaḳ evāmir-i şerīfede gönderecekleri ḥayvānāt sābıḳı gibi {19} lāġar ve noḳṣān gönderilmeyüb müretteb olan ḥayvānātıñ cümlesini tüvānā olaraḳ {20} tamāmen kirācıbaşıya teslīm eylemeleri ve eğer lāġar ve noḳṣān gönderilür ise ḳażā ṭarafından {21} tekrār tertīb olunacağı tenbīhātı derc ve teʾkīd ve rivāyet olundığına göre geçen sene tertīb olunan {22} ḥayvānāta uğradığı ḳażālardan yem ve yiyecek virilmamiş ve ḥayvānāt-ı merḳūme {23} es̱nā-yı rāhda telef olmuş olmaḳ ḥasebiyle ḥayvānāt-ı merḳūme maḥallerinden çıḳub {24} tā maʿiyyet-i saʿādetlerine varınca uğradıḳları ḳażālardan birer gicelik iḳtiżā iden {25} yem ve yiyecekleri virilüb mümānaʿat olunmamaḳ üzere gidecek kirācıbaşılar {26} yedlerine iḳtiżāsına göre başḳa başḳa fermānlar iʿṭā olunması tensīb olunmuş ve bu vechile {27} icrālarına irāde-i seniyye-i şāhāne taʿalluḳ itmiş oldığından mūcebince bedelāt-ı merḳūmeniñ {28} taḥṣīli żımnında aḳṭār-ı Anāḍolī ve Rumili'ye lāzım gelan evāmir-i şerīfe ıṣdār ve bir ṭaḳımı {29} ḳapu ketḫüdāları mūmā-ileyhim ṭaraflarına iʿṭā ve dāḫil-i ḥükūmet-i sipeh-sālārīlerinde bulunan {30} ḳażālarıñ fermānları daḫi ol ṣūretle ḫafīfü'l-meʾūne mübāşirler ile tesyār ve ḥayvānāt-ı merḳūme {31} yem ve yiyecekleri içün daḫi lāzım gelan evāmir-i ʿaliyye ıṣdār olunmuş ve maḥallerinde ẕikr olunan {32} kirācıbaşılara iʿṭā olunmaḳ üzere mübāşirlere virilmiş ve bu bābda ṣavb-ı saʿādetlerine {33} ḫiṭāben daḫi ifāde-i ḥāli müşʿir ṣudūr iden bir ḳıṭʿa fermān-ı ʿālī ṭaraf-ı müşīrīlerine irsāl {34} ü isrā olunmuş olub ve ẕaḫīre māddesi daḫi derdest-i tanẓīm ve icrā oldığından başḳa {35} sālifü'l-beyān İskenderiye ve Oḫrī ve İlbaṣan sancaḳlarından bu sene-i mübārekede ʿaynen ʿasker {36} istenilmeyüb bedel tertīb ḳılınması inhā-yı düstūrīlerinden müstebān ise de elviye-i merḳūmeden {37} şimdiye ḳadar ʿasker bedeliyyesi taḥṣīli mesbūḳ olmadığından şāyed uyġunsuz düşmamek içün (107) ber-mūceb-i irāde-i ʿaliyye sābıḳı vechile yine ʿaynen ʿasker tertīb olunaraḳ iḳtiżā iden {2} fermānı ıṣdār ve ṣavb-ı serʿaskerīlerine baʿs̱ ü tesyār ḳılınmış oldığına ve cenāb-ı düstūrāneleri {3} Rumili'niñ vālī-i vālā-şānı olaraḳ umūr-ı serʿaskeriyyede müstebid-bi'r-reʾy olduḳlarına mebnī {4} ẕāt-ı feṭānet-āyātları kendülüklerinden olaraḳ elviye-i meẕkūre mutaṣarrıfı saʿādetlü Muṣṭafā Paşa {5} ḥażretleriyle muḫābere ve emr-i şerīf-i meẕkūrı irsāl ü iṭāre-birle bedel taḥṣīliniñ ḳolayını bulub da {6} uydırabilür iseñiz ol vechile tanẓīme himmet buyurmaları münāsib görülmüş olub Donanma-yı Hümāyūn-ı

{7} Mülūkāne'den ṭop ve dāne aḫẕı ṣūreti me'āl-i işʿārıñızdan müstefād ise de saʿādetlü {8} Ḳapūdān paşa ḥażretleri maʿiyyetinde olan Donanma-yı Hümāyūn'da mevcūd ṭop ve mühimmātıñ kendülere {9} lüzūmı derkār ü nümāyān ve bu ṭarafda el-yevm derdest-i techīz ve iḫrāc olan süfün-i Donanma-yı Hümāyūn daḫi {10} maʿiyyet-i düstūrīlerinde bulunmaḳ ve Eğrīboz sāḥiline vardıḳlarında ṭaraf-ı saʿādetlerine teslīm olunmaḳ üzere {11} ṭop ve mühimmāt vażʿ ve irsāli ṣūretine teşebbüs̱ olunsa şāyed deryā ḥāli cihetiyle teslīm ve iʿṭāya {12} ẓafer-yāb olunamamaḳ ve belki o mis̱illü külliyyetlü ṭop ve mühimmāt ve neferāt daḫi süfün-i meẕkūreye {13} ṣığmamaḳ müṭālaʿaları varid-i eẕhān ve cenāb-ı besālet-simātları umūr-ı dīniyyeye me'mūr {14} olaraḳ o mis̱illü eşyānıñ maʿiyyet-i serʿaskerīlerinde mükemmelen bulunması ve her ḥālde ve her maḥalde {15} taḳviye-i bāzū-yı miknetlerini müstelzim olur vesā'iliñ istikmāl ḳılınması vācibeden idüği {16} vāreste-i ḳayd [ü] beyān olmaḳ ḥasebiyle bi-luṭfillāhi Taʿālā Mesolenk'iñ tesḫīrinden ṣoñra Ṣālona {17} ve Atina ṭaraflarına saṭvet-endāz olduḳlarında hemān maʿiyyet-i saʿādetlerine gitmek ve ṭaraf-ı saʿādetlerinden {18} ḫaber vürūduyla ṭaleb olununcaya ḳadar şimdilik tevaḳḳuf eylemek üzere Ḫumbaraḫāne-i ʿĀmire mevcūdundan {19} mükemmel edevāt ü mühimmātıyla yiğirmi ikişer çapında iki ʿaded ḫumbara ve beher ḫumbara iki orṭa {20} olaraḳ dört orṭa ḫumbaracı neferātı ve Lağımcı Ocağı'ndan daḫi mükemmel lağım mühimmātıyla berāber {21} iki orṭa lağımcı neferātı ve mühimmātıyla bir ʿaded ḳolomborna ve beher ḫumbaraya biñer ʿadedden iki biñ ʿaded {22} ḫumbara dānesi ve Cebeḫāne-i ʿĀmire mevcūdundan beş yüz sanduk fişenk ve beş yüz vārūl [?] {23} bārūt ve yedi çapında Prāvişte kārḫānesinden iki biñ dāne ve Ṭopḫāne-i ʿĀmire {24} mevcūdundan iki ʿaded ṭopçı ve bir ʿaded ʿarabacı orṭası ve beş çapında dört ḳıṭʿa {25} obūs ṭopları ve bunlarıñ çaplarına göre dört biñ ʿaded ḫumbara dānesi edevāt ü mühimmātıyla {26} tertīb ve lede'l-iḳtiżā istiḫdām olunmaḳ üzere fenninde māhir iki nefer mühendis daḫi taʿyīn {27} ve tesrīb olunmuş ve bunlarıñ cümlesi ẕāt-ı saʿādetleriniñ bā-ʿavn-i Bārī berülere ḥareketine intiẓāren {28} Yeñişehir'de tevaḳḳuf itmek ve berren gitmek üzere Dersaʿādet'den çıḳarılmış ve ẕikr olunan edevāt {29} ve cebeḫāneniñ ḥıfẓı ve orṭa neferātlarınıñ tanẓīm-i ḥavāyic-i żarūriyyeleri iʿṭāsı ḫuṣūṣı {30} maḫṣūṣan Tırḥāla mutaṣarrıfına yazılmış oldığı ve ẕaḫīre tertībi māddesi daḫi bundan böyle {31} tanẓīm ve icrā ve keyfiyyeti sū-yı saʿādetlerine işʿār ü inbā ḳılınacağı maʿlūm-ı serʿaskerīleri {32} buyuruldukda her ḥālde icrā-yı lāzıme-i ḥamiyyet-mendī ve me'mūriyyete himmet buyurmaları siyāḳında ḳā'ime. Fī 26 Ş 41

[582/126] *Īnebaḫtī ve Ḳarlıili sancaḳları tevcīh olunan ʿAlī Nāmıḳ Paşa'ya*

{1} ʿAvn ü ʿināyet-i Ḥażret-i Bārī ve yümn-i teveccühāt-ı ḳudsiyye-i cenāb-ı tācdārī ile Mesolenk baʿde't-tesḫīr {2} saʿādetlü Rumili vālīsi ḥażretleri muḳteżā-yı me'mūriyyet ve ġayreti üzere Ṣālona ve Atina {3} ṭaraflarına saṭvet-endāz-ı teveccüh olacağından gerek Mesolenk ve Īnebaḫtī ve Ḳasteli ḳal'alarınıñ {4} muḥāfaẓası ve gerek ol ḥavālīde baḳiyyetü's-süyūf olan ḥayādīd ve eşḳıyānıñ izāle ve tedmīri {5} Īnebaḫtī ve Ḳarlıili sancaḳlarınıñ 'uhdesine tevcīhiyle vüzerā-yı 'iẓāmdan cerī ve cesūr {6} ve dirāyet ü ḥamiyyet ile meftūr biriniñ me'mūriyyetine mütevaḳḳıf idüği bu def'a müşārun-ileyh ḥażretleri {7} ṭarafından inhā ve iş'ār olunub vāḳı'an bi-mennihī Ta'ālā Mesolenk'iñ fetḥinden ṣoñra müşārun-ileyh ḥażretleriniñ {8} tedmīr-i 'uṣāt-ı kefere żımnında Atina ve Ṣālona cāniblerine 'azīmetinde gerek Ḳarlıili ve Īnebaḫtī ve Ḳasteli {9} ḳal'alarınıñ ve gerek Mesolenk ve ḥavālīsiniñ lāyıḳıyla muḥāfaẓası maḫṣūṣan vüzerā-yı 'iẓām-ı Salṭanat-ı {10} Seniyye'den ol ḥavālīniñ keyfiyyet ü ḥāline vāḳıf ve dirāyet ü cesāret ile muttaṣıf bir ẕāta {11} iḥālesinden lābüd oldığına ve cenāb-ı müşīrīleri fi'l-aṣl ol ḥavālīye derkār olan vuḳūflarından başḳa {12} muḳaddemā müteveffā Ḫūrşīd Paşa'nıñ ser'askerliği hengāmında ma'iyyetinde bulunaraḳ ez-her-cihet ol ṭarafların̄ {13} aḥvāl ve gāvurlarıñ ḥāline ıṭṭılā' kesb itmiş olduḳları ve dīn-i mübīn ve Devlet-i 'Aliyye-i ebed-rehīn **(109)** uğurunda ez-dil ü cān çalışaraḳ beyne'l-aḳrān müşārun-bi'l-benān olmaḳlığa şārif-i {2} mā-ḥaṣal-i tüvān olacaḳları cümle 'indinde ve lā-siyyemā nezd-i kerāmet-vefd-i şāhānede {3} ma'lūm ü āşikār olmaḳ ḥasebiyle işbu ḫuṣūṣ-ı lāzımü'l-i'tināya me'mūriyyete liyāḳatleri {4} derkār idüğüne binā'en bundan böyle 'ahd-i ḳarībde tereffüh ü iḳdārıñız istiḥṣāl olunmaḳ üzere {5} şeref-efzā-yı ṣudūr olan ḫaṭṭ-ı hümāyūn-ı şevket-maḳrūn-ı mülūkāne mūcebince Ḳarlıili ve Īnebaḫtī {6} sancaḳları ve muḥāfıẓlıḳları 'uhde-i sa'ādetlerine iḥāle ve icrā ve lāzımü'ṣ-ṣudūr olan {7} tevcīh ve me'mūriyyet evāmir-i şerīfesi ıṣdār olunmuş ve ẕāt-ı sa'ādetlerine aṭiyye olaraḳ {8} bu def'a daḫi iḥsān-ı hümāyūn buyurılan yetmiş beş biñ ġurūş ḳapu ketḫüdāları ma'rifetiyle {9} gönderilmiş oldığından icrā-yı iḳtiżā-yı me'mūriyyete müsāra'at buyuracaḳları mecbūl olduḳları {10} māye-i besālet ü ḥamiyyet delāletiyle rehīn-i ḥayyiz-i bedāhet ise de bā-'avn ü luṭf-ı Rabb-i Naṣīr {11} Mesolenk'iñ fetḥ ü tesḫīri ḳuvve-i ḳarībede olaraḳ aḫşam ve ṣabāḥa ḫaber-i meserretiñ vürūdı {12} me'mūl ü muntaẓar ve bu cihetle Mesolenk maṣlaḥatınıñ ardı alındıḳdan ṣoñra Rumili vālīsi müşārun-ileyh {13} ḥażretleriniñ orada ilişecek işi ḳalmayub hemān ṣavb-ı me'mūriyyete 'azīmet ve ḳahr ü istīṣāl-i {14} eşḳıyāya mübāşeret eyleyeceği emr-i aẓher olmağın me'mūriyyet-i müşīrīleri keyfiyyeti beyān olunaraḳ {15} ẕāt-ı sa'ādetleri tīz elden ol ṭarafda 'asker ve ẕaḫīre tedārük idemeyeceklerinden esbāb-ı {16} muḥāfaẓaya dā'ir ṣavb-ı şerīflerine mu'āvenet-i tāmmeyi icrā eylemesi müşārun-ileyh ḥażretlerine taḥrīr {17} ve tavṣiye olunmuş ve tevcīh-i me'mūriyyetlerini nāṭıḳ lāzım gelan evāmir-i şerīfe-i mezkūre daḫi {18} ḳapu ketḫüdālarına teslīmen ṣavb-ı sa'ādetlerine irsāl ḳılınmış olmağla hemān ẕāt-ı müşīrīleri {19} me'mūriyyet evāmir-i şerīfesinde beyān olundığı üzere ḥareket ve īfā-yı muḳteżā-yı meʾmūriyyete {20} ṣarf-ı naḳdīne-i maḳderet-birle is̱bāt-ı müddeʿā-yı reviyyet-mendī ve feṭānete himmet ve ḥaḳḳ-ı eḥaḳlarında {21} bī-dirīġ buyurılan taʿaṭṭufāt-ı seniyyeniñ tezyīdini müstelzim olur ḫidemāt-ı ḥasene ve mesāʿī-i müstaḥsene {22} ibrāzına bez̲l-i miknet buyurmaları siyāḳında ḳāʾime. Fī 26 Ş 41

[582/131] *Mıṣır vālīsi ḥażretlerine*
{1} Dest-yārī-i himem-i vālā-nehm-i düstūrāneleriyle Girīd cezīresi eşḳıyāsınıñ nāʾire-i ʿutüvv ü şeḳāları iʿmāl-i {2} mirvaḥa-i iḳdām-ı ḥayderāneleriyle püfzede-i inṭıfā olmuş ise de bu defʿa Ḳandiye Muḥāfızı saʿādetlü {3} Luṭfī Paşa ḥażretleri ṭarafına tevārüd iden taḥrīrāt meʾālinde cezīre-i mez̲kūrede İsfākya reʿāyāsınıñ {4} muʾaḫḫaren mütecāsir olduḳları ʿiṣyān cihetiyle indifāʿ-i şerr ü mażarratları emrine ʿasākir-i Mıṣriyye {5} başbuġı Muṣṭafā Beğ ve Resmo Muḥāfıẓı Sührāb Paşa bendeleri naṣb-ı nefs-i ihtimām itmekde iseler de {6} cezīre-i mez̲kūreniñ gerek ʿasker ve gerek ẕaḫīre ḫuṣūṣlarında müżāyaḳa ve s̱ıḳletleri derece-i kemāle (112) vāṣıl olmuş idüği muḥarrer ü mez̲kūr olub nezd-i ḥaḳāyıḳ-şināsīlerinde beyāndan müstaġnī {2} oldıġı üzere bu gāvurlar süyūf-ı ġuzāt-ı muvaḥḥidīne tāb-āver-i muḳāvemet olamayacaḳlarını {3} bildikleri gibi derḥāl ṣūret-i amān irāʾe ve baʿżı ʿavārıżātla ġalebeye ʿaḳlları {4} kesdiği daḳīḳa ḥarekāt-ı bāġiyāneye āmāde ve ictisār itmekde olduḳları āşikār {5} ve bu kerre daḫi cezīre-i mez̲kūreniñ ʿasker ve ẕaḫīreden yaña ḳıllet ve s̱ıḳletini añladıḳlarına bināʾen {6} yeñi başdan ol vechile fürce-yāb-ı melʿanet ü şeḳā olduḳları bedīhī ve bedīdār olub cezīre-i {7} mez̲kūreniñ levs̱-i vücūd-ı eşḳıyādan külliyyen taṣfiye ve taṭhīriyle şīrāze-bend-i āsāyiş {8} ü niẓāmı muḥavvel-i ʿuhde-i ḥayderāneleri oldıġına mebnī ṣūret-i ḥāl şimdiye dek muḥāfıẓ-ı müşārun-ileyh {9} ṭarafından ṣavb-ı ṣavāb-nümā-yı sāmīlerine işʿār olunmuş ise iḳtiżāsınıñ icrāsına ibtidār {10} buyurmuş olacaḳları merkūz-ı fıṭrat-ı ẕātiyyeleri olan cevher-i diyānet ü ḥamiyyet {11} ve şimdiye ḳadar ḫidemāt-ı Devlet-i ʿAliyye'de mesbūḳ ü meşhūd olan meʾās̱ir-i pesendīde-i himem-kārī {12} ve fütüvvetleri edillesiyle rū-nümā ise de müşārun-ileyhiñ işʿār ve ol ṭarafdan tevārüd iden {13} tatarıñ ifāde ve iḫbārına naẓaran gerek muḥāfıẓ-ı müşārun-ileyh ve gerek başbuġ-ı mūmā-ileyhimā {14} maʿiyyetlerinde ʿaskeriñ ḳılleti ve ẕaḫīreniñ daḫi nedreti gāvurlarıñ ez-ser-i nev fürce bulmalarına bādī {15} ve cezīre-i mez̲kūreniñ ise levs̱-i vücūd-ı ḫabās̱et-ālūd-ı eşḳıyādan külliyyen taṣfiye ve taṭhīri {16} himmet-i seniyyeleriyle ḥuṣūl-pezīr olacaḳ mevāddan idüği emr-i ġayr-ı ḫafī olmaġla ṣalābet-i dīniyye {17} ve ḥamiyyet-i aṣliyyeleri iḳtiżāsı üzere ʿasker ve ẕaḫīre cihetleriyle taḳviye ve taḥkīminiñ tedābīr-i {18} īcābiyyesi ne ise icrā ve ol vechile iʿāne-i āsāyiş-i ahālī vesāʾil-i lāzımesiniñ īfāsına {19} himmet buyurmaları siyāḳında ḳāʾime. Fī 27 Ş 41

[582/137] *Rumili vālīsine*

{1} ʿAvn [ü] nuṣret-i Ḥażret-i Ḫudā ve imdād-ı rūḥāniyyet-i cenāb-ı Seyyidü'l-Enbiyā ile Mesolenk żabṭ {2} ü tesḫīr olunduḳdan ṣoñra ẕāt-ı besālet-simātları muḳteżā-yı me'mūriyyetleri üzere Ṣālona'yı {3} baʿde'ż-żabṭ Atina üzerine sevḳ-i semend-i ṣavlet buyuracaḳlarından gerek Mesolenk ve gerek {4} Īnebaḫtī ve Ḳasteli ḳalʿalarınıñ muḥāfaẓası ve ol ḥavālīde baḳiyyetü's-süyūf olan eşḳıyā ve ḥayādīdiñ {5} izāle ve tedmīri Īnebaḫtī ve Ḳarlıili sancaḳlarınıñ ʿuhdesine tevcīhiyle vüzerā-yı ʿiẓāmdan {6} ḳaviyyü'l-iḳtidār biriniñ me'mūriyyetine mevḳūf idüği beyānıyla ẕaḫāyir ve levāzım-ı muḳteżiyede {7} sū-yı saʿādetlerinden teʿāvün ü teẓāhür olunmaḳ üzere ol vechile vüzerā-yı ʿiẓām ḥażerātından {8} biriniñ ol ḥavālīye me'mūr ve taʿyīn ḳılınması iḫṭārını şāmil tevārüd iden taḥrīrāt-ı serʿaskerīleri {9} me'āl ü mezāyāsı rehīn-i ıṭṭılāʿ-i ḫulūṣ-verī olmuş ve ḥużūr-ı kerāmet-mevfūr-ı ḥażret-i pādişāhīye {10} ʿarż ü taḳdīm ile meşmūl-ı naẓar-ı cenāb-ı şehinşāhī buyurulmuşdur. Ẕāt-ı sāmīleri {11} ṭaraf-ı eşref-i şāhāneden istiḳlāl-i tām ve ruḫṣat-ı mā-lā-kelām ile Rumili'niñ {12} vālī-i meʿālī-ʿunvān ve serʿasker-i ẓafer-nişānı olduḳlarından bu maḳūle icrāsı elzem ü muḳteżī {13} müṭālaʿa ve beyānı ʿuhde-i me'mūriyyet ve ḥamiyyetlerine müterettib ve işbu iḫṭār ü işʿārları tamām {14} re'y-i ṣā'ib olub vāḳıʿan bi-mennihī Taʿālā Mesolenk fetḥinden ṣoñra cenāb-ı saʿādetleriniñ {15} Ṣālona ve Atina cāniblerine ʿazīmetlerinde gerek Ḳarlıili ve Īnebaḫtī ve Ḳasteli ḳalʿalarınıñ {16} ve gerek Mesolenk ṭaraflarınıñ lāyıḳıyla muḥāfaẓası maḫṣūṣan vüzerā-yı ʿiẓāmdan ol ḥavālīniñ {17} keyfiyyet ü aḥvāline vāḳıf ve dirāyet ü cesāret ile muttaṣıf bir münāsibine iḥālesinden {18} lābüd oldığına ve el-yevm vezāretiyle Mağnīsā'da iḳāmet üzere olan saʿādetlü ʿAlī Nāmıḳ Paşa {19} ḥażretleri ol ḥavālī ḥāline ve gāvurlarıñ aḥvāline vāḳıf olmaḳ cihetiyle işbu ḫuṣūṣa {20} me'mūriyyete ehliyyeti nümāyān ve her cihetle cesbān idüğüne mebnī şeref-efzā-yı ṣudūr olan {21} ḫaṭṭ-ı hümāyūn-ı mülūkāne manṭūḳ-ı münīfi üzere Ḳarlıili ve Īnebaḫtī sancaḳları ve muḥāfıẓlıḳları {22} müşārun-ileyh ḥażretlerine iḥāle ve icrā ve lāzımü'ṣ-ṣudūr olan me'mūriyyet emr-i şerīfi ṭarafına isrā {23} olunmuş olub el-ḥāletü-hāẕihī Ḳarlıili ve Īnebaḫtī sancaḳlarınıñ ḥāṣılātı ve ʿaskerīlik vechile {24} istiḫdām olunacaḳ ahālīsi olmayaraḳ müşārun-ileyh daḫi aṣḥāb-ı iḳtidārdan olmamaḳ ḥasebiyle {25} mehmā-emken kendüye medār olmaḳ üzere ol ṭaraflardan ʿuhdesine tīz elden bir manṣıb {26} tevcīhi muḳteżī oldığına ve maʿlūm-ı serʿaskerīleri buyuruldığı üzere muḳaddemā saʿādetlü {27} İsmāʿīl Paşa ḥażretlerine tevcīh olunan Avlonya sancağını ahālīniñ ʿadem-i ḳabūlünden nāşī {28} müşārun-ileyh żabṭ idemeyerek ḥattā ahālī-i merḳūme müşārun-ileyh İsmāʿīl Paşa'nıñ {29} ʿazliyle livā'-i mezbūruñ āḫar bir ʿOsmānlu vezīre tevcīhi ḫuṣūṣunı Bāb-ı ʿĀlī'ye ʿarż ü maḥżar {30} ve maḫṣūṣ adamlar irsāliyle istidʿā ve istirḥām eylediklerine mebnī bu bābda ne vechile cevāb iʿṭāsı {31} iḳtiżā ideceği sū-yı müşīrīlerinden lede'l-istiʿlām livā'-i mezbūruñ şimdilik ʿuhde-i saʿādetlerine {32} tevcīhi ṣūreti işʿār buyurulmuş ise de ẕāt-ı saʿādetleriniñ mevṣūf olduḳları (124) fütüvvet ü ḥamiyyet iḳtiżāsınca bu ṣūret bir gūne intifāʿ ḳaṣdıyla olmayub mücerred maṣlaḥatıñ {2} yatışması ümīdine mebnī idüği reviş-i inhālarından münfehim olaraḳ ṣūret-i ḥāle naẓaran {3} bu daḫi es̱nā-yı meşġūliyyetlerinde ẕāt-ı düstūrīlerine bir şuġl-ı dīgeri müstelzim olacağından {4} şimdiki ḥālde muḥāfıẓlıḳ-ı mez̠kūruñ müşārun-ileyh ʿAlī Nāmıḳ Paşa'ya tefvīżi ve ʿuhdesine {5} tīz elden bir münāsib manṣıb tevcīhiniñ īcābı cihetiyle hem ol ṭaraflarda daḫi vaḳʿ ü nüfūẕ-ı serʿaskerīleri {6} viḳāyet ve icrā olunmaḳ ve hem ʿasker ve ẕaḫīre celbi mis̱illü baʿżı şeylerde olduḳça kendüsüne {7} medār olmaḳ ve müşārun-ileyh daḫi livā'-i mezbūrı mütesellim ile żabṭ ideceğinden ahālī-i merḳūmeniñ daḫi {8} hiçbir diyecekleri ḳalmamaḳ fevā'id ü muḥassenātı mülāḥaẓasıyla livā'-i mezbūruñ müşārun-ileyh ʿAlī Nāmıḳ Paşa'ya {9} tevcīhi iḳtiżā-yı ḥāl ü maṣlaḥata her vechile evfaḳ ü enseb görünmüş ve müşārun-ileyh İsmāʿīl Paşa daḫi {10} mesbūḳu'l-ḫidme vüzerā-yı ʿiẓām-ı Devlet-i ʿAliyye'den olaraḳ anıñ daḫi açıḳda ḳalması münāsib {11} olmayacağından Rumili ṭaraflarında daḫi oynadılacaḳ maḥal olmadığından Anāḏolī ṭarafında {12} bir münāsib manṣıb tevcīhi taṣavvur ḳılınmış ve irāde-i seniyye-i şāhāne daḫi bu ṣūretlerle müteʿalliḳ olaraḳ {13} ẕikr olunan Avlonya sancağınıñ taṣmīmātımız vechile tevcīh ve icrāsından evvel keyfiyyetiñ ṭaraf-ı müşīrīlerinden {14} istişʿārı tensīb olunmuş olmağla minvāl-i meşrūḥ üzere livā'-i mezbūruñ daḫi müşārun-ileyh ʿAlī Nāmıḳ Paşa'ya {15} tevcīh ve icrāsı żımnında keyfiyyetiñ serīʿan taḥrīrine ve müşārun-ileyh İsmāʿīl Paşa ḥaḳḳında daḫi re'y {16} ü tensībleri ne vechile ise bi'l-müṭālaʿa anıñ daḫi iḳtiżāsınıñ beyān ü tezbīri ḫuṣūṣuna himmet ü müsāraʿat {17} ve müşārun-ileyh ʿAlī Nāmıḳ Paşa tīz elden ʿasker ve ẕaḫīre tedārük idemeyeceğinden işʿār-ı serʿaskerīleri vechile {18} esbāb-ı muḥāfaẓaya dā'ir müşārun-ileyhe ez-her-cihet lāzım gelan muʿāvenet-i tāmmeniñ icrāsına ṣarf-ı reviyyet {19} buyurmaları siyāḳında ḳā'ime. Fī selḫ-i Ş 41

Appendices

Glossary

Anatolia (Turk. Anadolu) in the early nineteenth century both the name of a geographical region (Asia Minor) and an *eyalet* [province] in west-central Turkey, with Kütahya as its capital.

Ayan Muslim provincial power-broker.

Beşlü agha commander of the troops [*beşlü neferatı*] in charge of securing Moldowallachia.

Bostancıbaşı officer responsible for policing a good part of Istanbul, Galata, and the villages along the Bosporus. He was also in charge of the jails in which notable Greeks sent from the provinces were kept in custody during the Greek Revolution.

Boyar Moldowallachian native aristocracy.

Çiftlik large agrarian estates with quasi-proprietary rights for their holders, with heavily exploitative relations altering the terms of attachment of the peasants to the land and focusing on market-oriented production.

Dar al-harb "abode of war," adjoining non-Islamic lands that do not have a treaty of nonaggression or peace with a Muslim state.

Derbend agha official responsible for the safety of mountain passes.

Evlad-ı Fatihan lit. descendants of the conquerors [of Rumelia]; ethnic Turkish [*yörük*] mercenary troops from northern Rumelia.

Eyalet province. Throughout this book, the Ottoman words *eyalet* and *vilayet* are both translated as province.

Fatwa (Turk. *fetva*) authoritative legal opinion of a Muslim jurist.

Geg Albanian ethno-cultural group inhabiting areas north of the Shkumbin River (Gegëria, Turk. Gegalık).

Ghaza and jihad the struggle to defend and extend Islam; war to achieve these goals. By the early nineteenth century, these terms came to be used interchangeably—but mostly together as a formula—in the documents produced by the Ottoman civil and military bureaucracy.

Harbî enemy; a person not under truce or safe conduct of the sharia rules laid down for non-Muslims.

Haseki sergeant at arms in the bodyguard of the sultan; an attendant of the imperial court.

Hızır the day of *Hızır* falls on May 6 in the Gregorian calendar (April 23 in the Julian calendar, celebrated as St. George's Day by Orthodox Christians) and symbolizes the arrival of spring.

© H. Şükrü Ilıcak, 2021 | DOI:10.1163/9789004471306_005
This is an open access chapter distributed under the terms of the CC BY-NC-ND 4.0 license.

Imperial stirrup (Turk. *Rikâb-ı Hümâyun*) part of the outer services (Turk. *Bîrun*) of the imperial palace, in charge of such duties as transmitting messages between the sultan and various state offices.

Janissary agha (Tr. *Yeniçeri Ağası*) the commander of the janissary corps.

Jihad *see* Ghaza and jihad.

Jizya (Turk. *cizye*) tax paid by the non-Muslim subjects of a Muslim state.

Kadı adjudicator of the Islamic holy law [sharia] and civil administrator of a town [*kaza*].

Kantar weight unit. 1 *kantar* equals 56 kg.

Kapıcıbaşı lit. chief gatekeeper [of the sultan's palace]. In the early nineteenth century this title was mostly honorary, given even to provincial notables.

Kapudana bey admiral, second in command of the Ottoman navy after the *kapudan pasha* [grand admiral].

Kapukethüda agent. Each provincial functionary had an agent at the Sublime Porte who handled his affairs and correspondence with the central administration. A *kapukethüda* generally had several provincial functionaries as clients. In the French diplomatic correspondence of the period the *kapukethüda*s were referred to as *agents politiques*. Throughout this book, the Ottoman word *kapukethüda* is translated as agent.

Kasım now November in Turkish. In the Ottoman period the day of *Kasım* fell on November 8 and symbolized the arrival of winter.

Kaymakam *locum tenens*, one filling an office for a time or temporarily taking the place of another.

Kaza a subdivision of a *sancak*, seat of a *kadı*.

Kethüda steward, majordomo. Second in command of a pasha's household. Throughout this book, the Ottoman word *kethüda* is translated as steward.

Kıyye weight unit. 1 *kıyye* equals 1 okka, which equals 1.28 kg.

Knez a Serbian *kocabaşı*, head of a local Serbian community.

Kocabaşı (Gr. *προεστός* or *κοτζάμπασης*) primate, head of a self-governing local Christian community who was responsible for his community before the state.

Metochion monastic establishment, usually in the form of a property, subordinate to a larger independent monastery.

Millet an officially recognized religious community; specifically, a non-Muslim religious minority subordinate to the Ottoman state, enjoying a certain degree of autonomy and represented by an official leader.

Mirahur agha master of the imperial stables.

Mir-i miran pasha of two horsetails. Viziers were pashas of three horsetails.

Moldowallachia throughout this book, Moldowallachia, the anglicized version of the Greek term Μολδοβλαχία [Moldovlachia], will be used to correspond to the Ottoman term Memleketeyn: the Two Domains, i.e. Eflak [Wallachia] and Boğdan [Moldavia].

Muhafiz military administrator of a town. Throughout this book, the Ottoman word *muhafiz* is translated as castellan.

Müstemen foreigners, mostly merchants, who were granted safe conduct in the Ottoman Empire.

Mutasarrıf governor of a *sancak*.

Mütesellim majordomo, deputy, or interim governor and collector of taxes.

Naib deputy *kadı*.

***Nefir-i amm* soldiers** peasant conscripts who were recruited from the non-military people of the areas around the combat zones when emergencies arose.

Nevruz the day of the vernal equinox, usually occurring on March 21 and marking the beginning of spring in the Northern Hemisphere.

Nüzül emini official in charge of overseeing the purchase and delivery of supplies to the army. Throughout this book, the Ottoman title *nüzül emini* is translated as commissary officer.

Patrona bey vice-admiral, third in command of the Ottoman navy after the *kapudana bey*.

Raiyyet throughout this book, the Ottoman word *raiyyet* is translated as subjecthood.

Reaya tax-paying subjects of the Ottoman state. The term came to be used exclusively for non-Muslims by the early nineteenth century.

Reisülküttab (or *reis efendi*) Ottoman official functioning as the equivalent of a minister of foreign affairs since the eighteenth century.

Riyala bey admiral of the lowest rank in the Ottoman navy.

Rumelia (Turk. Rumeli) in the early nineteenth century, the *eyalet* [province] of Rumelia encompassed most of what is today Bulgaria, Macedonia, Albania, continental Greece (excluding the Morea), and eastern Serbia.

Sancak a district or a subdivision of an *eyalet* [province].

Sayyid (m.), ***sayyida*** (f.) (Turk. *seyyid, seyyide*) honorific title for descendants of the Prophet Muhammad.

Şeyhülislam highest-ranking Muslim cleric and administrator of religious affairs.

Sipahi fief-holding cavalryman stationed in the provinces.

Sipahi agha commander of the fief-holding cavalrymen stationed in the provinces.

Sublime State Ottomans never used the term "Ottoman Empire" for their state. The most common terms used for self-designation by Ottoman administrators for their state that we also encounter in the *Ayniyat* Registers were *Devlet-i Aliyye* [the Sublime State] and *Saltanat-ı Seniyye* [the Exalted Sultanate].

Südid Austrian *müstemen* merchants operating in Moldowallachia. The word originates from the German *Schützling* [protégé].

Tosk Albanian ethno-cultural group inhabiting areas south of the Shkumbin River (Toskëria, Turk. Toskalık).

Ulema the body of scholars trained in the Islamic religious sciences and Islamic law; the Ottoman religious establishment.

Vukiyye weight unit. 1 *vukiyye* equals 1.2 kg.

Zimmi non-Muslim subject of a Muslim state; mostly used in a judicial context.

Short Biographies of the Important Individuals Mentioned in the Documents

Abdullah Hamdullah Pasha, also known as Deli Abdullah Pasha, was the *bostancıbaşı* between 1809 and 1815. He was appointed grand admiral in July 1819 and served in this post until his resignation in November 1821. He was grand vizier between November 11, 1822 and March 11, 1823, at a critical transition period during the downfall of Halet Efendi.

Ahmed Erib Efendi/Pasha was the superintendent of the imperial arsenal until he was appointed deputy grand vizier in April 1821. In October 1821 he was made a vizier and dispatched to the Morea for having come into conflict with Halet Efendi, who got rid of him by removing him from Istanbul. There is not much information about his activities, other than that he was trusted with the defense of Ypati. He died in January 1823.

Ali Celal Pasha was the governor of Bosnia when he was appointed governor and commander-in-chief of Rumelia on November 20, 1822, following Hurşid Ahmed Pasha's death. He died on December 20, 1822, due to the exacerbation of his illness when he was about to depart from Bosnia to Larissa to take up his new post.

Ali Namık Pasha, a native of Nafplio, was the steward of Hurşid Ahmed Pasha at the siege of Ioannina during Ali Pasha's uprising. He was made a vizier at the request of Hurşid Pasha and appointed as the castellan of Nafplio in June 1821; however, he did not make it to his post until May 1822. After suppressing the uprising in Tzoumerka in October 1821, he was also given the *sancak* of Trikala, replacing Mahmud Pasha of Drama. In late May 1822 he was at the defense of Nafplio. He was imprisoned in December 1822, when the castle was captured by Greek revolutionaries. In 1825, he was exchanged with Georgios Mavromichalis, son of Petrobey Mavromichalis, who was captured by Ibrahim Pasha at Navarino. After his release he spent some time in Izmir and Manisa until he was appointed *mutasarrıf* of Acarnania and Nafpaktos in April 1826.

Androutsos, Odysseas, called Captain Disava by the Ottoman functionaries, was one of the most renowned heroes of the Greek War of Independence. He grew up at Tepedelenli Ali Pasha's court and was appointed by the pasha as armatolos of Livadeia in 1816. In October 1820, after a dispute with the local rulers, he left and was replaced by Athanasios Diakos. He fought against the Ottoman forces numerous times. His victory at the Inn of Gravia against Ömer

Vrioni in May 1821 played a determining role in the fate of the Greek Revolution. In October 1822, the central Greek government appointed Androutsos as captain-general of eastern Greece. Androutsos made Athens his headquarters and became master of the entire Attica region and its environs in the subsequent two years. In early 1825, when conflict between the Greek revolutionary factions escalated to the proportions of civil war, Androutsos came into contact with Ömer Pasha of Karystos and applied to the Sublime Porte for amnesty through him. On March 31, the Governor of Rumelia Reşid Mehmed Pasha approved Androutsos's plea for amnesty and sent him a firman. By April 10, the inhabitants of Livadeia, Thebes, and Atalanti requested amnesty. According to Ömer Pasha's account, when the Greek insurgents in Amfissa began attacking the villages around Livadeia, Ömer Pasha dispatched his steward at the head of five hundred cavalry, joined by Androutsos. Intense fighting broke out in the region between Atalanti and Livadeia, and five thousand Greeks came from Athens and the Morea to reinforce the revolutionaries. Androutsos did not leave the steward throughout the thirty-eight days of heavy fighting, but grew anxious when the hostilities intensified and the troops promised by Reşid Mehmed Pasha did not arrive. He wanted to retire to Megara, but the insurgents captured him on the way. Muslim runaways, spies, and Greek informants all confirmed that Androutsos was imprisoned, subjected to all manner of torture, and eventually executed.

Behram Pasha is mistakenly known as Bayram or Beyran Pasha in Greek historiography. He had previously served as governor of Trabzon, Diyarbekir, and Erzurum. He was the *mutasarrıf* of Aydın and Saruhan when the revolution broke out and was dispatched to the region of Larissa, thence to proceed to the Morea. On his way to Larissa, he proved instrumental in the suppression of the revolution in the region of Thessaloniki. At the Battle of Vasilikon on September 7, 1821, his mercenary army suffered heavy casualties. The battle was a major turning point in the history of the Greek Revolution. The Ottoman forces sent to lift the siege of Tripolitsa and put down the uprising in Attica and the Morea were defeated by the Greek revolutionaries under the command of Ioannis Dyovouniotis and Giannis Gouras. The Sublime Porte was unable to organize another expedition until the summer of 1822, giving the revolutionaries the opportunity to regroup. His vizierate was abrogated, and his troops were given to the command of Süleyman Pasha.

Benderli Mehmed Selim Pasha was the governor of Silistra from March 1819 until appointed grand vizier in September 1824; he served in this position until October 1828. He was most instrumental in the abolition of the janissary complex.

Derviş Mustafa Pasha of Plovdiv, governor of Bosnia between 1817 and 1819, was the castellan of Vidin when the Greek Revolution erupted. He was appointed to the governorship of the Morea in January 1824 for only two months until his appointment to the governorship of Rumelia. His anti-Albanian stance put the operations at risk, and he was replaced by Mehmed Reşid Pasha in November 1824.

Dyovouniotis, Ioannis, was appointed the armatolos of Lamia by Tepedelenli Ali Pasha. When the revolution broke out, he became the captain of the revolutionaries in the Lamia region. He fought in the battles of Alamana, Gravia Inn, and Vasilikon; he died in 1831.

Ebubekir Pasha was the governor of Anadolu when the revolution erupted. He was one of the first viziers dispatched to the Morea; however, he died in Lamia in August 1821.

Ebulubud Mehmed Emin Pasha, of slave descent from Georgia, was the *mutasarrıf* of Thessaloniki until he was appointed to the governorate of Rumelia in August 1823. Following the failed siege of Missolonghi, he was replaced by Derviş Mustafa Pasha in March 1824 and exiled to Didymoticho.

Elmas Meçe was an Albanian warlord in charge of securing Tripolitsa, also referred to as Elmas Meço or Mezzo in historiography. He was the former chief orderly [*kapuçukadar*] of Tepedelenli Ali Pasha and a member of the Tosk military oligarchy established after Ali Pasha's downfall. He struck a *besa* [word of honor] with Theodoros Kolokotronis for the safe refuge of the Albanian contingent from Tripolitsa and opened the gates of the town to the Greek insurgents, paving the way to the massacre of noncombatant Muslims.

Halet Efendi was Mahmud II's favorite and advisor. He found favor in the sultan's sight thanks to his aptitude in dealing with the Baghdad revolt of 1810 and established a special rapport with the sultan based on their shared vision of restoring central state authority in the provinces. In the following decade he became the most dominant figure in imperial politics. In January 1820 he brought his associate Seyyid Ali Pasha to the grand vizierate in order to stifle the opponents of a military operation against Tepedelenli Ali Pasha at the Sublime Porte. Ottoman official historiographers explain the unprecedented alarm set off by the Greek Revolution and the ensuing events of public violence in Istanbul as the work of Halet Efendi, who tried to ward off accusations directed against him of creating the present chaos by diverting public opinion away from himself. He was responsible for putting Ibn Khaldunian concepts into practice and also for the most violent measures taken by the Sublime Porte for the quelling of the uprising. He was deposed on November 11, 1822, following the janissary mutiny of November 9. He was exiled to Konya, where he was soon executed.

Hasan Pasha was castellan of Izmir. He was the *mutasarrıf* of Kayseri when the revolution broke out. His initial instructions were to proceed to Nafplio via Izmir. His orders were changed in May 1821, and he stayed in Izmir until 1827. The Greek historian Filimon noted that his mustache and intelligence were inversely proportional; however, he prevented at least three serious janissary mutinies and acts of public violence against the Greeks of the town from getting out of hand and turning into full-fledged massacres.

Hurşid Ahmed Pasha was an Ottoman statesman of slave descent from Georgia. He served as grand vizier between 1812 and 1815. He suppressed the Serbian revolt in 1813. In October–November 1819 he put down three sizable revolts in Baghdad, Diyarbekir, and Aleppo. In August 1820, when he was in Aleppo, he was appointed governor of the Morea and arrived in Tripolitsa in November of that year. Before taking up his new office, he was ordered to Ioannina to quell Tepedelenli Ali Pasha's revolt. He left Tripolitsa in January 1821 to undertake the siege operations at Ioannina. He was appointed governor of Rumelia in February 1821. He managed to capture and execute Ali Pasha after a 1.5-year siege. When the Commander-in-Chief of the Morea Seyyid Ali Pasha proved too incompetent to quell the Greek Revolution, he took over the task in March 1822. Causing the deposition of Seyyid Ali Pasha, he brought his associate Mahmud Pasha of Drama to the post of commander-in-chief of the Morea in June 1822. He raised a mercenary army composed of forty-thousand Albanians; however, he died in November 1822 before the beginning of the campaign season of 1823. The way in which Hurşid Pasha died remains a mystery. In Greek historiography there are elaborate and detailed descriptions of how he decided to commit suicide by drinking poison after learning about the imperial order for his beheading. The reported reason for the imperial order was that he did not send the slain Tepedelenli Ali Pasha's confiscated treasure to Istanbul in its entirety and saved the larger part for himself. A very trustworthy source, William Meyer, the British consul at Preveza, also conveyed the rumors about Hurşid Pasha's suicide. Be that as it may, not a single Ottoman source is to be found to confirm this story. The documents in this book, the letters sent from Larissa to inform the Sublime Porte about his death by his steward, and also by the *naib* and notables of the town, all report a natural death. Ottoman forces and functionaries, Turkish and Albanian alike, fell into complete disarray as a result of Hurşid Pasha's death and could not recuperate until the arrival of the Egyptian forces.

Ibrahim Pasha was the son of Mehmed Ali Pasha, Governor of Egypt, born in Kavala in 1789. In 1816–19 he quelled the Wahhabi revolt in Hejaz and was made the governor of Jeddah for his achievement. When the Sublime Porte proved unable to quell the Greek Revolution, his father was contracted with the task on the condition that Ibrahim Pasha be appointed governor of the Morea (April 1824). Due to the fear of Greek fireships and blockade, his navy made it to the Morea as late as February 1825. He captured most of the Morea and was instrumental in the fall of Missolonghi. He suffered a catastrophic defeat at the Battle of Navarino in October 1827, almost entirely losing his fleet. He evacuated the Morea in October 1828.

Ismail Paşo Pasha was an Albanian provincial magnate. An assassination attempt against him while he was in Istanbul provided the Sublime Porte with a pretext for suppressing Tepedelenli Ali Pasha, who was held responsible for the attempt. Ismail Paşo was appointed *mutasarrıf* of Ioannina and sent on to Tepedelenli. He served in this position until October 1821.

Kallimaki, Skarlatos, had served as the dragoman of the Porte between 1801 and 1806 and voivode of Moldavia in 1806 and between 1812 and 1819. He was a close associate of Halet Efendi and was known as Iskerlet Bey or Kalimakizade Sarı Bey at the Sublime Porte. He was appointed to the voivodeship of Wallachia in February 1821 after Alexandros Soutsos's death. He never left Istanbul to take up his post due to the outbreak of the Greek Revolution. He was saved from execution, because Russia could use his death as a pretext to declare war. He was kept under custody in a Muslim neighborhood in Istanbul, Süleymaniye, to prevent his flight. When the government took notice that he was communicating with foreign agents, he was exiled to Bolu, where he was secretly murdered by Ahmed Raşid Efendi, the *mütesellim*. His death had to seem to be due to natural causes in order to prevent Russian outrage. Thus, poison prepared by the head physician of the court was sent to Bolu and given to Kallimaki through a plot hatched by the *mütesellim*.

Köse Mehmed Pasha was Hurşid Pasha's steward. He was appointed governor of the Morea when Hurşid Pasha assumed the governorate of Rumelia and was dispatched together with Ömer Vrioni to quell the Greek uprising in the Morea; however, he never made it there. In 1822 we see him in and around east central Greece, where his operations were paralyzed by Odysseas Androutsos. In March 1822, he was granted the *sancak*s of Teke and Hamid for income. In January 1823 he was appointed governor and commander-in-chief of Rumelia. He was dismissed from office on August 23, 1823, for failing to organize the operations and replaced by the *Mutasarrıf* of Thessaloniki Ebulubud Mehmed Emin Pasha. During the discussions in the Imperial Council for his removal from office, he was accused of remaining "powerless since the day of his appointment." He was exiled to Gallipoli, where he stayed until his appointment to the governorate of Sivas in July 1824.

Mahmud II, the 30th Ottoman sultan, enthroned in 1808, was the Ottoman sultan throughout the Greek Revolution. The Ottoman Empire underwent fundamental changes during his reign, the elimination of most of the provincial magnates (*ayan*s) and the abolition of the janissary complex being the most significant ones. Although he lost every single battle he went into, he is revered as the initiator of Ottoman/Turkish modernity and remembered for his westernization reforms after 1826. He exercised his sovereign authority through his advisor Halet Efendi in the decade prior to the Greek Revolution and became an autocrat after 1823, stifling all sorts of social dissent. He died in 1839.

Mehmed Ali Pasha was of Albanian descent, born in Kavala. He became the governor of Egypt in 1805 and ruled the country until his death in 1849. He was contracted with the suppression of the Greek Revolution in April 1824 by the Grand Vizier Said Galib Pasha and given the island of Crete and the Morea in exchange. Negotiations with the Sublime Porte almost broke down upon his insistence on the appointment of his son as the grand admiral. He sent his eldest son, Ibrahim, to the Morea at the head of a French-trained and disciplined modern army. After losing a great part of his navy at the Battle of Navarino, he sought a way out of the entanglement. He signed a convention with the British admiral Edward Codrington in August 1828 in Alexandria for the withdrawal of the Egyptian forces from the Morea. All Egyptian forces were evacuated by October 1828, without asking for the permission of the Sublime Porte.

Mehmed Hüsrev Pasha had served as the grand admiral between 1811 and 1818 and later as the governor of Trabzon. He was appointed grand admiral again on December 9, 1822. Dissension between him and Ibrahim Pasha of Egypt reached crisis proportions during the siege of Missolonghi, and Mehmed Ali Pasha threatened the Sublime Porte with withdrawing his forces unless Hüsrev Pasha was discharged. Upon Mehmed Ali Pasha's insistent demands, the sultan removed him from office in February 1827.

Mehmed Reşid Pasha was of slave descent from Georgia. He is known as "Kütahi" in Greek historiography, because he was the *kaymakam* of the *sancaks* of Kütahya and Eskişehir (mid-west Anatolia) when he joined the forces sent against Tepedelenli Ali Pasha. He was appointed governor of Karaman in August 1821. He was sent to quell the Greek uprising in the region of Arta in late 1821. We find him engaging the Greek revolutionaries in the region of Arta, Souli, and Acarnania until late 1822. In April 1823, the governorship of the *sancak* of Trikala was appended to the province of Karaman and assigned to Reşid Pasha. He was removed from office at the request of the Governor of Rumelia Ebulubud Mehmed Emin Pasha. In January 1824, we find him sojourning in Edirne, whence he was dispatched to Vidin as castellan. In November 1824 he was brought to the governorate of Rumelia, for he maintained a good reputation among the Albanians, to repair the damage caused by the anti-Albanian policy followed by his two predecessors. He arrived at Bitola in February 1825 and at Arta in March. In April 1825 he captured the Makrinoro Defile and in May he laid siege to Missolonghi. He captured Athens in June 1827 after a nine-month siege. In January 1829 he was appointed grand vizier, with the hope that he could use the experience he gained during the Greek Revolution against the Russians.

Mühürdar Ago Vasiari (Osman Agha, though known as Mühürdar Ago in the historiography of the Greek Revolution) was the seal keeper of Tepedelenli Ali Pasha and a prominent member of the Tosk military oligarchy established after Ali Pasha's downfall. In the words of William Meyer, the British consul at Preveza, Mühürdar Ago became the "natural leader" of the Tosk military oligarchy after Ömer Vrioni's removal from Albania in late 1824. He was appointed the *mütesellim* of Berat and Süleyman Pasha Vlora's steward as part of the plan to break up the Tosk oligarchy.

Mustafa Pasha, also known as Buşatlı or Bushati Mustafa Pasha, was *mutasarrıf* of Shkodër and patriarch of the most prominent Geg Albanian dynasty. Throughout the Greek Revolution, he controlled the districts to the north of Berat, where the extent of the Sublime Porte's authority was only nominal. His unwillingness to follow through the Sublime Porte's orders played a determining role in the outcome of the Greek Revolution, especially during the sieges of Missolonghi. He lifted the siege in December 1823 on the pretext of winter weather. The Sublime Porte contracted the suppression of the Greek uprising to Mustafa Pasha for the campaign season of 1824; however, his operations were paralyzed mostly by the counteraction of Tosk Albanians. In October 1825, his three thousand soldiers left the siege of Missolonghi due to the approach of winter.

Nasuhzade Kara Ali Pasha, a seaman of Albanian descent, was the *kapudana bey* when the Greek Revolution broke out. He was appointed grand admiral in November 1821 upon Abdullah Pasha's resignation from office. He was killed by fireships off Chios under the command of Konstantinos Kanaris on the night of June 18–19, 1822.

Negris, Konstantinos, was the *kaymakam* of Wallachia when the Greek Revolution erupted. Despite the Sublime Porte's strong prejudice against the Fanariots, he administered Wallachia until he was replaced by the Romanian boyar Grigore Dimitrie Ghica in July 1822. He was detained in Vidin in June 1822 and sent to Istanbul, where he was executed in November on charges of secretly communicating with his brother, Theodoros Negris, who was the president of the Areopagus of Eastern Continental Greece.

Obrenovich, Milosh, was a Serbian leader, the organizer of the Second Serbian Uprising. In 1817 he was recognized as the chief knez (Turk. *baş knez*) by the Sublime Porte. When the Greek Revolution broke out, he was the leader of the virtually autonomous Serbian principality.

Ömer Pasha of Karystos was the *mütesellim* of Karystos (as Ömer Bey) when the revolution broke out. Within a year he was made a *mir-i miran* and was appointed castellan of the *sancak* of Euboea. He held this office until Euboea was relinquished to the Kingdom of Greece and then settled in Thessaloniki.

Ömer Vrioni, a Tosk Albanian from the village of Vrion, near Berat, began his career as the commander of the forces of the *ayan* of Elbasan [name unknown]. He participated in the quelling of the Pazvandoğlu revolt in 1797 and fought against Napoleon Bonaparte in Egypt between 1798 and 1801. He captured Ibrahim Pasha of Vlorë and incorporated his domains into Tepedelenli Ali Pasha's state in 1810. He was the treasurer [*hazinedar*] of Ali Pasha until the latter's revolt. In September 1820 he defected to the Ottoman state and was given the *sancak* of Vlorë in January 1821. During Ali Pasha's revolt, Ömer Vrioni participated in the suppression of the Greek uprising. He won the Battle of Alamana and executed Athanasios Diakos. His march was stopped in May 1821 by the Greek forces under Odysseas Androutsos at the Inn of Gravia. He lifted the 83-day siege of Athens on June 30. After the downfall of Ali Pasha in January 1822, the *sancak*s of Ioannina, Vlorë, and Delvinë were united under his governorship upon Hurşid Pasha's insistent recommendations. After this date, he followed quite independent policies and remained unresponsive to the Sublime Porte's demands. Ömer Vrioni found himself as the ostensible, unpopular, and incapacitated governor of the Tosk lands, often at odds both with the members of the Tosk military oligarchy, composed of the disgruntled strongmen of Ali Pasha's court, and the heirs of the pre-Ali Pasha Tosk nobility. Ottoman and British sources maintain that the siege of Missolonghi—the epicenter of Greek resistance—in 1823 failed because of his clandestine plots. In the 1824 campaign he followed a policy of tarrying and did not march on Athens, disobeying the Sublime Porte's orders. He was appointed governor of Thessaloniki in December 1824 to distance him from Albania, so that he could not engage in sedition. He initially resisted moving to Thessaloniki, but, having found no support for his cause among the Albanians, he arrived in his new post in February 1825. In late 1827 he was the castellan of Sofia, whence he was sent to Vidin as the commander of the vanguard to encounter the Russian army. In late 1828 he was first sent to Gallipoli and then to Kütahya, where he died in the same year.

Sabit Mahmud Pasha of Drama was of Albanian descent, the son of a dynastic family from Drama, known as Dramalis in Greek historiography. In May 1820 he was appointed *mutasarrıf* of Trikala and remained in this post until October 1821. He was appointed governor and commander-in-chief of the Morea in June 1822 and charged with the quelling of the revolution. He faced catastrophic defeat at the Battle of Dervenakia on August 7, 1822, and could hardly save his life. He withdrew to Corinth, where he died in November 1822.

Samourkassis (Samurkaşoğlu), Ioannis, was the *kaymakam* of Oltenia when the Greek Revolution broke out. He converted to Islam in Vidin, where he was detained until his death in February 1822.

Seyyid Ali Pasha of Isparta was grand vizier between January 5, 1820, and March 29, 1821. He was a close associate of Halet Efendi. In the eyes of Mahmud II, he was the incarnation of the Ottoman state's troubles, originating from indulging in a life of ease and sinking into luxury and plenty. He was deposed and banished to Gallipoli on March 29, 1821, and replaced by the *Mutasarrıf* of Ormenio Benderli Ali Pasha. He was appointed commander-in-chief of the Morea after the defeat suffered by Behram Pasha at the Battle of Vasilikon in September 1821. He was appointed to this post probably because of Halet Efendi's influence and despite Hurşid Pasha's objections. He proved utterly inept and was relieved from office in June 1822. All his goods and belongings were confiscated and sold in order to deliver the troops' pay that had fallen into arrears. His vizierate was abrogated, and he was exiled to Plovdiv in early 1824 upon the request of Yusuf Pasha of Serres. He died in Istanbul in 1826.

Seyyid Hasan Pasha was at the siege of Ioannina when the revolution broke out and commanded operations on Souli and Arta. He was appointed castellan of Arta in July 1821 and for a short while was governor of Sivas. We find him as the castellan of Euboea in August 1822 and in November 1824 once again as the castellan of Arta. He was relieved of duty in March 1825.

Tepedelenli Ali Pasha was *mutasarrıf* of Ioannina. He was a Tosk Albanian, born in Tepeleni (Turk. Tepedelen), south Albania. In a progression reminiscent of the establishment of the Ottoman state, he literally conquered the territories of the neighboring Albanian magnates one after another and carved out a state for his dynasty. In 1784 he was appointed *mutasarrıf* of Delvinë and in 1785 he became the *mutasarrıf* of Trikala. In 1787 he occupied the *sancak* of Ioannina, where he made the seat of his government. He acquired Gjirokastër and Libohovë through intermarriages of his family with the local magnates. Taking advantage of the pandemonium of the Russo–Ottoman War, he captured Berat, Vlorë, Kardhiq, and Peqin from their *ayan*s and became the master of the entire Toskëria (the land of the Tosk Albanians) by 1812. By capturing Tiran, Ohrid, and Elbasan between 1815 and 1817, Ali Pasha made himself a bold encroacher on the lands of the Geg Albanians (Gegëria) and utterly annoyed both the Geg magnates and the Sublime Porte. When Ali Pasha moved on to Kičevo, Mat, and Debar in 1819, Mustafa Pasha Bushati, *Mutasarrıf* of Shkodër, panicked and petitioned the Sublime Porte for Ali Pasha's suppression. The Sublime Porte succeeded in eliminating Ali Pasha after one and a half years of serious strife and almost a year into the Greek Revolution. He was captured and executed on January 24, 1822. Following Ali Pasha's downfall, in most of the Tosk lands the real power remained in the hands of what William Meyer, the British consul at Preveza, called the "Tosk League," namely a military oligarchy composed of disgruntled strongmen of Ali Pasha's court, such as Ali Pasha's sword bearer Silahdar Ilyas Poda, the seal keeper Mühürdar Ago Vasiari, the treasurer Ömer Vrioni, the chief of guards Tahir Abbas, the chief orderly Elmas Meçe [or Meço], and such military chiefs as Derviş Hasan and Sulço Gorça. Being the insurgent Greeks' immediate neighbors and still controlling the most operational military manpower in the region after the disintegration of Ali Pasha's government, their stand against the Greek Revolution was of make-or-break importance.

Vahid Pasha was appointed *mutasarrıf* of Chania in 1816, where he stayed until his banishment to Kos in 1820. He was sent to Chios when the revolution broke out. He was the castellan during the massacres on the island. Accused of inaptitude and misconduct by the Sublime Porte, he was released from duty in May 1822 and exiled to Alanya. He was appointed governor of Aleppo in 1824 and governor of Konya in 1827. He died in 1828. His apologia regarding the massacres on Chios was published in 1873, in which he defended his course of action and portrayed the massacres on the island as the punishment of the insurgents.

Vladimirescu, Tudor, was a Wallachian warlord and the leader of the Pandur militia. He had been in Russian service during the Russo–Ottoman War of 1806–12 and apparently continued to enjoy some liberty of action in Wallachia as a Russian official. Taking advantage of the power vacuum created by the death of Alexandros Soutsos, Voivode of Wallachia, on January 31, 1821, Vladimirescu revolted in coordination with the leadership of the Filiki Etaireia. He enlisted soldiers by exploiting the anti-Fanariot sentiments among the Wallachians. His revolutionary proclamations declared his intention of redressing the grievances which had been brought about by the Fanariots' maladministration and of compelling the boyars to respect the privileges granted by the Ottoman government to the Wallachians. When the Russian government declared its renunciation of the Greek revolutionary movement, Vladimirescu sought to come to terms with the Sublime Porte and to distance himself from Alexandros Ypsilantis. Vladimirescu sent a letter to the castellan of Giurgiu begging for the forgiveness of the sultan and offering his assistance to stop Ypsilantis from entering Bucharest. Vladimirescu claimed that he did not want to be considered a bandit like Ypsilantis; his revolt was against the Fanariots, not the Ottoman state. When Ottoman forces captured Bucharest, he lost control of his troops. After a plot hatched by the Etairists, he was executed by them on May 28, 1821.

Vogoridis, Stefanos, was a Fanariot of Bulgarian descent. He started his career under the patronage of Skarlatos Kallimaki. In 1812 he was appointed *kaymakam* of Craiova and Galatsi. In 1814 he was appointed *postelnik* [official in charge of foreign affairs] of Moldavia. He was the *kaymakam* of Moldavia when the Greek Revolution broke out. He administered Moldavia until he was replaced by the Romanian boyar Ioan Sandu Sturdza in July 1822. He survived the Greek Revolution and was appointed prince of Samos in 1830.

Ypsilantis, Alexandros, is referred to as "the son of Ypsilanti" in many Ottoman documents. He was the son of an eminent Fanariot, Konstantinos Ypsilantis, who had served as dragoman of the Porte (1796–9), voivode of Moldavia (1799–1801), and voivode of Wallachia (1802–6) before he defected to Russia when the Russo–Ottoman War of 1806–12 began. His five sons grew up in Russian military-aristocratic circles, but only Alexandros rose rapidly in the military hierarchy. In 1820 Alexandros, then a 28-year-old major general, an aide-de-camp, and personal friend of Tsar Alexander I, and already a Greek celebrity, assumed the leadership of the secret Greek revolutionary organization, the Filiki Etaireia. He crossed the Prut River on March 6, 1821, invading Moldowallachia and triggering the Greek War of Independence. He fled to Austria after the Battle of Drăgășani on June 19, 1821, where he was kept in custody until 1827 due to the pro-Ottoman stance of the Austrian Chancellor Metternich. He died in Vienna in 1828.

Ypsilantis, Nikolas, was the brother of Alexandros Ypsilantis. He was the commander of the Sacred Band [*Ιερός Λόχος*] in the Battle of Drăgășani. He was kept in custody in Austria until 1827, together with his brothers, Alexandros and Georgios. In 1828 he was allowed to return to Russia, where he died in 1833.

Yusuf Muhlis Pasha of Serres was the son of Ismail Bey, the *Ayan* of Serres/ Siroz; he is referred to as Sirozî Yusuf Pasha in the documents. In December 1820 he was appointed *mutasarrıf* of Euboea and Acarnania with the rank of vizier and ordered to join the command of Hurşid Pasha in his campaign against Tepedelenli Ali Pasha. Hurşid Pasha and the spies of the Sublime Porte accused him of setting the functionaries at the siege of Ioannina against each other, thus delaying Tepedelenli's subjugation. He was removed from the army camp in Ioannina and sent to his domain in Euboea through Acarnania. On his way, having learned about the siege of Patras, he crossed to the Morea via the Castles of Rumelia and the Morea and lifted the siege of Patras on April 15, 1821, where he stayed until his discharge from office in November 1825. He was the castellan of Varna when the Russo–Ottoman War of 1828–9 broke out. He was taken captive by the Russians when the town fell and returned to Istanbul in 1830.

Yusuf Pasha of Berkovitsa originated from the town of Berkovitsa (Turk. Berkofça) in northwest Bulgaria. He was the castellan of Brăila when the Greek Revolution broke out and was appointed commander-in-chief to put down the Ypsilantis revolt in Moldowallachia. He was the castellan of Babadag when he was appointed governor and commander-in-chief of the Morea in 1823 with the addition of the *sancak*s of Teke and Hamid to his jurisdiction. He arrived in Larissa, the major Ottoman deployment base during the Greek Revolution, in early June. He proved inept at organizing the expedition, and by November 1823 his mercenary army had disbanded. He was pardoned at the request of Ebulubud Mehmed Emin Pasha, Governor of Rumelia, and stayed in Larissa until early 1825. He died in 1826 while he was the castellan of Sofia.

Bibliography

Archival Sources

Başbakanlık Osmanlı Arşivi [BOA] (*Ottoman State Archives, Istanbul*)

A.DVNS.MHM.d: Mühimme Defterleri.
A.DVNS.TZEI: Bab-ı Asafi Divan-ı Hümayun Sicilleri Tevziat, Zehair, Esnaf ve İhtisab Defterleri.
BEO.AYN.d: Babıali Evrak Odası Ayniyat Defterleri.
C.ADL: Cevdet Adliye.
C.AS: Cevdet Askeriye.
C.DH: Cevdet Dahiliye.
C.HR: Cevdet Hariciye.
C.ML: Cevdet Maliye.
C.ZB: Cevdet Zaptiye.
HAT: Hatt-ı Hümayun.
MAD: Maliyeden Müdevver Defter.

The National Archives [TNA] (*Kew*)

Colonial Office [CO].
Foreign Office [FO].

Secondary Sources

Ágoston, Gábor, *Guns for the Sultan: Military Power and the Weapons Industry in the Ottoman Empire*, Cambridge: Cambridge University Press, 2005.

Ágoston, Gábor, "Top," in *TDV İslam Ansiklopedisi*, vol. 41, 2012, pp. 240–42.

Ágoston, Gábor and Bruce Masters, *Encyclopedia of the Ottoman Empire*, New York: Facts on File, 2009.

Ahmed Cevdet, *Tarih-i Cevdet*, 12 vols., Istanbul: Matbaa-yı Amire, 1891.

Akbayar, Nuri, *Osmanlı Yer Adları Sözlüğü*, Istanbul: Tarih Vakfı Yurt Yayınları, 2001.

Andrews, Kevin, *Castles of the Morea*, Princeton: The American School of Classical Studies at Athens, 1953, rev. ed. 2006.

Argenti, Philip P., *The Massacres of Chios, Described in Contemporary Diplomatic Reports*, London: John Lane, 1932.

Arıkan, Zeki, "1821 Yunan İsyanının Başlangıcı," *Askeri Tarih Bülteni* 12/22 (1987), pp. 97–132.

Arıkan, Zeki, "1821 Ayvalık İsyanı," *Belleten* 52/203 (1988), pp. 571–601.

Arsh, G. L., "On the Life in Russia of the Greek Patriotic Family Ypsilanti," *Balkan Studies* 26 (1985), pp. 73–90.

Ateş, Sabri, *Ottoman-Iranian Borderlands: Making a Boundary, 1843–1914*, Cambridge: Cambridge University Press, 2013.

Aydın, Ahmet, "Mir Yusuf Tarihi: Metin ve Tahlil," MA thesis, Marmara Üniversitesi, 2002.

Aydın, Veli, "Yunan İsyanı Sırasında Selanik Sancağı ve İsyana Karşı Alınan Önlemler," *Tarih İncelemeleri Dergisi* 33/2 (2018), pp. 303–34.

Balta, Evangelia, Fehmi Yılmaz, and Filiz Yaşar, "Tsamouria—Nineteenth Century Ottoman Thesprotia," in Björn Forsén (ed.), *Thesprotia Expedition I: Towards a Regional History*, Papers and Monographs of the Finnish Institute at Athens, vol. XV, Helsinki: Foundation of the Finnish Institute at Athens, 2009, pp. 245–73.

Balta, Evangelia, Mustafa Oğuz, and Filiz Yaşar, "The Ethnic and Religious Composition of Ottoman Thesprotia in the Fifteenth to Seventeenth Centuries," in Björn Forsén and Esko Tikkala (eds.), *Thesprotia Expedition II: Environment and Settlement Patterns*, Papers and Monographs of the Finnish Institute of Athens, vol. XVI, Helsinki: Foundation of the Finnish Institute at Athens, 2011, pp. 347–89.

Beydilli, Kemal, "Reşid Mehmed Paşa," in *TDV İslam Ansiklopedisi*, vol. 35, 2008, pp. 12–14.

Bostan, İdris, *Osmanlı Bahriye Teşkilatı XVII Yüzyılda Tersane-i Amire*, Ankara: TTK, 1992.

Bostan, İdris, "Kapudan Paşa," in *TDV İslam Ansiklopedisi*, vol. 24, 2001, pp. 354–5.

Bostan, İdris, "Kadırga'dan Kalyon'a, XVII. Yüzyılın İkinci Yarısında Osmanlı Gemi Teknolojisi'nin Değişimi," *The Journal of Ottoman Studies* 24 (2004), pp. 65–86.

Bostan, İdris, "Riyale," in *TDV İslam Ansiklopedisi*, vol. 35, 2008, pp. 141–2.

Bostan, İdris and Salih Özbaran (eds.), *Başlangıçtan XVII. Yüzyılın Sonuna Kadar Türk Denizcilik Tarihi 1*, Istanbul: Deniz Kuvvetleri Komutanlığı, 2009.

"Castles, Towers and Fortresses of Greece," *Kastrologos*; https://www.kastra.eu/ (retrieved December 28, 2020).

Cezar, Yavuz, *Osmanlı Maliyesinde Bunalım ve Değişim Dönemi: XVIII. Yüzyıldan Tanzimat'a Mali Tarih*, Istanbul: Alan Yayıncılık, 1986.

Çiftçioğlu, Ferdi, "Yüzyılda Tırhala Sancağı (1821–1881)," Ph.D. dissertation, Manisa Celal Bayar University, 2018.

Clogg, Richard, "Smyrna in 1821: Documents from the Levant Company Archives in the Public Record Office," *Μικρασιατικά Χρονικά* 15 (1972), pp. 313–71.

Δρομοδείκτης των ακολούθων οκτώ μερών. Μεθ' αξιολόγων υποσημειώσεων του καθενός μέρους: Πελοποννήσου, Βοιωτίας, Αττικής, Θεσσαλίας, Ηπείρου, Μπόσνας, Μακεδονίας, και Θράκης, Venice: Michailo Glykei, 1829.

Durmuş, Oğuzhan and Rijetë Simitçiu, "Arnavutluk Berat Vilâyeti'nde Yer Adları (Sûret-i Defter-i Sancak-i Arvanid'e Göre)," *Balkan Araştırma Enstitüsü Dergisi* 5/1 (2016), pp. 91–102.

Eliaçık, Muhittin, "Osmanlı Arşiv Belgelerinde Kalıplaşmış Zarf, Sıfat, Edat vd. İfadeler," *International Periodical for the Languages, Literature and History of Turkish or Turkic* 7/3 (2012), pp. 1123–58.

Eliaçık, Muhittin, "Osmanlı Belgelerinde Klişe Zarflar," *İdil* 1/2 (2012), pp. 92–124.

Elsie, Robert, *Historical Dictionary of Albania*, Lanham, MD: The Scarecrow Press, 2010.

Emecen, Feridun M., "Osmanlı Divanının Ana Defter Serileri: Ahkâm-ı Mîrî, Ahkâm-ı Kuyûd-ı Mühimme ve Ahkâm-ı Şikâyet," *Türkiye Araştırmaları Literatür Dergisi* 3/5 (2005), pp. 107–39.

Erdem, Hakan, "Do not Think of the Greeks as Agricultural Labourers: Ottoman Responses to the Greek War of Independence," in Faruk Birtek and Thalia Dragonas (eds.), *Citizenship and the Nation-state in Greece and Turkey*, London: Routledge, 2005, pp. 67–84.

Erdem, Hakan, "'Perfidious Albanians' and 'Zealous Governors': Ottomans, Albanians, and Turks in the Greek War of Independence," in Antonis Anastasopoulos and Elias Kolovos (eds.), *Ottoman Rule and the Balkans, 1760–1850: Conflict, Transformation, Adaptation*, Rethymno: University of Crete, 2007, pp. 213–37.

Erdem, Hakan, "The Greek Revolt and the End of the Old Ottoman Order," in Petros Pizanias (ed.), *Η Ελληνική Επανάσταση του 1821. Ένα ευρωπαϊκό γεγονός*, Athens: Kedros, 2009, pp. 281–8.

Erken, İlkay, "Yanya Sancağının İdari Yapısı ve Yerleşim Birimleri (1867–1913)," Ph.D. dissertation, Ondokuz Mayıs University, 2019.

Evliya Çelebi, *Narrative of Travels in Europe, Asia, and Africa, in the Seventeenth Century, by Evliya Efendi*, 2 vols., London: Oriental Translation Fund of Great Britain and Ireland, 1834–50.

Evliya Çelebi, *An Ottoman Traveller: Selections from the Book of Travels of Evliya Celebi*, trans. R. Dankoff and S. Kim, London: Eland, 2010.

Fenna, Donald, *A Dictionary of Weights, Measures, and Units*, Oxford: Oxford University Press, 2002.

Filimon, Ioannis, *Δοκίμιον ιστορικόν περί της Ελληνικής Επαναστάσεως*, 3 vols., Athens: Soutsa and Ktena, 1859.

Finlay, George, *History of the Greek Revolution*, 2 vols., Edinburgh and London: William Blackwood and Sons, 1861.

Finlay, George, *A History of Greece from Its Conquest by the Romans to the Present Time*, Oxford: Clarendon Press, 1877.

Fleet, Kate (ed.), *The Ottomans and the Sea*, Naples: Istituto per l'Oriente C. A. Nallino, 2013.

Fleming, K. E., *The Muslim Bonaparte: Diplomacy and Orientalism in Ali Pasha's Greece*, Princeton: Princeton University Press, 1999.

Frary, Lucien J., "Russian Consuls and the Greek War of Independence (1821–31)," *Mediterranean Historical Review* 28/1 (2013), pp. 46–65.

Fraşeri, Şemseddin Sami, *Kamusu'l Alam*, 5 vols., Istanbul: Mihran Matbaası, 1889.

Frazee, Charles, "The Greek Catholic Islanders and the Revolution of 1821," *East European Quarterly* 13/3 (1979), pp. 315–26.

Gell, William, *Itinerary of the Morea, Being a Description of the Routes of that Peninsula*, London: Bodwell and Martin, 1817.

Gibb, H. A. R. and Harold Bowen, *Islamic Society and the West: A Study of the Impact of Western Civilization on Moslem Culture in the Near East*, vol. 1, London: Oxford University Press, 1899.

Gordon, Thomas, *History of the Greek Revolution*, 2 vols., Edinburgh and London: William Blackwood, 1832.

Grassi, Alfio, *Charte turque, ou Organisation religieuse, civile et militaire de l'Empire Ottoman. Suivie de quelques réflexions sur la guerre des Grecs contre les Turcs*, 2 vols., Paris: P. Mongie, 1825.

Green, Philip James, *Sketches of the War in Greece: In a Series of Extracts, from the Private Correspondence of Philip James Green, Esq., Late British Consul for the Morea*, London: Thomas Hurst and Co., 1827.

Gyllenbok, Jan, *Encyclopaedia of Historical Metrology, Weights, and Measures*, 2 vols., Basel: Birkhäuser, 2010.

Hahn, Gerald and Djevdet Bey, *Deutsch-Türkisches militärtechnisches Wörterbuch zum Gebrauche im Heeresdienst und bei der Vorbereitung zur Dolmetscherprüfung*, Berlin: Verlag Neufeld & Henius, 1917.

Ilıcak, H. Şükrü, "The Revolt of Alexandros Ipsilantis and the Fate of the Fanariots in Ottoman Documents," in Petros Pizanias (ed.), *Η Ελληνική Επανάσταση του 1821. Ένα ευρωπαϊκό γεγονός*, Athens: Kedros, 2009, pp. 225–39.

Ilıcak, H. Şükrü, "A Radical Rethinking of Empire: Ottoman State and Society during the Greek War of Independence, 1821–1826," Ph.D. dissertation, Harvard University, 2011.

Ilıcak, H. Şükrü, "Greek War of Independence and the Demise of the Janissary Complex: A New Interpretation of the Auspicious Incident," in Marinos Sariyannis (ed.), *Political Thought and Practice in the Ottoman Empire (Halcyon Days in Crete IX Symposium)*, Rethymno: Crete University Press, 2019, pp. 483–93.

Ilıcak, H. Şükrü, "Revolutionary Athens through Ottoman Eyes (1821–1828): New Evidence from the Ottoman State Archives," in Maria Georgopoulou and Konstantinos Thanasakis (eds.), *Ottoman Athens: Archaeology, Topography, History*, Athens: Gennadius Library and the Aikaterini Laskaridis Foundation, 2019, pp. 243–59.

Ilıcak, H. Şükrü, "Ottoman Context," in Paschalis M. Kitromilides and Constantinos Tsoukalas (eds.), *The Greek Revolution: A Critical Dictionary*, Cambridge, MA, and London: Harvard University Press, 2021, pp. 58–78.

İnbaşı, Mehmet, "Avlonya Sancağı ve Yönetimi (1750–1800)," *Osmanlı Mirası Araştırmaları Dergisi* 6/14 (2019), pp. 133–44.

Işın, Ekrem, *The Logbook of the Ottoman Navy: Ships, Legends, Sailors*, Istanbul: Pera Müzesi Yayınları, 2009.

Ιστορία του Ελληνικού Έθνους, Athens: Ekdotiki Athinon, 1978.

Kahane, Renée, Henry Kahanee, and Andreas Tietze, *The Lingua Franca in the Levant: Turkish Nautical Terms of Italian and Greek Origin*, Urbana: University of Illinois Press, 1958.

Kallek, Cengiz, "Okka," in *TDV İslam Ansiklopedisi*, vol. 33, 2007, pp. 338–9.

Kasomoulis, Nikolaos, *Ενθυμήματα στρατιωτικά της Επαναστάσεως των Ελλήνων, 1821–1833*, 3 vols., Athens, 1940–42.

Kayapınar, Ayşe, "Osmanlı Döneminde Mora'da Bir Sahil Şehri: Balya Badra/Patra (1460–1715)," *Cihannüma Tarih ve Coğrafya Araştırmaları Dergisi* 1/1 (2015), pp. 67–93.

Kiel, Machiel, "Atina," in *TDV İslam Ansiklopedisi*, vol. 4, 1991, pp. 74–6.

Kiel, Machiel, "Karlı-ili," in *TDV İslam Ansiklopedisi*, vol. 24, 2001, pp. 499–502.

Kiel, Machiel, "Aydonat," in *TDV İslam Ansiklopedisi*, vol. Ek-1, 2016, pp. 146–8.

Kiel, Machiel and John Alexander, "Mora," in *TDV İslam Ansiklopedisi*, vol. 30, 2005, pp. 280–85.

Kokalakis, Michalis, *Το ύστερο Γιαννιώτικο Πασαλίκι χώρος, διοίκηση και πληθυσμός στην τουρκοκρατούμενη Ηπειρο (1820–1913)*, Athens: National Hellenic Research Foundation, 2003.

Kokkinos, Dionysios, *Η Ελληνική Επανάστασις*, 6th ed., 6 vols., Athens: Melissa, 1974.

Kolokotronis, Theodoros, *Memoirs from the Greek War of Independence, 1821–1883*, Chicago: Argonaut Publishers, 1969.

Küçük, Cevdet, "Hurşid Ahmed Paşa," in *TDV İslam Ansiklopedisi*, vol. 18, 1998, pp. 395–6.

Kütükoğlu, Mübahat, "Yunan İsyanı Sırasında Anadolu ve Adalar Rumlarının Tutumları ve Sonuçları," in *Üçüncü Askeri Tarih Semineri Bildiriler-Tarih Boyunca Türk-Yunan İlişkileri*, Ankara: ATASE, 1986, pp. 133–61.

Laiou, Sophia, "Euboea," in *Encyclopaedia of Islam*, 3rd ed., vol. 10, pp. 124–6.

Lapavitsas, Costas and Pınar Çakıroğlu, *Capitalism in the Ottoman Balkans: Industrialisation and Modernity in Macedonia*, London: I. B. Tauris, 2019.

Lascaris, Michel, "La Révolution grecque vue de Salonique. Rapports des consuls de France et d'Autriche, 1821–1826," *Balcania* 6 (1943), pp. 145–68.

Leake, William Martin, *Travels in the Morea*, 3 vols., London: John Murray, 1830.

Leake, William Martin, *Travels in Northern Greece*, 4 vols., London: J. Rodwell, 1835.

Liakopoulos, Georgios K., "Κατασκοπία στην επαναστατημένη Πελοπόννησο. Ανέκδοτη οθωμανική έκθεση περί της αφαιρεθείσης επιστολής του Θ. Κολοκοτρώνη για τη μάχη των Τρικόρφων (Θέρος του 1825)," *Πρακτικά Δ' Τοπικού Συνεδρίου Αρκαδικών Σπουδών*, Tripolis and Dimitsana: Society of Peloponnesian Studies, 2013, pp. 417–52.

Lutfi, Ahmed, *Vak'anüvis Ahmed Lutfi Efendi Tarihi*, 4 vols., Istanbul: YKY, 1999.

Mahmuzlu, Ekin, "Ottoman-flagged Ships, 1830s–1860s: Hull, Rig, and Geography," *Drassana* 27 (2020), pp. 120–68.

Mamaloukos, Stavros, "The Fortification of Chalcis (Evripos/Negreponte/Egriboz), Greece," in Julio Navarro Palazón and Luis José García-Pulido (eds.), *Defensive Architecture of the Mediterranean*, vol. 11, 2020, pp. 631–8.

M'Culloch, J. R., *M'Culloch's Universal Gazetteer: A Dictionary, Geographical, Statistical, and Historical, of the Various Countries, Places, and Principal Natural Objects in the World*, 2 vols., New York: Harper & Brothers, 1847.

McGuckin, John Anthony (ed.), *The Encyclopedia of Eastern Orthodox Christianity*, 2 vols., Malden, MA: Wiley–Blackwell, 2011.

McNeill, J. R., *The Mountains of the Mediterranean World*, Cambridge: Cambridge University Press, 1991.

Μεγάλη στρατιωτική και ναυτική εγκυκλοπαιδεία, Athens: Ekdosis Megalis Stratiotikis kai Naftikis Enkyklopaideias, 1929–1930.

Mehmed Emin Vahid Paşa, *Tarih-i Vak'a-i Sakız: Bin İki Yüz Otuz Yedi Tarihinde Sakızda Vuku' Bulan İhtilali Beyan İder*, Istanbul: Mekteb-i Sanayi, 1873.

Mehmed Es'ad Efendi, *Üss-i Zafer*, Istanbul: Kitabevi, 2005.

Mostras, Konstantin Georgievich, *Dictionnaire géographique de l'Empire ottoman*, St. Petersburg: Commissionnaires de l'Académie des Sciences, 1873.

Muhtar, Hacıbeyzade Ahmet, *Osmanlı Memleketleri*, Istanbul: Şirket-i Sahafiye-i Osmaniye Matbaası, 1895.

Murray, John [firm], *A Handbook for Travellers in the Ionian Islands, Greece, Turkey, Asia Minor and Constantinople: Being a Guide to the Principal Routes in Those Countries, Including a Description of Malta; with Maxims and Hints for Travellers in the East*, London: J. Murray, 1845.

Murray, John [firm], *Handbook for Travellers in Greece: Describing the Ionian Islands, the Kingdom of Greece, the Islands of the Aegean Sea, with Albania, Thessaly, and Macedonia*, London: J. Murray, 1854.

Örenç, Ali Fuat, "Mutasarrıf," in *TDV İslam Ansiklopedisi*, vol. 31, 2006, pp. 377–9.

Örenç, Ali Fuat, *Balkanlarda İlk Dram: Unuttuğumuz Mora Türkleri ve Eyaletten Bağımsızlığa Yunanistan*, Istanbul: Babıali Kültür Yayıncılığı, 2009.

Örenç, Ali Fuat, "Sakız Adası," in *TDV İslam Ansiklopedisi*, vol. 36, 2009, pp. 6–10.

Özkaya, Yücel, "1821 Yunan (Eflak-Boğan) İsyanları, Avrupalıların İsyan Karşısındaki Tutumları," in *Üçüncü Askeri Tarih Semineri Bildiriler-Tarih Boyunca Türk-Yunan İlişkileri*, Ankara: ATASE, 1986, pp. 114–30.

Özkılınç, Ahmet, Ali Coşkun, and Abdullah Sivridağ, *Osmanlı Yer Adları c.1—Rumeli Eyaleti (1514–1550)*, Ankara: T. C. Başbakanlık Devlet Arşivleri Genel Müdürlüğü Osmanlı Arşivi Daire Başkanlığı, 2013.

Pakalın, Mehmet Zeki, *Osmanlı Tarih Deyimleri ve Terimleri Sözlüğü*, 3 vols., Istanbul: Milli Eğitim Bakanlığı Yayınları, 1993.

Panagiotopoulos, Vasilis (ed.), *Ιστορία του Νέου Ελληνισμού, 1770–2000*, 10 vols., Athens: Ellinika Grammata, 2003.

Papageorgiou, Stefanos P., "The Attitude of the Beys of the Albanian Southern Provinces (Toskaria) towards Ali Pasha Tepedelenli and the Sublime Porte (mid-18th–mid-19th centuries)," *Cahiers Balkaniques* 42 (2014), pp. 1–34.

Paparrigopoulos, K., *Ιστορία του Ελληνικού Έθνους*, 20 vols., Athens: National Geographic Society, 2009–2010.

Pascual, José and Maria-Foteini Papakonstantinou (eds.), *Topography and History of Ancient Epicnemidian Locris*, Leiden and Boston: Brill, 2013.

Percy, Sarah, *Mercenaries: The History of a Norm in International Relations*, New York: Oxford University Press, 2007.

Perraivos, Christoforos, *Απομνημονεύματα πολεμικά. Διαφόρων μαχών συγκροτηθεισών μεταξύ Ελλήνων και Οθωμανών κατά τε το Σούλιον και Ανατολικήν Ελλάδα από του 1820 μέχρι του 1829 έτους*, Athens: Andreou Karamila, 1836.

Perraivos, Christoforos, *Ιστορία της Πάργας*, Athens: P. D. Sakellariou, 1889.

Perraivos, Christoforos, *Ιστορία του Σουλλίου*, Athens: P. D. Sakellariou, 1889.

Petropoulos, John, *Politics and Statecraft in the Kingdom of Greece, 1833–1843*, Princeton: Princeton University Press, 1968.

Philliou, Christine, *Biography of an Empire: Governing Ottomans in an Age of Revolution*, Berkeley: University of California Press, 2010.

Pouqueville, François-Charles-Hugues-Laurent, *Histoire de la régénération de la Grèce. Comprenant le précis des événements depuis 1740 jusqu'en 1824*, Paris: Firmin Didot père et fils, 1824.

Prevelakis, E. and K. Merticopoulou, *Epirus, Ali Pasha and the Greek Revolution: Consular Reports of William Meyer from Preveza*, Athens: Academy of Athens, 1996.

Prousis, Theophilus C., "Smyrna, 1821: A Russian View," *Modern Greek Studies Yearbook* 7 (1991), pp. 145–68; https://digitalcommons.unf.edu/ahis_facpub/16/ (retrieved December 28, 2020).

Prousis, Theophilus C., *British Consular Reports from the Ottoman Levant in an Age of Upheaval, 1815–1830*, Istanbul: Isis Press, 2008.

Prousis, Theophilus C., "Eastern Orthodoxy under Siege in the Ottoman Levant: A View from Constantinople in 1821," *Modern Greek Studies Yearbook* 24–25 (2008–9), pp. 39–72; https://digitalcommons.unf.edu/ahis_facpub/13/ (retrieved December 28, 2020).

Prousis, Theophilus C., *Lord Strangford at the Sublime Porte (1821): The Eastern Crisis*, Istanbul: Isis Press, 2010.

Prousis, Theophilus C., "British Embassy Reports on the Greek Uprising in 1821–1822: War of Independence or War of Religion?" *Archivum Ottomanicum* 28 (2011), pp. 171–222; https://digitalcommons.unf.edu/ahis_facpub/21/ (retrieved December 28, 2020).

Prousis, Theophilus C., *Lord Strangford at the Sublime Porte (1822): The Eastern Crisis*, Istanbul: Isis Press, 2012.

Prousis, Theophilus C., *Lord Strangford at the Sublime Porte (1823): The Eastern Crisis*, Istanbul: Isis Press, 2014.

Prousis, Theophilus C., *Lord Strangford at the Sublime Porte (1824): The Eastern Crisis*, Istanbul: Isis Press, 2017.

Redhouse, James William, *Redhouse's Turkish Dictionary*, 2nd ed., London: Bernard Quaritch, 1880.

Redhouse Yeni Türkçe-İngilizce Sözlük, 12th ed., Istanbul: Redhouse Yayınevi, 1991.

Sahhaflar Şeyhi-zade Seyyid Mehmed Esʿad Efendi, *Vakʿanüvis Esʿad Efendi Tarihi*, Istanbul: OSAV, 2000.

Şanizade Mehmed Ataullah Efendi, *Şanizade Tarihi (1808–1821)*, Istanbul: Çamlıca, 2008.

Sezen, Tahir, *Osmanlı Yer Adları*, 2nd ed., Ankara: T. C. Başbakanlık Devlet Arşivleri Genel Müdürlüğü, 2017.

Skiotis, Dionysios Nikolaou, "The Lion and the Phoenix: Ali Pasha and the Greek Revolution," Ph.D. dissertation, Harvard University, 1971.

Slade, Adolphus, *Records of Travels in Turkey and Greece &c. and of a Cruise in the Black Sea with Captain Pasha in the Years 1829, 1830, and 1831*, 2 vols., Philadelphia: E. L. Carey & A. Hart, and Baltimore: Carey, Hart & Co., 1883.

Somel, Selçuk Akşin, *Historical Dictionary of the Ottoman Empire*, Lanham, MD: The Scarecrow Press, 2003.

Spiliadis, N., *Απομνημονεύματα διά να χρησιμεύσωσιν εις τη νέα ελληνικήν ιστορίαν*, vol. 2, Athens: X. N. Filadelfeos, 1852.

Spyropoulos, Yannis, "Κοινωνική, διοικητική, οικονομική και πολιτική διάσταση του οθωμανικού στρατού. Οι γενίτσαροι της Κρήτης, 1750–1826," Ph.D. dissertation, University of Crete, 2014.

Stasinopoulos, Christos A., *Λεξικό της Ελληνικής Επαναστάσεως του 1821*, 4 vols., Athens: Dedemani, 1979.

St Clair, William, *That Greece Might Still Be Free: The Philhellenes in the War of Independence*, London and New York: Oxford University Press, 1972.

Süreyya, Mehmed, *Sicill-i Osmani*, Istanbul: Tarih Vakfi Yurt Yayınları, 1996.

Theotokis, Georgios and Aysel Yıldız (eds.), *A Military History of the Mediterranean Sea: Aspects of War, Diplomacy, and Military Elites*, Leiden and Boston: Brill, 2018.

Trelawney, Edward John, *Recollections of the Last Days of Shelley and Byron*, London: Edward Moxon, 1858.

Trikoupis, Spiridon, *Ιστορία της Ελληνικής Επανάστασης*, Athens: Livani, 1993.

Tuzun Varol, Müyesser, "Mora Yarımadası'ndaki Kaleiçi Camiler ve Mescitler," MA thesis, Tokat Gaziosmanpaşa University, 2019.

Ünal, Mehmet Ali, *Paradigma Osmanlı Tarih Sözlüğü*, Istanbul: Paradigma, 2011.

Uyar, Mesut and Edward J. Erickson, *A Military History of the Ottomans: From Osman to Atatürk*, Santa Barbara, CA: ABC-CLIO, 2009.

Vakalopoulos, Apostolos E., *Ιστορία του Νέου Ελληνισμού*, 2nd ed., 8 vols., Thessaloniki: 1974–1988.

Veremis, Thanos and Iakovos Mihailides, *1821. Η γέννηση ενός έθνους-κράτους*, 5 vols., Athens: Skai, 2010.

Vyzantios, Christos, *Ιστορία του τακτικού στρατού από της πρώτης συστάσεως κατά το 1821 μέχρι του 1833*, Athens: K. Ralli, 1837.

Wagstaff, J. M., *Greece: Ethnicity and Sovereignty, 1820–1994: Atlas and Documents*, Cambridge: Cambridge Archive Editions, 2002.

Walsh, Robert, *A Residence at Constantinople: During a Period Including the Commencement, Progress, and Termination of the Greek and Turkish Revolutions*, London: F. Westley and A. H. Davis, 1836.

Wilkinson, William, *An Account of the Principalities of Wallachia and Moldavia: With Various Political Observations Relating to Them*, London: Longman, Hurst, Rees, Orme and Brown, 1820.

Yaşar, Filiz, *Yunan Bağımsızlık Savaşı'nda Sakız Adası*, Istanbul: Phoenix, 2006.

Yaycıoğlu, Ali, *Partners of the Empire: The Crisis of the Ottoman Order in the Age of Revolutions*, Stanford, CA: Stanford University Press, 2016.

Yeğin, Abdullah, *Yeni Lugat, İslami-İlmi-Edebi-Felsefi*, Istanbul: Hizmet Vakfı, 1997.

Zachariadou, Elizabeth (ed.), *Sol Kol: Osmanlı Egemenliğinde Via Egnatia (1380–1699)*, Istanbul: Tarih Vakfı Yurt Yayınları, 1999.

Zachariadou, Elizabeth (ed.), *The Kapudan Pasha, His Office and His Domain*, Rethymno: Crete University Press, 2002.

Zallony, Marc-Philippe, *Essai sur les Fanariotes, où l'on voit les causes primitives de leur élévation aux hospodariats de la Valachie et de la Moldovie, leur mode d'administration, et les causes principales de leur chute*, Marseille: L'Imprimerie d'Antoine Ricard, 1824.

Zarinebaf, Fariba, John Bennet, and Jack L. Davis, *A Historical and Economic Geography of Ottoman Greece: The Southwestern Morea in the 18th Century*, Princeton: The American School of Classical Studies at Athens, 2005.

Zorlu, Tuncay, *Innovation and Empire in Turkey: Sultan Selim III and the Modernisation of the Ottoman Navy*, London: I. B. Tauris, 2008.

Index